VOLKER ULLRICH

Adolf Hitler

OPKOMST EN ONDERGANG

Vertaald door Huub Stegeman, Eric Strijbos, Pieter Janssens, Ronald Jonkers,
Jan Sietsma, Edwin Krijgsman en Marcel Misset

Uitgeverij De Arbeiderspers
Amsterdam • Antwerpen

Deze vertaling werd ondersteund door een subsidie van het Goethe-Institut.

GOETHE INSTITUT

FSC MIX Papier van verantwoorde herkomst FSC® C004472

Deel I: Copyright © 2013, Volker Ullrich / S. Fischer Verlag GmbH, Frankfurt am Main
Copyright Nederlandse vertaling © 2014 Pieter Janssens, Huub Stegeman en
Eric Strijbos / BV Uitgeverij De Arbeiderspers, Amsterdam
Oorspronkelijke titel: *Adolf Hitler. Teil I: Die Jahre des Aufstiegs 1889-1939*
Oorspronkelijke uitgave: S. Fischer Verlag GmbH, Frankfurt am Main

Deel II: Copyright © 2018, Volker Ullrich / S. Fischer Verlag GmbH, Frankfurt am Main
Copyright Nederlandse vertaling © 2019 Huub Stegeman, Eric Strijbos,
Pieter Janssens, Ronald Jonkers, Jan Sietsma, Edwin Krijgsman en Marcel Misset /
BV Uitgeverij De Arbeiderspers, Amsterdam
Oorspronkelijke titel: *Adolf Hitler. Teil II: Die Jahre des Untergangs 1939-1945*
Oorspronkelijke uitgave: S. Fischer Verlag GmbH, Frankfurt am Main

Niets uit deze uitgave mag worden verveelvoudigd en/of openbaar gemaakt, door middel van druk, fotokopie of op welke andere wijze ook, zonder voorafgaande schriftelijke toestemming van BV Uitgeverij De Arbeiderspers, Weteringschans 259, 1017 XJ Amsterdam.

Omslagontwerp: Nico Richter
Boekverzorging: Asterisk*, Amsterdam
Portret auteur: Gunter Glücklich

ISBN 978 90 295 3616 5 / NUR 320

www.arbeiderspers.nl

DEEL I
DE JAREN VAN OPKOMST 1889-1939

Inhoud

Inleiding 7

1 De jonge Hitler 21
2 Weense jaren 39
3 De beslissende ervaring van de oorlog 58
4 Sprong naar de politiek 82
5 Koning van München 100
6 Putsch en proces 139
7 Gevangen in Landsberg – *Mein Kampf* 171
8 Een Führer wacht af 192
9 Shooting star van de Duitse politiek 228
10 Hitler en de vrouwen 273
11 Pokeren om de macht 296
12 De noodlottige maand januari 1933 352
13 De mens Hitler 382
14 Instelling van de dictatuur 415
15 Herziening van Versailles 477
16 Führercultus en volksgemeenschap 512
17 Regeerstijl en monumentale architectuur 564
18 De Berghofgemeenschap 606
19 Oorlog met de kerken 635
20 Radicalisering van de 'Jodenpolitiek' 654
21 Op weg naar oorlog 678

Noten 755
Bronnen en literatuur 923
Fotoverantwoording 947
Dankwoord 948
Personenregister 949

Inleiding

'Die kerel is een catastrofe, maar dat is geen reden om zijn karakter en zijn lot niet interessant te vinden.' Daarom is ook niemand 'ontheven van de taak zich met deze miezerige figuur bezig te houden', schreef Thomas Mann in zijn essay *Bruder Hitler*, dat in 1939 verscheen.¹ Toch lag het in de lijn der verwachtingen dat naarmate het 'Derde Rijk' verder in het verleden komt te liggen, de belangstelling voor de grote brenger van het onheil in de Duitse geschiedenis geleidelijk zou afnemen. Het tegendeel is echter het geval: het proces waarin de Bondsrepubliek in het reine probeert te komen met haar verleden, vertoont een regelmatig terugkerende belangstelling voor de figuur van Hitler. Sinds de eeuwwisseling lijkt de obsessieve aandacht voor het onderwerp eerder nog te zijn toegenomen. 'Zo veel Hitler was er nog nooit,' begon historicus Norbert Frei uit Jena zijn boek *1945 und wir. Das Dritte Reich im Bewußtsein der Deutschen*, dat verscheen in 2005, het jaar waarin werd herdacht dat zestig jaar eerder een einde kwam aan de nationaalsocialistische dictatuur en de Tweede Wereldoorlog.² En inderdaad was er in de media nog nooit zo veel aandacht voor het thema. Op televisie en in de bioscoop, op de voorpagina's van tijdschriften of in geschiedenisboeken – overal kwam je de figuur van de Führer tegen. Er is geen enkele reden om aan te nemen dat dit in 2015, zeventig jaar na het einde van de oorlog, anders zal gaan.

Inmiddels heeft de wereldwijde amusementsindustrie zich Hitler toegeëigend en tot een 'icoon van het kwaad' gemaakt die, wanneer hij maar bombastisch genoeg wordt gepresenteerd, het beste huivereffect oplevert. De Führer van de nationaalsocialisten, die het lot van Duitsland en de wereld twaalf jaar lang doorslaggevend bepaalde, is nog altijd 'het meest brute middel om aandacht te trekken'.³ De opwinding die hij kan veroorzaken als angstaanjagende figuur, wordt door geen enkele andere historische figuur, afgezien van misschien Stalin, overtroffen. En dat houdt natuurlijk verband met de monsterlijke omvang van de misdaden die onder zijn heerschappij zijn begaan, niet 'uit naam van de Duitsers', maar door Duitsers.

Parallel aan de amusementsindustrie en nauwelijks daardoor beïnvloed is de internationale geschiedschrijving steeds verder gegaan in het onderzoek naar Hitler en het nationaalsocialisme. Geen historisch onderwerp lijkt beter, uitgebreider en vanuit meer invalshoeken te zijn onderzocht dan dit. Er zijn inmiddels hele bibliotheken over volgeschreven. Niettemin blijven ook professionele historici onverminderd geïnteresseerd in deze 'miezerige figuur'. De raadselachtige opkomst van Hitler, hoe en waarom hij aan de macht kon komen en die meer dan een decennium lang kon uitoefenen – met de bekende catastrofale gevolgen – het vraagt steeds opnieuw om een verklaring. Het ontbreekt niet aan pogingen het 'fenomeen' biografisch te benaderen. Tegelijk zijn er slechts enkele, eigenlijk maar vier, die werkelijk betekenisvol en steeds weer inspirerend kunnen worden genoemd: Konrad Heidens eerste biografie die hij in de jaren dertig in ballingschap in Zwitserland schreef, Alan Bullocks klassieker *Hitler. Leven en ondergang van een tiran*, uit het begin van de jaren vijftig, Joachim Fests grote portret van Hitler en zijn tijdperk, voor het eerst gepubliceerd in 1973, en tot slot het tot nu toe grootste en meest bepalende werk van Ian Kershaw (in twee delen uit 1998 en 2000).[4]

Konrad Heidens biografie was een poging 'de historische betekenis van het fenomeen Hitler te onderkennen terwijl het nog volledig werkzaam' was.[5] Als correspondent van de liberale *Frankfurter Zeitung* in München in de periode 1923 tot 1930 was de schrijver in de gelegenheid de opkomst van Hitler als nationale figuur van dichtbij te volgen. Behalve op zijn eigen bevindingen was zijn boek gebaseerd op getuigenissen van zegslieden uit de directe omgeving van de volksmenner uit München. Heiden liet zich er niet toe verleiden Hitler te mystificeren of belachelijk te maken: 'De "held" van dit boek is noch een *Übermensch* noch een boeman,' benadrukt hij in het voorwoord uit augustus 1935, 'maar een interessante tijdgenoot die, getalsmatig gezien, de grootste volksmassa's ooit in beweging weet te krijgen.'[6] Ook al zijn veel biografische details inmiddels aan de hand van onderzoek bijgesteld, toch blijft het nog altijd een innemend werk dankzij de vele treffende oordelen en slimme analyses, bijvoorbeeld van de effectiviteit van Hitler als spreker en het eigenaardige 'dubbelwezen' van zijn bestaan.[7]

In kringen van ballingen werd dit vroege werk enthousiast ontvangen. 'Iedereen heeft het over Konrad Heidens schitterende Hitler-biografie,' noteerde Thea Sternheim, de gescheiden tweede vrouw van toneelschrijver Carl Sternheim, eind oktober 1935. 'Schijnwerpers op Duitsland. Plotseling dankt men God voor het bestaan van dit fraaie geweten. Is dit boek niet de eerste, beslissende bres die wordt geslagen in de hemeltergende misdaad die in Duitsland wordt gepleegd?'[8] En ook Harry graaf Kessler, mecenas en diplomaat, die eveneens in ballingschap leefde in Frankrijk, schreef lovend: 'Een verstandig en verhelderend boek. "Een mislukte man en een mislukt volk vinden elkaar." Treffend.'[9] De Gestapo en de Sicherheitsdienst (SD) stelden een onderzoek naar de auteur in, maar toen de Wehrmacht in 1940 Frankrijk binnenmarcheerde, lukte het Heiden via Lissabon te ontkomen naar de Verenigde Staten.[10]

Alan Bullocks vlammende debuut van 1952 vormde het uitgangspunt voor alle verdere wetenschappelijke studie van het 'fenomeen Hitler'. Hiervoor kon de Britse historicus gebruikmaken van de in beslag genomen Duitse documenten die tijdens de processen van Neurenberg als bewijsmateriaal waren aangevoerd en kort daarna gepubliceerd.[11] Bullock schilderde de Duitse dictator af als een 'volstrekt principeloze opportunist' die enkel zou zijn gedreven door de 'wil tot macht', en wel 'in zijn ruwste en zuiverste vorm'.[12] In zijn slotwoord beriep Bullock zich nadrukkelijk op de getuigenis van de voormalige Senaatsvoorzitter van Danzig, Hermann Rauschning, die met zijn in 1938 in ballingschap gepubliceerde boek *Revolution des Nihilismus* een tijdlang bepalend was voor het oordeel over Hitler. Daarin stelde hij onder meer dat het nationaalsocialisme een 'beweging bij uitstek was, absolute vorm van dynamiek, revolutie met een wisselende noemer, te allen tijde bereid die in te ruilen'. Eén ding was het echter niet: 'een wereldvisie en een doctrine'.[13]

Deze these van de opportunistische machtspoliticus Hitler is in het onderzoek van de daaropvolgende decennia herzien. Dat was vooral de verdienste van historicus Eberhard Jäckel uit Stuttgart, die met overtuigende bewijzen kwam dat Hitler in al zijn ideologische krankzinnigheid wel degelijk over een consistente 'wereldvisie' beschikte en dat die bepalend zou zijn geweest voor zijn handelen. De twee belangrijkste elementen van deze wereldvisie waren volgens Jäckel de 'verwijdering van de Joden' en de verovering van '*Lebensraum im Osten*' – axiomatische strijdpunten waaraan Hitler zich vanaf de jaren twintig onwrikbaar vast zou blijven klampen.[14] Dat fundamentele inzicht is zowel door Fest als door Kershaw overgenomen en wordt ook in dit werk bevestigd.

Joachim Fests biografie van Hitler, die meer dan twintig jaar na die van Bullock verscheen, was niet alleen indrukwekkend vanwege haar literaire kwaliteit – 'Sinds Thomas Mann heeft niemand meer in zulk goed Duits over Hitler geschreven,' prees Eberhard Jäckel het werk[15] – maar ook 'door het vermogen van de schrijver te komen tot gedetailleerde en tegelijk omvattende interpretaties', aldus Karl-Dietrich Bracher, die met zijn baanbrekende werken *Die Auflösung der Weimarer Republik*, *Die nationalsozialistische Machtergreifung* en *Die deutsche Diktatur* in de jaren vijftig en zestig zelf de basis had gelegd voor een intensievere, kritischere benadering van het ontstaan, de structuur en de gevolgen van de nationaalsocialistische heerschappij.[16] Enigszins beschaamd vroegen Duitse historici zich af waarom niet een van hen maar juist een buitenstaander als de journalist Fest dit voor elkaar had gekregen.[17]

Fest gaf niet alleen een tot dan toe onovertroffen beschrijving van Hitlers persoonlijkheid, hij plaatste hem bovendien in de context van zijn tijd. Als belangrijkste voorwaarde voor Hitlers doorbraak beschreef hij het samenvallen van persoonlijke en algemene omstandigheden, 'die moeilijk te decoderen relatie tussen de man en de tijd, en de tijd en de man'.[18] Om deze samenhang aannemelijk te maken, nam hij in de chronologische behandeling 'tussentijdse beschouwingen' op, waarin hij de individuele biografie in verband bracht met de algemene ontwikkelingen. Daaruit trok hij de paradoxale conclusie dat Hitler, hoewel hij de revolutie zou hebben verafschuwd, toch de 'Duitse belichaming van de revolutie' was geworden waarin moderne en conservatieve trekken zich op een eigenaardige manier hadden vermengd.[19]

Er zijn veel kritische kanttekeningen geplaatst bij Fests interpretatie, waarvoor hij niet uit nieuwe archiefbronnen maar uit de tot dan toe gepubliceerde literatuur putte. Zo is terecht opgemerkt dat de rol van de conservatieve elite die voor Hitler de deur naar de macht openzette, duidelijk onderbelicht blijft.[20] Daarnaast mag niet worden miskend dat veel auteurs in hun commentaar, bijvoorbeeld op de stijl van Hitlers *Mein Kampf,* nogal zwaar doorslaan in hun burgerlijk-intellectuele hoogmoed ten opzichte van de maar halfgeleerde parvenu.[21] Sterker weegt echter dat Fests interpretatie van de rol die Hitler had gespeeld, in sterke mate werd beïnvloed door zijn belangrijkste zegsman, Hitlers favoriete architect en latere minister van Bewapening, Albert Speer, die bij zijn in 1969 gepubliceerde memoires werd geholpen door de vlot schrijvende journalist, en die op zijn beurt Fest bij het schrijven van zijn Hitler-biografie van informatie had voorzien. Sommige fabels die Speer vertelde, zijn klakkeloos overgenomen in het werk van Fest, bijvoorbeeld hoe hij zich voordeed als de apolitieke vakman die hulpeloos ten prooi was gevallen aan de verleidingskunsten van de dictator.[22]

Toch kunnen al deze bezwaren niet verdoezelen dat Fest een groot succes had geboekt. Met deze baanbrekende prestatie zou men 'nu toch wel voor langere tijd over het ultieme boek over Adolf Hitler beschikken', voorspelde historicus Klaus Hildebrand uit Bonn in een recensie.[23] Het zou inderdaad vijfentwintig jaar duren voordat zich opnieuw een historicus, ditmaal de Engelsman Ian Kershaw, waagde aan een grote biografie van Hitler. Het eerste deel verscheen in 1998, slechts twee jaar later gevolgd door deel twee. Kershaw kon gebruikmaken van bronnenmateriaal waar Fest nog niet over had kunnen beschikken, in het bijzonder de dagboeken van de *Gauleiter* van Berlijn, de latere minister van Propaganda Joseph Goebbels, die het Münchner Institut für Zeitgeschichte vanaf het einde van de jaren tachtig was gaan uitgeven.[24]

In zijn inleidende opmerkingen bekende de historicus uit Sheffield openhartig dat hij Hitler in zekere zin vanuit een 'verkeerde' richting had benaderd, namelijk vanuit de structuren van het naziregime, waarmee hij zich in zijn eerdere publicaties uitgebreid had beziggehouden. Hij was daarom ook, in tegenstelling tot Fest, niet zozeer geïnteresseerd in het 'zonderlinge karakter van de man' als wel in de maatschappelijke omstandigheden en krachten die Hitler mogelijk hadden gemaakt. Dat betekende ook een ander perspectief: 'De taak van de biograaf wordt nu duidelijker. Hij moet zich niet op de persoon Hitler concentreren, maar rechtstreeks op de aard van zijn macht – de macht van de Führer.' Om de ongekende werkzaamheid van deze macht te verklaren, zou men eerder moeten kijken naar 'de samenleving, dat wil zeggen [...] sociale verwachtingen en beweegredenen', dan naar Hitler zelf.[25] Wat Kershaw voor ogen stond, was niets minder dan een combinatie van de 'op de persoon gerichte methode van de biografie en de daarmee strijdige methoden van de sociale en politieke geschiedschrijving'.[26]

Kershaw meende te kunnen bewijzen dat Hitler in veel situaties zelf maar weinig hoefde te doen, omdat de Duitse samenleving, van de satrapen om de dictator heen tot de eenvoudigste *Volksgenossen*, in toenemende mate geneigd was 'de Führer tegemoet te werken', om zijn wensen dus als het ware vooraf al te vervullen.[27] Men heeft de Britse historicus verweten dat hij zo een beeld van Hitler heeft geschilderd waaruit de dictator als 'in principe inwisselbaar, overbodig en in het beste geval zwak' naar voren komt.[28] Maar zover gaat Kershaw helemaal niet. Hij onderschat de rol van Hitler en diens paranoïde ideologische fixaties niet, maar maakt tegelijkertijd wel duidelijk dat zonder de bereidheid van velen om de man aan de top te helpen, diens misdadige doelstellingen nooit hadden kunnen worden gerealiseerd. Pas uit de wisselwerking tussen Hitlers intenties en de structureel bepaalde druk tot handelen die uitging van de aan hem ondergeschikte rangen en instituties, zou – zo luidt zijn centrale these – de ontketende dynamiek van het regime te verklaren zijn die tot steeds radicalere oplossingen leidde. Daarmee maakte Kershaw definitief een einde aan de allang onvruchtbaar geworden strijd tussen de 'intentionalistische' en 'structuralistische' scholen binnen de Duitse geschiedschrijving.[29]

'In de bibliotheken bevinden zich 120.000 werken over Hitler. Kershaws werk vormt daarin een waar bergmassief,' besloot de uitgever van de *Frankfurter Allgemeine Zeitung*, Frank Schirrmacher, zijn lyrische bespreking.[30] Is er na deze monumentale Hitler-biografie eigenlijk nog wel behoefte aan een nieuwe? Sinds het verschijnen van Kershaws eerste deel is inmiddels alweer vijftien jaar verstreken. De wetenschappelijk raderen hebben sinds die tijd niet stilgestaan en zijn zelfs met steeds grotere snelheid blijven draaien.[31] Er zijn alweer veel boeken verschenen die nieuwe inzichten bieden in Hitlers persoonlijkheid en in bepaalde fasen van zijn leven, of dat toch in elk geval beloven te doen: Claudia Schmölders' fysionomische biografie *Hitlers Gesicht* (2000), Lothar Machtans omstreden boek met de onthulling dat de dictator homoseksueel zou zijn geweest, *Hitlers Intieme Kring* (2001), Birgit Schwarz' fundamentele werk over Hitlers kunstopvatting *Geniewahn: Hitler und die Kunst* (2009), Timothy W. Rybacks onderzoek naar Hitlers bibliotheek en zijn leesgewoonten, *Hitlers Privébibliotheek* (2008), Dirk Bavendamms portret van de vroege jaren, *Der junge Hitler* (2009), Thomas Webers speurtocht naar de oorlogservaringen van de korporaal, *Adolf Hitler en de Eerste Wereldoorlog* (2011), Ralf Georg Reuths poging de herkomst van *Hitlers Jodenhaat* (2012) te verklaren, Othmar Plöckingers baanbrekende studies over Hitlers 'vormende jaren' in München tussen 1918 en 1920 (2013) en over de geschiedenis van Hitlers *Mein Kampf* (2006), Ludolf Herbsts dissertatie over de enscenering van een Duitse messias, *Hitlers Charisma* (2010), Mathias Rösch' onderzoek *Die Münchner NSDAP 1925–1933* (2002), Andreas Heuslers geschiedenis *Das Braune Haus. Wie München zur 'Hauptstadt der Bewegung' wurde* (2008), Sven Felix Kellerhoffs en Thomas Friedrichs onderzoek naar Hitlers verhouding met de rijkshoofdstad in *Hitlers Berlin* (2003) en *Die missbrauchte Hauptstadt* (2007).

Ook Hitlers persoonlijke milieu is in de afgelopen tien jaar meer in het gezichtsveld geraakt – in eerste instantie door Anton Joachimsthalers documentaire *Hitlers e* (2003), waarin getracht werd aan de hand van Hitlers lijst met kerstcadeaus voor 1935–1936 zijn persoonlijke betrekkingen in kaart te brengen, door Brigitte Hamanns onderzoek naar de verhouding tussen Hitler en de familie Wagner, *Winifred Wagner und Hitlers Bayreuth* (2002) en naar de arts uit Linz, Eduard Bloch, in *Hitlers Edeljude* (2008), Wolfgang Martynkewicz' geschiedenis van het uitgeversechtpaar Hugo en Elsa Bruckmann uit München, *Hitlers sponsors, Salon Deutschland* (2009), Anna Maria Sigmunds reconstructie van de driehoeksverhouding tussen Hitler, zijn nichtje Geli Raubal en zijn chauffeur Emil Maurice, *Des Führers bester Freund* (2003) en de door Heike B. Görtemakers zorgvuldig samengestelde biografie *Eva Braun. Leven met Hitler* (2011), die afrekent met de talloze legenden rond de geliefde van de Führer. Daarnaast moeten ook worden genoemd Ulf Schmidts medisch-historisch onderzoek *Hitlers Arzt Karl Brandt* (2009), Jürgen Trimborns studie over Hitlers beeldhouwer, *Arno Breker. Der Künstler und die Macht* (2011) en het boek over Hitlers sterregisseur, *Leni Riefenstahl. Eine deutsche Karriere* (2002), Karin Wielands dubbelbiogafie *Dietrich & Riefenstahl. Twee vrouwenlevens in Hollywood en Berlijn* (2013) en Timo Nüßleins portret van de Hitlers eerste architect, *Paul Ludwig Troost 1878–1934* (2012).

Tegelijk zijn er veel biografieën gepubliceerd over leidende figuren van de Republiek van Weimar en de nationaalsocialistische staat, die Hitler en zijn heerschappij ook in een nieuw daglicht stellen, zoals Wolfram Pyta's grote werk *Hindenburg. Herrschaft zwischen Hohenzollern und Hitler* (2007); Peter Longerichs werken over het hoofd van het nationaalsocialistische politie- en terreurapparaat *Heinrich Himmler* (2008) en de opperpropagandist Joseph Goebbels (2010). Daarnaast de biografieën van Stefan Krings over Hitlers perschef Otto Dietrich (2010), Ernst Piper over Hitlers belangrijkste ideoloog Alfred Rosenberg (2005),

Robert Gerwarth over het hoofd van het *Reichssicherheitshauptamt*, Reinhard Heydrich (2011), Dieter Schenk over Hitlers belangrijkste jurist en latere gouverneur-generaal in het bezette Polen Walter Frank (2006), Hans Otto Eglau over Hitlers begunstiger, de industrieel Fritz Thyssen (2003), Christopher Kopper over Hitlers bankier Hjalmar Schacht (2006), Kirstin A. Schäfer over *Hitlers ersten Feldmarschall* Werner von Blomberg (2006), Klaus-Jürgen Müller over kolonel-generaal Ludwig Beck (2008) en Johannes Leicht over Heinrich Claß, de voorzitter van het *Alldeutsche Verband* (2012).

Daarnaast is er een groot aantal nieuwe monografieën en essays verschenen over afzonderlijke aspecten van het Derde Rijk die onze kennis over de fundamenten en het functioneren van het nationaalsocialistische systeem hebben verrijkt. In dit verband wil ik de volgende werken noemen: Götz Aly's tot nadenken stemmende studie *Hitlers Volksstaat* (2005), Adam Toozes geschiedenis van de economie onder het nationaalsocialisme, *The Wages of Destruction* (2007), Wolfgang Königs onderzoek naar de nationaalsocialistische consumptiemaatschappij *Volkswagen, Volksempfänger, Volksgemeinschaft* (2004), Markus Urbans schets van de rijkspartijcongressen *Die Konsensfabrik* (2007), de verrassende bestseller van een team onderzoekers rond Eckart Conze, Norbert Frei, Peter Hayes en Moshe Zimmermann over de geschiedenis van het ministerie van Buitenlandse Zaken, *Das Amt und die Vergangenheit* (2010), Frank Bajohrs verhelderende onderzoek naar corruptie in het nazitijdperk, *Parvenüs und Profiteure* (2001) en Michael Wildts toonaangevende onderzoek naar de leiding van het Reichssicherheitshauptamt, *Generation des Unbedingten* (2002) en het tegen de Joden gerichte excessieve geweld op het Duitse platteland, *Volksgemeinschaft als Selbstermächtigung* (2007). Juist het concept van de 'volksgemeenschap' is in de afgelopen jaren in de geschiedwetenschap uitgebreid bediscussieerd, en het was dan ook geen toeval dat het *Deutsches Historisches Museum* in Berlijn in 2010 een populaire tentoonstelling wijdde aan de samenhang tussen 'volksgemeenschap en misdaad' onder de titel *Hitler und die Deutschen*.[32] Tot slot heeft de Britse historicus Richard J. Evans met zijn trilogie *Het Derde Rijk* (2004, 2006, 2009) de tot nu toe meest complete geschiedenis van het nationaalsocialisme geschreven die gerust als standaardwerk mag worden beschouwd.

Alleen al de verwerking van al deze publicaties en de synthese van de informatie die ze bevatten, zou een nieuwe biografie van Hitler rechtvaardigen. Maar dat is niet de enige intentie van dit boek. Veeleer is het doel Hitlers persoonlijkheid, die bij Kershaw opmerkelijk onderbelicht is gebleven, weer in het middelpunt te stellen, zonder daarbij echter de sociale condities die zijn pijlsnelle carrière mogelijk maakten uit het oog te verliezen. Daarbij zullen enkele van de aannames die in vrijwel de gehele Hitler-literatuur te vinden zijn, kritisch tegen het licht worden gehouden. De eerste is de veronderstelling dat Hitler een tamelijk gewone figuur met een beperkte geestelijke horizon en geringe sociale vaardigheden zou zijn geweest. Het centrale probleem bij elke benadering van de figuur Hitler is, zoals Karl-Dietrich Bracher het al formuleerde, 'hoe men vanuit een dergelijk bekrompen, persoonlijk beperkt bestaan een ontwikkeling kan begrijpen en verklaren die van zo'n grote betekenis voor de wereldgeschiedenis is geweest en die zulke ingrijpende gevolgen heeft gehad, maar die tegelijkertijd zo sterk van hem persoonlijk afhankelijk was'.[33] Ook voor Ian Kershaw is dat een fundamentele vraag: 'Hoe was het [...] mogelijk dat iemand met zo weinig intellectuele capaciteiten en maatschappelijke bagage [...] desalniettemin zo'n immense invloed op de geschiedenis kon uitoefenen dat de gehele wereld de adem inhield?'[34]

Maar wat als die veronderstelling niet juist is? Stel dat Hitlers persoonlijke leven helemaal niet zo beperkt was en zijn geestelijke vermogens helemaal niet zo gering ontwikkeld. Net als de meeste andere Hitler-biografen voor hem identificeert Kershaw als Hitlers enige talent de vaardigheid 'op de laagste emoties van de massa [...] in te spelen'.[35] Dat Hitler over een buitengewoon retorisch talent beschikte, is inderdaad onbetwist, en het belang daarvan voor zijn carrière in de jaren twintig en de vroege jaren dertig kan niet worden onderschat. Maar de voorzitter van de NSDAP was veel meer dan alleen een uitmuntend demagoog. Hij was bovendien een zeer getalenteerd toneelspeler. En in deze kunst om steeds een ander masker op te zetten en wisselende rollen te spelen, ontwikkelde hij zich tot een ware meester. Niemand heeft dit zo goed doorgrond als Charlie Chaplin in zijn film *The Great Dictator* van 1940. Nadat Albert Speer in 1972 de film had bekeken, prees hij de filmmaker: die zou 'met zijn poging tot Hitlers karakter door te dringen, een stuk verder zijn gekomen dan al zijn tijdgenoten'.[36]

Het 'merkwaardige rollenspel' van Hitlers bestaan – waarover ook Fest al sprak[37] – is precies een van de hoofdmotieven van dit boek. De kunstige huichelarij waarmee Hitler zowel aanhangers als tegenstanders steeds weer wist te misleiden omtrent zijn bedoelingen, vormt ongetwijfeld ook een belangrijk geheim van zijn bliksemcarrière als politicus. Toen toenmalig minister van Financiën Lutz Schwerin von Krosigk zeventien jaar na het einde van het Derde Rijk terugkeek, constateerde hij dat de 'peilloos diepe leugenachtigheid' van Hitler zijn belangrijkste karaktertrek was: 'Zelfs tegenover zijn naaste vertrouwelingen was hij niet eerlijk. Hij was naar mijn idee zo door en door onwaarachtig dat hij de grens tussen leugen en waarheid allang niet meer kende.'[38] Met zijn moraliserende oordeel trapte Schwerin von Krosigk alsnog in de val van de toneelspeler Hitler die zijn conservatieve bondgenoot keer op keer om de tuin had geleid.

Hitler presenteerde zich graag als mislukt kunstenaar, die tegen zijn zin in de politiek terecht was gekomen, en deze zelfmystificatie als 'kunstenaar-politicus' heeft ook zijn sporen nagelaten in de biografische benadering van Hitler. Daarbij zag men dan graag over het hoofd dat Hitlers eigenlijke grote talent niet in de beeldende kunst lag – als schilder of architectuurtekenaar was hij hooguit middelmatig – maar in de politiek. Wat betreft tactische sluwheid en het vermogen gunstige situaties bliksemsnel te herkennen en te benutten, was hij alle concurrenten binnen zijn eigen partij, maar ook alle politici van de burgerlijke partijen, volstrekt de baas. Anders is ook niet te verklaren hoe het komt dat hij vóór 1933 alle crises in de partij wist te doorstaan, en al evenmin hoe het kon dat zijn conservatieve coalitiepartners in het 'kabinet van nationale concentratie', die dachten dat ze hem 'aan zich hadden weten te binden', al na een paar maanden buitenspel wist te zetten – een verbazingwekkende ontwikkeling die in het hoofdstuk 'Instelling van de dictatuur' in detail wordt beschreven. Ook de typische, geïmproviseerde en persoonlijke manier waarop Hitler de macht uitoefende en die voortdurend tot competentiestrijd en een anarchie van ambten en bevoegdheden leidde, was, zoals ik zal laten zien, niet het gevolg van een gebrek aan politiek talent, maar juist een geraffineerde manier om zijn eigen machtspositie zo goed als onaantastbaar te maken.

Een andere, tot cliché geworden opvatting is dat Hitlers persoonlijke leven buiten de politiek volstrekt oninteressant geweest is, dat hij eigenlijk helemaal geen privéleven heeft gehad. Zelfs Konrad Heiden meende al te mogen opmerken dat de demagoog 'niet in staat was over de massa de mens te bereiken', en hij schreef hem een 'gebrek aan moed voor een privéleven' toe.[39] Alan Bullock noemde Hitler een 'ontwortelde figuur zonder thuis of familie', die 'met niemand en niets een binding had'.[40] Joachim Fest sprak van een 'ruimte zonder mensen' om hem heen, en beweerde stellig: 'Een privéleven had hij niet.'[41] Ian Kershaw spitste deze diagnose verder toe door te beweren dat Hitler volledig zou zijn opgegaan in zijn rol als Führer. In een interview ter gelegenheid van het verschijnen van deel 1 zei hij: 'Hitlers privéleven was zijn leven als politiek wezen. Als je daar de politiek uit wegdenkt, blijft er weinig tot niets over [...]. Hij is in zekere zin een lege huls.'[42] Ook Hans Mommsen, de nestor van de 'structuralistische' school in de Duitse geschiedschrijving over het nationaalsocialisme, sloot zich bij deze interpretatie aan: 'Achter Hitlers openbare optredens' zou 'volstrekt geen privéleven' zijn schuilgegaan[43] – een overtuigend bewijs van hoe sterk de Führermythe ook de geschiedschrijving nog beïnvloed heeft.

In dit boek wil ik proberen dit beeld bij te stellen. Het doel is te bewijzen dat deze zogenaamde leegte van Hitlers bestaan buiten zijn politieke activiteiten een verkeerde gevolgtrekking is. Op een bepaalde manier, zo is het vermoeden, zijn ook de biografen nog het slachtoffer geworden van de rol die Hitler het best wist te spelen, namelijk alsof hij geen privéleven had en een politicus was die zich alle persoonlijke genoegens ontzegde om zich volledig in dienst van 'volk en rijk' te stellen. Hoe weinig dit beeld overeenkomt met de werkelijkheid, moet vooral naar voren komen uit de hoofdstukken over Hitlers relaties met vrouwen en over het gezelschap op de Berghof, waarin de privésfeer van de dictator wordt belicht. Op één resultaat van deze introspectie wil ik wel vast vooruitlopen: Hitlers privéleven was rijker dan menig tijdgenoot of latere historicus zich heeft voorgesteld. Er is geen sprake van dat hij principieel niet in staat was tot het aangaan van persoonlijke relaties. Het is echter wel kenmerkend dat er geen duidelijk onderscheid bestond tussen politieke en private sfeer, maar dat beide juist op een uiterst ongebruikelijk wijze met elkaar vermengd waren. Dat werpt ook een geheel nieuw licht op de specifieke regeerstijl van de dictator, die in het hoofdstuk 'Regeerstijl en monumentale architectuur' aan de orde komt.

'Mag je Hitler als mens tonen?' Dat vroegen de media zich in 2004 af naar aanleiding van Bernd Eichingers film *Der Untergang*, waaruit de dictator, gespeeld door de prominente acteur Bruno Ganz, tijdens zijn laatste dagen in de bunker onder de rijkskanselarij, bijzonder overtuigend naar voren komt.[44] Daarop is maar één kort en krachtig antwoord mogelijk: het mag niet alleen, het *moet*! Het is een enorme vergissing te denken dat een volkomen unieke misdadiger als Hitler ook persoonlijk een monster moet zijn geweest. Natuurlijk zou het een stuk eenvoudiger zijn als we hem konden bestempelen als een psychopaat die zijn moordzuchtige neigingen doelgericht in politiek daden wist om te zetten. Deze demoniserende tendens heeft in het onderzoek inderdaad geruime tijd de boventoon gevoerd – en ons het zicht op de werkelijke persoon ontnomen. Vanuit zijn cel in de gevangenis van Spandau zag Albert Speer in februari 1947 de groeiende neiging in de naoorlogse Duitse samenleving om Hitler 'voor te stellen als een dictator die bij het minste of geringste ongecontroleerde woede-uitbarstingen had en zijn tanden in het tapijt zette'. Naar zijn idee was dat 'onjuist en gevaarlijk', zo noteerde hij: 'Als aan het beeld van Hitler de menselijke trekken ontbreken, als men zijn overredingskracht, zijn innemende eigenschappen, zelfs de Oostenrijkse charme die hij wist te ontwikkelen, buiten beschouwing laat, doet men geen recht aan zijn verschijning.'[45] En Leni Riefenstahl schreef aan Albert Speer nadat ze in het midden van de jaren zeventig zijn memoires had gelezen, dat men nooit zou ophouden te vragen: 'Wat was dat toch met Hitler, dat niet alleen het Duitse volk maar ook zo veel buitenlanders zo van hem onder de indruk waren, zelfs haast behekst leken?' En ze voegde eraan toe: 'Ook ik zal nooit de verschrikkelijke dingen die uit naam van Hitler zijn gebeurd vergeten of vergeven, en dat wil ik ook niet; evenmin wil ik echter vergeten hoe sterk de invloed was die van hem uitging – dan zou ik het onszelf te gemakkelijk maken. Maar deze beide, ogenschijnlijk onverenigbare tegenstellingen in zijn persoonlijkheid

– deze schizofrenie – waren waarschijnlijk nu net datgene wat zijn figuur zo ongekend energiek maakte.'⁴⁶

Deze aanwijzingen voor Hitlers typische dubbele aard – het naast elkaar bestaan van innemende trekken en criminele neigingen – moeten niet worden afgedaan als enkel een poging de aandacht af te leiden van de eigen betrokkenheid bij het misdadige regime. Ze moeten juist serieus worden genomen om goed te kunnen begrijpen hoe Hitler erin slaagde niet alleen zijn eigen entourage maar ook grote delen van het Duitse volk te verleiden. In hoofdstuk 13, dat de wellicht in eerste instantie wat bevreemdende titel 'De mens Hitler' draagt, heb ik geprobeerd dit te doen en een inzicht in Hitlers bijzondere talenten en gedragingen te krijgen dat verder gaat dan Fests 'portret van een onpersoon'⁴⁷.

Het lijdt geen twijfel dat het naziregime volledig om Hitler draaide. Met hem stond of viel het Derde Rijk. Daarom moet iedereen die het nationaalsocialisme, de aantrekkelijkheid en de monsterlijkheid ervan wil begrijpen, oog hebben voor de sturende kracht van Hitler, maar tegelijk ook voor de krachten die op hem inwerkten. Dat gebeurt met name in het hoofdstuk 'Führercultus en volksgemeenschap', waarin de wisselwerking tussen de dictator en de Duitse samenleving wordt belicht en onderzoek wordt gedaan naar de oorzaken van Hitlers ongekende populariteit.

Dat ik Hitler als mens laat zien, betekent uiteraard niet dat ik sympathie voor hem wil wekken, of zelfs ook maar zijn misdaden wil vergoelijken. Ook in deze biografie wordt hij getoond als de man die hij vanaf de vroege jaren twintig was: een fanatieke Jodenhater die zijn antisemitische bezetenheid weliswaar om tactische redenen kon bedwingen, maar die zijn doel om de Joden uit Duitsland te 'verwijderen' nooit uit het oog verloor. Aan de vraag hoe Hitler, toen hij eenmaal aan de macht was gekomen, zijn doel probeerde te verwezenlijken en welke steun hij daarbij kreeg, wordt daarom speciale aandacht besteed.

Uit die gedeelten waarin het gaat over de buitenlandse politiek na 1933, moet duidelijk worden hoe vastberaden Hitler zijn sinds de jaren twintig vaststaande doel van de verovering van 'Lebensraum in het oosten' nastreefde, ook al verschool hij zich aanvankelijk achter het masker van de vredelievende politicus en deed hij het voorkomen alsof hij enkel een herziening van het Verdrag van Versailles wenste. In het laatste hoofdstuk 'Op weg naar oorlog' wordt uiteengezet hoe de dictator vanaf 1937 stap voor stap de transformatie van een herzieningspolitiek naar een expansiepolitiek voltrok, met de bedoeling het Derde Rijk de onbetwiste hegemonie te geven niet alleen over Europa, maar ook de hele wereld. Deel 2 van dit werk begint met de ontketening van de oorlog in de nazomer van 1939.

Dit eerste deel van deze Hitler-biografie gaat over de 'De jaren van de opkomst'.

Laat daarmee zeker niet de indruk gewekt zijn dat het hier een ononderbroken reeks successen betreft. Integendeel: ik zal juist laten zien dat deze carrière steeds weer schipbreuk dreigde te lijden, zeker na de mislukte putsch van november 1923 en de desastreuze verkiezingsnederlaag van november 1932. Hitlers opmars naar de macht was allesbehalve onstuitbaar. Zelfs in januari 1933 had zijn benoeming tot rijkskanselier nog kunnen worden verhinderd. De aanvoerder van de NSDAP profiteerde niet alleen van een uitzonderlijke crisissituatie die hij even handig als gewetenloos wist uit te buiten, maar ook van de notoire onderschatting door zijn politieke tegenstanders, met wie hij al vanaf het begin van zijn loopbaan te maken had gehad. Diezelfde onderschatting zou buitenlandse staatslieden later ten onrechte doen geloven dat ze Hitlers agressiviteit in toom konden houden. Bij het verbreken van het Verdrag van München in maart 1939 zag men de werkelijkheid pas onder ogen. De dictator had daarmee echter wel een rode lijn overschreden. De Nemesis kondigde zich aan, al besefte dat toentertijd vrijwel niemand, laat staan de Führer zelf.

Een belangrijke bron voor dit werk zijn de door Eberhard Jäckel en Axel Kuhn in 1980 uitgegeven *Sämtliche Aufzeichnungen* (Verzamelde aantekeningen) van Hitler van 1905 tot 1924 en de uit drie delen bestaande vervolgeditie van het Münchner Institut für Zeitgeschichte, *Hitler. Reden, Schriften, Anordnungen* van 1925 tot 1933, die pas sinds 2003 volledig beschikbaar is.[48] Beide werken documenteren op een indrukwekkende manier de vroege ontwikkeling en de consistentie van Hitlers wereldbeschouwelijke fixaties. Het zou zeer welkom zijn als het Institut für Zeitgeschichte ook Hitlers egodocumenten uit de jaren 1933 tot en met 1945 zou willen uitgeven in een even zorgvuldige editie. Tot dan blijven historici aangewezen op de in veel opzichten tekortschietende verzameling van Max Domarus, *Adolf Hitler. Reden und Proklamationen*.[49]

Van de officiële publicaties van stukken is met name de door de Historische Kommission bei den Bayerischen Wissenschaften in samenwerking met het Bundesarchiv uitgegeven editie *Akten der Reichskanzlei. Die Regierung Hitler* van belang. De door Friedrich Hartmannsgruber bewerkte delen II tot en met VI, die de jaren 1934-1935 tot en met 1939 bevatten, verschenen tussen 1999 en 2012, waardoor Kershaw er dus nog niet over kon beschikken.[50]

Een bron die nog lang niet optimaal is gebruikt, zijn de door Elke Fröhlich in opdracht van het Institut für Zeitgeschichte (IfZ) München uitgegeven dagboeken van Joseph Goebbels, die pas sinds 2006 volledig voorhanden zijn voor onderzoek. Ook al moet men zeker rekening houden met het feit dat veel van de aantekeningen duidelijk zijn gemaakt om latere lezers te beïnvloeden, vanwege het nauwe contact tussen de minister van Propaganda en zijn Führer bieden ze toch belangrijke inzichten in Hitlers overwegingen en motieven. Ook de privépersoon Hitler wordt hierin steeds weer op verrassende wijze tastbaar.[51]

Behalve van de aantekeningen van Hitlers strijdmakkers is ook intensief gebruikgemaakt van de getuigenissen van andere tijdgenoten. Daarbij komen zowel bewonderaars als tegenstanders uitgebreid aan het woord. Tot die laatsten behoort naast Thomas Mann, Victor Klemperer, Thea Sternheim, Theodor Heuss en Sebastian Haffner ook de reeds eerder genoemde Harry graaf Kessler. De uitgave van zijn dagboeken werd in 2010 afgerond met deel 9, voor de periode 1926 tot en met 1937. Een andere belangrijke bron vormen de berichten van buitenlandse diplomaten uit tien verschillende landen, die Frank Bajohr en Christoph Strupp van de Hamburger Forschungsstelle für Zeitgeschichte in 2011 publiceerden onder de titel *Fremde Blicke auf das 'Dritte Reich'*.[52] Het gedrukte bronnenmateriaal is aangevuld met uitgebreid onderzoek in het Bundesarchiv Berlijn-Lichterfelde, het Bundesarchiv Koblenz, het Institut für Zeitgeschichte in München, het Bayerisches Hauptstaatsarchiv München, de Bayerische Staatsbibliothek München en het Schweizerisches Bundesarchiv in Bern.[53] Ik was verrast dat er nog zo veel te ontdekken viel op dit soort plaatsen, terwijl Hitlers leven toch een van de grondigst onderzochte onderwerpen in de geschiedschrijving is.

Dit boek biedt geen compleet nieuwe interpretatie. Dat zou na de grote voorgangers, van Konrad Heiden tot Ian Kershaw, ook nogal aanmatigend zijn geweest. Ik hoop echter dat het zelfs met dit eerste deel al gelukt is onze kennis over de man die – zoals Stefan Zweig het formuleerde – 'meer onheil over onze wereld heeft gebracht dan wie dan ook, wanneer dan ook',[54] te vergroten en de persoonlijkheid met zijn verrassende tegenstrijdigheden en tegenstellingen duidelijker naar voren te laten treden dan tot nu toe het geval is geweest. Het beeld van Hitler wordt daardoor complexer en gelaagder. Hij was geen 'Man zonder eigenschappen'[55], maar juist een man met veel eigenschappen en gezichten. Achter de publieke figuur die zowel uit de gespeelde Führer bestond als uit wat zijn goedgelovige aanhangers aan hem toeschreven, wordt de mens zichtbaar – met zijn innemende en afstotelijke trekken, zijn onbetwistbaar grote gaven en talenten en zijn onmiskenbare, diep gewortelde complexen en neigingen, zijn destructieve energie en zijn moordlustige drijfveren. Het doel van dit werk is de Hitler-mythe, die als negatieve 'fascinatie met het monster'[56] in de literatuur en het publieke debat van na 1945 in allerlei vormen bleef doorwerken, te deconstrueren. Op een bepaalde manier wordt Hitler hier 'genormaliseerd', al wordt hij daardoor niet normaler, maar integendeel juist ondoorgrondelijker.

Schrijven over een figuur die zo sterk de loop van de Duitse en de Europese geschiedenis heeft bepaald, is zeker de moeilijkste en tegelijk meest verantwoordelijke taak waaraan men zich als historicus kan zetten. Er zal altijd iets overblijven wat niet kan worden verklaard. Waarschijnlijk had Rudolf Augstein gelijk toen hij zich in zijn bespreking van het werk van Joachim Fest afvroeg of *de* Hitler-biografie eigenlijk wel mogelijk was.[57] Het onderzoek naar deze raadselachtige, verwarrende figuur zal nooit zijn voltooid. Elke generatie wordt ertoe uitgedaagd haar relatie tot hem opnieuw te bepalen. 'De Duitsers zijn van Hitler bevrijd en toch zullen ze hem nooit meer kwijtraken.' Zo vatte Eberhard Jäckel het in 1979 tijdens een lezing samen. Ook de dode Hitler zal 'de Duitsers altijd vergezellen – de overlevenden, hun nakomelingen en zelfs de ongeborenen, niet als levende mens, maar als eeuwige herinnering aan waartoe de mens in staat is'.[58]

I
De jonge Hitler

'Van familiegeschiedenis heb ik geen verstand. Op dit gebied ken ik reusachtige beperkingen,' bekende Hitler in augustus 1942 tijdens een van zijn talloze monologen in het Führerhoofdkwartier de 'Wolfsschanze'. 'Ik ben een volstrekt familieloos wezen, een sibbeloos aangelegd wezen. Dat ligt me niet. Ik behoor tot mijn volksgemeenschap.'¹ De dictator had zijn redenen om blijk te geven van desinteresse in zijn eigen familiegeschiedenis. Die bevatte enkele smetten die al in de vroege jaren twintig, aan het begin van Hitlers politieke carrière, aanleiding gaven tot geruchten en speculaties en later ook historici enkele hoofdbrekens zouden bezorgen. Tot op heden zijn niet alle vragen beantwoord die er zijn met betrekking tot Hitlers afkomst.

De sporen leiden naar het Waldviertel, een voornamelijk agrarisch gebied in het noorden van Neder-Oostenrijk, tegen de Boheemse grens. Hier, in het dorp Strones in de buurt van Döllersheim, baarde de ongehuwde dienstmeid Maria Anna Schicklgruber, de dochter van een keuterboer, op 17 juni 1837 een zoon die ze de naam Alois gaf. Het ongewone aan de zaak was niet dat het een onecht kind was – dat kwam in die tijd regelmatig voor op het platteland – maar dat de moeder op het moment van de bevalling bijna 42 was, en daarmee was ze voor die tijd al behoorlijk oud. Desalniettemin trouwde ze vijf jaar later met de vijftig jaar oude molenaarsknecht Johann Georg Hiedler uit Spital. Het paar lijkt onder armoedige omstandigheden te hebben geleefd, want vermoedelijk werd het buitenechtelijke kind al voor het overlijden van Maria Anna in 1847 toevertrouwd aan de bescherming van Johann Georgs jongere broer Johann Nepomuk, die in Spital tot de welgestelde boeren behoorde. De pleegvader – die zijn naam Hüttler spelde in plaats van Hiedler – zorgde voor Alois alsof hij zijn eigen zoon was. Die werd samen met de drie eigen dochters zorgzaam opgevoed, bezocht de lagere school en ging vervolgens in Wenen in de leer bij een schoenmaker.

Voor een jongeman van zijn afkomst en schoolopleiding had Alois Schicklgruber een opmerkelijke carrière. In 1855, toen hij amper negentien jaar was, besloot hij het ambacht op te geven en te gaan werken voor de k.u.k. *Finanzwache*, de toentertijd paramilitair georganiseerde douane van de Oostenrijkse monarchie.

Hier klom hij, als toonbeeld van ambitie en plichtsbesef, stap voor stap hoger op de carrièreladder, tot hij in 1875 met zijn bevordering tot douanebeambte in Braunau een rang in de ambtelijke hiërarchie had bereikt die doorgaans was voorbehouden aan mensen die eindexamen hadden gedaan.[2] Een jaar later gebeurde er iets merkwaardigs: begin juni 1876 verscheen Johann Nepomuk samen met drie getuigen op het kantoor van notaris Josef Penker in Weitra, een niet ver van Spital gelegen stadje, en verklaarde dat Alois Schicklgruber de zoon van zijn negentien jaar eerder overleden broer Johann Georg Hiedler was. In het stuk dat de notaris opstelde en dat hij door drie getuigen liet ondertekenen, staat voor het eerst in plaats van 'Hiedler' de naam 'Hitler' – in die tijd nam men het niet zo nauw met de schrijfwijze van namen. Een dag later veranderde de pastoor van Döllersheim op grond van het document dat aan hem werd gepresenteerd de inschrijving in het doopboek, doordat hij in het tot dan toe leeg gebleven vakje als naam van Alois' vader nu 'Georg Hitler' schreef, de achternaam Schicklgruber doorstreepte en 'onwettig' door 'wettig' verving.[3]

Over de redenen voor deze late echting van het vaderschap en de daarmee samenhangende naamsverandering is veel gespeculeerd.[4] Als Johann Georg Hiedler werkelijk de vader was, zoals ook de officiële lezing in het Derde Rijk luidde, waarom had hij dan niet direct na het huwelijk met Maria Anna in 1842 Alois als zijn zoon erkend? Waarom had hij de jongen in plaats daarvan door zijn broer Johann Nepomuk laten opvoeden? Was die misschien de werkelijke vader, zoals veel historici vermoeden?[5] Een reden om dat aan te nemen, was dat het initiatief voor de naamsverandering kennelijk was uitgegaan van Nepomuk en niet van Alois zelf. Maar waarom had hij dan niet zichzelf als de werkelijke vader gemeld, maar juist zijn broer die al zo lang dood was? Wilde hij een geheim familieschandaal toedekken? Of probeerde hij zijn pleegzoon, wiens carrière hem met trots vervulde, te bevrijden van het stigma dat hij een bastaard was? Dat lijkt echter niet aan te sluiten bij het late tijdstip van de echting, want in al die jaren die waren voorafgegaan had dit stigma Alois Schicklgruber ook niet gehinderd. Er zijn veel aanwijzingen dat de handige landbouwer zijn nalatenschap wilde beschermen tegen de greep van de fiscus. Als officieel erkende neef hoefde Alois, de belangrijkste erfgenaam van het vermogen, namelijk veel lagere successierechten te betalen dan in alle andere gevallen.

Hoe dan ook: het staat in elk geval vast dat de identiteit van Adolf Hitlers grootvader aan vaderszijde onzeker is. Het is dan ook enigszins ironisch dat de latere dictator die van elke Duitser een bewijs van zijn 'arische afstamming' verlangde, strikt genomen zelf een dergelijk bewijs niet kon produceren, ook al probeerde de officiële stamboom van de Führer een andere indruk te wekken. 'Het is toch treffend', schreef de *Bayerische Kurier* op 12 maart 1932, een dag voor de eerste ronde van de rijkspresidentsverkiezingen, waarin Hitler de tegenkandidaat van Hindenburg was, dat de 'anders zo spraakzame Adolf Hitler er over zijn voorouders en de ouderdom van zijn familienaam het zwijgen toe doet'. Even daarvoor had de *Wiener Sonn- und Montagszeitung* in chocoladeletters onthuld dat Hitlers vader eigenlijk 'Schücklgruber' (*sic!*) zou hebben geheten en dat de naamsverandering zou hebben plaatsgevonden vanwege een erfenis.[6]

Geruchten over een mogelijke Joodse afstamming van Hitler zijn niet bevestigd. Die deden al in de jaren twintig de ronde, en later dook er ook een ogenschijnlijk geloofwaardige bron op: in zijn voor zijn executie in Neurenberg in 1946 geschreven memoires beweerde Hans Frank, Hitlers gouverneur-generaal in het bezette Polen, dat de vader van de dictator verwekt zou zijn door de Joodse koopman Frankenberger in Graz. Maria Anna Schicklgruber zou in dat huishouden hebben gewerkt.[7] Uit grondig onderzoek is inmiddels echter gebleken dat er op dat moment noch in Graz, noch in de rest van de Stiermarken een Joodse familie Frankenberger had geleefd.[8] Er zijn geen bewijzen dat Hitler de speculaties over een zogenaamde Joodse grootvader serieus heeft genomen of zelfs ook maar als bedreigend ervoer.

We zouden de naamsverandering van 1876 dus als een bizarre episode verder kunnen laten rusten, ware het niet dat deze voor Hitlers latere carrière gevolgen bleek te hebben. 'Over geen enkele beslissing van zijn "oude heer" was hij zo tevreden als deze,' herinnert zich Hitlers jeugdvriend August Kubizek, 'want "Schicklgruber" vond hij zo lomp, te boers en bovendien te lastig, te onpraktisch. "Hiedler" vond hij te saai en te verwijfd. "Hitler" vond hij goed klinken, en het was makkelijk te onthouden.'[9] Of een man met de naam Schicklgruber zich als de politieke messias van de Duitsers had kunnen voordoen, blijft natuurlijk nog maar de vraag. De groet 'Heil Schicklgruber!' zou in elk geval alleen maar op de lachspieren hebben gewerkt.

Voor de buitenwereld deed Alois Hitler, zoals hij zich voortaan noemde, zich voor als de correcte ambtenaar. Een voormalige collega uit Braunau beschreef hem als een onsympathieke, pedant aan de dienstvoorschriften vasthoudende figuur die een zeer teruggetrokken leven leidde en maar weinig met andere mensen omging.[10] Op foto's is hij plechtig poserend te zien in zijn dienstuniform, met glimmend gepoetste knopen en met opzij een blinkende sabel. Maar in zijn privéleven ging het er een stuk minder ordelijk aan toe. Door zijn innerlijke onrust hield hij het nooit lang vol op één plek. Hij verhuisde dan ook regelmatig. Ook in de liefde was de ogenschijnlijk zo brave man opmerkelijk onbestendig; naar de maatschappelijk normen van die tijd en zijn milieu was hij zelfs losbandig te noemen. Tot drie keer toe trouwde hij – het eerste huwelijk, dat de zesendertigjarige in 1873 in Braunau sloot met de veertien jaar oudere ambtenaarsdochter

Anna Glasl, liep zeven jaar later uit op een scheiding. De douanebeambte had het namelijk aangelegd met een negentienjarig meisje, de serveerster Franziska ('Fanni') Matzelsberger, wat in het drieduizend inwoners tellende stadje Braunau niet onopgemerkt kon blijven. In mei 1883, een maand na de dood van zijn eerste vrouw, trouwde Alois Hitler met zijn 24 jaar jongere geliefde, die twee jaar eerder al een buitenechtelijke zoon had gebaard, die naar zijn vader Alois werd genoemd. Twee weken na de bruiloft kreeg ze een tweede kind, een dochter die ze Angela noemden.

Het geluk was echter niet van lange duur. Nog datzelfde jaar kreeg Franziska Hitler tuberculose, een ziekte die destijds veel voorkwam. Al terwijl ze langzaam wegkwijnde, begon Alois een verhouding met Klara Pölzl, die vroeger al eens als hulp in de huishouding bij hem had gewerkt en die hij nu weer inschakelde als opvoedster van de beide kinderen Alois en Angela. Klara Pölzl werd in 1860 in Spital geboren en was 23 jaar jonger dan Alois Hitler. Ze was een dochter van keuterboer Johann Baptist Pölzl en diens vrouw Johanna, die zelf weer een dochter was van Johann Nepomuk Hüttler, Alois Schicklgrubers pleegvader.[11] Dat wil zeggen: volgens de echting van 1876 waren Alois Hitler en Klara Pölzl dus neef en nicht in de tweede graad. (Als Nepomuk de verwekker van Alois was geweest,

Afb. 1 Moeder Klara Hitler, geb. Pölzl (1860–1907), omstreeks 1885.

Afb. 2 Vader Alois Hitler (voorheen Schicklgruber) (1837–1903) in zijn douane-uniform, omstreeks 1880.

zou de verwantschap zelfs nog nauwer zijn geweest.) Toen Fanni in augustus 1884 op slechts 23-jarige leeftijd stierf, was Klara Pölzl inmiddels al zwanger van Alois. Ze besloten echter niet het gebruikelijke jaar rouw in acht te nemen, maar gelijk te trouwen. Dat was nog niet zo eenvoudig, want de plaatselijke pastoor weigerde vanwege de nauwe verwantschap toestemming te geven. Alois Hitler deed daarom een verzoek om dispensatie bij het Bisschoppelijke Ordinariaat in Linz. Pas na enig getouwtrek zou die worden verleend.[12] Op 7 januari 1885 kon het paar eindelijk in het huwelijk treden.

Klara Hitler kreeg snel achtereen drie kinderen – Gustav in 1885, Ida in 1886 en Otto in 1887. Die stierven alle drie al vroeg, en dat was zelfs in die tijd met zijn hoge kindersterfte ongewoon. Op 20 april 1889, omstreeks 18.30 uur, baarde ze in een pension in Braunau aan de Salzburger Vorstadt 219, waar de Hitlers zich nu hadden gevestigd, haar vierde kind. Het werd op paasmaandag gedoopt onder de naam Adolf.[13] Zijn moeder was op dat moment 28 en zijn vader 51.

Voor de eerste jaren van Adolf Hitlers leven zijn nauwelijks authentieke getuigenissen beschikbaar. Wat Hitler zelf in het eerste hoofdstuk van *Mein Kampf* vertelt over zijn tijd bij zijn ouders thuis, is een weloverwogen mengeling van halve waarheden en legenden, waarmee de in de vesting Landsberg opgesloten couppleger van 1923 probeerde zichzelf in een gunstiger daglicht te stellen en zijn politieke roeping als Führer van een nieuw Groot-Duits Rijk geloofwaardig te maken. Persoonlijke documenten waaruit wellicht de waarheid over de kinder- en tienerjaren had kunnen blijken, liet Hitler na 1933 in beslag nemen en in april 1945, enkele dagen voor zijn zelfmoord in de bunker van de rijkskanselarij, door zijn assistent Julius Schaub vernietigen.[14] Daarom stamt de meeste informatie uit tweede hand, uit de aantekeningen en herinneringen van tijdgenoten en strijdmakkers, op een later moment opgesteld en dus vanuit de optiek van een kritische omgang met bronnenmateriaal weinig geschikt, omdat ze immers zijn beïnvloed door kennis over het verdere levensverloop van Adolf Hitler.[15]

'Nu beschouw ik het als een gelukkige schikking van het lot, dat het mij juist Braunau aan de Inn als geboorteplaats aanwees', zo begint Hitler *Mein Kampf*. 'Dit stadje is immers juist gelegen op de grens van die twee Duitse staten, die vooral volgens ons, jongeren, weer tot één geheel moeten worden verenigd.'[16] In Hitlers jeugd speelde Braunau echter geen al te grote rol. Al in 1892 werd zijn vader, die inmiddels tot hoofd-douanebeambte was benoemd, overgeplaatst naar Passau, aan de Duitse kant van de grens. De jaren die hij daar doorbracht, lieten hun sporen na in de taalontwikkeling van de jongeman. Hij nam het Neder-Beierse accent over en bleef daarin spreken, iets wat zeker een gedeeltelijke verklaring vormt voor zijn succes als volksmenner in de bierkelders van München in de vroege jaren twintig.[17]

Later zou Hitler graag de indruk wekken dat hij onder armoedige omstandigheden was opgegroeid.[18] Daarvan kan echter geen sprake zijn. Als hoofdambtenaar bij de douane ontving Alois Hitler een jaarsalaris van 2600 kronen – het equivalent van wat een schooldirecteur ontving. Ook toen hij in 1895, op 58-jarige leeftijd, met pensioen ging, kreeg hij nog een pensioen van 2200 kronen en had hij het nauwelijks slechter dan daarvoor.[19] De familie Hitler behoorde dus tot de welgestelde middenstand. Het huishouden bestond naast Alois en Klara nog uit de beide kinderen uit het tweede huwelijk, Alois en Angela, evenals Adolfs in 1894 geboren broertje Edmund (die in 1900 de mazelen kreeg en overleed) en zijn zusje Paula, dat in 1896 werd geboren. Daarnaast woonde er nog een belangrijke hulp, de jongere zus van Klara, de vrijgezelle Johanna Pölzl, in huis – de 'tante Hanni' die kennelijk een bochel had en geestelijk licht gehandicapt was.[20]

Binnen deze familie lijkt vader Alois Hitler een strenge, licht opvliegende figuur te zijn geweest. Van zijn kinderen verlangde hij onvoorwaardelijk respect en gehoorzaamheid, en wanneer hij daar niet op kon rekenen, greep hij graag naar de rotting. Vooral zijn oudste zoon Alois had te lijden onder de vaderlijke opvliegendheid (daarom verliet hij al op zijn veertiende het ouderlijk huis), maar ook de zeven jaar jongere Adolf lijkt zo nu en dan slaag te hebben gekregen. Dat hij 'dagelijks een gezond pak slaag kreeg', zoals zijn zus Paula bij een verhoor in mei 1946 beweerde, is wellicht overdreven.[21] De hoofdbeambte bij de douane bemoeide zich namelijk doorgaans weinig met de opvoeding van de kinderen. Hij besteedde zijn vrije tijd veel liever aan zijn hobby, de imkerij, of ging naar het café

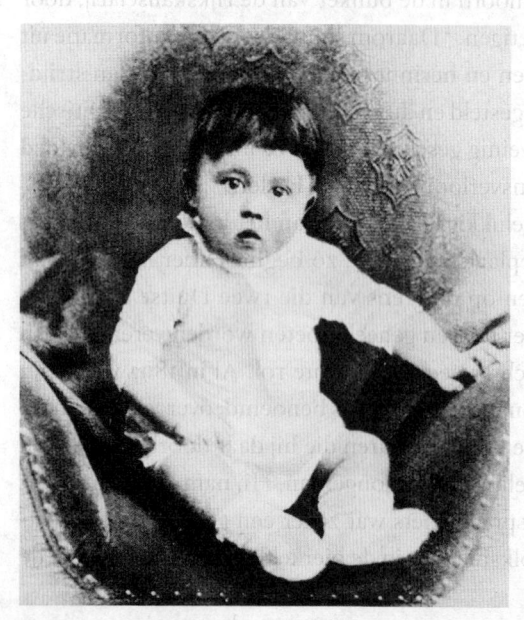

Afb. 3 Adolf Hitler als kleuter, 1891.

om daar onder het genot van enkele glazen bier over de toestand van de wereld te discussiëren met kennissen.[22] Latere beweringen van Adolf Hitler dat zijn vader zich de alcohol buitengewoon goed zou hebben laten smaken – en dat hij hem zelfs een keer in dronken toestand uit het café naar huis moest brengen – moeten met een korreltje zout worden genomen.[23] Ze passen in zijn tactiek zijn vader in een ongunstig daglicht te stellen en zo zijn moeder des te heiliger te doen overkomen. Na een gesprek met de Führer in augustus 1932 noteerde de Gauleiter van Berlijn, Joseph Goebbels: 'Hitler heeft vrijwel net zo'n jeugd beleefd als ik. Zijn vader was de huistiran, zijn moeder een toonbeeld van goedaardigheid en liefde.'[24]

Klara Hitler was een stille, bescheiden en volgzame vrouw die de autoritaire houding van haar man zonder klagen verdroeg en de kinderen zo goed als ze kon tegen zijn woedeaanvallen probeerde te beschermen. De vroege dood van haar eerste drie kinderen viel haar zwaar. Des te meer spande ze zich in om haar vierde kind Adolf met al haar liefdevolle zorg te omringen. Hij was haar verwende lievelingetje, terwijl de beide stiefkinderen, Alois en Angela, zich soms verwaarloosd voelden. 'Hij werd van vroeg tot laat verwend,' verklaarde William Patrick Hitler, de zoon van Alois jr. in september 1943 in New York, 'en de stiefkinderen moesten eindeloos aanhoren hoe geweldig Adolf was.'[25]

Voor de jonge Hitler was de toewijding van zijn moeder een compensatie voor de vaak overdreven strengheid van zijn vader. 'Over zijn moeder sprak hij alleen vol liefde,' vertelde August Kubizek.[26] Ook in later jaren had hij altijd een kleine foto van Klara Hitler in zijn borstzak zitten. Een in olieverf geschilderd portret van zijn moeder was een van de weinige zaken die Hitler tot op het allerlaatst in zijn slaapkamer bij zich hield.

De psychoanalyse gaat ervan uit dat de eerste jaren beslissend zijn voor de persoonlijkheidsontwikkeling. Slechts weinig historici, en zeker psychohistorici, hebben de verleiding kunnen weerstaan in de jonge Hitler al trekken te zien van het latere monster. Zo heeft men het geweld van de vader waaraan het kind was blootgesteld, geduid als een van de oorzaken van de moorddadige politiek van de dictator.[27] Biografen kunnen maar beter voorzichtig zijn en niet al te vergaande conclusies trekken uit de belevenissen tijdens de vroege jeugd. Destijds was het gebruikelijk dat kinderen tijdens de opvoeding vaak een pak slaag kregen. Een autoritair-repressieve vader en een liefdevol compenserende moeder, dat was rond de eeuwwisseling een tamelijk gewoon patroon in middenklassegezinnen. Voor zover bekend, lijkt Hitler een tamelijk normale kindertijd te hebben gehad, en er zijn in elk geval geen zekere aanwijzingen voor de vorming van een abnormale persoonlijkheid waaruit zijn latere misdaden zouden kunnen worden verklaard. Als er al sprake was van een probleem, dan was dat eerder een overdaad dan een gebrek aan moederliefde en aandacht. Misschien dat dit ertoe heeft bijgedragen dat de jonge Hitler geneigd was zichzelf te overschatten en meende altijd gelijk te hebben, en tegelijk geen zin had in onaangename inspanningen. Al tijdens zijn schooltijd werden die karaktertrekken al duidelijk zichtbaar.

In 1895, het jaar waarin hij met pensioen ging, kocht Alois Hitler een hoeve in Hafeld, een deelgemeente van de gemeente Fischlham in de buurt van Lambach. In mei 1895 kwam de zesjarige Hitler daar in het grote klaslokaal met alle leeftijden terecht. 'Toen ik zelf nog in de eerste klas zat, luisterde ik altijd al mee met de leerlingen van het tweede jaar, en later met die van het derde en het vierde.'[28] In 1897 verkocht zijn vader de hoeve en huurde een huis in Lambach, waar de achtjarige naar de lagere school ging en korte tijd de koorschool van het benedictijnerklooster bezocht. In de herfst van 1898 verhuisde de familie alweer, dit keer naar Leonding, een dorp in de buurt van Linz. Hier had Alois Hitler een huis vlak bij het kerkhof gekocht. Dat zou later, na de *Anschluss* van Oostenrijk, tot bedevaartsoord worden. 'Heel klein en primitief,' merkte minister van Propaganda Goebbels op tijdens een bezoek in maart 1938. 'Men gaat mij voor naar de kamer die zijn domein was [...] Hier werd dus een genie gevormd. Er kwam een gevoel van ontzag en vreugde over me.'[29]

Adolf Hitler was een montere scholier die fluitend ook de lagere school in Leonding doorliep en altijd met goede cijfers thuiskwam. 'Het grote gemak waar-

Afb. 4 Klassenfoto met de tienjarige Adolf Hitler (bovenste rij, midden), Leonding, 1899.

mee ik leerde, liet mij zoveel vrije tijd, dat ik meer in de zon liep dan op mijn kamer zat,' schreef hij in *Mein Kampf* over deze onbezorgde jaren.[30] Met de jongens in het dorp speelde hij wilde oorlogsspelletjes en nam dan graag het bevel op zich. 'We speelden toen Boerenoorlog,' vertelde een buurjongen uit de schoolbank in Leonding later. 'Wij uit Leonding waren onder aanvoering van Hitler de Boeren, en die uit Untergamberg waren de Engelsen. Het ging er vaak hard aan toe, ook na de veldslag bij Hitlers vader thuis, omdat onze veldheer Adolf zijn vader altijd zo lang liet wachten op de tabak die hij voor hem had moeten halen.'[31]

's Avonds verslond hij, zoals zo veel jongens van zijn leeftijd, de boeken van Karl May: 'bij kaarslicht en met een grote loep bij maanlicht', zoals hij in februari 1942 op de Wolfsschanze in een van zijn monologen over zijn kindertijd vertelde.[32] Zelfs nog tijdens de oorlog, juist in moeilijke situaties, moet Hitler steeds meer gegrepen hebben naar een deeltje van Karl May om zijn entourage de figuur van Winnetou voor te houden als 'het beste voorbeeld voor een compagniescommandant'.[33]

Hitler zag zichzelf te midden van zijn schoolkameraadjes in Leonding als een 'kleine raddraaier',[34] en de klassenfoto uit 1899 lijkt dat te bevestigen: hierop staat de tienjarige in het midden van de bovenste rij, als op een verheven positie, enigszins blasé te kijken, 'met een gebaar van demonstratieve superioriteit'.[35] Het is duidelijk te zien: deze jongen heeft nog nooit aan zichzelf getwijfeld.

Maar met de overstap naar de *Staats-Realschule* [soort mavo/havo – vert.] van Linz in september 1900 kwam er een abrupt einde aan de zonnige kindertijd. Voor de elfjarige betekende deze overgang dat hij nu een uur te voet onderweg was, heen en terug. In de nieuwe klas had hij niet langer het hoogste woord en was hij gewoon een van velen, en daar kwam bij dat hij in de ogen van de Linzer burgerkinderen een boerenkind was. Adolf Hitler had duidelijk moeite zich te schikken naar de veel sterker gereglementeerde wereld van deze school. Zijn eerder zo moeiteloos bereikte schoolprestaties bleven nu uit. Al na het eerste schooljaar 1900–1901 bleef hij met een 'onvoldoende' voor wiskunde en natuurlijke historie zitten. Ook de volgende schooljaren wist hij maar met pijn en moeite te halen. Zijn voormalige klassenleraar, dr. Eduard Huemer, herinnerde zich in 1924 de 'schrale, bleke jongen' die weliswaar 'beslist aanleg had' maar 'niet ijverig' zou zijn geweest. Vanwege 'zijn onmiskenbare talent' had hij toch 'veel betere resultaten moeten behalen'. 'Tegendraads, eigenmachtig, betweterig en driftig' hadden de leraren hem gevonden. Op hun adviezen en vermaningen zou hij 'niet zelden met een nauwelijks verhulde tegenzin' hebben gereageerd.[36] Uit de levendige, open jongen was in de pubertijd een introverte, norse jongeling geworden die zich in de positie van een buitenstaander manoeuvreerde.

In *Mein Kampf* beschreef Hitler zijn falen op school als een daad van verzet, niet in de eerste plaats tegen de leraren, maar tegen zijn vader. Die zou hem naar zijn eigen voorbeeld een loopbaan als ambtenaar hebben willen opdringen, iets waartegen hij met heel zijn wezen in verzet kwam. 'Ik wilde geen ambtenaar worden. En geen overredende woorden, geen ernstige vermaningen zagen kans, aan deze tegenstand iets af te doen. [...] Ik werd misselijk bij de gedachte, eens als onvrij man achter een bureau te moeten zitten; niet meer heer en meester te kunnen zijn over eigen tijd, en gedwongen te zijn de inhoud van mijn gehele leven te zoeken in het invullen van formulieren.'[37]

Deze weergave van de feiten is terecht in twijfel getrokken. Als Hitlers vader werkelijk van plan was geweest van zijn zoon een ambtenaar te maken, zou hij hem toch zeker naar het gymnasium en niet naar de Realschule hebben gestuurd, aangezien die laatste school toch vooral een voorbereiding vormde op technische en commerciële beroepen.[38] Doorslaggevend voor die beslissing lijkt het al vroeg onderkende tekentalent van de jongen te zijn geweest. Dat Adolf Hitler echter, zoals hij in *Mein Kampf* beweerde, al op zijn twaalfde zou hebben geweten dat hij kunstenaar wilde worden in plaats van ambtenaar, en dat hij met dat verlangen de verbitterde afwijzing van zijn vader over zich had afgeroepen – 'Kunstschilder? Niet zolang ik leef!'[39] – moet dus eerder als onderdeel van de legendevorming worden gezien.

Het staat wel vast dat de spanningen tussen vader en zoon in deze tijd opliepen. Alois Hitler merkte dat hij steeds minder greep had op de opgroeiende jongen en dat die steeds weerspanniger werd. Waar hij verbitterd over raakte, waren

Afb. 5 Uitsnede: de jongen met zijn armen over elkaar.

waarschijnlijk niet in de eerste plaats de meningsverschillen over de te kiezen carrière, maar Adolfs overduidelijke onwil zijn best te doen om op de middelbare school mee te komen. Als onecht kind uit het Waldviertel had Alois hard moeten werken om te komen waar hij was, en van zijn zoon, die onder gunstigere omstandigheden was opgegroeid, verwachtte hij dat die met toewijding en vasthoudendheid de bereikte status veilig zou stellen, deze zo mogelijk nog zou verbeteren en nog een trede in de hiërarchie zou opklimmen, aangezien hijzelf vanwege zijn afkomst en opleiding niet hogerop kon komen. In plaats daarvan bleek de jonge Hitler verrassend lui en weerspannig, en dat irriteerde zijn eerzuchtige vader mateloos.

Voordat het conflict echter verder kon escaleren, gebeurde er iets onverwachts: op 3 januari 1903 overleed Alois Hitler op 65-jarige leeftijd bij een ochtendlijk aperitiefje in café Wiesinger in Leonding – 'ons allen in diepe smart dompelend', zoals Hitler het in *Mein Kampf* formuleert.[40] Voor zijn vrouw, maar meer nog voor zijn kinderen, was de plotselinge dood van de huistiran waarschijnlijk een opluchting. In materieel opzicht was er voor het gezin gezorgd: Klara Hitler ontving een weduwenpensioen waar ze behoorlijk van kon leven.[41] Tijdens de zomervakantie ging ze meestal met Adolf en Paula naar haar tweede zus, Theresia, die in Weitra woonde. Haar kinderen vertelden later dat de jonge Hitler soms wel met hen speelde, maar zich het liefst afzijdig hield om te schilderen of te tekenen of om de boeken te lezen die hij altijd bij zich had.[42]

Zijn schoolprestaties werden er echter niet beter op. In het schooljaar 1903-1904 mocht hij na een herexamen naar het volgende jaar, op voorwaarde dat hij naar een andere school ging. Zijn moeder meldde hem daarop aan bij de tachtig kilometer verderop gelegen Realschule in Steyr en bracht hem onder bij pleegouders. Voor het eerst was Adolf langere tijd gescheiden van zijn moeder, en hij had duidelijk last van heimwee. Zelfs nog als rijkskanselier verzuchtte hij 'dat hij zo'n heimwee had gehad en zo verdrietig' was geweest 'toen zijn moeder hem naar Steyr stuurde'.[43] Een van zijn leraren uit die tijd herinnerde zich een 'enigszins bleke scholier van gemiddelde lengte', die waarschijnlijk als gevolg van het feit 'dat hij voor het eerst in een vreemde omgeving was [...] wat schuw en neerslachtig gedrag vertoonde'.[44] Erg lang hoefde hij echter niet in de Opper-Oostenrijkse stad door te brengen. In de herfst van 1905, nadat hij opnieuw matig had gepresteerd, wist hij zijn moeder ervan te overtuigen hem van de school te halen doordat hij deed alsof hij ziek was. Hij zou er een diepe haat tegen scholieren en leraren aan overhouden: 'Leraren kan ik niet uitstaan. Die paar die goed waren, zijn de uitzondering die de regel bevestigen.'[45] Een van die uitzonderingen was zijn geschiedenisleraar aan de Realschule in Linz, dr. Leopold Poetsch, want die slaagde er, zoals Hitler in *Mein Kampf* lovend schreef, 'door een schitterende welbespraaktheid niet alleen in ons te boeien, maar [hij] wist ons ook werkelijk mee te slepen'.[46]

Toen de schoolverlater weer in het gezin terugkeerde, had Klara Hitler inmiddels het huis in Leonding verkocht en met ingang van juni 1905 in Linz een huis aan de Humboldtstraße 31 gehuurd. Omdat stiefdochter Angela kort daarvoor was getrouwd met de ambtenaar Leo Raubal en bij hem was ingetrokken, deelden ze het huis nog maar met vier personen: moeder, zoon Adolf, zus Paula en tante 'Hanni'. Enige tijd was er ook nog een kostganger, de scholier Wilhelm Hagmüller uit Leonding, die het middagmaal gebruikte bij het gezin.

Linz, de hoofdstad van de deelstaat Opper-Oostenrijk, telde in 1900 ongeveer 60.000 inwoners. Velen van hen stamden, net als de familie Hitler, van het rondom gelegen platteland. Vanwege haar gunstige ligging op de rechteroever van de Donau had de stad zich ontwikkeld tot een spoorwegknooppunt. Het nieuwe station was rond de eeuwwisseling de belangrijkste attractie van de stad. Hier stopten de sneltreinen die Wenen en München met elkaar verbonden. Voor een landelijke provinciestad was het culturele aanbod indrukwekkend. In de tijd waarin de Hitlers naar Linz verhuisden, bouwde August Göllerich, de directeur van het conservatorium, een indrukwekkend operarepertoire op en verwierf hij een reputatie als uitmuntend interpreet van het werk van Liszt, Wagner en Bruckner.[47]

Terugkijkend schenen Hitler die twee jaar die hij voor zijn vertrek naar Wenen in Linz doorbracht, 'bijna een mooie droom' toe.[48] Het was een tijd van beschaafde ledigheid. Het kwam volstrekt niet in hem op om ergens in de leer te gaan. Overdag bracht de zeventienjarige het grootste deel van zijn tijd door in zijn alkoofje, waar hij tekende, schilderde en las. Of hij flaneerde zorgvuldig gekleed en met de dandyachtige houding van een student, zwaaiend met een zwarte wandelstok met een sierlijke ivoren greep, over de hoofdstraat van Linz, die van het station naar de brug over de Donau liep.[49] 's Avonds ging hij graag naar de opera in het Landestheater van Linz, en vermoedelijk ontmoette hij hier eind 1905 August Kubizek, de zoon van een behanger en stoffeerder, met wie hij bevriend raakte.[50]

In de herfst van 1953, drie jaar voor zijn dood, publiceerde Kubizek zijn herinneringen aan zijn 'jeugdvriend'. Die zijn in zoverre van belang dat ze een omvangrijke getuigenis vormen van de jaren die de jonge Hitler in Linz doorbracht. Ze moeten echter wel met een kritische blik worden gelezen, aangezien ze gebaseerd zijn op een eerdere, beknoptere versie die Kubizek in 1943 in opdracht van Hitlers secretaris Martin Bormann had geschreven voor het partijarchief van de NSDAP. Zo komt toch steeds weer de bewondering voor de latere Führer bovendrijven. Kubizek heeft in de na de oorlog gepubliceerde versie veel verhalen opgesmukt en zich bepaalde details verkeerd herinnerd, maar in essentie betreft het een betrouwbare bron.[51]

Van Kubizek stamt ook de eerste en enige beschrijving van de jongeman, die daarom hieronder wat uitvoeriger wordt geciteerd:

> Hitler was van gemiddelde lengte en hij was slank. Op dat moment was hij al iets langer dan zijn moeder. Hij was absoluut geen krachtige figuur om te zien, eerder wat opgeschoten en spichtig [...]. Zijn neus was heel symmetrisch en goed geproportioneerd, helemaal niet opvallend. Het voorhoofd was hoog en vrij en week enigszins. Ik vond het toen altijd al jammer dat hij gewend was het haar vanuit de scheiding ver over zijn voorhoofd te dragen. [...] Ik heb in heel mijn verdere leven geen mens gekend van wie [...] de ogen zo totaal het gezicht beheersten als bij mijn vriend. Het waren de lichte ogen die hij van zijn moeder had. De enigszins strakke, doordringende blik was bij de zoon echter nog sterker [...]. Het was onheilspellend hoe de uitdrukking in die ogen plotseling kon veranderen, vooral wanneer Adolf sprak. Voor mij betekende zijn donkere, sonore stem op zich veel minder dan de uitdrukking in zijn ogen. Adolf sprak eigenlijk met zijn ogen [...]. Toen hij voor het eerst bij ons thuis kwam en ik hem aan mijn moeder voorstelde, zei die 's avonds voor het naar bed gaan: 'Wat een ogen heeft die vriend van je!' Ik kan me nog goed herinneren dat ze het eerder op een angstige dan op een bewonderende toon zei.[52]

Zijn ogen zouden ook later steeds weer worden genoemd als het opvallendste kenmerk van Hitlers gelaatsuitdrukking. Velen denken dat zijn ogen de verklaring vormen voor het effect dat hij op mensen, en dan in het bijzonder vrouwen, had.[53]

Zowel in aard als temperament hadden de twee vrienden niet meer van elkaar kunnen verschillen. 'Terwijl ik een stille, enigszins dromerige jongeling was, met veel invoelings- en aanpassingsvermogen, en dus geneigd toe te geven,' aldus Kubizek over zichzelf, 'was Hitler vooral fel en temperamentvol. De onnozelste dingen, een paar onzorgvuldig gekozen woorden bijvoorbeeld, konden een woedeuitbarsting veroorzaken.'[54] Hoewel hij haast een jaar jonger was, was hij duidelijk de dominante in de vriendschap. Hij had het hoogste woord, terwijl Kubizek zich meestal beperkte tot de rol van de geduldige luisteraar. 'Hij moest nu eenmaal spreken en had iemand nodig die naar hem luisterde.'[55] De neiging monologen te houden waarmee Hitler later zijn entourage op de zenuwen zou werken, was kennelijk ook al aanwezig bij de egocentrische jongeman.

Wat de verder zo verschillende vrienden verbond, was hun liefde voor de muziek, en dan met name voor het werk van Richard Wagner. 'Mijn jeugdige geestdrift voor de grote kunstenaar uit Bayreuth kende geen grenzen,' bekende Hitler in *Mein Kampf*.[56] Dit enthousiasme deelden de beide jongemannen met veel volwassenen, niet alleen in de Habsburgse monarchie maar ook in het Duitse keizerrijk. Men moet de kunst van Richard Wagner 'beleefd hebben en kennen [...] om iets van onze tijd te kunnen begrijpen', schreef Thomas Mann in 1907.[57] Hitler las alles wat hij aan biografische literatuur over Wagner kon vinden, en tijdens de lange wandelingen met zijn vriend door de omgeving van Linz kon het gebeuren dat hij plotseling bleef staan en een passage uit een brief of een aantekening van de componist declameerde.[58] Zijn favoriete opera was (en bleef) *Lohengrin*. De kostganger op de Humboldtstraße, Hagmüller, herinnerde zich hoe Hitler 'door de kamer op en neer liep en *Du Schwan zieh hin* zong'.[59]

In zijn memoires schetst Kubizek de 'toestand van totale vervoering' waarin Hitler zou zijn geraakt na de voorstelling van de opera *Rienzi* – het verhaal van de laatmiddeleeuwse volkstribuun Cola di Rienzi die Rome bevrijdt van de tirannie van de adel, maar uiteindelijk door het volk in de steek wordt gelaten en in de ruïnes van het brandende Capitool om het leven komt. Hitler zou lang hebben gezwegen, maar toen zijn vriend hebben meegenomen naar de Freinberg, daar zijn beide handen hebben gegrepen en hem met een koortsachtige opwinding hebben toegesproken: 'In geweldige, meeslepende beelden schetste hij me zijn toekomst en die van zijn volk [...]. Hij sprak over een bijzondere missie die hem ooit ten deel zou vallen. Ik [...] begreep amper wat hij daarmee bedoelde. Pas na vele jaren snapte ik wat dit aan al het aardse ontrukte uur onder de sterren voor mijn vriend had betekend.' Toen hij Hitler begin augustus 1939, tijdens een bezoek aan de *Festspiele* in Bayreuth, herinnerde aan die nacht op de Freinberg, zou deze zich tot Winifred Wagner hebben gewend en gezegd hebben: 'Op dat moment begon het.'[60]

Deze weergave van de gebeurtenissen is – dat zal duidelijk zijn – gekleurd door de bedoeling om het *Rienzi*-verhaal achteraf een grote politieke ontwikkelingsstap te doen lijken. Kubizeks projectie en Hitlers behoefte aan zelfverheerlijking kwamen hierin duidelijk samen. Afgezien van de mythologiserende tendens wordt toch wel duidelijk welke rol de liefde voor Wagner speelde in de labiele psychische toestand van de jonge Hitler: hij kreeg er een opgewonden gevoel van eigenwaarde door en ze bood hem de gelegenheid te vluchten in een droomwereld waarin zijn eigen toekomst niet langer duister, maar licht en helder leek. Vanaf dat moment zou Hitler regelmatig verkondigen dat hij zich geroepen voelde kunstenaar te worden en dat hij elk beroep om den brode verafschuwde. En zijn vriend, die zelf van een carrière als musicus droomde, bewonderde hem vanwege de ogenschijnlijke ernst waarmee hij zijn ambities leek na te jagen. Onvermoeibaar maakte hij tekeningen en schetsen, ontwierp hij fantastische plannen voor de herinrichting van Linz, met onder meer een grote brug over de Donau en een nieuwe concertzaal. 'Het leek wel of ik op een architectenbureau was terechtgekomen,' schreef Kubizek over zijn eerst bezoek aan Hitlers alkoof.⁶¹ Of alles wat hij zo rusteloos aan het papier toevertrouwde ook echt zou kunnen worden verwerkelijkt, vroeg de drieste plannenmaker zich volstrekt niet af. Hij had zich teruggetrokken in een eigenaardige schijnwereld tussen droom en werkelijkheid.

Dat geldt ook voor de 'jeugdliefde' van de zeventienjarige, waarover Kubizek uitgebreid vertelt. Volgens dat verhaal zouden de beide vrienden in het voorjaar van 1906 tijdens een avondwandeling door het centrum een blonde schoonheid uit Linz zijn tegengekomen. Hitler zou zich aangetrokken hebben gevoeld tot de ambtenaarsdochter Stefanie Isak, en voortaan had hij alleen nog maar aandacht voor haar, al had hij het nooit gewaagd het object van zijn aanbidding aan te spreken. Zij had dan ook niet eens van het bestaan van haar geheime bewonderaar geweten. Kubizek verklaart de merkwaardige terughoudendheid van zijn vriend als de angst dat een nadere kennismaking het ideale beeld dat Hitler van de jonge vrouw had als belichaming van de vrouwelijkheid, zou kunnen verstoren. Ongeacht of het werkelijk zo is gegaan als Kubizek vertelt, valt hierin opnieuw een karaktertrek van de jonge Hitler te herkennen, namelijk dat hij in geval van twijfel de voorkeur gaf aan zijn eigen fantasie boven de waarschijnlijk ontnuchterende werkelijkheid.⁶²

Begin mei 1906 verbleef Hitler voor het eerst twee weken in Wenen. Hij lijkt onder de indruk te zijn geweest van de bezienswaardigheden van de metropool – de musea, de *Hofoper*, het parlementsgebouw, het raadhuis en de prachtige Ringstraße die hem 'een betovering uit Duizend-en-een-nacht' leek.⁶³ 's Avonds ging hij naar de opera om voorstellingen van *Tristan und Isolde* en *Der fliegende Holländer* te zien in de interpretatie van de beroemde dirigent van de Hofoper, Gustav Mahler, en diens decorontwerper Alfred Roller. Hij stuurde Kubizek vier ansichtkaarten – de vroegste bewaard gebleven voorbeelden die er zijn van Hitlers handschrift. Het handschrift is sierlijk en al opvallend volwassen, maar met spelling, grammatica en interpunctie stond de zeventienjarige nog altijd op voet van oorlog. Soms klinkt al de bombastisch-pathetische toon door die zijn latere toespraken en schrijfsels zou kenmerken. Zo schrijft hij op de tweede kaart over de Hofoper:

> Niet de (!) buitenste van het gebouw is zo verheffend. Terwijl de voornaamheid van de buitenkant het gebouw pas echt tot een monument van de kunst maak (!), voel je binnen eerder bewondering voor het (!) waardigheid ervan. Pas wanneer de machtige geluidsgolven door de ruimte daveren en het suizen van de wind voor het ruisen van de geluidsgolven wijken (!), dan voel je de verhevenheid (!) vergeet je het goud en al die dinge (!) waarmee het binnenste overladen is.⁶⁴

Vanaf dat eerste bezoek bleef Hitler zich aangetrokken voelen tot de hoofdstad. 'In gedachten was hij vaak al niet meer in Linz, maar woonde hij in Wenen.'[65] Toen haalde de plotselinge ernstige ziekte van zijn moeder een streep door de rekening. In januari 1907 stelde de Joodse huisarts van de familie, dr. Eduard Bloch, vast dat Klara Hitler aan borstkanker leed. Hij ontbood de kinderen bij zich in de praktijk om ze het nieuws mede te delen. Vierendertig jaar later, inmiddels in ballingschap in Amerika, vertelde hij hoe Adolf Hitler het verschrikkelijke nieuws had opgevat: 'Zijn lange, bleke gezicht was ontsteld. De tranen stroomden uit zijn ogen. Had zijn moeder dan geen enkele kans, vroeg hij?'[66] Op 18 januari onderging Klara Hitler een zware operatie in het ziekenhuis van de Barmhartige Zusters in Linz.'[67] Na haar ontslag uit het ziekenhuis op 5 februari leek ze weer te herstellen. Omdat de trappen naar de derde verdieping van het huis aan de Humboldtstraße te veel van haar vroegen, verhuisde de familie midden mei 1907 naar Urfahr, op de andere oever van de Donau. Op de eerste verdieping van een nieuw gebouwd pand aan de Blütenstraße 3 betrokken ze een kleine maar lichte woning.

Begin september 1907, toen de gezondheidstoestand van zijn moeder zich leek te hebben gestabiliseerd, vertrok Adolf Hitler opnieuw naar Wenen om de toelatingstest voor de Academie voor Beeldende Kunsten af te leggen. Er hadden zich 112 kandidaten gemeld. De eerste ronde, waarbij 33 kandidaten afvielen, haalde hij. In de tweede, beslissende ronde die slechts door 28 kandidaten werd gehaald, viel hij af.

'Koppen matig. Proeftekening onvoldoende,' luidde de beoordeling.[68] Hitler was naar Wenen gereisd in de overtuiging 'de test spelenderwijs te kunnen halen'. Des te harder – 'als een donderslag bij heldere hemel' – kwam de afwijzing aan.[69] De directeur van de academie verklaarde bij navraag dat zijn talenten 'zonder meer' niet in de schilderkunst maar in de architectuur lagen. Maar voor een studie architectuur ontbrak het hem aan één belangrijke voorwaarde: het diploma eindexamen van de middelbare school. 'Terneergeslagen verliet ik Hansens prachtgebouw aan de Schillerplatz,' aldus Hitler in *Mein Kampf*, 'voor de eerste maal in mijn jeugdig leven, oneens met mijzelf.'[70] Er is vaak gespeculeerd over wat er zou zijn gebeurd als Hitler wel was toegelaten tot de academie. Waarschijnlijk zou niet alleen zijn leven, maar ook de hele geschiedenis van Duitsland, ja zelfs van de wereld, een totaal ander verloop hebben gekend.

Toen Hitler in oktober terugkeerde naar Linz, was de gezondheidstoestand van zijn moeder ernstig verslechterd. De zoon wijdde zich vol overgave aan zijn doodzieke moeder. 'Adolf leek altijd onmiddellijk aan haar ogen te kunnen aflezen wat ze nodig had en was bijzonder liefdevol. Een dergelijke tederheid had ik nooit eerder bij hem gezien,' schreef August Kubizek verbaasd. Het sluit aan bij wat dr. Bloch opmerkte tijdens zijn dagelijkse bezoeken om de pijn van zijn patiente te verzachten.⁷¹ In de nacht van 21 december 1907 stierf Klara Hitler, slechts 47 jaar oud. De arts trof de zoon de volgende ochtend aan het sterfbed. 'In mijn hele, bijna veertig jaar lange carrière heb ik nooit een jongmens gezien dat zo diep ongelukkig was van de pijn en het hartzeer als de jonge Adolf Hitler,' herinnerde Bloch zich in november 1938.⁷²

Nadat hij gezakt was voor de toelatingstest van de Weense academie – iets wat Hitler voor zijn familie had verzwegen –, viel de dood van zijn moeder hem extra zwaar. Met haar verloor hij waarschijnlijk de enige mens van wie hij ooit werkelijk heeft gehouden.⁷³ Er zijn echter geen gronden voor de bewering dat de behandeling door de Joodse arts de aanleiding zou hebben gevormd voor Hitlers pathologische Jodenhaat.⁷⁴ De achttienjarige verscheen zelfs op de dag van de begrafenis, 23 december, bij Bloch in de praktijk en verklaarde: 'Ik zal u, meneer de dokter, altijd dankbaar blijven.'⁷⁵ Ook in later jaren zou hij nog altijd blijk geven van zijn dankbaarheid jegens de man. Toen hij bij de Anschluss van Oostenrijk in 1938 zijn triomfantelijke intocht hield in zijn *'Heimatstadt'* Linz, zou hij zelfs hebben gevraagd: 'Vertelt u mij, leeft die goede oude dr. Bloch nog?'⁷⁶ Als enige onder alle Joden in Linz liet Hitler de vroegere huisarts beschermen door de Gestapo. Eind 1940 slaagde het echtpaar Bloch erin via Portugal naar de Verenigde Staten te emigreren.

Na Nieuwjaar 1908 bezocht Hitler nog een keer het graf van zijn ouders in Leonding. 'Adolf werd er erg door aangegrepen,' vertelde zijn begeleider Kubizek later. 'Ik wist immers ook hoezeer de dood van zijn moeder hem had geraakt. […] Het verbaasde me hoe helder en weloverwogen hij er nu over sprak.'⁷⁷ Nu was er niets meer dat de jongeman in Linz hield. IJverig begon hij zich voor te bereiden op zijn vertrek naar Wenen. Samen met zijn zus Paula vroeg hij bij het deelstaatministerie van Financiën in Linz een wezenpensioen aan – ze hadden recht op een maandelijkse uitkering van 50 kronen, 25 voor elk van hen. De erfenis van hun vader, voor elk 652 kronen, was op een geblokkeerde bankrekening gezet en kwam pas op hun vierentwintigste vrij, maar over het erfdeel van hun moeder, ongeveer 2000 kronen, konden ze direct beschikken. Hitler was daardoor, in tegenstelling tot wat wel eens wordt beweerd, niet vermogend geworden, maar hij kon van dat geld wel prima een jaar lang rondkomen in Wenen zonder een vaste baan te hoeven zoeken.⁷⁸

Op 4 februari nam de eigenares van het huis aan de Blütenstraße in Urfahr, Magdalena Hanisch, contact op met een vriendin in Wenen, Johanna Motloch, met het verzoek een goed woordje te doen voor Adolf Hitler bij Alfred Roller, de bekende decorontwerper en hoogleraar aan de School voor Toegepaste Kunst: 'Hij is een serieuze, ijverige jongeman, negentien jaar oud, maar rijp en rustig voor zijn leeftijd, netjes en betrouwbaar, uit een goede familie.' De vriendin antwoordde per kerende post: 'Laat de jonge Hitler maar komen en zijn werk meebrengen, zodat ik kan zien wat hij waard is.' Hoe Hitler op dat bericht reageerde, vertelde mevrouw Hanisch haar vriendin een paar dagen later: 'Langzaam, woord voor woord, alsof hij de brief uit zijn hoofd wilde leren, aandachtig en met een gelukkige glimlach op zijn gezicht, zo las hij de brief, stil voor zichzelf.' Zou hij hierdoor dan toch, na de deprimerende ervaring in oktober, een kans krijgen een bestaan als kunstenaar op te bouwen? In een brief aan Johanna Motloch bedankte Hitler de 'hooggeachte mevrouw [...] bijzonder hartelijk voor haar inspanningen om hem te introduceren bij de grote meester van de decorbouw'.[79] Het is merkwaardig dat hij vervolgens, toen hij eenmaal in Wenen was, niet gebruikmaakte van het aanbod van Roller. Op grond van zijn latere uitspraken hierover was het waarschijnlijk zijn verlegenheid die hem ervan weerhield: 'Wat was hij toch bedeesd geweest in zijn Weense tijd. [...] Hij zou evenmin een dergelijke belangrijke man hebben durven benaderen als dat hij voor vijf mensen durfde te spreken.'[80]

Op 12 februari 1908 vertrok Hitler naar Wenen. In zijn koffers had hij behalve boeken vermoedelijk ook belangrijke familiedocumenten, zoals de brieven van zijn moeder, die hij in 1945 liet verbranden.[81] Zijn vriend Kubizek, die met hem naar het station liep, had hij weten over te halen hem naar Wenen te volgen en daar aan het conservatorium een muziekopleiding te volgen. In het huis in Urfahr bleven aanvankelijk zijn zus Paula en tante 'Hanni' achter, maar al snel verhuisde Johanna weer naar familie in het Waldviertel, en de twaalfjarige Paula vond onderdak in het huishouden van haar halfzuster Angela Raubal.[82] Hitler betrok, net als in oktober een jaar eerder, een kamer bij de vrijgezelle kleermaakster Maria Zakreys aan de binnenplaats van de Stumpergasse 29 in de wijk Mariahilf, waar hoofdzakelijk zogenaamde 'kleine luiden' woonden. Op 18 februari schreef hij een kaart aan Kubizek: 'Wacht al vol verlangen op het bericht dat je komt [...]. Heel Wenen wacht op je. Kom dus snel.'[83]

2
Weense jaren

'Wenen was en bleef echter voor mij de moeilijkste, zij het dan ook de beste leerschool van mijn leven. Toen ik deze stad voor het eerst betrad, was ik nog half een jongen; toen ik haar verliet, was ik een zwijgend en ernstig man.' Zo sprak Hitler in *Mein Kampf* over zijn tijd in Wenen.[1] En inderdaad waren de vijf jaren die hij tussen 1908 en 1913 doorbracht in de hoofdstad van de Oostenrijks-Hongaarse dubbelmonarchie van groot belaΔ5
ng voor zijn verdere leven. De indrukken die hij in deze nieuwe omgeving opdeed, de ervaringen die hij hier had, waren in veel opzichten vormend voor zijn karakter en zijn politieke opvattingen. Het was dan ook geen toeval dat hij tijdens zijn monologen in het Führerhoofdkwartier steeds weer over deze jaren te spreken kwam.

Het Wenen van rond de eeuwwisseling was een Europese metropool – met rond de twee miljoen inwoners was het de op drie na grootste stad na Londen, Parijs en Berlijn. De oude residentie van de Habsburgers teerde niet alleen op de roem en de glans van verloren tijden. Dankzij de industrie, de handelshuizen, de banken en haar moderne verkeersmiddelen was ze het centrum van een pulserend economisch leven, en met theaters, concertzalen, ateliers, uitgeverijen en kranten vormde ze tegelijk het middelpunt van een zeer levendige culturele wereld. 'Er was nauwelijks een andere Europese stad waar de drang naar het culturele zo hartstochtelijk was als in Wenen,' herinnerde de Weense schrijver Stefan Zweig zich in zijn terugblik op de jaren voor de Eerste Wereldoorlog.[2] Hier werkten de vertegenwoordigers van een artistiek modernisme die met hun vernieuwingen stof deden opwaaien – schilders als Gustav Klimt, Egon Schiele en Oskar Kokoschka, de architecten Otto Wagner en Adolf Loos, de schrijvers Arthur Schnitzler en Hugo von Hofmannsthal, de componist Arnold Schönberg en vele anderen.[3] Op dat moment bood de Hofburg nog altijd onderdak aan keizer Frans-Jozef I, die garant leek te staan voor een onverstoorbare stabiliteit en het symbool van een samenleving die nog lang zo zou blijven. In 1908, toen Hitler naar Wenen verhuisde, vierde de grijze monarch zijn zestigjarig regeringsjubileum met talloze galadiners en een pompeuze feestelijke optocht.[4]

In die prachtige façade waren echter diepe barsten ontstaan. De prachtige gebouwen aan de Ringstraße en de royaal opgezette boulevards die getuigden van het zelfbewustzijn van de aristocratie en de behoefte om zich van haar beste kant te laten zien, staken schril af tegen de schamele huurkazernes in de buitenwijken waarin de arbeidersgezinnen dicht op elkaar moesten wonen. 'Wenen was al in het begin van deze eeuw een stad in buitengewoon ongunstige sociale omstandigheden,' merkte Hitler op in *Mein Kampf*. 'De grootste rijkdom en de meest schrijnende armoede wisselden elkaar af, in plotse opeenvolging.'[5] Wenen was echter niet alleen een stad met grote sociale tegenstellingen, hier bundelden zich bovendien ook als onder een vergrootglas de problemen van de Oostenrijks-Hongaarse multinationale staat. Geen enkele andere grote Europese stad, afgezien van Berlijn, kende zo'n grote immigratie. Tussen 1880 en 1910 verdubbelde het aantal inwoners. De grootste groep werd gevormd door de Tsjechen. In 1910 was inmiddels elk vijfde inwoner van Wenen van Tsjechische afkomst.[6] Ook het aandeel van de Joodse bevolking lag in Wenen hoger dan in andere Europese grote steden. In 1910 woonden er in Wenen 175.300 Joden, die daarmee ongeveer 8,7 procent van de bevolking vormden. Het armere deel, dat voornamelijk bestond uit immigranten uit de oostelijke gebieden van het rijk, Hongarije, Galicië en de Boekovina, woonde in de Leopoldstadt, dat in de volksmond het '*Mazzesinsel*' (Matze-eiland) werd genoemd.[7]

De ongeremde immigratie wekte onder de Duitsers in Wenen, maar ook in de andere Duitstalige delen van de Habsburgse monarchie, de angst voor een te grote buitenlandse invloed en voor het verlies van hun als vanzelfsprekend beschouwde culturele en politieke hegemonie. In reactie daarop ontstonden er vanaf het einde van de negentiende eeuw verenigingen, partijen en massabewegingen die een radicaal nationalisme propageerden.[8] Daarmee provoceerden ze natuurlijk reacties van de andere nationaliteiten. Deze verscherpte conflicten tussen de nationaliteiten kwamen tot uiting in de *Reichsrat*, het parlement van de westelijke helft van de keizerlijke en koninklijke ('K und K') monarchie, waarin de Duitsers sinds de invoering van het algemeen kiesrecht voor mannen (vanaf 24 jaar) niet langer de grootste nationale groep vormden. Gelet op de felle strijd die sprekers van verschillende nationaliteiten hier in alle openlijkheid leverden, kon menig waarnemer zich niet aan de indruk onttrekken dat de Habsburgse monarchie in een crisis verkeerde en dat de multi-etnische staat onstuitbaar op weg was naar zijn ondergang. De fin-de-siëclestemming waarvan zo vaak sprake was, dat angstige voorgevoel van de aardverschuivingen en catastrofes die wachtten, was nergens zo tastbaar als in het Wenen van rond de eeuwwisseling. 'Iedereen staat daar maar en wacht: kelners, koetsiers, regeringen. Iedereen wacht op het einde – wens u een fraai einde van de wereld, Uwe Genade!' Zo becommentarieerde de Wener Karl

Kraus in het door hem in 1899 opgerichte tijdschrift *Die Fackel* het onheilsgevoel.[9] Direct na zijn aankomst in Wenen, zo vertelde Hitler de lezers van *Mein Kampf*, zou hij in een 'wereld van de ellende en de armoede' terechtkomen.[10] Dat was opnieuw een bewuste poging tot misleiding. Door de financiële buffer van het erfdeel van zijn moeder, het wezenpensioen en de schenkingen van tante 'Hanni' was de nieuwkomer alleszins in staat in het begin de levensstijl van leegloper vol te houden die hij gewend was. Nadat Kubizek eind februari 1908 ook naar Wenen was gekomen, betrokken ze samen voor een huur van 20 kronen per maand de grootste kamer van het huis van mevrouw Zakreys in de Stumpergasse 27. Terwijl Kubizek al bij zijn eerste poging slaagde voor het toelatingsexamen van het conservatorium en voortaan een serieuze student was, verdeed zijn vriend zijn dagen zonder duidelijk doel of plan. Meestal stond hij laat op – een gewoonte die hij ook als partijleider en rijkskanselier zou volhouden. Wanneer hij thuiskwam, trof Kubizek hem meestal aan met een schetsblok of verdiept in zijn boeken.

Hitler las graag tot diep in de nacht door. 'Boeken, altijd weer boeken! Ik kan me Adolf niet eens zonder boeken voorstellen,' herinnerde zijn vriend zich. 'Boeken waren zijn wereld.'[11] Hij las bij voorkeur Germaanse sagen over goden en helden, en boeken over kunst- of architectuurgeschiedenis, maar ook voor moderne literatuur, zoals de drama's van Henrik Ibsen of Frank Wedekinds toneelstuk *Frühlings Erwachen*, zou de boekenwurm belangstelling hebben gehad.[12] Daarbij onthield hij alleen wat hem belangrijk en bruikbaar leek, al het andere vergat hij al snel. In *Mein Kampf* wijdt hij een lange passage aan de 'de kunst van het juiste lezen' die hij zich al van jongs af aan zou hebben eigengemaakt, en die eruit zou bestaan 'om uit een boek datgene wat [...] van waarde is, op te delven om dat dan in [het] hoofd voor altijd te bewaren en om de rest zo mogelijk helemaal niet te zien, of het in ieder geval echter niet als doelloze ballast mee te slepen'.[13]

Wanneer ze maar konden, bezochten de vrienden de Hofoper. 'De opera was voor de Wereldoorlog geweldig! Wat een rijke cultuur was dat, ongekend!' dweepte Hitler nog in 1942.[14] Vaak moesten ze urenlang in de rij staan om de begeerde kaartjes voor staanplaatsen te bemachtigen. Net als destijds in Linz raakten ze vooral in vervoering door de muzikale drama's van Wagner. 'Vergeleken met deze unieke mystieke wereld die de grote meester ons voortoverde, viel voor Adolf al het andere in de wereld in het niet.'[15] Weliswaar had Gustav Mahler, wiens zenuwen het hadden begeven als gevolg van de voortdurende aanvallen door antisemieten, eind 1907 de leiding over de opera afgestaan, maar in de strijd om zijn Wagner-interpretatie kozen de beide jonge wagnerianen vastberaden de zijde van de bewonderde Joodse dirigent en componist.[16]

De Weense modernisten lieten Hitler voor wat betreft zijn verdere kunstopvatting volstrekt koud. Met het werk van de Weense secessionisten rond Gustav

Klimt wist hij niets aan te vangen. Hij gaf de voorkeur aan traditionele vormen: het werk van de laat-romantische Arnold Böcklin, de neobarokke monumentale schilderijen van iemand als Hans Makart, maar vooral de idyllische genrestukken van Eduard von Grützner uit München.[17] 'In Wenen zag ik als jongeman in de etalage van een kunsthandel een werk van Grützner […]. Ik kreeg er maar geen genoeg van, zo enthousiast was ik.'[18] Abstracte schilderkunst is voor Hitler zijn hele leven lang 'niks als vormeloos geklieder' gebleven.[19] Ook voor de voorstanders van een nieuwe, functionele manier van bouwen, zoals Adolf Loos, had hij geen begrip. Hij hield meer van architecten als Karl Friedrich Schinkel en Gottfried Semper.[20] Urenlang kon hij voor de schitterende gebouwen aan de Ringstraße blijven staan. 'Dan vergat hij niet alleen de tijd, maar ook alles wat zich om hem heen afspeelde. […] Eenmaal thuis schetste hij ze vervolgens voor me, gaf een lengtedoorsnede en probeerde een interessant detail uit te werken. Zo werd de Ringstraße tot een openluchtmuseum waaraan hij zijn architectonische kennis kon meten en zijn opvattingen kon demonstreren.'[21]

Na een enige tijd bemerkte Kubizek bij zijn vriend een gedragsverandering ten opzichte van de tijd in Linz. Hitler was bijzonder onevenwichtig. Bij de minste of geringste aanleiding kon hij exploderen en woedend tekeergaan tegen de wereld die kennelijk collectief tegen hem samenzwoer. Direct daarna raakte hij soms in een diepe depressie en overlaadde hij zichzelf met verwijten. Periodes van hectische bedrijvigheid werden afgewisseld met aanvallen van lethargie waarin hij helemaal niets meer deed.[22] Zo overviel hij Kubizek op een dag met het plan om een eigen opera *Wieland der Schmied* te schrijven, hoewel hij in Linz niet meer dan drie maanden, van begin oktober 1906 tot eind januari 1907, pianoles had gehad en het hem aan elke compositorische kennis ontbrak – een avontuurlijk waagstuk waarbij de muziekstudent Kubizek hem eerder met tegenzin dan uit overtuiging hielp. Na nachtenlang te hebben doorgewerkt, waarbij Hitler welhaast in een extatische scheppingsroes raakte, liet hij het plan uiteindelijk varen.[23] Zo ging het ook met andere projecten: wanneer hij eenmaal door een idee was gegrepen, ging hij als een razende aan het werk, maar verloor vervolgens weer even plotseling de belangstelling ervoor en stortte zich op iets nieuws wat zijn aandacht had getrokken.

Thomas Mann zag in zijn essay *Bruder Hitler* uit 1939 in de dagdromerij van de jongeman de 'typische tekenen van het kunstenaarschap'. 'Op een eigenlijk beschamende wijze had hij het allemaal: het "lastige" en luie, die klaaglijke ondefinieerbaarheid van het begin, het onplaatsbare, het wat-wil-je-nu-eigenlijk?, dat half-stompzinnige vegeteren in een diepe sociale en psychologische bohème, dat fundamenteel hoogmoedige, het afwijzen van elke deugdelijke en eervolle bezigheid omdat hij zich er eigenlijk te goed voor voelt – en waarom? Allemaal vanwege een vaag vermoeden voorbestemd te zijn voor iets volstrekt ondefinieerbaars, iets waarover mensen in lachen zouden uitbarsten als je het zou proberen te benoemen.'²⁴

De twee vrienden werkten elkaar in hun woning aan de Stumpergasse steeds vaker op de zenuwen. Niet alleen vond Hitler dat hij door het pianospel van Kubizek werd gestoord bij zijn autodidactische studie, het stoorde hem bovendien dat zijn kamergenoot zich elke ochtend vol trots naar het conservatorium begaf en daar het ene na het andere succes boekte, terwijl voor hem, die zich toch een kunstenaar wist, de poorten van de academie gesloten bleven, al had hij dat tot dan toe steeds verzwegen. Op een avond, toen ze weer eens ruzie hadden gehad, kon de prikkelbare negentienjarige het niet langer voor zich houden: 'Afgewezen hebben ze me, eruit gegooid, uitgesloten ben ik [...].' Deze bekentenis ging gepaard met een wilde stortvloed van verwensingen. '"Die academie," schreeuwde hij, "niks als oude, verkrampte, ouderwetse staatsdienaars, hersenloze bureaucraten, stupide ambtenaarscreaturen! Die hele academie zouden ze moeten opblazen!" Zijn gezicht was lijkbleek, zijn mond heel smal, zijn lippen bijna wit. Maar zijn ogen gloeiden. Onheilspellend, die ogen! Alsof alle haat waartoe hij in staat was nu in die vlammende ogen lag.'²⁵ Het was een van die zeldzame momenten waarop de anders zo gesloten Hitler zich openstelde voor een ander en hem een diep inzicht in zijn innerlijk bood. Achter de aanmatigende houding waarmee hij tegenover zijn vriend steeds zijn meerderwaardigheidsgevoel had doen gelden, ging grote onzekerheid schuil over zijn eigen toekomst als kunstenaar.

Misschien was dat ook een reden waarom de jonge Hitler – als we Kubizek moeten geloven – nu meer interesse kreeg in de politiek. Hij bezocht meerdere keren het parlement, de Reichsrat, en volgde daar vanaf de publieke tribune de debatten die in tien verschillende talen werden gevoerd. Toen hij hier later op terugkeek, ergerde hij zich nog over 'het jammerlijk schouwspel' dat hij daar zag: 'Een gesticulerende, wild bewogen massa, die in alle toonaarden door elkaar schreeuwde en gepresideerd werd door een goedaardige oude oom, die in het zweet zijns aanschijns moeite deed om de waardigheid van de vergadering weer uit de dood te wekken. Nu eens luidde hij, met veel misbaar, een bel, dan weer sprak hij de heren kalmerend of vaderlijk vermanend toe, maar het baatte weinig.'²⁶ Toen, zo beweerde Hitler in *Mein Kampf*, zou hij doordrongen zijn geraakt van zijn afkeer van de parlementaire democratie en het meerderheidsprincipe. Toch was juist de heftigheid van het parlementaire debat kennelijk datgene wat Hitler aantrok. Kubizek, die hem een keer vergezelde en algauw weer besloot te vertrekken omdat het algehele tumult hem tegenstond, zag echter bij zijn vriend een geheel andere reactie: 'Hij was opgeveerd, zijn vingers balden zich tot vuisten, zijn voorhoofd brandde van opwinding. Dan bleef ik liever stil op mijn plaats zitten, want ik had geen idee waar men nu precies over ruziede.'[27]

Het verhitte politieke klimaat in Wenen zal de jongeman uit de provincie, die zozeer openstond voor radicale oplossingen, ongetwijfeld hebben beïnvloed. Al als middelbare scholier had hij zich ingezet voor de Deutsche *Schulverein* die zich inspande om Duitstalige basisscholen en kleuterscholen te bouwen in gebieden waar meerdere talen werden gesproken.[28] Bij zijn aankomst in de metropool aan de Donau was Hitler dus al overtuigd van de culturele superioriteit van alles wat Duits was. 'Toen ik naar Wenen kwam, stonden mijn sympathieën geheel en al aan de zijde van de Al-Duitsers,' aldus Hitler voor de verandering eens een keer geloofwaardig in *Mein Kampf*.[29] Georg Ritter von Schönerer, de oprichter van de *All-Deutsche Bewegung* in Oostenrijk, was een van de politici die door deze nieuwe inwoner van Wenen het meest werd bewonderd. Zijn programma voor de vereniging van Duitstalig Oostenrijk met het Duitse Rijk, waarvoor de opheffing van de Habsburgse multi-etnische staat een voorwaarde was, oefende kennelijk een flinke aantrekkingskracht uit op de politieke ideeënwereld van de jonge Hitler. 'Hij heeft het onvermijdelijke einde van de Oostenrijkse staat juister en helderder voorzien dan enig ander,' zo prees hij later de vurige Duitse nationalist en Bismarck-aanhanger.[30] Of Hitler echter als negentienjarige al veel kon met de verering die de Oostenrijkse aanhangers van de Al-Duitse gedachte voelden voor hun idool, valt nog te bezien. Toch heeft hij later wel elementen van deze verering, bijvoorbeeld de groet Heil! en zijn titel als Führer, waarmee ook Schönerer zich door zijn aanhangers liet aanspreken, overgenomen in zijn eigen NSDAP.[31]

Rond de eeuwwisseling had Schönerer echter al aan invloed op het publieke leven ingeboet. (Na 1907 had hij niet langer zitting in de Reichsrat.) Door zijn strijd tegen de katholieke kerk onder de slogan 'Los van Rome' had hij veel sympathisanten onder de katholieke Duits-Oostenrijkse bevolking van zich vervreemd. Hitler bekritiseerde in *Mein Kampf* de 'Los van Rome'-beweging als een ernstige fout en verweet Schönerer in dit verband 'veel te weinig inzicht [...] in de grondslagen van het volkskarakter'.[32] Wat hij bij Schönerer miste, vond hij bij een andere politicus: Karl Lueger, de burgemeester van Wenen en oprichter van de *Christlichsoziale Partei* (CS) die in het begin van de twintigste eeuw het toppunt van haar populariteit bereikte. Lueger zou het zwaartepunt van zijn politieke activiteiten hebben gelegd op het engageren van de met 'ondergang bedreigde middenstand', en 'zich daardoor een zeer standvastige schare van aanhangers, evenzeer van betekenis door hun grote offervaardigheid als door hun taaie strijdkracht' hebben verschaft.[33]

Als 'schöneriaan', zo bekende Hitler in een van zijn monologen in het Führerhoofdkwartier, was hij aanvankelijk tegen de christelijk-socialen geweest. Al snel zou hij echter 'een enorme persoonlijk achting' voor Lueger hebben gekregen. 'In de Volkshalle van het Rathaus had ik hem voor het eerst horen spreken. Ik werd er innerlijk door verscheurd, want ik wilde hem haten, maar ik kon niet anders dan hem toch bewonderen, want hij was een begaafd redenaar.'[34] Hitler bewonderde de volkstribuun echter niet alleen vanwege zijn effectieve retoriek, maar vooral ook vanwege zijn rigoureuze germaniseringspolitiek die hij onder het motto 'Wenen is Duits en moet Duits blijven' bedreef.[35] Daarnaast was hij ook onder de indruk van wat hij sinds 1897 als burgemeester allemaal had weten te bereiken bij de modernisering van de Weense infrastructuur. Hij zorgde er niet alleen voor dat de gas- en elektriciteitsvoorzieningen in gemeentelijke handen kwamen, maar bekommerde zich bovendien om de ziekenzorg en het maatschappelijk werk en liet parken en groenzones aanleggen. 'Lueger was de grootste figuur in de gemeentepolitiek, de meest geniale burgemeester die we gekend hebben,' zo prees rijkskanselier Hitler hem later.[36] Toen Lueger in maart 1910 in een grote rouwstoet ten grave werd gedragen, was zijn jonge bewonderaar een van de honderdduizenden die langs de weg stonden om de ceremonie te volgen.[37]

Naast Luegers Christlichsoziale Partei vormden de sociaaldemocraten de sterkste politieke machtsfactor in het Wenen van voor de oorlog. Hitlers houding ten opzichte van hen was merkwaardig gespleten. Enerzijds trok hij zich de sociale ellende die hij overal in Wenen zag wel aan. Zo was hij weken achtereen bezig met plannen voor sociale woningbouw, waardoor de werkende bevolking moest kunnen profiteren van betaalbaardere en menswaardigere woningen.[38] Anderzijds werd hij beheerst door de angst op een dag zelf naar het proletariaat af te zakken. 'Misschien,' zo speculeert zijn vriend, 'zat er achter de enorme energie waarmee hij zich op de zelfstudie stortte, wel een instinctieve bedoeling door een zo uitgebreid en grondig mogelijke scholing te voorkomen dat hij dezelfde ellende als de massa zou moeten ervaren.'[39] In Wenen was Hitler getuige van meerdere grote demonstraties van Weense arbeiders. Ze maakten op hem, naar eigen zeggen, eerder een dreigende dan een aantrekkelijke indruk. 'Bijna twee uur lang stond ik daar en aanschouwde met ingehouden adem die ontzaglijke reuzenslang van mensen, die langzaam voorbijkroop. In gedrukte stemming verliet ik ten slotte mijn plaats en wandelde naar huis.'[40]

Als sympathisant van de Al-Duitse beweging had Hitler een hekel aan alle pogingen van de *Sozialdemokratische Partei Österreichs* (SPÖ) met de Slavische volkeren tot een verstandhouding te komen. Hun internationalisme stuitte de radicale jonge nationalist tegen de borst. Hij verdacht de partijleider van de sociaaldemocraten ervan de ellende onder de arbeiders voor zijn eigen doelstellingen te misbruiken. 'Wie voert dit ellendige volk aan?' zou hij volgens Kubizek na een demonstratie hebben gevraagd. 'Het zijn geen mannen die zelf de nood van de kleine man hebben beleefd, maar eerder eerzuchtige, machtsbeluste en deels zelfs volksvreemde politici die zich verrijken aan de armoede van de massa.

Mijn vriend sloot zijn bittere aanklacht tegen deze politieke aasgieren af met een woede-uitbarsting.'[41] Zijn afkeer van de als 'on-Duits' en corrupt belasterde sociaaldemocratie zou een terugkerend thema worden in Hitlers politieke opvattingen – een giftige erfenis uit zijn Weense tijd.

Begin juli 1908, na afloop van het zomersemester, keerde Kubizek terug naar Linz om daar de collegevrije periode door te brengen bij zijn ouders. Hitler bracht hem naar de Westbahnhof. Kubizek kon niet vermoeden dat hij zijn vriend pas dertig jaar later, na de Anschluss van Oostenrijk door het Duitse Rijk, zou terugzien. Aanvankelijk stuurde de in Wenen achtergebleven vriend nog een paar kaarten en zelfs twee lange brieven waarin hij met geforceerde opgewektheid zijn leven als 'immigrant' beschreef en als bijzonder nieuwtje opmerkte dat hij op hun kamer was overvallen door een 'reusachtige invasie van luizen', of een andere keer dat hij een 'hevige bronchitis' had doorstaan. Daarnaast benadrukte hij dat hij in de afwezigheid van zijn vriend allesbehalve lui was geweest: 'Ik schrijf nu tamelijk veel, meestal 's middags en 's avonds.'[42] In de tweede helft van augustus schreef hij voor het laatst een kaart vanuit het Waldviertel, waar hij op bezoek was bij familie. Daarna kwam er een einde aan het contact. Toen Kubizek in november 1908 zoals afgesproken terugkeerde naar Wenen, vertelde mevrouw Zakreys hem dat Hitler was verhuisd zonder een nieuw adres door te geven.[43]

In september 1908 had Hitler voor de tweede keer geprobeerd toegelaten te worden tot de Academie voor Beeldende Kunsten. Dit keer mocht hij niet eens de toelatingstest doen.[44] Waarschijnlijk was dat de reden waarom hij zo plotseling, zonder opgaaf van reden, besloten had dat hij zijn vriend niet meer wilde zien. Hitlers eigenwaarde had een flinke knauw gekregen. De droom van een grote carrière als kunstenaar leek definitief vervlogen. Aan zijn latere hatelijkheden tegen de 'schoolmeesters' van de academie die hem als 'talentloos afgewezen' zouden hebben, was aan de latere rijkskanselier te merken hoe diep gekrenkt hij hierdoor was.[45] De jonge Hitler voelde zich in zijn genialiteit danig miskend en trok zich helemaal in zichzelf terug. Hij verbrak in de herfst van 1908 niet alleen alle contact met Kubizek, maar ook met zijn familie. Op 18 november huurde hij een nieuwe kamer in de Felberstraße 22, in de buurt van de Westbahnhof, niet ver van de Stumpergasse. Hier zou hij tot 20 augustus 1909 blijven wonen.[46]

Voor de periode aan de Felberstraße is geen betrouwbare informatie voorhanden. Gedurende driekwart jaar verdwijnt Hitler vrijwel volledig uit het zicht. Vermoedelijk werd zijn financiële situatie echter van maand tot maand slechter. De erfenis van zijn moeder had hij inmiddels waarschijnlijk grotendeels opgemaakt, en van het wezenpensioen alleen kon hij niet voorzien in zijn levensonderhoud. Pas in deze fase leed Hitler kennelijk de ontberingen waarvan hij later zou beweren dat ze zijn hele tijd in Wenen hadden getypeerd: 'Maandenlang had ik niets warms te eten. Ik leefde op melk en droog brood.'[47]

Wellicht deed zich gedurende deze periode ook het incident voor dat hij in *Mein Kampf* zo uitgebreid beschreef. Hij zou 'om niet te verhongeren' als ongeschoold arbeider op een bouwplaats hebben gewerkt. Wat hij daar had gehoord tijdens gesprekken met collega's die lid waren van de vakbond, zou genoeg zijn geweest om hem 'tot het uiterste te prikkelen'. Natie, vaderland, het gezag van de wet, de religie, de moraal – het zou allemaal door het slijk zijn gehaald. En wanneer hij het had gewaagd hen tegen te spreken, zou men hebben gedreigd hem van de steiger te gooien. Weer een ervaring rijker had hij vervolgens de bouwplaats verlaten.[48] Het is echter tamelijk onwaarschijnlijk dat deze gebeurtenissen, waarvoor alleen Hitlers verslag beschikbaar is, zich ook werkelijk zo hebben voorgedaan. Vermoedelijk heeft hij ze verzonnen om te laten zien hoe heroïsch hij zelfs als twintigjarige al ten strijde trok tegen de marxistische 'dwaalleer'.[49]

Op 22 augustus 1909 betrok Hitler een goedkoper onderkomen aan de Sechshauser Straße 58. Hoewel hij eerder op de inschrijvingsformulieren, in strijd met de waarheid, had opgegeven dat hij 'kunstenaar' of 'student' was, gaf hij nu aan dat hij 'schrijver' was, ook al had hij nog geen regel gepubliceerd.[50] Al op 16 september moest hij de kamer weer ontruimen, waarschijnlijk omdat hij de huur niet langer kon betalen. Op de kaart in het archief is achter 'vertrokken naar' de tekst 'onbekend' ingevuld. Gedurende de maanden die volgden, lijkt Hitler geen vaste verblijfplaats te hebben gehad. De herfst van 1909 zou een 'eindeloos bittere tijd' zijn geweest, zo schreef hij terugkijkend in januari 1914, en vijf jaar later zou hij nog de 'souvenirs daarvan bij zich dragen in de vorm van vorstbuilen op zijn vingers, zijn handen en zijn voeten'.[51]

Ook al is het misschien een van die voor Hitler typische overdrijvingen, vaststaat in elk geval wel dat hij in zijn sociale neergang nu het dieptepunt had bereikt.[52] Hitler, die volgens Kubizek altijd zeer zorgvuldig gekleed was gegaan en een welhaast pijnlijke behoefte aan reinheid had gehad[53], behoorde nu tot het leger aan lager wal geraakte daklozen die op bankjes in het park sliepen of zich op koude dagen verzamelden in speciale verwarmde onderkomens die in Wenen waren ingericht, en die de gaarkeukens bezochten voor hun warme eten.

In de daklozenopvang van Meidling, waar ongeveer duizend mensen per nacht gratis onderdak en soep met brood konden krijgen, leerde Hitler in de late herfst van 1909 de man op de brits naast hem kennen, de eerder al eens veroordeelde clochard Reinhold Hanisch. 'Links op de brits lag een magere jongeman met helemaal kapotgelopen voeten. Omdat ik nog brood van de boeren had, deelde ik dat met hem. Ik sprak destijds met een stevig Berlijns accent en hij was helemaal weg van Duitsland. Het gebied waar hij vandaan kwam, Braunau aan de Inn, was ik ook doorgetrokken, dus ik had geen moeite om zijn verhalen te volgen,' aldus Hanisch in mei 1933 over het begin van de vriendschap tussen de mannen.⁵⁴ 's Ochtends moesten de bezoekers van de opvang steeds hun bed vrijmaken en ze mochten zich pas 's avonds weer melden. Overdag probeerden Hanisch en Hitler met karweitjes wat geld te verdienen. Sneeuwruimen hield Hitler echter niet lang vol: 'Hij had geen winterjas en zag er vaak erbarmelijk blauw bevroren uit.'⁵⁵

Toen de voor zware lichamelijke arbeid te zwakke twintigjarige eens tegenover zijn kameraad beweerde dat hij de kunstacademie had bezocht, kwam Hanisch op een idee: misschien dat Hitler zijn tekentalent winstgevend kon inzetten. Hij stelde voor dat Hitler ansichtkaarten schilderde die hij, Hanisch, dan zou verkopen in de cafés. De opbrengst zouden ze dan eerlijk delen. Op aandringen van zijn partner vroeg Hitler van zijn tante Johanna nog een keer een bedrag van 50 kronen, waarmee hij schildersbenodigdheden kon kopen. De zaken liepen beter dan verwacht: op 9 februari 1910 konden de twee de daklozenopvang verruilen voor het tehuis voor mannen aan de Meldemannstraße 27.⁵⁶ Hier bracht Hitler de volgende drie jaar door.

Het tehuis voor mannen in de arbeiderswijk Brigittenau aan de rand van Wenen was voor die tijd een behoorlijk moderne instelling. Het bood onderdak aan meer dan vijfhonderd bewoners, en in vergelijking met de daklozenopvang was het relatief comfortabel. Ze hoefden de nacht niet door te brengen in een gemeenschappelijke slaapzaal, maar kregen elk een eigen kleine slaapcabine toegewezen – met een bed, een tafel, een kleerkast en, als bijzondere punt, elektrische verlichting. Daarnaast was er een aantal gemeenschappelijke ruimtes, waaronder een grote leeszaal met bibliotheek waar elke dag nieuwe kranten werden neergelegd, en een kleinere ruimte, de zogenaamde schrijfkamer.⁵⁷ Hier ging Hitler overdag zitten om te tekenen en te schilderen. Meestal kopieerde hij de gangbare ansichtkaarten van Wenen, met voorstellingen van de Karlskirche, de Stephansdom of het raadhuis. Hanisch verkocht de tekeningen aan toeristen en aan lijstenmakers. 's Avonds om acht uur trok Hitler zich terug in zijn slaaphok om daar nog urenlang aan zijn zelfstudie te wijden. 'Ik schilderde om mijn brood te verdienen en leerde voor mijn genoegen. [...] Mijn omgeving moet mij destijds wel voor een zonderling hebben gehouden.'⁵⁸

En inderdaad gold de 21-jarige would-bekunstenaar in het bonte gezelschap van het tehuis voor mannen – onder wie zich naast alleenstaande arbeiders en kleine maandloners ook mislukte academici bevonden – als buitenbeentje. Hij meed alle gezelschap, rookte en dronk niet en had weinig in te brengen wanneer het gesprek op vrouwen kwam. Aan de Meldemannstraße was, zoals in alle tehuizen voor mannen, vrouwenbezoek strikt verboden. Hitler lijkt ook geen enkele moeite te hebben gedaan vriendschappen met vrouwen aan te knopen. Daartoe had hij echter al tijdens zijn tijd met Kubizek ruim voldoende gelegenheid gehad.

Deze laatste wist te melden dat er tijdens hun gemeenschappelijke operabezoeken altijd weer blikken van vrouwen op zijn vriend gericht waren geweest. Hij zou zich verwonderd hebben afgevraagd wat dan toch die aantrekkingskracht was – van die 'buitengewoon heldere ogen' of de 'zeldzaam strenge uitdrukking op zijn ascetische gezicht'? Misschien was het enkel 'zijn zo duidelijk getoonde desinteresse in de leden van het andere geslacht' die hen had uitgedaagd om 'deze mannelijke weerstand ook echt op de proef te stellen'.[59]

Hoe dan ook: te midden van de erotisch geladen sfeer van het Wenen van voor de oorlog, waarin toneelstukken als Arthur Schnitzlers *Reigen* en de libertijnse schilderijen van Gustav Klimt schandalen veroorzaakten, handhaafde de jonge Hitler een haast kloosterlijke ascese. Het is echter weinig overtuigend op grond daarvan dan maar te besluiten dat hij zich in werkelijkheid tot mannen aangetrokken voelde, maar hier niet aan wilde toegeven.[60] Want ook uit deze tijd in het tehuis voor mannen, waar zich toch voldoende mogelijkheden voor contact voordeden, is er geen enkele aanwijzing voor Hitlers eventuele homoseksualiteit.

Om zich door een prostituee te laten onderwijzen in de liefde, zoals zo veel leeftijdgenoten van burgerlijke afkomst dat deden, daarvan kon voor Hitler geen sprake zijn. Dat had volgens Kubizek vooral te maken met zijn angst voor de toen nog veel voorkomende geslachtsziekte syfilis.[61] Misschien was het echter ook wel het voorbeeld van Schönerers Al-Duitsers die jongemannen adviseerden zich tot hun vijfentwintigste van seks te onthouden: 'Niets is zo goed voor de jeugd als een langdurige kuisheid. Alle spieren worden er sterker van, de ogen helderder, de geest sneller, het verstand scherp, de fantasie levendig, de wil snel en sterk en vanuit dit gevoel van kracht ziet men de wereld als het ware door een kleurig prisma.'[62] Als het zo is dat Hitler zich aan dit kuisheidsgebod heeft gehouden – en er is aanleiding om dat te denken –, dan was hij, toen hij op zijn vierentwintigste Wenen verliet, nog nooit met een vrouw naar bed geweest.[63]

Welke gevolgen dit in zekere zin stilleggen van zijn seksualiteit zou hebben gehad, is pure speculatie. Wellicht kwamen ze tot uitdrukking in de bij de jongeman duidelijk herkenbare angst voor lichamelijk contact en zijn geïdealiseerde beeld van de vrouw, zoals in zijn verborgen liefde voor Stefanie in Linz. Misschien was dit de reden voor zijn nerveuze prikkelbaarheid waaronder Kubizek in hun tijd samen in Wenen zo had geleden. Nochtans was nervositeit – door medici aangeduid als de modeziekte 'neurasthenie' – een fenomeen waar veel mensen rond de eeuwwisseling aan leden, en dat hing niet zozeer samen met verdrongen seksualiteit als wel met de enorme versnelling van het leven die plaatsvond door de introductie van moderne verkeers- en communicatiemiddelen in alle aspecten van het dagelijks leven.[64]

De zakenpartners Hanisch en Hitler zouden al snel ruzie krijgen. Om te zorgen dat ze nog enigszins het hoofd boven water konden houden, zou Hitler per dag één voorstelling moeten schilderen. Op sommige dagen las hij echter liever de krant of nam hij deel aan politieke discussie in de leeszaal. Hij moest voor zijn 'artistieke werkzaamheden ook in een passende stemming zijn', zo liet hij zijn aandringende compagnon weten.[65] Waar Hanisch zich bovendien over opwond, was dat Hitler meer en meer bevriend raakte met een van de andere bewoners van het tehuis voor mannen: Josef Neumann, een eenendertigjarige gediplomeerde koperpoetser van Joodse afkomst, die als detailhandelaar in allerlei goederen de kost verdiende. Neumann ging nu voortaan ook Hitlers schilderijen en tekeningen verkopen en vormde dus een directe concurrent van Hanisch. In juni 1910 vertrok Hitler met Neumann uit het tehuis voor mannen, maar na vijf dagen was hij alweer terug.[66] Misschien dat de twee hadden geprobeerd een beroepspraktijk buiten hun onderkomen op te bouwen – een plan waar kennelijk al snel niets van terecht bleek te komen. In juli vertrok Neumann uit Wenen. Hitler was nu weer aangewezen op de samenwerking met Hanisch.

Slechts een paar weken later kwam het echter tot een breuk. Hitler verweet Hanisch dat deze hem had bedrogen met de opbrengst van twee schilderijen. Een bekende uit het tehuis voor mannen gaf Hanisch vervolgens aan bij de politie. Hitler werd op 5 augustus 1910 op het politiebureau Brigittenau verhoord. Het proces-verbaal van zijn verklaring is bewaard gebleven: 'Hanisch is sinds een week of twee niet meer teruggekeerd in het tehuis voor mannen en heeft van mij het schilderij "Parlement" ter waarde van 50 k(ronen) en een aquarel ter waarde van 9 k(ronen) ontvreemd.'[67] Hanisch werd veroordeeld tot zeven dagen celstraf – ook omdat hij zich onder een valse naam sinds midden juli in een ander tehuis voor mannen had aangemeld. Hitler begon zijn werken nu zelf te verkopen. Daarbij ging hij zakelijke relaties aan met twee Joodse bezitters van winkels in lijsten en galeries, Jakob Altenberg en Samuel Morgenstern. Die betaalden hem een goede prijs, zodat hij nu geheel op eigen benen kon staan.[68]

Eind maart 1911 overleed Hitlers tante Johanna. Bij die gelegenheid ontdekte de familie dat Adolf meerdere keren grote geldbedragen had ontvangen van zijn tante. Angela Raubal, die sinds 1910 weduwe was en van een bescheiden ambtenarenpensioen niet alleen haar drie eigen kinderen, maar ook Hitlers zus Paula moest onderhouden, zag hierin een aanleiding nu het hele wezenpensioen op te eisen dat ze eerder nog hadden gedeeld. Op verzoek van het kantongerecht Linz werd Hitler begin mei 1911 door het kantongerecht Wenen Leopoldstadt gedagvaard. Hier verklaarde hij 'dat hij in zijn levensonderhoud kon voorzien en dat hij ermee instemde dat het volledige wezenpensioen voor zijn zuster werd gebruikt'.[69] Afgezien van dit proces-verbaal is er geen enkele informatiebron over Hitlers verblijf in het tehuis voor mannen in 1911 en 1912. Pas in 1913 duikt hij weer op, en wel in de getuigenis van een nieuwe bewoner, Karl Honisch, die enkele maanden aan de Meldemannstraße verbleef en daarvan in 1939 een uitgebreid verslag opstelde voor het NSDAP-hoofdarchief.[70]

Op een merkwaardige manier lijkt de tijd te hebben stilgestaan. Hitler zat nog altijd op zijn vaste werkplek in de vensternis van de schrijfkamer: 'Een tengere gestalte, met ingevallen wangen en donker, langs het voorhoofd afzakkend haar, gekleed in een afgedragen donker pak, die ijverig van vroeg tot diep in de middag doorwerkte.'[71] Niemand mocht Hitlers vaste plek bezetten. Inmiddels was hij in het tehuis voor mannen een begrip geworden, genoot hij enig aanzien onder zijn medebewoners en werd hij tegelijk wel een beetje bewonderd om zijn schildertalenten: 'Wij waren trots een kunstenaar in ons midden te hebben.'[72] Honisch doet duidelijk moeite om, zoals zijn opdrachtgever dat heeft gevraagd, Hitler in een positief daglicht te stellen. Hij beschrijft hem als een 'vriendelijk en beminnelijk mens', die 'geïnteresseerd was in het wel en wee van zijn kameraden', maar er wel steeds op had gelet dat hij 'niemand te dichtbij liet komen'. Men had zich daarom 'ten opzichte van hem geen vertrouwelijke omgang' veroorloofd.[73]

Slechts zelden, aldus Honisch, zou Hitler uit zijn schulp zijn gekropen, en dat gebeurde vooral wanneer het gesprek over politiek ging en hij zich door uitlatingen in de kleine kring van de als 'intelligentsia' bekendstaande bewoners uitgedaagd voelde om stelling te nemen: 'Dan kwam het vaak voor dat hij opsprong, zijn penseel of potlood over de tafel smeet en op zeer temperamentvolle wijze blijk gaf van zijn opvattingen, waarbij hij krachttermen niet meed. Met zijn vuur schietende ogen en de lok haar die voortdurend over zijn voorhoofd gleed en die hij steeds meer met een ruk van het hoofd terug slingerde.' Na dit soort onverwachte temperamentvolle uitbarstingen kon het gebeuren dat Hitler plotseling stilviel en 'met een berustend handgebaar' weer aan zijn tekentafel ging zitten, 'alsof hij daarmee wilde zeggen dat het zonde was er nog meer woorden aan vuil te maken, want jullie begrijpen het toch niet.'[74] Over twee onderwerpen in het bijzonder kon Hitler zich opwinden, zo herinnerde Honisch zich: wanneer het gesprek op 'de roden en de jezuïeten' kwam, dat wil zeggen de sociaaldemocraten en de katholieken. Van antisemitische uitvallen was echter geen sprake, en dat roept de vraag op hoe Hitler op dat moment tegenover de Joden stond.

Toen Hitler naar Wenen verhuisde, was hij zeker nog geen antisemiet. De getuigenis van de Joodse dokter Bloch uit Linz is in dit verband geloofwaardiger dat die van Kubizek, die na 1945 beweerde dat zijn vriend al in Linz antisemiet zou zijn geweest.[75] Hitler zelf beweerde in *Mein Kampf* dat hij pas in Wenen een hekel had gekregen aan Joden: 'In die tijd vond in mijn binnenste de grootste omwenteling plaats, die ik ooit beleefd had. Ik was van half overtuigd wereldburger tot fanatiek antisemiet geworden.'[76] De meeste biografen sluiten zich hierbij aan. Het lag dan ook voor de hand Hitlers Jodencomplex te zien als compensatiegedrag van de miskende kunstenaar. In de Jood zou zijn 'tot dan toe doelloos rondwarende haat [...] eindelijk een doelwit hebben gevonden', schrijft bijvoorbeeld Joachim Fest.[77] Pas dankzij het onderzoek van Brigitte Hamann is duidelijk gebleken dat Hitlers voorstelling van zaken is wat ze is: een van die talloze legendes waarmee de demagoog in de vroege jaren twintig een rechtlijnige ontwikkeling van zijn 'wereldbeschouwing' wilde suggereren. Tijdens zijn jaren in Wenen heeft er geen antisemitische bekeringservaring plaatsgevonden. In werkelijkheid was het allemaal niet zo eenduidig als men lang heeft aangenomen.[78]

Eén ding staat vast: zelfs als hij het had gewild, zou Hitler gedurende zijn tijd in Wenen nauwelijks aan antisemitische uitingen hebben kunnen ontkomen. De Oostenrijkse hoofdstad was rond de eeuwwisseling een strijdtoneel voor antisemieten. Door de grote immigratie van met name Joden uit het oosten ('*Ostjuden*') bestond de angst voor een 'verjoodsing' van Wenen. De successen van de Joodse immigranten, die het belang van een goede opleiding onderkenden en snel carrière maakten, wekten nijd en afgunst bij de oorspronkelijke bevolking.[79] Veel Weense politici speelden in op dit antisemitische ressentiment. Georg von Schönerer, de door Hitler bewonderde leider van de Oostenrijkse All-Deutsche Bewegung, verbond zijn strijd om de 'Duitsheid' met een tot dan toe in Oostenrijk onbekend racistisch antisemitisme. Ook burgemeester Karl Lueger, het tweede politieke voorbeeld voor Hitler, schrok er niet voor terug met kreten als 'Groot-Wenen mag geen Groot-Jeruzalem worden' en zijn hetze tegen de 'Joodse pers' op de antisemitische trom te slaan.[80] Het zou eigenlijk juist merkwaardig zijn geweest als de jonge Hitler hierdoor in het geheel niet was beïnvloed.

Het Wenen van rond de eeuwwisseling vormde kennelijk een goede voedingsbodem voor de verspreiding van ongepolijste rassentheorieën. In Al-Duitse kranten en brochures kregen de obscure ideeën van veelschrijver Guido von List, die de mensheid verdeelde in arische 'heersersmensen' en niet-Arische 'kuddemensen', evenveel aandacht als de racistische fokfantasieën van een wetenschapper als Joseph Adolf (Jörg) Lanz von Liebenfels. Lanz publiceerde vanaf 1906 een reeks geschriften onder de titel *Ostara*, 'het eerste en enige tijdschrift voor het onderzoek en het behoud van het heersersras en het mannenrecht'.[81] Het staat vast dat Hitler niet alleen het *Alldeutsche Tagblatt* las, waarvan de redactie vlak bij zijn eerste onderkomen aan de Stumpergasse was gevestigd, maar waarschijnlijk ook de publicaties in de *Ostara*-reeks. Hoewel Lanz later zou beweren dat hij de man was 'die Hitler zijn ideeën gaf',[82] zegt dat nog niets over de werkelijke invloed die het lezen van *Ostara* op de jongeman zal hebben gehad. Ongetwijfeld is een van de giftige vruchten van zijn jaren in Wenen echter ook dat Hitler tijdens zijn autodidactische studie in aanraking kwam met het hele repertoire van völkische anti-Joodse clichés en vooroordelen, wat nog niet hoeft te betekenen dat hij zich er ook al mee identificeerde.

Anderzijds valt niet te ontkennen dat de bewoner van het tehuis voor mannen geen problemen had in de dagelijkse omgang met Joodse medebewoners. Met Josef Neumann was hij zelfs tamelijk goed bevriend: 'Neumann was een goedhartig mens, die erg op Hitler gesteld was en voor wie Hitler veel respect had,' wist Reinold Hanisch te melden.[83] Afgaand op zijn verklaring waren de assistent-sleutelmaker Simon Robinson, die zo nu en dan met kleine geldbedragen hielp, en de vertegenwoordiger Siegfried Löffner, die de verkoop van de ansichtkaarten ondersteunde, andere Joodse kennissen van Hitler in het tehuis voor mannen. Dat Hitler zijn werk, zoals al eerder opgemerkt, bij voorkeur verkocht aan Joodse handelaren, spreek eveneens tegen de aanname dat hij toen al een levendige afkeer van de Joden zou hebben gehad. Daarom is het geloofwaardig wanneer Hanisch terugkijkend beweert dat Hitler 'in die tijd zeker geen Jodenhater' is geweest. 'Dat werd hij pas later.'[84] Die verklaring wordt overigens bevestigd door een anonieme bron uit Brünn (Brno), die in het voorjaar van 1912 in het tehuis voor mannen verbleef: 'Met Joden had Hitler het uitstekend kunnen vinden, en hij zei ooit eens dat het een uiterst verstandig volk was, dat elkaar beter bijstond dan de Duitsers.'[85]

Hitlers uitspraken over Joden zoals die door Hanisch zijn vastgelegd, zijn echter bijzonder tegenstrijdig. Enerzijds prees hij de Joden als de eerste beschaafde natie omdat ze het polytheïsme hadden opgegeven ten gunste van het geloof in de ene God, prees hij de liefdadigheid van Joodse instellingen in Wenen, waarvan hij als onbemiddelde zelf ook profiteerde, nam hij het vastberaden op voor de Joden tegen de vreselijke antisemitische beschuldigingen van rituele moord en verdedigde hij ook de culturele prestaties van Joden als de dichter Heinrich Heine en de componist Gustav Mahler. Anderzijds zou hij op de vraag hoe het toch kwam dat Joden altijd vreemden in andere landen waren gebleven, geantwoord hebben dat dit kwam doordat ze een 'ras op zich' vormden. Daarnaast zou hij zo nu en dan hebben opgemerkt dat Joden een 'andere geur' hadden.[86] Kortom: Hitler deelde duidelijk een aantal antisemitische vooroordelen en clichés van het Duits-nationalistische milieu, maar was nog ver verwijderd van de paranoïde haat tegen de Joden waar later al zijn politieke handelen om zou draaien. Van een afgeronde 'wereldvisie', een gevestigde antisemitische overtuiging, kan geen sprake zijn. '"Hitler" is af,' schreef Konrad Heiden, zijn eerste biograaf, als resultaat van zijn Weense jaren.[87] Maar 'af' was Hitler nog lang niet. Hij zou nog andere ingrijpende ervaringen opdoen voordat hij in de bezeten antisemiet was veranderd die in 1919 als demagoog in de bierkelders van München zou opduiken.

Ook in het koffiehuis waar Hitler zich in de laatste weken van zijn verblijf in Wenen vaak zou hebben opgehouden, viel hij niet op door radicale politieke uitspraken. De eigenaresse Maria Wohlrab beschreef hem eerder als een serieuze, in zichzelf gekeerde jongeman die veel las en weinig sprak. Soms zou hij een vrouw bij zich hebben gehad die tijdens zijn laatste bezoek zou hebben opgemerkt dat 'Dolfje naar Duitsland ging'.[88] Het is echter enigszins discutabel of de waardin na bijna dertig jaar inderdaad nog zulke heldere herinneringen kon hebben aan haar stille gast. Hitler had immers ook in het tehuis voor mannen al geruime tijd gesproken over zijn voornemen naar Duitsland te emigreren. Vooral München, de hoofdstad van het koninkrijk Beieren, trok hem. Hier dacht hij zijn artistieke talenten sneller te kunnen ontplooien dan in Wenen, en bovendien werd hij aangetrokken door de belangrijke kunstcollecties van de stad. Voorlopig wachtte hij echter tot zijn vierentwintigste verjaardag op 20 april 1913. Pas vanaf dat moment zou hij kunnen beschikken over het erfdeel van zijn vader. Het bedrag van 652 kronen was sinds 1903 gegroeid tot 819 kronen en 98 heller – en heel behoorlijke som. Op 16 mei gaf het kantongerecht van Linz opdracht dit bedrag uit te betalen.[89]

In de daaropvolgende dagen bereidde Hitler zich vastberaden voor op zijn verhuizing. Hij kocht nieuwe kleren en schreef zich op 24 mei uit in Wenen. Al op de vijfentwintigste zat hij in de trein naar München. Hij reisde echter niet alleen. Hij werd vergezeld door de twintigjarige leerling-drogist Rudolf Häusler, die in februari in het tehuis voor mannen was komen wonen en daar bevriend was geraakt met Hitler. De twee zullen elkaar hebben gevonden omdat Häuslers biografie in veel opzichten leek op die van Hitler. Hij stamde uit een degelijke Weense familie, was vanwege een domme streek van school gestuurd en vervolgens door zijn strenge vader uit het ouderlijk huis gezet. De vier jaar oudere Hitler ontfermde zich over hem, introduceerde hem in de wereld van de opera's van Wagner en haalde hem over met hem naar München te gaan. Net als eerder bij Kubizek lukte het Hitler hiervoor de toestemming van de moeder, Ida Häusler, te krijgen. Zij had het contact met haar zoon in stand gehouden nadat hij naar het tehuis voor mannen was verhuisd.[90]

Samen huurden Hitler en Häusler na aankomst in München een kleine kamer bij kleermaker Joseph Popp, op de derde verdieping van de Schleißheimer Straße 34, aan de rand van de wijk Schwabing. Op het inschrijfformulier van 29 mei 1913 gaf Hitler als beroep 'kunstschilder' aan; onder 'vermoedelijke duur van het verblijf' staat '2 jaar'.[91] De immigrant was dus van begin af aan van plan zich voor langere tijd in de Beierse hoofdstad te vestigen.

Toen hij in 1924 terugkeek, sprak Hitler nogal overdreven over de tijd die hij voor de oorlog in München had doorgebracht.[92] Hier was veel wat het ontvankelijke gemoed van de jongeman enorm aantrok. Het 'Athene aan de Isar' had zich rond de eeuwwisseling inmiddels allang de reputatie verworden van een artistieke metropool en trok steeds meer schilders en beeldhouwers, maar ook schrijvers aan.⁹³ Net als in Wenen interesseerde Hitler zich echter niet voor de avant-garde zoals de kring van *Der Blaue Reiter* die zich rond Wassily Kandinsky, Gabriele Münter en Franz Marc verzamelde. Hij was veel meer geïnteresseerd in de Alte Pinakothek met haar oude meesters, de Neue Pinakothek met de privéverzameling van Ludwig I en de kunstcollectie van Adolf Friedrich graaf von Schacks, die naast Hitlers favoriete schilders Arnold Böcklin, Anselm Feuerbach en Carl Spitzweg ook de laatromantische Moritz von Schwind bevatte.⁹⁴ Bovendien was hij onder de indruk van de imposante bouwwerken en de prachtige boulevards. In *Mein Kampf* prees hij 'de prachtige residentie van het Wittelsbacher koningshuis', en 'de wonderbaarlijke wijze, waarop een sterke oerkracht zich hier paarde aan een fijne kunstzinnige sfeer'.⁹⁵

Hitler voelde zich kennelijk ook aangetrokken tot het bohèmemilieu van Schwabing met zijn bonte mengeling van serieuze kunstenaars en excentrieke wereldverbeteraars, zoals Erich Mühsam dat in zijn memoires schetste: 'Schilders, beeldhouwers, dichters, modellen, leeglopers, filosofen, stichters van een nieuwe godsdienst, revolutionairen, vernieuwers, seksueel-ethici, psychoanalytici, muzikanten, architecten, kunstnijvere dames, weggelopen dochters uit voorname families, eeuwige studenten, ijverig en lui, levenslustig en levensmoe, met wilde haren en keurig in scheiding.'⁹⁶ In deze wereld van zonderlingen viel de in zichzelf gekeerde, eenzelvige jongeman niet erg op. Hier kon hij zijn afkeer van vast werk en zijn hang naar dagdromen ongeremd botvieren. Zoals zoveel van de stamgasten van Café Stefanie, dat ook wel *'Café Grössenwahn'* (Café Grootheidswaan) werd genoemd, meende Hitler dat hij voor het hogere was voorbestemd, zonder nu precies een idee te hebben wat dat dan was en hoe hij het kon bereiken.

Later, tijdens een van zijn monologen in het Führerhoofdkwartier, beweerde Hitler dat hij 'had besloten als autodidact verder te werken': 'Met goed gemoed trok ik naar München. Drie jaar wilde ik nog studeren, en ik wilde op mijn achtentwintigste als tekenaar naar Heilmann & Littmann gaan. Ik zou aan het eerste concours meedoen en dan zouden de mensen, zo hield ik mezelf voor, het wel zien: die kerel kan wat.'⁹⁷ Hij lijkt inderdaad ook in München geen gerichte pogingen te hebben gedaan een beroepsopleiding tot 'architectuurtekenaar' te volgen. Hij leefde gewoon verder zoals hij dat gewend was. Elke twee of drie dagen schilderde hij een nieuw werk – en net als destijds in Wenen was dat meestal een kopie van een ansichtkaart waarop bekende gebouwen in München te zien waren: Hofbräuhaus, Feldherrnhalle, Frauenkirche, Alter Hof, Theathinerkirche en nog veel meer. Vervolgens ging hij op pad om zijn werk in winkels en op terrassen te verkopen.

Zo vertelt de arts Hans Schirmer uit München hoe hij 's avonds op het terras van het Hofbräuhaus zat en er een 'zeer bescheiden en uiterlijk nogal afgemat ogende jongeman' naar zijn tafel zou zijn gekomen en hem een olieverfschilderij te koop aanbood. Aangezien Schirmer niet genoeg geld bij zich had, liet hij Hitler de volgende dag bij hem aan huis komen. Bij deze gelegenheid kreeg Hitler opdracht voor nog twee schilderijen, die hij ook prompt leverde. 'Ik merkte daaraan dat hij wel heel intensief bezig moest zijn om in zijn allernoodzakelijkste levensonderhoud te voorzien.'[98] Op deze manier lukte het Hitler een vaste klantenkring op te bouwen. Van de opbrengsten kon hij redelijk in zijn levensonderhoud voorzien.

Hitlers zelfgenoegzame bohemienbestaan werd echter plots verstoord: op 18 januari 1914 verscheen er een rechercheur van de Münchense politie in de Schleißheimer Straße 34 en overhandigde hem een schrijven van het stadsbestuur van Linz waarin hem werd opgedragen zich twee dagen later te melden voor de dienstkeuring.[99] Omdat hij deel uitmaakte van de jaargang 1889, had Hitler zich al in de late herfst van 1909 moeten melden bij het militaire rekruteringsregister en in 1910 moeten verschijnen voor een dienstkeuring. Hij had zich echter noch in dat jaar, noch in het jaar daarop gemeld. Waarschijnlijk was een van de redenen waarom hij naar München was vertrokken dat hij zich hieraan wilde onttrekken. 'Zonder gegronde reden afwezig, terwijl niet kan worden vastgesteld waar hij verblijft,' stond er in het dienstplichtigenregister van zijn thuisgemeente Linz te lezen. Vanaf augustus 1913 begon de politie van Linz een onderzoek naar de verblijfplaats van de dienstplichtontduiker en na vijf maanden, midden januari 1914, had men hem eindelijk gevonden. Op 19 januari werd hij op het consulaatgeneraal van Oostenrijk-Hongarije in München voorgeleid. Hitler begreep nu de ernst van de situatie, want wie geen gehoor gaf aan de oproep tot de vervulling van de dienstplicht, stond een gevangenisstraf van vier weken tot een jaar, en bovendien een geldstraf van maximaal 2000 kronen te wachten.

De schrik moet Hitler flink om het hart zijn geslagen, want hij antwoordde op 21 januari in een voor zijn doen ongewoon lange, drieënhalf kantjes tellende brief waarin hij zich probeerde te rechtvaardigen – het langste handgeschreven document uit zijn vroege tijd.[100] Hitler gaf toe dat hij zich in de herfst van 1909 niet in Linz had gemeld, maar beweerde dat hij dit in 1910 in de wijk waarin hij in Wenen woonde alsnog had gedaan, en er vervolgens niets meer van gehoord had. Hij weet het dus aan het bureaucratische getreuzel van de dienstplichtambtenaren. Hij zou 'nooit op het idee zijn gekomen' zich aan de militaire dienst te onttrekken. Tegelijk probeerde hij de ambtenaar in Linz voor zich te winnen door een uitgebreide beschrijving van zijn lijdensweg in Wenen te geven, met veel overdreven details: 'Ondanks grote armoede en in een vaak meer dan twijfelachtige omgeving ben ik steeds netjes gebleven en nooit in aanraking gekomen met de wet. Ik heb een zuiver geweten, afgezien van de niet-opgevolgde oproep voor de militaire dienst, waarvan ik niet op de hoogte was. Dat is het enige waarvoor ik me verantwoordelijk voel. Daarvoor zal een bescheiden geldstraf toch wel voldoende zijn, en die zal ik dan niet weigeren te betalen, maar netjes voldoen.' Hitler vroeg vervolgens of hij zich in plaats van in Linz in het dichterbij gelegen Salzburg zou mogen melden. Het k.u.k. consulaat-generaal in München zond het verzoek op 23 januari naar Linz met de aanbeveling 'het honoreren waard', en Hitler bereikte inderdaad zijn doel: op 5 februari 1914 moest hij zich in Salzburg melden voor de dienstkeuring. De uitslag: 'Afgekeurd voor militaire en ondersteunende dienst, te zwak. Niet geschikt om wapens te dragen.'[101] Zo kon hij ongehinderd terugkeren naar München.

Ondertussen had Häusler van Hitlers afwezigheid gebruikgemaakt om te verhuizen uit de gezamenlijke kamer. Waarschijnlijk hield hij het niet langer vol zo dicht opeengepakt te wonen met een kamergenoot die tot laat in de nacht las en hele colleges tegen hem afstak. Hitler moest nu alleen de huur zien op te brengen, maar dat leek hem goed te lukken. Hij bleef de cafés in Schwabing bezoeken, al maakte hij met niemand verder echt contact. Bovendien vermeed hij contacten met *völkisch*-nationalistische groeperingen als de afdeling München van de Alldeutsche Verband, die tot de grootste van het wilhelminische Duitsland behoorde en waarvan de uitgever, Julius F. Lehmann, een van de meest invloedrijke vertegenwoordigers was. Zijn huisbazin Anna Popp schetst Hitler als een teruggetrokken jongeman die zich op zijn kamer 'als een kluizenaar' zou hebben begraven en die uitnodigingen om 's avonds eens bij haar te komen eten, zou hebben afgeslagen met de opmerking 'dat hij nog moest werken'.[102]

Deze contactarmoede was niet meer dan een symptoom van een diepe innerlijke onzekerheid. Hitler moest ook na een jaar in München toegeven dat hij geen stap verder gekomen was en dat zijn precaire bestaan als 'kunstschilder' maar weinig toekomstkansen bood. Het uitbreken van de Eerste Wereldoorlog begin augustus 1914 verloste hem echter onverhoopt uit deze frustrerende uitzichtloosheid.

3
De beslissende ervaring van de oorlog

'Zo begon nu ook voor mij, als zeker voor iedere andere Duitser, de meest onvergetelijke en grootste tijd van mijn bestaan op aarde. Naast het duizendvoudig vergrote leven in deze geweldige voorstelling, zonk alles, wat er vroeger geweest was, volkomen in het niet.'¹ Met die pathetische woorden vierde Hitler in *Mein Kampf* het uitbreken van de Eerste Wereldoorlog. Deze oorlog zou van grote invloed op hem zijn en vormde de belangrijkste cesuur in zijn leven tot dat moment. Na het mislukken van zijn stoutmoedige artistieke ambities, na zeven jaar vol ontberingen, teleurstellingen en afwijzingen leek de eenzelvige 25-jarige nu een uitweg uit zijn zo doelloze en nutteloze bestaan te worden geboden. Zonder de ervaring van de Eerste Wereldoorlog en de gevolgen daarvan zou Hitler niet zijn geworden wie hij later was. Pas deze oorlog zou zijn politieke carrière mogelijk maken.²

Hitler hoorde het nieuws van de moord op de Oostenrijks-Hongaarse troonopvolger aartshertog Frans Ferdinand en diens vrouw in Sarajevo op 28 juni 1914 terwijl hij op zijn kamer aan de Schleißheimer Straße weer eens over zijn boeken gebogen zat. Gezien de gespannen situatie in Europa, en dan met name de verhouding tussen Oostenrijk-Hongarije en Servië, die de afgelopen jaren gevaarlijk op scherp was komen te staan, had hij er geen moment aan getwijfeld 'dat de steen nu was beginnen te rollen, en dat er geen houden aan was'.³ Het idee dat een groot Europees conflict onvermijdelijk was, deelde Hitler met veel van zijn tijdgenoten – tot in de allerhoogste regionen van de politiek en het leger in wilhelminisch Duitsland. Toch had de oorlog in juli 1914 nog kunnen worden voorkomen als de Duitse rijksregering in Berlijn, opgejaagd door het militaire establishment, er niet voor had gekozen de aanslag in Sarajevo te gebruiken als excuus voor een krachtproef met de Triple Entente van Frankrijk, het Verenigd Koninkrijk en Rusland. Zo hoopte ze de 'omsingeling' te doorbreken en de machtsconstellatie in Europa in het voordeel van Duitsland te veranderen. Op 5 en 6 juli verzekerde ze haar bondgenoot Oostenrijk-Hongarije niet alleen van volledige steun bij een militair optreden tegen Servië – ze drong er bovendien op aan dat er snel en krachtig werd gehandeld. De Duitse rijkskanselier Theobald von Bethmann Hollweg was zich er terdege van bewust dat hij met deze 'blanco cheque' aan de bondgenoot een extreem groot risico nam. 'Een actie tegen Servië kan tot een wereldoorlog leiden,' gaf hij op de avond van 6 juli toe aan een vertrouweling, de legatiesecretaris van het ministerie van Buitenlandse Zaken, Kurt Riezler.[4]

Wat er gedurende deze weken van de escalerende crisis allemaal geënsceneerd werd in de kabinetten in Berlijn en Wenen, zou grotendeels voor het publiek verborgen blijven. Zo was ook Hitler de algemene overtuiging toegedaan dat het de 'Weense regeringskringen' waren die 'tot een niet-onvermijdelijke oorlog aanzetten', en dat de Duitse politiek vervolgens geen andere keuze had dan haar bondgenoot uit 'Nibelungen-trouw' bij te staan.[5] Nog minder doorzag hij – zoals de meeste mensen – de geraffineerd opgezette strategie van Bethmann Hollweg in de eindfase van de crisis, toen deze probeerde het tsaristische Rusland in de rol van agressor te manoeuvreren en zo de verantwoordelijkheid voor de oorlog in dat kamp te leggen. 'Rusland moet echter hoe dan ook genadeloos in het ongelijk worden gesteld,' verklaarde de kanselier op 26 juli in een telegram aan keizer Wilhelm II.[6] Het plan slaagde: in de Duitse publieke opinie heerste de overtuiging dat het Duitse keizerrijk zich moest verweren tegen een vijandelijke overval, en daarom moesten alle binnenlandse politieke onenigheden, alle tweedracht die de klassen uit elkaar dreef, wijken voor nationale eendracht.

Afb. 6 Hitler midden in een patriottische mensenmenigte op de Münchense Odeonsplatz, 2 augustus 1914 (foto: Heinrich Hoffmann).

Al einde juli 1914 waren er in München, zoals in de meeste andere grote Duitse steden, patriottische demonstraties, waarbij het tot wilde excessen kwam. Toen de kapelmeester van Café Fahrig aan de Karlstor bijvoorbeeld weigerde *Die Wacht am Rhein* te spelen, werd het café volledig gesloopt.[7] Begin augustus, toen het inmiddels zeker was dat oorlog onvermijdelijk was, bereikte het enthousiasme grote hoogten. Op 2 augustus verzamelde zich op de Odeonsplatz voor de Feldherrnhalle een vierduizend man tellende mensenmenigte. 'Wat daar aan melodieën, soldatenwijsjes en enthousiaste woorden klonk, getuigde volop van een Duitse kracht, een Duits optimisme,' beschreef een ooggetuige later.[8] In de juichende menigte bevond zich ook de 'kunstschilder' Adolf Hitler. Op een foto die zijn latere 'lijffotograaf' Heinrich Hoffmann maakte, is te zien hoe hij zich heeft laten meevoeren in de euforische stemming.[9] Met zijn eigen neiging tot overdrijven schetste Hitler zijn ervaringen van destijds als volgt in *Mein Kampf*: 'Ik schaam mij ook heden niet, om te zeggen, dat ik, ten prooi aan overweldigende geestdrift, op mijn knieën ben gevallen, om de hemel uit de diepte van mijn overvolle hart te danken, dat mij het geluk was toebedeeld, in deze tijd te mogen leven.'[10]

Veel mensen hadden in de eerste dagen van de oorlog dezelfde gevoelens als Hitler. Al het benauwende, alles wat mensen van elkaar scheidde, leek ineens in een roes van gemeenschapszin te zijn verdwenen. 'Eerlijk gezegd moet ik bekennen dat dit eerste ontwaken van de massa's iets geweldigs, meeslepends en zelfs verleidelijks had en dat men zich er maar moeilijk aan kon onttrekken,' herinnerde Stefan Zweig zich dertig jaar later nog.[11] Zelfs Erich Mühsam, de anarchist en antimilitarist uit Schwabing, betrapte zich erop dat hij in die dagen 'op een of ander manier werd gegrepen door de algemene roes die was ontvlamd uit woeste hartstocht'. 'Het optimisme van de Duitsers, hun goedgelovige, sterke belangstelling is verbijsterend, maar geweldig. Nu is er die zielsverbondenheid waarvan ik hoop dat die er ooit ook voor culturele zaken zal zijn.'[12]

Toch werd niet iedereen door dit gevoel overmand. Op het platteland was het enthousiasme voor de oorlog veel minder merkbaar. 'Vele van onze boerenfamilies maken zich nu ernstige zorgen, omdat de vaders van vaak zeer kinderrijke families worden opgeroepen en paarden en wagens worden gevorderd door de militaire instanties, terwijl de oogst nog op de akkers wacht,' aldus de *Münchener Neuesten Nachrichten* van 4 augustus 1914.[13] Maar ook in de grote steden bleef het uitgelaten patriottisme grotendeels beperkt tot de burgerlijke en kleinburgerlijke milieus. Onder arbeiders, met name diegenen die georganiseerd waren in de *Sozialdemokratische Partei Deutschlands* (SPD) en de vakbonden, heerste een uitgesproken ernstige, terneergeslagen stemming. 'Wat hebben wij ermee te maken dat de Oostenrijkse troonopvolger is vermoord? Moeten wij daarvoor het leven laten? Hoe komen ze op het idee?' 'Ik ben blij dat ik niet meer [naar de oorlog] hoef. Want om me nu voor andere mensen te laten doodschieten, daar heb ik geen zin in.'[14] Dit soort uitspraken van werklieden in Hamburg eind juli 1914 was waarschijnlijk ook te horen in de arbeidersbuurten van München.

Intellectuelen, schrijvers en kunstenaars bleken het gevoeligst voor de 'augustusroes'. Verschillende motieven balden zich hierin samen: ontevredenheid over de versteende verhoudingen in de samenleving van het keizerrijk, verveeldheid met de burgerlijke gezapigheid en de gerieflijkheid van een langdurige vrede, het verlangen naar avontuur, beproeving, gemeenschapsgevoel. 'Hoe had de kunstenaar, de soldaat in de kunstenaar, anders kunnen doen dan God loven voor deze ineenstorting van die vreedzame wereld waar hij al zo lang, zo verschrikkelijk genoeg van had,' aldus schrijver Thomas Mann, die in München woonde. 'Oorlog! Het was een zuivering, een bevrijding die we voelden, en wat een reusachtige hoop!'[15]

Zo ervoer ook de 'kunstenaar' Adolf Hitler het. De oorlog kwam voor hem als een 'verlossing uit de benauwde ban van die "ordelijke en vreedzame toekomst", die mijn jeugd had vergald',[16] als een bevrijding uit het nutteloze, eenzelvige bestaan. Het vooruitzicht deel uit te maken van een gemeenschap en zich ogenschijnlijk volledig te wijden aan de nationale zaak sprak hem sterk aan. Al op 3 augustus zou hij een rechtstreeks verzoek aan de Beierse koning Ludwig III hebben gestuurd om ondanks zijn Oostenrijks staatsburgerschap dienst te mogen nemen in een Beiers regiment, en al een dag later zou hij de toestemming daarvoor hebben ontvangen in een schrijven van het kabinet.[17]

Terecht wordt er aan deze voorstelling van zaken getwijfeld.[18] In de eerste chaotische dagen van de mobilisatie, toen grote aantallen vrijwilligers zich aanmeldden, had kennelijk niemand eraan gedacht Hitlers nationaliteit te controleren, want anders had hij nooit in het Beierse leger mogen dienen. Hitler meldde zich op 5 augustus als vrijwilliger, maar werd de eerste keer nog weggestuurd. Uit de stukken blijkt dat hij pas op 16 augustus 1914 op het Rekrutendepot VI van het 2de Beierse Infanterieregiment in dienst trad. Het reservebataljon was destijds ondergebracht in de Elisabethenschule die tijdelijk in gebruik was als kazerne. Hier kreeg Hitler zijn uniform en zijn uitrusting. Vervolgens doorliep hij de militaire basistraining.[19] Op 1 september werd de rekruut ingedeeld bij het nieuwgevormde 16de Reserve-Infanterieregiment. Dit regiment (dat naar zijn eerste bevelvoerder kolonel Julius List het 'Regiment List' werd genoemd) was een bijeengeraapt geheel: naast jonge vrijwilligers dienden daarin ook oudere mannen, de zogenaamde vervangende reservisten, naast studenten en kunstenaars uit München vooral boeren, landarbeiders, neringdoenden, ambachtslieden, arbeiders en mannen uit de vrije beroepen. Kortom: alle klassen en jaargangen waren erin vertegenwoordigd.[20]

Op 10 oktober 1914 vertrok het regiment uit München om op het Lechfeld bij Augsburg deel te nemen aan gevechtstraining. 'De eerste vijf dagen op het Lechfeld waren de zwaarste van mijn leven,' schreef Hitler aan zijn huisbazin Anna Popp. 'Elke dag was het weer langer marcheren, waren de oefeningen zwaarder en hadden we nachtelijke marsen tot wel 42 km lang, gevolgd door grote brigademanoeuvres.'[21] Hitlers grootste zorg gedurende deze weken was – naar eigen zeggen – dat hij pas aan het front zou aankomen als de strijd al beslist was. 'Dit alleen was dikwijls oorzaak, dat ik geen rust kon vinden.'[22] Die zorg was volstrekt ongegrond. De Duitse legers waren weliswaar aanvankelijk snel opgerukt door België en Noord-Frankrijk, maar met de terugtocht aan de Marne, begin september 1914, was het oorspronkelijke plan om de Franse strijdkrachten in de tang te nemen en te vernietigen, mislukt. Nuchter bezien was de oorlog op dat moment eigenlijk al verloren. De chef van de generale staf Helmuth von Moltke, de neef van de ooit zo succesvolle Pruisische veldheer, kreeg een zenuwinzinking en werd op 14 september vervangen door de minister van Oorlog Erich von Falkenhayn. Tegenover het Duitse publiek werd de omvang van deze militaire ramp verdoezeld. Het gevolg was dat in brede kringen van de bevolking, met name onder de vrijwilligers die zo graag naar het front wilden, allerlei illusies leefden over de ware toestand.

In de vroege morgen van 21 oktober werd het Regiment List in drie treinen geladen en naar het westelijke front gestuurd. 'Ik verheug me er enorm op,' schreef Hitler verwachtingsvol.[23] Vanuit Ulm, het eerste station, stuurde hij een kaart aan Joseph Popp met: 'Hartelijke groeten op doorreis naar Antwerpen'.[24] Op de ochtend van 22 oktober bereikte de trein de Rijn. In maart 1944 herinnerde Hitler zich nog het moment: 'Ik zag de Rijn voor het eerst toen ik in 1914 met de troepen oprukte naar het westen. Ik zal nooit vergeten welke gevoelens mij overmanden toen ik voor het eerst deze belangrijke rivier zag.'[25] Via Keulen en Aken ging de reis vervolgens door België. Daar kon Hitler al de sporen van de oorlog ontwaren. Het station van Luik, zo schreef hij, was 'danig aan stukken geschoten', Leuven 'was één grote puinhoop'.[26] Twee maanden eerder, tussen 25 en 28 augustus, hadden de Duitse troepen zich hier schuldig gemaakt aan een bijzonder ernstige oorlogsmisdaad door 248 Belgische burgers te vermoorden, delen van de historische stad systematisch te vernietigen en de beroemde universiteitsbibliotheek in brand te steken.[27]

Op de avond van 23 oktober kwam het transport aan in de Franse stad Lille. Het lawaai van de gevechten op de slagvelden van Vlaanderen was al duidelijk te horen. Falkenhayn, Moltkes opvolger, had aanvankelijk de offensieve plannen van de generale staf gehandhaafd. Door de rechtervleugel van de Duitse aanval te versterken, hoopte hij de Franse en Engelse legers toch nog te kunnen omsingelen. Zo begon de vaak beschreven 'race naar de zee', een reeks veldslagen waarin het zwaartepunt zich steeds verder naar de Kanaalkust verplaatste. De Duitse aanvallers leden enorme verliezen, niet in de laatste plaats onder de jonge vrijwilligers die vol doodsverachting het vijandelijk machinegeweervuur tegemoet renden. Ook de 6de Beierse Reservedivisie, waartoe het Regiment List behoorde, werd nu in de strijd geworpen bij Ieper. Op 27 oktober, na een rustpauze van drie dagen, kwam het bevel om naar het front te marcheren. In de vroege ochtend van 29 oktober beleefde Hitler bij een aanval op het Vlaamse dorp Geluveld, in een bos langs de weg naar Beselare, zijn 'vuurdoop' – een behoorlijk ingrijpende gebeurtenis, waarover hij uitgebreid schreef in een brief aan de aankomende jurist Ernst Hepp, die voor de oorlog twee aquarellen van hem had gekocht en hem zo nu en dan ook voor het eten had uitgenodigd.[28]

Deze brief, die de soldaat op 5 februari 1915 schreef, dat wil zeggen drie maanden na de gebeurtenis, is een opmerkelijke getuigenis.[29] Hij laat namelijk zien dat Hitler niet alleen over een scherp waarnemingsvermogen beschikte, maar ook over het opmerkelijke talent om zijn belevenissen in woorden te vatten (zonder dat hij zijn notoire problemen met spelling en grammatica overigens al geheel had overwonnen).

Om zes uur vroeg treffen we bij een café de andere compagnies, en om zeven uur hebben we de poppen aan het dansen. Pelotonsgewijs trekken we door een rechts van ons gelegen bos en komen ongeschonden aan op een hoog gelegen weide in het bos. Voor ons zijn vier stukken geschut ingegraven. Daarachter, in grote gaten in de grond, betrekken wij stelling en wachten. Eindelijk klinkt het 'voorwaarts'. Wij zwermen uit en jagen over de velden [...] in de richting van een kleine boerderij. Links en rechts van ons klappen de schrapnels en daartussen fluiten de Engelse kogels, maar daar letten wij niet op. Tien minuten liggen we daar, en dan klinkt opnieuw het bevel om op te rukken [...]. Nu vallen ook de eersten van ons. De Engelsen hebben nu machinegeweren op ons gericht. Daarom laten wij ons op de grond vallen en kruipen door een geul langzaam verder naar voren. Soms stokt het, en altijd is er dan weer een geraakt en kan niet meer verder, en die moeten we dan uit de voor tillen.

In een stuk bos zoeken de inmiddels flink gedecimeerde aanvallers dekking. 'Boven ons huilt en suist het, en overal om ons heen vliegen splinters van boomstammen en takken. Dan knallen er weer granaten in de bosrand en slingeren wolken stenen, aarde en zand omhoog, ontwortelen de zwaarste bomen en verstikken alles met een geelgroene, smerig stinkende damp. Hier kunnen we niet eeuwig blijven liggen; als we dan al moeten sneuvelen, dan toch liever aan het front.'

Over weilanden en bietenvelden stormen de soldaten voorwaarts en bereiken ze de eerste Engelse loopgraven, waar ze in springen. 'Naast mij lopen Würt(t)embergse soldaten, onder mij liggen dode en gewonde Engelsen [...]. Nu begreep ik ook waarom ik zo'n zachte landing had gemaakt.' Er ontstaat een genadeloos man-tegen-mangevecht.

Wie zich niet overgeeft, wordt afgemaakt. Zo ruimen we loopgraaf na loopgraaf. Eindelijk bereiken we de grote weg [...]. Links liggen een paar boerenhoeves die nu nog bezet zijn en waarvandaan we hevig worden beschoten. De een na de ander uit onze groep gaat onderuit [...]. Tot vier keer toe komen we dichterbij en moeten dan weer terugtrekken, en van mijn hele troep blijft er behalve mij maar één over, en die sneuvelt uiteindelijk ook. De hele rechtermouw van mijn uniformjas wordt eraf geschoten, maar wonder boven wonder blijf ik zelf ongedeerd [...]. Drie dagen vechten we op deze manier door, tot op de derde dag de Engelsen worden teruggeworpen.

Pas op de avond van 1 november werd het Regiment List uit de strijd genomen. Het marcheerde snel weer terug naar een rustkwartier bij Wervik. De verliezen waren verschrikkelijk. 'In vier dagen was ons regiment van 3500 man geslonken tot 600. In het hele regiment waren er nog maar drie officieren.'[30] Onder de gevallenen bevond zich ook de commandant van het regiment, kolonel List.

Het lijdt geen twijfel: deze eerste kennismaking met de bloedige werkelijkheid van de oorlog was voor Hitler een traumatische belevenis. De beelden van de gevechten werden onuitwisbaar in zijn geheugen gegrift. In de vesting Landsberg, waar hij gevangen zat toen hij *Mein Kampf* schreef, zag hij het nog allemaal helder voor zich.[31] Toen hij de passage in 1924 net af had, las hij deze voor aan zijn medegevangene Rudolf Heß. Die beschreef het tafereel in een brief aan Ilse Pröhl, zijn latere vrouw: 'De volksleider las op het laatst steeds langzamer, steeds vaker stilvallend, [...] hij nam steeds langere pauzes, liet dan plots het vel zakken, steunde zijn hoofd in zijn hand – en zuchtte.'[32]

De bloedige tol die het regiment betaalde, had uiteindelijk geen centimeter terreinwinst opgeleverd. Nadat ook een tweede poging om in het westen toch nog een doorbraak te forceren was mislukt, veranderde de oorlog begin november 1914 in een loopgravenoorlog. Van Nieuwpoort aan de Belgische kust tot aan de Zwitserse grens, over een lengte van 800 kilometer, groeven de uitgeputte troepen zich in. 'Een wirwar van ondergrondse schuilplaatsen, loopgraven met schietgaten, verbindingsloopgraven, prikkeldraad, valkuilen, landmijnen, kortom een bijna onneembare stelling' – zo beschreef Hitler in een brief van januari 1915 het uitgebreide loopgravensysteem.[33] Hijzelf hoefde echter niet langer in de eerste frontlinie te komen. Op 3 november werd hij bevorderd tot korporaal, en enkele dagen later kreeg hij het bevel zich als ordonnans te melden bij de staf van het regiment. Vanaf dat moment tot het einde van de oorlog diende hij als lid van een team van ordonnansen. Dat team had tot taak tijdens de gevechten, wanneer de telefoonverbinding met de bataljons- en compagniescommandanten niet langer werkte, de bevelen van de regimentscommandant over te brengen naar de voorste linie – een gevaarlijke taak.[34] Hitler zelf schreef begin december 1914 dat hij sinds zijn benoeming tot ordonnans 'elke dag mijn leven op het spel zette en de dood in de ogen heb gekeken'.[35]

Al midden november 1914 werd de korporaal door de nieuwe regimentscommandant luitenant-kolonel Philipp Engelhardt voorgedragen voor het IJzeren Kruis tweede klasse. Toen trof een granaat echter de tent waarin Engelhardt met verschillende compagniescommandanten overlegde over de onderscheiding. De commandant raakte zwaargewond en enkele leden van zijn staf sneuvelden. Hitler had de tent net vijf minuten eerder verlaten – zoals nog zo vaak zou gebeuren in zijn latere leven, was het lot hem gunstig gezind.[36] Op 2 december ontving hij uit handen van regimentsadjudant luitenant Georg Eichelsdörfer het IJzeren Kruis tweede klasse. 'Het was de gelukkigste dag van mijn leven,' schreef hij trots aan zijn hospes in München, maar hij voegde eraan toe: 'Helaas waren mijn kameraden die het ook verdiend hadden, bijna allemaal dood.' Hitler vroeg Joseph Popp de krant met daarin het bericht van zijn onderscheiding te bewaren. 'Die wil ik later, wanneer de Here God mij dat gunt, bewaren als aandenken.'[37]

Sinds eind november 1914 lag de staf van het regiment in het volledig verwoeste stadje Mesen, niet ver van het front en onder voortdurende zware artilleriebeschietingen. Eind januari 1915 schreef Hitler:

> Al twee maanden lang zinderen hier lucht en aarde dag in dag uit onder het huilen en het inslaan van de granaten, het exploderen van schrapnels. Het helse concert begint 's ochtends om negen uur en eindigt dan om een uur 's middags, om vervolgens tussen drie en vijf uur 's middags een hoogtepunt te bereiken. Om vijf uur is het afgelopen. Echt gruwelijk is het dan wanneer 's nachts langs het hele front de rollende donder van de kanonnen klinkt. Eerst in de verte en steeds dichter- en dichterbij, dan neemt het geweervuur toe, en na een halfuur wordt het weer wat rustiger en stralen er alleen nog grote aantallen lichtkogels, en in de verte ziet men de stralen van grote schijnwerpers en is het onafgebroken dondergerol van zwaar scheepsgeschut te horen. De dood noch de duivel krijgt ons hier ooit weg.[38]

Hitler beklaagde zich in zijn brieven naar München dat de 'eeuwige strijd [hem] helemaal afstompte', en dat hij vooral gebrek had aan een regelmatige nachtrust'. Hij was 'nu bijzonder nerveus', want het voortdurende hevige artillerievuur maakte 'op den duur ook de sterkste zenuwen kapot'.[39] Op kerstavond 1914 gebeurde er echter iets ongehoords op de slagvelden van Vlaanderen: bijna overal zwegen de wapens. Eerst een enkeling, maar vervolgens steeds grotere groepen Duitse en Engelse soldaten klommen uit hun loopgraven. Ze ontmoetten elkaar in het niemandsland tussen de linies, wisselden kerstcadeaus uit en kwamen een staakt-het-vuren overeen voor de volgende dag. Er leek een wonder te zijn gebeurd: dezelfde mannen die een paar dagen eerder nog alles in het werk hadden gesteld elkaar te vermoorden, stonden nu bij elkaar en lachten, kletsten, rookten en hieven het glas op elkaar. 'We waren als kinderen zo blij,' noteerde een Saksische officier in zijn dagboek.[40]

Ook het 16de Reserve-Infanterieregiment nam deel aan deze verbroedering. Het 'was aangrijpend: tussen de loopgraven staan de meest gehate en verbitterde tegenstanders samen rond een kerstboom en zingen kerstliederen', schreef een lid van het regiment op 28 december 1914 in een brief aan zijn ouders. 'Die aanblik zal ik mijn leven lang niet meer vergeten.'[41] Hoe Hitler over het 'kerstwonder aan het front' dacht, heeft hij zelf niet laten weten. Volgens een later verslag van een andere ordonnans bij de staf van het regiment zou hij echter zeer afkeurend hebben gereageerd: 'Van zoiets mag in oorlogstijd toch geen sprake zijn.'[42]

Zelfs in zijn monologen tijdens de Tweede Wereldoorlog kwam hij nog regelmatig terug op zijn ervaringen tijdens de Eerste Wereldoorlog. Als hij nog een jaar of twintig, vijfentwintig jonger was geweest, zo merkte hij op in juli 1941, enkele weken na het begin van de Duitse vernietigingsoorlog tegen de Sovjet-Unie, zou hij 'nu vooraan staan: ik was bijzonder graag soldaat.'[43] Maar was hij dat eigenlijk wel? Was hij die dappere frontsoldaat geweest die deelde 'in de nood van miljoenen Duitsers die wekenlang in granaattrechters hurkten en voortdurende doodsangsten uitstonden', zoals hij bijvoorbeeld tijdens een bijeenkomst van de NSDAP in München in september 1930 beweerde?[44] Al in de jaren twintig werd er getwijfeld aan deze voorstelling van zaken, en in de jaren dertig werd die twijfel alleen nog maar sterker. Zo publiceerden twee veteranen van het Regiment List in het voorjaar van 1932 kort na elkaar artikelen in sociaaldemocratische kranten – de *Braunschweiger Volksfreund* en de *Echo der Woche*, de wekelijkse uitgave van de *Hamburger Echo*. Daarin verweten ze Hitler dat hij helemaal niet in de voorste linies had gevochten, maar de oorlog juist buiten de directe gevarenzone in het regimentshoofdkwartier zou hebben doorgebracht.[45] En inderdaad leefden de ordonnansen van de regimentsstaf onder relatief minder zware omstandigheden dan de soldaten in de loopgraven. Zij hadden een droog onderkomen en kregen beter te eten. Maar het belangrijkste is dat ze niet waren blootgesteld aan machinegeweervuur en de kogels van scherpschutters. 'De meeste soldaten in de loopgraven waren nu eenmaal van mening dat die van de regimentsstaf lafbekken waren,' schreef een kameraad uit het regiment in maart 1932 aan Hitler. 'Het valt in elk geval niet te ontkennen dat het bij de regimentsstaf beter was dan bij de compagnie.'[46] Dit betekent echter niet dat het werk van de ordonnansen zonder risico's was. Het grootste gevaar dat ze liepen, kwam van de achter het front inslaande artilleriegranaten.

In het partijarchief van de NSDAP werden vanaf 1933 verslagen van voormalige kameraden aan het front verzameld die verklaarden dat Hitler zich zou hebben onderscheiden door 'altijd bereid te zijn tot actie', en dat hij 'het gevaar niet had geschuwd'. Men zou zich er vaak over hebben verbaasd dat hij 'steeds ongedeerd' was teruggekomen van zijn tochten als ordonnans.[47] Deze verklaringen moeten echter met een korreltje zout worden genomen, omdat ze overduidelijk bedoeld zijn Hitlers eigen versie van zijn oorlogservaringen te bevestigen. Een stuk geloofwaardiger zijn waarschijnlijk de verklaringen van zijn meerderen uit die tijd. Zo verklaarde luitenant-kolonel Friedrich Petz, die als opvolger van Engelhardt tot maart 1916 het bevel voerde over het regiment, in februari 1922: 'Hitler was een uitermate toegewijde, gewillige, gewetensvolle en plichtsgetrouwe soldaat, die bovendien absoluut betrouwbaar was en zijn meerderen trouw diende [...]. Daarbij moet in het bijzonder worden gewezen op zijn persoonlijke durf en de ongeremde moed waarmee hij zich in gevaarlijke situaties en gevechten begaf. Hij bleef te allen tijde uiterst kalm en koelbloedig. Juist wanneer de situatie het gevaarlijkst was, meldde hij zich vrijwillig voor taken als ordonnans in de voorste linies, en hij voerde die altijd met goed resultaat uit.'[48] Waarschijnlijk was deze uitermate positieve beoordeling ook wel het gevolg van de sympathie die de man had voor de nieuwe voorvechter van rechts in München. Maar ook Fritz Wiedemann, die van januari 1916 tot april 1917 als adjudant werkzaam was in het Regiment List, deed na 1945 vergelijkbare uitspraken, al was hij iets minder overdreven: Hitler zou 'het voorbeeld zijn geweest van de onbekende soldaat [...] die rustig zijn plicht vervult'.[49] Aan dit oordeel is des te meer waarde te hechten omdat Wiedemann toch alle reden had zich kritisch over de korporaal uit te laten. Die had hem namelijk na zijn benoeming tot rijkskanselier in 1933 weliswaar tot zijn persoonlijke adjudant benoemd, maar begin januari 1939 had hij hem ook weer van deze post ontheven en hem als consul-generaal naar San Francisco en later naar Tientsin (Tianjin) geloosd. Wiedemann distantieerde zich van Hitler en stelde zich later aan de Geallieerden ter beschikking als getuige tegen de nazikopstukken.[50]

Alle bronnen tegen elkaar afwegend, kan worden vastgesteld dat Hitler niet opviel door bijzondere moed, maar zich tegelijkertijd ook niet 'drukte' om de oorlog zo ongeschonden mogelijk te kunnen overleven. Thomas Webers poging hem te typeren als een lafaard die zich zou hebben gedrukt wanneer hij gevaarlijke opdrachten kreeg, is misleidend.[51] Zelfs een uitgesproken tegenstander van Hitler, de na 1933 geëmigreerde schrijver Alexander Moritz Frey, die als hospik diende in het Regiment List, stelde in een notitie uit 1946 vast: 'Als iemand beweert dat hij laf zou zijn geweest, dan is dat onjuist. Maar hij was ook niet moedig. Daarvoor ontbrak het hem aan kalmte.'[52]

Natuurlijk drong zich wel steeds weer de vraag op hoe het toch kwam dat korporaal Hitler, als hij werkelijk zo'n plichtbewuste soldaat was geweest, tijdens de oorlog niet verder werd bevorderd. In 1948 verklaarde Fritz Wiedemann tijdens het Wilhelmstraße-proces in Neurenberg tot grote hilariteit van alle aanwezigen dat hij bij Hitler 'niet de juiste leiderschapskwaliteiten' had kunnen ontwaren. In zijn memoires uit 1964 bevestigde hij nogmaals dat Hitler 'gewoon niet geschikt zou zijn geweest als onderofficier'. Zijn houding zou 'ongeïnteresseerd' zijn geweest en 'zijn antwoorden op vragen allesbehalve kort zoals dat een militair betaamt'. 'Hij hield zijn hoofd meestal een beetje scheef naar links.'[53] Net als Wiedemann verklaarde echter ook Max Amann, die in de oorlog vicekorporaal was in het 16de Reserve-Infanterieregiment, en later secretaris van de NSDAP en directeur van de Eher-Verlag, na 1945 dat Hitler zelf niet eens voor bevordering in aanmerking had willen komen. Toen Amann hem op een dag vertelde dat men overwoog hem onderofficier te maken, zou Hitler 'geheel ontzet' hebben geantwoord: 'Ik hoop dat men daarvan wil afzien, want zonder strepen heb ik meer autoriteit dan met.'[54] Of dat de ware reden was, of dat Hitler misschien eerder vreesde dat hij bij een bevordering in een ander regiment en daarmee op een gevaarlijkere post terecht zou kunnen komen, is niet meer vast te stellen.

Hitler maakte er na 1918 geen geheim van dat bij hem, zoals bij zo veel vrijwilligers, het idealisme van augustus 1914 snel vervlogen was toen hij de schokkende werkelijkheid van de oorlog, de massale, machinale dood op het slagveld, eenmaal had leren kennen. 'De romantiek der veldslagen had plaats moeten maken voor de ontzetting. De geestdrift bekoelde langzamerhand, en de al te grote vreugde werd verstikt door doodsangst,' schreef hij in *Mein Kampf*.[55] Bovendien verzweeg hij ook niet dat hij zelf steeds weer de doodsangst had gevoeld en dat zijn 'drang tot zelfbehoud' tegen zijn plichtgevoel in opstand was gekomen. 'Hij geeft heel eerlijk toe, zonder zich ervoor te schamen, dat hij gevoeligere zenuwen heeft dan anderen,' schreef Rudolf Heß in juni 1924 over een uitspraak van Hitler. 'Overigens zou het vrijwel iedereen zo zijn vergaan, in sterkere of minder sterke mate. Wie dat ontkende, had nooit werkelijk onder vuur gelegen of was een leugenaar.'[56] Uiteindelijk echter – zo verzekerde Hitler in *Mein Kampf* – behaalde 'na lange strijd, het plichtsbesef de overwinning'. 'De wil was ten slotte volkomen de baas gebleven.'[57]

Deze zelfopvoeding tot hardheid, gecombineerd met een afstomping ten opzichte van menselijk leed, is een van de belangrijkste zaken die Hitler aan de Eerste Wereldoorlog overhield. Aan het front, zo vertelde hij tijdens het nachtelijke rondje thee in 1941 op het Führerhoofdkwartier, werd men 'vaak blootgesteld aan zenuwprikkels waarvan de legerleiding zich geen voorstelling kon maken [...] maar dan moest je wel hard zijn: [...] Je kunt de dood alleen met de dood overwinnen!'[58] In februari 1942 vatte hij zijn ervaringen nog pregnanter samen: 'Óf het vuur aan het front vaagt je weg, óf je gaat ten onder aan je eigen lafheid, óf – wanneer de innerlijke ploert is overwonnen – je wordt hard.'[59] Door de indrukken die hij opdeed in de oorlog, leek voor Hitler nu te worden bevestigd wat hij tijdens zijn jaren in Wenen al in de Al-Duitse traktaten en kranten had gelezen: dat, net als in de natuur, in de menselijke samenleving alleen de sterksten weten te overleven, terwijl de zwakken het loodje leggen. Dat deze sociaal-darwinistische opvatting, die hij zijn hele verdere leven zou behouden, terug te voeren was op zijn ervaringen tijdens de oorlog, heeft hij in zijn monologen op het Führerhoofdkwartier meermaals bevestigd: 'Ik ben vanuit het allerzuiverste idealisme ten strijde getrokken, maar toen zag ik duizenden gewond raken en sterven, en kwam ik tot het inzicht dat het leven een niet-aflatende wrede strijd is die uiteindelijk om het voortbestaan van de soort gaat: sommigen gaan daarbij ten onder, terwijl anderen overleven.'[60]

Zijn kameraden in de regimentsstaf hadden respect voor Hitler. En toch bleef er – net als eerder in het tehuis voor mannen in Wenen – altijd een nauwelijks te overbruggen afstand bestaan. Ze merkten dat Hitler anders was dan zij – 'een beetje eigenaardig', zoals Max Amann het terugkijkend noemde.[61] Hij rookte ook toen al niet en wilde niets weten van alcohol. Vanaf het voorjaar van 1915 kreeg hij geen post meer van zijn kennissen uit München, en hij vermeed het met Franse vrouwen te flirten of met de anderen het soldatenbordeel te bezoeken. Een van zijn kameraden in het regiment, ordonnans Balthasar Brandmayer, vertelde hoe Hitler ooit zou hebben gereageerd op het voorstel na uitbetaling van de soldij vertier te zoeken bij een *'Mamsell'*: '"Ik zou me kapot schamen om een Frans liefje te nemen," reageerde Hitler opgewonden. Dat was hem vooral op een homerisch gelach komen te staan. "Kijk die kuise monnik toch eens!" riep een ander. Hitlers gezicht stond nu ernstig. "Hebben jullie dan helemaal geen Duits eergevoel meer?" begon Hitler opnieuw.'[62] Er zijn nooit steekhoudende bewijzen gevonden voor de bewering van Werner Maser dat Hitler in 1916–1917 een verhouding zou hebben gehad met de Franse Charlotte Lobjoie, waaruit in maart 1918 een buitenechtelijke zoon zou zijn geboren.[63] Er zijn echter evenmin bewijzen voor de steeds weer opduikende en voor het laatst door Lothar Machtan als aan zekerheid grenzend vermoeden uitgewerkte idee dat Hitler met Ernst Schmidt, een andere ordonnans in het regiment, een homoseksuele relatie zou hebben gehad.[64] Het is zeker waar dat de ordonnansen tijdens hun gevaarlijke werk op elkaar waren aangewezen en dat ze elkaars sterke en zwakke kanten leerden kennen en samen probeerden te overleven. Toch ging ook Hitlers vriendschap voor Schmidt voor zover bekend nooit verder dan kameraadschappelijke gevoelens. Wat ook tegen een homoseksuele relatie spreekt, is dat Hitler in contact bleef met zijn regimentskameraad, ook nadat hij tot rijkskanselier was benoemd, en dat hij na de overwinning op Frankrijk in 1940 met hem en Max Amann het voormalige strijdtoneel van de Eerste Wereldoorlog bezocht.[65]

In de mannenwereld van het regiment voelde Hitler zich beter thuis dan in het burgerleven. Hier hoefde hij niet zelf in zijn dagelijkse levensonderhoud te voorzien, hier heersten discipline en orde. Hij had kennelijk weinig moeite zich naar het systeem van bevelen en gehoorzaamheid te schikken. Zijn ervaringen in de oorlog zouden bepalend zijn voor zijn hiërarchische denken en de latere organisatiestructuur van de NSDAP. Tegenover meerderen betoonde hij zich zeer dienstvaardig, ja haast devoot.[66] Hij liet zich niet in met de flauwe grappen en

Afb. 7 Hitler (rechts) en zijn oorlogskameraden van het Beierse 16de Reserve-Infanterieregiment ('List') met foxterriër Foxl, 1915.

obscene praat van zijn kameraden. In die kring bleef hij ook altijd een relatieve buitenstaander. Op de foto's die uit die tijd bewaard zijn gebleven, zit of staat hij meestal afzijdig, een broodmagere figuur met een stijve, haast afwijzende gelaatsuitdrukking. Als hij dan al eens een arm om de schouders van een kameraad legt, ziet dat er gekunsteld uit – een merkwaardig gevoel van terughoudendheid straalt de kijker vanuit de foto's tegemoet.[67]

Op een foto is een witte foxterriër te zien die in januari 1915 vanuit de Britse linies naar Hitler was komen lopen. Hitler was erg op het diertje gesteld en leerde het allerlei trucjes. Zelfs in januari 1942, toen de situatie aan het oostfront dramatisch verslechterd was, zou hij nog een halve nacht lang vertellen over zijn Foxl. 'Ik was zo op hem gesteld [...]. Ik deelde alles met hem, en 's nachts sliep hij bij me [...]. Ik zou hem voor geen goud hebben afgestaan.' In september 1917, toen het regiment naar de Elzas werd overgeplaatst, verdween Foxl ineens – voor Hitler was dat een zwaar verlies. 'Die ploert die me hem heeft afgenomen, heeft geen idee wat hij me heeft aangedaan.'[68] De genegenheid die Hitler kon ontwikkelen voor honden, zou ook later steeds in schril contrast staan met de kilte waarmee hij zelfs de mensen in zijn directe omgeving kon benaderen.

Anders dan in het tehuis voor mannen in Wenen lijkt Hitler aan het front zijn politieke meningen voor zich te hebben gehouden. 'Ik was destijds soldaat, en wilde daarom niet aan politiek doen,' bevestigde hij in *Mein Kampf*.[69] Ook Max Amann antwoordde in 1947 in Neurenberg op de vraag of Hitler misschien al 'tijdens de oorlog redevoeringen had gehouden', met een duidelijk 'Nee!'[70] Alleen wanneer er onder kameraden twijfel klonk over een overwinning van de Centralen, kon Hitler fel worden: 'Voor ons kan de wereldoorlog niet verloren zijn.'[71] Welke politieke ideeën hij destijds koesterde, vertrouwde hij op een zeldzaam moment van openheid toe aan een brief van begin februari 1915, gericht aan kandidaat-ambtenaar Hepp. Daarin sprak hij het vertrouwen uit dat de soldaten die het geluk zouden hebben naar hun geboortegrond terug te keren, 'die zuiverder en van uitheemse uitwassen ontdaan zouden aantreffen'. Wat hij daarmee bedoelde, verried Hitler gelijk in de volgende zin al, waarin hij de hoop uitsprak 'dat door de offers en het lijden dat duizenden van ons nu dagelijks ondergaan [...] niet alleen Duitslands vijanden van buiten zullen worden verpletterd, maar ook het internationalisme dat in ons eigen land leeft. Dat zou me meer waard zijn dan welke terreinwinst dan ook.'[72]

Met andere woorden: in tegenstelling tot wat men in de annexionistische kringen van de zware industrie, de conservatieve partijen en de nationalistische propagandabewegingen dacht, was het doel van de oorlog volgens Hitler niet het veroveren van nieuwe gebieden. Het ging erom dat Duitsland zich naar buiten toe 'tegen een internationale wereld van vijanden' kon verweren en ervoor zorgde dat in het binnenland etnische homogeniteit zou worden bereikt. Tegelijk moest de macht van de sociaaldemocratische arbeidersbeweging worden gebroken, want die verdacht hij van 'internationalisme'. Dat de SPD zich op 4 augustus 1914 achter de oorlogspolitiek van de keizerlijke regering had geschaard door vóór de oorlogskredieten te stemmen, had kennelijk niets veranderd aan Hitlers negatieve instelling. Hij had nog steeds dezelfde vooroordelen en fobieën die in Wenen deel waren gaan uitmaken van zijn politieke opvattingen.

Tussen maart 1915 en september 1916 vocht het 16de Reserve-Infanterieregiment een stellingenoorlog bij Fromelles, waar het een 2,3 kilometer lange sectie van het front moest verdedigen. In de pauzes tussen de gevechten vond Hitler weer tijd om te schilderen en te lezen. 'Gedurende de hele wereldoorlog,' zo zei hij later, 'heb ik die vijf banden van Schopenhauer in mijn ransel meegesleept. Ik heb veel van hem geleerd.'[73] Hoe intensief de korporaal zich werkelijk in Schopenhauers filosofie heeft verdiept, is onbekend. Met enkele hoofdlijnen van diens werk *Die Welt als Wille und Vorstellung* moet hij echter wel vertrouwd zijn geweest, bijvoorbeeld met het idee dat alle genieën, met name op het gebied van de kunst, worden miskend. Ook voor het idee dat men met wilskracht niet alleen seksuele ascese kan beoefenen maar bovendien de angst voor de dood kan overwinnen, vond hij wellicht bevestiging in het werk van Schopenhauer.

Eind september 1916 werd het regiment verplaatst naar het zuiden, net op tijd om nog te worden ingezet in de strijd aan de Somme, die al sinds 1 juli woedde – een van de bloedigste veldslagen van de Eerste Wereldoorlog die op de eerste dag al bijna 60.000 Britse slachtoffers eiste. Toen de slag voorbij was, waren er meer dan 419.000 Britse en meer dan 204.000 Franse soldaten gesneuveld of gewond geraakt. De verliezen aan Duitse zijde bedroegen ongeveer 465.000 doden en gewonden.[74] 'Dit is geen oorlog meer, maar een wederzijdse vernietiging met technische middelen [...]. De inspanningen en doodsangsten die we hier moeten doorstaan, zijn meer dan verschrikkelijk en niet met woorden te beschrijven,' schreef een vicekorporaal in de herfst van 1916 aan zijn moeder.[75]

Alweer leek het lot Hitler gunstig gezind. Op 5 oktober sloeg er echter een granaat in voor de ingang van de bunker waarin de ordonnansen van de regimentsstaf een onderkomen hadden gevonden. Hitler raakte aan zijn linker dijbeen gewond door een granaatscherf. Adjudant Wiedemann vertelt wat de gewonde tegen hem zei toen hij zich over hem boog: 'Het is niet zo ernstig luitenant, ik blijf bij u hoor, ik blijf bij het regiment.'[76] Wat was het 'merkwaardig', herinnerde Hitler zich in januari 1942, 'dat de pijn op het moment dat je gewond raakt nauwelijks voelbaar is; je krijgt een klap en denkt dan dat er verder niets aan de hand is. De pijn komt pas wanneer ze je afvoeren.'[77] Hitlers verwonding was minder ernstig dan aanvankelijk werd gevreesd. Hij werd in het veldhospitaal van Hermies behandeld en vervolgens overgebracht naar een Pruisisch militair hospitaal van het Rode Kruis in Beelitz, ten zuidwesten van Berlijn, waar hij tussen 9 oktober en 1 december 1916 herstelde. 'Wat een verandering!' zo beschreef hij zelf de ongewone nieuwe omgeving. 'Uit de modder van de slag aan de Somme en in de witte bedden van dit wonderbaarlijke gebouw! Wij durfden in het begin maar nauwelijks op ons gemak te gaan liggen. Eerst langzamerhand raakt men weer gewend aan deze nieuwe wereld.'[78]

In het militaire hospitaal van Beelitz ontmoette Hitler ook gewonde soldaten die meer dan genoeg hadden van de oorlog en die dat ook niet onder stoelen of banken staken. Zelfs in *Mein Kampf* zou hij zich nog opwinden over de 'minderwaardige individuen' die het hoogste woord hadden gehad, en probeerden 'de ideeën van de fatsoenlijke soldaat als belachelijk en de karakterloosheid van de lafaard als voorbeeldig voor te stellen'. Hij zou zich in het bijzonder hebben opgewonden over het voorbeeld van een soldaat die had bekend zichzelf verwond te hebben om aan de oorlog te ontkomen.[79] Hitler, die kennelijk nog altijd overtuigd was van de zin van deze oorlog, kon in dergelijke vormen van dienstweigering enkel een bedenkelijk symptoom van het verval van de militaire moraal zien. Of hij bij tijd en wijle zelf niet aan de oorlog moest twijfelen, is niet bekend, want er is voor de tweede helft van de oorlog nauwelijks materiaal uit de eerste hand, er zijn geen brieven vanuit het veld, geen enkele andere getuigenis waaruit hierover meer zou kunnen worden afgeleid.

Op 4 november 1916 kreeg de herstellende korporaal toestemming naar Berlijn te gaan. Hitler was voor het eerst in de rijkshoofdstad waar hij zeventien jaar later als rijkskanselier zou zetelen, en wat hij hier zag en hoorde, hielp niet bepaald zijn stemming te verbeteren. 'De nood was nu kennelijk overal zeer nijpend. De miljoenenstad leed honger. Ook de ontevredenheid was groot.'[80] En inderdaad was de voedselsituatie in alle grote Duitse steden sinds de jaarwisseling 1915-1916 ernstig verslechterd. Er stonden dag in dag uit lange rijen voor de winkels. In weer en wind stonden vrouwen en kinderen urenlang te wachten om een pond boter, een paar eieren of een stuk vlees te bemachtigen. De ontevredenheid over de ondraaglijke toestand ontlaadde zich steeds vaker in hongeroproeren en wilde stakingen – protestacties die steeds vaker sociaal-kritisch geladen waren en zich richtten tegen de bestaande maatschappelijke orde, tegen de geprivilegieerden en de rijken. In april 1916 schreef een Berlijnse politiebeambte: 'De stemming is over het algemeen zeer bedrukt. Iedereen verlangt naar het einde van de oorlog [...]. Men is ontevreden met de maatregelen van de regering, vooral omdat er niet voldoende wordt opgetreden tegen de hoge woekerprijzen. Daarnaast heerst er een verbitterde stemming tegen de soldaten aan het front, en men hoort vaak dat de oorlog niet voor het vaderland, maar voor het kapitalisme wordt gevoerd.'[81]

Van het enthousiasme voor de oorlog zoals dat in die dagen in augustus 1914 had geheerst, was niets meer over. Oorlogsmoeheid en het verlangen naar vrede overheersten onder de bevolking van de grote steden. Hitler had een vergelijkbare ervaring toen hij op 2 december 1916 uit het hospitaal werd ontslagen en werd overgeplaatst naar München, waar hij zich bij het reservebataljon van het 16de Reserve-Infanterieregiment moest melden. Hij had, zo schreef hij in *Mein Kampf*, de stad niet herkend: 'Het was al prikkelbaarheid, mistroostigheid en gescheld, waar men ook kwam.'[82] Het ongenoegen richtte zich enerzijds tegen 'de' Pruisen, die al even weinig populair waren onder de Beierse militairen als onder de burgerbevolking. In augustus 1917 noteerde een politieagent wat Beierse soldaten elkaar tijdens een treinrit vertelden: 'De soldaten hoopten toch vooral dat de oorlog snel voorbij zou zijn en zeiden dat Duitsland er ook schuld aan had dat de oorlog maar bleef voortduren. [...] Zolang Beieren Pruisen terzijde bleef staan, zou er oorlog zijn, want tot nu toe hadden de Pruisen met hun grote bek nog bij elke oorlog vooraan gestaan.'[83]

Daarnaast uitte de ontevredenheid zich, naarmate de sociale verhoudingen verder op scherp kwamen te staan, steeds duidelijker in een toenemend antisemitisch ressentiment. Men verweet de Joden niet alleen dat ze zich schaamteloos verrijkten aan de armoede van de bevolking, maar ook dat ze met alle mogelijke middelen probeerden 'zich te drukken' voor militaire dienst. Sinds het eind van 1915 werd het Pruisische ministerie van Oorlog overspoeld met klachten over zogenaamde 'Joodse lafaards'. Aanhangers van het joodse geloof, zo was de teneur van de voornamelijk door de invloedrijke Al-Duitse Beweging gevoerde campagne, zouden op grote schaal gebruikmaken van hun geld en hun connecties om op kantoren en etappecommandoposten comfortabel de oorlog door te komen. De industrieel en publicist Walther Rathenau, die in augustus 1914 als hoofd van de grondstoffenafdeling naar het Pruisische ministerie van Oorlog was gehaald, maar dit ambt al in maart 1915 weer had neergelegd, schreef in augustus 1916, onder indruk van de groeiende antisemitische stemming: 'Hoe meer Joden er in deze oorlog sneuvelen, hoe steviger hun tegenstanders zullen proberen te bewijzen dat ze allemaal achter het front lagen of met woeker geld verdienden aan de oorlog. De haat zal zich verdubbelen en verdrievoudigen.'[84]

Rathenaus vrees was terecht. Slechts een paar weken later, op 11 oktober 1916, gaf de Pruisische minister van Oorlog Adolf Wild von Hohenborn opdracht voor een onderzoek naar de militaire dienstverbanden van alle Duitse Joden. Deze zogenaamde 'Jodentelling' was ongehoord, want nu liet de Duitse politiek zich leiden door de ongefundeerde verdachtmakingen door antisemieten – op een moment waarop al zo veel Joden hun leven hadden gegeven voor Duitsland. 'En dat na twee zware jaren waarin we ons volledig inzetten voor ons vaderland! Ik voel me alsof ik een verschrikkelijke klap in mijn gezicht heb gekregen,' noteerde Georg Meyer, kapitein en artilleriecommandant in een Beiers regiment veldartillerie, toen hij over het statistische onderzoek hoorde.[85]

Het is moeilijk te geloven dat Hitler, die al gedurende zijn tijd in Wenen was blootgesteld aan antisemitische sentimenten, niet is beïnvloed door de toenemende radicalisering van het antisemitisme in de tweede helft van de oorlog. Op grond van zijn latere betogen is het aannemelijk te veronderstellen dat hem juist tijdens zijn verblijf in de reservistenkazerne in München in december 1916 de ogen zijn opengegaan voor Joodse 'lijntrekkerij': 'De bureaus waren met Joden bezet. Bijna iedere klerk was een Jood, en iedere Jood een klerk.'[86] En ook wat betreft de invloed van Joden op de oorlogsindustrie reproduceerde Hitler in *Mein Kampf* het typische antisemitische cliché van de 'oorlogswoekeraars': 'Hier was het Joodse volk waarlijk "onmisbaar" geworden. De spin begon langzaamaan het bloed van het volk uit te zuigen.'[87]

Of de korporaal er echter in 1916-1917 ook al zo over dacht, valt niet met zekerheid te zeggen. Als hij door zijn belevenissen aan het 'thuisfront' inderdaad gevoeliger zou zijn geworden voor de heersende Jodenhaat, dan hield hij dit tegenover zijn kameraden verborgen en heeft hij zich in elk geval niet openlijk als antisemiet laten kennen.[88] Zijn regimentsadjudant Wiedemann was in elk geval verrast Hitler in de jaren twintig in München terug te zien als populaire antisemitische politicus. Waarin de oorzaak van Hitlers 'fanatieke Jodenhaat' nu precies was gelegen, had hij nooit weten vast te stellen. De ervaringen met officieren en manschappen in het 16de Reserve-Infanterieregiment hadden hem daartoe 'niet de minste aanleiding' gegeven.[89]

Het is opvallend dat Hitler tijdens zijn verblijf in München geen bezoek bracht aan zijn voormalige huisbazen, de Popps, maar ook niet aan zijn andere kennissen uit de tijd voor de oorlog. Elke herinnering aan zijn burgerleven lijkt hem te hebben tegengestaan. Hij verveelde zich in de kazerne en verlangde terug naar het front. 'Word op dit moment behandeld door de tandarts. Meld me overigens direct vrijwillig voor de dienst,' zei hij op 19 december 1916 tegen Karl Lanzhammer, die als fietskoerier voor de regimentsstaf werkte. En twee dagen later schreef hij aan Balthasar Brandmayer, een van zijn kameraden uit de groep ordonnansen: 'Zit nu meestal met een dikke wang binnen en denk vaak aan jullie [...]. Een paar dagen geleden vertrok er een transport naar het regiment. Ik kon helaas niet mee.'[90] De regimentsstaf was voor Hitler zijn tweede familie geworden. In een brief aan Wiedemann, waarin hij zich als meldde als 'geschikt voor velddienst', sprak hij de 'dringende wens' uit 'me weer bij mijn oude regiment en mijn kameraden te mogen voegen'.[91] De adjudant gaf aan zijn verzoek gehoor. Op 5 maart 1917 kon Hitler het weerzien aan het front vieren.

Het regiment lag in die tijd in een nieuwe stelling bij La Bassée. Eind april 1917 werd het onder aanvoering van de regimentscommandant, majoor Anton von Tubeuf, verplaatst naar de omgeving van Arras in Noord-Frankrijk. Midden juli 1917 keerde het terug naar de plaats waar het voor het eerst was ingezet in Vlaanderen, om deel te nemen aan de derde veldslag om Ieper. Tijdens dit grootscheepse offensief zetten de Britten op 31 juli een nieuw wapen in: 'tanks'. Het is 'onze pech' geweest, merkte Hitler in augustus 1941 op, 'dat de leiding destijds niet op tijd heeft ingezien wat het belang was van de technische wapens [...]. Als we in de zomer van 1918 vierhonderd tanks hadden gehad, hadden we de wereldoorlog gewonnen.'[92] Inderdaad had de Duitse legerleiding te laat besloten een gepantserd voertuig te ontwikkelen, zodat de achterstand niet meer kon worden ingehaald. Dat was echter niet bepalend voor de afloop van de oorlog.[93]

Begin augustus 1917, na zware verliezen te hebben geleden, werd het regiment uit de slag om Vlaanderen teruggetrokken en verplaatst naar een rustiger gedeelte van het front in de Elzas. Op 17 september ontving Hitler het Kruis voor Militaire Verdienste derde klasse. Eind september mocht hij voor het eerst achttien dagen met verlof. Dat bracht hij door in Berlijn bij de ouders van een van zijn kameraden, Richard Arendt, die in de wijk Prenzlauer Berg woonden. Anders dan bij zijn korte bezoek in november 1916 genoot hij nu met volle teugen van het leven in de grote stad en het culturele aanbod.[94] 'De stad is geweldig,' schreef hij op 6 oktober aan Ernst Schmidt. 'Echt een wereldstad. Het verkeer is ook nu nog overweldigend. Ben haast de hele dag op pad. Heb nu eindelijk de gelegenheid de musea eens wat beter te bekijken. Kortom: het ontbreekt mij aan niets.'[95] Hitler stuurde aan zijn meerdere sergeant-majoor Max Amann alleen al drie briefkaarten, en op een daarvan betreurde hij het dat zijn dagen in Berlijn alweer 'zo snel voorbij' waren.[96] Op 17 oktober keerde hij terug naar zijn regiment, dat inmiddels was verplaatst naar de Champagne.

In de wijk Prenzlauer Berg, waar voornamelijk arbeiders, ambachtslieden en kleine beambten woonden, kan het Hitler tijdens zijn tweede bezoek aan Berlijn nauwelijks zijn ontgaan hoe explosief de situatie inmiddels was geworden. In april 1917 hadden in Berlijn de eerste grote stakingen onder arbeiders in de wapenindustrie plaatsgevonden. Het effect van de Russische Februarirevolutie was hier, net als in andere grote Duitse steden, duidelijk merkbaar. 'We moeten het gewoon zo doen als in Rusland, dan zal het hier ook snel anders gaan.' Dit soort uitspraken, die een politiespion afluisterde van gesprekken onder arbeidersvrouwen in Hamburg die in de rij stonden voor levensmiddelenwinkels, gaven een goed beeld van de algemene stemming.[97] De *Unabhängige Sozialdemokratische Partei Deutschlands* (Onafhankelijke Sociaaldemocratische Partij van Duitsland, USPD), die begin april 1917 als alternatief voor de meerderheidsvleugel van de oude SPD ontstond, werd een verzamelpunt voor mensen die tegen de oorlog protesteerden. Hoewel de militaire en burgerlijke autoriteiten met zware represailles optraden tegen de tegenstanders van de oorlog, slaagden ze er niet meer in de gemoederen tot bedaren te brengen. 'De bevolking heeft geen hoop meer op een gunstige afloop van de oorlog. Over het algemeen verlangt men naar het einde van de oorlog, tegen welke prijs dan ook,' meldden Berlijnse politiebeambten midden juli 1917.[98] In december 1917 leidde die niet-onterechte vrees dat de onderhandelingen over een afzonderlijke vrede met de inmiddels aan de macht gekomen bolsjewieken in Brest-Litovsk zouden kunnen mislukken vanwege de harde opstelling van de Duitse delegatie, opnieuw voor onrust.

Eind januari 1918 ontlaadde de ontevredenheid zich in een grote staking: honderdduizenden arbeiders demonstreerden in Berlijn, Hamburg, München, Neurenberg en een groot aantal andere steden voor een snel einde aan de volkerenmoord. 'Ik kan je nauwelijks beschrijven welke vreugde ik voelde toen ik die optocht van ernstige arbeiders en vrouwen zo stil en aaneengesloten door de straten zag trekken,' schreef een kantoormedewerker uit Hamburg aan een vriend aan het front.[99] Onder de soldaten aan het front vonden de berichten over de stakingen, zoals uit onderschepte correspondentie blijkt, ook weerklank. Maar naast onverholen instemming waren er ook uitingen van onbegrip en afwijzing. De reacties liepen uiteen van meningen als: 'Alle kameraden waren blij met de staking' tot en met de verontwaardigde vraag: 'Denken die idioten dat ze door te staken de oorlog sneller kunnen beëindigen?'[100] Korporaal Hitler lijkt tot die tweede groep te hebben behoord. Zelfs in *Mein Kampf* noemde hij de massale staking 'de grootste schurkenstreek van de hele oorlog'. Er zou niets meer zijn bereikt dan dat 'het geloof in de overwinning bij onze tegenstanders' werd gesterkt.[101] Volgens Hitler was de leiding van de *Mehrheitssozialdemokratische Partei Deutschlands* (Meerderheidssociaaldemocratie, MSPD) hiervoor verantwoordelijk, ook al had die partij, in tegenstelling tot de USPD, niet te maken gehad met het uitbreken van de staking en was ze in Berlijn en andere plaatsen toch vooral tot de beweging toegetreden om die zo snel mogelijk van binnenuit te saboteren. 'Nu het tot een staking is gekomen,' merkte de Berlijnse hoofdcommissaris van politie Heinrich von Oppen op 29 januari 1918 op, 'heeft de wat rechtsere sociaaldemocratie zich, om niet compleet naar de achtergrond te worden gedrongen, met tegenzin bij de beweging aangesloten.'[102]

In maart 1918, nadat Rusland de vrede van Brest-Litovsk had opgedrongen gekregen, ondernam de hoogste Duitse legerleiding een laatste poging met een enorm offensief in het westen toch nog een militaire beslissing te forceren. De eerste successen leken aanvankelijk die ijdele hoop te rechtvaardigen. De Duitse troepen die vanaf 21 maart over een breed front, van Cambrai in het noorden tot Saint-Quentin in het zuiden, in de aanval gingen, wisten tot wel 60 kilometer op te rukken, maar na een paar dagen liep de aanval al vast. En ook de volgende drie offensieven in april, mei en juli 1918 konden het tij niet meer keren. Eind mei bereikten de voorhoedes van het Duitse leger weliswaar opnieuw de Marne en bevonden ze zich op nog slechts enkele dagmarsen van Parijs, maar de strategische positie van het westelijke leger was door de recente successen alleen maar verslechterd, omdat de ver naar voren geschoven bruggenhoofden als het ware om een tegenaanval schreeuwden. Het was onmiskenbaar dat de generale staf te ver was gegaan en de offensieve vermogens van de Duitsers had uitgeput. Op 18 juli begon de Franse tegenaanval. Die sloeg direct een diepe bres in de Duitse linies. Vanaf dat moment lag het initiatief bij de Geallieerden, die ondertussen voortdurend werden versterkt met Amerikaanse troepen.

Het Regiment List had aan alle offensieven deelgenomen – aan de Somme, aan de Aisne en aan de Marne. Het leed opnieuw zware verliezen, en alleen al bij de gevechten in april werd meer dan de helft van de manschappen gedood of raakte gewond.[103] Hitler bleef ongedeerd. Op 4 augustus 1918, nadat het regiment uit de verdediging aan de Marne was teruggetrokken en in Le Cateau kon uitrusten, ontving hij het IJzeren Kruis eerste klasse – voor een korporaal geen al te gebruikelijke onderscheiding. Of, zoals wel is geopperd, een Joodse luitenant, Hugo Gutmann, die Wiedemann als regimentsadjudant had afgelost, Hitler heeft voorgedragen voor de onderscheiding, staat niet vast. Als dat al het geval is geweest, heeft Hitler hem daar in elk geval niet voor bedankt. In plaats daarvan zei hij in november 1941 minachtend over de kundige officier: 'Wij hadden een Jood in het regiment, Gutmann, een lafaard die zijn gelijke niet kende. Die droeg het IJzeren Kruis eerste klasse. Het was een weerzinwekkende schande.'[104]

Vier dagen nadat Hitler het IJzeren Kruis eerste klasse had ontvangen, op 8 augustus 1918, braken Britse tanks in de buurt van Amiens door de Duitse linies. Die 'zwarte dag' voor het Duitse leger was het definitieve keerpunt van de oorlog. Uitputting en vermoeidheid begonnen nu erger dan ooit tevoren hun tol te eisen. Aan het front stapelden de meldingen van schendingen van de discipline en het weigeren van bevelen zich op. Ook in veel Duitse garnizoenssteden broeide het. Steeds grotere aantallen soldaten probeerden aan het transport naar het front te ontkomen. 'We zien in de brieven nog maar zelden uitingen van vaderlandsliefde,' meldde een censor van de soldatenpost begin september 1918. 'De interesse van individuele soldaten voor de oorlog is op de achtergrond geraakt. Ze lijken bijna allemaal hetzelfde uitgangspunt te hebben: "Ik druk me zo goed als het gaat voor de frontdienst!"'[105] Het zou echter nog vier weken duren tot de sinds augustus 1916 functionerende generale staf onder Paul von Hindenburg en Erich Ludendorff besloot het militair failliet toe te geven. Op 29 september 1918 verklaarden de beide veldheren in het hoofdkwartier in het Belgische Spa voor de verzamelde bestuurlijke top van het Duitse keizerrijk dat de oorlog verloren was en dat men om een wapenstilstand moest vragen. Voor dit doel moest er een regering worden gevormd die de steun van het hele parlement had en die onder leiding stond van prins Max von Baden, een regering waaraan ook de MSPD als sterkste partij in de Rijksdag deel zouden moeten nemen.

Op het moment van de beslissende ommekeer bevond Hitler zich niet aan het front. Op 21 augustus was hij naar Neurenberg gegaan om daar een opleiding tot telefonist te volgen en vervolgens, van 10 tot 27 september, bracht hij zijn tweede verlof door in Berlijn. Voor deze dagen is echter van hemzelf – afgezien van een korte opmerking in het Führerhoofdkwartier in oktober 1941 – geen enkele getuigenis overgeleverd. Kennelijk bracht hij opnieuw het grootste deel van zijn tijd door op het Museumsinsel om daar de kunstverzamelingen te bekijken.[106] In hoeverre hij de tekenen van de naderende crisis heeft herkend, of ze misschien zelfs bewust heeft verdrongen, is niet bekend. Na zijn terugkeer aan het front betrok zijn regiment stelling bij Comines (Komen), waar het in de herfst van 1914 ook al eens had gelegen. Dit keer ging het echter niet in de aanval, maar moest het zich verweren tegen sterke aanvallen van de Engelsen. In de nacht van 13 op 14 oktober 1918 werd Hitler samen met meerdere kameraden het slachtoffer van een aanval met 'geelkruisgas', dat naar de merkwaardige geur mosterdgas werd genoemd. 'Tegen de ochtend kreeg ook ik pijn, die van kwartier tot kwartier erger werd, en om zeven uur in de vroege morgen verliet ik, strompelend en wankelend, met brandende ogen het front, met mijn laatste rapport uit de oorlog nog bij me,' beschreef Hitler het moment later. 'Een paar uren later waren mijn ogen tot gloeiende kolen geworden, en was het nacht om mij heen.'[107] Hij kreeg eerste hulp in een Beiers veldhospitaal in de buurt van Oudenaarde en werd vervolgens afgevoerd naar het reservehospitaal Pasewalk bij Stettin. Hier kwam hij op 21 oktober aan en maakte het begin van de Duitse revolutie van 1918-1919 mee.

Tot op heden zijn de ernst van Hitlers 'verblinding' en de manier waarop die in Pasewalk werd aangepakt, omstreden.[108] De medische dossiers uit die tijd bestaan niet meer. Het lijkt alleszins redelijk zeker dat hij door de gasvergiftiging een zware bindvlies- en ooglidontsteking had opgelopen en een tijdlang nauwelijks iets kon zien. Zelf vertelde hij in een brief van november 1921 dat zijn 'verblinding' in het hospitaal van Pasewalk 'na relatief korte tijd weer verdween en dat ik het licht in mijn ogen geleidelijk weer terugkreeg'.[109] De vaak gehoorde theorie dat Hitler in werkelijkheid helemaal nooit door een aanval met mosterdgas was getroffen en dat zijn 'verblinding' eerder een hysterische reactie zou zijn geweest, lijkt echter minder plausibel. In elk geval voert de recente theorie dat een van de behandelende artsen, psychiater Edmund Forster, Hitler weliswaar door middel van hypnose van zijn 'hysterische blindheid' zou hebben genezen, maar vervolgens vergeten zou hebben hem daarna uit de trancetoestand te wekken, zodat Hitler 'altijd onder hypnose is gebleven', ons op een dwaalspoor. Zo lijkt de latere dictator met zijn sterke besef van een roeping en zijn geloof in de Voorzienigheid, het slachtoffer van een begonnen, maar niet afgemaakte hypnotische behandeling!'[110]

Dat de berichten over de militaire ineenstorting en de revolutie begin november 1918 Hitler ernstig van zijn stuk brachten, lijdt echter geen twijfel. Als soldaat had hij zich goed gevoeld en hij was van het regiment gaan houden – plotseling leek nu alles waarmee hij zich had geïdentificeerd te zijn uitgewist. Zoals voor zovelen die tot op het laatst liever hadden vastgehouden aan illusies dan aan de waarheid, begon daarmee voor Hitler de zoektocht naar een 'zondebok'. En wat lag er dan meer voor de hand dan deze daar te zoeken waar Al-Duitse en rechtse kringen al tijdens de oorlog gezegd hadden dat hij moest worden gezocht? In de herfst van 1918, met vooruitzicht op de militaire nederlaag, intensiveerden ze hun propaganda. De hetze tegen Joodse 'lijntrekkers' en 'oorlogswoekeraars' verbond zich nu met de niet minder kwaadaardige 'dolkstootlegende' – het verwijt dat het Duitse leger door het 'opruien' van de sociaaldemocraten en de Joden in de rug verzwakt zou zijn en dat het zo de kans op de overwinning was ontnomen. Met deze geschiedvervalsing hoopten de militairen en hun voorvechters die het keizerrijk in het verderf hadden gestort, aan hun verantwoordelijkheid te ontkomen en anderen de schuld te geven. Zo riep de vicevoorzitter van het Al-Duitse Beweging, Konstantin Freiherr von Gebsattel, eind oktober 1918 op om 'de toestand te gebruiken om de klaroen te doen schallen tegen het Jodendom, en de Joden als bliksemafleider voor al het onrecht te gebruiken'.[111]

In *Mein Kampf* deed Hitler zijn best de schok van de nederlaag en de revolutie te presenteren als het moment van zijn politieke bekering. Hij schreef dat er al begin november 1918 matrozen in Pasewalk zouden zijn verschenen die opriepen tot revolutie. Niet veel later zou het 'vreselijke' de 'ergste zekerheid' van zijn leven worden. Op 10 november had de aalmoezenier van het hospitaal de patiënten verteld dat het huis Hohenzollern ten val was gebracht en dat de republiek was uitgeroepen. Toen de oude heer had gezegd dat de oorlog verloren was en dat Duitsland aan de 'genade van de overwinnaar was overgeleverd', zou Hitler het niet meer hebben uitgehouden:

> Het werd weer zwart voor mijn ogen, en ik tastte en wankelde terug naar de slaapzaal, waar ik me op mijn bed neerwierp, en mijn brandend hoofd in deken en kussen drukte. [...] Alles was dus tevergeefs geweest. [...] Was het niet, alsof de graven van al die honderdduizenden, die eenmaal waren uitgetrokken in een vast geloof aan het vaderland, om niet weer te keren, nu moes-

ten openbarsten? [...] Was dit alles werkelijk gebeurd, opdat nu een troep ellendige misdadigers de hand aan het vaderland zou kunnen slaan? [...] In deze nachten groeide mijn haat tegen de aanstichters van deze daad.

De zin waarmee Hitler dit hoofdstuk laat eindigen, wordt altijd weer geciteerd: 'Ik besloot echter, politicus te worden.'[112]

Van een plotseling besluit kan echter geen sprake zijn geweest. De beslissing zijn ambities als kunstenaar en architect te laten varen en zich volledig aan de politiek te wijden, is waarschijnlijk pas in de loop van 1919 gerijpt. Daarnaast geldt nog altijd Ernst Deuerleins conclusie: 'Niet Hitler koos voor de politiek – de politiek koos voor Hitler.'[113] Wat zijn ideologische ontwikkeling betreft, staat de periode in Pasewalk echter precies op de overgang tussen de eerste, beslissende ervaring van de oorlog, en de tweede, namelijk die van revolutie en de contrarevolutie in München. In zijn haat tegen de 'novembermisdadigers' verenigden zich nu twee aspecten: zijn angst voor links en het ressentiment tegen de Joden. Voordat daaruit het vijandbeeld van het 'Joodse bolsjewisme' als kern van Hitlers wereldbeeld kon ontstaan, was er echter nog een aantal andere vormende indrukken en invloeden nodig.

4

Sprong naar de politiek

'Ik ben tegen mijn wil politicus geworden,' vertelde Hitler in januari 1942 op het Führerhoofdkwartier. 'Er zijn mensen die denken dat het mij moeite zou kosten om niet meer zoals nu bezig te zijn. Nee: dat zal de mooiste dag van mijn leven zijn, wanneer ik afscheid neem van het politieke leven en alle zorgen, bezoekingen en ergernissen achter me laat.'' De bewering dat hij louter uit liefde voor de natie had gekozen voor het beroep van politicus en dat zijn eigenlijke roeping die van de kunstenaar was, was onderdeel van het zorgvuldig gecultiveerde zelfbeeld van de dictator. En de politiek was het podium bij uitstek waar hij zijn retorische talent en zijn demagogische vaardigheden kon laten gelden. Hoe onzeker en aftastend zijn eerste stappen ook waren, al snel zou hij alle concurrenten in de strijd om de macht in het völkisch-nationalistische kamp overtroeven en uitgroeien tot de Führer van een rechts-radicale strijdpartij.

Hitler begon zijn carrière in München. In de Beierse hoofdstad trof hij na de oorlog de ideale omstandigheden die zijn politieke doorbraak mogelijk zouden maken. Hier was met de radenrepublieken van het voorjaar van 1919 de radicalisering bijzonder ver naar links doorgeslagen, en hier had de contrarevolutie ook een bijzonder rechts karakter gekregen. Instinctief wist Hitler hoe hij deze unieke situatie kon uitbuiten. Het moet echter gezegd dat hij van het begin af aan over belangrijke beschermheren in de *Reichswehr* beschikte die het pad naar de politiek voor hem effenden.

Op 19 november 1918 werd Hitler genezen verklaard en uit het militaire hospitaal van Pasewalk ontslagen. De bijna dertig jaar oude korporaal maakte nu deel uit van het miljoenen tellende leger van naamloze soldaten die zich na de oorlog naar de garnizoenen in hun eigen streek begaven in afwachting van hun demobilisatie. Zijn stemming zal dan ook gedrukt zijn geweest. Zonder beroep, zonder familie, zonder maatschappelijke betrekkingen leek hem weer hetzelfde onzekere bestaan te wachten als voor de oorlog. Met de intentie zijn ontslag uit het leger zo lang mogelijk uit te stellen, keerde Hitler op 21 november terug naar München, waar hij werd ingedeeld bij de 7de compagnie van het eerste reservebataljon van het 2de Infanterieregiment. Hier vond hij enkele van zijn kameraden uit het 16de

Reserve-Infanterieregiment terug, onder wie ook Ernst Schmidt, met wie hij nu weer optrok.²

Ondertussen hadden er in de Beierse hoofdstad enkele beslissende veranderingen plaatsgevonden. Op 7 november, twee dagen eerder dan in Berlijn, had hier een succesvolle revolutie plaatsgevonden. Eén naam lag op ieders lippen: Kurt Eisner, de voorzitter van de kleine USPD-afdeling van München, die pas midden oktober 1918 de gevangenis Stadelheim had kunnen verlaten waar hij sinds de januaristaking van 1918 had vastgezeten. Met een grote groep medestrijders had hij laat in de middag van 7 november na afloop van een massademonstratie op de Theresienwiese de moed de revolutie uit te roepen, en was de ene na de ander kazerne bestormd. Nergens waren hij en zijn mannen op verzet gestuit – een duidelijk bewijs dat de tot dan toe heersende monarchale orde tijdens de oorlog ook in Beieren had afgedaan. Al op de ochtend van 8 november werd op felrode affiches de *Freistaat Bayern* afgekondigd en de dynastie van de Wittelsbachers afgezet verklaard. Nog diezelfde middag werd er een coalitieregering gevormd van USPD en MSPD. Kurt Eisner werd zowel minister-president als minister van Buitenlandse Zaken. Het ministerie van Binnenlandse Zaken ging naar de voorzitter van de Beierse MSPD, Erhard Auer, die van het begin af aan de sterkste rivaal van Eisner was binnen het kabinet.³ Doordat de revolutie zonder geweld was verlopen en de revolutionaire regering zich in haar eerste bekendmakingen zeer gematigd toonde, kon de nieuwe minister-president aanvankelijk rekenen op brede steun onder een veel groter deel van de bevolking dan alleen de arbeiders. 'Is het niet geweldig? We hebben een revolutie teweeggebracht zonder een druppel bloed te vergieten! Dat is nog nooit eerder in de geschiedenis voorgekomen,' aldus Eisner na afloop.⁴

Toen Hitler naar München terugkeerde, was de rust weergekeerd na de turbulente dagen van begin november. Binnen het kabinet namen de conflicten tussen Eisner en de MSPD-ministers snel toe en werden feller. Die laatsten waren er, net als hun collega's in de Berlijnse *Rat der Volksbeauftragten* (Raad van Afgevaardigden van het Volk), beslist tegen dat er in de toekomstige democratische grondwet rekening zou worden gehouden met de bij het begin van de revolutie spontaan ontstane raden van arbeiders en soldaten. Die raden waren naar hun idee slechts een provisorische oplossing in afwachting van verkiezingen voor een grondwetgevende vergadering. Eisner was echter voor een samenwerking van de raden en het parlement en kwam daarmee lijnrecht tegenover Auer te staan, die aanstuurde op een zo vroeg mogelijke datum voor Beierse parlementsverkiezingen om zo de raden overbodig te maken en Eisners positie te ondermijnen. In de ministerraad van 5 december werd uiteindelijk 12 januari 1919 bepaald als de dag van de verkiezingen.

Een ander punt waarover men het niet eens kon worden, was Eisners onverholen standpunt dat Duitsland de schuld van de oorlog droeg. Op 23 november liet hij in het liberale *Berliner Tageblatt* fragmenten publiceren uit de verslagen van Beierse gezanten in Berlijn uit juli en augustus 1914. Daaruit bleek dat de Duitse rijksregering het conflict tussen Oostenrijk-Hongarije en Servië bewust had aangewakkerd om de beslissende krachtproef met de Entente uit te lokken.[5] De publicatie werd hem niet alleen door de MSPD-kabinetsleden ernstig kwalijk genomen. In nationalistische kringen onder de burgerij repte men zelfs van 'landverraad'. Van nu af aan werd Eisner het doelwit van felle antisemitische aanvallen. Omdat hij de zoon was van een Joodse koopman uit Berlijn die in de SPD carrière had gemaakt, werd hij als 'Galicische Jood' belasterd. Hij zou in werkelijkheid Salomon Kosmanowsky heten. 'Of we later ooit nog zullen kunnen geloven dat we dit soort smeerlappen in Duitsland ook maar één dag geduld hebben?' schreef kapitein-luitenant-ter-zee Bogislaw von Selchow op 25 november 1918 in zijn dagboek.[6]

Volgens de verklaring van Ernst Schmidt had Hitler in de eerste dagen na zijn aankomst 'niet veel over de revolutie' gezegd, maar was aan hem te zien geweest 'hoe verbitterd hij was'.[7] Om de Wittelsbachers leek hij geen traan te laten. Hij leed er echter wel onder dat de soldatenraden nu het commando hadden in de kazernes. Dat was in strijd met zijn idee van orde en discipline. 'Dat hele gedoe stuitte mij zo tegen de borst, dat ik dadelijk besloot, om, wanneer het mogelijk was, de stad weer te verlaten,' scheef hij in *Mein Kampf*.[8] Nog meer aanstoot nam hij waarschijnlijk aan de uitgelaten sfeer die in die eerste weken en maanden van de revolutie heerste in München en ander grote Duitse steden. Men danste wilder dan ooit tevoren. De 'danswoede' neemt een 'verschrikkelijke omvang' aan, zo werd begin januari 1919 in de ministerraad van de regering-Eisner vastgesteld. 'De vrouwen zijn dol geworden en de kasteleins staan machteloos.'[9]

Onder die omstandigheden zal het Hitler deugd hebben gedaan dat hij en Ernst Schmidt begin december 1918 naar Traunstein in de Chiemgau werden gestuurd, om daar in een kamp voor krijgsgevangenen en geïnterneerde burgers de wacht te houden. Hier bracht hij meer dan een maand door, en in die tijd verdwijnt hij opnieuw vrijwel geheel uit beeld. Tegen midden januari, nog voordat het kamp werd opgeheven, keerde hij terug naar München, en niet pas in maart, zoals hij zich in *Mein Kampf* herinnerde.[10] Midden februari werd het reservebataljon van het 2de Infanterieregiment geherstructureerd en werd Hitler ingedeeld bij de 2de demobilisatiecompagnie. Over zijn activiteiten in deze tijd is vrijwel niets bekend. Hij zal het grootste deel van zijn tijd wel hebben doorgebracht in de kazerne. Soms schijnt hij een oude gewoonte weer te hebben opgenomen en met zijn vriend Ernst Schmidt naar de opera te zijn gegaan. Van 20 februari tot 8 maart zou hij naar de Hauptbahnhof van München zijn gestuurd om daar de wacht te houden. Toch staat ook dat niet vast.[11]

Juist in die dagen vond er een radicalisering plaats die het gezicht van de revolutie in München ingrijpend zou veranderen. Die werd veroorzaakt door de moord op Kurt Eisner op 21 februari 1919. De minister-president was op weg naar de Landdag, waar hij het aftreden van zijn kabinet wilde aankondigen – het gevolg van de verkiezingen voor de Landdag op 12 januari, waarbij Eisners partij, de USPD, een verpletterende nederlaag had geleden. Ze had slechts 2,5 procent (3 zetels) gekregen, de MSPD daarentegen 33 procent (61 zetels). De sterkste partij met 35 procent (66 zetels) was de pas in november 1918 opgerichte Bayerische Volkspartei (BVP). De dader, die zijn slachtoffer met twee schoten in het achterhoofd doodde, was de tweeëntwintigjarige luitenant en aanstaande rechtenstudent aan de Universiteit van München, Anton graaf Arco auf Valley. In een notitie die hij voor de aanslag maakte, noemde hij als motief: 'Eisner is een bolsjewiek, hij is een Jood, hij is geen Duitser, hij voelt niet Duits, ondermijnt elk vaderlandsdenken en -gevoel, is een landverrader.'[12] Slechts een paar uur later schoot de kelner Alois Lindner, die lid was van de arbeidersraad, in de Landdag twee keer op Erhard Auer en verwondde hem daarbij ernstig. Voor de revolutionair gezinden onder de arbeiders van München was het een uitgemaakte zaak dat de sociaaldemocraat medeverantwoordelijk moest zijn geweest voor de aanslag, omdat hij in de afgelopen maanden geen moeite had gespaard het publieke aanzien van de minister-president te schaden.

'Wij kunnen ons niet aan de indruk onttrekken dat de kogel die Eisner trof, een nieuwe fase van de revolutie heeft ingeleid,' noteerde schrijfster Ricarda Huch op 26 februari in haar dagboek.[13] Die indruk was juist. Op 22 februari kwamen in München gedelegeerden van raden uit heel Beieren bijeen en vormden een *Zentralrat der bayerischen Republik* (Centrale Raad van de Beierse Republiek). Deze werd voorgezeten door een basisschoolleraar uit Augsburg, Ernst Niekisch, die tot de linkervleugel van de MSPD behoorde. Na langdurig overleg tussen de vertegenwoordigers van de raden en de partijen werd besloten de voorlopig geschorste Landdag weer bijeen te roepen. Deze koos op 17 maart Johannes Hoffmann, de voormalige minister van Cultuur in de regering-Eisner, tot nieuwe minister-president. Het lukt hem echter niet de opgewonden stemming onder de arbeiders tot bedaren te brengen. Integendeel: het bericht dat in Hongarije een radenrepubliek was uitgeroepen door Béla Kun, gaf iedereen in München die dezelfde dromen koesterde vleugels. In de nacht van 6 op 7 april viel de beslissing. In een oproep van Centrale Raad werd de *Bayerische Räterepublik* (Beierse Radenrepubliek) uitgeroepen. De regering-Hoffmann vluchtte naar Bamberg, van waaruit ze verklaarde dat ze 'de enige legitieme gezagdrager in Beieren' bleef.[14]

'Het eerste gedeelte van Duitsland dat overloopt naar het bolsjewisme,' merkte mecenas en diplomaat Harry graaf Kessler op. 'Als de communisten daar stand weten te houden, dan zou dat een Duitse en Europese gebeurtenis zijn van de allergrootste betekenis."[15] Maar juist de communisten hadden laten weten dat ze hier niet aan wilden meedoen. Voor Eugen Leviné, de leider van de Beierse afdeling van de *Kommunistische Partei Deutschlands* (KPD), was het nieuwe bewind maar een 'schijnradenrepubliek', te meer omdat ze werd geleid door mannen die uiterst wantrouwend stonden tegenover de communisten. De nieuwe voorzitter van de Centrale Raad werd de schrijver Ernst Toller, die in de Eerste Wereldoorlog van oorlogsvrijwilliger was veranderd in pacifist en zich bij de USPD had aangesloten. Onder de twaalf afgevaardigden van de radenregering bevonden zich ook vooraanstaande persoonlijkheden als de partijloze socialist en schrijver Gustav Landauer, die volkscommissaris van Volksvoorlichting (Onderwijs) werd, maar ook enkele zonderlinge figuren zoals de anarchist Silvio Gesell, die het volkscommissariaat van Financiën kreeg en met zijn onorthodoxe voorstellen voor de sanering van de munt paniek veroorzaakte onder de rijken.

Tollers experiment hield maar een week stand. Nadat de poging van de regering-Hoffmann om op Palmzondag 13 april met behulp van loyale troepen uit München een coup tegen de radenregering te plegen was mislukt, meenden de communisten rond Leviné dat het moment was aangebroken om zelf de macht te grijpen. Nog in de nacht van 13 april verklaarde een vergadering van bedrijfs- en kazerneraden de Centrale Raad voor opgeheven. Een vijftien leden tellend actiecomité werd tot nieuwe regering benoemd, met een vijf leden tellende raad als uitvoerende macht onder voorzitterschap van Leviné. Er werd een negen dagen durende algemene staking uitgeroepen om de arbeiders de gelegenheid te geven zich te organiseren in een 'Rood Leger'.

Daarmee was voor de rijksregering in Berlijn de maat vol. Op 16 april maakte de minister-president Philipp Scheidemann (MSPD) in zijn rijkskabinet bekend dat hij gehoor zou geven aan het verzoek van de regering-Hoffmann om militaire bijstand. De Pruisische luitenant-generaal Ernst von Oven kreeg de leiding over de operatie. Onder de interventietroepen bevond zich ook het vrijkorps van Franz Ritter von Epp, wiens rechterhand kapitein Ernst Röhm was, en de marinebrigade onder luitenant-ter-zee Hermann Ehrhardt, die een paar maanden later, in maart 1920, actief betrokken zou zijn bij de Kapp-putsch.[16] Tegen deze 30.000 man sterke macht maakten de snel bijeengeraapte eenheden van het 'Rode Leger' onder bevel van matroos Rudolf Egelhofer geen schijn van kans.

Eind april was de belegering van München een feit en was de stad van de wereld afgegrendeld. De hoofdstad van de deelstaat was volledig van alle aanvoer van levensmiddelen afgesloten en het betalingsverkeer stortte ineen. Alle pogingen op het allerlaatst nog bloedvergieten te voorkomen, mislukten – enerzijds kwam dat door de compromisloze houding van de minister verantwoordelijk voor de

Reichswehr, Gustav Noske (MSPD), die in München een voorbeeld wilde stellen, anderzijds ook door de strijdlust van Egelhofer die zijn eigen krachten ernstig overschatte. Kennelijk op zijn bevel werden op 30 april in het Luitpoldgymnasium tien gijzelaars gefusilleerd, onder wie zeven leden van het rechtsextremistische Thule-genootschap – uit wraak voor de door het vrijkorps begane grueldaden tijdens de opmars naar München. Deze 'gijzelaarsmoord' werd met afschuw begroet en ook door aanhangers van de radenregering scherp veroordeeld. Hij zou in het collectieve geheugen van de stad worden gegrift als synoniem voor het 'schrikbewind' van de 'roden'. Vergeleken hiermee waren de gruwelijkheden die de regeringstroepen begin mei bij hun intocht in München begingen, echter veel erger.

Op 3 mei was het verzet van het 'Rode Leger' gebroken. Nu volgde er een 'witte terreur' zoals nog geen Duitse stad die eerder had beleefd. In totaal kwamen er meer dan zeshonderd mensen om, vaak volstrekt onschuldige burgers. Ook de belangrijkste vertegenwoordigers van de beide radenrepublieken werden niet gespaard. Gustav Landauer werd op 2 mei gevangengenomen en gelijk na zijn aflevering aan de gevangenis Stadelheim op beestachtige wijze om het leven gebracht door soldaten van het vrijkorps. Rudolf Egelhofer werd diezelfde dag opgespoord in zijn schuilplaats. Na zware mishandelingen werd hij op 3 mei op de binnenplaats van de residentie met een schot door het hoofd gedood. Eugen Leviné stierf na een kort showproces op 5 juni in Stadelheim door de kogels van een vuurpeloton. Ernst Toller wist zich tot 4 juni verborgen te houden. Hij kwam er met vijf jaar vestingstraf vanaf. Op 7 mei 1919 noteerde Erich Mühsam, die zich ook met radenrepubliek had ingelaten, in het tuchthuis Eberach in zijn dagboek: 'Dat is de revolutie die ik met gejuich begroette. Na een half jaar een bloedbad: de rillingen lopen over mijn rug.'[17]

Hoe gedroeg Hitler zich in die dramatische weken tussen de moord op Eisner en de onderdrukking van de radenrepubliek? In *Mein Kampf* vertelt hij daar vrijwel niets over, en die zwijgzaamheid leidde al snel tot geruchten dat hij een voor hem onaangenaam hoofdstuk van zijn biografie probeerde te verbergen – namelijk het feit dat hij in het begin van de revolutie met links zou hebben gesympathiseerd. Konrad Heiden, Hitlers eerste biograaf, had midden jaren dertig deze geruchten verspreid door te beweren dat de korporaal binnen zijn vriendenkring enthousiast zou hebben gepleit voor de sociaaldemocratie en tegen de communisten.[18] Het staat in elk geval vast dat Hitler op 3 april werd gekozen als 'vertrouwensman' van zijn demobilisatiebataljon, hetgeen zeker niet zou zijn gebeurd als hij zich openlijk tegenstander van de revolutie had verklaard. Maar kan daaruit worden afgeleid dat Hitler destijds 'verwantschap moet hebben gevoeld met de MSPD'?[19]

Het zou toch wel heel wonderlijk zijn geweest als Hitler openlijk voor uitgerekend dezelfde politieke partij zou hebben gekozen waarvan hij al in zijn jaren in Wenen, en nog meer tijdens de wereldoorlog, een sterke afkeer had ontwikkeld. Als hij in de eerste maanden van de revolutie geneigd lijkt te zijn geweest te kiezen voor de MSPD, dan moet dat niet uit sympathie maar uit tactische overwegingen zijn geweest. Na 9 november 1918 was de hoop van iedereen die vreesde dat de revolutie zou leiden tot een socialistische herinrichting van de samenleving, gericht op de MSPD. Het was om de bestaande eigendomsverhoudingen in stand te houden en niet omdat ze zich plotseling hadden ontwikkeld tot aanhangers van de parlementaire democratie, dat grote delen van de conservatieve burgerij het eens waren met de oproep van de meerderheidssociaaldemocraten om zo snel mogelijk verkiezingen in het rijk en de verschillende deelstaten te houden. In Beieren was Erhard Auer, de verbitterde tegenstander van Eisner, de 'figuur geworden op wie iedereen die tegen de revolutie was', zijn hoop had gevestigd.[20] Zelfs in zijn latere monologen in het Führerhoofdkwartier had Hitler nog wel enige waardering voor hem en andere toonaangevende sociaaldemocraten: 'Onder de figuren van 1918 maak ik een onderscheid: de ene groep is er per ongeluk bij betrokken geraakt zoals Pontius in het credo: zij hadden nooit een revolutie gewild. Tot die mensen reken ik Noske, maar ook Ebert, Scheidemann, Severing en, in Beieren, Auer.'[21]

Het lijkt er sterk op dat Hitlers gedrag in het voorjaar van 1919 'een mengeling van verlegenheid, passiviteit en opportunisme' moet zijn geweest.[22] Het is heel goed mogelijk (maar aan de hand van bewaard gebleven filmopnames niet definitief te bepalen) dat hij op 26 februari deelnam aan de rouwstoet die het stoffelijk overschot van Eisner door het centrum van München naar het oostelijke kerkhof begeleidde.[23] Tijdens de periode van de beide radenrepublieken stelde hij zich niet ter beschikking van de regering-Hoffmann in Bamberg en sloot hij zich ook niet aan bij een van de talloze vrijkorpsen. Hij wachtte in zijn kazerne in München af hoe de zaken zich zouden ontwikkelen. Hij zou tegen zijn kameraden hebben gezegd zich niet met de gevechten van de Palmzondagputsch van 13 april te bemoeien: 'Wij zijn toch geen revolutionaire garde voor Joden van twijfelachtig allooi!'[24] Voor die anekdote bestaan echter volstrekt geen bewijzen. Het staat in elk geval wel vast dat hij op 15 april, een dag na het uitroepen van de tweede, communistische radenrepubliek, bij de verkiezing van een nieuwe kazerneraad werd verkozen tot vervangende bataljonsvertegenwoordiger van zijn demobilisatiecompagnie, hetgeen de conclusie rechtvaardigt dat hij zich klaarblijkelijk niet als verklaard tegenstander van het radenregime had laten kennen.[25] Hitler wist kennelijk al hoe hij moest veinzen. Hij nam geen risico's en zorgde dat hij zo min mogelijk opviel – vanuit het niet geheel onterechte idee dat het radenexperiment maar van korte duur zou zijn. Wanneer hij in *Mein Kampf* beweert dat hij het ongenoegen van de communistische machthebbers zou hebben gewekt en zich op 27 april dapper zou hebben verweerd tegen een dreigende arrestatie, is ook dat duidelijk een verzonnen verhaal.[26]

Direct na het einde van het radenbewind liet Hitler zijn ware gezicht zien en koos hij openlijk voor de contrarevolutie. Al op 9 mei treffen we hem als lid van een drie personen tellende commissie die de houding van de soldaten van zijn regiment tijdens de beide radenrepublieken moest onderzoeken. In *Mein Kampf* noemt hij dat de 'de eerste keer, dat mijn daden een tamelijk rechtstreeks politiek karakter droegen'.[27] Daarbij schrok hij er niet voor terug kameraden die in tegenstelling tot hem werkelijk sympathie voor de revolutie hadden getoond, bij hun meerderen zwart te maken. Zo verraadde hij Georg Dufter, die samen met hem op 15 april tot bataljonsvertegenwoordiger van de 1ste demobilisatiecompagnie was gekozen, als de 'ergste en radicaalste ophitser van het regiment', die 'voortdurend propaganda voor de radenrepubliek' zou hebben gemaakt.[28] Hij werd voor zijn diensten beloond. Terwijl de demobilisatiecompagnie waartoe hij behoorde begin mei werd opgeheven, wist hij zijn ontslag uit het leger te voorkomen. Vanaf juni 1919 werkte hij voor de afwikkelingsorganisatie van het 2de Infanterieregiment.[29] Dat zou van groot belang blijken voor het begin van zijn politieke loopbaan.

De regering-Hoffmann keerde pas eind augustus 1919 terug naar München. Zo was de macht vanaf begin mei feitelijk in handen van de militairen, of liever gezegd van het op 1 mei gevormde *Reichwehrgruppenkommando 4* (Gruko) onder generaal Arnold von Möhl, die het bevel had gekregen over dat gedeelte van de Reichswehr dat in Beieren was gestationeerd. De belangrijkste taak was volgens een decreet van 20 mei nu 'samen met de politie een scherpere bewaking van de bevolking te realiseren en een revolutionaire stemming of verzet tijdig op het spoor te komen, zodat het oplaaien van een nieuwe opstand in een vroeg stadium kan worden onderkend en zo in de kiem kan worden gesmoord'.[30] Die taak werd toevertrouwd aan de 'inlichtingenafdeling' van het groepscommando, die vanaf eind mei onder leiding van kapitein Karl Mayr stond. Deze bedrijvige officier zou een van de belangrijkste 'verloskundigen bij de geboorte van Hitlers politieke carrière' worden.[31]

Mayr had Hitler kennelijk ontdekt door het werk van de onderzoekscommissie. 'Toen ik hem voor het eerst trof,' zou hij later hebben gezegd, 'vond ik hem net een vermoeide, struinende hond die op zoek was naar een baasje.'[32] De kapitein zocht op zijn beurt naar betrouwbare 'vertrouwenspersonen' die onder de troepen aan 'tegenpropaganda' konden doen, dat wil zeggen, die over de vermeende gevaren van het bolsjewisme konden vertellen en de oude geest van het nationalisme en het militarisme nieuw leven konden inblazen. Op een lijst van 'propaganda- en vertrouwenspersonen' die de inlichtingenafdeling waarschijnlijk begin juni 1919 opstelde, is de naam 'Hittler [sic!] Adolf' voor het eerst te vinden.[33] Voordat de korporaal aan het werk kon, moest hij echter eerst zelf worden geschoold. Hitler behoorde echter niet, zoals altijd is aangenomen, tot de eerste groep die tussen 5 en 12 juni 1919 aan de Universiteit van München werd geïnstrueerd. Hij nam pas deel aan de derde voorlichtingscursus die plaatsvond van 10 tot 19 juli in de ruimtes van de museumvereniging in het Palais Porcia.[34] Bij de keuze van de sprekers had Mayr gebruikgemaakt van zijn eigen kennissenkring. Zo had hij zijn oude schoolvriend, de nationaal-conservatieve historicus Karl Alexander von Müller overgehaald lezingen te houden over de Duitse geschiedenis vanaf de Reformatie en over de politieke geschiedenis van de wereldoorlog.[35] Ook Müllers zwager, ingenieur Gottfried Feder uit Murnau was van de partij. Hij had met zijn midden mei 1919 gepubliceerde *Manifest zur Brechung der Zinsknechtschaft des Geldes* (Manifest voor het breken van de horigheid met cijnsplicht van het geld) in Al-Duitse, völkische kringen in München opzien gebaard. Deze zelfbenoemde theoretisch econoom zag in het 'mammonisme', de fixatie op het geld en het winstbejag dat daarvan het gevolg was, het belangrijkste probleem van dat moment. De verantwoordelijkheid hiervoor lag volgens hem bij de internationale 'geldaristocratie van de rente' die naar zijn idee uit Joden bestond. 'Het breken van de knechting door de rente' betekende wat hem betreft dat een 'inkomen dat enkel werd verkregen uit geldbezit en niet uit werk', voortaan onmogelijk zou moeten worden gemaakt, en dat de strijd moest worden aangebonden tegen dit 'graaikapitaal' ten gunste van het 'scheppende kapitaal'. Op 6 juni hield Feder voor drie- tot vierhonderd toehoorders zijn eerste toespraak, waarbij hij regelmatig werd onderbroken door bijval, en ook bij de derde cursus was hij een van de sprekers.[36] Hitler was onder de indruk: 'Voor het eerst in mijn leven hoorde ik een principiële uiteenzetting over het internationale handels- en financieringskapitaal.'[37] Feders theorieën, waarin antikapitalistisch en antisemitisch ressentiment zich verenigden, zouden een vast programmaonderdeel van de vroege NSDAP worden.

Karl Alexander von Müller vertelt in zijn memoires hoe hij na afloop van de lezing in de leeglopende zaal een groep trof die als gehypnotiseerd rond een man stond 'die met een opvallende keelstem onstuitbaar en met toenemend enthousiasme op hen inpraatte: ik kreeg het merkwaardige gevoel', zo gaat de historicus verder, 'dat hij hun opwinding had veroorzaakt, maar dat dit hem zelf tegelijk ook weer stem gaf. Ik zag een bleek, mager gezicht onder een weinig soldatesk afhangende kuif met een kortgeknipte snor en opvallend grote, lichtblauwe, fanatiek stralende ogen.'[38] Deze gebeurtenis is in zoverre van belang omdat we hier voor het eerst worden geconfronteerd met een bijzondere eigenschap die Hitlers grootste kapitaal zou blijken te zijn: zijn redenaarstalent. 'Weet je dat jij een retorisch natuurtalent onder je studenten hebt?' zou Müller aan kapitein Mayr hebben gevraagd. Die riep Hitler vervolgens bij zich. 'En de geroepene kwam gehoorzaam, met onbeholpen bewegingen, naar mijn idee uit een soort trotse verlegenheid, op het podium. Het gesprek was weinig vruchtbaar.'[39] De latere volkstribuun had zijn rol nog niet helemaal gevonden – het retorische natuurtalent en zijn openbare verschijning sloten nog niet goed op elkaar aan. Daar kwam bovendien bij dat Hitler duidelijk verlegen werd van de aanwezigheid van de bekende historicus, omdat die hem herinnerde aan zijn eigen falen op school. Zijn minderwaardigheidsgevoel kwam in Mein Kampf naar voren als een ressentiment tegen de 'z.g. intellectuelen' die 'immers toch al altijd met een waarlijk oneindige minachting' neerkeken op 'iedereen, die niet door het vereiste aantal scholen is gesleept, en zich daar de nodige kennis heeft laten instampen'.[40]

Kapitein Mayr stoorde zich er niet aan dat zijn pupil geen diploma's had. Hij had kennelijk sympathie opgevat voor de korporaal. Toen er eind juli 1919 een 'voorlichtingscommando' werd samengesteld dat in doorgangskamp Lechfeld bij Augsburg onder de soldaten die naar huis zouden terugkeren 'antibolsjewistische scholingen' moest geven, behoorde Hitler tot de 26 geselecteerde 'opleiders'.[41] Tijdens de vijfdaagse cursus van 20 tot en met 25 augustus gaf hij niet alleen twee lezingen – een over de 'vredesvoorwaarden en de wederopbouw' en de andere over 'sociaal- en economisch-politieke kernbegrippen' – maar nam hij ook vaak het woord in de discussies bij de andere bijeenkomsten.[42] Voor hem was deze tijd in Lechfeld zijn eigenlijke initiatie als politicus. Voor het eerst kreeg hij in bredere kring bevestiging en erkenning, en merkte hij hoe hij zijn publiek kon beïnvloeden door zijn retorische talent. 'Ik begon met ijver en toewijding,' schreef hij vijf jaar later over dit ogenblik. 'Nu zou ik dan toch eindelijk eens de gelegenheid krijgen, om voor een groter gehoor te spreken, en wat ik vroeger altijd zuiver intuïtief had verondersteld, bleek nu waar te zijn: ik kon "spreken".'[43] Vervolgens zijn er ook enkele deelnemers van de cursus die dit bevestigen. 'Met name ook meneer Hittler [sic!],' zo stelt een van hen bijvoorbeeld, zou 'een geboren redenaar zijn die door zijn fanatisme en zijn populaire optreden tijden een bijeenkomst de luisteraars dwingt naar hem te luisteren en met hem mee te denken.'[44]

Uit de tijd in Lechberg is de eerste antisemitische uiting van Hitler overgeleverd. Tijdens 'een zeer fraaie, heldere en temperamentvolle voordracht […] over het kapitalisme' zou hij, zo meldde de kampcommandant, 1ste luitenant Walther Bendt, ook even 'over het Jodenvraagstuk' hebben gesproken.[45] Hitler sloot daarmee kennelijk aan op de lezing van Feder, maar ook op de radicaal-antisemitische stemming die zich sinds het voorjaar van 1919 in München en Beieren, en dan vooral ook onder de troepen, als een ware epidemie had verspreid.[46] Minister-president Eisner was al in grote delen van het burgerlijk-conservatieve kamp als handlanger van het 'Joodse bolsjewisme' zwartgemaakt. Na de 'bevrijding' van München strekte de haatcampagne zich nu ook uit tegen de prominente vertegenwoordigers van de radenregering die van Joodse afkomst waren – zoals Ernst Toller, Eugen Leviné, Towia Axelrod of Erich Mühsam. 'De portrettengalerij van beroemde mannen uit de tijd van de radenrepubliek,' zo schreef bijvoorbeeld het *Bayerische Bauernblatt*, het door de BVP-politicus Georg Heim uitgegeven orgaan van de *Christliche Bauernvereinsbewegung* (Christelijke boerenvereniging), in mei 1919, 'is als een album met foto's van misdadigers. Buitenlands janhagel, meestal uit de omstreken van Jeruzalem, heeft het goedhartige Beierse volk uitgezocht om uit te buiten en zo zijn zakken gevuld.'[47] De radenregering werd over het algemeen aangeduid als 'Jodenheerschappij' en in verband gebracht met het schrikbeeld van het bolsjewisme. In oktober 1919 hield de inlichtingenafdeling van de politie van München het met het oog op de wijdverspreide antisemitische propaganda 'alleszins voor mogelijk dat er steeds meer Jodenpogroms zullen gaan plaatsvinden'.[48] Klachten van vertegenwoordigers van de Israëlitische gemeenschap en de *Zentralverein deutscher Staatsbürger jüdischen Glaubens* (Centrale Vereniging van Duitse Staatburgers van het joodse Geloof) werden door de politieleiding van de hand gewezen met de opmerking 'dat de haat tegen het Jodendom ook wel flink was versterkt door het feit dat de meeste communistische leiders Joden zijn'.[49]

Hitler zoog de heersende anti-Joodse stemming en de in völkisch-antisemitische brochures en flyers verspreide kreten als een spons in zich op.[50] Zijn ontwikkeling tot fanatiek antisemiet, die hij zelf antidateerde in zijn vroege jaren in Wenen, vond nu pas werkelijk plaats, tegen de achtergrond en onder de indruk van de revolutie en de contrarevolutie in München. Het vijandbeeld van 'de' Jood als de incarnatie van al het kwaad vormde voortaan het middelpunt van zijn racistisch-ideologische wereldbeeld, en dat heeft hij kennelijk in kamp Lechfeld al zo duidelijk en onverbloemd gepresenteerd dat 1ste luitenant Bendt het noodzakelijk achtte hem tot matiging te manen, omdat anders de indruk zou kunnen ontstaan dat er een hetze tegen Joden plaatsvond. Bij zijn behandeling van het 'Jodenprobleem' moest hij 'liefst voorzichtig te werk gaan' en 'al te duidelijke verwijzingen naar een ras dat vreemd was aan het Duitse volk' vermijden.[51]

Zijn mentor Karl Mayr wist niet alleen van de antisemitische opvattingen van Hitler, hij lijkt ze ook te hebben gedeeld. Op 10 september 1919 gaf hij zijn medewerker namelijk opdracht te antwoorden op een brief van een eerdere cursist, Adolf Gemlich uit Ulm, die gericht was aan de 'hooggeëerde heer luitenant'. Daarin werd meer uitleg gevraagd over de kwestie of de Joden 'een nationaal gevaar' vormden en als dat het geval was, wat de 'regerende sociaaldemocratie' dan aan dat gevaar deed.[52] Hitlers uitgebreide antwoord van 16 september kan met recht en reden worden gezien als het sleuteldocument voor zijn biografie. Alle antisemitische stereotyperingen die hij zich in de voorafgaande maanden eigen had gemaakt en tot een complex geheel in elkaar had gedraaid, zijn hierin terug te vinden. Zo is er om te beginnen de vaststelling 'dat het Jodendom absoluut een ras en geen religieuze gemeenschap' was. Daarom zou het ook principieel niet in staat zijn te assimileren. Door 'duizendjarige inteelt' zou 'de Jood over het algemeen zijn ras en de kenmerken van dat ras beter hebben bewaard dan de talloze andere volkeren waartussen hij leeft'. Tot deze 'rasseneigenschappen' rekende Hitler als goede leerling van Feder ook het ongeremde winstbejag, 'de dans om het gouden kalf'. 'Zijn macht is de macht van het geld dat zich in de vorm van rente in zijn handen moeiteloos en eindeloos vermeerdert. [...] Alles wat mensen naar wat hogers doet streven, of het nu religie, socialisme of democratie is, is voor hem enkel een middel om zijn doel van het geld en de heerszucht te verwerkelijken. Zijn invloed zal leiden tot een rassentuberculose van de volkeren.'[53]

Hitler presenteerde zich als koele, rationeel redenerende analyticus: het antisemitisme als politieke beweging mocht zich niet laten leiden door impulsieve gevoelens, want die zouden uiteindelijk leiden tot pogroms. Daarmee mengde de beschermeling van de Reichswehr zich in een toen actueel debat dat de antisemiet Heinrich Pudor in augustus 1919 was gestart met de vraag 'Cultuur-antisemitisme of pogrom-antisemitisme?'. Pudor had zich een tegenstander verklaard van de louter juridische bestrijding van Joden. Om de 'heerschappij van de Joden' te breken, was elk middel gerechtvaardigd, ook de pogrom.[54] Onder meer de *Deutschvölkische Schutz- und Trutzbund* (Duits-Nationalistische Bond voor Bescherming en Verzet) had zich van deze 'pogromhetze' gedistantieerd en had in plaats daarvan de oude eis van de Al-Duitsers overgenomen, namelijk dat Joden voortaan onder het vreemdelingenrecht moesten vallen.[55] Ook Hitler plaatste tegenover het 'gevoelsantisemitisme' een alternatief dat hij 'verstandelijk antisemitisme' noemde. Dat zou 'tot de geplande wettelijke bestrijding en opruiming van de voorrechten van de Jood' moeten leiden. Het 'uiteindelijke doel' was echter wel 'onherroepelijk de volledige verwijdering van de Joden'. Daartoe zou alleen 'een regering van nationale kracht' in staat zijn, en 'nooit een regering van nationale onmacht', zoals de huidige. Volgens Hitler was die afhankelijk van de Joden die immers 'ook de drijvende kracht achter de revolutie' waren geweest.[56]

Aan het doel van de 'volledige verwijdering van de Joden' zou Hitler nu steeds blijven vasthouden. Het was echter allesbehalve de individuele mening van een antisemitische excentriekeling, maar een tamelijk breed gedeelde opvatting in kringen van de heropgebouwde Reichswehr en de vrijkorpsen. Kapitein Mayr verklaarde dan ook alleen zijn instemming met de 'zeer heldere uiteenzettingen' en had hooguit bedenkingen bij het 'door de heer Hitler aangevoerde probleem van de rente'. De rente was volgens hem geen Joodse uitvinding, maar 'een op het principe van het eigendom en het gezonde winstbejag gebaseerde voorziening'. Hoewel de uitwassen wel moesten worden bestreden, moest ervoor worden gewaakt 'het kind met het badwater weg te gooien', zoals Gottfried Feder dat had gedaan. Overigens liet Mayr ook nadrukkelijk zijn instemming blijken met de opvatting dat 'datgene wat men regeringssociaaldemocratie noemt, volstrekt aan de leiband van het Jodendom loopt'. Hij bekrachtigde de eis dat 'alle schadelijke elementen' – 'dus ook de Joden!' – 'als ziektekiemen moesten worden uitgebannen of "ingekapseld"'.[57]

Op 12 september 1919, vier dagen voor hij de brief aan Gemlich schreef, had Hitler voor het eerst een bijeenkomst van de Deutsche Arbeiterpartei (DAP) bezocht. Op een dag, zo begint hij hoofdstuk 9 van het eerste deel van *Mein Kampf*, kreeg hij van zijn meerderen het bevel 'om eens te zien, of ik wat naders te weten kon komen' over deze politieke vereniging.[58] Als gevolg hiervan is men er in de literatuur van uitgegaan dat Hitler als undercoveragent door Karl Mayr op pad zou zijn gestuurd om inlichtingen te vergaren over de bijeenkomst. Alleen Othmar Plöckinger komt met een overtuigende weerlegging van deze voorstelling van zaken: kapitein Mayr was allang op de hoogte van de DAP en de kringen daaromheen en had dus helemaal geen behoefte aan informatie uit die hoek. Er kan daarom geen sprake van zijn dat Hitler daar was als spion. Hij ging ook niet alleen, maar, zoals uit de presentielijst blijkt, in gezelschap van kameraden uit het voorlichtingscommando van kamp Lechfeld. Hun aanwezigheid had te maken met het verlangen van het vierde groepscommando van de Reichswehr om invloed op de DAP te krijgen.[59]

Dit was een van de vele völkisch-nationalistische groepen die na 1918 waren ontstaan uit de Alldeutsche Verband, de meest invloedrijke rechtse propagandavereniging voor en tijdens de oorlog, die zich nu als kanker leek uit te zaaien. In München vormde het Thule-genootschap hiervan de organisatorische kern. Het werd door zijn voorzitter, de dubieuze Rudolf Freiherr von Sebottendorff geleid alsof het een geheim genootschap was. Tot de leden behoorden notabelen uit München, zoals de uitgever Julius F. Lehmann, een van de medeoprichters van de plaatselijke afdeling van de Alldeutsche Verband, maar ook enkele minder bekende sympathisanten van völkisch rechts, die later nog een rol zouden spelen in de NSDAP als ideologische verkenners of leidende figuren: naast Gottfried Feder de publicist Dietrich Eckart en de studenten Hans Frank, Rudolf Heß en Alfred Rosenberg.[60]

Het Thule-genootschap vormde een soort platform voor contrarevolutionaire initiatieven in München. Het gebruikte het hakenkruis als symbool en had een eigen krant, de *Münchener Beobachter*. Bovendien trok dit genootschap niet alleen mensen aan uit het burgerlijke milieu, maar probeerde het ook arbeiders voor zijn völkische ideeën te winnen. Een lid van dit geheime genootschap, de sportjournalist Karl Harrer, kreeg opdracht contact te leggen met spoorwegmonteur Anton Drexler, die al in de oorlog te kennen had gegeven dat hij een aanhanger was van de *Deutsche Vaterlandspartei* en in maart 1918 een *Freier Arbeiterausschuss für einen gerechten Frieden* (Vrij Arbeiderscomité voor een Rechtvaardige Vrede) had gesticht.[61] Samen richtten Harrer en Drexler een *Politischer Arbeiterzirkel* (Politieke Arbeiderskring) op, waaruit op 5 januari 1919 de *Deutsche Arbeiterpartei* (DAP) voortkwam. Drexler werd voorzitter van de afdeling München, Harrer nam het ambt van 'rijksvoorzitter' op zich, een nogal aanmatigende titel omdat de nieuwe partij bij haar oprichting amper dertig leden telde en ook in de maanden die volgden niet meer dan een splintergroep zou blijven.[62]

Ook op de bijeenkomst van de DAP in café 'Sterneckerbräu' op 12 september waren maar 41 personen verschenen. Gottfried Feder sprak er over het thema 'Hoe en met welke middelen verslaat men het kapitalisme?' Omdat Hitler al bekend was met dit soort theorieën, richtte hij zijn aandacht op de aanwezigen. 'De indruk, die deze op mij maakte, was noch goed noch slecht; een nieuwe partij, zoals er nu eenmaal zoveel waren.' Na de voordracht was hij al van plan geweest te gaan toen een bezoeker, professor Baumann, zich in de discussie fel uitsprak voor de Beierse 'bevrijding' van Pruisen en een vereniging met de republiek Duits-Oostenrijk. Daarop, aldus Hitler in *Mein Kampf*, kon ik niet anders dan eveneens het woord nemen en het 'hooggeleerde heerschap' op zijn nummer zetten, waarna deze 'met de kous op de kop' het lokaal zou hebben verlaten.[63]

Ook deze weergave klopt niet met wat er was gebeurd, want de naam Baumann komt pas voor het eerst twee maanden later voor op een lijst van aanwezigen.[64] Het is echter wel waarschijnlijk dat Hitler, net als eerder in kamp Lechfeld, tijdens de discussie het woord nam en zo indruk maakte op de aanwezigen. Na de bijeenkomst kwam Drexler hem gehaast achterna en drukte hem zijn pamflet *Mein politisches Erwachen* in de handen. Later zou de partijvoorzitter hebben opgemerkt: 'Tjonge, wat heeft die een grote mond, die kunnen we goed gebruiken!'[65]

De volgende dag las Hitler Drexlers brochure en herkende daarin veel van zijn eigen 'politieke ontwaken'. Hij was kennelijk vooral onder de indruk van de centrale gedachte van het werkje – het idee dat nationalisme en socialisme met elkaar in verband moesten worden gebracht, dat wil zeggen: dat de arbeiders van de zogenaamde 'dwaalleer' van het marxisme moesten worden bevrijd en voor de 'nationale zaak' moesten worden gewonnen. Tot zijn verbazing, zo vervolgde Hitler zijn verslag, kreeg hij een week later een briefkaart waarop hem werd meegedeeld dat hij was toegelaten tot de DAP, vergezeld van een uitnodiging aan de volgende comitévergadering van de partij deel te nemen. Wat hij daar vervolgens in een armoedig café in de Herrnstraße meemaakte, overtrof zijn ergste verwachtingen: 'Het was toch wel een verenigingsmanie van de ergste soort. [...] Behalve een formulering van enkele grondbeginselen was er niets aanwezig, geen program, geen strooibiljet, geen velletje bedrukt papier, geen lidmaatschapskaarten, zelfs geen armzalig stempel, alleen kennelijk veel overtuiging en goede wil'.[66]

Waarom werd Hitler dan toch lid van deze vereniging, die 'het midden hield tussen een geheim genootschap en een borrelclubje'[67]? Het lijkt nu juist dit onaffe, rudimentaire karakter van de nieuwe partij te zijn geweest dat zijn keuze vereenvoudigde. Het 'belachelijke kleine groepje' had als voordeel gehad dat het 'nog niet tot een "organisatie" verstard was, en dat er hierin nog alle ruimte was voor de enkeling, om zijn activiteit naar eigen inzicht te ontplooien'.[68] Met andere woorden: dit bood hem een kans zichzelf snel op de voorgrond te manoeuvreren en de partij naar zijn eigen ideeën vorm te geven.

In *Mein Kampf* beschreef Hitler zijn toetreding tot de DAP met zijn neiging tot superlatieven als 'het belangrijkste besluit van mijn leven'.[69] Dat hij als lid van de Reichswehr eigenlijk helemaal geen lid had mogen worden, zoals altijd is beweerd, is onjuist, aangezien hij formeel nog altijd deel uitmaakte van het oude leger.[70] In elk geval was hij niet het zevende lid van de DAP, maar hoogstens het zevende lid van het partijcomité, waarin Drexler hem had gevraagd de rol van propagandahoofd op zich nemen. Een alfabetische ledenlijst die, om de indruk te wekken dat er meer leden waren, begon met nummer 501, werd pas vanaf februari 1920 bijgehouden, en op die lijst had Hitler het nummer 555.[71]

Hitlers doel was van het begin af aan om uit dit sektarische borrelclubje een slagvaardige partij te maken. Om te beginnen werd in oktober 1919 in een ruimte in de 'Sterneckerbräu' het secretariaat van de DAP gevestigd, met een schrijfmachine waarop de uitnodigingen voor de bijeenkomsten werden getypt. Hitler vertelde later dat hij zelf de vlugschriften had verspreid. Heel langzaam nam het aantal toehoorders toe – 'van elf tot dertien, uiteindelijk zelfs tot zeventien, tot drieëntwintig, tot vierendertig'.[72] Midden oktober 1919 waagde de DAP de stap naar een meer publiek imago. In een advertentie in de *Münchener Beobachter* werd een bijeenkomst in de Münchense Hofbräukeller aangekondigd. Er kwamen meer dan honderd mensen op af, en Hitler was die avond de tweede spreker. Voor de dertigjarige was dit eerste publieke optreden op 16 oktober zo'n ingrijpende gebeurtenis, dan hij in zijn verslag ervan in *Mein Kampf* bijna dezelfde beschrijving gaf als van zijn optreden in kamp Lechfeld: 'Ik sprak een half uur, en wat ik vroeger, zonder het te weten, instinctief had gevoeld, werd nu bewaarheid: ik kon spreken!'.[73]

Zelfs in deze vijf jaar later geschreven zinnen klinkt de euforie door die Hitler moet hebben gevoeld toen hij zijn grootste aanleg, zijn redenaarstalent, ontdekte.

Uit de bijval van het publiek putte hij de zelfbevestiging die hem compenseerde voor de talrijke teleurstellingen die hij in zijn vroege jaren te verwerken had gekregen. Max Amann, die Hitler in deze tijd weer tegenkwam, herkende hem amper: 'Er brandde een onbekend vuur in hem [...]. Ik bezocht een keer of twee, drie zijn bijeenkomsten [...]. Hij schreeuwde, hij gedroeg zich op een manier, dat had ik nog nooit gezien! Maar iedereen zei: "Die man meent het eerlijk!" Het zweet liep hem over het gezicht, hij was helemaal nat, ongelooflijk.'[74]

Elke keer kwamen weer meer mensen naar de bijeenkomsten van de DAP. Binnen de kortste keren groeide Hitler uit tot de ster onder de redenaars binnen de partij. Op 19 november 1919 trok hij in de Eberlbräukeller voor een publiek van honderddertig man fel van leer tegen het in juni 1919 ondertekende Vredesverdrag van Versailles. 'Zolang de aarde bestaat, heeft geen volk ooit een dergelijk schandelijk verdrag hoeven te ondertekenen.' De rapporteur van de politie van München meldde dat er op dat moment uit de zaal klonk: 'Jodenstreek!' Hitler verbond zijn agitatie tegen Versailles met hevige aanvallen op de rijksminister van Financiën, Matthias Erzberger, die op 11 november 1918 in het bos van Compiègne de wapenstilstand had ondertekend. Hij zei zeker te weten 'dat de man die ons een dergelijk verdrag op de hals heeft gehaald', snel 'niet meer op zijn plaats' zou zitten, 'ook niet meer als basisschoolleraar in Buttenhausen (waarop een stem in het publiek riep: 'Met hem loopt het net zo af als met Eisner').[75] En inderdaad werd Erzberger, nadat hij in maart 1920 na een lastercampagne van Duitsnationalistisch rechts zijn ambt had neergelegd, in augustus 1921 het slachtoffer van een moordaanslag. De *Münchener Beobachter* meldde over de bijeenkomst: 'De heer Hitler kreeg tijdens zijn gedegen betoog regelmatig daverende bijval.'[76]

Hitlers successen binnen de DAP maakten hem voor de Reichswehr interessanter. Eind oktober 1919 werd voor hem bij de staf van het 41ste Infanterieregiment in de Prinz-Arnulf-kazerne een positie als hulpkracht van de opleidingsofficier gecreëerd. Zelf zou hij zeggen dat hij 'opleidingsofficier' was geweest, wat niet juist is, want als korporaal zou hij nooit een officiersrang hebben kunnen bekleden.[77] Hij onderhield het contact met Karl Mayr op de inlichtingenafdeling van het groepscommando, maar besteedde steeds meer van zijn tijd aan het bedrijven van propaganda voor de partij. Op 10 december sprak hij in pension Deutsches Reich over 'Duitsland voor zijn allerdiepste vernedering'. Daarbij liet hij er geen twijfel aan bestaan wie er volgens hem schuld had aan de nederlaag en de revolutie. Het waren 'de Joden [...] die alleen maar zaken doen en er niet voor terugdeinzen door hetze en opruiing de broederstrijd aan te wakkeren'. Naar zijn idee was 'Duitsland voor de Duitsers!'[78] Nog duidelijker was hij tijdens een bijeenkomst van 16 januari 1920: 'Wij staan niet toe dat ons lot wordt bepaald door lieden van een ander ras. Wij eisen dat de immigratie van Joden wordt verboden.'[79]

Er kan dus geen sprake van zijn dat Hitler in het begin van zijn politieke loopbaan zijn Jodenhaat zou hebben beteugeld. Hij presenteerde zich van begin af aan als radicale antisemiet en voldeed daarmee kennelijk precies aan de verwachtingen van zijn publiek. Het antisemitisme, dat in de herfst van 1919 in München het kookpunt had bereikt, bood hem een ideale klankbodem.

Karl Harrer, 'rijksvoorzitter' van de DAP, volgde Hitlers agressieve optreden in het openbaar met onbehagen. Hij had de partij liever geleid als een samenzwering, een sekte, naar het voorbeeld van het Thule-genootschap. Door een nieuw huishoudelijk reglement, waarmee hij de zevenkoppige partijleiding aan zijn programma verplichtte, lukte het Hitler in december 1919 om Harrer feitelijk aan de dijk te zetten.[80] Op 5 januari 1920 legde deze zijn post neer. Samen met Anton Drexler, die Harrer opvolgde, begon Hitler nu aan de uitwerking van een partijprogramma dat ze in februari 1920 tijdens een massabijeenkomst wilden presenteren. De vijfentwintig punten die ze bij Drexler thuis aan de Burghausener Straße 6 opstelden, bevatten geen originele ideeën maar vormden een doorsnede van wat er in die tijd aan völkisch-antisemitische opvattingen leefde. Voorop stond de eis dat alle Duitsers zouden worden verenigd in één 'Groot-Duitsland' (punt 1), dat het Verdrag van Versailles ongeldig zou worden verklaard (punt 2) en dat de Duitse koloniën zouden worden teruggegeven (punt 3). Al bij punt 4 kwam de antisemitische tendens duidelijk naar voren: 'Staatsburger kan alleen hij zijn, die *Volksgenosse* (volksgenoot) is. Volksgenoot kan alleen hij zijn, die van Duitsen bloede is, ongeacht zijn gezindte. Geen Jood kan daarom volksgenoot zijn.' Daarop volgde de eis dat de in Duitsland wonende Joden 'onder de vreemdelingenwet' vallen (punt 5) en 'dat alle verdere immigratie' moet worden tegengegaan (punt 8).

De invloed van Gottfried Feder was te zien in het verlangen naar een 'afschaffing van het inspanningsloze inkomen zonder arbeid' (punt 11) en naar het 'breken van de knechting door de rente', inclusief de 'volledige beslaglegging op alle oorlogswinsten' (punt 12). Voor het arbeiderspubliek was er de eis dat grote bedrijven staatsbedrijven zouden worden, dat er een vorm van winstdeling zou komen en een gulle uitbreiding van de oudedagsvoorzieningen (punten 13-15). De middenstand werd gelijmd met een belofte om de grote warenhuizen in gemeentelijk beheer te nemen (punt 16), de boeren met het vooruitzicht op landhervorming (punt 17). 'Algemeen nut gaat voor eigenbelang' luidde het devies (punt 24). De oproep tot de 'versterking van het centrale gezag' (punt 25) in combinatie met de polemiek tegen 'het corrumperende geleuter in het parlement' (punt 6) maakt duidelijk waar het programma uiteindelijk voor pleitte: de afschaffing van de democratie van Weimar en de stichting van een autoritair krachtdadig geregeerde 'volksgemeenschap' waarin voor Joden geen plaats meer zou zijn.[81]

Drexler en Hitler waren van plan hun programma te presenteren in het Hofbräuhaus. Op felrode plakkaten maakte de DAP reclame voor de bijeenkomst. De angst dat er niet voldoende publiek zou komen, bleek ongegrond. Op de avond van 24 februari 1920 verdrongen zich rond de tweeduizend mensen in de feestzaal op de eerste verdieping. Hitler sprak pas als tweede, maar juist hij zou met zijn wilde aanvallen op het Verdrag van Versailles, op Erzberger en vooral op de Joden de stemming er flink in krijgen. Het politierapport biedt een goed inzicht in de reacties: 'Eerst de schuldigen, de Joden eruit, en dan reinigen we onszelf. (Hevige bijval.) Bij misdadigers zoals zwarthandelaren en woekeraars hebben geldstraffen geen zin. (Lijfstraffen! Ophangen!) Hoe beschermen we onze medemens tegen deze bloedzuigersbende? (Ophangen!)'[82]

Vervolgens las Hitler de afzonderlijke programmapunten voor, waarbij de in groten getale verschenen tegenstanders van politiek links zich flink lieten horen met luidruchtig protest. De politiespion noteerde: 'Er heerste een enorm tumult, en ik dacht herhaaldelijk dat er gevechten zouden uitbreken.'[83] In de partijlegenden zou de bijeenkomst van 24 februari later als een heroïsche stichtingsdaad van de beweging worden gezien. Hitler zelf legde daarvoor het fundament toen hij het eerste deel van *Mein Kampf* afsloot met de woorden: 'Er was een vuur ontstoken, dat eenmaal de gloed zal zijn, waarin het zwaard zal kunnen worden gesmeed, dat aan de Germaanse Siegfried zijn vrijheid en aan de Duitse natie het leven terug zal geven. [...] Zo liep langzaam de zaal leeg. De beweging nam haar loop.'[84] In de pers van München werd maar weinig aandacht besteed aan de bijeenkomst. Daarvoor was de DAP, die kort daarna haar naam veranderde in *Nationalsozialistische Deutsche Arbeiterpartei* (NSDAP), gewoon nog te onbeduidend. Het 37 regels tellende verslag in de *Münchener Neueste Nachrichten* noemde Hitler niet eens, en ook de *Völkischer Beobachter* (zo heette de *Münchner Beobachter* sinds eind 1919) beperkte zich tot een korte notitie.[85]

Op 31 maart 1920 werd Hitler uit de krijgsdienst ontslagen.[86] Hij zou echter nauwe contacten blijven onderhouden met het milieu van de Reichswehr, dat zo beslissend was geweest voor het begin van zijn politieke carrière. Binnen slechts enkele maanden had de onbekende korporaal zich als succesvol redenaar in de (NS)DAP onmisbaar gemaakt. De eerste fase in zijn pijlsnelle doorbraak was geslaagd. Nu was het zaak de basis van de partij te verbreden en zich naar de top te manoeuvreren. Al snel zou de bierkelderdemagoog, door machtige geldschieters geholpen, een van de attracties van München en daarbuiten worden.

5
Koning van München

'Dat was een mooie tijd! Dat is toch wel het mooiste wat ik me herinner.'¹ Ook toen hij allang rijkskanselier was geworden, dacht Hitler nog vaak terug aan de beginjaren van de NSDAP in München. Die beschouwde hij als een heroïsche periode in de geschiedenis van de partij, als 'een tijd van strijd', waarin hij en zijn medestrijders als gezworenen zij aan zij hadden gestaan en alle beproevingen hadden doorstaan. 'Onze oude nationaalsocialisten, dat was toch geweldig, destijds had de partij alleen maar te verliezen en niets te winnen.'² Dat de NSDAP zich binnen vier jaar had ontwikkeld van een kleine sekte tot een belangrijke machtsfactor in de Beierse politiek – dat succes schreef Hitler toch vooral toe aan zichzelf. Als een 'totaal onbekende' had hij zich gemeld 'om een natie te veroveren'³ en vijftien jaar later had hij zijn doel bereikt. Daarbij vergat de dictator niet dat het de Beierse metropool was geweest die als springplank voor zijn opmerkelijke carrière had gediend. In augustus 1935 verleende hij München uit dankbaarheid de titel 'Hoofdstad van de Beweging'.⁴

Inderdaad is de opkomst van het nationaalsocialisme moeilijk voorstelbaar zonder de factor Hitler. Zonder hem zou de partij slechts een van de talrijke völkische groeperingen ter rechterzijde van het politieke spectrum zijn gebleven. Toch is het ook van belang op te merken dat zonder de bijzondere omstandigheden van die jaren na de oorlog, zowel in Beieren als in de rest van het rijk, zonder de explosieve mix van economische misère en maatschappelijk instabiliteit en het collectieve trauma van de verloren oorlog, de populistische volksmenner zich nooit uit anonimiteit had kunnen ontwikkelen tot een prominent politiek figuur. De omstandigheden waren Hitler gunstig gezind, maar hij wist ze ook handiger en gewetenlozer uit te buiten dan al zijn concurrenten in het nationalistische, rechtse kamp.

Al in maart 1920 hadden de rechtse tegenstanders van de republiek onder aanvoering van de Oost-Pruisische bankdirecteur Wolfgang Kapp en de bevelvoerende generaal van het eerste groepscommando van de Reichswehr in Berlijn, Walther Freiherr von Lüttwitz, een eerste poging gewaagd een einde te maken aan de gehate democratie van Weimar. Deze putsch liep na een paar dagen weliswaar op niets uit, omdat de arbeiders het openbare leven volledig platlegden door middel van een algemene staking, maar in Beieren meenden de contrarevolutionaire krachten nu dat het moment was aangebroken de regering van dat moment, die onder leiding stond van de sociaaldemocraat Johannes Hoffmann, tot aftreden te dwingen. Op 16 maart verkoos de Landdag Gustav Ritter von Kahr, tot op dat moment hoofd van het deelstaatdistrict Opper-Beieren, tot de nieuwe minister-president van Beieren.[5]

Onder zijn leiding koos de Beierse politiek definitief een extreemrechtse koers. Het was de ambitie van deze zelfverklaarde monarchist om Beieren te veranderen in een *Ordnungszelle*, een 'ordelijke cel' van het rijk. Een van zijn eerste maatregelen was het afkondigen van een nieuwe vreemdelingenwet die vooral gericht was tegen de verdere immigratie en het verblijf van 'Joden uit het oosten' in Beieren. Daarmee kwam de nieuwe regering flink tegemoet aan de eisen van völkisch rechts en wakkerde ze tegelijkertijd de antisemitische stemming onder de bevolking aan.[6] München ontwikkelde zich in de tijd die volgde tot een eldorado voor tegenstanders van de republiek uit heel Duitsland. Zo vond luitenant-ter-zee Hermann Ehrhardt, wiens signalement circuleerde met een verzoek tot aanhouding, hier onderdak. Met zijn marinebrigade had hij de ruggengraat van de Kapp-Lüttwitz-putsch gevormd. In zijn nieuwe hoofdkwartier aan de Franz-Joseph-Straße stichtte hij met geestverwanten een geheim genootschap, de *Organisation Consul*, die tot doel had de belangrijkste vertegenwoordigers van de republiek te vermoorden. Het eerste slachtoffer werd op 9 juni 1921 de fractievoorzitter van de USPD in de Beierse Landdag, Karl Gareis. Op 26 augustus 1921 vermoordde de organisatie de politicus van de katholieke partij Zentrum en voormalig rijksminister van Financiën, Matthias Erzberger en – als verschrikkelijk hoogtepunt van de aanslagen – op 24 juni 1922 de rijksminister van Buitenlandse Zaken, Walther Rathenau. Hij kon Rathenau 'niet geheel van schuld vrijpleiten', schreef de eerder geciteerde Bogislaw von Selchow, want de völkische beweging in Duitsland is 'zowel een elementaire als nieuwe kracht': 'En dit soort in het volk voorhanden zijnde hartstochten moet men niet provoceren door in een dergelijke onrustige tijd iemand van een vreemd ras het Duitse volk in het buitenland te laten vertegenwoordigen.'[7] Dit was niet het geroep van een extremistische enkeling maar een algemeen gevoelen in Duits-nationalistische kringen.

Ook generaal b.d. Erich Ludendorff, die bij de voorbereiding van de staatsgreep van maart aan de touwtjes had getrokken, kwam in de zomer van 1920 naar München. Zijn nieuwe verblijfplaats, een villa in het zuiden van München, werd trefpunt van alle contrarevolutionaire initiatieven in Beieren.[8] Omdat dit door de autoriteiten werd geduld, konden talloze paramilitaire organisaties in de Vrijstaat hun gang gaan, zoals de burgerweer, die na het neerslaan van de radenrepubliek was gesticht en die al snel bijna 300.000 man telde. De aanwezigheid van dit soort contrarevolutionaire privélegertjes was van grote invloed op het dagelijkse leven en de politieke cultuur in het München van de vroege jaren twintig. 'Ze waren de institutionele belichaming van het Beierse verzet tegen het Vredesverdrag van Versailles en de haat tegen de Republiek van Weimar. Men had echter vooral een hekel aan Berlijn als het nieuwe Duitse bolwerk van de linkse politiek, de Babylonische verwarring van volkeren en de avantgardistische cultuur.'[9]

De rechtse coupplegers hadden in Ernst Pöhner, de hoofdcommissaris van politie in München, en diens hoofd van de politieke afdeling VI, Wilhelm Frick, welwillende beschermheren gevonden. Zij keken consequent de andere kant op wanneer de samenzweerders van 'Consul' hun aanslagen pleegden. Ook Hitler en de NSDAP konden van begin af aan rekenen op de bescherming van deze twee vooraanstaande functionarissen. Men zou 'de nationaalsocialistische partij en de heer Hitler de hand boven het hoofd hebben gehouden', omdat men in hem 'een kiem voor de vernieuwing van Duitsland zou hebben gezien', aldus Frick tijdens het proces tegen de putschplegers van 1923.[10] Hitler wist wat hij zijn beschermheren binnen de Beierse overheid verschuldigd was. In *Mein Kampf* sprak hij lovende woorden over Pöhner en Frick, omdat ze 'toen al de moed bezaten, om eerst Duitser en dan ambtenaar' te zijn.[11] En zelfs nog eind maart 1942 roemde hij Frick, die zich altijd 'onberispelijk gedroeg' en 'door zijn vingerwijzingen het werk van de partij in de omvang die het toen kreeg, mogelijk maakte'.[12]

Al in haar eerste jaar overtrof de NSDAP met haar activiteiten alle andere völkische groeperingen in München. Er ging amper een week voorbij zonder een bijeenkomst of een demonstratie. Sinds de partij op 24 februari 1920 de openbaarheid had gezocht, vonden de bijeenkomsten meestal plaats in grote bierhuizen – het Hofbräuhaus, de Bürgerbräukeller, de Kindlkeller of de Hackerbräukeller. Het aantal toehoorders schommelde tussen 800 en 2500, en in de tweede helft van 1920 waren het er soms zelfs 3000. In december 1920 kon het Beierse *Wehrkreiscommando VII* tevreden vaststellen dat 'de bedrijvige vergaderlust van de nationaalsocialistische arbeiderspartij [...] een zeer vaderlandslievend effect had'.[13] Op 3 februari 1921 hield de NSDAP voor het eerst een bijeenkomst in Zirkus Krone aan de Marsstraße, destijds de grootste overdekte ruimte voor bijeenkomsten in München. Er kwamen meer dan 6000 mensen op af die Hitler wilden horen spreken. 'De zaal lag als een reusachtige open schelp voor mij,' herinnerde hij zich in *Mein Kampf*. 'Al na het eerste uur begon de bijval in steeds grotere spontane uitbarstingen mij in de rede te vallen, om na twee uur weer te verminderen en over te gaan in die plechtige stilte, die ik later in deze zaal zo heel vaak heb beleefd [...]. Hierdoor waren wij voor het eerst verre buiten het kader van de gewone partijen gekomen.'[14]

In feite was het ook Hitler die week na week publiek trok. Alleen al in 1920 trad hij eenentwintig keer op als hoofdspreker, maar daarnaast discussieerde hij op talloze andere bijeenkomsten prominent mee. Hij was ook elders in Beieren te bewonderen toen de NSDAP buiten München haar vleugels ging uitslaan, en uiteindelijk bemoeide hij zich in het begin van de herfst van 1920 met de verkiezingsstrijd in Oostenrijk; al met al een zwaar programma.[15] Hitler was er in deze eerste tijd vooral op uit de NSDAP, die immers nog een relatief kleine partij was, bekendheid te geven en van een vaste plaats in de aandacht van het publiek te verzekeren. 'Destijds ben ik van de veronderstelling uitgegaan, dat het er niets toe doet, of men ons uitlacht dan wel uitscheldt, of men ons als harlekijn dan wel als misdadiger voorstelt, als men maar over ons spreekt; het belangrijkste is dat ze ons vermelden, dat ze zich steeds weer met mij bezighouden,' beschreef hij zijn tactiek in *Mein Kampf*.[16] Met de grotere bekendheid nam ook het aantal partijleden toe – van 190 in januari en 675 in mei 1920 tot 2500 in januari en 3300 in augustus 1921. De volksmenner uit München straalde optimisme uit: 'De geringe omvang van de beweging op dit moment,' zou geen reden zijn 'om te twijfelen aan haar latere groei', zei de voorzitter van de plaatselijke afdeling van de NSDAP in Hannover, Gustav Seifert, in oktober 1921.[17]

In tegenstelling tot wat altijd wordt aangenomen, improviseerde Hitler tijdens zijn toespraken nooit. Hij bereidde zijn optredens zorgvuldig voor. Op een tiental velletjes noteerde hij steeds trefwoorden en leuzen die tijdens zijn meestal twee tot drie uur durende toespraken als leidraad dienden. (Eberhard Jäckel en Axel Kuhn hebben dit soort aantekeningen in hun werk *Hitler. Sämtliche Aufzeichnungen* ontsloten.) Wanneer het begin van de bijeenkomst aanstaande was, recapituleerde hij, in zijn kamer ijsberend, de belangrijkste punten van de rede, waarbij hij voortdurend werd gestoord door telefoongesprekken met zijn volgelingen, die verslag deden van de stemming in de ruimte waar hij zou gaan spreken. Hitler verscheen meestal een half uur te laat, om de spanning op te voeren. Hij legde zijn notities rechts van zich neer en wierp er zo nu en dan even een blik op om zich ergens van te verzekeren.[18]

Het verloop van een rede was volledig op het effect afgestemd. Meestal begon Hitler heel rustig, haast aarzelend. In die eerste tien minuten 'probeerde hij met de fijngevoeligheid van een toneelspeler de stemming van het publiek te peilen'.[19] Zodra hij zich verzekerd wist van een gewillig gehoor, nam hij een wat lossere houding aan. Nu begon hij zijn uitweidingen te ondersteunen met expressieve gebaren, bijvoorbeeld door het hoofd naar achteren te werpen, de rechterarm voor zich uit te strekken en met de wijsvinger de belangrijke zinnen te onderstrepen of een gebalde vuist op het spreekgestoelte neer te laten dreunen. Tegelijk werden dan de toon en de woordkeuze agressiever. Hoe duidelijker het publiek door bijval en uitroepen liet merken dat de vonk was overgesprongen, hoe harder en sneller hij begon te spreken. Zijn toenemende staat van opwinding werkte aanstekelijk op het publiek, totdat uiteindelijk, na een furieus crescendo, de hele zaal in een toestand van vervoering was en de spreker zelf, badend in het zweet, de gelukwensen van zijn entourage in ontvangst nam.[20]

Voor Hitlers uitstraling als redenaar was een aantal factoren doorslaggevend. Om te beginnen zijn sonore stem met zijn vele registers – 'zijn sterkste wapen'[21] – die hij kon bespelen alsof het een instrument was. 'Was het zo-even nog een vibrato waarmee hij het onverdiende lot van een gekweld en veelvuldig verraden volk betreurde, vervolgens kondigde zich een reinigende donderbui aan, die uitmondde in een ongeremde vulkanische kracht die zijn toehoorders onweerstaanbaar meesleurde in een massale extase.'[22] Tot 1928 sprak Hitler nog zonder microfoon en luidsprekers. In het begin van zijn carrière werd de natuurlijke kracht van zijn bariton dus nog niet vervormd door technische hulpmiddelen.

Ook in zijn woordkeuze wist Hitler precies hoe hij zich op zijn publiek moest instellen. Hij beheerste 'de taal van de naoorlogse kleine man'[23] en wist dat hij zijn redes niet alleen moest doorspekken met de botte kreten van de voormalige soldaat maar ook met ironie en sarcasme. Op interrupties had hij meestal een snedig antwoord klaar, zodat de lachers over het algemeen op zijn hand waren. In zijn redevoeringen raakte Hitler in die tijd precies de gevoelige snaar. Als geen ander wist hij uitdrukking te geven aan wat zijn toehoorders dachten en voelden, speelde hij in op hun angsten, vooroordelen en ressentiment, maar ook op hun hoop en hun verlangens. Een 'virtuoos in het bespelen van de menselijke ziel', noemde een vroege metgezel uit München, Ernst Hanfstaengl, hem: 'Veel meer dan alleen zijn meeslepende retoriek leek deze man ook het onheilspellende vermogen te hebben het gnostische verlangen van die tijd naar een sterke leidersfiguur te koppelen aan zijn eigen idee van zending, en in die versmelting elke denkbare hoop en verwachting vervulbaar te doen lijken.'[24]

Niet alleen datgene *wat* hij zei, maar ook *hoe* hij het zei, stemde hij zorgvuldig af. Door hem sprak de onbekende soldaat uit de wereldoorlog die de noden en de wensen van zijn publiek deelde. Een aura van waarachtigheid en echtheid leek hem te omgeven. 'Het eerste dat je voelde was: de man die daar spreekt, die meent het op de een of andere manier echt, die wil ons niet ergens van overtuigen waarvan hij zelf niet helemaal "zeker" is,' merkte Hans Frank op, die als negentienjarige in januari 1920 voor het eerst Hitler hoorde spreken. 'Hij sprak steeds uit zijn hart en tot ons hart.'[25] Zelfs Konrad Heiden had al onderkend dat het geheim van het succes van de volksmenner gelegen moest zijn in de 'eenheid van man en woord'. Op de hoogtepunten van zijn rede zou Hitler 'als door zichzelf bezeten' zijn geweest, en zo volledig samen zijn gevallen met wat hij zei, 'dat zelfs van de leugen nog een zekere mate van echtheid op de bezoekers afstraalde'.[26]

Al in zijn vroege redevoeringen maakte Hitler graag gebruik van religieuze beelden en motieven. Wanneer hij iets uit de Bijbel leende, ging hij soms zo ver dat hij zichzelf vergeleek met Jezus Christus: 'Wij zijn weliswaar klein, maar ooit stond er ook een man op in Galilea, en nu beheerst zijn leer de hele wereld.'[27] De verlangens en de hoop van veel mensen die door de oorlog en de tijd daarna onzeker waren geworden en op zoek waren naar een politieke Messias, verbonden zich al snel met de persoon van Hitler, die zijn völkische heilsboodschap met de hartstocht van een missionaris bracht. Voor de handelaar Kurt Lüdecke, die zich een tijdlang in de nabije omgeving van de volksmenner ophield, leek Hitler 'een tweede Luther'. 'Ik had een ervaring die je alleen kunt vergelijken met een religieuze bekering.'[28] Een dergelijk opwekkingservaring was kenmerkend voor veel bezoekers van Hitlers bijeenkomsten, ook voor diegenen die aanvankelijk wat afstand hadden bewaard ten opzichte van de NSDAP en nu tot hun eigen verrassing merkten dat ze zich ook hadden laten meeslepen.

De overtuigingskracht van Hitlers optredens was uiteindelijk ook te danken aan een steeds geraffineerdere regie. Hierin werden 'de spektakelelementen van het circus en de *grand opéra* verenigd met het stichtelijke ceremonieel van het liturgische ritueel van de kerk'.[29] Met een optocht van vaandels en marsmuziek werd het publiek in de stemming gebracht. De spanning steeg naarmate de aangekondigde hoofdspreker langer op zich liet wachten. Karl Alexander von Müller beschreef de intocht van de lokale grootheid: 'Plotseling, bij een ingang achterin, beweging. Er worden bevelen geschreeuwd. De spreker op het podium stopt midden in een zin. Iedereen springt overeind en roept: "Heil!" En midden door de schreeuwende massa en de schreeuwende vaandels komen de langverwachte en zijn gevolg met snelle passen en stijf geheven rechterarm naar het podium.'[30] Ook voor wie zich door deze koortsachtige atmosfeer niet liet meeslepen, moeten de bijeenkomsten toch zeer onderhoudend zijn geweest, een 'hoop plezier', waarbij het rijkelijk getapte bier natuurlijk ook een rol speelde.[31]

Hitler had een neus voor het effect van politieke symboliek. Vanaf 1921 was het vaandel met het hakenkruis het officiële embleem van de partij. Deze combineerde het zwart-wit-rood van het rijk met het hakenkruis, dat in völkische kringen al langer in gebruik was als politiek symbool en bijvoorbeeld ook al door de mannen van de marinebrigade Ehrhardt op de helm werd gedragen tijdens de Kapp-Lüttwitz-putsch.[32] Later kwamen daar nog de standaarden bij die tot teken van de *Sturmabteilung* (SA) werden, en de groet 'Heil!', die vanaf 1926 verplicht werd in de beweging.[33] De nationaalsocialisten hadden er geen enkele moeite mee propagandamethoden van links over te nemen. Hun bijeenkomsten werden aangekondigd op felrode plakkaten, en ze deelden vanaf open vrachtwagens vlugschriften uit onder de bevolking. Hun doel was de arbeiders uit de linkse partijen los te weken, maar aanvankelijk waren het toch vooral bange kleine burgers, ontwortelde soldaten en gedeclasseerde academici die de bijeenkomsten waar Hitler sprak massaal bezochten.[34]

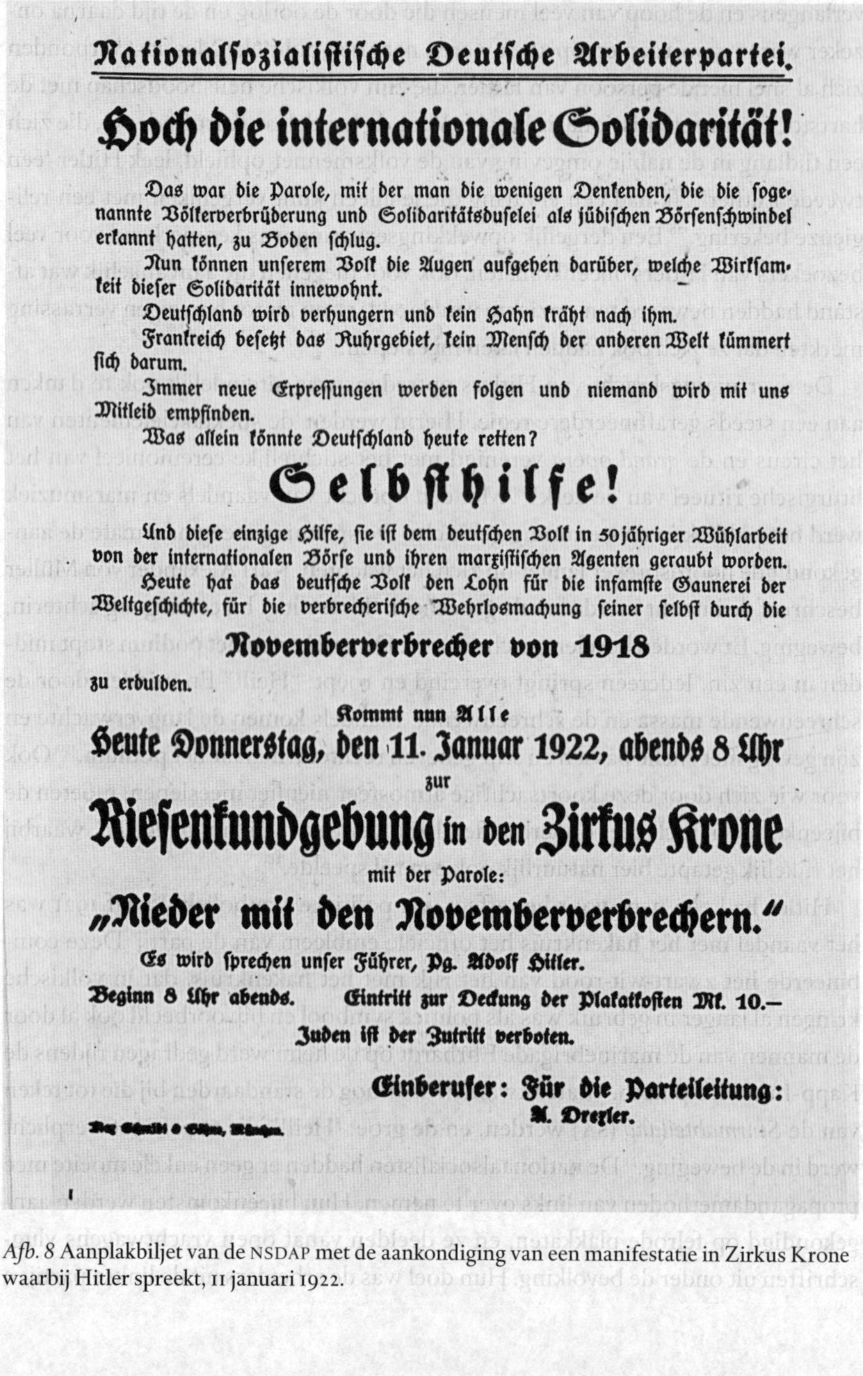
Nationalsozialistische Deutsche Arbeiterpartei.

Hoch die internationale Solidarität!

Das war die Parole, mit der man die wenigen Denkenden, die die sogenannte Völkerverbrüderung und Solidaritätsduselei als jüdischen Börsenschwindel erkannt hatten, zu Boden schlug.

Nun können unserem Volk die Augen aufgehen darüber, welche Wirksamkeit dieser Solidarität innewohnt.

Deutschland wird verhungern und kein Hahn kräht nach ihm.

Frankreich besetzt das Ruhrgebiet, kein Mensch der anderen Welt kümmert sich darum.

Immer neue Erpressungen werden folgen und niemand wird mit uns Mitleid empfinden.

Was allein könnte Deutschland heute retten?

Selbsthilfe!

Und diese einzige Hilfe, sie ist dem deutschen Volk in 50jähriger Wühlarbeit von der internationalen Börse und ihren marxistischen Agenten geraubt worden.

Heute hat das deutsche Volk den Lohn für die infamste Gaunerei der Weltgeschichte, für die verbrecherische Wehrlosmachung seiner selbst durch die

Novemberverbrecher von 1918

zu erdulden.

Kommt nun Alle

Heute Donnerstag, den 11. Januar 1922, abends 8 Uhr

zur

Riesenkundgebung in den Zirkus Krone

mit der Parole:

„Nieder mit den Novemberverbrechern."

Es wird sprechen unser Führer, Pg. Adolf Hitler.

Beginn 8 Uhr abends. Eintritt zur Deckung der Plakatkosten Mk. 10.–

Juden ist der Zutritt verboten.

Einberufer: Für die Parteileitung:
A. Drexler.

Afb. 8 Aanplakbiljet van de NSDAP met de aankondiging van een manifestatie in Zirkus Krone waarbij Hitler spreekt, 11 januari 1922.

Ook de inhoud van zijn redevoeringen paste Hitler aan de smaak van zijn kleinburgerlijke, nationaal-conservatieve en völkisch-antisemitische publiek aan. Daarbij was het aantal mogelijke thema's zeer beperkt. Aan het begin gaf hij meestal een terugblik op het 'prachtige, bloeiende Duitsland van voor de oorlog', waar nog 'orde, zindelijkheid en stiptheid' zouden hebben geheerst, waarin de ambtenaren 'onomkoopbaar' en 'plichtsgetrouw' hun werk deden.[35] Altijd weer richtte hij de blik dan vervolgens op 'de grote heldentijd van 1914',[36] toen het Duitse volk zeldzaam eendrachtig bij de door de Ententemachten opgedrongen oorlog betrokken raakte. Tegen de achtergrond van een geïdealiseerd verleden schilderde hij het heden in des te duisterder tinten. Overal zag hij louter tekenen van teloorgang en verval. 'En waarom staan we dit jaar tussen de puinhopen van dat door Bismarck zo geniaal opgebouwde rijk?' vroeg hij bijvoorbeeld in een rede ter gelegenheid van de vijftigste herdenking van de stichting van het rijk in januari 1921.[37] Het antwoord was altijd hetzelfde: het zou gekomen zijn door de revolutie van 1918–1919, die voor 'de ondergang, de slavernij' van Duitsland zou hebben gezorgd.[38] Daarvoor stelde hij links en de Joden verantwoordelijk – en voor hen gebruikte hij het woord 'revolutiemisdadigers', of vanaf januari 1922 ook wel 'novembermisdadigers'.[39] Zij hadden door hun opruiende gedrag het leger de welverdiende overwinning door de neus geboord en Duitsland weerloos aan zijn vijanden overgeleverd. 'De met Joods goud omgekochte "Jodensocialist" zou het "dodelijk vermoeide" leger [...] "een dolkstoot in de rug" hebben gegeven,' zo gaf een USPD-krant Hitlers woorden tijdens een bijeenkomst in april 1920 in het Hofbräuhaus weer.[40] De 'dolkstootlegende' was in november 1919 door Hindenburg en Ludendorff, de voormalige bevelvoerders van de hoogste legerleiding, tijdens een slim gespeeld dramatisch optreden voor de onderzoekcommissie van het parlement de wereld in geholpen, en was sinds die tijd een vast onderdeel van het propaganda-arsenaal van nationalistisch rechts.[41]

De polemiek tegen het Verdrag van Versailles nam een belangrijke plaats in Hitlers campagne in. Ook hierbij speelde hij in op de wijdverbreide verbittering over de 'schandelijke en smadelijke vrede'. Aan de voorwaarden van het verdrag, zo hamerde hij er bij zijn publiek in, zou 'niet kunnen worden voldaan', omdat Duitsland dan 'tot op het hemd zou worden uitgekleed' en ze het land voor onafzienbare tijd zouden 'knechten'. Aan het Duitse volk 'was een vrede opgelegd [...] zoals die in zesduizend jaar wereldgeschiedenis zijn gelijke niet kende'. Daarmee vergeleken was het Vredesverdrag van Brest-Litovsk dat het keizerlijke Duitsland in maart 1918 aan de revolutionairen in Rusland had opgedrongen, slechts 'kinderspel' geweest.[42] Dat was een brutale verdraaiing van de feiten, want vergeleken met de opgelegde vrede van Brest-Litovsk was het Verdrag van Versailles eerder mild te noemen.

Zijn mateloze agitatie tegen 'Versailles' verbond Hitler met van haat vervulde aanvallen op de Republiek van Weimar en haar belangrijkste vertegenwoordigers. De nieuwe democratische orde noemde hij afwisselend een 'lompenrepubliek', een 'Berlijnse Jodenregering' of een 'zwendelaarsrepubliek'.[43] Democratische politici waren in zijn ogen stuk voor stuk incapabel en corrupt. Zijn verachting gold ook rijkspresident Friedrich Ebert. Zinspelend op Eberts vroegere beroep als zadelmaker, vergeleek hij Duitsland met een 'oud matras': 'gescheurd en gespleten, vol met gaten en beschadigingen, met losse veren en kapot tijk, kortom, ernstig aan een opknapbeurt toe: maar één ding valt ons nog het meest op aan dit rijksmatras, en dat is dat het vol zit met luizen, meneer Ebert, met meer luizen dan welk ander matras dan ook.'[44] De voormalige rijksminister van Financiën Erzberger kon Hitler ongestraft belasteren als 'een typisch voorbeeld van deze nieuw-Duitse staatsmisdadigers'[45], en in het voorjaar van 1922 richtte zijn haat zich vooral op rijksminister van Buitenlandse Zaken Rathenau. Geheel in overeenstemming met de Duits-nationalistische lastercampagne tegen politici die voorstander waren van volledige uitvoering van de bepalingen van het Verdrag van Versailles, verweet hij Rathenau dat deze door zijn toegeven aan de Geallieerden 'het Duitse volk verraden en verkocht' had.[46] Met zijn tirades droeg Hitler bij aan het giftige klimaat waarin uiteindelijk de moordaanslagen op de beide vooraanstaande politici konden plaatsvinden.

Hitler meende dat de democratisch gekozen Weimar-vertegenwoordigers geheel in dienst stonden van het 'internationale beurs- en kredietkapitaal' dat Duitsland in een wurggreep hield en het volledig uitbuitte.[47] Zo was het economisch ooit zo succesvolle land tot 'kolonie van het wereldkapitaal en zijn beulen' geworden en 'reddeloos aan de slavernij overgeleverd'.[48]

De demagoog liet het er echter niet bij de angsten en het ressentiment van het publiek te bespelen en op te poken. Hij bood tegelijk een ogenschijnlijk veelbelovend vooruitzicht in de vorm van het 25-puntenprogramma van de NSDAP. 'Onze beste kritiek is echter ons programma. De beknoptheid ervan. Onze wil,' noteerde hij in trefwoorden voor een rede in augustus 1920.[49] Al in zijn vroege redevoeringen kondigde Hitler aan dat hij het Vredesverdrag van Versailles zou opzeggen: 'Als we eenmaal de macht hebben, verscheuren we dat vod.'[50] Evenmin stak hij onder stoelen of banken dat voor een economisch herstel ook 'het breken van de renteknechting' nodig was.[51] Als doel van een 'nationale wedergeboorte' zag hij naar buiten toe de stichting van een 'Groot-Duitsland'[52] en naar binnen toe het creëren van een 'volksgemeenschap' waarin de kloof tussen burgerij en arbeiders zou moeten worden opgeheven: 'Wij moeten een volk worden van eerlijke werkende mensen [...]. De voorwaarde hiervoor is echter dat we geen klassen, geen burgers en proletariaat meer kennen, maar werkelijk een volk van broeders [...] en ook bereid zijn nationale offers te brengen [...]. Geen verwaandheid van bepaalde klassen, niet langer een deel van het volk voortrekken bij nationale kwesties [...]. Hand- en hoofdarbeiders moeten goed begrijpen dat ze bij elkaar horen en alleen samen ons volk weer overeind kunnen helpen.'[53] Dat, zo benadrukte de spreker steeds weer, is de weg 'naar het ware Duitse socialisme, niet naar het socialisme van de klassenstrijd dat de Joodse leiders predikten'.[54]

Hitler liet er geen twijfel over bestaan dat voor hem het democratische systeem van Weimar zijn langste tijd had gehad: 'Weg met dat partijpolitieke gekonkel dat ons volk ontwricht,' riep hij in april 1920 uit. Ook hierin sloot hij aan bij een wijdverbreide antidemocratische en antiparlementaire stemming. Onvermoeibaar predikte hij de 'onverbiddelijke strijd tegen dit parlementaire gebroed, dit hele systeem'.[55] Dit zou moeten worden vervangen door 'een regering van macht en gezag [...] die zonder pardon die hele zwijnenstal opruimt'.[56] Met zijn verlangen naar een 'dictator die een genie is', naar een 'ijzeren man die ons ook vandaag de dag nog de belichaming van de Germaanse geest lijkt', wist hij veel van zijn toehoorders in hun hart te raken.[57] 'Duitsland,' zo verklaarde hij in mei 1921, 'zal alleen kunnen overleven als die zwijnenstal van Joodse corruptie, democratische huichelarij en socialistisch bedrog met een ijzeren bezem wordt weggeveegd. Die ijzeren bezem wordt in Beieren gebonden.'[58]

Hitler maakte er ook geen geheim van wat hij met de revolutionairen van 1918-1919 wilde doen. 'Wij eisen een nationaal Duits gerechtshof, en dat moet al die mannen van 1918 en 1919 ter verantwoording roepen.' In het verslag van een rede van september 1922, waarin hij voor het eerst 'een afrekening met de novembermisdadigers' eiste, vermeldt als reactie een 'minutenlang aanhoudende, wilde bijval'.[59]

Wie Hitlers redevoeringen van de jaren 1920 tot en met 1922 leest, zal zich er waarschijnlijk over verbazen hoe hij door steeds als een mantra dezelfde boodschap te herhalen, een dergelijk groot en snel groeiend publiek voor zich wist te winnen. Kennelijk vormden echter juist de monotonie van zijn aanklachten, zijn belofte om wraak te nemen en de toekomstverwachtingen die hij wekte het geheim van zijn succes.[60] Hitler zelf merkte in het hoofdstuk over de taak van de propaganda in *Mein Kampf* op: 'Het bevattingsvermogen van de grote massa is maar zeer beperkt, het begrip gering, de vergeetachtigheid is daarentegen groot. Deze feiten brengen mee, dat iedere propaganda, die doeltreffend wil zijn, zich tot enkele, zeer weinige punten dient te beperken, om deze punten dan als leuzen overal en op alle manieren te benutten, tot men de zekerheid heeft, dat ook de laatste man en de laatste vrouw aan een dergelijke leus, aan een dergelijk idee de betekenis hecht, die men eraan gehecht wil zien.'[61] Deze uitweidingen vormden echter geen origineel inzicht. Ze waren eerder te herleiden tot *La Psychologie des foules* (De psychologie der massa's), een boek van de Fransman Gustave Le Bon waarvan in 1919 in Duitsland de derde druk was verschenen. Daarin werd de massa zo beschreven als Hitler die in *Mein Kampf* ook typeerde, namelijk als dom, egoïstisch, verwijfd, wankelmoedig, niet in staat tot kritiek en onderhevig aan onbeheerste gemoedsbewegingen.[62] Hitler had de ideeën van Le Bon waarschijnlijk leren kennen doordat hij een werk van de Münchense neuroloog J.R. Rossbach, *Die Massenseele*, had gelezen, dat in 1919 was verschenen en regelmatig naar het werk van de Fransman verwees.[63]

De bierkelderagitator die zich graag populair voordeed, verachtte in wezen de volksmassa's en beschouwde die als niets meer dan een manipuleerbaar gereedschap voor zijn politieke ambities. Ook in dat opzicht was hij geen uitzondering en vertegenwoordigde hij slechts een brede cultuurpessimistische stroming waartoe met name de auteurs van de 'Conservatieve Revolutie' in de Republiek van Weimar behoorden.[64] In tegenstelling tot deze mensen begreep Hitler echter hoe hij een massapubliek kon trekken, en dat maakte hem ook voor het nationaal-conservatieve burgerdom interessant. De medicus en eugeniticus Max von Gruber, die als zo veel professoren van de Universiteit van München al vroeg met het nationaalsocialisme sympathiseerde, schreef terugkijkend: 'Men zag in burgerlijke kringen met genoegen dat Hitler gedaan kreeg wat ons niet lukte, namelijk bij de kleine luiden gehoor vinden en de sociaaldemocratie het gras voor de voeten wegmaaien, maar zag daarbij over het hoofd wat het gevaar was van diens demagogie. Men dreef de duivel uit met Beëlzebub.'[65]

Het centrale motief in vrijwel alle redevoeringen was een oorlogsverklaring aan het Jodendom. Hierbij sloeg Hitler van het begin af aan een uiterst radicale toon aan. Een veelzeggend voorbeeld is zijn kernbetoog 'Waarom zijn wij antisemieten?', dat hij op 20 augustus 1920 in het Hofbräuhaus hield voor meer dan tweeduizend mensen – de enige redevoering van Hitler uit het eerste jaar van zijn activiteiten als propagandist waarvan de volledige tekst bewaard is gebleven.[66] Daarin bevinden zich alle Jodenvijandige stereotypen die hij zich in de loop van zijn zelfstudie uit de meest uiteenlopende bronnen eigen had gemaakt – uit Richard Wagners *Das Judenthum in der Musik* (1850), Houston Stewart Chamberlains *Die Grundlagen des neunzehnten Jahrhunderts* (1899), Theodor Fritsch' *Handbuch der Judenfrage* (1907), Adolf Wahrmunds *Das Gesetz des Nomadenthums* (1920) en nog veel meer.[67] Dit alles was samengebald tot een troebel mengsel van pseudowetenschappelijke en vulgaire antisemitische clichés.

Hitler beweerde aanvankelijk dat de Joden in tegenstelling tot de noordse rassen, de 'ariërs', niet in staat waren tot productief werk en dus tot welke vorm van cultuurscheppende activiteit dan ook. Ze zouden nooit in staat zijn geweest 'een staat te vormen', maar hadden altijd als 'nomaden' en 'parasieten op het lichaam van andere volkeren' geleefd – 'als ras in andere rassen, als staat in andere staten'. Gedreven door hun opvallendste rassenkenmerken, het 'mammonisme en materialisme', zouden ze, 'zonder zelf te verdienen in het zweet huns aanschijns, zoals andere stervelingen dat onherroepelijk wel moeten', enorme rijkdommen bij elkaar hebben gegraaid. Daarmee kwam Hitler op zijn favoriete thema: het internationale 'handels- en financierskapitaal', dat 'vandaag de dag praktisch de hele wereld beheerst', dat 'niet in bedragen uit te drukken is, [...] sterk groeit en – dat is nog het ergste! – dat alle eerlijke arbeid volledig corrumpeert'. Tegen deze destructieve macht zouden de nationaalsocialisten zich teweerstellen, om 'het instinct van ons volk tegen het Jodendom te doen ontwaken en nieuw leven in te blazen'. Als laatste 'absoluut essentiële' doelstelling noemde Hitler, zoals hij dat ook al had gedaan in zijn brief aan Adolf Gemlich van september 1919, de 'verwijdering van de Joden uit ons volk'.

Het verslag vermeldde op deze plaats: 'Stormachtige, lang aanhoudende bijval en applaus.' In totaal werd de redenaar tijdens zijn twee uur durende uitweidingen 56 keer onderbroken door instemmende reacties. Kennelijk speelde hij precies in op de antisemitische gevoelens van velen die zich sinds het onderdrukken van de radenrepubliek in de hoofdstad van de Vrijstaat als een epidemische koorts hadden verspreid. Een commentator in de sociaaldemocratische *Münchener Post* reageerde als volgt: 'Eén ding kan Hitler zeker, dat moet men toegeven. Hij is de meest geslepen ophitser die momenteel in München zijn misdadige praktijken bedrijft.'[68]

Van het dreigende scenario naar een wereldwijd opererend 'handels- en financierskapitaal' dat Duitsland zogenaamd in een stevige wurggreep hield, was het nog maar een kleine stap naar een 'wereldwijde Joodse samenzwering'. Het idee van een dergelijke samenzwering was sinds de publicatie van de *Protocollen van de wijzen van Sion* in 1919 in kringen van nationalisten en rechtsconservatieven wijdverbreid. Dit pamflet, dat al snel een oplage van meer dan honderdduizend exemplaren haalde, was een vervalst verslag van geheime zittingen tijdens het eerste Zionistische Congres in Bazel in 1897, waarbij zogenaamd strategieën zouden zijn ontwikkeld om tot een Joodse wereldheerschappij te komen. In zijn trefwoorden voor een bijeenkomst van 12 augustus 1921 verwees Hitler voor het eerst naar de *Protocollen*.[69] In een verslag van een rede in Rosenheim, waar de eerste plaatselijke afdeling van de NSDAP buiten München werd opgericht, stond op 21 augustus 1921 te lezen: 'Hitler bewijst nu aan de hand van het boek *De wijzen van Sion* [...] dat dit, het veroveren van de heerschappij, op welke wijze dan ook, altijd en voor eeuwig het streven van de Semieten is geweest en ook zal blijven.'[70]

Het zogenaamde streven naar de wereldheerschappij door de Joden behoorde vanaf 1920 tot de vaste onderwerpen van de antisemitische fanaticus. 'Het enige

Joodse doel – wereldheerschappij,' noteerde hij begin december 1920, en in september 1921 schreef hij: 'Het grootste van alle problemen, de strijd van het Jodendom om de wereldheerschappij – is een nieuwe misdaad.' De conclusies die Hitler uit deze waanideeën trok, waren onmiskenbaar en hij hield ze zijn publiek ook altijd duidelijk voor: 'Het Duitse volk kan alleen dan vrij worden, het kan alleen dan gezond worden, als het zich van de Joodse bandieten bevrijdt.' Deze 'oplossing van het Jodenprobleem' zou voor nationaalsocialisten 'de belangrijkste kwestie' zijn.[71] Geen enkele inwoner van München die een bijeenkomst van Hitler had bezocht of er in de kranten over had gelezen, kon er zelfs al in de vroege jaren twintig ook maar een moment aan twijfelen wat hij met de Joden van plan was. Toch lijkt dat nauwelijks iemand te hebben gestoord. Integendeel. Zoals blijkt uit de stormachtige bijval, juist op dit punt, maakte dit hem juist nog aantrekkelijker voor het publiek. Over de eis dat de Joden 'verwijderd' moesten worden uit Duitsland, met welke middelen dan ook, waren Hitler en zijn publiek het volkomen met elkaar eens. De basis voor de fantasie van een raszuivere 'volksgemeenschap' was dus al gelegd.

Dat Hitlers antisemitische haattirades niet enkel een propagandistisch doel dienden maar ook werkelijk getuigden van de kern van zijn politieke overtuigingen, daarvoor bestaat nog een, tot nu toe onbekend gebleven bewijs: in augustus 1920 bezocht de jonge rechtenstudent uit München Heinrich Heim – hij zou in de Tweede Wereldoorlog als referendaris en adjudant van Martin Bormann Hitlers monologen in het Führerhoofdkwartier notuleren – de volksmenner. Hitler was hem 'bijzonder goed bevallen', schreef hij in een brief aan Fritz baron von Trützschner in Berlijn. Hij was 'vriendelijk en serieus, een diepgravend en voornaam karakter, behept met een zeer sterke wil'. Wat betreft het 'Jodenprobleem' was hij van mening 'dat men de bacil moest uitroeien omdat het lichaam nu eenmaal geen weerstand kon ontwikkelen. Zolang de Jood zijn werk doet, zal het niet lukken de massa te veranderen in verstandige individuen [...] waarop hij zijn verderfelijke invloed niet langer kan uitoefenen. Een verduitsing van de Joden, grootschalig of kleinschalig, acht hij onmogelijk. Zolang de schadelijke Joden er nog zijn, kan Duitsland dus niet genezen. Het gaat hierbij om het voortbestaan of de ondergang van een volk, en dan kan men het leven van verblinde volksgenoten niet sparen, laat staan dat van de vijandig gestemde, gevaarlijke vreemde stam.'[72]

Aan het idee dat de strijd tegen de Joden een kwestie van *to be or not to be* was, zou Hitler tot zijn dood in de rijkskanselarij eind april 1945 onverkort blijven vasthouden. Tijdens zijn Weense tijd had hij al kennisgemaakt met antisemitische clichés en vooroordelen, maar toen had hij zich er nog niet mee geïdentificeerd. De militaire nederlaag van het keizerrijk, waarvoor men in nationalistische kringen vooral de Joden als 'zondenbok' probeerde aan te wijzen, had het anti-Joodse sentiment kennelijk ook aangewakkerd bij de korporaal uit de wereldoorlog. Toch zou Hitler pas door het neerslaan van de revolutie en de contrarevolutie van 1918-1919 in München, waarna de Jodenhaat in de Beierse metropool zich had geradicaliseerd en ongekende hoogten had bereikt, de man worden die hij tot het einde van zijn leven zou blijven: een fanatieke antisemiet die in de verdrijving van de 'gevaarlijke vreemde stam' zijn belangrijkste politieke missie zag.

Ook nadat Hitler eind maart 1920 zijn ontslag uit de Reichswehr had genomen, bleef kapitein Mayr zijn bescherming zo goed mogelijk ondersteunen. In september 1920 schreef hij aan de naar Zweden gevluchte leider van de Kapp-putsch dat de NSDAP 'de basis [moest] vormen van de sterke stoottroepen waarop we hopen'. Het programma van de partij was 'weliswaar nog wat onbeholpen en misschien onvolledig', maar dat zou nog wel worden aangevuld. Hij zou 'zeer ijverige jonge mensen op de been hebben gebracht', onder wie in het bijzonder ene heer Hitler, die 'een drijvende kracht' was geworden, 'een eersteklas demagoog'. 'In de partijafdeling München tellen we meer dan tweeduizend leden, terwijl het er in de zomer van 1919 nog geen tweehonderd waren.'[73]

Het was dan ook Mayr geweest die Hitler in maart 1920 samen met de völkische publicist Dietrich Eckart op het vliegtuig naar Berlijn had gezet om de regering van de putschisten te ondersteunen. Ze kwamen echter te laat: de staatsgreep stond al op het punt te mislukken. 'Zoals u erbij loopt en spreekt, lachen de mensen u uit,' zou kapitein Waldemar Pabst, de man die aan de touwtjes trok bij de moord op Rosa Luxemburg en Karl Liebknecht in januari 1919 en die in 1920 medeverantwoordelijk was voor de putsch, de volksmenner uit München hebben gekapitteld.[74] Pabst zou niet de enige zijn die zich grondig vergiste in Hitler. De onderschatting van zijn aansprekende stijl en zijn doorzettingsvermogen in grote delen van de conservatieve elite zou een belangrijke voorwaarde blijken te zijn voor zijn latere succes.

Dietrich Eckart was veel meer dan alleen maar Hitlers reisgenoot. Hij was zijn belangrijkste mentor in de eerste jaren van zijn politieke carrière. Deze ongeveer twintig jaar oudere man – zoals Ernst Hanfstaengl hem zich herinnerde 'een prachtig voorbeeld van een ouderwetse Beier met een gezicht als een oude walrus'[75] – had vóór 1914 in Berlijn met weinig succes geprobeerd als toneelschrijver aan de slag te komen. Slechts met een dichterlijke bewerking van Henrik Ibsens *Peer Gynt* wist hij een groter publiek te bereiken. In 1915 verhuisde hij naar München, waar hij zich in Al-Duitse nationalistische kringen begaf. Vanaf december 1918 gaf hij met steun van het Thule-genootschap het wekelijkse tijdschrift *Auf gut deutsch* uit, dat antisemitische auteurs een platform bood. In augustus 1919 hield hij zijn eerste rede voor leden van de DAP. Hij zou echter noch van de DAP, noch later van de NSDAP ooit lid worden. Hij leerde Hitler in de winter van 1919-1920 kennen, en voelde kennelijk enige sympathie voor hem. Dat hij al bij de eerste ontmoeting zou hebben gezegd: 'Dat is de rijzende ster van Duitsland, over hem zal ooit de hele wereld het hebben,' is waarschijnlijk een fabeltje.[76] Hij onderkende wel feilloos het bijzondere redenaarstalent van Hitler en de grote aantrekkingskracht die hij had op de massa's. Hij zou al heel snel hebben ingezien, zo vertelde hij tijdens een verhoor op 15 november 1923 door hoge politieambtenaren in München, dat Hitler 'de juiste man voor de hele beweging' was.[77]

Tussen de beide mannen ontstond een nauwe, haast symbiotische relatie. Eckart was, zoals Joachim Fest terecht opmerkte, 'de eerste mens met een burgerlijke achtergrond die Hitler om zich heen kon verdragen, zonder dat zijn diepliggende complexen aan de oppervlakte kwamen'.[78] Hij hielp de leergierige en nog kneedbare dertigjarige bij het schrijven van zijn eerste artikelen – 'Ik was destijds in stilistisch opzicht nog een zuigeling,' bekende de latere dictator[79] – sterkte hem in zijn antisemitische overtuigingen en introduceerde hem bij goed gesitueerde burgers van München. Niet in de laatste plaats ondersteunde hij Hitler en de NSDAP met financiële bijdragen. Zo verleende hij doorslaggevende steun bij de aankoop van de *Völkischer Beobachter* in december 1920, door met zijn huis en zijn grondbezit borg te staan voor de 60.000 rijksmark die uit het fonds van de Reichswehr ter beschikking werden gesteld.[80] Hitler bedankte hem uitbundig: 'Zonder uw hulp was het waarschijnlijk niet gelukt, en ik denk dat we daarmee het vooruitzicht op een eigen krant voor langere tijd kwijt zouden zijn geweest. Ik heb me nu zelf zo met hart en ziel verbonden met de beweging dat u zich nauwelijks kunt voorstellen hoe gelukkig ik ben met het bereiken van dit succes waar we zo sterk naar hebben verlangd.'[81] Eckart op zijn beurt overhandigde Hitler in oktober 1921, nadat hij de hoofdredacteur van de *Völkischer Beobachter* was geworden, een exemplaar van zijn vertaling van *Peer Gynt* met een opdracht voorin: 'Voor mijn goede vriend Adolf Hitler, allerhartelijkst, Dietrich Eckart.'[82]

In de loop van 1922 bekoelde de relatie echter. Hoe zelfverzekerder en zelfbewuster Hitler werd, hoe minder hij Eckart nodig had als politiek pleegvader. In maart 1923 stond hij zijn post als hoofdredacteur af aan zijn plaatsvervanger tot op dat moment, Alfred Rosenberg. Toch zou Hitler zich zijn vriend, die eind december 1923 overleed na een hartinfarct, in dankbaarheid herinneren. Het tweede deel van *Mein Kampf* eindigt met een lofzang op de man 'die een van de besten was onder ons allen, en die zijn leven gewijd heeft aan het ontwaken van zijn, van ons volk, door zijn verzen, door zijn gedachten, en ten slotte door de daad'.[83] Jaren later zou Hitler zijn secretaresse Christa Schroeder toevertrouwen dat hij 'in zijn latere leven nooit meer een vriend had gevonden met wie hij zich zowel in denken als emotioneel zo verbonden had gevoeld'. Deze vriendschap zou 'een van de mooiste dingen zijn, die hem in de jaren twintig was overkomen'.[84] Zelfs nog tijdens zijn monologen op het Führerhoofdkwartier beschreef hij Eckarts verdienste als 'onvergankelijk'. Hij zou een 'poolster zijn geweest voor de vroege nationaalsocialistische beweging'.[85]

Via Dietrich Eckart was Hitler in contact gekomen met Alfred Rosenberg. Deze in 1893 in Reval, het huidige Tallinn, geboren zoon van een koopman had tijdens de wereldoorlog architectuur gestudeerd in Moskou en zijn studie afgesloten met een diploma. In november 1918 kwam hij naar München en behoorde hier met zijn landgenoten uit Riga, Max Erwin von Scheubner-Richter en Otto von Kursell, de illustrator van völkische pamfletten, tot de 'Baltische Maffia'.[86] Rosenberg had het begin van de Russische revolutie zelf nog in Moskou meegemaakt. Wat hem betreft was die geheel en al het werk van Joden. Het eerste artikel dat hij voor Dietrichs tijdschrift *Auf gut deutsch* schreef, had als titel 'De Russisch-Joodse revolutie'. Een van zijn eerste geschriften, 'De doodgravers van Rusland' van november 1921 bevatte een korte sectie met de programmatische titel 'Het Joodse bolsjewisme'. Daarmee was het vijandbeeld benoemd waarvan Rosenberg welhaast bezeten leek en dat hij in een groot aantal andere publicaties steeds weer bezwoer, bijvoorbeeld in het boek *Pest in Rußland* uit mei 1922, waarmee hij zijn tijdgenoten wilde wijzen op de wreedheid van het 'Joods-bolsjewistische experiment'.

Rosenberg had met deze schildering van de gruwelen veel indruk gemaakt op Hitler. Uit de redevoeringen van de volksmenner blijkt duidelijk dat hij vanaf de zomer van 1920 de situatie in revolutionair Rusland steeds meer door de bril van Rosenberg begon te zien en een verband legde met zijn idee-fixe van een 'wereldwijde Joodse samenzwering'. In juni 1920 zei hij dat Rusland 'volledig was prijsgegeven aan de honger en de ellende', 'en daaraan heeft niemand anders schuld dan de Joden'. 'Het bolsjewisme,' zo schreef hij eind juli, had zijn beloftes in het tegendeel doen verkeren: 'Wie in Rusland komt bovendrijven, zijn niet de arbeiders maar zonder uitzondering de Hebreeën.' Daarom sprak Hitler over een 'Jodendictatuur' of de 'Moskouse Jodenregering' die het volk zou uitzuigen, en waarschuwde hij voor de 'vloedgolf van vuiligheid van het Jodenbolsjewisme' waartegen de NSDAP zich als 'een stormram van het Duitse karakter' teweer moest stellen.[87] Zijn antisemitisme, dat Hitler aanvankelijk met antikapitalisme had verbonden, breidde hij nu ook uit met de dimensie van het antibolsjewisme. Daarmee was de 'wereldbeschouwing' van de demagoog in grote trekken voltooid.

Net als Eckart en Rosenberg behoorde ook de student Rudolf Heß tot de partijleden van het eerste uur. Anders dan zij behoorde hij echter niet tot de ideologische aan- en adviesgevers, maar was hij van het aanvankelijk nog zeldzame type van de gelovige volgeling. Hij was in 1894 in Alexandrië als de zoon van een vermogende Duitse koopman geboren en had zich net als Hitler in 1914 als oorlogsvrijwilliger gemeld. Het einde van de oorlog maakte hij mee als piloot van een eskader jachtvliegers aan het westelijke front. Zoals zovelen van zijn generatie had Heß moeite na de oorlog zijn draai te vinden in het burgerleven. Hij sloot zich aan bij het Thule-genootschap en nam als lid van een burgerweer deel aan het neerslaan van de radenrepubliek van München. Hitler leerde hij via Dietrich Eckart kennen. Begin juli 1920 werd hij lid van de NSDAP. Al snel behoorde hij, terwijl hij onder meer geografie studeerde bij professor Karl Haushofer aan de Universiteit van München, tot de trouwste volgelingen van Hitler. 'Ik trek bijna dagelijks met Hitler op,' schreef hij in september 1920 aan zijn ouders. In april 1921 schreef hij aan een nicht: 'Hitler […] is een goede vriend geworden. Een geweldige vent! […] Is van heel eenvoudige komaf. Heeft zich echter zelf een enorme kennis bijgebracht, waar ik me steeds weer over verbaas.' Wat het was dat Heß precies aantrok aan Hitlers programma, beschreef hij als volgt: 'Het is zijn uitgangspunt dat hij bruggen wil slaan tussen de verschillende lagen van de bevolking, een socialisme op nationale grondslag. Uiteraard hoort daar dan ook de strijd tegen het Jodendom bij.'[88]

In mei 1921 mocht Heß Hitler begeleiden toen een delegatie van de NSDAP door minister-president Kahr was uitgenodigd voor een gesprek – een duidelijk signaal dat ook de Beierse regering de nationaalsocialisten serieus begon te nemen als politieke factor. Hitler verklaarde dat het zijn enige doel was 'de radicale arbeiders tot een nationale overtuiging te bekeren' en vroeg daarom 'bij dit werk niet te worden gestoord'. De 'met grote warmte en oprechte waarachtigheid voorgedragen uiteenzettingen' hadden een 'uitstekende indruk' op hem gemaakt, zo schreef Kahr in zijn niet-gepubliceerde memoires.[89] Na deze ontmoeting stuurde Heß zonder medeweten van Hitler een lange brief aan Kahr, waarin hij de bewonderde eerste propagandist van de NSDAP uitbundig prees: Hij zou 'een zeldzame neus voor het volksgevoel' combineren met 'een politiek instinct en een geweldige wilskracht'. Daardoor zou het ook komen dat Hitler 'in de politieke strijd binnen de kortste keren een evenzeer gevreesde als tegelijk ook vereerde persoonlijkheid zou worden, wiens macht veel verder reikt dan men over het algemeen vermoedt'. Heß sloot af met de woorden: 'Hij is een zeldzaam fatsoenlijke, oprechte figuur, vol hartgrondige goedheid, religieus, een goed katholiek. Hij heeft maar één doel: het welzijn van zijn land.'[90]

Lang niet alle leidinggevenden van de NSDAP zagen het zo. De bedrijvigheid van hun hoofdpropagandist was menigeen een doorn in het oog. Daarbij speelde jaloezie vanwege zijn sterrenstatus een rol, maar ook de zorg dat Hitlers activisme en zijn onbehouwen propaganda de partij in politiek opzicht een doodlopende weg in zouden leiden. In het voorjaar van 1921 namen de spanningen in de leiding toe. De aanleiding werd gevormd door pogingen de NSDAP met andere völkische partijen te laten fuseren. Als eerste kwam hiervoor de *Deutschsozialistische Partei* (DSP) in aanmerking, die in mei 1919 was gesticht door de werktuigbouwkundig ingenieur Alfred Brunner, eveneens onder het patronage van het Thule-genootschap. In haar programma onderscheidde de partij zich amper van de NSDAP. Ook zij verkondigde een nationaalsocialisme als alternatief voor het als 'Joods' gebrandmerkte kapitalisme. Ze was echter minder agressief in haar antisemitisme dan haar concurrente, en ze had haar activiteiten anders dan de NSDAP van het begin af aan niet tot München en Beieren beperkt, maar zich ook naar Noord-Duitsland uitgebreid. Midden 1920 telde ze 35 plaatselijke afdelingen, die alles bij elkaar echter slechts tweeduizend leden telden. Ze was dus, net als de NSDAP, niet veel meer dan een splintergroep in het Duits-völkische milieu. Een samenbundeling van deze relatief zwakke krachten lag daarom voor de hand.[91]

Tot op dat moment had de NSDAP, die erg hamerde op haar zelfstandigheid, alle toenaderingspogingen afgewezen. Begin augustus 1920, tijdens een bijeenkomst van nationaalsocialisten uit Duitsland, Oostenrijk en Tsjechoslowakije in Salzburg, leek er echter toch een overeenkomst mogelijk. Er werd een coördinerend comité ingesteld dat de eerste stappen naar een fusie moest zetten. Hitler, die in Salzburg als spreker optrad, had zich kennelijk ook door de fusie-euforie laten meeslepen. In elk geval stond op een briefkaart aan partijvoorzitter Drexler waarop trots 'de vereniging van alle nationaalsocialisten van het Duitse taalgebied' werd gemeld, ook zijn handtekening.[92] Al snel begon de hoofdpropagandist van de NSDAP zich echter van de overeenkomst van Salzburg te distantiëren. In januari 1921 vatte hij zijn fundamentele bezwaren tegen een fusie met de DSP als volgt samen: enerzijds was het een probleem dat de DSP door het stichten van zo veel plaatselijke afdelingen 'haar krachten nu zo heeft versplinterd [...] dat ze overal en nergens is'. Anderzijds had hij kritiek op het feit dat 'men volledig verdwaald was in het zogenaamd democratische principe', dat wil zeggen dat de DSP bereid was aan parlementsverkiezingen deel te nemen. Daartegenover plaatste Hitler de eis van een radicale antiparlementaire massapropaganda.[93]

Niet alle leidinggevenden binnen de NSDAP waren het met dit standpunt eens. Voor een meerderheid waren de mogelijkheden met de DSP tot een vergelijk te komen, nog niet volledig uitgeput. Zij deelden de wrevel van de DSP over die 'fanatieke blaaskaak', die de ontwikkeling van de partij leek te remmen.[94] Tijdens de partijdag van de DSP in Zeitz eind maart 1921 verscheen onverwacht Drexler als officiële vertegenwoordiger van de NSDAP en stemde, onder voorbehoud, in met een fusieovereenkomst. De leiding van de verenigde partij zou naar Berlijn verhuizen. Hitler was hier duidelijk niet vooraf over geraadpleegd, en hij was razend. Aanvankelijk dreigde hij de partij te verlaten als het fusiebesluit van Zeitz ook werkelijk ten uitvoer zou worden gebracht. Zo wist hij weliswaar een tijdelijk uitstel te bereiken, maar de kwestie van een fusie was daarmee nog niet van de baan, en Hitler was in het voorjaar van 1921 niet in staat en niet van plan het pleit definitief naar zijn eigen opvattingen te beslechten. Zijn gedrag gedurende deze weken verraadt duidelijk tekenen van onzekerheid en een gebrek aan besluitvaardigheid. Door de onverwachte weerstand waarop hij in de partijleiding stuitte, ook bij Drexler, voelde hij zich persoonlijk aangevallen. Hij reageerde uitgesproken geprikkeld. 'Een man die zichzelf en zijn mogelijkheden wantrouwt en daarom vol minderwaardigheidscomplexen komt te staan tegenover iedereen die al wat voorstelt of die op weg is hem te overvleugelen. Devoot en onzeker, en daarbij vaak grof, terwijl hij eerst zijn grenzen leek te kennen,' zo schetste de voormalige commandant van het vrijkorps, Gerhard Rossbach, hem.[95]

Uiteindelijk werd Hitlers strikte afwijzing van alle fusiepogingen waarschijnlijk ingegeven door de angst dat hij in een verenigde partij van völkischen niet langer de glansrol zou kunnen spelen die hij vanwege zijn redenaarstalent in de NSDAP had weten te veroveren. Daarnaast was er nog een ander gevaar, namelijk de gepromoveerde docent uit Augsburg Otto Dickel en de *Deutsche Werkgemeinschaft* die Dickel in maart 1921 had gesticht. Met zijn boek *Die Auferstehung des Abendlandes* – een antwoord op het veelgelezen werk van Oswald Spengler, *Der Untergang des Abendlandes* – had Dickel in völkische kringen veel opzien gebaard.[96] In juni 1921, toen Hitler samen met Dietrich Eckart opnieuw naar Berlijn was gereisd om geld te vinden voor de altijd weer krap bij kas zittende partij, nodigde de leiding van de NSDAP hem uit te komen spreken, uitgerekend in het Hofbräuhaus, de plaats waar Hitler eerder retorische triomfen had gevierd. Ook Dickel wist het publiek te enthousiasmeren en in een rondschrijven van de partij dat kort daarna werd verstuurd, werd nadrukkelijk de blijdschap uitgesproken over het feit dat de partij nog een 'populaire en gewilde redenaar' had gevonden.[97]

Voor 10 juli had men een voorbespreking over een eventuele fusie met de Neurenbergse afdeling van de DSP en Dickels Werkgemeinschaft in Augsburg gepland. Hitler, die zich nog altijd in Berlijn ophield, kreeg hier lucht van. Hij verscheen nog voor de NSDAP-delegatie was aangekomen in Augsburg en dreigde 'op heftige toon' dat hij 'elke fusie zou weten te verhinderen'. Tijdens de drie uur durende onderhandelingen gaf hij zich steeds weer over aan wilde woede-uitbarstingen tot hij het uiteindelijk niet meer uithield en briesend de zaal uit stormde, zijn zichtbaar beschaamde partijgenoten daar achterlatend. Een dag later liet hij weten de NSDAP te verlaten.[98]

De heftigheid van zijn reactie is beter te begrijpen wanneer men bedenkt dat Hitler zijn hele politieke bestaan ter discussie gesteld zag worden. Dat een docent, en nog wel een doctor, op het punt stond hem op zijn eigen gebied de loef af te steken, dat moest toch wel al zijn haatgevoelens tegen docenten en professoren doen opwellen die hij sinds zijn falen in Linz en Wenen had gekoesterd. In een latere brief aan de NSDAP-afdeling Hannover van 5 januari 1922 sprak hij zijn 'grote tevredenheid' uit over het feit dat ook deze duidelijk haar afkeuring had laten blijken over het streven van Dickel en zijn Werkgemeinschaft. 'Uw treurige waardering voor onze zogenaamde welopgevoeden en geleerden die zich door iedereen laten lijmen, is helaas maar al te zeer terecht [...]. Een dr. Dickel die tegelijk lid van de arbeidersbond en inwoner van het Avondland is, is lucht voor ons. Een Dickel die echter beweert nationaalsocialist te zijn, al was het maar naar intentie of in zijn fantasie, is onze tegenstander en wordt bestreden.'[99]

Bovendien vertelt Hitlers reactie ons ook veel over zijn latere gedrag in crisissituaties.[100] Met het neerleggen van zijn lidmaatschap speelde hij voor het eerst hoog spel. Nadat hij maandenlang niet tot een beslissing had kunnen komen, koos hij nu onder het motto 'alles of niets' de vlucht naar voren – in de stille hoop dat de partijleiding zou buigen voor chantage. Zo had zijn politieke carrière al in juli 1921 een abrupt einde kunnen vinden als Dietrich Eckart zich niet als bemiddelaar had opgeworpen. Drexler, verscheurd tussen de afkeer van Hitlers primadonnagedrag en de zorg dat hij met het hoofd propaganda ook gelijk de grote trekker van de partij zou verliezen, liet vervolgens aan Hitler vragen onder welke voorwaarden hij eventueel bereid was terug te keren in de partij.

Dit bood Hitler de gelegenheid de uit de hand gelopen situatie in één keer in zijn voordeel te doen omslaan, en die kans liet hij zich niet ontgaan. Al op 14 juli stuurde hij het bestuur van de NSDAP een ultimatum met zes voorwaarden waaraan 'absoluut moest worden voldaan' voordat hij weer tot de partij zou toetreden. Om te beginnen verlangde hij dat er binnen een week een bijzondere ledenvergadering bijeen werd geroepen waarop hij zich tot de 'eerste voorzitter met dictatoriale machtsbevoegdheden' wilde laten verkiezen, om door middel van een nieuw actiecomité 'de genadeloze reiniging van de partij van de nu binnengedrongen elementen' uit te voeren. Daarnaast eiste hij de 'onwrikbare' vastlegging van München als 'vestigingsplaats van de vereniging', een verbod op elke verandering van de naam of het programma van de partij voor de duur van zes jaar, en een definitief afzien van alle pogingen tot fusies. Wie zich met de NSDAP wilde verenigen, moest zich maar gewoon aansluiten. Onderhandelingen mochten uitsluitend met zijn 'persoonlijke toestemming' worden gevoerd, en de deelnemers mochten 'uitsluitend' door hem worden geselecteerd. Hitler wilde nooit meer geconfronteerd worden met een situatie waarin hij in een centrale kwestie door een meerderheid in de partijleiding overstemd en buitenspel gezet kon worden. Het zesde en laatste punt legde hierop aansluitend vast dat de voor augustus in Linz geplande vervolgbijeenkomst op het congres van Salzburg een jaar eerder, niet meer door de NSDAP zou worden bijgewoond.[101] Hitler verzekerde dat hij deze eisen niet stelde uit 'machtswellust', maar omdat de NSDAP 'zonder ijzeren hand' al snel zou ophouden te zijn wat ze moest zijn: een nationaalsocialistische, strijdende partij. Toch is hier een trek van zijn persoonlijkheid te zien die eerder al bij het opzijschuiven van Harrer in januari 1920 naar voren was gekomen en zich nu nog duidelijker manifesteerde: zijn streven naar ongedeelde macht. Dit betekende allereerst een onbeperkte leidende rol binnen de partij.

De meeste leden van het comité legden zich hierbij neer, omdat ze dachten niet zonder Hitler te kunnen. Als erkenning van de 'ongelooflijke kennis', zijn 'met zeldzame opoffering en geheel vrijwillig geleverde verdiensten voor de groei van de beweging' en zijn 'zeldzame talent als redenaar', zo lieten ze hem per kerende post weten, was het comité bereid hem 'dictatoriale machtsbevoegdheden te verlenen'. Men 'was uiterst verheugd' dat Hitler nu de post van eerste voorzitter op zich wilde nemen die hem immers door Drexler al herhaaldelijk was aangeboden.[102] Op 26 juli werd Hitler opnieuw ingeschreven als partijlid van de NSDAP, met het lidmaatschapsnummer 3680.

Hitlers tegenstanders gaven zich echter nog niet gewonnen. Op de ochtend van 29 juli, de dag van de bijzondere ledenvergadering, verspreidden ze een vlugschrift 'Adolf Hitler – Verrader?' 'Machtswellust en eerzucht,' zo werd er gesteld, hadden Hitler ertoe gebracht 'onenigheid en versplintering' in de NSDAP te veroorzaken en 'daardoor het Jodendom en zijn helpers in de kaart te spelen'. Het zou zijn doel zijn geweest de partij te gebruiken 'als springplank voor onzuivere doeleinden, om de leiding van de partij volledig naar zichzelf toe te trekken en haar op een ander spoor te zetten wanneer het moment zich daarvoor aandiende'. Hitler was een 'demagoog' en baseerde zich 'enkel op zijn talent als redenaar'. Hij voerde de strijd 'op een typisch Joodse manier' doordat hij alle feiten verdraaide. Tegen deze 'aangewaaide grootheidswaanzinnige praatjesmaker' moest men zich verweren.[103] Een plakkaat van de tegenstanders dat door de politie van München werd verboden, sloot af met de woorden: 'De tiran moet ten val worden gebracht. En wij rusten niet tot "zijne majesteit Adolf I", thans "koning van München", is uitgespeeld'.[104]

Met hun pamflet, dat de sociaaldemocratische *Münchener Post* gretig afdrukte, speelden de tegenstanders Hitler in de kaart. Begroet door 'een bijval waar maar geen einde aan kwam', brandde hij op de avond van 29 juli in het Hofbräuhaus de anonieme schrijvers van het vlugschrift af. Er zou aangifte tegen hen zijn gedaan. Tegelijkertijd ontkende hij in strijd met de waarheid dat hij ooit het voorzitterschap van de partij had geambieerd. Nu kon hij zich echter niet langer onttrekken aan de dringende verzoeken van Drexler.[105] Het voorstel het ambt van partijvoorzitter aan Hitler over te dragen, werd door de 554 aanwezigen unaniem aangenomen. Drexler werd afgescheept met een erevoorzitterschap. De door Hitler eigenhandig gewijzigde statuten van de partij wezen aan de nieuwe voorzitter de 'eigenlijke verantwoordelijke leiding' van de NSDAP toe en waren dus geheel toegesneden op het veiligstellen van zijn aanspraak op het leiderschap.[106]

Dit was het moment waarop de 'Führerpartij' werd geboren, en het was tevens het begin van het stileren van de demagoog tot 'Führer van de beweging'. 'Onzelfzuchtiger, opofferingsgezinder, toegewijder en redelijker kan [...] niemand een zaak dienen,' zo nam Dietrich Eckart op 4 augustus Hitler in bescherming in de *Völkischer Beobachter*. Hij zou 'met ijzeren vuist' hebben ingegrepen en een einde hebben gemaakt aan de 'ophef'. 'Wat is er nog meer voor nodig om laten zien wie ons vertrouwen verdient, en hoe absoluut dat vertrouwen moet zijn?'[107] Ook Rudolf Heß vermaande de critici: 'Zijn jullie dan werkelijk zo blind dat jullie niet zien dat deze man de leider is die als enige deze strijd kan voeren? Denken jullie misschien dat Zirkus Krone zonder hem zo vol zou hebben gezeten?'[108]

Een paar dagen na zijn 'machtsgreep' in de partij stichtte Hitler zijn eigen paramilitaire eenheid, de SA. De eerste stappen voor de nationaalsocialistische *Sturmabteilung* werden al gezet in 1920, toen de DAP/NSDAP voor het eerst een zaalwacht had georganiseerd die moest optreden tegen 'marxistische rustverstoorders'. Eind 1920 ontstond hieruit de *Turn- und Sportabteilung* van de NSDAP. De ontwikkeling hiervan werd bevorderd door de opheffing van de Beierse burgerweren, waarmee de minister-president Kahr onder druk van de Geallieerden en de rijksregering in Berlijn in juni 1921 had moeten instemmen. De meeste leden van deze burgerweren sloten zich aan bij 'vaderlandslievende' verenigingen zoals de *Bund Bayern und Reich*, die zichzelf beschouwden als een soort heemschut. Ook de ordedienst van de NSDAP zag haar ledental hierdoor flink groeien. Begin augustus 1921 verordonneerde Hitler dat de nog altijd 'Turn- und Sportabteilung' genoemde groep moest worden omgevormd in een slagkrachtig partijleger. Dat moest, zoals het in de oproep tot de oprichting was geformuleerd, 'zijn kracht als stormram aan de totale beweging ter beschikking stellen' en 'drager van het idee van weerbaarheid van een vrij volk' zijn.[109]

Als sleutelfiguur kwam hierbij de Reichswehr-kapitein Ernst Röhm in beeld. Deze in 1887 geboren zoon van een koninklijk-Beierse spoorwegbeambte was een typische vertegenwoordiger van de generatie officieren die aan het front hadden gediend en na 1918 maar moeilijk aan het burgerleven konden wennen. In de wereldoorlog was deze ijzervreter tot drie keer toe gewond geraakt. Een granaatscherf had de helft van zijn neus weggeslagen en zijn wang werd ontsierd door het litteken van een schampschot. De ontsteltenis over de nederlaag en de revolutie had hem in het kamp van de contrarevolutionaire krachten doen belanden. Röhm behoorde tot de activisten van het Vrijkorps Epp, waarvan de deelname aan het neerslaan van de radenrepubliek van doorslaggevende betekenis was geweest. Al eind 1919 werd hij lid nummer 623 van de DAP. Kort daarna kwam hij in nauwer contact met Hitler – hij was een van de weinige partijgangers van het eerste uur die de latere Führer tutoyeerden.

Röhm verving kapitein Mayr als belangrijkste verbindingsman met de Reichswehr. Als stafofficier van de Brigade Epp (zoals het vrijkorps na opname in de Reichswehr heette) voorzag hij burgerweren van wapens, munitie en militair materieel, en hij zorgde er na de opheffing van de burgerweren voor dat deze middelen niet in handen van de Geallieerden vielen. Zo kon hij beschikken over geheime wapenarsenalen die, wanneer dat nodig was, weer ter beschikking konden worden gesteld van paramilitaire organisaties die waren blijven bestaan.[110] Röhm hielp ook doortastend mee om de *Sturmabteilung* (SA), zoals de groep vanaf september 1921 werd genoemd, in een paramilitaire eenheid te veranderen. 'Ook jullie moeten worden getraind als stormtroepen,' riep Hitler begin oktober de SA-mannen toe. 'We moeten sterk staan, niet alleen met woorden, maar ook met daden, tegenover onze grote vijand, de Joden.'[111] Vanaf de herfst van 1921 beschermde de SA niet alleen de bijeenkomsten van de NSDAP, maar begon ze bovendien de bijeenkomsten van politieke tegenstanders te verstoren en op straat Joden in elkaar te slaan.[112] Zelfs nog tijdens zijn monologen in het Führerhoofdkwartier rechtvaardigde Hitler het door de SA gepleegde geweld: de politiek zou 'destijds van de straat zijn geweest'. Hij was op zoek geweest naar 'stevige kerels', 'brute figuren' die bereid waren 'ergens voor te gaan staan' en te vechten.[113]

Met een reeks provocaties verspreidde de SA angst en schrik. Midden september 1921 verstoorde ze een bijeenkomst van de *Bayernbund* in de Löwenbräukeller. De leider van deze bond, ingenieur Otto Ballerstedt, werd op vuistslagen getrakteerd en uiteindelijk de trap van het podium af gegooid, waarbij hij een hevig bloedende hoofdwond opliep.[114] Dit gewelddadige treffen kreeg een gerechtelijk staartje. In januari 1922 werd Hitler wegens openlijke geweldpleging tot een gevangenisstraf van drie maanden veroordeeld, waarvan hij echter maar een maand – van 24 juni tot 27 juli 1922 – hoefde uit te zitten in de gevangenis Stadelheim. 'In elk geval heeft hij eenzame opsluiting,' schreef Rudolf Heß, 'en kan hij ongestoord werken, alleen eten en twee keer per week bezoek ontvangen [...], en kranten lezen. Op zich is de rust goed voor de zenuwen en de stem.'[115]

In september 1921 was minister-president Kahr afgetreden nadat de Beierse Landdag, inclusief zijn eigen partij, de BVP, hem niet langer steunde. Tegelijk met hem vertrok ook hoofdcommissaris van politie Pöhner, een van de belangrijkste beschermheren van Hitler. Onder Kahrs opvolger Hugo graaf von Lerchenfeld-Köfering raakte de verhouding tussen Berlijn en München wat minder gespannen. Tegelijk begon men in de leiding van de politie in München het doen en laten van de NSDAP en de SA nauwkeuriger te volgen. Eind oktober werd Hitler gedagvaard en dreigde men hem uit te zetten uit Beieren als hij zijn mensen niet in toom wist te houden. De NSDAP-voorzitter 'beloofde er alles aan te doen om ordeverstoringen van meet af aan te verhinderen'.[116] Daar kon echter geen sprake van zijn. Al op 4 november kwam het tot een massale vechtpartij in het Hofbräuhaus, waarbij de SA'ers de aanwezige protesteerders, voornamelijk linkse arbeiders, bruut de zaal uit sloegen. 'Het was toch, alsof er weer iets in je wakker werd, bij zulk een opfrissen van oude oorlogsherinneringen,' besloot Hitler zijn verslag van de gebeurtenissen in Mein Kampf.[117] De 'slag om het Hofbräuhaus' werd in de nationaalsocialistische propaganda opgeblazen tot de 'vuurdoop' van de SA. Haar bereidheid geweld te gebruiken legde de NSDAP geen windeieren. Politieke tegenstanders werden geïntimideerd. De straten van München werden voortaan beheerst door knokploegen van de SA. 'Wij meppen ons groot,' luidde hun devies.[118]

Dat de nationaalsocialisten ondertussen de openbare ruimte beheersten, merkte ook rijkspresident Friedrich Ebert toen hij op 12 en 13 juni 1922 een officieel bezoek bracht aan de Beierse hoofdstad. Direct bij zijn aankomst op de Hauptbahnhof werd hij al lastiggevallen en bespuugd. De Britse consul-generaal meldde aan Londen dat Ebert 'de onplezierige ervaring' had gehad om te worden 'uitgejouwd, waar hij ook ging'. Er had 'geen parade van gardetroepen en geen vlaggenceremonie ter ere van de president' plaatsgevonden.[119]

Na de moord op Rathenau op 24 juni 1922 ging het weer bergafwaarts met de verhoudingen tussen Berlijn en München. De Beierse regering verklaarde de door Ebert uitgevaardigde Wet ter bescherming van de republiek een dag nadat deze in de Rijksdag was aangenomen alweer ongeldig. In plaats daarvan kwam ze met een eigen verordening waarvan de belangrijkste bepaling inhield dat Beierse delinquenten niet naar het nieuwe Staatsgerechtshof van de Republiek van het Rijksgerecht in Leipzig zouden worden gestuurd. Maar voor de *Vaterländische Verbände* (rechtse weergroepen) in Beieren was zelfs dat al een te grote concessie aan de regering in Berlijn. Op 16 augustus organiseerden ze een grote demonstratie op de Königsplatz in München waaraan ook de NSDAP in gesloten formatie en met de SA voorop, deelnam. Hitler, die als tweede sprak, ging tekeer tegen de intentie om 'Beieren in het gareel van Berlijn te laten lopen', en eiste een 'noodwet [...] tegen het internationale uitbuiters- en woekerdom'.[120] Uit het verloop van de demonstratie bleek: de volksmenner uit de bierkelders en zijn beweging waren uitgegroeid tot een machtsfactor in het rechtse kamp die niet langer kon worden genegeerd.

Dat bleek nog duidelijker tijdens een door de Vaterländische Verbände georganiseerde 'Duitse Dag' in het Opper-Frankische Coburg op 14 en 15 oktober 1922. Hitler kreeg opnieuw een uitnodiging en ging gelijk met achthonderd SA-mannen in een speciale trein op pad. Het verzoek van de notabelen van de stad om niet in gesloten formatie en met marsmuziek de stad binnen te trekken om confrontaties met linkse sympathisanten te vermijden, sloeg Hitler in de wind. Het onvermijdelijke gebeurde: het gewelddadige optreden van de SA leidde tot ongeleide straatgevechten waarbij ze haar reputatie als brute knokploeg volledig waarmaakte. Uiteindelijk viel er, zoals Hitler nog in *Mein Kampf* triomfantelijk meldde, 'niets roods meer te bespeuren [...] op straat'.[121] Coburg werd daarop een bolwerk van de NSDAP. Voor de deelnemers aan de geweldsorgie had de latere rijkskanselier een herinneringsmedaille.

De onmiskenbare propagandistische successen hielpen de NSDAP aan een sterke groeispurt. Op talloze plaatsen buiten München werden nu ook afdelingen opgericht.[122] In oktober 1922 liet Julius Streicher, net als Hitler een bezeten antisemiet, zijn Neurenbergse afdeling van de 'Deutsche Werkgemeinschaft' opgaan in de NSDAP. Daarmee kwam ook een einde aan de weerstand binnen de DSP tegen een aansluiting bij Hitlers partij. Hitlers koers had terrein gewonnen. Eind 1922 telde de NSDAP rond de 20.000 leden en had ze haar actieradius tot over de grenzen van Beieren uitgebreid.[123] Het nieuwe hoofdkantoor aan de Corneliusstraße 12, dat men vanaf begin november 1921 had betrokken als vervanging van het te kleine onderkomen in de Sterneckerbräu, werd nu het middelpunt van een steeds omvangrijkere partij.

Het grootste deel van de leden werd geworven uit de lagere middenstand. De grootste groep bestond uit handwerkslieden (20 procent), gevolgd door kooplui (13,6 procent), beambten (11,1 procent) en boeren (10,4 procent). Pas daarna kwamen de ongeschoolde arbeiders (9,5 procent) en de geschoolde arbeiders (8,5 procent).[124] De vroege NSDAP was dus in feite een middenstandsverschijnsel, waarbij in München het aantal academici, studenten en kunstenaars opviel.[125] Onder de arbeiders, op wie de nationaalsocialistische propaganda toch vooral was gericht, vielen de leuzen echter in weinig vruchtbare aarde. In een schrijven aan majoor Konstantin Hierl van de Reichswehr uit juli 1920 gaf Hitler toe dat het 'lastig' was 'arbeiders die deels al tientallen jaren lang tot organisaties hadden behoord, zomaar tot ons te bekeren'. Het bleef echter het doel van de NSDAP 'niet een klassenorganisatie te worden, maar een volksbeweging'.[126] In 1922 was de partij echter nog ver verwijderd van dit doel, al wekte Rudolf Heß in zijn beschrijving van een massabijeenkomst in Zirkus Krone een andere indruk: 'Daar zit arbeider naast industrieel, rechter naast koetsier. Dat zie je nergens anders.' Tegen het nationaalsocialisme was 'geen kruid gewassen', omdat 'het te midden van de arbeiders zelf ontstaan' was.[127]

Niet later dan 1922 was Hitler tot een interessante publieke figuur geworden. De bijnaam 'Koning van München', die zijn tegenstanders binnen de partij hem spottend hadden gegeven, leek steeds beter bij de werkelijkheid aan te sluiten. Zijn privéleven bleef echter verregaand onttrokken aan de nieuwsgierige blikken. Hij woonde vanaf mei 1920 op een kamer aan de Thierschstraße 41, die hem door het huisvestingsbureau van München was toegewezen. In de ogen van zijn huisbazin, Maria Reichert, was hij de ideale onderhuurder die netjes op tijd zijn huur en zijn telefoonrekening betaalde, zelden damesbezoek had en verder ook nauwelijks aandacht trok.[128] Ook aan zijn uiterlijke verschijning besteedde de magere jongeman weinig aandacht: meestal droeg hij een afgedragen blauw pak en daarover een beige regenjas en een oude grijze vilthoed. Zijn enige opvallende accessoire was een rijzweep met een zilveren knop en een lus, die hij altijd bij zich had.[129]

Een van de weinigen die Hitler thuis mochten bezoeken, was Ernst Hanfstaengl. De in 1887 geboren spruit van een uitgeversfamilie uit München had in Harvard gestudeerd, een tijdlang het New Yorkse filiaal van de uitgeverij van kunstboeken van zijn vader geleid en was in de zomer van 1920 met zijn vrouw Helene, de dochter van een Duits-Amerikaanse zakenman, naar München teruggekeerd. In november 1922 woonde hij een spreekbeurt van Hitler bij in de Kindlkeller, en raakte hij door de 'fenomenale redenaarspersoonlijkheid' gefascineerd. Hij besloot contact te zoeken met Hitler, en al snel behoorde deze zoon uit de gegoede burgerij tot de entourage van de volksmenner.[130]

In zijn memoires geeft Hanfstaengl een indruk van Hitlers spartaanse onderkomen: 'De kamer [...] was schoon en opgeruimd, maar verhoudingsgewijs smal en niet bepaald overvloedig gemeubileerd. Op de grond lagen goedkoop, afgetrapt linoleum en een paar kleine tapijtjes die tot op de draad versleten waren. Tegen de muur tegenover het bed [...] stonden een stoel en een tafel, en een van ruw hout in elkaar getimmerd rek met Hitlers favoriete boeken.'[131] Onder meer een exemplaar van *Geschichte des Ersten Weltkrieges* van Hermann Stegemann, Ludendorffs *Politik und Kriegführung*, Heinrich von Treitschkes *Deutsche Geschichte des 19. Jahrhunderts*, Clausewitz' *Vom Kriege*, een biografie van Frederik de Grote door Franz Kugler, een Wagner-biografie van Houston Stewart Chamberlain, de *Schönste Sagen des Klassischen Altertums* van Gustav Schwab en Sven Hedins oorlogsherinneringen, en daarnaast nog een hele rij lichte romans, misdaadverhalen en – enigszins verstopt daarachter, althans, dat meende Hanfstaengl te zien – de *Illustrierte Sittengeschichte* en de *Geschichte der erotischen Kunst* van de Joodse schrijver Eduard Fuchs.[132]

Met Hitler deelde Hanfstaengl niet alleen belangstelling voor geschiedenis maar ook voor kunst en muziek. Hij kon zelf goed pianospelen en wist al snel hoe hij de vaak nerveuze en ontstemde Wagner-liefhebber een plezier kon doen. Toen hij op de piano in de pronkkamer van de huisbazin de eerste tonen van de ouverture van de *Meistersinger* speelde, leek Hitler plots totaal om te slaan: 'Hij was direct in de benen en begon, in de kamer op en neer lopend, zijn armen als een dirigent zwaaiend, in een merkwaardig doordringend, maar volstrekt foutloos vibrato elke noot mee te fluiten. Hij kende de hele prelude van begin tot eind uit zijn hoofd, en omdat hij bovendien een uitstekend oor had voor de essentie van een muziekstuk, begon ik ons duet zelf ook leuk te vinden.'[133]

Waarvan leefde Hitler? Die vraag hadden de opstellers van het anonieme vlugschrift van juli 1921 ook al gesteld, en historici hebben er tot op de dag van vandaag niet echt zicht op. Hitlers financiële zaken bleven in de jaren van zijn opkomst nogal onduidelijk. Hijzelf verklaarde in januari 1921 voor de rechtbank 'dat hij voor zijn werkzaamheden in de NSDAP nooit een cent honorarium had geaccepteerd'. Voor redevoeringen buiten de partij, bijvoorbeeld voor de Deutschvölkischen Schutz- und Trutzbund, liet hij zich echter wel betalen, en 'dat moest hij doen om te kunnen rondkomen'.[134] Of Hitler werkelijk uitsluitend van deze inkomsten kon leven, is echter twijfelachtig. Er zijn bewijzen dat sympathisanten uit völkisch rechtse kringen hem met geldsommen bijstonden.[135] Daarnaast waren er al snel oudere vrouwen die hem aardig vonden en die zich bekommerden om zijn fysieke welzijn. Een van de belangrijkste onder hen was Hermine Hoffmann, de weduwe van een rector op een middelbare school, die hem bij haar thuis in Solln aan de rand van München bemoederde. Zij had het zich 'nu eenmaal in

Afb. 9 Rijkskanselier Adolf Hitler feliciteert Hermine Hoffmann, die hem vaak financieel steunde, met haar tachtigste verjaardag in haar huis in München-Solln, 11 juli 1937.

haar hoofd gehaald', schreef ze de 'hooggeëerde, lieve vriend' bijvoorbeeld in februari 1923, dat hij bij haar de lunch zou gebruiken. 'Komt u dus alstublieft.' Hitler moest ook vooral niet nalaten dit keer in Solln te overnachten. 'De laatste tijd heeft u het zo druk gehad, dat u het aan de heilige zaak verschuldigd bent eens een paar uur in stilte hierbuiten bij te komen.'[136]

Hitler liet zich ook graag onderhouden door Dora Lauböck, de vrouw van de hoge regeringsambtenaar Theodor Lauböck, die de eerste plaatselijke afdeling van de NSDAP in Rosenheim had opgericht. Wanneer hij op reis was, stuurde Hitler het paar altijd weer ansichtkaarten. Nadat Theodor Lauböck in 1922 was overgeplaatst naar de Ostbahnhof van München, werden de contacten nog intensiever. Het kerstfeest van 1922 vierde Hitler bij de familie Lauböck. Hun zoon Fritz werkte in 1923 voor Hitler als privésecretaris.[137]

Voor zijn persoonlijke behoeften had Hitler niet veel nodig, maar de partijkas was voortdurend bijna leeg, omdat de lidmaatschapsgelden en de inkomsten uit de bijeenkomsten niet voldoende waren om de lopende kosten te dekken. Bovendien had de *Völkischer Beobachter* regelmatig financiële injecties nodig.[138] Daarom moest Hitler steeds weer op zoek naar kapitaalkrachtige geldschieters. Een van de eersten die te hulp schoten, was de fabrikant dr. Gottfried Grandel uit Augsburg, die eerder al Eckarts tijdschrift *Auf gut deutsch* financieel had ondersteund.[139] Nu sprong ook dr. Emil Gansser, chemicus van de Siemens-fabriek in Berlijn die met Dietrich Eckart bevriend was, bij. Gansser had, zoals hij in maart 1922 schreef aan dr. Karl Burhenne, het hoofd van de sociaalpolitieke afdeling bij Siemens, de ontwikkeling van de 'Hitler-beweging' twee jaar lang geobserveerd en was er nu van overtuigd 'dat een gulle maar wel vertrouwelijke steun deze kerngezonde, uit het volk voortgekomen zaak relatief snel de politiek verhoudingen in Duitsland [...] op een naar verwachting gunstige wijze zou moeten beïnvloeden'.[140] Op aandringen van Gansser hield Hitler op 29 mei 1922 een rede in de 'Nationale Klub von 1919' die behalve officieren en ambtenaren ook ondernemers tot haar leden telde. Kennelijk slaagde de demagoog uit München er uitstekend in zich in te stellen op zijn publiek, want zijn uiteenzettingen werden met grote instemming ontvangen.[141] Daarna schijnen er enkele bijdragen van Berlijnse industriëlen te zijn binnengekomen, onder meer van Ernst von Borsig en de koffiefabrikant Richard Franck.[142] Na bemiddeling door Gansser en Rudolf Heß, die in 1922 enkele maanden aan de technische hogeschool van Zürich had gestudeerd, legde Hitler contacten met Duitsgezinde kringen in Zwitserland om nieuwe geldbronnen aan te boren. Zo bezocht hij eind augustus 1923 samen met Gansser het gezin van generaal Ulrich Wille in hun villa in Zürich. Een familielid noteerde in haar dagboek: 'Hittler [sic!] bijzonder sympathiek. Die man beeft helemaal wanneer hij spreekt. Hij spreekt prachtig.'[143]

Als Hitler niet net op partijbijeenkomsten moest spreken of op reis was om geld te vinden, volgde hij zijn ongeregelde dag- en werkritme van voor de oorlog. 'We wisten eigenlijk nooit precies waar hij was,' merkte Hanfstaengl op. 'Hij was feitelijk een bohemien die nergens werkelijk wortel schoot.'[144] Gottfried Feder maakte zich, zo schreef hij aan de partijvoorzitter, 'ernstige zorgen om ons werk – de Duitse vrijheidsbeweging van het nationaalsocialisme – waarvan uw leiderschap voor ons allen volstrekt niet ter discussie staat'. Hitler zou maar moeilijk te bereiken zijn en te weinig tijd uittrekken voor belangrijke partijzaken. Kennelijk 'ontspande hij zich liever met kunstenaars en mooie vrouwen'.[145] Hitler verscheen notoir te laat op afspraken en leek al evenmin in staat zijn werk op een verstandige manier in te delen. Het liefst bracht hij zijn vrije tijd door in de cafés en bierlokalen van München – in Café Neumaier, een bierhuis aan de Viktualienmarkt, in Café Heck in de Hofgarten of in de Osteria Bavaria, een kunstenaarscafé in de Schellingstraße. Hier zat hij vaak uren achtereen met zijn naaste vertrouwelingen achter een kop koffie met gebak. Zijn snoeplust bleek vooral uit het feit dat hij met name van slagroomgebak maar geen genoeg kon krijgen.[146]

Het was een bont gezelschap dat zich om hem heen verzamelde. Het bestond uit ruwe gasten als Christian Weber, een voormalige paardenhandelaar die net als Hitler zelf graag een zweepje bij zich had, Ulrich Graf, Hitlers lijfwacht, en Emil Maurice, eveneens een gevreesde vechtersbaas, die Hitler aanwees als zijn chauffeur. Met deze drie mannen aan zijn zijde kon de leider van de nationaalsocialisten in München 'zich ongegeneerd met de aanmatiging van een koning van de onderwereld door de stad bewegen'.[147] Tot deze coterie behoorden ook Max Amann, Hitlers voormalige opperwachtmeester, die na de overname van het voorzitterschap van de NSDAP in juli 1921 secretaris werd van de partij en kort daarop ook het hoofd van de eigen uitgeverij van de partij, Eher-Verlag; de jonge journalist Hermann Esser, die als woordvoerder onder kapitein Mayr had gediend en die na Hitler gold als het grootste redenaarstalent in de NSDAP; en luitenant Johann Klintzsch, een voormalig lid van de Brigade Ehrhardt, die in augustus 1921 tot taak kreeg de SA op te zetten. Bij dit gezelschap van ijzervreters voegden zich echter ook burgers van een meer intellectuele snit, zoals Dietrich Eckart, Rudolf Heß, Hitlers meest onvoorwaardelijke bewonderaar, de 'partijfilosoof' Alfred Rosenberg en Ernst ('Putzi') Hanfstaengl. Het lijdt geen twijfel: in die omgeving – een 'merkwaardig mengsel van bohème en *condottiere*-stijl'[148] – voelde Hitler zich op zijn gemak. Hier kon hij zich ontspannen en naar hartenlust monologen afsteken terwijl zijn getrouwen aan zijn lippen hingen.

Hermann Göring beschreef Hitlers entourage geringschattend als een 'Kegelclubje met een uiterst provinciale visie op de wereld'.[149] Dat weerhield hem er overigens niet van zich bij dit clubje aan te sluiten. Deze in 1893 geboren zoon van een hoge koloniale ambtenaar onder keizer Wilhelm II had tijdens de Eerste Wereldoorlog naam gemaakt als jachtvlieger. Hij was de laatste bevelhebber van het beroemde Richthofen-eskader geweest en had in juni 1918 de hoogste onderscheiding, de 'Pour le Mérite', ontvangen. Na 1918 had hij zich in Zweden en Denemarken met wisselende bezigheden weten te redden. Begin februari 1922 trouwde hij met de Zweedse Carin von Kantzow, geboren barones von Fock, met wie hij naar München was verhuisd. Hitler ontmoette hij in oktober of november 1922 tijdens een bijeenkomst, en kort daarna werd hij lid van de NSDAP. Al in maart 1923 gaf Hitler hem de leiding van de SA. 'Een beroemde jachtvlieger en zelfs drager van de Pour le Mérite! Uitstekende propaganda! Bovendien heeft hij geld en kost hij me niets! Dat is heel belangrijk,' zo zou de voorzitter van de NSDAP zich enthousiast hebben uitgelaten over deze nieuwkomer.[150]

Hanfstaengl en Göring waren echter niet de enigen die aan de provinciale manier van doen van de NSDAP iets van hun flair als mannen van de wereld verleenden. Dankzij de bescherming van invloedrijke geldschieters vond Hitler al snel toegang tot voornamer gezelschap. Al in juni 1921 had Dietrich Eckart hem geïntroduceerd in de salon van Helene Bechstein, de echtgenote van een welgestelde pianobouwer uit Berlijn. De elegante gastvrouw ontwikkelde een moederlijke genegenheid voor de dertien jaar jongere, opbloeiende politicus en deed er alles aan om hem klaar te stomen voor de betere kringen. Ze stak hem nieuw in de kleren, leerde hem de juiste omgangsvormen en ondersteunde hem ook steeds weer in materiële zin. Bij diners die de Bechsteins in het hotel 'Vier Jahreszeiten' in München gaven, was Hitler een graag geziene gast.[151]

Hitler werd ook vaak uitgenodigd bij de Hanfstaengls thuis in de Gentzstraße aan de rand van Schwabing. Hier ontmoette hij opnieuw de historicus Karl Alexander von Müller, en aan hem hebben we een veelzeggende schets van Hitlers verschijning te danken:

> Door de open deur was te zien hoe hij in de smalle gang de gastvrouw haast onderdanig hoffelijk begroette, hoe hij rijzweep, vilthoed en regenjas weglegde en uiteindelijk een riem met een revolverholster afdeed en eveneens aan de kleerhaak hing. Dat zag er merkwaardig uit, en het deed me denken aan Karl May [...]. De man die binnenkwam was niet meer de koppig-verlegen instructeur die ik in 1919 had leren kennen. Uit zijn blik sprak al het besef van publiek succes; toch had hij nog altijd iets zeldzaam onbeholpens, en je kreeg het onaangename gevoel dat hij dat zelf ook wist en het je kwalijk nam dat je het gemerkt had.[152]

Met dat soort onzekerheid verraadt zich de angst van de parvenu om toch niet helemaal serieus te worden genomen door de bourgeoisie waar hij nu toegang toe had verkregen.

Via de Hanfstaengls leerde Hitler Elsa Bruckmann kennen, de vrouw van uitgever Hugo Bruckmann, die onder meer de boeken van Houston Stewart Chamberlain had uitgegeven. Haar salon, die vóór 1914 aan een brede groep van kunstenaars en geleerden een mogelijkheid voor intellectuele uitwisseling had geboden, werd na 1918 in toenemende mate een trefpunt van völkisch-antisemitische schrijvers en politici.[153] Elsa Bruckmann hoorde Hitler voor het eerst in februari 1921 spreken in Zirkus Krone, en ze voelde zich, zoals ze later getuigde, door zijn stem 'gewekt'. Ze nam kennelijk pas tijdens zijn gevangenschap in de vesting Landsberg nader contact met hem op, en pas daarna, in december 1923, bezocht Hitler voor het eerst de salon van Bruckmann in het paleis aan de Karolinenplatz 5.[154] Na de dood van Hugo Bruckmann in september 1941 roemde Hitler zijn 'verdiensten voor de jonge NSDAP'. In zijn huis zou hij 'alle belangrijk mannen van de nationale beweging in München hebben leren kennen'.[155]

Wat Hitler voor leden van de maatschappelijke elite zo interessant maakte, was waarschijnlijk niet zozeer het agressieve antisemitisme waarmee hij zijn publiek in de bierkelder regelmatig in vervoering bracht, als wel zijn bizarre verschijning en zijn excentrieke gedrag. 'Hij had de aura van een illusionist, de geur van de circuswereld en tragische verbittering, de felle glans van het "beroemde monster".'[156] Men moest die man over wie heel München sprak, zelf gezien hebben, en ook al werd zijn politieke radicalisme door sommigen als afstotelijk ervaren, men beschouwde hem toch als een fascinerend studieobject, en hij zorgde in elk geval voor een onderhoudende avond. Zo werd hij van salon naar salon doorgegeven en bekeken met een mengeling van aangenaam griezelen en verholen amusement.[157]

In de herfst van 1923 kreeg Hitler via de Bechsteins ook toegang tot de familie Wagner in Bayreuth. 'Vol eerbied,' schreef de zesentwintigjarige Winifred Wagner, de echtgenote van Siegfried, Richard Wagners zoon, zou hij op 1 oktober voor het eerst de villa Wahnfried hebben betreden en 'zeer geroerd alles' hebben bekeken 'wat direct met Richard Wagner verband hield – de woonruimte beneden met zijn werktafel, de vleugel, schilderijen, bibliotheek etc. etc.'[158] Hitler vertelde over zijn jeugd in Linz en hoeveel indruk Wagners opera's destijds op hem hadden gemaakt. Toen hij afscheid nam, had hij niet alleen Winifred, maar ook Siegfried Wagner voor zich gewonnen. 'Goddank bestaan er nog Duitse mannen!' prees de 'zoon van de meester' hem. 'Hitler is een geweldig mens, de echte ziel van het Duitse volk.'[159] Op 28 september 1923 had Hitler zijn eerste openbare rede gehouden in Bayreuth, en vervolgens had hij de oude, broze Houston Stewart Chamberlain bezocht. In een brief van 7 oktober noemde die laatste hem

Afb. 10 Foto in het huis van Heinrich Hoffmann, november 1929. Staand vlnr: Rudolf Heß, Martin Mutschmann (Gauleiter van Saksen), Heinrich Himmler. Zittend vlnr: Joseph Goebbels, secretaresse, Adolf Hitler, Helene Bechstein, Edwin Bechstein, Hans Schemm (Gauleiter van Opper-Franken) en Franz Pfeffer von Salomon.

Afb. 11 De uitgever Hugo Bruckmann en zijn vrouw Elsa, geboren prinses Cantacuzène, rond 1940. Het echtpaar behoorde — net als de Bechsteins — tot de vroege beschermheren van Hitler in München.

eveneens enthousiast de man die 'de zielen had doen ontwaken uit slaap en sleur'. Hitler was helemaal niet de fanaticus die men zei dat hij was: 'Een fanaticus verhit de hoofden, u verwarmt harten. De fanaticus wil overreden, u wilt overtuigen, alleen maar overtuigen – en daarom lukt u dat ook.' Zijn bezoeker had hem weer hoop gegeven: 'Dat Duitsland in zijn benauwdste uur nog zo iemand als Hitler wist voort te brengen, dat laat zien dat het nog leeft.'[160]

Zoals Hitler in de eerste jaren van zijn fenomenale carrièrestart vanuit het niets naar een prominente rol het brede aanbod aan völkisch-antisemitische ideeën als een spons in zich opzoog en zich ervan bediende, zo leerde hij ook hoe hij zich in de verschillende sociale milieus moest bewegen en daarin steeds een andere rol moest spelen. De toon die Hitler in zijn redevoeringen aansloeg, was niet 'naar ieders smaak', meende Rudolf Heß in juli 1921, maar hij kon 'ook anders spreken'.[161] Bij dit vermogen om zijn gedrag en zijn manier van spreken aan te passen aan het publiek dat hij voor zich had, werd hij ook sterk geholpen door zijn talent als toneelspeler, naast zijn gave als redenaar een tweede grote triomf. Ook Hanfstaengl was het verbluffende invoelingsvermogen opgevallen waarmee Hitler de stem en de typisch eigenaardigheden van een persoon kon imiteren. Zijn parodieën waren 'meesterlijk, zelfs rijp voor het cabaret'.[162] Zo wist hij zijn mimiek eenvoudig aan te passen en aan te laten sluiten op wat anderen van hem verwachtten. 'Hij was een behendige toneelspeler op de politieke bühne geworden, berekenend en met vele gezichten.'[163] De kunst zich anders voor te doen dan hij was, gecombineerd met zijn geslepenheid, werd een van de belangrijkste eigenschappen van de politicus Hitler.

Ook toen Hitler inmiddels al buiten Beieren bekend geworden was, was er nog altijd geen enkele foto van hem. 'Vier jaar lang was hij erin geslaagd geen foto van zichzelf naar buiten te laten komen,' vertelde de dictator bij de lunch in de Wolfsschanze in april 1942.[164] Hitlers weigering zich te laten fotograferen, was duidelijk deel van zijn strategie. Zo vergrootte hij de interesse van het publiek voor zijn persoon. 'Hoe ziet Hitler eruit?' vroeg tekenaar Thomas Theodor Heine zich in mei 1923 af in het satirische weekblad *Simplizissimus*, en onder de laatste van zijn twaalf karikaturen stelde hij berustend vast: 'Dergelijke vragen blijven onbeantwoord. Hitler is helemaal geen individu. Hij is een toestand.'[165] Hitlers angst voor camera's had soms behoorlijk onprettige gevolgen. Zo werd hij in april 1923 tijdens een bezoek aan het Luna-Park, het grote pretpark aan de Halensee in Berlijn, samen met Hanfstaengl, herkend door persfotograaf Georg Pahl, die hem prompt fotografeerde. Hitler stortte zich direct op de man en sloeg met een stok op de camera in. Pas na een langdurige woordenwisseling was Pahl bereid het negatief uit de camera te halen.[166] Hitlers heftige reactie werd in dit geval misschien ook wel veroorzaakt doordat de NSDAP destijds vanwege de Wet ter bescherming van de republiek in Pruisen verboden was en de partijleider, voor wie een opsporingsbevel was uitgevaardigd, liever niet herkend werd.

Nadat het dezelfde persfotograaf begin september 1923 tijdens de 'Deutsche Tag' in Neurenberg alsnog gelukt was een kiekje van Hitler te maken, staakte hij het verstoppertje spelen voor de fotografen en meldde zich bij Heinrich Hoffmann om zich te laten portretteren. In de *Berliner Illustrierte Zeitung* van 16 september 1923 verscheen de eerste gedrukte foto van Hitler met het onderschrift: 'Adolf Hitler, de Führer van de Beierse nationaalsocialisten, die tot nu toe weigerde zich te laten fotograferen, maar dat principe nu heeft laten varen.'[167]

Heinrich Hoffmann, die al snel Hitlers 'lijffotograaf' zou worden, had in 1909 als vierentwintigjarige zijn eigen atelier geopend in de Schellingstraße en ook onder kunstenaars naam gemaakt met een fotobureau en portretfotografie. In de jaren 1918-1919 werd hij de belangrijkste fotoverslaggever van de revolutie in München, zonder overigens met de idealen van links te sympathiseren. Na het neerslaan van de radenrepubliek steunde hij de propaganda van de contrarevolutie, sloot zich aan bij een burgerweer en werd al in april 1920 lid van de NSDAP. Wanneer hij Hitler precies leerde kennen, is niet meer vast te stellen. In elk geval behoorde hij na die eerste portretopdracht tot de entourage van de partijleider, en niet alleen als zijn fotograaf maar ook als geestige entertainer die net als Hanfstaengl wist hoe hij de stemming in een gezelschap kon opbeuren.[168]

'De fascisten hebben in Italië de macht naar zich toe getrokken met een staatsgreep. Als ze erin slagen die te behouden, is dat een historische gebeurtenis die niet alleen voor Italië maar voor heel Europa onafzienbare gevolgen kan hebben,' schreef Harry graaf Kessler op 29 oktober 1922 met vooruitziende blik over Benito Mussolini's 'Mars op Rome'.[169] Voor de nationaalsocialisten betekende de 'machtsgreep' van de fascisten een sterke impuls. 'Mussolini heeft laten zien waar een minderheid toe in staat is, wanneer ze bevlogen is van een heilige nationale wil,' aldus Hitler op de NSDAP-bijeenkomst in november 1922, en hij eiste 'de vorming van een nationale regering voor Duitsland naar fascistisch voorbeeld'.[170] Onder de indruk van de gebeurtenissen in Italië begon een kleine groep van Hitlers volgelingen een beeld van de Führer te propageren naar het voorbeeld van de Italiaanse *duce*. De aanzet hiertoe werd gegeven door Hermann Esser, die begin november in het Hofbräuhaus riep: 'Duitslands Mussolini heet Adolf Hitler.'[171]

In de beginjaren van de NSDAP had de partij nog geen Führercultus gekend. Het begrip 'Führer' was in de *Völkischer Beobachter* voor het eerst in december 1921 opgedoken, maar het was voorlopig bij die ene keer gebleven. Op de plakkaten voor bijeenkomsten werd hij meestal als 'Herr Adolf Hitler' of als 'Partijgenoot Hitler' aangekondigd. Na Mussolini's Mars op Rome veranderde dat. Vanaf nu was Hitler de charismatische Führer, de toekomstige redder van de natie.[172] In de herfst van 1922 organiseerde de Universiteit van München een prijsvraag over het thema 'Welke kwaliteiten heeft de man die Duitsland weer groot maakt?' De eerste prijs werd gewonnen door Rudolf Heß met een enthousiaste lofzang op de komende politieke messias:

> Uitgebreide kennis van alle aspecten van staatszaken en geschiedenis, het vermogen daarvan te leren, het geloof in de zuiverheid van de eigen zaak en in de eindoverwinning, en een tomeloze wilskracht verlenen hem de macht van het meeslepende redenaarstalent, dat de massa's hem doet toejuichen [...]. Daarmee hebben we dan een beeld van de dictator: scherp van geest, duidelijk en waarachtig, hartstochtelijk en toch beheerst, koel en dapper, doelbewust overwegend voor hij een besluit neemt, ongeremd in de snelle uitvoering, keihard voor zichzelf en anderen, onbarmhartig hard en tegelijk zacht in de liefde voor zijn volk, onvermoeibaar in zijn werk, met een stalen vuist in een zijden handschoen, in staat om uiteindelijk ook zichzelf te overwinnen. Nog weten we niet wanneer hij reddend ingrijpt, deze 'man'. Maar dat hij komt, dat voelen miljoenen.

Dat Heß bij deze beschrijving enkel aan Hitler dacht, liet hij de historicus Karl Alexander von Müller, wiens lezingen hij in München bezocht, in een brief van februari 1923 weten. Daarin zond hij hem het manuscript en voegde er ter verduidelijking aan toe: 'In het bijgevoegde stuk was hier en daar de wens de vader van de gedachte. Maar in veel opzichten is het toch het beeld dat ik heb gekregen van Hitler na tweeënhalf jaar met hem te hebben opgetrokken, soms bijna dagelijks.'[173]

Net als Heß kregen ook Eckart en Rosenberg er maar geen genoeg van de verspreide messiasverwachting op Hitler te projecteren en hem te prijzen als de sterke man die Duitsland uit de vernedering en de schande zou bevrijden en opnieuw tot bloei zou brengen. Met Hitlers vierendertigste verjaardag op 20 april 1923 bereikte de Führercultus voor het eerst een hoogtepunt. De *Völkischer Beobachter* opende die dag met de vette krantenkop 'Duitslands Führer' en een gedicht van Eckart, dat luidde: 'Open uw hart! Wie zien wil, zal zien!/Daar is de kracht die de nacht verdrijft!' In dezelfde uitgave stak Rosenberg de loftrompet over het effect van Hitlers woorden, dat van 'maand tot maand rijper, groter en meeslepender' werd. Hele scharen vertwijfelden die verlangden naar een 'leider voor het Duitse volk', richtten hun blikken 'steeds verwachtingsvoller op *de* man in München'. Daaruit bleek 'die geheimzinnige wisselwerking tussen leider en volgelingen [...], die vandaag de dag zo kenmerkend is geworden voor de Duitse vrijheidsbeweging'.[174]

Inderdaad ontving Hitler uit verschillende lagen van de Duitse bevolking gelukwensen waarin hij al als de 'toekomstige vaderlandse messias' werd aangesproken. 'De ogen van alle gepijnigde Duitsers zijn op u gericht als Führer,' stond bijvoorbeeld in een brief uit Breslau, en uit naam van alle 'getrouwen uit Mannheim' beloofde een Hitler-aanhanger: 'In de strijd van ons vaderland om zich te bevrijden uit smaad en schande, waarin u ons tot Führer en lichtend voorbeeld bent, zullen wij weten stand te houden en als dat nodig mocht zijn, ook te sterven.'[175]

Om effect te kunnen hebben heeft de charismatische politicus volgens Max Weber een gemeenschap van aanhangers nodig die van zijn 'buitengewone' vaardigheden overtuigd is en daarom vast gelooft in zijn roeping.[176] Een dergelijke groep goedgelovige volgelingen had zich in 1921-1922 om Hitler uitgekristalliseerd, en het was die zelfde groep die vanaf november 1922 een persoffensief startte om de verering van Hitler als charismatische Führer onder de aandacht te brengen. In die zin kon de Duitse historicus Ludolf Herbst in zijn verhelderende studie *Hitlers Charisma* terecht van de 'uitvinding van een Duitse messias' spreken.[177] Toch zou de poging de voorzitter van de NSDAP te verheffen tot de nationale heilsfiguur naar wie zo verlangend werd uitgezien, niet hebben kunnen slagen als Hitler niet ook werkelijk over buitengewone politieke talenten had beschikt, met name zijn retorische en zijn toneeltalent. Het aan hem toegeschreven charisma (dat hij eigenlijk niet had) en zijn eigen, authentieke charisma vulden elkaar aan, en alleen dat lijkt te kunnen verklaren waarom Hitlers aureool als 'Führer van het toekomstige Duitsland' ook werkelijk de massa's zou gaan aanspreken.[178]

Het is echter de vraag of Hitler zichzelf al in de rol zag waarin zijn bewonderaars hem graag wilden zien. Nog in mei 1921 had hij de hoofdredacteur van de Al-Duitse *Deutsche Zeitung*, Max Maurenbrecher, op 'de grenzen aan zijn talent' gewezen: Hij zou 'niet de Führer en de staatsman [zijn] die het in chaos ten onder gaande vaderland zou kunnen redden', maar eerder 'de volksmenner die wist hoe hij de massa's op de been moest brengen [...]. Hij zou zich gesteund moeten weten door een grotere figuur aan wiens bevel hij zich weer kon vastklampen.' En tegenover Arthur Moeller van den Bruck, een van de auteurs van de 'Conservatieve Revolutie', zei hij in juni 1922: 'Ik ben maar een trommelaar en verzamelaar.'[179] Maar vanaf de herfst van 1922 veranderde zijn zelfbeeld, waarschijnlijk ook onder de invloed van het byzantinisme dat hem werd betoond door zijn directe omgeving. 'We hebben een sterke man nodig, en die zullen de nationaalsocialisten leveren,' verklaarde hij begin december.[180] Dat hij die 'sterke man' zou worden, daaraan bestond eigenlijk geen twijfel meer. Dat blijkt ook uit de eerste portretfoto's die Hoffmann maakte en die hem al in de pose van de latere afbeeldingen van de Führer tonen – met een geforceerd mannelijke houding, armen over elkaar of heerszuchtig op de heup gesteunde linkerarm, de wenkbrauwen naar elkaar toe getrokken en met een dichtgeknepen mond onder zijn gekortwiekte snor. Lichaamstaal en gezichtsuitdrukking demonstreren wilskracht, vastberadenheid en hardheid.[181]

Deze zelfstilering ging gepaard met een toenemende neiging tot zelfverhulling. Zelfs critici binnen de partij hadden in hun vlugschrift van juli 1921 al vastgesteld dat Hitler 'steeds boos en opgewonden' had gereageerd op de vraag welk beroep hij vroeger had gehad.[182] En ook Hanfstaengl merkte dat Hitler 'direct als een oester' dichtklapte als men hem op zijn verleden aansprak – ongeveer zoals Wagners mythische graalbode Lohengrin, aan wie Elsa von Brabandt niet mag vragen hoe hij heet en waar hij vandaan komt.[183] Zijn veranderde zelfbeeld was maar moeilijk in overeenstemming te brengen met de weinig indrukwekkende levensgeschiedenis van Hitler voorafgaand aan 1914, en dus begon hij al voordat hij *Mein Kampf* schreef zijn verleden zo te veranderen dat het aansloot bij de nationale roeping die hij beweerde te hebben. In een eerste autobiografische schets die hij eind november 1921 voor een met 'Herr Doktor' aangesproken aanhanger van de NSDAP – waarschijnlijk beschermheer Emil Gansser – maakte, presenteerde hij zich al als een autodidact van bescheiden afkomst die 'door de leerschool van de harde praktijk' in Wenen antisemiet zou zijn geworden, om vervolgens in het jaar 1919 in de 'destijds zeven leden tellende Deutsche Arbeiterpartei' een politieke 'beweging' te vinden die bij hem aansloot.[184]

Afb. 12 Een van de eerste opnamen van Hitler door de Münchense fotograaf Heinrich Hoffmann, september 1923.

'Dat, wanneer Hitler spreekt, geen van de grootste zalen van München, zelfs niet het circus (Krone) de toeloop aankan en dat er steeds weer duizenden voor wie geen plaats meer is, onverrichter zake moeten vertrekken, is nu al vanzelfsprekend,' schreef de verslaggever van de *Kölnische Zeitung* begin november 1922. En hij schetste voor de lezers van dit rechts-liberale blad hoe hij zelf in de ban was geraakt van 'de overweldigende overtuigingskracht' van de redenaar.[185] Ook Karl Alexander von Müller hoorde zijn voormalige leerling eind januari 1923 tijdens een bijeenkomst spreken en was verbluft over de verandering die zich in Hitlers presentatie had voorgedaan: 'Hij liep rakelings langs mij heen, en ik zag: dit was een andere persoon dan de man die ik her en der bij privégelegenheden was tegengekomen. De magere, bleke trekken als samengebald door een bezeten, verbeten woede, koude vlammen werpend met de uitpuilende ogen die links en rechts op zoek leken naar vijanden om te onderwerpen. Was het de massa die hem deze raadselachtige kracht gaf? Of stroomde die juist uit hem naar de massa?'[186]

Een vrouw uit München die enkele dagen later een bijeenkomst in de stampvolle Löwenbräukeller bezocht, beantwoordde die vraag als volgt: hij zou 'zich zo enthousiast hebben betoond en met zo veel toewijding over de zaak hebben gesproken', schreef ze aan Hitler, dat zijn rede 'onherroepelijk op iedereen indruk moet hebben gemaakt': 'Voor ons [...] waren deze uren een geweldige ervaring en ze herinnerden me voortdurend aan de tijd toen onze troepen in augustus 1914 uit Berlijn vertrokken. Hopelijk beleven we dat nog eens.'[187]

Hitlers groeiende aanzien ontging ook buitenlandse waarnemers niet. De Britse consul-generaal in München, William Seeds, die de NSDAP-leider in april 1922 nog had afgedaan als een quantité négligeable op het Beierse politieke toneel, meldde in november: 'Gedurende de afgelopen maanden [...] heeft Herr Hitler zich ontwikkeld tot meer dan een grove en nogal komische volksmenner.' In de Vrijstaat werd inmiddels al gespeculeerd of hij niet op een dag de Beierse minister-president zou kunnen worden. En ook een waarnemer aan de Engelse ambassade in Berlijn, John Addison, waarschuwde dat het onverstandig zou zijn 'hem te behandelen als niet meer dan een clown'. De consul-generaal in München kreeg van het Foreign Office de opdracht Hitler voortaan nauwkeurig in de gaten te houden.[188]

In slechts vier jaar tijd was de onbekende soldaat uit de Eerste Wereldoorlog uitgegroeid tot een pakkende demagoog die in Beieren een hoofdattractie vormde, maar inmiddels ook buiten de Vrijstaat de fantasie van veel mensen prikkelde. Deze fenomenale carrièreontwikkeling uit het niets naar politieke beroemdheid was enerzijds te danken aan de bijzondere maatschappelijke en politieke crisissituatie van na de oorlog, die rechtse populisten van zijn slag een ongewoon gunstig klimaat bood, maar anderzijds ook aan zijn uitgesproken gevoel voor de unieke kans die juist het zwaar antisemitisch geladen politieke klimaat van München hem onverwacht had geboden. Hoewel hij in de persoonlijke omgang aanvankelijk nog onzeker en onbeholpen was geweest, was hij stap voor stap gegroeid in zijn rol van de partijleider die alle mededingers naar de macht uit de weg had weten te ruimen en een schare van volgelingen om zich heen had verzameld die hem onvoorwaardelijk was toegedaan. Hij had geleerd zijn retorische en acteerrepertoire te verfijnen en wist precies welk effect hij met een bepaalde houding kon bewerkstelligen. Hoe bedwelmender de successen waren die hem in de arena's van de Beierse hoofdstad ten deel vielen, des te zelfverzekerder hij was geworden en des te meer hem de rol was gaan bevallen die zijn trouwe discipelen hem toeschreven: dat hij niet langer enkel de 'trommelaar', maar nu al de toekomstige 'redder' was, uitverkoren om Duitsland van 'smaad en armoede' te bevrijden en naar een nieuwe grandeur te leiden, zoals ooit de volkstribuun Rienzi dat met Rome had willen doen. En zo koppig als hij enerzijds vasthield aan zijn antisemitische obsessie, zozeer bereid tot leren bleek hij anderzijds als het erop aankwam zich aan te passen aan de omgangsvormen van de salons van de bourgeoisie. Hij wist hoe belangrijk het contact met invloedrijke beschermheren zoals de Bechsteins, de Bruckmanns en de Wagners was en hoe hij dat voor zijn eigen doeleinden kon gebruiken. In deze fase van zijn intensieve leertijd waren dus al alle eigenschappen ontwikkeld die hem ook later als politicus zouden kenmerken: retorische overweldigingskracht, geraffineerde huichelarij en tactische sluwheid.

De oude oorlogskameraden die hem in deze tijd opnieuw ontmoetten, konden amper geloven dat dit dezelfde man was als die stille, onopvallende korporaal die ze in hun jaren aan het front hadden leren kennen. 'Mijn beste Hitler, wie in de gelegenheid is geweest je sinds de stichting van de beweging tot heden te volgen, kan zijn ogen niet sluiten voor de verering van je persoonlijkheid die je hebt geoogst,' schreef een voormalig lid van het Regiment List ter gelegenheid van zijn verjaardag op 20 april 1923. 'Jij hebt gepresteerd wat waarschijnlijk geen andere Duitser had gekund, en wij frontkameraden staan je altijd ter beschikking. Zo denken duizenden en duizenden mannen erover.'[189]

6

Putsch en proces

'Toen ik in 1923 onderuitging, dacht ik maar aan één ding: hoe kom ik weer overeind.'¹ Zo weinig woorden maakte Hitler vuil aan het mislukken van de putsch van 8 en 9 november 1923 wanneer hij erover te spreken kwam. Geen wonder, want na zijn afwijzing door de Weense kunstacademie was het de volgende grote teleurstelling die hij moest incasseren. Na vier jaar ogenschijnlijk onstuitbaar carrière te hebben gemaakt als populistisch politicus, dreigde nu de val terug in de onbeduidendheid. Zijn lot en dat van zijn beweging leken bezegeld. 'De putsch in München betekent onherroepelijk het einde voor Hitler en zijn nationaalsocialistische aanhangers,' aldus het commentaar in de *New York Times*.²

Als het recht in Beieren gewoon zijn normale loop had gekregen, had de putschist jaren achter de tralies moeten doorbrengen. Een politieke comeback zou daarna nauwelijks voorstelbaar zijn geweest. Dankzij de toegevendheid van de rechters in Beieren kwam de leider van de NSDAP er echter met een minimale straf vanaf. Bovendien liet men toe dat hij het tribunaal als podium gebruikte om aandacht voor zijn ideeën te vragen en de dilettantische poging als een heroïsche nederlaag voor te stellen. Zo kon de mislukte coup tot een belangrijk referentiepunt in de nationaalsocialistische partijlegende worden. De voor de Feldherrnhalle om het leven gekomen deelnemers werden tot 'martelaars' van de beweging uitgeroepen. Hitler droeg het eerste deel van *Mein Kampf* aan hen op. Na 1933 werden 8 en 9 november een hoogtepunt op de kalender van nationaalsocialistische feestdagen. Elk jaar herdacht Hitler in een toespraak voor de 'oud-strijders' in de Bürgerbräukeller de gebeurtenissen van de herfst van 1923, en elk jaar weer eindigde de herdenking weer met de rituele herhaling van de historische mars naar de Feldherrnhalle.³

Het jaar 1923 was met een donderslag begonnen. Op 11 januari waren Franse en Belgische troepen het Ruhrgebied binnengemarcheerd als represaille voor het feit dat Duitsland een achterstand had opgelopen met de herstelbetalingen. Daarop ging een golf van verontwaardiging door het land. Sommige waarnemers werden door het opflakkerende nationalisme herinnerd aan de stemming in de eerste dagen van augustus 1914. De partijloze rijkskanselier Wilhelm Cuno, die vanaf november 1922 leiding gaf aan een burgerlijke minderheidsregering, riep op tot 'passief verzet'. Het economische leven aan de Rijn en de Ruhr kwam grotendeels stil te liggen. De bezettingsmachten reageerden met harde sancties, arresteerden stakers en namen de spoorwegen en kolenmijnen over, waardoor de opwinding aan Duitse zijde alleen nog maar groter werd. 'Zo ziet het er nu naar uit dat 1923 het jaar zal worden waarin het lot van Duitsland wordt bepaald. Nu gaat het om het voortbestaan,' voorspelde *Forstrat* (hogere bosbeambte) Georg Escherich, de oprichter van de Beierse burgerweren.[4]

Tot verrassing van zijn eigen aanhangers sloot Hitler zich niet aan bij het nationale 'eenheidsfront'. Hij was eropuit de golf van protest om te buigen naar de vermeende binnenlandse vijand. Op de avond van 11 januari, de dag waarop het Ruhrgebied werd bezet, hield hij een rede in Zirkus Krone, waarin hij opnieuw fel van leer trok tegen de 'novembermisdadigers'. Door de 'dolkstoot in de rug van het oude leger' hadden ze Duitsland weerloos gemaakt en aan de 'volledige slavernij' overgeleverd. Een 'Duitse wedergeboorte naar buiten' zou pas mogelijk zijn 'wanneer de misdadigers ter verantwoording waren geroepen en hun gerechte lot' hadden ondergaan. Het 'geklets over een eenheidsfront' leidde het volk enkel van deze taak af.[5] Geheel consequent weigerde Hitler nu ook deel te nemen aan een demonstratie tegen 'erfvijand' Frankrijk, waartoe Vaterländische Verbände op 14 januari in München opriepen. De NSDAP-voorzitter kon nauwelijks een duidelijker signaal afgeven dat hij ondertussen zelfbewust genoeg was geworden om een zelfstandige politieke rol op te eisen.

De economische gevolgen van het 'passieve verzet' waren desastreus. Het rijk kon de enorme kosten die het doorbetalen van de lonen en salarissen in de stilgelegde bedrijven met zich meebracht, alleen dekken door ongeremd geld bij te drukken. De inflatie die direct na de oorlog al was begonnen, liep nu snel op. Van de ene op de andere dag merkten middenstand en proletariaat dat ze van hun spaargeld beroofd waren, terwijl fortuinzoekers en speculanten van de gelegenheid gebruikmaakten om reusachtige vermogens te vergaren. De inflatie ging gepaard met een fundamenteel verval van alle sociale normen. Cynisme vierde hoogtij. In zijn *Geschichte eines Deutschen* heeft Sebastian Haffner de dramatische ervaring van die generatie beschreven: 'We hadden het grote spel van de oorlog achter ons, en de schok van de afloop, een uiterst desillusionerende ervaring opgedaan met de revolutie, en moesten nu dagelijks meemaken hoe alle normen verwaterden en anciënniteit en ervaring hun aanzien verloren.'[6]

Een bijkomend verschijnsel van de haast apocalyptische stemming die door de inflatie werd aangewakkerd, was het optreden van zogenaamde 'inflatieheiligen' – rondtrekkende profeten met een *Jezus-appeal*, zoals Friedrich Muck-Lamberty, de 'Messias van Thüringen', die met zijn dans- en muziekgroep mensen in vervoering bracht, of de voormalige champagnemaker Ludwig Christian Häusser, die met moderne middelen reclame maakte voor zijn optredens en soms een enorm publiek wist te trekken.[7]

In München en Beieren was het vooral de figuur van Hitler op wie alle verlangens naar verlossingen en de wederopstanding van die lagen van de bevolking die in sociaal opzicht uit de boot vielen of dreigden uit de boot te gaan vallen, zich nu richtten. Met name de nationaalsocialisten profiteerden hier van de catastrofale economische toestand. 'Terwijl andere politieke bijeenkomsten vanwege de torenhoge entree- en bierprijzen maar matig bezocht worden, vinden de nationaalsocialistische bijeenkomsten steeds in goedgevulde zalen plaats,' schreef de leiding van de politie in München.[8] De mensen dromden in groten getale samen rond de NSDAP, aangetrokken door Hitlers tirades tegen Joods-kapitalistische 'zwendelaars' en 'woekeraars' die nu ineens plausibel leken doordat hele lagen van de bevolking aan de bedelstaf raakten. In München werd gezegd dat de nationaalsocialisten 'sterker dan de rechtse partijen' waren, en ook in veel kleine steden zou 'de beweging een bloei doormaken', aldus Rudolf Heß begin 1923. Tussen februari en november 1923 noteerde de partij 35.000 nieuwe leden, zodat het totale aantal tot het moment van de putsch groeide naar 55.000. Zoals Maria Enders, medewerkster van het kantoor aan de Corneliusstraße, zich herinnerde, was de toeloop soms zo massaal dat ze het invullen van kaarten voor het ledenbestand amper kon bijhouden.[9]

Geruchten over een ophanden zijnde putsch door de nationaalsocialisten deden al vanaf de herfst van 1922 de ronde. Begin november hoorde Harry graaf Kessler van diplomaat en schrijver Victor Naumann, die net was teruggekeerd uit München, dat Hitler en Esser 'op straat de macht in handen hadden'. Ze zouden er nu elke dag op los kunnen slaan 'tegen de Joden en tegen Berlijn'. Naar zijn zeggen beschikten ze over 'een grote, goed georganiseerde en bewapende schare volgelingen'. De Reichswehr zou zich er 'niet tegen verzetten'.[10] De nieuwe Beierse minister-president Eugen von Knilling (BVP), die het ambt kort daarvoor had overgenomen van Lerchenfeld-Köfering, verzekerde Robert Murphy, de Amerikaanse consul in München, in november 1922 echter dat Hitler niet het formaat had om 'het veel verder te schoppen dan als demagoog'. Hij zou 'geen van de kwaliteiten van iemand als Mussolini bezitten', en hij zou 'ook niet zo veel succes hebben als Kurt Eisner': 'Hij beschikt niet over de benodigde kennis van zaken, en bovendien is de regering nu op haar hoede, in tegenstelling tot in 1918.'[11] Opnieuw bleek een van de gevaarlijke kanten van de figuur van Hitler dat men geneigd was hem te onderschatten. Niet alle leden van de Beierse regering waren het echter met de minister-president eens. In een aantekening bij een stuk uit midden november 1922 omschreef een referendaris van het Beierse ministerie van Binnenlandse Zaken, Josef Zetlmeier, de nationaalsocialistische beweging als 'staatsgevaarlijk'. Als die 'er ook maar enigszins in slaagt haar duistere ideeën voor haar optreden tegen Joden, sociaaldemocraten en het bankkapitaal te realiseren', dan zou er 'veel bloed vloeien en grote wanorde heersen'. Alle vermaningen aan het adres van Hitler hadden tot nu toe niets uitgehaald. Vreemd was dat niet, 'gezien de energie van deze beweging, die naar een dictatuur zal leiden'. Zetlmeier eiste van zijn regering dat ze de NSDAP niet langer zou tolereren.[12]

Gealarmeerd door de aanhoudende geruchten over een ophanden zijnde putsch, legde de Beierse regering de NSDAP voor haar voor eind januari 1923 aangekondigde rijkspartijcongres ook daadwerkelijk enkele beperkingen op. Zo werd de geplande demonstratie op de Königsplatz verboden. Alle bijeenkomsten en marsen in de openlucht werden verboden. Tijdens een heftig gesprek met commissaris van politie Eduard Nortz, de opvolger van Pöhner, dreigde Hitler op 25 januari dat hij zijn recht met geweld op straat zou halen. 'De regering mag dan op ze schieten, hij zou vooraan gaan staan, en dan konden ze hem ook neerschieten.' Het eerste schot zou echter 'een rode vloedgolf' veroorzaken, en dan zou het twee uur later 'gedaan zijn met de regering'. 'Wij komen elkaar vast nog eens tegen,' zei de NSDAP-voorzitter en stormde de kamer uit.[13] De Beierse regering nam de dreiging serieus en kondigde op 26 januari in heel Beieren de noodtoestand af. Hitler zou wellicht op dat moment al een gevoelige nederlaag hebben geleden, als enkele invloedrijke beschermheren niet voor hem hadden ingestaan. Dankzij bemiddeling door Röhm en Ritter von Epp kreeg hij een audiëntie bij de bevelhebber van de Reichswehr in Beieren, luitenant-generaal Otto von Lossow. Aan hem gaf Hitler zijn erewoord dat hij geen putsch zou proberen te plegen. Dezelfde plechtige belofte deed hij aan Gustav Ritter von Kahr, die op dat moment weer hoofd was van het deelstaatdistrict Opper-Beieren. Lossow en Kahr intervenieerden vervolgens bij minister-president Knilling. Na op de avond van 26 januari opnieuw een gesprek gehad te hebben met politiecommissaris Nortz, waarbij Hitler plotseling heel meegaand was en zei 'persoonlijk en met zijn hele eer' borg te staan voor een 'volstrekt probleemloos verloop van het partijcongres', werd de bijeenkomst onder een aantal beperkende voorwaarden toegestaan.[14]

Toch zou Hitler zich zelfs niet aan die voorschriften houden. Zo organiseerde de NSDAP op de avond van 27 januari twaalf in plaats van de toegestane zes bijeenkomsten. Hitler, die door de massa's 'als een heiland werd toegejuicht', sprak op elk van die bijeenkomsten en kon het niet laten de regering-Knilling uitgebreid te bespotten. 'Zo, meneer de minister, hoe weet u dan dat wij nationaalsocialisten een putsch willen plegen? Maar natuurlijk (op sarcastische toon), dat heeft u van de vrouw van de melkboer! En van een tramconducteur, en een juffrouw op de telefooncentrale heeft het gerucht ook gehoord in een telefoongesprek! En (triomfantelijk) het stond in de *Münchener Post!*' De nationaalsocialisten zouden het helemaal niet nodig hebben een putsch te plegen, omdat ze immers 'geen zieltogende partij waren', maar een jonge beweging die 'elke week aan kracht en omvang' won. Ze konden gewoon wachten, hun tijd zou nog wel komen. En dan zou er geen putsch worden gepleegd, want 'even blazen' zou dan genoeg zijn om de regering omver te werpen.[15]

Tijdens het drie dagen durende partijcongres was München grotendeels in handen van de nationaalsocialisten. Marcherende colonnes van de SA beheersten het straatbeeld. Het openlijk negeren van de beperkingen die de staat had opgelegd, betekende een ernstig gezichtsverlies voor de minister-president. Over het algemeen was men van mening, zo meldde de gezant uit Württemberg, Carl Moser von Filseck, 'dat het een flinke blamage was voor de regering'. Haar aanzien zou 'ernstige schade hebben geleden'.[16] In plaats van echter lering te trekken uit deze gebeurtenissen en te concluderen dat een *modus vivendi* met Hitler en zijn beweging een illusie was, bleven de vertegenwoordigers van het staatsgezag in Beieren bij hun buigzame houding. Een reden daarvoor was de angst dat ze steun zouden verliezen onder de bevolking als ze werkelijk mochten besluiten krachtig op te treden tegen de activiteiten van de nationaalsocialisten. Die laatsten golden in nationalistisch-conservatieve kringen namelijk als een nuttige bondgenoot tegen socialistisch links. Ook de leiding van de Beierse Reichswehr meende dat 'het gezonde aspect van de Hitler-beweging' erin gelegen was dat deze 'de wervende kracht bezat arbeiders voor de nationalistische zaak te winnen': 'Wij wilden,' verklaarde generaal Lossow later tijdens Hitlers proces, 'de Hitler-beweging niet met geweld de kop indrukken maar haar met beide voeten op de grond plaatsen, zodat ze zou inzien wat er mogelijk was en wat er te bereiken viel.'[17]

De leiding van de Reichswehr zag paramilitaire organisaties zoals de SA bovendien als een geheime militaire reserve waar ze in het geval van een conflict gebruik van kon maken. Begin februari 1923 ontstond er onder aansporing van Ernst Röhm een *Arbeitsgemeinschaft der Vaterländischen Kampfverbände* (Samenwerkingsverband van paramilitaire organisaties), waarvan de kern naast de SA ook werd gevormd door de *Bund Oberland* en de *Reichsflagge*. Militair bevelvoerder werd eerste luitenant buiten dienst Hermann Kriebel, de vroegere stafchef van de burgerweren. De militaire training werd verzorgd door de Reichswehr. Door de opname in het samenwerkingsverband veranderde het karakter van de SA – van een partijleger werd het een paramilitaire organisatie die onder de nieuwe leider Hermann Göring op militaire leest werd geschoeid: in plaats van eenheden van honderd man kreeg ze nu stormcompagnies, die op hun beurt weer stormbataljons en stormregimenten vormden. Een door Hitler opgestelde officiële notitie van midden april 1923 is heel duidelijk over het doel van het samenwerkingsverband: '1. Verkrijging van de politieke macht. 2. Radicale zuivering van het vaderland van binnenlandse vijanden. 3. Het opvoeden van de natie, zowel door de wil te vormen, als door haar technisch te trainen voor de dag waarop het vaderland de vrijheid krijgt, het tijdperk van het novemberverraad voorbij is en onze zonen en kleinzonen weer een Duits Rijk erven.'[18] Tegenover de Beierse autoriteiten maakten de paramilitaire eenheden duidelijk hoe vastberaden ze waren door zich in de illegaliteit te begeven. Zo organiseerden ze op 15 april op de Fröttmaninger Heide ten noorden van München een grootschalige militaire oefening en trokken ze zich op de mars naar huis niets aan van de verboden zone rond het gebouw van de Landdag. In een bewuste provocatie nam de NSDAP-voorzitter voor de woning van de Pruisische gezant aan de Prinzregentenstraße een parade af. 'Die grootheidswaanzin doet Hitler kennelijk goed,' merkte het hoofd voorlichting van het Beierse staatsministerie van Buitenlandse Zaken op met het oog op deze activiteiten waarin de politie niet ingreep.[19]

Tegelijk traden de jonge SA'ers in München steeds vrijpostiger op. Zo dwongen ze een boekhandelaar in de Brienner Straße een hun onwelgevallig boek uit de etalage te verwijderen. De boekhandelaar beklaagde zich vervolgens in een boze brief aan Hitler over deze 'kwajongensdictatuur'. Na afloop van een Hitler-bijeenkomst werd een vrouw die tijdens de rede aantekeningen had gemaakt, door de jonge zaalwachters onderworpen aan een vernederende visitatie. De vrouw die bij haar was, een praktiserende arts, was verontwaardigd: 'Wat ons nu is overkomen, dat is je reinste terreur, nog erger dan het onder Eisner was.' Joodse passanten werden openlijk op straat lastiggevallen en aangevallen. Joodse winkeliers werden openlijk veroordeeld omdat ze 'een ongehoorde hetze tegen Hitler en zijn zaak' zouden hebben gevoerd.[20]

Eind april besloot Hitler tot een nieuwe krachtmeting met de Beierse regering. Een geschikte datum hiervoor leek hem, niet in de laatste plaats vanwege de symbolische betekenis, 1 mei – voor links traditioneel de strijddag van de arbeidersbeweging, voor rechts de dag van de 'bevrijding' van München van de heerschappij van de raden in 1919. Toen de regering weigerde de geplande 1 meiviering van de SPD en de vakbonden op de Theresienwiese te verbieden, droeg Hitler de leiders van het samenwerkingsverband op 'de optocht van de roden te verhinderen', en wel door 'een agressief optreden met toepassing van wapengeweld'.[21] In de ochtenduren van 1 mei verzamelden zich op het Oberwiesenfeld in het noorden van München ongeveer tweeduizend militiemannen, uitgerust met karabijnen en machinegeweren, die ze, ondanks het uitdrukkelijke verbod van Lossow, uit het depot van de Reichswehr hadden gehaald. Terwijl ze echter nog aan het exerceren waren – om Hitler heen, die voor de gelegenheid een stalen helm had opgezet en zijn IJzeren Kruis eerste klasse had opgespeld – legden grote eenheden van de

Beierse nationale politie een cordon om het Oberwiesenfeld. Bovendien werden in de kazernes troepen van de Reichswehr in gereedheid gebracht. De Beierse regering en het opperbevel van de Reichswehr waren kennelijk van plan dit keer de uitdaging aan te nemen en Hitler de grenzen van zijn macht te tonen. 'Het zal toch vooral aan de vastberaden houding van de politiemacht die het cordon vormde te danken zijn geweest dat elke neiging tot activistisch optreden [...] bij de op het Oberwiesenfeld bijeengekomen figuren uitbleef,' stond er in het eindrapport van de politie van München te lezen.[22]

Tegen de middag verscheen er een eenheid van de Reichswehr die eiste dat de ontvreemde wapens werden ingeleverd. Kriebel en andere heethoofden wilden zich hiertegen verzetten, maar Hitler vreesde dat het tot een gewapend treffen met de Reichswehr en politie zou komen dat, zo wist hij, snel een einde zou kunnen maken aan zijn politieke ambities. Dus gaven de militieleden de wapens af en ruimden het veld. Eerder was de 1 meiviering op de Theresienwiese zonder problemen afgesloten. München haalde opgelucht adem. De gevreesde botsing was uitgebleven.

Voor Hitler betekende het roemloze einde een eerste tegenslag – zelfs tijdens zijn monologen in het Führerhoofdkwartier sprak hij nog van de 'grootste blamage' van zijn leven.[23] Hij probeerde weliswaar zijn zwaar teleurgestelde SA-mannen op te beuren – 'Onze tijd komt nog wel, en snel'[24] – maar hij kon niet verhullen dat hij door het fiasco van 1 mei prestigeverlies had geleden. Hitler zou geen 'duidelijke doelen' hebben en worden gemanipuleerd 'door anderen achter de schermen die maar steeds om de reddende "daad" schreeuwden', noteerde Forstrat Escherich, die de NSDAP-voorzitter in februari voor het eerst had ontmoet en geen beste indruk van hem had gekregen: 'Kleine demagoog, die alleen kan werken met aantekeningen.' Nu verweet hij hem openlijk dat hij de 'desperado's' in zijn rangen geen werkelijke inhoud te bieden had.[25] Sommige waarnemers dachten dat Hitler inmiddels wel over zijn top heen was. De Amerikaanse consul Murphy meldde aan Washington dat de nationaalsocialisten nu 'in een neergaande lijn zitten'.[26] Dat bleek echter een illusie. De veerkracht van de Hitler-beweging werd door de nederlaag van 1 mei slechts tijdelijk getemperd.

Het was echter wel vervelend voor de leider van de NSDAP dat het Beierse Openbaar Ministerie in opdracht van de minister van Binnenlandse Zaken een onderzoek tegen hem instelde vanwege de 'vorming van een gewapende bende'. Dat zou hem meerdere maanden achter de tralies kunnen doen belanden. Toen Hitler echter dreigde tijdens zijn proces details bekend te maken over de geheime samenwerking van de SA en andere paramilitaire organisaties met de Reichswehr, gaf de in augustus 1922 aangestelde Beierse minister van Justitie Franz Gürtner het Openbaar Ministerie opdracht het begin van de behandeling van de zaak om staatredenen uit te stellen tot 'een rustiger moment'. Het onderzoek liep op niets uit.[27] Opnieuw bleek dat de toegeeflijke houding van Beierse regering duidelijk niet de beste manier was om de dadendrang van de demagoog te beteugelen.

Voorlopig trok Hitler, die na de opwinding van de voorafgaande maanden kennelijk behoefte had aan rust, zich echter enige tijd uit de openbaarheid terug. Hij vertrok naar het afgelegen berglandschap van Berchtesgaden, waar zijn vriend Dietrich Eckart zich al langer verborgen hield om niet te worden gearresteerd. Onder de naam 'Wolf' nam hij zijn intrek in het 'Pension Moritz' van de familie Büchner, die Hitler zeer toegenegen was. Destijds, zo gaf hij later toe, was hij 'helemaal verliefd geweest op het landschap'. 'Voor mij was de Obersalzberg een heerlijk oord geworden.'[28] Hij liet zich slechts met moeite overhalen deel te nemen aan het herdenkingsfeest dat de Vaterländische Verbände op 10 juni in München hielden voor Leo Schlageter. (Schlageter was, nadat hij in het bezette Ruhrgebied meerdere bomaanslagen had gepleegd, op 26 mei door de Fransen ter dood veroordeeld en standrechtelijk gefusilleerd.) Direct na zijn redevoering keerde Hitler echter terug naar zijn heerlijke vakantieoord. Rudolf Heß, die hem in juli bezocht, trof hem in opperbeste stemming: 'Hitler is nu gelukkig veel in de bergen om uit te rusten. Het is wel een ongewone aanblik om hem zo te zien in lederhose met blote knieën en in hemdsmouwen. Hij ziet er dan ook veel beter uit dan vroeger.'[29]

Volgens Joachim Fest was Hitler op de Obersalzberg 'in zijn oude lethargie en lusteloosheid' gevlucht.[30] Maar afgaande op de getuigenis van Heß kan daarvan geen sprake zijn geweest: 'Zijn leven is hier echter vermoeiend, de hele dag is ingedeeld, van vroeg tot diep in de nacht. De ene bespreking na de andere, vaak zonder dat hij tussendoor de tijd neemt om te eten.'[31] Met de nieuwste Mercedes-Benz die hij nog maar sinds kort bezat, kon Hitler zich comfortabel van bijeenkomst naar bijeenkomst laten rijden.

De verheviging van de economische en politieke crisis vanaf de zomer van 1922 stond ook eigenlijk helemaal niet toe dat de partijvoorzitter zo lang afwezig was. De inflatie was op een hoogtepunt. 'In augustus bereikte de dollar het miljoen,' herinnerde Sebastian Haffner zich. 'Wij lazen het en hielden even onze adem in, alsof we over een ongelooflijk record hoorden. Veertien dagen later konden we er alweer om lachen, want alsof hij nieuwe energie had gekregen van die grens van het miljoen, verhoogde de dollar zijn tempo tienvoudig om met stappen van honderd miljoen en vervolgens miljarden te stijgen. In september betekende een miljoen inmiddels vrijwel niets meer, en was het miljard de nieuwe betalingseenheid. Eind oktober was dat het biljoen.'[32]

De bodemloze inflatie versterkte de noodsituatie en de vertwijfeling onder brede lagen van de bevolking. In Zwaben werd eind augustus een 'bijzonder gedrukte' stemming gemeld: 'Werkloosheid en honger dreigen voor velen en niemand weet hoe dit gevaar moet worden afgewend.' Het hoofd van het deelstaatdistrict Opper-Beieren meldde in oktober dat de stemming veel weg had van die van november 1918: 'Opmerkingen dat het eigenlijk niets meer uit zou maken als alles kort en klein werd geslagen, vormen [...] niet langer een uitzondering.'[33]

Een golf van demonstraties, stakingen en hongeroproeren deed het land op zijn grondvesten schudden. In augustus legde Cuno zijn ambt neer. Hij werd opgevolgd als rijkskanselier door de voorzitter van de *Deutsche Volkspartei* (DVP), Gustav Stresemann, die inmiddels van felle annexionist en aanhanger van Ludendorff in de Eerste Wereldoorlog was veranderd in verstandsrepublikein. Hij vormde een kabinet vanuit een grote coalitie die naast de DVP, de *Deutsche Demokratische Partei* (DDP) en Zentrum ook de SPD omvatte. De nieuwe regering stond voor de zware opgave de hyperinflatie een halt toe te roepen. Zonder stabilisatie van de valuta was economisch herstel niet mogelijk. Daarvoor was het echter nodig dat de financieel desastreuze strijd om het Ruhrgebied werd gestaakt. Op 26 september 1923 lieten de rijkspresident en de rijksregering weten dat het 'passieve verzet' zou worden gestaakt. Rechts begon gelijk een wilde campagne tegen wat het zag als capitulatiepolitiek van Stresemann en de grote coalitie.[34]

In Beieren, waar het ressentiment tegen het 'rode Berlijn' toch al sterker was dan elders, werd het verzet georganiseerd. Op 1 en 2 september kwamen de Vaterländische Verbände in Neurenberg bijeen voor een 'Duitse Dag'. Het politiebureau Neurenberg-Fürth berichtte:

> Aan alle gevels hingen zwart-wit-rode vlaggen. Met daverende uitroepen van 'Heil!' begroette de samengedrongen bevolking in de straten, op de stoepen en vanuit de ramen de eregasten en hun gevolg [...]. Het was alsof honderdduizenden moedeloze, geïntimideerde, vertrapte, vertwijfelde mensen het uitschreeuwden omdat zich een sprankje hoop openbaarde op de bevrijding uit het knechtschap en de armoede. Veel mannen en vrouwen stonden te huilden, overweldigd door emoties.[35]

In Neurenberg sloten Hitler en Ludendorff de rijen. In 1921 had Rudolf Heß de voorzitter van de NSDAP aan Ludendorff voorgesteld. Hij was erg blij geweest de generaal uit de wereldoorlog, die hij ooit 'had aanbeden', persoonlijk te leren kennen, vertelde Hitler tijdens zijn proces in München in februari 1924. En Ludendorff liet van zijn kant optekenen dat hij Hitler sinds hun eerste kennismaking 'had zien groeien'. Hij zou hebben beseft 'dat dit iets was wat het volk begreep, dat we hier met iets moreel hoogwaardigs te maken hebben dat de redding kan betekenen': 'Zo hebben de heer Hitler en ik elkaar gevonden.'[36] Met name voor

Hitler was de 'wereldoorlogheld' van grote waarde. Samen met hem, zo mocht hij hopen, kon hij rekenen op de steun van de Reichswehr voor zijn geplande staatsgreep. Zonder de steun van de gewapende macht – dat had hij op 1 mei wel geleerd – was de onderneming bij voorbaat gedoemd te mislukken.

Een ander belangrijk resultaat van Neurenberg was de stichting van een *Vaterländischer Kampfbund*, waarin de activistische kernen van de milities – SA, Bund Oberland en de Reichskriegsflagge – elkaar vonden. Kriebel fungeerde ook hier als militair leider, de verdere leiding kwam in handen van Max Erwin von Scheubner-Richter. Op 25 september kreeg Hitler de 'politieke leiding' van de Kampfbund. Het 'actieprogramma' liet er geen twijfel over bestaan wat men van plan was: hun eigenlijke doel, 'het verslaan van het marxisme', konden de milities enkel bereiken 'als ze in Beieren over de staatsmacht zouden beschikken'. Dat betekende dus: 'De nationale revolutie mag in Beieren niet voorafgaan aan de overname van de politieke macht, de toe-eigening van de politieke machtsmiddelen van de staat vormt juist de voorwaarde voor een nationale revolutie.'[37]

De voortdurende bezwering dat er een 'nationale revolutie' aanstaande was, voedde in het rechtse kamp de hoop op een snelle omwenteling. Opnieuw deden geruchten over een putsch de ronde en wakkerden de koortsachtig opgewonden stemming aan. Hitler en zijn beweging kwamen daardoor steeds meer onder druk te staan om te handelen. Het moment naderde waarop hij zijn mannen 'niet meer kon houden', waarschuwde Wilhelm Brückner, de aanvoerder van het SA-regiment in München. 'Als er nu niet snel wat gebeurt, lopen de mensen weg.'[38]

In de maanden september en oktober kwamen er uit heel Duitsland bergen post binnen op het hoofdkwartier van de NSDAP. Daarin werd Hitler steeds dringender gevraagd tot handelen over te gaan. Alle hoop was nu gevestigd op hem, op de 'redder uit Beieren', die 'met ijzeren bezem de augiasstal' zou schoonvegen. Door 'werkelijk energiek op te treden' – zoals Mussolini in Italië – zou hij Duitsland een 'ongekende dienst' bewijzen. Men verwachtte nu elke dag het 'stormsein' en bad dat 'onze Lieve Heer Hitler naar de volledige overwinning zal leiden' – dat was de teneur van de meeste brieven. Een vrouw uit de chique Münchense wijk Bogenhausen, die sinds een jaar of twee Hitlers redevoeringen in Zirkus Krone had gevolgd en het op de koop toe nam dat ze soms lang moest wachten voor een goede plaats, zolang ze maar 'elk woord, elke wending in zich zou kunnen opnemen en de vereerde Führer van zo dichtbij mogelijk een "Heil!" zou kunnen toeroepen', schreef begin november: 'En moge de Almachtige uw arm zo sterk maken als uw woord nu al is, zodat de dag van de bevrijding eindelijk aan kan breken.'[39] De leiding van de NSDAP mocht zich door dit soort overweldigende bewijzen van toewijding aan de Führer gesterkt weten in de overtuiging dat men nu niet te lang meer moest wachten met de geplande actie.

Met zijn opzwepende redevoeringen in Zirkus Krone wekte Hitler alleen nog maar hoger gespannen verwachtingen. Het Duitse volk zou worden beheerst door een 'groots gevoel': 'Lang kan dat zo niet verdergaan,' verkondigde hij op 5 september. Er waren 'maar twee mogelijkheden: Berlijn marcheert en eindigt in München, of München marcheert en eindigt in Berlijn.'[40] Midden september maakte Rudolf Heß mee hoe Hitler op de 'Duitse Dag' in Hof werd gevierd als de aanstaande messias: 'In een handomdraai waren zes zalen tot de nok gevuld, en voor de deur stonden massa's mensen die vergeefs hoopten ook nog te worden toegelaten. [...] In een van die zalen raakte hij plotseling opnieuw door iets onbeschrijfelijks bezeten – dat greep mij zo aan dat ik mijn kaken op elkaar moest klemmen. [...] Er waren veel goede, kritische mensen aanwezig in die zaal – en na afloop waren ze buiten zinnen van enthousiasme.'[41]

'Wanneer is het zover?' Die vraag hield de gemoederen bezig. Hitler zelf was er nog niet uit welk moment het zou worden. Heß vond hem midden september 'ernstiger dan ooit': Hitler zou 'zijn verantwoordelijkheid ook [voelen] met het oog op het begin, het besluit dat hij moest nemen om de lont in het kruitvat te steken'.[42] Voor 27 september wilde de NSDAP-voorzitter alleen al in München veertien massabijeenkomsten organiseren – een soort opmaat naar de beslissing.

Afb. 13 Massabijeenkomst van de NSDAP met Hitler als spreker in Zirkus Krone, München 1923 – voor de Hitler-putsch (foto: Heinrich Hoffmann).

Toen gebeurde er echter iets waar Hitler niet mee had gerekend: op 26 september kondigde het kabinet-Knilling de noodtoestand af en benoemde Gustav Ritter von Kahr tot *Generalstaatskommissar* met nagenoeg dictatoriale bevoegdheden. Deze stap richtte zich enerzijds tegen de regering in Berlijn die zojuist het einde van het 'passieve verzet' had afgekondigd, maar anderzijds ook tegen de Hitlerbeweging. Het kon de Beierse overheid natuurlijk niet zijn ontgaan dat die laatste zich klaar leek te maken voor een putsch. Een van de eerste maatregelen die Kahr trof, was dat hij de veertien grote demonstraties van de NSDAP op 27 september verbood. Hitler diende direct een 'fel protest' in, maar bereikte daarmee niet dat het verbod werd ingetrokken.[43] Voortaan waren de verhoudingen tussen de Generalstaatskommissar en de partijleider gespannen. Hitler deed duidelijk moeite in het openbaar afstand te nemen van Kahr: Die zou niet meer zijn dan 'een brave beambte die het aan politiek instinct en een stevige wil' ontbrak. Daarom was hij ook niet 'de geschikte man [...] om de beslissende strijd aan te voeren'. Wat Hitler daarmee wilde zeggen, was duidelijk: niemand behalve hijzelf was voorbestemd de 'wegbereider van de grote Duitse vrijheidsbeweging' te worden.[44]

Zo heerste er gedurende de hele maand oktober een gespannen, koortsachtige stemming in München. De hoofdrolspelers, Kahr aan de ene kant en Hitler aan de andere, draaiden om elkaar heen als twee achterdochtige katers. Afwisselend probeerden ze elkaar te paaien of klonken er juist weer openlijke dreigementen. In de chaos van het politieke schaakspel en de intriges was het zelfs voor ingewijden moeilijk het overzicht te behouden. De situatie werd bovendien verder gecompliceerd door een ernstig conflict tussen Beieren en het rijk.

Op 26 september had rijkspresident Ebert in reactie op de benoeming van Kahr eveneens de staat van beleg afgekondigd en de uitvoerende macht overgedragen aan de minister voor de Reichswehr, Otto Geßler. Die verbood een dag later direct de *Völkischer Beobachter* omdat het blad een lasterlijk artikel had gepubliceerd tegen rijkskanselier Stresemann en de opperbevelhebber van het leger, Hans von Seeckt. Generaal Lossow weigerde echter het verbod tegen de wil van Kahr ten uitvoer te brengen. Ebert liet Lossow daarop uit zijn ambt zetten. Nu bemoeide Kahr zich met de zaak en gaf Lossow zelf het bevel over de Beierse troepen van de Reichswehr. De breuk tussen Berlijn en München was daarmee een feit. Beieren werd feitelijk bestuurd door een triumviraat bestaande uit Generalstaatskommissar Kahr en zijn beide belangrijkste bondgenoten, generaal Lossow en kolonel Hans Ritter von Seißer, het hoofd van de Beierse nationale politie.[45]

Het conflict tussen Beieren en het rijk overstemde soms de twist tussen het triumviraat en de activistische krachten rond Hitler en de Kampfbund. Achter de coulissen ging het touwtrekken echter onverminderd door. Over het doel was men het eens: het opruimen van de democratie van Weimar en de vestiging van een 'nationale dictatuur'. Maar over de vraag hoe dit doel kon worden bereikt, wie de leiding op zich moest nemen en wat het beste moment was, bestonden vergaande meningsverschillen. Kahr, Lossow en Seißer waren van mening dat de 'nationale revolutie' moest uitgaan van Berlijn. Ze wisten dat er in de rijkshoofdstad plannen werden gesmeed voor de vorming van een 'directorium' dat na het verwachte einde van de regering-Stresemann de macht moest overnemen. Daartoe zouden naast generaal Seeckt ook de voormalige algemeen directeur van het Stinnes-concern, Friedrich Minoux, en de Duitse ambassadeur in Washington, Otto Wiedfeldt, behoren.[46] Bij dit streven wilde het triumviraat zich aansluiten. Daarom was het nodig geweest, zo verklaarde Kahr tijdens het proces tegen Hitler, 'in Beieren vooral de nationale krachten te bundelen, om een sterk Beieren te creëren dat ook in staat was het streven naar een directorium bij te staan en een dergelijk directorium te ondersteunen'.[47] Met andere woorden: Kahr en zijn vertrouwelingen hoopten dat ze niet zelf het initiatief hoefden te nemen maar dat over konden laten aan de leiding van de Reichswehr in Berlijn en haar verbindingsmensen in Noord-Duitsland. Hitler en de Kampfbund moesten zich ten dienste stellen van de 'bundeling van alle vaderlandsgezinde krachten voor de vestiging van een stevig en krachtig staatsgezag' in Beieren. Hun medewerking, aldus Kahr in een opmerking tijdens een persconferentie op 1 oktober, was welkom, maar dan moesten ze zich 'naar het grotere geheel' schikken: 'Rare fratsen worden niet geduld.'[48]

Naar Hitlers idee en dat van de Kampfbund moest de 'nationale dictatuur' eerst in Beieren worden afgekondigd, om vervolgens van daaruit de 'mars op Berlijn' te beginnen. 'Het oprollen van het Duitse probleem vanuit Beieren, al is het om vijf voor twaalf: roep om een Duits vrijheidsleger onder een Duitse regering in München,' zo beschreef Hitler in een toespraak voor SA-leiders op 23 oktober de weg naar de macht zoals hij die voor zich zag. En in een rede in Zirkus Krone op 30 oktober was hij nog duidelijker: 'Beieren heeft een grote missie [...]. Wij moeten buiten onze grenzen treden en strijden tegen het marxistische gebroed in Berlijn. [...] We moeten de strijd uitdragen, tot in het hart doorstoten.' Daarbij liet de redenaar er geen twijfel aan bestaan wie de regie van deze geplande machtsgreep moest voeren: 'Wat mij betreft is het Duitse probleem pas opgelost wanneer de zwart-wit-rode hakenkruisvlag op het Slot van Berlijn wappert.'[49] De militaire leiding van de putsch wilde Hitler aan Ludendorff overlaten. Diens reputatie als generaal uit de wereldoorlog leek te garanderen dat de Reichswehr wel zou meedoen. De politieke leiding wilde hij zelf op zich nemen – een duidelijk bewijs dat hij zichzelf inmiddels niet langer enkel als de 'trommelaar' maar als de toekomstige Führer zag. 'De man die zich geroepen voelt een volk te leiden, heeft niet het recht om te zeggen: als men wenst dat ik het doe, of als men mij nadrukkelijk vraagt, dan zal ik het doen. Hij heeft de plicht het te doen,' zo gaf hij later voor het gerecht zijn overwegingen weer.[50]

Terwijl het triumviraat tijd probeerde te rekken, drong Hitler aan op actie. Daartoe zag hij zich niet alleen gedwongen door de verwachtingen van zijn aanhangers in heel Duitsland en de mannen van de Kampfbund in München, maar ook door de veranderde politieke randvoorwaarden. Door het ingrijpen van de Reichswehr tegen de Eenheidsfrontregering van de SPD en de KPD in Saksen en Thüringen, eind oktober/begin november 1923, viel het excuus voor de Beierse samenzweerders voor een militaire opmars naar de grens met Midden-Duitsland weg. De stichting van de 'Rentenbank' midden oktober maakte bovendien duidelijk dat de regering-Stresemann nu ook duidelijke stappen wilde ondernemen om de munt te saneren. Hitler en de leiding van de Kampfbund moesten nu voortmaken. Tijdens een gesprek met Seißer op 1 november verzekerde de NSDAP-voorzitter weliswaar: 'Ik onderneem niets tegen de Reichswehr en de landelijke politie, denkt u niet dat ik zo dom ben, ik pleeg geen putsch, dat beloof ik u.'[51] Maar tegelijkertijd verlangde hij van het triumviraat dat het zou handelen: 'Het is de allerhoogste tijd. De economische crisis raakt onze mensen zo erg, dat we wel moeten handelen, anders lopen ze over naar de communisten.'[52]

Begin november reisde Seißer als vertegenwoordiger van het triumviraat naar Berlijn om daar de situatie te peilen. Tijdens een gesprek met de opperbevelhebber van de Reichswehr wees hij op de 'zware druk' die 'alle vaderlandse krachten in Beieren' op Kahr uitoefenden om hem zo ver te krijgen 'op te treden tegen Berlijn', met het doel 'een nationale dictatuur te vestigen'. Seeckt verklaarde dat dit ook zijn doel was, maar tegelijk liet hij er geen misverstand over bestaan dat de 'legale weg moest worden bewandeld' en dat een 'mars op Berlijn', zoals Hitler en de Kampfbund die van plan waren, voor hem volstrekt niet aan de orde was.[53] Vervolgens riep Kahr op 6 november de leiders van de Vaterländische Verbände, onder wie Kriebel van de Kampfbund, bijeen voor een bespreking en waarschuwde hen nadrukkelijk dat ze niet eigenmachtig moesten optreden: 'Alleen ik geef aan wanneer we marcheren, verder niemand.' Lossow sloot zich daarbij aan en herinnerde aan het mislukken van de Kapp-Lüttwitz-putsch van 1920: 'Ik ben bereid een rechtse dictatuur te steunen als er uitzicht bestaat op succes. Als de gemoederen enkel in beroering worden gebracht voor een putsch die na vijf of zes dagen toch jammerlijk blijkt te mislukken, doe ik niet mee.'[54]

Door de bespreking van 6 november was duidelijk geworden dat het triumviraat niet bereid was het initiatief te nemen. Het wilde de ontwikkelingen in Berlijn en Noord-Duitsland afwachten om zich vervolgens eventueel achter het op te richten 'directorium' te scharen. Hitler kon echter na zijn grootspraak in de afgelopen weken niet langer passief blijven: 'We konden de mensen niet voortdurend ergens op voorbereiden en ze dan weer terugfluiten. We konden ze niet in een voortdurende toestand van alertheid houden. Er moest een duidelijke beslissing worden genomen,' gaf hij later tijdens het proces toe.[55] Daarom nam hij nog op de avond van 6 november het besluit in de aanval te gaan. De beslissing werd een dag later in een bespreking met de leiding van de Kampfbund bevestigd. Als datum werd 11 november, de dag van de wapenstilstand van 1918, gekozen. Kriebel stelde voor de eenheden van de Kampfbund op 10 november voor een nachtelijke oefening op de Fröttmaninger Heide bij elkaar te brengen, om ze vervolgens een dag later München te laten binnenmarcheren. Dit plan liet men echter weer varen toen bekend werd dat Kahr voor de avond van 8 november een bijeenkomst had belegd in de Bürgerbräukeller waarvoor iedereen die in de stad enigszins meetelde, zou worden uitgenodigd.

Hitler concludeerde uit het feit dat Kahr deze bijeenkomst op korte termijn had belegd, dat deze laatste hem te vlug af wilde zijn, en hij vreesde zelfs dat de Generaalstaatskommissar het herstel van de dynastie van de Wittelsbachs bekend wilde maken. Geruchten van die strekking deden begin november 1923 de ronde in München. Hitler was echter fel gekant tegen een herstel van de monarchie. Men zou het nooit gaan meemaken, had hij eind september al gedicteerd aan zijn secretaris Fritz Lauböck, 'dat de Nationaalsocialistische Duitse Arbeiderspartij zelfs ook maar zou proberen de volstrekt gedegenereerde families Hohenzollern en Wittelsbach met hun hele weerzinwekkende bende pluimstrijkers ertoe over te halen weer de macht over het Duitse volk op zich te nemen'.[56]

Dus besloot de NSDAP-voorzitter de datum van de putsch te verplaatsen naar de avond van 8 november. Een overrompeling van de Bürgerbräukeller zou een unieke kans bieden vrijwel alle prominente politieke figuren van de Beierse hoofdstad in één keer in handen te krijgen en tegelijk de eerste zet voor de putsch te geven. Het triumviraat moest voor een voldongen feit worden gesteld en zo gedwongen worden mee te doen. 'We moeten de mensen zo compromitteren dat ze wel mee moeten doen, dan kunnen ze niet meer terug,' legde Hitler uit aan Hanfstaengl.[57] Men had de drie treuzelaars, zo verklaarde hij tijdens het proces, 'een zetje' willen geven, 'zodat ze hun koudwatervrees eindelijk zouden overwinnen'.[58]

In de loop van 8 november werden de bevelen verspreid naar de aanvoerders van de Kampfbund, deels door koeriers op motorfietsen. De kring van ingewijden moest liefst zo klein mogelijk worden gehouden om het verrassingseffect niet te bederven.[59] In de vroege ochtenduren verzekerde Hitler zich van de steun van Ernst Pöhner, zijn oude beschermheer in de politieleiding, en bood hem het ambt van Beiers minister-president in de regering van de putschisten aan. Hij zou 'verrast' zijn geweest door het voorstel, maar hij had er toch 'een innerlijk genoegen' aan beleefd 'dat eindelijk iemand de kracht had gevonden om te handelen': 'Toen Hitler het me vroeg, heb ik zonder aarzelen geantwoord: Ja, ik doe mee.'[60] Om 9 uur liet Hitler Heß telefonisch bij zich roepen en gaf hij hem tot taak de in de Bürgerbräukeller aanwezige leden van de Beierse regering te arresteren: 'Ik beloofde met een handdruk dat ik absoluut zou zwijgen en we namen afscheid van elkaar tot die avond.'[61]

Tegen de middag verscheen Hitler – 'het hondenzweepje in de hand [...], een en al duistere vastberadenheid' – op de redactie van de *Völkischer Beobachter* en zei tegen de verbouwereerde hoofdredacteur en de eveneens aanwezige Hanfstaengl: 'Het moment om te handelen is gekomen [...]. Maar zeg daarover tegen niemand ook maar een woord.' Beiden moesten ze zorgen dat ze 's avonds in de Bürgerbräukeller waren en vooral niet vergeten hun pistolen mee te nemen.[62] Zo werd geleidelijk de hele directe kring van samenzweerders geïnstrueerd. De hele onderneming was, omdat de datum naar voren was geschoven, overhaast en geïmproviseerd. Er was geen tijd voor een intensieve voorbereiding, en dat zou een belangrijke reden voor de uiteindelijke mislukking blijken te zijn.

De Bürgerbräukeller was al voor het begin van de bijeenkomst om acht uur overvol. Voor de ingang verdrongen zich honderden mensen die niet meer naar binnen konden. Kort nadat Kahr aan zijn redevoering was begonnen, kwam Hitler buiten met zijn Mercedes voorgereden in het gezelschap van Alfred Rosenberg, zijn lijfwacht Ulrich Graf en Anton Drexler, aan wie Hitler nu pas vertelde wat hij van plan was: 'Ik wens je veel geluk,' zou de erevoorzitter van de NSDAP enkel droogjes hebben opgemerkt.[63] Bij het zien van de onverwacht grote mensenmassa voor de Bürgerbräukeller bekroop Hitler de angst dat de stormtroepen die nog zouden volgen misschien niet door het gedrang zouden kunnen komen zonder dat er paniek uitbrak of het verrassingseffect verloren zou gaan. Kordaat wendde hij zich tot de dienstdoende politieagenten en eiste van hen dat ze de straat ontruimden. Dat deden ze, en Konrad Heiden zou later sarcastisch vaststellen: 'De politie heeft op bevel van Hitler de weg gebaand voor de putsch.'[64]

Kort daarop arriveerden de eerste vrachtwagens met bewapende SA-mannen, en de '*Stoßtrupp Hitler*', een speciale eenheid van honderd man (een voorloper van de latere *Schutzstaffel*), die de ingang afsloten en het gebouw omsingelden. Hitler, die voor deze avond een donker pak had aangetrokken, begaf zich naar de voorhal van de zaal en begon daar nerveus te ijsberen.[65] Uiteindelijk, tegen 20.45 uur, smeet hij het bierglas dat Hanfstaengl hem had aangereikt tegen de grond, trok zijn pistool en stormde de zaal binnen, terwijl een SA-eenheid onder leiding van Göring bij de ingang een machinegeweer in stelling bracht. 'Het spreekt toch voor zich dat men niet met een palmtak naar binnen kan lopen,' zei de NSDAP-voorzitter tijdens het proces om zijn optreden te rechtvaardigen.[66] Slechts met moeite baande Hitler – 'bleek en met het donkere haar in zijn gezicht hangend, links en rechts van hem een stormtroeper', ook die met 'pistolen in hun geheven handen'[67] – zich een weg naar het podium. Op een afstand van misschien tien passen van Kahr klom hij op een stoel en schoot, omdat het lawaai in de zaal maar niet wilde afnemen, een keer in het plafond. Toen sprong hij van de stoel, klom op het podium en riep op opgewonden toon: 'De nationale revolutie is uitgebroken. De zaal is door zeshonderd zwaarbewapende mannen bezet. Niemand mag de zaal verlaten. Als het niet onmiddellijk stil wordt, zal ik een machinegeweer op de galerij laten zetten. De Beierse regering is afgezet. De rijksregering is afgezet. Er is een provisorische regering gevormd.'[68]

Daarna eiste Hitler van Kahr, Lossow en Seißer dat ze met hem naar een zijvertrek gingen. Hij stond in voor hun veiligheid. Kahr zou zijn overmand door een 'gevoel van woede en afschuw', schreef hij later in zijn niet-gepubliceerde memoires. Tegelijk had hij de stille hoop gehad dat de politie snel een einde zouden maken aan deze onzin. Daarom was het van belang tijd te winnen. Terwijl ze daar liepen, zou Lossow zijn partners hebben toegefluisterd: 'Meespelen,' en alle drie hadden ze met hun blikken bevestigd dat ze deze tactiek zouden volgen.[69] Of het triumviraat het er echter werkelijk op dat moment al over eens was om zogenaamd op Hitlers spel in te gaan, en hem dan snel daarna om de tuin te leiden, is twijfelachtig. Tijdens de onderhandelingen in het zijvertrek stootte Hitler namelijk, hoewel hij zijn uiterste best deed hen te overreden, toch op onverwachte weerstand. Drijfnat, bezweet, met het schuim om de mond en nog altijd opgewonden met het pistool zwaaiend, riep hij: 'Niemand verlaat levend deze kamer zonder mijn toestemming.' En vervolgens, terwijl hij wat rustiger werd, verontschuldigde hij zich voor zijn aanpak. Hij zou geen andere keuze hebben gehad: 'De teerling is geworpen. Er is geen weg terug meer.' Hij legde kort uit hoe hij zich de toekomstige samenstelling van de regering in Beieren voorstelde: 'Pöhner wordt minister-president met de volmachten van een dictator. U' – en hij wendde zich tot Kahr – 'wordt zijn plaatsvervanger. Rijksregering Hitler, nationaal leger Ludendorff, Seißer minister van Politie.' Hij wist hoe moeilijk de heren het vonden hiermee in te stemmen, maar hij wilde het hun eenvoudiger maken 'de start te vinden'. Op dat aanbod liet hij gelijk een dreigement volgen: 'Ik heb vier kogels in mijn pistool, drie voor mijn medewerkers als ze me in de steek laten, de laatste voor mezelf,' waarbij hij het pistool richting zijn hoofd bewoog. Kahr, die over deze behandeling 'uiterst verontwaardigd' was, antwoordde koeltjes: 'U kunt mij arresteren, u kunt me laten doodschieten, u kunt het zelf doen. Sterven of niet sterven, het betekent allemaal niets.'[70] Zo verstreken er tien minuten zonder dat Hitler ook maar een stap verder was gekomen.

In de zaal laaide de verontwaardiging inmiddels hoog op. Veel van de aanwezige vermogende burgers van München waren gechoqueerd door wat ze zojuist hadden meegemaakt, en riepen nu dingen als: 'Theater!' 'Zuid-Amerika!' 'Mexico!' om uitdrukking te geven aan hun afkeuring.[71] Om de stemming tot bedaren te brengen, klom Göring op het podium en verklaarde met daverende bevelvoerdersstem dat de actie niet gericht was tegen Kahr, maar dat men juist hoopte dat hij zou meedoen. En overigens, zo hield hij de aanwezigen voor, hadden ze toch hun bier, dus ze mochten best tevreden zijn.[72] Die vrijpostige opmerking deed het publiek helemaal in razernij ontsteken.

Toen keerde Hitler echter terug naar de zaal, en wat er nu gebeurde, bracht één ooggetuige, de historicus Karl Alexander von Müller, bijna veertig jaar later nog altijd zo van zijn stuk toen hij het beschreef dat hij maar moeilijk de woorden kon vinden. Hitler, die eerder op veel aanwezigen nog een indruk had gemaakt alsof hij bezeten was, leek de situatie plotseling volledig meester. In een korte toespraak – 'een retorisch meesterwerk waar elke acteur trots op zou zijn geweest' – wist hij de stemming in de zaal te doen omslaan, 'zoals je een handschoen binnenstebuiten doet'. 'Het had haast iets van hocuspocus, van tovenarij.' Toen de demagoog er zeker van was dat hij publiek voor zich had weten te winnen, stelde hij de retorische vraag: 'Buiten bevinden zich de heren Kahr, Lossow en Seißer. Ze hebben moeite een beslissing te nemen. Kan ik hun zeggen dat u achter hen zult staan? 'Ja! Ja!' klonk het steeds harder van alle kanten.' Met een triomfantelijke klank in zijn stem sloot Hitler vervolgens theatraal af: 'Dan zal de nieuwe dag een nationale Duitse regering betekenen, of onze dood.'[73]

Op dat moment verscheen Ludendorff, die werd begroet met uitroepen van 'Heil!'. Scheubner-Richter had opdracht gekregen hem met de auto te gaan halen. Dat de generaal vooraf niet op de hoogte was gebracht van de aanstaande actie, is onwaarschijnlijk. Slechts enkele uren eerder, om vier uur 's middags, was hij namelijk onverwacht bij Kahr verschenen en had hij in het bijzijn van Lossow en Seißer verklaard dat 'alles er nu op wijst dat een beslissing nodig is'. Kahr had verwezen naar de eerdergenoemde plannen voor een directorium, maar tegelijk ook 'het idee van een van Beieren uitgaande rechtse dictatuur' opnieuw verworpen, waarop Ludendorff was vertrokken met een openlijk dreigement, 'dat die mensen er uiteindelijk op los konden slaan'.[74] Op de avond zelf deed hij echter alsof hij door het eigenmachtige handelen van Hitler was overrompeld: 'Mijne heren, ik ben evenzeer verrast als u. De stap is nu echter gezet. Het gaat om het vaderland en het grote nationale belang, en ik kan u enkel adviseren, ga met ons mee, sluit u bij ons aan!' Door Ludendorffs optreden sloeg de stemming in de zaal om als een blad aan de boom. De pistolen werden opgeborgen, en de stemming werd er nu een 'van vriendelijke overreding'. Als eerste ging Lossow om, nadat hij door Ludendorff op zijn eergevoel was aangesproken, en vervolgens Seißer. Alleen Kahr twijfelde nog. Uiteindelijk gaf hij toe aan de druk die van alle kanten op hem werd uitgeoefend: 'Ik ben bereid de leiding over het lot van Beieren op mij te nemen als stadhouder van de monarchie.' Hitler, die niet in de verste verte aan een herstel van de monarchie dacht, maar Kahrs instemming nodig had, zei daarop 'dat daar niets tegen was' en dat hij zelf kroonprins Rupprecht op de hoogte zou brengen dat de actie niet tegen het huis Wittelsbach was gericht maar integendeel juist het onrecht dat hem in november 1918 was aangedaan, weer goed wilde maken. En met een gespeelde onderdanigheid verklaarde hij: 'Excellentie, ik verzeker u dat ik vanaf nu trouw als een hond achter u zal staan.'[75]

Hitler eiste nu dat de heren samen met hem voor de mensenmassa zouden verschijnen om de bereikte overeenkomst in het openbaar te bezegelen. Opnieuw verzette Kahr zich: hij kon toch zeker niet terugkeren naar de zaal waaruit hij 'zo schandelijk was afgevoerd'? Dat wees Hitler echter van de hand: 'Ze zullen u enthousiast ontvangen, ze zullen voor u knielen.' Zo betraden ze gezamenlijk opnieuw het podium, waar ze enthousiast werden begroet door het publiek. Kahr, zijn gezicht uitdrukkingsloos alsof hij wat wilde verbergen, nam als eerste het woord en herhaalde dat hij zich als 'stadhouder van de monarchie' beschouwde en slechts met grote tegenzin had besloten om, voor het welzijn van Beieren en Duitsland, deze actie te ondersteunen. Hitler drukte hem daarop langdurig de hand met een 'uitdrukking van stralende [...] haast kinderlijke, onverhulde vreugde op zijn gezicht', zoals Karl Alexander von Müller het later beschreef. De scène herinnerde hem aan 'De eed op de Rütliweide in 1291 in Zwitserland, met heel het verzamelde volk als getuige'. En inderdaad was de putschpleger euforisch nu de spanning van de eerste uren voorbij was. Met een haast religieuze gedragenheid richtte hij zich opnieuw tot het publiek: 'Ik wil in de komende weken en maanden de belofte inlossen die ik vandaag vijf jaar geleden, toen ik als een blinde invalide in het lazaret lag, deed: dat ik niet zal rusten tot de misdadigers van november 1918 gevloerd zijn! Tot op de puinhopen van het huidige deerniswekkende Duitsland een nieuw Duitsland zal zijn opgestaan, groots, machtig, vrij en in al zijn pracht! Amen.' Daarna verklaarde Ludendorff, 'vaal van de ingehouden innerlijke opwinding', dat hij zich 'naar vrije wil ter beschikking stelde aan de Duitse nationale regering', en ook Lossow en Seißer betuigden, nadat ze door Hitler naar het spreekgestoelte waren gewenkt, hun instemming.[76] Ook hun schudde de stralende Hitler de hand. Hij, en niet Ludendorff, was de ster van de avond. De 'trommelaar' had zijn masker afgezet en zijn aanspraak op de rol als leider van de 'nationale revolutie' nadrukkelijk bekrachtigd.

Waarschijnlijk was nauwelijks iemand in de zaal op het idee gekomen dat de verbroederingscène wel eens zorgvuldig kon zijn ingestudeerd.

'We waren allemaal geroerd als nooit tevoren,' zo typeerde Hitler later zelf de stemming van dat moment.[77] De meeste aanwezigen hadden het gevoel dat ze getuige waren geweest van een historische gebeurtenis. Toen afsluitend het *Deutschlandlied* werd gezongen, was menigeen zo geroerd dat hem de keel werd dichtgeknepen. Nog voor het publiek vertrok, nam een SA-commando onder Rudolf Heß zoals afgesproken de aanwezige leden van het kabinet-Knilling in bewaring. Ze werden naar de villa van de Al-Duitse uitgever Julius F. Lehmann gebracht.

Nadat de overrompeling een succes leek te zijn geweest, maakte Hitler echter een fatale fout: toen hij hoorde dat de overname van de pionierskazerne niet zonder problemen verliep, besloot hij er samen met Friedrich Weber, de leider van de Bund Oberland, naartoe te rijden en vertrouwde hij Kahr, Lossow en Seißer toe aan Ludendorff. Bij zijn terugkeer moest hij tot zijn schrik vaststellen dat de generaal het triumviraat had laten vertrekken, en wel enkel met de belofte dat ze zich aan de gedane toezegging zouden houden. Toen Hitler hem hierover verwijten maakte, reageerde Ludendorff bars: hij stond niet toe dat werd getwijfeld aan het erewoord van een Duitse officier![78]

Hoe terecht die twijfel echter was, zou al snel blijken. Kahr, Lossow en Seißer hadden de zaal nog niet verlaten, of ze begonnen hun herwonnen vrijheid te gebruiken om afstand te nemen van Hitler en Ludendorff en tegenmaatregelen te nemen. Daarmee stond het mislukken van de putsch eigenlijk al vast. Het slagen daarvan was immers volledig afhankelijk geweest van de overrompeling en overreding van het triumviraat. Voor een verdere planning – voor het bezetten van belangrijke instanties, zoals de kazernes van de Reichswehr en de politie, verkeers- en communicatiecentra, persbureaus – hadden de putschplegers amper maatregelen getroffen. Nu wreekte zich de dilettantistische voorbereiding en het geïmproviseerde karakter van de hele actie, waarvoor niemand anders verantwoordelijk was dan Hitler zelf, aangezien hij het tijdstip had vervroegd. Het enige succes dat werd behaald, was de inname van de kazerne van het *Wehrkreiskommando*, de verblijfplaats van Lossow, onder leiding van Ernst Röhm. In zijn gevolg marcheerde een jongeman met een nikkelen brilletje – de drieëntwintigjarige Heinrich Himmler, destijds een werkloze afgestudeerde landbouwkundige, voor wie de putsch het begin van een politieke carrière zou betekenen die hem in het Derde Rijk tot de één na machtigste man na Hitler zou maken.[79]

Ondertussen hadden de mannen van het triumviraat niet stil gezeten. Omdat zijn kantoor bezet was door de SA, reed Lossow van de Bürgerbräukeller naar het bureau van de plaatselijke commandant. Hier ontvingen de aanwezige generaals hem direct met de vraag: 'Excellentie, dat was toch zeker allemaal bluf?' Al had de baas van de Beierse Reichswehr in de voorafgaande uren misschien nog getwijfeld, nu verzekerde hij hen er in elk geval van dat zijn verklaring in de Bürgerbräukeller 'enkel voor de schijn en onder dwang was afgegeven'.[80] Samen begaven de officieren zich even na elf uur naar de kazerne van het 19de Infanterieregiment om van daaruit de tegenmaatregelen te coördineren. Tegen een uur 's nachts van 8 op 9 november kwamen ook Kahr en Seißer daar aan. Het triumviraat kwam een tekst overeen die zou worden voorgelezen op de radio, en die om 2.50 uur in de morgen werd afgegeven aan alle zenders: 'Generalstaatskommissar Kahr, generaal Lossow, kolonel Seißer wijzen de Hitler-putsch af. Met wapengeweld afgedwongen uitspraken tijdens de bijeenkomst in de Bürgerbräukeller zijn ongeldig. Voorzichtigheid is geboden, voorkom het misbruik van voornoemde namen.'[81] Aan alle gemeentebesturen en grensposten werd opdracht gegeven de leider van deze poging tot staatsgreep te arresteren als hij zou proberen te vluchten.

Het zou echter geruime tijd duren voor de putschplegers in de gaten hadden dat de omstandigheden waren veranderd. Na middernacht lieten ze nog een 'Proclamatie aan het Duitse volk' aanplakken op reclamezuilen en muren, waarop werd verkondigd dat 'de regering van de novembermisdadigers' was afgezet en dat er 'een nieuwe voorlopige regering' was gevormd.[82] In werkelijkheid lag het initiatief allang bij het triumviraat, dat de hele nacht 'ononderbroken bevelen had uitgevaardigd' om troepenversterkingen aan te voeren naar München en het neerslaan van de putsch voor te bereiden.[83] Een afgezant van Hitler en Kriebel die in de vroege ochtenduren de infanteriekazerne binnenliep om zich te verzekeren van Lossows steun, werd onmiddellijk ingerekend. De generaal poeierde hem af met de opmerking: 'Met rebellen wordt niet onderhandeld.' Kahr voegde eraan toe: 'Met het pistool afgedwongen beloften zijn niets waard.'[84]

Hoe amateuristisch de putsch ook in elkaar was gezet, en hoe burlesk de scène in de Bürgerbräukeller er ook had uitgezien[85], toch moeten de gebeurtenissen van de nacht van 8 op 9 november in München serieus worden genomen. In veel opzichten was het een voorbode van wat er tien jaar later, na Hitlers benoeming tot rijkskanselier, zou gebeuren. Enkele uren lang waanden de stormtroepen zich namelijk al aan de macht en begonnen ze onmiddellijk met hun terreur tegen politieke tegenstanders en Joodse burgers van München. Kort na afloop van de bijeenkomst in de Bürgerbräukeller marcheerden leden van de 'Stoßtrupp Hitler' naar het redactiegebouw van de SPD-krant *Münchener Post* en richtten daar flinke schade aan. Kort na middernacht drongen ze binnen in de woning van de SPD-politicus en hoofdredacteur van de krant, Erhard Auer, om hem te arresteren. Ze troffen echter alleen zijn vrouw en zijn schoonzoon aan, die ze in plaats van Auer meenamen en opsloten in een ruimte in de Bürgerbräukeller. Daar zat inmiddels ook al de voorzitter van de centrale vereniging van Joodse burgers in München, dr. Ludwig Wassermann, die de putschisten bij het verlaten van de zaal hadden herkend en aangehouden. In de loop van de nacht zwermden SA-commando's over de hele stad uit om Joden waar ze die maar te pakken konden krijgen als gijzelaars vast te zetten. Enkele van de bekendere Joodse families waren de Beierse hoofdstad inmiddels al ontvlucht of hielden zich verborgen. Op de ochtend van 9 november trokken leden van de Bund Oberland naar de wijk Bogenhausen, die bekendstond als de woonplaats van 'rijke Joden uit het oosten', om hier aan de hand van adresboekjes en naambordjes aan de deur willekeurige mensen te arresteren. De mensen die daarbij werden gearresteerd, werden eveneens naar de Bürgerbräukeller gebracht en daar opgesloten, net als de acht wethouders van linkse partijen, die leden van 'Stoßtrupp Hitler' die ochtend in het raadhuis arresteerden.[86]

De Britse consul-generaal in München, Robert Clive, meldde op 11 november: 'Mag ik er als voorbeeld van wat we kunnen verwachten als Hitler de macht krijgt, op wijzen dat nog dezelfde nacht opdracht werd gegeven de Joden bijeen te drijven?'[87] En inderdaad werd op dat moment erger enkel voorkomen doordat de putsch al zo snel een mislukking bleek. In de jaszak van de nationaalsocialist en jurist aan de hoogste nationale rechtbank in Beieren, Theodor Freiherr von der Pfordten, die op de middag van 9 november voor de Feldherrnhalle werd doodgeschoten, werd namelijk al het ontwerp gevonden van een constitutie die van kracht zou moeten worden zodra de putsch was geslaagd. Daarin werd onder meer bepaald dat 'alle staatsgevaarlijke personen en andere uitvreters' 'indien nodig naar een verzamelkamp moeten worden gebracht'. Wie zich aan deze 'overbrenging' probeerde te onttrekken, moest worden bestraft met de dood, evenals de 'leden van het Joodse volk' die zich tijdens de oorlog hadden verrijkt en probeerden dat vermogen te onttrekken aan inbeslagname.[88] Hitler zelf had al vroeg in de zomer van 1923, zoals Hanfstaengl zich herinnerde, 'vol bewondering' als 'in een roes' gewezen op de 'verbodslijsten, onteigeningen en executies als een voorbeeld voor de absoluut noodzakelijke zuivering van bolsjewistische etterhaarden in het Duitsland van na de oorlog', en ook tijdens zijn proces maakte hij er geen geheim van wat hij van plan was geweest: de putsch had 'de meest kolossale omwenteling moeten worden die Duitsland ooit had meegemaakt [...] sinds de stichting van de Nieuw-Brandenburgse staat'.[89]

In de vroege ochtenduren was het de samenzweerders eindelijk duidelijk dat ze niet meer op het triumviraat hoefden te rekenen. Met elke nieuwe melding die nu nog binnenkwam, werd duidelijker dat de Reichswehr en de nationale politie zich tegen de coup hadden gekeerd. In de Bürgerbräukeller maakte de euforie van de avond tevoren plaats voor ontnuchtering. Hitlers humeur zweefde tussen hoop en vertwijfeling. Enerzijds gaf hij Gottfried Feder die nacht nog de opdracht een decreet uit te vaardigen over de beslaglegging van de banken, anderzijds leek hij zich al bij het onvermijdelijke te hebben neergelegd: 'Als het slaagt, is dat mooi; als het niet slaagt, verhangen we ons.'⁹⁰ Ze overlegden urenlang over hoe het nu verder moest. Uiteindelijk stelde Kriebel voor een geordende terugtocht in de richting van Rosenheim, het NSDAP-bolwerk, te beginnen. Ludendorff was het daar echter niet mee eens: hij wilde niet dat 'de volksbeweging eindigde in het vuil van de straat'.⁹¹ In plaats daarvan riep hij op om in een demonstratieve optocht naar het centrum te trekken. Nu Hitler ogenschijnlijk aan het einde van zijn Latijn was, won de generaal aan aanzien en kon hij alle verdere discussie afkappen met het bevel: 'We marcheren!' Meer dan een vage hoop dat men met de mars de publieke opinie voor zich zou weten te winnen en zo de kansen wellicht nog kon keren, was er echter niet.⁹²

Tegen de middag werd de stoet gevormd – met voorop Hitler, Ludendorff, Scheubner-Richter, Weber van de 'Bund Oberland', Hitlers lijfwachten Graf en Göring en daarachter ongeveer tweeduizend mannen van de Kampfbund en vaandrigs van de infantrieschool die onder aanvoering van de voormalige vrijkorpscommandant Gerhard Rossbach waren overgelopen naar de putschisten. Op de Ludwigsbrücke werd de straat geblokkeerd door een politiecordon, maar dat werd gewoon onder de voet gelopen. Ze liepen verder naar de Isartor en door het Tal omhoog naar de Marienplatz. Duizenden kijklustigen hadden zich hier verzameld en juichten de demonstranten toe. 'Het enthousiasme was ongekend,' verklaarde Hitler later, 'ik kon ook bij deze mars niet anders dan constateren dat het volk achter ons stond.'⁹³ Anderzijds kon het de deelnemers aan de optocht ook niet ontgaan zijn dat veel van de plakkaten met de afkondiging van de nieuwe regering ondertussen van de muren waren gescheurd of overgeplakt met een tegenoproep van Kahr.⁹⁴ De optocht marcheerde onder het zingen van *O Deutschland hoch in Ehren* de Residenzstraße op. Kort voor de Odeonsplatz, ter hoogte van de Feldherrnhalle, stootten ze op een tweede linie van de nationale politie. Er ontstond een handgemeen en toen klonk er een schot – welke zijde het eerst schoot, heeft men nooit kunnen vaststellen – gevolgd door een hevige, dertig seconden durende schotenwisseling.⁹⁵ Uiteindelijk lagen er veertien putschisten en vier politieagenten dood op straat.

Een van de eerste doden was Scheubner-Richter. Hij trok Hitler, met wie hij arm in arm liep, met zich mee naar de grond, waarbij de arm van die laatste uit de kom schoot. Göring raakte zwaargewond door een schot in de heup. Terwijl de aan de kop van de demonstratie lopende putschisten instinctief plat op de grond doken en daarna in een wilde vlucht uit elkaar stoven, marcheerde Ludendorff kaarsrecht dwars door de politielinie en liet zich op de Odeonsplatz zonder verder verzet arresteren.

In de algemene chaos was Hitler overeind gekomen en had zich een steegje in gesleept, waar de arts Walter Schultze, hoofd van de gezondheidsdienst van de SA, hem vond en in een klaarstaande auto sleurde. Met hoge snelheid reden ze in zuidelijke richting weg. Kort voor Uffing aan de Staffelsee begaf de motor het. Te voet ging Hitler met de arts en een hospik naar het vakantiehuis van Ernst Hanfstaengl. 'Even na 7 uur,' herinnerde Helene Hanfstaengl zich, 'kwam het dienstmeisje en zei dat er iemand zachtjes op de voordeur had geklopt. Ik ging naar beneden. Tot mijn verrassing herkende ik de zwakke, maar onmiskenbare stem van Hitler. Ik deed snel de deur open. Daar stond hij, lijkbleek, zonder hoed, zijn gezicht en zijn kleding onder het straatvuil, zijn linkerarm in een merkwaardige hoek ten opzichte van zijn schouder. Twee mannen, een jonge arts en een hospik, ondersteunden hem.'[96]

De voorvluchtige, die al geruime tijd niet meer had geslapen, was nog altijd in shock. Hij betreurde de dood van Ludendorff en Ulrich Graf, die zich op zijn chef had geworpen om hem met zijn lichaam te beschermen – maar feitelijk was de een ongedeerd gebleven, en was de ander alleen zwaargewond. Hitler leed hevig pijn door zijn arm die uit de kom lag, en pas een dag later zou het de arts lukken hem te zetten. Omdat hij vanwege de mitella zijn jacquet niet kon aantrekken, gaf Helene Hanfstaengl hem de blauwe badjas van haar man. 'De patiënt glimlachte en vond dat hij eruitzag als een Romeinse heerser.'

In de loop van de middag van 11 november werd Hitler steeds onrustiger. Hij had de hospik naar de Bechsteins in München gestuurd met het verzoek hem hun auto ter beschikking te stellen voor zijn vlucht over de Oostenrijkse grens. De wagen kwam echter niet, en Hitler wist dat zijn schuilplaats niet lang geheim zou blijven. Tegen 5 uur ging de telefoon: de moeder van Hanfstaengl, die in de buurt woonde, vertelde gehaast dat er bij haar een huiszoeking gaande was. 'Nu is alles verloren!' zou Hitler volgens Helene Hanfstaengl hebben geroepen, en hij had snel naar zijn revolver gegrepen die hij op een kast had weggelegd. Zij was echter zo bijdehand geweest hem het wapen afhandig te maken en het te verstoppen in een bus met meel.[97] 'Daarna haalde ik papier en een vulpen en verzocht hem zolang er nog tijd was instructies voor zijn naaste medewerkers op te stellen – één vel voor elk moest genoeg zijn.' Hitler had vervolgens braaf zijn aanwijzingen gedicteerd.

Even later stopten er auto's voor de deur. Politieagenten omsingelden het huis. De jonge eerste luitenant van politie Rudolf Belleville, een kennis van Rudolf Heß, stelde zich voor en vroeg hoffelijk of hij het huis mocht doorzoeken. Mevrouw Hanfstaengl nam hem mee de trap op en opende een deur. 'In die kamer stond Hitler in een witte pyjama en zijn arm in een mitella,' aldus het proces-verbaal. 'Hitler staarde hem afwezig aan en toen hij zei dat hij was gekomen om hem te arresteren, stak Hitler hem een hand toe en verklaarde dat hij tot zijn beschikking stond.'⁹⁸ Nog diezelfde dag werd de leider van de NSDAP naar de vesting Landsberg aan de Lech gebracht. Hij kreeg cel 7, die tot op dat moment werd bezet door de moordenaar van Eisner, graaf Arco, die nu plaats moest maken voor de nieuwe gevangene.⁹⁹

De zwaargewonde Göring was in een privékliniek in München behandeld en was daarna in eerste instantie bij een poging over de grens naar Oostenrijk te ontkomen, gearresteerd. Dankzij de laksheid van de politie in Garmisch kon hij vervolgens echter toch verder reizen naar Innsbruck. Hij werd gevolgd door een hele groep andere putschisten, onder wie Hermann Esser en Ernst Hanfstaengl. Rudolf Heß verborg zich aanvankelijk in het huis van een vriend van zijn vader, professor Karl Haushofer, maar vluchtte vervolgens eveneens naar familie in Oostenrijk en gaf zich na de veroordeling van Hitler in mei 1924 over aan de Beierse autoriteiten. Gottfried Feder, die evenmin gewond was geraakt, vond van eind november 1923 tot midden januari 1924 onderdak bij vrienden in Tsjechoslowakije. Pöhner en Frick, die beiden hadden samengespannen met de putschisten, waren al in de nacht van 8 op 9 november op het politiebureau gearresteerd. Röhm werd na de capitulatie van het Wehrkreiskommando in de middag van 9 november vastgezet. Ludendorff, die zich vrijwillig had overgegeven, werd op zijn erewoord weer vrijgelaten.¹⁰⁰

De stemming in München direct na het neerslaan van de putsch had wat van een heksenketel. Vooral 'leden van de zogenaamde betere kringen' stelden zich vijandig op tegenover de Reichswehr en de politie. 'Toen we door de Maximilianstraße marcheerden,' meldde een kapitein van de nationale politie, 'werden we nageroepen met kreten als: "Bah! Jodenbeschermers! Verraders van het vaderland! – Bloedhonden – Heil Hitler – Weg met Kahr" etcetera. Toen we de Odeonsplatz passeerden, brulden de passanten, floten en joelden ze en dreigden met hun vuisten.'¹⁰¹ Ook in de dagen daarna waren er in München en andere Beierse steden steeds weer demonstraties tegen de 'verraderskliek' Kahr, Lossow en Seißer. 'Het was duidelijk dat de menigte volledig op de hand van Hitler was,' meldde de Engelse consul-generaal aan Londen.¹⁰² Met name onder studenten bestond veel sympathie voor Hitler en de andere samenzweerders. Tijdens een bijeenkomst aan de Universiteit van München op 12 november werden de sprekers steeds weer onderbroken met kreten als: 'Leve Hitler! Weg met Kahr!' Toen de rector na afloop opriep samen het *Deutschlandlied* te zingen, zette het publiek massaal het lied *Hakenkreuz am Stahlhelm* van Ehrhardt in. Karl Alexander von Müller probeerde samen met de medicus Ferdinand Sauerbruch alles om, zoals hij het beschreef, 'de studenten weer tot rede te brengen'.¹⁰³ Aanvankelijk kalmeerde de stemming. Daaraan droeg ook de algemene ontwikkeling in het rijk bij. Midden november 1923 was de crisis over haar hoogtepunt heen. Door de invoering van de 'Rentenmark' was de hyperinflatie ingedamd – een essentiële voorwaarde voor het economisch herstel dat nu begon. De democratie van Weimar had het overleefd. Nu begon een periode van stabilisatie die het einde inluidde van de eerste periode na de oorlog.[104]

In de eerste dagen van zijn gevangenschap in Landsberg was Hitler volledig gedemoraliseerd en koesterde hij opnieuw de gedachte aan zelfmoord. Hij begon een hongerstaking – waarschijnlijk met het doel een einde te maken aan zijn leven. Hij werd overgeplaatst naar het gevangenisziekenhuis. 'Daar zat hij nu, een hoopje ellende, vermagerd, slecht geschoren tegenover me op een krukje en hoorde glimlachend en onbewogen mijn eenvoudige woorden aan,' herinnerde gevangenbewaarder Franz Hemmrich zich later.[105] Tegenover de gevangenispsycholoog Alois Maria Ott bekende hij: 'Ik heb er genoeg van, ik heb het gehad, als ik nu een revolver zou hebben, zou ik die gebruiken.' Kennelijk lukte het Ott de gevangene te kalmeren en samen met Hitlers advocaat Lorenz Roder hem ervan te overtuigen zijn hongerstaking op te geven.[106] Het bezoek schrok echter van Hitlers toestand: hij was bleek, uitgemergeld en zoals Heß werd verteld in zijn schuilplaats, 'geestelijk zeer terneergeslagen'.[107]

Geleidelijk herstelde hij zich echter. Zijn halfzuster Angela Raubal, die midden december een half uur lang met hem sprak, trof hem alweer 'geestelijk en emotioneel hersteld': 'Lichamelijk gaat het ook weer heel goed met hem,' schreef ze hun broer Alois. 'Hij heeft nog wel last van zijn arm, maar die is inmiddels al een heel eind geheeld. Het is roerend te zien hoe trouw zijn vrienden juist in deze tijd zijn."[108]

Tot diegenen die ook nu nog onverminderd in Hitler bleven geloven, behoorde ook de familie Wagner. Op 9 november waren zij toevallig in München geweest, omdat daar 's avonds de voorstelling van Siegfrieds symfonische dichtwerk *Glück* had zullen plaatsvinden. Na het mislukken van de putsch werd het concert afgelast, en keerden de Wagners teleurgesteld terug naar Bayreuth: 'Een dergelijk schandelijk verraad is nog nooit vertoond! Tegen een dergelijke lage streek zijn zulke zuivere mensen als Hitler en Ludendorff niet opgewassen [...]. Zo hebben de Jood en de paap het maar gemakkelijk,' brieste Siegfried. Zijn vrouw Winifred probeerde de teleurgestelde aanhangers van de NSDAP in Bayreuth op te monteren: 'Gelooft u me nu maar, Adolf Hitler is ondanks alles de man van de toekomst, en hij zal toch nog het zwaard uit de Duitse eik trekken.' Begin december 1923 schreef Winifred een brief aan de 'geëerde, beste heer Hitler' en voegde daar het libretto van Siegfrieds *Schmied von Marienburg* bij: 'Misschien helpt het boekje de tijd te verdrijven.' Ze zou met Siegfried bij 'onze gemeenschappelijke vrienden' de Bechsteins gaan wonen. 'Dat u in de geest bij ons bent, dat weet u!' Aan een vriendin liet Winifred op 6 december weten dat ze de bewonderde man in Landsberg een 'geweldig pakket met een wollen deken, een jas, sokken, etenswaren, boeken etc.' had gestuurd. Voor de kerst richtte ze in Wahnfried een complete 'inzamelpost voor steunpakketten naar Landsberg' in. Siegfried was blij met haar inzet: 'Mijn vrouw vecht als een leeuwin voor Hitler! Geweldig!'[109]

Op 13 december 1923 begaf de tweede officier van justitie, Hans Ehard (na 1945 tot twee keer toe minister-president van Beieren) zich naar Landsberg om Hitler te verhoren. Die weigerde aanvankelijk halsstarrig welke getuigenis dan ook af te leggen: 'Hij was geen misdadiger' en 'liet zich niet als een misdadiger ondervragen'. Toen Ehard hem erop wees dat hij door zijn weigering zijn voorarrest onnodig zou verlengen, verklaarde Hitler: 'In zijn geval ging het erom zijn daden en zijn missie voor de geschiedenis te rechtvaardigen. [...] Naar zijn idee had de rechtbank geen enkele bevoegdheid een oordeel over hem te vellen.' Bovendien zou hij 'zijn troefkaarten [...] toch pas in de rechtszaal uitspelen', en dan zou wel blijken of 'bepaalde heren' de moed hadden 'de hand te heffen voor een meineed' – een dreigement dat duidelijk tegen Kahr, Lossow en Seißer was gericht.

Aangezien Ehard met de koppige gevangene niet verder kwam, stuurde hij de notulist naar buiten en voerde vervolgens vijf uur lang een informeel gesprek met Hitler. Hoewel hij aanvankelijk nog achterdochtig was, ontdooide zijn gesprekpartner uiteindelijk enigszins, en al snel stortte hij een ware woordenvloed over de officier van justitie uit. Daaruit werd ook al duidelijk welke strategie hij wilde volgen voor zijn verdediging tijdens het aanstaande proces: hij ontkende dat hij hoogverraad had gepleegd, omdat de vertegenwoordigers van de wettige macht in Beieren niet alleen hadden 'meegedaan', maar bovendien alles wat in de Bürgerbräukeller was besloten, 'al maandenlang samen met hem hadden voorbereid'. 'Ze hadden aanvankelijk achter de zaak gestaan en waren pas later van mening veranderd.'[110]

Waar moest het proces plaatsvinden? Hoewel hij een principieel tegenstander was van de Wet ter bescherming van de republiek van 1922, had Hitler in dit geval toch een voorkeur voor het Staatsgerechtshof in Leipzig, omdat hij dacht hier rechters te treffen die naar zijn idee het triumviraat minder positief gezind zouden zijn dan de Beierse justitie. 'In Leipzig zouden bepaalde heren de rechtszaal misschien nog betreden als getuigen, maar deze zeker verlaten als gevangenen,' zei hij in het gesprek met Ehard. 'In München gebeurt dat natuurlijk niet: het mag hier immers niet gebeuren.'[111] En inderdaad was het niet in het belang van de machthebbers in Beieren dat bekend werd hoe diep Kahr en Lossow, die in februari 1924 nog voor aanvang van het proces hun ambten neerlegden, in de putsch verstrikt waren geraakt. Daarom werd besloten de hoofdzitting voor de rechtbank in München te houden. Als locatie koos men het gebouw van de voormalige militaire school in de Blutenburgstraße 3. Hier begon op 26 februari 1924, onder grote belangstelling van de Duitse en de internationale pers, het proces tegen Hitler, Ludendorff en acht medeaangeklaagden: naast Röhm, Pöhner, Frick, Kriebel en Weber ook de SA-leiders Wilhelm Brückner, Robert Wagner en Heinz Pernet. Het gebouw was met prikkeldraadversperringen en wachtposten van de buitenwereld afgegrendeld. Wie het wilde binnengaan, moest meerdere controleposten passeren. De zittingszaal was tot op de laatste plek gevuld.[112]

Hitler, die op 22 februari werd overgeplaatst naar het cellenblok van het gerechtsgebouw, leek vol vertrouwen in de afloop van de zaak. 'Wat kunnen ze me nu maken? Ik hoef maar een klein beetje extra uit te pakken, met name over Lossow, en we hebben een groot schandaal,' merkte hij vlak voor het begin van het proces op tegen Hanfstaengl die zich, nadat het arrestatiebevel tegen hem was ingetrokken, direct terug had gehaast naar München.[113] Kort voor 9 uur op 26 februari betraden de aangeklaagden met hun advocaten de zaal – voorop Ludendorff in een eenvoudig blauw pak, na hem Pöhner en vervolgens Hitler in een donker kostuum met het IJzeren Kruis eerste klasse. 'Hij ziet er goed uit,' merkte een van de verslaggevers op. 'De gevangenschap heeft geen sporen achtergelaten.' Terwijl alle overige aangeklaagden direct gingen zitten, bleef Hitler nog een minuut lang staan en nam aandachtig alle aanwezigen in zich op.[114]

Afb. 14 Groepsfoto van de aangeklaagden in het Hitler-proces na het vonnis: vlnr Heinz Pernet, Friedrich Weber, Wilhelm Frick, Hermann Kriebel, Erich Ludendorff, Adolf Hitler, Wilhelm Brückner, Ernst Röhm en Robert Wagner, 1 april 1924 (foto: Heinrich Hoffmann).

In de aanklacht werd Hitler 'de ziel van de hele onderneming' [115] genoemd, en vanaf de eerste dag van het proces liet hij er geen twijfel over bestaan aan wie de hoofdrol toekwam. In zijn vier uur durende verdedigingsrede nam hij alle verantwoordelijkheid op zich: 'Alleen ik heb uiteindelijk gewild dat het gebeurde. De andere heren hebben mij slechts in de uitvoering terzijde gestaan.' Tegelijk wees hij echter de hoofdaanklacht af, want 'hoogverraad tegen de landverraders van 1918' was helemaal niet mogelijk.

En bovendien: als hij werkelijk hoogverraad had willen plegen, dan vroeg hij zich af hoe het kwam 'dat de heren die hetzelfde wilden als wij en dit ook in besprekingen hadden voorbereid', nu niet in de beklaagdenbank zaten. Daarmee richtte hij zich tegen Kahr, Lossow en Seißer, en hij zou in het niet-openbare deel van de behandeling onthullingen over hen doen, zo kondigde hij aan.[116]

De president van de rechtbank was Georg Neidhardt, die ook al tijdens het proces tegen graaf Arco had laten merken uit welk kamp hij kwam, toen hij de moordenaar van Eisner een 'gloeiende liefde voor volk en vaderland' toedichtte. Voorafgaand aan het proces beklaagde hij zich in een gesprek met Kahr: '[...] de enige grote man die we in Duitsland hebben, is Ludendorff, en die moet ik nu veroordelen.'[117] Zo maakte hij er ook tijdens de behandeling geen geheim van waar zijn sympathieën lagen. Hij stond toe dat Hitler het tribunaal gebruikte als podium voor zijn propaganda. Slechts een enkele keer, wanneer de putschist al te opvallend tekeerging tegen de vertegenwoordigers van de rijksregering en zijn stem tot volle sterkte verhief alsof hij voor een partijbijeenkomst sprak, wees hij hem terecht en vroeg hem zich te matigen. Neidhardt bood Hitler zelfs de gelegenheid om de getuigen, en dan met name de mannen van het triumviraat, uitgebreid te ondervragen. Door de rol van beklaagde te verwisselen met die van aanklager, kon de demagoog alle registers van zijn welbespraaktheid opentrekken en de gehate afvalligen van 9 november regelrecht in hun hemd zetten.

Alleen Lossow gaf hem behoorlijk partij. Hij ontzenuwde Hitlers onzelfzuchtige houding als een demagogische truc. De Führer van de nationaalsocialisten zou zichzelf hebben gezien als een 'Duitse Mussolini' en zijn gevolg zou hem zelfs al hebben geprezen als een 'Duitse messias'. Met een 'rijksdictatuur Hitler-Ludendorff' had hij, Lossow, nooit zijn instemming betoond. 'Ik was geen werkloze komitatsji [rebel] die meende door een nieuwe putsch eer en waardigheid te kunnen verwerven.'[118] Die slag kwam aan. Toen Hitler zich later wreekte door Lossow grof te beledigen, merkte Neidhardt weliswaar op dat dit 'ongepast' was, maar verbond er geen consequenties aan. De generaal gaf er vervolgens de voorkeur aan de rechtszaal te verlaten en er nooit meer terug te keren.[119]

Een 'onwaardig theater', noemde een kritische waarnemer, de journalist Hans von Hülsen, het 'monsterproces' in de militarie school. 'Wat daar in scène werd gezet, heb ik altijd beschouwd als Münchens politieke carnaval."[120] Tot op het laatst kon Hitler de hele procedure domineren. In zijn slotwoord, opnieuw een paradestuk van berekenende retoriek, bezwoer hij dat er een tijd zou komen 'dat de massa's die nu met ons kruis [...] op straat lopen, zich kunnen verenigen met diegenen die ze op 8 november nog tegenover zich vonden'. En rechtstreeks sprekend tegen de rechters verkondigde hij: 'Niet u hebt hier het laatste oordeel, maar de godin van het laatste oordeel, die zich ooit zal verheffen uit onze graven als "geschiedenis" [...]. Al spreekt u duizendmaal uw "schuldig!" uit, deze eeuwige godin van het eeuwige gerecht zal glimlachend het rekest van de officier van justitie verscheuren en glimlachend ook het oordeel van de rechtbank verscheuren: want *zij* spreekt ons vrij.' Kapitein Röhm verklaarde, toen hem door de president van de rechtbank werd gevraagd of hij daar iets aan toe te voegen had: 'Aan de uiteenzettingen van mijn vriend en Führer Adolf Hitler heb ik verder niets toe te voegen.' De overige beklaagden sloten zich hierbij aan.[121]

Op de ochtend van 1 april werd het vonnis voorgelezen. De publieke belangstelling hiervoor was ongekend. Veel bezoekers hadden bloemen voor de beklaagden meegenomen. Gezien het verloop van het proces was het geen verrassing dat Ludendorff, die dit keer was verschenen in zijn generaalsuniform met al zijn onderscheidingen, werd vrijgesproken. Tot teleurstelling van de rechtbank reageerde de generaal op deze uitspraak met de opmerking dat hij deze 'als een schande beschouwde die deze uniformjas en eretekens niet hebben verdiend'. In het verslag van de rechtszaak staat: 'Wilde uitroepen van "Heil!"'[122] Hitler, Weber, Kriebel en Pöhner werden 'wegens de misdaad van hoogverraad' veroordeeld tot een minimumstraf van vijf jaar in de vesting Landsberg, maar er werd hun na het uitzitten van zes maanden daarvan een voorwaardelijke invrijheidstelling in het vooruitzicht gesteld. In het geval van Hitler besloot de rechtbank dat op hem, 'die zo Duits denkt en voelt', de bepaling uit de Wet ter bescherming van de republiek die stelde dat hij moest worden uitgewezen naar Oostenrijk, niet mocht worden toegepast, hetgeen door het publiek met een luid 'Bravo!' werd begroet. Brückner, Röhm, Pernet, Wagner en Frick kregen een jaar en drie maanden voorwaardelijk.[123] Gelijk na het voorlezen van de schandalig milde vonnissen renden de verslaggevers naar de telefoons om het sensationele nieuws te verspreiden. De *Münchener Neueste Nachrichten* meldde: 'Kort na half twaalf vertrok Ludendorff onder luide uitroepen van "Heil!" in een auto. Hitler, Kriebel en andere veroordeelden verschenen voor het raam van het gerechtsgebouw en werden eveneens door de mensenmassa begroet met wild hoerageroep en "Heil!"'[124]

'München lacht in zijn vuistje over dit vonnis, en men vindt het een uitstekende 1 aprilgrap,' aldus de Londense *Times*.[125] Onder de aanhangers van de democratie van Weimar stuitte het vonnis echter op scherpe kritiek. 'In München is een justitiële moord gepleegd op de republiek,' schreef de links-liberale *Weltbühne*.[126] En inderdaad verklaarde de rechtbank dat de beklaagden 'zich in hun handelen hadden laten leiden door de zuiverste vaderlandse geest en een edele, onzelfzuchtige wil'.[127] In moreel opzicht stond dit gelijk aan vrijspraak. Er werd met geen woord gesproken over het feit dat de putsch vier politieagenten het leven had gekost, over de terreur die de SA-commando's die nacht in München hadden uitgeoefend, en al evenmin over het op de dode putschpleger von der Pfordten gevonden ontwerp van een constitutie waarin het systeem van de nationaalsocialistische concentratiekampen na 1933 al werd voorbereid. Met rechtspraak had het vonnis weinig te maken – het was een karikatuur van de rechtspraak en in die zin een voorbode van de justitiële praktijk onder het nationaalsocialisme. Hitler bewees zijn dankbaarheid aan de rechtsverdraaier Neidhardt door hem in september 1933 te bevorderen tot president van het gerechtshof in München.[128]

Door de putsch en het aansluitende proces was Hitler ook buiten Beieren bekend geworden. Maandenlang besteedden de media aandacht aan de man die erin was geslaagd het fiasco van de staatsgreep om te buigen naar een propagandistische triomf. Dat de wereld na de waarschijnlijk kortdurende gevangenschap in de vesting Landsberg nog niet van hem af zou zijn, daarvan waren de meesten overtuigd. Voor Hitler kwam er een einde aan een vijf jaar durende leerperiode, waarin hij als 'trommelaar' van de beweging, maar uiteindelijk ook als 'Führer' van de nagestreefde nationale revolutie was opgetreden.[129] De belangrijkste les die hij leerde van de mislukking van 8/9 november, was dat als hij aan de macht wilde komen, hij een andere weg moest inslaan: niet door middel van een putsch maar op een ogenschijnlijk legale manier, in samenwerking met de Reichswehr. Tijdens zijn gevangenschap in de vesting Landsberg, zo vertelde hij in februari 1942, was hij tot 'de overtuiging gekomen: met geweld lukt het niet. De staat is daar te goed op voorbereid, die bezit de wapens!'[130]

Gedurende die kritieke dagen in november 1923 waren enkele karaktertrekken en gedragspatronen van Hitler duidelijk geworden die ook later bij hem zijn waar te nemen. Zo waren daar onder meer de extreme stemmingswisselingen tussen euforie, apathie en depressiviteit die in de uren van de poging tot staatsgreep aan het licht waren gekomen. Hitler had meerdere keren aangekondigd dat hij zich van het leven zou beroven als de staatsgreep zou mislukken. Deze latente bereidheid zichzelf van kant te maken, zou zijn hele politieke carrière blijven terugkomen. Sebastian Haffner noemde hem al in zijn in 1940 in ballingschap in Engeland verschenen boek *Germany: Jekyll & Hyde* terecht de 'potentiële zelfmoordenaar par excellence'.[131]

Een andere constante factor was het 'alles of niets' dat zo kenmerkend was voor de manier waarop hij politieke risico's nam. Misschien dat hij hierin, bewust of onbewust, het voorbeeld volgde van de door hem bewonderde Pruisische koning Frederik II, over wie hij door het lezen van de populaire biografie van Franz Kugler, *Geschichte Friedrichs des Großen* uit 1840, veel wist. Ook Frederik had met zijn overval op Silezië in 1740 alles op één kaart gezet en was in de Zevenjarige Oorlog van 1756 tot 1763 steeds weer bereid geweest haast aan zelfmoord grenzende risico's te nemen.[132] Op een vergelijkbare manier speelde Hitler onder de druk van de omstandigheden met zijn veel te snelle actie van de avond van 8 november va-banque, waarbij hij tegenover het triumviraat Kahr–Lossow–Seißer gebruikmaakte van overrompeling en chantage.[133] Wanneer zijn besluit eenmaal vaststond, was hij voor tegenargumenten niet meer ontvankelijk. 'Meneer Hitler gaat gewoon niet meer in op tegenwerpingen. Hij is de geroepene en de anderen moeten maar accepteren wat hij hun vertelt,' zo kenmerkte Lossow de zelfimmunisering van de zo van zijn roeping overtuigde Hitler tegen elke vorm van kritiek.[134]

Toch lijken er door de mannen in zijn entourage volstrekt geen pogingen te zijn ondernomen hem ervan te weerhouden. Nadat hij ze pas laat van zijn plannen voor een staatsgreep op de hoogte had gesteld, hadden ze zonder aarzelen aan zijn oproep gehoor gegeven.[135] Het bewijst opnieuw hoe onomstreden zijn gezag als Führer van zijn eigen partij inmiddels was. Daaraan zou ook het mislukken van de putsch niets veranderen. Integendeel: het vestigde zijn reputatie als een man die niet alleen praatjes verkoopt, maar op kritieke momenten ook handelt – en daarbij groot persoonlijk risico op de koop toe neemt. Van die glans zou hij zelfs als rijkkanselier nog profiteren.

7

Gevangen in Landsberg – *Mein Kampf*

'Landsberg was mijn universiteitsstudie op staatskosten,' merkte Hitler eens op tegen zijn juridisch adviseur Hans Frank.[1] Na jaren van hectische politieke bedrijvigheid, na de weken van het proces die alles van zijn aandacht hadden gevergd, bood de gevangenschap in de vesting Landsberg hem voor het eerst een langere rustpauze. 'Van alle meevallers in Hitlers politieke loopbaan,' aldus Konrad Heiden, 'was deze periode van negen maanden niet gestoord worden een van de waardevolste.'[2] De prominente gevangene had nu veel tijd om over het debacle van 8–9 november 1923 na te denken en er conclusies uit te trekken. Hij gebruikte het gedwongen verblijf achter tralies om zijn autodidactische studie voort te zetten. Hij kon 'nu voor het eerst weer eens lezen en ook leren', schreef hij begin mei 1924 aan Siegfried Wagner, want hij was er de laatste tijd toch nauwelijks meer aan toegekomen zich ook maar 'vluchtig te informeren over nieuwe völkische titels die waren verschenen'.[3] Hij las echter niet zonder plan, maar in voorbereiding op het boek dat hij zich had voorgenomen te schrijven. Zonder zijn tijd in de gevangenis, vertelde hij in februari 1942, 'zou *Mein Kampf* er nooit zijn gekomen'. Pas in Landsberg zou hij 'allerlei dingen hebben begrepen' die hij 'eerder enkel intuïtief' zou hebben aangevoeld.[4] Daarom, zo gaf hij te verstaan, was het ook zo dom geweest van de regering hem op te sluiten: 'Het zou beter zijn geweest mij steeds maar weer te laten spreken, zodat ik niet tot rust kon komen.'[5]

Tegelijk versterkte de gevangenschap in de vesting van Landsberg zijn geloof in zichzelf en zijn historische missie. Destijds zou hij 'zoveel zelfvertrouwen, optimisme en geloof' hebben verworven 'dat die zich door helemaal niets meer laten verstoren'.[6] Het gevoel uitverkoren te zijn, dat hij wellicht in zijn vroege jaren ook al eens had gehad, veranderde nu in een zekerheid. En zijn medegevangenen, met name Rudolf Heß, deden er alles aan hem in de rol van volkstribuun, zoals hij zich naar het voorbeeld van Wagners *Rienzi* zag, te bevestigen. Hij wist zeker, zo schreef Heß midden juni 1924 aan zijn vriendin Ilse Pröhl, dat Hitler 'de "man van de toekomst" in Duitsland is, de "dictator", wiens vlag binnen afzienbare tijd op de openbare gebouwen in Berlijn zal wapperen. Hijzelf heeft immers een geloof dat bergen kan verzetten.'[7] De eigenaardige wisselwerking tussen messiaanse hoop en verwachtingen die zijn discipelen op hem projecteerden, en Hitlers beeld van zichzelf als brenger van het nationale heil is nergens zo duidelijk te herkennen als in de brieven van Rudolf Heß vanuit Landsberg.

'Adolf Hitlers straf is puur voor de vorm, een vakantie met een juridisch sausje,' spotte journalist Carl von Ossietzky eind april 1924 in de krant *Montag Morgen*.[8] Inderdaad leken de omstandigheden tijdens zijn gevangenschap in Landsberg eerder op die in een sanatorium dan in een gevangenis. Hitler genoot alle denkbare privileges. Zijn cel op de eerste verdieping was een grote, lichte en comfortabel ingerichte kamer met een weids uitzicht over het land. De voedzame kost uit de gevangeniskeuken werd regelmatig aangevuld met steunpakketten, waardoor zijn vertrek op veel bezoekers overkwam als een 'winkel in fijne delicatessen'.[9] Op zijn vijfendertigste verjaardag op 20 april werd Hitler zo ongeveer overladen met cadeaus, brieven en telegrammen. 'Zijn slaapkamer en zijn woonkamer leken wel een woud van bloemen. Het rook er als in een kas.'[10] In München organiseerden aanhangers van de inmiddels verboden NSDAP en voormalige frontsoldaten een 'eredemonstratie' voor de man die, zoals ze het formuleerden, 'de vrijheidsgedachte en het völkische bewustzijn in het Duitse volk deed oplaaien tot de huidige vlam'.[11]

Een niet-aflatende stroom van bewonderaars en politieke volgelingen trok naar Landsberg. In de maanden april en mei ontving Hitler bijna dagelijks vijf of meer bezoekers uit alle delen van Duitsland. 'Elke stand, elke leeftijdsgroep was vertegenwoordigd. Krachtige figuren met grote baarden, lederhose en grof gespijkerde schoenen, mannen van de wereld uit de industrie en de zakenwereld, zowel protestantse als katholieke geestelijken, kleinburgerlijke landbouwers, advocaten, voormalige officieren, professoren, caféhouders en hoteliers, kunstenaars, ongeschoolde arbeiders, adellijke personen, boekhandelaren, uitgevers en redacteuren, stuk voor stuk met soms de vreemdste verzoeken.'[12] Onder de schare van bezoekers bevonden zich natuurlijk ook Hitlers moederlijke vriendinnen – Hermine Hoffmann, die de gevangene verwende met slagroomgebak, Helene Bechstein, die hem een grammofoon gaf, en ook Elsa Bruckmann, die Hitler in mei pas na twee uur wachten te spreken kreeg.

In haar verslag 'Mijn eerste bezoek aan de Führer' van april 1933 schilderde ze de ontmoeting alsof die een religieuze bekering was geweest:

> Nu werd ik eindelijk gehaald, door een heel stel lange gangen geleid, en daar kwam – in een Beiers kort feesttenue en een gele linnen jopper – Adolf Hitler me tegemoet: sober en ridderlijk en met heldere ogen. Dit moment van onze eerste begroeting is voor mij bepalend geworden, omdat ik in de *mens* die nu zo vlak tegenover me stond, dezelfde eenvoudige grootsheid, dezelfde vol-

wassen authenticiteit en het directe, diepgewortelde leven voelde dat ik tot nu toe van een afstand had ervaren in de grote Führer, in het grotere geheel van zijn bijeenkomsten. [...] Ik moest hem de groeten overbrengen van een wel heel bijzondere grootheid die op dat moment nog leefde en die onze Führer jaren geleden al wist te waarderen, Houston Stewart Chamberlain, met wie wij ook bevriend waren.[13]

Ook al is duidelijk zichtbaar hoe bewust dit verslag is gecomponeerd, het verraadt toch iets over Hitlers vermogen precies in die rol te kruipen die naar zijn idee het grootste effect zou sorteren bij de persoon die hij tegenover zich vond. Zo stelde hij zich in aanwezigheid van een dame uit de gegoede bourgeoisie met haar salon op als een eenvoudige, bescheiden man uit het volk, en dat wist hij effectief te versterken door zijn keuze voor de lokale klederdracht van Opper-Beieren. De comfortabele lederhose met bretellen, met daarop een wit linnen hemd en een das, droeg Hitler ook wanneer hij zijn dagelijkse rondjes liep in de tuin van de gevangenis, vaak onder begeleiding van een van zijn jonge discipelen.[14] Dankzij het goede eten en de frisse lucht herstelde hij zienderogen: 'De tribuun ziet er uitstekend uit. Zijn gezicht is niet meer zo mager. De verplichte rust doet hem goed,' schreef Heß op 18 mei aan Ilse Pröhl.[15]

Heß was pas midden mei in Landsberg aangekomen. Hij werd ondergebracht op de eerste verdieping, op de 'veldherenheuvel', waar behalve Hitler ook nog Hermann Kriebel, Friedrich Weber en Emil Maurice zaten. Maurice, die eind april naar Landsberg was gekomen, fungeerde als verbindingsman met de 'voetknechten' op de begane grond – ongeveer veertig leden van de Stoßtrupp Hitler, die in een later proces werden veroordeeld en achtereenvolgens ook bij de vesting werden afgeleverd.[16] Ook tegenover zijn medegevangenen gedroeg Hitler zich als Führer. Elke nieuweling moest zich direct na binnenkomst bij hem melden. 'Ik kreeg amper de kans mijn cel te bekijken,' herinnerde gevangene Hans Kallenbach zich, 'toen [...] verscheen Emil Maurice al met het bevel dat ik me direct bij de Führer moest melden. Ook hier nog het oude nationaalsocialistische elan van voorheen!'[17]

Ofschoon men zo dicht op elkaar zat, hield Hitler graag afstand. Hij hield zich bewust verre van de sportieve activiteiten van zijn medegevangenen. Tegen Hanfstaengl, die de enigszins lijvig wordende vijfendertigjarige aanraadde mee te doen aan de oefeningen en wedstrijden, zei hij: 'Nee, nee, daarvan kan voor mij geen sprake zijn. Dat zou slecht zijn voor de discipline. Een leider kan het zich niet veroorloven door zijn volgelingen te worden verslagen – zelfs niet bij sport en spel.'[18]

De gezamenlijke lunch in het grote dagverblijf kende een vast ritueel. Hitlers

Afb. 15 Bezoek van kapitein Ernst Röhm aan Hitler in de vesting Landsberg, 17 juni 1924.

Afb. 16 Hitler met zijn medegevangenen in de vesting Landsberg. Vlnr: Adolf Hitler, Emil Maurice, Hermann Kriebel, Rudolf Heß en Friedrich Weber.

medegevangenen wachtten staand achter hun stoelen tot het bevel 'attentie!' klonk. 'De Führer schreed met zijn escorte door de rangen van zijn getrouwen naar zijn plek aan het hoofd van de tafel.'[19] Een vergelijkbaar ceremonieel werd gevolgd op de 'kameraadschapsavonden' op zaterdagen. 'Bij binnenkomst tetterde de huiskapel steeds een welkomstmars om vervolgens over te gaan op een landsknechtenlied of een soldatenlied, dat iedereen uit volle borst meezong.' Meestal hield Hitler een korte toespraak, die werd afgesloten met: 'Juist nu! *Sieg Heil!*' 'Leider en geleiden,' aldus Kallenbach, 'gedroegen zich op dat soort avonden als ware frontsoldaten.'[20]

De gevangenbewaarders keken niet alleen toe bij dit soort gebeurtenissen. Sommigen van hen sympathiseerden met de doelstellingen van de nationaalsocialisten. Ze behandelden Hitler met groot respect en begroetten hem in het geheim met 'Heil!'[21] Eerste luitenant van politie Belleville, die vanaf juli 1924 enkele weken lang tot de groep bewakers behoorde, stelde zich aan Rudolf Heß voor met de woorden: '*Grüß Gott*, ik ken u, ik ben nationaalsocialist.' 'Die arme man' had 'zowaar tranen in zijn ogen' gekregen bij de gedachte dat hij Hitler destijds had moeten arresteren, meldde Heß.[22] Tijdens Hitlers toespraken verzamelden de bewaarders zich in het trappenhuis om mee te luisteren. Voor zover Kallenbach zich kon herinneren, 'was er nooit iemand die ook maar de geringste ordeverstoring veroorzaakte'.[23] De gevangenen konden ongestoord hun eigen gevangeniskrant uitbrengen, de *Landsberger Ehrenbürger*, waarvoor ook Hitler zo nu en dan artikelen en karikaturen leverde.[24] Er was dus voorzien in allerlei vermaak en afwisseling. Een opgeruimde groep mannen bracht in Landsberg een aangename vrije tijd door. Van enig besef van wat ze verkeerd hadden gedaan, laat staan van berouw, was bij de gevangen volstrekt geen sprake.

Hitler had, zo vertelde hij later, zijn medegevangenen op het hart gedrukt zich zo te gedragen dat 'tegen de tijd dat jullie naar buiten mogen, er niemand meer in de gevangenis is die geen overtuigd nationaalsocialist is geworden'.[25] Veel moeite hoefden ze echter niet meer te doen om mensen van hun gelijk te overtuigen. Hitler zelf vermeed elk conflict met de gevangenisdirectie en probeerde in plaats daarvan 'op vreedzame en beleefde wijze te bereiken wat mogelijk was'. Hij had geen zin, zo liet hij weten, 'zich als een wildeman te gedragen', en hij 'wilde onder geen beding hebben dat zijn mensen zich plotseling opstandig zouden gaan gedragen tegenover de leiding'.[26] Ongetwijfeld werd dit ingegeven door de angst dat het voorwaardelijke deel van zijn straf kon worden omgezet in werkelijke tijd achter de tralies. Door zijn demonstratief goede gedrag wilde Hitler verzekeren dat hij al na zes maanden, op 1 oktober, zou worden vrijgelaten.

Terwijl er zo binnen de vestingmuren een gemeenschap van samenzweerders ontstond, viel de völkische beweging in korte tijd uiteen in talloze kleine groepen die elkaar bestreden. Nog op 9 november 1923 had Generalstaatskommissar Kahr de NSDAP en de organisaties van de Kampfbund verboden. De *Völkischer Beobachter* mocht niet langer verschijnen, en op de eigendommen van de partij werd beslag gelegd.[27] Direct voor zijn arrestatie had Hitler in een van de boodschappen die hij aan mevrouw Hanfstaengl dicteerde, Alfred Rosenberg gevraagd de beweging te leiden tijdens zijn verblijf in de gevangenis.[28] Waarom hij uitgerekend Rosenberg koos, die zich tot dat moment niet bepaald een praktische figuur had betoond, is niet geheel duidelijk. Misschien was het juist wel het gebrek aan leiderschapskwaliteiten dat Hitler voor hem deed kiezen. Zo hoefde hij immers niet bang te zijn dat de man zich tijdens zijn afwezigheid tot een concurrent zou ontwikkelen.[29] In zijn eerste rondschrijven van 3 december 1923, ondertekend met de schuilnaam 'Rolf Eidhalt' (een anagram van Adolf Hitler dat bovendien 'eedhouder' betekent), deelde Rosenberg mee dat de leiding van de NSDAP 'ondanks alles weer in veilige handen' was. Vanwege het verbod was het echter nodig 'de partij van nu af aan als geheime organisatie in te richten'. Daarbij moest men zich inspannen om te voorkomen 'dat de beweging alle kanten op dwarrelt'.[30]

Toch was dat nu juist wat er gebeurde. Met Hitler ontbrak de belangrijkste figuur die alles bijeenhield, die alle divergerende krachten en belangen tot op dat moment met elkaar in evenwicht had gehouden. 'De fluctuaties in de beweging na Hitlers arrestatie zijn het beste bewijs voor zijn allesoverheersende leiderspersoonlijkheid,' stelde een van zijn aanhangers vast toen hij werd vrijgelaten uit de vesting Landsberg.[31] Rosenberg had niet het gezag om de eenheid in de partij te waarborgen. Overal begonnen nu, zoals Hanfstaengl opmerkte, 'de drukdoeners en meelopers van de tweede en derde garnituur zich op de voorgrond te dringen'.[32] Manifestatiedrang en jaloezie bepaalden het beeld. Daarnaast bleek al snel dat de NSDAP vanwege de buiten München maar zwakke organisatiestructuur onvoldoende was voorbereid op de illegaliteit. Daarom stichtten Rosenberg en de vicevoorzitter van de partij, Hans Jacob, op 1 januari 1924 de *Großdeutsche Volksgemeinschaft* (GVG). Hoewel het overduidelijk was dat dit een opvolger van de NSDAP was, werd ze zonder meer toegestaan.[33] De hoop dat er zo een reservoir zou ontstaan waarin alle aanhangers van Hitler zich konden verzamelen, bleek echter ijdel. Al snel ontstond er een hevige rivaliteit tussen Rosenberg enerzijds en Hermann Esser – die in mei 1924 uit zijn ballingschap in Oostenrijk terugkeerde – en Julius Streicher anderzijds. Deze machtsstrijd eindigde begin juli met de verdrijving van Rosenberg uit de leiding en de overname door het leidersduo Esser en Streicher. In een rondschrijven eisten die nu dat 'het accent van de oude Hitler-beweging net als eerder weer buiten het parlement' kwam te liggen.[34]

Deze verklaring was vooral gericht tegen het *Völkische Block* (VB), een overkoepelende organisatie van verschillende völkisch-nationaalsocialistische groepen in

Beieren die eveneens in januari 1924 was opgericht en die aan de verkiezingen wilde deelnemen. Bij de verkiezingen voor de Beierse Landdag op 6 april wist het Block een spectaculair resultaat te behalen, al bij de eerste poging 17,1 procent van de stemmen en 23 zetels in de Landdag, en was daarmee na de BVP (32,8 procent) en met een maar heel klein verschil de derde partij achter de SPD (17,2 procent). In München werd het Block met 25,7 procent van de stemmen zelfs groter dan alle andere partijen.[35] Voor de aanstaande verkiezingen voor de Rijksdag ging het Völkische Block een lijstverbinding aan met de *Deutschvölkische Freiheitspartei* (DVFP), een concurrerende organisatie die in de herfst van 1922 was gesticht door drie dissidenten van de *Deutschnationale Volkspartei* (DNVP), Albrecht von Graefe, Reinhold Wulle en Wilhelm Henning, en die met name in Noord-Duitsland sterk was. De DVFP rook haar kans het organisatorische vacuüm dat was ontstaan door het verbod op de NSDAP te vullen en binnen de völkische beweging de belangrijkste speler te worden. Daarbij hielp dat ook Ludendorff nadrukkelijk probeerde de elkaar deels heftig bestrijdende völkische en nationaalsocialistische groepen in één organisatie onder te brengen.[36]

Bij de Rijksdagverkiezingen van 4 mei haalde de lijstverbinding van de völkische partijen toch altijd nog 6,5 procent van de stemmen en 32 zetels. Daarvan gingen er 22 naar de DVFP en slechts tien naar de nationaalsocialisten, onder wie Röhm, Feder, Frick en Gregor Straßer, een apotheker uit Landshut die algauw een leidende rol zou gaan spelen binnen de NSDAP.[37] Het prominentste fractielid was Ludendorff, die Hitler in mei twee keer bezocht in Landsberg om hem te winnen voor het idee van een vereniging van alle völkische groepen. Hitler was weliswaar tot verzoening bereid, maar op een aantal punten wat terughoudend.[38] Hij wist echter niet te verhinderen dat de Rijksdagafgevaardigden zich op 24 mei onder de naam *Nationalsozialistische Freiheitspartei* tot een fractie verenigden. En kort daarop verscheen in de pers een verklaring waarin te lezen stond dat het 'de wens van de völkische leiders generaal Ludendorff, Hitler en Graefe was dat hun aanhangers in het hele rijk voortaan samen slechts nog één enkele, krachtige organisatie zouden vormen'.[39] Ludendorff bevestigde die boodschap door te beweren dat Hitler tegenover hem 'heel duidelijk was geweest over de noodzaak van het in elkaar opgaan van de Deutschvölkische Freiheitspartei en de Nationalsozialistische Arbeiterpartei, ook buiten de Rijksdag, door de vorming van een nieuwe partij'.[40]

Onder Hitlers aanhangers ontstond echter verzet tegen de keuze voor een parlementaire strategie en het streven naar een samenballing van völkisch rechts. Met name de nationaalsocialisten in Noord-Duitsland waren ongerust.[41] Eind mei 1924 zonden ze een vierkoppige delegatie onder leiding van Ludolf Haase uit Göttingen naar Landsberg om hun bedenkingen aan Hitler voor te leggen. Die reageerde echter net als op Ludendorff ontwijkend. Wat betreft het deelnemen aan de verkiezingen, zo schreef hij al begin mei aan Siegfried Wagner, had 'het hem beter geleken' die 'in elk geval dit keer te mijden'.[42] Toch was hij kennelijk niet langer principieel tegen een parlementair optreden. Toen hij later terugkeek, vatte Rudolf Heß het standpunt van de 'tribuun' als volgt samen: Hitler zou 'van mening zijn geweest dat, daar men nu eenmaal – tegen zijn wil – tot het parlement was toegetreden, het werk in het parlement moest worden beschouwd als een van de vele middelen voor de bestrijding van het huidige systeem'. Dit betekende dat er geen sprake kon zijn van 'constructieve medewerking', maar slechts van 'niet-aflatende felle oppositie en obstructie'. 'Het parlement of liever gezegd het parlementarisme in het parlement doortrekken tot in het absurde!' luidde het devies.[43]

In zijn afwijzing van een versmelting van de NSDAP en de DVFP was Hitler echter consequent, ook al liet hij zich hierop tot teleurstelling van de Noord-Duitse nationaalsocialisten opnieuw niet vastleggen. Het was zijn streven zich verre te houden van de strijd binnen de partij en onverkwikkelijke persoonlijke intriges die, dat zag hij duidelijk in, zijn aureool als 'Führer' louter konden schaden. Men mocht van hem, zo liet hij Ludolf Haase op 16 juni weten, niet langer verwachten dat hij vanuit Landsberg 'op een of andere wijze zou ingrijpen of zelfs ook maar verantwoordelijkheid op zich zou nemen'. Daarom had hij besloten zich 'net zo lang uit de openbare politiek terug te trekken, tot mij de herwonnen vrijheid ook weer de mogelijkheid biedt echt de leiding op me te nemen'.[44] Niet veel later liet Hermann Fobke, een rechtenstudent die als voormalig lid van Stoßtrupp Hitler in Landsberg zat, zijn vrienden in Noord-Duitsland weten dat Hitler van mening was 'dat men het spoor zo hopeloos bijster was, dat hij dacht te weten dat hij helemaal opnieuw zou moeten beginnen wanneer hij weer vrijkwam'. Hij had er echter wel alle vertrouwen in dat hij 'binnen enkele dagen de teugels weer stevig in handen zou hebben'.[45]

Op 7 juli maakte Hitler zijn beslissing ook publiekelijk bekend. Hij had, zo stond in de persverklaring te lezen, 'de leiding van de nationaalsocialistische beweging neergelegd' en zou zich nu 'voor de duur van zijn hechtenis van elke politiek activiteit' onthouden. Als bijkomende reden noemde hij nu ook dat hij het te druk had: 'De heer Hitler schrijft aan een dik boek en wil zo zorgen dat hij daarvoor ook de tijd heeft.' Daarom vroeg hij zijn aanhangers af te zien van verdere bezoeken aan Landsberg.[46] Omdat de stroom pelgrims aanvankelijk niet afnam, herhaalde Hitler op 29 juli zijn verzoek. Voortaan werden er alleen nog mensen ontvangen die vooraf hadden laten weten wat het doel van hun bezoek was en daarop een uitnodiging hadden ontvangen: 'In alle andere gevallen zie ik mij tot mijn spijt gedwongen bezoek te weigeren.'[47]

Toen Hitler zich op deze manier terugtrok, leek de völkische beweging vervolgens nog sneller alle kanten op te gaan. Een conferentie op 20 juli in Weimar, bedoeld om voor eenheid te zorgen, eindigde in tumultueuze scènes en scheldpartijen. Na die ervaring verklaarde Ludendorff dat hij het 'spuugzat' was: 'Als dat de Duits-völkische beweging is, dan bedank ik voor de eer en schaam ik me ervoor dat ik me ermee heb afgegeven.'[48] Weliswaar werd tijdens een speciale fusieconferentie in Weimar midden augustus het samengaan van de nationaalsocialisten en de Duits-völkische partijen in een *Nationalsozialistische Freiheits-Bewegung* (NSFB) bekendgemaakt, maar het bleef bij een papieren stichtingsakte. Het uiteenvallen van de NSDAP en de völkische beweging ging ondanks alle oproepen om het eens te worden onverminderd door.[49]

Hitler, die door zijn aanhangers steeds weer werd gevraagd een machtswoord te spreken, weigerde echter consequent voor één afzonderlijk kamp openlijk partij te kiezen en onthield zich van elke stellingname. Hij moest zich 'volledig neutraal opstellen' om na zijn vrijlating totaal onbevangen de reorganisatie van de partij te kunnen doorvoeren, zo liet hij de Noord-Duitse NSDAP-kringen weten. 'Wie dan niet gehoorzaamde, zou er zonder meer uitvliegen.'[50] Zo voorkwam hij dat hij betrokken raakte bij de onderlinge strijd tussen grotere en kleinere groepen. 'Zijn persoon staat boven de kleingeestige meningsverschillen. Als hij weer vrij is, zal hij dankzij zijn gezag snel weer orde op zaken stellen,' merkte Rudolf Heß midden augustus 1924 op. En niet geheel ten onrechte vermoedde hij dat Hitler de aanhoudende conflicten eigenlijk best goed uitkwamen: 'Zo ziet de wereld buiten dat ze zonder hem toch niets tot stand brengen en dat het helemaal niet zo eenvoudig is het werk te doen dat hij deed.'[51] Sommige van zijn volgelingen dachten zelfs dat Hitler de twisten bewust aanwakkerde 'om des te steviger de leiding in handen te kunnen houden'.[52] Hij lijkt hiermee inderdaad een heerserstactiek te hebben ontwikkeld die hij als rijkskanselier verder zou perfectioneren: door met behulp van *divide et impera* mogelijke rivalen tegen elkaar uit te spelen om dan vervolgens de leiding op te eisen.[53]

Door de verklaringen van juli 1924 werd ook voor het eerst publiekelijk bekend dat hij op het punt stond een boek te schrijven. De voorbereidende werkzaamheden daarvoor vonden al plaats tijdens de eerste weken van de gevangenschap. Al tijdens zijn verhoor door officier van justitie Ehard op 13 december 1923 had Hitler het gehad over zijn plan een memorandum te schrijven waarmee hij zijn tegenstanders 'het masker van hun gezicht' zou trekken.[54] Met toestemming van de gevangenisdirectie liet hij een schrijfmachine komen. De gevangenbewaarder Franz Hemmrich zorgde dat hij een geschikte tafel en schrijfpapier kreeg.[55] Het memorandum zelf is niet meer te vinden, maar de inhoud ervan is te reconstrueren uit de redevoeringen die Hitler tijdens de rechtszittingen hield.[56] Na zijn veroordeling op 1 april 1924 zette hij de werkzaamheden voort. Een eerste resultaat bood hij als essay aan voor het aprilnummer van het Al-Duitse maandblad *Deutschlands Erwachen*, en de overeenkomsten met bepaalde passages uit *Mein Kampf* zijn opmerkelijk.⁵⁷ Nog altijd had Hitler daarbij zijn oorspronkelijke doel voor ogen: hij schreef aan 'een grondige afrekening met de heren die nog op 9 november enthousiast "hoera" riepen, maar al op de 10de [...] probeerden aan

Afb. 17 Titelpagina van een aanbiedingscatalogus van Eher-Verlag. Begin juni 1924.

te tonen hoe "ondoordacht en idioot de onderneming" was geweest', zo liet hij Siegfried Wagner op 5 mei weten.[58]

Begin juni kondigde de eigen uitgeverij van de partij, Eher-Verlag, in een reclamefolder al voor juli het verschijnen aan van een boek met de titel *4 1/2 Jahre Kampf gegen Lüge, Dummheit und Feigheit* (4 1/2 jaar strijd tegen leugens, domheid en lafheid). Uit de trefwoorden waarmee de verwachte inhoud werd beschreven, bleek duidelijk dat er maar één deel was gepland.[59] Hitlers beslissing zich voorlopig uit de politiek terug te trekken, betekende echter dat het werk ook een ander karakter kreeg: hoewel hij aanvankelijk een rechtvaardiging had willen schrijven, besloot hij het nu uit te breiden met biografische elementen.[60] Vanaf de tweede helft van juni werkte Hitler intensief aan het manuscript. Eind juni las hij Heß de passage over zijn oorlogservaringen in 1914 aan het westelijke front voor (*Mein Kampf*, hoofdstuk 5) en besprak hij met hem de vormgeving van het omslag.[61] Op 23 juli kwam hij opnieuw de cel van Heß binnen en vroeg of hij het zojuist geschreven hoofdstuk over 'München' (*Mein Kampf*, hoofdstuk 4) mocht voorlezen. 'Ik ben er nog steeds compleet door van mijn stuk gebracht,' schreef Heß aan zijn vriendin. Toen Heß Hitler prees, zou die laatste hebben gestraald van plezier: 'Wat een merkwaardige mengeling van de kille, keiharde superioriteit van deze man en ongeremde jongensachtigheid!'[62]

Dat Hitler het boek vaak tot diep in de nacht zou hebben gedicteerd aan zijn assistent Heß, is een legende die veel Hitler-biografen uit de memoires van gevangenbewaarder Otto Lurker hebben overgenomen.[63] In werkelijkheid typte Hitler het manuscript zelf met twee vingers nadat hij eerst zijn gedachten had geordend met losse trefwoorden op een vel papier.[64] Welke rol Heß werkelijk speelde bij de samenstelling van het boek, vertelt hij in een brief van eind juli: Hitler 'leest mij nu regelmatig uit zijn boek voor [...], als hij een hoofdstuk af heeft, komt hij ermee naar mij toe. Hij licht het verder toe en we praten over sommige punten nog wat door.'[65] Begin augustus hoopte Hitler het boek binnen enkele dagen te kunnen voltooien en vroeg Heß om met hem 'samen feestelijk de tekst te corrigeren'.[66] Daarvan lijkt echter niets te zijn terechtgekomen. Hitler schoof de voltooiing van het manuscript namelijk steeds weer voor zich uit. Ook eind augustus werkte hij er 'onafgebroken' aan en liet hij zich maar 'met tegenzin' storen.[67] In september merkte gevangenisdirecteur Otto Leybold op dat hij 'dagelijks vele uren met het werk aan zijn boek' bezig was.[68] Toen hij op 20 december 1924 de vesting Landsberg mocht verlaten, waren evenwel grote delen van het manuscript voltooid. Maurice beweert ze in de houten koffer van de grammofoon te hebben verstopt en naar buiten te hebben gesmokkeld.[69]

Toch werd het uitkomen van het boek ook nu steeds opnieuw een maand uitgesteld. Daarbij speelden de financiële problemen van de Eher-Verlag ook een rol.

'Overal schulden, schulden, schulden,' klaagde uitgever Max Amann tegenover partijgenoot Hanfstaengl.[70] Toch waren politieke overwegingen waarschijnlijk belangrijker: Hitler wilde zijn pogingen het verbod op de NSDAP te laten opheffen en de partij opnieuw op te richten niet in gevaar brengen met de publicatie.[71] In dat verband vond niet alleen de aanpassing van de titel – vanaf februari 1925 werd in vooraankondigingen de verkorte vorm *Mein Kampf* gebruikt – maar ook een herstructurering van het werk plaats. Het oorspronkelijk eendelige werk zou nu in twee delen worden uitgegeven. Hitler koos ervoor het eerste deel te laten eindigen met de bekendmaking van het partijprogramma op 24 februari 1920 en sommige hoofdstukken die wel al af waren, te reserveren voor het tweede deel.[72] In april 1925 legde hij op de Obersalzberg de laatste hand aan het manuscript van het eerste deel. Bij de redactie in het voorjaar werd hij geholpen door Josef Stolzing-Cerny, de muziekcriticus van de *Völkischer Beobachter*, en Ilse Pröhl, de verloofde en latere echtgenote van Rudolf Heß.[73]

Het eerste deel van *Mein Kampf* verscheen op 18 juli 1925. Het tweede deel liet echter nog op zich wachten. Pas in de herfst van 1926 trok Hitler zich opnieuw terug op de Obersalzberg om de laatste delen te dicteren aan een secretaresse.[74] Rudolf Heß – inmiddels Hitlers privésecretaris – nam de eindredactie voor zijn rekening.[75] Op 11 december 1926 verscheen het tweede deel. Er zou na de publicatie hiervan 'een golf van verbazing, woede en bewondering [...] door de Duitse gebieden' gaan, zo voorspelde Heß.[76] Aanvankelijk kwam de verkoop maar traag op gang, en dat lag wellicht aan de relatief hoge prijs van 12 mark per deel. Weliswaar was de eerste oplage van tienduizend exemplaren van het eerste deel tegen het einde van 1925 bijna geheel uitverkocht, maar de vraag naar deel twee bleef flink achter.[77] Pas na de grote successen van de NSDAP bij de verkiezingen van 1930 steeg de verkoop aanzienlijk. Vooral de voordelige 'volksuitgave' was populair. Tot eind 1932 werden er bijna 228.000 exemplaren verkocht. Na de machtsovername in 1933 namen de verkoopcijfers opnieuw een vlucht. Er werden elke dag 'ongeveer vierduizend exemplaren' verkocht, vertelde Hitler in april 1933 aan Rudolf Heß. 'Die brave Amann had moeite om voldoende drukkerijen te vinden.'[78] Openbare bibliotheken en scholen waren verplicht het werk aan te schaffen en vanaf 1936 hadden ambtenaren van de burgerlijke stand de opdracht een exemplaar van *Mein Kampf* te overhandigen aan pasgetrouwde paartjes. Tijdens de oorlog kwam er een uitgave in dundruk uit voor de soldaten. In 1944 had de totale oplage een omvang bereikt van 12.450.000 exemplaren.

Als hij had kunnen voorzien dat hij ooit rijkskanselier zou worden, zou hij *Mein Kampf* niet hebben geschreven, zo liet Hitler zich in een gesprek met Hans Frank ontvallen.[79] Toch was dat slechts koketterie. Hitler was duidelijk trots op zijn werk en gaf graag exemplaren weg met een persoonlijke boodschap voorin.[80]

Mein Kampf maakte Hitler niet alleen rijk, het was ook van groot belang voor zijn verdere politieke loopbaan. Het boek vervulde een dubbele functie: enerzijds kon Hitler, doordat hij autobiografie en programma met elkaar verweefde, zijn leven tot het moment waarop hij zich in de politiek begaf, weergeven als de voorgeschiedenis van zijn politieke missie. Zijn eerste jaren leken nu met hun ontberingen en teleurstellingen een haast onontbeerlijke ontwikkelingsfase, de incubatietijd van een door het leven gehard politiek genie. Anderzijds wilde hij met het boek zijn claim van het leiderschap binnen de völkische beweging ook intellectueel onderstrepen. Het boek diende als bewijs dat hij niet alleen een vaardig politicus was, maar bovendien aan zijn programma zou vasthouden, een combinatie die, zoals hij in *Mein Kampf* uitgebreid uiteenzette, in de geschiedenis van de mensheid maar hoogst zelden voorkwam.[81] Dat verklaart ook de pretentieuze stijl van het boek, waarmee de schrijver wilde bewijzen dat hij ondanks zijn gebrekkige opleiding veel had gelezen en dat hij het wat geleerdheid betreft kon opnemen tegen elke professor aan de universiteit.[82]

Van de gevangenbewaarders Otto Lurker en Franz Hemmrich weten we dat Hitler tijdens zijn hechtenis in Landsberg een uitgebreide bibliotheek verzamelde die 'een groot deel van zijn met mooie afbeeldingen en bloemen versierde kamer' innam.[83] Het is echter moeilijk vast te stellen wat hij voor *Mein Kampf* heeft gelezen en als bronnen heeft gebruikt. Hij heeft zich zelf er nauwelijks over uitgelaten en bewust die auteurs op wie hij zich beriep, niet bij naam genoemd. Otto Straßer, de broer van Gregor, beweerde sporen te zien van het antisemitische knoeiwerk van Houston Stewart Chamberlain en Paul de Lagarde.[84] Daarnaast zijn er in *Mein Kampf* ook duidelijke sporen te vinden van Arthur de Gobineaus *Essai sur l'inégalité des races humaines,* Hans F.K. Günthers *Rassenkunde des deutschen Volkes,* waarvan in 1923 de derde oplage verscheen en dat met een persoonlijke opdracht van uitgever J.F. Lehmann aan Hitler was overhandigd, en tot slot ook van het racistische pamflet van de Amerikaanse autokoning Henry Ford, *The International Jew, the World's Foremost Problem,* dat in 1922 in Duitsland verscheen en een enorm succes werd. 'Ik beschouw Ford als mijn inspirator,' zou Hitler tegenover een Amerikaanse verslaggever hebben bekend.[85] Voor het tweede deel van *Mein Kampf* gebruikte Hitler duidelijk ook het in 1925 opnieuw bij J.F. Lehmann verschenen boek van de Amerikaanse auteur Madison Grant, *The Passing of the Great Race,* waarin de 'rassenvermenging' werd beschreven als de oorzaak van de ondergang van volkeren en culturen.[86] Hitler deed uit het werk echter weinig nieuwe ideeën op. Het bevestigde hooguit zijn toch al vaststaande opvattingen. Dat lijkt overigens zijn leesgewoonten in Landsberg ook te hebben gekenmerkt: hij las niet om zijn ideeën te verifiëren, maar om ze bevestigd te zien. Hij zocht ingespannen naar mozaïeksteentjes die in het reeds voorhanden zijnde wereldbeeld pasten.[87]

Mein Kampf bevatte dan ook weinig nieuws. Het tweedelige werk vormde eerder een samenvatting van wat de demagoog in zijn talloze redevoeringen voor november 1923 al had verkondigd – al beweerde hij nu dat hij zo de vruchten van zijn lezen systematiseerde en ze als een sluitende, coherente 'wereldvisie' presenteerde.[88] De kern van Hitlers duiding van de geschiedenis werd gevormd door de begrippen 'volk en ras' – en dat was ook de titel van hoofdstuk 11 van het eerste deel. In het 'rassenvraagstuk' zag hij 'niet alleen de sleutel voor de wereldgeschiedenis, maar ook voor de menselijke cultuur zelf'.[89] Daarmee nam hij afstand van de marxistische geschiedopvatting: rassen en niet klassen waren naar zijn idee de drijvende kracht, en rassenstrijd in plaats van klassenstrijd bepaalde dan ook het verloop van de geschiedenis. Zijn rassentheorie leidde Hitler af uit zogenaamde natuurwetten. Daar zou een 'algemeen geldende neiging tot rassenreinheid' gelden: 'De vos blijft steeds een vos, de gans een gans, de tijger een tijger, enz.' Elke vermenging van rassen was daarom een schending van 'de ijzeren logica van de natuur' en leidde automatisch tot neergang en verval. 'Alle grote beschavingen in het verleden gingen alleen te gronde, omdat het oorspronkelijk scheppende ras door bloedvergiftiging stierf.'[90]

Zijn quasibiologisch onderbouwde rassentheorie verbond hij met de sociaaldarwinistische ideeën die hij zich al tijdens de wereldoorlog eigen had gemaakt. Het enige wat de natuur zou willen, was 'de overwinning van de sterkste en de vernietiging of de volkomen onderwerping van de zwakste'. Humanitaire overwegingen waren naar Hitlers idee in de genadeloze 'levensstrijd' van de volkeren volstrekt misplaatst: 'Wie wil leven, moet dus vechten, en wie in deze wereld van eeuwige strijd niet vechten wil, die zal het leven niet kunnen houden, want hij verdient het niet.' Achter de logica van deze uiterst inhumane wereldvisie lag het idee van een 'veredeling' van de rassen – tot een ver einddoel, 'totdat ten slotte het hoogst ontwikkelde ras de aarde geheel in bezit zal hebben, en zich nu ongehinderd kan wijden aan de opbouw'.[91] Daarbij liet Hitler er geen twijfel over bestaan aan wie die opgave toe zou vallen: de 'ariërs', die als enig 'scheppersras' werden gepresenteerd: 'Al datgene, wat wij heden aan menselijke cultuur, aan kunstvoortbrengselen, aan producten van wetenschap en techniek voor ons zien, is bijna uitsluitend te danken aan het scheppend genie van de ariër.'[92]

Als negatief tegenover het 'Arische ras' fungeerde in het bipolaire wereldbeeld van Hitler het 'Joodse ras'. In veel passages van *Mein Kampf* herhaalde hij letterlijk wat hij in zijn antisemitische tirades, bijvoorbeeld die van augustus 1920, allemaal had beweerd. 'De' Jood werd als vleesgeworden kwaad gebrandmerkt, en zijn bestrijding werd zo de belangrijkste taak van Hitlers politieke missie. Er is echter wel een radicalisering te zien met betrekking tot de maatregelen die tegen de Joden moesten worden genomen. Toen een bezoeker hem eind juli 1924 vroeg of zijn houding ten opzichte van het Jodendom was veranderd, antwoordde Hitler: 'Ja, ja [...]. Ik heb inmiddels ingezien dat ik veel te mild ben geweest! Bij het schrijven van mijn boek ben ik tot het inzicht gekomen dat in de toekomst de hardste strijdmiddelen moeten worden ingezet om in onze doelstellingen te slagen. Ik ben ervan overtuigd dat dit niet alleen voor ons volk, maar voor alle volkeren een kwestie van overleven is. Juda is namelijk een pest waaraan de wereld lijdt.'[93]

Hitler was dus de overtuiging toegedaan dat hij niet alleen uit naam van de Duitsers maar ook uit naam van alle andere volkeren handelde als hij zich de 'verwijdering van de Joden' tot doel stelde. In het licht van deze obsessie kreeg de anti-Joodse strijd een haast eschatologische dimensie. 'Indien de Jood met zijn marxisme de overwinning behaalt op de volkeren van deze wereld,' schreef hij in het eerste deel, 'dan zal een krans, gevlochten uit de lijken van de gehele mensheid, zijn kroon zijn; dan zal deze aarde wederom, evenals miljoenen jaren geleden, van ieder menselijk leven ontdaan, zwijgend haar weg door de ether gaan.' Daaruit trok hij de conclusie: 'Daarom is het mijn overtuiging, dat ik werk in de geest van de almachtige Schepper: want door mij te verweren tegen de Jood strijd ik voor het werk van de Heer.'[94] Saul Friedländer heeft deze pseudoreligieus verbloemde, extreme vorm van Jodenhaat getypeerd als 'verlossingsantisemitisme' en deze herleid tot de Bayreuther Kreis, en dan in het bijzonder op de invloed van Houston Stewart Chamberlain.[95]

'Verwijdering van de Joden' – dat betekende nu niet langer slechts de uitwijzing en verdrijving, maar liet als ultieme consequentie ook ruimte voor de mogelijkheid van vernietiging en 'uitroeiing'. In *Mein Kampf* bediende Hitler zich regelmatig van het vocabulaire van de parasitologie en begon de Joden als 'ongedierte' aan te duiden dat moest worden verdelgd.[96] Dat in zijn antisemitische waanbeeld inmiddels ook ruimte was voor moorddadige fantasieën, blijkt wel uit een passage aan het einde van deel twee: 'Wanneer men in het begin van de oorlog, en gedurende de strijd, eens een twaalf- tot vijftienduizend van deze Hebreeuwse volksbedervers een paar gifgasaanvallen had laten doormaken, zoals honderdduizenden van onze allerbeste Duitse arbeiders uit alle kringen en alle beroepen die moesten verduren, dan zou het offer van miljoenen mensenlevens niet tevergeefs zijn geweest.'[97]

Ook wat betreft Hitlers ideeën over buitenlandse politiek kan in *Mein Kampf* een radicalisering worden vastgesteld. Aanvankelijk had hij steeds geëist dat het Verdrag van Versailles terzijde werd geschoven, dat er wraak werd genomen op 'aartsvijand' Frankrijk, dat de koloniën werden teruggewonnen en dat de grenzen van 1914 werden hersteld – een revisionisme zoals dat in Al-Duitse en völkische kringen vanzelfsprekend was. In zijn boek kwam hij echter met een nieuw accent: het idee dat een natie met een groeiende bevolking zoals Duitsland een voldoende groot territorium nodig had om zich te kunnen voeden en zich in machtspolitiek opzicht te kunnen ontplooien. Dit idee van 'Lebensraum' had hij van Karl Haushofer, die met zijn geopolitieke opvattingen via zijn leerling Rudolf Heß kennelijk een aanzienlijke invloed uitoefende op Hitlers opvattingen over de buitenlandse politiek.[98] Daarnaast staat vast dat Hitler in Landsberg het werk van de geopoliticus en medestichter van de Alldeutsche Verband, Friedrich Ratzel, las, getiteld *Politische Geographie* (1897), dat Haushofer zijn leerling en vriend Heß in Landsberg had gebracht.[99]

Maar waar moest die 'Lebensraum' worden veroverd? Het vierde hoofdstuk van deel een, waarin Hitler een kritisch betoog houdt over de wilhelminische buitenlandse politiek van vóór 1914, geeft al aan in welke richting hij die wil zoeken: 'Wenste men in Europa uitbreiding van grondgebied, dan kon dit in 't algemeen alleen ten koste van Rusland plaats hebben; dan moest het nieuwe Rijk weer de heirwegen van de oude orderidders begaan, om door middel van het Duitse zwaard aan de Duitse ploeg de aarde te geven, en daardoor aan de Duitse natie het dagelijks brood.'[100] Die formulering liet er geen twijfel over bestaan dat Hitler zich een expansie in oostelijke richting enkel kon voorstellen door middel van oorlogsgeweld. Nog duidelijker is hij in het veertiende hoofdstuk van het tweede deel ('Oriëntering op het Oosten, of macht over het Oosten?'), waarin hij het streven dat het Duitse volk 'op aarde de hoeveelheid grondgebied krijgt, waarop het recht heeft' tot het belangrijkste doel van zijn buitenlandse politiek verklaart en daaruit de conclusie trekt: 'Wij maken een einde aan de eindeloze Germaanse emigratie in Westelijke of Zuidelijke richting, en richten het oog weer op het land in het Oosten. Wij breken eindelijk met de koloniale en commerciële politiek van voor de oorlog, en gaan over tot de bodempolitiek van de toekomst.'[101]

De voorziene oorlog om Lebensraum leek Hitler een relatief risicoloze onderneming. Naar zijn idee was de Sovjetstaat namelijk in handen van 'Joodse bolsjewisten', dat wil zeggen belangrijk verzwakt in zijn 'rassenwezen'. 'Het reuzenrijk in het Oosten staat aan de vooravond van een ineenstorting. En het einde van de Joodse heerschappij over Rusland zal tevens het einde van Rusland als staat zijn. Wij zijn door het noodlot uitverkoren, om getuige te worden van een catastrofe, die de geweldigste bevestiging van de juistheid van de volksrassentheorie zal zijn.'[102] De twee belangrijkste doelstellingen die Hitler had – de vernietiging van het 'Joodse bolsjewisme' en de verovering van Lebensraum in het oosten – lagen daarmee programmatisch vast en waren in een afgerond concept gecombineerd. Aan deze doelstellingen zou hij, ongeacht alle tactische flexibiliteit en politieke afleidingsmanoeuvres, ook als rijkskanselier star vasthouden.

'Het zal voor mij altijd een van de grootste raadsels van het Derde Rijk blijven,' schreef romanist Victor Klemperer in zijn in 1946 gepubliceerde analyse van de taal van het nationaalsocialistische regime, 'hoe dit boek zo openlijk kon, ja zelfs moest worden verspreid, en dat het dan vervolgens desondanks kwam tot de twaalf jaar durende heerschappij van Hitler, terwijl de Bijbel van het nationaalsocialisme al jaren voor de machtsovername in omloop was.'[103] En inderdaad had Hitler in *Mein Kampf* zo helder als men maar kon wensen, uiteengezet wat hij van plan was te doen zodra hij aan de macht was gekomen. Hadden de mensen die hem verkozen en hem toejuichten dat boek dan niet gelezen? In het onderzoek is men daar lange tijd van uitgegaan.[104] Daarbij werd onder meer een beroep gedaan op Otto Straßer, die in zijn boek *Hitler und ich*, dat in 1940 voor het eerst werd gepubliceerd, de volgende anekdote vertelde: tijdens het rijkspartijcongres in Neurenberg in 1927 zou hij tegenover een aantal partijfunctionarissen hebben bekend dat hij *Mein Kampf* niet had gelezen, maar enkel een paar opvallende zinnen uit zijn hoofd had geleerd, waarop vervolgens ook de anderen, onder meer zijn broer Gregor en Joseph Goebbels, hadden toegegeven dat ze het al evenmin hadden gelezen.[105] Als dat het geval was onder Hitlers trawanten, dan moest dat toch zeker ook zo zijn onder die miljoenen aanhangers, om nog maar te zwijgen over iedereen die geen lid was van de NSDAP?

Pas Othmar Plöckinger heeft in zijn grondige onderzoek van de geschiedenis van *Mein Kampf* laten zien wat dit idee van de 'ongelezen bestseller' werkelijk was: 'een mythe die na 1945 opdook in de rechtvaardigingsstrategieën van de eerste jaren na de oorlog en daarin nog lang werkzaam bleef'.[106] Het eerste deel werd bij het verschijnen in 1925 al uitgebreid en hoofdzakelijk kritisch besproken in de burgerlijke pers. In het *Berliner Tagebuch* vroeg de links-liberale publicist Stefan Grossmann zich in een uitgebreide bespreking af 'of de schrijver van deze memoires geestelijk wel helemaal in orde' was. De liberale *Frankfurter Zeitung* dacht dat het na deze vrijwillige bekentenis wel 'gedaan zou zijn' met Hitler, terwijl de conservatieve *Augsburger Neueste Nachrichten* stelde dat Hitler 'een uiterst capabel mens' was, 'die met een eerlijke wil en zijn in een harde levensstrijd opgedane overtuigingen, een strijder van het eerste uur is. Wie de ongewone persoonlijkheid van Hitler wil leren kennen en begrip wil krijgen voor zijn handelen, kan het beste naar zijn boek grijpen. Het is een verhelderend werk, of men het er nu mee eens is of juist niet.'[107] Na de verkiezingssuccessen van de NSDAP vanaf 1929-1930 volgde kennelijk menigeen dit advies op. Dat blijkt niet alleen uit de razendsnel toenemende verkoop, maar ook uit de uitvoerige aandacht die het werk kreeg in de dagbladpers. Daarbij was een scherpe afkeuring zoals die van Hellmut von Gerlach in de *Weltbühne* van juni 1932 eerder een uitzondering: 'Wie Hitlers autobiografie *Mein Kampf* heeft gelezen, zal zich met ontzetting afvragen hoe een dergelijke sadistische, totaal verwarde idioot tot de Führer van zeker een derde van het Duitse volk kon worden.'[108]

Onder Hitlers aanhangers had *Mein Kampf* in elk geval tegen het begin van de jaren dertig alle concurrerende werken van nationaalsocialistische auteurs verdrongen en was het tot de partijbijbel geworden. Ongetwijfeld zal niet iedereen die het boek vanaf 1936 bij zijn trouwen ontving, het ook grondig hebben bestudeerd, maar we moeten er toch wel van uitgaan dat overtuigde nationaalsocialisten er in elk geval de belangrijkste delen van kenden. Ook het feit dat de uitleenfrequentie in openbare bibliotheken in de eerste jaren van de dictatuur relatief hoog was, lijkt te wijzen op een blijvende belangstelling voor het werk.[109]

Zelfs eind augustus 1924 was Hitler er nog van overtuigd op 1 oktober, na afloop van de periode van zes maanden, vrij te komen.[110] Midden september liet hij al offertes maken voor de auto die hij na zijn vrijlating wilde kopen. 'Het lastige is voor mij dat ik ook wanneer ik op 1 oktober word vrijgelaten, pas midden december mag rekenen op substantiële inkomsten uit mijn werk, zodat ik me gedwongen zie van iemand een voorschot of een lening te vragen,' liet de autofanaat weten aan de directeur van de vestiging van Daimler-Benz AG in München, Jakob Werlin, die hem eerder in Landsberg had bezocht.[111]

Als de gevangenisdirectie haar zin had gekregen, had Hitler inderdaad op het vroegst mogelijke tijdstip zijn vrijheid teruggekregen. Directeur Leybold was namelijk zeer onder de indruk van zijn prominente gevangene. 'Ik vind niet dat hij ergens schuldig aan is. Hij is een idealist [...]. Als ik hem zo hoor, zou ik bijna nationaalsocialist kunnen worden,' zei hij tegen gevangenbewaarder Hemmrich.[112] In zijn rapport van 15 september prees Leybold Hitler als een 'man van orde en discipline'. Hij zou 'pretentieloos, bescheiden en voorkomend' zijn, was 'volstrekt niet veeleisend', deed 'zijn uiterste best zich te schikken naar de beperkingen van de strafvoltrekking' en was tegenover de gevangenisbeambten 'altijd hoffelijk en nooit kwetsend'. Naar Leybolds idee was Hitler tijdens zijn hechtenis 'ongetwijfeld rijper en rustiger' geworden, zodat hij in de toekomst geen gevaar meer zou vormen.[113]

De plaatsvervangend hoofdcommissaris van politie in München, Friedrich Tenner, was het daar echter niet mee eens: na zijn vrijlating zou Hitler, die 'nu meer dan ooit de ziel van de beweging' was, 'opnieuw de strijd aanbinden tegen de regering en er niet voor terugschrikken de wet te overtreden'.[114] En ook de hoofdofficier van justitie van de rechtbank in München, Ludwig Stenglein, was tegenstander van een vervroegde vrijlating: gezien de manier waarop ze zich hadden gedragen tijdens het proces en tijdens de strafvoltrekking, kon er geen sprake van zijn dat de veroordeelden hun 'staatgevaarlijke plannen' hadden laten varen en zich 'in de toekomst fatsoenlijk zouden gedragen'. Toen de derde strafkamer van de arrondissementsrechtbank in München desondanks besloot de voorwaardelijke invrijheidstelling te laten ingaan, ging het Openbaar Ministerie op 29 september in beroep bij het Beierse hooggerechtshof.[115] Daarmee was het ontslag van Hitler op 1 oktober van de baan, hetgeen onder zijn volgelingen leidde tot een 'algemene katerstemming'.[116]

Hitler leek van dit alles echter nauwelijks onder de indruk. Wat hem eerder verontrustte, was de overweging van de Beierse regering hem na zijn vrijlating over de grens met Oostenrijk te zetten. Begin oktober 1924 zond de regering een vertegenwoordiger naar Wenen om over een 'eventuele overname van Hitler door Oostenrijk' te onderhandelen. Inmiddels hadden de grensposten bij Passau echter al de instructie gekregen Hitler niet binnen te laten. De regering in Wenen was van mening dat Hitler met zijn 'emigratie' naar Beieren en zijn dienst in het Beierse leger zijn Oostenrijkse staatsburgerschap had verloren, en die houding zou ook in de volgende maanden niet veranderen.[117] Op het – overigens onjuiste – nieuws dat het staatsburgerschap hem inmiddels was ontnomen, reageerde Hitler op 16 oktober door te zeggen dat hij het verlies niet als pijnlijk ervoer, omdat hij zich 'nooit een Oostenrijks staatsburger had gevoeld, maar altijd uitsluitend Duitser'.[118] Begin april 1925 deed hij vervolgens een formeel verzoek om niet langer als Oostenrijks staatsburger te worden beschouwd. De regering in Wenen willigde dit verzoek al op 30 april in.[119] Hitler was voortaan stateloos. Het Duitse staatsburgerschap kreeg hij namelijk pas in 1932.

Afb. 18 Hitler voor de stadspoort van Landsberg na zijn vrijlating op 20 december 1924.

Al op 6 oktober 1924 hadden de hoogste hoeders van het recht in Beieren het bezwaar van het Openbaar Ministerie van de hand gewezen. Dat ondernam begin december een laatste poging de voorwaardelijke invrijheidstelling van Hitler te voorkomen. Nadat directeur Leybold echter nogmaals voor zijn modelgevangene was opgekomen, beval het hooggerechtshof zijn vrijlating voor 20 december.[120] Het is denkbaar dat de uitslag van de Rijksdagverkiezingen van 7 december deze beslissing heeft beïnvloed. De 'Nationalsozialistische Freiheits-Bewegung' haalde niet meer dan 3 procent, en verloor dus ten opzichte van mei meer dan de helft van haar stemmen.[121] Völkisch rechts leek over zijn hoogtepunt heen en een al te grote dreiging zou er niet meer van uitgaan, zo dacht men. Nu wendde een rijke burgeres van München zich tot minister-president Held met het verzoek 'ook de meest Duitse van alle Duitsers, Adolf Hitler, vrede op aarde' te gunnen. Nadat de verkiezingen ongunstig waren uitgepakt voor Hitlers partij, zou er immers geen aanleiding meer zijn 'hem binnen de kerkermuren te houden'. En, zo voegde ze eraan toe: 'Als we twintig Hitlers hadden gehad in het Duitse volk, dan zouden we er nu heel anders aan toe zijn.'[122]

Toen hij Landsberg eenmaal verliet, zou iedereen, de directeur en de gevangenbewaarders, 'tranen in de ogen hebben gehad', vertelde Hitler in februari 1942. 'We hadden ze allemaal voor ons gewonnen!'[123] Gregor Straßer en Anton Drexler waren met de auto gekomen om Hitler onmiddellijk naar Ludendorff te brengen. 'Het touwtrekken om zijn persoon begint nog eerder dan ik had verwacht,' schreef Heß. 'Hij [Hitler] dacht er natuurlijk niet aan om mee te rijden. Hij was bijzonder verontwaardigd! Voorlopig wil hij eerst rust en verder niets!'[124] Hitlers houding tegenover Ludendorff was tijdens de hechtenis duidelijk bekoeld. Hitler was niet vergeten dat Ludendorff op de late avond van 8 november 1923 Kahr, Lossow en Seißer had laten 'ontkomen'.[125] En hij nam het de generaal niet alleen kwalijk dat hij zich in de Rijksdag had laten verkiezen, maar in het bijzonder ook dat hij de leiding op zich had genomen van de fusiebesprekingen tussen Duitsvölkischen en de nationaalsocialisten. Wanneer Hitler vrijkwam, zo noteerde Heß op 11 december, zou Ludendorff 'nog eens wat meemaken. Dan kent hij de tribuun nog niet!'[126]

In plaats van door Ludendorff liet Hitler zich afhalen door Adolf Müller, de drukker van de publicaties van Eher-Verlag, en de fotograaf Heinrich Hoffmann. Voor de stadspoort van Landsberg maakte Hoffmann een foto als aandenken, die met het bijschrift 'Hitler verlaat Landsberg' in een groot aantal kranten werd afgedrukt.[127] Toen Hitler terugkwam in zijn woning aan de Thierschstraße, was die versierd met bloemen en lauwerkransen. 'Mijn hond duwde me van blijdschap haast van de trap,' herinnerde hij zich.[128] Drie dagen later maakte hij zijn opwachting in de salon van de Bruckmanns aan de Karolinenplatz. 'Wat is het hier mooi,' zou hij bij het zien van de prachtige ambiance hebben uitgeroepen, en in het gastenboek schreef hij toepasselijk: 'Wie zich door leed laat breken, verdient geen vreugde.'[129] De kerst bracht hij door bij de Hanfstaengls, die inmiddels hun woning aan de Gentzstraße hadden verruild voor een villa aan de Pienzenauerstraße in het Herzogpark. 'Alstublieft Hanfstaengl, speelt u de *Liebestod* voor me!' zou hij zijn gastheer gelijk bij binnenkomst al hebben opgedragen. Op de klanken van Wagners muziek, zo vertelde Hanfstaengl later, kon zijn gast zich ontspannen: 'Nu leek hij wel los te komen, was hij bijna opgewekt, en begroette hij mijn vrouw [...]. Hij verontschuldigde zich nogmaals voor de scène in Uffing, neuriede een grappig deuntje voor onze dochtertje Hertha en verloor zich vervolgens in loftuitingen over ons nieuwe thuis.'[130]

In een rondschrijven aan de verschillende plaatselijke afdelingen van het Völkische Block in Beieren werd Hitler eind december 1924 begroet met de woorden: 'De man van het doortastend handelen, van de politieke doeltreffendheid is onder ons teruggekeerd.'[131] Tijdens die eerste weken na de kerst hield Hitler zich echter nog buiten de politiek. Hij bezocht de gevangenen die in Landsberg waren achtergebleven en wijdde zich aan het persklaar maken van zijn boek. 'Hij was voor degenen die zich nog in Landsberg bevonden al even vaak op pad als voor zijn boek,' schreef een voormalige medegevangene uit München.[132] Voorzichtig peilde hij het politieke speelveld om bij zijn herintrede geen fouten te maken. 'Hitler bewaart nog altijd een ijzig zwijgen, en zijn aanhangers kunnen moeilijk aanzien hoe hij zich inhoudt,' meldde de *Bayerische Anzeiger* op 21 januari 1925.[133]

8

Een Führer wacht af

'Nu ben ik geen onbekende meer, en dat biedt ons het belangrijkste startpunt voor een nieuwe poging,' zei Hitler na zijn vrijlating uit Landsberg tegen Ernst Hanfstaengl, en diens vrouw verzekerde hij: 'Eén ding beloof ik u [...]: ik stoot me niet twee keer aan dezelfde steen!'¹ Al tijdens zijn gevangenschap had Hitler het besluit genomen de NSDAP opnieuw op te richten. Omdat hij zich volledig afzijdig had gehouden van de strijd tussen de rivaliserende fracties in het völkische kamp, was zijn aureool niet beschadigd. Hij mocht dus verwachten dat hij bij de wederopbouw van de partij het grootste deel van de inmiddels versplinterde beweging weer achter zich zou weten te verzamelen. Van het begin af aan was hij van plan de NSDAP tot het onvoorwaardelijke werktuig van zijn leidersambities om te vormen, en daartoe behoorde ook dat het partijbestuur in München zijn machtsbasis moest blijven. Hitler hechtte een welhaast sacrale betekenis aan de plaats waar de beweging was geboren. 'Rome – Mekka – Moskou! Elk van die drie steden is de belichaming van een wereldvisie. Laten we in de stad blijven waar de eerste martelaars van onze beweging vielen: zij moet het Moskou van onze beweging worden!'² München, zo verklaarde hij, mocht niet worden opgegeven: 'De heiligste plaats is die waar men het meest heeft geleden.'³

Aan die randvoorwaarden was echter ten opzichte van de eerste opkomst van de NSDAP voor 1923 wel duidelijk iets veranderd. Na de crisistijd direct na de oorlog en het inflatiejaar 1923 volgde er tussen 1924 en 1928 een fase van relatieve consolidering van de Republiek van Weimar. Toen de munt eenmaal was gestabiliseerd, herstelde de Duitse economie zich opvallend snel. In 1927 bereikte de industriële productie voor het eerst weer het niveau van voor de oorlog. Ook de reële lonen van mensen met werk stegen aanzienlijk, terwijl de werkloosheid, die in de winter van 1923-1924 nog tegen de 20 procent had gelegen, nu een afnemende tendens vertoonde. De ergste tijd leek voorbij, en onder de bevolking was er weer sprake van enig optimisme.

Ook in de buitenlandse politiek was duidelijk vooruitgang te zien. Met de invoering van het Dawesplan in 1924, waarin de herstelbetalingen werden aangepast aan de mogelijkheden van de Duitse economie, wist Duitsland de toezegging te krijgen dat het Ruhrgebied binnen een jaar volledig zou worden ontruimd. Onder Gustav Stresemann, die tussen 1924 en 1929 hoewel er steeds weer nieuwe kabinetten aantraden, altijd het ministerie van Buitenlandse Zaken leidde, werden de inspanningen om tot een vergelijk te komen met de westelijke Geallieerden, in het bijzonder met Frankrijk, vastberaden voortgezet. In de verdragen van Locarno van oktober 1925 erkende Duitsland de in het Verdrag van Versailles vastgelegde westgrens en bevestigde het de demilitarisering van het Rijnland. Op hun beurt zagen Frankrijk en België af van een wijziging van de geldige grenzen door middel van geweld. Tegelijk met het van kracht worden van deze verdragen zou Duitsland toetreden tot de Volkenbond. Dat werd in september 1926 feestelijk gevierd. Duitsland keerde daarmee terug in de internationale gemeenschap.[4]

Wanneer er sprake is van de 'gouden jaren twintig', dan heeft dat niet alleen betrekking op het economisch herstel en de successen van het buitenlands beleid, maar vooral ook op de 'cultuur van Weimar' die werd gekenmerkt door een ongewone rijkdom aan creativiteit en experimenteerlust.[5] Op het expressionisme met zijn extatische pathos en zijn sociale utopieën volgde rond 1923-1924 een fase van de 'nieuwe zakelijkheid', een tendens van koele, op de maatschappelijke realiteit gerichte nuchterheid in de schilderkunst, de literatuur en de architectuur. Het duidelijkst was dit te zien in de beweging Bauhaus onder leiding van Walter Gropius, in eerste instantie in Weimar, en later in Dessau – hier werd niet alleen geëxperimenteerd met een nieuwe functionele architectuur, maar ook met een passende vormgeving van meubels en gebruiksvoorwerpen voor in de gebouwen. Gestimuleerd door de nieuwe media – grammofoonplaat, radio, geluidsfilm – ontstond er een nieuwe massacultuur waarvan het aanbod niet langer alleen voor een geprivilegieerde elite beschikbaar was. Met name sport werd erg populair – voetbal, atletiek, boksen, wielerzesdaagsen en autoraces. Sebastian Haffner spreekt in zijn *Geschichte eines Deutschen* van een regelrechte 'sportmanie', waaraan hij zoals zo veel opgroeiende leeftijdsgenoten in de middenjaren van de Republiek van Weimar zouden hebben toegegeven.[6]

Berlijn vormde het onbetwiste middelpunt van de 'Roaring Twenties' met zijn reusachtige amusementsindustrie, filmpaleizen en danshallen waar met name de uit Amerika geïmporteerde dansen, de shimmy en de charleston, bijzonder populair waren. De vrouwenmode werd praktischer en nonchalanter. Het 'pagekopje' werd het symbool van de vrouwenemancipatie. Een vrijere omgang met seksualiteit bepaalde nu de verhoudingen tussen de geslachten. Dit alles leverde een groot aantal ervaringen, stimulansen en afleidingen op die tegengesteld waren aan de trend tot politieke radicalisering – althans, zolang de fragiele economische stabiliteit niet door nieuwe crisisverschijnselen werd verstoord.

Voor Hitlers plannen was dit alles geen al te best nieuws. 'Nu ontbreekt de inflatie als voedingsbodem voor de wanhoopspolitiek van de putschisten. Hitler treft nu totaal andere verhoudingen aan en zal zijn politiek daarop moeten inrichten,' constateerde de *Bayerische Anzeiger*.[7] Toch was de 'tribuun', zoals Rudolf Heß opmerkte die vanaf april 1925 zijn privésecretaris was, gedurende de weken dat hij zich bezighield met de heroprichting van de partij, 'vol goede moed' en 'weer in zijn oude vorm': 'Het overtollige vet van L[andsberg] is allang weer verdwenen. Hij heeft natuurlijk ook alweer nauwelijks ergens tijd voor. Net als voorheen is het altijd haasten.'[8] Zijn terugkeer op het politieke toneel bereidde Hitler zorgvuldig voor. Om te beginnen moest hij de Beierse regering zo ver zien te krijgen dat die het verbod op de NSDAP ophief. Begin januari 1925 ging hij op bezoek bij de Beierse minister-president en BVP-voorzitter Heinrich Held. Hij stelde zich tegenover deze vertegenwoordiger van het staatsgezag berouwvol op, vroeg om de vrijlating van zijn medeputschisten die nog in Landsberg gevangen zaten, en beloofde voortaan uitsluitend legale middelen te gebruiken. Tegelijkertijd nam hij afstand van de aanvallen van Ludendorff en andere völkische figuren op de katholieke kerk. De minister-president reageerde koeltjes: de Beierse regering zou toestanden zoals die voor 9 november 1923 hadden geheerst, 'onder geen beding dulden' en 'er met alle middelen van het staatsgezag' tegen optreden. Uiteindelijk toonde hij zich echter bereid het verbod op de NSDAP en de *Völkischer Beobachter* op te heffen. 'Het beest is getemd,' zou hij hebben gezegd. 'Nu mogen de boeien wel wat losser.'[9] Alleen omdat zijn tegenspelers op onverantwoorde wijze onderschatten hoe gevaarlijk hij was, kreeg Hitler de kans een nieuwe politieke carrière te beginnen.

Op 26 februari, tien dagen na de opheffing van het verbod, verscheen de *Völkischer Beobachter* voor het eerst weer. In een hoofdartikel 'Over het opnieuw sterker worden van onze beweging!' en een in de dezelfde uitgave verschenen 'Oproep aan de voormalige leden van de Nationaalsocialistische Duitse Arbeiderspartij!' riep Hitler op de strijd van het verleden te beëindigen en 'voortaan weer als broeders in een grote gemeenschap van strijders [...] schouder aan schouder zoals eerder, elkaar trouw terzijde te staan'.[10] In de bijgevoegde richtlijnen voor de 'heroprichting' van de NSDAP stond dat alleen degenen lid konden worden die opnieuw een verzoek daartoe deden. Tegelijk werd in niet mis te verstane termen duidelijk gemaakt dat er aan de fundamentele doelstellingen niets was veranderd: 'De gezamenlijke kracht van de beweging moet worden gefocust op de verschrikkelijkste vijanden van het Duitse volk: Jodendom en marxisme en de daarmee verbonden of daaraan steun verlenende partijen, Zentrum en Demokratie.'[11]

Een dag later, op 27 februari, zocht Hitler de publiciteit, en wel opzettelijk op die plaats waar hij anderhalf jaar eerder een putsch had geënsceneerd, in de Bürgerbräukeller. Al enkele uren voor aanvang van de bijeenkomst was de zaal tot de nok toe gevuld, en toen Hitler eindelijk verscheen, werd hij onstuimig begroet door zijn aanhangers. Ooit prominente medestrijders – Ludendorff, Rosenberg, Röhm, Gregor Straßer – kwamen nu niet opdagen, en ook de oprichter van de partij, Anton Drexler, die tevergeefs het royement van Hermann Esser en Julius Streicher had geëist, was weggebleven. In plaats van hem nam Max Amann nu de leiding van de bijeenkomst op zich. Hitler presenteerde zich geenszins als een gelouterd mens, maar ging gewoon verder waar hij in november 1923 was gebleven. Het grootste deel van zijn twee uur durende rede bestond uit de welbekende antisemitische tirades, waarmee hij de stemming in de zaal opzweepte. 'De Jood,' zo verkondigde hij, was de 'duivelse macht' die Duitsland in de ellende had gestort. De strijd tegen deze 'wereldplaag' zou pas gewonnen zijn 'als op elke fabriek en werkplaats de hakenkruisvlag wappert'. Op dit doel moest 'heel de kracht van de beweging' worden geconcentreerd.

Pas in het laatste gedeelte van zijn toespraak kwam Hitler op het eigenlijke thema van de avond, de heroprichting van de partij. Hij herhaalde zijn oproep aan allen die 'in hun hart oude nationaalsocialisten gebleven waren', om de strijdbijl te begraven en zich rond hem te verenigen. Daarbij liet hij er geen twijfel over bestaan dat hij de leiding zou nemen: 'Ik heb negen maanden lang geen woord gezegd. Nu leid ik de beweging, en ik laat me door niemand voorwaarden stellen.' Hij alleen droeg de verantwoordelijkheid en na een jaar zouden de leden kunnen beslissen: 'Als ik het goed heb gedaan, dan beschimpt u me niet langer. En heb ik verkeerd gehandeld, dan leg ik mijn ambt neer en laat ik het weer aan u over (stemmen in de zaal roepen: Dat nooit!).'[12] Op deze theatrale finale volgde een handig gearrangeerde verzoeningsscène tussen de woordvoerders van de organisaties die uit de NSDAP waren ontstaan en die elkaar naar het leven hadden gestaan: Julius Streicher, Arthur Dinter en Hermann Esser van de Großdeutsche Volksgemeinschaft en Rudolf Buttmann, Gottfried Feder en Wilhelm Frick van het Völkische Block reikten elkaar op het podium demonstratief de hand. De 'hereniging van de in onmin geraakte broeders' was geslaagd, schreef Heß. Nog die avond liet Hitler zich samen met Winifred Wagner, die hij ook in de Bürgerbräukeller had uitgenodigd, in zijn nieuwe Mercedes naar Bayreuth rijden.[13]

Ondanks de openlijk beleden eenheid was de ruzie in het völkische kamp echter nog allesbehalve bijgelegd. Weliswaar hief de Großdeutsche Volksgemeinschaft zichzelf in maart 1925 op en traden verschillende leiders en de meerderheid van haar leden toe tot de heropgerichte NSDAP, maar de aanhangers van het Völkische Block bleken meer bedenkingen te hebben. Van de 23 afgevaardigden van de fractie in de Beierse Landdag stapten er slechts zes over naar de nieuwe nationaalsocialistische fractie die nu onder leiding van Rudolf Buttmann werd gevormd. Ludendorff en Gregor Straßer hadden al op 12 februari de rijksleiding van de Nationalsozialistische Freiheits-Bewegung neergelegd, maar veel leden bleven eerder in Ludendorff dan in Hitler de gedroomde leider van de völkische beweging zien. Anton Drexler, die flink teleurgesteld was in Hitler, stichtte begin mei uit de restanten van het Völkische Block in München zelfs nog een eigen organisatie, de Nationalsoziale Volksbund (NSVB), die zich echter nooit wist te profileren als een serieuze concurrent van de NSDAP.[14]

Voor Hitler had zijn eerste openbare optreden na de gevangenschap onaangename gevolgen: de Beierse regering legde hem op 7 maart een spreekverbod op. Ze nam in het bijzonder aanstoot aan een uitspraak die hij had gedaan: 'De vijand gaat over ons lijk of wij gaan over het zijne' – dat was een dreigement dat inderdaad alle bezweringen dat hij voortaan de legale weg zou kiezen, weinig geloofwaardig maakte.[15] De meeste andere deelstaten, waaronder ook Pruisen, sloten zich bij dit verbod aan. Daarmee was Hitler beroofd van zijn sterkste wapen, de toespraken voor massabijeenkomsten. Tijdens besloten ledenvergaderingen en partijactiviteiten mocht hij echter nog altijd het woord nemen. In plaats hiervan maakte hij nu gebruik van het podium dat de avondbijeenkomsten in de salon van de Bruckmanns hem boden. Hier sprak hij nu vaker voor een select gezelschap van veertig tot zestig gasten, meestal invloedrijke figuren uit de economie, de wetenschap en de cultuur. Hier moest hij zich dus heel anders presenteren dan op de grote massabijeenkomsten met hun koortsachtige sfeer en opgewonden roes. Alleen al in zijn uiterlijk, zo stelde historicus Karl Alexander von Müller vast, paste Hitler zich bij dit soort gelegenheden aan het gezelschap aan met een donkerblauw jacquet of eventueel een smoking. Het zou voor hem 'een geheel nieuwe leerschool van propaganda, huichelarij, verleiden van mensen' zijn geweest. Met scherpe blik registreerde Müller bovendien de veranderingen die zich sinds de gevangenschap in Hitlers gezicht hadden voorgedaan: 'Het smalle, bleke, ziekelijke, vaak leeg ogende gezicht was krachtiger geworden, de sterke lijnen van zijn schedel van het voorhoofd tot de kin kwamen duidelijker naar voren, en wat vroeger misschien fanatisme mag hebben geleken, was nu onmiskenbaar geweken voor hardheid: eigenlijk had hij al het uiterlijk waarmee hij later zo bekend zou worden.'[16]

Als Hitler zijn absolute aanspraken op het leiderschap van de NSDAP wilde waarmaken, moest hij zich eerst van zijn politieke concurrenten ontdoen. Dat was in de eerste plaats Ludendorff, van wie hij al tijdens zijn gevangenschap afstand had genomen. Het was geen toeval dat Hitler zijn naam niet eens noemde in zijn rede van 27 februari, en dat hij pas na de verzoeningsscène in een kort slotwoord over de generaal zei dat 'hij altijd de legeraanvoerder van het Duitse volk zou blijven'. Omgekeerd betoonde Ludendorff zich echter ook teleurgesteld in Hitler. Die zou volgens hem leiden aan een 'vestingpsychose', zo liet hij zich in de beperkte kring van voormalige medestrijders uit. Hij had bovendien al begin januari aangekondigd dat als Hitler de NSDAP opnieuw zou willen oprichten, hij zich niet langer met politiek wilde bezighouden, maar dat hij zijn zetel in de Rijksdag wel zou aanhouden.[17]

Onverhoopt kreeg Hitler al snel de gelegenheid Ludendorffs reputatie een fatale slag toe te brengen. Op 28 februari 1925 overleed rijkspresident Friedrich Ebert, murw geslagen door de hatelijke aanvallen van zijn politieke tegenstanders, op de nog relatief jonge leeftijd van 54 jaar. Het lukte Hitler Ludendorff ervan te overtuigen zich bij de verkiezingen voor een opvolger kandidaat te stellen namens de völkische beweging. Andere kandidaten waren de burgemeester van Duisburg, Karl Jarres, als kandidaat voor burgerlijk rechts (de DNVP en de DVP), de sociaaldemocraat Otto Braun, Wilhelm Marx van Zentrum en de communist Ernst Thälmann. Hoewel Hitler heel goed wist dat Ludendorff kansloos was, deed hij zijn uiterste best de indruk te wekken dat de onlangs heropgerichte NSDAP zijn kandidatuur naar beste vermogen zou ondersteunen. De *Völkischer Beobachter* publiceerde voortdurend oproepen toch vooral op de generaal te stemmen, onder het motto: 'Wie naar vrijheid verlangt, stemt voor de man met de ijzeren vuist.'[18]

De eerste verkiezingsronde van 24 maart bleek rampzalig voor Ludendorff. Hij kreeg slechts krap 286.000 of 1,1 procent van de stemmen, aanzienlijk minder dan alle andere kandidaten. 'Ook Bismarck is niet dankzij de uitkomst van een verkiezing kanselier van het Duitse volk geworden,' probeerde Hitler in de *Völkischer Beobachter* het resultaat nog goed te praten.[19] In werkelijkheid was hij zeer tevreden. 'Dit is precies goed – die hebben we nu eindelijk ook uit de weg geruimd,' zou hij gezegd hebben na de vernietigende nederlaag van Ludendorff.[20] Aangezien geen van de kandidaten in de eerste verkiezingsronde een absolute meerderheid had verkregen, was een tweede verkiezingsronde nodig, die op 26 april werd gehouden. Daarbij wist de voormalige veldmaarschalk Paul von Hindenburg als gezamenlijk kandidaat van rechts nipt te winnen van Wilhelm Marx, die zich dit keer behalve door Zentrum ook gesteund wist door de SPD en de DDP. Wellicht had de verkiezing van Hindenburg nog kunnen worden voorkomen als de KPD haar kandidaat Thälmann zou hebben teruggetrokken. Zo droegen de communisten er nu toe bij dat een uitgesproken monarchist werd verkozen voor het hoogste overheidsambt. 'Wie had het twee jaar eerder nog voor mogelijk gehouden dat Hindenburg rijkspresident kon worden,' jubelde Forstrat Escherich in zijn dagboek. 'Nu hebben we weer een absoluut onberispelijke, verstandige man aan de top in het rijk.'[21] In feite was de verhouding tussen Hindenburg en de democratische instituties van de republiek problematisch. Welke problemen dat met zich meebracht, werd definitief duidelijk tijdens de voortbestaanscrisis van de democratie van Weimar in 1930.

Hitler, die zijn partij had opgeroepen Hindenburg te steunen, begroette de verkiezingsuitslag met instemming, omdat nu 'eindelijk de hoge hoed weer moest wijken voor de soldatenhelm'. Onder Hindenburg mocht men verwachten 'dat er voor Duitsland betere tijden zouden gaan aanbreken'.[22] Ludendorffs rol als boegbeeld van völkisch rechts was hiermee uitgespeeld. Met zijn betekenis als politieke figuur was het nu opvallend snel gedaan. De 'Tannenberg-Bund' die hij in september 1925 stichtte, veranderde mede onder de invloed van zijn tweede vrouw, de arts Mathilde von Kemnitz, in een sekte die naast nieuwe religieuze ideeën ook de meest merkwaardige samenzweringstheorieën koesterde jegens vrijmetselaars, Joden en jezuïeten.[23]

De tweede rivaal die Hitler nu buitenspel zette, was Ernst Röhm. De voormalige kapitein had, terwijl Hitler nog in Landsberg zat, leden van de opgeheven SA en de Kampfbund verenigd in een nieuwe paramilitaire organisatie, de Frontbann. Zijn idee om op basis hiervan een militie te vormen die verregaand onafhankelijk zou zijn van de partij, sloot niet aan bij Hitlers bedoelingen de SA juist weer te reduceren tot de hulptroepen van de NSDAP. 'Het doel van de nieuwe SA,' zo stond in de richtlijnen van 26 februari 1925 te lezen, was: 'zoals destijds vóór februari 1923, het harden van de lichamen van onze jeugd, de opvoeding tot gedisciplineerde mensen en de toewijding aan het gedeelde, grote ideaal, een opleiding tot de orde- en voorlichtingsdienst van de beweging'.[24] Deze verschillende opvattingen leidden eind april 1925 al tot een breuk: Röhm legde de leiding van de SA en de Frontbann neer en trok zich volledig uit de beweging terug. In 1928 vertrok hij als militair adviseur naar Bolivia. In november 1926 benoemde Hitler Franz Pfeffer von Salomon tot zijn opvolger.

Vóór november 1923 was de NSDAP eigenlijk vooral een Beiers verschijnsel geweest. In het noorden was ze maar nauwelijks vertegenwoordigd. Daar wilde Hitler nu verandering in brengen. Nog voor de officiële heroprichting op 27 februari 1925 gaf hij Gregor Straßer opdracht de partij in Noordwest-Duitsland opnieuw op te bouwen. Straßer had zich niet aan Hitlers 'stormachtige, innemende persoonlijkheid' kunnen onttrekken, bekende hij later tegenover een van zijn vertrouwelingen.[25] De apotheker uit Landshut die met zijn *Sturmbataillon* aan de putsch van 9 november had deelgenomen, was gedurende Hitlers tijd in de gevangenis uitgegroeid tot een van de belangrijkste politici in het völkische kamp. In april 1924 was hij op de kandidatenlijst van het Völkische Block gezet en in de Beierse Landdag verkozen, waarna hij fractievoorzitter was geworden. Samen met Ludendorff en Graefe vormde hij het triumviraat van de 'rijksleiding' van de Nationalsozialistische Freiheits-Bewegung. In december 1924 nam hij namens hen zitting in de Rijksdag. Straßer was niet alleen een goed spreker, maar ook een getalenteerd organisator. Naar zijn idee was Hitler onmisbaar voor de integratie van de beweging, maar in tegenstelling tot velen in de entourage van de Führer had hij bepaald geen blinde verering voor hem. Hij was, naar eigen zeggen, 'niet geschikt om op te treden als een satelliet die altijd om de zon draait om er licht van op te vangen'.²⁶ De levensstijl van een bohemien zoals Hitler die erop na hield, was hem een doorn in het oog, en hoewel hij zelf ook overtuigd antisemiet was, deelde hij al evenmin de fanatieke Jodenhaat van de demagoog uit München.

Zoals bij zo veel oud-strijders was Straßers idee van een 'nationaal socialisme' gevormd door zijn ervaring in de loopgraven. Bij hem lag de nadruk echter minder op het nationale dan op het socialistische gedachtegoed. Hij nam het antikapitalisme van de partij serieus. 'Daarom,' schreef hij in een overweging ter gelegenheid van het nieuwe jaar begin 1926 in de *Völkischer Beobachter*, 'strijden wij nationaalsocialisten niet alleen hartstochtelijk voor de nationale vrijheid van ons volk, maar ook fanatiek voor sociale gerechtigheid, voor de nationalisering van de Duitse economie.'²⁷ De immuniteit die Straßer als Rijksdagafgevaardigde bezat en de bij zijn zetel horende mogelijkheid van vrij reizen met de *Reichsbahn* door het hele land, maakten dat hij veel bewegingsvrijheid had. Die gebruikte hij om met tomeloze energie in Noord- en West-Duitsland voor de NSDAP te werven. Tegen het einde van 1925 waren daar inmiddels 262 plaatselijke afdelingen, en ten opzichte van de tijd voor de putsch waren dat er haast vier keer zo veel.²⁸

De belangrijkste medewerker van Straßer werd een jonge academicus, Paul Joseph Goebbels. Goebbels, die in 1897 als zoon van een procuratiehouder in de Neder-Rijnse industriestad Rheydt (tegenwoordig Mönchengladbach) werd geboren, leed al sinds zijn kindertijd aan een vergroeiing van zijn rechtervoet – een lichamelijk gebrek dat de oorzaak vormde van een diepgeworteld minderwaardigheidscomplex dat hij door buitengewone mentale prestaties probeerde te compenseren. Na zijn eindexamen in 1917 begon hij een studie germanistiek in Bonn, die hij in 1921 in Heidelberg afsloot met een proefschrift over de romantische toneelschrijver Wilhelm Schütz. De ambitie van de nieuwbakken doctor om naam te maken als schrijver of journalist, bleef echter aanvankelijk onvervuld. Het liberale *Berliner Tageblatt* wees hem zonder meer af toen hij er in januari 1924 solliciteerde. Dat was een van de redenen voor zijn Jodenhaat en zijn haat tegen de 'Jodenpers'. Voorlopig werkte Goebbels in een Keuls filiaal van de Dresdner Bank, en de ervaringen die hij daar in de maanden van de op hol geslagen inflatie opdeed, versterkten hem in zijn kritische houding ten opzichte van het kapitalisme. De gefrustreerde jongeman ontdekte Hitler pas naar aanleiding van het proces wegens hoogverraad in München in het voorjaar van 1924. De Führer, zo schreef hij twee jaar later, had 'woorden naar zijn hart gesproken'. 'Een God heeft u het vermogen gegeven te benoemen waaraan wij lijden. U vatte onze kwelling met verlossende woorden, sprak vertrouwensvol over het wonder dat komen gaat.'²⁹

Na een bezoek aan de partijdag van de völkische partijen in Weimar in augustus 1924, waar hij voor het eerst Gregor Straßer ontmoette, stichtte hij met een oude schoolvriend de afdeling Rheydt van de Nationalsozialistische Freiheits-Bewegung. Tijdens de bijeenkomsten ontdekte de kleine, moeilijk lopende intellectueel zijn retorische talent. Gedurende enkele maanden bekleedde hij de post van hoofdredacteur van de *Völkische Freiheit*, het wekelijks in Elberfeld verschijnende 'gouw-strijdblad' van de NSFB. Toen de NSDAP in februari werd heropgericht, trad Goebbels direct tot de partij toe en werd hij op suggestie van Karl Kaufmann, een vertrouweling van Straßer, benoemd tot hoofd van de gouw Rijnland-Noord. Hij verhuisde om in de buurt van het hoofdkantoor van de partij in Elberfeld te kunnen zijn. Al snel kreeg hij de reputatie een van de krachtigste sprekers van de partij te zijn, die rond zijn optredens steeds weer hevige botsingen met de communisten in het Ruhrgebied uitlokte.

Wat Goebbels en Straßer verbond, was enerzijds een sterk gevoelsmatige afwijzing van het kapitalisme en een haast dweperige voorkeur voor het socialisme. 'Nationaal en socialistisch! Wat staat er voorop en wat komt er daarna? Bij ons in het westen bestaat daarover geen twijfel. Eerst de socialistische verlossing, dan komt de nationale bevrijding als een stormwind.'[30] Anderzijds deelde hij Straßers afkeer van de 'luizige zwijnen' van de Münchense centrale.[31] Beiden hadden ze vooral een enorme hekel aan Hermann Esser, die naar hun idee een slechte invloed had op Hitler. Ze beschouwden het als hun belangrijkste taak Hitler uit de klauwen van Münchens clique te bevrijden en hem aan een 'socialistische koers' zoals die van Straßer en zijn aanhangers te verplichten. Om een 'tegenpool' voor de 'verderfelijke Münchense richting' te bieden[32], werd tijdens een bijeenkomst in Hagen op 10 september 1925 een Arbeitsgemeinschaft Nord-West opgericht, die gevestigd was in Elberfeld en een losse vereniging vormde van noordwestelijke gouwen met Straßer als leider en Goebbels als dagelijks bestuurder. Die laatste nam ook gelijk de redactie op zich van een elke twee weken verschijnend mededelingenblad, de *Nationalsozialistische Briefe*. De Arbeitsgemeinschaft was niet tegen Hitler gericht, integendeel zelfs: zijn aanspraak op het leiderschap werd nadrukkelijk erkend. In hun statuten van 9 oktober verplichtten de Gauleiter zich om 'alle egoïstische doelen van secundair belang te maken en in een kameraadschappelijke geest het idee van het nationaalsocialisme onder hun Führer Adolf Hitler te dienen'.[33]

Op dat moment twijfelde Goebbels nog of Hitler, die hij in juli 1924 tijdens een bijeenkomst van Gauleiter van de NSDAP voor het eerst had ontmoet, ook werkelijk de rol zou kunnen spelen van de politieke messias waar hij zo naar verlangde. Toen hij midden oktober 1925 het eerste deel van *Mein Kampf* had uitgelezen, vroeg hij zich af: 'Wie is deze man? Half plebejer, half god! Is hij werkelijk de

Christus, of niet meer dan een Johannes?'[34] Nadat hij Hitler enkele weken later, op 6 november, tijdens een bijeenkomst van de gouw nog eens was tegengekomen, twijfelde hij niet langer. 'Als een oude vriend' zou Hitler hem hebben begroet, zo jubelde hij in zijn dagboek. 'En die grote blauwe ogen. Als sterren [...]. Deze man heeft alles om koning te zijn. De geboren volkstribuun. De aanstaande dictator.'[35]

Tijdens de eerste conferentie van de Arbeitsgemeinschaft Nord-West op 22 november in Hannover presenteerde Straßer het ontwerp van een 'omvattend programma voor het nationale socialisme'. Het was niet bedoeld om het partijprogramma van dat moment te vervangen maar wilde het juist op bepaalde punten concretiseren. Het duidelijkst kwam hieruit het streven naar de nationalisatie van belangrijke industrieën – 'door een vergaande overheveling van de productiemiddelen naar het algemeen bezit' – naar voren. In de buitenlandse politiek stond Straßer een vereniging van alle Duitsers in een 'Groot-Duits Rijk' voor ogen, dat het 'aantrekkingspunt' voor een 'Middel-Europese Douane-unie' en tegelijk het zwaartepunt van een 'Verenigde Staten van Europa' moest vormen.[36] Er moest gestreefd worden naar een bondgenootschap met het bolsjewistische Rusland, en wel, zoals Straßer in een artikel in de *Völkischer Beobachter* betoogde, in de geest van een gemeenschappelijke vijandschap jegens het kapitalistische Westen en de vredesregeling van Versailles.[37]

Op 24 januari 1926 kwamen de noordelijke Gauleiter opnieuw bijeen in Hannover om over het toekomstige partijprogramma te overleggen. Ook Gottfried Feder uit München was naar Hannover gekomen, en hij sprak zich uit naam van de partijleiding fel uit tegen elke wijziging van de vijfentwintig punten van het partijprogramma. Dat hij tijdens het debat ijverig notities maakte, werd door andere deelnemers met onbehagen bekeken. Ze moesten immers vrezen dat hij alle kritische opmerkingen onder de aandacht van Hitler zou brengen. De beslissing over het programma werd uitgesteld en Straßers ontwerp werd samen met andere standpunten in handen gegeven van een speciale commissie. Er werd echter wel besloten steun te verlenen aan het volkspetitionnement van communisten en sociaaldemocraten waarin werd voorgesteld de vorstenhuizen te onteigenen zonder ze schadeloos te stellen.[38]

Hitler had aanvankelijk niet veel aandacht besteed aan de activiteiten van de Arbeitsgemeinschaft Nord-West. Zoals bij alle eerdere conflicten binnen de partij liet hij de zaken op hun beloop. Eind juli 1925 bezocht hij voor het eerst de *Bayreuther Festspiele*. Hij logeerde bij de Bechsteins en liet zich door hen verwennen. Ook Elsa Bruckmann, zijn beschermvrouw uit München, was van de partij. Winifred Wagner ontmoette hij op de zevende dag van zijn verblijf in Bayreuth. 'Winnie' en 'Wolf', zoals ze elkaar noemden, begonnen elkaar algauw te tutoyeren – een vertrouwelijke omgang die Hitler maar zeer weinigen toestond. 'Het was een zonnige tijd,' herinnerde hij zich februari 1942, 'ik was zesendertig, had nog geen zorgen en kon mijn geluk niet op! Ik genoot het soort populariteit waarbij iedereen aardig tegen me was, zonder iets van mij te willen. Men liet me met rust. Overdag ging ik gekleed in mijn korte jasje, en de Festspiele bezocht ik in smoking of rokkostuum.'[39]

Daarna trok Hitler zich enkele weken terug in een pension in Berchtesgaden om daar samen met Max Amann te werken aan het tweede deel van *Mein Kampf*. Pas eind september 1925 keerde hij terug naar München.[40] Terwijl de partijleider twee maanden lang vrijwel onzichtbaar was geweest, had Gregor Straßer vastberaden gewerkt aan zijn positie in Noordwest-Duitsland. Hitler beschouwde Straßer nog niet als een rivaal, integendeel, hij prees hem nadrukkelijk tijdens een bijeenkomst van NSDAP-leiders in oktober 1925, omdat hij 'grote delen van Duitsland had ontsloten voor het nationaalsocialisme'.[41]

Hitler begon de activiteiten van de Arbeitsgemeinschaft pas als een bedreiging voor zijn aanspraken op het leiderschap te zien toen hij, waarschijnlijk door toedoen van Gottfried Feder, in januari 1926 het ontwerpprogramma van Straßer in handen kreeg.[42] 'Hitler is woedend vanwege het programma,' noteerde Goebbels.[43] Nu pas zag de partijvoorzitter zich gedwongen van zich te laten horen. En net als in eerdere crises kon wat hem betreft de beslissende krachtmeting niet snel genoeg komen. Onverwacht maakte hij bekend dat er op 14 februari een bijeen-

Afb. 19 Winifred Wagner en Hitler (met muts) tijdens een uitstapje op het platteland, 1927.

komst voor leiders zou zijn in Bamberg. Goebbels had er vertrouwen in dat het de sprekers van de Arbeitsgemeinschaft zou lukken hun programmavoorstellen geaccepteerd te krijgen: 'Wij zullen in Bamberg de ongenaakbare maagd spelen en Hitler verleiden ons tegemoet te komen. In alle steden merk ik tot mijn grote vreugde dat onze, dat wil zeggen de socialistische, geest marcheert. Geen mens gelooft nog in München. Elberfeld moet het Mekka van het Duitse socialisme worden.'[44]

De bijeenkomst kreeg echter een heel ander verloop dan Goebbels had gehoopt. Onder de ongeveer zestig deelnemers waren de vertegenwoordigers uit Noord- en West-Duitsland duidelijk in de minderheid, en Hitler zocht van het begin af aan de confrontatie. In zijn meerdere uren durende redevoering wees hij de programmavoorstellen van de Arbeitsgemeinschaft punt voor punt af. In de buitenlandse politiek sprak hij zich uit voor een bondgenootschap met Italië en Engeland. Beide machten kwamen namelijk vanwege de manier waarop ze tegenover Duitslands 'doodsvijand' Frankrijk stonden, in aanmerking als potentiële partners. Een samengaan met Rusland wees Hitler categorisch van de hand, omdat dit tot de 'directe bolsjewisering' van Duitsland zou leiden. Net als in *Mein Kampf* maakte hij de verwerving van 'grondgebied' het centrale punt van zijn ideeën voor de buitenlandse politiek, en op grond daarvan kwam hij met de eis dat Duitsland zich 'op het oosten zou richten en daar kolonies zou stichten, zoals dat ook in de middeleeuwen was gebeurd'. Wat betreft de onteigening van de vorstenhuizen nam hij de tegenovergestelde positie in: voor nationaalsocialisten waren ook vorsten in de eerste plaats Duitsers. 'Wij dulden niet dat hun wordt ontnomen wat hun toekomt, want wij staan aan de zijde van het recht en gaan niet een Joods systeem van uitbuiting een juridisch excuus geven om ons volk totaal kaal te plukken.' Bovendien verbood Hitler verder elke discussie over het partijprogramma: dat was namelijk de 'geloofsbelijdenis van de beweging' en als zodanig was dat 'onaantastbaar'.[45]

Goebbels had het gevoel 'alsof ik een dreun had gekregen': 'Hoe zat dat nou met Hitler? Was hij een reactionair? [...] Russische kwestie: slaat de plank volkomen mis. Italië en Engeland natuurlijke bondgenoten. Verschrikkelijk! Onze taak is de verplettering van het bolsjewisme. Bolsjewisme is een Joodse uitvinding! Wij moeten Rusland beërven!' En hij was al evenzeer gechoqueerd door Hitlers houding inzake de 'vorstenonteigening': 'Recht is recht. Ook voor vorsten. Kwestie van het privé-eigendom niet oprakelen! Verschrikkelijk!'[46] Ondanks zijn hevige teleurstelling waagde de anders zo welbespraakte dagelijks bestuurder van de gouw Elberfeld het niet Hitler openlijk te confronteren. Terwijl hij hardnekkig zweeg, moest Gregor Straßer alleen de verdediging voeren, en die was kennelijk zo overrompeld door Hitlers retorische felheid dat hij jammerlijk ten onder ging.

Zijn antwoorden waren 'haperend, bevreesd, onhandig' geweest, merkte Goebbels op. Ook volgens Gottfried Feder had Straßer eruitgezien als een 'hond die een pak slaag heeft gehad'.[47] München had een klinkende overwinning behaald. Na de bijeenkomst in Bamberg was het met de Arbeitsgemeinschaft in politiek opzicht gedaan, al hief ze zich nog niet direct op. Gregor Straßer zag zich begin maart 1926 genoodzaakt de Gauleiter te vragen hem alle exemplaren van zijn ontwerpprogramma te retourneren, aangezien hij 'aan de heer Hitler had beloofd dat ontwerp weer van iedereen terug te vragen'.[48] Voortaan zou er in de NSDAP niet meer worden gedebatteerd over het programma.

Hitler was slim genoeg om geen misbruik van zijn overwinning te maken. In plaats van de verliezers te vernederen, probeerde hij ze door verzoenende gebaren weer aan zich te binden. Demonstratief ging hij op ziekenbezoek bij Gregor Straßer die in Landshut herstelde van de gevolgen van een auto-ongeluk.[49] In september haalde hij hem naar de rijksleiding van de partij in München, waar hij de functie van hoofdpropagandist overnam van Hermann Esser – uitgerekend de man tegen wie de aanvallen van de Arbeitsgemeinschaft in eerste instantie gericht waren geweest.[50] Hitler besteedde bijzondere aandacht aan Goebbels, want diens politieke talent had hij al snel herkend, net als zijn behoefte aan bevestiging en erkenning overigens. Uit de manier waarop hij het gekwetste ego van de 'kleine doctor' wist te strelen, blijkt dat de partijleider over grote mensenkennis beschikte. 'Als die eenmaal hier is, win ik hem wel voor ons! Dat moet ik alleen doen, jullie moeten je er vooral niet mee bemoeien,' zei hij tegen zijn vertrouwelingen in München.[51] Eind maart nodigde hij Goebbels uit naar München te komen en op een belangrijke plaats, de Bürgerbräukeller, een rede te houden. Direct bij zijn aankomst op de avond van 7 april merkte de Rijnlander dat hij ronduit het hof werd gemaakt. Hitler had zijn Mercedes gestuurd: 'Wat een voorname ontvangst!'[52] Tijdens de rit naar het hotel zag Goebbels overal op de aanplakzuilen 'reusachtige plakkaten' waarop zijn aanstaande optreden werd aangekondigd.

'Mijn hart klopt in mijn keel,' noteerde hij over zijn twee uur durende rede. 'Ik geef alles. De zaal is onrustig en lawaaierig. Wanneer ik klaar ben, word ik door Hitler omarmd. Hij heeft tranen in zijn ogen. Ik ben dolgelukkig.' De volgende dag werd Goebbels als persoonlijke gast van de partijvoorzitter op het partijbureau van de NSDAP gepresenteerd. Hij had nog verschillende ontmoetingen met Hitler, die al zijn overredingskracht inzette om de nog altijd twijfelende Goebbels te overtuigen. Uiteindelijk gaf Goebbels zich gewonnen: 'Hij heeft me op alle fronten gerustgesteld. Die man ziet altijd het grotere geheel. Zo'n heethoofd kan mijn Führer zijn. Ik buig het hoofd voor het grotere politieke genie!'

Op 19 april trad Goebbels in Stuttgart samen met Hitler op en gaven ze beiden een rede, waarna ze samen zijn zevenendertigste verjaardag vierden. In zijn dagboek zwijmelde hij: 'Adolf Hitler, ik houd van je omdat je zo groot en tegelijk zo eenvoudig bent.'[53] Midden juni sprak Hitler in Essen. 'Als redenaar vindt hij een perfecte harmonie van gebaar, mimiek en woord. De geboren opzweper! Met die man kan men de wereld veroveren.'[54] In juli mocht Goebbels enkele dagen samen met Hitler op de Obersalzberg doorbrengen, en die eer beantwoordde hij met een bekentenis van absolute trouw: 'Ja, deze man kan ik dienen. Zo ziet de schepper van het Derde Rijk eruit [...]. Ik sta voor hem en ben helemaal van mijn stuk. Zo is hij: als een kind, lief, goed, barmhartig. Als een kat, listig, slim en behendig, als een leeuw, brullend, groot en gigantisch. Een kerel, een man.'[55] Goebbels' bekering was voltooid. Eind oktober 1926 benoemde Hitler hem tot NSDAP-Gauleiter van Groot-Berlijn en gaf hem daarmee de belangrijkste post in de strijd van de partij om de politieke macht.

Met zijn overwinning op de groep-Straßer had Hitler zijn positie op beslissende wijze weten te versterken. Tijdens de algemene ledenvergadering in München op 22 mei 1926 zorgde hij ervoor dat zijn positie als leider definitief werd veiliggesteld. Zijn herverkiezing als partijvoorzitter was niet meer dan een formaliteit. Op de vraag van Max Amann of 'iemand anders dan Adolf Hitler voortaan de beweging moest leiden', reageerden de afgevaardigden met gelach. In de nieuwe statuten van de NSDAP die werden aangenomen stond te lezen dat het programma van 24 februari 1920 'onherroepelijk' was, en er werd in bepaald dat de partijvoorzitter 'zo veel speelruimte' moest worden geboden dat hij 'niet langer afhankelijk is van de beslissingen van een meerderheid tijdens bijeenkomsten'. In zijn verantwoording wees Hitler erop dat de partij er een jaar na haar heroprichting 'beter voorstaat dan vroeger', dat ze overal in Duitsland 'vaste voet aan de grond heeft gekregen' en een reeks 'eersteklas redenaars' had weten aan te trekken. Daarbij noemde hij uitdrukkelijk 'onze vriend uit Elberfeld, Goebbels', wat de laatste met groot plezier in zijn dagboek noteerde.[56]

Tijdens het partijcongres in Weimar op 3 en 4 juli 1926, het eerste na de opheffing van het verbod, kon de NSDAP zich opnieuw als een harmonisch geheel presenteren. (De plaats was gekozen omdat Thüringen een van de weinige deelstaten was waar Hitler in het openbaar mocht spreken.) Alle moties die tot conflicten zouden kunnen leiden, waren al bij voorbaat doorgeschoven naar 'speciale commissies', zodat ze het beeld van de gesloten rangen vooral niet nadelig zouden beïnvloeden. In zijn rede in het Deutsche Nationaltheater op de middag van 4 juli vroeg Hitler de leden hem te geloven en indien nodig offers te brengen. 'Diep en mystiek. Haast een evangelie,' noteerde Goebbels. 'Ik dank het lot dat het ons deze man heeft geschonken!'[57] Daarna stond Hitler in een windjekker en puttees in een open auto en nam, met zijn rechterarm geheven in een fascistische groet, de parade af van enkele duizenden SA-mannen. In het proces van de omvorming van de NSDAP tot een zuivere 'Führerpartij' waren de partijdagen in Weimar een belangrijke stap. Niemand had Hitlers absolute machtsclaim nog ter discussie gesteld. De verzoening van rivaliserende groepen leek te zijn gelukt. In de *Völkischer Beobachter* vatte Alfred Rosenberg het als volgt samen: 'Het verlangen werd kracht. Dat is de grote gebeurtenis van Weimar. En die heeft haar vaandel. En haar Führer.'[58]

Toch was de ontwikkeling van de NSDAP in de jaren 1926 en 1927 een stuk minder indrukwekkend dan de partijpropaganda wilde doen geloven. Het aantal leden nam maar langzaam toe. Eind 1925 bedroeg het slechts iets meer dan 27.000, eind 1926 was dat 50.000. Pas in maart 1927 werden er vanaf 57.477 hogere lidmaatschapsnummers uitgegeven dan in november 1923. Tot einde 1927 bleef het totaal beperkt tot 72.590.[59] Zelfs in München, waar de partijcentrale was gevestigd, was de stagnatie onmiskenbaar. Van de dynamiek van de beweging, haar continue aanwezigheid in het straatbeeld van de vroege jaren twintig was na 1925 niet veel meer te merken. De afdeling München wist tussen 1926 en het voorjaar van 1928 niet meer dan 2500 leden te vergaren, en haalde daarmee niet eens de stand van het jaar 1923.[60] De sectievergaderingen werden over het algemeen slecht bezocht. Nog maar kleine groepjes mensen namen actief deel aan het leven van de partij. En ook de geringe bereidheid van leden om hun contributie te betalen, lijkt erop te wijzen dat de belangstelling afnam.[61]

Afb. 20 Hitler op de rijkspartijdag in Weimar, 3 en 4 juli 1926.

Bovendien bleven de rivaliteiten van 1924 op allerlei manieren voortwoekeren; twist en onvrede kenmerkten de dagelijkse praktijk in de partij. Zo werd in München jaloers gadegeslagen hoe Hitler steeds meer waardering kreeg voor Goebbels. Begin februari 1927 wekte de Gauleiter van Berlijn de verontwaardiging met een essay getiteld 'Parlamentarismus?' in de 'nationaalsocialistische bladen'. 'Deze steeds verschrikkelijker wordende bengel is zo brutaal geweest Frick [...] te kapittelen, zodat nu zelfs deze normaal zo rustige man zich daar ernstig over opwindt,' schreef Rudolf Buttmann in een brief aan zijn vrouw. 'Hitler zal die brutale scribent zijn mening ook schriftelijk mededelen.'[62] Toch ging de partijvoorzitter niet verder dan Goebbels door Feder een lichte tik op de vingers te laten geven. Net als destijds in Landsberg vermeed hij het zich in de ruzie tussen zijn volgelingen te mengen en zich voor het karretje van één bepaald kamp te laten spannen.

Dat de NSDAP in de eerste jaren na haar heroprichting niet meer dan een randverschijnsel in de Duitse politiek was, blijkt ook uit de verkiezingsuitslagen. Zo kreeg de partij bij de verkiezingen voor de Landdag in Mecklenburg-Schwerin op 6 juni 1926 maar 4607 stemmen (1,7 procent) en 37.725 (1,6 procent) in Saksen op 31 oktober 1926. Iets beter deed ze het bij de verkiezingen voor de Landdag in Thüringen op 30 januari 1927, waar ze op 27.946 stemmen (3,5 procent) kwam.[63] Toch was Hitler er begin 1927 van overtuigd dat, zoals Heß meldde, 'er dit jaar een enorme groei zal plaatsvinden'.[64] Daar kon echter geen sprake van zijn. In maart 1927 stelde de rijkcommissaris voor de openbare orde vast dat de partij 'over het geheel genomen [...] geen grote vooruitgang heeft geboekt': 'Het is haar niet gelukt het ledental ook maar bij benadering op het peil te brengen waarop het stond in 1923.'[65] En die zomer dacht Theodor Heuss, Rijksdagafgevaardigde voor de DDP en docent aan de Deutsche Hochschule für Politik in Berlijn, dat de NSDAP inmiddels niet veel meer was dan een 'herinnering aan de tijd van de inflatie'.[66] Ook buitenlandse waarnemers deelden die mening. Hitler, zo merkte de Duitslandexpert van het Foreign Office, John Perowne, op in een memorandum van eind 1927, gleed steeds verder af naar de politieke betekenisloosheid: 'Zijn figuur en die van Ludendorff worden steeds onbelangrijker.'[67]

Nu zag de Beierse minister van Binnenlandse Zaken geen reden meer Hitler nog langer te verbieden in het openbaar op te treden. Op 5 maart 1927, na lang getouwtrek, werd het spreekverbod voor Beieren opgeheven. Een dag later trad Hitler voor het eerst weer op in het openbaar in Vilsbiburg, en op 9 maart vierde hij zijn comeback in Zirkus Krone. Ongeveer zevenduizend mensen vulden het reusachtige theater, en onder hen waren ook 'mensen uit de betere kringen, dames in bontmantels en vertegenwoordigers van de intelligentsia', zoals de waarnemer van de politie van München wist te melden. 'De warme, zoete lucht zindert van de sensatiebelustheid.' Uiteindelijk, tegen een uur of negen, kwam Hitler binnen met zijn gevolg: 'De mensen zijn blij en opgewonden en zwaaien, ze roepen voortdurend "Heil!" en staan op de banken. Er klinkt een daverend gestampvoet. Vervolgens een bazuin, zoals in het theater. Plotselinge stilte.' De regie van dit soort bijeenkomsten was sinds 1923 niet veranderd: achter Hitler marcheerden na twee rijen trommelaars tweehonderd SA'ers naar binnen. 'De mensen groeten zoals dat bij de fascisten gebruikelijk is, met gestrekte arm [...]. Op het podium heeft Hitler inmiddels op diezelfde manier zijn arm gestrekt bij wijze van begroeting. De muziek davert. Vaandels trekken voorbij, glinsterende standaarden met hakenkruisen in lauwerkransen met adelaars, een nabootsing van oude Romeinse veldtekens.'

De waarnemer was van de rede zelf weinig onder de indruk. Hitler was langzaam begonnen, maar vervolgens waren de woorden over elkaar heen getuimeld en was hij nauwelijks nog te verstaan geweest. 'Hij gesticuleert met zijn armen en zijn handen,' schreef hij, 'springt opgewonden heen en weer en probeert het aandachtig luisterende publiek steeds weer te fascineren. Wanneer hij wordt onderbroken door bijval, strekt hij theatraal zijn armen.' Ook voor dat wat Hitler zei, kon de waarnemer, die duidelijk geen sympathisant was van de nationaalsocialisten, niet warmlopen: 'Hitler kiest in zijn rede voor onbeholpen vergelijkingen, geheel aangepast aan het bevattingsvermogen van zijn toehoorders, en laat geen kans voorbijgaan om goedkope toespelingen te maken [...]. De woorden en opvattingen worden met de zekerheid van een dictator de zaal in geslingerd, alsof het onveranderlijke, vaststaande principes en feiten zijn. Het geheel heeft, ook in de woordkeuze, iets van een uitdrijving.'[68]

Al bij zijn tweede optreden eind maart was Zirkus Krone nog maar voor driekwart gevuld. Begin april kwamen er nog maar een kleine drieduizend toehoorders en een paar dagen later, op 6 april, was dit getal zelfs gehalveerd. 'Hitler opnieuw voor uitgedunde rijen,' verkneukelde de sociaaldemocratische *Münchener Post* zich.[69] Kennelijk had Hitlers talent als redenaar voor massabijeenkomsten na de gedwongen pauze van twee jaar aan kracht ingeboet, en dat had niet alleen te maken met een verminderde interesse onder de partijleden in München maar ook met de inhoud van zijn redevoeringen, waarin hij vasthield aan de crisisretoriek van 1923, zonder zich rekenschap te geven van de veranderingen sinds 1924. Hitler negeerde consequent alle tekenen van een economisch herstel. 'Duitsland zakt steeds verder weg,' verkondigde hij in december 1925, en een paar maanden later: 'Een jammerlijk volk zijn wij nu, geplaagd door armoede en nood [...]. Zeven jaar na 1918 mogen we vaststellen dat we steeds verder zijn weggezakt.'[70] Als om de situatie in Duitsland nog ernstiger te laten lijken, maakte Hitler graag een vergelijking met het Italië van Mussolini: 'Daar een bloeiende economie, hier een industrie die uiteenvalt en twaalf miljoen werklozen,' verklaarde hij tijdens een bijeenkomst in Stuttgart in april 1926.[71] Feitelijk waren er in 1926 gemiddeld iets meer dan twee miljoen mensen werkloos.

De mateloze overdrijving van de economische problemen ging gepaard met een ongeremde polemiek tegen Stresemanns toenaderingspolitiek. In het Dawesplan van 1924 kon de volksmenner enkel een 'grandioos uitzuigen van het Duitse volk' zien, en het Verdrag van Locarno van 1925 paste voor hem ook in dit beeld: 'Grenzeloze onderwerping aan de diepste schande, dat is de werkelijke betekenis van het Verdrag van Locarno.'[72] Hitler viel Stresemann ook persoonlijk bijzonder fel aan, zoals hij dat eerder al bij Rathenau had gedaan. Hij verweet hem het nationaal belang te hebben verraden. Elke poging om met Frankrijk, de 'onverzoenlijke vijand', tot een overeenkomst te komen, was namelijk alsof men 'een coalitie tussen gans en vos wilde sluiten'. De minister van Buitenlandse Zaken werd weggezet als 'stroman van Frankrijk'. Hij zou meer geven om de belangen van zijn Franse collega Aristide Briand dan om die van het Duitse volk.[73]

Ook in de veelgeprezen 'cultuur van Weimar' zag Hitler, in aansluiting op conservatieve cultuurcritici, uitsluitend symptomen van ondergang en verval. Alles in de kunst en de literatuur was naar zijn idee 'verprutst en verstopt'. De 'zielenvergiftigers van het Duitse volk' zouden zelfs in Weimar 'hun misdadige praktijken bedrijven en met neger- en jazzmuziek de oorden voor verheven kunst schandelijk ontwijden'. Het was de taak van de nationaalsocialisten, zo stelde hij, 'om later die rotzooi weg te kieperen'.[74] Ook nu weer zag Hitler de 'ondermijnende' activiteiten van de Joden als hoofdoorzaak van deze culturele 'degeneratie'. Die beheersten, zo beweerde hij in augustus 1925, niet alleen via de banken en de beurzen de economie, maar ook de pers, de literatuur, de kunst, het theater en de cinema. 'Tegenwoordig zijn ze ons bijna ook geestelijk volledig de baas, en in economisch opzicht bezitten ze al de wereldheerschappij.'[75] Niet alleen tijdens besloten partijbijeenkomsten, maar ook tijdens openbare massabijeenkomsten toen het spreekverbod eenmaal was opgeheven, presenteerde Hitler zich weer als de fanatieke antisemiet die het publiek al voor zijn gevangenschap had leren kennen. Zijn hetze tegen 'dat zooitje Galicische ploerten en zwendelaars', de 'Joodse internationale bloedwurgers', de 'parasieten van de internationale *haute finance*' wist geen enkele andere redenaar binnen de NSDAP, zelfs niet Streicher of Goebbels, te overtreffen.[76] Er zou een zucht van verlichting klinken, beloofde hij in juni 1927, 'wanneer de volkeren bevrijd zijn van de Joden'. Slechts even leek hij zichzelf tegen te spreken toen hij op 24 februari 1928, bij het achtste jubileum van de bekendmaking van het partijprogramma, in het Hofbräuhaus stelde dat men de Jood duidelijk moest maken 'dat *wij* hier de baas zijn. Als hij zich gedraagt, mag hij blijven, zo niet, dan weg ermee!' Even maar, want een zin later liet hij er niet langer een misverstand over bestaan: 'Met parasieten kan men niet wedijveren, die moeten gewoon worden verwijderd.'⁷⁷

Wanneer hij voor een kleiner, select gezelschap sprak, wist Hitler zijn antisemitische bezetenheid echter goed te beteugelen. Dat gold bijvoorbeeld voor de redevoering die hij op de avond van 28 februari 1926 hield voor de exclusieve Hamburger Nationalklub uit 1919 in de grote feestzaal van het Hotel Atlantic. Hier vermeed hij elke verwijzing naar het 'Jodenprobleem' en in plaats daarvan concentreerde hij zich volledig op 'het gevaar van de marxistische beweging'. Daarbij hanteerde hij een zeer algemene definitie van marxisme: naar zijn idee vielen zowel de sociaaldemocraten als de communisten eronder. Aangezien de gematigde Hamburgse SPD, die nauw met het liberale burgerdom in de Hanzestad samenwerkte, nauwelijks geschikt was als schrikbeeld, richtte Hitler zijn pijlen vooral op de KPD, waarvan de voorzitter Ernst Thälmann uit Hamburg stamde. Opzettelijk wakkerde de demagoog uit München onder zijn gehoor, waaronder prominente vertegenwoordigers van de hanzeatische koopmansstand, de angst aan voor een machtsgreep door de communisten. 'Als het communisme nu zegeviert, verdwijnen er twee miljoen mensen naar het schavot.' Daartegen was maar één middel bestand: 'de verplettering en vernietiging van de marxistische wereldvisie'. En juist dat zou het doel zijn van zijn beweging. Die wist dat 'gif alleen met tegengif kan worden bestreden' en zou niet rusten tot 'de laatste marxist is bekeerd of uitgeroeid'. Uit het aanvankelijk gereserveerd reagerende publiek klonk bij deze woorden een 'stormachtige bijval', en toen Hitler tegen het einde het beeld opriep van een 'Duitsland van de vrijheid en de macht', kreeg hij zelfs ovaties en riepen er mensen 'Heil!'⁷⁸

Wat Hitler betreft waren de begrippen 'Joods' en 'marxistisch' verwisselbaar. Naargelang de situatie kon hij over de 'internationale Joodse wereldvijand' spreken, en een volgende keer waarschuwen voor de 'marxistische internationale volksvergiftiging'. En wanneer het soms te pas kwam, gebruikte hij beide hatelijke typeringen tegelijk: 'De Jood blijft de wereldvijand en zijn wapen, het marxisme, is de pest voor de mensheid,' schreef hij in februari 1927 in een artikel voor de *Völkischer Beobachter*.⁷⁹ De 'vernietiging van het marxisme' betekende voor Hitler het opheffen van klassentegenstellingen door de stichting van een 'ware volksgemeenschap'. Steeds weer op nieuwe manieren riep hij in zijn redevoeringen op tot een 'huwelijk' tussen nationalisme en socialisme, een vereniging van 'intellectuelen en mannen die met hun knuisten werkten'. Het nationaalsocialisme kende 'geen bourgeois en geen proletariër', maar 'louter Duitsers die voor hun volk werken'.⁸⁰ Soms beriep Hitler zich ook op zijn ervaringen aan het front, waarin hij een oervorm meende te zien van de 'volksgemeenschap' waar hij naar streefde: 'Er was één plaats in Duitsland waar geen klassenonderscheid bestond.

In de compagnies in de frontlinie. Daar kende men geen onderscheiden burgerlijke en proletarische pelotons, daar bestond alleen de compagnie en daarmee uit.'[81]
   Ten opzichte van de redevoeringen van voor 1924 plaatste Hitler in december 1925 voor het eerst een nieuw accent toen hij de noodzaak benadrukte om 'grond en bodem' te verwerven, om te verzekeren dat het Duitse volk te eten zou hebben. Tijdens de partijdag in Weimar in juli 1926 vormde zijn eis dat 'grondgebied en bevolkingsomvang met elkaar in evenwicht moeten worden gebracht' inmiddels het centrale punt van zijn rede. Daarvoor waren 'kracht en macht' nodig: 'Met harde hand en een scherp zwaard moeten we dit probleem oplossen.'[82] Sinds hij in de herfst van 1926 het werk aan het tweede deel van *Mein Kampf* had voltooid, vormde het 'ruimteprobleem' een terugkerend thema in zijn redevoeringen. Daarbij stak hij niet onder stoelen of banken dat hij dit probleem met geweld wilde oplossen, en wel zodra Duitsland weer een sterke militaire macht zou hebben opgebouwd. Bij zijn eerste openbare optreden na de opheffing van het spreekverbod, op 5 maart 1927 in Vilsbiburg, verwees hij naar het voorbeeld van de kolonisatie van Oost-Europa gedurende de middeleeuwen. Destijds was 'het gebied ten oosten van de Elbe met het zwaard veroverd en in Duitse boerenknuisten gegeven'. 'En als jullie ons de ruimte niet geven in deze wereld,' zo verkondigde hij begin april 1927 in Zirkus Krone, 'dan nemen we die zelf wel.'[83] In november 1927 verwees Hitler naar een werk van de völkische schrijver Hans Grimm uit 1926, toen hij uitriep: 'Wij zijn een volk zonder ruimte!' en begin februari 1928 gebruikte hij voor het eerst in een openbare redevoering de frase 'strijd om *Lebensraum*'.[84] Dat het bolsjewistische Rusland het eerste doelwit van dit gulzige landjepik zou worden, zei Hitler weliswaar niet hardop, maar zijn gehoor moet toch wel hebben begrepen in welke richting hij zijn expansionistische politiek dacht te bedrijven.
   In een tijd waarin de NSDAP veeleer een randverschijnsel was in de Duitse politiek, zullen dit soort boude uitspraken van Hitler nog tamelijk illusionair hebben geklonken. Om de twijfel onder zijn aanhangers weg te nemen, liet hij vrijwel geen gelegenheid voorbijgaan om het 'blinde, fanatieke geloof' aan de eindoverwinning van de 'beweging' te bezweren. Alleen als men beschikte over het 'allerheiligst geloof', zou zelfs 'het onmogelijkste mogelijk' kunnen worden.[85] 'Hier,' zo liet Rudolf Heß zijn voormalige medegevangene Walter Hewel eind maart 1927 weten, 'komen de grote volksleider en de grote stichter van een religie samen: er moet een apodictisch geloof worden gecommuniceerd aan het gehoor, pas dan kan de massa van aanhangers daarheen worden geleid waar ze naartoe moet. Dan zullen ze hun leider volgen, ook wanneer zich tegenslagen voordoen, maar alleen als ze een onvoorwaardelijk geloof in de onvoorwaardelijke juistheid van de eigen wil, aan de missie van de leider en in ons geval aan de missie van het eigen volk aangeleerd hebben gekregen.'[86]

Het nationaalsocialisme presenteerde zich als een politieke religie. 'Wat is het christendom nu nog?' hoonde Goebbels. 'Nationaalsocialisme is religie.'[87] Daarbij paste de verheffing van de partij tot een 'geloofsgemeenschap' en het 'partijprogramma' tot een levensbeschouwelijke geloofsbelijdenis'. Net als destijds de apostelen hadden de 'discipelen' van de Führer tot taak de uitgangspunten van de 'beweging' als 'een evangelie naar ons volk te brengen'.[88] Dat was ook de reden van Hitlers weigering het programma van vijfentwintig punten te herzien. 'Nee, nee,' zo zei hij tegen Hanfstaengl, 'dat blijft zoals het is. Ook het Nieuwe Testament staat vol tegenstrijdigheden, maar dat heeft de verspreiding van het christendom nooit in de weg gestaan.'[89] Tijden de kerstviering van de NSDAP in München in 1925 maakte Hitler een vergelijking tussen het vroege christendom en de nationaalsocialistische 'beweging'. Ook Christus had men 'aanvankelijk bespot, en toch is uit dit geloof een wereldwijde beweging ontstaan. Wij willen hetzelfde bereiken op politiek gebied.' En een jaar later vergeleek hij zichzelf met Jezus: 'Het werk dat Christus was begonnen, zou hij [Hitler] afmaken. Het nationaalsocialisme zou niets anders zijn dan een praktische naleving van de leer van Christus.'[90]

Tijdens zijn redevoeringen, en dan met name tijdens de apotheose tegen het einde, viel Hitler graag terug op een religieus vocabulaire – bijvoorbeeld wanneer hij eindigde met een luid 'Amen!', opriep tot 'het geloof in een nieuw heilig Duits Rijk' of zelfs 'de Here God' vroeg om hem de kracht te verlenen zijn werk 'ondanks alle duivels' te kunnen voltooien.[91] Dat er op weg naar dat doel steeds weer offers moesten worden gebracht, dat ramde hij er bij zijn toehoorders ook in. Ook hierbij trok hij een parallel met het vroege christendom. 'Wij hebben een doornig pad te gaan en doen dat met trots.' De 'martelaars' die in naam van de beweging het leven hadden gelaten, zou ooit, net als de christelijke martelaars, een bijzondere verering ten deel vallen.[92] Doelbewust bevatte het ritueel van de partijdagen met de plechtige overhandiging van de 'bloedvlag' in 1923, gecombineerd met het zweren van persoonlijke trouw aan de Führer, ook christelijk-liturgische elementen.

Hoewel Hitler en de nationaalsocialisten dus enerzijds geen scrupules hadden om religieuze gevoelens en vormen over te nemen en voor hun politieke doeleinden te instrumentaliseren, maakten ze zich anderzijds wel sterk voor een volstrekte neutraliteit tegenover de verschillende christelijke confessies. Al in zijn hoofdartikel ter gelegenheid van de heroprichting van de partij uit februari 1925 had Hitler zich gekeerd tegen elke poging 'religieuze geschillen binnen de beweging te brengen'. In de NSDAP moesten 'de leden van beide confessies vreedzaam naast elkaar [kunnen] leven'.[93] Des te heftiger reageerde hij dus toen de Gauleiter van Thüringen, Arthur Dinter, auteur van de beruchte antisemitische bestseller

Die Sünde wider das Blut, met het idee op de proppen kwam van een 'zuivere heilandsleer' en voorstander bleek van de vernietiging van beide christelijke confessies. Eind september 1927 werd hij door Hitler uit zijn ambt gezet.[94] In juli 1928 schreef de partijvoorzitter aan hem: 'Als Führer van de nationaalsocialistische beweging en als mens die het blinde geloof heeft ooit tot degenen te behoren die geschiedenis schrijven, beschouw ik uw daden als schadelijk zolang deze met een reformatorische intentie in verband kunnen worden gebracht.' Na dit vonnis werd Dinter uit de NSDAP gezet.[95]

Hoewel de NSDAP zich in de fase van de stabilisering van de Republiek van Weimar slechts langzaam kon ontwikkelen, waren deze jaren voor haar ontwikkeling van grote betekenis. In die tijd werd immers de basis gelegd voor de latere groei. 'Geleidelijk,' schreef Rudolf Heß eind november 1927, 'lijken onze voorspellingen voor het jaar 1927 en onze zaak toch uit te komen, al is dat dan voorlopig naar buiten toe nog niet direct zichtbaar. Het is eerder een voorbereiding op wat er komen gaat, er wordt in stilte een basis gelegd.'[96] Tussen 1925 en 1928 werd de NSDAP definitief een 'Führerpartij', dat wil zeggen een beweging waarin alles aan de top in één man samenkwam. Er kon nu niet 'de geringste twijfel over bestaan wie er de leiding heeft en bevelen uitdeelt', merkte Heß op in de hiervoor geciteerde brief aan Walter Hewel van maart 1927, en hij legde vervolgens het Führerprincipe uit dat aan de gehele organisatie ten grondslag lag. Het uitgangspunt daarbij was: 'onvoorwaardelijk gezag naar onderen en verantwoording naar boven'. Hitler gaf 'zijn bevelen aan de *Gauführer*, de Gauführer vervolgens weer aan de *Ortsgruppenführer*, de Ortsgruppenführer aan de direct onder hen staande brede massa van de aanhangers. De verantwoording verloopt [...] altijd in de omgekeerde volgorde.' Heß sprak in dit verband van een 'Germaanse democratie'.[97]

Dit systeem was gebaseerd op de persoonlijke verbondenheid met de Führer en de onvoorwaardelijke overgave aan zijn besluiten. Wie dit principe schond, kon rekenen op sancties. Dat gold bijvoorbeeld voor de voorzitter van de afdeling Zwaben van de NSDAP, Ernst Woltereck, die zich erover beklaagde dat hij te weinig openlijke erkenning kreeg van Hitler en vervolgens had gedreigd met aftreden. In een persoonlijk uitgeschreven afdelingsvergadering in juli 1926 maakte Hitler vervolgens duidelijk dat 'de partij was opgebouwd op basis van gezag en onderschikking aan dat gezag, en dat de Führer dus niet kon dulden dat een van de afdelingshoofden zich tegen de hoogste instantie keerde. Als we dit wel zouden dulden, zou het met de partij gedaan zijn.'[98] Toen in mei 1927 de SA van München, die onder leiding stond van Edmund Heines, in opstand kwam uit frustratie over de stagnatie van de beweging, greep Hitler opnieuw in. 'Wie zich niet wil schikken, heeft in de partij en in het bijzonder in de SA niets te zoeken.'[99] Eind mei werd Heines uit de partij en de SA gestoten.

Zolang ze echter geen gevaar vormden voor zijn eigen aanspraken op de leidersmacht, vermeed Hitler het zich met conflicten binnen de organisatie te bemoeien. Het was eerder kenmerkend voor zijn leiderschapsstijl dat hij de rivaliteiten tussen de figuren om hem heen aanwakkerde in plaats van ze te sussen, omdat ze volgens zijn simplistische sociaal-darwinistische wereldbeeld een selectieproces vormden waarin uiteindelijk alleen de sterksten en dus de meest geschikten zouden overblijven. 'Hij bemoeit zich volstrekt niet met de kleine dagelijkse problemen,' zei Heß vol bewondering over deze terughoudendheid. Zo kon Hitler overkomen als 'koel en superieur', 'echt een politicus van formaat, een staatsman'.[100]

In de jaren 1926 tot 1928 werd de cultus van de 'Führer' die voorafgaand aan de putsch nog bescheiden vormen had aangenomen, geïnstitutionaliseerd. De groet 'Heil Hitler!' werd nu verplicht voor partijleden. Die vormde 'een erkenning van de onbetwiste leiderspositie van Hitler, een soort heiligverklaring van zijn persoon al tijdens zijn leven'.[101] De propaganda was er steeds op gericht de Führercultus te populariseren en tot in de laatste plaatselijke afdeling door te voeren. Bijzonder nuttig bleken daarbij Heinrich Hoffmanns eerste fotobrochures *Deutschlands Erwachen in Bild und Wort* uit de jaren 1924 en 1926, die Hitlers quasireligieuze aureool bevestigden: 'Een man, opgestaan uit het volk, verkondigt het evangelie van de liefde voor het vaderland.'[102] Met name Goebbels, die na zijn Damascuservaring een enthousiast bewonderaar van zijn meester was geworden, werd nu een van de ijverigste propagandisten van de Hitler-mythe. Alleen ingewijden konden overzien, zo schreef hij in juli 1926 in de *Völkischer Beobachter*, 'wat de persoonlijkheid van Adolf Hitler heeft betekend voor de samenhang van de beweging in de afgelopen jaren van strijd'. Het zou uitsluitend aan hem te danken zijn geweest dat die niet 'volledig uiteen was gevallen'.[103]

Opnieuw zien we hier de wisselwerking tussen Hitlers missionair bewustzijn en de verwachtingen die men op hem projecteerde als de nieuwe messias, de 'verlosser' van de Duitsers. 'Voor mij, die voortdurend in zijn omgeving mag verkeren,' schreef Heß in november 1927, 'is het verbazingwekkend te zien hoe hij nu als het ware van dag tot dag groeit en steeds weer nieuwe fundamentele inzichten heeft, alle problemen waarmee hij wordt geconfronteerd heel anders aanpakt dan voorheen, overloopt van de ideeën en in zijn redevoeringen zichzelf steeds weer weet te overtreffen.'[104] Op de partijdag in augustus 1927, die voor het eerst plaatsvond in Neurenberg, werd de Führercultus uitgebreid gevierd. Hitler had zelf ook aan de voorbereidingen meegewerkt. In een oproep had hij de 'Duitse volksgenoten en volksgenotes' uitgenodigd zich aan te sluiten bij het 'leger van het jonge Duitsland in wording', waarin 'niet de zwakte van de meerderheid maar het geloof in de Führer' beslissend zou zijn.[105] Er waren tussen de 15.000 en

20.000 aanhangers naar de oude rijksstad gekomen. Na de 'wijding van de standaarden' in de Luitpoldhain op 21 augustus nam Hitler, die zich nu had gekleed in het bruine hemd van de SA, op de Hauptmarkt de parade af van de voorbijmarcherende colonnes. Daarbij werd hij, zoals er in een verslag te lezen stond, 'enthousiast begroet en kreeg hij bloemen'.[106] Een van de deelnemers, de jonge Berlijnse rechtenstudent Horst Wessel, schreef later: 'Vaandels, enthousiasme, Hitler, heel Neurenberg een bruin legerkamp. Dat maakte nog de grootste indruk.'[107]

Tegelijk met de Führercultus werd de partijorganisatie snel verder ontwikkeld. In de afdeling München nam in maart 1925 Philipp Bouhler de dagelijkse leiding op zich, terwijl Franz Xaver Schwarz de penningmeester werd. Naast hem speelden Rudolf Heß als verbindingsman tussen de Führer en de rijksleiding en Max Amann, die de leiding had over de uitgeverij van de partij, een belangrijke rol. De rijkspropagandaleiding was aanvankelijk in handen van Hermann Esser, maar die werd, zoals al eerder vermeld, in september 1926 afgelost door Gregor Straßer. Daarnaast werd in december 1925 een *Untersuchungs- und Schlichtungsausschuss* (Onderzoeks- en Arbitragecommissie, USchlA) ingesteld, die bij conflicten binnen de partij moest bemiddelen en al snel een 'onontbeerlijke voorziening' bleek.[108] Begin januari 1928 nam de gepensioneerde majoor Walter Buch het voorzitterschap over van Bruno Heinemann. Een van zijn beide assessors werd de advocaat Hans Frank.[109] In juni 1925 werd het partijhoofdkantoor verplaatst van de uitgeverij van de partij in de Thierschstraße 15 naar Schellingstraße 50, waar Hitlers fotograaf Heinrich Hoffmann enkele ruimtes ter beschikking had gesteld. 'We richten nu een nieuw hoofdkantoor voor onszelf in. Toch is ook dat slechts provisorisch. De tribuun hoopt nu snel een eigen hoofdkantoor te kunnen bouwen, met alle moderne voorzieningen,' schreef Rudolf Heß.[110] Het trots getoonde hoogtepunt was een met de hand beheerd centraal kaartenarchief waarin alle leden waren geregistreerd. Op 2 januari 1928 gaf Hitler Gregor Straßer het ambt van *Reichsorganisationsleiter*. Zelf nam hij de leiding van de propaganda-afdeling op zich.[111] Onder leiding van Straßer werd de organisatiestructuur van de partij in het hele rijk geharmoniseerd. Zo werden onder meer de gouwen opnieuw ingedeeld, zodat ze samenvielen met de kieskringen voor de Rijksdag. Er ontstond een slagvaardig bureaucratisch apparaat dat het kader zou vormen voor de latere mobilisatie van de massa's.

Daarnaast werd er een hele reeks speciale organisaties en afdelingen opgericht die een netwerk vormden dat de verschillende beroepsgroepen omvatte. In februari 1926 werd de *Nationalsozialistische Deutsche Studentenbund* gesticht, waarvan de leiding in juli 1928 in handen kwam van een student germanistiek aan de Universiteit van München, de uit een intellectuele familie uit Weimar stammende Baldur von Schirach. In august 1927 gaf Alfred Rosenberg de aanzet tot de stichting van de *Kampfbund für deutsche Kultur*, die zich teweerstelde tegen de vermeende 'ontwrichtende' invloed van de moderne kunsten. Deze activiteiten werden onder meer ondersteund door de familie Bruckmann, Hitlers invloedrijke beschermheren in München. In januari 1928 werd de *Deutsche Frauenorde* onder de naam *Rotes Hakenkreuz* onderdeel van de NSDAP. (En hieruit ontstond in 1931 de *NS-Frauenschaft*.) In september 1928 stichtte Hans Frank de *Bund Nationalsozialistischer Juristen*. In 1929 volgden de oprichting van de *Nationalsozialistische Deutsche Lehrerbund*, de *Nationalsozialistische Schülerbund* en de *Nationalsozialistische Ärztebund*. Voor jongens was er vanaf 1926 de *Hitler-Jugend* (HJ) voor de leeftijden veertien tot achttien en vanaf 1929 de *Bund Deutscher Mädel* (BDM) voor de meisjes.[112]

In het voorjaar van 1925 had Hitler zijn oude begeleider Julius Schreck, die soms ook optrad als chauffeur, opdracht gegeven naar het voorbeeld van de voormalige Stoßtrupp Hitler een 'stafwacht' te vormen, die al snel een nieuwe naam kreeg en *Schutzstaffel* (SS) werd genoemd. Deze organisatie, die aanvankelijk amper honderd leden telde, was verantwoordelijk voor de persoonlijke veiligheid van de Führer. De leden zagen zichzelf als een soort elite waarin de beste en meest actieve krachten van de beweging samenkwamen. Hun leider kreeg de rang *Reichsführer*-SS, maar kwam vanaf einde 1926 onder de nieuw gevormde SA-leiding van Pfeffer von Salomon te staan. In september werd Heinrich Himmler plaatsvervangend Reichsführer-SS. In januari 1929 werd hij aan het hoofd van de Schutzstaffel geplaatst.

Deze in 1900 geboren zoon van een leraar aan het gymnasium was in een beschermd, intellectueel katholiek milieu opgegroeid en had, net als zijn twee broers, een gedegen humanistische schoolopleiding genoten. Himmler was een van die typische vertegenwoordigers van de zogenaamde 'generatie van de oorlogsjeugd' – te jong om zelf al als soldaat naar het front te worden gestuurd, maar wel oud genoeg om de oorlog als een ingrijpende ervaring mee te maken. Ook toen zijn verlangen om officier te worden door de militaire nederlagen en de revolutie van 1918 onvervulbaar bleek, spiegelde de lichamelijk zwakke jongeman zich aan de soldaat. Omdat hij in zijn omgang met anderen nogal geremd was, leerde hij zijn onzekerheid achter een koude, harde zakelijkheid te verbergen.[113] In het München van de vroege jaren twintig zocht de student landbouwwetenschappen aansluiting bij paramilitaire verenigingen. Na de mislukte putsch van 9 november 1923 wijdde de werkloze Himmler, die niet meer had dan zijn diploma van de middelbare school, zijn verdere toekomst aan de partij van Hitler. Hij verdiende zijn eerste sporen als deelstaatagitator van de NSDAP in Neder-Beieren. In 1926 benoemde Gregor Straßer hem tot plaatsvervangend hoofd propaganda op het hoofdkwartier van de partij in München. In tegenstelling tot de andere vooraanstaande nationaalsocialisten had Himmler geen bekeringservaring gehad waardoor hij in de charismatische ban van de Führer was geraakt, en ook Hitler hield de op het eerste gezicht zo kleurloze en pedante man op afstand, maar wist hem wel te waarderen om zijn organisatorische talent. Toen hij januari 1929 was bevorderd tot Reichsführer-SS, zette Himmler alles op alles om de Schutzstaffel geleidelijk onder de SA-leiding uit te manoeuvreren en deze te profileren als een gedisciplineerde eliteorganisatie die Hitler volledig was toegedaan. Hij voorzag zijn 'orde' voor een betere samenhang van een eigen cultus en vaardigde strenge gedragsregels uit waaraan de SS'ers zich strikt moesten houden.[114]

In de jaren van stagnatie begon Hitler ook steeds meer steun te werven onder grootindustriëlen. In juni 1926 sprak hij in Essen voor de eerste keer voor vijftig tot zestig vertegenwoordigers van industrieondernemingen in het Ruhrgebied. Daarbij liet hij, net als eerder tijdens zijn rede voor de Hamburger Nationalklub in 1919, zijn tirades tegen de Joden achterwege en benadrukte in plaats daarvan 'de strijd tegen het marxisme'. Tegelijkertijd probeerde hij de industriëlen gerust te stellen over zijn economische plannen door ze te verzekeren dat hij instond voor 'de instandhouding van het privé-eigendom'. 'De vrije economie zou als de meest doelmatige of enig mogelijke economische orde worden beschermd,' zo vatte de *Rheinisch-Westfälische Zeitung*, de spreekbuis van de zware industrie, zijn rede samen. De uitgever van deze krant, Theodor Reismann-Grone, kon zich erop beroemen al in de vroege jaren twintig zijn steun te hebben verleend aan Hitlers partij.[115]

Eind april 1927 trad Hitler nogmaals op voor een grotere kring genodigden uit economie en politiek in Essen. Dit keer probeerde hij hen te winnen voor de ideeën van de symbiose tussen nationalisme en socialisme en meer aandacht voor 'het gezag van de persoon'. Rudolf Heß, die Hitler begeleidde, beschreef het effect van de rede: 'Zo heb ik hem zelden gehoord. Geprikkeld door het eerste uur van ijzige stilte pepte hij zich zodanig op dat hij tegen het einde regelmatig werd onderbroken door bijval op orkaansterkte uit het vierhonderd man tellende publiek!' Emil Kirdorf, de inmiddels al tachtigjarige patriarch van de Rijnland-Westfaalse zware industrie en sinds lange tijd algemeen directeur van de Gelsen-kirchener Bergwerks-AG, 'stond aan het einde duidelijk geroerd op en drukte de tribuun de hand'.[116]

Op 4 juli 1927 regelde Elsa Bruckmann in haar huis aan de Karolinenplatz een ontmoeting tussen Kirdorf en Hitler. Meer dan vier uur praatte de leider van de NSDAP in op de industrieel, en die laatste was uiteindelijk zo onder de indruk dat hij Hitler vroeg zijn uiteenzetting vast te leggen in een memorandum, zodat hij die aan belangrijke vertegenwoordigers van de industrie in het Ruhrgebied kon toesturen. Hugo Bruckmann liet dit door zijn uitgeverij drukken als brochure met de titel *Der Weg zum Wiederaufstieg*, en al in april kon Hitler het materiaal naar Kirdorf sturen, vergezeld van het verzoek aan de 'hooggeëerde heer de geheimraad' hem te helpen 'dit gedachtegoed in uw kringen te verspreiden'. Ook in dit stuk maakte Hitler duidelijk dat hij niet van plan was het privé-eigendom af te schaffen, en dat hij eerder meende dat een 'sterke nationalistische staat als enige de economie kon beschermen en deze bestaansvrijheid en ontwikkeling kon bieden'. Ook nu weer had hij zijn antisemitisme wat getemperd. Slechts op één plek verwees hij naar de 'internationale Jood' als de 'ijverigste propagandist' van de 'theorie van het pacifisme, de verzoening der volkeren en de eeuwige wereldvrede'.[117]

Erg veel indruk lijkt de brochure niet te hebben gemaakt. De toonaangevende industriëlen in het Ruhrgebied hielden nadrukkelijk afstand van de NSDAP, die immers op dat moment nog maar nauwelijks ontsnapt was aan haar imago als klein, radicaal randverschijnsel in de politiek. 'Aan Hitler zullen wij weinig hebben,' schreef topondernemer Paul Reusch uit het Ruhrgebied in december 1927 aan Albert Vögler, de president van de Vereinigte Stahlwerke.[118] Toen Rudolf Heß diezelfde maand liet weten dat het in het Ruhrgebied 'heel goed' opschoot – 'De mensen die er werkelijk toe doen, lopen de Führer zowat achterna' – was daarbij toch vooral de wens de vader van de gedachte.[119] Ook Kirdorf, die op 1 augustus 1927 lid was geworden van de NSDAP en als eregast aan het partijcongres in Neurenberg had deelgenomen, keerde de partij al een jaar later boos de rug toe vanwege de antikapitalistische agitatie van de NSDAP in het Ruhrgebied. Toch voelde hij zich nog steeds politiek verbonden met Hitler. Na het partijcongres in Neurenberg van 1929 schreef hij hem: 'Wie het gegund was aan deze bijeenkomst deel te nemen [...] moet, al zal hij misschien bepaalde punten van het partijprogramma betwijfelen of zelfs beslist afwijzen, toch de betekenis van de beweging voor het weer gezond maken van het Duitse vaderland erkennen en haar toewensen dat ze daarin slaagt.'[120] Hoewel Hitlers pogingen de industriëlen van het Ruhrgebied voor zich te winnen slechts weinig concrete resultaten hadden opgeleverd en hem al zeker, in tegenstelling tot wat sommige kranten dachten te kunnen berichten, geen enorme donaties hadden opgeleverd, was het niet allemaal voor niets geweest. Men had in elk geval de indruk gekregen dat hij in economisch opzicht een gematigde koers wilde volgen – daar kon hij op teren toen de NSDAP na haar doorbraak in 1930 ook voor ondernemers interessant werd.

Met oudjaar 1927-1928 leek Hitler er vertrouwen in te hebben. 'Ik weet nu weer dat het lot me daar zal brengen waar ik vier jaar geleden al had willen uitkomen,' schreef hij op 30 december 1927 aan Winifred Wagner. 'Dan zal de tijd komen waarin de trots op jouw vriend je dank zal zijn voor veel wat ik nu nog niet eens kan vergoeden.'[121] De aanleiding voor dit optimisme waren de Rijksdagverkiezingen die op 20 mei 1928 zouden plaatsvinden. Hij hield rekening met toch zeker vijftien zetels, zo liet Hitler begin januari weten. 'En als we er vijfentwintig krijgen, doen we mee aan de regering om er dan op het juiste moment zelfverzekerd weer uit te stappen.'[122] De NSDAP voerde een intensieve verkiezingscampagne. Op de avond van 14 mei trad Hitler samen met de lijsttrekker generaal Franz Ritter von Epp op bij twaalf massabijeenkomsten in München: 'Als soldaten voelen wij ons,' riep hij uit, 'als soldaten van een toekomstig Duits leger, een nieuw Duits rijk en de ideeën waarmee we dat rijk zullen smeden.'[123] Hij zou nog 'nooit met zo veel belangstelling hebben uitgekeken naar een verkiezingsuitslag als naar deze', noteerde Goebbels, en hij hoopte en vertrouwde erop 'dat wij een succes zullen beleven dat past bij de opofferingsgezindheid die we tot nu toe hebben getoond'.[124]

Toen de uitslagen van de verkiezingen bekend werden, bleek de NSDAP echter een nederlaag te hebben geleden. De linkse partijen hadden duidelijk gewonnen en groeiden flink: de SPD van 26 naar 29,8 procent, de KPD van 9 naar 10,6 procent. De sociaaldemocraat Hermann Müller vormde een kabinet op basis van een grote coalitie van SPD, Zentrum, BVP, DDP en DVP. Het grootste verlies leed de Deutschnationale Volkspartei (DNVP), die van 20,5 procent naar 14,2 procent afzakte. De NSDAP haalde maar net 2,6 procent en had dus eveneens ten opzichte van de Rijksdagverkiezingen van december 1924 verlies geleden.[125] In plaats van veertien stuurde ze nu nog maar twaalf afgevaardigden naar de Rijksdag, onder wie Ritter von Epp, Goebbels, Frick, Gregor Straßer, Gottfried Feder en Hermann Göring, die in de herfst van 1927 na een algemene amnestie, afgekondigd door rijkspresident Hindenburg, uit Zweden was teruggekeerd naar Duitsland. Hitler was weliswaar op de avond van de catastrofale verkiezingsuitslag voor het Völkisch-Nationale Blok (dat slechts 0,9 procent wist te behalen) nog positief: de belangrijkste winst zou namelijk zijn dat er voortaan 'nog maar één völkische beweging' zou zijn, namelijk de NSDAP.[126] Maar onder zijn volgelingen heerste toch vooral teleurstelling: de twintigste mei kon voor de nationaalsocialisten 'geen reden tot tevredenheid' zijn, merkte Gregor Straßer op, en Goebbels schreef in zijn dagboek: 'Ik ben erdoor gedeprimeerd.'[127]

Nu had de NSDAP het niet overal slecht gedaan. De resultaten waren het slechtst in de stedelijke, industriële agglomeraties. In Berlijn had ze slechts rond de 1,6 procent gescoord, hoewel Gauleiter Goebbels hier na de opheffing van het tijdelijke verbod op de partij toch alle registers had opengetrokken.[128] In enkele landelijke gebieden in Sleeswijk-Holstein en Nedersaksen had ze echter aanzienlijke winst geboekt – in het kiesdistrict Weser-Ems behaalde ze 5,2 procent. De beste resultaten behaalde ze echter in haar kerngebieden, in Franken (8,1 procent), Opper-Beieren/Zwaben (6,2 procent) en de Pfalz (5,7 procent). In München bleef ze met bijna 8 procent de op twee na sterkste macht na de SPD (24 procent) en de BVP (17 procent). Om een zwart-rode coalitie in Beieren te verhinderen, was 'geen offer hem te groot', liet Hitler weten, want dan dreigde er opnieuw een verbod op de NSDAP. 'München was het hoofdkwartier van de partij en moest dus worden beschermd.' Om die reden wees hij het idee van regeringsdeelname in de Vrijstaat dan ook niet principieel af, maar als het zo ver zou komen, eiste hij van het ministerie van Justitie om dan maatregelen tegen zijn eigen beweging uit te sluiten.[129]

De partijleiding trok uit de verkiezingen van 20 mei 1928 de conclusie dat de propaganda voortaan vooral op de landelijke gebieden moest worden gericht, omdat hier 'met minder tijd, inspanning en geld betere resultaten kunnen worden behaald dan in de grote steden', zoals de *Völkischer Beobachter* het eind mei beschreef.[130] Al in de herfst van 1927 had de NSDAP in Noord-Duitsland zich vooral op de bevolking op het platteland gericht. Op 10 december sprak Hitler voor het eerst voor enkele duizenden boeren uit Sleeswijk-Holstein en verzekerde hun dat hij speciale aandacht zou hebben voor hun belangen.[131] Om eventuele kritiek voor te zijn, corrigeerde hij in april 1928 punt 17 van het partijprogramma, waarin werd voorzien in een 'Wet op de onteigening van grond voor het algemeen nut zonder enige geldelijke vergoeding'. Deze eis zou enkel betrekking hebben op 'grond die op onrechtmatige wijze' was verkregen, en was dus 'met name gericht tegen Joodse grondspeculanten'.[132]

Na de Rijksdagverkiezingen trok Hitler zich enkele weken terug in Berchtesgaden. In oktober 1928 huurde hij voor 100 mark per maand Haus Wachenfeld, – een eenvoudig vakantiehuis in typische Alpenstijl, dat het eigendom was van Margarete Winter, de weduwe van een Noord-Duitse zakenman. Hij huurde zijn halfzuster Angela Raubal in om het huishouden voor hem te doen. 'Ik heb gelijk mijn zuster in Wenen gebeld: ik heb een huis gehuurd, wil jij voor mij het huishouden bestieren? Ze kwam en we hebben direct onze intrek genomen. Het was zo geweldig! Het eerste kerstfeest daarboven was heerlijk!' herinnerde Hitler zich in januari 1942. Bij die gelegenheid vertelde hij ook uitgebreid hoe hij de weduwe had overgehaald hem in juni 1933 het huis te verkopen, dat hij later zou laten uitbouwen tot de 'Berghof'.[133]

In juni en juli 1928 maakte Hitler gebruik van zijn verblijf op de Obersalzberg om een nieuw boekproject te starten. Zijn oorspronkelijke plan om voor Bruckmann Verlag zijn oorlogsherinneringen op te schrijven, had hij inmiddels laten varen. Op dat idee was hij kennelijk gekomen door Ernst Jünger, die hem in januari 1926 zijn werkje *Feuer und Blut* deed toekomen met als opdracht 'Voor onze nationale Führer Adolf Hitler!' – na *In Stahlgewittern*, *Der Kampf als inneres Erlebnis* en *Wäldchen 125* het vierde boek waarin de auteur over zijn oorlogservaringen schreef. Hitler, die in *Feuer und Blut* veel met potlood onderstreepte, bedankte Jünger in mei als volgt: 'Ik heb uw werken allemaal gelezen. Ik heb u als een van de weinige sterke vertellers over de belevenissen aan het front leren waarderen. Des te groter was mijn genoegen toen ik het door u persoonlijk aan mij toegezonden boek *Feuer und Blut* met uw vriendelijke opdracht mocht ontvangen.'[134] In september 1926 liet Elsa Bruckmann aan haar man weten dat Hitler 'ook nog steeds overwoog een boek over de oorlog te schrijven en had gezegd dat de beelden die hij voor zich zag, steeds levendiger en rijper werden en zich uitkristalliseerden rond de ideeën die hij heeft ontwikkeld en die verlangen naar voltooiing.'[135] Feitelijk blijkt Hitler niet eens een begin te hebben gemaakt. In elk geval zijn er nooit fragmenten van een manuscript gevonden.

Er is echter wel een manuscript op 234 vellen schrijfmachinepapier uit de zomer van 1928 bewaard gebleven, dat de Amerikaanse historicus Gerhard L. Weinberg in 1961 publiceerde onder de titel *Hitlers Zweites Buch*.[136] Naar het zich laat aanzien, had Hitler de tekst in slechts enkele weken tijd aan een secretaresse gedicteerd. Waarover dat boek ging, schreef Heß eind juni 1928 aan zijn ouders: 'Zaterdag/zondag rijden we naar Berchtesgaden, waar ik [...] naar de tribuun moet die daar aan een nieuw en kennelijk zeer goed boek over buitenlandse politiek schrijft.'[137] En inderdaad had Hitler zich voorgenomen zijn visie op de buitenlandse politiek nog eens in een grotere samenhang te presenteren. De aanleiding daartoe werd gevormd door de kwestie Zuid-Tirol, waarover hij al in februari 1926 had geschreven in een brochure – een voorpublicatie uit het tweede deel van *Mein Kampf*.[138] Dat hij zich daarin bereid had verklaard met het oog op een bondgenootschap met Italië alle aanspraken op Zuid-Tirol te laten varen, was hem tijdens de verkiezingsstrijd van 1928 op hevige aanvallen uit nationalistische kringen komen te staan.[139]

De kwestie-Zuid-Tirol vormde echter niet het hoofdonderwerp van zijn 'Tweede boek'. Het doel daarvan was de verdere uitwerking van enkele fundamentele ideeën die hij vanaf 1926 ook steeds in zijn redevoeringen had gepresenteerd: dat de 'levensstrijd van een volk' eruit zou bestaan een evenwicht tussen grond en bevolking tot stand te brengen en dat het er in de buitenlandse politiek dus op neerkwam 'voor een volk steeds de benodigde Lebensraum [...] te verzekeren', dat het enige gebied dat in Europa voor een dergelijke 'grondpolitiek' in aanmerking kwam, 'in het oosten' lag, en dat alleen al om die reden een bondgenootschap met Rusland uitgesloten was en Duitsland daarom beter een verbond kon sluiten met Italië en Engeland. En ook al benadrukte Hitler in zijn slotwoord dat het niet aan hem was 'hier een volledige oplossing voor het Jodenprobleem te geven', kon hij het toch niet laten ook hier in beknopte vorm zijn paranoïde antisemitische wereldvisie uiteen te zetten: 'Het Joodse volk kan vanwege het ontbreken van eigen productieve vaardigheden geen staat vormen die een werkelijke fysieke omvang kent, en heeft als voedingsbodem voor zijn eigen bestaan het werk en de scheppende werkzaamheden van andere naties nodig. Het bestaan van de Joden zelf wordt daarmee tot een parasitair bestaan binnen het leven van andere volkeren. Het ultieme doel van het Joodse volk is daarbij de productief actieve volkeren tot slaaf te maken."[140]

Op 13 juli 1928 hield Hitler in Zaal Friedrichshain in Berlijn voor vijfduizend toehoorders een rede over 'Duitse buitenlandse politiek', waarin hij de belangrijkste thesen van zijn 'tweede boek' samenvatte.[141] Daarna vertrok hij in gezelschap van Goebbels voor een week vakantie naar het Duitse waddeneiland Norderney. Hij zou niet langer aan het manuscript werken. Toch lijkt hij pas in de loop van 1929 definitief te hebben besloten het niet te publiceren.[142] Over de redenen daarvoor kan men enkel speculeren. Wellicht had Max Amann vraagtekens gezet bij de winstgevendheid van het project. In 1927-1928 was de verkoop van *Mein Kampf* sterk teruggelopen en er leek geen vraag te zijn naar nog een Hitler-boek. Een belangrijkere reden was echter dat zich in het voorjaar van 1929 een nieuwe mogelijkheid voordeed om met nationalistisch rechts samen te werken in het kader van een volkspetitionnement tegen het Young-plan. De wilde uitvallen naar de burgerlijke politici in het 'tweede boek' zouden dat alleen maar in de weg staan.[143]

De overweging dat een voorzichtigere houding in de buitenlandse politiek wellicht verstandiger was, zal in die tijd nog geen rol hebben gespeeld. Dat argument zou Hitler pas later aanvoeren. Hij was 'erg blij', zo merkte hij midden jaren dertig op tegen Albert Speer, dat hij zijn 'tweede boek van 1928' niet had vrijgegeven voor publicatie: 'Wat een politieke problemen zou me dat nu immers hebben opgeleverd.'[144]

Vanwege de malaise in de beweging had Hitler de partijconferentie voor 1927 afgelast en in plaats daarvan voor augustus een *Führertagung* in München belegd, die zou samenvallen met de algemene vergadering. De partijvoorzitter deed zijn uiterste best zijn zichtbaar aangeslagen volgelingen op te monteren: was het niet altijd een minderheid die geschiedenis schreef? En alleen al het feit dat alle overige partijen en de publieke opinie tegen de NSDAP te hoop liepen, was toch 'juist de wiskundige reden voor het succes dat onze beweging uiteindelijk zeker zal hebben'?[145] Toch wist hij de scepsis niet helemaal weg te nemen. Zelfs Goebbels vond Hitlers uitweidingen 'wat slap': 'Dat Münchense milieu, daar heb ik schoon genoeg van.'[146] Niet alleen aan de basis, maar ook op het hoofdkantoor van de partij werd gemord: op de klacht van een parlementslid in Franken dat men Hitler nooit te spreken kon krijgen omdat anderen 'een muur' om hem heen hadden opgetrokken, antwoordde Walter Buch, de voorzitter van de Onderzoeks- en Arbitragecommissie, dat ook de afdelingshoofden op het hoofdkantoor 'vaak dagenlang' moesten wachten 'tot ze de heer Hitler te spreken krijgen'.[147] Niet alleen Hitlers onbetrouwbaarheid maar ook zijn denigrerende manier van omgaan met medewerkers verontrustten Buch. In oktober 1928 stelde hij een brief op waarin hij liet weten wat hem 'al wekenlang van het hart moest': 'dat u, meneer Hitler, zo langzamerhand een verachting voor mensen begint te ontwikkelen die mij ernstige zorgen baart'.[148]

Kenmerkend voor de kwetsende manier waarop Hitler loyale medewerkers kon kapittelen, was het incident waarvan de Gauleiter van Neder-Beieren, Otto Erbersdobler, in maart 1929 getuige was. De partijvoorzitter had verordonneerd dat de SA met vrachtwagens naar een bijeenkomst in een plaats in Opper-Beieren zou rijden. Pfeffer von Salomon liet ze echter, om geld te sparen, met de trein gaan. Op het hoofdkantoor in München gaf Hitler hem een dag later 'een geweldige uitbrander', 'hij ging vierkant voor Pfeffer staan [...] en stond vervolgens letterlijk tien minuten onafgebroken tegen hem te schreeuwen, waarbij hij zijn toch al niet mis te verstane betoog nog eens met harde slagen op de tafel onderstreepte'. Hij wenste niet 'dat er ooit nog, zelfs niet in de geringste wijze, zou worden afgeweken van zijn bevelen'. Na deze strafpreek volgde de vraag: 'Is dat duidelijk, partijgenoot Pfeffer?' De opperste SA-leider 'sprong in de houding, en Hitler reikte hem de hand'.[149]

In zijn omgang met ondergeschikten liet Hitler zich in de eerste plaats leiden door doelmatigheid, dat wil zeggen: door zich af te vragen of ze hem van pas kwamen of juist in de weg stonden.[150] 'Lovende of zelfs ook maar licht positieve oordelen over partijgenoten heb ik van hem nooit gehoord,' aldus Albert Krebs, die van 1926 tot 1928 het hoofd van de afdeling Hamburg van de NSDAP was en in 1928 korte tijd Gauleiter voor Hamburg. Met een 'dierlijk scherpe neus' zou Hitler onderscheid hebben gemaakt tussen mensen 'die hem met een ongeremd vertrouwen en een haast religieuze toewijding tegemoet traden', en degenen 'die hem met kritische afstandelijkheid bekeken en dan een verstandig oordeel velden'. Aan die laatsten had hij een hekel, maar dat liet hij pas merken wanneer ze hem niet langer van pas kwamen.[151]

Dat Hitler zich na zijn bad in de menigte meestal direct terugtrok en elk verder contact met plaatselijke partijgenoten vermeed, viel ook niet goed. Hij hield ze op afstand en cultiveerde een aureool van ongenaakbaarheid. Toen Albert Krebs hem in het voorjaar van 1928 rondleidde door het nieuw ingerichte kantoor in Hamburg, besteedde hij amper aandacht aan de aanwezigen, hoewel die zich toch 'blij en verlangend om hem verdrongen'. 'Met zichtbare tegenzin' liet hij zich uiteindelijk door Krebs voorstellen, om vervolgens met 'allerlei venijnige opmerkingen' de Hamburgers medeverantwoordelijk te stellen voor het feit 'dat zijn hoop op sneller succes tot op heden nog niet was vervuld'.[152]

Toen de vooruitzichten voor de NSDAP in het voorjaar van 1929 duidelijk verbeterd waren, verstomden de kritische geluiden. In de winter van 1928-1929 had zich een neergaande conjunctuur ingezet. Het aantal bij de arbeidsbureaus aangemelde werklozen steeg in februari naar meer dan drie miljoen.[153] Op het platteland daalden de prijzen voor landbouwproducten. Talloze boerenbedrijven waren niet langer in staat de rente voor de opgenomen kredieten te betalen en faillissementen en gedwongen verkopen waren het gevolg. Met name in Sleeswijk-Holstein ontstond er een beweging van het 'landvolk' tegen de regering. Boeren demonstreerden onder zwarte vlaggen. Eén radicale groep onder leiding van Claus Heim pleegde met springstof aanslagen op belastingkantoren en gebouwen van de plaatselijke overheid.[154] Het was gedaan met de relatieve stabiliteit van de Republiek van Weimar.

Hitler zag zich in zijn prognoses bevestigd. 'Het is allemaal precies zo gegaan als wij hebben voorspeld,' zei hij einde maart 1929 vol leedvermaak. 'De Duitse economie is op sterven na dood.'[155] Opnieuw profiteerde met name de NSDAP van deze crisis. Het ledenaantal steeg tussen oktober 1928 en oktober 1929 van ongeveer 100.000 naar 150.000.[156] Ook onder studenten vond ze nu steeds meer aanhangers. Bij de verkiezingen voor studentenparlementen in 1928-1929 behaalde ze een spectaculair resultaat.[157] In november 1928 sprak Hitler in de Löwenbräukeller voor 2500 studenten van de Universiteit van München, die hem na afloop enthousiast toejuichten.[158]

Ook onder de plattelandsbevolking nam de instemming met de NSDAP met sprongen toe. 'Het loopt overal bijzonder goed,' schreef Heß al in oktober 1928 over een propagandatrip van Hitler door Noord-Duitsland. 'Het mooiste [...] waren nog wel de boeren uit Dithmarschen, die de tribuun toesprak in Heide in Sleeswijk-Holstein: geweldige kerels, echte reuzen, knoestig [...]. Het eerste uur zaten ze er als ijsblokken bij, maar uiteindelijk lieten ze zich toch meeslepen en tegen het einde was er zo veel bijval, dat iedereen die deze nuchtere kustbewoners kent, verbaasd zou staan te kijken.'[159] De NSDAP kreeg juist in het district Dithmarschen bijzonder veel aanhang na de 'bloednacht' in Wöhrden, een kleine plaats in de buurt van Heide, op 7 maart 1929. Hier was het tot een handgemeen tussen een SA-eenheid en aanhangers van de KPD gekomen, waarbij twee SA-mannen waren gedood en meerdere mensen zwaar gewond waren geraakt. De NSDAP sloeg politieke munt uit dit incident. Hitler was aanwezig bij de begrafenis. Zijn aanwezigheid, zo stond te lezen in een politieverslag, had 'op de bevolking een zeer grote indruk gemaakt'. Boerinnen droegen nu op hun werkschorten een hakenkruis, en in de dorpen begroette men elkaar vaak met 'Heil!'. Veel boeren waren 'enorm verbitterd en in staat tot allerlei geweldplegingen'. In de nationaalsocialisten zagen ze de 'redders' die hen zouden verlossen uit de ellende.[160]

Bij de verkiezingen voor gemeenteraad en Landdag in het voorjaar en de zomer van 1929 kon de NSDAP een duidelijke groei noteren. Zo steeg het aantal stemmen bij de verkiezingen voor de Landdag in Saksen op 12 mei van 1,6 naar 5 procent – 'een succes dat al onze verwachtingen overtreft', meldde Goebbels verheugd.[161] In Mecklenburg-Schwerin verdubbelde de Hitler-partij een maand later haar aandeel naar 4,1 procent, en bij de gemeenteraadsverkiezingen in Coburg eind juni veroverde ze voor het eerst in een stad de meerderheid van de zetels.[162]

Tijdens het partijcongres in Neurenberg begin augustus 1929 gaf de NSDAP blijk van haar nieuwe zelfbewustzijn. Als het aan de partijleiding lag, zou dit 'niet alleen de grootste bijeenkomst van de beweging, maar ook de grootse demonstratie van het politiek-nationale Duitsland ooit' worden.[163] Rond de 100.000 aanhangers (maar volgens schattingen van de politie waren het er maar 40.000) arriveerden in speciale treinen uit de rest van Duitsland. De stad veranderde in een 'bruin legerkamp'. Voor de *Illustrierter Beobachter*, een in juni 1926 opgericht tijdschrift van de partij, hield Hitler een 'Neurenbergs dagboek' bij. Daarin schreef hij over de slotbijeenkomst op de Hauptmarkt: 'Helemaal bedolven onder de bloemen trekken de bruine strijders van het Derde Rijk drieënhalf uur lang in snelle mars voorbij.'[164] Wat hij er niet bij vertelde, was dat de SA-groepen zich rondom het partijcongres schuldig maakten aan allerlei gewelddaden. Vier dagen lang heerste er in de oude rijksstad een staat van beleg.[165]

Op de eretribune zaten dit keer niet alleen Hitlers bewonderaars Winifred Wagner en Emil Kirdorf, maar ook de vicevoorzitter van de *Stahlhelm*, de bond van frontsoldaten, Theodor Duesterberg, en de vierde zoon van Wilhelm II, prins August Wilhelm, die lid was van Stahlhelm en een paar maanden later, in december 1929, een verzoek deed om lid te mogen worden van de NSDAP.[166] Goebbels was daar niet bepaald van onder de indruk: 'Ik leer prins August Wilhelm kennen. Ietwat seniel. Van die hele club van Stahlhelm die zich daar op de tribune heeft verzameld, moet ik niets hebben.'[167] Hitler had echter besloten een verbond te sluiten met de nationaal-conservatieve krachten om het Young-plan te torpederen. Dit plan, dat tijdens een conferentie van deskundigen in Parijs onder leiding van de Amerikaan Owen Young was opgesteld, betekende weliswaar ten opzichte van het Dawes-plan een financiële verlichting voor Duitsland, maar in ruil daarvoor moesten nog tot in de verre toekomst, tot 1988, herstelbetalingen worden gedaan. Het Rijnland zou dan wel sneller worden ontruimd.[168]

Verzameld rechts liep hiertegen te hoop onder leiding van de mediamagnaat Alfred Hugenberg, die in oktober 1928 was verkozen tot nieuwe voorzitter van de DNVP en de partij nu op een koers van compromisloze oppositie tegen het 'systeem van Weimar' terugbracht. Tot zijn persimperium behoorde niet alleen de Berlijnse Scherl-Verlag maar ook een groot aantal andere ondernemingen, van het persbureau Telegraphen-Union (TU) en de Allgemeine Anzeigen GmbH (AlA) tot Universum Film AG (Ufa). Hij leverde kant-en-klare pagina's voor de provinciale pers en had dus ook invloed op die bladen die niet direct tot zijn concern behoorden. Op initiatief van Hugenberg werd begin juli 1929 een *Reichsausschuß für das Deutsche Volksbegehren* (Rijkscomité voor het Duitse volkspetitionnement) gevormd, waarin de leiders van de DNVP, Stahlhelm, de Alldeutsche Verband, de Reichslandbund en de Vaterländische Verbände zitting hadden – en waarbij ook Hitler zich aansloot nadat was overeengekomen dat de campagne niet alleen gericht zou worden tegen het Young-plan, maar ook tegen de zogenaamde 'leugen van de oorlogsschuld'.[169] Hitlers beslissing kon niet op unanieme bijval rekenen onder zijn aanhangers. 'Onder die oproep staan namen! Lieve hemel! Dan kun je over Hitler toch enkel zeggen: het gaat me aan het hart dat ik je in dit gezelschap moet aantreffen!' zo klaagde Goebbels in zijn dagboek.[170] Maar Hitler wist de Gauleiter van Berlijn gerust te stellen over zijn bedoelingen: hij was helemaal niet van plan zich voor het karretje van de Deutschnationalen te laten spannen maar wilde integendeel juist het volkspetitionnement voor zijn eigen doeleinden gebruiken. De nationaalsocialisten wilden 'zich op de voorgrond dringen en de DNVP vervolgens ontmaskeren'.[171]

De campagne draaide uit op een mislukking. Het voor een volksstemming benodigde aantal handtekeningen werd weliswaar net bereikt, maar bij de stemming op 22 december 1929 stemde slechts 13,8 procent van de kiesgerechtigden voor de voorgestelde 'vrijheidswet'. Desalniettemin had deelname geloond voor Hitler en de NSDAP. De partijleider was nu in rechts-conservatieve kringen salonfähig geworden en had zich met steun van de Hugenberg-Presse en haar grote oplagen maandenlang kunnen manifesteren. Ter afronding van de campagne hadden Hitler en Hugenberg op 25 oktober samen het afgeladen volle Zirkus Krone toegesproken, en daarbij was gebleken dat de voorzitter van de DNVP zich niet kon meten met het effectieve redenaarstalent van de volksmenner uit München.[172] De NSDAP had zich in dit alles toch al als een dynamische, jonge kracht gepresenteerd die veruit superieur bleek aan haar conservatieve bondgenoten wat betreft organisatietalent en actiebereidheid. Dat met name de Hitler-partij profiteerde van de anti-Young-campagne, bleek wel tijdens de verkiezingen voor de Landdag in de herfst van 1929. In Baden haalde ze op 27 oktober 7 procent, in Thüringen op 8 december zelfs 11,3 procent. Ook bij de gemeenteraadsverkiezingen behaalde de NSDAP in november een sterke stemmenwinst.[173]

Op de ochtend van 3 oktober 1929 overleed rijksminister van Buitenlandse Zaken Gustav Stresemann, een van de belangrijkste vertegenwoordigers van de republiek, na twee beroertes. 'Het is een onoverkomelijk verlies waarvan de gevolgen niet te overzien zijn,' noteerde Harry graaf Kessler, die op dat moment in Parijs was en de reacties onder Fransen waarnam: 'Iedereen heeft het erover, de kappers, de kelners in de restaurants, de chauffeurs, de krantenverkoopsters [...]. Heel Parijs beschouwt zijn dood haast als een nationale ramp.' Dat gold ook voor het democratische kamp in Duitsland. Bij zijn begrafenis op 6 oktober deden 200.000 Berlijners Stresemann uitgeleide – 'geen staatsbegrafenis, maar een volksbegrafenis'.[174]

Drie weken later, op 24 oktober 1929, 'Zwarte Vrijdag', stortte de aandelenbeurs van New York in. De crisis waar Hitler op had gewacht, was een feit. Het was beslist geen toeval dat hij juist rond deze tijd zijn bescheiden huis aan de Thierschstraße verruilde voor een comfortabele negenkamerwoning op de tweede etage van een huis aan de Prinzregentenstraße 16 in de chique wijk Bogenhausen. 'De chef woont nu echt heel mooi,' schreef Ilse Heß, de vrouw van Hitlers privésecretaris, 'ook hij koopt nu spulletjes voor zijn inrichting en is als een kind zo blij als hij weer wat nieuws en zeldzaams heeft gevonden. Het zijn dan ook heerlijke ruimtes, zo groot en hoog.'[175] De doorbraak naar de macht kon niet lang meer op zich laten wachten, en Hitler had nu behoefte aan een representatieve woning om zijn rol in de Duitse politiek ook naar buiten toe effectief te kunnen presenteren.

9
Shooting star van de Duitse politiek

Hij zou 'vroeger in veel zaken over profetische gaven hebben beschikt en vaak gelijk hebben gekregen', verklaarde Hitler in een vertrouwelijk schrijven van begin februari 1930. Toch had hij tot nu toe vermeden een concreet moment voor het succes van de nationaalsocialistische beweging te noemen. Nu kon hij echter met een 'haast helderziende zekerheid' voorspellen dat Duitsland over uiterlijk 'tweeenhalf tot drie jaar het dieptepunt van de vernedering' achter zich zou hebben gelaten. 'Ik denk dat in die tijd de overwinning van onze beweging zal volgen en dat daarmee een einde zal komen aan de periode van ons verval, en er een periode van bloei voor ons volk begint.'[1] In het voorjaar van 1930 leek deze voorspelling misschien nog pure fantasie van een al te zeer van zijn eigen zending overtuigde provinciale politicus. Enkele maanden later, na de Rijksdagverkiezingen van 14 september, was de situatie echter fundamenteel veranderd. De NSDAP behaalde exorbitante winsten. Haar Führer, die aanvankelijk nog als een enigszins potsierlijke figuur aan de uiterste rechterzijde van het politieke spectrum had gestaan, bevond zich nu in één klap in het middelpunt van de Duitse politiek. Wat hij zijn aanhangers tot dan toe als vaag doel had voorgespiegeld, leek nu ineens bijna grijpbaar te zijn: de Hitler-partij stond op het punt de macht te krijgen.

Geheel onverwacht kwam deze ontwikkeling niet. De verkiezingen voor de Landdag en de gemeenteraden in 1929 hadden al laten zien dat de NSDAP de wind mee had. Overal waar ze meedeed, behaalde ze aanzienlijke stemmenwinst. En de campagne tegen het Young-plan had een welkome gelegenheid geboden de NSDAP te profileren als dé protestpartij van rechts. De eigenlijke doorbraak en het ontstaan van een massabeweging werd echter pas mogelijk door het uitbreken van de economische crisis, die Duitsland bijzonder hard raakte.[2] Het economische herstel in de zogenaamde 'gouden jaren' van de republiek was feitelijk gefinancierd met behulp van kortlopende buitenlandse, en dan met name Amerikaanse leningen. Na de ineenstorting van de beurs van New York eind oktober 1929 zagen de Amerikaanse banken zich gedwongen hun kredieten in te trekken. De neerwaartse trend van de Duitse economie die al sinds 1928-1929 was ingezet, werd daardoor nog versterkt. Het aantal werklozen nam dramatisch toe – van

1,3 miljoen in september 1929 naar 3,4 miljoen in februari 1930. Een jaar later bedroeg het inmiddels al 5 miljoen en in 1932, op het hoogtepunt van de crisis, waren het er 6 miljoen. Het aantal lag in werkelijkheid nog veel hoger, aangezien deze cijfers niets zeiden over de verborgen werkloosheid, dat wil zeggen over die mensen die zich, om welke reden dan ook, niet bij het arbeidsbureau hadden gemeld. De Republiek van Weimar beleefde 'haar hellevaart naar de afgrond van een ongekend grote depressie'.[3]

De psychologische gevolgen waren rampzalig. Na de uitputtende ervaringen van na de oorlog en de periode van de inflatie was bij het uitbreken van een nieuwe crisis die alle voorgaande overschaduwde, de geestelijke weerstand van veel mensen gebroken. Een algemeen onheilsgevoel en een geloof dat het einde der tijden in zicht was, maakte zich meester van mensen, zelfs onder dat deel van de bevolking dat niet direct door de economische effecten werd getroffen. Dit ging gepaard met een radicaal verlies aan vertrouwen in de democratische instituties en partijen. Het toch al wijdverspreide ressentiment tegen het parlementaire systeem van Weimar werd daardoor flink versterkt. De machthebbers leken niet opgewassen tegen de gevolgen van de crisis, en naarmate dat idee steviger postvatte, klonk steeds luider de roep om een 'sterke man', om een politieke messias die de Duitsers zou wegvoeren uit de depressie, op weg naar nieuwe nationale grootsheid. Als geen andere politicus slaagde Hitler erin deze heilsverwachtingen op zijn persoon gericht te krijgen, en dat is waarschijnlijk een verklaring voor zijn succes.[4] Nu was het uur aangebroken van de man die onder zijn aanhangers inmiddels al een cultstatus bezat – en die zichzelf allang identificeerde met de aan hem toegeschreven rol van de charismatische Führer.

Hoe zwak de fundamenten onder de democratie van Weimar waren, bleek al in het begin van de jaren dertig. De sinds 1928 regerende grote coalitie onder de sociaaldemocratische rijkskanselier Hermann Müller viel op 27 maart uiteen. De aanleiding was eigenlijk relatief onbeduidend: de verhoging van de bijdrage voor de werkloosheidsverzekering van 3,5 naar 4 procent die door de SPD wel en door de DVP niet werd gesteund. Toch ging het in dit meningsverschil om veel meer, namelijk om de keuze wie er in eerste instantie voor de crisis zou opdraaien. De DVP, die de belangen van de grootindustriëlen vertegenwoordigde, had na Stresemanns dood onder haar nieuwe voorzitter Ernst Scholz een ruk naar rechts gemaakt. Invloedrijke krachten in de partij drongen nu, met steun van de *Reichsverband der Deutschen Industrie* (RDI), aan op een beëindiging van de samenwerking met de sociaaldemocraten.[5] Omgekeerd was ook in de fractie van de sociaaldemocraten de bereidheid afgenomen nog verdere compromissen te sluiten ten koste van de eigen aanhang. Tegen de tijd dat Hermann Müller het uiteenvallen van de grote coalitie bekendmaakte, was de voorraad aan gedeelde standpunten volledig uitgeput. De liberale *Frankfurter Zeitung* noemde het een 'zwarte dag', en 27 maart 1930 vormt inderdaad een ernstige breuk in de geschiedenis van de Republiek van Weimar. Vanaf dat moment zou er geen regering meer gevormd kunnen worden die op een brede meerderheid in het parlement steunde. Het uiteenvallen van de eerste Duitse democratie was begonnen.[6]

Deze zelfverlamming van regering en parlement kwam voor rijkspresident Paul von Hindenburg en zijn directe raadgevers precies op het juiste moment. Die koesterden al langere tijd het plan de sociaaldemocratie uit de politieke macht te zetten en een autoritair, boven de partijen staand presidentieel bewind te vestigen.[7] Dat was dan ook precies de opdracht die de nieuwe rijkskanselier, de fractievoorzitter van Zentrum Heinrich Brüning kreeg. Het was de bedoeling dat hij naar de wensen van Hindenburg en zijn 'hofkliek' onafhankelijk van de meerderheden in de Rijksdag zou regeren, uitsluitend gebaseerd op het vertrouwen van Hindenburg en artikel 48 van de Rijksgrondwet, waarin was bepaald dat de president in een noodtoestand vergaande bevoegdheden kreeg. Dienovereenkomstig vormde Brüning een zakenkabinet waarin de SPD niet langer vertegenwoordigd was. Zo werd stilzwijgend een verandering van de grondwet ingeleid. Brüning liet er vanaf het begin geen twijfel over bestaan dat hij de Rijksdag naar huis zou sturen en noodverordeningen zou afkondigen als het parlement de regering niet zou steunen.[8]

De NSDAP speelde in deze overwegingen om een presidentieel bewind in te stellen geen rol van betekenis, want haar fractie in de Rijksdag was op dat moment nog klein genoeg om te negeren. Dat het opgeven van een parlementaire regering en de uitholling van de democratie goed aansloot bij Hitlers plannen, lag echter voor de hand. Goebbels schreef op 30 maart 1930 over de vorming van de regering-Brüning: 'Misschien dat het kabinet gelijk ten val wordt gebracht. Dan volgt daarop direct de ontbinding van de Rijksdag. Bravo! Wat een heerlijke tijd!'[9] Als er nieuwe verkiezingen zouden worden gehouden, kon de NSDAP op een grote stemmenwinst rekenen, en daarom stuurde ze aan op de ontbinding van de Rijksdag. Op 4 april overleefde Brüning echter een door de NSDAP ingediende motie van wantrouwen omdat de DNVP deze niet ondersteunde. 'De DNVP heeft het in haar geheel laten afweten [...]. De chef was razend,' noteerde Goebbels.[10] Nog diezelfde dag verklaarde Hitler dat hij uit het Rijkscomité voor het Duitse volkspetitionnement tegen het Young-plan stapte.[11] Bij de beslissende stemming over de begroting op 12 april stemde een meerderheid van de DNVP-fractie opnieuw voor het regeringsvoorstel en behoedde het kabinet-Brüning daarmee voor zijn eerste parlementaire nederlaag.

Hitler was van begin af aan vastbesloten de combinatie van een economische en een politieke crisis genadeloos uit te buiten voor zijn eigen doeleinden. Welke strategie hij daarbij volgde, bleek het duidelijkst tijdens de kabinetsformatie in Thüringen begin 1930. Bij de verkiezingen voor de Landdag in december 1929 had de NSDAP 11,3 procent van de stemmen en daarmee 6 zetels veroverd. Als de burgerlijke partijen hun wens om een regering zonder de sociaaldemocraten te vormen wilden verwerkelijken, dan waren ze aangewezen op steun van de nationaalsocialisten. Hitler koos voor regeringsdeelname, maar eiste twee belangrijke ministeries op: het ministerie van Binnenlandse Zaken en het ministerie van Onderwijs. 'Wie deze twee ministeries in handen heeft, en onverbiddelijk en vasthoudend zijn macht hierin uitoefent, kan bijzondere dingen tot stand brengen,' schreef hij in zijn eerder vermelde vertrouwelijke brief van 2 februari. Met het ministerie van Binnenlandse Zaken zou de NSDAP het toezicht op de deelstaatpolitie, en met het ministerie van Onderwijs het hele onderwijssysteem in handen krijgen. Het ging Hitler dus niet zozeer om regeringsdeelname op zich maar enkel om de middelen om de uitvoerende macht van binnenuit te veroveren. Als kandidaat voor de ministersposten suggereerde hij Wilhelm Frick, een van de andere putschplegers van 1923, wat aanvankelijk door de DVP als onacceptabel van de hand werd gewezen. 'Vervolgens ben ik zelf naar Weimar gereisd,' vertelde Hitler, 'en heb de heren kort maar krachtig duidelijk gemaakt dat doctor Frick onze minister zou worden, of dat ze anders nieuwe verkiezingen konden uitschrijven.' Nieuwe verkiezingen waren echter wel het laatste wat de burgerlijke partijen wilden, omdat die immers tot een verdere versterking van de positie van de NSDAP zouden leiden. Uiteindelijk boog de DVP voor het aflopen van het ultimatum van drie dagen dat Hitler had gesteld, en op 23 januari 1930 werd Frick benoemd tot minister van Binnenlandse Zaken en Onderwijs.[12]

Tijdens zijn veertien maanden durende ambtstermijn op deze ministeries gaf Frick vast een voorproefje van wat er na de machtsovername van 30 januari 1933 op veel grotere schaal op rijksniveau zou gaan gebeuren: deskundige ambtenaren werden ontslagen omdat ze verdacht werden met de SPD te sympathiseren. De vrijgekomen plaatsen werden opgevuld met volgelingen van de minister. Op scholen werden gebeden verplicht gesteld die, zoals Frick het in de Landdag presenteerde, dienden als 'afweer tegen het bedrog' dat 'door het marxisme en de Joden tegen het volk was begaan'. Aan de Universiteit van Jena werd een leerstoel voor rassenkunde ingesteld, waarvoor Frick de bekende antisemiet Hans F.K. Günther liet benoemen. Als nieuwe directeur van de Weimarer Kunst- und Bauhochschule werd de overtuigde nationaalsocialist Paul Schultze-Naumburg benoemd. Uit het Schlossmuseum liet hij moderne kunstwerken verwijderen. Vrijwel niemand maakte bezwaar tegen deze beeldenstorm. De stad van Goethe en Schiller was inmiddels allang een nationaalsocialistisch bolwerk geworden. In 1929 had de partij hier 23,8 procent van de stemmen behaald – veel meer dan het landelijk gemiddelde.[13]

Het duurde geruime tijd voor de DVP van Thüringen doorhad met wie ze zich had ingelaten. Op 1 april 1931 hielp ze Frick ten val te brengen door een motie van wantrouwen van de SPD te steunen. Al in september 1932 keerden de nationaalsocialisten echter na een reusachtige verkiezingsoverwinning – ze behaalden 42 procent – terug in de regering. Frick, die Hitler in een bloemrijk betoog bedankte dat hij Thüringen 'in het middelpunt van de nationale, politiek en economische sanering van Duitsland' had geplaatst, werd op 30 januari 1933 beloond met het ministerie van Binnenlandse Zaken in de regering van 'nationale concentratie'.[14]

In het voorjaar van 1930 stond inmiddels vast dat de NSDAP bij de aanstaande verkiezingen voor de Landdag in Saksen in juni opnieuw een enorme verkiezingswinst zou boeken. Daarom kwam het bijzonder ongelegen voor Hitler dat het al lang smeulende conflict tussen de Gauleiter van Berlijn, Joseph Goebbels, en de gebroeders Straßer uitgerekend nu oplaaide. Ogenschijnlijk leek het te gaan om de vraag wie het op publicitair gebied voor het zeggen had in de rijkshoofdstad. De Straßers concurreerden met hun Kampf-Verlag en de bladen die daarin verschenen met het weekblad *Der Angriff* van Goebbels. Achter deze rivaliteit gingen echter ook ideologische verschillen schuil. Otto Straßer had, in tegenstelling tot zijn broer Gregor en Goebbels, de 'socialistische' insteek van de Arbeitsgemeinschaft Nord nooit losgelaten. In de publicaties van Kampf-Verlag, waarvoor hij in eerste plaats verantwoordelijk was omdat Gregor daar als Reichsorganisationsleiter nauwelijks tijd voor had, verkondigde hij een mengeling van nationalistische en antikapitalistische ideeën met een beslist antiwesterse en duidelijk pro-Sovjetoriëntatie.[15]

De machtsstrijd tussen Goebbels en Otto Straßer escaleerde toen Kampf-Verlag eind januari 1930 liet weten op 1 maart in Berlijn met een eigen dagblad te komen. 'Dat is een regelrechte dolkstoot,' meende Goebbels verontwaardigd.[16] Hij drong er bij Hitler op aan dit voornemen de kop in te drukken en zijn eigen krant, *Der Angriff*, in een dagblad te veranderen. De partijvoorzitter beloofde weliswaar tegen Otto Straßer op te treden, maar feitelijk ondernam hij niets, en toen op 1 maart het eerste nummer van *Der nationale Sozialist* verscheen, was Goebbels' geduld op. Geïrriteerd dreigde hij af te treden, en in zijn dagboek schreef hij: 'Hitler heeft [...] tegenover mij tot vijf keer toe zijn woord niet gehouden. Het is pijnlijk dat te moeten vaststellen, en ik trek er mijn conclusies uit. Hitler verbergt zich, neemt geen besluiten, geeft geen leiding meer, maar laat dingen op hun beloop.'[17] Zijn ergernis over Hitlers passiviteit werd nog versterkt doordat de Führer had laten weten niet aanwezig te zullen zijn op de begrafenis van Horst Wessel op 1 maart. Deze voormalige student en SA-Sturmführer was eind januari 1930 door een communist neergeschoten en op 23 februari aan zijn verwondingen overleden. Goebbels besloot hem tot 'nieuwe martelaar van het Derde Rijk' te maken en een uitgebreide cultus rond de dode op te bouwen. *Die Fahne hoch*, het lied dat Wessel had geschreven, werd de partijhymne en vanaf 1933 werd het bij officiële gelegenheden direct na het *Deutschlandlied* gezongen.[18]

Dat Hitler er langere tijd voor terugdeinsde in het conflict tussen Goebbels en Otto Straßer openlijk partij te kiezen, had echter weinig met besluiteloosheid te maken. Het ging hem er veeleer om juist op het moment waarop de politieke doorbraak aanstaande leek, alles te vermijden wat in de publieke opinie de indruk van interne verdeeldheid zou kunnen wekken. Eind april koos hij de Führertagung van de NSDAP in München om eindelijk zijn kaarten te tonen: 'Een definitieve afrekening met Straßer, Kampf-Verlag, die salonbolsjewist,' schreef Goebbels vol leedvermaak, en opgelucht stelde hij vast: 'Hitler leidt weer. Godzijdank. Iedereen schaart zich weer enthousiast achter hem. Straßer en zijn kliek zijn verpletterend verslagen.'[19] Dat Hitler tot slot van de bijeenkomst bekendmaakte dat Goebbels werd benoemd tot Reichspropagandaleiter, vervolmaakte de triomf van de Gauleiter van Berlijn. Daarmee nam hij het ambt over dat Gregor Straßer in 1927 aan de partijvoorzitter had afgestaan.

Nog steeds schrok Hitler er echter voor terug definitief te breken met Otto Straßer en zijn aanhangers. Eind mei ondernam hij een laatste poging tot een minnelijke schikking te komen. Hij ontbood de dissidenten op zijn Berlijnse pied-à-terre, Hotel Sanssouci in de Linkstraße 37. Tijdens het twee dagen durende onderhoud gebruikte hij al zijn overredingskunsten, maar zijn tegenstander bleek opvallend ongevoelig voor de stortvloed van verlokkingen en dreigingen. Het aanbod van Hitler om Kampf-Verlag te laten overnemen door Max Amann en hem in ruil daarvoor te benoemen tot *Reichspressechef*, wees Otto Straßer zonder meer af. De kern van het meningsverschil lag in de verschillende interpretatie van wat er precies werd bedoeld met het 'socialisme' van het partijprogramma. Straßer verweet Hitler het 'revolutionaire socialisme omwille van de legaliteit van de partij' en de 'nieuwe samenwerking met burgerlijk rechts (Hugenberg, Stahlhelm etc.) te hebben verkwanseld'. Opgewonden bracht Hitler daartegen in: 'Ik ben socialist [...]. Maar wat u onder socialisme verstaat, is gewoon bot marxisme. Het overgrote deel van de arbeiders verlangt niet meer dan panem et circenses. Dat heeft geen begrip voor welke idealen dan ook.' En direct daarna bekrachtigde hij nog eens zijn uitgangspunt dat niet de klassenstrijd maar de rassenstrijd de drijvende kracht van de geschiedenis was: 'Er kan maar één revolutie plaatsvinden, en dat is de revolutie van het ras. Er bestaan geen economische, geen politieke en geen sociale revoluties – het komt altijd op hetzelfde neer: op de strijd van de onderlaag uit het mindere ras tegen het heersende hogere ras. Wanneer het hogere ras deze ijzeren wet vergeet, heeft het de slag verloren.'

Otto Straßer wilde echter duidelijkheid en stelde de kardinale vraag wat Hitler in het geval van een machtsovername eigenlijk dacht te gaan doen, of hij bijvoorbeeld het bezit van Krupp onaangetast zou laten. Hitler antwoordde daarop: 'Maar natuurlijk! Denkt u dat ik zo gek ben dat ik de Duitse grootindustrie naar de knoppen wil helpen?' 'Als u het kapitalistische regime wilt handhaven,' hield Straßer hem voor, 'dan heeft u niet het recht van socialisme te spreken!'[20] Daarmee gingen de partijen definitief uiteen. Hitler omschreef Otto Straßer na afloop van het gesprek als een 'intellectuele witte Jood', als 'een marxist van het zuiverste water'.[21] Toch wilde hij, voordat hij hieruit consequenties trok, de Saksische verkiezingen van 22 juni afwachten. Met 14,4 procent wist de NSDAP het aantal stemmen ten opzichte van de verkiezingen van mei 1929 bijna te verdrievoudigen en werd ze na de SPD (33,4 procent) en nog vóór de KPD (13,6 procent) de op één na sterkste partij.[22] Acht dagen later gaf Hitler Goebbels in een open brief opdracht de Berlijnse organisatie te zuiveren van 'salonsocialisten'. 'Treed daarbij keihard en genadeloos op.'[23] Toen Goebbels op de avond van 30 juni tijdens een algemene ledenvergadering van de gouw Berlijn Hitlers boodschap voorlas, klonk uit de zaal: 'Ophangen!' 'Het hele verhaal liep uit op één grote betuiging van trouw aan Hitler en aan mij,' schreef Goebbels in zijn dagboek.[24]

Voordat ze uit de partij werden gestoten, waren Otto Straßer en zijn aanhangers echter zelf al op 4 juli opgestapt. 'De socialisten verlaten de NSDAP,' luidde de kop in hun eigen krant *Der nationale Sozialist*. Slechts weinigen volgden hun voorbeeld. Otto Straßer had kennelijk zijn draagvlak binnen de partij overschat. Zijn *Kampfgemeinschaft Revolutionärer Nationaler Sozialisten*, waaruit later het *Schwarze Front* ontstond, telde niet meer dan een paar duizend leden. Gregor Straßer had al voor die tijd gebroken met zijn broer. Door zijn eigenzinnige optreden zou hij hun 'persoonlijk verhouding volledig kapot hebben gemaakt'.[25] De crisis binnen de partij was bijgelegd zonder dat deze in de openbaarheid veel stof had doen opwaaien.

Hitlers opmars in het voorjaar en de zomer van 1930 werd door fouten van de regering-Brüning aanzienlijk versneld. Van begin af aan probeerde de rijkskanselier de gevolgen van de economische crisis door middel van een koers van rigoureuze besparingen te beperken: de overheidsuitgaven werden aan banden gelegd, belastingen en heffingen werden verhoogd en van ambtenaren en functionarissen werd een loonoffer gevraagd. En het onvermijdelijke gebeurde: op 16 juli keurde de Rijksdag de begroting van de regering niet goed. Brüning liet daarop weten dat hij geen waarde hechtte aan verdere onderhandelingen met het parlement en maakte gebruik van de presidentiële noodverordening om zijn plannen alsnog door te voeren. Voor de motie die direct daarna door de SPD-fractie werd ingediend en waarin werd aangedrongen op opheffing van de noodverordening, bleek op 18 juli geen duidelijke meerderheid te bestaan, waarop Brüning de ontbinding van de Rijksdag bekendmaakte – een kortzichtige beslissing, want elke politiek bewuste waarnemer kon na het resultaat van de Saksische verkiezingen op zijn klompen aanvoelen dat de NSDAP bij de voor 14 september aangekondigde verkiezingen de grootste winst zou behalen.[26]

'Hoera!' luidde dan ook Goebbels' commentaar op de ontbinding van de Rijksdag, en hij stortte zich gelijk in de organisatie van de verkiezingsstrijd om zo een proeve van zijn vaardigheden als nieuwe Reichspropagandaleiter te leveren. Een dergelijke campagne had Duitsland nog nooit beleefd. 'Er mag tot 14 september geen stad, geen dorp, geen gehucht zijn waar wij nationaalsocialisten niet met een grote groep zijn opgetreden,' eiste Goebbels in een 'bijzonder rondschrijven' van 23 juli. Het centrale verkiezingsdoel dat daarbij werd aangegeven, was 'de marxistische novemberstaat stormrijp' te schieten. De NSDAP bracht in totaal 1500 sprekers op de been en alleen al in de laatste vier weken organiseerde ze 34.000 bijeenkomsten.[27] Hitler was de hoofdattractie. Overal waar hij optrad, stroomden de mensenmassa's toe. In het Berlijnse Sportpalast dromden vier dagen voor de verkiezingen meer dan 16.000 mensen samen. Volgens Goebbels hadden zo'n 100.000 Berlijners geprobeerd toegangskaarten te bemachtigen. Het 'stormachtige gejuich' bij Hitlers binnenkomst had iets van een 'orkaan' gehad.[28]

Hitlers toespraken tijdens de verkiezingscampagne volgden steeds hetzelfde stramien. Hij begon met een polemiek tegen het 'systeem' van Weimar, dat hij verantwoordelijk hield voor de neergang en het verval. Het parlementarisme naar westers voorbeeld vergeleek hij met een 'afgedragen jas'. Een democratie was fundamenteel niet in staat de problemen op te lossen, omdat ze de heerschappij van de meerderheid boven het 'gezag van de persoonlijkheid' stelde. Bijzonder fel ging Hitler tekeer tegen wat hij het falen van de partijen noemde, die stuk voor stuk slechts voor bepaalde belangen opkwamen maar nooit voor het volk als geheel. 'Twaalf jaar onbeperkte heerschappij van de oude parlementaire partijen heeft ertoe geleid dat Duitsland het lachertje van de hele wereld is geworden.' De NSDAP was echter een 'nieuwe Duitse volksbeweging', waarin klassentegenstellingen en standsbewustzijn voor het eerst overwonnen waren. 'Er is slechts één beweging die nu in Duitsland geen afzonderlijke groepen meer ziet, maar steeds weer één volk, en dat is de onze.' In die zin liet de NSDAP nu al zien wat ze in de toekomst voor heel Duitsland wilde bereiken: de totstandbrenging van een 'volksgemeenschap' – een 'organisatie die geen proletariërs, burgers, boeren, ambachtslieden etc. kent, maar [...] is samengesteld uit alle gouwen van Duitsland, uit alle groepen mensen'. Kennelijk had de term 'volksgemeenschap' een grote aantrekkingskracht op het publiek, want steeds wanneer Hitler dit beeld opriep, kon hij zich verzekerd weten van stormachtige instemming. Dit alles ging gepaard met de belofte van een nationaal herstel, zoals in de tijd van de Pruisische 'opstand' van 1813. 'Wat wij beloven, is geen materiële vooruitgang voor één enkele stand,' riep hij op 10 september in het Berlijnse Sportpalast, 'maar de versterking van de kracht van de hele natie, omdat alleen zo de macht en daarmee de bevrijding van heel het volk kan worden bereikt.' Zijn redevoeringen eindigden vaak met een beroep op de religieuze gevoeligheid van zijn toehoorders waarbij hij een visie ontvouwde van een 'machtig Duits rijk van eer en vrijheid, van kracht en macht en glorie', dat 'in de plaats van het huidige verval' zou komen.[29]

In de literatuur is steeds weer de these verkondigd dat Hitler tijdens zijn verkiezingscampagne bewust het 'Jodenprobleem' buiten beschouwing liet, omdat dit de kiezers zou hebben afgeschrikt.[30] Daar kan echter geen sprake van zijn. Gelijk bij het begin van de verkiezingscampagne op 18 juli in München klaagde hij dat 'de Jood in Duitsland kennelijk alles mag' en dat hij 'praktisch boven de wet lijkt te staan'. Men zou ervoor zorgen dat de 'met echte Joodse handigheid' gefabriceerde 'leugens van de marxistische partij' aan het licht zouden worden gebracht. Hitler gebruikte de begrippen 'Joods' en 'marxistisch' net als voor 1930 vaak als synoniemen. Het marxisme zou niet meer zijn dan 'het voorspan van de Jood', die niet beter wist dan 'al het geld naar zich toe te graaien', zo beweerde hij een week later in Neurenberg. Maar de tijd waarin het 'de Jood' zou vergaan 'zoals het hem honderden jaren eerder ook was vergaan', was 'al aangebroken'. 'Hij probeerde de Joden voor te stellen als een ras dat "bloedvreemd" was en een

Afb. 21 Blik in het Berlijnse Sportpalast tijdens een nationaalsocialistische verkiezingsbijeenkomst in september 1930.

soort ongedierte tussen ons volk,' vatte een politieverslag de inhoud van Hitlers rede van 5 augustus in Würzburg samen. Het zou het doel zijn van de Joden om 'Duitsland volledig te ontmannen', verkondigde hij vijf dagen later in Kiel. 'Maar dan vergissen ze zich toch. Ons volk heeft nog altijd het bloed van duizenden jaren in zich.' In het verslag wordt op dit punt melding gemaakt van 'geroep: "Weg met de Joden uit Duitsland!" en veel bijval'. Hitler liet er geen enkele twijfel over bestaan dat de Joden een 'vreemd lichaam' vormden en dat er daarom geen plaats voor hen was in de 'volksgemeenschap' waarnaar hij streefde. 'De zogenaamde Internationale is enkel gebaseerd op de belangen van één groep, één bepaald ras, dat er helemaal niet bij hoort en daarom al het nationale uiteen wil slaan, zodat het internationaal kan heersen,' beweerde hij begin september in Augsburg.[31]

Dat 'de' Joden niet alleen de pers, maar ook de beurzen beheersten, was een onderwerp waarop de demagoog steeds weer teruggreep, en daarom wist iedereen over wie Hitler het had wanneer hij sprak over de 'de landsgrenzen overstijgende, internationale geldspinnen', die zich volzogen aan het ongeluk van de natie, of wanneer hij uitriep: 'De internationale haute finance is Duitslands meester.' Het bijvoeglijk naamwoord 'Joods' dat hij hier vroeger zou hebben gebruikt, liet hij nu weg, en dat laat zien dat hij moeite deed zijn fanatieke antisemitisme althans oppervlakkig enigszins te matigen, zonder er echter werkelijk ook maar iets van terug te nemen. Dat de Joden in Duitsland na een nationaalsocialistische machtsovername zware tijden tegemoet gingen, dat moet de honderdduizenden die zich lieten meevoeren door zijn boodschap ook duidelijk zijn geweest, en ook wat betreft Hitlers koers in de buitenlandse politiek kregen ze niets nieuws te horen. Het overwinnen van het 'gebrek aan ruimte', dat was 'de manier waarop gezonde volkeren dat altijd al hadden gedaan'. 'Wij hebben twintig miljoen mensen te veel, het wordt hier te vol,' zo beweerde hij op 18 augustus in Keulen, en drie dagen later bevestigde hij in Koblenz nog eens: 'Wij willen dat het Duitse volk om zijn Lebensraum vecht.'[32] Van deze twee fundamentele uitgangspunten – de vernietiging van het 'Joodse marxisme' en de verovering van 'Lebensraum' – maakte Hitler tijdens zijn verkiezingscampagne allesbehalve een geheim. Ze waren onmiskenbaar voor iedereen die ze wilde horen.

'Hak ze op 14 december in de pan, de figuren die belang hebben bij al die volksverlakkerij,' klonk de oproep van de NSDAP, vier dagen voor de verkiezingen.[33] Hitler zelf had er steeds weer op gehamerd dat er op de verkiezingsdag zou worden afgerekend, dat die een 'keerpunt' in de Duitse geschiedenis moest worden. Voor zijn rede in de evenementenhal van de Luitpoldhain in Neurenberg op 7 september koos hij het motto: 'Het volk staat op, de storm breekt los!' – naar het gedicht van Theodor Körner uit de tijd van de 'bevrijdingsoorlogen' van 1813.[34] De Führer wist zich gedragen door een golf van instemming en rekende dus ook op een stevige verkiezingswinst. Zestig tot zeventig zetels meende de 'altijd weer voorzichtig schattende tribuun' wel te kunnen behalen, aldus Rudolf Heß aan de vooravond van de verkiezingen.[35] Het resultaat overtrof zelfs de verwachtingen van de grootste optimisten in de partijleiding. De NSDAP vergrootte haar aandeel in de stemmen van 2,6 naar 18,3 procent en het aantal zetels van 12 naar 107. Een dergelijke aardverschuiving had niet eerder plaatsgevonden bij verkiezingen in Duitsland. 'We hebben een grote zege behaald,' verklaarde Hitler op 16 september in een uitverkocht Zirkus Krone. 'De nationaalsocialistische beweging kan zeggen dat ze het zwaarste achter zich heeft.'[36]

De SPD was met 24,5 procent nog altijd de sterkste partij, maar ten opzichte van 1928 had ze 5,3 procentpunten verloren, terwijl de KPD van 10,6 naar 13,1 procent was gegroeid. De linkse partijen waren er dus in geslaagd zich in zekere zin staande te houden. Ook het politiek katholicisme – Zentrum en BVP – was relatief stabiel gebleven met respectievelijk 11,8 en 3 procent ten opzicht van 12,1 en 3,1 procent in 1928. De burgerlijke partijen uit het midden en op rechts waren de grote verliezers. De DNVP haalde niet meer dan 7 procent, en het aantal stemmen was sinds het desastreuze resultaat van 1928 opnieuw gehalveerd. Hetzelfde gold voor de DVP, die van 8,7 procent naar 4,5 procent zakte, terwijl de DDP, die sinds juli 1930 onder de naam Deutsche Staatspartei verderging, genoegen moest nemen met 3,8 procent (1928: 4,9 procent).[37] De achteruitgang van de Duits-nationalisten en de erosie van de burgerlijke middenpartijen kwam in de eerste plaats ten goede aan de nationaalsocialisten. Overal waar deze partijen veel stemmen verloren, kreeg de NSDAP er buitenproportioneel veel bij. Daarnaast profiteerde ze van een uitzonderlijk hoge opkomst. Een flink deel van de mensen die eerder niet stemden, koos in 1930 voor de Hitler-partij. Met gedetailleerde doorrekening van de verkiezingsuitslagen heeft Jürgen Falter laten zien dat elke derde DNVP-kiezer, elke vierde DVP- of DDP-kiezer en elke zevende kiezer die anders thuis was gebleven, maar ook elke tiende SPD-kiezer nu voor de NSDAP had gestemd. De conservatieve en liberale burgers bleken dus veel vatbaarder dan het sociaaldemocratische milieu. De grootste winsten behaalden de nationaalsocialisten in het overwegend protestantse noorden en oosten van Duitsland, terwijl de bevolking in de traditioneel katholieke gebieden beter bestand leek tegen de verleiding.

De socioloog Theodor Geiger sprak toentertijd in zijn analyse van de verkiezingsuitslag van 'paniek onder de middenstand'. Dat is echter maar de halve waarheid. Het aandeel van de middelste lagen van de bevolking onder de kiezers van de NSDAP was weliswaar bijzonder groot, maar de NSDAP oefende ook een zekere aantrekkingskracht uit op arbeiders – niet zozeer op de klassieke industriearbeiders maar op landarbeiders, handwerkslieden en middenstanders. Werkloze arbeiders droegen daarentegen slechts weinig bij aan de groei van het nationaalsocialisme. Zij stemden vaker op de KPD van Ernst Thälmann dan op de partij van Adolf Hitler. Over het geheel genomen voldeed de NSDAP meer aan het beeld van een 'volkspartij' dan haar politieke concurrenten. Ze wist het sociale protest uit verschillende lagen van de bevolking in zich te verenigen. Tijdens de verkiezingsstrijd had ze laten zien een jonge, dynamische beweging te zijn die toekomst had. Haar leden waren gemiddeld ook veel jonger dan die van andere partijen. Toch was het aantal jonge kiezers niet bepalend voor het verkiezingssucces van de NSDAP. Want ook al werd het imago van de NSDAP op straat bepaald door jonge SA-activisten, ze wist zowel onder jong als oud kiezers te trekken.[38]

'Geweldig [...]. Steeds maar weer gejuich, een ongelooflijke opmars. Een meeslepende strijdlustige stemming. De burgerlijke partijen zijn verpletterend verslagen,' zo schilderde Goebbels de reactie in het Sportpalast op de avond van 14 september, en een dag later merkte hij op: 'Tjonge, die blijdschap bij ons en de verslagenheid bij de vijand. Ineens 107 zetels [...]. Hitler is helemaal in zijn nopjes.'[39] Onder de aanhangers van de republiek was de schok over de pijlsnelle groei van de NSDAP inderdaad groot. 'Een zwarte dag voor Duitsland,' merkte Harry graaf Kessler op. Het land stond nu 'voor een staatkundige crisis die alleen nog kan worden overwonnen door een vastbesloten samenwerking van allen die voorstander zijn van de republiek of deze toch in elk geval tolereren'. Anders dreigde 'de mogelijkheid van een burgeroorlog, en op de langere termijn een nieuwe grote oorlog'.[40] Vergelijkbare bange vooruitzichten koesterde ook de in Dresden docerende docent Romaanse talen Victor Klemperer. '107 nationaalsocialisten – wat een schande en hoe dicht zijn we nu eigenlijk bij een burgeroorlog!' schreef hij op de maandag na de verkiezingen.[41] 'Een ruk naar rechts was te verwachten geweest, maar niet met dit resultaat,' beklaagde zich de in Berlijn-Wilmersdorf wonende Thea Sternheim, de ex-vrouw van toneelschrijver Carl Sternheim, en ze schreef dat 'de meeste mensen van Joodse komaf door deze verkiezingen volledig van hun stuk gebracht' zijn en 'groot onheil' voorspellen.[42] Ook Bella Fromm, maatschappijkritische columniste van de liberale *Vossische Zeitung*, bemerkte na de verkiezingen van september 'een zekere paniek': 'Was het misschien beter Duitsland te verlaten en buiten af te wachten?' Zoals bij zo veel geassimileerde Joden kwam de gedachte aan emigratie nog helemaal niet bij deze journaliste op. 'Het is verbazingwekkend,' schreef ze in haar dagboek, 'hoeveel mensen denken dat dit wel eens verstandig zou kunnen zijn.'[43]

De *Frankfurter Zeitung* had het over 'de verkiezingen van de verbittering'. Het grootste deel van de kiezers zou slechts een proteststem hebben uitgebracht – tegen 'de manier van regeren of niet-regeren, tegen het besluiteloze parlementaire geneuzel van de afgelopen jaren', maar ook tegen de economische malaise, die velen vertwijfeld in de armen van Hitler dreef.[44] De verkiezingsoverwinning van de NSDAP bood 'avontuurlijke mogelijkheden', schreef Carl von Ossietzky in *Die Weltbühne*. 'Niet alleen de burgerlijke partijen maar het hele burgerlijke denken heeft zijn Waterloo gevonden [...]. Het Duitse burgerdom heeft ervoor gekozen zich van zijn rechten te laten beroven en zich te laten vernederen, het heeft gekozen voor het fascisme van Adolf Hitler.'[45] Een andere auteur van *Die Weltbühne* meende Hitlers succes te kunnen verklaren aan de hand van de 'diepe depressie' waardoor juist de 'politiek niet-geïnteresseerde lagen' waren overvallen. 'De kleinburgerlijkheid liep de rattenvanger van München en zijn adept Goebbels in drommen achterna.'[46] Harry graaf Kessler zag in de politieke doorbraak van het nationaalsocialisme 'de koortsdroom van de stervende Duitse kleine middenstand'. Deze klasse zou niet te redden zijn, maar ze kon 'Europa in haar doodsstrijd in een ongekende ellende storten'.[47] De duiding van de nationaalsocialistische partij als afbraakproduct van het burgerdom of zelfs het kleinburgerdom ging echter voorbij aan datgene wat nu juist nieuw was aan deze beweging: het diffuse karakter als 'volkspartij' die erin slaagde uiteenlopende belangen te integreren onder die ene charismatische figuur van haar leider.

Ook in het buitenland werd de verkiezingsoverwinning van de nationaalsocialisten met angst gadegeslagen. In Parijs, zo schreef de Britse ambassadeur Ronald Hugh Campbell, had men er als van een 'onaangename verrassing' en met 'grote verontrusting' kennis van genomen. Men had algemeen de indruk dat dit een 'keerpunt' was, en 'dat het verstrekkende gevolgen kan hebben voor de internationale buitenlandse politiek'.[48] Minister van Buitenlandse Zaken Aristide Briand was er 'persoonlijk door geraakt' en liet zijn Duitse collega Julius Curtius weten dat Frankrijk zich genoodzaakt zag voortaan met de 'grootste terughoudendheid samen te werken met Duitsland'.[49] In Groot-Brittannië zorgde de 'aardverschuiving' van deze verkiezingen voor een duidelijk ontnuchtering wat betreft de normalisering van de betrekkingen met Duitsland. In een eerste analyse van 18 september herleidde de Britse ambassadeur in Berlijn, Horace Rumbold, het succes van de NSDAP tot de wijdverbreide proteststemming tegen de economische ellende, die Hitler met het jeugdige, frisse elan van zijn beweging had weten te mobiliseren en om te zetten in stemmenwinst. In het Foreign Office vreesde men vanwege Hitlers radicale stemmingmakerij tegen het Verdrag van Versailles dat enerzijds de Franse houding ten aanzien van Duitsland zou verharden en dat anderzijds rijkskanselier Brüning voortaan minder bereid zou zijn tot compromissen in de buitenlandse politiek. 'Het Duitse buitenlandse beleid zal minder flexibel worden, want Brüning zal zeker proberen van de nazisentimenten gebruik te maken.'[50]

In de commentaren in de Britse pers werd eveneens het protestkarakter van de verkiezingen benadrukt. De *Manchester Guardian* schreef dat het de NSDAP was gelukt een miljoen ontevreden niet-stemmers te mobiliseren, en *The Times* meende net als ambassadeur Rumbold dat het succes toe te schrijven was aan de 'jeugdigheid' van de nationaalsocialisten. 'Ze zijn er, in elk geval op dit moment, in geslaagd de steun van een groot deel van het jonge Duitsland te verwerven.' De Britse persmagnaat lord Rothermere baarde opzien toen hij in een artikel van 24 september in zijn krant *Daily Mail* (dat een dag later ook in de *Völkischer Beobachter* verscheen) het succes van de NSDAP prees onder de kop 'Wedergeboorte van een natie', en met de woorden 'belangrijke mijlpaal' en het 'begin van een nieuwe periode in de betrekkingen tussen Duitsland en de rest van de wereld'. Volgens Rothermere vertegenwoordigde de nationaalsocialistische beweging de jonge generatie en moest Engeland deze de hand toesteken om zich ermee te verzoenen. Dat zou ook in het Britse belang zijn, want een sterk Duitsland zou een extra bolwerk vormen tegen het bolsjewisme. Het zou de 'westerse beschaving' alleen maar ten goede komen als er in Berlijn een regering aan de macht kwam die geïnspireerd werd door 'dezelfde gezonde principes' als 'die waardoor ook Mussolini gedurende de acht voorafgaande jaren de vernieuwing van Italië tot stand heeft gebracht'.[51] De eerste voortekenen dat invloedrijke figuren uit het politieke en journalistieke establishment van Groot-Brittannië na 1933 zouden proberen op vriendschappelijke voet te blijven met Hitler-Duitsland, waren al vroeg zichtbaar.

Door het spectaculaire resultaat van 14 september had Hitler ineens het concrete vooruitzicht op legale wijze, dat wil zeggen via verkiezingen, aan de macht te kunnen komen. 'Het doel kan de grondwet ons niet voorschrijven, maar de weg ernaartoe wel. En van die wettelijk weg kan geen macht ter wereld ons afbrengen,' verklaarde hij nog in de nacht na de verkiezingen.[52] Toch kon hij niet direct profiteren van de verkiezingsuitslag. Geschrokken als ze waren over de onverwachte groei van de NSDAP, besloten de gematigde politieke krachten nu elkaar op te zoeken. Begin oktober 1930 besloot de SPD-fractie in de Rijksdag het kabinet-Brüning te gedogen, dat wil zeggen, de via een noodverordening ingevoerde en impopulaire bezuinigingen niet te blokkeren, en moties van wantrouwen door andere partijen niet langer te steunen. Dat was geen eenvoudige beslissing voor de sociaaldemocraten, want ze bood daarmee hun concurrent op links, de KPD, volop gelegenheid hen aan te vallen. Er was echter geen alternatief als de SPD het enige overgebleven bolwerk, de regering met Zentrum en de Deutsche Staatspartei in Pruisen onder de sociaaldemocratische minister-president Otto Braun, niet in gevaar wilde brengen. Een mogelijke val van de regering-Brüning betekende niet alleen dat Zentrum een einde zou maken aan de Pruisische coalitie, maar bovendien dat de Rijksdag al snel weer zou worden ontbonden en dat er opnieuw verkiezingen zouden worden gehouden, waarbij de NSDAP nog groter zou worden. Zo werd de SPD door de gedoogkoers in zekere zin 'stille vennoot van de regering-Brüning', hoewel dat nu juist niet de bedoeling was geweest van de presidentiële regering – een toestand die aanleiding zou kunnen gaan vormen voor conflicten tussen Hindenburg en de rijkskanselier.[53]

Tijdens zijn verkennende gesprekken met partijen ontving Brüning op 5 oktober 1930 in de woning van de minister voor de Bezette Gebieden, Gottfried Treviranus, voor het eerst ook Hitler, die werd begeleid door Frick en Gregor Straßer. De rijkskanselier liet de voorzitter van de NSDAP weten dat hij van plan was door middel van rigoureuze bezuinigingen binnen Duitsland de westelijke machten te bewegen tot een verlaging en het uiteindelijk schrappen van de herstelbetalingen, en hij deed een beroep op Hitler 'als oude frontsoldaat' die politiek met een constructieve oppositie te ondersteunen, hetgeen 'de voorwaarde zou kunnen vormen voor een later samengaan'. Hitler stak in antwoord hierop een monoloog van een uur af. 'Hij begon zo schuchter en bedeesd,' schreef Brüning in zijn memoires, 'dat Treviranus en ik medelijden met hem begonnen te krijgen en meenden hem met korte tussenwerpingen te moeten aanmoedigen. Na een kwartier merkten we dat dit een bijzonder verkeerde methode was. Hij ging er alleen maar heftiger en harder door spreken.' Hitler verviel in de toon die hij ook aansloeg tijdens de massabijeenkomsten. 'Steeds vaker,' aldus Brüning, 'klonk het woord "vernietigen", eerst over de SPD, vervolgens tegen de reactie en uiteindelijk tegen Frankrijk als erfvijand en tegen Rusland als bolwerk van het bolsjewisme. Als hij in de regering zou komen, zou hij zich ervoor inzetten samen met Engeland en vervolgens met Italië en Amerika die vijanden binnen de kortste keren op de knieën te dwingen.' Ook door Brünings vraag hoe hij Duitslands solvabiliteit dan wel dacht te garanderen, aangezien alleen al het nieuws van het verkiezingssucces van de NSDAP had geleid tot een aanzienlijke vlucht van buitenlands kapitaal, liet Hitler zijn woordenvloed niet stuiten. 'Mij ging door het hoofd: Mussolini,' herinnerde Brüning zich later. Ook al ging men na het gesprek 'op goede voet' uiteen, de kanselier zag na dit gesprek wel in dat van een regeringsdeelname van de NSDAP vooralsnog geen sprake kon zijn, ook al wilde hij haar deelname aan een rechtse coalitie niet definitief uitsluiten.[54]

'Laat die avond kwamen de chef en Frick terug van Brüning,' noteerde Goebbels. 'Wij blijven in de oppositie. Godlof [...]. Hitler lijkt geweldig veel indruk te hebben gemaakt bij Brüning. Hij was helemaal blij.'[55] In werkelijkheid had Hitler nu echter een diepe afkeer van Brüning gekregen. De rijkskanselier had hem duidelijk te verstaan gegeven dat hij hem niet serieus nam als politicus, en daarmee had hij Hitler op zijn gevoeligste plek geraakt, in zijn minderwaardigheidscomplex.[56] Hij zou een jaar lang elke volgende ontmoeting met Brüning uit de weg gaan, en ondertussen voerde hij met zijn partij een felle oppositie tegen het presidentiële kabinet.

De aandacht die Hitler nu kreeg als de komeet in de Duitse politiek, vormde enige compensatie voor het feit dat hij zo door Brüning op zijn nummer was gezet. De sensationele verkiezingswinst had Hitler in één klap in het middelpunt van de aandacht geplaatst. 'Jullie hebben geen idee hoe sterk de situatie voor de beweging en voor Hitler in het bijzonder van de ene op de andere dag – door de verkiezingsuitslag – is veranderd,' liet Rudolf Heß aan zijn ouders weten. 'We worden ineens serieus genomen. Mensen die vroeger met een grote boog om Hitler heen liepen, "moeten" hem plotseling spreken. De nationale en de internationale pers lopen hier de deur plat.'[57]

Enkele dagen na de verkiezingen bood Hitler Ernst Hanfstaengl de post van buitenlands perswoordvoerder van de NSDAP aan. Vooral vanwege zijn uitstekende contacten met de Angelsaksische wereld zou hij 'de beweging op weg naar de macht waardevolle diensten kunnen bewijzen'.[58] Hanfstaengl accepteerde het aanbod en begon nu de contacten met de buitenlandse pers te cultiveren. In de tweede helft van september en de eerste helft van oktober gaf Hitler een reeks interviews – onder meer met de *Daily Mail*, *The Times* en met kranten van het Hearst-persimperium in de Verenigde Staten. Daarbij probeerde hij de angst te bezweren die de verkiezingswinst van zijn partij bij de winnaars van de Eerste Wereldoorlog had losgemaakt. Hitler presenteerde zich als een politicus met nationaliteitsbesef die openstond voor redelijke argumenten, en die zich enkel ten doel had gesteld het ondraaglijke juk dat het Verdrag van Versailles en het Youngplan de Duitsers hadden opgelegd, op vreedzame wijze weg te nemen. Het alternatief voor deze onvermijdelijke revisionistische politiek was immers het gevaar dat Duitsland bolsjewistisch werd, en dat kon toch ook niet in het belang van de wereldmachten zijn. Geheel in lijn met de redenatie van lord Rothermere was ook Hitlers verzekering dat zijn beweging het 'jonge Duitsland vertegenwoordigde' dat niets liever wilde dan vreedzaam samenleven met andere naties. De jonge generatie kon de wereldoorlog niet worden verweten, en daarom wees die alle verdere 'tribuutbetalingen' verder af. De NSDAP-voorzitter zou 'met grote bescheidenheid en uiterst serieus' hebben gesproken, aldus Rothay Reynolds van de *Daily Mail*. Hem was duidelijk geworden dat Hitlers uitstraling niet, zoals velen nog altijd dachten, werd bepaald door zijn welbespraaktheid en zijn vermogen de aandacht van het publiek vast te houden, maar door zijn 'overtuigingskracht'.[59]

Niet iedereen liet zich echter zand in de ogen strooien. Ook in Duitsland waren waarschuwende geluiden te horen. Tot verrassing van velen was het schrijver en Nobelprijswinnaar Thomas Mann die op 17 oktober 1929 in de Beethovenzaal in Berlijn een hartstochtelijk 'beroep op het verstand' deed, en daarbij een grondige analyse van de psychologische en historische achtergronden van de mentaliteit van het nationaalsocialisme gaf. De Hitlerbeweging zou als 'massale gevoelsovertuiging' nooit een dergelijk omvang hebben kunnen aannemen, als er al niet al een 'gevoel had bestaan dat er een nieuw tijdperk was aangebroken', een 'nieuwe geestestoestand van de mensheid' die met de principes van de burgerlijke maatschappij – 'vrijheid, gerechtigheid, vorming, optimisme, vooruitgangsgeloof' – niets meer te maken wilde hebben, die zich van het geloof in de rede had afgewend en zich tot de 'krachten van het onbewuste, dynamische, duister scheppende' had gekeerd en al het intellectuele afkeurde. Gevoed door dit soort tendensen en gedragen door een 'reusachtig golf van excentrieke barbarij en een primitieve, ruwe massademocratie als van de kermis', zou het nationaalsocialisme hebben gekozen voor een 'groteske politieke stijl' – 'met de allure van een heilsleger, een massale verkramping, een hoop kabaal en halleluja en het derwisj-achtige herhalen van steeds weer dezelfde trefwoorden, tot iedereen het schuim op de mond staat'. Thomas Mann liet het echter niet bij deze haarscherpe filippica, hij trok er ook politieke consequenties uit. Alleen de sociaaldemocraten leken hem nog in staat de opmars van de nationaalsocialisten te stuiten. Daarom, zo riep hij uit, 'moest de Duitse burgerij zich nu aan de zijde van de sociaaldemocratie' scharen. Zijn toespraak werd voortdurend onderbroken door hatelijkheden, georkestreerd door Arnolt Bronnen, die zich van een exponent van het literaire expressionisme en een vriend van Bertolt Brecht inmiddels had ontwikkeld tot een aanhanger van het nationaalsocialisme. 'Onze mensen hebben Thomas Mann op zijn kop gespuugd toen die ons in zijn voordracht "Een beroep op het verstand", schaamteloos beledigde,' merkte Goebbels op.[60]

Manns oproep was grotendeels aan dovemansoren gericht. De houding van de Duitse burgerij ten opzichte van het nationaalsocialisme laat zich eerder kenmerken door wat de historicus Friedrich Meinecke schreef in december 1930: 'Men lacht om hun economische eisen, huivert ook in kringen van de hoogste tienduizend decent over het kabaal dat ze op straat veroorzaken – en toch gaat, merkwaardig genoeg, in diezelfde kringen het gemompel over hoe nuttig het nationaalsocialisme is en hoe goed het vroeger of later goed van pas kan komen gewoon door.'[61] Sebastian Haffner, die zelf uit de intellectuele elite van Berlijn stamde en een fijn gevoel bezat voor intellectuele tendensen, sprak terugkijkend in 1939 over een 'fascinatie met de monstruositeit', die 'zeldzame bedwelming en verdoving van de tegenstanders die gewoon niet wisten wat ze met het fenomeen aan moesten' en zich 'steeds gewilliger overgaven aan de betovering van het weerzinwekkende en de roes van het kwaad'.[62] De erosie van het liberale midden die zich aftekende in het dramatische stemmenverlies van de DDP/Deutsche Staatspartei en de DVP, was vooral te herleiden tot de radicalisering van de burgerlijke kiezers die zich, evenzeer gedreven door de angst hun positie te verliezen als door antiparlementaire sentimenten, nu in groten getale voor de nationaalsocialisten kozen. De intellectuele woordvoerders van antidemocratisch rechts – de auteurs uit de kringen van de 'conservatieve revolutie', zoals Oswald Spengler, Arthur Moeller van den Bruck, Ernst Jünger, Edgar Julius Jung of Carl Schmitt – hadden met hun fundamentele kritiek op de Republiek van Weimar deze weg-met-Weimar-beweging in belangrijke mate mogelijk gemaakt.[63]

Tegelijk had lang niet iedereen in de liberale en linkse intelligentsia dezelfde scherpe blik als Thomas Mann. Zelfs een schrandere waarnemer als Theodor Wolff, hoofdredacteur van het *Berliner Tageblatt*, koesterde nog allerlei illusies over het karakter van de nationaalsocialistische beweging en haar Führer. Op 14 september 1930, nog voor de eerste verkiezingsuitslagen bekend werden, meende hij in zijn hoofdredactioneel artikel te moeten waarschuwen voor een 'overschatting van deze kermispartij'. Ook al kon de NSDAP nu enkele tientallen afgevaardigden naar de Rijksdag sturen, nu zou toch snel blijken dat dit 'een gezelschap van ondeskundigen' was. 'Waarschijnlijk is vandaag het hoogtepunt in het leven van het nationaalsocialisme, vanaf nu volgt de neergang. De kroon zal deze carnavalsprinsen van het hoofd glijden en ook de heer Hitler zal vervagen als het avondrood.'[64] Carl von Ossietzky, hoofdredacteur van *Die Weltbühne*, vergiste zich zelfs nog erger: kort voor de verkiezingen had hij zijn lezers gerustgesteld met de vaststelling dat 'de nationaalsocialistische beweging nu weliswaar veel stof doet opwaaien, maar geen toekomst zal hebben'. Het 'enigszins komische dogma van de roeping van Adolf Hitler om de Duitse natie te redden', was 'mystificatie' en daarmee kon men de mensen weliswaar 'een tijdlang benevelen', maar dat vulde geen magen.[65] Nadat het verkiezingsresultaat Ossietzky had tegengesproken, was hij voorstander van de aflossing van Brüning, die hij verweet het 'fascisme groot te hebben gemaakt'. 'Liever een openlijk rechtse regering dan een prolongatie van Brüning. Dit perkamenten gezicht met zijn spitse neus, deze pater Filucius met het IJzeren Kruis eerste klasse aan zijn rozenkrans, moet nu eindelijk eens verdwijnen.'[66] Ossietzky sprak op eenzelfde neerbuigende manier over Hitler, die hij afwisselend een 'half gestoorde nietsnut', een 'pathetisch uilskuiken', een 'nar van twijfelachtig allooi' en een 'schreeuwlelijk' noemde.[67] Pogingen de Führer van de NSDAP belachelijk te maken, waren echter niet genoeg om het fenomeen de baas te worden, en ze hadden zeker geen invloed op de inspanningen van zijn aanhangers hem te verheffen tot brenger van het nationale heil.

Het idee dat de Hitler-partij wanneer die eenmaal aan de macht was al snel aan haar eigen onkunde ten onder zou gaan, was in linkse kringen wijdverbreid. Een opmerkelijke uitzondering vormde de toneelschrijver Ernst Toller, die vanwege zijn rol in de radenrepubliek van München een gevangenisstraf van vijf jaar had uitgezeten. 'Aan de poorten van Berlijn wacht rijkskanselier Hitler', schreef hij in een artikel in *Die Weltbühne* op 7 oktober 1930. Hij waarschuwde voor de 'gevaarlijke illusie' dat men de NSDAP maar eens moest laten regeren, omdat ze dan 'snel afgedaan zou hebben'. Dat was een miskenning van Hitlers 'verlangen naar macht en wat hij zal doen om die te behouden'. Als rijkskanselier zou hij met één haal van zijn pen een einde maken aan de democratische verworvenheden. 'Van de ene op de andere dag zullen alle Weimar-gezinde ambtenaren, rechters en politieagenten zijn ontheven van hun functie, en in hun plaats zal het betrouwbare fascistische kader verschijnen [...]. Honderdduizenden Hitlerianen wachten op een ambt!' Er zou een 'naakte, brute terreur heersen tegen socialisten, communisten, pacifisten en die paar resterende democraten'. En als Hitler zich dan eenmaal sterk genoeg voelde, zou hij ook niet meer bang zijn voor de vakbonden. 'Nu is het toch echt één minuut voor twaalf.'[68] Wat Toller met helderziende blik had voorspeld, zou na 1933 precies zo gebeuren.

Slechts een paar dagen na de verkiezingen kreeg Hitler al de gelegenheid in het openbaar duidelijk te maken hoe hij aan de macht wilde komen en wat hij vervolgens zou doen. Voor het *Reichsgericht* (toentertijd het hoogste gerechtshof) in Leipzig begon op 23 september een proces tegen drie jonge officieren van de Reichswehr uit het garnizoen van Ulm, die in strijd met de verordening van het ministerie voor de Reichswehr contact hadden opgenomen met de NSDAP en voor die partij kiezers hadden geworven. Op de derde dag van de rechtszaak werd Hitler door de nationaalsocialistische advocaat Hans Frank gedagvaard als getuige. Voor het gerechtsgebouw had zich een flinke menigte verzameld. Er was veel internationale pers aanwezig die de man die plotseling de hoop van miljoenen belichaamde, wel eens van dichtbij wilde zien. Hanfstaengl meende een 'haast elektrisch geladen stemming' te voelen toen Hitler naar voren kwam en Reichsgerichtsrat Alexander Baumgarten met zijn getuigenverhoor begon.[69] Hij maande de getuige geen 'urenlange propagandarede' af te steken – een toespeling op het proces wegens hoogverraad van het voorjaar van 1924, toen het tribunaal in München was veranderd in een podium voor Hitlers propaganda. Maar na een rustig begin raakte Hitler al snel weer hevig opgewonden, wat hem op een berisping door de rechter kwam te staan: 'U dient hier geen politieke redevoeringen te houden. Kalmeer u en beperk u tot zakelijke antwoorden.'

Toen men hem vroeg hoe de NSDAP stond ten opzichte van de gewapende macht, gaf Hitler een duidelijk antwoord: voor de NSDAP was de Reichswehr 'het belangrijkste instrument voor de wederopstanding van de Duitse staat en het Duitse volk'. Elke poging haar te 'ondermijnen', was daarom 'waanzin'. Als zijn partij aan de macht kwam, zou hij ervoor zorgen dat het slechts honderdduizend man tellende leger van het Verdrag van Versailles weer een 'groot Duits volksleger' zou worden. Hitler benadrukte hetzelfde wat hij in zijn verkiezingstoespraken ook steeds benadrukt had: dat hij zijn doelen 'absoluut niet met onwettige middelen wilde bereiken'. Steeds wanneer een ondergeschikte – zoals in het geval van Otto Straßer – in strijd met zijn aanwijzingen had gehandeld, had hij 'direct ingegrepen'. Bovendien had de NSDAP 'geen geweld nodig', omdat ze bij de volgende verkiezingen de sterkste partij zou worden. 'We zullen via de grondwettelijke weg doorslaggevende meerderheden in de wetgevende organen zoeken en vinden, om op dat ogenblik dat het ons lukt de staat in die vorm te gieten die overeenkomt met onze ideeën.' Hij liet er echter geen twijfel over bestaan wat er na de machtsovername stond te gebeuren: 'Wanneer onze beweging in de legale strijd heeft overwonnen, zal er een Duits staatsgerechtshof komen en zal november 1918 worden vergolden, en dan zullen er ook koppen rollen.'[70]

Veel duidelijker kon Hitler niet zijn geweest over het feit dat hij slechts van geweld af zou zien tot hij de macht in handen had. De openlijke keuze voor grondwettelijkheid was een tactische zet die de NSDAP de politieke speelruimte moest geven om onder bescherming van grondwettelijke rechten de gehate orde van Weimar verder te destabiliseren en uiteindelijk helemaal op te ruimen. Wat van deze liefdesverklaring aan de legaliteit werkelijk gedacht moest worden, gaf een cynische Goebbels openlijk toe tegenover een van de in Leipzig aangeklaagde officieren, Richard Scheringer. Hij vond Hitlers optreden in Leipzig een 'geniale schaakzet'. Want 'wat willen de kameraden daarna nog tegen ons ondernemen? Ze hebben er immers enkel op gewacht om te kunnen toeslaan. Nu zijn we volstrekt legaal, helemaal legaal.'[71]

Afb. 22 Hitler na zijn verklaring voor het Reichsgericht in Leipzig op 25 september 1930 (uitsnede).

In de zomer van 1930 stelde de politieke afdeling van het hoofdbureau van politie in Berlijn in opdracht van de Pruisische minister van Binnenlandse Zaken, de sociaaldemocraat Carl Severing, een memorandum op over het karakter van de Hitler-beweging. Op grond van een grote hoeveelheid materiaal kwam ze tot de conclusie dat 'de NSDAP een staatsgevaarlijke vereniging' was, 'die eropuit is de grondwettelijk vastgelegde republikeinse staatsvorm te ondermijnen'. Hitlers bezwering van het tegendeel diende enkel het doel 'te voorkomen dat de instanties hindernissen zouden opwerpen tegen het voorlopige gebruik van de dekmantel van legaliteit'.[72] Maar tijdens een kabinetszitting op 19 december 1930 kwamen alle rijksministers overeen voorlopig niets tegen de NSDAP te ondernemen. Brüning zelf waarschuwde ertegen 'dezelfde verkeerde methoden te gebruiken die voor de oorlog tegen de sociaaldemocratie gebruikt' waren.[73] Het Pruisische memorandum verdween in een lade op de rijkskanselarij.

Met name de leiding van de Reichswehr, die in maart 1930 de overgang naar het presidentiële bewind doorslaggevend had bevorderd en in de nieuwe politieke constellatie een sleutelpositie innam, begon vanaf de herfst haar houding ten opzichte van de NSDAP te herzien. Onder de indruk van Hitlers verzekering in Leipzig dat hij voor de legale weg koos, pleitten rijkminister Wilhelm Groener en zijn belangrijkste politieke adviseur, het hoofd van het ministerie generaal Kurt von Schleicher, er nu voor de Hitler-partij niet langer te beschouwen als een staatsgevaarlijke beweging die uit was op een staatsgreep, maar als een serieus te nemen kracht waarmee in politieke afwegingen rekening moest worden gehouden. Daarachter stak natuurlijk ook het verlangen van de 'legergezindheid' van de nationaalsocialistische beweging gebruik te kunnen maken voor de plannen van de leiding van de Reichswehr, dat wil zeggen om uit haar rangen extra mensen voor de landsverdediging te kunnen rekruteren. Daarnaast hoopte men dat de NSDAP zich iets zou matigen en kon worden getemd wanneer ze zo werd ingepakt.[74] Anderzijds was Hitler de les die hij had geleerd op 9 november 1923 niet vergeten: dat de weg naar de macht alleen openlag als de Reichswehr welwillend of in elk geval neutraal was. Zijn optreden in Leipzig was een bewuste avance in de richting van de Bendlerstraße, waar de legerleiding was gevestigd. Midden januari 1931 had hij een ontmoeting met het hoofd van de legerleiding, generaal Kurt von Hammerstein. Wat het doel was van deze ontmoeting, blijkt wel uit de korte dagboeknotitie die Goebbels maakte: 'Wij moeten de Reichswehr aan onze zijde zien te krijgen.'[75]

Hoe ongeloofwaardig Hitlers belofte dat hij legaal zou handelen was, bleek al tijdens de openingszitting van de Rijksdag op 13 oktober 1930. De 107 afgevaardigden van de NSDAP verschenen ondanks een eerder in Pruisen uitgevaardigd uniformverbod met een bruine hemd en een armband met hakenkruis in de vergaderzaal. Deze provocerende demonstratie ging gepaard met ordeverstoringen in het centrum van Berlijn. Ontzet merkte Harry graaf Kessler op: 'De hele middag en avond grote massa's nazi's die demonstreerden en die 's middags in de Leipziger Straße ramen van de warenhuizen Wertheim, Grünfeld etc. ingooiden. 's Avonds op de Potsdamer Platz oploopjes waarbij "Duitsland ontwaak", "Juda verrek" en "Heil, heil" werd geroepen en die aanhoudend door de politie, die in vrachtwagens en te paard patrouilleerde, uiteen werden gedreven.'[76] Dat de vandalen vrijwel uitsluitend etalages van Joodse zaken kapotsloegen, doet vermoeden dat het hierbij niet om een spontane, maar een geplande actie ging.[77] In interviews met de buitenlandse pers distantieerde Hitler zich van deze ongeregeldheden. Die zouden het werk zijn van 'relschoppers, winkeldieven, plunderaars en communistische provocateurs' en hadden met zijn beweging niets te maken.[78] Op straat bleek echter wel anders. In zijn antwoord op de rede van de plaatsvervangende voorzitter van de NSDAP-fractie Gregor Straßer koos de Beierse SPD-afgevaardigde Wilhelm Hoegner de gebeurtenissen van 18 oktober als aanleiding om de belijdenis van legaliteit van de nationaalsocialisten als misleidend te ontzenuwen: 'Wij geloven niet dat de verscheurende wolven van gisteren vandaag ineens zijn veranderd in lammeren die door vreedzame herders worden geweid.'[79]

Hoewel ze als op één na sterkste partij ook was vertegenwoordigd in het presidium van de Rijksdag en alle parlementaire commissies, pleegde de NSDAP obstructie vanaf het moment dat het nieuwe parlement zitting had. Door de beraadslagingen te verstoren met onzinnige moties en interpellaties probeerde ze het werk van de Rijksdag lam te leggen.[80] Daarnaast forceerde Goebbels buitenparlementaire acties. Begin december 1930 liet hij de première van de film *Im Westen nichts Neues*, naar de in 1929 verschenen anti-oorlogsroman van Erich Maria Remarque, in de bioscoop Mozartsaal aan de Nollendorfplatz verstoren. 'Al na tien minuten lijkt de bioscoop wel een gekkenhuis,' schreef hij in zijn dagboek. 'De politie staat machteloos. De verbitterde meute treedt op tegen de Joden. De eerste afstraffing in het westen. "Joden eruit!" "Hitler staat voor de poorten!" De politie is op onze hand [...]. De voorstelling werd afgelast en de volgende ook. Wij hebben gewonnen.' Na verdere demonstraties tegen de film vaardigde de hoogste filmkeuring op 12 december een vertoningsverbod uit – een eerste knieval voor de naziterreur. 'Het nationaalsocialisme van de straat dicteert hoe de regering handelt,' merkte Goebbels triomfantelijk op.[81]

Nadat de Rijksdag, om de obstructiepolitiek van de nationaalsocialisten te doorbreken, een wijziging had aangebracht in het reglement van orde, verliet de NSDAP-fractie op 10 februari 1931 het parlement, gevolgd door 41 afgevaardigden van de DNVP en vier van het Landvolk. Men zou pas weer in het 'Young-Parlament' terugkeren, zo liet de NSDAP-fractieleider en vicepresident van de Rijksdag

Franz Stöhr weten, wanneer zich een mogelijkheid voordeed 'een bijzonder achterbakse maatregel van de volksvijandige meerderheid in de Rijksdag te verijdelen'.[82] Op 26 maart verdaagde de Rijksdag haar zittingen, om pas in oktober weer bijeen te komen.

Vanaf begin 1931 begon de toenemende radicaliteit van de politieke confrontatie steeds meer op burgeroorlogachtige gevechten te lijken.[83] Daarbij was de SA meestal de eerste die geweld gebruikte. Door massademonstraties in arbeidersbuurten van de hoofdstad of door plotseling op te duiken in 'rode' kleinere steden probeerden groepen SA'ers een klimaat van intimidatie op te roepen en hun tegenstanders het idee te geven dat ze overal aanwezig waren. Deze vaak met knokpartijen gepaard gaande provocaties leken haast wel een soort veroveringstochten door vijandelijk gebied. Bij de acties die door communisten en sociaaldemocraten werden georganiseerd, ging het meestal om maatregelen ter zelfverdediging tegen het steeds agressievere optreden van de SA in het territorium van de arbeidersbeweging, waaraan de politie niet zelden stilzwijgend haar steun verleende.[84] Hitlers herhaalde bewering dat de aanvallen 'zonder enige uitzondering door communisten en mensen van de Reichsbanner' werden uitgevoerd en dat de SA 'meestal in de minderheid en altijd in de verdediging' was, was een impertinente verdraaiing van de feiten.[85]

Voor de leiding van de NSDAP had het gewelddadige optreden van de SA echter niet alleen goede kanten, want deze dreigde zich aan haar leiding te onttrekken en de legaliteitsaanspraken van Hitler te ondergraven. In de zomer van 1930, terwijl de verkiezingsstrijd nog volop gaande was, was het latente conflict al openlijk uitgebroken. Uiteindelijk ging daarachter het onopgeloste probleem schuil dat de kern raakte van de geschiedenis van de SA: moest de SA niet meer zijn dan een soort hulptroepen van de NSDAP, of stond ze met even sterke rechten naast de partij, als een militie waaraan na de machtsovername belangrijke militaire rollen zouden toevallen in het nieuwe Derde Rijk? Ontevreden over de chronische geldnood en allerlei tegenwerkingen – zo was ze bij de bepaling van de kandidatenlijst voor de Rijksdagverkiezingen genegeerd – had de SA in Berlijn onder Walter Stennes, de hoogste SA-Führer Ost, geweigerd verder nog als zaalwacht voor partijbijeenkomsten op te treden. De crisis escaleerde toen eind augustus 1930, tijdens een verkiezingsoptreden van Goebbels in Breslau, SA-groepen binnendrongen op het kantoor van de gouwleiding en daar grote vernielingen aanrichtten.[86] Hitler haastte zich naar Berlijn om de opstand in de kiem te smoren. In het *Kriegervereinshaus* (verenigingsgebouw van oud-strijders) aan de Chausseestraße probeerde hij het vertrouwen te winnen van de meer dan tweeduizend aanwezige SA'ers, waarbij hij, aldus een verslag van de Berlijnse hoofdcommissaris van politie, 'met zijn overbelaste stem een haast hysterisch krijsen liet horen'.

De verzoeningsscène mondde uit in een herhaalde bevestiging van de eed van trouw: 'Wij willen op dit uur beloven dat niets ons kan scheiden, zo waarlijk God ons helpen kan tegen alle duivels! De almachtige Here God zegene onze strijd!'[87]

De opstand was voorlopig weer beëindigd – 'Stennes lijkt nu zijn gemak te willen houden,' noteerde Goebbels op 3 september[88] – maar het conflict sleepte zich voort. Hitler had laten weten dat de hoogste leider van de SA, Pfeffer von Salomon, afgezet was en dat hij zelf de leiding van de SA op zich zou nemen. De dagelijkse leiding droeg hij over aan Otto Wagener, de voormalige stafchef van Pfeffer, die eerder directeur van een kleine onderneming was geweest en die zich pas na de partijconferentie van 1929 in Neurenberg bij de NSDAP had aangesloten. Eind november 1930 kondigde de NSDAP-voorzitter tijdens een bespreking met leidinggevenden van de SA in München tot verrassing van iedereen aan dat hij de onlangs uit Bolivia teruggekeerde voormalige strijdmakker Ernst Röhm de leiding over de SA wilde toevertrouwen – uitgerekend de man die hij in 1925 vanwege uiteenlopende opvattingen over de taak van de SA op een vrij gemene wijze buitenspel had gezet. Kennelijk was dit een concessie aan de nog altijd ontevreden SA-leiders, meestal voormalige officieren en soldaten van de vrijkorpsen die in de oude houwdegen een van hun eigen mensen meenden te herkennen. Begin januari 1931 aanvaardde Röhm zijn functie als stafchef van de SA.

Parallel aan de doorbraak van de NSDAP ontwikkelde de SA zich tot een massaorganisatie: terwijl er in januari 1931 nog 77.000 SA-leden waren, bedroeg dat aantal in januari 1932 inmiddels 290.000 en in augustus 1932 445.000. Ze stamden uit verschillende lagen van de bevolking, waarbij in vergelijking met de partij het aantal arbeiders wat hoger lag. De SA had een bijzondere aantrekkingskracht op jonge werklozen uit de middenlagen van de bevolking die bang waren af te zakken naar het proletariaat. Ze bood jongemannen met een onzekere toekomst niet alleen een sociale context waarin er voor hen werd gezorgd – van de eenpansmaaltijd in de SA-keukens tot een slaapplaats in de SA-tehuizen – maar ook activiteiten waarin ze hun agressie konden uitleven. In de unieke subcultuur van de SA-Sturmlokalen als voorposten in de burgeroorlog werd de enorme bereidheid tot geweldpleging gekoesterd die zo beeldbepalend was voor het openbare optreden van de bruine bataljons.[89]

Maar juist dit activisme vormde een latente bedreiging voor de 'legale' koers van de partijleiding. Op 18 februari 1931 bestreed Hitler in de *Völkischer Beobachter* het gerucht dat de NSDAP een staatsgreep plande. Tegelijkertijd deed hij een beroep op de SA-mannen om op te passen voor zogenaamde spionnen en provocateurs die de SA zouden 'willen verleiden tot illegale handelingen': 'Alle maatregelen van de huidige machthebbers zullen stuklopen op onze onverzettelijke legaliteit.'[90] Toch gaf lang niet iedereen gehoor aan die oproep. Goebbels legde in zijn dagboek vast: 'Sterk misnoegen binnen de SA tegen München.'[91] Begin maart 1931 verweerde Hitler zich tijdens een bijeenkomst van de SA-brigade München tegen het verwijt dat hij 'te laf was om een illegale strijd te voeren'. Het enige wat hij wilde voorkomen, was dat de SA 'in een machinegeweer' liep, omdat hij haar nodig had 'voor veel belangrijkere zaken, namelijk de stichting van het Derde Rijk'.[92] Hitlers angst voor een verbod op de SA en misschien zelfs de partij werd opnieuw gevoed toen Hindenburg in een noodverordening van 28 maart de regering-Brüning verscherpte volmachten verleende ter bestrijding van politiek extremisme. De NSDAP-voorzitter zag zich nu gedwongen het smeulende conflict met de Berlijnse SA tot een einde te brengen. In een bevel van 30 maart verplichtte hij de partijleden ertoe de voorschriften van de noodverordening strikt te respecteren – iedereen die ze overtrad, zou direct uit de partij worden gestoten. En tijdens een Führertagung in Weimar op 1 april maakte hij bekend dat Stennes was afgezet. 'De grootste, maar misschien ook laatste crisis van de partij. Nu even krachtig doorpakken,' eiste Goebbels, die met Hitler samen de nachttrein terug naar München had genomen en zijn 'chef geheel gebroken' had aangetroffen. 'Trieste rit. Ik heb medelijden met Hitler. Hij is tenger en bleek.'[93]

Stennes en zijn aanhang lieten het er niet bij zitten. Al op 1 april bezetten ze de ruimtes van de Berlijnse gouwleiding en de redactie van *Der Angriff*, om een dag later openlijk stelling te nemen tegen Hitlers 'on-Duitse en grenzeloze partijdespotisme en onverantwoordelijke demagogie'.[94] Een poging de rebellie ook buiten Berlijn en over heel noordwestelijk Duitsland uit te breiden, mislukte. Ondertussen hadden Hitler en Goebbels vanuit München tegenmaatregelen genomen. Op 2 april gaf de partijvoorzitter de Gauleiter van Berlijn volmacht 'vanaf nu de zuivering van de beweging vastberaden ter hand te nemen en door te zetten'.[95] Op 4 april verscheen in de *Völkischer Beobachter* een lang artikel waarin Hitler uitlegde waarom Stennes was afgezet en nu ook uit de partij was gestoten. Maandenlang zou de 'politiecommissaris b.d.', die 'nooit werkelijk een nationaalsocialist' zou zijn geweest, hebben geprobeerd het gif van de trouweloosheid 'in de hersenen en het hart van de brave SA-man te druppelen', door de beweging als 'bekrompen, laf en bourgeois' af te schilderen. Deze 'samenzwering tegen het nationaalsocialisme' zou hij nu 'met wortel en tak uitroeien': 'Ik weet dat acht miljoen mensen opgelucht adem zullen halen wanneer deze bedervers van de laatste hoop voor de Duitse toekomst de pas wordt afgesneden.'[96] Toen ze voor de keuze werden gesteld wie ze wilden volgen: Hitler, de 'stichter en leider' van de beweging, of 'die muitende kluns', haastten SA-groepen in het hele land zich om te komen met loyaliteitsverklaringen aan de partijleiding. Van de opstand was al snel weinig meer over. Slechts een paar honderd mannen kozen voor Stennes. Al op 16 april kon zijn opvolger in het Sportpalast de opnieuw geformeerde Berlijnse

SA presenteren, die als geheel weer een eed van trouw aan Hitler had gezworen. 'Velen staan de tranen in de ogen. Dit is een historisch moment. Stennes is uitgespeeld [...]. De SA in Berlijn staat weer,' noteerde Goebbels.[97] De gebeurtenissen van het voorjaar van 1931 zouden bovendien belangrijke gevolgen hebben op de langere termijn. Vanaf dat moment werd immers de SS, die formeel nog onder de SA viel, steeds belangrijker. Zij had zich absoluut loyaal opgesteld tegenover de partijleiding en kon van het zo opgebouwde krediet gebruikmaken om zich als tegenwicht voor de SA te profileren.

Na de verkiezingen in september moesten er bij de partijleiding in München nachtdiensten worden gedraaid om alle lidmaatschapsaanvragen te kunnen verwerken. Tegen het einde van 1930 was het cijfer van de afgegeven lidmaatschapsnummers gestegen naar 389.000, eind 1931 was dat 806.294.[98] De ruimte aan Schellingstraße 50 was allang veel te beperkt voor een fatsoenlijke partijorganisatie, en ze voldeed bovendien niet meer aan de representatieve behoeften van een partij die zich voorbereidde op de machtsovername. Daarom besloot Hitler het uit 1828 stammende Palais Barlow aan de voorname Brienner Straße te kopen, dat al sinds 1928 te koop stond. Eind mei 1930 werd de koopakte ondertekend. De prijs voor dit in uitstekende staat verkerende object bedroeg meer dan 800.000 mark. De partijvoorzitter riep de leden op een eenmalige bijdrage te geven.[99] Er waren flinke aanpassingen nodig. Die opdracht gaf Hitler aan architect Paul Ludwig Troost uit München, die hij eind september 1930 had leren kennen bij de Bruckmanns. Troost had vooral naam gemaakt als binnenhuisarchitect op grote oceaanstomers als de 'Europa'. Hitler had hem al tegen het einde van de jaren twintig opgemerkt en liet bij de Vereinigte Werkstätten meubels van zijn ontwerp voor zijn woning aan de Prinzregentenstraße maken. De architect was zeer onder de indruk van de waardering die hij van de inmiddels tot prominente politicus uitgegroeide volksmenner uit München kreeg. Hitler zou 'als mens echt een geweldige, ontwikkelde en bescheiden vent zijn. Het is echt aangrijpend,' schreef zijn vrouw Gerdy Troost in november 1930 aan een kennis. 'En met zo veel gevoel voor architectuur – Paulus zegt dat hij in zijn leven nog maar zelden zo iemand is tegengekomen.'[100] Troost werd al snel Hitlers lievelingsarchitect. Behalve de verbouwing van Palais Barlow werden ook de plannen voor nieuwe partijgebouwen aan de Arcisstraße en het in 1937 voltooide 'Haus der Kunst' aan hem toevertrouwd.

De partijleider volgde de werkzaamheden met grote interesse. Vanaf de herfst van 1930 sprak hij regelmatig met Troost en steeds wanneer Goebbels in München was, leidde hij hem rond op de bouwplaats. 'Bezichtiging van het nieuwe partijgebouw. Pompeus en ruim van opzet. Hitler is in zijn element,' noteerde de Reichspropagandaleiter al in juli 1930, en vier maanden later schreef hij: 'Chef op de bouwplaats. Hij laat me zien hoe het ervoor staat. Mijn kamer wordt geweldig.

De hele tent wordt een pronkstuk.' Zijn enthousiasme vermengde zich echter al snel met bezorgdheid over de vraag of Hitler misschien van dringende politieke taken zou worden afgeleid door het prachtige gebouw. Op 26 februari 1931, toen het conflict met de Berlijnse SA op een hoogtepunt was, schreef hij in zijn dagboek: 'Chef: alleen maar bezig met: het partijgebouw. Uitgerekend nu. Bevalt me niet.'[101]

Begin maart 1931 werd het nieuwe hoofdkantoor van de partij in gebruik genomen. In de *Völkischer Beobachter* keek Hitler terug op het bescheiden begin van de partij en prees hij tegelijk het nieuwe onderkomen als 'huwelijk van doelmatigheid en schoonheid'.[102] De voormalige vestibule op de parterre was omgevormd tot een 'vaandelhal', de hal op de bovenverdieping was nu een 'standaardenzaal'. Daarachter lag een decoratief ingerichte vergaderruimte, de 'senatorenzaal'. In de kelder was een casino met een keuken ingericht en in een aanbouw aan de noordzijde van het paleis werd het centrale gegevensbestand ondergebracht. Op de eerste twee verdiepingen en de tot dan toe nog ongebruikte zolder bevonden zich de werkkamers en kantoren. Vol trots liet Rudolf Heß aan zijn ouders weten: 'De ontvangstruimtes, inclusief de kamer van de Führer, zijn zo mooi dat elke buitenlandse vertegenwoordiger daar kan worden ontvangen [...]. Mijn kamer bevindt zich direct naast die van de Führer en daarnaast ligt weer het kantoor van mijn medewerkers (een bureauchef en twee typistes).'[103]

De grote hoekkamer op de eerste verdieping was gereserveerd voor Hitler. Een buste van Mussolini, een portret van Frederik de Grote en een schilderij *(Aanval van het Regiment List in Vlaanderen)* sierden de ruimte. Wie echter had gehoopt dat deze aantrekkelijke omgeving zou leiden tot een meer gedisciplineerd arbeidsritme bij de partijvoorzitter, kwam bedrogen uit. Al snel verviel Hitler weer in zijn rusteloze ritme en werkte daarmee zijn medewerkers op de zenuwen. Bureaucratische werkzaamheden stonden hem tegen, en met vaste afspraken had hij niet veel. Hitler bezocht het Braune Haus maar zelden, herinnerde Hans Frank zich, en wanneer men hem had benaderd met belangrijke dossiers, kon het voorkomen dat hij ineens naar de telefoon rende en prompt daarna vertrok, de wachtende in onzekerheid achterlatend. Soms hield hij zich wel aan een afspraak, maar dan had hij de vervelende bureaucratische taken zo snel mogelijk gedaan om daarna de aanwezigen te trakteren op een monoloog van vaak een uur of meer over een probleem dat hem toevallig op dat moment bezighield.[104] Hitler zat veel liever met zijn oude strijdmakkers in zijn stamcafé Heck aan de Hofgarten. Goebbels was ontzet door de 'kleingeestige bende' die hij daar aantrof. 'Hoe kan een mens als Hitler dat ook maar vijf minuten uithouden?' vroeg hij zich steeds af, en net als in het midden van de jaren twintig dacht hij dat hij zijn 'chef' tegen dit gezelschap moest beschermen: 'Hij moet weg uit dat Münchense milieu.'[105] Wat Goebbels

Afb. 23 Hitlers werkkamer in het *Braune Haus* in München, met de buste van Mussolini en het portret van Frederik de Grote.

Afb. 24 Hitler (met zweepje) bij het verlaten van het *Braune Haus* onder begeleiding van zijn persoonlijke adjudant Julius Schaub (tweede van rechts).

volstrekt niet inzag, was het kalmerende effect dat de vertrouwde clique uit München op Hitler had. Hier kon hij volledig ontspannen resideren, zonder te worden belast met eisen die zijn carrière als bewonderde en gehate politieke ster aan hem stelden.

Palais Barlow bood ruimschoots plaats voor het snel groeiende partijapparaat. Aan de reeds bestaande afdelingen voor organisatie en propaganda werden nieuwe toegevoegd – bijvoorbeeld de economisch-politieke afdeling onder Otto Wagener, de landbouwpolitieke afdeling onder Richard Walter Darré, de juridische afdeling onder Hans Frank en in augustus 1931 ook een rijkspersdienst onder economisch journalist Otto Dietrich, de zwager van uitgever Theodor Reismann-Grone.[106] Toch was het Braune Haus altijd meer dan zomaar een administratief gebouw. Voor de massa van de gelovige partijaanhangers was het een 'tempel voor de ritueel vereerde figuur van de Führer', 'een plek die bijna iets sacraals had'.[107] Voor teleurgestelde SA-leden was het prachtige gebouw eerder de plaats waar de Münchense 'bonzen' vergaderden, en ook onder de tegenstanders van de nationaalsocialisten was het een object van spot, omdat de haast adellijke sfeer die er hing in schril contrast stond met het zogenaamd beleden socialisme. De Münchense anarchist Erich Mühsam dichtte in juni 1931 onder verwijzing naar Hitlers woning aan de Prinzregentenstraße en het hoofdkantoor van de partij aan de Brienner Straße:

In München haben die Nazi
Zwei wunderschöne Palazzi.
In einem führt Hitler selbst Haus,
Im anderen bild't er im Führen aus
Fürs Dritte Reich die Bonzen.
Mit Hakenkreuzen, bronzen,
Granitnen, Quadern, hemdenbraun,
Zwingburgen-ähnlich anzuschaun,
Ragt der Paläste stolzer Bau.
Der Nazi Ruhm strahlt helle,
und nur die Gelderquelle,
Die kennt man nicht genau.
(In München heeft de nazi/twee prachtige palazzi./Hitler woont in het eerste van beide,/In het andere leert hij leiden./Voor het Derde Rijk de bonzen./Met hakenkruisen, bronzen,/graniet, zandsteen, het bruine hemd,/De citadel die ontzag inboezemt,/Staat daar het paleis heel schitterend./De naziroem straalt met veel geweld,/maar de herkomst van al dat geld,/Die is niet precies bekend.)[108]

In het geval van het Palais Barlow weten we waar het geld vandaan kwam. Grootindustrieel Fritz Thyssen had voor de NSDAP een krediet ter hoogte van 300.000 mark geregeld en stond persoonlijk garant voor de terugbetaling.[109] Thyssen, de oudste zoon van de legendarische staalmagnaat August Thyssen, was sinds 1926 voorzitter van de raad van toezicht en grootste aandeelhouder van de Vereinigte Stahlwerke, de belangrijkste staalfabriek in Europa. Kort voor de putsch van 9 november 1923 had hij Hitler voor het eerst horen spreken en had hij hem en Ludendorff thuis bij Scheubner-Richter persoonlijk leren kennen. De volksmenner had een 'bijzonder goede indruk' op hem gemaakt, zo liet hij in 1948 weten tijdens zijn verhoor door een denazificatierechtbank. Fritz Thyssen zocht zijn politieke heil aanvankelijk bij de Deutschnationalen. Hij ondersteunde de koers van de fundamentele oppositie die de partij onder haar nieuwe voorzitter Alfred Hugenberg vanaf oktober 1928 was ingeslagen. In juli 1929 nam hij naast Hugenberg en Hitler zitting in het Rijkscomité voor het Duitse volkspetitionnement tegen het Young-plan. Na de electorale aardverschuiving van september 1930 zette hij zich nadrukkelijk in voor een rechtse regering waarin ook de nationaalsocialisten zitting zouden hebben, en vanaf dat moment begon hij de Hitler-partij ook financieel te ondersteunen. Daarbij was zijn goedgeefsheid vooral gericht op Hermann Göring, die als een soort stadhouder voor Hitler in Berlijn tot taak had contacten te leggen met invloedrijke figuren uit de economie en de samenleving in het algemeen, en de nationaalsocialistische beweging zo in de hoofdstad sociaal aanvaardbaar te maken. Göring gebruikte de steun – minstens twee keer 50.000 mark – hoofdzakelijk voor persoonlijke bestedingen, liet zijn grote woning in Berlijn representatief inrichten en hield er een weelderige levensstijl op na. Thyssen meende dat het geld desondanks goed was besteed, omdat Göring gold als spreekbuis van de 'gematigde' vleugel van de NSDAP en kon dienen als tegenwicht tegen de antikapitalistische krachten.[110]

Thyssen was niet de enige prominente industrieel die zich sterk maakte voor het verwerven van macht door de nationaalsocialisten. Daarbij had hij onder meer gezelschap van Hjalmar Schacht, die in maart 1930 uit protest tegen de veronderstelde verslechtering van het mede door hem onderhandelde Young-plan zijn ambt als president van de Rijksbank had neergelegd.[111] Waar nu de sympathie van de voormalige medeoprichter van de links-liberale DDP lag, werd al in februari 1930 tijdens een soiree bij een bankier duidelijk: zijn vrouw had demonstratief een ketting omgedaan met daaraan een hakenkruis. Op de geïrriteerde navraag van de societyverslaggeefster van de *Vossische Zeitung* liet Schacht weten: 'Waarom zouden we de nationaalsocialisten geen kans geven? Ze lijken me behoorlijk kranig.'[112] Na 14 september uitte Schacht zijn bewondering voor de NSDAP ook in het openbaar: men zou 'op den duur toch niet tegen 20 procent van de kiezers in kunnen regeren'.[113] In december nodigde zijn oude vriend Emil Georg von Stauß, algemeen directeur van de Deutsche Bank, hem uit voor een diner met Hermann Göring in zijn villa aan de Wannsee. Stauß was lid van de inmiddels flink gekrompen DVP-fractie in de Rijksdag en had daar voorzichtig contact gezocht met de NSDAP-fractie om de mogelijkheden voor samenwerking verder te onderzoeken. Het diner van de drie verliep kennelijk veelbelovend. Göring was, naar Schacht zich later herinnerde, 'beschaafd en aangenaam gezelschap', en dus werd er op de avond van 5 januari 1931 bij Göring thuis opnieuw een ontmoeting belegd met Schacht, waaraan ditmaal ook Thyssen, de nieuwe geldschieter van de partij, deelnam.[114]

De eveneens aanwezige Goebbels vergeleek de beide heren: 'Schacht lijkt me een arrivé, terwijl Thyssen uit een oud geslacht stamt. Geweldig. Het zijn weliswaar kapitalisten, maar dit soort captains of industry zijn wel te verdragen.'[115] Pas na het eten voegde ook Hitler zich bij het gezelschap. 'Zijn optreden was noch pretentieus, noch geforceerd – integendeel, het was natuurlijk en bescheiden,' schreef Schacht in zijn memoires. 'Hij liet op geen enkele manier merken dat hij inmiddels de leider van de op een na grootste partij in de Rijksdag was. Na de vele geruchten die we hadden gehoord over Hitler en de kritieken die we in de pers hadden gelezen, waren we aangenaam verrast door de sfeer.'[116] Zoals zo vaak hield Hitler ook dit keer een lange monoloog en liet hij zijn gesprekspartners nauwelijks aan het woord. Schacht was desondanks geroerd. Gelijk al bij deze eerste ontmoeting was hij zich ervan bewust geworden, zo gaf hij later toe, 'dat de propagandistische kracht van Hitler enorm succesvol kon zijn bij de Duitse bevolking als het niet zou lukken de economische crisis te bedwingen en de massa's van het radicalisme af te keren'. Kort daarop zou hij er bij Brüning op hebben aangedrongen de nationaalsocialisten in de regeringsverantwoordelijkheid te laten delen, omdat de beweging alleen zo in 'geordende banen te leiden zou zijn'.[117]

Ook voor Hitler was het contact met Schacht van groot belang, en niet alleen vanwege diens grote aanzien onder industriëlen en bankiers, maar ook omdat hij hem wist te waarderen als deskundige op het gebied van financiële kwesties waarvan hij zelf volstrekt niets begreep. De voormalige president van de Rijksbank was 'waarschijnlijk de belangrijkste denker op het gebied van de geld- en de kapitaaleconomie die we in Duitsland hebben', zei hij tegen Otto Wagener.[118] Schacht zou dus nog van pas kunnen komen wanneer de nationaalsocialisten eenmaal aan de macht waren.

'Het bedrijfsleven: we krijgen steeds betere contacten,' merkte Goebbels verheugd op, en ook Rudolf Heß meende te zien dat plotseling 'de meest prominente figuren uit het bedrijfsleven [...] in het geheim en in alle stilte om een ontmoeting' vroegen.[119] Toch waren de toenaderingspogingen van Thyssen, Schacht of Stauß geenszins kenmerkend voor de instelling van de economische elite in het algemeen. Het in de linkse pers veel gehoorde verwijt dat de nationaalsocialisten hun verkiezingssuccessen te danken hadden aan de financiële ondersteuning door grootindustriëlen, en dat Hitler dus feitelijk aan de leiband van de industrie liep,[120] was onterecht. De NSDAP had de verkiezingsstrijd grotendeels met eigen middelen – ledenbijdragen, entreegelden voor bijeenkomsten en kleine privégiften – gefinancierd. De doorbraak als massabeweging viel niet te herleiden tot de steun van de grootindustriëlen.[121] Indirect hadden de ondernemers echter met hun vaak ongeremde polemiek tegen het 'systeem' van Weimar, tegen de vakbonden en de sociale wetgeving wel degelijk bijgedragen aan het succes van radicaal rechts. Het was geen toeval dat het buitenspel zetten van het parlement en het naar voren schuiven van de presidentiële kandidaat Brüning met bijval en steun was ontvangen onder grootindustriëlen.[122]

Na 14 september konden de captains of industry de nationaalsocialisten niet langer negeren. Niettemin stelde het merendeel van hen zich nog altijd afwachtend of zelfs gereserveerd op. Deze terughoudendheid werd niet in de laatste plaats bepaald door de onzekerheid over wat de toekomstige economische koers van de partij zou zijn. De angst dat het antikapitalisme van de nationaalsocialistische propaganda meer zou blijken te zijn dan louter retoriek, werd opnieuw aangewakkerd toen de NSDAP-fractie in de Rijksdag in oktober 1930 een reeks moties indiende waarin onder meer de nationalisering van de grote banken, een verbod op de handel in waardepapieren en een beperking van de rentevoet tot 5 procent werden voorgesteld. Wat in economische kringen bijzonder slecht viel, was dat de nationaalsocialisten voor het debat over de begroting in 1931 Gottfried Feder vroegen het woord voor hen te voeren. Die had vanwege zijn oproep 'te breken met de knechting door de rente' de reputatie een excentriekeling te zijn die zich tegen ondernemers richtte.[123] Ter gelegenheid van de jaarwisseling 1930-1931 kwam de *Deutsche Allgemeine Zeitung* met een hoofdartikel waarin werd gesproken over de bezorgdheid van de grootindustrie over de onduidelijke houding van de NSDAP: de tegenstellingen tussen de antikapitalistische en de gematigde elementen in de partij zouden zich in de toekomst verder verscherpen, en de uitkomst van die strijd was nog 'volstrekt onzeker'.[124]

Hitler deed zijn uiterste best dit soort angsten weg te nemen. Hij wist dat hij bij een vastberaden verzet van toonaangevende figuren uit de economie maar moeilijk zijn politieke doeleinden zou kunnen verwerkelijken. 'U onderschat de politieke macht van deze mannen [...] en van de economie überhaupt,' waarschuwde hij Otto Wagener, het hoofd van de economisch-politieke afdeling. 'Ik heb het idee dat we de Wilhelmstraße niet kunnen veroveren als zij er tegen zijn.'[125] In september 1930 had hij een ontmoeting met de president van de Hamburg-Amerika-Linie (Hapag) en voormalig kanselier Wilhelm Cuno en verzekerde hem dat zijn partij het ondernemersinitiatief en het particuliere kapitaal zou bevorderen, maar tegelijk wel maatregelen zou nemen tegen rijkdom die door bedrog was verkregen.[126] Vergelijkbare uitlatingen deed hij in oktober in München tegen uitgever Theodor Reismann-Grone. Die schreef vervolgens in zijn dagboek: 'Het type Oostenrijkse officier. Dinariër. Ik spreek eerst, maar al snel neemt hij het woord en behoudt dat ook. De kracht van zijn woorden is niet gelegen in zijn intellect, maar in zijn temperament. Hij schudt je wakker. Dat hebben Duitsers nodig. Van tempo kun je alleen winnen met tempo. Volgens hem is dit zijn levensdoel: de vernietiging van het marxisme.'[127] Begin december sprak Hitler in de feestzaal van het Hotel Atlantic opnieuw voor de Hamburger Nationalclub van 1919. Hierbij vermeed hij echter in te gaan op al te dringende actuele kwesties. In plaats daarvan spiegelde hij zijn publiek voor dat de economie pas weer zou kunnen opbloeien wanneer er een einde werd gemaakt aan de 'tributen' en wanneer Duitsland weer politieke macht had weten te verwerven. 'Ik heb,' zo riep hij tot slot, 'slechts één doctrine: al datgene is juist en goed wat het beste van mijn volk dient.'[128] Voor het voorname Hamburgse gezelschap, dat opnieuw in een 'daverende bijval' uitbarstte, zal het ook na deze rede nog enigszins onduidelijk zijn geweest waar de NSDAP nu precies stond in economische kwesties en welke maatregelen ze zou nemen als ze aan de macht kwam.

Hitler zag er echter bewust van af zich programmatisch vast te laten leggen op een toekomstig economisch programma, enerzijds omdat hij de deur naar de industrie open wilde houden, anderzijds omdat hij de 'socialistische' vleugel van zijn eigen partij niet wilde bruuskeren. Toen Hans Reupke – een medewerker van de dagelijkse leiding van het Reichsverband der Deutschen Industrie, die in mei 1930 in het geheim lid was geworden van de NSDAP – in het voorjaar van 1931 kwam met de brochure *Der Nationalsozialismus und die Wirtschaft*, waarin hij verzekerde dat de NSDAP haar oorspronkelijke 'antikapitalistische devies' inmiddels 'tot een antimaterialistisch devies had veredeld', reageerde Goebbels verontwaardigd: 'Dat is een compleet verraad aan het socialisme.' Nadat hij bij Hitler had geprotesteerd, noteerde hij tevreden: 'Reupke ook op afstand gezet van de chef.'[129] In werkelijkheid was de partijleider minder gekant tegen inhoud van de brochure dan wel tegen het gevaar van een openlijk conflict daarover. Zijn laveren in deze kwestie viel ook Otto Wagener op. Het hoofd van de economisch-politieke afdeling wilde in 1932 enkele van zijn essays publiceren onder de titel 'Het economische programma van de NSDAP'. Hitler verbood echter de verspreiding van de brochure die al eerder door Eher-Verlag was gedrukt. Die was uitsluitend voor intern gebruik en werd ook als zodanig aangeduid.[130]

Toch doneerde de industrie na 14 september ook aan de NSDAP – bij wijze van 'politieke verzekering' voor het geval dat het succes van die partij zou worden voortgezet en ze deel zou krijgen aan de macht. In de regel verdween dit soort donaties echter niet rechtstreeks in de partijkas, maar werden ze gedaan aan individuele nationaalsocialisten die men geschikt achtte om een 'matigende' invloed uit te oefenen. Behalve Göring werd vooral Gregor Straßer bedacht, die werd beschouwd als de machtigste man na Hitler. Een andere figuur die geld ontving, was de voormalige economieredacteur van de Berlijnse *Börsen-Zeitung*, Walther Funk, die eind 1930 zijn baan had opgegeven om zich voortaan als uitgever van een economische nieuwsbrief volledig te wijden aan de verbetering van de verhouding tussen de NSDAP en de economische wereld. Al snel werd hij, nadat hij in juni 1931 officieel lid was geworden van de partij, een van Hitlers belangrijkste adviseurs op economisch gebied en een directe rivaal van Otto Wagener.[131]

Hitler zelf lijkt geen gelden van industriëlen te hebben ontvangen en er ook niet om te hebben gevraagd. Hij had ze ook niet nodig, want vanaf september 1930 namen de inkomsten uit royalty's voor *Mein Kampf* steeds meer toe. Daarvan lijkt hij slechts een gedeelte te hebben opgegeven aan de belastingen.[132] Tijdens bijeenkomsten beweerde Hitler weliswaar graag dat hij niet door de partij werd betaald, maar voor elk van zijn talrijke optredens kreeg hij een onkostenvergoeding die samen met de honoraria voor zijn artikelen in de *Völkischer Beobachter* en de *Illustrierter Beobachter* heel behoorlijke neveninkomsten vormden. Daarnaast liet hij zich goed betalen voor de interviews die hij gaf aan de buitenlandse pers, net als voor de artikelen die hij zo nu en dan schreef voor de Hearst-pers.[133] De kosten voor zijn persoonlijke staf – privésecretaris, chauffeur, lijfwachten – werden uit de partijkas betaald. Zo beschikte Hitler over voldoende middelen om zich de grote woning aan de Prinzregentenstraße en het vakantiehuis op de Obersalzberg te kunnen veroorloven, zijn liefde voor dure Mercedessen te koesteren en bij zijn verblijf in Berlijn vanaf februari 1931 een suite in het deftige Hotel Kaiserhof aan de Mohrenstraße, schuin tegenover de rijkskanselarij, te betrekken.[134]

De meest effectieve ondersteuning die de NSDAP kreeg, bestond echter niet uit de donaties van de grootindustrie, maar uit de politiek van de regering-Brüning. Ongeacht het feit dat de werkloosheidscijfers van maand tot maand bleven stijgen, zette de rijkskanselier zijn bezuinigingen door. Om zijn belangrijkste doel, het volledige schrappen van de herstelbetalingen, te bereiken, nam hij de massale werkloosheid en verpaupering op de koop toe. 'Niet het overwinnen, maar het politiek uitbuiten van de depressie: dat was vanaf het voorjaar van 1931 de rode draad in Brünings politiek.'[135] Nadat hij opnieuw deviezen had afgedragen, stond de rijksregering aan de rand van de insolvabiliteit. Op 20 juni 1931 stelde de Amerikaanse president Herbert Hoover voor een moratorium van een jaar in te stellen voor alle Duitse betalingen. Brüning verwelkomde het initiatief van Hoover als een goede stap op weg naar een definitieve oplossing van het probleem van de herstelbetalingen. Na langdurige onderhandelingen stemde uiteindelijk ook Frankrijk in met het moratorium. Het verhoopte effect op de financiële markten bleef echter uit. Op 13 juli, een week na het van kracht worden van het moratorium, ging de Darmstädter und Nationalbank, kortweg de Danatbank, een van de grootste Duitse zakenbanken, failliet. Er ontstond een algemene run op banken en spaarkassen, zodat de regering zich gedwongen zag twee dagen lang alle banken te sluiten. 'Onheilszwangere dagen in Duitsland,' noteerde Thea Sternheim. 'De ineenstorting van de Danatbank. De verordening dat alle banken dinsdag en woensdag, en de beurzen helemaal gesloten blijven. Paniek alom.'[136]

De verheviging van de economische crisis in het voorjaar en de zomer van 1930 was koren op de molen van de NSDAP. Bij de verkiezingen voor de Landdag in Oldenburg op 17 mei kwam ze op 37,2 procent en was daarmee voor het eerst de sterkste fractie. Bij de gemeenteraadsverkiezingen in Hamburg kreeg ze 26,2 procent en werd daarmee de op een na sterkste fractie achter de SPD. Bij de verkiezingen van de Landdag in Hessen op 15 november haalde ze tot slot maar liefst 37,1 procent. Hier werd ze ruimschoots de sterkste partij.[137] Ondanks al die successen was Hitler echter nog geen stap dichter bij de macht gekomen. Al in januari had Goebbels uiting gegeven aan zijn vrees 'dat alles te lang zou duren en het momentum van de partij verloren zou gaan'. Na de overwinning in Oldenburg noteerde hij: 'Hitler is steeds weer een bron van kracht en optimisme. Je moet ook wel optimist zijn om onze zaak naar de overwinning te kunnen leiden.'[138]

In juli 1931 zocht Hitler opnieuw aansluiting bij Alfred Hugenberg en Franz Seldte, de bondsleider van de Stahlhelm. In een gezamenlijk ondertekend telegram aan Brüning bekrachtigden ze uit naam van de 'totale nationale oppositie' dat Duitsland 'de opgelegde en onterechte lasten niet dragen' kon en nieuwe verplichtingen tegenover Frankrijk niet als bindend mocht erkennen.[139] Daarnaast besloot Hitler steun te verlenen aan een volkspetitionnement op initiatief van Stahlhelm dat erop gericht was de regerende coalitie in Pruisen ten val te brengen en te vervangen door een nieuwe regering 'die overeenstemt met de wil van het volk zoals die duidelijk is vastgesteld in de verkiezingen van 14 september 1930'. In een oproep aan de vooravond van de volksstemming op 9 augustus 1931 verklaarde de NSDAP-voorzitter: 'Zolang de sociaaldemocratie en Zentrum niet worden overwonnen, zal Duitsland niet kunnen opstaan. De positie van waaruit de sociaaldemocratie tegenwoordig Duitsland beheerst, is echter Pruisen.'[140] Het referendum mislukte: slechts 37,1 procent stemde voor een vroegtijdige ontbinding van de Pruisische Landdag – voor Goebbels een 'zware nederlaag', waarin Stahlhelm de NSDAP zou hebben 'meegesleurd'. Van Hitler eiste hij nu: 'Nu: afgelopen met dat burgerzooitje! We moeten gebiedender en rigoureuzer zijn. Nationaalsocialisten. Daarin ligt de verlossing.'[141]

Wat de Berlijnse nationaalsocialisten verstonden onder 'rigoureus' optreden, lieten ze zien op de avond van 12 september 1931, de dag van het Joodse nieuwjaarsfeest: rond de vijfhonderd SA'ers veroorzaakten een rel op de Kurfürstendamm met spreekkoren 'Duitsland ontwaak – Juda verrek!', molesteerden passanten en sloegen verschillende mensen die ze voor Joden hielden brutaal tegen de vlakte. Te midden van dit alles reed de nieuwe SA-leider van Berlijn, Wolf-Heinrich graaf Helldorf met zijn adjudant Karl Ernst in een open Opel op de Kurfürstendamm heen en weer om aanwijzingen te geven. De *Central-Verein deutscher Staatsbürger jüdischen Glaubens* sprak van 'pogromachtige gewelddadigheden', de sociaaldemocratische *Vorwärts* van 'beschamende excessen' en een 'culturele schande'. Tijdens het proces dat erop volgde, werden 33 gearresteerde mannen veroordeeld tot gevangenisstraffen tot een jaar en negen maanden. Helldorf en Ernst kwamen er elk met slechts zes maanden gevangenis en 100 mark boete vanaf. In het hoger beroep in februari 1930 sprak de rechtbank de SA-leiders echter vrij van openlijke geweldpleging met vereende krachten tegen personen of goederen. Ook de straffen van de meeste andere relschoppers werden aanzienlijk gereduceerd. 'Het staat vast,' zo stelde het *Berliner Tageblatt*, 'dat door dit oordeel een van de ernstigste terreurdaden van de laatste tijd zo goed als onbestraft blijft, vooral voor diegenen die de hoofdverantwoordelijkheid ervoor zouden moeten dragen'.[142] Opnieuw bleek dat Vrouwe Justitia in het rechteroog blind was. Zo wist de SA zich ronduit bemoedigd in haar strategie de openbare ruimte te bezetten en voor iedereen zichtbaar aan haar controle te onderwerpen.

Weliswaar maande Hitler de verzamelde SA-Gruppenführer op 15 september in München 'bijzonder voorzichtig' te zijn en zich 'niet uit de tent te laten lokken'. De nationaalsocialisten moesten 'de legale weg blijven volgen, want dat is op dit moment überhaupt de enig zekere'. Maar tegelijk liet hij doorschemeren dat hij voor acties zoals die op de Kurfürstendamm allezins begrip kon opbrengen. In de grote steden zag de SA zich nu eenmaal geconfronteerd met de noodzaak 'iets te ondernemen wat de revolutionaire stemming onder de bevolking zou bevredigen'. Toch moest de partijleiding zich na dit soort voorvallen openlijk distantiëren van de SA-leiders die eraan hadden deelgenomen. 'U kunt er echter zeker van zijn dat de partij uw verdiensten niet zal vergeten en dat u in uw ambt zult worden hersteld wanneer de omstandigheden dat weer toelaten.'[143] Veel duidelijker kon Hitler niet laten merken dat de keuze voor de legaliteit enkel een tactische zet was en dat men, 'wanneer de omstandigheden dat toelieten', dat wil zeggen na de machtsovername, de rechtsstaat uit zijn hengsels zou lichten.

Ondanks de overduidelijke dubbelzinnigheid van Hitlers keuze voor de legaliteit, deden de leiding van de Reichswehr en rijksregering in de herfst van 1930 nog meer hun best om de NSDAP te temmen door haar politieke verantwoordelijkheid te geven. Van verschillende kanten werd geprobeerd, zo schreef Heß op 9 september, 'om Brüning ertoe over te halen Hitler toch minstens te laten meeregeren'. Hitler stelde daarvoor als voorwaarde dat er nieuwe verkiezingen zouden worden uitgeschreven die 'opnieuw een geweldig resultaat voor de beweging zouden opleveren'.[144] De pogingen de NSDAP bij de regering te betrekken, vonden plaats op initiatief van de rijkspresident zelf, die van mening was dat een regering van 'nationale concentratie', van Brüning tot en met Hitler, ideaal was. Hindenburg verlangde 'dat het kabinet eindelijk werd aangepast, zodat de samenwerking met rechts mogelijk' werd, zo liet het hoofd van het ministerie voor de Reichswehr, generaal Kurt von Schleicher, op 20 september weten aan Brünings secretaris, Erwin Planck.[145] Op 3 oktober had Schleicher, die sinds het voorjaar via Röhm in contact stond met de NSDAP, een ontmoeting met Hitler. De NSDAP-voorzitter liet weten bereid te zijn zitting te nemen in een kabinet-Brüning, maar alleen als er nieuwe verkiezingen zouden worden uitgeschreven. 'We zijn bereid voorlopig van Pruisen af te zien, als we in het rijk een beslissende machtspositie kunnen krijgen,' vertaalde Goebbels Hitlers verslag van het gesprek. 'In Pruisen kan het marxisme door een staatscommissaris op de knieën worden gedwongen.'[146] Schleicher, die een paar dagen later een gesprek met Hitler had, kreeg een positieve indruk van zijn gesprekspartner: 'Een interessante man met een groot redenaarstalent. In zijn plannen slaat hij wat op hol. Vervolgens moet hij dan aan de slippen van zijn jas weer terug naar de feiten worden getrokken.'[147] Dat hij, de politiserende generaal, in staat zou zijn Hitler in zijn politieke ambities te beïnvloeden en hem zo als het ware te 'beteugelen', was een zware beoordelingsfout, waarvoor Schleicher zou boeten met zijn leven.

Op de ochtend van 10 oktober had Brüning een ontmoeting met de leider van de NSDAP, die 'inmiddels een stevig vergroot zelfbewustzijn' aan de dag legde. Ook nu wees Hitler het idee van regeringsdeelname niet a priori af, maar hij weigerde zich openlijk uit te spreken voor de herverkiezing van Hindenburg, wiens ambtstermijn in het voorjaar van 1932 afliep. 'Het was een zeer gemoedelijk onderhoud,' aldus Brüning in zijn memoires.[148] Op verzoek van de rijkskanselier ontving Hindenburg Hitler en Göring die avond nog voor een twee uur durende audiëntie. De rijkspresident was boos over het feit dat jonge nationaalsocialisten hem bij zijn optreden in Oost-Pruisen hadden ontvangen met uitroepen als: 'Duitsland, ontwaak!' Het lukte Hitler echter de kou uit de lucht te halen door de houding aan te nemen van een soldaat uit de wereldoorlog die zich ogenschijnlijk bijzonder eerbiedig opstelt tegenover de voormalige veldmaarschalk.[149] Hindenburg liet er echter geen twijfel over bestaan bij de nationaalsocialistische leiders dat elke poging de macht in handen te krijgen door hem te passeren, kon rekenen op vastberaden verzet van zijn kant. De ontmoeting leverde geen concrete resultaten op. Hitler had 'best aardig gesproken', maar hij was in het gunstigste geval geschikt als minister van Posterijen – 'dan kan hij mij daar mijn ... likken – op de achterkant van een postzegel', zou Hindenburg hebben gezegd.[150] Maar in feite had de NSDAP-voorzitter lang niet zo'n slechte indruk achtergelaten als vaak werd beweerd. 'Die Hitler vond ik een aardige vent,' liet de rijkspresident weten aan een oude vertrouweling, kolonel-generaal Karl von Einem. En in een brief van 14 oktober aan zijn dochter schreef hij dat de 'nationale oppositie' weliswaar voorlopig haar kans had gemist maar er zeker nog een zou kunnen krijgen: 'Als rechts niet bij herhaling had bedankt, dan was alles nu al in orde geweest.'[151] Ook Hitler was tevreden: 'Resultaat: we zijn geschikt om aan het hof te verschijnen. De oude man kent ons nu persoonlijk. Chef noemt hem vererenswaardig,' merkte Goebbels op.[152]

In de herfst van 1931 stemde Hindenburg alsnog in met een wijziging van het kabinet. Brüning liet enkele ministers gaan die volgens de rijkspresident niet rechts genoeg waren – bijvoorbeeld minister van Binnenlandse Zaken Joseph Wirth, die van de linkervleugel van Zentrum stamde. Zijn bevoegdheden werden tijdelijk overgenomen door de minister voor de Reichswehr Groener, die daardoor het op een na belangrijkste lid van het kabinet werd. Brüning zelf volgde Curtius op en gaf naast het ambt van kanselier nu ook leiding aan het ministerie van Buitenlandse Zaken. Over het geheel genomen was de nieuwe regering nu nog minder partijpolitiek gebonden dan de oude, omdat de DVP er niet langer in vertegenwoordigd was. Het vertrek van de DVP was het sein voor een deel van de ondernemerswereld om afstand te nemen van Brüning.[153] Op 16 oktober overleefde het tweede presidentiële kabinet ternauwernood een motie van wantrouwen – dankzij de SPD-fractie die tegen stemde. Eerder had Hitler in een lange 'open brief' aan Brüning geprobeerd te verdedigen waarom de NSDAP ook nu nog strikt wilde vasthouden aan de oppositie tegen de regering: hij vond de ingeslagen weg om het rijk eerst in economisch opzicht te saneren en vervolgens de onderhandelingen met de westelijke machten te openen om tot een revisie te komen, een fundamenteel verkeerde. Aan economisch herstel hoefde niet te worden gedacht als niet eerst een einde werd gemaakt aan de herstelbetalingen. Met zijn deflationistische economische politiek ging Brüning te werk volgens de methode 'operatie geslaagd, patiënt overleden' – kritiek die niet geheel onterecht was, maar waarbij men vergat te vermelden dat het nu juist de nationaalsocialisten waren die van deze politiek die de crisis alleen maar verdiepte, profiteerden.[154]

Nog op diezelfde avond van 10 oktober, na het gesprek met Hindenburg, reden Hitler, Goebbels en Göring naar Bad Harzburg, waar de 'nationale oppositie' de volgende dag op initiatief van Hugenberg een gezamenlijke bijeenkomst wilde houden. De kleine stad aan de rand van de Harz was gekozen omdat in de deelstaat Braunschweig, waartoe ze behoorde, de nationaalsocialisten sinds oktober 1930 samen met de Deutschnationalen regeerden. Heel antirepublikeins rechts trof elkaar hier — naast de belangrijkste leiders van NSDAP, DNVP, Stahlhelm, Reichslandbund en Alldeutscher Verband, waren hier ook de Hohenzollernprins Eitel Friedrich, het vroegere hoofd van de legerleiding generaal Hans von Seeckt, die sinds 1930 afgevaardigde van de DVP was, en de voormalige president van de Rijksbank Hjalmar Schacht, die met zijn aanwezigheid en een rede waarin hij Brünings economische politiek keihard aanviel, nu openlijk liet weten dat hij van kamp was gewisseld.[155] De grootindustrie was ondervertegenwoordigd. Afgezien van Fritz Thyssen en Ernst Brandi, een van de directeuren van de Vereinigte Stahlwerke en voorzitter van de Bergbauverein, waren er vrijwel uitsluitend figuren van de tweede garnituur verschenen, zoals Ernst Middendorf, de algemeen directeur van de Deutsche Erdöl AG, of de Hamburgse scheepsbouwer Rudolf Blohm. 'Het was jammer dat de industrie in Harzburg ontbrak,' klaagde Schacht een paar dagen later in een brief aan Paul Reusch.[156]

Hitler had zich ook maar met tegenzin laten overhalen om aanwezig te zijn. Hij was uren te laat voor de voorbereidende bespreking op de avond van 10 oktober. 'Hitler is woedend omdat men ons klem wil zetten,' noteerde Goebbels. 'Ik spreek nog een uur alleen met hem. Meer afstand naar rechts.'[157] De NSDAP-voor-

Afb. 25 Alfred Hugenberg en Adolf Hitler, de ongelijke partners in het Harzburger Front, 11 oktober 1931.

zitter had in feite geen gehoor gegeven aan de oproep naar Harzburg te komen om daar zijn instemming te tonen, maar juist om zijn aanspraken op de macht nogmaals te onderstrepen en zijn rechtse bondgenoten in niet mis te verstane termen duidelijk te maken dat hij zich niet als 'trommelaar' voor hun karretje liet spannen. Op de ochtend van 11 oktober beperkte hij zich tot het afnemen van de parade van de voorbijmarcherende SA- en SS-eenheden, en vertrok toen de kolonnes van de Stahlhelm aan de beurt waren. Op al even demonstratieve wijze verscheen hij niet aan het gezamenlijke middagmaal: hij kon toch niet, zo rechtvaardigde hij zich, aanschuiven terwijl zijn SA'ers 'met knorrende maag rondliepen'.[158] Op de bijenkomst in de Kursaal die middag verscheen hij na een langdurige en hevige confrontatie met Hugenberg opnieuw te laat, en in zijn rede en het aansluitend door hem voorgelezen manifest liet hij er geen twijfel over bestaan wie het in de toekomst voor het zeggen moest krijgen. De nationaalsocialisten waren bereid 'in het rijk en in de deelstaten alle verantwoordelijkheid op zich te nemen voor de vorming van nationale regeringen', en in die geest zouden ze de 'in de nationale oppositie verenigde groepen in loyale samenwerking de hand reiken'.[159]

Het Harzburger Front, zoals het bondgenootschap al snel zou worden genoemd, was een tamelijk fragiel geheel. Er heerste voornamelijk onderling wantrouwen tussen de partners. Iedereen verdacht de ander ervan alleen zijn eigen doelen te dienen. 'Dat Hitler en Hugenberg elkaar stevig omhelzen zoals twee boksers die willen voorkomen dat hun tegenstander kan uithalen en een gevaarlijk treffer kan plaatsen, dat was al langer bekend dan sinds de bijeenkomst in Harzburg,' schreef de *Vossische Zeitung*.[160] Het enige waar men het over eens was, was de afwijzing van het 'systeem' van Weimar en de intentie de regering-Brüning ten val te brengen, maar niet over een programma voor het overwinnen van de economische en de politieke crisis. Hugenberg, die zich in zijn eigen pers graag liet prijzen als de 'Führer' van het rechts-conservatieve kamp, moest erkennen dat Hitler toch zeker geen genoegen zou nemen met een rol als jongere medefirmant. Anderzijds was de voorzitter van de NSDAP er ondanks zijn bruuskerende gedrag in Bad Harzburg niet op uit het tot een breuk te laten komen, aangezien hij de burgerlijke notabelen nodig had om tegenover de regering-Brüning op geloofwaardige wijze de draaibare coulissen van een machtswisseling op te kunnen bouwen.[161] Dat daarbij als vanzelfsprekend een leidende rol toekwam aan hem persoonlijk en aan zijn beweging, maakte hij duidelijk toen hij een week na de bijeenkomst in Harzburg in Braunschweig bijna 100.000 leden van de SA, SS en de Hitler-Jugend uit heel Duitsland liet aanrukken en hun toeriep, 'nu op het laatst niet de beheersing te verliezen'.[162] Voor Goebbels was dit machtsvertoon 'ons sterke antwoord op Harzburg en aan Brüning'.[163]

Op 25 november 1931, tien dagen na de verpletterende verkiezingsoverwinning van de NSDAP in Hessen, deed zich echter een ernstig incident voor dat Hitlers hele regie in gevaar dreigde te brengen: een afgevaardigde van de Hessische nationaalsocialistische fractie in de Landdag, die vanwege een vervalste doctorstitel zijn zetel had moeten teruggeven, speelde de commissaris van politie in Frankfurt enkele explosieve documenten toe. Deze betroffen het resultaat van een bespreking die leden van de Hessische gouwleiding al begin augustus in de Boxheimer Hof bij Lampertsheim hadden gevoerd. De *Boxheimer Dokumente*, zoals de stukken werden genoemd naar de plaats waar ze tot stand kwamen, bevatten een reeks proclamaties en verordeningen voor het geval er een nationaalsocialistische machtsovername plaatsvond na het neerslaan van een communistische poging tot opstand, waarvan werd beweerd dat die zou plaatsvinden. Om de 'openbare veiligheid' te herstellen, zou 'meedogenloos doorpakken van de gewapende macht' nodig zijn. Elk bevel van de SA en de Landeswehren moest onmiddellijk worden opgevolgd. 'Elk verzet wordt met de dood bestraft.' Wie in het bezit bleek van een vuurwapen, moest 'ter plekke worden doodgeschoten'. Zo werden ook ambtenaren, functionarissen en arbeiders die niet direct weer aan het werk gingen, bedreigd met de doodstraf.[164] De opsteller van het document was aankomend jurist Werner Best, hoofd van de juridische afdeling van de gouwleiding en beoogd voorzitter van de fractie in de Landdag – een jonge, eerzuchtige, gepromoveerde jurist die zijn partijgenoten kennelijk eens wilde laten zien hoe men een 'greep naar de macht' met ogenschijnlijk legale middelen als een defensieve noodmaatregel kon verbloemen.

Het uitlekken van deze plannen baarde nogal wat opzien, omdat ze elke angst voor de gewelddadige bedoelingen van de nationaalsocialisten leken te bevestigen. 'Wrede, fascistische heerschappij van het geweld – Hessen moet de proeftuin van het Duitse fascisme worden,' kopte het SPD-blad *Hessische Volkszeitung*.[165] Terwijl de sociaaldemocratische en de liberale pers eisten dat dit gevolgen zou krijgen, probeerde het hoofd van het Openbaar Ministerie, Karl August Werner, het incident te bagatelliseren. Hij handelde daarbij op directe instructie van Brüning, die wilde voorkomen dat de lopende onderhandelingen tussen Zentrum en NSDAP in Hessen over de vorming van een zwart-bruine coalitie op deelstaatniveau door de affaire-Boxheim zouden worden belast. (Die onderhandelingen zouden in december mislukken.) Op 30 november werd er een onderzoek ingesteld tegen de inmiddels door de overheid geschorste auteur van de Boxheimer Dokumente. Dat onderzoek werd echter bewust vertraagd, en in oktober 1932 werd Best door de vierde senaat van het Reichsgericht wegen gebrek aan bewijs 'buiten vervolging gesteld'.

De voorzichtige manier waarop de gerechtelijke instanties omgingen met de nationaalsocialisten, stond in schril contrast met de hardheid waarmee ze optraden tegen links. Eind november 1931 werd Carl von Ossietzky wegens zogenaamd 'verraad van militaire geheimen' veroordeeld tot een jaar en zes maanden gevangenisstraf. Over een protestbijeenkomst van de Liga für Menschenrechte, waarop onder meer journalist Leopold Schwarzschild en de schrijver Arnold Zweig spraken, noteerde Thea Sternheim: 'Het meest angstaanjagende [...] is het feit dat alle sprekers rekening houden met het begin van een Derde Rijk, dat wil zeggen op de verwerkelijking van de onlangs nog in het Hessische document geformuleerde duistere fantasieën van bepaalde gewelddadige figuren.'[166]

Voor Hitler waren deze onthullingen bijzonder onaangenaam, omdat ze eens te meer zijn openlijke belijdenis van de legaliteit in twijfel trokken. In opdracht van Hitler haastte Göring zich de rijkspresident te verzekeren dat de partijleiding 'in het geheel niets te maken heeft met de Boxheimer Dokumente', en nog altijd aan haar 'vaak genoeg bezworen standpunt van de strikte legaliteit' vasthield.[167] Begin december lukte het Hanfstaengl Hitler ervan te overtuigen dat een internationale persconferentie in Hotel Kaiserhof het meest geschikte middel was om de publieke opinie gerust te stellen over zijn plannen. Voor de verzamelde pers benadrukte de partijvoorzitter hoe onzinnig de veronderstelling was dat de NSDAP, die nu op de drempel van de macht stond, op het allerlaatst ineens het principe van de legaliteit zou laten varen. Anderzijds kon hij zijn partijgenoten niet verbieden na te denken over wat er moest gebeuren als er een communistische opstand zou plaatsvinden. Opnieuw overdreef Hitler de dreiging die zou uitgaan van de communisten om de aandacht af te leiden van hoe gevaarlijk hij zelf was. De beslissende strijd tegen het bolsjewisme zou in Duitsland worden uitgevochten, en de nationaalsocialisten beschouwden het als hun missie die strijd te winnen.[168] Hanfstaengl was verrukt over Hitlers debuut voor de buitenlandse pers: hij zou 'afgemeten, verstandig en overtuigend' hebben gesproken en ook in zijn polemische uitlatingen 'hebben volstaan met koele ironie', 'zonder onbehouwen en overdonderend over te komen'.[169]

Door zich voor te doen als een gematigde politicus die zijn emoties stevig onder controle had, wist Hitler kennelijk ook indruk te maken op de sceptischere aanwezigen. Maar bij buitenlandse journalisten en diplomaten veroorzaakte hij na persoonlijke gesprekken toch gemengde gevoelens. De Amerikaanse journalist Hubert R. Knickerbocker, die hem eind 1931 in het Braune Haus interviewde, was zeer onder de indruk van de 'hoffelijke gastheer': 'Hij zelf schoof de bezoekersstoel voor mij aan en glimlachte me innemend toe.' Toch moest ook Knickerbocker vaststellen dat wanneer Hitler eenmaal op gang was, hij vergeten leek te zijn dat hij gasten had. 'Al ras versnelde het tempo waarin hij sprak en zijn stem kreeg een volume alsof hij op het podium stond, hij boog zich in zijn stoel voorover, gesticuleerde hevig, richtte zijn ogen in het luchtledige en sprak als tegen een auditorium.'¹⁷⁰ Ook de Amerikaanse ambassadeur in Berlijn, Frederick M. Sackett, die Hitler begin december 1931 tijdens een avond bij Emil Georg von Stauß sprak, had het gevoel 'dat hij een groot publiek toesprak': 'Terwijl hij zo fel sprak, keek hij me nooit recht aan.' Als hij ooit aan de macht zou komen, zou Hitler, zo stelde Sackett zijn minister van Buitenlandse Zaken Henry Stimson gerust, binnen de kortste keren mislukken: 'Hij is zeker niet uit het hout gesneden waaruit staatsmannen voortkomen.'¹⁷¹

Veel harder was het oordeel van de Amerikaanse journaliste Dorothy Thompson, de vrouw van de Amerikaanse winnaar van de Nobelprijs voor literatuur, Sinclair Lewis, aan wie Hitler in november 1931 in zijn salon in Hotel Kaiserhof een interview gunde. Zij was ervan overtuigd geweest, zo schreef ze in haar in 1932 gepubliceerde boek *I saw Hitler*, 'de toekomstige dictator van Duitsland te hebben ontmoet', maar had in een oogwenk de 'angstaanjagende betekenisloosheid herkend van de man naar wie de wereld zo nieuwsgierig was'. Hitler leek de wereldse, mondaine reporter het 'precieze prototype van de kleine man': 'Een lok sluik haar valt over zijn weinig indrukwekkende en enigszins terugwijkende voorhoofd. Hij heeft een plat achterhoofd. Het gezicht is breed bij de jukbeenderen. De neus is groot, maar slecht van vorm en karakterloos. Zijn bewegingen zijn onbeholpen, nogal gewoontjes en bepaald niet die van een krijger.' En toch voelde ze geen afkeer van Hitler. De 'zachte, haast vrouwelijke charme van de Oostenrijker' sprak haar aan, en als opvallend kenmerk beschreef ze zijn ogen, die een 'bijzondere glans' hadden. Tijdens het interview gedroeg Hitler zich echter niet anders dan tegenover mannelijke gesprekspartners: 'Hij spreekt voortdurend zo alsof hij voor een groot publiek staat. In de persoonlijke omgang is hij schuw, ja haast verlegen. Bij elke vraag zoekt hij naar een thema dat hem goed uitkomt. Dan staren zijn ogen naar de verste hoek van de kamer. Zijn stem krijgt een licht hysterische klank die soms bijna in schreeuwen ontaardt. Hij lijkt in trance te verkeren.'¹⁷²

Dorothy Thompsons observaties sluiten in veel opzichten aan bij die van Klaus Mann, die enkele maanden later in de Tea Room van Hotel Carlton in München zag hoe Hitler met 'half infantiele, half roofdierachtige vraatzucht' het ene na het andere aardbeiengebakje verslond. Thomas Manns oudste zoon was uitgebreid in de gelegenheid Hitler te midden van zijn entourage te bestuderen. Zijn oordeel: 'een boosaardig, kleingeestig mannetje met een hysterisch vertroebelde blik in zijn bleke, opgeblazen smoelwerk'. In zijn in 1952 postuum verschenen autobiografie *Het keerpunt* schrijf Klaus Mann verder:

> Het was absoluut geen prettig gevoel in de buurt van een dergelijk creatuur te zitten, en toch kreeg ik maar niet genoeg van die walgelijke bakkes. Ik

had hem weliswaar nooit bijzonder aantrekkelijk gevonden, noch op foto's, noch op een felverlicht podium, maar de lelijkheid die ik nu tegenover me zag, overtrof toch al mijn verwachtingen. Het vulgaire van zijn trekken stelde me gerust, het deed me goed. Ik bekeek hem en dacht: jij gaat niet winnen, Schicklgruber, al brul jij je de ziel uit je lijf. Wil jij over Duitsland heersen? Dictator wil je zijn – met die neus? Laat me niet lachen [...]. Jij komt nooit aan de macht!'[173]

Klaus Manns beschrijving is een goed voorbeeld van hoe een zuiver esthetisch oordeel over Hitler, de afkeer van een als afstotelijk ervaren gelaat, ertoe kon leiden dat de man, zijn effect op de massa en zijn politieke doorzettingsvermogen werden onderschat.

Het moet gezegd worden dat het niet bij dit soort momentopnames bleef. Juist rond de jaarwisseling van 1931–1932 werden er meerdere pogingen ondernomen het fenomeen Hitler en het nationaalsocialisme grondiger te analyseren. Het belangrijkste voorbeeld daarvan is Theodor Heuss' *Hitlers Weg. Eine historisch-politische Studie über den Nationalsozialismus*, dat de auteur begin december 1931 voltooide en dat in rap tempo zeven herdrukken beleefde. Heuss, die docent aan de *Berliner Hochschule für Politik* en afgevaardigde in de Rijksdag voor de Deutsche Staatspartei was, legde de vinger op de januskop van de nationaalsocialistische beweging: enerzijds de wereld van de sterke emoties en hartstochten – de Führercultus, het haast religieuze geloof in een man en zijn 'wereldvisie', de massasuggestie van de openbare bijeenkomsten – en anderzijds het bureaucratische apparaat, de door-en-door georganiseerde, uiterst efficiënte partijmachine die was ingericht op de koele, berekenende machtsovername. 'De rationalistische, koele berekening van de macht en het ongeremde gevoel staan direct naast elkaar.' Deze ogenschijnlijke tegenspraak was volgens Heuss ook kenmerkend voor Hitler zelf. Hij schilderde hem enerzijds af als een 'meester van de gevoelsextase – de techniek van de geschoolde massapsycholoog verbindt zich met het gevoel dat van de massa uitgaat, het opgewonden en opgezweepte enthousiasme van een primitieve hartstocht' – maar anderzijds als een 'politicus die aan de macht wil'. Hitlers bezweringen dat hij de legale weg koos, typeerde Heuss als dat wat ze waren – niet meer dan tactische manoeuvres om zijn doel te bereiken. 'Legaliteit betekent nu vorming of bevestiging door de wil van de meerderheid. Deze beschimper van de democratie onderwerpt zich, bezwerend, aan haar techniek en haar idee. Door dat zo te doen, laat hij zijn volgelingen weten: dit is geen inhoudelijke koerswijziging, maar het inlassen van een periode van aanpassing om tijd te winnen, om even geduld te oefenen. Want morgen, overmorgen zullen wij de meerderheid van de stemmen bezitten, en de meerderheid – dat is de macht.'

In dat verband zag Heuss ook de matiging van Hitlers toon in zijn redevoeringen. 'Hij scheldt aanzienlijk minder. Hij vreet geen Joden meer voor het ontbijt. Nu kan hij urenlang spreken zonder het woord "Jood" zelfs ook maar in de mond te nemen.' Dit bekende echter niet, zo maakte Heuss duidelijk, dat Hitler zijn antisemitisme nu had beteugeld. Dit diende enkel 'de tactische behoefte niet al te monomaan over te komen'. Al even scherpzinnig zag Heuss dat 'de verwerving van gebied in het Europese oosten [...] de kern vormde van Hitlers buitenlandse politiek', en dat de verwerkelijking van deze doelstelling tot oorlog zou leiden, ook al beweerde Hitler dat dit niet het geval was. 'Hij verweert zich tegen het verwijt dat hij op een nieuwe oorlog aanstuurt, maar gaat ervan uit dat er een nieuwe oorlog voor nodig is, en de Duitse buitenlandse politiek moet erop gericht zijn dat Duitsland die oorlog wint.'[174] Wie Heuss' analyse had gelezen, was niet alleen goed geïnformeerd over de weg die Hitler tot op dat moment had afgelegd, maar ook over datgene wat hij in het geval van een machtsovername van plan was.

De meeste tijdgenoten hadden echter niet zo'n heldere visie op het wereldgebeuren. Victor Klemperer beschreef de heersende stemming tegen het einde van het jaar als een algemeen gevoel van vertwijfeling: 'Men wil enkel op de een of andere manier verder leven zonder de zin en de mogelijkheid van dat verder leven werkelijk te bevatten. De mensen zijn helemaal afgestompt.' En Harry graaf Kessler hield het bij een laconieke aantekening: 'Treurige jaarwisseling. Einde van een catastrofaal jaar en het begin van een vermoedelijk nog catastrofaler jaar.'[175]

10

Hitler en de vrouwen

'Het waren ditmaal inderdaad zeer droevige dagen. De grote eenzaamheid moet eerst overwonnen worden,' klaagde Hitler op 30 december 1931 in een brief aan Winifred Wagner. Hij was op kerstavond weliswaar door Bayreuth gekomen, maar had zich er niet toe kunnen zetten haar te bezoeken. 'Waarom zou je vreugde ontnemen alleen omdat je zelf bedroefd bent?'¹ Hitlers droefheid had een heel tastbare, persoonlijke reden: op de ochtend van 19 september 1931 was zijn nicht Geli Raubal dood aangetroffen in zijn woning in de Prinzregentenstraße; naast haar lag het pistool dat Hitler in zijn bureaula bewaarde om zich tegen eventuele aanslagen te kunnen verdedigen.

Het incident baarde uiteraard veel opzien, want de nieuwe ster op het podium van de Duitse politiek werd op dat moment gepaaid als mogelijke partner in een rechtse coalitie. Zijn privéleven stond korte tijd in het middelpunt van de aandacht, om er snel weer uit te verdwijnen. Voor historici biedt de tragedie in de Prinzregentenstraße echter een aanknopingspunt om een cruciale kwestie aan te snijden inzake Hitlers persoonlijke biografie, namelijk hoe het gesteld was met zijn betrekkingen tot het vrouwelijke geslacht.

Die vraag is uiterst moeilijk en waarschijnlijk nooit definitief te beantwoorden. Zijn eerste biograaf, Konrad Heiden, had het al over 'ondoorzichtige erotiek', en daaraan is tot dusver weinig veranderd.² Wat dit facet van zijn privéleven betreft, heeft Hitler zelfs tegenover vertrouwelingen verstoppertje gespeeld. Authentieke persoonlijke documenten zijn uiterst zeldzaam; het meeste is waarschijnlijk ten prooi gevallen aan de vernietigingsactie door Julius Schaub aan het eind van de oorlog. Geen wonder dat geen enkel hoofdstuk van zijn biografie met zo veel geruchten en legenden is omgeven als zijn verstandhouding met vrouwen. Tot de merkwaardigste behoren de speculaties over zijn genitaliën die telkens weer de kop opsteken. Zo heeft men het verhaal van een medeleerling dat een bok de halve penis van de jonge Adolf zou hebben afgebeten, even klakkeloos overgenomen als de bewering op grond van het lijkschouwingsverslag door Russische pathologen-anatomen dat Hitler een zaadbal miste. Afgaande op alles wat we weten van zijn lijfarts, Theodor Morell, die Hitler ook intiem heeft onderzocht, waren de geslachtsorganen van zijn patiënt normaal ontwikkeld. Alle vermoedens dat hij niet in staat zou zijn geweest vrouwen lichamelijk te beminnen, zijn ongegrond.[3]

Ook alle pogingen iets pathologisch te vinden in Hitlers seksuele leven, leidden tot niets. Ze werden onder andere gevoed door Ernst Hanfstaengl, die zijn in 1970 verschenen memoires kruidde met een anekdote die inspeelde op het voyeurisme van de lezers: toen hij op een avond de kamer had verlaten om een taxi voor Hitler te roepen, zou deze van zijn afwezigheid hebben geprofiteerd om voor Hanfstaengls vrouw Helene 'neer te knielen, zich haar slaaf te noemen en zich te beklagen over zijn jammerlijke lot, dat hem de bitterzoete ervaring van hun kennismaking te laat had beschoren'. Het zou zijn vrouw 'ternauwernood' zijn gelukt 'de deemoedig kronkelende man tijdig weer te laten opstaan' voordat haar man getuige had kunnen zijn van deze ambigue situatie.[4] Het lag zo voor de hand dat een man die later bevel zou geven tot zulke monsterlijke misdaden, ook in seksueel opzicht alleen maar pervers kon zijn geweest, dat het gretig in de literatuur is opgenomen.[5]

Ook de al vroeg en vooral onder bannelingen opduikende bewering als zou Hitler homoseksuele neigingen hebben gehad, heeft geen steek gehouden. In zijn in 2001 met veel tamtam op de markt gebrachte boek *Hitlers Geheimnis* heeft Lothar Machtan dit tot de kern van een omvangrijk onderzoek gemaakt. Het ging hem erom, zo verklaarde hij, te bewijzen 'dat Hitler van mannen hield, [...] en dat het voor het begrijpen van zowel zijn persoon als van zijn carrière beslist nodig is daarvan op de hoogte te zijn'.[6] Overigens zou Hitler 'zijn gelijkgeslachtelijke hartstocht' hebben moeten 'temmen' omdat homoseksualiteit 'een dodelijke handicap voor een politieke carrière' vormde. 'Zijn viriele imponeergedrag' zou dan ook 'in feite slechts een krampachtige uitdrukking van zijn pogingen' zijn geweest 'zijn vrouwelijke aard te verdoezelen'.[7] Machtan probeerde zijn interpretatie aannemelijk te maken met aanvullende bewijzen, maar kon er geen enkel overtuigende aanwijzing voor leveren dat de vermeende homoseksualiteit van Hitler meer was dan pure speculatie.

Volgens een andere curieuze variant op het gebied van vermoedens met betrekking tot Hitlers driftleven zou hij géén seksuele behoeften hebben gehad. Deze veronderstelling is gebaseerd op de verklaring van Christa Schroeder, die lange tijd zijn secretaresse is geweest en de houding van haar 'chef' tegenover het vrouwelijke geslacht omschreef met de bondige zin: 'Hij had erotiek nodig, maar geen seks.' Hitler zou zijn bevrediging hebben gevonden in de 'extase van de massa's'. Al zijn betrekkingen met vrouwen zouden 'platonisch' zijn geweest.[8] Joachim Fest heeft dergelijke zinspelingen overgenomen door Hitlers retorische triomfen te interpreteren als 'surrogaathandelingen voor een tot niets leidende seksualiteit'.[9] In het verlengde hiervan ligt het eveneens populair geworden idee dat de van zijn zending overtuigde egomaan überhaupt niet in staat zou zijn geweest tot emotionele relaties met vrouwen. 'Hitler hield in laatste instantie alleen van zichzelf.'[10] Het verband lijkt weliswaar logisch maar volstaat uiteraard niet om de met complexen belaste relaties te verklaren.

Het staat in elk geval wel vast dat Hitler zonder meer gevoelig was voor vrouwelijke charmes. 'Wat zijn er toch mooie vrouwen!' dweepte hij eind januari 1942 in de Wolfsschanze. 'We zaten in de Ratskeller in Bremen. Er kwam een vrouw binnen en je had echt het idee dat de Olympus zich had geopenbaard! Gewoonweg stralend! De gasten legden hun bestek neer en alle ogen richtten zich op die vrouw! En later in Braunschweig! Ik heb me daarna de bitterste verwijten gemaakt! Het verging alle heren zoals mij: een blond ding kwam op me afgesprongen in de auto om me een bos bloemen te geven; iedereen herinnert zich het voorval, maar niemand was op het idee gekomen het meisje om haar adres te vragen, zodat ik haar een bedankbrief had kunnen schrijven. Blond en groot en prachtig!'[11]

Als 'blond en groot en prachtig' herinnerde Hitler zich ook Stefanie, zijn jeugdliefde uit zijn tijd in Linz. De verliefde zeventienjarige had het meisje overigens nooit durven aanspreken; het was bij aanbidding vanuit de verte gebleven. 'Ook tijdens mijn jeugd in Wenen heb ik veel mooie vrouwen ontmoet,' besloot Hitler zijn monoloog in zijn hoofdkwartier. Maar kennelijk heeft hij met geen van hen nader kennisgemaakt. Christa Schroeder vertelt over een vrouw, een zekere Emilie, uit de Weense tijd, die Hitler zelf als zijn 'eerste liefde' aanduidde.[12] Het ging daarbij, zoals Brigitte Hamann heeft ontdekt, om de zeventienjarige zus van zijn toenmalige vriend Rudolf Häusler – een bedeesd, beschermd opgevoed meisje, aan wie Hitler weliswaar een keer een tekening heeft gegeven, maar met wie hij beslist geen liefdesverhouding heeft gehad.[13] Ook uit de periode in München vóór het begin van de oorlog in 1914, toen Hitler een kluizenaarsleven leidde, zijn geen contacten met vrouwen bekend.

Was het verlegenheid of zelfopgelegde ascese waardoor hij nadere kennismaking met het andere geslacht vermeed? Dat weten we niet. We kunnen slechts vermoeden dat Hitler hetzelfde deed als alle jongemannen in zulke gevallen, namelijk zichzelf bevredigen. Onanie, door generaties van artsen, priesters en pedagogen gebrandmerkt als een doodzonde, ging bij alle opgroeiende jongeren in alle sociale lagen indertijd gepaard met intense schuldgevoelens – 'zonder meer de grootste *Angstlust*' noemt Joachim Radkau het in zijn studie over het neurasthenische lijden rondom de eeuwwisseling.[14] Misschien was dat de oorzaak van Hitlers geremdheid. Men mag in elk geval niet uit het oog verliezen dat de jongeman zich na het afbreken van zijn studie en het fiasco op de academie in Wenen een volslagen mislukkeling voelde – geen gunstig uitgangspunt om zelfverzekerd op veroveringstocht te gaan.

Toen Hitler op 25-jarige leeftijd ten strijde trok, had hij kennelijk nog geen seksuele ervaring met vrouwen opgedaan, en dat schijnt, zoals reeds gezegd, ook in de vier jaar van zijn verblijf aan het front niet veranderd te zijn. Door zijn kameraden in het veld, wier gesprekken bij voorkeur over seks gingen, werd hij vanwege zijn gespeelde of echte onverschilligheid voor de gek gehouden, maar uiteindelijk namen ze hem zoals hij zich voordeed – een wat zonderlinge heilige die blijk gaf van een merkwaardige onthouding van elk zinnelijk genot.[15] Na 1918 wilden de soldaten die aan de gruwelijke slachtpartij van de slijtageslagen waren ontsnapt, en de vrouwen, die hun man zo lang hadden moeten missen, het gemis zo snel mogelijk inhalen. De algehele versoepeling van de zeden, zoals die bijvoorbeeld bleek uit de alom om zich heen grijpende 'dansrage', kwam tegemoet aan dergelijke wensen. Daarom heeft men vermoed dat ook Hitler in de opwindende jaren na de oorlog, die tevens het begin van zijn politieke opmars markeerden, zijn bevangenheid tegenover vrouwen heeft afgelegd en zich in het gewoel van de amusementswereld heeft gestort.[16] Het grootste verwijt dat zijn tegenstanders binnen de partij hem in de zomer van 1921 maakten, was in elk geval zijn 'overdreven omgang met vrouwen'.[17] Maar daarover is niets met zekerheid bekend, alleen opnieuw geroddel uit de tweede hand. Zo zou hij in 1923 een verhouding hebben gehad met Jenny Haug, de zus van zijn toenmalige chauffeur. Dat zegt in elk geval Konrad Heiden, die het van ingewijden zou hebben gehoord.[18]

Hitler was in die tijd vaker te vinden in het gezelschap van vrouwen van het type 'moederlijke vriendin': Hermine Hoffmann, Helene Bechstein en Elsa Bruckmann, die de opkomende, maar nog altijd onbeholpen en enigszins verloren lijkende politicus onder hun vleugels namen.[19] Er heerste tussen de 'Hitler-mama's' een zekere rivaliteit om de aandacht van hun beschermeling. Zo was het voorgekomen, herinnerde Hitler zich in maart 1942, dat een dame uit de Münchener society niet meer met hem samen in de salon van de Bruckmanns werd uitgenodigd nadat de echtgenote van de uitgever de blik zou hebben opgevangen die deze vrouw hem bij het afscheid zou hebben toegeworpen. 'Ze was heel mooi, en ik zou interessant voor haar zijn geweest, meer niet!'[20] Helene Bechstein was zo ingenomen met Hitler dat ze hem liefst als man van haar enige dochter Lotte zou hebben gezien. 'Hij kon niet kussen!' antwoordde de vijftien jaar jongere Bechstein-erfgename later op de vraag waarom het niet tot een liaison met Hitler was gekomen.[21]

Ook Winifred Wagner voldeed in zeker opzicht aan het beeld van de 'moederlijke vriendin', hoewel ze acht jaar jonger was dan Hitler. Daartoe aangezet door het lezen van een Mussolini-biografie probeerde ze in november 1926 duidelijkheid te krijgen over haar relatie met de bewonderde vriend. Mannen, zo schreef ze een kennis, die tot 'zulke hoge posten geroepen' zijn, moesten wel 'innerlijk volkomen vereenzamen' doordat hun missie hen 'boven de anderen en daardoor buiten de anderen' stelde. De omgang met een vrouwelijk wezen was 'de enige brug en het enige contact met de rest van de mensheid', en 'van onmetelijke betekenis' voor zulke mannen, wier karakter 'bijna uitsluitend' door hun moeder was gevormd. Bij zowel Mussolini als bij Hitler werd hun relatie tot vrouwen daarom bepaald door 'het verlangen naar de overleden moeder'.[22] Winifred Wagner wist wat voor belangrijke rol Klara Hitler in het leven van haar zoon had gespeeld en hoezeer hij had geleden onder haar vroegtijdige dood. Daarom probeerde ze een soort surrogaatmoeder voor hem te zijn, hoewel haar 'Wolf' waarschijnlijk meer dan louter moederlijke gevoelens in haar wekte.

Toen Hitler in 1924 in Landsberg gevangen zat, viel het gevangenisdirecteur Leybold op dat Hitler als vrijgezel beter tegen opsluiting kon dan zijn getrouwde medegevangenen. 'Hij wordt niet aangetrokken door vrouwelijkheid; vrouwen met wie hij tijdens bezoeken in aanraking komt, behandelt hij evenwel met grote hoffelijkheid, zonder serieuze politieke gesprekken met hen aan te knopen.'[23] En inderdaad, Hitler was altijd uiterst voorkomend tegenover vrouwen, begroette hen, als cavalier van de oude stempel, met een handkus en legde een zachte, innemende warmte in zijn stem. Mensen die hem alleen maar kenden als een wild tierende en gesticulerende spreker, waren vaak verrast als ze de charmeur in intieme kring meemaakten. Tegelijkertijd stelde Hitler het niet op prijs – ook dat zag Leybold juist – als vrouwen zich met zijn politieke zaken bemoeiden. De ervaringen uit het verleden, doceerde hij nog vele jaren later tijdens het middagmaal in de Wolfsschanze, hebben het 'onomstotelijke bewijs' geleverd 'dat de vrouw – ook al is ze nog zo intelligent – in de politiek verstandelijke en gevoelsmatige zaken niet kan scheiden'.[24]

Hitlers vrouwbeeld was en bleef uiterst traditioneel: politiek en werk waren mannendingen, de vrouw was verantwoordelijk voor huis en haard, voor de verzorging van haar man en de opvoeding van hun kinderen. 'De wereld van de man is groot, vergeleken met die van de vrouw: de man gehoorzaamt zijn plicht, en slechts af en toe gaan zijn gedachten uit naar de vrouw. De wereld van de vrouw is de man, aan iets anders denkt ze slechts af en toe; dat is een groot verschil.' Vrouwen, zo verzekerde hij telkens weer, waren aangewezen op de bescherming door de man; zonder hem waren ze verloren: 'Daarom houdt de vrouw van de held; hij geeft haar een gevoel van geborgenheid, ze wil een heldhaftige man.'[25] Een gelijkwaardige verhouding tussen man en vrouw ging Hitlers voorstellingsvermogen te boven.

Hitler had al op jonge leeftijd besloten af te zien van huwelijk en gezinsleven. Toen Rudolf Heß in juni 1924 in Landsberg voorstelde zijn zus Paula van Wenen naar München te laten verhuizen, wees hij dat 'met alle tekenen van ontzetting' van de hand. Het zou slechts 'een last, een belemmering voor hem' zijn. Ze zou immers kunnen proberen zijn beslissingen te beïnvloeden. 'Om diezelfde reden trouwde hij niet, meed hij zelfs sterkere genegenheden – gaf hij in bedekte termen te kennen – voor een vrouwelijk wezen. Hij moest zich te allen tijde zonder de geringste menselijke, persoonlijke gedachte aan alle gevaren kunnen blootstellen en desnoods sterven.'[26] Hitler zou tot vlak voor zijn zelfmoord in de bunker van de rijkskanselarij vasthouden aan het uitgangspunt dat hij zich nooit door een huwelijk aan een vrouw zou binden om zich niet door persoonlijke overwegingen te laten beperken in zijn politieke handelen.

Na zijn vrijlating uit de gevangenis van Landsberg werd in de nationaalsocialistische kringen van München verteld dat Hitler zich wilde liëren aan Erna Hanfstaengl, de zus van Ernst ('Putzi') Hanfstaengl. Soortgelijke geruchten doken ook later telkens weer op, zodat Hitler zich begin maart 1925 genoodzaakt zag ze te ontkennen: 'Ik ben zozeer getrouwd met de politiek dat ik er niet aan kan denken me ook nog eens te "verloven".'[27]

Dat sloot relaties met vrouwen geenszins uit. Na Landsberg belastte Hitlers nieuwe chauffeur, de knappe Emil Maurice, zich met het 'opscharrelen van meisjes' als hij met zijn 'chef' onderweg was. Overigens, zo vertelde Maurice na de oorlog tegen Christa Schroeder, hadden ze 's avonds na de bijeenkomsten alleen maar bij elkaar gezeten en gepraat; Hitler zou zijn gezelschapsdames ook geld hebben gegeven, maar nooit tegenprestaties hebben verlangd.[28] Het ging hem er waarschijnlijk om zich na de inspannende spreekbeurten in het gezelschap van mooie vrouwen te kunnen ontspannen. Wat de 'seksuele kwestie' betrof, zo verklaarde Maurice al tijdens zijn verhoor in juni 1945, kon hij met zekerheid zeggen dat het 'tijdens geen van de verschillende kortere of langere verliefdheden van Hitler tot intieme omgang was gekomen'.[29]

Dat gold kennelijk ook voor zijn affaire met Maria Reiter, die hij in de herfst van 1926 in Berchtesgaden leerde kennen, in de tijd dus dat hij daar het tweede deel van *Mein Kampf* voltooide. Het bestaan van die 'onbekende geliefde' werd pas bekend in 1959 dankzij een artikel in *Stern*, het geïllustreerde tijdschrift dat dit als 'sensationele ontdekking' bracht.[30] Hoewel men geen geloof moet hechten aan alle details van dit verhaal dat de indertijd in een voorstad van München teruggetrokken wonende vrouw tegenover de verslaggever vertelde, is het in vele opzichten verhelderend voor Hitlers complexe relatie met vrouwen.

Maria Reiter werd op 23 december 1909 geboren in Berchtesgaden. Haar vader, een gediplomeerd kleermaker, was een van de oprichters van de plaatselijke SPD. Haar moeder had een modezaak op de begane grond van het Deutsche Haus – het hotel waar Hitler in de herfst van 1926 zijn intrek nam.[31] Enkele weken voordat Maria Reiter Hitler voor het eerst ontmoette, was haar moeder gestorven. Haar oudere zus zette de textielzaak voort, zijzelf hielp als verkoopster. Hitler had het blonde meisje met de blauwe ogen al langere tijd geobserveerd voordat hij zich aan haar voorstelde. Aanknopingspunt was een gesprek over de honden die ze uitlieten in het Kurpark van Berchtesgaden. 'Herdershonden zijn heel trouw en aanhankelijk,' zou Hitler hebben gezegd. 'Ik zou me geen leven zonder deze hond meer kunnen voorstellen. Vergaat het u zo ook niet?'

Maria Reiter was toen 16, Hitler 37. We herinneren ons dat ook zijn vader een voorkeur had voor veel jongere vrouwen. De latere Führer en rijkskanselier maakte geen geheim van zijn voorkeur: 'Er is toch niets mooiers dan een jong ding op te voeden; een meisje van achttien, twintig jaar is zo kneedbaar als was. Een man moet de mogelijkheid hebben zijn stempel op elk meisje te drukken. De vrouw wil ook niets anders!'[32] Kennelijk rationaliseerde Hitler hier een probleem dat hij had met vrouwen van dezelfde leeftijd, die hem zelfverzekerd tegemoet traden, intellectueel gevormd waren en hem lieten merken dat ze het gekunstelde van zijn charmante pose doorzagen. Zulke ontmoetingen raakten aan zijn minderwaardigheidsgevoelens, zoals bleek uit de verlegenheid die hij tijdens het gesprek met Dorothy Thompson in 1931 aan de dag legde.[33]

Bij 'Mimi', 'Mizzi' of 'Mitzerl' zoals Hitler zijn nieuwe kennisje algauw noemde, kon hij de rol van dominerende, vaderlijke vriend spelen. Hij maakte haar het hof, nodigde haar en haar zus uit voor een bijeenkomst van de NSDAP in het Deutsche Haus en richtte tijdens de aansluitende bijeenkomst in kleine kring al zijn aandacht op haar. Op de lichtelijk gepikeerde vraag van een aanwezige dochter

Afb. 26 Maria Reiter op zestienjarige leeftijd, toen ze Hitler leerde kennen. Op de achterkant van de foto de opdracht 'Ter eeuwige herinnering van je Mizzi Reiter, 26-8-1926'.

van de hoteleigenaar waarom hij eigenlijk niet getrouwd was, antwoordde Hitler dat hij eerst 'het Duitse volk [moest] redden dat neerligt', waarbij hij, zoals Maria Reiter zich herinnerde, haar benen aanraakte met zijn knie en met zijn schoen hard op haar tenen trapte. Deze niet bepaald fijngevoelige manier van contact zoeken zou zijn voortgezet toen Hitler zich later op de avond, in het huis van haar zus, voor haar had opgesteld, haar doordringend had aangekeken en had gevraagd: 'Wilt u me geen afscheidskusje geven?' Toen ze afwerend reageerde – 'Ik heb nog nooit een man gekust. En ik kan u niet kussen' – was Hitlers houding abrupt veranderd: 'Zijn mond werd opeens smal. Zijn blik verloor de warmte die er zojuist nog in had gelegen.'

Dat het misschien zo is gegaan, wordt mogelijk bevestigd door Henriette Hoffmann, de jonge dochter van de fotograaf Heinrich Hoffmann, die later trouwde met *Reichsjugendführer* Baldur van Schirach, en een soortgelijk voorval beschreef. Hitler zou haar, zo vertelt ze, op een avond in het huis van haar vader, toen de gasten al afscheid hadden genomen, onverwachts hebben benaderd: 'Meneer Hitler droeg zijn Engelse trenchcoat en had zijn hoed van grijs velours in zijn hand. En toen zei hij iets wat absoluut niet bij hem paste, en hij zei het heel ernstig: "Wilt u me niet kussen?"' Ook Henriette Hoffmann zou er niet op in zijn gegaan: 'Nee, alstublieft, echt niet, meneer Hitler, ik kan het echt niet!' Hitlers reactie: 'Hij zei geen woord, sloeg met zijn zweep op zijn handpalm en liep langzaam de trap af naar de voordeur.'[34]

Hoe is zo'n houding te verklaren? Kennelijk beschikte Hitler, ondanks al zijn charme, niet over een repertoire dat hem in staat stelde ongedwongen een vrouw te benaderen op een manier die verder ging dan alleen het uitwisselen van beleefdheden. Misschien heeft zijn gebrek aan ervaring een rol gespeeld, maar ook het ontbrekende vermogen of de bereidheid zich te verplaatsen in de wensen en behoeften van degenen die hij voor zich wilde winnen. Op een overval lijkende avances en een al even abrupt wegdraaien als zijn onhandige pogingen niet met liefde werden beantwoord, waren kenmerkend voor zijn houding, voor het feit dat het hem aan een innerlijk gevoelskompas ontbrak.

Ondanks de afwijzing verbrak Hitler de relatie met Maria Reiter niet. Hij begeleidde haar naar het graf van haar moeder, stelde daar voor dat ze hem zou tutoyeren en vroeg haar hem 'Wolf' te noemen – een voorrecht dat afgezien van Winifred Wagner slechts enkele vrouwen ten deel viel. Ook kwam het nog tot een eerste kus, maar die vond, als men mevrouw Reiter mag geloven, opnieuw onder merkwaardige omstandigheden plaats. Maurice reed het paar naar een bos voorbij Bischofswiesen. Terwijl hij zelf in de auto bleef zitten, bracht Hitler het zestienjarige meisje naar een open plek, zette haar voor een hoge dennenboom en keek haar strak aan, 'zoals een schilder zijn model'. Ten slotte, zo gaat het verhaal verder, trok hij haar tegen zich aan: 'Hij legde zijn handen stevig om mijn hals. Hij kuste me. Ik wist niet wat ik moest doen.'

Lothar Machtan ziet deze scène als een bewijs voor zijn stelling dat Hitler homoseksueel was: 'Hoe had hij het ook kunnen weten, als geen verlangen hem de weg wees?'[35] Maar een andere interpretatie ligt meer voor de hand: Hitler voelde wel een verlangen, maar was het er met zichzelf niet over eens hoe ver hij moest gaan. Misschien was hij bang dat zijn vriendin, als het niet bij een kus zou blijven, beslag op hem zou leggen. Nog in januari 1942 herinnerde hij zich dit voorval: 'Miezel was een beeldschoon meisje. Ik heb in die tijd veel vrouwen gekend. Velen van hen mocht ik ook erg graag. Maar waarom zou ik trouwen en daarna een vrouw achterlaten? [...] Dat heeft me er indertijd toe gebracht enkele kansen niet te grijpen. Ik heb me teruggetrokken.'[36]

Maria Reiter lijkt inderdaad te hebben gedacht dat Hitler serieuze plannen had. Na zijn vertrek uit Berchtesgaden schreef ze hem lange brieven; hij antwoordde meestal met korte groeten op ansichtkaarten, die bijna altijd eender luidden: 'Mijn lieve kind! Ontvang mijn hartelijkste groeten. Ik denk voortdurend aan je! Je Wolf.'[37] In de paar brieven die hij haar schreef, klaagde hij regelmatig over de hoge werkdruk, waardoor hij nauwelijks tijd had voor privézaken, en verzekerde hij haar van zijn onwrikbare genegenheid: 'Ja, kind, je weet echt niet wat je voor me betekent en hoeveel ik van je houd.'[38] Op haar zeventiende verjaardag op 23 december 1926 bracht Hitler haar een bezoek en bleef tot na de kerstdagen. Ze gaf hem twee bankkussens met daarop een hakenkruis, hij gaf haar de in rood marokijnleer gebonden delen van *Mein Kampf*. Eind maart 1927 bezocht ze hem in München; het bleef schijnbaar bij een onschuldig tête-à-tête in zijn huis in de Thierschstraße. In de zomer maakte Hitler abrupt een einde aan de romance, nadat het partijkantoor anonieme brieven had ontvangen waarin hij van ontucht met minderjarigen werd beschuldigd. In 1930 trouwde Maria Reiter met een hoteleigenaar en verhuisde naar Seefeld in Tirol. In de zomer van 1931 zou ze Hitler nog één keer hebben bezocht in München en samen met hem de nacht hebben doorgebracht in de Prinzregentenstraße, maar dat verhaal moet met een korreltje zout worden genomen, want op dat moment was er allang een andere vrouw in Hitlers leven verschenen: zijn nicht Geli Raubal.

Geen enkele vrouw in Hitlers kring heeft de fantasie van zijn tijdgenoten, maar ook van latere historici, zo geprikkeld als Geli Raubal. Konrad Heiden noemde haar al 'Hitlers grote liefde' en de meeste auteurs hebben zich daarbij aangesloten. Na Hitlers moeder is zijn nicht de enige vrouw geweest voor wie hij ooit diepere gevoelens heeft gekoesterd.[39] Het zicht op deze affaire wordt vertroebeld door een stortvloed aan gissingen en geruchten, dus hoe zat het met de relatie en heeft ze inderdaad zo'n belangrijke rol gespeeld in Hitlers leven?

Angela (Geli) Raubal werd op 4 juni 1908 geboren in Linz, slechts enkele maanden nadat de toen negentienjarige Hitler naar Wenen was vertrokken.[40] Ze was het tweede van drie kinderen uit het huwelijk van Hitlers halfzus Angela met belastingambtenaar Leo Raubal. Deze stierf al in 1910 en liet het gezin, waartoe ook Hitlers zus Paula tijdelijk behoorde, in financieel moeilijke omstandigheden achter. Dat werd pas beter toen Angela Raubal in oktober 1915 directrice werd van een meisjeskostschool in Wenen. Ze streefde ernaar haar kinderen een goede schoolopleiding te geven. Na de lagere school bezocht Geli het gymnasium en deed in juni 1927 als eerste meisje eindexamen aan het gerenommeerde Linzer Akademische Gymnasium. Haar intussen beroemde oom had ze al drie jaar eerder met haar oudere broer Leo bezocht in de vesting Landsberg. Bij die gelegenheid zou Hitler haar, volgens gevangenbewaarder Franz Hemmrich, ter begroeting hebben omhelsd en haar 'hartelijk op de mond' hebben gekust.[41] Na haar eindexamen nodigde Hitler haar met haar hele klas uit voor een tocht naar München. Geli werd ondergebracht in het paleis van de familie Bruckmann, en daar mochten de geslaagden tijdens de middagthee een optreden bijwonen van de voorzitter van de NSDAP. 'We stonden voor hem in het gelid; hij begroette iedereen afzonderlijk met een stevige handdruk, klakkende hakken en een doordringende blik in zijn waterblauwe ogen, die waarschijnlijk een fascinerend effect moest hebben,' herinnerde zich Alfred Maleta, een klasgenoot van Geli, die na 1945 voorzitter zou worden van de Oostenrijkse Nationale Raad (lagerhuis).[42]

In augustus 1927 woonde Geli Raubal de partijdag in Neurenberg bij, en aansluitend maakte Hitler met haar, haar moeder Angela en Rudolf Heß een rondreis

Afb. 27 Hitlers aantrekkelijke nicht Geli Raubal (1908–1931).

door Duitsland. 'Het nichtje van de leider is een hoog opgeschoten, leuke bakvis van negentien,' vertelde Heß, 'altijd vrolijk en net zomin op haar mondje gevallen als haar oom; integendeel: deze is zelden opgewassen tegen haar slagvaardige mond.' Hitler wilde haar in Duitsland laten studeren, maar hij was ervan overtuigd dat ze 'het tweede semester niet zal afmaken, maar voor die tijd trouwt'.[43] Ook Henriette von Schirach beschrijft Geli als 'groot, opgewekt en zelfverzekerd': 'Haar aantrekkelijkheid was niet te fotograferen; geen van de foto's die mijn vader van haar heeft gemaakt, deed haar recht.'[44] In de herfst van 1927 verhuisde Hitlers nicht naar München, waar ze zich inschreef als student medicijnen.

De aantrekkelijke jonge vrouw vormde weldra het bewonderde middelpunt van de stamtafel in Café Heck. Op haar 'studentikoze, ongedwongen manier' zou ze de mannen in haar ban hebben gebracht, jubelde Heinrich Hoffmann in zijn memoires: 'Als Geli aan tafel zat, draaide alles om haar, en Hitler probeerde nooit het gesprek naar zich toe te trekken. Geli was een tovenares. Op haar natuurlijke manier, die vrij was van enige koketterie, bracht ze louter door haar aanwezigheid de hele stamtafel in opperbeste stemming. Iedereen dweepte met haar, vooral Adolf Hitler, haar oom.'[45]

Ook Emil Maurice dweepte met Geli. Hij was altijd bij haar in de buurt als hij het gezelschap in de zwarte Mercedes Kompressor voor een picknick naar de Chiemsee bracht. Dan haalde hij zijn mandoline uit de kofferbak en zong Ierse volksliedjes. Hitler zelf zwom nooit, maar hij trok in elk geval zijn schoenen en sokken uit en waadde met zijn bleke voeten voorzichtig door het ondiepe water. Geli en Henriette Hoffmann, met wie ze vriendschap sloot, zochten een achter struiken verborgen zwemplekje op: 'We zwommen naakt en lieten ons drogen door de zon; we wilden helemaal bruin worden.'[46]

Kort voor Kerstmis 1927 bracht Maurice zijn 'chef' op de hoogte van zijn gevoelens voor Geli, die zij kennelijk beantwoordde, en vroeg met zo veel woorden om haar hand. Hitler reageerde met een woede-uitbarsting. Hij had hem nooit eerder zo opgewonden gezien, herinnerde Maurice zich tientallen jaren later nog. 'Ik dacht echt dat hij me ter plekke wilde neerschieten.'[47] Hitler dreigde dat hij Geli terug zou sturen naar haar moeder in Wenen en formuleerde zijn voorwaarden: hij legde de stiekeme verloofden een proeftijd op van twee jaar. 'Stel je voor, Emil, twee volle jaren waarin we elkaar slechts af en toe mogen kussen en altijd onder het wakend oog van o[om] A[dolf].' Uiteindelijk legde het tweetal zich neer bij het dictaat van Hitler. 'Ik ben zo blij dat ik bij je kan blijven,' schreef Geli Raubal in haar kerstbrief aan Maurice.[48] Haar oom piekerde er overigens niet over haar verder contact met zijn chauffeur toe te staan. In januari 1928 werd Maurice op staande voet ontslagen en even later ook als *persona non grata* uit de omgeving van de partijvoorzitter verbannen.[49]

Naar de redenen voor Hitlers heftige reactie kan men ook nu weer slechts gissen. Maurice vermoedde dat het jaloezie was. Hitler zou zelf verliefd zijn op zijn nicht, 'maar het was een merkwaardige, verzwegen liefde'.[50] Anni Winter, al sinds jaren Hitlers huishoudster, dacht dat Hitler gewoon zijn verantwoordelijkheid als zorgzame, strenge voogd had genomen. 'Hij wilde gewoon het beste voor haar. Geli was een lichtzinnig meisje.'[51] Hoe het ook zij, sinds het voorjaar van 1928 was Geli Raubal niet meer uit Hitlers entourage weg te denken. Ze ging met haar oom naar de film, het theater en de opera, en zelfs als ze ging winkelen, hobbelde hij 'als een geduldig schaap achter haar aan'.[52] In juli brachten de twee samen met Goebbels en Angela Raubal enkele vrije dagen door op het eiland Helgoland.[53] En Geli was uiteraard ook van de partij toen Hitler in november 1928 voor het eerst optrad in het Berlijnse Sportpalast. 'De chef is er. Gemotoriseerd zoals altijd. Met zijn mooie nicht, op wie je bijna verliefd zou worden,' noteerde Goebbels.[54] Kerstmis 1928 bracht Geli met Hitler door in het Haus Wachenfeld op de Obersalzberg, dat nu door Geli's moeder werd bestierd, en daar ook vierden ze in juni 1929 gezamenlijk haar verjaardag.[55] Begin augustus 1929 zag men haar tijdens de partijdag in München opnieuw aan de zijde van de partijleider. Goebbels amuseerde zich: 'Geli Raubal. Mooi kind. Met haar, haar moeder en de chef 's avonds op zijn kamer gezeten. We hebben veel gelachen.'[56]

Geli Raubal genoot er ongetwijfeld van dat ze in het middelpunt van de belangstelling stond en dat de mannen in Hitlers omgeving haar het hof maakten. Het streelde haar dat haar 'oom Alf', zoals ze hem noemde, haar zo toegedaan was en haar liet delen in zijn adembenemende opkomst in 1929-1930 en het bijbehorende aura van macht en succes. Hitler op zijn beurt genoot van de aanwezigheid van zijn nicht. Hij hield ervan zich met haar in het openbaar te vertonen; hij was er, zoals Maurice opmerkte, zelfs 'trots op dat hij met die betoverende persoon werd gezien'.[57] Maar hoeveel behagen Hitler ook schepte in de jonge vrouw, ook in de kring van zijn medewerkers vermeed hij elke intimiteit. 'In gezelschap gaf Hitler nooit blijk van zijn gevoelens,' merkte Heinrich Hoffmann op. 'Hij gedroeg zich altijd correct tegenover Geli. Alleen zijn blik en de hartelijke klank in zijn stem verraadden zijn genegenheid.'[58]

Toch gaf de voortdurende aanwezigheid van Geli Raubal aan Hitlers zijde al vroeg aanleiding tot geruchten binnen de partij. In oktober 1928 vertrouwde Goebbels zijn dagboek toe dat Karl Kaufmann hem 'krankzinnige dingen over de chef' vertelde: 'Hij, zijn nicht Geli en Maurice. De tragedie vrouw. Moeten we dan wanhopen? Waarom moeten we allemaal zo lijden onder die vrouw? Ik geloof vast in Hitler. Ik begrijp alles. Waarheden en onwaarheden.'[59] Dat Hitler door 'te veel vrouwenaffaires' werd weerhouden van serieus werk, was een telkens terugkerende klacht van de Berlijnse Gauleiter.[60] Maar de vraag of Hitler ook intiem werd met zijn nicht, moet onbeantwoord blijven. De meningen daarover in Hitlers omgeving liepen uiteen. Hanfstaengl was overtuigd van het 'incestueuze karakter' van hun relatie. In Geli Raubals 'stuurloze impulsiviteit' zou Hitlers 'verkrampte seksualiteit een tot verwezenlijking bereide aanvulling hebben gevonden'.[61] Christa Schroeder daarentegen meende na gesprekken met Anni Winter te kunnen garanderen dat Hitler weliswaar veel van het meisje had gehouden maar geen seksuele betrekkingen met haar had gehad.[62]

Hoe nauw de wederzijdse betrekkingen intussen waren, bleek toen Geli Raubal in oktober 1929 haar pensionkamer opzegde en bij Hitler introk in de Prinzregentenstraße. Ze kreeg er een mooie hoekkamer, die ze naar eigen goeddunken mocht inrichten. Hitlers bedienden – het echtpaar Anni en Georg Winter, zijn vroegere verhuurster Maria Reichert en het 'hulpje' Anna Kirmair – waren niet bepaald te spreken over de nieuwe bewoonster. Ze vonden dat ze van Hitlers grootmoedigheid profiteerde en zich maar al te graag door hem liet verwennen. Ze had haar medicijnenstudie al kort na haar inschrijving afgebroken om, mede op verzoek van haar oom, een zangstudie te volgen. Hitler nam daarvoor de Münchense dirigent Adolf Vogl in dienst, die hij al sinds mei 1919 kende, en betaalde hem bovendien voor privélessen in een zangstudio.[63] In juli 1930 reisde Geli Raubal samen met de familie Bechstein naar de Festspiele in Bayreuth en aansluitend bezocht ze met haar oom en Goebbels de passiespelen in Oberammergau.[64] Geli schijnt haar zanglessen niet bijzonder serieus te hebben genomen; ze amuseerde zich liever met anderen of verslond de feuilletons in de kranten, wat Hitler menigmaal aanleiding gaf tot klagen.[65]

Kennelijk ervoer Geli Raubal het leven in de Prinzregentenstraße steeds meer als een belasting. Ze was er volledig onderworpen aan de controle door haar oom. Zijn zorgzaamheid werd reglement en dwang. Hitler liet haar merken dat ze financieel afhankelijk van hem was. De toelagen voor haar modieuze kleding en schoenen betaalde hij zonder protest.[66] Maar toen de amateurfotografe een dure Leica wilde kopen ter vervanging van de Rolleiflex die ze tot dusver had gebruikt, weigerde Hitler aan haar wens te voldoen. 'Geli mokte en legde de rest van de wandeling zwijgend aan de zijde van Hitler af,' vertelde Julius Schaub, die in 1925 bij Hitler in dienst was getreden als 'permanente begeleider' en in 1933 tot zijn persoonlijke adjudant zou worden gepromoveerd.[67] Jaloers waakte Hitler over elke stap van zijn nicht en perkte haar bewegingsvrijheid steeds verder in. Toen de ondernemende jonge Geli in 1931 wilde deelnemen aan een van de carnavalsbals in München, gaf hij alleen toestemming als Heinrich Hoffmann en Max Amann haar zouden chaperonneren. Toen Hoffmann hem daarover verwijten maakte, kreeg hij als antwoord: 'Wat Geli als dwang opvat, is louter voorzichtigheid. Ik wil voorkomen dat ze in handen valt van een onwaardige.'[68] Maar dat was waarschijnlijk een schijnargument: Hitler wilde Geli voor zichzelf en gunde haar aan niemand anders.

Zo werd de ooit zo zorgeloze bakvis, zoals Henriette Hoffmann opmerkte, steeds ernstiger en geslotener.[69] Er werd steeds vaker geruzied in de Prinzregentenstraße. Medio september verbood Hitler zijn nicht naar Wenen te reizen, een reisje dat ze vermoedelijk mede wilde maken om zich aan de controle van haar oom te onttrekken. Op de avond van 17 september vond de vrouw van Julius Schaub, met wie ze een theateruitvoering bezocht, haar 'afwezig, droevig, ja bijna in tranen'.[70]

Voordat Hitler de daaropvolgende dag voor een propagandareis naar Noord-Duitsland vertrok, was het opnieuw tot onenigheid gekomen. Na Hitlers vertrek sloot Geli zich op in haar kamer. Toen ze op de ochtend van 19 september niet aan het ontbijt verscheen en ook niet reageerde toen er op haar deur werd geklopt, riep Anni Winter haar man. Samen braken ze de deur open en ze zagen iets afschuwelijks: Geli lag languit op de grond en haar nachthemd zat onder het bloed. Haar hoofd lag op één arm, de andere arm was uitgestrekt naar de sofa, waarop een Walther 6.35-pistool lag.[71] Ze lichtten onmiddellijk Rudolf Heß in, die met penningmeester Schwarz toesnelde om zich een beeld te vormen. Daarna keerde Heß terug naar het Braune Haus, waar hij probeerde telefonisch contact met Hitler te krijgen.

De partijvoorzitter had zoals meestal zijn intrek genomen in hotel Deutscher Hof in Neurenberg en zette in de ochtend van 19 september zijn reis naar het noorden voort. Kort na zijn vertrek werd zijn auto ingehaald door een taxi; een hotelbediende vertelde hem opgewonden dat een zekere heer Heß uit München Hitler dringend wilde spreken. In allerijl keerde men terug. Hitler stormde de telefooncel binnen. Heinrich Hoffmann, die hem gevolgd was, luisterde mee: '"Dat is verschrikkelijk," zei hij met schorre stem. Toen riep hij in het toestel: "Heß, geef een duidelijk antwoord, ja of nee: leeft ze nog? Heß, ik wil je woord als officier, lieg niet tegen me – Heß – Heß […]!" Hitler wankelde de cel uit. Zijn haar hing verward voor zijn gezicht. Zijn ogen fonkelden. Ik heb hem maar één andere keer zo gezien: in de bunker van de rijkskanselarij in april 1945.'[72]

Ook al was deze beschrijving gericht op dramatisering, er bestaat nauwelijks enige twijfel dat het bericht van de dood van Geli Raubal Hitler diep aangreep. In vliegende vaart reden ze terug naar München. In Ebenhausen stuitte de auto op een politiecontrolepost: de bekeuring wegens overschrijding van de maximumsnelheid is bewaard gebleven.[73] Om halfdrie in de middag arriveerde Hitler in de Prinzregentenstraße. Hij kon het lichaam nog zien voordat het naar het mortuarium van de Ostfriedhof in München werd gebracht. Het politieonderzoek in het huis was op dat moment al afgerond.[74]

Pas nadat Heß en Schwarz het huis hadden verlaten, had Georg Winter tegen kwart over tien de politie gewaarschuwd. Twee rechercheurs, in gezelschap van een politiearts, begonnen aan het onderzoek. Hun proces-verbaal merkt op 'dat de dood als gevolg van een schot in de long, gezien de lijkstijfheid al vele uren (17-18) tevoren was ingetreden'. Volgens de rechercheurs wees alles op zelfmoord, hoewel er in de kamer van de overledene 'geen afscheidsbrief of ander geschrift met enigerlei verwijzing naar haar zelfmoordplannen werd gevonden'. 'Op tafel lag alleen het begin van een brief aan een vriendin in Wenen, waarin niets over levensmoeheid werd gezegd.'[75] Gevraagd naar mogelijke redenen voor haar daad, verklaarden Hitlers bedienden eensgezind dat ze niets wisten. Alleen Maria Reichert wees met de opmerking dat Geli Raubal 'de laatste tijd zeer nerveus' was geweest op een mogelijk motief.[76]

's Middags, na aankomst in zijn woning, was Hitler de eerste schok al te boven. Hij maakte een zeer beheerste indruk op de rechercheur die hem kort daarna verhoorde. Hij gaf weliswaar toe dat hij onenigheid had gehad met zijn nicht over haar toekomstplannen, maar probeerde het belang daarvan te bagatelliseren: omdat ze nog niet toe was aan een optreden als zangeres, zou Geli haar opleiding in Wenen willen vervolgen. 'Ik heb gezegd dat ik het daarmee eens was, op voorwaarde dat haar in Berchtesgaden wonende moeder met haar mee naar Wenen zou gaan. Toen ze dat niet wilde, heb ik me tegen haar Weense plannen uitgesproken. Ze was daar weliswaar boos over, maar ze wond zich niet bijzonder op en heeft bij mijn vertrek op vrijdagnamiddag heel kalm afscheid van me genomen.' Hitler verklaarde dat de dood van zijn nicht 'hem zeer aan het hart gaat, want ze was immers het enige familielid dat hem na stond', en voegde er toen iets aan toe waaruit blijkt dat hij reeds dacht aan de politieke gevolgen van de tragedie: '[...] en nu moest dit uitgerekend hém gebeuren'.[77]

Hitlers tegenstanders zagen hun kans schoon. Onder de kop 'Een raadselachtige zaak' probeerde de sociaaldemocratische *Münchener Post* de twijfels aan de zelfmoordversie te voeden. Het blad maakte melding van heftige ruzies in huize Hitler omdat Geli Raubal zich zou hebben willen verloven. Verder meldde het dat de overledene met gebroken neus en andere ernstige verwondingen zou zijn aangetroffen.[78] Op grond van dit artikel gaf de officier van justitie bevel tot een vervolgonderzoek door de politiearts. Diens bevindingen lieten geen ruimte voor twijfel: afgezien van de schotwond in de borst vertoonde het lichaam geen enkel spoor van geweld, ook niet aan de neus. De twee stedelijke aflegsters bevestigden deze verklaring.[79] In een nog op de avond van 21 september verstrekte tegenverklaring, die daags daarna door de *Münchener Post* werd gepubliceerd, wees Hitler alle beweringen van de hand als in strijd met de waarheid. Zijn nicht had naar Wenen willen gaan 'om daar bij een vooraanstaand zangpedagoog haar stem opnieuw te laten testen'. Er zou 'geen enkele scène' hebben plaatsgevonden en ook 'geen opwinding' hebben geheerst toen hij de woning op 18 september had verlaten.[80]

Maar de geruchten over de mogelijke doodsoorzaak wilden maar niet verstommen. Nu eens werd er gezegd dat Hitler Geli Raubal door de SS had laten vermoorden omdat ze zwanger zou zijn geweest van een Joodse student, dan weer werd zelfs geïnsinueerd dat hij haar zelf in een vlaag van woede zou hebben vermoord – een versie die even absurd was als de eerste, aangezien hij op het tijdstip van overlijden in Neurenberg was.[81] Ook het verhaal dat de dood van Geli een ongeluk moest zijn geweest, bleef hardnekkig de ronde doen. Ze zou met Hitlers pistool hebben gespeeld en daarbij per ongeluk een schot hebben gelost. Met die versie stelde Winifred Wagner zichzelf al gerust, zelfs Hitler schijnt zich ermee getroost te hebben en tijdens haar verhoor door de Amerikanen in mei 1945 in Berchtesgaden ging ook Angela Raubal uit van een ongeluk als meest waarschijnlijke mogelijkheid, aangezien ze geen verklaring kon vinden voor de zelfmoord van haar dochter.[82] Maar ook de ongeluktheorie is weinig plausibel, omdat Geli Raubal, zoals Henriette von Schirach verklaarde, goed met het Walther-pistool overweg kon. Ze hadden er samen mee geoefend op een schietbaan in de omgeving van München.[83]

Alles wijst dus op zelfmoord. Maar waarom had ze zichzelf omgebracht? Ook daarover is veel gespeculeerd. Zo heeft men geprobeerd verband te leggen met Hitlers vermeende abnormale seksuele gedrag. Als kroongetuigen fungeerden hier aan de ene kant Otto Straßer, die in 1943 tijdens een gesprek met de vertegenwoordiger van het Amerikaanse Office of Strategic Studies beweerde dat Geli door Hitler gedwongen werd tot perverse seksuele handelingen en dat verhaal kruidde met pikante details[84], en aan de andere kant Ernst Hanfstaengl, die in zijn memoires een uitspraak van Geli aanhaalt: 'Mijn oom is een monster. Niemand kan zich voorstellen wat hij van me verlangt.' Hanfstaengl liet zijn lezers niet in het ongewisse over hoe die cryptische zinnen moeten worden geïnterpreteerd: na een gezamenlijk doorgebrachte avond, vertelde hij, zou Hitler op weg naar huis woeste bedreigingen hebben geuit aan het adres van zijn tegenstanders en het effect van zijn woorden hebben onderstreept met een fluitende klap van zijn hondenzweep. Toevallig had hij, Hanfstaengl, Geli's gezicht gezien en 'met enige schrik de blik van angst en afkeer' opgemerkt 'die haar gezicht verwrong bij het horen van dit fluitende geluid'.[85] De voor de hand liggende conclusie kon alleen maar zijn: Geli Raubal was ten prooi gevallen aan de sadomasochistische lusten van haar oom. In deze context horen ook Hanfstaengls leugens thuis over pornografische tekeningen door Hitler, die Geli zouden hebben getoond in poses 'die elk beroepsmodel zou weigeren'.[86]

Andere auteurs hebben vermoed dat er jaloezie in het spel was. De nicht zou hebben vernomen dat Hitler ook andere vrouwen het hof maakte en bang zijn geweest dat 'haar macht over haar oom Alf tanende was'.[87] Dergelijke vermoedens zouden echter alleen dan relevant kunnen zijn als men aanneemt dat Geli Raubal een diepere emotionele genegenheid voor Hitler zou hebben gevoeld, wat geenszins bewezen is. Waarschijnlijk zal de vraag naar het motief nooit ondubbelzinnig beantwoord kunnen worden, maar er is een meer plausibele verklaring: Geli voelde dat ze haar pretentie dat ze zangeres zou worden, niet kon waarmaken. Ze ging vooral gebukt onder Hitler heerszucht, die haar bewegingsvrijheid inperkte en elk eigen initiatief de kop indrukte. Ze leed eronder dat ze in de Prinzregentenstraße als in een 'gouden kooi' gevangen zat.[88] In deze in toenemende mate als ondraaglijk ervaren situatie meende ze uiteindelijk geen enkele andere uitweg te zien dan de hand aan zichzelf te slaan. Op verzoek van haar moeder werd haar lichaam naar Wenen overgebracht en op 23 september op de centrale begraafplaats aldaar bijgezet.

Hitler woonde de begrafenis niet bij; hij had zich voor een paar dagen teruggetrokken in het huis van Adolf Müller, de uitgever van de *Völkischer Beobachter*, aan de Tegernsee. Zijn begeleider Heinrich Hoffmann vertelt in zijn memoires dat Hitler een 'volledig gebroken man' had geleken. Men zou bang zijn geweest dat hij zichzelf iets zou aandoen; daarom had chauffeur Julius Schreck Hitlers pistool onder zijn hoede genomen. De partijvoorzitter zou af en toe zelfs met de gedachte hebben gespeeld zijn politieke carrière op te geven.[89]

Dit verhaal is ook doorgedrongen in de serieuze Hitler-literatuur. 'Wekenlang,' aldus Joachim Fest, 'leek hij een zenuwinzinking nabij en herhaaldelijk vastbesloten de politiek eraan te geven.'[90] Daarbij past echter slecht dat Hitler al op 24 september in Berlijn een bijeenkomst had met Goebbels en Göring – stiller dan anders, maar zonder meer beheerst – en nog diezelfde avond als redenaar optrad in Hamburg en daar tegenover tienduizend aanhangers zijn oude vorm hervond.[91] Twee dagen later reisde hij in het geheim naar Wenen om bloemen te leggen op Geli's graf.

Het lijdt geen twijfel dat de dood van zijn nicht Hitler diep heeft geraakt. Zijn bedroefdheid om haar was niet gespeeld, maar oprecht. Haar kamer in de Prinzregentenstraße bleef zoals hij was; de huishoudster moest steeds voor een vers boeket bloemen zorgen. Later gaf Hitler de Münchense beeldhouwer Ferdinand Liebermann opdracht tot het vervaardigen van een bronzen borstbeeld ter herinnering aan de overledene. Op de eerste verjaardag van haar dood bezocht hij het graf in gezelschap van Goebbels en zijn halfzus. Daarna was de rouwperiode voor hem afgesloten. Over de affaire werd in zijn omgeving niet meer gesproken.[92]

Wat zijn politieke plannen betrof, zag Hitler zich echter niet gehinderd door de persoonlijke tragedie, integendeel, hij wist er zelfs nog munt uit te slaan. Want vanaf dat moment deed hij zich definitief voor als een politicus die na veel innerlijke strijd besloten had zichzelf elk persoonlijk geluk te ontzeggen om alleen nog onbaatzuchtig zijn politieke missie te vervullen voor het welzijn van het Duitse volk. Met die kunstgreep wist hij ook indruk te maken op zijn naaste partijvrienden. Eind oktober 1931 constateerde Goebbels naar aanleiding van een gesprek met Hitler: 'Dan vertelt hij over Geli. Hij heeft heel veel van haar gehouden. Ze was zijn "goede kameraad". De tranen staan hem in de ogen. [...] Deze man, op het hoogtepunt van zijn succes, zonder enig persoonlijk geluk, slechts gericht op het geluk van zijn vrienden.'[93] Ook tegenover Otto Wagener klaagde Hitler dat hij Geli Raubal ontzettend miste – 'Haar vrolijke lach was steeds een intens genoegen, haar onschuldig gepraat was me een lust' – maar meteen daarop merkte hij op: 'Nu ben ik volledig vrij, innerlijk en uiterlijk [...]. Nu behoor ik alleen het Duitse volk toe en mijn taak.'[94] In november 1931 merkte Rudolf Heß op dat Hitler Geli, die zijn 'zonnetje' was geweest en hem 'de weinige ontspannen uren in zijn eigen huis' had bezorgd, 'pijnlijk miste'. 'Omdat zijn "roeping" hem zo volledig in beslag neemt, kan de arme man zichzelf niet de weldaad van een echtelijk leven gunnen.'[95] Hitlers strategie om zich van nu af aan te omringen met het aura van een man zonder privéleven, had niet alleen veel succes bij zijn tijdgenoten, ze heeft ook in de geschiedschrijving diepe sporen achtergelaten. Hoe is het anders te verklaren dat alle belangrijke Hitler-biografen – van Heiden via Bullock en Fest tot en met Kershaw – ervan uitgingen dat er over de privékant van deze 'onpersoon' weinig bijzonders te melden was?[96]

Geli's dood zou Hitler hebben veranderd, zou zelfs als 'een van de cruciale gebeurtenissen in zijn persoonlijk leven' moeten worden gezien.[97] Want de nicht zou – na zijn moeder – de enige vrouw zijn geweest voor wie hij iets diepers zou hebben gevoeld. Zijn vermogen tot liefhebben, voor zover daarvan sprake kan zijn, was nog verder ingeperkt. Hitler zou innerlijk steeds verder vereenzaamd zijn. Het 'tedere element' zou voortaan in zijn leven ontbreken, en daarmee zou de 'kiem van onmenselijkheid' zijn gelegd.[98] Tegen een zo vérreikende interpretatie spreekt echter alleen al het feit dat Hitler in de nazomer van 1931 in Hotel Kaiserhof een vrouw leerde kennen met wie hij onmiddellijk een flirt begon: Magda Quandt. Wat hij kennelijk niet wist, was dat zijn Berlijnse Gauleiter sinds februari 1931 gelieerd was aan de gescheiden vrouw van de industrieel Günther Quandt. Ook Magda Quandt schijnt Hitler aardig te hebben gevonden. Goebbels werd in elk geval geplaagd door heftige jaloezie: 'Magda permitteert zich iets tegenover de chef. Ik lijd er erg onder [...]. De hele nacht geen oog dichtgedaan,' klaagde hij eind augustus 1931, en enkele dagen later eiste hij: 'Magda moet de chef uitnodigen en hem zeggen hoe het met ons beiden staat. Anders zullen [...] liefde en domme jaloezie tussen ons staan.'[99] Medio september werd het uitgepraat, slechts enkele dagen dus voor de zelfmoord van Geli. Magda Quandt vertelde Hitler van haar plannen om met Goebbels te trouwen. Deze noteerde dolgelukkig: 'Hitler berust erin. Hij is echter heel eenzaam. Heeft geen geluk bij vrouwen [...]. "Geluksvogel," zegt hij. Hij houdt van Magda, maar hij gunt mij mijn geluk. "Een verstandige en mooie vrouw. Ze zal je niet afremmen, maar aansporen." Hij neemt mijn handen in de zijne en de tranen staan hem in de ogen."[100]

Joseph Goebbels en Magda Quandt trouwen op 19 december 1931. Met Hitler, die getuige was, hadden ze een soort regeling getroffen: hij mocht zich voortaan als *'Dritter im Bunde'* beschouwen en als huisvriend van het echtpaar menselijke genegenheid opdoen. En hij had in Magda Goebbels een aantrekkelijke vrouw gevonden die hem als representatieve figuur terzijde kon staan en die, nadat hij de macht had veroverd, de rol van *First Lady* op zich kon nemen.[101] Tegelijkertijd vroeg het echtpaar Goebbels zich echter af hoe ze de partijvoorzitter, die nog altijd rouwde om Geli Raubal, over het verlies heen konden helpen. Dus bespraken ze in januari 1932 in intieme kring opnieuw de 'huwelijkskwestie': 'Hij voelt zich ontzettend eenzaam. Verlangen naar de vrouw die hij niet vindt. Ontroerend en aangrijpend. Hij mag Magda bijzonder graag. We moeten een goede vrouw voor hem vinden. Zo een als Magda.'[102]

Hitler reageerde overigens gepikeerd als hij het gevoel had dat ze hem wilden koppelen. 'Ik heb graag mooie vrouwen om me heen, maar ik kan er niet tegen als ze me iets willen opdringen,' zei hij eens tegen de actrice Leni Riefenstahl, met wie hij in mei 1932 een rendez-vous had op het strand van Horumersiel aan de Noordzee en die kort na de 'machtsgreep' zou promoveren tot zijn sterregisseur.[103] Wat het echtpaar Goebbels niet wist, was dat Hitler al kort na de zelfmoord van zijn nicht nauwe banden had aangeknoopt met een jonge vrouw uit München, die hij al wat langer kende: Eva Braun. Van alle vrouwen zou zij, na zijn moeder, de belangrijkste rol spelen in zijn leven.

Eva Braun werd geboren op 6 februari 1912. Ze was de tweede van drie dochters van de ambachtsschoolleraar Friedrich Braun en diens vrouw Franziska, die voor haar huwelijk naaister was geweest.[104] De kinderen groeiden op in een eenvoudig burgerlijk milieu en werden katholiek gedoopt en opgevoed. Eva bezocht de lagere school van 1918 tot 1922 en daarna het lyceum in de Tengstraße. In 1928 bracht ze een jaar door aan het traditierijke *Institut der Englischen Fräulein* in Simbach aan de Duits-Oostenrijkse grens. Daar werd ze niet alleen ingewijd in de beginselen van het huishouden maar leerde ze ook typen en boekhouden.

In september 1929 solliciteerde ze via een dagbladadvertentie naar een stageplek in het 'Photohaus Hoffmann' en werd prompt aangenomen. In zijn memoires beschrijft Heinrich Hoffmann haar als 'van gemiddelde lengte en met veel aandacht voor haar slanke figuur'. 'Haar ronde gezicht werd omkranst door donkerblonde haren. Met haar blauwe ogen kon men haar zonder meer knap noemen, een poppengezicht. Een alledaagse schoonheid zoals op de gangbare reclamefoto's.'[105]

Enkele weken na haar indiensttreding, vermoedelijk in oktober 1929, ontmoette ze Adolf Hitler. Tegenover haar zus Ilse zou ze deze eerste ontmoeting als volgt hebben beschreven: op een avond, toen ze op een trap was geklommen om papieren in een ordner op te bergen, was haar baas verschenen met een heer die nogal rechtstreeks naar haar benen had gekeken. 'Ik klim omlaag en Hoffmann stelt ons aan elkaar voor: "Meneer Wolf – onze lieve kleine juffrouw Eva!" Toen: "Wees eens lief, juffrouw Braun, en haal in het café op de hoek wat bier en leverkaas voor ons."' Terwijl hij at, zou de onbekende haar 'onafgebroken met zijn blik' hebben verslonden, en toen hij weg was, zou Hoffmann haar hebben gevraagd: '"Heb je dan niet geraden wie die meneer Wolf is? Bekijk je onze foto's nooit? [...] Het is Hitler, onze Adolf Hitler!" "Aha!" antwoordde ik.'[106]

Of het nu wel of niet precies zo is gegaan, zeker is dat de veertigjarige man de zeventienjarige fotolaborante onmiddellijk aardig vond. Misschien deed ze hem denken aan 'Mimi' Reiter en net zoals indertijd tegenover haar maakte hij ook tegenover Eva Braun gebruik van zijn vaderlijke charme, gaf haar complimenten

Afb. 28 Eva Braun in het 'Photohaus Hoffmann', München, poserend op het bureau, 1930.

en cadeautjes en nam haar af en toe mee uit.[107] Pas na de dood van Geli Raubal werd de relatie inniger. Of en wanneer Eva Braun Hitlers minnares werd, daarover lopen de meningen opnieuw uiteen. Christa Schroeder, die haar 'chef' voor een aseksueel schepsel hield, geloofde tot het allerlaatst dat het een 'schijnverhouding' was geweest. Maar dat Eva Braun, zoals Hitlers secretaresse vertelde, uitgerekend haar kapster zou hebben toevertrouwd dat ze geen geslachtsverkeer met Hitler zou hebben gehad, is ongeloofwaardig.[108] Henriette von Schirach daarentegen was ervan overtuigd dat de 'liefdesaffaire' begon in de winter van 1931-1932, slechts enkele maanden dus na de tragedie in Prinzregentenstraße. En ze voegde er ook nog enkele bijzonderheden aan toe over de omstandigheden waaronder ze elkaar zouden hebben leren kennen: 'Na de dood van Geli speelde mevrouw Winter, die zeer gesteld was op goede zeden, de baas in Hitlers woning. Hitler moest zich dus gedragen als een gymnasiast die een meisje meeneemt naar zijn kamer in het ouderlijk huis. Hij moest aan theaterkaartjes voor mevrouw Winter en haar man zien te komen om thuis met Eva van een heimelijk liefdesuurtje te kunnen genieten.'[109]

Als Hitler inderdaad zou hebben geprobeerd zijn affaire geheim te houden tegenover zijn huishoudster, is hij daar niet in geslaagd. Anni Winter heeft na 1945 meer dan eens verklaard dat Eva Braun in de eerste maanden van 1932 intiem zou zijn geweest met Hitler.[110] En als iemand het kon weten, was zij het. Ook volgens de biografe van Eva Braun, Heike Görtemaker, is er iets voor te zeggen dat de liefdesbetrekking vroeg in 1932 begon.[111] Zeker is het echter niet.

In tegenstelling tot Geli Raubal mocht Eva Braun Hitler niet begeleiden tijdens evenementen. Van begin af aan hield hij de relatie ook voor zijn partijvrienden verborgen. Daartoe zag hij zich enerzijds genoodzaakt door de plotselinge belangstelling voor zijn privéleven, anderzijds echter zou het zichtbare bestaan van een minnares aan zijn zijde in strijd zijn geweest met zijn pogingen zich voor te doen als een eenzame Führer die zijn privéleven opofferde voor zijn onvermoeibare dienstbaarheid aan de natie. 'Ik heb een andere bruid: Duitsland. Ik bén getrouwd: met het Duitse volk, met zijn lot,' verkondigde hij bij herhaling.[112] Kennelijk had hij daarbij opnieuw het voorbeeld voor ogen van de volkstribuun Rienzi, die in het vijfde bedrijf van Wagners opera in antwoord op de opmerking van zijn zus Irene 'Je hebt nooit liefgehad' zegt:

Ook ik heb lief, o Irene; –
ken je mijn liefde niet meer?
[...] Ik hou smartelijk van mijn hoge bruid,
omdat ik haar diep vernederd heb gezien –

smadelijk mishandeld, gruwelijk misvormd
versmaad, onteerd, geschandaliseerd en gehoond!
[...] Ik heb mijn leven alleen aan haar gewijd,
mijn jeugd, mijn mannelijke kracht;
want ik wilde haar zien, de hoge bruid,
gekroond als koningin der wereld,
want weet: mijn bruid heet Rome!'[113]

Tot Hitlers rookgordijnstrategie behoorde ook zijn in een vertrouwelijk gesprek schijnbaar eerlijke bekentenis dat hij 'de drang naar het lichamelijke bezit van een vrouw overwonnen' zou hebben.[114] Eva Braun was voor hem een ideaal personage – niet alleen omdat ze schijnbaar tegemoetkwam aan zijn seksuele behoeften, maar ook omdat ze bereid was aan zijn maskerade mee te doen. Voor Hitler was het een weinig eisen stellende relatie, aanvankelijk zonder veel verplichtingen. Op de vraag van zijn voormalige regimentscommandant en latere adjudant Fritz Wiedemann of het vrijgezellenbestaan hem niet te zwaar viel, zou Hitler glimlachend hebben geantwoord: 'Het heeft ook zo zijn voordelen. En voor de liefde onderhoud ik in München een meisje.'[115]

1932, het beslissende jaar, was voor Hitler één lange verkiezingsstrijd. Soms verbleef hij kort, soms wat langer in Hotel Kaiserhof, niet ver van de rijkskanselarij, waar hij weldra zijn intrek dacht te nemen. Voor zijn vriendin in München bleef weinig tijd over. Eva Braun voelde zich verwaarloosd. In de tweede helft van het jaar, waarschijnlijk in november, zou ze een zelfmoordpoging hebben ondernomen met het pistool van haar vader. Volgens haar zus Ilse vond men haar op het bed in de ouderlijke slaapkamer. De gewonde zou zelf nog dokter Plate, een zwager van Heinrich Hoffmann, hebben kunnen bellen. Deze had haar naar een ziekenhuis laten brengen.[116]

Wilde Eva Braun echt zelfmoord plegen? Heinrich Hoffmann vertelde dat Hitler, die zich in allerijl naar het ziekbed had begeven, de dokter precies diezelfde vraag had gesteld, en toen deze het bevestigde, zou hij gezegd hebben dat hij voortaan beter voor zijn vriendin zou moeten zorgen: 'U hebt het gehoord, Hoffmann: het meisje heeft het gedaan uit liefde voor mij.'[117] Christa Schroeder vermoedde dat het motief een 'chantagepoging' was – Eva Braun zou Hitler met een geveinsde zelfmoordpoging nauwer aan zich hebben willen binden.[118] Als dat haar bedoeling zou zijn geweest, is ze daarin geslaagd. Hitler kon zich, op weg naar de macht, geen tweede schandaal permitteren dat een bedenkelijk licht wierp op zijn privéleven. Dus trok hij zijn minnares dichter naar zich toe.

Op 1 januari 1933 bezochten ze samen met het echtpaar Heß, Heinrich Hoffmann en enkele andere leden van de entourage een uitvoering van Wagners *Die*

Meistersinger von Nürnberg in het Münchner Nationaltheater. Aansluitend vierde men feest bij het echtpaar Hanfstaengl; Hitler leek 'goedgemutst en even onderhoudend als in het begin van de jaren twintig'. In het gastenboek schreef hij: 'Op de eerste dag van het nieuwe jaar', en hij verzekerde de heer des huizes: 'Dit jaar behoort ons toe. Dat geef ik u op een briefje.'[119]

11

Pokeren om de macht

'Het schaakspel om de macht begint. Het zal misschien het hele jaar duren. Het wordt een partij die met tempo, wijsheid en deels ook met raffinement zal worden gespeeld.' Dat schreef Joseph Goebbels onder de datum 7 januari 1932. Deze vaak geciteerde zinnen staan overigens niet in het oorspronkelijke dagboek, maar in zijn boek *Vom Kaiserhof zur Reichskanzlei*, in 1934 verschenen bij Eher-Verlag.[1] Met deze sterk geredigeerde en gestileerde versie van de oorspronkelijke aantekeningen wilde de hoofdpropagandist van de Führermythe de indruk wekken dat het enkel en alleen de geniale schaakzetten van Hitler waren geweest waardoor de NSDAP op 30 januari 1933 de sleutel van de macht in handen had gekregen. Dezelfde tactiek volgde ook Hitlers perschef Otto Dietrich met zijn in het najaar van 1933 eveneens bij de partij-uitgeverij verschenen reportage *Mit Hitler in die Macht*. Daarin prees hij de leider van de NSDAP als een 'unieke en uitzonderlijke' persoonlijkheid. Met 'instinctieve vooruitziende blik' zou hij alle stappen hebben gepland, zelfs in de moeilijkste situaties 'volmaakt kalm' zijn gebleven en 'het front van de tegenstanders door zijn ijzeren wil hebben afgemat en vernietigd' – tot zijn terechte beloning, intrek nemen in de rijkskanselarij, hem uiteindelijk niet meer kon worden ontzegd.[2]

Dit beeld stond ver af van het werkelijke verloop van de gebeurtenissen. Hitlers weg naar de macht was geen onstuitbare, triomfantelijke zegetocht maar een hangpartij die ook anders had kunnen eindigen. De nationaalsocialisten hadden 1932 uitgeroepen tot het 'jaar van de beslissing'.[3] In vijf grote verkiezingsronden kregen ze de kans de intussen bereikte organisatorische en propagandistische kracht te bewijzen. Eens te meer behaalde de NSDAP enorme successen. Bij de parlementsverkiezingen eind juli 1932 werd ze met afstand de grootste partij. De Wilhelmstraße in Berlijn leek voor het grijpen te liggen, maar met zijn starre alles-of-nietsstrategie en zijn aanspraak op de ongedeelde macht manoeuvreerde Hitler zijn partij een doodlopende weg in. Bij de verkiezingen van begin november leed ze voor het eerst grote verliezen. Het aureool van onoverwinnelijkheid was verbleekt en daarmee het vertrouwen in de leiding. De NSDAP maakte haar ernstigste crisis door sinds het verbod in 1923-1924. Tegelijkertijd dienden zich eind 1932 de eerste tekenen van conjunctureel herstel aan: het dieptepunt van de economische crisis leek bereikt. Veel wees erop dat het gevaar van een nationaalsocialistische machtsovername nog één keer bezworen had kunnen worden. 'De ontwikkeling van dit Duitse jaar 1932,' schreef de links-liberale publicist Leopold Schwarzschild op 31 december in zijn weekblad *Das Tage-Buch*, zou 'voor latere geschiedschrijvers en politici een eersteklas studieobject' zijn. Want pas bij afstandelijk terugblikken zou duidelijk worden 'door wat voor historisch mirakel de lijn op bijna het laatste moment plotseling werd afgebogen'.[4]

In het begin van het jaar predikte Hitler optimisme. In zijn nieuwjaarsboodschap beweerde hij dat Duitsland op het punt stond 'in hoog tempo nationaalsocialistisch te worden'. De partij zou al meer dan vijftien miljoen aanhangers hebben – 'een zegetocht die zijn weerga niet kent in de geschiedenis van ons volk.'[5] En in een interview met het Japanse dagblad *Tokio Asahi Shimbun* op 3 januari vertrouwde hij erop dat zijn partij 'weldra de macht in Duitsland [zou] grijpen' en 'een nieuw Derde Rijk [zou] stichten'.[6] Hitler besefte overigens dat hij daarvoor was aangewezen op steun, niet in de laatste plaats vanuit het bedrijfsleven. Al in het najaar van 1931 had hij, zoals Rudolf Heß meldde, 'met groot succes' geprobeerd de 'nog aanwezige steunpunten van de toenmalige regering in de industrie en het bankwezen aan het wankelen te brengen'.[7] Brüning had inderdaad als ge-

Afb. 29 Hitler samen met Hermann Göring tijdens een bijeenkomst van de Industrie-Club Düsseldorf. Fritz Thyssen leest een verklaring voor die eindigt met: 'Heil, Herr Hitler', 26 januari 1932.

volg van zijn mislukte deflatiepolitiek, die de crisis had verergerd, veel steun in het bedrijfsleven verloren, maar dat leverde de NSDAP niet meteen iets op, want veel ondernemers hadden nog steeds hun bedenkingen tegen een beweging waarvan de leidende representanten wat hun economische politiek betrof met twee tongen spraken. Om het imago van zijn partij op te vijzelen en zichzelf aan te bevelen als toekomstig hoofd van de regering, nam Hitler een uitnodiging aan om op 26 januari 1932 een toespraak te houden voor de Industrie-Club Düsseldorf, het trefpunt van de economische elite van Rijnland-Westfalen.[8]

Circa zevenhonderd toehoorders hadden zich verzameld in de volledig gevulde grote balzaal van het Düsseldorfer Parkhotel. Omdat aanhangers en tegenstanders van de nationaalsocialisten voor het hotel heftige meningsverschillen uitvochten, betrad Hitler de zaal nagenoeg onopgemerkt door een zijdeur. Met het oog op de ambiance had hij zijn bruine uniform verwisseld voor een donkere geklede jas en een gestreepte broek. Wie verwacht had te horen wat voor concrete maatregelen een door hem geleide regering zou treffen om de economische crisis te overwinnen, kwam bedrogen uit. Hitler herhaalde in zijn tweeënhalf uur durende toespraak slechts wat hij bij soortgelijke gelegenheden, zoals zijn optreden in de Hamburgse Nationalklub in 1919, had verkondigd: dat alleen een sterke staat het kader kon verschaffen voor een bloeiende economie en dat iedereen die opkwam voor privé-eigendom, de idee van de democratie moest verwerpen. 'Het is onzinnig zich in economisch opzicht te baseren op ideeën van prestatie, persoonlijke waarde en daarmee in feite op de autoriteit van de persoonlijkheid, maar in politiek opzicht deze autoriteit van de persoonlijkheid te loochenen en de wet van het grotere getal, de democratie, daarvoor in de plaats te stellen.' Opnieuw wees hij het op het gevaar van het bolsjewisme dat, als het zijn zegetocht voortzette, 'de wereld aan een even ingrijpende omwenteling [zal] blootstellen als eertijds het christendom'. De nationaalsocialistische beweging zou de enige kracht zijn die zou kunnen verhinderen dat ook Duitsland in een 'bolsjewistische chaos' zou ondergaan. 'En als men ons onze onverdraagzaamheid verwijt, dan bekennen we dat we er trots op zijn – ja, we hebben het onverbiddelijke besluit genomen het marxisme in Duitsland met wortel en tak uit te roeien.' Zorgvuldig vermeed Hitler elke openlijke antisemitische uitspraak en ook zijn plannen om in Rusland Lebensraum te veroveren, werden slechts aangestipt. In plaats daarvan benadrukte hij aan het eind dat een opnieuw sterk geworden Duitsland onder zijn leiding bereid zou zijn tot 'vriendschap en vrede' met zijn buren.[9]

Er zijn talrijke legenden ontstaan rondom Hitlers optreden in de Düsseldorfse Industrie-Club. Ze zijn vooral gebaseerd op het verhaal van Otto Dietrich, die Hitler begeleid had en in zijn boek *Mit Hitler in die Macht* de schijnbaar authentieke weergave van een ooggetuige leverde: na aanvankelijk met 'koele gereserveerdheid' te zijn ontvangen, zou Hitler het publiek weldra in zijn ban hebben gebracht. 'De hoofden beginnen rood aan te lopen, de ogen hangen aan Hitlers lippen, men voelt hoe de harten warmlopen [...]. Aanvankelijk bewegen de handen aarzelend, dan klateren er salvo's van bijval. Toen Adolf Hitler zijn toespraak beëindigde, had hij een slag gewonnen.' Op deze 'gedenkwaardige dag' zou Hitler 'de doorbraak naar de kopstukken van de industrie in het westen van Duitsland' hebben geforceerd: 'Het ijs was gebroken, de nationaalsocialistische gedachte had een vruchtbare bodem gevonden in belangrijke en invloedrijke kringen van het systeem.'[10]

Dit verhaal, dat bepalend is geweest in de oudere literatuur over de relatie tussen het nationaalsocialisme en de grootindustrie, is inmiddels gecorrigeerd door de Amerikaanse historicus Henry A. Turner en enkele latere auteurs.[11] Vervolgens heeft men terecht opgemerkt dat niet de volledige bedrijfselite van het Ruhrgebied hieraan heeft deelgenomen. Aanwezig was uiteraard de vroege Hitler-vereerder Fritz Thyssen, maar ook Ernst Poensgen en Albert Vögler van de Vereinigte Stahlwerke, Ernst Brandi van de Bergbauverein en Karl Haniel van de Gutehoffnungshütte, de voorzitter van de Industrie-Club. Maar er waren ook enkele vooraanstaande vertegenwoordigers van de grootindustrie ostentatief weggebleven van de bijeenkomst, met name Gustav Krupp von Bohlen und Halbach, de voorzitter van de Reichsverband der Deutschen Industrie, maar ook Paul Reusch, Carl Duisberg van IG Farben, Fritz Springorum van Hoesch Stahlwerke en de mijnbouwondernemer Paul Silverberg.[12]

Ook waren de reacties van het publiek niet zo unaniem enthousiast als het verhaal van Dietrich suggereert. Toen Thyssen zijn woord van dank besloot met: 'Heil, Herr Hitler!' werd dat door de meesten van zijn aanwezige collega's ervaren als een gênante toenaderingspoging.[13] En uiteindelijk had de speech van Hitler nauwelijks invloed op de blijvende goedgeefsheid van de grootindustriëlen. Dat moest zelfs Otto Dietrich erkennen in zijn veel nuchterder memoires van 1955: 'Bij de uitgang van de zaal werd indertijd een inzameling gehouden, die welgemeende, maar onbeduidende bedragen opleverde. Bovendien kon ook toen geen sprake zijn van een noemenswaardige ondersteuning, laat staan financiering van Hitlers politieke strijd door het "bedrijfsleven" of de "zware industrie".'[14] Tijdens de verkiezingsstrijd voor het ambt van rijkspresident in het voorjaar van 1932 spraken prominente industriëlen als Krupp en Duisberg zich uit voor Hindenburg en stortten enkele miljoenen marken in diens verkiezingskas.[15]

De kwestie van de verkiezing van de rijkspresident was in de eerste maanden van 1932 het overheersende politieke thema. Om de inmiddels bijna 85-jarige Hindenburg een tweede ronde te besparen, was rijkskanselier Brüning op het idee gekomen diens ambtsperiode te laten verlengen door een beslissing van de Rijksdag. Daarvoor had hij wel een twee derde meerderheid nodig voor een grondwetswijziging, en die kon hij alleen krijgen als ook de nationaalsocialisten en de Deutschnationalen ermee instemden.[16] Op de avond van 6 januari had Wilhelm Groener, de minister van Defensie en Binnenlandse Zaken, in opdracht van Brüning een ontmoeting met Hitler om hem voor het idee te winnen. 'Sympathieke indruk, bescheiden, fatsoenlijke man die het beste wil,' vatte hij na afloop zijn oordeel over de leider van de NSDAP samen. 'Qua optreden het type van de ambitieuze autodidact [...], bedoeling en doelen van Hitler zijn goed, maar hij is een fantast, verhit, veelzijdig.'[17] Er volgde een reeks onderhandelingen, waarbij Hitler aanvankelijk tot compromissen bereid leek te zijn, maar eventuele instemming met de kandidatuur van Hindenburg uiteindelijk afhankelijk stelde van ontbinding van de Rijksdag en nieuwe verkiezingen. Daar kon Brüning niet mee instemmen, omdat hij met de te verwachten verkiezingsoverwinning van de NSDAP zijn meerderheid in de Rijksdag kwijt zou zijn.

Op 12 januari deelde Hitler Brüning mee dat hij – 'ondanks al zijn respect voor de persoon van de heer rijkspresident' – het voorstel van een ambtsverlenging moest afwijzen. Als reden voerde hij grondwettelijke bedenkingen aan, die weliswaar gegrond waren, maar uit zijn mond merkwaardig klonken omdat hij er nooit twijfel aan had laten bestaan dat hij na een machtsovername door de nationaalsocialisten de grondwet zo snel mogelijk buiten werking wilde stellen.[18] Zijn afwijzing plaatste de NSDAP-voorzitter echter wel voor een dilemma: als Hindenburg ondanks zijn hoge leeftijd zou besluiten zich kandidaat te stellen voor een tweede ambtstermijn, dan bleef hem weinig anders over dan zich eveneens verkiesbaar te stellen. De kans was groot dat hij in een directe strijd met de vooral bij rechts populaire 'overwinnaar van Tannenberg' het onderspit zou delven. En zo'n nederlaag kon Hitlers aureool van schijnbaar onstuitbaar van overwinning naar overwinning oprukkende Führer van de beweging beschadigen. Op 19 januari besprak Goebbels de 'rijkspresidentskwestie' voor het eerst met Hitler in diens woning te München: 'Ik pleitte voor zijn kandidatuur. Alleen hij kan Hindenburg verslaan. We maken berekeningen met aantallen. Maar aantallen bedriegen. Hitler moet rijkspresident worden. Zo alleen lukt het. Dat is het devies. Hij neemt echter nog geen beslissing. Ik zal blijven aandringen.'[19]

Tot Goebbels' grote spijt aarzelde Hitler echter wekenlang met zijn beslissing. Hij was kennelijk veel sceptischer over zijn kansen dan zijn Berlijnse Gauleiter en hoofd van de propaganda-afdeling. 'Hitler wacht te lang,' klaagde Goebbels op 28 januari en twee dagen later noteerde hij: 'Wanneer neemt Hitler een beslissing? Heeft hij de moed niet? Die moet men hem inspreken.'[20] Pas op 3 februari, toen Goebbels in het Braune Haus de voorbereidingen voor de verkiezingsstrijd nagenoeg had afgesloten, gaf Hitler te kennen dat hij bereid was het tegen Hindenburg op te nemen. Overigens zou dat besluit pas openbaar worden gemaakt als de rijkspresident zich opnieuw kandidaat had gesteld en de sociaaldemocraten zich voor hem hadden uitgesproken. De achterliggende gedachte was duidelijk: als Hindenburg gesteund zou worden door het republikeinse kamp, dat hem in 1925 nog had bestreden, kon Hitler zich des te beter als kandidaat van rechts presenteren. 'Maar eerst moet Hindenburg vaststaan, de SPD hem steunen. Dan pas onze beslissing. Macchiavelli! Maar juist,' zag ook Goebbels nu in.[21]

Precies om die reden nam ook Hindenburg alle tijd voor zijn besluit. Hij wilde, zoals hij Brüning eind januari liet weten, zich alleen kandidaat stellen als dat 'niet op het vereende verzet van compleet rechts' zou stuiten.[22] Dat een bovenpartijdig Hindenburg-comité onder leiding van de Berlijnse burgemeester Heinrich Sahm dat begin februari in het leven was geroepen in korte tijd meer dan drie miljoen handtekeningen verzamelde, was de rijkspresident nog niet genoeg. Pas toen de Kyffhäuserbund, de overkoepelende organisatie van oud-strijdersverenigingen, een gelofte van trouw aan de veldmaarschalk aflegde, verklaarde Hindenburg zich op 15 februari bereid zich kandidaat te stellen. 'Een dag van historische betekenis voor Duitsland,' noteerde Hermann Pünder, de secretaris-generaal van de rijkskanselarij.[23] Hitler liet opnieuw een week verstrijken voordat hij Goebbels toestemming gaf zijn kandidatuur op de avond van 22 februari bekend te maken in het Berlijnse Sportpalast. 'Tien minuten geestdrift, ovaties, de mensen staan op en juichen me toe. Nog even en het dak gaat eraf. Het is fantastisch. Zo zullen we winnen,' beschreef Goebbels de reacties van de aanhangers.[24]

Er was overigens nog één hindernis te nemen: om zich kandidaat te kunnen stellen, had Hitler het Duitse staatsburgerschap nodig. Al in juli 1930 had Frick, de toenmalige minister van Binnenlandse Zaken van Thüringen, een mislukte poging gedaan door te proberen Hitler te benoemen tot politiecommissaris van Hildburghausen. Toen deze domme streek begin februari 1932 bekend werd, leidde dat begrijpelijkerwijs tot enige verbazing. Maar de NSDAP-leiding had intussen al een elegantere oplossing bedacht: ze zette haar minister van Binnenlandse Zaken van Braunschweig, Dietrich Klagges, die in een coalitieregering met DNVP en DVP zat, onder druk om stappen te ondernemen teneinde Hitler tot ambtenaar te benoemen en hem aldus het staatsburgerschap te verlenen. Het idee was aanvankelijk hem te benoemen tot buitengewoon hoogleraar 'Organische maatschappijleer en politiek' aan de Technische Hogeschool in Braunschweig.[25] Maar dat was zelfs de coalitiepartners van de NSDAP te dol. In plaats daarvan kwam men op het idee Hitler te benoemen tot regeringsadviseur op het gezantschap van Braunschweig in Berlijn. Daar verscheen hij in de namiddag van 26 februari, nam zijn akte van benoeming in ontvangst en legde de ambtseed af: 'Ik zweer trouw aan de rijks- en landsgrondwet, gehoorzaamheid aan de wetten en gewetensvolle vervulling van mijn ambtelijke plichten.'[26] Daarmee had hij zijn 'dienst' al vervuld. Hij vroeg onmiddellijk verlof aan tot het eind van de verkiezingsstrijd om het rijkspresidentschap, wat hem ook later steeds weer werd toegestaan. Het politieke doel was in elk geval bereikt: 'Zojuist komt het bericht dat hij tot gezant van Braunschweig is benoemd. Dus staatsburger Hitler. Gefeliciteerd,' noteerde Goebbels met zijn kenmerkende cynisme onder de datum van 26 februari.[27]

De Deutschnationalen van Hugenberg konden noch voor Hindenburg noch voor Hitler warmlopen en nomineerden met Theodor Duesterberg, de tweede bondsvoorzitter van Stahlhelm, een eigen kandidaat voor het presidentsambt. Daarmee was het Harzburger Front, dat al nooit erg stevig was geweest, uiteengevallen. Ook de KPD stuurde met haar voorzitter Ernst Thälmann opnieuw een eigen man de arena in. De SPD daarentegen besloot, evenals Zentrum, geen eigen kandidaat voor te dragen maar Hindenburg te steunen. In zijn op 27 februari in Vorwärts gepubliceerde oproep verklaarde de partijvoorzitter: 'Hitler in plaats van Hindenburg, dat betekent: chaos en paniek in Duitsland en heel Europa, uiterste verscherping van de economische crisis en de werkloosheid, grootste gevaar voor bloedige twisten binnen het eigen volk en met het buitenland. Hitler in plaats van Hindenburg, dat betekent: overwinning van het reactionaire deel van de bourgeoisie op de vooruitstrevende delen van de burgerij en op de arbeidersklasse, vernietiging van alle staatsburgerlijke vrijheden, de pers, de politieke en culturele organisaties en de vakbonden, verscherpte uitbuiting en loonslavernij.' De oproep eindigde met de leus: 'Versla Hitler! Kies daarom Hindenburg!'[28]

Zo waren de fronten van plaats gewisseld ten opzichte van 1925. 'Wat een merkwaardig land,' verbaasde Thea Sternheim zich in februari 1932. 'Hindenburg als troetelkind van de democratisch gezinden. Toen ik jaren geleden [...] hoorde van zijn verkiezing, zakte ik door de grond van schrik, van verontwaardiging. Nu hoopt de republikein, gezien het dreigende fascisme, dat Hindenburg aanblijft.'[29] Voor de NSDAP echter leverde de steun van de SPD voor Hindenburg de gewenste propagandastof op. Tijdens de Rijksdagzitting van 23 februari baarde Goebbels opzien toen hij verklaarde dat Hindenburg zou worden 'geprezen door de Berlijnse boulevardpers, door de partij van de deserteurs'. Na deze infame provocatie nam de SPD-afgevaardigde Kurt Schumacher, die in 1914 als vrijwilliger ernstig gewond was geraakt, het woord en gaf Goebbels in een strijdlustige toespraak een gedenkwaardig antwoord: 'Áls we al iets waarderen in het nationaalsocialisme, dan is dat het feit dat het voor het eerst in de Duitse politiek is geslaagd in de volledige mobilisatie van de menselijke domheid.'[30] Omdat Goebbels weigerde zich voor zijn uitvallen te verontschuldigen, werd hij de plenaire vergaderzaal uitgezet. Hitler betoonde zich enthousiast: 'De oorlog is dus verklaard.'[31]

Onmiddellijk daarna openden de nationaalsocialisten de verkiezingsstrijd, waarbij de modernste technische middelen werden ingezet. Goebbels nam een grammofoonplaat op die in een oplage van 50.000 exemplaren werd verspreid. In een tien minuten durende geluidsfilm, die 's avonds op de pleinen van de grote steden moest worden vertoond, werd Hitler geprezen als de komende redder en verlosser van het Duitse volk. Schreeuwerige aanplakbiljetten verspreidden de centrale boodschap die de propagandaleiding al begin februari had geformuleerd: 'Weg met het systeem. De macht aan het nationaalsocialisme!'[32] In een openingstoespraak in het Berlijnse Sportpalast op 27 februari, die de *Völkischer Beobachter* afdrukte onder de kop 'Het sein voor de aanval', benadrukte Hitler tegenover 25.000 toehoorders dat het in de aanstaande 'titanenstrijd' om 'wezenlijk meer' ging 'dan om een presidentskandidatuur', namelijk om een afrekening met het 'systeem' van 9 november, dat in de dertien jaar van zijn bestaan Duitsland aan de rand van de afgrond had gebracht. Dat was ook de teneur van alle latere toespraken: 'Zo zijn we dertien jaar lang aanklagers geweest en nu komt het uur waarin u, mijn volksgenoten, na dertien jaar op 13 maart waarschijnlijk voor het eerst in groten getale rechter moet zijn over datgene wat tot dusver door de ene kant is verwoest, en rechter moet zijn over datgene wat aan de andere kant opnieuw is opgebouwd aan innerlijke waarden van ons volk!'[33] Goebbels legde de reactie vast: 'Het volk gaat tekeer. Een uur buiten zichzelf. Hitler is me een kerel. Ik hou van hem.'[34]

Tussen 1 en 11 maart werkte Hitler een zwaar programma af. Hij sprak in Hamburg, Stettin, Breslau, Leipzig, Bad Blankenburg, Weimar, Frankfurt am Main, Neurenberg, Stuttgart, Keulen, Dortmund en Hannover, en overal stroomde het publiek massaal toe. Over de ontvangst in de stampvolle Sagebielsälen in Hamburg schreef het *Hamburger Tageblatt*: 'Een duizendkoppige mensenmassa, een duizendkoppig grauw, onbestemd, gekweld leger lijkt al zijn tranen, zijn verdriet, zijn zorgen te willen uitwissen in deze kreet, die tegelijk groet en huldeblijk is.'[35] Over de 50.000 toehoorders in de Jahrhunderthalle in Breslau, waar Hitler met uren vertraging arriveerde, schreef de *Schlesiche Zeitung*: 'Van heinde en verre zijn ze gekomen, uit Hirschberg, uit Waldenburg, uit Sulau en Militsch, uit alle delen van Silezië, ja zelfs urenlange ritten hebben velen, in de ongemakkelijkste houdingen of op het bovendek van een bus, niet geschuwd om hun Führer te horen. [...] Uur na uur wachten de mensen, zonder ongeduld, feestelijk gestemd. Lunch en avondmaal hebben ze meegebracht, rondreizende handelaars persen zich met fruit en verfrissingen door de menigte, verplegers en ziekenzusters zijn op hun post, het is een bont, levendig beeld.'[36] Meer nog dan de manifestaties bij de Rijksdagverkiezingen in september 1930 hadden de massademonstraties in het voorjaar van 1932 het karakter van een evenement: veel Duitsers, ook degenen die nog geen lid van de partij waren, hadden kennelijk behoefte om Hitler, de nieuwe politieke ster, te horen en te zien. Op hem projecteerden ze hun verlangen naar een nationale heiland die zijn land uit de ellende zou verlossen en tot nieuwe bloei zou brengen. Hitler wist dat verlangen te bespelen door het dertienjarige bestaan van de Republiek van Weimar in steeds dezelfde sombere beelden af te schilderen als een tijd van verval, en daartegenover de vermeende stralende toekomst van een verenigde Duitse 'volksgemeenschap' op te roepen.

De leider van de NSDAP vermeed het overigens Hindenburg persoonlijk aan te vallen. Hij wilde de strijd 'op ridderlijke wijze' voeren, had hij de rijkspresident eind februari verzekerd.[37] Hitler was zich ervan bewust dat hij de relatie met Hindenburg niet onherstelbaar mocht beschadigen omdat hij, als hij zou verliezen, niet aan de macht kon komen zonder de instemming van de rijkspresident. Hij liet dan ook geen gelegenheid onbenut blijk te geven van zijn verering van de voormalige veldmaarschalk. Tegelijkertijd echter maakt hij duidelijk dat Hindenburg een man van het verleden was, terwijl hem, Hitler, en zijn beweging, de toekomst toebehoorde. 'Oude man', riep hij op 7 maart in Neurenberg uit, 'u draagt de toekomst van Duitsland niet meer op uw schouders, maar wij moeten haar op onze schouders dragen. U kunt niet meer de verantwoordelijkheid voor ons nemen; wij, de generatie van de oorlog, zullen haar zelf dragen. U, eerbiedwaardige oude man, u kunt het heden dat we willen vernietigen niet meer beschermen. Stap daarom opzij en maak de weg vrij!'[38]

Hitlers belangrijkste mikpunt was de sociaaldemocratie, die zich zou verschuilen achter de mythe Hindenburg om zich aan haar verantwoordelijkheid te onttrekken. 'Geloof me,' spotte hij in al zijn verkiezingstoespraken, 'als ik mijn hele leven niets meer zou hebben bereikt dan dat ik die partij aan de voeten van de veldmaarschalk had geworpen, dan zou dat al een historische verdienste zijn geweest. [...] Er heeft zich in die partij een merkwaardige verandering voltrokken. Ooit de partij van het revolutionaire proletariaat en nu de partij van een brave burgerlijke stem op de gehate 85-jarige generaal-veldmaarschalk.'[39] Het leed geen twijfel dat deze polemiek er vooral op gericht was een wig te drijven tussen de sociaaldemocratische leiding en haar aanhangers. Hitler kon immers op zijn vingers natellen dat als de SPD-kiezers massaal op Hindenburg zouden stemmen, zijn vooruitzichten om hem in de eerste kiesronde te verslaan niet erg groot waren.

Desondanks straalde de propaganda optimisme uit. 'De vaste, eeuwig herhaalde zin luidt: Adolf Hitler is niet slechts onze kandidaat, Adolf Hitler is de volgende president. De zekerheid van de overwinning van de hele partij moet worden opgeschroefd tot blind geloof,' eiste de rijkspropagandaleiding in een rondschrijven aan alle gouwen.[40] Goebbels zelf zweefde tussen hoop en vrees. 'De verwachtingen voor Hitler zijn op het fantastische af. Vooral onder partijgenoten,' noteerde hij op 6 maart. 'Ik zie daar een gevaar in. Niet overmoedig worden en de tegenstander onderschatten.'[41] Maar reeds enkele dagen later was hij zeker van de overwinning: 'Diep in de nacht nog met Hitler gesproken. Hij is in Stuttgart. Reist van triomf naar triomf. Alles gaat goed. Het wordt een succes!'[42] Ook Hitler was er inmiddels van overtuigd dat hij Hindenburg zou kunnen verslaan. Tijdens de eerste stemronde, zo verklaarde hij in een interview met Hubert Knickerbocker, de correspondent van de *New York Evening Post* daags voor de beslissing op 13 maart, zouden ze beiden, hijzelf en Hindenburg, elk circa twaalf miljoen stemmen krijgen, te weinig dus voor de absolute meerderheid; tijdens de tweede stemronde op 10 april zou Hindenburg echter kansloos zijn, en het was onverantwoordelijk geweest van Brüning dat hij de oude heer had overgehaald zich kandidaat te stellen en hem daarmee naar de te voorziene nederlaag had geleid.[43]

Gezien de hooggespannen verwachtingen moest de verkiezingsuitslag binnen de partij inslaan als een bom: Hindenburg had met ruim achttien miljoen stemmen (49,8 procent) duidelijk afstand genomen van Hitler, die uitkwam op net iets meer dan elf miljoen (30,1 procent). Maar de demissionaire ambtsdrager had niet de absolute meerderheid, zodat er een tweede stemronde nodig was. Thälmann had krap vijf miljoen stemmen (13,2 procent) gekregen, Duesterberg slechts 2,5 miljoen (6,8 procent).[44] De teleurstelling onder de NSDAP-aanhang was zo groot dat ze in veel plaatsen de hakenkruisvlag halfstok hingen.[45] Goebbels schreef in zijn dagboek: 'We zijn verslagen. Vreselijke vooruitzichten [...]. Onze partijorganisatie is neerslachtig en moedeloos. Nu moet er een grote gok worden gedaan. Telefoon met Hitler. Hij is mateloos verrast door de uitslag. We hebben te hoog gemikt.'[46] Nog op de avond van de verkiezingen stelde Hitler een oproep aan de partij op, waarin hij het fiasco probeerde te verdoezelen. Vergeleken met de verkiezingen in september 1930 had de NSDAP tenslotte twee keer zoveel stemmen gekregen: 'We zijn vandaag onomstreden veruit de sterkste partij van Duitsland geworden.' De leden werden opgeroepen de 'aanval op het front van Zentrum en marxisten [...] nu onmiddellijk opnieuw in de scherpste vorm' in te zetten. Er mocht geen dag verloren gaan; iedereen moest het 'hoogste en allerlaatste' inzetten 'om de zege aan ons vaandel te hechten'.[47]

Otto Dietrich had de reactie op de verkiezingsuitslag na 1933 tot Hitlers 'mooiste moment' uitgeroepen. In deze 'beslissende nacht' zou 'de Führer boven zichzelf uitgestegen' zijn en de moedelozen met zijn 'zonder meer onvoorwaardelijke, vulkanische wil' weer hebben opgericht.[48] Heel anders kwam hij over op Hanfstaengl op de avond van 13 maart in zijn woning aan de Prinzregentenplatz: Hitler had in een bijna donkere kamer voor zich uit zitten broeden. Hij had op zijn bezoeker de indruk gemaakt van 'een teleurgestelde, moedeloos geworden speler die te hoog had ingezet'.[49] In een toespraak tijdens een NSDAP-bijeenkomst in Weimar op 15 maart moest Hitler openlijk toegeven dat hij zich had 'misrekend'. Hij zou het gewoon niet voor mogelijk hebben gehouden dat de sociaaldemocraten 'tot en met de laatste man' op Hindenburg zouden stemmen.[50] En inderdaad, de SPD-aanhangers hadden wonderbaarlijk gedisciplineerd gehoor gegeven aan de oproep van hun partijbestuur.

Tussen de beide stemronden in kwam men plotseling op het idee kroonprins Wilhelm kandidaat te stellen. In een brief aan Hitler vroeg de oudste zoon van keizer Wilhelm II hem om zijn steun. De NSDAP-voorzitter verklaarde zich schijnbaar bereid zijn eigen kandidatuur in te trekken, maar alleen op voorwaarde dat Hindenburg dezelfde stap zou zetten. Als hij de kroonprins aan het presidentschap zou helpen, zal Hitler waarschijnlijk hebben gedacht, zou deze hem uit dankbaarheid het kanselierschap toevertrouwen. Maar het hele plan was al bij voorbaat gedoemd schipbreuk te lijden: niet alleen peinsde Hindenburg er niet over het zo kort voor zijn zekere herverkiezing op te geven, ook sprak Wilhelm II vanuit zijn verre ballingsoord in het Nederlandse Doorn zijn veto uit over een kandidatuur van de kroonprins, die er zijn consequenties uit trok en openlijk adviseerde op Hitler te stemmen.[51]

Hij zou, verklaarde Hitler op 21 maart tijdens een interview met Sefton Delmer, de Berlijnse correspondent van de *Daily Express*, een campagne voeren zoals de wereld nooit eerder had meegemaakt.[52] Omdat de rijkspresident een 'paasbe-

Afb. 30 Omslag van een reclamebrochure van Eher-Verlag voor de 'Duitslandvluchten' van Hitler, 1932.

stand' had bevolen, dat voor de tijd van 21 maart tot en met 3 april openbare bijeenkomsten verbood, bleef er voor de verkiezingsstrijd slechts een kleine week over. Deze korte periode maakte, zoals Goebbels in zijn dagboek opmerkte, 'volstrekt nieuwe methoden' van propaganda noodzakelijk. Daartoe behoorde op de eerste plaats het idee een vliegtuig te charteren, met behulp waarvan Hitler elke dag verscheidene massademonstraties kon afwerken.[53] Op 3 april begon hij met een Junkers D-1720 vanuit München aan zijn eerste 'Duitslandvlucht', die hem naar meer dan twintig grote evenementen voerde – eerst naar de Saksische bolwerken van de NSDAP, naar Dresden, Leipzig, Chemnitz en Plauen, daarna naar Berlijn en Potsdam, van daaruit via Pommeren naar Oost-Pruisen, waar hij sprak in Lauenburg, Elbing en Koningsbergen. Op 6 april vloog hij terug naar Zuid-Duitsland en trad op in Würzburg, Neurenberg en Regensburg; een dag later kon men hem in Frankfurt am Main, Darmstadt en Ludwigshafen beluisteren, nog een dag later in Düsseldorf, Essen en Münster en op 9 april, de laatste dag van de verkiezingsstrijd, in Böblingen, Schwenningen en op de slotbetoging in Stuttgart. 'Niemand kon zich aan deze propagandagolf onttrekken,' schreef Otto Dietrich, die op doorslaggevende wijze betrokken was geweest bij de organisatie van de eerste 'Duitslandvlucht'. 'Ze wekte de sportieve belangstelling en speelde evenzeer in op de sensatiezucht van de massa als ze de politieke gemoederen verhitte [...]. Het was politieke propaganda die zelfs de Amerikaanse methoden in de schaduw stelde.'[54]

De nieuwe onderneming bleek inderdaad een uitzonderlijke publiekstrekker. In totaal zouden er meer dan anderhalf miljoen mensen zijn geweest die aldus binnen enkele dagen werden bereikt. Alleen al de toespraak van Hitler in de Berlijnse Lustgarten op 4 april trok 150.000 tot 200.000 toehoorders – het evenement werd vastgelegd in een geluidsfilm.[55] De eerste 'Duitslandvlucht' werd in de loop van het jaar 1932 gevolgd door nog drie andere; ze leverden een wezenlijke bijdrage aan het populariseren van de Führercultus. Het devies *Hitler über Deutschland* waarvan de partijkranten met grote letters verslag deden, suggereerde niet alleen de alomtegenwoordigheid van de NSDAP-voorzitter, het symboliseerde tegelijkertijd zijn pretentie dat hij boven de klassen en partijen zou staan en met zijn beweging vooruitliep op de toekomstige 'volksgemeenschap'. Dat de nationaalsocialisten zich als enige partij naar Amerikaans voorbeeld bedienden van het vliegtuig, verleende hun bovendien een aura van moderniteit en vertrouwen in de toekomst. En dat Hitler zelfs bij slecht vliegweer bij geen van de geplande demonstraties verstek liet gaan, versterkte zijn aureool van een zich in dienst van zijn missie opofferende, geen gevaar schuwende 'redder van de natie'. Terwijl de bezoekers vaak urenlang wachten op de koop toe namen, zweefde Hitler 'als een messias [...] met zijn vliegtuig uit de wolken tevoorschijn en verkondigde zijn heilsboodschap'.[56]

Hitler gaf zich tot het uiterste. 'Goeie god, wat slooft die man zich uit,' zei zijn bezorgde vriendin Winifred Wagner. 'En wie zijn hekel aan vliegen kent, weet wat voor zelfoverwinning het voor hem was!!'[57] Hitler had inderdaad, in tegenstelling tot de heroïserende legende die met name Otto Dietrich heeft verspreid,[58] een uitgesproken vliegangst, die hij voor zijn entourage slechts moeizaam kon verbergen. Sefton Delmer, die als enige buitenlandse journalist het voorrecht had dat hij Hitler op diens eerste 'Duitslandvlucht' mocht vergezellen, heeft in zijn memoires beschreven hoe het gezelschap aan boord van het door gezagvoerder Hans Baur van de Deutsche Lufthansa bestuurde toestel samendromde rondom de Führer en zijn aandacht probeerde te trekken. Maar Hitler zou alle toenaderingspogingen met een houding van 'norse apathie' hebben genegeerd. 'Hij zat daar en staarde ongeïnteresseerd naar buiten, met zijn kin op zijn rechterhand en wattenproppen in zijn oren. Slechts af en toe ging hij even verzitten of krabde in zijn nek.' Sefton Delmer kreeg er 'een volkomen nieuw beeld van Hitler: het volstrekte tegendeel van de handen schuddende, op effect beluste man', die hij bij het opstijgen van Berlijn-Tempelhof nog had gezien. 'Ik ben,' zo vervolgt de journalist zijn artikel, 'sindsdien met menig groot staatsman meegereisd, maar bij geen van hen heb ik een zo sterk contrast tussen de publieke en de privépersoon waargenomen als bij Hitler.' Maar het vliegtuig was nauwelijks geland of de rollen werden omgedraaid: zijn houding verstarde, hij nam de pose van de Führer aan.

> Daar stond hij, blootshoofds, rechtop en ernstig, de schouders naar achteren, een trek van strijdlustige vastbeslotenheid om de mond, de hand geheven ten groet. Toen het verwelkomende roepen van de massa steeds luider werd, kwam de overgang naar de tweede fase. Hij sperde zijn ogen open, zodat je het oogwit kon zien, en er verscheen een 'licht' in. Een licht dat vriendelijk begrip voor de noden van zijn volk moest uitdrukken, onverschrokken vertrouwen, het licht in de ogen van een messias die was geroepen om Duitsland naar zijn plek onder de zon te leiden.[59]

Meestal waren de plaatselijke notabelen aanwezig om Hitler te begroeten; meisjes overhandigden boeketten en SA-kapellen zorgen voor de muzikale omlijsting. Op weg van het vliegveld naar de plaats van bijeenkomst werd Hitlers colonne niet zelden onthaald op protesten van communistische demonstranten. In Elbing bijvoorbeeld, een havenstad aan de Oostzee, maakte Sefton Delmer mee dat de lijfwachten onder leiding van Sepp Dietrich uit hun auto's sprongen en de arbeiders met gummiknuppels en boksbeugels te lijf gingen.[60] De politie deed niets om het te verhinderen – opnieuw een bewijs dat de nationaalsocialisten zich reeds de toekomstige meesters in Duitsland voelden en dachten dat ze het recht in eigen hand mochten nemen.

In zijn toespraken herhaalde Hitler slechts de eindeloze jammerklachten over het vermeende, dertien jaar durende wanbeleid in Duitsland en de belofte dat 'zootje partijen' op te ruimen zodra hij aan de macht was. Voor zijn omgeving was het een kwelling steeds weer dezelfde tirades te moeten aanhoren, waarin

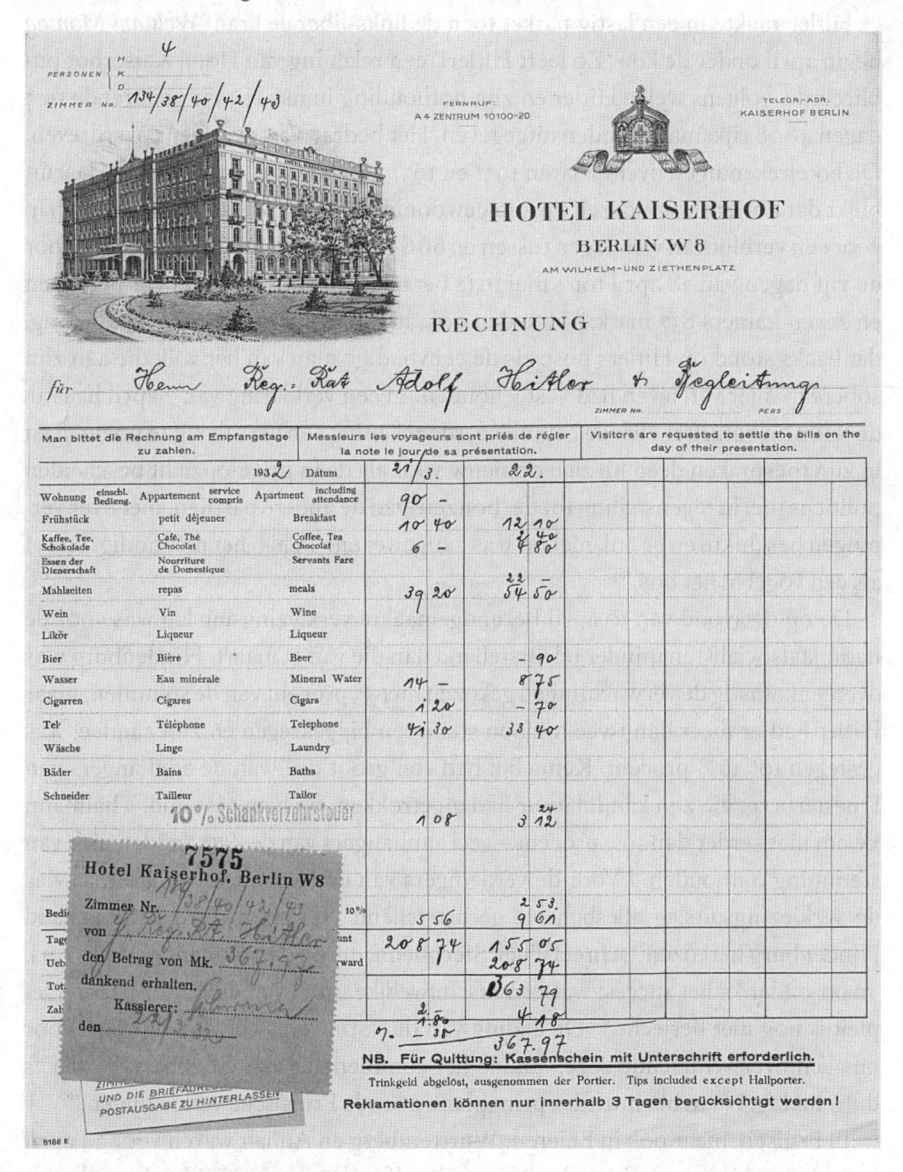

Afb. 31 Rekening Hotel Kaiserhof, voor 'regeringsadviseur' Adolf Hitler en gezelschap van drie personen voor 21 en 22 maart 1932.

hij slechts kleine variaties aanbracht – naargelang de plaats waarin hij sprak. Zo vergeleek hij in Potsdam de ontwikkeling van de NSDAP met de ontwikkeling van de kleine staat Brandenburg tot de grootmacht Pruisen. 'Klein, veracht en bespot zijn we begonnen, we zijn langzaam de nationaalsocialistische beweging geworden en hebben nu meer dan elf miljoen mensen achter ons staan; de grootste organisatie die Duitsland ooit heeft gekend, marcheert achter onze vaandels.'[61]

Hitler raakte in een lastig parket toen de links-liberale krant *Welt am Montag* begin april onder de kop 'Zo leeft Hitler!' een rekening van Hotel Kaiserhof publiceerde, volgens welke Hitler en zijn hofhouding in maart 1932 gedurende tien dagen 4008 rijksmark hadden uitgegeven. Het bedrag was overigens overdreven. De hotelrekeningen over de jaren 1931 en 1932 zijn bewaard gebleven, en daaruit blijkt dat Hitler voor zichzelf en zijn gewoonlijk drie- tot vierkoppige gezelschap voor een verblijf van vier dagen tussen de 606 en 829 mark moest neertellen. Voor de vijf dagen van 28 april tot 2 mei 1932 betaalde hij voor in totaal vijf personen en zeven kamers 837 mark.[62] Hoe dan ook, het ging om een aanzienlijk bedrag, dat haaks stond op Hitlers pose als de eenvoudige man van het volk die aan zijn sobere manier van leven had vastgehouden. In een verklaring van 7 april haastte de NSDAP-voorzitter zich de gepubliceerde rekening een vervalsing te noemen en in zijn toespraken deed hij zich opnieuw voor als de in privé-opzicht bescheiden politicus die, in tegenstelling tot de 'bonzen' van de andere partijen, niet over vermogen beschikte en er ook niet op was aangewezen: 'Ik heb het niet nodig, ik leef als een vogel in het bos.'[63]

De op de avond van 10 april bekendgemaakte verkiezingsuitslag was voor de nationaalsocialisten minder teleurstellend dan die van 13 maart. Hindenburg was overeenkomstig de verwachtingen gekozen met 53 procent van de stemmen, maar Hitler had er meer dan twee miljoen stemmen bij gekregen en zijn aandeel was gestegen tot 36,8 procent. Kennelijk had een groot deel van de aanhangers van Duesterberg, die zijn kandidatuur had ingetrokken, op hem gestemd. Thälmann kwam niet verder dan 10,2 procent – veel aanhangers van de KPD hadden zich van stemming onthouden.[64] Voor de verdedigers van de Republiek van Weimar was de verkiezingsuitslag allesbehalve geruststellend. 'Gisteren werd in Duitsland Hindenburg herkozen,' schreef Thea Sternheim, die op dat moment in Parijs was, 'maar ondanks het succes: wat een afschuwelijke groei van de Hitler-partij. Het pleit is nog niet beslecht.'[65] De leiding van de NSDAP was vol vertrouwen: 'Voor ons een overweldigende zege,' luidde het commentaar van Goebbels. 'Hitler is dolgelukkig. Nu hebben we de springplank naar de Pruisische verkiezingen.'[66]

In Pruisen, maar ook in Beieren, Württemberg en Anhalt waren voor 24 april Landdagverkiezingen uitgeschreven; op dezelfde dag zouden in Hamburg de verkiezingen voor de *Bürgerschaft*, het stadsparlement, plaatsvinden. Al op de dag na de uitslag op 10 april had Goebbels het concept voor de volgende stemronde uitgewerkt: 'Veertien dagen verkiezingspropaganda. We zullen een meesterstuk afleveren.'[67] Hitler begon op 16 april aan zijn tweede 'Duitslandvlucht'. De campagne strekte zich ditmaal buiten de grote steden uit tot in de provincie, en ook hier was de toeloop enorm. 'Zeven uur stond de menigte op Hitler te wachten,' meldde bijvoorbeeld de *Völkischer Beobachter* over een bijeenkomst in Donauwörth in Zuid-Beieren.[68] Hitler legde tijdens de verkiezingsstrijd de nadruk op Pruisen, veruit de grootste en belangrijkste deelstaat. Daar, zo beklemtoonde hij, ging het om beslissende verkiezingen. De demissionaire coalitieregering onder de sociaaldemocraat Otto Braun moest ten val worden gebracht om aan te haken bij 'het Pruisen van een Frederik de Grote', dat 'door de eeuwen heen een onnavolgbaar voorbeeld van zuiverheid, orde en discipline' was geweest. Zoals Pruisen in de tijd van de opstand tegen Napoleon in 1813 de 'vaandeldrager van de Duitse vrijheid' was geworden, zo moest het nu de 'vaandeldrager worden van de nieuwe, grote, sociale vereniging van de Duitse natie'.[69]

De verkiezingen van 24 april leverden de nationaalsocialisten opnieuw een grote stemmenwinst op. In Pruisen zagen ze hun aandeel van 1,8 procent in 1928 stijgen tot 36,3 procent. Met 162 zetels werden ze de grootste partij in de Pruisische Landdag. De coalitie van SPD, Zentrum en de Deutsche Staatspartei raakte haar meerderheid kwijt, maar bleef, doordat de NSDAP niet de voor nieuwe minister-presidentsverkiezingen vereiste meerderheid had behaald, de zaken waarnemen. In Beieren handhaafde de BVP zich met een krappe meerderheid (32,6 procent) tegenover de NSDAP, die van 6,1 procent steeg tot 32,5 procent. In Württemberg werd de NSDAP met 26,4 procent de grootste partij, net als in Hamburg, waar ze uitkwam op 31,2 procent en de SPD (30,2 procent) in haar bolwerk overvleugelde. Het beste resultaat behaalde ze in Anhalt met 40,9 procent.[70] Ondanks het indrukwekkende succes kon de Hitler-partij noch in Pruisen, noch in Beieren, Württemberg of Hamburg de nieuwe kracht in de Landdagparlementen omzetten in regeringsdeelname; alleen in Anhalt loste ze de sociaaldemocratische minister-president af. Uit Goebbels' dagboekaantekening sprak dan ook ondanks alle blijdschap over de 'fenomenale overwinning' een zekere radeloosheid: 'Wat nu? Er moet iets gebeuren. We moeten macht krijgen, anders zegevieren we ons dood.'[71] Zoals zo vaak waren het niet zozeer de geniale invallen van Hitler als wel de onverwachte externe gebeurtenissen die de NSDAP te hulp kwamen. Een wezenlijke rol hierbij speelde de vervreemding tussen Hindenburg en Brüning. De rijkspresident nam het de rijkskanselier kwalijk dat hij zijn herverkiezing niet te danken had aan zijn gelijkgestemden van rechts, maar enkel en alleen aan de sociaaldemocraten en het katholieke Zentrum. 'Wat ben ik een ezel geweest dat ik me voor een tweede termijn heb laten kiezen,' zou hij hebben gezegd.[72] Toen Brüning hem op 11 april de gelukwensen van het kabinet overbracht, reageerde Hindenburg boos en liet doorschemeren dat de dagen van de kanselier waren geteld.[73]

Ook de discussie over een verbod van SA en SS droeg bij aan de verslechterde relatie tussen de 'oude heer' en Brüning. Op 17 maart had de Pruisische minister van Binnenlandse Zaken Carl Severing de kantoren van NSDAP en SA in Pruisen laten doorzoeken. Uit in beslag genomen materiaal bleek dat de SA op de verkiezingsdag van 13 maart paraat was gehouden. Hitler protesteerde tegen de politieactie, maar riep tegelijkertijd de SA- en SS-mannen op zich 'door niets tot iets onwettigs [te laten] provoceren'.[74] Tijdens een conferentie in Berlijn op 5 april drongen de ministers-presidenten van de deelstaten, met name die van Beieren en Pruisen, er bij Groener op aan dat hij eindelijk iets zou ondernemen tegen de paramilitaire organisaties van de nationaalsocialisten. De rijksminister van Binnenlandse Zaken, die lang had geaarzeld, besloot nu op te treden. In een memorandum aan de rijkskanselier van 10 april verklaarde hij dat na de verkiezingsoverwinning van Hindenburg het psychologisch gunstige moment voor energiek optreden tegen de bruine colonnes was aangebroken. Brüning slaagde er slechts met moeite in Hindenburg van de noodzaak van een verbod te overtuigen. Op 13 april kondigde de rijkspresident een noodverordening af ter 'waarborging van het staatsgezag', waarbij 'alle paramilitaire organisaties' van de NSDAP ontbonden werden verklaard.[75]

Harry graaf Kessler vroeg zich af of de kwestie 'met één pennenstreek' zou zijn opgelost en of de SA en de SS zich 'met zulk lammerengeduld' zouden laten ontwapenen. Dat zou passen bij het 'zwakke, sterk vrouwelijke karakter van Hitler', die 'ook daarin op Wilhelm II [zou] lijken: een grote mond en verder niets als het ernst wordt'.[76] Maar dat was een enorme miskenning van zowel de situatie als van de persoon Hitler. De nationaalsocialisten waren tijdig op de hoogte gebracht van het aanstaande verbod en hadden tijd genoeg gehad om passende maatregelen te treffen. De bruinhemden verdwenen weliswaar van de ene dag op de andere uit het straatbeeld, maar de organisatorische samenhang van SA en SS bleef intact doordat de leden gewoon onder het dak van de partij glipten. Het ontbindingsbevel betekende dus geenszins een definitief einde.[77] In een oproep op 13 april maakte Hitler bovendien duidelijk dat hij het verbod slechts als een tijdelijke maatregel beschouwde, aangezien er al na de Landdagverkiezingen van 24 april een nieuwe situatie zou ontstaan. Hij maande zijn mensen daarom 'de huidige machthebbers geen aanleiding' te geven 'onder wat voor voorwendselen ook de verkiezingen te kunnen uitstellen': 'Als u uw plicht doet, zal deze slag van generaal Groener door onze propaganda duizendvoudig op hemzelf en zijn bondgenoten terugslaan.'[78]

Hitler wist waarschijnlijk dat Hindenburg de noodverordening met tegenzin had ondertekend en dat er binnen de legerleiding nogal wat weerstand bestond tegen het verbod. Al op 15 april riep de rijkspresident Groener op nu ook maatregelen te nemen tegen de sociaaldemocratische verdedigingsorganisatie *Reichsbanner Schwarz-Rot-Gold*. Bij het nadrukkelijk onvriendelijk gehouden schrijven had hij vermeende bezwarende stukken tegen de Reichsbanner gevoegd die de chef van de legerleiding, generaal Kurt von Hammerstein, hem had overhandigd.[79] Beslissend voor het lot van Groener (en met hem het hele kabinet-Brüning) was dat ook zijn politieke pleegzoon, het hoofd van de Wehrmachtsabteilung van het Reichswehr-ministerie, Kurt von Schleicher, zich van hem afkeerde en tegen hem begon te stoken. Schleicher was tegen een verbod op de SA omdat hij in de knokploegen een strijdbaar potentieel zag, dat bij de toekomstige uitbreiding van de strijdkrachten waardevolle diensten kon bewijzen. En hij dacht nog altijd dat de hij NSDAP zou kunnen inpakken als ze regeringsverantwoordelijkheid zou dragen en haar zo zou kunnen 'temmen'. In dat opzicht was hij het eens met Hindenburg, die al langer had aangedrongen op een uitbreiding van het presidentieel kabinet naar rechts en het Brüning zwaar aanrekende dat hij zich nog steeds niet had bevrijd van de gedoogsteun van de SPD.[80] Volgens Goebbels' aantekeningen was het gesprek, waaraan ook generaal Hammerstein deelnam, 'goed verlopen'. Men was het 'eens geworden'. Begin mei vernam de Berlijnse Gauleiter dat de generaals 'verder wroetten': 'Erop los! Brüning en Groener moeten weg.' Tijdens een nieuwe geheime ontmoeting tussen Hitler en Schleicher op 7 mei, waarbij ditmaal ook Hindenburgs secretaris-generaal Otto Meissner en presidentszoon Oskar von Hindenburg aanwezig waren, stelde men het draaiboek voor het omverwerpen van de regering-Brüning samen. Goebbels vatte het resultaat samen: 'Brüning moet nog deze week vallen: de oude zal het vertrouwen in hem opzeggen. Schleicher maakt zich er sterk voor [...]. Dan komt er een presidentieel kabinet. Rijksdag ontbonden. De dwangwetten ingetrokken. We hebben bewegingsvrijheid en leveren ons meesterstuk.'[81] Met andere woorden: Hitler had regeringsdeelname afgewezen, maar toegezegd dat hij een naar rechts opgeschoven presidentieel kabinet zou gedogen, in ruil voor de belofte dat er nieuwe Rijksdagverkiezingen zouden komen en dat het verbod op de SA en de SS zou worden ingetrokken. Hitler kon meer dan tevreden zijn met deze regeling, want hij had, zonder zich vast te leggen, alle troeven in handen. 'Chef uitgelaten vrolijk,' merkte zijn paladijn op. 'We beraadslagen over de volgende Rijksdagverkiezingen. Dat wordt de grote klapper.'[82]

De samenzwering verliep echter niet helemaal volgens plan. Brüning kon nog één keer uitstel bewerkstelligen door Hindenburg te wijzen op de negatieve gevolgen van zijn ontslag voor de buitenlandse politiek. Bovendien dreigde hij de ondankbare houding van de generaal-veldmaarschalk ter sprake te brengen in de

Rijksdag.[83] Op 9 mei kwam het parlement weer bijeen. De woordvoerder van de NSDAP-fractie, Hermann Göring, viel Groener frontaal aan en eiste dat het verbod op de SA en de SS werd ingetrokken. Groener antwoordde daags daarna. Verzwakt door een ziekte, telkens weer van zijn à propos gebracht door de herhaalde interrupties door de nationaalsocialisten, bood hij allesbehalve een soevereine aanblik. 'Groener heeft met het pleidooi voor zijn zaak helaas een rampzalig effect gehad,' schreef een afgevaardigde van de Deutsche Staatspartei, Theodor Heuss, enkele dagen later. 'Dat hij niet kan speechen, wisten we; vandaar dat hij vroeger meestal voorlas. Maar nu was hij erg opgewonden, had bovendien zijn gezicht vanwege een steenpuist met pleisters beplakt, zag er slecht uit, sprak voor de vuist weg en kwam bij de interrupties niet uit zijn woorden.'[84] Na zijn rampzalige optreden was Groener politiek gezien niet meer te handhaven; Schleicher en Hammerstein drongen aan op zijn aftreden. 'Goed zo,' juichte Goebbels. 'Als de mantel valt, valt de hertog,' parafraseerde hij Schiller.[85] Op de avond van 12 mei maakte Groener bekend dat hij voornemens was zijn functie als minister van Defensie neer te leggen; hij wilde overigens wel Binnenlandse Zaken blijven leiden. Omdat Hindenburg op 12 mei afreisde naar zijn landgoed Neudeck in Oost-Pruisen, werd de beslissing daarover opnieuw uitgesteld, maar Groeners carrière was de facto op 12 mei ten einde, en met hem was het kabinet-Brüning zijn belangrijkste steunpilaar kwijt.[86]

Terwijl Hindenburg op Neudeck verbleef, zetten Brünings tegenstanders hun 'mollenwerk' voort.[87] Uit Goebbels' dagboek blijkt hoe systematisch ze te werk gingen om de positie van de rijkskanselier te ondergraven. 'De crisis duurt volgens plan voort [...]. Een reeks telefoongesprekken met Hitler. Hij is bijzonder tevreden' (14 mei). 'Hier is alles nog in feeststemming. Alleen Brüning wankelt. Doorstoten dus' (18 mei). 'Actie-Schleicher verloopt goed. Brüning volkomen geïsoleerd. Zoekt handenwringend naar nieuwe ministers. Schleicher heeft het ministerie voor de Reichswehr afgewezen. Hij wil geen half werk leveren' (19 mei). 'Schleicher wroet verder. De lijst van ministers wordt besproken [...]. Arme Brüning! Hij is uitgerangeerd' (20 mei).[88] Al op 20 mei kon Werner von Alvensleben, een vertrouweling van Schleicher die het contact met de nationaalsocialisten onderhield, melden dat Brüning drie dagen later zou 'opdonderen'; ook zou hij al de kant-en-klare kabinetslijst hebben, compleet met de naam van de nieuwe kanselier: Franz von Papen.[89]

Op zijn landgoed Neudeck stond Hindenburg bloot aan de invloed van zijn uiterst conservatieve omgeving, die hem steunde in zijn plan zich van Brüning te ontdoen. Op 20 mei had het kabinet-Brüning een ontwerp voor een noodverordening opgesteld, die rijkscommissaris voor de *Osthilfe* Hans Schlange-Schöningen machtigde insolvabele landgoederen middels gedwongen verkopen voor het rijk te verwerven, om ze vervolgens beschikbaar te stellen aan een boerenkolonie. De *Reichslandbund*, de lobby van de grote agrariërs, liep bij de rijkspresident te hoop tegen dit als 'landbouwbolsjewisme' afgeschilderde project. Toen Meissner de voorgenomen noodverordening op 25 mei op Neudeck voorlegde aan Hindenburg, weigerde deze haar te ondertekenen.[90] Sterker nog: hij liet Brüning via zijn secretaris de 'dringende wens' overbrengen het 'kabinet om te gooien, en wel naar rechts'.[91] Dit stond gelijk aan een eis tot aftreden.

Toen Hindenburg op 28 mei terugkeerde naar Berlijn, was de teerling al geworpen. Tijdens het beslissende onderhoud in de voormiddag van 29 mei maakte Brüning de rijkspresident duidelijk dat hij de 'door onverantwoordelijke instanties, met name de Reichswehr, tegen hem en de rijksregering gevoerde dwarsdrijverij' niet langer meer zou tolereren. Om verder te kunnen werken had hij 'bepaalde garanties' nodig, met name een 'nieuwe vertrouwensakte van de heer rijkspresident'.[92] Hindenburg wees het verzoek bruusk af: hij zou de door Brüning geleide regering geen toestemming meer geven nieuwe noodverordeningen uit te vaardigen. Daarmee was de breuk compleet. Tegen de middag van 30 mei diende Brüning zijn ontslag in. Hindenburg trok slechts drieënhalve minuut uit voor het laatste gesprek.[93] Zo meedogenloos serveerde de rijkspresident de man af die hem slechts zeven weken tevoren aan zijn herverkiezing had geholpen. Brüning was er, zoals zijn vertrouweling Pünder opmerkte, 'in stilte met recht uiterst verontwaardigd' over, hoewel hij niets liet merken.[94] Het verzoek van Hindenburg om beschikbaar te blijven als minister van Buitenlandse Zaken wees hij van de hand.

'De bom is gisteren ontploft. Brüning heeft de oude heer om twaalf uur het ontslagverzoek van het volledige kabinet overhandigd,' noteerde Goebbels triomfantelijk.[95] Een republikein als Harry graaf Kessler daarentegen reageerde ontzet op het nieuws van Brünings ontslag. 'Minderwaardige invloeden hebben hun wil doorgedreven zoals in de tijd van Eulenburg en Holstein' onder Wilhelm II, klaagde hij op 30 mei. 'De dag van vandaag betekent het voorlopige einde van de parlementaire republiek.'[96] De val van Brüning markeerde inderdaad een breuk. Met hem eindigde, zoals Heinrich August Winkler heeft benadrukt, 'de gematigde fase van het presidentiële stelsel'.[97] Overigens mag daarbij niet over het hoofd worden gezien dat de uitholling van de parlementaire democratie en de groeiende macht van de rijkspresident en legerleiding ten koste van een verregaande uitsluiting van de Rijksdag uit het proces van politieke besluitvorming, al met het aantreden van de regering-Brüning waren begonnen. In zekere zin was de kanselier het slachtoffer geworden van een ontwikkeling die hij zelf mede in gang had gezet.

Al in de late namiddag van 30 mei ontving Hindenburg in het kader van zijn oriënterende gesprekken met de partijleiders ook Hitler en Göring. De leider van de NSDAP verklaarde zich bereid tot 'vruchtbare samenwerking' met een door de rijkspresident geleide rechtse regering onder Franz von Papen, maar verbond daar wel de twee voorwaarden aan die hij eerder al met Schleicher had uitonderhandeld: de zo snel mogelijke ontbinding van de Rijksdag en intrekking van het verbod op de SA.[98] Beide werden hem toegezegd. Tevreden noteerde Goebbels: 'Onderhoud met de oude goed verlopen. [...] SA-verbod vervalt. Uniform wordt toegestaan en Rijksdag ontbonden. Dat is het belangrijkste. De rest komt vanzelf. De man is v. Papen. Het maakt ook niets uit. Verkiezingen, verkiezingen! Naar het volk toe! We zijn allemaal erg blij.'[99] Het was voor de NSDAP-leiding een uitgemaakte zaak dat de nieuwe regering slechts een overgangsoplossing zou zijn. Ze rekende er namelijk op dat ze bij de volgende Rijksdagverkiezingen een zo overweldigend resultaat zou behalen dat Hindenburg niet anders kon doen dan Hitler belasten met de leiding over de regeringszaken. De Landdagverkiezingen in Oldenburg op 29 mei en in Mecklenburg-Schwerin op 5 juni, waarbij de NSDAP 48,4 respectievelijk 49 procent van de stemmen behaalde en daarmee de meeste zetels kreeg[100], sterkten hen in de overtuiging dat hun bij de volgende stembusgang een soortgelijk succes wachtte. 'We moeten Papen zo snel mogelijk uitschakelen,' gaf Goebbels al op 6 juni de richting aan.[101]

De nieuwe rijkskanselier Franz von Papen, een 'heerrijder' uit de oude Westfaalse adel, was als backbencher van de Zentrum-fractie in de Pruisische Landdag politiek gezien tot dusver niet speciaal opgevallen, maar hij had tijdens de Eerste Wereldoorlog als bataljonscommandant aan het westfront gevochten, wat in de ogen van Hindenburg een aanbeveling was. En voor Schleicher, die deze kandidaat uit de hoge hoed had getoverd, sprak misschien juist diens politieke onervarenheid voor zijn geschiktheid, omdat hij dacht dat hij hem des te gemakkelijker kon gebruiken als instrument voor zijn eigen machtsambities. 'Hij wilde de touwtjes van de politiek in de hand hebben en had een "spreekbuiskanselier" nodig die kon praten maar geen eigen wil mocht hebben.'[102] De politiserende generaal, die zijn intrigantenspel tot dusver achter de schermen had gespeeld, kreeg in het nieuwe kabinet de functie van minister van Defensie en stond daarmee voor het eerst in de schijnwerpers van de openbaarheid. De toenmalige ambassadeur in Londen, Konstantin Freiherr von Neurath, werd minister van Buitenlandse Zaken; Wilhelm Freiherr von Gayl, tot dat moment directeur van de Ostpreußische Landgesellschaft, werd minister van Binnenlandse Zaken en Magnus Freiherr von Braun, eveneens oude Oost-Pruisische landadel, werd minister van Voeding en Landbouw. Financiën viel toe aan Lutz graaf Schwerin von Krosigk, sinds 1929 directeur-generaal op dat departement; Paul Freiherr von Eltz-Rübenach, tot dan toe president van de *Reichsbank* (Rijksbank) in Karlsruhe, werd minister van Posterijen en Verkeer. Minister van Arbeid werd Hugo Schäffer, een voormalige directeur van de Krupp-Werke en president van het *Reichsverzicherungsamt*. Justitie werd overgenomen door Franz Gürtner, die als Beierse minister van Justitie Hitler de hand boven het hoofd had gehouden. Het enige lid van het kabinet dat al in de regering-Brüning had gezeten, was minister van Economische Zaken Hermann Warmbold. De uiterst conservatieve vertegenwoordigers van de grootgrondbezitters ten oosten van de Elbe hadden samen een duidelijk overwicht, reden waarom de SPD-krant *Vorwärts* het treffend had over een 'baronnenkabinet'.[103] De politieke basis van de nieuwe regering was al even smal als de maatschappelijke, want niet alleen SPD en KPD kondigden de strijd aan, ook Zentrum weigerde steun omdat die partij vond dat Papen was besmet met het odium van verraad aan Brüning.

Op 31 mei ontmoette Papen Hitler voor het eerst. De NSDAP-chef zou, vertelt hij in zijn 1952 gepubliceerde memoires, eerder op hem zijn overgekomen als een bohemien dan als een politicus. Van de 'magnetische aantrekkingskracht' die hem werd toegeschreven, zou hij weinig hebben gemerkt. 'Hij gedroeg zich hoffelijk en bescheiden.' Deze houding, die ook Brüning en Groener tijdens hun eerste ontmoetingen met Hitler hadden opgemerkt, hoorde schijnbaar bij het rollenspel van de partijleider, om zijn gesprekspartners voor zich in te nemen en hun wat zijn plannen betrof schijnzekerheid te bieden. Op de vraag naar een mogelijke latere regeringsdeelname reageerde Hitler ontwijkend: 'Hij wilde zich niet binden voordat de verkiezingsuitslag bekend was, maar hij liet doorschemeren dat hij mijn kabinet slechts als een tussenoplossing beschouwde en de strijd om zijn partij de grootste van het land te maken – en daarmee zichzelf tot kanselier – zou voortzetten.'[104]

Op 4 juni ontbond Hindenburg volgens afspraak de Rijksdag; als datum voor de nieuwe verkiezingen werd 31 juli vastgesteld. Op 16 juni volgde de intrekking van het SA-verbod, waarmee ook aan de tweede voorwaarde van Hitler voor het gedogen van het kabinet-Papen was voldaan. De Beierse minister-president Held had tijdens een bespreking op 11 juli tussen Papen en de vertegenwoordigers van de deelstaten daar vergeefs tegen geprotesteerd: de maatregel zou niet worden begrepen door de dertien miljoen Hindenburg-kiezers. Ze betekende een 'vrijbrief voor moord en doodslag en voor de verschrikkelijkste terreur tegen alle andersgezinden'.[105] Wat velen al vreesden, gebeurde: het geweld escaleerde op ongekende wijze. Nationaalsocialisten en communisten leverden dagelijks bloedige straatgevechten. 'Het gaat steeds meer op een burgeroorlog lijken,' merkte Harry graaf Kessler op. 'Het is een dag in dag uit, zondag na zondag voortdurende Bartholomeüsnacht.'[106] Een van de ergste incidenten deed zich op 17 juni voor in Altona, dat in die tijd nog niet bij Hamburg, maar bij Pruisen hoorde.

De SPD-hoofdcommissaris van politie had na overleg met Severing toestemming gegeven voor een provocerende mars van zevenduizend SA-mannen door de rode wijken van de stad. Resultaat: zeventien doden en talrijke zwaargewonden. 'De ontsteltenis over deze nieuwe bloedige zondag is algemeen en groot,' registreerde Kessler.[107]

De door eigen schuld ontstane geweldsescalatie gaf de regering-Papen een voorwendsel een van haar belangrijkste politieke plannen uit te voeren, namelijk de sloop van het republikeinse 'bolwerk Pruisen'. Daar was na het verkiezingsdebacle van 24 april de aangeslagen coalitie van SPD, Zentrum en de Staatspartei in functie gebleven. Otto Braun, de vroeger zo sterke SPD-premier, was overigens al afgetreden en had de zaken begin juni 1932 overgedragen aan zijn plaatsvervanger, minister van Welzijn Heinrich Hirtsiefer van Zentrum. Er gingen op dat moment al geruchten over het aanstellen van een rijkscommissaris in Pruisen. Aanvankelijk gaf Papen de voorkeur aan een andere oplossing: op 6 juni deed de voorzitter van de Pruisische Landdag, de nationaalsocialist Hanns Kerrl, een oproep 'onverwijld' een poging te ondernemen een nieuwe regering te vormen van NSDAP, Zentrum en DNVP.[108] De onderhandelingen daarover leverden echter niets op. 'Ook in Pruisen geen verantwoordelijkheid. Ofwel de hele macht, óf in de oppositie,' zo vatte Goebbels de overwegingen van Hitler samen.[109] Zentrum was in elk geval bereid een Deutschnational, maar niet een nationaalsocialist te accepteren als minister-president. Begin juli 1932 werd het streven naar een regeringsbekwame meerderheid in Pruisen als mislukt beschouwd: de Landdag stelde het voor onbepaalde tijd uit.

Nu kwam de tweede optie, Pruisen onder rechtstreeks gezag van Berlijn te plaatsen, des te sterker naar voren. Tijdens een ministerraad op 11 juli verklaarde minister van Binnenlandse Zaken Gayl 'dat voor de rijksregering het psychologische moment om in te grijpen aangebroken' was. De Pruisische regering concentreerde zich op het bestrijden van de nazibeweging; het verzet tegen het 'communistische gevaar' zou volstrekt 'ontoereikend' zijn. Het resultaat van de beraadslagingen werd bekendgemaakt door Papen: men zou het in het kabinet eens zijn over 'de aanstelling van een rijkscommissaris in Pruisen'.[110] Op 14 juli reisden Papen, Gayl en secretaris-generaal Meissner naar Neudeck om van Hindenburg een blanco volmacht voor de geplande coup te krijgen. De datum van de 'Verordening over het herstel van veiligheid en orde op het grondgebied van de staat Pruisen' werd opengelaten; het wachten was nu slechts op een geschikte aanleiding om haar in werking te laten treden.[111]

Die aanleiding bood de 'bloedige zondag in Altona' op 17 juli. Een dag later kregen Hirtsiefer, Severing en de Pruisische minister van Financiën Otto Klepper te horen dat ze op 20 juli op de rijkskanselarij werden verwacht. Zonder omwegen deelde Papen hun mee dat de rijkspresident hem had benoemd tot rijkscommissaris in Pruisen en de Pruisische ministers van hun ambt had ontheven. De taken van de minister-president, zo voegde hij eraan toe, zou hij zelf op zich nemen; de leiding van het Pruisische ministerie van Binnenlandse Zaken had hij toevertrouwd aan de burgemeester van Essen, Franz Bracht. Papen betoonde zich geenszins onder de indruk van de protesten van Hirtsiefer en Severing dat deze handelwijze 'zo ongehoord' was dat er 'in de geschiedenis geen voorbeelden' van zouden zijn.[112] Onmiddellijk na de bespreking liet hij in Berlijn en de mark Brandenburg de uitzonderingstoestand uitroepen en droeg het uitvoerend gezag over aan luitenant-generaal Gerd von Rundstedt (die het later in Hitlers Wehrmacht tot generaal-veldmaarschalk zou brengen). In een schrijven aan Papen tekende de afgezette Pruisische regering officieel bezwaar aan en kondigde aan dat ze de beslissing aan het Constitutionele Hof zou voorleggen.[113] Daarmee was meteen duidelijk dat het verzet tegen de staatsgreep strikt binnen het wettelijke kader moest blijven, wat gelijkstond aan een halve capitulatie. 'Berlijn alles rustig. SPD en vakbonden heel koest. Ze doen ook niets. Reichswehr rukt binnen. Nu zijn de varkens uit de macht gezet,' noteerde Goebbels blij.[114]

Was verzet mogelijk? Over die vraag is sinds de dagen van sociaaldemocratische ballingschap veel gediscussieerd. Vaststaat dat de regering-Papen de mobilisering van de Pruisische Schutzpolizei zou hebben beantwoord met het inzetten van de Reichswehr – en er kan geen twijfel over bestaan wie daarbij zou hebben gewonnen. Bovendien was een groot deel van de Schutzpolizei, met name in de hogere rangen, lang niet zo republikeinsgezind als ze na 1945 deed voorkomen.[115] De strijdlust was het duidelijkst merkbaar onder de activisten van de Reichsbanner, waar ook de teleurstelling over de passiviteit van de SPD-leiding het grootst was. 'Ik zag in die tijd Reichsbanner-leden huilen,' herinnerde zich Otto Buchwitz, de secretaris van Opper-Silezië. 'Oude functionarissen gooiden ons hun lidmaatschapboekje toe.'[116] Maar nuchter beschouwd moet waarschijnlijk worden geconstateerd dat de Reichsbanner nauwelijks opgewassen zou zijn geweest tegen de paramilitaire organisaties van rechts.

De meest doeltreffende maatregel zou een algehele staking zijn geweest. Daarvoor was men niet alleen in het 'baronnenkabinet', maar ook in de omgeving van Hitler het bangst. 'Komt er een algehele staking? Ik denk het niet. Afwachten. Koortsachtige spanning,' noteerde Goebbels vóór de coup.[117] Een rol daarbij speelde de herinnering aan de Kapp-Lüttwitz-putsch, die door een algehele staking was mislukt. Maar de situatie in de zomer van 1932 verschilde fundamenteel van die in het voorjaar van 1920. Toen was er volledige werkgelegenheid; nu waren er meer dan zes miljoen werklozen en alles wees erop dat een stakingsoproep weinig weerklank zou vinden. Bovendien was de ongrondwettelijkheid van de

Preußenschlag, de Pruisische staatsgreep, minder duidelijk dan indertijd het geval was geweest. Toen pleegden rechtse samenzweerders een coup tegen het legitieme gezag; ditmaal ging de actie uit van de rijksregering en de rijkspresident zelf en was gericht tegen een deelstaatregering die haar parlementaire meerderheid had verloren.

Het is de sociaaldemocraten en de vakbonden dan ook nauwelijks kwalijk te nemen dat ze niet het risico van een burgeroorlog wilden nemen. Men kan hun echter wel verwijten dat ze absoluut niets deden en alles op zijn beloop lieten. De ontruiming zonder slag of stoot van het bolwerk Pruisen ontmoedigde de aanhangers van de Republiek van Weimar en moedigde haar tegenstanders aan. Meteen na de staatsgreep begonnen de nieuwe heren het Pruisische bestuur te 'zuiveren' van ambtenaren die trouw waren aan 'Weimar'. Daar konden de nationaalsocialisten na hun machtsovername rechtstreeks op voortborduren. In zijn klassieke werk *Die Auflösung der Weimarer Republik* (1955) heeft Karl-Dietrich Bracher de Preußenschlag terecht een 'voorspel' genoemd van de 'machtsovername' op 30 januari 1933.[118] Op 25 oktober 1932 wees het Constitutionele Hof vonnis. Het had niet tegenstrijdiger kunnen zijn: enerzijds bevestigde het dat de rijkspresident het recht had een rijkscommissaris te benoemen, anderzijds verklaarde het de volledige uitschakeling van de Pruisische deelstaatregering ongeoorloofd. Aan de machtsverschuiving die zich inmiddels al had voltrokken, veranderde het niets. De demissionaire Pruisische regering was weliswaar formeel gerehabiliteerd, maar ze leidde voortaan slechts nog een schaduwbestaan naast het regime van de rijkscommissaris.[119]

Begin juli 1932 gaf Hitler het startschot voor de verkiezingsstrijd. De aanvalsrichting had hij tijdens een Gauleiter-bijeenkomst in München op 8 juni reeds aangegeven: 31 juli moest een 'algehele afrekening door het Duitse volk met de politiek van de afgelopen veertien jaar en haar vertegenwoordigers' worden.[120] 'Duitsland, ontwaak! Geef Adolf Hitler de macht!' en: 'Weg met het systeem, zijn partijen en exponenten!' Zo luidden de door de rijkspropagandaleiding uitgevaardigde leuzen.[121] Medio juli sprak Hitler een grammofoonplaat in, die Eher-Verlag voor een bedrag van 5 rijksmark in de handel bracht.[122] Daarna begon de partijvoorzitter aan zijn derde 'Duitslandvlucht'. Op het programma stonden ditmaal optredens in vijftig steden in heel Duitsland en het beeld was weer hetzelfde: tienduizenden mensen wachtten op zijn komst, vaak urenlang, in Stralsund op 19 juli zelfs tot ver na middernacht.[123] Een dag later draaide Hitlers vliegtuig in Bremen voordat het met ingeschakelde binnenverlichting landde een rondje boven het Weserstadion – een demonstratie die de Führer als de verlichte, boven alle dieptepunten van de politieke strijd zwevende *deus ex machina* moest verbeelden.[124] Na afloop van de verkiezingsmarathon maakte Hitler, zoals een regionaal dagblad in Gladbeck meldde, een 'vermoeide, afgepeigerde indruk'.¹²⁵ Hanfstaengl, die tot zijn gevolg behoorde, heeft in zijn memoires 'de drijfjacht van massabijeenkomst naar massabijeenkomst, van stad naar stad' beschreven. De partijleider zou na zijn optreden volkomen uitgeput zijn geweest. 'We waren eigenlijk niets anders dan de secondanten van een bokser die Hitler tussen de toespraakronden weer fit moesten krijgen.'¹²⁶

Hitlers toespraken bevatten weinig nieuws: aan het begin schetste hij opnieuw het beeld van het algemene economische en politieke verval, waarvoor hij het 'systeem' van Weimar verantwoordelijk hield. Daarna beloofde hij een eind te maken aan de 'partijpolitieke bende'. Hij had zich 'een doel' gesteld, riep hij bijvoorbeeld op 27 juli uit tijdens een toespraak in Eberswalde, 'namelijk om de dertig partijen uit Duitsland weg te vagen'.¹²⁷ Daarna bracht hij 'het wonder' van de nationaalsocialistische beweging in herinnering, die 'door een handvol mensen de grootste organisatie' was geworden, die zich nooit met 'smerige compromissen' zou inlaten, maar trouw zou blijven aan haar principes, die het niet ging om zetels en ministersposten, maar om 'de toekomst van de Duitse mens', die geen klassen- en belangenpartij was maar een 'partij van het Duitse volk' en waarvan de grootste verdienste 'de nieuwe hoop' was waarmee ze 'miljoenen mensen vervult'.¹²⁸ Kritiek op het nieuwe, presidentiële kabinet uitte hij niet of uiterst voorzichtig. Zo verklaarde hij op 15 juli in Tilsit: 'Als mijn tegenstanders tegen me zeggen: "U dekt de regering-Papen," dan moet ik zeggen: "Wees blij dat de heer Papen regeert en niet ik."'¹²⁹

Van harde antisemitische uitspraken onthield Hitler zich ditmaal volledig – klaarblijkelijk met de bedoeling kiezers uit de liberale bourgeoisie te trekken. Toen hij bijvoorbeeld op 20 juli in Kiel zei dat er een 'type Untermenschen' zou bestaan met wie de nationaalsocialisten wilden 'afrekenen', liet hij bewust in het midden op wie hij doelde.¹³⁰ Dat hij het centrale axioma van zijn 'wereldbeeld' overigens geen moment uit het oog verloor, maar het bij openbare optredens uit tactische overwegingen verhulde, blijkt uit het feit dat hij het tegelijkertijd in een voorwoord bij de dienstvoorschriften voor de politieke organisatie van de NSDAP nadrukkelijk bevestigde: 'Bloed en ras, persoonlijkheid en persoonlijkheidswaarde, de strijd als eeuwig selecterend verschijnsel, de aarde en de Lebensraum als bepalende, dwingende en drijvende krachten,' zo zei hij, waren 'in hun fundamentele betekenis' door de nationaalsocialistische beweging 'niet slechts erkend, maar waarschijnlijk ook voor het eerst bewust als principe geaccepteerd.'¹³¹

'Een grote overwinning is behaald! De Nationalsozialistische Deutsche Arbeiterpartei is opnieuw veruit de grootste partij in de Duitse Rijksdag geworden.' Met die woorden vierde Hitler in een oproep de verkiezingsuitslag van 31 juli.¹³² Het succes van de nationaalsocialisten was op het eerste gezicht inderdaad indrukwekkend: ze hadden 37,3 procent van de stemmen gekregen – een stijging van 19 procentpunten – en vormden nu met 230 zetels de grootste fractie in de Rijksdag. Lichte winst was er voor de KPD, die van 13,1 procent was gestegen naar 14,5, terwijl de SPD bijna 3 procentpunten inleverde (van 24,5 naar 21,6 procent). Zentrum en de BVP waren enigszins gestegen – van 11,8 naar 12,5 procent respectievelijk van 3 naar 3,2 procent; het katholieke kamp was dus wederom stabiel gebleven. De DNVP daarentegen verloor opnieuw stemmen – haar aandeel daalde van 7 naar 5,9 procent. Dramatisch verloren de DVP (1,2 in plaats van 4,7 procent) en de Deutsche Staatspartei (1 in plaats van 3,8 procent). 'Zentrum volledig weggevaagd,' constateerde de Deutschnationale afgevaardigde Reinhold Quaatz kort en kernachtig.[133]

Bij nader inzien echter zag het resultaat van de NSDAP er minder indrukwekkend uit. Vergeleken met de herstemming voor het rijkspresidentschap op 10 april had ze er slechts 0,6 procentpunten bij gekregen; kennelijk naderde ze de grens van haar mobiliserend vermogen. Harry graaf Kessler noteerde verheugd 'dat de nazi's niet alleen hun doel niet bereikt' hadden, maar dat er 'voor het eerst duidelijke tekenen van stilstand en wegebben van hun vloed' waarneembaar waren.[134] Ook Goebbels zag het zo: 'Zo halen we de absolute meerderheid niet. Dus een andere weg inslaan.' Hoe die 'andere weg' eruit kon zien, vertrouwde hij zijn dagboek meteen toe: 'Nu moeten we de macht hebben en het marxisme uitroeien. Hoe dan ook! Er moet iets gebeuren. De tijd van de oppositie is ten einde. Nu daden!'[135]

Hitler had nog geen plannen over de volgende stappen. In het huis van Adolf Müller aan de Tegernsee, waar hij zich na de dood van Geli Raubal al eens eerder had teruggetrokken, had hij op 2 augustus een bespreking met Goebbels. Die legde onmiddellijk daarna welhaast stenografisch vast: 'Hitler denkt na. Voor moeilijke beslissingen. Legaal? Met Zentrum? Om kotsmisselijk van te worden!'[136] Hitler schijnt inderdaad even de vorming van een coalitie met Zentrum te hebben overwogen. Samen hadden beide partijen sinds 31 juli een meerderheid in de Rijksdag. Maar hij liet het idee snel weer varen, want dit zou betekend hebben dat hij de macht zou moeten delen, en nog wel met een partij die hij tijdens de voorgaande verkiezingsstrijd steeds weer als de (naast de SPD) belangrijkste steunpilaar van het gehate 'systeem' had zwartgemaakt. Hitler aarzelde, zoals hij bij belangrijke beslissingen altijd deed. Op 3 augustus bezocht hij samen met Goebbels ter afleiding in München een uitvoering van *Tristan und Isolde*. Daarna amuseerde men zich met 'muziek en gebabbel' bij het echtpaar Hanfstaengl.[137] Maar nauwelijks in Berchtesgaden teruggekeerd nam Hitler na veel innerlijke strijd een besluit: hij zou naar Schleicher stappen en voor zichzelf het kanselierschap plus vier andere posten – 'Frick Binnenland, Göring Luchtvaart, Straßer

Arbeid, Goebbels Volksopvoeding' – opeisen. 'Dit betekent dus de hele macht of niets. Zo is het goed. Niet te zuinig. Hij denkt dat de baronnen toegeven. En de oude heer?' Aldus gaf Goebbels Hitlers overwegingen weer.[138] Daarmee was de grootste onzekere factor in de vergelijking benoemd: zou Hindenburg Hitler benoemen tot rijkskanselier?

Op 5 augustus ontmoette Hitler Schleicher op een geheime locatie in Fürstenberg bij Berlijn. Hij slaagde er kennelijk in de minister van Defensie tijdens een 'urenlange wandeling' te overtuigen van de 'noodzaak van zijn kanselierschap'.[139] In elk geval riep Hitler meteen na zijn aankomst op de Obersalzberg zijn paladijnen bij zich om hun mede te delen dat 'alles in orde' was: 'Over een week breekt het open. Chef wordt rijkskanselier en minister-president van Pruisen. Straßer *Reichs-* en Pruisisch Binnen. Goebbels Pruisische Cultuur en Rijksopvoeding. Darré in beide Landbouw. Frick secretaris-generaal van de rijkskanselarij. Göring Luchtmacht. Justitie blijft voor ons. Warmbold Economie. Krosigk Financiën. Schacht Rijksbank. Een kabinet van mannen.' Of Hitler deze personeelsbezetting inderdaad met Schleicher had uitonderhandeld of tegenover Goebbels een overdreven optimistisch beeld had geschetst, is omstreden. Vaststaat echter dat Schleicher het *Reichsministerium* in eigen hand wilde houden, en dat was vermoedelijk ook de reden waarom de generaal dacht dat hij Hitler als kanselier onder controle kon houden. Goebbels daarentegen was het met Hitler eens dat, mocht de deal doorgaan, de nationaalsocialisten hun doel hadden bereikt: 'We zullen de macht nooit meer uit handen geven; men moet ons tussen zes planken naar buiten dragen. Het wordt een complete opruiming. Die kost weliswaar bloed, maar het klaart op en reinigt. Heel karwei. En we zullen ploeteren als slaven. We praten nog de hele avond. Tot diep in de nacht smeed ik plannen. Kan het nog niet bevatten. Voor de poorten van de macht."[140]

Niet alleen in de leiding van de NSDAP, ook aan de basis van partij en in de SA bereidde men zich die dagen voor op de schijnbaar aanstaande 'machtsovername'. Rondom Berlijn werden SA-afdelingen samengetrokken om tegen deze dreigende achtergrond de machtsaanspraak te onderstrepen. 'Maak de heren zenuwachtig. Dat is het doel van de oefening,' noteerde Goebbels.[141] Toen Harry graaf Kessler op de avond van 10 augustus aankwam in zijn woning in Berlijn, zag hij dat het souterrain van zijn portier, een aanhanger van de nazipartij, 'fel verlicht' was: 'Radiomuziek klinkt, de voordeur staat wagenwijd open, zodat iedereen zomaar naar binnen kan gaan, feest- en zegeroes! De mensen zijn al in het "Derde Rijk"!'[142] Maar de overwinningsfeesten waren voorbarig. Hoewel de kranten van de vorige dag gemeld hadden dat het kanselierschap van Hitler 'bijna zeker' was, constateerde Kessler op 11 augustus dat er 'van de ene op de andere dag een ommezwaai had plaatsgevonden: het verzet van de oude heer schijnt hardnekkig te zijn geworden.'[143] Soortgelijke berichten waren ook doorgedrongen tot de in Prien am Chiemsee bijeengekomen leiding van de NSDAP, zoals blijkt uit de aantekeningen van Goebbels: 'De oude heer verzet zich. Wil Hitler niet [...]. Het gaat er nu in elk geval om dat we onze zenuwen in bedwang houden en sterk blijven.'[144] Wat was er gebeurd?

Op de ochtend van 10 augustus, nadat Hindenburg uit Neudeck was teruggekeerd, had Papen de rijkspresident ervan op de hoogte gesteld dat er in de kringen van de NSDAP en Zentrum naar werd gestreefd 'de regering-Papen te vervangen door een regering onder leiding van Hitler'. Terwijl men het in het Zentrum voor mogelijk hield dat men met de nationaalsocialisten een parlementaire meerderheid kon vormen, dacht Hitler aan een presidentiële regering met hem als rijkskanselier. 'De kanselier zelf,' zo schetste secretaris-generaal Meissner de houding van Papen in een memorandum, 'liet de beslissing over aan de heer rijkspresident en verklaarde dat zijn persoon geen belemmering zou vormen voor een reorganisatie van de regering.' Hindenburg echter verklaarde dat hij wilde vasthouden aan een presidentieel kabinet onder leiding van Papen. Hoe graag hij ook zou zien dat 'de nationaalsocialistische beweging kon worden overgehaald tot medewerking', hij moest de benoeming van de NSDAP-voorzitter tot rijkskanselier vastberaden van de hand wijzen. 'Hitler was partijleider en het door hem geleide kabinet zou dan ook een partijkabinet zijn dat niet bovenpartijdig maar eenzijdig zou zijn.' Bovendien nam Hindenburg het Hitler persoonlijk kwalijk dat hij zijn belofte had gebroken het kabinet-Papen te gedogen: er zou dan ook geen garantie zijn dat hij, eenmaal benoemd tot kanselier, 'het karakter van een presidentiële regering [zou] handhaven, dat wil zeggen de machtssfeer van de rijkspresident zou respecteren'.[145] En ten slotte speelde bij de afwerende houding van Hindenburg ook mee de afkeer van een vertegenwoordiger van de oude leidende elite onder Wilhelm II van de parvenu Hitler: 'Ik kan het rijk van keizer Wilhelm en Bismarck toch niet toevertrouwen aan een *böhmischer Gefreiter* [Boheemse korporaal],' zou hij tegen een van zijn adjudanten hebben gezegd.[146] (Hindenburg was tijdens de Pruisisch-Oostenrijkse oorlog in 1866 door de Boheemse plaats Braunau [Broumov] getrokken en verwarde die met Hitlers geboorteplaats Braunau am Inn.)

In de namiddag van 10 augustus riep Papen zijn kabinet bijeen en informeerde de ministers over de afloop van zijn onderhoud met Hindenburg: het ging er nu om 'de rechtse beweging bij het staatsbestuur te betrekken', maar zonder Hitler de leiding toe te vertrouwen. Onder de indruk van Hindenburgs veto nam ook Schleicher nu afstand van zijn overeenkomst met Hitler. Hij had het alleen nog over regeringsdeelname van de NSDAP en niet meer over een kanselierschap van Hitler. De meerderheid van de ministers sloot zich hierbij aan. Tijdens de komende onderhandelingen met Hitler moest gepeild worden, zo vatte Papen het resultaat van het kabinetsberaad samen, 'in welke mate men de nationaalsocialisten regeringsdeelname moest toestaan, om hen ervan te weerhouden in de oppositie te volharden'.[147]

Op 12 augustus reisde Hitler per auto naar de rijkshoofdstad. Hij bracht de avond samen met Goebbels door in Caputh bij Berlijn. Voor de daaropvolgende dag stonden de beslissende onderhandelingen met de regering op de agenda. 'Zal de vrucht van tien jaar werken nu rijp zijn? Ik hoop het en durf het nauwelijks te geloven,' noteerde Goebbels.[148] In de voormiddag van 13 augustus ontmoette Hitler eerst Schleicher in de Bendlerstraße, daarna Papen in de Wilhelmstraße. Honderden mensen hadden zich daar verzameld in de verwachting dat ze getuige zouden zijn van een historische gebeurtenis.[149] Hitler hoorde nu definitief wat hem ook van andere zijde al was verteld: dat Hindenburg geweigerd had hem het kanselierschap te geven. Papen bood hem in plaats daarvan het vicekanselierschap aan, maar Hitler weigerde bot: als leider van de grootste partij in de Rijksdag kon men niet van hem verlangen dat hij 'zich ondergeschikt maakte aan een andere kanselier'. In een twee uur durend, voor een deel geprikkeld gesprek probeerde Papen telkens weer tevergeefs Hitler ervan te overtuigen dat een zo grote beweging als de zijne 'niet permanent in de oppositie' kon blijven. Dan, zo verklaarde de rijkskanselier tot slot, moest hij de rijkspresident in kennis stellen van het mislukken van de onderhandelingen.[150] Toen Hitler en zijn gezelschap tegen twee uur aankwamen in de woning van Magda Goebbels aan de Reichskanzlerplatz, leek het duidelijk dat de tweede greep naar de macht mislukt was.

Om drie uur echter werd er onverwachts gebeld door Pünders opvolger in de rijkskanselarij, Erwin Planck, een zoon van de natuurkundige en Nobelprijswinnaar Max Planck, die meedeelde dat de rijkspresident Hitler wilde spreken. Deze verzette zich aanvankelijk: 'Is de beslissing al gevallen? Dan heeft het geen zin dat ik kom.' Maar Planck schijnt de indruk te hebben gewekt dat Hindenburg zich nog niet had vastgelegd. In elk geval ontkiemde er in Hitlers entourage nog éénmaal een 'korte, vage hoop': 'Iedereen duimt.'[151] De bespreking vond kort na vieren plaats. Hitler verscheen in gezelschap van Frick en Röhm; aan de kant van Hindenburg namen Papen en Meissner aan het onderhoud deel. Op de vraag van de rijkspresident of Hitler bereid was deel te nemen aan de demissionaire regering-Papen, antwoordde deze dat daarvan geen sprake kon zijn om redenen die hij die ochtend al had genoemd. 'Gezien het belang van de nationaalsocialistische beweging moest hij de leiding van een regering en het staatsbestuur in volle omvang opeisen voor zichzelf en zijn partij.' Daarop verklaarde Hindenburg dat hij deze eis 'met een duidelijk, beslist "nee" moest beantwoorden'. 'Hij kon het tegenover God, zijn geweten en het vaderland niet verantwoorden de volledige regeringsmacht over te dragen aan één partij, een partij bovendien die eenzijdig tegen andersdenkenden was.' Hindenburg maande Hitler de strijd vanuit de oppositie 'ridderlijk te voeren' en gaf hem tegelijkertijd te verstaan dat verder overleg niet uitgesloten was: 'We zijn immers beiden oude kameraden en willen dat blijven, omdat onze wegen later weer kunnen samenlopen. Daarom wil ik u nu kameraadschappelijk de hand drukken.'[152] Na een klein halfuur was de audiëntie ten einde.

Hitler had tijdens het overleg zijn kalmte bewaard, maar meteen daarna, op de begane grond van de rijkskanselarij, liet hij zijn woede de vrije loop. Hij verweet Papen en Meissner dat ze hem bewust hadden misleid doordat ze hem via secretaris-generaal Planck hadden laten weten dat Hindenburg nog geen besluit had genomen, hoewel dat allang had vastgestaan.[153] 'Hoe wilt u dan überhaupt regeren?' vroeg hij de rijkskanselier. 'Denkt de regering dat ze met deze Rijksdag kan samenwerken?' Waarop Papen met irritante nonchalance antwoordde: 'Ach, de Rijksdag! Het verbaast me dat uitgerekend u nog waarde hecht aan de Rijksdag.'[154] Op de avond van 13 augustus publiceerde de regering een ambtelijk persbericht waarin het verloop van het gesprek zodanig werd weergegeven dat Hitler in alle openbaarheid de schuld kreeg: hij had 'de volledige staatsmacht in haar volle omvang' opgeëist, wat de rijkspresident had moeten afwijzen, 'omdat hij het tegenover zijn geweten en zijn plicht jegens het vaderland niet kon verantwoorden de totale regeringsmacht uitsluitend over te dragen aan de nationaalsocialistische beweging, die deze macht eenzijdig wil aanwenden'.[155] Bij het opstellen van het bericht had men, zo vertrouwde Planck zijn voorganger Pünder enkele dagen later toe, het *Emser Depesche* (Ems-telegram) tot voorbeeld genomen, waarmee Bismarck in 1870 Frankrijk onrecht had aangedaan en tot een oorlog had geprovoceerd.[156] In een samen met Frick en Röhm in allerijl opgestelde verklaring maakte Hitler weliswaar duidelijk dat hij wel de 'leiding' van de regering, dat wil zeggen de functie van rijkskanselier had opgeëist, maar niet de volledige regeringsmacht[157], maar dat kon de vernietigende uitwerking niet goedmaken: ook in met hem sympathiserende Deutschnationale kringen drong zich de zonder meer juiste indruk op dat Hitler niet in staat was tot compromissen, per se zijn zin wilde doordrijven. Het ging hem helemaal niet om het welzijn van het land, maar om het veroveren van de ongedeelde macht voor zichzelf en zijn mensen.

De 13de augustus was een ernstige tegenslag voor Hitler. De politicus die altijd feilloos op zijn instinct leek te kunnen vertrouwen, had te hoog ingezet en verloren. 'Hij had [...] op de deur van de rijkskanselarij geklopt en die was in alle openbaarheid voor zijn neus dichtgegooid.'[158] De aard van de afwijzing raakte een teer punt bij Hitler – het trauma van de mislukte staatsgreep op 8 en 9 november 1923. Het was dan ook geen toeval dat hij in de weken na 13 augustus herhaaldelijk herinnerde aan de gebeurtenissen van negen jaar eerder. De huidige situatie, verklaarde hij tijdens een Gautagung in Neurenberg, zou met die in 1923 te vergelijken zijn: 'De partij vecht, komt dicht bij de overwinning, maar op het laatste moment stuit ze altijd weer op hetzelfde complot. Een stel kansloze reactionairen sluit een verbond met de Joden en probeert op het laatste moment de duidelijke overwinning van de beweging te verhinderen.' Anders dan toen mocht de partij zich niet tot een coup laten verleiden. Het ging er eerder om de 'zenuwen in bedwang [te] houden en niet toe [te] geven'.[159] Maar zulke oproepen konden de diepe teleurstelling onder Hitlers aanhang als gevolg van het opnieuw mislukken van de regeringsovername niet wegnemen. Vooral binnen de SA, die zich al in de wachtkamer van de macht had gewaand, ontstond rumoer. Het was, verklaarde Röhm, 'nu het moeilijkst' zijn bruine bataljons kalm te houden.[160]

Nog op de avond van 13 augustus reisde Hitler per auto naar München. 'Nou ja, we moeten maar afwachten hoe het verder gaat,' hoorden zijn begeleiders hem zeggen.[161] Hij trok zich enkele dagen terug op de Obersalzberg. Volgens de correspondent van de *New York American*, Karl Wiegand, die hem op 18 augustus interviewde in Haus Wachenfeld, was hij nog steeds woedend over de afgang die Hindenburg hem had bezorgd.[162] Tijdens een gesprek met Louis P. Lochner van de *Manchester Guardian*, die hem op diezelfde dag bezocht, ontkende hij opnieuw de geruchten over een vermeende geplande 'Mars op Berlijn'. Zijn stoottroepen zouden gedisciplineerd genoeg zijn en geen stap afwijken van de legale weg.[163]

Bovendien was er juist begin augustus in Oost-Pruisen, Opper-Silezië en Sleeswijk-Holstein een reeks politiek gemotiveerde gewelddadigheden uitgebroken waarbij de SA was betrokken. Deze richtten zich met name tegen leden van de KPD en de Reichsbanner en eisten tal van dodelijke slachtoffers. Op vakbondsgebouwen en redacties van linkse kranten, maar ook op Joodse instellingen zoals de synagoge in Kiel, werden aanslagen gepleegd.[164] Deze terreur, merkte Harry graaf Kessler bezorgd op, gaf 'in het klein een beeld' van datgene wat de nationaalsocialisten 'na een overwinning in het groot en veel grondiger in het hele rijk' van plan waren.[165] Tijdens een kabinetsberaad op 9 augustus over 'maatregelen tot herstel van de openbare veiligheid' schreef Papen de nieuwe geweldsgolf toe aan de poging van de nationaalsocialisten om 'door verstoring van de openbare orde' af te dwingen 'dat Hitler de leiding over de regering ter hand neemt'. Het zou haast gelijkstaan aan 'zelfmoord van de rijksregering' als ze daar niets tegen zou ondernemen. Nog diezelfde dag besloot het kabinet tot een noodverordening, volgens welke ook op doodslag om politieke redenen de doodstraf diende te staan. In Berlijn en Elbing werden bijzondere rechtbanken ingesteld om de geweldplegers versneld te kunnen berechten.[166]

Slechts enkele uren later, in de nacht van 9 op 10 augustus, werd in Potempa, een kleine plaats in het Opper-Silezische district Gleiwitz, een van de afschuwelijkste moorden van de jaren voor 1933 gepleegd. Negen geüniformeerde SA-mannen drongen de woning van mijnwerker Konrad Pietrzuch, een KPD-sympathisant, binnen, sleurden hem uit zijn bed en schopten hem voor de ogen van zijn moeder en zijn broer dood.[167] Omdat de daad was gepleegd nadat de noodverordening van kracht was geworden, viel ze onder de verscherpte bepalingen van het strafrecht. Al op 22 augustus wees de bijzondere rechtbank in Beuthen vonnis: vijf van de beschuldigden werden ter dood veroordeeld, een andere kreeg twee jaar tuchthuis en drie anderen werden vrijgesproken. Het vonnis lokte heftige protesten uit onder nationaalsocialisten. Hitler stuurde de veroordeelden een telegram: 'Gezien dit afschuwelijke doodvonnis voel ik me in onbegrensde trouw met jullie verbonden. Jullie vrijheid is vanaf dit moment een kwestie van onze eer, van de strijd tegen een regering onder welke dit mogelijk was, van onze plicht.'[168] Onder de kop 'Het is de schuld van de Joden!' verwoordde Goebbels in zijn krant *Der Angriff* van 24 augustus nu in alle openheid datgene wat Hitler om tactische redenen in zijn verkiezingstoespraken een maand eerder nog ongezegd had gelaten: 'Vergeet het nooit, kameraden. Zeg het honderd keer per dag tegen elkaar, zodat het jullie tot in jullie diepste dromen achtervolgt: het is de schuld van de Joden! En ze zullen hun gerechte straf niet ontlopen.'[169]

Met zijn openlijk beleden solidariteit met de moordenaars van Potempa had Hitler zijn masker afgelegd en zijn belofte zich aan de wet te houden getoond voor wat die waard was: een schijnvertoning om de buitenwereld te misleiden. Iedereen in Duitsland kon nu toch echt weten wat het land te wachten stond als de nationaalsocialisten de macht in handen zouden krijgen. 'Maar wie in de hele buitenwereld zal begrijpen dat de leider van zo'n grote politieke beweging het waagt de dronken moordenaars nog eerherstel te geven?' vroeg de *Frankfurter Zeitung* zich af, waarmee ze uitdrukking gaf aan een wijdverbreide mening.[170] Voor Harry graaf Kessler was het een duidelijk symptoom dat de 'ontluistering van de nazipartij' was begonnen: 'De 13de augustus en Potempa werken als vergif in hun lichaam.'[171] Maar opnieuw kreeg Hitler een steuntje in de rug, ditmaal uitgerekend van de regering-Papen, die hij zojuist de wacht had aangezegd. Begin september werd de doodstraf voor de vijf hoofddaders omgezet in een levenslange tuchthuisstraf. In maart 1933, enkele weken na de machtsoverdracht aan Hitler, zouden de moordenaars gratie krijgen.[172]

Het feit dat Hitler zich had blootgegeven en in niet mis te verstane bewoordingen had gezegd dat onder zijn regering elke vorm van rechtsstatelijkheid terzijde zou worden geschoven en dat moord zou worden gelegaliseerd, had lang niet overal het afschrikwekkende effect waar Harry graaf Kessler op hoopte. Hjalmar Schacht bijvoorbeeld, wiens naam op de tussen Schleicher en Hitler uitonderhandelde kabinetslijst had gestaan, beijverde zich eind augustus 1932 om de 'beste heer Hitler' te verzekeren van zijn 'onveranderlijke sympathie'. Hij wist weliswaar dat Hitler 'geen troost' nodig had, maar misschien was in deze tijd van tegenslag 'een woord van oprecht medeleven' op zijn plaats: 'Uw beweging wordt innerlijk gedragen door een zo sterke waarheid en noodzakelijkheid, dat de overwinning in de ene of andere vorm niet kan uitblijven. U hebt zich in de bloeitijd van de beweging niet door valse goden laten misleiden. Ik heb het vaste vertrouwen dat u nu, nu u voor korte tijd in de verdediging bent gedrongen, eveneens weerstand zult bieden aan de verleiding u met valse idolen te verbinden. Als u blijft wie u bent, kan het succes u niet ontgaan.' Schacht besloot zijn brief met de belofte: 'U kunt op me rekenen als op een trouwe dienaar.'[173] Zo hengelde de oud-leerling van het Johanneum, de gerenommeerde oude school in Hamburg, en jarenlange Rijksbankpresident naar een leidende positie in het Derde Rijk, waar hij zo sterk naar verlangde.

Hoe moest het na 13 augustus verder? Het was in het honderd gelopen, want Papen was niet dichter bij zijn doel, het inkapselen van de nationaalsocialisten in de rechtse regering, gekomen dan Hitler bij het zijne om via het kanselierschap in een presidentieel kabinet een beslissende machtspositie te veroveren, die zou kunnen fungeren als uitvalbasis voor de totale ontmanteling van het 'systeem van Weimar' en de instelling van zijn dictatuur. Na Hindenburgs categorische 'nee' kon hij voorlopig niet op deze oplossing hopen. De vraag was dus of men niet toch onderhandelingen met Zentrum moest beginnen over een coalitie of, wat Hitler reeds had gedreigd, de partij moest vastleggen op een koers van strikte oppositie tegen het kabinet-Papen. Op 25 augustus besprak de NSDAP-voorzitter in Berchtesgaden drie mogelijke opties met Goebbels: 'Ofwel een presidentieel kabinet. Het prettigst, maar zeer onwaarschijnlijk. Of Zentrum en wij. Onprettig, maar momenteel betrekkelijk goedkoop. Of de felste oppositie. Zeer onprettig, maar desnoods ook dat.'[174] Nog terwijl de twee mannen overlegden, arriveerde Gregor Straßer, die verslag deed van de gesprekken die hij twee dagen eerder had gevoerd met oud-kanselier Heinrich Brüning in een particuliere woning in Tübingen. Straßer had, althans in de herinnering van Brüning, daarbij laten doorschemeren dat Hitler zou afzien van het kanselierschap als er snel overeenstemming zou worden bereikt tussen de NSDAP en Zentrum.[175] Maar van afzien kon geen sprake zijn, zoals ook duidelijk blijkt uit Goebbels' dagboek: 'Straßer sterk voor Zentrum-oplossing. Hitler en ik daarentegen voor voortborduren op presidentsidee.'[176] Een coalitie met Zentrum was alleen al daarom uitgesloten omdat Brüning niet bereid was Hitler, met wie hij op 29 augustus nogmaals een ontmoeting had in het huis van een fabrikant in Grunewald, het ambt van de Pruisische minister-president en minister van Binnenlandse Zaken met zeggenschap over de Pruisische politiek te gunnen, laat staan hem te accepteren als rijkskanselier van een zwart-bruine regering op rijksniveau.[177] Desondanks zetten de nationaalsocialisten de informele onderhandelingen met Zentrum voort, omdat ze met de optie van een parlementaire meerderheid Hindenburg en zijn omgeving onder druk konden zetten en zich tegelijkertijd meegaand konden opstellen tegenover de DNVP. 'Veel wijst erop dat Hitler en Brüning elkaar vanaf nu zullen vinden en dat de economie en ons dan een verschrikkelijk regime wacht,' schreef Alfred Hugenberg op 18 augustus aan Albert Vögler, de bestuursvoorzitter van de Vereinigte Stahlwerke.[178]

De regering-Papen beantwoordde de oorlogsverklaring van Hitler met een tweezijdige strategie: aan de ene kant zette ze een wijziging in de economische politiek in gang met een reeks voorgenomen maatregelen om de binnenlandse conjunctuur aan te zwengelen, zoals belastingverlichting voor ondernemingen die extra arbeidskrachten in dienst namen, maar ook door versoepeling van de wettelijke loonvoorschriften, waarmee ze tegemoetkwam aan een oude eis van de werkgevers.[179] Anderzijds werd er nu in het kabinet vaart gezet achter plannen die minister van Binnenlandse Zaken Gayl voor het eerst had geopperd in de ministerraad van 10 augustus, namelijk ontbinding van de Rijksdag en langer uitstel van nieuwe verkiezingen dan de volgens artikel 25 van de grondwet voorgeschreven termijn van zestig dagen. 'Dit betekent ongetwijfeld dat we in conflict komen met de grondwet, maar dat is uiteindelijk een zaak van de heerrijkspresident.'[180] Op 30 augustus begaven Papen, Schleicher en Gayl zich naar Neudeck. Ze voerden aan dat er sprake was van een 'statelijke noodtoestand', die buitengewone maatregelen rechtvaardigde, en slaagden er aldus in Hindenburgs toestemming te verkrijgen om nieuwe verkiezingen voor onbepaalde tijd uit te stellen. Tegelijkertijd ondertekende de rijkspresident een blanco volmacht om de Rijksdag te ontbinden.[181]

Op dezelfde dag waarop Hindenburg het kabinet-Papen toestemming gaf voor een procedure die in strijd was met de grondwet, kwam de Rijksdag bijeen voor een constituerende vergadering. Eerder al had Hitler in een toespraak tot de NSDAP-fractie de 'aanspraak van de beweging op de macht' onderstreept: 'Ik heb de ontwikkeling nooit met meer rust en vertrouwen tegemoet gezien dan vandaag.'[182] Met de stemmen van NSDAP, Zentrum en BVP werd Hermann Göring tot voorzitter van de Rijksdag gekozen. Hoewel de functie van eerste vicevoorzitter traditioneel aan de op één na grootste partij werd gegund, de SPD dus, delfde haar kandidaat Paul Löbe het onderspit tegen een afgevaardigde van Zentrum, die was voorgedragen door de nationaalsocialisten. Daardoor ontstond er, zoals de *Völkischer Beobachter* verkondigde, 'een marxistenvrij Rijksdagpresidium'. De tactische marsroute van de NSDAP was duidelijk: ze had lucht gekregen van de noodtoestandplannen van het kabinet-Papen en wilde nu laten zien dat, zoals Göring in zijn toespraak van 30 augustus uiteenzette, 'de nieuwe Rijksdag over een grote, werkbare nationale meerderheid beschikt en dus op geen enkele manier onderworpen is aan de feitelijke situatie van een staatsrechtelijke noodtoestand.'[183]

Hitler ging nog een stap verder. Laat in de avond van 31 augustus riep hij zijn paladijnen bijeen in Görings woning voor een 'geheime bijeenkomst': 'Moedig plan wordt uitgebroed,' noteerde Goebbels. 'We mikken op de val van de oude. Daarvoor is zwijgen en voorbereiding nodig. De oude wil ons niet. Hij is volledig op de hand van de reactie. Dus moet hij zelf ten val worden gebracht.'[184] Hindenburgs val moest worden bewerkstelligd via artikel 43 van de Rijksgrondwet, dat voorzag in de mogelijkheid met behulp van een twee derde meerderheid in de Rijksdag een referendum over het afzetten van de rijkspresident uit te schrijven. Alleen al door het nemen van zo'n besluit zou Hindenburg veel aan gezag hebben ingeboet. Op 8 en 10 september onderhandelden vertegenwoordigers van de NSDAP en Zentrum in het paleis van de rijksdagvoorzitter over een gezamenlijk optreden tegen Hindenburg. Goebbels had de indruk dat de Zentrum-vertegenwoordigers er niet afkerig van waren, maar 'bedenktijd' vroegen.[185] Pas toen Brüning dreigde uit de partij te stappen 'indien een lid van de fractie nog langer onderhandelingen in die richting zou voeren', nam men afstand van het plan.[186] De voormalige rijkskanselier had weliswaar redenen te over om wraak te nemen op Hindenburg vanwege de vernederende omstandigheden van zijn ontslag, maar hij wist dat als Hindenburg zou vallen, zijn opvolger hoogstwaarschijnlijk Hitler zou heten.

Tegelijk met de onderhandelingen met Zentrum verhevigde Hitler zijn aanval op het kabinet-Papen. In een toespraak in het Berlijnse Sportpalast op 1 september hekelde hij het als 'een politiek regime dat slechts op bajonetten' steunde. Als men dacht de nationaalsocialisten te kunnen dreigen met de ene Rijksdagontbinding na de andere, dan antwoordde hij: 'Wat ons betreft honderd keer! We zullen overwinnaars zijn. Ik word niet zenuwachtig. Mijn wil is onwankelbaar en mijn adem is langer dan de adem van mijn tegenstanders.'[187] Twee dagen later ging hij op de NSDAP-Gautag in Neurenberg tekeer tegen de 'reactionaire kliek' in het 'kabinet van de "von-von-von-vons"': 'Denkt u echt dat u me met een paar ministersposten kunt verleiden? Ik wil helemaal niet in uw gezelschap verkeren! [...] De heren kunnen zich niet eens voorstellen hoe worstig [sic!] dat me is. Als de goede God het zo had gewild, dan zouden we met een monocle ter wereld zijn gekomen.'[188] Opnieuw drie dagen later, op 7 september, deed hij zich in Zirkus Krone in München zelfs voor als hoeder van de grondwet: 'We hebben het recht te zeggen dat wij de regering vormen. Dat willen de heren ons niet toevertrouwen. Goed, die handschoen pak ik op, mijne heren [...]. U zegt dat de grondwet achterhaald is. En ik zeg dat de grondwet nu pas zinvol is.'[189]

Op 12 september kwam de Rijksdag bijeen voor zijn eerste zitting. Op de agenda stond een regeringsverklaring van Papen, die gevolgd zou worden door enkele meerdaagse algemene debatten. Maar de zitting verliep heel anders dan verwacht, want nog voordat er een begin werd gemaakt met de agenda, nam KPD-afgevaardigde Ernst Torgler het woord en eiste dat er onmiddellijk over de moties van zijn fractie zou worden gestemd, namelijk om de noodverordeningen van de regering af te wijzen en een motie van wantrouwen in te dienen tegen het kabinet-Papen. Protest van één afgevaardigde zou genoeg zijn geweest om de aanval van de KPD af te slaan, maar zover kwam het niet, en in de algehele verwarring vroeg Frick een schorsing van een halfuur aan. Terwijl Papen de onderbreking benutte om het door Hindenburg op 30 augustus ondertekende ontbindingsbevel door boden te laten halen, legde Hitler de NSDAP-fractie vast op ondersteuning van de communistische motie. Het was zijn bedoeling tegenover iedereen duidelijk te maken hoe smal de parlementaire basis van de regering-Papen was.

Na hervatting van de zitting begon Rijksdagvoorzitter Göring onmiddellijk met het uiteenzetten van de stemmingsprocedure en negeerde daarbij opzettelijk de rijkskanselier, die vanaf de regeringsbank, zwaaiend met de rode map met het besluit van Hindenburg, herhaaldelijk het woord vroeg. 'Gezien de situatie,' aldus Papen in zijn memoires, 'restte mij niets dan onder het oorverdovende geroep van de Kamer het ontbindingsvoorschrift van de rijkspresident op Görings tafel te leggen en de Kamer met de regering te verlaten.'[190] Even later maakte Göring de uitslag bekend: 522 afgevaardigden hadden zich achter de motie van wantrouwen geschaard, slechts 42 afgevaardigden van de DNVP en de DVP hadden tegen gestemd. 'De schandelijkst denkbare nederlaag,' luidde Goebbels' commentaar.[191] Het psychologische effect was enorm: Papen stond voor schut en zijn protest dat het ontbindingsdecreet er eerder was geweest dan de stemming, kon de schade niet meer herstellen. Feit was, constateerde Harry graaf Kessler nuchter, 'dat meer dan negen tiende van de Rijksdag en het Duitse volk tegen deze kanselier van de "nationale concentratie" is'.[192] Onder de indruk van de vernietigende stemmingsnederlaag besloot het kabinet op 14 en 17 september afstand te nemen van het met Hindenburg overeengekomen noodtoestandplan en nieuwe Rijksdagverkiezingen uit te schrijven, en wel voor 6 november, het laatst mogelijke tijdstip binnen de termijn van zestig dagen.[193] In een gesprek met Brünings voormalige secretaris-generaal Pünder gaf Schleicher begin oktober 1932 toe dat het belangrijkste doel van het kabinet-Papen, de NSDAP 'bij de regering te betrekken', niet was bereikt, maar wel 'de volledige "ontluistering" van de nazi's'. Bij de komende verkiezingen zou zowel de Hitler-partij als Zentrum verlies lijden, zodat een parlementaire meerderheid niet meer mogelijk zou zijn. Dan zou de Rijksdag 'zich wel bereid verklaren de regering te gedogen teneinde nieuwe verkiezingen te voorkomen'.[194]

'Verkiezingsvooruitzichten tamelijk pessimistisch,' noteerde ook Goebbels eind september. 'We moeten ons uit de naad werken. Dan kan het misschien nog lukken.'[195] Na vier slopende verkiezingscampagnes vertoonde niet alleen de bevolking maar ook de NSDAP-aanhang onmiskenbare tekenen van verkiezingsmoeheid. Vooral in de SA was na de ommekeer op 13 augustus de bereidheid om alle krachten nogmaals op nieuwe verkiezingen te concentreren uiterst gering. Voor het eerst daalde het ledental: van 455.000 in augustus naar 435.000 in oktober 1932. Overal was sprake van een 'gedrukte' stemming' en 'gekanker'.[196] Daar kwam bij dat de vele stembusgangen een diep gat in de partijkas hadden geslagen en nieuwe middelen zeer moeizaam te vergaren waren. 'De financiering is heel moeilijk. De rijkaards staan achter Papen,' klaagde Goebbels.[197] En inderdaad, sinds de regering-Papen met haar nieuwe economische programma tegemoet was gekomen aan de wensen van de ondernemers, kon ze rekenen op de steun van de grootindustrie. Haar geld ging ditmaal bijna uitsluitend naar de partijen die achter Papen en zijn kabinet stonden, dus naar de DNVP en de DVP.[198]

In tegenstelling tot vele van zijn trawanten deed Hitler zich optimistisch voor. Het kabinet-Papen zou binnenkort 'als een kaartenhuis' instorten, verklaarde hij op 24 september in een interview met de *Daily Mail*.[199] In een toespraak op de Reichspropagandatagung in het Braune Haus op 6 oktober probeerde hij de partijgenoten te mobiliseren voor de nieuwe verkiezingsstrijd: 'Wij nationaalsocialisten zullen de natie een ongekend voorbeeld van onze wilskracht geven. [...] Ik zie de strijd met volmaakt vertrouwen tegemoet. Over vier weken zullen we als winnaars uit de strijd komen.'[200] De centrale verkiezingsleus luidde: 'Tegen Papen en de reactie.'[201] Volgens diplomaat Ulrich von Hassell, die na zijn benoeming tot ambassadeur in Rome Hitler op 23 september bezocht in diens woning in München, stond hij nog altijd 'uiterst verbitterd' tegenover Papen en Hindenburg. 'Hij zal zichzelf in het verzet tegen deze regering, die de strijd met hem wilde aanbinden en hem "bedrogen" zou hebben, geen beperkingen opleggen [...]. Hij zal geen medelijden hebben met de heren baronnen.'[202] Dienovereenkomstig luidden de door Goebbels' rijkspropagandaleiding verstrekte richtlijn: de persoon Papen moest 'tegenover het volk zowel als tegenover de even eerzuchtige als onbekwame vertegenwoordigers van de reactionaire herenclubs worden ontmaskerd'.[203]

Hitler wist dat er ditmaal veel op het spel stond, want als ze er niet in slaagden de verkiezingsuitslag van 31 juli te overtreffen of minstens te evenaren, dan was het aureool van onstuitbaarheid van de nationaalsocialistische zegetocht in gevaar, dan dreigde het tij te keren dat de partij tot dan toe van succes naar succes had gedragen. Des te inspannender was het programma dat hij zichzelf oplegde: zijn vierde 'Duitslandvlucht', waaraan hij op 11 oktober, ditmaal met de Ju 52, begon, duurde drieënhalve week en bracht hem weer naar alle uithoeken van Duitsland, ook naar streken als Ostfriesland of het Bergische Land, die hij tot dusver had overgeslagen. Hij begon al zijn toespraken met een rechtvaardiging van zijn besluit om op 13 augustus niet tot het kabinet-Papen toe te treden. Dat bewijst wel hoe diep de teleurstelling over zijn mislukte gooi naar het kanselierschap was. Hij had niet ter beschikking willen staan als een 'minister bij de genade van Papen'; voor zo'n 'decoratieve rol' was hij niet geschikt. Bovendien had hij niet willen instappen in een trein waar hij een paar maanden later weer uit had moeten stappen. Want het was er Papen en zijn kliek niet om te doen geweest hem politieke ruimte te bieden, maar om hem 'monddood te maken'.[204] Hitler benadrukte telkens opnieuw dat hij niet streefde naar ministersposten, maar ook niet naar het delen van de macht met anderen: 'Het enige wat me kan verleiden, is de leiding zelf, de werkelijke macht, en daarop hebben wij nationaalsocialisten een heilige wettelijke aanspraak.'[205] Zijn tegenstanders moesten zich niet vergissen in zijn 'ongelooflijke vastberadenheid': hij had zijn weg gekozen en zou die tot het einde vervolgen. 'Een man zoals ik kan te gronde gaan, een man zoals ik kan worden doodgeslagen. Maar aftreden kan zo'n man niet!' In het woordenboek van de nationaalsocialistische beweging stond één woord niet – 'het woord capitulatie'.[206] Uit dit soort geforceerde uitspraken blijkt wel dat Hitler helemaal niet zo zeker was van de overwinning en dat ook hij een mogelijke terugslag vreesde. De nationaalsocialistische kranten overtroffen zichzelf weliswaar weer met succesmeldingen over Hitler propagandatocht, maar in werkelijkheid daalden de bezoekersaantallen. De Luitpoldhalle in Neurenberg bijvoorbeeld was op 13 oktober slechts voor de helft gevuld.[207] Heel wat kiezers die in juli toegestroomd waren voor de man op wie ze hun hoop hadden gevestigd, hadden zich na 13 augustus van hem afgekeerd. 'Het lukt hem toch niet, werd er gezegd; hij is niet meer dan een bezeten fanaticus die zich te veel voorneemt en helemaal niets bereikt. Een vallende komeet in de novembermist,' aldus beschreef Konrad Heiden de wijdverbreide stemming vóór de verkiezingen.[208]

Aan de indruk dat hij met zijn hardnekkige fanatisme de deur naar de macht zelf had dichtgegooid, droeg Hitler nog eens extra bij doordat hij, anders dan in juli, tijdens deze verkiezingsstrijd zijn antisemitische haatgevoelens weer de vrije loop liet. Deze ommekeer is nog door geen enkele Hitler-biograaf opgemerkt, hoewel die toch in het oog springt. Zo beweerde hij in al zijn toespraken, in strijd met de waarheid, dat Papens economische programma bedacht zou zijn door de Joodse bankier Jakob Goldschmidt, de voormalige directeur van de Danat-Bank, en dat het 'door alle Joden bejubeld' zou worden omdat het alleen de belangen van het bankkapitaal zou dienen. Ook de tirades tegen de 'Berlijnse Jodenpers' ontbraken niet, en opnieuw riep Hitler het spook op van het 'Joods-internationale bolsjewisme' – 'een plaag die één continent al bijna heeft veroverd en nu bij ons dreigt binnen te vallen'. 'Ofwel het Duitse volk ontkomt aan de handen van de Joden of het komt om,' riep hij op 30 oktober in Essen uit. 'En daar zou ik zijn pleitbezorger willen zijn, ik zou het willen binnenleiden in een verenigd Duits rijk [...] en de band herstellen tussen vorm en volk, tussen staat en völkische organisatie, die in de toekomst één moeten zijn.'[209] Daarmee had Hitler eens te meer duidelijk gemaakt dat er in de nieuwe völkische staat geen plaats zou zijn voor Joden.

Nog irritanter dan het nu weer onverhuld uitgedragen antisemitisme vonden de burgerlijke kiezers de met de polemiek tegen de 'reactie' van Papen gepaard gaande antikapitalistische, klassenstrijderige toon van de partijpropaganda, die in strijd was met de leuzen over 'volksgemeenschap'. 'Nu moet het meest radicale socialisme worden bevochten,' had Goebbels al op 25 september geëist.[210] De Berlijnse Gauleiter voegde de daad bij het woord toen hij ervoor zorgde dat de NSDAP slechts enkele dagen voor de verkiezingen de staking bij de Berliner Verkehrs-Gesellschaft (BVG) steunde. De leden van de *Nationalsozialistische Betriebszellenorganisation* (NSBO) en de door de communisten gedomineerde *Revolutionäre Gewerkschafts-Opposition* (RGO) bemanden gezamenlijk de stakingsposten en legden het verkeer in de rijkshoofdstad plat. 'Gisteren: hele dag staking,' noteerde Goebbels op 5 november. 'Onze mensen leidinggevend. Ernstige terreurdaden. Reeds vier doden. In Berlijn revolutiestemming. Gewoon doorgaan!'[211] Tijdens de stakingsdagen had Goebbels voortdurend contact met Hitler die, zoals hij tevreden constateerde, zijn standpunt uitdrukkelijk goedkeurde, hoewel ze er rekening mee moesten houden dat de samenwerking met de communisten stemmen zou kosten. 'Hitler doet momenteel aan marxisme. – Berlijnse verkeersstaking!' schreef de Hamburgse lerares Luise Solmitz op de verkiezingsdag in haar dagboek. In juli had ze nog NSDAP gestemd, op 6 november keerde ze terug naar de DNVP.[212] En heel wat Deutschnationalen namen kennelijk dezelfde beslissing als zij, want de partij van Hugenberg steeg voor het eerst weer met 3 procentpunten, van 5,9 naar 8,9 procent.

Voor de nationaalsocialisten waren de verkiezingen van 6 november op een regelrechte ramp uitgedraaid. Ze verloren meer dan twee miljoen stemmen; hun aandeel daalde met 4,2 procentpunten naar 33,1 procent, het aantal zetels met 34 naar 196. Tot de winnaars van de verkiezingen behoorde behalve de DNVP ook de KPD, die van 14,5 naar 16,9 procent steeg en met honderd vertegenwoordigers in de Rijksdag kwam, terwijl zowel de SPD als beide katholieke partijen een gering verlies moesten nemen: de SPD zakte van 21,6 naar 20,4 procent, Zentrum van 12,5 naar 11,9 procent en de BVP van 3,2 naar 3,1 procent. De DNVP had licht gewonnen (van 1,2 naar 1,9 procent); de Staatspartei stagneerde op 1 procent. Vergeleken met de verkiezingen in juli was de opkomst (80,6 procent) bijna 4 procentpunten lager, wat met name voor de NSDAP negatief uitpakte.[213] De grote liberale dagbladen in de hoofdstad noemden de verkiezingsuitslag een sensatie. 'De nationaalsocialistische gedachte heeft haar aantrekkingskracht verloren [...]. Het aureool is verdwenen [...]. De betovering is mislukt. Het geloof verlamd [...]. Hitlers falen als politicus en staatsman is duidelijk geworden,' schreef de *Vossische Zeitung*.[214] Ook Goebbels, die enkele dagen voor de verkiezingen nog hoopte dat het 'niet al te erg' zou zijn, moest onomwonden toegeven: 'We hebben een flinke nederlaag geleden. [...] Nu wacht ons een zware strijd.'[215]

Ook voor Hitler persoonlijk betekende 6 november de derde gevoelige tegenslag in 1932. Zijn charismatische uitstraling, die berustte op zijn magnetische effect op de massa en de rol van de politieke messias die men hem toedichtte, stond nu op het spel. In zijn toespraak naar aanleiding van de stembusuitslagen probeerde de partijleider het resultaat nog te vergoelijken: de 'vreselijke aanval op de beweging' zou zijn afgeslagen, de regering-Papen zou een 'vernietigende nederlaag' hebben geleden, terwijl de Deutschnationale Volkspartei die haar steunde, nog geen 10 procent van de stemmen had gekregen. Voor de nationaalsocialisten kon de consequentie slechts zijn: 'Voortzetting van de strijd tegen dit regime tot het definitief aan de kant is gezet.'[216] Maar daarmee kon hij de partij niet uit de diepe depressie helpen die na de verkiezingen in alle geledingen om zich heen had geslagen.[217] Voor het eerst ontstond er alom twijfel aan zijn politieke visie. Veroordeelde zijn strategie van alles of niets de nationaalsocialistische beweging niet tot permanente oppositie, dreigde bij nieuwe verkiezingen geen val in de afgrond? Hitler toonde zich schijnbaar niet onder de indruk van dergelijke twijfels. Na een lang overleg over de toekomstige koers noteerde Goebbels in elk geval: 'Geen verzoening. Erop los! Papen moet weg. Geen compromissen. De reactie zal zich verbazen. Wij leveren geen half werk.'[218]

Papen kon tevreden zijn met de verkiezingsuitslag, want NSDAP en Zentrum hadden samen geen meerderheid meer in de Rijksdag. Hitler kon dus niet meer dreigen met een zwart-bruine coalitie. Daarom dacht de rijkskanselier op meer welwillendheid te stuiten bij de NSDAP-voorzitter toen hij hem in een schrijven van 13 november het voorstel van augustus om toe te treden tot zijn kabinet opnieuw in overweging gaf: door de verkiezingen van 6 november zou er 'een nieuwe situatie' zijn ontstaan en daarmee ook 'een nieuwe mogelijkheid voor de bundeling van alle nationale krachten'. Men moest nu 'de verbittering van de verkiezingsstrijd' achter zich laten om gezamenlijk de 'zaak van het land' te dienen.[219] In de leiding van de NSDAP echter bespeurde men achter dit aanbod een manoeuvre om Hitler nogmaals in de val te lokken. 'Geen 13 augustus meer. Dat zou een ramp zijn,' noteerde Goebbels, en hij maakte tegelijkertijd duidelijk wat het cruciale punt was waarover niet te onderhandelen viel: 'Hitler moet rijkskanselier worden! *Conditio sine qua non!*'[220]

Hitler nam drie dagen de tijd voordat hij Papens wens om besprekingen te voeren over regeringsdeelname van de NSDAP van de hand wees. In het gunstigste geval was hij, na zijn ervaringen tot dusver met dergelijke onderhandelingen, bereid tot een gedachtewisseling op schriftelijke basis. 'Ik ben onder géén beding bereid me de behandeling van 13 augustus nogmaals te laten welgevallen.'[221] In de ministerraad van 17 november deelde Papen mee dat zijn pogingen tot het 'bewerkstellingen van de nationale concentratie' mislukt waren. Hij zou het aftreden van het kabinet aanbieden, 'om de weg vrij te maken voor onderhandelingen door de heer rijkspresident met de partijleiders'.[222] Hindenburg aanvaardde het ontslag, maar vroeg Papen de regeringszaken voorlopig waar te nemen.

Harry graaf Kessler was uiterst tevreden over het nieuws dat Papen zou aftreden: 'Eindelijk! Die eeuwig glimlachende, lichtzinnige dilettant heeft in zes maanden meer onheil aangericht dan in zo korte tijd enige andere kanselier vóór hem.'[223] Dagblad *Vorwärts* meldde het resultaat onder de kop: 'Het herenkabinet gevallen!'[224] Men herinnerde zich in sociaaldemocratische kringen maar al te goed dat het Papen was geweest die met zijn staatsgreep tegen Pruisen op 20 juli het laatste bolwerk van de Republiek van Weimar had geslecht. Wie de kanselier nu overigens moest opvolgen, hoe er überhaupt een uitweg moest worden gevonden uit de kabinetscrisis, was nog onduidelijk. Het enige wat vaststond, constateerde Kessler op 19 november, was 'de volslagen ondoorzichtigheid en onzekerheid van de situatie': 'Alles is min of meer prijsgegeven aan het toeval en het goede of slechte humeur van vier à vijf personen.'[225]

Op 18 november begon Hindenburg aan de beraadslagingen met de partijleiders. Hij wilde alsnog een 'kabinet van nationale concentratie' van Zentrum tot en met de nationaalsocialisten tot stand brengen. Als eerste ontving hij Hugenberg, die zich uitsprak voor voortzetting van de 'bovenpartijdige presidentiële regering' en tegen een kanselierschap van Hitler: hij had 'niet veel verdragstrouw bij Hitler gevonden'.[226] Ook de voorzitter van de DVP, Eduard Dingeldey, waarschuwde voor de persoon Hitler, die 'een man van onberekenbare aard en makkelijk te beïnvloeden' zou zijn. Niemand kon garanderen dat hij als kanselier niet zou proberen 'zichzelf ook tegen de wil van de heer rijkspresident aan de macht vast te klampen'.[227] Terughoudender uitten zich de voorzitter van Zentrum, Ludwig Kaas, en de voorzitter van de Bayerische Volkspartei, Fritz Schäffer: beiden pleitten voor regeringsdeelname van de nationaalsocialisten. Wie Hindenburg het kanselierschap zou toevertrouwen, was zíjn zaak. 'In die kwestie mengen wij ons niet.' Schäffer liet zelfs vastleggen dat het werkelijke gevaar 'niet zozeer in de persoon Hitler als wel in zijn omgeving' school, die zich had overgeleverd aan de 'idee van de partijdictatuur'. Daarom moesten er in een door Hitler geleide regering 'tegenwichten en sterke persoonlijkheden' worden ingebouwd om machtsmisbruik te voorkomen.[228]

Hitler was op 17 november door het kabinet van de rijkspresident telefonisch uitgenodigd voor een persoonlijk onderhoud op 19 november om half twaalf. Op 18 november vloog hij in gezelschap van Frick en Straßer naar Berlijn. Goebbels adviseerde hem 'de oude tegemoet te treden als was hij een vader': 'Heel primitief toespreken en zijn vertrouwen proberen te winnen.' Ze praatten tot diep in de nacht: 'We eten, lachen, praten, musiceren. [...] Hitler is heel opgeruimd [...]. God geve dat het goed gaat.'[229] Net als op 13 augustus hadden zich ook nu veel aanhangers van de nationaalsocialisten verzameld in de Wilhelmstraße, die Hitler toejuichten toen hij voorreed voor zijn onderhoud met Hindenburg. Het was de derde keer dat hij de rijkspresident trof; ditmaal had hij erop gestaan eerst onder vier ogen met Hindenburg te praten. Pas in de tweede helft van het ruim een uur durende gesprek mocht secretaris-generaal Meissner erbij zijn. Eens te meer deed Hindenburg een beroep op Hitler als de 'leider van een grote beweging', waarvan hij het 'nationale belang' zonder meer erkende, om de ogen niet te sluiten voor zijn wens mee te werken in een regering van 'nationale concentratie': 'De tijden zijn zo ernstig dat niemand het zich kan permitteren zijn persoonlijke belangen na te jagen en zijn eigen weg te gaan. We moeten de dingen die ons scheiden opzijzetten en elkaar in deze noodsituatie behulpzaam zijn.' Maar Hitler volhardde in zijn standpunt: hij kon alleen tot een kabinet toetreden als hij 'de politieke leiding', dat wil zeggen het kanselierschap zou krijgen. Wat de samenstelling van het kabinet betrof, toonde hij zich bereid tot een compromis: het was absoluut niet zijn bedoeling de ministersposten met uitsluitend nationaalsocialisten te bezetten. Op Hindenburgs vraag of hij met andere partijen contact wilde opnemen over een zakelijk samenwerkingsprogramma, verklaarde Hitler dat hij daar pas toe bereid zou zijn als hij van de rijkspresident opdracht zou krijgen een regering te vormen. In dat verband bracht hij een idee naar voren waarvan hij aannam dat Hindenburg er wel oren naar zou hebben: 'Ik denk dat ik een basis kan vinden op grond waarvan ik en de nieuwe regering van de Rijksdag een machtigingswet zouden krijgen.' De mogelijkheid van vereenvoudigde wetgeving door middel van een machtigingswet, waarvoor overigens een tweederdemeerderheid in de Rijksdag nodig was, was een legale weg waarin voor bijzonder noodsituaties voorzien was. Stresemann had er tijdens de crisis van oktober 1923 reeds gebruik van gemaakt. Het had het voordeel dat de regering voor een bepaalde termijn onafhankelijk van het instituut van de Rijksdag kon handelen, zonder steeds te hoeven terugvallen op het recht van de president om de noodtoestand uit te roepen. Hindenburg antwoordde op Hitlers voorstel dat hij in alle rust over de kwestie wilde nadenken en daarna nog eenmaal met hem wilde praten.[230]

Het belangrijkste resultaat van 19 november was dat Hindenburg, kennelijk onder de indruk van het gesprek onder vier ogen, voor het eerst was teruggekomen van zijn categorische 'nee' tegen een kanselierschap van Hitler. Overigens was men er in de omgeving van de NSDAP-chef niet zeker van of er echt sprake was van een 'serieuze poging [...] met ons tot overeenstemming te komen' of dat de tegenpartij van plan was 'ons nogmaals te belazeren', zoals Goebbels argwanend noteerde.[231] De dag van 21 november bracht daar zekerheid over. Toen ontving Hindenburg Hitler voor de tweede keer en gaf hem nu formeel opdracht een regering te vormen – zij het op voorwaarde dat hij 'een zekere, werkbare meerderheid met een degelijk, homogeen werkprogramma in de Rijksdag' tot stand kon brengen. Dat was alleen mogelijk als Hitler zowel de steun van Zentrum als van de DNVP kreeg, wat in het geval van de partij van Hugenberg echter bij voorbaat kansloos was. Eerder al had Hitler van Meissner vernomen wat de president wilde, en hij had zijn zorgvuldig voorbereide antwoord vastgelegd in een schrijven dat hij de rijkspresident nu overhandigde. Daarin eiste hij dat hem 'de positie' moest worden gegeven 'die tot nu toe door uwe excellentie aan alle dragers van het presidentiële gezag is verleend', dat wil zeggen de volmachten van de kanselier van een presidentieel kabinet, die Brüning en Papen eerder al hadden gekregen. Maar juist daartoe was Hindenburg nog niet bereid, en daarmee waren de onderhandelingen de facto mislukt. Niettemin verzekerde Hindenburg Hitler tot slot: 'Mijn deur zal altijd voor u openstaan.'[232]

Op de besprekingen met Hindenburg volgde een briefwisseling tussen Hitler en Meissner, waarin het eens te meer ging over het fundamentele verschil tussen een bovenpartijdig presidentieel kabinet en een op een meerderheid in de Rijksdag steunende parlementaire regering.[233] Op 23 november gaf Hitler de opdracht van Hindenburg om met de partijen onderhandelingen te openen over het vormen van een parlementaire meerderheid, wegens de 'interne onuitvoerbaarheid' terug. Een dag later wees Hindenburg via een schrijven van Meissner de eis van Hitler om hem met de leiding van een presidentieel kabinet te belasten ook officieel van de hand. De motivering kwam grotendeels overeen met die van 13 augustus. De rijkspresident meende het niet te kunnen verantwoorden 'zijn presidentiële volmachten te verlenen aan de leider van een partij die steeds weer haar exclusiviteit heeft benadrukt en die overwegend negatief staat tegenover hem persoonlijk zowel als tegenover de door hem noodzakelijk geachte politieke en economische maatregelen'. Het zou onder deze omstandigheden te vrezen zijn dat een door Hitler geleide presidentiële regering 'zich onvermijdelijk zou ontwikkelen tot een partijdictatuur, met alle gevolgen van dien voor een buitengewone verscherping van de tegenstellingen binnen het Duitse volk, wat hij tegenover zijn eed en zijn geweten niet zou kunnen verantwoorden'.[234] Hitler had daar na de voorafgaande uitwisseling van meningen rekening mee gehouden en reageerde, zoals Goebbels noteerde, 'heel kalm': 'De oude heeft geen vertrouwen meer in hem. Berust op wederkerigheid [...]. Afgelopen met die komedie. Nu zal Papen wel terugkomen [...]. De baronnen hebben nog één keer gewonnen. Voor hoe lang?'[235]

Ook het verzoekschrift dat industriëlen, bankiers en agrariërs op 19 november aan de rijkspresident richtten – met het verzoek 'de verantwoordelijke leiding' van het presidentiële kabinet over te dragen aan 'de leider van de grootste nationale groepering', dat wil zeggen aan Hitler, veranderde niets aan Hindenburgs besluit.[236] Het initiatief tot deze actie was uitgegaan van Wilhelm Keppler, een invloedrijke middenstandsondernemer die door Hitler in het voorjaar van 1932 was benoemd tot zijn adviseur in politiek-economische vraagstukken. Op instigatie van met name Hjalmar Schacht was er een naar Keppler genoemde 'werkgroep' opgericht die 'de politiek-economische opvattingen van het nationaalsocialisme [...] in harmonie met de bloei van de particuliere ondernemingen' moest brengen.[237] Maar de steun voor de petitie vanuit het kamp van de ondernemers bleef achter bij de verwachtingen. Er stonden slechts negentien handtekeningen onder het verzoekschrift en bijna de helft daarvan was van leden van de kring rond Keppler: naast Hjalmar Schacht de bankiers Kurt von Schröder, de eigenaar van het Bankhaus Stein in Keulen, en Friedrich Reinhart, bestuurslid van de Commerzbank, de kalifabrikant August Rosterg en Ewald Hecker, lid van de raad van toezicht van de Ilseder Hütte. Opvallend groot was het aandeel van de Hamburgse handelswereld, die met vier ondertekenaars – Emil Helfferich, Franz Witthoeft, Carl Vincent Krogmann (de latere burgemeester van Hamburg in de nazitijd) en Kurt Woermann – was vertegenwoordigd, evenals de grootgrondbezitters met vijf ondertekenaars, aangevoerd door de president van de Reichslandbund, Eberhard graaf von Kalckreuth. De *Ruhrlade,* een belangenvereniging van de twaalf invloedrijkste industriëlen uit het Ruhrgebied, was echter met slechts één prominent lid present, namelijk Fritz Thyssen, die al lange tijd een vurig aanhanger van Hitler was.[238] Schacht had Hitler al op 12 november laten weten dat de zware industrie 'nauwelijks [zou] meedoen' aan de actie; ze deed haar naam gezien de zwaarwichtigheid eer aan.[239] Overigens liet Albert Vögler, de algemeen directeur van de Vereinigte Stahlwerke, bankier Schröder al op 21 november weten dat hij het, evenals Paul Reusch, de voorzitter van de raad van toezicht van de Gutehoffnungshütte, en Fritz Springorum, algemeen directeur van Hoesch, eens was met de in het verzoekschrift voorgestelde 'oplossing van de huidige crisis', maar dat ze het niet ondertekend hadden omdat ze 'zich hoe dan ook verre hielden van elke politieke stellingname'.[240] Hier tekende zich een ommezwaai af ten gunste van Hitler, waarschijnlijk onder invloed van het succes van de KPD bij de verkiezingen in november, die in het zakenleven nieuwe angst had gewekt voor een 'bolsjewi-

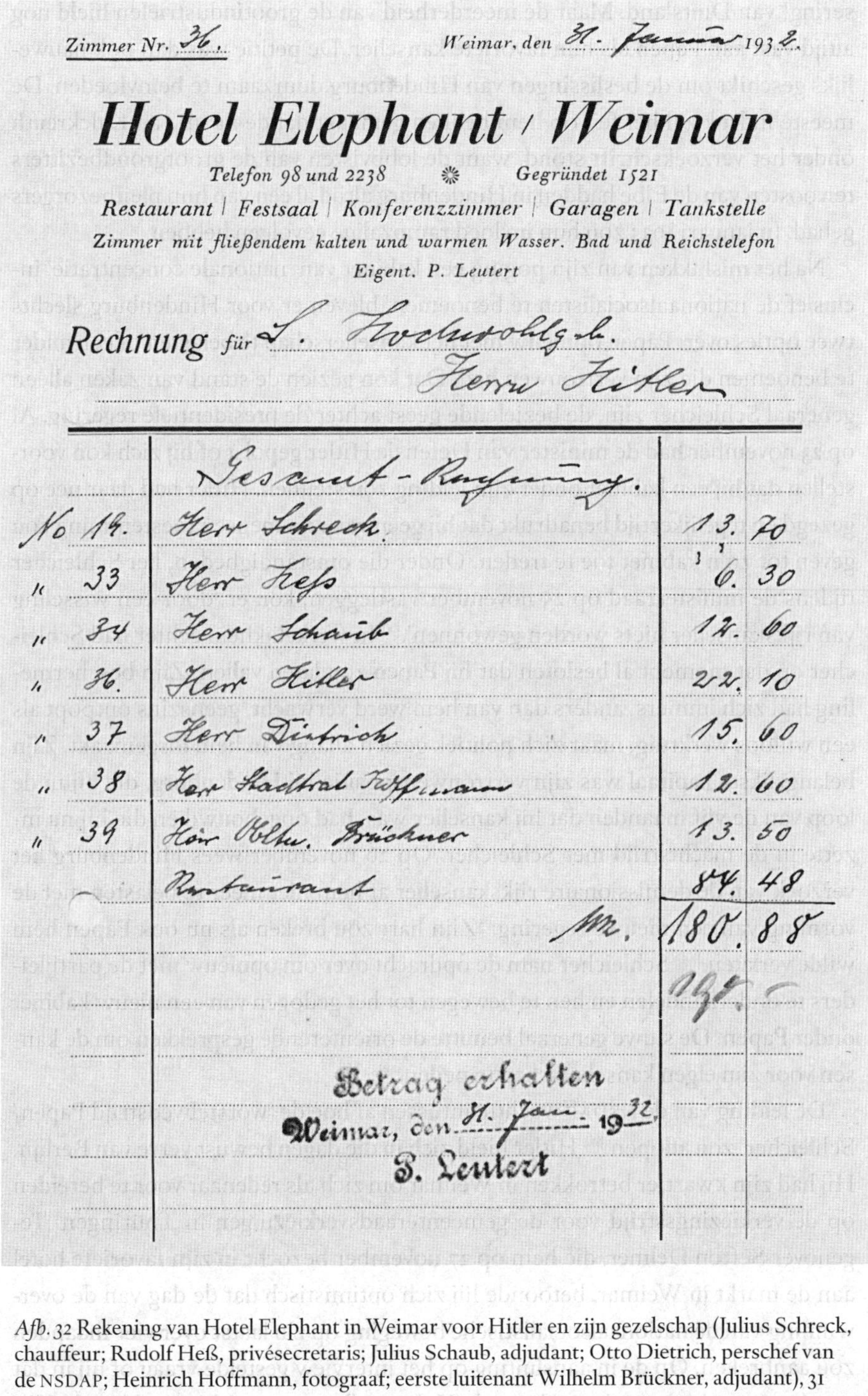

Zimmer Nr. 36. Weimar, den 31. Januar 1932.

Hotel Elephant / Weimar

Telefon 98 und 2238 Gegründet 1521

Restaurant | Festsaal | Konferenzzimmer | Garagen | Tankstelle

Zimmer mit fließendem kalten und warmen Wasser. Bad und Reichstelefon

Eigent. P. Leutert

Rechnung für S. Hochwohlgeb. Herrn Hitler

Gesamt-Rechnung.

No 14.	Herr Schreck.	13.	70
" 33	Herr Heß	6.	30
" 34	Herr Schaub	12.	60
" 36.	Herr Hitler	22.	10
" 37	Herr Dietrich	15.	60
" 38	Herr Stadtrat Hoffmann	12.	60
" 39	Herr Oblt. Brückner	13.	50
	Restaurant	84.	48
	Mk.	180.	88

Bzt.

Betrag erhalten
Weimar, den 31. Jan. 1932.
P. Leutert

Afb. 32 Rekening van Hotel Elephant in Weimar voor Hitler en zijn gezelschap (Julius Schreck, chauffeur; Rudolf Heß, privésecretaris; Julius Schaub, adjudant; Otto Dietrich, perschef van de NSDAP; Heinrich Hoffmann, fotograaf; eerste luitenant Wilhelm Brückner, adjudant), 31 januari 1932.

sering' van Duitsland. Maar de meerderheid van de grootindustriëlen hield nog altijd vast aan Papen als hun favoriete kanselier. De petitie was dan ook nauwelijks geschikt om de beslissingen van Hindenburg duurzaam te beïnvloeden. De meeste indruk zal het feit op hem hebben gemaakt dat de naam van Kalckreuth onder het verzoekschrift stond, want de lobbyisten van de grootgrondbezitters ten oosten van de Elbe hadden in Hindenburg altijd al een van hun pleitbezorgers gehad. In januari 1933 zou hun invloed rampzalige gevolgen hebben.

Na het mislukken van zijn poging een kabinet van 'nationale concentratie' inclusief de nationaalsocialisten te benoemen, bleven er voor Hindenburg slechts twee opties over: Papen opnieuw met het kanselierschap te belasten of een ander te benoemen die zijn vertrouwen had. Dat kon gezien de stand van zaken alleen generaal Schleicher zijn, de bezielende geest achter de presidentiële regering. Al op 23 november had de minister van Defensie Hitler gepolst of hij zich kon voorstellen dat hij een kabinet onder zijn leiding zou steunen. Hitler had daar nee op gezegd en tegelijkertijd benadrukt dat hij geen van zijn mensen toestemming zou geven tot zo'n kabinet toe te treden. Onder die omstandigheden, liet Schleicher tijdens de ministerraad op 25 november vastleggen, kon er 'door een wisseling van rijkskanselier niets worden gewonnen'.[241] In werkelijkheid echter had Schleicher op dat moment al besloten dat hij Papen zou laten vallen. Zijn beschermeling had zich immers, anders dan van hem werd verwacht, geenszins ontpopt als een willoos werktuig, maar zich politiek gezien allang van hem losgemaakt. Zijn belangrijkste kapitaal was zijn vertrouwenspositie bij Hindenburg, die hij in de loop van de vijf maanden dat hij kanselier was, had opgebouwd en die hij nu inzette in de machtstrijd met Schleicher. Op 26 november wees Hindenburg het verzoek van de demissionaire rijkskanselier af hem niet meer te belasten met de vorming van een nieuwe regering: 'Zijn hart zou breken als nu ook Papen hem wilde verlaten.'[242] Schleicher nam de opdracht over om opnieuw met de partijleiders te onderhandelen en hen te bewegen tot het gedogen van een nieuw kabinet onder Papen. De sluwe generaal benutte de oriënterende gesprekken om de kansen voor zijn eigen kanselierschap te peilen.[243]

De leiding van de NSDAP wachtte intussen af hoe de 'worstelwedstrijd Papen/Schleicher' zou aflopen.[244] Hitler hield zich in die dagen bewust verre van Berlijn. Hij had zijn kwartier betrokken in Weimar om zich als redenaar voor te bereiden op de verkiezingsstrijd voor de gemeenteraadsverkiezingen in Thüringen. Tegenover Sefton Delmer, die hem op 27 november bezocht in zijn favoriete hotel aan de markt in Weimar, betoonde hij zich optimistisch dat de dag van de overwinning van de nationaalsocialistische beweging op z'n laatst over vier maanden zou aanbreken. Op de in aansluiting op het interview gestelde vraag of hij in dat geval zou streven naar herstel van de Hohenzollern-monarchie, verklaarde Hitler dat hij er niet over peinsde 'als renpaard te fungeren voor een keizerlijke jockey die uitgerekend op het moment waarop ik over de finish kom, op mijn rug wil springen'.[245] Een uitnodiging door Meissner om voor een bespreking met de rijkspresident naar Berlijn te komen, sloeg Hitler op 30 november voorkomend maar vastberaden af: aangezien de standpunten van beide partijen niet veranderd waren, had een nieuwe gedachtewisseling geen zin; hij zou het niet kunnen verantwoorden in de openbaarheid opnieuw hoop te wekken, 'waarvan het niet in vervulling gaan slechts een diepe teleurstelling zou zijn'.[246] Het trauma van 13 augustus werkte nog steeds na.

Toen Hindenburg op 1 december laat in de middag Papen en Schleicher ontving voor nieuwe beraadslagingen, was duidelijk dat de beslissing over de kanselierskwestie moest vallen. Schleicher bracht eerst verslag uit over het mislukken van zijn oriënterende gesprekken, maar hij pleitte ervoor 'de ontwikkelingen in het nationaalsocialistische kamp af te wachten'. In dit verband onthulde hij kennelijk voor het eerst hoe een door hem geleid kabinet een uitweg uit de crisis zou kunnen vinden, namelijk door nationaalsocialisten onder leiding van Gregor Straßer over te halen tot regeringsdeelname, de NSDAP op deze manier te splijten en om, met behulp van een *Querfront* van de vakbonden en alle burgerlijke partijen tot en met de dissidenten in de Hitler-partij, de noodzakelijke maatregelen te treffen om de economie aan te zwengelen en de werkloosheid terug te dringen. Hindenburg vond het overigens een al te vaag plan: 'Het opnieuw uitstellen van een beslissing was voor hem ondraaglijk,' antwoordde hij, en hij vroeg Papen de regering voort te zetten. Deze verklaarde zich daartoe bereid, zij het op voorwaarde dat de rijkspresident 'hem voor het met zekerheid te verwachten conflict met de Rijksdag alle presidentiële rechten ter beschikking zou stellen'. Dat zegde Hindenburg hem toe: het ging erom 'Duitsland te behoeden voor de schade die zou kunnen ontstaan door het schenden van de verplichtingen van de Rijksdag'.[247] Met andere woorden: Hindenburg had voor een 'vechtkabinet' gekozen, dat nu de noodtoestandplannen moest uitvoeren die al in augustus en september 1932 achter de hand waren gehouden, namelijk het ontbinden van de Rijksdag en het voor onbepaalde tijd uitstellen van nieuwe verkiezingen, om in de tussentijd een grondwetshervorming op gang te brengen waardoor de rijksregering in hoge mate onafhankelijk zou worden van het parlement. Schleicher liet doorschemeren dat hij die ontwikkeling niet zou kunnen steunen, aangezien een openlijke breuk met de grondwet tot op een burgeroorlog lijkende onlusten zou leiden. 'Monnikje, monnikje, je maakt een zware tocht,' zei hij, Luther citerend, bij het afscheid tegen Papen.[248]

Op de ochtend van 2 december riep Papen zijn kabinet bijeen om het in te lichten over het besluit van Hindenburg. De zitting verliep dramatisch. Met uitzondering van de minister van Posterijen en Verkeer Eltz-Rübenach spraken alle ministers zich uit tegen een nieuwe editie van de regering-Papen. Toen Meissner opmerkte dat ook de uitslag van deze stemming de rijkspresident niet van zijn 'na zware strijd genomen besluit' zou afbrengen, speelde Schleicher zijn sterkste troef uit. Op de vraag van minister van Justitie Gürtner 'of hij voor alle eventualiteiten kon rekenen op de Reichswehr', liet hij luitenant-kolonel Eugen Ott binnenroepen. Schleicher had Ott al weken tevoren opdracht gegeven te onderzoeken of de Reichswehr in staat was binnenlandse onlusten de kop in te drukken en tegelijkertijd de buitengrenzen te beschermen. Dat bleek niet het geval te zijn. Het verslag van Ott maakte, zoals minister van Financiën Schwerin von Krosigk in zijn dagboek vastlegde, een 'verpletterende indruk' op alle deelnemers.[249] Onmiddellijk daarna verklaarde Papen dat daarmee een nieuwe situatie was ontstaan en dat hij de formatieopdracht terug moest geven. Hindenburg liet zijn favoriete kanselier met grote tegenzin gaan. 'Dan moeten we in godsnaam de heer Schleicher zijn geluk maar laten beproeven.'[250] Papen mocht ook na zijn ontslag als kanselier in zijn ambtswoning in de Wilhelmstraße blijven wonen. Hindenburg wilde hem als adviseur in de buurt houden. Deze constellatie zou in januari 1933 nog bijzondere gevolgen hebben.

In Hitlers omgeving werd de benoeming van Schleicher tot rijkskanselier met instemming ontvangen: 'Goed zo. Dat is dan de laatste uitwijkmogelijkheid voor de oude,' luidde het commentaar van Goebbels. 'We zullen er meteen op los gaan schelden en eruit halen wat eruit te halen is.'[251] Binnen de NSDAP-leiding bestond weerstand tegen het voornemen onmiddellijk een scherpe confrontatiekoers te varen. Met name Gregor Straßer eiste dat er nu een eind kwam aan de alles-of-nietspolitiek. Het is onzeker of Schleicher hem tijdens een geheime ontmoeting op 4 december inderdaad de post van vicekanselier en minister-president van Pruisen heeft aangeboden. De enige bron waarop de auteurs steunen is Goebbels' boek *Vom Kaiserhof zur Reichskanzlei*, maar het oorspronkelijke dagboek bevat geen enkele aanwijzing voor het aanbod, laat staan voor de aansluitende opmerking van Goebbels dat Straßer dit aanbod 'niet alleen niet had uitgesloten, maar zelfs een besluit medegedeeld' zou hebben 'bij eventuele nieuwe verkiezingen een eigen lijst-Straßer samen te stellen'. Het vermoeden is dan ook gerechtvaardigd dat Goebbels deze versie later toevoegde, om Straßers 'ernstige verraad aan de Führer en de partij' aannemelijk te maken.[252]

Hoe het ook zij, het staat vast dat Gregor Straßer zich sterk maakte voor een soepeler opstelling tegenover het kabinet-Schleicher en ook regeringsdeelname zonder aanspraak op het kanselierschap niet principieel afwees. Hij werd daarin gesterkt door de uitslag van de gemeenteraadsverkiezingen in Thüringen op 4 december. Hoewel Hitler er nauw bij betrokken was geweest, leed de NSDAP zware verliezen: vergeleken met de Rijksdagverkiezingen van 31 juli verloor ze 40 procent van de stemmen.[253] Het *Berliner Tageblatt* becommentarieerde het resultaat onder de kop 'Gebroken aureool': aangezien de NSDAP tot nu toe 'slechts van de psychose van de zekere overwinning' zou hebben geleefd, moest 'de trendbreuk des te harder aankomen'. En volgens de *Frankfurter Zeitung* hadden de verkiezingen in Thüringen bewezen 'dat de heer Hitler niet steeds meer maar juist steeds minder aanspraak kan maken op zijn verlangen als leider van de natie op te treden [...]. Deze vierde december heeft de heer Hitler geplaatst in de rij van de andere partijleiders, waarin hij thuishoort.'[254] Een dramatische terugval van de NSDAP bij de eerstvolgende Rijksdagverkiezingen en zelfs het uiteenvallen van de beweging leken niet langer uitgesloten. De depressie waarin de partij sinds 6 november verkeerde, werd steeds sterker. In München nam de Politische Polizei in december 1932 de eerste tekenen van ontbinding waar: 'Naast het feit dat nieuwe aanmeldingen nagenoeg volledig zijn uitgebleven, wordt er ook een toenemende matheid onder de leden merkbaar; talrijke opzeggingen zijn aan de orde van de dag, de bijdragen komen mondjesmaat binnen en de schrappingen wegens achterstallige contributie worden steeds veelvuldiger [...]. De partij maakt in alle geledingen [...] de indruk dat ze uitgestreden is.'[255] Alleen tegen deze achtergrond wordt duidelijk waarom het conflict tussen Hitler en Gregor Straßer nu met ongekende heftigheid losbrak.

Het hing al langere tijd in de lucht. Vooral Goebbels had er alles aan gedaan om zijn voormalige mentor en latere tegenstander bij Hitler in diskrediet te brengen door te insinueren dat Straßer de organisatie slechts gebruikte als hefboom voor zijn eigen machtsstreven. 'Straßer heeft de partij naar zijn hand gezet. Door organisatorische veranderingen. Heel geraffineerd,' noteerde hij eind juni 1932. 'Hitler moet geleidelijk van zijn voetstuk worden gestoten. Erevoorzitter. Hij wil het niet inzien. Men moet hem ervan bewust maken.' Het niet-aflatende gewroet van de rijkspropagandaleider tegen de 'Mefisto van de Partij', zoals hij Straßer noemde, bleef niet zonder effect. Begon december noteerde hij in zijn dagboek: 'In de middag lang gesprek met Hitler. Hij wantrouwt Straßer enorm. Wil hem daarom de partijmacht uit handen slaan.'[256] Maar zo eenvoudig was het niet om Straßer van zijn macht te beroven, want de rijksorganisatieleider stond binnen de partij hoog in aanzien en ging bovendien ook in de kringen van de zware industrie in Rijnland-Westfalen door voor een nationaalsocialist met wie te praten viel. Hém bijvoorbeeld had August Heinrichsbauer, de redacteur van de *Rheinisch-Westfälische Wirtschaftsdienst* in Essen, in 1932 de bezorgdheid van 'enkele vooraanstaande heren' in het Ruhrgebied overgebracht over Hitlers alles-of-nietsprincipe. Het 'hanteren van dit principe in de praktijk' zou 'gelijkstaan aan zelfuitschakeling'. De NSDAP stortte zich daarmee in een 'zelfgekozen isolement', waar ze heel moeilijk uit zou kunnen komen. Door haar 'ongeremde, marxistisch aandoende agitatie' zou ze bovendien het vertrouwen verspelen 'dat nu eenmaal nodig is voor het nemen van de hoogste verantwoordelijkheid'.[257] Na de verloren verkiezingen in november vond Straßer dat het moment was gekomen om van strategie te veranderen en de partij van de vruchteloze oppositie naar regeringsverantwoordelijkheid te leiden. Daarover liet hij Hitler geenszins in het ongewisse. De NSDAP-voorzitter vermoedde een opstand tegen zijn gezag en reageerde dienovereenkomstig heftig: Hitler zou 'woedend [zijn] op Straßer', omdat die 'sabotage' bedreef, constateerde Goebbels op 9 november.[258]

Eind november 1932, toen Hitler zich in Weimar met Göring, Straßer, Frick en Goebbels beraadde over de toekomstige opstelling tegenover een kabinet-Schleicher, kwam het voor het eerst tot een botsing. 'Straßer is voor deelname. Ziet het anders somber in. Hitler fel tegen hem. Blijft consequent,' zo vatte Goebbels het samen.[259] Tijdens een Reichsführerkonferenz op 5 december in Hotel Kaiserhof spitste het conflict zich toe. Straßer en Frick waren eerder bij Schleicher geweest, die had gedreigd de Rijksdag opnieuw te ontbinden als de NSDAP niet zou besluiten zijn kabinet te gedogen. Straßer pleitte opnieuw voor een tot compromissen bereide opstelling, terwijl Hitler onbuigzaam bleef.[260] Op die lijn legde hij ook de NSDAP-afgevaardigden vast die in de middag van 5 december, een dag voor de opening van de Rijksdag, bijeenkwamen voor hun eerste zitting. Nog 'nooit heeft een grote beweging gezegevierd nadat ze de weg van het compromis was ingeslagen'. Daarna beloofde fractievoorzitter Wilhelm Frick de Führer namens de voltallige fractie 'onwankelbare en onverbrekelijke gehoorzaamheid en trouw'.[261] Tijdens Hitlers toespraak zou het gezicht van Gregor Straßer volgens Goebbels zichtbaar 'versteend' zijn.[262] Hij voelde waarschijnlijk dat hij met zijn opstelling in de fractie nagenoeg alleen stond en haar niet tegen Hitler in zou kunnen doordrijven binnen de partij.

Op de ochtend van 8 december schreef Straßer Hitler een brief waarin hij hem zijn besluit meedeelde zijn partijfuncties neer te leggen en zijn Rijksdagzetel op te geven. Als reden voerde hij aan dat hij Hitlers strategie om in te zetten op de chaos, waarin hem het kanselierschap uiteindelijk zou toevallen, 'verkeerd, gevaarlijk en niet in het belang van heel Duitsland' vond. Tegelijkertijd echter verzekerde hij dat hij met zijn terugtreden niet de bedoeling had het 'middelpunt van oppositiestreven' te worden, maar 'zonder persoonlijke wrok in de gelederen van de eenvoudige partijgenoten' wilde terugtreden. Daarom zou hij 'vandaag nog Berlijn en aansluitend voor langere tijd Duitsland' verlaten.[263]

Onmiddellijk daarna vroeg Straßer de in Berlijn aanwezige Landesinspektoren van de NSDAP naar zijn kantoor in de Rijksdag te komen. (De Landesinspektoren, stuk voor stuk Gauleiter, waren in het kader van een reorganisatie in augustus 1932 aangesteld; ze hadden de leiding over verscheidene gouwen.) Met schorre stem informeerde hij hen over zijn stap. Hitler, zo verklaarde hij, volgde al minstens sinds augustus 1932, 'geen duidelijke lijn meer'. Slechts aan één punt hield hij verbeten vast: 'Hij wil onder alle omstandigheden zelf rijkskanselier worden.' Maar aangezien er op langere termijn geen kans was dat doel te bereiken, stelde hij de beweging bloot aan het gevaar van versplintering en verval. In wezen bestonden er twee wegen om de macht te veroveren: enerzijds de legale – in dat geval had Hitler het hem aangeboden vicekanselierschap moeten accepteren en die positie als politieke hefboom moeten gebruiken; anderzijds de illegale – een poging met hulp van SA en SS de macht met geweld te veroveren. Op beide wegen zou hij, Straßer, zijn Führer zijn gevolgd. Maar lijdzaam afwachten tot Hitler ooit eens tot rijkskanselier zou worden benoemd, daartoe was hij niet meer bereid. Tegelijkertijd maakte Straßer overigens duidelijk dat bij zijn besluit ook persoonlijke redenen een rol hadden gespeeld. Hij beklaagde zich sterk over Göring, Goebbels en Röhm, die een voorkeurspositie innamen. Hij ervoer dat als een achterstelling van zijn persoon, die hij niet verdiend had en die hij zich niet langer wilde laten welgevallen. Deze volledig verrassende onthullingen maakten op de Landesinspektoren, zoals een deelnemer vertelde, een verpletterende indruk. Ze vroegen Straßer dringend er nog eens goed over na te denken, maar deze verklaarde 'vastbesloten dat zijn stap definitief en daarom onherroepelijk was'.[264]

De brief van Straßer werd in de voormiddag afgegeven in Hotel Kaiserhof en sloeg bij Hitler en zijn entourage in als een bom. De partijvoorzitter was bang dat daarmee het sein tot een paleisrevolutie zou zijn gegeven en nam onmiddellijk tegenmaatregelen. Die middag ontving hij de Landesinspektoren in zijn hotelsuite. Hij zette al zijn overredingskracht en verleidingskunst in om zich te verzekeren van hun loyaliteit. Hij begon melodramatisch: 'Als iemand ontrouw wordt en mij in het zwaarste uur van de partij verlaat, dan kan ik dat verdragen en ook te boven komen. Maar als u me allemaal wilt verlaten, dan heeft mijn levenswerk en de strijd daarvoor geen zin meer, dan stort de beweging in. Buiten deze beweging en de mij daarmee gestelde levenstaak heb ik dan helemaal niets meer' – daarbij wierp Hitler een blik op het borstbeeld van zijn nicht Geli Raubal – 'wat me aan deze aarde kan binden. Ik zal dan de consequenties trekken en alleen nog vragen mijn lichaam en mijn zerk te versieren met het vaandel dat ik ooit voor de beweging en als symbool voor een nieuw Duitsland heb ontworpen.'

Na dit voorspel riep Hitler de aanwezigen op hem 'open en eerlijk' mede te delen wat Gregor Straßer hun als reden voor zijn terugtreden had genoemd. Nadat Robert Ley dat namens de anderen had gedaan, begon Hitler aan een lange monoloog waarin hij Straßers argumenten stuk voor stuk probeerde te weerleggen. Het accepteren van het vicekanselierschap zou binnen de kortste keren tot ernstige onenigheid met Papen hebben geleid en deze zou op verwijten dienaangaande slechts kil glimlachend hebben geantwoord dat hij nu eenmaal kanselier en hoofd van het kabinet was, en als zijn koers hem niet beviel, kon hij zijn ambt immers ter beschikking stellen. Daarmee zouden Papen en zijn volgelingen hun doel hebben bereikt, namelijk openlijk aantonen dat hij, Hitler, niet tot regeren in staat zou zijn. 'Ik wijs deze weg af en wacht tot men mij het kanselierschap aanbiedt. Die dag komt, hij is waarschijnlijk dichterbij dan we denken.' Nog noodlottiger zou de illegale weg naar de macht zijn, want Hindenburg en Papen zouden niet aarzelen het schietbevel te geven. 'Ik ben niet zo onverantwoordelijk, mijne heren, dat ik de Duitse jeugd en de frontgeneratie als de bloem van de natie in de machinegeweren van de politie en de Reichswehr zal jagen; dat zal Gregor Straßer niet meemaken!'

Ook wat betreft zijn persoonlijke verstandhouding met zijn oude strijdmakker wees Hitler alle verwijten van de hand. Het zou hem al langere tijd zijn opgevallen dat Straßer zich tegenover hem 'gereserveerd, ernstig en terughoudend' had gedragen. 'Is dat mijn schuld? Kan ik er iets aan doen als Göring en Goebbels mij onuitgenodigd vaker bezoeken dan Straßer? [...] Zijn dat voor een van mijn naaste en oudste medewerkers redenen om de beweging de rug toe te keren?' Tijdens deze uiteenzettingen wisselde Hitler, zijn acteerkunst maar al te goed kennend, van toonhoogte. Zijn toespraak was 'steeds kalmer, menselijker, vriendelijker, overredender' geworden, herinnerde zich Hinrich Lohse, de Landesinspektor van de noordelijke gouwen. Uiteindelijk had geen van de deelnemers aan het twee uur durende onderhoud zich kunnen onttrekken aan de verleidelijke logica van zijn argumenten. 'Hij triomfeerde en bewees tegenover zijn wankelende, zich weer oprichtende en onontbeerlijke strijders in de zwaarste belastingsproef van de beweging, dat hij de meester was en Straßer de gezel.'[265]

Desondanks hing er 's avonds in de woning van Goebbels een bedrukte sfeer. Het viel de Berlijnse Gauleiter op dat Hitler 'erg bleek' was. Tegen drie uur in de ochtend werd hij voor crisisoverleg naar Hotel Kaiserhof geroepen, waaraan naast Hitler ook Röhm en Himmler deelnamen. Ze hadden vers van de pers de uitgave van de *Tägliche Rundschau* in de hand, die het tot dan toe geheimgehouden nieuws over het terugtreden van Straßer bracht en er de overweging aan vastknoopte dat de NSDAP alleen uit haar 'heilloze verwarring' kon komen als Straßer de leiding zou overnemen. Hitler werd bevestigd in zijn angst dat het een complot tegen hem betrof. 'Als de partij uiteenvalt, maak ik er binnen drie minuten een eind aan,' dreigde hij.[266] Net als na de mislukte staatsgreep in 1923 speelde de gokker met zelfmoordplannen, en dat zou niet de laatste keer zijn, tot hij eind april 1945 in de bunker van de Berlijnse rijkskanselarij inderdaad zelfmoord pleegde. Het doemdenken waaraan Hitler zich bij tijd en wijle overgaf, staat in schril contrast met de snelheid waarmee hij nog diezelfde nacht de organisatorische consequenties trok: het apparaat van Straßer moest worden gereorganiseerd en het instituut van de Landesinspektoren moest weer worden afgeschaft. Hitler nam de leiding over de politieke organisatie zelf op zich; tot zijn plaatsvervanger benoemde hij Robert Ley, tot dan toe Reichsinspektor II van de NSDAP. De onderafdelingen Landbouw en Volksopvoeding werden zelfstandige afdelingen en toebedeeld aan Darré respectievelijk Goebbels.[267]

Straßers terugtreden was op 10 december het gesprek van de dag. Alle dagbladen brachten het met grote koppen. De wildste geruchten deden de ronde, maar al snel bleek dat het vertrek van de eens zo machtige man niet zou leiden tot tweespalt binnen de partij. Straßer had zich er allang bij neergelegd; hij wilde geen machtsstrijd met Hitler. Nog op de avond van zijn terugtreden had hij de trein naar München genomen. Van daaruit reisde hij door naar Tirol, om pas kort voor Kerstmis terug te keren van vakantie. Ook voor zijn vrienden was hij twee weken lang onvindbaar.[268] De enige binnen de leiding van de NSDAP die solidair met hem was, was Gottfried Feder, die in het begin van de jaren twintig grote invloed had gehad op Hitlers ontwikkeling, maar inmiddels politiek gezien geen grote rol meer speelde.[269] In de namiddag van 9 december hield Hitler nog eenmaal een toespraak tot de inspecteurs en Gauleiter, en daarna tot de afgevaardigden in de Rijksdagfractie. Goebbels schetste zijn indruk: 'Vernietigend voor Straßer en meer nog voor Feder. De aanwezigen huilen van woede en verdriet. Groot succes voor Hitler. Blijdschap dat de kwestie-Straßer zo snel uit de wereld is geholpen. Tot slot spontane trouwbetuigingen. Iedereen geeft Hitler een hand. Straßer is geïsoleerd. Dode man!'[270] En twee dagen later, toen de partijtop bijeenkwam in het Braune Haus in München: 'Iedereen achter Hitler. Blijdschap dat de kwestie-Straßer zo snel is afgehandeld.'[271]

Maar daarmee was de crisis in de partij nog niet ten einde. Straßers terugtreden had binnen de partij in brede kring tot 'grote verontrusting' geleid.[272] Twijfel aan Hitlers leiderschap ging gepaard met radeloosheid over hoe het nu verder moest. In de weken voor Kerstmis reisde Hitler de gouwen af om het moreel van de functionarissen weer op te vijzelen. In Breslau vergeleek hij op 10 december – een teken hoe dramatisch de situatie was – de strijd van de NSDAP met die van Frederik de Grote tijdens de Zevenjarige Oorlog: ook de Pruisische koning had telkens weer tegenslagen het hoofd moeten bieden, maar was uiteindelijk toch met de overwinning gaan strijken. Wie hoopte op het 'uiteenvallen van de beweging', vergiste zich; ze stond 'onwankelbaar [...] als een rots in zee'.[273] 'Ik ben er trots op dat de hele beweging eendrachtiger dan ooit achter me staat,' riep hij een dag later in Leipzig uit. 'De partij is niet in de greep van een crisis, maar heeft de crisis al ver achter zich gelaten.'[274] Maar dat klonk als fluiten in het donker en was zo duidelijk in tegenspraak met de feitelijke situatie dat Hitler er maar een handjevol volgelingen mee overtuigd zal hebben. Een goede indruk van de stemming geeft het dagboek van Goebbels, waarin sprake is van slecht bezochte vergaderingen en een troosteloze financiële situatie.[275] Op kerstavond vatte de Berlijnse Gauleiter samen: 'Het hele jaar 1932 is één grote tegenslag geweest. We moeten het aan diggelen slaan.'[276]

In een gesprek op 10 december met de Beierse minister-president Held verklaarde rijkskanselier Schleicher dat hij 'het nationaalsocialistische gevaar als bezworen' beschouwde.[277] Dat was ook de teneur van de hoofdartikelen van de grote liberale kranten tijdens de jaarwisseling 1932-1933. 'De vreselijke nationaalsocialistische aanval op de democratische staat is afgeslagen,' verkondigde de Berlijnse correspondent van de *Frankfurter Zeitung*, Rudolf Kircher. 'Jaar van de beslissing,' zette Julius Elbau als kop boven zijn jaaroverzicht in de *Vossische Zeitung*, waarin hij constateerde dat de republiek 'gered' was, 'niet omdat ze verdedigd werd, maar omdat de aanvallers elkaar uitschakelden. Het was een weg door de duivelskloof, waarop men niet zonder huiver kan terugkijken.'[278] In het *Berliner Tageblatt* werd de Hitler-beweging zelfs al afgedaan als een historische episode: 'Overal ter wereld had men het over [...] hoe luidde ook alweer zijn voornaam: Adalbert Hitler? Later? Spoorloos verdwenen!'[279]

In het tijdschrift *Der deutsche Volkswirt* kwam ook de liberale publicist Gustav Stolper tot een optimistische prognose: 'In het jaar 1932 kwam een einde aan Hitlers geluk.' Op 31 juli zou de beweging op haar hoogtepunt zijn geweest, op 13 augustus zou de neergang zijn begonnen. 'Sindsdien is het Hitlerdom ingestort, in een mate en in een tempo dat slechts te vergelijken is met zijn opkomst. Het Hitlerdom overlijdt aan zijn eigen levenswet.' Precies zo zag de sociaaldemocratische politicus en oud-minister van Financiën Rudolf Hilferding het: 13 augustus, zo analyseerde hij in het SPD-orgaan *Die Gesellschaft*, markeerde 'de ommekeer in het drama – in dit jaar de eerste beslissende ommekeer [...]. De heer Hitler daalt de paleistrap af – het is de ineenstorting van het fascisme.'[280]

'Maar we hebben, denk ik, het ergste gehad. De top van de waanzin lijkt gepasseerd,' schreef Thomas Mann op 22 december aan Hermann Hesse.[281] Ook in het westerse buitenland constateerde men opgelucht dat de nationaalsocialistische golf kennelijk aan het wegebben was. In het Foreign Office weet men Hitlers slinkende invloed aan zijn halsstarrige opeisen van de ongedeelde macht: 'Hitlers obstinate opeisen van de volledige macht [...] is er de oorzaak van dat hij de boot heeft gemist.'[282] Harold Laski, de Britse staatswetenschapper en Labour-politicus, merkte eind 1932 op dat Hitler zijn carrière waarschijnlijk als 'een oude man in een Beiers dorp' zou besluiten, die ''s avonds in de Biergarten zijn vertrouwelingen vertelt hoe hij ooit bijna het Duitse Rijk omver had geworpen'.[283]

Maar niet alleen kritische waarnemers, ook voormalige Hitler-aanhangers waren rond de jaarwisseling 1932-1933 overtuigd van de onstuitbare neergang van de nationaalsocialistische beweging. Op 31 december gaf Luise Solmitz in haar dagboek blijk van haar teleurstelling: 'Dit jaar heeft me een vurige hoop ontnomen – [...] Adolf Hitler. Onze bezieler en grote leider naar de nationale eenheid [...] en [die] nog slechts de leider is van een steeds twijfelachtigere, onherroepelijk afglijdende partij. Ik kan deze bittere teleurstelling volstrekt nog niet verwerken.'[284]

Er waren overigens ook stemmen die maanden tot een voorzichtiger beoordeling van de situatie. Zo sprak Theodor Heuss in een brief aan de industrieel Robert Bosch op 29 december weliswaar de hoop uit dat 'de Hitlerij zich niet meer [zal] herstellen van haar huidige crisis', maar hij voegde er meteen aan toe: 'Het zou echter gevaarlijk zijn haar als machtsfactor te onderschatten, want binnen haar organisatie vechten duizenden toch gewoon voor hun economisch overleven.'[285] Ook Carl von Ossietsky constateerde in de nieuwjaarsuitgave van *Die Weltbühne* voldaan dat de Hitler-partij, die begin dat jaar nog aan de poorten van de macht had geklopt, aan het eind daarvan 'door een heftige crisis gegegrepen' werd. Toch waarschuwde hij voor 'overspannen verwachtingen': 'De economische situatie is nog altijd geschikt voor het kweken van desperado's.'[286] De werkloosheid was eind 1932 met bijna 5,8 miljoen inderdaad nog heel hoog; in januari steeg het aantal verder tot iets meer dan zes miljoen,[287] maar de seizoensafhankelijke stijging bereikte ditmaal niet de omvang van het jaar daarvoor. Het dieptepunt van de crisis leek voorbij. Er ontstond een voorzichtig optimisme. 'Land in zicht!' luidde de kop van het economisch katern van de *Frankfurter Zeitung* van 1 januari 1933.[288]

12

De noodlottige maand januari 1933

'Het verbazingwekkende in zijn leven,' zei de pasbenoemde rijkskanselier Hitler bij het afscheid van zijn voorganger Schleicher begin februari 1933, is 'dat hij altijd werd gered juist op het moment dat hij zichzelf al had opgegeven.'[1] De positie van de NSDAP-voorzitter was begin 1933 inderdaad allesbehalve rooskleurig. Zijn partij zat in een diepe crisis, onder de leden heersten moedeloosheid en gelatenheid. In de SA kon de onvrede over de koers van de partijleider elk moment exploderen. De nationaalsocialistische beweging was verder van de macht verwijderd dan begin 1932. In een brief aan zijn vriendin Winifred Wagner van begin 1933 klaagde Hitler over het 'zware en harde werk' dat hij al enkele weken had moeten verrichten. Er kwamen dagelijks nieuwe zorgen bij: 'Nu begrijp ik waarom juist Wagner en zijn lot me in mijn jeugd meer zeiden dan zoveel andere grote Duitsers. Het is waarschijnlijk dezelfde noodzaak van de eeuwige strijd tegen haat, nijd en onverstand.'[2]

Hoe kritisch Hitler, ondanks al zijn optimisme tegenover de buitenwereld, de situatie beoordeelde, blijkt ook uit zijn nieuwjaarsboodschap, die hij op 30 december op de Obersalzberg dicteerde – en wel met luide stem, waardoor die in heel Haus Wachenfeld te horen was.[3] Die avond las hij zijn paladijnen de oproep voor. Goebbels was enthousiast: 'Geen verzoening. Strijd op het scherp van de snede [...]. Hitler is fantastisch. Radicaal tot het uiterste.'[4] Alle terughoudendheid die de partijleider, in zijn streven naar respectabiliteit in burgerlijke kringen, tijdens zijn optredens voor ondernemers en tijdens de eerste verkiezingsstrijd in 1932 uit tactische overwegingen aan de dag had gelegd, liet hij nu varen. Nu kwam weer de fanatieke, antisemitische *Bierkeller*-demagoog tevoorschijn, die in ongelooflijk agressieve en tegelijkertijd zonderling sektarische bewoordingen lucht gaf aan zijn obsessie: 'De internationale Jood als intellectueel inspirator voert in bijna alle landen ter wereld deze strijd van de gebrekkig begaafde onderrassen tegen de cultuur – en daarmee tegen het menselijk leven scheppende en beveiligende vermogen van een hoger mensdom, waarvan de weerstand door het liberalisme is verzwakt.' In Rusland zou de 'Joods-intellectuele leiding van de wereldrevolutie' haar verwoestende werk al hebben gedaan, en van daaruit zou 'via een netwerk van leidingen en stations de rest van de wereld verpest' worden. Slechts één land verzette zich tegen dat gevaar: het Italië van Mussolini, dat in het fascisme 'een ideaal gevonden [had] dat het hele leven beheerst en hieraan nieuwe gestalte geeft'. 'Daar zien we de enige staat en het enige volk die de burgerlijke klassenstaat overwonnen hebben en daarmee de innerlijke voorwaarde hebben geschapen om het marxisme te overwinnen en uit te roeien!'

Eens te meer weigerde Hitler elk compromis. Hij was 'juist nu tot het uiterste vastbesloten om het eerstgeboorterecht van onze beweging niet te verkopen voor de linzenschotel van de deelname aan een regering zonder macht'. Hij zou 'zich tot zijn laatste ademtocht' ertegen verzetten 'dat de meest trotse en grootse verheffing van het Duitse volk haar missie verkoopt voor een paar ministersposten'.[5] De enig mogelijke interpretatie van deze woorden is dat Hitler niet van zijn alles-of-nietsstrategie zou afzien. De verdere weg van zijn beweging naar een politiek buitenspel leek daarmee uitgestippeld.

Slechts vier weken later was Hitler rijkskanselier. Deze voor vele waarnemers verrassende wending was geen 'Triomf van de Wil', waartoe de nationaalsocialistische propaganda de 'machtsgreep' weldra uitriep – ze was het resultaat van sinistere intriges achter de schermen, waarbij slechts enkele acteurs, en in de eerste plaats de voormalige rijkskanselier Franz von Papen, aan de touwtjes trokken. 'De heer Hitler was al overwonnen toen hem de overwinning werd geschonken. Hij had zijn kans op de regeringsmacht al verloren toen men hem de kans gaf die alsnog te winnen,' merkte Leopold Schwarzschild begin februari 1933 op in zijn artikel '*Kanzler Hitler*'.[6] In dit politiek gekonkel was de vraag wie toegang had tot Hindenburg of, om Konrad Heiden te citeren, 'wie nu meer het oor van de oude heer' had, van doorslaggevende betekenis.[7] Het lot van het land hing in laatste instantie af van de beslissing van de rijkspresident. Aan Wolfram Pyta's grote biografie danken we het inzicht dat de bejaarde Hindenburg geenszins een willoze marionet was in de handen van zijn hofkliek, zoals eerder onderzoek hem afschilderde, maar dat hij in elke fase zelf zijn besluiten nam.[8] Hij was de hoofdrolspeler in het drama dat voorafging aan de benoeming van Hitler; Papen, secretaris-generaal Meissner, en de 'in de grondwet niet voorziene' zoon van de rijkspresident Oskar von Hindenburg, traden op als zijn belangrijkste secondanten.

De opmaat werd gevormd door de ontmoeting tussen Papen en Hitler op 4 januari, door Karl-Dietrich Bracher terecht het 'geboorte-uur van het "Derde Rijk"' genoemd.[9] Deze was georganiseerd door bankier Kurt von Schröder, die lid was van de Keppler-Kreis en het verzoekschrift aan Hindenburg van 19 november 1932 mede had ondertekend. Op 16 december was hij na een toespraak door Papen in de Berliner Herrenclub in gesprek geraakt met de voormalige rijkskanselier. Daarbij was het idee geboren – of het voor het eerst door Papen of door

Schröder ter sprake is gebracht, is omstreden – een gesprek met Hitler te regelen. Schröder informeerde Keppler onmiddellijk over Papens bereidheid een ontmoeting met Hitler te hebben. 'De wens om overleg tussen P[apen] en H[itler] tot stand te brengen, lijkt ook mij gezien de huidige situatie bijzonder belangrijk,' antwoordde Keppler op 19 december. Papen kon immers 'beslist het best beoordelen [...] hoe de oude heer vandaag gestemd is en hoe men het tot nu toe daar aanwezige verzet het best kan overwinnen'.[10] Nog diezelfde dag bood Keppler in een brief aan Hitler zijn diensten aan als bemiddelaar. Als plaats van ontmoeting stelde hij het huis van Schröder in Keulen voor; hij kon garant staan voor de 'onvoorwaardelijke betrouwbaarheid' van de bankier.[11] Al op 26 december kon Keppler Schröder meedelen dat Hitler op 4 januari voor de middag in Keulen zou aankomen. Hij hoopte dat het door de 'behendigheid' van de gastheer zou lukken 'de laatste hindernissen tijdens het gesprek uit de weg te ruimen'. Papen, die zich op zijn landgoed in Wallerfangen aan de Saar bevond, verklaarde zich op verzoek van Schröder akkoord met de plaats en de tijd.[12]

Voor beiden – voor Papen en voor Hitler – opende de geplande ontmoeting interessante vooruitzichten: Papen kon het nog steeds niet verkroppen dat zijn voormalige uitdager Schleicher hem begin december politiek onschadelijk had gemaakt. Hij zon op wraak en zag in samenwerking met Hitler de mogelijkheid Schleicher op zijn beurt uit zijn functie te verdrijven en zelf weer een belangrijke politieke rol te spelen. Hitler van zijn kant zag in een mogelijke samenwerking met Papen een kans uit het lastige parket te komen waarin hij zijn partij gemanoeuvreerd had en de bordjes weer ten gunste van zichzelf te verhangen. Hij wist dat Papen nog altijd geprivilegieerde toegang had tot Hindenburg en mocht hopen dat hij met diens hulp het verzet van de rijkspresident tegen zijn kanselierschap kon breken.[13] Beide partijen hadden er belang bij dat de ontmoeting strikt geheim zou blijven. Hitler, die op 4 januari de verkiezingsstrijd voor de Landdagverkiezingen in Lippe wilde openen, begaf zich niet rechtstreeks voor de openingsceremonie naar Detmold, maar reisde met de nachttrein van München naar Bonn. Daar wachtte op het station reeds chauffeur Schreck met de grote Mercedes. Hij bracht de reizigers voor het ontbijt naar Hotel Dreesen in Bad Godesberg. Korte tijd later verscheen er een tweede auto met dichtgeschoven gordijnen, waar Hitler, Himmler en Heß in stapten om zich naar de villa van Schröder in Keulen te laten brengen. Daar arriveerde ook Keppler, die rechtstreeks vanuit Berlijn was gekomen, en even later, tegen half twaalf, ook Papen.[14]

Meteen daarna trokken Hitler en Papen zich twee uur lang terug in de werkkamer van Schröder; de heer des huizes voegde zich als stille getuige bij hen. In zijn herinnering opende Hitler het gesprek en maakte Papen eens te meer heftige verwijten over de afhandeling van de zaak-Potempa door de toenmalige rijksregering. Papen antwoordde dat ze de oude meningsverschillen moesten laten rusten en in plaats daarvan moesten proberen uit te vinden of ze het mogelijk eens konden worden over een gemeenschappelijke basis voor een nieuwe regering van conservatieven en nationaalsocialisten. Kennelijk stelde hij in dit verband een soort duümviraat (tweemanschap) voor, dat wil zeggen een verdeling van de macht tussen hemzelf en Hitler. Om de NSDAP-leider voor deze oplossing te winnen, stelde hij hem het ministerschap van Defensie en Binnenlandse Zaken in het vooruitzicht. Hitler begon daarop aan een van zijn gevreesde monologen, waarin hij redenen aanvoerde waarom hij moest vasthouden aan de aanspraak op het kanselierschap. Hij was overigens bereid aanhangers van Papen in de regering op te nemen, op voorwaarde dat ze de door hem na de regeringsovername nagestreefde veranderingen zouden steunen. Als eerste maatregelen noemde Hitler 'het ontslaan van alle sociaaldemocraten, communisten en Joden uit leidende functies' en het 'herstel van de orde in het openbare leven'. De standpunten lagen nog ver uit elkaar, maar ze namen afscheid met de belofte het gesprek voort te zetten.[15]

Op 6 januari schreef Keppler aan Schröder dat hij de indruk had dat 'de ontmoeting heel gunstig [had] gewerkt in de gewenste richting'. En ook Schacht bedankte de Keulse bankier voor 'het moedige initiatief in het voorbereiden van een gesprek tussen twee mannen die we beiden hoogachten en door wier samenwerking misschien het snelst een positieve oplossing kan worden gevonden'. Hij hoopte 'dat het onderhoud in uw huis ooit van historische betekenis zal blijken te zijn'.[16] Schachts hoop bedroog hem niet: het *'Kölner Treffen'* was het begin van een ontwikkeling die eindigde op 30 januari 1933. Hitler, die nog in de laatste dagen van december had gedacht dat hij aan het eind van zijn Latijn was, zag zich onverwachts teruggebracht in het spel om de macht. Het belangrijkste resultaat was dat Papen en Hitler overeen waren gekomen dat ze hun vijandschap opzij zouden schuiven en samen aan de val van Schleicher zouden werken. Hoewel de contouren van de nieuwe regering nog niet in detail waren besproken en met name de kwestie van het kanselierschap nog niet was opgelost, was daarmee toch een eerste stap gezet. En Hitler had de zekerheid dat Papen zijn invloed op Hindenburg in de geest van een nog uit te onderhandelen gemeenschappelijke oplossing zou laten gelden. Op 9 januari informeerde hij Goebbels, die daarop in zijn dagboek noteerde: 'Papen fel tegen Schleicher. Wil hem ten val brengen of volledig opzijschuiven. Heeft nog het oor van de oude. Woont ook vlakbij. Verdeling met ons voorbereid. Ofwel het kanselierschap of machtige ministeries: Wehr en Binnen. Dat spreekt voor zich.'[17]

Het was overigens niet gelukt de samenzweringsbijeenkomst geheim te houden. Toen Papen voor het huis van Schröder uit de auto stapte, werd hij door een daar posterende verslaggever gefotografeerd. Daags daarna opende de *Tägliche Rundschau*, een krant die dicht bij Schleicher stond, met de kop: 'Hitler en Papen tegen Schleicher'.[18] Het nieuws werkte in de woorden van het katholieke dagblad *Germania* 'als de spreekwoordelijke knuppel in het hoenderhok' en gaf aanleiding tot de wildste speculaties.[19] In een gezamenlijke verklaring van 5 januari probeerden Papen en Hitler de indruk weg te nemen dat de bespreking tegen de rijkskanselier gericht was geweest: het was hen er alleen maar om te doen geweest de 'mogelijkheid van een groot nationaal eenheidsfront' te onderzoeken; het onderwerp van het demissionaire kabinet was daarbij 'absoluut niet aangesneden'.[20]

Maar het rookgordijn had geen enkel effect. Dagenlang nog werd er in de kranten druk over gespeculeerd wat toch het doel van de ontmoeting kon zijn geweest.[21]

Schleicher betoonde zich aanvankelijk niet ongerust. Tijdens de thee met de Franse ambassadeur André François-Poncet op 6 januari liet hij zich laatdunkend uit over zijn voorganger. Hij zou hem de eerstvolgende keer te verstaan geven: 'Beste Fransje, je hebt opnieuw een flater geslagen.'[22] Op 9 januari begaf Papen zich naar Schleicher en probeerde hem wijs te maken dat hij tijdens het onderhoud in Keulen alleen maar had willen proberen Hitler tot toetreding tot de regering-Schleicher te bewegen – een bewering waarop hij in zijn memoires terug zou komen. Het is moeilijk te geloven dat de generaal in deze flagrante leugen is getrapt. Niettemin werd in een gezamenlijk communiqué geconstateerd dat door het gesprek de 'volstrekte onhoudbaarheid' van alle berichten over onmin tussen hen beiden was bewezen.[23] Eveneens op 9 januari informeerde Papen de rijkspresident over zijn ontmoeting met Hitler. Als men de herinneringen van Meissner mag geloven, vatte Papen het resultaat samen met de woorden dat Hitler 'zijn tot dusver gestelde eis dat de volledige regeringsmacht aan hem zou worden overgedragen, had laten vallen en nu in principe bereid was tot deelname aan een coalitieregering met de rechtse partijen'. Daarop gaf Hindenburg Papen opdracht de onderhandelingen met Hitler 'persoonlijk en strikt vertrouwelijk' voort te zetten.[24] Daarmee had de rijkspresident zich onbedoeld, maar in het volledige besef van de consequenties, medeplichtig gemaakt aan een samenzwering die achter de rug van de demissionaire rijkskanselier om streefde naar een regering van 'nationale concentratie', waarvan de totstandkoming in de herfst van 1932 nog schipbreuk had geleden op de onbuigzame houding van Hitler.[25]

Schleicher kon dus niet meer rekenen op steun van de rijkspresident. Al op 10 januari vernam Goebbels dat de rijkskanselier indien de Rijksdag, als die eind januari weer samenkwam, een motie van wantrouwen zou aannemen, niet meer kon rekenen op een ontbindingsbevel van de president. Het zou 'bergafwaarts' met hem gaan.[26] De situatie van Schleicher was begin januari inderdaad reeds precair. In een via de radio uitgezonden regeringsverklaring op 15 december 1932 had hij zich gepresenteerd als 'sociale generaal' en beloofd dat hij niet alleen energiek werkgelegenheidsprogramma's in gang zou zetten, maar ook de verordening van het kabinet-Papen van 5 september zou intrekken, waarbij werkgevers toestemming hadden gekregen minder te betalen dan de uitonderhandelde cao-lonen. Met deze aankondigingen bruuskeerde hij de leidende figuren in het bedrijfsleven, wier wantrouwen hij nog eens extra aanwakkerde met de 'hetzerige' constatering dat hij noch een 'aanhanger van het kapitalisme noch van het socialisme' was en dat begrippen als 'private of planeconomie' hun afschrikkende werking voor hem hadden verloren.[27] Omgekeerd slaagde Schleicher er niet in zich te verzekeren van de blijvende steun van de vakbonden. Zijn programma van door de overheid gefinancierde werkloosheidmaatregelen werd door hen weliswaar met veel instemming begroet, maar de sociaaldemocratie, die nauwe banden had met de vrije vakbonden, volhardde in een koers van 'allerscherpste oppositie' tegen Schleicher, die ze terecht beschuldigde van medeverantwoordelijkheid voor de staatsgreep tegen Pruisen in juli 1932.[28]

Anderzijds was de hoop dat Schleicher had ingezet op samenwerking met Gregor Straßer, intussen verregaand onrealistisch gebleken. Op 6 januari introduceerde de rijkskanselier de voormalige Reichsorganisationsleiter weliswaar nog bij Hindenburg en kreeg hij diens toestemming voor een mogelijke benoeming van Straßer tot vicekanselier en minister van Arbeid, maar hij zat er niet echt meer achterheen, want sinds Hitler als gevolg van het Kölner Treffen de wind weer mee had, was de kans klein dat een noemenswaardig deel van de NSDAP zich zou uitspreken voor steun aan de regering.[29]

Tegelijkertijd opende de Reichslandbund de aanval op het kabinet. De lobby van de grootgrondbezitters ten oosten van de Elbe verweet de regering met name dat die niet genoeg deed om de agrariërs te beschermen tegen de import van goedkope levensmiddelen en tegen de executie van failliete landbouwbedrijven. Op 11 januari ontving Hindenburg een delegatie van de Reichslandbund, onder wie de nationaalsocialist Werner Willikens als een van de vier leden van het presidium, voor een gesprek. Graaf Kalckreuth schilderde de situatie gitzwart af: als er niet onmiddellijk maatregelen werden getroffen 'ter bevordering van de economische verhoudingen in de landbouw', dreigde er een ramp. Omgekeerd riep de rijkspresident de rijkskanselier en de ministers van Landbouw en Economische Zaken op de klachten van de landbouwvertegenwoordigers aan te horen en hen naar vermogen te steunen.[30] Kort na deze bespreking werd een besluit bekend dat de voorzitter van de Reichslandbund nog vóór de ontvangst door Hindenburg aan de pers had overhandigd. Daarin werd de regering ervan beschuldigd de 'verpaupering van de Duitse landbouw' in de hand te werken zoals men 'zelfs onder een marxistische regering niet voor mogelijk' zou hebben gehouden. Schleicher beantwoordde deze frontale aanval met de verklaring dat hij voortaan geen onderhandelingen wilde voeren met vertegenwoordigers van de Reichslandbund.[31]

De agitatie tegen het kabinet-Schleicher lijkt in veel opzichten op de campagne tegen het vermeende 'landbouwbolsjewisme' van Brüning, die eind mei 1932 had bijgedragen tot zijn val. Hindenburg, die als landgoedeigenaar van Neudeck openstond voor de belangen van de agrariërs ten oosten van de Elbe, bleef daar ook nu niet onverschillig onder. Schleichers positie, toch al verzwakt door de intriges van Papen en het mislukken van zijn Querfront, werd daardoor nog verder ondermijnd. 'Schleicher in conflict met de Landbund. De boeren worden wild,' noteerde Goebbels in zijn dagboek; in de bewerkte versie van 1934 zei hij nog duidelijk: 'Dat komt op dit moment goed in onze kraam te pas.'[32] Misschien nog veel ongunstiger voor Schleicher pakte het uit dat zijn relatie met de zoon van de rijkspresident, Oskar von Hindenburg, die als militair adjudant onder zijn vader diende en tot diens naaste adviseurs behoorde, eind 1932 dramatisch verslechterde. Het is niet duidelijk wat de oorzaak van de onenigheid was, maar de gevolgen waren ernstig: Schleicher verloor zijn belangrijkste pleitbezorger in huize Hindenburg.[33]

Tot overmaat van ramp distantieerde nu ook de Deutschnationale Volkspartei zich van de regering. Op 13 januari deed Hugenberg Schleicher het aanbod als minister van Economische Zaken en Landbouw toe te treden tot zijn kabinet, zij het op voorwaarde dat de generaal zou besluiten tot een strikt autoritair regime, onafhankelijk van de Rijksdag. Schleicher had echter al in zijn radiotoespraak op 15 december verklaard dat het 'slecht zitten is op de punt van een bajonet' en dat hij dus 'op den duur niet [kon] regeren zonder een brede volksstemming achter zich'. Het aanbod van Hugenberg wees hij van de hand.[34] Een week later, op 21 januari, zegde de Rijksdagfractie van de DNVP op niet minder scherpe toon dan de Reichslandbund de regering-Schleicher de wacht aan: ze zou neigen naar 'socialistisch-internationale gedachtegangen', riep 'het gevaar van een bolsjewisme van de boeren' op en bevorderde tegelijk 'de liquidatie van de autoritaire gedachte die de heer rijkspresident met het aanstellen van het kabinet-von Papen had geponeerd'.[35]

Dat alles was koren op de molen van Schleichers tegenstanders. Na een bezoek aan Verdi's *La Traviata* in de Staatsoper aan Unter den Linden ontmoette Hitler in de nacht van 10 op 11 januari Papen in de villa van de champagnehandelaar Joachim von Ribbentrop in de chique Berlijnse wijk Dahlem. Ribbentrop, een oud-officier die na de Eerste Wereldoorlog in de spiritualiënhandel was gegaan en door zijn huwelijk met de dochter van de champagnehandelaar Henkell rijk was geworden, had Hitler in augustus 1932 voor het eerst ontmoet en was kort daarna lid geworden van de NSDAP. Vanwege de sociale contacten die hij als lid van de exclusieve Berliner Herrenklub had, bood hij zich aan als bemiddelaar tussen de conservatieve kringen en de nationaalsocialisten.[36] Wat er tijdens het tweede gesprek onder vier ogen tussen Hitler en Papen is besproken, is niet bekend. Ze kwamen kennelijk niet echt verder, want de uitnodiging om de uitwisseling van meningen op 12 januari voort te zetten tijdens een middagmaal, werd door Hitler op het laatste moment afgewezen. 'Alles nog onbeslist,' noteerde Goebbels.[37]

Voor Hitler stonden in die dagen de Landdagverkiezingen in Lippe-Detmold in het middelpunt van zijn aandacht. Daar hoopte hij te kunnen bewijzen dat de partij de crisis van eind 1932 had doorstaan en weer wist te winnen. 'In Lippe dient zich de eerste mogelijkheid aan om van de verdediging weer in de aanval te gaan,' verkondigde rijkspropagandaleider Joseph Goebbels.[38] Dus werd de kleine deelstaat, van net 174.000 inwoners, onder wie 117.000 stemgerechtigden, de eerste twee weken van januari overspoeld door een ongekende propagandagolf. De NSDAP had al haar prominente sprekers ingezet, onder wie Goebbels, Göring, Frick en prins August Wilhelm ('Auwi'). Hitler zelf sprak in tien dagen op zestien bijeenkomsten. De *Lippische Landes-Zeitung* spotte onder de kop 'Hitler stroopt de dorpen af', dat 'de NSDAP er behoorlijk slecht voor [moest] staan als de grote Führer zich hoogstpersoonlijk naar de kleine dorpen begeeft'.[39] Omdat de beschikbare zalen te klein waren, huurde de leiding van de verkiezingscampagne drie tenten, waarvan de grootste plaats bood aan vierduizend personen. Om die

Afb. 33 Verkiezingsstrijd van de NSDAP in Lippe, januari 1933.

te vullen werden op grote schaal ook bezoekers van elders opgetrommeld. Alleen al voor de eerste meetings met Hitler in Bösingfeld en Detmold op 4 januari werden zes extra treinen ingezet.[40]

Hitlers toespraken bevatten weinig nieuws: opnieuw rechtvaardigde hij zijn besluit van augustus en november 1932 niet tot de regering toe te treden. 'Als ik me voor een schotel linzen zou willen verkopen, had ik het allang gekund.' Wie het volk veroverde, zou op een dag ook de regeringsmacht krijgen. Hij had van zijn voorvaderen 'een dikke boerenschedel geërfd' en kon wachten 'tot de voorzienigheid de tijd gekomen acht'. Wie goed luisterde, moest overigens wel achterdochtig worden bij de herhaalde bezwering van Hitler dat hij 'niet achterom, maar recht door het hoofdportaal' van de Wilhelmstraße zou gaan. Want precies dat, de intocht in het Kanzleramt, bereidde Hitler in clandestiene samenwerking met Papen doelgericht voor. Op de specifieke verhoudingen in Lippe en omgeving ging hij slechts in zoverre nader in dat hij de mythe van de Cheruskenvorst Arminius in herinnering riep en aanpaste aan de doelstellingen van de nationaalsocialistische 'volksgemeenschap'-propaganda. Zo herinnerde hij op 5 januari 'aan het eerste gemeenschapsbewuste, slagvaardige en succesvolle optreden van de Duitse natie onder Hermann de Cherusker [Arminius] tegen de Romeinse dwingelandij': 'Interne versplintering en verspilling van kracht hadden in die tijd diepe wonden geslagen in het Duitse volk. De nationaalsocialistische beweging zal een eind maken aan die situatie.'[41] In de namiddag van 12 januari bezochten Hitler en Goebbels het Hermannsdenkmal bij Detmold in het Teutoburgerwoud, dat herinnert aan de zogenaamde Varusslag in 9 n.Chr. 'Staat in de mist en heeft zo'n grandioos effect [...]. Frankrijk tartend. Dat is immers altijd de lijn van de Duitse politiek geweest.'[42]

Tijdens de verkiezingsstrijd had Hitler zijn tenten, volledig onopgemerkt door de media, opgeslagen in de Grevenburg – een oude waterburcht die eigendom was van Adolf Freiherr von Oeynhausen en vlak bij de grens met Lippe lag. Van daaruit kon hij alle plaatsen in de kleine deelstaat bereiken. 'Geen journalistieke speurneus ontdekte ons, geen verslaggever kwam ons op het spoor,' vertelde Otto Dietrich. 'We kwamen aan en we verdwenen weer; geen mens wist waarvandaan en waarheen.'[43] Het telkens terugkerende onderwerp van de gesprekken 's avonds bij de open haard was de kwestie-Gregor Straßer, over wiens bedoelingen Hitler en zijn omgeving nog in het duister tastten. Men wist dat hij begin januari in Berlijn was en was bang dat Schleicher hem als vicekanselier in zijn kabinet wilde halen. Toen op 12 januari in de Grevenburg bekend werd dat Hindenburg Straßer had ontvangen, leek die vrees bewaarheid te worden. 'Zo stel ik me een verrader voor,' schold Goebbels. 'Ik heb het altijd goed gezien. Hitler is diep teleurgesteld. Alles hangt af van Lippe.'[44]

Op de avond van 15 januari stond de uitslag vast: de NSDAP had 39.064 (39,5 procent) stemmen gekregen, krap 6000 meer dan in november, maar nog altijd 3500 minder dan bij de verkiezingen in juli 1932.[45] Het commentaar van de *Vossische Zeitung* luidde: 'Als zelfs in dit volledig protestantse en overwegend landelijke gebied de geconcentreerde en massale Hitler-propaganda [...] slechts een minderheid van de kiezers – 39 procent tegen 61 – wist over te halen, volgt daaruit onontkoombaar dat de aanspraak op de volledige macht een loze aanmatiging is, die is samengesteld uit misleiding en zelfmisleiding.'[46] Nog vinniger uitte Theodor Wolff zich in het *Berliner Tageblatt*: 'In werkelijkheid heeft Hitler van zijn heldenstrijd in Lippe slechts een aan de punt van zijn degen geregen vlieg mee naar huis gebracht.'[47] Desondanks vierde de nationaalsocialistische propaganda de uitslag als een enorme overwinning: 'Partij weer in opmars. Het is dus toch de moeite waard geweest,' noteerde Goebbels tevreden.[48] Ook de *Völkischer Beobachter* evalueerde de verkiezingen in Lippe als een 'onloochenbaar bewijs dat de stagnatie van de NSDAP volledig overwonnen is en dat er vanaf nu een nieuwe opwaartse ontwikkeling is ingezet. De nationaalsocialistische golf zwelt weer aan.'[49] Het psychologische effect van deze propaganda bleef niet uit: Hitlers positie binnen de partij was weer bevestigd en zijn onderhandelingspositie tegenover Papen versterkt.

Hitler gebruikte de rugwind om op een Gauleitertagung in Weimar op 16 januari af te rekenen met Gregor Straßer. Hij sprak drie uur achtereen en zo de voormalige leider van de rijksorganisatie in deze kring nog sympathisanten had, vroegen die na afloop in elk geval niet meer het woord. 'Hitler heeft een complete overwinning behaald. De kwestie-Straßer is van de baan,' noteerde Goebbels triomfantelijk. 'Iedereen laat Straßer in de steek [...]. Ik gun het dat onbetrouwbare sujet. Die eindigt als niets, precies wat hij verdient.'[50] De carrière van Gregor Straßer was definitief ten einde. Hij werd weliswaar niet uit de partij gezet, maar moest beloven dat hij zich twee jaar lang zou onthouden van elke politieke activiteit. Een oorspronkelijk voor 24 januari in München geplande ontmoeting werd door Hitler op het laatste moment afgezegd.[51] De partijleider vergat niet in wat voor problemen zijn vroeger zo belangrijke medewerker hem had gebracht en liet hem op 30 juni 1934, tegelijk met de bloedige 'actie' tegen de SA-leiding, vermoorden.

Hitler reisde van Weimar rechtstreeks naar Berlijn om de geheime gesprekken over een regering onder zijn leiding te bespoedigen. De NSDAP-chef was 'goedgehumeurd en kennelijk heel tevreden over de gang van zaken', liet Keppler weten aan bankier Schröder, die vakantie hield in Arosa.[52] Op 17 januari had Hitler in Görings ambtswoning een ontmoeting met Alfred Hugenberg en de fractievoorzitter van de Deutschnationalen in de Rijksdag. Nadat de oorspronkelijke partners van het Harzburger Front elkaar voor de verkiezingen van 6 november nog fel hadden bestreden, was de verhouding inmiddels wat ontspannener. Op 28 december had Hugenberg zich schriftelijk rechtstreeks tot Hitler gewend en hem voorgesteld opnieuw te onderhandelen over de vraag of de 'politieke tweespalt tussen bij elkaar horende delen van de nationale vernieuwingsbeweging' niet kon worden beëindigd en of de eenheid niet kon worden hersteld.[53] Terwijl de DNVP zich van het kabinet-Schleicher distantieerde, zocht ze weer toenadering tot de NSDAP. Het onderhoud op 17 januari leidde weliswaar niet tot concrete resultaten, maar Hitler had Hugenberg laten weten dat hij, als hij kanselier werd, een belangrijke plaats voor hem zou reserveren in zijn kabinet. Hij uitte zich bij die gelegenheid bijzonder denigrerend over Hindenburg: die zou geen 'zelfstandige factor' zijn, praten 'als een grammofoonplaat' en 'zijn politieke woordenschat omvatte tachtig zinnen'. Het schijnt dat Hugenberg 'het tamelijk goed met Hitler kon vinden, zonder dat de verstandhouding volmaakt geworden was', noteerde Reinhold Quaatz, die de DNVP-voorzitter die avond uitvoerig inlichtte over de ontmoeting.[54]

In de middag van 18 januari kwam Hitler in gezelschap van Röhm en Himmler weer aan in de villa van Ribbentrop in Dahlem om het gesprek met Papen voort te zetten. Nog nadrukkelijker dan op 4 en 10 januari stond hij er, gesterkt door het succes in Lippe, op dat hem het kanselierschap zou worden gegeven. Papen antwoordde dat 'het doordrijven daarvan zijn invloed op Hindenburg te boven ging'. Daarmee leken de onderhandelingen op een dood punt te zijn aangekomen. Om de blokkade op te ruimen stelde Ribbentrop voor Hindenburg en Hitler bij elkaar te brengen. Maar voorlopig ging men uiteen zonder een nieuwe afspraak te maken.[55] Hij had 'inmiddels op alle manieren moeite gedaan de nationale concentratie te vinden', schreef Papen aan Fritz Springorum, de industrieel uit het Ruhrgebied, 'maar stuitte als gevolg van de verkiezingen in Lippe op sterk verzet bij Hitler om als juniorpartner toe te treden tot een kabinet'.[56] Papen sloot een nieuwe termijn van zijn kanselierschap dus nog steeds niet uit – een oplossing die ook de meeste vertegenwoordigers van de Ruhrlade het liefst zagen.

Hoewel Hitler veel tijd kwijt was aan zijn conspiratieve activiteiten, vond hij toch nog tijd om zich te amuseren. Op 18 januari keek hij samen met de Berlijnse Gauleiter naar de film *Der Rebell*, onder regie van en met in de hoofdrol Luis Trenker als een Tiroler student die zijn leven geeft in het verzet tegen de napoleontische bezetting. Een topcast, zei Goebbels lovend. 'Een nationalistische Tiroolse bewustwording. Enorme massascènes [...]. Hieraan zie je wat met film kan worden bereikt. En wat wij ermee zullen bereiken.' Hitler werd zo meegesleept dat hij de film de avond daarna nogmaals bekeek. Daarna zaten ze nog tot vijf uur 's nachts bijeen bij Göring en wisselden herinneringen uit. 'Hitler heel grappig. We lachen ons een bult.'[57]

Ook in deze periode van hectisch politiek touwtrekken om de macht bleef Hitler in zijn ritme en probeerde zijn gevoel van rust en vertrouwen over te brengen op zijn omgeving. 's Middags zag men hem meestal met zijn gevolg in de lobby van Hotel Kaiserhof aan de thee met gebak. In de late avond, nadat hij zijn politieke programma had afgewerkt, ontspande hij zich gewoonlijk in het gezelschap van het echtpaar Goebbels. Het gebeurde zelden dat hij vóór drie uur 's nachts afscheid nam. Zijn paladijn maakte zich zorgen over zijn gezondheid: 'Chef voelt zich niet echt lekker. Hij slaapt en eet te weinig.'[58] Maar op de avond van 20 januari was Hitler in het Berlijnse Sportpalast tegenover tienduizend *Amtswalter* (politieke leiders) van de NSDAP in uitstekende vorm. 'Er steekt een storm van bijval op die met geen pen te beschrijven is. Het is alsof de zaal bezwijkt. De muziek is niet meer te horen. Door een woud van ten groet geheven handen schrijdt de Führer, begeleid door SS-mannen en zijn permanente begeleiders, naar voren,' meldde *Der Angriff* over de intocht.[59] Voor de zoveelste keer bezwoer de partijleider de functionarissen zich niet door tegenslagen te laten ontmoedigen of door de geest van het 'vervloekte defaitisme' te laten aansteken – een steek onder water naar Gregor Straßer – maar zich standvastig te blijven inzetten voor het 'grote doel', het opbouwen van een 'nieuwe volksgemeenschap'. Hij besloot met de oproep: 'We moeten onze wil stalen, hem steeds harder laten worden, we moeten deze wil zegenen met kameraadschap en trouw. Met hem zullen we elke nood van de tijd trotseren, opdat onze wil eens de wil van het Duitse volk wordt en de tijd van grote nood zal overwinnen!'[60] De hele toespraak was erop gericht de partijgenoten voor te bereiden op een nog langere fase van de strijd om de macht, en wie haar gehoord had, kon zich waarschijnlijk nauwelijks voorstellen dat Hitler slechts tien dagen later tot kanselier zou worden benoemd.

In de namiddag van 22 januari onthulde Hitler op het Nicolai-Friedhof in de Berlijnse wijk Prenzlauer Berg een gedenkteken voor Horst Wessel, wiens verheffing tot 'martelaar' van de nationaalsocialistische beweging feitelijk meteen na zijn dood in februari 1930 was begonnen. Ook Hitler prees hem in zijn toespraak als een 'bloedgetuige', wiens lied *Die Fahne hoch* reeds het 'stormlied van miljoenen' zou zijn geworden en die met zijn 'offerdood een gedenkteken [had] opgericht dat duurzamer zal zijn dan steen en erts'.[61] Voordat de Berlijnse SA-formaties zich voor de begraafplaats verzamelden, waren ze in paradepas opgemarcheerd naar het Karl-Liebknecht-Haus, de zetel van het hoofdkantoor van de KPD aan de Bülowplatz. De Berlijnse politiecommissaris had een communistische tegenbetoging verboden en 14.000 politieagenten ingezet om botsingen te voorkomen. Omdat de KPD-leiding haar aanhangers had opgeroepen zich niet door de opmars van de SA te laten provoceren, verliep de dag tamelijk rustig, maar de nazipropaganda vierde de uitgebleven confrontatie als een grandioze overwinning:

'SA marcheert. Afschuwelijk prestigeverlies voor de KPD. Bülowplatz is van ons [...]. We hebben een veldslag gewonnen,' merkte Goebbels op.[62] De sociaaldemocratische *Vorwärts* echter gaf als commentaar: 'Dat Hitlers bruine horden op 22 januari 1933 in Berlijn voor de ramen van het hoofdkantoor van de KPD en met de bewuste bedoeling haar te provoceren en te vernederen, mochten opmarcheren – dat ze dat konden doen zonder dat effectieve tegenstand mogelijk was – ook dat was voor de arbeidersbeweging als geheel een bittere pil.'[63]

Op de avond van 22 januari hield Hitler tijdens het herdenkingsfeest voor Horst Wessel in het Sportpalast opnieuw een toespraak, waarna hij tegen tien uur afscheid nam en begeleid door Frick en Göring naar Dahlem reed, waar Papen al op hen wachtte. Dit zoveelste onderhoud kreeg bijzondere betekenis door de aanwezigheid van secretaris-generaal Meissner en Oskar von Hindenburg. Om hun deelname geheim te houden hadden deze twee demonstratief een bezoek gebracht aan de Staatsoper Unter den Linden en waren vóór het eind van de voorstelling onopvallend vertrokken.[64] Reeds kort na hun aankomst in de villa van Ribbentrop vroeg Hitler de zoon van de president om een gesprek onder vier ogen in een aangrenzend vertrek. Wat er tijdens het twee uur durende conclaaf werd besproken, is onderwerp van vele speculaties geworden. Het is niet erg waarschijnlijk dat Hitler Hindenburg junior gedreigd heeft te onthullen dat er bij de schenking van het landgoed Neudeck in 1928 vreemde dingen waren gebeurd, omdat men het landgoed, om de successierechten te ontlopen, rechtstreeks op naam van de zoon had gezet. Het is echter mogelijk dat hij beloofde dat hij zich, als hij kanselier zou worden, ervoor zou inzetten dat de schulden die wegens noodzakelijke renovaties op het landgoed rustten, zouden worden afgelost.[65] Hoewel hij er kennelijk niet in slaagde de bedenkingen van Oskar von Hindenburg volledig uit de weg te ruimen, zei deze op de terugweg tegen Meissner dat Hitlers uiteenzettingen indruk op hem hadden gemaakt.[66] Hitler zelf was minder onder de indruk van zijn gesprekspartner: 'De jonge Oskar [is] een zeldzaam voorbeeld van domheid', zei hij enkele dagen later tegen Goebbels.[67]

Belangrijker voor Hitler was dat er na het gesprek onder vier ogen met de presidentszoon duidelijke vooruitgang werd geboekt in de onderhandelingen met Papen. De favoriet van Hindenburg liet voor het eerst doorschemeren dat hij een kanselierschap van Hitler wel zou zien zitten en zelf genoegen zou nemen met de functie van vicekanselier.[68] Toen Papen echter op de ochtend van 23 januari Hindenburg bezocht om hem voor deze oplossing te winnen, kreeg hij nul op het rekest. Ribbentrop nam de taak op zich Hitler daarover te informeren.[69] Hij reisde die avond naar München, waar hij daags daarna een ontmoeting had met Goebbels in het Braune Haus en zijn vertrouwen uitsprak in de ontwikkelingen: 'Pad geëffend [...]. Papen wil vicekanselier worden. Schleichers positie in groot gevaar. Hij schijnt nog niets te vermoeden.'⁷⁰ Tijdens Hitlers afwezigheid zetten Frick en Göring de onderhandelingen met Papen in Dahlem voort. Men werd het erover eens dat Hindenburgs verzet tegen een kanselierschap van Hitler het gemakkelijkst te overwinnen zou zijn als men hem zijn gewenste kabinet van 'nationale concentratie' zou presenteren, waarin alle krachten van het opnieuw tot leven gewekte Harzburger Front zouden worden gebundeld. De aantekeningen van Ribbentrop zeiden daarover uiterst beknopt: 'Besluitvorming over een nationaal front ter ondersteuning van Papen bij de oude Hindenburg.'⁷¹ 'Hindenburg hecht met name aan medewerking van de Deutschnationalen,' had Meissner Hugenberg al op de avond van 21 januari laten weten. De rijkspresident behield zichzelf de bezetting van de ministeries van Defensie en Buitenlandse Zaken voor, omdat 'hij grondwettelijk het opperbevel had, het rijk volkenrechtelijk vertegenwoordigde en dus de rechtstreekse verantwoordelijkheid droeg'.⁷²

Intussen kreeg de rijkskanselier steeds minder macht. 'Schleicher staat er zeer slecht voor. Wanneer valt hij?' vroeg Goebbels zich op 22 januari af.⁷³ Twee dagen eerder had het seniorenconvent van de Rijksdag definitief besloten het parlement op 31 januari bijeen te roepen. Omdat tot dusver alleen de kleine DVP-fractie bereid was de regering te steunen, moest Schleicher net als eerder Papen rekening houden met een vernietigende nederlaag. Voor het geval de Rijksdag een motie van wantrouwen op de agenda zou zetten, zo had de kanselier al tijdens de kabinetszitting van 16 januari aangekondigd, zou hij een schriftelijk bevel tot ontbinding laten uitgaan. Schleicher greep in dat verband terug op het plan dat zijn voorganger in de slotfase van zijn regering in overweging had genomen – namelijk om nieuwe verkiezingen langer uit te stellen dan de in de grondwet voorgeschreven termijn van zestig dagen, en wel tot het najaar, wanneer zoals hij verwachtte de economie verder zou zijn aangetrokken. Verrassenderwijs stemden minister van Buitenlandse Zaken Neurath en minister van Financiën Schwerin von Krosigk, die de schending van de grondwet begin december 1932 nog hadden afgewezen, nu in met het voorstel van Schleicher.⁷⁴ Het was overigens de vraag of de rijkskanselier Hindenburg zou weten te overtuigen nadat hij zelf, met verwijzingen naar de in dat geval dreigende burgeroorlog, soortgelijke overwegingen van Papen had getorpedeerd en zo diens ontslag had bewerkstelligd.

Tijdens een onderhoud met Hindenburg op 23 januari kreeg Schleicher antwoord. De rijkspresident verklaarde 'dat hij nog wilde nadenken over een mogelijke ontbinding van de Rijksdag, maar het langer uitstellen van de verkiezingen dan de in de grondwet vastgelegde termijn momenteel niet kon verantwoorden'.⁷⁵ Deze beslissing kwam eigenlijk niet als een verrassing, want door terug te vallen op het plan van de noodtoestand gaf Schleicher toe dat zijn politieke concept om een brede gedoogmeerderheid in de Rijksdag tot stand te brengen, evenzeer mislukt was als eerder dat van Papen. Dat hij nu dezelfde uitweg zocht als zijn voorganger, die hij juist daarom ten val had gebracht, ervoer Hindenburg als een aanfluiting. Kennelijk had hij op dat moment al besloten dat hij Schleicher zou laten vallen. Dat kon hij des te makkelijker doen aangezien hij op de hoogte werd gehouden van de geheime onderhandelingen van Papen met Hitler en wist dat zich hier een alternatief aandiende. Bij de beslissing van de rijkspresident heeft mogelijk ook een rol gespeeld dat enkele dagen eerder in de begrotingscommissie van de Rijksdag het misbruik van openbare middelen voor het saneren van adellijke leengoederen ter sprake was gebracht. Het zogenaamde *Osthilfeskandal* veroorzaakte veel deining, te meer omdat er enkele vrienden van Hindenburg bij waren betrokken. Zij verweten Schleicher dat deze niet voor hen opkwam en verhevigden hun aanvallen op hem.[76]

Geruchten over het plan van Schleicher om nieuwe verkiezingen na ontbinding van de Rijksdag uit te stellen, alarmeerden de sociaaldemocraten en Zentrum. Op 25 januari tekenen de SPD-leiding en de top van de SPD-fractie in de Rijksdag 'scherp protest [aan] tegen het plan voor de afkondiging van een zogenaamd noodtoestandsrecht', dat tot een staatsgreep zou leiden.[77] De Pruisische minister-president Otto Braun sprak zelfs van een 'oproep tot hoogverraad'.[78] Ook de partijvoorzitter van het Zentrum, de prelaat Ludwig Kaas, waarschuwde in een brief van 26 januari aan de rijkskanselier dringend 'tegen het bewandelen van een pad [...] dat juridisch onmogelijk te verantwoorden' was: 'Het uitstellen van de verkiezingen zou een onmiskenbare schending van de grondwet zijn, met alle juridische en politieke gevolgen die daarvan het gevolg zouden zijn.'[79] De beide grote democratische partijen droegen met hun protesten het hunne bij aan de ondermijning van de positie van Schleicher. Wat ze daarbij uit het oog verloren, was dat het grote gevaar niet uitging van een schending van de grondwet door Schleicher maar van het installeren van een kabinet van 'nationale concentratie' onder leiding van Hitler.

In de voormiddag van 28 januari riep Schleicher zijn kabinet bijeen en maakte bekend dat hij op 31 januari alleen dan voor de Rijksdag wilde verschijnen als de rijkspresident hem tevoren het ontbindingsbevel had gegeven. Hij wilde de publieke opinie niet 'het doelloze schouwspel van een zekere nederlaag bieden'. Indien, wat te verwachten was, Hindenburg hem de volmacht weigerde, zou hij het ontslag van het kabinet aanbieden. Nadat de ministerraad hiermee had ingestemd, schorste de kanselier de vergadering en begaf zich kort na twaalf uur naar de rijkspresident. Net als vijf dagen eerder wees Hindenburg het verzoek tot het verlenen van een ontbindingsbevel koel van de hand. Schleicher was er niet in geslaagd 'een parlementaire meerderheid achter zich te krijgen' en dus moest men nu een andere oplossing zien te vinden.[80] Al na twintig minuten keerde Schleicher terug en zei tegen zijn ministers dat hij het gevoel had gehad 'tegen een muur' te praten; 'de oude heer had zijn argumenten niet eens aangehoord, maar een ingestudeerd deuntje afgedraaid'. 'We waren allemaal diep geschokt,' noteerde minister van Financiën Schwerin von Krosigk in zijn dagboek. 'Het kabinet-Schleicher was na twee maanden gevallen doordat de rijkspresident het vertrouwen had opgezegd.'[81] Kort na het aftreden van Schleicher kreeg Papen van Hindenburg nu ook officieel opdracht in onderhandelingen met de partijen de mogelijkheid tot het vormen van een nieuwe regering te onderzoeken. 'Hij speelt nu ondubbelzinnig de rol van gunsteling van de president, omdat hij niets achter zich en bijna het hele volk tegen zich heeft,' noteerde Harry graaf Kessler, die op dat moment nog dacht dat men rekening moest houden met een nieuw kabinet-Papen. 'Ik word overvallen door een gevoel van misselijkheid bij de gedachte dat we opnieuw door die notoire stommeling en gokker zullen worden geregeerd [...]. Het is allemaal een mengelmoes van corruptie, achterklap en vriendjespolitiek, die doet denken aan de ergste tijden van de absolute monarchie.'[82]

Op 27 januari, daags voor Schleichers aftreden, was Hitler vanuit München teruggekeerd naar Berlijn. 's Middags kwamen hij en Frick in Görings ambtswoning opnieuw bijeen met Hugenberg en Schmidt-Hannover. Göring opende de vergadering met het nieuws dat Papen inmiddels pleitte voor Hitlers benoeming tot rijkskanselier en dat Franz Seldte, de eerste bondsleider van de Stahlhelm, deelname aan een kabinet-Hitler had toegezegd. Maar de partijleider van de DNVP betoonde zich nog steeds terughoudend: hij wees Hitlers eis dat de functie van minister van Binnenlandse Zaken van Pruisen aan een van zijn mensen zou worden toegewezen, van de hand. Daarmee zouden de nationaalsocialisten immers de zeggenschap krijgen over de politie van de grootste Duitse deelstaat. Bovendien eiste hij dat Schmidt-Hannover secretaris-generaal van de rijkskanselarij zou worden en een andere DNVP-politicus rijksperschef. Dat wees Hitler echter af. Men ging, zoals Ribbentrop noteerde, 'met ruzie uit elkaar'.[83] Hitler maakte zich zo boos over de opstelling van Hugenberg, dat hij onmiddellijk weer naar München wilde vertrekken. Göring en Ribbentrop konden hem er slechts met veel moeite van weerhouden. De oude angst dat de conservatieven hem net als in augustus vlak voor de finish uit de race konden gooien, stak weer de kop op. 'Hitler is nog zeer sceptisch en argwanend. Terecht. Het is één grote bende bedriegers!' wond Goebbels zich op.[84] De geruchten over een aanstaande benoeming als hoofd van een 'vechtkabinet' die in Berlijn de ronde deden, konden Hitlers argwaan alleen maar versterken.[85] Hij weigerde in elk geval nog diezelfde avond Papen te ontmoeten. Opnieuw dreigden de onderhandelingen te mislukken. Het was Papen die dat voorkwam. Op de avond van 27 januari verklaarde hij in Dahlem dat men de strijd tussen Hitler en Hugenberg niet zo hoog moest opnemen. Het ging er tenslotte om dat hijzelf 'nu volledig achter het kanselierschap van Hitler stond' en alles in het werk zou stellen om Hindenburg daartoe over te halen. Voor Ribbentrop betekende deze verzekering dat het 'keerpunt in de hele kwestie' was bereikt.[86]

In de loop van 28 januari slaagde Papen er inderdaad in het verzet van Hindenburg tegen de benoeming van Hitler tot rijkskanselier definitief te breken. Overigens moest, zo luidde de voorwaarde, de vorming van een regering onder Hitler 'binnen het kader van de grondwet en in overeenstemming met de Rijksdag' plaatsvinden. Ook Hugenberg, met wie Papen die middag confereerde, betoonde zich na het terugtreden van Schleicher verzoeningsgezinder: 'Men moest dus met Hitler samenwerken en zijn bevoegdheden zo veel mogelijk proberen te beperken.' Voor zichzelf eiste de DNVP-voorzitter de ministeries van Economische Zaken van het rijk en van Pruisen op. 'Ze moeten in één hand zijn om een verstandig beleid te kunnen voeren.' Hitler op zijn beurt liet Papen weten dat Hindenburg alle ministeries naar eigen goeddunken kon toewijzen – met uitzondering van de functie van rijksminister van Binnenlandse Zaken en het rijkscommissariaat voor Pruisen, die hij voor zijn partij wilde reserveren.[87] Het was schijnbaar een opmerkelijke tegemoetkoming en op z'n minst een duidelijk verlaten van het alles-of-nietsstandpunt. In werkelijkheid speculeerde Hitler erop dat hij met deze twee strategisch belangrijke posten naar het Thüringse voorbeeld van 1931 de nationaalsocialistische aanspraken op de macht kracht bij kon zetten. Papen nam nu contact op met de demissionaire minister van Financiën, Schwerin von Krosigk, die zich bereid verklaarde toe te treden tot een kabinet onder leiding van Hitler indien hem 'een zakelijk functioneren mogelijk [werd] gemaakt'.[88] Diezelfde toezegging deden Neurath en Eltz-Rübenach.

Toen Papen laat in de avond van 28 januari Hindenburg verslag uitbracht over zijn onderhandelingen, betoonde deze zich verheugd over de 'door Hitler aan de dag gelegde matiging' en was hij evenzeer onder de indruk van het feit dat de meeste door hem gewaardeerde conservatieve ministers, die al in de kabinetten van Papen en Schleicher hadden gediend, nu ook tot de nieuwe regering zouden behoren. Het ministerie van Defensie, dat tot dan in handen was geweest van Schleicher, wilde Hindenburg eveneens aan een vertroeweling toebedelen. De keus viel op luitenant-generaal Werner von Blomberg, de commandant van Wehrkreis I in Oost-Pruisen, die op dat moment als lid van een Duitse delegatie de ontwapeningsconferentie in Genève bijwoonde.[89] De daaropvolgende ochtend kreeg Oskar von Hindenburg opdracht Blomberg telefonisch naar Berlijn te ontbieden. Hoewel er nu op een kabinet-Hitler leek te worden aangestuurd, vroeg men zich in de omgeving van de NSDAP-chef nog steeds af of de rijkspresident zich opnieuw zou kunnen bedenken: 'De oude is onberekenbaar. Geen illusies!' waarschuwde Goebbels.[90]

Maar op 29 januari viel de definitieve beslissing. 's Morgens werden de onderhandelaars het eens over de samenstelling van het kabinet. Papen stemde in met het voorstel van Hitler het ministerie van Binnenlandse Zaken aan Frick te geven. Hitler van zijn kant moest zich 'met moeizaam bedwongen woede' neerleggen bij de wens van de rijkspresident dat niet hij, maar Papen de functie van rijkscommissaris voor Pruisen kreeg. Ter compensatie zou Göring echter worden benoemd tot minister van Binnenlandse Zaken en plaatsvervanger van de rijkscommissaris. Daardoor hield hij greep op de Pruisische politie, iets wat Hugenberg juist had geprobeerd te verhinderen. Als nieuwe voorwaarde stelde Hitler dat er nieuwe verkiezingen zouden worden uitgeschreven en dat er aansluitend een machtigingswet zou worden uitgevaardigd – een idee dat hij reeds tijdens de onderhandelingen met Hindenburg in november 1932 ter sprake had gebracht.[91] Daarvoor had hij overigens nog wel de instemming nodig van de Deutschnationale coalitiepartner, maar vooral ook van de rijkspresident.

Die middag zette Papen zich tijdens een bespreking met Hugenberg, Seldte en Duesterberg in om de laatste bedenkingen van de Deutschnationalen en de Stahlhelm-leiding tegen een kabinet-Hitler uit de weg te ruimen. Hij stelde Hugenberg nu niet slechts de post van minister van Economische Zaken, maar ook het ministerie van Landbouw in het gehele rijk zowel als in Pruisen in het vooruitzicht – een superministerie waarvan de leiding voor de DNVP-voorzitter zo verleidelijk was dat hij nu instemde met de door Papen met Hitler uitonderhandelde oplossing. Ook Seldte, die was voorgedragen als minister van Arbeid, verklaarde zich in beginsel bereid tot deelname aan de nieuwe regering. Alleen Duesterberg, die slechts enkele maanden eerder door de nationaalsocialisten fel was aangevallen vanwege zijn Joodse grootvader,[92] waarschuwde 'voor de dynamiek van het karakter van Hitler en zijn fanatieke massabeweging'. Hugenberg veegde de bedenkingen van tafel: gezien de meerderheid van de conservatieven in het kabinet zou het gevaar van machtsmisbruik door de nationaalsocialisten zijn bezworen. 'We kaderen Hitler in.' Hugenberg, zo voorspelde Duesterberg, zou 'op een nacht in zijn ondergoed door de ministeriële tuin moeten vluchten voor arrestatie'.[93] Maar zo duidelijk zagen slechts weinig Deutschnationalen de komende ontwikkelingen voor zich. Wel onderkende men hier het risico dat men liep door het pact dat Papen sloot met Hitler, maar men dacht het op deze manier te kunnen beheersen. 'Als we met Hitler meegaan, dan moeten we hem aan banden leggen', schreef Reinhold Quaatz op 29 januari in zijn dagboek.[94] Dat zou overigens al heel snel een vergissing blijken te zijn.

Wat Papen voor Hugenberg had verzwegen, was dat Hitler op nieuwe verkiezingen had gestaan – een eis die de DNVP-voorzitter moeilijk kon accepteren, aangezien hij er rekening mee moest houden dat de NSDAP dan stemmen zou winnen ten koste van de DNVP, waardoor de nagestreefde 'inkadering' van Hitler zou worden bemoeilijkt. Ook tegenover Göring, die hij die middag op de hoogte bracht, wekte Papen de indruk dat 'alles volmaakt' was, iets wat de Rijksdagvoorzitter onmiddellijk doorgaf aan de gespannen wachtende kring in Hotel Kaiserhof. 'Men durft het nog niet te geloven. Is Papen eerlijk? Wie weet?' noteerde Goebbels, nog altijd sceptisch.[95] In Berlijn bleven hardnekkige geruchten de ronde doen dat Hindenburg uiteindelijk toch de voorkeur zou geven aan een 'vechtkabinet' Papen-Hugenberg, zonder de NSDAP, en dat de Reichswehr daarbij niet werkeloos zou toezien. In de namiddag van 29 januari ontmoette generaal Kurt von Hammerstein Hitler in het geheim in de villa van Bechstein. Daarbij vroeg de chef van de legerleiding de NSDAP-voorzitter 'of hij geloofde dat er vanuit het paleis van de rijkspresident serieus of slechts voor de schijn met hem werd onderhandeld over [een] regeringsovername'. In het laatste geval wilde de legerleiding proberen haar invloed ten gunste van een regering-Hitler aan te wenden, waarbij de militairen ervan uitgingen dat Schleicher daarin opnieuw de post van minister van Defensie zou bekleden. Hitler misleidde zijn gesprekspartner en deed alsof er wat dat betrof nog niets was besloten. Hij beloofde Hammerstein op de hoogte te brengen 'zodra hij duidelijkheid had'.[96]

Die avond stuurden Schleicher en Hammerstein hun contactpersoon, Werner von Alvensleben, naar de woning van Goebbels, waar ook Hitler en Göring waren. Hij had opdracht naar de stand van de kabinetsonderhandelingen te informeren. Maar de afgezant ging een stap verder toen hij eigenmachtig verkondigde: 'Als het gezelschap in de Wilhelmstraße slechts schijnonderhandelingen met u voert, moeten de minister van Defensie en de chef van de legerleiding het garnizoen Potsdam alarmeren en de hele zwijnenstal uit de Wilhelmstraße wegvagen.'[97] Deze onbezonnen opmerking werd door de aanwezige nazikopstukken geïnterpreteerd als een zekere aanwijzing dat Hindenburg een kabinet-Papen-Hugenberg zou benoemen en dat de Reichswehr een coup daartegen wilde plegen. Men achtte het zelfs niet uitgesloten dat het garnizoen-Potsdam de rijkspresident zou afzetten en zijn zoon zou arresteren. 'Staatsgreep dus. Dreiging. Ernst, kinderspel?' luidde Goebbels' commentaar op de mededeling van Alvensleben. 'Ik praat onmiddellijk Hitler en Göring bij, die in de aangrenzende kamer wachten. Göring onmiddellijk Meißner en Papen op de hoogte gebracht [...]. We overleggen langdurig. Hitler op dreef.'[98] De NSDAP-voorzitter nam het gerucht uiterst serieus en liet via de Berlijnse SA-leider graaf Helldorf de volledige Berlijnse SA in staat van gereedheid brengen. Bovendien kreeg de 'betrouwbaar' geachte majoor van politie Walter Wecke (later commandant van het regiment 'Hermann Göring') opdracht 'voorbereidingen [te treffen] voor een snelle bezetting van de Wilhelmstraße door zes politiebataljons'.[99]

Hoewel al snel duidelijk werd dat de geruchten over een staatsgreep volslagen ongefundeerd waren, brachten ze de ontwikkelingen in een stroomversnelling. Papen zag zich gesterkt in de overtuiging dat er geen tijd meer te verliezen was. Nog laat op de avond van 29 januari legde hij Hindenburg de kant-en-klare lijst van ministers voor. Zoals overeengekomen waren de nationaalsocialisten met slechts drie posten vertegenwoordigd: Hitler als rijkskanselier, Frick als minister van Binnenlandse Zaken en Göring als rijksminister zonder portefeuille, minister van Binnenlandse Zaken van Pruisen en rijkscommissaris voor de Luchtvaart. Drie partijloze ministers hadden al deel uitgemaakt van de kabinetten-Papen en Schleicher: Neurath (Buitenlandse Zaken), Schwerin von Krosigk (Financiën) en Eltz-Rübenach (Posterijen en Verkeer). Blomberg (Reichswehr), Hugenberg (Economische Zaken en Landbouw) en Seldte (Arbeid) waren nieuwelingen. Alleen de post van minister van Justitie was nog niet bezet. Papen wilde Hindenburg in de waan brengen dat er met het Zentrum werd onderhandeld over regeringsdeelname en dat er daarom een ministerie vacant moest worden gehouden. (Het zou later naar Franz Gürtner gaan, die dit ministerie ook onder Papen en Schleicher had geleid.) De beëdiging van het kabinet werd vastgesteld op elf uur de volgende ochtend.[100]

Het publiek werd niet van het besluit van de rijkspresident op de hoogte gebracht, zodat de ochtendedities van de kranten nog volledig in het duister tastten. De aanstelling van een kabinet-Papen-Hugenberg in samenwerking met de nationaalsocialisten werd nog steeds gezien als de meest waarschijnlijke oplossing. De *Frankfurter Zeitung* speculeerde dat Hitler opnieuw onmogelijke voorwaarden zou stellen om zich aan regeringsverantwoordelijkheid te onttrekken.[101] Dat was een wijdverbreide mening, die ook werd gedeeld door de teruggetreden rijkskanselier Schleicher. Hij was ervan overtuigd, had hij in het kabinetsberaad van 19 januari gezegd, 'dat Hitler niet aan de macht wil komen'.[102] Nu stond de leider van de NSDAP echter vlak voor het uur van zijn grootste triomf. Tot vijf uur zat hij in de nacht van 29 op 30 januari met zijn mensen bijeen in de woning van Goebbels – nog altijd bang dat alles weer op losse schroeven zou komen staan door een onvoorziene gebeurtenis.[103] Toen Blomberg in de vroege ochtend op de Anhalter Bahnhof uit de trein stapte, werd hij al opgewacht door Oskar von Hindenburg, die hem onmiddellijk naar de Wilhelmstraße bracht, waar hij kort na negen uur door de rijkspresident werd beëdigd als nieuwe minister van Defensie.

Eveneens in de ochtenduren van 30 januari verzamelde Papen Hugenberg, Seldte, Duesterberg en Schmidt-Hannover in zijn woning in de Wilhelmstraße om hen in kennis te stellen van de aanstaande beëdiging van het kabinet. Toen Duesterberg en Schmidt-Hannover bedenkingen uitten tegen de overhaaste benoeming van Hitler, riep Papen 'in opperste opwinding' uit: 'Als er niet vóór elf uur een nieuwe regering is gevormd, marcheert de Reichswehr op. Er dreigt een militaire dictatuur onder Schleicher en Hammerstein.' Kort daarna arriveerden ook Hitler en Göring. Eens te meer bewees de partijleider dat hij een geboren acteur was. Hij snelde op Duesterberg af, pakte diens hand en verklaarde schijnbaar diep ontroerd, met plechtige stem en tranen in zijn ogen: 'Ik betreur de u door mijn pers toegevoegde persoonlijke beledigingen. Ik verzeker u dat ik daar niet achter zit.'[104]

Tegen kwart voor elf, een kwartier voor de geplande beëdiging, begaf het gezelschap zich te voet door de ministeriële tuinen naar de rijkskanselarij. Daar resideerde Hindenburg sinds de zomer van 1932, omdat het rijkspresidentiële paleis werd gerenoveerd. Terwijl de overige beoogde ministers langzaam binnendruppelden (met uitzondering van de zieke Eltz-Rübenach), onderhandelden Hitler, Papen en Hugenberg in Meissners werkkamer over de laatste nog onopgeloste kwesties. Nu pas vertelden Hitler en Papen de DNVP-voorzitter van het plan om de Rijksdag te ontbinden en nieuwe verkiezingen uit te schrijven. De overrompelde Hugenberg verzette zich fel: verkiezingen in november zouden een goede afspiegeling zijn van de huidige krachtsverhoudingen, dus nieuwe verkiezingen waren niet nodig. Er ontstond een heftige discussie. Weids gebarend gaf Hitler zijn erewoord dat er, ongeacht de verkiezingsuitslag, niets zou veranderen aan de samenstelling van het kabinet. Maar de overrompelde Hugenberg bleef bij zijn nee, ook toen Papen hem dringend vroeg de moeizaam bereikte overeenstemming niet in

Afb. 34 Het doel is bereikt: het 'kabinet van nationale concentratie', 30 januari 1933. Vlnr zittend: Göring, Hitler en Papen; uiterst rechts, staand: Alfred Hugenberg, de voorzitter van de Deutschnationale Volkspartei (DNVP).

gevaar te brengen. Het leek erop dat de vorming van een regering letterlijk op het laatste moment schipbreuk zou lijden. Intussen was het tijdstip van de beëdiging verstreken en werd Hindenburg ongeduldig. Met zijn horloge in de hand stormde Meissner de werkkamer binnen: 'Het is kwart over elf. U kunt de heer de rijkspresident niet langer laten wachten.' En nu, vervolgt Duesterberg in zijn verslag, 'gaf Hugenberg toe en had Hitler gewonnen. Trots, triomfantelijk, als overwinnaar voorop, zo schreed Hitler, in ganzenpas gevolgd door zijn "handlangers", de trap op, waar de oude heer op de eerste verdieping al wachtte op het nieuwe kabinet.'[105]

Hindenburg begroette het gezelschap en gaf uitdrukking aan zijn tevredenheid over 'de eindelijk bereikte samenwerking tussen nationaal rechts'. Vervolgens las Papen de lijst van ministers voor. Na de beëdiging hield Hitler een korte toespraak, waarin hij het vertrouwen van de rijkspresident vroeg in hem en de nieuwe regering.[106] Tegen twaalf uur was de ceremonie ten einde. Hindenburg zou 'diep ontroerd' zijn geweest, vernam Goebbels. 'Zo is het goed. Nu moeten we hem volledig voor ons winnen.'[107] Intussen had Hitlers gevolg in de Kaiserhof gespannen gewacht op de afloop. Toen de pasbenoemde kanselier ten slotte, onder de kreten van bijval van de menigte, in het hotel terugkeerde, heerste daar grote opluchting. 'De tranen staan ons allen in de ogen. We schudden Hitler de hand. Hij heeft het verdiend. Luid gejuich,' noteerde de Berlijnse Gauleiter, die weliswaar geen ministerspost had gekregen, maar wel de belofte van Hitler dat hij na de Rijksdagverkiezingen zou worden beloond met het ministerschap van Volksopvoeding. 'Meteen aan de slag. Rijksdag wordt ontbonden. Over vier weken nieuwe verkiezingen. Ik heb tot dan vrij.'[108] In een oproep wendde Hitler zich nog diezelfde dag tot zijn partijgenoten en bedankte hen voor de hem bewezen 'trouw en aanhankelijkheid', die dit 'grote politieke succes' mogelijk hadden gemaakt. 'De taak die ons wacht is kolossaal. We moeten haar verrichten en we zullen haar verrichten.'[109]

's Avonds vierden de nationaalsocialisten Hitlers benoeming tot rijkskanselier met een uren durende fakkeloptocht. 'Berlijn is vandaag in carnavalsstemming. SA- en SS-troepen zowel als geüniformeerde Stahlhelm-mannen trekken door de straten, toeschouwers verdringen elkaar op de trottoirs. In en rond de Kaiserhof woedde een waar carnaval,' observeerde Harry graaf Kessler, die even verrast was als de meeste van zijn tijdgenoten door de benoeming van de NSDAP-leider.[110] Hitler, die de voorbijmarcherende colonnes achter het verlichte raam van zijn nieuwe ambtszetel begroette, was in euforische stemming. 'Die doctor is een tovenaar,' zei hij waarderend over het door Goebbels geïmproviseerde overwinningsfeest, 'waar heeft hij in zo korte tijd zoveel fakkels opgescharreld?'[111] Enkele vensters verderop stond Hindenburg, bijna versteend, en nam de huldeblijken van de SA-mannen in ontvangst. De nieuwe machthebbers maakten onmiddellijk gebruik van de mogelijkheden van de radio. Göring en Goebbels hielden redevoeringen die door alle Duitse zenders, met uitzondering van de Bayerische Rundfunk, werden uitgezonden. Göring vergeleek de stemming met die van augustus 1914, toen er 'eveneens een natie [was] opgestaan', en zette daarmee de pathetische toon van de nazipropaganda die 30 januari weldra tot 'Dag van Nationale Verheffing' zou uitroepen.[112] Pas tegen middernacht keerde de rust geleidelijk terug. Terwijl Hitler nog tot de vroege ochtend in de rijkskanselarij bleef en een van zijn opzwepende monologen afstak[113], reisde Goebbels naar prins August Wilhelm in Potsdam, waar het feest nog enkele uren werd voorgezet. 'Iedereen in een roes. Om drie uur naar huis [...]. Naar bed. Doodop erin gevallen. Ik kan niet meer,' besloot de propagandachef zijn dagboekaantekening.[114]

Op 30 januari 1933 was gebeurd wat eind december 1932 bijna niemand voor mogelijk had gehouden: de met zijn 43 jaar nog betrekkelijk jonge Adolf Hitler was benoemd tot rijkskanselier van de machtigste staat van Midden-Europa. Zelfs zijn intiemste vertrouwelingen zoals Goebbels kwam deze wending voor 'als een sprookje'.[115] 'Droom ik of ben ik wakker? – dat is hier de vraag!' schreef Rudolf Heß de daaropvolgende ochtend aan zijn vrouw. 'Ik zit in de werkkamer van de kanselier in de rijkskanselarij aan de Wilhelmsplatz. Ambtenaren naderen geruisloos over zachte tapijten om akten "voor de heer de rijkskanselier" te brengen [...].' Daags tevoren nog was hij ervan overtuigd geweest dat uiteindelijk 'alles toch nog zou afketsen'. En ook Hitler zou hem hebben toevertrouwd dat 'het een paar keer kantje boord was' door de 'onverzettelijkheid' van Hugenberg, 'die oude spitsmuis in het kabinet'.[116]

Ook veel partijgangers van de nationaalsocialisten leek de vorming van een kabinet van 'nationale concentratie' onder leiding van Hitler een mirakel. 'We zijn erg opgewekt en dwalen verzaligd rond als in een mooie, ongelooflijke droom. Hitler is rijkskanselier! Het is waar. Vaarwel, marxisme! Vaarwel, communisme! Vaarwel, parlement! Vaarwel, Jood! – Nu komt Duitsland,' jubelde Emerentia Krogmann, de vrouw van de hanzeatische koopman Carl Vincent Krogmann.[117] Even enthousiast was de Hamburgse Luise Solmitz, die zich eind 1932 nog teleurgesteld van Hitler had afgekeerd: 'En wat voor een kabinet!!! Zoals we het in juli niet durfden dromen. Hitler, Hugenberg, Seldte, Papen!!! Op elk van hen is een groot deel van mijn hoop voor Duitsland gevestigd. Nationaalsocialistisch elan, Deutschnational gezond verstand, de apolitieke Stahlhelm en de door ons niet vergeten Papen [...]. Dat is nog eens een gedenkwaardige 30 januari!'[118]

Ook Hitlers conservatieve coalitiepartners hadden hun doel bereikt. Aan een kennis die hem waarschuwde voor Hitler machtswellust, antwoordde Papen: 'U vergist zich, wij hebben hem voor onze wagen gespannen.'[119] En op de verwijten van de Pommerse riddergoedeigenaar Ewald von Kleist-Schmenzin antwoordde de vicekanselier: 'Wat wilt u dan!? Ik heb het vertrouwen van Hindenburg. Over twee maanden hebben we Hitler zo in de hoek gedreven dat hij piept.'[120] Ernstiger konden het machtsstreven van Hitler en zijn vaste voornemen zich zo snel mogelijk van zijn handlangers te ontdoen, niet worden onderschat. Dat Hugenberg al daags na de benoeming van Hitler tegen de burgemeester van Leipzig, Carl Goerdeler, zou hebben bekend dat hij 'de grootste stommiteit' van zijn leven had begaan door een verbond te sluiten 'met de grootste demagoog in de wereldgeschiedenis', is onwaarschijnlijk.[121] De superminister voelde zich immers de feitelijke sterke man in het kabinet en was er, net als Papen en de andere conservatieve ministers, van overtuigd dat hij Hitler in toom kon houden en hem van zijn eigen ideeën zou kunnen overtuigen. Het regelmatig terugkerende verhaal over een brief van Ludendorff aan Hindenburg eind januari 1933, waarin Hitlers voormalige strijdmakker de rijkspresident zou hebben verweten dat hij Duitsland zou hebben 'uitgeleverd aan een van de grootste demagogen aller tijden', is een legende gebleken. 'Ik voorspel u serieus dat die man ons rijk in de afgrond zal storten en onze natie onvoorstelbare ellende zal bezorgen. Komende generaties zullen u daarvoor vanuit hun graf vervloeken.'[122] Dat waren inderdaad profetische woorden – als ze ooit zo werden gesproken. Ludendorff stond aanvankelijk weliswaar sceptisch tegenover de door Hitler geleide regering, maar na de dood van Hindenburg in augustus 1934 zouden hij en Hitler weer nader tot elkaar komen. In april 1937 praatten ze het uit in München en officieel was er sprake van 'verzoening'. Voor de Führer was de voormalige 'held van Tannenberg' een reclamebord voor de opgevoerde herbewapening van de Wehrmacht. Van Ludendorffs begrafenis in december 1937 maakten de nationaalsocialisten een pompeuze staatsaangelegenheid.[123]

Natuurlijk, niet alleen Hitlers conservatieve kruiwagens, ook zijn tegenstanders in het kamp van de republikeinen helden aanvankelijk over naar de veronderstelling dat de eigenlijke macht niet bij de Führer van de NSDAP berustte maar bij Papen en Hugenberg. Op 31 januari bracht Harry graaf Kessler verslag uit van een gesprek met bankier en politicus Hugo Simon: 'Hij ziet Hitler als de gevangene van Hugenberg en Papen; "de arme vent", die niet heel intelligent zou zijn, was aan handen en voeten gebonden uitgeleverd aan de doorgewinterde intriganten Papen en Hugenberg.' Kennelijk deelde Kessler die mening, want slechts enkele dagen later meende hij dat de nieuwe regering geen lang leven beschoren zou zijn, aangezien 'slechts de blaaskakerij en het gekonkel van Papen' haar bij elkaar zouden houden. 'Hitler moet al gemerkt hebben dat hij het slachtoffer is geworden van boerenbedrog. Hij is met handen en voeten aan deze regering gebonden en kan voor- noch achteruit.'[124] De *Vossische Zeitung* stelde zichzelf aanvankelijk gerust met de constatering dat Hitler niet geslaagd was in zijn alles-of-nietspolitiek:

'Hij trekt de Wilhelmstraße niet binnen als dictator die geen andere wet kent en laat gelden dan zijn eigen wil. Het is geen kabinet-Hitler maar een regering-Hitler/Papen/Hugenberg, in tal van opzichten onderling verdeeld, maar beslist verenigd in het verlangen volledig te breken met het oude.' Deze visie gaf de krant overigens aanleiding tot het volgende commentaar: 'Een gevaarlijk experiment, dat men slechts met grote bezorgdheid en het diepste wantrouwen kan begeleiden.'[125]

Even bezorgd was men in de kringen van Duitse Joden, waar men echter tegelijkertijd waarschuwde tegen een paniekstemming. Ludwig Holländer, de directeur van de *Central-Verein deutscher Staatsbürger jüdischen Glaubens*, schreef in zijn hoofdartikel van 2 februari: 'Ook in deze tijd zullen de Duitse Joden hun kalmte, die het besef van onscheidbare verbondenheid met alles wat waarlijk Duits is hun geeft, niet verliezen.'[126] Niet atypisch voor de reactie van een deel van de Deutsch-national georiënteerde Joden was datgene wat de Breslause docent en historicus Willy Cohn op 30 januari in zijn dagboek schreef na het horen van het nieuws van Hitlers benoeming tot rijkskanselier: 'Ik vrees dat dit een burgeroorlog betekent! Eerst zal rechts zegevieren, maar aan het eind staat het communisme! En als er nu een revolutie van links komt, zal die niet zachtzinnig zijn. Als Hitler zich echter aan de grondwet houdt, is hij bij zijn mensen ook uitgepraat. Hoe dan ook sombere tijden, vooral voor ons Joden!' Daags daarna moest hij weliswaar constateren dat de nationaalsocialisten zich op straat gedroegen 'als de overwinnaars', maar hij bleef bij zijn prognose: 'Ook zij zullen de economische crisis niet kunnen oplossen en dan komt de grote ommekeer naar links!'[127] Zijn angst voor het communisme was nog steeds groter dan die voor het nationaalsocialisme – een houding die Cohn overigens weldra zou bijstellen.

Ook onder de vertegenwoordigers van links had men een verkeerd beeld van de nieuwe regering. 'In het kabinet-Hitler-Papen-Hugenberg is het Harzburger Front herrezen,' constateerden de voorzitters van de SPD en de SPD-Rijksdagfractie in een oproep van 30 januari, waarin ze hun aanhangers waarschuwden voor 'ongedisciplineerd optreden'. Men wilde de 'strijd op grondwettelijke basis' voeren, om de nieuwe rechtse regering geen voorwendsel te geven de grondwet te schenden.[128] De KPD riep weliswaar op tot een algemene staking 'tegen de fascistische dictatuur van Hitler, Hugenberg, Papen', maar de oproep om een gemeenschappelijk front te vormen vond bij de sociaaldemocraten weinig weerklank, omdat ze niet konden vergeten dat ze kort tevoren nog door de communisten voor 'sociaalfascisten' waren uitgemaakt.[129] Ook de leiding van de vakbonden peinsde niet over buitenparlementaire acties. 'Organisatie – niet demonstratie is nu geboden,' eiste voorzitter Theodor Leipart van de *Allgemeine Deutsche Gewerkschaftsbund* (ADGB) op 31 januari.[130] Volgens de vertegenwoordigers van de sociaaldemocratische arbeidersbeweging was Hitler een gevangene van de oude sociaalreactionaire machtselite van grootgrondbezitters ten oosten van de Elbe en de zware industrie in Rijnland-Westfalen. Richting en inhoud van de politiek werden volgens hen niet bepaald door de nieuwe rijkskanselier, maar door vicekanselier Papen en de 'economiedictator' Hugenberg. Ze zouden – zo was de verwachting – de messias uit Braunau weldra ontmaskeren. Verkeerd beoordeeld werd niet alleen de onvoorwaardelijke machtsaanspraak van Hitler, maar ook de ernst van het gevaar dat hij vormde. De meeste leidende SPD-politici en vakbondsleden waren opgegroeid in het keizerrijk; velen hadden nog de vervolging van de sociaaldemocratie onder Bismarck meegemaakt. Ze hielden weliswaar rekening met een herhaling van de repressie in de stijl van het *Sozialistengesetz* uit 1878, op grond waarvan sociaaldemocratische bijeenkomsten en schriftelijke uitingen verboden waren, maar niet met de mogelijkheid dat het de nationaalsocialisten ernst zou kunnen zijn met de volledige vernietiging van de georganiseerde arbeidersbeweging.

In zijn in ballingschap in Engeland geschreven *Geschichte eines Deutschen* herinnerde Sebastian Haffner zich in 1939 de 'ijzige angst' die hem als eerste reactie had bevangen bij het nieuws van Hitlers benoeming. 'Een ogenblik lang bespeurde ik bijna lijfelijk de geur van bloed en vuiligheid die om die man Hitler hing en ik voelde iets als de tegelijkertijd dreigende en weerzinwekkende nadering van een moordlustig dier – een smerige, scherpe klauw op mijn gezicht.' Maar op de avond van 30 januari had de referendaris van het Berlijnse gerechtshof met zijn vader, een liberale Pruisische onderwijshervormer, gediscussieerd over de nieuwe regering, en men was het er snel over eens geworden dat deze weliswaar enig onheil zou aanrichten, maar niet lang in functie zou blijven. 'Een zwart-reactionaire regering, met Hitler als spreekbuis. Afgezien van die laatste toevoeging onderscheidde ze zich amper van de twee vorige, die Brüning waren opgevolgd [...]. Nee, al met al was deze regering geen reden voor bezorgdheid.'[131] Dat klopt met het feit dat veel Duitsers kennelijk tamelijk onverschillig op de gebeurtenis reageerden. Er was in de loop van 1932 drie keer een nieuw kabinet aangesteld; men was er al bijna aan gewend. In de weekjournaals in de bioscopen werd de beëdiging van het nieuwe kabinet als laatste item gebracht, na de grote sportevenementen.[132] Slechts enkele fijngevoelige waarnemers beseften dat 30 januari een onherroepelijk keerpunt vormde. Thea Sternheim, die het nieuws via de avondkranten in Parijs vernam, schreef in haar dagboek: 'Hitler rijkskanselier. Die psychische vernedering kan er na al het voorafgaande nog wel bij. Dat ontbrak er nog aan! Ik ga naar huis. Braken.'[133] En Klaus Mann merkte op: 'Het nieuws dat Hitler rijkskanselier is. Schrik. Het nooit voor mogelijk gehouden. (Land van de onbegrensde mogelijkheden – –).'[134]

Voor de meeste buitenlandse diplomaten markeerde 30 januari echter geen fundamentele breuk. Sefton Delmer hoorde van zijn vrienden op de Britse ambassade dat Hitler 'een kanselier in handboeien' zou zijn: 'Hij is de gevangene van Papen en Hindenburg.'[135] De Britse ambassadeur Horace Rumbold pleitte voor een afwachtende houding tegenover de nieuwe regering. Ook hij beschouwde Hitler als de zwakkere partner en Papen als de eigenlijke architect van de coalitie: 'Het dient gezegd dat de Hitler-beweging voorlopig is gered, grotendeels dankzij de tussenkomst van de heer Papen.' Rumbold voorspelde dat er weldra conflicten zouden ontstaan tussen de ongelijke coalitiepartners, omdat het doel van Papen en Hugenberg, het herstel van de monarchie, niet te verenigen was met de plannen van Hitler. Dat leek erop te wijzen dat er in de buitenlandse politiek van Duitsland niets fundamenteels zou veranderen.[136]

De vorming van het nieuwe kabinet-Hitler-Papen-Hugenberg was tot het laatste moment geheim gehouden, meldde de Franse ambassadeur François-Poncet op de avond van 30 januari aan Parijs. Hij maakte zich vooral zorgen over de consequenties voor de buitenlandse politiek: niet alleen voor Duitsland, ook voor Europa vormde de nieuwe regering met Hitler aan het hoofd een 'gewaagd experiment' (*une expérience hasardeuse*), aangezien Hitler zou proberen het Verdrag van Versailles te herzien. Desondanks raadde hij zijn regering aan haar kalmte te bewaren en de ontwikkelingen af te wachten. Toen hij op de avond van 8 februari Hitler voor het eerst ontmoette op een receptie van de rijkspresident voor het corps diplomatique, was François-Poncet opgelucht. De nieuwe kanselier leek hem 'mat en middelmatig', een soort miniatuuruitgave van Mussolini, zonder eigen drijfveren en ideeën. Daarom, zouden de adviseurs van de rijkspresident waarschijnlijk hebben gedacht, zou het betrekkelijk gemakkelijk zijn Hitler voor hun eigen karretje te spannen en hem onder de duim te houden.[137]

De Zwitserse ambassadeur in Berlijn, Paul Dinichert, hoorde het nieuws van de vorming van een nieuwe regering toen hij het middagmaal gebruikte met 'hooggeplaatste Duitse persoonlijkheden'. 'Geen van de aanwezigen leek er een vermoeden van te hebben gehad,' zo beschreef hij de reactie in zijn bericht aan Berlijn op 2 februari. 'Hoofdschudden, "Hoe lang kan dat gaan duren?" "Nou ja, het had erger gekund." Zo ging het rond.' De Zwitserse diplomaat besefte dat Hitlers kanselierschap het resultaat was van een 'politiek schaak- en samenspel', waarbij 'de waakzame en altijd ondernemingsgezinde heer Papen' aan de touwtjes had getrokken, 'steunend op het unieke vertrouwen van de heer Hindenburg'. Maar ook hij vergiste zich zoals vele andere commentatoren toen hij de nieuwe machtsconstellatie als volgt karakteriseerde: 'Hitler, die jarenlang heeft gewacht op de onbegrensde alleenheerschappij, met zijn twee discipelen ingespannen, ingeklemd of vastgeklemd – hoe men het ook wil zien – tussen de collega's Papen en Hugenberg.'[138]

DE NOODLOTTIGE MAAND JANUARI 1933

In de ogen van tijdgenoten was 30 januari 1933 nog geenszins de historische datum die hij achteraf zou worden, al markeerde deze dag het begin van een noodlottig proces dat in korte tijd zou leiden tot de alleenheerschappij van de nieuwe man in het kanseliersambt, de gruwelijke misdaden van de vernietigingsoorlog tegen Polen en de Sovjet-Unie en de moord op de Europese Joden. De vraag of Hitler op weg naar de macht had kunnen worden gestuit, heeft historici dan ook steeds weer beziggehouden. Zeker, er waren sterke, deels diep in de Duitse geschiedenis verankerde tendensen die het succes van het nationaalsocialisme hebben bevorderd, zoals het antiwesterse, tegen de 'ideeën van 1789' gekeerde nationalisme, dat zich geprovoceerd voelde door de onvoorziene militaire nederlaag tijdens de Eerste Wereldoorlog en het als vernederend ervaren Verdrag van Versailles, en dat vluchtte in dolkstootlegenden en geen schuld aan de oorlog, om een zelfkritisch onderzoek naar de Duitse verantwoordelijkheid voor de ramp van 1918 te ontlopen; het antisemitisme, dat zich al tijdens het keizerrijk in alle maatschappelijke geledingen, met uitzondering van de sociaaldemocratische arbeidersklasse, had genesteld en tijdens de oorlog, maar vooral tijdens de revolutiemaanden in 1918-1919 enorm was geradicaliseerd; de invloed van vóórdemocratische elites, op de eerste plaats de militairen, de riddergoedeigenaars ten oosten van de Elbe, de zware industrie en de vertegenwoordigers in de bureaucratie en de rechtspraak, wier machtspositie ook in de democratische Republiek van Weimar in wezen onaangetast was gebleven; het gebrek aan samenhang in de grondwet van Weimar, die de rijkspresident als een soort 'surrogaatkeizer' verreikende bevoegdheden had gegeven en hem met het noodverordeningsartikel 48 een instrument ter beschikking had gesteld dat in de hand van een monarchist zoals Hindenburg in de verscherpte crisissituatie na 1929-1930 bijna uitnodigde tot misbruik; het gebrek aan bereidheid tot compromissen van de partijen die in hoge mate medeschuldig waren aan het chronisch zwakke functioneren van de parlementaire democratie - tot aan de breuk in de Grote Coalitie in maart 1930, die de fase van de presidentiële kabinetten inluidde.[139]

Maar ondanks al deze erfenissen, met name van fouten tijdens de stichtingsfase van de republiek in 1918-1919, en het vaste voornemen te breken met de erfenis van de keizerlijk-autoritaire staat, was de machtsoverdracht aan Hitler beslist niet onvermijdelijk. Er hadden zich steeds weer kansen voorgedaan om zijn zegetocht tegen te houden. De ongetwijfeld gunstigste diende zich aan na de mislukte staatsgreep van november 1923. Als de volksmenner uit München de volle straf van vijf jaar in Landsberg had moeten uitzitten, zou het zeer de vraag zijn geweest of hij ooit weer een politieke doorstart had kunnen maken.[140] Een 'beslissend keerpunt in de Duitse staatscrisis' na 1930 - en daarmee een belangrijke mijlpaal op Hitlers weg naar de macht - vormde het ontslag van Brüning eind mei 1932, waarvoor geen enkele noodzaak bestond. Als Brüning in functie was gebleven, had Papens staatsgreep tegen het 'democratische bolwerk' Pruisen niet kunnen plaatsvinden en zouden er pas aan het eind van de regeringsperiode in september 1934 nieuwe Rijksdagverkiezingen hebben plaatsgevonden – op een moment dus waarop de conjunctuur zich volgens alle vooruitzichten zou hebben hersteld en de aantrekkingskracht van de extreme partijen verzwakt zou zijn geweest.[141] In plaats daarvan kon Hitler na de Rijksdagverkiezingen van 31 juli, waarbij de NS-DAP de grootste partij werd, zijn aanspraak op de macht onderbouwen.

Zelfs eind januari 1933 was het nog mogelijk geweest Hitler van de macht af te houden, als Hindenburg Schleicher het ontbindingsbevel niet zou hebben geweigerd en hem gegund had wat hij Papen reeds eerder had toegestaan – namelijk het langer uitstellen van nieuwe Rijksdagverkiezingen dan de termijn van zestig dagen – of als hij zich over de te verwachten motie van wantrouwen heen had gezet en Schleicher in functie had gehouden. Die oplossing zou geresulteerd hebben in een versluierde militaire dictatuur; de kans was groot dat men daardoor eerst tijd had kunnen winnen tot de economische situatie zichtbaar zou zijn verbeterd.[142] Het is nog maar de vraag of Hitler het dan zou hebben gewaagd de SA te mobiliseren voor een tegenzet en haar te verwikkelen in een gewapend conflict met de Reichswehr. Beslissend was echter dat Hindenburg zich door Papen en zijn adviseurs ervan liet overtuigen dat een kabinet van 'nationale concentratie', waarin Hitler dankzij het overwicht aan conservatieve ministers tegelijkertijd 'ingeperkt' en 'getemd' had kunnen worden, de minst riskante oplossing voor de crisis was. Niet onbelangrijk in de laatste akte van het drama was dat de vertegenwoordigers van de riddergoedeigenaars ten oosten van de Elbe, dankzij hun geprivilegieerde toegang tot de rijkspresident, het initiatief om het kanselierschap aan Hitler over te dragen gewicht verleenden. Daarbij miskenden ze, evenals de rechts-conservatieve kabinetsmeerderheid en de hofkliek rondom Hindenburg, de bereidheid en het vermogen van de NSDAP-voorzitter om zich aan elke politieke controle te onttrekken en zijn onvoorwaardelijke machtsaanspraak in daden om te zetten. Veeleer wiegden ze zichzelf in slaap met de illusie dat zij Hitler 'voor hun karretje hadden gespannen', en dat hij hun de gewenste massale steun voor hun autoritaire politiek zou opleveren. 'Hitlers geschiedenis is de geschiedenis van zijn onderschatting,' constateerde historicus Veit Valentin al kort na het eind van de Tweede Wereldoorlog.[143]

Als Hitlers verovering van het kanselierschap al niet de onvermijdelijke uitkomst van de staatscrisis van Weimar was, was ze in elk geval ook geen toeval of een 'bedrijfsongeval', zoals vaak is beweerd, voor het laatst en met veel verve door Eberhard Jäckel.[144] Zonder de specifieke maatschappelijke en politieke omstandigheden in het München van na de oorlog en tijdens de inflatie zou de afgekeurde korporaal uit de Eerste Wereldoorlog een contactschuwe eenling zijn gebleven. Ze vormden een ideale klankbodem voor zijn antisemitische haattirades en zijn hetze tegen de 'novembermisdadigers' en het 'dictaat' van Versailles. En zonder de gevolgen van de wereldwijde economische crisis die de Duitse economie uitzonderlijk hard trof, zou de NSDAP nooit een massabeweging zijn geworden. En opnieuw was het de Führer van de NSDAP die het verlangen naar een 'redder' die 'orde' zou scheppen in de chaos, een 'volksgemeenschap' zou scheppen in plaats van partijtwisten en klassenstrijd, en het 'Rijk' naar nieuwe grootheid zou leiden, het best op zijn eigen persoon wist te focussen en voor zijn eigen doeleinden wist in te zetten.

Men kan Hitler veel verwijten, maar één ding niet: dat hij zijn ware bedoelingen ooit heeft verheimelijkt. In *Mein Kampf*, maar ook in zijn talloze toespraken, had hij juist met verbazingwekkende openhartigheid verkondigd wat hem, eenmaal aan de macht, voor ogen stond: het 'systeem' van Weimar, waarvan hij de mogelijkheden gewetenloos had uitgebuit, van binnenuit vernietigen, het 'marxisme' (waarmee hij zowel de SPD als de KPD bedoelde) volledig 'uitroeien' en de Joden uit Duitsland 'verwijderen', met alle mogelijke middelen. Wat zijn toekomstige buitenlandbeleid betrof, had hij er nooit twijfel aan laten bestaan dat het hem eerst ging om de herziening van het Verdrag van Versailles, maar dat het doel op langere termijn verovering van 'Lebensraum im Osten' was, wat oorlog met Polen en de Sovjet-Unie onvermijdelijk zou maken. De mannen die hem de wissels van de macht in handen hadden gegeven, hadden hetzelfde doel als hij: een terugkeer naar de parlementaire democratie verhinderen, de ketenen van het Verdrag van Versailles zo snel mogelijk afschudden en Duitslands positie als grote mogendheid herstellen. Wat de verdergaande plannen van de nieuwe rijkskanselier betrof, dachten ze waarschijnlijk dat hij er geen ernst mee zou maken of dat ze een matigende invloed op hem konden uitoefenen. Ook dat zou een ernstige vergissing blijken. Dat Hitler vanaf het begin in totaal andere dimensies heeft gedacht dan zijn conservatieve coalitiepartners, bracht hij in december 1941, toen de geplande *Blitzkrieg* tegen de Sovjet-Unie voor Moskou schipbreuk had geleden, tot uitdrukking in een terugblik op het jaar 1933: 'Ten tijde van de machtsovername was het voor mij een beslissend moment: wil men de jaartelling handhaven? Of moeten we de nieuwe wereldorde nemen als symbool van het begin van een nieuwe jaartelling? Ik zei tegen mezelf: het jaar 1933 is niets anders dan de vernieuwing van een duizendjarig bestaan.'[145]

13

De mens Hitler

Wie was de man die op 30 januari op slechts 43-jarige leeftijd zijn intrek nam in de rijkskanselarij, waar eerder de door hem bewonderde stichter van het Duitse Rijk Otto von Bismarck had geresideerd? Die vraag is niet makkelijk te beantwoorden, want achter de openbare figuur van Hitler gaat een moeilijk grijpbare privépersoon schuil. Zelfs voor zijn naaste volgelingen bleef hij in vele opzichten een raadsel. Otto Dietrich, Hitlers perschef, had het in zijn memoires over een 'ondoorzichtige, sfinxachtige persoonlijkheid'.[1] Ook Ernst Hanfstaengl, die jarenlang de gelegenheid had gehad de partijleider van dichtbij te observeren, bekende dat hij er nooit in was geslaagd 'een sleutel tot het ondoorgrondelijke in het karakter van deze mens te ontdekken': 'Wat hij werkelijk dacht en voelde, is me altijd een boek met zeven zegelen gebleven.'[2] Albert Speer, die het kort na 1933 bracht tot favoriete architect van de Führer, verklaarde al tijdens zijn eerste verhoor in slot Kransberg in de Taunus in juni-juli 1945, dat de persoon Hitler voor hem altijd 'een raadsel vol tegenspraak en sterke tegenstellingen' was gebleven.[3] 'Het is alsof er iets in hem is wat we nooit zullen kunnen begrijpen,' merkte de Franse oud-ambassadeur André François-Poncet in 1947 op.[4] En secretaris Otto Meissner, die Hitler even loyaal als eerder Ebert en Hindenburg had gediend, legde in zijn memoires uit 1953 vast: 'Het oordeel over de aard van deze merkwaardige man [...] zal wel voorgoed omstreden blijven [...]. Ook voor mensen die hem jarenlang hebben gekend en zijn ontwikkeling konden observeren, is het moeilijk zich een goed oordeel te vormen, omdat hij een eenling was, die zich argwanend afsloot en slechts weinigen – en ook hun slechts af en toe – een blik in zijn innerlijk gunde.'[5]

De biografen tot dusver hebben van de nood een deugd gemaakt en uit de schijnbare ondoorgrondelijkheid van Hitlers karakter een 'leegte van zijn bestaan buiten de politiek' gedestilleerd.[6] Maar dat is alleen al daarom te kort door de bocht omdat er geen sprake kan zijn van een strikte scheiding tussen de politieke en de privésfeer, zoals reeds besproken in het hoofdstuk over Hitlers verhouding tot vrouwen. Veeleer blijkt bij nader inzien dat het vermeende blanco gedeelte een ensceneringen van Hitler was, die erop gericht was zijn persoonlijke levensomstandigheden zo goed mogelijk te verhullen en zich te presenteren als een politicus die zich, zoals dat paste bij zijn leidersrol, elk persoonlijk contact heeft ontzegd en zijn historische opdracht eenzaam moet vervullen. Hij had 'allang geen privéleven meer', klaagde hij als rijkskanselier keer op keer.[7] Wie zich niet door deze pose wil laten misleiden, moet proberen achter het gordijn te kijken dat Hitlers publieke imago en de hem toegeschreven rol scheidt van de werkelijke persoon met zijn kenmerkende talenten en gedragingen.

Het probleem bij het ontcijferen van het 'raadsel Hitler' is vooral gelegen in de frappante tegenspraken en tegenstellingen die hij in zijn persoon verenigde. Konrad Heiden heeft in zijn in 1936 in zijn ballingsoord Zürich verschenen biografie Hitler reeds beschreven als een 'dubbelwezen'. De 'mens Adolf Hitler' zou, net als een medium, het fenomeen uit zichzelf hebben laten uittreden en een tweede, door enorme wilskracht gecreëerde Hitler hebben geschapen. 'In rusttoestand ligt deze tot op zekere hoogte in de normale Hitler verscholen; in momenten van opwinding treedt hij naar voren en bedekt hem met zijn meer dan levensgrote marionettenmasker.' Het zou deze 'gespleten persoonlijkheid' zijn die een oordeel over Hitler zo moeilijk maakt.[8]

Heel wat voormalige strijdmakkers van Hitler hebben deze conclusie bevestigd. Otto Dietrich, bijvoorbeeld, had het over de 'griezelige dubbele aard van zijn wezen'. De innerlijke tegenspraak zou bij hem 'tot buitensporige dimensies toegenomen' zijn geweest, en zelfs 'het overheersende hoofdkenmerk van zijn hele bestaan' zijn geworden. Enerzijds zou Hitler over 'buitengewone psychische vaardigheden en gaven' hebben beschikt, anderzijds echter zou hij, vooral in zijn fanatieke antisemitisme, een ongelooflijke 'psychische primitiviteit en halsstarrigheid' aan de dag hebben gelegd. In zijn borst zouden 'oprechte gevoelens en een ijskoude harteloosheid, liefde voor de schepping en wrede hardheid dicht bij elkaar' hebben gewoond.[9] Ook Albert Speer viel achteraf de 'merkwaardige gelaagdheid' van Hitler op. In mei 1965, twintig jaar na het einde van het 'Derde Rijk', schreef hij in zijn gevangeniscel in Spandau: 'Ik zou kunnen zeggen dat hij wreed, onbillijk, onbenaderbaar, kil, onbeheerst, overgevoelig en ordinair was en dat alles was hij inderdaad ook. Tegelijkertijd echter was hij van dit alles ook het volstrekte tegendeel. Hij kon een zorgzame huisvader, een attente meerdere, beminnelijk, beheerst zijn en warmlopen voor alles wat mooi en groots is.'[10]

Een soortgelijk beeld schetste Hanfstaengl toen hij zich Hitler herinnerde: 'Hij kon betoverend zijn en even later meningen uiten die een vermoeden gaven van verschrikkelijke afgronden. Hij kon grootse ideeën ontwikkelen en op het banale af primitief zijn. Hij kon miljoenen tot de overtuiging brengen dat het slechts zijn ijzeren wil en zijn sterke karakter waren die de overwinning garandeerden en tegelijkertijd zelfs nog als kanselier een bohemien blijven, wiens onberekenbaarheid zijn medewerkers tot wanhoop dreef.'¹¹ Zulke stemmen zijn er meer, en men zou geen recht doen aan de waarde ervan als men er alleen de bedoeling achter zou zoeken dat de mensen in kwestie hun eigen tijdelijke fascinatie door de figuur Hitler daarmee achteraf proberen te rechtvaardigen.

Wie Hitler voor het eerst van dichtbij zag, was gewoonlijk allesbehalve onder de indruk. De industrieel Günther Quandt vond hem bij een eerste ontmoeting in december 1931 'volkomen doorsnee'.¹² De Britse journalist Sefton Delmer dacht een 'volstrekt alledaagse man' tegenover zich te zien; Hitler deed hem denken aan een handelsreiziger die ooit onderofficier was geweest.¹³ Volgens de Amerikaanse verslaggeefster Dorothy Thompson was Hitler, zoals we zagen, het 'volmaakte prototype van de kleine burgerman'.¹⁴ En ook William Shirer, de correspondent van het Amerikaanse persbureau Universal New Service, was teleurgesteld toen hij Hitler meemaakte op de partijconferentie in Neurenberg in september 1934: 'Zijn gezicht vertoonde geen speciale uitdrukking – ik had het veel krachtiger verwacht – en ik kon maar niet begrijpen welke verborgen krachten hij overduidelijk opriep bij de hysterische massa die hem zo onstuimig begroette.'¹⁵

Hitlers uiterlijke verschijning had weinig innemends. 'Zijn gezicht heeft absoluut niets bijzonders,' herinnerde Lutz graaf Schwerin von Krosigk zich, die Hitler voor het eerst ontmoette tijdens de beëdiging op 30 januari 1933. 'Zijn trekken hadden niets harmonisch, maar ook niet de onregelmatigheid die getuigt van een zonderlinge geest. De over zijn voorhoofd hangende lok en de slechts twee vingers brede snor gaven hem iets komisch.'¹⁶ De snor was een markant trekje dat onmiddellijk opviel. Hanfstaengl zou er bij Hitler al vroeg op hebben aangedrongen dat hij zijn snor zou afscheren omdat die 'een regelrechte uitdaging aan karikaturisten' zou zijn. Maar de Münchense volksmenner had het geweigerd: 'Mijn snor zal op een goede dag mode worden, daar kunt u zeker van zijn.'¹⁷ De Münchense Adelheid Klein, met wie Hitler in de jaren 1925–1926 bevriend was, gaf hij een andere verklaring: 'Stel je mijn gezicht voor zónder snor! [...] Ik heb toch een veel te grote neus. Dat moet ik compenseren met een snor!'¹⁸ Hitlers grote, vlezige neus gaf zijn gezicht inderdaad iets ongeproportioneerds. Klaus Mann vond die in 1932 'het lelijkste en meest kenmerkende detail van Hitlers fysionomie'.¹⁹ Albert Speer daarentegen zou pas in de laatste maanden van het Derde Rijk, toen Hitlers aantrekkingskracht op hem minder werd, opeens hebben gezegd 'hoe lelijk, afstotelijk, ongeproportioneerd het gezicht van Hitler was'. 'Hoe kon het toch,' vroeg hij zich eind november 1946 in Spandau af, 'dat ik dat zoveel jaren niet heb gezien? Raadselachtig!'²⁰

Bijna alle tijdgenoten die met Hitler in contact kwamen, hebben zijn ogen als meest opvallende kenmerk beschreven. De eerste keer dat de historicus Karl Alexander von Müller in de zomer van 1919 de jonge Hitler zag op de Universiteit van München, vielen hem 'de grote, felblauwe, fanatiek-kil schitterende ogen' op.[21] Volgens Lieselotte Schmidt daarentegen, die Winifred Wagner in juli 1929 in dienst nam als assistente en opvoedster van haar kinderen en die, net als de hospita in Bayreuth, met Hitler dweepte, straalden zijn ogen geen kilte uit, maar goedheid en warmhartigheid: 'Eén blik in zijn wonderbaarlijk mooie, viooltjesblauwe ogen volstaat om zijn volledige gemoed en hart gewaar te worden.'[22] Otto Wagener, die in de herfst van 1929 bij Hitler in dienst trad en ook nog in zijn in 1946 in Britse gevangenschap geschreven aantekeningen bekende dat hij hem bewonderde, herinnerde zich: 'Zijn ogen fascineerden me vanaf het eerste moment. Ze waren helder en groot, kalm en zelfverzekerd op mij gericht. Maar de blik kwam niet uit de oogappel, maar uit iets veel diepers, als uit de oneindigheid, had ik het gevoel. Men kon er niets in lezen. Maar ze spraken, wílden spreken.'[23] Iets nuchterder was Christa Schroeder, die sinds 1933 werkzaam was als Hitlers secretaresse: 'Hitlers ogen vond ik expressief. Ze keken meestal geïnteresseerd-onderzoekend en werden als hij sprak zienderogen levendiger.'[24] 'Merkwaardig en mooi oog', aldus beschreef ook Gerhardt Hauptmann zijn indruk van Hitler, die de schrijver voor het eerst ontmoette tijdens de opening van de *Reichskulturkammer* in de Philharmonie in november 1933.[25]

Hoe men Hitlers blik ervoer, als kil of goedmoedig, ondoorgrondelijk of vriendelijk-geïnteresseerd, hing niet alleen af van de situatie, maar ook van de instelling van de gesprekspartner van dat moment. 'De door bewonderaars geroemde kracht van het oog,' merkte Hitler-tegenstander Konrad Heiden op, 'heeft op nuchtere waarnemers het effect van een begerig steken, zonder een zweem van de bekoorlijkheid die de blik pas dwingend maakt; een blik die meer afstoot dan boeit.'[26] Maar ook bezoekers die Hitler kritischer opnamen, zoals de dochter van de Amerikaanse ambassadeur William Edward Dodd, die in 1933 bij Hitler werd geïntroduceerd door Hanfstaengl, roemden de ogen als 'verbluffend en onvergetelijk': 'Ze leken van een fel blauw te zijn, waren intens, lieten je niet los en hadden een hypnotiserende kracht.'[27]

Naast de ogen waren het vooral Hitlers handen die de aandacht trokken. Ze waren 'zo expressief in hun bewegingen, dat ze daarin wedijverden met de ogen', dweepte de oude Houston Stewart Chamberlain na zijn eerste bezoek aan Hitler in Bayreuth in september 1923.[28] 'De nerveuze handen waren tenger, bijna vrouwelijk,' vond Schwerin von Krosigk.[29] Toen de filosoof Karl Jaspers zich in mei 1933 afvroeg of 'een zo onontwikkeld man zoals Hitler Duitsland [zou kunnen] regeren', antwoordde zijn Freiburgse collega Martin Heidegger: 'Ontwikkeling is volstrekt onbelangrijk [...] kijk liever naar zijn prachtige handen!'[30] De filosoof deelde deze bewondering met veel tijdgenoten, zoals *Reichssendeleiter* Eugen Hadamovsky, die in een artikel in het tijdschrift *Die neue Literatur* van december 1936 de 'oneindig tengere hand' van Hitler prees als werktuig van een 'kunstenaar' en 'grote vormgever'.[31] Nog in Britse gevangenschap zei generaal Ludwig Crüwell van de pantserbrigade in oktober 1942: 'Iets heel opvallends zijn zijn handen – prachtige handen [...]. Hij heeft helemaal de handen van een kunstenaar. Ik heb altijd naar zijn handen gekeken.'[32]

Maar waar Hitler de meeste indruk mee maakte, dat was zijn buitengewone talent als redenaar. Hij mocht dan op het eerste gezicht alledaags en middelmatig lijken, als hij het spreekgestoelte beklom, veranderde hij in een demagoog zoals de Duitse geschiedenis die nog nooit had gekend. Wat dat betreft waren tegenstanders en bewonderaars het opmerkelijk eens. Zo zag Thomas Mann in zijn essay *Bruder Hitler* van maart 1939 de 'onuitsprekelijk inferieure, maar doeltreffende welbespraaktheid' als de cruciale voorwaarde voor Hitlers 'opklimmen tot fabelachtige hoogten'.[33] Konrad Heiden had het over een 'onvergelijkelijke stemmingsbarometer voor de massa'[34] en Otto Straßer over een 'ongewoon gevoelige seismograaf voor de ziel'. Als 'een gevoelig membraan' zou Hitler de kunst hebben verstaan de geheimste wensen en emoties van de massa te verwoorden.[35] 'Hij voelde waarnaar de menigte verlangde en vertaalde dat in vurige leuzen. Hij appelleerde aan de in het onderbewustzijn sluimerende instincten en had voor iedereen iets,' merkte Schwerin von Krosigk op.[36] De Amerikaanse journalist Hubert R. Knickerbocker, die Hitler eind 1931 in het Braune Haus leerde kennen als een bescheiden, hoffelijk politicus, stond versteld toen hij hem 's avonds meemaakte tijdens een optreden in Zirkus Krone: 'Hij was een evangelist die een menigte toespreekt, de Billy Sunday van de Duitse politiek. Zijn bekeerlingen gingen met hem mee, lachten met hem mee, voelden met hem mee. Samen met hem bespotten ze de Fransen. Samen met hem floten ze de republiek uit. De achtduizend aanwezigen vormden een instrument waarop Hitler een symfonie van de nationale hartstocht speelde.'[37] In de communicatie tussen spreker en publiek, in de uitwisseling van individuele en collectieve gevoeligheden en neurosen, herkende de Amerikaan terecht het geheim van Hitlers succes.

Het waren overigens niet alleen bekeerlingen die de spreker zo in zijn ban wist te brengen. 'Het zal niet gauw nog eens gebeuren,' schreef Rudolf Heß in november 1934 in de vesting Landsberg, 'dat iemand op een massabijeenkomst de uiterst linkse metaaldraaier evenzeer meesleept als een rechtse regeringsfunctionaris.'[38] Daar zat geen woord Frans bij. Er bestaan talrijke berichten van tijdgenoten die niets van Hitler en zijn partij moesten hebben maar desondanks tijdens zijn optredens slechts met moeite weerstand konden bieden aan zijn retorische overweldigingsstrategie. In zijn jeugdherinneringen heeft schrijverszoon Golo Mann geschetst hoe het hem in de herfst van 1928 verging toen hij als negentienjarige student een Hitler-bijeenkomst bezocht: 'Ik moest me verzetten tegen de energie, de overredingskracht van de spreker, iets wat een vriend van zuiver Joodse afkomst die ik had meegenomen niet lukte. "Hij heeft gelijk," fluisterde hij me toe. Dat "hij geeft gelijk" – hoe vaak heb ik dat later nog moeten horen, van medetoehoorders van wie ik het nooit had verwacht.'[39]

Met zijn suggestieve redenaarstalent oefende Hitler een bijna hypnotiserende macht uit over de menigte. Hij werd daarbij geholpen door een ongewoon krachtige, soepele stem. 'Wie Hitler [...] slechts kent van de evenementen van de latere jaren – als de mateloos ontaarde, tierende demagoog en dictator achter de microfoon – heeft geen idee van het vele registers omvattende en sonore instrument van zijn natuurlijke, niet kunstmatig versterkte stem in de eerste jaren na zijn politieke debuut,' merkte Hanfstaengl op.[40] Het was ook de stem van Hitler waardoor Baldur von Schirach werd aangetrokken toen hij de NSDAP-voorzitter in maart 1925 voor het eerst hoorde spreken: 'Het was een heel andere stem dan ik tot dan toe van sprekers had gehoord [...]. De stem was heel diep en ruw en resoneerde als een cello. Het accent, waarvan we dachten dat het Oostenrijks was – in werkelijkheid was het Neder-Beiers — deed hier in Midden-Duitsland vreemd aan en dwong juist daardoor tot luisteren.'[41]

Maar Hitler was niet alleen een begenadigd spreker, hij was ook een buitengewoon talentvol acteur. 'In een onbewaakt ogenblik heeft hij zichzelf zelfs een van de grootste toneelspelers van Europa genoemd,' herinnerde Schwerin von Krosigk zich.[42] Dat was uiteraard slechts een van die mateloze zelfoverschattingen waartoe de latere dictator steeds sterker geneigd was. Maar de kunst om naargelang het nodig was verschillende maskers op te zetten en verschillende rollen te spelen, bracht hij inderdaad tot grote hoogte. 'Dan was hij een beminnelijk causeur die vrouwen de hand kuste, een aardige oom die kinderen chocolade gaf, een eerbare man van het volk die boeren en arbeiders de vijf gaf.'[43] In de salons van de Bechsteins en de Bruckmanns of tijdens een theevisite in huize Schirach in Weimar speelde hij, zich aanpassend aan de sociale context, de rol van de burger in kostuum en met stropdas. Op de partijdagen van de NSDAP verscheen hij in bruin overhemd en deed hij zich voor als prototype van de vechtersbaas die geen geheim maakte van zijn verachting voor de burgerlijke maatschappij.

Ook in zijn toespraken paste de metamorfosevirtuoos zich aan de rol aan die van hem verwacht werd. 'Hij kon in de Rijksdag spreken als een wijs staatsman, tegen een kring van grootindustriëlen als een man met gematigde ideeën, tegen vrouwen als een goedmoedige vader die van kinderen houdt, tegen een grote menigte als een ontketende vulkaan, als de trouwste en dapperste, die offers eist en zichzelf tot offers verplicht.'[44] De Franse ambassadeur André François-Poncet, die in de gelegenheid was Hitler op de partijdag in Neurenberg in 1935 tijdens zijn verschillende optredens te observeren, stond versteld van de 'wonderbaarlijke intuïtie' die hij aan de dag legde voor de gevoelens van zijn publiek: 'Voor iedereen vindt hij de woorden, de intonatie die hij nodig heeft. Afwisselend bijtend, pathetisch, vertrouwelijk en heerszuchtig trok hij alle registers open.'[45] Ook Robert Coulondre, die François-Poncet in november 1938 opvolgde als ambassadeur, was verbluft toen hij Hitler op de Berghof zijn geloofsbrieven overhandigde: 'Ik had verwacht een *Jupiter Tonans* in zijn burcht aan te treffen en vond een eenvoudige, zachtmoedige, misschien zelfs schuchtere man in zijn landhuis. Op de radio had ik de rauwe, schreeuwende, dreigende, uitdagende stem van de Führer gehoord, en ik maakte kennis met een Hitler met een warme, kalme, vriendelijke, begripvolle stem. Wie is nu de echte? Of zijn ze alle twee echt?'[46]

En inderdaad zo soepel als Hitler, afhankelijk van de situatie en de behoefte zijn rollenrepertoire beheerste, zo star zou hij als rijkskanselier vasthouden aan de ideologische fixaties die sinds het begin van de jaren twintig waren gestold tot een gesloten 'wereldbeeld'. Daartoe behoorde op de eerste plaats zijn fanatieke, raciaal gemotiveerde antisemitisme, waaruit hij de noodzaak destilleerde dat de Joden uit Duitsland moesten worden 'verwijderd', en zijn agressieve expansionisme, dat verder ging dan een herziening van het Verdrag van Versailles en draaide om het veroveren van 'Lebensraum im Osten'.

Als Hitler iemand voor zich wilde innemen, kon hij een verleidelijke charme tentoonspreiden. Albert Krebs was er eind jaren twintig getuige van hoe Hitler Ernst graaf van Reventlow, een prominent lid van de Deutsch-Völkische Freiheitspartei, die in 1927 was overgelopen naar de NSDAP, op de trap van het Braune Haus tegemoet snelde, diens rechterhand met beide handen beetpakte en hem begroette met: 'Mijn beste graaf,' waarbij hij een vleiend tremolo in zijn stem legde. 'Alle toeschouwers wisten dat Hitlers ware gevoelens jegens de graaf niets te maken hadden met liefde en welwillendheid.'[47] Ook tegenover personen die hij verfoeide, kon Hitler oprechte sympathie huichelen. Zo slaagde hij er in oktober 1931 in de tweede vrouw van Wilhelm II, 'keizerin' Hermine, zozeer voor zich in te nemen dat ze later enthousiast vertelde 'hoe sympathiek de heer Hitler geweest' was: 'Zijn goedmoedige en oprechte gelaatsuitdrukking, zijn goedmoedige ogen en de van elk bedrog gespeende blik erin' hadden diepe indruk op haar gemaakt.[48] Prins August Wilhelm ('Auwi'), die de nationaalsocialisten vóór 1933 nuttige diensten bewees, sprak hij tot grote verbazing van Sefton Delmer aan met 'uwe keizerlijke hoogheid'.[49] Na de machtsovername liet Hitler hem echter al heel gauw vallen. In een brief aan Rudolf Heß van september 1934 klaagde de prins dat hij sinds januari 'volledig van de Führer geïsoleerd' werd en door diens entourage 'maand in maand uit aan het lijntje [werd] gehouden.' Hitler heeft op geen enkel moment overwogen de monarchie te herstellen. Integendeel: hij liet zich tegenover Goebbels telkens weer vol verachting uit over de Hohenzollerns.[50]

Als het hem uitkwam, kon Hitler op commando tranen tevoorschijn toveren, bijvoorbeeld toen hij in augustus 1930 de rebellerende Berlijnse SA met een effectvolle enscenering weer aan zich verplichtte, of toen hij zich in de ochtend van 30 januari tegenover Theodor Duesterberg verontschuldigde voor de aanvallen die deze laatste te verduren had gekregen van de partijpers.[51] Men heeft hem wel een 'meester van de verleiding' genoemd en het is niet op de laatste plaats deze ongewone aanleg voor huichelarij die het zo moeilijk maakt de kern van Hitlers wezen te vatten.[52] 'Opwinding, morele verontwaardiging, sympathie, ontroering, trouwhartigheid, medeleven, ontzag, voor alles had hij een vorm. Wie niet uit andere waarneming wist wat Hitler werkelijk vond van mensenrechten en hogere geboden, kon makkelijk ten prooi vallen aan zijn acteurstalent,' schreef Ernst von Weizsäcker, van 1938 tot 1943 staatssecretaris van Buitenlandse Zaken, in zijn in 1950 verschenen memoires.[53] Achteraf gezien was ook Albert Speer 'heel onzeker wanneer en waar hij eens echt helemaal zichzelf was, niet gehinderd door toneelspel, tactische overwegingen en een plezier in liegen'.[54]

Tot het acteursrepertoire van Hitler behoorde het vermogen mensen in gebaren en manier van spreken te imiteren. Hij vermaakte zijn omgeving in het bijzonder als hij de gehaast met zijn Beierse accent pratende en zichzelf telkens weer herhalende directeur van Eher-Verlag, Max Amann, nadeed: 'Je zag Amann als het ware voor je, hoe hij zijn schouder zonder arm optrok en druk gebaarde met zijn rechterhand,' vertelde Christa Schroeder.[55] Even boosaardig-grappig maakte hij een karikatuur van Mathilde van Kemnitz, de tweede vrouw van Ludendorff: 'Hitler pelde als het ware de hoge vrouwe haar priesterlijke, filosofische, wetenschappelijke, erotische en andere rokken af, tot er alleen nog een kwaadaardige, bijtende ui overbleef.'[56] Over een bezoek aan het echtpaar Goebbels in december 1936 noteerde de minister van Propaganda: 'De Führer vertelt heel grappig, pakt uit tegen papen en vorsten, heel verfrissend, en imiteert ze tot in details, als een waarachtig toneelspeler.'[57] Maar ook voor buitenlandse politici deinsden zijn mimische talenten niet terug. Speer herinnerde zich hoe hij na het bezoek van Mussolini in Berlijn in september 1937 de kenmerkende posen van de duce parodieerde: '[...] de naar voren gestoken kin, de kenmerkende rechterhand op de heup, de spreidstand. Daarbij riep hij, onder het gedienstige lachen van de omstanders, enkele Italiaanse of Italiaans klinkende woorden zoals "giovinezza", "patria", "victoria", 'macaroni", "bellezza", "belcanto" en "basta". Het was heel grappig.'[58]

Hitler kon niet alleen stemmen en zinswendingen, maar ook geluiden nadoen. Hij hield ervan zijn verhalen over zijn oorlogservaringen te onderstrepen met geluidsnabootsingen: 'Als hij een spervuur tijdens de slag om de Somme wilde verduidelijken, gebruikte hij een compleet, genuanceerd repertoire van afvuur-, jank- en inslaggeluiden van Franse, Engelse en Duitse houwitsers en mortieren, afzonderlijk of als totaalindruk, steeds weer opzwepend ondersteund door het ratelende taktak van mitrailleurs.'[59]

Naast zijn retorische en acteurstalenten had Hitler een derde grote gave: zijn verbazend goede geheugen.[60] Fritz Wiedemann, zijn voormalige superieur in het regiment List, die begin 1934 door Hitler tot zijn persoonlijke adjudant werd benoemd, stond ervan te kijken hoeveel details de oud-korporaal zich nog kon herinneren die hij zelf allang vergeten was.[61] Bijzonder verbazingwekkend – en vooral gevreesd door militairen – was Hitlers geheugen voor getallen, of het nu ging over kaliber, mechanisme en schootsafstand van een kanon of om grootte, snelheid en bepantsering van een oorlogsschip.[62] De vlootkalender, die altijd klaarlag op zijn nachtkastje, kende hij vanbuiten.[63] Hij had kennelijk een eidetisch geheugen, dat wil zeggen het vermogen waargenomen beelden fotografisch op te slaan.[64] Zo kon hij zich, zoals Christa Schroeder getuigt, gezichten van mensen verbluffend goed herinneren, maar ook het tijdstip en de plaats waar hij hen had ontmoet. Ze zou zich vaak hebben afgevraagd 'hoe een menselijk brein zoveel dingen en feiten kan opslaan'.[65] Ook de snelheid waarmee Hitler boeken en kranten verslond, was een bewijs van het frappante opslagvermogen van zijn geheugen. 'Hij verslond hele kolommen, nee, drie, vier kolommen tegelijk met zijn ogen,' zei Otto Wagener verbaasd. 'Het was soms alsof hij maar één blik op een artikel, een alinea hoefde te werpen om naderhand te weten wat erin stond.'[66] Hitler kon niet alleen hele boekenpagina's citeren – zoals de geschriften van Clausewitz of Schopenhauer – om die gedachten vervolgens als de zijne te brengen, teneinde zijn omgeving te imponeren[67], hij kon ook muziekstukken zoals de prelude van Wagners *Meistersinger* uit zijn blote hoofd 'qua klank in alle motieven neuriënd of fluitend' weergeven.[68]

Hitler had geen voltooide school-, laat staan universitaire opleiding genoten. Dat manco compenseerde hij door ijverig te lezen in een poging in te halen wat hij in zijn jonge jaren had gemist. Hij was een typische autodidact, die juist tegenover de academici om hem heen opschepte met de kennis die hij zich had eigengemaakt. Hitler zou 'een geweldige kennis hebben verworven', waarop hij steeds weer prat ging, merkte zijn pupil en latere privésecretaris Rudolf Heß begin jaren twintig op. 'Of hij nu praat over wegenbouw, over de auto als vervoermiddel van de toekomst ook voor de kleine man in de natuur – zoals in Amerika –, over de bewapening van oorlogsschepen […], steeds merkt men dat hij zich in die dingen heeft verdiept.'[69] 'Waar haalt de man het allemaal vandaan?' vroeg Otto Wagener zich af nadat Hitler tijdens een privévoordracht met verbluffende historische en geografische kennis had uitgepakt.[70] Ook Goebbels was altijd weer onder de indruk: 'Hij leest veel en weet veel. Een universeel brein.'[71]

Maar hoe veelzijdig Hitlers kennis ook was, ze vertoonde tegelijkertijd veel leemten en was onsystematisch. Dingen die niet in zijn vooropgezette wereldbeeld pasten, nam hij gewoon niet in zich op. 'Inzicht omwille van het inzicht kende hij niet,' constateerde de historicus Karl Alexander von Müller. 'Elk stukje kennis was doelgericht, doelgebonden, en centraal in elk doel stonden hijzelf en zijn politieke macht.'[72] De behoefte om met zijn zelfverworven en zorgvuldig opgeslagen halfkennis te pronken, heeft de schoolverlater nooit verlaten. Hij was onophoudelijk op zoek naar erkenning. Als die hem ten deel viel, kon hij 'zo blij zijn als een kleine jongen', zoals Heß in juli 1924 in Landsberg zag nadat hij enkele passages uit het werk in wording *Mein Kampf* had geprezen. Toen een krant in Bochum Hitler 'de beste redekunstenaar van Duitsland' noemde, zag zijn privésecretaris dat 'zijn hele gezicht straalde': het was 'de eerste keer dat een blad dat ver van ons afstaat, dat constateert'.[73] Zo overspannen als het ik-gevoel was dat Hitler als charismatische Führer tentoonspreidde, zo diep zat het minderwaardigheidsgevoel van de jonge mislukkeling. Daardoor reageerde hij overgevoelig op iedereen die over meer vakkennis beschikte en hem dat ook liet voelen.[74] Bijzonder sterk was zijn afkeer van intellectuelen, hoogleraren en docenten. 'De grote meerderheid van degenen die zich de "ontwikkelden" noemen,' zei hij begin jaren dertig tegen Otto Wagener, 'bestaat uit verstandelijk oppervlakkige demi-monde, ingebeelde en arrogante niksnutten, die zich niet eens bewust zijn van het belachelijke van hun geklungel.'[75] Tijdens het middagmaal in de rijkskanselarij gaf hij eens in alle ernst ten beste dat er over enige tijd 'nog maar één belangrijk boek' zou zijn, en dat zou hij schrijven 'als hij eenmaal met pensioen was'.[76] Maar toen een hoogleraar klinische psychologie aan de Universiteit van Bonn, Walther Poppelreuther, in juli 1932 bekendmaakte dat hij een lezing wilde houden over het thema 'Politieke psychologie als toegepaste psychologie' aan de hand van *Mein Kampf*, voelde Hitler zich zichtbaar gevleid. Het zou hem 'een eer' zijn, antwoordde hij, 'als een universitair hoogleraar mijn boek voor het eerst gebruikt als basis voor een voordracht aan de universiteit'.[77]

Zoals zoveel autodidacten vond ook Hitler dat hij meer wist en kon dan wetenschappers en vaklieden, en hij bejegende hen dan ook met een zekere arrogantie, die slechts de keerzijde van zijn geremdheid was. 'Een genie van het dilettantisme' heeft Speer hem genoemd.[78] Hij gaf slechts node toe dat zijn opleiding leemten vertoonde, naar het opvullen waarvan hij ook in het belang van zijn carrière had moeten streven. Zo probeerde Hanfstaengl Hitler na diens vrijlating uit de gevangenis van Landsberg tevergeefs over te halen om Engels te leren. Hoewel hij zichzelf aanbood om zijn chef twee middagen per week les te geven, bleef Hitler bij zijn afwijzing: 'Mijn taal is Duits en daar heb ik genoeg aan.'[79] Ook een poging om hem over te halen tot het maken van een buitenlandse reis, opdat hij de wereld eens vanuit een andere dan zijn provinciale gezichtshoek zou leren kennen, mislukte. Hitler bedacht telkens nieuwe smoesjes: nu eens zei hij dat hij geen tijd had voor dergelijke ondernemingen, dan weer dat zijn tegenstanders van zijn afwezigheid gebruik zouden maken om zijn toppositie te ondermijnen.[80] Dat verklaart waardoor er in 1933 een politicus aan de macht kwam die – afgezien van de vier oorlogsjaren in België en Frankrijk – niets van de wereld had gezien.

Als parvenu was Hitler voortdurend bang dat hij niet serieus werd genomen of zichzelf belachelijk zou maken. In zijn pogingen zich aan de heersende omgangsvormen aan te passen, gaf hij in de jaren twintig vaak blijk van onzekerheid. Volgens de weduwe van Scheubner-Richter, de man die op 9 november 1923 bij de Feldherrnhalle om het leven was gekomen, kwam Hitler in gezelschap 'altijd enigszins gekweld' over.[81] Als Elsa Bruckmann gerechten opdiende die hij niet kende – zoals kaviaar of artisjokken – kreeg ze te horen: 'Lieve mevrouw, laat me alstublieft eens zien hoe men dit eet.'[82] Helene Bechstein, de andere moederlijke vriendin, doste hem uit in een nieuw pak, gesteven overhemden en laklaarzen. 'Dat had tot gevolg,' vertelt Hanfstaengl, 'dat Hitler een tijd lang op elk moment van de dag in halfhoge laklaarzen verscheen, tot ik de vrijheid nam hem erop te wijzen dat het allesbehalve het juiste schoeisel was voor die dag, en al helemaal niet voor een arbeidersleider die voor zijn nooddruftige aanhangers verscheen.'[83] Ook Hitlers uitgesproken voorkeur voor de *Lederhose* vormde een merkwaardig contrast met de Führercultus die zijn volgelingen sinds 1922-1923 vierden. Heß schrok zich dan ook dood toen hij Hitler in juli 1923 op de Obersalzberg

Afb. 35 Hitler in *Lederhose* en bruin overhemd – een foto van Heinrich Hoffmann die nooit door de publiciteitsafdeling van de NSDAP is vrijgegeven; voorjaar 1927.

'plotseling in korte leren broek met blote knieën en in hemdsmouwen zag'.[84] Nog eind 1926, begin 1927 liet Hitler zich door zijn hoffotograaf Heinrich Hoffmann vereeuwigen in een reeks foto's in korte leren broek en bruin overhemd.[85] Later schijnt hij steeds vaker van deze kledingstukken te hebben afgezien omdat ze niet meer pasten bij het beeld van de komende messias van de Duitsers. Wel stond hij er nog steeds op dat Hoffmann hem fotografeerde voordat hij besloot een nieuw kledingstuk in het openbaar te dragen.[86] In zwembroek heeft hij zich nooit vertoond. Los van het feit dat hij niet kon zwemmen – en ook weigerde het te leren – verwees hij als afschrikwekkend voorbeeld naar de foto op het omslag van de *Berliner Illustrierte* van augustus 1919, van rijkspresident Friedrich Ebert en minister van Defensie Gustav Noske op het Oostzeestrand van Travemünde, een foto die de rechtse pers gretig had aangegrepen om vooraanstaande vertegenwoordigers van de Republiek van Weimar over de hekel te halen.[87]

Ook dansles, om zich vlotter te kunnen bewegen in de betere kringen, wees Hitler af, zoals hij ook het leren van een vreemde taal had afgewezen. 'Dansen is voor een staatsman een onwaardige bezigheid,' vond hij, en ook de verlokkelijk bedoelde hint van Hanfstaengl dat zijn grote voorbeeld Frederik de Grote de dansvloer niet had geschuwd, kon Hitler niet op andere gedachten brengen: 'Al die dansevenementen zijn puur tijdverspilling en bovendien is dat gewals veel te vrouwelijk voor een man.'[88] Tijdens een ontvangst door de rijkspresident van het corps diplomatique op 9 februari 1933 viel het iedereen op hoe onzeker, uitgesproken verlegen zelfs de nieuwe rijkskanselier zich gedroeg bij zijn eerste stappen op onbekend terrein. Bella Fromm, de societyverslaggeefster van de *Vossische Zeitung*, noteerde in haar dagboek: 'Iedereen keek naar Hitler. De oud-korporaal, enigszins korzelig en onhandig, leek zich nogal ongemakkelijk te voelen in zijn

Afb. 36 Brief van Hitler aan Adelheid Klein van 30 september 1934, met de opmerking: 'Ik denk dat mijn leven de grootste roman in de wereldgeschiedenis is!'

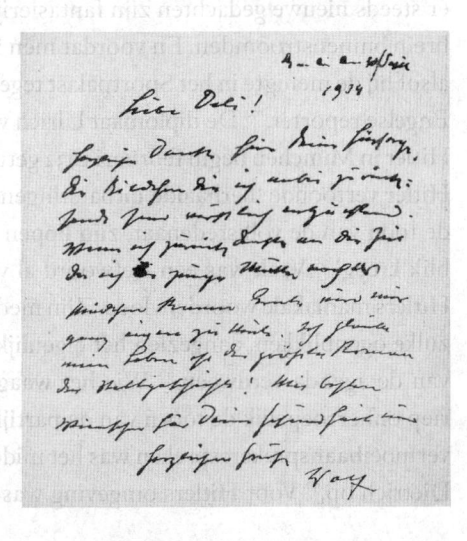

nieuwe rol. Zijn jaspanden zaten hem in de weg. Hij tastte telkens weer naar de plek waar normaal zijn koppelriem zat en telkens als hij dat vertrouwde verkoelende en opmonterende houvast niet vond, werd hij wreveliger. Hij verfrommelde zijn zakdoek en had duidelijk last van plankenkoorts.'[89]

'Ik denk dat mijn leven de grootste roman in de wereldgeschiedenis is!' schreef Hitler eind september 1934 aan Adelheid Klein.[90] De dictator dacht daarbij waarschijnlijk aan Napoleon en aan diens overgeleverde uitspraak *Quel roman pourtant que ma vie!* Wat is mijn leven toch een roman.' De Duitse Führer kleefde, net als de Franse keizer, het aura van parvenu aan. Ook toen hij tijdens zijn bewind steeds meer succes kreeg in de binnen- en buitenlandse politiek en zelfverzekerder werd, was hij vóór officiële ontvangsten altijd uitermate zenuwachtig. Hij werd, getuigde Christa Schroeder, geplaagd door 'de angst voor een faux pas'.[91] Hij bemoeide zich met elke kleinigheid, wierp, voordat de gasten kwamen, een blik op de gedekte tafel en controleerde zelfs de bloemschikkingen. Het best voelde hij zich nog tijdens de ontvangsten van kunstenaars; dan was hij op zijn ongedwongenst.[92]

Dit verklaart waarschijnlijk Hitlers uitgesproken en door vele gesprekspartners opgemerkte neiging tot het afsteken van monologen, kennelijk in een poging zijn eigen onzekerheid te verdoezelen. Heinrich Claß, die hij tijdens hun eerste ontmoeting in het voorjaar van 1920 aanvankelijk heel eerbiedig had begroet, werd door de Münchense lokale grootheid aansluitend getrakteerd op een urenlange monoloog, zodat de voorzitter van de Alldeutsche Verband 'een soort duizeligheid voelde'.[93] Hoe dat ontremmingsmechanisme functioneerde, is beschreven door Sefton Delmer, die Hitler begin mei 1931 voor het eerst interviewde: 'Ik stelde een vraag en zijn antwoord zwol aan tot een redevoering, tijdens welke er steeds nieuwe gedachten zijn fantasierijke en ongelooflijk wakkere en heldere brein binnenstroomden. En voordat men hem kon tegenhouden, schreeuwde hij alsof hij de menigte in het Sportpalast tegenover zich had in plaats van één enkele Engelse reporter.'[94] De diplomaat Ulrich von Hassell was tijdens een bezoek aan Hitler in München begin februari 1932 getuige van een soortgelijke metamorfose: Hitler vertoonde 'herhaalde uitbarstingen van hartstocht', 'waarbij hij verviel in de toon van de volksredenaar, zijn lippen liet trillen en een merkwaardig starre blik kreeg'.[95] Vaak was een trefwoord al voldoende om de deur te openen voor Hitlers maniakale woordenvloed. Zijn medewerkers in het Braune Haus vreesden zulke ogenblikken, aangezien het eigenlijke punt van bespreking daardoor vaak van de agenda verdween.[96] Wie het waagde de woordenvloed te onderbreken, riep onherroepelijk de toorn van de partijleider over zich af. 'Hitler was een onvermoeibaar spreker: spreken was het middelpunt van zijn bestaan,' merkte Otto Dietrich op.[97] Voor Hitlers omgeving was zijn onweerstaanbare behoefte om te praten op den duur een zware belasting. Ze moesten de eindeloze monologen over zich heen laten komen, mochten hem niet tegenspreken maar instemmende belangstelling betuigen en in het gunstigste geval door een korte tegenwerping de spreker aanzetten tot nieuwe breedsprakige gedachtevluchten. Meestal liet de egomaan zich zó meeslepen door zijn eigen woorden, dat hij absoluut niet merkte wat hij zijn toehoorders daarmee aandeed.

In kleine kring echter kon Hitler ook een ander gezicht tonen. Daar kon hij de beminnelijke prater zijn, die niet doceerde maar onderhoudend vertelde, bijvoorbeeld over zijn oorlogservaringen – 'zijn onuitputtelijke lievelingsonderwerp' – over het begin van de partij of over de staatsgreep in november 1923.[98] Daar openbaarde hij zich als de zorgzame 'huisvader' – 'goedmoedig, tot schertsen bereid, ontvankelijk voor onschuldige grappen van anderen'.[99] Hoe verblindend hij in die rol kon zijn, blijkt uit het dagboek van Joseph Goebbels: Hitler 'ontroerend als een vader. Ik mag hem erg graag, liever dan alle andere mannen, omdat hij zo goedmoedig is. Hij heeft een groot hart,' noteerde hij in juni 1929. En in januari 1931 bevestigde hij: 'Met Hitler aan het middagmaal bij hem thuis [...]. Het is heel gezellig. De chef als huisvader. Hij is heel bezorgd om me.'[100]

De Gauleiter van Berlijn en latere minister van Propaganda was ongetwijfeld de medewerker met wie Hitler het nauwst contact had en met wie hij ook persoonlijke zaken besprak. Toch vergiste Goebbels zich als hij geloofde dat Hitler hem 'volledig in vertrouwen' nam en hem 'alles' vertelde 'wat hij op zijn lever' had.[101] In werkelijkheid was er niemand voor wie Hitler zich ooit volledig openstelde. Karl Alexander von Müller merkte begin jaren twintig al 'de luchtlaag van diepe eenzaamheid' op 'die om hem heen hing en hem extra scheidde van elke omgeving'. Ook aan het echtpaar Bruckmann gunde Hitler, alle schijnbare vertrouwelijkheid ten spijt, geen blik in zijn innerlijk. 'Ze vergisten zich in hem zoals alle anderen, misschien zelfs nog meer, omdat hij af en toe een kier voor hen leek te openen.'[102] Ook Albert Speer herinnerde zich dat hij nooit iemand had gekend 'die zijn gevoelens zo zelden liet blijken en, als hij dat deed, zich onmiddellijk weer afsloot'. Wel waren er in de loop van hun samenwerking ogenblikken geweest waarvan hij kon aannemen dat hij 'hem nader was gekomen. Maar dat was altijd schijn. Als men zijn hartelijkere toon voorzichtig overnam, trok hij onmiddellijk afwerend een onneembare muur op.'[103] Ook Joachim von Ribbentrop, die in februari 1938 Hitlers minister van Buitenlandse Zaken zou worden, constateerde dat de man die door miljoenen werd vereerd, in wezen eenzaam was geweest: 'Precies zoals ik hem nooit nader kwam, zo ook heb ik niemand anders gezien bij wie dat het geval is geweest [...]. Hij had in zijn hele wezen iets onbeschrijflijk afstandelijks.'[104]

De behoefte aan afstandelijkheid was waarschijnlijk niet zozeer een uitdrukking van gebrekkige sociale vaardigheden als wel het gevolg van de wens van iemand die overtuigd was van zijn uitverkorenheid, zich te omringen met een aureool van ongenaakbaarheid. Hitler had een hekel aan al te grote vertrouwelijkheid en intimiteit. Er waren maar weinig mensen in zijn naaste omgeving die hij tutoyeerde.[105] Een echte vriend voor wie hij zich openstelde, heeft hij nooit gehad. Hitler zou bang zijn geweest voor 'ogenblikken van onvrijwillige overgave en spontane vertrouwelijkheid', meende Otto Straßer te merken. 'Zich eens laten gaan, zich overgeven – dat zou voor hem de afschuwelijkste vernedering zijn geweest'[106] – een aanwijzing die ook licht zou kunnen werpen op zijn moeizame relaties met vrouwen. Hitler had het vooral moeilijk met het idee dat er mensen waren die op de hoogte waren van zijn verleden vóór 1914 en zijn prestaties tijdens de oorlog. Veelzeggend was dat hij tijdens een bijeenkomst van veteranen van het regiment List in de jaren twintig geen echt contact meer kreeg met zijn oude kameraden en snel weer verdween.[107]

Het best voelde hij zich te midden van de kameraden van de eerste strijdperiode met wie hij in Café Heck samenkwam. In die kring kon hij ongeremd zijn kleinburgerlijk-vulgaire kanten tonen, zonder bang te hoeven zijn voor gefronste wenkbrauwen. 'Afschuwelijk hem tussen die bekrompen cultuurbarbaren aan politieke tinnegieterij te zien doen,' noteerde Goebbels in maart 1931.[108] Na de machtsovername bezocht Hitler deze bijeenkomsten overigens niet meer. De kameraadschappelijke toon die zijn oude maten gewoontegetrouw tegen hem aansloegen, paste niet meer bij zijn nieuwe rol als rijkskanselier. Vanaf dat moment hield hij ook afstand tot hen.[109] De aanspreekvorm Mein Führer werd ook voor de vertrouwelingen uit de 'oorlogstijd' verplicht en alleen op de avond van 8 november, na de traditionele bijeenkomst in de Bürgerbräukeller, kwam Hitler met de 'oude strijders' bijeen in Café Heck.[110]

Ook tegenover zijn vroege mannelijke en vrouwelijke begunstigers bewaarde Hitler na 1933 afstand. Zo klaagde Helene Bechstein op 21 april 1933, een dag na zijn verjaardag, tegenover haar 'lieve Wolf' dat ze hem haar gelukwensen graag persoonlijk zou hebben overgebracht en hem 'zoals vroeger de hand zou hebben geschud', maar dat zijn adjudant Wilhelm Brückner haar had afgescheept met de woorden: 'Hij is geen minuut vrij'.[111] Hitler bedacht zijn voormalige beschermvrouwe weliswaar af en toe nog met attenties – zo verleende hij haar in december 1934 het gouden partijinsigne en feliciteerde hij haar in mei 1936, na de dood van haar man, persoonlijk met haar verjaardag – maar de oude vertrouwensrelatie werd nooit meer hersteld, te meer niet omdat Helene Bechstein telkens weer onverbloemd kritiek had op bepaalde verschijningsvormen van het regime.[112] Iets nauwer bleef de relatie met het echtpaar Bruckmann in München. Hitler verleende hen niet alleen het gouden partijinsigne, maar deed hun ook een auto cadeau.[113]

Niettemin moest ook Elsa Bruckmann ervaren dat haar beschermeling haar niet meer zo vaak bezocht als vroeger. De Führer was 'nu inderdaad heel moeilijk te bereiken', klaagde ze in een brief van maart 1934.[114]

Had Hitler 'geen enkele innerlijke binding met anderen', zoals Gregor Straßer begin jaren dertig zei tijdens een gesprek met Otto Wagener – en zoals zijn biografen, van Konrad Heiden tot en met Ian Kershaw, eveneens hebben geopperd?[115] Zo apodictisch geformuleerd klopt de stelling niet. Er waren immers meerdere privékringen die voor Hitler een soort surrogaatgezin waren. Daartoe behoorde het echtpaar Hoffmann, in wier villa in München-Bogenhausen hij ook na 1933 nog veelvuldig te gast was. Bij goed weer kon het gebeuren 'dat de Führer en rijkskanselier zijn jas uittrok en in hemdsmouwen op het gazon ging liggen', merkte een van zijn begeleiders op. 'Bij Hoffmann voelde hij zich thuis; op een keer liet hij een boek van Ludwig Thoma halen, koos een passage en las daaruit voor.'[116]

Ook in huize Wagner in Bayreuth werd Hitler als een familielid ontvangen. Het viel Speer op dat Hitler in die kring 'losser dan anders' was. 'Bij de familie Wagner voelt hij zich zichtbaar geborgen en vrij van de dwang tot machtsvertoon.'[117] Niet alleen met de vrouw des huizes, die hij sinds 1926 tutoyeerde, maar ook met de vier kinderen Wagner ging Hitler familiair om. Hij liet zich door hen bereidwillig fotograferen, nam hen mee op tochtjes in zijn grote Mercedes Kompressor en vertelde hun 's avonds in de kinderkamer verhaaltjes. 'Hij was heel ontroerend met de kinderen,' herinnerde Winifred Wagner zich, en Lieselotte Schmidt vertelde over een privébezoek van Hitler in Bayreuth, begin mei 1936: 'Hij kijkt dan steeds stralender van de kinderen naar de moeder en omgekeerd

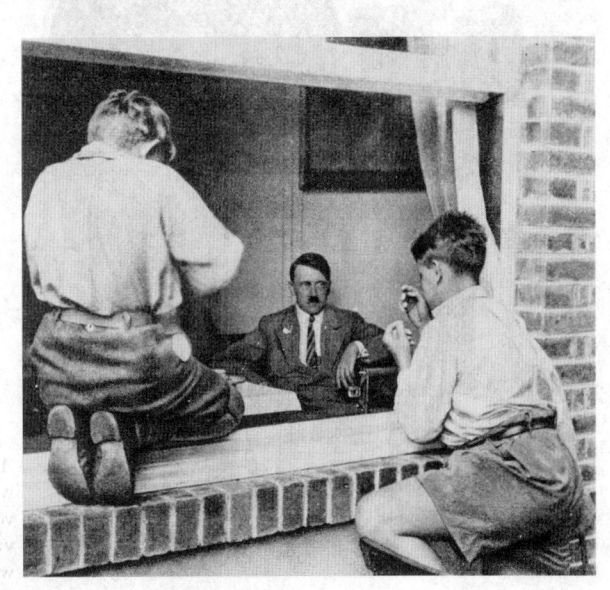

Afb. 37 Adolf Hitler poseert voor de kleinkinderen van Richard Wagner, Wieland en Wolfgang, 1931.

en weet dat, als er op deze aarde zoiets als een thuis voor hem is, hij dat nergens mooier kan vinden dan in huize Wahnfried en bij deze mensen.'[118]

Hitlers persoonlijke contacten in Berlijn concentreerden zich bijna uitsluitend op het gezin Goebbels. In december 1931 was hij al getuige geweest bij het huwelijk van Magda en Joseph Goebbels, en voor 1933 was hij vaak te gast geweest in hun woning in Berlijn. Ook na de machtsovername heeft hij vele avonden doorgebracht in het zomerhuis van het echtpaar Goebbels in Kladow aan de Wannsee en later in hun zomerverblijf op het eiland Schwanenwerder. Ze maakten gezamenlijk boottochten en Hitlers bezoeken duurden vaak tot diep in de nacht.[119] De dictator nam intensief deel aan het gezinsleven, bezocht Magda Goebbels in de kliniek als ze daar voor een van haar vele bevallingen was opgenomen, en de verjaardagen werden gezamenlijk gevierd. Hij speelde ook graag met hun dochtertjes; vooral van de oudste, Helga, was hij 'helemaal weg'; hij heeft zelfs eens gezegd dat 'als Helga twintig jaar ouder en hijzelf twintig jaar jonger was geweest, zij de vrouw voor hem zou zijn geweest'.[120] Op 19 december 1936, toen het echtpaar Goebbels vijf jaar getrouwd was, liet de vriend des huizes zich niet de kans ontnemen om nog laat in de avond persoonlijk bloemen en gelukwensen te

Afb. 38 De officiële foto waarmee in oktober 1938 de voortzetting van het huwelijk van Joseph en Magda Goebbels werd bekendgemaakt.

overhandigen: 'We zijn diep ontroerd en gelukkig. Hij voelt zich zo goed bij ons,' noteerde de minister van Propaganda.[121] Toen Goebbels in het najaar van 1936 een verhouding had met de Tsjechische actrice Lída Baarová en daarom wilde scheiden, sprak Hitler zijn veto uit – mede om de niet geheel belangeloze reden dat hij in huize Goebbels een soort gezinsleven kon blijven leiden.[122]

Bij de keuze van zijn medewerkers liet Hitler zich overigens niet leiden door zijn gevoelens maar op de eerste plaats door nuttigheidsoverwegingen. De belangrijkste voorwaarden waren absolute loyaliteit, discretie en onvoorwaardelijke ondergeschiktheid aan zijn gezag. Rudolf Heß, die sinds 1925 Hitlers privésecretaris was, voldeed op ideale wijze aan die voorwaarden en was daarom voor 1935 bijzonder geliefd bij zijn 'chef'. Hij mocht Hitler begeleiden op diens propagandatochten en toen hij op 20 december 1927 trouwde met Ilse Pröhl, met wie hij al jarenlang verloofd was, was Hitler vanzelfsprekend, samen met Heß' oude vriend Karl Haushofer, getuige bij het huwelijk.[123] 'Wolf is zo aan Heß gehecht; hij zingt elke keer een loflied tegenover mij,' schreef Winifred Wagner in juli 1928.[124] Wie goed kon spreken en net als Hitler zelf grote mensenmassa's kon bespelen, had bij de selectie van de toekomstige leidende elite een streepje voor. Dat was ook een van de redenen waarom de partijvoorzitter lang vasthield aan de corrupte Hermann Esser en waarom Joseph Goebbels zo snel carrière maakte binnen de NSDAP en bij zijn baas in de gunst bleef staan.[125] Het is opvallend dat Hitler bij voorkeur mannen om zich heen verzamelde die net als hijzelf uit lagere milieus afkomstig waren en niet konden bogen op een voltooide opleiding. Het stoorde hem nauwelijks als iemand een 'weeffout', een duistere vlek in zijn biografie had. Integendeel: hij wist dat hij dergelijke medewerkers des te makkelijker aan zich kon binden en ook des te makkelijker uit zijn omgeving kon verbannen.[126]

Hitler nam overigens niet graag afscheid van mensen aan wie hij gewend was. Vooral tegenover zijn 'oude strijdmakkers' had hij een uitgesproken gevoel van trouw en er was heel wat voor nodig voordat hij besloot een van hen zijn congé te geven.[127] Daar kwam bij dat hij er een uitgesproken hekel aan had iemand van man tot man te berispen. Liever gaf hij tijdens het middag- of avondmaal lucht aan zijn ergernis, wat, zoals de landbouwdeskundige en latere minister van Landbouw en Voedselvoorziening Richard Walter Darré zich herinnerde, 'meer dan voldoende was om het de desbetreffende persoon via verschillende kanalen ter ore te doen komen, die dan meestal onmiddellijk door de knieën ging'.[128]

Hitler had een scherp oog voor de zwakke punten en de tekortkomingen van anderen en verstond de kunst die ten eigen bate aan te wenden. Niet zelden doorzag hij een karakter al na een korte kennismaking. Een 'superieure mensenkenner en mensenvanger', noemde Konrad Heiden hem.[129] En toen Albert Speer zich afvroeg waarom hij net als zoveel anderen was gevallen voor Hitlers 'behandelingsmagie', kwam hij tot de slotsom: 'Hij bespeelde niet alleen het instrument van de massa, maar was ook tegenover individuen een meesterlijk psycholoog. Hij kende de geheimste hoop en de geheimste angsten van al zijn gesprekspartners.'[130] Zo voelde Hitler ook haarfijn aan of iemand hem onvoorwaardelijk trouw was of heimelijk bedenkingen tegen hem had. Van de laatsten had hij een instinctieve afkeer. 'Ik mag die vent niet,' placht hij te zeggen.[131] Zijn altijd waakzame wantrouwen stak onmiddellijk de kop op als iemand probeerde door te dringen in zijn zorgvuldig afgeschermde privéleven. Als iemand hem ooit op een zwak moment of in verlegenheid gebracht had gezien, moest de desbetreffende persoon rekening houden met zijn wraakzucht.[132] Zijn olifantengeheugen sloeg ook zulke gevallen op. De innerlijk onzekere parvenu was een wraakzuchtig man.

Al vóór 1933 bekwaamde Hitler zich in de tactiek om dezelfde taken door verschillende medewerkers te laten verrichten – ervan uitgaande dat hij hen door de onderlinge concurrentiestrijd tot maximale prestaties kon aanzetten, maar tegelijkertijd in de verwachting dat ze elkaar op die manier zouden neutraliseren en geen gevaar zouden vormen voor zijn eigen aanspraken op de alleenheerschappij. Pfeffer von Salomon karakteriseerde deze machtsmethode tegenover Otto Wagener als *divide et impera*, hetgeen de latere dictator zou uitbouwen en perfectioneren.[133] Albert Speer had het over een 'zorgvuldig afgewogen systeem van wederzijdse vijandschap'. Geen van zijn ondergeschikten, hoe groot hun werkterrein ook was, zou zich ooit hebben kunnen inbeelden 'een intrinsieke macht te bezitten'.[134]

Bij deze stijl van leidinggeven hoorde ook de neiging van Hitler altijd slechts enkele uitverkorenen in te wijden in zijn plannen of er helemaal over te zwijgen. Zelfs Goebbels, die dacht dat hij op vertrouwelijke voet stond met zijn 'chef', wond zich bij tijd en wijle op over Hitlers 'zwijgzaamheid in delicate politieke kwesties [...]. We tasten hier allemaal in het duister.'[135] Ook Christa Schroeder getuigt van Hitlers 'verbazingwekkende zelfbeheersing' als het erom ging 'geheimen te bewaren': 'Hij was ervan overtuigd dat iedereen slechts datgene hoefde te weten wat per se nodig was om zijn ambt te vervullen.'[136] Een van zijn favoriete methoden om zijn medewerkers tegen elkaar uit te spelen en de concurrentie om zijn gunsten aan te wakkeren, was dat hij hen slechts mondjesmaat liet delen in speciale informatie.

Hitlers ondanks al zijn extraverte zendingsbesef labiele gevoel van eigenwaarde reageerde uiterst gevoelig als hij op tegenspraak stuitte. Hij was evenwel, zoals Wagener vertelt, vóór 1933 nog bereid tegengestelde meningen onder vier ogen rustig aan te horen en zichzelf eventueel ook te corrigeren, maar in grotere gezelschappen verdroeg hij geen belerende woorden. 'Dan ging hij vaak tekeer als een tijger die plotseling merkt dat hij zit opgesloten in een kooi en de tralies probeert te breken.'¹³⁷ Bijna alle medewerkers konden vertellen over woedeaanvallen, zoals Pfeffer von Salomon er in 1930 een moest ondergaan: 'Hij brulde gewoonweg, hij schreeuwde me toe, er verscheen een dikke blauwe ader op zijn voorhoofd en zijn ogen leken uit hun kassen te puilen. Zijn stem sloeg over. Ik werd echt bang dat hem iets zou overkomen.'¹³⁸ De 'aanblik van de tierende Hitler' zou 'niet erg fraai en voor een kleine kring van de aanwezigen waarschijnlijk ook niet bijzonder imponerend' zijn geweest, constateerde ook Albert Krebs. 'Het speeksel droop letterlijk uit zijn mondhoek over zijn terugwijkende kin.' Desondanks zou hij zich hebben afgevraagd of de meeste van die woede-uitbarstingen voor een deel misschien gespeeld waren. Hitler zou zijn zelfbeheersing nooit hebben verloren, maar binnen 'het kader van zijn zelfgekozen rol' zijn gebleven.¹³⁹ Dat gold ook voor zijn toespraken, waarbij hij zich ondanks alle extatische crescendo's zelden liet verleiden tot onbedachtzame uitspraken: 'Zijn temperament ging schijnbaar met hem op de loop en ontlaadde zich in watervallen van naar buiten geslingerde zinnen. In werkelijkheid echter had hij zichzelf stevig in de hand,' merkte Baldur von Schirach op¹⁴⁰, en een soortgelijke opmerking maakte minister van Financiën Lutz Schwerin von Krosigk: Hitler had zich weliswaar telkens weer 'door zijn hartstocht [laten] meeslepen' maar had deze tegelijkertijd 'met koel verstand' gedirigeerd: 'Dat was misschien de meest verbazingwekkende gave van deze geboren volksmenner, die combinatie van vuur en ijs.'¹⁴¹

'Vuur en ijs' – met die paradoxale formule legde Schwerin von Krosigk de vinger op een van de opvallendste kenmerken van Hitler. Zo beminnelijk, vol warmte en medeleven hij in de persoonlijke omgang kon zijn, zo kil, gespeend van elke menselijk gevoel en consideratie kon hij tegelijkertijd zijn als het erom ging zijn politieke doelstellingen door te drijven. Men kan hierin ook de nawerking zien van de gewelddadige ervaringen waaraan Hitler, zoals de meesten van de frontgeneratie, tijdens de Eerste Wereldoorlog blootgesteld was geweest. De harde opleiding en de ongevoeligheid voor menselijk leed waren blijvende indrukken, die nog versterkt waren door de op een burgeroorlog lijkende schermutselingen na de oorlog. De wereldoorlogkorporaal had zelf niet in een van de vrijwilligerskorpsen deelgenomen aan de gevechten, maar was zijn politieke carrière begonnen in een München dat gekenmerkt werd door de contrarevolutionaire krijgshaftigheid van strijdgroepen en burgerwachten. Geweld was vanaf het begin een van de middelen waarvan hij zich tegenover zijn binnenlandse tegenstanders bediende, en dat hij er daarbij niet voor terugdeinsde ook mensenlevens op het spel te zetten, had hij voldoende bewezen met de staatsgreep van 8 en 9 november. Zijn martiale optreden in de Bürgerbräukeller had overigens niet kunnen verhelen dat de rol van vechtersbaas die ook privé geen remmingen kende, niet tot zijn lievelingsrepertoire behoorde. Voordat hij in actie kwam, had hij zichzelf in een psychische uitzonderingstoestand gebracht, die het hem mogelijk maakte alle bedenkingen overboord te zetten – een gedragspatroon dat zich, zoals we later zullen zien, zou herhalen tijdens de bloedige uitschakeling van de SA-leiding eind juni 1934.

Een bizarre tactiek om zich te verzekeren van de trouw van zijn mensen paste Hitler toe in het voorjaar van 1931, toen hij de Berlijnse SA en de daarbij aangesloten groepen in verband met de Stennes-revolte liet aantreden in het Sportpalast. Het was voor Speer, die als lid van het nazimotorkorps aan het appel deelnam, zijn eerste persoonlijke ervaring met Hitler: 'Urenlang stonden we er zonder een woord te zeggen. Toen verscheen hij met zijn gevolg [...]. Maar in plaats van, zoals iedereen verwachtte, op het spreekgestoelte te klimmen, mengde Hitler zich tussen de geüniformeerde gelederen en het werd doodstil. Toen schreed hij langs de colonnes. In de enorme ruimte waren alleen zijn stappen hoorbaar. Het duurde uren. Eindelijk kwam hij aan bij mijn gelid. Zijn ogen waren strak gericht op de aangetreden manschappen; het was alsof hij hen door zijn blik aan zich wilde binden. Toen hij bij mij kwam, had ik de indruk dat een paar wijd opengesperde ogen me onmetelijk lang in bezit namen.'[142] Dit ritueel van de fixerende blik beoefende Hitler af en toe ook in kleine kring, als hij de standvastigheid van een medewerker op de proef wilde stellen. Zo vertelt wederom Speer hoe Hitler hem op een keer aan de tafel van het theehuis op de Obersalzberg begon aan te staren en hij 'een bijna bovenmenselijke energie [moest] opbrengen om niet toe te geven aan de steeds sterker wordende aandrang om mijn blik af te wenden – tot Hitler opeens zijn ogen sloot en zich even later tot zijn tafeldame wendde.'[143]

Hitlers vermogen suggestieve macht over andere mensen uit te oefenen en hen daardoor aan zich te binden, lag in het verlengde van zijn neiging zichzelf iets wijs te maken. Hij zou juist daarom op anderen zo overtuigend zijn overgekomen, verklaarde Schwerin von Krosigk na 1945, omdat hij, 'meegesleept door het elan van zijn eigen woorden en gedachten', zelf vervuld zou zijn geweest van 'blind geloof in de waarheid van zijn woorden'. Ook verstandige en wilskrachtige persoonlijkheden zouden telkens weer bezwijken voor de kracht die uitging van zijn schijnbare 'innerlijke gegrepenheid en overtuiging'. Als ze naar de Führer gingen met het vaste voornemen hem op een bepaald punt tegen te spreken, zou Hitler hen 'in korte tijd en met heel weinig moeite op volledig andere gedachten hebben gebracht'.[144] De Gauleiter mochten zich op eigen terrein dan kleine koningen voelen, in Hitlers nabijheid werden ze 'klein en onderdanig': 'Ze hadden niet het lef hem tegen te spreken; het was alsof ze zich aan hem hadden overgegeven.'[145]

In Hitlers werkkamer in het Braune Haus hing weliswaar een portret van Frederik II, maar het plichtsgevoel en het arbeidsethos van de grote Pruisische koning waren zijn bewonderaar uit Oostenrijk enigermate vreemd. Vaste kantoortijden kende hij niet en met stiptheid had hij weinig. Tijdens de eerste weken van zijn kanselierschap leek er verandering in te treden. 'De chef treedt hier met ongehoorde zekerheid op. En de stiptheid!!! Altijd een paar minuten voor tijd!!! [...] Een nieuwe tijd en een nieuwe tijdsindeling zijn aangebroken!' zei Rudolf Heß verheugd.[146] Maar Hitler zou weldra terugvallen in zijn oude gewoonten. Vóór 1933 moest Hanfstaengl, als hij een interview met een buitenlandse krant had geregeld, vaak door München jakkeren om de partijleider te zoeken.[147] Met zijn grillige, zich niets van regels aantrekkende manier van werken stelde Hitler het geduld van zijn medewerkers zwaar op de proef. Baldur von Schirach herinnerde zich dat hij hem nooit aan zijn bureau had zien werken, niet in zijn woning in de Prinzregentenstraße, noch in het Braune Haus. 'Bureaus waren voor hem puur voor de sier.'[148] Ook zijn bureau in de partijcentrale was 'altijd leeg', zoals Otto Wagener opmerkte. Af en toe maakte Hitler met potloden en kleurpotloden schetsen, zolang er iemand anders aan het woord was, maar hij had de partijchef nooit zien schrijven. 'Hij ontwierp terwijl hij praatte. Hij doordacht terwijl hij sprak.'[149] Daarna was het de taak van zijn medewerkers om de zakelijke kern uit de vaak wijdlopig geformuleerde gedachtegangen te filteren en in uitvoerbare aanwijzingen te vertalen, wat niet altijd even gemakkelijk was. Het was moeilijk met Hitler samen te werken, moest zelfs zijn secondant Goebbels in maart 1932 toegeven. 'Te grillig. Grootse plannen, maar slechts met moeite en met tegenwerking uitvoerbaar.'[150]

Het in de literatuur telkens weer opduikende beeld dat Hitler als gevolg van zijn bohemienachtige neigingen absoluut niet in staat was tot geconcentreerd werken, klopt overigens niet. Hij kon zich, als het erop aankwam, zeer gedisciplineerd wijden aan zijn politieke taken, bijvoorbeeld als hij zich moest voorbereiden op een van zijn grote toespraken in de Rijksdag of op de partijdagen in Neurenberg. Daarvoor trok hij zich dagenlang terug. 'Zijn arbeidsprestaties waren dan geweldig. Hij werkte dan ook halve nachten door,' vertelde adjudant Wiedemann.[151] Ook als rijkskanselier had hij geen ghostwriter; hij dicteerde zijn tekst aan een van zijn secretaresses. Christa Schroeder heeft verteld hoe hij daarbij te werk ging: eerst schreef hij, staand over zijn bureau gebogen, enkele trefwoorden op. Daarna begon hij met kalme stem te dicteren, maar algauw ging het steeds sneller. 'De ene zin volgde op de andere, zonder onderbreking, waarbij hij door de kamer heen en weer liep. Soms hield hij zijn pas in, bleef even in gedachten verzonken voor Franz von Lenbachs portret van Bismarck staan, alsof hij zijn gedachten ordende, om zijn wandeling dan te hervatten.' Geleidelijk steeg zijn stem tot het hoogste volume. Hitler gebaarde woest, zijn gezicht liep rood aan. 'Ik kreeg tijdens het dicteren soms razende hartkloppingen, zozeer werd ik aangestoken door Hitlers opwinding,' bekende zijn secretaresse. Als hij klaar was met dicteren, ging Hitler aan zijn bureau zitten en corrigeerde het dictaat met een vulpen; daarna moest het nogmaals, soms ook meerdere keren, uitgeschreven worden. Altijd als hij klaar was met het concept van een toespraak, was het 'alsof hij van een last was bevrijd', besluit Christa Schroeder haar verslag.[152]

Kenmerkend voor Hitlers gedrag als politicus bleef de afwisseling tussen perioden van schijnbaar nietsdoen, waarin hij echter in werkelijkheid, voor buitenstaanders onzichtbaar, diep nadacht over zijn plannen, en perioden van koortsachtige, zichzelf bijna voorbijlopende activiteit.[153] Zijn gewoonte om moeilijke beslissingen voor zich uit te schuiven, behield hij. Soms klaagde zelfs Goebbels in zijn dagboek over de 'treuzelaar' en 'draler'.[154] De innerlijke spanning waaronder Hitler in zulke cruciale situaties stond, uitte zich in nagelbijten.[155] Maar als hij eenmaal een besluit had genomen, konden bedenkingen of tegenwerpingen van anderen hem niet weerhouden van het nemen van grote risico's. Daarbij volgde Hitler vaak datgene wat hij zijn 'intuïtie' noemde. Hij placht zijn medewerkers dan te overvallen: 'Ik heb er vannacht over nagedacht en ik ben tot de volgende beslissing gekomen [...].'[156] Hitler zou een 'voorgevoel', een soort zesde zintuig hebben gehad voor komende gebeurtenissen en ontwikkelingen, verklaarde Speer tijdens zijn eerste verhoor in de zomer van 1945[157], en ook Goebbels dichtte hem 'een fabelachtige neus': een 'geniaal politiek instinct' toe.[158] Dat de zogenaamd zo instinctieve politicus zich op zijn weg naar de macht meer dan eens zó ernstig heeft misrekend dat hij zijn doel uiteindelijk alleen maar bereikte doordat anderen de deur naar het kanselierschap voor hem openden, dat zagen zijn bewonderaars graag over het hoofd.

Hitlers eigenzinnige stijl van werken en beslissen beantwoordde aan zijn zelfbeeld als een kunstenaar die onvrijwillig in de politiek is beland. Zijn entourage heeft dit zelfbeeld van de kunstenaar-politicus bereidwillig overgenomen. 'Maar u kent Hitler toch,' zei Gregor Straßer tegen Otto Wagener. 'Hij is een kunstenaar. Zijn ideeën komen ergens van gene zijde. Ze zijn zelfs voor hemzelf ongrijpbaar. Hij ontwikkelt ze voor ons. Hij praat ze ons aan.'[159] Hitler 'is zelf een kunstenaar. Daarom mogen alle kunstenaars hem zo graag,' noteerde Goebbels begin december 1932 na een grote avondbijeenkomst in de woning aan de Reichskanzlerplatz, waar onder anderen de actrices Leni Riefenstahl en Gretl Slezak aanwezig waren geweest.[160] Hitler zou zich een 'gemankeerd kunstenaar' hebben gevoeld; hij zou liever architect zijn geworden dan politicus, verklaarde ook Albert Speer.[161]

Al tijdens zijn gevangenschap in Landsberg had Hitler zich, zoals we weten uit de brieven van Rudolf Heß, intensief met architectonische plannen beziggehouden. Hij maakte onder andere schetsen voor een 'groot nationaal bouwwerk' in Berlijn met een 'meer dan honderd meter overspannende koepel', hoger dan de Sint-Pieter in Rome.[162] Ook na zijn vrijlating uit de vesting Landsberg ging hij verder met zijn plannen. In december 1928 schreef Heß aan zijn ouders: 'Als architect heeft hij de uitbreiding van Berlijn tot de grote metropool van het nieuwe Duitse Rijk al in gedachten – deels ook in prachtige afzonderlijke ontwerpen op papier gezet. [...] We hebben vaak gelachen – maar met een ondertoon van ernst – als hij, met ons lopend door Berlijn dat hij kent als zijn broekzak, met een handbeweging oude en lelijke woonblokken sloopte om bestaande of toekomstige bouwwerken meer ruimte te geven en beter te laten uitkomen.'[163] Hitlers bouwprojecten neigden vanaf het begin naar het monumentale, hij was 'verzot op het reusachtige'.[164] Dat hij zich als rijkskanselier niet slechts 'ter ontspanning en voor zijn plezier' met architectuur bezighield, zoals hij in april 1934 in een persoonlijke brief schreef[165], maar daadwerkelijk aan de slag zou gaan om samen met zijn favoriete architect, Albert Speer, zijn megalomane plannen te verwezenlijken, had vóór 1933 waarschijnlijk geen van zijn volgelingen voor mogelijk gehouden.

Als autodidact heeft Hitler zijn best gedaan om op de hoogte te blijven van de belangrijke nieuwe literatuur over architectuur, bouw- en kunstgeschiedenis. Zijn huishoudster in de Prinzregentenstraße, Anni Winter, heeft tijdens een ondervraging na 1945 verklaard dat de bibliotheek in zijn privéwoning voornamelijk werken op dat vakgebied bevatte en dat hij zich ijverig aan de lectuur daarvan had gewijd.[166] Hitler betrok de boeken via de in architectonische lectuur gespecialiseerde boekhandel L. Werner in München. Dat hij daar een buitengewoon goede klant was, blijkt wel uit de talrijke rekeningen over de jaren 1931 tot en met 1933 die in het dossier bewaard zijn gebleven.[167]

Naast de architectuur ging Hitlers interesse uit naar de beeldende kunst, vooral de schilderkunst. Het valt daarbij op dat zijn kunstopvatting en zijn smaak sinds zijn Weense jaren nauwelijks veranderd waren. De mislukte kunstschilder en architect, die zichzelf voor een miskend genie hield, had een intense afkeer van de avant-gardistische modernen, waarachter hij de ondermijnende invloed van het Jodendom bespeurde. Zijn haat tegen de kunst van de Republiek van Weimar, de 'systeemtijd', uitte zich telkens weer in woeste uitvallen: 'Wat het Duitse volk sinds 1922 is aangesmeerd, is op het terrein van de schilderkunst één groot misvormd geklieder. Aan de hand van het snelle verval van de schilderkunst in de systeemtijd kan men ondubbelzinnig vaststellen hoe verwoestend de invloed van de Joden op dit gebied is geweest.'[168] De negentiende eeuw daarentegen was voor Hitler een culturele bloeitijd, waarin de Duitsers hun 'grootste artistieke prestaties' hadden voortgebracht.[169] Daaruit kwam ook zijn voorliefde voort voor de kunstenaars uit die tijd, zoals Adolph von Menzel, Anselm Feuerbach of Arnold Böcklin. In het plan voor een Deutsches Nationalmuseum dat hij rond 1935 schetste, had hij de belangrijkste zalen gereserveerd voor deze kunstenaars.[170] Eind jaren twintig begon Hitler schilderkunst te verzamelen, aanvankelijk voor zijn privéwoning in München, na 1933 ook voor zijn ambtswoning in de rijkskanselarij en zijn residentie in de Alpen, de Berghof. Onvermoeibaar was hij, bijgestaan door Heinrich Hoffmann, op zoek naar nieuwe aanwinsten.[171] Bijzonder in trek waren schilderijen van Carl Spitzweg en Eduard von Grützner. Ook nadat hij rijkskanselier was geworden, kon het gebeuren dat hij plotsklaps op het idee kwam naar een galerie te rijden – bijvoorbeeld naar Karl Haberstock op Kurfürstenstraße 59 in de Berlijnse wijk Tiergarten – om een schilderij te kopen. In mei 1935 verwierf hij Böcklins *Kampf der Zentauren* en was daar volgens zijn minister van Propaganda 'als een kind' zo blij mee.[172]

Onveranderd bleef ook sinds zijn jaren in Linz en Wenen de passie voor Richard Wagner en diens werk. 'De Führer vertelt me over Richard Wagner, die hij diep vereert en zoals hij geen tweede kent,' noteerde Goebbels in juli 1937.[173] Op 13 februari 1933, krap twee weken na de machtsovername, nam Hitler als eregast deel aan het feest ter gelegenheid van Wagners vijftigste sterfdag in het Gewandhaus in Leipzig, en tot het begin van de oorlog reisde hij telkenmale met een groot gevolg naar de Bayreuther Festspiele die, zoals hij verklaarde, 'nu eenmaal zijn enige ontspanning' waren.[174] Hij zorgde ervoor dat de met chronisch geldgebrek kampende Festspiele financieel werden gesteund, verordonneerde dat ze vanaf 1938 elk jaar moesten plaatsvinden en had een grote inbreng in de rolverdeling.[175] Maar afgezien van de Wagner-opera's had Hitler ook grote waardering voor operettes. Zo bezocht hij *Die lustige Witwe* van Franz Lehár en *Die Fledermaus* van Johann Strauss jr. meerdere keren en hij was vooral ingenomen met de prestaties van het ballet.[176]

Bovendien was Hitler een enthousiast bioscoopbezoeker. Zelfs in de spannende maanden voor de staatsgreep in november 1923 bezocht hij regelmatig de bioscoop aan de Sendlinger Torplatz. Zo keek hij samen met Hanfstaengl naar de stomme UFA-film *Fridericus Rex*. Vooral de scène waarin de jonge Frederik gedwongen wordt getuige te zijn van de terechtstelling van zijn vriend Katte, genoot zijn bijval: 'Kop eraf voor iedereen die ingaat tegen het staatsbelang, al was het zijn eigen zoon!'[177] Met Rudolf Heß bezocht hij in oktober 1926 de film *Ben Hur*.[178] En ook in de hectische jaren voor de machtsovername liet de filmfan geen gelegenheid voorbijgaan om in Berlijn of elders naar de nieuwste producties te gaan kijken. Begin februari 1932 bezocht hij met Goebbels de film *Mädchen in Uniform* met Hertha Thiele (als het jonge meisje Manuela) en Dorothea Wieck (als juffrouw Bernburg) in de hoofdrollen. 'Fabelachtige, natuurlijke, meeslepende film. Met de minste middelen het meeste effect. Verrukkelijke meisjes. Ik ben enorm aangedaan en geschokt. Hitler zelf ook.'[179] Niet veel later bewonderden ze samen Greta Garbo in haar rol in *Yvonne*.[180] Zelfs nog in de opwindende dagen vóór 30 januari namen ze, zoals gezegd, de tijd om *Der Rebell* van Luis Trenker twee keer achter elkaar te bekijken.[181] Ook als rijkskanselier bleef Hitler trouw aan zijn filmliefde, met dit verschil dat hij nu niet meer naar de bioscoop ging, maar de films 's avonds in de rijkskanselarij of in zijn huis op de Obersalzberg liet vertonen.

Een ander facet van zijn voorkeuren is nauw verweven met de naam Mercedes-Benz. Hitler was een hartstochtelijk automobilist. 'Mijn liefde behoort toe aan de automobiel. De auto heeft me de mooiste uren van mijn leven geschonken, dat moet ik eerlijk toegeven,' bekende hij in januari 1942.[182] Hij kende alle modellen, wist, niet in de laatste plaats door het bestuderen van vakbladen, 'alles over kleppen, nokkenassen, wielophanging en stuurinrichting, over motorische gegevens en rijeigenschappen'.[183] Tijdens zijn gevangenschap in Landsberg hoorde Rudolf Heß bewonderende woorden over de prestaties van de Ford-fabrieken in Detroit, die dankzij het Taylorstelsel achtduizend auto's per dag produceerden: 'Onze industrie moet haar best doen en soortgelijke prestaties leveren.'[184] Er was overigens geen sprake van dat Hitler zelf een Amerikaanse auto zou aanschaffen; hij bleef trouw aan de firma Daimler-Benz, die hem al in het begin van zijn politieke carrière tegemoet was gekomen toen hij zijn eerste auto kocht. Jakob Werlin, de filiaalhouder van Mercedes in München, behoorde tot de entourage van de Führer. In 1931 schafte Hitler het nieuwste Mercedes-model aan – een 770 achtcilinder met een 7,7-liter-motor OHV – indertijd de grootste en duurste personenauto. De coureur Rudolf Caracciola bracht de wagen persoonlijk naar München.[185] Hitler zou graag hebben gezien dat alle vooraanstaande partijleden Mercedes hadden gereden, maar kon zijn zin niet doordrijven.[186] In het 'beslissende jaar' 1932 haalde de onderneming in Untertürkheim de contacten met de nazitop aan. Er was geen reden, schreef de directeur van Daimler-Benz AG in mei aan Jakob Werlin, om 'de voorkomendheid waarmee we de heer Hitler en zijn vrienden tot nu toe hebben bejegend te verminderen; hij zal zich ook [...] evenzeer op ons kunnen verlaten als in het verleden.'[187] Dat kon Hitler inderdaad. Zo stelde het concern de rijkskanselier in juni 1933 een tweede 'Grote Mercedes' voor een speciale prijs ter beschikking. Als tegenprestatie verwachtte men in Untertürkheim een voorkeursbehandeling bij de aanstaande motorisering.[188]

Hitler kon zelf niet autorijden; hij liet zich rijden, aanvankelijk door Emil Maurice, na diens ontslag begin 1928 door Julius Schreck en na diens dood in mei 1936 door Erich Kempka.[189] Tijdens de rit zat Hitler altijd naast de chauffeur en bestudeerde de kaart. Hij hield van snelheid. Meer dan honderd kilometer per uur met de 'Grote Mercedes' was geen zeldzaamheid. Tijdens een bezoek aan Berlijn eind juni 1925 liet Hitler zich niet de kans ontnemen om op het circuit van de *Automobil-Verkehrs- und Übungs-Straße* (AVUS) de snelheid van zijn wagen te testen: 'Met een snelheid van 120 tot 135 kilometer legden we hem in enkele minuten af,' vertelde Rudolf Heß. Vóór 1933, constateerde Otto Dietrich, 'kon hij op de buitenwegen geen auto vóór zich zien zonder zijn chauffeur aan te sporen die in vliegende vaart te passeren en "af te schudden"'.[190] Nadat hij rijkskanselier was geworden, legde Hitler zijn chauffeurs echter een maximumsnelheid op en voor de veiligheid was er toen ook altijd een escorte bij. In de jaren voor de 'machtsovername' legde Hitler in totaal honderdduizenden kilometers af op de buitenwegen en het waren niet alleen de vergaderingen elders die hem uit München verdreven, maar ook een innerlijke onrust. 'We leiden een waar zigeunerleven,' merkte een van zijn begeleiders in januari 1929 op.[191] De 150 kilometer tussen München en Berchtesgaden legde Hitler vele malen in een open auto af, waarbij hij regelmatig aanlegde bij Gasthof Lambach op de noordelijke oever van de Chiemsee. Hij hield ervan met zijn entourage een eind van de weg af urenlange rustpauzes met picknick in te lassen. Hij gedroeg zich dan heel ongedwongen en legde de rol van Führer af: 'Picknick onder dennen. Vier uur in het groen gelegen. Hitler intens gelukkig. Mens onder mensen,' noteerde Goebbels over een rit door het Fichtelgebergte in juli 1933.[192]

Als hij goedgemutst was kon hij, zoals Hanfstaengl getuigde, 'een ongewoon onderhoudende reisgenoot' zijn, en onder andere complete passages uit Wagneropera's ten beste geven.[193] 's Avonds in het hotel bleef men dan meestal nog lang bijeen. Niet zelden verviel Hitler dan in gepeins. 'Dan,' zo herinnerde Otto Wagener zich, 'verstomde geleidelijk het vrolijke gesprek, waar hij niet meer aan meedeed [...]. De anderen namen meestal afscheid en hij vroeg dan deze of gene hem nog gezelschap te houden. Zo zat men meestal nog uren bijeen [...] en besprak van alles en nog wat, dingen die niets te maken hadden met het dagelijks werk en de vragen voor de toekomst.'[194]

In zijn persoonlijke leven zou Hitler 'uiterst eenvoudig, bijna ascetisch' zijn geweest, hebben de mannen in zijn omgeving overgeleverd.[195] Maar dat is slechts de halve waarheid. Hitlers vermeende eenvoud was voor een groot deel in scène gezet, een testimonium van zijn bedrieglijke pose als 'eenvoudige man van het volk'. De voorliefde voor dure en snelle auto's, maar ook de keuze van het Palais Barlow en zijn grote woning in de Prinzregentenstraße, botsten met dat beeld. In zijn *Spandauer Tagebücher* haalde Albert Speer zijn neus op voor het 'kleinburgerlijke karakter' van de woninginrichting: 'Drukbewerkte, massief eikenhouten salonmeubels, boeken achter glazen deuren, geborduurde kussens met gevoelige teksten of krachtige partijwensen. In een hoek van de kamer stond een buste van Richard Wagner, aan de muren hingen idyllische schilderwerken uit de Münchense school in brede vergulde lijsten. Uit niets bleek dat de bewoner van dit huis sinds drie jaar de rijkskanselier van Duitsland was. Het rook er naar aangebrande olie en zuur afval.'[196] Maar deze omgeving was eerder een afspiegeling van een degelijk grootburgerlijk milieu, zoals Baldur von Schirach constateerde: 'Zo had ook een welvarend fabrikant of koopman kunnen leven, of een kunstzinnig aangelegde maar ouderwetse verzamelaar.'[197]

Dat Hitler wat zijn garderobe betrof niet aan uiterlijk vertoon deed, was puur berekening. 'Mijn omgeving moet groots aandoen. Dan valt mijn eenvoud des te meer op,' heeft hij eens gezegd.[198] Hij gaf de voorkeur aan eenvoudige uniformen, die hij liet maken door Wilhelm Holters, Wilhelmstraße 49 in Berlijn. Zijn burgerkostuums daarentegen liet hij in München maken door Michael Werner, Herzog Wilhelmstraße 47.[199] Hitler gaf de kleermaker slechts node toestemming om zijn maten op te nemen of pasbeurten af te spreken en als hij het bij uitzondering deed, mocht het slechts enkele minuten duren.[200] Op onderscheidingen was Hitler niet dol. Hij droeg alleen het IJzeren Kruis tweede klasse en het gouden

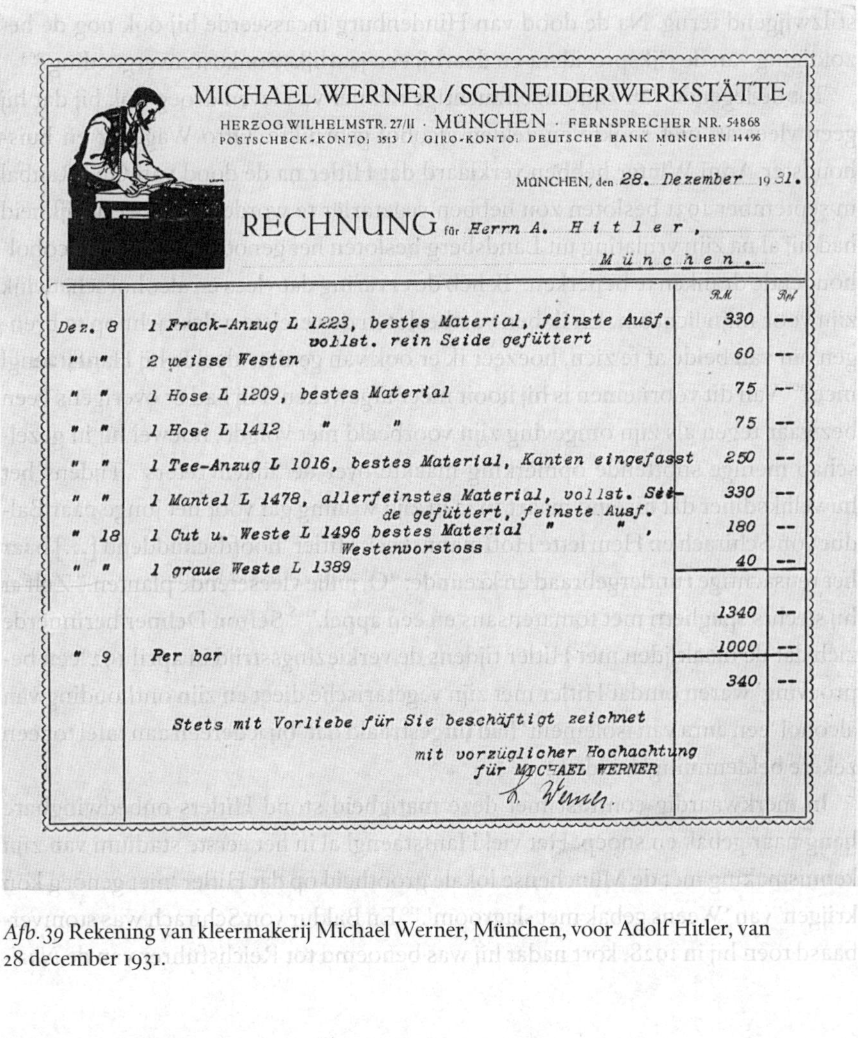

MICHAEL WERNER / SCHNEIDERWERKSTÄTTE
HERZOG WILHELMSTR. 27/II · MÜNCHEN · FERNSPRECHER NR. 54868
POSTSCHECK-KONTO: 3513 / GIRO-KONTO: DEUTSCHE BANK MÜNCHEN 14496

MÜNCHEN, den 28. Dezember 1931.

RECHNUNG für Herrn A. Hitler, München.

		RM	Rpf
Dez. 8	1 Frack-Anzug L 1223, bestes Material, feinste Ausf. vollst. rein Seide gefüttert	330	--
" "	2 weisse Westen	60	--
" "	1 Hose L 1209, bestes Material	75	--
" "	1 Hose L 1412 " "	75	--
" "	1 Tee-Anzug L 1016, bestes Material, Kanten eingefasst	250	--
" "	1 Mantel L 1478, allerfeinstes Material, vollst. Seide gefüttert, feinste Ausf.	330	--
" 18	1 Cut u. Weste L 1496 bestes Material " " , Westenvorstoss	180	--
" "	1 graue Weste L 1389	40	--
		1340	--
" 9	Per bar	1000	--
		340	--

Stets mit Vorliebe für Sie beschäftigt zeichnet
mit vorzüglicher Hochachtung
für MICHAEL WERNER

Afb. 39 Rekening van kleermakerij Michael Werner, München, voor Adolf Hitler, van 28 december 1931.

partijinsigne, maar had er niets op tegen als zijn gevolg zich behing met allerlei onderscheidingen en eretekenen, omdat zijn gespeelde bescheidenheid dan des te voordeliger uitkwam.[201]

In geldzaken was Hitler betrekkelijk gemakkelijk. Een reguliere bankrekening schijnt hij niet te hebben gehad.[202] Hij had ook nooit een portefeuille of portemonnee bij zich. Wat hij nodig had, werd hem door een van zijn adjudanten toegestopt of zat los in zijn jaszak. De rekeningen voor zijn eigen levensonderhoud liet hij voldoen door Julius Schaub en Wilhelm Brückner.[203] Zijn vermogen, dat door de verkoopcijfers van *Mein Kampf* continu groeide, werd door Max Amann beheerd. Van zijn inkomen als rijkskanselier kon hij afzien; dat hij dit besluit begin februari 1933 met veel tamtam bekendmaakte, onderstreept eens te meer zijn behoefte in de openbaarheid de legende te voeden van de ascetische eenvoud van zijn persoonlijke levenswandel.[204] Een jaar later draaide hij zijn besluit overigens stilzwijgend terug. Na de dood van Hindenburg incasseerde hij ook nog de bezoldiging van de rijkspresident en daarbij een jaarlijkse onkostenvergoeding.[205]

Tot de legende van zijn onzelfzuchtige manier van leven droeg ook bij dat hij geen vlees at, niet rookte en zelden alcohol gebruikte. Otto Wagener en huishoudster Anni Winter hebben verklaard dat Hitler na de dood van Geli Raubal in september 1931 besloten zou hebben vegetariër te worden.[206] In werkelijkheid had hij al na zijn vrijlating uit Landsberg besloten het genot van vlees en alcoholhoudende dranken te beperken. 'Ik heb de ervaring dat vlees en alcohol schadelijk zijn voor mijn lichaam. En ik ben vastbesloten de vereiste wilskracht op te brengen om van beide af te zien, hoezeer ik er ook van geniet,' deelde hij Hanfstaengl mee.[207] Van dit voornemen is hij nooit meer afgeweken. Hij had er overigens geen bezwaar tegen als zijn omgeving zijn voorbeeld niet volgde, hoewel hij in gezelschap menige spottende opmerking maakte over de 'lijkenvreters'. Tijdens het huwelijksdiner dat hij eind maart 1942 in zijn woning gaf voor het jonge paar Baldur von Schirach en Henriette Hoffmann, keek Hitler 'hoofdschuddend [...] naar het reusachtige rundergebraad en kreunde: "O, jullie vleesetende planten." Zelf at hij slechts spaghetti met tomatensaus en een appel.'[208] Sefton Delmer herinnerde zich dat de maaltijden met Hitler tijdens de verkiezingsstrijd in april 192 'een beproeving' waren omdat Hitler met zijn vegetarische dieet en zijn onthouding van alcohol 'een aura van isolement' had uitgestraald dat 'bij iedereen aan tafel tot een zekere beklemming' leidde.[209]

In merkwaardig contrast met deze matigheid stond Hitlers onbedwingbare hang naar gebak en snoep. Het viel Hanfstaengl al in het eerste stadium van zijn kennismaking met de Münchense lokale grootheid op dat Hitler 'niet genoeg kon krijgen' van 'Weens gebak met slagroom'.[210] En Baldur von Schirach was stomverbaasd toen hij in 1928, kort nadat hij was benoemd tot Reichsführer van de *Nazi-*

onalsozialistische Deutsche Studentenbund, Hitler ontmoette: 'Ik kon mijn ogen niet geloven toen hij tijdens de thee zijn kop tot de rand vulde met suikerklontjes, zodat er nauwelijks nog thee bij kon. Dit brouwsel werkte hij luid slurpend naar binnen. Daarbij at hij drie of vier stukken crèmetaart. Hitler zag mijn verbaasde blik, glimlachte verstolen en zei: "Ik zou eigenlijk niet zo veel moeten eten. Ik word echt te dik. Maar ik hou gewoon erg van zoetigheid." En hij bestelde nog een stuk taart.'[211] De gevolgen van het jarenlange eten van grote hoeveelheden gebak en snoep bleven niet uit: Hitlers gebit was opvallend slecht en eind 1933 moest hij een langdurige behandeling ondergaan door de Berlijnse tandarts Hugo Blaschke.[212]

Schirachs verslag laat zien dat Hitler eind jaren twintig nog om zichzelf kon lachen. Dat veranderde naarmate de Führercultus steeds extremere vormen aannam en Hitler zich identificeerde met de rol die zijn volgelingen en de propaganda hem toeschreven. Albert Speer heeft die verandering beeldend beschreven: 'Hij liet de grappenmakerij aan anderen over, lachte luid en ongeremd, kon zelfs letterlijk dubbel liggen van het lachen; soms veegde hij bij dergelijke uitbarstingen en vrolijkheid de tranen uit de ogen. Hij lachte graag, maar eigenlijk altijd ten koste van anderen.'[213] Daardoor had zijn lach eigenlijk nooit iets bevrijdends, maar altijd een bijsmaak van spot en hoon, en dat hij zijn gezicht achter zijn hand verborg paste daarbij.[214]

Hitler maakte zich buitengewoon druk om zijn gezondheid; zijn angst voor ziekten had onmiskenbaar hypochondrische trekjes. Hij was bang dat hij niet heel oud zou worden en zijn plannen daardoor niet zou kunnen verwezenlijken. '"Als ik er eens niet meer ben!" Dat is zijn staande uitdrukking. Een vreselijke gedachte,' merkte Goebbels al in februari 1927 op.[215] Toen Hitler eind 1928 leed aan heftige maagkrampen, dacht hij dat hij kanker had en net als zijn moeder jong zou sterven. Nadat hij lange tijd geweigerd had naar een dokter te gaan, wist Elsa Bruckmann hem ten slotte over te halen zich onder behandeling te stellen van dokter Ernst Schweninger, een zoon van de lijfarts van Bismarck. Die constateerde een chronische irritatie van het maagslijmvlies en schreef een streng dieet voor.[216] Hitlers gezondheid verbeterde, maar de angst voor een vroege dood zou hij niet meer kwijtraken.

Albert Krebs heeft een veelzeggende scène overgeleverd: na een optreden van Hitler in Hamburg in verband met de rijkspresidentsverkiezingen in het voorjaar van 1932, trof hij de partijvoorzitter de volgende ochtend aan in Hotel Atlantic, kromgebogen, vermoeid en melancholiek aan een tafel gezeten terwijl hij een ontbijtsoep naar binnen slurpte. Hij stak een lange speech af over de voordelen van een vegetarisch dieet, waarbij hij zijn angst voor kanker liet blijken. '"Ik heb geen tijd te verliezen!" zei hij boven zijn bord soep. "Als ik tijd zou hebben, had ik me nooit kandidaat gesteld [...]. Maar ik mag geen enkel jaar verliezen. Ik moet binnenkort aan de macht komen om de enorme taken te kunnen vervullen in de tijd die me nog rest. Ik moet! Ik moet!'" In deze 'ziekelijke mengeling van levensangst en zendingsdrift' zag Krebs de sleutel tot de verklaring van het ongeduld waarmee Hitler zijn politieke plannen nastreefde. 'Wie zo veel plannen maakt, maar tegelijkertijd bang is op zijn vijftigste te sterven, kan niet kalm aan doen en wachten tot zijn doel hem tegemoet komt en de vruchten rijp zijn.'[217] Ook nadat Hitler aan de macht was gekomen, bleef een van zijn vaste uitdrukkingen: 'Ik heb niet lang meer te leven.'[218] Toch had hij, zoals een van zijn artsen heeft getuigd, een zonder meer goede gezondheid. Dat hij in de loop der jaren bepaalde tekenen van nerveuze spanning heeft getoond, was gezien de eisen die aan hem werden gesteld niet verwonderlijk.[219]

Bijna even sterk als Hitlers angst voor ziekten was zijn angst voor aanslagen. Zo vermoedde hij tijdens zijn verblijven in Hotel Kaiserhof in 1932 dat het keukenpersoneel hem wilde vergiftigen. Magda Goebbels moest hem elke dag de in haar keuken bereide vegetarische maaltijd brengen.[220] Zijn huismeester in de rijkskanselarij, Arthur Kannenberg, klaagde steeds weer hoe moeilijk het was om voor de Führer te koken. 'U kunt zich niet voorstellen hoe voorzichtig we moeten zijn. Als mijn vrouw zijn maaltijden bereidt, mag niemand binnen tien meter van de pannen komen.' Ook als Hitler in Bayreuth te gast was, was er altijd, zoals Lieselotte Schmidt vertelde, een van zijn begeleiders die erop lette 'dat we geen vergif in zijn eten doen!!!!'[221] Hitler had Wilhelm Brückner in 1930 mede wegens diens robuuste gestalte benoemd tot zijn persoonlijke adjudant. Hij bood, placht hij te zeggen, een 'zekere garantie [...] dat niemand in mijn buurt durft te komen'.[222] Bovendien nam Hitler zelf enkele veiligheidsmaatregelen. Zo deed hij niet alleen de hotelkamers maar ook zijn slaapkamer in de rijkskanselarij altijd zorgvuldig op slot. Na 1933 waren twee begeleiders van de *Kriminalpolizei* en de SS-Leibstandarte Adolf Hitler de klok rond verantwoordelijk voor de veiligheid van de Führer.[223] Tijdens zijn autotochten had Hitler altijd een pistool bij zich, evenals zijn chauffeur Schreck.[224] Toch was de partijvoorzitter en rijkskanselier zich ervan bewust dat absolute veiligheid niet bestond. Hij was bang dat hij 'op zekere dag tijdens zijn aankomst bij een congreshal door een scherpschutter [zal] worden omgelegd', zei hij in de zomer van 1926. 'Daar is geen kruid tegen gewassen. Maar de beste bescherming is en blijft nog altijd het enthousiasme van de menigte.'[225]

Hitler hechtte aan hygiëne. Hij nam elke dag een bad, soms meer dan eens, vooral na een optreden, waar hij 'volledig bezweet' van terugkwam.[226] Tot zijn ochtendprogramma behoorden al in zijn woning in de Thierschstraße, maar ook later, oefeningen met een expander om zijn armspieren te versterken. Die stelden hem in staat tijdens defilés van de SA-colonnes zijn arm lange tijd gestrekt te houden zonder hem te laten zakken. 'Dankzij zijn jarenlange training doet geen van zijn ondergeschikten dat hem zo gauw na.'[227] Verder deed hij niet aan sport, maar hij bezocht graag grote sportevenementen. Zijn belangstelling ging, naast de rensport, ook uit naar het boksen. Max Schmeling, de Duitse kampioen zwaargewicht, werd al kort na de 'machtsgreep' op de rijkskanselarij ontvangen. Na Schmelings overwinning op de zwarte Amerikaanse bokser Joe Louis in juni 1936 liet Hitler zich uitvoerig over het gevecht informeren en op 22 juni 1938 vroeg hij op de Berghof nog tot diep in de nacht naar de uitslag van de revanche. De nederlaag door een knock-out was een schok voor zowel de Führer als voor zijn minister van Propaganda. 'Een vreselijke nederlaag. Onze kranten hebben te zeer gerekend op een overwinning. Nu is het hele volk terneergeslagen,' noteerde Goebbels in zijn dagboek.[228]

Ook na 1933 bleef Hitler trouw aan zijn gewoonte om laat, niet zelden pas na middernacht, naar bed te gaan en dienovereenkomstig laat op te staan. Tegenover zijn omgeving verklaarde hij het lange opblijven met de gewoonten uit de 'strijdperiode'. 'Na de bijeenkomsten moest ik mijn oude vrienden gezelschap houden en bovendien was ik door mijn toespraken regelmatig zo opgewonden dat ik toch pas tegen de vroege ochtend had kunnen slapen.'[229] Maar er was nóg een reden: Hitler kon niet alleen zijn. 'Het was opvallend,' vertelde Otto Dietrich, 'hoezeer hij daarvoor terugschrok. Ik had vaak het idee dat hij bang was voor zijn eigen innerlijke dialoog.'[230] En ook Goebbels was van mening: 'Hitler moet mensen om zich heen hebben, anders piekert hij te veel.'[231] Daaruit blijkt opnieuw de merkwaardige 'dubbele aard' van Hitler, die bijna niemand dichtbij liet komen, maar tegelijkertijd gezelschap zocht om zich niet met zichzelf te hoeven bezighouden. Zo scherp als zijn blik was voor de zwakke punten van anderen, zo weinig was hij bereid zich in zijn eigen psychische tekortkomingen te verdiepen.

In 1924 stelde een met de nationaalsocialisten sympathiserende grafoloog zich tot taak het handschrift van Hitler te analyseren. In een brief aan de Göttinger Ortsgruppenleiter van de NSDAP, Ludolf Haase, kwam hij tot de conclusie dat 'de handtekening van onze vriend' hem absoluut niet beviel. Het naar onder afbuigende handschrift gaf hem reden tot 'ernstige bedenkingen'. Dat duidde 'onmiskenbaar op een karakter waarvan de energie nog zo groot mocht zijn, maar dat op het laatste beslissende moment onvermijdelijk [zou] tekortschieten'.[232] Tot een nog scherpere diagnose kwam de filosoof Hermann graaf von Keyserling slechts enkele maanden na Hitlers benoeming tot rijkskanselier. Hij had, liet hij Harry graaf Kessler weten, Hitler 'nauwgezet bestudeerd'. Hij was 'qua handschrift en fysionomie een uitgesproken zelfmoordtype. Iemand die de dood zoekt, en daarmee belichaamt hij een grondtrek van het Duitse volk, dat altijd verliefd is geweest op de dood en waarvan de telkens terugkerende basiservaring het noodlot van de Nibelungen is.' 'Ik geloof,' was Kesslers commentaar, 'dat Keyserling het op dit punt heel diepzinnig en juist ziet.'[233] Maar er waren er maar weinig in Duitsland die het ook zo zagen. Integendeel: al kort na 30 januari 1933 mocht de nieuwe man in de rijkskanselarij zich verheugen in onvermoede bijval.

14

Instelling van de dictatuur

'Nu beginnen we pas echt.' Met die woorden begroette Hitler op de avond van 5 februari 1933, zes dagen nadat hij zijn intrek had genomen in de rijkskanselarij, de leider van de Hitler-Jugend, Baldur von Schirach. 'We hebben de macht en die houden we. Ik ga hier nooit meer weg.'[1] De absolute macht had de pasbenoemde rijkskanselier overigens nog lang niet, maar hij was vanaf het begin vastbesloten die te veroveren. Aanvankelijk echter dwongen de omstandigheden waaronder rijkspresident Hindenburg de regering van 'nationale concentratie' had benoemd, hem tot terughoudendheid. Hij moest rekening houden met de conservatieve coalitiepartners, die in het kabinet over een duidelijke meerderheid beschikten. Maar tegenover vertrouwelingen liet hij er geen twijfel aan bestaan dat hij het op 29 en 30 januari gesloten bondgenootschap als een tijdelijke oplossing beschouwde – een niet te vermijden overgangsstadium op de weg naar de onbeperkte macht.

Zelden is een politiek project zo snel door de werkelijkheid ingehaald en als hersenschim ontmaskerd als het concept van de conservatieven om de nationaalsocialisten te 'temmen'. Men meende 'Hitler, die wat personeel betreft immers zwak vertegenwoordigd is, in de tang te hebben', schreef Theodor Heuss op 7 februari, maar men zag daarbij over het hoofd 'dat die rekening enkele zeer dubieuze posten telt'.[2] Papen, Hugenberg en hun aanhang hadden zichzelf in slaap gesust met de gedachte dat ze Hitler zozeer hadden 'ingeperkt' dat ze zijn machtsstreven konden beteugelen en hem en zijn beweging zelfs voor hun eigen karretje konden spannen. Ze moesten echter weldra erkennen dat ze zich fundamenteel in hem hadden vergist. 'We hebben ons een volledig verkeerd beeld gevormd van de mogelijkheden van de meerderheid in een presidentiële regering,' bekende de DNVP-voorzitter in mei 1933 tijdens een gesprek met de hoofdredacteur van de *Leipziger Neueste Nachrichten*, Richard Breiting.[3] Wat tactische geslepenheid in combinatie met notoire onoprechtheid betreft, torende Hitler hoog boven zijn mede- en tegenspelers uit. Binnen enkele weken had hij hen in een hoek gedreven en bij Hindenburg de voorkeurspositie verworven waarop Papen tot dan toe aanspraak meende te kunnen maken. De vicekanselier vond zichzelf onverwachts terug in de rol van de tovenaarsleerling, die de geesten die hij had opgeroepen niet meer de baas kon.

De dramatische veranderingen benamen zelfs tijdgenoten de adem. 'Toen het kabinet-Hitler-Papen op 30 januari aan de macht kwam,' meldde de Franse ambassadeur François-Poncet begin april 1933, 'werd ons verzekerd dat de Deutschnationalen in de regering [...] Hitler het hoofd zouden bieden [...]. Zes weken later moest men vaststellen dat alle dijken die de vloed van de Hitler-beweging hadden moeten stuiten, al door de eerste golf waren weggespoeld.'[4] Overigens lag er aan dat stormachtige proces van machtsverovering geen uitgekiend strategisch plan ten grondslag. Wat later door de nationaalsocialistische propaganda werd voorgesteld als een doelgericht, door de geniale intuïtie van de Führer geleid handelen, was in werkelijkheid een reeks geïmproviseerde beslissingen waarbij de leiding van de NSDAP niet zelden reageerde op onvoorziene situaties en die even virtuoos als gewetenloos benutte.[5] Bestuurlijke maatregelen 'van bovenaf' en gewelddadigheden 'van onderop' beïnvloedden elkaar wederzijds en bepaalden de dynamiek van de ontwikkelingen.

Frappant was niet alleen de snelheid, maar ook het gemak waarmee de omwenteling zich voltrok. 'Alle tegenkrachten lijken van de aardbodem verdwenen. Deze volledige ineenstorting van een zojuist nog bestaande macht, nee, haar volledige verdwijning [...] schokt me diep,' observeerde de Dresdense romanist Victor Klemperer al in maart 1933.[6] Er werd nauwelijks verzet geboden. Integendeel: in bijna alle instellingen en sociale lagen was sprake van een buitengewone bereidheid zich bij het nieuwe regime neer te leggen en het te steunen. De politiek van de gelijkschakeling zou nooit zo gesmeerd zijn verlopen en zo'n doorslaand succes zijn geworden, als ze niet gepaard was gegaan met een wijdverbreid verlangen naar 'zelfgelijkschakeling'. Niemand heeft de ontwikkeling zo indrukwekkend beschreven als Sebastian Haffner in zijn *Geschichte eines Deutschen* aan de hand van het voorbeeld van het Pruisische gerechtshof in Berlijn.[7] Daardoor had Hitler slechts achttien maanden nodig om al zijn concurrenten uit te schakelen en zijn dictatuur in te stellen.

Al in de namiddag van 30 januari had Hitler het kabinet bijeengeroepen voor een eerste zitting. Daarmee moest worden aangetoond dat de nieuwe regering handelingsbekwaam was en haar taak vanaf het eerste moment vastberaden aanpakte. De politieke uitgangspositie was duidelijk: Hitler wilde, zoals hij in de onderhandelingen met Papen had geëist, nieuwe verkiezingen om met de te verwachten meerderheid in de Rijksdag een machtigingswet door te drijven. De vorming van een nieuwe regering had slechts enkele uren eerder nog bijna schipbreuk geleden op Hugenbergs verzet. Anderzijds had Papen de rijkspresident al op 29 januari toegezegd dat er met het Zentrum zou worden onderhandeld over een mogelijke regeringsdeelname; de post van minister van Justitie was om die reden aanvankelijk gereserveerd voor een vertegenwoordiger van die partij. De conflicten van die ochtend traden in de eerste kabinetszitting meteen weer aan het licht. Hugenberg sprak zich uit tegen nieuwe verkiezingen, maar ook tegen regeringsdeelname van het Zentrum, omdat 'de unanimiteit van de wilsvorming in gevaar [zou worden] gebracht'. In plaats daarvan stelde hij voor de KPD te verbieden en haar haar zetels te ontnemen, waarna de meerderheid in de Rijksdag gegarandeerd zou zijn.

Maar zo'n ingrijpend optreden tegen de communisten, zo kort na zijn aantreden als kanselier, leek Hitler nog niet opportuun. 'Hij vreesde dat een eventueel verbod op de KPD ernstige interne politieke strubbelingen en mogelijk een algemene staking tot gevolg zou hebben,' gaf hij zijn collega-ministers te verstaan. Bovendien zou het 'volstrekt onmogelijk [zijn] de zes miljoen mensen te verbieden die achter de KPD stonden. Misschien kon men na ontbinding van de Rijksdag bij de dan weldra uit te schrijven nieuwe verkiezingen toch nog een meerderheid krijgen voor de huidige rijksregering.'[8] Ook uitbreiding van de rechtse coalitie met het Zentrum kwam de rijkskanselier niet gelegen, maar desondanks kondigde hij gezien de belofte aan Hindenburg aan dat hij vertegenwoordigers van die partij zou 'polsen'. De gesprekken met partijvoorzitter Ludwig Kaas en fractievoorzitter Ludwig Perlitius waren bij voorbaat gedoemd te mislukken.[9] Hitler eiste dat het parlement een jaar zou worden verdaagd, de Zentrum-leiders wilden slechts instemmen met een aanzienlijk kortere termijn van bijvoorbeeld twee maanden. Bovendien stelden ze mogelijke samenwerking afhankelijk van de schriftelijke beantwoording van een reeks vragen, die uitsluitsel zouden geven over de voornemens van de regering. Hitler gebruikte deze eis als voorwendsel om nog diezelfde middag in het kabinet te verklaren dat 'verdere onderhandelingen met het Zentrum geen zin' meer hadden, 'zodat nieuwe verkiezingen onvermijdelijk zouden zijn'.

Om zijn conservatieve bondgenoten gerust te stellen, verbond Hitler aan deze aankondiging de toezegging dat de verkiezingsuitslag geen invloed zou hebben op de samenstelling van het kabinet. Ditmaal was het niet Hugenberg maar Papen die een harde eis op tafel legde: nu reeds, eiste de vicekanselier, moest men duidelijk maken dat het de laatste verkiezingen zouden zijn en dat terugkeer naar het parlementair stelsel 'voorgoed' uitgesloten was. Hitler kopte de voorzet dankbaar in: 'De aanstaande Rijksdagverkiezingen moeten de laatste worden. Terugkeer naar het parlementair stelsel moet koste wat kost worden vermeden.'[10] Met dit argument slaagde de rijkskanselier er met steun van Papen en Meissner in Hindenburg ervan te overtuigen dat de Rijksdag moest worden ontbonden. Het decreet daartoe, gedateerd op 1 februari, motiveerde de beslissing tot nieuwe verkiezingen met de woorden dat het Duitse volk in de gelegenheid moest worden gesteld zijn 'mening over de vorming van de regering van nationale eenheid' te geven. Als dag van de verkiezingen werd 5 maart vastgesteld. Hitler had zijn eerste doel bereikt zonder dat hij in het kabinet op serieus verzet was gestuit.[11]

Op de avond van 1 februari las Hitler voor de radio de regeringsverklaring voor die hij tevoren met zijn collega-ministers had afgestemd. Het was de eerste keer dat hij zich via de radio tot het Duitse volk richtte, en de ervaren spreker, die aangewezen was op rechtstreeks contact met het publiek, vertoonde bij deze première alle symptomen van plankenkoorts. 'Hij beefde over heel zijn lichaam,' zag Hjalmar Schacht.[12] Hitler koppelde de uit zijn verkiezingstoespraken in 1932 vertrouwde aanklachten tegen november 1918 en de Republiek van Weimar – 'veertien jaar marxisme hebben Duitsland geruïneerd' – aan een bezwering van christelijk-conservatieve, nationale waarden en tradities. De eerste taak van de nieuwe regering was het overwinnen van de klassenstrijd en het herstel van de 'geestelijke en wilsmatige eenheid van ons volk'. Daarbij moesten 'het christendom als basis van onze gehele moraal' en 'het gezin als kiemcel van ons volks- en staatslichaam' worden beschermd en 'de eerbied voor ons grootse verleden' tot basis worden gemaakt van de opvoeding van de jeugd. Gematigd deed de rijkskanselier zich ook voor met betrekking tot de buitenlandse politiek: een Duitsland dat weer gelijkberechtiging met de andere staten had bereikt, zou zich inzetten 'voor het bewaren en consolideren van de vrede', 'die de wereld nu harder nodig heeft dan ooit tevoren'. Hitler verzuimde niet enkele vleiende woorden te richten aan het adres van de 'eerbiedwaardige heer rijkspresident' en besloot met een oproep die hij later talloze malen zou herhalen: 'Welnu, volk van Duitsland, geef ons vier jaar de tijd en beoordeel ons dan!'[13]

Wie Hitlers regeringsverklaring hoorde, kon de indruk krijgen dat hij als verantwoordelijk hoofd van de regering een gematigder toon aansloeg en zijn vóór 1933 geformuleerde doelstellingen zou schrappen. Dat de schijn bedroog, bleek al op de avond van 3 februari, toen de rijkskanselier voor het eerst op bezoek ging hij de bevelhebbers van het leger en de marine. De bijeenkomst, op uitnodiging van de nieuwe Reichswehr-minister Werner von Blomberg, vond plaats in de ambtswoning van de chef van de legerleiding, Kurt von Hammerstein. Hitler voelde zich aanvankelijk zichtbaar ongemakkelijk te midden van de hoge officieren, 'maakte overal bescheiden, onhandige buigingen en bleef verlegen', zoals een van de deelnemers opmerkte.[14] Pas toen hij na de maaltijd begon aan een twee uur durende toespraak, overwon hij zijn geremdheid. Van de gematigdheid die hij twee dagen eerder nog aan de dag had gelegd, was nu niets meer te merken. Integendeel: hij maakte de generaals met verbazingwekkende openhartigheid duidelijk wat hij zich voor de eerstkomende jaren had voorgenomen.[15]

Als eerste doelstelling van zijn regering noemde Hitler 'de herovering van de pol[itieke] macht'. Daarop moest 'het gehele staatsbestuur gericht' worden. Voor de binnenlandse politiek betekende dat een 'volledige omkering' van de verhoudingen. Pacifistische neigingen zouden niet meer worden geduld. 'Wie zich niet laat bekeren, moet gebogen worden. Uitroeiing van het marxisme met wortel en tak.'[16] De jeugd en het hele volk moesten ervan worden doordrongen 'dat alleen de strijd ons kan redden en dat voor die gedachte alles moet wijken'. Om de 'weerbaarheid' te versterken waren het 'krachtigst denkbare autoritaire staatsbestuur' en het 'opruimen van de volkskanker van de democratie' nodig. In het deel van zijn toespraak dat over de buitenlandse politiek ging, kondigde Hitler als eerste stap de 'strijd tegen Versailles' aan. Het verwerven van militaire gelijkberechtiging en het opbouwen van de Wehrmacht waren daarvoor de belangrijkste voorwaarden. 'Algehele dienstplicht moet terugkomen.' De fase van de militaire bewapening zou de 'gevaarlijkste' zijn, aangezien Frankrijk mogelijk zou besluiten tot een preventieve oorlog. Wat er moest gebeuren als Duitsland de nagestreefde positie van grote mogendheid opnieuw had bereikt, liet Hitler kennelijk nog in het midden, maar hij wees als toekomstperspectief twee opties aan, waarbij hij de officieren niet in het ongewisse liet over zijn voorkeur: 'Misschien het bevechten van nieuwe exportmogelijkheden, misschien – en waarschijnlijk beter – verovering van nieuwe Lebensraum in het oosten en de niets ontziende germanisering daarvan.'[17]

Daarmee had Hitler de sluier opgelicht en de militairen een blik gegund op zijn expansie- en Lebensraum-plannen, die hij eerder als axioma in *Mein Kampf* had vastgelegd. Het valt te betwijfelen of de verzamelde generaals zich realiseerden dat hier reeds de mogelijkheid van een rassenideologische vernietigingsoorlog tegen de Sovjet-Unie opdoemde. Het is niet bekend of een van hen verzet aantekende of minstens bedenkingen had. Wat Hitler voorstelde, kwam grotendeels overeen met de opvattingen binnen de leiding van de Reichswehr: de strijd tegen 'marxisme' en pacifisme, herziening van het Verdrag van Versailles, Duitsland weer laten meetellen op het wereldtoneel – met dat alles konden ze zich identificeren. Bijzonder getroffen was men door Hitlers verzekering dat de Wehrmacht de enige gewapende macht zou blijven en niet zou worden ingezet ter bestrijding van binnenlandse politieke tegenstanders. Dat was eerder, verklaarde Hitler, een zaak voor de nationaalsocialistische organisaties, met name de SA. Dat luitenant-generaal Ludwig Beck, die in het najaar van 1933 werd benoemd tot hoofd van de militaire administratie, later beweerde dat hij al kort na de bijeenkomst zou hebben vergeten waar Hitler het eigenlijk over had gehad, lijkt weinig geloofwaardig. Juist Beck immers was een van de officieren die de machtswisseling van 30 januari onvoorwaardelijk hadden begroet als – in zijn eigen woorden – het 'eerste grote lichtpunt sinds 1918'.[18] Wat de eveneens aanwezige chef van de marineleiding, admiraal Erich Raeder, na de oorlog verklaarde, zou beter kunnen kloppen, namelijk dat Hitlers beginselverklaring 'op alle toehoorders buitengewoon bevredigend' zou zijn overgekomen.[19]

Het op 3 februari 1933 gesloten bondgenootschap tussen Hitler en de Reichswehr-leiding was voor beide partijen voordelig: de rijkskanselier kon nu aan de slag om links met geweld te onderdrukken en de wissels richting gelijkschakeling om te zetten, zonder bang te hoeven zijn voor ingrijpen van de gewapende macht. De militairen op hun beurt hadden de garantie dat ze hun monopolie zouden behouden en de zekerheid dat hun belangen onder de nieuwe regering zouden worden behartigd. 'Voor de komende vier à vijf jaar,' benadrukte Hitler in het kabinet, moest 'als eerste beginsel' gelden: 'Alles voor de Wehrmacht.' De toekomst van Duitsland hing immers 'enkel en alleen af van de wederopbouw van de Wehrmacht'.[20]

'Aanval op het marxisme' – dat was het belangrijkste devies dat Hitler formuleerde voor de aanstaande verkiezingen.[21] 'Ditmaal is het erop of eronder,' noteerde Goebbels, die op 3 februari alle details van de campagne doornam met Hitler.[22] Overigens vond de verkiezingsstrijd bij voorbaat plaats onder uiterst ongelijke omstandigheden. Op 4 februari vaardigde Hindenburg een *Verordnung zum Schutze des deutschen Volkes* uit, die overheidsingrijpen in de vrijheid van pers en vereniging mogelijk maakte en daarmee de bewegingsvrijheid van met name de twee linkse partijen, SPD en KPD, in hoge mate beperkte.[23] Bovendien had de NSDAP nu rechtstreeks toegang tot de radio, die ze vóór 1933 niet had gehad. Goebbels en Hitler werden het eens over een taakverdeling: 'Hitler spreekt op alle zenders, ik maak de bijbehorende reportage.'[24]

Op 10 februari openden de nationaalsocialisten de verkiezingsstrijd met een demonstratie in het Berlijnse Sportpalast. 'Helemaal alleen, ernstig en afgemeten, schrijdt, vriendelijk groetend, de Führer door de menigte, rijkskanselier Adolf Hitler, de leider van het jonge Duitsland! Nog maar een maand geleden sprak hij hier in het Sportpalast als de leider van een belasterde, verstoten en bespotte oppositie. Men mag wel zeggen: wat een ommekeer door Gods beschikking!' Met deze hoogdravende woorden leidde Goebbels Hitler optreden in.[25] Een dag later vertrouwde hij zijn dagboek vol zelfingenomenheid toe dat zijn twintig minuten durende reportage 'schitterend' was verlopen en dat hij 'absoluut geen plankenkoorts' had gehad.[26] Zoals zo vaak begon Hitler nadrukkelijk langzaam, bijna haperend, om vervolgens in een ware roes te geraken. Over het concrete programma van de regering bleef hij verbazingwekkend vaag. Hij herhaalde de stereotiepe verwijten tegen de 'partijen van het verval', die Duitsland in de veertien jaar van hun regime te gronde zouden hebben gericht, bevestigde zijn voornemen om 'het marxisme en zijn bijverschijnselen in Duitsland uit te roeien', beloofde in plaats van de 'rotte democratie' de 'waarde van de persoon, de scheppende kracht van de enkeling' en vroeg opnieuw 'vier jaar tijd', waarin de 'wederopstanding van de Duitse natie' zich zou voltrekken. De redenaar besloot met zijn geliefde, aan het Onzevader ontleende climax. Hij koesterde 'de rotsvaste overtuiging dat ooit het uur aanbreekt dat de miljoenen die ons nu nog haten, achter ons zullen staan en mét ons dan zullen begroeten het gezamenlijk geschapen, zwaar bevochten, bitter verworven Duits rijk van de grootsheid, de heerlijkheid en de gerechtigheid. Amen.'[27]

Goebbels toonde zich opnieuw enthousiast: 'Tot slot groots pathos. "Amen!" Dat heeft kracht en hakt erin. Heel Duitsland zal op zijn kop staan.'[28] Maar niet alleen Hitler-bewonderaars, ook kritisch ingestelde mensen zoals de auteur Erich Ebermayer uit Leipzig, zoon van de voormalige hoofdofficier van justitie in Leipzig, Ludwig Ebermayer, waren onder de indruk. 'De man groeit zienderogen mee met de taak die hem is gesteld,' noteerde hij nadat hij de toespraak via de radio had gevolgd. En hij voegde eraan toe: 'Wat is de radio tegenwoordig een geweldig instrument voor massapropaganda! En wat hebben Hitlers tegenstanders er tot dusver weinig mee kunnen aanvangen! Was er vóór 30 januari nog geen radio? Onbegrijpelijk!'[29]

De nationaalsocialisten gebruikten niet alleen de radio; ze probeerden ook het aureool van Hindenburg voor hun propaganda te benutten. Een van hun verkiezingsbiljetten toonde Hitler, de anonieme soldaat in de Eerste Wereldoorlog, en de voormalige generaal-veldmaarschalk eendrachtig zij aan zij. De boodschap luidde: 'De maarschalk en de korporaal vechten met ons voor vrede en gelijkberechtiging.' Een ander biljet, met de hoofden van Hitler en Hindenburg, riep de kiezers op: 'Nimmer wordt het rijk verwoest, als u eensgezind en trouw bent.'[30] De Deutschnationalen gingen een lijstverbinding aan met Stahlhelm en een andere conservatieve groepering, het Kampffront Schwartz-Weiß-Rot. Op verzoek van Hugenberg stelde Papen zich beschikbaar als lijsttrekker om, zoals hij schreef, het 'gemeenschappelijke doel te dienen', namelijk om 'zij aan zij met de

Afb. 40 Drie karakteristieke posen van de redenaar Hitler in het Berliner Sportpalast op 10 februari 1933.

nationaalsocialisten [...] alle krachten die onder leiding van generaal-veldmaarschalk Hindenburg het Duitse Rijk willen vernieuwen in geloof, gerechtigheid en eenheid [...] op te roepen tot medewerking'.³¹ Ook het Kampffront probeerde de Hindenburg-mythe voor zijn doeleinden te gebruiken, waarbij het met name de kaart speelde van de nauwe betrekking tussen de vicekanselier en de rijkspresident: 'Wie het vertrouwen van Hindenburg heeft, is het vertrouwen van Duitsland waard. Kies zijn vertrouwensman vicekanselier Papen', stond er te lezen op verkiezingsbiljetten met het konterfeitsel van beide mannen.³²

Wat de uitslag betreft profiteerden Hitler en de NSDAP meer van het nog steeds hoge aanzien van de rijkspresident dan hun conservatieve regeringspartners. En zij waren ook degenen aan wie de nog altijd rijkelijk toestromende donaties in eerste instantie toevielen. Bij aanvang van de verkiezingsstrijd had Goebbels nog geklaagd over het gebrek aan financiële middelen, maar op 20 februari veranderde dat. Op die dag ontving Göring in zijn ambtswoning 27 vooraanstaande industriëlen, onder wie de president van het Reichsverband der Deutschen Industrie, Gustav Krupp von Bohlen und Halbach, die tot voor kort een afwachtende houding tegenover Hitler had aangenomen, de algemeen directeur van de Vereinigte Stahlwerke, Albert Vögler, het lid van de raad van bestuur van IG Farben Georg von Schnitzler, en de voorzitter van de raad van bestuur van Hoesch, Fritz Springorum. Hitler, die anderhalf uur sprak, benadrukte nog eens zijn respect voor privé-eigendom, wees alle geruchten over mogelijke economische experimenten van de hand en benadrukte dat 'een redding van het communistische gevaar [...] slechts via de NSDAP mogelijk' zou zijn. De nieuwe verkiezingen waren bedoeld om 'het volk eens te meer te laten spreken'. Onverbloemder dan ooit tevoren maakte hij duidelijk dat de veelgeroemde legaliteit slechts een bedrieglijke façade was. 'Hij [was] geen voorstander van illegale maatregelen maar zou zich ook niet uit de macht laten verdringen zolang de doelstellingen van de absolute meerderheid niet waren verwezenlijkt.' Na Hitlers vertrek verklaarde Göring onomwonden dat 'de kassen van de partij, de SA en de SS leeg' waren, en dat de economie financiële offers moest brengen voor de verkiezingsstrijd, 'die voorlopig de laatste zou zijn'. Nadat ook Göring zich had teruggetrokken, nam Hjalmar Schacht het woord en presenteerde de rekening: er moest drie miljoen mark worden opgehoest, waarvan drie vierde aan de NSDAP en een vierde aan het Kampffront Schwarz-Weiß-Rot ten goede zou komen.³³ Dol van vreugde noteerde Goebbels op 21 februari: 'Göring brengt de verheugende mededeling dat er drie miljoen klaarligt voor de verkiezingen. Fantastisch! Ik waarschuw onmiddellijk de hele Prop[aganda] Afd[eling]. En een uur later rammelen de machines. Nu zullen we eens een verkiezingsstrijd laten ontbranden.'³⁴

Intussen was Göring als Pruisisch plaatsvervangend minister van Binnenlandse Zaken begonnen met het 'zuiveren' van de Pruisische politie en het bestuur van alle republikeinsgezinden die na Papens *Preußenschlag* van 20 juli 1932 nog in functie waren. Alleen al in februari 1933 werden veertien hoofdcommissarissen van politie in de grote Pruisische steden en talloze provincie- en districtshoofden met vervroegd pensioen gestuurd. 'Göring ruimt op,' noteerde Goebbels op 16 februari. 'Nu nestelen we ons geleidelijk in het bestuur.'[35] Een dag later kregen de Pruisische politiehoofden opdracht 'de nationale propaganda naar beste vermogen te ondersteunen', 'de activiteiten van staatsvijandelijke organisaties met de krachtigste middelen tegemoet te treden' en 'indien nodig meedogenloos gebruik te maken van vuurwapens'. In niet mis te verstane bewoordingen voegde Göring eraan toe: 'Politiebeambten die bij de uitoefening van deze plicht gebruikmaken van vuurwapens, zullen ongeacht de gevolgen van het vuurwapengebruik door mij worden gedekt. Wie echter uit valse consideratie weigert, moet voorbereid zijn op disciplinaire consequenties.'[36] Dit 'schietdecreet' stond gelijk aan een vergunning om te doden, zoals Harry graaf Kessler terecht opmerkte: 'Wij allen die niet op de zogenaamde "nationale" bodem staan, d.w.z. geen nazi's zijn, zijn van nu af vogelvrij.'[37]

Op 22 februari gaf Göring bovendien opdracht tot het vormen van een hulppolitiemacht, bestaande uit leden van de 'nationale organisaties' (SA, SS en Stahlhelm), zogenaamd ter bestrijding van de 'toenemende gewelddadigheden van extreem-linkse, met name communistische zijde'.[38] Daarmee kregen de bruinhemden de felbegeerde kans af te rekenen met de gehate tegenstanders van links. Overvallen op verkiezingsbijeenkomsten, willekeurige arrestaties, mishandeling en zelfs moord waren aan de orde van de dag. De politie keek meestal werkeloos toe bij de SS-terreur. Ook de sociaaldemocraten hadden eronder te lijden, maar de communisten werden het zwaarst getroffen. Het werd hun al vanaf begin februari feitelijk onmogelijk gemaakt in het openbaar bijeen te komen, en hun tijdschriften werden bijna zonder uitzondering verboden. Op 23 februari voerde de politie een grote razzia uit in het Karl-Liebknecht-Haus, het hoofdkantoor van de KPD. Daarbij nam ze, zoals pers en radio daags daarna meldden, vele kilo's 'hoogverraderlijk materiaal' in beslag, waarin zogenaamd werd opgeroepen tot een revolutie.[39] De angst voor een dreigende gewapende opstand door de KPD werd systematisch gevoed. In democratische en linkse kringen deed het gerucht de ronde dat de nationaalsocialisten 'een bloedbad' voorbereidden en daartoe een aanslag op Hitler in scène wilden zetten, waarvoor de tegenstanders van het regime aansprakelijk zouden worden gesteld: 'Er zouden lijsten zijn opgesteld, vogelvrijverklaringen, volgens welke systematisch moest worden gemoord.'[40] In deze onheilszwangere sfeer ontplofte op de avond van 27 februari het nieuws over de brand in het Berlijnse Rijksdaggebouw.

De vraag naar de aanstichter van de Rijksdagbrand heeft geleid tot een jarenlange, nog steeds voortdurende controverse. Omdat de gebeurtenis de nationaalsocialisten bijzonder goed uitkwam, ontstond al snel de verdenking dat ze de brand zelf zouden hebben aangestoken. Omgekeerd aarzelde de nazileiding geen moment om de KPD verantwoordelijk te stellen, zonder ook maar een spoor van een bewijs. Het meest spreekt nog altijd voor de hypothese die Fritz Tobias begin jaren zestig opperde, dat de nog bij de brandhaard gearresteerde Nederlandse radencommunist Marinus van der Lubbe op eigen houtje heeft gehandeld en niet door mensen achter de schermen tot zijn daad was aangezet.[41] Definitieve zekerheid daarover bestaat echter niet en zal misschien ook nooit bestaan. Relevanter dan de permanente onenigheid over de vraag of Van der Lubbe de enige dader was, is de vraag welk profijt de nationaalsocialisten hadden van de Rijksdagbrand.

De eerste reacties van de nazileiding op de avond van 27 februari duiden erop dat ook zij door de gebeurtenissen werden verrast. Hitler was die avond weer eens bij Goebbels thuis. Toen Hanfstaengl rond tien uur opbelde en vertelde dat de Rijksdag in brand stond, hield men het aanvankelijk voor een slechte grap.[42] Maar het nieuws werd al snel bevestigd. Hitler en Goebbels begaven zich spoorslags naar de plaats des onheils, waar Göring reeds aanwezig was en iedereen die verscheen onthaalde op een tirade en een eerste interpretatie van het daderschap, zonder dat er een diepgaand onderzoek was uitgevoerd: 'Dit is het begin van de communistische opstand; nu zullen ze erop losslaan! Er is geen moment te verliezen!'[43] Goebbels nam zijn versie klakkeloos over: 'Op dertig plaatsen brandstichting. Door commune aangestoken. Göring geweldig op dreef. Hitler is razend.'[44] Hitler werkte zichzelf nog op de plaats van de brand op tot een staat van uiterste opwinding. Rudolf Diels, een medewerker van Göring, die in april 1933 werd benoemd tot hoofd van het Geheime Staatspolizeiamt (Gestapa), herinnerde zich na 1945 de scène nog goed: 'Alsof hij zou ontploffen, zo onbeheerst schreeuwde hij, zoals ik hem nooit eerder had meegemaakt: "Nu hebben we geen medelijden meer; wie ons in de weg staat, wordt afgeslacht [...]. Iedere communistische functionaris wordt ter plekke neergeschoten. De communistische afgevaardigden moeten vannacht nog worden opgehangen. Iedereen die banden heeft met de communisten, moet gevangen worden genomen. Ook sociaaldemocraten en Reichsbanner zullen niet worden ontzien."' Toen Diels zei dat de gearresteerde Marinus van der Lubbe zijns inziens een 'krankzinnige' was, wilde Hitler daar niets van weten: 'Dit is een uiterst geraffineerde, lang tevoren voorbereide zaak. De misdadigers hebben het heel mooi bedacht, maar, nietwaar, partijgenoten, ze hebben zich misrekend!'[45]

Ook tegenover Papen, die na een avondmaaltijd met Hindenburg op de herenclub eveneens was toegesneld, liet Hitler zich ongeremd gaan: 'Dit is een van God gegeven teken, heer vicekanselier! Als deze brand, zoals ik geloof, het werk is van communisten, moeten we deze moordenaarsplaag met ijzeren vuist vernietigen!'[46] Het is moeilijk te zeggen of Hitler en zijn paladijnen serieus geloofden in de mogelijkheid van een communistische opstand en dus tot op zekere hoogte het slachtoffer werden van hun eigen propaganda. Vaststaat echter dat ze allesbehalve bedroefd waren over de brand in het parlementsgebouw, maar juist dolgelukkig, omdat die hun een voorwendsel gaf uit te halen voor de beslissende klap tegen de KPD. Toen men laat in de avond nog bijeen was in Hotel Kaiserhof, was de stemming bijna uitgelaten: 'Iedereen straalt. Dit ontbrak ons nog. Nu zijn we eruit,' verkneukelde Goebbels zich.[47] Ook de conservatieve coalitiepartners van de nationaalsocialisten reageerden overigens zo. Toen minister van Financiën Schwerin von Krosigk, die die avond aanzat aan een diner in de Franse ambassade, het nieuws over de Rijksdagbrand hoorde, riep hij tot verbazing van de gasten uit: 'Godzijdank!'[48]

Nog in de nacht van 27 op 28 februari werden de leidende functionarissen van de KPD en bijna al hun afgevaardigden in de Rijksdag gearresteerd, de partijkantoren werden gesloten en alle communistische dagbladen werden voor onbepaalde tijd verboden. De arrestaties gingen de daaropvolgende dagen door: op 3 maart werd ook KPD-voorzitter Ernst Thälmann opgespoord. Medio maart waren alleen al in Pruisen meer dan 10.000 politieke tegenstanders van de nazi's in *Schutzhaft* ('preventieve hechtenis') gesteld, onder wie ook linkse intellectuelen als Carl von Ossietzky, Erich Mühsam en Egon Erwin Kisch.[49]

Het kabinetsberaad op de ochtend van 28 februari stond volledig in het teken van de gebeurtenissen van de avond tevoren. Hitler benadrukte dat nu 'het psychologisch juiste moment' was aangebroken voor 'een meedogenloze aanpak van de KPD': 'Het zou zinloos zijn er nog langer mee te wachten. De KPD is tot het uiterste vastbesloten. De strijd tegen die partij mag niet afhankelijk worden gemaakt van juridische overwegingen.' Göring bevestigde nogmaals de afspraken die de nazileiding in de loop van de nacht had gemaakt: 'dat één enkele dader de brandstichting onmogelijk in scène heeft kunnen zetten' en dat de communisten 'tot de aanslag aangezet' hadden. Uit het materiaal dat in het Karl-Liebknecht-Haus in beslag was genomen, zou blijken dat ze 'terreurgroepen vormden', openbare gebouwen in brand staken, de in gaarkeukens verstrekte maaltijden vergiftigden en 'vrouwen en kinderen van ministers en andere hoogwaardigheidsbekleders in gijzeling' wilden nemen.[50] Hoewel dit gruwelscenario overduidelijk een schaamteloos verzinsel was, tekende geen van de conservatieve ministers bezwaar aan. Diezelfde middag nog nam het kabinet het ontwerp aan van een 'Verordening voor de bescherming van volk en staat', die ochtend opgesteld door minister van

Binnenlandse Zaken Frick. In artikel 1 werden de belangrijkste grondrechten – persoonlijke vrijheid, vrijheid van meningsuiting, persvrijheid, vrijheid van vereniging en vergadering, het brief- en telefoongeheim en de onschendbaarheid van woning en eigendom – 'tot nader order buiten werking gesteld'. Artikel 2 machtigde de rijksregering om 'tot het herstel van de openbare veiligheid en orde' in de deelstaten de bevoegdheden van de hoogste autoriteiten 'tijdelijk waar te nemen'.[51] Dit opende niet alleen de deur voor grootscheepse vervolging van politiek andersdenkenden, het gaf de rijksregering tevens een handvat om weerspannige deelstaten onder druk te zetten en gelijk te schakelen.

De Rijksdagbrandverordening van 28 februari was 'de fundamentele uitzonderingswet waarop de nationaalsocialistische dictatuur tot haar ineenstorting in eerste instantie steunde'.[52] Ernst Fraenkel heeft haar in zijn boek *Der Doppelstaat* (eerste druk 1941) terecht aangemerkt als de eigenlijke 'grondwet' van het Derde Rijk.[53] Hindenburg had geen bedenkingen tegen het ondertekenen van de noodverordening, die hem als 'speciale verordening ter bestrijding van communistische gewelddaden' was aangepraat, en daarmee droeg hij er zelf toe bij dat het politieke gewicht van de rijkspresident werd verlegd naar de rijksregering.[54] Tijdens een toespraak in Frankfurt am Main op 3 maart maakte Göring duidelijk hoe hij de nieuwe handelingsvrijheid wilde gebruiken: de door hem getroffen maatregelen zouden 'niet aangetast zijn door wat voor juridische overwegingen ook'. 'Hier hoef ik geen gerechtigheid toe te passen, hier moet ik alleen vernietigen en uitroeien, verder niets!'[55] Iedereen die nog enigermate rechtsstatelijk dacht, moet zich zijn doodgeschrokken van dergelijke taal en de geweldsuitoefening die daarmee gepaard ging. Maar niet Papen. Toen François-Poncet hem wees op de bezorgdheid van de buitenlandse diplomaten over de escalerende terreur van de nationaalsocialisten, zei hij afwimpelend: 'Ach wat, als ze elkaar het gewei eenmaal hebben afgestoten, komt alles goed!'[56]

Ook in burgerlijke kringen stuitte het meedogenloze optreden van de SA tegen de communisten niet bepaald op verzet. Integendeel, het door de propaganda jarenlang opgeroepen spook van een 'communistische dreiging' maakte dat ze draconische maatregelen tegen hen gerechtvaardigd vonden. 'De ijzeren bezem door Pruisen! Eindelijk!' juichte Luise Solmitz[57], en ook voor Elisabeth Gebensleben, de vrouw van het hoofd van de gemeentewerken en locoburgemeester van Braunschweig, was er geen twijfel mogelijk: 'Dit harde ingrijpen van de nationale regering mag dan voor velen iets merkwaardigs hebben, maar er moet toch eerst grondig gezuiverd en opgeruimd worden, de antinationale krachten moeten worden uitgeschakeld, anders is wederopbouw niet mogelijk!'[58] Het lijkt erop dat Hitlers populariteit niet leed onder de onderdrukking van links, met name de communisten. Integendeel, het leverde hem eerder nog meer sympathie op. Als

Hitler op deze weg verder zou gaan, aldus een bericht uit een katholiek district in Opper-Beieren, zou hij bij de komende Rijksdagverkiezingen 'het vertrouwen krijgen van het grootste deel van het Duitse volk'.[59]

Dat de stembusgang van 5 maart in feite 'een farce' was, omdat de linkse partijen 'in de laatste en belangrijkste week van de verkiezingsstrijd volledig beroofd waren hun grondwettelijk recht zich tot hun aanhangers te richten', bracht de Amerikaanse ambassadeur in Berlijn, Frederick Sackett, op 3 maart onverbloemd tot uitdrukking.[60] Deze benadeling was ook op de dag van de verkiezingen nog merkbaar: 'Voor het stembureau alleen NS en Schwarz-Weiß-Rot-aanplakbiljetten, geen Staatspartei, SPD of KPD,' registreerde Harry graaf Kessler.[61] Des te verbazingwekkender was de uitslag: ondanks de bijzonder hoge opkomst van 88,8 procent had de NSDAP haar doel, de absolute meerderheid, niet bereikt. Ze kwam uit op 43,9 procent – een stijging van 10,8 procentpunten ten opzichte van de verkiezingen in november 1932. Bovendien was ze voor een meerderheid afhankelijk van de steun van het Kampffront Schwarz-Weiß-Rot, dat net 8 procent van de stemmen kreeg (minder dan de DNVP in november). De SPD kreeg 18,3 procent (een daling van 2,1 procentpunten) en ook de KPD nog altijd 12,3 procent (een daling van 4,6 procentpunten), hoewel de meeste van haar kandidaten inmiddels gearresteerd waren. Samen hadden de twee linkse partijen ondanks alle belemmeringen nog bijna een derde van alle stemmen achter zich kunnen verenigen. Ook het Zentrum (11,2 procent) en de BVP (2,7 procent) hadden zich nagenoeg gehandhaafd; de toch al tot een splinterpartij verschrompelde Staatspartei (0,9 procent) en de DVP (1,1 procent) daarentegen hadden opnieuw stemmen verloren.[62] 'Geweldig Duits volk!' luidde het commentaar van Erich Ebermayer op de verkiezingsuitslag. 'Onwankelbaar staat de arbeidersklasse ondanks alles achter haar leiding. Onwankelbaar staan de katholieken achter hun kerk. Er zijn nog oprechte democraten! 48,2 procent van de kiezers heeft het lef gehad tegen Hitler te stemmen of thuis te blijven. Ik ervaar deze dag als een overwinning en een geruststelling.'[63]

Er was echter geen enkele reden tot gerustheid. De NSDAP had in de streken waar ze het tot dusver slecht had gedaan – in het katholieke Beieren en in Württemberg, maar ook in een grote stad zoals Berlijn – grote winst behaald en had kennelijk ook het grootste deel van de thuisblijvers voor zich kunnen mobiliseren. 'Glorieuze overwinning! Vooral Zuid-Duitsland. Berlijn meer dan een miljoen. Prachtige aantallen,' noteerde Goebbels, die samen met Hitler de binnenkomende verkiezingsuitslagen volgde in de rijkskanselarij. 'We verkeren allemaal in een roes. Telkens nieuwe verrassingen. Hitler is diep ontroerd. We zweven allemaal in gelukzaligheid.'[64] Ook de Amerikaanse ambassadeur Sackett kon niet ontkennen dat Hitler 'een weergaloze triomf behaald' had: 'De democratie in Duitsland heeft een klap gekregen waarvan ze zich misschien nooit meer zal herstellen. Duitsland is ondergegaan in een enorme nazigolf. Het vaak aangekondigde Derde Rijk is werkelijkheid geworden.'[65]

Die omwenteling werd onmiddellijk merkbaar in een gewijzigde houding van Hitler binnen het kabinet. Hij had tot dusver rekening gehouden met de conservatieve coalitiepartners en de zittingen eerder voorgezeten dan dat hij hun zijn wil had opgelegd. 'Hij laat zich nauwelijks gelden in het kabinet,' constateerde Goebbels nog op 2 maart.[66] Daarbij verbaasde hij de vakministers niet alleen met zijn kennis van de materie maar ook door zijn vermogen 'uit elk probleem het wezenlijke te halen' en 'de conclusies van een lange discussie treffend samen te vatten'.[67] Tijdens het eerste kabinetsberaad na de verkiezingen van 7 maart schepte hij echter op: 'De gebeurtenissen van 5 maart beschouwde hij als een revolutie. Uiteindelijk zou er in Duitsland geen marxisme meer bestaan. Daarvoor was een machtigingswet met een twee derde meerderheid nodig. Hij, de rijkskanselier, was ervan overtuigd dat de Rijksdag zo'n wet zou aannemen. De KPD-afgevaardigden zouden niet aanwezig zijn bij de opening van de Rijksdag omdat ze in hechtenis zaten.' Papen, die de rijkskanselier namens het kabinet bijna slaafs bedankte 'voor de bewonderenswaardige prestatie bij de verkiezingen', maakte hem duidelijk dat hij bij de ministers niet op serieus verzet zou stuiten.[68]

Op 11 maart dreef Hitler in het kabinet de instelling door van een *Reichsministerium für Volksaufklärung und Propaganda*. Daarmee loste hij de belofte in die hij Goebbels na 30 januari had gedaan, maar handelde tegelijkertijd in strijd met de uitdrukkelijke toezegging aan zijn coalitiepartners dat de verkiezingsuitslag niets zou veranderen aan de samenstelling van het kabinet. Op Hugenberg na, die aanvankelijk tegenstribbelde, gingen alle kabinetsleden zonder tegenspraak akkoord met deze inbreuk op de coalitieafspraak.[69] Op 13 maart ondertekende Hindenburg de akte van benoeming. 'Wat een weg! Met 35 jaar minister. Onvoorstelbaar. Ik bedank Hitler. Hij is een goed mens en een dapper strijder,' zo vierde Goebbels zijn promotie. Een dag later werd de nieuwe minister door Hindenburg beëdigd. De rijkspresident was 'als een oude vader' voor hem geweest, noteerde Goebbels na afloop. 'Dank aan hem, dat hij mij ondanks mijn jeugdige leeftijd heeft aangenomen. Het ontroert hem zeer. Meissner secondeert goed. Een doorslaand succes.'[70] Met het nieuwe ministerie had de nazileiding een instrument in handen om de publieke opinie te beïnvloeden en te manipuleren. Het zou een belangrijke rol spelen in het stapsgewijze proces van de machtsverovering. Al tijdens zijn eerste persconferentie op 16 maart maakte Goebbels duidelijk waar het hem om te doen was: men wilde 'de mensen zo lang bewerken tot ze aan ons verslaafd zijn'.[71]

Meteen na de Rijksdagverkiezingen bereidde Hitler de volgende stap op de weg naar het monopoliseren van de politieke macht voor: de gelijkschakeling van de nog niet door nationaalsocialisten geregeerde deelstaten. Noodzakelijk, zo verkondigde hij in het kabinet, was nu 'een moedige aanpak van het rijkdeelstatenprobleem'.[72] 'Doorpakken!' eiste ook Goebbels. 'We kennen nu geen consideratie meer. Duitsland zit midden in een koude revolutie. Verzet zinloos.'[73] In Hamburg was de gelijkschakeling al vóór de verkiezingen begonnen. Met een beroep op de Rijksdagbrandverordening van 28 februari had rijksminister Frick van Binnenlandse Zaken de slechts nog in naam functionerende senaat van SPD, Staatspartei en DVP dringend gevraagd harder op te treden tegen de communisten. Hoewel de sociaaldemocratische senator van Politie Adolph Schönfelder aan die wens gehoor gaf en 75 KPD-functionarissen liet arresteren, stuurde de plaatselijke NSDAP het ene alarmerende bericht na het andere naar Berlijn en riep de minister van Binnenlandse Zaken op de orde in de hanzestad te herstellen door het aanstellen van een plaatsvervangend hoofd van politie. Toen Frick ten slotte op 2 maart eiste dat de senaat het lokale SPD-blad *Hamburger Echo* zou verbieden omdat dat in een artikel had betwijfeld of de communisten wel verantwoordelijk waren geweest voor de Rijksdagbrand, konden de SPD-senatoren om redenen van zelfrespect niets anders doen dan hun functie daags daarna neerleggen. Toch handhaafde de SPD zich bij de verkiezingen van 5 maart in Hamburg verbazingwekkend goed. Ze behaalde 26,9 procent van de stemmen (een verlies van slechts 1,7 procentpunten ten opzichte van 6 november); de KPD kwam uit op 17,6 procent (een verlies van 4,3 procentpunten). Het gezamenlijke stemmenaandeel van de twee linkse partijen was met 44,5 procent nog altijd bijna 6 procent groter dan dat van de NSDAP, die uitkwam op 38,8 procent. Desondanks verklaarden de nationaalsocialisten dat ze een mandaat hadden gekregen om de regering in Hamburg te reorganiseren. Slechts een uur na het sluiten van de stembureaus gaf Frick opdracht het politiebevel over te dragen aan SA-Standartenführer Alfred Richter. De rompsenaat onderwierp zich. Op 8 maart werd er een nieuwe senaat gevormd, bestaande uit zes nationaalsocialisten, twee Deutschnationalen, twee Stahlhelm-mannen en één politicus van de DVP respectievelijk de Staatspartei.[74]

Naar het voorbeeld van Hamburg vond de gelijkschakeling ook in de overige deelstaten plaats, waarbij de druk vanuit de basis van de partij en de in schijn legale maatregelen van de regering elkaar mooi aanvulden. De actie begon meestal met de eis van de nazi-Gauleitung dat het bevel over de politie aan een nationaalsocialist zou worden gegeven, en ging gepaard met marsen van de SA, bezettingen van kantoren en het hijsen van de hakenkruisvlag op openbare gebouwen. Met het voorwendsel dat 'rust en orde' moesten worden hersteld, greep het rijksministerie van Binnenlandse Zaken vervolgens in en gaf bevel tot het aanstellen van *Reichskommissare*. Op die manier werden tussen 6 en 8 maart Bremen, Lübeck, Hessen, Baden, Württemberg, Saksen en Schaumburg-Lippe in het gareel gebracht.[75]

Als laatste bolwerk viel op 9 maart Beieren. De Beierse minister-president had zich weliswaar aanvankelijk nog verzet toen de Gauleiter van Opper-Beieren, Adolf Wagner, met steun van Ernst Röhm en Heinrich Himmler 's middags per ultimatum eiste dat de voormalige Freikorps-leider Franz Ritter von Epp als Generalstaatkommissar zou worden ingezet. 's Avonds benoemde Frick echter diezelfde Epp tot Reichskommissar en restte het Beierse staatsministerie niets anders dan zich te schikken. Al in de nacht van 9 op 10 maart werden vooraanstaande BVP-politici gearresteerd en mishandeld, het ergst nog minister van Binnenlandse Zaken Karl Stützel, die zich bijzonder gehaat had gemaakt doordat hij de nationaalsocialisten minder inschikkelijk had bejegend dan zijn voorgangers. Hij werd, zoals de Beierse boerenvoorman Georg Heim de rijkspresident vol ontzetting liet weten, 'door aanhangers van de partij van de heer Epp van zijn bed gelicht en in nachthemd, op blote voeten, tot bloedens toe geslagen, naar het Braune Haus gesleept [...]. Het zijn toestanden zoals ik ze in mijn Beierse vaderland zelfs niet onder het schrikbewind van de communisten heb meegemaakt.'[76] Hindenburg gaf de brief zonder commentaar door aan Hitler; antwoord kreeg de afzender niet. Rijkscommissaris Ritter von Erp benoemde Gauleiter Wagner tot plaatsvervangend minister van Binnenlandse Zaken en SS-Reichsführer Himmler tot plaatsvervangend hoofd van politie. Afdeling VI, Politische Polizei, werd overgenomen door de nog geen dertig jaar oude voormalige marineofficier Reinhard Heydrich. Voor beiden, Himmler en Heydrich, werd het nieuwe takenpakket de springplank voor het bevel over het gehele politie- en veiligheidsapparaat in het Derde Rijk.[77]

Drie dagen na de geënsceneerde omwenteling vloog Hitler naar München en uitte zijn tevredenheid over het feit dat 'Beieren zich [had] aangesloten bij het grote front van de ontwakende natie'. Na een triomftocht door de straten van München legde hij ter nagedachtenis aan de slachtoffers van de staatsgreep van 9 november 1923 een reusachtige krans voor de Feldherrnhalle, met op het lint de woorden: 'En toch hebt u gezegevierd!'[78] Op 16 maart trad het kabinet-Held als laatste van de gelijkgeschakelde deelstaatregeringen formeel af en maakte plaats voor een bijna uitsluitend door nationaalsocialisten bezet ministerie. Eind maart schreef een 'Voorlopige wet tot gelijkschakeling van de deelstaten' voor dat de deelstaatparlementen moesten worden gereorganiseerd overeenkomstig het aantal stemmen dat bij de Rijksdagverkiezingen op de afzonderlijke partijen was uitgebracht. De op de KPD uitgebrachte stemmen werden ongeldig verklaard. Een week later, op 7 april, vaardigde de regering een 'Tweede wet ter gelijkschakeling van de deelstaten met het rijk' uit, die de aanstelling van een rijksstadhouder voorschreef in alle Duitse deelstaten en zo definitief een eind maakte aan hun soevereiniteit.[79]

Deze wet gaf Hitler een handvat om nu ook in Pruisen de machtsverhoudingen naar zijn hand te zetten. Zelf eigende hij zich de rechten van de rijksstadhouder toe, waarmee Papens voormalige functie als rijkscommissaris voor Pruisen overbodig werd. Op 10 april werd Göring aangesteld als minister-president van Pruisen; twee weken later droeg Hitler de rechten van rijksstadhouder in Pruisen aan hem over. 'Met het aftreden van de heer Papen komt Pruisen definitief onder controle van de nazi's, en de vrienden van de rijkspresident zullen voortaan op zoek naar gunsten met de hoed in de hand voor kapitein Göring of een ondergeschikte nationaalsocialist moeten verschijnen.' Aldus beschreef de Britse ambassadeur Rumbold treffend het politieke verlies aan invloed van Papen.[80] De vicekanselier, die zich op 30 januari nog had voorgedaan als de zelfverzekerde dompteur van de nationaalsocialisten, was in enkele weken tijd tot politiek randfiguur gedegradeerd.

De hoop van de Deutschnationale partners van Hitler dat de SA-terreur na de Rijksdagverkiezingen minder zou worden, ging niet in vervulling. De gewelddadige acties namen juist toe. 'Wat ik tot de zondag van de verkiezingen, 5 maart, terreur noemde, was een zachtzinnig voorspel,' merkte Victor Klemperer op 10 maart op.[81] In talrijke steden en gemeenten bezetten SA-troepen het gemeentehuis en vierden hun wraaklust bot op vertegenwoordigers van het 'systeem' van Weimar. Kantoren en krantenredacties van de SPD werden bezet, het meubilair werd kort en klein geslagen en de medewerkers werden naar kelders en opslagruimten gesleept, waar zij en de eerder al gearresteerde communisten meedogenloos werden gemarteld door Hitlers beulsknechten. Rudolf Diels heeft onopgesmukt beschreven hoe het er in het voorjaar van 1933 toeging in deze martelkamers:

> De slachtoffers die we aantroffen waren de hongerdood nabij. Ze waren dagenlang staande in kleine kooien opgesloten om hen tot 'bekentenissen' te dwingen. De 'ondervragingen' waren begonnen en geëindigd met afranselingen, waarbij een tiental kerels met tussenpozen van enkele uren met ijzeren staven, gummiknuppels en zwepen op de slachtoffers insloeg. Uitgeslagen tanden en gebroken botten getuigden van de folteringen. Toen we binnenkwamen, lagen deze levende skeletten in rijen met etterende wonden op het smerige stro. Er was er niet één die niet van top tot teen was bedekt met blauwe, gele en groene plekken door de onmenselijke afranselingen. Van velen waren de ogen gezwollen en onder hun neusgaten plakten korsten geronnen bloed. Er werd niet meer gekreund en geklaagd; het wachten was slechts op het einde of een nieuw pak slaag [...]. Jeroen Bosch en Pieter Brueghel hebben nooit iets zo gruwelijks gezien.[82]

De woeste terreur van de SA schiep een klimaat van angst en intimidatie. 'Men moet telkens weer constateren dat alles wat tot de oppositie behoort volledig gedemoraliseerd is. De openlijke afwijzing van de democratie, het algemene gevoelen dat gerechtigheid niet meer bestaat, werkt als een schrikbewind,' noteerde Harry graaf Kessler op 8 maart.[83] 'Er wordt met name gefluisterd dat er in stilte vele brute gewelddadigheden plaatsvinden, dat mensen uit hun huizen worden gehaald en in bruine kazernes worden afgeranseld,' vertrouwde Theodor Heuss een brief van 14 maart toe. 'Zolang de naziregering niet enkele van hun gewelddadige mensen echt streng en voorbeeldig straft, zal de rust, vrees ik, niet weerkeren. Tot nu toe immers kunnen die mensen altijd rekenen op bescherming van hogerhand.'[84] In een oproep op 10 maart maande Hitler zijn aanhangers het 'grootse werk van de nationale verheffing' niet 'door individuele acties te compromitteren', en twee dagen later riep hij hen in een radiotoespraak op tot 'de meest strikte en blinde discipline'. De overwinning van de NSDAP was 'zo groot dat we geen kleingeestige wraakzucht kunnen voelen'.[85] In een lange brief aan Papen op 11 maart – een essentieel document – maakte hij echter in niet mis te verstane bewoordingen duidelijk dat hij, ondanks de bedrieglijke openlijke lippendienst, absoluut niet van plan was de SA terecht te wijzen.

De vicekanselier had zich erover beklaagd dat SA-mensen buitenlandse diplomaten hadden lastiggevallen en had daarmee de toorn van de rijkskanselier over zich afgeroepen. Hij had de indruk, zo schreef hij, 'dat er momenteel een gepland trommelvuur plaatsvindt, met het doel de nationale verheffing te stuiten en in elk geval de beweging die haar draagt te intimideren'. Zijn SA-mensen hadden tot dusver blijk gegeven van een 'ongekende discipline' en hij vreesde al het oordeel van de geschiedenis 'dat wij op een historisch moment misschien zelf al zijn aangetast door de zwakte en de lafheid van onze burgerlijke wereld en met glacéhandschoenen zijn opgetreden in plaats van met een ijzeren vuist'. Hij zou zich 'door absoluut niemand' laten afhouden van zijn missie, 'de vernietiging en uitroeiing van het marxisme'. En daarna volgden enkele zinnen waaruit duidelijk bleek dat Hitler nog slechts minachting koesterde voor de conservatieve bondgenoten, die hem nog geen twee maanden eerder in het zenuwcentrum van de macht hadden geplaatst, en dat hij geen consideratie meer met hen zou hebben. 'En als de Deutschnationalen en andere bekrompen geesten daar opeens bang voor worden en denken dat ze me open brieven moeten schrijven, dan hadden ze dat vóór de verkiezingen moeten doen,' zei hij honend. 'Ik verzoek u dringend, zeer geëerde heer vicekanselier, me dergelijke klachten in het vervolch [!] niet meer voor te leggen.'[86]

Het ongecontroleerde geweld 'van onderop' werd ook voor de nazileiding hoe langer hoe meer een probleem omdat ze haar claim dat ze, na de op een burgeroorlog lijkende twisten vóór 1933, garant zou staan voor 'rust en orde' in gevaar bracht. Daarom ondernam ze nu verdubbelde pogingen om de terreur tegen de tegenstanders van het regime te institutionaliseren. Op 20 maart maakte Himmler tijdens een persconferentie in München de oprichting bekend van een concentratiekamp in een voormalige munitiefabriek bij het stadje Dachau. Al op 22 maart werden de eerste gevangenen daarheen gebracht. Aanvankelijk werd Dachau, als deelstaatkamp, bewaakt door de Beierse deelstaatpolitie, maar op 11 april nam de SS er het commando over. Het concentratiekamp werd de kiem van een terreursysteem dat het hele rijk bestreek; het fungeerde als een soort laboratorium voor alle vormen van geweld die onder regie van de SS werden getest en in de daaropvolgende jaren door andere concentratiekampen in het rijk werden overgenomen. Over het bestaan van dit kamp werd in de media uitvoerig bericht. Geruchten over wat er in het kamp gebeurde, deden de ronde en dat kwam het regime, gezien de afschrikwekkende werking die ervan uitging, uitstekend van pas. 'Lieve God, maak me stom, opdat ik niet in Dachau kom!' werd een wijdverbreid geheim parool in het Derde Rijk.[87]

De stemming in het voorjaar van 1933 werd echter niet slechts gekenmerkt door angst en schrik maar nog meer door enthousiasme en optimisme. 'Jubel, verlossing, lente, een roes hingen in de lucht,' noteerde Luise Solmitz op de dag van de verkiezingen.[88] Het gevoel getuige te zijn van een omwenteling werd door velen gedeeld. Vele tijdgenoten werden herinnerd aan de euforie van augustus 1914. In zijn *Geschichte eines Deutschen* heeft Sebastian Haffner een typisch alledaagse observatie vastgelegd: 'Ik zag oude dames met boodschappentassen staan die met stralende ogen zo'n marcherende en stoer zingende bruine marsorde nakeken. "Je ziet toch, je zíét het toch gewoon, nietwaar!" zeiden ze, "hoe het op elk terrein beter gaat."'[89] Terwijl veel aanhangers van links zich gedemoraliseerd terugtrokken in hun privéleven, liepen de delen van het overwegend burgerlijke publiek die zich tot dan toe afzijdig hadden gehouden, met vliegend vaandel over naar de nationaalsocialisten. 'Nu zijn ze allemaal nazi's. Braakneigingen!' noteerde Goebbels op 24 februari.[90] Drie maanden na 30 januari hadden zich bij de 850.000 oude partijleden al zo'n twee miljoen nieuwe leden aangesloten, zodat de partijleiding op 1 mei een voorlopige ledenstop moest aankondigen, omdat ze de stortvloed van aanvragen niet meer aankon.[91] Wie, zoals de Leipzigse auteur Erich Ebermayer, een kritische blik behield, ervoer 'het overstag gaan van de burgerij als het meest beschamende van deze hele tijd'.[92]

Voor de honderdduizenden meelopers raakte het begrip *Märzgefallenen* (overloper naar de NSDAP in maart 1933) in zwang. De meesten van hen werden niet uit overtuiging lid van de partij maar omdat ze verwachtten dat het goed zou zijn voor hun carrière. De wens zich tijdig achter de winnaars te scharen, ging gepaard met het verlangen materieel garen te spinnen bij de politieke omwenteling, of dat nu was door beloning met een functie in overheidsdienst of in een van de vele partijorganisaties. NSDAP werd in de volksmond algauw een afkorting voor *Na, suchst Du auch'n Pöstchen* (En, ook op zoek naar een baantje).[93] Om de eigen 'bekering' geloofwaardig te laten overkomen, moest men enkele aanpassingen doorvoeren, zoals het demonstratieve dragen van het partijinsigne. Het viel Bella Fromm, verslaggeefster van de *Vossische Zeitung*, op dat 'collega's die het partijinsigne tot nu toe onopvallend achter hun revers hadden gedragen, het nu openlijk toonden'.[94] Er hoorde ook bij dat men nu openlijk groette met 'Heil Hitler'. Dat werd, merkte Sefton Delmer, uitgerekend gedaan door mensen die 'nog maar enkele weken geleden, toen ze dachten dat Hitler uitgeschakeld was, die "clown" met een minachtend schouderophalen hadden afgedaan'.[95] De Poolse journalist Antoni graaf Sobański, die in het voorjaar van 1933 een bezoek bracht aan Berlijn, keek vreemd op van de telkens terugkerende aanblik van voorbijgangers die onverwachts hun rechterarm strekten.[96] Op 13 juli 1933 werd het gebruik van de 'Duitse groet' door een besluit van Frick verplicht gesteld voor alle ambtenaren.[97]

Als openlijke adhesiebetuiging met het nieuwe regime gold ook het hijsen van de hakenkruisvlag. In een besluit van 11 maart verordende Hindenburg dat de hakenkruisvlag voortaan naast de zwart-wit-rode vlag van het keizerrijk moest worden gehesen: 'Deze vlaggen verbinden het roemrijke verleden van het Duitse Rijk met de krachtige wedergeboorte van de Duitse natie.'[98] Daarmee was ook de Republiek van Weimar symbolisch ten grave gedragen. Wie niet voor de druk wenste te bezwijken en geen geheim maakte van zijn afwijzing van het regime, moest veelvuldig meemaken dat vrienden en familie zich van hem afkeerden. 'Het is alsof er een luchtledig hangt om de weinigen die zich niet laten bekeren,' klaagde Erich Ebermayer in zijn dagboek. 'Van mijn jonge vrienden zijn het de besten die zich nu radicaal voor het nationaalsocialisme uitspreken [...]. Men kan absoluut niet met hen discussiëren, want ze gelóven gewoon. En tegen geloof zijn geen verstandelijke argumenten opgewassen.'[99] Een soortgelijke ervaring had de Berlijnse jurist Sebastian Haffner: sinds begin maart 1933 werd de sfeer in de debatingclub die hij samen met andere juristen regelmatig bezocht, steeds giftiger; sommigen sloten zich aan bij de NSDAP, openhartige gesprekken waren niet meer mogelijk en eind mei werd de club ontbonden.[100]

De opening van de nieuwe Rijksdag zou op 21 maart plaatsvinden in de Garnisonkirche in Potsdam. Datum en plaats van het schouwspel, waarvan de pas benoemde minister van Propaganda Goebbels de regie op zich had genomen[101], waren heel bewust gekozen. 21 maart was niet alleen het begin van de lente en correspondeerde dus met het gevoel van 'nationaal optimisme', het was ook de datum waarop Bismarck in 1871 de eerste Rijksdag na de stichting van het keizerrijk bijeen had geroepen. In de crypte van de Garnisonkirche rustten de zerken van 'soldatenkoning' Frederik Willem I en zijn zoon, Frederik de Grote. Geen enkele plek leek dan ook geschikter voor een propagandaspektakel, dat de band tussen Pruisen en het nationaalsocialisme symbolisch moest bekrachtigen.[102] De officiële ceremonie begon in de voormiddag met liturgische vieringen in de hoofdkerken van de beide gezindten, waar Hitler en Goebbels zich overigens niet vertoonden. In plaats daarvan legden ze op de Luisenstädtische Friedhof in Berlijn kransen op de graven van Horst Wessel en andere zogenaamde 'martelaars van de beweging'.[103]

Tegen twaalf uur kwamen Hindenburg en Hitler bijeen voor de Garnisonkirche. De rijkspresident droeg het uniform van de Pruisische generaal-veldmaarschalk; Hitler had het bruine partijuniform vervangen door een zwart rokkostuum, waarin hij zich merkbaar ongemakkelijk voelde. Op vele toeschouwers kwam hij over 'als een verlegen nieuweling, die een machtig beschermheer introduceert in een gezelschap waarin hij een vreemde is'.[104] Voor de keizerlijke loge, waarin de vaste plek van Wilhelm II leeg was gebleven, begroette de rijkspresident de kroonprins met geheven maarschalksstaf. Daarmee wilde hij zijn verbondenheid met het huis Hohenzollern tot uitdrukking brengen – een gebaar dat verdoezelde dat de relatie sinds november 1918, toen de generaal-veldmaarschalk de keizer in de steek zou hebben gelaten, onherstelbaar was beschadigd.[105] Hindenburgs begroetingsspeech was zoals gewoonlijk soldatesk bondig: met de verkiezingen van 5 maart had het Duitse volk zich 'met een duidelijke meerderheid' achter de door hem aangestelde regering geschaard en hierdoor was 'de grondwettelijke basis voor haar werk' een feit, verklaarde hij, de legaliteitsfictie van Hitler bekrachtigend. Hij maande de aanwezige leden van de Rijksdag – de afgevaardigden van de SPD waren niet gekomen en die van de KPD waren gearresteerd of ondergedoken – zich te bevrijden van 'zelfzucht en partijtwisten' en de regering te steunen bij haar 'zware taak', 'tot heil van een verenigd, vrij, trots Duitsland'.[106]

Hitler, die na Hindenburg het woord nam, begon geremd, met een zachte stem, die echter geleidelijk krachtiger werd. Theodor Heuss, die als afgevaardigde van de Deutsche Staatspartei het schouwspel bijwoonde, ervoer de toespraak als 'beheerst', zij het 'zeer algemeen': 'enkele rake formuleringen, maar nog zonder concrete doelstelling'.[107] Volledig in overeenstemming met de teneur van de oproep van 1 februari schetste Hitler om te beginnen het sombere beeld van het 'innerlijke verval' dat de revolutie van 1918 zou hebben veroorzaakt, om tegen die achtergrond 'de grootse taak van de nationale herleving' in des te stralendere kleuren aan te prijzen. De kern van zijn toespraak was echter een huldebetoon aan Hindenburg, die hij meer dan eens rechtstreeks aansprak: hij prees hem niet alleen wegens zijn 'grootmoedige besluit' het 'jonge Duitsland' op 30 januari 1933 'de leiding over het rijk' toe te vertrouwen, maar benadrukte aan het eind ook Hindenburgs militaire verdiensten: 'Uw wonderbaarlijke leven is voor ons allen een symbool van de onverwoestbare levenskracht van ons volk.'[108] 'Zijn beste toespraak,' vond zijn secondant Goebbels. 'Aan het eind is iedereen overweldigd.'[109] Maar niet alleen de minister van Propaganda, ook Hindenburg zelf was diep onder de indruk. 'De rijkspresident kon zijn ontroering nauwelijks de baas; de tranen sprongen hem in de ogen,' zag burgemeester Carl Vincent Krogmann van Hamburg, die als vertegenwoordiger van de hanzestad aanwezig was.[110] Na de toespraak liep Hindenburg naar Hitler toe en de twee gaven elkaar een hand; het huwelijk tussen het 'oude' en het 'nieuwe' Duitsland, de centrale boodschap van de dag, leek daarmee bezegeld.

De 'Dag van Potsdam' vond ook in het openbare leven uitzonderlijk veel weerklank. 'We zijn vandaag nog volledig onder de indruk van de dag van gisteren,' schreef de Braunschweigse Elisabeth Gebensleben, die net als miljoenen anderen naar de radio-uitzending had geluisterd, op 22 maart aan haar dochter in Nederland. 'Zo'n jubeldag van een natie zal zelden in de geschiedenis van een volk voorkomen; een dag van zoveel nationaal enthousiasme, zoveel juichende vreugde; het is de dag die al het beste en heiligste dat in het volk schuilt en dat vele jaren stevig gekluisterd is geweest, de vrije loop liet en naar buiten stroomde in onbegrensde

Afb. 41 De Dag van Potsdam: rijkskanselier Adolf Hitler buigt voor rijkspresident Paul von Hindenburg, 21 maart 1933.

jubel uit diepste dankbaarheid.'¹¹¹ Maar zelfs in kringen die tot dusver veeleer sceptisch hadden gestaan tegenover de 'nationale verheffing', bleef het effect van het spektakel in Potsdam niet uit. Het leek erop dat Hitler zich van kortzichtig partijleider ontwikkelde tot een politicus met de statuur van een staatsman, en veranderde in een 'volkskanselier' die, in plaats van te polariseren, kloven overbrugde en tegenstellingen met elkaar verzoende. 'Het is niet te ontkennen: hij is gegroeid,' merkte Erich Ebermayer aangedaan op. 'Uit de demagoog en partijleider, de fanaticus en ophitser schijnt zich – voor zijn tegenstanders verrassend genoeg – de echte staatsman te ontwikkelen.' De meeste indruk had ook op hem Hitlers buiging voor de rijkspresident, dat gespeelde gebaar van onderwerping, gemaakt: 'De oude veldmaarschalk reikt zijn korporaal uit de wereldoorlog de hand. De korporaal buigt diep over de hand van de veldmaarschalk [...]. Niemand kan zich aan zijn ontroering onttrekken.'¹¹²

Voor de persoonlijke relatie tussen Hindenburg en Hitler betekende de 'Dag van Potsdam' de 'definitieve doorbraak'.¹¹³ Bij de aanstelling van het kabinet van 'nationale concentratie' op 30 januari had de rijkspresident nog duidelijk blijk gegeven van bedenkingen tegen de nieuwe rijkskanselier, wat onder meer tot uitdrukking was gekomen in het feit dat Hitler hem alleen onder begeleiding van Papen verslag mocht uitbrengen. Hitler deed daarom in de eerste weken van zijn kanselierschap zijn uiterste best door schijnbaar welvoeglijk gedrag het vertrouwen van Hindenburg te verwerven. 'Het gaat erom de oude heer volledig in te palmen,' zei hij op 5 februari tegen Baldur von Schirach. 'We mogen nu niets doen dat hem irriteert.'¹¹⁴ Kennelijk slaagde de staatsacteur er in betrekkelijk korte tijd in zich bij Hinderburg geliefd te maken en Papen uit zijn voorkeurspositie te verdringen. 'Hij staat bij de oude in een heel goed blaadje,' noteerde Goebbels op 7 februari.¹¹⁵ Hitler zelf vertelde in mei 1942, tijdens een lange treinrit van de Wolfschanze naar Berlijn, dat zijn verstandhouding met Hindenburg al na acht tot tien dagen zoveel beter was geworden dat hij niet meer met Papen als oppasser aan zijn zijde bij de rijkspresident verslag hoefde uit te brengen, en na drie weken zou de 'oude heer' zich zelfs 'vaderlijk toegenegen' hebben betoond.¹¹⁶

Waarschijnlijk overdreef Hitler hier – in de herinnering van Papen werd hij pas sinds april niet meer bij de besprekingen betrokken¹¹⁷ – maar het staat vast dat de rijkspresident zijn kanselier al in februari gunsten bewees en hem tegen kritiek van buiten in bescherming nam. Toen de voorzitter van de BVP en Beiers minister van Financiën Fritz Schäffer Hindenburg op 17 februari waarschuwde dat Hitler schijnbaar 'met geweld de volledige macht [wilde] veroveren' en tegelijkertijd klaagde dat 'rechtschapen lieden' zoals de sociaaldemocraten 'met de kreet "marxisten" uit de gemeenschap van het Duitse volk' werden geweerd, kreeg hij als antwoord: 'Hij, als rijkspresident, heeft de heer Hitler – na aanvankelijke aarzelingen – leren kennen als een man van de meest oprechte nationale bedoelingen en hij is nu blij dat de leider van deze grote beweging met hem en andere groepen van rechts samenwerkt.'[118] Ook over de verkiezingsuitslag van 5 maart betoonde Hindenburg zich uiterst tevreden en tegenover Hitler sprak hij er zijn tevredenheid over uit dat het 'nu voor eens en altijd gedaan was met dat kiesgedoe'. De 'parlementskermis' was hem altijd al 'ten diepste innerlijk vreemd en onsympathiek' geweest.[119]

De door Goebbels zo doeltreffend georganiseerde ceremonie in de Garnisonkirche op 21 maart markeerde een nieuwe fase in de waardering van Hindenburg voor Hitler. 'Oude heer heel gelukkig met Potsdam,' noteerde de minister van Propaganda.[120] Burgemeester Krogmann van Hamburg liet de rijkspresident drie dagen later weten dat hij Hitler 'pas na zijn benoeming had leren kennen en leren waarderen'. Het was immers bekend dat hij 'oorspronkelijk zekere bedenkingen had' gehad omdat de leider van de NSDAP 'de alleenheerschappij' had geëist. Nu echter respecteerde hij 'de grote gaven en bekwaamheden van de heer rijkskanselier onvoorwaardelijk'.[121] Hitler had vicekanselier Papen volledig verdrongen als Hindenburgs favoriet en maakte zich nu klaar om, nadat hij het aureool van de 'held van Tannenberg' zo handig had gebruikt om zijn eigen politieke aanzien te vergroten, ook uit de schaduw van de oude rijkspresident te treden en zich 'als een krachtens zichzelf charismatisch man op de top' te nestelen.[122]

Wie gedacht had dat Hitler zich met zijn buiging voor Hindenburg onder diens bescherming had gesteld en afstand had genomen van zijn streven naar de onbeperkte macht, werd drie dagen later al uit de droom geholpen, toen de Rijksdag in de Berlijnse Kroll-opera moest beslissen over het aannemen van een machtigingswet. Daarmee wilde Hitler niet alleen de Rijksdag op een zijspoor zetten, maar zich ook 'onafhankelijk maken van de boeien van de rijkspresident en van diens recht noodverordeningen uit te vaardigen, nu nog het fundament van zijn heerschappij'.[123] Het *Gesetz zur Behebung der Not von Volk und Staat* (Wet tot het lenigen van de nood van volk en rijk) zoals het officieel heette, werd op 15 maart voor het eerst behandeld in het kabinet. Daarbij benadrukte minister van Binnenlandse Zaken Frick dat de tekst zodanig ruim moest worden geformuleerd 'dat er van elke bepaling van de Rijksgrondwet kan worden afgeweken'. Ook nu weer tekenden de conservatieve ministers geen bezwaar aan. Alleen Hugenberg wierp de vraag op 'of voorzien was in de medewerking van de heer rijkspresident bij de wetten die op grond van de Machtigingswet door de rijksregering zouden worden uitgevaardigd'. Het was niet Hitler maar secretaris-generaal Meissner die het bezwaar van tafel veegde met de opmerking dat medewerking van de rijkspresident 'niet noodzakelijk' was en dat deze dat ook 'niet verlangen' zou.[124]

Artikel 76 van de Rijksgrondwet schreef voor dat voor het aannemen van een grondwetswijzigende wet twee derde van de Rijksdagleden aanwezig moest zijn en dat twee derde van de aanwezigen vóór moest stemmen. Frick rekende het kabinet voor hoe die meerderheid kon worden bereikt: als men van de 647 gekozen afgevaardigden de 81 zetels van de KPD aftrok, hoefden er nog maar 378 in plaats van 432 leden voor te stemmen. De NSDAP en het Kampffront Schwarz-Weiß-Rot hadden op 5 maart samen 340 zetels behaald. Ze waren dus aangewezen op de steun van de Zentrum-fractie. Om zeker te zijn van de aanwezigheid van twee derde van de Rijksdagleden, werd kort voor de stemming nog besloten tot een wijziging in het reglement van orde, waardoor 'ook de buiten hun schuld afwezige afgevaardigden als aanwezig' zouden gelden. Er was Hitler ook veel gelegen aan de instemming van het Zentrum, omdat dat 'prestigeverhogend tegenover het buitenland' zou zijn, zoals hij verklaarde in het kabinetsberaad van 20 maart, waarin het wetsvoorstel werd aangenomen.[125] Het zou beperkt worden tot vier jaar (art. 5) en machtigde de rijksregering rijkswetten aan te nemen 'zonder de in de Rijksgrondwet voorgeschreven procedure' (art. 5). Die wetten mochten 'van de Rijksgrondwet afwijken' (art. 2). De rijkskanselier mocht in plaats van de rijkspresident wetten uitvaardigen en in het staatsblad bekendmaken (art. 3). En art. 4 gaf de rijksregering het recht verdragen met andere staten te sluiten.[126]

In de namiddag van 23 maart kwam de Rijksdag bijeen onder omstandigheden die zich in de geschiedenis van het Duitse parlement nooit eerder hadden voorgedaan. De nationaalsocialisten hadden een intimiderend decor neergezet. De SPD-afgevaardigde Wilhelm Hoegner herinnerde zich het als volgt:

> Op het grote plein voor de Kroll-opera stond een enorme mensenmenigte [...]. We werden ontvangen met woeste spreekkoren: 'Wij willen de Machtigingswet!' Jonge kerels met het hakenkruis op hun borst keken ons brutaal aan, versperden ons bijna de weg, lieten ons regelrecht spitsroeden lopen en riepen ons scheldwoorden toe zoals 'Zentrum-varken', 'marxistenzwijn' [...]. Toen wij sociaaldemocraten onze plaatsen aan de uiterste linkerzijde hadden ingenomen, stelden SA- en SS-mensen zich bij de uitgangen en de muren achter ons op in een halve cirkel. Hun gezichten beloofden weinig goeds.[127]

Aan de voorkant van de tribune waarop de leden van de regering zaten, hing een reusachtige hakenkruisvlag, alsof het niet ging om een zitting van de volksvertegenwoordiging, maar om een nationaalsocialistische partijraad. Ook Hitler was ditmaal in bruin overhemd gekleed, nadat hij zich slechts twee dagen eerder in Potsdam had gepresenteerd in de rol van serieus, beschaafd politicus.

Door de NSDAP-fractie begroet met een 'drievoudig heil' nam de rijkskanselier het woord voor een tweeënhalf uur durende toespraak, waarin hij om te beginnen de bekende tirades over het 'door de marxistische dwaalleer veroorzaakte verval van de natie' herhaalde en vervolgens in uiterst algemene bewoordingen het programma van de regering schetste voor 'herstel van een werkelijke volksgemeenschap' en 'een ingrijpende morele sanering van het volkslichaam'. Op economisch gebied beloofde Hitler iedereen wat: de boeren herstel van de winstgevendheid van hun bedrijf, de middenstand redding van de oppermachtige concurrent, arbeiders en kantoorbedienden verhoging van hun koopkracht, werklozen herintreding in het productieproces, exportbedrijven betere behartiging van hun belangen. Wat de buitenlandse politiek betrof, deed hij zich vreedzaam voor: Duitsland wilde 'slechts gelijke leefrechten en gelijke vrijheid' en 'met de wereld in vrede leven'. Pas tegen het eind ging hij in op de Machtigingswet, waarvan hij de noodzaak motiveerde met de woorden dat de regering van de 'nationale verheffing' haar taak niet kon verrichten als ze 'van geval tot geval de instemming van de Rijksdag verkrijgen' moest. Ze zou echter, probeerde hij de aanwezigen gerust te stellen, van de wet 'slechts in zoverre gebruik maken als voor het doorvoeren van de noodzakelijke maatregelen' nodig was. Het bestaan van de Rijksdag noch van de Rijksraad werd daardoor bedreigd, de positie en de rechten van de rijkspresident zouden 'onaangetast' blijven en ook de rechten van de kerken zouden 'niet beknot' worden. Die laatste opmerking was bedoeld voor het Zentrum, waarvan de instemming nog niet gegarandeerd was. De verlokking werd gevolgd door een onverhuld dreigement: 'Moge u, mijne heren, thans zelf besluiten tot oorlog of vrede.'[128]

Na Hitlers toespraak schorste Göring de zitting voor twee uur; de fracties trokken zich terug voor beraad. Bij de sociaaldemocraten kon er geen discussie zijn over afwijzing: de arrestatie van een van hun meest vooraanstaande leden, de voormalige minister van Binnenlandse Zaken van Pruisen, Carl Severing, met inbreuk op diens parlementaire onschendbaarheid, vlak voor het betreden van de Kroll-opera, had hun opnieuw duidelijk gemaakt welk lot hen allen dreigde.[129] In de Zentrum-fractie daarentegen kwam het tot heftige discussies. Een meerderheid onder aanvoering van voorzitter Kaas stemde vóór. Ze wezen erop dat Hitler tijdens de voorafgaande onderhandelingen de garantie had gegeven dat er slechts onder bepaalde voorwaarden gebruik zou worden gemaakt van de Machtigingswet. Deze belofte was niet meer dan een afleidingsmanoeuvre, die Hitler als geen ander beheerste – de aangekondigde brief zou nooit worden verzonden. De voormalige rijkskanselier Heinrich Brüning, die de Machtigingswet al tijdens de fractievergadering op de ochtend van 23 maart 'het schandaligste' had genoemd 'dat ooit van een parlement was geëist', probeerde tot het laatst de instemming te verhinderen: 'Liever nu eervol ten onder gaan,' verklaarde hij, dan een handreiking doen aan een politiek die 'ook het Zentrum geen enkele levenslucht meer zou toestaan'. Uiteindelijk onderwierpen ook hij en de minderheid die hem volgde zich echter aan de fractiediscipline.[130]

Nadat de zitting even na zes uur 's avonds was hervat, nam SPD-partijvoorzitter Otto Wels het woord. Na de vervolgingen waaraan de sociaaldemocraten de afgelopen tijd blootgesteld waren geweest, zo zette hij uiteen, kon niemand van hen verwachten dat ze met de Machtigingswet zouden instemmen: 'Vrijheid en leven kan men ons afnemen, maar niet onze eer.' Het was een, gezien de dreigende stemming in de zaal, moedig optreden. Voor het laatst in twaalf jaar werd ten overstaan van de Rijksdagtribune een openlijke adhesiebetuiging aan de grondslagen van de democratie en de rechtsstaat afgelegd: 'Geen enkele machtigingswet geeft u de macht ideeën te vernietigen die eeuwig en onverwoestbaar zijn.' Wels besloot met een groet aan 'de vervolgden en vervolgden': 'Hun standvastigheid en trouw verdienen bewondering. Hun moed, hun ongebroken vertrouwen staan garant voor een zuiverder toekomst.' De notulen maken hier melding van herhaald 'lachen van de nationaalsocialisten'.[131]

Wels was amper uitgesproken of Hitler rende naar het spreekgestoelte om de voorgaande spreker neer te sabelen: 'U komt laat, maar u komt. De mooie theorieën die u, geachte afgevaardigde, zojuist hebt verkondigd, zijn de wereldgeschiedenis iets te laat meegedeeld.' Het leek erop dat Hitlers repliek voor de vuist weg werd uitgesproken en dat is dan ook steeds weer aangevoerd als voorbeeld van zijn slagvaardigheid. De waarheid echter is dat de hoofdredacteur van *Vorwärts*, Friedrich Stampfer, de tekst van Wels' toespraak tevoren als persbericht had laten verspreiden, zodat Hitler tijd genoeg had gehad om zijn antwoord voor te bereiden.[132] 'Zo heeft men nooit iemand zien afslachten. Hitler enorm op dreef. En een doorslaand succes,' jubelde Goebbels.[133] In zijn tweede toespraak toonde de rijkskanselier inderdaad zijn brutale, machtsbeluste gezicht, dat hij tijdens het spektakel in Potsdam nog zorgvuldig had verborgen achter het masker van een eerbaar staatsman. 'U bent kleinzerig, mijne heren, en niet afgestemd op het heden, als u nu al praat over vervolgingen,' riep hij de sociaaldemocraten spottend toe. Hij ging zelfs zover dat hij onthulde dat het vragen om instemming met de Machtigingswet slechts een berekenende manoeuvre was: 'Alleen omdat wij Duitsland zien, en zijn nood en de noodzakelijkheden van het nationale leven, doen wij in dit uur een beroep op de Duitse Rijksdag ons datgene toe te staan wat we ook hadden kunnen nemen.' Tot slot richtte Hitler zich nog eenmaal rechtstreeks tot de sociaaldemocraten: 'Ik denk dat u niet voor deze wet stemt omdat de bedoeling die ons bezielt uw innerlijkste mentaliteit vreemd is [...], en ik kan slechts zeggen: ik wil ook helemaal niet dat u er vóór stemt! Duitsland moet vrij worden, maar niet door u!' De notulen merken op: 'Langdurig, stormachtig Heil-roepen door de nationaalsocialisten en op de tribune. Applaus bij de Deutschnationalen.'[134]

Duidelijker dan met deze toespraak kon Hitler niet tot uitdrukking brengen dat onder zijn regering alle normen van de scheiding der machten en de rechtsstaat buiten werking zouden worden gesteld en dat de belofte van 'legaliteit' slechts bedrieglijke lippendienst was. Dat weerhield de sprekers van Zentrum, de Bayerische Volkspartei, de Deutsche Staatspartei, de Deutsche Volkspartei en de Christliche Volksdienst er niet van 'in de verwachting van een wetmatige ontwikkeling', zoals de uit Württemberg afkomstige Reinhold Maier van de Staatspartei het uitdrukte, namens hun fracties in te stemmen met de Machtigingswet.[135] Bij de eindstemming stemden 441 afgevaardigden vóór; alleen de reeds tot 94 leden gedecimeerde SPD-fractie stemde tegen. Daarmee was de 'zwartste dag' in de geschiedenis van het Duitse parlement ten einde.[136] Daags daarna sprak Hugenberg in het kabinet-Hitler zijn dank uit voor het 'buitengewone succes'. Hij prees met name de repliek op de toespraak van Wels, die 'algemeen als een felle terechtwijzing van de SPD' was ervaren.[137] Wat de definitieve afschaffing van de parlementaire democratie en de vervolging van haar laatste verdedigers, de Duitse sociaaldemocraten betrof, waren nationaalsocialisten en Deutschnationalen het roerend met elkaar eens.

De Machtigingswet betekende de afsluiting van de eerste fase van de nationaalsocialistische 'machtsovername'. De volgende stap was te voorzien, want nu het parlement zichzelf als wetgevend orgaan buitenspel had gezet, hadden ook de partijen in feite hun bestaansrecht verloren. De regering-Hitler had zich echter niet alleen onafhankelijk gemaakt van de Rijksdag, maar ook van de volmachten van de rijkspresident om een noodverordening uit te vaardigen.[138] Dat betekende het definitieve einde van het 'beteugelingsconcept', waarvan het terugvallen op de macht van de president de belangrijkste hoeksteen was geweest. Hitler was de facto niet meer aangewezen op zijn conservatieve coalitiepartners, ook al handhaafde hij hen voorlopig voor de schone schijn nog in zijn kabinet. 'Nu zijn wij dus de baas,' constateerde Goebbels, die op de avond van 23 maart met Hitler bijeenkwam in de rijkskanselarij en nogmaals luisterde naar de radiouitzending van diens antwoord aan Wels.[139] Hoewel de Machtigingswet, die op 24 maart van kracht werd, tot vier jaar was beperkt, werd ze drie keer verlengd en bleef ze tot het eind van het regime het fundament van de nationaalsocialistische wetgeving.

Slechts een week later haalde de regering-Hitler uit voor de volgende klap: op 1 april riep ze voor het eerst op tot een boycot van Joodse winkels, juristen en artsen. Het aantal antisemitische gewelddadigheden was sinds de machtsovername op 30 januari sterk toegenomen. In veel steden en streken waren vijandelijkheden tegen Joden en aanslagen op Joodse bedrijven inmiddels aan de orde van de dag. Ze werden meestal georganiseerd door de plaatselijke SA- en partijactivisten.[140] Daags na de Rijksdagverkiezingen in maart maakten knokploegen op de Berlijnse Kurfürstendamm jacht op Joodse voorbijgangers. 'Tal van Joden werden door de bruinhemden geslagen tot het bloed over hun hoofd en hun gelaat stroomde,' zag de correspondent in Duitsland van de *Manchester Guardian*. 'Velen zakten bewusteloos in elkaar en werden op straat achtergelaten tot ze door vrienden of voorbijgangers overeind werden geholpen en naar een ziekenhuis werden gebracht.'[141] Berichten zoals deze drongen door in de buitenlandse pers en zorgden daar voor opschudding. Op 26 maart verzamelden zich 250.000 mensen in New York en meer dan een miljoen in het hele land om te protesteren tegen de discriminatie en vervolging van Joden door de regering-Hitler.[142]

In de nazipropaganda maar ook in de berichtgeving van Duitse diplomaten werd de internationale kritiek beschreven als Joodse 'ophitsing', waartegen men zich teweer moest stellen.[143] Door middel van een landelijke boycot van Joodse winkels, artsen- en advocatenpraktijken moesten de Duitse Joden vanwege de buitenlandse praktijken in gijzeling worden genomen, en tegelijkertijd moesten de 'wilde' acties van de SA worden gekanaliseerd en op een gemeenschappelijk doel worden gericht. De beslissing tot de boycot viel vermoedelijk tijdens een bijeenkomst van Hitler en Goebbels op de Obersalzberg op 26 maart. 'Ik schrijf een boycotoproep tegen Duitse Joden. Daarmee zullen we hun hetze in het buitenland wel stoppen,' legde de minister van Propaganda vast als resultaat van hun gesprek.[144] De planning en de organisatie werden opgedragen aan een *Zentralkomitee zur Abwehr der jüdischen Greuel- und Boykotthetze*, onder voorzitterschap van de Gauleiter van Neurenberg en uitgever van het rabiaat antisemitische en opruiende blad *Der Stürmer*, Julius Streicher. De oproep van de nazileiding werd op 28 maart gepubliceerd in de *Völkischer Beobachter*. Alle partijgroeperingen werden opgeroepen onmiddellijk actiecomités te vormen, opdat de boycot op 1 april 'in één klap' ingezet en 'tot in het kleinste boerengehucht doorgevoerd' kon worden. Als centrale oplossing werd gezien: 'Geen goede Duitser koopt nog bij een Jood of laat zich door hem en zijn mensen achter de schermen iets aansmeren.'[145]

Op 29 maart lichtte Hitler het kabinet in over de voorgenomen maatregelen. Hij liet er daarbij geen twijfel aan bestaan dat hij zelf opdracht had gegeven tot de boycot en er volledig achter stond. 'Hij was ervan overtuigd dat een boycot van twee à drie dagen het Jodendom ervan zou overtuigen dat de hetze de Joden zelf het meest zou schaden.'[146] Twee dagen later tekenen enkele ministers bezwaar aan: minister van Financiën Schwerin von Krosigk vreesde een 'sterke daling van de inkomsten uit de omzetbelasting' en ook minister van Verkeer Eltz-Rübenach wees op de economische gevolgen. Alle buitenlandse scheepstochten met de 'Europa' en de 'Bremen' zouden al zijn afgezegd. Hitler reageerde schijnbaar flexibel: hij stelde voor het begin van de boycot uit te stellen tot 4 april indien de regeringen van de Verenigde Staten en Groot-Brittannië 'onmiddellijk bevredigende verklaringen tegen de ophitsing' zouden uitgeven. Anders moest de boycot volgens plan op zaterdag 1 april beginnen; overigens zou dan een pauze tot 4 april worden ingelast.[147] Hoewel de Britse en de Amerikaanse regering op de avond van 31 maart toezegden dat ze de verlangde verklaring zouden uitgeven, was het te laat voor een koerswijziging, want de gemobiliseerde partijbasis drong aan op de aanval en Hitler kon zonder gezichtsverlies niet meer terugkrabbelen, nog helemaal afgezien van het feit dat de boycot volledig overeenstemde met zijn eigen bedoelingen. 'Ik weet niet of mijn naam over twee- of driehonderd jaar nog hoog in aanzien staat in Duitsland,' zei hij op de avond voor de boycot tegen de Italiaanse ambassadeur Vittorio Cerrutti, 'maar één ding weet ik volstrekt zeker: dat de naam Hitler over vijf- of zeshonderd jaar overal zal worden verheerlijkt als de naam van degene die de wereldplaag van het Jodendom voor eens en altijd heeft uitgeroeid.'[148]

Op de ochtend van 1 april betoogden overal in Duitsland SA-wachten met plakkaten voor Joodse winkels, artsen- en advocatenpraktijken en riepen het publiek op tot een boycot. 'De Joodse winkels – er waren er tamelijk veel in de oostelijke straten – stonden open, voor de winkeldeuren stonden wijdbeens opgestelde SA-mannen. De etalageramen waren beklad met obscene taal en de meeste winkeliers lieten zich niet zien,' herinnerde zich Sebastian Haffner, die de boycot in Berlijn meemaakte.[149] Over de reacties van de bevolking lopen de berichten uiteen. 'Een zeker gemompel van afkeuring, gesmoord maar hoorbaar, ging door het land,' schreef Haffner terugblikkend.[150] Ook de Britse ambassadeur meende te kunnen vaststellen dat de boycot 'in het hele land niet populair' was; anderzijds had er ook geen 'noemenswaardige stemmingsomslag ten gunste van de Joden plaatsgevonden'.[151] In veel verhalen van tijdgenoten is sprake van klanten of patiënten die die dag heel bewust boodschappen deden bij Joodse winkels of hun Joodse arts bezochten en hem hun medeleven betoonden. Maar dat betrof een dappere minderheid; de meerderheid hield zich kennelijk aan de richtlijnen van de regering: ze deed geen boodschappen, hield zich afzijdig en keek toe.[152]

Voor vele Duitse Joden was de eerste door de regering in het hele rijk georganiseerde antisemitische actie een schokkende ervaring. 'Ik heb me waarlijk altijd een Duitser gevoeld. En ik heb me altijd ingebeeld: twintigste eeuw en Midden-Europa zijn iets anders dan veertiende eeuw en Roemenië. Vergissing,' klaagde Victor Klemperer in zijn dagboek.[153] En net als bij de romanist uit Dresden was ook bij andere, zich Duitser voelende Joden de zekerheid dat ze in een geciviliseerde samenleving leefden waarin het gevaar van een terugval in de barbarij uitgebannen leek, in één klap vervlogen. Ook onder Duitsers die afwijzend stonden tegenover het regime, leidde de boycot tot schaamte en ontzetting. Harry graaf Kessler, die inmiddels in Parijs woonde en besloten had nooit meer naar Duitsland terug te keren, noteerde op 1 april: 'De afschuwelijke Jodenboycot in het rijk. Die misdadige waanzin heeft alles verwoest wat in veertien jaar aan vertrouwen in en aanzien van Duitsland teruggewonnen was.'[154]

Hoewel de boycot op 4 april niet werd hervat, werden er ook in de daaropvolgende weken en maanden steeds weer acties gevoerd tegen Joodse winkels, op touw gezet door lokale SA- en partijgroepen.[155] In de regering-Hitler ging men intussen over tot een minder luidruchtige manier om het uitsluiten van de Joden uit de Duitse samenleving te forceren: op 7 april werd het *Gesetz zur Wiederherstellung des Berufsbeamtentums* (Wet op het herstel van het beroepsambtenarendom) uitgevaardigd, die niet alleen een handvat bood om als politiek onbetrouwbaar geldende ambtenaren te ontslaan, maar tegelijkertijd dwingend voorschreef ambtenaren van 'niet-arische afkomst' op non-actief te stellen. Overigens bleven Joodse ambtenaren die aan het front hadden gevochten of wier vaders of zonen gesneuveld waren, hiervan voorlopig uitgezonderd.[156] In een schrijven aan Hitler had Hindenburg drie dagen eerder op deze uitzonderingsmaatregel aangedrongen: 'Als ze waardig waren om voor Duitsland te vechten en te bloeden, moeten ze het ook waard worden geacht het vaderland in hun beroep te blijven dienen.'[157] Overigens wilde Hindenburg daarmee geenszins uitdrukking geven aan zijn ontstemming over de discriminerende maatregelen. Toen prins Karel van Zweden, de president van het Zweedse Rode Kruis, eind april opkwam voor de Joden in Duitsland, wees de rijkspresident deze inmenging van de hand met de opmerkingen dat de 'nationale omwenteling' zich in 'alle rust en orde' had voltrokken, wat des te meer te prijzen was gezien het feit dat 'juist van Joodse en Joods-marxistische zijde de nu zegevierende nationaalsocialistische beweging in het verleden groot onrecht' zou zijn aangedaan.[158] Zijn tussenkomst ten gunste van voormalige frontsoldaten van Joodse afkomst kwam dan ook niet voort uit een afwijzing van de antisemitische politiek van de regering maar uit een gevoel van oude loyaliteit met de oud-strijders uit de oorlog.

Verhelderend is Hitlers reactie op de brief van Hindenburg. Enerzijds rechtvaardigde hij zijn beleid door erop te wijzen dat men zich teweer moest stellen tegen de 'overstroming van bepaalde beroepen door het Jodendom', en op het gegeven dat de Joden altijd 'niet volledig met het Duitse volk vergroeide indringers' waren gebleven. Anderzijds prees hij de rijkspresident in overdreven bewoordingen voor de 'menselijk grootmoedige wijze' waarop hij zich inzette voor de voormalige Joodse soldaten, en beloofde hij dat 'nobele gevoel in de hoogste mate recht te doen'. En daarna volgde een zin die de gehaaide huichelaar Hitler in een notendop toont: 'Ik begrijp uw innerlijke drijfveren en lijd overigens zelf vaak onder de hardheid van een lot dat iemand dwingt tot beslissingen die men menselijkerwijs duizendmaal zou willen vermijden.'[159] Hitler kon het zich nog niet veroorloven de rijkspresident te bruuskeren en speelde daarom tegenover hem de rol waarvoor Hindenburg het gevoeligst was: die van de hoffelijke, bescheiden, leergierige politicus, die onbaatzuchtig zijn zware plicht vervulde en slechts in het belang van het Duitse volk, en niet eigener beweging, gedwongen was tot zijn harde optreden tegen Joden en 'marxisten'.

Het *Berufsbeamtengesetz* van 7 april betekende een scherpe cesuur. Voor het eerst had de regering gebroken met de basisregel van de grondwettelijke gelijkstelling van de Joden. Daarmee was een proces in gang gezet dat de in 1871 voltooide emancipatie van de Joden in Duitland stap voor stap ongedaan moest maken. Nog in april volgden meer discriminerende wetten, zoals de wet met betrekking tot toelating tot de advocatuur en die tegen de overbevolking van Duitse scholen en universiteiten.[160] Heel weinig Joden konden zich overigens op dat moment al voorstellen dat de hiermee ingeslagen weg, gezien de paranoïde idee-fixe van Hitler, moest uitmonden in hun volledige 'verwijdering' uit de 'Duitse volksgemeenschap'. Een van die weinigen was Georg Solmssen, de bestuurswoordvoerder van de Deutsche Bank. 'Ik vrees,' schreef hij op 9 april aan de voorzitter van de raad van toezicht, 'dat we pas aan het begin staan van een ontwikkeling die doelbewust, volgens een weloverwogen plan, gericht is op de economische en morele vernietiging van alle in Duitsland levende leden van het Joodse ras, zonder aanziens des persoons.'[161]

Zo er al een maatschappelijke tegenkracht bestond die de mars van de nationaalsocialistische beweging door de instituties in het voorjaar van 1933 tot staan had kunnen brengen of minstens had kunnen bemoeilijken, dan waren dat – zou men denken – de vrije vakbonden die waren aangesloten bij de *Allgemeine Deutsche Gewerkschaftsbund* (ADGB). Maar ook die werden begin mei gebroken zonder dat ze noemenswaardige tegenstand boden – een gebeurtenis zonder precedent die een dieptepunt vormt in de geschiedenis van de Duitse vakbeweging.[162] In de eerste twee maanden na de machtsovername had Hitler nog niet goed geweten wat hij met de vakbonden aan moest. Deze aanvankelijke terughoudendheid wortelde in zijn ontzag voor een organisatie die met bijna vier miljoen leden nog altijd een belangrijke tegenstander leek te zijn. Maar de verrassende, tussen passiviteit en toenadering weifelende houding van de vakbondsleiding sterkte Hitler weldra in de overtuiging dat hij van die zijde geen tegenwerking te duchten had.

De leiding van de ADGB was eind februari begonnen zich te distantiëren van de SPD, met wie ze tientallen jaren lang nauwe banden had gehad, en had toenadering gezocht tot de nationaalsocialisten. Op 21 maart wendde ADGB-voorzitter Theodor Leipart zich rechtstreeks tot Hitler en vroeg om een onderhoud. De onderdanig getoonzette brief ('met buitengewone hoogachting en toegenegenheid') ging vergezeld van een beginselverklaring van het landelijke ADGB-bestuur over de toekomstige rol van de vakbonden, met daarin de opmerkelijke concessie: 'De maatschappelijke taken van de vakbonden moeten worden vervuld, ongeacht de aard van het regime.'[163] Op 9 april bood het landelijk ADGB-bestuur de regering formeel aan de vakbondsorganisaties 'in dienst te stellen van de nieuwe staat', en stelde voor een *Reichskommissar für die Gewerkschaften* te benoemen.[164] Ook dit aanbod keurde de rijkskanselier – net als Leiparts brief van 21 maart – geen antwoord waardig.

De nazileiding reageerde met een kenmerkende combinatie van wortel en stok op de toenaderingspogingen van de vakbondsleiding. Enerzijds werden nu ook vakbondskantoren het doelwit van gewelddadige overvallen door de SA, waarbij op tal van plaatsen functionarissen werden gearresteerd en mishandeld. Leipart wendde zich tevergeefs tot Hindenburg als de 'hoeder en borgsteller van de in de grondwet verankerde burgerrechten' met het verzoek 'de rechtsonzekerheid die in talrijke Duitse steden het leven en de eigendommen van de Duitse arbeiders bedreigt, een halt toe te roepen'.[165] Een zinloos protest, omdat de grondwettelijke rechten waarop de vakbondsleiding zich beriep, door Hitler en zijn conservatieve coalitiepartners allang waren opgeheven, met instemming van Hindenburg.

Anderzijds deed de regering-Hitler nu verhevigde pogingen de arbeiders los te weken van hun organisaties en voor de zaak van de 'nationale verheffing' te winnen. Op 24 maart stelde Goebbels het kabinet voor 1 mei, de traditionele strijddag van de arbeidersbeweging, uit te roepen tot 'feestdag van de nationale arbeid', waarbij hij nadrukkelijk verwees naar de kort tevoren georganiseerde Dag van Potsdam.[166] Zoals deze had gediend om de symbolische band tussen Pruisendom en nationaalsocialisme te vieren, zo moest de aanstaande 1 meiviering een brug slaan naar de arbeiders. Ideologische inkapseling en terroristische gelijkschakeling waren ingrediënten van één en hetzelfde recept. Begin april kreeg een *Aktionskomitee zum Schutz der deutschen Arbeit* onder voorzitterschap van Robert Ley, de rijksorganisatieleider van de NSDAP, opdracht een plan uit te werken om de vakbonden buitenspel te zetten. Op 17 april gaf Hitler op de Obersalzberg het groene licht voor de geplande overval. Opnieuw was het Goebbels die doorslaggevend bij deze beslissing betrokken was. 1 mei moest 'grootscheeps' worden gevierd, noteerde hij. 'Op 2 mei zullen we dan de vakbondskantoren bezetten. "Gelijkschakeling." Een paar dagen herrie schoppen, en dan zijn ze van ons.'[167] Op 21 april wijdde Ley de Gauleiter in: 'Op dinsdag 2 mei 1933 om tien uur 's ochtends begint de gelijkschakelingsactie tegen de vrije vakbonden.' Men wilde zodanig te werk gaan 'dat de arbeiders en het hoger personeel het gevoel krijgen dat deze actie niet tegen hen gericht is maar tegen een verouderd systeem dat niet meer beantwoordt aan de belangen van de Duitse natie'.[168]

De ADGB-voorzitter suste zichzelf nog steeds in slaap met de illusie dat hij nog altijd tot overeenstemming kon komen met het regime. Medio april verwelkomde hij het besluit om 1 mei tot feestdag uit te roepen en sloot hij zich aan bij de nieuwe betekenisgeving van de dag: 'De Duitse arbeiders moeten op 1 mei klassenbewust demonstreren en volledig gelijkberechtigde leden van de Duitse volksgemeenschap worden.'[169] En zo marcheerden vakbondsleden en nationaalsocialisten op 1 mei 1933 samen onder de hakenkruisvlag. De hoofddemonstratie vond plaats op het Tempelhofer Feld, de vroegere keizerlijke paradeplaats. Ze was door Goebbels op militaire wijze voorbereid en moest na Potsdam het tweede meesterstuk van zijn propaganda worden.[170] Meer dan een miljoen mensen stelden zich in twaalf blokken op voor een reusachtige tribune te midden van een zee van vlaggen en vaandels, die door schijnwerpers in strijklicht werden gedompeld. In zijn toespraak, die wederom door alle zenders werd uitgezonden, greep Hitler terug op de symboliek van de socialistische meitraditie, om die te versmelten met de ideologie van de 'volksgemeenschap' en daarmee behendig van haar ware betekenis te ontdoen. Hij combineerde de sociale verzoeningsretoriek handig met een vleiende oproep aan de 'arbeiders van het hoofd en de vuist' – een gelijkheid suggererende formule, die net als de enscenering van het spektakel zelf, effect zal hebben gehad op menige sceptische arbeider.[171] 'Fantastische roes van geestdrift,' noteerde Goebbels, volledig overdonderd door zijn eigen regie. Maar ook een kritisch waarnemer als François-Poncet kon zich niet onttrekken aan de zuigende werking van de massasuggestie. Het effect van Hitlers stem, die 'soms rauw, dan weer snijdend en wild' geklonken had, werd volgens hem nog versterkt door de 'theatrale vormgeving', het spel van licht en schaduw, de vlaggen en uniformen en het dwingende ritme van de muziek. De Franse ambassadeur meende een 'zweem van verzoening en eenheid' te bespeuren.[172]

Een dag later echter haalde de realiteit die indruk in. SA-troepen bezetten de vakbondskantoren en namen vooraanstaande vakbondsleiders, onder wie Leipart, in 'preventieve hechtenis'. 'Het gaat van een leien dakje,' noteerde Goebbels verheugd.[173] De poging door een aan zelfopoffering grenzende politiek van aanpassing de eigen organisaties te redden, had schipbreuk geleden. Enkele dagen later al werd het *Deutsche Arbeitsfront* onder Robert Ley opgericht – een mammoetorganisatie die de gelijkgeschakelde organisaties van arbeiders en hoger personeel (later ook de ondernemers) bijeen moest brengen en zich zou ontwikkelen tot het meest effectieve instrument voor de integratie van de arbeidersklasse in de nazistaat.[174] Er bestond geen onafhankelijke vertegenwoordiging van arbeidersbelangen meer. Het *Gesetz über Treuhänder der Arbeit* van 19 mei verving de bestaande contractvrijheid van werknemers en werkgevers door een verplichte staatsregeling – waarmee een belangrijk principe van de verzorgingsstaat van Weimar met één pennenstreek was afgeschaft.[175]

In een dagboekaantekening van 3 juli onthulde Goebbels met brute duidelijkheid wat er op de uitschakeling van de vakbonden moest volgen: 'Alle partijen moeten worden vernietigd. Wij blijven als enige over.'[176] Nadat de KPD met geweld was onderdrukt, was de SPD aan de beurt. Het 'nee' van de Rijksdagfractie tegen de Machtigingswet was door het regime beantwoord met verscherpte represailles. Onder de leden heersten teleurstelling en gelatenheid; partijlidmaatschappen werden massaal opgezegd. Na de actie tegen de vakbonden op 2 mei groeide ook in de SPD-leiding de angst voor een verbod, die nog eens extra werd gevoed toen Göring op 10 mei beslag legde op het vermogen van de partij. Enkele bestuursleden, onder wie Friedrich Stampfer, waren begin mei al naar het door de Volkenbond bestuurde Saargebied gereisd om de mogelijk noodzakelijke emigratie voor te bereiden. Overigens liepen juist op dit punt de meningen uiteen: moest men het hoofdkantoor naar het buitenland verplaatsen om de strijd tegen het regime van daaruit te organiseren, of moest men de nog bestaande legale mogelijkheden in het land benutten om te redden wat er misschien nog te redden viel? Het waren de voorstanders van deze laatste oplossing die het besluit van een meerderheid in de Rijksdagfractie doordrukten om in te stemmen met de (in het volgende hoofdstuk te behandelen) 'vredestoespraak' van Hitler op 17 mei in de Rijksdag – een besluit waarmee niet alleen Hitler in buitenlandse ogen scoorde, maar dat ook de afwijzing van de Machtigingswet alsnog in een vreemd daglicht stelde. Bovendien ontstond er tweespalt in de partijtop. De geëmigreerde bestuursleden, bij wie zich nu ook Otto Wels had gevoegd, besloten op 21 mei in Saarbrücken naar Praag te verhuizen, de partij te reorganiseren en zich op de illegaliteit te richten. De in Berlijn achtergebleven kameraden onder aanvoering van Paul Löbe claimden nu dat zij voortaan namens de partij spraken. Hun hoop dat ze Hitler door tegemoetkomingen tot een meer verzoeningsgezinde houding zouden kunnen verleiden, bleek echter algauw zelfbedrog. Op 18 juni verscheen in Karlsbad de eerste uitgave van de *Neue Vorwärts*, met een oproep aan het bestuur in ballingschap die een felle oorlogsverklaring tegen de regering-Hitler bevatte. Dat gaf minister van Binnenlandse Zaken Frick de gewenste gelegenheid om in een verordening aan de deelstaatregeringen van 21 juni de SPD als 'staats- en volksvijandige partij' elke politieke activiteit te verbieden.[177] Er volgde een golf van arrestaties van functionarissen, Rijksdagafgevaardigden en afgevaardigden in de deelstaatparlementen van de SPD. Tijdens de *Köpenicker Blutwoche* eind juni 1933 overviel een SA-knokploeg de overwegend door sociaaldemocraten bewoonde Berlijnse wijk Köpenick, arresteerde meer dan vijfhonderd mannen en martelde hen zo wreed dat 91 van hen stierven. Onder de vermoorden bevond zich ook een lid van het Berlijnse SPD-bestuur, de voormalige minister-president van Mecklenburg-Schwerin, Johannes Stelling. Een bericht uit sociaaldemocratische ballingsschapskringen zei het volgende over zijn dood: 'Hij werd na ernstige mishandelingen in bijna bewusteloze staat uit de SA-kazerne op straat geschopt, waar hij door SA-mensen in burger opnieuw werd gevangengenomen, in een auto gegooid, opnieuw werd weggevoerd en doodgemarteld. Zijn bijna onherkenbare lichaam werd later, in een zak genaaid en met stenen verzwaard, uit de Dahme gehaald.'[178] Zulke misdaden konden al in de zomer van 1933 plaatsvinden zonder dat onder de oude machtselite en de nationale bourgeoisie, laat staan de conservatieve ministers in het kabinet, ook maar één proteststem klonk.

'SPD ontbonden. Bravo! De totalitaire staat laat niet lang meer op zich wachten,' jubelde Goebbels, *his master's voice*.[179] Ook bij de burgerlijke partijen was er nu geen houden meer aan. Eind juni en begin juli ontbonden de Deutsche Staatspartei en de Deutsche Volkspartei zichzelf. Het aanzienlijke verlies van de beide liberale partijen was na de verkiezingen van 5 maart eens te meer vergroot, zodat hun verdwijning nauwelijks opviel.[180] Anders lag dat bij de Deutschnationale Volkspartei, die als coalitiepartner immers nog in het kabinet zat. Eind april al had minister van Arbeid Seldte bekendgemaakt dat hij lid was geworden van de NSDAP en de leiding van Stahlhelm aan Hitler had overgedragen. (De Bund der Frontsoldaten werd stapsgewijs gelijkgeschakeld en de meeste leden werden naar de SA overgeheveld.)[181] Begin mei hernoemde de DNVP zich tot Deutschnationale Front om zo te laten zien dat ze zich even beslist als de nationaalsocialisten van de partijenstaat had afgekeerd. Daarmee kon ze overigens niet voorkomen dat enerzijds steeds meer leden overliepen naar de NSDAP en anderzijds dat nu ook haar instellingen in sterkere mate aan aanvallen door SA en SS werden blootgesteld. Op 17 mei 1933 protesteerden Hugenberg en de plaatsvervangend leider van het Deutschnationale Front, Friedrich von Winterfeld, bij Hindenburg tegen het streven overal in het land 'de gehele macht in handen van de NSDAP te concentreren en alle andere nationale figuren opzij te schuiven'. De rijkspresident antwoordde dat hij ervan overtuigd was dat de rijkskanselier van goede wil was en 'in het belang van het vaderland en rein van hart slechts in de zin der gerechtigheid' te werk ging. Diens ondergeschikten gingen helaas 'nog vaak over de schreef', maar ook dat zou te zijner tijd overgaan. De rijkspresident deed een beroep op Hugenberg en Winterfeld om 'de eenheid waartoe we op 30 januari hebben besloten en die we met ons hartenbloed hebben bezegeld, te handhaven opdat datgene wat nu bereikt is niet weer instort'.[182]

Ook voorzitter Hugenberg droeg het zijne bij tot de onstuitbare neergang van de ooit zo machts- en zelfbewuste conservatieve partij. Tijdens de Economische Wereldconferentie in Londen medio mei presenteerde hij, zonder overleg met de andere Duitse delegatieleden, een memorandum waarin hij teruggave eiste van de Duitse kolonies in Afrika en nieuwe nederzettingsgebieden voor het 'volk zonder ruimte' in het Oosten. Dat tweede punt strookte weliswaar met Hitlers eigen plannen, maar daarover mocht nog niet in het openbaar worden gesproken, en al helemaal niet op een internationale conferentie. Het gaf de nazileider een handvat om Hugenberg als verstokt vertegenwoordiger van de oude keizerlijke wereldmachtpolitiek af te schilderen en zichzelf als betrekkelijk gematigd te profileren. Hugenbergs positie in het kabinet was onhoudbaar geworden; ook zijn conservatieve collega's staken geen vinger meer voor hem uit. Op 27 juni informeerde Hitler de ministers dat Hugenberg zijn ontslag had aangeboden. Persoonlijk betreurde hij deze stap, verklaarde hij, maar hij kon zijn tevredenheid over het uitschakelen van zijn tegenspeler amper verbergen. Het leek hem nu echter 'het beste dat de Deutschnationale Volkspartei zou verdwijnen'.[183] Nog diezelfde dag maakte de partij bekend dat ze zichzelf ontbond; in een 'vriendschapverdrag' met de NSDAP werd de leden bescherming beloofd tegen 'elke krenking en achterstelling'.

De man die gedacht had dat hij als 'economisch dictator' in samenwerking met vicekanselier Papen Hitler zou kunnen 'beteugelen', verdween met stille trom van het politieke toneel. 'Zo wordt hun de rekening gepresenteerd voor hun smadelijke verraad aan het Duitse volk. Papen zal ook aan de beurt komen,' voorspelde Harry graaf Kessler.[184] Hugenberg was karakterloos genoeg om de 'hooggeëerde heer Hitler' in een brief van september 1933 zijn onveranderlijke 'levenswens' over te brengen 'dat het op 30 januari gezamenlijk begonnen werk tot een goed einde moge komen'. En toen Hitler zich daarop 'aangenaam geroerd' betoonde dat de geheimraad ondanks zijn uittreden uit het kabinet 'zijn kameraadschappelijke gezindheid' jegens hem had bewaard, verzuimde Hugenberg niet Hitler op de eerste verjaardag van de 'machtsgreep' nogmaals plechtig te verzekeren dat hij 'vasthield aan alle gedachten en doelen die ons indertijd bijeen hebben gebracht'.[185] Tot opvolger als minister van Economische Zaken benoemde Hindenburg Kurt Schmitt, algemeen directeur van de Allianzversicherung en NSDAP-lid; opvolger van de minister voor Landbouw en Voedselvoorziening werd Richard Walter Darré. Tegelijkertijd drukte Hitler door dat de 'plaatsvervanger van de Führer', Rudolf Heß, voortaan aan alle kabinetszittingen mocht deelnemen.[186] Daarmee hadden de nationaalsocialisten nu ook in het kabinet de meerderheid. 'Nu hebben we het ergste gehad. De revolutie komt op gang,' noteerde Goebbels, die ook persoonlijk profiteerde van het aftreden van Hugenberg, omdat hij diens ambtswoning mocht betrekken.[187]

Onder niet minder smadelijke omstandigheden voltrok zich het einde van de katholieke partijen. Ook in het Zentrum hadden massale opzeggingen in combinatie met onderdrukking door de staat er sinds mei en juni ertoe geleid dat de wil tot overleven steeds zwakker werd. Volledig onhoudbaar werd de positie van de partij toen het Vaticaan in de onderhandelingen met de Duitse regering over een concordaat ermee akkoord ging dat priesters voortaan niet meer politiek actief mochten zijn. Dit stond gelijk aan het prijsgeven van het politieke katholicisme. Een voorstel van de Zentrum-leiding om zichzelf op dezelfde voorwaarden te ontbinden als de DNVP, werd door de nationaalsocialisten afgewezen.[188] Zo besloot de partij op 5 juli zichzelf op te heffen. Daags tevoren had ook haar Beierse zusterpartij, de BVP, zichzelf opgeheven, nadat ze de belofte had gekregen dat haar gearresteerde leden zouden worden vrijgelaten.[189] Op 14 juli vaardigde de rijksregering het *Gesetz gegen die Neubildung der Parteien* uit, die de NSDAP uitriep 'tot enige politieke partij in Duitsland' en elke poging een andere partij in stand te houden of op te richten, strafbaar stelde.[190] Daarmee was de eenpartijstaat bezegeld. De heerschappij van de nationaalsocialisten, meldde de Zwitserse zaakgelastigde in Berlijn, was 'een feit waarmee men nu eenmaal voor langere tijd rekening zal moeten houden'.[191]

Slechts vijf maanden had Hitler nodig gehad om zijn macht te vestigen. 'Alles wat in Duitsland buiten de nationaalsocialistische partij had bestaan,' was 'vernietigd, verstrooid, ontbonden, ingelijfd of opgezogen', zo maakte François-Poncet begin juli de balans op. Als men de politieke uitgangssituatie van 1 februari beziet en de omstandigheden waaronder Hitler aan zijn heerschappij was begonnen, moet men erkennen dat hij 'met succes een bliksemsnelle manoeuvre uitgevoerd' had.[192] De veranderingen in de politieke verhoudingen waren zo snel gegaan dat veel tijdgenoten het tempo amper konden bijhouden. Het was inderdaad 'een woelige tijd, die elke dag iets nieuws brengt', schreef Theodor Heuss eind juni.[193] En Sebastian Haffner beschreef de situatie van de 'niet-nazistische Duitsers' in de zomer van 1933 als 'een van de moeilijkste waarin een mens kan verkeren' – namelijk als een 'toestand van volledig en uitzichtloos overweldigd zijn, gecombineerd met de nawerking van de schok van de uiterste overrompeling': 'We waren aan de genade van de nazi's overgeleverd. Alle bolwerken waren gevallen, elk collectief verzet was onmogelijk geworden.'[194] Zo ervoer ook Victor Klemperer het, die op 9 juli in zijn dagboek noteerde: 'En nu die afschuwelijke tirannie in het binnenland, de ondergang van alle partijen, het dagelijks benadrukken: wij nationaalsocialisten hebben de alleenheerschappij, het is ónze revolutie, Hitler is heer en meester.'[195]

Kan men datgene wat er tussen februari en juli 1933 in Duitsland gebeurde inderdaad een revolutie noemen? Niet alleen de nationaalsocialistische leiding, met Hitler en Goebbels voorop, hanteerde dit begrip met grote vanzelfsprekendheid, dat deden ook hun conservatieve coalitiepartners. De 'nationale revolutie', die tot doel had 'Duitsland van ernstig communistisch gevaar te bevrijden en [het] bestuur te zuiveren van minderwaardige elementen', had zich 'opmerkelijk ordelijk voltrokken', schreef bijvoorbeeld vicekanselier Papen eind mei aan de Duits-Amerikaanse Kamer van Koophandel in New York.[196] Een naaste verwant van Hindenburg, luitenant-generaal Karl von Fabeck, constateerde in april: 'We zitten nog midden in de nationale revolutie, maar ze is over de hele linie zegerijk.'[197] Maar ook op critici van de nationaalsocialistische machtsverovering of mensen die daar sceptisch tegenover stonden, kwam de overweldigende dynamiek van de veranderingen als revolutionair over. 'Nu pas [...] is de revolutie waarlijk begonnen!' noteerde Erich Ebermayer op de avond van 28 februari, een dag na de Rijksdagbrand.[198] Volgens de overtuigde republikein Harry graaf Kessler daarentegen, was het een revolutie tegen de revolutie: 'De contrarevolutie schrijdt snel voort,' noteerde hij begin maart.[199]

Anders dan de overheersende contemporaine interpretatie hebben historici altijd een zekere schroom aan de dag gelegd om het verloop van de nationaalsocialistische 'machtsgreep' een revolutie te noemen, en dat op goede gronden. Onder revolutie wordt immers doorgaans niet slechts een politieke, maar ook een fundamentele maatschappelijke omwenteling verstaan, waarbij de elites van plaats verwisselen. Kenmerkend voor de machtsverovering in 1933 was daarentegen juist het verbond tussen de traditionele maatschappelijke elite in het leger, de grootindustrie, het grootgrondbezit en de ambtenarij, en de nazimassabeweging en haar Führer. Bovendien had het woord revolutie sinds de Amerikaanse Revolutie van 1776 en de Franse Revolutie van 1789 een positieve klank, in de zin van een ontwikkeling naar meer vrijheid, gerechtigheid en humaniteit. Daarvan echter was onder de regering-Hitler absoluut geen sprake; veeleer kwam al in de eerste maanden van haar bestaan, ondanks het formele hameren op de 'legaliteit', haar ten diepste inhumane, alle principes van democratie, rechtsstaat en moraal op losse schroeven zettende karakter duidelijk naar voren. 'Deze revolutie beroemt zich op haar onbloedige karakter, maar is de meest van haat vervulde, moordlustigste die ooit heeft bestaan,' constateerde Thomas Mann op 20 april 1933, Hitlers 44ste verjaardag.[200] Ook scherpzinnige waarnemers als Sebastian Haffner was het al vroeg duidelijk dat het ging om een diep ingrijpende breuk met de beschaving, die zijn maatschappelijke energie putte uit de wens het hele volk te onderwerpen aan de heerschappij van de nationaalsocialisten en het op het vérstrekkende rassenideologische programma van Hitler te richten.[201] Gezien de alomvattende aanspraken van het regime heeft Hans-Ulrich Wehler voorgesteld te spreken van een nieuw type politiek-maatschappelijke omwenteling, van een 'totalitaire revolutie' – een begrip dat nog het meest geschikt lijkt om het specifieke karakter van de systeemtransformatie van 1933 te beschrijven.[202]

Hitler zelf overigens paste, nadat hij de politieke macht had gemonopoliseerd, de officiële definitie aan. De revolutie, verkondigde hij op 6 juli in Berlijn tegenover de rijksstadhouders, mocht 'geen permanente toestand' worden; men moest nu 'de vrijgekomen stroom van de revolutie in de veilige bedding van de evolutie leiden'. Nadat de 'uiterlijke macht' verworven was, moest de nadruk nu worden gelegd op 'de opvoeding van de mensen'.[203] Minister van Propaganda Goebbels viel hem bij in een radiotoespraak in Koningsbergen: 'We zullen pas tevreden zijn als we weten dat het hele volk ons begrijpt en in ons zijn belangrijkste pleitbezorger herkent.' Waar dat op uit zou draaien, zei hij zoals altijd onverbloemd: 'Dat er in Duitsland slechts één mening, één partij, één overtuiging is.'[204]

Dit betekende niets anders dan dat de gelijkschakeling nu ook in alle sectoren van het culturele leven moest worden doorgevoerd. Bij de radio, het belangrijkste medium voor de politiek-ideologische indoctrinatie, zette Goebbels al in de eerste zes maanden een grootscheepse reorganisatie in gang. De kranten, voor zover ze niet werden verboden, werden door economische druk in het gareel gedwongen en onderworpen aan de controle door het regime. Slechts enkele grote liberale bladen zoals de *Frankfurter Zeitung* stond men een zekere speelruimte toe, die overigens werd ingeperkt door de dagelijkse aanwijzingen, maar ook door zelfcensuur van de redacteuren. In muziek, film, theater, beeldende kunst en literatuur begon de gelijkschakeling met de verwijdering van de Joden, die op een speciale manier symbool stonden voor de gehate modernen en door Hitler al vóór 1933 als dragers van 'cultuurbolsjewistisch' streven waren belasterd. Vrij spel hadden de nationaalsocialisten met name bij de 'zuivering' van de universiteiten doordat de bereidheid tot vrijwillige gelijkschakeling daar bijzonder groot was. De actie 'tegen de Duitse geest,' de boekverbrandingen die studenten, gesteund door universiteitsbestuurders, op de avond van 10 mei op de Berlijnse Opernplatz en in de meeste andere universiteitssteden organiseerden, was daarvan de meest afstotelijke uitdrukking. Al in het eerste jaar van het naziregime kwam er een massale exodus op gang van uitgerekend de meest begaafde en productieve kunstenaars, schrijvers, wetenschappers en journalisten; het Duitse geestes- en cultuurleven zou zich nooit meer van die aderlating herstellen.[205] Met de instelling van een *Reichskulturkammer*, die medio november 1933 feestelijk werd geopend met een ceremonie in de Berliner Philharmonie in aanwezigheid van Hitler, werd de hervorming van de gehele cultuursector afgesloten.[206] Het lidmaatschap van de zeven afzonderlijke kamers – film, muziek, theater, pers, radio, literatuur, beeldende kunsten – was verplicht voor iedereen die in een van deze sectoren beroepsmatig actief wilde zijn.

Hoe veelomvattend het proces van gelijkschakeling ook was, het succes van het regime was niet in de laatste plaats afhankelijk van de mate waarin het erin slaagde de belofte van een snelle oplossing van de massale werkloosheid gestand te doen. In zijn radiotoespraak op 1 februari had Hitler al een 'geweldige en veelomvattende aanpak van de werkloosheid' aangekondigd; binnen vier jaar moest die 'definitief overwonnen' worden.[207] En ook tegenover de rijksstadhouders noemde hij op 6 juli werkverschaffing 'de cruciale opgave': 'De geschiedenis zal ons slechts afmeten aan hoe we die opgave volbrengen.'[208] Verschillende factoren kwamen de regering-Hitler daarbij te hulp. Op het moment dat hij aan de macht kwam, was het economisch herstel al ingezet. Bovendien kon hij teruggrijpen op de werkverschaffingsmaatregelen die kort tevoren door de voorgaande regeringen van Papen en Schleicher waren genomen en die nu effect begonnen te sorteren.[209] Wat betreft de eigen initiatieven ter bestrijding van de werkloosheid stelde Hitler zich in de eerste weken tot aan de Rijksdagverkiezingen opvallend terughoudend op. De reden daarvoor zette hij uiteen tijdens een kabinetsberaad op 8 februari: 'De rijksregering moet achttien tot negentien miljoen stemmen achter zich krijgen. Een economisch programma dat de instemming zou krijgen van een zo groot aantal kiezers, bestaat nergens ter wereld.'[210]

Pas eind mei 1933 vaardigde het kabinet een *Gesetz zur Verminderung der Arbeitlosigkeit* uit, naar de initiatiefnemer, staatssecretaris Fritz Reinhardt van het ministerie van Rijksfinanciën, het *Erste Reinhardt-Programm* genoemd. Het stelde een miljard rijksmark ter beschikking voor het creëren van extra werkgelegenheid – een bedrag dat door het *Zweite Reinhardt-Programm* van september 1933 met nogmaals 500 miljoen werd verhoogd en dat met name besteed moest worden voor renovatie- en verbouwingswerkzaamheden, en moest helpen de bouw aan te zwengelen.[211] Daarenboven nam het regime verdere maatregelen om de arbeidsmarkt te ontlasten: zo werd er in het kader van het Erste Reinhardt-Programm een 'huwelijkskrediet' ingevoerd, dat jonge echtparen een renteloze lening tot duizend rijksmark garandeerde – op voorwaarde overigens dat de vrouw op de dag van de huwelijkssluiting stopte met werken. Parallel daaraan voerde het regime campagne tegen het zogenaamde tweeverdienerschap, om werkende vrouwen van de arbeidsmarkt te verdringen. En tot slot bevorderde de regering de werkverschaffing en de inzet van stedelijke werklozen in de landbouw, de zogenaamde *Landhilfe*, en verruimde ze de *Freiwillige Arbeitsdienst*, die al in de laatste jaren van de Republiek van Weimar was ingevoerd. Al die maatregelen leidden tot een sterke daling van de in de officiële statistieken opgenomen werklozen. Tussen januari 1933 en januari 1934 daalde het aantal van 6 miljoen naar bijna 3,8 miljoen, met 2,2 miljoen dus, waarbij we er overigens van uit moeten gaan dat die cijfers geflatteerd waren.[212] Hoe het ook zij, het lijkt erop dat het regime met de aankondiging dat het het werkloosheidsprobleem vastbesloten zou aanpakken, niet te veel had beloofd, en die indruk kan er wezenlijk toe hebben bijgedragen dat het aureool van de man aan de top werd opgepoetst.

Hitler was op economisch gebied geen deskundige, maar hij had er genoeg verstand van om te begrijpen dat politieke retoriek alléén hier niets zou uithalen, dat men prikkels moest creëren die een zichzelf dragende economische opbloei konden stimuleren. In het kader van de maatregelen om de economie aan te zwengelen en nieuwe arbeidsplaatsen te creëren, speelde de aanleg van autowegen overigens een minder belangrijke rol dan de mythe van het nazi-'*Wirtschaftswunder*' er later aan heeft toegeschreven. In zijn toespraak tijdens de opening van de Internationale Automobilausstellung in Berlijn op 11 februari had Hitler de 'start en de uitvoering van een grootscheeps wegenbouwplan' aangekondigd. 'Zoals het vervoer met paard en wagen ooit zijn wegen aanlegde, de spoorweg de daarvoor benodigde spoorlijnen aanlegde, zo ook moet het autoverkeer de daarvoor noodzakelijke autowegen krijgen.'[213] Het idee was op zichzelf niet nieuw: sinds het midden van de jaren twintig had een *Verein zur Vorbereitung der Autostraße Hansestädte–Frankfurt–Basel* (Hafraba) dienovereenkomstig plannen ontwikkeld. Waarschijnlijk had Hitler ook een memorandum gelezen van de Münchense wegenbouwingenieur Fritz Todt uit december 1932 over 'wegenbouw en wegbeheer', waarin het 'strategische doel' van de aanleg van autowegen werd benadrukt en een behoefte van vijf- tot zesduizend kilometer werd berekend.[214] Eind maart en begin april hield de bedrijfsleider van Hafraba in de rijkskanselarij twee voordrachten over het geplande project. De autoliefhebber Hitler omarmde het idee 'met veel enthousiasme' en drong erop aan dat het meteen grootscheeps zou worden aangepakt, door niet slechts een traject, maar een rijksbreed autowegennet ter hand te nemen: 'Het zou, als het mocht lukken, een grootse daad zijn als dat juist onder ons regime tot stand zou worden gebracht.'[215] Tijdens een bespreking met vooraanstaande industriëlen op 29 mei bevestigde Hitler zijn voornemen de aanleg van autowegen met alle middelen te bevorderen. Het ging erom dat men 'het probleem in zijn totaliteit' zou aanpakken. 'Het verkeer van de toekomst zal op de heel grote wegen plaatsvinden.'[216]

Op 27 juni werd het *Gesetz über die Einrichtung eines Unternehmens 'Reichsautobahnen'* van kracht; drie dagen later werd Fritz Todt benoemd tot *Generalinspektor für das deutsche Straßenwesen*. Op 23 september stak Hitler op het bouwtraject Frankfurt–Darmstadt de eerste spade in de grond. In de *Arbeitsschlacht*, suggereerde de propaganda, stak de Führer 'zelf de handen krachtdadig uit de mouwen'.[217] Overigens bleef het effect van de wegenaanleg aanvankelijk klein. In 1933 waren er voor het eerste tracé niet meer dan duizend arbeiders nodig, en ook een jaar na de benoeming van Todt waren er nog maar 38.000 mannen werkzaam in de totale wegenaanleg.[218] Het aantal nieuw toegelaten auto's was in 1933 vergeleken met het voorgaande jaar bijna verdubbeld en ook het aantal werknemers in de auto-industrie was duidelijk gestegen. In vergelijking met de Verenigde Staten was de autodichtheid in Duitsland nog gering. Dat kwam, zoals Hitler in een bespreking over de financiering van de *Reichsautobahn* in september 1933 kritiseerde, vooral doordat de Duitse auto-industrie haar productie niet zou hebben aangepast aan de inkomensverhoudingen. 'Ze bouwt nog steeds zware auto's en is nog ver verwijderd van het doel van de verwezenlijking van een autotype in de prijsklasse van 1000 tot 1200 rijksmark.'[219] Zo werd begin 1934 het idee geboren een betaalbare kleine auto te bouwen, een 'volkswagen', die ook arbeiders zich zouden kunnen veroorloven.[220]

De krachtigste impulsen voor de opleving van de conjunctuur en de daling van de werkloosheid gingen op de langere termijn uit van de herbewapening van het rijk, die Hitler onmiddellijk na zijn benoeming tot rijkskanselier ter hand had genomen. Al begin februari 1933 had hij tegenover de generaals en in het kabinet de absolute prioriteit van de herbewapening benadrukt. Daarvoor moesten 'miljardenbedragen' worden opgebracht, want 'de toekomst van Duitsland hangt enkel en alleen af van de wederopbouw van het leger'.[221] De toenmalige president van de Rijksbank, Hans Luther, leek Hitler niet flexibel genoeg om de opgevoerde herbewapening te ondersteunen met een expansieve geld- en kredietpolitiek. Tot diens opvolger benoemde hij daarom medio maart Hjalmar Schacht, die daarmee tegelijkertijd werd beloond voor de waardevolle dienst die hij de nationaalsocialisten voor 1933 had bewezen.[222] Het budget dat voor het leger werd vastgesteld, bedroeg de astronomische som van 35 miljard rijksmark – een veelvoud van de uitgaven

Afb. 42 Arbeitsschlacht: Hitler met de eerste spade grond voor de aanleg van het autowegtracé bij Darmstadt, 23 september 1933.

voor de civiele werkverschaffingsprogramma's – en zou in de loop van acht jaar in termijnen van 4,4 miljard ter beschikking worden gesteld.[223] Voor de financiering bedacht Schacht een uitgekiend systeem van creatieve geldschepping. In de zomer van 1933 richtten vier grote industriële ondernemingen en wapenproducenten (Gutehoffnungshütte, Krupp, Reinstahl en Siemens) een dekmantelbedrijf op onder de naam *Metallurgische Forschungsgesellschaft (Mefo)*, dat ter financiering van de bewapeningsopdrachten wissels verstrekte aan de wapenproducenten, die door de staat gegarandeerd en door de Rijksbank gedisconteerd werden. De eerste Mefo-wissel werd al in de herfst van 1933 getrokken, maar op grote schaal begonnen de uitbetalingen, overeenkomstig het steeds snellere tempo van de bewapening, pas in april 1934.[224] Daarmee was een spiraal in gang gezet van een bewapeningsconjunctuur op de pof, die op den duur wel tot een ernstige economische scheefgroei moest leiden.

'Nooit stilstand. Altijd voorwaarts!' Tot die beknopte formule herleidde Goebbels in november 1933 de wet van het handelen waaronder de nationaalsocialisten op 30 januari waren aangetreden.[225] Dat kwam overeen met de sociaal-darwinistische mantra van Hitler dat voortdurende strijd het levenselixer van zijn beweging diende te zijn. Daarenboven zag de Führer zich, zoals alle charismatische machthebbers, gesteld voor het probleem dat zijn heerschappij, die hij te danken had aan een extreme, onalledaagse crisissituatie, in toenemende mate zou slijten en onderhevig zou kunnen worden aan een proces van 'veralledaagsing'.[226] Daarom kon het tempo van de machtsverovering en machtsontplooiing naargelang de situatie nu eens versnellen, dan weer vertragen, maar tot stilstand komen mocht het niet. De rijkskanselier had in het eerste halfjaar van zijn regering weliswaar meer bereikt en had de successen makkelijker in de schoot geworpen gekregen dan hij zelf in zijn stoutste dromen had verwacht, maar hij was nog een heel eind verwijderd van een onbetwiste Führer-dictatuur. Reichswehr en rijkspresident moesten nog als zelfstandige machtsfactoren worden beschouwd, hoewel ook hun positie inmiddels verzwakt was. Het was vooral de SA die zich in toenemende mate ontwikkelde tot een probleem voor Hitler.

Na het voltooien van de 'machtsgreep' in de zomer van 1933 zag het bruine partijleger zich beroofd van zijn bestaansgrond, namelijk als verlengde arm van de NSDAP politieke tegenstanders te terroriseren en uit te schakelen. Daarom trok Göring begin augustus de verordening van februari in, waarmee de bruinhemden tot hulppolitieagenten waren benoemd. Hun gewelddadige activisme was politiek gezien zinloos en in de ogen van de machthebbers contraproductief geworden. Teleurstelling verspreidde zich in de SA-gelederen. Velen hadden gehoopt dat mét de overname van de macht ook hun situatie in één klap zou verbeteren, en ze hadden het gevoel dat de 'partijbonzen' en de met hen verbonden 'reactie' hun de vruchten van de overwinning afhandig hadden gemaakt.[227] Ook binnen de SA zelf liep de spanning op tussen de 'oude strijders' en de nieuwe leden, die sinds het voorjaar van 1933, met name na de lidmaatschapsstop voor de partij, in groten getale de paramilitaire organisatie waren binnengestroomd. Vóór 30 januari had de SA nog geen 500.000 leden gehad, nu steeg het aantal tot de zomer van 1934 – inclusief de aangesloten nationale milities, met name Stahlhelm – tot 4,5 miljoen. De enorme toeloop was nauwelijks te verwerken en vergrootte de kans op ontevredenheid.[228] De roep om een 'tweede revolutie' deed de ronde.

In juni greep stafchef Röhm deze stemming aan in een artikel voor de *Nationalsozialistische Monatshefte*. De 'nationale verheffing', verklaarde hij, had tot nu toe 'slechts een deeltraject van de Duitse revolutie' afgelegd. De SA zou 'niet dulden dat de Duitse revolutie inslaapt of halverwege door niet-strijders wordt verraden'. Onverbloemd dreigde hij aan het slot de 'burgermannetjes': 'Of het hun nu uitkomt of niet – we zullen onze strijd voortzetten. Als ze eindelijk begrijpen waar het om gaat: met hen! Als ze niet willen: zonder hen! En als het moet: tegen hen!'[229] Daarmee was het oude structurele probleem in de relatie tussen NSDAP en SA weer aan het daglicht gekomen. Röhm had op niet mis te verstane wijze duidelijk gemaakt dat hij zich niet zou laten degraderen tot een simpele ondergeschikte aan de partijleiding, maar voor zichzelf en zijn organisatie aanspraak maakte op een zelfstandige machtspositie in het Derde Rijk. De massale toestroom naar het partijleger kwam hem bijzonder goed uit omdat hij daardoor zijn aanspraken tegenover de getalsmatig veel kleinere Reichswehr kon onderstrepen. Wat hem voor ogen stond, was de verandering van de SA in een soort militie en het aan de orde stellen van het wapenmonopolie van de Reichswehr of die waar mogelijk ondergeschikt te maken aan zijn eigen militaire ambities. Dergelijke plannen moesten niet alleen de Reichswehr-leiding alarmeren, maar ook Hitler, aangezien ze het begin februari bezegelde verbond met de generaals in gevaar brachten.

Onlosmakelijk verbonden met de problemen rond de SA was de kwestie van de opvolging van Hindenburg. De rijkspresident zou begin oktober 1933 86 jaar worden; men moest rekening houden met zijn spoedige overlijden. In dat geval, had Goebbels eind maart al op de Obersalzberg betoogd, moest Hitler hem opvolgen. Maar de rijkskanselier had nog geen beslissing genomen: 'Hij wil er niet echt aan.'[230] In juli was het de minister van Propaganda, die had overlegd met het hoofd van de rijkskanselarij, Hans Heinrich Lammers, duidelijk: 'Hitler mag geen R[eichs]Pr[esident] boven zich dulden en ook geen decorstuk worden. Beide ambten in één persoon verenigen.' Over deze oplossing, de samenvoeging van het ambt van rijkspresident en rijkskanselier, werden Hitler en Goebbels het eens tijdens een 'lang, principieel gesprek' op 24 augustus.[231] Twee dagen later reisde Hitler naar Oost-Pruisen om Hindenburg op Neudeck te bezoeken en op 27 augustus samen met hem bij het Tannenbergmonument een grote manifestatie te bezoeken. Hij ervoer het ‘als een genadig geschenk van de voorzienigheid’, verklaarde de rijkskanselier, dat hij ‘op de grond van het roemrijkste slagveld van de grote oorlog [...] namens de verenigde Duitse natie’ zijn dank jegens de generaal-

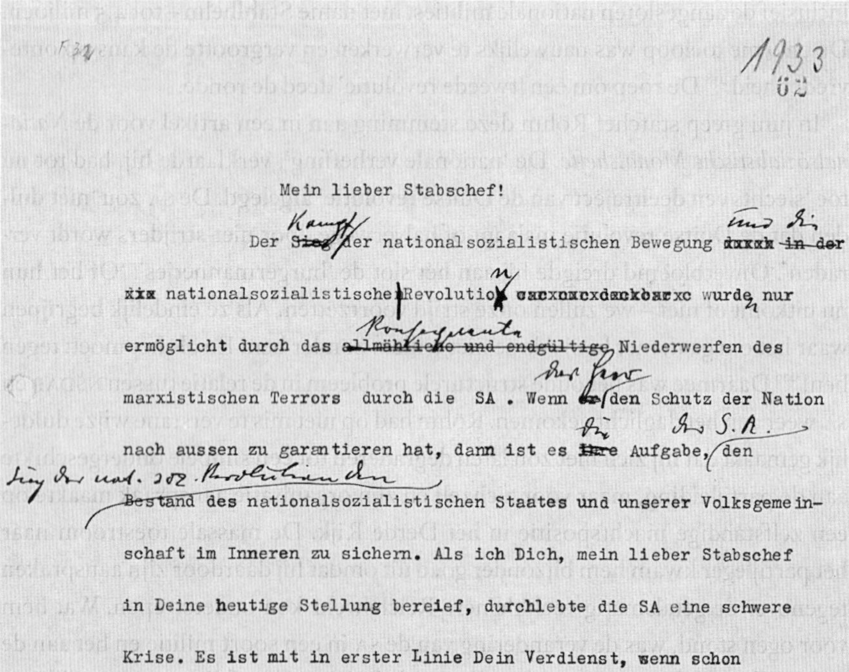

Mein lieber Stabschef!

Der Sieg der nationalsozialistischen Bewegung xxxxx in der xxx nationalsozialistischen Revolution xxxxxxxdankbarxc wurde nur ermöglicht durch das allmähliche und endgültige Niederwerfen des marxistischen Terrors durch die SA . Wenn er den Schutz der Nation nach aussen zu garantieren hat, dann ist es Ihre Aufgabe, den Bestand des nationalsozialistischen Staates und unserer Volksgemeinschaft im Inneren zu sichern. Als ich Dich, mein lieber Stabschef in Deine heutige Stellung bereief, durchlebte die SA eine schwere Krise. Es ist mit in erster Linie Dein Verdienst, wenn schon nach wenigen Jahren dieses politische Instrument jene Kraft entfalten konnte, die es mir ermöglichte, den Kampf um die Macht durch die Niederringung des marxistischen Gegners endgültig zu bestehen.

Am Abschluss des Jahres der nat.soz.Revolution drängt es mich daher, Dir, mein lieber ernst Röhm, für die unvergänglichen Dienste zu danken, die Du der nat.soz.Bewegung und dem deutschen Volke geleistet hast. Um Dir zu versichern, wie sehr ich dem Schicksal dankbar bin, solche Männer wie Du als meine Freunde und

E611038

Afb. 43 Door Hitler eigenhandig gecorrigeerde bedankbrief aan de SA-stafchef Ernst Röhm ter gelegenheid van de jaarwisseling 1933–1934.

veldmaarschalk kon uitspreken. Hitler schonk bij deze gelegenheid Hindenburg niet alleen het Pruisische domein Langenau en het Preußenwald, maar ook belastingvrijstelling voor het landgoed Neudeck.[232]

Natuurlijk kon Hitler er alleen op rekenen dat hij Hindenburg zou opvolgen als de Reichswehr, waarvan de rijkspresident de opperbevelhebber was, aan zijn kant zou staan. Juist om die reden zou hij Röhm met zijn aanspraken in toom moeten houden. Zoals altijd als hij voor een moeilijke beslissing stond, probeerde Hitler tijd te winnen. Om te beginnen probeerde hij Röhm in het gareel te krijgen met een combinatie van verbale aanvallen en wervende gebaren. Enerzijds liet hij er in zijn toespraak tot de rijksstadhouders op 6 juli geen twijfel over bestaan dat hij elke poging tot een 'tweede revolutie [...] indien nodig in bloed [zou] smoren'. Op 28 september herhaalde hij dit dreigement tegenover hetzelfde gehoor: 'Hij wist heel goed dat er vele ontevredenen waren, wier eerzucht niet was verzadigd. Vanzelfsprekend kon men met hen geen consideratie hebben. Hij zou het gedoe van die personen niet lang meer aanzien, maar hard ingrijpen.'[233] Anderzijds haalde hij Röhm begin december als rijksminister zonder portefeuille in zijn kabinet – een eerbetoon dat ook Rudolf Heß ten deel viel – en ter gelegenheid van de jaarwisseling stuurde hij zijn 'beste stafchef' een brief waarin hij hem uitbundig bedankte voor de 'onvergankelijke diensten' die hij 'de nationaalsocialistische beweging en het Duitse volk bewezen' had.[234]

Begin 1934 werd echter steeds duidelijker dat de rijkskanselier de beslissing niet lang meer voor zich uit kon schuiven. De ontevredenheid strekte zich inmiddels uit tot ver buiten de SA-kringen. De nationale euforie van de eerste maanden had plaatsgemaakt voor een zekere ontnuchtering. Zelfs Goebbels kon niet om de constatering heen: 'Slechte stemming in grote kring vanwege pracht en praal, prijsverhogingen, Erfhofstedewet enz.'[235] In de arbeidersklasse leidden stijgende levensmiddelenprijzen en stagnerende lonen tot onvrede; onder de boeren was het *Reichserbhofgesetz* onderwerp van kritiek vanwege de maatregelen die de persoonlijke beslissingsvrijheid inperkten; de kleine middenstand voelde zich nog meer blootgesteld aan de concurrentie door de grote warenhuizen. Het economisch herstel kwam minder snel op gang dan menigeen had gehoopt. Teleurstelling als gevolg van onvervuld gebleven materiële verwachtingen ging gepaard met stijgende verbittering over corruptie en vriendjespolitiek. Deze richtte zich op de partijfunctionarissen die van het gunstige moment hadden geprofiteerd om lucratieve baantjes in de wacht te slepen. Hitler zelf daarentegen bleef over het geheel genomen van kritiek verschoond. In berichten van de SPD-leiding in ballingschap in Praag (Sopade), die zich baseerde op informatie van vertrouwenspersonen in het rijk, werden onder andere de kenmerkende woorden van een inwoner van München aangehaald: *'Ja, ja, unser Adoifi war scho recht, aber de um ean uma, de san lauter Bazi!'* (Ja, ja, onze Adolf had gelijk, maar die lui om hen heen zijn allemaal boeven!)[236] Ook voor de buitenlandse diplomaten bleef de om zich heen grijpende ontevredenheid niet verborgen. Het was niet te ontkennen, meldde bijvoorbeeld de Deense gezant Herluf Zahle in april 1934, dat 'het enthousiasme over de regering tot op zekere hoogte bekoeld' was.[237] Voor de in het nauw gedreven Joden in Duitsland was het een bemoedigend teken. Men was 'niet meer zo volledig overtuigd van de eeuwige houdbaarheid van het bestaande', vertrouwde Victor Klemperer zijn dagboek begin februari toe. 'Terwijl er juist een tandenknarsen gaat door al te veel geledingen, beroepen, geloven.'[238] Overigens ging de ontstemming niet veel verder dan een algemene onvrede. Goebbels nam die echter serieus genoeg om in mei met een groots opgezette campagne tegen de 'zwartkijkers', 'kankerpitten' en 'mopperpotten' in het tegenoffensief te gaan.[239]

Ook het zich snel toespitsende conflict tussen de rijksregering en de Reichswehr aan de ene kant en de SA aan de andere kant moet gezien worden tegen de achtergrond van de verslechterde stemming. In een toespraak tot de verzamelde Gauleiter in Berlijn op 2 februari 1934 pakte Hitler de SA-leiding opnieuw aan, zonder haar rechtstreeks met name te noemen. Alleen 'dwazen' konden beweren dat 'de revolutie niet beëindigd' was, met alleen maar de bedoeling 'zich op bepaalde posten te nestelen'.[240] Daags tevoren had Röhm Blomberg een memorandum gestuurd waarin hij de taak van de landsverdediging opeiste voor de SA, en de Reichswehr teruggebracht wilde zien tot een puur opleidingsleger.[241] De legerleiding zag er een regelrechte oorlogsverklaring in en stelde van haar kant een aantal 'Richtlijnen voor de samenwerking met de SA' op, waarin de rol van het partijleger werd beperkt tot de taak van pre-militaire opleiding en medewerking aan de grensbewaking. Om de nazileiding zijn volstrekte loyaliteit te tonen maakte Blomberg tijdens de bevelhebbersbespreking op 2 en 3 februari de invoering van de Ariërwet in de Reichswehr bekend en het overnemen van het hakenkruis als officieel legerembleem.[242]

Nu moest Hitler beslissen, en dat deed hij. Op een bijeenkomst van de top van de Reichswehr en de SA- en SS-leiders op 28 februari verwees hij de plannen van Röhm resoluut naar de prullenmand. Een militie zoals de SA-stafchef die voorstelde, was 'niet eens geschikt voor de kleinste landsverdediging', laat staan voor een toekomstige oorlog om Lebensraum, zoals Hitler die opnieuw als zijn doelstelling presenteerde. Hij was dan ook vastbesloten 'een volksleger op te richten, op basis van de Reichswehr, grondig opgeleid en voorzien van de modernste wapens'. Hij eiste dat de SA zich aan zijn bevelen zou onderwerpen. Er mocht geen twijfel aan bestaan dat 'de Wehrmacht de enige wapendrager van de natie' was.[243] Röhm legde zich er schijnbaar bij neer, maar gaf 's avonds lucht aan zijn woede over de 'onbenullige korporaal'. Hij peinsde er niet over zich aan de afspraken te houden; Hitler was 'trouweloos' en moest 'minstens met vakantie', zou hij boos hebben gezegd. Een van de deelnemers aan het gesprek, Obergruppenführer Viktor Lutze van de SA, briefde deze opmerking door aan Hitler, die zich ervan afmaakte met de veelzeggende opmerking: 'We moeten de zaak laten rijpen'.[244]

Al in januari 1934 had Rudolf Diels naar eigen zeggen van Hitler opdracht gekregen belastend materiaal tegen de SA-leider te verzamelen. De Reichswehrkantoren kregen een soortgelijke opdracht.[245] Op 20 april benoemde Göring Himmler, die in de voorafgaande maanden geleidelijk het commando over de Politische Polizei in bijna alle deelstaten had overgenomen, tot inspecteur van de Geheime Staatspolizei in Pruisen; met hem trok Heydrich als hoofd van het Staatspolizeiamt van München naar Berlijn. De samenwerking tussen de Gestapo en de inlichtingendienst van het ministerie van Defensie werd intensiever; men wisselde informatie uit over de SA. Het net rondom Röhm en zijn medewerkers werd steeds strakker aangetrokken.[246]

In de nu begonnen machtsstrijd met Röhm schrok Hitler er ook niet meer voor terug diens homoseksualiteit als wapen te gebruiken. Medio mei sprak hij daar onder vier ogen over met Goebbels. Die noteerde na afloop: 'Klacht over Röhm en zijn personeelsbeleid § 175. Weerzinwekkend.'[247] Tot nu toe had Hitler, als Röhm werd aangevallen vanwege zijn algemeen bekende homoseksuele neigingen, de SA-stafchef altijd verdedigd. Zo had hij in een verordening van begin februari 1931 benadrukt dat de SA 'geen morele instelling voor de opvoeding van chique dochters' was, 'maar een bond van ruige vechters'. Het privéleven mocht 'alleen dan onderwerp van beschouwing zijn als het werkelijk indruist tegen de basisregels van de nationaalsocialistische wereldbeschouwing'.[248] Ook toen de links-liberale *Welt am Montag* en de SPD-krant *Münchener Post* in maart 1932, midden in de verkiezingsstrijd om het rijkspresidentschap, compromitterende brieven van de stafchef publiceerden, gaf Hitler een verklaring van goed gedrag af: 'Luitenant-kolonel Röhm blijft mijn stafchef, nu en na de verkiezingen. Aan dat feit zal ook de smerigste en weerzinwekkendste lastercampagne [...] niets veranderen.'[249] Nu, in het voorjaar en de vroege zomer van 1934, maakte Hitler zich op om Röhms homoseksualiteit tegen hem uit te spelen.

Begin juni leek het er aanvankelijk op dat de spanningen wat afnamen. In een persoonlijk gesprek slaagde Hitler erin Röhm te laten beloven dat hij de SA gedurende de hele maand juli met 'verlof' zou sturen en zelf voor een kuur naar Bad Wiessee aan de Tegernsee zou gaan. Dat het gesprek niet tot echte verzoening had geleid en Hitlers wantrouwen jegens Röhms bedoelingen eerder versterkt had, noteerde Goebbels in zijn dagboek: 'Hij vertrouwt de SA-leiding niet echt meer. We moeten allemaal oppassen. Niet achterover leunen.'[250] Maar ook Röhm was slechts schijnbaar tot bedaren gebracht. Hanfstaengl maakte hem in die tijd mee tijdens een gezellige avond op het SA-hoofdkwartier in de Berlijnse Standartenstraße, waar hij, al enigszins beneveld, uitbarstte in 'een woeste scheldkanonnade' op de Reichswehr, die Hitler zou hebben ingepalmd.[251]

De beslissende stoot tot een dramatische toespitsing van de situatie in juni 1934 werd echter niet gegeven door de activiteiten van de SA, maar door Papen. Er had zich rondom de vicekanselier een groep jonge conservatieven verzameld, aangevoerd door zijn speechschrijver Edgar Julius Jung, het hoofd van de voorlichtingsdienst Herbert von Bose en zijn persoonlijke adjudant, Fritz Günther von Tschirschky, die in de spanningen binnen de nazibeweging een kans zagen Hitlers streven naar de totale macht in te perken en de ontwikkeling van het regime in de gematigde banen van een monarchistische restauratie te leiden.[252] Het oppositionele streven van de kring rondom Papen bleef niet onopgemerkt bij de nazileiding. Al in april vermoedde ze dat Papen de opvolger wilde worden van Hindenburg, die eind maart een blaasontsteking had opgelopen en zich in juni volledig had teruggetrokken op zijn landgoed Neudeck.[253] Het was Hitler en zijn entourage ook een doorn in het oog dat Papens ambtswoning zich meer en meer ontwikkelde tot een verzamelpunt van de zich ophopende bezwaren en klachten over willekeurige maatregelen van het regime. 'Papen is een waar klachtenbureau,' wond Goebbels zich op 13 juni op.[254]

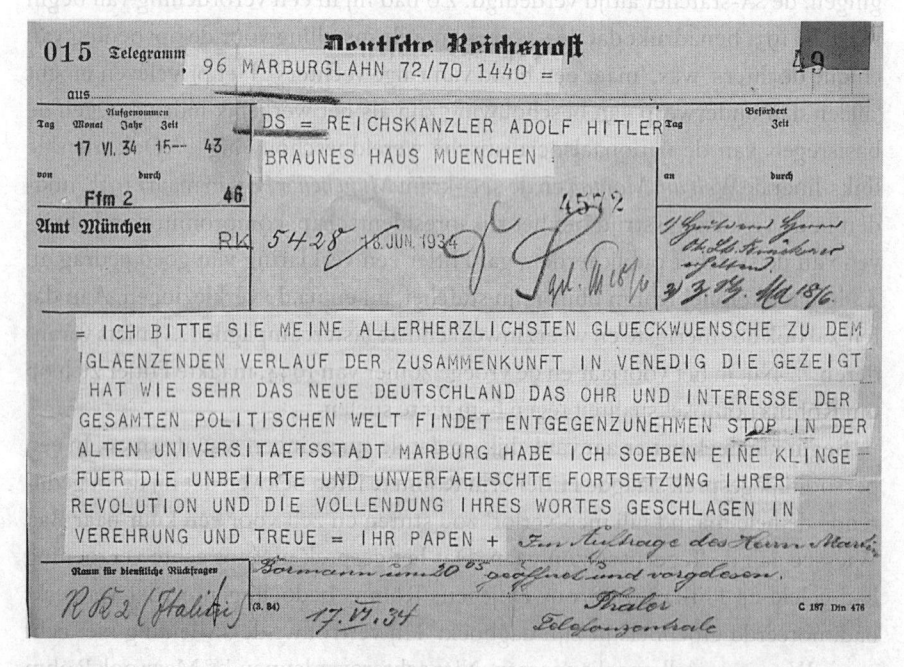

Afb. 44 Telegram van Franz von Papen aan rijkskanselier Adolf Hitler, na Papens toespraak in Marburg op 17 juni 1934.

Vier dagen later hield de vicekanselier een toespraak op de Universiteit van Marburg, die de leiding van de NSDAP in opperste staat van alarm bracht. Papen uitte niet alleen openlijk kritiek op de persoonscultus rondom Hitler – 'Grote mannen worden niet gemaakt door propaganda, maar groeien door hun daden' – maar nagelde ook de gewelddadigheid en het onbeteugelde radicalisme van het regime aan de schandpaal: 'Verwerpelijk is het idee een volk te verenigen met terreur, die altijd het gevolg is van een slecht geweten [...]. Geen enkel volk kan zich de eeuwige opstand van onderop veroorloven als het in de geschiedenis wil bestaan. Ooit moet de beweging ten einde komen, ooit moet er een robuust maatschappelijk bestel ontstaan, bijeengehouden door een onafhankelijke rechtspleging en een onomstreden staatsgezag. Met eeuwige dynamiek kan niets worden vormgegeven. Duitsland mag geen trein met onbekende bestemming worden waarvan niemand weet wanneer hij tot stilstand komt.' De regering, verzekerde Papen zijn toehoorders, was 'heel goed op de hoogte van alles wat zich aan baatzucht, karakterloosheid, onwaarachtigheid, onridderlijkheid en aanmatiging onder de dekmantel van de Duitse revolutie zou kunnen verspreiden'.[255]

Wat Papen verzweeg, was dat hij zelf in hoge mate verantwoordelijk was voor de toestanden die hij nu hekelde doordat hij Hitler in de maanden waarin deze zijn macht vestigde niet één keer voor de voeten had gelopen. Ook nu wilde hij niet per se aansturen op een confrontatie. Meteen na de toespraak stuurde hij Hitler een telegram: 'In de oude universiteitsstad Marburg heb ik zojuist een lans gebroken voor de vastberaden en onvervalste voortzetting van uw revolutie en de voleindiging van uw woord. Met bewondering en trouw, uw Papen.'[256] De nazileiding liet zich echter geen rad voor ogen draaien. Goebbels schuimbekte van woede: 'Papen heeft een dwaze toespraak gehouden tot de kankeraars en criticasters. Volledig tegen ons, door slechts een paar frasen verbonden. Wie heeft hem daartoe aangezet? Waar is die schoft?'[257] Het duurde niet lang voor men wist wie de speech had geschreven: Edgar Julius Jung. Hij werd op 26 juni gearresteerd. Goebbels had de toespraak ogenblikkelijk laten verbieden, maar ze werd door de rijkszender in Frankfurt uitgezonden voordat het verbod van kracht werd.[258] Bovendien hadden Papens medewerkers tevoren een samenvatting naar de pers gestuurd; het bericht verspreidde zich als een veenbrand. 'Er schijnt op het hoogste niveau momenteel een soort conflictstemming te heersen,' schreef Theodor Heuss op 20 juni. 'Een toespraak die Papen zondag in Marburg hield, mag niet gepubliceerd worden [...].'[259] De diplomaten in Berlijn gisten naar de inhoud van Papens toespraak. 'De stemming was zwaar en drukkend; er hing een sfeer als voor een dreigend onweer,' herinnerde François-Poncet zich.[260]

Na het publicatieverbod op zijn toespraak restte Papen niets anders dan Hitler zijn aftreden aan te bieden. Maar een aftreden kwam de rijkskanselier die, zoals

Goebbels noteerde, 'zeer woedend' was over het optreden in Marburg en 'met Papen wilde afrekenen',[261] op dit moment niet goed uit. Hij vroeg Papen te wachten met zijn stap tot beiden de situatie met Hindenburg hadden besproken. En de vicekanselier schikte zich omdat hij, zoals hij Hitler schreef, zich voelde 'als een uw werk toegedane soldaat'. Hij protesteerde overigens wel tegen de arrestatie van Jung: 'Als er iemand voor de toespraak in Marburg de gevangenis in moet, sta ik te allen tijde tot uw beschikking.'[262] In werkelijkheid peinsde Hitler er niet over samen met Papen naar Neudeck te gaan. Integendeel, op 21 juli reisde hij er alleen heen en kon hij er tot zijn geruststelling constateren dat de toespraak van Papen geen enkele indruk op Hindenburg had gemaakt. Nooit eerder was 'de oude heer zo vriendelijk geweest als bij zijn laatste bezoek,' vertelde hij naderhand.[263] Overigens had rijksminister van Defensie Blomberg, die eveneens op Neudeck was, er nogmaals op aangedrongen dat hij nu eindelijk zou optreden tegen de SA.[264]

Tussen 23 en 26 juni trok Hitler zich terug op de Obersalzberg, en daar viel kennelijk uiteindelijk de beslissing om op te treden. Met het machtsinstinct dat hem eigen was, besefte Hitler dat het moment was aangebroken om met een dubbelslag – tegen de SA-leiderskliek enerzijds en tegen de 'reactie' rondom Papen anderzijds – de binnenlandse problemen op te lossen. In allerijl brouwden de stafmedewerkers van Himmler en Heydrich een troebel mengsel van geruchten, valse berichten en gemanipuleerde bevelen dat moest bewijzen dat de SA elk moment in opstand kon komen. Tegelijkertijd werden er lijsten aangelegd van mensen die gearresteerd en gedood moesten worden. Op 25 juni ontbood Himmler de SS-leiders naar Berlijn om hen te informeren over de vermeende putsch door Röhm en voorbereidingen te treffen om die neer te slaan.[265] Diezelfde dag hield Rudolf Heß een toespraak voor de rijkszender Keulen, waarin hij dreigde: 'Wee hem die trouwbreuk pleegt in de veronderstelling de revolutie te kunnen dienen door een revolte! Armzalig zijn degenen die uitverkoren menen te zijn om door ophitsend handelen van onderop de Führer revolutionair te moeten helpen.'[266] Zoals Erich Ebermayer in zijn dagboek getuigt, leidde de toespraak van Heß tot 'grote opwinding en onrust': 'Iedereen weet nu dat er iets in de lucht hangt.'[267] Op 27 juni kwam Hitler bijeen met Blomberg en het hoofd van de inlichtingendienst van het ministerie van Defensie, Walter von Reichenau, om zich te verzekeren van de steun van de Reichswehr bij de geplande putsch. De Wehrkreis-commando's werden in verhoogde staat van paraatheid gebracht, en op 29 juni publiceerde Blomberg een artikel in de *Völkischer Beobachter* waarin hij een belofte van trouw aan het naziregime aflegde: 'Wehrmacht en staat zijn één geworden.'[268]

Om de schijn te wekken dat alles normaal was en de SA-leiding in slaap te sussen, reisde Hitler in gezelschap van Göring en Lutze op 28 juni naar Essen om er de bruiloft van Gauleiter Josef Terboven bij te wonen. Onder de indruk van het bericht dat Hindenburg Papen op 30 juni wilde ontvangen, stelde hij nu een tijdschema op voor de geplande actie: 'Ik heb er genoeg van. Ik zal een voorbeeld stellen,' verklaarde hij volgens de aantekeningen van Lutze.[269] Op de avond van 28 juni kreeg Röhm telefonisch opdracht alle Obergruppenführer, Gruppenführer en Inspekteure van de SA op 30 juni naar Bad Wiessee te sturen voor een bespreking met hem, Hitler. Terwijl Göring terugvloog naar Berlijn om daar voorbereidingen te treffen, bezichtigde Hitler op de ochtend van 29 juni zoals gepland een kamp van de Reichsarbeitsdienst in het Westfaalse Buttenberg. Hij had Goebbels al in alle vroegte gebeld en hem naar Bad Godesburg gestuurd: 'Het begint dus,' noteerde de minister van Propaganda. 'In Godsnaam. Alles is beter dan dat verschrikkelijke wachten. Ik ben er klaar voor.'[270] Toen hij 's middags aankwam in Rheinhotel Dreesen, hoorde hij tot zijn verbazing dat de geplande putsch zich niet, zoals had verwacht, alleen tegen de 'reactie' rondom Papen zou richten maar ook 'tegen Röhm en zijn rebellen': 'Met bloed. Moeten weten dat opstand de kop kost. Ik stem ermee in. Als het moet, dan meedogenloos.'[271]

In Bad Godesberg ontving Hitler berichten over de toenemende onrust binnen de SA en alles wijst erop dat hij zich nu, nadat hij zich onherroepelijk had vastgelegd, opwerkte tot een staat van hysterie. Het is uiterst onwaarschijnlijk dat hij de gefabriceerde leugens over een dreigende SA-putsch echt heeft geloofd, maar om de actie tegenover zichzelf en zijn volgelingen te legitimeren, greep hij – in een daad van zelfsuggestie – gretig zelfs de onzinnigste complottheorieën aan. Zo vertelde hij Goebbels dat er 'bewijzen [waren] dat Röhm samenzwoer met François-Poncet, Schleicher en Straßer'.[272] Toen die avond bekend werd dat vernielzuchtige SA'ers in München waren opgemarcheerd, besloot Hitler onmiddellijk nog die nacht met zijn entourage naar de Beierse hoofdstad te vliegen. Tegen vier uur in de ochtend landde de driemotorige Ju 52 op het Oberwiesenfeld – de plek waar Hitler elf jaar eerder, op 1 mei, smadelijk de aftocht had moeten blazen tegenover de samenwerkende Beierse staatspolitie en de Reichswehr. Ditmaal had hij van die zijde natuurlijk geen tegenstand te duchten. Hij werd op het vliegveld ontvangen door Gauleiter Wagner, die hem in het kort over de stand van zaken informeerde. 'Hij was daarbij buitensporig opgewonden,' zag gezagvoerder Baur. 'Hij zwaaide voortdurend met zijn nijlpaardzweep in het rond en mepte zich daarbij zelf enkele keren hard op de voet.'[273]

Van het vliegveld ging het in vliegende vaart naar het Beierse ministerie van Binnenlandse Zaken. Daar ontbood hij de Münchense SA-leiders August Scheidhuber en Wilhelm Schmid en rukte eigenhandig hun rangonderscheidingstekens van hun uniform, met de woorden: 'U bent gearresteerd en zult worden terechtgesteld.'[274] Zonder de komst van de SS-Leibstandarte Adolf Hitler onder bevel van Sepp Dietrich af te wachten liet Hitler drie auto's komen en reed naar Bad

Wiessee. De meeste gasten van pension Hanselbauer, waarin Röhm en zijn mannen hun hoofdkwarier hadden ingericht, sliepen nog toen de colonne er tegen halfzeven in de ochtend aankwam. Begeleid door twee rechercheurs met doorgeladen pistool stormde Hitler met zijn zweep in de hand de kamer van de SA-stafchef binnen: 'Hij stiet de woorden uit: "Röhm, je bent gearresteerd!" Slaperig keek Röhm op van zijn kussen: "*Heil, mein Führer!*" "Je bent gearresteerd!" brulde Hitler nogmaals. Toen draaide hij zich om en verliet de kamer.'[275] Een voor een werden ook de andere SA-leiders gearresteerd, onder wie de hoofdcommissaris van politie Edmund Heines van Breslau, die met een jongeman in bed werd aangetroffen – een ontdekking die de nationaalsocialistische propaganda de daaropvolgende dagen zou gebruiken om het pension in Bad Wiessee af te schilderen als een ware poel van homoseksuele uitspattingen.[276]

De gearresteerde SA-leiders werden opgesloten in de kelder van het pension en later naar de gevangenis München-Stadelheim overgebracht. Hitler zelf reed met zijn gevolg terug naar München, waarbij hij de tegemoetkomende auto's met SA-grootheden die op weg waren naar de leidersbespreking liet aanhouden en opdracht gaf zich bij zijn colonne aan te sluiten. Tegelijkertijd controleerden beambten van de Politische Polizei op de Hauptbahnhof van München alle aankomende SA-leiders en arresteerden hen als hun naam op de lijsten stond. Ook zij werden naar Stadelheim gebracht.[277] Tegen de middag kwam Hitler aan in het Braune Haus en sprak daar voor een groot aantal partij- en SA-leiders. Hij verkeerde nog steeds in een staat van hysterie en toen hij het woord nam, vloog er, zoals een deelnemer zag, 'een klodder schuim uit zijn mond'. Met van opwinding overslaande stem beschuldigde hij de kliek rondom Röhm van de 'ernstigste vertrouwenbreuk in de hele wereldgeschiedenis'. Tegelijkertijd maakte hij de benoeming van de verklikker Lutze bekend tot opvolger van de SA-stafchef. 's Middags gaf hij Sepp Dietrich bevel zes van de gearresteerde SA-mannen – onder wie Schneidhuber, Schmid en Heines – wier namen hij op een lijst met groen potlood had aangekruist, door een SS-commando te laten liquideren. Röhm liet hij vooralsnog in leven; kennelijk aarzelde hij om zijn oude strijdmakker te laten vermoorden.[278]

Nog in de voormiddag van 30 juni had Goebbels het afgesproken codewoord *Kolibri* naar Berlijn gezonden, waarna Göring de executiecommando's op pad stuurde. Papens medewerkers Herbert von Bose en Edgar Julius Jung werden doodgeschoten; de kanselier bracht het er levend af, maar werd onder huisarrest geplaatst. Eveneens doodgeschoten werd de leider van de Katholische Aktion en directeur-generaal op het ministerie van Verkeer, Erich Klausener, die contact had gehad met de kring-Papen. In hun huis in Neubabelsberg werden Kurt von Schleicher, de laatste rijkskanselier vóór Hitler, en diens vrouw het slachtoffer van de moordpartij, evenals enkele uren later generaal Ferdinand von Bredow,

INSTELLING VAN DE DICTATUUR   469

een medewerker van Schleicher, die op de avond van 30 juni uit zijn huis in Berlijn werd gehaald en korte tijd later werd doodgeschoten. Intussen maakten SS-beulsknechten van de gelegenheid gebruik om overal in het rijk oude rekeningen te vereffenen: in de kelder van het Gestapo-hoofdkwartier werd Gregor Straßer terechtgesteld; in KZ Dachau vonden de voormalige Beierse rijkscommissaris Gustav Ritter von Kahr en de hoofdredacteur van het katholieke tijdschrift *Der gerade Weg* en fel Hitler-tegenstander Fritz Gerlich de dood. In de omgeving van Dachau werd Otto Ballerstedt aangetroffen met een schotwond in zijn hoofd. Hij had Hitler in de zomer van 1922 voor enkele weken achter de tralies had gezet. Vermoord werd ook pater Bernhard Stempfle, een vroege aanhanger van Hitler, waarschijnlijk omdat hij te veel over die tijd wist. Bij hun moordlustige acties namen de SS-commando's niet altijd de moeite de identiteit van de gearresteerden te verifiëren. Zo werd de muziekcriticus van de *Münchener Neueste Nachrichten*, Willi Schmid, het slachtoffer van een persoonsverwisseling. Er zijn negentig namen bekend van mensen die werden omgebracht; het werkelijke aantal wordt op ongeveer het dubbele geschat.[279] Goebbels betoonde zich tevreden: alles was 'volgens programma' verlopen. 'Geen tegenslag, behalve dan dat ook mevrouw Schleicher sneuvelde. Jammer, maar niets aan te doen.'[280]

Op de avond van 30 juni keerde Hitler terug naar Berlijn. Een afvaardiging met Göring, Himmler en Frick voorop ontving hem op het Tempelhofer Feld. 'De aanblik die hij biedt is "uniek",' zo beschreef een ooggetuige Hitlers uiterlijke verschijning. 'Bruin overhemd, zwarte stropdas, donkerbruine leren jas, hoge zwarte soldatenlaarzen, alles donker op donker. Daarboven, blootshoofds, een krijtwit, afgetobd, ongeschoren gezicht, dat tegelijkertijd ingevallen en opgezwollen lijkt en waaruit, nauwelijks zichtbaar tussen de plakkerig afhangende haarslierten, een paar uitgebluste ogen staren.'[281] Na de moorddadige ontremming van de afgelopen 24 uur begon Hitler zijn innerlijke evenwicht te hervinden. Christa Schroeder, die hem laat in de avond tegenkwam in de rijkskanselarij, vertelt hoe hij 'diep zuchtend' naast haar kwam zitten: 'Zo, ik heb intussen een bad genomen en nu voel ik me als herboren!'[282] Daags daarna, op een zondag, speelde Hitler op een tuinfeest in de rijkskanselarij weer de rol van de charmante gastheer en was in opperbeste stemming. Die middag gaf hij de commandant van KZ Dachau, Theodor Eicke, bevel de in Stadelheim gevangen zittende Röhm opdracht te geven zichzelf dood te schieten. Omdat deze daartoe niet bereid was, werd hij doodgeschoten.[283] 'Alle revoluties verslinden hun eigen kinderen,' had de SA-stafchef enkele uren eerder nog gezegd tegen Hans Frank, die hem in zijn cel had bezocht.[284]

Op 1 juli deden in Berlijn de wildste geruchten de ronde; niemand wist precies wat er gebeurd was. Het regime haastte zich de actie te rechtvaardigen. Nog diezelfde avond hield Goebbels een radiotoespraak waarin sprake was van een 'kleine kliek professionele saboteurs', die geen medelijden verdienden: 'Nu wordt er schoon schip gemaakt [...] verderfelijk zootje, corrupt zootje, ziekteverschijnselen van morele verwildering die zich in het openbaar vertonen worden afgebrand, en wel tot op het bot.' Vooral de homoseksualiteit van Röhm en zijn trawanten werd door de minister van Propaganda benadrukt. Ze zouden op het punt hebben gestaan 'op de hele partijleiding de verdenking te laden van een schandelijke en weerzinwekkende seksuele abnormaliteit'.[285] Ook Hitler voerde op 3 juli in het kabinet allereerst de 'ongelukkige aanleg' van Röhm aan, niet alleen als argument voor 'de minderwaardige bezetting van SA-leidersposities', maar ook voor zijn 'bewust gevoerde strijd tegen de Wehrmacht'. Daarna echter kwam hij tot de kern van het conflict: 'De SA moest als Röhm zijn zin kreeg een staat in de staat worden. Hij had de voormalige stafchef kort tevoren nog tijdens een vier uur durend onderhoud bezworen zijn streven op te geven. Het was allemaal vergeefs geweest. Röhm had hem weliswaar elke gevraagde toezegging gedaan, maar achter zijn rug om precies het tegenovergestelde gedaan.' De rijkskanselier deinsde er niet voor terug de ministers een leugenverhaal op te dissen over een door Röhm in samenwerking met Schleicher, Gregor Straßer en de Franse ambassade geplande coup. Daarmee zou het 'feit van hoogverraad' hebben vastgestaan. Eventuele juridische bedenkingen veegde hij van tafel met de opmerking dat het om 'een militaire muiterij' ging, 'waarbij van een procedureel optreden geen sprake kon zijn'. Hoewel hij niet zelf opdracht had gegeven tot alle executies, nam hij er de volledige verantwoordelijk voor, want daardoor was 'het leven van ontelbare anderen gered' en 'het gezag van de rijksregering voorgoed gestabiliseerd'.

Vervolgens legde Hitler het kabinet een wetsontwerp voor dat de massamoord alsnog moest legaliseren: 'De op 30 juni en 1 en 2 juli getroffen maatregelen om hoog- en landverraderlijke aanvallen af te slaan zijn als staatsnoodweer rechtmatig.' Minister van Justitie Franz Gürtner verklaarde gedienstig dat daarmee 'geen nieuw recht' werd gecreëerd, maar 'slechts bestaand recht' werd bevestigd. En minister van Defensie Blomberg bedankte Hitler namens zijn collega-ministers voor 'zijn vastbesloten en moedig optreden', 'waardoor hij het Duitse volk voor een burgeroorlog heeft behoed'.[286]

Nog terwijl het kabinet bijeen was, verscheen Papen, wiens huisarrest kort tevoren was opgeheven. 'Volkomen gebroken. Vraagt dispensatie. We verwachten allemaal dat hij aftreedt,' noteerde Goebbels.[287] Maar hoewel ook twee van zijn naaste medewerkers het slachtoffer waren geworden van de moordpartij, peinsde Papen er niet over nu radicaal met Hitler te breken. Tijdens een bespreking met de rijkskanselier op de avond van 4 juli werden ze het erover eens dat Papen nog tot september zou aanblijven als vicekanselier en daarna een bezigheid zou zoeken in de diplomatieke dienst. Papen klaagde de daaropvolgende dagen steeds weer dat zijn positie 'volkomen ondraaglijk' was zolang hij en zijn medewerkers niet werden gerehabiliteerd en de in beslag genomen dossiers niet waren teruggegeven. En hij kondigde opnieuw aan dat hij naar Neudeck wilde gaan om Hindenburg zijn ontslag aan te bieden. Maar al te serieus schijnt hij zijn dreigement niet te hebben gemeend, want toen secretaris Meissner hem vertelde dat de rijkspresident 'rust nodig' had, zag hij ervan af. En toen Hitler hem in een tweede gesprek op 11 juli meedeelde dat hij 'in het openbaar de verantwoording wilde nemen voor alles wat naast het neerslaan van de SA-revolte was gebeurd', bedankte Papen hem met de woorden: 'Sta me toe u te zeggen hoe mannelijk en menselijk groot ik dat vind.'[288] Dieper kon de vicekanselier in moreel opzicht niet zinken.

Ook Hindenburg bestond het Hitler een felicitatietelegram te sturen: 'U hebt het Duitse volk van groot gevaar gered' – hoewel hij met een van de vermoorden, Gustav Ritter von Kahr, op goede voet had gestaan en hem nog in oktober 1933 had bedankt voor de 'trouwe verjaardagswensen'.[289] In de namiddag van 3 juli reisde Hitler naar Neudeck en bracht de rijkspresident onder vier ogen een halfuur lang verslag uit van de vermeende 'Röhm-revolte'. En opnieuw gaf Hindenburg het staatsmisdrijf zijn zegen: 'Het is goed zo; zonder bloedvergieten lukt het niet.'[290] Na zijn terugkeer vertelde Hitler de minister van Propaganda: 'Hindenburg was fantastisch. De oude heer heeft formaat.'[291]

De aanvankelijke onzekerheid waartoe de eerste berichten over de moordpartij op 30 juni onder de bevolking hadden geleid, maakte snel plaats voor algemene opluchting. De SA-mannen die bij de onderdrukking van links in het voorjaar van 1933 zo welkom waren geweest, hadden met hun ongedisciplineerde optreden in de ogen van veel burgers hun krediet allang verspeeld. Men was alom opgelucht dat die haard van onrust was opgeruimd en nam de bloedige excessen van de SS op de koop toe. Toen Goebbels constateerde: 'Er gaat een grenzeloos enthousiasme door het land,' was dat beslist overdreven.[292] Maar dat Hitlers prestige er niet onder had geleden en zelfs groter was geworden, daarvan getuigen een groot aantal berichten. 'De Führer heeft bij de grote massa, met name bij degenen die nog afwachtend stonden tegenover de beweging, door zijn daadkrachtig optreden enorm veel gewonnen; men bewondert hem niet slechts, hij wordt verafgood,' aldus een bericht uit een kleine industriestad in Opper-Beieren.[293] Veelzeggend was ook wat Luise Solmitz in haar dagboek onder de indruk van de gebeurtenissen noteerde: 'Wat hij [Hitler] in München heeft getoond aan persoonlijke moed, aan besluitvaardigheid en daadkracht, is uniek.'[294] Dat het om een door de staat geplande en uitgevoerde moord ging, stoorde haar evenmin als de meeste andere Duitsers – een duidelijk bewijs voor hoe afgestompt het rechtsgevoel al na anderhalf jaar naziheerschappij was.

Hitler vermeed het om in de eerste dagen na 30 juni in het openbaar op te treden, hoewel Goebbels er met het oog op de vernietigende commentaren in de internationale pers op aandrong: 'We hebben overal een slechte naam gekregen. De hoogste tijd dat de Führer spreekt,' noteerde hij op 7 juli.[295] Daags tevoren was Hitler naar Berchtesgaden gevlogen om zich op de Obersalzberg te ontspannen. Al op 9 juli keerde hij terug naar Berlijn en maakte bekend dat hij in de Rijksdag een verklaring wilde afleggen. Een dag later besprak hij de details met Goebbels.[296] Toen Hitler op 13 juli 's avonds het podium van de Rijksdag beklom, kwam hij verkrampt over. 'Lijkbleek, met een vermoeid gezicht en een nog rauwere stem dan anders' had hij gesproken, herinnerde François-Poncet zich.[297] De sfeer was gespannen. Dertien van de doodgeschoten SA-mannen waren tenslotte Rijksdagafgevaardigden geweest. Op de regeringsbank ontbrak Papen, die Hitler gevraagd had hem van deelname aan de vergadering te ontslaan.[298] Naast het spreekgestoelte en in de zaal hadden zich SS-mannen in Stahlhelm-uniform opgesteld. In zijn twee uur durende toespraak herhaalde Hitler de leugens over een vermeende samenzwering tussen Röhm, Schleicher en Straßer die hij op 3 juli in het kabinet reeds had verteld, en liet niet na te wijzen op de 'bepaalde gemeenschappelijke aanleg' van de Röhm-kliek als motief voor hun 'hoogverraderlijke' plannen. Hij had het over de 'bitterste beslissingen' van zijn leven, waarvoor hij echter 'ten overstaan van de geschiedenis' de volledige verantwoordelijkheid nam. 'Muiterijen slaat men niet neer volgens eeuwig dezelfde wetten. Als iemand me vraagt waarom we niet de gewone rechtbanken bij de veroordeling hebben betrokken, kan ik alleen maar zeggen: op dat moment was ik verantwoordelijk voor het lot van de Duitse natie en daarmee de opperrechter van het Duitse volk!'[299]

Het was aan de prominente staatsrechtgeleerde Carl Schmitt voorbehouden deze perverse rechtsopvatting in een artikel in de *Deutsche Juristen-Zeitung* zijn academische zegen te geven: 'De Führer beschermt het recht tegen het ergste misbruik wanneer hij in tijd van gevaar krachtens zijn leiderschap als opperrechter onmiddellijk recht doet.'[300] Niet alleen bij de kroonjurist van het Derde Rijk, ook bij de meerderheid van de bevolking kreeg Hitlers toespraak in de Rijksdag veel bijval. Ze zou 'algemeen bevrijdend' hebben gewerkt, heette het in de stemmingsanalyses.[301] 'Ik zou willen dat jullie die woorden echt hadden kunnen hóren, niet alleen maar lezen,' schreef Elisabeth Gebensleben aan haar dochter. 'Je voelt je heel klein tegenover de grootheid, de waarachtigheid en de openheid van zo'n man.'[302]

Hoe woord- en vindingrijk Hitler zich over eerdere episodes in zijn leven ook kon uitlaten – over de 'Nacht van de Lange Messen', die zijn moordlustige kant aan het licht had gebracht, zweeg hij later als het graf. Het was een taboe waar zelfs zijn naaste vertrouwelingen niet aan mochten komen. Toen Heinrich Hoffmann eens probeerde hem erover aan te spreken, snoerde hij hem met een 'bruusk handgebaar' de mond: '"Geen woord meer daarover!" zei hij op een toon die geen tegenspraak duldde.'[303]

Op 30 juni was de ware, misdadige aard van het naziregime aan het licht gekomen. Toch waren er maar weinigen in binnen- en buitenland die dat toen al met de vereiste scherpe blik zagen. 'Het afschuwelijke is dat een Europees volk zich heeft uitgeleverd aan zo'n bende geesteszieken en misdadigers en hen nog altijd gedoogt,' klaagde Victor Klemperer in zijn dagboek.[304] En Thomas Mann, die Duitsland in februari 1933 had verlaten en in Zwitserland zijn eerste ballingsoord had gevonden, voelde zich bevestigd in zijn somberste vermoedens. Hij beschreef Hitler als een 'smerige bedrieger en moordlustige charlatan', naast wie Robespierre 'eerbiedwaardig' leek, en de bende om hem heen als 'gangsters van het laagste allooi'. 'Nu,' constateerde de Nobelprijswinnaar voor literatuur, 'na weinig meer dan een jaar, begint het hitlerisme zich te bewijzen zoals men het van oudsher beschouwde, herkende, indringend ervoer: als het uiterste aan laagheid, ontaarde domheid en bloedige schande – het wordt duidelijk dat hij zeker en onverbiddelijk zal doorgaan zich zo te gedragen.'[305] Een oordeel dat niet alleen in de roos was, maar ook getuigde van een verbazingwekkend voorspellend vermogen.

De leiding van de Reichswehr daarentegen dacht dat haar wensen in vervulling waren gegaan. Rivaal Röhm was uit de weg geruimd en het leger was uitdrukkelijk bevestigd als enige 'wapendrager van de natie'. Dat ook de voormalige minister van Defensie en een generaal het slachtoffer waren geworden van de bloedige 'zuivering', kon de triomfantelijke stemming niet drukken. De vroegere secretaris op de rijkskanselarij, Erwin Planck, vroeg generaal Werner von Fritsch, de opvolger van Hammerstein, als chef van de legerleiding nadrukkelijk stelling te nemen tegen de gewelddadige methoden van het regime: 'Als u werkeloos toeziet, zult u vroeg of laat hetzelfde lot ondergaan.'[306] Maar dergelijke waarschuwingen werden door de Reichswehr-leiding in de wind geslagen. Op de bevelhebbersbespreking op 5 juli verklaarde Blomberg dat Hitler in het belang van het leger had gehandeld en dat dit de plicht had 'hem daarvoor met zo mogelijk nog grotere trouw en overgave te bedanken'.[307] Met deze knieval verzwakte de Reichswehr haar positie in de Hitler-staat doordat ze zich daarmee onherroepelijk medeplichtig maakte aan een misdadig beleid.

Het was echter niet de Reichswehr die profiteerde van de moordpartij, maar de SS. Op 20 juli verordende Hitler dat deze vanwege haar 'grote verdienste' die ze 'in verband met de gebeurtenissen van 30 juni' had verworven, uit de SA werd losgemaakt en voortaan als zelfstandige organisatie zou worden geleid; SS-Reichsführer Himmler werd de tweede man na Hitler.[308] Terwijl de SS in de daaropvolgende jaren steeds machtiger werd, begon onder leiding van Lutze de degradatie van de SA tot een veteranenorganisatie van 'oud-strijders'.[309]

Eind juli verslechterde de gezondheid van Hindenburg ingrijpend. Zijn overlijden was nog slechts een kwestie van dagen. Op de ochtend van 1 augustus begaf Hitler zich naar Neudeck, waar hij de stervende nog bij bewustzijn aantrof. 'Heeft hem even herkend. Dank en liefde uitgedrukt. En toen over de keizer gefantaseerd,' vertelde Hitler Goebbels na zijn terugkeer.[310] Hindenburg stierf in de ochtenduren van 2 augustus. De avond tevoren had Hitler, zonder de dood af te wachten, in het kabinet het *Gesetz über das Staatsoberhaupt des Deutschen Reiches* ingediend, die de opvolging overeenkomstig zijn wensen regelde: het ambt van rijkspresident en dat van rijkskanselier werden verenigd en de bevoegdheden van de eerste werden overgedragen op de 'Führer en rijkskanselier', zoals Hitler zich nu officieel noemde. Hoewel dat duidelijk in strijd was met de bepaling in de Machtigingswet dat de rechten van de rijkspresident onaangetast moesten blijven, stemde het kabinet in met de nieuwe regeling. Sterker nog: Blomberg maakte, zonder daartoe door Hitler opgeroepen te zijn, zijn voornemen bekend om onmiddellijk na het overlijden van Hindenburg de soldaten van de Wehrmacht een eed van trouw te laten zweren aan de nieuwe bevelhebber.[311] Op 2 augustus moesten ze een eedformule nazeggen die hen persoonlijk aan Hitler verplichtte: 'Ik zweer bij God deze heilige eed dat ik de Führer van het Duitse Rijk en het Duitse volk Adolf Hitler, de opperbevelhebber van de Wehrmacht, onvoorwaardelijk zal gehoorzamen en als dapper soldaat bereid zal zijn voor deze eed mijn leven te allen tijde in te zetten.'[312] Vermoedelijk wilde de legerleiding met haar gedienstigheid haar onafhankelijke militaire invloedssfeer zekerstellen, maar in werkelijkheid bevorderde ze daarmee een ontwikkeling waardoor het leger een instrument zou worden in handen van Hitler.

In het kabinet speelde Hitler op 2 augustus de rol van de om het staatshoofd rouwende man zo overtuigend dat volgens het getuigenis van Goebbels 'iedereen diep ontroerd' was.[313] Hij had, verklaarde de rijkskanselier, 'in de overledene een vaderlijke vriend verloren'. Nooit mocht men vergeten 'dat zonder de overleden rijkspresident [...] de huidige rijksregering nooit tot stand zou zijn gekomen'. Gezien de 'grootheid van de overledene' zou 'voor alle toekomst' niemand meer de titel van rijkspresident mogen voeren. Hitler kondigde aan dat hij het volk op 19 augustus zou laten stemmen over de nieuwe regeling voor het staatsbestuur.[314] Hindenburg had te kennen gegeven dat hij naast zijn vrouw op het landgoed Neudeck bijgezet wilde worden, maar de nazileiding negeerde deze wens en organiseerde op 7 augustus een pompeuze staatsbegrafenis in het Tannenbergmonument. In zijn toespraak riep Hitler nogmaals de mythe op van de held van de wereldoorlog, de mythe die hij in de voorafgaande maanden zo doeltreffend had gebruikt voor zijn eigen doeleinden. 'Dode veldheer, ga nu binnen in het Walhalla!' riep hij Hindenburg na.[315]

Nog op de avond van de staatsbegrafenis zorgde het bericht dat Hindenburg een politiek testament had nagelaten in Berlijn voor opwinding. Men was bang dat deze nalatenschap politiek explosief materiaal zou bevatten.[316] Hitler gaf Papen opdracht het testament in Neudeck op te halen. Op 14 augustus werd het in de rijkskanselarij geopend. Het bestond uit twee delen – een lang, de eigenlijke politieke nalatenschap van Hindenburg, en een aan Hitler persoonlijk gericht schrijven, waarin de rijkspresident zich uitsprak voor terugkeer naar de monarchie, als de binnenlandse politieke situatie dat toestond. Deze brief hield Hitler achter – hij is nog steeds niet teruggevonden. Het andere document echter liet hij op 15 augustus publiceren omdat de inhoud niet alleen volstrekt ongevaarlijk was maar zelfs strookte met zijn bedoelingen. Daarin immers sprak Hindenburg er zijn blijdschap over uit dat hij op zijn levensavond nog 'het uur van de versterking' van Duitsland had mogen meemaken: 'Mijn kanselier Adolf Hitler en zijn beweging hebben een beslissende stap van historische draagwijdte gezet naar het grote doel om het Duitse volk boven alle stands- en klassenverschillen uit naar interne eenheid te leiden.' Hij nam afscheid in de hoop dat datgene wat tot 30 januari had geleid, zou 'rijpen tot volledige vervulling en voltooiing van de historische zending van ons volk'.[317] Betere verkiezingspropaganda voor 19 augustus konden de nationaalsocialisten zich nauwelijks wensen. Op de vooravond van de stemming richtte Hindenburgs zoon Oskar zich in een radiotoespraak tot het Duitse volk en riep het op 'in te stemmen met de overdracht van het tot nu toe door mijn vader beklede ambt van rijkspresident aan de Führer en rijkskanselier'.[318]

Op 18 augustus stemde volgens de officiële cijfers 89,9 procent vóór (bij een opkomstpercentage van 95,7 procent). Desondanks was Goebbels teleurgesteld: 'Ik had meer verwacht.'[319] In de uitslag kwam kennelijk ook de ontnuchtering van delen van de bevolking tot uitdrukking over de corruptie onder nazifunctionarissen. Op een in Potsdam ingeleverd stembiljet was bijvoorbeeld gekrabbeld: 'Voor Adolf Hitler ja, maar duizendmaal nee voor de bruine bonzen.'[320] In zijn ballingsoord Zürich was Thomas Mann aangenaam verrast: 'Vijf miljoen tegenstemmen plus twee miljoen onthoudingen zijn onder de gegeven [omstandigheden] een achtenswaardige nationale prestatie.'[321] Ook Victor Klemperer zag het zo, maar ook hij kon niet ontkennen dat een overweldigende meerderheid vóór de 'Führer en rijkskanselier' had gestemd. 'Hitler is de onomstreden winnaar en het eind is nog niet in zicht.'[322]

Met de volksstemming van augustus 1934 kwam het proces van de 'machtsgreep' tot een einde. In slechts enkele maanden was Hitler erin geslaagd zijn conservatieve coalitiepartners uit te rangeren en alle politieke tegenkrachten uit te schakelen of te neutraliseren. Stap voor stap had hij zich heer en meester over het rijk gemaakt en het in een Führer-dictatuur veranderd. 'Een man is bekleed met een macht die geen enkel nu levend mens ooit bezeten heeft,' meldde de Deense ambassadeur in Berlijn. 'Nu is hij machtiger dan welke vorst ook, machtiger dan de president van de Verenigde Staten, machtiger dan Mussolini.'[323] Nu hij zijn absolute heerschappij in het binnenland had gevestigd, kon Hitler zich opmaken om het Verdrag van Versailles grondig te herzien.

15

Herziening van Versailles

'Niemand heeft vaker verklaard en opgeschreven wat hij wil dan ik heb gedaan,' bekende Hitler in zijn toespraak op 30 januari 1941, 'en ik schreef steeds weer: weg met Versailles."[1] Inderdaad had de volksmenner er sinds het begin van zijn politieke carrière in de herfst van 1919 nooit twijfel aan laten bestaan dat hij zich, eenmaal aan de macht, wilde bevrijden van de ketenen van het Verdrag van Versailles. Herziening van de naoorlogse herinrichting van Europa uit 1919-1920 vormde in Hitlers buitenlandse politieke overwegingen overigens niet het einddoel, maar slechts een eerste stap. Dat hij na zijn benoeming tot rijkskanselier een van de kernpunten van zijn programma, verovering van 'Lebensraum in het oosten', geenszins uit het oog had verloren, was al duidelijk geworden in zijn toespraak tot de bevelhebbers van leger en marine op 2 februari 1933. Toen Hitler eind januari 1941 in het Berlijnse Sportpalast de achtste verjaardag van de 'machtsgreep' vierde, was de voorgenomen rassenideologische vernietigingsoorlog tegen de Sovjet-Unie al in gang gezet; nog maar kort tevoren, op 18 december 1940, had hij legerorder nummer 21 voor Operatie Barbarossa ondertekend.

In de eerste jaren van zijn regering vermeed Hitler het echter zorgvuldig in het openbaar ook maar één woord te laten vallen over zijn vérstrekkende expansieve plannen. De precaire buitenlands-politieke situatie dwong hem tot voorzichtig handelen. Er moest immers rekening mee worden gehouden dat met name Frankrijk zich niet stilzwijgend zou neerleggen bij de Duitse herbewapening en die, indien mogelijk, zou beantwoorden met een preventieve aanval. De fase 'tussen de theoretische erkenning van de militaire gelijkberechtiging van Duitsland en het herstel van een zekere mate van bewapening' zou 'de moeilijkste en gevaarlijkste' zijn, verklaarde Hitler tijdens een vergadering van de *Ausschuss für Arbeitsbeschaffung* (Commissie voor werkverschaffing) op 9 februari 1933, waarin hij de 'absolute prioriteit' van de herbewapening benadrukte.[2] Hoe groot de angst voor een preventieve aanval aanvankelijk was, gaf minister van Propaganda Goebbels in april 1940, enkele weken voor het begin van de veldtocht tegen Frankrijk, onomwonden toe: 'In 1933 had een Franse minister-president moeten zeggen (en als ik minister-president van Frankrijk was geweest, zou ik het gezegd hebben):

de man die het boek *Mein Kampf* heeft geschreven, waar dit en dat in staat, is rijkskanselier geworden. Die man kan niet in onze omgeving worden geduld. Óf hij verdwijnt óf wij rukken op. Dat zou volstrekt logisch zijn geweest. Men heeft daarvan afgezien. Men heeft ons onze gang laten gaan, men heeft ons ongehinderd doorgang verleend door het risicogebied.'[3]

Dus was Hitler er in de eerste kritische fase van de bewapening alles aan gelegen zijn ware bedoelingen te verhullen en de andere mogendheden met verzoenende gebaren te paaien. Waar het om ging, verzekerde hij telkens weer, was het verwerven van een gelijkberechtigde plaats voor Duitsland te midden van andere naties om samen met hen de wereldvrede te dienen. Dat die stereotiepe vredelievende praatjes niets anders waren geweest dan uitgekiende calculaties, onthulde hij in een vertrouwelijke toespraak tot geselecteerde vertegenwoordigers van de pers in november 1938: de omstandigheden hadden hem in de achterliggende jaren gedwongen 'bijna alleen over vrede te praten'. 'Alleen door voortdurende benadrukking van de Duitse wil tot vrede en onze vreedzame bedoelingen was het mij mogelijk voor het Duitse volk geleidelijk de vrijheid te verkrijgen en het de bewapening te geven die altijd weer noodzakelijk was voor de volgende stap.'[4]

Ook op het gebied van de buitenlandse politiek speelde Hitler uiterst succesvol het spel van paaien en misleiden dat hij in de fase van de 'machtsgreep' tegenover zijn conservatieve coalitiepartners had gespeeld. En net als zij schatten ook de meeste buitenlandse diplomaten Hitler verkeerd in. Ook zij dachten dat ze zijn dadendrang konden 'beteugelen' door hem in te kapselen in internationale verdragen. Men mocht de Duitse rijkskanselier niet slechts zien als de auteur van *Mein Kampf*, omdat men dan 'logischerwijs' verplicht zou zijn 'naar de politiek van een preventieve aanval te grijpen', merkte de nieuwe Britse ambassadeur in Berlijn, sir Eric Phipps, in november 1933 op. Anderzijds kon men het zich evenmin permitteren Hitler domweg te negeren: 'Zou het daarom niet raadzamer zijn die verschrikkelijk dynamische mens aan banden te leggen? Aan banden te leggen met een overeenkomst waaronder zijn vrijwillig en trots gezette handtekening staat?'[5]

Slechts enkele buitenlandse waarnemers onderkenden indertijd dat Hitler beslist geen genoegen zou nemen met de herziening van Versailles. Tot hen behoorde de Amerikaanse consul-generaal in Berlijn, George S. Messersmith, die al in mei 1933 duidelijk waarschuwde: de nieuwe regering-Hitler wilde weliswaar de eerstkomende jaren vrede om haar positie te consolideren, maar het viel niet te ontkennen dat het 'nieuwe Duitsland', als dat doel eenmaal was bereikt, er met alle middelen naar zou streven de 'rest van de wereld zijn wil op te leggen'.[6]

Ook het feit dat er na 30 januari nauwelijks iets veranderde in de personele bezetting van het ministerie van Buitenlandse Zaken droeg ertoe bij dat Hitler door vele buitenlandse politici werd onderschat. Op uitdrukkelijk verzoek van Hindenburg was minister van Buitenlandse Zaken Konstantin Freiherr von Neurath in functie gebleven, evenals diens staatssecretaris Bernhard von Bülow. Ook de topdiplomaten op de belangrijkste ambassades overal ter wereld waren op hun post gebleven. De enige van hen die in het voorjaar van 1933 de diplomatieke dienst verliet, was de ambassadeur in Washington, Friedrich von Prittwitz und Gaffron.[7] Voor de richting van de buitenlandse politiek leken de diplomaten in de Wilhelmstraße verantwoordelijk te zijn, en die stonden garant, zo liet men zich althans in het buitenland verzekeren, voor een in hoge mate personele maar ook inhoudelijke continuïteit. Toen de Duitse ambassadeur in Moskou, Herbert von Dirksen, begin februari 1933 melding maakte van de ongerustheid van de regering van de Sovjet-Unie over de nieuwe regering-Hitler, antwoordde Bülow: 'Ik denk dat men daar de invloed van de regeringswisseling op de buitenlandse politiek overschat. De nationaalsocialisten, die regeringsverantwoordelijkheid dragen, zijn natuurlijk andere mensen en ze voeren een ander beleid dan ze tevoren hebben aangekondigd. Dat is altijd zo geweest en bij alle partijen hetzelfde [...]. Het zijn immers ook maar mensen.'[8]

De hoop op 'matiging' van Hitler en de nationaalsocialisten in de regering was overigens binnenslands al een illusie gebleken en bleek ook op het terrein van de buitenlandse politiek een gevaarlijke drogreden, al duurde het daar wat langer voordat het aan het licht kwam. In de eerste maanden van zijn regering kwamen machtsverovering en -consolidatie in het binnenland voor Hitler op de eerste plaats: wat de buitenlandse politiek betrof hield hij zich in en liet hij het beleid in hoge mate over aan de beroepsdiplomaten in de Wilhelmstraße. Dat veranderde echter nadat hij zijn heerschappij had gevestigd. Toen nam hij ook in de buitenlandse politiek de teugels in handen. Hitler werd 'volledig in beslag genomen door de buitenlandse politiek', constateerde Goebbels in maart 1934.[9] Bij alle belangrijke beslissingen gaf hij nu de richting aan, en net als bij de uitschakeling van links en het overmeesteren van zijn conservatieve coalitiepartners gaf hij ook op dit voor hem nieuwe terrein blijk van een onfeilbaar gevoel voor de zwakke plekken van zijn tegenstanders, die hij even onverschrokken als gewetenloos benutte. Zo had hij er slechts drie jaar voor nodig om met een reeks opzienbarende coups de bepalingen van Versailles definitief opzij te zetten.

Ook nu weer kwam een reeks omstandigheden hem daarbij te hulp. Toen hij de regering overnam, waren de verdragsbepalingen van Versailles al minder hard dan voorheen. Zo had Papen op de conferentie van Lausanne in juni 1932 de vruchten van de buitenlandse politiek van Brüning kunnen oogsten en had hij bereikt dat Duitsland ontheven werd van zijn drukkende herstelbetalingen. Ook de regering-Schleicher had een spectaculair succes geboekt met de Vijfmogendhedenverklaring van 11 december 1932, die de fundamentele gelijkberechtiging van het Duitse Rijk op het gebied van bewapening erkende. Over de bepalingen moest weliswaar nog beslist worden op de ontwapeningsconferentie van de Volkenbond in Genève, maar het was duidelijk geworden dat het Duitse buitenlandse beleid in de fase van de presidentiële kabinetten meer handelingsvrijheid had gekregen dan het in het tijdperk-Stresemann ooit had gehad.[10]

Deze ontwikkeling werd bevorderd door de gevolgen van de mondiale crisis, die ook Engeland en Frankrijk voor grote economische en sociale problemen stelde en invloed had op de mogelijkheden van hun buitenlandse politiek.[11] Daar kwam bij dat er in de beide democratische staten van Europa na de traumatische ervaringen van de Eerste Wereldoorlog sterke pacifistische stromingen waren ontstaan, die elke gedachte aan een nieuwe oorlog in Europa verwerpelijk vonden en dus weinig ruimte boden voor een bewapeningspolitiek. Met name in Groot-Brittannië heerste in brede kringen de mening dat de bepalingen van het Verdrag van Versailles onrechtvaardig waren en dat men verplicht was Duitsland schadeloos te stellen.[12] Bovendien profiteerde Hitler van de angst voor het communisme, die ook onder de burgerlijke politieke elite in West-Europa om zich heen greep. Door zich voor te doen als radicaal frontsoldaat tegen het bolsjewistische Rusland kon de Führer veel bezwaren tegen zijn persoon en de door hem geleide regering wegnemen.

En ten slotte had Hitler de wind mee door dat wat wel de 'crisis van de democratie' in Europa tijdens het interbellum is genoemd. Met zijn 'Mars op Rome' in oktober 1922 en de vestiging van zijn fascistische regime had Mussolini in zekere zin het startschot gegeven. Slechts twee van de na 1918-1919 nieuw gestichte staten – namelijk Finland en Tsjechoslowakije – konden hun democratische stelsel over de crisis in de decennia na de oorlog heen tillen; alle andere – de republiek Oostenrijk, Hongarije, het koninkrijk der Serven, Kroaten en Slovenen (sinds 1929 het koninkrijk Joegoslavië), Polen, de Baltische staten Litouwen, Letland en Estland – kregen vroeg of laat te maken met een autoritair regime. Maar ook staten die al vóór 1918 bestonden, zoals Roemenië, Bulgarije, Griekenland, Albanië, Portugal en Spanje, waren onderhevig aan het proces van de 'autoritaire transformatie'.[13] Hitler en de nationaalsocialisten profiteerden dus van een algemene trend; de door hen ingestelde dictatuur voegde zich, zo leek het, in de hoofdstroom van het tijdperk.

Op 7 april zette minister van Buitenlandse Zaken Neurath in het kabinet voor het eerst de fundamentele overwegingen van zijn departement over de toekomstige buitenlandse politiek uiteen. Ze berustten op een omvangrijk memorandum dat staatssecretaris Bülow in maart had opgesteld. Hoofddoel was de volledige annulering van het Verdrag van Versailles. Daarvoor werd een gefaseerde aanpak voorgesteld. In de eerste fase moest Duitsland zich concentreren op herbewapening en het herstel van zijn economische kracht, waarbij men voorzichtig te werk moest gaan om de buurlanden Frankrijk en Polen niet te verleiden tot een preventieve aanval. In een tweede fase moest dan worden gestreefd naar 'territoriale grensherzieningen', waarbij de nadruk moest worden gelegd op 'de herziening van de oostgrens', dat wil zeggen de herovering van de in 1919 aan Polen afgestane gebieden. Als verdere herzieningsdoelstellingen noemde Bülow de grens van Noord-Sleeswijk, de herovering van Eupen-Malmedy en op een later tijdstip Elzas-Lotharingen, het heroveren van vroegere Duitse koloniën en eventueel het veroveren van nieuwe koloniën, en de inlijving van Oostenrijk. Een verdrag tussen Duitsland en Frankrijk was 'voor afzienbare tijd zo goed als uitgesloten', en een verdrag met Polen 'mogelijk noch wenselijk', aangezien men de 'rugdekking door Rusland' voorlopig nog niet kon missen. Daarenboven moest worden gestreefd naar goede betrekkingen met Engeland en 'zo nauw mogelijke samenwerking' met Italië, 'overal waar gemeenschappelijke belangen bestaan'. Neurath trok uit de overwegingen de conclusie dat buitenlandse conflicten vermeden moesten worden 'tot we volledig op sterkte zijn'.[14] Het langlopende programma dat de topambtenaren van Buitenlandse Zaken hiervoor ontwikkelden, volgde de lijn van de Duitse grootmachtpolitiek en kwam gedeeltelijk overeen met de bedoelingen van Hitler.

Buitenlandse Zaken, de Reichswehr en Hitler waren het er ook over eens dat de opgevoerde herbewapening verborgen moest worden gehouden en dat tegelijkertijd het buitenland door middel van demonstratieve vredelievende gebaren in onzekerheid moest worden gehouden over de ware bedoelingen van de Duitse politiek. Daartoe diende de eerste grote toespraak over de buitenlandse politiek in de Rijksdag, op 17 mei 1933. Daarin benadrukte Hitler de eis van gelijkberechtiging van Duitsland, maar verwierp hij tegelijkertijd elke gedachte aan oorlog en geweld: 'Een nieuwe Europese oorlog zou de huidige onbevredigende situatie niet door iets beters kunnen vervangen. Integendeel, politiek noch economisch zou het gebruik van enig geweld in Europa tot een gunstigere situatie kunnen leiden dan momenteel bestaat [...]. Het is de diepste wens van de nationale regering van het Duitse Rijk zo'n oorlogszuchtige ontwikkeling door oprechte en actieve medewerking te voorkomen.' Hitler verklaarde dat hij de nationale rechten van andere volken zou respecteren; het 'concept germanisering' was de nationaalsocialisten vreemd – een schijnheilige opmerking als men bedenkt dat hij zelf in zijn toespraak tot de generaals op 3 februari had gesproken over de 'meedogenloze germanisering' van de te veroveren gebieden. Even bedrieglijk was de met de mond beleden bereidheid tot ontwapening van Duitsland op een moment waarop de geheime bewapening al was begonnen. In de vredelievende woorden was uiterst berekenend het verholen dreigement verwerkt dat Duitsland de ontwapeningsconferentie in Genève zou verlaten en uit de Volkenbond zou stappen als het niet de status van gelijkberechtigde zou krijgen.[15]

Hitlers 'vredestoespraak' miste haar uitwerking niet. Hij kwam zo overtuigend over in de rol van de schijnbaar gematigde, tot overleg bereide politicus, dat ook de reeds gedecimeerde SPD-fractie in de Rijksdag zoals gezegd instemde met de regeringsverklaring. 'Zelfs onze onverzoenlijkste tegenstander, Adolf Hitler, leek een ogenblik ontroerd. Hij stond op en applaudisseerde voor ons,' herinnerde Wilhelm Hoegner zich.[16] De bewondering van Elisabeth Gebensleben uit Braunschweig voor Hitler kende na diens toespraak geen grenzen meer: 'Deze man is zo uitzonderlijk, hij kan de Führer van de wéreld worden [...]. Nu ben ik weer trots dat ik Duitse ben, mateloos trots zelfs!' schreef ze aan haar dochter in Utrecht, die in haar antwoord vertelde dat ook de Nederlandse kranten zich 'zeer lovend' over Hitlers toespraak hadden uitgelaten; die zou 'weer veel hebben goedgemaakt van wat Duitsland de laatste tijd aan sympathie in het buitenland had verloren'.[17]

De reacties in het buitenland waren inderdaad overwegend instemmend. 'Gisteren heeft de wereld voor het eerst de staatsman Hitler gezien,' was het commentaar van de Londense *Times*.[18] Harry graaf Kessler, die de toespraak 'verrassend gematigd' vond, merkte op 18 mei op dat de Franse pers 'enigszins in verlegenheid [was] gebracht door Hitlers toespraak': 'Ze moet toegeven dat er eigenlijk niets op aan te merken is.'[19] Thomas Mann daarentegen doorzag de maskerade met zeldzaam scherpe blik: 'Hitlers toespraak in de Rijksdag een volmaakt pacifistische terugtocht. Onzin,' merkte hij bondig en raak op.[20]

Tijdens de ontwapeningsonderhandelingen in Genève, die in februari 1933 werden hervat, botsen de Duitse en de Franse belangen onmiddellijk. De Britse regering probeerde te bemiddelen, maar met het oog op het Franse verlangen naar veiligheid aarzelde ze om de Duitsers volledige gelijkberechtiging op bewapeningsgebied toe te staan. Al in mei waren Blomberg en Neurath daarom vastbesloten de conferentie op te blazen. Hitler daarentegen, die nog druk bezig was de politiek van de gelijkschakeling te bespoedigen en daarom op dat moment geen belang had bij complicaties in de buitenlandse politiek, reageerde tactisch flexibeler. Hij instrueerde de Duitse onderhandelingsdelegatie onder leiding van Rudolf Nadolny zich niet principieel afwijzend op te stellen tegenover alle bemiddelingspogingen. Een echte doorbraak in Genève kwam hem niet gelegen, maar hij wilde elke schijn vermijden dat de Duitsers de onderhandelingen saboteerden. De tegenpartij moest de schuld krijgen van de mislukking. In september reisde Goebbels als Hitlers gevolmachtigde naar Genève om als lid van de Duitse delegatie deel te nemen aan de jaarlijkse zitting van de Volkenbond. 'Deprimerend. Een stel lijken. Parlementarisme van de naties,' zo vatte de minister van Propaganda zijn eerste indruk samen.[21] Toen de Britse minister van Buitenlandse Zaken, John Simon, in oktober een gewijzigd ontwapeningsvoorstel indiende, waarin voorzien werd in een proeftijd van vier jaar voor de Duitsers, gedurende welke dezen hun bewapening moesten onderwerpen aan internationale controle, gaf hij de Duitse delegatie daarmee het gewenste voorwendsel om de conferentie van Genève met tromgeroffel te verlaten.[22]

Op 13 oktober lichtte de rijkskanselier het kabinet in over zijn besluit de volgende dag 'de ontwapeningsconferentie op te blazen' en tegelijkertijd het uittreden van Duitsland uit de Volkenbond bekend te maken. De maatregel zou door nieuwe verkiezingen voor de pas op 5 maart gekozen Rijksdag aan een referendum worden onderworpen. Op die manier kreeg het Duitse volk de kans 'zich door een volksstemming te identificeren met de vredespolitiek van de rijksregering'. Daarmee ontnam men 'de wereld de mogelijkheid Duitsland te betichten van een agressieve politiek'. Wat betreft mogelijke sancties van de Volkenbond was het zaak 'de zenuwen te bedwingen en trouw te blijven aan de beginselen'.[23]

Hitler had, zoals Goebbels zijn dagboek toevertrouwde, 'zwaar met zichzelf' geworsteld voordat hij deze beslissing nam, want uittreden uit de Volkenbond was niet helemaal zonder risico.[24] De bewapening moest nog echt op gang komen en tegen een militaire confrontatie zou het rijk nauwelijks opgewassen zijn geweest. Maar ook sancties zouden het economisch herstel gevoelig kunnen raken. Op z'n minst dreigde het gevaar van isolement op het gebied van de buitenlandse politiek. 'Deze losmaking uit de in vijftien jaar moeizaam bevochten gemeenschap van volken is van ongelooflijke, nu nog absoluut niet te overziene betekenis,' schreef de verontruste Leipziger Erich Ebermayer.[25] En Harry graaf Kessler had het over de 'Europese gebeurtenis met de meest verstrekkende gevolgen sinds de bezetting van het Ruhrgebied', die 'in korte tijd tot een blokkade van Duitsland en misschien tot oorlog' zou kunnen leiden.[26]

Op de avond van 14 oktober richtte Hitler zich in een radiotoespraak tot de wereld. Hij bediende zich daarbij voor het eerst van de dubbelhartige methode die hij ook zou gebruiken bij zijn latere verrassingscoups in het buitenlandbeleid: enerzijds zonder rekening te houden met diplomatieke gebruiken voldongen feiten creëren en anderzijds de risico's die dat met zich meebracht opvangen met versluierende retoriek, verzoenende gebaren en verleidelijke aanbiedingen. 'Eens,' riep hij uit, 'moeten overwinnaar en overwonnene de weg terugvinden naar de gemeenschap van wederzijds begrip en vertrouwen.' Deze oproep was met name gericht aan Frankrijk, dat Hitler aansprak als 'onze oude, maar roemrijke tegenstander': 'Het zou voor de hele mensheid een geweldige gebeurtenis zijn als beide volken het geweld voorgoed uit hun gemeenschappelijk leven zouden kunnen bannen.'[27] Goebbels was juist over deze passage enthousiast: 'Uitgestoken hand naar Frankrijk. Heel sterk. Tja, dat kan hij als geen ander.'[28] Wat de kunst van liegen en bedriegen betreft kon inderdaad geen enkele politicus in Europa zich met Hitler meten.

Al op 17 oktober gaf Hitler in het kabinet het sein 'veilig'. 'Dreigende stappen tegen Duitsland zijn niet gevolgd of te verwachten [...]. Het kritische moment is voorbij. De opwinding zal naar verwachting in korte tijd vanzelf overgaan.'[29] Ook Goebbels was opgelucht: 'Wereldecho fantastisch. Beter dan verwacht. De anderen zoeken al naar uitwegen. We hebben weer de overhand. Hitlers coup was riskant, maar juist.'[30] Op 18 oktober stond de rijkskanselier de correspondent van de *Daily Mail*, George Ward Price, een uitvoerig interview toe, waarin hij probeerde de bezorgdheid van de Britse regering en het grote publiek over Duitslands eigenzinnige buitenlandbeleid weg te nemen. Hij benadrukte hoe gelukkig het hem zou maken als 'de beide verwante naties', Duitsland en Groot-Brittannië, 'weer de oude vriendschap' zouden hervinden, bevestigde zijn bereidheid tot 'oprechte toenadering', ook tot Frankrijk, en wees elke gedachte om 'met Polen vanwege de Corridor een oorlog te beginnen' categorisch van de hand. Een terugkeer in de Volkenbond sloot hij niet uit, maar alleen op voorwaarde dat Duitsland 'als volkomen gelijkberechtigde factor erkend' zou worden. Voor de rest beloofde hij dat zijn regering zich aan de verdragen zou houden: 'Wat we ondertekend hebben, zullen we naar vermogen nakomen.'[31]

Op 24 oktober opende Hitler de campagne voor de nieuwe Rijksdagverkiezing en de daarmee gepaard gaande volksstemming over zijn buitenlandse politiek met een toespraak in het Berlijnse Sportpalast. Met veel bombast verkondigde hij dat hij 'te allen tijde liever sterven' zou dan iets te ondertekenen wat naar zijn 'heiligste overtuiging' niet ten goede zou komen aan het Duitse volk. 'Als ik me hierin ooit zou vergissen of als het Duitse volk ooit zou vinden dat het mijn handelen niet kan goedkeuren, mag het me laten terechtstellen: ik zal kalm standhouden!'[32] In de dagen daarna daarna vloog hij, als in de tijd van de felste verkiezingsstrijd in 1932, van stad naar stad – naar Hannover, Keulen, Stuttgart, Frankfurt am Main, Weimar, Breslau, Elbing en Kiel. Tijdens de vlucht naar de Oostzeestad op 6 november raakte het ook nu weer door gezagvoerder Hans Baur bestuurde toestel uit koers en haalde ternauwernood het vliegveld in Travemünde.[33]

Op 8 en 9 november onderbrak Hitler de verkiezingstocht om in München de tiende verjaardag te vieren van de putsch van november 1923. Op de avond van 8 november sprak hij in de Bürgerbräukeller, op dezelfde plek waar hij tien jaar eerder de 'nationale revolutie' had uitgeroepen. Men had, verklaarde hij, indertijd 'niet lichtvaardig' gehandeld, maar 'in opdracht van een hoger gezag'. Het was aan de 'wijsheid van de voorzienigheid' te danken dat de onderneming was mislukt, omdat 'de tijd er nog niet rijp' voor was geweest. Toen echter was in de nationaalsocialistische beweging 'de kiem van heldhaftigheid' gelegd die haar naar de succesvolle verheffing in 1933 had geleid.[34] Deze mythische herinterpretatie van de gebeurtenissen in 1923 werd in de middag van 9 november gevolgd door een mars van de 'oud-strijders' van de Bürgerbräukeller naar de Feldherrnhalle – een ceremonie die daarna elk jaar zou worden herhaald en een vast onderdeel van de nationaalsocialistische feestkalender zou worden.

'Hitler is heel bleek,' zag Goebbels tijdens de officiële plechtigheid voor de Feldherrnhalle.[35] Wat de rijkskanselier in de weken voor de verkiezingen van zichzelf had gevergd, zou ook een man die in blakende gezondheid verkeerde hebben uitgeput. Al een dag na de feestelijkheden in München trad hij op voor de arbeiders van de Siemensfabriek in Berlijn-Siemensstadt, waarbij Goebbels net als in maart de inleidende radiorapportage voor zijn rekening nam. Hitler speelde behendig in op zijn publiek door zich, overeenkomstig zijn zelf in elkaar geknutselde biografische legende, voor te doen als een proletariër qua afkomst en overtuiging: 'Ik was in mijn jeugd arbeider zoals jullie en ik heb me door vlijt, door leren en ik kan ook wel zeggen door honger te lijden, langzaam opgewerkt.' Hij verwees naar de eerste successen in de bestrijding van de werkloosheid en benadrukte opnieuw zijn verlangen naar vrede: 'Men mag me niet aanwrijven dat ik zo krankzinnig ben dat ik oorlog wil.'[36]

Kennelijk kon Hitler in de rol van de vredelievende arbeidersleider scoren bij de Siemens-werknemers. Tenminste, zijn minister van Propaganda merkte over de reactie op: 'Luid gejuich! Alleen maar arbeiders. Een jaar geleden zouden ze ons nog hebben doodgeslagen. Chef in topvorm. Doorslaand succes. Nauwelijks uit de zaal weg te komen.'[37] Heel anders luidde het commentaar van Victor Klemperer, die de toespraak via de radio volgde: 'Een doorgaans schorre, zichzelf overschreeuwende, opgewonden stem, lange passages op de huilerige toon van de sektarische predikant [...], chaotisch, hartstochtelijk; elke zin gelogen, maar ik geloof bijna: onbewust gelogen. De man is een bekrompen fantast. En hij heeft niets geleerd.'[38] Hoe juist die indruk ook was, het feit dat Hitler autodidact was, verleidde zelfs verstandige tijdgenoten zoals de Dresdense romanist en intellectueel Klemperer ertoe de parvenu te onderschatten. Dat gold nog sterker voor Harry graaf Kessler, die zijn dagboek medio oktober 1933 toevertrouwde dat Hitler 'uiteindelijk niets dan een hysterische, half opgeleide schildersgezel' was, 'die door zijn grote bek een positie heeft veroverd die zijn intellect te boven gaat'.[39]

Op 12 november konden 45 miljoen Duitsers zich uitspreken over de vraag: 'Billijk jij, Duitse man, en jij, Duitse vrouw, deze politiek van jouw rijksregering en ben je bereid haar tot de uitdrukking van je eigen opvatting en je eigen wil te verklaren en je plechtig tot haar te bekennen?' 40,5 miljoen (95,1 procent) stemde ja, 2,1 miljoen (4,9 procent) nee; de overige stemmen (0,75 procent) waren ongeldig. Op de eenheidslijst van de NSDAP werden 39,6 miljoen (92,2 procent) en 3,4 miljoen ongeldige stemmen uitgebracht.[40] De nazileiding vierde de uitslag als een grote triomf. 'Hitler legt ontroerd zijn handen op mijn schouders,' noteerde Goebbels, die zichzelf een groot aandeel in het succes toedichtte. 'Het is bereikt. Het Duitse volk is één. Nu kunnen we de wereld tegemoet treden.'[41] De instemming was groter dan verwacht, maar het beeld van een 'verenigd volk' was ongetwijfeld propaganda. Victor Klemperer, die twee keer nee had gestemd (zijn niet-Joodse vrouw Eva leverde beide stembiljetten blanco in), noteerde later: 'Het was bijna een moedige daad, want iedereen rekende op schending van het kiesgeheim.'[42]

Er vonden inderdaad talrijke onregelmatigheden plaats bij de verkiezingen, zodat de uitslag slechts beperkt als ware afspiegeling van de heersende stemming kan worden beschouwd.[43] Anderzijds echter valt niet te ontkennen dat een overweldigende meerderheid de regering-Hitler uit vrije wil toestemming had gegeven. De Zwitserse gezant in Berlijn, Paul Dinichert, had de indruk dat de massa van het Duitse volk de vraag 'bewust met "ja" heeft beantwoord, omdat het werkelijk dacht dat het de "Duitse eer" verdedigde, de ongelijke ontwapening onverdraaglijk vond, de Volkenbond absoluut niet zag zitten, maar ook omdat [...] de overgrote meerderheid haar hoop op betere tijden nu eenmaal op Hitler had gevestigd, die ze beschouwt als haar redder in politieke, sociale en economische nood'.[44] Ook de Sopade-woordvoerder kon niet ontkennen dat onder arbeiders 'patriottische stemmen de overhand' hadden gekregen.[45] Kennelijk had Hitler ook in milieus die tot 1933 nog zeer afwijzend hadden gestaan tegenover het nationaalsocialisme – het katholieke en het sociaaldemocratische – aan prestige gewonnen.

In het kabinet nam Papen de taak op zich Hitler op bijna slaafse manier de dank van de conservatieve ministers over te brengen: men was 'nog volledig onder de indruk van de unieke, meest overweldigende steunbetuiging die een natie haar leider ooit heeft meegegeven'. In slechts negen maanden was het Hitlers 'genie' gelukt 'uit een innerlijk verscheurd volk een in hoop op en geloof in zijn toekomst verenigd rijk te creëren'.[46] Wat de vicekanselier bij deze gelegenheid waarschijnlijk verdrong, was dat hij zelf in die tijd dramatisch aan invloed had verloren en geen tegenwicht meer vormde voor de machtsaanspraken van de nazileider. Dat de ministers na Papens lofrede opstonden om de rijkskanselier te huldigen, onderstreepte meer dan woorden hoezeer Hitler zich in het kabinet had laten gelden. Ook in het buitenlandbeleid nam hij de regie meer en meer over.

Al op 26 januari 1934 volgde de volgende donderslag: het Duitse Rijk en Polen maakten bekend dat ze een niet-aanvalsverdrag hadden gesloten dat tien jaar zou gelden en beide partijen verplichtte tot vreedzaam overleg over meningsverschillen. Deze coup was niet opgezet door het ministerie van Buitenlandse Zaken, maar door Hitler zelf. Begin mei 1933 had hij tegenover de Poolse gezant Alfred Wysocki de wens geuit 'dat de beide landen hun gemeenschappelijke belangen wederzijds beheerst zullen kunnen onderzoeken en behandelen'.[47] De daaropvolgende gedachtewisseling werd in de herfst van 1933 geïntensiveerd. Eind september ontmoette Goebbels in Genève de Poolse minister van Buitenlandse Zaken Józef Beck. 'Wil los van Frankrijk en meer richting Berlijn [...]. De draad wordt langer gesponnen,' zo vatte de minister van Propaganda zijn indruk samen.[48] Medio november ontving Hitler de nieuwe Poolse ambassadeur Józef Lipski voor een lang gesprek. Daarmee werden de officiële onderhandelingen tussen Berlijn en Warschau ingeleid, die uitmondden in het sluiten van het niet-aanvalsverdrag.[49]

De spectaculaire stap baarde begrijpelijkerwijs in binnen- en buitenland veel opzien. Dit betekende immers een breuk met de bestaande lijn van het Duitse buitenlandbeleid, dat zich nooit had willen neerleggen bij de door het Verdrag van Versailles afgedwongen gebiedsoverdracht aan Polen, in het bijzonder het bestaan van de Corridor, die het rijk en Oost-Pruisen van elkaar scheidde. Om die reden had minister van Buitenlandse Zaken Neurath nog in het voorjaar van 1933 een verdrag met de oostelijke buurman uitgesloten. En juist dat had Hitler nu blijkbaar ondertekend. 'Er is een diplomatiek wonder gebeurd! Duitsland en Polen zijn het eens geworden!' schreef Erich Ebermayer in zijn dagboek.[50]

Het was geen plotseling ontdekte sympathie met het autoritaire regime van maarschalk Józef Piłsudski die de Duitse rijkskanselier dreef tot de nieuwe koers van zijn buitenlandse politiek. Enerzijds bood het verdrag bescherming tegen een mogelijke preventieve aanval door Frankrijk en Polen samen – een risico dat door de Duitse regering op dat moment zeer serieus werd genomen.[51] 'Tien jaar rust, zij het niet zonder offers,' zo omschreef Hitler in november 1933 de lijn van zijn buitenlandbeleid.[52] Anderzijds bood de overeenkomst met Polen hem een welkom middel om zijn steeds weer met de mond beleden vredelievendheid nadrukkelijk te bewijzen. Dat de buitenlandse diplomaten inderdaad onder de indruk waren, blijkt onder meer uit de reactie van de Britse ambassadeur Phipps, die sprak van een bijna 'staatsmannelijke prestatie'.[53] Overigens betekende het afzweren van geweld geen erkenning van de territoriale rechten van de Poolse staat, een soort 'Oost-Locarno' dus. Het ging Hitler vooral om rugdekking op de oostflank; herziening van de bestaande grenzen was daarmee voor een latere toekomst geenszins uitgesloten, al zei hij dat uiteraard niet openlijk. Integendeel: in zijn Rijksdagrede ter gelegenheid van de eerste verjaardag van de 'machtsgreep' op 30 januari 1934 prees hij de overeenkomst met Polen als een nieuw hoofdstuk in de geschiedenis van beide volken: 'Duitsers en Polen zullen zich wederzijds moeten neerleggen bij hun bestaan. Het is daarom doelmatiger een toestand waaraan de afgelopen duizend jaren niets konden veranderen en na ons evenmin iets zal veranderen, zodanig vorm te geven dat beide naties er zo veel mogelijk profijt van zullen hebben.'[54]

Met het Duits-Poolse niet-aanvalsverdrag had Hitler niet alleen een hoeksteen losgewrikt uit het Franse veiligheidssysteem in Oost-Europa, het 'cordon sanitaire', maar tegelijkertijd 'de grondbeginselen van de Duitse *Ostpolitik* volledig op hun kop gezet': 'In plaats van zoals tot nu toe mee te gaan in de anti-Poolse politiek van de Sovjet-Unie, is het nu zaak samen met Polen anti-Sovjetpolitiek te bedrijven.'[55] Op 5 mei 1933 werd het Verdrag van Berlijn met Rusland uit 1926 weliswaar nogmaals vernieuwd, maar Hitler maakte duidelijk dat de toenadering tot Polen gepaard zou gaan met afwending van de Sovjet-Unie, wat betekende dat de ideologische tegenstelling met de machthebbers in Moskou ook het buitenlandbeleid zou bepalen. 'De belastende momenten in de betrekkingen met Rusland zijn altijd groter in aantal geweest dan de vruchtbare,' verklaarde hij eind december 1933 in het kabinet. Hij was weliswaar tegen het verbreken van de betrekkingen, maar die zouden 'op den duur zakelijk niet te handhaven' zijn.[56] De relatie werd in de loop van de jaren 1933 en 1934 inderdaad steeds slechter. Aan de samenwerking tussen de Reichswehr en het Rode Leger ten tijde van de Republiek van Weimar kwam abrupt een einde. Het Russische buitenlandbeleid richtte zich meer op het Westen, met name op Frankrijk. In september 1934 werd de Sovjet-Unie lid van de Volkenbond, nadat ze in november 1933 ook door de Verenigde Staten diplomatiek was erkend.

Een jaar na de machtsovername bepaalde Hitler richting en tempo van de buitenlandse politiek. De diplomaten van het ministerie van Buitenlandse Zaken mochten nog zoveel bedenkingen hebben tegen de gekozen methoden, ze dienden het nieuwe regime loyaal. 'Mensen zoals wij móéten het nieuwe tijdperk steunen. Want wat zou erna komen als het zou mislukken!?' gaf bijvoorbeeld de snel carrière makende gezant Ernst von Weizsäcker als zijn overtuiging te kennen. Bij het 'idealistisch elan' van de 'nationale revolutie' moest nu de 'kennis van zaken' van de beroepsdiplomaten komen om mogelijke negatieve ontwikkelingen te voorkomen.[57] Hitler koesterde een aanzienlijke portie wantrouwen jegens de diplomatieke elite in de Wilhelmstraße, hoewel die zich toch zo bereidwillig tot zijn beschikking stelde, waarin ook het minderwaardigheidsgevoel van de parvenu jegens de ervaren en gewoonlijk wereldwijze ambtenaren tot uitdrukking kwam. Ze leken hem te weinig flexibel, door te veel bedenkingen gehinderd en gevangen in hun bureaucratische routine. Daarom steunde hij al vroeg een reeks concurrerende organisaties die op eigen houtje, en door de traditionele diplomatie te omzeilen, te werk konden gaan. Daartoe behoorden het op 1 april 1933 onder Alfred Rosenberg, hoofdideoloog en tot 1933 adviseur van Hitler voor het buitenlandbeleid, opgerichte *Außenpolitische Amt* van de NDSAP, de *Auslandsorganisation* van de NSDAP onder Ernst Wilhelm Bohle en tot slot de sinds 1934 gevormde *Dienststelle Ribbentrop*, die in zekere zin fungeerde als verlengde arm van Hitler in buitenlands-politieke aangelegenheden.[58]

Hoewel Hitler niet graag diplomatieke berichten las, zoals het intensief bestuderen van documenten überhaupt niet zijn fort was, hielp zijn verbijsterend goede geheugen hem ook op het terrein van de buitenlandse politiek in zoverre vertrouwd te raken met de materie, dat hij zich tegenover diplomaten met zijn gedetailleerde kennis staande wist te houden. Ernst von Weizsäcker kreeg tijdens zijn eerste persoonlijke ontmoeting met de nieuwe man in de rijkskanselarij een positieve indruk: 'Hitler zeer ernstig en diep in zichzelf gekeerd, torent beslist hoog boven de anderen uit. Hij heeft iets metafysisch over zich, wat hem een voorsprong geeft.'[59] Maar ook buitenlandse gezanten en politici wist Hitler te imponeren. Tegenover de Franse ambassadeur François-Poncet, die hij begin april 1933 voor het eerst ontving, betoonde hij zich 'zonder meer hoffelijk, geenszins verlegen, maar ongedwongen, zij het gereserveerd, bijna koel'. Hitler had zich 'helder en beslist' uitgedrukt en 'de schijn van volstrekte oprechtheid' gewekt.[60] En Anthony Eden, die namens de Britse regering onderhandelde over de bewapening en later minister van Buitenlandse Zaken werd, was bij zijn eerste bezoek aan Berlijn in februari 1934 verrast dat hij in Hitler een beminnelijke gesprekspartner vond, 'beheerst en vriendelijk', goed voorbereid en openstaand voor tegenwerpingen. Hij had 'niets Pruisisch' over zich en leek eerder een 'typische Oostenrijker'.[61] Ook tegenover Eden benadrukte Hitler dat de Duitse regering 'geen agressieve bedoelingen' had en veeleer bereid was 'elke Europese combinatie te erkennen die kan worden gezien als een garantie voor het bewaren van de vrede'.[62]

Aan de oprechtheid van dergelijke verzekeringen moest overigens al in 1933–1934 ernstig worden getwijfeld. In de betrekkingen met Oostenrijk volgde het nationaalsocialistische regime van meet af aan een koers die allesbehalve getuigde van de wil tot wederzijds begrip of een gematigde buitenlandse politiek. De in Oostenrijk geboren Hitler had al tijdens zijn Weense jaren gedroomd van een Groot-Duitsland en op de eerste pagina van *Mein Kampf* de terugkeer van Duits-Oostenrijk 'naar het grote moederland' geëist, want: 'Eender bloed behoort thuis in één rijk.'[63] Na 30 januari 1933 roken de Oostenrijkse nationaalsocialisten hun kans; ze drongen steeds ongeduldiger aan op 'aansluiting' en werden daarin gesteund door hun zusterpartij, de NSDAP. Maar dat streven werd doorkruist toen de regering onder de christelijk-sociale kanselier Engelbert Dollfuß in maart 1933 het parlement ontbond en begon aan het opbouwen van een autoritaire, weldra als 'austrofascistisch' betitelde standenstaat die, om zijn zelfstandigheid te bewaren, steun zocht bij het fascistische Italië in plaats van bij het nationaalsocialistische Duitsland.

Gezien de steeds subversievere activiteiten van de Oostenrijkse nationaalsocialisten verbood het regime-Dollfuß begin mei 1933 het dragen van het bruine uniform en legde de partij uiteindelijk op 19 juni een verbod op. Hitler reageerde met een uitreisverbod: elke Duitser die naar het buurland wilde, moest voortaan een bedrag van 1000 rijksmark betalen. Dat zou het Oostenrijkse vreemdelingenverkeer gevoelig raken. 'Deze maatregel,' tierde de rijkskanselier in het kabinet, 'zal naar verwachting leiden tot de val van de regering-Dollfuß en tot nieuwe verkiezingen. Die verkiezingen zullen leiden tot de interne gelijkschakeling van Oostenrijk zonder dat externe aansluiting nodig is.'[64] Hierin echter vergiste Hitler zich. De Oostenrijkse regering reageerde met het instellen van een visumplicht voor het kleine grensverkeer – een maatregel die vooral de tussen beide staten heen en weer reizende nationaalsocialisten raakte. De Landesgruppe Österreich van de NSDAP, onder leiding van de NS-Landesinspektor Theodor Habicht, kwam in het geweer en overspoelde het Alpenland met een golf van aanslagen.[65]

Nu verscheen Mussolini, die de Duitse aansluitingspolitiek met groot wantrouwen volgde, ten tonele en wierp zich op als beschermheer van het regime-Dollfuß. In een gemeenschappelijke verklaring op 17 februari 1934 verplichtten Italië, Frankrijk en Engeland zich de onafhankelijkheid en integriteit van Oostenrijk te garanderen. Een maand later ondertekenden Italië, Oostenrijk en Hongarije de 'protocollen van Rome', die voorzagen in nauwe samenwerking op met name economisch gebied. De aanval van het nationaalsocialistische Duitsland op het buurland leek afgeweerd; er ontstond een kloof tussen Berlijn en Rome, Hitlers favoriete partner.

De ontmoeting tussen Hitler en Mussolini op 14 en 15 juni 1934 in Venetië – de allereerste buitenlandse reis van het Duitse staatshoofd – vond dus al bij voorbaat onder een ongelukkig gesternte plaats. Op aanraden van Neurath had de Führer burgerkleding aangetrokken; naast de in uniform verschenen duce sloeg hij geen best figuur; hij leek, zichtbaar bevangen en onzeker, 'meer een ondergeschikte dan een partner', herinnerde fotograaf Heinrich Hoffmann zich.[66] Waarschijnlijk was hij met zijn gedachten meer bij de aanstaande binnenlandse 'bevrijdingsactie' tegen Röhm en de SA. De politieke gesprekken vonden onder vier ogen plaats omdat Mussolini, die het Duits enigszins machtig was, had afgezien van het inschakelen van een tolk. Ze kwamen niet tot een vergelijk over de kwestie-Oostenrijk en Mussolini liet zich later tegenover zijn vrouw weinig vleiend uit over de Duitser: Hitler had een 'gewelddadig karakter' en was 'niet in staat zich te beheersen'. 'Hij is eerder stijfkoppig dan intelligent en ons onderhoud heeft niet tot een positief resultaat geleid.'[67]

Slechts zes weken na de ontmoeting in Venetië spitste de situatie zich toe: op 25 juli pleegden de Oostenrijke nationaalsocialisten een staatsgreep. Manschappen van een Weense SS-Standarte drongen de bondskanselarij aan de Ballhausplatz binnen, schoten Dollfuß dood en bezetten de studio van de Oostenrijkse radio. Maar de actie was slecht voorbereid en kon snel neergeslagen worden door het Oostenrijkse leger, waarbij meer dan tweehonderd doden vielen. De zittende minister van Justitie Kurt von Schuschnigg vormde een nieuwe regering en liet de coupplegers arresteren.[68]

Hitler was op het moment van de staatsgreep op het Wagner-festival in Bayreuth, en het lijdt geen enkele twijfel dat hij niet alleen van de actie op de hoogte was maar die ook had goedgekeurd. Op zondag 22 juli, drie dagen voor het begin van de staatsgreep, had hij Landesinspektor Theodor Habicht, het hoofd van de Oostenrijkse SA, Hermann Reschny, en Franz Pfeffer von Salomon, de voorma-

Afb. 45 Eerste ontmoeting van Hitler met Mussolini in Venetië, 14 juni 1934.

lige SA-chef, die intussen een functie had hij de verbindingsstaf van de NSDAP in Berlijn, naar Bayreuth ontboden om de details van de aanstaande actie te bespreken. Eerder al had hij generaal-majoor Walter von Reichenau ontvangen, de kabinetschef op het ministerie van Defensie, waaruit men mag concluderen dat ook de legerleiding op de hoogte was. Goebbels noteerde later: 'Zondag: bij de Führer [...]. Gen. v. Reichenau, daarna Pfeffer, Habicht, Reschny. Oostenrijkse kwestie. Of het lukt? Ik ben zeer sceptisch.'[69]

Op 25 juli brak er opeens paniek uit in de omgeving van Hitler. Goebbels legde het moment vast in zijn dagboek: 'Alarm uit Oostenrijk. Bondskanselarij en radiostudio bezet. Hooglopende ruzie. Intense spanning. Verschrikkelijk wachten. Ik blijf sceptisch. Pfeffer enorm optimistisch. Habicht eveneens. Afwachten!'[70] Die avond, terwijl in het Festspielhaus *Rheingold* werd opgevoerd, bereikten Hitler de eerste berichten over het mislukken van de staatsgreep. Friedelind Wagner merkte op: 'Schaub en Brückner liepen heen en weer tussen Hitlers loge en het voorvertrek van de onze, waar een telefoon stond; de een nam het nieuws in ontvangst en de ander rende naar Hitler en fluisterde het hem in het oor.' Na de voorstelling ging Hitler met de Wagners voor het avondmaal naar het festivalrestaurant en nuttigde daar een leverknoedelsoep: 'Ik moet het hier een uur uithouden en me vertonen [...], anders zou men kunnen denken dat ik er iets mee te maken heb.'[71] Hitler en Goebbels hadden inderdaad hun handen vol aan het ontkennen en verdoezelen van elk contact met de samenzweerders. Goebbels' aantekeningen verraden hoe hectisch men daarbij te werk ging: 'Meldingen tuimelen over elkaar. Prop[aganda]-ministerie werkt goed. B[uitenlandse] Z[aken] slaapt al. Duitse gezant in Wenen teruggeroepen. Heeft een grenzeloze stommiteit begaan. Mengt zich in deze interne Oostenrijkse aangelegenheden. Grens gesloten. Wie oversteekt wordt gearresteerd. Niets anders mogelijk.'[72]

Tegen twee uur in de nacht liet Hitler de nietsvermoedende Papen in Berlijn wekken en deelde hem met 'mateloos opgewonden stem' mee dat hij als nieuwe gezant naar Wenen moest gaan. De situatie was 'buitengewoon ernstig'; volgens Papen verklaarde Hitler zelfs: 'We staan voor een tweede Sarajevo.' De vicekanselier zou zich aanvankelijk hebben verzet met de woorden dat men na de gebeurtenissen van 30 juni toch nauwelijks van hem kon verwachten opnieuw een taak in dienst van de regering op zich te nemen, waarop Hitler zijn toevlucht zou hebben genomen tot een combinatie van smeken en vleien: hij, Papen, was 'de enige man die deze uit de hand gelopen en gevaarlijke situatie weer [kon] normaliseren', en hij zou hem, Hitler, minstens het genoegen kunnen doen voor mondeling overleg naar Bayreuth te komen. Hij stelde hem daarvoor zijn vliegtuig ter beschikking.[73]

Misschien stelde Papen in zijn memoires het nachtelijke telefoongesprek wat al te dramatisch voor, maar vaststaat dat hij in de vroege ochtend van 26 juli in

Bayreuth aankwam en onmiddellijk tot buitengewoon gezant in Wenen werd benoemd. De zittende ambassadeur werd teruggeroepen, evenals Landesinspektor Habicht, die naar Bayreuth werd ontboden en de heftigste verwijten moest aanhoren. Enkele dagen later werd de landelijke leiding van de Oostenrijkse NSDAP vervangen. Papen had de indruk dat Hitler op 26 juli nog steeds in een staat van hysterie verkeerde, en daar had hij ook wel enige reden toe. Mussolini had namelijk, nadat hij op de hoogte was gesteld van de moord op Dollfuß, twee divisies naar de grens bij de Brennerpas gestuurd – een dreigend gebaar dat in de entourage van de Führer tot regelrechte paniek leidde. Goebbels zag zelfs even 'het gevaar van ingrijpen door de grote mogendheden'.[74]

Aan de nog op 26 juli gepubliceerde verklaring van de Duitse regering dat 'geen enkele Duitse instantie in verband met de gebeurtenissen' stond, hechtte men in Rome terecht geen geloof.[75] De Italiaanse pers ging zich te buiten aan felle aanvallen op het Duitse Rijk; Goebbels van zijn kant droeg de Duitse kranten op even scherp terug te schieten. Er ontbrandde een persstrijd, die maanden zou duren. Mussolini gaf uitdrukking aan de anti-Duitse stemming toen hij op 6 september op de internationale beurs in Bari uitriep: 'Dertig eeuwen geschiedenis veroorloven ons met superieur medelijden neer te kijken op bepaalde theorieën aan de andere kant van de Alpen, die worden vertegenwoordigd door een volk dat in de tijd dat Rome Caesar, Virgilius en Augustus had, het schrift niet eens kende om getuigenissen van zijn leven door te geven.'[76]

De Duits-Italiaanse betrekkingen waren tot een dieptepunt gedaald. 'Het is uit met Italië,' constateerde Goebbels op 30 juli. 'De oude trouweloosheid. De Führer is er innerlijk klaar mee [...]. Hij heeft definitief met Rome gebroken.'[77] Diezelfde dag verklaarde secretaris Bülow tijdens een gesprek met het hoofd van de generale staf, generaal Beck, dat geen mens geloofde dat Hitler niets met de gebeurtenissen van 25 juli te maken had. De putsch was 'met ongelooflijke lichtvaardigheid opgezet'. Bülow noemde de situatie van de buitenlandse politiek 'troosteloos': 'Alles staat nu op het spel, vooral de hele bewapening [...]. Alle belangrijke mogendheden zijn tegen ons. Frankrijk, dat zoals altijd met zijn dreiging op de achtergrond staat, hoeft geen hand uit te steken om een gunstige situatie voor zichzelf te creëren.'[78]

Voor Hitler betekenden de mislukte putsch en de internationale reactie daarop een enorme blamage en de eerste tegenslag in zijn streven naar een fundamentele herziening van de naoorlogse orde. De les die hij eruit trok, was dat hij, in elk geval in de kwestie van de inlijving, voorzichtiger te werk moest gaan en een gunstiger moment moest afwachten. Vooralsnog ging hij door met zijn pogingen de Europese mogendheden met vredelievende praatjes in slaap te sussen en de bewapening in het geheim te bespoedigen. 'Dus bek dicht en verder bewapenen' en: 'We mogen niet provoceren. Heel zacht en mild zijn' – met die woorden omschreef Goebbels de door tactische overwegingen ingegeven terughoudendheid van zijn baas in de tweede helft van 1934.[79] Op de conferentie van de rijksstadhouders begin november zette Hitler uiteen dat de situatie van de buitenlandse politiek in vergelijking met de zomer van 1934 weliswaar verbeterd was, maar toch 'nog steeds niet helemaal ongevaarlijk': 'De rijksregering heeft geen enkel belang bij militaire verwikkelingen. Als ons nog een vrede van tien tot twaalf jaar gegund wordt, zal de nationaalsocialistische opbouw wel volledig zijn uitgevoerd. Dan zou een oorlog tegen Duitsland ook voor de tegenstander een groot risico meebrengen.'[80] Dat de doelstellingen voor de langere termijn van zijn buitenlandbeleid veel verder gingen dan de herziening van Versailles, maakte Hitler duidelijk in een vertrouwelijk gesprek met zijn minister van Propaganda op de avond van 26 juli 1934, toen hij zich had hersteld van de opwinding van de voorbije uren en de spanning oploste in een bijna euforische toestand: 'Hitler praat over de toekomst. Hij heeft iets profetisch over zich. Duitsland als baas over de wereld. Taak van een eeuw.'[81]

Met deze opmerking wees Goebbels, kennelijk zonder zich ervan bewust te zijn, op een van de opvallendste tegenspraken van de politicus Hitler. Hoe scherp zijn realiteitsbesef ook was wat betreft de speelruimte van de buitenlandse politiek tijdens de eerste jaren van zijn regering, hij was geneigd geen acht te slaan op de basisregel van Bismarck dat politiek altijd de kunst van het mogelijke blijft. De Duitse ambassadeur in Rome, Ulrich von Hassell, stond bij zijn ontmoetingen met de Führer altijd weer versteld van 'het raadselachtige naast elkaar bestaan van heldere en realistische gedachten enerzijds en fantastische, warrige combinaties anderzijds'.[82] Als men deze conclusie overneemt, was Hitler realist en fantast tegelijkertijd, en die merkwaardige combinatie maakte het voor zowel bewonderaars als tegenstanders moeilijk te doorgronden wat hij precies in zijn schild voerde.

In januari 1935 kreeg Hitler met de volksstemming in het Saargebied een kans de schade van juli 1934 te herstellen. Bij de Vrede van Versailles was het Saargebied onder de voogdij van de Volkenbond gesteld; de bevolking zou na vijftien jaar mogen beslissen bij welk land, Duitsland of Frankrijk, ze wilde horen of dat de bestaande situatie, het mandaat van de Volkenbond, in stand moest worden gehouden. Er ontbrandde een felle strijd tussen de aanhangers en de tegenstanders van een 'terugkeer in het rijk'. De tegenstanders, voornamelijk sociaaldemocraten en communisten, verenigden zich onder het parool: 'Versla Hitler aan de Saar!'; de voorstanders van terugkeer in het rijk vormden eveneens een hecht blok, het Deutsche Front, waarbij zich naast de NSDAP ook de resten van de burgerlijke partijen in het Saargebied aansloten.[83] Ze zetten in op de aantrekkingskracht van het nationale parool – en op het feit dat het economisch herstel in Duitsland intussen duidelijk vooruitgang had geboekt, terwijl Frankrijk de gevolgen van de economische crisis nu pas begon te merken. Aan het succes van het Deutsche Front kon eigenlijk geen twijfel bestaan. Desondanks was de omvang van hun overwinning een verrassing: op 13 januari stemde 90,8 procent van de kiezers voor hereniging met het Duitse Rijk, 8,8 voor handhaving van de status-quo en slechts 0,4 voor aansluiting bij Frankrijk. Dit betekende dat ook het merendeel van de linkse kiezers zich bij het 'Heim ins Reich-kamp' moest hebben aangesloten – een bittere teleurstelling voor de Sopade.[84] Ook Klaus Mann, die veel van de verkiezingen in het Saargebied had verwacht, was ontnuchterd: 'Dit is onze grootste politieke nederlaag sinds januari '33. Het bewijst dat de leuzen van links niet trekken [...]. Alle hoop is nu voor onbepaalde tijd vervlogen.'[85]

De nazipropaganda stelde de uitslag voor als een persoonlijke overwinning van Hitler: '90,5 procent voor Hitler. Diepste ontroering,' noteerde Goebbels. 'Telefoongesprek met de Führer. Hij is uitgelaten van blijdschap [...]. We komen geleidelijk uit het dilemma. Eerste grote overwinning in de buitenlandse politiek.'[86] In het kabinet sprak Hitler zijn 'grootste erkentelijkheid voor de vaderlandsliefde van het Saarvolk' uit: 'De betekenis van deze uitslag in nog niet bij benadering te overzien.'[87] Op 1 maart, de dag dat het Saargebied officieel werd overgedragen aan het rijk, arriveerde Hitler als een bevrijder in Saarbrücken en vierde op de Rathausplatz de voltooide hereniging als een 'daad van compenserende gerechtigheid', die de relatie met Frankrijk 'definitief' zou verbeteren: 'Zoals wij de vrede willen, zo moeten we hopen dat ook het grote buurvolk van zins en bereid is die vrede met ons te zoeken. Het moet mogelijk zijn dat twee grote volken elkaar de hand reiken om in samenwerking de noden tegemoet te treden die Europa dreigen te overweldigen.'[88] Het door Goebbels geregistreerde enthousiasme onder de bevolking was kennelijk niet geënsceneerd, maar echt: 'De mensen op het plein beneden zijn in een roes. Als een razernij. Het "Heil" klinkt op als een gebed. Een provincie heroverd.'[89]

Hitler bereidde op dat moment zijn volgende zetten al voor. 'Hij broedt op iets,' constateerde Goebbels op 22 februari 1935 na een lang onderhoud met de Führer. 'Hij is nu volledig in de ban van de buitenlandse politiek. En de bewapening. De rest komt wel.'[90] Sinds zijn benoeming tot kanselier had Hitler de opgevoerde uitbreiding van landmacht, marine en luchtmacht tot de hoogste prioriteit verklaard, en na het weglopen van de ontwapeningsconferentie in Genève in het najaar van 1933 had hij de inspanningen op dit gebied opnieuw opgevoerd. In het voorjaar van 1935 had de illegale Duitse herbewapening een niveau bereikt dat nauwelijks geheim te houden was. De vraag was hoe men die openbaar kon maken en er een schijn van legitimiteit aan kon verlenen zonder de westerse mogendheden al te zeer voor het hoofd te stoten.

Op 3 februari veroordeelden de regeringen van Engeland en Frankrijk in het Communiqué van Londen de eenzijdige herbewapening van Duitsland, maar gaven tegelijkertijd de wens te kennen opnieuw over een bewapeningsakkoord te onderhandelen. Ze stelden onder andere het sluiten van een Oost-Locarnoakkoord en een internationale conventie tegen luchtaanvallen voor. De rijksregering antwoordde op 15 februari ontwijkend; in plaats van te onderhandelen met de beide westerse mogendheden, verklaarde ze zich slechts bereid tot een bilaterale gedachtenuitwisseling met de Britse regering, en ze nodigde de Britse minister van Buitenlandse Zaken Simon en de inmiddels tot *Lord Privy Seal* (minister zonder portefeuille) gepromoveerde Eden uit voor gesprekken in Berlijn op 7 maart.[91] Op 4 maart, drie dagen voor het geplande bezoek, publiceerde de Britse regering een witboek, waarin ze onder verwijzing naar de heimelijke Duitse bewapening aankondigde dat de Royal Air Force in de loop van vijf jaar met 50 procent zou worden versterkt. Deze stap leidde in Berlijn tot ongerustheid en was voor Hitler aanleiding de uitnodiging aan de Engelse politici in te trekken, met als voorwendsel dat zijn stembanden waren aangetast. In Goebbels' dagboek wordt de huichelachtige komedie als volgt verwoord: 'Londen publiceert een gemeen witboek over Duitse bewapening, die de Engelse bewapening tot gevolg heeft. Daarop wordt de Führer hees en zegt het Engelse bezoek af.'[92]

Op 10 maart gaf Göring aan correspondent George Ward Price een interview, waarin hij voor het eerst het bestaan van een Duitse *Luftwaffe* toegaf. 'De richtlijn voor ons handelen,' verkondigde hij, 'was niet het creëren van een aanvalswapen dat de andere volken bedreigt, maar het oprichten van een militaire luchtmacht die sterk genoeg is om aanvallen op Duitsland te allen tijde af te slaan.' Tegenover de Britse luchtmachtattaché, kolonel Don, schepte hij op over een aantal van vijftienhonderd gevechtsvliegtuigen; in werkelijkheid beschikte Görings Luftwaffe in het voorjaar van 1935 over slechts iets meer dan achthonderd toestellen.[93] Enkele dagen later, op 15 maart, legde de Franse regering de *Chambre des Députés* een wetsontwerp voor dat voorzag in een verlenging van de militaire dienstplicht tot twee jaar. Daarmee gaf ze Hitler het gewenste voorwendsel om datgene waartoe hij tijdens een verblijf op de Obersalzberg reeds had besloten, in daden om te zetten: de herinvoering van de algemene dienstplicht. In de namiddag van 16 maart stelde hij de ambassadeurs van Frankrijk, Groot-Brittannië, Italië en Polen van dit besluit op de hoogte. 'Zijn stem vertoonde geen spoor van heesheid,' herinnerde François-Poncet zich. 'Hij is heel zelfverzekerd en beheerst, ernstig, doordrongen van de ernst van het moment.'[94]

Aanvankelijk was men het in de regering en de Reichswehr niet eens over de toekomstige omvang van de Wehrmacht. In een memorandum van 6 maart 1935 had het hoofd van het *Truppenamt* (militaire administratie), Ludwig Beck, ingezet op een vredesleger van 23 divisies, na drie tot vier jaar te verhogen naar 36 divisies. De chef van de legerleiding daarentegen, Werner von Fritsch, pleitte voor een sneller tempo van de legeropbouw.[95] Op 13 maart ontbood Hitler zijn Wehrmacht-adjudant kolonel Friedrich Hoßbach naar München en stelde hem op de hoogte van zijn voornemen in de daaropvolgende dagen 'de herinvoering van de dienstplicht bekend te maken en tegelijkertijd het toekomstige kader van het leger wettelijk vast te leggen'. Desgevraagd noemde Hoßbach het aantal van 36 divisies 'als de door de legerleiding voor de toekomst nagestreefde, definitieve legerorganisatie'. Dat betekende een vredesleger van 550.000 manschappen, vijfenhalf keer groter dan de in het Verdrag van Versailles vastgelegde troepenmacht van de Reichswehr. Hitler nam het aantal onmiddellijk over, zonder te rade te gaan bij minister van Oorlog Blomberg of minister van Buitenlandse Zaken Neurath. Toen Blomberg op 15 maart op de hoogte werd gebracht van Hitlers beslissing, was hij ontsteld. Hij was bang dat de westerse mogendheden de eenzijdige opzegging van de militair-politieke verplichtingen van het Verdrag van Versailles, laat staan een zo gigantische versterking van het leger, niet zouden accepteren. In een kleine ministerraad op de avond van 15 maart bracht hij zijn bedenkingen 'scherp en hartstochtelijk' tot uitdrukking.[96]

Maar Hitler was niet onder de indruk. Nog diezelfde nacht stelde hij eigenhandig de proclamatie *An das deutsche Volk!* op, die op zondagavond 16 maart werd afgekondigd. Duitsland, zo werd in strijd met de waarheid gesteld, was zijn ontwapeningsverplichtingen trouw nagekomen; de overwinnaars daarentegen waren gewoon doorgegaan met bewapenen en hadden alle pogingen een internationaal bewapeningsakkoord te sluiten geboycot. 'Onder die omstandigheden zag de Duitse regering zich gedwongen alle noodzakelijke maatregelen te treffen die beëindiging van de even onwaardige als uiteindelijk dreigende situatie van de machteloosheid van een groot volk en een groot rijk konden waarborgen.' In het *Gesetz für den Aufbau der Wehrmacht* werd niet alleen de herinvoering van de algemene dienstplicht maar ook de uitbreiding van het aantal divisies tot 36 bekendgemaakt.[97]

Blomberg, die 's morgens nog vergeefs had geprobeerd Hitler ervan te weerhouden zich vast te leggen op 36 divisies,[98] had zijn verzet inmiddels opgegeven. In de ministerraad in de vroege namiddag van 16 maart gaven de ministers blijk van grote eensgezindheid. Goebbels noteerde: 'Führer zet situatie uiteen. Grote ernst. Dan leest hij de oproep en de wet voor. Diepe ontroering bij allen. Blomberg staat op en bedankt de Führer. Voor het eerst een heilwens aan hem in dit vertrek. Versailles is uitgewist door een wet. Historisch moment [...]. We zijn dus weer een grootmacht.'[99]

Hitlers weekendcoup leidde onder de bevolking niet tot ongerustheid, maar tot des te meer instemming. 'In Berlijn vecht men om de extra edities van de dagbladen,' zag François-Poncet. 'Er ontstaan groepen. De mensen roepen bravo! Eindelijk! De menigte verzamelt zich voor de rijkskanselarij en bezorgt Hitler

Afb. 46 Heldengedenkfeier in Berlijn, 17 maart 1935. Achter de krans vlnr admiraal Erich Rader, generaal Werner von Fritsch, Hermann Göring, generaal-veldmaarschalk August von Mackensen, Adolf Hitler, rijksminister van Oorlog Werner von Blomberg.

ovaties.[100] Eindelijk, zo was de algehele stemming, had een Duits politicus het gewaagd de westerse mogendheden het hoofd te bieden. In burgerlijk-nationale kringen markeerde 16 maart 1935 'de dag waarnaar we na de smaad van 1918 snakten', zoals Luise Solmitz in haar dagboek schreef: 'We zouden nooit een Versailles hebben beleefd als er altijd zo was gehandeld, als er altijd zo was geantwoord.'[101] Maar ook onder de arbeiders steeg Hitlers prestige. 'Heel München was op de been,' meldde de woordvoerder van de Sopade. 'Men kan een volk dwingen te zingen, maar men kan het niet dwingen zo enthousiast te zingen.' Hitler had 'bij het volk enorm veel terrein gewonnen' en was 'bij velen geliefd'.[102] Op 17 maart, de tot *Heldengedenktag* hernoemde vroegere *Volkstrauertag*, vierde het regime de openlijke breuk met het Verdrag van Versailles met een feest in de Berlijnse Staatsoper. Met de laatste nog levende maarschalk van het keizerlijke leger, August von Mackensen, aan zijn zijde en de generaals in zijn gevolg marcheerde Hitler over Unter den Linden naar het slot om daar de troepenparade af te nemen.[103]

De cruciale vraag was hoe de westerse mogendheden op Hitlers provocatie zouden reageren. Voor kritische waarnemers van het Duitse staatshoofd was het duidelijk: als ze nu niet vastberaden optraden tegen Hitler, zou hij denken 'dat hij zich alles kan permitteren en Europa de wet kan voorschrijven'. Men had hem sowieso 'al te veel toegestaan'.[104] In de omgeving van de dictator was men van mening dat het risico beperkt was. 'Gewaagd spel,' noteerde Goebbels, maar anderzijds was hij ook tamelijk gerust: 'Men moet voldongen feiten creëren. De anderen zullen niet de oorlog verklaren. En schelden: watten in de oren stoppen.' Al op 18 maart dacht hij dat de 'kritieke tijd' voorbij was: 'We zijn allemaal heel gelukkig. De Führer mag trots zijn. Het ergste is voorbij.'[105] De Amerikaanse correspondent in Berlijn, William L. Shirer, beoordeelde de situatie ongeveer hetzelfde: 'Hitler heeft bliksemsnel gehandeld [...] kennelijk in de veronderstelling dat nu – indien ooit – het juiste moment om te handelen en door te zetten is aangebroken, en het ziet ernaar uit dat hij ermee zal wegkomen.'[106] En inderdaad, de twee westerse mogendheden en Italië lieten het bij lauwe protesten. Wel kwamen ze op een conferentie in het Italiaanse Stresa aan het Lago Maggiore van 11 tot 14 april nogmaals bijeen om de 'eenzijdige opzegging van verdragen' door het Duitse Rijk te veroordelen en een garantieverklaring voor de Europese statusquo af te geven. Onverhuld dreigde Mussolini die dagen: 'Nu zijn alle bruggen naar Duitsland verbroken. Als het wil meewerken aan vrede in Europa, des te beter. Anders zullen we het verpletteren, want nu hebben we ons volledig aan de zijde van de westerse mogendheden geschaard.'[107] Maar het Stresa-front was, alle grote woorden ten spijt, van meet af aan broos. Concrete stappen voor het geval Hitler zijn politiek van verdragen opzeggen zou voortzetten, werden niet afgesproken; de drie mogendheden waren ver verwijderd van een gezamenlijke wil er desnoods met militair ingrijpen op te reageren. Daardoor kon Goebbels met een gerust hart in zijn dagboek schrijven: 'Communiqué Stresa. Oude liedje. Veroordeling van de Duitse inbreuk op het verdrag. Het laat ons koud, zolang ze ons maar niet aanvallen. Gewoon verder bewapenen.'[1108]

In feite was Engeland al eerder uit het gezamenlijke afweerfront gestapt. In haar protestbrief van 18 maart had de Britse regering tot mateloze verbazing van Berlijn gevraagd of het bezoek van Simon en Eden alsnog zou kunnen doorgaan. De Duitse regering ging gretig in op de hint en op 25 maart, negen dagen dus na de opzienbarende inbreuk op het Verdrag van Versailles door Duitsland, verschenen de beide Britse politici in Berlijn. Bij de gesprekken in de rijkskanselarij was Paul Schmidt voor het eerst aanwezig als tolk voor Hitler, en aan zijn memoires danken we een bijzonder informatieve weergave van het verloop van de onderhandelingen en de houding van de Duitse rijkskanselier.

Hitler ontving zijn gasten opvallend vriendelijk, en hij was merkbaar uit op het creëren van een ontspannen gesprekssfeer. Het verraste Paul Schmidt hoezeer hij in zijn rol van diplomatiek onderhandelingspartner afweek van het beeld van de 'tierende demagoog' dat hij bij zijn vele openbare optredens liet zien. Hij drukte zich helder en vlot uit, was overduidelijk zeker van zijn argumenten, was goed te verstaan en niet moeilijk in het Engels te vertalen. Hij had kennelijk precies in zijn hoofd wat hij wilde zeggen. Voor hem op tafel lag een in leer gebonden blocnote, die tijdens de onderhandelingen ongebruikt bleef. Hij had ook geen aantekeningen bij zich. Ik kon hem aandachtig observeren als hij even aarzelde om naar een nieuwe formulering te zoeken en ik dus even geen aantekeningen hoefde te maken. Hij had helderblauwe ogen, die hij strak en doordringend richtte op degene die hij op dat moment toesprak. [...] Zijn gezicht verlevendigde als hij een of ander belangrijk onderwerp aansneed. Zijn neusvleugels trilden licht van opwinding toen hij de gevaren van het bolsjewisme voor Europa schetste. Hij onderstreepte zijn woorden met korte, energieke gebaren van zijn rechterhand. Af en toe verkrampte zijn hand tot een gebalde vuist [...]. Ik ervoer hem die ochtend en tijdens alle onderhandelingen met de Engelsen als een man die bedreven en intelligent, en met inachtneming van de vormen die ik voor dergelijke politieke gesprekken gewend was, zijn standpunt naar voren bracht alsof hij jarenlang niets anders had gedaan dan dergelijke onderhandelingen voeren.

Het enige ongewone aan Hitlers houding dat Schmidt opviel, was de lengte van zijn uiteenzettingen. Hij kon ook ditmaal zijn neiging tot monologen niet onderdrukken, zodat de hele ochtendzitting er eigenlijk op neerkwam dat Hitler met steeds nieuwe aanlopen de vermeende dreiging van het bolsjewistische Rusland opriep. De vraag van Eden waarop die angst eigenlijk gebaseerd was, ontweek hij met de opmerking dat hij zijn 'politieke loopbaan was begonnen op het moment dat de bolsjewisten uithaalden voor de eerste klap tegen Duitsland'. 's Middags waren de gesprekken substantiëler. De Britten brachten het sluiten van een 'Oostpact' ter sprake, waaraan behalve Duitsland ook Polen, de Sovjet-Unie, Tsjechoslowakije, Finland, Estland, Letland en Litouwen zouden meedoen. Het noemen van Litouwen maakte bij Hitler een onvoorspelbare reactie los: 'Hij leek plotseling een ander mens te worden. Zo'n onverwachte uitval,' vertelt de tolk, 'heb ik in latere tijd nog vaker van hem meegemaakt. Bijna zonder overgang werd hij boos. Zijn stem kreeg een hese klank, de r's rolden en hij balde zijn vuist terwijl zijn ogen bliksemschichten in het rond leken te slingeren. "We zullen onder geen enkele voorwaarde deelnemen aan een pact met een staat die de Duitse minderheid in het Memelland met voeten treedt." Even onverwachts als de storm was opgestoken, ging die ook weer liggen. Van de ene seconde op de andere werd Hitler weer de kalme, volmaakte onderhandelaar die hij voor het intermezzo-Litouwen was geweest.' Het geschetste voorval is een indrukwekkend bewijs voor hoe bewust Hitler ook tijdens diplomatieke onderhandelingen zijn acteurstalent tot gelding kon brengen. Hij kon in feite met een druk op de knop van de ene rol in de andere stappen.

Hitler liet er tegenover de Engelsen geen twijfel aan bestaan dat hij aan bilaterale verdragen de voorkeur zou geven boven alle collectieve overeenkomsten. Om die reden stond hij ook terughoudend tegenover hun voorstel voor een 'Donaupact', dat de aansluiting van Oostenrijk bij Duitsland moest voorkomen. Terugkeer van Duitsland in de Volkenbond wees hij opnieuw niet principieel af, maar nu op voorwaarde dat de voormalige Duitse koloniën zouden worden teruggegeven – een eis waarop Simon en Eden moeilijk in konden gaan. Die avond gaf minister van Buitenlandse Zaken Neurath, die de onderhandelingen zwijgend had bijgewoond, in het paleis van de rijkspresident een diner ter ere van de Londense gasten, waaraan Hitler met alle ministers, vele secretarissen en partijbonzen deelnam.

De onderhandelingen op de tweede dag stonden volledig in het teken van de bewapeningskwestie. Op de verwijten van de Britten over de eenzijdige opzegging van het Verdrag van Versailles reageerde Hitler met een verwijzing naar de slag bij Waterloo in 1815: 'Heeft Wellington soms, toen Blücher hem te hulp kwam, eerst bij Buitenlandse Zaken geïnformeerd of de Pruisische getalsterkte wel in overeenstemming was met de geldende verdragen?' Het was een bedenkelijke historische analogie, maar ze schijnt Simon en Eden enigermate met stomheid te hebben geslagen. Gevraagd naar de stand van de bewapening van de Duitse luchtmacht antwoordde Hitler na enig aarzelen: 'We hebben de gelijkwaardigheid met Groot-Brittannië reeds bereikt.' Paul Schmidt beschrijft het effect van die woorden: 'Ik meende op het gezicht van de beide Engelsen beteuterde verrassing en twijfel aan de juistheid van Hitlers informatie te zien.'

Tegen het eind van de besprekingen bracht Hitler het idee van een Duits-Brits vlootverdrag ter sprake. Concreet stelde hij voor dat de Duitse bewapening ter zee beperkt zou blijven tot 35 procent van de Engelse vlootsterkte. De Britten lieten zich niet over dit voorstel uit, maar voerden ook geen bezwaren aan. Bij de tolk drong zich, gezien de onveranderlijk vriendelijk-berustende houding van de beide diplomaten, de vraag op 'of Hitler met zijn methode van de voldongen feiten niet meer had bereikt dan met de onderhandelingsmethoden van het Auswärtige Amt mogelijk was geweest'. Het bezoek werd afgesloten met een avondmaaltijd in de rijkskanselarij op 26 maart. 'Hitler was soms wat verlegen,' merkte Schmidt, 'overigens zonder onbeholpen te zijn. Terwijl hij tijdens de onderhandelingen overdag in een bruine uniformjas met het rode hakenkruis om de linkerarm was verschenen, kwam hij nu in rokkostuum, een kledingstuk dat zich op een of andere manier tegen hem leek te verzetten.'[109] Hoewel de parvenu merkbaar zelfverzekerder was geworden, gedroeg hij zich in gezelschap nog altijd enigszins onzeker.

Hitler betoonde zich tevreden met het verloop van de ontmoeting, ook al had die geen concreet resultaat opgeleverd. 'Hij is heel opgeruimd,' merkte Goebbels in de middag van 27 maart. 'Het bezoek van de Engelsen heeft hem alleen maar vastbeslotener gemaakt.'[110] Toch was de nazileiding er ook de daaropvolgende weken nog niet zo zeker van dat ze uit de gevarenzone was. Begin april vond de minister van Propaganda de rijkskanselier 'heel ernstig en nadenkend': 'De buitenlandse politiek zit hem dwars.' Op 5 april, na een lang gesprek met Hitler tijdens een wandeling in de tuin van de rijkskanselarij, noteerde Goebbels: 'Hij gelooft niet in oorlog. Als dat zou gebeuren, zou het verschrikkelijk zijn. We hebben geen grondstoffen. Doen alles om uit de crisis te komen. Daarvoor wordt druk bewapend. Er rest ons niets anders dan onze zenuwen te bedwingen. [...] De Führer zegt: als ze ons nu maar niet aanvallen. Mussolini zou iets onbezonnens kunnen doen. Daarom oppassen dat we ons niet laten provoceren.'[111] Eind april, nadat de dreiging van het Stresa-front geen gevolgen bleek te hebben, sloeg de stemming om: 'Het begint weer op te klaren,' constateerde Goebbels op 5 mei verheugd. 'De Führer zal slagen. Zijn zaad zal te zijner tijd wel rijpen.'[112]

Hitler had op dat moment al besloten een tweede grote 'vredestoespraak' op het gebied van de buitenlandse politiek te houden. Hij was er sinds medio mei druk mee bezig; hij besprak de details steeds weer met Goebbels en deze was overtuigd: 'Het zal over de hele linie een succes zijn.'[113] Op de avond van 21 mei presenteerde Hitler zich in topvorm voor de Rijksdag; zijn toespraak werd herhaaldelijk onderbroken door stormachtige bijval van de meer dan zeshonderd nationaalsocialistische afgevaardigden. 'Die man is waarachtig een geweldig spreker,' moest William Shirer toegeven, die de gebeurtenis samen met buitenlandse diplomaten en correspondenten volgde vanaf de tribune.[114] Het klonk heel oprecht toen Hitler bezwoer: 'Het nationaalsocialistische Duitsland wil vrede vanuit zijn diepste levenbeschouwelijke overtuigingen.' En ook verzekerde hij opnieuw dat hij niet het voornemen koesterde Oostenrijk 'te annexeren of te doen aansluiten', dat hij na het oplossen van de kwestie-Saarland 'Frankrijk geen territoriale eisen meer zou stellen', maar de in het Verdrag van Locarno vastgelegde verplichtingen zou nakomen zolang 'de andere verdragspartners ook hunnerzijds bereid zijn dit pact na te leven'. Bovendien verklaarde Hitler dat hij principieel bereid was deel te nemen aan een 'systeem van collectieve samenwerking om de vrijheid in Europa te garanderen', en net als met Polen niet-aanvalsverdragen met de Europese buurlanden te sluiten. Tot slot herhaalde hij het voorstel dat hij Simon en Eden al had voorgelegd, namelijk het sluiten van een bilateraal vlootverdrag, dat de Duitse marine beperkte tot 35 procent van de Britse vlootsterkte: 'De Duitse regering heeft de oprechte bedoeling alles te doen om een relatie te vinden en te handhaven met het Britse volk en de Britse staat, die een herhaling van de tot nu toe enige oorlog tussen beide naties voorgoed zal voorkomen.'[115]

Klaus Hildebrand noemde het optreden op 21 mei 1935 'een bijzonder infaam schoolvoorbeeld van leugen en bedrog'.[116] En inderdaad, bijna geen enkele toespraak van Hitler heeft het publiek in binnen- en buitenland zozeer misleid over zijn ware bedoelingen. Ze vond 'overal onder de bevolking enthousiaste weerklank', meldden de analyses eensluidend.[117] Zelfs een fel tegenstander van Hitler zoals Harry graaf Kessler, die de tekst van de toespraak las op Mallorca, was de eerste keer diep onder de indruk: 'Men mag van hem denken wat men wil, maar deze toespraak is in elk geval een prestatie van staatsmanschap; misschien de grootste en belangrijkste toespraak die een Duits staatman sinds Bismarck heeft gehouden.'[118]

Ook in Londen bleef de toespraak niet zonder gevolgen. De Britse regering verklaarde zich bereid tot gesprekken over een vlootverdrag. Op 1 juni werd Joachim von Ribbentrop door Hitler tot speciaal gezant benoemd en belast met de leiding van de onderhandelingen. Doorslaggevend daarbij was niet alleen Ribbentrops buitenlandse ervaring maar ook dat hij Hitler welhaast hondstrouw was en alles deed om bij zijn idool in het gevlij te komen. 'Hij hing met een aandachtig gezicht aan H[itlers] lippen, zei voortdurend "mijn Führer" en praatte hem op de meest onbeholpen manier naar de mond, wat de laatste niet leek te merken,' merkte de Duitse ambassadeur in Rome, Ulrich von Hassell, op.[119] Ook Goebbels, die jaloers was op iedere rivaal om de gunst van Hitler, maakte geen geheim van zijn antipathie: 'Een loze zwetser. Snap niet wat Hitler in hem ziet.'[120]

De onderhandelingen begonnen op 4 juni. Meteen aan het begin baarde Ribbentrop opzien door categorisch erkenning te eisen van het Duitse standpunt – 35 procent van de Britse vlootsterkte. 'Als de Engelse regering niet onmiddellijk akkoord gaat met deze voorwaarde,' verklaarde hij, 'heeft voortzetting van deze onderhandelingen geen enkele zin.' De zichtbaar boze Britse minister van Buitenlandse Zaken moest de Duitser erop wijzen dat een dergelijk ultimatum in strijd was met alle diplomatieke usances en verliet de vergadering 'met een ijzige groet'. Toch braken de Britten de onderhandelingen niet af en gingen ze akkoord met enkele dagen bedenktijd over Ribbentrops eis als basis voor verdere besprekingen, die nu niet meer in het *Foreign Office* plaatsvonden maar in de historische *Board Room*, de vergaderzaal van de Britse admiraliteit.[121] Op 18 juni werd het vlootverdrag ondertekend; Hitler, door Ribbentrop telefonisch ingelicht, noemde die dag 'de gelukkigste van mijn leven'.[122] De speciale gezant had in zijn ogen zijn diplomatieke meesterproef volbracht, die hem kwalificeerde voor een hogere functie in de Auswärtige Dienst. De Duitse dictator dacht dat hij met het vlootverdrag een heel eind op weg was naar het al in de jaren twintig geformuleerde doel van zijn buitenlandse politiek: een verbond met Engeland op basis van een geopolitieke afspraak. Het Duitse Rijk zou de vrije hand krijgen voor zijn streven naar hegemonie op het continent en zou op zijn beurt Engelands dominante positie ter zee erkennen. 'Geweldig succes van de politiek van de Führer,' luidde Goebbels' commentaar op het ondertekenen van het vlootverdrag. 'Inleiding tot een goede verstandhouding met Engeland – aan het eind moet een verbond staan. Over vijf jaar is het zover.'[123]

Maar de Britse regering peinsde niet over een verbond met Hitler-Duitsland. Ze was vooral geïnteresseerd in het voorkomen van een economisch rampzalige bewapeningswedloop ter zee zoals in de tijd van het Duitse keizerrijk vóór 1914. Ze beschouwde het vlootverdrag niet als eerste stap naar een bilateraal verbond, maar als een voorstadium van het verdragsmatig inkapselen van het Derde Rijk in een collectief Europees veiligheidssysteem. De prijs die ze daarvoor bereid was te betalen, was overigens hoog: de toch al broze solidariteit van het Stresafront was verbroken. Hitler was erin geslaagd het isolement op het gebied van de buitenlandse politiek te doorbreken en hij was vast van plan de nieuwe onderhandelingsruimte te benutten. Op 18 augustus gaf hij in de kring van zijn vertrouwelingen een overzicht van zijn plannen voor het buitenlandbeleid: 'Eeuwig verbond met Engeland. Goede verstandhouding met Polen. Koloniën in beperkte omvang. Daarentegen uitbreiding naar het Oosten. Balticum voor ons. Oostzee beheersen. Conflicten Italië-Abessinië-Engeland, daarna Japan-Rusland voor de deur. Dat wil zeggen, misschien over enkele jaren. Dan breekt ons grootse historische moment aan. Dan moeten we paraat zijn. Grandioos vooruitzicht.'[124]

De aanleiding tot deze *tour d'horizon* was de ophanden zijnde oorlog tussen Italië en Abessinië, die de Duitse regering onverhoopte nieuwe kansen bood. Mussolini wierp al heel lang begerige blikken op het Noordoost-Afrikaanse keizerrijk, dat in 1927 lid was geworden van de Volkenbond en geregeerd werd door keizer Haile Selassie I. Met de verovering van het land zou enerzijds wraak worden genomen voor de nederlaag die Italië in 1896 in de slag bij Adwa tegen de Ethiopiërs had geleden, anderzijds was ze een onderdeel van een vérstrekkend imperialistisch project, dat van Italië naast Engeland en Frankrijk een van de leidende koloniale mogendheden moest maken en in zekere zin tot een nieuwe versie van het Romeinse Rijk moest leiden. In januari 1935 confronteerde de duce de Franse minister van Buitenlandse Zaken Pierre Laval met de eis de vrije hand te krijgen in Abessinië en kreeg feitelijk het groene licht voor een militaire operatie. Londen daarentegen waarschuwde Mussolini verscheidene keren dat een oorlog tegen een lid van de Volkenbond niet zonder ernstige gevolgen zou blijven, maar deed overigens ook niets om het vervoer van Italiaanse troepen over de Middellandse Zee te verhinderen.[125] Op 3 oktober begon de aanval op Abessinië, zonder voorafgaande oorlogsverklaring. De onderneming groeide snel uit tot een van de wreedste koloniale oorlogen in de recente geschiedenis. De Italiaanse luchtmacht voerde grootscheepse bombardementen uit op de burgerbevolking, waarbij ze massaal brisant-, brand- en gasbommen inzette.[126] Op 7 oktober veroordeelde de Volkenbond de Italiaanse aanvallen, maar verbond daar alleen economische en geen militaire sancties aan.

Hitler besefte onmiddellijk welk profijt hij kon trekken van Mussolini's oorlog in Afrika – om een wig te drijven tussen Italië en de westerse mogendheden en het Stresa-front aldus definitief te laten instorten. Officieel verklaarde hij Duitsland neutraal in het conflict, maar in het geheim speelde hij een geraffineerd dubbelspel: enerzijds ging hij in de zomer van 1935 in op het verzoek van Haile Selassie hem met wapenleveranties te steunen[127], anderzijds hielp hij Mussolini de economische sancties van de Volkenbond te ontduiken door voor de oorlog belangrijke grondstoffen en goederen naar Italië te laten exporteren. Het was zijn bedoeling 'de oorlog in Abessinië zich te laten invreten'[128] om Mussolini zo in een hoek te manoeuvreren die hem zou dwingen van kamp te veranderen. 'Europa is weer in beweging. Als we slim zijn, zullen wij de winnaars zijn,' noteerde Goebbels medio oktober.[129]

Al in mei had Mussolini Berlijn een duidelijk signaal gegeven: 'De houding van de Europese mogendheden in de kwestie-Abessinië zal beslissend zijn voor de vriendschap of vijandschap van Italië.'[130] In Berlijn registreerde men de tekenen van toenadering nauwlettend. 'Mussolini lijkt in Abessinië verstrikt te raken. Hij heeft Hassell vriendelijk ontvangen. Zoekt weer onze vriendschap,' constateerde

Goebbels.¹³¹ In juli 1935 werd de Italiaanse ambassadeur Vittorio Cerrutti, die zich kritisch opstelde jegens Hitler, teruggeroepen uit Berlijn en vervangen door de Duitsgezinde Bernardo Attolico.¹³² Hoe langer de oorlog duurde, hoe meer Mussolini zich van de westerse mogendheden distantieerde en hoe heftiger hij zijn sympathie voor Hitler uitsprak: 'Ik ben altijd zijn vriend geweest, al voordat hij aan de macht kwam.'¹³³ Omgekeerd koos men nu ook in Berlijn steeds openlijker de kant van het fascistische Italië. 'Onderhoud Abessinië/Italië. Sympathie gaat steeds meer uit naar Mussolini,' aldus gaf Goebbels de inhoud weer van een gesprek tijdens het middagmaal in de rijkskanselarij op 5 december 1935.¹³⁴

In januari 1936 maakte Mussolini beslissende avances: tijdens een gesprek met ambassadeur Hassell stelde hij voor de 'Duits-Italiaanse betrekkingen fundamenteel te verbeteren en [het] oude geschilpunt, namelijk het probleem-Oostenrijk, uit de weg te ruimen'. Oostenrijk moest weliswaar formeel onafhankelijk blijven, maar de Italiaanse regering had er geen bezwaar tegen als het 'in de praktijk een satelliet van Duitsland' zou worden. Tegelijkertijd verklaarde Mussolini dat hij de overeenkomst van Stresa 'als voorgoed dood' beschouwde, wat betekende dat Italië zich bij toekomstige Duitse verdragsschendingen niet meer verplicht zou voelen tot solidariteit met Frankrijk en Engeland en ook niet zou meedoen aan sancties tegen het Duitse Rijk.¹³⁵ Deze verklaringen waren een regelrechte aanmoediging voor Duitsland om zijn volgende verrassingscoup op het gebied van de buitenlandse politiek voor te bereiden: het bezetten van het gebied ten westen van de Rijn, waarvan de status als gedemilitariseerde zone was vastgelegd in het Verdrag van Versailles en eens te meer was bekrachtigd door het Verdrag van Locarno.

De dictator liep al langere tijd rond met het idee van een overrompelingsactie. Hij zou klaar zijn, liet hij zijn entourage tijdens het middagmaal in de rijkskanselarij op 20 januari 1936 weten, om de 'kwestie-Rijnland [...] in één klap op te lossen', maar 'niet nu, om de anderen niet de kans te geven zich van het conflict om Abessinië los te maken'.¹³⁶ Maar een maand later had Hitler de beslissing al genomen. Tegen ambassadeur Hassell, die hij op 14 februari ontving in zijn privéwoning in München, zei hij dat hij ervan overtuigd was dat 'het psychologische moment' voor de militaire bezetting van het Rijnland 'nu aangebroken' was. Hij had het oorspronkelijk gepland voor het voorjaar van 1937, maar de gunstige internationale situatie dwong hem tot handelen. De Sovjet-Unie was op dat moment 'slechts gericht op rust in het Westen, Engeland was er militair gezien slecht aan toe en werd sterk in beslag genomen door andere problemen. Frankrijk was binnenslands verdeeld'. Hij dacht niet, verzekerde hij, 'dat men een dergelijke Duitse stap zou beantwoorden met militair optreden – misschien wel met economische sancties, maar die waren inmiddels bij de als zondebokken fungerende bondgenoten van de grote mogendheden heel impopulair geworden'.[137] Hassell kreeg de indruk dat Hitler 'al voor meer dan 50 procent besloten had'. De ambassadeur zelf had daarentegen, zoals hij zijn dagboek toevertrouwde, 'grote twijfel of het resultaat, namelijk het versnellen van iets wat waarschijnlijk over één à twee jaar hoe dan ook zou gebeuren, het risico waard' was.[138]

Hij deelde zijn twijfel met zijn baas Neurath, maar ook met hoge militairen. De legerleiding had de bezetting van de gedemilitariseerde zone weliswaar lang geleden al noodzakelijk genoemd, maar durfde, zoals Fritsch de rijkskanselier op 12 februari te verstaan gaf, 'het risico van een oorlog met deze aanleiding niet aan'.[139] Hitler intussen benadrukte in een volgend gesprek met Hassell, Neurath en Ribbentrop in de namiddag van 19 februari in de rijkskanselarij dat men met 'passiviteit op den duur geen politiek' kon bedrijven en dat de aanval 'ook in dit geval de beste strategie' was – een opvatting waarin Ribbentrop hem gedienstig bijviel, terwijl Neurath en Hassell hun bedenkingen blijkbaar schoorvoetend te kennen gaven. Bij deze gelegenheid maakte Hitler duidelijk waarom hij haast geboden vond: op 11 februari had de Franse regering het al voor de jaarwisseling met de Sovjet-Unie uitonderhandelde bijstandsakkoord aan het parlement voorgelegd. Dit verdrag, dat ook in Frankrijk sterk omstreden was, bood Hitler een ideaal voorwendsel voor de geplande actie. Hij vond, zo vatte Hassell het samen, dat 'men nu het Russenpact als aanleiding moest nemen'. Om de tegenstander de mogelijkheid te ontnemen 'ons optreden als een aanval uit te leggen', wilde hij de bezetting van het Rijnland combineren met een vergaand aanbod: het instellen van een gedemilitariseerde zone aan weerszijden van de grens, het waarborgen van de territoriale onschendbaarheid van Nederland en België, aangevuld met een luchtakkoord met de drie grote mogendheden en een Duits-Frans niet-aanvalsverdrag.[140]

Maar niet alleen buitenlands- maar ook binnenlands-politieke overwegingen pleitten volgens Hitler voor de geplande actie. Volgens de analyses van de veiligheidsdienst was de sfeer sinds het najaar van 1935 weer duidelijk omgeslagen. De bevolking morde over de blijvende aanvallen door de nationaalsocialisten op de kerken, maar vooral over de eenzijdige aandacht voor de bewapeningseconomie ten koste van particuliere consumptie. De invoer van levensmiddelen werd beperkt ten gunste van de import van grondstoffen, met als gevolg knelpunten in de bevoorrading. Hitler had een spectaculair buitenlands succes nodig om de aandacht af te leiden van de binnenlandse problemen. Hij 'voelt', vermoedde Neurath tijdens een gesprek met Hassell, 'het afkalven van de steun voor het regime en is op zoek naar een nationaal idee dat de massa opnieuw enthousiast kan maken, om de gebruikelijke verkiezingen gecombineerd met een volksstemming of een van beide te houden en aansluitend een grote binnenlandse lening te sluiten'.[141]

Maar zoals altijd als hij voor een moeilijke beslissing stond, aarzelde Hitler. 'Hij denkt na,' noteerde Goebbels op 21 februari. 'Moet hij het Rijnland opnieuw militariseren? Moeilijke vraag [...]. De Führer staat weer op een tweesprong. Hij denkt en piekert en dan opeens treedt hij op.'¹⁴² Ook op 28 februari, een dag nadat de Franse *Assemblée* had ingestemd met het bijstandspact met Rusland, was Hitler 'nog besluiteloos'. Tijdens een treinreis naar München in de nacht van 28 op 29 februari adviseerde Goebbels hem te wachten tot ook de Franse Senaat had ingestemd met het pact en het definitief geratificeerd zou zijn. 'Maar dan de kans aangrijpen [...]. Een moeilijke en doorslaggevende beslissing wacht ons.'¹⁴³

Op 1 maart nam Hitler een besluit. 's Middags bezocht hij Goebbels in diens hotel in München en zette de redenen voor zijn beslissing nogmaals uitvoerig uiteen. 'Hij is nu vastbesloten. Zijn gezicht straalt kalmte en vastberadenheid uit,' noteerde de minister van Propaganda later. 'Het is weer een kritiek moment, maar nu moet er gehandeld worden. De wereld behoort toe aan de moedigen! Wie niet waagt, die niet wint.'¹⁴⁴

Daags daarna deelde Hitler de legerleiding zijn beslissing mee. Net als in mei 1935 moest de coup ook ditmaal in een weekend plaatsvinden. Op zaterdag 7 maart moest de Rijksdag bijeen worden geroepen voor een zitting waarin hij de remilitarisering van het Rijnland bekend zou maken. Aansluitend moest de Rijksdag worden ontbonden en moesten er nieuwe verkiezingen worden uitgeschreven voor 29 maart. De voorbereidingen waren onder strikte geheimhouding getroffen om het verrassingselement te waarborgen. Om geen verdenking te wekken werden de afgevaardigden op vrijdagavond voor een *Bierabend* naar Berlijn geroepen. Het troepentransport zou door marsen van de SA en het Deutsche Arbeitsfront worden gecamoufleerd. 'Alles moet bliksemsnel gaan,' zo gaf Goebbels de mening van de aanwezigen weer.¹⁴⁵

Terwijl Hitler op 4 maart begon met het dicteren van zijn toespraak in de Rijksdag, gingen er tot verdriet van de minister van Propaganda waarschuwende stemmen op in de Wilhelmstraße: 'Van alle kanten komen nu de bangeriken verkleed als waarschuwers [...]. Vooral in het A[uswärtige] A[mt] wemelt het ervan. Ze zijn niet in staat tot welke moedige beslissing ook.'¹⁴⁶ Hitlers besluit, eenmaal genomen, was hoe dan ook door geen enkele tegenwerping te beïnvloeden. Op de avond van 6 maart informeerde hij voor het eerst het kabinet: het Frans-Russische bijstandspact, zette hij uiteen, was 'een overduidelijke inbreuk op het Verdrag van Locarno'. 'Daarom had hij besloten de gedemilitariseerde zone langs de Rijn weer met Duitse troepen te bezetten. Alle voorbereidingen daartoe waren al getroffen; een deel van de Duitse troepen rukte al op.'¹⁴⁷ Over de reactie van de ministers noteerde Goebbels: 'Iedereen is aanvankelijk mateloos verbluft. Maar er is nu geen weg terug meer.'¹⁴⁸ In de voormiddag van

7 maart rukten Duitse troepen, toegejuicht door de bevolking, het gedemilitariseerde Rijnland binnen. Om tien uur overhandigde Neurath de diplomatieke vertegenwoordigers van Frankrijk, Engeland, Italië en België een memorandum waarin enerzijds het Russisch-Franse bijstandspact werd aangevoerd als reden voor het opzeggen van het Verdrag van Locarno, en anderzijds onderhandelingen werden aangeboden over het creëren van een gedemilitariseerde zone aan weerszijden van de westgrens, over een niet-aanvalsverdrag met Frankrijk en België voor de duur van 25 jaar en over een luchtmachtakkoord. Tegelijkertijd maakte de Duitse regering haar bereidheid bekend terug te keren in de Volkenbond. François-Poncet heeft in zijn memoires de methode-Hitler raak geschetst: 'Hij slaat zijn tegenstander in het gezicht en zegt op hetzelfde moment tegen hem: "Ik stel u vrede voor!"'[149]

Er heerste een koortsachtige spanning in de zaal toen Hitler om twaalf uur in de Berlijnse Kroll-opera plaatsnam achter de microfoon. 'Minister van Oorlog generaal Blomberg zat met het kabinet links op de tribune; hij was lijkbleek en trommelde met zijn vingers nerveus op de armleuning van zijn stoel,' merkte William Shirer op.[150] Het enige agendapunt was het 'aanhoren van een verklaring van de rijksregering'. Om te beginnen ging Hitler zich te buiten aan wijdlopige tirades over het onrecht van het Verdrag van Versailles en de Duitsland smadelijk in het vooruitzicht gestelde gelijkberechtiging, om pas tegen het eind tot de kern te komen: dat Frankrijk met het bijstandspact inbreuk zou hebben gemaakt op de geest van het Verdrag van Locarno en dat Duitsland zich daarom niet meer aan dat verdrag gebonden voelde. Hij las het memorandum voor dat Neurath de ambassadeurs van de ondertekenaars zojuist had overhandigd en verklaarde onder daverende bijval van het parlement: 'In het belang van het grondrecht van een volk op waarborging van zijn grenzen en zijn verdedigingsmogelijkheden, heeft de Duitse rijksregering op deze dag de volledige en onbeperkte soevereiniteit in de gedemilitariseerde zone van het Rijnland hersteld.'[151]

De Duitsers waren met slechts twintigduizend manschappen het Rijnland binnengerukt. Slechts drieduizend daarvan zouden verder doordringen in het gebied ten westen van de Rijn. Ze hadden streng bevel zich terug te trekken wanneer het tot een treffen met Franse troepen zou komen. Maar precies daarvoor deinsde de Franse generale staf terug. Men dacht niet opgewassen te zijn tegen militaire schermutselingen met de Wehrmacht. Toch zou één enkele Franse divisie hebben volstaan om Hitlers waagstuk te beëindigen. De Führer was zich volledig bewust van het risico en wachtte dan ook nerveus op de eerste reacties. Volgens een geloofwaardige getuige heeft hij later 'de 48 uur na de inval in het Rijland' als 'de meest enerverende uren' van zijn leven genoemd: 'Als de Fransen indertijd het Rijnland waren binnengevallen, hadden we ons weer smadelijk moeten terugtrekken, want de militaire kracht waarover we beschikten, zou zelfs niet toereikend zijn geweest voor zwakke tegenstand.'[152]

In zijn ballingsoord Küsnacht bij Zürich zond Thomas Mann op dat moment 'schietgebedjes' naar de hemel, 'opdat men dat monster eindelijk een lesje leert en opdat de kolossale onbeschaamdheid in de buitenlandse politiek van zijn Duitse gelovigen eindelijk moge verdampen'.[153] Maar Hitlers tactiek om voldongen feiten te creëren en zich tegelijkertijd bereid te verklaren tot een vergelijk, had ook ditmaal weer effect. Al op de avond van 7 maart werd duidelijk dat de westerse mogendheden het ook ditmaal bij protesten zouden laten. 'Frankrijk wil de raad van de Volkenbond raadplegen. Mooi zo! Het zal dus niets doen. Dat is het belangrijkste. Al het andere is ons worst [...]. We zwemmen allemaal in geluk. Wat een dag! [...] De Führer straalt [...]. We hebben de soevereiniteit over ons eigen land terug,' jubelde Goebbels.[154] Daags daarna vierde het regime net als het jaar tevoren de *Heldengedenktag*, en het viel William Shirer op dat 'de gezichten van Hitler, Göring, Blomberg en Fritsch [...] één grote glimlach waren' toen ze plaatsnamen in de koninklijke loge van de Staatsopera.[155]

Op 19 maart veroordeelde de in Londen bijeengekomen raad van de Volkenbond de Duitse inbreuk op het verdrag, maar de uitspraak had geen enkel gevolg, te meer niet doordat Eden in zijn toespraak tot de raad constateerde dat de rechtsschennis 'geen bedreiging voor de vrede' vormde en geen 'tegenmaatregelen' vereiste, aangezien de veiligheid van Frankrijk niet in het geding was.[156] Goebbels' laconieke commentaar luidde: 'In Londen worden we zogezegd unaniem veroordeeld. Dat was te verwachten. Beslissend is wat er daarna komt.'[157] En er gebeurde daarna niet veel, afgezien van wat diplomatieke schermutselingen, die echter niets veranderden aan het *fait accompli*. Hitler had de westerse mogendheden opnieuw misleid en was er ongestraft mee weggekomen. Dat Frankrijk en Engeland de eclatante inbreuk op het verdrag niet vergolden, ondermijnde het vertrouwen in hun bereidheid in het ergste geval ook de kleine buurstaten van Duitsland te beschermen tegen de Duitse agressie en betekende tegelijkertijd ernstig gezichtsverlies voor de Volkenbond.

Onder de Duitse bevolking had de inval in het Rijnland aanvankelijk tot angst voor een escalerende oorlog geleid, maar toen duidelijk werd dat het Westen het ook ditmaal zou laten bij verbale protesten, heerste er euforie in heel het land, waarbij de bewondering voor Hitlers lef gepaard ging met opluchting over de goede afloop van de onderneming. 'Hitler lukt gewoon alles, zegt men, en menige nog niet begraven hoop op omverwerping van het regime van buitenaf is opnieuw diep beschaamd,' stelde de woordvoerder van Sopade ontnuchterd vast.[158] Overal waar de Führer tijdens de 'verkiezings'-campagne in de tweede helft van maart optrad, werd hij door de menigte toegejuicht, het luidst bij de bekendmaking van de uitslag in Keulen op 28 maart. De officiële uitslag van de 'verkiezingen' kwam uit op 98,8 procent voor de 'lijst van de Führer'. Zelfs rekening houdend met het feit dat er ook bij deze verkiezingen mogelijk onregelmatigheden hadden plaatsgevonden, was de overweldigende instemming met Hitler niet te ontkennen. 'Triomf na triomf,' jubelde Goebbels. 'Dit hadden we zelfs in onze stoutste dromen niet durven hopen. We zijn allemaal als het ware bedwelmd. De Führer is heel stil en zwijgzaam. Hij legt alleen een hand op mijn schouder. Zijn ogen zijn vochtig.'[159]

Hitler had gepokerd en opnieuw gewonnen. De diplomaten en militairen die voor het risico hadden gewaarschuwd, waren als bange twijfelaars voor schut gezet. In de omgeving van de dictator nam men in die tijd een verandering in optreden en gedrag waar. Meer dan ooit, herinnerde Otto Dietrich zich, neigde hij ertoe zichzelf voor onfeilbaar te houden en begon hij bedenkingen en twijfels te ervaren als aanvallen op 'de soevereiniteit van zijn wil'.[160] Ook Martha Dodd, de dochter van de Amerikaanse ambassadeur in Berlijn, viel de verandering op: 'het bescheiden optreden, de schuwe terughoudendheid bij sociale aangelegenheden' had plaatsgemaakt voor de houding van een 'aanmatigende, arrogante man met buitensporig opgezette borst', die 'in het rond paradeert alsof hij de aarde onder zijn voeten en de mensen om hem heen heeft geschapen'.[161] Hitlers steeds sterkere zelfoverschatting ging gepaard met groeiend ongeduld over de verwezenlijking van zijn buitenlandse plannen. Ging hij in 1933-1934 nog uit van minstens tien jaar vrede, waarin de Wehrmacht zo goed bewapend zou worden dat ze tegen een militaire confrontatie opgewassen zou zijn, nu rekende hij op een kortere tijd.[162] Zijn hang naar riskante waagstukken was nog versterkt door de geslaagde Rijnlandcoup en hij dacht zelfs dat hij een verbond had met de 'voorzienigheid'. 'Dreigementen noch waarschuwingen,' verkondigde hij op 14 maart 1936 in München, 'zullen mij afbrengen van mijn weg. Ik bewandel met de zekerheid van een slaapwandelaar de weg die de voorzienigheid mij wijst.'[163] Hitlers populariteit was inmiddels zo groot, dat de meeste Duitsers niet eens meer opkeken van zijn overmoed.

16
Führercultus en volksgemeenschap

'Dat is het wonder van onze tijd, dat jullie mij gevonden hebben [...] onder zovele miljoenen! En dat ik jullie gevonden heb, dat is het geluk van Duitsland!' Met deze woorden op het Neurenbergse partijcongres van 13 september 1936 riep Hitler op tot de mystieke eenheid van Führer en 'gevolg'. Ook twee dagen eerder had hij in een toespraak tot de politieke leiders van de NSDAP een pseudoreligieuze toon aangeslagen: 'Jullie hebben de stem van een man gehoord en die trof jullie hart, ze heeft jullie gewekt, en jullie hebben deze stem gevolgd [...]. Als wij elkaar hier ontmoeten, worden we allen vervuld door het wonderbaarlijke van dit samenkomen. Niet ieder van jullie ziet mij, en ik zie niet ieder van jullie. Ik voel jullie echter en jullie voelen mij.'[1]

Met deze messianistische retoriek beantwoordde Hitler aan de behoeftes van zijn aanhangers, die naar hem, de vermeende heiland, opkeken met een ongekende wil om in hem te geloven. Er is echter ook veel voor te zeggen dat de dictator voor zichzelf de rol van nationale 'verlosser' zag en blindelings geloofde wat hij zijn aanhangers probeerde te suggereren. Daarbij vervaagde in zijn bewustzijn steeds meer dat hij zijn opkomst niet te danken had aan een 'wonder' maar aan een unieke samenloop van crisisfactoren; uiteindelijk, toen zijn machtsgreep al bijna mislukt leek, had hij slechts dankzij een duister achterkamertjescomplot in de rijkskanselarij kunnen intrekken.

Niet alleen onder Hitlers aanhangers maar ook onder de mensen die het regime vervolgden, had de gelijkstelling van 'Führer' met 'volk' haar uitwerking. Hij liet nu alle hoop op een verandering in de verhoudingen varen, noteerde Victor Klemperer in maart 1937. Hitler was 'toch wel de uitverkorene van zijn volk'. 'Ik geloof allengs inderdaad dat zijn regime nog tientallen jaren kan standhouden.'[2] Anderzijds waarschuwden stemmen in oppositiekringen dat men zich niet moest laten verblinden door de poppenkast van het regime: de 'onmogelijkheid van vrije meningsuiting' en de angst voor verklikkers zorgden ervoor 'dat de doorsneewaarnemer de aanhang van de regering groter en vooral eensgezinder ziet dan hij is'.[3] Hoe groot was de bijval voor Hitler werkelijk? Hoe ver reikte de consensus tussen regime en bevolking? Kan men voor de eerste jaren van het Derde Rijk werkelijk spreken van een van de zeldzame historische ogenblikken 'waarin er tussen de macht van de leider en de opinie van het volk overeenstemming was', zoals Hans-Ulrich Wehler meende?[4]

Al in de fase van zijn komeetachtige opkomst teerde Hitler op zijn imago als charismatische Führer dat zijn gelovige discipelen – vooral Rudolf Heß en Joseph Goebbels – aan hem toeschreven. Hij beloofde de crisis op te lossen die hem nota bene aan de macht had gebracht, de binnenlandse orde te herstellen na jaren van latente burgeroorlog, een 'volksgemeenschap' voorbij partijstrijd en klassentegenstellingen te vestigen en Duitsland naar nieuwe nationale grandeur te leiden. Zo werd hij degene die hoop gaf aan miljoenen mensen die teleurgesteld waren in de Republiek van Weimar en verbitterd waren over het 'dictaat' van Versailles. Hitler wist goed dat hij de in hem gestelde verwachtingen niet mocht beschamen, als hij zijn aureool als redder niet wilde verspelen. Dus deed hij er alles aan de perceptie te versterken dat het nieuwe kabinet, anders dan zijn voorgangers, vastbesloten de nijpende problemen aanpakte, vooral de massale werkloosheid. Onder de leus 'nationale verheffing' werd er een optimistisch gevoel van verandering opgewekt en een maatschappelijke dynamiek in beweging gebracht die de indruk wekte dat 'het onder deze regering weer beter zal gaan met Duitsland'.[5]

De eerste voortekenen van een economisch herstel in de lente van 1933 leken deze observatie te bevestigen. Ze werden op het conto geschreven van Hitlers onvermoeibare energie bij de Arbeitsschlacht ('slag om de arbeid'). Dat hij tegelijkertijd de linkse krachten bruut onderdrukte, bracht hem extra erkenning in burgerlijke kringen. 'Het hele denken en voelen van de meeste Duitsers wordt door Hitler beheerst, zijn roem reikt tot de sterren, hij is de heiland van een kwade, treurige Duitse wereld,' merkte Luise Solmitz op, een paar dagen voor de Rijksdagverkiezingen van 5 maart. Een bekende van haar, die zich tot dan toe afwijzend had opgesteld tegenover het nationaalsocialisme, antwoordde haar toen ze vroeg op welke partij hij ging stemmen: 'Hitler natuurlijk! [...] Je moet nu toch zijn zaak steunen met alle middelen!'[6] De nog net legale verkiezingen waren voor Hitler een opmerkelijk succes, zij het dat ze niet voor de beoogde absolute meerderheid gezorgd hadden, en daarna steeg zijn prestige duidelijk. Elisabeth Gebensleben uit Braunschweig sprak van een 'geweldig nationaal enthousiasme in Duitsland' in een brief aan haar dochter: 'Er is amper een keizer gehuldigd zoals Hitler wordt bemind, vereerd en bewonderd.' Na de bekendmaking op 1 mei 1933, die voor het eerst werd gevierd als nationale feestdag, vroeg ze zich af hoe Hitler het had klaargespeeld 'een dergelijk volk aan elkaar te lassen, dat verscheurd was en in de put zat'. Een paar dagen later jubelde ze: 'Welk volk kan bogen op een man die ook maar een beetje op hem lijkt!'[7] In november 1933 stelde de Zwitserse gezant in Berlijn, Paul Dinichert, vast: 'Het bij wijze van spreken onbeperkte vertrouwen in de Führer heeft zich de afgelopen maanden ongetwijfeld uitgebreid naar andere volkskringen. Overal, in alle lagen van de bevolking, vind je mensen die hem helemaal zijn toegewijd en in intense verering naar hem opkijken.'[8]

De Hitler-cultus groeide al in het eerste jaar van zijn bewind tot een ongekende omvang. Veel steden en gemeentes boden hem het ereburgerschap aan.[9] Straten en pleinen werden omgedoopt met zijn naam – in Hamburg heette de Rathausmarkt bijvoorbeeld sinds april 1933 Adolf-Hitler-Platz. De bedoeling daarvan was het om de openbare ruimte symbolisch te bezetten en de vertegenwoordigers van de Duitse democratische traditie uit het geheugen te wissen.[10] Er kwamen dagelijks zakken met fanmail aan op de rijkskanselarij, zodat het door Albert Bormann (een broer van Martin Bormann) geleide privésecretariaat nog eens vier medewerkers moest aannemen. In talloze gedichten brachten eenvoudige mensen hun verering van Hitler tot uitdrukking. 'Führer, jij! In Gods handen/Werktuig om ons lot te veranderen:/Dapper vooraan/Achter jou het front gesloten/één, als uit ijzererts gegoten/man voor man!' Zo luidde het ongeveer in een gedicht van een man uit Schöneich in Württemberg in maart 1933. Hij dankte de 'hooggeachte heer rijkskanselier' meteen voor het 'allerhoogste genot' dat hij 'mocht ervaren bij het bestuderen van uw *Mein Kampf*'.[11] Tegelijkertijd werd de rijkskanselarij overspoeld met vragen of Hitler peetoom kon worden van pasgeboren kinderen. Hoofdadjudant Wilhelm Brückner moest in november 1933 een streep trekken: 'Hoe verheugd de Führer ook is over de verering en aanhankelijkheid die tot uitdrukking komen met de verzoeken om peetoom te worden,' deelde hij een aanvrager mee, 'hij is gezien het grote aantal aanvragen niet in staat aan alle verzoeken gehoor te geven. Hij heeft daarom besloten alleen nog in zeer uitzonderlijke gevallen op een verzoek in te gaan, dat wil zeggen als het minstens gaat om de zevende zoon of in elk geval om het negende nog in leven zijnde kind.'[12]

De uitbundig wortel schietende Führercultus wierp zonderlinge vruchten af: zo vroeg de gemeente Sutzken in Oost-Pruisen of ze zich mocht omdopen in 'Hitlerhöhe'; een partijlid uit Düsseldorf wilde zijn dochter de voornaam 'Hitlerine' geven (waarna de burgerlijke stand hem in plaats daarvan 'Adolfine' suggereerde); er werden 'Hitler-eiken' geplant, 'Hitler-taarten' gebakken, 'Hitler-rozen' geteeld; de Rijksbond voor het Hondenwezen stelde voor een penning te laten slaan met het portret 'van onze vereerde Führer, die zelf fokker en liefhebber van rashonden is'; de senaat van de hogeschool voor bosbouw in Eberswalde bood hem 'de waardigheid van doctor in de bosbouw' aan, uit erkentelijkheid voor zijn inzet 'voor de ontginning van de vaderlandse bodem, het versterken van de Duitse boerenstand, de bevordering van de houtteelt en bosbouw' – een eer die Hitler echter afsloeg uit 'principiële overwegingen'.[13] Er ontwikkelde zich een levendige handel in Führerbustes; Hitlers konterfeitsel tooide bierpullen, porseleinen tegels, asbakken, speelkaarten, vulpenhouders en andere voorwerpen uit het dagelijks leven. Bijzonder populair waren de verzamelplaatjes bij sigaretten. De geldklopperij met kitsch en devotionalia kreeg algauw de overhand, zodat de regering zich al in april 1933 gedwongen zag maatregelen aan te kondigen tegen commercieel gebruik van Hitlers portret.[14]

Hoe lachwekkend zulke cultusuitwassen ons vandaag de dag ook lijken, we moeten ze toch serieus nemen als expressie van een intensieve, libidineuze binding van een groot deel van het Duitse volk met Hitler. De Führercultus was echt niet uitsluitend het product van geraffineerde manipulatie. Het was eerder zo dat de Volksgenossen en Volksgenossinnen uit zichzelf meewerkten aan de verheffing (en daarmee aan het loszingen van de werkelijkheid) van het Hitler-beeld, doordat zij hun hoop en verlangens projecteerden op de figuur van de 'leider'. De propagandistische enscenering van de Hitler-mythe en de bereidheid van de massa om deze goed te keuren en zich eraan te onderwerpen, konden niet zonder elkaar en versterkten elkaar.

Naar aanleiding van zijn 44ste verjaardag op 20 april 1933 bereikte de geestdrift voor Hitler een eerste climax. 'In een hartgrondige harmonie die men een paar weken geleden nauwelijks voor mogelijk gehouden had, verklaarde de bevolking zich tot aanhanger van Adolf Hitler als leider van het nieuwe Duitsland,' schreef de *Münchener Neueste Nachrichten*. Wie de ontelbare felicitatiebrieven leest die in de archieven van de 'Kanzlei des Führers' bewaard zijn gebleven, ontkomt niet aan de indruk dat dit geen overdrijving was. Goebbels drukte duidelijk uit wat velen dachten toen hij in het verjaardagsartikel Hitler ophemelde als een 'man van heel groot formaat', die een 'geheimzinnige betovering' uitoefende op iedereen die met hem in aanraking kwam. Die in alle toppen en dalen van zijn carrière altijd dezelfde was gebleven, 'een mens onder de mensen'. 'Hoe langer je hem kent, des te meer leer je hem waarderen en van hem houden, en des te meer ben je bereid zonder voorbehoud op te gaan in zijn grote zaak.'[15] In zulke lofprijzingen weerspiegelde zich de verandering in het publieke imago van Hitler: hij was niet langer de polariserende partijleider maar een figuur die integreerde, de nationale eenheid belichaamde, een 'volkskanselier' die boven alle conflicten stond. Victor Klemperer, die het taalgebruik van het Derde Rijk nauwlettend volgde, noteerde: 'In mijn lexicon moet nevens *Schutzhaft* (preventieve hechtenis) komen te staan: de *Volkskanzler*.'[16]

In de Grote Zaal van de rijkskanselarij, waar Bismarck in 1878 het Berlijnse Congres had voorgezeten, stapelden zich bij Hitlers verjaardagen de geschenken op. Adjudant Fritz Wiedemann moest aan 'een groot warenhuis' denken: 'Alles was er voorhanden, van een waardevol olieverfschilderij, dat een of andere industrieel gestuurd had, tot een paar wollen sokken, een geschenk van een oud moedertje [...]. Over het geheel genomen was het een verzameling van weinig echt goede en heel veel echt kitscherige dingen, maar waardevol of niet, het bleef toch een aandoenlijke uiting van de verering en liefde die de grote massa van het volk deze man schonk.'[17]

De volkse Hitler-verering was ook in het alledaagse leven van het Derde Rijk alom te merken. In de bioscopen ging een donderend applaus op als de *Wochenschau* beelden toonden van de Führer, zoals de Poolse journalist Antoni graaf Sobański verbaasd vaststelde in het voorjaar van 1933.[18] De groet 'Heil Hitler!' raakte ingeburgerd en het gebruik daarvan werd geenszins opgelegd door de pure dwang van het meedoen, maar was eerder een uitdrukking van innerlijke overtuiging. De arts Annemarie Köhler uit Pirna, een bekende van Victor Klemperer aan wie hij zijn dagboeken toevertrouwde, meldde in april 1933 hoe de 'opgehitste verpleegsters en verplegers van haar ziekenhuis' zich gedroegen: 'Ze zitten rondom de luidspreker. Als het Horst-Wessellied gezongen wordt [...], staan ze op en heffen hun hand voor de nazigroet.'[19] In veel nationaalsocialistische families werd het heffen van de rechterarm een vanzelfsprekend ritueel. Zo stond te lezen in een brief uit Mannheim van maart 1933 aan de 'geachte Führer': 'Onze kleine Rita zou graag de Führer met een "Heil Hitler!" begroeten. Daarom zijn we zo vrij u

Afb. 47 Hitlers Berghof op de Obersalzberg werd een bedevaartsoord voor honderdduizenden aanhangsters en aanhangers.

een fotootje van haar te sturen waarop ze haar handje opsteekt voor de Duitse groet. Ze is tien maanden oud en de jongste van vijf kinderen. Als haar een foto van oom Hitler getoond wordt, brengt ze meteen de Hitler-groet.'[20]

Hitler-portretten hingen niet alleen in particuliere woningen en kantoren, er was ook niet aan te ontkomen in de openbare ruimte. Ten tijde van het door het regime gehouden referendum was de alomtegenwoordigheid ervan overweldigend. 'Hitler op alle aanplakborden, Hitler in elke etalage, hoe dan ook Hitler in elk raam dat je kon ontdekken. Elke tram, de ramen van de spoorwagons, elke autoruit – Hitler blikte uit alle ramen,' zo luidde een verslag van 19 augustus 1934 over het referendum.[21] Veel Duitsers verzochten de rijkskanselarij om een foto van 'de geliefde Führer' met handtekening. Toen Heinrich Himmler in augustus 1934 voor zijn ouders een Hitler-foto met persoonlijke opdracht regelde, ging er bij de Himmlers in München een gejuich op. Je 'l(ieve) moedertje' is 'helemaal in extase', meldde leraar Gebhard Himmler aan zijn zoon.[22]

De Obersalzberg werd een bedevaartsoord. Duizenden pelgrims stroomden naar Hitlers huisadres om voor één keer een blik op hun wonderdoener te kunnen werpen. 'Het terrein van Haus Wachenfeld wordt voortdurend omgeven door mannelijke en vrouwelijke bewonderaars,' meldde het hoofd van het deelstaatdistrict Opper-Beieren in augustus 1934. 'Zelfs op wandelingen op afgelegen plekken wordt de heer rijkskanselier omgeven door een zwerm van opdringerige bewonderaars en nieuwsgierigen.'[23] Voor adjudant Wiedemann manifesteerde zich in de stoet 'iets religieus': 'Zwijgend trokken ze voorbij met een gezicht waaraan je kon aflezen dat het voor hen een van de grote ogenblikken van hun leven was.'[24]

Overal waar Hitler halt hield in de eerste jaren van zijn bewind, werd hij vereerd als een popster. In Joseph Goebbels' dagboeken staan daarvan veel voorbeelden. 'Overal ovaties voor hem [...] heerlijk ontwaken van het volk!' noteerde deze bijvoorbeeld op 18 april 1933 na een gezamenlijke autorit met Hitler van Berchtesgaden naar München.[25] Albert Speer legde in zijn memoires indrukken vast die daar sterk op lijken: 'Twee beveiligers liepen voor de auto uit, links en rechts opzij nog eens drie, terwijl de auto zich stapvoets door de opdringende menigte wrong. Ik zat zoals meestal op het klapstoeltje dicht achter Hitler en nooit zal ik de schok van het gejuich, de roes vergeten waarvan zo veel gezichten getuigden.'[26] Geen twijfel mogelijk: zulke jubelscènes waren niet georganiseerd maar spontane blijken van een naïef vertrouwen in een man aan wie men de eigenschappen van een wonderdokter toeschreef.

Veelzeggend voor de pseudoreligieuze component in de Hitler-verering is een incident dat Fritz Wiedemann vermeldt: toen Hitler een bezoek bracht aan Hamburg, drong de menigte het escorte aan de kant en een man speelde het klaar Hitlers hand aan te raken. 'Vervolgens begon hij rond te dansen als een krankzinnige en schreeuwde steeds opnieuw: "Ik heb zijn hand gedrukt! Ik heb zijn hand gedrukt!" Als de man gezegd zou hebben dat hij voordien verlamd was en nu weer kon lopen, had het me niet verbaasd, en de menigte zou het zeker hebben geloofd.'[27] Vergelijkbare extatische toestanden maakte William Shirer mee tijdens het Neurenbergse partijcongres in september 1934, toen Hitler zich een ogenblik vertoonde op het balkon van zijn hotel, voor een menigte van vele duizenden, onder wie vooral vrouwen: 'Ze keken naar hem omhoog alsof hij de Messias was, hun gezichten vertrokken zich op een manier die nauwelijks nog menselijk was.'[28]

De excessieve persoonlijkheidscultus en aanhoudende hulde die hem werd gebracht, moesten wel invloed hebben op het beeld dat Hitler van zichzelf had. 'Zo werd tot nog toe nog maar één Duitser vereerd: Luther!' riep hij in de herfst van 1934 triomfantelijk tegen zijn gevolg, toen zijn stoet auto's op weg van Weimar naar Neurenberg zich maar moeizaam een weg kon banen door de geestdriftige massa's.[29] De dictator genoot er zichtbaar van in het middelpunt van een ongekende publieke verering te staan. Het onhandige gedrag dat hij aan het begin van zijn kanselierschap nog had vertoond bij officiële gelegenheden, maakte steeds meer plaats voor zelfverzekerd optreden. Het bewustzijn van zijn missie groeide naarmate hij zich gedragen voelde door een golf van ongekende instemming. Algauw was hij afhankelijk van de roes van de publieke huldigingen alsof het een drug was; ze sterkten hem in de zekerheid dat hij was uitverkoren door de 'voorzienigheid' en een historische missie moest vervullen.

De Hitler-euforie bleef niet beperkt tot burgerlijke kringen maar kreeg ook steeds meer de arbeidersklasse in haar greep. De successen van het regime bij de werkloosheidsbestrijding gaven hierbij de doorslag. Wat zich afspeelde in de jaren na 1933 is wel een *Wirtschaftswunder* genoemd; het aantal werklozen daalde in Duitsland inderdaad veel en veel sneller dan in andere industrielanden. In het jaar 1936 werd er feitelijk volledige werkgelegenheid bereikt, vooral dankzij de door de bewapening gedreven conjunctuur. Het snelle economische herstel werd echter gekocht met een enorme staatsschuld, waarvan de kosten pas later zichtbaar werden.[30] Wat voor de arbeiders echter telde, was dat na de traumatische crisisjaren weer een gevoel van sociale zekerheid terugkeerde. Zo meldden sociaaldemocratische zegslieden uit Rijnland-Westfalen 'dat mensen die vroeger links van ons stonden en zelfs communist waren, tegenwoordig, nadat ze een baan hebben gekregen in een defensiebedrijf, het systeem zelfs verdedigen; ze zeggen: "Het dondert niet wie of wat, maar ik heb werk; dat hebben de anderen niet voor elkaar gekregen."'[31] Veel arbeiders – ook voormalige aanhangers van de SPD en de Reichsbanner – kon je nu horen zeggen, aldus een Sopade-verslag in februari 1935: 'Jullie hebben altijd socialistische toespraken gehouden, maar de nazi's hebben ons werk gegeven. [...] Mij kan het niet schelen of ik granaten draai of snelwegen aanleg, ik wil werken. Waarom hebben jullie je nooit echt ingespannen voor de werkverschaffing?'[32]

Wat ook bijdroeg aan Hitlers populariteit onder arbeiders, was dat hij bijna geen kans liet liggen zich af te zetten tegen de minachting die de maatschappij koesterde voor lichamelijke arbeid. 'Eer de arbeid en respecteer de arbeider!' riep hij in 1933 tijdens de centrale 1 meidemonstratie op het Tempelhofer Feld. Hoofdwerkers en handarbeiders mochten nooit tegen elkaar worden uitgespeeld. 'Daarom roeien we dat arrogante idee uit dat zich zo makkelijk meester maakt van een individu en deze persoon laat neerkijken op de kameraden die "alleen maar" aan de bankschroef staan, aan de machine of achter de ploeg.'[33] Met het opwaarderen van de handenarbeid, zo was de boodschap, moesten ook het maatschappelijke prestige van de arbeider worden verhoogd en taaie maatschappelijke vooroordelen worden weggenomen. Hitler zelf poseerde graag in de rol van 'arbeider', wat onderdeel was van zijn inspanningen om de arbeiders voor het regime te winnen.

De rapporteurs van de Sopade konden niet verhelen dat deze strategie succes boekte. Ook 'grote delen van de arbeidersklasse' zijn 'afgezakt tot het kritiekloos ophemelen van Hitler', stelde een bericht van juni/juli 1934 vast. Helaas zijn de arbeiders 'nog altijd helemaal bezeten van het hitlerisme', luidde een ontnuchterende constatering in februari 1935. Drie maanden later was er sprake van 'dat de vroeger onverschillige leden van de arbeidersklasse tegenwoordig de willoze volgelingen van het systeem en de meest goedgelovige aanhangers van de Hitlercultus zijn'.[34] Dergelijke observaties zijn in zoverre geloofwaardig dat ze immers niet van overtuigde aanhangers, maar van tegenstanders van het regime kwamen. Zo kan men het ook niet als louter wensdenken afdoen wanneer Goebbels in zijn dagboeken herhaaldelijk vaststelt dat de arbeiders 'het getrouwst' achter het nationaalsocialisme zouden staan.[35] De bloedige actie die eind juni 1934 de SA onthoofdde, deed geen afbreuk aan Hitlers populariteit bij de arbeiders. Integendeel: hij oogstte ook hier veel instemming voor zijn 'energieke' optreden. 'Hitler is toch een vent die doorpakt,' was een wijdverbreide mening.[36]

De enorme populariteit die Hitler genoot, straalde echter niet af op zijn partij. Omdat de steeds meer aan de sfeer van alledag ontstegen Führer onaantastbaar was, concentreerde alle kritiek tegen bepaalde uitwassen van het regime zich op de superieuren die aan hem ondergeschikt waren. Dit mechanisme werd zeer duidelijk zichtbaar in de eerste helft van 1934, toen de stemming verslechterde. 'Over het algemeen kun je vaststellen,' zo meldde een vertrouwensman van de SPD uit Berlijn, 'dat er voor Adolf Hitler een uitzondering wordt gemaakt. Men schrijft hem goede bedoelingen toe en meent hij dat hij niets kan doen aan het wanbeleid van zijn luitenants.' 'Tegen Adolf Hitler ja, maar duizendmaal nee tegen de bruine bonzen!' was op veel plekken te horen.[37] Hitler leek zich positief te onderscheiden van de vele partijfunctionarissen die opzichtig pronkten met hun pas verkregen macht en vatbaar waren voor corruptie. Daartegenover presenteerde de Führer zich als de 'eenvoudige man uit het volk', die persoonlijk bescheiden was en zwoegde in dienst van de natie. Hij was 'misschien de enige staatsman ter wereld die geen bankrekening bezit', verklaarde hij eind maart 1936 tegen de arbeiders van de Kruppfabrieken in Essen. 'Ik heb geen effecten, ik heb geen aandeel van een of andere onderneming. Ik trek geen dividenden.'[38] Dat de publiekelijk geprezen bescheiden levensstijl van Hitler niets van doen had met de werkelijkheid, doorzagen maar heel weinig mensen. Zo had de Führermythe ook een belangrijke rol als compensatie. Ze haalde de angel uit de ontevredenheid over problemen en misstanden in het Derde Rijk, doordat deze voor rekening kwamen van de 'luitenants'. Als Hitler zelf daarvan op de hoogte zou zijn, aldus de wijdverbreide overtuiging, zou hij ongetwijfeld voor een oplossing zorgen.[39] 'Als de Führer dat zou weten...' – dat was al in de beginfase van het regime een staande uitdrukking.[40]

Hitler was zich volledig bewust van de groeiende kloof tussen zijn hoge aanzien en het negatieve imago van de NSDAP-functionarissen. In een toespraak voor politieke leiders op het Neurenbergse partijcongres van 1935 polemiseerde hij tegen al degenen 'die zo graag een scheiding aanbrengen tussen de Führer en zijn volgelingen [...], die zo graag zouden willen zeggen: de Führer ja! Maar de partij, moet dat nu?' Daartegen kon hij alleen maar antwoorden: 'Voor mij zijn jullie de politieke officieren van de Duitse natie, met mij verbonden in voor- en tegenspoed.'[41] Zulke stellige uitspraken veranderden er niets aan dat de populariteitscijfers van Hitler altijd duidelijk hoger waren dan die van de partij, ja, in zekere zin zelfs ten koste daarvan gingen. Want terwijl alle verworvenheden van het regime aan hem werden toegeschreven, ontlaadde alle ergernis zich tegen de 'kleine Hitlers', de plaatselijke partijvertegenwoordigers.

Naast het onverwacht snelle oplossen van de massawerkloosheid verleenden vooral Hitlers spectaculaire successen in de buitenlandse politiek hem prestige. Het referendum in het Saarland in januari 1935 en de herinvoering van de algemene dienstplicht twee maanden later zorgden voor enthousiasme tot ver buiten nationaalsocialistische kringen. 'Hitler is toch een vent die geen pardon kent, die lef heeft en die doet wat hij noodzakelijk en juist vindt,' was ook de mening van veel arbeiders.[42] De partijpropaganda pakte zulke stemmingen op en versterkte ze. Naar aanleiding van Hitlers 46ste verjaardag op 20 april 1935 huldigde perschef Otto Dietrich de Führer als de 'hoogste leider van de natie', die met 'onvergelijkbare besluitvaardigheid' de Duitse militaire soevereiniteit had veiliggesteld. En Goebbels voegde eraan toe: 'Het hele volk houdt van hem, omdat het zich in zijn hand geborgen voelt als een kind in moeders armen [...]. Net zoals wij, die dicht

om hem heen verzameld zijn, zo zegt ook op dit uur de laatste man in het verste dorp: "Wat hij was, dat is hij, en wat hij is, dat moet hij blijven: onze Hitler."[43]
In de herfst van 1935 ontstond er echter weer ontevredenheid over problemen in de bevoorrading en over prijsstijgingen, en deze keer leek ook Hitlers imago daaronder te lijden. Een verslag uit Saksen meldde in ieder geval: 'De kracht van de Hitler-cultus is niet ongebroken. Twijfel knaagt aan de Hitler-mythe.' Uit Westfalen ging er een bericht naar Praag: 'Zijn ster begint te verbleken.'[44] Wiedemann, die Hitler wees op de onrust onder de bevolking, werd door hem scherp terechtgewezen: 'De stemming onder het volk is niet slecht, maar goed. Ik heb daar beter zicht op [...]. Ik wil dit in de toekomst niet meer meemaken.'[45] In werkelijkheid maakte de dictator, die een fijne antenne had voor stemmingswisselingen, zich zorgen. De bezetting van het gedemilitariseerde Rijnland in maart 1936 moest, zoals al vermeld, ook de aandacht afleiden van binnenlandse problemen. Nadat de eerste zorgen over een militaire reactie van de westelijke machten ongegrond bleken, ontketende de waaghalzige weekendcoup een nieuwe golf van Hitler-enthousiasme, die af te lezen was aan het overweldigende resultaat van de volksstemming van 29 maart 1936. 'Telkens is daar weer het effect van Hitlers persoonlijkheid, iedere keer weer is men verbluft over de man aan wie men de ongekende prestatie van de nationaalsocialistische machtsmachinerie toeschrijft,' meldden de vertrouwenspersonen van de SPD.[46]

'Hij is de afgod van ons allemaal,' legde Goebbels begin oktober 1936 vast in zijn dagboek, nadat Hitler weer eens in triomf gehuldigd was bij een dankdag voor het gewas in Bückeberg.[47] De Führermythe had ondertussen stevige fundamenten gekregen. Ze vormde het sterkste bindmiddel tussen regime en volk. De regisseurs van de Hitler-cultus deden er alles aan om de vergoddelijking van de vermeende lichtgestalte telkens opnieuw te verheerlijken. De nationaalsocialistische jaarkalender, een imitatie van het religieuze feestjaar van de christelijke kerken, bood daartoe gelegenheid te over. Het begon op 30 januari met de verjaardag van de 'machtsgreep'. Op 24 februari herdacht de Führer te midden van de oude garde in het Hofbräuhaus te München de bekendmaking van het partijprogramma van 1920. Daarop sloot de 'Heldengedenkdag' (de vroegere 'Volksrouwdag') aan met een herdenkingsplechtigheid in de Kroll-opera en vervolgens een militaire parade. De 20ste april stond helemaal in het teken van de 'Führerverjaardag'. De 'Dag van de nationale arbeid', 1 mei, werd gevierd als een feest van de 'Volksgemeenschap'. Dan volgden Moederdag op de tweede zondag van mei, het 'Zonnewendefeest' op 21 juni, het dankfeest voor de oogst, de 'eredag van de boerenstand', op de Bückeberg bij Hamelen, begin oktober. De feestcyclus eindigde op 9 november met de gedenkmars van de 'veteranen' van de Bürgerbräukeller naar de Feldherrnhalle en het herdenken van de 'gevallenen van de beweging'.[48]

Het hoogtepunt van het jaar waren echter de rijkspartijcongressen in Neurenberg, begin september. Honderdduizenden functionarissen, SA- en SS-mensen, mannen van de arbeidsdienst, jongens van de Hitler-Jugend en meisjes van de Bund Deutscher Mädel verzamelden zich elk jaar in de oude rijksstad aan de Pegnitz voor het 'generaal appel' van de partij. De pompeus georganiseerde bijeenkomsten hadden weinig uitstaande met een partijcongres in de traditionele betekenis. Ze waren er niet voor discussie over heikele problemen – die zou er in een door een onfeilbare Führer beheerste partij ook niet mogen zijn! – maar de presentatie van het regime en vooral van de nummer één aan het hoofd ervan. De theatrale spektakels in Neurenberg golden al voor de tijdgenoten als 'het toonbeeld van de pracht en praal en machtsontplooiing van het Derde Rijk'.[49] Alle registers werden hier bespeeld om de mobiliseerbaarheid, dynamiek en ondeelbaarheid van de beweging tentoon te spreiden.

Al in 1927 en 1929 hadden de nationaalsocialisten hun partijcongressen naar Neurenberg verplaatst. Het stadsbestuur daar bleek open te staan voor hun aspiraties. Wat voor Hitler nog belangrijker was: deze plek gaf hem de mogelijkheid zich voor een romantisch-middeleeuws decor te presenteren als een vernieuwer van de oude rijksmythe. In de jaren van de greep naar de macht tussen 1930 en 1933 waren er geen partijcongressen gehouden; het besluit om de draad van de onderbroken traditie na de 'machtsgreep' weer op te pakken, viel relatief laat. 'Besluit voor Neurenbergse partijcongres genomen. Wordt heel groot,' noteerde Goebbels eind juli 1933.[50] Vanwege de korte voorbereidingstijd maakten veel zaken nog een geïmproviseerde indruk. Zo had SA-stafchef Ernst Röhm een belangrijke plaats naast Hitler en begeleidde hem ook op gelijke hoogte naar de dodenherdenkingsceremonie in de Luitpoldhain. Een jaar later, na de liquidatie van Röhm en zijn volgelingen, was de situatie veranderd. De rol van de lange tijd dominante SA had aan belang ingeboet; behalve de Arbeitsdienst nam nu voor het eerst ook de Reichswehr deel aan het partijcongres; de door Hitler gegarandeerde rol ervan als enige 'wapendrager van de natie' werd zo bekrachtigd.[51]

Met het rijkspartijcongres van 1934 had het spektakel zijn definitieve vorm gevonden, ook al werden in latere jaren nog enkele verbeteringen aangebracht. Het aantal dagen werd uitgebreid van vier naar zeven en voor elke dag werd er een heel specifiek programma vastgelegd. De regie van de partijcongressen was nu 'geleidelijk zo ingespeeld geraakt dat ze zo soepel verlopen als een mobilisatieplan', vertelde Rudolf Heß over het spektakel van 1937.[52] De opmaat was de aankomst van Hitler in de stad – hetzij met een speciale trein, hetzij per vliegtuig – en de rit naar zijn hotel, Deutscher Hof. William Shirer, die waarnemer was bij het partijcongres van 1934, was aanvankelijk weinig onder de indruk. 'Onbeholpen hield hij zijn hoed vast met zijn linkerhand, terwijl hij in de open auto stond en het welkomstgejuich van de vreugdedronken massa met de wat krachteloze nazigroet van zijn rechterarm beantwoordde.'[53] 's Middags vond de traditionele ontvangst door burgemeester Willy Liebel plaats in de grote raadhuiszaal. In 1938 kreeg deze een speciaal tintje omdat in een kistje de rijksregalia getoond werden, die na de *Anschluss* van Oostenrijk naar Neurenberg waren overgebracht.[54] De eerste dag werd besloten met Richard Wagners opera *Die Meistersinger von Nürnberg*, meestal gedirigeerd door Wilhelm Furtwängler, dirigent van de Berliner Philharmonie. 'Een fantastische bezetting en een geweldige uitvoering,' noteerde Goebbels over het optreden in september 1938. 'Furtwängler is een muzikaal genie. Ik zit direct achter hem en ik kan hem goed observeren. Geweldige persoonlijkheid. Ook de Führer is enthousiast, zonder voorbehoud.'[55]

Op de ochtend van de tweede dag nam Hitler vanaf het balkon van de Deutscher Hof – zijn onderdak, dat steeds omgeven was door kijklustigen – een defilé af, de Vaandelmars van de Hitler-Jugend. Daarna werd het partijcongres geopend in de Luitpoldhalle. Op de klanken van de *Badenweiler Marsch* maakten Hitler en zijn gevolg hun entree. 'De hal is aangekleed met witte zijden gordijnen, de plaatsen van de eregasten, het corps diplomatique, het orkest en het koor zijn in diep rood uitgevoerd. De ruimte wordt gedomineerd door een reusachtig, met gouden eikenbladeren omkranst hakenkruis op een zwarte ondergrond.'[56] Begeleid door muziek van Wagner werden er honderden vaandels, de 'veldtekens van de beweging' en helemaal vooraan het 'bloedvaandel' van de mislukte novemberputsch, de zaal in gedragen. De hele ceremonie deed William Shirer denken aan het 'mysticisme en de religieuze geestdrift van een mis met Pasen of Kerstmis, in een grote gotische kathedraal'. Na de openingstoespraak van Rudolf Heß, die zichzelf jaar na jaar probeerde te overtreffen in zijn overdadige lofprijzingen van Hitler, en de aansluitende 'dodenherdenking' voor de 'martelaren van de beweging', las Adolf Wagner, Gauleiter van München-Opper-Beieren, de 'proclamatie van de Führer' voor. 'Zijn stem en manier van spreken lijken zo sterk op die van Hitler dat enkele correspondenten die in hun hotel naar de radio luisterden, geloofden dat hij zelf had gesproken,' merkte Shirer op.[57] 's Avonds vond in het operagebouw de 'cultuurzitting' plaats, die werd ingeleid door Alfred Rosenberg en werd besloten met een redevoering van Hitler. Vanaf 1937 werd er in het kader van dit gebeuren een 'Nationale Prijs voor Kunst en Wetenschap' uitgereikt. De nazileiding had deze ingesteld als antwoord op het voor haar hoogst onaangename toekennen van de Nobelprijs voor de Vrede aan Carl von Ossietzky, die al drie jaar gevangenzat in het concentratiekamp Esterwegen.[58]

De derde dag begon met een optocht van de mannen van de Arbeidsdienst op het Zeppelinfeld. 'Vijftigduizend van hen, de eerste duizend met ontbloot bovenlichaam, stonden in de ochtendzon, die zich spiegelde in hun spaden, en brachten de toeschouwers onverhoeds tot enthousiasme, toen ze zonder aankondiging vooraf wegmarcheerden in perfecte paradepas,' noteerde Shirer. Hij knoopte daaraan de gedachte vast: 'De paradepas leek mij altijd de merkwaardige expressie van het wezen van de mens in zijn meest domme en waardeloze vorm, maar op deze ochtend maakte ik voor het eerst mee welke harmonie hij laat klinken in de wonderlijke ziel van het Duitse volk.'[59] Het hoogtepunt van de bijeenkomst was een beurtzang, die eindigde met de gelofte: 'Werk van onze handen, laat het slagen/want elke steek met de spade/moet een gebed voor Duitsland zijn.'[60] Na korte toespraken van de Reichsarbeitsführer Konstantin Hierl en Hitler marcheerden de colonnes door de stad en langs de Deutscher Hof. Niet alleen van Hitler maar ook van zijn entourage vereiste het staan veel uithoudingsvermogen. 'Vier uren parade. Felle, intense zonneschijn. Nauwelijks uit te houden,' klaagde Goebbels eens.[61]

De invoering van een extra 'Dag van de Gemeenschap' in 1937 onderbrak het dagelijkse ritme van de parades en het herhaalde afnemen van het appel. Op het Zeppelinfeld vermaakten jonge vrouwen en mannen de toeschouwers met dansen en gymnastiekoefeningen. 's Avonds trok een fakkeloptocht van politieke leiders langs de Deutscher Hof. 'Bekeken vanaf het balkon van de Führer. Een wonderbaarlijke kleurenpracht. Alle gouwen met de oude Gauleiter aan het hoofd,' dweepte de minister van Propaganda.[62]

Afb. 48 Tijdens het partijcongres van september 1936 presenteerde Albert Speer op het Zeppelinfeld voor het eerst een 'lichtkathedraal'.

Op de vijfde dag volgden allereerst speciale bijeenkomsten van het partijcongres. Hoofdattractie was de optocht van de politieke leiders op het Zeppelinfeld, die sinds 1936 plaatsvond in de avonduren. Aangespoord door Albert Speer was de regie hiervoor met iets bijzonders op de proppen gekomen: op het ogenblik dat de aankomst van Hitler werd gemeld, schenen 130 Flak-zoeklichten, die rondom het Zeppelinfeld waren opgesteld, zes tot acht kilometer de nachtelijke hemel in. 'En nu, in één klap, rijten de schijnwerpers achter de wallen de nachtelijk zwarte hemel open, blauw stijgen de lichtbundels omhoog, ze rekken zich naar elkaar toe, verenigen zich en bouwen boven de hoofden van de mensen een kathedraal van vloeibaar licht,' aldus het officiële partijcongresverslag van het spektakel.[63]

In zijn memoires heeft Speer de 'lichtkathedraal' zijn mooiste ruimtelijke creatie genoemd. Inderdaad liet de geraffineerde enscenering de langst blijvende indruk achter, ook bij de buitenlandse waarnemers. De Britse ambassadeur Nevile Henderson voelde zich alsof hij naar het 'inwendige van een kathedraal van ijs' was verplaatst.[64] Op de muziek van fanfares schreed Hitler, begeleid door rijksorganisatieleider Robert Ley, door het brede middenpad naar de 'Führerbühne'. In het magische licht leek ze een buitenmaats altaar, waarop de hogepriester van de beweging zijn mis opdroeg. De overmatige verheffing van Hitler tot charismatische heilsfiguur, tot een verlichte messias – nergens werd dit zo aanschouwelijk als in de liturgie van dit nachtelijke 'gewijde uur'. 'Wij geloven in een onze lieve Heer in de hemel, die ons geschapen heeft, die ons bestuurt en behoedt, en die u, mijn Führer, naar ons gezonden heeft om Duitsland te bevrijden. Dat geloven wij, mijn Führer!' riep Ley hem toe in 1936.[65]

De zesde dag stond in het teken van de Hitler-Jugend. Meer dan 50.000 jongens en meisjes verzamelden zich 's ochtends op de hoofdrenbaan van het oude stadion om de Führer te huldigen. 'Zojuist is het commando "Laat jullie horen!" uitgesproken, en nu barst er een orkaan van vele tienduizenden stemmen los. Nu mogen ze met al hun gejuich laten weten wat ze voelen. Het is alsof de lucht siddert,' aldus het officiële verslag van 1938.[66] Drie jaar eerder had Hitler op dezelfde plek verkondigd hoe hij zich de ideale Duitse jongen voorstelde: 'rap als een windhond, taai als leer en hard als Krupp-staal'.[67] Rijksjeugdleider Baldur von Schirach sprak als hun vertegenwoordiger de gelofte van trouw aan de Führer uit, en na een korte toespraak van Hitler nam Rudolf Heß de eed af van de partijaspiranten. Het einde van de ceremonie was dat Hitler samen met Schirach en Heß langs de rijen liep om aansluitend in een open auto door het stadion te rijden en de ovaties van de tribunes in ontvangst te nemen.

Op de ochtend van de zevende dag traden de colonnes van de SA en de SS aan voor het appel in de grote ruimte van de Luitpoldarena. 'Heil, mijn mannen!' begroette Hitler de aanwezigen. 'Heil, mijn Führer!' schalde het uit meer dan

100.000 kelen terug.⁶⁸ In het jaar 1934 was dit samenzijn een problematische aangelegenheid, want de 'Röhm-affaire' was nog maar een paar maanden geleden. 'Er was beweging zichtbaar in het stadion en ik zag dat Hitlers SS-lijfwacht zich heel dicht bij hem opstelde en hem afschermde van de massa bruinhemden,' legde Shirer vast in zijn dagboek.⁶⁹ In de daaropvolgende jaren werd de verhouding ontspannen en verliep de ceremonie in de Luitpoldarena, net als de andere, volgens het vastgelegde ritueel. Begeleid door treurmuziek schreed Hitler, met achter hem op gepaste afstand SA-stafchef Lutze en Reichsführer-SS Himmler, over de 'Weg van de Führer' naar het monument, waar hij langdurig zwijgend bleef staan voor de 'bloedvlag' – een beeld dat als geen ander de eenzame, bijzondere positie symboliseerde van de charismatische leider tussen zijn in het gelid aangetreden 'volgelingen'. Daarna schreed Hitler langs dezelfde weg terug naar de Führertribune, gevolgd door de dragers van de 'bloedvlag'. Na een toespraak waarin hij de SA en de SS prees als de 'beste politieke strijdgroep van het Duitse volk'⁷⁰, en het gezamenlijk zingen van het *Deutschlandlied*, wijdde hij de nieuwe vaandels van de partijafdelingen in, door ze aan te raken met de 'bloedvlag'. 'Een bijna religieuze viering in een vaste, onveranderlijke traditie,' gaf Goebbels als commentaar.⁷¹ Er volgde weer een urenlang defilé op de Adolf-Hitler-Platz, afgenomen door Hitler, die nu in een auto stond.

De achtste en laatste dag werd beheerst door optredens van de Wehrmacht. Het begon met een 'grote reveille' en concerten door muziekkapellen op de drie grote pleinen van Neurenberg. 's Middags paradeerden de strijdkrachten voor de volle tribunes op het Zeppelinfeld en voor de ogen van de buitenlandse diplomaten en militaire attachés het inmiddels bereikte bewapeningsniveau. 'Een grandioos beeld van onze Wehrmacht. Alle troepenonderdelen komen tot hun recht. Fantastische squadrons vliegtuigen [...]. Tanks, artillerie, cavalerie [...]. Schitterend en opbeurend om te zien,' noteerde Goebbels in zijn dagboek, hoogst tevreden over de presentatie van het jaar 1936.⁷² Later zou het militaire spektakel moeten plaatsvinden op een speciaal aangelegd paradeveld aan het eind van het partijcongresterrein; zoals bij de andere monumentale bouwplannen in Neurenberg – een nieuwe congreshal en een Duits stadion – werd het werk daaraan niet meer voltooid omdat de oorlog uitbrak. 's Avonds werd het partijcongres afgesloten met een programmatische redevoering van Hitler. Rondom middernacht bliezen de muziekkorpsen van de Wehrmacht met een 'grote taptoe' het slotakkoord.

Hitler stond steeds in het middelpunt van de Neurenbergse partijcongressen. Hij was hoofdrolspeler, ceremoniemeester en hogepriester tegelijk. De zorgvuldig gepolijste choreografie was helemaal op hem afgestemd. Tijdens deze zeven, respectievelijk acht dagen was hij in zijn element; vijftien tot twintig keer nam hij het woord, vaak tot vier keer per dag. Zijn monomane behoefte redevoeringen te houden kon hij hier uitleven zoals nergens anders. In een opgewekte stemming, als in een roes, beleefde hij de week van het partijcongres, en aan het eind ervan bleef er een merkwaardig gevoel van leegte over. De dag erna had voor hem 'iets treurigs, zoals wanneer de versiering van de kerstboom wordt gehaald', bekende hij nog in januari 1942, toen de laatste partijcongressen alweer meer dan drie jaar geleden waren.[73] Het voor september 1939 geplande evenement onder het motto 'Partijcongres van de vrede' was eind augustus afgelast vanwege de ophanden zijnde overval op Polen.

Anderzijds was Neurenberg voor hem ook een grote fysieke belasting. 'Het meest inspannend,' herinnerde hij zich, was altijd het 'urenlange staan bij de parade' – met overstrekte knieën en uitgestrekte arm – geweest. 'Ik ben toch een paar keer duizelig geworden.'[74] Goebbels trof hem na afloop elke keer 'helemaal uitgeput' aan op de sofa van zijn hotelkamer. 'Hij heeft zich nu uitgeput. Moet een rustpauze inlassen.'[75] Toen Hitlers werkdruk door het kleine 'Herinneringspartijcongres' van juli in Weimar en de Olympische Spelen in augustus bijzonder groot was, probeerde zijn entourage hem zo ver te krijgen het Neurenbergse partijcongres een keer te laten vervallen. Daar wilde hij niets van weten.[76]

Na elk partijcongres verzamelde Hitler zijn paladijnen om zich heen en hield een nabespreking. Hij deelde lof en kritiek uit en deed voorstellen voor zaken die hem nog voor verbetering vatbaar leken. Hij wilde niets veranderen aan het gepolijste verloop. De 'vorm', zo zei hij tegen Albert Speer in een nabespreking van het partijcongres van 1938, moest zolang hij nog leefde 'tot een onveranderlijke ritus' worden: 'Dan kan later niemand daar meer aankomen. Ik ben bang voor de vernieuwingszucht van de mensen die na mij komen. Een willekeurige leider van het rijk heeft misschien niet mijn uitstraling, maar dit kader zal hem steun bieden en autoriteit verlenen.'[77] Ook in dit opzicht was Hitler in de greep van de angst dat hij al snel zou sterven en dat zijn werk hem niet zou overleven. De canonisering van het rituele zou zijn potentiële opvolger voorzien van een geleend charisma en het Derde Rijk duurzaamheid bieden.

Niet alleen op de Duitse maar ook op de buitenlandse bezoekers maakten de Neurenbergse massa-ensceneringen indruk. De Franse ambassadeur François-Poncet, die het schouwspel in 1937 bijwoonde, herinnerde zich: 'Maar verbazingwekkend en met geen pen te beschrijven is de sfeer van algeheel enthousiasme waarin de oude stad is ondergedompeld, deze eigenaardige roes die honderdduizenden mannen en vrouwen gegrepen heeft, de romantische opwinding, mystieke extase, een soort van heilige waantoestand waarin ze vervallen zijn. Acht dagen lang is Neurenberg [...] een betoverde stad, ja, bijna een stad in extase.'[78] Wie nooit getuige is geweest van het Neurenbergse partijcongres en de sfeer die daar heerst, merkte ook de Engelse ambassadeur op in een terugblik, zal zich er niet 'op kunnen beroemen dat hij de nazibeweging in Duitsland volledig heeft leren kennen.'[79]

Zelfs een sceptisch waarnemer als William Shirer concludeerde aan het eind van het partijcongres van 1934: 'Je moet zoiets meemaken om de fascinatie te begrijpen die Hitler inboezemt bij het volk, om de dynamiek te voelen die hij ontketent in de beweging, met de directe, gedisciplineerde kracht die de Duitsers bezitten.'[80] Hoe sterk de theatermagie inwerkte op buitenlandse journalisten van wie je toch eigenlijk kritische distantie zou verwachten, onthult een verslag uit de New York Times van de laatste dag van het partijcongres van 1937: toen de radio-uitzending van Hitlers toespraak, beluisterd door reporters uit de hele wereld, was afgelopen, 'stond iedereen in de hotelfoyer als op commando, strekte de arm voor de Hitler-groet en zong enthousiast mee met het volkslied en aansluitend het Horst-Wessellied'.[81] Niet alleen Duitsers, maar juist ook veel buitenlanders lieten zich inpakken door de schone schijn van het Derde Rijk en verloren daarbij de duistere kanten van de dictatuur uit het oog.

Vanaf het begin was de nazileiding eropuit een zo groot mogelijke kring mensen te betrekken bij het Neurenbergse massaspektakel. Vooral radio-uitzendingen kwamen daarbij goed van pas. Deze hadden echter het nadeel dat ze zich meestal beperkten tot het doorgeven van de redevoering en weinig overbrachten van de sfeer die er heerste. Zo was er al in 1935 sprake van een vermoeidheidseffect bij de luisteraars. 'De uitvoerige berichtgeving op de radio en in de krant heeft zelfs in de congresweek de massa niet werkelijk gegrepen. Het volk was er niet bij betrokken,' aldus een verslag uit het Rijnland.[82] De gedachte lag dus voor de hand om het medium film als informatieverspreider te gebruiken.

Van de partijcongressen van 1927 en 1929 had de NSDAP films laten maken. Het ging hierbij echter om stomme films zonder artistieke pretentie, die alleen bedoeld waren voor de eigen achterban en verder niet verspreid werden. Bovendien trad Hitler hierin nog niet op als de absoluut dominante hoofdfiguur.[83] Na de 'machtsgreep' zou dat anders moeten. Bij het 'Rijkspartijcongres van de Overwinning', zoals het motto luidde voor 1933, was men van plan opdracht te geven voor een werk dat van heel andere kwaliteit was en een breed bioscooppubliek de mogelijkheid moest bieden tot het 'meebeleven'. Het uur van Leni Riefenstahl was gekomen.

Al in het voorjaar van 1932 had de getalenteerde actrice contact gelegd met Hitler, bij wie ze was opgevallen door haar hoofdrol in de film Das blaue Licht. Vanaf de herfst van dat jaar was ze een graag geziene gast in het huis van Goebbels, waar ze af en toe ook Hitler weer ontmoette. Ze kon er dus van uitgaan dat ze een goede kans zou krijgen carrière te maken als de nationaalsocialisten aan de macht kwamen.[84] Inderdaad bood Goebbels haar midden mei 1933 samenwerking aan: 'Middag. Leni Riefenstahl. Ze vertelt van haar plannen. Ik doe haar een voorstel voor een Hitler-film. Ze is enthousiast.' In juni bespraken beiden de verdere details. 'Ze is de enige van alle sterren die ons begrijpt,' noteerde de minister van Propaganda meteen daarna. In augustus was de zaak rond: bij de lunch in de rijkskanselarij was ook Leni Riefenstahl aanwezig – een bijzonder gunstbetoon van Hitler. 'Ze draait onze film van het partijcongres,' schreef Goebbels verheugd.[85] De officiële bekendmaking volgde aan het eind van de maand, slechts een paar dagen voor het begin van het evenement in Neurenberg. 'Op speciaal verzoek van de Führer,' zo stond te lezen in de *Film-Kurier*, was 'mejuffrouw' Riefenstahl belast met de artistieke leiding van de film over het partijcongres.[86]

Dat een zijinstromer en bovendien een niet-partijlid het project kreeg toevertrouwd, was een doorn in het oog van de nationaalsocialistische oudgedienden in de hoofdafdeling Film van het ministerie van Propaganda, met name van hun chef Arnold Raether. Allerlei intriges werden gesponnen en jaloezie aangewakkerd om haar geschiktheid in twijfel te trekken. Zolang Leni Riefenstahl echter de waardering van Hitler genoot, hoefde ze niet bang te zijn voor de aanvallen van haar vijanden. En na haar eerste partijcongresfilm, die de titel *Sieg des Glauben* ('Overwinning van het geloof') moest dragen, waren ook de twijfelaars in de entourage van de dictator overtuigd.[87]

Riefenstahl nam op eigen houtje drie begaafde cameralieden aan: Sepp Allgeier, Franz Weihmayr en Walter Frentz – de laatste zou als favoriete cameraman van Hitler nog een bijzondere rol spelen tijdens de Tweede Wereldoorlog.[88] De jonge vrouw, die haar mensen gedurende de vier opnamedagen zelfbewust aanstuurde, baarde natuurlijk enig opzien in Neurenberg. Na het partijcongres trok ze zich terug voor de montage. Goebbels, met wie ze overleg pleegde, was vol vertrouwen: 'Ze zal wel iets tot stand brengen.'[89]

De originaliteit van Riefenstahls bijdrage was vooral dat ze in de starre, enigszins eentonig overkomende reeks redevoeringen en parades meer ontspanning bracht met een vloeiende ritmische vormgeving en het geheel daarmee interessanter maakte voor de toeschouwers. Zonder zich te bekommeren om de chronologische volgorde, monteerde ze het evenement van het partijcongres tot een suggestieve dans van beelden. Daarbij zag ze af van gesproken commentaar, wat bij een documentaire ongewoon is. Ze nam alleen het originele geluid van de redenaars en de scanderende menigte op, alles met als fundament de filmmuziek van Herbert Windt, een mengeling van Wagner-klanken, folkloristische wijsjes en afgemeten marsmuziek.[90]

Toch was *Sieg des Glaubens* niet volmaakt, wat in de eerste plaats kwam doordat de regisseuse een beginner was op het gebied van montage, en ten tweede doordat ze moest teruggrijpen op conventioneel materiaal uit het bioscoopjournaal, de *Wochenschau*. Sommige scènes waren onbedoeld grappig, zoals Göring die de limousine van Hitler voorbijparadeerde terwijl deze hem een hand wilde geven, of het moment dat Baldur von Schirach met zijn achterste de kepie van Hitler van het spreekgestoelte veegde.[91] Toch had de dictator eind november 1933 bij de vertoning in kleine kring niets aan te merken. 'Fantastische SA-symfonie,' merkte Goebbels op. 'Heeft Riefenstahl goed gedaan. Ze is helemaal ondersteboven van het werk. Hitler is aangedaan. Wordt een enorm succes.'[92] De première vond op 1 december plaats in het Ufa-Palast bij de Berliner Zoo en werd georganiseerd als een officiële plechtigheid. Behalve Hitler, Goebbels, Röhm en Heß waren ook prominente regeringsvertegenwoordigers, vicekanselier Papen, de rijksminister van Buitenlandse Zaken Neurath, minister van Binnenlandse Zaken Frick en de rijksminister van Defensie Blomberg aanwezig. 'Toen het laatste geluid verstomd was,' meldde de *Lichtspielbühne*, 'kwam het zichtbaar ontroerde publiek overeind, om door het gezamenlijk zingen van het nationaalsocialistische strijdlied blijk te geven van zijn verbondenheid met de Führer en zijn beweging. Ook toen was er nog geen bijval, maar een ernstig zwijgen. Pas daarna kwam in een donderend applaus de geestdrift tot uitdrukking.'[93] In de dagen daarna moest het gevolg van Hitler de film steeds weer zien, zodat het voor Goebbels geleidelijk wat te veel werd: 'In de avond thuis. Führer [...] partijcongresfilm. Daar ga ik snel genoeg van krijgen.'[94]

Ook in de pers werd *Sieg des Glaubens* enthousiast geprezen als 'tijdsdocument van onschatbare waarde', als 'filmisch oratorium' en 'de Eroïca van het rijkspartijcongres'. 'De Führer is Duitsland geworden [...], heel Duitsland moet hem nu horen door het wondermiddel van deze film,' schetterde de propaganda.[95] De lokale NSDAP-groepen kregen opdracht op de dag van de vertoning van het 'geweldige filmwerk' alle andere evenementen af te zeggen, zodat de partijleden en de bevolking deze gebeurtenis met zo veel mogelijk mensen konden bijwonen. Met behulp van projectieauto's werd de film ook vertoond in plaatsen op het platteland die geen eigen bioscoop hadden. Tot twintig miljoen Duitsers moeten de film hebben gezien.[96]

Na ruim een half jaar werd de film uit de roulatie genomen. In veel shots was namelijk nog naast Hitler SA-stafchef Ernst Röhm te zien. Na 30 juni 1934 was diens verschijning niet meer welkom op het witte doek. De kopieën van de film werden vernietigd, waarschijnlijk op bevel van Hitler. Na 1945 ging men ervan uit dat de film volledig verdwenen was; pas in de jaren tachtig werd een volledige versie ontdekt in het staatsfilmarchief van de DDR.[97] Er was dus een tweede partijcongresfilm nodig, en opnieuw moest Leni Riefenstahl die maken. Eind augustus sloot ze als 'bijzondere gevolmachtigde van de rijksleiding van de NSDAP' een distributiecontract met de Ufa.⁹⁸ Een week voor het begin van het 'rijkspartijcongres van de eenheid en kracht' reisde ze naar Neurenberg, om de voorbereidingen voor *Triumph des Willens* – zo luidde de van Hitler afkomstige filmtitel – ter hand te nemen.

Deze keer waren de financiële, persoonlijke en technische middelen ongeëvenaard. Behalve een budget van 300.000 rijksmark had de regisseuse 170 medewerkers tot haar beschikking, onder wie alleen al achttien cameramannen. Op het terrein van het partijcongres richtte men op cruciale punten 'filmtorens' op, die waren uitgerust met camera's, opnameapparatuur en schijnwerpers. Op een 28 meter hoge mast in de Luitpoldarena werd een lift aangebracht, van waaruit men met een handcamera heel nieuwe perspectieven kon vangen van het reusachtige paradeterrein. Rondom de redenaarstribune werden rails gelegd voor de camera's. Die maakten het mogelijk Hitler van ongekend dichtbij en onder verschillende beeldhoeken te filmen. Na afloop was er 130.000 meter film belicht. Gedurende vijf maanden werk in de Geyer-Kopierwerke in het Berlijnse stadsdeel Neukölln reduceerde Leni Riefenstahl het materiaal tot ongeveer 3000 meter – wat een film opleverde van 114 minuten.⁹⁹

Net als bij *Sieg des Glaubens* zag de regisseuse af van commentaar en oriën-

Afb. 49 Regisseuse Leni Riefenstahl bij de opnames van *Triumph des Willens*, de film over het rijkspartijcongres van september 1934.

teerde ze zich niet op de chronologie van het partijcongres, maar bracht ze het zevendaagse evenement terug tot drieënhalve dag.[100] Anders dan bij haar eerste partijcongresfilm was Hitler deze keer de alles overheersende hoofdrolspeler. De totale dramaturgie was gericht op de verwachtingen van de toeschouwers: 'Wij willen onze Führer zien!' De begintitels bereidden zijn optreden al voor: 'Op 5 september 1934 – 20 jaar na het uitbreken van de wereldoorlog – 16 jaar na het begin van de Duitse lijdensweg – 19 maanden na het begin van de Duitse wedergeboorte – vloog Adolf Hitler weer naar Neurenberg, om een troepenschouw van zijn getrouwen te houden.' In de openingsscène zweeft de Führer met zijn vliegtuig als een uit de hemel afkomstige heiland omlaag naar Neurenberg. De rit van het vliegveld naar het hotel verbeeldde Riefenstahl als een wereldlijke parallel van Jezus Christus' intocht in Jeruzalem: staande in een open Mercedes neemt Hitler de hulde van het publiek in ontvangst. Een in de auto geplaatste camera filmt hem van achteren, in het tegenlicht van zonnestralen, waardoor zijn hoofd wordt omstraald als door het aureool van een heilige. Terwijl het hele ritueel van het partijcongres er toch al op was gericht om Hitler op een voetstuk te plaatsen, verdubbelde de film van Riefenstahl de effecten, als een enscenering binnen de enscenering, door bewust de gedaante van de Führer te sacraliseren. Daarbij monteerde ze de beelden in een geraffineerd procedé van shot en tegenshot, dat Hitler meestal van onderaf en zijn jubelende aanhangers van boven toonde. Führer en gevolg – de grote, godgelijke charismatische leider en de diepgelovig naar hem opkijkende massa – werden zo verbonden in een mystieke eenheid.[101]

In november 1934 bekeek Goebbels de eerste proefscènes van de film: 'In de middag bij Leni Riefenstahl heerlijke opnames van de partijcongresfilm. Leni die kan wat. Als die een man zou zijn!' Vijf maanden later, toen het werk voltooid was, bleek hij niet minder getroffen: 'Een grandioze show. Alleen in het laatste deel wat lang van stof. Verder echter aangrijpend weergegeven. Leni's meesterwerk.'[102] *Triumph des Willens* ging op 28 maart 1935 in première, amper twee weken na het invoeren van de algemene dienstplicht. Voor 'de filmgebeurtenis van het jaar' had Speer de voorgevel van het Ufa-Palast verhoogd en laten versieren met reusachtige hakenkruisvaandels; boven het hoofdportaal was een acht meter hoge bronzen rijksadelaar aangebracht, die op de première-avond werd verlicht door schijnwerpers. Wederom rukten de prominenten van partij en staat aan, en na de stormachtig toegejuichte vertoning overhandigde Hitler de regisseuse een boeket seringen.[103] In de gelijkgeschakelde pers verschenen lyrische kritieken. 'Het grootste filmwerk dat we ooit gezien hebben', kopte de *Völkischer Beobachter*.[104] Al in de eerste weken meldden de bioscopen een recordaantal bezoekers; *Triumph des Willens* werd de meest bezochte film van het jaar. Op 25 juni 1935 ontving Leni Riefenstahl uit handen van Goebbels de Nationale Filmprijs. In zijn lofrede huldigde de minister van Propaganda het werk als 'het grootse filmische visioen van de Führer, die hier voor het eerst en ongekend indringend visueel voor het voetlicht treedt'.[105]

Wat de propagandawaarde voor het regime betrof, was *Triumph des Willens* de Hitler-film bij uitstek. 'Hier werd hij voor eens en altijd getoond zoals hij gezien wilde worden.'[106] Ook in andere visuele media werd de Führercultus gestimuleerd, bijvoorbeeld in de populaire fotoboeken *Jugend um Hitler* (1935), *Hitler in seinen Bergen* (1935), *Hitler abseits vom Alltag* (1937) – deze probeerden de dictator dichter bij het publiek te brengen als natuurliefhebber, zorgzame soeverein en kindervriend.[107] Het meest blijvend echter werd het beeld van Hitler en van zijn band met het Duitse volk gevormd door de tweede partijcongresfilm van Leni Riefenstahl. En dat gold niet alleen voor Duitsland maar ook voor het buitenland, waar *Triumph des Willens* ook werd vertoond en filmprijzen won. Tijdens de Tweede Wereldoorlog zouden stukken ervan gebruikt worden voor antinazistische voorlichtingsfilms.[108]

'Eén volk – één rijk – één Führer': wie het opus van Riefenstahl zag, kon zich moeilijk aan de indruk onttrekken dat dit in het Derde Rijk geen lege propagandaformule was maar de doorleefde praktijk. Maar hoe zag het er in werkelijkheid uit? Kwam de vaak aangehaalde 'volksgemeenschap' overeen met de maatschappelijke werkelijkheid of was ze slechts bedrieglijke schijn, een constructie die ver van de realiteit af stond? Voor 1933 was de belofte om de tegenstellingen tussen partijen en klassen te overwinnen een van de meest aansprekende verkiezingsleuzen geweest. Ze droeg wezenlijk bij aan de aantrekkelijkheid van Hitler en de nationaalsocialistische beweging.[109] Ze voorzag in het verlangen naar een stabiele, zo veel mogelijk conflictloze politieke en sociale orde die gezien werd als de onmisbare grondslag voor de wederopstanding van Duitsland. Na de 'machtsgreep' haakte Hitler naadloos aan bij het gepropageerde ideaal. De nieuwe regering wilde, zo benadrukte hij in zijn eerste radiotoespraak als rijkskanselier op 1 februari 1933, 'boven standen en klassen uit, ons volk weer bewust maken van zijn eenheid als volk, van zijn politieke eenheid, en van de plichten die daaruit voortkomen'. De invoering van een algemene arbeidsdienstplicht, zo zei hij eind februari in een interview met Louis P. Lochner, de vertegenwoordiger van Associated Press in Berlijn, had als doel het 'overbruggen van klassentegenstellingen'. 'Uit boeren, burgers en arbeiders moet weer één Duits volk worden,' had hij op 21 maart in de Garnisonkirche te Potsdam geëist. En twee dagen later, naar aanleiding van het indienen van de Machtigingswet, riep hij op tot 'het bewerkstelligen van een werkelijke volksgemeenschap, die uitstijgt boven de belangen en tegenstellingen van de standen en klassen' als de enige weg om Duitsland uit de crisis te leiden. 'De miljoenen mensen die opgedeeld zijn in beroepen, die in kunstmatige klassen uit elkaar gehouden worden, die door arrogant standsbewustzijn en klassenwaan bevangen zijn, elkaar niet meer kunnen begrijpen, ze moeten weer de weg tot elkaar vinden!' riep hij op 1 mei 1933 op het Tempelhofer Feld in Berlijn.[110]

Zoals veel in Hitlers doelstellingen was ook het begrip 'volksgemeenschap' bewust vaag gelaten en bleef daarmee open voor interpretatie. Schrijver Hanns Johst, die eind januari 1934 in een gesprek met Hitler doorvroeg, kreeg het enigszins wazige antwoord: 'Volksgemeenschap: dat betekent gemeenschap van alle effectieve arbeid, dat betekent de eenheid van alle belangen in het leven, dat betekent de overwinning op het particuliere burgerdom en de automatisch door de vakbonden georganiseerde massa, dat betekent de onvoorwaardelijke gelijkstelling van individuele lotsbestemming en natie, van individu en volk.'[111] Het leed geen twijfel dat de beoogde maatschappij gevormd zou worden op basis van racistische criteria, dat wil zeggen: er zouden alleen 'volksgenoten' bij mogen horen die 'van Duitsen bloede zijn', zoals het eerste punt van het NSDAP-partijprogramma uit 1920 eiste. Voor Joodse Duitsers, maar bovendien nog voor andere groepen die raciaal als 'minderwaardig' werden gestigmatiseerd, was er geen plaats in de nationaalsocialistische 'volksgemeenschap'. Het was ook duidelijk dat de belofte om de klassenstrijd te beëindigen niet betekende dat Hitler het bestaan ontkende van strijdige economische belangen en van de noodzaak dat die vertegenwoordigd waren. Ze moesten echter ondergeschikt blijven aan het primaat van de politiek.[112]

Vanaf het begin probeerden de nationaalsocialisten de arbeidersklasse voor zich te winnen. Deze vormde niet alleen de grootste groep beroepsbeoefenaren, maar zij was ook, voor zover ze in SPD of KPD georganiseerd was, het minst gevoelig gebleken voor de beloftes van de nazipropaganda. Zonder of zelfs in strijd met haar, dat wist Hitler, was de 'volksgemeenschap' niet te verwezenlijken. De 'Duitse arbeider', zo benadrukte hij op 10 februari 1933 in het Berlijnse Sportpalast, mocht in de toekomst 'geen vreemdeling meer' zijn in het Duitse Rijk. Men zou voor hem 'de poorten openbreken', zodat 'ook hij intreedt in de Duitse volksgemeenschap als een steunpilaar van de Duitse natie'.[113] Om dit doel te bereiken, paste het regime een dubbelstrategie van verleiding en brute macht toe. Aan de ene kant was er het verpletteren van de arbeiderspartijen en de vakbondsorganisaties, aan de andere kant verleidelijke aanbiedingen om te integreren. In zijn redevoering bij de oprichting van het *Deutsche Arbeitsfront* (DAF), dat in de plaats kwam van de opgeheven vakbonden, deed Hitler zich voor als een 'eerlijke makelaar', die 'naar alle kanten' wilde bemiddelen, dat wil zeggen, wilde zorgen voor een belangencompromis tussen ondernemers en werknemers.[114]

Het in januari 1934 uitgevaardigde *Gesetz zur Ordnung der nationalen Arbeit* (Wet tot regeling van de nationale arbeid) privilegieerde duidelijk het kamp van de werkgevers. Ze bracht het *Führerprinzip* over op het bedrijfsniveau: aan de top van de *Betriebsgemeinschaft* (bedrijfsgemeenschap) stond voortaan de *Betriebsführer*, de arbeiders waren zijn *Gefolgschaft* (volgelingen).[115] Zij kregen als tegemoetkoming voor het verlies van hun medezeggenschap en het kwijtraken van het recht op vrije loonvorming een reeks compensaties aangeboden. Zo spande het DAF-bureau *Schönheit der Arbeit* zich in om de omstandigheden op de werkvloer te verbeteren: er werden arbeiderskantines ingericht, sportcomplexen en openluchtzwembaden gebouwd, maatregelen getroffen voor lawaaivermindering, gezondere lucht en verbeterde hygiëne, groen aangelegd rond de fabrieken – alles met de bedoeling de arbeiders een gevoel voor de 'waardigheid van de arbeid' te geven. 'De realiteit van de kapitalistische productieverhoudingen werd niet veranderd,' zo vatte Peter Reichel het nauwkeurig samen, 'ze werd alleen anders geïnterpreteerd en geënsceneerd. De waarneming ervan moest veranderen. Door een sluier van schone schijn.'[116] Het was niet zo dat 'het zijn' het bewustzijn moest bepalen, zoals de marxistische leer luidt, maar omgekeerd, het bewustzijn moest 'het zijn' bepalen.

Nog belangrijker en op de lange duur aantrekkelijker was een andere tak van het DAF, de nationaalsocialistische vereniging *Kraft durch Freude* (KdF), die gesticht werd in november 1933 naar het voorbeeld van de Italiaans-fascistische *Opera Nazionale del Dopolavoro*. Ze had als doel de vrijetijdsbesteding van de arbeiders ter hand te nemen, om zowel hun prestatievermogen als hun bereidheid tot integreren te versterken. In korte tijd ontwikkelde ze zich tot een mammoetorganisatie van meer dan 7000 leden in volledige dienst en 135.000 leden-vrijwilligers. 'KdF,' verklaarde Robert Ley, de rijksvoorzitter van het DAF, 'is de eenvoudigste manier waarop het nationaalsocialisme bij de brede massa kan worden geïntroduceerd.'[117] Het aanbod reikte van theater- en concertbezoek, tentoonstellingen, museumrondleidingen, tennis- en paardrijlessen en volwasseneneducatie tot vakantiereizen. De laatste waren ongetwijfeld het aantrekkelijkst. 'Voor velen is Kraft durch Freude hoe dan ook slechts een soort reisbureau, dat grote voordelen biedt,' stelde een verslag in februari 1938 vast.[118] Reizen veronderstelt echter dat iemand vakantie heeft, en inderdaad kregen de arbeiders na 1933 zes tot twaalf vakantiedagen. Tussen 1934 en 1938 maakten gemiddeld meer dan een miljoen Duitsers per jaar een geheel verzorgde reis met KdF; daarbij kwamen nog meer dan vijf miljoen deelnemers aan weekendtrips en korte reizen van één tot twee dagen.[119]

Vooral de zeereizen naar het buitenland waren gewild, waarvoor KdF een eigen cruisevloot ter beschikking stelde, met onder andere de nieuw gebouwde 'Wilhelm Gustloff' en de 'Robert Ley'. Anders dan in de passagiersstoomschepen van vroeger werden de reizigers niet meer verdeeld in verschillende klassen. Het was 'afschuwelijk' en 'niet te vatten', merkte Hitler op in een van zijn monologen in het Führerhoofdkwartier, hoe men vroeger 'op onze grote passagiersstoomschepen door het onderbrengen van de gasten in de derde, tweede en eerste klasse' de verschillen in levensomstandigheden zichtbaar liet worden: 'hier ligt een belangrijk werkterrein van het DAF.'[120] In de klasseloze samenleving aan boord moesten mensen uit verschillende sociale lagen elkaar op harmonische wijze ontmoeten; de successen bij het integreren van de arbeider in de Volksgemeinschaft moesten hier een voorbeeld krijgen. 'De zon tegemoet – Duitse arbeiders varen naar Madeira', meldde een reisverslag met een hoge oplage[121], en Goebbels meldde geestdriftig: 'Dat is ook iets geweldigs. Arbeiders die hun eigen stad verlaten hebben, reizen hier ter zee en te land, en zijn dan blij als ze weer in Duitsland zijn.'[122]

Natuurlijk gaapte er een kloof tussen de pretentie en de werkelijkheid. De vakantiegangers op de KdF-schepen waren volstrekt geen representatieve doorsnee van de Duitse samenleving; het waren eerder leden uit de middenklassen, middenkaderpersoneel, ambtenaren, zelfstandigen. De partijfunctionarissen waren daarbij naar verhouding oververtegenwoordigd, terwijl arbeiders duidelijk in de minderheid bleven.[123] De kosten van cruises naar Madeira gingen namelijk de financiële mogelijkheden van de meeste arbeidersgezinnen te boven. De verslagen van sociaaldemocratische informanten uit het Derde Rijk bevatten dan ook steeds weer de kritiek dat de buitenlandse reizen vooral gereserveerd waren voor partijbonzen en dat ze voor mensen met een gemiddeld inkomen onbetaalbaar waren.[124] Anderzijds groeide ook de acceptatie van de recreatiemogelijkheden, vooral de vakantie- en weekendreizen binnen Duitsland. '"Als je het zo goedkoop krijgt, kun je er nog eens je vinger voor opsteken!" Zo praten veel arbeiders en ze doen mee.'[125] Vanuit Berlijn werd gemeld dat KdF 'zeer populair' was geworden. 'De evenementen komen tegemoet aan de wensen van de kleine man, die ook eens eropuit wil en wil meegenieten van de pleziertjes van "de grote heren". Er wordt uitgekookt gespeculeerd op de kleinburgerlijke trekjes van de apolitieke arbeider.'[126] Het kon de rapporteurs van de Sopade echter niet ontgaan dat ook doorgewinterde sociaaldemocraten onder de indruk waren. Ze maakten zich ook geen illusies over het maatschappelijke effect: 'KdF is op z'n minst een afleiding, het draagt bij aan de beneveling van het verstand, heeft een propagandistisch effect ten gunste van het regime.'[127]

De planners van KdF waren zich er volop van bewust dat bij alle beloftes veel reiswensen nog niet vervuld waren. Om voor een oplossing te zorgen, richtten ze zich op de bouw van grote vakantiecomplexen en herstellingsoorden. De meest prestigieuze onderneming was het 'KdF-Seebad Prora' op het Noord-Duitse eiland Rügen, waarvan de bouw begon in mei 1936.[128] De zes verdiepingen hoge appartementenblokken moesten zich uitstrekken over een lengte van 4,5 km en plaats bieden aan 20.000 vakantiegangers. Een verblijf van een week mocht niet meer dan 20 rijksmark kosten en moest ook betaalbaar zijn voor arbeiders met een klein inkomen. Hitler dweepte met de 'grootste badplaats van de hele wereld'.[129] In de verslagen van de Sopade was in april 1939 te lezen: 'Het is een van de effectiefste reclamegebouwen van het Derde Rijk.'[130] Het complex kwam echter niet gereed; bij het uitbreken van de Tweede Wereldoorlog werd het werk stilgelegd.

Het begin van het georganiseerde massatoerisme in het Derde Rijk was onderdeel van een groter project. Het vertegenwoordigde het beoogde visioen van een nationaalsocialistische vrijetijds- en consumptiemaatschappij. De raciaal homogene 'volksgemeenschap' moest zich kenmerken door een hoog consumptieniveau, zo wilde Hitler.[131] Zoals al vermeld, lag in de eerste jaren van zijn regering de prioriteit echter klip en klaar bij de bewapening. De particuliere consumptie moest daarvoor een stapje terug doen. Bij deze politiek sloot ook de loon- en prijzenontwikkeling aan, die zich binnen zeer nauwe grenzen afspeelde. Zo stegen de reële lonen van de arbeiders in Duitsland tussen 1933 en 1939 maar heel weinig en dit vooral door de verlenging van de arbeidstijden.[132] Dat het bij het nationaalsocialistische regime ging om een *Gefälligkeitsdiktatur* ('dienstvaardigheidsdictatuur'), die vooral de belangen van de sociaal zwakken diende – zoals de Duitse historicus Götz Aly beweert in zijn boek *Hitlers Volksstaat* – daarvan kan tegen deze achtergrond geen sprake zijn.[133]

De massaconsumptiemaatschappij bleef vooralsnog een belofte, een vooruitzicht op toekomstige mogelijkheden. Een voorproefje gaf ondertussen een serie van 'volksproducten', die toegankelijk gemaakt moesten worden als moderne technische consumptiegoederen. Daartoe behoorde vooral de *Volksempfänger* ('volksontvanger'), die onder het typenummer VE301 (het getal herinnerde aan de machtsgreep van 30 januari) en in aanwezigheid van Hitler werd geïntroduceerd op de *Berliner Funkausstellung* van augustus 1933. Standaardisering en grootscheepse serieproductie maakten een sensationeel lage prijs van 75 rijksmark mogelijk, wat op afbetaling ook was op te brengen voor huishoudens met een klein inkomen. In 1939 volgde een ander model, de *Deutsche Kleinempfänger* (DKE), die nog slechts 35 rijksmark kostte.[134] Weliswaar werd het aangekondigde doel – 'Radio in ieder Duits huis!' – niet gehaald, maar toch steeg het aantal radioluisteraars van 4,5 miljoen in 1933 naar meer dan 11 miljoen in 1939; daarmee bezat 57 procent van de huishoudens een radio.[135] Met de radio beschikten de nationaalsocialisten over het belangrijkste instrument om de massa te beïnvloeden. Goebbels besefte daarbij dat een al te opdringerige politieke propaganda, zoals het regime die bedreef in zijn beginperiode, op den duur afschrikwekkend zou werken. Daarom vroeg hij al in september 1933 om meer amusementsprogramma's: 'De programma's moeten wat meer ontspannen worden. Partijpolitiek beperken tot een minimum.'[136]

Hitlers mening over televisie, waarvan de ontwikkeling plaatsvond na 1933, is niet overgeleverd uit zijn eigen mond. 'Ik ben, dat zeg ik maar heel eerlijk, helemaal gek op techniek,' zei hij in februari 1942. 'Altijd is die persoon in het voordeel, die met verbluffende technische vernieuwingen komt.'[137] Goebbels hield hem op de hoogte van de televisie. Deze had gauw de kansen van het nieuwe medium gezien. Hij heeft steeds weer in zijn dagboek opgemerkt dat de televisie een 'grote toekomst' had en men in dat opzicht 'voor revolutionaire vernieuwingen' stond.[138] In 1935 werden in Berlijn de eerste *Fernsehstuben* ('televisiezaaltjes') ingericht. De techniek was echter nog niet volwassen en het kijkgenot was beperkt. Het televisietoestel was bij lange na nog geen massaproduct zoals de 'volksontvanger', ook al profeteerde de *Westdeutscher Beobachter* in een aankondiging van de radiotentoonstelling van 1938 dat het 'algauw zo populair en vanzelfsprekend zal zijn als de algemene radio-ontvangst'.[139]

Minder succesvol dan met de 'volksontvanger' waren de nationaalsocialisten met een ander 'volksproduct' – de 'Volkswagen'. Voor de autogek Hitler was het motoriseren van de massa een vurige wens. Zoals het in de radio-industrie gelukt was om een goedkope 'volksontvanger' te vervaardigen, verklaarde hij op de *Internationale Automobilausstellung* van maart 1934, zo moest nu ook de autoindustrie het hare doen om 'de auto te construeren die onvermijdelijk een laag van miljoenen nieuwe kopers ontsluit'.[140] Het woord 'Volkswagen' gebruikte Hitler nog niet, maar de *Leipziger Neueste Nachrichten* had helemaal begrepen wat hij bedoelde, toen het opende met de kop: 'Maak: de Duitse Volkwagen!'[141] De aanschafprijs voor het nieuwe product mocht niet hoger zijn dan 1000 rijksmark – een bedrag waarmee de meeste autofabrikanten geen calculatie konden maken, vonden ze, omdat ze het als te laag beschouwden. De opdracht voor de constructie ging naar autobouwer Ferdinand Porsche; Hitler waardeerde hem en gaf hem steeds weer rugdekking tegen het verzet van de auto-industrie. De auto, zo hield hij in februari 1936 de vertegenwoordigers op de Internationale Automobilausstellung voor, moest 'van luxeobject voor een paar individuen tot het gebruiksvoorwerp voor iedereen' worden. Hij zou het project 'Volkswagen' 'met onverbiddelijke vastberadenheid' tot voltooiing brengen, en hij twijfelde er niet aan dat de 'genialiteit' van Porsche erin zou slagen 'de aanschaf-, bedrijfs- en onderhoudskosten van deze auto te reduceren tot een niveau dat in een draaglijke verhouding staat tot het inkomen van de grote massa van ons volk'.[142]

Met het oog op de aanhoudende twijfels bij de Reichsverband der Automobilindustrie keurde Hitler het goed dat het project werd overgedragen aan het DAF van Ley. Eind mei 1937 werd een *Gesellschaft zur Vorbereitung des Deutschen Volks-*

wagens (Maatschappij ter Voorbereiding van de Duitse Volkswagen, *Gezufor*) opgericht. In de zomer viel het besluit de Volkswagenfabriek in de buurt van Fallersleben te bouwen.¹⁴³ Bij de eerstesteenlegging op 26 mei 1938 keerde Hitler zich nog één keer tegen de critici, die beweerden dat het niet mogelijk was een auto te produceren voor een prijs die de grote massa kon betalen. 'Het woord "onmogelijk" haat ik; het is altijd het waarmerk van laffe mensen geweest die het niet aandurfden grote besluiten te verwezenlijken.' Hitler maakte bekend dat de nieuwe auto 'KdF-Wagen' zou heten en hij kondigde aan dat naast de 'geweldigste Duitse autofabriek' een 'voorbeeldige Duitse arbeidersstad' tot stand zou komen.¹⁴⁴

De weerklank was buitengewoon. Voor veel Duitsers was de aankondiging van de volksauto 'een grote blije verrassing', meldde het verslag van de Sopade van april 1939: 'Er ontstond een ware KdF-psychose. In alle lagen van de Duitse bevolking was de KdF-auto voor lange tijd het belangrijkste onderwerp van gesprek.' Alle klemmende binnenlandse en buitenlandse politieke problemen werden daardoor naar de achtergrond gedrongen. 'De politicus die iedereen een auto belooft, is de man van de massa, als de massa zijn beloftes gelooft. Wat de KdF-auto betreft, het Duitse volk gelooft in de aankondigingen van Hitler.'¹⁴⁵ Voor de aankoop van de auto creëerde de KdF een spaarsysteem – met een minimum van 5 rijksmark per week (bij een eindprijs van 990 rijksmark). Tot aan het eind van 1939 maakten 270.000 spaarders van de mogelijkheid gebruik, en tot aan het einde van de oorlog 340.000. Daarbij was echter de arbeidersklasse met slechts 5 procent behoorlijk ondervertegenwoordigd. Hun auto kregen ze niet, want in de oorlog produceerde de Volkswagenfabriek vooral *Kübelwagen*, het Duitse equivalent van de jeep voor het leger.¹⁴⁶

Nog duidelijker bleek de tegenstrijdigheid tussen propaganda en werkelijkheid in de sociale politiek, die voor de nationaalsocialisten juist doorging voor het paradepaardje van een functionerende 'volksgemeenschap': het *Winterhilfswerk des Deutschen Volkes*. In de zomer van 1933 maakte Hitler het plan bekend een hulpprogramma voor behoeftigen in het leven te roepen. Het idee op zich was niet nieuw. In de laatste jaren van de Republiek van Weimar hadden de onafhankelijke liefdadigheidsverenigingen een 'Winterhulp' voor nooddruftige mensen opgericht. De resultaten waren echter bescheiden geweest.¹⁴⁷ Het naziregime ging met een heel ander elan aan de slag. Onder het motto 'Strijd tegen honger en kou' wilde het laten zien dat het de leuze 'Gezamenlijk belang voor eigenbelang' serieus bedoelde. Erich Hilgenfeldt werd belast met de organisatie. Hij stond aan het hoofd van de *Nationalsozialistische Volkswohlfahrt* (Nationaalsocialistische Volksliefdadigheid, NSV), de grootste massaorganisatie na het DAF. Op 13 september 1933 gaven Hitler en Goebbels met veel aplomb het startschot voor de eerste *Winterhilfswerk*-actie. Met deze actie, zo verklaarde de rijkskanselier, wilde men het bewijs leveren 'dat deze volksgemeenschap geen leeg begrip is, maar dat ze werkelijk leeft'. Men had de 'internationale marxistische solidariteit' gebroken, om in plaats daarvan 'de nationale solidariteit van het Duitse volk' te plaatsen.[148]

'Onze actie tegen honger en kou is ingeslagen als een bom,' schreef Goebbels verheugd.[149] De oproep bracht meteen giften van 358 miljoen rijksmark op, en dit resultaat steeg elk jaar – tot 680 miljoen rijksmark in de winter van 1939–1940. De propaganda putte zich uit in superlatieven. In zijn redevoering voor het Winterhilfswerk van 1935 sprak Hitler van 'het grootste sociale project aller tijden'.[150] Leden van bijna alle nazi-organisaties deden mee als vrijwilligers, gingen met de collectebus van deur tot deur, verkochten insignes en speldjes. Op die eerste zondag in december, de 'Dag van de Nationale Solidariteit', deden ook prominente vertegenwoordigers van het regime mee. Voor Goebbels, die voor hotel Adlon collecteerde, was het iedere keer 'volksfeest'. 'Onbeschrijflijk. Tienduizenden. Een onafzienbare vrolijke drukte. Ik werd bijna platgedrukt. Moest twee keer het hotel in vluchten. Die heerlijke Berlijners! En ze geven. De armsten het meest van harte. Vaak krijg ik tranen in mijn ogen […]. 's Avonds de Führer ingelicht […]. Een grote overwinning. Ik heb 42 collectebussen vol gekregen.'[151]

Op die eerste zondag tussen oktober en maart werd de Duitsers verzocht een 'eenpansgerecht' te eten. Het geld dat op deze manier werd uitgespaard, moest ten goede komen aan de Winterhilfe. Hitler ging vol op het orgel om deze opoffering voor de 'volksgenoten' aantrekkelijk te maken: 'En als de andere dan weer zegt: "Maar weet u, die eenpanszondag, ik zou graag iets willen geven, maar mijn maag, mijn maag doet hoe dan ook moeilijk, ik begrijp het niet, ik geef zo ook wel 10 Pfennig." Nee, goede vriend, dat hebben we opzettelijk zo bedacht, voor jou die dat niet begrijpt, is het nuttig als we jou op deze manier terugbrengen bij je volk, bij de miljoenen volksgenoten die gelukkig zouden zijn als ze de hele winter zo'n eenpansgerecht op tafel hadden, dat jij misschien één keer per maand tot je neemt."[152] Ook op de lunchtafel van de rijkskanselarij werd op zondag alleen een terrine soep geserveerd, en de disgenoten werd gevraagd om een bijdrage. 'Het aantal gasten slonk daarop vaak tot twee of drie in totaal,' herinnerde Speer zich, 'wat voor Hitler aanleiding was tot enkele sarcastische woorden over de offerbereidheid van zijn medewerkers.'[153]

Het Winterhilfswerk voer weliswaar onder de vlag van de 'vrijwilligheid', maar veel stelde dat niet voor. Arbeiders moesten het slikken dat hun gave direct van hun loon werd afgetrokken – minstens 10 procent van de loonbelasting vanaf 1935. Wie weigerde te geven als dat gevraagd werd, kon op sancties rekenen. Zo had een boer van een rijkserfhofstede in Franken verklaard dat hij niets overhad voor het Winterhilfswerk; hij werd scherp terechtgewezen in een brief van het districtsbestuur van de NSDAP van november 1935, omdat hij 'niet bereid' was 'zich een lid te voelen van de Duitse volksgemeenschap'. Als hij zijn gedrag niet veranderde, dreigde men openlijk hem 'daarheen te brengen waar gewoonlijk staatsvijanden en andere voor het volk schadelijke individuen opgeborgen worden'.[154] Het voortdurende appel op de offerbereidheid en het lastigvallen door de collectanten zorgden op den duur voor wrevel en ergernis. De collectes op straat en langs de deuren hadden 'helemaal het karakter van georganiseerde straatroverij' gekregen, meldde een verslag van de Sopade al in december 1935. In januari 1938 was de gift naar verluidt 'praktisch een gedwongen afdracht geworden', 'waaraan niemand zich kon onttrekken'.[155] Er deden geruchten de ronde dat het geld van de giften niet altijd de mensen bereikte voor wie het bedoeld was. De afkorting WHW voor Winterhilfswerk werd in de volksmond *'Wir hungern weiter'* (wij hongeren door) of ook *'Waffenhilfswerk'* (wapenhulpwerk).[156] Inderdaad was de verdenking dat de Winterhilfe hielp om de oorlogsplannen van Hitler te financieren niet ongegrond. Op deze manier kon het naziregime zijn uitgaven voor sociale programma's drukken en het geld in de bewapening steken. Het 'socialisme van de daad' – zoals Hitler en zijn napraters het bestempelden – mocht en mag men in geen geval accepteren voor wat het op het oog waard is.

Dat geldt ook voor een andere belofte die Hitler deed, namelijk om binnen de 'volksgemeenschap' iedere Duitser, ongeacht zijn sociale achtergrond, dezelfde carrièrekansen te geven, zodat uiteindelijk de besten en meest talentvollen in leidende posities terecht konden komen. Centrale taak van het landsbestuur, zo verklaarde hij bijvoorbeeld in een slotrede bij het rijkspartijcongres van 1934, was de basis ervoor te leggen dat 'de bekwaamste koppen ongeacht afkomst, titel, stand en kapitaal terecht de voorkeur krijgen'.[157] 'Gelijke kansen' betekende echter in de opvatting van Hitler – hij heeft de uitdrukking zelf nooit in de mond genomen – niet platte nivellering. Hij gaf de Amerikanen gelijk, zo zei hij in een interview met Louis P. Lochner, als ze 'niet iedereen gelijk wilden maken', maar het 'principe van de ladder' hooghielden: 'Het is alleen zo dat iedereen de mogelijkheid moet krijgen om de ladder te beklimmen'.[158] Hoe Hitler zich de nationaalsocialistische maatschappij van de toekomst voorstelde, zette hij begin januari 1937 uiteen tijdens een middagwandeling op de Obersalzberg met minister van Propaganda Goebbels. Deze noteerde na afloop: 'Iedereen moet naar boven mogen opklimmen. Verbind het niet aan examens, maar aan prestaties [...]. Dat gedoe met examens, overal afschaffen. Een hiërarchie van prestaties vormen. Die heel scherp organiseren. Daar ook de welvaart concentreren. Socialisme betekent: vrij baan voor bekwame mensen.'[159]

'Vrij baan voor bekwame mensen' – Hitler kwam tijdens de oorlog bij zijn monologen in de het Führerhoofdkwartier steeds weer terug op deze eis. Het was afdoende ervoor te zorgen dat 'voor elk begaafd mens alle poorten openstonden'. Verder moesten de moeilijkheden opgelost worden die eruit voortkwamen 'dat we te veel aan diploma's, aan papiertjes gehecht zijn': 'Ik heb zelf in mijn beweging geweldige ervaringen kunnen opdoen op de hoogste posities. Ik heb zeer hoge ambtenaren die boeren zijn en zich nu heel goed bewijzen.' Het enige criterium, ook bij een bevordering in het leger, was 'bekwaamheid'. 'Als iemand het in zich heeft om uit te blinken, kijk ik er niet naar of hij uit proletarische kringen komt, en ik sta niet in de weg als de nakomelingen van mijn oude soldatengeslachten zich opnieuw moeten bewijzen.'[160]

Hitlers egalitaire retoriek was één ding, de maatschappelijke realiteit in het Derde Rijk iets anders. Er waren wel meer carrièrekansen, ook voor mensen die behoorden tot voordien achtergestelde sociale klassen. Alleen de NSDAP en de bij haar aangesloten organisaties met hun reusachtige apparaten of de dankzij de weer ingevoerde dienstplicht snel gegroeide Wehrmacht boden veel nieuwe, goed betaalde banen. Juist voor leden van de jongere generatie, voor wie de beroepsperspectieven voor 1933 somber waren geweest, was de belofte dat in de toekomst prestaties zouden worden betaald in plaats van afkomst en rang, uiterst aantrekkelijk. De mogelijkheid snel vooruit te komen, juist voor jonge academici, en zelfs op leidende posities terecht te komen, stimuleerde de wil om te presteren en ontketende aanzienlijke energie in de maatschappij. Het was niet in de laatste plaats de verticale mobiliteit die het 'moderniteitsappeal' van het nationaalsocialisme vormde.[161]

Dat alles veranderde echter niets aan de fundamentele structuur van de samenleving. Hitler was niet de sociale revolutionair die de Duitse historicus en uitgever Rainer Zitelmann van hem heeft willen maken.[162] De barrières tussen de klassen en de milieus werden poreuzer – maar ze werden niet verwijderd. Van gelijke kansen kon geen sprake zijn in de volksstaat van de nazi's; de werkelijkheid bleef ook hier ver achter bij de trotse proclamaties. De propaganda was echter opmerkelijk succesvol als het erom ging een 'gevoel van sociale gelijkheid' te suggereren, en dit effect op zich was al genoeg om Hitlers positie als messianistische verlosser en de emotionele bindingen met zijn regime te versterken.[163]

Hitlers 'volksgemeenschap' was – zo kunnen we samenvatten – niet louter een hersenschim, niet louter een bedrieglijke façade, maar ze was evenmin een maatschappelijke realiteit in die zin dat ze de bestaande eigendoms- en bezitsverhoudingen aanviel. Haar mobiliserende kracht school 'in de stellige belofte van [...], niet in het vaststellen van een reëel bestaande sociale toestand'.[164] Ze beschreef het toekomstbeeld van een gevormde maatschappij die zich niet richtte op de gelijkheid van allen maar daarentegen juist extreme ongelijkheid tot stand moest brengen, voorkomend uit het rassenbiologische programma. De integratie van de 'volksgenoten' moest gepaard gaan met het buitensluiten van de zogenaamde *Gemeinschaftsfremde* ('gemeenschapsvreemde personen').

Tot de laatstgenoemden werden niet alleen de politieke tegenstanders van het regime en de Joodse Duitsers gerekend, maar in wezen iedereen die niet paste in het rassenideologische ideaal van de nationaalsocialisten: lichamelijk en geestelijk gehandicapten, 'asocialen', alcoholisten, homoseksuelen, zigeuners. Deze groepen moesten, voor zover ze niet 'verbeterbaar' bleken, een rassenhygiënische 'speciale behandeling' krijgen. Al in het tweede deel van *Mein Kampf* had Hitler gesteld dat het een primaire taak van de toekomstige 'volksstaat' was te zorgen voor het 'zuiver houden' van het ras, en wel op zo'n manier dat 'alleen gezonde mensen kinderen verwekken'. Voor dat doel moest de staat de 'modernste hulpmiddelen' aanwenden om 'alles, wat in enig opzicht kennelijk ziek en erfelijk belast – en dus ook weer erfelijk belastend – is onbevoegd te verklaren om zich voort te planten, en ook de hieraan verbonden praktische consequenties te trekken'. Daarmee gepaard diende 'de vruchtbaarheid van de gezondste dragers der volkskracht bewust en stelselmatig in de hand' te worden gewerkt.[165] In zijn redevoeringen vóór 1933 kwam Hitler steeds weer op deze eisen terug. Zo beriep hij zich bij het Neurenbergse partijcongres van 1929 op het voorbeeld van Sparta, de 'duidelijkste raciale staat van de geschiedenis', die de 'rassenwetten planmatig doorgevoerd' had, terwijl in de sociale en gezondheidspolitiek van de Republiek van Weimar precies het tegendeel werd beoefend. Geleid door 'moderne humanitaire stommiteiten' werd namelijk 'het zwakke bewaard ten koste van het gezonde': 'Zo kweken we langzaam de zwakken op en vermoorden de sterken.' De 'reorganisatie van het volkslichaam' zou 'de grote missie van het nationaalsocialisme' zijn.[166]

Dit programma was allesbehalve origineel. Hitler greep hier juist terug op ideeën die bij het oprukken van de eugenetica internationaal verspreid waren sinds de jaren negentig van de negentiende eeuw.[167] Na de aderlating van de Eerste Wereldoorlog hadden ze een krachtige opbloei gekend onder artsen, psychiaters, wetenschappers en ook bij politici – zelfs in socialistische kringen. De voorstelling van zaken dat de 'besten gevallen' waren, terwijl de 'minderwaardigen' de oorlog overleefd hadden en door de staat met zijn sociale voorzieningen gevoederd werden, domineerde de eugenetische discussie in de Republiek van Weimar. In 1920 publiceerden strafrechtjurist Karl Binding en psychiater Alfred Hoche een brochure onder de programmatische titel *Die Freigabe der Vernichtung lebensunwerten Lebens* ('Het prijsgeven aan de vernietiging van levens die het leven niet waard zijn'). Daarin werden de Duitsers opgeroepen het voorbeeld van de klassieke Spartanen te volgen, die hun zieke zuigelingen en oude mensen gedood hadden: 'Medelijden is tegenover de geestelijk doden zowel bij hun leven als bij hun sterven de minst gepaste emotie; waar geen lijden is, is er ook geen medelijden'.[168]

In juli 1932 besprak de gezondheidsraad van de deelstaat Pruisen het ontwerp van een wet die het mogelijk moest maken zogenaamde *Erbkranken* (lijders aan erfelijke ziekten) te steriliseren. In hetzelfde jaar drongen vertegenwoordigers aan op de invoering van eugenetische sterilisatie, om enerzijds een 'verslechtering van het Duitse erfelijk materiaal' tegen te gaan en anderzijds 'de overheidsuitgaven te ontlasten'.[169] Na de machtsovername van de nationaalsocialisten kregen de voorvechters van eugenetische rassenpolitiek het groene licht. Op 14 juli 1933 nam het kabinet een *Gesetz zur Verhütung erbkranken Nachwuchses* (Wet ter voorkoming van nageslacht met erfelijke ziekten) aan, die voor het eerst de gedwongen sterilisatie op rassenhygiënische gronden toelaatbaar maakte. Weliswaar sprak vicekanselier Papen zich ervoor uit om van dwangmaatregelen af te zien en in plaats daarvan te vertrouwen op vrijwilligheid bij de betreffende personen, maar Hitler wees die bezwaren koel af: de ingrepen waarin de wet voorzag, waren 'niet alleen klein, maar moreel ook onaanvechtbaar, als men ervan uitgaat dat erfelijk zieke mensen zich in ruime mate voortplanten, terwijl anderzijds miljoenen gezonde kinderen ongeboren bleven'.[170] Met het oog op de nog lopende onderhandelingen met het Vaticaan over het concordaat werd de wet pas elf dagen later gepubliceerd; op 1 januari 1934 werd ze van kracht. In zijn Rijksdagrede ter gelegenheid van de eerste verjaardag van de machtsgreep sprak Hitler van 'waarlijk revolutionaire maatregelen', die nu genomen werden tegen het 'leger van de mensen die door erfelijke aanleg van meet af aan aan de negatieve kant van het volksleven geboren worden'.[171]

Volgens de wet van 14 juli 1933 kon diegene 'door een chirurgische ingreep onvruchtbaar (gesteriliseerd) worden', die 'volgens de ervaringen van de medische wetenschap met grote waarschijnlijkheid kon verwachten dat zijn nakomelingen aan zware lichamelijke en geestelijke erfelijke gebreken zouden lijden'. Als erfelijke ziekte conform die wet golden aangeboren zwakzinnigheid, schizofrenie, manisch-depressieve krankzinnigheid, epilepsie, sint-vitusdans, erfelijke blindheid en doofheid, zware lichamelijke misvorming en ten slotte ook alcoholisme. Het voorstel tot sterilisatie kon komen van de betrokkenen, respectievelijk hun wettelijke vertegenwoordigers of van artsen bij de openbare gezondheidsdienst, respectievelijk hoofden van inrichtingen voor zieken, verpleeginrichtingen en sanatoria. Het besluit over elk individueel geval werd genomen door de nieuwe rechtbanken voor erfelijkheidsgeneeskunde, die alle bestonden uit een rechter en twee artsen.[172] De invoering van de wet ging gepaard met een landelijke campagne die gedwongen sterilisatie prees als 'een daad van naastenliefde en zorg'.[173] De rechtbanken willigden 90 procent van de voorstellen in. Tot het begin van de oorlog werden er 290.000 à 300.000 personen gesteriliseerd, waarbij voor de helft van de slachtoffers de diagnose 'aangeboren zwakzinnigheid' werd gegeven – een bijzonder rekbaar begrip.[174] Met gedwongen sterilisatie beschikte het naziregime over een instrument om het rassenhygiëneprogramma uit te breiden naar alle mogelijke randgroepen en sancties op te leggen voor de meest uiteenlopende vormen van sociaal afwijkend gedrag. Terecht heeft historicus Hans-Ulrich Wehler het daarmee ingezette proces aangeduid als 'proefdraaien voor de euthanasieactie' na 1939, 'die met haar dodelijke "ruiming" de ultieme consequentie trok uit de therapie voor het "volkslichaam"'.[175]

Vooral de Joodse minderheid gold als niet behorend tot de nationaalsocialistische 'volksgemeenschap'. Ook voor het Joodse juridische en maatschappelijke isolement gaf Hitler de definitieve impuls met de eind maart 1933 bevolen landelijke boycot van Joodse winkels en de daaropvolgende discriminerende aprilwetten.[176] Daarna betrachtte het nazibestuur vooralsnog echter een zekere terughoudendheid. De reden daarvoor legde Hitler uit op een conferentie van de rijkslandvoogden, eind september 1933: 'Hij had als rijkskanselier liever gehad dat men stapje voor stapje had kunnen komen tot een verscherping van de behandeling van de Joden in Duitsland, doordat men eerst een staatsburgerlijk recht had gecreëerd en dan met dit uitgangspunt de Joden geleidelijk steeds scherper had aangepakt. De door de Joden op touw gezette boycot [sic!] had hem echter gedwongen tot onmiddellijke, zeer scherpe tegenmaatregelen. In het buitenland maakte men vooral bewaar tegen de juridische behandeling van Joden als tweederangs staatsburgers [...]. Omdat de Joden in het buitenland deels grote invloed uitoefenden, moest toch vermeden worden om hun munitie voor anti-Duitse propaganda te leveren.'[177] Het waren echter niet alleen redenen van buitenlandse politiek die voor Hitler de aanleiding waren vooralsnog van nieuwe antisemitische wetten af te zien. Nadat hij in juli 1933 het eind van de revolutionaire fase van de machtsovername had afgekondigd, vond hij het belangrijk de teugelloze gewelddadigheden van de SA in te dammen. Aan de eerste antisemitische golf van het Derde Rijk kwam in de tweede helft van het jaar 1933 een einde.[178]

Ondershands ging intussen het verdringen van de Joden uit de economie, maatschappij en cultuur door. In de provincie, in kleine steden en dorpen hielden de boycot van Joodse winkels en het alledaagse geweld geenszins op maar gingen onverminderd voort. Spandoeken en borden met het opschrift 'Joden zijn hier niet gewenst' en 'Joden hebben geen toegang' hingen aan de rand van de bebouwde kom of bij horecagelegenheden. Aanslagen op synagogen, vandalisme op begraafplaatsen, het ingooien van de ruiten bij Joodse winkels of woningen waren aan de orde van de dag. Joden werden op de openbare weg lastiggevallen, vernederd en geslagen. 'Alle Joodse inwoners, voor zover ze niet gevlucht zijn, leven in oneindige paniek,' luidde een bericht over Gunzenhausen in Franken, waar het in mei 1934 tot een regelrechte pogrom was gekomen.[179]

Voor de radicale partijactivisten in de provincie – zoals Michael Wildt benadrukt heeft – boden de antisemitische acties een ideaal speelveld om de rassengrenzen binnen de lokale gemeenschap scherp te trekken, Joodse buren te isoleren en tegelijkertijd de 'volksgenoten' te stigmatiseren die in Joodse winkels bleven kopen of contact hielden met Joden.[180] Daarbij raakte de plaatselijke politie steeds weer in de moeilijke situatie dat ze enerzijds het geweldsmonopolie van de staat moest handhaven, maar zich daardoor anderzijds impopulair maakte bij de aan haar bekende antisemitische raddraaiers. Vaak greep ze veel te laat in, als ze al ingreep, en ze nam in de regel niet de daders maar de slachtoffers in hechtenis. 'Het lokale politiegezag treedt uit angst voor de partij niet genoeg op tegen overvallen, zoals die vooral voor Kerstmis voorgekomen zijn,' meldde het staatspolitiebureau van regeringsdistrict Kassel in december 1934.[181]

In het voorjaar van 1934 namen de anti-Joodse gewelddadigheden sterk toe. Naast de boycotacties openden de lokale nazigroepen nu een tweede strijdtoneel, de campagne tegen zogenaamde 'plegers van 'rassenschennis'. Joodse mannen en niet-Joodse vrouwen die ervan verdacht werden een liefdesverhouding gehad te hebben, werden in een 'schandpaaloptocht' door de straten gedreven en publiekelijk tot voorwerp van hoon gemaakt.[182] In alle plaatsen van het Derde Rijk werden goed zichtbaar *Stürmer*-vitrines opgesteld, waarin telkens de nieuwste editie van

Afb. 50 'Schandpaaloptocht' in Gelsenkirchen, augustus 1935.

het antisemitische haatblad werd opgehangen, met in sensatiestijl opgemaakte artikelen over zogenaamde gevallen van 'rassenschande'. Vaak werden hierin ook de namen en adressen van volksgenoten bekendgemaakt die nog altijd in Joodse winkels kochten. 'Het loopt steeds storm bij de *Stürmer*-vitrines,' meldde een verslag uit Oost-Pruisen aan de Central-Verein deutscher Staatsbürger jüdischen Glaubens. 'Het tijdschrift en de foto's hebben grote invloed op het publiek, zodat oude klanten, helemaal bang gemaakt, zich niet meer in de winkels wagen.'[183] De sociale druk om de zakelijke en maatschappelijke betrekkingen met Joodse buren te verbreken werd op die manier gestaag aangescherpt, en slechts weinig Duitsers brachten de moed op die te weerstaan. Veel Joden probeerden van hun kant zich zo onopvallend mogelijk te gedragen en het openbare leven te vermijden. 'De straat op gaan is ook geen pretje,' noteerde de onder dwang gepensioneerde leraar Willy Cohn uit Breslau. 'Overal de weerzinwekkende artikelen van de *Stürmer*. Als het volk zo opgehitst wordt, verbaas je je dat er nog niet veel meer gebeurt dan er al gebeurt.'[184]

De tweede antisemitische golf, die door het land ging in de eerste maanden van 1933, was niet van hogerhand gedirigeerd, maar er zijn aanwijzingen die erop duiden dat deze de nazileiding – en ook Hitler zelf – bijzonder welkom was. Hij vormde namelijk een uitlaatklep voor de wijdverbreide ontevredenheid in de basis van de partij, vooral onder de sinds de 'Röhm-affaire' gefrustreerde SA-mannen. Bovendien raakten de gevoeligheden in de buitenlandse politiek tijdelijk op de achtergrond na het succesvolle referendum in het Saargebied in januari en de probleemloze herinvoering van de algemene dienstplicht in maart. Hitler kreeg van veel kanten het verzoek het plaatsen van borden met de tekst 'Verboden toegang voor Joden' te verbieden, aangezien deze een slechte indruk maakten op buitenlandse bezoekers; het was typerend dat hij daar in mei geen gehoor aan gaf, maar juist benadrukte dat hij 'op deze borden niets af te dingen had'.[185] Niet ten onrechte geloofden radicale partijactivisten dat ze helemaal conform Hitlers bedoelingen handelden, ook als deze niet officieel wilde uitkomen voor de gewelddaden. In 'de ondergeschikte partijbureaus' heerste volgens het districtshoofd van Wiesbaden de mening 'dat de Führer in zekere zin twee gezichten had. Bepaalde voorschriften, vooral betreffende het Joodse probleem, moesten uitgevaardigd worden met het oog op het buitenland. De ware wil van de Führer was op grond van zijn wereldbeeld bekend bij iedere ware nationaalsocialist, en het ging erom dat die wil ten uitvoer werd gebracht.'[186] De Gestapo meldde in mei 1935 vanuit het deelstaatdistrict Münster dat in brede lagen van de beweging, vooral bij de SA, de mening heerste dat nu het moment gekomen was om 'het Jodenprobleem van onderen af aan te pakken'; de regering zou 'dan volgen'.[187]

De nazipers stookte de antisemitische stemming flink op, en vooral Goebbels liet zich kennen als opruier. 'Probleem van de Joden. Meer aanpakken,' noteerde hij begin mei 1935. Tijdens een wandeling met zijn vrouw Magda over de Kurfürstendamm viel het hem tot zijn ergernis op dat er zich nog steeds Berlijnse Joden in het openbaar vertoonden. 'Weer een echte samenscholing van Joden. Daar moet nog gauw opgeruimd worden."[188] In de krant Der Angriff stookte hij: 'Velen geloven dat we niet zien hoe vandaag het Jodendom opnieuw probeert zich in alle straten weer te laten gelden. De Jood moet zich heel netjes aanpassen aan de wetten van de gastvrijheid en niet doen alsof hij onze gelijke is."[189]

Vroeg in de zomer van 1935 bleek echter al dat het antisemitische geweld, nu het de vrije teugel gekregen had, een eigen dynamiek ontwikkelde en zich onttrok aan de greep van de partijinstanties. In München kregen eind mei alle Joodse winkels in de binnenstad het te verduren. Nazi-activisten en SS'ers in burger treiterden klanten en personeel en dwongen de eigenaars hun zaken te sluiten. Passanten die lucht gaven aan hun boosheid over deze acties, werden mishandeld en in sommige gevallen werden ook politieagenten fysiek aangevallen. 'Deze toestanden zijn onhoudbaar,' protesteerde de Joodse advocaat Leopold Weinmann in een brief aan het rijksministerie van Binnenlandse Zaken, nadat hij getuige was geweest van de incidenten. 'Het kan onmogelijk geduld worden dat zich in een cultuur- en toeristenstad als München met systematische, punctuele regelmaat wildwesttaferelen afspelen."[190]

Midden juli vonden er ook in Berlijn ernstige antisemitische rellen plaats. Het beginpunt was een bioscoop aan de Kurfürstendamm, waar Joodse bezoekers geprotesteerd zouden hebben tegen de Zweedse antisemitische speelfilm *Petterson und Brendel*. Goebbels was toen op vakantie in de Oostzeebadplaats Heiligendamm en had hier drie dagen lang, van 12 tot 14 juli, intensieve gesprekken met Hitler. Goebbels merkte op: 'Telegram uit Berlijn: Joden demonstreren tegen een antisemitische film. De Führer is er nu helemaal klaar mee [...]. De haren rijzen je ook te berge. Nu zal het wel gauw gaan knallen."[191] 's Avonds op 15 juli verzamelden aanhangers van het regime zich voor de bioscoop op de Kurfürstendamm om – aldus *Der Angriff* van de volgende dag – hun onstemming over het provocerende gedrag van de Joodse bezoekers te laten blijken."[192] Aansluitend gingen de demonstranten naar naburige cafés en restaurants om Joodse gasten en passanten in elkaar te slaan. 'Op straat klonk eindeloos herhaald de kreet: "De Joden zijn ons ongeluk!"' observeerde de correspondent van de *Neue Zürcher Zeitung*. 'Verschillende Joodse winkels werden vernield. In panische angst vluchtten enkele gedaantes over de rijbaan en waren in het licht van de straatlantaarns maar vaag te herkennen [...]. De verkopers van de *Stürmer* verschenen met dikke bundels van hun pogromblad en deden goede zaken. De politie zorgde er allengs voor dat de massa zich verspreidde en het verkeer weer kon worden hervat. Om half een was het tumult tot bedaren gekomen.'[193] De ongeregeldheden herhaalden zich in veel steden en streken van Duitsland. Ze gingen gepaard met een schuimbekkende antisemitische campagne. 'De hetze tegen de Joden is zo mateloos geworden, veel erger dan bij de eerste boycot. Er zijn hier en daar aanzetten tot pogroms en we houden er rekening mee dat we binnenkort worden doodgeslagen,' vertrouwde Viktor Klemperer begin augustus 1935 toe aan zijn dagboek.[194] Omdat duidelijk was dat het geweld steeds verder uit de hand zou lopen, leek het de nazileider noodzakelijk om de teugels weer aan te trekken. Er waren 'absoluut duidelijke richtlijnen nodig van de centraal verantwoordelijke organen over dat wat er in het kader van de anti-Joodse propagandagolf is toegestaan en niet toegestaan,' drong het bureau van de Staatspolizei van het deelstaatdistrict Keulen al in juni 1935 aan. Anders konden de politieagenten die 'uiteindelijk de volledige last van de verantwoordelijkheid' moesten dragen, bij hun ingrijpen niet de noodzakelijke terughoudendheid in acht nemen.[195]

Op 4 augustus, op het gouwpartijcongres te Essen, kondigde minister van Binnenlandse Zaken Frick integrale wettelijke maatregelen aan voor het 'Jodenprobleem'. Hij keerde zich daarbij nadrukkelijk tegen de straatterreur door radicale partijaanhangers.[196] Vijf dagen later liet Hitler zijn plaatsvervanger Heß aan alle partijbureaus meedelen dat individuele gewelddadigheden voortaan verboden moesten worden.[197] Deze hadden ondertussen hun functie vervuld, dat wil zeggen, ze hadden het pad geëffend voor het aanscherpen van de antisemitische wetgeving. Met die strekking zei het hoofd van de Sicherheitsdienst (SD) van de SS, Reinhard Heydrich, na de Berlijnse rellen: 'Het deel van het Duitse volk dat zich van zijn ras bewust is, gelooft dat de tot dusver in stilte getroffen maatregelen tegen de Joden beschouwd moeten worden als onvoldoende, en het eist algeheel scherper optreden.'[198] Een memo van de SD-afdeling voor de Joden op 17 augustus bekrachtigde dit standpunt: 'Een "Oplossing van het Jodenprobleem door terreurdaden" wordt "door alle bevoegde instanties" veroordeeld'; in plaats daarvan is het nodig 'effectieve wetten' uit te vaardigen 'die het volk tonen dat het Jodenprobleem van bovenaf geregeld wordt'.[199]

Deze wens deelden de 'Jodenexperts' van de Gestapo en de Sicherheitsdienst met Hjalmar Schacht, aan wie Hitler begin augustus 1934 de taken van de rijksminister van Economische Zaken had toevertrouwd, naast zijn functie als president van de Rijksbank. Al in mei 1935 had Schacht in een nota aan Hitler geklaagd over de 'regelloze bestrijding van afzonderlijke Joden, buiten de wet om, ja zelfs tegen expliciete bestuurlijke verordeningen' en over de negatieve gevolgen van de boycotacties voor de Duitse buitenlandse handel.[200] In een rede te Koningsbergen van 18 augustus, die werd uitgezonden door de *Deutschlandsender*, keerde hij zich opmerkelijk direct tegen antisemitische rouwdouwers in de NSDAP: dat waren 'lui die in het donker op heldhaftige wijze ruiten bekladden; die elke Duitser die in een Joodse winkel koopt, afficheren als een volksverrader'.[201] Dat deze kritiek op de anti-Joodse ongeregeldheden volstrekt niet inhield dat hij de racistische Jodenpolitiek van de nationaalsocialisten principieel afkeurde, bleek al twee dagen later bij een topoverleg op het rijksministerie van Economische Zaken, waar Schacht een prominent gezelschap had uitgenodigd – minister van Binnenlandse Zaken Frick, minister van Justitie Gürtner, minister van Financiën Schwerin von Krosigk, minister van Onderwijs Rust, de Pruisische ministerie van Financiën Popitz en SD-hoofd Heydrich.

Zonder omhaal eiste Schacht dat er een einde zou komen aan 'de tot nu toe wetteloze toestand en het onwettige gedoe', omdat die een 'oplossing onmogelijk' maakten 'van de aan hem toevertrouwde economische problemen'. Tegelijkertijd liet hij als zijn 'persoonlijke standpunt' notuleren dat 'de principes van het nationaalsocialistische programma volstrekt juist waren en in elk geval uitgevoerd moesten worden'. Letterlijk verklaarde hij: 'Ik heb dertig jaar geleefd met Joden en dertig jaar hun hun geld afgenomen, niet omgekeerd. De huidige methoden zijn echter ondraaglijk. Er moet een systeem komen in de chaos die nu heerst. Zolang dit systeem niet is ingevoerd in de praktijk, moet al het andere wachten.' Frick was het eens met dit betoog: het 'Jodenprobleem' kon niet door 'wilde individuele acties', maar alleen op 'langzame maar zekere en volledig legale wijze' worden opgelost, totdat – volledig volgens het partijprogramma – 'het Joodse fremdkörper' volledig afgezonderd zou zijn uit het midden van het Duitse volk'. Hij kondigde aan dat er wetten werden voorbereid die gericht waren op 'het indammen van de sterke groei van de Joodse invloed'. Daaronder was een 'rassenwet' die, zoals Gürtner uitlegde, het Joden en 'ariërs' verbood met elkaar te trouwen. Ook Heydrich, die aan het eind het woord nam, was het met de eerdere sprekers eens dat de tot dan toe onbevredigende toestand alleen te saneren was door 'wetgevende maatregelen van de staat', 'die het doel – het volledig verdelgen van de invloed van de Joden – stap voor stap dichterbij zouden brengen, overeenkomstig de instructies van de Führer'.[202]

In een brief aan de deelnemers aan de topbespreking zette Heydrich zijn voorstellen voor de 'oplossing van het Jodenprobleem' nog een keer uitvoerig uiteen. Daarin vroeg hij om de Joden onder het 'vreemdelingenrecht' te plaatsen, om ze zo 'te scheiden van de Duitse volksgemeenschap' en hun bovendien het recht van vrije vestiging te ontnemen om de 'verdere toestroom van Joden naar de grote steden in te dammen'. Verder moesten 'gemengde huwelijken' verboden worden, buitenechtelijk geslachtsverkeer tussen Duitsers en Joden moest als 'rassenschennis' strafbaar worden gemaakt, er moesten geen overheidsopdrachten meer aan Joden gegund worden en het moest hun verboden worden in grond te handelen. Al deze maatregelen moesten, zoals het aan het eind luidde, 'de prikkel tot emigreren actief versterken'.²⁰³ Juist daarom, om de gedwongen emigratie van de Joden, ging het de SD-chef nog in het midden van de jaren dertig. 'De systematische massamoord daarentegen,' vat zijn biograaf Robert Gerwarth samen, 'bevond zich in deze tijd nog niet in het domein van het voorstelbare bij Heydrich en zijn anti-Joodse "voorbereidende denkers" binnen de SD.'²⁰⁴ En dat gold kennelijk ook voor Hitler. 'Verwijdering' van de Joden uit de Duitse 'volksgemeenschap' – dit onwrikbaar in het oog gehouden project – betekende voor hem ondanks de al vroeg in *Mein Kampf* geuite moordfantasieën nog niet hun fysieke vernietiging, maar hield in dat hun juridische discriminatie, maatschappelijke isolement en economische onteigening stap voor stap tot een punt werden bespoedigd waarop hun geen alternatief restte dan in volkomen isolement in het land te blijven of daadwerkelijk – en bij voorkeur – te emigreren.

Tegen het einde van augustus 1935 had zich tussen de nazileiding, de betrokken rijksministeries en ook de Gestapo en de SD een brede consensus gevormd over hoe het 'Jodenprobleem' moest worden aangepakt. In die zin was het uitvaardigen van de rassenwetten op het Neurenbergse partijcongres van midden september geen verrassing.²⁰⁵ Verrassend was wel de wijze waarop Hitler deze beslissing presenteerde – namelijk helemaal in de stijl waarin hij zijn slag sloeg in de buitenlandse politiek: als een overrompelingsmanoeuvre. Oorspronkelijk had de Rijksdag, die op 15 september voor de eerste (en enige) keer in Neurenberg bijeengeroepen werd, maar één wet moeten uitvaardigen, die de hakenkruisvlag tot de enige rijksvlag maakte. (De ernaast gevoerde zwart-wit-rode vlag uit de keizertijd zou daarmee definitief verdwijnen.) Achtergrond was een voorval in New York, waar havenarbeiders de hakenkruisvlag op de *Bremen* omlaag hadden gerukt; de politierechter had opdracht gegeven de gearresteerde havenarbeiders vrij te laten en de politiek van het Derde Rijk aangevallen. Hitler en Goebbels waren verontwaardigd: 'Ons antwoord: in Neurenberg komt de Rijksdag bijeen en roept de hakenkruisvlag uit tot enige nationale vlag. Führer machtig op dreef,' noteerde de minister van Propaganda.²⁰⁶

Op de avond van 13 september, de vierde dag van het partijcongres, besloot Hitler dat naast de 'Rijksvlaggenwet' ook de 'Rassenwet', die Frick en Gürtner al hadden aangekondigd op de bespreking van 20 augustus, moest worden uitgevaardigd op de zitting van de Rijksdag. Goebbels merkt op in zijn dagboek: 'In de avond parlaver [sic!] in hotel. Met Führer nieuwe wetten grondig besproken.'²⁰⁷ De redenen voor zijn plotselinge besluit zijn niet helemaal duidelijk. Nadat er zich in de voorafgaande maanden veel druk van onderaf had opgebouwd, vond Hitler waarschijnlijk dat het tijdstip was gekomen om met een demonstratieve bestuurlijke stap de radicale partijgenoten tevreden te stellen en hun geweldddadige actiebereidheid te beteugelen. Dat kwam overeen met zijn steeds weer vertoonde neiging een beslissing lang voor zich uit te schuiven en deze dan plots in ijltempo erdoor te jagen, zonder te letten op eventuele bezwaren. De voorbereidingen voor de geplande wetten waren, zoals hij wist, al ver gevorderd en het partijcongres bood in zijn ogen het gepaste forum, zodat hij er niet meer op aandrong bij de vertegenwoordigers van de ministeriebureaucratie om snel de laatste puntjes op de i te zetten, maar meteen met zo veel mogelijk effect de afkondiging van de wet liet goedkeuren.

Nog laat in de avond van 13 september kreeg referendaris Bernhard Lösener, 'adviseur Joden', de telefonische oproep de volgende ochtend samen met zijn collega uit de centrale afdeling, referendaris Franz Albrecht Medicus, naar Neurenberg te vliegen. Daar informeerden de secretarissen-generaal Hans Pfundtner en Wilhelm Stuckart hen dat Hitler hun de dag ervoor de opdracht had gegeven een 'Jodenwet' te formuleren die 'het verbod op huwelijken tussen Joden en ariërs, het verbod op buitenechtelijk geslachtsverkeer tussen hen, en het werken van arische dienstmeisjes' in Joodse huishoudens moest regelen.[208] In de loop van de dag werkten de ambtenaren van het ministerie verschillende versies uit. Deze legde Frick voor aan Hitler, die echter steeds weer nieuwe veranderingen wilde. Daarbij ging het vooral om de vraag in hoeverre de wet alleen voor 'volbloed Joden' moest gelden of ook uitgebreid moest worden naar Joodse 'halfbloeden'. Ten slotte, tegen middernacht, wilde Hitler dat er voor de ochtend vier ontwerpen werden uitgewerkt, die moesten variëren van een strenge versie via de tussenversies B en C tot de mildere versie D. Ter 'afronding van de wetgeving' vroeg hij bovendien om een 'Rijksburgerwet', die hem 's nachts nog moest worden voorgelegd. In het verslag uit 1950 op basis van zijn herinneringen toonde Lösener nog zijn verontrusting over 'de nieuwe bevlieging van Hitler', die hem en zijn collega's ertoe veroordeeld had onder hoge druk, 'lichamelijk en geestelijk aan het eind van hun krachten', het wetsontwerp tot stand te brengen.[209] In feite ging het echter helemaal niet om een spontane inval van de Führer; het nieuwe Rijksburgerrecht was al vele maanden onderwerp van discussie, en ook hier waren de voorbereidingen gevorderd tot de besluitfase. Het lag nu voor de hand het samen met de 'Rassenwet' in te voeren. Deze samenhang wordt ook onderstreept door een dagboekaantekening van Goebbels over een bespreking bij Hitler in de nacht van 14 op 15 september: 'Frick en Heß nog aanwezig. Wet uitvoerig besproken. Nieuwe Staatsburgerwet, die de Joden het rijksburgerrecht ontneemt [...], Jodenwet, verbod Joodse huwelijken met Duitsers, daarbij een reeks van aanscherpingen. We vijlen het nog bij. Maar zo schiet het lekker op.'[210]

Pas tijdens de Rijksdagzitting van de avond van 15 september hoorden ambtenaren van het ministerie dat Hitler had gekozen voor de milde versie D, maar eigenhandig de beslissende toevoeging 'Deze wet geldt alleen voor volbloed Joden' had doorgestreept. In de door het Duitse persbureau verspreide officiële aankondiging van de wetten was de toevoeging echter gehandhaafd, vermoedelijk met het oog op het buitenland.[211] Het *Gesetz zum Schutze des deutschen Blutes und der deutschen Ehre* (Wet ter bescherming van het Duitse bloed en de Duitse eer) verbood het sluiten van huwelijken en buitenechtelijk geslachtsverkeer 'tussen Joden en onderdanen van Duits of rasverwant bloed'. Bovendien werd het Joden verboden niet-Joods vrouwelijk personeel beneden de 45 jaar in dienst te hebben, alsmede het 'hijsen van de rijks- en nationale vlag en het tonen van de rijkskleuren'. De Rijksburgerwet bepaalde: 'Rijksburger is alleen de onderdaan van Duits of rasverwant bloed die door zijn gedrag bewijst dat hij bereid en geschikt is het Duitse volk en rijk trouw te dienen.' Alleen zulke 'rijksburgers' zouden beschikken over de 'volle politieke rechten overeenkomstig de maatstaf van de wetten'. Joodse Duitsers golden daarentegen voortaan alleen nog als 'onderdanen', die behoorden tot het 'beschermende verband van het Duitse Rijk' en het 'daarom bijzondere dankbaarheid verschuldigd' waren.[212]

In een voor zijn doen relatief korte redevoering in de zaal van de Neurenbergse culturele vereniging, waarin hij de leden van de Rijksdag vroeg om de wetten aan te nemen, liet Hitler de tot dusverre betrachte tactische terughoudendheid varen en toonde hij zijn ware gezicht – dat van een fanatieke antisemiet, die vastbesloten was het rassenpolitieke programma van het nationaalsocialisme onder alle omstandigheden om te zetten in daden. Hij richtte scherpe aanvallen op de binnenlandse en buitenlandse Joden, die overal 'opdoken als opruiers van volkeren en dragers van de ontwrichting van volkeren'. Op demagogische wijze verklaarde hij de slachtoffers van de antisemitische gewelddadigheden in het Duitse Rijk tot de veroorzakers ervan. In talrijke plaatsen werd 'zeer hevig geklaagd over het provocerende optreden van individuele leden van dit volk'. Zou dit gedrag niet tot 'afweerreacties van de verontwaardigde bevolking' leiden, dan bleef 'slechts de weg van een wettelijke regeling van het probleem'. De regering liet zich daarbij door de gedachte leiden 'door een eenmalige, unieke oplossing misschien nog een raakvlak te kunnen scheppen, waarop het voor het Duitse volk mogelijk wordt een draaglijke verhouding tot het Joodse volk te kunnen vinden'. Als deze hoop echter niet vervuld zou worden, zo dreigde Hitler, dan werd het probleem voor 'een definitieve oplossing overgedragen aan de nationaalsocialistische partij'.[213] Oftewel: dan zouden de radicale partijactivisten weer het groene licht krijgen om de antisemitische druk 'van onderaf' op te voeren.

Hitlers aankondiging dat hij met de Neurenbergse wetten 'een draaglijke verhouding met het Joodse volk' tot stand wilde brengen, was niets minder dan een bewuste misleiding van de buitenwereld. In zijn dagboek liet Goebbels er geen twijfel over bestaan waar de besluiten van 15 september op neerkwamen: het afdwingen van de afzondering van de Joden van de meerderheid van de bevolking en het bevorderen van hun verdere vervolging. 'Deze dag was van unieke betekenis. Het Jodendom is zwaar getroffen. We hebben na honderden jaren als eersten weer de moed gehad om het onder schot te nemen.'[214] Tien dagen nadat de Rijksdag de wetten eenstemmig had aangenomen, meldde Walter Groß, de leider van het bureau voor rassenpolitiek van de NSDAP, aan de Gauleiter van zijn organisatie welke interpretatie van de Neurenbergse wetten hij had meegekregen van Hitler: de 'totale rassenpolitiek' van het Derde Rijk had 'als uiteindelijke doel [...] een verdringing van al het Joodse, in de zin van het afscheiden van een vreemd lichaam'.[215]

'Als men de nationaalsocialistische beweging aandachtig heeft gevolgd, moest men deze dingen wel zien aankomen; hierin zijn ze consequent,' gaf Willy Cohn als commentaar bij het uitvaardigen van de Neurenbergse wetten.[216] Victor Klemperer, die met een niet-Joodse Duitse vrouw getrouwd was, beperkte zich tot de bittere dagboekaantekening: 'De walging maakt een mens ziek.'[217] De nazipers verwelkomde de wetten enthousiast. Zo had de *Westdeutscher Beobachter* op 16 september als hoofdkop: 'We spreken ons uit voor raszuiverheid!' en de hoofdredacteur van het blad merkte in een cynisch commentaar op dat het 'Joodse ras van geluk mag spreken dat het te maken heeft met de grootmoedigheid van iemand als Adolf Hitler. Ieder ander volk zou degenen die het in het verderf storten vogelvrij verklaren, maar Duitsland stelt staatsbescherming en wettelijke orde in plaats van uitzonderingsrecht.'[218]

De reacties op de Neurenbergse wetten bij de Duitse bevolking varieerden duidelijk sterk. In de berichten van de Gestapo was er meestal sprake van tevredenheid en instemming, omdat er 'eindelijk duidelijke verhoudingen geschapen' werden en de 'onverkwikkelijke individuele acties' van de afgelopen maanden beëindigd werden.[219] Anderzijds meldden streken met een flink aantal katholieken, bijvoorbeeld het deelstaatdistrict Aken, dat de nieuwe wetten 'geen eenstemmige bijval' hadden gekregen.[220] In de Sopade-verslagen staat zelfs dat ze gestuit waren 'op sterke afwijzing bij de bevolking' en 'niet werden gezien als een teken van kracht van de nationaalsocialistische beweging, maar werden beschouwd als een bewijs van zwakte'.[221] Toch konden de rapporteurs van de Sopade niet verhelen dat de onafgebroken antisemitische propaganda ook haar sporen had achtergelaten in arbeiderskringen. 'Heel in het algemeen kan men vaststellen,' vatte een verslag uit januari 1936 samen, 'dat de nationaalsocialisten het inderdaad hebben klaargespeeld om de kloof tussen het volk en de Joden te verdiepen. Het idee dat de Joden een ander ras zijn, is tegenwoordig wijdverbreid.'[222]

Omdat Hitler de beperking van de Neurenbergse wetten tot 'volbloed Joden' had afgewezen, ontstond bij het formuleren van bepalingen voor het uitvoeren ervan het probleem welke Duitsers van Joodse afkomst onder de wetten moesten vallen. Daarover ontbrandde een langdurig conflict tussen enerzijds het ministerie van Binnenlandse Zaken en anderzijds vertegenwoordigers van de NSDAP. Zoals Stuckart en Lösener het zich hadden voorgesteld, gold alleen iemand met meer dan twee 'niet-arische' grootouders als 'Jood', terwijl de partijvertegenwoordigers, onder aanvoering van *Reichsärzteführer* Gerhard Wagner, de kring wilden uitbreiden tot aan de 'kwartjoden' (personen met slechts één Joodse grootouder).[223] Hitler vermeed het zich al vroegtijdig vast te leggen. 'Jodenprobleem nog altijd niet besloten. We debatteren er lang over, maar de Führer is nog besluiteloos,' legde Goebbels vast op 1 oktober.[224] Zo woedde het conflict door in de hele maand oktober en concentreerde zich steeds meer op de status van de 'halfjoden' (personen met twee Joodse grootouders). Een topoverleg dat voor 5 november op de agenda stond en er een besluit over zou nemen, werd kort tevoren afgezegd door Hitler.[225] Verder uitstel was echter niet meer mogelijk. 'Führer wil nu beslissing,' noteerde Goebbels op 7 november. 'Compromis is zonder meer noodzakelijk en een absoluut bevredigende oplossing onmogelijk.'[226]

Op 14 november maakte de *Erste Verordnung zum Reichsbürgergesetz* (Eerste verordening bij de Rijksburgerwet) een einde aan het getouwtrek. In essentie had het ministerie van Binnenlandse Zaken zijn wil kunnen doordrukken bij de kwestie van de definitie: 'Jood is degene die afstamt van ten minste drie wat ras betreft voljoodse grootouders.' Wat de 'halfjoden' betrof, ze zouden alleen als Joods gelden als ze lid waren van de Joodse religieuze gemeenschap of met een Joodse partner getrouwd waren.[227] Goebbels gaf dit commentaar bij het resultaat: 'Een compromis, maar het beste wat mogelijk is. Kwartjoden gaan naar ons toe, halfjoden alleen in uitzonderlijke gevallen. In Gods naam, zodat er rust komt. Handig en onopvallend lanceren in de pers. Niet te veel drukte over maken.'[228] De terughoudendheid van de minister van Propaganda was begrijpelijk. De verordening onthult namelijk de totale absurditeit van de poging de bevolking te classificeren op basis van rassencriteria. Als 'Joodse halfbloed' werd dienovereenkomstig aangeduid 'wie afstamt van één of twee in ras voljoodse grootouders'. Omdat het criterium ras louter juridisch niet te hanteren was, greep men terug op de religieuze banden. 'Als voljoods geldt een grootouder zonder meer als deze hoorde bij de Joodse religieuze gemeenschap.' De groteske onzin van de rassenwetgeving van de nazi's had nauwelijks duidelijker kunnen worden blootgelegd.[229]

Ook na het uitvaardigen van de Neurenbergse wetten ging de guerrilla tegen de Joden door. De nazileiding was er gezien de naderende Olympische Spelen in geïnteresseerd dat het niet tot dezelfde pogromachtige ongeregeldheden kwam als in de zomer van 1935. Een paar dagen voor het begin van de Winterspelen in

Garmisch-Partenkirchen gaf Hitlers plaatsvervanger Heß opdracht 'borden met extreme inhoud' te verwijderen, om een slechte indruk bij buitenlandse bezoekers te voorkomen'.[230] De pers kreeg op 27 januari 1936 aanwijzingen geen verslag te doen over 'fysieke ruzies met Joden': 'Tot in de plaatselijke rubrieken moeten dergelijke dingen onder alle omstandigheden vermeden worden, om niet in de laatste minuut de buitenlandse propaganda stof te geven tegen de Winterolympiade.'[231]

Toen op 4 februari, twee dagen voor de Winterspelen begonnen, de *Landesgruppenleiter* van de NSDAP in Zwitserland, Wilhelm Gustloff, in Davos werd vermoord door een Joodse medicijnenstudent, reageerde de nazileiding terughoudend. Weliswaar was de spontane reflex van Goebbels: 'Dat zal de Joden duur komen te staan. We gaan grote acties hiertegen voeren.'[232] – maar Hitler trapte op de rem bij zijn minister van Propaganda. Anders dan in november 1938 gebruikte het regime de aanslag niet om de 'volkswoede' tegen de Joodse minderheid te mobiliseren.[233] Bij de begrafenis in Schwerin op 12 februari viel Hitler het Jodendom echter weer scherp aan. Achter de moord in Davos zag hij een 'leidende hand' – 'de met haat vervulde macht van onze vijand': 'We begrijpen deze uitdaging tot de strijd, en we nemen haar aan!'[234]

Het besluit van het Internationale Olympische Comité (IOC) om de Zomerspelen van 1936 aan Berlijn te geven, was genomen in mei 1931. Al een jaar later, nadat de NSDAP was opgeklommen tot de grootste partij, kwamen bij de sportfunctionarissen bedenkingen op. Via een tussenpersoon liet de IOC-voorzitter, de Belg Henri de Baillet-Latour, in het Braune Haus vragen hoe de nazi's stonden tegenover het houden van de Spelen als ze de macht over zouden nemen. Hitler antwoordde dat hij de Olympische Spelen 'met grote interesse' tegemoetzag.[235] Op 16 maart 1933 ontving de nieuwe rijkskanselier de voorzitter van het Duitse Nationale Olympische Comité (NOK), Theodor Lewald, voor een audiëntie en beloofde de voorbereiding van de Spelen 'in alle opzichten te stimuleren'.[236] De hem aangeboden voorzitterszetel van het erecomité van het NOK weigerde Hitler, maar na de dood van Hindenburg in november 1934 nam hij het beschermheerschap van het evenement over.[237] Ondertussen had het IOC ook besloten de Winterspelen te houden in Garmisch-Partenkirchen.

Van meet af aan zag Hitler de kansen die de Spelen boden: ze waren een unieke gelegenheid de wereld het beeld te tonen van een Duitsland dat zijn krachten had herkregen maar vredelievend was en openstond naar de wereld. Daarbij wist hij zich op één lijn met Goebbels. In diens ministerie werd in januari 1934 een 'propagandacommissie voor de Olympische Spelen' gevormd, die de omvangrijke publiciteitsacties in binnen- en buitenland zou coördineren. 'Olympia 1936 wordt heel groot. We zullen de trom roeren!' beloofde de minister.[238] Om de Spelen zo prestigieus mogelijk te maken, werden kosten noch moeite gespaard door het regime. Op 5 oktober 1933 bezichtigde Hitler voor het eerst het terrein van het latere *Reichssportfeld* aan de westrand van Berlijn, om een beeld te krijgen van de lokale omstandigheden en de stand van de voorbereidingen. Daarbij veegde hij de plannen van de sportfunctionarissen voor een uitbreiding van het bestaande Duitse stadion onverwijld van tafel. In plaats daarvan moest er een nieuw, modern stadion gebouwd worden met een capaciteit van 100.000 toeschouwers. Dat was een 'Rijkstaak', verklaarde de rijkskanselier volgens een aantekening van Lewald. 'Als men de hele wereld heeft uitgenodigd als gast, moet er iets geweldigs en moois komen [...], dan spelen een paar miljoen meer of minder geen enkele rol.'[239] Het totale, reusachtige gebied moest veranderd worden in het grootste sportcomplex ter wereld – met talrijke verdere wedstrijdterreinen, alsmede een openluchttheater, een Huis van de Duitse Sport en een paradeterrein. De opdracht voor de planning van het geheel ging naar architect Werner March, die eerder al de ontwerpen voor de kandidatuur voor de Spelen had uitgewerkt.[240]

Hitler toonde een levendige belangstelling voor de voortgang van de bouw, deed voorstellen voor veranderingen en uitte bij gelegenheid ook zijn misnoegen over de stadionconstructie, waar hij niet helemaal tevreden over was.[241] Dat hij echter, zoals Speer in zijn memoires vertelt, zo boos over de plannen van March geweest was dat hij gedreigd had 'de Olympische Spelen af te zeggen', is een van de talrijke legendes van Speer, die gewillig zijn overgenomen door diens biograaf Joachim Fest.[242] Speer, die in 1933-1934 pas aan het begin stond van zijn carrière als Hitlers lievelingsarchitect, was er kennelijk teleurgesteld over dat een ander de bouw van het olympische complex toevertrouwd kreeg.

Voor de Olympische Spelen dreigde echter gevaar vanuit een andere hoek, namelijk van een internationale boycotbeweging, die zich al snel na de machtsgreep had gevormd. Vooral in de Verenigde Staten zorgden de eerste antisemitische excessen van het naziregime voor verontwaardiging. 'Olympische Spelen 1936 worden mogelijk afgezegd wegens Duitse campagne tegen de Joden,' kopte de *New York Times* in april 1933.[243] Avery Brundage, de voorzitter van het Amerikaanse Olympische Comité (AOC), sprak over de mogelijkheid de Zomerspelen naar Rome of Tokio te verplaatsen of ze helemaal te laten vervallen. Pas toen van Duitse kant verklaard werd dat de olympische regels zouden worden gehandhaafd en dat Duitse Joodse sportlieden niet zouden worden uitgesloten, was het IOC tevreden. Weliswaar nomineerde het Duitse NOK in juni 1934 21 Joodse sporters voor het Olympische trainingskamp, maar er werden uiteindelijk maar twee atleten – 'halfjoden' volgens de nazicriteria – als excuus-Joden opgenomen in de olympische ploeg: de in Italië actieve ijshockeyer Rudi Ball en de schermster Helene Mayer, die in 1928 een gouden medaille had gewonnen voor Duitsland en sinds 1932 in Californië woonde. (Ze zou in Berlijn een zilveren medaille winnen.)[244]

Het afzeggen van de Spelen of alleen al een boycot door een van de grote sportnaties zoals de Verenigde Staten zou een groot prestigeverlies geweest zijn voor het regime. Hitler spande zich dus in om de critici de wind uit de zeilen te nemen.[245] Daarin kreeg hij stevige steun van Theodor Lewald. Hoewel die zelf in de nazipers werd aangevallen vanwege zijn Joodse voorouders, deed hij alles om de buitenlandse publieke opinie en zijn collega's in het IOC gerust te stellen over de bedoelingen van de nationaalsocialisten. Toen Avery Brundage in de zomer van 1934 naar Duitsland reisde om zich een beeld te vormen van de positie van de Joodse sporters, speelden diens gastheren het klaar hem met allerlei mondelinge beloften zand in de ogen te strooien. Na zijn terugkeer in de Verenigde Staten ondersteunde hij onvoorwaardelijk de deelname aan Zomer- en Winterspelen.[246] Na de antisemitische gewelddadigheden tijdens de zomer van 1935 en de Neurenbergse wetten laaide de discussie in Amerika weer op. In de grootste vereniging van Amerikaanse sportlieden, de Amateur Athletic Union (AAU), leken de voorstanders van de boycot de overhand te krijgen. Deelname aan de Spelen, liet AAU-voorzitter Jeremiah Mahoney in oktober 1935 aan Lewald weten, zou 'een stilzwijgende erkenning' betekenen 'van alles waar het hakenkruis voor staat'.[247] Op de conferentie van de AAU, begin december, kregen de aanhangers van Brundage hun zin, maar het was kantje boord. De Duitse sportfunctionarissen en de leidende figuren van het regime konden opgelucht ademhalen.[248]

Slechts twee maanden later, op 6 februari 1936, opende Hitler in het ijsstadion van Garmisch-Partenkirchen in aanwezigheid van 60.000 toeschouwers en meer dan 1000 sportmannen en -vrouwen uit 28 landen de winterspelen. 'Eindeloos gejuich van het publiek', merkte Goebbels op. 'Bijna alle naties marcheren met de Hitler-groet voorbij de Führer.'[249] Hier vergisten de minister van Propaganda en de meeste bezoekers en commentatoren zich: ze verwarden de traditionele olympische groet, waarbij ook de rechterarm geheven wordt, met de 'Duitse groet'.[250] Over het algemeen kon de nazileiding tevreden zijn met het tiendaagse evenement, waarbij vooral de Noorse ijsprinses en olympische winnares Sonja Henie de harten van de toeschouwers veroverde. De generale repetitie voor Berlijn was met succes doorstaan; de organisatie had zich bewezen en er hadden zich geen onaangename incidenten voorgedaan. De nationaalsocialisten hadden 'een geweldig propaganda-evenement' gerealiseerd, vatte William Shirer samen. 'Ze hebben grote indruk gemaakt op de buitenlandse bezoekers met de royale en soepel verlopende wijze waarop ze de Spelen hadden georganiseerd, en door hun vriendelijke optreden dat wij natuurlijk, omdat we uit Berlijn kwamen, als kunstmatig ervoeren.'[251]

Na de opmaat in Garmisch-Partenkirchen kon ook de bezetting van het Rijnland op 7 maart, die Hitlers betuigingen van vredelievendheid zo duidelijk ontkrachtte, de Spelen in Berlijn niet meer in gevaar brengen. Integendeel – de terughoudendheid bij de westelijke machten na de hernieuwde inbreuk op het verdrag verzwakte de positie van de voorstanders van een boycot. Zelfs in Frankrijk, dat zich in het bijzonder geprovoceerd voelde door Hitlers handelwijze, werd het afzeggen van de Spelen niet serieus in overweging genomen. De nieuwe Volksfrontregering onder de socialistische minister-president Léon Blum kende de financiële middelen voor de Franse olympische ploeg toe. De *appeasement*-politiek vierde ook in de olympische beweging triomfen.

De rijkshoofdstad dofte zich op om haar gasten te ontvangen. 'Berlijn verandert in een echte feeststad. Er blijft echter nog veel te doen,' noteerde Goebbels op 24 juli, een week voor het begin van de Spelen. Na een inspectierit op 30 juli bleek hij tevreden: 'Nu is Berlijn klaar. Het straalt in zijn lichtste gewaad.'[252] Overal, op openbare pleinen, op gebouwen en particuliere woonhuizen prijkten de vlaggen en symbolen van het regime. Verboden-voor-Jodenborden werden verwijderd, discriminerende opschriften op banken werden overgeschilderd.[253] In de krantenkiosken lag in de twee weken van de Spelen *Der Stürmer* niet meer uitgestald. *Der Angriff* spoorde zijn lezers aan de buitenlandse bezoekers tegemoet te treden met de grootst mogelijke voorkomendheid: 'We moeten charmanter zijn dan de Parijzenaars, luchthartiger dan de inwoners van Wenen, opgewekter dan de Romeinen, kosmopolitischer dan de Londenaren, praktischer dan de New Yorkers.'[254] Een olympische stadsgids presenteerde Berlijn als een zinderende

Afb. 51 Adolf Hitler betreedt, vergezeld van vertegenwoordigers van het Internationale en het Duitse Olympische Comité, het Olympiastadion in Berlijn, 1 augustus 1936.

metropool, maar kon het ook niet laten om te wijzen op de Wilhelmstraße als 'zetel van een doelbewuste, nationale regering'. 'Ze herbergt de werkplek van de man die elke bezoeker van Berlijn als geen ander wil zien: Adolf Hitler.'[255]

Op 1 augustus, de dag van de opening van de 11de Olympiade, regende het zachtjes in Berlijn, wat echter geen afbreuk deed aan de 'feestkoorts'.[256] Om één uur 's middags ontving de rijkskanselier de leden van het IOC en het NOK, bedankte hen voor hun werk en verklaarde dat het Duitse Rijk 'met graagte en met vreugde' het op zich had genomen de wedstrijden in een vorm te organiseren die 'bij het grote idee en de traditie van de Olympische Spelen' paste.[257] In merkwaardig contrast daarmee stond dat Hitler, nadat hij 's middags de 15 kilometer naar het Reichssportfeld had afgelegd in een open auto, allereerst bij de *Glockenturm* bij het Olympiastadion langs een erehaag van leger, marine en luchtmacht schreed en aansluitend in de Langemarckhalle de gevallenen van de Eerste Wereldoorlog herdacht in gezelschap van minister van Oorlog Blomberg. Pas daarna betrad hij tegen vier uur aan het hoofd van de delegatie van het IOC en het NOK het Olympiastadion en schreed naar de 'Führerloge', onder de fanatieke toejuichingen van 80.000 toeschouwers. De strenge volgorde van het ceremonieel werd een kort ogenblik onderbroken toen een meisje – de vijfjarige dochter van Carl Diem, de secretaris-generaal van het NOK – op Hitler afliep, een *Knicks* maakte en hem een bos bloemen overhandigde. De scène was duidelijk niet gepland maar zal Hitler, die zich graag liet fotograferen met kinderen, deugd hebben gedaan.[258]

Daarna begon het binnenmarcheren van de 49 deelnemende naties (alleen Sovjet-Rusland had afgezegd en Spanje was niet vertegenwoordigd vanwege de daar woedende burgeroorlog). Vooral de Franse ploeg ontketende enthousiasme toen die met geheven arm voorbijtrok aan de Führerloge, wat het publiek ten onrechte weer aanzag voor een Hitler-groet. De Engelsen, die de groet niet brachten, werden daarentegen behoorlijk koel ontvangen, wat zelfs Goebbels 'een beetje pijnlijk' vond.[259] Toen alle ploegen zich verzameld hadden in de uitgestrekte ovaal van het Olympiastadion, verklaarde Hitler de Spelen voor geopend. De olympische vlag werd gehesen; duizenden postduiven vlogen de lucht in, die inmiddels was opgeklaard; kanonnen losten saluutschoten. De speciaal voor de Spelen gecomponeerde *Olympiahymne* van Richard Strauß klonk. De laatste fakkelloper liep het stadion in en ontstak het olympische vuur. Rudolf Ismayr, in 1932 winnaar bij het gewichtheffen op de Spelen in Los Angeles, legde de olympische eed af, waarbij hij niet de vlag met de vijf ringen beetpakte maar de hakenkruisvlag – duidelijker kon de vermenging van olympische rituelen met nationaalsocialistische elementen niet worden gecelebreerd.[260]

De hele openingsceremonie was toegesneden op Hitler. Fanfares kondigden zijn verschijnen aan; zijn weg naar de ereloge werd muzikaal begeleid door de

Huldigungsmarsch van Richard Wagner. Ook op de buitenlandse atleten had het enthousiasme dat Hitler tegemoetkwam in het stadion zijn uitwerking. Je had kunnen geloven dat 'God uit de hemel was neergedaald', stelde een Britse sportvrouw vast.[261] 's Avonds brachten de Berlijners hun Führer stormachtige ovaties in de Wilhelmstraße. 'Vaak op het balkon', noteerde Goebbels. 'De menigte gaat tekeer. Het is diep aangrijpend. Meisjes worden naar boven gehaald en huilen voor de Führer. Een mooie, grote dag. Een zege voor de Duitse zaak.'[262]

Hitler was tijdens de wedstrijden bijna iedere dag in het stadion. Daarbij vertoonde hij een soort gedrag dat iedereen irriteerde die hem van nabij kon observeren. Van sportiviteit was bij de eerste man van het Derde Rijk niet veel te bespeuren. Als Duitse atleten werden verslagen, werd zijn gezicht somber. 'Zegevierde er echter een Duitse sporter,' vertelt Martha Dodd, 'dan kende zijn geestdrift geen grenzen en sprong hij met een wilde, kinderlijke vreugde op van zijn zitplaats.'[263] De steeds weer te berde gebrachte anekdote dat hij geweigerd had een hand te geven aan het zwarte Amerikaanse loopwonder Jesse Owens, die met zijn vier gouden plakken de ster van de Spelen was, is een legende. Nadat Hitler op de eerste dag de wedstrijden de Finse en Duitse medaillewinnaars gefeliciteerd had in zijn loge, had de voorzitter van het IOC, Baillet-Latour, hem erop gewezen dat zo'n gebaar niet strookte met het olympische protocol. Daarna zag de rijkskanselier er helemaal van af medaillewinnaars publiekelijk geluk te wensen.[264] Dat juist de successen van de zwarte Amerikanen tot de grootst mogelijke ergernis leidden bij Hitler en vooraanstaande nazi's, omdat die hun doctrine over de superioriteit van het 'arische ras' met kracht weerlegden, daarvan zijn meerdere getuigenissen. Over de wedstrijden van 4 augustus noteerde Goebbels bijvoorbeeld: 'Wij Duitsers winnen één gouden medaille, de Amerikanen drie, waarvan twee door negers. Dat is een schande. De blanke mensheid zou zich moeten schamen. Maar wat doet dat ertoe, daar in dat land zonder cultuur.'[265] Toen Baldur von Schirach voorstelde Jesse Owens te ontvangen in de rijkskanselarij, omdat dit een voortreffelijke indruk zou maken in het buitenland, lokte hij een woedeaanval uit bij de dictator: 'Geloof je nu werkelijk dat ik me laat fotograferen terwijl ik een neger de hand schud?' schreeuwde Hitler tegen hem.[266]

Ook Hans Frank herinnerde zich dat Hitler in de dagen van de Olympische Spelen 'hartstochtelijk zijn belangstelling' toonde en 'steeds in de hoogste spanning verkeerde wie welke medaille zou winnen.'[267] Uiteindelijk legde de Duitse ploeg met 33 gouden, 26 zilveren en 30 bronzen medailles beslag op de eerste plaats van het landenklassement, vóór de Amerikanen – een triomf, die Goebbels prees als 'resultaat van de weer ontwaakte eerzucht': 'Deze Olympische Spelen zijn een heel grote doorbraak [...]. Men kan weer trots op Duitsland zijn [...]. De eerste sportnatie. Dat is heerlijk.'[268]

De Duitsers maakten echter niet alleen indruk met hun sportsuccessen, maar ook – zoals al eerder in Garmisch-Partenkirchen – door een perfecte organisatie en een nevenprogramma waarmee het regime de buitenlandse bezoekers begoochelde door zich van zijn beste kant te laten zien. Voor tolk Paul Schmidt leek de zestien dagen durende show achteraf 'een apotheose voor Hitler en het Derde Rijk'. In vele gesprekken met buitenlanders kon hij steeds weer vaststellen dat Hitler 'bijna zonder uitzondering met de grootst mogelijke belangstelling, om niet te zeggen met grote bewondering, werd bekeken.'[269] Ambassadeur François-Poncet deed een vergelijkbare observatie: 'De aantrekkingskracht die van hem uitgaat, gaat de grenzen van zijn land te buiten. Koningen, vorsten, beroemde gasten komen naar de hoofdstad, niet zozeer om de komende sportwedstrijden mee te maken als wel voor een ontmoeting met deze voor de toekomst zo bepalende man die het lot van zijn continent in zijn handen lijkt te hebben.'[270]

De satrapen van Hitler probeerden elkaar te overtreffen met feesten en recepties voor internationale prominenten. Ribbentrop, juist benoemd tot nieuwe ambassadeur in Londen, nodigde op 11 augustus meer dan 600 gasten uit voor het diner in zijn villa in Dahlem. Göring gaf drie dagen later een groot tuinfeest op het terrein van het nieuwe ministerie van Luchtvaart, en de klap op de vuurpijl gaf Goebbels op 15 augustus, een dag voor het eind van de Olympische Spelen, met een Italiaanse nacht voor meer dan 2700 gasten op het Pfaueninsel in de Havel: 'Een fantastisch vuurwerk. En een drukte als nooit tevoren. Feeërieke verlichting [...]. Dansen. Het mooiste feest dat we ooit hebben georganiseerd.'[271]

De Olympische Spelen van 1936 waren ook een mediahappening. Meer dan 1800 journalisten waren aangemeld, 41 radiozenders uit de hele wereld hadden hun verslaggevers gestuurd. In het stadion stonden hun commentaarhokjes ter beschikking. De nationale en internationale persagentschappen kregen beeldmateriaal van 125 Duitse fotografen. Voor het eerst waren er rechtstreekse televisie-uitzendingen van een groot sportevenement. Ze werden uitgezonden door de zender 'Paul Nipkow'; 160.000 toeschouwers konden de wedstrijden volgen in *Fernsehstuben*, televisiezaaltjes, in Berlijn, Potsdam en Leipzig, waarbij de kwaliteit van de uitzendingen echter nog altijd te wensen overliet.[272]

Vooral de documentaire *Olympia* van Leni Riefenstahl, waartoe ze in augustus 1935 de opdracht gekregen had, liet een blijvende indruk na. Hitlers sterregisseuse pakte weer uit met een reeks innovaties. Zo liet ze kabelballons met handcamera's eraan opstijgen, om het stadion in vogelvluchtperspectief te kunnen tonen. In het stadion zelf werden geulen aangelegd om de deelnemers van zo dichtbij mogelijk en in een ongewoon perspectief te kunnen filmen. De opnames van Riefenstahl boden echter niet alleen een esthetiserend beeld van perfecte, afgetrainde en vooral mannelijke lichamen, maar ze waren tegelijk ook een huldebetoon aan het 'nieuwe' Duitsland, dat werd gepresenteerd als de erfgenaam van het antieke Griekenland. Hitler werd in verschillende opnamereeksen getoond als een echte sportliefhebber, die opgewonden meeleefde met de Duitse atleten en zich verheugde over hun successen; zijn onsportieve reacties, die zo afstotend werkten op de mensen die ze zagen, werden natuurlijk verdonkeremaand. De tweedelige film – *Fest der Völker* en *Fest der Schönheit* – ging pas op de 49ste verjaardag van Hitler, 20 april 1938, in première in het Ufa-Palast. Zoals eerder de films van de partijcongressen was hij van onschatbare waarde voor de nationaalsocialisten, omdat hij achter de al geënsceneerde schone schijn van de vreedzame Spelen de werkelijkheid van het Derde Rijk liet verdwijnen. 'Men wordt meegesleept door de kracht, de diepte en de schoonheid van dit werk [...]. Een meesterlijke prestatie van Leni Riefenstahl,' noteerde Goebbels geestdriftig.[273]

Ongetwijfeld betekenden de Olympische Spelen voor het naziregime een groot propagandasucces en voor Hitler nog meer prestigewinst. De meeste buitenlandse journalisten en bezoekers lieten zich verblinden door de gastvrije sfeer en de rimpelloze organisatie. Het was de nationaalsocialisten gelukt 'een heel goede façade' op te trekken, zo luidde de balans van William Shirer.[274] Na de Spelen keerde het regime snel terug tot de orde van de dag, en daarmee ook tot openlijke vervolging van de Joden. Onder de radicale activisten in de partij en de SA deed al vooraf de spreuk de ronde: *Wenn die Olympiade vorbei, schlagen wir die Juden zu Brei!* (Is de olympiade voorbij, dan slaan we de Joden tot brij!).[275] Victor Klemperer, die duidelijker dan zijn meeste tijdgenoten het leugenachtige karakter van de Spelen had doorzien, profeteerde met het oog op het naderende partijcongres van de NSDAP 'een explosie'; men zou de opgekropte agressie 'allereerst afreageren tegen de Joden'.[276] Inderdaad staken de nazileiders op het partijcongres van 1936 elkaar naar de kroon met hun antisemitische haattirades. Hitler riep in zijn redevoeringen bij de opening en de sluiting nog eens het spook van het Joodsbolsjewistische 'wereldgevaar' op. Een 'internationale Joodse revolutiecentrale' runde 'vanuit Moskou en via radiozenders en met duizenden financiële en propagandakanalen de omverwerping van dit continent'.[277] Achter de houding van de staatsman en de 'volkskanselier' kwam weer de onbeschaafde volksmenner uit de Münchense bierkelders van de vroege jaren twintig tevoorschijn. 'Wat het "Partijcongres van de Eer" voor de Jodenhetze [...] aan hysterie en krankzinnige leugens heeft opgebracht, overtreft elke voorstelling,' schreef Klemperer bedrukt in zijn dagboek. 'Je denkt steeds weer: er moeten toch ergens in Duitsland stemmen van schaamte en angst opgaan, er zou een protest uit het buitenland moeten komen [...] – niets!' In plaats daarvan: 'Bewondering voor het Derde Rijk, voor zijn cultuur, bevende angst voor zijn leger en zijn dreigementen.'[278]

17

Regeerstijl en monumentale architectuur

'Hoe voelt het om rijkskanselier te zijn?' vroeg Sefton Delmer aan het pas benoemde regeringshoofd in februari 1933, en hij kreeg het verbluffende antwoord: 'Weet u wat, meneer Delmer? [...] Ik heb een grote ontdekking gedaan. Al die regeringszaken stellen helemaal niets voor. Hoegenaamd niets. Anderen regelen alles [...]. Je zet gewoon je naam op het papier dat ze je voorleggen, en daarmee is het geregeld.'¹ Als Hitler zich inderdaad zo heeft geuit als de Britse journalist het heeft overgeleverd in zijn memoires, dan ging het om een voor hem typerende, geveinsde pose. In de eerste maanden van zijn regering bleek de nieuwe man druk bezig zijn functie als rijkskanselier nauwgezet en gewetensvol uit te oefenen.

Om tien uur stipt verscheen hij in zijn werkvertrek, overlegde met zijn belangrijkste medewerkers en zette zich ertoe dossiers te lezen.² Zorgvuldige bereidde hij zich voor op kabinetszittingen, zodat hij de conservatieve ministers kon imponeren met zijn detailkennis.³ Omdat Hitler geen enkele bestuurservaring had, was hij juist aan het begin van zijn ambtsperiode aangewezen op het bureaucratisch apparaat van de ministeries. Naar verluidt bood hij 's avonds op 29 januari 1933 in de Kaiserhof de functie van secretaris van de rijkskanselarij aan de referendaris Binnenlandse Zaken Hans Heinrich Lammers aan door te zeggen dat hij 'politicus [was] en van besturen geen kaas had gegeten'. Hij wilde zich daar niet bijzonder druk over maken, 'maar zich ook niet blameren'. Daarom had hij behoefte aan een 'ambtenaar die van wanten wist'.⁴

Hoe meer Hitler zich onaantastbaar voelde in zijn machtspositie en hoe minder hij rekening hoefde te houden met Hindenburg en de conservatieve coalitiegenoten, des te meer stak de behoefte de kop op de routineverplichtingen van zijn functie te ontvluchten. Aan zijn omgeving vertelde hij later steeds weer met zichtbaar genoegen hoe men eerst geprobeerd had 'hem te laten wennen aan de werkwijze van een ambtenaar' en dat hij 'door het doorkijken van de dossiers en het verwerken van actuele problemen' zo opgeslokt werd dat 'er geen tijd meer' overbleef 'voor het rustig overwegen van grotere problemen'.⁵ 'De eerste weken werd me echter ook elke kleinigheid voorgelegd,' citeert Speer Hitler aan de middagmaaltijd. 'Ik vond elke dag stapels dossiers op mijn bureau en ik kon werken wat ik wilde, maar ze werden niet kleiner. Totdat ik radicaal een punt zette achter die flauwekul!'[6]

Toen Hindenburg zich in het voorjaar van 1934 om gezondheidsredenen terugtrok op zijn landgoed in Oost-Pruisen, werd de werkdiscipline die Hitler zich oplegde merkbaar minder. Daarna kon van een regelmatige ambtsuitoefening geen sprake meer zijn. Hij had, zo liet hij Fritz Wiedemann weten bij diens aanstellingsgesprek een paar dagen voor Kerstmis 1933, aanvankelijk 'groot respect' voor de ambtenaren van het ministerie gehad, maar ondertussen had hij ook ingezien dat 'ze ook hier geen ijzer met handen kunnen breken'.[7]

In een opmerkelijk korte periode had Hitler geleerd hoe hij het bureaucratische apparaat kon gebruiken voor zijn eigen doeleinden, zonder dat zijn permanente aanwezigheid in de rijkskanselarij nodig was. Zo creëerde hij ruimte voor zijn persoonlijke interesses en hobby's. De onrust die hem gedurende de *Kampfzeit* ('strijdperiode') van het ene verkiezingsoptreden naar het andere had gedreven, brak weer door. Ze uitte zich in een onbedwingbare behoefte aan reizen. 'Ik kan me niets ergers voorstellen dan dag in, dag uit in een kantoor te zitten en daar – "was getekend" – eindeloos met dossiers enz. te zitten en daarmee mijn leven te rekken,' hoorde een van zijn persoonlijke bediendes hem zeggen tijdens een autoreis. 'Ik ben regelrecht bang om oud te worden wanneer ik niet meer op reis kan gaan zoals ik zou willen.'[8] Een van zijn lievelingsbestemmingen was München. Speer, die al sinds de winter van 1933-1934 tot de intimi van de entourage behoorde, merkte dat Hitler tijdens zijn dagen in de Beierse hoofdstad terugviel in de rol van bohemien: 'De meeste tijd werd lummelend en flanerend doorgebracht op bouwterreinen, in ateliers, cafés en eettenten.'[9]

In de eerste jaren van zijn regering woonde Hitler, wanneer hij in Berlijn was, in de dienstwoning van de secretaris op de vierde verdieping van de aanbouw van de rijkskanselarij (Wilhelmstraße 78), die in 1930 in gebruik was genomen. In de Oude Rijkskanselarij, het voormalige paleis van vorst Radziwill aan de Wilhelmstraße 77, hadden niet alleen Bismarck en zijn opvolgers tijdens het keizerrijk maar ook de rijkskanseliers van de Republiek van Weimar geresideerd. Hier kon hij echter niet intrekken, omdat Hindenburg sinds juli 1932 het pand in gebruik had als ambtswoning vanwege de renovatie van zijn eigen paleis.[10] Toen die vertrokken was, wendde Hitler zich in de herfst van 1933 tot zijn Münchense architect Paul Ludwig Troost, die hij al in 1930 het Palais Barlow aan de Münchense Königsplatz had laten verbouwen. Hij gaf hem opdracht zijn toekomstige werkplek en woonruimte grondig te moderniseren en nieuw in te richten. Troost stierf echter onverwacht op 21 januari 1934: 'Ondraaglijk verlies. Führer diep terneergeslagen. Niemand kan zijn plaats innemen,' noteerde Goebbels.[11]

De nieuwe favoriete architect stond echter al klaar. Hij heette Albert Speer en was pas 28 jaar. Als zoon van een architect uit Mannheim was hij in eenvoudige maar degelijke omstandigheden opgegroeid en had, in het voetspoor van zijn vader, architectuur gestudeerd in Karlsruhe, München en Berlijn. In maart 1931, na een Hitler-bijeenkomst op de Hasenheide in Neukölln, was hij lid geworden van de NSDAP. Algauw daarna leerde hij Karl Hanke kennen, de organisatieleider van de gouw Berlijn. Die gaf hem zijn eerste opdrachten, waaronder de verbouwing van het nieuwe gouwhuis in de Voßstraße. Zijn improvisatietalent en zijn gevoel voor theatrale ensceneringen toonde hij toen hij voor de massademonstratie op het Tempelhofer Feld, op de avond van 1 mei 1933, de door reusachtige hakenkruisvaandels omzoomde coulisse ontwierp.[12] Hitler merkte hem op nadat hij het in de zomer van 1933 had klaargespeeld de dienstwoning die Goebbels van Hugenberg had overgenomen, in recordtempo op te knappen. De rijkskanselier vroeg hem nu toezicht te houden op de bouwactiviteiten in de Wilhelmstraße 77. Bijna dagelijks bezocht Hitler de bouwlocatie en keek hoe het werk vorderde. Hij drong aan op spoed, want de kleine secretariswoning op de zolderetage van de aanbouw was volstrekt ongeschikt voor representatieve doeleinden. Daar kon hij, zoals hij zei, 'niemand ontvangen'.[13] In mei 1934 werd de verbouwing afgerond en kon Hitler eindelijk verhuizen.

Op de begane grond bevonden zich de representatieve vertrekken: een grote entreehal voor officiële ontvangsten; een kleine salon aan de tuinzijde, die links naar de 'Muzieksalon' leidde, waar 's avonds ook films vertoond werden, en rechts naar de zogeheten Bismarckkamer, ook Rookkamer genoemd, waar Hitlers gasten voor de lunch en het avondeten zich verzamelden. Van daaruit kwam men in de eetzaal met daarachter een wintertuin, met een lange raampartij aan de tuinkant. Hitlers privévertrekken lagen op de eerste etage. Ze bestonden uit een woonkamer met een bibliotheek, een werkkamer, slaapkamer en badkamer. Boven het eenvoudige ijzeren bed hing een portret van Hitlers moeder. Naast de suite van de rijkskanselier werd later een logeerkamer voor Eva Braun ingericht, die voor 1939 echter zelden gebruikt werd. Daarnaast woonden de kamerbedienden. De zogeheten Trappenkamer strekte zich uit voor de 'Führerwoning' en diende als ruimte voor de secretaresses van Hitler. Hiervandaan leidde een gang naar de vleugel waarin de kantoren waren ondergebracht van de adjudanten, van rijksperschef Otto Dietrich en van de commandant van Hitlers lijfwacht, SS-Obergruppenführer Sepp Dietrich.[14]

Hitler kon beschikken over vier persoonlijke adjudanten: hoofdadjudant Wilhelm Brückner, die op 8 en 9 november het Münchense SA-regiment had aangevoerd en in augustus 1930 in dienst gekomen was bij Hitler; Julius Schaub, die ook betrokken was geweest bij de putsch en Hitler sinds 1925 begeleidde als een schaduw; kapitein buiten dienst Fritz Wiedemann, Hitlers meerdere in het Regiment List in 1916-1917, die begin 1934 in functie kwam in de rijkskanselarij; en ten slotte Albert Bormann, een jongere broer van *Reichsleiter* Martin Bormann, die de 'Privatkanzlei Adolf Hitler', Hitlers privésecretariaat, leidde. Drie militaire adjudanten zorgden vooralsnog voor de verbinding met de top van de strijdkrachten: kolonel Friedrich Hoßbach voor het leger (vanaf 1934), luitenant-ter-zee 2de klasse Karl Jesko von Puttkammer voor de marine (vanaf 1935) en kapitein Nicolaus von Below (vanaf 1937). In plaats van Hoßbach werd eind januari Rudolf Schmundt, majoor in de generale staf, benoemd tot 'adjudant van het leger bij de Führer en rijkskanselier'; in maart 1938 kwam kapitein Gerhard Engel erbij als vierde adjudant. Tot de persoonlijke staf van Hitler behoorden verder de secretaresses Johanna Wolf (vanaf 1929), Christa Schroeder (vanaf 1933) en Gerda Daranowski (vanaf 1937). Daarbij kwamen twee kamerbediendes, eerste matroos Karl Krause (vanaf 1934) en de gediplomeerde metselaar en lid van de 'SS-Leibstandarte Adolf Hitler' Heinz Linge (vanaf 1935), die beiden op hun taken werden voorbereid aan de hotelvakschool München-Pasing voordat ze in dienst kwamen. Voor de leiding van het 'Führerhuishouden' waren huisintendant Arthur Kannenberg en zijn vrouw Freda verantwoordelijk en voor de veiligheid op reis de 'Chauffeureska': de piloot en gezagvoerder Hans Baur en de chauffeur sinds vele jaren, Julius Schreck, en na diens dood in 1936 Erich Kempka.[15]

In de omgang met zijn medewerkers was Hitler, zoals zijn bediende Linge getuigd heeft, 'onberekenbaar'.[16] Hij kon zich van zijn charmante kant laten zien, schijnbaar geïnteresseerd informeren naar iemands welzijn en vooral veel uurtjes verkletsen met de secretaresses in de Trappenkamer. Zelden vergat hij leden van zijn staf en nog meer de vrienden en bekenden uit de 'strijdperiode' cadeaus te geven voor hun verjaardag, Kerstmis en de jaarwisseling.[17] Als iemand ziek was, liet hij niet na boeketten bloemen te laten brengen of ze zelfs persoonlijk te gaan brengen. De dood van zijn oude getrouwe chauffeur Schreck in mei 1936 ging hem zeer aan het hart, als we het dagboek van Goebbels mogen geloven: 'De Führer helemaal gedeprimeerd. Het raakt hem het zwaarste. Hij blijft de hele dag thuis.'[18]

Achter de schijnbaar attente gestes ging geenszins altijd oprechte persoonlijke betrokkenheid schuil. Hitlers verhouding tot zijn medewerkers werd doorgaans bepaald door een koele kosten-batenanalyse. Innemende hartelijkheid kon onverhoeds omslaan in afwijzende kilte. Adjudant Hoßbach heeft beschreven hoe hij steeds als hij 'trekjes van nauwer menselijk contact meende te ontdekken', de volgende dag al een verandering in Hitlers gedrag merkte: 'Je zou geloven dat je tegenover een vreemde of een heel ander mens stond.'[19] Ook Karl Krause herinnerde zich kort na de oorlog dat het in de loop der jaren steeds moeilijker werd een persoonlijk gesprek te voeren met Hitler: 'Het was alsof hij was afgesneden. Een hoge isolatiemuur rees op.'[20]

Hitlers grillige werkwijze vormde een grote belasting voor zijn medewerkers. Vaste kantooruren waren er niet. Adjudanten en secretaresses moesten in feite het hele etmaal ter beschikking staan voor de *'Chef'*, zoals ze hem onder elkaar noemden. Ook zijn bedienden hadden te lijden onder zijn notoire ongeduld. Zo was het voor hen elke keer een uitdaging Hitler het strikje voor rok of smoking om te binden: 'Dat moest heel snel gebeurd zijn, ongeveer in 25 seconden. Na die tijd moest het zitten, anders werd hij kribbig en begon hij te trappelen van ongeduld.'[21]

Hitler omringde zich graag met mensen die hem vertrouwd waren en op wier loyaliteit hij blind kon rekenen. Daarom wisselde hij binnen zijn entourage niet graag van personeel. Als hij genoeg had van een medewerker, was een kleine aanleiding vaak al voldoende om deze te ontslaan of terzijde te schuiven. Zo verging het min of meer Fritz Wiedemann, die in januari 1939 werd afgedankt naar de post van consul-generaal in San Francisco.[22] Op een heel nare manier werd in februari 1937 ook de jarenlange vertrouweling en perschef-buitenland Ernst Hanfstaengl afgeserveerd, nadat hij in ongenade was gevallen bij de Führer.[23] Ondanks Hitlers neiging tot een ongeregelde leef- en werkwijze, sleet er in de jaren voor 1939 zoiets als een normale dagindeling in op de rijkskanselarij. 's Ochtends, voordat Hitler opstond, moest de bediende op een daarvoor klaarstaand krukje voor de slaapkamerdeur de nieuwe kranten en persberichten neerleggen. Het wekken verliep volgens een speciale procedure: de bediende drukte drie keer op de knop van een bel; Hitler gaf antwoord door drie keer op de bel te drukken die op het tafeltje naast zijn bed stond. Pas daarna mocht de bediende op de kamerdeur kloppen en zeggen hoe laat het was. Aan de manier waarop Hitler terugriep, kon Krause al herkennen welke stemming zijn baas had. Terwijl de bediende het ontbijt klaarmaakte – twee koppen warme volle melk, tot tien stuks Leibnitz-Keks-biscuit en een half tablet verbrokkelde halfpure chocolade – ging Hitler in bad, schoor hij zich en kleedde hij zich aan. Het ontbijt nam hij staande tot zich, waarbij hij nog snel de laatste berichten van het *Deutsche Nachrichten-Büro* (DNB) doornam. Hierbij besprak hij met de bediende de menukaart en maakte zijn keuze uit de drie vegetarische gerechten die voor hem klaargemaakt werden.[24]

Na het ontbijt begaf Hitler zich naar zijn officiële werkkamer in de aanbouw van de rijkskanselarij. Speer had die kamer van de voorzijde van het gebouw naar de achterkant aan de tuin verplaatst, omdat Hitler zich gestoord voelde door de in de Wilhelmstraße verzamelde menigte, die met spreekkoren liet horen dat ze de Führer wilde zien. Aan de voorkant liet hij echter in 1935 een balkon aanbrengen door Speer, zodat hij zich daarop bij gelegenheid kon laten zien. 'Het venster was me te ongemakkelijk,' zei hij tegen zijn architect, 'ik werd niet van alle kanten gezien. Ik kan tenslotte toch niet naar buiten gaan hangen.'[25] Al onderweg van zijn privévertrekken naar het kantoorgebouw besprak hij met de adjudanten, die met ongeduld op hem gewacht hadden, de audiëntieplanning van die dag. Daarbij bepaalde hij wie hij wilde zien, respectievelijk wiens aanmelding werd afgewezen of uitgesteld. Dat hij daarbij 'alles van zijn persoonlijke gevoel, zijn stemmingen en zijn persoonlijke geestesgesteldheid van dat moment afhankelijk' gemaakt zou hebben, zoals een van zijn medewerkers meldt[26], is weinig geloofwaardig. Het behoort nu juist tot de opmerkelijke vermogens van de toneelspeler om persoonlijke antipathieën te verbergen achter gebaren van schijnbare welwillendheid. Wanneer hij in zijn werkkamer was aangekomen, liet Hitler zich een overzicht geven van de ochtendkranten door Otto Dietrich en kreeg hij van Lammers, het hoofd van de rijkskanselarij, een mondeling verslag van de lopende zaken. Nadat Hitler de functie van rijkspresident had verenigd met die van rijkskanselier en Führer, werd ook secretaris Meissner af en toe ontboden om te rapporteren, evenals de perschef van de rijksregering, staatssecretaris Walther Funk, de rechterhand van Goebbels in het ministerie van Propaganda. Daarna volgden gesprekken met ministers, diplomaten en andere min of meer belangrijke personen.[27]

De besprekingen duurden meestal tot twee uur 's middags, niet zelden ook langer, zodat de voor de lunch uitgenodigde gasten wachttijd op de koop toe moesten nemen. Speer herinnerde zich:

Afb. 52 De eetzaal in de Oude Rijkskanselarij, 1934.

Hitler was in het tijdstip dat hij verscheen soeverein onverschillig [...]. Het eten was gepland omstreeks twee uur, maar meestal werd het drie uur of nog later, tot Hitler kwam [...]. Zijn entree was zo informeel als die van een privépersoon. Hij begroette zijn gasten met een handdruk, men stond in een kring om hem heen: hij gaf zijn mening over deze of gene kwestie van de dag. Bij enkele bevoorrechten informeerde hij op de zeer formele toon naar de toestand van 'mevrouw uw echtgenote', hij liet zich de uittreksels van het nieuws geven door zijn perschef en ging een beetje terzijde van het gezelschap in een stoel zitten en begon te lezen.[28]

Zo stonden de gasten met een knorrende maag daar nog eens een kwartier of twintig minuten, totdat de bediende meedeelde: 'Er is gedekt.'[29] Het gezelschap volgde Hitler nu naar de eetkamer – een grote vierkante ruimte – waar in het midden een ronde tafel voor ongeveer vijftien personen stond. In de hoeken stonden nog eens vier tafels, waaraan vier tot zes personen konden zitten. Hitler zat altijd met de rug naar de raamkant en met zijn blik gericht op een groot schilderij dat boven het buffet hing – een werk van de Münchense societyportretschilder Friedrich August von Kaulbach dat de *Triomf van de Muziek* voorstelde.[30]

Nog voor het binnengaan in de eetkamer bepaalde Hitler welke gasten aan zijn rechter- en linkerzijde zouden zitten – een beslissing die elke keer met spanning werd afgewacht, omdat de afstand tot de Führer tegelijkertijd aangaf welke plaats de desbetreffende persoon had op de prestigeladder. 'Alle paladijnen gingen snel op hun tenen staan en maakten zich zo groot en dik mogelijk, opdat het oog van de Führer zo mogelijk op hen zou vallen. Hitler genoot zichtbaar van deze situatie en gunde zich de tijd. '"Ja," zei hij, "dan had ik graag aan mijn rechterkant" – pauze – "alstublieft doctor Goebbels, en aan mijn linkerkant meneer Ribbentrop, aansluitend rechts nog alstublieft generaal X en links Gauleiter Y."'[31] De overige gasten namen plaats zoals het uitkwam, de adjudanten en de minder belangrijke persoonlijkheden meestal aan de zijtafels. Het tafelgezelschap wisselde van samenstelling. Vaak waren de gasten Gauleiter en rijksleiders van de NSDAP die ambtshalve in Berlijn moesten zijn en daarbij ook ministers, ambassadeurs, mensen uit het zakenleven. Bijna dagelijks was Goebbels erbij, vaak Speer en Otto Dietrich, minder vaak Göring, Heß of Himmler. Ook als er af en toe vrouwen uitgenodigd werden zoals Magda Goebbels of Leni Riefenstahl, ging het toch bijna altijd om een puur mannengezelschap. Het eten was eenvoudig: meestal was er soep vooraf, vlees met aardappelen en groente als hoofdgerecht en tot besluit een zoet toetje. Hitler at zijn vegetarische gerechten en dronk daar Fachinger bronwater bij. Wie van zijn gasten hem daarin wilden volgen, kon dat doen, maar heel weinig mensen voelden daartoe de behoefte.[32]

Hitler noemde zijn middagmaaltijd soms 'Restaurant In de vrolijke rijkskanselier'.[33] Van ongedwongen vrolijkheid kon echter geen sprake zijn; er heerste eerder een beklemmende stemming. 'De mensen aan deze tafel voelden zich niet vrij,' merkte Otto Dietrich op. 'In de sfeer die Hitler verspreidde, veranderden anders bruisende persoonlijkheden in zwijgzame toehoorders [...]. Ze waren geremd en kwamen niet uit hun schulp, terwijl Hitler sprak en ze in de ban bracht van zijn duizend keer beproefde woorden en gebaren.'[34] Omdat Hitler tijdens het eten ook de actualiteiten van die dag ter sprake bracht, lag hier voor de aanwezigen 'de grote informatiekans', zonder welke ze 'volstrekt niet georiënteerd' waren, zoals Speer het in 1945 uitdrukte.[35] Als de Führer eens een keer niet aan het doceren was, heerste er snel een bedeesde stilte. Op dat ogenblik sprong Goebbels in de bres. Hij speelde de rol van ceremoniemeester en was als gangmaker een graag geziene gast bij de heer des huizes. Als geen ander kon hij het tafelgezelschap vermaken met grappen en anekdotes en tegelijkertijd rivalen laten dalen in de achting van de dictator met schijnbaar onschuldige steken onder water. Geregeld nam hij ook een gast ironisch op de korrel en kwam het tussen hen tot gehakketak, wat Hitler geamuseerd volgde en pas afbrak als de strijd dreigde te escaleren.[36]

Na het eten, dat een halfuur tot een uur duurde, nodigde Hitler individuele gasten uit om hem te volgen naar de wintertuin om hier het gesprek voort te zetten. Voor de hoogwaardigheidsbekleders van het Derde Rijk was dit het beste moment om hun wensen naar voren te brengen en een beslissing in hun voordeel te verkrijgen. Speer gebruikte de gelegenheid graag om zijn bouwplannen aan Hitler voor te leggen; vaak gingen de besprekingen door tot in de late middag. Bij mooi weer hield Hitler ervan met zijn gesprekspartner heen en weer te lopen in de tuin van de rijkskanselarij. Daarbij had hij altijd een paar nootjes op zak, waarmee hij de tamme eekhoorns voerde.[37] In de eerste tijd van zijn regering kwam Hitler graag met een klein gezelschap voor het thee-uurtje naar Hotel Kaiserhof, waar een hoektafel voor hem was gereserveerd. Deze gewoonte gaf hij echter algauw op toen zijn aanwezigheid daar werd rondgebazuind en er iedere keer een oploop van vooral oudere bewonderaarsters ontstond.[38]

Het avondeten werd in de regel opgediend om acht uur. Hieraan nam slechts een kleine kring deel, onder wie naast Goebbels en Speer vaak ook Heinrich Hoffmann en gezagvoerder Baur. Vaak waren niet eens alle plaatsen aan de hoofdtafel bezet, zodat de adjudanten nog snel mensen moesten uitnodigen uit de kunstwereld, vooral actrices. De gesprekken draaiden, anders dan aan het middagmaal, niet om de politieke problemen van de dag, maar om doodgewone thema's. 'Hitler liet zich graag bijpraten over theatervoorstellingen; ook de schandaaltjes interesseerden hem; de piloot vertelde over vluchten, Hoffmann droeg anekdotes bij uit de Münchense kunstenaarskringen [...] maar meestal herhaalde

Hitler verhalen uit zijn leven en vertelde hij over zijn loopbaan.'[39] Nog tijdens het eten legde de bediende hem een lijst voor van vier tot zes Duitse en buitenlandse films. Hitler koos er een à twee uit, die dan 's avonds moesten worden getoond.[40]

Zo ging het gezelschap na het avondeten naar de 'Muzieksalon', waar de ordonnansen alles al hadden klaargezet voor de filmvoorstelling. 'Men ging zitten in gemakkelijke stoelen; Hitler knoopte zijn jasje los, strekte zijn benen ver voor zich uit. Het licht doofde langzaam, terwijl tegelijkertijd door een achterdeur [...] leden van de huishouding en Hitlers lijfwachteenheid werden binnengelaten.'[41] Hitler had een voorkeur voor amusementsfilms. Als zijn lievelingsacteurs of -actrices meespeelden – Emil Jannings, Heinz Rühmann, Henny Porten, Lil Dagover, Olga Tsjechowa, Zarah Leander of Jenny Jugo – moest een film gehaald worden nog voordat hij in de bioscoop draaide. Als een film niet in de smaak viel, gaf hij heftig lucht aan zijn ongenoegen: 'Kappen! Wat een onzin! De volgende!'[42] Ook al klaagde Goebbels in zijn dagboek bij gelegenheid over het monotone ritueel en de tijd die ermee verloren ging, het was niet onbelangrijk voor hem Hitlers mening te horen en mogelijkerwijs nog voor de première te kunnen ingrijpen en veranderingen te laten aanbrengen.[43]

Na de vertoningen ging het gezelschap naar de rookkamer. Terwijl de meeste gasten hun vermoeidheid maar met moeite konden verbergen, kwam Hitler nog altijd verbazingwekkend fris over en leken zijn levensgeesten nu pas echt te ontwaken. Men ging zitten bij de haard, er werden drankjes en gesmeerde boterhammen geserveerd en men babbelde over ditjes en datjes. Dat waren de uren waarin de dictator zich het meest ongedwongen gedroeg. De grote angst van de adjudanten was dat het gesprek op een laat uur uitkwam op Hitlers lievelingsonderwerpen – zijn belevenissen in de oorlog en de 'strijdperiode'. Vaak kon het gesprek duren tot twee of drie uur 's nachts. Nadat de gasten eindelijk afscheid mochten nemen, besprak Hitler met zijn adjudanten nog de audiëntielijst voor de volgende dag. Zijn kamerbediende Krause legde hem de laatste DNB-nieuwsberichten voor en maakte een valeriaanthee voor hem klaar (met een kleine flacon cognac) voor de nacht. De drank moest hem helpen sneller in slaap te vallen.[44]

Er waren ook avonden dat Hitler zich eerder terugtrok om op te gaan in het lezen van kranten en tijdschriften. 'Het neuzen in de bladen behoorde tot zijn lievelingsbezigheden,' meldde zijn bediende. Daarbij las hij als ontspanning ook graag in oudere uitgaven. Zo gaf hij in december 1933 opdracht aan Julius Schaub hem de jaargangen 1914–1932 van de *Berliner Illustrierte Zeitung* te bezorgen. De directie van Ullstein-Verlag willigde het verzoek per omgaande in en wenste de rijkskanselier toe dat hij met zijn 'door zeer ingespannen arbeid gevulde leven enkele vrije uren mocht vinden voor het doorbladeren van deze beeldenkroniek van twintig jaar bewogen Duitse geschiedenis'.[45]

Niet alleen in de dagindeling maar ook in de weekagenda kristalliseerde zich in de eerste jaren van zijn regering een zeker patroon uit. Er verstreek nauwelijks een weekend waarin Hitler niet naar München of de Obersalzberg vertrok. Omdat hij meestal al op vrijdagavond vertrok en pas terugkeerde in de loop van maandag, had dit tot gevolg dat de afspraken in de rijkskanselarij in de vier dagen van dinsdag tot vrijdag werden samengebald.[46] Voor de reis kon Hitler beschikken over een eskader van vier Junkers Ju-52, waarop eerste piloot Baur toezicht hield. Daarbij kwamen in het voorjaar van 1935 twee viermotorige Condors, die de vliegtijd van Berlijn naar München verkortten tot een uur en 35 minuten. Als Hitler de trein gebruikte, werd er een speciale wagon van de Reichsbahn aan de volgens de dienstregeling rijdende D-trein Berlijn–München gekoppeld. Vanaf september 1937 was er echter een speciale trein met tien tot twaalf wagons voor hem gereserveerd. De 'Führerwagon' bestond uit een met mahoniehout beklede salon, waarin Hitler zijn vertrouwde staf om zich heen verzamelde, een slaapcompartiment met bad, en slaapcompartimenten voor adjudanten en bedienden. Tijdens legeroefeningen diende de speciale trein als zijn 'hoofdkwartier'. Waar hij ook uitstapte, stond er een colonne auto's voor hem klaar.[47]

Voor kortere ritten prefereerde Hitler verder de auto. Het reisdoel koos hij altijd zelf, en vaak liet hij zijn entourage daarover tot het laatst in het duister tasten. Soms was hij zelf ook besluiteloos en bepaalde hij met kop of munt waarheen de reis ging. 'Deze beslissing, als die eenmaal gevallen was, was voor hem niet te veranderen en hij heeft zich daar steeds aan gehouden,' aldus Otto Dietrich. Hij voegde eraan toe dat dit 'de enige concessie' geweest was die 'Hitler deed aan bijgeloof'.[48] Maar ook als het doel was vastgelegd, kon het bij Hitler plotseling opkomen om af te wijken van de geplande route. Hij had echter de neiging steeds in dezelfde hotels te logeren – in Weimar in het historische Hotel Elephant aan de Markt, in het Beierse luchtkuuroord Berneck in Bube's Hotel Pension, in Neurenberg in hotel Deutscher Hof, in Augsburg in het beroemde Fuggerhotel Drei Mohren, in Frankfurt in Hospiz Baseler Hof, in Stuttgart in Hospiz Viktoria, waar altijd een bijbel op het nachtkastje lag, zoals hij eens spottend opmerkte, in Hamburg in het voorname Hotel Atlantic aan de Alster, bij bezoeken in het Rijn- en Ruhrgebied in Rheinhotel Dreesen te Bad Godesberg, later in Wenen in de vorstenkamers van Hotel Imperial.[49] De zwarte Mercedes van de Führer reed aan het hoofd van een karavaan met auto's van de SS-lijfwacht, de recherche, de adjudanten met de lijfarts, bedienden en een secretaresse, en een bagageauto als laatste.[50]

De van innerlijke onrust vervulde Hitler zocht steeds weer een nieuwe aanleiding om van verblijfplaats te veranderen. 'Er waren jaren waarin hij het niet langer dan drie tot vier dagen op een plaats of een van zijn woonadressen placht uit te houden,' herinnerde zich een lid van de entourage, 'en je kon daardoor bijna vooraf uitrekenen wanneer hij zijn begeleiders plotseling opdracht gaf op te breken en verder te trekken'.[51] Het voortdurende veranderen van adres stelde de bedienden voor grote problemen, want op iedere reisdag moesten er vliegensvlug vijftien tot twintig koffers worden gepakt, omdat het Hitler bij het vertrek allemaal niet snel genoeg kon gaan.[52]

Ook tijdens de reis bleven de regeringszaken niet rusten. Als Hitler in München was, vonden dringende besprekingen plaats in zijn privéwoning aan de Prinzregentenstraße of in het Braune Haus. Als hij zich in een andere stad ophield, werden hem doorlopend berichten en verzoeken aangereikt, die dan per omgaande aanwijzingen en bevelen met zich meebrachten. In deze typische '"vliegende" en moeilijk grijpbare manier van regeren' zag Otto Dietrich een typisch kenmerk van Hitlers bestuursstijl.[53]

Ook als hij werkte in de rijkskanselarij, vermeed Hitler waar mogelijk zijn bevelen schriftelijk vast te leggen. Hij gaf er de voorkeur aan ze mondeling mede te delen, in zekere zin tussen neus en lippen door. In de regel had hij zeer goed nagedacht over zijn beslissingen, maar soms had hij ook spontane ingevingen. Zijn medewerkers restte dan de ondankbare taak de achteloze opmerkingen te vertalen in praktische richtlijnen en deze door te sluizen naar de juiste instanties. Misverstanden konden bij deze vorm van mondeling bestuur niet uitblijven.[54] Anderzijds kregen juist de uitvoerders daardoor veel speelruimte om hun invloed te laten gelden. Ook daarin ontwikkelde Goebbels een soort meesterschap. Aan de lunch, zo observeerde Dietrich, 'speelde hij Hitler trefwoorden toe voor het gesprek, toetste wat hem bezighield, gaf dat een extra zet en gebruikte elke gelegenheid die zich voordeed om aan Hitler mondelinge beslissingen op de meest uiteenlopende gebieden overeenkomstig zijn bedoelingen te ontlokken'.[55] Volgens deze methode werkten niet alleen de partijbazen maar ook de ministers en de secretarissen, voor wie het steeds moeilijker werd zelfs maar toegang tot de dictator te krijgen. Lukte het, dan namen ze de gelegenheid te baat om Hitler onder vier ogen hun problemen voor te leggen en hem beloftes te ontfutselen die daarna als 'wil van de Führer' konden worden gepresenteerd. De 'kunst van de ministeries' bestond erin – zo benadrukte Ernst von Weizsäcker, sinds 1938 staatssecretaris van Buitenlandse Zaken, in zijn herinneringen – 'het goede uur of de goede minuut te gebruiken waarop Hitler, door een terloops gevallen woord, een beslissing nam, die dan als "bevel van de Führer" zijn weg kon vinden'.[56]

Hitlers onbureaucratische, aan zijn persoon aangepaste bestuursstijl moedigde echter de ondergeschikte superieuren aan met eigen initiatieven te komen, om de vermoedelijke 'Führerwil' te vervullen. Iedereen wist – zo zei Werner Willikens, secretaris-generaal van het Pruisische ministerie van Landbouw, in februari

1934 tegen vertegenwoordigers van de Landbouwministeries van de andere deelstaten – dat 'de Führer heel moeilijk dat allemaal bevelen' kon, 'wat hij binnenkort of later wil realiseren'. Daarom was het 'de plicht van eenieder te proberen in de geest van de Führer hem tegemoet te werken'.[57] 'De Führer tegemoet werken' – in deze oplossing ziet Ian Kershaw terecht een sleutel tot begrip van de specifieke wijze van functioneren van het bestuurssysteem van de nazi's. Wie in dit systeem succes wilde hebben, mocht niet wachten op aanwijzingen van boven, maar moest als het ware anticiperend op de 'Führerwil' zelf actief worden, om dat wat in de lijn van Hitlers bedoelingen leek te liggen, mee voor te bereiden en in beweging te zetten. Dat verklaart niet alleen de aanhoudende dynamiek van het regime, maar ook zijn tendens tot radicalisering. In de strijd om de gunst van de dictator probeerden de trawanten elkaar de loef af te steken, terwijl ze elkaar met radicale eisen en maatregelen overtroefden.[58] En ook de lagere en middenkaderfunctionarissen van de NSDAP – van *Blockwart* via de *Zellenleiter*, de *Ortsgruppenleiter* tot de *Kreisleiter* – waren ervan overtuigd 'de Führer tegemoet te werken' als ze Joden belaagden en vermeende 'volksvijanden' aangaven. Ze waren niet alleen bereidwillige uitvoerders van de ideologische axioma's van Hitler, maar gaven de racistische politiek ook extra vaart.

Na de gelijkschakeling van partijen en bonden, de vereniging van het ambt van rijkspresident met dat van rijkskanselier en de vrijwillige onderhorigheid van de Reichswehr aan de nieuwe opperbevelhebber verenigde Hitler een almacht in zijn persoon die geen Duitse heerser ooit bezeten had. 'Verantwoording verschuldigd aan niemand en niet af te zetten, heeft hij een positie die alleen te vergelijken is met die van de gekroonde hoofden in de absolute monarchieën uit het verleden,' luidde het in het Sopade-verslag van juli/augustus 1934.[59] Anders dan in het fascistische Italië, waar de duce de koning naast zich moest dulden, was er in het nationaalsocialistische Duitsland geen institutie meer waaruit zich een tegenkracht had kunnen ontwikkelen tegen Hitlers alleenheerschappij.[60] Met de dubbelslag van 30 juni 1934 had de dictator de SA uitgeschakeld als permanente onrusthaard binnen zijn eigen beweging en zich ook ontdaan van zijn critici en tegenstrevers in het conservatieve kamp. Pas nu had de *'Führerstaat'* zich stevig in de samenleving verankerd, en Hitlers charismatische autoriteit was daarin ongetwijfeld het belangrijkste hulpmiddel van zijn heerschappij. De volksstemmingen, die hij telkens na belangrijke koerswijzigingen in de binnen- en buitenlandse politiek liet houden, bevestigden zijn overweldigende populariteit. Zonder hem als 'centrale spil van het hele nationaalsocialistische systeem',[61] zonder de Führermythe als verbindend element, zouden de verbazingwekkende bindende krachten van het regime nauwelijks te verklaren zijn. 'Fundamenteel voor het nationaalsocialisme en zijn regeringssysteem,' zo stelde Karl-Dietrich Bracher, 'is dat het van het begin af aan tot aan het uiterste einde stond en viel met deze man.'[62] Onder zijn regering kon geen besluit genomen worden dat niet was afgeleid van en daarmee gesanctioneerd door de 'Führerwil'.

Toch zou de voorstelling van een strak geleid, gecentraliseerd bestuur, waarin de Führer alles bepaalde, de werkelijkheid van het Derde Rijk geen recht doen. Daartegen spreekt alleen al Hitlers uitgesproken afkeer van bureaucratische procedures en zijn grillig-impulsieve regeerstijl. Van zijn medewerkers verlangde hij dat ze hem de onaangename alledaagse bezigheden verregaand bespaarden. 'De beste man is voor mij degene die mij het minst lastig valt, doordat hij 95 van de 100 beslissingen voor zijn rekening neemt,' zo verklaarde hij in oktober 1941 zijn regeermethode in het Führerhoofdkwartier. 'Er zijn echter altijd dingen die in laatste instantie door mij moeten worden besloten.'[63] Met andere woorden: alleen bij fundamentele beslissingen, niet bij de als bijzaken te beschouwen routineaangelegenheden, liet Hitler geen twijfel bestaan over zijn soevereine beslissingsbevoegdheid en maakte hij resoluut gebruik van zijn doorslaggevende coördinerende functie. Omdat hij absoluut niet bereid was de grenzen tussen de organen van het staatsbestuur en de partijorganisatie eenduidig vast te leggen, waren de traditionele bureaucratische structuren en bestuurlijke regelgevende procedures onderhevig aan een proces van inwendige ontwrichting. De techniek die hij al als partijleider beproefde om competenties te vermengen en functies dubbel te bezetten, om op deze manier rivaliteiten aan te wakkeren en zijn eigen machtspositie te consolideren, droeg Hitler na 1933 stap voor stap ook over op het staatsapparaat.[64] Het schijnbaar paradoxale gevolg was dat er tegelijk met de monocratie van het Führerbewind een polycratie van functies en bevoegdheden ontstond, die onderling vochten om macht en invloed.[65] Dat gold bijvoorbeeld op het terrein van de buitenlandse politiek, waarop zoals al vermeld naast 'de Wilhelmstraße', het traditierijke ministerie van Buitenlandse Zaken, tegelijkertijd drie organisaties buiten het staatsbestel actief waren – het *Außenpolitische Amt* (Bureau voor Buitenlandse Zaken) van de NSDAP, de *Auslandorganisation* (Afdeling Buitenland) van de partij en de *Dienststelle* (Bureau) Ribbentrop.[66] Hetzelfde laken een pak voor de de contacten met de pers van het regime, waar de voorzitter van de *Reichspressekammer* en het hoofd van Eher-Verlag, Max Amann, felle territoriumgevechten leverde met de *Reichspressechef* van de NSDAP, Otto Dietrich, en de minister van Propaganda.[67]

Het principe van een kabinetsregering werd algauw het slachtoffer van het systeem van het ongeregelde naast elkaar bestaan van het Führerabsolutisme en de veelheid van rivaliserende machtscentra. In februari en maart 1933 kwam het kabinet 31 keer samen, dus gemiddeld om de twee dagen. Na het uitvaardigen van de Machtigingswet, die de rijkskanselier onafhankelijk maakte van het noodverordeningsrecht van de rijkspresident, verminderde Hitlers interesse in geregelde besprekingen met de ministers merkbaar. Tussen juni en december 1933 kwam het kabinet nog twintig keer bijeen, in het hele jaar 1934 negentien keer, in 1935 twaalf keer, in 1936 vier keer en in 1937 zes keer. Op 5 februari 1938 vond de definitief laatste zitting plaats.[68]

Met de dalende frequentie veranderde ook de stijl van de zittingen: 'Aanvankelijk werd er nog levendig gediscussieerd, later namen Hitlers monologen steeds meer tijd in beslag,' herinnerde Schwerin von Krosigk zich.[69] Het kabinet werd geleidelijk gedegradeerd tot het uitvoerend orgaan van de 'Führerwil'; in oktober 1934 moesten ook de ministers de eed van trouw aan Hitler afleggen. Naar aanleiding van de vierde verjaardag van het bijeenroepen van het 'kabinet van nationale concentratie' op 30 januari 1937 bepaalde Hitler dat ministers moesten worden opgenomen in de NSDAP, voor zover ze daar nog geen lid van waren, en hij verleende hun tegelijkertijd het gouden partijinsigne. Alleen Eltz-Rübenach bedankte voor de eer onder verwijzing naar de antiklerikale koers van het regime, wat in het ministersgezelschap tot ontzetting leidde: 'We zijn allemaal verlamd. Dit had niemand verwacht,' noteerde Goebbels. 'Göring, Blomberg en Neurath bedankten de Führer echt van harte [...]. Maar de stemming is bedorven.'[70] Eltz-Rübenach moest dezelfde dag nog zijn ontslag indienen. Zijn ministerie werd opgedeeld: de rijksminister van Verkeer werd Julius Dorpmüller, de rijksminister van Posterijen Wilhelm Ohnesorge.

Vanaf de zomer van 1933 raakte er een nieuwe wetgevingspraktijk ingeburgerd, die een bespreking door het kabinet overbodig zou maken. Voordat een wetsontwerp naar de rijkskanselarij mocht worden gestuurd, moesten de betrokken ministers onderling de strijdpunten hebben opgelost. Secretaris Hans Heinrich Lammers liet vervolgens het ontwerp toekomen aan de leden van de rijksregering, met het verzoek hun bezwaren binnen een bepaalde termijn kenbaar te maken. Pas als het wetsontwerp helemaal zijn schriftelijke rondgang had voltooid, legde Lammers het voor aan de rijkskanselier. Hitler kon de wet aannemen of afwijzen – voor de voorbereiding zelf had hij weinig belangstelling.[71] Met het verlies aan betekenis van het kabinet groeide de macht van Lammers. In zijn nieuwe rol als bemiddelaar tussen de ministers enerzijds en Hitler anderzijds veroverde hij een sleutelpositie. Omdat hij al vroeg op de hoogte werd gesteld van de plannen voor wetgeving, kon hij tijdig ingrijpen in de afstemmingsprocedure en aan het eind door de manier waarop hij een en ander voorlegde aan Hitler, diens beslissing beïnvloeden. De dictator beloonde het werk van de topambtenaar door hem in november tot rijksminister te benoemen en hem zo dezelfde rang te geven als de overige leden van het kabinet. In de laatste jaren van het regime zou Lammers echter het onderspit delven in de machtsstrijd met Martin Bormann, leider van het partijsecretariaat en 'secretaris van de Führer', die in het hoofdkwartier van de Führer het privilege van toegang tot de machthebber regelde.[72]

Het verval van de traditionele vormen van bestuur werd geforceerd door Hitlers neiging om voor bepaalde, als zeer urgent beschouwde taken speciale gevolmachtigden in te zetten. Dezen waren in de regel noch aan de partij noch aan het staatsgezag ondergeschikt gemaakt maar direct aan hem verantwoording verschuldigd, en ze steunden op het persoonlijke vertrouwen dat hij in hen stelde. Hitler hield zich verre van de daarbij onvermijdelijke rivaliteit en de competentiestrijd tussen de nieuw opgerichte speciale afdelingen enerzijds en de ministeries en partijbureaus anderzijds. Als sociaaldarwinist werd hij geleid door het idee dat uiteindelijk de sterkere (en daarmee betere) zich zou weten te handhaven. Tegelijk was hij ervan overtuigd dat op deze manier de remmende barrières van de bureaucratie overwonnen konden worden en stimulansen gecreëerd konden worden voor een scherpere concurrentiestrijd, die zou leiden tot een efficiënt gebruik van alle hulpmiddelen. Ten slotte speelde voor hem ook de machiavellische berekening een rol, om volgens het beproefde principe 'divide et impera' rivaliserende krachten tegen elkaar uit te spelen en zo zijn eigen machtspositie tegen potentiële concurrenten te beschermen.[73]

De eerste in een reeks van speciale gevolmachtigden was ingenieur Fritz Todt, die Hitler op 30 juni 1933 benoemde tot 'inspecteur-generaal voor het Duitse wegenstelsel', met de opdracht het net van Autobahnen snel uit te bouwen. De betrokken minister Eltz-Rübenach moest de bestaande Afdeling K (Gemotoriseerd vervoer en secundair wegenstelsel) van zijn departement afstaan aan Todt; Hitler promoveerde haar tot een rechtstreeks onder de Führer vallende *Oberste Reichsbehörde* (Opperste Rijksautoriteit). Zo'n enorme onderneming als de aanleg van de Autobahnen, antwoordde de rijkskanselier op 24 november 1933 op de bedenkingen van de vakministers in het kabinet, 'vergt ook een nieuwe institutie. Als de rijksautosnelwegen voltooid zijn, zou de nieuwe instelling ingelijfd moeten worden bij het rijksministerie van Verkeer.'[74] Omdat de energieke Todt zijn taak duidelijk tot tevredenheid van de dictator vervulde, werd hij in december 1938 ook nog benoemd tot 'Algemeen gevolmachtigde voor de regeling van het bouwbedrijf'. Uit de door hem bestuurde bouwbedrijven en bouwprojecten kwam de 'Organisation Todt' voort. Een van de eerste projecten daarvan was de bouw van vestingwerken in het westen, de zogeheten *Westwall*. Het was het enige speciale gezagsorgaan in de nazistaat dat de naam van haar leider mocht dragen.[75]

Een ander voorbeeld van het losmaken van bevoegdheden uit de klassieke hiërarchie en het toevertrouwen daarvan aan vertrouwelingen van Hitler was de ontwikkeling van de Arbeidsdienst. De regering-Brüning had in de zomer van 1931 al een Freiwillige Arbeidsdienst ingevoerd, sinds 1932 onder leiding van een rijkscommissaris, door de regering benoemd op voordracht van de minister van Arbeid. Nadat Hitler was benoemd tot rijkskanselier, eiste de nieuwe rijksminister van Arbeid en leider van de Stahlhelm-organisatie Franz Seldte de positie van rijkscommissaris op. Hitler stelde ondertussen vertrouwen in zijn gevolmachtigde, de voormalige generaal-overste Konstantin Hierl, aan wie hij begin mei 1933 de leiding overdroeg van de Arbeitsdienst, in de rang van secretaris-generaal van het ministerie van Arbeid. De langdurige wrijvingen tussen de minister van Arbeid en de *Reichsarbeitsführer*, zoals Hierl zich sinds november 1933 noemde, werden ten slotte beëindigd door de rijkskanselier, doordat deze begin juli 1934 Hierl benoemde in plaats van Seldte als rijkscommissaris voor de Arbeitsdienst. Formeel was hij ondergeschikt aan de rijksminister van Binnenlandse Zaken Frick, maar in feite was hij met de rugdekking van Hitler leider van een speciaal gezagsorgaan, dat na de invoering van de dienstplicht voor de Arbeitsdienst in juni 1935 uitgroeide tot een enorme organisatie, waarin honderdduizenden jonge mannen en vrouwen in de leeftijd van 18 tot 25 jaar een half jaar 'vrijwilligerswerk voor het Duitse volk' moesten doen.[76]

Parallel aan Hierl werkte Baldur von Schirach, die Hitler in juni 1933 benoemde tot *Jugendführer des Deutschen Reiches*, aan zijn plan om zijn functie uit te bouwen tot 'opperste rijksautoriteit' en de Hitler-Jugend in een 'Staats-Jugend' te veranderen, waarin alle kinderen tussen twaalf en achttien jaar opgenomen en gedrild zouden worden in het wereldbeeld van het nationaalsocialisme. Eind 1935 keurde Hitler deze plannen in principe goed. In het voorjaar van 1936 stuurde secretaris Lammers het ontwerp van een 'Rijksjeugdwet' door aan de verantwoordelijke instanties, maar stuitte hier op weerstand. Minister van Onderwijs Bernhard Rust protesteerde tegen het voornemen 'de leiding over de jeugd volledig los te weken uit de eenheid van de jeugdeducatie die al onder het rijk ressorteert'. Ook de minister van Financiën sprak zich ertegen uit dat 'een nieuw, duur, uit het algemene bestuur losgeweekt apparaat wordt opgetuigd', en de minister van Binnenlandse Zaken maakte van zijn kant duidelijk: 'De oprichting van een nieuw speciaal rijksbestuursorgaan verstoort de noodzakelijke organische eenheid van de staats- en bestuursstructuur.'[77] Hitler, kennelijk verrast door de heftige afwijzingen, besloot het wetsontwerp voorlopig uit te stellen. Pas in oktober kon Schirach de dictator weer aanspreken over het project en opnieuw diens toestemming verkrijgen. Op 1 december 1936 nam het kabinet de Wet op de Hitler-Jugend aan, die de HJ tot een verplichte staatsorganisatie promoveerde. Voordien had Hitler de minister van Onderwijs dringend verzocht zijn bedenkingen opzij te zetten en niet ter sprake te brengen in het kabinet. Schirach had zich laten gelden tegenover de ministeries, gebruikmakend van de ruggensteun van Hitler. Artikel 3 van de wet bepaalde dat hem en zijn rijksjeugdleiding 'de positie van een opperste rijksautoriteit met de zetel in Berlijn' moest worden toegewezen en 'dat hij direct onder de Führer en rijkskanselier ressorteerde'.[78]

Het duidelijkst en belangrijkst bleek de 'versmelting van partij- en staatstaken tot een direct onder de Führer ressorterende organisatie' in de vorming van het SS-machtscomplex.[79] Vanuit hun springplank Beieren waren Reichsführer-SS Heinrich Himmler en de chef van de Sicherheitdienst (SD) Reinhard Heydrich er tussen de herfst van 1933 en het voorjaar van 1934 in geslaagd de politieke politie over te nemen in bijna alle Duitse deelstaten. In Pruisen stuitte hun expansiedrang echter op het verzet van minister-president en minister van Binnenlandse Zaken Hermann Göring. In april 1934 werd men het eens over een regeling: Himmler werd benoemd tot 'Inspecteur van de Geheime Staatspolitie in Pruisen'; in diens kielzog promoveerde Heydrich tot leider van het Gestapobureau. Hoewel Himmler formeel ressorteerde onder Göring, lag de macht over de hele politieke politie feitelijk in handen van de SS-leiding. De Prinz-Albrecht-Straße 8, waar de Gestapo haar centrum inrichtte, zou algauw synoniem worden voor het nationaalsocialistische terreursysteem.[80]

De bloedige uitschakeling van de SA-leiding in de zomer van 1934 betekende voor Himmler en Heydrich een nieuw strategisch succes. De SS bereikte dat ze organisatorisch volledig onafhankelijk werd van de SA; de SD werd erkend als enige inlichtingendienst van de nazibeweging. Tegelijkertijd ging het onbeperkte gezag over alle concentratiekampen over naar de SS. Theodor Eicke, tot dan toe commandant van het kamp Dachau, werd benoemd tot 'Inspecteur van de concentratiekampen en Leider van de SS-bewakingseenheden' en ressorteerde nu direct onder de Reichsführer-SS. Het 'systeem-Dachau' werd nu een in het hele rijk gekopieerd model. Bezwaren van minister van Justitie Gürtner over de willekeur van de preventieve hechtenis en het hoge aantal sterfgevallen in de kampen wees de SS-leiding regelmatig van de hand met verwijzing naar de wil van Hitler.[81]

Daarmee waren de machtshonger en eerzucht van Himmler nog lang niet bevredigd. Zijn volgende doel was overname van de hele politie en haar versmelting met de SS. In een onderhoud op 18 oktober 1935 slaagde hij erin in principe de toestemming van de dictator te krijgen. Het duurde echter nog negen maanden voordat het plan kon worden verwezenlijkt. Minister van Binnenlandse Zaken Frick verzette zich uit alle macht tegen het losweken van de politiebevoegdheden uit het binnenlandse bestuur; veeleer streefde hij ernaar de politieke politie te re-integreren in de algemene politie en concentratiekampen onder staatstoezicht te plaatsen. Opnieuw bleek echter dat in de machtsstrijd van de satrapen uiteindelijke degene won die zich kon beroepen op een 'Führeropdracht'. Een eerste deelsucces boekte Himmler met de Pruisische Wet op de Gestapo van 10 februari 1936, die de zelfstandigheid bevestigde van de politieke politie als autonome speciale organisatie. De beslissende doorbraak volgde op 17 juni, toen Hitler Himmler benoemde tot 'Reichsführer-SS en Chef van de Duitse politie in het rijksministerie van Binnenlandse Zaken'. Frick had aangedrongen op de toevoeging 'in het rijksministerie van Binnenlandse Zaken', maar de bedoeling om Himmler daarmee aan banden te leggen bleek een illusie. Nominaal viel hij met zijn rang als secretaris-generaal van het ministerie van Binnenlandse Zaken weliswaar onder Frick, maar de facto was hij als Reichsführer-SS alleen verantwoording verschuldigd aan Hitler en kon hij elk moment met hem in contact treden, langs de minister van Binnenlandse Zaken heen.[82]

Met Hitlers besluit van 17 juni 1936 was 'de grondslag' gelegd 'voor een nieuw soort apparaat voor politieke onderdrukking' dat aan geen wettelijke beperkingen meer onderhevig was en dus functioneerde in een permanente uitzonderingstoestand.[83] De directe organisatorische consequentie was een herindeling van de politie in twee centrales naar SS-voorbeeld: de *Ordnungspolizei* (geüniformeerde politie, bestaande uit Gendarmerie en Schutzpolizei, rijks- en gewone politie) onder SS-Obergruppenführer Kurt Daluege, en de *Sicherheitspolizei* (veiligheidspolitie), bestaande uit Gestapo en Kriminalpolizei, (geheime staatspolitie en recherche) onder SD-chef Heydrich. Wat Himmler en zijn medewerkers voor ogen stond, was een totaalconcept voor een 'staatsveiligheidskorps' dat preventief zou optreden tegen alle vermeende gevaren voor 'volk en ras': 'Een instelling die de politieke gezondheidstoestand van het Duitse volkslichaam nauwlettend bewaakt, elk symptoom tijdig herkent en de ziektekiemen – hetzij door interne ondermijning ontstaan, hetzij door opzettelijke vergiftiging van buitenaf binnengebracht – analyseert en met alle geëigende middelen elimineert.' Zo schetste Werner Best, Heydrichs plaatsvervanger in het Gestapo-kantoor, al in het voorjaar van 1936 de taak van de politieke politie in de 'völkische Führerstaat'.[84]

Uitgaande van een algemene rassenhygiënische preventie kon de politie nu de vervolging van Joden, communisten en socialisten uitbreiden naar steeds weer nieuwe zogenaamde 'staatsvijanden' en 'schadelijke elementen': vrijmetselaars, politiek actieve priesters, Jehova's getuigen, zigeuners, homoseksuelen, prostituees, 'asocialen', 'werkschuwe elementen' en 'gewoontecriminelen'. De lange tijd heersende voorstelling van een almachtige en alomtegenwoordige geheime politie van het Derde Rijk is ondertussen echter door wetenschappelijk onderzoek gecorrigeerd. Zonder de medewerking van burgers, zonder hun gretige bereidheid impopulaire personen aan te geven, had de Gestapo niet zo 'efficiënt' kunnen optreden.[85] Parallel aan het intensiveren van de terreur zetten Himmler en Heydrich vaart achter het versmeltingsproces van SS en politie. De afronding kwam op 27 september 1939, enkele weken na het begin van de Tweede Wereldoorlog, met de stichting van het *Reichssicherheitshauptamt* (Hoofdkantoor voor Rijksveiligheid,

RSHA), waarin de Sicherheitspolizei en SD werden samengebracht onder een supergezagsorgaan dat in de oorlog de centrale uitvoerende macht van de nationaalsocialistische vernietigingspolitiek zou worden.[86]

Wat het opeenstapelen van functies en het uitbreiden van verantwoordelijkheden betrof, het was Hermann Göring, naar eigen zeggen 'de eerste paladijn van de Führer', die hierin de kroon spande. Naast zijn positie als minister-president en minister van Binnenlandse Zaken van Pruisen was hij begin mei 1933 benoemd tot rijksminister voor Luchtvaart. Weliswaar moest hij in mei 1934 het Pruisische ministerie van Binnenlandse Zaken afstaan aan Frick, maar hij werd al in juli schadeloos gesteld door het net opgerichte *Reichsforstamt* (Rijksbureau van het bosbeheer), een opperste rijksautoriteit die Göring nu leidde als Rijksbosbeheerder en -jachtmeester.[87] Ook al mocht Hitler af en toe grappen maken over de uniformenmanie en de pronkzucht van de Pruisische minister-president, toch sloeg hij zijn politieke gewicht hoog aan. In een geheim besluit van december 1934 wees hij Göring aan als zijn opvolger: 'Hij moet direct na mijn dood de leden van de rijksregering, de weermacht van het Duitse Rijk zowel als de eenheden van de SA en SS de eed van trouw aan zijn persoon laten afleggen.'[88]

Het belangrijkste persoonlijke machtsinstrument in handen van de tweede man van de nazistaat was de pas opgerichte *Luftwaffe*, waarvan hij in maart 1935 het opperbevel overnam in de rang van kolonel. Hij zette met veel energie spoed achter de opbouw van dit derde krijgsmachtonderdeel naast het leger en de marine. Vanuit deze positie probeerde hij zijn invloed steeds verder uit te breiden naar alle beslissingen over de economie en de bewapeningspolitiek. Daarbij raakte hij onvermijdelijk in conflict met de minister van Economische Zaken Hjalmar Schacht, die door de Rijksverdedigingswet van mei 1935 was aangewezen als 'algemeen gevolmachtigde voor de oorlogseconomie'.[89]

Als onomstreden expert op het gebied van economische problemen en architect van de financiering van de herbewapening genoot Schacht in de eerste jaren bijzonder veel respect van Hitler. Dat begon echter te veranderen toen de rijksminister voor Economische Zaken en president van de Rijksbank steeds nadrukkelijker wees op de rampzalige gevolgen van het versnelde bewapeningstempo voor de Duitse economie. Feitelijk waren de problemen al in 1934-1935 niet te overzien: gezien de beperkte deviezenreserves was het rijk steeds minder in staat zowel de nodige grondstoffen voor de bewapening alsook de voor de bevolking noodzakelijke voedselimport te financieren. Hij was 'al sinds jaren voor en na de machtsgreep een uitgesproken voorstander van een sterke bewapening' geweest, deelde Schacht in december 1935 mee aan rijksminister van Oorlog Blomberg, maar hij moest nu 'plichtsgetrouw wijzen op de economische grenzen die aan deze politiek gesteld zijn.'[90] Vooral met de minister van Landbouw en Voedselvoorziening Richard Walter Darré had Schacht een langdurig conflict over de deviezentoewijzingen. Hitler moest de knoop doorhakken, maar zoals zo vaak liet hij de dingen op hun beloop, vooral omdat zijn aandacht in het voorjaar van 1936 helemaal werd opgeslokt door de geplande, tot dusverre meest riskante coup in de buitenlandse politiek, de bezetting door de Wehrmacht van het gedemilitariseerde Rijnland. Op 4 april 1936 benoemde hij echter in een als 'rijksgeheim' geformuleerd besluit Göring tot gevolmachtigde voor grondstoffen- en deviezenkwesties.[91]

Schacht was aanvankelijk blij met de benoeming, omdat hij meende dat Göring hem rugdekking zou geven tegen aanvallen uit de partij; dat bleek echter al snel een kapitale vergissing. Göring nam geenszins genoegen met een scheidsrechtersrol in deviezenkwesties. Als opperbevelhebber van de Luftwaffe had hij zelf een essentieel belang bij herbewapening en zo gebruikte hij de nieuwe 'Führeropdracht' om greep op de hele wapenindustrie te krijgen. Begin mei 1936 richtte hij zonder het ministerie van Economische Zaken of andere ministeries te informeren een nieuw, zelfstandig bureau op met de aanduiding: 'Minister-president generaal Göring – Grondstoffen- en deviezenstaf'.[92] De wens van Schacht om Görings volmachten voor de deviezenpolitiek achteraf weer te beperken, wees Hitler bruusk van de hand. Hij wilde 'met die dingen niets meer van doen hebben'; Schacht 'mocht met Göring discussiëren, hijzelf was wat deze kwestie betreft niet meer aanspreekbaar voor hem'.[93] Tevreden noteerde Goebbels, een persoonlijke vijand van de van een scherpe tong voorziene minister van Economische Zaken: 'Het zal niet lang meer goed gaan met Schacht. Zijn hart ligt toch niet bij ons. Führer is heel boos op hem.'[94] Omdat hij dacht dat hij onvervangbaar was, had Schacht zijn steun bij Hitler overschat; de nu begonnen machtsstrijd met Göring kon hij alleen maar verliezen.

In een zitting van de Pruisische ministerraad op 12 mei 1936, waarop de totale economische toestand en de financiering van de bewapening besproken werden, botsten de standpunten van Schacht en Göring frontaal. Schacht benadrukte weliswaar zijn 'onwankelbare trouw aan de Führer', maar waarschuwde voor inflatiegevaar als het tempo van de bewapening niet werd afgeremd, en hij dreigde voor het eerst met opstappen. Göring hield onverkort vast aan de prioriteit van de bewapening en pleitte ervoor het deviezenprobleem op te lossen door meer delfstoffen in eigen land te winnen en ook door het vervangen van buitenlandse grondstoffen door alternatieve materialen: 'Als we morgen oorlog hebben, moeten we onszelf bedruipen met alternatieve stoffen. Geld zal dan geen rol spelen. Als dat zo is, moeten we ook bereid zijn in vredestijd de basisvoorwaarden daarvoor te scheppen.'[95] Voor welke kant Hitler zou kiezen in deze economische principestrijd, was op grond van zijn ideologische axioma's en de daaruit afgeleide politieke doelen al vooraf duidelijk. Eind augustus 1936 schreef hij een omvangrijk geheim memorandum over de toekomstige richting van de economische politiek, waarin hij zich in wezen aansloot bij de positie van Göring en eindigde met de niet mis te verstane eisen: 'I. Het Duitse leger moet in vier jaar klaar zijn om ingezet te worden. II. De Duitse economie moet in vier jaar klaar zijn voor oorlog.'[96]

Op 4 september gebruikte Göring een als 'rijksgeheim' geclassificeerde ministerraadzitting om de aanwezige ministers Schacht, Blomberg en Schwerin von Krosigk op de hoogte te stellen van de inhoud van het Hitler-memorandum en dit te interpreteren als een 'algemene instructie' voor de Duitse wapenindustrie, waarvoor hij als enige verantwoordelijk was. 'Door de genialiteit van de Führer zijn er in heel korte tijd schijnbaar onmogelijke dingen verwezenlijkt,' zo bracht hij in tegen de scepsis van Schacht, en hij liet tegelijkertijd geen twijfel bestaan over hoe hij zich de verandering voorstelde: 'Alle maatregelen moeten dus plaatsvinden alsof we ons bevinden in het stadium van dreigend oorlogsgevaar.'[97] Op 9 september 1936 kondigde Hitler op het Neurenbergse partijcongres het 'nieuwe vierjarenplan' voor de economie aan, en op 18 oktober benoemde hij Göring ook officieel tot 'gevolmachtigde van het vierjarenplan', die het recht had rijksbesturen en alle partijkantoren instructies te geven.[98] Göring zag zijn wensen vervuld. Steunend op een ruime interpretatie van de 'Führerwil' had hij een bijna overheersende machtspositie in de wapenindustrie bevochten. De 'speciale gevolmachtigden', die hij voor de afzonderlijke 'branchegroepen' van zijn nieuwe bureau rekruteerde uit de partij, de krijgsmacht en ook de particuliere sector – onder wie Carl Krauch, directielid van IG Farben en expert op het gebied van de productie van synthetische brandstof – konden diep ingrijpen binnen het kerngebied van de bevoegdheden van het ministerie van Economische Zaken. Schacht bleef echter op zijn post en ook Hitler dacht er nog niet aan hem zijn congé te geven: 'De Führer is tegenover Schacht heel sceptisch. Hij ontslaat hem echter niet van zijn verantwoordelijkheid, en wel om buitenlands-politieke redenen,' noteerde Goebbels midden november 1936.[99]

Waarschijnlijk was het niet Schachts prestige in het buitenland dat Hitler bewoog om hem te handhaven. Kennelijk speelde ook de overweging een rol dat hij Göring niet te machtig wilde laten worden. Het lijkt er dus op dat het Hitler helemaal niet zo onwelkom was dat Schacht zich met alle middelen verzette tegen de arrogantie van zijn tegenstrever. In elk geval keek hij onaangedaan toe hoe de competentiestrijd tussen de gevolmachtigde voor het vierjarenplan en de minister van Economische Zaken nog maanden doorzeurde. Begin juli 1937 sloot Göring een formele overeenkomst met Schacht, die beide zijden ertoe verplichtte hun vraagstukken op te lossen 'in de nauwste wederzijdse samenwerking'.[100] Dat deze overeenkomst het papier niet waard was waarop ze geschreven was, bleek al een paar dagen later, toen Göring in Salzgitter de oprichting bekendmaakte van de *Reichswerke* AG *für Erzbergbau und Eisenhütten Hermann Göring* (NV Rijksbedrijven voor ertswinning en hoogovens Hermann Göring) zonder eerst het rijksministerie voor Economische Zaken te informeren over zijn plannen. Voor Schacht was met deze bruuskering de maat vol. In een woedende brief op 5 augustus schreef hij aan Göring dat hij geen verantwoording meer kon nemen voor diens solistische acties. Het was 'in een totalitaire staat volstrekt onmogelijk [...] een gespleten economische politiek te voeren'.[101]

In een onderhoud met Hitler op de Obersalzberg op 11 augustus herhaalde Schacht zijn verzoek om ontslag. De dictator wilde hem nog steeds niet laten gaan. Hij deed een beroep op hem tot een overeenkomst te komen met Göring en raadde hem nadrukkelijk aan twee maanden bedenktijd te nemen. Pas eind november 1937 accepteerde Hitler Schachts ontslagverzoek en zijn opvolger werd Walther Funk, de staatssecretaris van Goebbels. Tegelijk liet Schacht zich echter overreden op zijn post te blijven als president van de Rijksbank. Deze functie oefende hij, hoewel feitelijk zonder macht, nog uit tot 20 januari 1939, toen Hitler afscheid van hem nam met de opmerking: 'U past helemaal niet in het nationaalsocialistische kader.'[102] De concrete aanleiding was een memorandum van Schacht van 7 januari, waarin hij nog één keer in dramatische termen had gewaarschuwd voor het gevaar van inflatie: 'Het onbegrensde uitdijen van de staatsuitgaven laat iedere poging tot een geregelde begroting ontploffen, brengt [...] de staatsfinanciën aan de rand van de ineenstorting en ontwricht daarmee de centrale bank en de valuta.'[103] De man van de beren op de weg was Hitler te lastig geworden, maar toch hechtte de dictator er nog steeds waarde aan dat de breuk niet te duidelijk zichtbaar werd in het openbaar. Hij benoemde Schacht tot rijksminister zonder portefeuille, en zonder scrupules maakte deze aanspraak op de ermee verbonden privileges – een niet te verwaarlozen jaarlijkse onkostenvergoeding en een dienstauto met chauffeur.

De zich jarenlang voortslepende competentiestrijd tussen Göring en Schacht is een klassiek voorbeeld van Hitlers techniek van leidinggeven: rivaliteit eerder aanwakkeren dan sussen, dingen in het vage te houden en duidelijke beslissingen voor de ene dan wel de andere kant ontwijken zolang het niet raakte aan het gezag van de Führer. Dat gold ook voor een ander conflictgevoelig terrein: de taakverdeling binnen de landelijke NSDAP-leiding. Na de machtsovername had Hitler zich verregaand teruggetrokken uit het alledaagse partijwerk. Door een besluit van 21 april benoemde hij Rudolf Heß tot zijn plaatsvervanger en gaf hem volmacht 'in alle problemen van de partijleiding besluiten te nemen in mijn naam'.[104] Hij dankte de promotie aan de vertrouwenspositie die hij had verworven als absoluut loyale partijsecretaris van Hitler in de jaren vóór 1933. Tegelijkertijd was de dictator er zeker van dat de man die jarenlang zijn vertrouweling was, maar weinig persoonlijke eerzucht bezat en nauwelijks gevaarlijk kon worden als concurrent.[105] Als 'plaatsvervanger van de Führer' bezat Heß weliswaar een boven de rest van de partijelite verheven positie, maar Hitler had er in het uiterst beknopte besluit van 21 april heel bewust van afgezien de rijksleiders en Gauleiter ook formeel te laten vallen onder de zeggenschap van zijn plaatsvervanger. Het gevolg was blijvende conflicten tussen de onderaanvoerders over partijbevoegdheden. Dat Heß zich kon handhaven in de jungle van rivaliserende aanspraken, lag niet zozeer aan zijn eigen strijdvaardige aard als wel aan het robuuste doorzettingsvermogen en de tactische sluwheid van Martin Bormann. Deze in 1900 geboren zoon van een postbeambte had zich na 1918 aangesloten bij een vrijkorps, moest vanwege een in het voorjaar van 1923 begane veemmoord een jaar de gevangenis in en was daarna actief geweest in de gouwleiding van Weimar, voordat hij de 'SA-verzekering' overnam in de partijcentrale van München, die onder zijn leiding werd uitgebouwd tot 'Bijstandskas van de NSDAP'. De nijvere, bij het publiek weinig bekende volgeling van Hitler werd begin juli 1933 benoemd tot 'stafleider van de plaatsvervanger van de Führer' en kreeg bovendien in oktober de rang van *Reichsleiter der* NSDAP.[106]

Heß en Bormann hadden niet alleen te maken met zelfbewuste gouwleiders, die pochten over hun onafhankelijkheid en door een direct lijntje met Hitler hun zaakjes vaak wel gedaan konden krijgen. Tegen de machtsaanspraak binnen de partij van Hitlers plaatsvervanger verzette zich vooral de rijksorganisatieleider van de NSDAP, Robert Ley, die als bestuurder van het DAF-imperium beschikte over een sterke achterban. Met argusogen volgde Ley de opbouw van de staf van Heß, die aanspraak maakte op steeds meer bevoegdheden die tot dusverre onder de zeggenschap van de rijksorganisatieleider hadden gevallen. In de machtsstrijd die nu ontbrandde tussen Heß en Bormann enerzijds en Ley anderzijds, toonde Hitler weer zijn typerende reactiepatroon: hij riep de strijdende partijen op het met elkaar eens te worden en pas toen dit niet lukte, regelde hij een compromisoplossing, die echter niet leidde tot een hanteerbare afbakening van de bevoegdheden, maar juist de rivaliteiten weer oppookte.[107] Zo bestond naast het hoofdbureau voor personeelszaken van de rijksorganisatieleider het bureau personeelszaken van de plaatsvervanger van de Führer, dat zich steeds sterker mengde in de bezetting van zelfs ondergeschikte partijfuncties.

Niet alleen op het gebied van personeelsbeleid maar ook voor bijna elk ander vakgebied in de rijksorganisatieleidng werd er in de loop der jaren een overeenkomstig bureau opgericht in de staf van de plaatsvervanger van de Führer, wat de competentiestrijd praktisch permanent maakte. Nog in juni 1939, slechts een paar weken voor het begin van de Tweede Wereldoorlog, drong Ley eropaan de duidelijke competentiegebieden te herstellen in de nationale leiding zoals die hadden bestaan vóór de opbouw van het Bureau-Heß. Alleen zo was het mogelijk 'organisatorisch overbodig dubbel werk, dat huishoudelijk en wat personeel betreft onverantwoord is' te vermijden.[108] Bormann wees het verzoek bot af: 'Dat de zeggenschap van de Führer onbeperkt is, lijdt geen twijfel. Even weinig twijfel is er dat de plaatsvervanger van de Führer de Führer vertegenwoordigt voor alle geledingen van de partij, zodat voor dit domein – voor zover de Führer te vertegenwoordigen is – ook zijn zeggenschap fundamenteel onbeperkt is. Een afbakening van de zeggenschap van de plaatsvervanger van de Führer is daarom niet alleen onnodig, maar [...] ook onmogelijk.'[109] Eens te meer bleek dat in de strijd om macht en invloed degene aan het langste eind trok die zich kon beroepen op de 'Führerwil' en een daarvan afgeleide opdracht.

Nog duidelijker dan in de conflicten aan de top van de NSDAP weerspiegelde zich Hitlers afkeer om zich ergens definitief op vast te leggen op het omstreden terrein van de verdeling van uitvoerende zeggenschap tussen staat en partij. Het *Gesetz zur Sicherung der Einheit von Partei und Staat* (Wet voor de garantie van eenheid voor partij en staat) van 1 december 1933 legde weliswaar vast dat de NSDAP 'na de zege van de nationaalsocialistische revolutie [...] de draagster van de Duitse staatsgedachte [is] en onlosmakelijk verbonden [is] met de staat',[110] maar wat dat concreet moest betekenen bleef onduidelijk. Ook Hitler droeg niet bij aan de verheldering ervan, toen hij op het partijcongres van de NSDAP in 1935 het hoofdbeginsel lanceerde: 'Wat door de staat kan worden opgelost, wordt door de staat opgelost; wat de staat niet kan oplossen uit de aard van zijn hele wezen, wordt door de beweging opgelost. Ook de staat is namelijk slechts een van de organisatievormen van het völkische leven.'[111] Het naast elkaar bestaan en botsen van Ortsgruppenleiter, Kreisleiter, Gauleiter en de plaatsvervanger van de Führer enerzijds en burgemeesters, districtscommissarissen, districtshoofden, minister-presidenten, deelstaatregeringen en rijksministeries anderzijds, zorgde voor een permanente toestand van spanning en aanzienlijke wrijvingen. Wel slaagden de door Hitler ingezette speciale gevolmachtigden en speciale staven erin in aanzienlijke mate staatstaken naar zich toe te trekken. Omgekeerd kon Heß bijvoorbeeld als plaatsvervanger van de Führer en rijksminister zonder portefeuille (sinds 1 december 1933) zijn invloed op de wetgeving uitbreiden. Op 27 juli 1934, tijdens een gezamenlijk bezoek aan de Festspiele in Bayreuth, kreeg hij Hitlers handtekening onder een Führeropdracht die hem betrokkenheid en controlerecht bij de wetsontwerpen van alle ministeries gaf. In een andere Führeropdracht van september 1935 werden de staatsorganen verplicht voor benoeming en promotie van hoge ambtenaren hun personalia voor te leggen aan de plaatsvervanger van de Führer.[112]

Dat Hitler niet geïnteresseerd was in het trekken van scherpe grenzen tussen de domeinen van partij en staat, maar ook hier neigde tot een vermenging van bevoegdheden, blijkt bijvoorbeeld ook uit de institutie van de rijksstadhouder. Het *Zweite Gesetz zur Gleichschaltung der Länder mit dem Reich* (Tweede wet voor de gelijkschakeling van de deelstaten met het rijk) van 7 april 1933 verordonneerde de aanstelling van rijksstadhouders in alle Duitse deelstaten, uitgezonderd Pruisen. Hun taak moest zijn om 'toe te zien op de inachtneming van de door de rijkskanselier ingestelde richtlijnen voor de politiek'; ze mochten echter niet tegelijkertijd lid van de deelstaatregering zijn. In de loop van mei 1933 benoemde Hindenburg op voordracht van Hitler in bijna alle deelstaten de Gauleiter tot rijksstadhouders.[113] Met het *Gesetz über den Neubau des Reiches* (Wet over de wederopbouw van het rijk) van 30 januari 1934, die de soevereine rechten van de deelstaten op het rijk overdroeg, waren de rijksstadhouders eigenlijk overbodig geworden. In plaats van dat ze echter werden afgeschaft, werden ze conform artikel 3 van de wet ondergeschikt gemaakt 'aan de inspectie van de rijksminister van Binnenlandse Zaken'.[114] Juist daartegen verzetten zich de Gauleiter/rijksstadhouders en ze wilden het recht hebben om bij eventuele geschillen tussen hen en de ministers van de rijksregering respectievelijk de deelstaatregeringen een beroep te kunnen doen op een beslissing van de Führer. Volgens Frick was dit echter in tegenspraak met 'de gedachte van een centrale en enkelvoudige leiding van het rijk door de heer rijkskanselier en de verantwoordelijke minister die hem terzijde staat'. Hij riep Hitler op tegenover de Gauleiter/rijksstadhouders zijn machtswoord uit te spreken. De rijkskanselier gaf de rijksminister van Binnenlandse Zaken weliswaar gelijk in de grond van de zaak, maar hij wilde, zoals Lammers Frick in juni 1934 meedeelde, 'bij problemen van bijzondere politieke betekenis' een uitzondering maken. Een dergelijke regeling kwam 'naar de opvatting van de rijkskanselier' overeen 'met zijn positie als Führer'.[115] Daarmee was artikel 3 van de Wederopbouwwet feitelijk ontkracht. Helemaal in de zin van zijn verdeel-en-heerspolitiek bewaarde Hitler de rol van hoogste scheidsrechter voor zichzelf.

Om de rijksstadhouders, wier eigenlijke machtsbasis de functie van Gauleiter was, toch onder zijn gezag te krijgen, plande Frick in de herfst een wet die de op 7 april 1933 ingevoerde onverenigbaarheidsregeling zou opheffen en voorzag in een persoonlijke unie tussen het ambt van rijksstadhouder en het ministerpresidentschap van de deelstaat. In hun nieuwe kwaliteit als 'Führer van de deelstaatregering' moesten de rijksstadhouders echter streng gebonden worden aan de instructies van de rijksminister van Binnenlandse Zaken. Hitler keurde de basisgedachte goed, maar hij bracht een karakteristieke verandering aan, doordat hij de nieuwe regel niet meer algemeen verbindend maakte. Het *Reichsstatthaltergesetz* (Rijksstadhouderwet) van 30 januari 1935 stelde onder artikel 4: 'De

Führer en rijkskanselier kan de rijksstadhouder belasten met de leiding van de deelstaatregering.' De verandering van het 'moet-' in een 'kan'-voorschrift liet Hitler de vrijheid helemaal naar believen op te treden. Terwijl hij in Hessen en Saksen de rijksstadhouder zonder omhaal tot minister-president benoemde, weigerde hij dezelfde stap te nemen voor de deelstaten Württemberg, Baden en Thüringen, hoewel hij de desbetreffende oorkondes op verzoek van Frick al had ondertekend.[116]

Het dualisme van partij en staat bleef onopgelost. Alle pogingen van Frick door een integrale 'rijkshervorming' de deelstaten te herordenen en de bestuursstructuur te rationaliseren, bleven steken in aanzetten. Ze liepen uiteindelijk stuk op Hitlers afkeer van definitieve regelingen. Zo verzette hij zich ook tegen het plan van de rijksminister van Binnenlandse Zaken om in plaats van de op 31 maart 1937 aflopende Machtigingswet een 'Wet op de rijkswetgeving' in te voeren, die de bestaande uitzonderingstoestand zou omzetten in een duurzame procedure volgens wettelijke normen. Het was wat hem betrof 'twijfelachtig geworden of het op dit moment juist is een dergelijke wet uit te vaardigen', motiveerde hij op 26 januari 1937 zijn stem voor het verlengen van de Machtigingswet. 'Pas dan, als er een nieuwe nationale grondwet opgesteld is, die zo beknopt mogelijk gehouden is en al door kinderen op school geleerd kan worden, zou het zinvol zijn tegelijkertijd ook de hele procedure van de rijkswetgeving opnieuw te regelen.'[117] Tot zo'n 'nationale grondwet' zou het echter nooit komen, en de dictator is er ook nooit serieus mee bezig geweest. In zijn monologen in het Führerhoofdkwartier dreef hij nog de spot met de neiging van de bureaucratie om alles te vangen in wettelijke voorschriften. 'De uitzondering is voor haar een vreemd begrip. Haar ontbreekt dan ook de moed om grote verantwoordelijkheid te nemen.' In dit verband duidde hij een uniforme wetgeving voor het hele rijk aan als 'een idee-fixe'. 'Waarom niet een voorschrift voor een deel van het rijk?' Voor de leiding kwam het er louter op aan dat ze 'overzicht houdt over de bezigheden van het bestuur en de touwtjes vast in handen houdt'.[118] De eigenaardige zwevende toestand op alle niveaus en in alle instanties van het nazibestuurssysteem kwam niet voort uit onvermogen van de regeerders – die politieke situatie wilde Hitler juist om zich te verzekeren van zo veel mogelijk ingangen in het bestuur en vrijheid van handelen.

Het loslaten door het regime van bindende regels werkte niet alleen radicaliserende tendensen in de hand, het bevorderde ook machtsmisbruik, nepotisme en persoonlijke verrijking in ongekende mate. Terwijl de nationaalsocialisten in de eerste jaren na de machtsgreep niet moe werden hun hoon uit te storten over de zogenaamde omkoopbaarheid van de democratische politici van de Republiek van Weimar, zetten ze in hun eigen gelederen alle sluizen open voor de corruptie. Het begon ermee dat verdienstelijke 'Altparteigenossen' (partijveteranen) een voorkeursbehandeling kregen bij de arbeidsbemiddeling. Vooral in de openbare dienst drongen nationaalsocialisten dankzij politieke protectie door op vrijgekomen plekken, hoewel ze vaak de noodzakelijke kwalificaties niet hadden. Ook stedelijke nutsbedrijven – water-, gas- en elektriciteitsbedrijven zowel als vervoersbedrijven – en de voormalige vakbondsondernemingen of ondernemingen die daar dichtbij stonden, zoals de *Volksfürsorge* (levensverzekeringen) of de groothandelsinkoopvereniging van Duitse consumentenverenigingen, ontwikkelden zich, zoals Frank Bajohr heeft laten zien, 'tot regelrechte nationaalsocialistische banenmachines'.[119]

Het gesjacher met baantjes en privileges bloeide vooral aan de top van het regime. 'De hevigheid en verbreiding van de corruptie in de heersende laag zijn ongekend,' constateerde Sebastian Haffner al in 1940 over de jaren 1933 tot 1938, die hij vóór zijn Engelse ballingschap in het Derde Rijk had doorgebracht.[120] Hitler gaf ook hier het slechte voorbeeld aan zijn ondergeschikten. In oktober 1934 berekende een gewetensvolle belastinginspecteur van het belastingkantoor München-Ost dat er bij de rijkskanselier achterstallige betalingen waren ter hoogte van 405.494,40 rijksmark, alleen al voor 1933-1934. Daarop werd de Münchense belastingdirecteur Ludwig Mirre naar Berlijn ontboden, waar Fritz Reinhardt, staatssecretaris van het rijksministerie van Financiën, hem ervan in kennis stelde dat Hitler op grond van 'zijn grondwettelijke positie niet belastingplichtig' was. In december 1934 instrueerde Mirre het hoofd van het desbetreffende belastingkantoor: 'Alle belastingdocumenten zijn, in zoverre ze een plicht van de Führer zouden inhouden, bij voorbaat al nietig. [...] De Führer is daarmee belastingvrij!'[121] Als dank voor zijn 'ambtelijke hulp' kreeg Mirre 2000 mark per maand extra bij zijn ambtenarensalaris en werd hij in april 1935 benoemd tot president van de *Reichsfinanzhof*.

De van belasting vrijgestelde dictator beschikte over meerdere potjes waaruit hij zichzelf royaal kon bedienen, om persoonlijke gunstelingen en verdienstelijke volgelingen te kunnen bedienen met schenkingen en dotaties of om zijn particuliere kunstcollectie te financieren. Daarbij kwam het speciale fonds van de rijkskanselier en – na Hindenburgs dood – van de rijkspresident, over welke middelen hij vrij kon beschikken in zijn kwaliteit van staatshoofd. Naast de royalty's uit de verkoop van *Mein Kampf*, die hem jaarlijks 1 à 2 miljoen rijksmark opbrachten, kwam er vanaf 1937 een andere bruisende geldfontein: Hitler kreeg een percentage uit de verkoop van postzegels met zijn konterfeitsel erop; de inkomsten kwamen totaal uit op miljoenenbedragen met twee cijfers ervoor. De rijksminister van de Posterijen Ohnesorge kwam de cheque persoonlijk brengen op de 'Führerverjaardag'.[122] Nog lucratiever was de 'Adolf-Hitler-donatie van het Duitse bedrijfsleven', die in juni 1933 was ingevoerd op instigatie van Gustav Krupp von Bohlen und

Halbach: die hield in dat de werkgevers elk kwartaal een gift van 0,5 procent van de loonkosten in hun bedrijf betaalden – een bedrag dat ze konden aftrekken van de belasting. De gelden vloeiden in een particulier fonds, waarover Hitler weer naar eigen goeddunken kon beschikken. Als beheerder van het fonds benoemde hij Martin Bormann, die daaruit een deel van de kosten bestreed voor het uitbreiden van Haus Wachenfeld tot de representatieve Alpenresidentie Berghof.[123]

Naar het voorbeeld van hun Führer onttrokken ook de meeste van zijn paladijnen zich aan hun belastingverplichtingen, lieten ze luxueuze villa's bouwen en richtten speciale fondsen, stichtingen en zwarte kassen op die waren onttrokken aan de openbare controle van de belastingen. Göring, de tweede man na Hitler, sprong inderdaad in het oog met zijn protserige levensstijl, vooral op zijn feodale landgoed Carinhall, op de Schorfheide ten noorden van Berlijn, maar ook andere hoogwaardigheidsbekleders van het Derde Rijk gaven hem weinig toe als het ging om gewetenloos machtsmisbruik ten behoeve van zelfverrijking. Goebbels, die ooit had behoord tot de scherpste critici van de 'bonzeneconomie' van de Republiek van Weimar, leefde nu zelf op grote voet in zijn villa op het Wannsee-eiland Schwanenwerder en in nog een ander domicilie aan de Bogensee in Lanke, even ten noorden van Berlijn. Ook Albert Speer, die een klaaglied aanhief over de corrupte leiderskliek in zijn memoires waaraan hij al begon in de gevangenis van Spandau, was een profiteur van het privilegesysteem, sluisde zijn halverwege de jaren dertig pijlsnel stijgende vermogen voorbij de fiscus en schafte behalve een groot nieuw huis in de Berlijnse Lichtensteinallee ook een landgoed in Oderbruch aan.[124]

En zoals de top van het regime gedroegen zich ook de functionarissen in de partijhiërarchie, van de Gauleiter omlaag naar de Kreisleiter en Ortsgruppenleiter, met hun respectievelijke netwerken. Verspilling van openbare middelen, verduistering en ontvreemding van partijgeld, ongeremde inhaligheid en baantjesjagerij waren aan de orde van de dag.[125] Tegen de geïnstitutionaliseerde corruptie was, zoals adjudant Fritz Wiedemann in een terugblik vaststelde, 'geen kruid gewassen', omdat daarover niet mocht worden geschreven in de gelijkgeschakelde pers en omdat Hitler 'bij zijn oude kameraden al die misstappen toedekte': 'Zo vrat deze epidemie zich een weg van boven naar beneden, want wat juist was voor de groten, hielden ook de kleintjes voor billijk.'[126]

Evenals de florerende corruptie was ook de koortsachtige bouwactiviteit een van de opvallendste kenmerken van de nationaalsocialistische heerschappij. Van begin af aan dacht Hitler hier in dimensies die al het voorafgaande moesten overtreffen. De buitenmaatse grootte moest 'het volk imponeren, ook intimideren, en op deze wijze zijn regime en dat van zijn opvolgers psychologisch veiligstellen'.¹²⁷ Daar bovenuit moest ze ook voor de wereld van de toekomst getuigen van de unieke machtspositie van het Derde Rijk, die hij, de Führer, na een periode van verval dankzij zijn genialiteit had bevochten en aan het Duitse volk geschonken had. De bouwwerken waartoe hij de opdracht had gegeven, zo verkondigde Hitler op het Neurenbergse partijcongres van 1937, waren niet bedoeld 'voor het jaar 1940, ook niet voor het jaar 2000, maar ze moeten oprijzen als de kathedralen van ons verleden in de millennia van de toekomst'.¹²⁸ Men moest 'zo groot bouwen' als de technische mogelijkheden het maar toestonden, verklaarde hij bij een andere gelegenheid, 'en wel: bouwen voor een eeuwigheid!'¹²⁹

Deze megalomane visioenen hadden zich geenszins pas na 1933 uitgekristalliseerd in Hitlers weinig verfijnde gedachtewereld; ze gingen terug op ideeën die hij als gevangene in Landsberg al had ontwikkeld in het eerste deel van *Mein Kampf*. Daarin had hij hevig geklaagd: 'Onze hedendaagse grote steden bezitten geen monumenten, die het gehele stadsbeeld beheersen, en die op de een of andere wijze voor onzen gehelen tijd een symbool konden zijn en blijven.' Daartegenover plaatste hij het voorbeeld van de antieke en middeleeuwse steden, die – hetzij met de Akropolis, hetzij met gotische kathedralen – bouwwerken hadden opgericht die 'niet voor een ogenblik maar voor de eeuwigheid gebouwd schenen, omdat ze niet de rijkdom van een enkele eigenaar, maar de grandeur en betekenis van het gemenebest moesten uitdrukken.'¹³⁰

In dezelfde tijd dat Hitler dit opschreef, beklaagde Rudolf Heß zich tegen zijn medegevangenen 'hoe weinig monumentale gebouwen we uit onze tijd overleveren aan de toekomstige wereld, afgezien van een paar wolkenkrabbers, zakenpanden enz.' Zo was er 'niets dat tot de gemeenschap behoort, dat verenigt, dat overeenkomt met onze kathedralen': 'Ook hier zou Duitsland in de toekomst voorop moeten gaan.' In dit verband presenteerde Hitler aan zijn verraste discipelen de al genoemde schets van een reusachtige koepelconstructie die als ontmoetingsruimte voor 'grote nationale feestelijkheden' zou dienen. Ook als de huidige wereld voor zo'n kostbare onderneming 'geen volledig begrip zou tonen en de burgermannetjes haar zouden verguizen, de wereld van de toekomst zou het begrijpen – de mens leeft niet van brood alleen en de natie ook niet.'¹³¹ Hitlers politieke zendingsdrang en zijn hartstocht voor monumentale gebouwen waren dus nauw met elkaar verbonden. Ook na de gevangenschap in Landsberg ging hij verder met zijn architectonische fantasieproject. De 'volkstribuun' droomde ervan – zo vertelde Heß over een gezamenlijk bezoek aan Berlijn in juli 1925 – hoe hij de miljoenenstad, die hij liefhad 'als een afgod', 'nog verder wilde uitbreiden'. Alleen 'een alles overtreffende metropool' zou 'als een onomstreden middelpunt de hang naar afzonderlijke zelfstandige staatjes en staatkundige versnippering definitief overwinnen'.¹³²

Hitler liet niet alleen Heß, maar ook Goebbels delen in zijn dagdromen. 'Hij spreekt over het toekomstige architectuurbeeld van het land en hij is helemaal een architect,' noteerde zijn bewonderaar in juli 1926. Ook in de jaren daarna zwolgen de Führer en zijn meesterpropagandist samen in de ooit te bouwen kolossale gebouwen: 'Hitler ontwikkelt fantastische plannen voor nieuwe architectuur. Hij is een moordvent,' schrijft Goebbels enthousiast in oktober 1930. Een jaar later, een paar dagen voor de bijeenkomst van de 'Nationale oppositie' in Bad Harzburg, was hij ronduit verrukt: 'Chef ontwikkelt bouwplannen voor Berlijn. Fantastisch geniaal. Voor millennia. Een idee in steen. Hij is naar zijn aard een kunstenaar.'[133]

Ook in het openbaar maakte Hitler algauw geen geheim van zijn streven om het beeld van de grote steden grondig te veranderen als hij eenmaal aan de macht zou zijn. Hij wilde geen functionalistische bouwwerken als warenhuizen en fabrieksgebouwen, wolkenkrabbers en hotels optrekken in het komende Derde Rijk, verklaarde hij bijvoorbeeld begin april 1929 in een redevoering in de Münchense Löwenbräukeller, maar 'documenten van kunst en cultuur […] die duizenden jaren trotseren': 'We zien de antieke steden voor ons, de Akropolis, het Parthenon, het Colosseum, zien de steden van de middeleeuwen met hun reusachtige kathedralen en […] weten dat de mensen een dergelijk middelpunt nodig hebben, als ze niet uiteen willen vallen.'[134]

Op deze plannen, hoe onrijp ze toen ook nog waren, haakte Hitler direct na de machtsgreep in. Nog in de nacht van 30 op 31 januari 1933 kwam hij in een van zijn eindeloze monologen ook te spreken over zijn architectonische voornemens. Allereerst, zo kondigde hij aan, zou hij opdracht geven voor de verbouwing van de rijkskanselarij, die in haar huidige toestand een totaal 'waardeloze plek voor ontvangsten' was.[135] Op het Führercongres in München van eind april 1933 maakte hij bekend 'nieuwe, onvergetelijke documenten' te willen scheppen, die het Duitse volk zouden toevoegen 'aan het getal van de grote cultuurvolkeren van de wereldgeschiedenis': 'We werken niet voor het ogenblik, maar voor het oordeel van millennia.'[136] En in de lente van 1934, toen Albert Speer bij een avondreceptie zijn vrouw voorstelde aan Hitler, zei de rijkskanselier, niet schertsend maar op blije toon: 'Uw man zal gebouwen voor ons oprichten zoals ze sinds vier millennia niet meer gebouwd zijn.'[137]

Over de beweegreden waarom Hitler juist bij Speer uitkwam, is veel gespeculeerd. De dictator zelf heeft daar een schijnbaar plausibele uitleg voor gegeven, als we de weergave van Speer mogen geloven: 'Ik zocht een architect die ik ooit mijn bouwplannen kon toevertrouwen. Hij moest jong zijn, want u weet, deze plannen strekken zich uit tot ver in de toekomst. Ik heb er een nodig die ook na mijn dood verder werkt met de door mij verleende autoriteit. Die architect heb ik in hem gezien.'[138] Kennelijk speelde er nog meer: met zijn gebruikelijke scherpe blik voor sterke en zwakke punten van andere mensen zag de dictator niet alleen het architectonische en organisatorische talent, maar ook de brandende eerzucht die Speer verborg achter zijn koele, steeds beheerst overkomende uiterlijk. Bovendien kan Hitler in de ambitieuze architect een belichaming gezien hebben van alles wat hij in zijn jonge jaren voor zichzelf gedroomd had – een soort alter ego, 'maar met minder moeite ontwikkeld, met de zelfverzekerdheid van een goede afkomst'.[139] In ieder geval had hij meer sympathie voor hem dan voor enig ander lid van zijn entourage, uitgezonderd Goebbels. Dat er in deze toewijding ook een 'erotisch element' meeklonk, heeft men weliswaar steeds weer vermoed, maar het ontbreekt aan stellige bewijzen daarvoor, zoals bij bijna alle uitspraken over Hitlers gevoelsleven.[140]

Speer voelde zich van zijn kant, zoals hij bekende in zijn in Spandau geschreven memoires, goed en 'oprecht tot hem aangetrokken'.[141] Hij genoot ervan in de gunst te staan bij een machtig man en in hem een royale mecenas te vinden die op zijn vakgebied schijnbaar onbegrensde mogelijkheden bood aan een nog niet eens dertig jaar oude architect. Dat hij volstrekt geen andere keus gehad had dan de hem geboden droomkans te grijpen en zoals Faust zijn ziel aan de duivel te verkopen, behoorde na 1945 tot het standaardrepertoire van zijn verhalen over zijn rol als de Führers lievelingsarchitect. Hitler had niet alleen 'een suggestieve en overweldigende macht' over hem uitgeoefend, maar hem ook door de omvang van de toegewezen taak een 'roes' en 'ongekende persoonlijke groei' verschaft, die hij al gauw nodig had als 'een verslavende drug'.[142] Maar zo eenzijdig emotioneel afhankelijk als Speer het later voorstelde, was hij niet. Vanaf het begin was hij duidelijk heel ontvankelijk voor de krankzinnig gigantische bouwprojecten, en wat hun betekenis betrof, hoefde hij niet meer door Hitler overtuigd te worden. Hoezeer hij de politieke en architectonische ideeën van de dictator goedkeurde en hoe berekenend hij tegelijkertijd te werk ging om permanent bij hem in de gunst te blijven, illustreerde zijn artikel *'Die Bauten des Führers'* (De gebouwen van de Führer) van 1936, dat in kruiperigheid niet onderdoet voor de lofprijzingen van Goebbels:

> Het zal uniek zijn in de geschiedenis van het Duitse volk dat de leider ervan op een beslissend keerpunt niet alleen begint met de grootste ideologische en politieke herordening van onze geschiedenis, maar tegelijkertijd ook met superieure vakkennis als bouwmeester aan de slag gaat om de stenen gebouwen te scheppen die als documenten van zowel onze politieke wil als van ons culturele vermogen nog millennia lang getuigen van onze grote tijd.[143]

Het proefproject van de intensieve samenwerking die nu begon, was Neurenberg, het toneel van de Neurenbergse partijcongressen. Begin 1934 kreeg Speer opdracht de provisorische houten tribune op het Zeppelinfeld te vervangen door een enorme stenen trapconstructie. Hitler was zo onder de indruk van het ontwerp dat hij zijn architect in het najaar van 1934 de totale planning voor het *Reichsparteitagsgelände* (het hele complex waar de rijkspartijcongressen werden gehouden) toevertrouwde.[144] Naast de al bestaande vergaderzalen en paradeterreinen – de Luitpoldhalle, de Luitpoldarena, het oude stadion en het Zeppelinfeld – moest er een aantal grote gebouwen tot stand komen: een congreshal, een Duits Stadion en het Märzfeld. Al een paar maanden later kon Hitler aan de Neurenbergse burgemeester Willy Liebel de eerste schetsen presenteren. Voor de uitvoering van de plannen was eind maart een speciale 'Zweckverband Reichsparteigelände Nürnberg' opgericht. In dit taakverband kon Speer onder verwijzing naar de 'Führerwil' moeiteloos zijn ideeën doordrukken. Als streefdatum voor de voltooiing van het hele complex was het 10de partijcongres na de machtsgreep gekozen, dus september 1943.[145] Hitler kwam steeds terug naar Neurenberg en liet zich informeren over de voortgang van de werkzaamheden. Maar ook in de rijkskanselarij in Berlijn hield hij zich vaak bezig met de ontwerpen van Speer. 'Führer toont ons plannen Neurenberg,' noteerde Goebbels in december 1935.

Afb. 53 Adolf Hitler met de architecten Albert Speer en Ludwig Ruff voor de ontwerpen van het Neurenbergse rijkspartijdagterrein.

'Echt grandioos. Unieke monumentaliteit! Dat heeft Speer goed gedaan.'[146] Hitler toonde daarentegen weinig interesse in de financiering: 'Over het geld wil de Führer niet praten. Bouwen! Bouwen! Het wordt wel betaald. Frederik de Grote heeft ook niet naar geld gevraagd toen hij Sanssouci bouwde.'[147]

Het plan van Speer verenigde de bestaande faciliteiten en nieuw ontworpen constructies in één geheel, met als verbindend element een twee kilometer lange, met granietplaten geplaveide weg, de Große Straße. Aan het zuidelijke uiteinde daarvan moest het Märzfeld tot stand komen. Dit was een gigantisch paradeterrein voor de Wehrmacht, 1050 meter breed en 600 meter lang, omgeven door tribunes met plaats voor 160.000 toeschouwers en bekroond door een gevleugelde overwinningsgodin die 14 meter hoger had moeten worden dan Vrijheidsbeeld in New York.[148] Het nieuwe congrescentrum aan de noordkant ging terug op de ontwerpen van de Neurenbergse architect Ludwig Ruff, die daarvoor in juni 1934 de goedkeuring van Hitler kreeg. Dit was bedoeld als het sacrale centrum van het partijcongres en moest plaats bieden aan 50.000 mensen. 'Het meest monumentale overdekte gebouw sinds de oudheid,' dweepte een lyrische Goebbels.[149] Hier moest zich, zoals Hitler bij de eerstesteenlegging op 12 september 1935 verklaarde, 'eeuwenlang, eenmaal per jaar, de uitverkoren elite van het nationaalsocialistische rijk verzamelen': 'Als de beweging echter ooit zal zwijgen, dan zal hier na duizenden jaren nog deze getuige spreken. Midden in een heilig bos van oeroude eiken zullen mensen met ontzag deze reuzen bewonderen, de eerste gebouwen van het Derde Rijk.'[150]

Nog geweldiger in zijn afmetingen was het geplande Duitse Stadion, een hoefijzervormig gebouw met een capaciteit van meer dan 400.000 toeschouwers – de grootste sportarena ter wereld, waarbij het Berlijnse Olympisch Stadion in vergelijking klein moest lijken. Bij de eerstesteenlegging op 9 september 1937 feliciteerde Hitler Speer voor de verzamelde partijbonzen: 'Dit is de mooiste dag van uw leven!'[151] Uiterlijk op dit tijdstip moest het de sterarchitect wel duidelijk zijn welke politieke doelen er voor Hitler verbonden waren aan de kolossale architectuur. Ze anticipeerde op de buitenlandse expansiepolitiek die nu begon. Aan het eind daarvan moest het Derde Rijk niet alleen een Europese hegemonie gevestigd hebben, maar ook een dominante rol in de wereld spelen.[152] Toen Speer in het voorjaar van 1937 zijn bouwheer erop wees dat de overmaatse afmetingen van het sportveld niet klopten met de olympische normen, moet Hitler hebben geantwoord: 'Volstrekt onbelangrijk. In 1940 vinden de Olympische Spelen nog één keer plaats in Tokio. Daarna echter zullen ze voor altijd in Duitsland gehouden worden, in dit stadion. En welke afmetingen het sportveld dan moet hebben, dat zullen wij dan bepalen.'[153]

Geen van de grote gebouwen zou ooit worden voltooid. Aan het begin van de

Tweede Wereldoorlog was men bij het Duitse Stadion niet verder gekomen dan graafwerkzaamheden. Op het Märzfeld waren er van de 26 poorttorens van travertijn maar een paar af. Ook het congrescentrum bleef een torso, hoewel het werk hier nog het verst gevorderd was en ook nog een tijd zou worden voortgezet.[154] Maar ook als Hitler in 1939 de oorlog niet ontketend had, zou de deadline voor het inwijden van het complex nauwelijks haalbaar zijn geweest. Het partijcongresterrein was namelijk niet het enige grote bouwterrein. Ook München, de 'hoofdstad van de beweging' moest grondig worden veranderd. Naast een nieuwe Hauptbahnhof was er onder andere als toekomstig herkenningspunt van de stad een door Hitler ontworpen reusachtige *'Säule der Bewegung'* (Zuil van de Beweging) gepland, die de torens van de Frauenkirche ver in hoogte zou hebben overtroffen. Hitler droeg de uitvoering hiervan in 1937 niet op aan Speer maar aan de Münchense architect Hermann Giesler – getrouw aan zijn stelregel om bevoegdheden te verdelen, concurrentiestrijd te bevorderen en zo zijn medewerkers te stimuleren tot topprestaties. Giesler kreeg in de herfst van 1940 ook de opdracht voor het verbouwen van Linz, de *'Heimatstadt* van de Führer'. Hier moesten twee representatieve Donaubruggen, een Gauforum met een grote Gauhalle, een kunstgalerij en een residentie voor de oude dag van Hitler tot stand komen. In Hamburg was de bouw van een hoge brug over de Elbe gepland, die de Golden Gate Bridge in San Francisco moest overtreffen. Ook in een aantal andere steden waren revolutionaire bouwprogramma's in uitvoering.[155]

Het centrum van alle plannen was echter de rijkshoofdstad. Berlijn moest 'stedenbouwkundig en cultureel op zo'n niveau worden gebracht dat het kan concurreren met alle hoofdsteden van de wereld,' zei Hitler in september 1933 tegen een delegatie van het stadsbestuur die werd geleid door de 'staatscommissaris' en latere burgemeester Julius Lippert.[156] Voor dat doel beloofde hij jaarlijks 40 miljoen rijksmark beschikbaar te stellen – een bedrag dat hij in juli 1934 verhoogde tot 60 miljoen. Als kern van het nieuwe ontwerp ontpopte zich in de vergaderingen van de volgende maanden de bouw van een belangrijke noord-zuidas. Daarvoor moest vooral het terrein van de sporen van de Potsdamer Bahnhof en Anhalter Bahnhof worden gebruikt, die werden opgeheven ten gunste van twee nieuw te bouwen hoofdstations aan het noord- en het zuideinde van de as. In maart 1934 deelde Hitler de vroede vaderen van de stad zijn favoriete idee mee: dicht bij het nieuwe Zuidstation wilde hij 'een enorme triomfboog voor de ongeslagen legers van de wereldoorlog' en in het centrum, in de buurt van de Brandenburger Tor, een 'zeer grote congreshal voor 250.000 personen'.[157] De plannen schoten echter niet erg op, hetzij omdat het Berlijnse stadsbestuur bedenkingen kreeg met het oog op de geplande drastische ingrepen in het organisch gegroeide stadsbeeld, hetzij omdat Hitler zelf nog besluiteloos was over de vraag welke architect hij deze gebouwen van de eeuw zou toevertrouwen. Hij wist 'nog niet de juiste architect', liet hij eind juni 1935 aan Lippert weten. 'Of architect Speer daarvoor toereikend was, zou hij nog niet kunnen zeggen.'[158]

In het voorjaar van 1936 lijkt Hitler vervolgens een besluit te hebben genomen. Hij had nog één bouwopdracht te vergeven, 'de grootste van allemaal', deelde hij

Afb. 54 De geplande noord-zuidas in Berlijn. Vooraan de Zentralbahnhof en de triomfboog, op de achtergrond de Große (Kuppel-)Halle.

Speer terloops mee. Die kan dus nauwelijks verrast geweest zijn toen Hitler hem een paar maanden later bij zich liet komen en hem vroeg de totale planning voor de herbouw van de rijkshoofdstad ter hand te nemen. Bij deze gelegenheid overhandigde de dictator aan zijn architect – zoals die het zich herinnerde – twee schetsen van de triomfboog en de koepelhal met de opmerking: 'Deze tekeningen maakte ik tien jaar geleden. Ik heb ze altijd bewaard, omdat ik er nooit over getwijfeld heb dat ik ze op een dag zou bouwen. En zo willen we ze nu ook uitvoeren.'[159] Speer, die bij de uitbreiding van het Neurenbergse partijcongresterrein Hitlers richtlijnen gevolgd had, nam nu ook deze voorstellen voor de Berlijnse triomfgebouwen over. 'Bij de Führer. Met hem en Speer plannen voor de reconstructie van Berlijn bekeken,' noteerde Goebbels halverwege november 1936. 'Een fantastisch complex. Heel groot en monumentaal gedacht. Berekend op twintig jaar. Met een gigantische weg van zuid naar noord. Daaraan komen de nieuwe pronkgebouwen. Berlijn daarmee verheven tot toonaangevende wereldstad. De Führer denkt groots en gedurfd. Hij is zijn tijd ongeveer honderd jaar vooruit.'[160] Wat Goebbels louter aan Hitler toeschreef, was echter grotendeels het werk van Speer. Natuurlijk zijn er aanwijzingen dat de nieuwe gunsteling aan de zijde van zijn bouwheer dacht dat hij het best kon voldoen aan diens architectonische obsessies door te proberen de manie tot imponeren en overtreffen nog te vergroten.[161]

Op 30 januari 1937 benoemde Hitler Speer officieel tot *Generalbauinspektor für die Reichshauptstadt* (bouwinspecteur-generaal voor de rijkshoofdstad, GBI). De nieuwe afdeling kreeg het gebouw van de Akademie der Künste toegewezen, aan de Pariser Platz. Dit had het voordeel dat Hitler onzichtbaar voor het publiek daarheen kon komen via de Ministergärten.[162] Soms kwam hij met het hele tafelgezelschap, maar vaker alleen na de lunch of zelfs 's avonds laat naar de voormalige tentoonstellingszalen van de Academie, waar de maquette van de stad geleidelijk vorm kreeg. Hij was vooral enthousiast over het op schaal 1:1000 gebouwde model van de noord-zuidas, dat in afzonderlijke delen uit elkaar gehaald kon worden en op tafels met wieltjes naar buiten getrokken kon worden. Nooit, zo herinnerde Speer zich, had hij Hitler 'zo levendig, zo spontaan, zo ontspannen meegemaakt' als in de uren waarin ze zich samen over de plannen bogen en in een roes raakten over de kolossale omvang van de gebouwen.'[163] De vader van Speer echter, aan wie zijn inmiddels beroemd geworden zoon vol trots de maquette liet zien, reageerde zichtbaar verbijsterd: 'Jullie zijn compleet getikt geworden!'[164]

In feite stelden de plannen in hun grootheidswaanzin alles in de schaduw. De noord-zuidas, het pronkstuk, moest 120 meter breed en 7 kilometer lang worden, aanzienlijk breder en langer dan de Champs-Elysées in Parijs.[165] De Zentralbahnhof aan het zuidelijke begin van de as moest vier etages hebben, verbonden door roltrappen en liften, en moest het New York Grand Central Station maar liefst in meerdere opzichten overtreffen. Wie het plein voor het station op liep, moest overweldigd worden door de aanblik van de enorme triomfboog. Met een breedte van 170 meter, diepte van 119 meter en hoogte van 117 meter zou hij Napoleons Arc de Triomphe op een stuk speelgoed laten lijken.[166] Door de 80 meter hoge opening van de Große Bogen werd de blik van de kijker als bij toverslag gevestigd op de koepel van de Große Halle, die op 5 kilometer afstand oprees en de meest treffende expressie van de absurditeit van de plannen was. Ze moest plaats bieden aan 150.000 tot 180.000 mensen; met een hoogte van 226 meter en een diameter van 250 meter zou het interieur zeventien keer groter zijn geweest dan dat van de Sint-Pietersbasiliek in Rome. Op Hitlers 48ste verjaardag op 20 april 1937 gaf Speer aan Hitler een model van de koepelhal. 'We staan 's nachts tot 2 uur voor de plannen en verzinnen de gekste fantasieën,' noteerde Goebbels.[167]

In aanvulling op de triomfboog en de koepelzaal moest de boulevard worden geflankeerd door een aantal andere representatieve gebouwen. Daaronder waren de 'Soldatenhalle' met een crypte waarin de sarcofagen van beroemde Duitse militaire leiders van veldtochten uit het verleden of de toekomst konden rusten; een 'Reichsmarschallamt' oftewel bureau voor rijksmaarschalk Hermann Göring, waarvan het barokke trappenhuis, vermoedelijk het grootste ter wereld, zou hebben voldaan aan de hang naar luxe van de toekomstige bewoner; en niet in de laatste plaats een 'Führerpalast' voor Hitler, een vestingachtig gebouw, dat moest worden voorzien van kogelvrije luiken en een stalen entreeportaal. 'Het is niet onmogelijk dat ik ooit gedwongen zal zijn impopulaire maatregelen te nemen. Misschien zal er oproer zijn. Hiervoor moeten voorzorgsmaatregelen worden genomen [...]. Het centrum van het rijk moet verdedigd kunnen worden als een vesting,' zou Hitler zijn architect hebben opgedragen – een uitspraak die toont welke geheime angsten er schuilgingen achter zijn grootheidswaan en zelfvergoddelijking.[168] De disproportioneel grote gebouwen zouden worden geflankeerd door sculpturen van een vergelijkbare heroïsche monumentaliteit, gemaakt door de beeldhouwer Arno Breker. Deze had in 1936 met zijn sculptuur *Tienkamper* voor het Rijkssportveld Hitler voor zich gewonnen en snel toegang gekregen tot de intiemste kringen van de macht.[169]

Geen twijfel mogelijk – Hitlers megalomane plannen voor Berlijn zijn alleen te begrijpen in relatie tot zijn hegemoniale ambities in de buitenlandse politiek. Ze anticipeerden in zekere zin via de architectonische tekentafel op wat nog verwezenlijkt moest worden met militaire expansie. 'Begrijpt u nu waarom we zo groots investeren?' vroeg hij Speer op een dag en gaf zelf het antwoord: 'De hoofdstad van het Germaanse Rijk.'[170] Ook tegen Goebbels maakte de dictator geen geheim van zijn bedoelingen. Midden maart 1937, een paar weken na de benoeming van Speer tot bouwinspecteur-generaal, vertrouwde hij de minister van

Propaganda in een nachtelijk gesprek zijn plan toe om binnenkort Oostenrijk en Tsjechoslowakije in te lijven in het rijk: 'Beide hebben we nodig om ons gebied af te ronden. En krijgen ze ook [...]. Komen hun burgers naar Duitsland, dan zijn ze helemaal verpletterd door de grootheid en macht van het rijk [...]. Vandaar de reusachtige bouwplannen van de Führer. Hij laat ze ook niet varen.'[171] Vroeg in de zomer van 1939, nadat Hitler de eerste fase van de uitbreiding had afgesloten en de volgende voorbereidde, wees hij, weer in gedachten verzonken voor de maquette, op de rijksadelaar met het nazi-embleem in zijn klauwen die de koepel moest bekronen: 'Dat wordt veranderd. Hier moet de adelaar niet meer boven het hakenkruis staan, hier zal hij de wereldbol beheersen!'[172] Speer was niet verbaasd of zelfs geschokt over de imperialistische grootheidswaan die in deze uitspraak tot uitdrukking kwam, maar zag daarin zijn eigen bedoelingen weerspiegeld. Dat was toch 'de hele strekking' van zijn gebouwen, bekende hij in een interview met de Britse journalist Gitta Sereny, eind jaren zeventig: 'Mijn hele wil was erop gericht dat deze grote man de aardbol zou domineren.'[173]

Het nieuwe Berlijn moest de hoofdstad van een toekomstig rijk zijn – daarover waren de bouwheer en zijn hoofdarchitect het eens. Zelfs in zijn monologen op zijn hoofdkwartier kwam Hitler keer op keer terug op hun gezamenlijke roes. Wie het Führerpaleis zou betreden, moet 'het gevoel hebben voor de heer van de wereld te staan'. Als 'wereldhoofdstad' die in 'Germania' herdoopt zou worden, zou Berlijn alleen nog te vergelijken zijn met Babylon of Rome: 'Wat stelt daarbij vergeleken Londen voor, of Parijs!'[174] Natuurlijk, het was niet raadzaam met dergelijke plannen in de openbaarheid te komen. Hitler droeg nog tot in de tweede helft van de jaren dertig het masker van de vredespoliticus. Het publiek kreeg slecht fragmentarisch informatie over de ongehoorde afmetingen van de reconstructie van Berlijn. Speer lichtte in januari 1938 wel het Duitse persbureau in over het basisidee, de noord-zuidas, waarover Hitler tenslotte al in 1933–1934 had gesproken met de gemeentepolitici, maar naar de geplande kolossale gebouwen verwees hij slechts zijdelings. Hetzelfde gold voor de artikelen die in 1938–1939 verschenen in diverse kranten. Goebbels moest in juni 1938 op verzoek van Hitler zijn toespraak bij de eerstesteenlegging van het *Haus des Fremdenverkehrs* (Huis van het Toerisme) nog eens aanpassen: 'Hij wil uit voorzichtigheid niet dat ik al te veel zeg over de monumentaliteit van onze bouwkundige reconstructie.'[175]

Het streeftijdstip voor de voltooiing van alle gebouwen waarop Speer zich had vastgelegd, was het jaar 1950. Hitler had haast. 'U moet alles op alles zetten om ze nog tijdens mijn leven te voltooien,' drong hij aan tijdens een picknick in de zomer van 1936. 'Alleen als ik er zelf nog in gesproken en geregeerd heb, krijgen ze de wijding die ze nodig hebben voor mijn opvolgers.'[176] In juni 1938 begon het werk op twaalf locaties tegelijk – voor 'het meest grandioze bouwproject aller tijden', zoals Goebbels opmerkte. Dat de minister van Propaganda in dezelfde dagboeknotitie sprak van het 'doel: het verdringen van alle Joden uit Berlijn', was geen toeval.[177] Voor de bouw van de noord-zuidas boden de spoorterreinen van de Potsdamer en de Anhalter Bahnhof niet genoeg ruimte. Er moesten huizen worden afgebroken en vervangende woningen geregeld worden voor de huurders. Hoe Speer zich dat voorstelde, is genotuleerd in een bespreking met het stadsbestuur halverwege september 1938: hij stelde voor 'de benodigde grote woningen vrij te maken door Joden onder dwang uit hun woning te zetten'. De bouwinspecteur-generaal vroeg het voorstel 'strikt vertrouwelijk te behandelen' omdat hij 'eerst de mening van de Führer wilde vragen'.[178] Na de Kristalnacht van 9 november 1938, waarop we nog terugkomen, kwam Speer een grote stap dichter bij zijn doel. Op 26 november besloot Göring als commissaris van het vierjarenplan dat de GBI een 'recht van eerste koop' moest worden verleend na de 'verwijdering van Joden uit woningen, winkels, opslagruimtes enz."[179] Speer kon steunend op de 'Führeropdracht' zijn wil doorzetten tegen alle concurrerende aanspraken in.

Toen de Tweede Wereldoorlog uitbrak, werden eerst alle bouwplaatsen stilgelegd. Na de nederlaag van Frankrijk beval Hitler echter in een decreet van 25 juni 1940: 'Berlijn moet in zo min mogelijk tijd met de architectonische reconstructie de allure krijgen die past bij de grootte van onze overwinning, de allure als hoofdstad van een sterk nieuw rijk.'[180] Daarmee werd Speers onteigening van

Afb. 55 Gipsmaquette van de voor de 'wereldhoofdstad Germania' geplande Große (Kuppel-) Halle.

'Jodenwoningen' weer urgent. Wat de favoriete architect van Hitler zich na 1945 niet wilde herinneren en wat hij ook had verzwegen voor zijn vertrouwde gesprekspartner Joachim Fest, hebben historici sinds de jaren tachtig stap voor stap blootgelegd: bij het oppakken van de Berlijnse Joden en hun deportatie naar de vernietigingskampen speelde Speers afdeling een voortrekkersrol.[181]

Nog meerdere keren liet Hitler zich tussen de late herfst 1940 en de lente van 1941 de maquette tonen in de Akademie der Künste. 'Je voelde dat hij er warm voor liep, een paar keer zei hij: heel mooi, heel mooi,' noteerde een medewerker van Speer over een Führerbezoek van midden maart 1941. 'Nu moet iedereen toch overtuigd zijn, zijn er na zulk werk nog zeurpieten die het niet eens zijn met de herinrichting van Berlijn? Meneer Speer zegt van niet.' Bij het zien van de koepelhal sloeg Hitler 'van vreugde op zijn dijen', want Speer had haar nog eens een paar meter groter gemaakt: 'De Führer vraagt dan: hoe hoog is de hal? Speer: meer dan driehonderd meter. Het is een erezaak dat ze niet lager wordt. De Führer lacht en zegt: dat is de juiste houding, zo moeten we denken. Driehonderd meter, dat is de hoogte van de Obersalzberg vanuit Berchtesgaden.'[182] Hitler voelde zich op dit moment, toen hij de als *Blitzkrieg* opgezette vernietigingsveldtocht tegen de Sovjet-Unie voorbereidde, al de gegarandeerde overwinnaar. Na de onverwachte militaire tegenslagen die volgden vanaf de herfst en de winter van

Afb. 56 Hitlers werkkamer in de Nieuwe Rijkskanselarij, 1939.

1941, zou de situatie echter drastisch veranderen. Tegen maart 1943 werd het werk op de bouwplaatsen stopgezet. Net als in Neurenberg werd in Berlijn geen van de geplande monumentale gebouwen verwezenlijkt.

Een ander gebouw werd wél voltooid, nog voor de oorlog: de Nieuwe Rijkskanselarij in de Voßstraße. De opdracht gaf Hitler volgens de beschrijving van Speer eind januari 1938: 'Ik moet de komende tijd heel belangrijke besprekingen houden. Ik heb grote hallen en zalen nodig, waarmee ik vooral kleinere potentaten kan imponeren [...]. Hoe lang hebt u nodig? Plannen, sloop, alles bij elkaar? Anderhalf of twee jaar zou me al te veel zijn. Kunt u op 10 januari 1939 klaar zijn? Ik wil de volgende diplomatieke ontvangst in de nieuwe kanselarij houden.'[183] Deze beschrijving komt, zoals zoveel in de *Herinneringen* van Speer, niet helemaal overeen met de waarheid. Inderdaad vatte Hitler al in 1934, bij zijn besprekingen met vertegenwoordigers van de stad Berlijn, het plan op voor de bouw van een nieuwe 'residentie'. Vanaf 1935 werden stukken grond gekocht bij de Voßstraße en gebouwen gesloopt, waaronder het Gauhaus, dat Speer nog in 1932 had verbouwd. Tegen het midden van 1937 waren de plannen voor de bouw van de Nieuwe Rijkskanselarij uitgewerkt en in april 1938 begonnen de werkzaamheden.[184]

Hoewel er al belangrijke voorbereidende werkzaamheden verricht waren, stelde het halen van de zeer krappe deadline het improvisatietalent van Speer en van zijn bouwmanagement, onder leiding van architect Karl Piepenburg en Walter Kühnell, voor bijzondere uitdagingen. Er werkten 4500 bouwvakkers onafgebroken in twee ploegen. 'Dit is nu [...] geen Amerikaans tempo meer, dit is al het Duitse tempo,' prees Hitler hen bij het pannenbier op 2 augustus 1938.[185] Op 7 januari leidde Speer Hitler rond door de bijna voltooide ruimtes en twee dagen later, na de officiële overdracht, prees de dictator tegenover 8000 arbeiders in het Berlijnse Sportpaleis de Nieuwe Rijkskanselarij als 'het eerste gebouw van het nieuwe grote Duitse Rijk'.[186]

Het gebouw nam met een lengte van 422 meter de gehele noordzijde van de Voßstraße in beslag. Bezoekers kwamen via de hoofdingang aan de Wilhelmplatz eerst in de 'Ehrenhof', en van daaruit in het gebouw via een buitentrap die werd geflankeerd door twee meer dan levensgrote sculpturen van Arno Breker. Om naar de ontvangstzaal te komen moesten ze een reeks van ruimtes passeren: een entreehal, een mozaïekzaal, een ronde koepelhal en ten slotte de Marmorgalerie, die met 146 meter twee keer zo lang was als de Spiegelzaal van Versailles, waar ze een kopie van was. De lange toegangsroute die buitenlandse staatslieden moesten afleggen, beviel Hitler. Daardoor zouden ze 'al iets meekrijgen van de macht en grootsheid van het Duitse Rijk'.[187] Ook Hitlers werkkamer, waarvan de afmetingen eerder leken op die van een troonzaal (27 meter lang, 14,5 meter breed, 9,75 meter hoog) was ontworpen om te intimideren. Een stuk inlegwerk van zijn enorme bureau dat een half uit de schede getrokken zwaard bevatte, beviel hem in het bijzonder: 'Goed, goed [...]. Als de diplomaten dat zien als ze voor mij aan deze tafel zitten, zal het ze angst inboezemen.'[188] Nog geen zes jaar later lag de Nieuwe Rijkskanselarij in puin; Hitlers monsterlijke droom van een groot arisch rijk en de 'wereldhoofdstad Germania' was ontploft als de luchtballon in de briljante, scherpzinnige Hitler-parodie van Charlie Chaplin uit 1940, *The Great Dictator*.

18

De Berghofgemeenschap

'In de middag Obersalzberg,' noteerde Goebbels op 17 juli 1936, een paar dagen na de inwijding van de Berghof. 'De Führer begroet ons met grote vreugde op de trap. En toont ons het hele nieuwe huis met onze kamers. Het is prachtig geworden. Een gezellig toeristenpension. Een prachtige hal. Het geheel is een uniek landhuis op de berg. Hier kun je uitrusten. De Führer is heel blij. Hier is hij thuis.'[1] Hitler had, toen hij in 1928 Haus Wachenfeld huurde, het recht van eerste koop bedongen. In september 1932 bood de eigenares, Margarete Winter uit Buxtehude, de weduwe van een verdienstelijke zakenman, het huis te koop aan. In juni 1933, een paar maanden na zijn benoeming tot rijkskanselier, liet Hitler het landhuis met inventaris op zijn naam overschrijven. Albert Speer, die er in het voorjaar van 1934 voor het eerst te gast was, was niet onder de indruk: 'Na Berchtesgaden volgde een steile bergweg vol kuilen, totdat ons op de Obersalzberg Hitlers kleine, gezellige houten huis met een ver uitstekend dak en kleine kamers wachtte: een eetkamer, een kleine woonkamer, drie slaapkamers. Het meubilair stamde uit de Vertiko-periode van oud-Duitse Heimat-folklore en gaf het huis het stempel van gezellige kleinburgerlijkheid.'[2]

Het besluit het bescheiden vakantiehuis uit te breiden tot de representatieve Berghof nam Hitler in de zomer van 1935, zoals Speer het zich herinnerde. De dictator zelf tekende schetsen; volgens zijn specificaties maakte architect Alois Degano uit Gmund aan de Tegernsee de bouwplannen. Haus Wachenfeld werd niet gesloopt, maar met behulp van doorbraken in de muren geïntegreerd in de begane grond en de eerste verdieping van het nieuwe gebouw, dat met een gevelbreedte van 17 meter en 37 meter lengte bepaald plomp oogde, vergeleken met het oude huis. De bouwwerkzaamheden, die begonnen in maart 1936, werden uitgevoerd in een ijltempo. Al op 8 juli kon de Berghof officieel worden ingewijd. De schutters van de *Berchtesgadener Weihnachtsschützen* kwamen aangemarcheerd en losten saluutschoten.[3] Bij de financiering van het project had Martin Bormann, hoofd van de staf bij de 'plaatsvervanger van de Führer', Hitler nuttige diensten bewezen en hij kreeg daardoor toegang tot het privéleven van de Führer. Hij gebruikte zijn nieuwe vertrouwenspositie om zichzelf onmisbaar te maken op de

Obersalzberg. Zelfs tijdens de bouw van de Berghof begon hij al met het opkopen van het ene perceel na het andere rondom Hitlers huis. Wie zijn bezit niet vrijwillig wilde afstaan, werd onder enorme druk gezet en bedreigd met confiscatie en deportatie naar een concentratiekamp. De oude boerderijen werden afgebroken en in hun plaats trok Bormann nieuwe gebouwen op: een kazernecomplex waarin de ss-bewakingscompagnie werd ondergebracht, een herenboerderij die werd opgericht als agrarisch modelbedrijf, een kas die de vegetariër Hitler zomer en winter vers fruit en groenten moest leveren, een klein theehuis op de Mooslahner Kopf, slechts een paar honderd meter onder de Berghof gelegen, en ten slotte het meest complexe en duurste bouwproject van allemaal, een groot tweede theehuis op de top van de Kehlstein, ongeveer 800 meter boven de Berghof.[4]

In de eerste jaren van het Derde Rijk konden Hitler-aanhangers nog ongehinderd een pelgrimsreis naar de Obersalzberg om hun bewonderde idool van dichtbij te zien. En Hitler zelf wandelde nog met zijn gasten in de omgeving, zoals naar de Hochlenzer, een kleine alpenherberg, waar je in de zon op houten banken kon zitten en heerlijke verfrissingen kon drinken. Na 1936 werd de Obersalzberg echter uitgeroepen tot *Führerschutzgebiet* (beschermd gebied van de Führer) en hermetisch afgesloten met draadafrastering. Dit gebied was alleen met een speciale pas te betreden. De toegangen tot het binnenste spergebied werden streng bewaakt door posten van de ss-bewakingscompagnie. Elke spontaan contact van Hitler met het publiek werd dus voorkomen.[5]

Tot in de oorlogsjaren bleef de Obersalzberg één grote bouwplaats. 'Kleine idyllische weidepaden werden brede wegen en betonwegen. Waar eerst ossenspannen rustig over de weg trokken, ratelden nu onophoudelijk monsterlijk grote vrachtwagens en graafmachines. Met bloemen bezaaide weiden werden enorme stortplaatsen en de bergbossen barakkenkampen. De stilte van de bergen werd verstoord door het gerommel van dynamietexplosies.'[6] Hoewel Hitler in kleine kring grappen maakte over Bormanns bouwwoede – hij zou zijn naam met recht en reden dragen omdat hij alle bergen 'aanboorde'[7] – waardeerde hij in werkelijkheid de betrouwbaarheid van zijn ijverige werknemer, die altijd klaarstond als een wandelend notitieboekje om de wensen van de Führer op te vangen en per omgaande te vervullen.

De opkomst van Bormann aan het hof van de dictator ontging de entourage niet. Goebbels, wiens oren heel erg gespitst waren in dit opzicht omdat hij zelf altijd gekoesterd wilde worden door Hitlers gunst, schreef eind oktober 1936: 'Over Bormann spreekt de Führer met tevredenheid. Hij heeft energie en is voorzichtig.' En na een bezoek aan de Obersalzberg noteerde hij: 'Bormann werkt hierboven goed en veilig. Hij zit (stevig) in het zadel.'[8] Om voortdurend in Hitlers nabijheid te kunnen zijn, nam Bormann een oude villa op de Obersalzberg over.

In 1934 had Hermann Göring hier al een eigen, voor zijn doen relatief bescheiden landhuis laten bouwen. Albert Speer wilde daarbij niet achterblijven: in de vroege zomer van 1937 huurde hij een boerderij die hij verbouwde tot woonhuis voor zijn gezin en zette daarnaast een ateliergebouw neer, waar hij kon werken aan zijn architectuurplannen.[9]

Hitlers alpenresidentie bestond uit dertig kamers, verdeeld over drie verdiepingen. Het representatieve middelpunt was de Grote Hal met de hoofdattractie, een gigantisch inzinkbaar panoramavenster. Het bood uitzicht op de Untersberg, waar volgens de legende keizer Frederik Barbarossa lag te slapen, om op een dag terug te keren. Voor het raam stond een zes meter lange marmeren tafel, waarop documenten aan Hitler ter ondertekening werden voorgelegd, en waarop de bouwplannen van de architecten en, tijdens de oorlog, kaarten van de militairen werden uitgespreid. Naast de tafel stond een globe van even ongebruikelijk formaat. De symbolische betekenis kon de toeschouwer niet ontgaan, toen het naziregime overstapte op een agressieve expansiepolitiek. Twee zitjes, het ene om een ronde tafel bij het raam, het andere in het achterste deel van de kamer voor een grote open haard, completeerden de inrichting, die was toevertrouwd aan Gerdy Troost. Hitler had een hoge dunk van de weduwe van architect Paul Ludwig Troost en bezocht haar atelier altijd als hij in München was. Van haar kwamen de twee wandtapijten in de Grote Hal, die niet alleen dienden als wanddecoratie, maar ook een praktische functie hadden in verband met de filmverto-

Afb. 57 Het inzinkbare raam in de Grote Hal van de Berghof, Obersalzberg.

ningen 's avonds: het ene bedekte de kleine vensters van de projectieruimte en het andere, ertegenover, het scherm.[10]

Hitler was bijzonder trots op zijn collectie schilderijen van zestiende-eeuwse Italiaanse en negentiende-eeuwse Duitse meesters, die hij in de Grote Hal aan zijn gasten kon laten zien. Daaronder waren *Venus en Cupido* van Paris Bordone, *Romeins ruïnenlandschap* van Giovanni Paolo Pannini, de *Madonna-tondo* van Giuliano Bugiardini, *Eva en haar zoon Abel* van de Weense Nazarener Edward von Steinle, en *De kunsten in dienst van de religie* van Moritz von Schwind. Zijn favoriet was natuurlijk het *Nanna*-portret van Anselm Feuerbach, waarvan de geportretteerde wat weg had van Hitlers nicht Geli Raubal: 'Is de "Nanna" niet geweldig? Ik moet steeds weer kijken. Ze heeft hier een prachtige plek boven de open haard. Haar hand heeft een schijnsel alsof ze leeft,' gaf een van zijn secretaresses zijn dwepende enthousiasme weer.[11] Natuurlijk mocht in deze collectie ook een grote bronzen buste van Richard Wagner niet ontbreken, een werk van Arno Breker. Ze stond op een machtige commode, waarin de luidsprekers voor de geluidsfilm waren ingebouwd.

De rustiek ingerichte woonkamer van het voormalige Haus Wachenfeld, slechts door een zwaar fluwelen gordijn van de Grote Zaal gescheiden, was de enige kamer die nog herinnerde aan de vroegere landelijke idylle en een zekere gezelligheid uitstraalde. Deze werd gedomineerd door een grote groene keramische kachel, waarvan de tegels met de hand waren gemodelleerd door vormgeefster Sofie Stork uit München, de vriendin van hoofdadjudant Wilhelm Brückner. De rondom de kachel aangebrachte zitbank was vooral in de wintermaanden een geliefde plek voor de gasten, want het was altijd erg fris in de monumentale hal. Rechts van het raam stond een grote boekenkast, die onder andere *Meyers Lexikon* bevatte. De banden werden graag geraadpleegd door Hitler als er meningsverschillen waren over een bepaald onderwerp en de Führer wilde bewijzen dat hij met zijn fenomenale geheugen weer eens gelijk had.[12]

Via een ruime hal kwam men in de eetkamer, waarvan de wanden en de vloer waren betimmerd met patronen van alpendennenhout. Een lange eettafel bood plaats aan 24 personen. De brede kant van de kamer met zijn vensters die bijna van vloer tot plafond reikten, liep uit in een halfronde erker, waar de gasten 's ochtends kwamen voor het ontbijt, terwijl Hitler nog sliep.[13] Hitlers privékamers – een werkkamer, een slaapkamer en een badkamer – waren op de eerste verdieping. Naast zijn slaapkamer, slechts ervan gescheiden door een kleine kamer met twee verbindingsdeuren, lag het appartement van Eva Braun, dat bestond uit een slaapkamer, een kleine woonkamer en een badkamer. 'Waarom was voor de huishoudster van de Berghof, zoals Eva Braun aan ons was voorgesteld, deze bijzondere toegang tot Hitlers slaapkamer nodig? Algauw dacht men er het zijne van,' schreef Rochus Misch, lid van het escorte van de Führer sinds 1940, in zijn herinneringen.[14]

Na zijn benoeming tot rijkskanselier had Hitler de relatie met de jonge vrouw uit München met wie hij al voor 1933 bevriend was geraakt, niet verbroken. Tijdens zijn frequente bezoeken aan de Beierse hoofdstad ontmoette hij haar in zijn appartement aan de Prinzregentenstraße. Zo vierde hij op 6 februari 1933 met Eva Braun haar 21ste verjaardag en gaf haar bij die gelegenheid sieraden.[15] Soms, vertelde huishoudster Anni Winter in haar ondervraging in november 1945, werd Hitlers vriendin 'in de avond nog naar huis gebracht', soms bleef ze slapen in de Prinzregentenstraße.[16] Eerste piloot Hans Baur beschrijft in zijn memoires hoe hij het paar verraste bij een afspraakje in Hitlers appartement, vlak voor Kerstmis 1933. Eva Braun was erg rood geworden en ook Hitler was 'enigszins verlegen' geweest.[17] Kennelijk probeerde de dictator het bestaan van zijn minnares te verbergen voor de leden van zijn entourage. Deze veronderstelling wordt ondersteund door de heimelijke manier waarop Hitler in de vroege jaren van zijn kanselierschap Eva Braun bij hun ontmoetingen op de Obersalzberg liet komen. Een paar uur nadat de officiële colonne auto's was aangekomen, vertelde Speer, reed een kleine, afgesloten Mercedes met de beide secretaresses, juffrouw Wolf en juffrouw Schroeder voor; bij hen was meestal een eenvoudig meisje uit München. Ze was even leuk en fris als mooi en leek bescheiden. Niets wees erop dat ze de minnares van een heerser was: Eva Braun.'[18]

Afb. 58 Angela Raubal en haar dochter Geli in 1929 op Geli's eenentwintigste verjaardag in Haus Wachenfeld, Obersalzberg.

Des te groter, verklaarde Speer, was vervolgens de verrassing toen Hitler en Eva Braun 'laat in de avond verdwenen naar de slaapkamers boven'. Er zijn daarentegen meer aanwijzingen dat de dictator zijn minnares nog niet toestond in Haus Wachenfeld te overnachten, maar haar net als de andere gasten onderbracht in naburige pensions.[19] Het huishouden van de woning op de Obersalzberg werd namelijk bestierd door zijn kordate halfzuster Angela Raubal. Hoe intensief ze zich bezighield met de kleinste dingen, tonen de vele rekeningen voor goederen en diensten die in de loop der jaren voor Haus Wachenfeld kwamen. Sommige Münchense bedrijven verdienden bijzonder goed aan haar kooplust, met name de 'grote winkel voor bekleding, textiel en woninginrichting' Horn aan de Stachus, die allerlei zaken voor in huis leverde – van dekens, tafelkleden en kussens tot luie stoelen. Alleen al de besteding bij Horn van april 1933 tot augustus 1934 bedroeg bijna 12.000 mark.[20]

Angela Raubal voelde een heftige antipathie tegen Eva Braun, die zij zo veel mogelijk negeerde en alleen aansprak – als ze dat al deed – met *Fräulein* (juffrouw). Ze zag de jonge vrouw uit München als 'een sierpoppetje, dat achterbaks haar net uitgooide om haar broer te vangen, die zo naïef en onervaren was als hij met "vrijpostige vrouwspersonen" te maken kreeg'.[21] Tot een schandaal kwam het al op het nazipartijcongres in september 1934 en niet, zoals de literatuur meestal beweert, een jaar later. Angela Raubal, Magda Goebbels en andere vrouwen van prominente nazi's waren er niet over te spreken dat ook Eva Braun voor de eerste keer plaatsnam op de eretribune. Zij vonden dat de jonge vrouw zich 'zeer opvallend' gedroeg, maar waarschijnlijk was louter de aanwezigheid van de vriendin van de Führer hun al een doorn in het oog. De vrouwen roddelden over haar en na het partijcongres vertelde Angela Raubal fris van de lever over de incidenten op de tribune, in de hoop dat hij Eva Braun zou laten vallen. In plaats daarvan kreeg Hitler een woedeaanval, verbood elke inmenging in zijn privézaken en beval zijn halfzus onmiddellijk te vertrekken van de Obersalzberg.[22]

De andere vrouwen die denigrerende opmerkingen over Eva Braun hadden gemaakt, onder wie Henriette von Schirach, mochten voor bepaalde tijd niet meer op de Obersalzberg verschijnen. De affaire vertroebelde tijdelijk ook de verhoudingen tussen Hitler en Goebbels, omdat ook Magda Goebbels duidelijk betrokken was geweest bij de roddelpraat over Eva Braun. Midden oktober 1934 was er een gesprek tussen de vrouw van de minister van Propaganda en Hitler in de rijkskanselarij. Goebbels noteerde vervolgens: 'Zoals ik al had gedacht: veel geroddel, geregisseerd door mevrouw Schirach. Het is echt sneu voor de Führer. Hij wil nu helemaal opstappen. Dat stomme wijvengeklets. Hebben niets te doen. Ik word er ziek van. Mevrouw Raubal al weggestuurd naar Oostenrijk. Geen vrouwen meer in de rijkskanselarij. Je ziet wat ervan komt.'[23] In april 1935 ontmoette

Goebbels Angela Raubal in Frankfurt am Main: 'Ze vertelde me in tranen het verhaal van Neurenberg [...]. Arme vrouw! Ik troost haar zo goed als ik kan.'[24] Terwijl de relatie tussen Hitler en Goebbels zich snel weer herstelde, bleef Angela Raubal verbannen van het hof van de Führer. Midden november 1935 kwam ze naar Berlijn maar werd niet toegelaten tot de kanselier. Bij het echtpaar Goebbels op de koffie klaagde ze 'al haar leed'. 'Het is jammer,' zei de minister van Propaganda. 'Het zou goed zijn als de Führer haar weer aannam. Hard genoeg gestraft.'[25]

In januari 1936 trouwde Angela Raubal met professor Martin Hammitzsch, directeur van de Staatsbauschule in Dresden. Ze was 'dolgelukkig', deelde ze Rudolf Heß mee in een brief van mei 1936, vooral sinds haar halfbroer op bezoek was geweest in Dresden en ze sinds lange tijd weer met hem had gesproken; hij had toegezegd 'binnenkort bij ons op de koffie te komen'.[26] Van een werkelijke verzoening kon echter geen sprake zijn. Hitler bleef gereserveerd tegenover zijn halfzuster en zag haar nog maar zelden.[27]

Met de verwijdering van Angela Raubal uit Haus Wachenfeld had Hitler zijn entourage onmiskenbaar duidelijk gemaakt dat wie zich bemoeide met zijn privéleven en zijn geliefde afviel, erop kon rekenen dat hij bij hem uit de gunst raakte, wat onvermijdelijk een verlies van macht en invloed met zich meebracht. De positie van Eva Braun was daarmee gevestigd, en ze was nu 'in de kring van intimi praktisch onaantastbaar' geworden.[28] Anderzijds bleef Hitler betreffende de relatie met zijn minnares ook tegen zijn nauwste medewerkers verstoppertje spelen. Als hij in Berlijn verbleef, speelde hij de rol van de ascetisch levende Führer die zich opbrandde in dienst van de natie en afzag van elk privégeluk zo perfect dat zelfs Goebbels er intuinde: 'Hij vertelt me over zijn eenzame en vreugdeloze privéleven,' schreef de minister van Propaganda eind januari 1935. 'Zonder vrouwen, zonder liefde, nog steeds vervuld van de herinnering aan Geli. Ik ben diep ontroerd. Hij is zo goed.'[29]

Net zoals Hitler zijn omgeving over de aard van zijn relatie met Eva Braun in het duister liet tasten, zo is het ook moeilijk voor de historicus om ook maar een enigszins betrouwbaar beeld te geven. Juist hier is het gebrek aan authentieke documenten pijnlijk voelbaar. In haar laatste brief uit de bunker van de rijkskanselarij in Berlijn op 23 april 1945 – een week voor haar gezamenlijke zelfmoord met Hitler – vroeg Eva Braun haar zus Gretl om haar 'hele privécorrespondentie en vooral de zakelijke dingen' te vernietigen. Ook vernietigd moest worden een 'envelop die aan de Führer gericht is en zich in de brandkast in de bunker bevindt'. (Bedoeld wordt vermoedelijk de schuilkelder in de kleine villa op Wasserburgerstraße 12 in München-Bogenhausen, die Hitler in 1936 had gekocht voor Eva Braun.) 'Alsjeblieft niet lezen!' vroeg ze haar zuster en vervolgde: 'De brieven van de Führer en mijn antwoordbrieven (blauw lederen boek) waterdicht verpakken en eventueel begraven. Alsjeblieft niet vernietigen!'[30] Heike Görtemaker, de biograaf van Eva Braun, geloofde dat Julius Schaub, op 26 april 1945 gearriveerd op de Berghof, de correspondentie samen met andere persoonlijke documenten van Hitler verbrandde voordat Gretl Braun ze in veiligheid kon brengen.[31] Dit zou echter veronderstellen dat de correspondentie in feite werd bewaard op de Obersalzberg en niet op Wasserburgerstraße 12. Misschien kende Gretl Braun de wens van haar zus ook niet en vernietigde ze zelf al het materiaal. Hoe het ook zij: tot op heden is er geen enkele brief van Eva Braun aan Hitler respectievelijk van Hitler aan Eva Braun teruggevonden.

Van des te groter belang is het 22 pagina's tellende dagboekfragment van Eva Braun, dat de periode van 6 februari tot en met 28 mei omvat. De authenticiteit van deze bladzijden, die samen met films en fotoalbums van Eva Braun in 1945 werden gevonden door de Amerikanen en overgedragen aan de National Archives in Washington, is zeker niet gegarandeerd. De Amerikaanse journalist Nerin E. Gun, die ze in 1968 voor het eerst publiceerde, had eerst hun authenticiteit laten bevestigen door de oudere zus van Eva Braun, Ilse Fucke-Michels.[32] Werner Maser, die in 1971 de dagboekpagina's in facsimile herdrukte, was er ook van overtuigd dat ze authentiek waren.[33] Anton Joachimsthaler verklaarde in 2003 daarentegen dat al een eenvoudige handschriftvergelijking bewijst dat het een vervalsing moet zijn: 'Zoals talrijke documenten bewijzen die tussen haar 17de en 33ste levensjaar tot stand kwamen, had Eva Braun een eigenzinnig, hoekig en naar links hellend Latijns handschrift, dat op geen enkele manier overeenkomt met het vloeiende, naar rechts hellende Duitse *Sütterlin* van de dagboekbladzijden.'[34] Dit bezwaar moet serieus worden genomen. Zolang er niet op z'n minst één document wordt ontdekt van de hand van Eva Braun dat in Sütterlin geschreven is, blijft er twijfel bestaan. Heike Görtemaker neigt naar een positief antwoord op de vraag van de authenticiteit, en ze heeft een sterk argument: als het gaat om Hitlers verblijf in München, kloppen Eva Brauns notities met de informatie in het dagboek van Goebbels, en verder zijn er ook geen interne tegenstrijdigheden.[35]

Ervan uitgaande dat het dagboekfragment echt is – wat zegt dat dan over de relatie van Eva Braun met Hitler? Allereerst, het weerspiegelt de wisselende gemoedstoestand van een jonge vrouw die onzeker is over de gevoelens van haar veel oudere minnaar. 'Ik ben nu gelukkig 23 jaar oud geworden,' schreef ze op 6 februari 1935. 'Dat wil zeggen, óf ik gelukkig ben is een andere vraag. Op dit moment ben ik het niet.' Hitler was deze keer in Berlijn gebleven en had haar door de vrouw van zijn adjudant Schaub een boeket bloemen en een felicitatietelegram laten bezorgen. Eva Braun voelde zich duidelijk verwaarloosd en vermaande tegelijkertijd zichzelf: 'Alleen de hoop niet opgeven! Ik zou nu snel geduld moeten leren.'[36] Slechts twaalf dagen later leek ze een heel ander mens. Hitler was 'volkomen onverwacht' naar München gekomen en de twee hadden een 'verrukkelijke avond'. Bij deze gelegenheid lijkt Hitler zijn vriendin beloofd te hebben dat hij haar uit de fotozaak van Heinrich Hoffmann wilde weghalen en haar 'een huisje' wilde schenken. 'Ik ben zo eindeloos gelukkig dat hij zoveel van me houdt en ik bid dat het altijd zo blijft.'[37]

Op 2 maart ontmoette Eva Braun Hitler opnieuw in de Prinzregentenstraße en bracht hier, als we haar aantekeningen mogen geloven, 'tot twaalf uur een paar prachtig mooie uren door'. Haar geliefde stond haar toe dat ze zich daarna nog vermaakte op het carnavalsbal van de stad. De afspraak voor de volgende dag kwam Hitler echter niet na, en zijn vriendin wachtte vergeefs op een bericht van hem: 'Misschien wilde hij met dr. G[oebbels], die hier was, alleen zijn, maar dan kan hij mij dat toch laten weten. Ik heb bij Hoffmann op hete kolen gezeten en dacht ieder ogenblik dat hij zou komen.' 's Avonds vertrok Hitler zonder vooraf afscheid te hebben genomen van Eva Braun en ze brak zich het hoofd over de vraag welke aanleiding ze hem gegeven kon hebben voor zijn plotseling zo afwijzende gedrag.[38]

Het was duidelijk de onbestendigheid van de relatie die aan Eva's zenuwen knaagde. 'Had ik hem maar nooit gezien! Ik ben radeloos,' vertrouwde ze op 11 maart toe aan het dagboek en ze voegde eraan toe: 'Hij heeft me alleen voor bepaalde doelen nodig, iets anders kan het niet zijn' – een opmerking die ze zelf met een notitie van een paar dagen later als 'onzin' aanduidde.[39]

Bij haar geklaag over Hitlers gebrek aan betrouwbaarheid brak af en toe ook het inzicht door: 'Eigenlijk spreekt het ook vanzelf dat hij op dit moment niet zoveel belangstelling heeft voor mij, omdat er nu politiek zoveel speelt.'[40] Inderdaad werd Hitler helemaal opgeslokt door de volgende zetten van zijn buitenlandse politiek. Op 16 maart kondigde hij de herinvoering van de algemene dienstplicht aan en op 23 maart ontving hij de Engelse politici Simon en Eden voor besprekingen in Berlijn. Voor zijn vriendin in München resteerde geen tijd. Pas eind maart nodigde Hitler haar uit voor het diner in Hotel 'Vier Jahreszeiten' in München. Kennelijk vond het plaats in veel grotere kring dan de vertrouwelijke ontmoetingen in de Prinzregentenstraße, namelijk zo formeel alsof ze elkaar slechts vluchtig kenden. 'Ik moest drie uur naast hem zitten en kon geen woord met hem praten. Bij het afscheid gaf hij mij, zoals al eerder, een envelop met geld.' Het zakelijke karakter van de geldoverdracht kan een aanwijzing zijn voor de geringe consideratie die Hitler met de gevoelens van zijn partner had. Eva Braun was pijnlijk gekwetst. 'Hoe mooi zou het zijn geweest als hij een groet of iets vriendelijks erbij had geschreven, ik zou zo gelukkig geweest zijn.'[41] Haar onduidelijke status als geliefde van Hitler, die als zodanig nooit in de openbaarheid mocht komen, had haar niet duidelijker onder ogen gebracht kunnen worden.

Tijdens de maanden april en mei 1935 hield Hitler zich verre van München. 'Liefde lijkt momenteel uit zijn programma te zijn geschrapt,' schreef Eva Braun eind april.[42] Heftige jaloeziegevoelens plaagden haar toen de vrouw van Hoffmann haar op tactloze wijze vertelde dat Hitler een 'vervanging' voor haar had gevonden: 'Deze heet Valkyrie en ziet er zó uit, benen inbegrepen. Maar hij houdt van deze maten.'[43] Bedoeld werd niemand minder dan Unity Valkyrie Mitford. De jonge adellijke Britse kwam in oktober 1934 naar München om Duits te studeren, maar haar belangstelling richtte zich het meest op kennismaking met de Duitse dictator, die ze geestdriftig vereerde. In februari 1935 lukte het haar de aandacht te trekken van Hitler in zijn favoriete restaurant Osteria Bavaria. Sindsdien behoorde ze tot de entourage en vergezelde ze Hitler op reis; ze werd gezien bij partijcongressen en ook bij de Bayreuther Festspiele. 'Unity Mitfahrt' – 'Unity Meerijden' noemden de adjudanten haar, omdat ze er altijd en overal bij wilde zijn. Hoe nauw haar banden met de prominenten van het naziregime waren, toont alleen al het feit dat de bruiloft van haar zuster Diana met de Engelse fascistenleider Oswald Mosley in oktober 1936 door Goebbels werd georganiseerd in zijn Berlijnse huis en dat ook Hitler daarbij was – 'een zaak die heel geheim moet blijven', zoals de minister van Propaganda noteerde.[44]

Uiterlijk verschilden Eva Braun en Unity Mitford zeer sterk: de Münchense was klein, had een sierlijk figuur en donkerbruin haar; de Engelse was bijna 1,80 meter lang en volslank, had dik lichtblond haar en blauwe ogen. Ze kwam daarmee inderdaad meer overeen met het type vrouw waar Hitler op viel. Toch waren het niet haar fysieke charmes die de dictator interesseerden; hij maakte gebruik van het contact om op de hoogte te komen van de standpunten van de Engelse bovenlaag en om van zijn kant berichten naar Engeland door te geven.[45] Er was geen intieme relatie tussen de twee.

Eva Braun had dus geen reden om jaloers te zijn en ook het gerucht dat Hitler in Berlijn een affaire had met de mooie Sigrid barones von Laffert, een nichtje van de mondaine nazi-aanhangster Victoria von Dirksen, mist elke grond.[46] Dat de Führer zich in april en mei zo weinig bekommerde om zijn minnares, had andere oorzaken: niet alleen de politiek putte hem uit maar ook zijn gezondheid. Al maanden had hij last van ernstige heesheid – een gevolg van jarenlang forceren van zijn stem – en hij was bang dat hij aan keelkanker leed, net als ooit de 99-dagenkeizer Frederik III. Op 23 mei voerde de directeur van de keel-neus-en-oorkliniek van het Berlijnse Charitéziekenhuis, professor Carl von Eicken, in de rijkskanselarij een operatie uit op Hitlers strottenhoofd. Het van een stemband verwijderde gezwel bleek goedaardig te zijn. De rijkskanselier moest echter zijn stem nog wekenlang ontzien. Pas eind juni 1935 was hij weer helemaal hersteld.[47]

Hitler lijkt tegenover Eva Braun met geen woord over zijn ziekte te hebben gerept. Ze legde zijn lange stilzwijgen uit als bewijs dat hij zich van haar af had gekeerd. 'Is dat zijn waanzinnige liefde die hij me zo vaak gegarandeerd heeft, als hij drie maanden lang geen woord voor me over heeft?' schreef ze op 28 mei. Op dezelfde dag nam ze voor de tweede keer het besluit zich van het leven te beroven, deze keer door een overdosis slaaptabletten: 'Ik heb besloten 35 stuks te nemen het moet deze keer een "zeker dodelijk" geval zijn.'[48] Of Eva Braun zichzelf ditmaal echt wilde doden, is nog onzekerder dan bij haar eerste poging in 1932. Ilse Fucke-Michels vertelde Nerin E. Gun in het midden van de jaren zestig hoe ze in de nacht van 28 op 29 mei 1935 haar zus vond, 'in diepe bewusteloosheid' in haar kamer in het ouderlijk huis, en meteen eerste hulp bood. Daarna had ze een arts geroepen op wiens geheimhouding ze kon rekenen, en uit het openliggende dagboek de relevante bladzijden gescheurd. Ze had deze later aan haar zus teruggegeven, die ze zorgvuldig had bewaard. Voor deze gang van zaken is echter alleen deze ene getuige, en zelf zei ze tegen de interviewer dat ze het vermoeden had dat haar zus haar zelfmoordpoging 'een beetje heeft geënsceneerd'.[49]

Of Hitler, die op 27 mei voor een paar dagen naar München was gevlogen om zijn stem helemaal te laten herstellen[50], hoe dan ook iets heeft meegekregen van de gebeurtenissen in huize Braun, is niet bekend. Een aanwijzing daarvoor kan zijn dat Eva Braun begin augustus 1935 met haar jongere zus Gretl verhuisde naar een driekamerappartement op Widenmayerstraße 42, dat was gehuurd door Heinrich Hoffmann in opdracht van Hitler. Het lag op slechts vijf minuten van het appartement in de Prinzregentenstraße. Kennelijk wilde de dictator niet alleen een daad stellen om te tonen hoe belangrijk de relatie met zijn vriendin voor hem was, maar gaf hij haar ook de kans aan de bevoogding van haar strenge vader te ontkomen.[51] Korte tijd later kocht Hoffmann, wederom in opdracht van Hitler, de al genoemde kleine villa op Wasserburgerstraße 12 (nu Delpstraße) in de chique buurt Bogenhausen, die Eva en Gretl Braun in maart 1936 betrokken. Begin september 1938 werd dit bezit overgeschreven op de naam van Eva Braun, 'privésecretaresse in München'.[52] Daarmee had Hitler zijn belofte gehouden en zijn vriendin zowel een eigen huis als een financieel onafhankelijke positie bezorgd, ook al bleef ze pro forma een medewerkster van Hoffmann.[53]

Het twee verdiepingen tellende huis zag er vanaf de buitenkant nogal onooglijk uit, maar het interieur met zijn prachtige meubels, kostbare tapijten en waardevolle olieverfschilderijen kwam helemaal overeen met de positie van Eva Braun als minnares van de machtigste man in Europa.[54] Hitler kwam echter, om niet te veel opzien te baren, zelden op bezoek in de Wasserburgerstraße. Zodra hij aangekomen was in zijn eigen appartement in München, riep hij zijn huishoudster Anni Winter bij zich. Zij moest hem niet alleen een verslag geven over de laatste roddels van München, maar ook de telefoonverbinding tussen hem en Eva Braun tot stand brengen. De geliefde van de Führer stapte vervolgens in de kleine Mercedes die Hitler haar ook weer als een statussymbool gegeven had en liet zich naar de Prinzregentenstraße rijden.[55] Als Hitler niet in München was, nodigde ze graag vrienden uit en vierde vrolijke feestjes met hen.[56]

Op de Obersalzberg, haar tweede thuis, groeide Eva Braun na het ontslag van Angela Raubal geleidelijk in haar rol als vrouw des huizes. Ze hoefde zich echter niet te bekommeren om het huishouden. Dat deden anderen voor haar – allereerst Elsa Endres, die eerder gewerkt had in de Osteria Bavaria, sinds 1936 het echtpaar Herbert en Anne Döhring en in de oorlog het echtpaar Willi en Gretl Mittelstrasser. Bij speciale ontvangsten werden de huisintendant Arthur Kannenberg en zijn vrouw uit de rijkskanselarij erbij gehaald ter ondersteuning.[57]

De prominente status die Eva Braun had op de Berghof, werd er voor alle medewerkers duidelijk onderstreept door het feit dat haar privékamers direct naast die van Hitler lagen en een eigen toegang hadden. Toch werd er alles aan gedaan om te voorkomen dat buiten de kleine kring ingewijden doordrong dat de Führer er een minnares op na hield. Zowel het dienstpersoneel als de gasten waren verplicht tot strikte geheimhouding. Het devies was: 'Niets zien, niets horen, niets zeggen,' vertelde bediende Heinz Linge.[58] Het kamermeisje Anna Mittlstrasser, een nicht van de beheerder, kwam mei 1941 op de Berghof werken en kreeg meteen in het begin ingeprent: 'Alles wat je nu weet, alles wat je hier ziet, moet hier onder ons blijven. Over alle dingen die hier gebeuren, mag je niets zeggen. Tegen niemand. Nooit [...]. Dus laat dat duidelijk zijn. En zeker niets over de Führer en Eva Braun.'[59]

In januari 1937 werd Reinhard Spitzy, sinds 1936 secretaris van Joachim von Ribbentrop, de Duitse ambassadeur in Londen, op zijn eerste bezoek aan de Berghof voor een grote verrassing gesteld: terwijl Hitler en Ribbentrop in de Grote Hal heen en weer liepen, verdiept in een gesprek, ging plotseling het zware gordijn naar de woonkamer open en riep een jonge vrouw de kamer in dat ze eindelijk moesten komen eten, de gasten konden niet langer wachten. Het was geweest 'alsof hij door de bliksem getroffen' was, vertelt Spitzy. 'Wie kon het durven om zo tegen de Führer te spreken? Wie was deze vrouw, waar kwam ze vandaan?' Na het eten vroeg de secretaris van Ribbentrop om informatie bij hoofdadjudant Brückner en kreeg het antwoord: 'Ook onze Führer heeft recht op een privéleven, en ik raad je aan om alles wat je hebt gezien en gehoord in dit verband, nooit ergens aan iemand te vertellen [...]. Het allerbeste is het om het ook zelf te vergeten. Of anders...' Het dreigement was niet mis te verstaan en hij had zich 'gehoorzaam aangesloten bij deze samenzwering van het stilzwijgen', biechtte Spitzy op in zijn memoires.[60]

In aanvulling op de geheimhoudingsplicht werd een aantal andere maatregelen genomen om de verhouding van Hitler en Eva Braun verborgen te houden. Bij officiële ontvangsten of bezoek van buitenlandse gasten moest ze zich terugtrekken in haar privévertrekken, zichzelf dus als het ware onzichtbaar maken.[61] Hitler beschouwde zijn minnares 'duidelijk alleen binnen bepaalde grenzen als representatief', meende Albert Speer.[62] Met deze mening zag hij echter het centrale motief van de heer des huizes van de Berghof over het hoofd – namelijk om zijn privéleven te verbergen voor het publiek met het oog op de mythe van de eenzame, zichzelf dag en nacht in dienst van zijn volk uitputtende Führer. Om die reden mocht Eva Braun bij publieke optredens ook niet samen met Hitler verschijnen. Bij de partijcongressen reisde ze mee met de familie van Heinrich Hoffmann of met andere leden van de entourage, en ze logeerde nooit in Hitlers Neurenbergse hotel.[63] Er is maar één gepubliceerde persfoto waarop ze samen met Hitler te zien is. Die werd genomen tijdens de Olympische Winterspelen in Garmisch-Partenkirchen in februari 1936 en toont Eva Braun op de tweede rij achter de dictator. Geen objectieve waarnemer zou echter op de gedachte gekomen zijn dat er tussen haar en Hitler een intiemere relatie kon bestaan.[64] En bij Hitlers buitenlandse reizen, zoals tijdens zijn staatsbezoek aan Italië van mei 1938, reed ze anders dan de echtgenotes van de hooggeplaatste nazipolitici altijd gescheiden van de intieme entourage mee en nam ze aan geen enkele officiële gelegenheid deel.[65]

Ondanks alle geheimhouding waren er toch enkele geruchten over de geliefde van de Führer. Adjudant Nicolaus von Below, die in november 1937 voor het eerst de Berghof bezocht en daar Eva Braun ontmoette, herinnerde zich dat bij een erop volgende uitnodiging in het huis van de minister van Oorlog Blomberg het privéleven van Hitler 'gespreksonderwerp' was geweest. En ook eerste piloot Baur wist te vertellen dat er in München werd gefluisterd over het 'gescharrel' van Hitler met Eva Braun.[66] In de herfst verscheen in een Tsjechisch tijdschrift een in Berchtesgaden gemaakte foto van Eva Braun met het bijschrift 'De Pompadour van Hitler'. Een vriend van de familie Braun had het tijdens een zakenreis naar Wenen gekocht en toonde het aan Friedrich Braun, die zijn dochter vervolgens heftige verwijten moet hebben gemaakt. Tenminste, dat zou Nerin E. Gun gehoord hebben bij zijn onderzoek in de jaren zestig.[67] De Tsjechische publicatie bleef onopgemerkt door het Duitse publiek. Slechts een kleine groep insiders wist van de werkelijke rol van Eva Braun; bij de meeste Duitsers was het bestaan van Hitlers maîtresse volledig onbekend tot aan het einde van de oorlog.[68]

Ook in Hitlers kring bleef de aard van zijn relatie met Eva Braun echter merkwaardig onduidelijk. Officieel hoorde ze als zijn 'privésecretaresse' bij het personeel van de Berghof, en Hitler toonde wanneer er anderen bij waren tegenover haar 'een krampachtig overkomende afstandelijkheid'.[69] Elke vertrouwelijkheid of zelfs uitwisselingen van genegenheid werden vermeden. Net zoals de anderen dat deden, sprak Eva Braun Hitler aan met 'Mijn Führer'; hij sprak tegenover anderen over haar als 'Fräulein Braun' of 'Fräulein Eva' en slechts af en toe noem hij haar zijn 'Tschapperl', zijn 'sufferdje'. Eerst lijken ze elkaar met *'Sie'* ('u') aangesproken te hebben in gezelschap van anderen; pas later werd het vertrouwelijke *'du'* ('jij') ook in aanwezigheid van leden van de hofhouding gebruikelijk.[70] 'Het was voor een niet-ingewijde nauwelijks te merken dat er tussen Hitler en Eva Braun een speciale relatie bestond,' observeerde Nicolaus von Below.[71]

Geen wonder dat er na 1945 wilde speculaties ontstonden over de vraag hoe het met hun beider liefdesleven gesteld was geweest. Zelfs bij mensen die beweerden dat ze Hitler goed gekend hadden, liepen de meningen daarover ver uiteen. Hoe weinig betrouwbaar de contemporaine getuigen zijn op dit punt en hoe verstandig historici zijn die behoorlijk sceptisch blijven over hun uitspraken, blijkt het duidelijkst bij het voorbeeld van Albert Speer, die zichzelf dikwijls heeft tegengesproken. Tijdens zijn eerste verhoor op kasteel Kransberg, in de zomer van 1945, verklaarde hij zwart op wit dat Hitler Eva Braun – de 'vrouw die hij liefhad' – 'al-

Afb. 59 Eva Braun en Adolf Hitler in het Kehlsteinhaus op de Obersalzberg, herfst 1938.

tijd trouw gebleven was': 'Ze betekende veel voor hem; hij sprak over haar met veel achting en innerlijke verering.'[72] In de gevangenis van Spandau kreeg Speer al in maart 1949 twijfel of Hitler tegenover Eva Braun 'hoe dan ook tot oprechte gevoelens als vriendschap, dankbaarheid en trouw in staat' was geweest.[73] In zijn deels al in de gevangenis geschreven en na zijn vrijlating in oktober 1966 gepubliceerde memoires waren de twijfels al in zekerheden veranderd. Daarin beschreef hij Hitler als een ijskoude, meedogenloze despoot die zich in aanwezigheid van Eva Braun verstoutte tot uitspraken zoals: 'Zeer intelligente mensen moeten een primitieve en domme vrouw nemen.'[74] In zijn gesprekken met Joachim Fest, die hem actief een handje hielp bij de publicatie van zijn memoires, verklaarde Speer vervolgens dat de verhouding van Hitler met Eva Braun 'eenvoudig te ontraadselen' was: hij had haar 'uitsluitend voor bepaalde natuurlijke behoeften "aangehouden"' – 'als het ware voor de "regulering van zijn hormoonhuishouding"'.[75] Waar hij deze kennis vandaan had, onthulde Speer echter niet.

Als er al mensen in Hitlers entourage waren die weet zouden kunnen hebben van seksuele betrekkingen tussen Hitler en Eva Braun, dan was dat het personeel op de Berghof – het beheerdersechtpaar, de bedienden en de kamermeisjes. Toen zij daar later echter over werden ondervraagd, hebben ook zij heel verschillende uitspraken gedaan. Zo zei beheerder Döhring dat hij noch zijn vrouw, die 'speciaal de was nagekeken had', ooit iets hebben kunnen vaststellen wat wees op intieme contacten tussen Hitler en Eva Braun. Er was niet eens een 'echte vriendschapsrelatie', meer een 'voortkabbelende goede vertrouwelijkheid'.[76] Daarentegen leed het voor bediende Linge geen twijfel dat Hitler van Eva Braun hield en dat ze intiem met elkaar waren. Hij beweerde zelfs dat hij ze ooit 'in een innige omhelzing' had aangetroffen.[77] Ook Gretl Mittelstrasser, de vrouw van Döhrings opvolger, vond het vanzelfsprekend dat Hitler en zijn vriendin samen hadden geslapen. Zijzelf, vertelde ze aan het kamermeisje Anna Mittlstrasser, moest bij de apotheek de medicijnen halen die Eva Braun nodig had om haar cyclus te verschuiven als de Führer op de Berghof verbleef.[78]

Er zijn inderdaad enkele aanwijzingen dat Hitler een normale liefdesrelatie met Eva Braun verborg achter de façade van vermeende afstandelijkheid. Met zekerheid is dat echter niet te zeggen, en de biograaf moet ervoor waken dat hij de lezer aanzet tot voyeuristische fantasieën. 'Voor dit allerpersoonlijkste van het mens-zijn moet ook de plicht van de biograaf halt houden en respect betonen,' heeft Otto Dietrich al opgemerkt.[79]

Dat Eva Braun echter volstrekt geen 'decoratief meubelstuk' was voor Hitler en dat hij haar niet louter gebruikte als 'buffer tegen alle andere opdringerige vrouwen',[80] maar dat ze een belangrijke plaats innam in zijn persoonlijk leven – daarvoor is onweerlegbaar bewijs voorhanden: op 2 mei 1938, een paar dagen voor zijn staatsbezoek aan Italië, stelde Hitler een eerste handgeschreven testament op, waarschijnlijk uit bezorgdheid dat hem iets zou overkomen tijdens de reis. In dit testament werd 'Fräulein Eva Braun-München' als eerste genoemd. Ze moest in het geval van zijn overlijden 'maandelijks levenslang 1000 mark (éénduizend mark) dus jaarlijks 12.000 mark' ontvangen. Pas op de tweede en derde plaats volgden zijn halfzuster Angela Raubal en zijn zuster Paula, aan wie dezelfde som werd nagelaten.[81]

Wie behoorde nu tot de Berghofgemeenschap en wie niet? Het belangrijkste toelatingscriterium was niet de rang die iemand had in de nazihiërarchie, maar de persoonlijke sympathie die Hitler voor hem koesterde. En die hing er op haar beurt van af of de desbetreffende persoon het goed kon vinden met Eva Braun en de rol kon accepteren die zij speelde op de Berghof. Hitler wilde hier mensen – zowel mannen als vrouwen – om zich heen hebben in wier aanwezigheid hij zich op zijn gemak voelde en in wier gezelschap hij zich kon ontspannen. Anders dan in de rijkskanselarij in Berlijn had het gezelschap op de Obersalzberg een meer familiair karakter, vooral door de sterke aanwezigheid van het vrouwelijke element.[82]

Deze selectiecriteria verklaren waarom Göring, hoewel hij een landgoed op de Obersalzberg bezat, geen deel uitmaakte van de Berghofkring. Hij verscheen bij officiële gelegenheden, maar privé ging Hitler niet met hem om. Dit gold ook voor Himmler, die door Hitler gerespecteerd werd als de meedogenloze organisator van een terreur- en repressieapparaat dat zich over het hele rijk uitstrekte, maar over wiens Germanencultus hij in kleine kring grappen maakte.[83] Dit was eveneens het geval bij Ribbentrop, die Hitler weliswaar in februari 1938 benoemde tot rijksminister van Buitenlandse Zaken, maar consequent weghield uit de privéomgeving van de Berghof. In zijn plaats werd ambassadeur Walter Hewel in de kring opgenomen, Ribbentrops verbindingsman, voor wie Hitler persoonlijke sympathie koesterde.[84]

Rudolf Heß kwam alleen ambtshalve op de Berghof. De exclusieve positie die hij vóór 1933 had genoten als Hitlers privésecretaris, was hij als 'plaatsvervanger van de Führer' na de machtsgreep enigszins kwijtgeraakt. Die rang was hem afhandig gemaakt door Martin Bormann, die zich had verzekerd van de gunst van de dictator door zijn niet-aflatende activiteit bij de verbouwing van de Obersalzberg en het discreet oplossen van de financiële problemen die daarmee samenhingen. Omdat hij bovendien flink zijn best deed om Eva Braun veel aandacht te schenken, kon zijn vertrouwenspositie bij Hitler alleen maar sterker worden, want die was zoals Otto Dietrich beseft had, 'buitengewoon gevoelig op dit punt'.[85] Bormann was de 'constante schaduw' van Hitler op de Berghof, terwijl zijn vrouw Gerda – dochter van de 'opperste partijrechter' Walter Buch – die hij onophoudelijk bezwangerde, alleen als gast mocht verschijnen als haar heerszuchtige man het haar toestond.[86] Goebbels nam een tussenpositie in. Hij en zijn vrouw Magda werden inderdaad regelmatig uitgenodigd voor privébezoeken aan de Obersalzberg, maar anders dan in Berlijn behoorden zij hier niet tot de permanente entourage. Tijdens hun meestal slechts een paar dagen durende bezoeken werden ze ondergebracht in de villa van de Bechsteins, die op enige afstand van de Berghof lag en sinds 1935 als gastenverblijf diende voor de nazi-elite.[87]

Tot de favoriete langdurige gasten behoorden wel Albert en Margarete Speer. De architect had Hitler al in 1933-1934 de Obersalzberg op begeleid en nadat hij zijn vrouw aan hem had voorgesteld, die kennelijk spontaan bij Hitler in de smaak viel, was zij ook opgenomen in de kring van de Berghof.[88] Dat de Speers zich vestigden op de Berghof, gebeurde op uitdrukkelijk verzoek van de dictator. Bij speciale gelegenheden, dus ook op Hitlers verjaardag, werden de kinderen van Speer in hun mooiste kleren gestoken en meegenomen; ze mochten de Führer boeketten overhandigen. Hitler had, zo herinnerde Speer zich, zijn best gedaan bij de kinderen en zelfs geprobeerd zich 'op een vaderlijk-vriendelijke manier met hen bezig te houden', maar hij had daarbij nooit 'de juiste, onvoorwaardelijke wijze' gevonden en zich 'na enkele prijzende woorden' gauw weer gewend tot anderen.[89]

Het echtpaar Speer bekommerde zich vooral om Eva Braun. Ze maakten samen skitochten, wat Hitler deed fronsen, want hij was bang voor ongelukken. Sterker nog, hij haatte sneeuw: 'Het koude, levenloze element was intens vreemd aan zijn natuur. Bijna altijd bleek hij geïrriteerd bij het zien van sneeuw.'[90] In zijn memoires heeft Speer het voorgesteld alsof hij zich 'met een zeker medelijden' ontfermde over 'de ongelukkige vrouw [...] die zich aan Hitler vastklampte'. We zullen met Heike Görtemaker een vraagteken moeten zetten achter deze voorstelling van zaken. Net als Bormann had Speer al vroeg begrepen hoe belangrijk de rol van Eva Braun was in Hitlers leven en hij wist dat hij via een vriendschappelijke verhouding met haar ook de band met de Führer nog nauwer kon maken.[91]

Nauw bevriend met het echtpaar Speer waren Karl en Anni Brandt. Het was in hun geval de vrouw die haar man in de kring rond Hitler had getrokken. Anni Rehborn was een van de beroemdste zwemsters in de jaren twintig. Ze had een aantal Duitse kampioenschappen gewonnen op de 100 meter vrije slag en 100 meter rugslag en steeds weer nieuwe records gebroken. Hitler, die haar voor de eerste keer ontmoette in 1927 of 1928, mocht haar meteen. In het begin van de jaren dertig stelde ze aan hem haar verloofde voor, die toen arts-assistent was in de kliniek Bergmannsheil in Bochum. Beiden werden lid van de NSDAP en in juni 1933 nodigde Hitler hen uit als gasten op de Obersalzberg.[92] Het beslissende keerpunt in het leven van het echtpaar was 15 augustus 1933. Op deze dag kreeg Hitlers adjudant Brückner een auto-ongeluk in het plaatsje Reit im Winkl. Toevallig zat de jonge chirurg Karl Brandt in de auto erachter. Hij verleende eerste hulp, reed het slachtoffer met zwaar schedelletsel naar het nabijgelegen ziekenhuis van Traunstein en voerde zelf de operatie uit.[93] Hitler was onder de indruk en bood de arts een plaats aan in zijn persoonlijke staf. Hij zou hem moeten vergezellen op toekomstige reizen, zodat er bij een ongeval of aanslag onmiddellijk medische zorg ter plaatse was. Aan deze nieuwe status was ook toelating tot de binnenste kring verbonden. Op de bruiloft van Karl en Anni Brandt in Berlijn, maart 1934, waren naast Heinrich Hoffmann en Wilhelm Brückner ook Hitler, Göring en Goebbels aanwezig. In juli 1934 mocht het echtpaar op uitnodiging van Hitler voor het eerst aanwezig zijn op de Wagner-Festspiele in Bayreuth.[94]

Op de Obersalzberg huurden de Brandts een suite in de Villa Bechstein, om voortdurend beschikbaar te zijn voor Hitler. Met het echtpaar Speer deelden ze een passie voor sport en ze kregen bovendien een nauwe band met Eva Braun, die ze betrokken in hun gezamenlijke activiteiten. De biografische paden van Speer en Brandt waren opvallend vergelijkbaar: beiden waren zeer jong – rond de dertig – en dankten hun loopbaan aan Hitler persoonlijk, beiden combineerden een prettige verschijning met innemende omgangsvormen en onderscheidden zich in die zin van het rouwdouwertype van de 'oud-strijder', beiden waren competent op hun eigen vakgebied, en ze waren allebei extreem ambitieus en bereid Hitlers ideeën zonder enige scrupules in de praktijk te brengen. Het was geen toeval dat de dictator bij het uitbreken van de oorlog in 1939 Karl Brandt verantwoordelijk maakte voor de uitvoering van het 'euthanasieprogramma'.

Brandt was niet de enige arts in Hitlers entourage. In het voorjaar werd Hanskarl von Hasselbach, eveneens sinds 1932 NSDAP-partijlid, aangenomen als tweede chirurgische lijfarts. Hij was in zijn studententijd bevriend geweest met Karl Brandt en verwisselde samen met hem in november 1933 Bochum voor de chirurgische afdeling van het Academisch Ziekenhuis in Berlijn. Tot het uitbreken van de oorlog maakte hij telkens weer deel uit van Hitlers entourage, ook al was zijn relatie met de dictator afstandelijker dan die van zijn collega.[95]

In de loop van 1936 dook er een andere arts op: de vijftigjarige Theodor Morell, die op de Kurfürstendamm in Berlijn, vlak bij de Gedächtniskirche, een praktijk had die vooral door film- en theatersterren werd bezocht. Tot zijn patiënten behoorde onder andere Heinrich Hoffmann, die hem aanbeval bij Hitler. De dictator leed in de gespannen maanden na de remilitarisatie van het Rijnland aan maagklachten en eczeem op de benen. Morell schreef onder andere Mutaflor--capsules voor om de darmflora te laten herstellen, en de therapie sloeg aan. Kennelijk wist de voormalige scheepsarts hoe hij zich psychologisch handig op moest stellen tegenover zijn hypochondrische patiënt. In ieder geval zwoer Hitler voortaan bij de medische vaardigheden van Morell en zei in kleine kring: 'Hij heeft mijn leven gered! Wonderbaarlijk, hoe hij me heeft geholpen!'[96] Vanaf 1937 waren Morell en zijn vrouw, de actrice Johanna ('Hanni') Moller, een onlosmakelijk onderdeel van de Berghofgemeenschap. Daarbij wisten beiden hoe ze zich geliefd moesten maken bij Eva Braun, want deze effende voor hen het pad naar de Obersalzberg.[97] Tegenover Hitler presenteerde Morell zich als de belangeloze helper, voor wie het er louter om ging 'Duitslands grootste man nog heel lang lichamelijk zorgenvrij te houden'.[98] In feite had hij niet alleen zeer veel geldingsdrang maar was hij ook zakelijk heel gewiekst. Aan zijn bevoorrechte positie als 'lijfarts van de Führer' ontleende hij materiële voordelen, zoals lucratieve belangen in farmaceutische bedrijven.

In de Berghofgemeenschap was de corpulente nieuwkomer die voortdurend bij Hitler zat te slijmen, niet populair. Vooral Karl Brandt was niet gelukkig met het verschijnen van een concurrent en zag hem als een gewichtigdoenerige kwakzalver.[99] Zolang Morell echter de onbeperkte gunst van de dictator genoot, was zijn positie onwrikbaar. In december 1938 gaf Hitler hem als uiting van waardering de professorstitel en hij verplichtte de leden van zijn entourage zich bij de minste of geringste problemen te laten behandelen door zijn 'lijfarts'. Ook Eva Braun behoorde tot de patiënten van Morell, hoewel ze, als we Speers memoires mogen geloven, na het onderzoek geklaagd moet hebben hoe 'weerzinwekkend vies' hij was.[100] Dat Morell een onaangename lichaamsgeur verspreidde, merkte Hitler wel, maar hij reageerde daar doorgaans op door zijn entourage te antwoorden 'dat Morell er niet was om aan te ruiken, maar om hem gezond te houden'.[101]

Van de oude Münchense vriendenkliek was er eigenlijk nog maar één regelmatig te gast op de Berghof: Heinrich Hoffmann. Meestal vergezelde hem zijn tweede vrouw, Erna Gröbke, de dochter van een kamerzanger uit Schwerin, met wie hij in april 1934 was getrouwd. Hoffmann was op de Obersalzberg niet alleen welkom als 'rijksbeeldverslaggever' en als een soort hofnar, maar ook als de man die Hitler adviseerde bij kunstvraagstukken en schilderijen voor hem kocht. In juni 1937 vertrouwde Hitler hem de selectie toe van de schilderijen voor de eerste *'Große Deutsche Kunstausstellung'* in het Haus der Deutschen Kunst in München, nadat hij eerst de twaalfkoppige jury, over wier werk hij ontevreden was, simpelweg had ontbonden. Ook bij de tentoonstellingen van de daaropvolgende jaren mocht Hoffmann, bijgestaan door Gerdy Troost en de directeur van het Haus der Deutschen Kunst Karl Kolb, de leiding op zich nemen als persoonlijk vertegenwoordiger van de Führer. Hitler benoemde in juli ook hem tot professor.[102]

Hoffmann vond het geweldig om vooral over Theodor Morell kwalijke grappen te maken en hem overal waar hij ging en plein publique in zijn hemd te zetten. Voor Hitlers lijfarts was de fotograaf 'de boze geest van het tafelgezelschap'.[103]

Hoffmann kon echter een potje breken bij Hitler en grootmoedig zag de heer des huizes door de vingers dat zijn oude strijdkameraad te veel dronk. Hoe groot het vertrouwen was dat de dictator had in Hoffmann, blijkt alleen al uit het feit dat deze de financiële problemen moest regelen die verbonden waren aan het huren van een appartement en later van het kopen van een huis voor Eva Braun. Daarnaast richtte Hoffmann voor haar een klein fotolaboratorium in op de Berghof, zodat zij haar hobby hier kon uitleven. De geliefde van de Führer ontwikkelde zich tot een gepassioneerd fotografe en filmmaakster. Met haar 16 mm Agfa-Morex-camera maakte ze talrijke smalfilms, die grotendeels bewaard zijn gebleven en een intieme blik op het leven op de Obersalzberg geven – naast de foto's van cameraman Walter Frentz. Af en toe kocht Hoffmann ook foto's van zijn voormalige werkneemster en betaalde haar er – waarschijnlijk na discrete opdracht van Hitler – niet-onaanzienlijke bedragen voor.[104]

Als een soort compensatie voor het feit dat ze niet mocht verschijnen bij officiële gelegenheden, stond Hitler Eva Braun toe gasten van haar eigen keuze uit te nodigen op de Obersalzberg, voor wie altijd enkele logeerkamers beschikbaar waren. Tot hen behoorde haar zus Gretl, die sinds 1932 als klerk ook voor Heinrich Hoffmann werkte, haar oudste en beste vriendin Herta Schneider (geboren Ostermeier) en Marianne (Marion) Schönmann (geboren Petzl), dochter van operazangeres Maria Petzl, die Hitler nog in zijn Weense tijd had zien optreden. 'In haar levendige charme vol esprit was ze door-en-door Weens,' karakteriseerde Karl Brandt haar in zijn notitie *Frauen um Hitler* uit augustus 1945. Dat verklaart ook waarom de dictator juist speciale aandacht schonk aan deze vriendin van Eva Braun. Bij haar huwelijk met een Münchense aannemer in augustus 1937 behoorden Hitler en Eva Braun tot de kleine groep gasten.[105]

De trouwfoto toont eveneens Sofie Stork, die ook na het verbreken van haar verloving met Wilhelm Brückner in 1936 deel bleef uitmaken van de Berghofgemeenschap. Ze was al snel na haar eerste bezoek aan Haus Wachenfeld bevriend geraakt met Eva Braun en tekende onder meer de tussentitels van haar kleurenfilms. Bij de oudejaarsparty's op de Berghof mocht het *Störklein* (Ooievaartje) of 'Charly', zoals ze werd genoemd, als gangmaker niet ontbreken. Ze stond op vertrouwde voet met Hitlers adjudant Wiedemann, en ook de dictator zelf wist de begaafde kunstenares te waarderen. Hij hielp met aanzienlijke bedragen toen haar vaders winkel voor visgerei op Residenzstraße 24 te München in moeilijkheden raakte.[106]

De vaste gasten kregen gezelschap van onregelmatige bezoekers. Hoffmann bracht soms Hermann Esser mee, de 'oud-strijder' en oude persoonlijke vriend van Hitler die van 1933 tot 1935 Beiers minister van Economische Zaken was geweest en in 1936 benoemd was tot voorzitter van het rijkscomité voor toerisme.

Zijn vrouw was op haar beurt een vriendin van Eva Braun. In het gezelschap van Speer kwamen af en toe zijn vriend Arno Breker en diens vrouw Mimina mee. Zij was een gevatte Griekse, met wie Hitler graag grappen maakte. Nu en dan kwamen penningmeester Franz Xaver Schwarz en zijn vrouw en Daimler-Benz-directeur Jakob Werlin, ook een oude bekende van Hitler uit de jaren twintig.[107]

Tot de Berghofgemeenschap behoorden ten slotte – om het plaatje compleet te maken – enkele leden van Hitlers persoonlijke staf: rijksperschef Otto Dietrich, het hoofd van de Leibstandarte Adolf Hitler Sepp Dietrich en de adjudanten Brückner en Schaub. Hoewel de secretaresses Johanna Wolf, Christa Schroeder en Gerda Daranowski deelnamen aan het sociale leven op de Berghof, liep er tussen hen en de andere stamgasten een heel dunne scheidslijn.[108] Onder de militaire assistenten genoot de 29-jarige kolonel Nicolaus von Below de bijzondere sympathie van Hitler. Hij en zijn aantrekkelijke negentienjarige vrouw Maria waren geliefde gasten op de Obersalzberg en onderhielden nauw contact met de Speers en de Brandts.[109]

Achteraf beschreef Albert Speer de 'steeds identieke dagelijkse routine' op de Obersalzberg en de 'steeds dezelfde kring rond Hitler' als 'vermoeiend' en 'vervelend'. Na een paar dagen voelde hij zich 'uitgeput' en 'alleen de herinnering aan een vreemde leegte' was overgebleven.[110] Men kan zich echter afvragen waarom Speer zo hardnekkig probeerde altijd dicht bij Hitler te zijn, als hij het verblijf in het Berghof tijdverspilling vond. 'Hoe kon u vergeten hoe spannend het was voor ons allemaal? En hoe vaak we daar gelukkig waren?' verweet Maria von Below Speer, toen ze het hoofdstuk 'Obersalzberg' in zijn memoires had gelezen.[111] Ook Margarete Speer liet Gitta Sereny weten dat ze het leven in Hitlers gezelschap 'fascinerend' had gevonden. Hij was tegen 'vrouwen altijd heel galant, heel Oostenrijks' geweest.[112] In de memoires van haar man herkende ze haar eigen herinneringen aan hun gemeenschappelijke tijd op de Obersalzberg niet terug en ze verweet hem: 'Veel heeft het leven me niet overgelaten! Maar nu heb jij het restje dat over was, ook nog kapotgemaakt voor mij!'[113] De vrouwen hadden na 1945 duidelijk minder last van de dwang zichzelf te rechtvaardigen en hadden daarom ook niet de behoefte hun ervaringen in de wereld van de Berghof achteraf heel anders te interpreteren.

Net als in de rijkskanselarij hadden ook de dagen op de Obersalzberg een vast patroon. 's Ochtends ging de alpenresidentie gehuld in een bijna spookachtige stilte. Omdat Hitler immers nog sliep, liepen de gasten op hun tenen naar het ontbijt. Ze mochten niet baden, omdat er waterleidingen in de muur langs Hitlers slaapkamer liepen en de dictator zich door het lawaai gestoord kon voelen. Alleen in het huishoudelijke gedeelte en in de aanbouw, waar de adjudanten logeerden, was er al bedrijvigheid.[114]

Hitler stond gewoonlijk pas laat in ochtend op. Tot het begin van de oorlog was hij gekleed in burgerkleding. Na een kort ontbijt volgden van 11 tot 14 uur bijeenkomsten in de Grote Hal. Ondertussen brachten de gasten als vrienden onder elkaar uren door op het terras.¹¹⁵ In de gevangenis van Spandau riep Albert Speer het tafereel weer op uit zijn geheugen:

> We stonden ongedwongen op het terras, terwijl de dames op rotanligstoelen lagen met kussens in een donkerrood boerenruitjespatroon. Ze lagen te zonnen alsof ze in een kuurhotel waren, want bruin was modern. Bedienden in livrei, SS'ers gekozen uit de Leibstandarte van Sepp Dietrich, boden met volmaakte, bijna iets te vertrouwelijk overkomende manieren drankjes aan: sekt, vermout-soda of vruchtensap. Op een gegeven moment kwam Hitlers persoonlijke bediende en meldde dat de Führer over tien minuten zou verschijnen; hij had zich na een lange vergadering voor een paar minuten teruggetrokken naar de eerste verdieping. De tijd voor de lunch was al meer dan een uur verstreken [...]. Na de aankondiging van de ophanden zijnde komst van Hitler werd er zachter gesproken, het sporadisch lachen verstomde helemaal. Eva Braun pakte haar filmcamera uit de ligstoel, vergezeld van Negus, een zwarte Schotse terriër die was vernoemd naar de keizer van Abessinië. Ze maakte zich klaar om het verschijnen te filmen.¹¹⁶

Met de entree van de heer des huizes veranderde de sfeer op slag. De aanwezigen leken plotseling gespannen en probeerden duidelijk een goede indruk te maken. Hitler droeg een velours hoed om zijn gezicht te beschermen tegen de zon; zijn hele verschijning had 'iets burgerlijks, bijna gezapigs'.¹¹⁷ Hij begroette de dames met een handkus, ook de secretaresses, de overige gasten schudde hij de hand en hij vroeg minzaam naar hun welzijn. Na ongeveer een half uur kondigde de bediende aan dat er gedekt was en bood Hitler zijn tafeldame de arm. Hij werd gevolgd door Eva Braun, die vanaf 1938 altijd naar de tafel werd begeleid door Martin Bormann, wat zowel haar positie als vrouw des huizes als ook Bormanns pas veroverde positie aan Hitlers hof onderstreepte. De andere gasten sloten zich terloops en door elkaar aan.¹¹⁸

De tafelschikking was precies vastgelegd. Hitler nam altijd plaats in het midden van de lange tafel, tegenover de vensterwand, aan zijn rechterkant zat zijn uitverkoren tafeldame en links altijd Eva Braun, met naast haar Bormann. Tegenover Hitler zat de eregast als die er was, en anders een dame. Hitler stelde prijs op bloemstukken. De tafel was gedekt met Rosenthalporselein en bestek met een Hitler-monogram. Er werd geserveerd door SS-ordonnansen in witte vesten en zwarte broeken.¹¹⁹ Speers moeder, die in 1939 verscheidene malen werd uitgenodigd op de Berghof, zei daarna: 'Hoe nieuwrijk gaat het eraan toe! Alleen al het serveren van de maaltijden kan echt niet, de tafeldecoratie is onbehouwen. Hitler was vreselijk aardig. Maar een wereld van parvenu's.'[120] Het eten was echter even simpel als in de rijkskanselarij. Zelfs bij staatsbezoeken was er nooit meer dan één hoofdgerecht met een voor- en een nagerecht, waarbij de gasten werden onthaald op verse groenten die dagelijks uit Bormanns kas werden geleverd.

De discussies draaiden, anders dan aan tafel in de Berlijnse rijkskanselarij, vooral om niet-politieke onderwerpen. Hitler gedroeg zich tegenover zijn tafeldames als een attente gastheer. 'Hij was heel hartelijk, heel persoonlijk,' herinnerde Maria von Below zich. 'Hij vroeg mij, Margret Speer en Anni Brandt naar de kinderen, was [...] zeer geïnteresseerd in kleine verhalen over hen en reageerde erop met een glimlach of een knipoog van verstandhouding.'[121] Hij was, als een echte Weense charmeur, nooit karig met complimenten, vertelde van zijn eigen streken op school en amusante verhalen uit de 'strijdperiode'. Hij sprak ook graag uitvoerig over de voordelen van vegetarisch eten en zijn lievelingsgerechten, bijvoorbeeld *Semmelknödel* met veldzuringsaus, die zijn moeder voor hem had gekookt. En hij kon zich maar zelden ervan weerhouden de draak te steken met afwezige medewerkers en hun gebaren en spreekwijze te imiteren. Af en toe plaagde hij ook individuele tafelgenoten, die daardoor in een ongemakkelijke situatie werden gebracht, omdat ze de Führer niet met gelijke munt terug konden betalen. Eva Braun nam in de eerste jaren op de Berghof zelden deel aan het gesprek. Later, toen ze zelfverzekerder en zich meer bewust van haar rol geworden was, kon het gebeuren dat ze haar minnaar onderbrak tijdens een van zijn monologen en hem erop wees hoe laat het was geworden.[122]

De lunch duurde meestal een uur. Nadat Hitler had aangegeven dat de maaltijd was afgelopen en met een handkus afscheid had genomen van de dames naast hem, volgden er nog meer vergaderingen. Daarna maakte het gezelschap zich klaar voor de rituele wandeling naar het theehuis op de Mooslahner Kopf, de enige lichaamsbeweging in de frisse lucht waaraan de dictator zich overgaf.[123] De weg erheen vergde ook als men ontspannen slenterde slechts twintig minuten. Hitler zette een grote pet met klep op, trok een kakikleurig, slecht passend windjack aan, nam een wandelstok en hondenriem en ging vergezeld van zijn herdershond voorop. Hij nodigde een van de gasten uit om naast hem te lopen, wat altijd werd gezien als een bewijs van zijn bijzondere gunst, en besprak met hem onder vier ogen geheime politieke zaken. De entourage, inclusief adjudanten en secretaresses, volgde in ganzenmars. De staart van de optocht vormden de bewakers. Bij het theehuis aangekomen, hield Hitler halt op het panoramaplateau en prees altijd met dezelfde woorden het uitzicht op het lager gelegen Salzburg.

Het theehuis was een rond stenen gebouw en bestond behalve uit een keuken en kamers voor de bewakers en personeel uit een grote ronde ruimte met gemakkelijke stoelen om een ronde tafel, en zes grote ramen, die naar alle kanten uitzicht boden over het landschap. Hitler ging zitten op de stoel voor de haard, links naast hem weer Eva Braun. De ordonnansen schonken koffie in en boden verschillende soorten taart aan. Hitler prefereerde thee of chocola en at graag de vers gebakken appeltaart.[124] Het gesprek kwam slechts met moeite op gang. Heinrich Hoffmann vrolijkte het gezelschap op door op aansporen van Hitler Graf Bobby-grappen ten beste te geven. Af en toe viel de dictator in slaap na een van zijn eigen monologen. De rest van het gezelschap deed dan of het niets gemerkt had en praatte op fluistervolume verder. Tegen zes uur brak het gezelschap op. Hitler liet zich in een Volkswagen Cabriolet naar de Berghof rijden, de anderen legden de terugweg te voet af. Tot het avondmaal trok Hitler zich terug in zijn privévertrekken, terwijl de gasten de vrije tijd gebruikten om persoonlijke dingen af te handelen.[125]

Het diner, dat gewoonlijk rond half negen begon, vond plaats met dezelfde ceremonie als het middagmaal. De dames verschenen nu echter in feestelijke kleding en hadden gepaste make-up op gedaan. Hitler, die niet hield van opgemaakte vrouwen[126], kraakte af en toe kritische noten over de 'oorlogskleuren', maar Eva Braun liet zich daardoor niet afschrikken. De modebewuste Münchense wisselde per dag meerdere keren van kleding en viel ook 's avonds op door haar bijzondere elegantie. Na het diner ging Hitler voor verdere vergaderingen naar de Grote Hal. Van het ene moment op het andere veranderde hij van rol: hij rechtte zijn houding, in plaats van de vriendelijke huisvader schoof hij weer de charismatische 'Führer' naar voren. De gasten vermaakten zich ondertussen in de kelder, waar een kegelbaan was ingericht, of wachtten in de woonkamer rond de groene tegelkachel op het einde van de besprekingen. Eva Braun, die Hitlers passie voor film deelde, had al gehoord welke nieuwe films er waren gestuurd door het ministerie van Propaganda, en maakte een keuze van een of twee films voor het avondvermaak. Was er geen nieuwe zending aangekomen, dan kon ze teruggrijpen op het grote bestand aan eigen films van de Berghof, waaronder dertig filmklassiekers en achttien Mickey Mousefilms, die Goebbels had gegeven voor Kerstmis 1937. Zoals in de rijkskanselarij mochten ook het personeel en het escorte de filmvertoningen in de Grote Hal bijwonen. De twee wandkleden werden omhooggetrokken. Hitler en Eva Braun zaten op de eerste rij, de andere toeschouwers groepeerden zich achter hen. Aan het begin van de oorlog deed de dictator echter afstand van dit ritueel, naar zijn zeggen omdat hij in een tijd waarin 'het Duitse volk zoveel offers moet brengen' en hij 'zulke zware beslissingen moet nemen', geen film zou kunnen bekijken.[127]

'Zullen we nog eventjes bij de open haard gaan zitten?' vroeg Hitler na afloop van de vertoning. Het korte babbeluurtje dijde vaak uit tot een tot na middernacht durende sessie, waarbij vooral Hitler het woord voerde, maar soms wegzonk in een broedend zwijgen en in het vuur rondpookte. Het voelde bijna als een verlossing voor de gasten als iemand voorstelde naar wat muziek te luisteren. In een

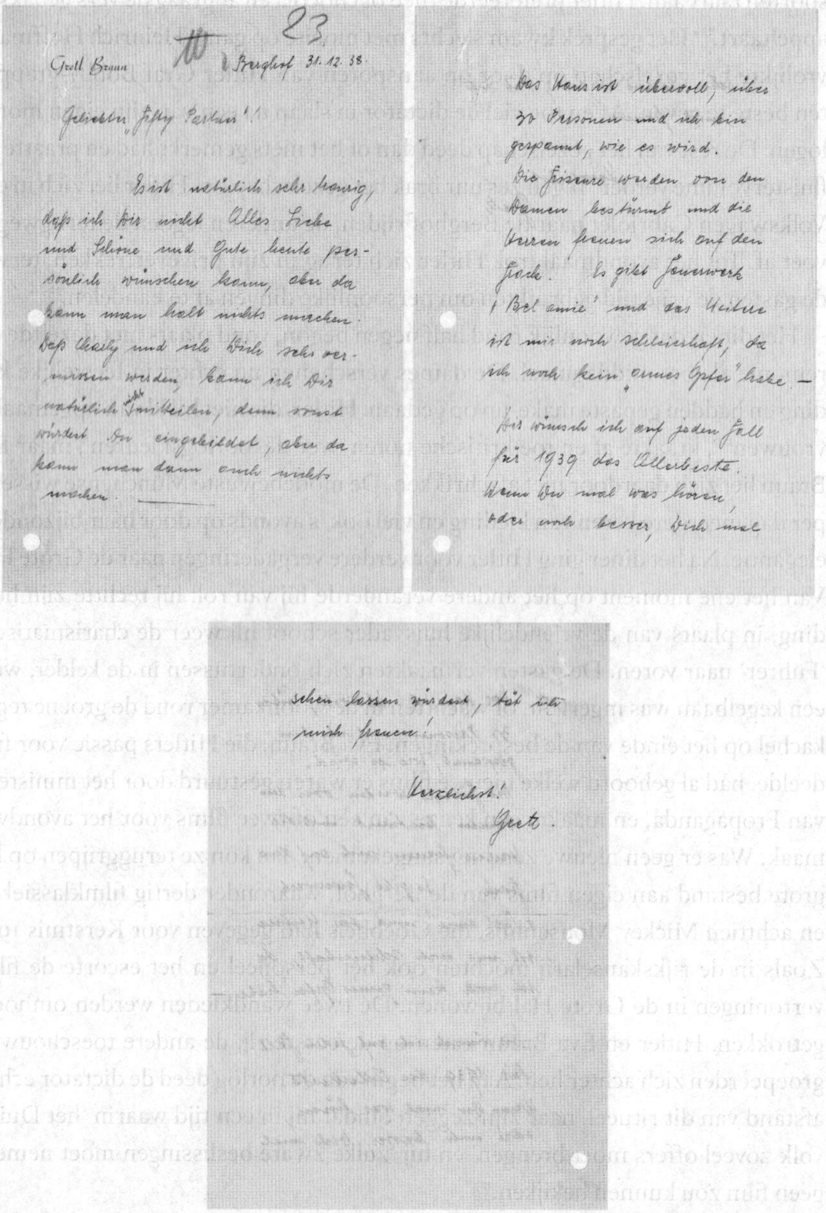

Gretl Braun [W] 23 Berghof 31.12.38.

Geliebter „Jitty Partner"!!

Es ist natürlich sehr traurig, daß ich Dir nicht Alles Liebe und Schöne und Gute heute persönlich wünschen kann, aber da kann man halt nichts machen. Daß Charly und ich Dich sehr vermissen werden, kann ich Dir natürlich nicht mitteilen, denn sonst würdest Du eingebildet, aber da kann man dann auch nichts machen ——

Das Haus ist übervoll, über 30 Personen und ich bin gespannt, wie es wird. Die Frisure werden von den Damen bestürmt und die Herren freuen sich auf den Frack. Es gibt Feuerwerk, ‚Bel ami' und das Heitere ist mir noch schleierhaft, da ich noch kein „armes Opfer" habe —

Dir wünsch ich auf jeden Fall für 1939 das Allerbeste. Wenn Du mal was hören, oder noch besser, Dich mal sehen lassen würdest, tät ich mich freuen!

Herzlichst!

Gretl.

Afb. 60 Brief van Gretl Braun aan adjudant Fritz Wiedemann vanuit de Berghof op 31 december 1938.

kast in het voorste gedeelte van de hal bevond zich een grote verzameling grammofoonplaten en een platenspeler, die bediend werd door Bormann. Ze kregen bijna altijd hetzelfde repertoire te horen: de werken van Richard Wagner, vooral Isoldes slotgezang 'Liebestod' uit *Tristan en Isolde*, wat Hitler, zoals hij zei, 'graag zou willen horen in het uur van zijn dood', symfonieën van Anton Bruckner en Ludwig van Beethoven, operettes van Franz Lehár, liederen van Richard Strauß en Hugo Wolf. Zo verstreken vele uren en niet één keer, herinnerde Otto Dietrich zich, had Hitler gevraagd 'of iemand van de aanwezigen moe was en zich wilde terugtrekken': 'Luisteren naar hem en hem gezelschap houden totdat hij voelde dat hij kon slapen, was het tribuut dat hij onverbiddelijk eiste van zijn gasten.'[128] Uiteindelijk fluisterden Hitler en Eva Braun een paar woorden met elkaar, zij ging naar haar privékamers op de eerste verdieping en een korte tijd later volgde hij haar. Nauwelijks waren ze verdwenen of de sfeer ontspande zich. Korte tijd was het een uitgelaten drukte, tot iedereen zich terugtrok en er op de Berghof rust heerste tot de volgende ochtend.

Feesten werden er zelden gevierd op de Obersalzberg. Hitler bracht de kerstdagen meestal alleen door in München. Op kerstavond 1927 liet hij tot verbazing van bediende Krause een taxi bestellen om hem drie uur doelloos door de stad rond te rijden.[129] Op tweede kerstdag reed hij de Obersalzberg op, waar hij geregeld de jaarwisseling doorbracht in de kring van het vertrouwde Berghofgezelschap en 'niet gestoord wilde worden'.[130] Op oudejaarsavond heerste er echter drukte. 'Het huis is overvol, ongeveer dertig mensen, en ik ben benieuwd hoe het zal zijn,' schreef Gretl Braun op 31 december 1938 vanuit de Berghof aan adjudant Wiedemann. Hij kon er tot de spijt van Sofie Stork en de zus van Eva Braun niet bij zijn. 'De kappers worden bestormd door de dames en de heren kijken uit naar hun rokkostuum.'[131] Na de maaltijd was er het vuurwerk, voorbereid door huisintendant Kannenberg, dat Hitler altijd heel erg op prijs stelde. Vervolgens ging de dictator naar de Grote Hal om daar de nieuwjaarswensen van de gasten en het personeel in ontvangst te nemen. Het was een van de zeldzame keren dat hij zich niet hield aan het verbod op alcohol dat hij zichzelf had opgelegd. Met een zure uitdrukking nipte hij aan een glas sekt en klonk met de leden van zijn entourage op het nieuwe jaar. Hij nam ook deel aan het traditionele *Bleigießen* (gieten van loden figuurtjes), poseerde gewillig voor het obligate groepsportret en zette zijn handtekening op de menukaarten van zijn gasten. 'Meestal werd het dan een vrolijke boel,' vertelt Heinrich Hoffmann, 'maar pas als Hitler afscheid had genomen. Bijna altijd trok hij zich kort na middernacht terug.'[132] Eva Braun was tijdens de aanwezigheid van Hitler op de Berghof terughoudend, maar haar gedrag veranderde abrupt zodra hij de residentie had verlaten. 'De limousine had de haarspeldbochten nog niet gepasseerd,' herinnerde zich een lid van de bewakingseenheid, 'of de eerste voorbereidingen werden al getroffen voor allerlei vermaak. Even tevoren was ze nog zo zedig als een gouvernante en nu zette ze alles op z'n kop. Ze werd dan vrolijk, vrolijk en uitgelaten, bijna kinderlijk.'[133]

Bijna alle leden van de Berghofkring hebben na de oorlog verklaard dat politiek geen rol speelde op de Obersalzberg en buiten alle gesprekken werd gehouden. Hitler wilde hier, schreef Karl Brandt in augustus 1945, 'voor zover mogelijk een privépersoon zijn en zich bezighouden met zijn particuliere en persoonlijke relaties en voorliefdes'.[134] Daartegenover staat natuurlijk de observatie van Otto Dietrich dat Hitler geen onderscheid kon maken tussen ambts- en privézaken: 'Hij bestierde zijn officiële zaken te midden van zijn privéleven en leefde een privéleven te midden van zijn ambtszaken en het uitoefenen van zijn functie.'[135] Daarmee wees Dietrich inderdaad op een kernpunt van Hitlers bestaan, dat een scherpe scheiding van particuliere en politieke sfeer niet toeliet. Een typisch kenmerk van het leven op de Obersalzberg was eerder de vermenging van de twee sferen. Die kwam alleen daardoor al tot uitdrukking dat de ruimtes in de Berghof niet verdeeld waren in een privé- en een officieel gedeelte.

Afb. 61 Groepsfoto op oudjaar 1938 in de Grote Hal van de Berghof. Gasten: eerste rij, vlnr Heinrich Hoffmann, Gretl Braun, dr. Theo Morell, mevrouw Bouhler, Phillip Bouhler, Gerda Bormann, Adolf Hitler, Eva Braun, Martin Bormann en Anni Brandt; tweede rij, vlnr Christa Schroeder, Freda Kannenberg, Albert Speer, Margarete Speer, Hanni Morell, mevrouw Schmundt, Ilse Braun en Heinz Lorenz; derde rij, vlnr Ernst Bahls, Gerda Daranowski, Albert Bormann, Jakob Werlin (Daimler-Benz), Sofie Stork, Fritz Schönmann, Rudolf Schmundt (Hitlers Wehrmacht-adjudant), Marianne Schönmann, dr. Karl Brandt en Arthur Kannenberg.

De alpenresidentie was voor Hitler niet alleen een plaats van afleiding en vermaak, ze was voor hem een privétoevluchtsoord om aan de grote politiek te ontkomen. Hier trok hij zich terug voor belangrijke politieke beslissingen en dacht na over zijn volgende stappen. 'Als ik de berg op ga, is dat niet alleen om de schoonheid van het landschap,' vertelde hij in januari 1942 in de Wolfsschanze. 'De fantasie wordt daar veel meer gestimuleerd, ik ben weg van de beuzelarijen en ik weet dan: dat is beter, dat is juist en dat leidt tot succes.'[136] Op de Berghof rijpten niet alleen Hitlers beslissingen, hier schreef hij eind augustus en begin september zijn grote rede voor de partijbijeenkomst in Neurenberg en ontving hij belangrijke buitenlandse politici, zoals begin september 1936 de voormalige Britse premier David Lloyd George. 'Dank God dat u zo'n geweldige leider hebt,' moet de Brit hebben gezegd na een drie uur durend gesprek.[137] Al even geïmponeerd waren de hertog en hertogin van Windsor, die eind oktober 1937 de Duitse dictator bezochten op de Berghof. Ook Hitler voelde zich natuurlijk gestreeld dat de voormalige Britse koning hem respect betoonde. Hij had de Führer 'zelden zo opgeruimd en geanimeerd gezien als tijdens dit bezoek', herinnerde zich adjudant Wiedemann.[138] De Obersalzberg was echter ook het toneel van dramatische politieke ontmoetingen voorafgaand aan nieuwe buitenlandse veroveringen. Hier werd de Oostenrijkse kanselier Kurt von Schuschnigg op 12 februari 1938 – een paar weken voor de inlijving van Oostenrijk – onder druk gezet en gechanteerd, en hier nodigde Hitler op 15 september 1938, op het hoogtepunt van de 'Sudetencrisis', de Britse premier Neville Chamberlain uit voor een eerste bezoek. Hij wilde hem 'ontvangen in een omgeving die beantwoordt aan de Engelse voorliefde voor het buitenleven'.[139]

Zo was de Berghof zowel een toevluchtsoord voor Hitler als het tweede machtscentrum van het Derde Rijk naast de rijkskanselarij in Berlijn. Deze dubbelfunctie kwam overeen met de opdracht van begin 1936 om een dependance van de rijkskanselarij in te richten ten noordwesten van Berchtesgaden, op slechts zes kilometer van de Obersalzberg. In januari 1937 werd het hoogste punt van het gebouw bereikt. Zo was er gezorgd voor een rimpelloze afwerking van de regeringszaken. Door het installeren van moderne communicatietechnieken en door het regeringsvliegveld Reichenhall-Berchtesgaden stond Hitlers schijnbaar afgelegen residentie in contact met de buitenwereld en was op elk moment te bereiken. Maar zelfs het hoofd van de rijkskanselarij Lammers moest ervaren dat de Führer dagen niet te spreken was als deze op de Berghof verbleef.[140]

Juist omdat politiek en privé met elkaar verweven waren, klopt de indruk ook niet dat politieke onderwerpen doorgaans buiten de gesprekken werden gehouden in de privékring van de Berghofgemeenschap. Goebbels noteerde bijvoorbeeld midden juli 1937 dat er bij de lunch op de Oberssalzberg 'fel gediscussieerd' was over de rol van Engeland in de wereld.[141] Van Marion Schönmann, een vriendin van Eva Braun, is bekend dat ze tegenover Hitler geen blad voor de mond nam en veel politieke maatregelen na de annexatie van Oostenrijk openlijk bekritiseerde.[142] Het door Speer en andere leden van de Berghofgemeenschap geschetste beeld van Eva Braun als de volkomen apolitieke, naïeve minnares van de Führer is door Heike Görtemaker ontmaskerd voor wat het is: een bewuste vervorming van de feiten, om voor zichzelf te kunnen beweren dat men niet wist van de misdadige kant van Hitlers heerschappij.[143] Eva Braun was geenszins het domme blondje waarvoor men haar lange tijd heeft aangezien, maar een moderne jonge vrouw die precies wist waaraan ze begon toen ze zich inliet met Hitler en die met de foto's die ze doorgaf aan Hoffmann en de voor het nageslacht bedoelde films ook bijdroeg aan Führermythe. Zij en haar vertrouwelingen op de Berghof deelden de racistische politieke overtuigingen van Hitler en waren zeker geïnformeerd over de uitsluiting en vervolging van de Joden. Dat er weinig of niet werd gesproken over dit onderwerp, betekent niet dat er in de Berghofgemeenschap geen overeenstemming zou zijn geweest over dit punt. Hetzelfde geldt ook voor het antiklerikale beleid van het regime, dat werd georkestreerd door niemand minder dan Hitler zelf.

19

Oorlog met de kerken

'De oorlog zal ten einde komen en ik zie het als mijn laatste levenstaak om het kerkenprobleem op te lossen. Pas dan zal de Duitse natie volledig veilig zijn. Ik houd me niet bezig met geloofszaken, maar ik duld niet dat een paap zich met aardse dingen bemoeit. De georganiseerde leugen moet op zo'n manier worden doorbroken dat de staat de absolute heer en meester is.' Dit verklaarde Hitler aan de lunchtafel in het Führerhoofdkwartier half december 1941, toen de mislukking van de geplande *Blitzkrieg* tegen de Sovjet-Unie zich al duidelijk begon af te tekenen. En hij voegde eraan toe: 'In mijn jeugd stond ik op het standpunt: dynamiet eronder! Vandaag de dag begrijp ik dat je dat niet kunt forceren. Het moet wegrotten als een verbrand lichaamsdeel. Zover moet je het krijgen dat er op de preekstoel louter onnozele halzen staan waartegen alleen maar oude vrouwtjes opkijken. De gezonde jeugd staat aan onze kant.'[1]

Deze uitspraak was geen spontane opwelling, maar typeerde de vijandige relatie van de dictator met het christendom. De kerken waren de enige instelling in de Führerstaat die zich onttrok aan de aanspraken op het totalitaire wereldbeeld van het nationaalsocialisme. De onderwerping van de kerken aan de wil van zijn totalitaire heerschappij en ze te veroordelen tot een maatschappelijk schaduwbestaan – dat was Hitlers voornemen voor de tijd na de door hem gewonnen oorlog. 'Op den duur kunnen nationaalsocialisme en kerk niet naast elkaar bestaan.'[2]

Tegelijkertijd was hij zich ervan bewust dat hij dit doel niet kon bereiken met bruut geweld, maar dat het beter was in de omgang met de nog altijd invloedrijke kerken tactisch en flexibel te werk te gaan: 'Het heeft geen zin zich kunstmatig extra moeilijkheden op de hals te halen: hoe slimmer we optreden, hoe beter.'[3] Een frontale aanval op het christelijk geloof en de christelijke cultuur in Duitsland wilde de dictator in elk geval vermijden; Bismarcks falen in de *Kulturkampf* tegen de katholieken stond hem duidelijk voor ogen. Hij dacht dat het verkeerd was 'ons nu op een conflict met de kerk te storten', verklaarde hij oktober 1941. 'Het beste kunnen we het christendom langzaam laten uitgalmen; een langzaam uitgalmen heeft ook iets verzoenends in zich: het dogma van het christendom valt uiteen in het aangezicht van de wetenschap.'[4]

Dezelfde ambivalentie had Hitlers gedrag al bepaald vóór 1933. Aan de ene kant ensceneerde het nationaalsocialisme zich als een seculiere religie en presenteerde de Führer zich als een door de 'Almachtige' gezonden messias die het Duitse volk van al het kwade zou verlossen. De sacralisering van zijn persoon kwam overeen met de stilering van zijn volgelingen als discipelen, 'leerlingen', die hem onvoorwaardelijk toegewijd waren en zo nodig bereid waren hun leven voor hem in de waagschaal te stellen. Voortdurend riep Hitler de kracht van het geloof op, die kennelijk bergen kon verzetten, en er was nauwelijks een redevoering zonder gebedsachtige wendingen en toespelingen op het christelijk gedachtegoed.[5] Vooral in zijn kerstboodschappen beriep hij zich graag op Jezus Christus als model voor zichzelf en zijn strijdmakkers. Zoals Jezus met de zweep in de hand de woekerrente vragende kooplui uit de tempel had gejaagd, zo zou hij, Hitler, het internationale Joodse grootkapitaal uit Duitsland jagen.[6]

Aan de andere kant stelde de demagoog zich volkomen neutraal op in religieuze kwesties en hield in gelijke mate afstand tot katholicisme en protestantisme. Punt 24 van het partijprogramma bepaalde: 'De partij als zodanig vertegenwoordigt het standpunt van een positief christendom, zonder zich confessioneel aan een specifieke geloofsrichting te binden.'[7] Politieke partijen, zo eiste hij in *Mein Kampf*, hadden 'met religieuze problemen [...] niets te maken [...] terwijl anderzijds de godsdienst evenmin mag worden betrokken in partijgedoe'. De taak van de beweging was niet 'een godsdienstige hervorming teweeg te brengen, maar om ons volk in politiek opzicht te reorganiseren'. Hitler was realistisch genoeg om te beseffen dat hij weinig kans had aan de macht te komen zonder de steun van confessionele kiezers. Om een brug te slaan duidde hij de 'beide belijdenissen' aan als 'steunpilaren, die voor het leven van ons volk beide een precies even grote waarde bezitten'.[8]

Daarom keerde hij zich na de oprichting van de NSDAP in februari 1925 fel tegen alle pogingen godsdiensttwist in zijn beweging te introduceren. Aanvallen op religieuze gemeenschappen en hun instellingen werden uitdrukkelijk verboden. De Thüringse Gauleiter Arthur Dinter, die zich niet hield aan dit verbod maar in plaats daarvan het vestigen van een völkische religie propageerde, werd ontslagen uit zijn functie en in 1928 uit de NSDAP gestoten.[9] Alfred Rosenberg zag zich op zijn beurt gedwongen om zijn in 1930 gepubliceerde programmatische boek *Der Mythus des 20. Jahrhunderts*, een synthese van in het völkische kamp circulerende neoheidense denkbeelden, uit te geven als 'een zuiver persoonlijke bekentenis', 'die geen 'officiële richtlijn binnen de partij vertegenwoordigt'.[10] Hitler zelf distantieerde zich herhaaldelijk – het laatst nog in 1942 in het Führerhoofdkwartier – van het werk, dat hij kennelijk 'maar voor een klein gedeelte' had gelezen.[11]

Na de machtsoverdracht op 30 januari 1933 presenteerde de pas verkozen rijkskanselier zich aanvankelijk als een christelijk staatsman, wie niets vuriger ter harte ging dan samen met de christelijke kerken de 'nationale wedergeboorte' van Duitsland te bewerkstelligen. 'Hitler heeft nooit meer in zijn carrière zo vaak en zo vurig God gesmeekt als in deze eerste acht weken, nooit meer heeft hij zich in zo veel christelijke bochten gewrongen en zich verzekerd van christelijke plaatsen en attributen als in deze tijd,' heeft Klaus Scholder terecht benadrukt.[12] In zijn eerste regeringsverklaring van 1 februari 1933 beloofde hij het 'christendom als de basis van onze gemeenschappelijke moraal' de 'solide bescherming' van de 'nationale regering' ten deel te laten vallen.[13] In zijn toespraak bij de introductie van de Machtigingswet op 23 maart 1933 kwam hij de kerken een stap verder tegemoet: de nieuwe regering zag 'in de beide christelijke denominaties de belangrijkste factoren voor het behoud van ons volkskarakter' en hij zou hun rechten onaangetast laten.[14] Deze verklaring was in de eerste plaats gericht op de katholieke Zentrumpartij, waarvan de instemming voor Hitler onmisbaar was vanwege de benodigde tweederdemeerderheid in de Rijksdag.

Vóór 1933 was het katholieke milieu in hoge mate bestand gebleven tegen de verleidingen van de Hitler-beweging. Onophoudelijk waarschuwden de bisschoppen sinds september 1930 in hun herderlijke schrijvens tegen de dwaalleer van het nazisme. Zelfs in augustus 1932, toen Hitler al op de drempel van de macht stond, bekrachtigde de bisschoppenconferentie van Fulda de veroordeling van de nationaalsocialistische ideologie en verklaarde dat het katholieken 'niet toegestaan' was lid te zijn van de nazipartij.[15] De Rijksdagverkiezingen van maart 1933 bevestigden de ongebroken volharding van het politieke katholicisme; Zentrum en de Beierse zusterpartij BVP leden in vergelijking met de vorige verkiezingen slechts gering stemmenverlies. Het openbreken van dit bijna gesloten katholieke verzetsfront zag Hitler in de beginfase van zijn bewind als een van zijn dringendste taken.[16] Een eerste succes boekte hij toen de katholieke bisschoppen in maart zijn schijnbare bereidheid tot verzoening met een inschikkelijke verklaring beloonden: 'Zonder de veroordeling van bepaalde religieus-zedelijke dwalingen op te heffen', luidde deze, 'gelooft het episcopaat het vertrouwen te kunnen koesteren dat de al genoemde algemene verboden en waarschuwingen niet meer als noodzakelijk beschouwd hoeven te worden.' Hierbij sloot de maanbrief 'over de trouw aan de rechtmatige overheid en de gewetensvolle vervulling van staatsrechtelijke plichten' aan.[17] Daarmee was de ban tegen de nazibeweging opgeheven; ook onder gelovige katholieken groeide het enthousiasme voor Hitler en het door hem ingezette 'nationale ontwaken'. 'De soutanedragers zijn heel klein en kruipen,' schreef de verheugde Goebbels.[18]

Hitler, die in de wereld van het katholieke geloof was opgegroeid en nooit uit de katholieke kerk was getreden, hield zijn hele leven een zeker respect voor de macht van deze duizenden jaren oude instelling. Naar het voorbeeld van Mussolini's Verdrag van Lateranen van 1929 streefde hij naar een topovereenkomst met het Vaticaan, om enerzijds een modus vivendi te bereiken met de katholieke clerus en aan de andere kant het politieke katholicisme in Duitsland het gras voor de voeten weg te maaien. De traditionele kiezers van Zentrum en BVP konden pas gewonnen worden 'als de curie beide partijen laat vallen,' verkondigde hij op 7 maart 1933 in het kabinet.[19] De onderhandelingen met het Vaticaan, die vicekanselier Papen vanaf 10 april uit naam van Hitler voerde met kardinaal-staatssecretaris Eugenio Pacelli, de voormalige pauselijke nuntius in Duitsland, konden al na een paar maanden worden afgerond. Op 8 juli werd het verdrag over het concordaat tussen de naziregering en de Heilige Stoel in Rome geparafeerd, op 20 juli volgde de feestelijke ondertekening en op 10 september trad het verdrag in werking.[20] Het verbood de katholieke geestelijkheid in de toekomst iedere politieke activiteit – wat feitelijk betekende dat Zentrum en de BVP werden prijsgegeven, die dan ook per omgaande besloten zichzelf op te heffen. In ruil garandeerde het naziregime vrije godsdienstuitoefening, bescherming voor katholieke lekenorganisaties en het voortbestaan van confessionele scholen en godsdienstonderwijs.

Het sluiten van dit eerste internationale verdrag betekende onmiskenbaar prestigewinst voor het naziregime en een persoonlijke triomf voor Hitler. Het feit dat de overeenkomst met de curie 'zo veel sneller bereikt' was 'dan hij op 30 januari nog gedacht had', was – zo verklaarde de rijkskanselier in een kabinetszitting van 14 juli 1933 – 'zo'n onbeschrijfelijk succes dat alle kritische bezwaren daarbij een stapje terug zouden moeten doen'. Daarmee was nu 'een kans gegeven en een sfeer van vertrouwen geschapen die vooral bij de dringende strijd tegen het internationale Jodendom belangrijk zou zijn'.[21] Uit kringen van de katholieke geestelijkheid kwam een stortvloed aan dankbetuigingen binnen in de rijkskanselarij. De Münchense kardinaal Michael Faulhaber prees Hitler uitbundig: 'Wat de oude parlementen en partijen niet voor elkaar kregen in zestig jaar,' schreef hij hem op 24 juli, 'heeft uw vooruitziende blik als staatsman verwezenlijkt in zes maanden van de wereldgeschiedenis. Voor het Duitse prestige in het westen en het oosten en voor de hele wereld betekent deze handdruk met het pausdom, de grootste zedelijke macht van de hele wereldgeschiedenis, een onmetelijk gezegende prestatie.' Faulhaber kon het echter niet nalaten erop aan te dringen 'dat de artikelen van het concordaat geen papieren tijger zullen blijken' en de ondergeschikte puntjes niet al te ver in het niet mochten zinken 'bij het grote formaat dat de Führer heeft als staatsman'.[22]

Juist in deze hoop zouden de bisschoppen teleurgesteld worden. Al kort na de ondertekening van het concordaat hoopten de schendingen naar letter en geest van het concordaat zich op. Op veel plaatsen traden partijfunctionarissen en politieagenten op tegen katholieke verenigingen, waren er verboden en pogingen tot intimidatie van de katholieke pers, werden katholieke ambtenaren ontslagen, katholieke jeugdverenigingen ontbonden en hun bezittingen in beslag genomen. Protesten en klachten daartegen kwamen er slechts aarzelend, want noch kardinaal-staatssecretaris Pacelli, noch de top van het Duitse episcopaat wilde de overeenkomst met het naziregime in gevaar brengen.²³ Desondanks bleek kardinaal Faulhaber in zijn preken vanaf de eerste dag van de advent tot oudejaarsavond 1933 in de Münchense St. Michaelskirche gedesillusioneerd. Hij protesteerde tegen de devaluatie van het Oude Testament door de nazi's en distantieerde zich duidelijk van hun rassenleer: 'We mogen echter nooit vergeten: we zijn niet verlost door Duits bloed. Wij zijn verlost door het kostbare bloed van onze gekruisigde Heer.'²⁴ In de nazileiding bleven dergelijke stemmen niet onopgemerkt. 'De papen zijn onrust tegen ons aan het stoken. Uitkijken!' noteerde Goebbels eind december 1933.²⁵

De katholieke hoogwaardigheidsbekleders waren gealarmeerd toen Alfred Rosenberg eind januari 1934 door Hitler werd belast met het 'toezicht op alle levensbeschouwelijke scholing en opvoeding van de partij en alle gelijkgeschakelde verenigingen'. De auteur van *Der Mythus des 20. Jahrhunderts* gold als de belichaming van alle antiklerikale ambities binnen de NSDAP. Begin februari werd het boek op de Index van het Vaticaan gezet, en in de herderlijke schrijvens van Pasen 1934 werden de gelovigen opgeroepen het 'neoheidendom' resoluut te bestrijden.²⁶ Het debat over de antichristelijke theorieën van Rosenberg had een voor de clerus ongewenst neveneffect: de belangstelling voor het boek nam explosief toe; het was na Hitlers *Mein Kampf* het meest verspreide werk van het nationaalsocialisme. 'Rosenbergs Mythos [sic!] doet het goed. De kerken maken er propaganda voor,' schreef een geërgerde Goebbels, die zich via een persoonlijke vijandschap verbonden wist met de hoofdredacteur van de *Völkischer Beobachter*.²⁷

Aan de 'Nacht van de Lange Messen' op 30 juni 1934 vielen, zoals gezegd, ook twee prominente katholieken ten offer: Erich Klausener, hoofd van de *Katholische Aktion*, een van de belangrijkste katholieke lekenorganisaties, en Fritz Gerlich, uitgever van het katholieke weekblad *Der gerade Weg*. De journalist had in juli 1932 in een artikel getiteld 'Nationaalsocialisme is een plaag' de Hitler-beweging onderworpen aan vernietigende kritiek: 'Nationaalsocialisme [...] betekent vijandschap jegens de buurvolken, tirannie in het binnenland, burgeroorlog, oorlog tussen naties. Nationaalsocialisme betekent leugens, haat, broedermoord en grenzeloze armoede. Adolf Hitler verkondigt het recht van de leugen. U, die het slachtoffer bent van de misleiding van iemand die geobsedeerd is door tirannie, ontwaak!'²⁸ Voor deze dappere woorden namen Hitlers handlangers nu wraak. De katholieke bisschoppen hulden zich in stilzwijgen. Met de protestantse kerkleiders en een groot deel van de publieke opinie deelden zij de opluchting dat Hitler de radicale krachten in de SA kennelijk een halt had toegeroepen.[29]

In de controverse met de protestantse kerk leek Hitler van meet af aan een makkelijker speelveld te hebben. Juist in de protestantse gebieden in Duitsland had de NSDAP voorafgaand aan 1933 sterke bastions veroverd en behaalde zij haar grootste verkiezingssuccessen. De ontvankelijkheid van het Duitse protestantisme voor het völkische programma kwam bijzonder duidelijk naar voren in de *Glaubensbewegung Deutsche Christen* (Religieuze Beweging van Duitse christenen). Deze kwam in juni 1932 in de openbaarheid met de eis dat de kerkorde zich diende 'aan te passen aan de door God in Zijn schepping aangebrachte en ook tegenwoordig nog [...] herkenbare eisen van de natuur', 'die wij vinden in de volksaard en het ras': 'Vanuit dit inzicht roepen we op tot de strijd voor een waarlijk Duitse kerk. In haar gemeenschap horen alleen waarlijk Duitse christenen. Daarbij hoort elke volksgenoot van Duitsen bloede [...]. Daar hoort de gedoopte Jood echter niet bij.' In de zin van een 'positief christendom' beleden de Deutsche Christen 'een positief, wezenseigen geloof in Christus, zoals dat overeenkomt met de Duitse geest van Luther en heldhaftige vroomheid'.[30] Bij de Pruisische verkiezingen voor kerkenraden in november 1932 wonnen de bruine christenen, die zichzelf bij gelegenheid aanduidden als de 'SA van Jezus Christus' al een derde van alle zetels; in een aantal regio's van Oost-Pruisen en Pommeren kwamen ze tot 50 procent.[31]

Het is dan ook geen verrassing dat de overgrote meerderheid van de protestantse kerkleiders de politieke omwenteling in het voorjaar van 1933 nadrukkelijk verwelkomde. In zijn paasboodschap wist de voorzitter van de Pruisische dominees zich met alle evangelische geloofsgenoten verenigd 'in zijn vreugde over het ontwaken van de diepste krachten van onze natie in een vaderlands bewustzijn, echte volksgemeenschap en religieuze vernieuwing'.[32] In het protestantse kamp waren er slechts weinigen die zich niet lieten verblinden. Onder hen was de historicus Friedrich Thimme, een van de drie redacteuren van de veertigdelige uitgave *Die Große Politik der Europäischen Kabinette 1871-1914*. Hij sprak met een opmerkelijk vooruitziende blik al in een brief van midden februari 1933 over de ware aard van Hitler en zijn handlangers: 'Voor mij is iedereen die in hun grote beloften gelooft, die zelfs in hun christelijke gezindheid gelooft, een dwaas. Aan hun vruchten moet u hen herkennen; en deze vruchten heten gewoon moord, doodslag, allerlei gewelddaden, baantjesjagerij'. In één adem bekritiseerde Thimme ook de houding van de protestantse kerk tegenover 'de georganiseerde haat, het moorden en het verjagen' als 'gewoon schandalig'.[33] 'Hoe kan Gods zegen rusten op een beweging,' vroeg hij mei 1933, die 'de eenvoudigste en duidelijkste geboden van het christendom voortdurend met voeten treedt?' De kerk had 'de onvoorwaardelijke plicht steeds weer haar waarschuwende en vermanende stem te laten schallen over alles wat er van bovenaf aan onrecht gebeurt.'[34] In november 1933 schreef hij aan de Engelse historicus George Peabody Gooch: 'Ik kan het op geen enkele manier goedkeuren dat men het zogenaamde arische ras tot afgod verheft en dat men de Joden, onder wie ik vele geestelijk hoogstaande vrienden heb, uit alle functies en ambten verjaagt en hun het leven in Duitsland bijna onmogelijk maakt.'[35] Een dergelijk geluid was in het Duitse protestantisme evenwel een uitzondering. Typerend echter was hoe superintendent Otto Dibelius van Kurmark de in het hele rijk geldende boycot tegen de Joden van 1 april 1933 becommentarieerde in een kerkblad: de rijksregering had verklaard 'dat er weliswaar in de stormachtige eerste dagen van de omwenteling ook excessen zijn voorgekomen. Zoiets kan en zal in zulke tijden ook nooit uitblijven [...].'[36]

Hitlers doel was het de 28 evangelische kerken op te laten gaan in één strak georganiseerde rijkskerk en zo een tegenwicht te creëren tegen de katholieke kerk. Hij zette zijn kaarten vooral op de steun van de Deutsche Christen. Op 25 april 1933 benoemde hij de hem volledig toegewijde legerpredikant Ludwig Müller uit Koningsbergen tot zijn 'gevolmachtigde betreffende aangelegenheden van de evangelische kerk' met de speciale opdracht de plannen voor een rijkskerk voortvarend te verwezenlijken.[37] Op 11 juli werd de nieuwe kerkenwet ondertekend door de gevolmachtigde vertegenwoordigers van de deelstaatkerken en op 14 juli werd ze uitgevaardigd door het kabinet. Deze wet hield in dat alle deelstaatkerken werden samengevoegd tot één 'enkele Duitse evangelische kerk', met aan het hoofd daarvan een door de nationale synode aan te wijzen rijksbisschop. De nieuwe verkiezingen voor de kerkelijke bestuursorganen werden gepland op 23 juli.[38]

De Deutsche Christen konden zich in de voorbereidingen van de verkiezingen in aanzienlijke steun van het regime verheugen. Aan de vooravond van de verkiezingen koos Hitler vanuit Bayreuth duidelijk partij voor de Deutsche Christen in een door alle zenders uitgezonden redevoering. In zulke omstandigheden is het geen wonder dat de evangelische kerkverkiezingen eindigden in een triomf voor de Deutsche Christen. Zij haalden ongeveer 70 procent, meer dan twee derde van alle stemmen.[39] De verkiezing van Ludwig Müller tot rijksbisschop op de Eerste Nationale Synode in Luthers stad Wittenberg op 27 september 1933 was toen slechts een formaliteit. De 'Reibi', zoals hij genoemd werd, had alles bereikt wat hij wilde. 'Als deelstaatbisschop van Pruisen en Duitse rijksbisschop was hij ongetwijfeld de belangrijkste kerkpolitieke figuur van het Duitse protestantisme.'[40]

Nog voordat de Nationale Synode bijeenkwam, begon zich echter een tegenbeweging te vormen. De beslissende aanzet kwam van de Dahlemse dominee Martin Niemöller, een voormalige onderzeebootcommandant en Freikorpsstrijder, die in het voorjaar van 1933 eerst nog hoge verwachtingen van Hitler en het nieuwe regime had gekoesterd, maar zich er ondertussen gedesillusioneerd van had afgekeerd. Op 21 september 1933 stuurde hij een circulaire naar dominees in heel Duitsland, met de oproep om zich aan te sluiten bij een *Pfarrernotbund* ('Noodbond van dominees'). De principes, die bij de circulaire waren gevoegd omvatten de verplichting om het domineesambt 'alleen in verbondenheid met de Heilige Schrift en de belijdenis van de reformatie als juiste interpretatie van de Heilige Schrift' uit te oefenen, evenals een duidelijke stellingname tegen de 'toepassing van de ariërparagraaf op het terrein van de Kerk van Christus'. Aan het eind van het jaar hadden al zesduizend voorgangers de verbintenis ondertekend. Niemöller had daarmee 'de eerste steen van de kerkelijke oppositie tegen Hitler gelegd'.[41]

De Pfarrernotbund kreeg een sterke impuls door een massabijeenkomst van de Deutsche Christen in het Berlijnse Sportpalast op 13 november, die op een 'fiasco zonder weerga' uitdraaide.[42] De hoofdspreker van de avond, de Berlijnse *Gauobmann* Reinhold Krause, eiste hier namelijk onder bezeten applaus van de twintigduizend aanwezigen niets minder dan de 'voltooiing van de völkische missie van Maarten Luther met een tweede Duitse reformatie'. Hij liet er geen twijfel over bestaan hoe de nieuwe 'Duitse volkskerk' eruit zou moeten zien: ze moest ruimte scheppen voor een 'raseigen leven in God' in zijn volle omvang. De eerste stap daarbij was 'de bevrijding van al het on-Duitse in de eredienst en op het confessionele vlak'. Dat betekende 'bevrijding van het Oude Testament met zijn Joodse beloningsmoraal' en zijn 'koehandel- en pooiersverhalen'. Toen hij eenmaal op dreef was, wilde Krause bovendien nog het Nieuwe Testament zuiveren van 'duidelijk verbasterde en bijgelovige verslagen' en afzien 'van de hele zondebok- en minderwaardigheidstheologie van rabbijn Paulus'.[43] Zulke ideeën verschilden nauwelijks nog van de völkische religie van Rosenberg. Uit de kringen van de Pfarrernotbund kwam er meteen heftig protest en ook onder de gematigde elementen van de Deutsche Christen ontstond weerstand. Rijksbisschop Müller zag zich gedwongen Krause te ontslaan uit zijn kerkelijke functies en de toepassing van de ariërparagraaf op te schorten.[44]

Hitler reageerde woedend op de controverse na de aankondiging in het Sportpalast. De inschikkelijkheid van de rijksbisschop interpreteerde hij als een teken van zwakte. Tijdens een ontvangst in november gaf hij hem te verstaan dat hij niet zou ingrijpen in het kerkelijke conflict, en dat de bisschop zijn problemen maar beter zelf kon oplossen.[45] Zo begon Hitler zich te distantiëren van zijn vroegere favoriet, die in zijn ogen steeds minder geschikt bleek om het doel van een verenigde, aan het regime getrouwe evangelische kerk te bereiken. Waar zijn ware sympathieën lagen, onthulde de dictator begin december 1933 tijdens de lunch in de rijkskanselarij toen hij, volgens Goebbels' aantekeningen, 'flink van leer trok tegen de kerken': 'De zalvende dominees en rijksbisschop Müller had hij ook doorzien. De meest fatsoenlijke is Krause, die tenminste geen doekjes windt om zijn afschuw voor de Joodse zwendel van het Oude Testament.'[46]

Om zich te verweren tegen zijn critici, nam Müller zijn toevlucht tot repressieve maatregelen. Begin januari 1934 vaardigde hij een 'verordening betreffende het herstel van de gezagsverhoudingen in de Deutsche Evangelische Kirche' uit, die alle kerkpolitieke discussies en bekendmakingen in het kader van de kerkdienst verbood. Dit 'muilkorfdecreet' was echter een uiterst ongeschikt middel om de oppositionele dominees monddood te maken. Integendeel, het lokte een scherp protest uit: de rijksbisschop, zo zei men, dreigde met geweld tegen 'degenen die omwille van hun geweten en hun gemeente niet kunnen zwijgen bij alles wat de kerk tegenwoordig doormaakt'.[47]

In strijd met zijn oorspronkelijke bedoeling om buiten de interne strijd van de evangelische kerk te blijven, verklaarde Hitler zich nu toch bereid te bemiddelen tussen vertegenwoordigers van de Deutsche Christen en hun tegenstanders. De ontvangst vond plaats op de middag van 25 januari 1934 in de rijkskanselarij en verliep heel anders dan de leiders van de kerkelijke oppositie, onder wie de bisschoppen Theophil Wurm, August Marahrens en Hans Meiser, zich hadden voorgesteld. Meteen aan het begin en tot ieders verbazing gaf Hitler namelijk het woord aan Göring. Deze las het proces-verbaal voor van een telefoongesprek dat Martin Niemöller 's ochtends had gevoerd en dat was afgeluisterd door de Gestapo. Hierin had de dominee uit Dahlem zich vol minachting uitgelaten over een gesprek van Hitler met Hindenburg, dat vooraf was gegaan aan de ontmoeting met de kerkleiders. In plaats van zich tegen deze politiestaatmethoden te verzetten, lieten de bisschoppen zich volkomen intimideren. Nog bij zijn monologen in het Führerhoofdkwartier herinnerde Hitler zich vol leedvermaak hoe 'de afgezanten van Deutsche Evangelische Kirche' bij het voorlezen van het gesprek 'van schrik zo in elkaar gekrompen waren, dat je ze nauwelijks nog kon waarnemen'.[48]

Niemöller bewaarde echter zijn kalmte. Hij zei ja op Hitlers vraag of hij daadwerkelijk dat gesprek zo gevoerd had en probeerde hem uit te leggen dat de strijd van de Pfarrernotbund om het ware kerkelijke geloof zich niet richtte tegen het Derde Rijk maar juist ook ten voordele ervan werd gevoerd. Zichtbaar geïrriteerd antwoordde de dictator: 'Laat u de zorg over het Derde Rijk aan mij over en zorgt u nu maar voor de kerk.' Uiteindelijk werden de kerkleiders door Hitler gedwongen voortaan loyaal samen te werken met de rijksbisschop. In een verklaring na de ontvangst bij de rijkskanselier bekrachtigden ze 'hun onvoorwaardelijke trouw aan het Derde Rijk en zijn Führer' en veroordeelden ze 'ten zeerste alle machinaties van kritiek op de staat, het volk en de beweging'.[49] De positie van Ludwig Müller leek voorlopig weer geconsolideerd, terwijl de Pfarrernotbund door de loyaliteitsverklaring van de kerkleiders tijdelijk werd verzwakt. Hitler vergat niet dat Niemöller zich als enige niet door hem had laten intimideren. Hem en zijn medestrijders bleef hij voortaan haten. Eind april riep hij in een gesprek met Himmler en Goebbels op tot 'strijd tegen de Pfarrernotbund'. 'Het wordt een volksgericht,' noteerde de minister van Propaganda. 'Arm domineesgespuis. We zullen christelijk zijn.'[50]

Ook de aangescherpte represailles konden echter de rust in de protestantse kerk niet herstellen. De poging van de rijksbisschop met dictatoriale middelen het gelijkschakelen van de deelstaatkerken met de rijkskerk af te dwingen, lokte verzet uit en leverde de oppositie binnen de kerk nieuwe sympathie op.[51] Eind mei 1934 verzamelden zich 139 deelnemers voor de eerste 'Belijdende Synode van de Deutsche Evangelische Kirche' in Barmen. Ze werden het eens over een – hoofdzakelijk door de theoloog Karl Barth opgestelde – verklaring, waarvan de beroemde eerste these de scherpst mogelijke grens trok ten opzichte van de positie van de Deutsche Christen: 'Wij verwerpen de valse leer volgens welke de kerk buiten en naast dit ene Woord van God andere gebeurtenissen, machten, gestalten en waarheden als Gods openbaring mag en moet aanvaarden.' De Belijdenis van Barmen van 31 mei 1934 was, zoals Klaus Scholder heeft opgemerkt, 'ongetwijfeld de grote mijlpaal van de kerkenstrijd': 'Dankzij de duidelijke taal, de Bijbelse rechtvaardiging en haar onmiskenbaar belijdende karakter bereikte ze niet alleen theologen en voorgangers maar werkte ze ook diep door in de belijdende kerkgemeentes. Ze bleef de *cantus firmus* van de *Bekennende Kirche*, ook daar waar haar stem herhaaldelijk overstemd dreigde te worden door andere geluiden.'[52] Op de eerste Belijdende Synode volgde in oktober 1934 een tweede in de parochiezaal in Dahlem. Zij benoemde een 'raad' die voortaan de dagelijkse aangelegenheden van de Bekennende Kirche moest bestieren en riep de 'christelijke gemeentes, voorgangers en kerkbesturen' in heel Duitsland op 'geen instructies meer op te volgen van de bestaande rijkskerkleiding en haar organen'.[53]

In het najaar van 1934 was het Hitler duidelijk geworden dat de rijksbisschop er niet in geslaagd was de rust binnen de Deutsche Evangelische Kirche te herstellen. Eind oktober zei Hitler verrassend een ontvangst van Ludwig Müller af, rehabiliteerde de door hem gestrafte Zuid-Duitse bisschoppen Wurm en Meiser en liet hen evenals de Hannoveraanse bisschop Marahrens naar Berlijn komen. In een twee uur durend onderhoud op 30 oktober vertelde hij hun dat hij geen interesse meer had in kerkelijke aangelegenheden – een duidelijke aanwijzing dat de rijksbisschop in ongenade was gevallen.[54] In de verwachting dat diens tijd nu definitief voorbij was, werden de bezoekende bisschoppen echter teleurgesteld. Ook al sprak de dictator privé zeer denigrerend over de capaciteiten van de 'Reibi' – het was 'geen tacticus maar ook geen mens van principes; vanbinnen week, vanbuiten hard, in plaats van andersom'[55] – hij was niet bereid hem volledig te laten vallen. Müller weigerde van zijn kant, ondanks het onmiskenbare inboeten aan gezag, afstand te doen van zijn ambt; in de volksmond veranderde zijn bijnaam daarna van 'Reibi' in 'Bleibi'.[56]

Het kerkelijke conflict leidde tot grote onrust onder gelovige katholieken en protestanten. Dit moet echter niet worden aangezien voor een stilzwijgende afwijzing van het regime of zelfs een openlijke politieke oppositie. Veel meer zijn er aanwijzingen dat de antiklerikale maatregelen en pesterijen op het conto werden geschreven van ideologische scherpslijpers als Alfred Rosenberg, terwijl Hitlers persoonlijke populariteit onaangetast bleef. De meesterhuichelaar wist zich ook hier weer te presenteren als een mens en politicus die zelf religieuze gevoelens had en vastbesloten was de waarden van het christendom te verdedigen tegen de fanatici in zijn eigen beweging. Dat de belangrijkste vertegenwoordigers van beide kerken steeds weer bereid waren tot het betuigen van loyaliteit en respect aan de Führer, kan er eveneens toe hebben bijgedragen dat de ontevredenheid van het kerkse deel van de bevolking zich niet richtte tegen de man aan de top maar tegen de lokale partijradicalen.[57]

Na het mislukken van de poging de kerken door interne gelijkschakeling onder het juk van het regime te dwingen, ging de nazileiding op zoek naar een nieuw concept. In juli 1935 belastte Hitler de voormalige Pruisische minister van Justitie Hanns Kerrl met het toezicht op de kerkelijke zaken, die tot dusverre onder de ministeries van Binnenlandse Zaken en Religie vielen. Als hoofd van het nieuw opgerichte rijksministerie voor de Kerken kreeg Kerrl een volmacht instructies te geven die voor de hele kerk juridisch bindend waren. Hij richtte een 'rijkskerkencommissie' zowel als 'deelstaatkerkencommissies' op, die de taak hadden te bemiddelen tussen staat en kerk en de strijd binnen de kerk te beslechten. Het was noodzakelijk, verklaarde Kerrl begin augustus 1935 voor de verzamelde Gauleiter en rijksstadhouders, 'positief tegenover de staat staande en van het nationaalsocialisme doordrongen krachten aan zich te binden en voor het kerkelijk leven te behouden'.[58]

Hitler streefde met zijn kerkpolitieke koerswijziging twee uiteenlopende doelstellingen na: enerzijds wilde hij de kerken zo veel mogelijk uit het openbare leven verdringen, anderzijds wilde hij de conflicten ermee in zekere zin tot een minimum beperken, of op z'n minst een open confrontatie voorkomen en de in de zomer en herfst van 1935 duidelijk verslechterende stemming onder de bevolking niet nog verder negatief beïnvloeden. 'Ziet het dalen van de stemming precies. Wil vrede sluiten met de kerken. Tenminste voor een tijdje,' noteerde Goebbels op 14 augustus.[59] Maar in een herderlijk schrijven dat slechts een paar dagen later werd voorgelezen vanaf de kansel, bekrachtigden de katholieke bisschoppen het recht van de kerk om de openbare mening te mogen beïnvloeden en veroordeelden ze in krachtige bewoordingen het repressieve beleid van het regime. In een memorandum aan Hitler benadrukten ze weliswaar hun 'positieve houding ten opzichte van de staat', maar brachten ze tegelijkertijd hun 'ernstige zorgen' naar voren 'met het oog op de steeds luidruchtiger aanvallen tegen het christendom en de kerk'.[60]

Hitler was woedend en overlegde met Goebbels hoe hij moest reageren. 'Wat het katholicisme betreft is het de Führer menens,' merkte de minister van Propaganda begin september 1935 op. 'Moet het nu al tot een conflict komen? Ik hoop het niet. Liever later pas. Eerst wat buitenlandse politieke successen.'[61] In zijn openingsproclamatie op het partijcongres in Neurenberg op 11 september zei de dictator dat hij het 'onder geen enkele omstandigheid' zou 'dulden dat via een of andere omweg de politisering van de denominaties weer wordt voortgezet of zelfs opnieuw wordt ingezet'. Hij zou vastberaden strijd voeren 'tot het rein houden van ons openbare leven tegen dat soort priesters die hun roeping gemist hebben en die politici hadden moeten worden en geen zielzorgers'.[62]

Met een eerste golf processen over valuta- en zedenvergrijpen draaide het regime in 1935-1936 de duimschroeven weer aan bij de katholieke kerk. Katholieke priesters en religieuzen werden beschuldigd van seksueel misbruik van kinderen en jongeren of van misdrijven tegen de strenge deviezenbepalingen. De vanaf eind 1935 met grote betrokkenheid van de staatspolitie voorbereide processen voor de deelstaatrechtbank van Koblenz werden echter eind juli 1936 in opdracht van Hitler tot nader order opgeschort.[63] Men was van gedachte veranderd door het uitbreken van de Spaanse burgeroorlog. Daardoor leek het sluiten van vrede tussen het regime en de katholieke kerk onder de gemeenschappelijke vlag van een 'antibolsjewistisch eenheidsfront' plotseling mogelijk. Weliswaar kozen de bisschoppen in hun herderlijk schrijven van 19 augustus 1936 duidelijk partij tegen het bolsjewisme, maar tegelijkertijd bleven ze erop staan dat de met het concordaat in strijd zijnde 'beperkingen' van het kerkelijk leven in Duitsland moesten worden opgeheven voordat er een overeenkomst kon komen.[64]

Eind oktober 1936 bevestigde Hitler in een gesprek met Goebbels zijn voornemen met de katholieke kerk 'evtl. vrede te sluiten, op zijn minst voorlopig. Voor de strijd tegen het bolsjewisme. Wil met Faulhaber spreken.'[65] Op 4 november ontving de dictator de kardinaal op de Obersalzberg. Tijdens een onderhoud van drie uur ontvouwde hij nog eens het doemscenario van een bolsjewistische dreiging in Europa en hij riep de katholieke kerk op hem te steunen in zijn strijd daartegen. 'Ofwel het nationaalsocialisme en de kerk winnen gezamenlijk, ofwel ze gaan beide ten onder.' De dictator beloofde 'een streep te zetten onder het verleden' en 'alle details die het vreedzame samenwerken verstoren [...] uit de wereld te helpen'. Dit was 'een laatste poging', benadrukte hij, om tot een vergelijk te komen met de kerk. Wederom boekte het mengsel van verleidingen en bedreiging succes. 'De Führer beheerst de diplomatieke en sociale vormen beter dan een geboren soeverein,' schreef Faulhaber in zijn vertrouwelijke verslag over het overleg. 'De kanselier leeft ongetwijfeld in het geloof in God. Hij erkent het christendom als de bouwmeester van de cultuur van het Avondland.'[66]

Hij had de kardinaal 'flink onder handen genomen', vertelde Hitler vervolgens aan Goebbels. Faulhaber was 'heel klein geweest', 'had wat gebrabbeld over dogma of zo'. 'Oorlog of verzoening. Iets anders is er niet. De kerk moet onze kant kiezen, zonder voorbehoud.'[67] Met zo'n onderwerping zonder mitsen en maren wilden de katholieke bisschoppen zich niet verzoenen. In hun herderlijk schrijven van Kerstmis 1936 verklaarden zij zich bereid het regime te steunen 'in de wereldhistorische verdediging tegen het bolsjewisme', maar ze eisten opnieuw de in het concordaat beloofde rechten op. Hitlers woede over deze insubordinatie ontlaadde zich bij de lunch op de Obersalzberg begin januari 1937 tijdens een lang 'godsdienstdebat': 'De katholieke bisschoppen hebben weer een herderlijk schrijven tegen ons uitgevaardigd. Wie de goden willen straffen, die slaan zij eerst met blindheid,' klaagde hij en maakte onmiskenbaar duidelijk dat al zijn publieke verklaringen over de onmisbaarheid van de christelijke kerken niets anders waren dan misleidende lippendiensten: 'De Führer beschouwt het christendom als rijp voor de ondergang. Dit kan nog lang duren, maar het komt.'[68]

Een schandaal in het kabinet op 30 januari 1937 moedigde Hitler aan in zijn antikatholieke vechtstemming. Zoals reeds beschreven, weigerde de minister van Verkeer en Posterijen, de streng katholieke Eltz-Rübenach, het gouden partijinsigne en het lidmaatschap van de NSDAP met de motivatie dat de nationaalsocialisten 'de kerken onderdrukken'. De dictator en zijn minister van Propaganda reageerden verontwaardigd: 'Dit zijn de zwartrokken. Ze hebben boven hun vaderland een nog hoger gezag: dat van de alleenzaligmakende kerk.'[69] In de volgende dagen trok Hitler weer 'krachtig van leer tegen de kerken': 'Ze hebben niets geleerd en zullen niets leren. De wreedste instelling die je kunt bedenken. Zonder genade en gerechtigheid. We moeten ons niet inlaten met compromissen met hen. Dan ben je verloren.'[70] We moeten 'deze papen vierkant de waarheid zeggen', eiste nu ook Goebbels na nog een kritische preek van Faulhaber in München. 'We moeten ze laten buigen voor de staat. Eerder is er geen rust.'[71]

Eind februari 1937, toen hij in kleine kring beraadslaagde over de problemen met de kerken, richtte Hitler zich in een tirade tegen de grondslagen van het christendom en de christelijke kerken. Goebbels merkte op: 'Führer legt het christendom en Christus uit. Hij was ook tegen de Joodse wereldheerschappij. Het Jodendom heeft Hem vervolgens gekruisigd. Paulus heeft echter Zijn leer vervalst en daarmee het oude Rome ondermijnd. De Jood in het christendom. Hetzelfde heeft Marx met de gedachte van de Duitse gemeenschap, met het socialisme gedaan. Dit mag ons niet verhinderen socialisten te zijn.'[72] Jezus als ariër die overeenkwam met het heldenideaal van het nationaalsocialisme, Paulus als agent van de Joden, die de leer van Christus vervalste en het christendom een heilloze weg op leidde – dit waren volstrekt geen originele gedachten, maar was slechts een potpourri van ideeën zoals die opgeld deden in kringen van völkische auteurs. Hitler had duidelijk minder ontleend aan Rosenbergs *Mythus* dan aan Houston Stewart Chamberlains hoofdwerk *Die Grundlagen des 19. Jahrhunderts*.[73]

Natuurlijk waren dergelijke ideeën voor Hitler louter middelen tot een doel: 'Niet: partij tegen christendom; wij moeten ons juist tot de enige ware christenen uitroepen. Dan met het volle gewicht van de partij tegen de saboteurs. Christendom is het wachtwoord bij het vernietigen van de priesters, net als ooit socialisme bij het vernietigen van de marxistische partijbonzen.'[74] Ook al liet Hitler zijn aanhangers een quasireligieuze cultus rond zijn persoon vieren en hield hij er vooral op partijcongressen van de rol van de hogepriester te spelen, hij weigerde het om als stichter van een religie op te treden. Voor de Gauleiter sprak hij zich op 12 maart 1937 uit tegen 'nieuwe religievorming' – daarvoor was de nationaalsocialistische beweging 'nog te jong' – en daarmee wees hij de plannen van Rosenberg duidelijk af. Hij wilde nog altijd een openlijke breuk met de katholieke kerk vermijden. 'In de strijd tegen de kerk citeert hij de uitspraak van Schlieffen: "overwinningen van formaat en gewone overwinningen". Hij wil geen gewone overwinningen, terecht niet,' gaf Goebbels als commentaar. 'Je moet een tegenstander doodzwijgen of doodslaan. Dus!'[75]

In deze patstelling ontvlamde de pauselijke encycliek *Mit brennender Sorge* (Met brandende bezorgdheid). Het eerste ontwerp was van de hand van Faulhaber, dat werd bewerkt door Pacelli en goedgekeurd door paus Pius XI. Geheime koeriers brachten het document naar Duitsland, waar het werd gedrukt en op palmzondag, 21 maart 1937, voorgelezen vanaf de kansel. De encycliek hekelde het 'openlijke en verhulde geweld' tegen de kerk in Duitsland. De bepalingen van het concordaat zouden voortdurend worden geschonden; 'even onrechtmatig als mensonwaardig' was de druk waaraan de gelovigen werden blootgesteld. De encycliek benadrukte scherp de principiële onverenigbaarheid van het christelijk geloof en de nazidoctrine: 'Wie het ras, of het volk, of de staat, of de staatsvorm, de dragers van de staatsmacht, of andere zeer voorname waarden van menselijke gemeenschapsvorming [...] uit deze aardse waardebepaling losmaakt, ze tot de hoogste van alle waarden, ook van de godsdienstwaarden en in afgoderij vergoddelijkt, die verandert de door God geschapen en door God gewilde orde der dingen en vervalst ze.'[76]

Al op de avond voor de voorlezing stelde Heydrich Goebbels op de hoogte van de inhoud van de encycliek: 'Dus provocerend in de beste zin van het woord,' merkte de minister van Propaganda op. Hij raadde de Gestapochef af er fel op te reageren. Beter was: 'je dood houden en het negeren': 'En dan economische druk in plaats van arrestaties. Inbeslagneming en verbod van kerkbladen die met deze brutaliteit komen. Voor de rest: kalm blijven en afwachten tot het uur komt om ons van deze provocateurs te ontdoen.'[77] Hitler was echter niet tevreden met deze doodzwijgtactiek. Begin april 1937 belde hij Goebbels op vanaf de Obersalzberg: 'Hij wil nu het Vaticaan aanpakken [...]. De papen begrijpen ons geduld en onze mildheid niet. Nu zullen ze onze ernst, hardheid en meedogenloosheid leren kennen.'[78] Op 6 april gaf de dictator minister van Justitie Gürtner de instructie de sinds juli van het vorige jaar opgeschorte zedenwetprocedures 'nadrukkelijk' te hervatten 'met voorrang boven andere zaken'.[79] De processen gingen gepaard met een wilde antikatholieke campagne in de pers, die Goebbels ensceneerde als een generaal met zijn staf. 'Het grofste geschut wordt van stal gehaald. Mijn hint heeft dus het helse concert in beweging gezet. Nu zullen de papen hem wel beginnen te knijpen,' merkte hij eind april op.[80]

Hitler was weer eens tevreden met het werk van zijn minister van Propaganda, en deze registreerde blij: 'Bij de kerkelijke kwestie radicaliseert de Führer zienderogen.' Hij kende 'nu geen genade meer': 'Deze pederastenbende wordt uitgerookt.'[81] In zijn traditionele toespraak op 1 mei haalde de dictator fel uit naar de kerken: 'Als ze proberen zich met allerlei middelen, brieven, encyclieken enz. rechten toe te eigenen die alleen de staat toekomen, zullen we ze terugduwen in de hun passende geestelijke en zielzorgbezigheden.' Met een toespeling op de hervatte rechtszaken tegen katholieke priesters verklaarde Hitler: 'Het past ook niet vanuit die kant de moraal van een staat te bekritiseren, als men zelf meer dan genoeg reden heeft zich zorgen te maken over de eigen moraal.'[82]

Het hoogtepunt van de lastercampagne was een toespraak van Goebbels in de Berlijnse Deutschlandhalle op 28 mei. Al dagen van tevoren besprak hij met Hitler de inhoud tot in de details. De Führer had zelfs gedaan wat hij nog nooit eerder had gedaan, de cruciale passages gedicteerd: 'Heel fel en dramatisch. Zo ver zou ik niet zijn gegaan,' vertrouwde Goebbels toe aan zijn dagboek.[83] De toespraak werd uitgezonden door alle Duitse radiozenders. Een uur voor het begin lag de tekst bij de Duitse krantenredacties; ze kregen de instructie deze de volgende ochtend 'in de allergrootste opmaak' af te drukken.[84] Goebbels bespeelde alle registers van zijn tomeloze demagogie. Hij sprak van een 'algeheel zedelijk verval, dat in deze angstaanjagende en onrustbarende mate nauwelijks terug te vinden was in de hele geschiedenis van de menselijke beschaving'. In de gehele katholieke geestelijkheid had 'massale ontucht' om zich heen gegrepen, en de hele geestelijke stand verhulde deze 'vuiligheid'. 'Seksuele misdadigers in priestergewaad' joegen overal achter hun 'walgelijke lusten' aan. Dit 'seksuele verderf' moest 'met wortel en tak worden uitgeroeid'.⁸⁵ Na de toespraak, die werd begeleid door applaus van ongeveer 20.000 partijaanhangers, haastte Goebbels zich naar de Führer in de rijkskanselarij: 'Hij drukte me de hand. Heeft de hele toespraak gehoord op de radio en heeft, zoals hij me vertelde, geen minuut stil kunnen zitten.'⁸⁶

Ook in de dagen na de massabijeenkomst in de Deutschlandhalle liet Hitler in de kring van zijn gevolg zijn haatgevoelens steeds weer de vrije loop. 'De Führer gaat tekeer tegen de priesters.'⁸⁷ Goebbels wakkerde continu de campagne aan, terwijl de Gestapo tegelijkertijd alle tegengeluiden in de katholieke pers probeerde te onderdrukken en de preken van katholieke geestelijken liet bewaken. 'De gelovige katholiek in Duitsland is onder het recht van de noodtoestand geplaatst,' klaagde bisschop van Berlijn Konrad von Preysing. 'Hij krijgt spot en hoon, onderdrukking en angst voor zijn geloof over zich uitgestort zonder de mogelijkheid zich te verdedigen, terwijl de vijanden van de kerk vrijheid van meningsuiting, van aanval en van spot hebben.'⁸⁸

Het resultaat van de vervolgingen was voor de nazileiding echter een zware teleurstelling. In veel gevallen was er vrijspraak of waren er alleen lichte straffen. 'De rechtbanken laten het afweten. Ze leggen priesters belachelijke boetes of een beetje celstraf op voor ernstige misdaden tegen de staat,' wond Goebbels zich begin juli 1937 op en hij trok er de consequentie uit: 'Dit moet voor een speciale rechtbank komen.'⁸⁹ De minister van Propaganda kon ook Hitler van dit idee overtuigen.⁹⁰ Eind juli droeg de dictator de minister van Justitie echter onverwachts op de processen voorlopig op te schorten. Hoewel Goebbels meermaals erop aandrong om ze te hervatten, bleef het bij deze beslissing. Weliswaar beloofde Hitler in december 1937 dat hij alleen maar wachtte op een gunstige gelegenheid 'om de papenprocessen weer aan te zwengelen', maar: 'In de kerkenkwestie wil hij op dit moment rust.'⁹¹ Vermoedelijk hing de tweede koerswijziging samen met de nog te beschrijven overgang van het regime van revisie- naar expansiepolitiek. In de fase waarin Hitler besloot zijn verreikende plannen in de buitenlandse politiek te verwezenlijken, leek het hem niet praktisch de gespannen verhouding met het Vaticaan en de katholieke geestelijkheid verder onder druk te zetten.⁹²

Bovendien zag hij ondertussen in dat de onderwerping van de kerken aan het gezag van het regime waarschijnlijk een kwestie van lange adem zou worden. Hoe hij dit wilde realiseren, legde hij in intieme kring uit op 11 mei 1937, na een kabinetsvergadering: 'We moeten de kerken buigen en ze tot onze dienaren maken. Het celibaat moet ook sneuvelen. De vermogens van de kerk moeten worden geconfisqueerd, geen man mag vóór zijn 24ste jaar theologie studeren. Zo ontnemen we hun de beste opvolgers. De ordes moet worden opgeheven en de kerken mogen geen onderwijs meer geven. Alleen zo krijgen we ze in enkele tientallen jaren klein. Dan eten ze uit onze hand.'[93]

Ook tegenover de oppositie in de protestantse kerk wilde Hitler niet tot het uiterste gaan. Eind 1936 was al duidelijk dat het experiment van Kerrl om het geschil tussen de Deutsche Christen en de Bekennende Kirche te pacificeren had gefaald. Midden januari 1937 las Hitler de minister voor de Kerken de levieten bij de lunch op de rijkskanselarij, terwijl hij 'fel partij trok tegen de kerken'. Het 'primaat van de staat' moet 'in ieder geval' op hen bevochten worden; de politiek van Kerrl was hier 'te slap'.[94] De Rijkskerkencommissie, het centrale orgaan dat eenheid had moeten brengen in de protestantse kerk, trad terug op 12 februari. Zonder zijn collega-ministers te raadplegen, kondigde Kerrl daarop een decreet aan waarmee hij de kerken onder verscherpt staatstoezicht wilde plaatsen. Hitler was woedend over dit eigenmachtig optreden en verbood publicatie van het decreet. Tegelijkertijd ontbood hij op 15 februari Kerrl, Frick, Heß, Himmler, Goebbels en secretaris Stuckart voor een conferentie over de kerkenkwestie op de Obersalzberg. Goebbels merkte op: 'De Führer wil nu een duidelijke lijn uitzetten. Kerrl heeft een ernstige fout gemaakt toen hij ons passeerde.'[95]

De minister van Propaganda reisde evenals Himmler en Stuckart met de nachttrein. Ze hadden dus volop gelegenheid hun posities met elkaar af te stemmen. Ze waren het er alle drie over eens dat een strikte overheidsregulering, zoals het concept van Kerrl dat wilde, 'alleen maar martelaren' zou creëren. Tegelijkertijd benadrukten zij het fundamentele verschil in het langetermijnperspectief: 'Kerrl wil de kerk behouden, wij willen haar liquideren.'[96] De bijeenkomst op de Obersalzberg duurde zeven volle uren, wat aangeeft hoe belangrijk Hitler de zaak vond. Hij keerde zich fel tegen de ideeën van Kerrl, aangezien zij slechts zouden uitdraaien op de aanstelling van een *summus episcopus* (opperbisschop) in de gedaante van de minister van Kerken en 'alleen met geweld gerealiseerd' zou kunnen worden. 'In het vooruitzicht van de verwachte "grote wereldoorlog"' kon Duitsland 'zich nu geen kerkenstrijd permitteren'. Na veel discussie gaf Goebbels een voorstel in overweging dat hij eerder had afgestemd met Himmler en Stuckart: 'Ofwel scheiding van kerk en staat – waarvoor het naar mijn mening nog te vroeg is – ofwel nieuwe verkiezingen voor een grondwetgevende synode, met volledige terugtrekking van partij en staat betreffende dit onderwerp, heel vrije en evenredige verkiezingen en hoge salarissen voor de afgevaardigden bij de synode. Binnen een jaar zullen ze de overheid komen smeken om hulp tegen zichzelf.' Hitler nam het voorstel, volgens Goebbels' dagboeknotitie, 'enthousiast' over; het werd besproken tot in de details en goedgekeurd door alle deelnemers aan de bijeenkomst, inclusief Kerrl. 'Een historische dag. Een keerpunt in het kerkenconflict,' jubelde de minister van Propaganda.[97]

Hitlers decreet werd nog in de avondedities van de kranten bekendgemaakt en baarde inderdaad enig opzien. Het luidde namelijk als volgt: 'Nadat de Rijkskerkencommissie er niet in geslaagd is een vereniging van de kerkelijke groeperingen van de Deutsche Evangelische Kirche te bereiken, moet de kerk zich nu in volle vrijheid overeenkomstig de keuze van het kerkvolk zelf de nieuwe grondwet en daarmee een nieuwe ordening schenken.' De rijksminister voor de Kerken werd gemachtigd 'voor dit doel de verkiezingen van een generale synode voor te bereiden en de daartoe noodzakelijke maatregelen te nemen'.[98] De volgende dag trommelde Goebbels de pers op voor een persconferentie onder het motto: 'Führer zet stap naar vrede in de kerkenkwestie.'[99]

Het bleef echter bij deze hoogdravende mededeling. Al snel bleek namelijk dat de kerkelijke verkiezingen alleen maar zorgden voor nieuwe publieke onrust in plaats van verzoening tussen de strijdende partijen in de protestantse kerk te bevorderen. Delen van de Bekennende Kirche dreigden openlijk de verkiezingen te boycotten. Eind juli 1937 werden de voorbereidingen voor de verkiezingen stopgezet. Het was een van de zeldzame gevallen waarin een besluit van Hitler geruisloos in de vergetelheid verdween.[100] Tijdelijk overwoog de dictator nu het alternatief, het forceren van een scheiding van kerk en staat, en werd daarin gesteund door Kerrl, die daarmee zoals Goebbels opmerkte 'een fantastische draai' maakte.[101] Ook dit plan liet men echter snel varen. Hitler liet in december 1937 zijn grootste bedenking in de notulen vastleggen: 'Dan gaat het protestantisme echter helemaal te gronde. Dan hebben wij geen tegenwicht meer tegen het Vaticaan.'[102] Fundamentele beslissingen over de kerkenkwestie werden uitgesteld in het licht van de geïntensiveerde oorlogsvoorbereidingen. Kerrl werd uitdrukkelijk 'elke hervorming verboden'.[103] Deze tijdelijke ommezwaai verhinderde echter op geen enkele manier de vervolging van prominente vertegenwoordigers van de Bekennende Kirche.

Op 1 juli 1937 werd Martin Niemöller op bevel van Hitler gearresteerd. Hij had in zijn preken in Dahlem de totalitaire aanspraken van het nazi-'wereldbeeld' steeds openlijker verketterd en was er ook niet voor teruggeschrokken de verantwoordelijken voor de kerkvervolging bij name te noemen en lijsten met de namen van de desbetreffende dominees voor te lezen.[104] 'Dominee Niemöller eindelijk gearresteerd. Heel klein gebracht in de pers. Nu zo straffen dat horen en zien hem vergaat. Niet meer vrijlaten.'[105] Daarin was de minister van Propaganda het eens met de Führer. In december 1937, onderweg met een speciale trein naar de begrafenis van Ludendorff in München, bevestigde Hitler: Niemöller 'komt nooit meer vrij tot hij gebroken is. Verzet tegen de staat wordt niet getolereerd.'[106]

Het proces, dat op 7 februari 1938 achter gesloten deuren begon, werd evenwel een nederlaag voor het regime. Niemöller en de verdediging legden de nadruk volledig op zijn nationalistische verleden. De verdachte beschreef niet alleen zijn prestaties als onderzeebootcommandant in de Eerste Wereldoorlog, maar ook zijn activiteiten als Freikorpsstrijder na 1918 en zijn vroege sympathie voor de nationaalsocialistische beweging. Een reeks prominente getuigen kwam naar voren om zijn puur patriottistische instelling te bewijzen. Uiteindelijk werd hij veroordeeld tot zeven maanden vestingstraf en een boete van 2000 mark. Omdat hij al acht maanden in eenzame opsluiting in de Moabit-gevangenis had doorgebracht, had hij zijn straf al uitgezeten.[107]

Goebbels, die het proces in al zijn fasen aandachtig en met groeiende woede had gevolgd, was uiterst verontwaardigd over de lichtere straf, die moreel neerkwam op vrijspraak: 'Dit is het toppunt. Ik geef slechts een heel kort bericht aan de pers. Himmler kreeg van de Führer de instructie die vent meteen naar Oranienburg te brengen.' Terwijl buitenlandse journalisten nog wachtten voor de rechtbank, werd Niemöller bij een zij-uitgang opgewacht door medewerkers van de Gestapo en naar concentratiekamp Sachsenhausen bij Oranienburg afgevoerd. 'Daar kan hij nu God dienen door te werken en tot inkeer te komen,' riep de minister van Propaganda hem achterna.[108] Een dag na de uitspraak weidde ook Hitler bij de lunch in de rijkskanselarij uit over het 'geval-Niemöller': die was 'mooi opgeborgen in het concentratiekamp. Hij zou er niet zo snel meer uitkomen. Zo vergaat het nu dus alle vijanden van de staat. Wie de welwillende Hitler voor een zwakkeling houdt, die moet en zal de harde Hitler leren kennen.'[109] Inderdaad, Niemöller moest als Hitlers 'persoonlijke gevangene' tot het einde van het Derde Rijk in het concentratiekamp blijven, tot 1941 in Sachsenhausen, vervolgens in Dachau.

Afgezien van het spectaculaire proces-Niemöller hield de rust die Hitler eind 1937 had bevolen voor het religieuze front stand in 1938 en in de eerste helft van 1939. Op een tijdstip waarop de dictator in de buitenlandse politiek de weg insloeg naar de veroveringsoorlog, kon hij een groot conflict met de kerken niet gebruiken. 'De chef weet heel goed dat de kerkenkwestie heel netelig is en in het geval van een oorlog binnenslands erg ongunstig kan uitpakken,' vertelde secretaresse Christa Schroeder in een brief aan een vriendin.[110] De eindafrekening met de kerken moest daarom wachten tot na de overwinning in de oorlog. Anders lag het met de manier waarop het regime het 'Joodse vraagstuk' behandelde. Hierin werd het jaar 1938 de beslissende mijlpaal op weg naar het doel van het 'verwijderen' van de Joden uit Duitsland. Toen de rijksminister voor de Kerken Kerrl in december 1938 opnieuw een aanzet maakte om de evangelische kerk aan gedwongen staatstoezicht te onderwerpen, gaf Hitler hem, zoals Goebbels opmerkte 'het bevel daarmee te stoppen': 'We gaan nu eerst het Joodse vraagstuk oplossen.'[111]

20

Radicalisering van de 'Jodenpolitiek'

'Het uiteindelijke doel van onze hele politiek is voor ons allemaal volstrekt duidelijk,' zo verklaarde Hitler zijn optreden tegen de Joden op 29 april 1937 in de Ordensburg Vogelsang in de Duitse Eifel aan de NSDAP-Kreisleiter. 'Het draait er voor mij altijd louter om dat ik geen stap zet die ik misschien ongedaan moet maken en geen stap doe die ons schade berokkent. Weet u, ik ga altijd tot de uiterste grens van het gewaagde, maar nooit eroverheen. Daarvoor moet je een neus hebben, om ongeveer te ruiken: wat kan ik nog doen? Wat kan ik niet doen? Ook in de strijd tegen een tegenstander.' Op de geluidsopname die van deze geheime toespraak bewaard gebleven is, klinkt op deze plaats grote vrolijkheid en heftige bijval. Hitler vervolgde: 'Ik wil een tegenstander niet meteen met geweld uitdagen tot de strijd, ik zeg niet: "Vecht!" omdat ik vechten wil, maar ik zeg: "Ik wil je vernietigen! En nu, help me, verstand, om je zo naar die hoek te manoeuvreren dat jij geen stoot kunt uitdelen, en dan krijg jij de stoot in het hart." Dat is het.'[1] Met deze woorden had Hitler zijn stem tot het hoogste volume verhoogd, en het laatste bevestigende 'Dat is het' stiet hij uit als een explosie, als in een 'orgastische kramp', en oogstte daarbij de dolle bijval van zijn publiek.[2]

Maar zelfs op dit moment waarop Hitler zich retorisch schijnbaar volledig liet gaan, verloor hij niet de greep op wat hij zei. Integendeel, hij beschreef precies de methode waarmee hij na zijn benoeming tot rijkskanselier te werk gegaan was. Zoals hij in de buitenlandse politiek steeds weer tot de uiterste grens van het risico was gegaan, zonder die te overschrijden, zo had hij in zijn politiek tegen de Joden stap voor stap naar radicale oplossingen getast. Nu eens was, zoals in de lente van 1935, op een teken van hem de vervolging verhevigd, dan weer was die, zoals in het olympisch jaar 1936, afgezwakt. Ook als de paladijnen juist met elkaar wedijverden op het gebied van de 'Jodenpolitiek' om 'de Führer tegemoet te werken' en hun eigen initiatieven op te dringen,[3] dan was Hitler ook hier de beslissende instantie waarvan alles afhing. Hij hield steeds de touwtjes in handen en bepaalde de wet waarnaar gehandeld moest worden. Bij alle tactische flexibiliteit verloor hij echter nooit het 'einddoel', de 'vernietiging' van de Joden uit het oog. 'Vernietiging' stond nog niet voor massamoord, maar verwees naar verdrijving. Eind november 1937 noteerde Goebbels na een lange discussie met Hitler over het 'Joodse vraagstuk': 'De Joden moeten Duitsland uit, heel Europa uit. Dat duurt nog een tijd, maar dat moet en zal gebeuren. De Führer is vastbesloten dit te doen.'[4]

Nadat in de eerste helft van 1937 de confrontatie met de kerken het brandpunt van de binnenlandse politiek was geweest, werd de nieuwe, radicale fase van de nationaalsocialistische Jodenvervolging ingeleid door Hitlers slotredevoering op het Neurenbergse partijcongres op 13 september 1937. Daarin riep hij, net als in het voorgaande jaar, het spook op van het 'wereldgevaar' van het 'Joodse bolsjewisme', maar hij knoopte aan zijn aanvallen ook wilde uitvallen vast tegen het 'Joodse ras', dat hij als 'door en door minderwaardig' brandmerkte. Omdat het niet in staat was tot ook maar één cultureel creatieve prestatie, moest het om zijn wereldwijde heerschappij te kunnen vestigen 'overgaan tot een snelle uitroeiing van de bestaande intellectuele bovenlagen van andere volkeren'. Zo werd 'in het huidige Sovjet-Rusland van het proletariaat meer dan 80 procent van de leidende posten door Joden bezet'. Het feit dat Stalin bij de showprocessen van 1936-1937 ook Joodse medewerkers als Karl Radek liquideerde – wat Goebbels verrast in zijn dagboek noteerde[5] – lijkt Hitler niet blijvend dwarsgezeten te hebben. In bijna identieke zinswendingen herhaalde hij wat hij al in zijn kernbetoog van augustus 1920 – 'Waarom zijn we antisemieten?' – had verklaard, een treffend voorbeeld van de bestendigheid van zijn paranoïde haat tegen de Joden. Het was dus geen toeval dat hij zich in dit verband beriep op de Duitse revolutie van 1918-1919: 'Wie waren de leiders van onze Beierse radenrepubliek? Wie waren de leiders van Spartakus? Wie waren de echte geldschieters en leiders van onze communistische partij? [...] Het waren louter de Joden!'[6]

Hitlers tirade sorteerde effect. In de vrijstad Danzig, waar de nazi's onder leiding van Gauleiter Albert Forster de politieke gelijkschakeling hadden voltooid, kwam het eind oktober 1937 tot ernstige antisemitische gewelddadigheden.[7] Tegelijkertijd begon op veel andere plaatsen in het rijk een nieuwe boycotgolf tegen Joodse bedrijven, met als doel de eigenaars tot sluiting te dwingen en zo de emigratiedruk te verhogen. 'De economische vernietigingsstrijd tegen de Joden in Duitsland wordt in alle hevigheid gevoerd,' constateerde de Breslause leraar Willy Cohn op 26 oktober. 'De druk om je bedrijf te verkopen groeit dagelijks.'[8] Met het ontslag van Hjalmar Schacht als minister van Economische Zaken, eind november 1937, verdween nog een hinderpaal die de opgevoerde economische plundering van de Joden tot dusverre in de weg gestaan had.[9] Zo merkte de correspondent van de *Neue Zürcher Zeitung* op in een artikel van eind januari 1938 dat 'het uitschakelen van het Joodse element in alle takken van de economie [...] al enige tijd met toenemende heftigheid' wordt uitgevoerd. De politiek van de *Ari-*

sierung (het in Duits bezit brengen) ontneemt 'de Joden elke grondslag voor hun levensonderhoud'.[10] Van de ongeveer 50.000 Joodse zaken die er waren geweest voor de nationaalsocialistische 'machtsgreep' in het Duitse Rijk, bestonden er in de zomer van 1938 nog maar circa 9000, waaronder meer dan 3600 in Berlijn.[11]

Wie zijn bedrijf moest opgeven, kreeg daar maar een fractie van de werkelijke waarde voor terug. Wie besloot te emigreren, moest daar bovenop nog speciale belastingen betalen, onder andere een 'Rijksvluchtbelasting', zodat er van het geld dat men ooit had gehad, niet veel meer overbleef en de omstandigheden voor het beginnen van een nieuw bedrijf na de emigratie bemoeilijkt werden. Een Münchense zakenman die zichzelf een nationaalsocialist en bewonderaar van Hitler noemde, liet in een brief aan de lokale Kamer van Koophandel en Fabrieken in april 1938 weten 'dat hij zo walgde van de brute maatregelen en [...] dit soort chantage tegen de Joden' dat hij afzag van verdere activiteiten als adviseur bij de arisering. Als 'oude, rechtschapen en eerlijke koopman' kon hij het niet aanzien 'op wat voor schaamteloze manier door veel "arische" zakenlieden, ondernemers enz. wordt geprobeerd [...] Joodse zaken, fabrieken enz. zo goedkoop mogelijk en tegen een spotprijs bij elkaar te graaien': 'Die mensen lijken voor mij op aasgieren die zich met waterige ogen en uit hun snavel hangende tong op het Joodse kadaver storten.'[12] Zulke stemmen vormden echter een grote uitzondering. Veel Duitsers gebruikten inderdaad de hachelijke situatie van de vogelvrij verklaarde en vervolgde minderheid om zich zonder scrupules te verrijken ten koste van de voormalige Joodse eigenaren.

De rooftocht ging gepaard met een voortrazende antisemitische lastercampagne. Op 8 november 1937 openden Julius Streicher en Joseph Goebbels in het Deutsche Museum in München de tentoonstelling *'Der ewige Jude'* (De eeuwige Jood). Deze moest, naar verluidt, aan het publiek 'de schadelijke invloed van het Jodendom in de hele wereld' tonen. 'Grote gele plakkaten blèren in alle straten, en overal is het gezicht van de eeuwige Jood te zien,' meldde de Sopade-rapporteur uit München. De tentoonstelling zou haar propagandistische uitwerking niet missen, omdat waarheid en leugen 'op zo'n geraffineerde wijze met elkaar verflochten' waren 'dat de leugen het effect heeft van waarheid'.[13]

De scherpere koers in de 'Joodse politiek' sinds de herfst van 1937 hing direct samen met het verleggen van de focus door het naziregime op buitenlandse expansiepolitiek, die in het volgende hoofdstuk ter sprake komt. Consideratie met reacties uit het buitenland, die Hitler en zijn volgelingen in eerdere jaren telkens weer ertoe hadden gebracht zich enigszins te matigen, viel daarmee weg. De economische positie van de Joden in Duitsland was ondertussen zo ondermijnd dat er van hun definitieve verdringing uit het zakenleven geen grote invloed op de conjunctuur meer te vrezen was.[14] Integendeel, een totale arisering van de Joodse activa bracht de belofte met zich mee dat de gespannen financiële situatie van het rijk ontlast kon worden, omdat het vrijkomende geld gebruikt kon worden voor bewapening en oorlogsvoorbereidingen.

Voor een belangrijke impuls bij de radicalisering van de Jodenvervolging zorgde de Anschluss van Oostenrijk in maart 1938. Van de 515.000 Joden die in 1933 in Duitsland woonden, waren er 152.000 geëmigreerd tegen het einde van 1937; 363.000 hielden het nog steeds vol in het land.[15] Nu kwamen er ineens ongeveer 190.000 Oostenrijkse Joden bij, waarmee de inspanningen van de Duitse autoriteiten voor de emigratie van de Joodse minderheid vooralsnog geen effect leken te hebben. Inderdaad bracht het inlijven van Oostenrijk een nieuwe dynamiek op gang in het proces van de *'Entjudung'*, die met de pogrom in de nacht van 9 op 10 november een voorlopige climax zou bereiken. Al in de eerste uren na het binnenmarcheren van de Duitse troepen kwam het in de Weense straten tot ernstige excessen tegen de Joodse bevolking, die alles overtroffen wat er sinds 1933 had plaatsgevonden in het *'Altreich'* (de aanduiding van het Duitse grondgebied tot vóór de Anschluss). 'Die avond brak de hel los,' herinnerde zich toneelschrijver Carl Zuckmayer. 'De onderwereld had haar deuren geopend en haar meest laag-bij-de-grondse, afschuwelijkste en smerigste geesten losgelaten. De stad veranderde in een nachtmerrieschilderij van Jeroen Bosch: lemuren en demonen leken uit hun bedorven eieren gekropen en opgestegen uit drekgaten in de aarde. De lucht was vervuld van onafgebroken schrille, woeste en hysterische kreten.'[16]

Dagenlang gaven de Oostenrijkse nationaalsocialisten en hun achterban de vrije teugel aan hun opgekropte haat tegen de Weense Joden. Deze werden voor de ogen van een met leedvermaak en open mond toekijkend publiek op alle denkbare manieren vernederd en mishandeld. 'Met hun blote handen moesten hoogleraren de straten boenen, vrome Joden met witte baarden werden uit de synagoge gesleept en door joelende jongens gedwongen kniebuigingen te maken en in koor "Heil Hitler" te schreeuwen', beschreef de Weense schrijver Stefan Zweig in zijn autobiografie de rituelen van de publieke vernedering. 'Men ving onschuldige mensen langs de straat als konijnen en sleepte ze weg om ze de latrines van de SA-kazerne te laten vegen; alles wat een zieke, smerige haatfantasie orgiastisch kon verzinnen in vele nachten, zag nu het volle daglicht.'[17] De ongecontroleerde terreur nam zulke proporties aan dat Heydrich de als 'Rijkscommissaris voor de Hereniging van Oostenrijk met het Duitse Rijk' ingezette Gauleiter Josef Bürckel op 17 maart dreigde met de arrestatie van alle nationaalsocialisten die verder deel zouden nemen aan de 'ongedisciplineerde' overvallen.[18] Ook daarna ebde de golf van geweld slechts geleidelijk weg. 'Op straat vandaag groepen Joden die schuivend op handen en knieën Schuschnigg-slogans moeten verwijderen van de trottoirs, onder dwang van joelende SA-mannen en beschimpt door de menigte eromheen,' zag William Shirer op 22 maart.[19] De Italiaanse ambassadeur in Wenen, Ubaldo Rochira, maakte eind april nog melding van een hernieuwde opeenstapeling van gewelddadige incidenten. Zo waren in een grote straat van het Tweede District 'ongeveer honderd Joden gedwongen [...] op handen en voeten te lopen of te kruipen over de grond'. De ambassadeur was verrast door de heftigheid van het antisemitisme, dat hij aantrof in alle lagen van de Weense bevolking, van intellectuelen tot eenvoudige arbeiders.[20]

Veel Weense Joden probeerden in paniek het land te verlaten en het aantal zelfmoorden nam met sprongen toe.[21] In zeer korte tijd werden de antisemitische wetten ook ingevoerd in de *'Ostmark'*, zoals Oostenrijk vanaf nu werd aangeduid. Ook de arisering, die sinds mei 1938 was toevertrouwd aan een 'vermogensbureau' in Wenen, werd in enkele maanden doorgevoerd.[22] Om het proces van de verdrijving van de Oostenrijkse Joden te versnellen, werd in augustus een *Zentralstelle für jüdische Auswanderung* (Centraal Bureau voor Joodse Emigratie) ingericht in het voormalige Weense Rothschild-Palais. De leiding werd opgedragen aan SS-Obersturmführer Adolf Eichmann, medewerker van het Berlijnse *Judenreferat* (Joodse aangelegenheden) in het SD-*Hauptamt* (*Abteilung* II 112). De overtuigd antisemiet en ijverige bureaucraat ontwikkelde een efficiënte lopende-bandmethode voor het afwikkelen van gedwongen Joodse emigratie, die het mogelijk maakte om aanvragers in één en hetzelfde gebouw snel na elkaar af te handelen. Hij liet het fortuin van rijke leden van de Joodse gemeenschap in beslag nemen om hiermee de emigratie van arme Joden te financieren. Voor mei hadden 100.000 Oostenrijkse Joden, meer dan 50 procent, het land verlaten. Het 'Weense model' bleek zo succesvol dat het ook een voorbeeld moest worden voor het Altreich.[23]

'Het lot van de Duitse Joden is sinds de annexatie van Oostenrijk in een nieuwe fase gekomen,' erkende het Sopade-verslag van juli 1938. 'De nazi's hebben uit de Oostenrijkse ervaringen de conclusie getrokken dat vaart zetten achter de Jodenvervolgingen het systeem geen schade zou kunnen berokkenen, dat de ontketening van alle antisemitische instincten onder de achterban, het dulden van openlijke pogroms noch tot economische problemen noch tot aanmerkelijk prestigeverlies in de wereld leidt. Geleid door dit inzicht [...] past het regime de Weense methoden onverbiddelijk ook in het Altreich toe.'[24] Vanaf het voorjaar van 1938 volgde de ene discriminerende wet na de andere, met telkens maar één doel: het economische bestaan van de Joden in het 'Groot-Duitse Rijk' te vernietigen en hun het leven zo moeilijk mogelijk te maken. Zo werd voor Joodse gezinnen de kinderaftrek bij de inkomstenbelasting geschrapt (1 februari), werden Joodse ondernemers uitgesloten van de aanbestedingen voor overheidsopdrachten (1 maart) en verloren Joodse gemeentes hun status als rechtspersoon

(28 maart). Bijzonder ernstig was een verordening van 26 april die alle Joden ertoe verplichtte vóór 30 juni hun kapitaal aan te melden als het groter was dan 5000 mark. 'Wat willen ze met deze lijst?' vroeg Victor Klemperer zich af, die op 29 juni zijn formulier invulde. 'We zijn eraan gewend geraakt in deze toestand van rechtenverlies en stompzinnig wachten op volgende misdaden te leven, het windt ons nauwelijks meer op.'[25]

Op 6 juli verbood een aanvulling op de Vestigingswet Joden verschillende beroepen uit te oefenen, zoals dat van makelaar, huwelijksbemiddelaar of marskramer. Eind juli werd de Joodse artsen hun bevoegdheid ontnomen en in september gebeurde dat bij Joodse advocaten. Een decreet van 17 augustus bepaalde dat Joodse mannen en vrouwen voortaan alleen de voornamen mochten voeren die op een bijgevoegde lijst stonden, of ze moesten aan hun voornaam de naam 'Israël' respectievelijk 'Sara' toevoegen. 'Als deze lijsten waren samengesteld onder andere omstandigheden, konden ze als afdoend bewijs dienen voor de geestelijke gesteldheid van een bureaucratische zwakzinnige,' merkte Saul Friedländer op over deze volgende pesterij.[26] Deze lijst was opgesteld door een ambtenaar van het ministerie van Binnenlandse Zaken en medewerker aan de Neurenbergse rassenwetten, Hans Globke. Na 1945 mocht hij als zoveel anderen zijn carrière voortzetten en in oktober 1949 bracht hij het tot referendaris en later tot staatssecretaris in het ministerie van bondskanselier Konrad Adenauer.[27]

Wederom werkten bestuurlijke maatregelen 'van boven' en gewelddadige acties 'van onderen' samen en versnelden het radicaliseringsproces. Op tal van plaatsen in het Altreich kwam het begin 1938 in aansluiting op de Weense pogrom tot antisemitische gewelddaden.[28] In Berlijn nam Goebbels het initiatief, zoals ook al in 1935. Eind april had hij overleg met de Berlijnse hoofdcommissaris van politie Wolf Heinrich graaf von Helldorf over een verdere aanscherping van de Jodenvervolging: 'Joodse gelegenheden worden gesloten. Joden krijgen vervolgens een zwembad, een paar bioscopen en cafés toegewezen. Anders verboden toegang. We zullen Berlijn zijn karakter van Joods paradijs ontnemen. Joodse bedrijven worden als zodanig gemarkeerd. In ieder geval gaan we nu radicaal optreden.' Hitler vond het goed, maar vroeg om met concrete acties te wachten tot na zijn reis naar Italië, begin mei 1938.[29] In opdracht van Helldorf stelde het bureau van de Staatspolitie in Berlijn op 17 mei een 'memorandum' op 'over de behandeling van Joden in de rijkshoofdstad op alle terreinen van het openbare leven', dat voorzag in een groot aantal discriminerende maatregelen: van de invoering van speciale herkenningstekens voor Joden, via de opheffing van de leerplicht voor Joodse kinderen en het markeren van Joodse bedrijven tot het inrichten van speciale treincompartimenten voor Joden.[30]

Het Judenreferat van de SD had bedenkingen: het was 'ondoelmatig de regeling van het Jodenprobleem in Berlijn onafhankelijk van die in het hele rijksgebied te behandelen'.³¹ Goebbels bleef er echter bij dat de rijkshoofdstad het voortouw moest nemen. Op 24 mei sprak hij opnieuw met Helldorf over het 'Joodse vraagstuk in Berlijn': 'We willen de Joden uit de economie en het culturele leven verdringen, zelfs uit het openbare leven. We moeten immers ergens een begin maken.' Vijf dagen later verzekerde hij zich nogmaals van Hitlers goedkeuring en op 30 mei gaf hij de hoofdcommissaris van politie opdracht het 'Berlijnse Anti-Jodenprogramma ter hand te nemen'.³² Op 31 mei hield de Berlijnse politie een grote razzia op de Kurfürstendamm en arresteerde driehonderd Joden, van wie de meesten de volgende dag al werden vrijgelaten. Goebbels was er verontwaardigd over – 'Ik ga tekeer als nooit tevoren' – en probeerde in een toespraak tot de Berlijnse politieofficieren op 10 juni zieltjes te werven voor zijn radicale lijn: 'Ik jut ze echt op. Tegen alle sentimentaliteit. Niet de wet is het parool, maar pesterij. De Joden moeten uit Berlijn. De politie zal me daarbij helpen.'³³

Vanaf 11 juni werden er uit de meeste wijken van Berlijn anti-Joodse acties gemeld. 'Vanaf de late zaterdagmiddag kon je groepjes burgers, meestal bestaande uit twee of drie mannen, zien, die op de etalages van Joodse winkels het woord *"Jude"* schilderden in grote rode letters, alsmede de davidster en karikaturen van Joden,' meldde de Amerikaanse ambassadeur in Berlijn, Hugh R. Wilson. 'De schilders werden altijd gevolgd door een grote groep kijklustigen. Deze genoten duidelijk zeer van het gebeuren.' Deze actie was een poging 'Joodse zaken georganiseerd te markeren' en overtrof 'in grondigheid alles wat er sinds het begin van

Afb. 62 'Juni-actie' – besmeurde etalages van Joodse winkels in Berlijn, juni 1938.

1933 was gebeurd'.³⁴ De rellen bereikten hun hoogtepunt op 20 en 21 juni. Journaliste Bella Fromm, die een paar weken later zou emigreren naar de Verenigde Staten, schreef vol afschuw in haar dagboek: 'De hele Kurfürstendamm was vol met gekladder en posters [...]. Vooral in de wijk (achter de Alexanderplatz) waar de kleine Joodse winkels zijn, had de SA vreselijk huisgehouden. Overal zag je walgelijke, bloederige foto's van onthoofde, opgehangen en verminkte Joden met weerzinwekkende opschriften. Etalages waren kapotgeslagen en de "buit" uit deze armoedige winkeltjes lag verspreid op het trottoir en in de goot.'³⁵ Het rapport van het SD-hoofdbureau merkte laconiek op: 'De actie werd uitgevoerd met toestemming van de plaatselijke Berlijnse politieautoriteiten.'³⁶ Maar de Berlijnse politie was niet alleen maar passief; in het kader van een grote operatie tegen zogenaamde 'asocialen' arresteerde ze midden juni 1938 ongeveer 1500 Joden, van wie de meesten werden afgevoerd naar concentratiekamp Buchenwald nabij Weimar. Goebbels sprak zijn tevredenheid uit: 'Helldorf treedt nu radicaal op in de Joodse kwestie. De partij helpt hem daarbij. Veel arrestaties [...]. De politie heeft mijn instructies begrepen. Wij zullen Berlijn zuiveren van Joden. Ik houd de teugels nu strak.'³⁷

Op 22 juni beval Hitler vanaf de Obersalzberg de onmiddellijke stopzetting van de actie. En Goebbels, die op de avond van dezelfde dag ter gelegenheid van het Zonnewendefeest in het Olympisch Stadion opnieuw een felle antisemitische toespraak hield³⁸, moest een toontje lager zingen. De reden voor Hitlers instructies lag voor de hand: de antisemitische campagne in Berlijn had in de buitenlandse pers zeer negatieve reacties opgeroepen en in een periode dat de internationale spanningen van dag tot dag toenamen vanwege het door het naziregime uitgelokte 'Sudetencrisis' wilde de dictator om tactische redenen het activisme in de 'Jodenpolitiek' tijdelijk dempen.³⁹ Het doel bleef echter hetzelfde, en daarover werden Hitler en zijn minister van Propaganda het nogmaals eens op het festival van Bayreuth op 24 juli 1938: 'Hoofdzaak is dat de Joden verdreven worden. In tien jaar moeten ze uit Duitsland verwijderd zijn. Voorlopig zullen we de rijke Joden nog hier houden als vuistpand.'⁴⁰

Eind juli stuurde de Berlijnse hoofdofficier van politie aan alle afdelingen 'Richtlijnen voor de behandeling van Joden en Joodse zaken', waarin hij de conclusies trok uit de juni-actie. Het doel was 'de Joden ertoe te brengen te emigreren, en niet zomaar doelloos te pesten als dit geen uitzicht biedt op dit succes'.⁴¹ Alle ambtenaren moesten hun bijdrage leveren om 'Berlijn zo veel mogelijk van de Joden, en met name van het Joodse proletariaat, te bevrijden'. Een uitgebreide catalogus van 76 punten zet tot in de details uiteen hoe zij de vogelvrij verklaarde minderheid konden treiteren in het dagelijks leven, zonder de bestaande discriminerende regels te buiten te gaan. 'Helldorf gaf me een lijst van de maatregelen tegen de Joden in Berlijn. Ze zijn echt rigoureus en veelomvattend. Zo verdrijven we de Joden in afzienbare tijd uit Berlijn,' prees Goebbels het werk van de hoofdcommissaris.[42]

Het beleid van de gedwongen verdrijving werkte echter zichzelf tegen: doordat het naziregime er alles aan deed om de Joden te beroven van hun economische bestaansbasis, beperkte dat beleid de reële mogelijkheden tot emigratie. 'Terwijl de Joden snel veranderen in een proletarische gemeenschap die spoedig afhankelijk zal zijn van openbare liefdadigheid, wordt het voor hen, gelet op het geld dat ermee is gemoeid, steeds moeilijker te emigreren,' meldde de Argentijnse ambassadeur in Berlijn Eduardo Labougle in augustus 1938.[43] Ook op het SD-hoofdkwartier was men zich bewust van dit dilemma: het moest niet vergeten worden, stond te lezen in een rapport over de maanden april en mei 1938, 'dat de emigratiemogelijkheden in gelijke mate zijn verkleind als de emigratiedruk is verhoogd'. De groeiende uitsluiting van Joden uit het economische leven veroorzaakt in de Joodse gemeenschappen en hulporganisaties een daling van de inkomsten waarmee tot nu toe grotendeels de kosten voor de emigratie van arme Joden werden bestreden.[44]

Hierbij kwam nog dat de bereidheid in de westelijke landen om immigranten op te nemen, geenszins evenredig toenam met de Jodenvervolging in Duitsland. Tijdens een conferentie in juli 1938 in de Franse badplaats Evian, die plaatsvond op initiatief van de Amerikaanse president Franklin D. Roosevelt, had geen van de 32 deelnemende landen zich bereid verklaard de immigratiequota duidelijk te verhogen. Daarmee gaven ze de nationaalsocialisten een propagandistische voorzet voor open doel. 'Niemand wil ze,' spotte de *Völkischer Beobachter*.[45] En Hitler spotte in zijn slottoespraak op het Neurenbergse partijcongres van 1938 met de vermeende onbetrouwbaarheid van de westerse democratieën, die enerzijds klaagden over 'de onmetelijke wreedheid' waarmee het Derde Rijk probeerde 'zich te ontdoen van zijn Joodse elementen', maar anderzijds de lasten schuwden die gepaard gingen met het opnemen van een groot aantal Joodse immigranten: 'Hulp dus niet, alleen gemoraliseer!'[46]

Voor de experts in het SD-hoofdkantoor lag de sleutel tot het probleem in de emigratie van Joden naar Palestina. Hier zag de nazileiding echter ook het dilemma dat ze door het bevorderen van de zionistische activiteiten zou kunnen bijdragen aan het creëren van een nieuw centrum van het 'Wereldjodendom', waarvan ze de vermeende macht juist wilde breken. In juni 1937 had minister van Buitenlandse Zaken Neurath de Duitse ambassade in Londen geïnstrueerd: 'De vorming van een Joodse staat of Joods geleide staatsconstructie onder Brits mandaatgezag is niet in het belang van Duitsland.'[47] Een jaar later, toen de internationale conferentie in Evian werd gehouden, vatte opperideoloog Alfred Rosenberg de toenmalige stand van de discussie samen in een hoofdartikel in de *Völkischer Beobachter* met de kop 'Waarheen met de Joden?' Ten eerste: 'Palestina komt niet in aanmerking als een groot emigratiecentrum.' Ten tweede: 'De naties van de wereld denken dat ze niet in staat zijn de Joden van Europa op te nemen.' Ten derde: 'Er moet gezocht worden naar een gesloten, nog niet door Europeanen gekoloniseerd gebied.'[48] In deze context dook in het voorjaar van 1938 in Hitlers ideeën de naam van een Frans eiland voor de Afrikaanse oostkust op: Madagaskar. Op 11 april noteerde Goebbels: 'Lang gepalaverd bij het ontbijt. Over Joodse vraagstuk. De Führer wil de Joden volledig uit Duitsland verdrijven. Naar Madagaskar of zo. Juist! Hij is ervan overtuigd dat zij ook afkomstig zijn uit een vroegere strafkolonie. Kan wel zijn. Een door God geslagen volk.'[49]

Het idee was op zich niet nieuw. Al in de jaren tachtig van de negentiende eeuw had een van de voorlopers van het raciale antisemitisme, de oriëntalist Paul de Lagarde, gepleit voor herhuisvesting van de Joden op Madagaskar, in het kader van de Duitse veroveringspolitiek in Oost-Europa. Sinds de jaren twintig van de twintigste eeuw werd deze 'oplossing van het Jodenvraagstuk' steeds weer gepropageerd door antisemieten uit vele landen. Zo verscheen in juni 1926 op de voorpagina van de *Völkischer Beobachter* een artikel van de Engelsman Henry Hamilton Beamish die botweg vroeg: 'Waar is het paradijs dat het voor alle Joden mogelijk maakt rustig in vrede en vreugde voort te leven, daarbij rein te blijven en ook hun idealen [...] na te streven? Dat is Madagaskar.' Deze oproep was nauwelijks te overtreffen in cynisme, omdat zowel Beamish als de andere voorstanders van de Madagaskar-oplossing wisten dat de leefomstandigheden op het eiland zo beroerd waren dat een groot deel van de gedeporteerde Joden er het slachtoffer van zou worden. In Streichers opruiende blad *Der Stürmer* was dit genocideaspect al in de jaren dertig openlijk een thema. De nieuwjaarsuitgave van 1938 opende met de kop 'Madagaskar' en een karikatuur van een ruggelings tegen een wereldbol gedrukte Jood met een van angst vertrokken gezicht. Het bijschrift luidde: 'Hij ziet het einde komen.'[50]

Hitler had nog geen besluit genomen – zijn door Goebbels overgeleverde uitspraak 'Madagaskar of zo' bewijst dat hij nog andere opties openhield – maar aan zijn plan van de totale verdrijving van de Joden uit Duitsland hield hij onwrikbaar vast. Midden augustus 1938 zei hij in kleine kring dat de Neurenbergse wetten 'eigenlijk nog veel te humaan' waren. 'Hij zal nu nadenken over wetten die het Joodse leven zo beperken dat de grote massa van de Joodse bevolking gewoon niet langer in Duitsland wil blijven. Dat zou de beste manier zijn om van hen af te komen.'[51] Nadat door het Verdrag van München aan het eind van september 1938 het risico van een groot Europees conflict over het 'Sudetenprobleem' vooralsnog bezworen leek, laaiden er opnieuw antisemitische rellen op. De angst voor oorlog die in het begin van de herfst had geheerst onder grote delen van de Duitse bevolking ontlaadde zich nu in groeiende agressie tegen de Joodse minderheid. Op veel plaatsen, vooral in Zuid- en Midden-Duitsland, werden aanslagen op synagogen en Joodse instellingen gepleegd. De rellen hadden 'deels een pogromachtig karakter' gekregen, meldde het SD-rapport in oktober 1938. Veel partijactivisten waren ervan overtuigd dat het 'moment van de definitieve liquidatie van het Joodse vraagstuk gekomen' was.[52] Met sombere voorgevoelens schreef Willy Cohn op 4 november in zijn dagboek: 'Ik geloof dat de rest van de Joden in Duitsland nog zeer moeilijke tijden tegemoet gaat.'[53] De in het hele rijk plaatsvindende pogrom kwam een paar dagen later niet uit de hemel vallen. Het was de culminatie van de antisemitische gewelddadigheden die in de loop van het jaar 1938 steeds radicaler waren geworden. En opnieuw was het Hitler die het beslissende signaal gaf en daarmee haat en vernietiging de vrije loop liet.

Op 7 november 1938 schoot de zeventienjarige Herschel Grynszpan, een in Duitsland opgegroeide Jood met de Poolse nationaliteit, op de gezantschapssecretaris van de Duitse ambassade in Parijs Ernst vom Rath, die zwaar gewond raakte. De aanval was een daad van wraak: eind oktober hadden de politie en de SS ongeveer 17.000 in het Derde Rijk levende Poolse Joden bij elkaar gedreven en naar de Poolse grens gebracht. Onder de gedeporteerden, die dagen moesten doorbrengen in deplorabele omstandigheden in het niemandsland tussen Polen en Duitsland, waren ook Grynszpans ouders en hun andere kinderen. 'Mijn hart bloedt als ik aan onze tragedie [...] denk,' bekende de dader van de aanslag in een bericht aan zijn oom in Parijs. 'Ik moet op zo'n manier protesteren dat de hele wereld luistert naar mijn protest.'[54]

Herschel Grynszpans wanhoopsdaad gaf de nazileiding het gewenste voorwendsel om over te gaan tot een gecoördineerde aanval op de Joden en de vermogens die nog in hun bezit waren. Vooral Goebbels zag onmiddellijk de kans die zich voordeed om met bijzondere ijver de persoonlijke relatie met de dictator te herstellen, die door zijn affaire met de Tsjechische actrice Lída Baarová in de voorafgaande maanden zwaar onder druk was komen te staan.[55] Nog op de avond van 7 november gaf het ministerie van Propaganda opdracht aan de pers in 'grootste opmaak' te rapporteren over de aanslag en in de commentaren erop te wijzen dat deze 'de ernstigste gevolgen moet hebben voor de Joden in Duitsland'.[56] Op 8 november publiceerde de *Völkischer Beobachter* onder de kop 'De misdadigers' een hoofdartikel waarin nauwelijks verhuld werd opgeroepen tot een pogrom: 'Het is duidelijk dat het Duitse volk uit dit nieuwe feit zijn conclusies zal trekken. Het is een onmogelijke toestand dat binnen onze grenzen honderdduizenden Joden nog hele winkelstraten beheersen, uitgaansgelegenheden bevolken en als "buitenlandse" huiseigenaren het geld van Duitse huurders opstrijken, terwijl hun rasgenoten in het buitenland oproepen tot oorlog tegen Duitsland en Duitse ambtenaren neerschieten.'[57] Op de ochtend van 9 november meldden de persbureaus dat het overlijden van Rath elk uur kon worden verwacht. In Berlijn registreerde de jonge journaliste Ruth Andreas-Friedrich 'een beklemmende angst, zoals voor het uitbreken van een onweer'.[58]

Al in de nachten van 7 op 8 en 8 op 9 november kwam het in Kassel en in tal van andere plaatsen in Kurhessen tot de eerste anti-Joodse rellen, in reactie op de aanslag. Ze werden georganiseerd door de plaatselijke partijfunctionarissen van de NSDAP, die meenden dat ze helemaal volgens de bedoelingen van de nazitop handelden als ze het initiatief namen. Het voornaamste doel waren de synagogen. 'In Hessen grote antisemitische demonstraties,' schreef Goebbels. 'De synagogen worden platgebrand. Als we nu eens de volkswoede haar gang konden laten gaan!'[59] Daarvoor had hij echter een ondubbelzinnige wilsuiting van Hitler nodig, en die bezat de minister van Propaganda nog niet. Bij zijn traditionele toespraak in de Bürgerbräu te München op de avond van 8 november, de verjaardag van de mislukte coup van 1923, noemde de dictator de moord in Parijs met geen woord. Deze ongewone stilte betekende niet dat hij de zaak wilde bagatelliseren. Integendeel, het was een onmiskenbare aanwijzing dat hij iets van plan was.[60] Anders dan na de aanslag op Wilhelm Gustloff begin februari 1936, toen hij met het oog op de Olympische Winterspelen antisemitische excessen had verboden, was hij deze keer vastbesloten de aanval op de Joden te openen. Toch wilde hij nog wachten tot de dood van Rath werd gemeld. Nog in de nacht van 7 op 8 november had hij zijn lijfarts Karl Brandt naar Parijs gestuurd, samen met het hoofd van de Chirurgische Kliniek in München, Georg Magnus. Beide artsen onderzochten de zwaar gewonde gezantschapssecretaris en rapporteerden in diverse bulletins over zijn kritieke toestand.[61]

Ernst vom Rath overleed op de middag van 9 november, omstreeks 16.30 uur. Het nieuws van zijn dood werd Hitler, zoals zijn adjudant Nicolaus von Below getuigde, telefonisch meegedeeld in zijn woning in de Prinzregentenstraße.[62] De dictator had dus voldoende tijd voor zichzelf de verdere gang van zaken helder te krijgen, voordat hij om 18 uur naar de jaarlijkse herdenking met de oud-strijders ging in de feestzaal van het oude stadhuis. Wat hier op de avond van 9 november gebeurde, was een 'gecalculeerde theatrale actie',[63] die door Hitler en Goebbels gezamenlijk werd geënsceneerd. Ongeveer om 21 uur, nog tijdens het eten, werd Hitler het telegram gebracht met het bericht van het overlijden van de gezantschapssecretaris, waarvan hij 's middags al op de hoogte was geweest. Eens te meer bewees hij zijn acteurscapaciteiten door een verbaasd gezicht te trekken, voor het oog van de aanwezigen te tonen dat hij totaal geschokt was en een ogenschijnlijk opgewonden gesprek te beginnen met de minister van Propaganda, die naast hem zat. Over de inhoud daarvan bevat Goebbels' dagboek weliswaar slechts een paar korte opmerkingen, maar het is duidelijk dat dit het beslissende moment was waarop de dictator groen licht voor de geplande pogrom gaf: 'Hij bepaalt: laat de demonstraties doorgaan. Politie terugtrekken. De Joden moeten nu eens de volkswoede te voelen krijgen. Dat is juist. Ik geef meteen de gepaste instructies aan de politie en de partij.'[64]

Onmiddellijk na het gesprek met Goebbels verliet Hitler de bijeenkomst zonder de gebruikelijke toespraak te houden en reed terug naar de Prinzregentenstraße. Uiteraard wilde hij voorkomen dat hij direct in verband gebracht kon worden met de gebeurtenissen die volgden. In plaats daarvan sprak Goebbels. Zijn betoog is niet woordelijk bewaard gebleven, maar het beoogde effect kan worden afgeleid uit het onderzoeksrapport dat een paar maanden later werd gepresenteerd door het *Oberste Parteigericht* van de NSDAP: de instructies van de rijkspropagandaleider, zo werd gesteld, was 'door alle partijleiders zo opgevat dat de partij niet zichtbaar mocht zijn als de initiator van de demonstraties, maar ze in werkelijkheid moest organiseren en uitvoeren'.[65] Goebbels zelf merkte over de reacties op zijn toespraak op: 'Stormachtige bijval. Iedereen rent meteen naar de telefoons. Nu zal het volk handelen.'[66] Daarmee werd de bedrieglijke officiële terminologie bepaald: de pogrom moest een spontane uitbarsting van 'volkswoede' lijken, maar de echte mannen achter de schermen, onder leiding van Hitler en Goebbels, moesten verborgen blijven. In die zin gaven de in München verzamelde Gauleiter en SA-Gruppenführer hun instructies aan de ondergeschikte partijkantoren in het hele rijk. Het doorgeven van de bevelen naar de lagere echelons verliep gesmeerd.

Eregasten onder de feestvierende oud-strijders in de Bürgerbräu waren 39 leden van de 'Stoßtrupp Adolf Hitler', die na een verbod in 1924 was voortgezet als een traditionele vereniging. Kort na Goebbels' opzwepende toespraak trokken ze als razende vandalen door de straten van München, vernielden een aantal winkels en staken de synagoge Ohel Jakob aan de Herzog-Rudolf-Straße in brand. (De hoofdsynagoge in de Herzog-Max-Straße was al in juni 1938 gesloopt.) Goebbels ging met de Gauleiter van München en Opper-Beieren, Adolf Wagner, naar de gouwcentrale in de Prannerstraße en kon zich met eigen ogen overtuigen van de vernielingen. 'Ondertussen doet de stoottroep zijn werk. En die doet geen half werk.' Onder de daders was ook een persoonlijke adjudant van Hitler, Julius Schaub. 'Schaub is helemaal op stoom,' merkte Goebbels op. 'Zijn oude stoottroepverleden wordt wakker.'[67]

Nog voordat hij de traditionele middernachtelijke beëdiging van SS-rekruten op zich nam, sprak Hitler met Himmler af dat de SS niet zou deelnemen aan de pogrom. Reinhard Heydrich belde Gestapochef Heinrich Müller in Berlijn op, die vervolgens in een telex om 23.55 uur alle bureaus van de Staatspolitie meldde dat 'op zeer korte termijn in heel Duitsland acties tegen de Joden gehouden zullen worden, in het bijzonder tegen hun synagogen'. De 'acties' moesten 'niet gestoord worden', maar wel moesten 'plundering en andere bijzondere ongeregeldheden verhinderd' worden. Bovendien moest de Gestapo zich voorbereiden op de arrestatie van 20.000 à 30.000 Joden in het rijk.[68] Deze eis was, zoals uit het dagboek van Goebbels blijkt, direct op Hitler terug te voeren.[69] In een bliksemtelex van 1.20 uur 's nachts preciseerde Heydrich de aanwijzingen van Müller: er mochten 'alleen maatregelen worden getroffen die geen gevaar' konden 'veroorzaken voor Duitse levens en eigendommen'. Joodse bedrijven en woningen mochten 'alleen vernield, niet geplunderd' worden. In alle synagogen en bedrijfsruimtes van Joodse religieuze gemeenten moest het archiefmateriaal in beslag worden genomen en afgegeven aan de bevoegde SD-kantoren. Tot slot werden de politie en de SD

Afb 63 Toeschouwers bij de brandende Oude Synagoge in Essen, 10 november 1938.

geïnstrueerd om 'in alle districten zo veel Joden – in het bijzonder welvarende – te arresteren als konden worden ondergebracht in de beschikbare detentieruimtes': 'Na de arrestatie moet onmiddellijk contact worden opgenomen met de juiste concentratiekampen om de Joden snel onder te brengen in de kampen.'[70]

Ondertussen was de pogrom al begonnen in grote delen van het rijk. Overal marcheerden SA'ers en partijactivisten, meestal in burgerkleding en uitgerust met jerrycans, naar de dichtstbijzijnde synagoge, sloegen de inventaris kort en klein en stichtten brand. De lokale politie deed zoals bevolen niets en de brandweer beperkte zich tot het voorkomen dat het vuur oversloeg naar buurpanden. Tegelijkertijd keerden andere groepen zich tegen Joodse winkels, gooiden de inboedel op straat en sloegen de etalages aan gruzelementen, zodat de trottoirs de volgende ochtend bedekt waren met scherven – vandaar de door de Berlijnse volksmond bedachte, bagatelliserende uitdrukking *'Reichskristallnacht'*. Weer anderen braken in bij huizen van Joodse gezinnen, sloegen het meubilair kapot en mishandelden de bewoners. Een dergelijke massale uitbarsting van ongebreideld antisemitisch geweld was er sinds de middeleeuwen niet meer geweest in Duitsland.[71]

Op de ochtend van 10 november overlegde Goebbels met Hitler over verdere maatregelen: 'Laten doorslaan of stoppen? Dat is nu de vraag.' Ze kwamen overeen de 'actie' tot een voorlopig einde te brengen. 'Laten we het doorgaan, dan is er gevaar dat het gepeupel niet meer te houden is,' vatte Goebbels de resultaten van hun gesprek samen.[72] In opdracht van Hitler stelde hij de tekst van een oproep op die 'de strikte opdracht' aan de bevolking inhield om 'direct af te zien van alle verdere demonstraties en vergeldingsacties tegen de Joden, van welke aard dan ook'. 'Het definitieve antwoord op de Joodse aanslag in Parijs zal het Jodendom deelachtig worden door wet- of regelgeving.'[73] 's Middags ontving Goebbels in de Osteria Bavaria Hitlers goedkeuring.[74] De oproep werd 's middags bekendgemaakt op de radio en verscheen de volgende ochtend op de voorpagina's van de dagbladen. Tegelijkertijd had de minister van Propaganda de pers geïnstrueerd zo terughoudend mogelijk te rapporteren over de pogrom, zodat de volle omvang van de schade niet zichtbaar werd. Er moesten 'geen koppen op de voorpagina' en 'voorlopig kleine foto's' gepubliceerd worden.[75] Hitler zelf ging op de avond van 10 november in een toespraak tot de pers in de Führerbau op de Königsplatz zelfs met geen lettergreep in op de gebeurtenissen van de afgelopen nacht. Bij de begrafenis van Rath op 17 november in Düsseldorf was hij weliswaar aanwezig, maar nam, anders dan bij de begrafenis van Gustloff tweeënhalf jaar eerder, niet het woord. Zo moest de indruk blijven bestaan dat hij niets te maken had met de pogrom.[76]

Het verslag van het Judenreferat van het SD-Hoofdbureau van 7 december 1938 stelde het aantal Joden dat was gedood op 36, maar dat werd later van ambtelijke zijde gecorrigeerd tot 91. Feitelijk was het een veelvoud daarvan, als we de in die nacht gepleegde zelfmoorden en degenen die in de concentratiekampen of door de gevolgen daarvan omkwamen meerekenen. Meer dan duizend synagogen en bedehuizen werden in brand gestoken, 7000 tot 7500 Joodse bedrijven werden vernield en geplunderd. De schade bij de ongeregeldheden werd berekend op 50 miljoen rijksmark.[77]

Erger dan de materiële schade waren de vernederingen en martelingen waaraan Joden in heel Duitsland werden blootgesteld in die terreurnacht. Net als eerder de Joden te Wenen in maart en april 1938 ervoeren ze een 'explosie van sadisme'.[78] Ze moesten knielen voor synagogen en religieuze liederen zingen, moesten dansen, zich laten vallen en de grond kussen terwijl ze geslagen en vertrapt werden door SA-mannen. In veel plaatsen werden de gearresteerde Joodse mannen voor hun deportatie naar het concentratiekamp op klaarlichte dag door de straten gedreven, begeleid door vloeken en beledigingen van de lokale partijfunctionarissen, SA- en SS-bewakers en leden van de Hitler-Jugend. Doorgaans keek een grote mensenmenigte toe bij het vernederende schouwspel. 'Zij aan zij stonden de mensen en lieten ons aan hen voorbijtrekken,' herinnerde zich een Joodse warenhuiseigenaar uit Hanau. 'Nauwelijks iemand maakte een opmerking, slechts een enkeling lachte, bij velen waren medelijden en verontwaardiging van het gezicht af te lezen.'[79]

In totaal werden meer dan 30.000 Joden gearresteerd en naar de concentratiekampen Dachau, Buchenwald en Sachsenhausen gebracht, waar ze werden blootgesteld aan de wrede behandeling door de SS-bewakers. Al bij aankomst regende het trappen en stompen, werden ze tot uitputtens toe over het kampplein gejaagd en moesten ze urenlang in de novemberkou op appel staan zonder te mogen bewegen. Een van de ongelukkigen getuigde over de omstandigheden in Buchenwald:

> Het was een aaneenschakeling van eindeloos fysiek en mentaal lijden. De eerste paar dagen waren het ergst. Ze liet ons creperen van de dorst. Water was sowieso schaars, ze gaven ons er helemaal niets van. Onze mond droogde volledig uit, onze keel brandde en onze tong kleefde letterlijk aan ons gehemelte. Toen op de derde dag brood werd uitgedeeld, kon ik het niet wegslikken, ik produceerde geen speeksel meer. De nachten waren verschrikkelijk. Hysterische mensen kregen aanvallen. Eén iemand riep dat ze hem wilden doden, een ander hield een soort preek. Een derde bazelde over elektrische golven. Tussendoor geschreeuw, gehuil, bidden, vloeken, hoesten, stof, vuil, stank, het was alsof de hel ontketend was.[80]

De meeste gedetineerden werden na een paar weken vrijgelaten, maar alleen onder de voorwaarde dat ze onmiddellijk zouden proberen uit Duitsland te vertrekken. Bovendien moesten ze beloven niemand iets te vertellen over hun ervaringen in de kampen. Toch lekte er veel uit. 'De angstige toespelingen en fragmentarische verhalen van Buchenwald – zwijgplicht, en: een tweede keer kom je daar niet meer van terug, er sterven dagelijks tien tot twintig mensen – zijn afschuwelijk,' noteerde Victor Klemperer begin december 1938.[81]

Voor de Joden die nog steeds in Duitsland waren, kwam de nacht van 9 op 10 november als een schok. 'Niets van wat er aan lijden, ontbering, vernederingen en vreselijke dingen voorafging, is met die van deze nacht te vergelijken,' schreef Hugo Moses, een voormalige medewerker van de Oppenheimbank, in een terugblik.[82] Abrupt had de pogrom de Joden ervan bewust gemaakt dat ze volkomen rechteloos en weerloos waren. Ze konden worden geslagen, beroofd en vermoord zonder dat ordehandhavers tussenbeide kwamen of de daders straf hoefden te vrezen. Zo werd een grens overschreden, Duitsland had afscheid genomen van de kring van beschaafde volkeren. 'Nooit terug naar dit land als we het eenmaal levend verlaten hebben,' vertrouwde de Berlijnse arts Hertha Nathorff toe aan haar dagboek, een week na de vreselijke gebeurtenissen.[83]

Hoewel de partijpers niet moe werd de destructie af te schilderen als een uiting van spontane volkswoede, was dit voor iedereen herkenbaar als een fictie. Gezien het 'feit dat de actie werd georganiseerd van bovenaf', komt de voortdurende herhaling van de propagandaversie 'ronduit belachelijk' over, stelde het bureau van de Staatspolitie Bielefeld eind november 1938 vast.[84] Ook het Judenreferat van het SD-hoofdbureau kwam in zijn verslag voor de maand november tot de conclusie: 'Degenen die de acties droegen, waren doorgaans politieke leiders, leden van de SA en SS, en in sommige gevallen ook leden van de Hitler-Jugend.'[85] Vooral buitenlandse waarnemers zagen de deelname van jongeren als een slecht teken. Daaraan kon men het 'morele verval van de jonge generatie Duitsers' aflezen, 'die op bevel van de partij tot allerlei excessen en gewelddaden in staat is,' oordeelde de Poolse consul-generaal in Leipzig.[86] In sommige plaatsen hadden ook gewone burgers zich aangesloten bij de SA-troepen, de daders aangemoedigd en ook zelf actief meegedaan. In het algemeen echter, aldus de constatering van de SD, 'was de burgerbevolking slechts voor een klein deel betrokken geweest bij de acties'.[87]

Maar hoe dacht de Duitse bevolking over de novemberpogrom? In hoeverre keurde zij die goed, in welke mate wees ze die af? Het is moeilijk een eenduidig antwoord te geven, want er bestond geen vrije publieke opinie waarin meningen en stemmingen openlijk konden worden geventileerd. 'Kreeg je maar te horen wie ervoor is en wie ertegen!' vroeg Ruth Andreas-Friedrich zich de volgende dag af, geconfronteerd met de zwijgende massa mensen die naar de nog steeds rokende puinhopen van de synagoge in de Berlijnse Fasanenstraße stond te kijken.[88] En de Argentijnse gezant in Berlijn meldde op 14 november over de houding van de bevolking: 'Je kon niet uitmaken wat hun diepste gevoelens waren ten aanzien van de gebeurtenissen, want iedereen weet dat het heersende regime geen kritiek toelaat en tolereert op de acties van de partijleden en hun medewerkers.'[89] Openlijk afschuw tonen was riskant, omdat er onder de overtuigde aanhangers van het regime genoeg informanten waren die maar al te graag als verklikker voor de Gestapo werkten.[90] Zo meldde de Italiaanse consul-generaal in Innsbruck op 12 november dat de bevolking over de pogromnacht 'diep verontwaardigd' was, maar dat ze 'heel voorzichtig is als het erom gaat haar mening te uiten, aangezien er al drie ariërs, zoals dat heet, door de Gestapo 's nachts naar het concentratiekamp Dachau zijn gebracht, omdat ze openlijk hun afkeuring hebben getoond.'[91]

De rapportages over Duitsland van de Sopade kwamen op grond van informatie uit alle delen van het rijk tot de overtuiging dat 'de gewelddadigheden door de grote meerderheid van het Duitse volk heftig veroordeeld' werden.[92] Daartegen is in te brengen dat het onderzoek van de SPD-vertrouwensmensen zich vooral uitstrekte tot het hun bekende vroegere socialistische milieu en daarmee slechts een fractie van de Duitse maatschappij weerspiegelde. Buitenlandse waarnemers als de Amerikaanse consul-generaal in Stuttgart, Samuel W. Honacker, kwamen echter tot een soortgelijke conclusie: een grote meerderheid van de bevolking, ongeveer 80 procent, was het niet eens met de gewelddadige acties, slechts 20 procent had zijn tevredenheid geuit.[93] Zelfs in de verslagen van districtsraadsleden, burgemeesters en Gestapobureaus was er sprake van dat de 'actie' van 9-10 november 'vaak niet begrepen' was en 'in het algemeen echt een negatief effect' had gehad op de stemming. Zelfs partijleden hadden ze afgekeurd, maar zij waren 'buitengewoon voorzichtig met hun kritiek, omdat ze bang waren als Jodenvrienden te worden aangeduid'.[94]

Hieruit volgt dat we met enige zekerheid kunnen zeggen dat de Duitse bevolking overwegend negatief reageerde op de pogrom. De publieke afwijzing uitte zich echter meestal niet in empathie met de Joodse burgers, maar in kritiek op de vernietiging van 'goederenkapitaal'. 'Aan de ene kant worden tandpastatubes en blikjes verzameld en aan de andere kant zijn huizen en ruiten vernield,' klaagde bijvoorbeeld een NSDAP-partijlid uit Duisburg.[95] Opmerkelijk was dat Hitler, de aanstichter, op zijn beurt ontzien werd bij alle kritiek. Diverse situatie- en stemmingsrapporten registreerden uitspraken als: 'Dat wil de Führer echt niet.'[96] De strategie van de dictator om op te treden in de vermomming van de belangeloze, boven de wolken zwevende staatsman en de verantwoordelijkheid te delegeren naar zijn luitenants was volledig geslaagd. 'Een kinderlijk geloof in de Führer en de overtuiging dat hij niets te maken heeft met de "pogrom" blijft bestaan, maar er is kritiek te horen op andere partijleiders, vooral Goebbels, Himmler, Göring en Schirach,' meldde de Britse waarnemend consul-generaal op 26 november uit München.[97]

Wel waren er gevallen waarbij buren en kennissen solidariteit toonden met de vervolgden en hen hielpen. Dit bleven echter uitzonderingen. Doorgaans werden sympathie met de slachtoffers en verontwaardiging over de daders alleen aan particuliere mededelingen toevertrouwd. Wat hij de laatste paar weken had meegemaakt, schreef de Freiburgse historicus Gerhard Ritter op 24 november aan zijn moeder, was 'het meest beschamende en verschrikkelijke dat er sinds vele jaren gebeurd is'. De nationalistisch-conservatieve geleerde hoopte echter nog steeds op 'een innerlijke ommekeer en bezinning' onder hen 'die daarvoor verantwoordelijk zijn'.[98] Hij was nog steeds 'diep onder de indruk van de verschrikkelijke Jodenvervolgingen', schreef op 25 november Ulrich von Hassell, die door Hitler aan het begin van het jaar uit zijn functie als ambassadeur in Rome was ontheven. Er kan geen twijfel over bestaan 'dat het om een officieel georganiseerde, op één en hetzelfde uur van de nacht in heel Duitsland ontketende Jodenstorm ging – een echte schande'.[99] Net als Ritter en Hassell schaamden veel Duitsers zich kennelijk over de barbaarse excessen die in de nacht van 9 op 10 november bij een 'beschaafde natie' hadden kunnen plaatsvinden. Hij was in de dagen na de pogrom door talrijke mensen uit alle lagen van de samenleving aangesproken, meldde de Zwitserse consul uit Keulen. '"Wat zegt u over deze verschrikkelijke gebeurtenissen?" Ieder voegde dan stuk voor stuk toe: "Je moet je schamen dat je Duitser bent."'[100]

Toch hoefden deze negatieve reacties de nazileiding geen zorgen te baren, omdat ze volledig in de privésfeer bleven. Luide openbare protesten klonken er nergens, niet eens in de kerken, waar men die toch het eerst zou verwachten.[101] Zo gezien konden Hitler en zijn trawanten de pogrom helemaal opvatten als een succes. Ze hadden een gewelddadige actie van ongekende omvang kunnen ontketenen tegen de Joodse minderheid, zonder van enige kant op weerstand te stuiten. Dat was een duidelijk signaal dat de meeste Duitsers de uitsluiting van Joden uit de 'volksgemeenschap' hadden geaccepteerd, ook als ze bedenkingen hadden tegen de meedogenloze methodes. 'De nationaalsocialisten wisten nu dat ze alles konden doen tegen de Joden wat ze wilden en dat niemand zou proberen ze te tegen te houden,' heeft de Engelse historicus Richard Evans treffend opgemerkt.[102]

Wat de verdere behandeling van het 'Joodse vraagstuk' betrof, had Hitler al op de middag van 10 november in het gesprek met Goebbels in de Osteria Bavaria de richting aangegeven: 'Zijn opvattingen zijn heel radicaal en agressief,' merkte Goebbels daarna op. 'De Führer zal overgaan tot zeer strenge maatregelen tegen de Joden. Ze moeten hun zaken zelf weer op orde brengen. De verzekeringen betalen hun niets. Dan wil de Führer de Joodse ondernemingen geleidelijk onteigenen en de eigenaars daarvoor waardepapieren geven die we op ieder ogenblik kunnen devalueren.'[103] Op 11 november belde Hitler Göring op als de gevolmachtigde voor het vierjarenplan, om een conferentie bijeen te roepen die 'de cruciale stappen centraal zou samenvoegen'.[104]

Die conferentie vond plaats tussen 11.00 en 14.30 uur in het ministerie van Luchtvaart. Ze werd bijgewoond door meer dan honderd hoge ambtenaren, ministers en staatsecretarissen, onder wie minister van Binnenlandse Zaken Frick, zijn secretaris Wilhelm Stuckart en het afdelingshoofd 'Rassen' in het ministerie van Binnenlandse Zaken, Bernhard Lösener; van het ministerie van Buitenlandse Zaken het hoofd van de politieke afdeling Ernst Woermann en '*Judenreferent*' Emil Schumburg; verder minister van Propaganda Goebbels; minister van Financiën Schwerin von Krosigk; minister van Justitie Gürtner; minister van Economische Zaken Funk en zijn directeur-generaal Rudolf Schmeer, hoofd van de afdeling economische organisatie en Joodse Zaken; als vertegenwoordigers van de SD en politie Reinhard Heydrich, Kurt Daluege en Adolf Eichmann. Uit de Ostmark arriveerden de minister van Economische Zaken, Arbeid en Financiën Hans Fischböck en de rijkscommissaris Josef Bürckel.

De uitgebreide transcriptie van de conferentie is bijna volledig bewaard gebleven. Het is een schokkend document, niet alleen vanwege de genadeloze consistentie van de beslissingen, maar ook vanwege de volledig ongeremde, van alle morele scrupules ontdane taal van de deelnemers. 'Ik had liever gehad dat jullie tweehonderd Joden hadden gedood en er niet zoveel kapitaal was vernietigd,' aldus Göring, nadat de bij de zitting ontboden vertegenwoordiger van het verzekeringswezen, Eduard Hilgard, tot in de details de balans van de ontstane schade had opgemaakt. Aansluitend op de lijst van de Berlijnse hoofdcommissaris van politie stelde Goebbels een groot pakket treitermaatregelen voor om de Joden 'overal uit het openbare leven' te verwijderen, waar ze zogenaamd 'provocatief' waren. Zo moest voor hen het bezoek aan alle culturele evenementen worden verboden; ze mochten alleen reizen in speciale treincompartimenten, ze mochten zich niet ophouden op Duitse stranden en andere recreatiecentra en ook geen 'Duits bos' betreden: 'Vandaag liepen Joden in kuddes rond in het Grunewald,' beweerde de minister van Propaganda, waarna Göring kwam met het voorstel om hun een bepaald deel van het bos 'ter beschikking te stellen'. Zijn boswachter-generaal Friedrich Alpers moest 'ervoor zorgen dat de verschillende dieren die verdomd veel op de Joden leken – de eland heeft immers zo'n gebogen neus – daarheen gingen en ingeburgerd raakten'. Heydrich opperde op zijn beurt om de Joden in de periode dat ze nog in Duitsland bleven een 'bepaald herkenningsteken' te laten dragen – een voorstel dat echter pas in september 1941 zou worden gerealiseerd met de introductie van de 'gele ster'. Göring bepleitte in plaats daarvan de Joden maatschappelijk volledig te isoleren door in de steden getto's te vestigen, wat Heydrich op zijn beurt afwees met de opmerking dat getto's 'de eeuwige schuilplaats voor criminelen' waren, 'niet te bewaken door de politie'. Aan het einde van de vergadering, terwijl er van de conservatieve ministers en ministerie-ambtenaren geen enkel woord van afkeuring of ook maar matiging te horen was geweest, zei Göring: 'Dat zal erin hakken. Die zwijnen zullen niet zo snel nog eens een moord plegen. Overigens wil ik nogmaals vaststellen: ik zou geen Jood in Duitsland willen zijn.'[105]

Als direct resultaat van de conferentie werd de Joden nog dezelfde dag voor de aanslag in Parijs een 'verzoeningsbijdrage' opgelegd ter hoogte van een miljard rijksmark. Het werd hun ook verboden vanaf 1 januari 1939 winkels en handwerkbedrijven te leiden en er werd tegelijk bepaald dat ze voor alle schade veroorzaakt tijdens de pogrom zelf moesten betalen; de verzekeringsclaims werden ten gunste van het rijk geconfisqueerd. 'In ieder geval maken we nu schoon schip,' jubelde Goebbels. 'Het radicale standpunt heeft gezegevierd.'[106] Volgens een uitvoeringsverordening van het rijksministerie van Financiën van 21 november 1938 moesten alle Joden 20 procent van het vermogen dat ze in het voorjaar had opgegeven, vóór augustus 1939 afdragen in vier termijnen. Een ander besluit van het rijksministerie van Economische Zaken van 3 december regelde de verplichte arisering van de resterende Joodse bedrijven door vertrouwensmannen en voerde een depotplicht in voor effecten, juwelen en kunstvoorwerpen.[107] Daarmee hadden de nationaalsocialisten zich verzekerd van de bijna volledige toegang tot de Joodse vermogens. Alleen al de 'verzoeningsbijdrage' van een miljard rijksmark verhoogde de rijksinkomsten in één klap met 6 procent, wat een merkbare verlichting betekende voor de vanwege de herbewapening buitengewoon precaire toestand van de begroting.[108] 'De baten van alle ariseringen,' zo benadrukte Göring in een toespraak voor de Gauleiter, opperpresidenten en rijksstadhouders op 6 december, moesten 'uitsluitend en alleen toekomen aan de minister van Financiën, en verder aan niemand in het hele rijk', want alleen dan zou het mogelijk zijn 'het bewapeningsprogramma van de Führer uit te voeren'.[109]

Er volgde een stortvloed van andere discriminerende wetten en decreten. Op 15 november beval het rijksministerie van Onderwijs alle Joodse leerlingen die nog Duitse scholen bezochten, meteen weg te sturen, omdat het 'na de gewetenloze moord in Parijs' voor Duitse leerlingen 'onverdraaglijk' was 'met Joden in één klaslokaal te zitten'.[110] Een verordening van het rijksministerie van Binnenlandse Zaken van 28 november gaf districtshoofden het recht in bepaalde gebieden de toegang voor Joden te verbieden en hun toegang tot openbare ruimten te beperken – een eerste stap in de richting van gettovorming.[111] Op 3 december werd op bevel van de Reichsführer-SS en hoofd van de Duitse Politie Heinrich Himmler Joden het rijbewijs ontnomen, vijf dagen later werd Joodse wetenschappers de toegang tot universiteitsbibliotheken verboden. Beide verboden troffen bijvoorbeeld de Dresdense romanist Victor Klemperer 'erg hard'. Tot die tijd hadden hij en zijn vrouw met de auto nog tochten in de omgeving van Dresden ondernomen – 'het was toch een stukje vrijheid en leven' – en hij had nog steeds gebruik kunnen maken van de bibliotheek voor zijn onderzoek na zijn ontslag als universitair docent. Nu werd ook deze mogelijkheid hem ontnomen.[112]

'Zo komt van het een het ander. We zullen niet loslaten tot we hen eruit hebben,' stelde Goebbels vast, die wist dat Hitler het in dit opzicht helemaal met hem eens was.[113] Op 20 december bepaalde een decreet van het Rijksarbeidsbureau dat 'alle werkloze en inzetbare Joden versneld' werden ingeschakeld voor dwangarbeid. Op 23 februari 1939 verbood de rijksminister van Verkeer aan Joden het gebruik van de slaap- en restauratiewagons, en op 30 april werd de huurbescherming voor de Joden verregaand beperkt.[114]

Al op de conferentie van 12 november 1938 had Heydrich voorgesteld het beleid van gedwongen verdrijving van de Joden voort te zetten naar Weens voorbeeld, waar het gelukt was in korte tijd 50.000 Joden 'naar buiten te brengen'.[115] Göring gaf zijn goedkeuring en op 24 januari liet hij in Berlijn een *Zentralstelle für jüdische Auswanderung*' (Centraal Bureau voor Joodse Emigratie) oprichten. De leiding ervan werd aan Heydrich opgedragen, die zich daarmee opwerkte tot de positie van sleutelfiguur in de 'Jodenpolitiek' van het Derde Rijk.[116] Zozeer als de autoriteiten enerzijds dwongen tot emigratie, zo veel deden ze anderzijds om deze met allerlei bureaucratische rompslomp en pesterijen te bemoeilijken: 'Er moeten niet alleen hoge belastingen worden betaald en dat maakt het vermogen dat overblijft praktisch waardeloos;' herinnerde zich een Joodse warenhuisbezitter uit Hanau, die in april 1939 emigreerde, 'er is eindeloos geren en gedoe nodig om alle noodzakelijke verklaringen te krijgen. Paspoortkantoor, politie, douane, douaneonderzoek, deviezenkantoor, gemeentekas, emigratieadviesbureau, burgerlijke stand en andere autoriteiten moeten worden bezocht. Overal moet je minstens drie keer komen, ook als het om de simpelste verklaring gaat.'[117] Ondanks de obstakels slaagden tussen 10 november 1938 en het begin van de oorlog, begin september 1939, 115.000 Duitse Joden erin te emigreren; sinds de machtsgreep van de nazi's hadden circa 400.000 Joden het Altreich verlaten.[118]

Wie nog in het land gebleven was, raakte ondertussen volkomen gemarginaliseerd en verpauperd. 'Er was geen Joods leven meer. Er was slechts een schare angstige en opgejaagde mensen voor wie geen eredienst was toegestaan, die geen gelegenheid, geen openbare plaats, geen ziekenhuis, geen vermaaksoord mochten betreden en wier hele hebben en houden was geroofd en vernield,' schreef

Fritz Goldberg, voormalig dramaturg in Berlijn, die er de zomer van 1939 letterlijk in de laatste minuut in slaagde te emigreren.[119] Wat het 'gebroken restant'[120] van de achterblijvers te wachten stond, daarover liet de nazileiding zich sinds de jaarwisseling van 1938–1939 alleen nog maar in duistere toespelingen uit. Wanneer het rijk 'ergens binnen afzienbare tijd' verwikkeld zou raken in een 'buitenlands politiek conflict', zo kondigde Göring aan op de conferentie van 12 november 1938, dan zou men 'een grote afrekening met de Joden' moeten houden.[121] Op 24 november ontving Hitler op de Berghof de Zuid-Afrikaanse minister van Defensie en van Economische Zaken Oswald Pirow. Bij deze gelegenheid verklaarde hij dat het zijn 'onwrikbare wil' was het Jodenvraagstuk 'in de komende tijd' op te lossen. Het was 'niet alleen een Duits maar ook een Europees probleem'. In een mengeling van cynisme en dreigement voegde de dictator hieraan toe: 'Wat denkt u, meneer Pirow, als ik mijn beschermende hand aftrek van de Joden, dat er dan in Duitsland zal gebeuren? Dat zou de wereld zich niet kunnen voorstellen.'[122]

In zijn toespraak tot de Rijksdag op de zesde verjaardag van de machtsovername op 30 januari 1939, die werd uitgezonden op de radio, benadrukte Hitler voor het eerst publiekelijk zijn vastberadenheid om de Joden 'uit te wijzen'. Europa kan 'niet meer tot rust komen voordat het Joodse vraagstuk uit de weg is geruimd'. In de wereld was er genoeg 'vestigingsruimte', verklaarde de dictator en maakte daarmee een toespeling op de 'Madagaskar-oplossing'; er moest definitief gebroken worden 'met het idee dat het Joodse volk door Onze-Lieve-Heer voorbestemd is als het ware voor een bepaald percentage profiteurs van het lichaam en het werk van andere volkeren te zijn'. Deze opmerkingen bewogen zich nog steeds binnen het kader van wat Hitler herhaaldelijk had gedebiteerd in 1938, dus ging hij in de volgende passage van zijn toespraak duidelijk verder: hij was in zijn leven 'heel vaak een profeet' geweest en 'meestal uitgelachen'. Nu wilde hij 'weer een profeet zijn': 'Als het internationale financiële Jodendom binnen en buiten Europa erin zou slagen de volkeren nogmaals in een wereldoorlog te storten, dan zou het resultaat niet de bolsjewisering van de aarde en daarmee de zege van het Jodendom zijn, maar de vernietiging van het Joodse ras in Europa.'[123]

Deze toespraak is geïnterpreteerd als bewijs dat de dictator al op dit moment de toekomstige *Endlösung* in de zin van fysieke uitroeiing van de Joden op het oog had. Allereerst wilde Hitler bij dit dreigement waarschijnlijk echter de druk verhogen: enerzijds op de Duitse Joden om zo snel mogelijk te emigreren, anderzijds op de westerse regeringen om hun restrictieve immigratiebeleid te verruimen.[124] In deze geest had de staatssecretaris van Buitenlandse Zaken Ernst von Weizsäcker op 15 november 1938 verklaard tegen de Zwitserse ambassadeur in Parijs dat de in Duitsland resterende Joden in Duitsland 'absoluut moesten worden uitgewezen, want ze konden niet in Duitsland blijven': 'Als echter, zoals voorheen, geen enkel land bereid is ze op te nemen, gaan ze vroeg of laat hun volledige vernietiging tegemoet.'[125]

Hitlers aankondiging van de vernietiging had echter niet alleen tactische bedoelingen. Integendeel, ze was ingebed in een weidser, meer voor de toekomst bedoeld perspectief. In de winter van 1938-1939 was al te voorzien dat de agressieve expansiepolitiek van het naziregime vroeg of laat zou leiden tot een militair conflict in Europa. In het geval dat dit conflict net als in 1914-1918 zou uitdijen tot een wereldoorlog en dus ook de Verenigde Staten erin meegesleept zouden worden, moest de schuld daarvan aan het 'internationale Joodse kapitalisme' worden toegeschoven. En uitgaande van deze premisse had Hitlers duistere vergeldingsdreigement een reële kern: de in Europa levende Joden moesten voor zover Himmlers beulsknechten ze konden oppakken, rekening houden met het allerergste: dat ze vermoord zouden worden.[126] In zijn verklaring van 30 januari 1939 was de dictator geestelijk al op weg naar deze extreme oplossing, en het was geen toeval dat hij in 1941-1942, toen de genocide al in volle gang was, herhaaldelijk terugkwam op zijn vroegere 'profetie'.

21

Op weg naar oorlog

'De tijd van de zogenaamde verrassingen' was nu 'afgesloten', verklaarde Hitler in zijn Rijksdagrede op de vierde verjaardag van de machtsgreep op 30 januari 1937. 'Als een gelijkberechtigde staat zal Duitsland, in het bewustzijn van zijn Europese taak, voortaan op loyale wijze meewerken aan het oplossen van problemen die ons en andere naties bezighouden.'[1] De dictator had alle reden zijn buitenlands beleid in rustiger vaarwater te brengen. Wat hij hier in de eerste jaren van zijn bewind aan successen had geboekt, was indrukwekkend genoeg. Stap voor stap had hij zich ontdaan van de ketenen van het stelsel van het Verdrag van Versailles en voor Duitsland de vrijheid van handelen op buitenlands terrein herwonnen. Met zijn methode zich voor te doen als een man van vrede en tegelijkertijd voor *faits accomplis* te zorgen, had hij keer op keer de westerse mogendheden misleid en overrompeld. In de luwte van een voor het Derde Rijk buitengewoon gunstige constellatie had hij versneld kunnen bewapenen, zonder dat het tot de gevreesde interventie gekomen was van de verdragsstaten van het Verdrag van Versailles. De risicozone was daarmee gepasseerd; Duitsland beschikte weer over de modernste en meest slagvaardige strijdkrachten op het Europese continent. 'We zijn vandaag de dag weer een wereldmacht geworden,' verkondigde Hitler op de traditionele viering van de partijverjaardag op 20 februari 1937 in het Hofbräuhaus.[2]

De dictator was echter helemaal niet geneigd tevreden achterover te leunen. Anders dan in de twee voorgaande jaren zag hij begin 1937 af van een van zijn spectaculaire weekendcoups in de buitenlandse politiek – 'het is al april en tot dusverre zijn er geen verrassingen van Hitler,' verklaarde de Amerikaanse correspondent William Shirer verbaasd.[3] Achter het rookgordijn van de vermeende terughoudendheid vond echter een fundamentele koerswijziging plaats: van een politiek die was gericht op de herziening van het Verdrag van Versailles naar een politiek van buitenlandse expansie. Vanaf het begin had Hitler er in kleine kring geen twijfel over laten bestaan dat de buitenwerkingstelling van het Verdrag van Versailles voor hem slechts een tussenstop was. Alle lijnen in het perspectief van zijn plannen liepen nog steeds onverbiddelijk naar het winnen van 'Lebensraum in het oosten'. Begin juni 1936 noteerde Goebbels na een lang gesprek met Hitler over het buitenlands beleid: 'Führer ziet een conflict in het Verre Oosten naderen. En Japan zal Rusland verpletteren. En die kolos zal gaan wankelen. Dan is ons grote moment aangebroken. Dan moeten we voor honderd jaar land verwerven. Hopelijk zijn we er dan klaar voor en is de Führer nog in leven.'[4]

Natuurlijk mochten dergelijke overwegingen niet doorsijpelen naar buiten. Terwijl hij op de loer lag en spiedde naar mogelijkheden dichter bij zijn verreikende doelen te komen, presenteerde Hitler zich nog altijd op het Duitse en internationale toneel met het masker van de naar vrede strevende politicus. Typerend hiervoor was de overeenkomst tussen het Duitse Rijk en Oostenrijk van 11 juli 1936. In het openbare gedeelte erkende de Duitse regering 'de volledige soevereiniteit van de bondsstaat Oostenrijk en het beginsel van niet-inmenging in de binnenlandse aangelegenheden'. In ruil beloofde Wenen zijn beleid te oriënteren op het feit 'dat Oostenrijk erkent een Duitse staat zijn'. In het geheime deel van het verdrag moest de Alpenrepubliek zich bereid verklaren tot een royale politieke amnestie voor gearresteerde Oostenrijkse nationaalsocialisten, en 'vertegenwoordigers van de huidige zogeheten "nationale oppositie in Oostenrijk" te betrekken bij de politieke verantwoordelijkheid'.[5] De Oostenrijkse bondskanselier Kurt von Schuschnigg geloofde dat hij met deze concessies een waarborg voor de onafhankelijkheid van zijn land had verworven. Hitler zag echter in de overeenkomst slechts een hefboom om een binnenlandse machtsgreep door de nazi's te bewerkstelligen. Zijn activiteiten in de buitenlandse politiek konden op dat moment nog niet 'de last van Oostenrijk' verdragen, instrueerde hij een groep Oostenrijkse partijgenoten. 'Ik heb nog twee jaar nodig om mijn beleid te maken. Zo lang moet de partij in Oostenrijk haar discipline handhaven.'[6]

Twee weken na de ondertekening van het Duits-Oostenrijkse verdrag kwam Hitler tot een beslissing die volledig in strijd was met zijn vredesretoriek. In februari 1936 had in Spanje het *Frente Popular* (Volksfront) met een krappe meerderheid de verkiezingen gewonnen. Op 17 juli kwamen de militairen in het Spaanse protectoraat Marokko onder leiding van generaal Francisco Franco in opstand tegen de wettige en democratische regering. Het ontbrak de coupplegers echter aan vervoer om de opstandige troepen naar het vasteland te brengen. In deze situatie wendde Franco zich tot Hitler en Mussolini met een verzoek om ondersteuning. Twee leden van de internationale organisatie van de NSDAP in Spaans-Marokko, Adolf Langenheim en Johannes Bernhardt, boden aan te bemiddelen. Op de avond van 24 juli kwamen ze in het gezelschap van een Spaanse officier in Berlijn aan. In het ministerie van Buitenlandse Zaken vingen ze bot, maar de plaatsvervanger van de Führer, Rudolf Heß, verwees hen door naar Hitler, die in deze tijd zoals gewoonlijk op het festival van Bayreuth was.[7]

Het nieuws van de militaire opstand was op 19 juli in Bayreuth binnengekomen. 'Ik hoop dat ze de roden overhoop knallen', was de eerste reactie van Goebbels.[8] In de daaropvolgende dagen probeerde men overzicht te krijgen van de situatie. Hitler vroeg de zestienjarige Wolfgang Wagner hem zijn schoolatlas te brengen, zodat hij er zich van op de hoogte kon stellen waar Tétouan, de hoofdstad van Spaans-Marokko, precies lag.[9] De berichten die binnendruppelden maakten duidelijk dat het er niet best voorstond met de opstandige militairen, terwijl de Republikeinen het grootste deel van het land in hun greep hadden. Zo waarschuwde de Duitse ambassadeur in Madrid op 25 juli voor een dreigende burgeroorlog en de gevolgen die een Republikeinse zege met zich mee zou brengen: intern zou deze de 'marxistische heerschappij in Spanje voor langere tijd veiligstellen, met het gevaar van een Spaans sovjetregime'; in de buitenlandse politiek zou Spanje 'ideologisch en materieel vast bij [het] Frans-Russische blok aansluiting vinden'.[10] Op de avond van 25 juli, nadat hij helemaal in de roes van een uitvoering van Wagners opera *Siegfried* gekomen was, ontving Hitler de gezanten van Franco en beloofde hun na enkele uren discussie de gevraagde steun. Als eerste maatregel zouden er twintig transportvliegtuigen van het type Junker Ju 52 ter beschikking worden gesteld, met zes jachtvliegtuigen en luchtafweergeschut als bescherming. Via de luchtbrug Tétouan–Sevilla kon Franco het Spaans-Afrikaanse leger dat onder zijn commando stond, ongeveer 13.500 man, naar Andalusië laten overbrengen.

Hitler nam zijn besluit zonder vooraf het ministerie van Buitenlandse Zaken te consulteren en ondanks de aanvankelijke bedenkingen van Göring en Ribbentrop, die beiden bang waren voor internationale verwikkelingen. Over zijn motieven is veel gespeculeerd. Ogenschijnlijk waren zijn machtsstrategische en ideologische uitgangspunten nauw met elkaar vervlochten. Nadat in juni 1936 in Frankrijk een Volksfrontregering onder de socialist Léon Blum aan de macht was gekomen, zag de dictator zich bevestigd in zijn voortdurende waarschuwingen tegen de 'bolsjewistische dreiging'. 'Als ze er echt in slagen een communistisch Spanje te creëren, is gezien de huidige situatie in Frankrijk ook de bolsjewisering van dat land slechts een kwestie van tijd. Dan kan Duitsland wel "inpakken",' beredeneerde hij zijn beslissing tegenover Ribbentrop. 'Ingeklemd tussen het machtige Sovjetblok in het oosten en een sterk communistisch Frans-Spaans blok in het westen zouden we nauwelijks iets kunnen uitrichten als Moskou besluit tegen Duitsland ten strijde trekken.'[11] Lukte het anderzijds Franco aan een overwinning te helpen, dan waren er goede vooruitzichten Spanje als bondgenoot aan de kant van het Derde Rijk te krijgen en Frankrijk in de tang te nemen. Nog belangrijker was waarschijnlijk de verwachting dat het gemeenschappelijk ingrijpen in de Spaanse Burgeroorlog de verhoudingen met het fascistische Italië nog hechter zou maken. Vooral voor Göring kwamen er nog twee overwegingen bij: aan de ene kant was Spanje een ideaal terrein om zijn prille luchtmacht uit te proberen, aan de andere kant was hij als gevolmachtigde voor het vierjarenplan erin geïnteresseerd in Spanje toegang te krijgen tot voor de oorlogsvoering belangrijke grondstoffen als ijzererts en pyriet.[12]

Om het risico van verwikkelingen in de buitenlandse politiek zo klein mogelijk te houden, probeerde Hitler tijdens de gehele duur van de Spaanse Burgeroorlog de fictie van niet-inmenging in stand te houden. Het lijkt erop dat men aan Duitse kant aanvankelijk uitging van een kortdurend en materieel beperkt ingrijpen. Niettemin merkte Goebbels een dag na het besluit van Hitler op: 'We doen dus een beetje mee in Spanje. Vliegtuigen enz. Niet zichtbaar. Wie weet waar het goed voor is.'[13] In de loop van de daaropvolgende weken groeide echter de militaire betrokkenheid. De Duitsers leverden niet alleen wapens, munitie en ander oorlogsmaterieel. Eind oktober 1936 werd er een gevechtseenheid van de Luftwaffe naar Spanje gestuurd: het latere Condorlegioen, totaal 6500 mensen, onder bevel van generaal-majoor Hugo Sperrle. Op hun conto kwam onder meer de aanval op het Baskische stadje Guernica op 26 april 1937 te staan, waarbij meer dan 1600 inwoners gedood werden en bijna 900 mensen gewond. De Duitse regering ontkende onmiddellijk elke betrokkenheid, maar de bewijzen lieten geen twijfel bestaan over de daders. 'Guernica' werd een symbool van de verschrikkingen van de moderne bombardementsoorlog. Een blijvende expressie daaraan gaf Pablo Picasso met zijn beroemde kunstwerk, dat voor het eerst getoond werd in het Spaanse paviljoen op de Parijse Wereldtentoonstelling van 1937.[14]

Een paar weken later vond er een ander ernstig incident plaats. Op 29 mei vielen vliegtuigen van de Spaanse Republikeinen het pantserschip 'Deutschland' aan, dat voor de rede van Ibiza lag. Er kwamen 23 zeelui om en 70 raakten gewond. Hitler ontbood op de avond van de daaropvolgende dag Blomberg, Neurath, Raeder, Göring en Goebbels naar de rijkskanselarij. 'Tot 3u 's nachts bij de Führer,' schreef Goebbels in zijn dagboek. 'Hij loopt met grote passen in de kamer op en neer en knarsetandt van woede.'[15] In een eerste opwelling wilde Hitler als vergelding Valencia laten bombarderen, maar vervolgens gaf hij het bevel dat het eveneens naar de Middellandse Zee gestuurde pantserschip 'Admiral Scheer' de zeehaven van Almería moest beschieten. Bij de aanval vielen 21 doden en talloze gewonden en werden veel gebouwen verwoest. 'Führer is erg blij met het resultaat,' merkte Goebbels op 1 juni op en twee dagen later herhaalde hij: 'Führer nog vol van Almería [...]. De eerste demonstratie van de macht van het nieuwe rijk. Een waarschuwingssignaal voor alle vijanden van het Reich.'[16] De Duitse regering gebruikte de aanval op de 'Deutschland' als voorwendsel om haar deelname aan de non-interventiecommissie in Londen op te schorten, die toch al niet meer dan een bedrieglijke façade was. Op 17 juni werden de gesneuvelde matrozen van de 'Deutschland' in aanwezigheid van Hitler met veel pracht en praal begraven in Wilhelmshaven.[17]

De Spaanse Burgeroorlog duurde langer dan de nazileiding had verwacht. Hoewel de Nationalistische Spaanse troepen eind 1936 bijna de helft van het land hadden veroverd, boden de met vrijwilligers uit heel Europa – de Internationale Brigades – versterkte Republikeinse troepen felle tegenstand. Ze slaagden er steeds weer in de vijandelijke opmars tegen te houden. 'Het schiet niet op in Spanje. Führer gelooft niet meer in een fascistisch Spanje. Omdat Franco een generaal is en geen beweging achter zich heeft. Hij is net als Seeckt,' noteerde Goebbels in juli 1937.[18] Hoe teleurgesteld Hitler ook was in Franco's militaire capaciteiten, de zich voortslepende gevechten in Spanje kwamen hem niet helemaal slecht uit, omdat ze de aandacht van de grote mogendheden afleidden naar de periferie en zo de speelruimte voor de Duitse politiek in Centraal-Europa vergrootten.

De Duitse interventie in Spanje versnelde de toenadering tot Italië, die al was begonnen met Hitlers steun aan Mussolini's Abessijnse avontuur. 'De Duits-Italiaanse barometer stijgt vrolijk door, het gaat zo goed dat het bijna eng is,' registreerde eind juli 1936 de Duitse ambassadeur in Rome, Ulrich von Hassell.[19] Beide mogendheden stemden in geheime conferenties hun militaire hulp aan Franco met elkaar af. In dit geval was Italië met een contingent van 80.000 man nog veel sterker betrokken dan Duitsland. 'De samenwerking tussen de twee verhulde bondgenoten is zo nauw als denkbaar is, hoewel juist vanwege de geheimhouding niet gemakkelijk,' stelde Hassell weer vast.[20] Ook op diplomatiek niveau werden de contacten intensiever. Mussolini sprak zijn tevredenheid uit over het Duits-Oostenrijkse verdrag. In september bracht rijksminister Hans Frank aan de duce en diens schoonzoon graaf Ciano, de nieuwe Italiaanse minister van Buitenlandse Zaken, Hitlers uitnodiging over voor een staatsbezoek aan Duitsland.

Op 21 oktober 1936 kwam Ciano met een grote delegatie aan in Berlijn. Hier ondertekende hij op de tweede dag van zijn bezoek een eerder door diplomaten voorbereid protocol, waarin beide partijen zich verplichtten samen te werken in de strijd tegen het communisme, snel het Franco-regime te erkennen en hun belangen in het Donaugebied op elkaar af te stemmen.[21] Op 24 oktober werd de Italiaanse minister van Buitenlandse Zaken door Hitler ontvangen op de Berghof. De duce had 'voor Hitler altijd gevoelens van zeer hartelijke sympathie gekoesterd', liet Ciano overbrengen, waarna de duidelijk gevleide Duitse dictator antwoordde dat Mussolini 'de eerste staatsman ter wereld [was] met wie niemand ook maar in de verste verte te vergelijken' was. Tijdens het twee uur durende gesprek in zijn werkkamer op de eerste verdieping van de Berghof pleitte Hitler voor een Duits-Italiaanse alliantie om Engeland te laten inbinden of het anders gezamenlijk op de knieën te dwingen. In drie of vier, maar niet later dan vijf jaar zou Duitsland klaar zijn voor een oorlog. Tussen beide landen was er geen belangenconflict: de toekomst van Italië lag in het Middellandse Zeegebied, terwijl Duitsland de vrije hand in het oosten en in het Baltische gebied moest hebben.[22] Na de bespreking bracht Hitler zijn Italiaanse gasten naar de reusachtige ramen van de Grote Hal met het prachtige uitzicht op het Oostenrijkse alpenlandschap. 'Van hieruit,' zei hij, 'mag ik graag een deel van mijn Duitse vaderland, Salzburg, bekijken met een verrekijker!'[23]

Verbloemd maakte Hitler het hiermee duidelijk aan de Italianen dat hij zijn ambities voor zijn 'Heimat' Oostenrijk nog volstrekt niet had opgegeven. Dat kon echter niets afdoen aan Mussolini's voldoening over het verloop van het eerste Italiaanse staatsbezoek aan Duitsland sinds de moord op Dollfuß. Op 1 november 1936 bejubelde hij in een toespraak op het Domplein van Milaan de Italiaans-Duitse toenadering. 'Deze lijn Berlijn–Rome,' beloofde hij, 'is geen deling, maar eerder een as waar alle Europese staten om heen kunnen bewegen die het verlangen naar samenwerking en vrede koesteren.'[24] Daarmee was dus het concept van de 'as' geïntroduceerd in het politieke vocabulaire. Het verlangen naar vrede was echter het laatste wat de nieuwe partners verbond. Integendeel, ze verenigden zich om de Europese status-quo uit zijn voegen te lichten. Door de consolidatie van de blokken – aan de ene kant de westerse democratieën, aan de andere kant de dictatoriale asmogendheden – zou Mussolini steeds afhankelijker worden van het economisch en militair sterkere Duitsland.

De alliantie met Italië had Hitler al in *Mein Kampf* en in zijn 'Tweede Boek' uit 1928 aangeduid als een doel dat voor zijn buitenlands beleid het nastreven waard was. Zijn andere gewenste partner was Engeland. De Anglo-Duitse betrekkingen waren sinds het aangaan van het Vlootverdrag van juni 1935 niet echt verbeterd, hoewel Hitler niet naliet uitnodigende gebaren te maken in de richting van de stugge Brittannia. Zo had hij begin februari 1936 de voormalige Britse minister van Luchtvaart lord Londonderry een twee uur durende audiëntie in de rijkskanselarij verleend en hem verteld dat hij 'met Engeland in een hechte vriendschapsrelatie' zou willen 'leven'. 'Hoe vaak zei ik als eenvoudige soldaat in de Wereldoorlog niet tegen mijzelf, wanneer ik tegenover Engelse troepen lag, dat het absolute waanzin was om gewapende strijd te voeren tegen deze mensen die leden van ons eigen volk hadden kunnen zijn.' Dat zou zich nooit mogen herhalen, ondanks alle geschillen, zoals die over de teruggave van de Duitse koloniën.[25] Lady Londonderry, die haar man op zijn reis naar Duitsland had vergezeld, bedankte vervolgens in een uitbundige brief aan Hitler voor de gastvrijheid: 'Als ik zeg dat ik diep onder de indruk was, schiet dat tekort. U en Duitsland herinneren mij aan het scheppingsverhaal in de Bijbel.'[26]

Dergelijke uitingen van Hitler-verering in de kringen van de Engelse aristocratie moeten niet verward worden met het officiële Britse beleid, dat nog steeds uitging van het principe van de *balance of power* en niet zozeer geïnteresseerd was in het toegeven aan de Duitse wens tot bilaterale afspraken als wel in het integreren van het Derde Rijk in een stelsel van collectieve pacten. Het was verkeerd, meldde de persattaché van de Duitse ambassade in Londen, Fritz Hesse, in mei 1936, 'als men op het continent aanneemt dat Groot-Brittannië de politiek van de collectieve veiligheid en de Volkenbond opgeeft'.[27] Toch bleef Hitler vasthouden aan het ideaal van de door hem gewenste constellatie in de buitenlandse politiek. Joachim von Ribbentrop, die in augustus 1936 de overleden ambassadeur Leopold von Hoesch in Londen opvolgde, kreeg als opdracht mee: 'Ribbentrop, bezorgt u mij de Engelse alliantie!'[28] Er was echter nauwelijks iemand minder geschikt om de opdracht van de Führer te vervullen dan deze ijdele amateurdiplomaat, die de Britten algauw na zijn aantreden de bijnaam 'von Brickendrop' gaven (van *to drop a brick*, 'een flater slaan'). Meteen bij zijn aankomst eind oktober 1936 hield hij een toespraak, waarin hij heel ondiplomatiek zijn kaarten op tafel legde: 'Hoe zou het zijn [...] als Duitsland de vrije hand in het oosten kreeg? Het bolsjewisme was hoe dan ook een wereldwijde plaag die uitgeroeid moest worden, en daar in Rusland lagen de Duitse doelen. In ruil voor de vrije hand in het oosten zou Hitler bereid zijn om elk denkbaar verbond met Engeland te sluiten.'[29] Hitler de vrije hand geven in Oost-Europa zou echter een onaantastbare hegemonie van het Duitse Rijk betekend hebben – daar kon geen enkele Britse regering mee instemmen.

Al in november 1936 liet Hitler zijn teleurstelling over de Engelse houding blijken. 'De Führer klaagt erg over Engeland. Het wil maar niet. De Engelse leiding heeft geen instinct,' merkte Goebbels op in zijn dagboek.[30] In deze visie werd Hitler aangemoedigd door de rapporten van Ribbentrop, die geen geheim maakte van zijn groeiende afkeer van het Britse establishment. Koren op de molen van Engeland-critici was de Britse koningscrisis die er in december 1936 mee eindigde dat Edward VIII afstand deed van de troon vanwege zijn voorgenomen huwelijk met de tweemaal gescheiden Amerikaanse Wallis Simpson. De troonsafstand van de voor pro-Duits doorgaande monarch was voor Hitler, zoals hij herhaaldelijk benadrukte, een 'zwaar verlies': 'Ik ben er zeker van dat er via hem permanent vriendschappelijke betrekkingen met Engeland zouden zijn bereikt. Met hem erbij zou alles anders zijn geweest,' zei hij tegen zijn architect Albert Speer.[31] De hartelijkheid waarmee hij de hertog van Windsor en diens vrouw in oktober 1937 ontving op de Obersalzberg, was een blijk van zijn bijzondere waardering. De dictator vergiste zich echter als hij, op grond van een verkeerd idee over de rol van de koning in het Britse politieke stelsel, veronderstelde dat Edward VIII het Britse buitenlandse beleid daadwerkelijk in een andere richting had kunnen sturen.

Hoewel Hitler het idee van een alliantie met Groot-Brittannië nog niet liet varen, moest hij nu toch zoeken naar alternatieven. In deze context kwam in het Verre Oosten de grootmacht Japan meer in beeld bij de Duitse politiek. Op 25 november 1936 werd in Berlijn een Anti-Kominternpact tussen Duitsland en Japan ondertekend. In het gepubliceerde deel ervan beloofden de beide machten 'elkaar op de hoogte te houden van de activiteiten van de Communistische Internationale, te overleggen over de noodzakelijke defensieve maatregelen en deze in nauwe samenwerking uit te voeren'. Derde landen moeten gezamenlijk worden uitgenodigd 'om defensieve maatregelen te nemen in de geest van deze overeenkomst of om deel te nemen aan dit verdrag.' Conform een 'geheime aanvullende overeenkomst' garandeerden Duitsland en Japan elkaar welwillende neutraliteit in het geval van 'een niet-uitgelokte aanval door de Sovjet-Unie of een niet-uitgelokte aanvalsdreiging'. 'Zonder wederzijdse instemming' zou geen van beide partners bovendien politieke verdragen sluiten met Moskou 'die niet overeenstemmen met de geest van deze overeenkomst'.[32] Vooral Ribbentrop had zich met Hitlers toestemming ingespannen voor het sluiten van het Anti-Kominternpact en daarbij het ministerie van Buitenlandse Zaken, dat traditioneel waarde hechtte aan goede betrekkingen met China, bewust gepasseerd.[33] Eind oktober 1936 kreeg hij Hitlers goedkeuring op de Berghof. Goebbels, die juist weer eens op de Obersalzberg te gast was bij de Führer, noteerde: 'Hij ondertekent een overeenkomst met Japan. Alliantie tegen het bolsjewisme. Dat zal over drie weken, wanneer het wordt gepubliceerd, de hele situatie veranderen. Onze oogst begint te rijpen.'[34] Van zo'n ingrijpend effect als dat waarop de minister van Propaganda had gehoopt, kon geen sprake zijn. Het zou niet komen tot een nauwere samenwerking tussen Berlijn en Tokio. Het nieuwe verbond was niet meer dan 'een schuchtere alliantie – een internationale kus op de wang tussen zeer ongelijke broers, die zich slechts in geringe mate verplicht voelden solidair te handelen'.[35]

Gedurende het jaar 1937 hing er over Midden-Europa een bedrieglijke rust. Hitler maakte voor zichzelf van het respijt gebruik om helder te krijgen wat zijn volgende stappen moesten zijn in de buitenlandse politiek. De verslagen van zijn minister van Propaganda onthullen hoe hij – parallel met het forceren van de 'Jodenpolitiek' in het binnenland – al tastend op zoek ging naar geleidelijk radicalere oplossingen. Eind januari 1937, tijdens een politieke *tour d'horizon* van het buitenlands beleid op de rijkskanselarij, sprak hij zijn hoop uit 'nog zes jaar te hebben' voordat het tot de beslissende oorlog zou komen. Echter, zo beperkte hij dit meteen, 'als zich een heel gunstige kans voordoet, wilde hij die niet laten lopen'.[36] Een maand later herhaalde hij dat hij 'binnen vijf tot zes jaar een groot, wereldwijd conflict' verwachtte, maar hij combineerde die aankondiging deze keer met het bredere perspectief van een fundamentele kanteling van de machtsverhoudingen in Europa, zoals die waren uitgekristalliseerd na het einde van de Dertigjarige

Oorlog in 1648: 'Binnen vijftien jaar heeft hij de Vrede van Westfalen om zeep gebracht. Hij ontwikkelt grandioze visies voor de toekomst. Duitsland zal winnen in een aanstaand gevecht of niet meer bestaan.' Overwinning of ondergang – dat was de leus waarmee de wilhelminische elite Duitsland bij de Eerste Wereldoorlog had betrokken, en bij deze waanzinnige logica had zich nu ook de voormalige korporaal uit de 'Grote Oorlog', nu de machtigste man van Europa, aangesloten. Zijn blinde bewonderaar Goebbels was eens te meer 'helemaal gelukkig': 'Zijn perspectieven zijn zoals altijd echt groots en geniaal. Hij ziet geschiedenis met de profetische blik van een ziener.'[37]

Hitlers verstrekkende plannen voor het buitenlands beleid waren zoals gezegd onlosmakelijk verbonden met zijn monumentale bouwprojecten in Berlijn, die in het voorjaar van 1937 na de benoeming van Albert Speer als bouwinspecteur-generaal voor de rijkshoofdstad vorm kregen. Midden maart, toen hij in een nachtelijk gesprek met Goebbels in vervoering raakte over de toekomstige wereldhoofdstad 'Germania', gaf hij tegelijkertijd de twee doelen aan waarop zijn expansiedrang zich het eerst zou richten: 'Hij spreekt over Oostenrijk en Tsjechoslowakije. Beide moeten we hebben om ons grondgebied af te ronden. En we zullen ze ook krijgen.'[38] Wanneer hij deze landen dacht in te lijven, liet Hitler nog open, maar dat het tijdstip vanwege het bereikte bewapeningsniveau naderbij kwam, verhulde hij niet. 'Führer ontvouwt nog eens het hele wonder van onze bewapening,' merkte Goebbels op 10 april op. 'Nu zijn we in het westen ook bijna veilig [...]. Hij heeft met fantastisch hoog spel een wonder volbracht. De militairen hebben dat destijds helemaal niet gesnapt. Des te groter is dit wonder!'[39] Begin augustus 1937, nadat Japan de oorlog tegen China was begonnen, koos Hitler duidelijk partij voor de partner in het Anti-Kominternpact: 'China schiet militair volstrekt tekort. Krijgt pak slaag van Japan. Dit is een goede zaak, want dan heeft Japan richting Moskou de rug vrij.' In één adem door kwam de dictator ook weer uit bij zijn eigen ambities. 'In Oostenrijk zal de Führer op een dag tabula rasa maken [...]. Hij gaat dan voor de hoofdprijs. Deze staat is geen staat. Het volk hoort bij ons en het zal bij ons komen [...]. Ook dat Tsjechische zooitje is geen staat. Het zal op een dag onder de voet worden gelopen.'[40]

Terwijl in de loop van 1937 de eerstvolgende doelen van zijn expansiepolitiek zich steeds duidelijker uitkristalliseerden voor Hitler, nam hij tegelijkertijd afstand van zijn gedroomde mondiale overeenkomst met Groot-Brittannië. Voor de voormalige privésecretaris van Lloyd George en toekomstige Britse ambassadeur in de Verenigde Staten, lord Philip Lothian, was tijdens zijn bezoek aan Berlijn in het begin van mei 1937 de veranderde sfeer duidelijk voelbaar. Hitler en Göring, zo meldde hij, hadden zich erover beklaagd dat 'het Groot-Brittannië was dat uiteindelijk Duitsland verhinderde om dat te verkrijgen wat het als rechtvaardigheid en de gerechtvaardigde Duitse positie in de wereld beschouwde.' De Duitse leiding vraagt zich af: 'Waarom bedrijft Engeland geen Britse in plaats van een anti-Duitse politiek?'[41] In de egocentrische perceptie van Hitler betekende Brits beleid kennelijk dat de Britten zich moesten aanpassen bij de Duitse ideeën over de machtsverdeling in de wereld. Ook van de nieuwe regering van Neville Chamberlain, die eind mei 1937 zijn Conservatieve partijvriend Stanley Baldwin had vervangen, had Berlijn geen al te hoge verwachtingen. Weliswaar gold de nieuwe ambassadeur Nevile Henderson als ontvankelijker voor de Duitse wensen dan zijn voorganger Eric Phipps[42], maar aan de fundamentele richting van de Britse politiek ten opzichte van Duitsland was niets veranderd. Chamberlains appeasement-concept was gericht op tijdwinst om de achterstand bij de bewapening tegenover het Derde Rijk in te halen. Hij wilde zo lang mogelijk de vrede in Europa bewaren door de Duitse dictator tegemoet te komen met concessies, maar hem tegelijk te beteugelen in zijn agressieve expansionistische ambities. Hem de vrije hand geven voor gewelddadige aanvallen in Oost-Europa, daar kon ook voor Chamberlain geen sprake van zijn.[43] Toch zou hij zich vergissen in Hitlers bereidheid hoe dan ook tot een verstandige belangenuitruil te komen en zich aan verdragsbepalingen te houden.

Terwijl Hitler begin juli 1937 zei dat 'in Londen alles nog in de lucht' hing, had hij in werkelijkheid op dat tijdstip al afscheid genomen van zijn favoriete idee van een Anglo-Duitse alliantie. Bij de lunch in de rijkskanselarij liet hij zich zeer denigrerend uit over de 'positie van Groot-Brittannië in de wereld'. 'Ziet deze als erg verzwakt. Het Britse imperium staat stil, als het niet achteruitgaat,' vatte Goebbels Hitlers monoloog samen. Des te meer verwachtte de dictator sinds de zomer van 1937 van de as Rome-Berlijn. 'Hij bouwt nu volledig op Mussolini. Misschien iets te veel. Engeland niet vergeten,' waarschuwde de minister van Propaganda, voor wie de koerswijziging te plotseling kwam.[44] Bij Mussolini stieten de verhevigde Duitse avances op wederkerige liefde. In de eerste dagen van juni 1937, naar aanleiding van een bezoek van de minister van Oorlog Werner von Blomberg, liet de duce weten dat hij in de herfst voor een staatsbezoek naar Duitsland wilde reizen.[45] Op 4 september maakte de persdienst van het ministerie van Buitenlandse Zaken het nieuws bekend. 'Het komende bezoek van Mussolini baart opzien in de hele wereld. Terecht! Het is ook een gebeurtenis van verstrekkend belang,' merkte de minister van Propaganda op, die de daaropvolgende twee weken volop bezig was met de voorbereiding van het bezoek.[46]

Op 25 september, tegen 10 uur, rolde de speciale trein van Mussolini binnen op de Münchense Hauptbahnhof. Daar wachtte Hitler op hem met een groot geüniformeerd gevolg, onder wie ook Goebbels, die zich in dit gezelschap 'haast naakt' voelde.[47] De rijkskanselier drukte de gast ter begroeting beide handen en bracht hem vervolgens naar zijn onderkomen in het Prinz-Carl-Palais. Iets later ontving hij hem in zijn nabijgelegen privéwoning voor een onderhoud van een uur. De tolk Paul Schmidt, die niet hoefde te vertalen omdat Mussolini net als eerder in Venetië met Hitler in het Duits sprak, had de gelegenheid de dictators te observeren en vergelijkingen te maken:

> Hitler zat enigszins onderuitgezakt aan tafel. Als hij iets opgewonden zei, viel vanaf zijn wat hogere voorhoofd de bij karikaturisten zo geliefde haarlok voor zijn gezicht, die zijn uiterlijk iets slordigs-bohemienachtigs gaf [...]. Een heel andere, fundamenteel verschillende verschijning was de tegenover hem zittende Mussolini. Kaarsrecht zittend, het lichaam strak en bij het spreken licht wiegend in de heupen, leek hij met zijn Caesarkop het oerportret van de antieke Romein, met een geweldig voorhoofd en een energieke, wat krampachtig naar voren geschoven brede, hoekige kin onder zijn grote mond [...]. Ook hier in München maakte Mussolini weer indruk op mij met de beknopte, kristalheldere formulering van zijn gedachten. Hij zei geen woord te veel en alles wat hij te berde bracht, kon zo gedrukt worden. Ook van belang was het verschil in het lachen van de twee mannen. Hitlers gelach had steeds de bijsmaak van spot en sarcasme. Het verried sporen van vroegere teleurstellingen en onderdrukte ambities. Mussolini kon echter van ganser harte brullen van het lachen. Het was een bevrijdende lach die toonde dat deze man gevoel voor humor had.[48]

Mussolini benoemde Hitler tot 'erekorporaal van de fascistische militie', Hitler revancheerde zich bij zijn tegenbezoek in de middag en onderscheidde Mussolini met het Grootkruis van de Orde van de Duitse Adelaar en het gouden ere-insigne van de partij. Hij liet zich ook niet de kans ontgaan de duce persoonlijk rond te leiden door de kunsttentoonstelling in het Haus der Deutschen Kunst.[49] Het was echter vooral de bedoeling van de Duitse dictator de bezoeker uit Italië een indruk te geven van de militaire kracht die het regime inmiddels had opgebouwd. In de avond gingen ze aan boord van hun speciale treinen op weg naar Wehrmacht-manoeuvres in Mecklenburg. Daarop volgde een dag later een bezoek aan de Kruppfabrieken. 'Ongeëvenaarde triomfrit door Essen,' schreef Goebbels. 'Honderdduizenden op de been, Mussolini helemaal verrukt. Vreugde en enthousiasme als nooit tevoren.'[50]

Alles werd echter overtroffen door de ontvangst die de Berlijners bereidden voor de staatsgast op de middag van 27 september. Al voor het binnenrijden van de rijkshoofdstad had de regie iets bijzonders bedacht: vóór Spandau verscheen de trein van Hitler naast die van Mussolini, ze reden een paar kilometer gelijk op totdat Hitlers trein abrupt versnelde net voor Bahnhof Heerstraße. Zo kwam de Duitse dictator als eerste op het eindstation aan en kon hij zijn collega met een groots gebaar verwelkomen op het perron. 'Net zoals in het sprookje van de wedstrijd tussen de haas en de egel.'[51] Het centrum van de stad – Brandenburger Tor, Pariser Platz en Wilhelmstraße – had decorontwerper Benno von Arent omgetoverd tot een gigantisch podium 'met pylonen, lictorenbundels, reusachtige adelaars, hakenkruizen, vlaggenmasten en geplooide, gebundelde of kunstig verknoopte vaandels in de Italiaanse en Duitse kleuren'.[52]

's Avonds hield Hitler ter ere van Mussolini een galadiner in de rijkskanselarij. In zijn toast huldigde hij de duce als 'de geniale schepper van het fascistische Italië, de stichter van een nieuw imperium'. Mussolini verwelkomde op zijn beurt in Hitler 'de strijder die aan het Duitse volk het bewustzijn van zijn grootsheid

Afb. 64 Staatsbezoek van Mussolini aan Berlijn, 27 september 1937.

heeft teruggegeven'.[53] Op 28 september bezocht Mussolini het Zeughaus in Berlijn, evenals het graf van Frederik de Grote en de Garnisonkirche in Potsdam. Daarop volgde een maaltijd bij Göring op de Schorfheide. Het hoogtepunt van het bezoek was een massademonstratie 's avonds in het Olympiastadion en op het aangrenzende Maifeld, waarvoor zich honderdduizenden Berlijners verzamelden. Na een verwelkoming door Goebbels nam Hitler het woord en prees de onverbreekbare overeenkomsten tussen het fascistische Italië en nazi-Duitsland. Mussolini antwoordde in het Duits, maar was vanwege zijn sterke accent maar moeilijk te verstaan.[54] Nog terwijl hij sprak, ontlaadde zich een zwaar onweer met een zondvloedachtige regen over het Olympiastadion, voor François-Poncet een 'voorbode van de bloedregen, die binnenkort Europa zal overspoelen'.[55] Deze betekenis kon de Franse ambassadeur echter pas achteraf toeschrijven aan het evenement. Voor de humor van de Berlijners was de zaak minder dramatisch: 'Hoe had het anders kunnen gaan dan dat de hemel een douche stuurt als iedereen "Duce, duce" roept!'[56]

Op de ochtend van 29 september, de laatste dag van het staatsbezoek, liet Hitler nog eens alle takken van de krijgsmacht aantreden voor een parade. Mussolini was zo getroffen door de hoge paradepas, dat hij die na zijn terugkeer invoerde in het Italiaanse leger als *passo romano*.[57] 's Middags nam Hitler afscheid van de hoge gast op de Lehrter Bahnhof. 'Alles is vol ernst en weemoed,' beschreef Goebbels de theatrale scène. 'Deze twee mannen horen tezamen. Daarna rolde de trein uit de stationshal en Mussolini zwaaide nog lang.'[58] 's Avonds liet Hitler zijn vriendin Winifred Wagner weten dat hij 'zeer gelukkig was met het verloop van het hele bezoek'.[59] Toen Hans Frank, die Mussolini had begeleid op de terugreis, 's nachts per telefoon vertelde dat de speciale trein van de duce weer de grens was gepasseerd bij Kiefersfelden, was Hitler opgelucht en kondigde geheel in tegenstelling met zijn gewoontes aan om een glas sekt te drinken op het feit 'dat alles zo goed, zo mooi verlopen is'.[60] Ook Mussolini was tevreden met het resultaat van zijn reis en was er lyrisch over tegen zijn vrouw: 'De organisatie is fantastisch en het Duitse volk is van een bijzonder slag. Met deze troeven kan Hitler alles wagen.'[61]

De concrete politieke opbrengst van het bezoek was echter bescheiden. Hitler en Mussolini vonden tijdens de vijf dagen nauwelijks gelegenheid voor serieuze gesprekken. Als hij werd aangesproken over de kwestie-Oostenrijk, reageerde de Italiaan ontwijkend.[62] Per saldo was er alleen de belofte om nog nauwer samen te werken. Op 6 november 1937 trad Italië toe tot het Anti-Kominternpact; enkele weken later stapte het uit de Volkenbond. Wat nog belangrijker was: Hitler en Mussolini waren – anders dan nog in Venetië in 1934 – elkaar persoonlijk nader gekomen. 'Ze vinden elkaar, godlof, deze keer ook op persoonlijk vlak,' merkte Goebbels op.[63] Ondanks enkele teleurstellingen hield de Führer ook in latere jaren een hoge mate aan sympathie voor de duce. Ook in de monologen in zijn hoofdkwartier noemde hij hem een 'man van unieke dimensies, een historisch fenomeen'. Wat had hij 'in Italië niet allemaal voor elkaar gekregen'. En één keer bekende hij, die maar zelden gevoelens toonde: 'Deze daadkrachtige verschijning, ik houd er persoonlijk van!'[64]

Al in de fase van zijn opkomst naar de macht had Hitler de vrees geuit dat hij waarschijnlijk jong zou sterven. Dat was een van de wortels van het ongeduld waarmee hij zijn doelen nastreefde. In het najaar van 1937, in de overgangsperiode van verdragsherzieningspolitiek naar expansiepolitiek, werd het gevoel dat hij geen tijd meer mocht verliezen bijna een obsessie. Zo verklaarde hij eind oktober in een geheime toespraak tot de propagandaleiders van de partij dat hij 'voor menselijke begrippen niet lang meer te leven had', want 'in zijn familie werden de mensen niet oud'. Daarom was het 'noodzakelijk de problemen die moesten worden opgelost (Lebensraum!) zo snel mogelijk op te lossen, zodat dit nog tijdens zijn leven gebeurde'. Deze verklaring verbond Hitler met de verwijzing naar de uniciteit van zijn charismatische Führergezag: alleen hij was in staat het ruimteprobleem op te lossen, 'latere generaties zouden dit niet langer kunnen'.[65]

Het gevoel dat de tijd hem op de hielen zat, was voor Hitler nu ook een reden de militaire en politieke top van zijn regime op de hoogte te brengen van de buitenlandse plannen zoals hij die in de maanden daarvoor had ontwikkeld in een voortdurende gedachtewisseling met Goebbels. Voor de middag van 5 november 1937 riep hij om 16.15 uur een vergadering in de rijkskanselarij bij elkaar, waaraan behalve minister van Oorlog Blomberg en de hoogste bevelhebbers van de drie krijgsmachtonderdelen Fritsch, Raeder en Göring ook minister van Buitenlandse Zaken Neurath en Wehrmacht-adjudant Hoßbach deelnamen. Aan de laatste danken we het enige verslag van de vertrouwelijke bijeenkomst. Dit zou bij het proces van Neurenberg tegen de belangrijkste oorlogsmisdadigers dienen als sleuteldocument voor de aanklacht 'Samenzwering tegen de vrede'.[66] De directe aanleiding van de vergadering was een geschil tussen leger, marine en Luftwaffe over de verdeling van schaarse grondstoffen. Vooral admiraal Raeder verweet Göring dat hij zijn positie als gevolmachtigde voor het vierjarenplan schaamteloos uitbuitte om ten koste van de marine de uitbreiding van de Luftwaffe te versnellen. Blomberg besloot in overleg met het hoofd van de marine Hitlers beslissing af te dwingen in dit al lang sluimerende conflict.[67]

De dictator ging echter – zoals steeds bij rivaliteit tussen de ministeries en competentieconflicten tussen zijn paladijnen – een beslissing uit de weg. In plaats daarvan nam hij de gelegenheid te baat in een meer dan twee uur durende monoloog 'aan de aanwezige heren zijn principiële gedachten over de ontwikkelingsmogelijkheden en -noodzaken van onze buitenlandse politiek uiteen te zetten'.

Hij wees er uitdrukkelijk op dat zijn uiteenzetting 'als zijn testamentaire nalatenschap voor het geval van zijn overlijden' gezien moest worden.[68] Hitler sloot aan bij wat hij als centraal toekomstperspectief had onthuld aan de militairen in de bespreking van 3 februari: de 85 miljoen Duitsers met hun 'vast in zichzelf besloten rassenkern' hadden 'recht op meer Lebensraum'. De oplossing van het ruimtegebrek was daarom de centrale taak van de Duitse politiek. Nadat hij verschillende alternatieven voor een expansionistische territoriumpolitiek had verworpen, vatte Hitler samen: om de voedselvoorziening voor het Duitse volk te garanderen, moest de 'hiervoor benodigde ruimte alleen in Europa gezocht worden, maar niet vanuit liberaal-kapitalistische opvattingen over de uitbuiting van koloniën [...]. Ook de gebieden met grondstoffen moesten omwille van efficiency in de onmiddellijke omgeving van het rijk gezocht worden en niet overzee.' Daarbij liet de dictator er bij zijn gehoor geen twijfel over bestaan dat 'iedere territoriale uitbreiding alleen door het breken van weerstand en met risico's uitgevoerd kan worden'.

Deze opmerkingen over de noodzaak van het 'winnen van meer Lebensraum' bevatten voor de militairen niets nieuws, zodat ze de mate waarin dit een dwingende verplichting was vermoedelijk ook niet hoog genoeg aansloegen. Daarom moeten ze opgeveerd zijn toen Hitler in het tweede deel van zijn monoloog te spreken kwam over de situatie van de Europese machtsconstellatie in de herfst van 1937. Voor het eerst was er sprake van dat Duitsland 'rekening moest houden met de twee gehate vijanden Engeland en Frankrijk', 'voor wie een sterke Duitse kolos in het midden van Europa een doorn in het oog zou zijn'. Hitler trok daarmee de consequentie uit zijn mislukte pogingen tot overeenstemming te komen met het Verenigd Koninkrijk. Net als in zijn gesprekken met Goebbels drukte hij zich over de mogelijke tegenstanders weinig respectvol uit: het Britse imperium was vanbinnen vermolmd en 'in machtspolitiek opzicht op de lange termijn niet te handhaven'. Ook Frankrijk was vanwege zijn 'interne politieke problemen' verzwakt. Dan nog, zo maakte hij duidelijk, was de 'weg van het geweld' die hij nu dacht in te slaan echter 'nooit risicoloos'. In dit verband beriep hij zich op de veldtochten van Frederik de Grote en op Bismarcks oorlogen die Duitsland hadden verenigd en die ook 'een ongehoord risico' waren geweest.

Hitler was dus klaar om hoog spel te spelen, zoals blijkt uit zijn verwijzing naar de historische voorbeelden. Met de cruciale vragen naar het 'Wanneer' en het 'Hoe' ging hij over tot het afsluitende deel van zijn uiteenzetting. De dictator schetste drie scenario's: als laatst mogelijke datum voor de aanval noemde hij de jaren 1943-1945 ('Scenario 1'). Daarna was namelijk 'slechts nog verandering in ons nadeel te verwachten', omdat de andere mogelijkheden dan de Duitse bewapeningsvoorsprong zouden hebben ingehaald. Als bijkomend argument voerde

Hitler 'het ouder worden van de beweging en haar Führer' aan, waarmee hij weer een toespeling maakte op zijn vroegtijdige dood. Mocht hij nog in leven zijn, dan was het 'zijn onwrikbare beslissing om uiterlijk 1943-1945 het Duitse Lebensraum-probleem op te lossen'. De noodzaak om eerder te handelen kon zich voordoen als de sociale spanningen in Frankrijk zouden 'uitgroeien tot een interne politieke crisis' ('Scenario 2') of als Frankrijk verwikkeld zou raken in een oorlog met een ander land ('Scenario 3'), 'zodat het niet kan "optreden" tegen Duitsland'. In alle drie gevallen moest de eerste doelstelling zijn 'Tsjechoslowakije en Oostenrijk tegelijkertijd te onderwerpen, om de flankbedreiging bij een mogelijke actie naar het westen uit te schakelen'. Zo had de dictator zijn kaarten op tafel gelegd en de twee kortetermijndoelen van de Duitse expansie genoemd, waar zijn overwegingen sinds het voorjaar van 1937 steeds weer waren uitgekomen. Om mogelijke bezwaren van de militairen te voorkomen, verklaarde hij dat Engeland, maar ook Frankrijk 'met grote waarschijnlijkheid Tsjechoslowakije in stilte al afgeschreven hadden en geaccepteerd hadden [...] dat dit vraagstuk op een dag door Duitsland uit de weg geruimd zou worden'. Als Engeland echter niet mee zou doen aan een oorlog tegen Duitsland, zou ook Frankrijk daarvoor terugschrikken.

Behalve strategische overwegingen voerde Hitler ook militair-politieke aan: een annexatie van Tsjechoslowakije en Oostenrijk zou in geval van oorlog strijdkrachten vrijmaken 'voor andere doeleinden' en bovendien zorgen dat er nog eens twaalf divisies in het veld gebracht konden worden. Ingaand op de Duitse betrokkenheid bij de Spaanse burgeroorlog, zei de dictator dat een snelle overwinning van Franco helemaal niet gewenst was; het was veel meer in het belang van Duitsland als de burgeroorlog zou voortduren en de spanningen rond de Middellandse Zee ermee zouden toenemen. Daarover zou het tot een conflict kunnen komen tussen Italië aan de ene en Frankrijk aan de andere kant. Als deze situatie ('Scenario 3') zich voordeed – Hitler noemde als een mogelijk tijdstip al 1938 – dan moest Duitsland resoluut besluiten om daar gebruik van te maken 'voor het oplossen van de Tsjechische en Oostenrijkse kwestie'. Hier vertrouwde de dictator, net als bij zijn vorige weekendcoups, op het verrassingseffect: de overval op Tsjechoslowakije moest 'bliksemsnel' worden uitgevoerd.

In de daaropvolgende twee uur durende discussie, die slechts zeer summier is overgeleverd in Hoßbachs 'memorandum', brachten de generaals hun bedenkingen naar voren. Toegegeven, ze hadden eigenlijk geen bezwaar tegen een Anschluss van Oostenrijk en de annexatie van Tsjechoslowakije. Gevangen in het traditionele grootmachtsdenken van de Duitse keizertijd zagen ze de Duitse hegemonie in Midden-Europa ook als een doel dat het nastreven waard was, zonder dat ze zich al het racistisch gemotiveerde Lebensraum-concept van Hitler hadden eigen gemaakt. Wat hen verontrustte, was echter het gevaar dat Hitlers ongeduld voortijdig een nieuw Europees conflict kon veroorzaken, dat zich onvermijdelijk zou uitbreiden tot een tweede wereldoorlog. Zo vertegenwoordigden Fritsch en Blomberg unaniem het standpunt 'dat Engeland en Frankrijk niet als onze tegenstanders mochten opdoemen'. Zelfs in het geval van een conflict met Italië, betoogde Fritsch, zou Frankrijk nog in staat zijn sterke krachten te concentreren op het Duitse westelijke front. Blomberg wees niet alleen op de onvoltooide staat van de Duitse 'Westwall', maar ook op 'de kracht van de Tsjechische versterkingen', die een Duitse aanval 'tot het uiterste' zouden bemoeilijken. Minister van Buitenlandse Zaken Neurath bracht ten slotte naar voren 'dat een conflict van de Italianen met de Fransen en Engelsen nog niet zo tastbaar dichtbij was als de Führer leek aan te nemen'.

Hoe Hitler reageerde op de bezwaren, is niet af te leiden uit het Hoßbach-memorandum. Kennelijk beperkte hij zich tot de hernieuwde garantie 'dat hij overtuigd was van de afzijdigheid van Engeland en daarom niet geloofde in een militaire actie van Frankrijk'. Juist tegen deze optimistische prognose was de belangrijkste kritiek van de militairen gericht. Bij al zijn scepsis was Blomberg echter bij lange na niet geneigd zich te verzetten tegen Hitlers wensen. Met het 'Eerste supplement' bij de 'Instructie voor de Integrale Oorlogsvoorbereidingen van de Wehrmacht van 24 juni 1937' trok hij begin december juist de consequenties van de gedachtegangen die Hitler een maand eerder naar voren had gebracht. Daarin stond: 'Heeft Duitsland zijn volledige gereedheid voor de oorlog op alle terreinen bereikt, dan zal de militaire situatie zijn gecreëerd om een aanvalsoorlog tegen Tsjechoslowakije en daarmee de oplossing van het Duitse Lebensraum-probleem tot een zegevierend einde te voeren, indien een of andere grote mogendheid ons aanvalt.'[69] Feitelijk vergiste Blomberg zich toen hij zei dat met de annexatie van Tsjechoslowakije het 'Duitse Lebensraum-probleem' opgelost zou zijn. Voor Hitler was deze namelijk slechts een voorafgaande stap voor de gewenste Lebensraum-oorlog in het oosten.

Ondanks Blombergs volgzaamheid voelde Hitler waarschijnlijk het voorbehoud dat delen van de Wehrmacht-leiding hadden tegen zijn bereidheid heel hoog spel te spelen. In zijn eerste reactie op Hitlers mededelingen had de gealarmeerde generaal Fritsch aangekondigd dat hij zijn allang geplande vakantie van verschillende weken in Egypte zou afzeggen. Hitler had hem dit uit het hoofd gepraat, met als motivatie dat 'de mogelijkheid van een conflict nog niet als heel erg dreigend moet worden beschouwd'. Hoewel er geen sprake van is dat de relatie tussen de rijkskanselier en de opperbevelhebber van het leger op 5 november 'definitief een onherstelbare breuk opliep',[70] was de verhouding toch wel bekoeld. En ook over Neuraths houding was Hitler duidelijk teleurgesteld. Ze herinnerde hem eens te meer aan de bezwaren die de diplomaten in maart 1936 naar voren hadden gebracht tegen het binnenmarcheren van het gedemilitariseerde Rijnland. Midden januari 1938 zou de minister van Buitenlandse Zaken, zoals hij later getuigde voor het tribunaal van Neurenberg, Hitler hebben gewaarschuwd dat 'zijn beleid tot een wereldoorlog leiden' moest. 'Veel van zijn plannen' waren echter 'langs vreedzame weg te volbrengen – zij het iets langzamer.' Daarop zou de dictator alleen hebben geantwoord 'dat hij geen tijd meer had'.[71] Hoe het ook zij, Hitler moest er rekening mee houden dat zijn oorlogsplannen onder vooraanstaande vertegenwoordigers van de legertop en de diplomatie niet de onvoorwaardelijke steun zouden vinden waar hij recht op meende te hebben. Wat lag er voor hem meer voor de hand dan de laatste nog resterende basis van zijn conservatieve coalitiepartner te ontmantelen, nadat hij zich al ontdaan had van Schacht als minister van Economische Zaken? Een toeval gaf Hitler de kans voor een grote schoonmaak in zowel de top van de Wehrmacht als bij het ministerie van Buitenlandse Zaken.

Het begon met een huwelijksschandaal. In september 1937 had minister van Oorlog Blomberg op een wandeling in de Tiergarten Margarethe Gruhn ontmoet. De al zestig jaar oude veldmaarschalk, die sinds acht jaar weduwnaar was, werd verliefd op de 35 jaar jongere vrouw. Ze was echter van eenvoudige komaf en Blomberg had de toestemming van Hitler nodig om met haar te mogen trouwen. In de marge van de staatsbegrafenis voor Ludendorff in München op 22 december 1937 diende de opperbevelhebber van de strijdkrachten zijn verzoek in. Hij presenteerde zijn toekomstige vrouw als 'stenotypiste' en 'meisje uit het volk'. Hitler en Göring verklaarden zich bereid op te treden als getuigen. Immers, verzekerden zij, de nationaalsocialisten waren aan de macht gekomen om snobisme te bestrijden en maatschappelijke vooroordelen te doorbreken.[72] Het burgerlijk huwelijk werd op 12 januari 1938 voltrokken in heel kleine kring. Behalve Hitler en Göring waren alleen de vijf kinderen uit Blombergs eerste huwelijk en de moeder van de bruid aanwezig. Zelfs de opperbevelhebbers van het leger en de marine, Fritsch en Raeder, waren niet uitgenodigd. Het echtpaar vertrok direct na de ceremonie op huwelijksreis. In de pers verscheen slechts een korte opmerking: 'De rijksminister van Oorlog veldmaarschalk Blomberg is op woensdag 12 januari getrouwd met mejuffrouw Gruhn. De Führer en generaal Göring waren getuigen.'[73]

Al snel na de bruiloft doken er geruchten op over het vorige leven van Blombergs vrouw. In kringen van prostituees werd gezegd: 'Het is toch aardig dat ook iemand van ons zoiets kan worden.' Inderdaad was Margarethe Gruhn enkele jaren eerder onder de aandacht van de Berlijnse zedenpolitie gekomen. Ze had met Kerstmis in 1931 geposeerd voor pornografische foto's en was in het jaar daarop officieel geregistreerd als prostituee. In december 1934 had een klant haar aangegeven omdat ze naar verluidt een gouden horloge had gestolen. Natuurlijk kwam het hoogst gênante verhaal de Berlijnse hoofdcommissaris van politie Helldorff ter ore. Op 21 januari overhandigde hij aan generaal Wilhelm Keitel, hoofd van de afdeling Wehrmacht in het rijkministerie van Oorlog, de belastende registratiekaart en de identificatiefoto van Margarethe Gruhn. Omdat Keitel de echtgenote van Blomberg niet had leren kennen, verwees hij Helldorff door naar Göring, die als huwelijksgetuige de identiteit van de vrouw overtuigend kon bevestigen. 'Dat is een regelrechte catastrofe!' moet de eerste paladijn van Hitler hebben uitgeroepen.[74]

Toen Hitler op de avond van 24 januari na een driedaags verblijf in München terugkeerde naar Berlijn, ving Göring hem al op in de entreehal van de rijkskanselarij. Direct gingen ze samen naar de privévertrekken, waar Göring de Führer het hele dossier-Gruhn, inclusief de pornografische foto's, presenteerde. Hitler was duidelijk geschokt, niet omdat de aanstootgevende foto's een preutse kant van hem raakten[75], maar omdat hij in een flits besefte dat het bekend worden van het schandaal zijn persoonlijke prestige een zware klap zou toebrengen. Tenslotte was hij opgetreden als getuige en de angst om in binnen- en buitenland het voorwerp van spot te worden, was geenszins ongegrond. Twee dagen lang trok de dictator zich helemaal terug, voerde alle gesprekken in zijn privévertrekken en verscheen ook niet zoals gebruikelijk bij de maaltijd. 'Dit gedrag gaf de sfeer in de rijkskanselarij iets onheilspellends,' herinnerde adjudant Below zich. 'Omdat men niet wist wat er gebeurd was, drukte er op alle aanwezigen een gevoel van beklemming, zorg en angst.'[76]

Alle leden van de entourage die Hitler in die dagen meemaakten, getuigden dat hij dit keer niet acteerde maar inderdaad diep getroffen was. Behalve de angst voor prestigeverlies voelde hij zich, zo liet hij weten aan Wiedemann, bedrogen in zijn vertrouwen in de door hem zeer gewaardeerde minister van Oorlog. 'Hij liep maar in zijn kamer op en neer, een gebroken man, zijn handen achter zijn rug, en hij bleef maar hoofdschuddend in zichzelf mompelen: "Als een Duitse veldmaarschalk een hoer trouwt, is alles mogelijk in de wereld!"'[77] Goebbels, die op de middag van 25 januari in de rijkskanselarij verscheen, probeerde Hitler tevergeefs op te monteren. 'Gespannen sfeer. Onaangename situatie om Blomberg. Nog niet opgehelderd. De Führer is heel ernstig en bijna verdrietig.'[78] In de ochtend had Hitler de affaire onder vier ogen besproken met adjudant Hoßbach: Blomberg had hem 'in de grootst mogelijke verlegenheid' gebracht, omdat hij hem had misleid over het verleden van zijn vrouw. Hoezeer het hem ook speet 'zo'n trouwe medewerker te moeten verliezen' – als minister van Oorlog was Blomberg 'onhoudbaar' geworden.[79]

Op verzoek van Hitler begaf Göring zich met het dossier-Gruhn naar Blomberg in het ministerie van Oorlog, om hem te overreden zijn huwelijk nietig te laten verklaren. Alleen op deze manier, zo werd hem nadrukkelijk aangeraden, was een publiek schandaal nog te vermijden. Tot verrassing van Göring en Hitler ging de minister van Oorlog echter niet in op het voorstel: hij hield buitensporig veel van zijn vrouw, zo verklaarde hij zijn houding tegenover Keitel. Dat Göring hem had laten weten dat zijn aanblijven niet mogelijk was, ongeacht of hij zich van zijn vrouw liet scheiden of niet, zou de beslissing makkelijker gemaakt kunnen hebben. Op de ochtend van 27 januari ontving Hitler de veldmaarschalk, die al in burger was, voor een afscheidsaudiëntie. Blomberg en zijn vrouw moesten al de volgende ochtend voor een lang verblijf in het buitenland uit Berlijn vertrekken, opdat het ontslag zo min mogelijk opzien baarde. Daarvoor gaf de dictator hem 50.000 mark in deviezen.[80]

Daarmee was de zaak echter nog niet afgedaan, want onverwacht kwam er een tweede, ernstiger affaire uit voort die de geschiedenis is ingegaan als de 'Fritsch-crisis'. Aan de vooravond van zijn 49ste verjaardag, op 20 april 1938, toen hij in een gesprek met de legeradjudant Gerhard Engel verbazingwekkend openhartig sprak over de gebeurtenissen van januari en februari, stelde de dictator: 'De zaak-Fritsch was nooit aan het rollen geraakt als de minister van Oorlog hem niet zo'n streek had geleverd.' Daardoor had namelijk zijn 'vertrouwen in de generaals een flinke dreun gekregen'.[81] Deze weergave van de feiten klopt kennelijk met de waarheid, en ze weerlegt de lange tijd door onderzoekers uitgevente (en pas door grondig onderzoek van Karl-Heinz Janßen en Fritz Tobias gecorrigeerde) theorie dat de opperbevelhebber van het leger, generaal Werner Freiherr von Fritsch, het slachtoffer was geworden van een lang tevoren geplande intrige.[82] Zoals voor Hitler de mesalliance van Blomberg onverwacht kwam, was hij er ook volstrekt niet op uit geweest zich zo snel mogelijk te ontdoen van zijn tegenstander van 5 november 1937. Met de gehaaidheid die hem eigen was, zou hij de gelegenheid te baat nemen om van de onverwachte situatie te profiteren. Terecht heeft François-Poncet opgemerkt dat de dubbele affaire-Blomberg-Fritsch rijkelijk stof biedt voor iedereen 'die zich interesseert voor de rol van imponderabilia in de geschiedenis'.[83]

Op de avond van 24 januari, toen Hitler nog onder de indruk was van het verpletterende nieuws van Göring over Blombergs vrouw en peinsde hoe hij erop moest reageren, herinnerde hij zich plotseling een gebeurtenis die zich al had afgespeeld in de zomer van 1936. Himmler had hem toen een politiedossier voorgelegd dat de verdenking bevatte dat Fritsch eind 1933 homoseksuele contacten had gehad en gechanteerd was door een mannelijke prostituee, Otto Schmidt geheten. Hitler had een onderzoek van de zaak verontwaardigd verboden en opgedragen het dossier te vernietigen. Nu echter, nadat zijn achterdocht was gewekt door Blombergs gedrag, kwam de verdenking bij hem op dat er misschien toch iets van waar geweest kon zijn. Hoe dan ook wilde hij zekerheid hebben voordat hij Fritsch eventueel als hoogste officier van het leger aanstelde als opvolger van Blomberg. Dus beval hij de Gestapo om de onderzoeksdossiers te reconstrueren. Dit bleek niet al te moeilijk te zijn, omdat Heydrich het belangrijkste deel van het materiaal, in strijd met de opdracht van Hitler, had bewaard in een kluis. Al in de nacht van 24 op 25 januari lag het politiedossier-Fritsch op Hitlers bureau.[84]

De volgende ochtend, toen Hitler zijn Wehrmacht-adjudant Hoßbach inwijdde in de zaak-Blomberg, lichtte hij hem, op voorwaarde van de strengst mogelijke geheimhouding, in over de beschuldigingen tegen Fritsch: 'Ook de generaal zou moeten vertrekken, hij was homoseksueel belast – het materiaal erover had hij bij de hand – en dat al jarenlang.'[85] Hoßbach was geschokt. Hij kon het verhaal slechts zo uitleggen dat Hitler op zoek was naar een voorwendsel om zich te ontdoen van de voor hem lastig geworden opperbevelhebber van het leger. Omdat hij overtuigd was van Fritsch' onschuld, vroeg hij toestemming de generaal zelf te raadplegen. Dit werd hem uitdrukkelijk verboden door Hitler. De adjudant ging tegen dit bevel in toen hij in de late avond van 25 januari naar de dienstwoning van Fritsch in de Bendlerstraße reed en hem vertelde over de beschuldigingen die Hitler had geuit. 'Smerige leugens,' luidde het commentaar van Fritsch.[86] De volgende ochtend meldde Hoßbach zijn ongehoorzaamheid aan Hitler. De dictator ontving dit bericht schijnbaar 'in volledige rust'. Hoßbach had de indruk dat Hitler echt opgelucht was toen hij hem de reactie van de generaal van de vorige avond beschreef: 'Dan was er niets aan de hand en kon Fritsch minister worden.'[87]

Hier liet Hitler echter weer zien dat hij een echte acteur was. In werkelijkheid was hij verontwaardigd over de ongehoorzaamheid van de adjudant en het moet hem veel zelfbeheersing hebben gekost dat te verbergen. Er was geen sprake van dat de dictator opgelucht was. Integendeel: in de rijkskanselarij heerste op 26 januari een regelrechte rampstemming. 'De ernstigste crisis van het regime sinds de Röhm-affaire,' schreef Goebbels. 'Ik ben er helemaal kapot van. De Führer ziet lijkbleek. Ik vind het nog het ergst voor hem. Blombergs gedrag is volstrekt onbegrijpelijk voor mij [...]. Nu zou ook nog Fritsch § 175. Hij verzekerde op zijn erewoord dat dat niet waar is. Maar wie kan dat nog geloven?'[88]

Zowel Hoßbach als Fritsch veronderstelde dat het alles bij elkaar om een sinistere intrige tegen de leiding van de Wehrmacht ging. Ze vroegen zich af of de belastende getuigen eigenlijk wel bestonden en drongen daarom aan op een confrontatie. Na enige aarzeling stemde Hitler toe. Toen Fritsch 's avonds in de rijkskanselarij verscheen – om niet op te vallen had hij burgerkleding aangetrokken – ontving Hoßbach hem met de mededeling dat de getuige al was aangekomen. Inderdaad waren de dag ervoor vier Gestapo-agenten op pad gegaan om de in het strafgevangenenkamp Börgermoor (Emsland) opgesloten afperser Otto Schmidt naar Berlijn te halen. 'Dat zwijn wil ik absoluut zien!' – met deze woorden stormde Fritsch naar de bibliotheekkamer op de eerste verdieping, waar in bijzijn van Göring het gesprek met Hitler moest plaatsvinden.[89]

De dictator kwam meteen ter zake: hij wilde, zei hij, de waarheid horen. Als Fritsch de homoseksuele relatie toegaf, dan moest hij net als Blomberg een lange reis gaan maken, maar verder zou er niets gebeuren. De generaal betuigde weer zijn onschuld, maar toen maakte hij een cruciale fout: omdat hij was ingelicht door Hoßbach over de aanklacht tegen hem, had hij onophoudelijk nagedacht over de vraag waarop ze zou kunnen berusten. Hij herinnerde zich dat hij in 1933-1934 een werkloze jongen van de Hitler-Jugend in het kader van de Winterhulp op gratis middageten had getrakteerd, dat ze regelmatig in zijn privéwoning genuttigd hadden. Het verhaal van dit onschuldige contact vertelde Fritsch nu op een omstandige manier aan Hitler, wat deze pas echt wantrouwig maakte. De generaal mocht nu het politiedossier inkijken en terwijl hij nog daarin aan het lezen was, werd Otto Schmidt binnengebracht. Met de kreet: 'Ja, hij is het!' beweerde de chanteur Fritsch te hebben herkend. Deze betoogde herhaaldelijk dat hij de getuige nooit had gezien en gaf Hitler zijn erewoord. Nu gebeurde echter het onvoorstelbare: het Duitse staatshoofd schonk de uitspraak van een kleine crimineel meer vertrouwen dan de garanties van de hoogste Duitse officier! Fritsch werd de volgende dag voor een verhoor naar de Gestapo ontboden. Hij verliet de rijkskanselarij 'in opperste verontwaardiging over de behandeling die hij gekregen had' en stuurde Hitler nog op de avond van 26 januari een brief waarin hij zich officieel ziek meldde: 'Totdat ik in mijn gekrenkte eer hersteld ben, is het voor mij niet mogelijk enige aan de dienst verbonden plichten uit te voeren.'[90]

Het verhoor in het Gestapo-hoofdkwartier vond plaats op de ochtend van 27 januari. Voor de tweede keer moest Fritsch de procedure van de confrontatie ondergaan. De afperser hield ondanks intensieve kruisverhoren vast aan zijn beweringen, terwijl de generaal ze even energiek bestreed. Uiteindelijk was het zijn woord tegen dat van de ander. 'Wie weet hier wat goed en fout is!' noteerde Goebbels. 'In ieder geval is het een onmogelijke toestand. Het wordt verder onderzocht. Maar daarna moet Fritsch vertrekken.'[91] Hitler, die volgens zijn minister van Propaganda 'helemaal vaal en grijs geworden' was, zei de traditionele toespraak tot de Rijksdag op 30 januari en ook een geplande kabinetszitting af. Al op 28 januari werd Hoßbach botweg ontslagen. Hitler had hem niet vergeven dat hij tegen zijn bevel was ingegaan.[92]

Omdat het Gestapo-onderzoek geen duidelijkheid had gebracht, droeg Hitler de rijksminister van Justitie op een juridisch rapport te maken over het 'geval-

Fritsch'. 'Een verduivelde toestand,' oordeelde Goebbels, want ongeacht het resultaat van het deskundigenrapport 'was het porselein gebroken'.[93] Eind januari was het rapport klaar. Het was geschreven door de persoonlijke adviseur van Gürtner, de hoge ambtenaar Hans von Dohnanyi. Het rapport was voor Fritsch vernietigend, want het kwam tot de conclusie dat de beschuldigingen tegen hem 'tot dusverre niet definitief waren weerlegd'. De op zich vrij onschuldige geschiedenis met de jongen uit de Hitler-Jugend werd beschouwd 'als belastend moment'. Een 'besluit over schuldig of onschuldig' moest echter 'een kwestie voor een gerechtelijke uitspraak' blijven. Toch kon Gürtner doorzetten dat er een fatsoenlijk proces voor de Rijkskrijgsraad werd geregeld.[94] Hitler was echter overtuigd van de schuld van de generaal: 'Fritsch bijna ontmaskerd als 175'er,' verklaarde hij op 31 januari volgens Goebbels. 'Weliswaar was het drie jaar geleden, maar de Führer is er heilig van overtuigd. Fritsch ontkent, maar dat doen die mensen immers altijd. Ook niet meer te handhaven.'[95] Op 3 februari werd Fritsch gevraagd per omgaande zijn ontslagbrief in te dienen. Na alles wat de opperbevelhebber van het leger in de voorafgaande dagen met Hitler meegemaakt had, gaf hij graag gehoor aan die uitnodiging: 'Samenwerking met deze man is voor mij onmogelijk.'[96]

Maar wie moest de opvolger van Blomberg en Fritsch worden? Vooral de onverzadigbare Göring, die al een schat aan functies en bevoegdheden bij elkaar gegraaid had, strekte nu zijn handen uit naar het ministerie van Oorlog. Hitler wees hem bruusk af: 'Hij begrijpt niet eens iets van de Luftwaffe,' zei hij tegen adjudant Wiedemann. 'Dan begrijp ik er nog meer van!'[97] Bij zijn afscheidsaudiëntie op de ochtend van 27 januari had Blomberg, gevraagd naar een mogelijke opvolger, spontaan de suggestie gedaan dat Hitler zelf de leiding van de Wehrmacht overnam. 's Middags op dezelfde dag kwam ook Goebbels met dit idee bij Hitler, maar ging nog een stap verder dan de veldmaarschalk, in die zin dat hij voorstelde af te zien van het ministerie van Oorlog en naast het ministerie van Luchtvaart ook een leger- en een marineministerie te creëren. 'Dat zou de meest logische oplossing zijn.'[98] Hitler nam het voorstel meteen over en voerde nog op 27 januari de eerste gesprekken met generaal Keitel over de toekomstige organisatiestructuur van de Wehrmacht.

Het meest delicate vraagstuk dat uit de affaire-Blomberg-Fritsch voortvloeide, was in de woorden van Goebbels: 'Wat te zeggen tegen het volk?'[99] Nog was er behalve enkele geruchten nauwelijks iets doorgedrongen bij het publiek, en de buitenlandse correspondenten met hun anders scherpe oren hadden nog niets over de scandaleuze achtergronden achterhaald. De dictator bood in de kritieke dagen allesbehalve het beeld van een energieke, graag knopen doorhakkende Führer. 'Uit alles wat ik zag en hoorde,' herinnerde zich Nicolaus von Below, 'leidde ik af dat Hitler niet wist wat hij moest doen. Hij leek me besluiteloos en liet de ene adviseur na de andere komen voor besprekingen'[100] – opnieuw een duidelijke aanwijzing dat de val van de generaals niet lang van tevoren was voorbereid. Goebbels werd ongeduldig over de besluiteloosheid van Hitler: 'Maar zo schiet het toch niet op. Er moet onderhand iets gebeuren. De Führer wil nu deze week het hele verhaal oplossen. Het wordt ook tijd. We worden er allemaal murw van.'[101]

Op 31 januari had Hitler zich na lang beraad naar een besluit geworsteld: het vertrek van Blomberg en Fritsch moest verpakt worden in een omvangrijke wisseling van de wacht aan de top van de Wehrmacht en het ministerie van Buitenlandse Zaken, om het zo buiten alle speculaties over de ware oorzaken te houden. 'Om de hele zaak te verdoezelen, moet er een grote herschikking plaatsvinden,' merkte Goebbels op na een twee uur durend gesprek in Hitlers privékantoor in de rijkskanselarij. Voor de dictator bood deze oplossing twee voordelen: ten eerste kon hij de personele bezetting in het leger en de diplomatieke dienst herschikken volgens zijn wensen, en ten tweede kon hij aan het publiek een schijnbaar plausibele verklaring geven voor de vervanging van twee hooggeplaatste militairen. 'Ik hoop dat de eigenlijke motieven volledig kopje-onder gaan door het schuiven met personen,' gaf de minister van Propaganda als commentaar.[102] Nadat de druk van de beslissing van zijn schouders was gevallen, leek Hitler bij de lunch tot verbazing van Goebbels plotseling 'een ander mens': 'Praat en babbelt alsof er niets gebeurd is.' Hitler had echter nog enkele dagen nodig om de wijzigingen te overdenken en de details helder te krijgen in gesprekken met zijn adviseurs. Op de avond van 4 februari werden de luisteraars uitgenodigd bij hun radio's te blijven omdat er een belangrijke boodschap te verwachten was. Een uur voor middernacht werd eindelijk het lange communiqué van de rijksregering voorgelezen, dat de aanstaande personele wisselingen bekendmaakte. De meeste Duitsers vernamen het bericht pas de volgende dag uit de kranten, die deels met extra bijlages kwamen. De kernleuze was: 'Zeer sterke concentratie van alle bevoegdheden in handen van de Führer.'[103]

Hitler zelf nam, zoals besproken, persoonlijk het bevel over de Wehrmacht over. Het ministerie van Oorlog werd ontbonden; in plaats daarvan kwam het Oberkommando der Wehrmacht (OKW), met generaal Keitel aan het hoofd, die met de rang van een rijksminister direct ondergeschikt aan Hitler werd. Als opvolger van Fritsch werd de artilleriegeneraal Walter von Brauchitsch tot opperbevelhebber van het leger benoemd. Göring, die gedwongen was zijn ambities op een lager pitje te zetten, moest genoegen nemen met de titel van veldmaarschalk. Daarnaast werden twaalf meest oudere generaals met pensioen gezonden en bovendien veel bevelhebbers overgeplaatst. Bij het ministerie van Buitenlandse Zaken moest Neurath zijn post als minister van Buitenlandse Zaken vrijmaken voor de ambassadeur in Londen, Ribbentrop. Hitler benoemde hem tegen het advies van Goebbels in, die hem beschouwde 'als een knoeier' en dat ook 'heel open en eerlijk tegen de Führer' gezegd zou hebben.[104] Neurath kreeg als zoethoudertje de leiding van 'de geheime kabinetsraad', een nieuw orgaan dat Hitler moest adviseren maar nooit bij elkaar is gekomen. Op enkele belangrijke ambassadeursposten waren er nieuwe benoemingen: zo werden Hassell (Rome), Dirksen (Tokio) en Papen (Wenen) teruggeroepen. Ernst von Weizsäcker, sinds april 1937 hoofd van de politieke afdeling, trad enkele weken later aan op de post van staatssecretaris op Buitenlandse Zaken, als opvolger van Neuraths schoonzoon Hans Georg von Mackensen, die ambassadeur in Rome werd. Ten slotte werd de benoeming van Walther Funk als minister van Economische Zaken bekendgemaakt als opvolger van de in november 1937 afgetreden Hjalmar Schacht.[105]

De berekening van de nazileiding klopte. 'De buitenlandse pers geeft zich over aan wilde speculaties. Over het geheel genomen tast ze echter in het duister. Hopelijk blijft dat zo. In ieder geval hebben we een geslaagde slag geslagen,' stelde Goebbels vast.[106] In het begin van de middag van 5 februari liet Hitler de generaals bijeenkomen om hun de redenen voor de maatregelen uit te leggen. Hij vatte de gebeurtenissen van de twee affaires samen, liet daarbij de politiedossiers uitvoerig aan de orde komen en las het vernietigende rapport van het rijksministerie van Justitie voor. De militairen waren door de onthullingen 'als door een vuistslag getroffen'; geen van hen ging in tegen het betoog van de opperbevelhebber.[107] Tegen acht uur 's avonds kwam het rijkskabinet bijeen – het moet de allerlaatste zitting zijn geweest. Hitler sprak een uur, volgens Goebbels' verslag 'soms met een door tranen verstikte stem'. Of zijn bewogenheid echt was of, zoals zo vaak, slechts gespeeld, is moeilijk te zeggen in dit geval. Ten slotte prees hij de verdiensten van Blomberg en Fritsch voor de opbouw van de Wehrmacht, vond voor Neurath zelfs 'woorden van de hoogste lof en bijna bewondering' en vroeg de minister te zwijgen over het drama dat zich achter de coulissen had afgespeeld: 'Godlof wist het volk niets van al die dingen en zou het ze ook niet geloven. Daarom de grootste discretie. We moeten ons allemaal baseren op het communiqué en geruchten de kop indrukken.'[108] Nog dezelfde avond verliet Hitler Berlijn om op de Obersalzberg bij te komen van de opwinding van de afgelopen twee weken.

Net als bij de Röhm-putsch drieënhalf jaar eerder was Hitler erin geslaagd zich in één klap te bevrijden uit een kritieke situatie en er sterker uit tevoorschijn te komen, zonder dat het deze keer tot bloedvergieten was gekomen. Hierom heeft men de 4de februari terecht de 'droge 30ste juni' genoemd.[109] Destijds had Hitler in een verbond met de Reichswehr het ontevreden partijleger, de SA, getemd; nu onderwierp hij de Wehrmacht met de overname van het directe bevel. Het hoofd van het OKW, generaal Wilhelm Keitel, was Hitler blind toegewijd. En met de benoeming van Ribbentrop als minister van Buitenlandse Zaken had hij nu ook de belangrijkste positie in het ministerie van Buitenlandse Zaken bezet met een betrouwbare partijganger. Daarmee was op het gebied van de personele bezetting het roer omgegooid voor de overgang op een agressieve koers in de buitenlandse politiek.

Op 10 maart 1938 begon onder het voorzitterschap van Hermann Göring de hoofdbehandeling van de zaak-Fritsch voor de Rijkskrijgsraad. Deze eindigde op 18 maart met een volledige vrijspraak van de verdachte. Hij was het slachtoffer geworden van een persoonsverwisseling met een zekere ritmeester buiten dienst Frisch, die ook meteen bekende dat hij gechanteerd was door de belastende getuige. Scherp ondervraagd door Göring, moest Schmidt uiteindelijk in plat-Berlijns toegeven: *'Jawohl, ick habe jelogen!* (Jawel, ik heb gelogen!)'[1110] Hitler nam de tijd voor zijn reactie. Pas op 30 maart stuurde hij Fritsch een met de hand geschreven brief. 'Met een dankbaar hart,' huichelde hij, had hij het oordeel bekrachtigd: 'Want zo verschrikkelijk als het vreselijke verwijt op uzelf moest drukken, zozeer heb ook ik geleden onder de gedachten die eruit voortvloeiden.'[1111] Toen Fritsch aandrong op eerherstel, bleef Hitler zwijgen. Pas drie maanden later, tijdens een bijeenkomst van de generaals in Barth bij Stralsund op 13 juni, gaf hij voor het eerst zijn eigen verkeerde gedrag toe, maar weigerde een publieke rehabilitatie van de generaal, onder verwijzing naar de zich toespitsende Sudetencrisis. Als een soort eerherstel werd Fritsch benoemd tot hoofd van het artillerieregiment dat hij ooit gecommandeerd had. Tijdens de Poolse veldtocht vond hij op 22 september 1939 de dood voor Warschau.[1112] Blomberg echter werd niet meer opnieuw opgenomen in het leger. Hij overleefde de oorlog met zijn vrouw in Bad Wiessee, werd gevangengenomen door de Amerikanen en overleed, afgezonderd van zijn voormalige collega-officieren en kameraden, op maart 1946 in de gevangenis van Neurenberg.[113]

Terwijl hij nog bezig was met de oplossing van de Blomberg-Fritsch-crisis, richtte Hitler zijn blik al op zijn volgende coup in de buitenlandse politiek. 'Führer wil de schijnwerpers afleiden van de Wehrmacht, Europa de adem laten inhouden,' schreef Alfred Jodl, een naaste medewerker van Keitel, op 31 januari. 'Schuschnigg mag geen moed vatten, maar moet sidderen.'[114] De overeenkomst van juli 1936 had nog niet geleid tot de verwachte nauwe integratie van de Alpenrepubliek met het Derde Rijk. Zo had kanselier Schuschnigg de toezegging om leden van de 'nationale oppositie' te betrekken bij politieke verantwoordelijkheid steeds weer uitgesteld. Daarmee gaf hij de Oostenrijkse nationaalsocialisten een handvat om steeds ongeduldiger aan te dringen op een aandeel in de macht en een unie van Oostenrijk met Duitsland. Deze inspanningen vonden bij Hermann Göring een daadkrachtige steun en toeverlaat. Hitlers gevolmachtigde voor het vierjarenplan richtte zijn begerige blikken vooral op de rijke Oostenrijkse ijzerertsvoorraden. Inlijving van het buurland, zo berekende hij, kon de gespannen grondstoffen- en deviezensituatie van het rijk verlichten en bovendien een brug vormen voor de Duitse expansie naar Zuidoost-Europa.[115]

Tijdens een bezoek aan Rome in januari 1937 had Göring in een gesprek met Mussolini de Anschluss-kwestie ter sprake gebracht, maar hij stuitte daarbij, zoals ambassadeur Hassell vermeldt, 'op veel koelte'.[116] In april herhaalde hij zijn wens, waarbij hij deze keer heel onomwonden verklaarde: 'De Anschluss zal er komen en moet er komen. Dit resultaat kan niet worden uitgesteld.' Volgens het verslag van tolk Schmidt schudde de duce bij deze woorden 'heftig het hoofd'.[117] Kennelijk was de Italiaanse politiek niet bereid Duitsland carte blanche te geven in de kwestie-Oostenrijk. Ook tijdens zijn staatsbezoek eind september 1937 hield Mussolini, zoals we zagen, zich in deze kwestie nog op de vlakte. Hoewel Hitler zijn paladijn uitdrukkelijk vroeg terughoudend te zijn tegenover de hoge gast, kon Göring het niet laten om hem bij diens bezoek aan de Schorfheide op 28 september naar een kaart van Europa te leiden waarop Oostenrijk al stond aangegeven als Duits grondgebied. Mussolini liet geen reactie blijken, wat Göring waarschijnlijk ten onrechte uitlegde als instemming. Tijdens een bezoek aan Carinhall van staatssecretaris van het Oostenrijkse ministerie van Buitenlandse Zaken Guido Schmidt in november, presenteerde Göring dezelfde landkaart.[118] Wenen kon hierna geen twijfels meer hebben over de bedoelingen van het Duitse beleid. Voor Schuschnigg en zijn regering was het doel nu vooral tijd te winnen door tactisch manoeuvreren.

Ook Hitler was, zoals we weten uit zijn gesprekken met Goebbels, sinds het voorjaar van 1937 vastbesloten de kwestie-Oostenrijk op te lossen bij de eerste de beste gelegenheid. Onder de codenaam 'Operatie Otto' trof de generale staf sinds juli 1937 voorbereidingen voor een militaire interventie. Tijdens een bezoek van de Britse lord Halifax, de Lord Privy Seal en toekomstig opvolger van minister van Buitenlandse Zaken Eden, op de Berghof op 19 november verklaarde Hitler dat er 'onder alle omstandigheden een nauwere band gesmeed moest worden tussen Oostenrijk en het rijk'. Halifax antwoordde dat de Britse regering bereid was over alle problemen te spreken, vooropgesteld dat er geen geweld werd gebruikt. De Duitse dictator reageerde zichtbaar geïrriteerd op de koppige weigering van Groot-Brittannië hem de vrije hand op het continent te geven. 'Hoe anders was deze opgewonden, opvliegende, woedende Hitler dan de rustige en voorbeeldige rijkskanselier die twee jaar eerder tegenover Simon en Eden had gezeten,' observeerde tolk Paul Schmidt. 'Al uit zijn dominante manier van spreken had een niet vooringenomen onpartijdige waarnemer kunnen concluderen dat de tijden waren veranderd. De Hitler uit 1937 ging niet meer voorzichtig tastend voorwaarts, zoals die van 1935. Hij was kennelijk vrij zeker van zijn eigen kracht en van de zwakte van de ander.'[119] Een dag later vertelde Hitler in München dat Halifax een 'blok ijs' en 'spijkerhard' was. Het gesprek had vier uur geduurd en was ondanks alle ophef uitgegaan als een nachtkaars.'[120] Toch had hij na afloop de indruk dat Londen zijn voet niet dwars zou zetten bij een vreedzame oplossing van de kwestie-Oostenrijk.

In het begin van 1938 spitste de binnenlandse politieke situatie in de Alpenrepubliek zich toe. Bij het doorzoeken van een woning van een Oostenrijkse nazi vonden de autoriteiten plannen die wezen op een gewelddadige oplossing van de Anschluss in het voorjaar. Door provocaties en sabotagedaden moesten de spanningen worden verhoogd tot het kookpunt, om zo de Wehrmacht het voorwendsel te geven in te grijpen.'[121] Op 6 februari reisde Franz von Papen, die twee dagen eerder was ontslagen als ambassadeur in Wenen, voor een afscheidsaudiëntie naar de Berghof. Hij trof Hitler aan 'in een verwarde, bijna uitgeputte toestand'. Pas toen Papen hem onthulde dat kanselier Schuschnigg de wens naar voren had gebracht van een persoonlijk gesprek met de Führer, kwamen Hitlers gelaatstrekken tot leven. Bliksemsnel onderkende hij de kans die hem hier geboden werd. Hij vroeg Papen tijdelijk opnieuw de taken van de Weense ambassadeur waar te nemen en een afspraak te regelen voor een bijeenkomst met Schuschnigg. 'Ik zou erg blij zijn hem hier te zien, om open over alles te kunnen spreken.'[122]

De bijeenkomst werd gepland op 12 februari. Vanaf het begin had Hitler echter geen open uitwisseling van ideeën in het achterhoofd, maar perfide chantage. Om een intimiderend decor op te bouwen, ontbood hij drie hoge militaire functionarissen naar de Obersalzberg: behalve het nieuwe hoofd van het OKW Keitel de generaals Walter von Reichenau en Hugo Sperrle, eerste commandant van het Condorlegioen.[123] Schuschnigg, die zich alleen liet begeleiden door staatssecretaris Guido Schmidt en een adjudant, werd 's ochtends aan de Duits-Oostenrijkse grens bij Salzburg ontvangen door Papen en naar Hitlers alpenresidentie gebracht. De dictator verwelkomde de gasten 'met grote hoffelijkheid' aan de voet van de buitentrap en leidde de kanselier onmiddellijk naar zijn werkkamer op de eerste verdieping voor een gesprek onder vier ogen.[124] Nauwelijks waren de deuren achter de twee gesloten of Hitler begon zijn gesprekspartner al volgens de regels van zijn beproefde overval-achtige retoriek in een hoek te drijven. In zijn in 1946 gepubliceerde memoires *Ein Requiem für Rot-Weiß-Rot* heeft de kanselier de woedende monoloog van zijn gastheer, die hij slechts af en toe door opmerkingen kon onderbreken, op basis van zijn herinneringen gereconstrueerd.[125]

Schuschniggs garantie dat zijn regering de overeenkomst van juli 1936 'zeer serieus' nam en erin geïnteresseerd was 'de nog bestaande moeilijkheden uit de weg te ruimen', veegde Hitler terzijde. Oostenrijk, zo begon hij de rondedans van zijn verwijten, bedreef geen 'Duitse politiek'. Hoe dan ook was de geschiedenis ervan 'een ononderbroken volksverraad': 'Deze historische absurditeit moet eindelijk een langverwacht einde krijgen. En ik zeg u dit, meneer Schuschnigg: ik ben vastbesloten een eind te maken aan dat alles.' Hitler beriep zich op zijn 'historische missie', waartoe de 'Voorzienigheid' hem had voorbestemd en waarvan hij 'rotsvast' doordrongen was. 'Mijn taak is voor mij in kaart gebracht; ik ben de moeilijkste weg gegaan die een Duitser ooit moest gaan, en ik heb in de Duitse geschiedenis het grootste gepresteerd waartoe een Duitser ooit is voorbestemd geweest.' Openlijk dreigde de dictator met een militaire interventie: 'U zult toch niet geloven dat u me ook maar een half uurtje kunt tegenhouden? Wie weet – misschien ben ik van de ene dag op de andere in Wenen zoals een voorjaarsstorm! Dan zult u wat beleven!' Met Italië, beweerde Hitler, was deze zaak 'in het reine' gebracht en Groot-Brittannië en Frankrijk zouden 'geen vinger uitsteken naar Oostenrijk'. Na twee uur eindigde het eerste gesprek met een ultimatum: 'Óf we komen tot een oplossing, óf de dingen zullen hun beloop nemen [...] – Ik heb alleen nog tijd tot vanmiddag. Als ik u dat zeg, dan zou u er goed aan doen mij letterlijk te nemen. Ik bluf niet.'

Tijdens de lunch in de eetzaal van de Berghof veranderde Hitler abrupt van rol en speelde de attente gastheer. Hij vertelde Schuschnigg, die recht tegenover hem zat, over zijn liefde voor auto's en over zijn bouwprojecten. Zo had hij in Hamburg niet alleen opdracht gegeven tot 'de grootste brug ter wereld', maar ook tot 'nieuwe kantoorgebouwen als geweldige wolkenkrabbers': 'Als de Amerikanen de Duitse bodem betreden, moeten ze zien dat wij in Duitsland mooier en groter bouwen dan in de Verenigde Staten.'[126] Tegen twee uur 's middags trok Hitler zich terug; de gasten werd verzocht te wachten op de voortzetting van de gesprekken – een geliefd middel van de heer des huizes om zijn gesprekspartners murw te maken. Pas na urenlang wachten verscheen de pas benoemde minister van Buitenlandse Zaken Ribbentrop, vergezeld door Papen, en presenteerde een getypt concept van twee kantjes, dat de Duitse eisen bevatte: de vrije hand voor Hitlers partijgangers in Oostenrijk, de benoeming van de nationaalsocialist Arthur Seyß-Inquart als minister van Binnenlandse Zaken, een algemene amnestie voor alle gearresteerde nazi's respectievelijk het opheffen van de tegen hen gerichte strafmaatregelen en ten slotte een nauwe coördinatie van het Oostenrijkse buitenlandse, economische en militaire beleid met dat van het Duitse Rijk.[127] Schuschnigg en Schmidt waren geschokt, want in tegenstelling tot alle garanties van Papen was nu de soevereiniteit van hun land in het geding. Vooral moeilijk te accepteren was de wens Seyß-Inquart te benoemen tot minister van Binnenlandse Zaken en hem daarmee verantwoordelijk te maken voor de politie.

In de tweede ontmoeting met Hitler bracht Schuschnigg onder de aandacht dat volgens de grondwet alleen de Oostenrijkse bondspresident ministers mocht benoemen en amnestie kon geven. Hij kon daarom geen definitieve toezeggingen geven. Daarop opende Hitler de deur en schreeuwde: 'Generaal Keitel! [...] Hij moet onmiddellijk bij me komen!' Terwijl Schuschnigg buiten moest wachten, vroeg Keitel wat zijn Führer van hem wilde. 'Helemaal niets,' antwoordde Hitler glimlachend, 'Ik wilde u alleen hier boven hebben.'[128] Het armzalige toneelstukje moest de Oostenrijkers ervan overtuigen dat er nu serieus werk gemaakt werd van de militaire interventie waarmee gedreigd was. En inderdaad, het had effect. Nadat Papen enkele kleine wijzigingen in het concept had aangebracht, zette Schuschnigg zijn handtekening onder de overeenkomst en verplichtte zich om deze binnen drie dagen uit te voeren. Een uitnodiging voor een diner bij Hitler wees hij beleefd van de hand. Op de terugreis naar Salzburg verbrak Papen de drukkende stilte: 'Ja, zo kan de Führer zijn, nu hebt u het zelf meegemaakt – als u echter de volgende keer komt, zult u veel makkelijker met elkaar spreken. De Führer kan heel charmant zijn.'[129] Aan tafel deed Hitler tot vermaak van zijn gasten voor hoe hij de Oostenrijkse kanselier 'panklaar' had gemaakt.[130] En op 15 februari, toen Schuschnigg de Duitse eisen tijdig had aanvaard en de regering herschikte, vertelde Hitler aan Goebbels nog eens wat er drie dagen eerder op de Berghof was gebeurd: 'Hij had Schuschnigg erg onder druk gezet. Bedreigd met kanonnen. En Parijs noch Londen zou hem helpen. Toen is Schuschnigg helemaal in elkaar geklapt. Klein formaat. 1/3 Brüning.'[131]

Schuschnigg vleide zich met de hoop dat hij ten minste een restje staatkundige onafhankelijkheid had bewaard. Voor Hitler luidde de overeenkomst van Berchtesgaden echter de laatste fase van zijn Anschluss-beleid in. Op 16 februari werd de pas benoemde Oostenrijkse minister van Binnenlandse Zaken Seyß-Inquart naar Berlijn ontboden om instructies van de Führer te ontvangen. 'Nu gaat het om de hoofdprijs,' schreef Goebbels. 'Dan is elk middel toegestaan.'[132] Op 20 februari hield Hitler voor de Rijksdagafgevaardigden in de Kroll-opera de toespraak die hij in eerste instantie op 30 januari had willen houden. Deze werd voor het eerst ook uitgezonden op de Oostenrijkse radio. Men was vooral gespannen over wat hij te zeggen had over Oostenrijk. Wederom gebruikte hij een tweeledige strategie van verleiding en bedreiging. Aan de ene kant betreurde hij het lot van meer dan 10 miljoen Duitsers die zogenaamd werden onderdrukt in Oostenrijk en Tsjechoslowakije: 'Het is op de lange termijn voor een zelfbewuste wereldmacht onverdraaglijk te weten dat er vlakbij volksgenoten zijn wie aanhoudend het zwaarste leed wordt berokkend vanwege hun sympathie of hun verbondenheid met het volk als geheel, zijn lot en zijn wereldbeeld.' Aan de andere kant bedankte hij Schuschnigg voor 'het grote begrip en de warmhartige bereidwilligheid' waarmee hij zich had ingespannen om een gemeenschappelijke weg naar de oplossing van de problemen te vinden. De brutale chantage-actie van 12 februari werd gepresenteerd als een organische ontwikkeling van de overeenkomst van juli 1936, zelfs als een 'bijdrage aan de Europese vrede'. Waarschijnlijk vermoedden maar heel weinig radioluisteraars hoe schaamteloos de Führer hier de publieke opinie bedroog.[133]

Voor de vertegenwoordigers van de Oostenrijkse nationaalsocialisten sprak Hitler op 26 februari echter duidelijke taal. De overeenkomst van Berchtesgaden was 'zo verregaand dat bij een volledige uitvoering de kwestie-Oostenrijk automatisch werd opgelost': 'Een gewelddadige oplossing was voor hem niet gewenst als deze op een of andere manier vermeden kon worden, omdat voor ons de buitenlandse dreiging van jaar tot jaar minder wordt en onze militaire macht van jaar tot jaar groter.'[134] De dictator hield dus nog geen rekening met een ophanden zijnde annexatie van Oostenrijk. Vervolgens ging alles echter veel sneller dan verwacht. Op 9 maart kondigde Schuschnigg in Innsbruck zijn voornemen aan vier dagen later een referendum te houden onder de leus 'Voor een vrij en Duits, onafhankelijk en sociaal, voor een christelijk en verenigd Oostenrijk!'[135] Met deze verrassende zet wilde hij Hitler in zekere zin verslaan met zijn eigen wapens, omdat deze nog op 12 februari had verklaard dat bij een volksraadpleging de meerderheid van de Oostenrijkers duidelijk voor hem zou kiezen.[136] De Oostenrijkse bondskanselier maakte echter een grote fout toen hij de volksstemming op zo'n korte termijn plande dat het vermoeden van verkiezingsbedrog voor de hand lag. De aankondiging dat alleen de kiezers van boven de 24 jaar mochten stemmen, moest Hitler wel provoceren. Ook in Oostenrijk kregen de nazi's de sterkste steun van de jongere generatie. Zonder het te willen versnelde Schuschnigg met zijn beslissing wat hij juist wilde voorkomen. 'De bom van het referendum was voorbestemd te ontploffen in zijn hand,' heeft graaf Ciano opgemerkt.[137]

In Berlijn was men verbijsterd door het nieuws uit Wenen. Hitler was aanvankelijk zeer besluiteloos over de vraag hoe hij moest reageren. Hij beval zijn gevolmachtigde voor Oostenrijk Wilhelm Keppler naar de Oostenrijkse hoofdstad te vliegen voor nadere informatie. Op de avond van 9 maart werd Goebbels, die juist een receptie voor Duitse hoofdredacteuren gaf, naar Hitler in de rijkskanselarij ontboden. Daar was ook Göring al gearriveerd, die in de voorafgaande maanden een drijvende rol had gespeeld bij de Anschluss-kwestie. 'Schuschnigg plant een heel gemene boerenstreek. Wil ons beetnemen,' hoorde de minister van Propaganda. Zelfs Hitler en zijn twee adviseurs tastten in het duister. Twee mogelijkheden werden besproken: óf men zou de Oostenrijkse nationaalsocialisten oproepen om het referendum te boycotten, wat het tot een farce zou maken, óf men besloot tot militaire interventie, onder de propagandistisch sterke bewering dat Schuschnigg de overeenkomst van Berchtesgaden had geschonden. In de nacht van 9 op 10 maart sloeg de balans door in het voordeel van de militaire actie. Goebbels heeft het dramatische proces van de besluitvorming vastgelegd: 'Tot 5 uur 's nachts alleen in overleg met de Führer. Hij gelooft dat het uur gekomen is. Wil er alleen nog een nacht over slapen. Italië en Engeland zullen niets doen. Misschien Frankrijk, maar waarschijnlijk niet. Risico is niet zo groot als bij de bezetting van het Rijnland [...]. We zijn al detailplannen aan het ontwikkelen voor de actie. Als die er al komt, zal ze heel kort en dramatisch zijn. De Führer is helemaal op dreef. Een prachtige vechtstemming.'[138]

Het geheim van Hitlers succes, analyseerde Harry graaf Kessler in april 1936 na de bezetting van het Rijnland, ligt in 'het intuïtief, bliksemsnel begrijpen van situaties, waaruit hij dan even snel en verrassend de consequenties trekt'.[139] Precies volgens dit patroon voltrok zich nu de Anschluss. Na zijn aanvankelijke aarzeling besefte Hitler dat Schuschnigg hem weer een unieke kans had toegespeeld, die hij niet mocht laten lopen. Op 10 maart vaardigde hij de instructie voor Operatie Otto uit: het was de bedoeling 'als andere middelen niet tot het doel leiden, met gewapende eenheden Oostenrijk binnen te trekken'. Daarbij moest erop gelet worden 'dat de hele actie zonder geweld verloopt, in de vorm van een door de bevolking verwelkomde, vreedzame intocht'.[140] In de ochtend vond Goebbels een over zijn kaarten gebogen Hitler: 'Hij broedt erop [...]. Altijd wat in maart. Maar het is altijd de geluksmaand van de Führer geweest.' Rond middernacht werd de minister van Propaganda voor de tweede keer naar de rijkskanselarij geroepen: 'De teerling is geworpen: op zaterdag (12 maart) invasie. Direct naar Wenen doorstoten [...]. De Führer gaat zelf naar Oostenrijk. Göring en ik moeten in Berlijn blijven. Binnen acht dagen zal Oostenrijk van ons zijn.'[141]

Op de ochtend van 11 maart heerste er in de rijkskanselarij een hectische bedrijvigheid. Geleidelijk druppelden de politieke en militaire topfiguren van het Derde Rijk binnen met hun entourage. Ongewoon vroeg, al om 8 uur, zaten Hitler en Goebbels bij elkaar, en samen dicteerden ze de tekst van de folders die boven Oostenrijk moesten worden afgeworpen: 'Geweldige opruiende taal. Maar leuk om te doen.'[142] Vervolgens hield de dictator zich bezig met de diplomatieke rugdekking voor de komende actie. Zo stuurde hij prins Philipp von Hessen, een schoonzoon van de Italiaanse koning, als speciale koerier met een persoonlijk bericht voor Mussolini naar Rome, dat de interventie in Oostenrijk rechtvaardigde als een 'daad van nationale zelfverdediging': 'Ook u, excellentie, zou niet anders kunnen handelen als het lot van de Italianen op het spel stond.'[143] Een medewerker van Ribbentrop, Reinhard Spitzy, kreeg de opdracht onmiddellijk naar Londen te vliegen en van de daar verblijvende Duitse minister van Buitenlandse Zaken informatie te verkrijgen over de vermoedelijke Britse houding.[144] Om 10 uur werd er een eerste ultimatum gericht aan de Oostenrijkse regering. Het liep af om 17 uur en riep op tot uitstel van het referendum, het aftreden van Schuschnigg en de benoeming van Seyß-Inquart tot zijn opvolger. Vroeg in de middag, om 14.45 uur, beloofde Schuschnigg weliswaar het referendum te zullen uitstellen, maar hij wees de eis van zijn aftreden af.[145]

In deze kritieke fase greep Göring het initiatief. Nog bij het tribunaal van Neurenberg pochte hij niet ten onrechte dat het 'niet zozeer de Führer' was geweest als wel hijzelf die 'hier het tempo bepaald' had. Dat hij de man was geweest die 'de zaak aan het rollen gekregen' had 'door over de bedenkingen van de Führer heen te stappen'.[146] Continu belde hij met Seyß-Inquart, de Oostenrijk-gevolmachtigde Keppler en de gezanten bij de Weense ambassade en gaf hun instructies. 'De meeste van deze telefoongesprekken,' zei adjudant Below later verbaasd, 'vonden plaats in aanwezigheid van een groot aantal luisteraars.'[147] Om 15.45 uur deelde Seyß-Inquart mee dat Schuschnigg naar bondspresident Wilhelm Miklas was gegaan om zijn ontslag in te dienen. Daarna werd er een tweede ultimatum naar Wenen gestuurd: het nieuwe kabinet onder leiding van Seyß-Inquart moest voor 19.30 uur zijn gevormd. Toch weigerde Miklas Seyß-Inquart te benoemen en hij volhardde ook in zijn weigering toen de Duitse militaire attaché in de Weense ambassade, luitenant-generaal Wolfgang Muff, in opdracht van Göring het nieuws overbracht dat de al aan de grens opgestelde Duitse troepen Oostenrijk binnen zouden marcheren als hij niet zou toegeven.

Rond 20 uur richtte Schuschnigg zich via de radio nog eenmaal tot de Oostenrijkers en legde de redenen voor zijn ontslag uit: hij week voor geweld; het leger was geïnstrueerd zich bij het binnenmarcheren van de Wehrmacht zonder verzet terug te trekken. Korte tijd later kwam Seyß-Inquart voor de microfoon en verklaarde dat hij, als voor de veiligheid verantwoordelijke minister van Binnenlandse Zaken, in functie bleef. Hoewel de Oostenrijkse nazi's zich al opmaakten om in het hele land de macht over te nemen, gaf Hitler om 20.45 uur het bevel aan de Wehrmacht de volgende dag het land binnen te marcheren. Korte tijd later dicteerde Göring via de telefoon de tekst van een telegram aan Keppler, dat Seyß-Inquart naar Berlijn moest sturen: het bevatte het verzoek van de 'voorlopige Oostenrijkse regering' aan de Duitse regering haar te steunen in haar taak 'de vrede en orde in Oostenrijk te herstellen' en hiertoe 'zo snel mogelijk' troepen te sturen. Omdat Seyß-Inquart nog tegenstribbelde, stuurde Keppler zelf het gefingeerde verzoek om hulp naar Berlijn. 'Daarmee hebben we een legitimering,' gaf Goebbels als commentaar.[148] Laat in de avond had prins Philipp von Hessen uit Rome de geruststellende boodschap dat Mussolini 'de hele zaak heel vriendelijk heeft opgenomen'. 'Vertel Mussolini alstublieft, dat ik dit nooit van hem zal vergeten [...]. Nooit, nooit, nooit, wat er ook moge gebeuren,' antwoordde het zichtbaar opgeluchte Duitse staatshoofd.[149] Ook het verslag van Ribbentrop dat de afgezant Spitzy meebracht uit Londen, liet er geen twijfel over bestaan dat de Britten niets zouden ondernemen.[150] Toen president Miklas om middernacht zijn verzet opgaf en Seyß-Inquart benoemde tot bondskanselier, had dit geen invloed meer op de gang van zaken.

Op 12 maart, om 5.30 uur in de vroege ochtend, marcheerden Duitse troepen Oostenrijk binnen. Ze stootten nergens op verzet. Integendeel: de soldaten werden met gejuich begroet. Om 12 uur 's middags las Goebbels op de radio een proclamatie van de Führer voor, die de interventie motiveerde met de zogenaamde schending van de overeenkomst van Berchtesgaden. 'Zelf uitgenodigd door de nieuwe nationaalsocialistische regering in Wenen', zal de Wehrmacht 'de garantie zijn dat het Oostenrijkse volk nu eindelijk op zeer korte termijn de mogelijkheid krijgt zijn toekomst en daarmee zijn lot zelf vorm te geven'.[151] Hitler vloog in de ochtend naar München. Op het vliegveld Oberwiesenfeld wachtte een colonne van Mercedessen. Omstreeks 16 uur passeerde deze bij Braunau, Hitlers geboorteplaats, de Duits-Oostenrijkse grens. De 120 kilometer lange tocht naar Linz vergde bijna vier uur, omdat het konvooi auto's zich maar moeizaam een weg kon banen door de enthousiaste mensenmassa's. Het was al donker toen Hitler in Linz aankwam. Tot de weinige mensen die zijn aankomst met gemengde gevoelens gadesloegen, behoorde de 66-jarige arts Eduard Bloch. 'De zwakke knaap die ik zo vaak had behandeld en dertig jaar lang niet gezien had, stond in de auto,' herinnerde hij zich tijdens een interview in zijn New Yorkse ballingschap in 1941. 'Hij glimlachte, zwaaide, groette de mensen die de straten vulden met de Hitlergroet. Toen, voor een ogenblik, keek hij op naar mijn raam. Ik betwijfel of hij me zag, maar hij moet een moment van bezinning hebben gehad. Hier woonde de nobele Jood, die bij zijn moeder de dodelijke kankervorm had gediagnosticeerd [...]. Het was een kort moment.'[152]

Vanaf het balkon van het stadhuis hield Hitler, herhaaldelijk onderbroken door stormachtige bijval, een korte toespraak waarin hij 'de Voorzienigheid' opriep, die hem 'eens uit deze stad' weggeroepen had 'naar de leiding van het rijk' en hem nu de taak gaf om zijn 'dierbare vaderland terug te geven aan het Duitse Rijk'.[153] Vervolgens betrok hij samen met zijn entourage Hotel Weinzinger aan de Donau. Tot laat in de nacht bleven mensen wachten aan de voorkant van het hotel; steeds weer moest Hitler zich laten zien, totdat zijn escorte vroeg om hem eindelijk rust te gunnen.[154] Oorspronkelijk had Hitler niet overwogen de inlijving van Oostenrijk bij het Duitse Rijk onmiddellijk te voltrekken. Onder de indruk van zijn triomfrit besloot hij nog in de nacht van 13 maart om niet tevreden te zijn met 'halve maatregelen', maar meteen alles binnen te halen. Staatssecretaris Stuckart werd naar Linz ontboden om de relevante wettelijke regelingen voor te bereiden. Terwijl de juristen nog aan de concepten werkten, ging Hitler naar Leonding en legde een boeket bloemen op het graf van zijn ouders. 's Avonds ondertekende hij het *Gesetz über die Wiedervereinigung Österreichs mit dem Deutschen Reich* (Wet op de hereniging van Oostenrijk met het Duitse Rijk). Het eerste artikel was zeer beknopt: 'Oostenrijk is een deelstaat van het Duitse Rijk.' In het tweede artikel werd een 'vrije en geheime volksstemming' vastgesteld voor 10 april 'voor alle mannen en vrouwen van Oostenrijk van boven de twintig jaar'.[155]

Op de ochtend van 14 maart vertrok Hitler naar Wenen – de stad die hij 25 jaar eerder had verlaten als een volstrekt onbekende, aan zichzelf en zijn toekomst twijfelende 'kunstschilder'. Ook hier wachtte hem een daverende ontvangst. Alle kerkklokken luidden toen hij 's middags, komend van Schönbrunn, de Oostenrijkse hoofdstad binnentrok. De hele tijd van zijn verblijf in Wenen had Hitler 'gestraald', zo heeft een adjudant overgeleverd[156], en het is gemakkelijk voorstelbaar welke genoegdoening hij gevoeld moet hebben. Voor het aan de Ring gelegen Hotel Imperial, waar hij logeerde, speelden zich dezelfde taferelen van hysterisch enthousiasme af als eerder in Linz.[157] De volgende ochtend verzamelden zich op de Heldenplatz voor de Weense Hofburg honderdduizend mensen voor een 'bevrijdingsdemonstratie'. Vanaf het balkon van de Hofburg deed Hitler, zoals hij het noemde, de 'grootste mededeling' van zijn leven: 'Als Führer en kanselier van de Duitse natie en van het rijk meld ik voor het oog van de geschiedenis vanaf nu de toetreding van mijn vaderland tot het Duitse Rijk.'[158] In de roes over de vereniging ging bijna verloren wat er tegelijkertijd aan haat en geweld losbarstte tegen de Joodse burgers van Wenen. Dat was de duistere kant van de Anschluss, die al een schaduw wierp op alles wat er nog komen ging.

Voordat Hitler 's middags op een eretribune tegenover het monument voor de gevallenen aan de Heldenplatz het defilé van de troepen afnam, bezocht hij op de Wiener Zentralfriedhof het graf van zijn nicht Geli Raubal, die zich in september 1931 van het leven had beroofd. Hij was helemaal alleen vooruitgegaan en bleef lang bij het graf, vertelt Nicolaus von Below.[159] Na de militaire parade ontving Hitler de Weense aartsbisschop kardinaal Theodor Innitzer, in Hotel Imperial. De dictator boog diep – een berekend gebaar dat niets zei over zijn echte gevoelens – en de kardinaal accepteerde de Hitler-groet en beloofde de Führer de actieve medewerking van de Oostenrijkse katholieken bij het 'Duitse opbouwwerk'.[160] Rond 17 uur vloog Hitler terug naar München, en de volgende dag gaven ook de Berlijners hem een triomfantelijke ontvangst die, volgens de nooit om superlatieven verlegen zittende minister van Propaganda, 'al het voorafgaande in de schaduw' moest stellen. 'Door een oneindige haag van mensen [...]. En een gejuich waarvan de trommelvliezen bijna knapten. Dat raak je urenlang niet meer kwijt uit je oren. Dat is één zingende en jubelende stad!'[161]

Met deze nieuwe triomf in de buitenlandse politiek was Hitler op het hoogtepunt van zijn populariteit. De bewondering voor hem liep dwars door alle lagen van de bevolking. Bijzonder hoog rezen ook de golven van enthousiasme in het huis van de familie Wagner. 'Hoe eenmalig, hoe uniek is de daad van onze Führer en hoe gezegend ben je als je dit mag meemaken,' jubelde Lieselotte Schmidt, assistente van Winifred Wagner. Hier was iemand aan het werk 'die meer is dan een staatsman [...] – een voltrekker van een hogere wil, een genie waarvoor uiteindelijk iedereen moet buigen'.[162] Voor Ernst von Weizsäcker, die was voorgedragen als staatsecretaris op het ministerie van Buitenlandse Zaken en die op 14 maart met Ribbentrop naar Wenen reisde, leek de dag 'de opmerkelijkste sinds de 18de januari van 1871', toen het Duitse Rijk ten doop gehouden was. Hij was vooral onder de indruk van 'Hitlers gave om een gelegenheid te baat te nemen'.[163] Net zo voelde zich de Duits-nationalistische historicus Gerhard Ritter, die anders afstandelijker was tegenover het naziregime: 'Het meesterschap van de acteur die dit alles in scène zette, bewonder ik helemaal. Eigenlijk voor het eerst zonder voorbehoud!' schreef hij in een brief aan zijn broer in april 1938.[164]

Ook voor de Hamburgse lerares Luise Solmitz was de vereniging van Oostenrijk en Duitsland de vervulling van haar 'oude Duitse droom', volbracht 'door een man die niets vreest, en geen compromissen, hindernissen, moeilijkheden kent'. Dat noteerde ze in haar dagboek, hoewel ze nu behoorde tot degenen die waren

Afb. 65 Hitler spreekt vanaf het balkon van de Weense Hofburg de op de Heldenplatz verzamelde bevolking toe, 15 maart 1938.

gestigmatiseerd door het regime, omdat ze getrouwd was met een Jood. 'Je moet alleen niet vergeten dat je zelf bent uitgesloten van de volksgemeenschap als een crimineel, een onwaardig persoon.'[165] Vervuld van vergelijkbare ambivalente gevoelens was de Breslause leraar Willy Cohn, die de vele vormen van discriminatie waaraan Joden in Duitsland werden blootgesteld, dagelijks aan den lijve ondervond: 'Je kunt je niet onttrekken aan de indruk die deze geweldige gebeurtenis maakt,' merkte hij op 13 maart op, en een dag later bekrachtigde hij dat: 'Je moet bewonderen met hoeveel energie dat alles is uitgevoerd! [...] Misschien dat wij Joden in Duitsland nu niet zouden moeten delen in deze nationale vreugde, maar je doet het toch.'[166] Zijn lotgenoot Victor Klemperer in Dresden was echter een van de weinigen die zich niet lieten aansteken door de verenigingsroes: 'De ontzettende geweldsdaad van de Oostenrijkse annexatie, de ontzettende machtstoename naar buiten en intern, de weerloos sidderende angst van Engeland en Frankrijk enz. We zullen het einde van het Derde Rijk niet meemaken.'[167] Ook Thomas Mann, die in maart voor een lezingentournee in de Verenigde Staten verbleef, bleef volkomen onaangedaan onder de nationalistische drukte: 'Het monster spreekt vandaag in Wenen, zal dat niet zonder "handigheid" doen en proberen gerust te stellen.' De schrijver vergiste zich echter over de reactie van de westerse machten: 'Maar tenminste is de apathie in Europa niet zo hopeloos als ze leek. De gevolgen van de walgelijke streek zijn niet te overzien, de schok hevig, de les leerzaam.'[168] Feitelijk lieten de Engelse en Franse regeringen het weer bij verbale protesten.

Volgens de rapporteurs van de Sopade had er in brede kringen van de bevolking eerst angst voor een nieuwe oorlog geheerst. Zo was het op de ochtend van 12 maart in München tot paniekachtig gehamster gekomen. 'Voor de winkels vormden zich rijen. Bakkerijen raakten volledig uitverkocht, zodat ze voortijdig moesten sluiten.'[169] Toen duidelijk werd dat de westerse mogendheden niet zouden ingrijpen en speciale radio-uitzendingen berichtten over Hitlers enthousiaste ontvangst in Linz en Wenen, sloeg de stemming om: 'Nu was er plotseling overal een geweldig enthousiasme en vreugde over dit succes merkbaar, het gejuich kende bijna geen grenzen meer,' aldus een verslag uit Saksen. 'Zelfs kringen die zich tot dusverre koel of afwijzend tegenover Hitler hadden opgesteld, gaven nu verrukt toe dat Hitler toch een groot en verstandig staatsman was, die Duitsland na de nederlaag van 1918 weer tot grootsheid en aanzien zou brengen.'[170] Onder de overtuigde oude sociaaldemocraten, die onontvankelijk bleven voor de nationalistische propaganda, heersten daarentegen verslagenheid en gelatenheid: 'Bij Hitler lukt alles, hij kan doen wat hij wil, omdat iedereen voor hem buigt. Het binnenlandse politieke bedrog werkt ook in het buitenlandse beleid, ook hier heeft Hitler zijn meelopers gevonden,' beschreef een waarnemer de stemming in het voormalige SPD-milieu in de Pfalz.[171]

Hitler bleef na zijn meest succesvolle coup nog dagenlang in een euforische stemming. Op de avond van 18 maart gaf hij in de Kroll-opera een verslag van de gebeurtenissen die hadden geleid tot de Anschluss. Aan het einde verklaarde hij de Rijksdag voor ontbonden en tegelijkertijd kondigde hij met de volksstemming verbonden verkiezingen aan voor de 'nieuwe vertegenwoordiging van Groot-Duitsland' op 10 april.[172] Een paar dagen later kwam hij voor een privébezoek naar Bayreuth. 'Van 2 tot 6 heb ik hem hier in alle gezelligheid helemaal voor mezelf alleen gehad – het was te mooi – want met mij kan hij immers hele intieme persoonlijke dingen aanroeren, die hem in Braunau en Linz aan het hart gingen,' dweepte Winifred Wagner in een brief aan een vriendin. De vriend van de familie vertelde tot in de details hoe 'alles zo bliksemsnel' en ook voor hem 'heel verrassend' gekomen was. Winifred was blij 'over zijn frisheid en hoe werkelijk goed hij eruitzag': 'Dat komt waarschijnlijk door de vreugde over het succes.'[173]

Op 25 maart begon Hitler zijn verkiezingscampagne in Koningsbergen. Hij kan nauwelijks vermoed hebben dat het de laatste van zijn leven zou zijn. Nogmaals werkte hij een slopend programma af. Na Koningsbergen sprak hij in Leipzig, Berlijn, Hamburg, Keulen, Frankfurt am Main, Stuttgart en München. Van 3 tot 9 april vervolgde hij de campagne in Oostenrijk: van Graz, Klagenfurt, Innsbruck, Salzburg en Linz naar Wenen, de laatste halte. Aan het eind was hij uitgeput en zijn overbelaste stem weer helemaal hees; zijn lijfarts Morell moest voor een remedie zorgen.[174] Hitler rekende op 80 procent ja-stemmers in Oostenrijk. Des te verbaasder was hij toen op de avond van 10 april de uitslagen bekend werden: 99,75 procent had voor de unie gestemd – nog meer dan in het Altreich (99,08 procent). 'Een grote feestdag van de natie. Duitsland heeft een heel land veroverd met verkiezingen,' gaf Goebbels als commentaar.[175] Zeker niet iedereen die 'ja' stemde, was een overtuigde Hitler-aanhanger; velen zetten uit opportunisme of ook uit angst hun kruisje op de gewenste plek – 'In het kiesgeheim gelooft niemand en iedereen beeft,' merkte Victor Klemperer op.[176] Het was echter ook onmiskenbaar dat het prestige van de dictator aanzienlijk versterkt was. De basis van consensus onder zijn heerschappij is vermoedelijk nooit zo groot geweest als in het voorjaar van 1938.

Ook de economische en militaire positie van het rijk werd versterkt. Het Oostenrijkse ijzererts kon nu worden gebruikt voor de Duitse oorlogseconomie. Aan de rand van Linz werd een enorm staalcomplex gebouwd, de Reichswerke Hermann Göring. De Duitsers kregen goud- en deviezenreserves van 4 miljard rijksmark in handen en het leger werklozen in Oostenrijk, onder wie veel gediplomeerde vakmensen, zorgde voor merkbare verlichting op de gespannen arbeidsmarkt van het rijk. Met de integratie van het Oostenrijkse bondsleger werd de Wehrmacht in één klap versterkt met ongeveer 1600 officieren en 60.000 soldaten. Tegelijkertijd was ook de strategische situatie verbeterd, want nu kon Tsjechoslowakije als het ware in de tang worden genomen.[177]

Nog maar twee maanden daarvoor had Hitler de grootste moeite gehad zonder gezichtsverlies de affaire-Blomberg-Fritsch af te handelen, nu zweefde hij op een golf van publieke waardering. Weer was het hem gelukt door een coup in de buitenlandse politiek ontspanning te brengen in een kritieke binnenlandse situatie. En opnieuw had zijn schijnbaar feilloze instinct hem het juiste moment om te handelen gewezen. Na de invasie van Oostenrijk stond hij gedurende vier weken continu onder invloed van de juichende menigtes die hem vierden als een god. Het is niet verwonderlijk dat hij, meegesleept door zijn eigen grootsheid, niet meer met twee benen op de grond stond. In zijn toespraken beriep hij zich nu vaker op de 'Voorzienigheid', die hem als haar instrument had gekozen. Zijn bewustzijn van zijn missie, dat al in 1936 een belangrijke impuls had gekregen door de succesvolle gok bij de bezetting van het Rijnland, kreeg steeds meer ambivalente trekjes. Nicolaus von Below, die zoals hij toegeeft in zijn memoires begin 1938 ook een van de 'grenzeloos geestdriftige aanhangers' was, werd toch tot nadenken gestemd doordat Hitler in kleine kring onophoudelijk sprak over de historische missie die hij nog te vervullen had. 'Behalve hem' was er 'nu en in de nabije toekomst niemand [...] die de problemen waar het Duitse volk voor gesteld was kon oplossen'.[178] Over de volgende taak die hij op zich genomen had, kon geen enkele twijfel bestaan.

'In het algemeen gaat men ervan uit dat nu Tsjechoslowakije aan de beurt is,' meldden de Sopade-rapporteurs aan het bestuur in zijn Praagse ballingschap.[179] Inderdaad had Hitler al een paar dagen na de Anschluss het vizier gericht op het nieuwe doel van zijn expansiepolitiek. 'Allereerst komt nu het Tsjechenland aan de beurt [...]. En wel rigoureus, bij de eerste de beste gelegenheid,' vertelde hij Goebbels op de avond van 19 maart.[180] Op 28 maart ontving de dictator de leider van de *Sudetendeutsche Partei* (SDP), Konrad Henlein, in Berlijn en vertelde hem van zijn besluit de kwestie-Tsjechoslowakije 'binnen niet al te lange tijd op te lossen'. Hij gaf ook een tactische marsroute aan naar dit doel: de Sudeten-Duitsers zouden 'steeds zo veel moeten vragen dat we niet tevreden gesteld kunnen worden'.[181]

De 3,5 miljoen Sudeten-Duitsers vormden naast Slowaken, Hongaren en Polen de grootste nationale minderheid in de Tsjechoslowaakse republiek, die als een van de weinige na de Eerste Wereldoorlog gestichte staten haar democratische grondwet had kunnen handhaven, ook tijdens de naoorlogse armoede en de economische wereldcrisis. Hoewel de Sudeten-Duitsers alle rechten van het staatsburgerschap hadden, voelden ze zich in veel opzichten benadeeld. Ze werden in het bijzonder getroffen door de werkloosheid die het gevolg was van de crisis.

Vanuit de eis van economische verbeteringen en regionale autonomie groepeerde het protest zich in het door Konrad Henlein in 1933 opgerichte *Sudetendeutsche Heimatfront* (in 1935 omgedoopt in *Sudetendeutsche Partei*). Bij de verkiezingen van mei 1935 werd ze landelijk de sterkste partij. De krachten die snel aansluiting bij het Duitse Rijk wilden, wonnen zienderogen terrein. Op 19 november 1937 schreef Henlein aan Hitler dat 'een overeenkomst tussen Duitsers en Tsjechen [...] vrijwel onmogelijk en een oplossing van de Sudeten-Duitse kwestie alleen vanuit het Reich denkbaar' was.[182] Na de Anschluss van Oostenrijk werd de slogan *'Heim ins Reich'* pas echt populair onder de Sudeten-Duitsers, en Hitler gebruikte dit als een explosief om zijn doel van het vernietigen van Tsjechoslowakije dichterbij te brengen. Daarbij was ook zijn oude haat tegen de Tsjechen, die hij al had gekoesterd in zijn Weense jaren, weer doorgebroken. In gesprek met Goebbels karakteriseerde hij hen als 'brutaal, leugenachtig, onderdanig en kruiperig'.[183]

Op 21 april sprak Hitler uitvoerig met generaal Keitel over de voorbereidingen van de generale staf voor een veldtocht tegen Tsjechoslowakije, het zogenaamde 'Scenario Groen'. Daarbij sloot hij een 'strategische aanval als een donderslag bij heldere hemel, zonder enige reden' uit. Veeleer zou aan de militaire actie 'een tijd van diplomatieke meningsverschillen' voorafgaan, 'die zich geleidelijk toespitsen en tot oorlog leiden'. Een 'bliksemsnel optreden op grond van een incident' kon echter noodzakelijk worden.[184] Hoe dergelijke incidenten geënsceneerd konden worden, maakte het programma al duidelijk dat de Sudeten-Duitse partij op 24 april in Karlsbad goedkeurde. Daarin eiste ze onder andere de erkenning van de Sudeten-Duitse volksgroep als 'rechtspersoonlijkheid' zowel als een volledige autonomie, een *Wiedergutmachung* van de sinds 1918 geleden economische schade en de 'volle vrijheid zich aan te sluiten bij het Duitse volkskarakter en het Duitse wereldbeeld', lees: het nationaalsocialisme.[185] Volgens de opdracht van Hitler had Henlein maximale eisen gesteld, waaraan de Tsjechoslowaakse regering nauwelijks kon toegeven. Met deze schaakzet, die de spanning op slag verhoogde, was de zenuwoorlog over het lot van Tsjechoslowakije begonnen.

Voordat Hitler de crisis verder liet escaleren, bracht hij Mussolini het afgesproken tegenbezoek in Italië. Drie speciale treinen stonden op de middag van 2 mei in de Anhalter Bahnhof klaar voor het vervoer van het reisgezelschap – ongeveer vijfhonderd personen, onder wie de helft van de rijksregering, hoge partijfunctionarissen, generaals, diplomaten en journalisten. Tot de entourage behoorden ook de vrouwen van prominente nazi's. Eva Braun stapte bijna onopgemerkt op in München en reisde los van de officiële delegatie met de vertrouwde leden van de Berghofgemeenschap, de echtparen Brandt en Morell en de vrouw van de Godesbergse hotelier Dreesen. Of ze tijdens het zevendaagse staatsbezoek wel samen was met Hitler, is onzeker.[186] Op de avond van 3 mei kwamen de speciale treinen aan in Rome. Ter begroeting waren de Italiaanse koning Victor Emanuel III, Mussolini en minister van Buitenlandse Zaken Ciano aanwezig. De Italianen hadden alles in het werk gesteld de pracht en praal van Mussolini's bezoek afgelopen najaar nog eens te overtreffen. Buiten het station wachtten koetsen met een vierspan ervoor om de gasten onder het gejuich van vele duizenden Romeinen door de feestelijk versierde en verlichte stad naar hun kwartieren te brengen.[187]

Hitler mocht niet aan de zijde van Mussolini zijn entree maken in de Eeuwige Stad, maar moest in de koninklijke koets stappen. Als Italiaans staatshoofd was Victor Emanuel namelijk de officiële gastheer. Daarom ook werd de Duitse dictator met zijn naaste entourage ondergebracht in het Palazzo del Quirinale, de residentie van de koning van Italië op de Quirinaalheuvel, terwijl het grootste deel van de entourage genoegen moest nemen met het Grand Hotel, toch nog het beste hotel aan het plein. Eva Braun logeerde ver weg van de rest van het gezelschap in Hotel Excelsior.[188] Het feit dat de dwergachtig kleine koning en niet de duce de hoofdrol had volgens het protocol, was iets wat Hitler maar moeilijk kon accepteren. Ook het starre hofceremonieel werkte vanaf de eerste dag op zijn zenuwen. De aristocratische leden van de hofhouding lieten hem duidelijk voelen dat ze hem beschouwden als een parvenu, traden hem tegemoet met een zekere laatdunkende arrogantie en raakten hem daarmee op zijn gevoelige plek, zijn minderwaardigheidscomplex. 'Dit hele pak pluimstrijkers. Schiet ze af! Daar walg je toch van. En hoe ze ons als parvenu's behandelen! Schandalig en provocerend,' vertolkte Goebbels de stemming van zijn baas.[189]

Hitler reageerde steeds geïrriteerder op de naar zijn mening neerbuigende behandeling van zijn persoon en de onwaardige achterstelling van Mussolini. Al bij het staatsiediner dat Victor Emanuel III op de avond van 4 mei gaf in het Quirinaalpaleis, kon hij maar met moeite zijn kalmte bewaren. Hij had een plaats ter linkerzijde van de koningin gekregen. 'De twee wisselden de hele maaltijd geen woord,' viel adjudant Wiedemann op.[190] Achteraf echter barstte Hitler los: 'Het is toch verschrikkelijk hoe deze grote man, de duce, behandeld wordt door deze koninklijke kliek. Hebben jullie gezien dat hij naast de jongste prinses was neergezet?'[191] Natuurlijk wilden de Italianen hun Duitse gasten imponeren met hun eigen vooruitgang op bewapeningsgebied. Op 5 mei gingen Hitler, Mussolini, de Italiaanse koning en de kroonprins in Napels aan boord van het slagschip 'Cavour' om vlootmanoeuvres bij te wonen. Bijzondere indruk maakte een oefening van honderd onderzeeboten, die tegelijkertijd onderdoken en, als het ware na een geheime opdracht, korte tijd later met dezelfde precisie weer opdoken.[192]

Hitler bleef echter in een prikkelbare stemming en 's avonds ontlaadde die zich bijna explosief over de hoofden van Ribbentrop en het hoofd van de afdeling protocol van het ministerie van Buitenlandse Zaken, Vicco von Bülow-Schwante. De aanleiding was een nogal triviaal voorval: na de feestelijke opvoering van de opera *Aida*, waarvoor Hitler het door hem gehate rokkostuum droeg, moest hij nog samen met de koning een troepenparade afnemen. Daarvoor wilde hij natuurlijk zijn uniform dragen. Voor de wisseling van garderobe had het minutieus geplande protocol twintig minuten uitgetrokken. Plotseling verscheen echter de adjudant van de koning en verklaarde dat er te weinig tijd was en dat men meteen naar buiten moest. Zo was Hitler gedwongen met fladderende jaspanden van zijn rokkostuum aan de zijde van de in gala-uniform paraderende koning voor de compagnie langs te lopen. 'Een ongehoord grappig gezicht,' meldt Fritz Wiedemann, 'de Duitse Führer en rijkskanselier zag eruit als een krankzinnige ober, en dat des te meer omdat je kon merken dat hij zich ervan bewust was hoe belachelijk het tafereel was.'[193] Hitler kookte van woede, en op de terugreis naar Rome maakte hij Ribbentrop de heftigste verwijten. Deze kon op zijn beurt niets beters doen dan het hoofd protocol op staande voet ontslaan.

Tijdens een militaire parade in Rome op de ochtend van 6 mei, waarbij de Italiaanse troepen de *passo romano* toonden, die was gemodelleerd naar de Duitse paradepas, had Hitler opnieuw reden om boos te worden. Omdat er alleen stoelen op de tribune waren gezet voor de leden van de koninklijke familie en de Duitse staatsgast, moest Mussolini staan. 'Daar raakte ik zo door ontzet, dat ik bijna een publiek schandaal veroorzaakt had,' vertelde Hitler aan zijn toenmalige secretaresse Christa Schroeder.[194] In de middag gaf de gouverneur van Rome, vorst Colonna, een receptie op de Capitoolheuvel. Enkele honderden mensen hadden zich verzameld; het hof was op volle sterkte verschenen. Hitler had de onaangename plicht met de koningin aan zijn arm door de erehaag heen de polonaise te openen. Sommigen vielen op hun knieën, anderen grepen de zoom van de rok van de koningin om die te kussen. 'Toen Hitler dit merkte,' zag kapitein Baur, 'liep hij paars aan. Hij sleurde de koningin zowat vooruit, om zo snel mogelijk door de lange rij met mensen te komen. We dachten bij die aanblik dat hij erin zou blijven.'[195] 's Avonds klaagde de dictator dat hij was aangestaard 'als een vreemde diersoort'. Met deze 'pluimstrijkersceremonies' kon hij zich gewoon niet verzoenen.[196]

Hitlers heftige reactie doet enigszins denken aan zijn gedrag in de Münchense salons in de vroege jaren twintig, toen de deftige kringen de opkomende bierkelderagitator ook aangaapten als een exotisch wezen en hij zijn onzekerheid in het voor hem vreemde milieu trachtte te verbergen met excentrieke poses. Sommige onderdelen van zijn sociale gedrag had hij er inderdaad bijgeleerd sinds hij benoemd was als rijkskanselier. Zijn aanvankelijke verlegenheid bij het ontvangen of onderhouden van beroepsdiplomaten had hij overwonnen. Zijn zelfverzekerdheid was gegroeid met zijn succes. In het Romeinse hofmilieu voelde hij zich echter niet alleen ongemakkelijk omdat hij de onuitgesproken antipathie voelde die men tegen hem koesterde. Hij wist ook niet goed hoe hij zich moest bewegen in de betere kringen en het ontbrak hem hier ook aan het vanzelfsprekende gedragsrepertoire om onbekende situaties met waardigheid te overleven. Op het moment waarop zijn populariteit nieuwe hoogten had bereikt in eigen land en hij verafgood werd als geen Duitse politicus voor of na hem, toonde zijn optreden in Italië dat hij nog altijd bang was zich belachelijk te maken. Zijn aan grootheidswaanzin grenzende zelfbeeld was alleen de geforceerde buitenkant van zijn diepgewortelde gevoelens van minderwaardigheid.

Hitlers irritatie kalmeerde pas toen Mussolini hem zijn volle aandacht kon geven, zonder de storende aanwezigheid van de koning en het hof. Samen bezochten ze de grote Augustustentoonstelling in Rome en op de avond van 7 mei gaf de duce in het Palazzo Venezia een galadiner ter ere van zijn gast. Opnieuw betuigden ze in hun tafelredes hun wederzijdse waardering en de onverbrekelijke vriendschap van hun twee volkeren. Hitler verklaarde daarbij dat hij 'de door de natuur tussen hen opgerichte Alpengrens voor altijd als onaantastbaar' zag, wat wilde zeggen dat hij geen enkele aanspraken zou maken op Zuid-Tirol.[197] Tot besluit van de Italiaanse reis reden de dictators op 9 mei naar Florence, waar ze in het Palazzo Pitti hun kwartieren opsloegen en de Uffizi bezichtigden. Ook in zijn monologen in het Führerhoofdkwartier dweepte Hitler over de 'magie' van de steden Rome en Florence en de landschappen van Toscane en Umbrië: 'Ik wenste louter om als een onbekende schilder in Italië te kunnen rondzwerven.'[198] Tegen middernacht bracht Mussolini Hitler naar het station en nam afscheid met de woorden: 'Nu kan geen macht ons meer scheiden.'[199]

In een circulaire aan de ambassades in het buitenland beoordeelde Ribbentrop Hitlers bezoek aan Italië als een groot succes. De as Rome–Berlijn had zich bewezen als een 'solide betrouwbaar onderdeel van onze verdere politiek' en de vriendschapsverhouding tussen Hitler en Mussolini 'had zich nog meer verdiept'.[200] Hoewel het vanwege het volgepropte programma weer nauwelijks tot serieuze politieke gesprekken was gekomen, geloofde men aan Duitse kant uit de verklaringen van de Italiaanse partner toch de bereidheid gehoord te hebben om Duitsland bij een eventueel optreden tegen Tsjechoslowakije niets in de weg te zullen leggen. 'Mussolini is niet geïnteresseerd in onze intenties richting Tsjechoslowakije. Hij zal met het geweer aan de voet toekijken wat we daar van plan zijn,' zei staatssecretaris Weizsäcker stellig.[201]

Hitler bleef een diepe minachting voor de Romeinse hoge kringen en de Italiaanse adel houden: 'Zoveel degeneratie, papegaaien en ouwe taarten had hij nog nergens bij elkaar gezien,' liet hij in kleine kring in de rijkskanselarij vallen. 'Hij heeft de ergste martelgang van zijn leven achter de rug, namelijk de polonaise door de zalen van het Capitool' aan de zijde van die koningin 'zo dom als een zeug', die 'schapendievegge uit Montenegro'. 'Er waren vrouwen op hem afgestormd die hem bijna met hun glazen de ogen hadden uitgestoken. Alles moest gedaan worden om de duce te helpen in de strijd tegen deze corrupte kringen.'[202] Steeds weer zei Hitler hoe blij hij was dat hij niet behoorde tot degenen die hem het herstel van de monarchie in Duitsland hadden willen aanpraten. Hij prees zelfs uitdrukkelijk de 'brave oude sociaaldemocraten' omdat zij in 1918 het monarchiespook uit de weg hadden geruimd, en stelde voor om hun pensioenen te verhogen.[203]

Na zijn terugkeer uit Italië bleef Hitler slechts één dag in Berlijn. Op 11 mei vloog hij naar München om zich de volgende twee weken weer terug te trekken op de Obersalzberg.[204] In de tussenliggende tijd stookte de propaganda de anti-Tsjechische stemming op. De spanning in de door Sudeten-Duitsers bewoonde gebieden groeide.

Gealarmeerd door geruchten over Duitse troepenconcentraties aan de grens, beval de Tsjechoslowaakse regering op 20 mei een gedeeltelijke mobilisatie van haar strijdkrachten. De Franse regering bevestigde vervolgens haar verplichting om Tsjechoslowakije te ondersteunen in het geval van een Duitse aanval, en ook de Britse regering gaf een duidelijke waarschuwing aan de Duitse regering dat ze in dit geval niet passief zou toekijken vanaf de zijlijn. Berlijn zag zich gedwongen geruststellende verklaringen af te geven in de zin dat het geen offensieve plannen had tegen het buurland.[205]

Toch zorgde de 'weekendcrisis' van 20-21 mei niet echt voor ontspanning. Toen de politici in Londen en Parijs zich ervan overtuigd hadden dat Duitsland inderdaad geen aanval van plan was geweest en de Tsjechoslowaakse regering de toestand dus onnodig gedramatiseerd had, keerde de stemming zich tegen Praag. Hitler was er van zijn kant woedend over dat er in de buitenlandse pers sprake was van een vermeende terugtocht en een diplomatieke nederlaag van Duitsland. De crisis was voor hem geen aanleiding een voorzichtiger koers te kiezen, maar sterkte hem juist in zijn agressieve plannen. Op 26 mei keerde hij terug naar Berlijn. Goebbels, die hem opzocht op de ochtend van 28 mei, merkte op: 'Hij piekert over een beslissing. Dat kan soms lang duren. Maar als ze wordt genomen, wordt ze uitgevoerd.'[206] Tegen de middag had de dictator een besluit genomen. Voor de verzamelde top van de Wehrmacht en het rijksministerie van Buitenlandse Zaken verklaarde hij in de wintertuin van de rijkskanselarij: 'Het is mijn rotsvaste wil dat Tsjechoslowakije zal verdwijnen van de landkaart.' Met ingrijpen van de westerse machten hoefde men geen rekening te houden, ondanks alle dreigementen. Engeland had nog tijd nodig om zich te bewapenen, Frankrijk zou niets ondernemen zonder Engeland en Italië was niet geïnteresseerd. De kans dat het een lokaal conflict zou blijven was daarmee groot.[207]

In de herziene richtlijn voor 'Scenario Groen' was Hitlers opdracht letterlijk opgenomen: 'Het is mijn definitieve beslissing om Tsjechoslowakije in de nabije toekomst te verslaan met een militaire actie. Het is aan de politieke leiding het politiek en militair geschikte tijdstip af te wachten en te bespoedigen.' De Wehrmacht kreeg opdracht de voorbereidingen 'onverwijld' te beginnen; die moesten op 1 oktober zijn afgerond.[208] Vanaf dit tijdstip wilde Hitler, zoals het luidde in een aanvullende instructie van 18 juni, 'iedere gunstige gelegenheid gebruiken om dit doel te verwezenlijken'.[209]

De militairen maakten in de bespreking van 28 mei geen bezwaren. Ook het aanwezige hoofd van de generale staf van het leger, Ludwig Beck, hield zijn mond. Hij zat, zoals adjudant Below getuigde, 'tijdens de hele vergadering erbij met een versteend gezicht'.[210] In een reeks nota's aan het hoofd van de landstrijdkrachten, generaal Brauchitsch, verwoordde Beck in mei en juni zijn bezorgdheid. Hij stemde wel in met het beleid van een op expansie gerichte grote mogendheid. Ook de inlijving van Oostenrijk had hij verwelkomd en tegen de vernietiging van Tsjechoslowakije had hij in principe geen bezwaar. Wat hem ongerust maakte, was Hitlers manier van optreden, die – zo vreesde hij – het risico in zich borg dat de westerse mogendheden zouden ingrijpen. Duitsland was volgens hem nog niet voldoende bewapend voor de langer durende oorlog die daaruit onvermijdelijk zou voortvloeien.[211]

Hitler, die via Brauchitsch hoorde over de zorgen van Beck, sprak vol minachting over de stafchef: deze was 'een officier die nog gevangen zat in de ideeën van het oude leger van honderdduizend man, die een zitkrukje meer waardeert dan de loopgraven'. Persoonlijk had hij helemaal niets tegen hem, 'maar mensen die nu eenmaal niet zijn overtuiging deelden, kon hij niet gebruiken, en daarom waren ook Becks dagen geteld'.[212] Ook in de legerleiding en zelfs onder zijn eigen medewerkers had Beck maar weinig steun. Een oorlogssimulatie, georganiseerd door de generale staf in de tweede helft van juni, leidde tot de conclusie dat een campagne tegen Tsjechoslowakije slechts enkele dagen zou duren, zodat sneller strijdkrachten vrijgemaakt konden worden voor het westelijk front dan Beck dacht. De stafchef zag zich zienderogen in de rol van roepende in de woestijn gedrukt.[213]

In een ander groot memorandum, van 15–16 juli, deed Beck een laatste wanhopige poging om Brauchitsch aan zijn kant te krijgen. Stellig merkte hij op: 'Het vooruitzicht dat in de nabije toekomst Tsjechoslowakije wordt verpletterd met militaire actie zonder dat Frankrijk en Engeland onmiddellijk in het geweer komen, is een fictie.' Daarmee werd het conflict 'automatisch een Europese of een wereldoorlog' die 'menselijkerwijs gesproken zal eindigen met een niet alleen militaire, maar ook algemene catastrofe voor Duitsland'. De stafchef riep

Brauchitsch op Hitler zover te krijgen dat hij een 'gewelddadige oplossing van de kwestie-Tsjechoslowakije uitstelt tot de militaire omstandigheden daarvoor fundamenteel veranderd zijn'.[214] In zijn verslag op 16 juli aan Brauchitsch ging Beck een stap verder: hij propageerde het idee van een collectief ontslagnemen door de generaals, om Hitler zo te dwingen zijn avontuurlijke oorlogspolitiek op te geven. 'Jullie gehoorzaamheid als soldaat heeft haar grens waar jullie kennis, jullie geweten en jullie verantwoordelijkheid het jullie verbieden een bevel uit te voeren [...]. Buitengewone tijden vragen om buitengewone acties.'[215] Maar tot zulk optreden, dat voor een Pruisisch officier inderdaad heel ongewoon was, bestond bij Brauchitsch noch bij de overgrote meerderheid van de generaals ook maar de geringste animo. Dit bleek tijdens een bijeenkomst van de hoogste militairen op 4 augustus. Hoewel de deelnemers daaraan zich overwegend kritisch uitlieten over Hitlers oorlogsplannen, werd met geen woord gerept over gezamenlijk verzet ertegen.[216]

Hitler kreeg lucht van de vergadering en ontbood Brauchitsch per omgaande naar de Berghof. In ieder geval ervan overtuigd dat onder de militairen nog te veel bezwarenmakers waren – 'Onze generaals in Berlijn doen het natuurlijk weer in hun broek,' schamperde hij eind juli in Bayreuth[217] – las hij de legerleider de levieten, en dit met zoveel volume dat het gezelschap dat zich op het terras onder Hitlers werkkamer verzameld had, zich maar liever naar binnen terugtrok. Hij had in zijn lange dienstverband bij Hitler 'alleen deze ene keer meegemaakt dat hij tijdens een gesprek met een generaal zo luid tekeer was gegaan,' herinnerde zich Nicolaus von Below.[218]

Op 10 augustus liet Hitler de voor de mobilisatie aangewezen chefs van de generale staf van de legers en de legergroepen – vooral jongere generaals – naar de Berghof komen. Voor velen was het de eerste keer dat ze hun opperbevelhebber persoonlijk ontmoetten. Hitler presenteerde zich aan hen in een heel andere rol dan voorheen aan Brauchitsch: hij sprak ongedwongen met hen voor het eten, 'uitte gematigde, verstandige meningen, op rustige toon, liet ruimte voor bezwaren – kortom, hij speelde niet de wilde dictator, maar de man met wie te praten viel'.[219] In een urenlange toespraak in de middag probeerde Hitler de officieren te overtuigen van zijn aanvalsplannen, maar bij de aansluitende discussie stuitte hij behalve op instemming ook op bedenkingen. Zijn teleurstelling uitte zich in de volgende dagen in een 'lange litanie vol verwijten over de lauwheid en slapheid van de legergeneraals'.[220]

Zijn vermoeden dat vooral de stafchef achter de weerstand zat, zag de dictator bevestigd toen Brauchitsch hem op de hoogte bracht van Becks nota van 15-16 juli. Over de reactie van Hitler noteerde legeradjudant Engel in zijn dagboek: 'Men saboteert zijn politiek; in plaats van dat de generale staf blij is te mo-

Afb. 66 Hitler wordt toegejuicht bij het Deutsche Turn- und Sportfest in Breslau, 31 juli 1938.

gen werken volgens zijn bloedeigen gedachtegoed, wijst die hoe dan ook iedere gedachte aan een oorlog af [...]. Het is de hoogste tijd dat de chef-staf verdwijnt [...]. Het is een schande wie er nu op de stoel van Moltke zit. Moltke moest door Bismarck aan banden worden gelegd, en nu probeert men het omgekeerde.'²²¹ Nadat Hitler op 15 augustus te Jüterbog in een lange toespraak tot de bevelvoerende generaals zich fel tegen de ideeën van Beck gekeerd had zonder dat Brauchitsch hem verdedigde, bood de stafchef op 18 augustus zijn ontslag aan. Hitler accepteerde dit drie dagen later, maar verlangde wel dat het ontslag vanwege de gespannen toestand in de buitenlandse politiek vooralsnog niet bekend werd gemaakt. Op 1 september werd Franz Halder, kwartiermeester-generaal in de generale staf en generaal van de artillerie, benoemd als opvolger van Beck.²²²

Begin augustus 1938 stuurde de Britse regering lord Walter Runciman naar Praag met de opdracht te bemiddelen tussen de Tsjechoslowaakse regering en de Sudeten-Duitse partij. De 'hele missie stinkt,' besefte William Shirer. Henlein kon namelijk helemaal niet zelfstandig onderhandelen omdat hij 'volledig naar het pijpen van Hitler' danst.²²³ Hoewel Praag onder Britse druk de ene concessie na de andere deed en ten slotte zelfs bereid was bijna alle punten uit het programma van Karlsbad te accepteren, vonden de vertegenwoordigers van de Sudeten-Duiters steeds weer een voorwendsel hun eisen op te schroeven. Hitler was niet geïnteresseerd in een vreedzame vereniging. Al begin juni had hij Goebbels opgedragen om de anti-Tsjechische propaganda te verhevigen: 'We moeten steeds weer ophitsen en met verrassingen komen. Geen rust gunnen.'²²⁴ Gedurende de zomer berichtten de kranten onophoudelijk over zogenaamde 'gruweldaden' van Tsjechen tegen Sudeten-Duitsers en voerden zo de spanning op.

Midden juli reisde adjudant Fritz Wiedemann voor een officieuze missie naar Londen. Hitler instrueerde hem vooraf wat hij moest doorgeven aan de Britse minister van Buitenlandse Zaken Halifax: Engeland zou te weinig begrip tonen voor de belangen van Duitsland; het moest eindelijk 'de primaire Duitse levensbehoeften' gaan inzien. Hij, de Führer, was 'nog altijd verbitterd' over het gedrag van de Britse regering tijdens de weekendcrisis en was 'verontrust' over kritische verslagen over hem in de Londense pers. De kernboodschap was geformuleerd met niet mis te verstane duidelijkheid: 'De Sudeten-Duitse kwestie moet worden opgelost, hoe dan ook. Als de Tsjechen niet toegeven, zal de kwestie op een dag met geweld worden opgelost.' Lord Halifax ontving Wiedemann op 18 juli in zijn privéwoning. Op zijn vraag 'of het mogelijk zou zijn van Duitsland een verklaring te krijgen dat het niet de bedoeling had geweld te gebruiken tegen Tsjechoslowakije', antwoordde Wiedemann conform zijn instructies: 'Deze verklaring zult u niet krijgen.' Zo bracht de missie geen ontspanning, zelfs niet toen de Britse minister van Buitenlandse Zaken zijn wens uitte dat hij de Führer op een dag zij aan zij met de Engelse koning op Buckingham Palace zou kunnen verwelkomen.[225]

Zoals elk jaar reed Hitler eind juli naar de Bayreuther Festspiele. Deze keer waren zijn gedachten echter meer bij het komende militaire conflict. Zo liet hij zich de nieuwste bunkermaquettes van de Westwall tonen en maakte zelf schetsen voor de door hem gewenste bouw ervan.[226] Tijdens de lunch in het Siegfriedhaus weidde hij uit: 'Ik wil eindelijk goed kunnen slapen, dus heb ik opdracht gegeven tot de bouw van vestingwerken die het nu al onmogelijk maken voor de vijand om vanuit het westen binnen te vallen. Ook het Duitse volk moet weer goed kunnen slapen.' Daarop zei de aanwezige minister van Kerken zonder blikken of blozen: 'Mijn Führer, zolang u leeft, slaapt het Duitse volk altijd rustig.'[227] Op 31 juli onderbrak Hitler zijn verblijf in Bayreuth om het Deutsche Turn- en Sportfest in Breslau bij te wonen. De Sudeten-Duitsers marcheerden met de kreet 'Heim ins Reich!' langs de tribune. Goebbels merkte op: 'De mensen schreeuwen, juichen en huilen. De Führer is diep geraakt. Dat zal een storm worden, als het uur ervoor gekomen is.'[228]

Hitler had nog steeds geen besluit genomen over de aanvalsdatum. 'De Führer piekert alleen nog over de kwestie-Praag. Hij heeft die in wezen al opgelost en deelt al de nieuwe gouwen in,' wist de minister van Propaganda op 10 augustus te melden.[229] Kennelijk hield de dictator op dit moment nog rekening met een langere termijn, want acht dagen later vatte Goebbels Hitlers overwegingen over de 'westelijke vestingwerken' samen met de woorden: 'Voor het intreden van de vorst zullen ze klaar zijn. Dan zijn we vanuit het westen niet aan te vallen. Frankrijk kan dan niets meer doen. Zo rijpt de oplossing voor de kwesties in Midden-Europa. In ieder geval zijn we dan in de rug gedekt.'[230] Van 27 tot 29 augustus maakte Hitler, vergezeld van Keitel en Jodl, een inspectietocht langs de westelijke grens. In de salonwagen van een bij Aken stilstaande speciale trein deelde de opperbevelhebber van Legergroep 2, generaal Wilhelm Adam, mee dat voor het einde van oktober hooguit een derde van de bunkercomplexen voltooid kon zijn. Toen Adam vervolgens ook unverfroren te kennen gaf dat volgens hem de westerse mogendheden bij een aanval op Tsjechoslowakije niet werkeloos zouden toekijken, kreeg Hitler een woedeaanval: 'We hebben geen tijd om dit soort dingen langer aan te horen. Dat begrijpt u niet! [...] De Engelsen hebben geen voorraden voor hun leger, de Fransen staan voor zeer grote binnenlandse politieke problemen. Ze zullen wel uitkijken om met ons de strijd aan te binden.' Dan kon hij zich verdere uitweidingen besparen en stelde hij voor het terrein te gaan verkennen, antwoordde Adam koel. En zoals zo vaak gebeurde wanneer iemand hem onbevreesd bejegende, beheerste Hitler zich ter plekke, en de inspectie nam haar beloop.[231]

Ook tegen zijn naaste vertrouwelingen toonde de dictator optimisme. 'Hij gelooft niet dat Londen ingrijpt en is vastbesloten tot actie over te gaan. Hij weet wat hij wil en gaat recht op zijn doel af,' schreef Goebbels, die eind augustus voor een paar dagen naar de Obersalzberg reisde. 'Bij de minste of geringste provocatie wil hij het Tsjechenprobleem oplossen [...]. De hele affaire moet snel worden afgewikkeld. Je loopt altijd een groot risico als je grote winst wilt behalen.'[232] Maar zo vastberaden als Goebbels hem, kennelijk met het oog op latere publicatie, in zijn dagboek beschreef, trad Hitler helemaal niet op in de Sudetencrisis. Integendeel, hij schommelde voortdurend tussen kille vastberadenheid en aarzelend tijdrekken. Zo weigerde hij tot eind augustus de Duitse ambassadeur in Londen, Herbert von Dirksen, te ontvangen op de Berghof. Deze wilde hem een boodschap van Chamberlain overbrengen.[233] Bij Konrad Henlein, die hem op 2 september opzocht, liet hij er geen onzekerheid over bestaan dat hij aan een militaire oplossing dacht, maar het bleek dat hij nog geen besluit genomen had over de datum. Ze kwamen overeen om de Tsjechen nog te laten 'smoren' in de hoop dat ze 'toch geleidelijk murw' zouden worden.[234] Met zijn principiële beslissing van eind mei om Tsjechoslowakije 'binnen afzienbare tijd' te verslaan, had Hitler echter zichzelf in tijdnood gebracht. Een dag na het bezoek van Henlein ontbood hij Brauchitsch en Keitel voor een verslag naar de Berghof. Daarbij werd als geplande aanvalsdatum 1 oktober gekozen.[235]

Intussen groeide onder de Duitse bevolking de angst voor een nieuwe oorlog, en deze nam veel grotere dimensies aan dan voor de inlijving van Oostenrijk. Anders dan in het voorjaar, toen de gespannen stemming al in een paar dagen was omgeslagen in enthousiasme, sleepte de Sudetencrisis maandenlang. De steeds schrillere anti-Tsjechische propaganda had voor het regime een zeer ongewenst effect: ze wekte geen sympathie voor de zogenaamd onderdrukte Sudeten-Duitsers maar voedde de angst dat het deze keer niet zonder bloedvergieten goed zou aflopen. In de verslagen van de nazi-autoriteiten was er sprake van een regelrechte 'oorlogspsychose' en de rapportages van de Sopade luidden ongeveer hetzelfde: 'De mensen zijn bang dat het tot een oorlog komt en dat Duitsland daarbij ten onder zal gaan. Nergens is iets van oorlogsenthousiasme te bespeuren [...]. Niemand in de arbeidersklasse (en maar weinigen in de overige lagen van de bevolking) vinden het Sudetengebied zo belangrijk dat Duitsland het absoluut hebben moet. Als het tot een oorlog komt, zal die in Duitsland zo impopulair zijn als maar mogelijk is.'[236]

Ook het partijcongres 'Groot-Duitsland' op 5 tot 12 september stond helemaal in het teken van de Sudetencrisis. In de late avond van 9 september, na het appel van de politieke leiders, vond in Hitlers hotel Deutscher Hof een bespreking plaats van het operatieplan voor 'Scenario Groen', waarvoor Brauchitsch en Halder naar Neurenberg ontboden waren. De dictator had tevoren al aangegeven dat hij door een terreinwinst boekende aanval van sterke tankeenheden diep in Tsjechoslowakije een snelle beslissing wilde forceren en hij was nu onaangenaam verrast dat de generale staf zijn idee niet overgenomen had. Fel bekritiseerde hij de 'krachtenversnippering' en verlangde ten slotte 'klip en klaar een verandering van het aanvalsplan in de zin zoals hij het gewenst had'. Brauchitsch en Halder haalden bakzeil en probeerden hun woedende opperbevelhebber te kalmeren met loyaliteitsbetuigingen. Achteraf klaagde Hitler over de 'angst en lafheid in het leger'. Het liefst zou hij zijn leger toevertrouwen aan de Gauleiter. 'Daar is toch sprake van overtuiging en bij de generaals van het leger niet.'[237]

Met bijzondere spanning werd Hitlers slottoespraak op 12 september afgewacht. Zoals gebruikelijk begon hij met een terugblik op de 'strijdperiode' om zich uiteindelijk te wenden tot zijn hoofdthema: het zogenaamd 'ondraaglijke' lot van de Sudeten-Duitse minderheid in Tsjechoslowakije. De verklaring dat het Duitse Rijk 'de verdere onderdrukking en vervolging van deze 3,5 miljoen Duitsers niet langer zou accepteren', volgde op een dreigement aan de westerse democratieën: als ze de Sudeten-Duitsers het recht op zelfbeschikking zouden weigeren, zou dit 'ernstige gevolgen' hebben. Hitler waarschuwde ook de Tsjechoslowaakse president Edvard Beneš: 'De Duitsers in Tsjechoslowakije zijn noch weerloos, noch worden ze in de steek gelaten.'[238] Goebbels zag zijn meester 'op het hoogtepunt van zijn redenaarstriomf', maar William Shirer merkte juist op dat hij Hitler 'nog nooit zo vol haat had gehoord en zijn toehoorders nog nooit zo rijp voor het gekkenhuis' had gezien.[239] De echo liet niet lang op zich wachten. In de door Sudeten-Duitsers bewoonde gebieden welde een golf van demonstraties en botsingen op, waarna de Praagse regering het standrecht afkondigde. 'De dingen ontwikkelen zich zoals we wilden,' verklaarde de minister van Propaganda tevreden.[240]

Op 14 september gebeurde er echter iets waar de nazileiding niet op gerekend had: de Britse premier Chamberlain vroeg Hitler om een onderhoud. Samen met hem wilde hij een poging doen een vreedzame uitweg uit de crisis te vinden. De dictator kon het aanbod moeilijk afwijzen als hij voor het Duitse en internationale publiek niet de oorlogshitser wilde lijken die hij eigenlijk was. Dus nodigde hij Chamberlain al voor de volgende dag uit op de Berghof. Op de ochtend van 15 september stapte de bijna zeventigjarige minister-president voor de eerste keer in zijn leven in een vliegtuig. Hij werd vergezeld door zijn naaste adviseur, sir Horace Wilson, en William Strang, hoofd van de afdeling Midden-Europa van het Foreign Office. Op München-Oberwiesenfeld werd de Britse delegatie afgehaald door Ribbentrop en met een speciale trein ging het gezelschap naar Berchtesgaden. Waarschijnlijk niet toevallig rolden er tijdens de hele rit op het spoor ernaast troepentransporten voorbij. Zij vormden het krijgshaftige decor voor de nu beginnende worsteling om vrede van de Britse regering.[241]

Kort na 17 uur arriveerde Chamberlain op de Berghof; Hitler verwelkomde hem op de trap. Na de begroeting werd er thee gedronken in de Grote Zaal, waar de premier om de spanning te breken het gesprek bracht op het schilderij waarop kunstliefhebber Hitler zo trots was.[242] Op verzoek van Chamberlain vond de aansluitende bespreking onder vier ogen plaats in Hitlers werkkamer; zoals eerder al bij de ontmoeting met Schuschnigg in februari moest Ribbentrop genoegen nemen met een plek in de voorkamer. Zo was de tolk Schmidt de enige getuige van de drie uur durende, zeer dramatische bespreking. Hitler begon op kalme toon, maar uitte steeds hardere beschuldigingen aan het adres van de regering in Praag. Toen Chamberlain verklaarde dat er met hem te praten viel over alle Duitse bezwaren, als gebruik van geweld maar uitgesloten bleef, stoof Hitler op: 'Geweld, wie heeft het hier over geweld? Meneer Beneš gebruikt dit geweld tegen mijn landgenoten in Sudetenland [...]. Ik laat mij dit niet langer welgevallen [...]. Ik zal op zeer korte termijn dit probleem – linksom of rechtsom – op eigen initiatief oplossen.' Daarop antwoordde de uiterlijk volkomen beheerste premier op scherpe toon: als Hitler vastbesloten was Tsjechoslowakije aan te vallen, had hij hem toch helemaal niet naar Berchtesgaden hoeven laten komen. 'Onder deze omstandigheden is het het beste als ik meteen weer vertrek. Het heeft immers allemaal geen zin meer, kennelijk.'

De tolk had de indruk dat daarmee het kritieke punt bereikt was, de vraag 'oorlog of vrede' balanceerde op het scherpst van de snede. Tot zijn verbazing wisselde Hitler echter van rol: van een opvliegende, onberekenbare potentaat veranderde hij van het ene ogenblik op het andere in een redelijke en met overleg argumenterende onderhandelaar: 'Als u voor de behandeling van het Sudetenvraagstuk het principe van het zelfbeschikkingsrecht van de volken zou kunnen accepteren,' zo deed hij zich voor als compromisbereid, 'dan kunnen wij daarna erover spreken hoe dit principe vertaald kan worden naar de praktijk.' Chamberlain antwoordde dat hij daarover eerst ruggenspraak moest houden met zijn kabinet en stelde voor dat ze elkaar een tweede keer zouden ontmoeten. Ze namen afscheid met de toezegging van Hitler dat hij in de tussentijd niet zou overgaan tot militaire acties tegen Tsjechoslowakije.[243]

Chamberlain was nog niet vertrokken, of Hitler lichtte Ribbentrop en Weizsäcker in over de uitkomst van het gesprek. 'Hij klapte in zijn handen als na een zeer geslaagd staaltje amusement,' herinnerde de staatssecretaris van Buitenlandse Zaken zich. 'Hij had het gevoel dat hij de droge burgerman in een hoek had gemanoeuvreerd.'[244] De erkenning van het zelfbeschikkingsrecht impliceerde dat Chamberlain bereid was zich in te zetten voor het afstaan van de Sudeten-Duitse gebieden aan Duitsland. Als de Tsjechen dit afwezen, was in de overtuiging van Hitler de weg vrij voor de militaire invasie. Accepteerden de Tsjechen het tegen de verwachting in, dan konden de Duitsers eerst genieten van dit succes en op een later tijdstip, bijvoorbeeld in het volgende voorjaar, de definitieve vernietiging van Tsjechoslowakije bewerkstelligen.[245]

Intussen was de situatie in de Sudeten-Duitse gebieden verder op de spits gedreven. Op de dag van Chamberlains bezoek vaardigde Henlein een proclamatie uit die, verwijzend naar de 'onverzoenlijke vernietigingsdrang' van Praag, verklaarde dat het 'definitief onmogelijk' was dat de Sudeten-Duitsers verder binnen de Tsjechische staat bleven: 'We willen Heim ins Reich!'[246] Twee dagen later werd op bevel van Berlijn een Sudeten-Duits vrijkorps opgericht, dat voornamelijk tot taak zou hebben om nieuwe onrust aan te wakkeren en voor provocaties te zorgen. Tegelijkertijd verscherpte Goebbels opnieuw de perscampagne tegen de zogenaamde 'Tsjechenterreur'. 'De stemming moet tot het kookpunt opgevoerd worden.'[247] Ook de militaire voorbereidingen voor de aanval op Tsjechoslowakije gingen volgens plan voort. Het was nu zaak, legde Hitler uit aan zijn minister van Propaganda, om de zenuwen in bedwang te houden. 'We hebben de oorlog al half gewonnen.'[248]

Chamberlain was allesbehalve onder de indruk van de verschijning van Hitler. Hij zag 'er volstrekt onopvallend' uit, schreef hij na terugkeer aan zijn zuster. 'In een mensenmenigte zou je hem niet herkennen.' Anderzijds had hij de indruk gekregen dat hij bij Hitler 'te maken had met een man op wiens woord je kunt vertrouwen'[249] – dat was een vergissing, zou hij maar al te snel moeten toegeven. Nadat hij zich had voorzien van de rugdekking van zijn kabinet, overlegde hij met de Franse regering over de gemeenschappelijke lijn tegenover Praag. Op 19 september presenteerden de Engelse en de Franse ambassadeur identieke nota's aan president Beneš, die verlangden dat hij afstand deed van gebieden met meer dan 50 procent Duitse bevolking, in ruil voor een garantie van de nieuwe staatsgrenzen. Eerst wees de regering in Praag dit af, maar op 21 september boog ze voor de druk.

Voor de tweede bijeenkomst met Chamberlain in Bad Godesberg had Hitler een maximale onderhandelingspositie vastgesteld: 'De Führer zal Chamberlain heel duidelijke eisen voorleggen: de demarcatielijn wordt door ons getrokken, zo ver mogelijk. Onmiddellijke ontruiming van het gebied door de Tsjechen. Binnenmarcheren van de Duitse Wehrmacht. Alles binnen acht dagen. Eerder zijn we niet klaar met onze opmars. Zijn onze tegenstanders het niet eens met de juistheid van onze lijn, dan een volksstemming in het hele gebied. Moet voor Kerstmis afgehandeld zijn [...]. Vraagt Chamberlain uitstel voor verdere onderhandelingen, dan voelt de Führer zich niet meer gebonden aan de afspraken en heeft hij vrijheid van handelen.'[250]

Op de middag van 22 september arriveerde de premier per vliegtuig in Keulen en werd zijn delegatie gehuisvest in Hotel Petersberg, boven Königswinter. Hitler ontving hem in de namiddag in Hotel Dreesen aan de andere kant van de Rijn voor een eerste bespreking. De Brit had dit keer een eigen tolk meegebracht, Ivone Kirkpatrick, om echt alle misverstanden over de inhoud van de gesprekken te voorkomen.[251] Chamberlain begon met vertrouwen aan de onderhandelingen. Hij had de goedkeuring van zowel Frankrijk als Tsjechoslowakije om het Sudetenland af te staan en voldeed daarmee aan Hitlers centrale eis. Terecht verwachtte hij dat ze op deze basis snel tot overeenstemming konden komen en hij was des te onaangenamer verrast, toen Hitler hem onthulde dat hij 'na de ontwikkeling van de afgelopen dagen' niet meer kon ingaan op deze oplossing. 'Met een ruk richtte Chamberlain zich op in zijn stoel,' beschrijft tolk Schmidt zijn reactie. De boosheid over het afslaan en niet-erkennen van zijn inspanningen deed het bloed naar zijn gezicht stijgen. Hitler legde nu de kaart met de door hem getekende demarcatielijn op tafel en eiste dat de bezetting van de gebieden die moesten worden afgestaan, 'meteen volgen' moest. Dat was toch een 'volledig nieuwe eis', die ver uitsteeg boven dat wat er in Berchtesgaden was overeengekomen, protesteerde Chamberlain. Hitler, die daarvan niet onder de indruk was, verklaarde dat de onderdrukking van de Sudeten-Duitsers door de Tsjechen geen verder uitstel toestond. Ook het voorstel voor een internationale garantie van de Tsjechische onafhankelijkheid wees hij af met de opmerking dat eerst aan de territoriale aanspraken van Polen en Hongarije op Tsjechoslowakije voldaan moest worden. Zo eindigde de eerste onderhandelingsronde en waren de Britten zeer ontstemd.[252]

De volgende dag hield Chamberlain zich verre van de overeengekomen voortzetting van de gesprekken. In plaats daarvan schreef hij een brief waarin hij de nieuwe eisen van Hitler afwees als onverenigbaar met de principes waarover ze het eerder eens waren geworden. Als de Duitse troepen onmiddellijk het Sudetenland binnenvielen, zou de Praagse regering geen andere keuze blijven dan opdracht te geven aan haar troepen om verzet te bieden. De brief sloeg in Hotel Dreesen in 'als een bom'.[253] De onrust in de Duitse delegatie groeide. William Shirer had de gelegenheid om Hitler van dichtbij te observeren in de tuin van het hotel, en hem vielen 'enorme zwarte kringen' onder zijn ogen en een 'nerveus trillen' van zijn rechterschouder op. Hij zag de man al 'op de rand van een zenuwinzinking'.[254] In zijn antwoordbrief, die zijn tolk op de middag van 23 september overbracht naar Chamberlain, volhardde de dictator echter in zijn eisen. Daarmee leken de onderhandelingen op een dood punt te zijn beland. 'De hele situatie is weer gespannen tot op het breekpunt,' schreef Goebbels.[255] Nog eenmaal deed Chamberlain een tegemoetkoming. Hij bood aan op te treden als een 'bemiddelaar' tussen Berlijn en Praag, maar verlangde dat de nieuwe Duitse voorstellen werden samengevat in de vorm van een memorandum. Voor de ontvangst en uitleg daarvan wilde hij nog eenmaal naar de andere kant van de Rijn komen.[256]

Omstreeks 23 uur werden de onderhandelingen in grotere kring voortgezet. Aan Duitse zijde namen nu deel Ribbentrop, Weizsäcker en het hoofd van de juridische afdeling op Buitenlandse Zaken, Friedrich Gaus, aan Britse zijde Horace Wilson en ambassadeur Henderson. Woord voor woord vertaalde de tolk Schmidt het inmiddels voltooide memorandum en daarbij bleek dat Hitler in de cruciale kwestie niet had toegegeven. Hij eiste dat de ontruiming van de op de kaart gemarkeerde Sudeten-Duitse gebieden zou beginnen op de ochtend van 26 september en afgerond zou zijn op 28 september. Op deze dag moest het ontruimde gebied worden overgedragen aan Duitsland. Voor de Tsjechische regering bleef dus een periode van vier dagen over. 'Dit is een ultimatum [...]!' riep Chamberlain. 'Met grote teleurstelling en diepe spijt moet ik vaststellen, mijnheer de rijkskanselier, dat u mijn inspanningen om de vrede te bewaren ook maar niet in het minst gesteund hebt.'[257] Opnieuw dreigden de onderhandelingen onmiddellijk af te breken.

Op dat moment bracht een adjudant van Hitler het nieuws dat Beneš opdracht gegeven had tot algehele Tsjechische mobilisatie. 'Er heerste een doodse stilte in de kamer. Je kon een speld horen vallen,' herinnerde de Duitse tolk zich. Alsof deze paukenslag hem tot bezinning had gebracht, liet Hitler zich van een verzoenlijker kant zien. Met zachte stem hernieuwde hij zijn belofte dat hij zolang er onderhandeld werd, geen militaire actie tegen Tsjechoslowakije zou ondernemen, en hij verklaarde zich bereid de beoogde ontruimingsperiode met twee dagen te verlengen tot 1 oktober. Eigenhandig voegde hij de nieuwe datum in het concept toe en hij bracht ook wat correcties aan die de taal minder scherp maakten. Chamberlain bevestigde van zijn kant zijn toezegging het memorandum aan de Tsjechoslowaakse regering over te brengen. Zo nam het gezelschap afscheid in de vroege ochtenduren van 24 september in een niet-onvriendelijke sfeer. Hitler liet zich meteen weer van zijn charmantste kant zien, bedankte Chamberlain schijnbaar oprecht voor zijn inspanningen voor de vrede en verzekerde dat 'de oplossing van de Sudetenkwestie voor hem het laatste grote probleem was dat er nog te regelen was'.[258]

Wat er van deze garanties gedacht moest worden, onthulde de dictator tijdens een lange wandeling met Goebbels in de tuin van de rijkskanselarij op de middag van 25 september: 'Hij gelooft niet dat Beneš zal toegeven,' vatte de minister van Propaganda samen. 'Maar dan wacht hem een vreselijke straf. Op 27-28 september zijn we klaar voor onze opmars [...]. Dan komt echter eerst onze mobilisatie. Die zal zo bliksemsnel zijn dat de wereld zich zal verbazen.' Hitler had zijn oorspronkelijke bedoeling om Tsjechoslowakije te verslaan met een snelle campagne in geen geval opgegeven. 'De radicale oplossing is toch de beste. Anders komen we nooit van deze zaak af.'[259]

Inderdaad schreef Chamberlain in een persoonlijke boodschap aan Hitler, die Horace Wilson overbracht op de middag van 26 september, dat de Praagse regering het Duitse memorandum als 'volstrekt onaanvaardbaar' had verworpen. Hoewel het nieuws voor Hitler niet als een verrassing kwam en het na de vertrouwelijke ontboezemingen eerder die dag niet eens onwelkom moet zijn geweest, reageerde hij erg opgewonden. Hij sprong op en schreeuwde: 'Het heeft hoe dan ook geen zin nog op een of andere manier verder te onderhandelen!' Hij liep naar de deur, als wilde hij weggaan en was maar met moeite ertoe over te halen het voorlezen van de boodschap tot het einde aan te horen. Daarna echter, aldus tolk Schmidt, 'barstte hij los, en wel zo luid als ik hem ervoor en erna nooit meer heb horen praten in een diplomatieke bespreking'. Steeds weer waarschuwde Horace Wilson de rijkskanselier om zich te matigen en prikkelde deze daarmee pas echt tot nieuwe woedeaanvallen.[260]

Kennelijk was Hitlers opwinding niet gespeeld. Net zoals die keer op de dag voor de staatsgreep in München op 8–9 november 1923 en vóór de bloedige aanval op de SA-leiding op 30 juni 1934 had hij zichzelf nu, omdat de Sudetencrisis onafwendbaar naar haar beslissing bewoog, in een psychische crisistoestand gebracht. In deze toestand hield hij op de avond van 26 september in het Berlijnse Sportpaleis een toespraak, aan het eind ervan 'zo vreselijk brullend en schreeuwend' als men hem nog nooit had meegemaakt.[261] Hitler begon met een overzicht van zijn zogenaamde inspanningen om in Europa 'praktische vredespolitiek' te bedrijven. Hij noemde het Duits-Poolse niet-aanvalsverdrag, het vlootverdrag met Engeland, het afzien van Elzas-Lotharingen, de vriendschap met Italië en de vreedzame inlijving van Oostenrijk. 'En nu doemt voor ons het laatste probleem op dat opgelost moet worden en zal worden opgelost! Het is de laatste territoriale eis die ik aan Europa te stellen heb, maar het is de eis waarvan ik niet zal afzien en waaraan ik, zo God het wil, zal voldoen.' De dictator ging zich te buiten aan wilde scheldpartijen tegen de Tsjechoslowaakse president Beneš, verweet hem een 'uitroeiingsoorlog' te voeren tegen de Duitse minderheid en verklaarde ten slotte dat 'de tijd gekomen' was waarop 'eens vierkant de waarheid gezegd moet worden'. Hij had Beneš met zijn memorandum van 23 september een aanbod gedaan: 'Hij heeft nu de beslissing in eigen hand! Oorlog of vrede! Hij zal óf dit aanbod accepteren en de Duitsers eindelijk hun vrijheid geven, óf we zullen deze vrijheid zelf halen! [...] Wij zijn vastbesloten. De heer Beneš mag nu kiezen!'[262]

William Shirer, die op de galerij direct boven Hitler zat, merkte op: 'Tijdens zijn toespraak trok steeds weer zijn schouder omhoog, tegelijkertijd zwaaide zijn linkerbeen onder de knie naar voren.' Voor de eerste keer, zo leek het de Amerikaanse journalist, was de dictator 'volledig de controle over zichzelf kwijt'. Toen Goebbels daarna een gelofte van trouw aan de Führer aflegde en beloofde dat 'een november 1918' zich nooit meer zou herhalen, verhief Hitler zich, 'een fanatiek vuur in zijn ogen [...], balde zijn rechterhand tot een vuist en liet haar met een geweldige beweging op de tafel dreunen. Daarbij brulde hij met alle kracht in zijn machtige longen: "Ja", vervolgens zakte hij uitgeput op zijn stoel terug.'[263]

Ook op de ochtend van 27 september verkeerde Hitler nog in een opwinding die schommelde tussen euforie en hysterie. Tegen de middag verscheen Horace Wilson met een tweede brief van Chamberlain. Daarin bood hij een Britse garantie voor de uitvoering van de Tsjechische ontruimingsverplichting indien Duitsland als tegenprestatie af zou zien van het gebruik van geweld. Hitler ging op dit aanbod helemaal niet in, maar stond categorisch op acceptatie van het memorandum voor 28 september 14 uur. Anders zou de Duitse Wehrmacht op 1 oktober het Sudetengebied binnenmarcheren. Meerdere keren herhaalde hij met een rollende 'r' dat hij 'de Tsjechen zou verpletteren'. Daarop zei Wilson met vaste stem dat hij de opdracht had nog een andere boodschap van de minister-president over te brengen: 'Als Frankrijk bij het vervullen van zijn verdragsverplichtingen actief in vijandelijkheden tegen Duitsland verwikkeld zou raken, zou het Verenigd Koninkrijk zich verplicht voelen Frankrijk te steunen.' Ogenschijnlijk volledig onaangedaan door de betekenis van deze aankondiging antwoordde Hitler snuivend van woede: 'Als Frankrijk en Engeland erop los willen slaan, moeten ze dat maar doen. Mij is het volslagen onverschillig. Ik ben op alle eventualiteiten voorbereid.'[264] Daarmee was het gesprek afgelopen. In het begin van de middag vloog Wilson terug naar Londen.

Zo 'onverschillig' als Hitler het voorwendde, had Chamberlains waarschuwing hem echter volstrekt niet gelaten. Nog in de dagen na de ontmoeting in Bad Godesberg had hij aangenomen dat de Engelsen slechts 'bluften'.[265] Nu kon er geen twijfel meer over bestaan dat een Duitse aanval op Tsjechoslowakije voor Engeland en Frankrijk een oorlogsverklaring zou betekenen. Geconfronteerd met dit alternatief, werd Hitler onzeker over zijn beslissingen, ook al probeerde hij dat tegenover zijn entourage te verbergen. In gesprek met Goebbels, op 27 september 's middags speelde hij de rol van de staatsman met stalen zenuwen die zijn politieke missie met de zekerheid van een slaapwandelaar volgde zo overtuigend, dat zijn aanbidder weer eens helemaal werd meegesleept of op z'n minst in zijn dagboek voorwendde dat hij dat was: 'Zijn hand beeft geen ogenblik. Een groot genie te midden van ons [...]. We moeten hem met diep vertrouwen dienen.'[266]

Een voorval dat waarschijnlijk indruk heeft gemaakt op Hitler, speelde zich laat in de middag van 27 september af in het centrum van Berlijn. Door de Wilhelmstraße rolde een gemotoriseerde divisie op weg naar de Tsjechische grens.

Uiteraard moest zij de paraatheid van de Wehrmacht tonen. De voorbijgangers reageerden echter heel anders dan de opgehitste menigtes de avond tevoren in het Sportpalast. Ze haastten zich naar het metrostation om te vermijden dat ze het spektakel moesten aanzien. En de paar honderd mensen die zich hadden verzameld op de Wilhelmplatz, volhardden in hun totale stilte. Toen Hitler zich voor korte tijd vertoonde op het balkon van de rijkskanselarij, klonk er geen gejuich, zodat hij zich snel weer terugtrok.[267] Geen twijfel mogelijk – bij de grote meerderheid van de bevolking heerste geen enthousiasme voor de oorlog. Voor het eerst rees er ernstige twijfel over Hitlers staatsmanschap. In veel rapporten was er sprake van een vertrouwenscrisis tussen het volk en de Führer.[268] Dit was de minister van Propaganda volstrekt niet ontgaan. Een paar dagen later gaf hij toe dat het voorbijmarcheren van de troepen nogal had geholpen 'om duidelijkheid te scheppen over de stemming onder het volk. En die was tegen de oorlog.'[269]

In de avonduren bleek Hitler duidelijk ontgoocheld. Nu leek hij zich weer te verzoenen met de gedachte aan een diplomatieke oplossing die hem de risicoloze triomf van inlijving van het Sudeten-Duitse gebied zou bezorgen en het eigenlijke doel, het vernietigen van Tsjechoslowakije, naar een vrij nabije toekomst zou uitstellen. In ieder geval richtte hij een brief aan Chamberlain, die meer in een verzoenende toon gesteld was. Hij zou het aan het oordeel van de ministerpresident overlaten, zei hij ten slotte, of die het voortzetten van zijn inspanningen juist achtte om de Praagse regering 'om vijf voor twaalf bij zinnen te brengen'.[270] Het was echter heel onzeker of Chamberlain zich nogmaals als onderhandelaar ter beschikking zou stellen. Voor het waarschijnlijker geval dat de draad van de besprekingen niet meer werd opgenomen, hield Hitler de militaire optie open. Rond middernacht zei hij tegen Weizsäcker dat hij 'het Tsjechenland nu wilde vernietigen'. 'De vrede kan alleen nog worden behouden door een wonder,' vertrouwde de staatssecretaris toe aan een brief.[271]

De 28ste september was 'een kritieke dag van de eerste orde'.[272] In alle Europese hoofdsteden hing 's ochtends een bijna ondraaglijke spanning. Tenslotte resteerden er slechts een paar uren tot het ultimatum van Hitler zou verstrijken, en niets leek de op oorlog aankoersende ontwikkelingen nog te kunnen tegenhouden. In de rijkskanselarij heerste in de vroege ochtend intense activiteit – zoals destijds al in maart bij de Anschluss. Overal zaten en stonden ministers, generaals en hoge partijfunctionarissen met hun staf. Hitler, die in een 'zeer opgewonden, nerveuze stemming' was, ging nu eens naar deze, dan weer naar die groep en hield monologen. 'Op die ochtend waren het louter kleine Sportpalast-toespraken,' herinnerde tolk Schmidt zich.[273]

Kort na 11 uur ontving Hitler de Franse ambassadeur, die een van de weinige buitenlandse diplomaten was die de rijkskanselier respecteerde en wiens oordeel hij enigszins op prijs stelde. Nadrukkelijk waarschuwde François-Poncet dat het een illusie was dat een conflict met Tsjechoslowakije in schaal beperkt kon worden: 'Als u dit land aanvalt, steekt u daarmee heel Europa in brand [...]. Maar waarom wilt u toch al dit risico lopen, terwijl u zonder oorlog uw wezenlijke eisen ingewilligd kunt krijgen?' Uit de reactie van Hitler geloofde de tolk af te kunnen lezen 'hoe de weegschaal heel geleidelijk doorsloeg ten gunste van vrede'. Anders dan daags tevoren ontplofte de dictator niet meer in woede, maar luisterde hij geduldig naar de argumenten van François-Poncet.[274]

Voor de beslissende ommekeer zorgde echter het tussenbeide komen van Mussolini. Tegen 11.40 uur verscheen de Italiaanse ambassadeur Attolico nog helemaal buiten adem in de rijkskanselarij en meldde dat hij een dringende boodschap van de duce moest overbrengen. Hitler werd weggeroepen uit de bespreking met François-Poncet. De Engelse regering, zo deelde Attolico mee, had de Italiaanse regering via haar ambassadeur in Rome verzocht te bemiddelen. Mussolini had zich daartoe bereid verklaard en vroeg de Duitse regering haar mobilisatie 24 uur uit te stellen. Na kort overleg antwoordde Hitler dat hij het voorstel van de duce aanvaardde. De onmiddellijke dreiging van oorlog was daarmee, twee uur voor het verstrijken van het Duitse ultimatum, afgewend.[275] Toen de Britse ambassadeur Henderson om 12.15 uur de rijkskanselarij binnenkwam, voelde hij al de verandering in sfeer. Hij gaf het antwoord van Chamberlain op Hitlers brief van de voorgaande avond. Daarin deelde de premier mee dat hij bereid was samen met de regeringshoofden van Frankrijk en Italië naar Duitsland te komen om op een conferentie van de vier grootmachten aan een vreedzame oplossing te werken. Nadat Mussolini via Attolico zijn instemming had doorgegeven, gaf Hitler het groene licht.[276] 's Middags werden de uitnodigingen verzonden voor de conferentie in München op de volgende dag.

Op 28 september reisde Hitler 's avonds met een speciale trein naar de Beierse hoofdstad. Daarvandaan ging hij 's ochtends op 29 september naar Kufstein, waar hij overstapte in Mussolini's privétrein, om met zijn partner de gezamenlijke onderhandelingsstrategie af te stemmen. Ondertussen kwamen de Franse premier Edouard Daladier en de Britse premier met het vliegtuig op Oberwiesenfeld aan en werden op weg naar hun hotel hartelijk begroet door de Münchense bevolking.[277] Vroeg in de middag werd de conferentie geopend in de *Führerbau* aan de Königsplatz. Naast de vier regeringsleiders namen Ribbentrop, Ciano, Harold Wilson en Alexis Léger, de staatssecretaris in het Franse ministerie van Buitenlandse Zaken, deel. Later kwamen nog Göring, Weizsäcker, de ambassadeurs van Engeland, Frankrijk en Italië, gespecialiseerde juristen, assistenten en secretaresses erbij. Hitler gedroeg zich beleefd en hoffelijk; men kon echter merken hoe onbehaaglijk hij zich voelde. Hij was opvallend bleek en ongecontroleerd in zijn bewegingen. Omdat hij geen vreemde talen sprak, week hij tijdens de pauzes in de conferentie nauwelijks van de zijde van Mussolini, met wie hij kon praten in het Duits. Hij leek bijna gefixeerd te zijn op de zelfverzekerd optredende Italiaan: 'Als de duce lacht, lacht hij ook, fronst de duce, dan doet hij hetzelfde – een imitatiescène die voor mij onvergetelijk blijft,' beschreef François-Poncet zijn vreemde optreden.[278]

Achtereenvolgens zetten de vier regeringsleiders hun posities uiteen. Iedereen, ook Hitler, beklemtoonde zijn wil een vreedzame oplossing te bereiken. 'Er heerste een sfeer van algemeen goede verstandhouding, die slechts één of twee keer werd onderbroken door een aantal woedende aanvallen van Hitler op Beneš en Tsjechoslowakije en enkele nogal temperamentvolle replieken van Daladier.'[279] Ten slotte diende Mussolini een schriftelijk onderhandelingsvoorstel in, dat echter nog niet door hem was uitgewerkt, maar de dag ervoor als een soort gezamenlijk werkstuk van Göring, Neurath en Weizsäcker tot stand was gekomen. Zij hadden het document achter de rug van de oorlogszuchtige Ribbentrop om toegespeeld aan de Italiaanse ambassadeur, die het direct naar Rome doorstuurde.[280] Het ontwerp combineerde de eisen van het Duitse memorandum met de recente voorstellen van de Britse en Franse regering, en vormde de basis van het Verdrag van München, waar de vier regeringsleiders in de vroege ochtenduren van 30 september hun handtekening onder zetten. Het hield in dat de bezetting van Sudeten-Duitse gebieden zou beginnen op 1 oktober en in etappes werd afgerond voor 10 oktober. Een internationale commissie bestaande uit vertegenwoordigers van Duitsland, Groot-Brittannië, Frankrijk, Italië en Tsjechoslowakije moest in omstreden gebieden volksstemmingen uitschrijven en daarna de definitieve grenzen van Tsjechoslowakije bepalen. Voor Sudeten-Duitse politieke gevangenen kwam men een amnestie overeen. In een aanvullende verklaring garandeerden Groot-Brittannië en Frankrijk een bestand voor de 'reststaat Tsjecho-Slowakije', waarbij Duitsland en Italië zich zouden aansluiten zodra het vraagstuk van de Poolse en Hongaarse minderheden was geregeld.[281] De twee Tsjechische vertegenwoordigers, die niet hadden mogen deelnemen aan de onderhandelingen, werden in de nacht op de hoogte gesteld door Chamberlain en Daladier. Op William Shirer maakte Daladier daarbij de indruk van een 'totaal verslagen en gebroken man'.[282] Om de vrede te bewaren en een adempauze te winnen, had de Franse regering op aandringen van de Britten haar bondgenootschappelijke verplichtingen tegenover Tsjechoslowakije laten varen. In de Berlijnse regeringskringen heerste opgetogenheid. 'Zo hebben we in wezen bereikt wat we met ons kleine plan wilden. Het grote plan is op het ogenblik, en onder de heersende omstandigheden, nog niet te verwezenlijken,' gaf Goebbels als commentaar bij het eind van de 'zwaarste oorlogscrisis' van het regime. 'We hebben allemaal op een dun koord over een duizelingwekkende afgrond gelopen. Nu hebben we echter weer vaste grond onder de voeten. Dat is ook een mooi gevoel.'[283]

Een dergelijke hoerastemming was bij Hitler echter nog ver te zoeken. 'Bleek en ontstemd' ontving hij in de ochtend van 30 september Chamberlain in zijn privéwoning. Terwijl de premier goedgehumeurd praatte over de perspectieven die het Verdrag van München bood voor de Brits-Duitse verhoudingen, zat zijn gesprekspartner er afwezig bij en liet tegen zijn gewoonte in slechts zelden een woord vallen. Aan het eind trok Chamberlain een door hem opgestelde verklaring uit zijn zak, waarin sprake was van de wens van beide volken 'nooit meer oorlog tegen elkaar te voeren' en alle strijdvragen via overleg op te lossen. Hitler zette zonder tegenspraak zijn handtekening op het papier.[284] Hij had het Chamberlain niet willen 'weigeren', vertrouwde hij de volgende dag aan Goebbels toe, maar hij geloofde 'niet serieus in de eerlijkheid van de tegenpartij'.[285] In werkelijkheid peinsde Hitler er zelfs niet over zijn oorlogsplannen op te geven. De eigenlijke reden voor zijn slechte stemming was juist dat de 'grote oplossing', het vernietigen van Tsjechoslowakije, aan zijn neus voorbij was gegaan. Wel zei hij direct na het bezoek van Chamberlain tegen zijn militaire adjudanten dat hij 'voorlopig op geen enkele wijze dacht aan een of andere stap die politiek gevaarlijk zou kunnen zijn'. Allereerst moest 'wat er gewonnen was, verteerd worden'. Dat hij zijn blik al over Tsjechoslowakije heen naar het volgende expansiedoel had gericht, bleek al direct uit zijn volgende opmerking: 'Op een gegeven ogenblik zou hij de Polen rijp voor de stormloop schieten, daar zou hij de al beproefde middelen gebruiken.'[286] Tegen deze achtergrond ervoer Hitler het Verdrag van München na verloop van tijd steeds meer als een tegenslag, omdat het zijn tijdschema in de war had gebracht had.[287]

Hitlers stemming werd er waarschijnlijk nauwelijks beter op toen hij hoorde dat de Münchense bevolking Chamberlain bij zijn rit in een open auto luid had toegejuicht. In dit spontane enthousiasme voor de buitenlandse staatsman klonk ook 'een ondertoon van kritiek op Hitler' mee, die de wereld aan de rand van de afgrond van een grote oorlog had gebracht.[288] De opluchting dat de oorlog opnieuw was voorkomen, was overal merkbaar. Alleen de meest overtuigde Hitler-aanhangers, zoals de Wagners, schreven dit feit weer aan de genialiteit van de Führer toe. Het leek wel een 'wonder', merkte Winifred Wagner op, dat 'Wolf ons de vrede in plaats van de onvermijdelijke oorlog schonk'.[289] Heel anders klonk het in de verslagen van de Sopade-rapporteurs. Weliswaar was ook hier sprake van een overweldigende vreugde, omdat het opnieuw goed afgelopen was, maar er klonken ook waarschuwende stemmen die zeiden dat het niet om een 'duurzame vrede', maar om een 'wapenstilstand' zou kunnen gaan. 'die enkele maanden, misschien ook een tot twee jaar stand zal houden'. 'Ondanks het grote succes dat Hitler heeft afgedwongen, was de geestdrift zelfs in de kringen van fanatieke partijgangers van het regime niet zo groot als bij de annexatie van Oostenrijk,' werd er gemeld vanuit de Saarpfalz.[290]

Voor Hitler betekende het verlangen naar vrede, dat zich in de dagen voor en na München op zo'n indrukwekkende manier had gemanifesteerd, een zware teleurstelling. 'Met deze mensen kan ik toch geen oorlog winnen,' moet hij zijn woede hebben gelucht.[291] De conclusies trok hij in een geheime toespraak voor geselecteerde leden van de pers op 10 november 1938: zijn jaren van vredesretoriek hadden geleid tot de verkeerde overtuiging dat het regime 'onder alle omstandigheden' de vrede wilde bewaren. Het was daarom 'noodzakelijk het Duitse volk psychisch bij te stellen en langzamerhand duidelijk te maken dat er dingen zijn die met geweld moeten worden doorgezet als dat niet kan met vreedzame middelen'.[292]

Het Verdrag van München was ook een zware klap voor de tegenstanders van Hitler. Ze hadden gehoopt dat de westerse mogendheden zich eindelijk zouden vermannen tot verzet tegen Hitlers agressie, en het bleek dat ze wederom in deze hoop werden bedrogen. De overeenkomst, zo stelden de Sopade-rapporteurs vast, 'schokt de oppositie tegen Hitler in haar diepste kern, in haar geloof aan de eindoverwinning van het recht en het herstel van loyaliteit en geloof in de wereld'.[293] Dit gold niet alleen voor de oppositie van sociaaldemocraten en communisten, maar ook voor die nationaal-conservatieve kringen, die onder de indruk van het dreigende oorlogsgevaar elkaar gevonden hadden in het plannen van samenzweringsactiviteiten. Het beeld van deze 'Septembersamenzwering', zoals zij in de literatuur genoemd wordt, is echter tot op de huidige dag vaag. Het meeste wat we erover weten, berust op uitspraken van betrokkenen uit de tijd na de oorlog en moet daarom met grote behoedzaamheid worden gebruikt. Het ging heel duidelijk om een los netwerk van individuen en groepen die zeer verschillende belangen en ideeën nastreefden.[294] Onder hen mannen in hoge militaire en nationale functies, zoals de stafchef van het leger Franz Halder en de staatssecretaris van het ministerie van Buitenlandse Zaken Ernst von Weizsäcker, wier activiteiten zich niet richtten op het ten val brengen van Hitler maar op het voorkomen van een grote Europese oorlog die naar hun overtuiging slechts kon eindigen in een catastrofe voor Duitsland.[295] Verder was er een groep rond luitenant-kolonel Hans Oster in de afdeling contraspionage van het OKW en de hoge ambtenaar Hans Gisevius op het ministerie van Binnenlandse Zaken, die de Sudetencrisis wilden gebruiken om een regimewisseling te bewerkstelligen. In hoeverre deze staatsgreepplannen waren uitgewerkt en of ze, als het eropaan kwam, ook maar een geringe kans op succes hadden gehad, daarover kan men slechts speculeren.

Toen Hitler inging op Mussolini's bemiddelingsaanbod op de middag van 28 september, werd hoe dan ook elke basis eraan al ontnomen.[296]

In interne kringen liet Hitler er geen twijfel over bestaan dat de overdracht van de Sudeten-Duitse gebieden slechts een tijdelijke oplossing voor hem was. Op de avond van 2 oktober, slechts twee dagen na ondertekening van het Verdrag van München, besprak hij de toestand met Goebbels: 'Zijn besluit om ooit het Tsjechenland te vernietigen, is onwrikbaar.'[297] Van 3 tot 4 en 6 tot 7 oktober maakte Hitler twee reizen naar het Sudetenland. Daar liet hij zich ook de Tsjechische verdedigingswerken tonen die de Wehrmacht nu zonder strijd in handen waren gevallen. Op 9 oktober sloeg hij in een toespraak in Saarbrücken die veel aandacht kreeg, weer een agressieve toon aan tegen Engeland. Weliswaar bevestigde hij dat Chamberlain oprecht bereid was tot overeenkomst te komen, maar, zo voegde hij eraan toe, de toestand zou op slag veranderen indien politici als Winston Churchill aan de macht zouden komen, wier expliciete doel het was 'meteen een nieuwe wereldoorlog te beginnen'. Hoe dan ook moest men in Engeland eindelijk 'bepaalde allures uit de tijd van het Verdrag van Versailles afleggen'. 'Betuttelling door een nanny verdragen we niet meer!' Niet alleen deze opmerking toonde hoe diep de doorn van München in zijn vlees stak. Tegelijkertijd hekelde Hitler namelijk indirect de zichtbaar geworden vredeswens van de Duitsers: er waren 'ook bij ons zwakkelingen geweest' die niet begrepen hadden dat er 'een keihard besluit genomen' moest worden.[298] Hierbij had de dictator onder andere zijn adjudant Fritz Wiedemann in gedachten. Hij moest hem ontslaan, deelde hij eind oktober aan Goebbels mee, omdat hij 'bij de crisis door de mand gevallen was en zijn zenuwen niet in bedwang' had gehad: 'En zulke mensen kunnen we als het ernst wordt niet gebruiken.'[299] Zoals gezegd, werd Wiedemann in januari 1939 weggepromoveerd tot consul-generaal in San Francisco. Hjalmar Schacht, die tegelijkertijd van Hitler zijn congé gekregen had, troostte de gestrafte Wiedemann vanuit Ascona: het was voor hem 'een groot geluk [...] de dingen een tijdje van buiten af [te] kunnen observeren'. 'De ontwikkelingen schrijden immers dankzij de dynamiek van de "beweging" schijnbaar steeds sneller voort. Wees voorzichtig in uw uitingen. Men let hier op elk woord.'[300]

Op 14 oktober vierde de uitgever Hugo Bruckmann zijn 75ste verjaardag. Hitler kon het niet laten zijn vroege steunpilaar persoonlijk een groot boeket bloemen te overhandigen en meer dan anderhalf uur herinneringen op te halen. 'Hij was "menselijk" en "aardig" geweest,' zeiden de Bruckmanns daarna tegen de voormalige ambassadeur in Rome, Ulrich von Hassell. 'Maar alles wat hij heeft gezegd, wijst er duidelijk op dat hij het ingrijpen van de mogendheden niet heeft kunnen verteren en liever zijn oorlog gekregen had. In het bijzonder over Engeland bleek hij woedend – vandaar de onbegrijpelijk onschaamde toespraak in

Saarbrücken.'³⁰¹ Dergelijke verklaringen uit de weken na München zijn nog aan te vullen met andere, en ze tonen dat de dictator al bezig was met een volgend avontuur in de buitenlandse politiek. Hitler zou 'slechts kort rust gunnen', daarvan was ook Kurt Schmitt, voormalig minister van Economische Zaken, overtuigd. 'Hij kon niet anders dan weer naar een nieuwe schaakzet uitkijken.'³⁰² Nooit stilstand – dat was de wet waarmee de nationaalsocialistische beweging en haar charismatische leider aan de macht gekomen waren en die het proces van machtsovername en -uitbreiding zijn onstuitbare dynamiek had gegeven. Een langere rustperiode inlassen, zelfs tevreden zijn met wat er bereikt is, zoals Bismarck dat na 1871 met zijn saturatiepolitiek had gedaan, daar heeft Hitler na de overweldigende politieke successen van het jaar 1938 geen moment over willen denken. Hij had steeds weer nieuwe triomfen nodig om ontevredenheidsgevoelens in de bevolking op te vangen en het verval van zijn prestige tegen te gaan. Daarvoor was hij bereid steeds grotere risico's te nemen. De angst dat hem geen lang leven beschoren was, gaf zijn expansieve hyperactiviteit nog meer trekjes van een dringend ongeduld. Zo was hij tegelijkertijd aanjager en gejaagde. Op 21 oktober ging er een nieuwe instructie naar de Wehrmacht voor de 'afhandeling van het resterende Tsjechenland'. De voorbereidingen moesten 'al in vredestijd zozeer op een overval' zijn ingesteld, 'dat het Tsjechenland zelf de mogelijkheid van een planmatige weerstand wordt ontnomen'. Het doel was 'de snelle bezetting' van het land en 'de afgrendeling van Slowakije'.³⁰³

In november en december 1938 verschoof het buitenlands beleid tijdelijk naar de achtergrond. In deze maanden was de nazileiding vooral bezig met de zich over het hele rijk uitstrekkende pogrom van 8 op 9 november en de gevolgen daarvan. Eind november werd er enig opzien gebaard door het feit dat Berlijn en Parijs een overeenkomst gesloten hadden. Het initiatief hiertoe kwam van de Franse minister van Buitenlandse Zaken Georges Bonnet, die na de conferentie van München uit was op een vergelijk met de steeds dreigender buren. Op 6 december ondertekenden Ribbentrop en Bonnet in Parijs een Duits-Franse verklaring waarin beide partijen elkaar beloofden 'vreedzame betrekkingen, als van goede buren' te onderhouden en hun grenzen te erkennen als definitief. Juist door het niet-bindende karakter van de formuleringen was de overeenkomst niet meer waard dan de Duits-Britse verklaring van 30 september.³⁰⁴

Begin februari 1939, na zijn Rijksdagtoespraak voor de zesde verjaardag van de machtsgreep, reed Hitler weer de Obersalzberg op om naar zijn zeggen over zijn volgende buitenlands-politieke acties na te denken. 'Misschien komt Tsjecho-Slowakije weer aan de beurt. Dit probleem is immers maar half opgelost,' giste Goebbels.³⁰⁵ Op 10 februari keerde de dictator terug naar Berlijn om in de Kroll-opera te spreken voor de troepenbevelhebbers. Deze niet voor publicatie bedoelde toespraak is een opmerkelijk document, want Hitler gaf met een voor hem ongewone openheid een blik op zijn toekomstplannen. Allereerst hekelde hij heel onverhuld dat 'kringen van de Wehrmacht' tegenover zijn riskante spel in de Sudetencrisis 'zo niet sceptisch, dan toch innerlijk passief' gestaan hadden. Hij hield het daarom voor noodzakelijk het officierskorps in te wijden in de 'innerlijke beweegredenen' die hem leidden bij zijn handelen. Hitler beweerde dat alle stappen in de buitenlandse politiek na 1933 geen spontane ingevingen waren geweest maar voortkwamen uit een vanaf het begin vastgelegd plan. Daarbij liet hij er geen twijfel over bestaan dat de triomfen van het jaar 1938 niet het eindpunt van zijn ambities betekenden, maar slechts een 'stap' waren 'op een lange weg, die voor ons is uitgestippeld, mijne heren, en waarvan ik de onvermijdelijkheid nu heel kort aan u wil uitleggen'.

En nu onthulde Hitler voor de grote kring van officieren wat hij in essentie al had gepresenteerd aan de militaire top op 3 februari 1933 en 5 november 1937: als het 'sterkste volk, niet alleen van Europa, maar [...] praktisch ook van de wereld' hadden de 85 miljoen Duitsers, die behoorden tot een 'zeer beschaafd ras', recht op meer Lebensraum als basis voor 'de instandhouding van hun levensstandaard'. 'Ik heb me voorgenomen het Duitse probleem op te lossen, dat wil zeggen het Duitse ruimteprobleem op te lossen,' verklaarde hij ondubbelzinnig. 'Neemt u er nota van dat, zolang ik leef, [...] deze gedachte mijn hele bestaan zal beheersen'. Daarbij zou hij 'ook voor het uiterste nooit terugschrikken'. Van de bevelhebbers verwachtte hij dat zij 'in resoluut vertrouwen' achter hem zouden gaan staan. 'De volgende oorlog zal een pure oorlog van wereldbeelden zijn, dat wil zeggen: bewust een volks- en een rassenoorlog zijn,' bereidde Hitler zijn toehoorders al voor op wat er komen ging, zonder al de Sovjet-Unie als het hoofddoel van zijn agressie te noemen.[306] De toespraak werd duidelijk met gemengde reacties ontvangen: 'deels enthousiast, deels zeer sceptisch', verwoordde adjudant Engel zijn indruk.[307]

Allereerst dacht Hitler erover binnen te halen wat hem in de herfst van 1938 ontglipt was. Om de annexatie van 'resterend Tsjechenland' voor te bereiden, voerde hij een tweesporenbeleid: enerzijds stelde hij onder allerlei voorwendsels de in München beloofde garantie van de Tsjechische soevereiniteit uit, anderzijds moedigde hij de separatistische ambities van de Slowaken aan, om zo het interne verval van de rompstaat te stimuleren. Nadat de onderhandelingen tussen Praag en Bratislava over de Slowaakse autonomie waren mislukt, zette de nieuwe Tsjecho-Slowaakse president Emil Hácha de Slowaakse deelstaatregering onder de pro-Duitse monseigneur Jozef Tiso af en stuurde troepen naar Slowakije. 'Dit is een springplank,' jubelde Goebbels. 'Nu kunnen we het probleem dat we in oktober maar half konden oplossen, helemaal oplossen.' Op de middag van 10 maart liet Hitler Goebbels, Ribbentrop en Keitel naar de rijkskanselarij komen. 'Besluit: op woensdag 15 maart binnenmarcheren en het hele Tsjechoslowaakse tweeslachtige gedrocht vernietigen [...]. De Führer juicht van vreugde. Dit partijtje kan niet meer misgaan.'[308] Op 12 maart kreeg de Wehrmacht het bevel paraat te zijn. 'En bij het volk heerst de diepste vrede. Geen mens weet of vermoedt ook maar iets,' noteerde de minister van Propaganda.[309]

Op de middag van 13 maart kwam Tiso op verzoek van de Duitse regering naar Berlijn. Hitler informeerde hem over de dreigende bezetting van het Tsjechische deel van het land en sommeerde hem om onmiddellijk de Slowaakse onafhankelijkheid af te kondigen. Anders, dreigde hij, zou hij Slowakije aan zijn lot overlaten, dat wil zeggen de Hongaarse troepen die naar de Slowaakse grens marcheerden de vrije hand geven.[310] Op 14 maart riep het parlement in Bratislava de onafhankelijkheid van Slowakije uit. 's Middags op dezelfde dag, terwijl Hitler met Goebbels juist het statuut voor het Rijksprotectoraat Bohemen en Moravië besprak, kwam het bericht dat de Tsjecho-Slowaakse president had gevraagd om een onderhoud met de Duitse rijkskanselier. Hitler ging akkoord, maar liet wel de leiding van de Wehrmacht weten dat hij in ieder geval vasthield aan de vastgestelde aanvalsdatum.[311] 's Avonds kwam Hácha, begeleid door de Tsjechische

Afb. 67 De Tsjechische president Emil Hácha (tweede van links) bij Hitler op diens werkkamer in de Nieuwe Rijkskanselarij, 15 maart 1939 (foto: Heinrich Hoffmann).

minister van Buitenlandse Zaken František Chvalkovský, aan op de Anhalter Bahnhof. De compagnie die voor hem was uitgerukt als erewacht, was een bedrieglijke façade. Hitler was namelijk niet van plan serieus te onderhandelen. Hij wilde volledige capitulatie en koos voor de 'murwmaaktactiek' die hij ook al tegen Schuschnigg had toegepast. Hij liet de gasten urenlang wachten in Hotel Adlon en keek in alle rust naar een speelfilm in de rijkskanselarij.[312]

Pas na middernacht werden Hácha en Chvalkovský door de imponerend lange gangen en zalen van de Nieuwe Rijkskanselarij naar Hitlers reusachtige werkkamer gebracht, die slechts vaag verlicht was door een paar schemerlampen.[313] Om de druk op de Tsjechen te verhogen, had de dictator een opvallend grote kring om zich heen verzameld – naast Göring, Keitel en Ribbentrop ook de staatssecretarissen Weizsäcker en Meissner, daarbij de perschef Dietrich, de tolk Schmidt en de chef-protocol, Hewel.[314] Wat volgde, was een stukje politieke gangsterpraktijken met dreigementen en chantage zoals dat in de moderne geschiedenis van de diplomatie nog niet was voorkomen. Hácha had gehoopt minstens een restje Tsjechische onafhankelijkheid te redden, maar Hitler maakte vanaf het begin onbeschoft duidelijk dat er geen speelruimte meer was voor onderhandelingen. Hij herhaalde de hele litanie van vermeende Tsjechische wandaden, beweerde dat de 'Beneš-geest' ook nog onder de nieuwe regering voortleefde en maakte ten slotte zijn voornemen bekend de rest van Tsjecho-Slowakije tot een Duits protectoraat te maken. Om 6 uur zou de Wehrmacht binnenmarcheren. Hácha zou zijn volk een 'laatste goede dienst' kunnen bewijzen als hij telefonisch opdracht gaf aan de minister van Oorlog om geen verzet te bieden tegen de Duitse troepen. 'Hácha en Chvalkovský zaten als versteend in hun stoel,' herinnerde de tolk Schmidt zich.[315] Terwijl men nog steeds druk probeerde telefonisch verbinding te krijgen met Praag, dreigde Göring de stad te bombarderen als de Duitse eis niet werd ingewilligd. Dat was duidelijk te veel voor de Tsjechische president. Hij kreeg een flauwte; Hitlers lijfarts Morell werd geroepen om de half in zwijm liggende president een injectie te geven.[316]

Inderdaad herstelde Hácha zozeer dat hij met zijn minister van Buitenlandse Zaken naar een andere kamer kon gaan om daar de geëiste telefonische instructies aan Praag door te geven. Om 4 uur 's nachts zetten beiden hun handtekening onder een door Hitler voorbereide verklaring waarmee de Tsjecho-Slowaakse president 'het lot van het Tsjechische volk en land vol vertrouwen in de handen van de Führer van het Duitse Rijk' legde: 'De Führer heeft deze verklaring aanvaard en zijn beslissing meegedeeld dat hij het Tsjechische volk onder de bescherming van het Duitse Rijk neemt en het een autonome, bij zijn specifieke karakter passende ontwikkeling van het nationale leven zal garanderen.'[317] Geen van de Duitsers uitte zelfs ook maar enige bedenking over de behandeling van de

Tsjechische delegatie, die tegen alle diplomatieke en menselijke usances inging, zelfs staatssecretaris Weizsäcker niet. Integendeel: in zijn in 1950 gepubliceerde memoires had hij het lef om Hácha ervan te beschuldigen dat hij met zijn handtekening een bijdrage had geleverd aan het 'schijnrechtmatige begin van Hitlers mars naar Praag'.[318] Met zijn Führer deelde de topdiplomaat de racistische vooroordelen over de Tsjechen: 'Aangenaam zijn ze nooit, buiten de rijksgrenzen de luis in de pels, erbinnen de schurft onder de huid,' merkte hij een dag na de 'merkwaardige, door de Führer met alle registers gevoerde nachtonderhandelingen' op, zoals hij de gewetenloze chantageactie vergoelijkend omschreef.[319]

De dictator zelf bleek 'dolgelukkig' en helemaal ondersteboven van het 'grootste stukje politieke genialiteit aller tijden'.[320] 'Dus kinderen, geef me daar en daar' – op de wangen – 'een kus!' vroeg hij zijn secretaresses Christa Schroeder en Gerda Daranowski, die het de hele nacht hadden volgehouden in een zijkamertje van Hitlers werkkamer 'Dit is de mooiste dag van mijn leven [...]. Ik zal de geschiedenis ingaan als de grootste Duitser.'[321] In alle vroegte passeerden Duitse troepen de Tsjechische grens; al om 9 uur bereikten de eerste eenheden Praag. Deze keer werden ze niet ontvangen met gejuich, maar met stilte en ingehouden woede. Rond het middaguur stapte Hitler in zijn eigen trein en reed naar Böhmisch-Leipa (Česká Lípa). De overige honderd kilometer naar Praag legde hij af in zijn drieassige Mercedes-limousine. In zware sneeuw, bijna onopgemerkt door de bevolking, kwam hij op de Hradčany aan, de officiële residentie van de Tsjechoslowaakse president. Voor de ontvangst was niets voorbereid. De adjudanten werden eropuit gestuurd om in het Deutsche Haus in Praag ham, *Weißwurst* en pils te halen.[322]

's Nachts dicteerde Hitler, bijgestaan door minister van Binnenlandse Zaken Frick en staatssecretaris Stuckart, het decreet over de oprichting van het Rijksprotectoraat Bohemen en Moravië. De Tsjechen werd een zekere mate van autonomie beloofd.[323] Als eerste 'rijksprotector' benoemde Hitler zijn voormalige minister van Buitenlandse Zaken Konstantin Freiherr von Neurath, die als lid van de oude conservatieve elite als relatief gematigd werd beschouwd en daarom geschikt leek om de onderwerping van de Tsjechen aan de Duitse bezettingsmacht te camoufleren.[324] Tegelijkertijd werd Slowakije op verzoek van Tiso onder de bescherming van het Groot-Duitse Rijk gesteld; Duitse troepen marcheerden Bratislava binnen. Al op de middag van 16 maart verliet Hitler Praag en keerde via Brno, Wenen en Linz op de avond van 19 maart terug naar Berlijn. Nogmaals was het de regie van Goebbels gelukt om duizenden mensen te mobiliseren die de Führer toejuichten op zijn rit van de Görlitzer Bahnhof naar de Wilhelmstraße. 'Er ligt een week achter ons die van al het verbazingwekkende dat we hebben meegemaakt, misschien het meest verbazingwekkende heeft gebracht,' noteerde Rudolf Buttmann. Door Hitlers 'grote staatsmanschap' was er opnieuw een 'ongekende machtsuitbreiding' bereikt en 'weer zonder bloedvergieten'. 'Geluk heeft hij, steeds geluk!' riep een bekende hem op straat toe.[325]

Zulke uitingen van absoluut geloof in de Führer kwamen echter volstrekt niet overeen met de stemming onder de bevolking als geheel. De inlijving van de Tsjechische staat was namelijk allesbehalve populair. Veel mensen herinnerden zich nog steeds Hitlers belofte in zijn Sportpalast-toespraak van 26 september, dat met het Sudetenland aan zijn 'laatste territoriale eis' voldaan was,. Ze vroegen zich nu af: 'Was dat nodig?'[326] De Sopade, die haar hoofdkantoor inderhaast van Praag naar Parijs had moeten verplaatsen, sprak op grond van de verslagen van haar vertrouwensmensen in het rijk van een wijdverbreide 'zorg dat Duitsland met de jongste "overwinning" weer een stap dichter bij het grote militaire conflict en daarmee dus de tweede nederlaag gekomen' was.[327]

De vernietiging van het zogenaamde 'rest-Tsjechenland' was voor Hitlers oorlogsplanning van niet te onderschatten belang. Het Duitse Rijk kreeg niet alleen grote wapenfabrieken als de Škoda-fabrieken te Pilsen en Praag en de wapenfabrieken te Brno in handen, maar ook grote hoeveelheden militair materieel, genoeg om twintig divisies mee uit te rusten. Naast de industriële middelen kon de Duitse wapenindustrie ook felbegeerde grondstoffen van het land gebruiken, zoals koper, nikkel, lood, aluminium, zink en tin. De deur naar economische penetratie van het Donau- en Balkangebied stond nu wagenwijd open en ook de militair-strategische situatie met het oog op het winnen van 'Lebensraum in het oosten' was verbeterd.[328]

De dictator was er op de avond van 15 maart van overtuigd: 'Binnen veertien dagen heeft niemand het er meer over.'[329] Deze keer vergiste hij zich ernstig. Hitlers aanval op Praag kwam voor Londen als een koude douche. De Britse regering zag in dat het Duitse staatshoofd vals spel gespeeld had en dat zijn beloftes nog niet het papier waard waren waarop ze waren geschreven. De appeasement-politiek, die op het idee berustte dat men Hitler in bedwang kon houden met verdragen en hem kon beteugelen door hem tegemoet te komen, had geen enkele grondslag meer. Ambassadeur Henderson werd voor onbepaalde tijd teruggeroepen uit Berlijn,[330] en in een toespraak te Birmingham op 17 maart kondigde Chamberlain een keerpunt aan in de Britse houding tegenover Duitsland: hij verweet Hitler dat hij het principe van zelfbeschikking, waarop hij zich altijd had beroepen, nu zelf grof geschonden had, en hij stelde tot besluit de vraag of dit daadwerkelijk een stap op de weg was om 'de wereld met geweld te willen domineren'.[331]

De protesten uit Londen, waarbij de Parijse regering zich aansloot, werden door de nazileiding niet serieus genomen. 'Het is gewoon hysterisch geschreeuw en mosterd na de maaltijd, die ons helemaal koud laat,' schamperde Goebbels.[332]

Hitler geloofde dat hij de situatie kon gebruiken om meteen zijn volgende slag binnen te halen. Op 20 maart eiste Ribbentrop van de in Berlijn verblijvende Litouwse minister van Buitenlandse Zaken Josph Urbsys in een soort ultimatum de onmiddellijke teruggave van het Memelland, dat in 1919 onder Frans gezag was gesteld en in 1923 was geannexeerd door Litouwen. Al op 22 maart kondigde de Litouwse ministerraad zijn goedkeuring aan. Hitler ging 's middags in Swinemünde aan boord van het slagschip 'Deutschland'. Rond middernacht meldde Ribbentrop dat de ondertekening van het 'verdrag voor de hereniging van het Memelland met het rijk' voltrokken was. Een wet met dezelfde strekking werd door Hitler uitgevaardigd op de ochtend van 23 maart, terwijl hij nog aan boord van het slagschip was. 'Ja, Linge,' merkte hij op tegen zijn bediende. 'U leeft in een geweldige tijd. Zulke kleine dingen regelen we nu in het voorbijgaan.'[333] Om 14 uur ging Hitler in de haven van Memel aan wal en hield vanaf het balkon van het theater in het stadscentrum een korte toespraak, waarin hij de 'oude Duitse volksgenoten' zowel als 'de jongste burgers van ons Groot-Duitse Rijk' begroette.[334] Al in de avond verliet hij Memel en 's middags 24 maart was hij terug in Berlijn.

De annexatie van Memel was het laatste buitenlandse politieke succes dat Hitler zonder bloedvergieten ten deel viel. In de nacht van 21 op 22 maart, toen hij de beslissing van de Litouwse regering afwachtte in de rijkskanselarij, voerde hij weer een lang gesprek met Goebbels over zijn 'toekomstige buitenlandse politiek': 'Hij wil nu wat rust inlassen, om weer wat vertrouwen te oogsten.'[335] Als de dictator dit werkelijk zo gezegd heeft, leverde hij zich over aan een dubbel zelfbedrog. Aan de ene kant kon er namelijk van rust geen sprake voor hem zijn, vanwege de manier waarop het systeem werkte en ook om persoonlijke redenen. Al op de avond van 24 maart trof Goebbels hem aan terwijl hij broedde op het oplossen van het probleem van Danzig: 'Hij wil het bij de Polen proberen door wat druk uit te oefenen en hoopt dat ze daarop reageren.'[336] Het volgende doel van zijn ongeremde agressiviteit was daarmee al gemarkeerd. Aan de andere kant vergiste Hitler zich als hij dacht dat hij het vertrouwen van de westerse mogendheden kon terugwinnen, want dit krediet had hij verspeeld met het schenden van het Verdrag van München. Hij had, voor iedereen zichtbaar, het masker van vredelievend revisionistisch politicus laten vallen en daarachter was het gewelddadige karakter van zijn regime tevoorschijn gekomen, dat fundamenteel gericht was op onbegrensde expansie. 'Het werkelijke probleem,' verklaarde de Britse minister van Buitenlandse Zaken Halifax in de kabinetszitting van 18 maart, was 'Duitslands poging [...] de wereldheerschappij te bemachtigen. Daartegen verzet bieden is in het belang van alle staten.'[337] Op 31 maart gaven de Britse en Franse regeringen een verklaring af waarin ze de staatkundige onafhankelijkheid van Polen garandeerden. Zo werd de constellatie zichtbaar die slechts enkele maanden later zou leiden tot de Tweede Wereldoorlog.

Had Hitler door de novemberpogrom van 1938 al gebroken met alle beschaafde normen, met de greep naar Praag had hij ook in de buitenlandse politiek een rode lijn overschreden. Terecht herkende Ulrich von Hassell hierin het 'eerste geval van openlijke hybris, van het overschrijden van alle grenzen, ook van ieder fatsoen'.[338] Er was geen weg terug meer. De dictator waande zich op 15 maart op het hoogtepunt van zijn ongekende loopbaan, maar in werkelijkheid was de weg omlaag al begonnen, het pad naar de ondergang ingeslagen. 'Met deze dag,' formuleerde François-Poncet puntig, 'was zijn lot bezegeld.'[339]

Natuurlijk vergde het enige scherpzinnigheid om in Hitlers recente successen al de kiemen van de toekomstige catastrofe te herkennen.[340] Toen de dictator op 20 april 1939 zijn vijftigste verjaardag vierde, leken de schaduwen van Nemesis nog in de verte te liggen. Nog eenmaal haalde Goebbels alles uit de kast om de Führercultus als het ware tot een climax te brengen. 'De schepper van Groot-Duitsland vijftig jaar oud. Twee dagen luxe- en speciale edities van kranten, hysterische vergoddelijking,' becommentarieerde Victor Klemperer.[341] De minister van Propaganda was al in de zomer van 1938 begonnen met de voorbereidingen. Hitler had

Afb. 68 Hermann Göring feliciteert namens de verzamelde nazileiding rijkskanselier Adolf Hitler met diens vijftigste verjaardag, 20 april 1939.

begin december echter tussen neus en lippen door gezegd dat hij 'geen speciale vieringen' wenste: 'Dus stoppen,' maakte Goebbels de richtlijn van de Führer tot de zijne.[342] Hij lijkt dat echter niet helemaal ernstig genomen te hebben, want het programma dat onder zijn verantwoordelijkheid vanaf januari 1939 werd uitgewerkt en uiteindelijk ook door Hitler werd goedgekeurd, overtrof met zijn dicht op elkaar geplande festiviteiten alle voorafgaande Führerverjaardagen. Een paar dagen voor het evenement noteerde Goebbels dan ook: 'Veel werk met de verjaardag van de Führer. Die wordt deze keer heel groots gevierd.'[343]

De pers kreeg gedetailleerde instructies toegestuurd over de wijze waarop ze hulde moest brengen aan de man aan de top. De redacteuren waren gewaarschuwd 'noch over zijn jeugd, noch over zijn familie, noch over zijn privéleven te schrijven', omdat 'over deze drie onderwerpen in het verleden ongelooflijk veel onzin verspreid' was. Daarentegen moest er over politieke omwenteling, over de politieke loopbaan van Adolf Hitler, enz. zeer uitvoerig verslag gedaan worden'. In het algemeen moesten de kranten ervoor zorgen dat ze met 'buitengewoon inhoudrijke en mooie speciale edities' kwamen.[344] De prominente betekenis die de vijftigste verjaardag toekwam als ceremonieel hoogtepunt van de evenementenkalender, werd onderstreept doordat minister van Binnenlandse Zaken Frick 20 april 1939 onverwijld uitriep tot 'nationale feestdag'. Zo konden de mensen in alle delen van het land in groten getale deelnemen aan de evenementen.

Het officiële gedeelte van het programma werd ingeleid door een toespraak van Goebbels, die om 18.30 uur werd uitgezonden door alle radiozenders. Hij prees Hitler met de gebruikelijke byzantijnse wendingen als een 'man van historisch formaat', aan wie het Duitse volk bij al zijn ondernemingen 'gewillig en gehoorzaam trouw betonen' zou. 'Als door een wonder' had hij 'een probleem van Midden-Europa, waarvan je bijna mocht geloven dat het schier onoplosbaar was, tot een fundamentele oplossing gebracht'. Een 'vrede van praktische realiteit' noemde de cynische minister van Propaganda de situatie die Hitler had veroorzaakt door zijn gewelddadige optreden tegen Tsjechoslowakije.[345] Om 19 uur feliciteerde de integrale leiding van de NSDAP – 1600 in getal – de jarige in de Mozaïekzaal van de Nieuwe Rijkskanselarij. Rudolf Heß herhaalde de belofte van absolute trouw, zelfs in het geval dat 'de ophitsers van de wereld tot het uiterste' zouden gaan, en hij overhandigde Hitler, bewonderaar van Frederik de Grote, vijftig originele brieven van de Pruisische koning.[346] Het was maar een van de vele geschenken die op lange tafels in de rijkskanselarij uitgespreid lagen – in de zaal waar in 1878 onder leiding van Bismarck het Congres van Berlijn was bijeengekomen. Er was veel kitsch bij, maar er waren ook veel waardevolle geschenken, vooral werken van de door Hitler gewaardeerde schilders Franz von Defregger en Carl Theodor von Piloty. De kroon spande rijksminister van Economische Za-

Afb. 69 Militaire parade op de nieuwe oost-westas in Berlijn bij de vijftigste verjaardag van Adolf Hitler, 20 april 1939.

ken en Rijksbank-president Walther Funk, die kunstliefhebber Hitler verblijdde met Titiaans *Venus voor de spiegel*.³⁴⁷

Het belangrijkste spektakel van de vooravond van Hitlers verjaardag was de opening van de oost-westas, het eerste grote stuk van een nieuwe verkeersader dat was voltooid in het kader van de renovatie van de rijkshoofdstad. Samen met zijn architect Speer legde Hitler het zeven kilometer lange stuk weg af in een open auto. Aan Goebbels' oproep een haag van mensen te vormen, hadden honderdduizenden Berlijners gehoor gegeven. 'Een gejuich zonder weerga. De weg ligt in een sprookjesachtige glans van licht. En een stemming als nooit tevoren. De leider straalt van vreugde,' schreef de minister van Propaganda enthousiast over het door hemzelf geënsceneerde spektakel.³⁴⁸ Op de grote taptoe van de Wehrmacht volgde kort na 22 uur de fakkeloptocht van de 'oude garde' door de Wilhelmstraße, steeds vijftig uit elke gouw. De Führer groette de bruine colonnes vanaf het balkon van de rijkskanselarij.

Om middernacht nam Hitler de felicitaties en geschenken van zijn intiemere entourage in ontvangst. Hij bleek vooral getroffen door de vier meter grote maquette van de reusachtige triomfboog die Speer had laten opstellen in de zaal aan de Pariser Platz. 'Langdurig en met zichtbare ontroering bekeek hij de in de maquette vormgegeven droom uit zijn jonge jaren,' herinnerde de architect zich. 'Overweldigd drukte hij me woordeloos de hand, om vervolgens zijn verjaardagsgasten in euforische stemming de betekenis van dit bouwwerk in de toekomstige geschiedenis van het rijk te prijzen.'³⁴⁹ Bijna dwangmatig keerde hij 's nachts nog meerdere malen terug naar het model, helemaal opgaand in zijn fantastische visioen van de toekomstige 'wereldhoofdstad Germania'.

Het programma werd 's ochtends voortgezet met een serenade door het muziekkorps van de SS-Leibstandarte in de tuin van de rijkskanselarij. De eerste van de reeks feliciterende hoogwaardigheidsbekleders was de nestor van het corps diplomatique, de pauselijke nuntius monseigneur Cesare Orsenigo. Hij werd gevolgd door de rijksprotector van Bohemen en Moravië, Neurath, met de Tsjechische president Hácha op sleeptouw, de Slowaakse minister-president Tiso, de leden van de rijksregering en de top van de Wehrmacht. Van niet te onderschatten symbolische betekenis in het licht van Hitlers aanstaande plannen was de ontvangst van Gauleiter Albert Forster van Danzig. Deze bracht Hitler de oorkonde met het ereburgerschap van de Vrijstad Danzig, 'als teken van de nauwe bloedsverbondenheid' met het Duitse volk.³⁵⁰

Om 11 uur begon op de oost-westas de parade van de Wehrmacht. Deze duurde meer dan vier uur en moest een demonstratie zijn van de militaire kracht die het rijk inmiddels had opgebouwd. Alle Wehrmachtformaties namen eraan deel; de meest geavanceerde wapens, vooral tanks en zware artillerie, werden getoond.

Voor de Technische Hochschule was een tribune opgebouwd waarop Hitler onder een baldakijn – met een troon en de Führerstandaard – de parade afnam. 'Ik verbaas me er toch steeds weer over waar hij de kracht vandaan haalt,' schreef secretaresse Christa Schroeder aan een vriendin. 'Want vier uur continu staan en groeten is toch een verdomde inspanning. Wij waren al hondsmoe terwijl we louter toeschouwer waren.'[351]

In opdracht van Hitler had Ribbentrop ongeveer 150 buitenlandse prominenten uitgenodigd om hen te imponeren met de demonstratie van zijn militaire macht. Op de eretribune ontbraken de ambassadeurs van Engeland en Frankrijk, die na het verbreken van het Verdrag van München waren teruggeroepen. (De Verenigde Staten werden al sinds de pogrom van november 1938 niet meer vertegenwoordigd op ambassadeursniveau.) Hitler gaf na de parade een theereceptie voor de buitenlandse gasten in de Nieuwe Rijkskanselarij, waar ook de rijksministers, de rijksleiders van de NSDAP en de generaals waren uitgenodigd.[352]

Het bulletin van de Ufa-*Wochenschau* (bioscoopjournaal) voor de periode 16-23 april was uitsluitend gewijd aan Hitlers vijftigste verjaardag. Twaalf cameramannen hadden meer dan 10.000 meter film geschoten, die werden gemonteerd op de weekjournaallengte van nog maar 546 meter. Verreweg de meeste tijd werd ingenomen door de troepenparade, die door de commentaarstem werd geïntroduceerd als 'het grootste legerschouwspel van het Derde Rijk'. Ongetwijfeld was dit accent bedoeld voor de psychologische herbewapening van de bevolking, waarom Hitler had gevraagd in zijn geheime rede van 10 november 1938. Daarom presenteerde hij zich ook niet meer in de rol van de onfeilbare staatsman maar in de krijgshaftige pose van de veldheer, die aan de verbaasde wereld de angstaanjagende slagkracht van zijn oorlogsmachine laat zien.[353]

Goebbels was zeer tevreden met het verloop van het twee dagen durende feest: 'De Führer wordt gehuldigd door het volk, zoals nooit tevoren een sterveling is gehuldigd.'[354] Tot een genuanceerder oordeel kwamen de rapporteurs van de Sopade. Wie de moeite zag die er voor de verjaardag was gedaan, zou gemakkelijk kunnen denken dat Hitlers populariteit nog steeds toenam. 'Wie het volk echter werkelijk kent, die weet dat zo niet alles, dan toch wel veel daarvan slechts schijn is.' Ook voor de lezers van de gelijkgeschakelde kranten kon het nauwelijks verborgen blijven dat 'de buitenlandse politieke ster van Hitler verbleekt' en 'dat het systeem aankoerst op een tweede wereldoorlog, die al verloren lijkt voordat hij begonnen is'. 'Boven al het geprotk met de vaandels en het feestlawaai,' vatte de rapporteur samen, 'hangt de verlammende druk van de oorlogsangst'. Dit betekende echter niet, zo voegden ze eraan toe, dat 'het geloof in de Führer voorbij is'. Het is veeleer 'nog levend in brede lagen van de bevolking'.[355] De populariteit van Hitler berustte niet in de laatste plaats op de aureool van de man die bij al zijn riskante manoeuvres uiteindelijk in staat was de vrede te bewaren. Toen hij begin september 1939 de wereldoorlog ontketende en deze na de aanvankelijke 'bliksemoverwinningen' vanaf de winter van 1941-1942 duidelijk afstevende op een militaire catastrofe, zou ook de Führermythe blootgesteld worden aan een aanvankelijk langzaam, maar vervolgens steeds sneller verval.

Noten

Inleiding

1   Thomas Mann, *An die gesittete Welt. Politische Schriften und Reden im Exil*, Frankfurt am Main 1986, p. 253 e.v.
2   Norbert Frei, *1945 und wir. Das Dritte Reich im Bewußtsein der Deutschen*, München 2005, p. 7.
3   Jens Jessen, 'Gute Zeiten für Hitler', in *Die Zeit* nr. 42 d.d. 11-10-2012; idem, 'Was macht Hitler so unwiderstehlich?', in *Die Zeit* nr. 40 d.d. 23-9-2004.
4   Konrad Heiden, *Adolf Hitler. Das Zeitalter der Verantwortungslosigkeit. Eine Biographie*, Zürich 1936; idem, *Adolf Hitler. Ein Mann gegen Europa. Eine Biographie*, Zürich 1937; Alan Bullock, *Hitler. Leven en ondergang van een tiran* (oorspr. titel: Hitler: A Study in Tyranny, 1952. Nederlandse vertaling 1957); 2 delen, Utrecht 1964; Joachim Fest, *Hitler*, Frankfurt am Main-Berlijn-Wenen 1973; Ian Kershaw, *Hitler*. band 1: 1889–1936, band 2: 1936–1945, Houten 1999. Inspirerend is ook nog altijd het essay van Sebastian Haffner, *Anmerkungen zu Hitler*, München 1978.
5   Heiden, *Adolf Hitler. Ein Mann gegen Europa*, p. 267.
6   Heiden, *Adolf Hitler. Das Zeitalter der Verantwortungslosigkeit*, p. 6.
7   Vgl. Rainer Zitelmann, 'Hitlers Erfolge – Erklärungsversuche in der Hitler-Forschung', in *Neue Politische Literatur*, jrg. 27 (1982), p. 47-69 (hier p. 47 e.v.); John Lukacs, *Hitler. Geschichte und Geschichtsschreibung*, München 1997, p. 20 e.v.; Ulrich Nill, '"Reden wie Lustmorde." Hitler-Biographen über Hitler als Redner', in Josef Kopperschmidt (red.), *Hitler als Redner*, München 2003, p. 29-37 (hier p. 35-37).
8   Thea Sternheim, *Tagebücher 1903-1971*. Samengesteld en geselecteerd door Thomas Ehrsam en Regula Wyss, band 2: 1925-1936, Göttingen 2002, p. 664 (d.d. 31-10-1935). Thea Sternheim schreef aan Konrad Heiden dat hij er als eerste in geslaagd zou zijn 'doorslaggevende uitspraken over deze kwesties te doen'. 'Wat een genoegen om een zo scherp geslepen floret te zien flitsen.' Ibidem, p. 665 e.v. (d.d. 4-11-1935).
9   Harry Graf Kessler, *Das Tagebuch*, band 9: 1926–1937. Samengesteld door Sabine Gruber en Ulrich Ott, met medewerking van Christoph Hilse en Nadin Weiss, Stuttgart 2010, p. 663 (d.d. 14-4-1936).
10 Vgl. Ernst Schulte-Strathaus, administratief medewerker voor culturele kwesties van de staf van de plaatsvervanger van de Führer aan Gerhard Klopfer (ibidem), 5-10-1936, met het verzoek 'bij de Gestapo en de SD informatie op te vragen over de schrijver'; BA Berlijn-Lichterfelde, NS 26/45.
11 Vgl. Lukacs, *Hitler*, p. 22 e.v.; Gerhard Schreiber, *Hitler. Interpretationen 1923–1983. Ergebnisse, Methoden und Probleme der Forschung*, Darmstadt 1984, p. 312-314.
12 Bullock, *Hitler*, band 2, p. 848; band 1, p. 391. In zijn latere werk, met name in zijn dubbelbiografie *Hitler en Stalin. Parallelle levens* (Amsterdam 2001), herzag Bullock zijn eerdere standpunt echter.
13 Hermann Rauschning, *Die Revolution des Nihilismus*, Zürich 1938, p. 56. Een vergelijkbare inschatting herhaalde Rauschning in zijn *Gespräche mit Hitler* (Zürich 1940). Bullock en Fest gebruikten dit boek nog als belangrijke bron, maar Kershaw zag ervan af vanwege

de omstreden betrouwbaarheid van de tekst. Vgl. Kershaw, *Hitler*, band I, p. 10. Ook in dit werk wordt er geen gebruik van gemaakt. Voor meer over de kwestie van de betrouwbaarheid van de *Gespräche mit Hitler*, vgl. Jürgen Hensel/Pia Nordblom (red.): *Hermann Rauschning. Materialien und Beiträge zu einer politischen Biographie*, Osnabrück 2003, p. 151 e.v.

14 Eberhard Jäckel, *Hitlers Weltanschauung. Entwurf einer Herrschaft* (voor het eerst 1969). Uitgebreide en herziene uitgave, Stuttgart 1981. De aanleiding voor Jäckels onderzoek was de conclusie van de Engelse historicus Hugh R. Trevor-Roper dat Hitlers wereldbeeld uiterlijk in 1923 moet hebben vastgelegen en sinds die tijd 'absoluut helder en consequent' in zijn handelen tot uitdrukking zou zijn gekomen. Geciteerd naar ibidem, p. 19.
15 Eberhard Jäckel, 'Rückblick auf die sogenannte Hitler-Welle', in *Geschichte in Wissenschaft und Unterricht*, jrg. 28 (1977), p. 695-710 (hier p. 706).
16 Karl-Dietrich Bracher, 'Hitler – die deutsche Revolution. Zu Joachim Fests Interpretation eines Phänomens', in *Die Zeit* nr. 42 d.d. 12-10-1973. Karl-Dietrich Bracher, *Die Auflösung der Weimarer Republik* (voor het eerst 1955), 3. verb. en uitgebr. uitg., Villingen 1960; idem / Wolfgang Sauer/ Gerhard Schulz, *Die nationalsozialistische Machtergreifung. Studien zur Errichtung des totalitären Herrschaftssystems in Deutschland 1933/34* (voor het eerst in 1960). Nieuwe uitgave Frankfurt am Main-Wenen 1974; idem, *Die deutsche Diktatur. Entstehung, Struktur, Folgen* (voor het eerst 1969), 7de druk, Keulen 1993.
17 Theodor Schieder, 'Hitler vor dem Gericht der Weltgeschichte', in *Frankfurter Allgemeine Zeitung* d.d. 27-10-1973.
18 Fest, *Hitler*, p. 22. Vgl. ook ibidem, p. 216: 'Zonder deze overeenstemming tussen de individuele en sociaal-pathologische situaties is Hitlers verkrijgen van een welhaast magisch aandoende macht over het gemoed van mensen niet te begrijpen.'
19 Ibidem, p. 1035.
20 Vgl. Hermann Graml, 'Probleme einer Hitler-Biographie. Kritische Bemerkungen zu Joachim C. Fest', in *Vierteljahrshefte für Zeitgeschichte*, jrg. 22 (1974), p. 76-92 (hier p. 83, 88); Hannes Heer, *Hitler war's. Die Befreiung der Deutschen von ihrer Vergangenheit*, Berlijn 2005, p. 33 e.v.
21 Vgl. Fest, *Hitler*, p. 291 e.v.
22 Vgl. Volker Ullrich, 'Speers Erfindung', in *Die Zeit* nr. 19 d.d. 4-5-2005; idem, 'Die Speer-Legende', in *Die Zeit* nr. 39 d.d. 23-9-1999. Hoe nauw de samenwerking tussen Speer, Fest en de uitgever Wolf Jobst Siedler precies was, blijkt uit de briefwisseling in het BA Koblenz, N 1340/17, 1340/53, 1340/54. De schrijver zal over dit onderwerp nog een afzonderlijke studie publiceren.
23 Klaus Hildebrand, 'Hitler. Rassen- und Weltpolitik. Ergebnisse und Desiderata der Forschung', in *Militärgeschichtliche Mitteilungen*, band 19/1 (1976), p. 207-224 (hier p. 213).
24 Zie ook verderop in deze inleiding.
25 Kershaw, *Hitler*, band I, p. 8, 18, 27.
26 Aldus Norbert Frei in zijn recensie 'Dem Führer entgegenarbeiten', in *Neue Zürcher Zeitung* nr. 231 d.d. 6-10-1998.
27 Kershaw, *Hitler*, band I, p. 689. Vgl. ibidem, p. 571: 'Opmerkelijk in de grillige gebeurtenissen van 1933–'34 was niet hoeveel, maar hoe weinig de nieuwe kanselier hoefde te doen om zijn macht te consolideren en uit te breiden.'
28 Klaus Hildebrand, 'Nichts Neues über Hitler. Ian Kershaws zünftige Biographie über den deutschen Diktator', in *Historische Zeitschrift*, band 270 (2000), p. 389-397 (hier p. 392).
29 Vgl. de bespreking van de beide boeken van Kershaw door Volker Ullrich, 'Volk und Führer', in *Die Zeit* nr. 42 d.d. 8-10-1998; 'Die entfesselten Barbaren', in *Die Zeit* nr. 43 d.d. 19-10-2000.
30 Frank Schirrmacher, 'Wir haben ihn uns engagiert', in *Frankfurter Allgemeine Zeitung* nr. 231 d.d. 6-10-1998.
31 De volledige titels van de hieronder genoemde werken zijn te vinden in de bibliografie.
32 Hans-Ulrich Thamer/Simone Erpel (red.), *Hitler und die Deutschen. Volksgemeinschaft und Verbrechen*, Dresden 2010 (catalogus van de tentoonstelling). Vgl. voor de discussie

over het concept van de 'volksgemeenschap' Frank Bajohr/Michael Wildt (red.), *Volksgemeinschaft. Neue Forschungen zur Gesellschaft des Nationalsozialismus*, Frankfurt am Main 2009.

33 Geciteerd naar Andreas Hillgruber, 'Tendenzen, Ergebnisse und Perspektiven der gegenwärtigen Hitler-Forschung', in *Historische Zeitschrift*, band 226 (1978), p. 600-621 (hier p. 612).

34 Kershaw *Hitler*, band I, p. 16-17. Vgl. ook Kershaw in een interview met Franziska Augstein en Ulrich Raulff, 'Het was mij er vooral om te doen de context te bepalen waarin hij kon functioneren, dus waarin een persoon met dergelijke beperkte vaardigheden kon opklimmen tot een steeds sterkere machtspositie.' In zekere zin was hij 'De man zonder eigenschappen', in *Frankfurter Allgemeine Zeitung* nr. 228 d.d. 1-10-1998.

35 Kershaw, *Hitler*, band I, p. 8.

36 James P. O'Donnell, 'Der große und der kleine Diktator', in *Der Monat*, jrg. 30 (1978), p. 51-62 (hier p. 61). In een gesprek met de Amerikaanse historicus Harold Deutsch op 11-5-1970 merkte Hitlers voormalige legeradjudant Gerhard Engel op: 'Bedenkt u toch eens hoeveel gezichten Hitler had. Hij was een van de elegantste toneelspelers die de wereldgeschiedenis gekend heeft [...]. Vergeleken met deze man [...] was iemand als Mussolini toch haast een prutser, ondanks zijn Caesar-achtige gebaren.' IfZ München, ZS 222, band 2.

37 Fest, *Hitler*, p. 29.

38 Schwerin von Krosigk aan Georg Franz, 13-7-1962; BA Koblenz, N 1276/42.

39 Heiden, *Adolf Hitler. Der Mann gegen Europa*, p. 213. Vgl. ibidem, p. 214: De mensenbedwinger zou 'privé een van de meest ongelukkige mensen' zijn.

40 Bullock, *Hitler*, band I, p. 389.

41 Fest, *Hitler*, p. 714, 718.

42 'In gewisser Weise war er der Mann ohne Eigenschaften', in *Frankfurter Allgemeine Zeitung* nr. 228 d.d. 1-10-1998. Vgl. ook Kershaw, *Hitler*, band I, p. 18: '[...] blijft het een feit dat zijn leven buiten de politiek om zo goed als niets voorstelde'.

43 Interview van Ulrich Speck met Hans Mommsen, 'Ein Mann ohne Privatsphäre', in *Frankfurter Rundschau* nr. 235 d.d. 10-10-2001.

44 Vgl. bijvoorbeeld de kop van de *Bild-Zeitung* d.d. 21-8-2004: 'Darf man ein Monster als Menschen zeigen?' (Mag je een monster als mens laten zien?). Vgl. ook *Tagesspiegel* d.d. 11-9-2004: 'Der Film "Der Untergang" zeigt ihn als Menschen. Darf man das?' (De film *Der Untergang* toont hem als mens. Mag dat?)

45 Albert Speer, *Spandauer Tagebücher* (eerste uitgave 1975), Berlijn-München 2002, p. 63 (d.d. 10-2-1947).

46 Handgeschreven brief van Leni Riefenstahl aan A. Speer, 8-6-1976; BA Koblenz, N 1340/49.

47 Fest, *Hitler*, p. 697 e.v.

48 Eberhard Jäckel en Axel Kuhn (red.), *Hitler. Sämtliche Aufzeichnungen 1905–1923*, Stuttgart 1980; *Hitler. Reden Schriften Anordnungen. Februar 1925 bis Januar 1933*. Uitgave van het *Institut für Zeitgeschichte*. 6 delen in 13 banden, München 1992–2003. Vgl. hiervoor Wolfram Pyta, 'Die Hitler-Edition des Instituts für Zeitgeschichte', in *Historische Zeitschrift*, band 281 (2005), p. 383-394.

49 Max Domarus (red.), *Hitler. Reden und Proklamationen 1932-1945*, 2 delen in 4 banden, Wiesbaden 1962/63.

50 *Akten der Reichskanzlei. Die Regierung Hitler*. Uitgave van de *Historische Kommission* bij de Bayerischen Wissenschaften en het Bundesarchiv. deel I: 1933/34, band 1 en 2; bewerkt door Karl-Heinz Minuth, Boppard am Rhein 1983; band II: 1934/35, deel 1 en 2; band III: 1936; band IV: 1937; band V: 1938; band VI: 1939; bewerkt door Friedrich Hartmannsgruber, München 1999, 2002, 2005, 2008, 2012.

51 Elke Fröhlich, *Die Tagebücher von Joseph Goebbels*. In opdracht van het Institut für Zeitgeschichte en met ondersteuning van Staatsarchiefdienst van Rusland, Deel I: *Aufzeichnungen 1923–1941*, 9 banden in 14 deelbanden, deel II. *Diktate 1941–1945*,

15 banden, München 1993-2006, deel III: *Register 1923-1945*, 3 banden, München 2007/2008. Vgl. voor meer over de inhoud en de waarde als bron van deze dagboeken de inleiding van Elke Fröhlich bij de complete editie deel III, p. 11-99, maar ook Angela Hermann, *Der Weg in den Krieg 1938/39. Studien zu den Tagebüchern von Joseph Goebbels*, München 2011, p. 1-11. Zie voor een – eerlijk gezegd nogal overdreven – kritiek op de editie vervolgens Bernd Sösemann, 'Alles nur Propaganda? Untersuchungen zur revidierten Ausgabe der sogenannten Goebbels-Tagebücher des Münchner Instituts für Zeitgeschichte', in *Jahrbuch für Kommunikationsforschung*, band 10 (2008), p. 52-76.

52 Frank Bajohr/Christoph Strupp (red.), *Fremde Blicke auf das 'Dritte Reich'. Berichte ausländischer Diplomaten über Herrschaft und Gesellschaft in Deutschland 1933-1945*, Göttingen 2011.
53 Zie hiervoor de verwijzingen in de bronnenlijst.
54 Stefan Zweig, *Die Welt von Gestern. Erinnerungen eines Europäers*, Stuttgart-Hamburg z.j., p. 415.
55 Aldus Ian Kershaw in het interview: 'In zekere zin was hij dat: de Man zonder eigenschappen', *Frankfurter Allgemeine Zeitung* nr. 228 d.d. 1-10-1998.
56 De uitdrukking is van Sebastian Haffner in *Geschichte eines Deutschen. Die Erinnerungen 1914-1933*, Stuttgart-München 2000, p. 88.
57 Rudolf Augstein, 'Hitler oder die Sucht nach Vernichtung der Welt' in *Der Spiegel* nr. 38/1973, p. 63-86 (hier p. 63).
58 Eberhard Jäckel, 'Hitler und die Deutschen. Versuch einer geschichtlichen Erklärung', in *Geschichte und Gegenwart. Festschrift für Karl-Dietrich Erdmann*. samengesteld door Hartmut Boockmann/Kurt Jürgensen/Gerhard Stoltenberg, Münster 1980, p. 351-364 (hier p. 364)

1   **De jonge Hitler**

1   *Adolf Hitler, Monologe im Führerhauptquartier 1941-1944. Die Aufzeichnungen Heinrich Heims*, samengesteld door Werner Jochmann, Hamburg 1980, p. 357 (d.d. 21-8-1942).
2   Vgl. Dirk Bavendamm, *Der junge Hitler. Korrektur einer Biographie 1889-1914*, Graz 2009, p. 54.
3   Vgl. Anna Maria Sigmund, *Diktator, Dämon, Demagoge. Fragen und Antworten zu Adolf Hitler*, München 2006, p. 125 e.v. (daarin op p. 124 het facsimile van het legaliseringsdocument d.d. 16-10-1876); Guido Knopp, *Geheimnisse des 'Dritten Reiches'*, München 2011, p. 25-29. (Ned. vert. *Geheimen van het Derde Rijk*) Het facsimile van de inschrijving in het doopboek is voor het eerst te vinden bij Franz Jetzinger, *Hitlers Jugend. Phantasien, Lügen und Wahrheit*, Wenen 1956, p. 16.
4   Vgl. voor een samenvatting van de mogelijke redenen Ian Kershaw, *Hitler*, band I, *1880-1936*, Stuttgart 1998, p. 32-36.
5   Dit punt maakt met name Werner Maser, *Adolf Hitler. Legende-Mythos-Wirklichkeit*, 12e editie, München-Esslingen 1989, p. 36. Wolfgang Zdral is het met hem eens, *Die Hitlers. Die unbekannte Familie des Führers*, Frankfurt an Main-New York 2005, p. 19 e.v. (Ned. vert. *De Hitlers. De onbekende familie van de Führer*).
6   *Bayerischer Kurier* Nr. 72 d.d. 12-3-1932; BA Berlijn-Lichterfelde, NS 26/13. De extra uitgave van de *Wiener Sonn- und Montagszeitung* met de kop: 'Hitler heißt Schücklgruber' in BA Berlijn-Lichterfelde, NS 26/17.
7   Hans Frank, *Im Angesicht des Galgens. Deutung Hitlers und seiner Zeit auf Grund eigener Erlebnisse und Erkenntnisse*, München-Gräfelfing 1953, p. 330 e.v.. Vgl. voor de geschiedenis van het gerucht over Hitlers Joodse grootvader ook Brigitte Hamann, *Hitlers Wien. Lehrjahre eines Diktators*, München-Zürich 1996, p. 69-72; Knopp, *Geheimnisse des Dritten Reiches*, p. 18-20 (Ned. vert. *Geheimen van het Derde Rijk*). Voor de 'stamboom van de Führer' vgl. ibidem, p. 16-18.
8   Vgl. Maser, *Adolf Hitler*, p. 27-30 (Ned. vert. *Hitler*).
9   August Kubizek, *Adolf Hitler. Mein Jugendfreund*, Graz en Göttingen 1953, p. 59.

10 Getuigenis van de eerste secretaris van de douane Hebestreit in Braunau d.d. 21-6-1940; BA Berlijn-Lichterfelde, NS 26/17a.
11 Zie de huwelijksakte en de overlijdensakte voor Franziska Hitler in BA Berlijn-Lichterfelde, NS 26/17a. Over de kindertijd en de tienerjaren van Klara Pölzl is zo goed als niets bekend. Vgl. Bavendamm, *Der junge Hitler*, p. 78 e.v.
12 Het verzoek om dispensatie, opgenomen in Zdral, *Die Hitlers*, p. 24 e.v.
13 Facsimile van de doopakte en het geboortebewijs bij Kubizek, *Adolf Hitler*, p. 49.
14 Vgl. Anton Joachimsthaler, *Korrektur einer Biographie. Adolf Hitler 1908–1920*, München 1989, p. 31; Christa Schroeder, *Er war mein Chef. Aus dem Nachlaß der Sekretärin von Adolf Hitler*, red. Anton Joachimsthaler, 3de druk, München-Wenen 1985, p. 213 e.v. (Ned. vert. *Hij was mijn Führer. De memoires van Adolf Hitlers secretaresse*); Olaf Rose (red.), Julius Schaub, *In Hitlers Schatten*, Stegen 2005, p. 337 e.v.
15 Vgl. over de twijfelachtige kwaliteit van de bronnen Bavendamm, *Der junge Hitler*, p. 21-24; Ludolf Herbst, *Hitlers Charisma. Die Erfindung eines deutschen Messias*, Frankfurt am Main 2010, p. 64 e.v.; Othmar Plöckinger, 'Frühe biographische Texte zu Hitler. Zur Bewertung der autobiographischen Texte in "Mein Kampf"', in *Vierteljahrshefte für Zeitgeschichte*, jrg. 58 (2010), p. 93-114.
16 Adolf Hitler, *Mein Kampf. Erster Band: Eine Abrechnung*, 7de druk, München 1933, p. 1. (in dit boek wordt de Nederlandse vertaling *Mijn Kamp* van NSB'er Steven Barends gebruikt, beschikbaar op http://www.archive.org/download/MeinKampf-NederlandstaligeBewerking/ned.pdf).
17 Vgl. Marlies Steinert, *Hitler*, München 1994, p. 24; Hitler, *Mein Kampf*, p. 135: 'Het Duits van mijn jeugd was het dialect, dat men ook in Neder-Beieren spreekt; ik kon het niet meer vergeten, noch het Weense jargon aanleren.'
18 Vgl. bijvoorbeeld *Monologe*, p. 26 (d.d. 27/28-9-1941), p. 171 (d.d. 3/4-1-1942).
19 Vgl. Jetzinger, *Hitlers Jugend*, p. 63 e.v., 122-124.
20 Vgl. Zdral, *Die Hitlers*, p. 30 e.v.
21 Geciteerd in Kershaw, *Hitler*, band 1, p. 43. Aan zijn vriend Kubizek vertelde Hitler dat confrontaties 'er meestal op uitdraaiden, dat zijn vader hem slaag gaf' (Kubizek, *Adolf Hitler*, p. 55). Vgl. ook Albert Speer, *Erinnerungen*, Frankfurt am Main-Berlijn 1993, p. 138. Tegenover zijn secretaresse Christa Schroeder pochte Hitler dat hij ooit 32 slagen had gehad zonder ook maar één keer te laten merken dat het pijn deed (*Er war mein Chef*, p. 63). Vgl. ook de relativerende opmerkingen van Bavendamm, *Der junge Hitler*, p. 114 e.v.
22 Vgl. Bradley F. Smith, *Adolf Hitler. His Family, Childhood and Youth*, Stanford 1967, p. 43 45. In augustus 1942 zei Hitler dat zijn 'oude heer een groot imker' geweest was. Zelf zou hij 'regelmatig zo erg gestoken' zijn, dat hij 'haast het loodje had gelegd'. *Monologe*, p. 324 (d.d. 3-8-1942).
23 Vgl. Frank, *Im Angesicht des Galgens*, p. 332. Volgens hem zou Hitler hebben gezegd: 'Dat was de verschrikkelijkste schande die ik ooit heb moeten ondergaan. Ach Frank, ik weet wat voor een duivel alcohol is! Hij was – eerder nog dan mijn vader – mijn grootste vijand in mijn jeugd.' Zie voor gerede twijfel aan deze versie, Jetzinger, *Hitlers Jugend*, p. 93 e.v.; Bavendamm, *Der junge Hitler*, p. 101.
24 *Die Tagebücher von Joseph Goebbels*. In opdracht van het *Institut für Zeitgeschichte* en met ondersteuning van Staatsarchiefdienst van Rusland, red. Elke Fröhlich. Deel 1, *Aufzeichnungen 1923–1941*, München 1998-2006, band 2/II, p. 336 (d.d. 9-8-1932). Zie ook ibidem, p. 199 (d.d. 20-1-1932): 'Hitler vertelt aandoenlijk over zijn jeugd. Over zijn strenge vader en zijn zachtaardige moeder.'
25 Geciteerd naar Hamann, *Hitlers Wien*, p. 16; vgl. Smith, *Adolf Hitler*, p. 51. Vgl. voor meer over de halfbroer Alois Hitler en zijn zoon William Patrick: Knopp, *Geheimnisse des 'Dritten Reiches'*, p. 31-38, 55-70.
26 Kubizek, *Adolf Hitler*, p. 53.
27 Aldus onder meer Alice Miller, *Am Anfang war Erziehung*, Frankfurt am Main 1980 (Ned. vert. *In den beginne was er opvoeding*); Christa Mulack sluit zich daarbij aan in haar *Klara Hitler. Muttersein im Patriarchat*, Rüsselsheim 2005, p. 51. Vgl. voor kritiek op de

psychoanalytische interpretaties Wolfgang Michalka, 'Hitler im Spiegel der Psycho-Historie, Zu neueren interdisziplinären Deutungsversuchen der Hitler-Forschung', in *Francia*, band 8 (1980), p. 595-611; Gerhard Schreiber, *Hitler. Interpretationen 1923-1983. Ergebnisse, Methoden und Probleme der Forschung*, Darmstadt 1984, p. 316-327; Kershaw, Hitler, band I, p. 761, noot 63.
28 (Otto Wagener:) *Hitler aus nächster Nähe. Aufzeichnungen eines Vertrauten 1929-1932*, red. Henry A. Turner, Frankfurt am Main-Berlijn-Wenen 1978, p. 425.
29 Goebbels, *Tagebücher*, deel I, band 5, p. 390 (d.d. 22-7-1938).
30 Hitler, *Mijn Kamp*, p. 6. Vgl. *Monologe*, p. 375 (d.d. 29-8-1942): 'Tijdens mijn schooljaren was ik veel buiten.' In een brief van 16 oktober 1923 aan Fritz Seidl in Graz, een speelkameraadje uit de vroege jaren, herinnerde Hitler hem aan 'de zonnige kwajongenstijd', 'die we samen met anderen destijds beleefden', BA Berlijn-Lichterfelde, NS 26/14; opgenomen in *Hitler, Sämtliche Aufzeichnungen 1905-1924*, red. Eberhard Jäckel en Axel Kuhn, Stuttgart 1980, Nr. 585, p. 1038. Vgl. Goebbels, *Tagebücher*, deel I, band 6, p. 49 (d.d. 19-8-1938): 'Hij vertelt over zijn jeugd in Leonding en Lambach. Daar heeft hij een gelukkige tijd gehad.'
31 BA Berlijn-Lichterfelde, NS 26/17a.
32 *Monologe*, p. 281 (d.d. 17-2-1942). Vgl. Goebbels, *Tagebücher*, deel I, band 3/II, p. 299 (d.d. 20-12-1936): 'We hebben het over Karl May en zijn avontuurlijke leven. De Führer is erg op hem gesteld en leest hem graag.'
33 Albert Speer, *Spandauer Tagebücher. Mit einem Vorwort von Joachim Fest*, München 2002, p. 523 (d.d. 5-5-1960). Vgl. over het lezen van Karl May ook Smith, *Adolf Hitler*, p. 66 e.v.; Hamann, *Hitlers Wien*, p. 21, 544-548; Bavendamm, *Der junge Hitler*, p. 359-376.
34 Hitler, *Mein Kampf*, p. 3 (niet in Ned. vert. overgenomen). Vgl. Otto Dietrich, *12 Jahre mit Hitler*, München 1955, p. 166: 'Hitler was, als we op zijn verhalen mogen afgaan, als jongen al wild en moeilijk te beteugelen.'
35 Aldus Joachim Fest in *Hitler. Eine Biographie*, Frankfurt am Main-Berlijn-Wenen 1973, p. 37. Volgens de gegevens in het schoolboek zat Hitler op de lagere school van Leonding van 27-2-1899 tot hij op 17-9-1900 naar de middelbare school in Linz ging; BA Berlijn-Lichterfelde, NS 26/65.
36 Opgenomen in Jetzinger, *Hitlers Jugend*, p. 105 e.v. In een brief aan een voormalige collega, Theodor Gissinger, d.d. 28-4-1935, vertelde Huemer hoe hij tot dat oordeel was gekomen: na de putsch van november 1923 had Angela Raubal hem een schrijven gegeven van Hitlers raadsman, advocaat Lorenz Roder, met het verzoek een 'met de feiten overeenstemmend beeld te schetsen' van de middelbare scholier Hitler, 'om iets te kunnen inbrengen tegen bepaalde beweringen door een vijandig gestemde pers'. BA Koblenz, N 1128/30.
37 Hitler, *Mijn Kamp*, p. 6.
38 Vgl. Smith, *Adolf Hitler*, p. 69 e.v.; Bavendamm, *Der junge Hitler*, p. 133.
39 Hitler, *Mijn Kamp*, p. 7.
40 Ibidem, p. 16. Het overlijdensbericht van Klara Hitler in BA Berlijn-Lichterfelde, NS 26/17.
41 Vgl. Jetzinger, *Hitlers Jugend*, p. 124-129; Smith, *Der junge Hitler*, p. 94.
42 Proces-verbaal van dr. Leopold Zaumer uit Weitra d.d. 16-10 en 23-10-1938 over de verklaringen van Marie Koppensteiner en Johann Schmidt, de beide kinderen van Theresia Schmidt, geb. Pölzl; BA Berlijn-Lichterfelde, NS 26/17a. In april 1938 verleende de gemeente Weitra Hitler het ereburgerschap onder verwijzing naar het feit dat in het slechts vier kilometer daarvan verwijderde Spital 'nog altijd de huizen van de families Hitler en Pölzl te vinden waren': 'hier wonen nog altijd zeer nauwe verwanten van de Führer en rijkskanselier, en hier bracht de Führer en rijkskanselier ook een deel van zijn jeugd door.' BA Berlijn-Lichterfelde, NS 51/80.
43 Goebbels, *Tagebücher*, deel I, band 5, p. 331 (d.d. 3-6-1938).
44 'Onze Führer Adolf Hitler, destijds in Steyr als leerling van zijn leraar Gregor Goldbacher prof. emeritus; BA Berlijn-Lichterfelde, NS 26/17a.

45 *Monologe*, p. 170 (d.d. 8/91-1942). Vgl. ibidem, p. 376 (d.d. 29-8-1942): 'Van al mijn leraren had minstens de helft een geestelijke knauw gehad.' Vgl. ook Henry Picker, *Hitlers Tischgespräche im Führerhauptquartier*, 3e volledig herziene en uitgebreide uitgave, Stuttgart 1976, p. 217 (d.d. 12-4-1942): 'Aan de leraren uit zijn jeugd zou hij vooral onplezierige herinneringen hebben gehad.' Vgl. Gustav Keller, *Der Schüler Adolf Hitler. Die Geschichte eines lebenslangen Amoklaufs*, Münster 2010, p. 110. De auteur, een onderwijspsycholoog, ziet in het falen van Hitler op school 'de belangrijkste oorzaak van een ernstige psychologische scheefgroei'. Het zou tot een 'minderwaardigheidcomplex' hebben geleid dat Hitler door een 'overdreven geldingsdrang en machtsstreven' zou hebben gecompenseerd. De theorie die hij vervolgens formuleert en waarin hij stelt dat er sprake was van 'levenslang amok maken dat uiteindelijk eindigde met zelfmoord', is echter al te simpel (citaten p. 3, 118, 121).
46 Hitler, *Mijn Kamp*, p. 13. Zie voor meer over L. Poetsch Bavendamm, *Der junge Hitler*, p. 136-141. Poetsch wees Hitler er in een brief van 20-6-1929 op dat zijn voornaam niet Ludwig was (zoals in de eerste drie oplagen van *Mijn Kampf* nog werd verondersteld), maar Leopold: 'Neemt u het uw oude leraar, die met plezier aan zijn leerling terugdenkt, alstublieft niet kwalijk dat hij zo vrij is u te schrijven.' Hitler bedankte hem op 2-7-1929 uitbundig voor zijn brief: 'U herinnerde mij ineens aan mijn jeugd en aan de uren, doorgebracht bij een leraar aan wie ik oneindig veel verschuldigd ben, ja die mij zelfs de grondslag heeft gegeven voor de weg die ik inmiddels heb afgelegd.' *Hitler. Reden Schriften Anordnungen. Februar 1925 bis Januar 1933*. Band III, deel 2, März 1929-Dezember 1929, red. en commentaar Klaus A. Lankheit. München-New Providence-Londen-Parijs 1994, doc. 46, p. 279 met noot 2.
47 Vgl. Evan Burr Bukey, *'Patenstadt des Führers'. Eine Politik- und Sozialgeschichte von Linz 1908-1945*, Frankfurt am Main-New York 1993, p. 16.
48 Hitler, *Mijn Kamp*, p. 17.
49 Vgl. Kubizek, *Adolf Hitler*, p. 23; Hamann, *Hitlers Wien*, p. 40 e.v.
50 Volgens Kubizek ontstond de vriendschap op 'Allerheiligen 1904' (p. 20). Jetzinger wijst er echter op (in *Hitlers Jugend*, p. 137, 141) dat de twee elkaar pas in de herfst van 1905 kunnen hebben leren kennen.
51 Vgl. Hamann, *Hitlers Wien*, p. 77-83; Kershaw baseert zich hierop in *Hitler*, band 1, p. 51 e.v. De journalist Renato Attilo Bleibtreu die in opdracht van het Hoofdarchief München van de NSDAP eind jaren dertig ter plaatse op zoek ging materiaal uit Hitlers jeugd, ging ook op bezoek bij August Kubizek die na de Eerste Wereldoorlog zijn muzikale carrière had moeten opgeven en gemeentesecretaris was geworden in Eferding nabij Linz. 'Als Kubitscheck (!) zijn herinneringen aan de Führer zo kan opschrijven als hij ze vertelt, dan wordt dat verslag zeker een van de belangrijkste stukken in het centrale archief,' noteerde Bleibtreu vervolgens. BA Berlijn-Lichterfelde, NS 26/17a. Voor meer over Renato Bleibtreu vgl. Brigitte Hamann, *Hitlers Edeljude. Das Leben des Armenarztes Eduard Bloch*, München-Zürich 2008, p. 339-349.
52 Kubizek, *Adolf Hitler*, p. 34 e.v.
53 Vgl. Claudia Schmölders, *Hitlers Gesicht. Eine physiognomische Biographie*, München 2000, p. 7, 9, 62 e.v., 104, 182.
54 Kubizek, *Adolf Hitler*, p. 26.
55 Ibidem, p. 27.
56 Hitler, *Mijn Kamp*, p. 16. Tijdens een bezoek aan Linz in april 1943 leidde Hitler zijn gevolg rond door het Landestheater: 'Zichtbaar ontroerd toonde hij ons op de bovenste rang de goedkope plaats vanwaaruit hij *Lohengrin, Rienzi* en andere opera's voor het eerst had gezien [...].' Speer, *Spandauer Tagebücher*, p. 259 (d.d. 14-1-1951).
57 Thomas Mann, 'Versuch über das Theater', in *Essays I: 1883-1914*, Frankfurt am Main 2002, p. 139.
58 Kubizek, *Adolf Hitler*, p. 101.
59 Geciteerd in Jetzinger, *Hitlers Jugend*, p. 132.
60 Vgl. voor het verhaal over *Rienzi*, Kubizek, *Adolf Hitler*, p. 133-142 (citaten p. 140 e.v.,

142). Volgens Albert Speer stamt de uitspraak van Hitler over de *Rienzi*-ouverture uit de zomer van 1938: 'Bij deze geniale muziek kreeg ik als jongmens in het theater van Linz de ingeving dat het mij ook zou moeten lukken het Duitse Rijk te verenigen en groot te maken' (*Spandauer Tagebücher*, p. 136 d.d. 7-2-1948). Zie voor de ontmoeting tussen Kubizek en Hitler op 3-8-1939 in Bayreuth ook *Brigitte Hamann, Winifred Wagner oder Hitlers Bayreuth*, München-Zürich 2002, p. 390-392. Bavendamm (*Der junge Hitler*, p. 282) neemt het verhaal van Kubizek zonder meer over: door de *Rienzi*-ervaring zou Hitler 'al in 1905 op het idee zijn gebracht van zijn politieke "missie"'. Ook Jochen Köhler (*Wagners Hitler. Der Prophet und sein Vollstrecker*, München 1997, p. 35), spreekt over een 'mystieke initiatie'.

61 Kubizek, *Adolf Hitler*, p. 117.
62 Vgl. voor het 'Stefanie'-verhaal Kubizek, *Adolf Hitler*, p. 76-89, en voor een kritische benadering Jetzinger, *Hitlers Jugend*, p. 142-148; Anton Joachimsthaler, *Hitlers Liste. Ein Dokument persönlicher Beziehungen*, München 2003, p. 48-52. Vgl. Goebbels, *Tagebücher*, deel I, band 2/III, p. 81 (d.d. 13-12-1932): 'Hitler vertelde over zijn grote jeugdliefde. Aandoenlijk hoe hij vrouwen vereert.' Ibidem, band 5, p. 331 (d.d. 3-6-1938): 'De Führer vertelt over zijn jeugd en zijn eerste liefde in Linz.' – Lothar Machtan beschouwt de beschrijving van Kubizek als niet meer dan een poging de aandacht af te leiden van het homoseksuele karakter van zijn vriendschap met Hitler (*Hitlers Geheimnis. Das Doppelleben eines Diktators*, Berlijn 2001, p. 47-57). Hij presenteert echter geen bewijzen voor zijn theorie. Dat deze 'band tussen twee jongemannen', zoals Kubizek (p. 103) zijn vriendschap met Hitler typeert, homo-erotische aspecten kende, is echter niet uit te sluiten. Zie voor meer over de rond de eeuwwisseling opkomende cultuur van de speciale mannenvriendschappen Claudia Bruns, *Politik des Eros. Der Männerbund in Wissenschaft, Politik und Jugendkultur* (1880–1934), Keulen-Weimar-Wenen 2008.
63 Hitler, *Mijn Kamp*, p. 20.
64 Facsimile in Kubizek, *Adolf Hitler*, p. 192. Over de vier ansichtkaarten ibidem, p. 146-149; Jetzinger, *Hitlers Jugend*, p. 151-155. Afgedrukt in *Hitler. Sämtliche Aufzeichnungen*, nr. 3-6, p. 44 e.v. Midden jaren zeventig vertelde Paula Kubizek dat zij de kaarten en brieven van Hitler nog in haar bezit had en dat zij die in haar testament had nagelaten aan de zoon van haar man: 'Ik wil niet dat ze verkocht worden, ze moeten in de familie blijven.' Paula Kubitschek (*sic!*) aan Henriette von Schirach, 10-11-1976; BayHStA München, Nl H. v. Schirach 3.
65 Kubizek, *Adolf Hitler*, p. 145.
66 Hamann, *Hitlers Edeljude*, p. 81.
67 Vgl. Uittreksel uit het operatieboek van het ziekenhuis voor 1907 en de notitie van de arts, *Hofrat* dr. Karl Urban, d.d. 16-11-1938; BA Berlijn-Lichterfelde, NS 26/65 en NS 26/17a.
68 Hamann, *Hitlers Wien*, p. 52.
69 Hitler, *Mijn Kamp*, p. 20 e.v.
70 Ibidem.
71 Kubizek, *Adolf Hitler*, p. 166 e.v.; Hamann, *Hitlers Wien*, p. 54.
72 Eduard Bloch, 'Erinnerungen an den Führer und dessen verewigte Mutter' (november 1938); BA Berlijn-Lichterfelde, NS 26/65. Vgl. ook Eduard Bloch aan Renato Bleibtreu, 8-11-1938; ibidem.
73 Aldus Kershaw, *Hitler*, band 1, p. 42, 56.
74 Volgens Rudolph Binion: '... dat jullie mij gevonden hebben'. *Hitler und die Deutschen*, Stuttgart 1978, p. 38.
75 Hamann, *Hitlers Edeljude*, p. 69. Vanuit Wenen stuurde Hitler in 1907/1908 een nieuwjaarswens, ondertekend met 'Uw nog altijd dankbare Adolf'. Vgl. *Bericht Bleibtreus zur Sache Dr. Bloch*; BA Berlijn-Lichterfelde, NS 26/17a.
76 Hamann, *Hitlers Edeljude*, p. 261.
77 Kubizek, *Adolf Hitler*, p. 176.
78 Vgl. Hamann, *Hitlers Wien*, p. 58, 85. De theorie van de uitgesproken 'vermogende man' is te vinden bij Maser, *Adolf Hitler*, p. 83.

79 Hamann, *Hitlers Wien*, p. 59-62. De briefwisseling werd in 1941 in de nalatenschap van Johanna Motloch gevonden en door de Gestapo in beslag genomen. Martin Bormann legde Hitler in oktober 1942 een kopie van de brieven voor en schreef over zijn reactie aan Heinrich Himmler: 'De Führer was zeer aangedaan door die gebeurtenissen, die hij zich natuurlijk herinnerde.' Ibidem, p. 590, noot 193.
80 *Hitlers Tischgespräche*, p. 276 (d.d. 10-5-1942); vgl. ook *Monologe*, p. 120 (d.d. 15/16-1-1942).
81 Vgl. Hamann, *Hitlers Edeljude*, p. 94.
82 Vgl. Zdral, *Die Hitlers*, p. 52, 203-206.
83 Hamann, *Hitlers Wien*, p. 63; Hitler, *Sämtliche Aufzeichnungen*, Nr. 9, p. 47.

2 Weense jaren

1 Hitler, *Mijn Kamp*, p. 150.
2 Stefan Zweig, *Die Welt von Gestern. Erinnerungen eines Europäers*, Stuttgart-Hamburg zonder jaar, p. 27. (Ned. vert. *De wereld van gisteren*.)
3 Vgl. hiervoor Carl E. Schorske, *Wien. Geist und Gesellschaft im Fin de siecle*, München 1994. (Ned. vert. *Wenen in het fin de siècle*.)
4 Vgl. Hamann, *Hitlers Wien*, p. 135-150.
5 Hitler, *Mijn Kamp*, p. 24 e.v.; vgl. Kubizek, *Adolf Hitler*, p. 202.
6 Vgl. Hamann, *Hitlers Wien*, p. 398, 439.
7 Vgl. ibidem, p. 467-469.
8 Vgl. Julia Schmid, *Kampf um das Deutschtum. Radikaler Nationalismus in Österreich und dem Deutschen Reich 1890–1914*, Frankfurt am Main-New York 2009.
9 Geciteerd naar Franz Herre, *Jahrhundertwende 1900. Untergangsstimmung und Fortschrittsglauben*, Stuttgart 1998, p. 190.
10 Hitler, *Mijn Kamp*, p. 21.
11 Kubizek, *Adolf Hitler*, p. 224 e.v.
12 Vgl. ibidem, p. 226 e.v.
13 Hitler, *Mijn Kamp*, p. 40 e.v.; vgl. *Hitlers Tischgespräche*, p. 133 (d.d. 13-3-1942): 'Hij leest van een boek altijd eerst het einde, dan enkele passages uit het midden, en pas wanneer hij daarbij een positieve indruk heeft gekregen, leest hij het hele boek van begin tot einde.' Voor meer over Hitlers leesgedrag, vgl. Timothy W. Ryback, *Hitlers Bücher. Seine Bibliothek – sein Denken*, Keulen 2010, p. 172 e.v. (Ned. vert. *Hitlers privébibliotheek*).
14 *Monologe*, p. 380 (d.d. 1-9-1942).
15 Kubizek, *Adolf Hitler*, p. 232; vgl. *Monologe*, p. 224 (d.d. 24/25-1-1942): 'Wat heb ik na de eeuwwisseling genoten van elke Wagner-voorstelling! Wij, die hem trouw bleven, werden wagnerianen genoemd.'
16 Vgl. Kubizek, *Adolf Hitler*, p. 229, 234; Hamann, *Hitlers Wien*, p. 91-95; Bavendamm, *Der junge Hitler*, p. 333-336.
17 Een sleutelwerk over dit thema is van Birgit Schwarz, *Geniewahn, Hitler und die Kunst*, Wenen-Keulen-Weimar 2009, p. 21 e.v. (hfst. 'Hitlers Lieblingsmaler').
18 Heinrich Hoffmann, *Hitler wie ich ihn sah. Aufzeichnungen seines Leibfotografen*, München-Berlijn 1974, p. 29. Vgl. verslag van een onderhoud met Heinrich Hoffmann d.d. 5-12-1953: Het zou voor hem, Hitler, 'een wensdroom zijn geweest ooit een werk van Grützner te bezitten'. IfZ München, ZS 71. En verder Hamann, *Hitlers Wien*, p. 103; Albert Speer, *Erinnerungen. Mit einem Essay von Jochen Thies*, Frankfurt am Main-Berlijn 1993, p. 56 e.v.
19 *Hitlers Tischgespräche*, p. 146 (d.d. 27-3-1942). Vgl. Wagener, *Hitler aus nächster Nähe*, p. 461: 'Dat heeft toch niets met schilderkunst te maken, het zijn de geestelijke uitwerpselen van zieke geesten [...].'
20 Vgl. Schwarz, *Geniewahn*, p. 82 e.v.
21 Kubizek, *Adolf Hitler*, p. 206 e.v. Voor meer over de Ringstraße vgl. Philipp Blom, *Der taumelnde Kontinent. Europ. 1900–1914*, München 2008, p. 71. (Ned. vert. *De duizelingwekkende jaren. Europ. 1900–1914*).
22 Vgl. Kubizek, *Adolf Hitler*, p. 197; Fest, *Hitler*, p. 53.

23 Vgl. Kubizek, *Adolf Hitler*, p. 239-249; Hamann, *Hitlers Wien*, p. 96-98. Zie voor meer over de pianoles Josef Prewratsky-Wendt, 'Meine Erinnerungen an meinen Klavierschüler Adolf Hitler!' d.d. 17-11-1938; BA Berlijn-Lichterfelde, NS 26/65. De pianoleraar, die ook Kubizek les had gegeven, beschreef Hitler als een 'sympathieke, haast verlegen jongeman, [...] ernstig en rustig, van gemiddelde lengte.'
24 Thomas Mann, *An die gesittete Welt. Politische Schriften und Reden im Exil*, Frankfurt am Main 1986, p. 256.
25 Kubizek, *Adolf Hitler*, p. 199 e.v.
26 Hitler, *Mijn Kamp*, p. 91.
27 Kubizek, *Adolf Hitler*, p. 290 e.v.
28 Vgl. Hitler, *Mijn Kamp*, p. 9. Voor meer over de *Deutsche Schulverein*, vgl. Schmid, *Kampf um das Deutschtum*, p. 30 e.v.
29 Hitler, *Mijn Kamp*, p. 116. Vgl. ook *Monologe*, p. 379 (d.d. 1-9-1942): 'Ik heb me niet laten betoveren door Wenen, omdat ik zeer overtuigd was van mijn Duitsgezindheid.' Bavendamm overdrijft dit motief en meent van het begin af aan een Duits-nationalistische missie te zien: de jonge Hitler zou steeds 'als voornaamste doel een Al-Duits Rijk voor ogen hebben' gehad, 'met zichzelf aan het roer' (*Der junge Hitler*, p. 218).
30 Hitler, *Mijn Kamp*, p. 117.
31 Vgl. Hamann, *Hitlers Wien*, p. 337, 349, 362.
32 Hitler, *Mijn Kamp*, p. 129.
33 Ibidem, p. 119.
34 *Monologe*, p. 153 (d.d. 17-12-1941).
35 Vgl. Hamann, *Hitlers Wien*, p. 429.
36 *Monologe*, p. 153 (d.d. 17-12-1941). Voor meer over Karl Luegers 'stadsrevolutie' vgl. John W. Boyer, *Karl Lueger (1844–1910). Christlichsoziale Politik als Beruf. Eine Biographie*, Wenen-Keulen-Weimar 2010, p. 181 e.v.
37 Vgl. Hitler, *Mijn Kamp*, p. 144 e.v.
38 Vgl. Kubizek, *Adolf Hitler*, p. 208-216.
39 Ibidem, p. 296 e.v.
40 Hitler, *Mijn Kamp*, p. 46.
41 Kubizek, *Adolf Hitler*, p. 296.
42 Brieven van Hitler aan Kubizek, 21-7 en 17-8-1908 in Kubizek, *Adolf Hitler*, p. 308 e.v., 310 e.v.; ook afgedrukt in *Hitler. Sämtliche Aufzeichnungen*, nr. 13, 14, p. 49-51.
43 Kubizek, *Adolf Hitler*, p. 312.
44 Vgl. Jetzinger, *Hitlers Jugend*, p. 218; Hamann, *Hitlers Wien*, p. 196.
45 *Hitlers Tischgespräche*, p. 276 (d.d. 10-5-1942).
46 Vgl. Smith, *Adolf Hitler*, p. 112 e.v., Hamann, *Hitlers Wien*, p. 196. Hitler vertelde Goebbels in juni 1938 'hoe hij als zeventienjarige afscheid nam van thuis en vervolgens tot 1922 niets meer van zich liet horen'. Goebbels, *Tagebücher*, deel I, band 5, p. 331 (d.d. 3-6-1938).
47 *Monologe*, p. 317 (d.d. 11/12 3-1942).
48 Hitler, *Mijn Kamp*, p. 43-45
49 Voor kritiek op de 'bouwvakkerslegende' vgl. Hamann, *Hitlers Wien*, p. 206-211.
50 Vgl. kopieën van deze formulieren in BA Berlijn-Lichterfelde, NS 26/17a. Voor meer over de wisselende beroepen waaronder Hitler zich registreerde, vgl. Joachimsthaler, *Korrektur*, p. 32.
51 Schrijven van Hitler aan de magistraat Linz, 21-1-1914; Jetzinger, *Hitlers Jugend*, p. 262-264 (citaat p. 263); ook afgedrukt in *Hitler. Sämtliche Aufzeichnungen*, nr. 19, p. 53-55.
52 Kershaw, *Hitler*, band 1, p. 88. Na de *Anschluss* van Oostenrijk in 1938 kwamen de kranten van Wenen met een woning aan de Simon-Denk-Straße 11, waar Hitler in 1909 zou hebben gewoond. Vgl. Hamann, *Hitlers Wien*, p. 206-208. Voor dit adres bestaat echter geen ander bewijs dan de foto die wordt bewaard in het beeldarchief van de Oostenrijkse Nationale Bibliotheek, en die het opschrift draagt: 'Het huis in Wenen 9, Simon-Denk-Gasse 11, waarin Hitler van 16 september–november 1909 als onderhuurder woonde.' Sigmund (*Diktator, Dämon, Demagoge*. p. 157 e.v.) beschouwt dit als de 'missing link' voor

Hitlers verblijfplaats in de herfst van 1909, zonder daarbij rekening te houden met de bezwaren die Hamann aanvoert.
53 Vgl. Kubizek, *Adolf Hitler*, p. 186, 203.
54 Reinhold Hanisch, 'Mijn ontmoeting met Hitler' (1939), BA Berlijn-Lichterfelde, NS 26/64 (de spelfouten zijn gecorrigeerd); afgedrukt bij Joachimsthaler, *Korrektur*, p. 49 e.v. (citaat p. 49). Een langere, alleen in het Engels gepubliceerde driedelige versie, 'I was Hitler's Buddy' verscheen in het tijdschrift *New Republic* d.d. 5-12, 19-4-1939, p. 239-242, 270-272, 297-300. Voor meer over de geloofwaardigheid van deze bron, vgl. Hamann, *Hitlers Wien*, p. 264-271.
55 Joachimsthaler, *Korrektur*, p. 49. Op de vraag waarop hij eigenlijk wachtte, zou Hitler hebben geantwoord: 'Dat weet ik zelf niet.' Hanisch zei daarover: 'Ik heb nog nooit iemand gezien die zich zo hulpeloos aan het ongeluk had overgeleverd.' Hanisch, 'I was Hitler's Buddy', p. 240.
56 Vgl. Smith, *Adolf Hitler*, p. 132; Hamann, *Hitlers Wien*, p. 227.
57 Vgl. Hamann, *Hitlers Wien*, p. 229-234; Hertha Hurnaus e.a. (red.) *Haus Meldemannstraße*. Wenen 2003 (voorwoord van Brigitte Hamann), p. 5-7.
58 Hitler, *Mijn Kamp*, p. 38; vgl. ook *Monologe*, p. 316 (d.d. 10/11-3-1942): 'In mijn jeugd was ik eerder een zonderlinge eenzaat dan dat ik gezelschap nodig had.'
59 Kubizek, *Adolf Hitler*, p. 275.
60 Aldus de stelling van Machtan, *Hitlers Geheimnis*. Vgl. daarentegen Hamann, *Hitlers Wien*, p. 515.
61 Vgl. Kubizek, *Adolf Hitler*, p. 286: 'Hij vertelde me vaak dat hij bang was voor die infectie.'
62 Geciteerd naar Hamann, *Hitlers Wien*, p. 523.
63 Zie ook Kershaw, *Hitler*, band 1, p. 79.
64 Vgl. ook Joachim Radkau, *Das Zeitalter der Nervosität. Deutschland zwischen Bismarck und Hitler*, München-Wenen 1998.
65 Hanisch, 'I was Hitler's Buddy', p. 299.
66 Vgl. de beide facsimiles van het 'Formulier melding onderhuurder' in Hurnaus, *Haus Meldemannstraße*, p. 6 e.v.
67 Proces-verbaal van het verhoor van Hitler, 5-8-1910; voor het eerst afgedrukt in Jetzinger, *Hitlers Jugend*, p. 224. Hanisch zou later echter ontkennen dat hij de werken had ontvreemd. Hij zou het schilderij op advies van Hitler hebben verkocht voor 12 kronen en Hitler daarvan 6 kronen hebben gegeven. Niet-gedateerde aantekening van Reinhold Hanisch in BA Berlijn-Lichterfelde, NS 26/64.
68 Vgl. Hamann, *Hitlers Wien*, p. 249 e.v., 507-510.
69 Schrijven van het kantongerecht Linz, 4-5-1911; afgedrukt in Jetzinger, *Hitlers Jugend*, p. 226.
70 Karl Honisch, 'Wie ich im Jahre 1913 Adolf Hitler kennenlernte'; BA Berlijn-Lichterfelde, NS 26/17a; afgedrukt bij Joachimsthaler, *Korrektur*, p. 51-58. Honisch stuurde zijn herinneringen op 31-5-1939 aan het hoofdarchief van de NSDAP met de opmerking: 'Zoals gewenst heb ik alles zo uitgebreid mogelijk op het papier toevertrouwd, maar dat ik het nodige ben vergeten, ligt voor de hand, omdat het inmiddels zesentwintig jaar geleden is.' BA Berlijn-Lichterfelde, NS 26/17a.
71 Joachimsthaler, *Korrektur*, p. 54 (de leesfout van Joachimsthaler is gecorrigeerd).
72 Ibidem, p. 55.
73 Ibidem, p. 56.
74 Ibidem, p. 56 e.v.
75 Vgl. Kubizek, *Adolf Hitler*, p. 113: 'Voor zover ik me herinner, was Adolf Hitler al een uitgesproken antisemiet toen hij naar Wenen verhuisde.' Voor kritiek hierop, zie, Hamann, *Hitlers Wien*, p. 82.
76 Hitler, *Mijn Kamp*, p. 75. Vgl. ook Hitlers brief aan een onbekende 'Herr Doktor' van 29-11-1921: 'Hoewel ik uit een meer kosmopolitisch georiënteerde familie stamde, was ik onder invloed van de allerhardste werkelijkheid binnen een jaar tijd antisemiet geworden.' Hitler, *Sämtliche Aufzeichnungen*, nr. 325, p. 525; zie ook Hitlers verklaring

voor het *Volksgericht München I* (rechtbank voor hoog- en landverraad) op 26-2-1924: 'Ik kwam naar Wenen als wereldburger en vertrok uit haar (!) als absolute antisemiet, als doodsvijand van de hele marxistische wereldvisie.' *Der Hitler-Prozeß 1924*, red. en commentaar van Lothar Gruchmann en Reinhold Weber, met medewerking van Otto Gritschneder, deel I, München 1997, p. 20. En *Hitler. Reden Schriften Anordnungen*, band III,2, doc. 62, p. 341 (d.d. 3-8-1929): 'Ikzelf was me op mijn achttiende bewust geworden van het Jodengevaar en las alles wat ik over dit probleem kon vinden.'

77 Fest, *Hitler*, p. 64. Volgens Alan Bullock, *Hitler. Eine Studie über Tyrannei*. band 1, *Der Weg zur Macht*, Frankfurt am Main 1964, p. 32, lag de wortel van Hitlers antisemitisme in 'een kwellende seksuele jaloezie'. Sebastian Haffner denkt zelfs dat Hitler het antisemitisme 'van het begin af aan als een aangeboren bochel' bij zich zou hebben gedragen (*Anmerkungen zu Hitler*, 21ste druk, München 1978, p. 15).

78 Vgl. voor het volgende Hamann, *Hitlers Wien*, p. 239-242, 426-503. Kershaw sluit hierop aan, hoewel hij de thesen van Hamann soms relativeert, *Hitler*, band 1, p. 97-105. Zie voor een kritische benadering Ralf Georg Reuth, *Hitlers Judenhass. Klischee und Wirklichkeit*, München-Zürich 2009, p. 21-30 (Ned. vert. *Hitlers jodenhaat, cliché en werkelijkheid*). Reuths poging van de jonge Hitler een 'Jodenvriend' te maken (p. 28), is echter een dwaalspoor. Nog voor Brigitte Hamann had ook John Toland twijfels geuit bij Hitlers bewering dat hij in Wenen antisemiet zou zijn geworden: 'Het is waarschijnlijk dat hij dit soort opvattingen pas later ontwikkelde en dat zijn vooroordelen op dat moment dezelfde waren als die van de gemiddelde Wener.' John Toland, *Adolf Hitler*, band 1, 1889-1938, Bergisch-Gladbach 1981, p. 71 (Ned. vert. *Adolf Hitler*).

79 Nog altijd een fundamenteel werk hierover is Peter G.J. Pulzer, *Die Entstehung des politischen Antisemitismus in Deutschland und Österreich 1867 bis 1914*, Gütersloh 1964. Nieuwe uitgave, uitgebreid met een onderzoeksverslag, Göttingen 2004.

80 Hamann, *Hitlers Wien*, p. 404 e.v.; vgl. voor Luegers antisemitisme, Boyer, *Karl Lueger*, p. 89 e.v.

81 Voor meer over Guido List en Lanz von Liebenfels vgl. Hamann, *Hitlers Wien*, p. 293-319.

82 Wilfried Daim, *Der Mann, der Hitler die Ideen gab*. Jörg Lanz von Liebenfels. Aangepaste nieuwe editie, Wenen 1994.

83 Geciteerd naar Hamann, *Hitlers Wien*, p. 499.

84 Hanisch, 'I was Hitler's Buddy', p. 271. Vgl. ook Franz Jetzinger, 'Meine Erlebnisse mit Hitler-Dokumenten', aantekening d.d. 12-7-1953: 'Van zijn Jodenhaat is gedurende zijn tijd in Linz en Wenen nauwelijks een spoor te bekennen.' IfZ München, ZS 325.

85 Hamann, *Hitlers Wien*, p. 498.

86 Vgl. samenvattend ibidem, p. 239-241.

87 Konrad Heiden, *Adolf Hitler. Das Zeitalter der Verantwortungslosigkeit. Eine Biographie*, Zürich 1936, p. 28.

88 Verklaring van de uitbaatster van 'Kafee Kubata', Maria Wohlrabe d.d. 11-6-1940, en verklaring van de hulpcaissière Maria Fellinger, d.d. 17-6-1940; BA Berlijn-Lichterfelde, NS 26/17a. Voor een kritische benadering, zie ook Kershaw, *Hitler*, band I, p. 775, noot 187.

89 Vgl. Hamann, *Hitlers Wien*, p. 568.

90 Voor de biografie van Rudolf Häusler, vgl. ibidem, p. 566-568; Machtan, *Hitlers Geheimnis*, p. 67 e.v.

91 Facsimile van het formulier in Joachimsthaler, *Korrektur*, p. 17.

92 Hitler, *Mijn Kamp*, p. 152.

93 Vgl. David Clay Large, *Hitlers München. Aufstieg und Fall der Hauptstadt der Bewegung*, München 1998, p. 9 e.v.

94 Vgl. Schwarz, *Geniewahn*, p. 70 e.v.

95 Hitler, *Mijn Kamp*, p. 152.

96 Erich Mühsam, *Unpolitische Erinnerungen*, met een nawoord van Hubert van den Berg, Hamburg 1999, p. 89.

97 *Monologe*, p. 115 (d.d. 29-10-1941). Over de firma Heilmann & Littmann vgl. Schwarz, *Geniewahn*, p. 76 e.v.

98 Verslag van Hans Schirmer, afgedrukt in Joachimsthaler, *Korrektur*, p. 84 e.v.; daar op p. 85-89 ook nog andere verhalen over de kopers uit München zoals die te vinden waren in het NSDAP-hoofdarchief.
99 Vgl. voor 'Hitlers ontduiking van de dienstplicht' de beschrijving en de documenten in Jetzinger, *Hitlers Jugend*, p. 253-265.
100 Voor het eerst afgedrukt in ibidem, p. 262-264 (daarin ook op p. 273 een facsimile van de brief); ook in *Hitler. Sämtliche Aufzeichnungen*, nr. 20, p. 53-55. Voor meer over de poging van de SS om na de Anschluss van Oostenrijk de hand te leggen op Hitlers militaire dossier, vgl. Franz Jetzinger, 'Meine Erlebnisse mit Hitler-Dokumenten', aantekening d.d. 12-7-1953; IfZ München, ZS 325.
101 Jetzinger, *Hitlers Jugend*, p. 265.
102 Geciteerd naar Joachimsthaler, *Korrektur*, p. 78 e.v.

3 De beslissende ervaring van de oorlog

1 Hitler, *Mijn Kamp*, p. 198-199. Vgl. Hitlers verklaring van 14-4-1926: 'Ik heb bijna zes jaar lang het grijze uniform gedragen. Die zes jaar zullen me gedurende mijn hele verdere bestaan op deze aarde bijblijven, niet alleen omdat er zoveel gebeurde, maar ook omdat ze de meest gedenkwaardige zijn,' *Hitler. Reden Schriften Anordnungen. Februar 1925 bis Januar 1933*, band I, *Die Wiedergründung der NSDAP Februar 1925–Juni 1926*, red. en commentaar van Clemens Vollnhals, München-Londen-New York-Parijs 1992, doc. 123, p. 383.
2 Ook Kershaw legt hierop terecht de nadruk, *Hitler*, band 1, p. 109. De tegenovergestelde theorie van Thomas Weber, dat de Eerste Wereldoorlog Hitler helemaal niet 'gemaakt' zou hebben en dat hij 'nog volledig open en kneedbaar' van het front zou zijn teruggekeerd, is weinig overtuigend (Thomas Weber, *Hitlers erster Krieg. Der Gefreite Hitler im Weltkrieg. Mythos und Wahrheit*, Berlijn 2011, p. 337, 466). Nadat hij voor straf in januari 1939 was overgeplaatst naar San Francisco, schreef adjudant Fritz Wiedemann tijdens de overtocht op de *Hamburg* op 25-2-1939 zijn herinnering in trefwoorden op. Wat Hitler hem bij zijn benoeming voor kerst 1933 zou hebben verteld, vatte hij als volgt samen: 'Nadruk op het belang van de ervaringen uit oorlog en revolutie voor de eigen ontwikkeling. "Anders zou ik een uitstekende architect zijn geworden."' BA Koblenz, N 1720/4.
3 Hitler, *Mijn Kamp*, p. 192.
4 Kurt Riezler, *Tagebücher, Aufsätze und Dokumente*, red. en inleiding Karl Dietrich Erdmann, Göttingen 1972, p. 183 (d.d. 7-7-1914). Zie voor meer over de riskante politiek van de Duitse rijksregering tijdens de crisis van juli 1914 ook Volker Ullrich, *Die nervöse Großmacht. Aufstieg und Untergang des deutschen Kaiserreichs 1871–1918*, Frankfurt am Main 1997, p. 250-263.
5 Hitler, *Mijn Kamp*, p. 176. Later verklaarde Hitler over het uitbreken van de oorlog in 1914: 'Het vernietigendste voor de Duitse regering is niet dat ze de oorlog niet wilde, maar dat ze zelfs tegen haar wil de oorlog in gemanoeuvreerd werd.' *Hitler. Reden Schriften Anordnungen. Februar 1925 bis Januar 1933*, band II, *Vom Weimarer Parteitag bis zur Reichstagswahl Juli 1926–Mai 1928*, deel 1, *Juli 1926–Juli 1927*, red. en commentaar van Bärbel Dusik, München-Londen-New York-Parijs 1992, doc. 104, p. 256 (d.d. 17-4-1927).
6 Voor het eerst afgedrukt in Egmont Zechlin, 'Bethmann Hollweg, Kriegsrisiko und SPD' in, *Der Monat*, H. 208 (1966), p. 32.
7 Vgl. *Das Hitler-Bild. Die Erinnerungen des Fotografen Heinrich Hoffmann. Aufgezeichnet und aus dem Nachlass von Joe J. Heydecker*, St. Pölten-Salzburg 2008, p. 49. Dit is een herpublicatie van een vanaf november 1954 in de *Münchener Illustrierte* verschenen vervolgserie die op geluidsbanden was gebaseerd.
8 Geciteerd naar Joachimsthaler, *Korrektur*, p. 101.
9 In 1927, toen Hitler bij Hoffmann toevallig deze foto zag, zou hij hebben gezegd: 'In deze mensenmenigte stond ik zelf ook!' Hoffmann maakte vergrotingen van de foto

en vond daarop inderdaad Hitler terug. 'De foto werd al snel wereldberoemd. Er was bijna geen krant in binnen- of buitenland die hem niet heeft gepubliceerd. Er moesten vele duizenden afdrukken worden gemaakt om aan de vraag te kunnen voldoen.' Heydecker, *Hoffmann – Erinnerungen*, p. 50. Vgl. Hoffmann, *Hitler wie ich ihn sah*, p. 32 e.v. Tegenwoordig wordt aan de echtheid van de foto getwijfeld. Vgl. Sven Felix Kellerhof, 'Berühmtes Hitler-Foto möglicherweise gefälscht', in *Die Welt* d.d. 14-10-2010. Voor meer over het fotolab van Hoffmann, vgl. Rudolf Herz, *Hoffmann & Hitler. Fotografie als Medium des Führer-Mythos*, München 1994, p. 26 e.v.; Heike B. Görtemaker, *Eva Braun. Leben mit Hitler*, München 2010, p. 14 e.v.
10 Hitler, *Mijn Kamp*, p. 195.
11 Zweig, *Die Welt von Gestern*, p. 254.
12 Erich Mühsam, *Tagebücher 1910–1924*, red. en met een slotwoord van Chris Hirte, München 1994, p. 101, 109 (d.d. 3/4, 11-8-1914).
13 Geciteerd naar Bernd Ulrich/Benjamin Ziemann (red.), *Frontalltag im Ersten Weltkrieg. Wahn und Wirklichkeit*, Frankfurt/ M. 1994, p. 31. Vgl. ook Benjamin Ziemann, *Front und Heimat. Ländliche Kriegserfahrungen in Bayern 1914–1923*, Essen 1997, p. 41 e.v.
14 Richard J. Evans (red.), *Kneipengespräche im Kaiserreich. Die Stimmungsberichte der Hamburger Politischen Polizei 1892-1914*, Reinbek bei Hamburg 1989, p. 415 (d.d. 24/29-7-1917).
15 Thomas Mann, 'Gedanken im Kriege', in *Essays II. 1914–1916*, red. Hermann Kurzke, Frankfurt am Main 2002, p. 32.
16 Hitler, *Mijn Kamp*, p. 195.
17 Vgl. ibidem, p. 198.
18 Vgl. de gedetailleerde bespreking in Joachimsthaler, *Korrektur*, p. 102-109, die gebaseerd is op het onderzoek door de Beierse autoriteiten in 1924.
19 Vgl. ibidem, p. 113.
20 Vgl. ibidem, p. 114; Weber, *Hitlers erster Krieg*, p. 35 e.v.; Fritz Wiedemann, *Der Mann, der Feldherr werden wollte. Erlebnisse und Erfahrungen des Vorgesetzten Hitlers im 1. Weltkrieg und seines späteren persönlichen Adjutanten*, Velbert und Kettwig 1964, p. 18.
21 Hitler aan A. Popp. 20-10-1914; *Hitler. Sämtliche Aufzeichnungen*, nr. 24, p. 59.
22 Hitler, *Mijn Kamp*, p. 199.
23 Hitler aan A. Popp. 20-10-1914; *Hitler. Sämtliche Aufzeichnungen*, nr. 24, p. 59.
24 Ibidem, nr. 25, p. 59.
25 *Monologe*, p. 407 e.v. (d.d. 23-3-1944). Vgl. Goebbels, *Tagebücher*, deel I, band 5, p. 253 (d.d. 10-4-1938): 'De Führer vertelt hoe hij aan de *Wacht* [Die wacht am Rhein, het volkslied van het Duitse keizerrijk – vert.] dacht toen hij in oktober 1914 voor het eerst de Rijn overstak.'
26 Hitler aan J. Popp, 3-12-1914; *Hitler. Sämtliche Aufzeichnungen*, nr. 26, p. 60.
27 Vgl. voor een fundamentele bespreking John Horne en Alan Kramer, *Deutsche Kriegsgreuel 1914. Die umstrittene Wahrheit*, Hamburg 2004, p. 65-72.
28 Vgl. Joachimsthaler, *Korrektur*, p. 120.
29 Hitler aan E. Hepp, 5-2-1915; *Hitler. Sämtliche Aufzeichnungen*, nr. 30, p. 64-69.
30 Hitlers versie klopt redelijk met de officiële geschiedschrijving van het regiment. De gevechtssterkte bedroeg nu dan ook niet meer dan zevenhonderdvijftig onderofficieren en manschappen en vier officieren, dat wil zeggen: van de oorspronkelijke drieduizend soldaten van het regiment was ongeveer 70 procent gesneuveld of gewond. Vgl. Fridolin Solleder (red.), *Vier Jahre Westfront. Geschichte des Regiment List R. I.R 16*, München 1932, p. 60. Vgl. Weber, *Hitlers erster Krieg*, p. 71.
31 Hitler, *Mijn Kamp*. 199 e.v. Vgl. ook de brief van Rudolf Heß aan Ilse Pröhl van 29-6-1924: 'Gisteren vertelde de volksleider ons zo aangrijpend, zo levendig over die dagen in 1914, dat ik er helemaal door werd overmand.' BA Bern, Nl Heß, J1. 211-1989/148,33.
32 R. Heß aan I. Pröhl, 29-6-1924, Rudolf Heß, *Briefe 1908-1933*, red. Wolf Rüdiger Heß, München-Wenen 1987, p. 342.
33 Hitler aan J. Popp. 26-1-1915; *Hitler. Sämtliche Aufzeichnungen*, nr. 29, p. 63.

34 Vgl. Wiedemann, *Der Mann*, p. 24; Balthasar Brandmayer, *Zwei Meldegänger*, Bruckmühl 1932, p. 48.
35 Hitler aan J. Popp, 3-12-1914; *Hitler. Sämtliche Aufzeichnungen*, nr. 26, p. 60.
36 De gebeurtenis wordt weergegeven in de brief van Hitler aan E. Hepp. 22-1-1915; ibidem, nr. 27, p. 68.
37 Hitler aan J. Popp, 3-12-1914; ibidem, nr. 26, p. 61.
38 Hitler aan J. Popp. 26-1-1915; ibidem, nr. 29, p. 63 e.v.
39 Hitler aan E. Hepp, 5-2-1915; ibidem, nr. 30, p. 68 e.v.
40 Geciteerd naar Michael Jürgs, *Der kleine Frieden im Großen Krieg. Westfront 1914: Als Deutsche, Franzosen und Briten gemeinsam Weihnachten feierten*, München 2003, p. 43. (Ned vert. *De Kleine Vrede in de Grote Oorlog. Het westelijk front in 1914, toen Duitsers, Fransen en Britten samen Kerstmis vierden*).
41 Ibidem, p. 87. Vgl. Weber, *Hitlers erster Krieg*, p. 86.
42 Verklaring van een ordonnans in het R.I.R. 16, Heinrich Lugauer d.d. 5-2-1940; BA Berlijn-Lichterfelde, NS 26/47. Vgl. Weber, *Hitlers erster Krieg*, p. 88 e.v.
43 *Monologe*, p. 46 (d.d. 24/25-7-1941). Vgl. ibidem, p. 71 (d.d. 25/26-9-1941): 'Ik heb verschrikkelijk veel geluk gehad dat ik de oorlog op deze manier overleefd heb.' Goebbels, *Tagebücher*, deel I, band 2/I, p. 203 (d.d. 21-7-1930): 'Chef vertelt over de oorlog. Dat is zijn lievelingsthema, en hij blijft er steeds op terugkomen.'
44 *Hitler. Reden Schriften Anordnungen*, band III,3, doc. 116, p. 430 (d.d. 16-9-1930). Vgl. Wagener, *Hitler aus nächster Nähe*, p. 142: pas na het lezen van een boek over de slag aan de Somme begreep hij, Hitler, 'waarom men ook als korporaal in een smerig gat in de grond lag en het volhield'. Zie ook Heß, *Briefe*, p. 263 (d.d. augustus 1920): 'Tijdens de oorlog bevond Hitler zich van de eerste tot de laatste dag als eenvoudige man in de voorste linie.'
45 Vgl. Weber, *Hitlers erster Krieg*, p. 136-138, 375. Hitler diende gelijk een aanklacht wegens laster in tegen de *Echo der Woche*. In de uitspraak van het kantongerecht Hamburg van 9-3-1932 werd het de aangeklaagde partij verboden Hitlers plichtsvervulling in het veld 'zo weer te geven dat het lijkt alsof hij heeft geprobeerd zich aan zijn plicht als soldaat te onttrekken'. Tekst van de uitspraak in BA Berlijn-Lichterfelde, NS 26/17a.
46 Ferdinand Widmann aan A. Hitler, 9-3-1932; BA Berlijn-Lichterfelde, NS 26/18.
47 Verklaring van Heinrich Lugauer, d.d. 5-2-1940; BA Berlijn-Lichterfelde, NS 26/47. Verdere verklaringen van Wilhelm Hansen, Hans Raab, Hans Bauer ibidem. In maart 1933 publiceerde het *Berner Tageblatt* een artikel 'van de pen van een Duits academicus': 'Adolf Hitler in het veld', waarin onder meer werd beweerd: 'En altijd was hij bereid de gevaarlijkste opdrachten uit te voeren. Ik heb vaak meegemaakt dat de ordonnansen het er niet over eens konden worden wie er aan de beurt was, wanneer er een bevel van het regimentsbureau kwam [...]. Dan was het steeds Adolf Hitler die ongevraagd en stilletjes op weg ging om het bericht over te brengen.' *Berner Tageblatt* nr. 139 d.d. 23-3-1933; BA Berlijn-Lichterfelde, R 43 II/959.
48 Getuigenis van Friedrich Petz uit 1922, geciteerd in Joachimsthaler, *Korrektur*, p. 160 e.v. Vrijwel eensluidend is het oordeel van de regimentscommandant majoor Anton von Tubeuf in februari 1922 (ibidem, p. 169) en van de plaatsvervangende regimentscommandant Michael Freiherr von Godin van juli 1918 (ibidem, p. 175 e.v.). De laatste regimentscommandant, Maximilian Baligand, droeg in 1931 een exemplaar van de regimentsgeschiedenis op aan Hitler: 'Aan zijn dappere ordonnans, de uiterst verdienstelijke korporaal, de heer Adolf Hitler, als aandenken aan deze ernstige, maar belangrijke tijd, in dankbaarheid!' Ryback, *Hitlers Bücher*, p. 39.
49 Aantekening van Wiedemann: 'Courage', met de toevoeging: 'Hij heeft zich in het veld bewezen als dappere, bijzonder betrouwbare ordonnans die het IJzeren Kruis eerste klasse werkelijk verdiende en daarvoor ook meermalen is voorgedragen voor hij het uiteindelijk kreeg.' BA Koblenz, N 1720/4. Vgl. ook Wiedemann, *Der Mann*, p. 25, 85.
50 Vgl. Weber, *Hitlers erster Krieg*, p. 389 e.v., 428-433, 456-458.
51 Ibidem, p. 144, 466.

52 Stefan Ernstling, *Der phantastische Rebell. Alexander Moritz Frey oder Hitler schießt dramatisch in die Luft*, Zürich 2007, p. 52.
53 Wiedemann, *Der Mann*, p. 26. Vgl. Verklaring van Fritz Wiedemann d.d. 1-7-1947; Robert M.W. Kempner, *Das Dritte Reich im Kreuzverhör. Aus den unveröffentlichten Vernehmungsprotokollen des Anklägers in den Nürnberger Prozessen*, München 2005, p. 92 ('geen leiderspersoonlijkheid').
54 Verhoor van Max Amann in Neurenberg, 5-11-1947; Joachimsthaler, *Korrektur*, p. 160.
55 Hitler, *Mijn Kamp*, p. 200.
56 Heß, *Briefe*, p. 342 (d.d. 29-6-1924). Vgl. over het fenomeen van de angst in Eerste Wereldoorlog Susanne Michl/Jan Plamper, 'Soldatische Angst im Ersten Weltkrieg', in *Geschichte und Gesellschaft*, h.2, Jg. 35 (2009), p. 209-248.
57 Hitler, *Mijn Kamp*, p. 201.
58 *Monologe*, p. 75 (d.d. 27/28-9-10-1941).
59 Ibidem, p. 296 (d.d. 24/25-2-1942). In een exemplaar van het boek van Ernst Jünger, *Feuer und Blut* uit 1925 onderstreepte Hitler in het voorjaar van 1926 juist die passages met een potlood waarin dat aspect van de oorlogservaring wordt beschreven. Vgl. Ryback, *Hitlers Bücher*, p. 113 e.v.
60 *Monologe*, p. 71 (d.d. 25/26-9-1941).
61 Verhoor van Max Amann in Neurenberg, 5-11-1947; Joachimsthaler, *Korrektur*, p. 158.
62 Brandmayer, *Zwei Meldegänger*, p. 103.
63 Vgl. Maser, *Adolf Hitler*, p. 315, 598-628. Voor een kritische benadering, zie Joachimsthaler, *Korrektur*, p. 161-164; Knopp, *Geheimnisse des 'Dritten Reiches'*, p. 268-276.
64 Vgl. Machtan, *Hitlers Geheimnis*, p. 81 e.v. Machtan baseert zich voornamelijk op de latere getuigenis van Hans Mend, bereden ordonnans in het Regiment List, die als notoire leugenaar en psychopaat echter volstrekt ongeloofwaardig is. Vgl. Joachimsthaler, *Korrektur*, p. 143 e.v.; Weber, *Hitlers erster Krieg*, p. 185-187.
65 Vgl. Joachimsthaler, *Korrektur*, p. 144 e.v.; Weber, *Hitlers erster Krieg*, p. 422.
66 Vgl. Weber, *Hitlers erster Krieg*, p. 188 e.v.
67 Voorbeelden bij Joachimsthaler, *Korrektur*, p. 128, 160; Schmölders, *Hitlers Gesicht*, p. 11-13. Vgl. ook Fest, *Hitler*, p. 104; Weber, *Hitlers erster Krieg*, p. 187 e.v.
68 *Monologe*, p. 219 (d.d. 22/23-1-1942).
69 Hitler, *Mijn Kamp*, p. 201.
70 Verhoor van Max Amann in Neurenberg, 5-11-1947; Joachimsthaler, *Korrektur*, p. 159.
71 Brandmayer, *Zwei Meldegänger*, p. 66-68.
72 Hitler aan E. Hepp, 5-2-1915; *Hitler. Sämtliche Aufzeichnungen*, nr. 30, p. 69.
73 *Monologe*, p. 411 (d.d. 19-5-1944). Vgl. Dietrich, *12 Jahre mit Hitler*, p. 164. Frank, *Im Angesicht des Galgens*, p. 46: 'Die bandjes van *Welt als Wille und Vorstellung* van uitgeverij Reclam zaten helemaal stukgelezen in mijn ransel.' – Voor meer over Hitlers lectuur van Schopenhauer vgl. Schwarz (*Geniewahn*, p. 51-53), die benadrukt dat Schopenhauers idee van het genie aansloot bij Hitlers idee van zichzelf als kunstenaar. Ryback (*Hitlers Bücher*, p. 161) betwijfelt daarentegen of Hitler tijdens de oorlog ook werkelijk dit boek van Schopenhauer heeft gelezen. Dat Hitler elke vrije minuut gebruikte om te lezen, wordt bevestigd door de verhalen van zijn kameraden uit het regiment. Zie de verklaringen van Heinrich Lugauer d.d. 5-2-1940 en Hans Bauer d.d. 15-2-1940; BA Berlijn-Lichterfelde, NS 26/47.
74 Vgl. John Keegan, *Das Antlitz des Krieges. Die Schlachten von Azincourt 1415, Waterloo 1815 und an der Somme 1916*, Frankfurt am Main-New York 1991, p. 241 e.v.; Gerhard Hirschfeld/Gerd Krumeich/Irina Renz (red.), *Die Deutschen an der Somme 1914-1918. Krieg, Besatzung, Verbrannte Erde*, Essen 2006, p. 79 e.v. (Ned. vert. *Duitse frontsoldaten 1914-1918*).
75 Geciteerd naar Hirschfeld e.a., *Die Deutschen an der Somme*, p. 147. Ook Hitler zei over de slag aan de Somme: 'Het was meer hel dan oorlog'. *Mijn Kamp*, p. 232.
76 Wiedemann, *Der Mann*, p. 29.
77 *Monologe*, p. 172 (d.d. 3/4-1-1942).

78 Hitler, *Mijn Kamp*, p. 233.
79 Ibidem, p. 210. Vgl. Hitlers getuigenis voor de rechtbank in München op 26-2-1924: 'Terwijl wij aan het front tot op dat moment nog absolute gehoorzaamheid kenden, was die in dit hospitaal min of meer verdwenen.' *Der Hitler-Prozeß 1924*, deel I, p. 21. Vgl. voor meer over dit soort 'zelfverminkingen' Ulrich/Ziemann (red.), *Frontalltag*, p. 151-153.
80 Hitler, *Mijn Kamp*, p. 234.
81 *Berichte des Berliner Polizeipräsidenten zur Stimmung und Lage der Bevölkerung in Berlin 1914–1918*, bewerkt door Ingo Materna en Hans-Joachim Schreckenbach, met medewerking van Bärbel Holtz, Weimar 1987, nr. 175, p. 156. Vgl. voor meer achtergrondinformatie Volker Ullrich, 'Kriegsalltag. Zur inneren Revolutionierung der wilhelminischen Gesellschaft' in, Wolfgang Michalka (red.), *Der Erste Weltkrieg. Wirkung – Wahrnehmung – Analyse*, München en Zürich 1994, p. 603-621.
82 Hitler, *Mijn Kamp*, p. 234.
83 Geciteerd naar Ziemann, *Front und Heimat*, p. 274.
84 W. Rathenau aan W. Schwaner, 4-8-1916; Walther Rathenau, *Briefe*, deel 2, 1914-1922, red. Alexander Jaser, Clemens Picht en Ernst Schulin, Düsseldorf 2006, p. 1552.
85 Geciteerd naar Volker Ullrich, '"Drückeberger". Die Judenzählung im Ersten Weltkrieg', in Julius H. Schoeps/Joachim Schlör (red.), *Antisemitismus. Vorurteile und Mythen*, München-Zürich 1995, p. 214.
86 Hitler, *Mijn Kamp*, p. 235. Vgl. Hitlers rede van 29-2-1928: 'Vier jaar lang hebben deze lieden zich verre weten te houden van het front.', *Hitler. Reden Schriften Anordnungen*, band II, 2, doc. 237, p. 701 e.v.
87 Hitler, *Mijn Kamp*, p. 235 e.v.
88 Vgl. Toland, *Hitler*, band 1, p. 95 e.v. Reuths aanname dat Hitler als korporaal in de Eerste Wereldoorlog helemaal geen anti-Joodse gevoelens koesterde, lijkt weinig plausibel (*Hitlers Judenhass*, p. 35-43). Dit betekent echter nog niet dat hij ook een Jodenhater was. Ook Weber (*Hitlers erster Krieg*, p. 237) stelt vast dat Hitler begin 1917 'nog geen overtuigde antisemiet' was.
89 Wiedemann, *Der Mann*, p. 33 e.v.
90 Hitler aan K. Lanzhammer, 19-12-1916; www.europeana1914–1918.eu. Facsimile in *Süddeutsche Zeitung* nr. 102 d.d. 3-5-2012; Hitler aan B. Brandmayer, 21-12-1916; *Hitler. Sämtliche Aufzeichnungen*, nr. 44, p. 78.
91 Wiedemann, *Der Mann*, p. 30. In augustus 1938 wendde professor Max Unold zich tot Wiedemann en liet hem weten: 'Enige tijd geleden vond ik het bijgevoegde notitieboekje uit de oorlogstijd en ontdekte dat ik als onderofficier in 1917 in München bij het reservebataljon niemand minder dan korporaal Adolf Hitler onder mij had.' Volgens de aantekening van Unold was het reservebataljon in februari/maart 1917 ondergebracht in de stedelijke school aan de Luisenstraße. M. Unold aan F. Wiedemann, 18-8-1938; BA Koblenz, N 1720/8.
92 *Monologe*, p. 57 (d.d. 8/9-10/11-8-1941).
93 Vgl. het trefwoord 'Tank' (auteur Gerhard P. Groß) in de *Enzyklopädie Erster Weltkrieg*, red. Gerhard Hirschfeld/Gerd Krumeich/Irina Renz in samenwerking met Markus Pöhlmann, Paderborn 2003, p. 917-919.
94 Hitler bereidde zich op dit bezoek voor door het lezen van Max Osborns boek *Berlin* (dat was verschenen als band 43 in de reeks *Berühmte Kunststätten* bij uitgever E.A. Seemann uit Leipzig), dat hij in november 1915 in Tournes had gekocht. Ryback, *Hitlers Bücher*, p. 32, 50 e.v.
95 Hitler aan E. Schmidt, 6-10-1917; *Hitler. Sämtliche Aufzeichnungen*, nr. 50, p. 82. Vgl. voor de bezoeken die Hitler in 1916–1918 bracht aan Berlijn Thomas Friedrich, *Die missbrauchte Hauptstadt. Hitler und Berlin*, Berlijn 2007, p. 11-27; Sven Felix Kellerhoff, *Hitlers Berlin. Geschichte einer Hassliebe*, Berlijn-Brandenburg 2005, p. 17-20.
96 Hitler aan M. Amann, 8, 11, 12-10-1917; *Hitler. Sämtliche Aufzeichnungen*, nr. 51-53, p. 82 e.v.
97 Volker Ullrich, *Kriegsalltag. Hamburg im Ersten Weltkrieg*, Keulen 1982 (Hfst. 'Was sich die Frauen vor den Lebensmittelgeschäften erzählten', p. 85-92, citaat p. 87).

98 Meldingen van het hoofd van politie in Berlijn, nr. 242, p. 213.
99 Ullrich, *Kriegsalltag*, p. 126. Vgl. als casestudy voor de januaristaking van 1918 idem, 'Der Januarstreik 1918 in Hamburg, Kiel und Bremen. Eine vergleichende Studie zur Geschichte der Streikbewegungen im Ersten Weltkrieg', in *Zeitschrift für Hamburgische Geschichte*, band 71 (1985), p. 45-74.
100 Geciteerd naar Bernd Ulrich, *Die Augenzeugen. Deutsche Feldpostbriefe in Kriegs- und Nachkriegszeit 1914-1933*, Essen 1997, p. 74, noot 104; Ulrich/Ziemann (red.), *Frontalltag*, p. 196.
101 Hitler, *Mijn Kamp*, p. 237, 241.
102 Berichte des Berliner Polizeipräsidenten, nr. 270, p. 240.
103 Vgl. Joachimsthaler, *Korrektur*, p. 172; Weber, *Hitlers erster Krieg*, p. 279.
104 *Monologe*, p. 132 d.d. 10/11-11-1941. Vgl. voor de toekenning van het IJzeren Kruis eerste klasse Joachimsthaler, *Korrektur*, p. 173; Weber, *Hitlers erster Krieg*, p. 287. Othmar Plöckinger (*Unter Soldaten und Agitatoren. Hitlers prägende Jahre im deutschen Militär 1920*, Paderborn 2013, p. 16 e.v.) betwijfelt daarentegen dat Gutmann een rol speelde bij Hitlers onderscheiding, omdat hij noch op het moment van de voordracht, noch op het moment van de toekenning van het IJzeren Kruis eerste klasse bij het regiment was. Vgl. ook ibidem, p. 18, het facsimile van de lijst van de op 4-8-1918 tegelijk met Hitler onderscheiden soldaten van het 16de Reserve-Infanterieregiment.
105 Geciteerd naar Ulrich/Ziemann (red.), *Frontalltag*, p. 204.
106 *Monologe*, p. 100 (d.d. 21/22-10-1941). Vgl. Weber, *Hitlers erster Krieg*, p. 290 e.v., 293.
107 Hitler, *Mijn Kamp*, p. 246.
108 Vgl. samenvattend hierover Hans-Joachim Neumann/Henrik Eberle, *War Hitler krank? Ein abschließender Befund*, Bergisch-Gladbach 2009, p. 42-48.
109 Hitler aan een onbekende 'Herr Dokter', 29-11-1921; *Hitler. Sämtliche Aufzeichnungen*, nr. 325, p. 526. Facsimile in Joachimsthaler, *Korrektur*, p. 92-94. Vgl. ook Hitlers getuigenis voor de rechtbank in München op 26-2-1924: 'Ik was aanvankelijk volledig verblind en geloofde niet ooit weer het licht in mijn ogen terug te krijgen. […] In de loop van de behandeling trad er bij mij echter wel zo veel verbetering op dat ik bij ontslag uit het hospitaal in elk geval alweer grote krantenkoppen kon lezen.' *Der Hitler-Prozeß 1924*, deel I, p. 19.
110 Aldus de these van Bernhard Horstmann, *Hitler in Pasewalk. Die Hypnose und ihre Folgen*, Düsseldorf 2004 (citaat p. 113).
111 Geciteerd naar Uwe Lohalm, *Völkischer Radikalismus. Die Geschichte des Deutschvölkischen Schutz- und Trutzbundes 1919-1923*, Hamburg 1970, p. 53.
112 Hitler, *Mijn Kamp*, p. 247-251. Vgl. ook Hitler voor de rechtbank in München, 26-2-1924: 'Maar op 9 november [1918] werd het mij duidelijk, en in die nacht nam ik een besluit: aan de grote twijfel die ik in mijn leven had gekend, of ik me in de politiek zou begeven of architect bleef, kwam een einde. In die nacht heb ik besloten dat ik me, zodra ik het licht in mijn ogen terug had gekregen, geheel aan de politiek zou wijden.' *Der Hitler-Prozeß 1924*, deel I, p. 21.
113 Ernst Deuerlein, *Hitler. Eine politische Biographie*, München 1969, p. 40.

4 Sprong naar de politiek

1 *Monologe*, p. 234 (d.d. 25/26-1-1942).
2 Vgl. Joachimsthaler, *Korrektur*, p. 187; Plöckinger, *Unter Soldaten und Agitatoren*, p. 29.
3 Vgl. Bernhard Grau, *Kurt Eisner 1867-1919. Eine Biographie*, München 2001, p. 343 e.v.
4 Wilhelm Herzog, *Menschen, denen ich begegnete*, Bern en München 1959, p. 67 e.v.
5 Vgl. Grau, *Kurt Eisner*, p. 388 e.v.
6 Michael Epkenhans, '"Wir als deutsches Volk sind doch nicht klein zu kriegen […]." Aus den Tagebüchern des Fregattenkapitäns Bogislav von Selchow 1918/19', in *Militärgeschichtliche Mitteilungen*, band 55 (1996), p. 202.
7 Geciteerd naar Joachimsthaler, *Korrektur*, p. 190. In november 1929 zei Hitler: 'Ik heb

die revolutie nog geen seconde erkend.' *Hitler. Reden Schriften Anordnungen*, band III, 2, doc. 93, p. 436. Joachim Riecker komt in *Hitlers 9. November. Wie der Erste Weltkrieg zum Holocaust führte*, Berlijn 2009, p. 49, niet met bewijzen voor zijn bewering dat 'Hitler de revolutie aanvankelijk gunstig gezind was'.

8   Hitler, *Mijn Kamp*, p. 252.
9   Franz J. Bauer (bewerking), *Die Regierung Eisner 1918/19. Ministerratsprotokolle und Dokumente*, Düsseldorf 1987, nr. 40b, p. 246 (d.d. 3-1-1919). In de *Münchener Neueste Nachrichten* was sprake van een 'danspandemie'. Geciteerd in Martin H. Geyer, *Verkehrte Welt. Revolution, Inflation und Moderne. München 1914-1924*, Göttingen 1998, p. 72. Vergelijk voor het fenomeen van de 'danswoede' tijdens de novemberrevolutie ook Volker Ullrich, *Die Revolution von 1918/19*, München 2009, p. 42 e.v.
10 Hitler, *Mijn Kamp*, p. 253. Voor meer over het verblijf in Traunstein en de datum van zijn terugkeer naar München, vgl. Plöckinger, *Unter Soldaten und Agitatoren*, p. 34-36 (daar op p. 33, een foto waarop Hitler samen met Ernst Schmidt te zien is in het kamp Traunstein).
11 Vgl. ibidem, p. 37-41.
12 Geciteerd naar Friedrich Hitzer, *Anton Graf Arco. Das Attentat auf Kurt Eisner und die Schüsse im Landtag*, München 1988, p. 391. Het doodvonnis van de aanslagpleger werd in januari 1920, niet in de laatste plaats vanwege het openlijke protest, omgezet in levenslange gevangenisstraf. Vgl. voor meer over de demonstraties van studenten uit München ten gunste van Eisners moordenaar R. Heß aan zijn moeder Klara Heß, 18-1-1920; Heß, *Briefe*, p. 245 e.v.; BA Bern, Nl Heß, J1.211-1989/148, 25.
13 Geciteerd naar Michaela Karl, *Die Münchner Räterepublik. Porträts einer Revolution*, Düsseldorf 2008, p. 108.
14 Ralf Höller, *Der Anfang, der ein Ende war. Die Revolution in Bayern 1918/19*, Berlijn 1999, p. 193.
15 Harry graaf Kessler, *Das Tagebuch. Siebter Band: 1919–1923*. Red. Angela Reinthal met medewerking van Janna Brechmacher en Christoph Hilse, Stuttgart 2007, p. 222 (d.d. 5-4-1919).
16 Vgl. voor meer over het vrijkorps van Ritter von Epp de brochures en krantenknipselverzameling in BA Koblenz, N 1101/34. Bij zijn afscheid uit de Reichswehr in oktober 1923 bedankt de Beierse minister-president Eugen von Knilling generaal Epp voor zijn 'moedige optreden bij de bevrijding van München uit de handen van het bolsjewisme': 'Uw verdiensten zullen de geschiedenis ingaan en vormen daarin een roemvolle bladzijde die zich lichtend onderscheidt van het Duitsland van de afgelopen jaren.' E. v. Knilling aan Ritter von Epp. 31-10-1923; BA Koblenz, N1101/43a.
17 Erich Mühsam, *Tagebücher 1910–1924*. Red. en met een slotwoord van Chris Hirte, München 1994, p. 191 (d.d. 7-5-1919).
18 Heiden, *Adolf Hitler. Das Zeitalter der Verantwortungslosigkeit*, p. 64. Ernst Toller meldt in zijn in 1933 gepubliceerde autobiografie *Eine Jugend in Deutschland* dat een medegevangene hem tijdens zijn gevangenschap in de vesting had verteld dat hij Hitler in de eerste maanden van de Republiek van Weimar was tegengekomen in een kazerne in München: 'Destijds zou Hitler hebben gezegd dat hij sociaaldemocraat was.' Ernst Toller, *Prosa, Briefe, Dramen, Gedichte*, Reinbek bei Hamburg 1961, p. 165.
19 Aldus Joachimsthaler, *Korrektur*, p. 204, die deze uitverkiezing overigens al midden februari 1919 dateert. Reuth (*Hitlers Judenhass*, p. 89) komt tot een vergelijkbaar oordeel: De 'feitelijke regeringssoldaat Adolf Hitler' zou het eind februari/begin maart 1919 'hebben aangelegd met de sociaaldemocratie'. Terecht wijst Plöckinger (*Unter Soldaten und Agitatoren*, p. 42-46) deze interpretatie als onhoudbaar van de hand.
20 Bauer, *Die Regierung Eisner, Einleitung*, p. LXI.
21 *Monologe*, p. 248 (v. 1-2-1942).
22 Aldus Fest, *Hitler*, p. 123. Ook Kershaw, *Hitler*, band I, p. 163, spreekt 'van puur optimisme'. Herbst, *Hitlers Charisma*, p. 96, kenmerkt Hitlers houding als 'attentisme': 'Kennelijk laveerde Hitler handig door deze politiek ingewikkelde tijd' (p. 99).
23 Vgl. Ralf Georg Reuth, *Hitler. Eine Biographie*, München-Zürich 2003, p. 78 e.v.;

Weber, *Hitlers erster Krieg*, p. 332. Plöckinger (*Unter Soldaten und Agitatoren*, p. 43) acht daarentegen Hitlers deelname aan de rouwstoet 'niet erg waarschijnlijk'.
24   Geciteerd naar Toland, *Adolf Hitler*, band 1, p. 110.
25   Vgl. Joachimsthaler, *Korrektur*, p. 213 e.v.; Plöckinger, *Unter Soldaten und Agitatoren*, p. 48 e.v. Reuths conclusie dat Hitler 'nu een functionaris in het raderwerk van de communistische wereldrevolutie' was geworden (*Hitlers Judenhass*, p. 94) is volstrekt onjuist.
26   Hitler, *Mijn Kamp*, p. 253. Plöckinger heeft gegronde redenen om aan deze versie te twijfelen: *Unter Soldaten und Agitatoren*, p. 57, 64 e.v.
27   Hitler, *Mijn Kamp*, p. 253.
28   Geciteerd in Joachimsthaler, *Korrektur*, p. 214. Vgl. ook het rapport van de onderzoekscommissie over Georg Dufter d.d. 4-6-1919 in Plöckinger, *Unter Soldaten und Agitatoren*, p. 344 e.v.
29   Vgl. Plöckinger, *Unter Soldaten und Agitatoren*, p. 100.
30   Joachimsthaler, *Korrektur*, p. 225.
31   Hellmuth Auerbach, 'Hitlers politische Lehrjahre und die Münchner Gesellschaft 1918–1923', in *Vierteljahrshefte für Zeitgeschichte*, Jg. 25 (1977), p. 18.
32   Aldus een aan Karl Mayr toegeschreven, anoniem artikel in het Amerikaanse tijdschrift *Current History*: 'I was Hitler's Boss. By a Former Officer of the Reichswehr', Vol. I, Nr. 3 d.d. november 1941, p. 193. Kritiek hierop is te vinden in Plöckinger, *Unter Soldaten und Agitatoren*, p. 102, noot 11.
33   Ernst Deuerlein, 'Hitlers Eintritt in die Politik und die Reichswehr', in *Vierteljahrshefte für Zeitgeschichte*, Jg. 7 (1959), p. 179.
34   Vgl. Plöckinger, *Unter Soldaten und Agitatoren*, p. 103 e.v., 108. De auteur corrigeert hier een positie die hij zelf eerder had ingenomen. Vgl. Othmar Plöckinger, 'Adolf Hitler als Hörer an der Universität München im Jahr 1919. Zum Verhältnis zwischen Reichswehr und Universität', in Elisabeth Kraus (red.): *Die Universität München im Dritten Reich. Aufsätze.* deel II, München 2008, p. 13-47.
35   Het programma van de eerste cursus in Deuerlein, *Hitlers Eintritt*, doc. 2, p. 191 e.v. Zie voor het programma van de derde cursus Plöckinger, *Unter Soldaten und Agitatoren*, p. 108-110.
36   Dagboeken van Gottfried Feder, band 1 (d.d. 6-6 en juli 1919); IfZ München, ED 874. Voor meer over Feders theorieën, vgl. Reuth, *Hitlers Judenhass*, p. 158-161; Plöckinger, *Unter Soldaten und Agitatoren*, p. 263-265.
37   Hitler, *Mijn Kamp*, p. 255.
38   Karl Alexander von Müller, *Mars und Venus. Erinnerungen 1914–1918*, Stuttgart 1954, p. 338.
39   Ibidem, p. 338 e.v. Vgl. ook de handgeschreven notitie van Karl Alexander von Müller 'Contact met de NSDAP' over de beide lezingen, Karl Mayr en zijn 'opmerkelijke beschermeling'; BayHStA München, Nl K. A. v. Müller 101.
40   Hitler, *Mijn Kamp*, p. 272-273. Vgl. bijna identiek *Hitler. Reden Schriften Anordnungen*, band IV,1. Red. en commentaar van Constantin Goschler, München 1994, doc. 80, p. 250 (d.d. 4-4-1931).
41   Deuerlein, *Hitlers Eintritt*, doc. 4, p. 196 e.v.; Vgl. Plöckinger, *Unter Soldaten und Agitatoren*, p. 113-119 (zie daar op p. 120 ook het facsimile van de handgeschreven lijst van deelnemers aan het voorlichtingscommando van Walther Bendt).
42   Vgl. Plöckinger, *Unter Soldaten und Agitatoren*, p. 123 e.v.
43   Hitler, *Mijn Kamp*, p. 263.
44   Aldus de brancardier Lorenz Frank, 23-8-1919; Deuerlein, *Hitlers Eintritt*, doc. 9, p. 200. Andere stemmen zijn ook te horen in Plöckinger, *Unter Soldaten und Agitatoren*, p. 128.
45   Bericht van 1ste luitenant Bendt, 21-8-1919; Deuerlein, *Hitlers Eintritt*, doc. 7, p. 199.
46   Vgl. Plöckinger, *Unter Soldaten und Agitatoren*, p. 194 e.v., 210 e.v.
47   Geciteerd naar Dirk Walter, *Antisemitische Kriminalität und Gewalt. Judenfeindschaft in der Weimarer Republik*, Bonn 1999, p. 55.

48 Geciteerd naar Plöckinger, *Unter Soldaten und Agitatoren*, p. 330.
49 *Münchener Neueste Nachrichten* d.d. 14-11-1919; geciteerd naar Hans-Günter Richardi, *Hitler und seine Hintermänner. Neue Fakten zur Frühgeschichte der* NSDAP, München 1991, p. 81.
50 Vgl. voor meer over de antisemitische geschriften die in de bibliotheken en leesruimtes voor de troepen beschikbaar waren, Plöckinger, *Unter Soldaten und Agitatoren*, p. 218 e.v., 251 e.v.
51 Verslag van 1ste luitenant Bendt, 21-8-1919; Deuerlein, *Hitlers Eintritt*, doc. 7, p. 199. In de vesting Landsberg bekende Hitler in juni 1924 dat hij 'pas na zware innerlijke strijd tot zijn huidige standpunt ten aanzien van het Jodenprobleem was gekomen'. Heß, *Briefe*, p. 334 e.v. (d.d. 11-6-1924).
52 A. Gemlich aan kapitein Mayr, 4-9-1919; Deuerlein, *Hitlers Eintritt*, doc. 10a, p. 201 e.v.
53 Hitler aan A. Gemlich, 16-9-1919; Deuerlein, *Hitlers Eintritt*, doc. 12, p. 203-205; ook afgedrukt in *Hitler. Sämtliche Aufzeichnungen*, nr. 61, p. 88-90. Terecht stelt Plöckinger (*Unter Soldaten und Agitatoren*, p. 143) vast dat Hitler in de brief 'geen enkele eigen positie inneemt, maar alleen de opvattingen en ideeën samenvat die in antisemitische kringen gangbaar waren'. Voor een interpretatie van de 'Gemlich-brief' vgl. ook ibidem, p. 332-338.
54 Vgl. Walter, *Antisemitische Kriminalität*, p. 34 e.v.
55 Vgl. Plöckinger, *Unter Soldaten und Agitatoren*, p. 257, 334 e.v.
56 Hitler aan A. Gemlich, 16-9-1919; Deuerlein, *Hitlers Eintritt*, doc. 12, p. 204. Vgl. ook Hitlers bijdrage aan de discussie tijdens een bijeenkomst van de NSDAP op 6-4-1920: 'Wij willen geen gevoelsantisemieten zijn die een pogromstemming veroorzaken, nee, wij worden bezield door een onverbiddelijke vastberadenheid om het kwaad met wortel en tak uit te roeien (uitbundige bijval).' *Hitler. Sämtliche Aufzeichnungen*, nr. 91, p. 119 e.v.
57 Kapitein Mayr aan A. Gemlich, 17-9-1919; Deuerlein, *Hitlers Eintritt*, doc. 11, p. 202 e.v. Tegen de achtergrond van dit soort uitlatingen is het des te verbazingwekkender dat Karl Mayr in 1923 toenadering zocht tot de SPD en later meewerkte aan de 'Reichsbanner Schwarz-Rot-Gold'. Vgl. Plöckinger, *Frühe biographische Texte zu Hitler*, p. 99, noot 25.
58 Hitler, *Mijn Kamp*, p. 264.
59 Vgl. Plöckinger, *Unter Soldaten und Agitatoren*, p. 144, 147-151.
60 Vgl. Auerbach, *Hitlers politische Lehrjahre*, p. 8 e.v.; Werner Maser, *Die Frühgeschichte der* NSDAP. *Hitlers Weg bis 1924*, Frankfurt am Main-Bonn 1965, p. 146-148; Reginald Phelps, 'Before Hitler Came: Thule Society and Germanen Orden', in *Journal of Modern History*, Vol. 35 (1963), p. 245-261; Hermann Gilbhard, *Die Thule-Gesellschaft. Vom okkulten Mummenschanz zum Hakenkreuz*, München 1994.
61 Vgl. Dirk Stegmann, 'Zwischen Repression und Manipulation: Konservative Machteliten und Arbeiter- und Angestelltenbewegung 1910-1918. Ein Beitrag zur Vorgeschichte der DAP/NSDAP', in *Archiv für Sozialgeschichte*, band 12 (1972), p. 385 e.v.; Maser, *Frühgeschichte*, p. 142-146.
62 Van februari tot augustus 1919 namen er tussen 10 en 38 personen deel aan de ledenvergaderingen van de DAP. Vgl. Anton Joachimsthaler, *Hitlers Weg begann in München 1913–1923*, München 2000, p. 251.
63 Hitler, *Mijn Kamp*, p. 266 e.v.
64 Vgl. Plöckinger, *Unter Soldaten und Agitatoren*, p. 151 e.v.
65 Georg-Franz Willing, *Die Hitler-Bewegung. Der Ursprung 1919–1922*, Hamburg-Berlijn 1962, p. 66. Vgl. voor de verschillende overgeleverde varianten van deze uitspraak Kershaw, *Hitler*, band I, p. 799, noot 79.
66 Hitler, *Mijn Kamp*, p. 270.
67 Aldus Fest, *Hitler*, p. 170. Hans Georg Grassinger, een van de medeoprichters van de uit het Thule-genootschap ontstane Deutschsozialistischen Partei (DSP) en bedrijfsleider van de *Münchener Beobachter*, verklaarde later dat Hitler in de herfst van 1919 aanbood om in de DSP en bij de krant mee te werken. Op dat moment was er niets voor hem te doen geweest. Notulen van een onderhoud met Hans Georg Grassinger, 19-12-1951; IfZ München, ZS 50.

68 Hitler, *Mijn Kamp*, p. 272. In een artikel in de *Illustrierter Beobachter* van 3-8-1929 herinnerde Hitler aan 'het ongelooflijk kleinschalige begin' van de beweging. *Hitler. Reden Schriften Anordnungen*, band III,2, doc. 62, p. 336-341 (citaat p. 336)
69 Hitler, *Mijn Kamp*, p. 273.
70 Vgl. Plöckinger, *Unter Soldaten und Agitatoren*, p. 157.
71 Vgl. het verslag van de secretaris van de DAP, Michael Lotter, aan het NSDAP-hoofdarchief, 17-10-1941; Joachimsthaler, *Hitlers Weg*, p. 257 (daarin p. 258 ook het facsimile van de lidmaatschapskaart); verder A. Drexler in een niet verzonden brief aan Hitler uit januari 1940: Ernst Deuerlein (red.), *Der Aufstieg der* NSDAP *in Augenzeugenberichten*, München 2de druk 1976, p. 97 e.v.
72 Hitler, *Mijn Kamp*, p. 464. Tijdens de lunch in de rijkskanselarij in december 1936 vertelde Hitler 'over het eerste begin van de partij' hoe hij 'zelf de vlugschriften met de typemachine schreef en ze verspreidde'. Goebbels, *Tagebücher*, deel I, band 3/II, p. 274 e.v. (d.d. 3-12-1936).
73 Hitler, *Mijn Kamp*, p. 446. Vgl. voor de advertentie in de *Münchener Beobachter* Plöckinger, *Unter Soldaten und Agitatoren*, p. 158 e.v.
74 Verhoor van Max Amann in Neurenberg, 5-11-1947; Joachimsthaler, *Hitlers Weg*, p. 264.
75 Verslag van de politie-inlichtingendienst over de DAP-bijeenkomst d.d. 13-11-1919; *Hitler. Sämtliche Aufzeichnungen*, nr. 66a, p. 93. Ook bij Deuerlein, *Hitlers Eintritt*, doc. 14, p. 205-207.
76 *Münchener Beobachter*, 19-11-1919; *Hitler. Sämtliche Aufzeichnungen*, nr. 66b, p. 94.
77 Vgl. Plöckinger, *Unter Soldaten und Agitatoren*, p. 160-163, 169.
78 Verslag van de DAP-bijeenkomst d.d. 10-12-1919; Deuerlein, *Hitlers Eintritt*, doc. 16, p. 209 e.v.; *Hitler. Sämtliche Aufzeichnungen*, nr. 69b, p. 98 e.v.
79 Verslag van de politie-inlichtingendienst over de DAP-bijeenkomst d.d. 16-1-1919; *Hitler. Sämtliche Aufzeichnungen*, nr. 73, p. 105.
80 Vgl. het ontwerp van het huishoudelijk reglement van de DAP d.d. december 1919; *Hitler Sämtliche Aufzeichnungen*, nr. 68, p. 95; facsimile in Joachimsthaler, *Hitlers Weg*, p. 266.
81 Afdruk van het 25-puntenprogramma o.a. in Deuerlein (red.), *Der Aufstieg der* NSDAP, p. 108-112.
82 Verslag van de politie-inlichtingendienst over de DAP-bijeenkomst d.d. 24-2-1920; *Hitler. Sämtliche Aufzeichnungen*, nr. 83a, p. 110.
83 Ibidem; vgl. ook Plöckinger, *Unter Soldaten und Agitatoren*, p. 176.
84 Hitler, *Mijn Kamp*, p. 406. Vgl. Hitlers artikel ter gelegenheid van de tweede verjaardag van 24-2-1920 in de *Völkischer Beobachter*: '[…] en toen ik om elf uur eindelijk de vergadering sloot, hadden niet alleen wij het gevoel dat er nu een wolf geboren was die voorbestemd was om huis te houden in de kudde van volksverlakkers en -bedriegers'. *Hitler. Sämtliche Aufzeichnungen*, nr. 363, p. 584.
85 *Münchener Neueste Nachrichten*, 25-2-1920; geciteerd bij bei Richardi, p. 116 e.v.; *Völkischer Beobachter*, 28-2-1920; *Hitler. Sämtliche Aufzeichnungen*, nr. 83b, p. 111.
86 Vgl. de notitie in het soldijboekje van korporaal Adolf Hitler; BayHStA München, Nl Adolf Hitler.

5 Koning van München

1 *Monologe*, p. 209 (d.d. 16/17- 1-1942); vgl. ibidem, p. 147 (d.d. 30-11-1941): 'Het was de tijd van de mooiste strijd, achteraf gezien.'
2 Ibidem, p. 173 (d.d. 3/4-1-1942).
3 Ibidem, p. 209 e.v. (d.d. 16/17- 1-1942).
4 Vgl. Large, *Hitlers München*, p. 294; Andreas Heusler, *Das Braune Haus. Wie München zur 'Hauptstadt der Bewegung' wurde*, München 2008, p. 201 e.v.
5 Vgl. voor meer over de Kapp-putsch en de gevolgen daarvan Heinrich August Winkler, *Weimar 1918–1933. Die Geschichte der ersten deutschen Demokratie*, München 1993, p. 122 e.v.

6   Vgl. Walter, *Antisemitische Kriminalität*, p. 64 e.v.
7   Bogislav von Selchow aan Forstrat Escherich, 24-6-1922; BayHStA München, Nl Escherich 47. Vgl. voor meer over de 'Organisation Consul' en de door deze organisatie uitgevoerde aanslagen Martin Sabrow, *Der Rathenau-Mord. Rekonstruktion einer Verschwörung gegen die Republik von Weimar*, München 1994.
8   Vgl. Bruno Thoss, *Der Ludendorff-Kreis 1919–1923. München als Zentrum der mitteleuropäischen Gegenrevolution*, München 1978.
9   Large, *Hitlers München*, p. 165.
10 *Der Hitler-Prozeß 1924*, deel 2, p. 447.
11 Hitler, *Mijn Kamp*, p. 460.
12 *Hitlers Tischgespräche*, p. 160 (d.d. 19-3-1942).
13 Geciteerd naar Maser, *Frühgeschichte*, p. 256.
14 Hitler, *Mijn Kamp*, p. 633 e.v.
15 Vgl. Reginald H. Phelps, 'Hitler als Parteiredner im Jahre 1920', in *Vierteljahrshefte für Zeitgeschichte*, jrg. 11 (1963), p. 284. Vgl. ook R. Heß aan Milly Kleinmann, 11-4-1921: 'Hij [Hitler] spreekt op maandagavonden regelmatig in kleinere kring en elke acht tot veertien dagen spreekt hij in het openbaar.' BA Bern, Nl Heß, J1.211-1989/148, 27. Briefkaart van Hitler aan 'Mevrouw de regeringsambtenaar' Dora Lauböck, Rosenheim, uit Wenen, z.d. (okt. 1920): 'Gisteren voor eerst hier gesproken, met groot succes. Vandaag is Leopoldstadt aan de beurt.' IfZ München, ED 100/86.
16 Hitler, *Mijn Kamp*, p. 615.
17 Hitler aan G. Seifert, 27-10-1921; *Hitler. Sämtliche Aufzeichnungen*, nr. 309, p. 509. Getallen overgenomen uit: Kurt Pätzold/Manfred Weißbecker, *Geschichte der NSDAP 1920–1945*, Keulen 1998, p. 27, 54.
18 Vgl. Ernst Hanfstaengl, *Zwischen Weißem und Braunem Haus. Erinnerungen eines politischen Außenseiters*, München 1970, p. 86 e.v.
19 Aldus Toland, *Adolf Hitler*, band 1, p. 151.
20 Vgl. voor het typische verloop van een bijeenkomst Hanfstaengl, *Zwischen Weißem und Braunem Haus*, p. 37-39; Notitie van Hanfstaengl 'ad A. H., dec, 1922': 'Hij eindigt met een strijdkreet, een leus. Woorden als wapen!'; BSB München, Nl Hanfstaengl Ana 405, doos 25.
21 Aldus Steinert, *Hitler*, p. 125.
22 Hanfstaengl, *Zwischen Weißem und Braunem Haus*, p. 84.
23 Ibidem, p. 85.
24 Ibidem, p. 41. Vgl. de aantekening van Franz Pfeffer von Salomon d.d. 19-8-1964: het geheim van Hitlers succes zou zijn geweest dat hij tot uitdrukking bracht 'wat daar in de diepte al klaarlag, gaarde en borrelde en wachtte tot het op de juiste manier zou worden aangesproken'. IfZ München, ZS 177. Ook Josef Kopperschmidt onderkent in het 'retorische aansluitingsprincipe', dat wil zeggen Hitlers vermogen succesvol aan te sluiten bij de hoop en de angsten die al voorhanden waren, het belangrijkste criterium voor de effectiviteit van de demagoog. Josef Kopperschmidt (red.), *Hitler der Redner*, München 2003, p. 18.
25 Frank, *Im Angesicht des Galgens*, p. 39 e.v. Vgl. Dieter Schenk, *Hans Frank. Hitlers Kronjurist und Generalgouverneur*, Frankfurt am Main 2006, p. 48 e.v.
26 Heiden, *Hitler. Das Zeitalter der Verantwortungslosigkeit*, p. 100 e.v.
27 *Hitler. Sämtliche Aufzeichnungen*, nr. 223, p. 367 (d.d. 21-4-1921). Op 9-1-1922 sloot Hitler een redevoering tijdens een NSDAP-bijeenkomst in München af met de woorden: 'Dat geve God! Amen.' Ibidem, nr. 341, p. 544.
28 Kurt Lüdecke, *I Knew Hitler. The Story of a Nazi Who Escaped the Blood Purge*, Londen 1938, p. 22 e.v. Voor meer over Lüdecke, vgl. Machtan, *Hitlers Geheimnis*, p. 302 e.v.
29 Fest, *Hitler*, p. 217.
30 Karl Alexander von Müller, *Im Wandel einer Welt. Erinnerungen, Bd. 3: 1919–1932*, red. Otto Alexander von Müller, München 1966, p. 144 e.v.
31 Vgl. Deuerlein, *Eintritt*, p. 190; Herbst, *Hitlers Charisma*, p. 119.

32 Eerste ontwerpen voor de hakenkruisstandaard van de hand van de eerste kassier Rudolph Schüssler van 1920/1921 in BA Berlijn-Lichterfelde, NS 26/2559. Vgl. Karl-Heinz Weißmann, *Das Hakenkreuz. Symbol eines Jahrhunderts*, Schnellrode 2006.
33 Vgl. Tilman Allert, *Der deutsche Gruß. Geschichte einer unheilvollen Geste*, Berlijn 2005.
34 Vgl. Auerbach, *Hitlers politische Lehrjahre*, p. 19. Vgl. voor de agitatie van de vroege NSDAP ook aantekening van Rudolf Heß z.d. (augustus 1920): 'Rood is bewust gekozen. De arbeiders die we nog niet voor ons hebben gewonnen, zijn uiterst verontwaardigd over het misbruik van hun mooie rode vaandel voor wat in hun ogen een "reactionair" doel is.' BA Bern, Nl Heß, J1.211-1989/148, 27.
35 *Hitler. Sämtliche Aufzeichnungen*, nr. 16, p. 127 (d.d. 24-4-1920), nr. 100, p. 131 (d.d. 11-5-1920), nr. 91, p. 119 (d.d. 6-4-1920).
36 Ibidem, nr. 435, p. 752 (d.d. 3-12-1922).
37 Ibidem, nr. 185, p. 297 (d.d. 17-1-1921).
38 Ibidem, nr. 248, p. 411 (d.d. 24-5-1931). Vgl. ibidem, nr. 377, p. 611 (d.d. 12-4-1922): november 1918 was 'echt geen verworvenheid, het was juist het begin van de ineenstorting'.
39 Ibidem, nr. 96, p. 128 (d.d. 27-4-1920), nr. 120, p. 162 (d.d. 15-7-1920), nr. 405, p. 692 (d.d. 18-9-1922). Riecker (*Hitlers 9. November*, p. 97) ziet in het 'tomeloze verlangen' van de volksmenner 'de nederlaag van de Eerste Wereldoorlog zowel te wreken als ongedaan te maken', zijn belangrijkste motief. Zijn poging van hieruit vervolgens een direct verband te leggen met de Holocaust, leidt echter tot niets.
40 *Hitler. Sämtliche Aufzeichnungen*, nr. 93, p. 124.
41 Vgl. Boris Barth, 'Dolchstoßlegende und Novemberrevolution', in Alexander Gallus (red.): *Die vergessene Revolution*, Göttingen 2010, p. 133.
42 *Hitler. Sämtliche Aufzeichnungen*, nr. 147, p. 236 (d.d. 22-9-1920). Voor de voorafgaande citaten: Ibidem, nr. 108, p. 143 (d.d. 11-6-1920), nr. 126, p. 169 (d.d. 1-8-1920), nr. 141, p. 225 (d.d. 5-9-1920). Al eind 1919 had Hitler een pamflet geschreven met de polemische titel *Der Gewaltfrieden von Brest-Litowsk und der Frieden der Versöhnung und Verständigung von Versailles* (De opgelegde vrede van Brest-Litovsk en de verzoening en toenadering van Versailles) (ibidem, nr. 72, p. 101-104), dat in grote aantallen was verspreid onder de troepen die in München waren gestationeerd. Vgl. Plöckinger, *Unter Soldaten und Agitatoren*, p. 166 e.v.
43 *Hitler. Sämtliche Aufzeichnungen*, nr. 249, p. 412 (d.d. 26-5-1921), nr. 252, p. 417 (d.d. 29-5-1921), nr. 315, p. 515 (d.d. 11-11-1921).
44 Ibidem, nr. 224, p. 368 (d.d. 24-4-1921).
45 Ibidem, nr. 227, p. 374 (d.d. 3-5-1921).
46 Ibidem, nr. 368, p. 590 (d.d. 1-3-1922). Vgl. ibidem, nr. 383, p. 638 (d.d. 5-5-1922): 'Het grootste bedrog is echter van Rathenau in Genua, die het goederenkapitaal van Duitsland maar steeds in de peilloos diepe afgrond van de Entente blijft gooien.'
47 Vgl. ibidem, nr. 103, p. 137 (d.d. 31-5-1920), nr. 108, p. 144 (d.d. 11-6-1920), nr. 197, p. 318 (d.d. 13-2-1921).
48 Ibidem, nr. 252, p. 414 (d.d. 29-5-1921); nr. 264, p. 444 (d.d. 20-7-1921).
49 Ibidem, nr. 138, p. 212 (d.d. 25-8-1920).
50 Ibidem, nr. 141, p. 223 (d.d. 5-9-1920). Vgl. ibidem, nr. 147, p. 234 (d.d. 22-9-1920), nr. 205, p. 336 (d.d. 6-3-1921), nr. 412, p. 708 (d.d. 25-10-1922).
51 Ibidem, nr. 139, p. 217 (d.d. 25-8-1920).
52 Ibidem, nr. 129, p. 176 (d.d. 7-8-1920).
53 Ibidem, nr. 160, p. 250, 254 (d.d. 26-10-1920).
54 Ibidem, nr. 140, p. 220 (d.d. 31-8-1920).
55 Ibidem, nr. 96, p. 127 (d.d. 27-4-1920) nr. 203, p. 333 (d.d. 6-3-1921).
56 Ibidem, nr. 101, p. 134 (d.d. 19-5-1920).
57 Ibidem, nr. 96, p. 127 (d.d. 27-4-1920), nr. 187, p. 300 (d.d. 27-1-1921).
58 Ibidem, nr. 239, p. 394 (d.d. 15-5-1921).
59 Ibidem, nr. 305, p. 505 (d.d. 21-10-1921), nr. 405, p. 692 (d.d. 18-9-1922).

60 De schrijver Carl Zuckmayer, die in de herfst van 1923 een van de bijeenkomsten van Hitler bezocht, viel 'het verdovende hameren van de herhalingen in een bepaald aanstekelijk ritme' op: 'Daar was hij duidelijk in geschoold en hij beheerste het perfect en het had een angstaanjagende, barbaars-primitieve doeltreffendheid' (*Als wär's ein Stück von mir*, Frankfurt am Main 1966, p. 384 e.v.).
61 Hitler, *Mijn Kamp*, p. 220.
62 Vgl. Geyer, *Verkehrte Welt*, p. 96 e.v.
63 Vgl. Steinert, *Hitler*, p. 125.
64 Vgl. voor een fundamentele beschouwing Fritz Stern, *Kulturpessimismus als politische Gefahr. Eine Analyse nationaler Ideologie*, nieuwe uitgave Stuttgart 2005; Kurt Sontheimer, *Antidemokratisches Denken in der Weimarer Republik. Die politischen Ideen des deutschen Nationalismus zwischen 1918 und 1933*, München 1968 (Studienausgabe).
65 Geciteerd naar Auerbach, *Hitlers politische Lehrjahre*, p. 26.
66 Vgl. Reginald H. Phelps, 'Hitlers "grundlegende" Rede über den Antisemitismus', in *Vierteljahrshefte für Zeitgeschichte*, jrg. 16 (1968), p. 390-420. (tekst van de redevoering: p. 400-420). Ook afgedrukt in *Hitler. Sämtliche Aufzeichnungen*, nr. 136, p. 184-204.
67 Vgl. voor het bronnenmateriaal Phelps, 'Hitlers "grundlegende" Rede', p. 395-399. In een brief aan Theodor Fritsch van 28-10-1930 beweerde Hitler dat hij het *Handbuch der Judenfrage* 'al tijdens zijn vroege jeugd in Wenen uitgebreid bestudeerd' zou hebben. *Hitler. Reden Schriften Anordnungen*, band IV, 1, doc. 32, p. 133.
68 Geciteerd naar Phelps, 'Hitlers "grundlegende" Rede', p. 400.
69 *Hitler. Sämtliche Aufzeichnungen*, nr. 273, p. 452 (d.d. 12-8-1921).
70 Ibidem, nr. 275, p. 458 (d.d. 19-8-1921). Ook Rudolf Heß meldde in oktober 1923: 'Ik spreek overigens naast het programma [...] altijd over de "Wijzen van Sion" en bewijzen van de authenticiteit daarvan.' R. Heß aan I. Pröhl, 14-10-1923; BA Bern, Nl Heß, J1.211-1989/148, 31.
71 *Hitler. Sämtliche Aufzeichnungen*, nr. 171, p. 273 (d.d. 3-12-1920), nr. 285, p. 471 (d.d. 8-9-1921), nr. 585 (d.d. 23-2-1922), nr. 223, p. 366 (d.d. 21-4-1921).
72 Heinrich Heim aan Fritz von Trützschner, 12-8-1920; BA Berlijn-Lichterfelde, NS 26/18. De medewerker van het hoofdarchief van de NSDAP maakte op 3-11-1943 de volgende notitie bij deze akte: 'De bijgevoegde brief aan de heer Trützschner werd in 1920 geschreven door de huidige referendaris, partijgenoot Heim (Partijkanselarij) en werd destijds als onbestelbaar retour gezonden. Hij is mij nu, in ongeopende toestand, door partijgenoot Heim overhandigd voor het partijarchief. De brief bevat een bijzonder interessante schets van de Führer en zijn standpunt op dat moment met betrekking tot het Jodenprobleem.' Voor meer over de biografie van Heinrich Heim vgl. Werner Jochmanns inleiding in de *Monologe*, p. 11 e.v. en de briefwisseling tussen R. Heß en H. Heim 1936/38 in BA Bern, Nl Heß. J1.211-1993/300, doos 7.
73 Karl Mayr aan Wolfgang Kapp. 24-9-1920; Erwin Könnemann/Gerhard Schulze (red.), *Der Kapp-Lüttwitz-Ludendorff-Putsch. Dokumente*, München 2002, p. 526. In een schrijven van 11-12-1920 aan de belangrijkste figuren van de Al-Duitse Beweging, Heinrich Claß en Ernst Bang, beval hoofdcommissaris van politie in München Ernst Pöhner Hitler aan als 'de beste spreker die de nationaalsocialistische Duitse arbeiderspartij in heel Beieren' bekend zou hebben gemaakt. Geciteerd naar Johannes Leicht, *Heinrich Claß 1868–1953. Die politische Biographie eines Alldeutschen*, Paderborn 2012, p. 288.
74 Klaus Gietinger, *Der Konterrevolutionär Waldemar Pabst – eine deutsche Karriere*, Hamburg 2009, p. 220.
75 Hanfstaengl, *Zwischen Weißem und Braunem Haus*, p. 50. Vgl. ook de schets van Hitler: 'Een krachtig voorhoofd, blauwe ogen, het hele hoofd als de kop van een stier, en daarbij een stem met een prachtige rechtschapen klank.' *Hitler. Reden Schriften Anordnungen*, band III, 2, doc. 62, p. 342.
76 Margarete Plewnia, *Auf dem Weg zu Hitler. Der 'völkische' Publizist Dietrich Eckart*, Berlijn 1970, p. 67.
77 Proces-verbaal van verhoor d.d. 15-11-1923 in BA Berlijn-Lichterfelde, NS 26/2180. Vgl.

informatie van Hermann Esser voor Ralph Engelmann, 5-3-1970: 'Eckart beschouwde Hitler als de enige bruikbare figuur om een volksbeweging groot te maken. Hij wist precies: Hitler is de demagoog die deze massa's nodig hebben.' BayHStA München, Nl Esser.
78 Fest, *Hitler*, p. 196.
79 *Monologe*, p. 208 (d.d. 16/17- 1-1942).
80 Vgl. voor de verwerving van de *Völkischer Beobachter* de aantekening van Drexler van 1940; afgedrukt bij Deuerlein, *Aufstieg*, p. 128 e.v.; Verslag van het gesprek met Hans Georg Grassinger, de bedrijfstechnische directeur, d.d. 19-12-1951; IfZ München, ZS 50.
81 *Hitler. Sämtliche Aufzeichnungen*, nr. 175, p. 277 e.v. (d.d. 18-12-1920).
82 Ryback, *Hitlers Bücher*, p. 54.
83 Hitler, *Mijn Kamp*, p. 876.
84 Schroeder, *Er war mein Chef*, p. 65. Vgl. Goebbels, *Tagebücher*, deel I, band 4, p. 51 (d.d. 15-3-1937): 'Führer [...] vertelt over Dietrich Eckart. Wat een heer!'
85 *Monologe*, p. 161 (d.d. 28/29-12-1941), p. 208 (d.d. 16/17-1-1942).
86 Verslag van een gesprek met Mathilde Scheubner-Richter d.d. 9-7-1952; IfZ München, ZS 292. Vgl. voor het volgende ook Ernst Piper, *Alfred Rosenberg. Hitlers Chefideologe*, München 2005, p. 57 e.v.; Gerd Koenen, *Der Rußland-Komplex. Die Deutschen und der Osten 1900–1945*, München 2005, p. 266-268.
87 Citaten uit respectievelijk: *Hitler. Sämtliche Aufzeichnungen*, nr. 106, p. 140 (d.d. 6-6-1920); nr. 124, p. 166 (d.d. 27-7-1920); nr. 197, p. 319 (d.d. 13-2-1921); nr. 272, p. 451 (d.d. 4-8-1921); nr. 352, p. 560 (d.d. 30-1-1922).
88 Heß, *Briefe*, p. 264 (d.d. 14-9-1920), p. 267 (d.d. 11-4-1921). Na de eerste ontmoeting met de 'tribuun' zou hij 'binnen enkele minuten een absoluut aanhanger' zijn geworden, schreef Rudolf Heß aan Inge Pröhl op 10-7-1924 vanuit de vesting Landsberg. BA Bern, Nl Heß, J1.211-1989/148, 33. Voor meer over de deelname van Heß aan het neerslaan van de radenrepubliek vgl. zijn brief aan zijn ouders van 18-5-1919; Heß, *Briefe*, p. 240-242; BA Bern, Nl. Heß; J1.211-1989/148, 21. Voor meer over de nauwe betrekkingen tussen Heß en Karl Haushofer vgl. zijn brieven aan zijn ouders d.d. 19-5-1921 en 8-5-1923; BA Bern, Nl Heß, J1.211-1989/148, 27, 31.
89 *Unveröffentlichte Lebenserinnerungen Gustav Ritter von Kahrs*, p. 877; BayHStA München, Nl Kahr 51.
90 R. Heß aan Kahr, 17-5-1921; Deuerlein, *Aufstieg*, p. 132-134 (citaten p. 133).
91 Vgl. Albrecht Tyrell, *Vom 'Trommler' zum 'Führer'. Der Wandel von Hitlers Selbstverständnis zwischen 1919 und 1924 und die Entwicklung der* NSDAP, München 1975, p. 72-89 (over de DSP), p. 95-109 (over de fusiebesprekingen).
92 *Hitler. Sämtliche Aufzeichnungen*, nr. 129, p. 173-179; nr. 132, p. 181 (d.d. 8-8-1920).
93 Tyrell, *Vom 'Trommler' zum 'Führer'*, p. 100.
94 Ibidem, p. 99.
95 Geciteerd naar ibidem, p. 109. Tijdens een gesprek op 31-10-1951 gaf Gerhard Rossbach zijn eerste indruk van Hitler weer met de woorden: 'Armzalige burger met een slecht geknoopte das, die aan niets dan kunst dacht en altijd te laat kwam. Uitstekende redenaar die zijn publiek wist aan te spreken.' IfZ München, ZS 128.
96 Vgl. de samenvatting van de inhoud bij Tyrell, *Vom 'Trommler' zum 'Führer'*, p. 111-116. Dickel deelde de ideeën van Otto Damaschke over landhervormingen en had in de buurt van Augsburg een nederzetting voor arbeiders gesticht midden in het veenlandschap, Dickelsmoor. Vgl. Franz Maria Müller, *Wie Hitler Augsburg eroberte. Erlebnisbericht aus der Frühzeit der nationalsozialistischen Bewegung* (z.d., na 1945); IfZ München, MS 570.
97 Tyrell, *Vom 'Trommler' zum 'Führer'*, p. 119 e.v.
98 Ibidem, p. 121 e.v.
99 *Hitler. Sämtliche Aufzeichnungen*, nr. 338, p. 539 (d.d. 5-1-1922). Vgl. voor Hitlers ressentiment tegen hogeropgeleiden ook Wagener, *Hitler aus nächster Nähe*, p. 57.
100 Vgl. Kershaw, *Hitler*, band 1, p. 211.
101 *Hitler. Sämtliche Aufzeichnungen*, nr. 262, p. 436-438 (citaten p. 438).

102 Geciteerd naar Tyrell, *Vom 'Trommler' zum 'Führer'*, p. 128. Het comitélid Benedict Angermeier trad echter uit protest tegen de benoeming van Hitler tot partijvoorzitter uit de NSDAP. Verklaring van zijn zonen Paul en Kurt Angermeier. d.d. 22-1-1952; IfZ München, ZS 20.
103 Afgedrukt in Deuerlein, *Aufstieg*, p. 138-140.
104 Geciteerd naar Maser, *Frühgeschichte*, p. 276.
105 Vgl. voor de ledenvergadering d.d. 29-7-1921 *Hitler. Sämtliche Aufzeichnungen*, nr. 269, p. 447-449, nr. 270, p. 449 e.v. De tweede voorzitter van de NSDAP, Oskar Körner, schreef op 4-8-1921 aan Gustav Seifert (Hannover): 'Alle bestaande onenigheden binnen de beweging, veroorzaakt door elementen van buitenaf, zijn volledig opgeruimd.' IfZ München, MA 736/141.
106 Vgl. voor het partijstatuut d.d. 29-7-1921 Tyrell, *Vom 'Trommler' zum 'Führer'*, p. 132-150.
107 Geciteerd naar Maser, *Frühgeschichte*, p. 280.
108 Geciteerd naar ibidem, p. 281.
109 Vgl. verklaring onder ede van Emil Maurice d.d. 16-3-1946; IfZ München, ZS 270. Vgl. voor de vorming van de SA Peter Longerich, *Die braunen Bataillone. Geschichte der SA*, München 1989, p. 22-25. De oproep afgedrukt in Deuerlein, *Aufstieg*, p. 144.
110 Voor meer over Röhm vgl. Longerich, *Die braunen Bataillone*, p. 15-22.
111 *Hitler. Sämtliche Aufzeichnungen*, nr. 301, p. 499 (d.d. 5-10-1921).
112 Vgl. voor de gewelddadige aanvallen op Joden in München Walter, *Antisemitische Kriminalität*, p. 97 e.v.
113 *Monologe*, p. 122 e.v. (d.d. 2-11-1941). Vgl. ibidem, p. 146 (d.d. 30-11-1941): 'Ik kon alleen mensen gebruiken die bereid waren te vechten.'
114 Vgl. het verslag van de bijeenkomst in Deuerlein, *Aufstieg*, p. 145 e.v.
115 Rudolf Heß aan Klara en Fritz Heß, 7-7-1922; Heß, *Briefe*, p. 291.
116 Deuerlein, *Aufstieg*, p. 147.
117 Hitler, *Mein Kamp*, p. 640. Zie ook het verslag van de bijeenkomst in *Hitler. Sämtliche Aufzeichnungen*, nr. 316, p. 515-517 (d.d. 12-11-1921).
118 Fest, *Hitler*, p. 211.
119 Geciteerd naar Large, *Hitlers München*, p. 188. Vgl. ook het verslag van de Oostenrijkse consul-generaal in München in Deuerlein, *Aufstieg*, p. 153 e.v.
120 *Hitler. Sämtliche Aufzeichnungen*, Nr. 399, p. 679 (d.d. 16-8-1922). Een volgende, voor 25 augustus op de Königsplatz geplande massademonstratie werd verboden. Vgl. dagboeken van G. Feder, band 4 (d.d. 25-8-1923); IfZ München, ED 874.
121 Hitler, *Mijn Kamp*, p. 693. Vgl. ook *Monologe*, p. 144 e.v. (d.d. 30-11-1941): 'Toen we buiten kwamen, hebben we ze in elkaar gebeukt, zodat na tien minuten de hele straat vrij was.'
122 Zie het overzicht bij Maser, *Frühgeschichte*, p. 320 e.v.
123 Vgl. Auerbach, *Hitlers Lehrjahre*, p. 36; Pätzold/Weißbecker, *Geschichte der* NSDAP, p. 67; Deuerlein, *Aufstieg*, p. 157.
124 Vgl. Michael H. Kater, 'Zur Soziologie der frühen NSDAP', in *Vierteljahrshefte für Zeitgeschichte*, jrg. 19 (1971), p. 124-159 (hier p. 139).
125 Vgl. Heusler, *Das Braune Haus*, p. 120.
126 *Hitler. Sämtliche Aufzeichnungen*, nr. 116, p. 156 (d.d. 3-7-1920). Vgl. ook *Tischgespräche*, p. 204 (d.d. 8-4-1942): 'De eerste jaren van de strijd waren volledig gericht op het winnen van de arbeider voor de NSDAP.'
127 Aantekening van Rudolf Heß, 'Der Nationalsozialismus in München' (z.d., 1922); BA Berlijn-Lichterfelde, NS 6/71.
128 Verslag van een vraaggesprek met Antonie Reichert, de dochter van het echtpaar Reichert, d.d. 20-6 en 9-9-1952; IfZ München 287; vgl. Hanfstaengl, *Zwischen Weißem und Braunem Haus*, p. 53.
129 Vgl. Toland, *Adolf Hitler*, band 1, p. 185 (naar de herinneringen van Helene Hanfstaengl).
130 Vgl. Hanfstaengl, *Zwischen Weißem und Braunem Haus*, p. 42 e.v.; David G. Maxwell, 'Ernst Hanfstaengl – Des "Führers" Klavierspieler', in Ronald Smelser/Enrico Syring/Rainer Zitelmann (red.), *Die braune Elite II. 21 weitere biographische Skizzen*, Darmstadt

1993, p. 137-149. De biografie van Peter Conradi, *Hitlers Klavierspieler. Ernst Hanfstaengl: Vertrauter Hitlers, Verbündeter Roosevelts*, Frankfurt am Main 2007, is niet veel meer dan een parafrase op Hanfstaengls memoires.

131 Hanfstaengl, *Zwischen Weißem und Braunem Haus*, p. 52.

132 Ibidem, p. 52 e.v. Voor meer over andere boeken uit Hitlers bibliotheek in de Thierschstraße, waaronder de *Deutsche Geschichte* van Einhart (het pseudoniem van de Al-Duitser Heinrich Claß), vgl. Ryback, *Hitlers Bücher*, p. 76-79. Volgens Antonie Reichert bezat Hitler 'erg veel boeken over architectuur', en bovendien een grammofoon en veel platen van Richard Wagner; IfZ München, ZS 287.

133 Hanfstaengl, *Zwischen Weißem und Braunem Haus*, p. 55.

134 *Hitler. Sämtliche Aufzeichnungen*, nr. 188, p. 303 (d.d. 27-1-1921). Vgl. ook Heiden, *Hitler. Das Zeitalter der Verantwortungslosigkeit*, p. 109; Maser, *Frühgeschichte*, p. 282-284. Weinig vruchtbaar Wulf C. Schwarzwäller, *Hitlers Geld. Vom armen Kunstmaler zum millionenschweren Führer*, Wenen 1998, p. 32 e.v.

135 Zo stuurde de bankier Willi Bruss in Berlijn-Wilmersdorf aan Hitler tijdens de inflatie op 12-4-1923 een 'bijdrage uit sympathie voor uw antisemitische streven' ter waarde van 200.000 [papier-]mark. BA Koblenz, N 1128/7. Vgl. daar ook de akten over andere donaties in 1923. De voorzitter van de Alldeutsche Verband, Heinrich Claß, had Hitler al 3000 mark in augustus 1920 gestuurd en bleef hem ook daarna financieel ondersteunen. Vgl. Leicht, *Heinrich Claß*, p. 286 e.v.

136 Handgeschreven brief van Hermine Hoffmann aan A. Hitler; BA Koblenz, N 1128/5. Op 11 juli 1938, de 81ste verjaardag van Hermine Hoffmann, bezocht Hitler haar in Solln en gaf hij haar bloemen en likeur. Dagelijkse aantekeningen van de SS-*Untersturmführer* Max Wünsche d.d. 11-7-1938; BA Berlijn-Lichterfelde, NS 10/125. Vgl. *Monologe*, p. 315 (d.d. 10/11- 3-1942): 'Van mijn moederlijke vriendinnen was alleen de oude mevrouw Hoffmann altijd weer van een goedige zorgzaamheid.' Voor meer over de betrekkingen tussen Hitler en Hermine Hoffmann vgl. Martha Schad, 'Das Auge war vor allen Dingen ungeheuer anziehend. Freundinnen und Verehrerinnen', in Ulrike Leutheusser (red.), *Hitler und die Frauen*, München 2003, p. 30-32; Joachimsthaler, *Hitlers Liste*, p. 130-135.

137 De ansichtkaarten aan Dora en Theodor Lauböck in BA Berlijn-Lichterfelde, NS 26/1242 en IfZ München, ED 100/86. Ook afgedrukt in *Hitler. Sämtliche Aufzeichnungen*, nr. 152, p. 244, nr. 156, p. 246, nr. 304, p. 503, nr. 373, p. 598. De Lauböcks hadden ook contact met Hitlers zus Paula. Vgl. de niet-gedateerde ansichtkaart van Dora Lauböck aan Hitler met handgeschreven toevoeging van Paula Hitler; BA Berlijn-Lichterfelde, NS 26/1242. Voor meer over kerst 1922 vgl. de notitie in het gastenboek; IfZ München ED 100/86; ook in Joachimsthaler, *Hitlers Liste*, p. 219. Voor meer over de werkzaamheden van Fritz Lauböck als Hitlers privésecretaris vgl. zijn opgave van ingekomen en uitgaande brieven in de maanden mei tot einde oktober 1923; BA Koblenz, N 1128/29. Op 17-4-1937 overhandigden Fritz en Dora Lauböck alle papieren en documenten aan het hoofdarchief van de NSDAP; BA Berlijn-Lichterfelde, NS 26/1242.

138 Vgl. bijv. de aanmaning van het Münchner Buchgewerbehaus M. Müller & Sohn aan de *Völkischer Beobachter*, erven Franz Eher, d.d. 22-5-1923. Volgens dit schrijven was er een schuld van 73 miljoen mark. Het normaal verleende krediet van 30 miljoen was met 43 miljoen mark overschreden. De bedrijfsleider van de *VB*, Josef Pickl, vroeg Hitler nog diezelfde dag om hulp bij het vinden van een grotere som geld om de schulden af te lossen. BA Koblenz, N 1128/6 en N 1128/8.

139 Vgl. Gottfried Grandel aan A. Hitler, 27-10-1920 (over de financiële situatie van de *Völkischer Beobachter*); BA Koblenz, N 1128/2; Franz Maria Müller, 'Hoe Hitler Augsburg veroverde' (z.d. na 1945); IfZ München, MS 570.

140 Emil Gansser aan Karl Burhenne, 8-3-1922 met bijgevoegd protocol over de Hitler-beweging; BA Berlijn-Lichterfelde, NS 26/1223.

141 Vgl. de uitnodiging van E. Gansser d.d. 26-5-1922 voor een voordracht van Hitler; BA Berlijn-Lichterfelde, NS 26/1223. Voor meer over de inhoud van de voordracht, zie *Hitler. Sämtliche Aufzeichnungen* nr. 387, p. 642 e.v. Vgl. daarnaast de herinneringen van

Wilhelm Weicher, 'Wie ich Adolf Hitler kennenlernte', in *Der Türmer* 36, april 1934: 'In die bewogen tijd waren er vele profeten opgestaan. De meesten van hen had ik horen spreken, maar geen van hen had me zo aangesproken als Adolf Hitler.' BA Berlijn-Lichterfelde, NS 26/1223; Notitie van Hanfstaengl over een telefoongesprek met Emil Gansser in het voorjaar van 1923; BSB München, Nl Hanfstaengl Ana 405, doos 25. Voor meer over Hitlers optreden vgl. Henry A. Turner, *Die Großunternehmer und der Aufstieg Hitlers*, Berlijn 1986, p. 68 e.v.

142 Vgl. ibidem, p. 70 e.v.; voor Richard Franck vgl. *Monologe*, p. 208 (d.d. 6/17- 1-1942), p. 257 (d.d. 3-2-1942).

143 Geciteerd naar Hamann, *Winifred Wagner*, p. 75. Voor meer over Hitlers reis naar Zwitserland in de zomer van 1923 vgl. Raffael Scheck, 'Swiss Funding for the Early Nazi Movement', in *The Journal of Modern History*, Vol. 91 (1999), p. 793-813; Alexis Schwarzenbach, 'Zur Lage in Deutschland. Hitlers Zürcher Rede vom 30. August 1923', in *Traverse* 2006/1, p. 178-189. Voor meer over Rudolf Heß' verblijf in Zwitserland in het voorjaar van 1922 vgl. zijn brieven aan Inge Pröhl d.d. 17-3 en 4-4-1922; BA Bern, Nl Heß, J1.211- 1989/148, 29. In oktober 1922 gingen Heß en Dietrich Eckart in op een uitnodiging voor een bezoek aan het buitenverblijf van Willes in de buurt van Zürich: R. Heß aan I. Pröhl, 31-10-1922; ibidem. Hitler vertelde Heß pas over zijn reis naar Zwitserland toen ze samen opgesloten zaten in Landsberg: 'Het was me een genoegen hem op enthousiaste toon zijn indrukken van zijn eerste buitenlandse reis buiten Duitsland en Oostenrijk te horen beschrijven.' R. Heß aan I. Pröhl, 18-5-1924; BA Bern, Nl Heß, J1.211-1989/148, 33. Hitlers reispas, opgesteld op 13-8-1923, geeft als datum van binnenkomen in Zwitserland 26-8-1923; BayHStA München, Nl Adolf Hitler. Dat Emil Gansser de contacten in Zwitserland had gelegd, bevestigde Hermann Esser in zijn schrijven aan Ralph Engelmann d.d. 5-3-1970; BayHStA München, Nl Esser.

144 Niet-gepubliceerde memoires van Hanfstaengl, p. 32; BSB München, Nl Hanfstaengl Ana 405, doos 47. Vgl. ook Hanfstaengl, *Zwischen Weißem und Braunem Haus*, p. 99: 'Als een dwaallicht dook hij dan weer eens hier, dan weer eens daar op, om even later alweer verdwenen te zijn.'

145 Gottfried Feder aan de 'beste meneer Hitler', 10-8-1923 (met als slotfrase: 'Met hartelijke heilgroet en in het vaste vertrouwen'); IfZ München, ED 100/86.

146 Hanfstaengl, *Zwischen Weißem und Braunem Haus*, p. 44.

147 Large, *Hitlers München*, p. 201. Vgl. Markus Schiefer, 'Vom "Blauen Bock" in die Residenz – Christian Weber', in Marita Krauss (red.), *Rechte Karrieren in München. Von der Weimarer Zeit bis in die Nachkriegsjahre*, München 2010, p. 152-165 (in het bijzonder p. 155 e.v.).

148 Martin Broszat, *Der Staat Hitlers. Grundlegung und Entwicklung seiner inneren Verfassung*, München 1969, p. 66. Vgl. notitie van Hanfstaengl 'A. H. – stamcafé Heck'; BSB München, Nl Hanfstaengl Ana 405, doos 26.

149 Hanfstaengl, *Zwischen Weißem und Braunem Haus*, p. 88.

150 Geciteerd naar Auerbach, *Hitlers politische Lehrjahre*, p. 35. Vgl. protocol van een verhoor van Göring, 20-7-1945: Hitler zou Göring 'in het bijzonder hebben verwelkomd, omdat hij altijd al een officier met nationaal aanzien in zijn beweging had willen hebben'. IfZ München, ZS 428. Voor Görings biografie vgl. Alfred Kube, *Pour le mérite und Hakenkreuz. Hermann Göring im Dritten Reich*, München 1986, p. 4-8.

151 Vgl. Hamann, *Winifred Wagner*, p. 73 e.v.; Large, *Hitlers München*, p. 197; Hanfstaengl, *Zwischen Weißem und Braunem Haus*, p. 48 e.v.; Schad, *Freundinnen und Verehrerinnen*, p. 38-43; Joachimsthaler, *Hitlers Liste*, p. 68-71.

152 Müller, *Im Wandel einer Welt*, p. 129. Vgl. ook de aantekeningen van Karl Alexander von Müller in *Meine Beziehungen zur* NSDAP (z.d. na 1945); BayHStA München, Nl K. A. v. Müller 7. Tot het gehoor van de historicus uit München behoorden in 1922–1923 niet alleen Göring en Heß maar ook Ernst Hanfstaengl.

153 Vgl. Wolfgang Martynkewicz, *Salon Deutschland. Geist und Macht 1900–1945*, Berlijn 2009; Miriam Käfer, 'Hitlers frühe Förderer aus dem Großbürgertum – das

Verlegerehepaar Elsa und Hugo Bruckmann', in Krauss (red.), *Rechte Karrieren in München*, p. 72-79. Vgl. voor de antisemitische opvattingen van Elsa Bruckmann haar brief aan Karl Alexander von Müller d.d. 20-3-1929, waarin ze de 'Deutsche Kulturbund', die werd opgericht in reactie op de völkische 'Kampfbund für deutsche Kultur', belasterde als 'cultureel verjoodst'. BayHStA München, Nl K. A. v. Müller 246.

154 Vgl. Martynkewicz, *Salon Deutschland*, p. 382, 387, 408.

155 *Herbst 1941 im 'Führerhauptquartier'. Berichte Werner Koeppens an seinen Minister Rosenberg. Hrsg. und kommentiert von Martin Vogt*, Koblenz 2002, p. 1 (d.d. 6-9-1941). Vgl. ook het condoleancetelegram van Hitler aan Elsa Bruckmann; BSB München, Bruckmanniana Suppl. doos 4; geciteerd in Käfer, *Frühe Förderer*, p. 74.

156 Fest, *Hitler*, p. 197.

157 Aan zijn secretaresse Christa Schroeder vertelde Hitler dat hij soms het gevoel had gehad dat hij 'als een aap in de dierentuin' aan het publiek werd getoond. Schroeder, *Er war mein Chef*, p. 69.

158 Hamann, *Winifred Wagner*, p. 83 e.v.; vgl. ook *Monologe*, p. 224 (d.d. 24/25-1-1942): 'Toen ik Wahnfried voor het eerst betrad, was ik hevig geroerd!'

159 Hamann, *Winifred Wagner*, p. 85.

160 Brief van Chamberlain aan Hitler, Bayreuth, 7-10-1923; de gedicteerde brief met ondertekening van Chamberlain in BA Koblenz, N 1128/16. Vgl. Hamann, *Winifred Wagner*, p. 82. Chamberlain overleed op 9-1-1927. Hitler woonde de begrafenis in Coburg op 12-1-1927 bij: 'De tribuun begroette deftig door zijn hoge hoed af te nemen, een ongewone aanblik.' Hitler ging niet in op het verzoek van Winifred Wagner om bij de kranslegging te spreken. R. Heß aan I. Pröhl, 14-1-1927; BA Bern, Nl. Heß, J1.211-1989/148, 39.

161 Heß, *Briefe*, p. 275 (d.d. 3-7-1921).

162 Hanfstaengl, *Zwischen Weißem und Braunem Haus*, p. 36, 86 e.v.

163 Aldus Machtan, *Hitlers Geheimnis*, p. 146. Vgl. Albert Krebs, *Tendenzen und Gestalten der NSDAP. Erinnerungen aus der Frühzeit der Partei*, Stuttgart 1959, die benadrukt dat Hitler in staat was 'zich op verschillende mensen en groepen mensen in te stellen' (p. 133).

164 *Tischgespräche*, p. 181 (d.d. 3-4-1942). Vgl. ook *Monologe*, p. 204 e.v. (d.d. 16/17-1-1942): 'Er was geen foto van mij. Wie mij niet kende, kon niet weten hoe ik eruitzag.'

165 Vgl. Herz, *Hoffmann & Hitler*, p. 92 e.v. (daar op p. 93 ook een afbeelding van de pagina in *Simplizissimus*); Schmölders, *Hitlers Gesicht*, p. 46-48, 54.

166 Vgl. voor dit voorval Hanfstaengl, *Zwischen Weißem und Braunem Haus*, p. 74 e.v.; Herz, *Hoffmann & Hitler*, p. 93 e.v.; de versie van Pahl in Friedrich, *Die missbrauchte Hauptstadt*, p. 61.

167 Geciteerd naar ibidem, p. 62. Vgl. ook Heydecker, *Hoffmann-Erinnerungen*, p. 27-36 ('Mijn strijd om de eerste foto van Hitler').

168 Vgl. voor de biografie van Heinrich Hoffmann Herz, *Hoffmann & Hitler*, p. 26-34; Görtemaker, *Eva Braun*, p. 15 e.v.; Hoffmann, *Hitler wie ich ihn sah*, p. 7-17 (voorwoord van Henriette Hoffmann).

169 Kessler, *Das Tagebuch* band 7, p. 564 (d.d. 29-10-1922). Voor meer over de legendarische 'Mars op Rome' vgl. Hans Woller, *Geschichte Italiens im 20. Jahrhundert*. München 2010, p. 92 e.v.

170 *Hitler. Sämtliche Aufzeichnungen*, nr. 419, p. 726; nr. 422. p. 728. Vgl. ook *Monologe*, p. 43 (d.d. 21/22-7-1941): 'De Mars op Rome in 1922 was een keerpunt in de geschiedenis. Alleen al het feit dat men dat kan doen, heeft voor ons een sterke impuls betekend.'

171 Geciteerd naar Maser, *Frühgeschichte*, p. 356. Vgl. Herbst, *Hitlers Charisma*, p. 144. De *Berliner Dienst* d.d. 18-9-1923 trok een vergelijking tussen Hitler en Mussolini en stelde vast dat 'de Duitse Mussolini niet zomaar een onzelfstandige kopie van de Italiaanse' was. BA Koblenz, N 1128/12.

172 Vgl. Herbst, *Hitlers Charisma*, p. 139; Auerbach, *Hitlers politische Lehrjahre*, p. 24; Kershaw, *Hitler*, band 1, p. 233.

173 R. Heß aan K.A. v. Müller, 23-2-1923; BayHStA München, Nl K. A. v. Müller 19/1. In deze

brief nodigde Heß hem uit voor een rede die Hitler op 26-2 in de Löwenbräukeller zou geven voor studenten. Het manuscript voor de prijsvraag dat naar Heß' eigen zeggen 'slechts een paar uur voor het uiterste moment waarop het kon worden ingeleverd werd geschreven', is afgedrukt in Bruno Hipler, *Hitlers Lehrmeister. Karl Haushofer als Vater der NS-Ideologie*, St. Ottilien 1996, p. 221-226 (citaten p. 222, 225). Vgl. ook Heß' beschrijving van een optreden van Hitler in Zirkus Krone, waarin zijn 'onverzettelijke, spijkerharde dictatorskop' vooral naar voren kwam. 'Der Nationalsozialismus in München' (z.d., 1922); BA Berlijn-Lichterfelde, NS 6/71.

174 Geciteerd naar Plewnia, *Auf dem Weg zu Hitler*, p. 90.

175 Deze andere gelukwensen en gelukstelegrammen aan Hitler in BA Koblenz, N 1128/7. Ook onder het bourgeoisiepubliek in de Hofgarten van München bemerkte Hanfstaengl 'een zekere agressieve bewondering voor de ontwikkelingen ten zuiden van de Alpen, voor het elan van de fascistische beweging, voor Mussolini en het nieuwe Italië', en hij hoorde opmerkingen als: 'Ja, ja, zo iemand zouden we hier ook aan het roer moeten hebben – renaissancemens en machtspoliticus tegelijk, een mens zonder remmingen.' Aantekening 'Der Ruf nach dem Borgia Typ'; BSB München, Nl Hanfstaengl Ana 405, doos 25.

176 Vgl. voor Max Webers concept van de charismatische heerschappij het uitgebreide onderzoek in Herbst, *Hitlers Charisma*, p. 11-57.

177 Vgl. ibidem, in het bijzonder p. 137 e.v.

178 Vgl. Hans-Ulrich Wehler, *Deutsche Gesellschaftsgeschichte*, band IV, München 2003, p. 559-561. Zie voor meer over het begin van de Führerverering ook Ian Kershaw, *Der Hitler Mythos. Führerkult und Volksmeinung*, Stuttgart 2de druk 1999, p. 37 e.v.

179 Max Maurenbrecher, 'Adolf Hitler', in *Deutsche Zeitung* d.d. 10-11-1923; afgedrukt in Joachim Petzold, 'Claß und Hitler. Über die Förderung der frühen Nazibewegung durch den Alldeutschen Verband und dessen Einfluß auf die nazistische Ideologie', in *Jahrbuch für Geschichte* 21 (1980), p. 284 e.v. Vgl. verder ook André Schlüter, *Moeller van den Bruck. Leben und Werk*, Keulen-Weimar-Wenen 2010, p. 299, noot 80. In zijn rede voor de 'Nationaler Klub 1919' in Berlijn benadrukte Hitler op 29-5-1922 dat hij 'zichzelf enkel zag als trommelaar van de nationale bevrijdingsbeweging' (*Hitler. Sämtliche Aufzeichnungen*, nr. 387, p. 643).

180 *Hitler. Sämtliche Aufzeichnungen*, nr. 436, p. 754 (d.d. 4-12-1922).

181 Herz, *Hoffmann & Hitler*, p. 99 e.v. (daar p. 98 e.v., ook de eerste drie foto's). Vgl. ook Hanns Hubert Hofmann, *Der Hitler-Putsch. Krisenjahre deutscher Geschichte 1920–1924*, München 1961, p. 74, die benadrukt dat Hitler al voor 9 november 1923 begonnen was 'voorzichtig een messiaanse rol voor zichzelf te onderzoeken'.

182 Deuerlein, *Aufstieg*, p. 139.

183 Hanfstaengl, *Zwischen Weißem und Braunem Haus*, p. 63; Richard Wagner, *Lohengrin*, red. Egon Voss, Stuttgart 2001, p. 21. Vgl. notitie van Hanfstaengl: 'Over zijn vroegere leven kwamen we gewoonweg niets te weten – zijn officiële geboortedatum was als het ware de dag waarop de Eerste Wereldoorlog was uitgebroken in 1914, een dag waarover hij steeds maar weer vertelde als het begin van zijn leven.' BSB München, Nl Hanfstaengl Ana 405, doos 25.

184 Hitler aan een onbekende 'Herr Doktor', 29-11-1921; Origineel met handgeschreven correcties van Hitler in BA Koblenz, N 1128/24; afgedrukt in *Hitler. Sämtliche Aufzeichnungen*, nr. 325, p. 525-527. Vgl. Plöckinger, *Frühe biographische Texte zu Hitler*, p. 95 e.v.

185 *Kölnische Zeitung* nr. 780 d.d. 8-11-1922: 'Ein Abend bei Adolf Hitler'; BA Berlijn Lichterfelde, NS 26/1223.

186 Müller, *Im Wandel einer Welt*, p. 145.

187 Margarete Vollerthun aan Hitler, 27-2-1923; BA Koblenz, N 1128/5.

188 Detlev Clemens, *Herr Hitler in Germany. Wahrnehmungen und Deutungen des Nationalsozialismus in Großbritannien 1920 bis 1939*, Göttingen-Zürich 1996, p. 46 e.v., 54, 60. Voor de Amerikaanse visie vgl. Sander A. Diamond, *Herr Hitler. Amerikas Diplomaten*,

Washington und der Untergang Weimars, Düsseldorf 1985, p. 53 e.v.; Bericht van de militair attaché van de Amerikaanse ambassade, Truman Smith, d.d. 25-11-1922; Kopie in BSB München, Nl Hanfstaengl Ana 405, doos 25.
189 Oorlogskameraad Wackerl, München, aan A. Hitler, 19-4-1923; BA Koblenz, N 1128/7.

6 Putsch en proces

1 *Monologe*, p. 171 (d.d. 3/4- 1-1942).
2 Geciteerd naar Large, *Hitlers München*, p. 242. Vgl. ook het 'in memoriam' van de NSDAP in de *Frankfurter Zeitung* d.d. 10-11-1923 in Philipp W. Fabry, *Mutmaßungen über Hitler. Urteile von Zeitgenossen*, Königstein/Ts. 1979, p. 25. 'Als belachelijkheid dodelijk was, dan had het vanaf dat moment gedaan geweest moeten zijn met Hitler,' schreef de *Vossische Zeitung* ter gelegenheid van de achtste herdenking van de 'Bierkeller-putsch' op 9-11-1931; BA Berlijn-Lichterfelde, NS 26/87.
3 Vgl. Herbst, *Hitlers Charisma*, p. 212 e.v. en bovendien Sabine Behrenbeck, *Der Kult um die toten Helden. Nationalsozialistische Mythen, Riten und Symbole 1923 bis 1945*, Vierow bei Greifswald 1996, p. 299 e.v.
4 G. Escherich aan de heer Elvers, 28-3-1923; BayHStA München, Nl Escherich 47. Vgl. voor de context Winkler, *Weimar*, p. 188 e.v.
5 *Hitler. Sämtliche Aufzeichnungen*, nr. 456, p. 781, 783, 784. Vgl. ibidem, nr. 460, p. 792; nr. 463, p. 800 e.v.
6 Sebastian Haffner, *Geschichte eines Deutschen. Die Erinnerungen 1914–1933*, Stuttgart-München 2000, p. 61. (Ned. vert.: *Het verhaal van een Duitser 1914–1933*) Vgl. ook Geyer, *Verkehrte Welt*, p. 382 e.v.
7 Vgl. Ulrich Linse, *Barfüßige Propheten. Erlöser der zwanziger Jahre*, Berlijn 1983.
8 Ernst Deuerlein (red.), *Der Hitler-Putsch. Bayerische Dokumente zum 8./9. November 1923*, Stuttgart 1962, doc. 3, p. 164 (d.d. 8-9-1923).
9 Aantekening van Rudolf Heß 'Die Partei über den Parteien' van begin 1923; BA Bern, Nl Heß, J1.211-1989/148, 31. Verslag van een onderhoud met Maria Enders d.d. 11-12-1951; IfZ München, ZS 33. Vgl. voor de cijfers Pätzold/Weißbecker, *Geschichte der* NSDAP, p. 72. Parallel aan het ledental ontwikkelde zich ook de oplage van de *Völkischer Beobachter*. Van rond de 13.000 in januari 1923 was de oplage midden juni 1923 gestegen naar 24.000. Vgl. de oplagecijfers, opgesteld door Lauböck, in BA Koblenz, N1128/19.
10 Kessler, *Tagebuch*, band 7, p. 570 (d.d. 9-11-1922).
11 Geciteerd naar Large, *Hitlers München*, p. 209 e.v.
12 Geciteerd naar Deuerlein, *Aufstieg*, p. 160 e.v.
13 Verslag door advocaat en partijlid van de NSDAP, dr. Richard Dingeldey van het gesprek tussen Nortz en Hitler, 29-1-1923; BA Berlijn-Lichterfelde, NS 26/385. Zie ook staatminister van Binnenlandse Zaken, dr. Schweyer, aan de politieleiding in München, 24-1-1923; ibidem.
14 Verslag van commissaris Nortz aan de officier van justitie bij het kantongerecht München I over Adolf Hitler, 9-2-1923; BA Berlijn-Lichterfelde, NS 26/385. Voor het gesprek tussen Hitler en Kahr vgl. de niet-gepubliceerde memoires van Gustav Ritter von Kahr, p. 1174; BayHStA München, Nl Kahr 51. Hitler zou gezegd hebben: 'Ik ben niet zo dom dat ik met een poging tot staatsgreep al mijn werk tot nu toe teniet ga doen. Ik geef u mijn erewoord dat ik geen staatsgreep van plan ben.'
15 Karl Alexander von Müller was getuige van de rede in de Löwenbräukeller en maakte nog die nacht aantekeningen. Stenografische notities en getypt uitgewerkt verslag in BayHStA München, Nl. K. A. v. Müller 19/1. Vgl. ook Müller, *Im Wandel einer Welt*, p. 145 e.v.; zie ook de verslagen van deze bijeenkomsten in *Hitler. Sämtliche Aufzeichnungen*, nr. 467-478, p. 805-818. Het reusachtige rode affiche waarop de twaalf bijeenkomsten werden aangekondigd, in BA Koblenz, N 1128/28.
16 Wolfgang Benz, *Politik in Bayern 1913–1933. Berichte des württembergischen Gesandten Karl Moser von Filseck*, Stuttgart 1971, p. 120 e.v. Vgl. ook *Vorwärts* nr. 46 d.d. 28-1-1923: 'Hitler

diktiert – Schweyer pariert' en de *Frankfurter Zeitung* nr. 80 d.d.. 31-1-1923: 'Der Held Hitler'; BA Berlijn-Lichterfelde, NS 26/386.
17 *Der Hitler-Prozeß*, deel II, p. 738.
18 'Denkschrift über Zweck und Aufgabe der Arbeitsgemeinschaft Vaterländischer Kampfverbände' (met handgeschreven correcties door Hitler), 19-4-1923; BA Koblenz, N 1128/4. Afgedrukt in *Hitler. Sämtliche Aufzeichnungen*, nr. 515, p. 902-905 (citaat p. 905). Vgl. voor het voorafgaande Longerich, *Die braunen Bataillone*, p. 33 e.v.
19 Josef Karl Fischer aan Forstrat Escherich, 15-4-1923; BayHStA München, Nl Escherich 47.
20 Citaten respectievelijk: boekhandel Hans Goltz aan Hitler, 2-5-1923; BA Koblenz, N 1128/8; Dr. med. Paula Wack aan Hitler, 29-4-1923; BA Koblenz, N 1128/7; 'Een trouwe aanhanger' aan Hitler, 4-11-1923; BA Koblenz, N 1128/14. Voor meer over de overvallen in de herfst van 1923 vgl. Walter, *Antisemitische Kriminalität*, p. 115-119.
21 *Hitler. Sämtliche Aufzeichnungen*, nr. 520, p. 913 (d.d. 26-4-1923); nr. 522, p. 917 (d.d. 30-4-1923). Vgl. het bevel aan de leiders van de eenheden voor 1 mei van 29-4-1923, waarin onder meer werd gesteld: 'Legerwapens worden meegenomen voor het geval dat ze nodig zijn als zelfverdediging.' BA Berlijn-Lichterfelde, NS 26/104. Rudolf Heß schreef op 8-5-1923 aan zijn ouders: 'Dat we ineens over wapens beschikten, bracht veel mensen nogal van hun stuk.' BA Bern, Nl Heß, J1.211-1989/148, 31.
22 Deuerlein, *Aufstieg*, p. 170-173 (citaat p. 171). Vgl. ook het overzicht van de politieleiding (commando van de nationale politie) over de gebeurtenissen van 30-4/1-5 en op 1-5-1923, en het schrijven van politiecommissaris Nortz aan de officier van justitie Dresse over de gebeurtenissen op 1-5-1923, 23-5-1923; BA Berlijn-Lichterfelde, NS 26/104.
23 *Monologe*, p. 250 (d.d. 1-2-1942). Gustav Ritter von Kahr schreef in zijn memoires (p. 1183) dat Hitler 'door de blamage heel klein en bescheiden' zou zijn geworden, 'een tijd lang!' BayHStA München, Nl Kahr 51.
24 *Hitler. Sämtliche Aufzeichnungen*, nr. 523, p. 918 (d.d. 1-5-1923).
25 Dagboek van Escherich d.d. 22-2 en 1-5-1923; BayHStA München, Nl Escherich 10. 'Escherich und der Nationalsozialismus'. Interview met de *Allgäuer Zeitung* d.d. 9-5- 1923; BA Koblenz, N 1128/3. In een woedende brief aan Escherich protesteerde Göring uit naam van de in de NSDAP actieve officieren tegen de typering als 'desperado's' (ibidem).
26 Geciteerd naar Large, *Hitlers München*, p. 220.
27 Lothar Gruchmann, 'Hitlers Denkschrift an die bayerische Justiz vom 16. Mai 1923. Ein verloren geglaubtes Dokument', in *Vierteljahrshefte für Zeitgeschichte*, Jg. 39 (1991), p. 305-328 (Hitlers Denkschrift p. 323-328). Voor meer over Gürtners benoeming tot Beiers minister van Justitie, vgl. BA Koblenz, N 1530/20.
28 *Monologe*, p. 204 (d.d. 16/17- 1-1942); vgl. ibidem, p. 207: 'Ja, met deze berg heb ik een nauwe band.' Voor meer over Hitlers verblijf op de Obersalzberg in 1923, vgl. het proces-verbaal van het verhoor door de politie van München van Dietrich Eckart d.d. 14-11- 1923; BA Berlijn-Lichterfelde, NS 26/2180; Ulrich Chaussy, *Nachbar Hitler. Führerkult und Heimatzerstörung am Obersalzberg*, 6de bewerkte en uitgebreide editie, Berlijn 2007, p. 27 e.v.
29 Heß, *Briefe*, p. 299 (d.d. 15-7-1923).
30 Fest, *Hitler*, p. 247.
31 Heß, *Briefe*, p. 299 (d.d. 15-7-1923). Vgl. ook Hitlers brief aan Walter Riehl, de leider van de Weense nationaalsocialisten, van 5 juli 1923, waarin hij het heeft over 'elke week twee of drie onderbrekingen', 'wanneer ik voordrachten houd'. *Hitler. Sämtliche Aufzeichnungen*, nr. 543, p. 943. Emil Maurice vroeg zich echter in een brief aan Hitler van 28 augustus 1923 af 'of er iets niet in orde is [...], want je bent de laatste tijd zo opvallend rustig, het tegenovergestelde van hoe je vroeger was'. Geciteerd naar Anna Maria Sigmund, *Des Führers bester Freund. Adolf Hitler, seine Nichte Geli Raubal und der'Ehrenarier' Emil Maurice – eine Dreiecksbeziehung*, München 2003, p. 47.
32 Haffner, *Geschichte eines Deutschen*, p. 63. Vgl. ook Eugeni Xammar, *Das Schlangenei. Berichte aus dem Deutschland der Inflationsjahre 1922–1924*, Berlijn 2007, p. 122 e.v. (d.d. 19-10-1923). Een veelzeggend inzicht in de dramatische duikvlucht van de munt en de

economie bieden ook de terugblikken voor de maanden juni tot oktober 1923 in het dagboek van Forstrat Escherich; BayHStA München, Nl Escherich 10.
33 Geciteerd naar Longerich, *Die braunen Bataillone*, p. 38; Harold J. Gordon, *Hitlerputsch 1922 Machtkampf in Bayern 1923–1924*, Frankfurt am Main 1971, p. 219.
34 Vgl. Winkler, *Weimar*, p. 202-210.
35 Deuerlein, *Der Hitler-Putsch*, nr. 6, p. 170.
36 *Der Hitler-Prozeß*, deel I, p. 37, 266. Vgl. Kahr, *Lebenserinnerungen*, p. 1009: hierin wordt beweerd dat Ludendorff het vanaf 1922 'roerend eens was' met Hitler; BayHStA München, Nl Kahr 51. Volgens de getuigenis van Karl Kriebel d.d. 17-6-1952 speelde zijn broer Hermann Kriebel 'vaak de bemiddelaar tussen Hitler en Ludendorff'. IfZ München, ZS 256. Rudolf Heß schrijft voor het eerst over zijn contact met Ludendorff in een brief aan zijn ouders van 22-9-1920; BA Bern, Nl Heß, J1.211- 1989/148, 25.
37 Geciteerd naar Gordon, *Hitlerputsch 1923*, p. 193 e.v. Voor meer over de oprichting van de Vaterländische Kampfbund vgl. het schrijven van kapitein buiten dienst Weiss d.d. 17-9-1923; BA Berlijn-Lichterfelde, NS 26/3. Verder de dagboeken van G. Feder, band 5 (d.d. 25-9-1923); IfZ München, ED 874.
38 *Der Hitler-Prozeß*, deel I, p. 190.
39 BA Koblenz, N 1128/2. De andere geciteerde brieven aan Hitler en nog een groot aantal andere uit de herfst van 1923 zijn verzameld in BA Koblenz, N 1128/12, N 1128/13, N 1128/14, N 1128/15: BA Berlijn-Lichterfelde, NS 26/1, NS 26/2, NS 26/2a, NS 26/3.
40 *Hitler. Sämtliche Aufzeichnungen*, nr. 566, p. 1002, 1004.
41 Heß, *Briefe*, p. 303 e.v. (d.d. 16-9-1923). Vgl. Rudolf Olden, *Hitler*, Amsterdam 1935; Nieuwe editie Hildesheim 1981, p. 88: 'Er komt, soms eerder, soms later, steeds een moment waarop de spreker de geest krijgt en er zuchtend, schreeuwend, gorgelend iets onbekends, ongedefinieerds uit hem naar boven komt.'
42 Heß, *Briefe*, p. 304 (d.d. 16-9-1923).
43 Hitler aan Kahr, 27-9-1923; *Hitler. Sämtliche Aufzeichnungen*, nr. 573, p. 1017.
44 Ibidem, nr. 581, p. 1028 e.v. (d.d. 7-10-1923); nr. 583, p. 1032, 1034 (d.d. 14-10-1923). In een gesprek met de kabinetschef van de Beierse kroonprins, graaf Soden, op 26-9-1923, had ook Scheubner-Richter verklaard: 'Voor de heer Kahr bestaat geen steun bij de Kampfbund, want die man neemt halve maatregelen.' Kahr, *Lebenserinnerungen*, p. 1252; BayHStA München, Nl Kahr 51.
45 Vgl. Gordon, *Hitlerputsch 1923*, p. 206-209. In zijn dagboek uitte Franz Ritter von Epp zijn verontwaardiging over de 'banbliksem van Seeckt tegen Lossow': 'Alle durf waaraan het deze regering ontbreekt in haar houding naar buiten, meent ze intern wel tegen haar eigen landgenoten te kunnen inzetten [...]. Naar buiten toe een stel laffe honden, naar binnen toe bijten.' *Politisches Tagebuch Ritter von Epps*, band 1 (d.d. 20-10-1923); BA Koblenz, N1101/22.
46 Vgl. Kahr, *Lebenserinnerungen*, p. 1293 e.v. ('Das Streben nach einem Direktorium im Reiche'); BayHStA München, Nl Kahr 51. Voor meer over de plannen voor een directorium in de herfst 1923 vgl. ook Walter Mühlhausen, *Friedrich Ebert 1871–1925. Reichspräsident der Weimarer Republik*, Bonn 2006, p. 681 e.v.
47 *Der Hitler-Prozeß*, deel III, p. 788.
48 Deuerlein, *Der Hitler-Putsch*, doc. 16, p. 186 e.v.
49 *Hitler. Sämtliche Aufzeichnungen*, nr. 589, p. 1043 (d.d. 23-10-1923); nr. 592, p. 1049 e.v. (d.d. 30-10-1023). Vgl. Rudolf Heß aan Karl Haushofer, 6-10-1923: 'Vanuit Beieren zal en moet de genezing van het geheel uitgaan. Beieren als het meest Duitse van de Duitsers.' BA Koblenz, N 1122/15.
50 *Der Hitler-Prozeß*, deel IV, p. 1587. Vgl. ook ibidem, deel III, p. 1199: 'Een man die iets kan, heeft ook niets meer dan de verdomde plicht dat ook te doen.'
51 Ibidem, deel III, p. 659 (verklaring Seißer).
52 Geciteerd naar Gordon, *Hitlerputsch 1923*, p. 231.
53 Verslag van Seißer van de besprekingen in Berlijn, 3-11-1923; Deuerlein, *Der Hitler-Putsch*, doc. 79, p. 301-304 (citaten p. 303). Ook Forstrat Escherich noteerde in Berlijn op 3-11-

1923: 'Men is het erover eens dat het in de komende dagen tot een nationale dictatuur moet komen. Hopelijk is dat langs legale weg mogelijk.' BayHStA München, Nl Escherich 10. Al op 11-3-1923 had er in München, door bemoeienis van Lossow, een ontmoeting tussen Hitlers en Seeckt plaatsgevonden. Die eindigde, nadat Hitler anderhalf uur lang een voordracht had gehouden over zijn plannen om de regering in Berlijn ten val te brengen, met de abrupte opmerking van Seeckt: 'Vanaf vandaag, meneer Hitler, hebben wij elkaar niets meer te zeggen.' Verslag van de adjudant van Seeckt, kolonel Hans Harald von Selchow, d.d. 15-10-1956; IfZ München, ZS 1900.

54 *Der Hitler-Prozeß*, deel I, p. 78 (getuigenverklaring van Friedrich Weber van de Bund Oberland); deel II, p. 772 (getuigenverklaring van Lossow).

55 Ibidem, deel I, p. 44. Vgl. ook aantekening van Rudolf Heß d.d. 9-4-1924: Hitler zou 'de sterke indruk' hebben gehad dat het triumviraat 'steeds weer zou aarzelen om de laatste stap te nemen', en dat het 'er helemaal niet van zou komen als hij zelf niets ondernam'. Heß, *Briefe*, p. 318.

56 Fritz Lauböck aan Otto Weber (Lübeck), 28-9-1923; BA Koblenz, N 1128/1. Voor meer over de geruchten over het herstel van de monarchie in Beieren vgl. Adolf Schmalix aan Christian Weber, 20-9-1937; BA Berlijn-Lichterfelde, NS 26/1267.

57 Hanfstaengl, *Zwischen Weißem und Braunem Haus*, p. 120.

58 *Der Hitler-Prozeß*, deel I, p. 212.

59 Zo waren Heinrich Hoffmann en Dietrich Eckart niet ingewijd. Beiden hoorden pas in de nacht voor 9 november van de 'nationale revolutie' in de Bürgerbräukeller. Vgl. manuscript van Heinrich Hoffmann voor de zitting van de denazificatierechtbank (januari 1947), p. 10 e.v.; IfZ München, MS 2049; Protocol van de verhoren van Dietrich Eckart d.d. 15-11-1923; BA Berlijn-Lichterfelde, NS 26/2180.

60 *Der Hitler-Prozeß*, deel I, p. 114 (getuigenis van Pöhner).

61 Heß, *Briefe*, p. 310 (d.d. 16-11/4- 12-1923). Heß had zich in de voorafgaande weken voornamelijk opgehouden bij zijn ouders in Reicholdsgrün in het Fichtelgebergte om zich op zijn economiestudie te concentreren. Zijn 'Sturm- und Drangstemming' was op dat moment 'ernstig geluwd', schreef hij midden september 1923 aan zijn vriend professor Karl Haushofer. Hij voelde zich 'erg prettig dankzij het loslaten van oppervlakkige haast'. Zelfs nog in begin oktober merkte hij op dat hij er voorlopig niet aan moest denken naar München terug te keren: 'Ik wacht tot ik geroepen word.' R. Heß aan K. Haushofer, 13-9 en 6-10 1923; BA Koblenz, N 1122/15. Vgl. ook de brieven van R. Heß aan I. Pröhl d.d. 26-9, 1-10, 24-10-1923; BA Bern, Nl Heß, J1.211-1989/148, 31. Daarom reisde Heß pas 'op het allerlaatst', namelijk eind oktober, naar München.

62 Hanfstaengl, *Zwischen Weißem und Braunem Haus*, p. 129. Ook Gottfried Feder kreeg pas tegen de avond van 8 november van Hitler de opdracht te zorgen dat hij om 9 uur in de Bürgerbräukeller was. Aantekening 'november 1923' in het dagboek van G. Feder, band 5; IfZ München, ED 874.

63 Hofmann, *Der Hitler-Putsch*, p. 160.

64 Heiden, *Adolf Hitler. Das Zeitalter der Verantwortungslosigkeit*, p. 156.

65 Vgl. Heß, *Briefe*, p. 311 (d.d. 16-11-/4- 12-1923).

66 *Der Hitler-Prozeß*, deel I, p. 50.

67 Müller, *Im Wandel einer Welt*, p. 161. Vgl. Kahr, *Lebenserinnerungen*, p. 1353; BayHStA München, Nl Kahr 51.

68 Aanklacht van 8-1-1924; *Der Hitler-Prozeß*, deel I, p. 309.

69 Kahr, *Lebenserinnerungen*, p. 1354 e.v.; BayHStA München, Nl Kahr 51; Vgl. *Der Hitler-Prozeß*, deel II, p. 749 (getuigenis van Lossow).

70 Citaten respectievelijk: *Der Hitler-Prozeß*, deel III, p. 795 (getuigenis van Kahr); deel I, p. 51 (getuigenis van Hitler), p. 310 (aanklacht); deel II., p. 750 (getuigenis van Lossow); deel I, p. 310 (aanklacht), p. 115 (getuigenis van Pöhner), p. 310 (aanklacht). Vgl. Kahr, *Lebenserinnerungen*, p. 1355 e.v.; BayHStA München, Nl Kahr 51.

71 Müller, *Im Wandel einer Welt*, p. 162.

72 Vgl. voor meer over Görings handelen: *Der Hitler-Prozeß*, deel II, p. 597, 620, 631, 634.

73 Müller, *Im Wandel einer Welt*, p. 162 e.v.; *Der Hitler-Prozeß*, deel I, p. 311 (Aanklacht).
74 Kahr, *Lebenserinnerungen*, p. 1345 e.v.; BayHStA München, Nl Kahr 51. In München werd in het voorjaar van 1924 verteld dat Ludendorff zijn oude vertrouweling uit de wereldoorlog, kolonel Max Bauer, op 8 oktober 1923 naar München had willen laten komen. Bauer had echter laten weten dat hij niet zou komen, en hij had Ludendorff voor de geplande acties gewaarschuwd. Deze brief zou tijdens de huiszoeking bij Ludendorff in beslag zijn genomen, maar tijdens het proces bewust niet zijn gebruikt door het Openbaar Ministerie. *Politisches Tagebuch Ritter von Epps*, band 1 (d.d. 27-4-1924); BA Koblenz, N1101/22.
75 Citaten respectievelijk: *Der Hitler-Prozeß*, deel I, p. 311 (aanklacht); deel III, p. 796 (getuigenis van Kahr); deel I, p. 53 (getuigenis van Hitler). Vgl. Kahr, *Lebenserinnerungen*, p. 1357 e.v.; Bay HStA München, Nl Kahr 51.
76 Citaten respectievelijk: *Der Hitler-Prozeß*, deel III, p. 797 (getuigenis van Kahr); Müller, *Im Wandel einer Welt*, p. 164; *Der Hitler-Prozeß*, deel I, p. 311 e.v. (aanklacht); Müller, *Im Wandel einer Welt*, p. 164; *Der Hitler-Prozeß*, deel I, p. 312 (aanklacht). Vgl. Kahr, *Lebenserinnerungen*, p. 1359 e.v.; BayHStA München, Nl Kahr 51.
77 *Der Hitler-Prozeß*, deel I, p. 53.
78 Vgl. Hofmann, *Der Hitler-Putsch*, p. 169; *Der Hitler-Putsch*, deel I, p. 279: Hij, Ludendorff, had niet kunnen geloven 'dat de heren op hun gegeven woord terug zouden komen'. Volgens de getuigenis van Mathilde Scheubner-Richter d.d. 9-7- 1952, verscheen Ludendorff twee dagen na de mislukte putsch bij haar en huilde 'tranen met tuiten als een klein kind': 'Lieve mevrouw, dit betekent het einde van Duitsland, als Duitse officieren zich niet aan hun woord houden dat ze aan een Duitse officier hebben gegeven.' IfZ München, ZS 292.
79 Vgl. Peter Longerich, *Heinrich Himmler. Biographie*, München 2008, p. 76 e.v. (Ned. vert. *Heinrich Himmler. Hitlers belangrijkste handlanger*).
80 *Der Hitler-Prozeß*, deel II, p. 756 (getuigenis van Lossow).
81 Ibidem, p. 757; vgl. Kahr, *Lebenserinnerungen*, p. 1367 e.v.; BayHStA München, Nl. Kahr 51.
82 Tekst in *Hitler. Sämtliche Aufzeichnungen*, nr. 597, s. 1056.
83 *Der Hitler-Prozeß*, deel III, p. 873 (getuigenis van Seißer).
84 *Der Hitler-Prozeß*, deel II, p. 662 e.v. (getuigenis van majoor buiten dienst Alexander Siry).
85 Vgl. het verslag van de Spaanse journalist Eugenie Xammar, die op 8 november in de Bürgerbräukeller aanwezig was: 'De putsch als spektakel' (*Das Schlangenei*, p. 134-138).
86 Vgl. voor de details Walter, *Antisemitische Gewalt*, p. 120-136; en verder de aanklacht tegen de 40 leden van de 'Stoßtrupp Hitler' d.d. 29-4-1924, afgedrukt in Hans Kallenbach, *Mit Adolf Hitler auf Festung Landsberg*, München 1933, p. 16-29.
87 Clemens, *Herr Hitler in Germany*, p. 80.
88 Vgl. Gordon, *Hitlerputsch 1923*, p. 241; Walter, *Antisemitische Gewalt*, p. 114. De weduwe Elly von der Pfordten wendde zich op 13-11-1923 tot Karl Alexander von Müller met het verzoek: 'Mocht u in staat zijn mij via Dipl.Ing. F(eder) meer te laten weten over de laatste daden van mijn man, dan zou ik u daar zeer dankbaar voor zijn. Ik waardeer elk woord.' BayHStA München, Nl K. A. v. Müller 19/1.
89 Notitie van Hanfstaengl; BSB München, Nl Hanfstaengl Ana 405, doos 25; *Der Hitler-Prozeß*, deel III, p. 1203.
90 Aantekening 'november 1923'. Dagboeken van G. Feder, band 5; IfZ München, ED 874. Het citaat naar Hofmann, *Der Hitler-Putsch*, p. 194.
91 *Der Hitler-Prozeß*, deel I, p. 282 (getuigenis van Ludendorff).
92 Vgl. ibidem, p. 57 (getuigenis van Hitler), 'Met name de heer Ludendorff was van mening dat we nog één keer moesten proberen zelf naar de stad te gaan, al was het maar als laatste poging, om te proberen de publieke opinie voor ons te winnen.' Vgl. Verslag van het gesprek met Karl Kriebel d.d. 17-6-1952; IfZ München, ZS 258.
93 *Der Hitler-Prozeß*, deel I, p. 58. Vgl. ook ibidem, p. 230 (getuigenis van Kriebel); deel II, p. 400 (getuigenis van Brückner). Voor meer over de rol van Rossbach en de

infanterieschool vgl. het proces-verbaal van het gesprek met Gerhard Rossbach, d.d. 31-10-1951; IfZ München, ZS 128.
94 Vgl. Hanfstaengl, *Zwischen Weißem und Braunem Haus*, p. 143. Tekst bij David Jablonski, *The Nazi Party in Dissolution. Hitler and the Verbotszeit 1923-1925*, Londen 1989, p. 29. De *Münchener Neueste Nachrichten* (nr. 304 d.d. 9-11-1923) verscheen die ochtend nog met de kop 'Instelling van een nationaal directorium'. De *Münchener Zeitung* (nr. 303 d.d.. 3-11-1923) had daarentegen al de kop 'Hitlerputsch – overweldiging van Kahr' en publiceerde de eerste tegenoproep van Kahr. Exemplaren van de kranten in BayHStA München, Nl K. A. v. Müller 19/2.
95 Vgl. het verslag van de eerste luitenant van politie Freiherr von Godin van 10-11-1923; Deuerlein, *Der Hitler-Putsch*, doc. 97, p. 330 e.v.
96 Vgl. voor de volgende citaten ook Anna Maria Sigmund, 'Als Hitler auf der Flucht war', in *Süddeutsche Zeitung* d.d. 8/9- 11-2008 (naar de niet-gepubliceerde memoires van Helene Hanfstaengl).
97 Vgl. het verslag van Hanfstaengl, die de herinneringen van zijn vrouw dramatiseert: *Zwischen Weißem und Braunem Haus*, p. 6.
98 Deuerlein, *Der Hitler-Putsch*, doc. 118, p. 372 (d.d. 13-11-1923). Vgl. ook terugblik van wachtmeester Georg Schmiedel, 'Ich verhaftete Adolf Hitler!', in *Weilheimer Tageblatt* d.d. 10-12-1949; BSB München, Nl Hanfstaengl Ana 405, doos 40; en verder het halfmaandelijkse verslag van de politieleiding van Weilheim d.d. 29-11- 1923; BA Berlijn-Lichterfelde, NS 26/66.
99 Vgl. voor het binnenbrengen van Hitler de beschrijving van de voormalige gevangenbewaarder Franz Hemmrich *Die Festung Landsberg am Lech 1920-1945*. Herinneringen vastgelegd in 1970, p. 3 e.v.: 'Een donkere streng haar viel voor het bleke, door de opwinding en de slapeloze nachten getekende gezicht, waaruit een paar harde ogen in de leegte staarden.' IfZ München, ED 153; Otto Lurker, *Hitler hinter Festungsmauern. Ein Bild aus trüben Tagen*, Berlijn 1933, p. 4-6 (daar ook p. 65 het bevel tot veilige inbewaringstelling d.d. 11-11-1923).
100 Vgl. Gordon, *Der Hitlerputsch*, p. 416-423; vgl. voor Heß: R. Heß aan zijn ouders, 21-12-1923, 2-4-1924; BA Bern, Nl. Heß, J1.211-1989/148, 31, 33. Heß, *Briefe*, p. 322 (d.d. 11-5-1924); voor meer over Feder, 'Promemoria 1923/24', in dagboeken G. Feder, band 6; IfZ München, ED 874.
101 Geciteerd naar Gordon, *Der Hitlerputsch*, p. 313.
102 Clemens, *Herr Hitler in Germany*, p. 80. Vgl. Kahr, *Lebenserinnerungen*, p. 1376 e.v.; BayHStA München, Nl Kahr 51. In een gesprek met Ritter von Epp beschreef minister-president Knilling Kahr als de 'meest gehate man in München'. *Politisches Tagebuch Ritter von Epps*, band 1 (d.d. 10-11-1923); BA Koblenz, N 1101/22.
103 Antwoord van Müller aan Paul Nikolaus Cossmann, 13-11-1923; BayHStA München, Nl Antwoord van Müller 19/1. Vgl. voor het verloop van de bijeenkomst in de Universiteit van München op 12-11-1923 Deuerlein, *Der Hitler-Putsch*, doc. 113, p. 357 e.v.; Anton Schmalix aan Christian Weber, 20-9-1937; BA Berlijn-Lichterfelde, NS 26/1267. Zie over de stemming onder de studenten terugkijkend ook Albrecht Haushofer aan Rudolf Heß, 29-3-1935; BA Koblenz, N 1122/957.
104 Vgl. Winkler, *Weimar*, p. 241 e.v.
105 *Erinnerungen Franz Hemmrichs*, p. 13; IfZ München, ED 153. Vgl. ibidem, p. 9-15: Volgens hem was Hitler zijn hongerstaking pas enkele dagen na binnenkomst begonnen en had die vervolgens tien dagen volgehouden
106 Otto Gritschneder, *Bewährungsfrist für den Terroristen Adolf H. Der Hitler-Putsch und die bayerische Justiz*, München 1990, p. 35. Vgl. ook het verslag van Ott in de *Bayernkurier* d.d. 3-11-1973, afgedrukt in Maser, *Adolf Hitlers 'Mein Kampf'*, p. 18-20. Ook Anton Drexler beweerde Hitler samen met advocaat Lorenz Roder na dertien dagen tot het beëindigen van zijn hongerstaking te hebben bewogen. Anton Drexler aan Felix Danner, 5-1-1934; BA Berlijn-Lichterfelde, NS 26/2012.
107 Heß, *Briefe*, p. 313 (d.d. 16-11/4-12-1923).

108 Geciteerd naar Toland, *Adolf Hitler*, band 1, p. 253 (daar op p. 239 het facsimile van de brief). Op 23 november had een vroege bezoeker, de nationaalsocialist Hans Knirsch uit Sudetenland, nog gemeld: 'Die arm kan hij momenteel nog niet gebruiken.' Othmar Plöckinger, *Geschichte eines Buches: Adolf Hitlers 'Mein Kampf' 1922–1945*, München 2006, p. 32.
109 Vgl. Hamann, *Winifred Wagner*, p. 86-100 (citaten respectievelijk: p. 90, 91, 96 e.v., 97, 99, 94).
110 Verslag van de tweede officier van justitie dr. Ehard, 14-12-1923, over het voorafgaande verhoor van Hitler; *Der Hitler-Prozeß*, deel I, p. 299-307 (citaten p. 299 e.v.).
111 Ibidem, p. 307.
112 Vgl. de verslagen in de *Münchener Neueste Nachrichten* nr. 57 d.d. 27-2-1924 en de *München-Augsburger Abendzeitung* nr. 87 d.d. 27-2-1924; BA Berlijn-Lichterfelde, NS 26/ 1928c en NS 26/ 1928d. Over het aanstaande proces vgl. Wilhelm Frick aan zijn zus Emma, 12-2-1924: het proces 'staat sterk in de publieke belangstelling. Zo word je, zonder het te willen, een Europese beroemdheid.' BA Koblenz, N 1241/7.
113 Hanfstaengl, *Zwischen Weißem und Braunem Haus*, p. 156.
114 *München-Augsburger Abendzeitung* nr. 57 d.d. 27-2-1924; *Münchener Zeitung* nr. 56 d.d. 26-2-1924; *Münchener Neueste Nachrichten* nr. 57 d.d. 27-2-1924; BA Berlijn-Lichterfelde NS 26/1928e, NS 26/1928b, NS 26/1928d.
115 Aanklacht van 8-1-1924; *Der Hitler-Prozeß*, deel I, p. 308-322 (citaat p. 324).
116 Ibidem, p. 60 e.v.
117 Kahr, *Lebenserinnerungen*, p. 1450; BayHStA München, Nl Kahr 51. Het voorafgaande citaat naar Hitzer, *Anton Graf Arco*, p. 313. Voor Neidhardt vgl. Bernhard Huber, 'Georg Neidhardt – nur ein unpolitischer Richter?', in Marita Krauss (red.), *Rechte Karrieren in München*, p. 95-111.
118 *Der Hitler-Prozeß*, deel II, p. 738 e.v. Vgl. *Politisches Tagebuch Ritter von Epps*, band 1 (d.d. 12-3-1924): 'Aus dem Prozeß: Lossow und Seißer hauen die Sache raus. Kahr versagt.' BA Koblenz, N 1101/22.
119 Vgl. *Der Hitler-Prozeß*, deel III, p. 1034, 1088.
120 Geciteerd naar Deuerlein, *Aufstieg*, p. 205. Vgl. ook het verslag in de *Bayerische Kurier*: Het proces zou 'in inhoudelijk opzicht eerder een propagandabijeenkomst' hebben geleken. Ibidem, p. 228. De SPD-krant *Münchener Post* (nr. 51 d.d. 29-2-1924) stelde dat de behandeling zich 'meer en meer tot een komedie' ontwikkelde. BA Berlijn-Lichterfelde, NS 26/1928a.
121 *Der Hitler-Prozeß*, deel IV, p. 1591 e.v.; Rudolf Heß noemde Hitlers slotwoord 'waarschijnlijk een van de beste, sterkste redevoeringen die hij ooit heeft gehouden'. Heß, *Briefe*, p. 317 (d.d. 2-4-1924).
122 *Der Hitler-Prozeß*, deel IV, p. 1593.
123 Vgl. de woordelijke inhoud van het vonnis in Gritschneder, *Bewährungsfrist*, p. 67-94. Gottfried Feder zei 'totaal van zijn stuk' te zijn van het vonnis. Dagboeken G. Feder, band 5 (d.d. 1-4-1924); IfZ München, ED 874.
124 Fragment uit het verslag van de *Münchener Neueste Nachrichten* in *Der Hitler-Prozeß*, deel IV, p. 1597-1599 (citaat p. 1599).
125 Geciteerd naar Large, *Hitlers München*, p. 248; vgl. Clemens, *Herr Hitler in Germany*, p. 88.
126 *Die Weltbühne*, nr. 15. 20e Jg. (10- 4-1924), p. 466 (herdruk 1978).
127 Gritschneder, *Bewährungsfrist*, p. 92.
128 Vgl. Heusler, *Das Braune Haus*, p. 105.
129 Vgl. daarentegen Kershaw, *Hitler*, band 1, p. 277 e.v., die meent dat de 'Führer' pas tevoorschijn komt met de gevangenschap in Landsberg. Zo ook Herbst, *Hitlers Charisma*, p. 178 e.v.
130 *Monologe*, p. 262 (d.d. 3/4- 2-1942). Vgl. bijvoorbeeld ook de rede van Hitler in Weimar, 20-10- 1926: 'Eén stap die ik in 1923 heb gezet, was ik niet van plan te herhalen.' Hitler. *Reden Schriften Anordnungen*, band II,1, doc. 39, p. 79.

131 Sebastian Haffner, *Germany: Jekyll & Hyde. Deutschland von innen betrachtet*, Berlijn 1996, p. 21. Vgl. ook idem: *Anmerkungen zu Hitler*, S. 9. (Ned. vert. *Kanttekeningen bij Hitler*). Ook Fest, *Hitler*, p. 282, spreekt over de 'echte constitutie van een zelfmoordenaar'.
132 Vgl. Johannes Kunisch, *Friedrich der Große. Der König und seine Zeit*, München 2003, p. 173, 209, 368, 373, 407.
133 In een aantekening die hij als voorstudie voor de Hitler-putsch in het derde deel van zijn memoires maakte, noteerde Karl Alexander von Müller dat er destijds al 'tekenen waren geweest die ons hadden moeten waarschuwen: de roekeloze woordbreuk tegenover Kahr en Lossow, het wilde, koelbloedige va-banque van de putsch dat tot een moorddadig bloedbad had kunnen leiden, het nog idiotere va-banque van de mars door de stad, waarvoor ook werkelijk door zovelen met de dood werd betaald, terwijl hij ontkwam.' BayHStA München, Nl K. A. v. Müller 101.
134 *Der Hitler-Prozeß*, deel II, p. 738.
135 Pas in zijn brief van eind februari 1924 vroeg Rudolf Heß zich af of het niet verstandiger zou zijn geweest om 'de operatie zo lang uit te stellen dat ze niet te haastig wordt uitgevoerd': 'Maar achteraf is het natuurlijk makkelijk om te constateren dat daar nog tijd voor was geweest!' R. Heß aan I. Pröhl, 28-2-1924; BA Bern, Nl Heß, J1.211-1989/148, 33.

7 Gevangen in Landsberg – *Mein Kampf*

1 Frank, *Im Angesicht des Galgens*, p. 46 e.v.
2 Heiden, *Adolf Hitler. Das Zeitalter der Verantwortungslosigkeit*, p. 188.
3 *Hitler. Sämtliche Aufzeichnungen*, nr. 636, p. 1232. Vgl. Heß, *Briefe*, p. 317 (d.d. 2-4-1924): Hitler zou in de zes maanden dat hij nu nog moest zitten, 'de mogelijkheid hebben gehad zich in alle rust verder te verdiepen en te vormen'.
4 *Monologe*, p. 262 (d.d. 3/4-2-1942).
5 Ibidem, p. 49 (d.d. 27/28-7-1941). Vgl. Heß, *Briefe*, p. 391 (d.d. 8-3-1928): Hitler zou gezegd hebben dat zijn tegenstanders alle reden hadden om zijn tijd in de vesting te betreuren. 'Want hier had hij de tijd zich te hernemen en tot fundamentele inzichten te komen.'
6 *Monologe*, p. 262 (d.d. 3/4- 2-1942).
7 Heß, *Briefe*, p. 338 (d.d. 18-6-1924). Vgl. ook Rudolf Heß aan Heinrich Heim, 16-7-1924: pas in Landsberg zou hij 'de geweldige betekenis' van Hitlers persoonlijkheid 'werkelijk helemaal hebben begrepen'; BA Berlijn-Lichterfelde, NS 6/71. In een rede na zijn vrijlating uit de gevangenschap in Landsberg, in november 1924, verklaarde rechtenstudent Hermann Fobke uit Göttingen: 'Ik zou willen dat ook u inziet dat deze man het geloof rechtvaardigt dat wij aan hem hechten, dat hij de leider kan zijn op weg naar ons hogere doel – het vrije Groot-Duitsland voor het Duitse volk.' BA Berlijn-Lichterfelde, NS 26/901.
8 Carl von Ossietzky, *Sämtliche Schriften*. band II: 1922–1924. Red. Bärbel Boldt, Dirk Grathoff, Michael Sartorius, Reinbek bei Hamburg 1994, p. 335.
9 Hanfstaengl, *Zwischen Weißem und Braunem Haus*, p. 157. Vgl. de niet-gepubliceerde memoires van Hanfstaengl, p. 122: 'Van alles wat daar lag opgehoopt, had je een bloemenwinkel, een fruitwinkel en een wijnwinkel kunnen beginnen.' BSB München, Nl Hanfstaengl Ana 405, doos 47.
10 Lurker, *Hitler hinter Festungsmauern*, p. 20. Vgl. *Erinnerungen Franz Hemmrichs*, p. 49 e.v.; IfZ München, ED 153.
11 Deuerlein, *Aufstieg*, p. 232.
12 Lurker, *Hitler hinter Festungsmauern*, p. 57 e.v.; vgl. voor de lijst van bezoekers Piper, *Rosenberg*, p. 101; Plöckinger, *Geschichte eines Buches*, p. 33.
13 BA Berlijn-Lichterfelde NS 10/123, met de handgeschreven toevoeging: 'Voor de Führer, van zijn oude strijdmakker Elsa Bruckmann 24-9-34.'
14 Vgl. Lurker, *Hitler hinter Festungsmauern*, p. 18, 21; Kallenbach, *Mit Adolf Hitler auf Festung Landsberg*, p. 82. *Erinnerungen Franz Hemmrichs*, p. 32; IfZ München, ED 153. Voor Hitlers voorliefde voor deze dracht vgl. *Monologe*, p. 282 e.v. (d.d. 17-2-1942).

15 Heß, *Briefe*, p. 326 (d.d. 18-5-1924); vgl. ook ibidem, p. 323 e.v. (d.d. 16-5-1924): 'Hij ziet er toch al prima uit dankzij het goede eten en omdat het onmogelijk is tot diep in de nacht zich van de ene vergadering naar de andere te haasten, die eeuwige onrust.'
16 Een schets van de 'veldherenheuvel' op de eerste verdieping met de vijf kamers, de gezamenlijke ruimte en de moderne badkamer in een brief van Rudolf Heß aan zijn moeder Klara Heß v. 16-5-1924; BA Bern, Nl Heß, J1.211-1989/148, 33. Vgl. de lijst van gevangenen in Landsberg in BA Berlijn-Lichterfelde, NS 26/66; Kallenbach, *Mit Adolf Hitler auf Festung Landsberg*, p. 55 e.v.; Lurker, *Hitler hinter Festungsmauern*, p. 32; *Erinnerungen Franz Hemmrichs*, p. 24, 26; IfZ München, ED 153.
17 Kallenbach, *Mit Adolf Hitler auf Festung Landsberg*, p. 45.
18 Hanfstaengl, *Zwischen Weißem und Braunem Haus*, p. 157; vgl. Kallenbach, *Mit Adolf Hitler auf Festung Landsberg*, p. 66 e.v. Volgens de memoires van Franz Hemmrich, p. 32, trad Hitler op als scheidsrechter en loofde hij prijzen uit voor de winnaars in de vorm van boeken en rookwaar; IfZ München, ED 153. Voor meer over de sportieve activiteiten – hoog- en verspringen uit stilstand en met een aanloop, kogelstoten met stenen, knuppelgooien en hardlopen – vgl. ook de brief van Rudolf Heß aan zijn vader Fritz Heß; BA Bern, Nl Heß, J1.211-1989/148, 33.
19 Kallenbach, *Mit Adolf Hitler auf Festung Landsberg*, p. 77.
20 Ibidem, p. 115-117; vgl. ook Lurker, *Hitler hinter Festungsmauern*, p. 55.
21 Hanfstaengl, *Zwischen Weißem und Braunem Haus*, p. 156; vgl. Heß, *Briefe*, p. 323 (d.d. 16-5-1924): 'De behandeling is onberispelijk, geheel wat men "eervol" zou noemen.' Zie ook *Monologe*, p. 113 (d.d. 29-10-1941): 'Van de gevangenbewaarders heeft niemand ons ooit beledigd.'
22 R. Heß aan I. Pröhl, 2-7-1924; BA Bern, Nl Heß, J1.211-1989/148, 33. In oktober 1933 wendde Belleville zich tot Rudolf Heß met het verzoek door Hitler te laten bevestigen dat hij zich 'zowel tijdens de arrestatie als tijdens het transport van de Führer van Uffing naar Weilheim en Landsberg zeer vriendschappelijk had gedragen'. Een lasteraar verspreidde op dat moment geruchten waarin het tegendeel werd beweerd. R. Belleville aan R. Heß, 24-10-1933; BA Bern, Nl Heß, J1.211-1993/300, doos 2.
23 Kallenbach, *Mit Adolf Hitler auf Festung Landsberg*, p. 117.
24 Vgl. Plöckinger, *Geschichte eines Buches*, p. 26. Een exemplaar van de *Landsberger Ehrenbürger* met de ondertitel *Amtsblatt der nationalen Festungsgruppe Landsberg am Lech* in BA Berlijn-Lichterfelde, NS 26/92. Vgl. ook Lurker, *Hitler hinter Festungsmauern*, p. 35; Kallenbach, *Mit Adolf Hitler auf Festung Landsberg*, p. 113.
25 *Monologe*, p. 113 (d.d. 29-10-1941).
26 Heß, *Briefe*, p. 344 (d.d. 5-7-1924).
27 Vgl. Jablonsky, *The Nazi Party in Dissolution*, p. 28 e.v.
28 Vgl. Piper, *Rosenberg*, p. 97.
29 Aldus Bullock, *Hitler*, band 1, p. 118. Kershaw daarentegen onderstreept in *Hitler*, band 1, p. 281 e.v., als motief dat Hitler zeker dacht te weten dat hij op Rosenbergs loyaliteit kon vertrouwen. Ook Piper is het daarmee eens, *Rosenberg*, p. 97 e.v.
30 Albrecht Tyrell, *Führer befiehl... Selbstzeugnisse aus der 'Kampfzeit' der NSDAP. Dokumentation und Analyse*, Düsseldorf 1969, doc. 22a, p. 72 e.v. Vgl. ook partijleiding van de NSDAP ('Rolf Eidhalt') aan de plaatselijke afdeling Straubing d.d. 5-12-1923: doordat de beweging nu een 'geheime organisatie' werd, zou ze ook gelijk worden bevrijd van 'lauwwarme meelopers'; BA Berlijn-Lichterfelde, NS 26/89.
31 Rede van Hermann Fobke in Göttingen in november 1924; BA Berlijn-Lichterfelde, NS 26/901. Vgl. Heß, *Briefe*, p. 324 (d.d. 16-5-1924): 'Het moet gezegd: buiten missen we hem – missen we zijn verbindende persoonlijkheid, zijn gezag waarvoor de keffertjes buigen.' Zie ook Wolfgang Horn, *Der Marsch zur Machtergreifung. Die NSDAP bis 1933*, Düsseldorf 1980, p. 174.
32 Hanfstaengl, *Zwischen Weißem und Braunem Haus*, p. 159.
33 Vgl. Jablonsky, *The Nazi Party in Dissolution*, p. 54; Tyrell, *Führer befiehl*, p. 68; Horn, *Der Marsch zur Machtergreifung*, p. 177 e.v.

34 Tyrell, *Führer befiehl*, doc. 31, p. 81-83 (citaat p. 82). Vgl. ibidem, doc. 23, p. 73 e.v.
35 Vgl. Geyer, *Verkehrte Welt*, p. 355 e.v., Jablonsky, *The Nazi Party in Dissolution*, p. 82 e.v.; Horn, *Der Weg zur Machtergreifung*, p. 178 e.v.
36 Vgl. Horn, *Der Weg zur Machtergreifung*, p. 163, 184; Piper, *Rosenberg*, p. 104 e.v.
37 Voor meer over de uitslag van de Rijksdagverkiezingen vgl. Tyrell, *Führer befiehl*, doc. nr. 25, p. 76; voor meer over de lijstverbinding ibidem, doc. 24b, p. 75. Tegenover Gottfried Feder, die hem op 9 mei in Landsberg bezocht, betoonde Hitler zich 'zeer innemend en hartelijk' en hij zou hem hebben gefeliciteerd met de verkiezingsuitslag. Dagboeken van G. Feder, band 5 (d.d. 9-5-1924); IfZ München, ED 874.
38 Vgl. *Jablonsky, The Nazi Party in Dissolution*, p. 86 e.v.; Kershaw, *Hitler*, band I, p. 285 e.v. In een 'open brief aan de heer Graefe' van 17-3-1926 beweerde Hitler daarentegen dat hij 'van het begin af aan nadrukkelijk tegen' een fusie zou zijn geweest: 'Het idee om mijn oude, prachtige volksbeweging uit te leveren aan zo'n parlementaire kluns van een leider, was tijdens mijn gevangenschap even onverdraaglijk als het verlies van mijn vrijheid zelf.' *Hitler. Reden Schriften Anordnungen*, band I, doc. 111, p. 343 e.v.
39 Dagboeken van G. Feder, band 5 (d.d. 24-5-1924); IfZ München, ED 874. Tekst van de verklaring van 26-5-1924 in Horn, *Der Marsch zur Machtergreifung*, p. 187.
40 Tyrell, *Führer befiehl*, doc. 27, p. 77 e.v.
41 Vgl. het ontwerp van Jochen Haupt 'Über die organisatorischen Maßnahmen zur Fortsetzung der nationalsozialistischen Parteiarbeit in Norddeutschland'; Werner Jochmann, *Nationalsozialismus und Revolution. Ursprung und Geschichte der* NSDAP *in Hamburg. 1922–1933. Dokumente*, Frankfurt am Main 1963, doc. 16, p. 69-72.
42 *Hitler. Sämtliche Aufzeichnungen*, nr. 636, p. 1232.
43 Rudolf Heß aan Wilhelm Sievers, 11-5-1925; afgedrukt in Henrik Eberle (red.), *Briefe an Hitler. Ein Volk schreibt seinem Führer. Unbekannte Dokumente aus Moskauer Archiven – zum ersten Mal veröffentlicht*, Bergisch-Gladbach 2007, p. 56 e.v. Hermann Fobke, de voormalige gevangene in Landsberg, verzekerde zijn gehoor in Göttingen in november 1924 daarentegen 'dat Hitler tegenwoordig nog altijd de vastberaden antiparlementariër is die hij altijd al was'. BA Berlijn-Lichterfelde, NS 26/901.
44 Jochmann, *Nationalsozialismus und Revolution*, doc. 20, p. 77 e.v. (citaat p. 78). Ook in *Hitler. Sämtliche Aufzeichnungen*, nr. 647, p. 1238 e.v. Op 19 juni noteerde Gottfried Feder over een bezoek aan Landsberg: Hitler zou 'gedeprimeerd [zijn], en zich helemaal willen terugtrekken uit de beweging. Hij moest werken, schrijven om geld te verdienen.' Dagboeken van G. Feder, band 6 (d.d. 19-6-1924); IfZ München, ED 874. In een brief aan Albert Stier van 23-6-1924 bekrachtigde Hitler zijn besluit om de leiding van de beweging neer te leggen. Tyrell, *Führer befiehl*, doc. 28, p. 78; ook in *Hitler. Sämtliche Aufzeichnungen*, nr. 649, p. 1239 e.v.
45 Hermann Fobke aan Ludolf Haase, 23-6-1924; Jochmann: *Nationalsozialismus und Revolution*, doc. 26, p. 90-92 (citaat p. 91). Vgl. Rudolf Heß aan Heinrich Heim, 16-7-1924: Hitler zou niet bereid zijn verantwoordelijkheid te nemen 'voor datgene wat zonder zijn medeweten en betrokkenheid en deels tegen zijn wil plaatsvindt'. Anderzijds was hij ervan 'overtuigd dat hij snel nadat hij zijn vrijheid had herkregen, alles weer in goede banen zou kunnen leiden'. BA Berlijn-Lichterfelde, NS 6/71.
46 Geciteerd naar Deuerlein, *Aufstieg*, p. 235 e.v.; vgl. Emil Maurice aan Adolf Schmalix, 19-7-1924; BA Berlijn-Lichterfelde, NS 26/1267; Jablonsky: *The Nazi Party in Dissolution*, p. 96-98.
47 Deuerlein, *Aufstieg*, p. 236.
48 Vertrouwelijke melding van Adalbert Volck (een advocaat uit Lüneburg) over de conferentie van Weimar, 20-7-1924; Jochmann, *Nationalsozialismus und Revolution*, doc. 30, p. 98-102 (citaat p. 101). Vgl. *Jablonsky, The Nazi Party in Dissolution*, p. 103 e.v.
49 Dagboeken van G. Feder, band 6 (d.d. 14-8-1924); IfZ München, ED 874. Vgl. Kershaw, *Hitler*, band. 1, p. 290; Horn, *Der Marsch zur Machtergreifung*, p. 192; Piper: *Rosenberg*, p. 108 e.v.
50 Hermann Fobke aan Adalbert Volck, 29-7-1924; Jochmann, *Nationalsozialismus und*

Revolution, doc. 33, p. 122-124 (citaat p. 123); vgl. ibidem, doc. 37, p. 133; doc. 51, p. 165 ('standpunt van strikte neutraliteit').
51 Heß, *Briefe*, p. 349 (d.d. 17-8-1924).
52 Aldus Hanfstaengl, *Zwischen Weißem und Braunem Haus*, p. 166. Vgl. niet-gepubliceerde memoires van Hanfstaengl, p. 128: 'Zijn gezonde politieke instinct zei hem de verschillende groepen met elkaar ruzie te laten maken en zich voorlopig zelf zo veel mogelijk op de achtergrond te houden'. BSB München, Nl Hanfstaengl Ana 405, doos 47.
53 Vgl. Bullock, *Hitler*, band 1, p. 122 e.v.; Fest, *Hitler*, p. 316.
54 *Der Hitler-Prozeß 1924*, deel I, p. 299. Vgl. Hitlers brief aan Adolf Vogl, 10-1-1924: 'Ik laat mijn wrok achterwege in mijn rechtvaardigingsrede, want ik hoop dat die ook na dit proces en wanneer ik er niet meer ben, van betekenis zal blijven.' *Hitler. Sämtliche Aufzeichnungen*, nr. 604, p. 1060.
55 *Erinnerungen Franz Hemmrichs*, p. 35; IfZ München, ED 153.
56 Vgl. Plöckinger, *Geschichte eines Buches*, p. 21 e.v.
57 Vgl. Wolfgang Horn, 'Ein unbekannter Aufsatz Hitlers aus dem Frühjahr 1924', in: *Vierteljahrshefte für Zeitgeschichte*, Jg. 16 (1968), p. 280-294. Daarover Plöckinger, *Geschichte eines Buches*, p. 23-26.
58 *Hitler. Sämtliche Aufzeichnungen*, nr. 636, p. 1232 e.v. Een vergelijkbaar antwoord gaf Hitler op 12 mei 1924 aan een delegatie van nationaalsocialistische afgevaardigden uit Salzburg: 'Op dit moment schrijft hij aan een boek, [...] waarin hij grondig zal afrekenen met iedereen die na 8 november kritiek op zijn handelen heeft gehad.' Geciteerd naar Plöckinger, *Geschichte eines Buches*, p. 34.
59 Vgl. Plöckinger, *Geschichte eines Buches*, p. 38, 42-48. Vgl. daarvoor Ryback: *Hitlers Bücher*, p. 94 e.v.
60 Vgl. Plöckinger, *Geschichte eines Buches*, p. 49; daarop gebaseerd Ryback, *Hitlers Bücher*, p. 96 e.v. Voor meer over de autobiografische delen van *Mein Kampf* vgl. Othmar Plöckinger, *Frühe biographische Texte zu Hitler*, p. 112 e.v. Plöckinger laat zien dat Hitler zich ertoe beperkte de inmiddels al bekende en in völkische kringen reeds legendarisch geworden details uit zijn biografie weer te geven.
61 Heß, *Briefe*, p. 341 e.v. (d.d. 29-6-1924). Vgl. daarover ook boven hfst 3, p. 71.
62 Heß, *Briefe*, p. 346 (d.d. 23-7-1923). De geciteerde openingszin die in de editie van Wolf Rüdiger Heß ontbreekt, in BA Bern, NL Heß, J1.211-1989/148, 33.
63 Lurker, *Hitler hinter Festungsmauern*, p. 56. Vgl. kritisch over deze weergave, Plöckinger, *Geschichte eines Buches*, p. 122. En verder Florian Beierl/Othmar Plöckinger, 'Neue Dokumente zu Hitlers Buch "Mein Kampf"', in: *Vierteljahrshefte für Zeitgeschichte*, Jg. 57 (2009), p. 261-295 (hier p. 273, 278 e.v.).
64 Vgl. wat Ilse Heß erover zei op 28-12-1952 en 29-6-1965 bij Maser: *Adolf Hitlers 'Mein Kampf'*, p. 29. En verder Rose, *Julius Schaub*, p. 59. Voor Hitlers werkwijze vgl. Beierl/ Plöckinger, *Neue Dokumente*, p. 276 e.v. Zowel Rudolf Heß als gevangenbewaarder Franz Hemmrich bevestigt dat Hitler de eerste ideeën met de hand vastlegde. Plöckinger, *Geschichte eines Buches*, p. 153; *Erinnerungen Franz Hemmrichs*, p. 35 e.v.; IfZ München, ED 153.
65 Heß, *Briefe*, p. 347 (d.d. 24-7-1924). Vgl. ook ibidem, p. 349 (d.d. 17-8-1924) 'Mijn dag verloopt meestal als volgt: (om) 5 uur opstaan, ik zet een kop thee voor Hitler (die aan zijn boek schrijft) en voor mijzelf.'
66 Ibidem, p. 347 (d.d. 4-8-1924). In zijn brief aan Heinrich Heim d.d. 16-7-1924 kondigde Heß aan dat Hitlers boek in de herfst zou uitkomen. BA Berlijn-Lichterfelde, NS 6/71.
67 Hermann Fobke aan nationaalsocialist Eduard Heinze uit Stettin, 23-8-1924; Plöckinger, *Geschichte eines Buches*, p. 55. Vgl. ook Hermann Fobke aan Adalbert Volck, 29-7-1924; Jochmann, *Nationalsozialismus und Revolution*, doc. 33, p. 124.
68 Verslag van Leybold d.d. 15-9-1924; Deuerlein, *Aufstieg*, p. 238.
69 Vgl. Sigmund, *Hitlers bester Freund*, p. 71. Franz Hemmrich beweert daarentegen (*Erinnerungen*, p. 57) dat de censuur het manuscript van *Mein Kampf* aan Hitler zou hebben teruggegeven; IfZ München, ED 153.

70 Hanfstaengl, *Zwischen Weißem und Braunem Haus*, p. 161 e.v.
71 Vgl. daarvoor Plöckinger, *Geschichte eines Buches*, p. 67 e.v.
72 Ibidem, p. 76-78, 86-89.
73 Ibidem, p. 68, 71 e.v., 85, 151. Voor de redactionele medewerking van pater Bernhard Stempfle, de hoofdredacteur van de *Miesbacher Anzeiger*, waar volgens meerdere mensen sprake van zou zijn geweest, is al evenmin bewijsmateriaal als voor de medewerking van Ernst Hanfstaengl. Vgl. ibidem, p. 129 e.v., 133-141. Niet-gepubliceerde memoires van Hanfstaengl, p. 141 e.v.; BSB München, Ana 405, doos 47. Begin maart 1925 gaf Stolzing-Cerny Gottfried Feder de drukproeven van de pagina's uit *Mein Kampf* die over hem gingen. 'Heel fraai,' luidde het commentaar. Dagboeken van G. Feder, band 6 (d.d. 5-3-1925); IfZ München, ED 74.
74 Vgl. Plöckinger, *Geschichte eines Buches*, p. 120. En verder Martynkewicz, *Salon Deutschland*, p. 424 e.v. (Brief van Elsa Bruckmann aan haar man d.d. 26-9-1926); *Monologe*, p. 206 (d.d. 16/17-1-1942).
75 Heß, *Briefe*, p. 370 (d.d. 24-10-1926). Zo nam Heß het onder meer op zich om paginatitels te formuleren, omdat Stolzing-Cerny zich hierbij in deel 1 soms 'verschrikkelijk had vergaloppeerd'. R. Heß aan zijn vader Fritz Heß, 24-10-1926; BA Bern, Nl Heß, J.1.211-1989/148, 37.
76 Heß, *Briefe*, p. 346 (d.d. 23-7-1924). Vgl. ibidem, p. 349 (d.d. 17-8-1924): 'Het verschijnen hiervan zal een zware slag voor zijn tegenstanders betekenen.'
77 Vgl. de aantallen in Plöckinger, *Geschichte eines Buches*, p. 177-182.
78 R. Heß aan zijn vader Fritz Heß, 19-4-1933; BA Bern, Nl. Heß, J1.211-1989/148, 51. De tijdrovende correcties voor de 'volksuitgave' werden verzorgd door Rudolf en Ilse Heß. Vgl. R. Heß aan zijn ouders, 16-4-1930; BA Bern, Nl Heß, J1.211-1989/148, 45. Zie voor de volgende cijfers Plöckinger, *Geschichte eines Buches*, p. 182-188, 407-413, 432-440.
79 Frank, *Im Angesicht des Galgens*, p. 46. Vgl. ook Wagener, *Hitler aus nächster Nähe*, p. 415.
80 Vgl. Ryback, *Hitlers Bücher*, p. 108. Zo kreeg Emil Maurice het tiende exemplaar van de slechts 500 exemplaren tellende beperkte prachtuitgave van 1925, met daarin de opdracht: 'Voor mijn trouwe en moedige schildknaap.' Sigmund, *Des Führers bester Freund*, p. 72 e.v. (daar op p. 73 het facsimile van de opdracht). Ook aan Winifred Wagner overhandigde Hitler tijdens een bezoek aan de Bayreuther Festspiele in 1925 een exemplaar van het eerste deel, vers van de pers, met een handgeschreven opdracht voorin. Vgl. Hamann, *Winifred Wagner*, p. 142.
81 Hitler, *Mijn Kamp*, p. 258 e.v.
82 Vgl. voor de stijl van het boek de analyse van Fest, *Hitler*, p. 291-293, waarin de intellectuele verachting van de 'halfgeleerde' echter nogal duidelijk is. Zo ook Bullock, *Hitler*, band 1, p. 118; Reuth, *Hitler*, p. 172. Van Rudolf Heß hebben we de volgende uitspraak van Hitler uit Landsberg: 'Geen mens moet Duits schrijven als hij niet eerst Schopenhauer met zijn prachtige, heldere stijl heeft gelezen.' BA Bern, Nl Heß, J1.211-1989/148, 33. Van een 'heldere stijl' is in *Mein Kampf* echter geen sprake.
83 Lurker, *Hitler hinter Festungsmauern*, p. 52; *Erinnerungen Franz Hemmrichs*, p. 28: Hitlers cel zou steeds meer op 'een kleine werkkamer van een geleerde' hebben geleken. IfZ München, ED 153. Rudolph Schüssler gaf in november 1937 aan dat hij 'het belangrijkste materiaal uit de Sternecker-tijd', dat Hitler als basis voor *Mein Kampf* nodig had, in 1924 'in twee grote pakketten naar Landsberg' had gebracht. Ernst Schulte-Strathaus, administratief medewerker van het centrale archief, aan stafchef Martin Bormann, 27-11-1937; BA Berlijn-Lichterfelde, NS 10/55.
84 O. Straßer, *Hitler und ich*, p. 78. Vgl. Ryback, *Hitlers Bücher*, p. 98 e.v. Het echtpaar Bruckmann zond Hitler in de gevangenis het werk van Chamberlain. Vgl. Martynkewicz, *Salon Deutschland*, p. 410. Voor meer over Hitlers overname van Paul de Lagarde vgl. Ulrich Sieg, 'Ein Prophet nationaler Religion. Paul de Lagarde und die völkische Bewegung', in: Friedrich Wilhelm Graf (red.), *Intellektuellen-Götter*, München 2009, p. 1-19.
85 Vgl. Ryback, *Hitlers Bücher*, p. 99-101 (citaat p. 101). Over Ford ook Reuth, *Hitler*, p. 174 e.v.

86 Vgl. Ryback, *Hitlers Bücher*, p. 126-149. Dat Hitler het werk van Madison Grant had gelezen, blijkt ook uit zijn betoog in Zirkus Krone op 6 april 1927. *Hitler. Reden Schriften Anordnungen*, band II,1, nr. 99, p. 236.
87 Vgl. Ryback, *Hitlers Bücher*, p. 172; Wagener, *Hitler aus nächster Nähe*, p. 149. Voor meer over het selectieve lezen van Hitler vgl. boven, hoofdstuk 2.
88 Vgl. voor het volgende ook de fundamentele analyse van Eberhard Jäckel, *Hitlers Weltanschauung. Entwurf einer Herrschaft. Erweiterte und überarbeitete Neuausgabe*, Stuttgart 1981. Zie ook Barbara Zehnpfennig, *Hitlers 'Mein Kampf', eine Interpretation*, 2de druk, München 2002, waarin moeite wordt gedaan de tekst 'op zichzelf begrijpelijk' te maken (p. 32).
89 Hitler, *Mijn Kamp*, p. 424.
90 Ibidem, p. 353, 355, 357.
91 Citaten achtereenvolgens ibidem, p. 423, 358, 480.
92 Ibidem, p. 358
93 *Hitler. Sämtliche Aufzeichnungen*, nr. 654, p. 1242.
94 Hitler, *Mijn Kamp*, p. 76.
95 Saul Friedländer, *Das Dritte Reich und die Juden. Die Jahre der Verfolgung 1933-1939*, München 1998, p. 87 e.v., in het bijzonder p. 104, 113 e.v.
96 Vgl. de samenstelling bij Jäckel, *Hitlers Weltanschauung*, p. 69.
97 Hitler, *Mijn Kamp*, p. 866. Vgl. de rede die Hitler hield in Zirkus Krone op 13-4-1927; *Hitler. Reden Schriften Anordnungen*, band II,1, doc. 104, p. 259 e.v.
98 Vgl. Heß, *Briefe*, p. 345 (d.d. 10-7-1924). Hipler, *Hitlers Lehrmeister*, p. 159, 207, overdrijft echter schromelijk wanneer hij Haushofer de 'geestelijke vader' van het nationaalsocialistische wereldbeeld en de 'inspirator' bij het schrijven van *Mein Kampf* noemt. Vgl. voor kritiek hierop Plöckinger, *Geschichte eines Buches*, p. 144 e.v. Vgl. verder Karl Lange, 'Der Terminus "Lebensraum" in Hitlers "Mein Kampf"', in: *Vierteljahrshefte für Zeitgeschichte*, Jg. 13 (1965), p. 426-437.
99 Vgl. Axel Kuhn, *Hitlers außenpolitisches Programm*, Stuttgart 1970, p. 115. Hitler las in Landsberg ook Haushofers boek over Japan, *Dai Nihon* uit 1913, waarin de noodzaak van de militaire strijd om het bestaan werd geïllustreerd aan de hand van het voorbeeld van Japan. Vgl. Heß, *Briefe*, p. 328 (d.d. 19-5-1924). Voor meer over de inhoud van het boek vgl. Hipler, *Hitlers Lehrmeister*, p. 29 e.v.
100 Hitler, *Mijn Kamp*, p. 169.
101 Ibidem, p. 828, 831.
102 Ibidem, p. 832.
103 Victor Klemperer, *LTI. Notizbuch eines Philologen*. 24ste, compleet herziene uitgave. Red. en commentaar van Elke Fröhlich, Stuttgart 2010, p. 34. Vgl. ook Riecker, *Hitlers 9. November*, p. 87: 'Er zijn maar weinig politici die, voordat ze aan de macht kwamen, zo openlijk hun politieke uitgangspunten beschreven en tegelijk zo'n vrijmoedig inzicht in hun gevoelslevens boden als Adolf Hitler.'
104 Vgl. Karl Lange, *Hitlers unbeachtete Maximen. "Mein Kampf" und die Öffentlichkeit*, Stuttgart 1968, p. 30, p. 144-147.
105 O. Straßer, *Hitler und ich*, p. 79 e.v.
106 Plöckinger, *Geschichte eines Buches*, p. 362. Kritisch ook Michael Wildt, *Geschichte des Nationalsozialismus*, Göttingen 2008, p. 37.
107 Geciteerd naar Plöckinger, *Geschichte eines Buches*, p. 225-227.
108 Hellmut von Gerlach, 'Duell Hitler-Schleicher', in: *Die Weltbühne*, nr. 24 d.d. 14-6-1932, p. 875 (herdruk 1978). Vgl. Plöckinger, *Geschichte eines Buches*, p. 228-240.
109 Vgl. Plöckinger, *Geschichte eines Buches*, p. 405 e.v., 424-429, 443 e.v.
110 Vgl. Heß, *Briefe*, p. 351 (d.d. 20-8-1924): 'Hij verheugt zich als een kind op zijn vrijlating op 1 oktober.'
111 *Hitler. Sämtliche Aufzeichnungen*, nr. N 26, p. 1270. Vgl. voor de betrekkingen tussen Hitler en Werlin Eberhard Reuß, *Hitlers Rennschlachten. Die Silberpfeile unterm Hakenkreuz*, Berlijn 2006, p. 40-45. Verder *Monologe*, p. 259 (d.d. 3/4- 2-1942): 'Het eerste dat ik

kocht toen ik op 20 december 1923 uit de vesting werd vrijgelaten, was de Mercedes Kompressor.'
112 *Erinnerungen Franz Hemmrichs*, p. 37; IfZ München, ED 153.
113 Deuerlein, *Aufstieg*, p. 238 e.v.
114 Gritschneder, *Bewährungsfrist*, p. 101 e.v.
115 Ibidem, p. 103-107, 114-118. Ook minister van Justitie Gürtner maakte eind september 1924 bezwaar tegen de 'voorwaardelijke gratieverlening' van Hitler en Kriebel en gaf daarvoor als belangrijkste reden de verdenking dat ze 'het contact met de opgeheven organisaties in stand hadden gehouden'. BayHStA München, Nl Held 727.
116 Hermann Fobke aan Ludolf Haase, 2-10-1924; Jochmann, *Nationalsozialismus und Revolution*, doc. 48, p. 157.
117 Vgl. Alfons Probst (parlementslid) aan minister-president Held, 22-9-1924, over de mededeling van de referendaris Josef Pultar, secretaris van de voorzitter van de Oostenrijkse Nationalrat in Wenen, d.d. 16-9-1924; BayHStA München, Nl Held 731. Verslag in de *Regensburger Anzeiger*, nr. 259 d.d. 7-11-1924: *Hitlers Staatsangehörigkeit* (met handgeschreven bijschrift van de zoon van Held); ibidem, Nl Held 730. Vgl. ook Deuerlein, *Aufstieg*, p. 239 e.v.; Donald Cameron Watt, 'Die bayerischen Bemühungen um Ausweisung Hitlers 1924', in: *Vierteljahrshefte für Zeitgeschichte*, Jg. 6 (1958), p. 270-280.
118 *Hitler. Sämtliche Aufzeichnungen*, nr. 664, p. 1246 e.v. (d.d. 16-10-1924). Vgl. Heß, *Briefe*, p. 353 (d.d. 14-10-1924): Oostenrijk zou 'de tribuun zijn staatsburgerschap hebben ontnomen [...]. Wij lachen ons een ongeluk!'
119 Vgl. Plöckinger, *Geschichte eines Buches*, p. 74 e.v.; Jetzinger, *Hitlers Jugend*, p. 279 e.v. (daar ook op p. 272 het facsimile van Hitlers verzoekschrift d.d. 7-4-1925).
120 Vgl. Gritschneder, *Bewährungsfrist*, p. 119-130. Het telegram van het Openbaar Ministerie München I aan de directie van de vesting Landsberg d.d. 20-12-1924 in BA Berlijn-Lichterfelde NS 26/67.
121 Dagboeken van G. Feder, band 6 (d.d. 8-12-1924): 'Zware nederlaag' voor de nationaalsocialisten; IfZ München, ED 874.
122 Maria Hof aan minister-president Held, 16-12-1924; BayHStA München, Nl Held 729.
123 *Monologe*, p. 260 (d.d. 3/4- 2-1942). Op 18 november 1938 bezocht Hitler de vesting Landsberg en beval hij zijn adjudant Brückner de beide gevangenbewaarders die hij nog persoonlijk had gekend, een cadeau te geven. Dagelijkse aantekeningen van Max Wünsch d.d. 18-11-1938; BA Berlijn-Lichterfelde, NS 10/125.
124 Heß, *Briefe*, p. 359 (d.d. 20-12-1924). Vgl. Dagboek van Rudolf Buttmann d.d. 20-12-1924: Hij beweert dat directeur Leybold Straßer niet eens had toegelaten onder verwijzing naar een verzoek van Hitler af te zien van 'afhaalfeestelijkheden'. BayHStA München, Nl Buttmann 82. Vgl. R. Heß aan I. Pröhl, 11-12-1924: 'Hij [Hitler] moet sommige dingen weer van voren af aan beginnen. Het is niet zo vreemd dat hij zo nu en dan het liefst alles uit zijn handen zou laten vallen [...].' BA Bern, Nl Heß, J1.211-1989/148, 33.
125 Vgl. dagboekaantekening van Rudolf Buttmann over een gesprek bij de Bechsteins in Berlijn op 19-6-1925, waarbij Hitler zich uitliet over 'zijn teleurstelling over Ludendorff sinds de nacht van 8-9 november 1923, omdat hij toen het drietal had laten ontsnappen.' BayHStA München, Nl Buttmann 82.
126 Heß, *Briefe*, p. 357 (d.d. 11-12-1924).
127 Vgl. Hoffmann, *Hitler wie ich ihn sah*, p. 41 e.v.; Heydecker, *Hoffmann-Erinnerungen*, p. 61 e.v.; Herz, *Hoffmann & Hitler*, p. 95.
128 *Monologe*, p. 260 (d.d. 3/4- 2-1942).
129 Martynkewicz, *Salon Deutschland*, p. 409-411.
130 Hanfstaengl, *Zwischen Weißem und Braunem Haus*, p. 163 e.v. Vgl. ook de beschrijving van die kerstavond in de niet-gepubliceerde memoires van Hanfstaengl, p. 128 e.v.; BSB München, Nl Hanfstaengl Ana 405, doos 47.
131 Eerste rondschrijven aan de leiders van de plaatselijke afdelingen en vertrouwensmannen in Beieren van de DVB, 31-12-1924; BA Berlijn-Lichterfelde, NS 26/88.
132 Emil Hamm aan Hermann Fobke, 11-1-1925; Plöckinger, *Geschichte eines Buches*, p. 65.

133   BayHStA München, Nl Held 730. Vgl. Adalbert Volck aan Hermann Fobke, 15-1-1925: 'Hitler moest voor het einde van het jaar iets van zich laten horen. Nu melden zich de weifelaars, ruziezoekers.' BA Berlijn-Lichterfelde, NS 26/899.

8   Een Führer wacht af

1   Hanfstaengl, *Zwischen Weißem und Braunem Haus*, p. 167. In de niet-gepubliceerde memoires van Hanfstaengl (p. 125) stond oorspronkelijk te lezen: 'De volgende keer val ik niet van het koord.' BSB München, Nl Hanfstaengl Ana 405, doos 47.
2   *Hitler. Reden Schriften Anordnungen*, band I, doc. 50, p. 99 (d.d. 12-6-1925).
3   Ibidem, doc. 51, p. 102 (d.d. 14-6-1925). Vgl. ibidem, doc. 54, p. 105 (d.d. 5-7-1925), doc. 55, p. 116 (d.d. 8-7-1925): 'Daarom is deze stad voor mij ook de heilige grond van de beweging.'
4   Vgl. Peter Longerich, *Deutschland 1918–1933. Die Weimarer Republik*, Hannover 1995, p. 160 e.v.; 231 e.v.; Winkler, *Weimar*, p. 306 e.v.
5   Vgl. voor het volgende ook Peter Gay, *Die Republik der Außenseiter. Geist und Kultur der Weimarer Zeit 1918–1933*. Nieuwe druk, Frankfurt am Main; 2004; Ursula Büttner, *Weimar. Die überforderte Republik 1918–1933*, Stuttgart 2008, p. 298 e.v.; Peter Hoeres, *Die Kultur von Weimar. Durchbruch der Moderne*, Berlijn-Brandenburg 2008, p. 84 e.v.
6   Haffner, *Geschichte eines Deutschen*, p. 72; vgl. Jürgen Peter Schmied, *Sebastian Haffner. Eine Biographie*, München 2010, p. 30.
7   *Bayerischer Anzeiger* nr. 16 d.d. 21-1-1925; BayHStA München, Nl Held 730.
8   Heß, *Briefe*, p. 364 (d.d. 2-3-1925). Vgl. Dagboeken van G. Feder, band 7 (d.d. 13-3-1925): 'Hitler in Berlijn [...]. Vol optimisme en kracht.' IfZ München, ED 874. Rudolf Heß was op 30-12-1924 uit Landsberg vrijgelaten en had dankzij bemiddeling van Karl Haushofer in eerste instantie een parttime aanstelling bij de 'Deutsche Akademie' gekregen. Uiteindelijk koos hij toch liever voor de 'vertrouwenspositie' bij Hitler, ook omdat die beter betaalde. R. Heß aan Klara Heß, 11-1-1925; BA Bern, Nl Heß, J1.211 -1989/148, 35, Heß, *Briefe*, p. 366 (d.d. 24-4-1925).
9   O. Straßer, *Hitler und ich*, p. 82. Het voorafgaande citaat: *Bayerischer Anzeiger* nr. 6 d.d. 9-1-1925; BayHStA München, Nl. Held 730. Gregor Straßer stelde tijdens een zitting van het Beierse Völkische Block in de Landdag op 12 januari dat Pöhner Hitler een introductie tot Held had bezorgd. Dagboek van R. Buttmann d.d. 12-1-1925; BayHStA München, Nl Buttmann 82.
10   *Hitler. Reden Schriften Anordnungen*, band I, doc. 1 en 2, p. 1-6 (citaat p. 5). Hitler had Gregor Straßer vooraf een stencil van de oproep toegestuurd met de opmerking 'dat hij pas vanaf vandaag weer een politiek persoon zou zijn'. Dagboek van R. Buttmann d.d. 26-2-1925; BayHStA München, Nl Buttmann 82.
11   *Hitler. Reden Schriften Anordnungen*, band I, doc. 4, p. 7-9 (citaat p. 9).
12   Ibidem, doc. 6, p. 14-28 (citaten respectievelijk p. 20, 21, 27). Als een 'meesterlijke mix van zuivere demagogie [...] en zuivere vaderlandsliefde', zo typeerde Gottfried Feder Hitlers redevoering. Dagboeken van G. Feder, band 7 (d.d. 27-2-1925); IfZ München, ED 874.
13   Heß, *Briefe*, p. 363 (d.d. 2-3-1925); vgl. Dagboek van R. Buttmann d.d. 27-2-1925; BayHStA München, Nl Buttmann 82; Hamann, *Winifred Wagner*, p. 134 e.v.
14   Vgl. Mathias Rösch, *Die Münchner NSDAP 1925–1933. Eine Untersuchung zur inneren Struktur der NSDAP in der Weimarer Republik*, München 2002, p. 170-174. Voor meer over de oprichting van de nationaalsocialistische fractie in de Beierse Landdag vgl. de dagboeknotities van Rudolf Buttmann d.d. 22-9-, 24-9-, 27-9-1925; BayHStA München, Nl Buttmann 83. Zie voor meer over de rol van Buttmann ook Susanne Wanninger, 'Dr. Rudolf Buttmann – Parteimitglied Nr. 4 und Generaldirektor der Münchner Staatsbibliothek', in Krauss (red.), *Rechte Karrieren in München*, p. 80-94. De verschillende deelstaatafdelingen van de Nationalsozialistische Arbeitsgemeinschaft in Noord-Duitsland schikten zich eind februari 1925 onder de nieuw opgerichte NSDAP. Zie het rondschrijven van Ludolf Haase d.d. 26-2-1925; BA Berlijn-Lichterfelde, NS 26/899.
15   *Hitler. Reden Schriften Anordnungen*, band I, doc. 6, p. 20.

16 Müller, *Im Wandel einer Welt*, p. 301. Vgl. Martynkewicz, *Salon Deutschland*, p. 412-414; Käfer, *Hitlers frühe Förderer*, p. 63.
17 Dagboek R. Buttmann d.d. 5-2-1925; BayHStA München, Nl Buttmann 82. Tegenover de afdelingshoofden van het Völkische Block verklaarde Ludendorff op 25-1-1925 dat Hitlers inspanningen gericht waren op 'het vormen van een arbeiders-, dat wil zeggen klassenstrijd-partij. Aan dat soort "vuilakkerij" wilde hij niet meewerken.' Dagboek van R. Buttmann d.d. 26-1-1925; ibidem.
18 *Hitler. Reden Schriften Anordnungen*, doc. 14-16, p. 40-47; doc. 19-39, p. 52-72 (citaat p. 59).
19 Ibidem, doc. 40, p. 73 (d.d. 4-4-1925).
20 Hanfstaengl, *Zwischen Weißem und Braunem Haus*, p. 180. Volgens de niet-gepubliceerde memoires van Hanfstaengl zou Hitler tevreden hebben gezegd: 'Eindelijk zijn we van hem af.' BSB München, Nl Hanfstaengl Ana 405, doos 47. Vgl. interview met Hermann Esser d.d. 13-3-1964, band I: 'Hitler was natuurlijk in zijn nopjes. Daarmee was de zaak voor hem afgedaan.' BayHStA München, Nl Esser.
21 Dagboek Escherich, terugblik april 1925; BayHStA München, Nl Escherich 12.
22 *Hitler. Reden Schriften Anordnungen*, band I, doc. 42, p. 76 e.v. (d.d. 28-4-1925). Vgl. ook R. Heß aan zijn ouders, 24-4-1925: 'Voor de tribuun zal nu toch ook een aantal obstakels zijn weggenomen, en dat zou zelfs beslissend kunnen zijn.' BA Bern, Nl Heß, J1.211-1989/148, 35.
23 Vgl. Bettina Amm, *Die Ludendorff-Bewegung. Vom nationalsozialistischen Kampfbund zur völkischen Weltanschauungssekte*, Hamburg 2006.
24 *Hitler. Reden Schriften Anordnungen*, band I, doc. 4, p. 9. Vgl. voor wat volgt Longerich, *Die braunen Bataillone*, p. 45-52; Verslag van het gesprek met Franz Pfeffer von Salomon d.d. 20-2-1953; IfZ München, ZS 177.
25 Dagboek van R. Buttmann d.d. 21-2-1925; BayHStA München, Nl Buttmann 82. Vgl. voor het volgende Udo Kissenkoetter, *Gregor Straßer und die* NSDAP, Stuttgart 1978, S. 16-22; idem: 'Gregor Straßer', in Ronald Smelser/Rainer Zitelmann (red.), *Die Braune Elite. 22 biographische Skizzen*, Darmstadt 1989, p. 273 e.v.
26 Gregor Straßer aan Joseph Goebbels, 11-11-1925; Tyrell, *Führer befiehl*, doc. 46, p. 115.
27 Ibidem, doc. 50a, p. 121.
28 Vgl. Hinrich Lohse, *Der Fall Straßer. Denkschrift* z.d. (ca. 1952); IfZ München, ZS 265. Cijfers overgenomen uit Kershaw, *Hitler*, band I, p. 348.
29 Geciteerd naar Ralf Georg Reuth, *Goebbels*, München-Zürich 1990, p. 76 e.v.; vgl. ook Peter Longerich, *Joseph Goebbels*, München 2010, p. 21 e.v. Vgl. Goebbels, *Tagebücher*, deel I, band 1/I, p. 108 (d.d. 20-3-1924): 'Hitler is een idealist, die begeesterd is. Ik lees zijn redevoeringen en laat me erdoor meeslepen naar de sterren.'
30 Goebbels, *Tagebücher*, deel I, band 1/I, p. 353 (d.d. 11-9-1925).
31 Ibidem, p. 344 (d.d. 21-8-1925).
32 Aldus het verslag van Hermann Fobke over de oprichting van de Arbeitsgemeinschaft Nord-West, 11-9-1925; Jochmann, *Nationalsozialismus und Revolution*, doc. 66, p. 207-211 (citaat p. 209).
33 Ibidem, doc. 67, p. 213. Vgl. ook Gerhard Schildt, *Die Arbeitsgemeinschaft Nord-West. Untersuchungen zur Geschichte der* NSDAP *1925/26*, Diss. Freiburg 1964, p. 105-114.
34 Goebbels, *Tagebücher*, deel I, band 1/I, p. 365 (d.d. 14-10-1925). Voor meer over de bijeenkomst van Gauleiter in Weimar op 12-7-1925 vgl. ibidem, p. 326 (d.d. 14-7-1925); Dagboeken van G. Feder, band 7 (d.d. 12-7-1925); IfZ München, ED 874.
35 Goebbels, *Tagebücher*, deel I, band 1/I, p. 375 (d.d. 6-11-1925). Op 20 november 1925 ontmoetten Hitler en Goebbels elkaar weer tijdens een bijeenkomst in Plauen. Opnieuw noteerde Goebbels: 'Hij begroet me als een oude vriend. Hij koestert me. Wat ben ik gek op die man! Wat een vent!' Ibidem, p. 379 (d.d. 23-11-1925).
36 Uittreksel uit Straßers ontwerpprogramma in Tyrell, *Führer befiehl*, doc. 49a, p. 119; compleet afgedrukt in Reinhard Kühnl, 'Zur Programmatik der nationalsozialistischen Linken: Das Straßer-Programm von 1925/26', in *Vierteljahrshefte für Zeitgeschichte*, jg. 14 (1966), p. 317-333.

37 Vgl. Tyrell, *Führer befiehl*, doc. 48, p. 117-119.
38 Vgl. Schildt, *Arbeitsgemeinschaft*, p. 140-153. Dat Feder onverwacht zou zijn verschenen, zoals Goebbels dat in zijn dagboek schrijft (deel I, band 1/I, p. 48 d.d. 25-1-1926), daar kan geen sprake van zijn, want Feder had zijn komst in een brief van 23 december 1925 aan Goebbels al aangekondigd. Vgl. Longerich, *Goebbels*, p. 79.
39 *Monologe*, p. 259 (d.d. 3/4-2-1942). Vgl. ibidem, p. 307 (d.d. 28-2/1-3-1942). Zie ook Hamann, *Winifred Wagner*, p. 138-142; Elsa Bruckmann aan Hitler, Bayreuth, 25-7-1925; Kopie in BA Koblenz, N 1128/30. Tijdens een NSDAP-bijeenkomst in Bayreuth op 29-7-1925 verklaarde Hitler: 'Al sinds mijn jeugd wilde ik de Wagnerfestspiele kunnen bezoeken. Die wens was nu in vervulling gegaan.' *Hitler. Reden Schriften Anordnungen*, band I, doc. 58, p. 139.
40 Vgl. dagboekaantekeningen van Rudolf Buttmann, die Hitler in september 1925 drie keer bezocht in Berchtesgaden. Op 25 september klaagde Alfred Rosenberg, de hoofdredacteur van de *Völkischer Beobachter*, dat hij Hitler al anderhalve maand niet meer had gezien: 'Belangrijke brieven zijn nog altijd niet beantwoord.' Op de avond van 26 september kwam Hitler naar Neurenberg, om de volgende dag deel te nemen aan de 'Duitse Dag' in Fürth. Daarna schijnt hij te zijn teruggekeerd naar München. Buttmann had op 14 oktober zijn eerste bespreking met hem op het kantoor in München. Op 18 december verklaarde Hitler dat hij tot april in München wilde blijven 'om organisatorische werkzaamheden te verrichten'. Dagboek van R. Buttmann d.d. 4-9-, 11-9-, 18-9-, 25-9-, 26-9-, 27-9-, 14-10-, 18-12-1925; BayHStA München, Nl Buttmann 83.
41 *Hitler. Reden Schriften Anordnungen*, band I, doc. 74, p. 175.
42 Vgl. Gregor Straßer aan Joseph Goebbels, 8-1-1926 met de mededeling dat Feder het ontwerpprogramma had ontvangen en 'Hitler wil aanscherpen'. Jochmann, *Nationalsozialismus und Revolution*, doc. 71, p. 220. Na de tweede bijeenkomst in Hannover bracht Feder Hitler en Heß op 30-1-1926 op de hoogte van 'Straßers aanslag'. Hitler was het eens met Feders 'vernietigende kritiek' op Straßers ontwerpprogramma. Dagboeken van G. Feder, band 8 (d.d. 30-1-1926); IfZ München, ED 874. Vgl. ook R. Buttmann aan zijn vrouw, 11-2-1926: 'Straßer heeft een ontwerpprogramma, [...] dat naar men zegt verschrikkelijk is.' BayHStA München, Nl Buttmann 63,2.
43 Goebbels, *Tagebücher*, deel I, band 1/II, p. 52 (d.d. 6-2-1926).
44 Ibidem, p. 53 (d.d. 11-2-1926).
45 *Hitler. Reden Schriften Anordnungen*, band I, doc. 101, S. 294-296 (v. 14-2-1926); Hinrich Lohse, *Der Fall Straßer. Denkschrift* z.d. (ca. 1952); IfZ München, ZS 265. R. Buttmann, die slechts met tegenzin had deelgenomen aan de bijeenkomst in Bamberg en 's avonds met Straßer en Esser mee teruggreed naar München, noteerde dat Hitler zich vooral had gekeerd 'tegen Straßers steun voor dat gerommel met het bezit van de vorsten en diens fantasieën op het gebied van de buitenlandse politiek', Dagboek van R. Buttmann d.d. 14-2-1926; BayHStA München, Nl Buttmann 83: R. Buttmann aan zijn vrouw, 9-2-1926; ibidem, Nl Buttmann 63,2. Voor de bijeenkomst in Bamberg, vgl. Schildt, *Arbeitsgemeinschaft*, p. 155-165.
46 Goebbels, *Tagebücher*, deel I, band 1/II, p. 55 (d.d. 15-2-1926).
47 Ibidem, p. 55 (d.d. 15-2-1926). G. Feders dagboeken, band 8 (d.d. 14-2-1926): 'Hitler serveert ons ongenadig zin voor zin af.' IfZ München, ED 874.
48 BA Berlijn-Lichterfelde, NS 26/900; vgl. ook Jochmann, *Nationalsozialismus und Revolution*, doc. 74, p. 225 (d.d. 5-3-1926).
49 Vgl. Fest, *Hitler*, p. 342.
50 *Hitler. Reden Schriften Anordnungen*, band II,1, doc. 29, p. 64. Vgl. Kissenkoetter, *Gregor Straßer und die* NSDAP, p. 31.
51 Interview met Hermann Esser d.d. 16-3-1964, Bd. I; BayHStA München, Nl Esser.
52 Vgl. ook de volgende citaten van Goebbels, *Tagebücher*, deel I, band 1/II, p. 71-73 (d.d. 13-4-1926).
53 Ibidem, p. 76 (d.d. 19-4-1926).
54 Ibidem, p. 96 (d.d. 16-6-1926).

55 Ibidem, p. 111 e.v. (d.d. 23 en 24-7-1926). In december 1926 gaf Hitler Goebbels 'het eerste exemplaar' van het tweede deel van *Mein Kampf* cadeau. Goebbels las het op de terugweg naar Berlijn 'met koortsachtige spanning': 'De echte Hitler, hoe hij is! Soms wil ik het wel uitgillen van vreugde.' Ibidem, p. 159 (d.d. 12-12-1926).
56 Ibidem, p. 89 (d.d. 24-5-1926): 'Ik word ten overstaan van iedereen de hemel in geprezen.' Over de algemene ledenvergadering van 22-5-1926 vgl. *Hitler. Reden Schriften Anordnungen*, band I, doc. 143-146, p. 428-465 (citaten respectievelijk p. 437, 461, 464, 441, 444).
57 Goebbels, *Tagebücher*, deel I, band 1/II, p. 103 (d.d. 6-7-1926). Over de partijdagen in Weimar, 3/4-7-1926, vgl. *Hitler. Reden Schriften Anordnungen*, Bd. II/1, doc. 3-7, p. 4-25; Dagboeken van G. Feder band 8 (d.d. 3/4-7-1926); IfZ München, ED 874. Volgens Rudolf Buttmann was in Weimar voor het eerst 'de nieuwe groet' te zien. Dagboek van R. Buttmann d.d. 4-7-1926; BayHStA Müchen, Nl Buttmann 83. En verder Volker Mauersberger, *Hitler in Weimar. Der Fall einer deutschen Kulturstadt*, Berlijn 1999, p. 222-228.
58 Geciteerd naar Horn, *Der Marsch zur Machtergreifung*, p. 276.
59 Cijfers overgenomen uit Deuerlein, *Aufstieg*, p. 254, 291; Kershaw, *Hitler*, band I, p. 846, noot 250; Herbst, *Hitlers Charisma*, p. 224.
60 Rösch, *Die Münchner* NSDAP, p. 213, 529. Vgl. Heusler, *Das Braune Haus*, p. 110, 123. Hitlers bewering tijdens een NSDAP-bijeenkomst van 13-4-1926 dat 'de partij zowel in München als ook daarbuiten een onafgebroken sterke toename van het aantal leden te verwerken kreeg', was duidelijk onwaar. *Hitler. Reden Schriften Anordnungen*, band I, doc. 123, p. 375.
61 Vgl. Rösch, *Die Münchner* NSDAP, p. 206 e.v., 210 e.v., 530.
62 R. Buttmann aan zijn vrouw, 3-2-1927; BayHStA München, Nl Buttmann 63,2. Vgl. Goebbels, *Tagebücher* deel I, band I/II, p. 179 (d.d. 5-2-1927): 'Hitler zou kwaad op mij zijn. Dat wil ik dan wel eens zien.'
63 Vgl. voor de verkiezingsresultaten Jürgen Falter/Thomas Lindenberger/Siegfried Schumann, *Wahlen und Abstimmungen in der Weimarer Republik Materialien zum Wahlverhalten 1919-1931*, München 1986, p. 98, 108, 111.
64 Heß, *Briefe*, p. 375 (d.d. 23-1-1927). Vgl. R. Heß aan I. Pröhl, 23-1-1927: '[...] de tribuun is er zelf van overtuigd dat dit zijn grote jaar wordt. Vandaag straalde hij weer: "Heß, u zult zien, ik vergis me niet!!"' BA Bern, Nl Heß, J1.211-1989/148, 39. Al in november 1925 had Hitler verklaard 'dat hij een geweldige groei van de beweging "voelde aankomen" voor het jaar 26'. Dagboek van R. Buttmann d.d. 14-11-1925; BayHStA München, Nl Buttmann 83.
65 Geciteerd naar Large, *Hitlers München*, p. 274.
66 Theodor Heuss, *Politik. Ein Nachschlagewerk für Theorie und Praxis*, Halberstadt 1927 p. 138; geciteerd naar Rösch, *Die Münchner* NSDAP, p. 533.
67 Clemens, *Herr Hitler in Germany*, p. 118.
68 Deuerlein, *Aufstieg*, p. 269-279 (citaten p. 270, 271, 272). Over het 'lange wachten' op Hitler vgl. dagboek van R. Buttmann d.d. 9-3-1925; BayHStA München, Nl Buttmann 83. De *Völkischer Beobachter* publiceerde op 11-3-1927 slechts een relatief kort verslag van de bijeenkomst (*Hitler. Reden Schriften Anordnungen*, Bd. II/1, doc. 884, p. 179-181), omdat de stenografe haar aantekeningen had verloren. Vgl. Heiden, *Hitler. Das Zeitalter der Verantwortungslosigkeit*, p. 226.
69 Vgl. voor de cijfers *Hitler. Reden Schriften Anordnungen*, band II, 1, doc. 94, 96, 99, p. 221, 227, 235. Het citaat ibidem, p. 235, noot 3.
70 Ibidem, band I, doc. 94, 121, p. 252, 371 (d.d. 16-12-1925 en 11-4-1926).
71 Ibidem, doc. 128, p. 397 (d.d. 17-4-1926).
72 Ibidem, doc. 48, 94, p. 87, 250.
73 Ibidem, band II,1, doc. 104, p. 265 (d.d. 13-4-1927); ibidem, band II, 2, doc. 258, p. 779, 789 (d.d. 17-4-1928).
74 Ibidem, band I, doc. 112, p. 354 (d.d. 18-3-1926); band II, 2, doc. 199, p. 560 (d.d. 27-11-1927), doc. 224, p. 654 (d.d. 26-1-1928); band III, 1, p. 21 (d.d. 13-7-1928): 'Kijk nu toch eens naar onze cultuur: negerdans, shimmy, jazzband, dat verschrikkelijke kubisme, dadaïsme,

een bedorven literatuur, een erbarmelijk theater, een miserabele cinema, waar we ook kijken, wordt de cultuur vernietigd.'

75 Ibidem, band I, doc. 61, p. 145 (d.d. 15-8-1925).
76 Ibidem, band I, doc. 26, p. 57 (d.d. 25-3-1925), doc. 145, p. 475 (d.d. 22-5-1926); band II,1, doc. 152, p. 395 (d.d. 26-6-1927). Voor meer over het vulgaire antisemitisme dat Goebbels in het vanaf juli 1927 verschijnende weekblad *Der Angriff* propageerde, vgl. Longerich, *Goebbels*, p. 102-104. De hetze was vooral gericht tegen de tweede man van de politie in Berlijn, dr. Bernhard Weiß, die werd belasterd als 'Isidor Weiß'. Vgl. Dietz Bering, *Kampf um Namen. Bernhard Weiß gegen Joseph Goebbels*, Stuttgart 1991, p. 241 e.v.
77 Hitler. *Reden Schriften Anordnungen*, band II,1, doc. 146, p. 369 (d.d. 13-6-1927); band II,2, doc. 235, p. 674 (d.d. 24-2-1928).
78 Ibidem, band I, doc. 103, p. 297-330 (citaten p. 298, 315, 318, 319 e.v., 325). Vgl. Werner Jochmann, *Im Kampf um die Macht. Hitlers Rede vor dem Hamburger Nationalklub von 1919*, Frankfurt am Main 1960; Manfred Asendorf, 'Hamburger Nationalklub, Keppler-Kreis, Arbeitsstelle Schacht und der Aufstieg Hitlers', in 1999. *Zeitschrift für Sozialgeschichte des 19. und 20. Jahrhunderts*, jrg. 2 (1987), p. 106-150, in het bijzonder p. 107-113; en verder Kershaw: *Hitler*, band I, p. 367-369. Ook tijdens zijn optreden voor industriëlen in hotel Düsseldorfer Hof in het Rijnlandse Königswinter, op 1-12-1926, vermeed Hitler elk antisemitisch geluid en 'hield hij een beheerste en tamelijk saaie rede'. Verslag van Wilhelm Breucker d.d. 22-10-1956; IfZ München, ZS 1193.
79 Hitler. *Reden Schriften Anordnungen*, band II,1, doc. 80, p. 158 (d.d. 20-2-1927). De voorafgaande citaten ibidem, doc. 94, p. 225 (d.d. 30-3-1927); doc. 62, p. 111 (d.d. 1-1-1927).
80 Ibidem, band I, doc. 57, p.136 (d.d. 15-7-1925), doc. 78, p. 202 (d.d. 8-10-1925), doc. 147, p. 466 (d.d. 30-5-1926).
81 Ibidem, band II,2, doc. 168, p. 495 (d.d. 21-8-1927).
82 Ibidem, band I, doc. 94, p. 240 (d.d. 16-12-1925); band II,1, doc. 7, p. 19 e.v. (d.d. 4-7-1926).
83 Ibidem, band II,1, doc. 83, p. 167 (d.d. 6-3-1927); doc. 102, p. 247 (d.d. 9-4-1927).
84 Ibidem, band II,2, doc. 197, p. 559 (d.d. 24-11-1927); doc. 230, p. 662 (d.d. 1-2-1928).
85 Ibidem, band I, doc. 136, p. 418 (d.d. 22-4-1926); doc. 94, p. 261 (d.d. 16-12-1925).
86 Tyrell, *Führer befiehl*, p. 168-173 (citaat p. 173).
87 Goebbels, *Tagebücher*, deel I, band 1/III, p. 103 (d.d. 16-10-1928).
88 Hitler. *Reden Schriften Anordnungen*, band I, doc. 78, p. 203, p. 199 (d.d. 28-10-1925).
89 Hanfstaengl, *Zwischen Weißem und Braunem Haus*, p. 190.
90 Hitler. *Reden Schriften Anordnungen*, band I, doc. 92, p. 237 (d.d. 12-12-1925); band II,1, doc. 59, p. 106 (d.d. 18-12-1926). Vgl. band III,1, doc. 65, p. 350 (d.d. 11-12-1928): 'We willen de strijd precies zo voeren als deze Vredevorst ons toen heeft geleerd.' In een rede tijdens een SS-bijeenkomst in München op 5-12-1930 verklaarde Hitler dat de nationaalsocialisten in hun 'politieke handelen principes verdedigen waarvoor Christus ooit werd geboren, waarvoor Hij vervolgd werd en waarvoor Hij door de Joden aan het kruis is geslagen'. Ibidem, band IV,1, doc. 38, p. 149.
91 Ibidem, band I, doc. 18, p. 51 (d.d. 22-5-1925); band II,2, doc. 190, p. 544 (d.d. 9-11-1927), doc. 278, p. 844 (d.d. 19-5-1928).
92 Ibidem, band I, doc. 129, p. 398 (d.d. 7-4-1926); band II,1, doc. 140, p. 341 (d.d. 3-6-1927). Vgl. voor het nationaalsocialisme als politieke religie Michael Burleigh, *Die Zeit des Nationalsozialismus. Eine Gesamtdarstellung*, Frankfurt am Main 2000, p. 140-144 (Ned. vert. *Het Derde Rijk – een nieuwe geschiedenis*); Herbst, *Hitlers Charisma*, p. 196-198, 207. Zie voor meer over Hitlers inpalmen van het christendom ook Michael Rissman, *Hitlers Gott. Vorsehungsglaube und Sendungsbewusstsein eines deutschen Diktators*, Zürich-München 2001, p. 29-33.
93 Hitler. *Reden Schriften Anordnungen*, band I, doc. 1, p. 3 (d.d. 26-2-1925).
94 Ibidem, band II,2, doc. 183, p. 515 (d.d. 30-9-1927).
95 Tyrell, *Führer befiehl*, doc. 78d, p. 203-205 (citaten p. 204). Ook in Hitler. *Reden Schriften Anordnungen*, band III,1, doc. 4, p 23-26.
96 Heß, *Briefe*, p. 386 (d.d. 20-11-1927).

97   Tyrell, *Führer befiehl*, Nr. 65, p. 169, 171. Vgl. ook *Hitler. Reden Schriften Anordnungen*, band II,1, doc. 159, p. 414 e.v.
98   Ibidem, band I, doc. 159, p. 482 (d.d. 24-6-1926). Vgl. voor het 'geval-Woltereck' Rösch, *Die Münchner* NSDAP, p. 206.
99   *Hitler. Reden Schriften Anordnungen*, band II,1, doc. 130, p. 321. Voor meer over de opstand van de SA in München, vgl. Rösch, *Die Münchner* NSDAP, p. 157-165.
100 Heß, *Briefe*, p. 375 (d.d. 23-1-1927). Vgl. Wagener, *Hitler aus nächster Nähe*, p. 44; Tyrell, *Führer befiehl*, p. 148.
101 Aldus Hanfstaengl, *Zwischen Weißem und Braunem Haus*, p. 182.
102 Herz, *Hoffmann & Hitler*, p. 162-169 (citaat p. 163). Vgl. Schmölders, *Hitlers Gesicht*, p. 106.
103 Tyrell, *Führer befiehl*, doc. 57b, p. 156 (d.d. 3-7-1926). In een brief aan Heß' verloofde Pröhl van 16-11-1927 schreef Goebbels over een ontmoeting met Hitler in Neurenberg een dag eerder: 'Wat een man is het toch! Ik zou haast jaloers op u kunnen worden omdat u steeds in zijn nabijheid kunt verkeren. Wij kunnen met recht trots op hem zijn.' BA Bern, Nl Heß, J1.211-1993/300, doos 5. Vgl. Goebbels, *Tagebücher*, deel I, band 1/II, p. 291 (d.d. 16-11-1927): 'Wat is hij toch geweldig helder in zijn visies.' Vgl. voor enscenering van de Führercultus door Goebbels ook Friedrich, *Die missbrauchte Hauptstadt*, p. 200-204.
104 Heß, *Briefe*, p. 386 (d.d. 20-11-1927).
105 *Hitler. Reden Schriften Anordnungen*, band II,2, doc. 166, p. 485-487 (citaat p. 486).
106 Verslag van de rijkscommissaris voor de openbare orde over de NSDAP-partijdag in Neurenberg d.d. 19 tot 21-8-1927; Deuerlein, *Aufstieg*, p. 279-285 (citaat p. 280). Vgl. Dagboeken van G. Feder, band 9 (d.d. 21-8-1927): 'De gehele SA marcheert voorbij. Versierd met bloemen juichen ze de Führer toe. Hitler moet een geweldige tijd hebben gehad.' IfZ München, ED 874. En zo ook Goebbels, *Tagebücher*, deel I, band 1/II, p. 258 (d.d. 22-8-1927). Het programma van de partijdag in BA Berlijn-Lichterfelde, NS 26/390.
107 Daniel Siemens, *Horst Wessel. Tod und Verklärung eines Nationalsozialisten*, Berlijn 2009, p. 72.
108 Tyrell, *Führer befiehl*, doc. 68d, p. 185.
109 *Hitler. Reden Schriften Anordnungen*, band II,2, doc. 181, p. 514, doc. 216, p. 595, doc. 264, p. 794.
110 R. Heß aan zijn ouders, 9-6-1925; BA Bern, Nl Heß, J1.211-1989/148, 35. Vgl. *Hitler. Reden Schriften Anordnungen*, band I, doc. 52, p. 103. Vgl. ibidem, doc. 135, p. 416 (d.d. 21-4-1926).
111 Ibidem, band II,2, doc. 11/12, p. 583 (d.d. 2-1-1928). Vgl. voor Straßers hervormingen van de partij Kissenkoetter, *Gregor Straßer und die* NSDAP, p. 34-40.
112 Vgl. voor meer over deze voorloperorganisaties Herbst, *Hitlers Charisma*, p. 244 e.v.; Rösch, *Die Münchner* NSDAP, p. 133-137. Voor meer over de Kampfbund Kultur zie Martynkewicz, *Salon Deutschland*, p. 439 e.v.
113 Vgl. voor meer over deze generatie van de oorlogsjeugd, de 'Kriegsjugendgeneration', Ulrich Herbert, '"Generation der Sachlichkeit". Die völkische Studentenbewegung der frühen zwanziger Jahre', in Frank Bajohr/Werner Johe/Uwe Lohalm (red.), *Zivilisation und Barbarei. Die widersprüchlichen Potentiale der Moderne*, Hamburg 1991, p. 115-144.
114 Vgl. voor fundamentele beschouwingen over Himmler en de ontwikkeling van de SS Longerich, *Himmler*, p. 18-125.
115 Vgl. Stefan Frech, *Wegbereiter Hitlers? Theodor Reismann-Grone. Ein völkischer Nationalist (1863–1949)*, Paderborn 2009, p. 263-267, 285 e.v. Over Hitlers rede van 18-6-1926, *Hitler. Reden Schriften Anordnungen*, band I, doc. 157, p. 478-489 (citaten p. 480). Vgl. Goebbels, *Tagebücher*, deel I, band 1/II, p. 97 (d.d. 19-6-1926): 'Gisteren sprak Hitler in Essen voor de industrie. Fantastisch! […] Hitler weet overal de juiste toon aan te slaan.'
116 Heß, *Briefe*, p. 380 (d.d. 27-4-1927). Vgl. R. Heß aan I. Pröhl, 29-4-1927: '[…] je had je in Zirkus Krone kunnen wanen in plaats van onder onverstoorbare industriëlen.' BA Bern, Nl Heß, J1.211-1989/148, 39. Voor Hitlers rede van 25-4-1927, zie *Hitler. Reden Schriften Anordnungen*, band II,1, doc. 112, p. 285 e.v.
117 Ibidem, band II,2, doc. 174, p. 501-509 (citaten p. 508, 505). Vgl. verder Turner, *Großunternehmer*, p. 113-115; Martynkewicz, *Salon Deutschland*, p. 435-437. Käfer, *Hitlers*

frühe Förderer, p. 64 e.v. Later zou Hitler beweren dat Kirdorf na het gesprek 'bijna alle schulden had betaald en de partij weer liquide' had gemaakt. Speer, *Spandauer Tagebücher*, p. 123 (d.d. 20-10-1947). Vgl. Goebbels, *Tagebücher*, deel I, band 3/II, p. 252 (d.d. 15-11-1936).

118 Geciteerd naar Turner, *Großunternehmer*, p. 111. Over Hitlers ideeën schreef Reusch op 29-11-1927 aan zijn zoon Hermann: 'Ik kan moeilijk beweren dat ik veel intelligents heb gehoord.' Christian Marx, *Paul Reusch und die Gutehoffnungshütte. Leitung eines deutschen Großunternehmens*, Göttingen 2013, p. 321.

119 R. Heß aan zijn ouders, 14-12-1927; BA Bern, Nl Heß, J1.211-1989/148, 39.

120 Kirdorf aan Hitler, 8-8-1929; geciteerd naar Dirk Stegmann, 'Zum Verhältnis von Großindustrie und Nationalsozialismus 1930-1933', in *Archiv für Sozialgeschichte*, band XIII (1973), p. 399-482 (citaat p. 414). In een felicitatiebrief ter gelegenheid van diens zevenentachtigste verjaardag op 8-4-1934 bedankte Hitler Kirdorf opnieuw voor zijn bijdrage over de 'Wederopstanding van ons Duitse volk en rijk'. BA Berlijn-Lichterfelde, NS 10/123. Hitler was aanwezig op Kirdorfs begrafenis nadat die op 13-7-1938 was overleden. Vgl. dagelijkse aantekeningen van Max Wünsch d.d. 13-7-, 14-7-, 16-7-1938; BA Berlijn-Lichterfelde, NS 10/125.

121 Hitler. *Reden Schriften Anordnungen*, band II, 2, doc. 209, p. 587. Vgl. Goebbels, *Tagebücher*, deel I, band 1/II, p. 301 (d.d. 12-12-1927): 'Verder was de chef ook positief gestemd. Het loopt allemaal gesmeerd.'

122 Dagboek van R. Buttmann d.d. 4-1-1928; BayHStA München, Nl Buttmann 85.

123 Hitler. *Reden Schriften Anordnungen*, band II,2, doc. 272, p. 836 e.v. (d.d. 14-5-1928).

124 Goebbels, *Tagebücher*, deel I, band 1/II, p. 368 (d.d. 13-5-1928).

125 Vgl. voor de gebeurtenissen rond de Rijksdagverkiezingen Peter D. Stachura, 'Der kritische Wendepunkt? Die NSDAP und die Reichstagswahlen vom 20. 5. 1928', in *Vierteljahrshefte für Zeitgeschichte*, jg. 26 (1978), p. 66-99 (tabellen p. 84 e.v.).

126 Hitler. *Reden Schriften Anordnungen*, band II,2, doc. 279, p. 847 (d.d. 20-5-1928). Vgl. Heß, *Briefe*, p. 392 e.v. (d.d. 28-6-1928): 'De beste, sterkste, meest slagvaardige heeft zich door natuurlijke selectie weten door te zetten en blijft nu als enige partij in het völkische kamp over.'

127 Deuerlein, *Aufstieg*, p. 293; Goebbels, *Tagebücher*, deel I, band 1/II, p. 373 (d.d. 21-5-1928).

128 Vgl. Longerich, *Goebbels*, p. 111. Voor meer over de periode waarin de partij verboden was, tussen mei 1927 en april 1928, vgl. ibidem, p. 104-109. Voor meer over de ontwikkeling van de Berlijnse NSDAP onder Goebbels vgl. Andreas Wirsching, *Vom Weltkrieg zum Bürgerkrieg? Politischer Extremismus in Deutschland und Frankreich 1918-1933/39. Berlin und Paris im Vergleich*, München 1999, p. 437-454; Friedrich, *Die missbrauchte Hauptstadt*, p. 160 e.v.

129 Dagboek van R. Buttmann, 4-7-, 10-7-1928; BayHStA München, Nl Buttmann 85. Voor de verkiezingsresultaten in München vgl. Rösch, *Die Münchner* NSDAP, p. 227, 534.

130 Geciteerd naar Richard J. Evans, *Das Dritte Reich*, band I: *Aufstieg*, München 2004, p. 301; vgl. Stachura, *Wendepunkt*, p. 93.

131 Hitler. *Reden Schriften Anordnungen*, band II,2, doc. 203, p. 570-582.

132 Ibidem, band II,2, doc. 254, p. 771 e.v. (d.d. 13-4-1928).

133 Hitler, *Monologe*, p. 206 e.v. (d.d. 16/17-1-1942). Zie voor de datering van de huurovereenkomst Joachimsthaler, *Hitlers Liste*, p. 285, 288 e.v. Chaussy, *Hitlers Nachbar*, p. 46, gaat ten onrechte uit van het voorjaar van 1927. Bij de inrichting van Haus Wachenfeld werd hij geholpen door Elsa Bruckmann, Winifred Wagner en Helene Bechstein. Vgl. Joachimsthaler, *Hitlers Liste*, p. 124; Käfer, *Hitlers frühe Förderer*, p. 59. Helene Bechstein deelde Hitlers voorliefde voor de Obersalzberg. Op 27-7-1926 schreef ze aan Rudolf Heß dat het haar plezier deed dat 'Wolf' zich daar een paar dagen zou kunnen ontspannen: 'Hopelijk komt het er nog eens van daar boven een huisje te kopen. Dat plan heb ik nog niet opgegeven.' BA Bern, Nl Heß, J1.211-1993/300, doos 2. In februari 1927 kochten de Bechsteins van een fabrikant uit Fürth een hofstede op de Obersalzberg. Vgl. Joachimsthaler, *Hitlers Liste*, p. 87 e.v.

134 Hitler. Reden Schriften Anordnungen, band VI. Bewerkt door Katja Klee, Christian Hartmann en Klaus A. Lankheit, München 2003, doc. 8, p. 325 e.v. (d.d. 17-5-1926). Vgl. Plöckinger, Geschichte eines Buches, p. 159 e.v.; Ryback, Hitlers Bücher, p. 109-115. Heimo Schwilk, Ernst Jünger. Ein Jahrhundertleben, München-Zürich 2007, p. 289.
135 Geciteerd naar Martynkewicz, Salon Deutschland, p. 425.
136 Gerhard L. Weinberg (red.), Hitlers Zweites Buch. Ein Dokument aus dem Jahr 1927, Stuttgart 1961. Opnieuw gepubliceerd in Hitler. Reden Schriften Anordnungen, band II A: 'Außenpolitische Standortbestimmung nach der Reichstagswahl Juni-Juli 1928.' Inleiding van Gerhard L. Weinberg. redactie en commentaar van Gerhard L. Weinberg, Christian Hartmann en Klaus A. Lankheit, München 1995.
137 Heß, Briefe, p. 392 (d.d. 28-6-1928). Vgl. de brief van Winifred Wagner d.d. 24-6-1928: 'Wolf is in Berchtesgaden en schrijft aan zijn nieuwe boek, dat ik dan als verjaardagscadeau zal krijgen. Heß, die er al wat van heeft gezien, zegt dat het goed is.' Hamann, Winifred Wagner, p. 165 e.v.
138 Adolf Hitler, Die Südtiroler Frage und das Deutsche Bündnisproblem, München 1926; afgedrukt in Hitler. Reden Schriften Anordnungen, band I, doc. 100, p. 269-293.
139 Vgl. de inleiding van Gerhard L. Weinberg in Hitler. Reden Schriften Anordnungen, band II A, p. XVI e.v.; Kershaw, Hitler, band I, p. 373.
140 Hitler. Reden Schriften Anordnungen, band II A, citaten p. 10 e.v., 19, 60, 66, 119, 183.
141 Ibidem, band II,1, doc. 2, p. 11-22. Vgl. Goebbels, Tagebücher, deel I, band 1/III, p. 53 (d.d. 14-7-1928).
142 Vgl. Plöckinger, Geschichte eines Buches, p. 163. Nog in juli 1929 noteerde Goebbels: 'Hij schrijft een boek over buitenlandse politiek.' Goebbels, Tagebücher, deel I, band 1/III, p. 281 (d.d. 5-7-1929).
143 Vgl. de inleiding van Gerhard L. Weinberg in Hitler. Reden Schriften Anordnungen, band II A, p. XXI e.v.; Ryback, Hitlers Bücher, p. 123 e.v.
144 Speer, Erinnerungen, p. 100.
145 Hitler. Reden Schriften Anordnungen, band III,1, doc. 15, p. 52 e.v. (d.d. 2-9-1928).
146 Goebbels, Tagebücher, deel I, band 1/III, p. 75 (d.d. 1-9-1928).
147 Tyrell, Führer befiehl, doc. 74, p. 196 (d.d. 29-3-1926).
148 Ibidem, doc. 82, p. 211-213 (citaten p. 211, 212). Of die brief ook werkelijk werd verstuurd, is niet bekend. Vgl. ibidem, p. 211, noot 31.
149 Ibidem, doc. 98, p. 254. Vgl. antwoorden van Otto Erbersdobler op een vragenformulier van A. Tyrell, juli 1968; IfZ München, ZS 1949.
150 Vgl. Hitler. Reden Schriften Anordnungen, band I, doc. 50, p. 100: De 'kunst van het leiderschap' zou eruit bestaan 'dat hij de mensen neemt zoals ze zijn en ze daar inzet waar ze thuishoren'.
151 Krebs, Tendenzen und Gestalten, p. 127 e.v. Vgl. ook de uitspraken van Gregor Straßer in Wagener, Hitler aus nächster Nähe, p. 127 e.v.
152 Krebs, Tendenzen und Gestalten, p. 128 e.v.
153 Longerich, Deutschland 1918–1933, p. 254; Winkler, Weimar, p. 352.
154 Vgl. Rudolf Heberle, Landbevölkerung und Nationalsozialismus. Eine soziologische Untersuchung der politischen Willensbildung in Schleswig-Holstein 1918 bis 1932, Stuttgart 1963, p. 124 e.v., 156 e.v.; Gerhard Stoltenberg, Politische Strömungen im schleswig-holsteinischen Landvolk 1918–1933, Düsseldorf 1962, p. 110 e.v.; Stephanie Merkenich, Grüne Front gegen Weimar. Reichsland-Bund und agrarischer Lobbyismus 1918–1933, Düsseldorf 1998, p. 247 e.v.
155 Hitler. Reden Schriften Anordnungen, band III,2, doc. 14, p. 120 (d.d. 23-3-1920). Vgl. ibidem, doc. 3, p. 36 (d.d. 6. 3. 1929): 'Wat wij jarenlang preekten, is nu het geval.'
156 Evans, Das Dritte Reich, band I, p. 302.
157 Vgl. de resultaten in Tyrell, Führer befiehl, p. 381.
158 Hitler. Reden Schriften Anordnungen, band III,1, doc. 52, p. 245-253 (d.d. 20-11-1928).
159 Heß, Briefe, p. 393 (d.d. 24-10-1928).
160 Deuerlein, Aufstieg, p. 299-301. Vgl. ook Hitlers reisverslag, waarin hij zegt 'gelukkig'

te zijn over 'hoezeer onze nationaalsocialistische opvattingen hier in al deze hoofden is aangeslagen'. Hitler. Reden Schriften Anordnungen, band III,2, doc. 9 en 10, p.105-114 (citaat p. 111).
161 Goebbels, Tagebücher, deel I, band 1/III, p. 247 (d.d. 14-5-1929).
162 Dagboeken van G. Feder, band 11 (d.d. 25-6-1929): 'Schitterende verkiezingsoverwinning in Coburg. 13 zetels van de 25!'; IfZ München, ED 874. Voor meer over de verkiezingsuitslagen vgl. Falter e.a., Wahlen und Abstimmungen, p. 98, 108, 111. Zie verder Evans, Das Dritte Reich, band I, p. 302.
163 Hitlers oproep voor het partijcongres d.d. 1-3-1929 in Hitler. Reden Schriften Anordnungen, band III, 2, doc. 1, p. 3-7 (citaat p. 5). Vgl. ook R. Heß aan zijn ouders, 21-5-1929: 'Dit keer wordt het heel wat!' BA Bern, Nl Heß, J1.211-1989/148, 43.
164 Hitler. Reden Schriften Anordnungen, band III, 2, doc. 67, p. 357-360 (citaten p. 358, 359). Vgl. ook het verslag in Otto Wagener, Hitler aus nächster Nähe, p. 9-21; Goebbels, Tagebücher, deel I, band 1/III, p. 293-299 (d.d. 1 tot 6-8-1929). Het programma van het partijcongres in BA Berlijn-Lichterfelde, NS 26/391.
165 Vgl. Longerich, Die braunen Bataillone, p. 94 e.v. Volgens de getuigenis van Walter Stennes d.d. 29-7-1968 was de SA destijds 'nauwelijks nog te houden' geweest. Hij had Hitler 'vertwijfeld en lijkbleek' aangetroffen. Enkel het ingrijpen van Stennes en Pfeffer von Salomon had een ramp verhinderd. IfZ München, ZS 1147.
166 Volgens de getuigenis onder ede van prins August Wilhelm d.d. 16-5-1947 mocht hij in april 1920 lid worden van de NSDAP en in december 1931 van de SA. IfZ München, ZS 1318. Vgl. ook Lothar Machtan, Der Kaisersohn bei Hitler, Hamburg 2006 p. 165-167, 171.
167 Goebbels, Tagebücher, deel I, band 1/III, p. 295 (d.d. 3-8-1929).
168 Vgl. Winkler, Weimar, p. 347 e.v.; Longerich, Deutschland 1918-1933, p. 251 e.v.
169 Vgl. Hitler. Reden Schriften Anordnungen, band III,2, doc. 50, p. 290-292 (d.d. 6-7-1929), doc. 55, p. 303 (d.d. 25-7-1929), doc. 56, p. 304 e.v. (d.d. 25-7-1929). Zie ook Klaus Wernecke (met medewerking van Peter Heller), Der vergessene Führer. Alfred Hugenberg. Pressemacht und Nationalsozialismus, Hamburg 1982, p. 147 e.v. Voor meer over Hugenbergs media-imperium vgl. Heidrun Holzbach, Das 'System Hugenberg'. Die Organisation bürgerlicher Sammlungspolitik vor dem Aufstieg der NSDAP, Stuttgart 1981, p. 259 e.v.
170 Goebbels, Tagebücher, deel I, band 1/III, p. 285 (d.d. 12-7-1929).
171 Ibidem, p. 281 (d.d. 5-7-1929). Vgl. Longerich, Goebbels, p. 125-127.
172 Hitler. Reden Schriften Anordnungen, band III,2, doc. 88, p. 411-420.
173 Vgl. voor de verkiezingsuitslagen Falter e.a., Wahlen und Abstimmungen, p. 90, 111.
174 Harry Graf Kessler, Das Tagebuch. band 9: 1926-1937. Samengesteld door Sabine Gruber en Ulrich Ott, met medewerking van Christoph Hilse en Nadin Weiss, Stuttgart 2010, p. 264 (d.d. 3-10-1929), 268 (d.d. 7-10-1929). Vgl. ook Jonathan Wright, Gustav Stresemann 1878-1929. Weimars größter Staatsmann, München 2006, p. 490.
175 Ilse Heß aan Klara Heß, 14-1-1931; BA Bern, Nl Heß, J1.211-1989/148, 47. Vgl. Hanfstaengl, Zwischen Weißem und Braunem Haus, p. 231; Görtemaker, Eva Braun, p. 53. Voor meer over de hulp van Hugo Bruckmann bij het huren van de woning, zie Joachimsthaler, Hitlers Liste, p. 112-115. Hitler zou 'als een kind' hebben gestraald vanwege zijn woning, vertelde Winifred Wagner over een bezoek dat ze op 10-4-1930 bracht; Hamann, Winifred Wagner, p. 181. Ook de familie Reichert, bij wie Hitler in de Thierschstraße had gewoond, verhuisde naar de Prinzregentenstraße. Zij hadden een kleine woning op de tweede etage. Hitlers huishoudster werd Anni Winter, die getrouwd was met Georg Winter, een voormalige oppasser van Ritter von Epp. Begin december 1933 verzekerde de verhuurder van de woning dat hij niet van plan was een huurverhoging door te voeren of het huis te verkopen (Hugo Schühle aan Hitler, 1-12-1933; BA Berlijn-Lichterfelde, NS 10/123). In 1935 kocht Hitler het huis. Daarbij nam hij ook de kleine woning van de Reicherts over, die nu vertrokken. Zo had Hitler de tweede verdieping helemaal voor zichzelf. Vgl. verslag van een gesprek met Anni Winter (z.d., na 1945); IfZ München, ZS 194.

9 Shooting star van de Duitse politiek

1 Brief van Hitler aan een in het buitenland wonende Duitser, 2-2-1930; Fritz Dickmann, 'Die Regierungsbildung in Thüringen als Modell der Machtergreifung. Ein Brief Hitlers aus dem Jahr 1930', in *Vierteljahrshefte für Zeitgeschichte*, jrg. 14 (1966), p. 454-465 (citaat p. 464). Ook afgedrukt in *Hitler. Reden Schriften Anordnungen*, band III,3, doc. 11, p. 59-64.
2 Vgl. Harold James, *Deutschland in der Weltwirtschaftskrise 1924-1936*, Stuttgart 1988 p. 65 e.v.
3 Wehler, *Gesellschaftsgeschichte*, band IV, p. 259. Voor meer over het aspect van de werkloosheid, vgl. Heinrich August Winkler, *Der Weg in die Katastrophe. Arbeiter und Arbeiterbewegung in der Weimarer Republik 1930 bis 1933*, Berlijn-Bonn 1987, p. 23 e.v.
4 Vgl. Wehler, *Gesellschaftsgeschichte*, band IV, p. 553-561, 571 e.v.
5 Vgl. Ludwig Richter, *Die Deutsche Volkspartei 1918-1933*, Düsseldorf 2002, p. 595 e.v.
6 Vgl. Winkler, *Weimar*, p. 372; zie verder ook de klassieke studie van Karl-Dietrich Bracher, *Die Auflösung der Weimarer Republik. Eine Studie zum Problem des Machtverfalls in der Demokratie*, Villingen 1955, 3de verbeterde en aangevulde uitgave 1960, p. 296 e.v.
7 Vgl. Wolfram Pyta, *Hindenburg. Herrschaft zwischen Hohenzollern und Hitler*, München 2007, p. 555-575.
8 Vgl. Eberhard Kolb, *Die Weimarer Republik*, 2de druk, München 1988, p. 125 e.v.
9 Goebbels, *Tagebücher*, deel I, band 2,I, p. 120 (d.d. 30-3-1930).
10 Ibidem, p. 124 (d.d. 4-4-1930). Vgl. ibidem, p. 131 (d.d. 13-4-1930).
11 *Hitler. Reden Schriften Anordnungen*, band III,3, doc. 31, p. 146 e.v.
12 Dickmann, *Regierungsbildung*, p. 461, 462. Vgl. voor meer over Hitlers blufpoker bij de regeringsvorming in Thüringen ook Mauersberger, *Hitler in Weimar*, p. 237-255; Martin Broszat, *Die Machtergreifung. Der Aufstieg der NSDAP und die Zerstörung der Weimarer Republik*, München 1984, p. 103-107.
13 Vgl. Mauersberger, *Hitler in Weimar*, p. 262-280 (citaat p. 270). Over de verkiezingsuitslag in Weimar, zie ibidem, p. 242.
14 Hitler aan Frick, 2-4-1931; *Hitler. Reden Schriften Anordnungen*, band IV,1, doc. 78, p. 245 e.v.
15 Vgl. Patrick Moreau, 'Otto Straßer – Nationaler Sozialismus versus Nationalsozialismus', in Smelser/Zitelmann (red.): *Die braune Elite*, p. 286-298. Vgl. ook uitgebreider van idem; *Nationalsozialismus von links. Die Kampfgemeinschaft Revolutionärer Nationalsozialisten und die "Schwarze Front" Otto Straßers 1930-1935*, Stuttgart 1985.
16 Goebbels, *Tagebücher*, deel I, band 2,I, p. 71 (d.d. 24-1-1930).
17 Ibidem, p. 111 (d.d. 16-3-1930). Vgl. ibidem, p. 119 (d.d. 28-3-1930): 'Ik neem niets meer van hem aan. Hij durft niet tegen Straßer op te treden. Hoe gaat dat straks als hij de dictator van heel Duitsland moet spelen?'
18 Vgl. Siemens, *Horst Wessel*, p. 129 e.v. Het citaat in Goebbels, *Tagebücher*, deel I, band 2,I, p. 94 (d.d. 23-2-1930).
19 Goebbels, *Tagebücher*, deel I, band 2,I, p. 144 (d.d. 28-4-1930).
20 O. Straßer, *Hitler und ich*, p. 129-147 (citaten p. 137, 138, 144). Dit verslag is gebaseerd op de aantekeningen die Otto Straßer direct na het gesprek maakte. Een vergelijkbare uitlating van Hitler is ook overgeleverd door Albert Krebs: 'Socialisme? Wat heeft socialisme nu te betekenen! Als mensen maar genoeg te eten hebben en worden vermaakt, dan is dat al socialisme.' *Tendenzen und Gestalten*, p. 143.
21 Goebbels, *Tagebücher*, deel I, band 2,I, p. 162 (d.d. 22-5-1930).
22 Vgl. Falter e.a., *Wahlen und Abstimmungen*, p. 108.
23 *Hitler. Reden Schriften Anordnungen*, band III,3, doc. 67, p. 249 e.v. (d.d. 30-6-1930).
24 Goebbels, *Tagebücher*, deel I, band 2,I, p. 188 (d.d. 1-7-1930).
25 Gregor Straßer aan Rudolf Jung, 22-7-1930; Tyrell, *Führer befiehl*, doc. 136, p. 332 e.v.; vgl. Hinrich Lohse, *Der Fall Straßer*. Gedenkschrift z.d. (ca. 1952); IfZ München, ZS 265; Moreau, *Otto Straßer*, p. 290 e.v.
26 Vgl. Bracher, *Auflösung*, p. 335-340; Winkler, *Weimar*, p. 378-381; Kolb, *Die Weimarer Republik*, p. 126.

27 Vgl. Gerhard Paul, *Aufstand der Bilder. Die NS-Propaganda vor 1933*, Bonn 1990, p. 90-92 (citaten p. 91, 92).
28 Goebbels, *Tagebücher*, deel I, band 2,I, p. 236 (d.d. 11-9-1930).
29 Citaten respectievelijk: *Hitler. Reden Schriften Anordnungen*, band III,3, doc. 87, p. 325, 329 (d.d. 12-8-1930); doc. 81, p. 295 e.v. (d.d. 3-8-1930); doc. 76, p. 280 (d.d. 18-7-1930); doc. 90, p. 357 (d.d. 18-8-1930); doc. 86, p. 322 (d.d. 10-8-1930); doc. 110, p. 410 (d.d. 10-9-1930); doc. 90, p. 359 (d.d. 18-8-1930).
30 Vgl. bijvoorbeeld Wehler, *Gesellschaftsgeschichte*, band IV, p. 569; Kershaw, *Hitler*, band I, p. 418; Reuth, *Hitler*, p. 228; Fest, *Hitler*, p. 459; Toland, *Hitler*, band I, p. 326.
31 Citaten respectievelijk: *Hitler. Reden Schriften Anordnungen*, band III,3, doc. 76, p. 277, 279 (d.d. 18-7-1930); doc. 77, p. 285, 289 (d.d. 24-7-1930); doc. 82, p. 299 (d.d. 5-8-1930); doc. 86, p. 316 (d.d. 10-8-1930); doc. 108, p. 391 (d.d. 8-9-1930).
32 Citaten respectievelijk: ibidem, band III,3, doc. 87, p. 322 (d.d. 12-8-1930); doc. 90, p. 345 (d.d. 18-8-1930); doc. 86, p. 311 (d.d. 10-8-1930); doc. 90, p. 351 (d.d. 18-8-1930); doc. 92, p. 364 (d.d. 21-8-1930).
33 Ibidem, band III,3, doc. 109, p. 394-407 (citaat p. 407).
34 Ibidem, band III,3, doc. 107, p. 387, 388 (d.d. 7-9-1930).
35 Heß, *Briefe*, p. 405 (d.d. 10-9-1930); vgl. *Monologe*, p. 170 (d.d. 3/4-1-1942). Volgens Hanfstaengl, *Zwischen Weißem und Braunem Haus*, p. 207, had Hitler voor de verkiezingen gezegd: 'Ik ben met veertig al tevreden.'
36 *Hitler. Reden Schriften Anordnungen*, band III,3, doc. 116, p. 420 (d.d. 16-9-1930).
37 Vgl. Falter e.a., *Wahlen und Abstimmungen*, p. 71 e.v.
38 Vgl. Jürgen Falter, *Hitlers Wähler*, München 1991, p. 98 e.v., in het bijzonder p. 366 e.v. Samenvattend Wildt, *Geschichte des Nationalsozialismus*, p. 58-64; Winkler, *Weimar*, p. 389 e.v.; Broszat, *Machtergreifung*, p. 113-117.
39 Goebbels, *Tagebücher*, deel I, band 2,I, p. 239 e.v. (d.d. 15-9 en 16-9-1930).
40 Kessler, *Das Tagebuch*, band 9, p. 375, 377 (d.d. 15-9-1930).
41 Klemperer, *Tagebücher 1925–1932*, p. 659 (d.d. 15-9-1930).
42 Thea Sternheim, *Tagebücher*, red. en selectie door Thomas Ehrsam en Regula Wyss, band 2: 1925–1936, Göttingen 2002, p. 296 (d.d. 15-9-1930), p. 298 (d.d. 20-9-1930).
43 Bella Fromm, *Als Hitler mir die Hand küßte*, Berlijn 1993, p. 35 (d.d. 14-10-1930).
44 *Frankfurter Zeitung* d.d. 15-9-1930; geciteerd naar Deuerlein, *Aufstieg*, p. 318.
45 Carl von Ossietzky, 'Vor Sonnenuntergang', in *Die Weltbühne*, jg. 26, nr. 38 d.d. 14-9-1930, p. 425-427 (citaat p. 326). Ook in idem, *Sämtliche Schriften*, band V: 1929-1930, red. Bärbel Boldt, Ute Maack, Günther Nickel, Reinbek bei Hamburg 1994, p. 445-448.
46 Quietus, 'Die Zukunft des Nationalsozialismus', in *Die Weltbühne*, jg. 26, nr. 39 d.d. 23-9-1930, p. 477-480 (citaat p. 477).
47 Kessler, *Das Tagebuch*, band 9, p. 377 (d.d. 18-9-1930).
48 Geciteerd naar Deuerlein, *Aufstieg*, p. 320.
49 Julius Curtius, *Sechs Jahre Minister der deutschen Republik*, Heidelberg 1948, p. 170 e.v.; vgl. Andreas Rödder, *Stresemanns Erbe. Julius Curtius und die deutsche Außenpolitik 1929–1931*, Paderborn 1996, p. 96.
50 Clemens, *Herr Hitler in Germany*, p. 161 e.v. (citaat p. 162).
51 Ibidem, p. 163-166 (citaten p. 165, 166 e.v.). Selecties uit het artikel van Rothermere zijn ook te vinden in Deuerlein, *Aufstieg*, p. 322 e.v. Vgl. ook Brigitte Granzow, *A Mirror of Nazism. British Opinion and the Emergence of Hitler 1929–1933*, Londen 1964, p. 101 e.v.; Ian Kershaw, *Hitlers Freunde in England. Lord Londonderry und der Weg in den Krieg*, München 2005, p. 47. (Ned. vert.: *Heulen met Hitler. Britse ambivalentie ten aanzien van Nazi-Duitsland*).
52 *Hitler. Reden Schriften Anordnungen*, band III,3, doc. 115, p. 419.
53 Pyta, *Hindenburg*, p. 589. Vgl. voor de gedoogkoers van de SPD Winkler, *Weimar*, p. 394-396; Kolb, *Weimarer Republik*, p. 127; Bracher, *Auflösung*, p. 370 e.v.
54 Voor het gesprek tussen Brüning en Hitler op 5-10-1930 vgl. Heinrich Brüning, *Memoiren 1918–1934*, Stuttgart 1970, p. 192-196 (citaten p. 194, 195, 196). Zie verder Herbert Hömig,

Brüning. Kanzler in der Krise der Republik. Eine Weimarer Biographie, Paderborn 2000, p. 204-208; Gerhard Schulz, *Von Brüning zu Hitler. Der Wandel des politischen Systems in Deutschland 1930–1933*, Berlijn-New York 1992, p. 179-182; Winkler, *Weimar*, p. 393 e.v. Voor meer over het tot stand komen van de ontmoeting Krebs, *Tendenzen und Gestalten*, p. 141-143.

55 Goebbels, *Tagebücher*, deel I, band 2,I, p. 255 (d.d. 6-10-1930).
56 Krebs, *Tendenzen und Gestalten*, p. 141: Hitler zou zich 'enkel nog door het ontwikkelen van een haatcomplex hebben kunnen bevrijden van het gevoel dat hij een nederlaag had geleden tegen Brüning'. Vgl. ook Kershaw, *Hitler*, band I, p. 429.
57 Heß, *Briefe*, p. 405 (d.d. 24-10-1930).
58 Hanfstaengl, *Zwischen Weißem und Braunem Haus*, p. 209.
59 Hitler. *Reden Schriften Anordnungen*, band III,3, doc. 124, p. 452, noot 2. Vgl. voor de interviews ibidem, doc. 124, p. 452 e.v. (*Daily Mail*, 25-9-1930); doc. 127, p. 461-468 (*Gazetta del Popolo*, 29-9-1930); band IV, 1, doc. 1, p. 3 e.v. (*The Times*, 2-10-1930); doc. 2, p. 4-9 (Hearst-pers, 4-10-1930).
60 Goebbels, *Tagebücher*, deel I, band 2,I, p. 264 (d.d. 18-10-1930). De voorafgaande citaten van Thomas Mann, *Deutsche Ansprache. Ein Appell an die Vernunft*, Berlijn 1930; afgedrukt in idem, *Gesammelte Werke in Einzelbänden. Von deutscher Republik*, Frankfurt am Main 1984, p. 294-314. Vgl. Thomas Mann, *Briefe III. 1924–1932*. Selectie en redactie Thomas Sprecher, Hans R. Vaget en Cornelia Bernini, Frankfurt am Main 2011, p. 491 (d.d. 29-10-1930) en commentaardeel p. 516-518. Zie verder Klaus Harpprecht, *Thomas Mann. Eine Biographie*, Reinbek bei Hamburg 1995, p. 664-667; Winkler, *Weimar*, p. 391; Large, *Hitlers München*, p. 283.
61 Friedrich Meinecke, 'Nationalsozialismus und Bürgertum', in *Kölnische Zeitung* d.d. 21-12-1930; geciteerd naar Sontheimer, *Antidemokratisches Denken*, p. 293 e.v.
62 Haffner, *Geschichte eines Deutschen*, p. 88 e.v.
63 Vgl. naast de klassieke studie van Sontheimer, *Antidemokratisches Denken*, ook de uitstekende, zeer treffende analyse van Wehler in *Gesellschaftsgeschichte*, band IV, p. 486-493. Lees bovendien Reinhard Mehring, *Carl Schmitt. Aufstieg und Fall. Eine Biographie*, München 2009, p. 247 e.v.; Schwilk, *Jünger*, p. 340 e.v.; Schlüter, *Moeller van den Bruck*, p. 287 e.v.; Detlef Felken, *Oswald Spengler. Konservativer Denker zwischen Kaiserreich und Diktatur*, München 1988.
64 Bernd Sösemann (red.), *Theodor Wolff. Der Journalist. Berichte und Leitartikel*, Düsseldorf 1993, p. 273 (d.d. 14-9-1930).
65 Ossietzky, *Sämtliche Schriften*, band V, p. 435 e.v.
66 Ossietzky, 'Brüning darf nicht bleiben', in ibidem, p. 450-454 (citaat p. 453). Vgl. ook Hans-Erich Kaminski, *Die Rechte soll regieren*, in *Die Weltbühne*, jg. 26, nr. 39 d.d. 21-9-1930, p. 470-473.
67 Ossietzky, *Sämtliche Schriften*, band V, p. 447, 453, 455. Denk in dit verband ook aan Kurt Tucholsky, die Hitler onder meer een 'Mongoolse kinkel van twijfelachtig allooi', een 'huisschilder' en 'de man met het bierdoordrenkte orgaan' noemde. Fabry, *Mutmaßungen über Hitler*, p. 63. Voor meer over de onderschatting van Hitler door *Die Weltbühne* vgl. Alexander Gallus, *Heimat "Weltbühne". Eine Intellektuellengeschichte im 20. Jahrhundert*, Göttingen 2012, p. 55.
68 Ernst Toller, 'Reichskanzler Hitler', in *Die Weltbühne*, jg. 26, nr. 41, p. 537-539 (d.d. 7-10-1930). Vgl. Richard Dove, *Ernst Toller. Ein Leben für Deutschland*, Göttingen 1993, p. 179 e.v.
69 Hanfstaengl, *Zwischen Weißem und Braunem Haus*, p. 214; vgl. Frank, *Im Angesicht des Galgens*, p. 84-86.
70 Hitler. *Reden Schriften Anordnungen*, band III,3, doc. 123, p. 434-457 (citaten respectievelijk p. 434, 439, 438 e.v., 440, 444, 445, 441).
71 Richard Scheringer, *Das große Los. Unter Soldaten, Bauern und Rebellen*, Hamburg 1959, p. 236; vgl. Reuth, *Goebbels*, p. 176.
72 Zie voor de volledige versie van het memorandum Robert W. Kempner (red.). *Der*

verpaßte Nazi-Stopp. Die NSDAP *als staats- und republikfeindliche, hochverräterische Verbindung. Preußische Denkschrift von 1930*, Frankfurt am Main-Berlijn-Wenen 1983, p. 17-135 (citaten p. 135, 117).
73 Geciteerd naar Schulz, *Von Brüning zu Hitler*, p. 160.
74 Vgl. Johannes Hürter, *Wilhelm Groener. Reichswehrminister am Ende der Weimarer Republik (1928–1932)*, München 1993, p. 270, 284-292; Schulz, *Von Brüning zu Hitler*, p. 157-160.
75 Goebbels, *Tagebücher*, deel I, band 2,I, p. 327 (d.d. 18-1-1931).
76 Kessler, *Das Tagebuch*, band 9, p. 385 (d.d. 13-10-1930).
77 Vgl. Walter, *Antisemitische Kriminalität und Gewalt*, p. 209-211; Friedrich, *Die missbrauchte Hauptstadt*, p. 254-260. Thea Sternheim noteerde op 14-10-1930: 'Nationaalsocialistische relschoppers hebben als begin van de, door hun pers zorgvuldig voorbereide pogrom in de stad de etalages van Joodse zaken gesloopt.' *Tagebücher*, band 2, p. 299. Vgl. Goebbels, *Tagebücher*, deel I, band 2/I, p. 260 (d.d. 14-10-1930).
78 *Hitler. Reden Schriften Anordnungen*, band IV,1, doc. 7, p. 19 (*International News Service*, 14-10-1930); vgl. ook ibidem, doc. 8, p. 22 e.v. (*The Times*, 14-10-1930).
79 De notulen van de Rijksdagzitting van 18-10-1930 zijn afgedrukt in Klaus Schönhoven/Jochen Vogel (red.), *Frühe Warnungen vor dem Nationalsozialismus. Ein historisches Lesebuch*, Bonn 1998, p. 115-124 (citaat p. 115).
80 Vgl. Martin Döring, *"Parlamentarischer Arm der Bewegung". Die Nationalsozialisten im Reichstag der Weimarer Republik*, Düsseldorf 2001, p. 271-276.
81 Goebbels, *Tagebücher*, deel I, band 2,I, p. 298, 301 (d.d. 6 en 10-12-1930). Vgl. Reuth, *Goebbels*, p. 182 e.v.; Longerich, *Goebbels*, p. 150 e.v.; Friedrich, *Die missbrauchte Hauptstadt*, p. 271-276. Thea Sternheim beschreef hoe de Joodse galeriehouder en kunsthandelaar Alfred Flechtheim reageerde: 'Men moet die mensen niet provoceren! Die film moet worden gestopt!' Haar commentaar daarop: 'Als de Joden zo laf zijn, zullen er pogroms plaatsvinden.' *Tagebücher*, band 2, p. 311 e.v. (d.d. 8-12-1930).
82 Geciteerd naar Döring, *Parlamentarischer Arm*, p. 279.
83 Vgl. voor het fenomeen van de latente burgeroorlog in de eindfase van de Republiek van Weimar Dirk Blasius, *Weimars Ende. Bürgerkrieg und Politik 1930–1933*, Frankfurt am Main 2008, p. 22 e.v.; Wirsching, *Vom Weltkrieg zum Bürgerkrieg?*, p. 575 e.v.
84 Vgl. Longerich, *Die braunen Bataillone*, p. 116 e.v.
85 Aldus Hitlers brief aan minister van Binnenlandse Zaken Groener, 14-11-1931; *Hitler. Reden Schriften Anordnungen*, band IV,2, doc. 71, p. 198-203 (citaat p. 200). Vgl. ook Hitlers schrijven aan Brüning, 13-12-1931, waarin sprake is van 'puur noodweer' tegen de 'terreur van communistische sluipmoordenaars'. Ibidem, doc. 94, p. 271.
86 Vgl. Goebbels, *Tagebücher*, deel I, band 2,I, p. 230 (d.d. 1-9-1930): 'Om 2 uur telegram uit Berlijn. SA heeft kantoor bestormd en gesloopt.' Over de eerste Stennes-revolte vgl. Longerich, *Die braunen Bataillone*, p. 102-104; idem, *Goebbels*, p. 145-148; Wirsching, *Vom Weltkrieg zum Bürgerkrieg?*, p. 459 e.v.
87 *Hitler. Reden Schriften Anordnungen*, band III,3, doc. 100, p. 378 e.v. (d.d. 1-9-1930).
88 Goebbels, *Tagebücher*, deel I, band 2,I, p. 231 (d.d. 3-9-1930).
89 Vgl. Longerich, *Die braunen Bataillone*, p. 81 e.v., 115 e.v.
90 *Hitler. Reden Schriften Anordnungen*, band IV,1, doc. 59, p. 200 e.v.
91 Goebbels, *Tagebücher*, deel I, band 2,I, p. 357 (d.d. 4-3-1931). Vgl. ibidem, p. 373 (d.d. 28-3-1931: 'Er is weer stront aan de knikker in de SA. Stennes houdt maar niet op.'
92 *Hitler. Reden Schriften Anordnungen*, band IV,1, doc. 67, p. 229 e.v. (d.d. 7-3-1931).
93 Goebbels, *Tagebücher*, deel I, band 2,I, p. 377 (d.d. 2-4-1931). Het bevel van Hitler d.d. 30-3-1931 in *Hitler. Reden Schriften Anordnungen*, band IV,1, doc. 72, p. 236 e.v.
94 Geciteerd naar Kershaw, *Hitler*, band I, p. 441.
95 *Hitler. Reden Schriften Anordnungen*, band IV,1, doc. 79, p. 246-248 (citaat p. 247).
96 Ibidem, doc. 80, p. 248-258 (citaten p. 254, 255, 256, 258). In een boze brief aan Julius Friedrich Lehmann, de uitgever van de Al-Duitse Beweging, maakte Hitler op 13-4-1931 bezwaar tegen het verslag in de *Deutsche Zeitung* van de affaire-Stennes, waarin 'op boosaardige manier' tegen hem stelling werd genomen. Zelf de 'Jodenpers' zou zich in dit

geval niet 'zo onfatsoenlijk hebben gedragen' (ibidem, doc. 93, p. 290-292). De voorzitter van de Alldeutsche Verband, Heinrich Claß, zond Hugenberg op 21-4-1931 een kopie van het schrijven dat, zoals hij opmerkte, 'deze redder van Duitsland liet zien op het toppunt van de grootheidswaanzin, maar ook in al zijn gebrek aan beheersing, opvoeding en oordeelsvermogen': 'Wat moet daar nu van terechtkomen?' BA Koblenz, N1231/36.
97 Goebbels, *Tagebücher*, deel I, band 2,I, p. 387 (d.d. 17-4-1930).
98 Deuerlein, *Aufstieg*, p. 345, 366. Zie ook Heß, *Briefe*, s. 406 (d.d. 24-10-1930).
99 Vgl. Heusler, *Das Braune Haus*, p. 132-138; Hitlers oproep d.d. 26-5-1930 in *Hitler. Reden Schriften Anordnungen*, band III,3, doc. 50, p. 207-209.
100 Timo Nüßlein, *Paul Ludwig Troost (1878–1934)*, Wenen-Keulen-Weimar 2012, p. 69 e.v. Voor meer over de betrekkingen tussen Hitler en Troost vgl. ibidem, p. 66-76.
101 Goebbels, *Tagebücher*, deel I, band 2,I, p. 202 (d.d. 20-7-1930), p. 280 (d.d. 12-11-1930), p. 353 (d.d. 26-2-1931). Tegenover Ilse Heß gaf Goebbels in november 1930 blijk van zijn tevredenheid over het feit dat de bouw nu snel voltooid zou zijn. 'Ik wil niet eens zo graag meer heen gaan omdat er in het oude partijgebouw geen mogelijkheid is om goed te werken.' J. Goebbels aan I. Heß, 24-11-1930; BA Bern, Nl Heß, J.1.211-1993/300, doos 5. Vgl. Nüßlein, *Paul Ludwig Troost*, p. 103 e.v.; Heusler, *Das Braune Haus*, p. 142 e.v.
102 *Hitler. Reden Schriften Anordnungen*, band IV,1, doc. 61 (d.d. 21-2-1931), p. 206-218 (citaat p. 214).
103 Heß, *Briefe*, p. 408 e.v. (d.d. 10-3-1930). Voor meer over de verbouwing vgl. Nüßlein, *Paul Ludwig Troost*, p. 82-87; Heusler, *Das Braune Haus*, p. 146 e.v.
104 Frank, *Im Angesicht des Galgens*, p. 93 e.v.; vgl. ook Heusler, *Das Braune Haus*, p. 159 e.v.; Interview met Hermann Esser d.d. 13-3-1964, band II: Alle besprekingen in het Braune Haus zouden 'min of meer staande bijeenkomsten' zijn geweest; BayHStA München, Nl Esser. In een gesprek d.d. juli 1968 bevestigde Walter Stennes Hitlers eigenaardigheid 'zo te plannen dat niemand weet waar hij heengaat en alleen hij weet waar hij met wie hij contact zal hebben'. IfZ München, ZS 1147. Voor de inrichting van Hitlers werkkamer vgl. Schwarz, *Geniewahn*, p. 118 e.v.
105 Goebbels, *Tagebücher*, deel I, band 2,I, p. 163 (d.d. 24-5-1930), p. 353 (d.d. 26-2-1931). Vgl. ook ibidem, p. 202 (d.d. 20-7-1930): 'IJzingwekkende kinkels.'; p. 371 (d.d. 25-3-1931): 'Verschrikkelijk om hem zo tussen deze barbaren aan politieke tinnegieterij te zien doen.'; p. 394 (d.d. 28-4-1931): 'Die omgeving van Hitler. Verschrikkelijk!'; p. 153 (d.d. 12-5-1930): 'Het meest primitieve milieu.'
106 Vgl. Stefan Krings, *Hitlers Pressechef Otto Dietrich (1897–1952). Eine Biographie*, Göttingen 2010, p. 103-105.
107 Aldus Heusler, *Das Braune Haus*, p. 156 e.v.
108 Erich Mühsam, 'Jedem das Seine', in *Die Welt am Montag* d.d. 1-6-1931; afgedrukt in idem, *Ein Lesebuch. Sich fügen heißt lügen*. Red. Marlies Fritzen, Göttingen 2003, p. 244 e.v.
109 Vgl. Hans Otto Eglau, *Fritz Thyssen. Hitlers Gönner und Geisel*, Berlijn 2003, p. 127 e.v.
110 Vgl. ibidem, p. 87, 96, 105, 108, 117, 122-127; Turner, *Großunternehmer*, p. 177, 180, 184 e.v. In een brief d.d. 30-12-1931 liet Thyssen Hugenberg weten dat hij 'bevriend was met de heer Göring'; BA Koblenz, N 1231/39. Voor meer over Görings rol als Hitlers representant in Berlijn vgl. het protocol van het verhoor d.d. 20-7-1945: 'De Führer had mij dit ambt toevertrouwd omdat ik destijds de enige was in de partij die over voldoende contacten beschikte en de partij in sociaal opzicht kon vertegenwoordigen.' IfZ München, ZS 428.
111 Vgl. Christopher Kopper, *Hjalmar Schacht. Aufstieg und Fall von Hitlers mächtigstem Bankier*, München-Wenen 2006, p. 173-177.
112 Fromm, *Als ich Hitler die Hand küßte*, p. 32 (d.d. 12-2-1930).
113 Kopper, *Hjalmar Schacht*, p. 189.
114 Hjalmar Schacht, *76 Jahre meines Lebens*, Bad Wörishofen 1953, p. 351. Vgl. Kopper, *Hjalmar Schacht*, p. 188 e.v. Over de rol van Stauß, Turner, *Großunternehmer*, p. 174 e.v. Hitler sprak al eind september 1930 bij Göring thuis met Stauß. Vgl. Goebbels, *Tagebücher*, deel I, band 1/II, p. 251 (d.d. 30-9-1930).

115 Goebbels, *Tagebücher*, deel I, band 2,I, p. 319 (d.d. 6-1-1931).
116 Schacht, *76 Jahre*, p. 351. Vgl. voor de ontmoeting van 5-1-1931 ook Kopper, *Hjalmar Schacht*, p. 189-191; Eglau, *Fritz Thyssen*, p. 120-122; Turner, *Großunternehmer*, p. 176.
117 Schacht, *76 Jahre*, p. 352.
118 Wagener, *Hitler aus nächster Nähe*, p. 398.
119 Goebbels, *Tagebücher*, deel I, band 2,I, p. 327 (d.d. 18-1-1931); Heß, *Briefe*, p. 405 e.v. (d.d. 24-10-1930).
120 Vgl. bijvoorbeeld Carl von Ossietzky: 'Adolf Hitler mag dan aanvankelijk verschrikkelijk eigenwijs zijn geweest, nu kruipt hij enkel nog voor de industrie.' *Sämtliche Schriften*, band V, p. 435 (d.d. 9-9-1930); Kurt Hiller in: *Die Weltbühne*, jg. 26, nr. 39 d.d. 23-9-1930, p. 468: 'Het nationaalsocialisme krijgt zijn zilverlingen van de industrie, die volgens het principe "verdeel en heers" het proletariaat wil verdelen in elkaar vijandig gezinde groepen.'
121 Vgl. Turner, *Großunternehmer*, p. 139-153.
122 Vgl. Kolb, *Die Weimarer Republik*, p. 122.
123 Vgl. Turner, *Großunternehmer*, p. 157, 164. Al tijdens een fractievergadering van juni 1929 had Göring Feder voorgehouden: 'U weet zelf dat uw economische politiek voor de partij niet bindend is.' Dagboeken van G. Feder, band 11 (v. 4-6-1929); IfZ München, ED 874.
124 Turner, *Großunternehmer*, p. 165.
125 Wagener, *Hitler aus nächster Nähe*, p. 443.
126 Vgl. Turner, *Großunternehmer*, p. 160. Deze bijeenkomst was geregeld door admiraal Magnus von Levetzow, de politieke gezant van keizer Wilhelm II, die sinds september 1930 een aanhanger van de NSDAP was geworden. Vgl. Gerhard Granier, *Magnus von Levetzow. Seeoffizier, Monarchist und Wegbereiter Hitlers. Lebensweg und ausgewählte Dokumente*, Boppard a. Rh. 1982, p. 153 e.v.
127 Frech, *Wegbereiter Hitlers?*, p. 288.
128 *Hitler. Reden Schriften Anordnungen*, band III,3, doc. 36, p. 141-144 (citaat p. 144). Vgl. Turner, *Großunternehmer*, p. 10 e.v.; Asendorf, *Hamburger Nationalklub*, p. 123-126.
129 Goebbels, *Tagebücher*, deel I, band 2,I, p. 366, 371 (d.d. 17 en 25-3-1931). Citaat Reupke bij Stegmann, *Zum Verhältnis von Großindustrie und Nationalsozialismus*, p. 419. Vgl. ook Turner, *Großunternehmer*, p. 168 e.v.; Longerich, *Goebbels*, p. 154 e.v.
130 Vgl. Wagener, *Hitler aus nächster Nähe*, p. 478-480; Turner, *Großunternehmer*, p. 172.
131 Vgl. Stegmann, *Zum Verhältnis von Großindustrie und Nationalsozialismus*, p. 418 e.v.; Turner, *Großunternehmer*, p. 178, 181 e.v.
132 Vgl. Oven James Hale, 'Adolf Hitler Taxpayer', in *American Historical Review*, 60 (1955), p. 830-842; Turner, *Großunternehmer*, p. 185 e.v.
133 Vgl. Turner, *Großunternehmer*, p. 186 e.v.; verder *Hitlers Tischgespräche*, p. 423 (d.d. 6-7-1942); Hanfstaengl, *Zwischen Weißem und Braunem Haus*, p. 216.
134 Vgl. Turner, *Großunternehmer*, p. 187 e.v.; verder Hitlers verklaring d.d. 7-4-1932 in *Hitler. Reden Schriften Anordnungen*, band V,1, doc. 19, p. 36 e.v. Voor meer over Hitlers nieuwe hoofdkwartier in Berlijn, vgl. Friedrich, *Die missbrauchte Hauptstadt*, p. 291-294.
135 Winkler, *Weimar*, p. 421.
136 Thea Sternheim, *Tagebücher*, band 2, p. 362 (d.d. 13-7-1931). Vgl. Goebbels, *Tagebücher*, deel I, band 2/II, p. 57 (d.d. 15-7-1931): 'Danatbank schließt ihre Schalter. Börsen- und Wirtschaftspanik. Riesenkladderadatsch.'
137 Vgl. Falter e.a., *Wahlen und Abstimmungen*, p. 100, 94, 95.
138 Goebbels, *Tagebücher*, deel I, band 2,I, p. 328 (d.d. 18-1-1931), p. 407 (d.d. 17-5-1931).
139 *Hitler. Reden Schriften Anordnungen*, band IV,2, doc. 12, p. 39 e.v. (d.d. 21-7-1931).
140 Ibidem, doc. 20, p. 65-67 (citaat p. 66). Het voorafgaande citaat ibidem, p. 67, noot 15.
141 Goebbels, *Tagebücher*, deel I, band 2,II, p. 73 e.v. (d.d. 10-8-1931).
142 Vgl. Walter, *Antisemitische Kriminalität und Gewalt*, p. 211-221 (citaten p. 213, 218); Wirsching, *Vom Weltkrieg zum Bürgerkrieg?*, p. 463 e.v.; Friedrich, *Die missbrauchte Hauptstadt*, p. 319-325.
143 *Hitler Reden Schriften Anordnungen*, band IV,2 doc. 31, p. 104-106 (citaat p. 105 e.v.) en het verslag van de politie van München over Hitlers rede ibidem, p. 106, noot 16.

144 Heß, *Briefe*, p. 414 (d.d. 9-9-1931).
145 Astrid Pufendorf, *Die Plancks. Eine Familie zwischen Patriotismus und Widerstand*, Berlijn 2006, p. 252. Vgl. voor Hindenburgs plannen in de herfst van 1931 Pyta, *Hindenburg*, p. 629 e.v.; en verder Brüning, *Memoiren*, p. 386: Hindenburg zou er op 13-9-1931 'in algemene termen' over hebben gesproken 'dat ik nu meer naar rechts moest opschuiven'.
146 Goebbels, *Tagebücher*, deel I, band 2,II, p. 116 (d.d. 5-10-1931). Vgl. Longerich, *Goebbels*, p. 172.
147 Geciteerd naar Deuerlein, *Aufstieg*, p. 355. Vgl. Thilo Vogelsang, *Reichswehr, Staat und* NSDAP. *Beiträge zur deutschen Geschichte 1930–1932*, Stuttgart 1962, p. 135-137. En verder *Die Deutschnationalen und die Zerstörung der Weimarer Republik. Aus dem Tagebuch von Reinhold Quaatz 1928–1933*, red. Hermann Weiß en Paul Hoser, München 1989, p. 157 (d.d. 20-10-1931): 'Schleicher typeerde Hitler heel scherp als een fantast en een labiel karakter, ook al werd hij door patriottisme gedreven.'
148 Brüning, *Memoiren*, p. 391. Vgl. Hömig, *Brüning. Kanzler in der Krise*, p. 397 e.v.
149 Vgl. voor het gesprek Hindenburg-Hitler d.d. 10-10-1931, Pyta, *Hindenburg*, p. 634-637. En verder *Monologe*, p. 211 (d.d. 18-1-1942): 'De verbinding met de soldaat was snel gelegd, maar om de politieke aansluiting te vinden, dat was een stuk moeilijker.'
150 Brüning, *Memoiren*, p. 391; Ernst von Weizsäcker, *Erinnerungen*, München 1950, p. 103; vgl. Hömig, *Brüning. Kanzler in der Krise*, p. 398.
151 Pyta, *Hindenburg*, p. 1014, noot 43 en p. 634.
152 Goebbels, *Tagebücher*, deel I, band 2,II, p. 121 (d.d. 12-10-1931). Tegen Magnus von Levetzow merkte Hitler op dat de 'algemene indruk' die hij van de oude man had gekregen, 'weliswaar weinig belangwekkend, maar ook niet onsympathiek was geweest'. Granier, *Magnus von Levetzow*, p. 311 (d.d. 14-10-1932). Onder partijgenoten zou hij daarentegen over Hindenburg hebben gesproken als een 'bevende oude man... die moeite heeft met plassen'. Krebs, *Tendenzen und Gestalten*, p. 34.
153 Vgl. Richter, *Deutsche Volkspartei*, p. 713 e.v.; Reinhard Neebe, *Großindustrie, Staat und* NSDAP *1930–1933*; Göttingen 1981, p. 99-110; Winkler, *Weimar*, p. 430 e.v.
154 *Hitler. Reden Schriften Anordnungen*, band IV,2, doc. 46, p. 134-159 (citaten p. 143, 152). Vgl. ook Hitler aan Brüning, 13-12-1931, ibidem, doc. 94, p. 264-292 (in het bijzonder p. 287).
155 Vgl. Schacht, *76 Jahre meines Lebens*, p. 367 e.v.; Kopper, *Hjalmar Schacht*, p. 191-194.
156 Turner, *Großunternehmer*, p. 220. Vgl. ook Erich v. Gilsa aan Paul Reusch, 13-10-1931: 'Het viel iedereen op dat er niet één van de echte *captains of industry* aanwezig was.' Schulz, *Von Brüning zu Hitler*, p. 559, noot 825.
157 Goebbels, *Tagebücher*, deel I, band 2,II, p. 121 (d.d. 12-10-1931).
158 Hitler aan Franz Seldte, 2-12-1931; *Hitler. Reden Schriften Anordnungen*, band IV,2, doc. 82, p. 226-231 (citaat p. 228). Vgl. Otto Schmidt-Hannover, *Umdenken oder Anarchie. Männer – Schicksale – Lehren*, Göttingen 1959, p. 182: Hitler zou zich in Bad Harzburg hebben opgesteld 'als een kruising tussen een prima donna en een imitatie van Napoleon', 'opvliegerig en verward'. Zie voor de totstandkoming en het verloop van de bijeenkomst in Harzburg de meest recente weergave van Larry Eugene Jones, 'Nationalists, Nazis, and the Assault against Weimar: Revisiting the Harzburg Rally of October 1931', in *German Studies Review*, Vol. 29 (2006), p. 483-494 (in het bijzonder p. 488).
159 *Hitler. Reden Schriften Anordnungen*, doc. 43 en 44, p. 123-132 (citaat p. 130). Vgl. Goebbels, *Tagebücher*, deel I, band 2/II, p. 122 (d.d. 12-10-1931): Hitler zou 'doodsbleek van woede' en 'slecht in vorm' zijn geweest, maar 'nog altijd hoog boven de anderen hebben uitgetorend'.
160 *Vossische Zeitung* nr. 509 d.d. 28-10-1931; BA Berlijn-Lichterfelde, NS 26/87. In een schrijven aan Otto Schmidt-Hannover d.d. 3-1-1932 beklaagde Hugenberg zich over het 'vuile spel dat de nationaalsocialisten sinds de herfst speelden tegen hun oude bondgenoten'. BA Koblenz, N 1231/39.
161 Tegenover Victoria von Dirksen, een adellijke dame die met de nationaalsocialisten sympathiseerde, zei Hitler tijdens een autorit naar het huwelijk van Magda en Joseph Goebbels op 19-12-1931 'dat hij nu zo snel mogelijk aan de macht moest komen, daarom drong hij zo aan, daarom zocht hij overal bondgenoten'. Met Hugenberg zou hij het

'op het juiste moment ook wel eens worden'. Hans Brosius, de perschef van de DNVP, aan Hugenberg (aan de hand van mededelingen van mevrouw Dirksen), 23-12-1931; BA Koblenz, N 1231/192. Voor meer over de rol van de salon van Dirksen als zenuwcentrum van de coördinatie tussen de oude adel en het nationaalsocialisme vgl. Stephan Malinowski, *Vom König zum Führer. Sozialer Niedergang und politische Radikalisierung im deutschen Adel zwischen Kaiserreich und NS-Staat*, Berlijn 2003, p. 554 e.v.

162 Hitler. *Reden Schriften Anordnungen,* band IV,2, doc. 48, p. 159-164 (citaat p. 160).
163 Goebbels, *Tagebücher,* deel I, band 2, II, p. 128 (d.d. 19-10-1931).
164 Deuerlein, *Aufstieg,* p. 361 e.v. Vgl. voor de affaire-Boxheim Ulrich Herbert, *Best. Biographische Studien über Radikalismus, Weltanschauung und Vernunft 1903-1989,* Bonn 1996, p. 112-119. En verder Bracher, *Auflösung,* p. 431-435; Schulz, *Von Brüning zu Hitler,* p. 604-608; Winkler, *Weimar,* p. 433 e.v.
165 Geciteerd naar Herbert, *Best,* p. 116.
166 Thea Sternheim, *Tagebücher,* band 2, p. 379 (d.d. 27-11-1931).
167 Geciteerd naar Schulz, *Von Brüning zu Hitler,* p. 608.
168 Verslag van *The Times* d.d. 5-12-1931 over Hitlers persconferentie; *Hitler. Reden Schriften Anordnungen,* band IV,2, doc. 83, p. 231-235. Vgl. ibidem, doc. 91, p. 256-259 (Hitlers oorspronkelijk als radiorede voor het Amerikaanse publiek bedoelde artikel d.d. 11-12-1931).
169 Hanfstaengl, *Zwischen Weißem und Braunem Haus,* p. 258. Vgl. niet-gepubliceerde memoires van Hanfstaengl, p. 205: 'Hij kwam binnen en sprak op briljante wijze, helder, verstandig en volstrekt overtuigend.' BSB München, Nl Hanfstaengl Ana 405, doos 47.
170 Hubert R. Knickerbocker, *Deutschland so oder so?,* Berlijn 1932, p. 207 e.v. Vgl. ook het verslag van Sefton Delmer, de Berlijnse correspondent van de *Daily Express,* van zijn eerste ontmoeting met Hitler in mei 1931. Sefton Delmer, *Die Deutschen und ich,* Hamburg 1963, p. 114-118, in het bijzonder p. 116.
171 Frederic. M. Sackett aan Henry L. Stimson, 7-12-1931; geciteerd in *Hitler. Reden Schriften Anordnungen,* band IV.2, doc. 85, p. 239, noot 4.
172 Dorothy Thompson, *Kassandra spricht. Antifaschistische Publizistik 1932-1942,* Leipzig und Weimar 1988, p. 41-43.
173 Klaus Mann, *Der Wendepunkt. Ein Lebensbericht,* Frankfurt am Main 1963 (Ned. vert. *Het keerpunt. Een autobiografie*), p. 228 e.v. Mann herinnerde zich dat de ontmoeting 'ongeveer een jaar voor de greep naar de macht' plaatsvond, dat wil zeggen begin 1932. Uit zijn dagboek blijkt echter dat het 13-7-1932 moet zijn geweest: 'Aan de tafel direct naast me: Adolf Hitler, met zijn allerdomste metgezellen. Zijn echt opvallende minderwaardigheid. Uiterst talentloos. De fascinatie die hij oproept, is de grootste blamage in de geschiedenis.' Klaus Mann, *Tagebücher 1931 bis 1933,* red. Joachim Heimannsberg, Peter Laemmle en Winfried F. Schoeller, München 1988 p. 64. Vgl. Uwe Naumann (red.): 'Geen rust, tot het einde.' Klaus Mann (1906-1949). *Bilder und Dokumente,* Reinbek bei Hamburg 1999, p. 132.
174 Theodor Heuss, *Hitlers Weg. Eine historisch-politische Studie über den Nationalsozialismus,* 6de druk, Stuttgart-Berlijn-Leipzig 1932 (citaten respectievelijk: p. 103, 131, 105, 138, 148 e.v., 99, 100). Heuss stuurde het manuscript (exclusief het laatste hoofdstuk) eind oktober 1931 aan de Union Deutsche Verlagsgesellschaft in Stuttgart, en de correcties waren op 19 december voltooid. 'Het is geheel vrij van polemiek, een zakelijke uiteenzetting, doorspekt met tamelijk veel ironie', schreef hij op 21 december 1931 aan zijn vriend Friedrich Mück in Heilbronn. Theodor Heuss, *Bürger der Weimarer Republik. Briefe 1918-1933.* Red. en bew. Michael Dorrmann, München 2008, nr. 186, p. 431-433, nr. 193, p. 447-453 (citaat p. 450 e.v.). Daarin ook op p. 451 het facsimile van het titelblad van de eerste uitgave. Goebbels noteerde op 25 januari 1932: 'Tot laat nog gelezen in de brochure van Theodor Heuß: *Hitlers Weg.* Helemaal niet dom. Weet erg veel over ons. Maakt daar wat ordinair gebruik van. Toch is het een kritiek die er wezen mag.' Goebbels, *Tagebücher,* deel I, band 2/II, p. 203. Vgl. ook Peter Merseburger, *Theodor Heuss. Der Bürger als Präsident. Biographie,* München 2012, p. 279-285.

175 Klemperer, *Tagebücher 1925–1932*, p. 739 (d.d. 25-12-1931); Kessler, *Das Tagebuch*, band 9, p. 400 (d.d. 31-12-1931).

10 Hitler en de vrouwen

1 Hamann, *Winifred Wagner*, p. 210.
2 Heiden, *Hitler. Das Zeitalter der Verantwortungslosigkeit*, p. 303.
3 Vgl. samenvattend Neumann/Eberle, *War Hitler krank?*, p. 52-60; voorts Heinz Linge, *Bis zum Untergang. Als Chef des Persönlichen Dienstes bei Hitler*, Werner Maser, München 1982, p. 94; Maser, *Adolf Hitler*, p. 323 e.v.; Keller, *Der Schüler Adolf Hitler*, p. 25, die het verhaal over de afgebeten penis klakkeloos overneemt. Voor het verhaal dat Hitler bij zijn verwonding begin oktober 1916 een teelbal zou zijn kwijtgeraakt, vgl. ook Weber, *Hitlers erster Krieg*, p. 208 e.v.
4 Hanfstaengl, *Zwischen Weißem und Braunem Haus*, p. 183 e.v. In zijn niet-gepubliceerde memoires heeft Hanfstaengl het erover dat Hitler 'in de medische zin van het woord impotent' zou zijn geweest en in een 'seksueel niemandsland' zou hebben geleefd (p. 3). Hij zou 'geen normaal geslachtsleven' hebben gehad (p. 42); BSB München, Nl Hanfstaengl Ana 405, doos 47. In een interview op 28-10-1951 beweerde Hanfstaengl dat Hitlers seksualiteit 'tot in het abnormale geperverteerd' zou zijn geweest en dichtte hij hem een verhouding met Rudolf Heß toe. IfZ München, ZS 60
5 Vgl. Guido Knopp, *Hitler. Eine Bilanz*, Berlijn 1995, p. 140 e.v.
6 Machtan, *Hitlers Geheimnis*, p. 7. De stelling over Hitlers onderdrukte homoseksualiteit was eerder al te vinden bij Manfred Koch-Hillebrecht, *Homo Hitler. Psychogramm eines Diktators*, München 1999, p. 249, 406.
7 Lothar Machtan, 'Was Hitlers Homosexualität bedeutet. Anmerkungen zu einer Tabugeschichte', in *Zeitschrift für Geschichtswissenschaft*, jrg. 51 (2003), p. 334-351 (citaten p. 337, 336). Vgl. daarentegen Heiden, *Hitler. Das Zeitalter der Verantwortungslosigkeit*, p. 353, die 'de beweringen aangaande Hitlers homoseksualiteit' afdeed als 'pure, door de meest concrete feiten weerlegde speculatie'.
8 Schroeder, *Er war mein Chef*, p. 153, 152, 155. Vgl. ook Hanfstaengl, *Zwischen Weißem und Braunem Haus*, p. 61, die een opmerking van zijn levensgezellin citeert: 'Geloof me, hij is volslagen aseksueel, maar geen man – ondanks zijn voortdurende smachten'. Voorts Kessler, *Das Tagebuch*, band 9, p. 631 (28-1-1935): 'Hitler was waarschijnlijk hetero- noch homoseksueel, maar geslachtloos, voelde absoluut niets.' (Volgens een verklaring door Hermann graaf von Keyserling).
9 Fest, *Hitler*, p. 448. Ook Helm Stierlin, 'Anziehung und Distanz. Hitler und die Frauen aus der Sicht des Psychotherapeuten', in Leutheusser, *Hitler und die Frauen*, p. 264, constateert 'dat de op het gebied van het privé-ik geblokkeerde erotische behoeften en seksuele energieën des te onstuimiger konden uitrazen op het gebied van het publieke ik.'
10 Aldus Guido Knopp, *Hitlers Frauen und Marlene*, München 2001, p. 37.
11 *Monologe*, p. 230 e.v. (25 en 26-1-1941), ook voor het volgende citaat. Vgl. Karl Wilhelm Krause, *10 Jahre Kammerdiener bei Hitler*, Hamburg 1949, p. 43: 'Vaak riep hij tijdens de ritten verrukt uit: "Mijn god, wat een mooi meisje (een mooie vrouw)."'
12 Schroeder, *Er war mein Chef*, p. 152.
13 Vgl. Hamann, *Hitler in Wien*, p. 517-519.
14 Radkau, *Das Zeitalter der Nervosität*, p. 147.
15 Vgl. idem p. 76. Speer herinnert zich dat het later in kleine kring ook opviel dat Hitler 'nooit seksuele thema's aansneed of schuine grappen maakte'. A. Speer aan J. Fest, 13-9-1969; BA Koblenz, N 1340 / 17.
16 Vgl. Maser, *Adolf Hitler*, p. 315.
17 Deuerlein, *Aufstieg*, p. 139.
18 Heiden, *Hitler. Das Zeitalter der Verantwortungslosigkeit*, p. 355. Ook Maria Enders, medewerkster op het NSDAP-secretariaat, bevestigde in een gesprek op 11-12-1951 dat Hitler een verhouding had met Jenny Haug. IfZ München, ZS 33.

19 Vgl. Schad, *Freundinnen und Verehrerinnen*, p. 30-55; Joachimsthaler, *Hitlers Liste*, p. 63-135.
20 *Monologe*, p. 316 (10 en 11-3-1942).
21 Hamann, *Winifred Wagner*, p. 139; vgl. Schad, *Freundinnen und Verehrerinnen*, p. 40. Desondanks stuurde Hitler 'juffr. Bechstein' nog in juni 1938 een felicitatietelegram voor haar verjaardag. *Tägl. Aufzeichnungen Max Wünsches* 23-6-1938, BA Berlijn-Lichterfelde, NS 10 / 125.
22 Hamann, *Winifred Wagner*, p. 148.
23 Deuerlein, *Aufstieg*, p. 238. Ook gevangenbewaarder Franz Hemmrich herinnerde zich (p. 44) 'dat Hitler onverschillig stond tegenover vrouwen en meisjes': 'Hij was charmant en hoffelijk tegen hen, maar zonder de minste opgewondenheid in woord en blik.' IfZ München, ED 153.
24 *Hitlers Tischgespräche*, p. 145 (27-3-1942). In een gesprek over de 'vrouwenkwestie' verklaarde Hitler in juli 1924 in Landsberg 'dat de vrouw niets te zoeken had in de politieke volksvertegenwoordiging. Politiek is een mannenzaak, met name de politiek die tot de uiterste consequenties gaat, dat wil zeggen die er onder bepaalde omstandigheden toe leidt dat de mannenwereld haar bloed opoffert.' Heß, *Briefe*, p. 345 (10-7-1924). Vgl. G. Feder, *Tagebücher*, band 11 (1-11-1929); IfZ München, ED 874.
25 *Monologe*, p. 315 e.v. (10 en 11-3-1942); vgl. ibidem p. 310 (1-3-1942). Vgl. ook *Hitlers Tischgespräche*, p. 273 (8-5-1942), 'Het huwelijk – zoals Hitler het ziet – is [...] een taak waarbij de beroepsmatige strijd een zaak van de man is, en de huishouding, als de burcht van waaruit de levensstrijd wordt gevoerd, de zaak van de vrouw.'
26 Heß, *Briefe*, p. 332 (8-6-1924). Volgens een verklaring van de hoogste partijrechter van de NSDAP, Walter Buch, op 1-5-1947, zou Hitler al vóór 9-11-1923 hebben verklaard: 'Ik kan niet trouwen, mijn vrouw zal Germania zijn.' IfZ München, ZS 805. Hitler schijnt zijn zus Paula zelden te hebben gezien. Van haar aanwezigheid in München in februari 1923 getuigt Gottfried Feder, *Tagebücher*, band 5 (8-2-1923), IfZ München, ED 874.
27 Dagboek van R. Buttmann van 23-12-1924, BayHStA München, Nl Buttmann 82; *Hitler: Reden Schriften Anordnungen*, band I, Doc. 8, p. 32.
28 Schroeder, *Er war mein Chef*, p. 153.
29 Sigmund, *Des Führers bester Freund*, p. 94.
30 'Hitlers unbekannte Geliebte'. Een artikel van Gunter Peis in *Stern* nr. 24 van 13-6-1959, p. 28-34.
31 Vgl. voor het volgende Peis, *Hitlers unbekannte Geliebte*; daarop gebaseerd Anna Maria Sigmund, 'Marie Reiter' in idem, *Die Frauen der Nazis. Die drei Bestseller vollständig aktualisiert in einem Band*, München 2005, p. 673-729; Schad, *Freundinnen und Verehrerinnen*, p. 69-79.
32 *Monologe*, p. 230 (25 en 26-1-1942).
33 Zie idem p. 295 e.v.
34 Henriette von Schirach, *Frauen um Hitler*, München 1983, p. 244 e.v.
35 Machtan, *Hitlers Geheimnis*, p. 180.
36 *Monologe*, p. 208 (16 en 17-1-1942).
37 Sigmund, *Maria Reiter*, p. 694. Hitlers kaarten en brieven zijn alle afgedrukt in Anna Maria Sigmund, *Die Frauen der Nazis*, band 3, München 2002, p. 11 e.v.; vgl. Joachimsthaler, *Hitlers Liste*, p. 187-196. De authenticiteit staat vast. Een grafologisch rapport is te vinden in het addendum bij het *Stern*-artikel van 13-6-1959.
38 Sigmund, *Maria Reiter*, p. 698.
39 Heiden, *Hitler. Das Zeitalter der Verantwortungslosigkeit*, p. 357. Vgl. Schroeder, *Er war mein Chef*, p. 156 ('de enige vrouw van wie hij heeft gehouden'); Heydecker, *Hoffmann-Erinnerungen*, p. 77 ('Hitlers grote liefde'); Fest, *Hitler*, p. 447 ('zijn enige grote liefde'); Kershaw, *Hitler*, band 1, p. 444 ('Toch lijkt het wel zeker dat Hitler voor de eerste en enige keer in zijn leven emotioneel afhankelijk was van een vrouw, zijn moeder buiten beschouwing gelaten'); Ronald Hayman, *Hitler & Geli*, Londen 1997, p. 3 ('Geli was de cruciale vrouw in Hitlers leven, belangrijker dan Eva Braun').

NOTEN - HOOFDSTUK 10   819

40 Vgl. voor de biografische details Anna Maria Sigmund, 'Geli Raubal', in idem, *Die Frauen der Nazis*, band 1, Wenen 1998, p. 131 e.v.; idem, *Des Führers bester Freund*, p. 23 e.v.
41 Memoires van Franz Hemmrich, p. 44; IfZ München, ED 153.
42 Geciteerd naar Sigmund, *Des Führers bester Freund*, p. 101.
43 Heß, *Briefe*, p. 385 (17-9-1927). Op een prentbriefkaart van Rudolf Heß aan Inge Pröhl d.d. 2-9-1927 vanuit Basteifelsen in Saksisch Zwitserland voegden Hitler, Angela Raubal en Geli Raubal op de voorzijde hun groeten toe. BA Bern, Nl Heß, J1.211-1989 / 148, 39. Vgl. Goebbels, *Tagebücher*, deel I, band 1 / II, p. 258 (22-8-1927): 'Ik leer de kennissenkring van de chef kennen. Zus en nicht. Even lieve mensen als hijzelf.'; p. 260 (24-8-1927): 'Afscheid van de chef en de lieve Geli.' Vgl. ibidem p. 267 (8 en 10-9-1927).
44 H. von Schirach, *Frauen um Hitler*, p. 46. Vgl. voor de uiterlijke verschijning van Geli Raubal ook Hayman, *Hitler & Geli*, p. 102-104; Baldur von Schirach, *Ich glaubte an Hitler*, Hamburg 1967, p. 107.
45 Hoffmann, *Hitler wie ich ihn sah*, p. 124; vgl. H. von Schirach, *Frauen um Hitler*, p. 50. Gottfried Feder getuigt van de aanwezigheid van Hitlers nicht in de Osteria Bavaria voor het eerst op 10-11-1927; *Tagebücher von G. Feder*, band 10; IfZ München, ED 874.
46 H. von Schirach, *Frauen um Hitler*, p. 55-59 (citaat p. 58).
47 Ibidem p. 61; vgl. Sigmund, *Des Führers bester Freund*, p. 125 e.v.
48 Geli Raubal aan Emil Maurice, 24-12-1927; deels afgedrukt in Sigmund, 'Geli Raubal', in *Die Frauen um Hitler*, band 1, p. 140 e.v. (daar ook op p. 141 het facsimile van de brief).
49 Vgl. Sigmund, *Des Führers bester Freund*, p. 127-129 (daar ook op p. 128 facsimile van het door Hitler ondertekende getuigschrift, met als datum van ontslag januari 1928).Vgl. ook IfZ München, ZS 290.
50 Nerin E. Gun, *Eva Braun-Hitler. Leben und Schicksal*, Velbert und Kettwig 1968, p. 24.
51 Geciteerd naar Sigmund, *Des Führers bester Freund*, p. 127.
52 H. von Schirach, *Frauen um Hitler*, p. 51. In 1929 observeerde Hanfstaengl Geli Raubal en Hitler tijdens een gezamenlijk bezoek aan het *Münchner Residenztheater*. Ze hadden zich gedragen 'als een liefdespaar'. Notitie van Hanfstaengl: 'Geli u. A.H.'; BSB München, Nl Hanfstaengl Ana 405, doos 26.
53 Vgl. Goebbels, *Tagebücher*, deel I, band 1 / III, p. 52 (13-7-1928); p. 54 (15-7-1928).
54 Ibidem p. 123 (15-11-1928). Vgl. ook daar, p. 124 (17-11-1928), p. 126 (19-11-1928). Over Hitlers optreden in het Sportpalast schreef Rudolf Heß op 21-11-1928 aan zijn ouders: 'Jullie kunnen je gewoon geen idee vormen van de bijeenkomst – 18.000 mensen en de toespraak van de chef meeslepender dan zelden tevoren.' BA Bern, Nl Heß, J1.211-1989 / 148, 41.
55 Vgl. Sigmund, *Des Führers bester Freund*, p. 154, 159.
56 Goebbels, *Tagebücher*, deel I, band 1 / III, p. 295 (2-8-1929).
57 Gun, *Eva Braun-Hitler*, p. 24.
58 Hoffmann, *Hitler wie ich ihn sah*, p. 124. Vgl. ook interview met Hermann Esser van 18-3-1964, band I: het zou onmiskenbaar zijn geweest dat Hitler 'heel sterk met haar verbonden was, om niet te zeggen verliefd was'. BayHStA München, Nl Esser.
59 Goebbels, *Tagebücher*, deel I, band 1 / III, p. 105 e.v. (19-10-1928). Vgl. voor de geruchten ook Schirach, *Ich glaubte an Hitler*, p. 105, Joachimsthaler, *Hitlers Liste*, p. 323.
60 Ralf Georg Reuth (red.), *Joseph Goebbels Tagebücher*, band 1: 1924-1929, München-Zürich 1992, p. 428 (22-11-1929). Vgl. Goebbels, *Tagebücher*, deel I, deel 2 / I, p. 68 (20-1-1930): 'Hij doet niet veel [...] En dan de vrouwen, de vrouwen.'
61 Hanfstaengl, *Zwischen Weißem und Braunem Haus*, p. 233. Vgl. niet-gepubliceerde memoires van Hanfstaengl, p. 198: zijn relatie met haar zou Hitler 'de eerste en enige keer in zijn leven de natuurlijke loop van mijn mannelijke libido hebben bezorgd'. BSB München, Nl Hanfstaengl Ana 405, doos 47.
62 Schroeder, *Er war mein Chef*, p. 153. Ook Henriette von Schirach was ervan overtuigd dat er 'tussen hen geen intieme betrekkingen bestonden'. Citaat naar Knopp, *Hitler. Eine Bilanz*, p. 144. Vgl. Joachimsthaler, *Hitlers Liste*, p. 327.
63 Verslag van een onderhoud met Adolf Vogls vrouw op 2-1-1952; IfZ München, ZS 167; vgl.

Hanfstaengl, *Zwischen Weißem und Braunem Haus*, p. 235 e.v.; Sigmund, *Des Führers bester Freund*, p. 144. In oktober 1923 nodigde de advocaat dr. Richard Dingeldey Hitler uit voor een diner in de Franz-Joseph-Straße 37, waarbij ook 'onze gemeenschappelijke vrienden de heer e(n) mevrouw Vogl' en de Wagneronderzoeker en eerste dirigent Alfred Lorenz aanwezig zouden zijn. R. Dingeldey aan de 'zeer geëerde, hooggeëerde heer Hitler', 10-10-1923; BA Koblenz, N 1128 / 15.

64 Vgl. Hamann, *Winifred Wagner*, p. 185; Sigmund, *Des Führers bester Freund*, p. 146; Goebbels, *Tagebücher*, deel I, band 2 / I, p. 202 (20-7-1930).
65 Vgl. Wagener, *Hitler aus nächster Nähe*, p. 98.
66 Vgl. bijv. de rekening van de Fa. Rich & Söhne, München, voor '1 paar slangenlederen schoenen' (kosten 33,– mark), die Geli Raubal op 14-7-1931 kocht. De bedrijfsleider schreef erbij: 'Zeer geëerde heer Hitler, Overeenkomstig uw gewaardeerde bestelling nemen we de vrijheid u de rekening te zenden voor de door mejuffrouw uw nicht gekochte schoenen en groeten u met heil!' BA Berlijn-Lichterfelde, NS 26 / 2557.
67 Rose, *Julius Schaub*, p. 107.
68 Hoffmann, *Hitler wie ich ihn sah*, p. 125 e.v. (citaat p. 126). Vgl. ook H. von Schirach, *Frauen um Hitler*, p. 62-64.
69 H. von Schirach, *Frauen um Hitler*, p. 64.
70 Rose, *Julius Schaub*, p. 108. Schaub noemt als datum 18-9, wat niet kan kloppen omdat Geli Raubal zich op die avond insloot in haar kamer.
71 Vgl. Gun, *Eva Braun-Hitler*, p. 21; Sigmund, *Des Führers bester Freund*, p. 170.
72 Heydecker, *Hoffmann-Erinnerungen*, p. 78. Vgl. Hoffmann, *Hitler wie ich ihn sah*, p. 128. Nog op de ochtend van 19 september belde Heß ook met Goebbels: 'Geli heeft zich vannacht doodgeschoten. Verschrikkelijke slag! Ik durf niet eens naar de motieven te gissen. Hoe zal de chef dit verwerken?' Goebbels, *Tagebücher*, deel I, band 2 / II, p. 103 (20-9-1931).
73 Sigmund, *Des Führers bester Freund*, p. 203-205 (aldaar op p. 204 een facsimile van de bekeuring wegens hard rijden).
74 Vgl. ibidem p. 174 e.v.
75 Ibidem p. 170 e.v. Vgl. idem, 'Geli Raubal' in *Die Frauen der Nazis*, deel 1, p. 149.
76 De verklaringen van Georg Winter, Anni Winter, Maria Reichert en Anna Kirmair zijn opgenomen in het eindverslag van de politie van München d.d. 28-9-1931, afgedrukt in idem, 'Geli Raubal', in *Die Frauen der Nazis*, deel 1, p. 148 e.v.; vgl. ook Sigmund, *Des Führers bester Freund*', p. 171-173
77 Verklaring van Hitler d.d. 19-9-1931, afgedrukt in idem, *Des Führers bester Freund*, p. 175 e.v.; Sigmund, 'Geli Raubal', in *Die Frauen der Nazis*, deel 1, p. 150, 154.
78 *Münchener Post* nr. 217 d.d 21-9-1931; meer persberichten onder andere in de *Regensburger Echo* nr. 39 d.d. 25-9-1931 ('De tragedie in München Bogenhausen'), *Freistaat* nr. 216 d.d. 22-9-1931 ('Een familiedrama rondom Hitler'), *Fränkische Tagespost*, nr. 258 d.d 21-9-1931 ('Zelfmoord in de woning van Hitler') in BA Berlijn-Lichterfelde, NS 26 / 13.
79 Vgl. Sigmund, *Des Führers bester Freund*, p. 179 e.v.; idem, 'Geli Raubal' in *Die Frauen der Nazis*, deel 1, p. 151.
80 *Hitler. Reden Schriften Anordnungen*, deel IV, 2, doc. 36, p. 109-111.
81 Vgl. voor de geruchten Sigmund, *Des Führers bester Freund*, p. 203; Gun, *Eva Braun-Hitler*, p. 27 e.v.; Hanfstaengl, *Zwischen Weißem und Braunem Haus*, p. 242. Het verhaal over Geli's zwangerschap komt van Bridget Hitler, de eerste vrouw van halfbroer Alois. (Vgl. Michael Unger (red.), *The Memoirs of Bridget Hitler*, Londen 1979, p. 70-77); de bewering dat Hitler zelf de moordenaar zou zijn geweest, werd verspreid door Otto Straßer, die het had gehoord van zijn broer Paul, die het op zijn beurt zou hebben gehoord van zijn in 1934 vermoorde broer Gregor. (O. Straßer, *Hitler und ich*, p. 236-238).
82 Vgl. Hamann, *Winifred Wagner*, p. 211; interview met Hermann Esser d.d. 20-3-1964, deel I; BayHStA München, Nl Esser; Sigmund, *Des Führers bester Freund*, p. 184 e.v. Ook Leo Raubal noemde de dood van zijn zus in een interview d.d. 22-3-1971 'een mysterie'; IfZ München, ZS 2239. Adolf Vogl hield het voor 'uitgesloten' dat Geli Raubal zelfmoord zou hebben gepleegd. IfZ München, ZS 167.

83 H. von Schirach, *Frauen um Hitler*, p. 67; vgl. Gun, *Eva Hitler-Braun*, p. 21.
84 Vgl. Hayman, *Hitler & Geli*, p. 145. Vgl. ook O. Straßer, *Hitler und ich*, p. 97, waar echter nog sprake was van 'extravagante wensen' die 'de fantasie van een gezonde man nauwelijks voor waar kon houden'.
85 Hanfstaengl, *Zwischen Weißem und Braunem Haus*, p. 233, 238. Vgl. de sterk overeenkomende beschrijving in de niet-gepubliceerde memoires van Hanfstaengl, p. 189, 192; BSB München, Nl Hanfstaengl Ana 405, doos 47.
86 Hanfstaengl, *Zwischen Weißem und Braunem Haus*, p. 234. Vgl. Hayman, *Hitler & Geli*, p. 154, die hier Hanfstaengl klakkeloos napraat. De naakttekeningen die Anna Sigmund nog in 1998 afbeeldde en als echt bestempelde ('Geli Raubal' in *Die Frauen der Nazis*, deel 1, p. 144), waren vervalsingen door Konrad Kujaup. In haar boek *Des Führers bester Freund* uit 2003 (pp. 208 e.v.) heeft de schrijfster zichzelf gecorrigeerd.
87 Aldus Gun, *Eva Braun-Hitler*, p. 28. Vgl. Heydecker, *Hoffmann-Erinnerungen*, p. 79. Gun en Hoffmann baseerden zich op een verhaal van Anni Winter: voordat Geli Raubal zichzelf insloot, zou ze toen ze Hitlers kamer opruimde, een brief van Eva Braun hebben gevonden, waarin deze hem bedankte voor een uitnodiging voor een theatervoorstelling. Het was Geli Raubal niet onbekend dat Hitler al enige tijd ontmoetingen had met de assistente van Heinrich Hoffmann. Ze zag waarschijnlijk een concurrente in haar. Vgl. ook Rose, *Julius Schaub*, p. 103, die melding maakt van een vluchtige ontmoeting op de oktoberfeesten in 1930. Gunter Peis, *Die unbekannte Geliebte*, zoekt het in 'jaloezie op Mimi Reiter', die in de zomer van 1931 met Hitler naar bed zou zijn geweest (zie idem p. 309). Onlangs heeft Peter Longerich, *Goebbels*, p. 170, een verband geïnsinueerd tussen Hitlers belangstelling voor Magda Goebbels (zie daarover verderop) en de zelfmoord van Geli.
88 Aldus de verklaring van Emil Maurice d.d. 5-6-1945; citaat bij Sigmund, *Des Führers bester Freund*, p. 186.
89 Hoffmann, *Hitler wie ich ihn sah*, p. 130-134; vgl. manuscript van Hoffmann voor de beraadslagingen van de denazificatierechtbank (januari 1947), p. 14: daarin staat dat Hitler zich tien dagen in zijn kamer zou hebben opgesloten, wat aantoonbaar niet kan kloppen; IfZ München, MS 2049; Gun, *Eva Braun-Hitler*, p. 22; Dietrich, *12 Jahre mit Hitler*, p. 198 (volgens een verklaring van Gregor Straßer); Frank, *Im Angesicht des Galgens*, p. 97 e.v. (volgens Rudolf Heß); Müller, *Im Wandel einer Welt*, p. 307: Hitler was 'volledig gebroken en heeft enkele uren lang onbedaarlijk gesnikt' (volgens een verklaring van Elsa Bruckmann).
90 Fest, *Hitler*, p. 445; vgl. ook Kershaw, *Hitler*, deel I, p. 446: 'Hij leek zich op de rand van een zenuwinstorting te bevinden. Hij wilde de politiek opgeven en overal een einde aan maken.'
91 *Hitler. Reden Schriften Anordnungen*, deel IV,2, doc. 37, p. 111-115. Vgl. Goebbels, *Tagebücher*, deel I, band 2 / II, p. 107 (25- 9-1931): 'Gisteravond: chef opgehaald. Ziet er minnetjes en krijtwit uit [...] Hij zegt weinig. Geen woord over Geli.'
92 Vgl. Sigmund, *Des Führers bester Freund*, p. 193-195; Goebbels, *Tagebücher*, deel I, band 2, II, p. 211 (5-2-1932), p. 366 (19-9- 1932); Hoffmann, *Hitler wie ich ihn sah*, p. 133. Hitler had de verzorging van het graf overgedragen aan bloemisterij Karl A. Rolleder in Wenen, maar verzuimde om de rekening voor planten, kranslinten, reiniging en verzorging van het graf te betalen, zodat de bloemist hem een aanmaning stuurde met het verzoek het hem niet kwalijk te nemen dat hij het zich 'veroorloofde de achterstand in herinnering te brengen'. Karl A. Rolleder aan Hitler, 5-11-1931, 22-2-1932; BA Berlijn-Lichterfelde, NS 26 / 2557.
93 Goebbels, *Tagebücher*, deel I, band 2, II, p. 135 (27-10-1931). Vgl. ibidem p. 154 (22-11-1931): 'Chef vertelt: over de vrouwen van wie hij heel veel houdt. Over de enige die hij niet kan vinden [...]. Over Geli, die hij verloren heeft en om wie hij diep rouwt. Hij is diep ontroerd. We mogen hem allemaal zo graag. Hij is zo onbaatzuchtig.' Vgl. hierover Görtemaker, *Eva Braun*, p. 54-56.
94 Wagener, *Hitler aus nächster Nähe*, p. 358. Vgl. Hoffmann, *Hitler wie ich ihn sah*, p. 117.

95   Heß, *Briefe*, p. 415 (9-11-1931).
96   Zie daarover idem p. 16 en volgende p. 421 e.v. Vgl. ook de terechte kritiek van Görtemaker, *Eva Braun*, p. 10 e.v.
97   Aldus Fest, *Hitler*, p. 446.
98   H. von Schirach, *Frauen um Hitler*, p. 73; manuscript van Hoffmann voor de beraadslagingen van de denazificatierechtbank (januari 1947), p. 14: 'Met de dood van zijn nicht verdween een stukje menselijkheid van Hitler mee in haar graf. Hij werd een ander mens.' IfZ München, MS 2049; vgl. Steinert, *Hitler*, p. 252; Kershaw, *Hitler*, deel I, p. 444.
99   Goebbels, *Tagebücher*, deel I, band 2, II, p. 85 (26-8-1931); p. 91 (4-9-1931). Voor de ontmoeting tussen Hitler en Magda Quandt in Hotel Kaiserhof zie Wagener, *Hitler aus nächster Nähe*, p. 376-378.
100 Goebbels, *Tagebücher*, deel I, band 2 / II, p. 98, 100 (14 en 16-9-1931).
101 Vgl. Longerich, *Goebbels*, p. 169.
102 Goebbels, *Tagebücher*, deel I, band 2, II, p. 200 (20-1-1932). Tot de vrouwen die het echtpaar Goebbels uitnodigde voor partijtjes om hen kennis te laten maken met Hitler, behoorde de zangeres en actrice Gretl Slezak, de dochter van de gevierde heldentenor Leo Slezak, die Hitler in zijn jeugd had bewonderd in het Linzer Stadttheater in de rol van Lohengrin. Vgl. Goebbels, *Tagebücher*, deel I, band 2 / II, p. 247 (22-3-1932); p. 271 (30-4-1932); deel 2 / III, p. 63 (20-11-1932), p. 75 (6-12-1932); voorts Schroeder, *Er war mein Chef*, p. 159-162; Sigmund, *Des Führers bester Freund*, p. 272 e.v.; Joachimsthaler, *Hitlers Liste*, p. 489-496.
103 Leni Riefenstahl, *Memoiren*, München 1987, p. 214. Voor de ontmoeting met Hitler in mei 1932 vgl. ibidem p. 157-160. Vgl. Jürgen Trimborn, *Riefenstahl. Eine deutsche Karriere*, Berlijn 2002, p. 129-133; Karin Wieland, *Dietrich & Riefenstahl. Der Traum von der neuen Frau*, München 2011, p. 176-178. Begin november 1932 bezocht Leni Riefenstahl Hitler in Hotel Kaiserhof. 'Ze is enthousiast over ons,' noteerde Goebbels, *Tagebücher*, deel I, band 2 / III, p. 50 (3-11-1932).
104 Vgl. voor het volgende Görtemaker, *Eva Braun*, p. 39-43; voorts Anna Maria Sigmund, 'Eva Braun' in idem, *Die Frauen der Nazis*, deel 1, p. 159 e.v.
105 Hoffmann, *Hitler wie ich ihn sah*, p. 135.
106 Gun, *Eva Braun-Hitler*, p. 46 e.v.; kritisch over Guns weergave is Görtemaker, *Eva Braun*, p. 19-21.
107 Vgl. Görtemaker, *Eva Braun*, p. 21-23; H. von Schirach, *Frauen um Hitler*, p. 224; Gun, *Eva Braun-Hitler*, p. 49 e.v.
108 Schroeder, *Er war mein Chef*, p. 156. Ook de penningmeester van de NSDAP, Franz Xaver Schwarz, verklaarde tijdens een verhoor op 21-7-1945 dat de betrekkingen tussen Hitler en Eva Braun 'zuiver platonisch' zouden zijn geweest; IfZ München, ZS 1452.
109 H. von Schirach, *Frauen um Hitler*, p. 226.
110 Vgl. Gun, *Eva Braun-Hitler*, p. 55; Maser, *Adolf Hitler*, p. 322, die zich beroept op een uitspraak van Anni Winter in 1969. Tijdens hun gemeenschappelijke internering in 1945 in Augsburg vertelde Anni Winter aan Christa Schroeder over de weekendbezoeken van Eva Braun, die een halfjaar na de zelfmoord van Geli Raubal waren begonnen. 'Op zaterdag verscheen ze altijd met een koffertje in de woning aan de Prinzregentenplatz.'; Schroeder, *Er war mein Chef*, p. 234 e.v.
111 Görtemaker, *Eva Braun*, p. 52. Bij het zien van foto's van de conferentie in München in 1938, van Chamberlain in het huis van Hitler, zou Eva Braun tegen haar beste vriendin Herta Ostermeier (sinds haar huwelijk in 1936 Schneider) hebben gezegd: 'Als Chamberlain de geschiedenis van die sofa zou kennen…'; Gun, *Eva Braun-Hitler*, p. 55.
112 Wagener, *Hitler aus nächster Nähe*, p. 99.
113 Richard Wagner, *Rienzi, der Letzte der Tribunen. Große tragische Oper in fünf Akten*. Naar de oorspronkelijke partituur uitgegeven door Egon Voss, Stuttgart 2010, p. 59 e.v.; vgl. ook aantekening van Hanfstaengl, 'Rienzi – A. H.'; BSB München, Nl Hanfstaengl Ana 405, doos 25.
114 Wagener, *Hitler aus nächster Nähe*, p. 358.

115 Gun, *Eva-Braun-Hitler*, p. 57. Vgl. Wiedemann, *Der Mann*, p. 70.
116 Gun, *Eva Braun-Hitler*, p. 56. Vgl. Görtemaker, *Eva Braun*, p. 59-62, die de datering uitvoerig bespreekt en begin november 1932 als de meest waarschijnlijke datum noemt.
117 Hoffmann, *Hitler wie ich ihn sah*, p. 137; vgl. manuscript van Hoffmann van de beraadslagingen door de denazificatierechtbank (januari 1947) p. 22; IfZ München, MS 2049.
118 Schroeder, *Er war mein Chef*, p. 164; Joachimsthaler, *Hitlers Liste*, p. 441 e.v. Vgl. voor de vragen naar het motief Görtemaker, *Eva Braun*, p. 62 e.v.
119 Hanfstaengl, *Zwischen Weißem und Braunem Haus*, p. 287; vgl. niet-gepubliceerde memoires van Hanfstaengl, p. 236: 'Hitler was zeer mild gestemd [...] Het was de laatste keer dat ik hem zo ontspannen heb meegemaakt.' BSB München, Nl Hanfstaengl Ana 405, doos 47.

11 Pokeren om de macht

1 Joseph Goebbels, *Vom Kaiserhof zur Reichskanzlei*, München 1934, p. 20. Vgl. voor de latere wijzigingen in het dagboek Longerich, Goebbels, p. 199, 491 e.v. (noot 111).
2 Otto Dietrich, *Mit Hitler in die Macht. Persönliche Erlebnisse mit meinem Führer*, 2de druk, München 1934 (citaten p. 15, 36, 58, 80). Vgl. Krings, *Hitlers Pressechef*, p. 267 e.v.
3 Vgl. Goebbels, *Tagebücher*, deel I, band 2 / II, p. 186 (1-1-1932): 'Het nieuwe jaar zal en moet de beslissing brengen.'
4 Leopold Schwarzschild, *Chronik eines Untergangs. Deutschland 1924–1939*, red. Andreas P. Wesemann, Wenen 2005, p. 232. Vgl. Golo Mann, *Erinnerungen und Gedanken. Eine Jugend in Deutschland*, Frankfurt am Main, 1986, p. 442.
5 *Hitler. Reden Schriften Anordnungen*, band IV, 3, doc. 1, pp 3-10 (citaten p. 4, 5).
6 Ibidem doc. 2, p. 11-13 (citaat p. 12).
7 Heß, *Briefe*, p. 413 (3-9-1931).
8 Vgl. Hitler aan Karl Haniel, 25-1-1932; *Hitler. Reden Schriften Anordnungen*, band IV, 3, doc. 13, p. 69 e.v.
9 Ibidem, doc. 15, p. 74-110 (citaten p. 81, 88, 106, 109). Vgl. voor Hitlers optreden in de Düsseldorfse Industrie-Club Turner, *Großunternehmer*, p. 260-271; Gustav Luntowski, *Hitler und die Herren an der Ruhr. Wirtschaftsmacht und Staatsmacht im Dritten Reich*, Frankfurt am Main, 2000, p. 43-46; Industrie-Club e. V. Düsseldorf (uitg.), *Treffpunkt der Eliten. Die Geschichte des Industrie-Clubs Düsseldorf. Texte und wissenschaftliche Bearbeitung von Volker Ackermann*, Düsseldorf 2006, p. 128-139.
10 Dietrich, *Mit Hitler in die Macht*, p. 46-49.
11 Vgl. Turner, *Großunternehmer*, p. 268 e.v.; Luntowski, *Hitler und die Herren an der Ruhr*, p. 46 e.v.; Ackermann, *Treffpunkt der Eliten*, p. 127 e.v.; Krings, *Hitlers Pressechef*, p. 148 e.v.
12 Vgl. Turner, *Großunternehmer*, p. 265.
13 Vgl. Eglau, *Fritz Thyssen*, p. 134. In een brief aan Hugenberg d.d. 20-1-1932, per adres Park Hotel Düsseldorf, had Thyssen zijn uittreden uit de DNVP bekendgemaakt. Op 28-1-1932 vulde Thyssen aan dat hij Hugenberg 'nooit in het ongewisse had gelaten dat ik slechts lid van uw partij kan blijven zolang ze vastbesloten is tot samenwerking met Hitler'. BA Koblenz, N 1231 / 39.
14 Dietrich, *12 Jahre mit Hitler*, p. 185 e.v. Vgl. Krings, *Hitlers Pressechef*, p. 149, noot 216, uit het gepubliceerde deel van de memoires: 'Ik merkte dat er betrekkelijk kleine bedragen binnenkwamen. Er lagen weliswaar een of twee cheques voor een paar duizend mark bij, maar gezien Hitlers verwachtingen was de opbrengst als geheel onaanzienlijk, wat hem aanleiding gaf tot spontane uitingen van teleurstelling.'
15 Vgl. Turner, *Großunternehmer*, p. 274 e.v.; Eglau, *Fritz Thyssen*, p. 135.
16 Vgl. Brüning, *Memoiren*, p. 451, 500; Winkler, *Weimar*, p. 444; Pyta, *Hindenburg*, p. 645-650.
17 Geciteerd naar Hürter, *Wilhelm Groener*, p. 322 e.v. Al eind januari 1932, na het mislukken van de onderhandelingen, duidde Groener Hitler aan als 'visionair en afgod van de

18 Vgl. Hitler aan Brüning, 12-1, 15-1, 25-1-1932; *Hitler. Reden Schriften Anordnungen*, band IV, 3, doc. 6, p. 11-13; doc. 8, p. 34-44; doc. 12, p. 58-68. Rudolf Heß vond het 'ronduit geniaal' hoe Hitler in de kwestie van de Hindenburg-kandidatuur 'de rollen omdraaide'. R. Heß aan Klara Heß 15-1-1932; BA Bern, Nl Heß, J1.211- 1989 / 148, 149. In een schrijven aan Brüning d.d. 11-1-1932 had ook Hugenberg de steun van de DNVP voor verlenging van de ambtstermijn van Hindenburg geweigerd. BA Koblenz, N 1231 / 36.
19 Goebbels, *Tagebücher*, deel I, band 2 / II, p. 199 (20-1-1932).
20 Ibidem p. 205 (28-1-1932), p. 207 (30-1-1932).
21 Ibidem p. 209 (3-2-1932).
22 Ibidem p. 209 (3-2-1932).
23 Hermann Pünder, *Politik in der Reichskanzlei. Aufzeichnungen aus den Jahren 1929–1932*, red. Thilo Vogelsang, Stuttgart 1961, p. 144 (15-2-1932). Vgl. Pyta, *Hindenburg*, p. 658-663.
24 Goebbels, *Tagebücher*, deel I, band 2 / II, p. 225 (23-2-1932).
25 Kopie van het conceptarbeidscontract tussen de vrijstaat Braunschweig en de auteur Adolf Hitler in BA Koblenz, N1128 / 27. Vgl. voor het verlenen van het staatsburgerschap aan Hitler de documentatie van Rudolf Morsey, 'Hitler als Braunschweigischer Regierungsrat', in *Vierteljahrshefte für Zeitgeschichte*, Jrg. 8 (1960), p. 419-448; voorts Gunnhild Ruben, 'Bitte mich als Untermieter bei Ihnen anzumelden!', *Hitler und Braunschweig 1932–1935*, Norderstedt 2004, p. 42-52.
26 Morsey, *Hitler als Braunschweigischer Regierungsrat*, p. 442.
27 Goebbels, *Tagebücher*, deel I, band 2 / II, p. 228 (26-2-1932). Vgl. ook ibidem p. 230 (1-3-1932): 'Hij moet optreden als "regeringsadviseur Hitler". Haha!' Bij de bruiloft van Baldur von Schirach en Henriette Hoffmann, waarbij Hitler en Röhm getuigen waren, ondertekende hij inderdaad met 'regeringsadviseur'. Notitie H. von Schirach, *76 Jahre Leben in Deutschland* (1989); BayHStA München, Nl H. v. Schirach 3.
28 Winkler, *Der Weg in die Katastrophe*, p. 512 e.v. Voor de discussies binnen rechts over de kandidatuur vgl. *Volker R. Berghahn*, 'Harzburger Front und die Kandidatur Hindenburgs für die Präsidentschaftswahlen 1932', in *Vierteljahrshefte für Zeitgeschichte*, Jrg. 13 (1965), p. 64-82.
29 Th. Sternheim, *Tagebücher*, band 2, p. 394 (16-2-1932).
30 Geciteerd naar Schönhoven/Vogel, *Frühe Warnungen*, p. 245 e.v.; vgl. Döring, *Parlamentarischer Arm*, p. 322 e.v., Winkler, *Weimar*, p. 446.
31 Goebbels, *Tagebücher*, deel I, band 2 / II, p. 226 (24-1-1932).
32 Ibidem, p. 230 e.v. (1-3-1932); vgl. Paul, *Aufstand der Bilder*, p. 95 e.v.
33 *Hitler. Reden Schriften Anordnungen*, band IV, 3, doc. 29, p. 138-144 (citaat p. 142).
34 Goebbels, *Tagebücher*, deel I, band 2 / II, p. 229 (28-2-1932).
35 Geciteerd naar *Hitler. Reden Schriften Anordnungen*, band IV, 3, doc. 32, p. 153, noot 1.
36 Geciteerd naar ibidem, doc. 34, p. 166, noot 1.
37 Hitler aan Hindenburg, 28-2-1932; ibidem, doc. 30, p. 145-150 (citaat p. 147).
38 Ibidem doc. 39, p. 191; vgl. ibidem, doc. 29, p. 144; doc. 32, p. 160 e.v., doc. 35, p. 172; doc. 36, p. 181; doc. 41, p. 199; doc. 43, p. 202; doc. 45, p. 214. Voorts voor dit deel van de verkiezingsstrategie van Hitler, Pyta, *Hindenburg*, p. 671 e.v.
39 *Hitler. Reden Schriften Anordnungen*, band IV, 3, doc. 32, p. 157; vgl. ibidem, doc. 34, p. 169; doc. 36, p. 179; doc. 39, p. 191; doc. 41, p. 199; doc. 43, p. 201; doc. 45, p. 213.
40 Geciteerd naar Horn, *Der Marsch zur Machtergreifung*, p. 347, noot 66; vgl. Paul, *Aufstand der Bilder*, p. 97.
41 Goebbels, *Tagebücher*, deel I, band 2 / II, p. 235 (6-3-1932).
42 Ibidem p. 237 (9-3-1932). Vgl. ook ibidem, p. 241 (13-3-1932): 'Hitler belde zelfs vanuit Neurenberg. Iedereen is zeker van de overwinning. Hij ook.' Wilhelm Frick had al op 29-2-1932 aan zijn zus Emma geschreven: 'We moeten alle krachten aanwenden om te overwinnen. Onze vooruitzichten zijn zonder meer goed.' BA Koblenz, N 1241 / 7.
43 *Hitler. Reden Schriften Anordnungen*, band IV, 3, doc. 46, p. 219-222 (met name p. 219 e.v.).

44 Vgl. Falter e.a., *Wahlen und Abstimmungen*, p. 46.
45 Vgl. Horn, *Der Marsch zur Machtergreifung*, p. 349; Winkler, *Weimar*, p. 449.
46 Goebbels, *Tagebücher*, deel I, band 2 / II, p. 241 e.v. (14-3-1932).
47 Hitler. *Reden Schriften Anordnungen*, band IV, 3, doc. 47, p. 223-225 (citaten p. 224, 225).
48 Dietrich, *Mit Hitler in die Macht*, p. 62 e.v.
49 Hanfstaengl, *Zwischen Weißem und Braunem Haus*, p. 271.
50 Hitler. *Reden Schriften Anordnungen*, band IV, 3, doc. 50, p. 239-245 (citaten p. 239).
51 Vgl. Wolfgang Stribrny, 'Der Versuch einer Kandidatur des Kronprinzen Wilhelm bei der Reichspräsidentenwahl 1932', in *Geschichte in der Gegenwart. Festschrift für Kurt Kluxen*, Paderborn 1972, p. 199-210; Willibald Gutsche, *Ein Kaiser im Exil. Der letzte deutsche Kaiser Wilhelm II. in Holland*, Marburg 1991, p. 138-140. Voorts over deze episode Pyta, *Hindenburg*, p. 674-678; Granier, *Magnus von Levetzow*, p. 173 e.v.; Goebbels, *Tagebücher*, deel I, band 2 / II, p. 252 (20-3-1932), p. 253 (1-4-1932). Ook Heinrich Claß, de voorzitter van de Alldeutsche Verband, riep de Deutschnationalen op 'in de tweede stemronde eensgezind op Adolf Hitler te stemmen'. Claß aan Hugenberg, 19-3-1932; BA Koblenz, N 1231 / 36. In een lange brief aan Hitler d.d. 20-3-1932 gaf Hugenberg als reden voor zijn beslissing niet in te grijpen in de tweede stemronde vanwege enerzijds de uitzichtloosheid van Hitlers kandidatuur, anderzijds het feit dat de NSDAP de in Bad Harburg gemaakte afspraak tot samenwerking nog steeds niet nakwam. BA Koblenz, N 1231 / 37. Vgl. ook Hugenberg aan kroonprins Wilhelm, 27-4-1932; ibidem.
52 Hitler. *Reden Schriften Anordnungen*, band IV, 3, doc. 59, p. 258-261 (citaat p. 258).
53 Goebbels, *Tagebücher*, deel I, band 2 / II, p. 243 (16-3-1932), p. 246 (21-3-1932).
54 Dietrich, *Mit Hitler in die Macht*, p. 70; vgl. Krings, *Hitlers Pressechef*, p. 119. Rudolf Heß mocht 'tot zijn grote spijt' niet deelnemen aan de Duitslandvluchten omdat Hitler hem in de partijcentrale in München 'wilde laten oppassen'. Ilse Heß aan de ouders Heß, 9-5-1932; BA Bern, Nl Heß, J1.211-1989 / 148, 49.
55 Hitler. *Reden Schriften Anordnungen*, band V, 1, doc. 7, p. 20 e.v.; vgl. Goebbels, *Tagebücher*, deel I, band 2 / II, p. 255 (5-4-1932).
56 Aldus de rake analyse van Paul, *Aufstand der Bilder*, p. 204-210 (citaat p. 208).
57 Hamann, *Winifred Wagner*, p. 214. Vgl. Rudolf Heß aan zijn ouders, 23-8-1928: 'Maar aan vliegen heeft hij een enorme hekel [...]. Hij heeft het gevoel dat hem tijdens de vlucht iets zal overkomen.' BA Bern, Nl Heß, J1.211-1989 / 148, 41; Heß, *Briefe*, p. 418 (4-5-1932); *Monologe*, p. 191 e.v. (9 en 10- 1-1942). Volgens de weergave van Hans Baur (*Ich flog Mächtige der Erde*, Kempten/Allgau 1956, p. 81) was Hitlers gebrek aan 'vertrouwen in het vliegen' te wijten aan zijn ervaring tijdens zijn eerste vlucht ten tijde van de Kapp-putsch, waarbij de piloot een noodlanding had moeten maken.
58 Vgl. Dietrich, *Mit Hitler in die Macht*, p. 79-82.
59 Delmer, *Die Deutschen und ich*, p. 146-148. Vgl. de niet-gepubliceerde memoires van Hanfstaengl, p. 212: 'Hitler placht op de linker- of rechtervoorstoel te zitten, deed een dutje of deed alsof, keek uit het raam of op zijn kaart en zweeg voornamelijk. De anderen probeerden zijn aandacht te trekken, maar hij trok zich terug achter een krant of een aantekening.' BSB München, Nl, Hanfstaengl Ana 405, Doos 47.
60 Vgl. Delmer, *Die Deutschen und ich*, p. 151; vgl. *Hitler. Reden Schriften Anordnungen*, band V, 1, p. 270, opm. 2. Ook aan de randen van een verkiezingsbijeenkomst in Gera op 26 juli 1932 werd er 'door Hitlers begeleiders [...] op vele plekken op de menigte in geslagen.'
61 Ibidem doc. 8, p. 21-25 (citaat p. 23).
62 Vgl. de rekeningen 1-9 tot 4-9-1931, 10-9 tot 13-9-1931, 3-12 tot 6-12-1931, 10-12 tot 13-12-1931, 2-3-1932, 21-3 tot 22-3- 1932, 28-4 tot 2-5-1932; BA Berlijn-Lichterfelde, NS 26 / 2557. Voor artikel in *Welt am Montag* vgl. *Hitler. Reden Schriften Anordnungen*, band V, 1, doc. 11, p. 27 e.v., noot 12.
63 Aldus in zijn toespraak in Schwenningen, 9-4-1932, ibidem, doc. 28, p. 47. Vgl. ibidem, doc. 25, p. 42 e.v. (8-4-1932); doc. 20, p. 38 (7-4-1932). De verklaring van Hitler d.d. 7-4-1932, ibidem, doc. 19, p. 36 e.v. Vgl. ook de verklaring onder ede van Rudolf Heß d.d. 13-4-1932; BA Berlijn-Lichterfelde, NS 26 / 328; Goebbels, *Tagebücher*, deel I., band 2 / II, p. 253

(2-4-1932): 'Onaangename kwestie Kaiserhof met rekening voor Hitler van 4000 mark. Vervalst natuurlijk. Ik laat Kaiserhof op zijn nummer zetten. Hij wordt heel klein.'
64 Falter e.a., *Wahlen und Abstimmungen*, p. 46; Winkler, *Weimar*, p. 453.
65 Th. Sternheim, *Tagebücher*, band 2, p. 399 (11-4-1932).
66 Goebbels, *Tagebücher*, deel I, band 2 / II, p. 259 (10-4-1932). Vgl. ook Hitlers oproep d.d. 10-4-1932 met de constatering dat er 'een nieuwe, grote overwinning behaald' zou zijn. *Hitler. Reden Schriften Anordnungen*, band V, 1, doc. 30, p. 49. Voorts het interview van Sefton Delmer met Hitler d.d. 10-4-1932: '"Het is een grote overwinning voor ons," zei hij tegen me en zijn ogen straalden van genoegen.' ibidem, doc. 33, p. 51.
67 Goebbels, *Tagebücher*, deel I, band 2 / II, p. 260 (12-4-1932).
68 *Hitler. Reden Schriften Anordnungen*, band V, 1, doc. 39, p. 62, noot 2.
69 Ibidem doc. 45, p. 75 (18-4-1932); doc. 57, p. 91 (22-4-1932).
70 Falter e.a., *Wahlen und Abstimmungen*, p. 101, 91, 113, 94, 89. De architect Troost merkte in zijn dagboek op 27-4-1932 op: 'Hij [Hitler] arriveerde in zeer goed humeur en blij met zijn succes tijdens de Landdagverkiezingen.'; Nüßlein, *Paul Ludwig Troost*, p. 103.
71 Goebbels, *Tagebücher*, deel I, band 2 / II, p. 267 e.v. (25-4-1932).
72 Pyta, Hindenburg, p. 683.
73 Vgl. Brüning, *Memoiren*, p. 541 e.v.; Pyta, *Hindenburg*, p. 687.
74 *Hitler. Reden Schriften Anordnungen*, band IV, 3, doc. 52, p. 246-251; doc. 53, p. 251-253 (citaat p. 252).
75 Vgl. Hürter, *Wilhelm Groener*, p. 339-345; Winkler, *Weimar*, p. 449 e.v., 454; Blasius, *Weimars Ende*, p. 39-41.
76 Kessler, *Das Tagebuch*, band 9, p. 410 (16-4-1932). Dat was ook het oordeel van het Britse Foreign Office: 'Hitler blaft harder dan hij bijt.'; Clemens, *Herr Hitler in Germany*, p. 223.
77 Longerich, *Die braunen Bataillone*, p. 154. Vgl. Goebbels, *Tagebücher*, deel I, band 2 / II, p. 261 (15-4-1932): 'SA-verbod is zeker. Maar we slepen ons erdoorheen.'
78 *Hitler. Reden Schriften Anordnungen*, band V, 1 doc. 36, p. 54-56 (citaat p. 56). Vgl. Hitlers interview met de *Evening Standard*, d.d. 18-4-1932: 'Het verbod op de stormtroepen kan niet eeuwig duren; het is slechts een tijdelijke maatregel.'; ibidem, doc. 37, p. 57-59 (citaat p. 57).
79 Vgl. Hürter, *Wilhelm Groener*, p. 345 e.v.; Winkler, *Weimar*, p. 455; Pyta, *Hindenburg*, p. 688.
80 Vgl. Pyta, *Hindenburg*, p. 688 e.v.; Hürter, *Wilhelm Groener*, p. 344, 348; Broszat, *Die Machtergreifung*, p. 140. Voor Schleichers 'trouweloosheid' jegens Groener vgl. Brüning, *Memoiren*, p. 547; Pünder, *Politik in der Reichskanzlei*, p. 118 (11-4-1932), die Schleichers geïntrigeer een 'ongelooflijke vertrouwensbreuk tegenover zijn baas zijne excellentie Groener' noemt.
81 Goebbels, *Tagebücher*, deel I, band 2 / II, p. 271 (29-4-1932), p. 274 (5-5-1932), p. 276 (9-5-1932).
82 Ibidem p. 276 (9-5-1932).
83 Vgl. Brüning, *Memoiren*, p. 586; Pyta, *Hindenburg*, p. 694.
84 Theodor Heuss aan Reinhold Meier, 14-5-1932; Heuss, *Bürger der Weimarer Republik*, p. 465. Vgl. Pünder, *Politik in der Reichskanzlei*, p. 120 (10-5-1932); Brüning, *Memoiren*, p. 587.
85 Goebbels, *Tagebücher*, deel I, band 2 / II, p. 279 (12-5-1932).
86 Vgl. Hürter, *Wilhelm Groener*, p. 351.
87 Aldus Pünder, *Politik in der Reichskanzlei*, p. 123 (15-5-1932).
88 Goebbels, *Tagebücher*, deel I, band 2 / II, p. 281, 283, 284, 285.
89 Ibidem p. 288 (25-5-1932).
90 Aant. Meissner d.d. 14-6-1932. Walther Hubatsch, *Hindenburg und der Staat. Aus den Papieren des Generalfeldmarschalls und Reichspräsidenten von 1878 bis 1934*, Göttingen 1966, p. 327 e.v.; voorts Otto Meissner, *Staatssekretär unter Ebert, Hindenburg, Hitler*, Hamburg 1950, p. 223 e.v.; Pyta, *Hindenburg*, p. 695; Winkler, *Weimar*, p. 467 e.v.
91 Pünder, *Politik in der Reichskanzlei*, p. 126 (26-5-1932). Vgl. Aantekeningen Meissner d.d. 14-6-1932; Hubatsch, *Hindenburg und der Staat*, p. 328.

92 Aant. Meissner d.d.14-6-1932; Hubatsch, *Hindenburg und der Staat*, p. 329. Vgl. Pyta, *Hindenburg*, p. 696 e.v.
93 Vgl. Brüning, *Memoiren*, p. 601 e.v.; Meissner, *Staatssekretär*, p. 226 e.v.
94 Pünder, *Politik in der Reichskanzlei*, p. 129 (29-5-1932).
95 Goebbels, *Tagebücher*, deel I, band 2 / II, p. 293 (31-5-1932).
96 Kessler, *Das Tagebuch*, band 9, p. 427 (30-5-1932).
97 Winkler, *Weimar*, p. 472.
98 Vgl. notitie Meissner d.d. 30-5-1932, Vogelsang, *Reichswehr, Staat und* NSDAP, p. 458 e.v.
99 Goebbels, *Tagebücher*, deel I, band 2 / II, p. 293 (30-5-1932).
100 Falter e.a., *Wahlen und Abstimmungen*, p. 100, 98.
101 Goebbels, *Tagebücher*, deel I, band 2 / II, p. 297 (6-6-1932). Vgl. ibidem, p. 308 (24-6-1932): 'We moeten ons losmaken van het kabinet-Papen. Vrij en ongebonden de verkiezingsstrijd in.' Tijdens een onderhoud van de hoofdredacteur van de *Rheinisch-Westfälische Zeitung*, Eugen Mündler, eind juni 1932, gaf Gregor Straßer uitdrukking aan zijn angst dat 'de nazi's de fouten van het kabinet-Papen aangerekend zullen krijgen en daar tijdens de verkiezingsstrijd onder zullen lijden'. Mündler aan minister van Justitie Franz Gürtner, d.d. 21-6-1932; BA Koblenz, N 1530 / 22.
102 Aldus Lutz Schwerin von Krosigk in een brief d.d. 12-2-1971; BA Koblenz, N 1276 / 23. Vgl. Joachim Petzold, *Franz von Papen. Ein deutsches Verhängnis*, München-Berlijn 1995, p. 63; op de vraag van een journalist op 30 mei: 'Wie benoemt u nu tot rijkskanselier, generaal?' zou Schleicher geantwoord hebben: 'Ik heb iets heel bijzonders. U zult versteld staan.'
103 Vgl. Winkler, *Weimar*, p. 479 e.v.; Pyta, *Hindenburg*, p. 706-708; Petzold, *Franz von Papen*, p. 66 e.v.
104 Franz von Papen, *Der Wahrheit eine Gasse*, München 1952, p. 195. Voor de datering vgl. Goebbels, *Tagebücher*, deel I, band 2 / II, p. 294 (1-6-1932).
105 *Akten der Reichskanzlei. Weimarer Republik. Das Kabinett von Papen*, 1 juni tot 3 december 1932, band 1, juni tot september 1932, bewerkt door Karl-Heinz Minuth, Boppard a.Rh. 1989, Nr. 18, p. 54 en 55, noot 10.
106 Kessler, *Das Tagebuch*, band 9, p. 446 (21-6-1932), p. 461 e.v. (12-7-1932).
107 Ibidem p. 465 (18-7-1932). Vgl. Leon Schirmann, *Altonaer Blutsonntag 17. Juli 1932. Dichtungen und Wahrheit*, Hamburg 1994.
108 Papen aan Kerrl, 6-6-1932; *Das Kabinett von Papen*, band 1, Nr. 10, p. 22 e.v.
109 Goebbels, *Tagebücher*, deel I, band 2 / II, p. 297 (6. 6. 1932). Vgl. ibidem, p. 298 (7-6-1932): 'We blijven in de oppositie tot we alle macht hebben om te handelen. Ik bel met Hitler, die het volledig met me eens is.'
110 Ministerraad d.d. 11-7-1932, *Das Kabinett von Papen*, band 1, Nr. 57, p. 204-208 (citaten p. 205, 207).
111 Vgl. ministerraad d.d. 16-7-1932; ibidem, Nr. 63, p. 240.
112 Aant. Hirtsiefer en Severing d.d. 20-7-1932; ibidem, Nr. 69b, p. 259-262 (citaat p. 260).
113 Pruisische regering aan de rijkskanselier, 20-7-1932; ibidem, Nr. 71, p. 263 e.v.
114 Goebbels, *Tagebücher*, deel I, band 2 / II, p. 324 (21-7-1932).
115 Vgl. Peter Lesmann, *Die preusische Schutzpolizei in der Weimarer Republik. Streifendienst und Strasenkampf*, Düsseldorf 1989, p. 367-370.
116 Geciteerd naar Winkler, *Der Weg in die Katastrophe*, p. 671.
117 Goebbels, *Tagebücher*, deel I, band 2 / II, p. 324 (20-7-1932).
118 Bracher, *Die Auflösung der Weimarer Republik*, p. 390.
119 Vgl. Winkler, *Weimar*, p. 529 e.v.
120 Hitler. *Reden Schriften Anordnungen*, band V, 1, doc. 84, p. 156.
121 Paul, *Aufstand der Bilder*, p. 100 e.v.
122 Tekst in Hitler. *Reden Schriften Anordnungen*, band V, 1, doc. 109, p. 216-219. Over de opbrengst ibidem, p. 216, noot 1.
123 Vgl. ibidem, doc. 122, p. 241, noot 1; Dietrich, *Mit Hitler in die Macht*, p. 109 e.v.; Baur, *Ich flog Mächtige der Erde*, p. 88.

124 *Hitler. Reden Schriften Anordnungen*, band V, 1, doc. 126, p. 246, noot 1.
125 Ibidem doc. 141, p. 268, noot 4.
126 Hanfstaengl, *Zwischen Braunem und Weißem Haus*, p. 266 e.v.; niet-gepubliceerde herinneringen van Hanfstaengl, p. 216; BSB München, Nl Hanfstaengl Ana 405, doos 47. Vgl. ook Dietrich, *Mit Hitler in die Macht*, p. 74 e.v.: 'Van de auto in het vliegtuig, van het vliegtuig in de auto, van de auto naar het hotel [...]. Dat wordt dag in dag uit herhaald.'
127 *Hitler. Reden Schriften Anordnungen*, band V, 1, doc. 148, p. 276; vgl. ibidem, doc. 129, p. 249 (21-7-1932, Göttingen): 'Ik kan slechts zeggen, jawel, het is mijn levensdoel die dertig partijen te vernietigen en uit te roeien.' doc. 151, p. 278 (28-7-1932, Aken); doc. 158, p. 285 (29-7-1932, Radolfzell); doc. 159, p. 289 (30-7-1932, Kempten).
128 Citaten in volgorde, ibidem doc. 112, p. 224 e.v. (15-7-1932, Tilsit); doc. 113, p. 230 (15-7-1932, Gumbinnen); doc. 118, p. 234 (17-7-1932, Königsberg); doc. 121, p. 239 (19-7-1932, Cottbus).
129 Ibidem doc. 112, p. 227.
130 Ibidem doc. 123, p. 244.
131 Ibidem doc. 111, p. 222 (15-7-1932).
132 Ibidem doc. 163, p. 294 (31-7 / 1-8-1932).
133 Quaatz, *Die Deutschnationalen und die Zerstörung der Weimarer Republik*, p. 199 (1-8-1932). Vgl. voor de uitslag 31-7-1932 Falter e.a., *Wahlen und Abstimmungen*, p. 41, 44.
134 Kessler, *Das Tagebuch*, band 9, p. 479 (31-7-1932).
135 Goebbels, *Tagebücher*, deel I, band 2 / II, p. 330 (1-8-1932). Vgl. ibidem, p. 331 (2-8-1932): 'We moeten de macht hebben. En regeren, laten zien wat we kunnen. [...] Gedogen maakt dood. Dat vindt ook Hitler.'
136 Ibidem p. 332 (3-8-1932).
137 Ibidem p. 332 (4-8-1932).
138 Ibidem p. 333 (5-8-1932). Baldur von Schirach (*Ich glaubte an Hitler*, p. 136) citeert een opmerking van Hitler: 'Ik wil de volledige macht, nu of nooit.'
139 Naar een concept voor een ingezonden brief van Schleicher voor de *Vössische Zeitung* d.d 30-1-1934; Thilo Vogelsang, 'Zur Politik Schleichers gegenüber der NSDAP 1932', in *Vierteljahrshefte für Zeitgeschichte*, Jrg. 6 (1958), p. 86-118 (citaat p. 89).
140 Goebbels, *Tagebücher*, deel I, band 2 / II, p. 334 (7-8-1932).
141 Ibidem p. 337 (11-8-1932).
142 Kessler, *Das Tagebuch*, band 9, p. 488 (10-8-1932).
143 Ibidem p. 488 (11-8-1932).
144 Goebbels, *Tagebücher*, deel I, band 2 / II, p. 338 (12-8-1932).
145 Aant. Meissner d.d. 11-8-1932; Hubatsch, *Hindenburg und der Staat*, p. 335-338 (citaat p. 336).
146 Geciteerd naar Pyta, *Hindenburg*, p. 717.
147 Ministerraad d.d. 10-8-1932, *Das Kabinett von Papen*, band 1, nr. 99, p. 377-386 (citaten p. 379, 385 e.v.)
148 Goebbels, *Tagebücher*, deel I, band 2 / II, p. 339 (13-8-1932).
149 Vgl. Pünder, *Politik in der Reichskanzlei*, p. 139 (13-8-1932).
150 Vgl. voor het verloop van de bespreking Papen, *Der Wahrheit eine Gasse*, p. 222 e.v. (citaten p. 223); Goebbels, *Tagebücher*, deel I, band 2 / II, p. 340. Schleicher en Papen hadden Hitler 'als een ziek paard' toegesproken en gezegd dat hij 'tevreden moest zijn met het vicekanselierschap. Ze willen ons dus lozen. Geen sprake van. Hitler wijst af [...]. Papen wil Hindenburg voordragen.' Voorts Pünder, *Politik in der Reichskanzlei*, p. 139 (13-8-1932).
151 Goebbels, *Tagebücher*, deel I, band 2 / II, p. 340 (14-8-1932).
152 Aant. Meissner d.d. 13-8-1932, voor het eerst in Vogelsang, *Reichswehr, NSDAP und Staat*, p. 479 e.v.; ook in Hubatsch, *Hindenburg und der Staat*, p. 338 e.v.; *Das Kabinett von Papen*, band 1, Nr. 101, p. 391 e.v. Volgens een aant. van Meissner in '*Hitlers Aufstieg zur Macht und seine Regierungszeit 1932–1935*' verklaarde Hindenburg na afloop van het gesprek dat 'hij nu toch een hogere dunk heeft van Hitler; hij was weliswaar vurig en hartstochtelijk, maar een vaderlandslievend man met grootse plannen en de beste bedoelingen'; IfZ München,

ZS 1726. Vgl. ook Meissner, *Staatssekretär*, p. 239-241; Winkler, *Weimar*, p. 510 e.v.; Pyta, *Hindenburg*, p. 719 e.v.
153 Ook Goebbels was deze mening toegedaan. *Tagebücher*, deel I, band 2 / II, p. 340 (14-8-1932): 'Hitler naar Hindenburg in de val gelokt.'
154 Notulen met de handtekeningen van Hitler, Frick en Röhm over het onderhoud d.d. 13-8-1932; BA Berlijn-Lichterfelde, NS 51 / 222, afgedrukt in *Das Kabinett von Papen*, band 1, Nr. 102, p. 393-396 (citaat p. 395). Ook in *Hitler. Reden Schriften Anordnungen*, band V, 1, doc. 167, p. 300-302.
155 Het ambtelijke communiqué, afgedrukt in *Das Kabinett von Papen*, band 1, doc. 101, p. 392, noot 5.
156 Pünder, *Politik in der Reichskanzlei*, p. 141 (18-8-1932). Vgl. Papen, *Der Wahrheit eine Gasse*, p. 224.
157 Verslag van Hitler, Frick en Röhm d.d. 13-8-1932; *Das Kabinett von Papen*, band 1, doc. 102, p. 393 e.v.
158 Aldus Bullock, *Hitler*, band 1, p. 223. Vgl. Heiden, *Hitler. Das Zeitalter der Verantwortungslosigkeit*, p. 30: 'Voor de ogen van het hele Duitse volk heeft Hitler de trap naar de macht bestegen; voor de ogen van het volk is hij eraf getuimeld.'
159 *Hitler. Reden Schriften Anordnungen*, band V, 1, doc. 180, p. 330-337 (citaat p. 330 e.v.). Vgl. Reuth, *Hitler*, p. 274.
160 Goebbels, *Tagebücher*, deel I, band 2 / II, p. 341 (14-8-1932).
161 Hanfstaengl, *Zwischen Weißem und Braunem Haus*, p. 279.
162 *Hitler. Reden Schriften Anordnungen*, band V, 1, doc. 172, p. 313-315 (citaat p. 314: 'Hij was verbitterd over zijn afwijzing afgelopen zaterdag door president Hindenburg.') Joachim von Ribbentrop, die in augustus 1932 naar de Obersalzberg reisde, trof Hitler daar 'vervuld van wrok jegens de heer Papen en de hele regering in Berlijn'. Joachim von Ribbentrop, *Zwischen London und Moskau. Erinnerungen und letzte Aufzeichnungen*, uit de nalatenschap uitg. door Annelies von Ribbentrop, Leoni am Starnberger See 1961, p. 36.
163 *Hitler. Reden Schriften Anordnungen*, band V, 1, doc. 173, p. 173 e.v.
164 Vgl. voor de terreurgolf begin augustus 1932 Richard Bessel, *Political Violence and the Rise of Nazism. The Storm Troopers in Eastern Germany 1925–1934*, New Haven 1984, p. 87 e.v.; Walter, *Antisemitische Gewalt und Kriminalität*, p. 237-240; Blasius, *Weimars Ende*, p. 84; Longerich, *Die braunen Bataillone*, p. 156 e.v.
165 Kessler, *Das Tagebuch*, band 9, p. 480 (1-8-1932).
166 Ministerraad d.d. 9-8-1932, *Das Kabinett von Papen*, band 1, Nr. 98, p. 374-377 (citaat p. 374 e.v.). Vgl. Winkler, *Weimar*, p. 508; Blasius, *Weimars Ende*, p. 87.
167 Vgl. de documentatie door Paul Kluke, 'Der Fall Potempa', in *Vierteljahrshefte für Zeitgeschichte*, Jrg. 5 (1957), p. 279-297; voorts Richard Bessel, 'The Potempa Murder', in *Central European History*, deel 10 (1977), p. 241-254.
168 *Hitler. Reden Schriften Anordnungen*, band V, 1, doc. 174, p. 317. Vgl. Hitlers oproep d.d. 23-8-1932, ibidem, doc. 175, p. 318-320; Goebbels, *Tagebücher*, deel I, band 2 / II, p. 346 (24-8-1932): 'Storm van protest wegens doodvonnis. Hitler doet zijn felle oproep [...]. Overal ziedende woede.'
169 Geciteerd naar Winkler, *Weimar*, p. 513 e.v.; vgl. Goebbels, *Tagebücher*, deel I, band 2 / II, p. 346: 'Scherp artikel, "Het is de schuld van de Joden". Dat zal erin hakken.'
170 Geciteerd naar Reuth, *Hitler*, p. 273. Vgl. ook Heiden, *Hitler. Das Zeitalter der Verantwortungslosigkeit*, p. 300: 'Er gaat een kreet van ontzetting door de publieke opinie. Dat was te veel!'
171 Kessler, *Das Tagebuch*, band 9, p. 496 (28-8-1932).
172 Vgl. Kluke, *Der Fall Potempa*, p. 285 e.v.; Blasius, *Weimars Ende*, p. 95. Tijdens een toespraak in Zirkus Krone in München op 9-9-1932 had Hitler al amnestie aangekondigd voor de Potempa-moordenaars. *Hitler. Reden Schriften Anordnungen*, band V, 1, doc. 183, p. 347.
173 Schacht aan Hitler, 29-8-1932; Heß, *Briefe*, p. 420 e.v.
174 Goebbels, *Tagebücher*, deel I, band 2 / II, p. 348 (26-8-1932).

175 Brüning, *Memoiren*, p. 623. Vgl. voor de contacten tussen *Zentrum* en NSDAP ook Herbert Hömig, *Brüning. Politiker ohne Auftrag. Zwischen Weimarer und Bonner Republik*, Paderborn 2005, p. 31-35.
176 Goebbels, *Tagebücher*, deel I, band 2 / II, p. 348 (26-8-1932).
177 Vgl. Brüning, *Memoiren*, p. 624; Hömig, *Brüning. Politiker ohne Auftrag*, p. 34.
178 Hugenberg aan Albert Vögler, 19-8-1932; BA Koblenz, N 1231 / 39. Eind augustus deden er in de partij van Hugenberg geruchten de ronde dat een 'kabinet-Schleicher (kanselier)-Brüning-Straßer' al 'perfect' zou zijn. Quaatz; *Die Deutschnationalen und die Zerstörung der Weimarer Republik*, p. 201 (27-8-1932).
179 Vgl. Winkler, *Weimar*, p. 515 e.v.
180 Ministerraad d.d. 10-8-1932, *Das Kabinett von Papen*, band 1, Nr. 99, p. 382. Vgl. Eberhard Kolb / Wolfram Pyta, 'Die Staatsnotstandsplanung unter den Regierungen Papen und Schleicher', in Heinrich August Winkler (red.), *Die deutsche Staatskrise 1930-33*, München 1992, p. 155-181.
181 Aant. Meissner d.d. 30-8-1932; Hubatsch, *Hindenburg und der Staat*, p. 339-343; ook in *Das Kabinett von Papen*, band 1, Nr. 120, p. 474-479.
182 Hitler. *Reden Schriften Anordnungen*, band V, 1, doc. 176, p. 320-322 (citaat p. 320).
183 Geciteerd naar Döring, *Parlamentarischer Arm*, p. 335 (ook voor het citaat). Vgl. Quaatz, *Die Deutschnationalen und die Zerstörung der Weimarer Republik*, p. 202 (30-8-1932): 'Nazi's zeer knap dat ze Hindenburg een "werkbare Rijksdag" kunnen voorspiegelen. Geen socialist in het presidium doordat *Zentrum* met rechts gaat!'
184 Goebbels: *Tagebücher*, deel I, band 2 / II, S. 354 (1-9-1932).
185 Ibidem p. 359 (9-9-1932), p. 361 (11-9-1932). Vgl. Pyta, *Hindenburg*, p. 736.
186 Brüning, *Memoiren*, p. 625.
187 Hitler. *Reden Schriften Anordnungen*, band V, 1, doc. 178, p. 325-329 (citaten p. 328 e.v.). Vgl. Goebbels, *Tagebücher*, deel I, band 2 / II, p. 355: 'Sportpalast bomvol, Hitler wordt bijna opgevreten door ovaties. Hij spreekt als nooit tevoren. Een scherpe afrekening met Papen en de reactie. Stormachtig gejuich. Deze toespraak zal wonderen doen.'
188 Hitler. *Reden Schriften Anordnungen*, band V, 1, doc. 180, p. 330-337 (citaten p. 331, 335).
189 Ibidem doc. 183, p. 339-350 (citaat p. 350). Vgl. Goebbels, *Tagebücher*, deel I, band 2 / II, p. 358: 'In de avond Zirkus Krone. Hitler spreekt fel tegen Papen. Stormachtige ovaties van de bomvolle zaal.'
190 Papen, *Der Wahrheit eine Gasse*, p. 235; vgl. voor de Rijksdagzitting d.d. 12-9-1932 Döring, *Parlamentarischer Arm*, p. 337-344; Winkler, *Weimar*, p. 522 e.v.
191 Goebbels, *Tagebücher*, deel I, band 2 / II, p. 362 (13-9-1932). Vgl. Pünder, *Politik in der Reichskanzlei*, p. 145 (13-9-1932): 'Het enige positieve is de enorme meerderheid voor de motie van wantrouwen.'
192 Kessler, *Das Tagebuch*, band 9, p. 502 (13-9-1932).
193 Vgl. ministerraad d.d. 14 en 17-9-1932, *Das Kabinett von Papen*, band 2, Nr. 141, p. 576-583, Nr. 146, p. 599.
194 Pünder, *Politik in der Reichskanzlei*, p. 149 (8-10-1932).
195 Goebbels, *Tagebücher*, deel I, band 2 / II, p. 372 (28-9-1932), p. 373 (29-9-1932).
196 Vgl. Longerich, *Die braunen Bataillone*, p. 159 e.v.; Horn, *Der Marsch zur Machtergreifung*, p. 357 e.v.
197 Goebbels, *Tagebücher*, deel I, band 2 / III, p. 38 (16-10-1932).
198 Vgl. Turner, *Großunternehmer*, p. 354-358.
199 Hitler. *Reden Schriften Anordnungen*, band V, 1, doc. 193 (24-9-1932), p. 362-365 (citaat p. 363). Vgl. ook Goebbels, *Tagebücher*, deel I, band 2 / III, p. 30 (2-10-1932): 'Hitler zeer optimistisch, waarschijnlijk té.'
200 Hitler. *Reden Schriften Anordnungen*, band V, 2, doc. 5, p. 13-15 (citaat p. 15). Vgl. ook ibidem, doc. 4, p. 10 e.v. (interview met het Italiaanse dagblad *Il Trevere* d.d. 4-10-1932): 'En we hebben haast noch angst of nervositeit omdat we weten dat de verkiezingen van 6 november onontkoombaar gunstig voor ons zullen aflopen.'
201 Goebbels, *Tagebücher*, deel I, band 2 / II, p. 363 (14-9-1932).

202 Aant. Hassell over zijn gesprekken met Hitler in Ulrich von Hassell, *Römische Tagebücher und Briefe 1932–1938*, uitg. door Ulrich Schlie, München 2004, p. 217.
203 Paul, *Aufstand der Bilder*, p. 105.
204 *Hitler. Reden Schriften Anordnungen*, band V, 2, doc. 54, p. 146 (1-11-1932, Karlsruhe); doc. 22, p. 77 (18-10-1932, Elbing).
205 Ibidem, doc. 56, p. 168 (3-11-1932, Hannover). Vgl. ibidem, doc. 25, p. 85 (19-10-1932, Breslau): 'Het enige wat verleidelijk voor me is, is de leiding op zichzelf, dat wil zeggen de echte macht, anders niets.'
206 Ibidem doc. 6, p. 16 (11-10-1932, Günzburg); doc. 21, p. 73 (17-10-1932, Koningsbergen); doc. 16, p. 61 (16-10-1932, Coburg).
207 Vgl. Paul, *Aufstand der Bilder*, p.106; Kershaw, *Hitler*, band I, p. 485.
208 Heiden, *Hitler. Das Zeitalter der Verantwortungslosigkeit*, p. 302; Kessler, *Das Tagebuch*, band 9, p. 513 (11-10-1932) registreert uitspraken van nazisympathisanten dat Hitler en de nationaalsocialisten door zijn houding hebben aangetoond 'dat ze prestigepolitiek bedrijven en de partij boven de natie stellen.'
209 Citaten in volgorde, *Hitler. Reden Schriften Anordnungen*, band V, 2, doc. 12, p. 77 (18-10-1932, Elbing); doc. 10, p. 23 (13-10-1932, Neurenberg); doc. 21, p. 75 (17-10-1932, Königsberg), doc. 47, p. 133 (30-10-1932, Essen).
210 Goebbels, *Tagebücher*, deel I, band 2 / II, p. 370 (25-9-1932).
211 Ibidem band 2 / III, p. 51 (5-11-1932). Voor de staking bij het openbaar vervoer in Berlijn vgl. Winkler, *Der Weg in die Katastrophe*, p. 765-773.
212 Passages uit het dagboek van Luise Solmitz, 4-1-1932, 5-3-1933; Jochmann, *Nationalsozialismus und Revolution*, p. 416 (6-11-1932).
213 Falter e.a., *Wahlen und Abstimmungen*, p. 41, 44.
214 Geciteerd naar Bernd Sösemann, *Das Ende der Weimarer Republik in der Kritik demokratischer Publizisten*, Berlijn 1976, p. 164.
215 Goebbels, *Tagebücher*, deel I, band 2 / III, p. 49 (1-11-1932), p. 53 (7-11-1932).
216 *Hitler. Reden Schriften Anordnungen*, band V, 2, doc. 61, p. 185 e.v. (6-11-1932).
217 Vgl. Goebbels, *Tagebücher*, deel I, band 2 / III, p. 54 (8-11-1932): 'Gisteren in de *Gau* belabberde stemming'; p. 56 (11-11-1932): 'Zure stemming.'
218 Ibidem p. 54 (9-11-1932).
219 Papen aan Hitler, 13-11-1932; *Das Kabinett von Papen*, band 2, Nr. 214, p. 952, noot 2. Vgl. Papen, *Der Wahrheit eine Gasse*, p. 240.
220 Goebbels, *Tagebücher*, deel I, band 2 / III, p. 57 (12-11-1932), p. 58 (13-11-1932).
221 Hitler aan Papen, 16-11-1932, *Hitler. Reden Schriften Anordnungen*, band V, 2, doc. 65, p. 188-193 (citaat p. 190); ook in *Das Kabinett von Papen*, band 2, Nr. 214, p. 952-956. Vgl. Goebbels, *Tagebücher*, deel I, band 2 / III, p. 61 (17-11-1932): 'Hitler heeft besprekingen met Papen schriftelijk afgezegd. Brief maakt diepe indruk.'
222 Ministerraad d.d. 17-11-1932, *Das Kabinett von Papen*, band 2, Nr-215, p. 956-960 (citaten p. 957, 960). Vgl. Papen, *Der Wahrheit eine Gasse*, p. 241.
223 Kessler, *Das Tagebuch*, band 9, p. 529 (18-11-1932).
224 Winkler, *Der Weg in die Katastrophe*, p. 790.
225 Kessler, *Das Tagebuch*, band 9, p. 531 (19-11-1932).
226 Aant. Meissner over de ontvangst van Hugenberg, 18-11-1932; *Das Kabinett von Papen*, band 2, Nr. 217, p. 973 e.v. (citaat p. 974).
227 Aant. Meissner over bespreking Hindenburg met Dingeldey, 18-11-1932; ibidem, Nr. 219, p. 977-979 (citaat p. 978).
228 Aant. Meissner over besprekingen met Kaas en Schäffer, 18 en 19-11-1932; ibidem, Nr. 218, p. 975-977 (citaat p. 976); Nr. 223, p. 987 e.v.
229 Goebbels, *Tagebücher*, deel I, band 2/III, p. 62 e.v. (19-11-1932).
230 Aant. van Meissner over de bespreking van Hindenburg met Hitler, 19-11-1932; Hubatsch, *Hindenburg und der Staat*, p. 350-352; ook in *Das Kabinett von Papen*, band 2, Nr. 222, p. 984-986 (citaten p. 984, noot 3, 985, 986). Voor het idee van een machtigingswet vgl. Pyta, *Hindenburg*, p. 754 e.v.

231 Goebbels, *Tagebücher*, deel I, band 2 / III, p. 63 (20-11-1932), p. 64 (21-11-1932).
232 Aant. Meissner over de bespreking van Hindenburg met Hitler, 21-11-1932; Hubatsch, *Hindenburg und der Staat*, p. 352-356; ook in *Das Kabinett von Papen*, band 2, doc. 224, p. 988-992 (citaten p. 988, 990, 992). De brief van Hitler aan Hindenburg d.d. 21-11-1932 ook in *Hitler. Reden Schriften Anordnungen*, band V, 2, doc. 67, p. 194-197.
233 Vgl. Hitler aan Meissner, 21-11-1932, *Hitler. Reden Schriften Anordnungen*, band V, 2, doc. 68, p. 197-199; Meissner aan Hitler, 22-11-1932; *Das Kabinett von Papen*, band 2, Nr. 225, p. 992, 994. Vgl. Meissner, *Staatssekretär*, p. 248 e.v.
234 Hitler aan Meissner, 23-11-1932, *Hitler. Reden Schriften Anordnungen*, band V, 2, doc. 69, p. 199-205 (citaat p. 204), Meissner aan Hitler, 24-11-1932; *Das Kabinett von Papen*, band 2, Nr. 227, p. 998-1000 (citaat p. 999).
235 Goebbels, *Tagebücher*, deel I, band 2 / III, p. 67 (25-11-1932), p. 68 (26-11-1932).
236 Tekst van het verzoekschrift in Eberhard Czichon, *Wer verhalf Hitler zur Macht? Zum Anteil der deutschen Industrie an der Zerstörung der Weimarer Republik*, Keulen 1967, p. 69 e.v.
237 Hjalmar Schacht aan Hitler, 12-4-1932; BA Berlijn-Lichterfelde, NS 51 / 46. Vgl. over de 'Keppler-Kreis' Turner, *Großunternehmer*, p. 293-301; Stegmann, *Zum Verhältnis von Großindustrie und Nationalsozialismus*, p. 426-428.
238 Vgl. voor de ondertekenaars van het verzoekschrift Turner, *Großunternehmer*, p. 365; Stegmann, *Zum Verhältnis von Großindustrie und Nationalsozialismus*, p. 434 e.v.; Petzold, *Franz von Papen*, p. 119 e.v.; Asendorf, *Hamburger Nationalklub*, p. 146.
239 Schacht aan Hitler, 12-11-1932; Czichon, *Wer verhalf Hitler zur Macht?*, p. 64. 240 Vogler aan Schröder, 21-11-1932; ibidem, p. 72.
240 Vogler aan Schröder, 21-11-1932; ibidem, p. 72.
241 Ministerraad d.d. 25-11-1932, *Das Kabinett von Papen*, band 2, Nr. 232, p. 1013-1017 (citaat p. 1014).
242 Dagboekaant. van secretaris-generaal b.d. Hans Schäffer d.d. 26-11-1932, *Das Kabinett von Papen*, band 2, Nr. 234, p. 1025 e.v.
243 Vgl. Winkler, *Weimar*, p. 547-553. Vgl. Goebbels, *Tagebücher*, deel I, band 2 / III, p. 70 (29-11-1932): 'Papen heeft schijnbaar afgedaan. Schleicher weer op de voorgrond [...]. Zoekt een gedoogmeerderheid. Zal die bij ons niet vinden.'
244 Ibidem deel I, band 2 / III, p. 70 (28-11-1932).
245 Interview Hitler met de *Daily Express*, 27-11-1932; *Hitler. Reden Schriften Anordnungen*, band V, 2, doc. 73, p. 213 e.v.; Delmer, *Die Deutschen und ich*, p. 174.
246 *Hitler. Reden Schriften Anordnungen*, band V, 2, doc. 74, p. 214 e.v. (30-11-1932); vgl. Goebbels, *Tagebücher*, deel I, band 2 / III, p. 71 (1-12-1932): 'Uitnodiging door Meissner aan de chef om naar de oude te komen [...] dus een nieuwe 13 augustus gepland. Besluit: Hitler gaat er niet heen.'
247 Aant. Meissner over besprekingen bij Hindenburg op 1 en 2-12-1932; Hubatsch, *Hindenburg und der Staat*, p. 266 e.v.; voorts Papen, *Der Wahrheit eine Gasse*, p. 243-245. Voor het *Querfront*-concept van Schleicher vgl. Axel Schildt, *Militärdiktatur auf Massenbasis? Die Querfrontkonzeption der Reichswehrfuhrung um General Schleicher am Ende der Weimarer Republik*, Frankfurt am Main-New York 1981.
248 Papen, *Der Wahrheit eine Gasse*, p. 245.
249 Dagboekaant. Schwerin von Krosigk over de ministerraad d.d. 2. 12. 1932, *Das Kabinett von Papen*, band 2, Nr. 239b, p. 1036-1038.
250 Papen, *Der Wahrheit eine Gasse*, p. 250.
251 Goebbels, *Tagebücher*, deel I, band 2 / III, p. 72 (2-12-1932).
252 Vgl. de kritische uiteenzettingen bij Longerich, *Goebbels*, p. 201.
253 Goebbels, *Tagebücher*, deel I, band 2 / III, p. 75 (5-12-1932): 'Om te braken.', p. 76 (7-12-1932): 'In Thüringen sinds 31 juli bijna 40 procent verlies.'
254 Geciteerd naar Eberhard Kolb, 'Die Weimarer Republik und das Problem der Kontinuität vom Kaiserreich zum "Dritten Reich"', in idem, *Umbrüche deutscher Geschichte 1866 / 71–1918 / 19–1929 / 3. Ausgewählte Aufsätze*, red. Dieter Langewiesche en Klaus Schönhoven, München 1993, p. 367.

255 Bekendmaking van de politieleiding München, 30-12-1932; geciteerd naar Henry A. Turner, *Hitlers Weg zur Macht. Der Januar 1933*, München 1996, p. 81. Over de crisis in de NSDAP vgl. Frank, *Im Angesicht des Galgens*, p. 107; Rösch, *Die Münchner* NSDAP, p. 370 e.v., 427 e.v., 431.
256 Goebbels, *Tagebücher*, deel I, band 2 / II, p. 310 (28-6-1932), 355 (2-9-1932), 356 (4-9-1932).
257 August Heinrichsbauer aan Gregor Straßer, 20-9-1932; BA Berlijn-Lichterfelde, NS 51 / 222. Vgl. ook Eugen Mündler aan Franz Gürtner, 21-6-1932; Gregor Straßer zou in industriële kringen sympathie genieten 'omdat hij voor een eerlijk en rechtlijnig man doorgaat'; BA Koblenz, N 1530 / 22.
258 Goebbels, *Tagebücher*, deel I, band 2 / III, p. 55.
259 Ibidem p. 71 (1-12-1932).
260 Vgl. ibidem, p. 75 (6-12-1932).
261 Hitler. *Reden Schriften Anordnungen*, band V, 2, doc. 84, p. 247-249 (citaten p. 248, 249).
262 Goebbels, *Tagebücher*, deel I, band 2 / III, p. 75 (6-12-1932).
263 Geciteerd naar Kissenkoetter, *Gregor Straßer und die* NSDAP, p. 203. De oorspronkelijke brief is niet bewaard gebleven, wel een handgeschreven concept dat in de nalatenschap zat van Straßers plaatsvervanger Paul Schulz. Ibidem, p. 172. Vgl. Voorts voor Straßer-crisis Peter Stachura, *Gregor Straßer and the Rise of Nazism*, Londen 1983, p. 103 e.v.
264 Hinrich Lohse, 'Der Fall Straßer.' *Denkschrift* (z.d. ca. 1952); IfZ München, ZS 265.
265 Ibidem; vgl. Goebbels, *Tagebücher*, deel I, band 2 / III, p. 77 (9-12-1932): 'Inspecteurs bij Hitler. Allen zeer bedrukt, maar niemand bij Straßer.' In de herinnering van Otto Wagener had Hitler zich tevoren een boek met Shakespeares stuk *Julius Caesar* laten aanreiken en zich aan de hand van de toespraak van Marcus Antonius voorbereid. Notitie van Martin Broszat over een bespreking met Otto Wagener, 5-2-1960; IfZ München, ZS 1732.
266 Goebbels, *Tagebücher*, deel I, band 2 / III, p. 78 (9-12-1932). Vgl. ook de in dat geval geloofwaardige weergave van Leni Riefenstahl, die Hitler op 8-12-1932 in Hotel Kaiserhof bezocht (*Memoiren*, p. 186). Voor het artikel in de *Tägliche Rundschau* vgl. Kissenkoetter, *Gregor Straßer und die* NSDAP, p. 73.
267 Bevel van Hitler d.d. 9-12-1932; Hitler. *Reden Schriften Anordnungen*, band V, 2, doc. 86, p. 251.
268 Vgl. Kissenkoetter, *Gregor Straßer und die* NSDAP, p. 177.
269 Vgl. Goebbels, *Tagebücher*, deel I, band 2 / III, p. 78 (10-12-1932): 'Feder maakt een bokkensprong, vraagt verlof aan met een idiote brief die hij eerst aan de pers en dan pas aan Hitler geeft. Dat is het toppunt. Iedereen verontwaardigd.' Begin januari zond Otto Engelbrecht, de *Kreis- und Ortsgruppenleiter* van de NSDAP in Murnau, een bericht aan de partijleiding over een gesprek dat hij op 30-12-1932 met Gottfried Feder had gevoerd. Daarin had deze onder meer gezegd: 'Hij en Straßer wisten allang dat de beweging over haar hoogtepunt heen was. Daarom was het niet verstandig geweest niet tot de regering toe te treden.' BA Berlijn-Lichterfelde, NS 51 / 222.
270 Goebbels, *Tagebücher*, deel I, band 2 / III, p. 79 (10-12-1932).
271 Ibidem p. 81 (13-12-1932).
272 Ibidem p. 80 (11-12-1932).
273 Hitler. *Reden Schriften Anordnungen*, band V, 2, doc. 89, p. 253-258 (citaat p. 256).
274 Ibidem doc. 92, p. 259-261 (citaat p. 260).
275 Vgl. Goebbels, *Tagebücher*, deel I, band 2 / III, p. 79 (11-12-1932), p. 85 (17-12-1932), p. 87 (22-12-1932).
276 Ibidem p. 89 (24-12-1932). Vgl. ibidem, p. 90 (25. 12. 1932): 'Hoofdzaak is dat de beweging blijft bestaan. Zij is onze laatste troost.'
277 *Akten der Reichskanzlei. Weimarer Republik. Das Kabinett von Schleicher. 3. Dezember 1932 bis 20. Januar 1933*, bewerkt door Anton Golecki, Boppard a.Rh. 1986, Nr. 16, p. 57. Ook Heinrich Claß zei tijdens de zitting van het uitvoerend comité van de Alldeutsche Verband d.d. 10 en 11-12-1932 in Berlijn dat 'de rol van de NSDAP in wezen uitgespeeld is, ook als ze nog jarenlang meer dan miljoenen aanhangers zou hebben'. Rainer Hering,

Konstruierte Nation. Der Alldeutsche Verband 1890–1939, Hamburg 2003, p. 484 e.v.; vgl. Leicht, *Heinrich Claß*, p. 387.
278 Geciteerd naar Kolb, *Umbrüche deutscher Geschichte*, p. 369.
279 Geciteerd naar Reuth, *Hitler*, p. 285.
280 Geciteerd naar Kolb, *Umbrüche deutscher Geschichte*, p. 368.
281 Th. Mann, *Briefe III. 1924–1932*, p. 673 (22-12-1932). Dat was ook het oordeel van Golo Mann, de zoon van Thomas Mann; vgl. Lahme, *Golo Mann*, p. 87.
282 Memorandum Malcolm Christie d.d. 19-12-1932; Clemens, *Herr Hitler in Germany*, p. 246.
283 Geciteerd naar Fest, *Hitler*, p. 495. Tot een ander oordeel kwam de Italiaanse consulaatsmedewerker in Berlijn, Vicenzo Cionnardi, in een vertrouwelijke notitie d.d. 12-1-1933: 'Er is door velen inderdaad veel gezegd over het ineenstorten van de partij, het meer of minder nabije einde van de beweging. Dat weerspiegelt echter tot dusver eerder de hoop en de verwachtingen van de andere partijen en verschillende sociale lagen dan de werkelijkheid.' Frank Bajohr/Christoph Strupp (red.), *Fremde Blicke auf das 'Dritte Reich'. Berichte ausländischer Diplomaten über Herrschaft und Gesellschaft in Deutschland 1933–1945*, Göttingen 2011, p. 352.
284 Jochmann, *Nationalsozialismus und Revolution*, p. 419 e.v.
285 Heuss, *Bürger der Weimarer Republik*, p. 536 (29-12-1932). Voor de opstelling van Bosch eind 1932 vgl. Joachim Scholtyseck, *Robert Bosch und der liberale Widerstand gegen Hitler 1933 bis 1945*, München 1999, p. 113.
286 Carl von Ossietzky, 'Wintermärchen', *Die Weltbühne* d.d. 3-1-1933; in idem, *Sämtliche Schriften*, band VI, p. 437-443 (citaten p. 437, 440).
287 Deuerlein, *Aufstieg*, p. 411.
288 Geciteerd naar Turner, *Hitlers Weg zur Macht*, p. 46.

12 De noodlottige maand januari 1933

1 Brüning, *Memoiren*, p. 648. Ook Albert Speer maakt melding van herhaalde 'beschouwingen' van Hitler in de winter van 1933–1934, over 'moeilijke situaties die hij had gekend en hoe een gunstige wending van het lot hem altijd weer had gered'. Speer, *Erinnerungen*, p. 54.
2 Hamann, *Winifred Wagner*, p. 229 e.v.
3 Vgl. Goebbels, *Tagebücher*, deel I, band 2/III, p. 93 (30-12-1932).
4 Ibidem, p. 94 (31-12-1932).
5 *Hitler. Reden Schriften Anordnungen*, band V, 2, doc. 107, p. 297-311 (citaten p. 298, 299, 310 e.v.).
6 Schwarzschild, *Chronik eines Untergangs*, p. 243. Vgl. Schwerin von Krosigk aan Holm Eggers, 21-8-1974. Beslissend zou de invloed zijn geweest 'die Papen in die tijd op de oude had. Hij stelde zich in zekere zin garant dat het goed zou aflopen'; BA Koblenz, N 1276/42.
7 Aldus Heiden, *Hitler. Das Zeitalter der Verantwortungslosigkeit*, p. 315.
8 Vgl. Pyta, *Hindenburg*, p. 791. Voor eerdere interpretaties vgl. bijvoorbeeld Fest, *Hitler*, p. 502; Hindenburg zou 'moe, verward en nog slechts af en toe in staat' zijn geweest 'om alles te overzien'.
9 Bracher, *Die Auflösung der Weimarer Republik*, p. 691.
10 Keppler aan Schroeder, 19-12-1932; Czichon, *Wer verhalf Hitler zur Macht?*, p. 74-76 (citaat p. 75). Voor de totstandkoming van de ontmoeting vgl. ook het proces-verbaal van de ondervraging van Kurt von Schröder 18-6-1947; IfZ München, ZS 557.
11 Heinrich Muth, 'Das "Kölner Gespräch" am 4. Januar 1933', in *Geschichte in Wissenschaft und Unterricht*, jrg. 37 (1986), p. 463-480, 529-541 (citaat p. 531).
12 Keppler aan Schröder, 26-12-1932; Czichon, *Wer verhalf Hitler zur Macht?*, p. 76 e.v. Voorts Papen, *Der Wahrheit eine Gasse*, p. 254.
13 Vgl. voor de motieven van Papen en Hitler Turner, *Hitlers Weg*, p. 60-62.
14 Vgl. voor de conspiratieve omstandigheden van de ontmoeting Dietrich, *Mit Hitler in die Macht*, p. 169 e.v.; Turner, *Hitlers Weg*, p. 56.

15 Vgl. voor verloop en inhoud van het gesprek de beëdigde verklaring van K. von Schröder, 21-7-1947; Czichon, *Wer verhalf Hitler zur Macht?*, p. 77-79 (citaat p. 78); Papen, *Der Wahrheit eine Gasse*, p. 255 e.v.; Turner, *Hitlers Weg*, p. 63 e.v.; Petzold, *Franz von Papen*, p. 138-140. Bronkritisch Muth, 'Das "Kölner Gespräch"', p. 533-536.
16 Keppler aan Schröder d.d. 6-1-1933; Schacht aan Schröder d.d. 6-1-1933; Czichon, *Wer verhalf Hitler zur Macht?*, p. 79 e.v.
17 Goebbels, *Tagebücher*, deel I, band 2/III, p. 103 (10-1-1933).
18 Vgl. Turner, Hitlers Weg, p. 66 e.v.; voorts brief van Papen aan Ferdinand von Bredow d.d. 31-10-1933; Irene Strenge, *Ferdinand von Bredow. Notizen vom 20. 2. 1933 bis 31. 12. 1933. Tägliche Aufzeichnungen vom 1. 1. 1934 bis 28. 6. 1934*, Berlijn 2009, p. 175 (23-10-1933), noot 1.
19 Hitler. *Reden Schriften Anordnungen*, band V, 2, doc. 116, p. 332, noot 1. Daar ook noot 2, andere persstemmen.
20 Ibidem, doc. 116, p. 332.
21 Goebbels, *Tagebücher*, deel I, band 2/III, p. 100 (7-1-1933). Vgl. ook idem, p. 101 (8-1-1933): 'Pers [bee]ft nog altijd over onderhoud Hitler/Papen.' Voor de berichtgeving door de *Tägliche Rundschau* vgl. Petzold, *Franz von Papen*, p. 140-142.
22 Geciteerd naar Turner, *Hitlers Weg*, p. 52.
23 Vgl. ibidem, p. 71; Papen, *Der Wahrheit eine Gasse*, p. 255, 260 e.v. In een gesprek met BVP-voorzitter Schäffer op 10-1-1933 betoonde Schleicher zich 'zeer ontstemd' over de ontmoeting tussen Papen en Hitler, die 'via deze omweg kennelijk heeft geprobeerd toegang te krijgen tot de oude heer, die hem nu eenmaal niet mag.' Dagboek Schäffer d.d. 10-1-1933; geciteerd naar Pufendorf, *Die Plancks*, p. 305.
24 Meissner, *Staatssekretär*, p. 261.
25 Vgl. Pyta, *Hindenburg*, p. 780.
26 Goebbels, *Tagebücher*, deel I, band 2/III, p. 103 (10-1-1933).
27 'Das Kabinett von Schleicher', Nr. 25, p. 101-117 (citaten p. 109, 106). Vgl. Turner, *Großunternehmer*, p. 370 e.v.; Winkler, *Weimar*, p. 562 e.v. Op 21-12-192 informeerde Hugenberg Schleicher over 'de bezorgdheid die we hebben in het bijzonder over de richting van de grote economische problemen van dit moment en met betrekking tot het vermijden van het gevaar van een afglijden naar parlementair gedoe.', BA Koblenz, N 1231/38.
28 Vgl. Turner, *Hitlers Weg*, p. 113 e.v.; Winkler, *Weimar*, p. 558 e.v.
29 Vgl. Meissner, *Staatssekretär*, p. 251 e.v.; Winkler, *Weimar*, p. 569 e.v. Tijdens een ministerraad d.d. 16-1-1933 zei Schleicher dat het hem 'twijfelachtig' leek dat Straßer 'veel aanhang zal meebrengen'. *Das Kabinett von Schleicher*, Nr. 56, p. 233.
30 *Das Kabinett von Schleicher*, Nr. 50, p. 206-208; Nr. 51, p. 208-214. Vgl. Papen, *Der Wahrheit eine Gasse*, p. 261 (12-1-1933): 'Zoals men hoort, hebben de uiteenzettingen van de bondsvoorzitter [van de *Reichslandbund*] naar aanleiding van de ontvangst gisteren bij Hindenburg een diepe indruk op hem gemaakt.'
31 *Das Kabinett von Schleicher*, Nr. 51, p. 214, noot 16. Vgl. Bernd Hoppe, 'Von Schleicher zu Hitler. Dokumente zum Konflikt zwischen dem Reichslandbund und der Regierung Schleicher in den letzten Wochen der Weimarer Republik', in *Vierteljahrshefte für Zeitgeschichte*, jrg. 45 (1997), p. 629-657; Merkenich, *Grüne Front gegen Weimar*, p. 316 e.v.
32 Goebbels, *Tagebücher*, deel I, band 2/III, p. 106 (15-1-1933); idem, *Vom Kaiserhof zur Reichskanzlei*, p. 241.
33 Vgl. Turner, *Hitlers Weg*, p. 152 e.v.; Pyta, *Hindenburg*, p. 770.
34 *Die Regierung von Schleicher*, Nr. 56, p. 234, noot 15; ibidem, Nr. 25, p. 103.
35 Verklaring van de DNVP-Rijksdagfractie d.d. 21-1-1933 (met handgeschr. concept van Hugenberg) in BA Koblenz, N 1231/38. Reeds medio december 1932 had de Deutschnationale politicus en grootgrondbezitter Ewald von Kleist-Schmenzin onder de leus 'Weg met Schleicher en voor een autoritair staatsbestuur' geëist dat men de regering de oorlog zou verklaren omdat ze 'slechts in schijn een presidentieel kabinet' zou zijn. 'In werkelijkheid maakt Schleicher zich opnieuw afhankelijk van partijen en groepen en past hij zijn beleid aan hun verzet aan.' BA Koblenz, N 1231/37.

36 Vgl. Wolfgang Michalka, 'Joachim von Ribbentrop – Vom Spirituosenhändler zum Außenminister', in Smelser/Zitelmann, *Die braune Elite*, p. 201-211. Over de ontmoeting d.d. 10 en 11-1-1933 Ribbentrop, *Zwischen London und Moskau*, p. 36-38. Over Hitlers operabezoek *Hitler. Reden Schriften Anordnungen*, band V, 2, doc. 126, p. 346. Vgl. ook Goebbels, *Tagebücher*, deel I, band 2/III, p. 103 (11-1-1933): 'Hitler wil vannacht met Papen praten. Ben benieuwd.' Tijdens zijn verhoor d.d. 11-9-1946 verklaarde Ribbentrop dat Wilhelm Keppler hem had gevraagd zijn huis in Dahlem ter beschikking te stellen voor de gesprekken tussen Papen en Hitler; IfZ München, ZS 1357.
37 Goebbels, *Tagebücher*, deel I, band 2/III, p. 105 (13-1-1933); Ribbentrop, *Zwischen London und Moskau*, p. 38.
38 Geciteerd naar Jutta Ciolek-Kümper, *Wahlkampf in Lippe. Die Wahlkampfpropaganda der* NSDAP *zur Landtagswahl am 15. Januar 1933*, München 1976, p. 153. Vgl. ook *Hitlers Tischgespräche*, p. 325 (21-5-1942): 'Hij heeft de verkiezingsstrijd in Lippe met bijzonder veel energie en met volledige inzet van zijn persoon gevoerd.'
39 Ciolek-Kümper, *Wahlkampf in Lippe*, p. 147.
40 Vgl. ibidem, p. 164 e.v.
41 Citaten in volgorde *Hitler. Reden Schriften Anordnungen*, band V, 2, doc. 114, p. 328 (d.d. 4-1-1933, Bösingfeld), doc. 125, p. 344 (d.d. 9-1-1933, Lage), doc. 127, p. 350 (d.d. 11-1-1933, Lemgo), doc. 120, p. 377 (d.d. 6-1-1933, Horn), doc. 117, p. 333 (d.d. 5-1-1933, Leopoldshöhe).
42 Goebbels, *Tagebücher*, deel I, band 2/III, p. 105 (13-1-1933).
43 Dietrich, *Mit Hitler in die Macht*, p. 176. Ter gelegenheid van het 400-jarig bestaan van de Grevenburg liet Freiherr von Oeynhausen rond de jaarwisseling 1937–1938 op het slotplein een plaquette aanbrengen. Deze moest, zoals hij Hitler schreef, eraan herinneren dat de Führer de Grevenburg 'de eer bewezen' had 'hier te logeren en de strijd, die eindigde met de overwinning op 15 januari in Lippe en met de historische wending van het Duitse lot op 30 januari, van hieruit te organiseren en te leiden'. Freiherr von Oeynhausen aan Hitler, d.d. 15-12-1937, en instemmend antwoord door Wiedemann in opdracht van Hitler, 27-12-1937; BA Koblenz, N 1720/8.
44 Goebbels, *Tagebücher*, deel I, band 2/III, p. 105 (13-1-1933). Vgl. ibidem, p. 98 (4-1-1933), p. 99 (5-1-1933), p. 105 e.v. (14-1-1933): 'Onderwerp Straßer. Die staat op het punt ons bij Schleicher te verraden [...]. Een smerig complot.' p. 106 (15-1-1933): 'Straßer wil als vicekanselier in het kabinet! Verrader!'
45 Vgl. Deuerlein, *Aufstieg*, p. 415.
46 Geciteerd naar Ciolek-Kümper, *Wahlkampf in Lippe*, p. 273.
47 Geciteerd naar Turner, *Hitlers Weg*, p. 90.
48 Goebbels, *Tagebücher*, deel I, band 2/III, p. 107 (16-1-1933).
49 Geciteerd naar Ciolek-Kümper, *Wahlkampf in Lippe*, p. 279 e.v.
50 Goebbels, *Tagebücher*, deel I, band 2/III, p. 108 (17-1-1933). Volgens een andere deelnemer verklaarde Hitler: 'De machtsovername staat voor de deur, niemand kan meer voorkomen dat hij de plaats van Bismarck inneemt.' Hinrich Lohse, *Der Fall Straßer. Denkschrift o. D.* (ca. 1952); IfZ München, ZS 265.
51 Vgl. Goebbels, *Tagebücher*, deel I, band 2/III, p. 112 (22-1-1933), p. 115 (25-1-1933).
52 Keppler aan Schröder, 19-1-1933; Muth, *Das 'Kölner Gespräch'*, p. 538.
53 Hugenberg aan Hitler, 28-12-1932; BA Koblenz, N 1231/37. Vgl. Larry Eugene Jones, '"The Greatest Stupidity of My Life", Alfred Hugenberg and the Formation of the Hitler Cabinet, January 1933', in *Journal of Contemporary History*, deel 27 (1992), p. 63-87 (hier p. 70).
54 Quaatz, *Die Deutschnationalen und die Zerstörung der Weimarer Republik*, p. 223 (17-1-1933). Vgl. ook Goebbels, *Tagebücher*, deel I, band 2/III, p. 109 (18-1-1933): 'Hitler ontmoette Hugenberg. Maar zonder succes.'
55 Ribbentrop, *Zwischen London und Moskau*, p. 39 (18-1-1933).
56 Papen aan Springorum, 20-1-1933; Muth, *Das 'Kölner Gespräch'*, p. 538. Op 7-1-1933 had Papen in Dortmund een ontmoeting met Springorum, Krupp, Vögler en Reusch. Wat

er precies is besproken, is niet bekend. Vgl. Petzold, *Franz von Papen*, p. 144-146. Papen heeft kennelijk de indruk gewekt dat Hitler niet meer streefde naar het kanselierschap en genoegen wilde nemen met een rol als ondergeschikte partner. Vgl. Marx, *Paul Reusch*, p. 324 e.v.
57 Goebbels, *Tagebücher*, deel I, band 2/III, p. 109 e.v. (19-1-1933), p. 110 (20-1-1933). Vgl. Turner, *Hitlers Weg*, p. 106 e.v. Voor de film *Der Rebell* vgl. Siegfried Kracauer, *Von Caligari zu Hitler. Eine Geschichte des deutschen Films* (= *Schriften* band 2, red. Karsten Witte), Frankfurt am Main 1979, p. 275 e.v.; 567-569.
58 Goebbels, *Tagebücher*, deel I, band 2/III, p. 112 (22-1-1933).
59 *Hitler. Reden Schriften Anordnungen*, band V, 2, doc. 143, p. 375, noot 2.
60 Ibidem, p. 375-387 (citaten p. 381, 375, 378, 387). Vgl. Goebbels, *Tagebücher* deel I, band 2/III, p. 111 (21-1-1933): 'Hitler onder luid gejubel binnengekomen. Spreekt fabelachtig [...]. Eindeloze ovaties. Hitler is me er een.'
61 *Hitler. Reden Schriften Anordnungen*, band V, 2, doc. 145, p. 389 e.v. Voor de Horst Wessel-cultus vgl. Siemens, *Horst Wessel*, p. 131 e.v.
62 Goebbels, *Tagebücher*, deel I, band 2/III, p. 113 (23-1-1933).
63 Geciteerd naar Winkler, *Der Weg in die Katastrophe*, p. 838.
64 Vgl. Ribbentrop, *Zwischen London und Moskau*, p. 39 (22-1-1933); Turner, *Hitlers Weg*, p. 150.
65 Vgl. Pyta, *Hindenburg*, p. 787; Turner, *Hitlers Weg*, p. 154 e.v. De chantagetheorie onder andere bij Fest, *Hitler*, p. 501. Hitler herinnerde zich in mei 1942 dat hij tijdens het gesprek 'zijn mening over de staat van de politieke ontwikkelingen zonder terughoudendheid heeft gegeven en openlijk heeft verklaard dat elke week langer afwachten zijn inziens verspild zou zijn', *Hitlers Tischgespräche*, p. 325 (21-5-1942).
66 Vgl. Papen, *Der Wahrheit eine Gasse*, p. 265.
67 Goebbels, *Tagebücher*, deel I, band 2/III, p. 114 (25-1-1933).
68 Vgl. Ribbentrop, *Zwischen London und Moskau*, p. 39 (22-1-1933).
69 Ibidem, p. 39 (23-1-1933).
70 Goebbels, *Tagebücher*, deel I, band 2/III, p. 114 (25-1-1933).
71 Ribbentrop, *Zwischen London und Moskau*, p. 39 (24-1-1933). Vgl. Goebbels, *Tagebücher*, deel I, band 2/III, p. 116 e.v. (26-1-1933): 'Harzburger Front duikt opnieuw op. Frick en Göring onderhandelen.'
72 Quaatz, *Die Deutschnationalen und die Zerstörung der Weimarer Republik*, p. 224 (21-1-1933).
73 Goebbels, *Tagebücher*, deel I, band 2/III, p. 112 (22-1-1933).
74 Ministerraad d.d. 16-1-1933; *Das Kabinett von Schleicher*, Nr. 56, p. 230-238.
75 Aant. Meissner over de ontvangst van Schleicher door Hindenburg op 23-1-1933; ibidem, Nr. 65, p. 284 e.v.
76 Vgl. Winkler, *Weimar*, p. 578, 581; Turner, *Hitlers Weg*, p. 136 e.v.; Merkenich, *Grüne Front gegen Weimar*, p. 318.
77 Winkler, *Weimar*, p. 582.
78 Braun aan Schleicher, 28-1-1933; *Das Kabinett von Schleicher*, Nr. 73, p. 311 e.v.
79 Kaas aan Schleicher, 26-1-1933; ibidem, Nr. 70, p. 304 e.v.
80 Ministerraad d.d. 28-1-1933; ibidem, Nr. 71, p. 306-310.
81 Ibidem, Nr. 77, p. 317. Vgl. Goebbels, *Tagebücher*, deel I, band 2/III, p. 118 (29-1-1933): 'Melding, Schleicher zojuist afgetreden. Dat hebben we dus geflikt! Sneller dan ik had gedacht [...]. De oude heeft hem nagenoeg eruit gegooid. Het verdiende loon voor die smiecht.'
82 Kessler, *Das Tagebuch*, band 9, p. 535 (28-1-1933).
83 Ribbentrop, *Zwischen London und Moskau*, p. 40 (27-1-1933). Voor het onderhoud Hitler-Hugenberg d.d. 27-1-1933 vgl. Turner, *Hitlers Weg*, p. 182 e.v.; Jones, *Hugenberg and the Hitler Cabinet*, p. 73. Goebbels, *Tagebücher*, deel I, band 2/III, p. 117 (28-1-1933): 'Hitler heeft met Hugenberg gesproken. Die is onverzettelijk: Schmidt moet Hitlers secretaris-generaal worden, Brosius zijn perschef, Berlijnse *Schupo* onder R[eichs]

W[ehr]. Schaamteloze eis. Grote woede.' Voorts Quaatz, *Die Deutschnationalen und die Zerstörung der Weimarer Republik*, p. 228 (28-1-1933): 'Hugenberg stelde "neutralisering" van de politie voor, wat Hitler heftig heeft afgewezen'; Schmidt-Hannover, *Umdenken oder Anarchie*, p. 332 e.v.

84 Goebbels, *Tagebücher*, deel I, band 2/III, p. 118 (29-1-1933).
85 Vgl. voor de geruchten over de terugkeer van een kabinet-Papen Kessler, *Das Tagebuch*, band 9, p. 533 (25-1-1933), p. 534 (27-1-1933).
86 Ribbentrop, *Zwischen London und Moskau*, p. 41 (27-1-1933).
87 Papen, *Der Wahrheit eine Gasse*, p. 269 e.v.
88 Dagboek Schwerin von Krosigk over de gebeurtenissen in Berlijn tussen 23 en 28-1-1933; *Das Kabinett von Schleicher*, Nr. 77, p. 318.
89 Vgl. Turner, *Hitlers Weg*, p. 189-191. Volgens Schmidt-Hannover, *Umdenken oder Anarchie*, p. 340) was Blomberg 'de troefkaart die op het laatste moment was ingezet in het spel om de regeringsmacht'. Voor uitnodiging Blomberg vgl. Kirstin A. Schäfer, *Werner von Blomberg. Hitlers erster Feldmarschall. Eine Biographie*, Paderborn 2006, p. 97-100.
90 Goebbels, *Tagebücher*, deel I, band 2/III, p. 118 (29-1-1933).
91 Vgl. Papen, *Der Wahrheit eine Gasse*, p. 271 e.v.; Ribbentrop, *Zwischen London und Moskau*, p. 42 (29-1-1933); Turner, *Hitlers Weg*, p. 192 e.v.
92 Vgl. de niet-gepubliceerde herinneringen van Theodor Duesterberg, p. 173, 179; BA Koblenz, N 1377/47.
93 Theodor Duesterberg, *Der Stahlhelm und Hitler*, Wolfenbüttel en Hannover 1949, p. 38 e.v. Vgl. ook de aant. van Theodor Duesterberg 'Die Regierungsbildung am 30. Januar 1933' d.d. 27-4-1946 (met onjuiste datering van de bespreking op 26-1). Volgens deze verklaarde Duesterberg: 'Als je met een anaconda naar bed gaat, moet je niet klagen als je bij het ontwaken twee gebroken benen hebt. Het moment zal aanbreken, *Herr Geheimrat*, dat u 's nachts in onderbroek door de ministeriële tuinen moet vluchten.' IfZ München, ZS 1700. Soortgelijke bewoordingen in Duesterbergs herinneringen, p. 188; BA Koblenz, N 1377/47.
94 Quaatz, *Die Deutschnationalen und die Zerstörung der Weimarer Republik*, p. 229 (29-1-1933).
95 Goebbels, *Tagebücher*, deel I, band 2/III, p. 119 (30-1-1933).
96 Notitie Hammerstein d.d. 28-1-1935; Bracher, *Die Auflösung der Weimarer Republik*, p. 733 e.v.; Kunrat Freiherr von Hammerstein, *Spähtrupp*, Stuttgart 1963, p. 49 e.v. Vgl. daarentegen Hans Magnus Enzensberger, *Hammerstein oder Der Eigensinn. Eine deutsche Geschichte*, Frankfurt am Main. 2008, p. 101-107, die de indruk wekt dat het Hammerstein er niet om ging een kabinet-Papen-Hugenberg te verhinderen, maar om Hitler van de macht af te houden.
97 Notitie Hammerstein d.d. 28-1-1935; Bracher, *Die Auflösung der Weimarer Republik*, p. 734; Hammerstein, *Spähtrupp*, p. 55 e.v.
98 Goebbels, *Tagebücher*, deel I, band 2/III, p. 119 (30-1-1933).
99 *Hitlers Tischgespräche*, p. 327 (21-5-1942). Vgl. Goebbels, *Tagebücher*, deel I, band 2/III, p. 119 (30-1-1933): 'Helldorf citeert. Hij treft maatregelen met politiemajoor Wecke.'
100 Vgl. Turner, *Hitlers Weg*, p. 198-201; Meissner, *Staatssekretär*, p. 268 e.v.
101 Wieland Eschenhagen (red.), *Die 'Machtergreifung'. Tagebuch einer Wende nach Presseberichten vom 1. Januar bis 6. März 1933*, Darmstadt en Neuwied 1982, p. 86 e.v.
102 *Das Kabinett von Schleicher*, Nr. 46, p. 232.
103 Vgl. Goebbels, *Tagebücher*, deel I, band 2/III, p. 119 (30-1-1933).
104 Duesterberg, *Der Stahlhelm und Hitler*, p. 40. Vgl. Duesterberg, *Die Regierungsbildung am 30. Januar 1933*, IfZ München, ZS 1700; *Duesterberg-Erinnerungen*, p. 189, BA Koblenz, N 1377/47; Turner, *Hitlers Weg*, p. 205 e.v.
105 Duesterberg, *Der Stahlhelm und Hitler*, p. 40 e.v.; vgl. Duesterberg, *Die Regierungsbildung am 3. Januar 1933*, IfZ München, ZS 1700; *Duesterberg-Erinnerungen* p. 190 e.v.; BA Koblenz, N 1377/47; voorts Papen, *Der Wahrheit eine Gasse*, p. 275 e.v.; Meissner, *Staatssekretär*, p. 269 e.v.; Turner, *Hitlers Weg*, p. 206 e.v.

106 Dagboek Schwerin von Krosigk over de gebeurtenissen op 29 en 30-1-1933; *Das Kabinett von Schleicher*, Nr. 79, p. 320-323 (citaat p. 323).
107 Goebbels, *Tagebücher*, deel I, band 2/III, p. 120 (31-1-1933).
108 Ibidem, p. 120 (31-1-1933). Vgl. voor de ontvangst van Hitler in Hotel Kaiserhof ook Hanfstaengl, *Zwischen Weißem und Braunem Haus*, p. 288; niet-gepubliceerde memoires van Hanfstaengl, p. 238, '"Nu is het zover," verkondigde hij in een staat van euforische vrolijkheid. We dromden om hem heen, ook obers en kamermeisjes, om hem een hand te geven.'; BSB München, Nl Hanfstaengl Ana 405, doos 47.
109 Hitler. *Reden Schriften Anordnungen*, band V, 2, doc. 150, p. 296-298.
110 Kessler, *Das Tagebuch*, band 9, p. 537 (30-1-1933). Vgl. *Duesterberg-Erinnerungen*, p. 192: 'Er heerste die zachte winternacht in bijna heel Berlijn een ontegenzeglijk ontzaglijke roes van geestdrift.' BA Koblenz, N 1377/47.
111 Hoffmann, *Hitler wie ich ihn sah*, p. 49.
112 Geciteerd naar Machtan, *Der Kaisersohn*, p. 279. Vgl. Geoffrey Verhey, *Der 'Geist von 1914' und die Erfindung der Volksgemeinschaft*, Hamburg 2000, p. 362 e.v.
113 Vgl. Frank, *Im Angesicht des Galgens*, p. 129.
114 Goebbels, *Tagebücher*, deel I, band 2/III, p. 121 (31-1-1933).
115 Ibidem, p. 120 (31-1-1933). Vgl. Frank, *Im Angesicht des Galgens*, p. 111: 'Sprookjesachtig heerlijke, onvergetelijke, geweldige uren!'
116 Heß, *Briefe*, p. 424 e.v. (31-1-1933). Heß had het briefhoofd 'De rijkskanselier' doorgestreept en er met de hand aan toegevoegd: 'Daags na het regeringsaantreden van Adolf Hitler.' BA Bern, Nl Heß, J1.211-1989/148, 51.
117 Dagboek E. Krogmann d.d. 30-1-1933; geciteerd naar Karl Heinz Roth, 'Ökonomie und politische Macht, Die 'Firma Hamburg' 1930-1945', in Angelika Ebbinghaus/Karsten Linne (red.), *Kein abgeschlossenes Kapitel, Hamburg im 'Dritten Reich'*, Hamburg 1997, p. 15. 'Blij ontroerd' was ook Anna Himmler, de moeder van Heinrich Himmler, 'dat jouw en ons aller wens in vervulling is gegaan en jouw Führer de lang bevochten overwinning heeft behaald.', Anna Himmler aan Heinrich Himmler, 31-1-1933; BA Koblenz, N 1126/13.
118 Dagboek L. Solmitz d.d. 30-1-1933; Jochmann, *Nationalsozialismus und Revolution*, p. 73.
119 Lutz graaf Schwerin von Krosigk, *Es geschah in Deutschland. Menschenbilder unseres Jahrhunderts*, Tübingen en Stuttgart 1951, p. 147.
120 Ewald von Kleist-Schmenzin, 'Die letzte Möglichkeit. Zur Ernennung Hitlers zum Reichskanzler am 30. Januar 1933', in *Politische Studien*, jrg. 10 (1959), p. 92. Vgl. Turner, *Hitlers Weg*, p. 196.
121 Geciteerd in Gerhard Ritter, *Carl Goerdeler und die deutsche Widerstandsbewegung*, Stuttgart 1954, p. 65 e.v. Vgl. Jones, *Hugenberg and the Hitler Cabinet*, p. 63.
122 Geciteerd naar een rapport van het *Münchner Institut für Zeitgeschichte* uit 1958 e.a. in Deuerlein, *Der Aufstieg*, p. 418. Vgl. daarentegen Fritz Tobias, 'Ludendorff, Hindenburg, Hitler. Das Phantasieprodukt des Ludendorff-Briefes vom 30. Januar 1933', in Uwe Backes/Eckhard Jesse/Rainer Zitelmann, *Die Schatten der Vergangenheit. Impulse zur Historisierung des Nationalsozialismus*, Frankfurt am Main-Berlijn 1992, p. 319-343. Voorts Lothar Gruchmann, 'Ludendorffs "prophetischer" Brief an Hindenburg vom Januar/Februar 1933. Eine Legende', in *Vierteljahrshefte für Zeitgeschichte*, jrg. 47 (1999), p. 559-562. De brief van Ludendorff wordt kritiekloos geciteerd door o.a. Kershaw; *Hitler*, band I, p. 522. De brieven van Ludendorff d.d. 25-8 en 18-11-1933, waarin hij tegen de staat van rechteloosheid protesteerde, afgedrukt in Eberle (red.), *Briefe an Hitler*, p. 189 e.v.
123 Vgl. Manfred Nebelin, *Ludendorff. Diktator im Ersten Weltkrieg*, München 2011, p. 9 e.v., 17. Voor de 'verzoening' tussen Hitler en Ludendorff vgl. Goebbels, *Tagebücher*, deel I, band 4, p. 74, 82 (1-4 en 6-4-1937). Over de reactie van Hitler op de dood van Ludendorff ibidem, band 5, p. 64 (22-12-1937). Begin 1941 gaf Hitler opdracht van het geboortehuis van Ludendorff, het landgoed Kruszewnia bij Posen (Poznań) wegens de 'onsterfelijke verdiensten' van de generaal, een gedenkplaats te maken. *Wehrmacht*-adjudant Schmundt aan Lammers, 27-1-1941; BA Berlijn-Lichterfelde, R 43 II/985.
124 Kessler, *Das Tagebuch*, band 9, p. 538 (31-1-1933), 539 (6-2-1933). In deze zin liet ook de

Tägliche Rundschau d.d. 31-1-1933 zich uit: 'De eigenlijke Harzburgers, niet de heer Hitler, hebben terrein gewonnen,' geciteerd naar Petzold, *Franz von Papen*, p. 160.
125 *Vossische Zeitung* d.d. 30-1-1933. Geciteerd naar Dirk Blasius, '30. Januar 1933. Tag der Machtergreifung' in Dirk Blasius/Wilfried Loth (red.), *Tage deutscher Geschichte im 20. Jahrhundert*, Göttingen 2006, p. 51. Vgl. ook het *Berliner Tageblatt* d.d. 30-1-1933; Eschenhagen, *Die 'Machtergreifung'*, p. 96.
126 Geciteerd naar Friedländer, *Das Dritte Reich und die Juden*, band 1, p. 27. Vgl. ibidem de verklaring van de voorzitter van de Central-Verein d.d. 30-1-1933, 'Voor het overige geldt vandaag heel bijzonder het parool: rustig afwachten.' Voorts Avraham Barkai, *Der Centralverein deutscher Staatsbürger jüdischen Glaubens 1893–1938*, München 2002, p. 271 e.v.
127 Willy Cohn, *Kein Recht, nirgends. Tagebuch vom Untergang des Breslauer Judentums 1933– 1941*, red. Norbert Conrad, Keulen-Weimar-Berlijn 2006, band 1, p. 6 e.v. (30 en 31-1-1933).
128 Josef en Ruth Becker (red.), *Hitlers Machtergreifung. Dokumente vom Machtantritt Hitlers. 30. Januar 1933 bis zur Besiegelung des Einparteienstaats 14.7.1933*, München 1983, p. 34. Vgl. Winkler, *Der Weg in die Katastrophe*, p. 868.
129 Vgl. Winkler, *Der Weg in die Katastrophe*, p. 868, 757-759.
130 Peter Jahn (red.), *Die Gewerkschaften in der Endphase der Republik 1930–1933*, Keulen, 1988, doc. 170, p. 831.
131 Haffner, *Geschichte eines Deutschen*, p. 105 e.v.
132 Vgl. Turner, *Hitlers Weg*, p. 210.
133 Th. Sternheim, *Tagebücher*, band 2, p. 470 (30-1-1933).
134 Kl. Mann, *Tagebücher 1931–1933*, p. 113 (30-1-1933). Ook voor de met Klaus Mann bevriende auteur Erich Ebermayer uit Leipzig was het alsof hij 'een klap op zijn hoofd' kreeg toen hij van Hitlers benoeming hoorde. 'Het is alsof er een donkere schaduw over de wereld valt. Alsof er iets vreselijks, onherroepelijks, noodlottigs is gebeurd.', Erich Ebermayer, *Denn heute gehört uns Deutschland… Persönliches und politisches Tagebuch*, Hamburg-Wenen 1959, p. 11 (30-1-1933).
135 Delmer, *Die Deutschen und ich*, p. 178.
136 Clemens, *Herr Hitler in Germany*, p. 252-255 (citaat p. 254).
137 Vgl. Claus W. Schäfer, *André François-Poncet als Botschafter in Berlin (1931–1938)*, München 2004, p. 163-168.
138 Paul Dinichert aan *Bundesrat* Giuseppe Motta, 2-2-1933; Bajohr/Strupp (red.), *Fremde Blicke auf das 'Dritte Reich'*, p. 354 e.v.
139 Vgl. de aan ideeën rijke overwegingen van Heinrich August Winkler, *Mußte Weimar scheitern? Das Ende der ersten Republik und die Kontinuität der deutschen Geschichte*, München 1991.
140 Fritz Wiedemann herinnerde zich hoe Hitler in zijn tafelgesprekken in de jaren dertig 'herhaaldelijk spotte met de Beierse regering […] die hem een tijd naar de vesting Landsberg stuurde en later weer vrijliet in plaats van hem te liquideren. Hij liet er zelfs geen twijfel aan bestaan dat hij in het omgekeerde geval zonder valse sentimenten "meedogenloos" zou hebben doorgepakt.' Wiedemann, *Der Mann*, p. 55.
141 Vgl. Heinrich August Winkler, 'Die abwendbare Katastrophe. Warum Hitler am 29. Januar 1933 Reichskanzler wurde', in idem, *Auf ewig in Hitlers Schatten? Anmerkungen zur deutschen Geschichte*, München 2007, p. 93-104 (hier p. 95).
142 Vgl. voor het alternatief voor de militaire dictatuur onder Schleicher Turner, *Hitlers Weg*, p. 225 e.v. Daartegenover Wehler, *Deutsche Gesellschaftsgeschichte*, band IV, p. 587, voor wie 'slechts het naziregime voor het overwinnen van de staatscrisis' overblijft.
143 Veit Valentin, *Geschichte der Deutschen*, Berlijn 1947; heruitgave Keulen 1991, p. 593.
144 Eberhard Jäckel, *Das deutsche Jahrhundert. Eine historische Bilanz*, Stuttgart 1996, p. 151 e.v., in gedecideerde tegenspraak met Fritz Fischer, *Hitler war kein Betriebsunfall. Aufsätze*, München 1993, p. 174-181. Vgl. de scherpe, maar rake kritiek op Jäckel door Heinrich August Winkler, 'Triumph des Zufalls?', in *Historische Zeitschrift* band 268 (1999), p. 681-688.
145 *Monologe*, p. 155 (17-18-12-1941).

13 De mens Hitler

1   Dietrich, *12 Jahre mit Hitler*, p. 15.
2   Hanfstaengl, *Zwischen Weißem und Braunem Haus*, p. 217. Vgl. ook notitie van Hanfstaengl 'm.b.t A.H. – karakterisering': 'zijn wezen is eigenlijk alleen via omwegen, d.w.z. door vergelijking met andere tijdgenoten, bij benadering te preciseren.' BSB München, Nl Hanfstaengl Ana 405, doos 25.
3   Albert Speer, *Alles was ich weiß*. Uit onbekende documenten van de geheime dienst uit de zomer van 1945. Red. Ulrich Schlie, München 1999, p. 50.
4   André François-Poncet, *Als Botschafter in Berlin 1931-1938*, Mainz 1947, p. 356.
5   Meissner, *Staatssekretär*, p. 615.
6   Aldus Kershaw, *Hitler*, band I, p. 430. Vgl. in dit verband boven p. 16 e.v. Voorts ook Dirk van Laak 'Adolf Hitler', in Frank Möller (red.), *Charismatische Führer der deutschen Nation*, München 2004, p. 157: Hitler zou 'nauwelijks een privéleven hebben' gehad.
7   Hanfstaengl, *Zwischen Weißem und Braunem Haus*, p. 335.
8   Heiden, *Hitler. Das Zeitalter der Verantwortungslosigkeit*, p. 330, 331.
9   Dietrich, *12 Jahre mit Hitler*, p. 15, 24 e.v.
10 Speer: *Erinnerungen*, p. 37; idem.: *Spandauer Tagebücher*, p. 634 (4-5-1965); vgl. ook het gecorrigeerde manuscript van de 'Erinnerungen' (2de versie) hfdst. I: 'Hitlers Eigenschaften': 'Hij kon goedmoedig zijn, maar tegelijkertijd onbarmhartig en onrechtvaardig. Hij kon trouw en eerlijk lijken, maar ook en op hetzelfde moment amoreel. Hij kwam op zijn medemens vaak over als een huisvader en kon met duivelse verbetenheid misdrijven plegen.' BA Koblenz, N 1340 / 384. Voor de 'gelaagdheid' van Hitlers vgl. ook François-Poncet, *Als Botschafter in Berlin*, p. 356 e.v.
11 Hanfstaengl, *Zwischen Weißem und Braunem Haus*, p. 218.
12 Joachim Scholtyseck, *Der Aufstieg der Quandts. Eine deutsche Unternehmerdynastie*, München 2011, p. 265 e.v. Een soortgelijke indruk had de bankier Eduard Heydt, die Hitler tegenover Harry graaf Kessler beschreef 'als een "gemoedelijk" man. Type kleine ambtenaar die, als je met hem praatte, bepaald geen diepe indruk maakte'. Kessler, *Das Tagebuch*, band 9, p. 399 (12-12-1931).
13 Delmer, *Die Deutschen und ich*, p. 115.
14 Thompson, *Kassandra spricht*, p. 41. Vgl. B. Fromm, *Als Hitler mir die Hand küßte*, p. 111 (30-3-1933): 'Een alledaags uitziende, kleine man.'
15 William P. Shirer. *Berliner Tagebuch. Aufzeichnungen 1934–41*. Vertaald en uitg. door Jürgen Schebera, Leipzig en Weimar 1991, p. 23 (4-9-1934). Vgl. François-Poncet, *Als Botschafter in Berlin*, p. 146, over een ontvangst door Hitler d.d. 8-4-1933: 'Als ik hem van dichtbij zie, in rust, valt het me op [...] hoe gewoon en onbeduidend zijn gelaatstrekken zijn, hoewel ik mezelf voorhoud dat die onbeduidendheid de massa aanspreekt, die hem vereert en zichzelf in hem herkent.'
16 Schwerin von Krosigk, *Es geschah in Deutschland*, p. 19
17 Hanfstaengl, *Zwischen Weißem und Braunem Haus*, p. 83. Vgl. niet-gepubliceerde herinneringen van Hanfstaengl, p. 63: '"Geen zorgen," zei hij, "ik creëer een nieuwe mode. Na verloop van tijd zal men mij nadoen."' BSB München, Nl Hanfstaengl Ana 405, doos 47. Ook de moeder van Rudolf Heß had kritiek op de snor van Hitler. Heß beloofde dat hij Hitler de brief van zijn moeder zou voorlezen: 'Het haalt natuurlijk niets uit! Hij is waarschijnlijk de grootste stijfkop die ik ken!' R. Heß aan zijn ouders, 9-6-1925; BA Bern, Nl. Heß. J1.211-1989 / 148, 35.
18 Schroeder, *Er war mein Chef*, p. 72.
19 K. Mann, *Der Wendepunkt*, p. 228.
20 Speer, *Spandauer Tagebücher*, p. 40 (30-11-1946).
21 Müller, *Mars und Venus*, p. 338. Theodor Duesterberg had het in zijn niet-gepubliceerde herinneringen (p. 189) over 'merkwaardige wolvenogen'. BA Koblenz, N 1377 / 47.
22 Hamann, *Winifred Wagner*, p. 209. Vgl. de brief van Erich Spickschen, *Kreisbauernführer* in Woydiethen, aan zijn moeder, over een ontmoeting met Hitler in Goslar, 21-10-1934: 'Wat een wonderbaarlijke man. Wie eenmaal in die prachtige ogen heeft gekeken, is

voorgoed aan hem verslaafd.' Hans Joachim Schröder, *Alles Liebe & Heil Hitler. Wie falsche Hoffnungen entstehen. Eine Familiengeschichte*, Berlijn 2012, Doc. 05-01-21.
23 Wagener, *Hitler aus nächster Nähe*, p. 43; vgl. ibidem, p. 56 ('zijn grote, ondoorgrondelijke ogen'). Ook de kokkin op de Obersalzberg, Therese Linke, herinnerde zich na de oorlog Hitlers 'heel krachtige handdruk' en zijn 'fascinerende blik': 'Ik kreeg altijd zo'n raar gevoel.' IfZ München, ZS 3135.
24 Schroeder, *Er war mein Chef*, p. 71.
25 Peter Sprengel, *Gerhart Hauptmann. Bürgerlichkeit und großer Traum. Eine Biographie*, München 2012, p. 669.
26 Heiden, *Hitler. Das Zeitalter der Verantwortungslosigkeit*, p. 336.
27 Martha Dodd, *Nice to meet you, Mr. Hitler! Meine Jahre in Deutschland 1933 bis 1937*, Frankfurt am Main 2005, p. 77.
28 H. St. Chamberlain aan A. Hitler, 7-10-1923; BA Koblenz, N 1128 / 16.
29 Schwerin von Krosigk, *Es geschah in Deutschland*, p. 193. Vgl. ook Schwerin von Krosigk, *Niederschrift zur Persönlichkeit Hitlers* (ca. 1945) over 'de verfijning en de schoonheid van zijn handen, die de handen van een kunstenaar waren'; IfZ München, ZS 145, band 5. Voorts Knickerbocker, *Deutschland so oder so?*, p. 207, die ontroerd werd door Hitlers 'lange kunstenaarshand met de krachtige vingers'.
30 Geciteerd naar Rüdiger Safranski, *Ein Meister aus Deutschland. Heidegger und Seine Zeit*, München-Wenen 1994, p. 274.
31 Geciteerd naar Schmölders, *Hitlers Gesicht*, p. 60.
32 Sönke Neitzel, *Abgehört. Deutsche Generäle in britischer Gefangenschaft 1942–1945*, Berlijn 2005, doc. 3, p. 92.
33 Th. Mann, 'Bruder Hitler' in idem, *An die gesittete Welt*, p. 255. Heinrich Claß heeft het in zijn niet-gepubliceerde herinneringen over de 'hysterische welbespraaktheid' van Hitler. Leicht, *Heinrich Claß*, p. 288.
34 Heiden, *Hitler. Das Zeitalter der Verantwortungslosigkeit*, p. 331.
35 O. Straßer, *Hitler und ich*, p. 85. Vgl. ook Ernst Niekisch, 'Hitler – ein deutsches Verhängnis' (1931), in idem, *Politische Schriften*, Keulen-Berlijn 1965, p. 21 e.v., die Hitler de 'grootste demagoog' noemde 'die Duitsland heeft voortgebracht': 'Hij werd door een oerdrift naar het hem passende element geleid – de massabijeenkomst'. Veit Valentin (*Geschichte der Deutschen*, p. 594) vatte het bondig samen: 'Adolf Hitler is als demagoog het Duitse genie.'
36 Schwerin von Krosigk, *Es geschah in Deutschland*, p. 194; vgl. Schwerin von Krosigk aan Fred L. Casmir, 11-8-1960: 'Hitler voelde aan wat de mensen innerlijk bewoog en kon dat pregnant tot uitdrukking brengen. De toehoorders voelden zich begrepen en gegrepen; ze versmolten met de redenaar tot een gemeenschap.' BA Koblenz, N 1276 / 40.
37 Knickerbocker, *Deutschland so oder so?*, p. 206.
38 Heß: *Briefe*, p. 355 (27-11-1924). In een verslag van een drie uur durende toespraak door Hitler in Neurenberg op 3-12-1928 vertelde Rudolf Heß dat de aanwezige politievertegenwoordiger, een *Regierungsrat*, 'alle voorzichtigheid had [laten] varen', mee had geklapt en Julius Streicher 'tot slot dolenthousiast' de hand had geschud en 'zich [had] uitgesproken voor de volksmenner'. R. Heß aan I. Heß, 4-12-1928; BA Bern, Nl Heß, J1.211-1989 / 148, 41.
39 G. Mann, *Erinnerungen und Gedanken*, p. 382. Vgl. Schwerin von Krosigk aan Fred L. Casmir: tegen het 'onthutsende fluïdum' van Hitler moesten 'ook diegenen vechten' die 'zich niet wilden overgeven aan zijn magie'. BA Koblenz, N 1276 / 40. Voor Golo Manns verzet tegen het nationaalsocialisme vóór 1933 vgl. Tilman Lahme, *Golo Mann. Biographie*, Frankfurt am Main 2009, p. 70-73.
40 Hanfstaengl, *Zwischen Weißem und Braunem Haus*, p. 36. Vgl. Frank, *Im Angesicht des Galgens*, p. 39: 'Dit orgaan klonk soms hees en bewoog zich in merkwaardige volumecontrasten. Rustig begonnen zinnen stegen plotsklaps bij een woord of tegen het eind tot indrukwekkende kracht.' Toen hij nog zonder microfoon sprak, moest Hitler overigens op grote bijeenkomsten soms zo schreeuwen dat zijn stem brak. Over zo'n

voorval in de expositiehal in Essen vertelt Rudolf Heß in brief aan Inge Pröhl d.d. 29-4-1927; BA Bern, Nl Heß, J1.211-1989 / 148, 39.
41 Schirach, *Ich glaubte an Hitler*, p. 20.
42 Schwerin von Krosigk, *Es geschah in Deutschland*, p. 220. Vgl. niet-gepubliceerde memoires van Hanfstaengl, p. 60: 'Hij had een uitgesproken acteurstalent, overigens met een scherp oog voor het grappige.' BSB München, Nl Hanfstaengl Ana 405, doos 47. Voor Hitlers acteurstalent vgl. ook Heinz Schreckenberg, *Hitler. Motive und Methoden einer unwahrscheinlichen Karriere. Eine biographische Studie*, Frankfurt am Main 2006, p. 100-107.
43 Krebs, *Tendenzen und Gestalten*, p. 133.
44 Schwerin von Krosigk aan Fred L. Casmir, 11-8-1960; BA Koblenz, N 1276 / 40.
45 Bajohr / Strupp (red.), *Fremde Blicke auf das 'Dritte Reich'*, p. 436. Voor de verschillende rollen die Hitler zich als spreker aanmat vgl. Gudrun Brockhaus, *Schauder und Idylle. Faschismus als Erlebnisangebot*, München 1999, p. 226.
46 Robert Coulondre, *Von Moskau nach Berlin. Erinnerungen des französischen Botschafters*, Berlijn 1950, p. 310. Coulondre vroeg zich na het onderhoud af: 'Wat voor man kan die duivelse Hitler nu in werkelijkheid zijn?' Ibidem, p. 311.
47 Krebs, *Tendenzen und Gestalten*, p. 133.
48 Levetzow aan Donnersmarck, 20-11-1931; Granier, *Magnus von Levetzow*, p. 316. Hermine had al begin 1927 het tweede deel van *Mein Kampf* gelezen. De uiteenzettingen hadden haar 'zeer geïnteresseerd', schreef ze Elsa Bruckmann op 10-2-1927; Käfer, *Hitlers frühe Förderer*, p. 61.
49 Delmer, *Die Deutschen und ich*, p. 117; vgl. Dietrich, *12 Jahre mit Hitler*, p. 245; Machtan, *Der Kaisersohn bei Hitler*, p. 220 e.v., 309 e.v.
50 Prins August Wilhelm aan R. Heß, 21-9-1934; BA Bern, Nl Heß, J1.211-1993 / 300, doos 1. Voor Hitlers verachting voor de Hohenzollernmonarchie vgl. bijv. Goebbels, *Tagebücher*, deel I, band 2 / III, p. 181 (5-5-1933), 331 (6-12-1933). Na een bezoek van Hitler en Göring aan het slot van de kroonprins zou de kroonprinses hebben gezegd dat 'men de ramen moest openen'. Dat zou Hitler ter ore zijn gekomen en zijn afkeer van het kroonprinselijke paar hebben versterkt. Wiedemann, *Einzelerinnerungen*, San Francisco, 28-3-1939; BA Koblenz, N 1740 / 4.
51 Vgl. Hanfstaengl, *Zwischen Weißem und Braunem Haus*, p. 226; herinneringen Duesterberg, p. 189; BA Koblenz, N 1377 / 47.
52 Krebs, *Tendenzen und Gestalten*, p. 148, 135.
53 Weizsäcker, *Erinnerungen*, p. 199.
54 Speer, *Spandauer Tagebücher*, p. 634 (4-5-1965).
55 Schroeder, *Er war mein Chef*, p. 67. Vgl. Frank, *Im Angesicht des Galgens*, p. 95 ('een meester in het imiteren van andermans manier van spreken'). Na de dood van Hindenburg imiteerde Hitler ook graag diens stem. Vgl. Eberle / Uhl (red.), *Das Buch Hitler*, p. 49 e.v.
56 Krebs, *Tendenzen und Gestalten*, p. 129.
57 Goebbels, *Tagebücher*, deel I, band 3 / II, p. 300 (21-12-1936). Ook in de kring van de Wagners imiteerde Hitler vaak stemmen. Vgl. Hamann, *Winifred Wagner*, p. 313, 387.
58 Speer, *Spandauer Tagebücher*, p. 199 (3-3-1947).
59 Hanfstaengl, *Zwischen Weißem und Braunem Haus*, p. 165.
60 Hanskarl Hasselbach, een van Hitlers artsen, verklaarde na de oorlog dat Hitler 'een fenomenaal geheugen op alle terreinen' had, zoals hij 'nooit bij een ander had leren kennen'. IfZ München, ZS 242. Vgl. ook Robert Ley, *Gedanken um den Führer* (1945): 'Adolf Hitler had de gave dat hij zich als geen ander kon concentreren; zijn geheugen liet hem nooit in de steek.' BK Koblenz, N 1468 / 4.
61 Vgl. Wiedemann, *Der Mann*, p. 78 e.v.
62 Vgl. notitie van Hanskarl von Hasselbach, 'Hitlers Kenntnisse und geistige Fähigkeiten' (27-9-1945); BA Koblenz, N 1128 / 33; Nicolaus von Below, *Als Hitlers Adjutant 1937-45*, Mainz 1980, p. 150.

63 Vgl. Hoffmann, *Hitler wie ich ihn sah*, p. 160; Krause, *10 Jahre Kammerdiener*, p. 46 e.v. De vlootkalender voor 1933 betrok Hitler in oktober 1932 via de Franz Eher Verlag. Zie de rekening in BA Berlijn-Lichterfelde, NS 26 / 2557.
64 Vgl. daarvoor Koch-Hillebrecht, *Homo Hitler*, p. 93 e.v. ('Hitler als Eidetiker').
65 Schroeder, *Er war mein Chef*, p. 76.
66 Wagener, *Hitler aus nächster Nähe*, p. 149.
67 Vgl. Hanfstaengl, *Zwischen Weißem und Braunem Haus*, p. 45; Schroeder, *Er war mein Chef*, p. 76.
68 Dietrich, *12 Jahre mit Hitler*, p. 165. Vgl. Hanfstaengl, *Zwischen Weißem und Braunem Haus*, p. 55.
69 Heß, *Briefe*, p. 267 (11-4-1921), p. 324 (16-5-1924).
70 Wagener, *Hitler aus nächster Nähe*, p. 80.
71 Goebbels, *Tagebücher*, deel I, band 2 / III, p. 55 (9-11-1932). Vgl. ibidem, band 2 / II, p. 361 (11-9-1932), band 3 / I, p. 386 (27-2-1936), band 3 / II, p. 133 (17-7-1936). Vgl. ook notitie van Wilhelm Brückner d.d. augustus 1945: 'A.H. een geniale kop, die als autodidact vanaf zijn jeugd een fantastische kennis op alle terreinen heeft verworven.' IfZ München, 100 / 43.
72 Müller, *Im Wandel einer Welt*, p. 302 e.v.; vgl. ook de notitie van K.A. von Müller, 'Begegnungen mit Hitler bei Bruckmanns': 'Hij had een immense, maar volkomen willekeurig bijeengeraapte kennis.' BayHStA München, Nl K.A. von Müller 101.
73 Heß, *Briefe*, p. 346 (23-7-1924); R. Heß aan zijn ouders, 29-4-1927; BA Bern, Nl Heß, J1.211-1989 / 148, 39.
74 Vgl. Schwerin von Krosigk, *Niederschrift zur Persönlichkeit Hitlers* (ca. 1945); IfZ München, ZS 145, band 5; *Niederschrift über eine Unterredung mit Heinrich Hoffmann* d.d. 5-12-1953; IfZ München, ZS 71.
75 Wagener, *Hitler aus nächster Nähe*, p. 57. Müller (*Im Wandel einer Welt*, p. 303) heeft het over een 'Caliban-achtige woede jegens de "arrogantie van de opleiding"'. Tegenover Hans Frank sprak Hitler vol minachting over dat 'hele tegenstrijdige wetenschapsgedoe van professoren en universiteitspapen' (*Im Angesicht des Galgens*, p. 47).
76 Wiedemann, *Der Mann*, p. 194.
77 Hitler aan W. Poppelreuter, 4-7-1932; BA Berlijn-Lichterfelde R 43 II / 959. Hitler had geen bezwaar tegen het afdrukken van deze brief in Poppelreuters boek *Hitler, der politische Psychologe* (1933). Lammers aan W. Poppelreuter, 10-11-1933; ibidem.
78 Speer, *Spandauer Tagebücher*, p. 523 d.d. 3-5-1960.
79 Hanfstaengl, *Zwischen Weißem und Braunem Haus*, p. 174, 176.
80 Vgl. Wagener, *Hitler aus nächster Nähe*, p. 180-182; Hanfstaengl, *Zwischen Weißem und Braunem Haus*, p. 175 e.v. In 1928 werd Hitler door partijgenoten in Argentinië uitgenodigd voor een reis naar Zuid-Amerika in het najaar. 'Wat zou het een impuls zijn geweest, hoe zou zijn blik verruimd zijn,' merkte Rudolf Heß op. 'Maar helaas kan hij het zich nauwelijks permitteren zes weken weg te blijven [...].' R. Heß aan I. Heß, 8-3-1928; BA Bern, Nl Heß, J1.211-1989 / 148, 41.
81 Notitie over het onderhoud met Mathilde Scheubner-Richter d.d. 9-7-1952; IfZ München, ZS 292.
82 Schirach, *Ich glaubte an Hitler*, p. 31.
83 Hanfstaengl, *Zwischen Weißem und Braunem Haus*, p. 49. Vgl. interview met Hermann Esser d.d. 16-3-1964, band I: zwarte lakschoenen waren 'een van zijn hartstochten' waarvan Hitler 'niet los kwam'. BayHStA München, Nl Esser.
84 84 Heß, *Briefe*, p. 299 (15-7-1923).
85 Vgl. Herz, *Hoffmann & Hitler*, p. 104-106.
86 Vgl. Hoffmann, *Hitler wie ich ihn sah*, p. 196 e.v.
87 Vgl. ibidem, p. 197; Linge, *Bis zum Untergang*, p. 67.
88 Hanfstaengl, *Zwischen Weißem und Braunem Haus*, p. 174. Vgl. niet-gepubliceerde herinneringen van Hanfstaengl, p. 143; BSB München, Nl Hanfstaengl Ana 405, doos 47.
89 B. Fromm, *Als Hitler mir die Hand küßte*, p. 91 (10-2-1933). Vgl. ook herinneringen van Duesterberg, p. 197: 'De nieuwe rijkskanselier maakte op mij de indruk van een

"hulpkelner" in opleiding, in een opgedofte jas in een tweederangs etablissement [...]. Ik kon mijn lach amper inhouden.' BA Koblenz, N 1337 / 47. Voorts M. Dodd, *Nice to meet you, Mr. Hitler!*, p. 77, over de 'merkwaardige verlegenheid' van Hitler tijdens ontmoetingen met het corps diplomatique.

90 Facsimile van de met de hand geschreven brief in Joachimsthaler, *Hitlers Liste*, p. 362. Voor het Napoleon-citaat vgl. Volker Ullrich, *Napoleon*, Reinbek bei Hamburg 2004, p. 144. Goebbels was ook hier *his master's voice*. Op 21-2-1936, nadat Hitler weer eens over de begintijd van de 'beweging' had verteld, noteerde hij: 'Zijn leven is een ware avonturenroman.' *Tagebücher* deel I, band 3 / I, p. 383.

91 Schroeder, *Er war mein Chef*, p. 55; vgl. ook Krause, *10 Jahre Kammerdiener*, p. 29 e.v.; Linge, *Bis zum Untergang*, p. 107.

92 Vgl. bijv. Goebbels, *Tagebücher*, deel I, band 3 / II, p. 280 (6-12-1936), band 4, p. 49 (13-3-1937), band 5, p. 374 (9-7-1938).

93 Geciteerd naar Leicht, *Heinrich Claß*, p. 288.

94 Delmer, *Die Deutschen und ich*, p. 116.

95 Hassell, *Römische Tagebücher*, p. 216. Vgl Rudolf Diels, *Lucifer ante portas: ... es spricht der erste Chef der Gestapo*, Stuttgart 1950, p. 57: 'Ook als hij met één persoon praatte, praatte hij alsof hij tegen tienduizenden sprak; zelfs tijdens dialogen verloor hij zichzelf in de gebaren van de volksredenaar.'

96 Vgl. Wagener, *Hitler aus nächster Nähe*, p. 72.

97 Dietrich, *12 Jahre mit Hitler*, p. 160; vgl. Goebbels, *Tagebücher*, deel I, band 2 / III, p. 293 (17-3-1933): 'Hitler palavert. Dan voelt hij zich op zijn best.' Aantekening Blomberg: 'In gesprekken met twee of drie personen sprak hij in feite altijd in monologen.' Schäfer, *Werner von Blomberg*, p. 119 e.v.

98 Goebbels, *Tagebücher*, deel I, band 2 / I, p. 203 (21-7-1930), p. 285 (19-11-1930), Bd. 2 / II, p. 225 (13-2-1932), band 2 / III, p. 221 (5-7-1933), band 3 / II, p. 188 (20-6-1936), p. 318 (6-1-1937): 'Gisteravond heeft de Führer nog veel verteld over de oorlog. Dan is hij in zijn element.'

99 Schlie, *Albert Speer*, p. 51; vgl. Speer, *Spandauer Tagebücher*, p. 21 (11-10-1946).

100 Goebbels, *Tagebücher*, deel I, band 1 / III, p. 272 (22-6-1929), band 2 / I, p. 325 (15-1-1931). Vgl. ibidem, band 3 / II, p. 151 (7-8-1936): 'Als ik hem alleen spreek, praat hij als een vader met me. Zo heb ik hem het liefst.'

101 Ibidem, band 3 / I, p. 181 (8-2-1935), band 3 / II, p. 219 (21-10-1936).

102 Müller. *Im Wandel einer Welt*, p. 304. Vgl. Ook ibidem, p. 301: een 'schrikbarend vreemde bries' waaide om Hitler heen, 'die hem scheidde van alle anderen'. Vgl. ook de uitspraak van zijn secretaresse Johanna Wolf d.d. 1-7-1947: 'Ik wist niet dat hij met iemand bevriend was. Hij was erg terughoudend.' Kempner, *Das Dritte Reich im Kreuzverhör*, p. 54.

103 Speer, *Erinnerungen*, p. 114.

104 Ribbentrop, *Zwischen London und Moskau*, p. 48, 45.

105 Volgens Franz Xaver Schwarz, de penningmeester van de NSDAP, verkeerde Hitler op voet van jij en jou met Streicher, Kriebel, Esser, Röhm en Christan Weber. Esser zou hij dat voorrecht later hebben ontzegd. IfZ München, ZS 1452.

106 O. Straßer, *Hitler und ich*, p. 93.

107 Vgl. Wiedemann, *Der Mann*, p. 55. Vgl. voor de veteranenbijeenkomsten ook Weber, *Hitlers erster Krieg*, p. 345 e.v. Op een uitnodiging van de voormalige regimentsleden om deel te nemen aan het kerstfeest in 1934 schijnt Hitler niet te hebben gereageerd. BA Berlijn-Lichterfelde, NS 51 / 74. Hij schonk overigens wel een gulle bijdrage opdat de voormalige *Lister* in 1938 naar de graven van de gevallen kameraden in België en Frankrijk konden reizen. Een album van die reis werd Hitler overhandigd op zijn vijftigste verjaardag op 20-4-1939. BA Koblenz, N 1720 / 7.

108 Goebbels, *Tagebücher*, deel I, band 2 / I, p. 371 (25-3-1931).

109 Vgl. Speer, *Erinnerungen*, p. 57.

110 Below, *Als Hitlers Adjutant*, p. 35, 135.

111 Handgeschr. brief van Helene Bechstein aan Hitler, 21-4-1933; BA Berlijn-Lichterfelde, NS 10 / 123.

112 Zo beklaagde ze zich in de brief d.d. 21-4-1933 over de slechte behandeling van de leidster van de *NS-Frauenschaft*, Elsbeth Zander, door Robert Ley (ibidem). Vgl. ook Joachimsthaler, *Hitlers Liste*, p. 92 e.v. Voor verjaardagsbezoek Hitler vgl. Helene Bechstein aan R. Heß, 29-5-1936: 'Wolf' had haar 'erg verwend'. 'Nu ik alleen ben, doet elke attentie me dubbel goed.' BA Bern, Nl Heß, J1.211-1993 / 300, doos 2.

113 Vgl. de uitbundige handgeschr. bedankbrief van Hugo en Elsa Bruckmann, 4-10-1934; BA Berlijn-Lichterfelde, NS 10 / 123.

114 Elsa Bruckmann aan Georg Karo, 27-3-1934; BSB München, Bruckmanniana Suppl., doos 7; geciteerd naar Käfer, *Hitlers frühe Förderer*, p. 70.

115 Wagener, *Hitler aus nächster Nähe*, p. 128. Vgl. Heiden, *Adolf Hitler. Ein Mann gegen Europa*, p. 207 e.v. ('zijn van binnenuit komende gebrek aan liefde en binding'); Bullock, *Hitler*, band 1, p. 389 ('een man voor wie geen enkele binding [...] bestond'); Fest, *Hitler*, p. 714 ('maatschappelijke onbetrokkenheid') en p. 716 ('contactarmoede'); Kershaw, *Hitler*, band II, p. 72 ('afgesneden van alle wezenlijke persoonlijke betrekkingen').

116 Speer, *Erinnerungen*, p. 56. Vgl. manuscript van Heinrich Hoffmann voor de denazificatierechtbank (januari 1947), p. 12; IfZ München, MS 2049; notitie over een onderhoud met Heinrich Hoffmann d.d. 5-12-1953; IfZ München, ZS 71; Görtemaker, *Eva Braun*, p. 24 e.v.; vgl. ook Goebbels, *Tagebücher*, deel I, band 3 / I, p. 92 (12-8-1934): ''s Avonds bij Hoffmann. Führer leest grotesken in Münchens dialect voor. Heel komisch'; p. 378 (1-2-1936): 'Bij Hoffmann op de koffie. De Führer zeer opgewekt.'

117 Speer, *Erinnerungen*, p. 164. Vgl. Eva Rieger, *Friedelind Wagner. Die rebellische Enkelin Richard Wagners*, München-Zürich 2012, p. 53; Below, *Als Hitlers Adjutant*, p. 25: 'Bij Winifred Wagner voelde hij zich thuis. Hij genoot van het leven als privépersoon. Met geen ander gezin onderhield hij een zo diepe vriendschap, waarin het door Hitler zo spaarzaam gebruikte "je" domineerde.'

118 Hamann, *Winifred Wagner*, p. 143, 314. Vgl. ibidem, p. 146, 209; Rieger, *Friedelind Wagner*, p. 53.

119 Vgl. Dietrich, *12 Jahre mit Hitler*, p. 247; Longerich: *Goebbels*, p. 256, 359.

120 Goebbels, *Tagebücher*, deel I, band 3 / I, p. 106 (15-9-1934), band 3 / II, p. 356 (2-2-1937). Vgl. ibidem, p. 135 (20-7-1936): 'Hij houdt van Helga als van zijn eigen kind.'

121 Ibidem, p. 299 (20-12-1936).

122 Vgl. voor de affaire-Baarová Longerich, *Goebbels*, p. 389-393.

123 Vgl. bijv. de briefkaarten van Rudolf Heß aan Ilse Pröhl vanuit Hamburg (2-3-1926), Leipzig (4-3-1926), Essen (18-6-1926), Osnabrück (19-6-1926), Neurenberg (2-8-1926), Detmold (25-11-1926), Essen (26 en 27-4-1927), Hildesheim (30-4-1927), Leipzig (5-9-1927). De meeste van deze kaarten voorzag Hitler van een handgeschreven groet. BA Bern, Nl Heß, J1.211-1989 / 148, 37, 39. Voor het huwelijk vgl. Heß, *Briefe*, p. 389 e.v. (14-1-1928); Ilse Heß aan de ouders van Rudolf Heß, 15-1-1928; BA Bern, Nl Heß, J.1.211-1989 / 148, 41. Een gedrukte huwelijksaankondiging in BA Koblenz, N 1122 / 15.

124 Hamann, *Winifred Wagner*, p. 165.

125 Vgl. Hanfstaengl, *Zwischen Weißem und Braunem Haus*, p. 83 e.v.

126 Speer, *Erinnerungen*, p. 136. Vgl. ook de verklaring van Franz Pfeffer von Salomon d.d. 20-2-1953: Hitler zou machtsposities liefst hebben bezet met mannen 'die een duister of zwak punt hadden, bij wie hij daardoor te allen tijde aan de noodrem kon trekken als dat hem nodig leek'. IfZ München, ZS 177.

127 Vgl. notitie van Hanskarl Hasselbach, 'Hitlers Menschenkenntnis'; BA Koblenz, N 1128 / 33; notitie van Wilhelm Brückner d.d. augustus 1945; IfZ München, ED 100 / 43.

128 Richard Walter Darré, *Aufzeichnungen 1945–1948*, p. 181; IfZ München, ED 110, Bd. 1.

129 Heiden, *Hitler. Das Zeitalter der Verantwortungslosigkeit*, p. 210. Vgl. notitie van Hanskarl Hasselbach, 'Hitlers Menschenkenntnis' met de opmerking over de dictator: 'Een kort moment volstond al om hem duidelijk te maken wiens geesteskind iemand was en hoe hij hem het best kon gebruiken.' BA Koblenz, N 1128 / 33.

130 Speer, *Spandauer Tagebücher*, p. 278 (14-3-1952); vgl. Below, *Als Hitlers Adjutant*, p. 34.

131 Krebs, *Tendenzen und Gestalten*, p. 127; vgl. Wagener, *Hitler aus nächster Nähe*, p. 170;

Schwerin von Krosigk, *Niederschrift zur Persönlichkeit Hitlers*; IfZ München, ZS 145, band 5.
132 Vgl. Hanfstaengl, *Zwischen Weißem und Braunem Haus*, p. 63, 68.
133 Wagener, *Hitler aus nächster Nähe*, p. 75, 252.
134 Speer, gecorrigeerd manuscript van de 'Erinnerungen' (2de versie), hfdst. I; BA Koblenz, N 1340 / 384.
135 Goebbels, *Tagebücher*, deel I, band 1 / III, p. 208 (20-3-1929).
136 Schroeder, *Er war mein Chef*, p. 75. Vgl. Hanfstaengl, *Zwischen Weißem und Braunem Haus*, p. 134: 'Geen tien paarden konden Hitler iets ontfutselen als hij iets niet wilde zeggen.'
137 Wagener, *Hitler aus nächster Nähe*, p. 168.
138 Ibidem, p. 82.
139 Krebs, *Tendenzen und Gestalten*, p. 135. Vgl. Speer, *Erinnerungen*, p. 111: 'In het algemeen was juist zelfbeheersing een van Hitlers opmerkelijkste eigenschappen.'
140 Schirach, *Ich glaubte an Hitler*, p. 49.
141 Schwerin von Krosigk aan Fred L. Casmir, 11-8-1960; BA Koblenz, N 1276 / 40. Vgl. Ook Heß, *Briefe*, p. 396 (18-12-1928) over 'die heethoofd die ook weer zo koel en nuchter kan zijn'.
142 Speer, *Spandauer Tagebücher*, p. 133 (20-12-1947).
143 Speer, *Erinnerungen*, p. 114. Voor het 'dreigende staren' van Hitler vgl. ook Koch-Hillebrecht, *Homo Hitler*, p. 324 e.v.
144 Schwerin von Krosigk, *Niederschrift über die Persönlichkeit Hitlers*; IfZ München, ZS 145, band 5. Voor het suggestieve effect van Hitler op Blomberg vgl. Schäfer, *Werner von Blomberg*, p. 115 e.v.
145 Speer, gecorrigeerd manuscript van de 'Erinnerungen' (2de versie), hfdst I; BA Koblenz, N 1340 / 384.
146 Heß, *Briefe*, p. 425 (31-1-1933).
147 Hanfstaengl, *Zwischen Weißem und Braunem Haus*, p. 102, 223. Vgl. niet-gepubliceerde herinneringen van Hanfstaengl, p. 181: 'Hitler had zijn koffiehuismanieren nooit afgeleerd, net zomin als zijn aangeboren onvermogen om fatsoenlijke dagelijkse werktijden aan te houden [...]. Hij kwam aangekondigd of onaangekondigd en liet anderen gerust urenlang wachten.' BSB München, Nl Hanfstaengl Ana 405, doos 47.
148 Schirach, *Ich glaubte an Hitler*, p. 53 e.v.; vgl. Frank, *Im Angesicht des Galgens*, p. 93 e.v., over Hitlers onvermogen systematisch te werken; interview met Hermann Esser d.d. 13-3-1964, band II: 'Aan zijn bureau heeft Hitler noch in het Braune Haus in München noch in de rijkskanselarij eigenlijk ooit gezeten.' BayHStA München, Nl Esser.
149 Wagener, *Hitler aus nächster Nähe*, p. 266. Vgl. de aantekening van Hanfstaengl over de 'inktschuwe Hitler': 'Áls hij ooit schreef, maakte hij in het gunstigste geval notities op lange, losse bladzijden – en wel met potlood en in trefwoorden.' BSB München, Nl Hanfstaengl Ana 405, doos 25.
150 Goebbels, *Tagebücher*, deel I, band 2 / II, p. 247 (23-3-1932). Vgl. ook ibidem, p. 245 (19-3-1932): 'Hitler heeft altijd nieuwe gedachten. Maar men kan bij hem niet nauwkeurig werken.'
151 Notitie Wiedemann, 'Vorbereitung der Reden'; BA Koblenz, N 1720 / 4.
152 Schroeder, *Er war mein Chef*, p. 78-81. Vgl. verklaring Johanna Wolf d.d. 1-7-1947; Kempner, *Das Dritte Reich im Kreuzverhör*, p. 55; Krause, *Zehn Jahre Kammerdiener*, p. 42 e.v.; Linge, *Bis zum Untergang*, p. 111 e.v.
153 Vgl. Wiedemann, 'Stichwortartige Aufzeichnungen', 25-2-1939; BA Koblenz, N 1720; Friedrich Hoßbach, *Zwischen Wehrmacht und Hitler 1934–1938*, 2de herziene druk, Göttingen 1965, p. 20: Hitlers leef- en werkwijze zou hebben geschommeld 'tussen maximale dadendrang en prestaties en een bijna aan apathie grenzend nietsdoen'.
154 Goebbels, *Tagebücher*, deel I, band 2 / I, p. 186 (29-6-1930). Vgl. ook ibidem, band 2 / II, p. 224 (22-2-1932).
155 Vgl. Speer, *Spandauer Tagebücher*, p. 354 (8-12-1953); Schirach, *Ich glaubte an Hitler*, p. 235.
156 Dietrich, *12 Jahre mit Hitler*, p. 28.

157 Schlie, *Albert Speer*, p. 40. Vgl. Speer: gecorrigeerd manuscript van de herinneringen (2de versie), hfdst. I: 'Tegenover zijn omgeving sprak hij vol ontzag over een antenne die hem in staat stelde bijzondere situaties en verhoudingen op te vangen.' BA Koblenz, N 1340 / 384.
158 Goebbels, *Tagebücher*, deel I, band 2 / II, p. 210 (3-2-1932). Vgl. ibidem, band 2 / III, p. 160 (1-4-1933): 'Hitler heeft het scherpste instinct dat ik ooit heb meegemaakt.'
159 Wagener, *Hitler aus nächster Nähe*, p. 251.
160 Goebbels, *Tagebücher*, deel I, band 2 / III, p. 76 (7-12-1932). Vgl. ibidem, band 3 / II, p. 257 (19-11-1936): 'Hij heeft zo'n warm hart voor kunstenaars omdat hij zelf een kunstenaar is.'
161 Schlie, *Albert Speer*, p. 55. Vgl. Ribbentrop, *Zwischen London und Moskau*, p. 46.
162 Heß, *Briefe*, p. 327 (18-5-1924). In juni 1924 vroeg Hitler zijn verhuurster, mevrouw Reichert, middels een met de hand geschreven briefje dat Rudolf Heß voegde bij een brief aan zijn verloofde, om 'juffrouw Pröhl' zijn 'vierdelige architectuurgeschiedenis in blauwe banden' te overhandigen. BA Bern, Nl Heß. J1.211-1989 / 148, 33.
163 Heß, *Briefe*, p. 395 e.v. (18-12-1928). Vgl. ook ibidem, p. 369 (7-2-1925).
164 Schlie, *Albert Speer*, p. 166. Vgl. daarvoor onder p. 660 e.v.
165 Hitler aan gravin de Castellance, Ségur, 19-4-1934; BA Berlijn-Lichterfelde, NS 10 / 123.
166 Vgl. verslag van een onderhoud met Anni Winter (z.d.); IfZ München, ZS 194.
167 Zie de rekeningen in BA Berlijn-Lichterfelde, NS 26 / 2557; NS 10 / 120. Vgl. notitie van Wiedemann, 'Architektur'; met boeken over de gebouwen in de grote wereldsteden konden bezoekers Hitler 'het grootste plezier' doen. BA Koblenz, N 1720 / 4.
168 *Tischgespräche*, p. 146 (27-3-1942). Vgl. ook Gerhard Engel, *Heeresadjutant bei Hitler 1938–1943*. Uitg. en geannoteerd door Hildegard von Kotze, Stuttgart 1974, p. 34 (20-8-1938), 48 (8-4-1939).
169 *Monologe*, p. 400 (13-6-1943); vgl. Schlie, *Speer*, p. 57.
170 Vgl. Schwarz. *Geniewahn*, p. 103-105.
171 Vgl. ibidem, p. 105 e.v.
172 Goebbels, *Tagebücher*, TI, band 3 / I, p. 233 (19-5-1935); vgl. Engel, *Heeresadjutant bei Hitler*, p. 33 (28-8-1938).
173 Goebbels, *Tagebücher*, band 4, p. 235 (27-7-1937). Ook Albert Speer bevestigde: Hitler beschouwde Wagner 'als de grootste kunstenaar die Duitsland ooit heeft voortgebracht'. A. Speer aan J. Fest, 13-9-1969; BA Koblenz, N 1340 / 17.
174 Hans Severus Ziegler, *Adolf Hitler aus dem Erleben dargestellt*, Göttingen 1964, p. 171. Vgl. Hamann, *Winifred Wagner*, p. 231 e.v.; Bernd Buchner, *Wagners Welttheater. Die Geschichte der Bayreuther Festspiele zwischen Kunst und Politik*, Darmstadt 2013, p. 137 e.v.
175 Vgl. Rieger, *Friedelind Wagner*, p. 89.
176 Vgl. Goebbels, *Tagebücher*, deel I, band 3 / I, p. 357 (1-1-1936), 386 (27-2-1936); Bd. 5, p. 96 (14-1-1938). Voorts notitie Wiedemann 'Musik'; BA Koblenz, N 1720 / 4; Speer, *Erinnerungen*, p. 144 e.v.
177 Hanfstaengl, *Zwischen Weißem und Braunem Haus*, p. 103 e.v.; vgl. niet-gepubliceerde memoires van Hanfstaengl, p. 79: 'Wat een klassiek voorbeeld van discipline. Als een vader bereid is zijn zoon ter dood te veroordelen. Grote daden vergen harde maatregelen.' BSB München, Nl Hanfstaengl Ana 405, doos 47. Voor film *Fridericus Rex* vgl. Kracauer, *Von Caligari bis Hitler*, p. 124-126.
178 Heß, *Briefe*, p. 371 (24-10-1926).
179 Goebbels, *Tagebücher*, deel I band 2 / II, p. 210 (3-2-1932). Voor *Mädchen in Uniform* vgl. Kracauer, *Von Caligari bis Hitler*, p. 237-240.
180 Goebbels, *Tagebücher*, deel I, band 2 / II, p. 211 (4-2-1932).
181 Vgl. hoofdstuk 12.
182 *Monologe*, p. 192 (9 en 10-1-1942). Vgl. ook *Berichte Werner Koeppens*, p. 51 (3-10-1941): 'De Führer beschouwt de auto als de mooiste uitvinding van de mensheid, zolang men hem echt voor zijn plezier gebruikt.' Hitler was lid van de *Allgemeine Deutsche Automobilclub*. Zie de lidmaatschapsbewijzen van 1926–1927 tot 1930–1931 im BayHStA München, Nl *Adolf Hitler. Rechnungen für Garagen, Tanken, Kraftfahrzeugzubehör, Autokoffer und anderes für 1931 / 32* in BA Berlijn-Lichterfelde, NS 26 / 2557.

183 Schirach, *Ich glaubte an Hitler*, p. 61; vgl. Rose, *Julius Schaub*, p. 69.
184 Heß, *Briefe*, p. 339 (16-6-1924). Voor Hitlers bewondering voor de prestaties van de Amerikaanse auto-industrie vgl. Rainer Zitelman: *Hitler. Selbstverständnis eines Revolutionärs*, 2de bewerkte en aangevulde editie, Stuttgart 1989, p. 352 e.v., 356 e.v.
185 Vgl. Reuß, *Hitlers Rennschlachten*, p. 45 e.v.
186 Vgl. het facsimile van een brief van Hitler aan directeur Wilhelm Kissel d.d. 13-5-1932; Rose, *Julius Schaub*, p. 70-72.
187 Geciteerd naar Reuß, *Hitlers Rennschlachten*, p. 51.
188 Daimler-Benz AG aan het kantoor van de rijkskanselier, 14-6-1933; BA Berlijn-Lichterfelde, NS 10 / 119. Vgl. het *Daimler-Benz Buch. Ein Rüstungskonzern im 'Tausendjährigen Reich'*, uitg. Hamburger Stiftung für Sozialgeschichte des 20. Jahrhunderts, Nördlingen 1987, p. 123 e.v.
189 Vgl. Julius Schreck, 'Mit dem Führer auf Reisen'. Bijdrage aan het Reemtsma-album *Adolf Hitler* (1936); BA Berlijn-Lichterfelde, NS 10 / 121; Rose, *Julius Schaub*, p. 69.
190 R. Heß aan zijn ouders, 7-7-1925; BA Bern, Nl Heß, J1.211-1989 / 148, 35; Dietrich, *12 Jahre mit Hitler*, p. 190. Vgl. R. Heß aan zijn ouders, 21-9-1935: Hitler kon het voor 1933 niet hebben 'dat een andere auto lange tijd voor hem reed, laat staan hem passeerde'. BA Bern, Nl Heß, J1.211-1983 / 148, 55.
191 Goebbels, *Tagebücher*, deel I, band 1 / III, p. 175 (28-1-1929).
192 Ibidem, band 2 / III, p. 236 (28-7-1933). Vgl. Dietrich, *12 Jahre mit Hitler*, p. 161, 208.
193 Hanfstaengl, *Zwischen Weißem und Braunem Haus*, p. 80; vgl. niet-gepubliceerde herinneringen van Hanfstaengl, p. 60; BSB München, Nl Hanfstaengl Ana 405, doos 47.
194 Wagener, *Hitler aus nächster Nähe*, p. 100.
195 Aldus Meissner, *Staatssekretär*, p. 616. Vgl. Speer, *Spandauer Tagebücher*, p. 158 (5-5-1948): 'Hitler heeft op persoonlijk gebied tot het einde toe iets ascetisch gehad'; Frank, *Im Angesicht des Galgens*, p. 95: 'Overal leefde hij onvoorstelbaar eenvoudig. [...]. Zijn ascese was echt en niet gekunsteld.'
196 Speer, *Spandauer Tagebücher*, p. 140 (15-2-1947).
197 Schirach, *Ich glaubte an Hitler*, p. 128.
198 Speer, *Erinnerungen*, p. 123.
199 Zie de rekeningen over 1933–1934 in BA Berlijn-Lichterfelde, NS 10 / 115 en NS 10 / 119.
200 Vgl. Krause, *10 Jahre Kammerdiener*, p. 24.
201 Vgl. *Monologe*, p. 99 (21 en 22-10-1941); Wiedemann, *Der Mann*, p. 134; Linge, *Bis zum Untergang*, p. 108.
202 Vgl. 'Stichwortartige Aufzeichnungen' van Wiedemann d.d. 25-2-1939: 'Ik ben het enige staatshoofd dat geen bankrekening heeft.' BA Koblenz, N 1740 / 4.
203 Vgl. de archieven in BA Berlijn-Lichterfelde, NS 26 / 2557, NS 10 / 115, NS 10 / 116, NS 10 / 119, NS 10 / 120; Brückners notitieboek uit 1935, waarvan het aanhangsel een gedetailleerd overzicht bevat van alle uitgaven; BA Berlijn-Lichterfelde, NS 26 / 1209. Voorts Dietrich, *12 Jahre mit Hitler*, p. 210; Schroeder, *Er war mein Chef*, p. 72; Rose, *Julius Schaub*, p. 135; Krause, *10 Jahre Kammerdiener*, p. 45.
204 Domarus, *Hitler*, band I,1, p. 200. De bezoldigingen werden gestort in een fonds voor de nabestaanden van doodgeschoten SA-medewerkers en politiemensen. Vgl. Schwerin von Krosigk aan secretaris-generaal Lammers, 15-3-1933; BA Berlijn-Lichterfelde, NS 10 / 115.
205 Vgl. Knopp, *Geheimnisse des 'Dritten Reiches'*, p. 177 e.v.
206 Wagener, *Hitler aus nächster Nähe*, p. 358, 362; verslag van een onderhoud met Anni Winter (z.d.); IfZ München, ZS 194.
207 Hanfstaengl, *Zwischen Weißem und Braunem Haus*, p. 164. Vgl. *Monologe*, p. 218 (22-1-1942): Hitler vertelde dat hij, zolang hij vlees had gegeten, tijdens zijn redevoering 'geweldig gezweet' had en zes flessen water had gedronken. 'Sinds ik vegetariër was geworden, had ik nog slechts af en toe een slok water nodig.'
208 Schirach, *Ich glaubte an Hitler*, p. 129; vgl. Dietrich, *12 Jahre mit Hitler*, p. 219.
209 Delmer, *Die Deutschen und ich*, p. 152.
210 Hanfstaengl, *Zwischen Weißem und Braunem Haus*, p. 44.

211 Schirach, *Ich glaubte an Hitler*, p. 67.
212 Vgl. Ulf Schmidt, *Hitlers Arzt Karl Brandt. Medizin und Macht im Dritten Reich*, Berlijn 2009, p. 137; Neumann / Eberle, *War Hitler krank?*, p. 110, 223 e.v.
213 Speer, *Erinnerungen*, p. 138. Vgl. Duesterberg, *Der Stahlhelm und Hitler*, p. 99: 'Om zichzelf lachen lag verre van hem.' Vgl. Goebbels, *Tagebücher*, deel I, band 2 / III, p. 236 (27-7-1933): 'Lang bij de Führer gezeten. Gelachen om het malheur van Schaub. Tot onze kaken pijn deden.'
214 Vgl. *Tischgespräche*, p. 181 (3-4-1942); Fest: *Hitler*, p. 709; Schmidt, *Statist auf diplomatischer Bühne*, p. 366.
215 Goebbels, *Tagebücher*, deel I, band 1 / II, p. 189 (25-2-1927). Vgl. ook de brief van Hitler aan Arthur Dinter d.d. 25-7-1928: Hij was nu 39 jaar en had 'zelfs in het gunstigste geval nog krap 20 jaar ter beschikking' om de taken die hij zichzelf had gesteld, te verrichten. Tyrell, *Führer befiehl*, Nr. 78d, p. 205.
216 Vgl. Schirach, *Ich glaubte an Hitler*, p. 114 e.v. Voor Hitlers maagklachten vgl. Goebbels, *Tagebücher*, deel I, band 1 / III, p. 150 (23-12-1928), p. 168 e.v. (20-1-1929).
217 Krebs, *Tendenzen und Gestalten*, p. 136 e.v.; vgl. ook Richard Walter Darré, *Aufzeichnungen 1945–1948*, p. 34: Hitler zou beheerst zijn geweest door het idee fixe 'dat hij alles voor zijn dood zelf moest doen wat het lot hem naar zijn mening had opgelegd. Zo ontstond een soort gejaagdheid, die uiteraard werd overgedragen op zijn omgeving en zijn ondergeschikten.' IfZ München, ED 110, band 1.
218 Speer, *Erinnerungen*, p. 120. Heinrich Hoffmann registreerde Hitlers opmerking: 'Als er mensen zijn die vinden dat ik te sterk aandring op snelle verwezenlijking van mijn plannen, dan kan ik hun slechts antwoorden dat ik voel dat ik geen hoge ouderdom zal bereiken. Dat zet me ertoe aan al mijn voornemens zelf uit te voeren, want na mij kan niemand dat meer doen.' Heydecker, *Hoffmann-Erinnerungen*, p. 150 e.v.; Vgl. Dietrich, *12 Jahre mit Hitler*, p. 140.
219 Verslag van de bijeenkomsten met Hanskarl von Hasselbach 1951 / 52; IfZ München, ZS 242. Vgl. R. Heß aan zijn ouders, 19-12-1933: 'De Führer maakt het verbazingwekkend goed – afkloppen! – ondanks zijn ongelooflijke overbelasting [...].' BA Bern, Nl Heß, J1.211-1989 / 148, 51.
220 Vgl. Rose, *Julius Schaub*, p. 112; Dietrich, *12 Jahre mit Hitler*, p. 218; Hanfstaengl, *Zwischen Weißem und Braunem Haus*, p. 284.
221 Hamann, *Winifred Wagner*, p. 325 e.v.
222 Wagener, *Hitler aus nächster Nähe*, p. 199.
223 Vgl. Wiedemann, *Der Mann*, p. 85; Krause, *10 Jahre Kammerdiener*, p. 38. Voor de veiligheidsmaatregelen ter bescherming van Hitler en de rijkskanselarij vgl. de dienstvoorschriften in BA Berlijn-Lichterfelde, R 43 II / 1104a.
224 Krause, *10 Jahre Kammerdiener*, p. 40 e.v. Voor de pistolen van Schreck vgl. Carl Walther Waffenfabrik, Zella-Mehlis aan SS-*Oberführer* Schreck, 4-12-1935; BA Berlijn-Lichterfelde, NS 10 / 121.
225 Speer, *Spandauer Tagebücher*, p. 29 (1-11-1946).
226 Schroeder, *Er war mein Chef*, p. 73.
227 Speer, *Spandauer Tagebücher*, p. 140 (15-2-1947). Vgl. Schroeder, *Er war mein Chef*, p. 73; Schirach, *Ich glaubte an Hitler*, p. 114 e.v.
228 Goebbels, *Tagebücher*, deel I, band 5, p. 358 (24-6-1938); dagelijkse aantekeningen van Max Wünsch d.d. 22-6-1938. Daags daarna belde adjudant Schaub met Schmeling en informeerde daarna Hitler; BA Berlijn-Lichterfelde, NS 10 / 125. De film van de bokswedstrijd werd door het ministerie van Propaganda verboden, met uitdrukkelijke goedkeuring van Hitler. Ibidem d.d. 14-7-1938. Voor de ontvangst van Schmeling in de rijkskanselarij vgl. Max Schmeling, *Erinnerungen*, Frankfurt am Main-Berlijn-Wenen 1977, p. 262 e.v., 361-365.
229 Speer, *Erinnerungen*, p. 57.
230 Dietrich, *12 Jahre mit Hitler*, p. 151.
231 Goebbels, *Tagebücher*, deel I, band 2 / II, p. 251 (29-3-1932).

232 Geciteerd naar Schmölders, *Hitlers Gesicht*, p. 61.
233 Kessler, *Das Tagebuch*, band 9, p. 601 (6-7-1933).

14 Instelling van de dictatuur

1 Schirach, *Ich glaubte an Hitler*, p. 168.
2 Theodor Heuss aan Peter Rassow, 7-2-1933; Theodor Heuss, *In der Defensive. Briefe 1933–1945*, red. Elke Seefried, München 2009, p. 109 e.v.
3 Gecit. naar Becker, *Hitlers Machtergreifung*, p. 297. Kenmerkend voor de opstelling van de conservatieve ministers in het kabinet was misschien wat Schwerin von Krosigk schreef aan de voormalige rijkskanselier Hans Luther d.d. 16-4-1942: 'Voordat het aan de macht kwam, heb ik het nationaalsocialisme, met hoogachting voor zijn idealistische doelstellingen, met gereserveerdheid tegenover zijn methoden en rabauwen van vertegenwoordigers tegemoet getreden, in de hoop dat het in zijn voordeel zou veranderen.' BA Koblenz N 1276 / 23. Voor de desillusie van de Deutschnationalen vgl. Hermann Beck, *The Fateful Alliance. German Conservatives and Nazis in 1933. The 'Machtergreifung' in New Light*, New York / Oxford 2008, p. 124 e.v., 133 e.v., 228 e.v.
4 Gecit. naar Becker, *Hitlers Machtergreifung*, p. 217.
5 Vgl. Richard Walter Darré, *Aufzeichnungen 1945–1948*, p. 42: niets zou 'onjuister zijn dan te denken dat achter deze hele ontwikkeling in het Derde Rijk een vooropgesteld plan zou hebben gezeten'. Hitler zou veeleer hebben gehandeld als 'een geniaal tacticus van het moment'. IfZ München, ED 110, band 1. Vgl. ook Hans-Ulrich Thamer, *Verführung und Gewalt. Deutschland 1933–1945*, Berlijn 1986, p. 232; Wehler, *Deutsche Gesellschaftsgeschichte*, band IV, p. 606.
6 Victor Klemperer, *Ich will Zeugnis ablegen bis zum letzten. Tagebücher 1933–1941*, red. Walter Nowojski met medewerking van Hadwig Klemperer, Berlijn 1995, p. 9 (d.d. 10-3-1933). Begin april 1933, tijdens een gesprek over de 'afschuwelijke situatie in Duitsland', merkte de Frans-Amerikaanse uitgever Jacques Schiffrin op dat hij niet begreep 'dat er nergens en door niemand ook maar enig verzet was geboden'. Harry graaf Kessler zei daarover: 'Ik kon het hem ook niet uitleggen.' Kessler, *Das Tagebuch*, band 9, p. 555 (5-4-1933).
7 Haffner, *Geschichte eines Deutschen*, p. 145-148, 152, 176-178.
8 Ministerraad d.d. 30-1-1933; *Akten der Reichskanzlei. Die Regierung Hitler*, deel I: 1933 / 34, band 1: 30 januari tot 31 april 1933, bew. door Karl-Heinz Minuth, Boppard am Rhein 1983, nr 1, p. 1-4 (citaten p. 2).
9 Ministerraad d.d. 30-1-1933; *Akten der Reichskanzlei. Die Regierung Hitler*, deel I: 1933 / 34, band 1: 30 januari tot 31 april 1933, bew. door Karl-Heinz Minuth, Boppard am Rhein 1983, nr 1, p. 1-4 (citaten p. 2).
10 Ministerraad d.d. 3-1-1933, *Die Regierung Hitler* deel I,1, nr 2, p. 5-8 (citaten p. 6).
11 Ontbindingsdecreet van Hindenburg 1-2-1933; ibidem, nr 3, p. 10, opm. 6. Men had ervan afgezien Hitlers toezegging dat er, ongeacht de verkiezingsuitslag, niets aan de samenstelling van het kabinet zou veranderen, schriftelijk vast te leggen. Toen Schwerin von Krosigk Papen daarover een verwijt maakte, had deze geantwoord dat 'men de samenwerking toch niet kon beginnen met een blijk van wantrouwen'. Schwerin von Krosigk aan Holm Eggers, 21-8-1974; BA Koblenz, N 1276 / 42.
12 Hjalmar Schacht, *Abrechnung mit Hitler*, Hamburg 1948, p. 31; vgl. ook Schacht, *76 Jahre meines Lebens*, p. 379: 'Ik had de indruk dat Hitler gebukt ging onder de last van de verantwoordelijkheid die op zijn schouders was gelegd.'
13 Oproep van de rijksregering aan het Duitse volk d.d. 1-2-1933; Max Domarus, *Hitler. Reden und Proklamationen 1932–1945. Kommentiert von einem deutschen Zeitgenossen*, München 1965, band I, *Triumph*. Eerste halfband 1932–1934, p. 191-194.
14 Gecit. naar Enzensberger, *Hammerstein*, p. 114.
15 Hitlers toespraak tot de bevelhebbers is in drie versies overgeleverd: 1. Aantekening door luitenant-generaal Curt Liebman, voor het eerst afgedrukt in Thilo Vogelsang,

'Neue Dokumente zur Geschichte der Reichswehr 1930–1933', in *Vierteljahrshefte für Zeitgeschichte*, Jrg. 2 (1954), p. 397-439 (tekst p. 434 e.v.); 2. Aantekening door generaal Horst von Mellenthin, voor het eerst afgedrukt in Carl Dirks / Karl-Heinz Janßen, *Der Krieg der Generäle. Hitler als Werkzeug der Wehrmacht*, Berlijn 1999, p. 232-236; 3. Verslag dat waarschijnlijk afkomstig is van een van de twee dochters van Hammerstein en al op 14 februari via de KPD in Moskou terechtkwam, afgedrukt in Andreas Wirsching, 'Man kann nur Boden germanisieren. Eine neue Quelle zu Hitlers Rede vor den Spitzen der Reichswehr am 3. Februar 1933', in *Vierteljahrshefte für Zeitgeschichte*, Jrg. 49 (2001), p. 517-550 (tekst p. 545-548). De aantekening door Liebmann vat de uiteenzetting het best samen; om die reden wordt daaruit geciteerd.

16   In het verslag van Mellenthin staat: 'Het marxisme moet met wortel en tak worden uitgeroeid,' (Dirks / Janßen, *Der Krieg der Generäle*, p. 235), in dat van Hammerstein: 'Omverwerping van het marxisme met alle middelen is ons doel' (Wirsching, *Eine neue Quelle*, p. 547).
17   In het verslag van Hammerstein was de desbetreffende passage nog scherper geformuleerd: 'Dan zal het leger een actieve buitenlandse politiek kunnen voeren en zal het doel, de uitbreiding van de Lebensraum van het Duitse volk, ook gewapenderhand worden bereikt. Dat doel zou waarschijnlijk het oosten zijn. Maar germanisering van de bevolking van het geannexeerde resp. veroverde land is niet mogelijk. Men kan alleen grond germaniseren. Men moet net als Polen en Frankrijk na de oorlog enkele miljoenen mensen zonder pardon uitwijzen' (Wirsching, *Eine neue Quelle*, p. 547).
18   Klaus-Jürgen Müller, *Generaloberst Ludwig Beck. Eine Biographie*, Paderborn 2008, p. 101, 103.
19   Verklaring van Raeder tegenover het Neurenbergs Oorlogstribunaal; afgedrukt in Wirsching, *Eine neue Quelle*, p. 548 e.v. (citaat p. 549).
20   *Die Regierung Hitler*, deel I/ 1, nr 17, p. 51 (d.d 8-2-1933). Voor de verhouding tussen Hitler en de legerleiding in de beginfase van het regime vgl. Klaus-Jürgen Müller, *Armee und Drittes Reich 1933–1939. Darstellung und Dokumente*, Paderborn 1987, p. 51 e.v.
21   *Die Regierung Hitler*, deel I,1, nr 3, p. 9 (d.d. 1-2-1933).
22   Goebbels, *Tagebücher*, deel I, band 2 / III, p. 122 (3-2-1933), p. 213 (4-2-1933).
23   Afgedrukt in Bernd Sösemann, *Propaganda. Medien und Öffentlichkeit in der NS-Diktatur*. In samenwerking met Marius Lange, Stuttgart 2011, band 1, nr. 53, p. 95-99. Vgl. *Die Regierung Hitler*, deel I,1, nr 9, p. 29 e.v. (d.d. 2-2-1933), nr 11, p. 34 e.v. (d.d. 3-2-1933).
24   Goebbels, *Tagebücher*, deel I, band 2 / III, p. 123 (4-2-1933). Vgl. voor de verkiezingsstrijd in februari-maart 1933 Paul, *Aufstand der Bilder*, p. 111-113.
25   Gecit. naar Becker, *Hitlers Machtergreifung*, p. 57-60 (citaat p. 59).
26   Goebbels, *Tagebücher*, deel I, band 2 / III, p. 126 (11-2-1933).
27   Domarus, *Hitler*, band I,1, p. 203-208.
28   Goebbels, *Tagebücher*, deel I, band 2 / III, p. 127 (11-2-1933).
29   Ebermayer, *Denn heute gehört uns Deutschland*, p. 21 e.v. (11-2-1933).
30   Jesko von Hoegen, *Der Held von Tannenberg. Genese und Funktion des Hindenburg-Mythos*, Keulen-Weimar-Wenen 2007, p. 378-380.
31   Papen aan Hugenberg, 12-2-1933; BA Koblenz, N 1231 / 38. Voor de vorming van het *Kampffront Schwarz-Weiß-Rot* vgl. Beck, *The Fateful Alliance*, p. 93 e.v.
32   Hoegen, *Der Held von Tannenberg*, p. 382. Vgl. Pyta, *Hindenburg*, p. 817.
33   Het verloop van de bespreking volgens het verslag van het hoofd van het Berlijnse kantoor van de Gutehoffnungshütte, Martin Blank, aan Paul Reusch, 21-2-1933, afgedrukt in Stegmann, *Zum Verhältnis von Großindustrie und Nationalsozialismus*, p. 477-480. Vgl. ook Fritz Springorum aan Paul Reusch, 21-2-1933, ibidem, p. 480 e.v.; voorts Turner, *Die Großunternehmer*, p. 393-395; Petzold, *Franz von Papen*, p. 170-173. Voor de houding van Gustav Krupp vgl. Harold James, *Krupp. Deutsche Legende und globales Unternehmen*, München 2011, p. 196-199. Over de verdeelsleutel 75:25 ontstond onenigheid omdat niet alle geldschieters een kwart van het bedrag aan het *Kampffront Schwarz-Weiß-Rot* wilden laten toekomen. Vgl. Hugenberg aan Schacht, 2-3-1933; Schacht aan Hugenberg, 3-3-1933; BA Koblenz, N 1231 / 38.

34 Goebbels, *Tagebücher*, deel I, band 2 / III, p. 133 (21-2-1933).
35 Ibidem, p. 130 (16-2-1933). Vgl. Broszat, *Der Staat Hitlers*, p. 90-95.
36 Rondschrijven Göring d.d. 17-2-1933; Becker, *Hitlers Machtergreifung*, p. 74 e.v.
37 Kessler, *Das Tagebuch*, band 9, p. 542 (17-2-1933).
38 Broszat, *Der Staat Hitlers*, p. 95.
39 Vgl. Winkler, *Der Weg in die Katastrophe*, p. 879; Fest, *Hitler*, p. 541. Voor de SA-terreur tegen links vgl. voorts Richard J. Evans, *Das Dritte Reich*, band I, p. 425-429.
40 Kessler, *Das Tagebuch*, band 9, p. 544 (19-2-1933). Vgl. ibidem, p. 544 (20-2-1933), p. 545 (22-2-1933).
41 Vgl. voor de controverse over de Rijksdagbrand Sven Felix Kellerhoff, *Der Reichstagsbrand. Die Karriere eines Kriminalfalles*, Berlijn 2008. De auteur kiest na afweging van alle argumenten voor de hypothese van de alleen handelende dader. Toen Schwerin von Krosigk in het kamp Mondorf bij Luxemburg in de zomer van 1945 aan Göring vroeg wie verantwoordelijk was voor de Rijksdagbrand – 'U kunt me nu gerust de waarheid zeggen' – antwoordde Göring dat hij 'trots zou zijn als hij de Rijksdagbrand had gesticht, maar helaas, helaas, hij was volmaakt onschuldig'. Schwerin von Krosigk aan Fritz Tobias, d.d. 27-1-1970; BA Koblenz, N 1276 / 40; vgl. Schwerin von Krosigk aan Heinrich Fraenkel, 20-1-1975; ibidem.
42 Vgl. Hanfstaengl, *Zwischen Weißem und Braunem Haus*, p. 294 e.v.; Goebbels: *Tagebücher*, deel I, band 2 / III, p. 137 (28-2-1933): 'Telefoontje Hanfstaengl: de Rijksdag brandt; dwaze fantasie. Maar het klopt.'
43 Diels, *Lucifer ante portas*, p. 194. Papen hoorde van Göring: 'Dat kan alleen een aanslag van de commune op onze regering zijn!' (Papen, *Der Wahrheit eine Gasse*, p. 302). Volgens Sefton Delmer (*Die Deutschen und ich*, p. 190) zei Göring tegen Hitler: 'Dat is vast en zeker het werk van de communisten, meneer de rijkskanselier.'
44 Goebbels, *Tagebücher*, deel I, band 2 / III, p. 137 (28-2-1933).
45 Diels, *Lucifer ante portas*, p. 194.
46 Delmer, *Die Deutschen und ich*, p. 191.
47 Goebbels, *Tagebücher*, deel I, band 2 / III, p. 137 (28-2-1933).
48 François-Poncet, *Als Botschafter in Berlin*, p. 95.
49 Vgl. Thamer, *Verführung und Gewalt*, p. 254; Evans, *Das Dritte Reich*, band I, p. 445 e.v.
50 Ministerraad d.d. 28-2-1933; *Die Regierung Hitler*, deel I,1, nr 32, p. 128-131 (citaten p. 128, 129).
51 Afgedrukt in Becker, *Hitlers Machtergreifung*, p. 107 e.v.; Sösemann, *Propaganda*, band 1, p 105 e.v. Vgl. de diepgravende analyse van Thomas Raithel / Irene Strenge, 'Die Reichstagsbrandverordnung. Grundlegung der Diktatur mit den Instrumenten des Weimarer Ausnahmezustands', in *Vierteljahrshefte für Zeitgeschichte*, Jrg. 48 (2000), p. 413-460.
52 Aldus Karl-Dietrich Bracher / Wolfgang Sauer / Gerhard Schulz, *Die nationalsozialistische Machtergreifung. Studien zur Errichtung des totalitären Herrschaftssystems in Deutschland 1933 / 34*, 2de herziene druk, Keulen en Opladen 1962, p. 82.
53 Ernst Fraenkel, *Der Doppelstaat. Recht und Justiz im 'Dritten Reich'*, Frankfurt am Main / Keulen 1974, p. 26. Vgl. Norbert Frei, *Der Führerstaat. Nationalsozialistische Herrschaft 1933 bis 1945*. Herziene uitgave, München 2001, p. 51.
54 Vgl. Pyta, *Hindenburg*, p. 814.
55 Becker, *Hitlers Machtergreifung*, p. 117.
56 François-Poncet, *Als Botschafter in Berlin*, p. 21. Vgl. ook de opmerkingen van Papen tegenover kardinaal Michael Faulhaber, 1-3-1933: 'De nationaalsocialisten zijn momenteel heel fel, maar na de verkiezingen zullen ze kalm worden.' Becker, *Hitlers Machtergreifung*, p. 113 e.v.
57 Jochmann, *Nationalsozialismus und Revolution*, p. 425.
58 Hedda Kalshoven, *Ich denk so viel an Euch. Ein deutsch-holländischer Briefwechsel 1920–1949*, München 1995, p. 169 (10-3-1933).
59 Gecit. naar Kershaw, *Der Hitler-Mythos*, p. 71.

60 Becker, *Hitlers Machtergreifung*, p. 116 e.v.
61 Kessler, *Das Tagebuch*, band 9, p. 550 (5-3-1933).
62 Vgl. Falter e.a., *Wahlen und Abstimmungen*, p. 41, 44.
63 Ebermayer, *Denn heute gehört uns Deutschland*, p. 35 (5-3-1933). Vgl. Kessler, *Das Tagebuch*, band 9, p. 350 (6-3-1933): 'De sociaaldemocraten hebben ondanks de enorme druk en het volledige lamleggen van hun propaganda slechts 100.000 stemmen verloren, de KPD slechts 1 miljoen; dat is verbazingwekkend en bewonderenswaardig als bewijs van de onverwoestbaarheid van het "marxistische" front.'
64 Goebbels, *Tagebücher*, deel I, band 2 / III, p. 141 (6-3-1933).
65 Bericht Sackett aan minister van Buitenlandse Zaken Hull d.d. 9-3-1933; Becker, *Hitlers Machtergreifung*, p. 135.
66 Goebbels, *Tagebücher*, deel I, band 2 / III, p. 138 (2-3-1933). Vgl. ook aant. van Schwerin von Krosigk voor een BBC-documentaire over de Duitse geschiedenis 1918–1933 (1966) 'Aanvankelijk leek Hitler zelfs iemand met wie je kon opschieten. Hij was heel beleefd. Als er in het kabinet iets werd besproken, bleef hij bij het onderwerp, hij kon tegen tegenspraak en bemoeide zich niet met het werk van de ministeries.' BA Koblenz, N 1276 / 37.
67 Lutz Schwerin von Krosigk, *Niederschrift zur Persönlichkeit Adolf Hitlers* (ca. 1945); IfZ München, ZS 145, band 5; vgl. ook Schwerin von Krosigk, *Es geschah in Deutschland*, p. 199.
68 Ministerraad d.d. 7-3-1933; *Die Regierung Hitler*, deel I,1, nr 44, p. 159-166 (citaten p. 160, 161).
69 Ministerraad d.d. 11-3-1933; ibidem, nr 56, p. 193-195.
70 Goebbels, *Tagebücher*, deel I, band 2 / III, p. 145 (12-3-1933), p. 147 (15-3-1933).
71 Gecit. naar Longerich, *Goebbels*, p. 218.
72 Ministerraad d.d. 7-3-1933; *Die Regierung Hitler*, deel 1, nr 44, p. 160.
73 Goebbels, *Tagebücher*, deel I, band 2 / III, p. 142 (8-3-1933), p. 143 (9-3-1933).
74 Vgl. Volker Ullrich, 'Wohlverhalten um jeden Preis. Die "Machtergreifung" in Hamburg und die Politik der SPD', in Angelika Ebbinghaus / Karl-Heinz Roth (red.), *Grenzgänge. Heinrich Senfft zum 70. Geburtstag*, Lüneburg 1999, p. 303-318; Ursula Büttner, 'Der Aufstieg der NSDAP', in *Hamburg im'Dritten Reich'*, Uitg. Forschungsstelle für Zeitgeschichte in Hamburg, Göttingen 2005, p. 59-62.
75 Vgl. Broszat, *Der Staat Hitlers*, p. 135-137; Thamer, *Verführung und Gewalt*, p. 260; Frei, *Der Führerstaat*, p. 55 e.v.
76 G. Heim aan Hindenburg, 10-3-1933; *Die Regierung Hitler*, deel I,1, nr 54, p. 190 e.v. Voor de gelijkschakeling van Beieren vgl. Falk Wiesemann, *Die Vorgeschichte der nationalsozialistischen Machtübernahme in Bayern 1932 / 33*, Berlijn 1975.
77 Vgl. Longerich, *Heinrich Himmler*, p. 159 e.v.; Robert Gerwarth, *Reinhard Heydrich. Biographie*, München 2011, p. 89 e.v.
78 Domarus, *Hitler*, band I,1, p. 222; vgl. Large, *Hitlers München*, p. 303.
79 *Die Regierung Hitler*, deel I,1, nr 80, p. 276 (31-3-1933), nr 93, p. 312 (7-4-1933). Vgl. Broszat, *Der Staat Hitlers*, p. 143 e.v.; Frei, *Der Führerstaat*, p. 57. In een brief aan minister van Binnenlandse Zaken Frick d.d. 29-3-1933 protesteerde Hugenberg ertegen dat 'de uitschakeling van de communisten' werd gebruikt om de positie van de DNVP in de deelstaatparlementen te ondermijnen. Hij had de indruk 'dat de afspraak dat de door mij niet gewenste nieuwe verkiezingen geen afbreuk zouden doen aan de positie van een van de meewerkende factoren, meer en meer naar de achtergrond wordt geschoven.' BA Koblenz, N 1231 / 36.
80 Rumbold aan minister van Buitenlandse Zaken Simon, 12-4-1933; Becker, *Hitlers Machtergreifung*, p. 228. Vgl. Broszat, *Der Staat Hitlers*, p. 145; Frei, *Der Führerstaat*, p. 58.
81 Klemperer, *Tagebücher 1933–1941*, p. 8 (10-3-1933).
82 Diels, *Lucifer ante portas*, p. 255. Vgl. voor de terreur van de SA na 5 maart Thamer, *Verführung und Gewalt*, p. 264-266; Longerich, *Die braunen Bataillone*, p. 168-171; Evans, *Das Dritte Reich*, band I, p. 452-454.

83 Kessler, *Das Tagebuch*, band 9, p. 552 (8-3-1933). Vgl. Klemperer, *Tagebücher 1933-1941*, p. 9 (10-3-1933): 'Niemand durft nog iets te zeggen, iedereen is bang.'
84 Heuss, *In der Defensive*, p. 118 e.v. (14-3-1933).
85 Domarus, *Hitler*, band I, 1, p. 219, 221.
86 Hitler aan Papen, 11-3-1933; *Die Regierung Hitler*, deel I,1, nr 58, p. 204-208. De eerste dagen na 30-1-1933 daarentegen hadden Hitler en Papen elkaar nog 'met een nauwelijks te overtreffen beminnelijkheid' bejegend. *Duesterberg-Erinnerungen*, p. 197; BA Koblenz, N 1377 / 47.
87 Vgl. uit de nieuwe literatuur Robert Sigel, 'Das KZ Dachau und die Konstituierung eines rechtsfreien Raumes als Ausgangspunkt des nationalsozialistischen Terrorsystems', in Andreas Wirsching (red.), *Das Jahr 1933. Die nationalsozialistische Machtergreifung und die deutsche Gesellschaft*, Göttingen 2009, p. 156-168; Ludwig Eiber, 'Gewalt im KZ Dachau. Vom Anfang eines Terrorsystems' in ibidem, p. 169-181. Voorts Wolfgang Benz / Barbara Diestel, *Der Ort des Terrors. Geschichte der nationalsozialistischen Konzentrationslager*, band II, Frühe Lager, München 2005, p. 233-274.
88 Jochmann, *Nationalsozialismus und Revolution*, p. 431.
89 Haffner, *Geschichte eines Deutschen*, p. 225.
90 Goebbels, *Tagebücher*, deel I, band 2 / III, p. 134 (24-2-1933).
91 Vgl. Armin Nolzen, 'Der "Führer" und seine Partei', in Dietmar Süß / Winfried Süß (red.), *Das 'Dritte Reich'. Eine Einführung*, München 2008, p. 56 e.v.; Evans, *Das Dritte Reich*, band 1, p. 500 e.v.
92 Ebermayer, *Und heute gehört uns Deutschland*, p. 34 (5-3-1933). Vgl. het bericht van de Amerikaanse consul-generaal in Berlijn, George P. Messersmith, d.d 25-4-1933: 'Voor een objectieve waarnemer is een van de meest bijzondere kenmerken van de situatie het feit dat zo veel helder denkende en echt goed geïnformeerde mensen hun evenwicht lijken te hebben verloren en maatregelen en beleidsplannen goedkeuren die ze eerder hebben veroordeeld als fundamenteel gevaarlijk en ondeugdelijk.' Bajohr / Strupp (red.), *Fremde Blicke auf das 'Dritte Reich'*, p. 369 e.v. (citaat p. 370).
93 Goebbels, *Tagebücher*, deel I, band 2 / III, p. 223 (7-7-1933). Vgl. Frank Bajohr, 'Ämter, Pfründe, Korruption. Materielle Aspekte der nationalsozialistischen Machtergreifung', in Wirsching (red.), *Das Jahr 1933*, p. 185-199.
94 B. Fromm, *Als Hitler mir die Hand küßte*, p. 131 (21-5-1933).
95 Delmer, *Die Deutschen und ich*, p. 179.
96 Antoni graaf Sobański, *Nachrichten aus Berlin 1933-1936*, Berlijn 2007, p. 31.
97 Vgl. *Die Regierung Hitler*, deel 1,1, nr 192, p. 658 (13-7-1933).
98 Ibidem., nr 56, p. 195, opm. 10 (11-3-1933). Goebbels' commentaar: 'Fantastisch prestigieus succes!' *Tagebücher*, deel I, band 2 / III, p. 144 (12-3-1933).
99 Ebermayer, *Denn heute gehört uns Deutschland*, p. 75 (9-5-1933). Vgl. ibidem, p. 86 (16-5-1933): Toen de boeken van Ebermayer in mei 1933 werden verboden, keerde iedereen zich van hem af 'als van een pestlijder': 'Onbegrijpelijk hoe laf de mensen zijn.'
100 Vgl. Haffner, *Geschichte eines Deutschen*, p. 197-204.
101 Vgl. Goebbels, *Tagebücher*, deel I, band 2 / III, p. 148 (17-3-1933): 'Plan voor 21 maart besproken. Wordt heel groots'; p. 149 (18-3-1933): 'Heel Potsdamer feest klaargemaakt. Wordt groots en klassiek.'
102 Vgl. voor het volgende Klaus Scheel, *Der Tag von Potsdam*, Berlijn 1993; Hoegen, *Der Held von Tannenberg*, p. 384-393; Pyta, *Hindenburg*, p. 820-824.
103 Vgl. Goebbels, *Tagebücher*, deel I, band 2 / III, p. 152 (21-3-1933).
104 François-Poncet, *Als Botschafter in Berlin*, p. 108.
105 Vgl. Pyta, *Hindenburg*, p. 822.
106 Afgedrukt in Hubatsch, *Hindenburg und der Staat*, p. 374. Goebbels' commentaar: 'De oude heer leek wel een stenen gedenkteken. Hij leest zijn boodschap voor. Bondig en bazig.' *Tagebücher*, deel I, band 2 / III, p. 153 (23-3-1933).
107 Heuss, *In der Defensive*, p. 126 (22-3-1933).
108 Domarus, *Hitler*, band I, 1, p. 226-228.

109 Goebbels, *Tagebücher*, deel I, band 2 / III, p. 153 (23-3-1933).
110 Pyta, *Hindenburg*, p. 824. Ook Brüning (*Memoiren*, p. 657) vertelde dat Hindenburg 'met zijn bruine handschoenen af en toe een traan uit zijn oog pinkte'.
111 Kalkhoven, *Ich denk so viel an Euch*, p. 182 e.v. (22-3-1933).
112 Ebermayer, *Und heute gehört uns Deutschland*, p. 46 e.v.(21. 3. 1933). Vgl. Duesterberg, *Erinnerungen*, p. 205: 'Gewoonlijk weldenkende mensen waren als in een roes.' BA Koblenz, N 1377 / 47.
113 Aldus Pyta, *Hindenburg*, p. 824. Vgl. ook Wolfram Pyta, 'Geteiltes Charisma. Hindenburg, Hitler und die deutsche Gesellschaft im Jahre 1933', in Wirsching (red.), *Das Jahr 1933*, p. 47-69 (hier p. 54).
114 Schirach, *Ich glaubte an Hitler*, p. 168. Vgl. ook Frank, *Im Angesicht des Galgens*, p. 129, die de woorden van Hitler op de avond van 30-1-1933 doorgeeft dat 'hij hoopt Hindenburg toch nog voor zich te kunnen winnen'.
115 Goebbels, *Tagebücher*, deel I, band 2 / III, p. 131 (17-2-1933). Vgl. Brüning, *Memoiren*, p. 650, over het bericht vanuit huize Hindenburg medio februari 1933 dat er 'na de aanvankelijke afwijzing van Hitler bij de rijkspresident een begin van sympathie [was] ontstaan'. Zijn dochter schreef Hindenburg op 12-3-1922: 'Patriottische opbloei zeer verheugend; God beware onze eenheid.' Pyta, *Hindenburg*, p. 808.
116 *Hitlers Tischgespräche*, p. 328 (21-5-1942). Vgl. voor de veranderde relatie tussen Hitler en Hindenburg ook Dietrich, *12 Jahre*, p. 41; Hoßbach, *Zwischen Wehrmacht und Hitler*, p. 12; Schwerin von Krosigk, *Niederschrift zur Persönlichkeit Hitlers* (ca. 1945): Hitler en Hindenburg zouden elkaar aanvankelijk 'uiterst terughoudend' hebben bejegend, maar na anderhalf jaar samenwerking was er 'een relatie van grote wederzijdse achting en groot vertrouwen' ontstaan. IfZ München, ZS 145, band 5.
117 Papen, *Der Wahrheit eine Gasse*, p. 295, 309.
118 Aant. Meissner over de ontvangst van Schäffer door de rijkspresident, 17-2-1933; *Die Regierung Hitler*, deel I,1, nr 23, p. 87-90 (citaten p. 89). Meissner stuurde de aantekening naar het hoofd van de rijkskanselarij Lammers, met de toevoeging: 'Laat me benadrukken dat de heer de rijkspresident de heer de rijkskanselier met grote warmte en hartstocht heeft verdedigd tegen bepaalde beweringen van staatsraad Schäffer.' Ibidem, p. 87, aantek. 1. In een brief aan rijksdagafgevaardigde Ritter von Lex d.d. 5-3-1933 bestreed Schäffer overigens 'heel beslist en op zijn woord van eer' dat hij tijdens de audiëntie op 17-2 denigrerende opmerkingen over Hitler zou hebben gemaakt en hij wees erop dat hij al in november 1932 'een zeer gunstige persoonlijke mening over de huidige rijkskanselier gegeven' had. Ritter von Lex stuurde de brief nog diezelfde dag door aan Hitler. BA Berlijn-Lichterfelde, NS 10 / 123.
119 *Hitlers Tischgespräche*, p. 329 (21-5-1942).
120 Goebbels, *Tagebücher*, deel I, band 2 / III, p. 153 (23-3-1933).
121 Pyta, *Hindenburg*, p. 825. In een handgeschr. brief d.d. 30-1-1934 sprak Hindenburg tegenover Hitler zijn 'oprechte erkentelijkheid voor uw toegewijde werk en uw grote prestatie' uit. Deutsches Nachrichtenbüro nr. 207 d.d. 30-1-1934; BA Berlijn-Lichterfelde, R 43 II / 959.
122 Pyta, *Geteiltes Charisma*, p. 61.
123 Aldus Thamer, *Verführung und Gewalt*, p. 272.
124 Ministerraad d.d. 15-3-1933; *Die Regierung Hitler*, deel I,1, nr 60, p. 212-217 (citaten p. 214, 216).
125 Ministerraad d.d. 20-3-1933; ibidem, nr 68, p. 238-240. Vgl. Thamer, *Verführung und Gewalt*, p. 274 e.v.; Frei, *Der Führerstaat*, p. 61 e.v.
126 Tekst in Rudolf Morsey (red.), *Das 'Ermächtigungsgesetz' vom 24. März 1933. Quellen zur Geschichte und Interpretation des 'Gesetzes zur Behebung der Not von Volk und Reich'*. Bewerkte en aangevulde editie, Düsseldorf 2010, nr 34, p. 70 e.v.
127 Wilhelm Hoegner, *Der schwierige Außenseiter. Erinnerungen eines Abgeordneten, Emigranten und Ministerpräsidenten*, München 1959, p. 92.
128 Domarus, *Hitler*, band I,1, p. 229-237; samenvattingen in Morsey, *Das 'Ermächtigungsgesetz'*, nr 28, p. 50-56.

129 Vgl. Carl Severing, *Mein Lebensweg*, band 2, Keulen 1950, p. 384 e.v.
130 Morsey, *Das 'Ermächtigungsgesetz'*, p. 43, 57, 82. Vgl. Brüning, *Memoiren*, p. 656, 658 e.v.; voorts Josef Becker, 'Zentrum und Ermächtigungsgesetz', in *Vierteljahrshefte für Zeitgeschichte*, Jrg. 9 (1961), p. 195-210.
131 Domarus, *Hitler*, band I,1, p. 239-241; samenvattingen in Morsey, *Das 'Ermächtigungsgesetz'*, nr 30, p. 58-60.
132 Vgl. Friedrich Stampfer, *Erfahrungen und Erkenntnisse*, Keulen 1957, p. 268; Fest, *Hitler*, p. 562; Winkler, *Der Weg in die Katastrophe*, p. 905.
133 Goebbels, *Tagebücher*, deel I, band 2 / III, p. 154 (25-3-1933).
134 Domarus, *Hitler*, band I,1, p. 242-246; samenvatting in Morsey, *Das 'Ermächtigungsgesetz'*, nr 30, p. 60-63.
135 Vgl. Morsey, *Das 'Ermächtigungsgesetz'*, nr 30, p. 63-66.
136 Aldus Frei, *Der Führerstaat*, p. 61.
137 Ministerraad d.d. 24-3-1933; *Die Regierung Hitler*, deel I,1, nr 72, p. 248.
138 Vgl. Thamer, *Verführung und Gewalt*, p. 279-282; Broszat, *Der Staat Hitlers*, p. 117; Pyta, *Hindenburg*, p. 826.
139 Goebbels, *Tagebücher*, deel I, band 2 / III, p. 154 (25-3-1933). Vgl. Schwerin von Krosigk aan Lutz Böhme, d.d. 8-5-1975: 'De wet was een stap, maar misschien de belangrijkste stap op de weg van de legaliteit die leidde van de machtsovername naar de alleenheerschappij van één man.' BA Koblenz, N 1276 / 42.
140 Vgl. Friedländer, *Das Dritte Reich und die Juden*, band 1, p. 30 e.v.; Peter Longerich, *Politik der Vernichtung. Eine Gesamtdarstellung der nationalsozialistischen Judenverfolgung*, München-Zürich 1998, p. 26-30; Michael Wildt, *Volksgemeinschaft als Selbstermächtigung. Gewalt gegen Juden in der deutschen Provinz 1919 bis 1939*, Hamburg 2007, p. 107 e.v., 115 e.v. Voorts de documenten in Otto Dov Kulka / Eberhard Jäckel (red.), *Die Juden in den geheimen Stimmungsberichten 1933-1945*, Düsseldorf 2004, doc. 1-6, p. 45-49.
141 Gecit. naar Wildt, *Volksgemeinschaft als Selbstermächtigung*, p. 108.
142 Vgl. het artikel in de *New York Times* d.d. 27-3-1933; afgedrukt in *Die Verfolgung und Ermordung der europäischen Juden durch das nationalsozialistische Deutschland 1933-1945*, band 1, *Deutsches Reich 1933-1937*, uitg. Wolf Gruner, München 2008, doc. 14, p. 92-97.
143 Vgl. Eckart Conze / Norbert Frei / Peter Hayes / Moshe Zimmermann, *Das Amt und die Vergangenheit. Deutsche Diplomaten im Dritten Reich und in der Bundesrepublik*, München 2010, p. 25-29.
144 Goebbels, *Tagebücher*, deel I, band 2 / III, p. 156 (27-3-1933). Vgl. ibidem, p. 157 (28-3-1933): 'Ik dicteerde een felle oproep tegen hetze door de Joden. De aankondiging alleen al doet de misjpooche ineenkrimpen. Zo moet men ze aanpakken.'
145 Afgedrukt in *Die Verfolgung und Ermordung der europäischen Juden*, band 1, doc. 17, p. 100-104 (citaten p. 102 e.v.).
146 Ministerraad d.d. 29-3-1933; *Die Regierung Hitler*, deel I,1, nr 78, p. 270 e.v.
147 Ministerraad d.d. 31-3-1933; ibidem, nr 80, p. 276 e.v.
148 Gecit. naar Gianluca Falanga, *Mussolinis Vorposten in Hitlers Reich. Italiens Politik in Berlin 1933-1945*, Berlijn 2008, p. 27.
149 Haffner, *Die Geschichte eines Deutschen*, p. 154 e.v.
150 Ibidem, p. 138.
151 Bericht Rumbold aan minister van Buitenlandse Zaken Simon, 13-4-1933; Becker, *Hitlers Machtergreifung*, p 232. Vgl. ook het bericht van de Amerikaanse consul-generaal George P. Messersmith d.d. 3-4-1933: 'Volgens de informatie die het consulaat-generaal tot nu toe heeft ontvangen, was de boycot niet populair onder de Duitse bevolking […]. Dat wijst er niet op dat de gevoelens jegens de Joden zijn afgezwakt, maar slechts dat de publieke opinie negatief staat tegenover een maatregel waarvan zelfs de gewone man beseft dat die vernietigend kan zijn voor de binnenlandse economie en de handel met het buitenland ernstig kan treffen.' Bajohr / Strupp (red.), *Fremde Blicke auf das 'Dritte Reich'*, p. 364.
152 Vgl. samenvattend over de reactie van het publiek Hannah Ahlheim, *'Deutsche, kauft nicht bei Juden!' Antisemitischer Boykott in Deutschland 1924 bis 1935*, Göttingen 2011, p. 254-262.

153 Klemperer, *Tagebücher 1933–1941*, p. 15 (30-3-1933). Vgl. Cohn, *Kein Recht, nirgends*, band I, p. 25 (1-4-1933), 'Finsteres Mittelalter.'; Kurt F. Rosenberg, 'Einer, der nicht mehr dazugehört.' *Tagebücher 1933–1937*, red. Beate Meyer en Björn Siegel, Göttingen 2012, p. 89 (1-5-1933): 'Is dit het volk van dichters en denkers? We waren trots dat we erbij hoorden, het onze kracht en onze beste wensen schonken.'
154 Kessler, *Das Tagebuch*, band 9, p. 554 (1. 4. 1933). Theodor Heuss noemde de boycot in een brief d.d-1-4-1933 'ronduit beschamend' (*In der Defensive*, p. 132).
155 Vgl. Longerich, *Politik der Vernichtung*, p. 39-41; Wildt, *Volksgemeinschaft als Selbstermächtigung*, p. 158 e.v.
156 Tekst in *Die Verfolgung und Ermordung der europäischen Juden*, band 1, doc. 29, p. 130-134.
157 Hindenburg aan Hitler, 4-4-1932; Hubatsch, *Hindenburg und der Staat*, p. 375 e.v.
158 Hindenburg aan prins Karel van Zweden, 26-4-1933; *Die Regierung Hitler*, deel I, 1, Nr. 109, p. 391 e.v.; vgl. *Hitlers Tischgespräche*, p. 330 (21-5-1942).
159 Hitler aan Hindenburg, 5-4-1933; Hubatsch, *Hindenburg und der Staat*, p. 376-378.
160 Vgl. Longerich, *Politik der Vernichtung*, p. 41-45; Friedländer, *Das Dritte Reich und die Juden*, band 1, p. 40-43.
161 Harold James, 'Die Deutsche Bank und die Diktatur 1933–1945' in Lothar Gall e.a., *Die Deutsche Bank 1870–1995*, München 1995, p. 337. Vgl. Friedländer, *Das Dritte Reich und die Juden*, band 1, p. 46.
162 Vgl. voor het volgende Volker Ullrich, 'Anpassung um jeden Preis? Die Kapitulation der deutschen Gewerkschaften 1932 / 33', in Inge Marßolek / Till Schelz-Brandenburg (red.), *Soziale Demokratie und sozialistische Theorie. Festschrift für Hans-Josef Steinberg zum 60. Geburtstag*, Bremen 1995, p. 245-255.
163 Jahn, *Die Gewerkschaften in der Endphase der Weimarer Republik*, doc. 189, p. 865-867.
164 Ibidem doc. 197, p. 881 e.v.
165 Leipart aan Hindenburg, 10-3-1933; *Die Regierung Hitler*, deel I,1, nr 53, p. 188 e.v. Over de terreur van de SA tegen de vakbonden, *Unterm Hakenkreuz. Arbeiter und Arbeiterbewegung 1933 bis 1939*, Bonn 1999, p. 61-65.
166 Ministerraad d.d. 24. 3. 1933; *Die Regierung Hitler*, deel I,1, nr 72, p. 252. Vgl. Goebbels, *Tagebücher*, deel I, band 2 / III, p. 155 (25-3-1933): 'Ik druk 1 mei door als nationale feestdag. Kabinet belast me met de organisatie. Ik zal het groots aanpakken.' Op 7-4-1933 nam het kabinet een conceptwet aan over de *Feiertag der Nationalen Arbeit*. *Die Regierung Hitler*, nr 93, p. 311 e.v.
167 Goebbels, *Tagebücher*, deel I, band 2 / III, p. 170 (18-4-1933).
168 Jahn, *Die Gewerkschaften in der Endphase der Republik*, doc. 206, p. 899 e.v.
169 Ibidem doc. 204, p. 897.
170 Vgl. Goebbels, *Tagebücher*, deel I, band 2 / III, p. 177 (30-4-1933): 'Tempelhof. Gigantische constructies. Nooit eerder vertoond. Wordt een uniek massa-evenement.' Vgl. voor meiviering 1933 Peter Fritzsche, *Wie aus Deutschen Nazis wurden*, Zürich-München 1999, p. 229 e.v.
171 Domarus, *Hitler*, band I,1, p. 259-264.
172 Goebbels, *Tagebücher*, deel I, band 2 / III, p. 179 (2-5-1933); François-Poncet, *Als Botschafter in Berlin*, p. 115 e.v.
173 Goebbels, *Tagebücher*, deel I, band 2 / III, p. 179 (3-5-1933).
174 Vgl. Ronald Smelser, *Robert Ley. Hitlers Mann an der 'Arbeitsfront'*, Potsdam 1989, p. 134 e.v.
175 Vgl. Broszat, *Der Staat Hitlers*, p. 185-190; Frei, *Der Führerstaat*, p. 74.
176 Goebbels, *Tagebücher*, deel I, band 2 / III, p. 200 (3-6-1933).
177 *Die Regierung Hitler*, deel I,1, nr 165, p. 575-577. Vgl. voor het einde van de SPD Erich Matthias, 'Die Sozialdemokratische Partei Deutschlands', in idem / Rudolf Morsey (red.), *Das Ende der Parteien 1933*, Düsseldorf 1960, p. 168-175, 180-187; Winkler, *Der Weg in die Katastrophe*, speciaal p. 915-918; 923-925, 929-949.
178 Gecit. naar Winkler, *Der Weg in die Katastrophe*, p. 947. Vgl. voor de *Köpenicker Blutwoche* Richard J. Evans, *Das Dritte Reich*, band II,1: *Die Diktatur*, München 2005, p. 28.

179 Goebbels, *Tagebücher*, deel I, band 2 / IIII, p. 213 (23-6-1933).
180 Vgl. voor het einde van de *Staatspartei* en de DVP Erich Matthias / Rudolf Morsey, 'Die Deutsche Staatspartei', in idem, *Das Ende der Parteien*, p. 65-72; Richter, *Die Deutsche Volkspartei*, p. 801-820.
181 Goebbels, *Tagebücher*, deel I, band 2 / III, p. 176 (28-4-1933), p. 212 (22-6-1933). Op 7-11-1935 ontbond Hitler de als *Traditionsverband* voortgezette *Stahlhelm*. Zie conceptbrief (met handgeschr. correcties door Hitler), BA Berlijn-Lichterfelde, NS 10 / 123. Vgl. de aant. over de bespreking tussen Hitler en Seldte in Haus Wachenfeld op 12-8-1935 over de toekomst van Stahlhelm; BA Berlijn-Lichterfelde, NS 10 / 30.
182 Aant. over de bespreking van Hindenburg met Hugenberg en Winterfeld d.d. 17-5-1933; BA Koblenz, N 1231 / 38. Vgl. voor de aanvallen op DNVP-instanties Beck, *The Fateful Alliance*, p. 228-243.
183 Ministerraad d.d. 27-6-1933; *Die Regierung Hitler*, deel I,1, nr 170, p. 601. Vgl. voor terugtreden Hugenberg en de ontbinding van het *Deutschnationale Front* Beck, *The Fateful Alliance*, p. 283-293.
184 Kessler, *Das Tagebuch*, band 9, p. 596 (28-6-1933).
185 Hugenberg aan Hitler, 13-9-1933; Hitler aan Hugenberg, 24-12-1933; Hugenberg aan Hitler, 26-1-1934; BA Koblenz, N 1231 / 37.
186 *Die Regierung Hitler*, deel I,1, nr 170, p. 601; nr 175, p. 609.
187 Goebbels, Tagebücher, deel I, band 2 / III, p. 217 (28-6-1933), p. 218 (29-6-1933).
188 Vgl. ibidem, p. 219 (1-7-1933): 'Zentrum wil ontbinden, maar op dezelfde voorwaarden als D.N.V.P. Afgewezen, Moet kaapot (!)' – Voor het einde van de Zentrumspartei vgl. Rudolf Morsey, 'Die deutsche Zentrumspartei' in Matthias / Morsey, *Das Ende der Parteien*, p. 377-404; Winfried Becker, 'Die Deutsche Zentrumspartei gegenüber dem Nationalsozialismus und dem Reichskonkordat 1930–1933', in *Historisch-Politische Mitteilungen*, Jrg. 7 (2000), p. 1-37.
189 Vgl. Martina Steber: '[…] dat de partij niet slechts wordt bedreigd door externe, maar ook door interne gevaren': 'Die Bayerische Volkspartei im Jahr 1933' in Wirsching (red.), *Das Jahr 1933*, p. 70-91.
190 Ministerraad d.d. 14-7-1933; *Die Regierung Hitler*, deel I,1, nr 193, p. 661 e.v. Letterlijke tekst in Sösemann, *Propaganda*, band 1, p. 133.
191 Gezantschapsraad Hans Frölicher aan Giuseppe Motta, 7-7-1933; Bajohr / Strupp (red.), *Fremde Blicke auf das 'Dritte Reich'*, p. 382.
192 Bericht François-Poncet aan minister van Buitenlandse Zaken Paul Boncour d.d. 4-7-1933; Becker, *Hitlers Machtergreifung*, p. 365 e.v.
193 Heuss, *In der Defensive*, p. 163 (25-6-1933). Vgl. Rosenberg, *Tagebücher 1933–1937*, p. 97 (7-5-1933): 'Alles is in beweging, alle gebeurtenissen zijn in een stroomversnelling. Niemand kent het gezicht van de dag van morgen.'
194 Haffner, *Geschichte eines Deutschen*, p. 186.
195 Klemperer, *Tagebücher 1933–1941*, p. 39 (9-7-1933).
196 *Die Regierung Hitler*, deel I,1, nr 75, p. 260 e.v.
197 Gecit. naar Pyta, *Geteiltes Charisma*, p. 57.
198 Ebermayer, *Denn heute gehört uns Deutschland*, p. 33 (28-2-1933).
199 Kessler, *Das Tagebuch*, band 9, p. 551 (7-3-1933).
200 Thomas Mann, *Tagebücher 1933–1934*, red. Peter de Mendelssohn, Frankfurt am Main 1977, p. 52 (20-4-1933).
201 Vgl. Haffner, *Geschichte eines Deutschen*, speciaal p. 139 e.v.
202 Wehler, *Deutsche Gesellschaftsgeschichte*, band IV, p. 601-603. Vgl. ook Horst Möller, 'Die nationalsozialistische Machtergreifung, Konterrevolution oder Revolution?', in *Vierteljahrshefte für Zeitgeschichte*, Jrg. 31 (1983), p. 25-51. Ook volgens Möller wijst 'de totale aanspraak die in vele opzichten de totale levensrealiteit van de nazistaat werd […] op het revolutionaire karakter' van het regime (p. 50).
203 Domarus, *Hitler*, band I,1, p. 286. Vgl. de aantallen over de conferentie van rijksstadhouders d.d. 6-7-1933 (waarschijnlijk op basis van de aant. van rijksstadhouder

Ritter von Epp) in *Die Regierung Hitler*, deel I,1, nr 180, p. 629-636: 'Revolutie mag geen permanente toestand worden [...]; de verdere ontwikkeling moet als evolutie gebeuren.' (p. 631). Voorts verordening Hitler over de bevoegdheden van rijksstadhouder Ritter von Epp d.d. 6-7-1933; BA Koblenz, N 1101 / 95.
204 Becker, *Hitlers Machtergreifung*, p. 340.
205 Vgl. de voortreffelijke weergave door Evans, *Das Dritte Reich*, band 1, p. 513-554 (*Hitlers Kulturrevolution*).
206 Vgl. Goebbels, *Tagebücher*, deel I, band 2 / III, p. 316 (16-11-1933); Ebermayer, *Denn heute gehört uns Deutschland*, p. 203 e.v. (16-11-1933); Evans, *Das Dritte Reich*, band 2 / I, p. 170 e.v.
207 Domarus, *Hitler*, band I,1, p. 193.
208 *Die Regierung Hitler*, deel I,1, nr 180, p. 632.
209 Vgl. voor het volgende ook Christoph Buchheim, 'Das NS-Regime und die Überwindung der Weltwirtschaftskrise in Deutschland', in *Vierteljahrshefte für Zeitgeschichte*, Jrg. 56 (2008), p. 381-414, hier p. 383-389.
210 *Die Regierung Hitler*, deel I,1, nr 17, p. 55 (8. 2. 1933). Vgl. voor de politiek-economische terughoudendheid van Hitler in de eerste maanden van zijn kanselierschap Detlev Humann, '*Arbeitsschlacht'. Arbeitsbeschaffung und Propaganda in der NS-Zeit 1933–1939*, Göttingen 2011, p. 58 e.v.
211 Vgl. Buchheim, *Das NS-Regime und die Überwindung der Weltwirtschaftskrise*, p. 390 e.v.; Evans, *Das Dritte Reich*, band 2 / I, p. 402; Humann, 'Arbeitsschlacht', p. 75-78.
212 Vgl. Buchheim, *Das NS-Regime und die Überwindung der Weltwirtschaftskrise*, p. 392-395; Evans, *Das Dritte Reich*, band 2 / I, p. 402-407; Humann, '*Arbeitsschlacht'*, p. 118 e.v., 152 e.v., 242 e.v., 366 e.v., 428 e.v. Voor manipulatie van de cijfers ibidem, p. 624 e.v.
213 Domarus, *Hitler*, band I,1, p. 208 e.v.
214 Vgl. *Die Regierung Hitler*, deel I,1, p. XLIII (Inleiding); nr 92, p. 308, opm. 7 (6-4-1933). Voorts Adam Tooze, *Ökonomie der Zerstörung. Die Geschichte der Wirtschaft im Nationalsozialismus*, München 2006, p. 69 e.v.
215 Bericht van de bedrijfsleider van Hafraba, Hof, over bespreking met Hitler, d.d. 6-4-1933; *Die Regierung Hitler*, deel I,1, nr 92, p. 306-311 (citaten p. 308 e.v., 310).
216 Bespreking met vooraanstaande industriëlen d.d. 29-5-1933; ibidem, nr 147, p. 506-527 (citaat p. 511).
217 Vgl. Goebbels, *Tagebücher*, deel I, band 2 / III, p. 275 (24-9-1933). Voor de '*Arbeitsschlacht'*-propaganda vgl. Humann, '*Arbeitsschlacht'*, p. 635 e.v.
218 Vgl. Tooze, *Ökonomie der Zerstörung*, p. 70.
219 *Die Regierung Hitler*, deel I,2, nr 211, p. 741 (18-9-1933). Vgl. Evans, *Das Dritte Reich*, band 2 / I, p. 396 e.v.
220 Vgl. Hans Mommsen / Manfred Krieger, *Das Volkswagenwerk und Seine Arbeiter im Dritten Reich*, Düsseldorf 1996, p. 56 e.v.
221 *Die Regierung Hitler*, deel I,1, nr 19, p. 62 (9-2-1933). Vgl. boven p. 463.
222 Vgl. Kopper, *Hjalmar Schacht*, p. 205-209. In een brief aan de hoofdredactie van *Die Zeit* d.d. 20-7-1948 noemde Theodor Duesterberg de voormalige tweede leider van Stahlhelm, Schacht, als de na Papen 'hoofdverantwoordelijke die Hitler tijdens het leven van Hindenburg in 1933 aan de macht hielp' en zei niet te begrijpen dat 'een zo hoogstaand blad als *Die Zeit* voor Schacht in de bres' sprong; BA Koblenz, N 1377 / 27.
223 Tooze, *Ökonomie der Zerstörung*, p. 78 e.v.
224 Vgl. Kopper, *Hjalmar Schacht*, p. 269 e.v.; Tooze, *Ökonomie der Zerstörung*, p. 79, 87; Evans, *Das Dritte Reich*, band 2 / I, p. 419.
225 Goebbels, *Tagebücher*, deel I, band 2 / III, p. 313 (13-11-1933). Vgl. Hitlers uiteenzettingen tijdens de tweede zitting van de *Generalrat der Wirtschaft*, d.d. 20-9-1933: 'Rust roest. Wie stilstaat, valt.' *Die Regierung Hitler*, deel I,2, nr 214, p. 810.
226 Vgl. Wehler, *Deutsche Gesellschaftsgeschichte*, band IV, p. 646 e.v.; Herbst, *Hitlers Charisma*, p. 22 e.v.; 259 e.v.; Van Laak, 'Adolf Hitler' in Möller (red.), *Charismatische Führer*, p. 162 e.v.
227 Vgl. Longerich, *Die braunen Bataillone*, p. 188-191.
228 Vgl. ibidem, p. 183 e.v.

229 Becker, *Hitlers Machtergreifung*, p. 327-330 (citaten p. 329). Vgl. ook reeds het rondschrijven van Röhm d.d. 30-5-1933, waarin werd gewezen op het gevaar 'dat SA en SS in de rol van een pure propagandamacht worden gedrongen'; BA Berlijn-Lichterfelde, NS 26 / 328.
230 Goebbels, *Tagebücher*, deel I, band 2 / III, p. 156 (27-3-1933).
231 Ibidem, p. 230 (19-7-1933), p. 252 e.v. (25-8-1933).
232 Domarus, *Hitler*, band I,1, p. 293 e.v.Vgl. 'Zeitfolge für den Besuch des Herrn Reichskanzlers und des Herrn Preußischen Ministerpräsidenten in Neudeck und die Tannenbergfeier am 27. August 1933' in BA Berlijn-Lichterfelde R 43 II / 971. Voor het herdenkingsfeest was 'donker kostuum met hoge of donkere hoed' voorgeschreven, voor het diner bij Hindenburg 'rokkostuum met onderscheidingstekens'. Op 25-4-1934 bedankte Hitler Hindenburg voor de gelukwensen en de bloemen voor zijn verjaardag en verzekerde hem dat hij blij was 'onder de grote generaal-veldmaarschalk van de wereldoorlog nu in vrede naar vermogen te mogen bijdragen aan de wederopbouw van het rijk.' Conceptbrief (met handgeschr. correcties van Hitler) en afschrift in BA Berlijn-Lichterfelde, NS 10 / 123.
233 *Die Regierung Hitler*, deel I,1, nr 180, p. 631; deel 1, 2, nr 222, p. 868.
234 Conceptbrief (met handgeschr. correcties van Hitler) en afschrift in BA Berlijn-Lichterfelde NS 10 / 123.
235 Goebbels, *Tagebücher*, deel I, band 2 / III, p. 309 (8-11-1933).
236 *Deutschland-Berichte der Sozialdemokratischen Partei Deutschlands (Sopade)1934–1940*, red. Klaus Behnken, Frankfurt am Main. 1980, band 1, 1. Jrg. (1934), p. 101, daar ook p. 9-13, 99-103 meer aanwijzingen voor de omgeslagen stemming in het voorjaar en de voorzomer van 1934. Vgl. Frei, *Der Führerstaat*, p. 9-17; Thamer, *Verführung und Gewalt*, p. 327 e.v., Kershaw, *Der Hitler-Mythos*, p. 86 e.v.
237 Telegram van Herluf Zahle d.d. 16-4-1934; Bajohr / Strupp (red), *Fremde Blicke auf das 'Dritte Reich'*, p. 403. Vgl. ook het bericht van John C. White van de Amerikaanse ambassade d.d. 26-4-1934, waarin sprake was van 'toenemende onvrede met de huidige situatie', ibidem, p. 403.
238 Klemperer,*Tagebücher 1933–1941*, p. 86 (7-2-1934). Vgl. Strenge, *Ferdinand von Bredow*, p. 223 (26-3-1934): 'Er wordt veel gemekkerd [...]. Er hangt veel misnoegen in de lucht.'; ibidem, p. 230 (25-5-1934): 'Nergens blijdschap overal misnoegen [...]. Iedereen ziet een verschrikkelijk einde.'
239 Goebbels, *Tagebücher*, deel I, band 3 / I, p. 39 (24-4-1934), p. 48 (13-5-1934).
240 Longerich, *Die braunen Bataillone*, p. 203.
241 Vgl. ibidem, p. 204.
242 Vgl. Müller, *Armee und Drittes Reich*, p. 57, 64; doc. 57, p. 192-195. Voorts Schäfer, *Werner von Blomberg*, p. 123 e.v., 136; Immo von Fallois, *Kalkül und Illusion. Der Machtkampf zwischen Reichswehr und SA während der Röhm-Krise 1934*, Berlijn 1994, p. 106-112.
243 Müller, *Armee und Drittes Reich*, doc. 58, p. 195; Schäfer, *Werner von Blomberg*, p. 137.
244 Vgl. Bracher / Sauer / Schulz, *Die nationalsozialistische Machtergreifung*, p. 944; Heinz Höhne, *Mordsache Röhm. Hitlers Durchbruch zur Alleinherrschaft 1933–1934*, Reinbek 1984, p. 206. Hanfstaengl zag in de Standartenstraße een 'woedende, tierende, dronken Röhm', die zich overgaf aan 'de meest woeste scheldpartijen [...] die me ooit ter ore zijn gekomen'. Niet-gepubliceerde memoires van Hanfstaengl, p. 306; BSB München, Nl Hanfstaengl, Ana 405, doos 47.
245 Vgl. Diels, *Lucifer ante portas*, p. 379-382; Longerich, *Die braunen Bataillone*, p. 208; Fallois, *Kalkül und Illusion*, p. 125.
246 Vgl. Longerich, *Heinrich Himmler*, p. 178, 181 e.v.; Gerwarth, *Reinhard Heydrich*, p. 101 e.v., 104 e.v.
247 Goebbels, *Tagebücher*, deel I, band 3 / I, p. 49 (15-5-1934).
248 *Hitler. Reden Schriften Anordnungen*, band IV,1, Dok. 54, p. 183. Vgl. Machtan, *Hitlers Geheimnis*, p. 208 e.v. Overigens had Hitler al in februari 1927 zijn bezorgdheid uitgesproken 'over de 175-ers in de partij'. Dagboek R. Buttmann d.d. 14-2-1927; BayHStA München, Nl Buttmann 83.

249 Hitler. Reden Schriften Anordnungen, band V.1, Dok. 15, p. 32. Vgl. Machtan, Hitlers Geheimnis, p. 217-228; Susanne zur Nieden, 'Aufstieg und Fall des virilen Männerhelden. Der Skandal um Ernst Röhm und seine Ermordung', in idem (red.), Homosexualität und Staatsräson. Männlichkeit, Homophobie und Politik in Deutschland 1900–1945, Frankfurt am Main 2005. p. 147-175.
250 Goebbels, Tagebücher, deel I, band 3 / I, p. 57 (3-6-1934).
251 Hanfstaengl, Zwischen Weißem und Braunem Haus, p. 340 e.v. In een vertrouwelijke brief d.d. 12-6-1934 waarschuwde Hermann Höfle, voormalig lid van het Freikorps Epp en medepleger van de putsch in 1923, Röhm voor de tegen hem gerichte intriges in de Reichswehr. Röhm moest Hitler overhalen zich met een demonstratieve stap 'in aanwezigheid van alle generaals en toonaangevende funcionarissen in het leger in alle openheid en scherpte achter zijn SA te gaan staan'. BA Berlijn-Lichterfelde, NS 26 / 328.
252 Vgl. Frei, Der Führerstaat, p. 25-27; Longerich, Die braunen Bataillone, p. 212; Thamer, Verführung und Gewalt, p. 326.
253 Vgl. Goebbels, Tagebücher, deel I, band 3 / I, p. 51 (21-4-1934): Papen 'zou graag Hindenburg opvolgen als de oude heer sterft. Geen sprake van.' Voor de ziekte van Hindenburg en zijn terugtrekking op Neudeck vgl. Pyta, Hindenburg, p. 836. In de nalatenschap van Neurath bevindt zich een briefje met de handgeschr. opmerking van Hindenburg d.d. 12-5-1934: 'Vraag de heer Neurath tussen vijf en halfzeven of morgen tussen twaalf en halfeen te komen.' Neurath noteerde daarover: 'Het laatste verzoek om Hindenburg verslag uit te brengen.' BA Koblenz, N 1310 / 96. Nog op de avond van 12-3-1934 had Rudolf Heß geschreven over een groot feestmaal bij Hindenburg: 'De oude heer is nog altijd onvoorstelbaar kras; tot bijna twaalf uur speelde hij voor gastheer.' R. Heß aan Fritz Heß, 12-3-1934; BA Bern, Nl Heß, J1.211-1989 / 148, 53.
254 Goebbels, Tagebücher, deel I, band 3 / I, p. 62 (16-6-1934). Vgl. ibidem, p. 60 (9-6-1934) 'Je reinste "republiek[eins] klachtenbureau".'
255 Petzold, Franz von Papen, p. 211-217 (citaten p. 215 e.v.). De tekst van de toespraak in Marburg ook bij Edgar Jung, Ein konservativer Revolutionär, Pfullingen 1984, p. 154-174.
256 Origineel van het telegram in BA Berlijn-Lichterfelde, R 43 II / 971 (met de handgeschr. toevoeging van de telefooncentrale in het Braune Haus: 'In opdracht van de heer Martin Bormann circa 20.05 geopend en voorgelezen').
257 Goebbels, Tagebücher, deel I, band 3 / I, p. 65 (18-6-1934).
258 Vgl. Frei, Der Führerstaat, p. 28 e.v. Herbert von Bose had op 17-6-1934 drie exemplaren van de toespraak naar het ministerie van Propaganda gestuurd, met het verzoek deze door te geven aan de pers, BA Berlijn-Lichterfelde, NS 10 / 50.
259 Heuss, In der Defensive, p. 236 e.v. (20-6-1934).
260 François-Poncet, Als Botschafter in Berlin, p. 187. Vgl. Strenge, Ferdinand von Bredow, p. 235 (24-6-1934): 'Iedereen vroeg: wat wil Papen? Wie staan er achter hem? Hoe stelt Hitler zich tegenover hem op [...]? Er hangt iets onbestemds, onbestembaars in de lucht.' Voor de stemming in juni 1934 vgl. ook Klemperer, Tagebücher 1933–1941, p. 116 (13-6-1934): 'Overal onzekerheid, beroering, geheimzinnigheid. Men wacht van dag tot dag.' M. Dodd, Nice to meet you Mr. Hitler!, p. 153: 'Voor 30 juni was de sfeer gespannen en als het ware elektrisch geladen. Iedereen voelde dat er iets in de lucht hing, maar niemand wist wat.'
261 Goebbels, Tagebücher, deel I, band 3 / I, p. 65 (18-6-1934).
262 Papen aan Hitler, 27-6-1934; BA Lichterfelde, NS 10 / 50. Vgl. Papen, Der Wahrheit eine Gasse, p. 349 e.v.
263 Hans-Günther Seraphim (red.), Das politische Tagebuch Alfred Rosenbergs aus den Jahren 1934 / 35 und 1939 / 40, Göttingen 1956, p. 31. Vgl. Pyta, Hindenburg, p. 845.
264 Vgl. Höhne, Mordsache Röhm, p. 238.
265 Vgl. ibidem, p. 239-243. Op 29 juni zei Himmler ten huize van Ribbentrop: 'Röhm is "ten dode" opgeschreven.' Ribbentrop, Zwischen London und Moskau, p. 52.
266 Gecit. naar Longerich, Die braunen Bataillone, p. 212.
267 Ebermayer, Denn heute gehört uns Deutschland, p. 326 (27-6-1934).
268 Frei, Der Führerstaat, p. 30; vgl. voor de voorbereidingen van de Reichswehr voor de putsch tegen de SA Fallois, Kalkül und Illusion, p. 134-139.

269 Gecit. naar Höhne, *Mordsache Röhm*, p. 256.
270 Goebbels, *Tagebücher*, deel I, band 3 / I, p. 71 (29-6-1934).
271 Ibidem, p. 72 (1-7-1934). Vgl. voor de sombere stemming tijdens het avondmaal in hotel Dreesen Baur, *Ich flog Mächtige der Erde*, p. 119.
272 Goebbels, *Tagebücher*, deel I, band 3 / I, p. 72 (1-7-1934).
273 Baur, *Ich flog Mächtige der Erde*, p. 119. In de herinnering van Wilhelm Brückner meldden Reichswehr-officieren op het vliegveld een 'gewapende groep van de Münchense SA' en stelden de situatie als 'zeer bedreigend' voor aant. Wilhelm Brückner d.d. 28-5-1949; IfZ München, ED 100 / 43.
274 Höhne, *Mordsache Röhm*, p. 267.
275 Bericht van Hitlers chauffeur Erich Kempka, gecit. naar Evans, *Das Dritte Reich*, band 2 / I, p. 41 e.v.; vgl. ook verslag van een onderhoud met Erich Kempka d.d. 25-3-1952; IfZ München, ZS 253.
276 Vgl. Longerich, *Die braunen Bataillone*, p. 217; Frei, *Der Führerstaat*, p. 32. Vgl. Goebbels, *Tagebücher*, deel I, band 3 / I, p. 72 (1-7-1934): 'Heines deerniswekkend. Met een schandknaap.'
277 Vgl. Höhne, *Mordsache Röhm*, p. 269.
278 Vgl. ibidem, p. 271-274. Facsimile van de lijst bij Otto Gritschneder: 'De Führer heeft u ter dood veroordeeld...' *Hitlers 'Röhm-Putsch' – Morde vor Gericht*, München 1993, p. 28. Vgl. Frank, *Im Angesicht des Galgens*, p. 148-151. Volgens deze weergave was het aan de tussenkomst van Frank te danken dat het aantal executies in Stadelheim aanvankelijk beperkt bleef.
279 Vgl. de lijst van vermoorden bij Gritschneder, *Der Führer*, p. 60-62. Voor Fritz Gerlich vgl. nu Rudolf Morsey (bew.), *Fritz Gerlich – ein Publizist gegen Hitler. Briefe und Akten 1930–1934*, Paderborn 2010, p. 36-39. Voor Ballerstedt vgl. de aant. van zijn schoonzus in BayHStA München, Nl Ballerstedt. Voor Bredow vgl. Strenge, *Ferdinand von Bredow*, p. 238.
280 Goebbels, *Tagebücher*, deel I, band 3 / I, p. 72 (1-7-1934).
281 Hans Bernd Gisevius, *Adolf Hitler. Versuch einer Deutung*, München 1963, p. 291.
282 Schroeder, *Er war mein Chef*, p. 51.
283 Vgl. Gritschneder, *Der Führer*, p. 32-36.
284 Frank, *Im Angesicht des Galgens*, p. 149.
285 Gecit. naar Machtan, *Hitlers Geheimnis*, p. 244 e.v. Vgl. Goebbels, *Tagebücher*, deel I, band 3 / I, p. 73 (4-7-1934).
286 Ministerraad d.d. 3-7-1934; *Die Regierung Hitler*, deel I, 2, nr 375, p. 1354-1358.
287 Goebbels, *Tagebücher*, deel I, band 3 / I, p. 74 (4-7-1934).
288 Papen aan Hitler, 10-7, 12-7-1934; BA Berlijn-Lichterfelde, NS 10 / 50. Vgl. ook Petzold, *Franz von Papen*, p. 226-229 (die meer documenten uit het speciaal archief van Moskou m.b.t. Papen heeft geraadpleegd).
289 Domarus, *Hitler*, band I,1, p. 405; Kahr, *Lebenserinnerungen*, p. 1091 e.v. (Over het bezoek van Hindenburg aan huize Kahr eind augustus / begin september 1920); BayHStA München, Nl Kahr 51; telegram Hindenburg aan Kahr, 23-10-1933; ibidem, Nl Kahr 16.
290 Volgens een mededeling van Hitler aan de Hamburgse burgemeester Krogmann, 18-8-1934; Pyta, *Hindenburg*, p. 849. In de herinnering van Wilhelm Brücker zei Hindenburg tegen Hitler: 'Als men geschiedenis wil schrijven, moet men soms maatregelen treffen die ook bloedvergieten onvermijdelijk maken.' Aant. Wilhelm Brückner d.d. 28-5-1949; IfZ München, ED 100 / 43. Zo ook chauffeur Erich Kempka tijdens verhoor d.d. 26-9-1945; IfZ München, ZS 253; Hoßbach, *Zwischen Wehrmacht und Hitler*, p. 50.
291 Goebbels, *Tagebücher*, deel I, band 3 / I, p. 76 (6-7-1934).
292 Ibidem, p. 73 (4-7-1934).
293 Gecit. naar Kershaw, *Der Hitler-Mythos*, p. 111. Daar p. 110-113 meer documenten. Voorts *Deutschland-Berichte der Sopade*, 1. Jrg. (1934), p. 197-200. Tot een soortgelijk oordeel kwamen ook de buitenlandse diplomaten. Vgl. de berichten van de Amerikaanse consul Ralph C. Busser vanuit Leipzig d.d 9-7-1934, en Charles M. Hathaway vanuit München

d.d. 20-7-1934; Bajohr / Strupp (red.), *Fremde Blicke auf das 'Dritte Reich'*, p. 412 e.v., 414 e.v.
294 Dagboek Luise Solmitz, 30-6-1934; gecit. naar Evans, *Das Dritte Reich*, band 2 / I, p. 50.
295 Goebbels, *Tagebücher*, deel I, band 3 / I, p. 76 (7-7-1934).
296 Vgl. ibidem, p. 77 e.v. (11-7-1934).
297 François-Poncet, *Als Botschafter in Berlin*, p. 190.
298 Papen aan Hitler, 13-7-1934; BA Berlijn-Lichterfelde, NS 10 / 50. Na de toespraak voelde Papen de 'behoefte' Hitler 'zoals eertijds in januari 1933 een hand te geven en te bedanken voor wat u door het neerslaan van de beoogde tweede revolutie en door de verkondiging van onwrikbare staatsmansprincipes het Duitse volk heeft teruggegeven'. Papen aan Hitler, 14-7-1934; ibidem.
299 Domarus, *Hitler*, band I,1, p. 410-424 (citaten p. 415, 421, 424).
300 Gecit. naar Mehring, *Carl Schmitt*, p. 352.
301 Kershaw, *Der Hitler-Mythos*, p. 114 e.v.; vgl. *Deutschland-Berichte der Sopade*, 1. Jrg. (1934), p. 201 e.v.
302 Kalkhoven, *Ich denk so viel an Euch*, p. 236 (14-7-1934).
303 Hoffmann, *Hitler wie ich ihn sah*, p. 72. Vgl. Rose, *Julius Schaub*, p. 140; Wilhelm Brückner aan *Kriminalaußenstelle* Traunstein, 25-6-1952: in zijn aanwezigheid had Hitler 'met niemand meer over deze actie gesproken'; IfZ München, ED 100 / 43.
304 Klemperer, *Tagebücher 1933–1941*, p. 122 (14-7-1934).
305 Th. Mann, *Tagebücher 1933–1945*, p. 458 (4-7-1933), 462 (7. 7. 1933), 463 (8-7-1933). Vgl. Th. Sternheim, *Tagebücher*, band 2, p. 589 (5-7-1934): 'Duitsland systematisch te gronde gericht door bloedhond en kleinburger Adolf Hitler. De Duitser als schrik van de wereld en uitschot.'
306 Gecit. naar Pufendorf: *Die Plancks*, p. 373.
307 Aant. Liebmann, 5-7-1934; Frei, *Der Führerstaat*, p. 39. Vgl. ook de verordening door Blomberg aan de *Wehrmacht*, 1-7-1934; Müller, *Armee und Drittes Reich*, p. 206 e.v. Voorts Schäfer, *Werner von Blomberg*, p. 141; Fallois, *Kalkül und Illusion*, p. 150-154.
308 Vgl. Longerich, *Heinrich Himmler*, p. 184; Frei, *Der Führerstaat*, p. 40.
309 Vgl. Longerich, *Die braunen Bataillone*, p. 220-224.
310 Goebbels, *Tagebücher*, band 3 / I, p. 87 (2-8-1934).
311 Ministerraad d.d. 1-8-1934 (21.30 uur); *Die Regierung Hitler*, deel I,2, nr 382, p. 1384 e.v.
312 Gecit. naar Fallois, *Kalkül und Illusion*, p. 162. Vgl. Schäfer, *Werner von Blomberg*, p. 151-155.
313 Goebbels, *Tagebücher*, deel I, band 3 / I, p. 88 (4-8-1933). Vgl. Schwerin von Krosigk, *Niederschrift zur Persönlichkeit Hitlers* (ca. 1945): in de ministerraad was duidelijk merkbaar dat de dood van de 'oude heer' Hitler 'zeer veel deed'. Hij had 'zichtbaar ontroerd' verteld over zijn laatste bezoek aan Neudeck; IfZ München, ZS 145, band 5. Oskar von Hindenburg bedankte Hitler in een telegram d.d. 2-8-1934 voor de 'zo warme woorden' bij de dood van zijn vader. BA Berlijn-Lichterfelde NS 10 / 123.
314 Ministerraad d.d. 2. 8. 1934; *Die Regierung Hitler*, deel I,2, nr 383, p. 1386-1388.
315 Domarus, *Hitler*, band I,1, p. 438. Vgl. Hoegen, *Der Held von Tannenberg*, p. 411-414.
316 Vgl. Goebbels, *Tagebücher*, deel I, band 3 / I, p. 90 (8-8-1934): 'Schrik vanwege een vermeend politiek testament van de oude heer, opgesteld door Papen? [...] Conclusie: politiek testament gaat alleen de Führer en de regering aan.'
317 Afgedrukt bij Hubatsch, *Hindenburg und der Staat*, p. 380-383 (citaten p. 382 e.v.). Vgl. voor de geschiedenis van het testament van Hindenburg Pyta, *Hindenburg*, p. 864-867.
318 Hoegen, *Der Held von Tannenberg*, p. 420.
319 Goebbels, *Tagebücher*, deel I, band 3 / I, p. 95 (20-8-1934).
320 Gecit. naar Kershaw, *Der Hitler-Mythos*, p. 91. Over kiesdwang en verkiezingsvervalsingen in samenhang met de volksstemming d.d. 19-8-1934 vgl. *Deutschland-Berichte der Sopade*, 1. Jrg. (1934), p. 282-287, 347-349.
321 Th. Mann, *Tagebücher 1933–1934*, p. 510 (20-8-1934).
322 Klemperer, *Tagebücher 1933–1941*, p. 137 e.v. (21-8-1934).

323 Telegram van de Deense gezant Herluf Zahle 4-8-1934; Bajohr / Strupp (red.), *Fremde Blicke auf das 'Dritte Reich'*, p. 417.

15 Herziening van Versailles

1 Max Domarus, *Hitler. Reden und Proklamationen 1932–1945. Kommentiert von einem deutschen Zeitgenossen*, band II: *Untergang*, band 2.4.4, 1941-1945, München 1965, p. 1659.
2 *Die Regierung Hitler*, deel I,1, Nr. 19, p. 62 e.v.
3 Geheime verklaring van Goebbels d.d. 5-4-1940 tegenover vertegenwoordigers van de Duitse pers, gecit. naar Rainer F. Schmidt, *Die Außenpolitik des Dritten Reiches 1933–1939*, Stuttgart 2002, p. 11.
4 Wilhelm Treue, 'Rede Hitlers vor der deutschen Presse (10. November 1938)', in *Vierteljahrshefte für Zeitgeschichte*, Jrg. 6 (1958), p. 182. Vgl. Domarus, *Hitler*, band I, 2, p. 974.
5 Bericht Eric Phipps d.d. 21-11-1933; *Documents of British Foreign Policy 1919–1939* (DBFP), band 1-21, Londen 1947-1984, 2de serie 1929-1938, band 6, Nr. 60, p. 90 e.v., gecit. naar Clemens, *Herr Hitler in Germany*, p. 350. In een artikel in de *Daily Mail* van 2-11-1933 stelde de Britse correspondent George Ward Price de vraag: 'Kunnen we Hitler vertrouwen?' en beantwoordde die positief: Hitler was 'oprecht' toen hij zei dat hij 'het enthousiasme van de Duitse jeugd op innerlijke doelen richtte'. *Wolff's Telegraphisches Büro* Nr. 2765 d.d. 2-11-1933; BA Berlijn-Lichterfelde, R 43 II / 959.
6 Bericht van George P. Messersmith d.d. 9-5-1933; Bajohr / Strupp (red.), *Fremde Blicke auf das 'Dritte Reich'*, p. 372.
7 Vgl. voor de personele continuïteit op het *Auswärtige Amt* Conze e.a., *Das Amt und die Vergangenheit*, p. 31-41.
8 *Akten der deutschen Auswärtigen Politik 1918–1945* (ADAP), serie C 1933-1937, band 1-6, Göttingen 1971–1981, band 1 / 1, Nr. 10, p. 20 e.v. Vgl. Klaus Hildebrand, *Das vergangene Reich. Deutsche Außenpolitik von Bismarck zu Hitler 1871–1945*, Stuttgart 1995, p. 578, 580 e.v.
9 Goebbels, *Tagebücher*, deel I, band 2 / III, p. 386 (16-3-1934).
10 Vgl. Hildebrand, *Das vergangene Reich*, p. 550-552, 556; voorts Schmidt, *Die Außenpolitik des Dritten Reiches*, p. 31, Thamer, *Verführung und Gewalt*, p. 312, 314.
11 Vgl. daarvoor samenvattend Heinrich August Winkler, *Geschichte des Westens,* band II: *Die Zeit der Weltkriege 1914–1945*, München 2011, p. 577-602.
12 Vgl. Schmidt, *Die Außenpolitik des Dritten Reiches*, p. 40-42: Bernd-Jürgen Wendt, *Großdeutschland. Außenpolitik und Kriegsvorbereitung des Hitler-Regimes*, München 1987, p. 84.
13 Vgl. daarvoor de uitstekende weergave van Winkler, *Geschichte des Westens*, band II, p. 332-404.
14 Het memorandum van Bülow d.d-13-3-1933, afgedrukt in en van commentaar voorzien door Günter Wollstein, 'Eine Denkschrift des Staatssekretärs Bernhard von Bülow vom März 1933. Wilhelminische Konzeption der Außenpolitik zu Beginn der nationalsozialistischen Herrschaft', in *Militärgeschichtliche Mitteilungen* 1 (1973), p. 77-94. Uitvoerige inhoudsopgave in Wendt, *Großdeutschland*, p. 72-79. De uiteenzettingen van Neurath in *Die Regierung Hitler*, deel I,1, Nr. 93, p. 313-318.
15 Domarus, *Hitler*, band I,1, p. 270-279 (citaten p. 273).
16 Wilhelm Hoegner, *Flucht vor Hitler. Erinnerungen an die Kapitulation der ersten deutschen Republik 1933*, Frankfurt am Main 1982, p. 203. Vgl. Goebbels, *Tagebücher*, deel I, band 2 / III, p. 188 (18-5-1933): 'Motie van vertrouwen aangenomen door het hele Huis, incl. P.D. Na afloop bij de Führer. Iedereen is blij.'
17 Kalkhoven, *Ich denk so viel an Euch*, p. 201 e.v.
18 Gecit. naar Becker, *Hitlers Machtergreifung*, p. 309. De uiteenzettingen door de rijkskanselier waren onbetwistbaar en serieus gematigd geweest, meldde de Deense gezant in Berlijn. Bajohr / Strupp (red.), *Fremde Blicke auf das 'Dritte Reich'*, p. 376.

19 Kessler, *Das Tagebuch*, band 9, p. 569 e.v. (17 en 18-5-1933). Vgl. ibidem, p. 571 (20-5-1933): 'Men voelt dat Hitlers toespraak de Fransen niet lekker zit. Ze bedreigt heel hun diplomatieke opstelling.'
20 Th. Mann, *Tagebücher 1933–1934*, p. 88 (18-5-1933).
21 Goebbels, *Tagebücher*, deel I, band 2 / III, p. 276 (25-9-1933).
22 Vgl. voor de ontwapeningsonderhandelingen in Genève Hans-Adolf Jacobsen, *Nationalsozialistische Außenpolitik 1933–1939*, Frankfurt am Main-Berlijn 1968, p. 396-399; Schmidt, *Die Außenpolitik des Dritten Reiches*, p. 142-152; Wendt, *Großdeutschland*, p. 91-93.
23 Ministerraad d.d. 13-10-1933, *Die Regierung Hitler* deel I,2, Nr. 230, p. 903-906 (citaten p. 904, 905).
24 Goebbels, *Tagebücher*, deel I, band 2 / III, p. 290 (12-10-1933). Vgl. ibidem, p. 288: 'Chef worstelt met moeilijke beslissingen.' Vgl. ook R. Heß aan zijn tante Emma Rothacker in Zürich, 30-10-1933: 'Voor de Führer was de laatste grote buitenlands-politieke beslissing uiteraard heel moeilijk. Hij heeft haar in vele slapeloze nachten genomen, omdat hij geen andere weg meer voor ons zag.' BA Bern. Nl Heß, J1.211-1993 / 300, doos 4.
25 Ebermayer, *Denn heute gehört uns Deutschland*, p. 184 (15-10-1933).
26 Kessler, *Das Tagebuch*, band 9, p. 608 (14-10-1933).
27 Domarus, *Hitler*, band I,1, p. 308-314 (citaten p. 309, 312).
28 Goebbels, *Tagebücher*, deel I, band 2 / III, p. 292 (16-10-1933).
29 Ministerraad d.d. 17-10-1933; *Die Regierung Hitler* deel I, 2, Nr. 231, p. 908.
30 Goebbels, *Tagebücher*, deel I, band 2 / III, p. 293 (17-10-1933).
31 Domarus, *Hitler*, band I,1, p. 318-323 (citaten p. 319, 321, 320, 322).
32 Ibidem, p. 323 e.v. Vgl. Goebbels, *Tagebücher*, deel I, band 2 / III, p. 299 (25-10-1933): 'Hij spreekt fabelachtig goed, vooral tegen het eind. Daverende ovaties. Het volk gaat tekeer. Een goed begin.'
33 Vgl. Baur, *Ich flog Mächtige dieser Erde*, p. 108-110.
34 Domarus, *Hitler*, band I, 1, p. 326.
35 Goebbels, *Tagebücher*, deel I, band 2 / III, p. 310 (9-11-1923).
36 Domarus, *Hitler*, band I,1, p. 330.
37 Goebbels, *Tagebücher*, deel I, band 2 / III, p. 311 (11-11-1933).
38 Klemperer, *Tagebücher 1933–1941*, p. 67 e.v. (11-11-1933).
39 Kessler, *Das Tagebuch*, band 9, p. 609 (15-10-1933).
40 Vgl. Domarus, *Hitler*, band I,1, p. 331.
41 Goebbels, *Tagebücher*, deel I, band 2 / III, p. 313 (13-11-1933).
42 Klemperer, *Tagebücher 1933–1941*, p. 68 (14-11-1933).
43 Vgl. *Die Regierung Hitler* deel I, 2, Nr. 243, noot 1, p. 939 e.v. Voorts Frei, *Der Führerstaat*, p. 94.
44 Dinichert aan Bondsraadlid Giuseppe Motta, 17-11-1933; Bajohr / Strupp (red.), *Fremde Blicke auf das 'Dritte Reich'*, p. 391 e.v.
45 Bernd Stöver, *Volksgemeinschaft im Dritten Reich. Die Konsensbereitschaft der Deutschen aus der Sicht sozialistischer Exilberichte*, Düsseldorf 1993, p. 178.
46 *Die Regierung Hitler* deel I, 2, Nr. 243, p. 339-341.
47 Ambtelijk communiqué d.d. 3-5-1933; ibidem deel I,1, Nr. 107, p. 382, noot 4.
48 Goebbels, *Tagebücher*, deel I, band 2 / III, p. 277 (27-9-1933).
49 Vgl. Jacobsen, *Nationalsozialistische Außenpolitik*, p. 403-406; Gerhard L. Weinberg, *The Foreign Policy of Hitler's Germany*, band 1: *Diplomatic Revolution in Europ. 1933–1936*, Londen 1970, p. 184-194.
50 Ebermayer, *Denn heute gehört uns Deutschland*, p. 248 (28. 1. 1934). Vgl. Strenge, *Ferdinand von Bredow*, p. 218 (28-1-1934): 'Handige zet.'
51 Vgl. ministerraad d.d. 25-4-1933; *Die Regierung Hitler* deel I, 1, Nr. 107, p. 381.
52 Goebbels, *Tagebücher*, deel I, band 2 / III, p. 317 (17-11-1933).
53 Phipps aan Simon, 31-1-1934; DBFP 1919-1939, 2. Serie, band 6, p. 365; vgl. Schmidt, *Die Außenpolitik des Dritten Reiches*, p. 157.

54 Domarus, *Hitler*, band I,1, p. 357.
55 Aldus Hildebrand, *Das vergangene Reich*, p. 586.
56 Ministerraad d.d. 26-9-1933; *Die Regierung Hitler* deel I/ 1, Nr. 218, p. 838. Vgl. ook de aant. van Bülow d.d. 26-9-1933; ADAP, Serie C, band 1,2, Nr. 457, p. 839 e.v.: 'De scherpe tegenstellingen tussen Duitsland en Rusland zullen uiteraard blijven, maar hij was er niet voor de Duits-Russische betrekkingen onzerzijds te verbreken of de Russen daarvoor een voorwendsel te bieden.'
57 *Die Weizsäcker-Papiere 1933–1950*, Uitg. Leonidas Hill, Frankfurt am Main-Berlijn-Wenen 1974, p. 70, 76 (30-3-1933, eind aug. 1933). Vgl. Conze e.a., *Das Amt und die Vergangenheit*, p. 69 e.v.
58 Vgl. Jacobsen, *Nationalsozialistische Außenpolitik*, p. 45 e.v., 90 e.v., 252 e.v.; Schmidt, *Die Außenpolitik des Dritten Reiches*, p. 60, 65-70.
59 *Die Weizsäcker-Papiere 1933–1950*, p. 74 (6-8-1933).
60 François-Poncet, *Als Botschafter in Berlin*, p. 146. Koning Boris van Bulgarije zei na een bezoek aan Berlijn in mei 1934: 'Ik heb heel wat grote dictators gezien, maar niet een die zo fatsoenlijk en oprecht is als Hitler!' Duits gezantschap in Sofia aan rijksminister van Buitenlandse Zaken Neurath, 24-5-1934; BA Koblenz, N 1310 / 10.
61 Anthony Eden, *Angesichts der Diktatoren. Memoiren 1923–1938*, Keulen-Berlijn 1964, p. 88; R.R. James, *Anthony Eden*, Londen 1988, p. 135; Vgl. Schmidt, *Die Außenpolitik des Dritten Reiches*, p. 23.
62 Onderhoud Hitler met lord Eden, 20-2-1934; *Die Regierung Hitler* deel I, 2, Nr. 305, p. 1143-1149 (citaat p. 1149). Vgl. ook de brief van Hitler aan lord Rothermere d.d 2-3-1934 (met handgeschr. correcties van Hitler), waarin de rijkskanselier zijn verlangen naar 'oprecht begrip tussen de Europese volken' uitdrukt en hem uitnodigt voor een bezoek aan Duitsland. BA Berlijn-Lichterfelde, NS 10 / 123. Rothermere, de eigenaar van de *Daily Mail*, had zich al in juli 1933 in een hoofdartikel achter het naziregime geschaard. In december 1934 was hij een van de eregasten tijdens een grote avondbijeenkomst in de rijkskanselarij. Vgl. Ian Kershaw, *Hitlers Freunde in England. Lord Londonderry und der Weg in den Krieg*, München 2004, p. 81 e.v. In een brief in mei 1935, na de herinvoering van de algemene dienstplicht, verzekerde Hitler de krantenmagnaat van zijn 'onveranderlijke vastbeslotenheid [...] een historische bijdrage te leveren aan het herstel van een goede en duurzame relatie tussen de beide Germaanse naties' (ibidem, p. 82). Hieraan was kennelijk een bezoek van Rothermere aan Berlijn voorafgegaan, want Wilhelm Brückner noteerde op 28-4-1935 in zijn notitieboek: 'Rothermere-Chef.' BA Berlijn-Lichterfelde, NS 26 / 1209. Voor het bezoek van Rothermere begin januari 1937 aan de Obersalzberg vgl. Goebbels, *Tagebücher*, deel I, band 3 / II, p. 320 (8-1-1937).
63 Hitler, *Mijn Kamp*, p. 1.
64 Ministerraad d.d. 26-5-1933; *Die Regierung Hitler* deel I, 1, Nr. 142, p. 493. Vgl. Goebbels, *Tagebücher*, deel I, band 2 / III, p. 194 (27-5-1933): 'Visum van 1000 mark besloten. Dat brengt Dollfuß ten val.'
65 Vgl. Jacobsen, *Nationalsozialistische Außenpolitik*, p. 406-408; Hildebrand, *Das vergangene Reich*, p. 594; Schmidt, *Die Außenpolitik des Dritten Reiches*, p. 163. Voor het 'austrofascisme' vgl. Ernst Hanisch, *Der lange Schatten des Staates. Österreichische Gesellschaftsgeschichte im 20. Jahrhundert*, Wenen 1994, p. 310-315; Florian Wenninger / Lucille Dreidemy (red.), *Das Dollfuß / Schuschnigg-Regime 1933–1938. Vermessung eines Forschungsfeldes*, Wenen-Keulen-Weimar 2013.
66 Hoffmann, *Hitler wie ich ihn sah*, p. 61. Een collectie krantenknipsels over het bezoek van Hitler aan Venetië met talrijke persfoto's in BA Koblenz, N 1310 / 56.
67 Walter Rauscher, *Hitler und Mussolini. Macht, Krieg und Terror*, Graz-Wenen-Keulen 2001, p. 213 e.v.; vgl. Falanga, *Mussolinis Vorposten in Hitlers Reich*, p. 46 e.v.
68 Vgl. Kurt Bauer, *Elementar-Ereignis. Die österreichischen Nationalsozialisten und der Juli-Putsch 1934*, Wenen 2003.
69 Goebbels, *Tagebücher*, deel I, band 3 / I, p. 83 (24-7-1934). Vgl. Longerich, *Goebbels*, p. 270; Kurt Bauer, 'Hitler und der Juliputsch 1934 in Österreich. Eine Fallstudie zur

nationalsozialistischen Außenpolitik in der Frühphase des Regimes', in *Vierteljahrshefte für Zeitgeschichte*, Jrg. 59 (2011), p. 193-227 (speciaal p. 208-213).
70 Goebbels, *Tagebücher*, deel I, band 3 / I, p. 84 (26-7-1934).
71 Friedelind Wagner, *Nacht über Bayreuth*. 3de druk, Keulen 1997, p. 159 e.v.; vgl. Hamann, *Winifred Wagner*, p. 286.
72 Goebbels, *Tagebücher*, deel I, band 3 / I, p. 84 (26-7-1934).
73 Papen, *Der Wahrheit eine Gasse*, p. 379 e.v.
74 Goebbels, *Tagebücher*, deel I, band 3 / I, p. 85 (28-7-1934).
75 Rauscher, *Hitler und Mussolini*, p. 214.
76 Jens Petersen, *Hitler-Mussolini. Die Entstehung der Achse Berlin-Rom 1933–1936*, Tübingen 1973, p. 370. Vgl. Falanga, *Mussolinis Vorposten*, p. 50 e.v.
77 Goebbels, *Tagebücher*, deel I, band 3 / I, p. 86 (30-7-1934).
78 Aant. luitenant-generaal Beck over uiteenzettingen van Bülow over de situatie van de buitenlandse politiek d.d. 30-7-1934; afgedrukt in Müller, *Armee und Drittes Reich*, p. 280 e.v.; vgl. ook Müller, *Generaloberst Ludwig Beck*, p. 145 e.v.
79 Goebbels, *Tagebücher*, deel I, band 3 / I, p. 145 (30-11-1934), p. 164 (6-1-1935).
80 *Die Regierung Hitler* band II, 1, Nr. 33, p. 135 e.v. (1-11-1934).
81 Goebbels, *Tagebücher*, deel I, band 3 / I, p. 85 (28-7-1934).
82 Hassell, *Römische Tagebücher und Briefe*, p. 118 (17-1-1936).
83 Vgl. Patrick von zur Mühlen, *'Schlagt Hitler an der Saar!' Abstimmungskampf, Emigration und Widerstand im Saargebiet 1933–1945*, Bonn 1979; Gerhard Paul, *'Deutsche Mutter – heim zu Dir!' Warum es mißlang, Hitler an der Saar zu schlagen. Der Saarkamp. 1933 bis 1945*, Keulen 1984.
84 Vgl. Stöver, *Volksgemeinschaft im Dritten Reich*, p. 179 e.v.; *Deutschland-Berichte der Sopade*, Jrg. 2 (1935), p. 151.
85 K. Mann, *Tagebücher 1934 tot 1935*, p. 92 (15-1-1935). Voor teleurstelling Golo Mann vgl. Lahme, *Golo Mann*, p. 114 e.v. Harry graaf Kessler noteerde: 'Een bijzonder verrassende uitslag en een grote triomf voor Hitler, wiens binnen- en buitenlandse positie hierdoor veel sterker wordt.' *Das Tagebuch* band 9, p. 629 (15-1-1935).
86 Goebbels, *Tagebücher*, deel I, band 3 / I, p. 168 (16-1-1935).
87 Ministerraad d.d. 24-1-1935; *Die Regierung Hitler*, band II,1, Nr. 84, p. 322.
88 Domarus, *Hitler*, band I, 2, p. 484-488 (citaat p. 485).
89 Goebbels, *Tagebücher*, deel I, band 3 / I, p. 193 (2-3-1935).
90 Ibidem, p. 171 (22-1-1935).
91 Vgl. François-Poncet, *Als Botschafter in Berlin*, p. 228 e.v.; Domarus, *Hitler*, band I, 2, p. 481 e.v.; Heinz Höhne, *Die Zeit der Illusionen. Hitler und die Anfänge des Dritten Reiches 1933–1936*, Düsseldorf-Wenen-New York 1991, p. 295 e.v.
92 Goebbels, *Tagebücher*, deel I, band 3 / I, p. 194 (6-3-1935). Vgl. ibidem, p. 197 (10-3-1935): 'De Engelsen hebben het nakijken. Straf voor het witboek. Proost, sir John Simon!'
93 Vgl. Höhne, *Zeit der Illusionen*, p. 298; Schmidt, *Die Außenpolitik des Dritten Reiches*, p. 169; Goebbels, *Tagebücher*, deel I, band 3 / I, p. 199 (14-3-1935): 'Göring-interview luchtmacht. Officiële mededeling over onze luchtbewapening [...]. Nu is het eruit, en de hemel zal echt niet instorten.'
94 François-Poncet, *Als Botschafter in Berlin*, p. 232.
95 Vgl. Müller, *Generaloberst Ludwig Beck*, p. 202-205; Kershaw, *Hitler*, band I, p. 689.
96 Vgl. Hoßbach, *Zwischen Wehrmacht und Hitler*, p. 81-83.
97 Vgl. Müller, *Generaloberst Ludwig Beck*, p. 202-205; Kershaw, *Hitler*, band I, p. 689.
98 Vgl. Goebbels, *Tagebücher*, deel I, band 3 / I, p. 201 (18-3-1935): 'Führer ruziet met Blomberg over het aantal divisies. Hij krijgt zijn zin: 36.' In augustus 1942 herinnerde Hitler zich: 'Dat was een meningsverschil dat ik nog op de dag van de invoeringen van de algemene dienstplicht had met de goede Fritsch. Er worden 36 divisies gevormd!' (*Monologen*, p. 343 d.d. 16-8-1942). Waarschijnlijk verwisselde Hitler Fritsch hier met Blomberg.
99 Goebbels, *Tagebücher*, deel I, band 3 / I, p. 201 (18-3-1935). Vgl. notitieboek van Wilhelm

Brückner d.d 16-3-1935: '1.30 ministerraad. Algemene dienstplicht bekendgemaakt.' BA Berlijn-Lichterfelde, NS 26 / 1209. Er bestaat kennelijk geen verslag van de ministerraad. In de *Akten der Reichskanzlei. Die Regierung Hitler*, band II,1, is er in elk geval geen bewaard gebleven.

100 François-Poncet, *Als Botschafter in Berlin*, p. 234.
101 Gecit. naar Evans, *Das Dritte Reich*, band 2 / II, p. 760. Een banketbakker in Düsseldorf schreef Hitler op 15-4-1935: 'Dit moment heeft juist bij ons, oude frontsoldaten, grote blijdschap gewekt en een echt Duits soldatenhart geraakt.' BA Berlijn-Lichterfelde, NS 51 / 75.
102 *Deutschland-Berichte der Sopade*, Jrg. 2 (1935), p. 279; vgl. Kershaw, *Der Hitler-Mythos*, p. 93. Voorts bericht van de Amerikaanse consul-generaal in Stuttgart, Samuel W. Honacker d.d. 3-5-1935: de herinvoering van de algemene dienstplicht was 'door het overgrote deel van de bevolking enthousiast ontvangen'. Bajohr / Strupp (red.), *Fremde Blicke auf das 'Dritte Reich'*, p. 426.
103 Vgl. Fest, *Hitler*, p. 637; Kershaw, *Hitler*, band I, p. 639 e.v.; Shirer, *Berliner Tagebuch*, p. 35 e.v. (17-3-1935).
104 François-Poncet, *Als Botschafter in Berlin*, p. 235. Vgl. ook Th. Mann, *Tagebücher 1935–1936*, p. 59 (17-3-1935): 'De uitdaging is brutaal. Maar het is te laat; men heeft al te veel laten gebeuren.'
105 Goebbels, *Tagebücher*, deel I, band 3 / I, p. 200 (16. 3. 1935), p. 201 / 202 (18-3-1935), p. 202 (20-3-1935). 'Ik denk dat we het redden,' zei Hitler in die dagen tegen Alfred Rosenberg. Seraphim, *Das politische Tagebuch Rosenbergs*, p. 76.
106 Shirer, *Berliner Tagebuch*, p. 35 (16-3-1935). Vgl. Klemperer, *Tagebücher 1933–1941*, p. 190 (23-3-1935): 'Hitler heeft de algemene dienstplicht afgekondigd, het buitenland protesteert flauwtjes en slikt het voldongen feit. Resultaat: Hitlers regime is stabieler dan ooit.'
107 Gecit. naar Petersen, *Hitler-Mussolini*, p. 400; vgl. Ook Falanga, *Mussolinis Vorposten*, p. 57.
108 Goebbels, *Tagebücher*, deel I, band 3 / I, p. 218 (15-4-1935). Vgl. ibidem, p. 219 (17-4-1935): 'Bewapenen dus en een stalen gezicht trekken.'
109 Alle citaten in Paul Schmidt, *Statist auf diplomatischer Bühne 1923–45. Erlebnisse des Chefdolmetschers im Auswärtigen Amt mit den Staatsmännern Europas*, Bonn 1950, p. 293-303. Voor de onderhandelingen in Berlijn op 25 en 26-3-1935 vgl. ook Goebbels, *Tagebücher*, deel I, band 3 / I, p. 206-208 (26 en 28-3-1935). Door Britse ogen: Eden, *Angesichts der Diktatoren*, p. 167-176. Anders dan in het voorjaar van 1934 kreeg Eden 'een uiterst ongunstige indruk van Hitler'. Hij 'trad duidelijk veel autoritairder op dan vorig jaar en deed ook minder moeite om te behagen' (p. 168). In het kabinet deed Hitler op 29-3-1935 uitvoerig verslag van het verloop van de gesprekken. *Die Regierung Hitler*, band II / 1, Nr. 132, p. 490.
110 Goebbels, *Tagebücher*, deel I, band 3/I, p. 208 (28-3-1935).
111 Ibidem, p. 211 (3-4-1935), p. 212 (5-4-1935).
112 Ibidem, p. 226 (5-5-1935).
113 Ibidem, p. 235 (21-5-1935). Vgl. ibidem, p. 227 (5-5-1935), p. 229 (9-5-1935), p. 230 (11-5-1935), p. 231 (13-5-1935), p. 232 (15-5-1935), p. 233 (19-5-1935).
114 Shirer, *Berliner Tagebuch*, p. 42 (21-5-1935). Vgl. Goebbels, *Tagebücher*, deel I, band 3 / I, p. 236 (23-5-1935): 'Führer in topvorm.'
115 Domarus, *Hitler*, band I,2, p. 505-514 (citaten p. 506, 507, 511, 512, 513).
116 Hildebrand, *Das vergangene Reich*, p. 599.
117 Kershaw, *Der Hitler-Mythos*, p. 156 e.v.
118 Kessler, *Das Tagebuch*, band 9, p. 640 (25-5-1935). Vgl. ibidem, p. 640 (26-5-1935): men kan 'Hitler in elk geval geen moed en leidersgaven ontzeggen'.
119 Hassell, *Römische Tagebücher und Briefe*, p. 127.
120 Goebbels, *Tagebücher*, deel I, band 2 / III, p. 359 (20-1-1934).
121 Vgl. voor de Duits-Britse onderhandelingen Schmidt, *Statist*, p. 311-315 (citaten p. 311, 312); voorts Ribbentrop, *Zwischen London und Moskau*, p. 61-63.

122 Ribbentrop, *Zwischen London und Moskau*, p. 64. Vgl. ook Goebbels, *Tagebücher*, deel I, band 3 / I, p. 249 (19-6-1935): 'Führer dolgelukkig. Groot succes voor Ribbentrop en ons allemaal.'
123 Goebbels, *Tagebücher*, deel I, band 3 / I, p. 250 (21-6-1935). Vgl. ibidem, p. 249 (19-6-1935): 'Het doel komt dichterbij: vriendschap met Engeland. Gewoon stug en onvermoeibaar doorwerken.' Op 4 februari 1936 ontving Hitler de voormalige minister van Luchtvaart lord Londonderry in de rijkskanselarij en betoonde zich een goed gastheer. 'Het was bijna een vrijage van Hitler met de preutse Brittannia,' herinnerde tolk Schmidt zich (*Statist*, p. 355). Voor het bezoek van Londonderry in Berlijn vgl. Kershaw, *Hitlers Freunde*, p. 163-172.
124 Goebbels, *Tagebücher*, deel I, band 3 / I, p. 279 (19-8-1935).
125 Vgl. Petersen, *Hitler-Mussolini*, p. 377-379; Woller, *Geschichte Italiens*, p. 144 e.v.; Winkler, *Geschichte des Westens*, band 2, p. 708-711.
126 Vgl. Aram Mattioli, *Experimentierfeld der Gewalt. Der Abessinienkrieg und seine internationale Bedeutung 1935–1941*, Zürich 2005; voorts idem, 'Entgrenzte Kriegsgewalt. Der italienische Giftgaseinsatz in Abessinien 1935–1936', in *Vierteljahrshefte für Zeitgeschichte*, Jrg. 51 (2003), p. 311-338.
127 Op 17 juli 1935 was een afgezant van de negus naar Berlijn gekomen en had onder strikte geheimhouding diens verzoek overgebracht om 'zijn troepen zodanig te bewapenen dat ze de Italianen zo veel mogelijk tegenstand konden bieden'. Daarop stelde Neurath Hitler voor het verzoek van de negus in te willigen en hem wapens ter waarde van 3,8 miljoen rijksmark ter beschikking te stellen. Bülow aan Neurath, 18-7-1935; Neurath aan Hitler, 20-7-1935; BA Koblenz, N 1310 / 10.
128 Aldus Marie-Luise Recker, *Die Außenpolitik des Dritten Reiches*, München 1990, p. 12.
129 Goebbels, *Tagebücher*, deel I, band 3 / I, p. 313 (19-10-1935).
130 Gecit. naar Falanga, *Mussolinis Vorposten*, p. 62.
131 Goebbels, *Tagebücher*, deel I, band 3 / I, p. 232 (15-5-1935).
132 Vgl. Falanga, *Mussolinis Vorposten*, p. 62-64.
133 Esmonde M. Robertson, 'Hitler und die Sanktionen des Völkerbunds', in *Vierteljahrshefte für Zeitgeschichte*, Jrg. 26 (1978), p. 237-264 (citaat p. 254). Vgl. Schmidt, *Die Außenpolitik des Dritten Reiches*, p. 189; Rauscher, *Hitler und Mussolini*, p. 234.
134 Goebbels, *Tagebücher*, deel I, band 3 / I, p. 341 (6-12-1935).
135 Hassell aan het Auswärtige Amt, 6-1-1936; Esmonde M. Robertson, 'Zur Wiederbesetzung des Rheinlands 1936', in *Vierteljahrshefte für Zeitgeschichte*, Jrg. 10 (1962), p. 178-205 (hier p. 188-190). Vgl. Petersen, *Hitler-Mussolini*, p. 466-471.
136 Goebbels, *Tagebücher*, deel I, band 3 / I, p. 366 (21-1-1936). Medio december al had de Britse ambassadeur Phipps na een gesprek met Hitler genoteerd dat de rijkskanselier het Rijnland waarschijnlijk wilde remilitariseren, 'zodra zich daarvoor een gunstige gelegenheid aandient'. Gecit. naar Kershaw, *Hitlers Freunde in England*, p. 165. Vgl. de aant. van Neurath over het onderhoud d.d. 13-12-1935; ADAP Serie C, band 4,2, Nr. 462; voorts ministerraad d.d. 13-12-1935; *Die Regierung Hitler*, band II, 2, Nr. 281, p. 987; Goebbels, *Tagebücher*, deel I, band 3 / I, p. 347 (15-12-1935).
137 Aant. Hassell d.d. 14-2-1936; afgedrukt in Robertson, *Zur Wiederbesetzung des Rheinlands*, p. 192 e.v.
138 Hassell, *Römische Tagebücher und Briefe*, p. 126 (23-3-1936). Volgens Hassells aantekeningen verklaarde Hitler bij het begin van het onderhoud: 'Ik heb u laten komen om met u te praten over een beslissing waar ik voor sta en die misschien belangrijk is voor de hele Duitse toekomst!' (ibidem).
139 Hoßbach, *Zwischen Wehrmacht und Hitler*, p. 84.
140 Aant. van Hassell over de Berlijnse onderhandelingen d.d. 19-2-1936; afgedrukt in Robertson, *Zur Wiederbesetzung des Reinlands*, p. 194-196. Vgl. Hassell, *Römische Tagebücher und Briefe*, p. 127 e.v. (23-2-1936).
141 Hassell, *Römische Tagebücher und Briefe*, p. 127 (23-2-1936). Vgl. Robertson, *Zur Wiederbesetzung des Rheinlands*, p. 203.

142 Goebbels, *Tagebücher*, deel I, band 3 / I, p. 383 (21-2-1936).
143 Ibidem, p. 388 e.v. (29-2-1935).
144 Ibidem, band 3 / II, p. 30 (2. 3. 1936).
145 Ibidem, p. 31 (4-3-1936). Volgens Goebbels' aantekeningen namen behalve hijzelf ook Blomberg, Fritsch, Raeder en Ribbentrop deel aan de vergadering.
146 Ibidem, p. 33 (6-3-1936).
147 *Akten der Reichskanzlei. Die Regierung Hitler*, band III: 1936, bew. door Friedrich Hartmannsgruber, München 2002, Nr. 39, p. 165.
148 Goebbels, *Tagebücher*, deel I, band 3 / II, p. 35 (8-3-1935).
149 François-Poncet, *Als Botschafter in Berlin*, p. 257. Memorandum afgedrukt in ADAP, Serie C, band 5 / 1, Anl. zu Nr. 3, p. 14-17. Vgl. ook Schäfer, *André François-Poncet als Botschafter in Berlin*, p. 255-258.
150 Shirer, *Berliner Tagebuch*, p. 56 (7-3-1936).
151 Domarus, *Hitler*, band I, 2, p. 583-597 (citaat p. 594). Voor de reactie van de afgevaardigden vgl. de indrukwekkende weergave van Shirer, *Berliner Tagebuch*, p. 57 (7-3-1936): 'Ze springen overeind [...]. Hun handen zijn opgestoken in de slaafse groet. Hun gezichten zijn getekend door hysterie, hun monden wijd geopend en schreeuwend, hun van fanatisme brandende ogen gericht op de nieuwe God, de messias.' Thomas Mann, die de toespraak op de radio hoorde, noteerde: 'Afgrijselijke stem en taal, maar sluw, mengeling van larmoyante rechtschapenheid en verdraaiing' *(Tagebücher 1935–1936*, p. 268 d.d. 7-3-1936).
152 Schmidt, *Statist*, p. 320. Een soortgelijke opmerking registreert Hans Frank (*Im Angesicht des Galgens*, p. 211), met wie Hitler eind die maand sprak in de speciale trein van Keulen naar Berlijn: 'Ik heb eerlijk gezegd nog nooit zo veel angsten uitgestaan als in de dagen van de Rijnlandactie. Als de Fransen het serieus hadden aangepakt, zou het mijn grootste politieke nederlaag zijn geworden. [...] God, ben ik even blij! Ben ik even blij dat het zo gladjes is verlopen.' In januari 1942 zei Hitler: 'Als er op 13 (!) maart een ander in mijn schoenen had gestaan: ieder ander zou zijn kalmte hebben verloren! Alleen mijn onverstoorbaarheid en lef hebben ons geholpen.' (*Monologe*, p. 140 d.d. 27-1-1942). Voor de nervositeit van Hitler in de dagen na 7 maart vgl. Speer, *Erinnerungen*, p. 85 e.v.; Hoßbach, *Zwischen Wehrmacht und Hitler*, p. 20.
153 Th. Mann, *Tagebücher 1935–1936*, p. 272 (11-3-1936). Vgl. ook Lahme, *Golo Mann*, p. 107.
154 Goebbels, *Tagebücher*, deel I, band 3 / II, p. 36 (8-3-1936).
155 Shirer, *Berliner Tagebuch*, p. 59 (8-3-1936).
156 Gecit. naar Schmidt, *Die Außenpolitik des Dritten Reiches*, p. 201.
157 Goebbels, *Tagebücher*, deel I, band 3 / II, p. 46 (21-3-1936).
158 *Deutschland-Berichte der Sopade*, Jrg. 3 (1936), p. 460. Vgl. Kershaw, *Der Hitler-Mythos*, p. 157-160.
159 Goebbels, *Tagebücher*, deel I, band 3 / II, p. 52 (31-3-1936). Een gedetailleerd overzicht van de reizen van Hitler in maart 1936 en het verloop van de betogingen in BA Berlijn-Lichterfelde, NS 10 / 125.
160 Aldus Dietrich, *12 Jahre mit Hitler*, p. 45.
161 M. Dodd, *Nice to meet you, Mr. Hitler!*, p. 232.
162 Tijdens een bespreking in de rijkskanselarij viel Hitler op 26-11-1935 uit: 'Hoe lang die herbewapening zal duren kon hij niet zeggen, vermoedelijk zou het om drie tot vier jaar gaan.' *Die Regierung Hitler*, band II,2, Nr. 267, p. 948.
163 Domarus, *Hitler*, band I,2, p. 606. Voor de verandering in Hitlers optreden in 1935 vgl. Kershaw, *Hitler*, band I, p. 742-744; Thamer, *Verführung und Gewalt*, p. 540; Wendt, *Großdeutschland*, p. 105, 110; Evans, *Das Dritte Reich*, band II,2, p. 771.

16 Führercultus en volksgemeenschap

1 Domarus, *Hitler*, band I, 2, p. 643, 641.
2 Klemperer, *Tagebücher 1933–1941*, p. 340 (v. 27-3-1937); vgl. aldaar, p. 373 (d.d. 17-8-1937): 'En steeds meer geloof ik dat Hitler werkelijk de Duitse volksziel belichaamt, dat hij werkelijk "Duitsland" betekent, en dat hij zich daarom zal handhaven en zich terecht zal handhaven.'
3 *Deutschland-Berichte der Sopade*, jrg. 2, 1935, p. 653 (d.d. 15-6-1935).

4   Wehler, *Deutsche Gesellschaftsgeschichte*, band IV, p. 676. In zijn aantekening 'Gedanken um den Führer' in de Neurenbergse gevangenis in 1945 heeft Robert Ley vastgesteld: 'Als het ooit klopte dat leider en volk één waren, dan waren het Adolf Hitler en het Duitse volk.' BA Koblenz, N 1468/4.
5   Aldus de Leipziger anatoom Hermann Voss, geciteerd naar Götz Aly, *Hitlers Volksstaat. Raub, Rassenkrieg und nationaler Sozialismus*, Frankfurt am Main. 2005, p. 49.
6   Jochmann, *Nationalsozialismus und Revolution*, p. 426 (d.d. 28-2-1933), 427 (d.d. 1-3-1933). Vgl. ook de brief van de ouders Heß aan Rudolf en Ilse Heß, begin mei 1933: 'Zijn [Hitlers] naam is nu op ieders tong als de redder van Duitsland en daarmee van de hele wereld.' BA Bern, Nl Heß, J1.211-1989/148, 51.
7   Kalshoven, *Ich denk so viel an Euch*, p. 169 (d.d. 10-3-1933), 197 (d.d. 4-5-1933), 199 (d.d. 17-5-1933). Dat er ook bij de voor nuchter doorgaande bewoners van de hanzesteden sprake was van 'blinde verliefdheid op Hitler', stelde de Hamburgse bankier Cornelius von Berenberg-Goßler vast in zijn dagboek. Citaat naar Frank Bajohr: 'Die Zustimmungsdiktatur. Grundzüge nationalsozialistischer Herrschaft in Hamburg', in *Hamburg im 'Dritten Reich'*, p. 108.
8   Paul Dinichert aan minister Giuseppe Motta, 17-11-1933; Bajohr/Strupp (red.), *Fremde Blicke auf das 'Dritte Reich'*, p. 392. 'De pers hemelt Hitler op als God en zijn profeten tegelijk,' noteerde Victor Klemperer: *Tagebücher 1933–1941*, p. 54 (d.d. 6-9-1933).
9   Vgl. de Zuid-Beierse gemeente Wackersberg bij Tölz, 10-5-1933: Beatrice en Helmut Heiber (red.), *Die Rückseite des Hakenkreuzes. Absonderliches aus den Akten des Dritten Reiches*, München 1993, p. 126; Quedlinburg, 20-4-1933: Eberle (red.): *Briefe an Hitler. Ein Volk schreibt seinem Führer*, p. 264; het Thüringer stedenverband, april 1933; de stad Werl, 26-4-1933; Bremen, 8-5-1933: BA Berlijn-Lichterfelde, R 43 II/959; Berlijn en München: Goebbels, *Tagebücher*, deel I, band 2/III, p. 315 (d.d. 15-11-1933). Voor meer ereburgerschappen van Hitler in 1935–1938 vgl. BA Berlijn-Lichterfelde, NS 51/79. In een circulaire van 22-5-1933 vroeg het secretariaat van de Führer er begrip voor dat het de 'dagelijks in groten getale binnenkomende uitnodigingen voor ereburgerschappen, ereburger-oorkonden enz.' niet meteen kon beantwoorden. BA Berlijn-Lichterfelde, NS 51/80.
10 Vgl. Axel Schildt, 'Jenseits der Politik? Aspekte des Alltags', in *Hamburg im 'Dritten Reich'*, p. 250; Hans-Ulrich Thamer /Simone Erpel, *Hitler und die Deutschen. Volksgemeinschaft und Verbrechen. Katalog zur Ausstellung im Deutschen Historischen Museum in Berlin*, Dresden 2010, p. 210.
11 Eberle (red.), *Briefe an Hitler*, p. 129 e.v., vgl. ibidem, p. 130-132, 135, 163-165 voor nog meer voorbeelden.
12 Ibidem, p. 141 e.v.
13 Heiber (red.), *Die Rückseite des Hakenkreuzes*, p. 12, 119-126; rector van de Forstlichen Hochschule Eberswalde aan Hitler, 8-4-1933, en antwoord van Lammers, 4. 1933; BA Berlijn-Lichterfelde R 43 II/959.
14 Vgl. Thamer/Erpel, *Hitler und die Deutschen*, p. 208, 225.
15 Citaat in MNN in Kershaw, *Der Hitler-Mythos*, p. 78. Vgl. R. Heß aan Fritz Heß, 4. 1933: 'De mensen staan van vroeg tot laat in de rij om hun gelukwensen vast te leggen in de opengeslagen boeken. De liefde van het volk en de verering is ongekend.' BA Bern, Nl Heß, J1.211-1989/148, 51. De felicitatiebrieven voor Hitlers verjaardag in 1933 in BA Berlijn-Lichterfelde, NS 51/72. Dezelfde teneur hebben de felicitatiebrieven bij de jaarwisseling van 1934–1935, ibidem, NS 51/73 en NS 51/74. Het artikel van Goebbels 'Unser Hitler!' in *W.T.B.* nr. 901 d.d. 19-4-1933; BA Berlijn-Lichterfelde R 43 II/959.
16 Klemperer, *Tagebücher 1933–1941*, p. 37 (d.d. 17-6-1933). Vgl. voor de verandering in het Hitler-imago Kershaw, *Der Hitler-Mythos*, p. 80; Herz, *Hoffmann & Hitler*, p. 202 e.v.
17 Wiedemann, *Der Mann*, p. 92 e.v.; vgl. Schroeder, *Er war mein Chef*, p. 92 e.v.; Hoffmann, *Hitler wie ich ihn sah*, p. 198.
18 Sobański, *Nachrichten aus Berlin 1933–1936*, p. 89. Vgl. M. Dodd, *'Nice to meet you, Mr. Hitler!'*, p. 233.

19 Klemperer, *Tagebücher 1933–1941*, p. 21 (d.d. 10-4-1933).
20 Eberle (red.), *Briefe an Hitler*, p. 159 e.v.
21 *Deutschland-Berichte der Sopade*, jrg. 1, 1934, p. 275. In een besluit van 25-9-1933 stelde Frick, minister van Binnenlandse Zaken, dat in ambtsvertrekken alleen Führerportretten mochten hangen 'waarvan de voorstelling en artistieke vormgeving geen aanleiding gaven tot bedenkingen'. BA Berlijn-Lichterfelde, R 43 II/959.
22 Gebhard Himmler aan Heinrich Himmler, 30-8-1934 met de toevoeging door moeder Anna Himmler 'Je kunt je gewoon niet voorstellen hoe gelukkig we zijn met het portret van onze geliefde Führer.' BA Koblenz, N 1126/13. Zie ook de vergelijkbare reactie van de moeder van Rudolf Heß op het toesturen van een portret 'van onze geliefde Führer' met de handgeschreven opdracht 'Aan de heer en mevrouw Heß, de geachte ouders van mijn oudste en trouwste medestrijder, in hartelijke genegenheid. Ad. Hitler', Klara Heß aan R. Heß, 4-1-1934; BA Bern, Nl Heß, J1.211-1989/148, 53.
23 Kershaw, *Der Hitler-Mythos*, p. 82.
24 Wiedemann, *Der Mann*, p. 80; vgl. Goebbels, *Tagebücher*, deel I, band 2/III, p. 252, 'De mensen staan aandoenlijk urenlang en wachten.'; band 3/I, p. 100 (d.d. 2-9-1934), 'Eerst marcheren de mensen beneden voor hem voorbij. Het is aangrijpend, wat een vertrouwen!'; vgl. ibidem, band 4, p. 215, 217 (d.d. 11- en 13-7-1937).
25 Goebbels, *Tagebücher*, deel I, band 2/III, p. 170 (d.d. 18-4-1933); vgl. ibidem, p. 192 (d.d. 23-5-1933), Kiel; p. 232 (d.d. 22-7-1933), Bayreuther Festspiele; p. 238 (d.d. 31-7-1933), Stuttgarter Turnfest; p. 259 (d.d. 2-9-1933), Neurenbergse partijcongres; band 3/I, p. 54 (d.d. 28-5-1934), Dresden; p. 94 (d.d. 18-8-1934), Hamburg.
26 Speer, *Erinnerungen*, p. 61. Vgl. Dietrich, *12 Jahre mit Hitler*, p. 183, over de 'onbeschrijflijke scènes' bij Hitlers autoritten in vredestijd.
27 Wiedemann, *Der Mann*, p. 81. Vgl. ook de constatering van de Joodse advocaat uit Hamburg Kurt F. Rosenberg 'dat je de religieuze behoefte van een volk als drijfveer voor de nieuwe beweging in Duitsland volstrekt niet kunt overschatten'. *Tagebücher 1933–1937*, p. 257 (d.d. 16-3-1935).
28 Shirer, *Berliner Tagebuch*, p. 24 (d.d. 4-9-1934). Het ogenblik waarop ze hem te zien kregen, was voor hen 'het grootste moment' geweest 'van ons leven tot nog toe', schreven drie zusters uit Hall aan Hitler bij zijn 44ste verjaardag. Ze voelden 'hoe alles wat maar ademen kon, naar hem toe wilde, als aangetrokken door een magnetische kracht'. BA Berlijn-Lichterfelde, NS 51/72.
29 Speer, *Erinnerungen*, p. 79. Rudolf Heß getuigde dat naast Frederik de Grote en Richard Wagner Luther voor Hitler 'de grootste Duitser' was. 'De revolutionaire, taaie, onbevreesd tegenover de wereld staande, terrein winnende geesten zijn van zijn karakter.' R. Heß aan Klara Heß, 23-1-1927; BABern, Nl Heß, J1.211-1989/148, 39.
30 Vgl. als samenvatting Wehler, *Deutsche Gesellschaftsgeschichte*, band IV, p. 709-711 ('Gab es ein "NS-Wirtschaftswunder"?').
31 *Deutschland-Berichte der Sopade*, jrg. 2, 1935, p. 283.
32 Ibidem, jrg. 3, 1936, p. 157.
33 Domarus, *Hitler*, band I,1, p. 260, 262. Vgl. talrijke andere voorbeelden bij Zitelmann, *Hitler. Selbstverständnis eines Revolutionärs*, p. 190-196.
34 *Deutschland-Berichte der Sopade*, jrg. 1, 1934, p. 197; jrg. 2, 1935, p. 24, 422.
35 Goebbels, *Tagebücher*, deel I, band 3/I, p. 341 (d.d. 6-12-1935). Vgl. idem, band 3/II, p. 40 (d.d. 13-3-1936), 94 (d.d. 30-5-1936). Ferner Frank, *Im Angesicht des Galgens*, p. 198.
36 *Deutschland-Berichte der Sopade*, jrg. 1, 1934, p. 198, 200.
37 Ibidem, jrg. 1., 1934, p. 10 e.v. Begin juni 1934 meldde de Gestapo-agent Kassel, 'Zo onwankelbaar als overal het vertrouwen in de Führer is, zo sterk is anderzijds toch vaak de kritiek op de lagere organen en op speciale lokale toestanden.' Thomas Klein (red.), *Die Lageberichte der Geheimen Staatspolizei über die Provinz Hessen-Nassau*, Keulen/Wenen 1986, band 1, p. 102.
38 Domarus, *Hitler*, band I, 2, p. 613. Vgl. Burleigh, *Die Zeit des Nationalsozialismus*, p. 288 e.v.
39 Vgl. *Deutschland-Berichte der Sopade*, jrg. 2, 1935, p. 152.

40 Ibidem, jrg. 2, 1935, p. 758, 'Zinsnedes als [...] "als de Führer dat zou weten, zou hij het niet toelaten" waren algemeen te horen.' Verdere voorbeelden bij Frank Bajohr, 'Ämter, Pfründe, Korruption', in Wirsching (red.), *Das Jahr 1933*, p. 196, 199, opm. 52. Vgl. voor de compensatiefunctie van de Führermythe vooral Kershaw, *Der Hitler-Mythos*, p. 108, 121-130.
41 Domarus, *Hitler*, band I, 2, p. 529.
42 *Deutschland-Berichte der Sopade*, jrg. 2, 1935, p. 277; vgl. ibidem, p. 410, 'Het lijdt geen twijfel dat het voortdurende hameren op gelijke rechten, eer en Duitse vrijheid effect heeft gehad en verwarring heeft gezaaid tot diep in de gelederen van de ooit marxistische arbeidersklasse.'
43 Kershaw, *Der Hitler-Mythos*, p. 94 e.v.; vgl. Goebbels, *Tagebücher*, deel I, band 3/I, p. 37 (d.d. 22-4-1934), 'Het volk is één en ongedeeld bij Hitler. Nooit genoot een mens zo veel vertrouwen als hij.'
44 *Deutschland-Berichte der Sopade*, jrg. 2, 1935, p. 904, 1018.
45 Wiedemann, *Der Mann*, p. 90.
46 *Deutschland-Berichte der Sopade*, jrg. 3., 1936, p. 281.
47 Goebbels, *Tagebücher*, deel I, band 3/II, p. 203 (d.d. 5-10-1936).
48 Vgl. Karlheinz Schmeer, *Die Regie des öffentlichen Lebens im Dritten Reich*, München 1956, p. 68-116.
49 Hans-Ulrich Thamer, 'Faszination und Manipulation. Die Nürnberger Reichsparteitage der NSDAP', in Uwe Schultz, (red.), *Das Fest. Eine Kulturgeschichte von der Antike bis zur Gegenwart*, München 1988, p. 352-368 (citaat p. 353).
50 Goebbels, *Tagebücher*, deel I, band 2/III, p. 237 (d.d. 29-7-1933).
51 Vgl. Markus Urban, *Die Konsensfabrik. Funktion und Wahrnehmung der NS-Reichsparteitage 1933–1941*, Göttingen 2007, p. 61 e.v.
52 R. Heß aan zijn ouders, 21-9-1937; BA Bern, Nl Heß, J1.212-1989/148, 59. Vgl. voor het volgende Schmeer, *Die Regie*, p. 109-116; Thamer, *Faszination und Manipulation*, p. 360-363; Peter Reichel, *Der schöne Schein des Dritten Reiches. Faszination und Gewalt des Faschismus*, München 1991, p. 126-134; Siegfried Zelnhefer, *Die Reichsparteitage der* NSDAP. *Geschichte, Struktur und Bedeutung der größten Propagandafeste im nationalsozialistischen Feierjahr*, Neurenberg 2002, p. 91-113; idem, 'Rituale und Bekenntnisse. Die Reichsparteitage der NSDAP', in Centrum Industriekultur Nürnberg (red.), *Kulissen der Gewalt. Das Reichsparteitagsgelände in Nürnberg*, München 1992, p. 91-93. Het verloop van het partijcongres van 1938 wordt in detail beschreven door Yvonne Karow, *Deutsches Opfer. Kultische Selbstauslöschung auf den Reichsparteitagen der* NSDAP, Berlijn 1994, p. 209-281.
53 Shirer, *Berliner Tagebuch*, p. 23 (d.d. 4-9-1934).
54 Vgl. Goebbels, *Tagebücher*, deel I, band 6, p. 74 (d.d. 6-9-1938), 'De rijksregalia zijn weer naar Neurenberg overgebracht en blijven nu hier.'
55 Ibidem, over Furtwänglers rol in het Derde Rijk vgl. Fred K. Prieberg, *Kraftprobe. Wilhelm Furtwängler im Dritten Reich*, Wiesbaden 1986; Eberhard Straub, *Die Furtwänglers. Geschichte einer deutschen Familie*, München 2007.
56 Karow, *Deutsches Opfer*, p. 214.
57 Shirer, *Berliner Tagebuch*, p. 24 e.v. (d.d. 5-9-1934).
58 Vgl. Urban, *Die Konsensfabrik*, p. 142-144.
59 Shirer, *Berliner Tagebuch*, p. 26 (d.d. 6-9-1934).
60 Karow, *Deutsches Opfer*, p. 230.
61 Goebbels, *Tagebücher*, deel I, band 3/I, p. 292 (d.d. 13-9-1935).
62 Ibidem, band 3/II, p. 180 (d.d. 11-9-1936).
63 Karow, *Deutsches Opfer*, p. 248. Vgl. Sobański, *Nachrichten aus Berlin 1933–36*, p. 210 (over het partijcongres van 1936), 'De Führer passeert, een wonder gebeurt. Het wordt zo licht alsof het dag is. We zitten plotseling onder een spitse lichtkoepel van melkblauwe zuilen die van elkaar gescheiden door stroken van de diepblauwe nacht en boven onze hoofden bij elkaar komen als een heldere saffier.'

64 Nevile Henderson, *Fehlschlag einer Mission. Berlin 1937 bis 1939*, Zürich z.j. (1940), p. 80; Speer, *Erinnerungen*, p. 71; Joachim Fest, *Speer. Eine Biographie*, Berlijn 1999, p. 74-76. Vgl. Goebbels, *Tagebücher*, deel I, band 4 (d.d. 11-9-1937), 'In de avond een groot appel van de P.O. op het Zeppelinfeld, een uniek schouwspel. Zo mooi als een droom, overstraald door een oneindige lichtkathedraal.'
65 Citaat naar Zelnhofer, *Rituale und Bekenntnisse*, p. 94.
66 Karow, *Deutsches Opfer*, p. 251.
67 Domarus, *Hitler*, band I, 2, p. 532.
68 Karow, *Deutsches Opfer*, p. 265.
69 Shirer, *Berliner Tagebuch*, p. 28 (d.d. 9-11-1934).
70 Karow, *Deutsches Opfer*, p. 266.
71 Goebbels, *Tagebücher*, deel I, band 4, p. 309 (d.d. 13-9-1937). Volgens een mededeling van Albert Speer stamde 'het hele idee van de lange mars van het monument naar de tribune' van Hitler zelf en was het door hem in alle details vastgelegd. A. Speer aan J. Fest, 13-9-1969; BA Koblenz, N 1340/17.
72 Ibidem, band 3/II, p. 183 (d.d. 15-9-1936).
73 *Monologe*, p. 225 (d.d. 24./25-1-1942). Vgl. ook Unity Mitford (voor haar, zie verderop, hoofdstuk 18) aan haar zuster Diana, 19-9-1935, 'Hij [Hitler] zei dat hij zich vreselijk vlak voelde nu het allemaal voorbij was, & dat het zo deprimerend was om uit Neurenberg weg te rijden.' Charlotte Mosley (red.), *The Mitfords. Letters between Six Sisters*, Londen 2007, p. 54.
74 *Monologe*, p. 225 (d.d. 24/25-1-1942).
75 Goebbels, *Tagebücher*, deel I, band 3/II, p. 184 (d.d. 15-9-1936).
76 Ibidem, p. 151 (d.d. 7-8-1936), 153 (d.d. 9-8-1936), 'Führer is niet van het partijcongres af te brengen. Vooruit dan maar, in godsnaam!'
77 Speer, *Spandauer Tagebücher*, p. 403 (d.d. 28-11-1954). Over Hitlers behoefte aan greep op het verloop van het partijcongres, vgl. ook Urban, *Die Konsensfabrik*, p. 151-158.
78 François-Poncet, *Als Botschafter in Berlin*, p. 273. Vgl. ook het verslag van François-Poncet van het partijcongres van 1935, 19-9-1935; Bajohr/Strupp (red.), *Fremde Blicke auf das 'Dritte Reich'*, p. 436 e.v.
79 Henderson, *Fehlschlag einer Mission*, p. 78 e.v.
80 Shirer, *Berliner Tagebuch*, p. 28 (d.d. 10-9-1934).
81 Hamilton T. Burden, *Die programmierte Nation. Die Nürnberger Reichsparteitage*, Gütersloh 1967, p. 212. Vgl. Fromm, *Als Hitler mir die Hand küßte*, p. 206 (d.d. 11-9-1934), 'Deze massabijeenkomst is een sterk, verdovend vergif. Niet alle buitenlanders zijn in staat een helder hoofd te houden bij dit overweldigende uiterlijk vertoon.'
82 *Deutschland-Berichte der Sopade*, jrg. 2, 1935, p. 1019. Vgl. over de radio-uitzendingen van het partijcongres Urban, *Die Konsensfabrik*, p. 189-208; Reichel, *Der schöne Schein des Dritten Reiches*, p. 135.
83 Vgl. Peter Zimmermann, 'Die Parteitagsfilme der NSDAP und Leni Riefenstahl', in Peter Zimmermann/Kay Hoffmann (red.), *Geschichte des dokumentarischen Films in Deutschland*, band 3, 'Drittes Reich'1933-1945, Stuttgart 2005, p. 511-513; Urban, *Die Konsensfabrik*, p. 208-211.
84 Vgl. Wieland, Dietrich & Riefenstahl, p. 176-183, 294-296. De schrijfster corrigeert de aanhoudend verontschuldigende voorstelling van de gang van zaken in de *Memoires* van Leni Riefenstahl.
85 Goebbels, *Tagebücher*, deel I, band 2/III, p. 188 (d.d. 17-5-1933), 205 (d.d. 12-6-1933), 254 (d.d. 27-8-1933).
86 Citaat naar Wieland, Dietrich & Riefenstahl, p. 298.
87 Vgl. Speer, *Erinnerungen*, p. 71; Trimborn, *Riefenstahl*, p. 178-181; Wieland, Dietrich & Riefenstahl, p. 298-300.
88 Vgl. Wieland, Dietrich & Riefenstahl, p. 301 e.v.; over Walter Frentz vgl. Hans Georg Hiller von Gaertringen (red.), *Das Auge des Dritten Reiches. Hitlers Kameramann und Fotograf Walter Frentz*, Berlijn z.j. (2006), p. 69 e.v.

89 Goebbels, *Tagebücher*, deel I, band 2/III, p. 265 (d.d. 11-9-1933).
90 Vgl. Mario Leis, *Leni Riefenstahl*, Reinbek bei Hamburg 2009, p. 64 e.v.; Trimborn, *Riefenstahl*, p. 189 e.v.; Stephan Dolezel/Martin Loiperdinger, 'Adolf Hitler in Parteitagsfilmen und Wochenschau', in Martin Loiperdinger/Rudolf Herz/Ulrich Pohlmann (red.), *Führerbilder. Hitler, Mussolini, Roosevelt, Stalin in Fotografie und Film*, München 1995, p. 84.
91 Vgl. Leis, *Leni Riefenstahl*, p. 65 e.v.; Trimborn, *Riefenstahl*, p. 196.
92 Goebbels, *Tagebücher*, deel I, band 2/III, p. 325 (d.d. 29-11-1935).
93 Citaat naar Wieland, Dietrich & Riefenstahl, p. 307. Vgl. Goebbels, *Tagebücher*, deel I, band 2/III, p. 328 (d.d. 2-12-1933), 'Onder eindeloos gejuich komt deze visuele symfonie tot haar einde.'
94 Goebbels, *Tagebücher*, deel I, band 2/III, p. 340 (d.d. 19-12-1933).
95 Rainer Rother, Leni Riefenstahl. *Die Verführung des Talents*, Berlijn 2000, p. 60; Zimmermann, *Die Parteitagsfilme der* NSDAP, p. 515.
96 Vgl. Trimborn, *Riefenstahl*, p. 192; Urban, *Die Konsensfabrik*, p. 214.
97 Vgl. Trimborn, *Riefenstahl*, p. 194 e.v.; Leis, *Leni Riefenstahl*, p. 67 e.v.
98 Vgl. Martin Loiperdinger, *Der Parteitagsfilm 'Triumph des Willens' von Leni Riefenstahl*, Opladen 1987, p. 45.
99 Vgl. Trimborn, *Riefenstahl*, p. 212, 215; Leis, *Leni Riefenstahl*, p. 70 e.v.
100 Vgl. Loiperdinger, *Der Parteitagsfilm 'Triumph des Willens'*, p. 61-64; Leis, *Leni Riefenstahl*, p. 72 e.v.
101 Vgl. Loiperdinger, *Der Parteitagsfilm 'Triumph des Willens'*, p. 68-72; Leis, *Leni Riefenstahl*, p. 74 e.v.; Wieland, Dietrich & Riefenstahl, p. 319-321; Rother, *Leni Riefenstahl*, p. 75; Zimmermann, *Die Parteitagsfilme der* NSDAP, p. 519 e.v.; Philipp Stasny, 'Vom Himmel hoch. Adolf Hitler und die "Volksgemeinschaft" in "Triumph des Willens",' in Thamer/ Erpel, *Hitler und die Deutschen*, p. 86. Een uitvoerige analyse van de openingsscène en de religieuze connotaties bij Kristina Oberwinter, *'Bewegende Bilder'. Repräsentation und Produktion von Emotionen in Leni Riefenstahls 'Triumph des Willens'*, Berlijn 2007, p. 35-49, 144-154.
102 Goebbels, *Tagebücher*, deel I, band 2/III, p. 140 (d.d. 22-11-1934), 206 (d.d. 26-3-1935). Hitler bekeek de proefscènes van de film naar het schijnt op 5-3-1935. Wilhelm Brückner noteerde onder deze datum: 'Leni Riefenstahl. Een meid die van wanten weet! Film.' Notitieboek W. Brückner van 1935; BA Berlijn-Lichterfelde NS 26/1206.
103 Vgl. Trimborn, *Riefenstahl*, p. 221 e.v.; Wieland, Dietrich & Riefenstahl, p. 324; Oberwinter, 'Bewegende Bilder', p. 178. Volgens de beschrijving van Leni Riefenstahl (*Memoiren*, p. 232) kreeg ze bij het overhandigen van de bloemen een 'flauwte'.
104 Facsimile van het artikel in Loiperdinger, *Der Parteitagsfilm 'Triumph des Willens'*, p. 48.
105 Citaat naar Oberwinter, 'Bewegende Bilder', p. 180. Leni Riefenstahl bedankte Hitler met een telegram: '[...] deze grote eer, mijn Führer, zal me de kracht geven voor u, en voor uw grote werk, nieuwe dingen te scheppen.' Citaat naar Wieland, Dietrich & Riefenstahl, p. 325.
106 Aldus Erwin Leiser, *'Deutschland erwache!' Propaganda im Film des Dritten Reiches*, Reinbek bei Hamburg 1978, p. 30. Vgl. Reichel, *Der schöne Schein des Dritten Reiches*, p. 138.
107 Vgl. hiervoor Herz, Hoffmann & Hitler, p. 225-259.
108 Vgl. Leis, *Leni Riefenstahl*, p. 76; Urban, *Die Konsensfabrik*, p. 219 e.v.
109 Vgl. Hans-Ulrich Thamer, 'Nation als Volksgemeinschaft. Völkische Vorstellungen, Nationalsozialismus und Gemeinschaftsideologie', in Jörg-Dieter Gauger/ Klaus Weigelt (red.), *Soziales Denken in Deutschland zwischen Tradition und Innovation*, Bonn 1990, p. 113; Thomas Rohkrämer, *Die fatale Attraktion des Nationalsozialismus. Über die Popularität eines Unrechtsregimes*, Paderborn 2013, p. 178 e.v.; vgl. voor de verbreiding van 'volksgemeenschap'-voorstellingen in de Republiek van Weimar Michael Wildt, 'Die Ungleichheit des Volkes. 'Volksgemeinschaft' in der politischen Kommunikation der Weimarer Republik', in Frank Bajohr/Michael Wildt (red.) *Volksgemeinschaft. Neue Forschungen zur Gesellschaft des Nationalsozialismus*, Frankfurt am Main 2009, p. 24-40.

110 Respectievelijk geciteerd uit Domarus, *Hitler*, band I, 1, p. 192, 212, 227, 231, 260.
111 Ibidem, p. 350.
112 Vgl. Thamer, *Nation als Volksgemeinschaft*, p. 123; Zitelmann, *Hitler. Selbstverständnis eines Revolutionärs*, p. 205 e.v., 208 e.v. Voor de vaagheid van Hitlers terminologie vgl. ook Norbert Frei, '"Volksgemeinschaft". Erfahrungsgeschichte und Lebenswirklichkeit der Hitler-Zeit', in idem, *1945 und wir. Das Dritte Reich im Bewusstsein der Deutschen*, München 2005, p. 110-112.
113 Domarus, *Hitler*, band I, 1, p. 206.
114 Ibidem, p. 267.
115 Vgl. Thamer, *Verführung und Gewalt*, p. 499; Evans, *Das Dritte Reich*, band II,2, p. 558 e.v.
116 Reichel, *Der schöne Schein des Dritten Reiches*, p. 235. Vgl. ook Schneider, *Unterm Hakenkreuz*, p. 225-227.
117 Citaat in *Deutschland-Berichte der Sopade*, jrg. 6. Jg, 1939, p. 463. Vgl. Evans, *Das Dritte Reich*, band II,2, p. 565.
118 *Deutschland-Berichte der Sopade*, jrg. 5, 1938, p. 158.
119 Cijfers naar Wolfgang König, *Volkswagen, Volksempfänger, Volksgemeinschaft. 'Volksprodukte' im Dritten Reich, Vom Scheitern einer nationalsozialistischen Konsumgesellschaft*, Paderborn 2004, p. 192, 194.
120 *Monologe*, p. 65 (d.d. 22/23-9-1941).
121 Citaat naar Schildt, 'Jenseits der Politik?', in *Hamburg im 'Dritten Reich'*, p. 284. Vgl. Hasso Spode, '"Der deutsche Arbeiter reist". Massentourismus im Dritten Reich', in Gerhard Huck (red.), *Sozialgeschichte der Freizeit. Untersuchungen zum Wandel der Alltagskultur in Deutschland*, Wuppertal 1980, p. 281-306.
122 Goebbels, *Tagebücher*, deel I, band 3/II, p. 64 (d.d. 19-4-1936). In zijn monologen in het Führerhoofdkwartier kondigde Hitler aan: 'Elke arbeider zal in de toekomst zijn vakantie hebben, enkele dagen die hem helemaal toebehoren, en één tot twee keer in zijn leven zal ieder ook een zeereis kunnen maken.' *Monologe* p. 73 (d.d. 27./28-9-1941).
123 Vgl. König, *Volkswagen, Volksempfänger, Volksgemeinschaft*, p. 203-205; Thamer, *Verführung und Gewalt*, p. 501; Evans, *Das Dritte Reich*, band II, 2, p. 571.
124 Vgl. *Deutschland-Berichte der Sopade*, jrg. 2, 1935, p. 845 e.v.; jrg. 3, 1936, p. 882 e.v., 884 e.v.; jrg. 6, 1939, p. 474.
125 Ibidem, jrg. 1, 1934, p. 523.
126 Ibidem, jrg. 5, 1938, p. 172. Vgl. ibidem, jrg. 6, 1939, p. 478, Hitler had 'toch die geweldige instelling van de KdF-cruises geschapen,' zeiden ook arbeiders die zelf nog aan geen enkele reis hadden deelgenomen.
127 Ibidem, jrg. 2, 1935, p. 1456.
128 Vgl. Jürgen Rostock/Franz Zadnicek, *Paradiesruinen. Das KdF-Seebad der Zwanzigtausend auf Rügen*, Berlijn 1995; en verder König, *Volkswagen, Volksempfänger, Volksgemeinschaft*, p. 208-215; Evans, *Das Dritte Reich*, band II, 2, p. 569 e.v.
129 Citaat naar König, *Volkswagen, Volksempfänger, Volksgemeinschaft*, p. 209. Al in juli 1935 heeft Hitler met Goebbels gesproken over een plan voor een 'grote arbeidersbadplaats op een eiland in de Noordzee', '10.000 bedden. 15 miljoen. Dat zullen we voor elkaar krijgen. We zijn allebei laaiend enthousiast.' Goebbels, *Tagebücher*, deel I, band 3/I, p. 262 (d.d. 15-7-1935).
130 *Deutschland-Berichte der Sopade*, jrg. 6, 1939, p. 469.
131 Vgl. König, *Volkswagen, Volksempfänger, Volksgemeinschaft*, p. 18 e.v.; verder Hans-Werner Niemann, '"Volksgemeinschaft" als Konsumgemeinschaft?', in Detlef Schmiechen-Ackermann (red.), *'Volksgemeinschaft', Mythos, wirkungsmächtige soziale Verheißung oder soziale Realität im 'Dritten Reich'? Zwischenbilanz einer Kontroverse*, Paderborn 2012, p. 87-109.
132 Vgl. voor de details Rüdiger Hachtmann, *Industriearbeit im 'Dritten Reich'. Untersuchungen zu den Lohn- und Arbeitsbedingungen in Deutschland 1933–1945*, Göttingen 1989; idem, 'Lebenshaltungskosten und Realeinkommen während des "Dritten Reiches",' in *Vierteljahrsschrift für Sozial- und Wirtschaftsgeschichte*, band 75 (1988), p. 32-73; Tooze, *Ökonomie der Zerstörung*, p. 174 e.v.

133 Vgl. Aly, *Hitlers Volksstaat*, p. 36 e.v., 49 e.v.; voor kritiek hierop vgl. Rüdiger Hachtmann, 'Öffentlichkeitswirksame Knallfrösche. Anmerkungen zu Götz Alys "Volksstaat",' in *Sozial.Geschichte. Zeitschrift für historische Analyse des 20. und 21. Jahrhunderts*. N. F., jrg. 20 (2005), p. 46-66.
134 Vgl. König, *Volkswagen, Volksempfänger, Volksgemeinschaft*, p. 33 e.v.
135 Vgl. ibidem, p. 82 e.v.; Tooze, *Ökonomie der Zerstörung*, p. 182, heeft het over een 'echt hoogconjunctuurproduct van de jaren dertig'.
136 Goebbels, *Tagebücher*, deel I, band 2/III, p. 264 (d.d. 9-9-1933). Vgl. ibidem, band 3/II, p. 330 (d.d. 16-1-1937), 'Minder hoorspelen en voordrachten, en meer muziek en amusement. Algemene tendens overal: meer ontspannen!'
137 *Monologe*, p. 275 (d.d. 9-2-1942).
138 Goebbels, *Tagebücher*, deel I, band 2/III, p. 251 (d.d. 23-8-1933), band 3/I, p. 155 (d.d. 19-12-1934), 181 (d.d. 8-2-1935), 222 (d.d. 25-4-1935); band 6, p. 35 (d.d. 6-8-1938).
139 Citaat naar König, *Volkswagen, Volksempfänger, Volksgemeinschaft*, p. 103.
140 Domarus, *Hitler*, band I, 1, p. 370.
141 Mommsen/Grieger, *Das Volkswagenwerk*, p. 60.
142 Domarus, *Hitler*, band I, 2, p. 577. Vgl. Goebbels, *Tagebücher*, deel I, band 3/I, p. 380 (d.d. 17-2-1936), 'Führer houdt een fantastische rede. Uitdaging van de Volkswagen. Schitterende bewijsvoering.' Over F. Porsche en zijn verhouding met Hitler vgl. Mommsen/Grieger, *Das Volkswagenwerk*, p. 71 e.v.; Tooze, *Ökonomie der Zerstörung*, p. 186-188.
143 Vgl. Mommsen/Grieger, *Das Volkswagenwerk*, p. 117 e.v., 133 e.v.
144 Domarus, *Hitler*, band I, 2, p. 867 e.v. Al in januari 1937 had Hitler de bouw besproken van 'een reuzenfabriek voor de Volkswagen'. 'Daarbij NS-modelstad. Een groot project. De Führer is laaiend enthousiast.' Goebbels, *Tagebücher*, deel I, band 3/II, p. 327 (d.d. 13-1-1937).
145 *Deutschland-Berichte der Sopade*, jrg. 6, 1939, p. 488. Vgl. ibidem, p. 490.
146 Vgl. Mommsen/Grieger, *Das Volkswagenwerk*, p. 189-201; König, *Volkswagen, Volksempfänger, Volksgemeinschaft*, p. 178-181; Tooze, *Ökonomie der Zerstörung*, p. 190 e.v.
147 Vgl. Florian Tennstedt, 'Wohltat und Interesse. Das Winterhilfswerk des Deutschen Volkes, Die Weimarer Vorgeschichte und ihre Instrumentalisierung durch das NS-Regime', in *Geschichte und Gesellschaft*, jrg. 13 (1987), p. 157-180.
148 Domarus, *Hitler*, band I, 1, p. 300 e.v.
149 Goebbels, *Tagebücher*, deel I, band 2/III, p. 267 (d.d. 14-9-1933).
150 Domarus, *Hitler*, band I, 2, p. 742.
151 Goebbels, *Tagebücher*, deel I, band 3/I, p. 151 (d.d. 10-12-1934). Vgl. ibidem, p. 343 (d.d. 9-12-1935), band 3/II, p. 280 (d.d. 7-12-1936).
152 Domarus, *Hitler*, band I, 2, p. 545.
153 Speer, *Erinnerungen*, p. 134.
154 Herwart Vorländer, *Die NSV. Darstellung und Dokumentation einer nationalsozialistischen Organisation*, Boppard am Rhein 1988, p. 50 (afdruk van de brief, ibidem, p. 230).
155 *Deutschland-Berichte der Sopade*, jrg. 2, 1935, p. 1422, jrg. 5, 1938, p. 77.
156 Vgl. Vorländer, *Die NSV*, p. 53.
157 Citaat naar Zitelmann, *Hitler. Selbstverständnis eines Revolutionärs*, p. 132. Daar ook op p. 122 e.v. talrijke andere getuigenissen van Hitler, al uit de tijd voor 1933.
158 Domarus, *Hitler*, band I, 1, p. 373 (d.d. 25-3-1934).
159 Goebbels, *Tagebücher*, deel I, band 3/II, p. 318 (d.d. 6-1-1937).
160 Citaten op volgorde: *Monologe*, p. 72 (d.d. 27./28-9-1941), 114 (d.d. 29-10-1941), 120 (d.d. 1./2-11-1941), 290 (d.d. 22-2-1942).
161 Vgl. voor de jarenlange discussie over de moderniteit en de sociale mobiliteit in het nationaalsocialisme, die werd ontketend door David Schoenbaums boek *Die braune Revolution. Eine Sozialgeschichte des Dritten Reiches* (Keulen 1968) de samenvatting door Wildt, *Geschichte des Nationalsozialismus*, p. 106-109. Voorts Wehler, *Deutsche Gesellschaftsgeschichte*, band IV, p. 686-688, 771-773.

162 Vgl. Zitelmann, *Hitler. Selbstverständnis eines Revolutionärs*, p. 38, 489-496.
163 Frei, 'Volksgemeinschaft', p. 114 e.v.; vgl. Rolf Pohl, 'Das Konstrukt "Volksgemeinschaft" als Mittel zur Erzeugung von Massenloyalität im Nationalsozialismus', in Schmiechen-Ackermann (red.), *'Volksgemeinschaft'*, p. 69-84.
164 Aldus Bajohr/Wildt (red.), *Volksgemeinschaft*, p. 8. Kritisch hierover is Hans Mommsen, 'Der Mythos der Volksgemeinschaft', in idem, *Zur Geschichte Deutschlands im 20. Jahrhundert*, München 2010, p. 162-174. Genuanceerd is Ian Kershaw, 'Volksgemeinschaft – Potenzial und Grenzen eines neuen Forschungskonzepts', in *Vierteljahrshefte für Zeitgeschichte*, Jg. 59 (2011), p. 1-17.
165 Hitler, *Mijn Kamp*, p. 516-518.
166 *Hitler. Reden Schriften Anordnungen*, band III, 2, Dok. 64, p. 348, 353 (d.d. 4-8-1929).
167 Vgl. Gisela Bock, *Zwangssterilisation im Nationalsozialismus. Studien zur Rassenpolitik und Frauenpolitik*, Opladen 1986, p. 28-76.
168 Citaat naar Burleigh, *Die Zeit des Nationalsozialismus*, p. 103. Vgl. Wehler, *Deutsche Gesellschaftsgeschichte*, band IV, p. 664-669; Wildt, *Geschichte des Nationalsozialismus*, p. 110 e.v.
169 Bock, *Zwangssterilisation*, p. 80.
170 *Die Regierung Hitler*, deel I, 1, nr. 193, p. 664 e.v.
171 Domarus, *Hitler*, band I, 1, p. 355.
172 Vgl. Bock, *Zwangssterilisation*, p. 88, 182 e.v.
173 Ibidem, p. 90.
174 Ibidem, p. 230-233. Vgl. Evans, *Das Dritte Reich*, band II,2, p. 616.
175 Wehler, *Deutsche Gesellschaftsgeschichte*, band IV, p. 671; vgl. Longerich, *Politik der Vernichtung*, p. 60 e.v.
176 Vgl. daarvoor hierboven, hoofdstuk 14.
177 *Die Regierung Hitler*, deel I, 2, Nr. 222, p. 865 e.v. In een circulaire aan de Gauleiter d.d. 12-9-1933 gelastte Martin Bormann: 'Maatregelen tegen het Jodendom die verder gaan dan de huidige moeten volstrekt achterwege gelaten worden, met het oog op factoren in de buitenlandse politiek.' *Die Verfolgung und Ermordung der europäischen Juden*, band 1, Dok. 76, p. 242.
178 Vgl. Longerich, *Politik der Vernichtung*, p. 46-50.
179 Kulka/Jäckel (red.), *Die Juden in den geheimen Stimmungsberichten 1933–1945*, Nr. 32, p. 75 (daar ook talrijke andere documenten). Vgl. voor het antisemitische geweld in de provincie 1933–1934 Wildt, *Volksgemeinschaft als Selbstermächtigung*, p. 138 e.v.; Ahlheim, 'Deutsche kauft nicht bei Juden!', p. 318 e.v.
180 Vgl. Wildt, *Volksgemeinschaft als Selbstermächtigung*, vooral p. 144, 172.
181 Kulka/Jäckel (red.), *Die Juden in den geheimen Stimmungsberichten 1933–1945*, Nr. 60, p. 100 e.v.
182 Vgl. Wildt, *Volksgemeinschaft als Selbstermächtigung*, p. 225 e.v.; vgl. Alexandra Przyrembel, *'Rassenschande' Reinheitsmythos und Vernichtungslegitimation im Nationalsozialismus*, Göttingen 2003.
183 Citaat naar Wildt, *Volksgemeinschaft als Selbstermächtigung*, p. 192; vgl. ook Ahlheim, 'Deutsche kauft nicht bei Juden!', p. 366 e.v.
184 Cohn, *Kein Recht, nirgends*, band 1, p. 259 (d.d. 12-8-1935); vgl. Klemperer, *Tagebücher 1933–1941*, p. 192 (d.d. 17-4-1935); Rosenberg, *Tagebücher 1933–1937*, p. 264 e.v. (d.d. 4-3-1935), 282 (d.d. 23-3-1935).
185 Fritz Wiedemann aan Martin Bormann, 30-4-1935; IfZ München, ED 9.
186 Citaat naar Wildt, *Volksgemeinschaft als Selbstermächtigung*, p. 272.
187 Kulka/Jäckel (red.), *Die Juden in den geheimen Stimmungsberichten 1933-1945*, Nr. 122, p. 138.
188 Goebbels, *Tagebücher*, deel I, band 3/I, p. 229 (d.d. 9-5-1935), 234 (d.d. 19-5-1935).
189 *Der Angriff* d.d. 1-7-1935; citaat naar Longerich, *Politik der Vernichtung*, p. 86. Vgl. ook Goebbels' redevoering d.d. 11-5-1934, 'Ze hebben zich in Duitsland zo te gedragen als gasten betaamt.' *Die Verfolgung und Ermordung der europäischen Juden*, band 1, Dok. 117, p. 338

190 L. Weinmann aan het rijksministerie van Binnenlandse Zaken, 26-5-1935; *Die Verfolgung und Ermordung der europäischen Juden*, band 1, Dok. 168, p. 440 e.v.; vgl. ook het verslag van de leiding van de politie in München d.d. 17-5-1935; Kulka/Jäckel (red.), *Die Juden in den geheimen Stimmungsberichten 1933-1945*, Nr. 121, p. 137. Voorts Wildt, *Volksgemeinschaft als Selbstermächtigung*, p. 199 e.v.; Longerich, *Politik der Vernichtung*, p. 84; Friedländer, *Das Dritte Reich und die Juden*, band 1, p. 154 e.v.
191 Goebbels, *Tagebücher*, deel I, band 3/I, p. 262 (d.d. 15-7-1935).
192 Citaat naar Longerich, *Politik der Vernichtung*, p. 87.
193 *Neue Zürcher Zeitung* d.d. 16-7-1935; *Die Verfolgung und Ermordung der europäischen Juden*, band 1, Dok. 176, p. 452. Vgl. Goebbels, *Tagebücher*, deel I, band 3/I, p. 263 (d.d. 19-7-1935); 'Opstootjes op de Kurfürstendamm, Joden in elkaar geslagen. Buitenlandse pers neuzelt "pogrom".' Over de rellen op de Kurfürstendamm vgl. Longerich, *Politik der Vernichtung*, p. 86 e.v.; Ahlheim, *'Deutsche kauft nicht bei Juden!'*, p. 387 e.v.
194 Klemperer, *Tagebücher 1933–1941*, p. 212 (d.d. 11-8-1935).
195 Kulka/Jäckel (red.), *Die Juden in den geheimen Stimmungsberichten 1933–1945*, Nr. 133, p. 143.
196 Vgl. Longerich, *Politik der Vernichtug*, p. 95.
197 Vgl. ibidem, p. 94.
198 Heydrich aan Lammers, 16-7-1935; citaat naar Werner Jochmann, 'Die deutsche Bevölkerung und die nationalsozialistische Judenpolitik bis zur Verkündung der Nürnberger Gesetze', in idem, *Gesellschaftskrise und Judenfeindschaft in Deutschland 1870–1945*, Hamburg 1988, p. 246.
199 Afgedrukt in Michael Wildt (red.), *Die Judenpolitik des SD 1935 bis 1939. Eine Dokumentation*, München 1995, Dok. 2, p. 69 e.v.
200 Kopper, *Hjalmar Schacht*, p. 277 e.v.
201 Ibidem, p. 279 e.v.; vgl. Goebbels, *Tagebücher*, deel I, band 3/I, p. 280 (d.d. 21-8-1935), 'Schacht heeft (in) Koningsbergen een provocerende redevoering à la Papen gehouden.'
202 Ministersoverleg d.d. 20-8-1935 (overeenkomstig het in het 'Bijzondere Archief Moskou' gevonden verslag van het bureau van de Gestapo); *Die Verfolgung und Ermordung der europäischen Juden*, band 1, Dok. 189, p. 471-478.
203 Heydrich aan de deelnemers van de topbespreking in het rijksministerie van Economische Zaken, 9-9-1935; Wildt, *Die Judenpolitik des SD 1935–1939*, Dok. 3, p. 70-73.
204 Gerwarth, *Reinhard Heydrich*, p. 121.
205 De mening dat de Neurenbergse wetten op geïmproviseerde wijze tot stand gekomen zijn, gaan terug op het in 1950 geschreven verslag dat Bernhard Lösener baseerde op zijn herinneringen, 'Das Reichsministerium des Innern und die Judengesetzgebung', in *Vierteljahrshefte für Zeitgeschichte*, jrg. 9 (1961), p. 262-313. Uitvoerige bronnenkritiek hierop heeft Cornelia Essner, *Die 'Nürnberger Gesetze' oder die Verwaltung des Rassenwahns 1933–1945*, Paderborn 2002, p. 113-134. Vgl. ook Wildt, *Volksgemeinschaft als Selbstermächtigung*, p. 263.
206 Goebbels, *Tagebücher*, deel I, band 3/I, p. 290 (d.d. 9-9-1935). Vgl. over het voorval in New York David Bankier, *Die öffentliche Meinung im Hitler-Staat. Die 'Endlösung' und die Deutschen*, Berlijn 1995, p. 65 e.v.
207 Goebbels, *Tagebücher*, deel I, band 3/I, p. 293 (d.d. 15-9-1935).
208 Lösener, *Das Reichsministerium des Innern und die Judengesetzgebung*, p. 273.
209 Ibidem, p. 209.
210 Goebbels, *Tagebücher*, deel I, band 3/I, p. 294 (d.d. 15-9-1935).
211 Lösener, *Das Reichsministerium des Innern und die Judengesetzgebung*, p. 276. Vgl. Friedländer, *Das Dritte Reich und die Juden*, band 1, p. 165.
212 Tekst van de wetten in *Die Verfolgung und Ermordung der europäischen Juden*, band 1, Dok-198/199, p. 492-494.
213 Domarus, *Hitler*, band I,2, p. 536 e.v.
214 Goebbels, *Tagebücher*, deel I, band 3/I, p. 294 (d.d. 17-9-1935).
215 *Die Verfolgung und Ermordung der europäischen Juden*, band 1, Dok. 202, p. 502. Volgens de herinneringen van Fritz Wiedemann noemde Hitler na het Neurenbergse partijcongres

van 1935 als doel van zijn 'Jodenpolitiek' 'weg uit alle beroepen, getto, opgesloten in een territorium zoals dat past bij hun aard, terwijl het Duitse volk toekijkt zoals men wilde dieren bekijkt'. Aantekeningen in trefwoorden van Wiedemann d.d. 25-2-1939; BA Koblenz, N 1720/4.
216 Cohn, *Kein Recht, nirgends*, band 1, p. 276 (d.d. 14-9-1935).
217 Klemperer, *Tagebücher 1933–1941*, p. 219 (d.d. 17-9-1935).
218 Citaat naar Peter Longerich, *'Davon haben wir nichts gewußt!' Die Deutschen und die Judenverfolgung 1933–1945*, München 2006, p. 93.
219 Aldus de verslagen over de toestand in Berlijn en Koblenz van september 1935; citaat naar Otto Dov Kulka, 'Die Nürnberger Rassegesetze und die deutsche Bevölkerung im Lichte geheimer SS-Lage- und Stimmungsberichte', in *Vierteljahrshefte für Zeitgeschichte*, jrg. 32 (1984), p. 602.
220 Ibidem, p. 603.
221 *Deutschland-Berichte der Sopade*, 2. jrg., 1935, p. 1019.
222 Ibidem, 3. jrg., 1936, p. 27. Vgl. ibidem, p. 24, 'Dat er een "Jodenprobleem" bestaat, is een algemeen heersende opvatting.'
223 Vgl. Lösener, *Das Reichsministerium des Innern und die Judengesetzgebung*, p. 279 e.v.
224 Goebbels, *Tagebücher*, deel I, band 3/I, p. 301 (d.d. 1-10-1935).
225 Vgl. Uwe Dietrich Adam, *Judenpolitik im Dritten Reich*, Königstein/Ts. 1979, p. 138-140.
226 Goebbels, *Tagebücher*, deel I, band 3/I, p. 324 (d.d. 7-11-1935).
227 Tekst in *Die Verfolgung und Ermordung der europäischen Juden*, band 1, Dok. 210, p. 521-523. Later gaat Stückart er prat op dat hij 'nog enkele giftanden getrokken heeft' uit de Neurenbergse wetten. Schwerin von Krosigk aan Hans Mommsen, 2-7-1968; BA Koblenz, N 1276/23.
228 Goebbels, *Tagebücher*, deel I, band 3/I, p. 329 (d.d. 15-11-1935). Over het 'labiele compromis' d.d. 14-11-1935 vgl. Essner, *Die 'Nürnberger Gesetze'*, p. 171-173.
229 Vgl. Adam, *Judenpolitik*, p. 142; Longerich, *Politik der Vernichtung*, p. 113; Kershaw, *Hitler*, band I, p. 719 e.v.
230 Citaat naar Friedländer, *Das Dritte Reich und die Juden*, band 1, p. 133.
231 Gabriele Toepser-Ziegert (bew.), *NS-Presseanweisungen der Vorkriegszeit. Edition und Dokumentation*. 1936, band 4,1, München u. a. 1993, p. 85 (d.d. 27-1-1936).
232 Goebbels, *Tagebücher*, deel I, band 3/I, p. 376 (d.d. 6-2-1936).
233 Vgl. het verslag van de Beierse politie d.d. 1-3-1936, 'De moord op deelstaatleider Gustloff door de Jood Frankfurter in Davos heeft niet geleid tot ongeregeldheden tegen de Joden.' Kulka/Jäckel (red.), *Die Juden in den geheimen Stimmungsberichten 1933–1945*, Nr. 204, p 192.
234 Domarus, *Hitler*, band I,2, S 574 e.v.; vgl. Goebbels, *Tagebücher*, deel I, band 3/I, p. 379 (d.d. 14-2-1936), 'De Führer houdt een radicale, felle redevoering tegen de Joden. Dat is ook wel eens goed. Wordt ook nog op alle radiozenders uitgezonden.'
235 Arnd Krüger, *Die Olympischen Spiele 1936 und die Weltmeinung. Ihre außenpolitische Bedeutung unter besonderer Berücksichtigung der USA*, Berlijn 1972, p. 31.
236 Lewald aan Lammers, 16-3-1933; *Akten der Regierung Hitler* deel I,1, Nr. 66, p. 234, noot 3.
237 Hitler aan Lewald, 13-11-1934; Facsimile in Reinhard Rürup (red.), *1936. Die Olympischen Spiele und der Nationalsozialismus*, Berlijn 1996, p. 51.
238 Goebbels, *Tagebücher*, deel I, band 2/III, p. 358 (d.d. 16-1-1934). Vgl. R. Heß aan zijn ouders, 18-12-1935, 'De Olympische Spelen zullen hoe dan ook het grootst mogelijke resultaat hebben voor het nieuwe Duitsland.' BA Bern, Nl Heß, J1.211-1989/148, 55. In een brief aan zijn vader Fritz Heß d.d. 8-6-1936 noemde Rudolf Heß de Olympische Spelen 'het eerste grote representatieve optreden van het nieuwe Rijk'. BA Bern, Nl Heß, J1.211-1989/148, 57. Over de propaganda-activiteiten in het olympische jaar en hun resultaten vgl. Ewald Grothe, 'Die Olympischen Spiele von 1936 – Höhepunkt der NS-Propaganda?', in *Geschichte in Wissenschaft und Unterricht*, jrg. 59 (2008), p. 291-307.
239 Lewald aan secretaris Pfundtner, 5-10-1933 met bijgevoegde aantekeningen over het Hitler-bezoek; *Die Regierung Hitler* deel I, 2, Nr. 226, p. 893-895. Vgl. Goebbels, *Tagebücher*, deel I, band 2/III, p. 289 (d.d. 11-10-1933), 'Bij de chef bespreking over de

Olympische Spelen. Nieuw, grandioos stadioncomplex. Chef zo royaal als altijd. Zo zie ik hem graag.' Voorts *Hitlers Tischgespräche*, p. 216 e.v. (d.d. 12-4-1942).
240 Vgl. voor de details Wolfgang Schäche/Norbert Szymanski, *Das Reichssportfeld. Architektur im Spannungsfeld von Sport und Macht*, Berlijn-Brandenburg 2001, p. 76-103.
241 Vgl. Goebbels, *Tagebücher*, deel I, band 3/I, p. 130 (d.d. 2-11-1934), 'Hij [Hitler] beklaagt zich over de nieuwbouw van het stadion, die hij terecht als ontoereikend beschouwt.'
242 Speer, *Erinnerungen*, p. 94; Fest, *Speer* p. 81 e.v.; onkritisch ook Ian Kershaw, *Hitler*, band II, 1936-1945, Stuttgart 2000, p. 36. Vgl. voor kritiek op Speers voorstelling van zaken Schäche/Szymanski, *Das Reichssportfeld*, p. 78-80; Armin Fuhrer, *Hitlers Spiele. Olympia 1936 in Berlin*, Berlijn-Brandenburg 2011, p. 26 e.v.
243 Citaat naar Krüger, *Die Olympischen Spiele 1936*, p. 46 e.v.
244 Vgl. Fuhrer, *Hitlers Spiele*, p. 44-48; Alexander Emmerich, *Olympia 1936. Trügerischer Glanz eines mörderischen Systems*, Keulen 2011, p. 150.
245 Voor de aanvallen van de pers op Lewald vgl. Lewald aan Lammers, 3-4-1933; *Die Regierung Hitler* deel I,1, Nr. 84, p. 284-286.
246 Vgl. Fuhrer, *Hitlers Spiele*, p. 47 e.v.; Emmerich, *Olympia 1936*, p. 53.
247 Citaat naar Guy Walters, *Berlin Games. How Hitler Stole the Olympic Dream*, Londen 2006, p. 53.
248 Vgl. Krüger, *Die Olympischen Spiele 1936*, p. 163-166.
249 Goebbels, *Tagebücher*, deel I, band 3/I, p. 377 (d.d. 8-2-1936).
250 Vgl. Krüger, *Die Olympischen Spiele 1936*, p. 170; Fuhrer, *Hitlers Spiele*, p. 65 e.v.
251 Shirer, *Berliner Tagebuch*, p. 51 (d.d. februari 1936); vgl. Goebbels, *Tagebücher*, deel I, band 3/I, p. 381 (d.d. 17-2-1936), 'Iedereen prijst onze organisatie. Die was ook schitterend.'
252 Goebbels, *Tagebücher*, deel I, band 3/II, p. 138 (d.d. 24-7-1936), 143 (d.d. 30-7-1936). Vgl. Shirer, *Berliner Tagebuch*, p. 67 (d.d. 27-7-1936), 'De nazi's staken elkaar naar de kroon bij hun inspanningen een positieve indruk te maken op de buitenlandse bezoekers.'
253 Vgl. B. Fromm, *Als Hitler mir die Hand küßte*, p. 248 (d.d. 23-7-1936); Large, *Berlin*, p. 280.
254 Citaat naar Richard Mandell, *Hitlers Olympiade*. Berlijn 1936, München 1980, p. 134.
255 Citaat naar Large, *Berlin*, p. 280.
256 Goebbels, *Tagebücher*, deel I, band 3/II, p. 146 (d.d. 2-18-1936).
257 Domarus, *Hitler*, band I,2, p. 632.
258 Vgl. Schäche/Szymanski, *Das Reichssportfeld*, p. 107 e.v.; Fuhrer, *Hitlers Spiele*, p. 92 e.v.
259 Goebbels, *Tagebücher*, deel I, band 3/II, p. 146 (d.d. 2-8-1936). Vgl. Fuhrer, *Hitlers Spiele*, p. 93 e.v.; François-Poncet, *Als Botschafter in Berlin*, p. 269.
260 Vgl. Fuhrer, *Hitlers Spiele*, p. 94 e.v.; Emmerich, *Olympia 1936*, p. 132 e.v.
261 Citaat naar Walters, *Berlin Games*, p. 187.
262 Goebbels, *Tagebücher*, deel I, band 3/II, p. 146 (d.d. 2-8-1936).
263 M. Dodd, *Nice to Meet You, Mr. Hitler!*, p. 234. Vgl. ook François-Poncet, *Als Botschafter in Berlin*, p. 270; B. Fromm, *Als Hitler mir die Hand küßte*, p. 249 (d.d. 15-8-1936).
264 Vgl. Mandell, *Hitlers Olympiade*, p. 203 e.v.; Large, *Berlin*, p. 281 e.v.; Kershaw, *Hitler*, band II, p. 37 e.v.
265 Goebbels, *Tagebücher*, deel I, band 3/II, p. 149 (d.d. 5-8-1936).
266 Schirach, *Ich glaubte an Hitler*, p. 218. Vgl. Speer, *Erinnerungen*, p. 86.
267 Frank, *Im Angesicht des Galgens*, p. 250; vgl. Wiedemann, *Der Mann*, p. 209.
268 Goebbels, *Tagebücher*, deel I, band 3/II, p. 147 (d.d. 3-8-1936), 161 (d.d. 17-8-1936).
269 Schmidt, *Statist auf diplomatischer Bühne*, p. 330.
270 François-Poncet, *Als Botschafter in Berlin*, p. 267.
271 Goebbels, *Tagebücher*, deel I, band 3/II, p. 160 e.v. (d.d. 16-8-1936); vgl. ibidem, p. 158 (d.d. 14-8-1936); Ribbentrop, *Zwischen London und Moskau*, p. 94 e.v.
272 Vgl. Rürup (red.), 1936. *Die Olympischen Spiele und der Nationalsozialismus*, p. 169-177; Fuhrer, *Hitlers Spiele*, p. 133-139.
273 Goebbels, *Tagebücher*, deel I, band 5, p. 267 (d.d. 21-8-1938). Voor de olympische film vgl. Rother, *Leni Riefenstahl*, p. 87-101; Wieland, *Dietrich & Riefenstahl*, p. 329-346; Leis, *Leni Riefenstahl*, p. 78-86; Fuhrer, *Hitlers Spiele*, p. 127-133.

274 Shirer, *Berliner Tagebuch*, p. 68 (d.d. 16-8-1936) Over de weerklank in het buitenland vgl. ook Krüger, *Die Olympischen Spiele* 1936, p. 206-215; Large, *Berlin*, p. 280 e.v.
275 Citaat naar Krüger, *Die Olympischen Spiele 1936*, p. 229.
276 Klemperer, *Tagebücher 1933-1941*, p. 291 e.v.
277 Domarus, *Hitler*, band I,2, p. 638, 645 e.v. Vgl. Friedländer, *Das Dritte Reich und die Juden*, band I, p. 201.
278 Klemperer, *Tagebücher 1933-1942*, p. 305 (d.d. 14-9-1936). Vgl. Cohn, *Kein Recht, nirgends*, band 1, p. 353 (d.d. 11-9-1936); Th. Mann, *Tagebücher 1937-1939*, p. 38 (d.d. 10-3-1937), 'Waarom, in godsnaam, dit gekruip voor het medelijden van de publieke opinie?'

17 Regeerstijl en monumentale architectuur

1 Delmer, *Die Deutschen und ich*, p. 182.
2 Vgl. Dietrich, *12 Jahre mit Hitler*, p. 39, 249.
3 Vgl. Schwerin von Krosigk, *Es geschah in Deutschland*, p. 199.
4 Uitspraak van Lammers in het 'Wilhelmstraßeproces' op 3-9-1948; citaat naar Dieter Rebentisch, 'Hitlers Reichskanzlei zwischen Politik und Verwaltung', in idem/Karl Teppe (red.), *Verwaltung contra Menschenführung im Staat Hitlers*, Göttingen 1986, p. 68. Vgl. Ook de verklaring onder ede van Wilhelm Brückner, juni 1954, dat Hitler een man had gewild 'die niet met partijintriges enz. belast is, maar in plaats daarvan de grootst mogelijke juridische kwaliteiten vertoont, juist voor deze functie'. IfZ München, ED 100/43.
5 Hoßbach, *Zwischen Wehrmacht und Hitler*, p. 43.
6 Speer, *Erinnerungen*, p. 48.
7 Wiedemann, *Der Mann*, p. 60 e.v.
8 Krause, *Zehn Jahre Kammerdiener*, p. 22. Over een 'ononderbroken reizend leven' heeft Otto Dietrich gesproken in de ondervraging d.d. 26-5-1947; IfZ München, ZS 874. Vgl. Dietrich, *12 Jahre mit Hitler*, p. 161. Over de 'reismanie' van Hitler vgl. Fest, *Hitler*, p. 612, 737; Steinert, *Hitler*, p. 123.
9 Speer, *Erinnerungen*, p. 59. Vgl. de aantekeningen in trefwoorden van Wiedemann d.d. 25-2-1939, 'Als hij vanuit Berlijn naar München kwam, ging de eerste rit naar het atelier van Troost, dan naar het huis, dan voor het eten naar het café, dan naar het bureau "Bouw" van het Beierse ministerie van Binnenlandse Zaken.' BA Koblenz, N 1720/4. Voor Hitlers stereotiepe dagindeling tijdens zijn bezoeken aan München vgl. ook *Tägl. Aufzeichnungen Max Wünsches* d.d. 18-6-, 25-6-, 2-7-, 6- 7-, 21-7-1938; BA Berlijn-Lichterfelde, NS 10/125; Dietrich, *12 Jahre mit Hitler*, p. 200-202.
10 Vgl. Hans Wilderotter, *Alltag der Macht. Berlin Wilhelmstraße*, Berlijn 1998, p. 74.
11 Goebbels, *Tagebücher*, deel I, band 2/III, p. 360 (d.d. 22-1-1934). Vgl. Nußlein, *Paul Ludwig Troost*, p. 67 e.v.; over de staatsbegrafenis d.d. 24-1-1934 ibidem, p. 160 e.v. Nog in september 1941 duidde Hitler Troost aan als 'de grootste architect van onze tijd'. *Berichte Werner Koeppens*, p. 1 (d.d. 6-9-1941).
12 Vgl. Fest, *Speer*, p. 21-50.
13 Speer, *Erinnerungen*, p. 43. Vgl. Fest, *Speer*, p. 52.
14 Vgl. Below, *Als Hitlers Adjutant*, p. 28; Krause, *Zehn Jahre Kammerdiener*, p. 34 e.v.; Schroeder, *Er war mein Chef*, p. 59-61; Rochus Misch, *Der letzte Zeuge*. 'Ich war Hitlers Telefonist, Kurier und Leibwächter', Zürich und München 2008, p. 73-77; Steinert, *Hitler*, p. 325 e.v.
15 Vgl. notities van Karl Brandt over Wihelm Brückner en Julius Schaub (20-9-1945); BA Koblenz, N 1128/33; Below, *Als Hitlers Adjutant*, p. 29 e.v., 71, 90; Schroeder, *Er war mein Chef*, p. 37, 42, 44 e.v., 46, 53 e.v.; Krause, *Zehn Jahre Kammerdiener*, p. 23-27; Linge, *Bis zum Untergang*, p. 24 e.v.; Hanfstaengl, *Zwischen Weißem und Braunem Haus*, p. 309 e.v.; Rose, *Julius Schaub*, p. 21, 51.
16 Linge, *Bis zum Untergang*, p. 59.
17 De geschenkenlijst voor de jaren 1935 en 1936 staat afgedrukt bij Joachimsthaler, *Hitlers*

Liste, p. 12-15. De bedankbrieven voor geschonken bloemen bij de jaarwisseling van 1934 (onder anderen van Victoria von Dirksen, Margarete Frick, Cornelia Popitz) in BA Berlijn-Lichterfelde, NS 10/123. Vgl. voor Hitlers vrijgevigheid met cadeaus Schroeder, *Er war mein Chef*, p. 55 e.v.; Dietrich, *12 Jahre mit Hitler*, p. 197.

18 Goebbels, *Tagebücher*, deel I, band 3/II, p. 85 (d.d. 17-5-1936). Vgl. ibidem, p. 85 (d.d. 18-5-1936), 'Führer vaak heel afwezig. Hij lijdt er erg onder.' Hitler was betrokken bij de begrafenis van Schreck in München-Gräfelding op 19-5-1936 en hij bekommerde zich om de grafsteen. Vgl. BA Berlijn-Lichterfelde, NS 10/121. Vgl. voor de begrafenis van Schreck ook de notitie van Hanfstaengl, 'A.H. in een pet met klep als de gelaarsde kat, en om hem heen de dringende kudde Gauleiter, bobo's en andere mosterdbruine gordeldieren. Troosteloos! Een gangsterbende.' BSB München, Nl Hanfstaengl Ana 405, Schachtel 27.

19 Hoßbach, *Zwischen Wehrmacht und Hitler*, p. 22. Vgl. Schwerin von Krosigk, *Niederschrift zur Persönlichkeit Hitlers* (ca. 1945), 'Deze vriendelijkheid kon met verbazingwekkende abruptheid omslaan in een woede-uitbarsting of een schrikaanjagend ogende hardheid'; IfZ München, ZS 145, band 5.

20 Krause, *Zehn Jahre Kammerdiener*, p. 61.

21 Ibidem, p. 27. Over het hierbovenstaande vgl. Schroeder, *Er war mein Chef*, p. 60, 83.

22 Wiedemann, *Der Mann*, p. 235 e.v.; vgl. hierover ook p. 739 in dit boek.

23 De concrete aanleiding was dat Hanfstaengl aan tafel had opgemerkt dat hij als in de Verenigde Staten geïnterneerd burger tijdens de Eerste Wereldoorlog eveneel moed en dapperheid had getoond als de frontsoldaten. Hitler en Goebbels besloten hem daarop een lesje te leren. Hanfstaengl kreeg een verzegelde opdracht mee die hij pas mocht openmaken na de start van een voor hem klaarstaand vliegtuig. Het was een bevel dat hij naar Spanje moest vliegen en boven 'Rood-Spaans gebied' zou worden gedropt om daar te werken als agent voor Franco. De vertwijfelde Hanfstaengl smeekte de piloot om rechtsomkeert te maken, maar deze zette schijnbaar onbewogen de vlucht voort. Ten slotte landde de machine niet in Spanje maar op een vliegveld bij Leipzig, en Hanfstaengl moest erkennen dat hij het slachtoffer was geworden van een macabere grap. Onmiddellijk ging hij naar Zwitserland en daarvandaan naar Londen. Hier beantwoordde hij op 23-6-1937 in identieke brieven de talrijke felicitatiebrieven en telegrammen voor zijn 50ste verjaardag op 11-2-1937; BSB München, Nl. Hanfstaengl Ana 405, Schachtel 46. In de nazileiding was men bang dat hij informatie uit de intieme kring rond Hitler zou verraden, en men probeerde vergeefs hem tot terugkeer te bewegen. Vgl. verklaringen onder ede van Julius Schaub en Wilhelm Brückner uit augustus 1949; IfZ München, ED 100/43; Speer, *Erinnerungen*, p. 141; Hanfstaengl, *Zwischen Weißem und Braunem Haus*, p. 362 e.v.; Machtan, *Hitlers Geheimnis*, p. 343 e.v. Voorts Goebbels, *Tagebücher*, deel I, band 3/II, p. 368 (d.d. 11-2-1937), band 4, p. 47 (d.d. 12-3-1937), 53 (d.d. 16-3-1937), 59 (d.d. 20-3-1937), 91 (d.d. 13-4-1937), 97 (d.d. 16-4-1937), band 5, p. 105 (d.d. 19-1-1938). Vgl. ook de briefwisseling van Hanfstaengl met Lammers, Julius Streicher en Wilhelm Brückner in december 1937 over het boek van Kurt Lüdecke, *I Knew Hitler*, dat in november 1937 verschenen was bij Charles Scribner in New York. Hanfstaengl verbond hieraan zijn eis tot rehabilitatie door Hitler met het dreigement anders dingen te onthullen die 'bepaalde heerschappen niet bijzonder aangenaam zouden kunnen zijn'. BA Berlijn-Lichterfelde, R 43 II/889b. Een met de hand geschreven dreigbrief aan Hitler d.d. 12-2-1939 als facsimile bij Machtan, *Hitlers Geheimnis*, p. 351-353. Nog in augustus 1939 bood Martin Bormann Hanfstaengl 'in opdracht van de Führer' aan hem bij zijn terugkeer een 'passende positie' te geven en alle tijdens de ballingschap ontstane 'financiële verplichtingen' over te nemen. Hanfstaengl ging echter niet in op dit aanbod; hij verlangde een brief van Hitler, waarin deze de 'laatste verantwoordelijkheid' voor het hem aangedane onrecht zou overnemen, maar daar ging de dictator niet op in. Bormann aan Hanfstaengl, 15-8-1939 en het antwoord van Hanfstaengl d.d. 18-8-1939; BSB München, Nl Hanfstaengl, Ana 405, Schachtel 40.

24 Vgl. Krause, *Zehn Jahre Kammerdiener*, p. 12-14.

25 Vgl. Speer, *Erinnerungen*, p. 47; Wilderotter, *Alltag der Macht*, p. 72; Kellerhoff, *Hitlers Berlin*, p. 110.

26 Dietrich, *Zwölf Jahre mit Hitler*, p. 152.
27 Vgl. Wiedemann, *Der Mann*, p. 68; Hanfstaengl, *Zwischen Weißem und Braunem Haus*, p. 311; Dietrich, *12 Jahre mit Hitler*, p. 152.
28 Speer, *Erinnerungen*, p. 132; vgl. Schirach, *Ich glaubte an Hitler*, p. 237.
29 Krause, *Zehn Jahre Kammerdiener*, p. 15.
30 Vgl. Schwarz, *Geniewahn*, p. 138 e.v. (daar ook een reproductie van het schilderij).
31 Aldus de beschrijving door de privésecretaris van Ribbentrop, Reinhard Spitzy, *So haben wir das Reich verspielt. Bekenntnisse eines Illegalen*, 2de herziene druk, München-Wenen 1986, p. 125. Vgl. Wilderotter, *Alltag der Macht*, p. 124.
32 Vgl. Speer, *Erinnerungen*, p. 133; Dietrich, *12 Jahre mit Hitler*, p. 252 e.v.; Hanfstaengl, *Zwischen Weißem und Braunem Haus*, p. 311 e.v.; Wiedemann, *Aufzeichnung 'Tägliches Leben'*; BA Koblenz, N 1720/4.
33 Speer, *Erinnerungen*, p. 133; vgl. Eberle (red.), *Das Buch Hitler*, p. 51.
34 Dietrich, *12 Jahre mit Hitler*, p. 253. Ambassadeur Ulrich von Hassell noteerde over een maaltijd in de rijkskanselarij in juli 1936: 'Iedereen hangt aan zijn lippen en praat hem naar de mond.' *Römische Tagebücher*, p. 144 (d.d. 26-7-1936). Vgl. de aantekeningen in trefwoorden van Wiedemann d.d. 25-2-1939, 'Tafelgespräk, werd bijna uitsluitend door de F(ührer) gevoerd, de anderen luisterden alleen en betuigden hun instemming; tegenspraak, ook op zakelijke gronden, was zo goed als onmogelijk.' BA Koblenz, N 1720/4.
35 Schlie (red.), *Albert Speer*, p. 39.
36 Vgl. Speer, *Erinnerungen*, p. 138; Dietrich, *12 Jahre mit Hitler*, p. 253 e.v.; Hanfstaengl, *Zwischen Weißem und Braunem Haus*, p. 318; Linge, *Bis zum Untergang*, p. 105, 120 e.v.; Hoffmann, *Hitler wie ich ihn sah*, p. 170 e.v. Voorts Longerich, *Goebbels*, p. 255; Wilderotter, *Alltag der Macht*, p. 124 e.v.
37 Vgl. Speer, *Erinnerungen*, p. 142; Schlie (red.), *Albert Speer*, p. 39; Krause. *Zehn Jahre Kammerdiener*, p. 16; Schroeder, *Er war mein Chef*, p. 74; Wiedemann, *Der Mann*, p. 69 e.v.; Baur, *Ich flog Mächtige der Erde*, p. 98 e.v.; Dietrich, *12 Jahre mit Hitler*, p. 248.
38 Vgl. Krause, *Zehn Jahre Kammerdiener*, p. 19; Wiedemann, *Der Mann*, p. 77; Hanfstaengl, *Zwischen Weißem und Braunem Haus*, p. 334 e.v.; Baur, *Ich flog Mächtige der Erde*, p. 128 e.v.
39 Speer, *Erinnerungen*, p. 143; vgl. Below, *Als Hitlers Adjutant*, p. 33; Krause, *Zehn Jahre Kammerdiener*, p. 19.
40 Vgl. Krause, *Zehn Jahre Kammerdiener*, p. 19.
41 Speer, *Erinnerungen*, p. 143; vgl. Below, *Als Hitlers Adjutant*, p. 33.
42 Krause, *Zehn Jahre Kammerdiener*, p. 20. Vgl. bijv. ook *Tägl. Aufzeichnungen Max Wünsches* d.d. 19-6-1938 (21 uur), 'De Führer vindt de film *Capriccio* bijzonder slecht (eersteklas rotzooi).' BA Berlijn-Lichterfelde, NS 10/125. Voor de favoriete filmacteurs en actrices van Hitler vgl. Speer, *Erinnerungen*, p. 49.
43 Vgl. bijv. Goebbels, *Tagebücher*, deel I, band 2/III, p. 332 (d.d. 7-12-1933), 377 (d.d. 24-2-1934) 384 (d.d. 9-3-1934); band 3/I, p. 35 (d.d. 16. uur 18-4-1934); p. 50 (d.d. 19-5-1934). *Tägl. Aufzeichnungen Max Wünsches* d.d. 16-6-1938, 'Aan het ministerie van Propaganda moet elke keer worden meegedeeld als de Führer een film gezien heeft, en daarbij het oordeel van de Führer.' BA Berlijn-Lichterfelde, NS 10/125. De bevestiging van de adjudanten van de Führer dat een film gedraaid is met het oordeel van Hitler voor het jaar 1938, in BA Berlijn-Lichterfelde, NS 10/44. Voor de lijst van 1936 met de films die het rijksministerie voor Propaganda bijna dagelijks stuurde aan Schaub of Wiedemann, vgl. BA Berlijn-Lichterfelde, NS 10/42.
44 Krause, *10 Jahre Kammerdiener*, p. 21; vgl. Wiedemann, *Aufzeichnung 'Tägliches Leben'*; BA Koblenz N 1740/4; Wiedemann, *Der Mann*, p. 78.
45 Krause, *Zehn Jahre Kammerdiener*, p. 49; Dr. Eduard Stadtler aan Hitler, 13-12-1933; BA Berlijn-Lichterfelde, NS 10/120.
46 Vgl. Hoßbach, *Zwischen Wehrmacht und Hitler*, p. 17; Krause, *Zehn Jahre Kammerdiener*, p. 21.
47 Vgl. Baur, *Ich flog Mächtige der Erde*, p. 124, 127 e.v.; Krause, *Zehn Jahre Kammerdiener*,

p. 22; Hoßbach, *Zwischen Wehrmacht und Hitler*, p. 18; Below, *Als Hitlers Adjutant*, p. 39 e.v.; Schroeder, *Er war mein Chef*, p. 89, 345 e.v.; Wiedemann, *Der Mann*, p. 75 e.v.
48 Dietrich, *12 Jahre mit Hitler*, p. 162; vgl. notities van Fritz Wiedemann (z.j.), 'Dat Hitler zich bij zijn beslissingen op een of andere manier liet leiden door astrologie of een horoscoop of ander bijgeloof, is je reinste verzinsel. Hij verafschuwde dergelijke dingen.' BA Koblenz, N 1720/4.
49 Vgl. de hotelrekeningen voor de Elephant, Dreesen, Deutscher Hof, Hospiz Baseler Hof, Hospiz Viktoria, Bube's Hotel Pension in de jaren 1931-32 in BA Berlijn-Lichterfelde, NS 26/2557. Voorts Dietrich, *12 Jahre mit Hitler*, p. 163, 177, 179, 180, 184, 191, 194.
50 Vgl. ibidem, p. 182 e.v.; Krause, *Zehn Jahre Kammerdiener*, p. 22. In een circulaire aan de hoogste gezagsorganen van het rijk d.d. 11-3-1936 wees het rijksministerie voor Volkseducatie en Propaganda erop dat 'over reizen en het deelnemen aan evenementen door de Führer geen berichten aan de pers of anderszins gegeven mochten worden'. Communiqués mochten alleen uitgaan via de persafdeling van de rijksregering, respectievelijk het rijkspersbureau van de NSDAP. BA Berlijn-Lichterfelde, R 43 II/976e.
51 Dietrich, *12 Jahre mit Hitler*, p. 162.
52 Vgl. Linge, *Bis zum Untergang*, p. 109; Krause, *Zehn Jahre Kammerdiener*, p. 29.
53 Dietrich, *12 Jahre mit Hitler*, p. 202.
54 Vgl. ibidem, p. 153, 251; Below, *Als Hitlers Adjutant*, p. 32 e.v.; Steinert, *Hitler*, p. 326, 333; Kershaw, *Hitler*, band II, p. 70 e.v. Albert Speer sprak bij zijn verhoor in 1945 van een 'onbestemde soort van bevelstijl'. Schlie (red.), *Albert Speer*, p. 29.
55 Dietrich, *12 Jahre mit Hitler*, p. 253; vgl. Frank, *Im Angesicht des Galgens*, p. 332 e.v.
56 Weizsäcker, *Erinnerungen*, p. 201 e.v.; vgl. aantekeningen in trefwoorden van Wiedemann d.d. 25-2-1939, 'Duidelijke beslissingen te verkrijgen na een lang genoeg mondeling verslag was heel moeilijk, zij het niet onmogelijk.' BA Koblenz, N 1720/4.
57 Citaat naar Kershaw, *Hitler*, band I, p. 665.
58 Vgl. ibidem, p. 665-667. Richard Walter Darré sprak in zijn memoires van een 'strijd van iedereen tegen iedereen', die 'het dynamische potentieel van de daarin betrokken mannen in evenwicht' hield en daarmee ook Hitlers heerschappij stabiliseerde. Aantekeningen 1945-1946, p. 58 e.v.; IfZ München, ED 110, band 1.
59 *Deutschland-Berichte der Sopade*, jrg. 1, 1934, p. 356.
60 Vgl. Hans Mommsen, 'Hitlers Stellung im nationalsozialistischen Herrschaftssystem', in Gerhard Hirschfeld/Lothar Kettenacker (red.), *Der 'Führerstaat', Mythos und Realität*, Stuttgart 1981, p. 43-45.
61 Zo reeds Haffner, *Germany, Jekyll & Hyde*, p. 36.
62 Karl-Dietrich Bracher, *Zeitgeschichtliche Kontroversen. Um Faschismus, Totalitarismus, Demokratie*, München 1976, p. 85.
63 *Monologe*, p. 82 (d.d. 14-10-1941).
64 Vgl. verhoor van Otto Dietrich d.d. 20-9-1947; IfZ München, ZS 874; Dietrich, *12 Jahre mit Hitler*, p. 129, 'Hij heeft consequent posten dubbel bezet en overlappende leidende functies ingesteld zonder enige afbakening van bevoegdheden.'
65 Vgl. Mommsen, *Hitlers Stellung*, p. 51; Thamer, *Verführung und Gewalt*, p. 340; de jarenlange wetenschappelijke discussie over monocratie of polycratie van het nazisysteem is samengevat in Wehler, *Deutsche Gesellschaftsgeschichte*, band IV, p. 623-626.
66 Vgl. hierboven hoofdstuk 15.
67 Vgl. Krings, *Hitlers Pressechef*, p. 222 e.v.
68 Vgl. over het volgende ook Lothar Gruchmann, 'Die "Reichsregierung" im Führerstaat. Stellung und Funktion des Kabinetts im nationalsozialistischen Herrschaftssystem', in Günter Doeker/Winfried Steffani (red.), *Klassenjustiz und Pluralismus. Festschrift für Ernst Fraenkel zum 75. Geburtstag*, Keulen 1973, p. 187-223 (frekwenties p. 192). Voorts Broszat, *Der Staat Hitlers*, p. 350 e.v.; *Akten der Reichskanzlei. Die Regierung Hitler*, band V, 1938. Bew. door Friedrich Hartmannsgruber, München 2008, p. xvi. In november 1938 uitte Hitler tegenover Lammers zijn bedoeling om tussen 10 en 15 december nog een kabinetszitting te plannen. Daar kwam echter niets van terecht. Lammers aan de rijksminister, 26-11-1938; BA Berlijn-Lichterfelde, NS 10/25.

69 Schwerin von Krosigk aan Lennart Westberg, 24-2-1976; BA Koblenz, N 1276/36.
70 Ministervergadering d.d. 30-1-1937, *Akten der Reichskanzlei. Die Regierung Hitler*, band IV, 1937. Bew. door Friedrich Hartmannsgruber, München 2005, Nr. 23, p. 73 e.v.; Goebbels, *Tagebücher*, deel I, band 3/II, p. 353 (d.d. 21-1-1937).
71 Vgl. Broszat, *Der Staat Hitlers*, p. 358 e.v.; Ian Kershaw, *Hitlers Macht. Das Profil der NS-Herrschaft*. München 1992, p. 148; Wilderotter, *Alltag der Macht*, p. 215 e.v.
72 Vgl. Kershaw, *Hitlers Macht*, p. 149; Wilderotter, *Alltag der Macht*, p. 216-219; Wehler, *Deutsche Gesellschaftsgeschichte*, band IV, p. 633, 635.
73 Vgl. Robert Ley, 'Gedanken um den Führer' (1945), 'De Führer hield ervan om op elk terrein twee concurrenten te hebben. Hij geloofde dat dit de zaak alleen maar hielp.' BA Koblenz, N 1468/4. Vgl. ook Albert Speer bij zijn verhoor, 1945, 'Hij had het oude principe van het verdelen van de macht en daardoor te heersen, verregaand doorgevoerd.' Schlie (red.), *Albert Speer*, p. 34.
74 *Die Regierung Hitler* deel I/2, Nr. 254, p. 972; vgl. Broszat, *Der Staat Hitlers*, p. 328-332.
75 Vgl. voor de Organisation Todt Franz W. Seidler, *Die Organisation Todt. Bauen für Staat und Wehrmacht 1938–1945*, Bonn 1998.
76 Vgl. Humann, 'Arbeitsschlacht', p. 366-400; Broszat, *Der Staat Hitlers*, p. 332-334.
77 *Akten der Reichskanzlei. Die Regierung Hitler*, band III, 1936. Bew. door Friedrich Hartmannsgruber, München 2002, Nr. 72, p. 263; Nr. 87, p. 313; Nr. 97, p. 353 e.v.
78 Tekst van de wet in Sösemann, *Propaganda*, band 1, Nr. 373, p. 445; voorts *Die Regierung Hitler*, band III, Nr. 194, p. 732; Broszat, *Der Staat Hitlers*, p. 334-336.
79 Broszat, *Der Staat Hitlers*, p. 336.
80 Vgl. Longerich, *Heinrich Himmler*, p. 165-178; Gerwarth, *Reinhard Heydrich*, p. 95, 100-102.
81 Vgl. Broszat, *Hitlers Staat*, p. 337-340; Kershaw, *Hitlers Macht*, p. 112 e.v.; Frei, *Der Führerstaat*, p. 139.
82 Vgl. Longerich, *Heinrich Himmler*, p. 207-209; Gerwarth, *Reinhard Heydrich*, p. 113; Broszat, *Der Staat Hitlers*, p. 341-343; Frei, *Der Führerstaat*, p. 139 e.v.
83 Aldus Gerwarth, *Reinhard Heydrich*, p. 113.
84 Citaat naar Herbert, *Best*, p. 164. Over het voorafgaande vgl. Longerich, *Heinrich Himmler*, p. 213.
85 Vgl. Robert Gellateley, *Die Gestapo und die deutsche Gesellschaft. Die Durchsetzung der Rassenpolitik 1933–1945*, Paderborn 1993; idem, '"Allwissend und allgegenwärtig"? Entstehung, Funktion und Wandel des Gestapo-Mythos', in Gerhard Paul/Klaus-Michael Mallmann (red.), *Die Gestapo – Mythos und Realität*, Darmstadt 2003, p. 44-70.
86 Vgl. Michael Wildt; *Generation des Unbedingten. Das Führungskorps des Reichssicherheitshauptamtes*, Hamburg 2002, p. 251 e.v.; Carsten Dams/Michael Stolle, *Die Gestapo. Herrschaft und Terror im Dritten Reich*, München 2008, p. 28-31.
87 Kube, *Pour le mérite und Hakenkreuz*, p. 27, 52, 66.
88 'Führerbevel' d.d. 7-12-1934; ibidem, p. 72. Over Hitlers kritiek op Görings levensstijl vgl. Goebbels, *Tagebücher*, deel I, band 2/III, p. 232 (d.d. 22-7-1933), 269 (d.d. 16-9-1933), 294 (d.d. 19-10-1933), 299 (d.d. 25-10-1933). Voorts Below, *Als Hitlers Adjutant*, p. 59 e.v.
89 Vgl. Kube, *Pour le merite und Hakenkreuz*, p. 54 e.v., 138.
90 Schacht aan Blomberg, 24-12-1935; citaat naar Tooze, *Ökonomie der Zerstörung*, p. 250.
91 Vgl. ibidem, p. 251; Kube, *Pour le mérite und Hakenkreuz*, p. 140 e.v.; Kopper, *Hjalmar Schacht*, p. 266 e.v., 306.
92 Vgl. Kube, *Pour le mérite und Hakenkreuz*, p. 142 e.v.; Kopper, *Hjalmar Schacht*, p. 308.
93 Volgens de mededeling van Göring aan Krogmann; Carl Vincent Krogmann, *Es ging um Deutschlands Zukunft 1932–1939. Erlebtes täglich diktiert von dem früheren Regierenden Bürgermeister in Hamburg*, Leoni am Starnberger See 1976, p. 272 e.v.
94 Goebbels, *Tagebücher*, deel I, band 3/II, p. 74 (d.d. 3-2-1936); vgl. ook ibidem, p. 73 (d.d. 2-5-1936), 'Führer spreekt zich zeer fel uit tegen Schacht. Die wordt nu flink onder handen genomen.' Over een luidruchtige woordenwisseling tussen Hitler en Schacht in het jaar 1936 vertelt ook Speer, *Erinnerungen*, p. 111.
95 Ministerraadvergadering bij Göring, 12-5-1936; *Die Regierung Hitler*, band III, Nr. 89,

p. 317-324 (citaten p. 318, 320). Vgl. ook Göring op de ministerraadzitting d.d. 27-5-1936, 'Alle maatregelen moeten bekeken worden vanuit het standpunt van de gewaarborgde oorlogsvoering.' Ibidem, Nr. 93, p. 339-344 (citaat p. 340).
96 Wilhelm Treue, 'Hitlers Denkschrift zum Vierjahresplan 1936', in *Vierteljahrshefte für Zeitgeschichte*, jrg. 3 (1955), p. 184-210 (citaat p. 210).
97 Ministerraadzitting bij Göring, 4-9-1936; *Die Regierung Hitler*, band III, Nr. 138, p. 500-504 (citaten p. 503, 504). Volgens Wiedemann was de uitspraak van Göring van eind 1936, 'Mijn Führer, als ik de dingen goed zie, is een grote oorlog in de volgende vijf jaar onvermijdelijk. U bent het wel met me eens als ik al mijn maatregelen neem vanuit dit perspectief.' Notities. San Francisco, 28-3-1939; BA Koblenz, N 1720/4.
98 Vgl. Kube, *Pour le mérite und Hakenkreuz*, p. 157 e.v.; Tooze, *Ökonomie der Zerstörung*, p. 266.
99 Goebbels, *Tagebücher*, deel I, band 3/II, p. 252 (d.d. 15-11-1936). Dat Hitler treuzelde met het ontslag van Schacht, wekte de wrevel van de minister van Propaganda. 'Ik geloof dat de Führer er nauwelijks aan ontkomt om hem af te danken. Dus weg ermee.' Ibidem, band 4, p. 58 (d.d. 19-3-1937). Bij zijn zestigste verjaardag op 22-1-1937 kreeg Schacht van Hitler nog een duur schilderij van Carl Spitzweg cadeau. Hij bedankte de volgende dag met een overdreven telegram: 'Onder de vele blijken van sympathie die ik deze dag gekregen heb, was de uitdrukking van uw vertrouwen voor mij de grootste eer en vreugde.' BA Berlijn-Lichterfelde, NS 10/34.
100 Kopper, *Hjalmar Schacht*, p. 323; vgl. Kube, *Pour le mérite und Hakenkreuz*, p. 189.
101 *Die Regierung Hitler*, band IV, nr. 124, p. 454, opm. 6. Over de oprichting van de Reichswerke Hermann Göring vgl. Tooze, *Ökonomie der Zerstörung*, p. 275-282.
102 Vgl. voor het gesprek d.d. 20-1-1939 Schacht, *76 Jahre meines Lebens*, p. 495 e.v.; Ulrich von Hassell, *Vom anderen Deutschland. Aus den nachgelassenen Tagebüchern 1938–1944*, Frankfurt/M-1964, p. 41 e.v. (d.d. 25-1-1939). Voorts Goebbels, *Tagebücher*, deel I, band 6, p. 233 (d.d. 20-1-1939); Kopper, *Hjalmar Schacht*, p. 315-318.
103 Verzoek van de Rijksbankdirectie aan Hitler, 7-1-1939; citaat naar Kopper, *Hjalmar Schacht*, p. 326 e.v.
104 BA Berlijn-Lichterfelde, NS 6/71; vgl. Domarus, *Hitler*, band I,1, p. 257. Hitler had oorspronkelijk Rudolf Heß willen benoemen tot staatssecretaris – als verbindingspersoon tussen de regering en de nazibeweging – maar Heß had dat geweigerd met de opmerking dat hij niet wilde meedoen aan 'de grote race om de baantjes en rangen', maar wilde leiden door het geven van het goede voorbeeld. R. Heß aan Fritz Heß, 19-4-1933; BA Bern, Nl Heß, J1.211-1989/148, 51. De intrigant Martin Bormann drukte in een brief aan Ilse Heß d.d. 22-4-1933 zijn vreugde uit over de benoeming van Heß: 'De chef doet toch telkens weer het juiste!' Ze moest dat niet vertellen aan haar man, omdat hij elke 'schijn van hielenlikkerij' wilde vermijden. BA Bern, Nl Heß, J1.121-1993/300, doos 2.
105 Vgl. Peter Longerich, *Hitlers Stellvertreter. Führung der Partei und Kontrolle des Staatsapparats durch den Stab Heß und die Partei-Kanzlei Bormanns*, München o.a. 1992, p. 8; Peter Diehl-Thiele, *Partei und Staat im Dritten Reich. Untersuchungen zum Verhältnis von NSDAP und allgemeiner Staatsverwaltung. Studienausgabe*, München 1971, p. 208.
106 Vgl. Longerich, *Hitlers Stellvertreter*, p. 10 e.v.; Diehl-Thiele, *Partei und Staat im Dritten Reich*, p. 208 e.v. Over de biografie van Martin Bormann vgl. Jochen von Lang, *Der Sekretär. Martin Bormann, Der Mann, der Hitler beherrschte*, 3de herziene druk, München-Berlijn 1987; Volker Koop, *Martin Bormann. Hitlers Vollstrecker*, Wenen-Keulen-Weimar 2012.
107 Over de competentiestrijd tussen Heß/Bormann en Ley vgl. Longerich, *Der Stellvertreter des Führers*, p. 14-16; Diehl-Thiele, *Partei und Staat im Dritten Reich*, p. 209-212.
108 Ley aan Heß, 20-6-1939; citaat naar Diehl-Thiele, *Staat und Partei im Dritten Reich*, p. 237 e.v.
109 Bormann aan Ley, 17-8-1939; citaat naar ibidem, p. 240.
110 Wetstekst d.d. 1-12-1933 in Sösemann, *Propaganda* band I, Nr. 119, p. 167.
111 Citaat naar Diehl-Thiele, *Partei und Staat im Dritten Reich*, p. 20.

112 Vgl. Longerich, *Hitlers Stellvertreter*, p. 18-20; Diehl-Thiele, *Partei und Staat im Dritten Reich*, p. 231-234.
113 Vgl. Diehl-Thiele, *Partei und Staat im Dritten Reich*, p. 42-44. Wetstekst d.d. 7-4-1933 in Sösemann, *Propaganda* band I, Nr. 74, p. 119.
114 Weststekst d.d. 30-1-1934 in ibidem, Nr. 138, p. 197. Vgl. Diehl-Thiele, *Partei und Staat im Dritten Reich*, p. 61; Broszat, *Der Staat Hitlers*, p. 151.
115 Frick aan Lammers, 4-6-1934; Lammers aan Frick, 27-6-1934; citaat naar Diehl-Thiele, *Partei und Staat im Dritten Reich*, p. 69; vgl. Broszat, *Der Staat Hitlers*, p. 152 e.v.
116 Vgl. Diehl-Thiele, *Staat und Partei im Dritten Reich*, p. 70-73; Broszat, *Der Staat Hitlers*, p. 157. Wetstekst d.d. 30-1-1935 in Sösemann, *Propaganda* band I, Nr. 234, p. 297 e.v.
117 *Die Regierung Hitler*, band IV, nr. 21, p. 68. Vgl. Broszat, Der Staat *Hitlers*, p. 361.
118 *Monologe*, p. 50 (d.d. 1/2-8-1941). Voor Hitlers aversie tegen juristen vgl. bijv. Goebbels, *Tagebücher*, deel I, band 5, p. 59 (d.d. 18-12-1937), 'Juristen zijn a priori idioten.'
119 Frank Bajohr, *Parvenüs und Profiteure. Korruption in der NS-Zeit*, Frankfurt am Main 2001, p. 21-29 (citaat p. 27). Vgl. ook idem, 'Ämter, Pfründe, Korruption', in Wirsching (red.), *Das Jahr 1933*, p. 191. In een brief aan Hitler d.d. 4-1-1935 beklaagde een employee uit Leipzig zich over het voortrekken van 'oud-strijders' bij de bemiddeling voor banen. Zonder partijboekje was het niet mogelijk ergens een baantje te vinden. 'Een toestand die vroeger door de leidende figuren van de NSDAP zeer scherp veroordeeld zou worden (rode partijboekjeseconomie)'. BA Berlijn-Lichterfelde, NS 51/73.
120 Haffner, *Germany, Jekyll & Hyde*, p. 43.
121 Knopp, *Geheimnisse des 'Dritten Reiches'*, p. 146 e.v. (daar ook de facsimile van de belastingaanmaning d.d. 20-10-1934). Vgl. voor de belastingvrijstelling van Hitler ook Schwarzwäller, *Hitlers Geld*, p. 158-160.
122 Vgl. Gerd R. Ueberschär / Winfried Vogel, *Dienen und Verdienen. Hitlers Geschenke an seine Eliten*, Frankfurt an Main 1999, p. 39-52, 92; Speer, *Erinnerungen*, p. 100; Below, *Als Hitlers Adjutant*, p. 83.
123 Vgl. Schwarzwäller, *Hitlers Geld*, p. 195-198; Knopp, *Geheimnisse des 'Dritten Reiches'*, p. 178 e.v.; Speer, *Erinnerungen*, p. 100 e.v.; Dietrich, *12 Jahre mit Hitler*, p. 211; Koop, *Martin Bormann*, p. 25, 34 e.v.
124 Vgl. Bajohr, *Parvenüs und Profiteure*, p. 62-70; Speer, *Erinnerungen*, p. 231.
125 Vgl. Hanfstaengl, *Zwischen Weißem und Braunem Haus*, p. 325, 'Partijgenoten die ik jarenlang had bezocht op bescheiden zolderwoningen, hadden zich de volgende zomer (1933) al gevestigd in prachtige luxevilla's en gaven als invloedrijke partijbonzen de toon aan.'
126 Wiedemann, *Der Mann*, p. 196. Toen Wiedemann Hitler in de zomer van 1935 aansprak op de demoraliserende gevolgen van de wijdverbreide corruptie, kreeg hij als antwoord: 'Ach W(ie)d(emann), de mensen geloven altijd maar dat ik helemaal uit vrije wil kan handelen, precies zoals ik het wil. Daarbij ben ik ook maar een mens die door het lot gedreven wordt en voor wie zijn handelingen op een bepaalde manier zijn voorgeschreven.' Aantekeningen in trefwoorden van Wiedemann d.d. 25-2-1939; BA Koblenz, N 1720/4.
127 Speer, *Spandauer Tagebücher*, p. 202 (d.d. 16-3-1949).
128 Domarus, *Hitler*, band I,2, p. 719 (d.d. 7-9-1937).
129 Rede in het Haus der Deutschen Kunst in München, 10-12-1938; ibidem, p. 983. Vgl. Wiedemann, *Der Mann*, p. 88.
130 Hitler, *Mijn Kamp*, p. 326.
131 Heß, *Briefe*, p. 327 (d.d. 18-5-1924). Tegen een tafelgezelschap bij de Scheubner-Richters had Hitler al voor de putsch van 1923 gedweept met zijn bouwplannen in Berlijn; woordelijk verslag van het gesprek met Mathilde Scheubner-Richter d.d. 9-7-1952; IfZ München, ZS 292.
132 Heß, *Briefe*, p. 369 (d.d. 7-7-1925), p. 395 (d.d. 18-12-1928).
133 Goebbels, *Tagebücher*, deel I, band 1/II, p. 113 (d.d. 25-7-1926); band 2/I, p. 256 (d.d. 9-10-1930); band 2/II, p. 116 e.v. (d.d. 5-10-1931).

134 Hitler. *Reden Schriften Anordnungen*, band III,2, Dok. 21, p. 192 (d.d. 9-4-1929).
135 Frank, *Im Angesicht des Galgens*, p. 130.
136 Domarus, *Hitler*, band I,1, p. 257 (d.d. 22-4-1933).
137 Speer, *Erinnerungen*, p. 71; vgl. ook Speer, *Spandauer Tagebücher*, p. 135 (d.d. 28-12-1947) met de toevoegingen, 'Hij zal gebouwen oprichten voor de eeuwigheid.' In een artikel van het ministerie van Propaganda, 'Hitler als Baumeister', voor het tijdschrift *Time* werd gezegd: 'Het nationaalsocialisme wil stenen monumenten voor zichzelf neerzetten, die de eeuwen, ja, millennia zullen overleven.' Helmuth von Feldmann aan F. Wiedemann, 31-1-1938; met het bijbehorende artikel; BA Koblenz, N 1720/6.
138 Speer, *Erinnerungen*, p. 44.
139 Aldus Fest, *Speer*, p. 63.
140 De theorie van een erotisch fundament in de relatie Hitler-Speer voor het eerst bij Alexander Mitscherlich, 'Hitler blieb ihm ein Rätsel – Die Selbstblendung Albert Speers', in Adalbert Reif, *Albert Speer. Kontroversen um ein deutsches Phänomen*, München 1978, p. 466 e.v.; vgl. daarvoor Fest, *Hitler*, p. 716; idem, *Speer*, p. 60; Sereny, *Albert Speer*, p. 169. In een brief aan Hannah Arendt d.d. 5-1-1971 schreef Fest: 'Zeker was daar een sterk erotisch element in het spel.' Hannah Arendt/Joachim Fest, *Eichmann war von empörender Dummheit. Gespräche und Briefe*. Red. door Ursula Ludz en Thomas Wild, München-Zürich 2011, p. 96.
141 Speer, *Spandauer Tagebücher*, p. 128 (d.d. 10-12-1947).
142 Ibidem, p. 609 (d.d. 19-2-1964). De Faust-Mephisto-vergelijking in Speer, *Erinnerungen*, p. 44. In zijn gesprekken met Fest verklaarde Speer dat hij 'met huid en haar aan Hitler verslaafd' was geweest. Joachim Fest, *Die unbeantwortbaren Fragen. Notizen über Gespräche mit Albert Speer zwischen 1966 und 1981*, Reinbek bei Hamburg 2005, p. 30; vgl. ibidem, p. 196.
143 Albert Speer, 'Die Bauten des Führers' (1936); afgedrukt in Heinrich Breloer in samenwerking met Rainer Zimmer, *Die Akte Speer. Spuren eines Kriegsverbrechers*, Berlijn 2006, p. 41-48 (citaat p. 41).
144 Speer, *Erinnerungen*, p. 67 e.v., 77.
145 Vgl. Josef Henke, 'Die Reichsparteitage der NSDAP in Nürnberg 1933–1938. Planung, Organisation, Propaganda', in *Aus der Arbeit des Bundesarchivs*. Red. Heinz Boberach en Hans Booms, Boppard 1977, p. 496; Centrum Industriekultur (red.), *Kulissen der Gewalt*, p. 41 e.v.
146 Goebbels, *Tagebücher*, deel I, band 3/I, p. 350 (d.d. 19-12-1935). Voor de bezoeken van Hitler aan Neurenberg vgl. Dietrich, *12 Jahre mit Hitler*, p. 173 e.v.; Henke, *Die Reichsparteitage*, p. 406 e.v.; Centrum Industriekultur (red.), *Kulissen der Gewalt*, p. 45.
147 Goebbels, *Tagebücher*, deel I, band 4, p. 305 (d.d. 10-9-1937). Tegenover minister van Financiën Schwerin von Krosigk merkte Hitler op dat het 'weliswaar diens plicht was te waarschuwen, maar toch zou hij de plannen nooit laten stuklopen op gebrek aan geld'. Schwerin von Krosigk aan Lennart Westberg, 24-2-1976; BA Koblenz, N 1276/36.
148 Vgl. Speer, *Erinnerungen*, p. 80 e.v.; Fest, *Speer*, p. 83.
149 Goebbels, *Tagebücher*, deel I, band 3/II, p. 280. Vgl. Jost Dülffer/Jochen Thies/Josef Henke, *Hitlers Städte. Baupolitik im Dritten Reich. Eine Dokumentation*, Keulen/Wenen 1978, p. 223-228 (woordelijk verslag van het tonen van het ontwerp van professor Ruff voor de congreshal van Neurenberg aan de Führer in de rijkskanselarij, 1-6-1934).
150 Domarus, *Hitler*, band I,2, p. 527; vgl. Goebbels, *Tagebücher*, deel I, band 3/I, p. 291 (d.d. 13-9-1935).
151 Speer, *Erinnerungen*, p. 82.
152 Vgl. voor deze samenhang Jochen Thies, *Architekt der Weltherrschaft. Die 'Endziele' Hitlers*, Düsseldorf 1976, in het bijzonder p. 69, 103 e.v.
153 Speer, *Erinnerungen*, p. 84.
154 Vgl. Centrum Industriekultur (red.), *Kulissen der Gewalt*, p. 44 e.v.; Henke, *Die Reichsparteitage*, p. 403 e.v.
155 Vgl. Dülffer/Thies/Henke, *Hitlers Städte*, p. 159 e.v., 191 e.v., 251 e.v.; Michael Früchtel, *Der*

NOTEN — HOOFDSTUK 17

Architekt Hermann Giesler. Leben und Werk (1898–1987), München 2008, p. 145 e.v., 284 e.v.; Fest, *Speer*, p. 118 e.v.; voor Hamburg Goebbels, *Tagebücher*, deel I, band 3/II, p. 322 (d.d. 9-1-1937).

156 Verslag over de bespreking in de rijkskanselarij, 19-9-1933; Dülffer/Thies/Henke, *Hitlers Städte*, p. 90-93 (citaat p. 92).

157 Woordelijk verslag van de bespreking in de rijkskanselarij, 29-3-1934; ibidem, p. 97-99 (citaten p. 97, 99).

158 Woordelijk verslag van de bespreking in de rijkskanselarij, 28-6-1935; ibidem, p. 112-116 (citaat p. 115). Over de besprekingen van Hitler met het Berlijnse stadsbestuur 1933-1935 vgl. Kellerhoff, *Hitlers Berlin*, p. 122-124; Friedrich, *Die missbrauchte Hauptstadt*, p. 458-460. 464-469, 475 e.v.

159 Speer, *Erinnerungen*, p. 87 e.v.; vgl. Fest, *Die unbeantwortbaren Fragen*, p. 31 e.v.

160 Goebbels, *Tagebücher*, deel I, band 3/II, p. 253 (d.d. 16-11-1936). Vgl. in dezelfde teneur ibidem, p. 317 (d.d. 5-1-1937), 343 (d.d. 25-1-1937).

161 Zo bleek Hitler in de herinneringen van Speer 'bijna geschrokken' over het ontwerp van de 'Grote Hal' en opperde bedenkingen over het draagvermogen van de koepel. Toen Speer hem verzekerde dat de statische problemen onderzocht waren met geruststellende antwoorden als resultaat, had Hitler 'enthousiast toegestemd'. Fest, *Die unbeantwortbaren Fragen*, p. 79.

162 Vgl. Speer, *Erinnerungen*, p. 90; Fest, *Speer*, p. 95. Over de benoeming van Speer ook Goebbels, *Tagebücher*, deel I, band 3/II, p. 354 (d.d. 31-1-1937).

163 Speer, *Erinnerungen*, p. 147 e.v.; vgl. Sereny, *Albert Speer*, p. 169, 182-184 (herinneringen van Willi Schelkes en Rudolf Wolters, twee medewerkers van Speer).

164 Speer, *Erinnerungen*, p. 148; vgl. ook idem, *Spandauer Tagebücher*, p. 551 (d.d. 21-1-1962); Sereny, *Albert Speer*, p. 191.

165 Vgl. Speer, *Erinnerungen*, p. 89 e.v.; Goebbels, *Tagebücher*, deel I, band 4, p. 52 (d.d. 15-3-1937), 'Het wordt een straat van zeer monumentale afmetingen. We zullen onszelf daar vereeuwigen in steen.'

166 Vgl. Speer, *Erinnerungen*, p. 149 e.v.

167 Goebbels, *Tagebücher*, deel I, band 4, p. 104 (d.d. 20-4-1937). Vgl. Speer, *Erinnerungen*, p. 167 e.v.; *Monologe*, p. 101 (d.d. 21/22-10-1941), 'De grote hal moet zo worden dat de Sint-Pietersbasiliek met het plein ervoor er helemaal in kan verdwijnen.'

168 Speer, *Erinnerungen*, p. 171-174 (citaat p. 173); vgl. idem, *Spandauer Tagebücher*, p. 167 (d.d. 24-10-1948).

169 Vgl. Jürgen Trimborn, *Arno Breker. Der Künstler und die Macht. Die Biographie*, Berlijn 2011, p. 144 e.v., 204 e.v.

170 Speer, *Erinnerungen*, p. 153.

171 Goebbels, *Tagebücher*, deel I, band 4, p. 52 (d.d. 15-3-1937).

172 Speer, *Erinnerungen*, p. 175; vgl. idem, *Spandauer Tagebücher*, p. 247 (d.d. 2-11-1950).

173 Sereny, *Albert Speer*, p. 221.

174 *Monologe*, p. 101 (d.d. 21./22-10-1941), p. 318 (d.d. 11/12-3-1942). Over het omdopen van Berlijn in 'Germania', *Hitlers Tischgespräche*, p. 366 (d.d. 8-6-1942).

175 Goebbels, *Tagebücher*, deel I, band 5, p. 345 (d.d. 15-6-1938). Vgl. voor het voorafgaande Deutsches Nachrichtenbüro Nr. 124 d.d. 27-1-1938, Het programma voor de reconstructie van Berlijn afgedrukt in Dülffer/ Thies/ Henke, *Hitlers Städte*, p. 134-141; voorts de artikelen in de *Deutsche Bauzeitung* d.d. 2-2-1938, in het weekblad *Koralle* d.d. 22-5-1938 en de *Berliner Illustrierte* d.d. 15-12-1938, citaat in Friedrich, *Die missbrauchte Hauptstadt*, p. 486-489.

176 Speer, Spandauer *Tagebücher*, p. 31 (d.d. 1-11-1946). Vgl. Schlie (red.), *Albert Speer*, p. 57, 'Als de grootste wens van zijn leven noemde hij het om zijn gebouwen nog voltooid te kunnen zien.' De voltooiing in het jaar 1950 moest gevierd worden met een wereldtentoonstelling 'op een enorm terrein aan de Havel'. Goebbels, *Tagebücher*, deel I, band 4, p. 347 (d.d. 7-10-1937).

177 Goebbels, *Tagebücher*, deel I, band 5, p. 333 (d.d. 4-6-1938).

178 Woordelijk verslag over de bespreking bij de GBI, 14-9-1938; afgedrukt in Breloer, *Die Akte Speer*, p. 92-95 (citaten p. 93, 94). Vgl. Susanne Willems, *Der entsiedelte Jude. Albert Speers Wohnungsmarktpolitik für den Berliner Hauptstadtbau*, Berlijn 2000, p. 71 e.v.
179 Willems, *Der entsiedelte Jude*, p. 86 e.v.
180 Facsimile van het decreet d.d. 15-6-1940 in Breloer, *Die Akte Speer*, p. 100. Vgl. Speer, *Erinnerungen*, p. 188, 192.
181 Vgl. Schmidt, *Albert Speer*, p. 199-206; Willems, *Der entsiedelte Jude*, p. 158 e.v.; Breloer, *Die Akte Speer*, p. 199-206.
182 Willi Schelkes, Notulen van het Führerbezoek d.d. 15-3-1941; afgedrukt in Breloer, *Die Akte Speer*, p. 121-124 (Citaten p. 122, 123, 124).
183 Speer, *Erinnerungen*, p. 116.
184 Vgl. Angela Schönberger, *Die Neue Reichskanzlei. Zum Zusammenhang von nationalsozialistischer Ideologie und Architektur*, Berlijn 1981, p. 37-44; Dietmar Arnold, *Neue Reichskanzlei und 'Führerbunker'. Legende und Wirklichkeit*, Berlijn 2005, p. 62-67. Over de afbraak van het Gauhaus vgl. Goebbels, *Tagebücher*, deel I, band 5, p. 41 e.v. (d.d. 8-12-1937).
185 Redevoering van Hitler bij het pannenbier voor de Nieuwe Rijkskanselarij, 2-8-1935; Schönberger, *Die Neue Reichskanzlei*, p. 177-182 (citaat p. 179 e.v.).
186 Redevoering van Hitler bij de overdracht van de Nieuwe Rijkskanselarij, 9-1-1939; ibidem, p. 183-186 (citaat p. 186). Over het inwijdingsfeest vgl. het bericht van het Deutsche Nachrichtenbüro Nr. 37 d.d. 9-1-1939; BA Berlijn-Lichterfelde, R 43 II/1054.
187 Speer, *Erinnerungen*, p. 117. Vgl. voor de ruimtes van de Nieuwe Rijkskanselarij de brochure 'Der Erweiterungsbau der Reichskanzlei. Einweihung am 9. Januar 1939', zowel als de instructie van Otto Meissner d.d. 22-2-1939 over de aanduiding van de representatieve ruimtes van de Führer in de nieuwbouw van de rijkskanselarij; BA Berlijn-Lichterfelde, R 43 II/1054. Voorts Fest, *Speer*, p. 144-146; Wilderotter, *Alltag der Macht*, p. 310-312; Schönberger, *Die Neue Reichskanzlei*, p. 87-114; Arnold, *Neue Reichskanzlei*, p. 93-100. Over de sculpturen van Breker vgl. Trimborn, *Arno Breker*, p. 222 e.v.
188 Speer, *Erinnerungen*, p. 128.

18 De Berghofgemeenschap

1 Goebbels, *Tagebücher*, deel I, band 3/II, p. 132 (d.d. 17-7-1936). Vgl. ibidem, p. 123 (d.d. 4-7-1936), 'Führer gelukkig, omdat de Obersalzberg klaar is. Vanaf 15 juli ben ik met het gezin bij hem.'
2 Speer, *Erinnerungen*, p. 59; vgl. voor de koop van Haus Wachenfeld de akte van het notariaat München VI d.d. 26-6-1933 en de brief van Max Amann aan Julius Schaub, 28-5-1934; BA Berlijn-Lichterfelde, NS 10/117. Voorts Joachimsthaler, *Hitlers Liste*, p. 294; Chaussy, *Nachbar Hitler*, p. 44.
3 Vgl. Speer, *Erinnerungen*, p. 99; Chaussy, *Nachbar Hitler*, p. 110 e.v., 137; Joachimsthaler, *Hitlers Liste*, p. 304. Voorts de eindafrekening van de architect Alois Degano d.d. 17-7-1936; BA Berlijn-Lichterfelde, NS 10/117.
4 Vgl. voor de details Chaussy, *Nachbar Hitler*, p. 94-107, 121-130; Dietrich, *12 Jahre mit Hitler*, p. 211-214; Speer, *Erinnerungen*, p. 98; Lang, *Der Sekretär*, p. 102, 105 e.v.; Koop, *Martin Bormann*, p. 27, 31, 33.
5 Handschrift herinneringen van Therese Linke, kokkin op de Obersalzberg 1933–1939 (z.j., na 1945); IfZ München, ZS 3135. Vgl. Dietrich, *12 Jahre mit Hitler*, p. 212 e.v.; Schroeder, *Er war mein Chef*, p. 175; Speer, *Erinnerungen*, p. 60 e.v., 98; Krause, *Zehn Jahre Kammerdiener*, p. 40; Görtemaker, *Eva Braun*, p. 147.
6 Dietrich, *12 Jahre mit Hitler*, p. 212.
7 Ibidem, p. 211. Volgens de bediende Heinz Linge zei Hitler over Bormann, 'Deze mol verzet in één nacht hele bergen.' Linge, *Bis zum Untergang*, p. 44.
8 Goebbels, *Tagebücher*, deel I, band 3/II, p. 222 (d.d. 22-10-1936), 316 (d.d. 5-1-1937).

Over de opkomst van Bormann vgl. Robert Ley, 'Gedanken um den Führer' (1945); BA Koblenz, N 1468/4; woordelijk verslag van een gesprek Nicolaus von Below d.d. 7-1-1952; IfZ München, ZS 7.
9   Vgl. Horst Möller/Volker Dahm/Hartmut Mehringer (red.), *Die tödliche Utopie. Bilder, Texte, Dokumente. Daten zum Dritten Reich*, 3de druk, München 2001, p. 42, 68; Chaussy, *Nachbar Hitler*, p. 83 e.v.; Sereny, *Albert Speer*, p. 146; Margarete Nissen, *Sind Sie die Tochter Speer?*, München 2005, p. 16.
10 Vgl. Speer, *Erinnerungen*, p. 99 e.v., 101 e.v., 103 e.v.; Dietrich, *12 Jahre mit Hitler*, p. 223; Schroeder, *Er war mein Chef*, p. 176 e.v.; Schlie (red.), *Albert Speer*, p. 237 e.v.; Fest, *Hitler*, p. 713 e.v., 722. Over de biografie van Gerdy Troost en haar activiteiten in het Derde Rijk vgl. Nüßlein, *Paul Ludwig Troost*, p. 175-183.
11 Traudl Junge, *Bis zur letzten Stunde. Hitlers Sekretärin erzählt ihr Leben*. München 2001, p. 91. Vgl. over Hitlers schilderijen in de Grote Hal Schwarz, *Geniewahn*, p. 159-173.
12 Vgl. Schroeder, *Er war mein Chef*, p. 177; Junge, *Bis zur letzten Stunde*, p. 67, 69 e.v.; Heydecker, *Hoffmann-Erinnerungen*, p. 176; Joachimsthaler, *Hitlers Liste*, p. 501, 503.
13 Vgl. Schroeder, *Er war mein Chef*, p. 178 e.v.; Junge, *Bis zur letzten Stunde*, p. 67 e.v.; Hoffmann, *Hitler wie ich ihn sah*, p. 159; Speer, *Erinnerungen*, p. 102.
14 Rochus Misch, *Der letzte Zeuge. 'Ich war Hitlers Telefonist, Kurier und Leibwächter'*, Zürich en München 2008, p. 96 (Ned. vert.: *De laatste getuige. Ik was Hitlers koerier, telefonist en lijfwacht*, 's-Graveland, 2008.) Vgl. ook Anna Plaim en Kurt Kuch, *Bei Hitlers. Zimmermädchen Annas Erinnerungen*, München 2005, p. 38 e.v.; Joachimsthaler, *Hitlers Liste*, p. 458.
15 Vgl. Gun, *Eva Braun-Hitler*, p. 82.
16 Citaat naar Görtemaker, *Eva Braun*, p. 92.
17 Baur, *Ich flog Mächtige der Erde*, p. 113.
18 Speer, *Erinnerungen*, p. 59.
19 Ibidim; vgl. daarentegen Gun, *Eva Hitler-Braun*, p. 85; Schroeder, *Er war mein Chef*, p. 172; Joachimsthaler, *Hitlers Liste*, p. 300, 442.
20 Vgl. de rekeningen in BA Berlijn-Lichterfelde, NS 26/2557 (voor 1932), NS 10/115 en NS 10/120 (voor 1933/34).
21 Aldus Gun, *Eva Braun-Hitler*, p. 91 e.v.; vgl. Schroeder, *Er war mein Chef*, p. 164; Joachimsthaler, *Hitlers Liste*, p. 300, 442.
22 Vgl. met verkeerde datering op het partijcongres van 1935 Schroeder, *Er war mein Chef*, p. 165; Hanfstaengl, *Zwischen Weißem und Braunem Haus*, p. 165; Joachimsthaler, *Hitlers Liste*, p. 301 e.v., 456 e.v.; Görtemaker, *Eva Braun*, p. 144 e.v.; Knopp, *Geheimnisse des 'Dritten Reiches'*, p. 313. Gun, *Eva Braun-Hitler*, p. 94, gaat hoe dan ook niet in op de redenen voor de verwijdering van Angela Raubal en dateert deze bovendien in het jaar 1936.
23 Goebbels, *Tagebücher*, deel I, band 3/I, p. 122 (d.d. 19-10-1934). Op 28 augustus 1934 waren Joseph en Magda Goebbels met hun dochter Helga nog op bezoek geweest op de Obersalzberg en troffen er ook mevrouw Raubal aan, die 'heel aardig' tegen hen was geweest. Ibidem, p. 99 (d.d. 29-8-1934). Midden oktober 1934 verbaasde het Goebbels dat hij door Hitler niet meer werd geroepen voor het avondeten. 'We hebben het gevoel dat iemand hem tegen ons heeft opgezet. We lijden er allebei erg onder.' Ibidem, p. 119 (d.d. 15-10-1934).
24 Ibidem, p. 216 e.v. (d.d. 13-4-1935).
25 Ibidem, p. 329 (d.d. 15-11-1935).
26 Angela Hammitzsch aan R. Heß, 22-5-1936; BA Bern, Nl Heß, J1.211-1993/300, doos 6. Rudolf Heß nodigde de halfzuster uit om bij hem te logeren als ze naar München zou komen. R. Heß aan A. Hammitzsch, 22-6-1936, ibidem over het huwelijk van Angela Raubal vgl. Schroeder, *Er war mein Chef*, p. 165; Joachimsthaler, *Hitlers Liste*, p. 303.
27 Vgl. Goebbels, *Tagebücher*, deel I, band 4, p. 59 (d.d. 19-3-1937), 'Lang gesproken met mevrouw Raubal. Ze lijdt erg onder de gereserveerdheid van de Führer. Verder is ze echter heel gelukkig met haar man.' In juni 1937 troffen Hitler en Goebbels Angela

Hammitzsch in Dresden en hadden een 'aardige, levendige avond'. Ibidem, p. 196 (d.d. 25-6-1937). Therese Linke herinnerde zich dat Angela Raubal met haar man nog één keer, vermoedelijk eind jaren dertig, enkele dagen op de Obersalzberg verbleef. IfZ München, ZS 31-35. De agenda van Max Wünsche toont voor 7-10-1939 een bezoek van mevrouw Hammitzsch. BA Berlijn-Lichterfelde, NS 10/591.

28 Aldus Görtemaker, *Eva Braun*, p. 116; vgl. Knopp, *Geheimnisse des 'Dritten Reiches'*, p. 313 e.v.
29 Goebbels, *Tagebücher*, deel I, band 3/I, p. 177 (d.d. 31-1-1935). Vgl. ibidem, p. 179 (d.d. 4-2-1935), 'Uitgebreid gesprek met Führer. Persoonlijk. Hij spreekt over vrouwen, eer, liefde en eenzaamheid. Zo praat hij waarschijnlijk alleen met mij.'
30 Afgedrukt in Gun, *Eva Braun-Hitler*, p. 190 e.v.; facsimile van de brief, ibidem, tussen p. 192 en 193. Over het bestaan van de bunker op Wasserburgerstraße 12 vgl. ibidem, p. 121.
31 Vgl. Görtemaker, *Eva Braun*, p. 101 e.v.
32 Ilse Fucke-Michels aan Nerin E. Gun, 8-4-1967; facsimile in Gun, *Eva Braun-Hitler*, p. 69.
33 Maser, *Adolf Hitler*, p. 332-375. Maser leidde de publicatie in met de opmerking dat het dagboek 'meer openbaarde over de verhouding van Hitler tot de vrouwen dan de meeste omvangrijke "verslagen" en interpretaties van "ingewijde" getuigen en zogenaamd goed geïnformeerde biografen' (p. 331). Ook Anna Maria Sigmund ziet in het dagboekfragment een 'spiegel van de psyche van Eva Braun' (*Die Frauen der Nazis*, p. 170).
34 Joachimsthaler, *Hitlers Liste*, p. 444; vgl. daar ook p. 447 handschriftvoorbeelden van Eva Braun. Voorts brief van Eva Braun aan Ilse Heß van de Obersalzberg, 2- 1- (1938); BA Bern. Nl Heß, J1.211-1993/300, doos 2. Facsimile bij Görtemaker, *Eva Braun*, p. 90.
35 Vgl. Görtemaker, *Eva Braun*, p. 313 e.v. (Noten. 119-122, 125, 131). Ook de zeer beknopte dagboekaantekeningen van Wilhelm Brückner in zijn notitieboekje voor het jaar 1935 wijzen niet op een tegenspraak met de verklaringen van Eva Braun. Het tot dusverre nog niet door onderzoek geëvalueerde notitieboek bevindt zich in BA Berlijn-Lichterfelde, NS 26/1209.
36 Dagboekaantekening 6-2-1935; Gun, *Eva Braun-Hitler*, p. 70 e.v.; Maser, *Adolf Hitler*, p. 332-337.
37 Dagboekaantekening 18-2-1935; Gun, *Eva Braun-Hitler*, p. 71, 74; Maser, *Adolf Hitler*, p. 340-345.
38 Dagboekaantekening 4-3-1935; Gun, *Eva Braun-Hitler*, p. 74 f,; Maser, *Adolf Hitler*, p. 344-351. Over de aanwezigheid van Goebbels in München vgl. Goebbels, *Tagebücher*, deel I, band 3/I, p. 193 e.v. (d.d. 4-3-1935).
39 Dagboekaantekening 11-3-1935; Gun, *Eva Braun-Hitler*, p. 75 e.v.; Maser, *Adolf Hitler*, p. 352-357.
40 Dagboekaantekening 16-3-1935; Gun, *Eva Braun-Hitler*, p. 76; Maser, *Adolf Hitler*, p. 356 e.v.
41 Dagboekaantekening 1-4-1935; Gun, *Eva Braun-Hitler*, p. 76; Maser, *Adolf Hitler*, p. 358 e.v. Speer vertelde Gitta Sereny hoe hij eveneens bij een diner in Hotel 'Vier Jahreszeiten' Eva Braun 'diep rood' zag 'worden', 'toen Hitler haar zwijgend en in het voorbijgaan een envelop aanreikte'. Later heeft ze Speer verteld dat 'in de envelop geld zat en dat Hitler zich ook bij andere gelegenheden zo gedragen heeft in het openbaar'. Sereny, *Albert Speer*, p. 229. In zijn gesprek met Joachim Fest dateerde Speer zijn observatie in het jaar 1938. Fest, *Die unbeantwortbaren Fragen*, p. 84. Mogelijk gaat het hier om een geheugenfout en was Speer getuige van dit voorval in 1935, zoals Eva Braun het opschreef in haar 'dagboek'.
42 Dagboekaantekening 29-4-1935; Gun, *Eva Braun-Hitler*, p. 76; Maser, *Adolf Hitler*, p. 360 e.v.
43 Dagboekaantekening 10-5-1935; Gun, *Eva Braun-Hitler*, p. 77; Maser, *Adolf Hitler*, p. 362 e.v.
44 Goebbels, *Tagebücher*, deel I, band 3/II, p. 205 (d.d. 6-10-1936); vgl. ibidem, p. 206 (d.d. 7-10-1936), 'De Führer zeer ontroerd.' Voor Unity Mitford vgl. haar brieven aan haar

zuster Diana van 1935 tot 1939, die ze met 'Heil Hitler' ondertekende, in Mosley, *The Mitfords*, p. 54-56, 63-65, 68 e.v., 75 e.v., 113, 116, 125-127, 128 e.v., 130-132, 137; voorts Joachimsthaler, *Hitlers Liste*, p. 507-540; Knopp, *Geheimnisse des 'Dritten Reiches'*, p. 306- 311.

45 Vgl. Below, *Als Hitlers Adjutant*, p. 82. Unity Mitford deed op 3-9-1939, na de Engelse oorlogsverklaring aan Duitsland, een poging tot zelfmoord, niet op een parkbankje in de Englische Garten zoals steeds weer te lezen is, maar op Königinstraße 15. Zwaar gewond, met een kogel in haar hersenen, werd ze naar een kliniek gebracht. Hitler betaalde de behandelkosten en bezocht Unity Mitford op 8-11-1939 in het ziekenhuis. In december 1939 werd ze naar een kliniek in Bern vervoerd en in januari 1940 keerde ze terug naar Engeland. Ze stierf op 28-5-1948 aan de gevolgen van haar zelfmoordpoging. Vgl. Joachimsthaler, *Hitlers Liste*, p. 534-540; Knopp, *Geheimnisse des 'Dritten Reiches'*, p. 311.

46 Vgl. Görtemaker, *Eva Braun*, p. 109-111. Ook Sigrid von Laffert stond op de lijst van vrouwen aan wie Hitler attenties gaf. Zo bedankte ze op 20-7-1934 in een handgeschreven brief uit Bad Doberan 'voor het alleraardigst samengestelde mandje met de fantastische inhoud en voor uw aardige brief'. 'Ik was er zo waanzinnig blij mee.' BA Berlijn-Lichterfelde, NS 10/123. In Wilhelm Brückners notitieboek van 1935 stond onder de datum 18 januari de verjaardag van Sigrid von Laffert nadrukkelijk gemarkeerd. BA Berlijn-Lichterfelde, NS 26/1209. Max Wünsche gaf onder de datum 16-6-1938 (19.30 uur) aan 'Thee met barones Laffert'. BA Berlijn-Lichterfelde, NS 10/125. In juli 1938 betaalde Hitler de kosten voor een operatie die Sigrid von Laffert moest ondergaan. Vgl. de correspondentie tussen haar en Fritz Wiedemann in BA Koblenz, N 1720/7. De agenda van Max Wünsche geeft voor 13 en 19 december 1939 een bezoek aan van Sigrid von Laffert bij Hitler. BA Berlijn-Lichterfelde, NS 10/591. Sigrid von Laffert trouwde in december 1940 met de diplomaat Johann Bernhard von Welczek. Vgl. over Victoria von Dirksen en Sigrid von Laffert, Joachimsthaler, *Hitlers Liste*, p. 203-212; Martha Schad, *Sie liebten den Führer. Wie Frauen Hitler verehrten*, München 2009, p. 55-77.

47 Wilhelm Brückner noteerde onder 23-5-1935 alleen 'Berlijn operatie'; BA Berlijn-Lichterfelde, NS 26/1209. Vgl. voor de ingreep Neumann/Eberle, *War Hitler krank?*, p. 172 e.v.; Schmidt, *Hitlers Arzt Karl Brandt*, p. 133 e.v.; Görtemaker, *Eva Braun*, p. 111. Goebbels, *Tagebücher*, deel I, band 3/I, p. 238 (d.d. 27-5-1935), Hitler 'kan helemaal niet spreken. Volgt een kuur. Schrijft wat hij me zeggen wil op papier'; p. 250 (d.d. 21-6-1935), 'Hij is weer helemaal hersteld. We waren bang voor halskanker. Het was een onschuldig gezwel. God zij dank, dank, dank!' – Vanwege de overbelasting van zijn stem had Hitler al tijdens zijn verkiezingrondreis van 1932 de operatenor Paul Stieber-Devrient ingehuurd om hem te helpen zijn ademtechniek te verbeteren. Vgl. Werner Maser (red.), *Paul Devrient. Mein Schüler Adolf Hitler. Das Tagebuch seines Lehrers*, München 2003.

48 Dagboekaantekening 28-5-1935; Gun, *Eva Braun-Hitler*, p. 77 e.v.; Maser, *Adolf Hitler*, p. 368-375.

49 Vgl. Gun, *Eva Braun-Hitler*, p. 78 e.v.; Görtemaker, *Eva Braun*, p. 112.

50 Goebbels, *Tagebücher*, deel I, p. 239 (d.d. 29-5-1935), 242 (d.d. 5-6-1935), 'De Führer blijft in München.' Vgl. ook de notities van Wilhelm Brückner tussen 27-5 en 12-6-1935; BA Berlijn-Lichterfelde, NS 26/1209.

51 Vgl. Görtemaker, *Eva Braun*, p. 112; Joachimsthaler, *Hitlers Liste*, p. 424-426. In een brief aan Hitler van 7-9-1935 klaagde Friedrich Braun erover dat zijn gezin nu 'uiteengerukt' was, 'omdat mijn beide dochters Eva en Gretl nu in een door u ter beschikking gestelde woning zijn ingetrokken, en ik als gezinshoofd voor een voldongen feit ben gesteld'. Gun, *Eva Braun-Hitler*, p. 87 e.v.

52 Vgl. Görtemaker, *Eva Braun*, p. 204 e.v.; Joachimsthaler, *Hitlers Liste*, p. 459-462; Gun, *Eva Braun-Hitler*, p. 116 e.v.

53 Vgl. Görtemaker, *Eva Braun*, p. 202; Hoffmann, *Hitler wie ich ihn sah*, p. 136.

54 Vgl. over de inrichting van de villa van Eva Braun Gun, *Eva Braun-Hitler*, p. 117-120; Sigmund, *Die Frauen der Nazis*, p. 172 e.v.

55 Vgl. Below, *Als Hitlers Adjutant*, p. 81, 83; Eberle/Uhl (red.), *Das Buch Hitler*, p. 62 e.v.;

Joachimsthaler, *Hitlers Liste*, p. 473. Voor meer over de rol van Anni Winter vgl. ook Schlie (red.), *Albert Speer*, p. 236.
56 Vgl. uitspraken Anni Winter d.d. 6-3-1948; citaat bij Joachimsthaler, *Hitlers Liste*, p. 467 e.v.; Gun, *Eva Braun-Hitler*, p. 119 e.v. citeert een brief van Eva Braun uit de lente van 1937, 'Ik ben bijna de hele tijd samen met Liserl, Georg, Peppo, Toni en Röschen.'
57 Vgl. Schroeder, *Er war mein Chef*, p. 167; Joachimsthaler, *Hitlers Liste*, p. 302, 438; Görtemaker, *Eva Braun*, p. 194.
58 Linge, *Bis zum Untergang*, p. 74.
59 Plaim/Kuch, *Bei Hitlers*, p. 39.
60 Spitzy, *So haben wir das Reich verspielt*, p. 128.
61 Vgl. uitspraak Julius Schaub, geciteerd bij Joachimsthaler, *Hitlers Liste*, p. 468; Baur, *Ich flog Mächtige der Erde*, p. 114; Gun, *Eva Braun-Hitler*, p. 95, 130.
62 Speer, *Erinnerungen*, p. 106.
63 Vgl. voor het partijcongres van 1935, Görtemaker, *Eva Braun*, p. 113, 116; partijcongres 1937, ibidem, p. 139, 320 (opm. 38); partijcongres 1938, ibidem, p. 177 e.v., 324 (opm. 48).
64 Vgl. ibidem, p. 63.
65 Vgl. ibidem, p. 117, 123, 208-215.
66 Below, *Als Hitlers Adjutant*, p. 50 e.v.; Baur, *Ich flog Mächtige der Erde*, p. 114. Ook bij de Bruckmanns was het bestaan van de 'vriendin' van Hitler bekend. Vgl. Hassell, *Vom andern Deutschland*, p. 58 (d.d. 22-7-1939).
67 Vgl. Gun, *Eva Braun-Hitler*, p. 122 e.v. Ook Konrad Heiden noemde in de tweede, in 1937 verschenen band van zijn Hitler-biografie (*Adolf Hitler. Ein Mann gegen Europa*, p. 191) 'een vriendin in München, mejuffrouw B., van beroep fotografe'.
68 Vgl. Gun, *Eva Braun-Hitler*, p. 125; Joachimsthaler, *Hitlers Liste*, p. 418.
69 So Speer, *Erinnerungen*, p. 59.
70 Vgl. Joachimsthaler, *Hitlers Liste*, p. 416, 470 e.v.; Linge, *Bis zum Untergang*, p. 65, 103; Speer, *Erinnerungen*, p. 114 e.v.; Krause, *Zehn Jahre Kammerdiener*, p. 45; Gun, *Eva Braun-Hitler*, p. 129 e.v., 160; Plaim/Kuch, *Bei Hitlers*, p. 74 e.v.
71 Below, *Als Hitlers Adjutant*, p. 50.
72 Schlie (red.), *Albert Speer*, p. 59. Ook Karl Brandt, Hitlers lijfarts, schreef in augustus 1945 in de gevangenis van Kransberg: 'Hitler en zijn Eva waren gevoelsmatig diep met elkaar verbonden.' Ibidem, p. 228.
73 Speer, *Spandauer Tagebücher*, p. 198 (d.d. 3-3-1949).
74 Speer, *Erinnerungen*, p. 106.
75 Fest, *Die unbeantwortbaren Fragen*, p. 59.
76 Uitspraak Herbert Döhring, zomer 2001; citaat bij Joachimsthaler, *Hitlers Liste*, p. 454.
77 Artikelenserie van Heinz Linge in het tijdschrift *Revue* (november 1955 tot maart 1956); hier nr. 45 (d.d. november 1955); verzameld in IfZ München, MS 396, vgl. ook Linge, *Bis zum Untergang*, p. 64 e.v., 68, 94.
78 Vgl. Plaim/Kuch, *Bei Hitlers*, p. 75, 108; Knopp, *Die Geheimnisse des 'Dritten Reiches'*, p. 317. In de ondervraging door Robert W.M. Kempner op 12-3-1947 verklaarde Julius Schaub na de vraag of Hitler van Eva Braun gehouden had: 'Hij was gewoon dol op haar,' en na doorvragen 'Heeft hij haar liefgehad?' antwoordde Schaub: 'Hij heeft haar liefgehad.' IfZ München, ZS 137.
79 Dietrich, *12 Jahre mit Hitler*, p. 231.
80 Aldus Hanfstaengl, *Zwischen Weißem und Braunem Haus*, p. 359; Uitspraak van Christa Schroeder; citaat bij Joachimsthaler, *Hitlers Liste*, p. 454 e.v.
81 Persoonlijk testament van Hitler d.d. 2-5-1938; kopie in BA Koblenz, N 1128/22; facsimile in Gun, *Eva Braun-Hitler*, na p. 128. Over de vrees voor mogelijke aanslagen tijdens de Italiaanse reis, vgl. ook Rudolf Heß aan Karl Haushofer, 20-4-1938, 'We moeten nu eenmaal rekenen op de onveranderlijkheid van het lot en maar hopen dat het deze man nog verder nodig heeft als werktuig voor Groot-Duitsland.' BA Koblenz, N 1122/125.
82 Vgl. Schlie (red.), *Albert Speer*, p. 59; Dietrich, *12 Jahre mit Hitler*, p. 216 e.v.; Hoffmann, *Hitler wie ich ihn sah*, p. 159; Wiedemann, *Der Mann*, p. 79; Misch, *Der letzte Zeuge*,

p. 101. Aantekeningen in trefwoorden van Wiedemann d.d. 25-2-1939, 'Gasten alleen goede bekenden en vrienden. Het type van het aangename leven op het platteland.' BA Koblenz, N 1720/4. Ook Hermann Esser verklaarde later dat op de Berghof alleen het soort vrienden logeerde 'dat door Eva Braun' geaccepteerd werd. Interview met Hermann Esser d.d. 3-4-1964; BayHStA München, Nl Esser.

83 Vgl. Goebbels, *Tagebücher*, deel I, band 3/I, p. 279 (d.d. 21-8-1935), 'rituele onzin'; Speer, *Erinnerungen*, p. 108. Aantekeningen in trefwoorden van Wiedemann d.d. 25-2-1939, 'Niet erg aan stond hem de bloed-en-bodemcultus van Darré en de Oudgermaanse cultus van Himmler, waar hij af en toe de spot mee dreef.' BA Koblenz, N 1720/4.

84 Vgl. Speer, *Erinnerungen*, p. 111; Dietrich, *12 Jahre mit Hitler*, p. 217; Junge, *Bis zur letzten Stunde*, p. 77. Over de rol van Hewel vgl. Conze e.a., *Das Amt und die Vergangenheit*, p. 153 e.v.; Enrico Syring, 'Walter Hewel – Ribbentrops Mann beim "Führer"' in Smelser/Syring/Zitelmann (red.), *Die braune Elite* II, p. 150-165.

85 Dietrich, *12 Jahre mit Hitler*, p. 216; vgl. Görtemaker, *Eva Braun*, p. 142 e.v.

86 Vgl. Schlie (red.), *Albert Speer*, p. 81, 231; Linge, *Bis zum Untergang*, p. 138. Over Gerda Bormann en haar kinderen vgl. haar briefwisseling met Ilse Heß in de jaren 1935 tot 1940 in BA Bern, Nl Heß, J1.211-1993/300, doos 2.

87 Vgl. bijv. Goebbels, *Tagebücher*, deel I, band 4, p. 214 (d.d. 10-7-1937), 'Wij logeren in het Bechsteinhaus en hebben het daar heel gezellig.' Vgl. Joachimsthaler, *Hitlers Liste*, p. 99 e.v.

88 Vgl. Speer, *Erinnerungen*, p. 105; Sereny, *Albert Speer*, p. 137 e.v.; Görtemaker, *Eva Braun*, p. 127-132.

89 Speer, *Erinnerungen*, p. 107; vgl. ook idem, *Spandauer Tagebücher*, p. 208 (d.d. 19-6-1949). Daarentegen stelde Schwerin von Krosigk vast dat Hitler in de omgang met kinderen zich 'van zijn menselijkste en aantrekkelijkste kant' toonde. Zijn gezicht, 'dat vaak zo verkrampt uitzag, alsof het verborgen was onder een masker', ontspande zich bij het zien van kinderen en kreeg de 'uitdrukking van werkelijkheid, vriendelijkheid en goedheid'. Schwerin von Krosigk, *Niederschrift über die Persönlichkeit Hitlers*; IfZ München, ZS 145, band 5. Vgl. voorts Sereny, *Albert Speer*, p. 152; Nissen, *Sind Sie die Tochter Speer?*, p. 19.

90 Speer, *Spandauer Tagebücher*, p. 127 (d.d. 18-11-1947); vgl. idem, *Erinnerungen*, p. 107; Nissen, *Sind Sie die Tochter Speer?*, p. 25 (notities van Margarete Speer). Over Hitlers afkeer van sneeuw en skiën vgl. R. Heß aan zijn ouders, 10-5-1937, 'Bij de Führer rijzen alle haren te berge bij de gedachte dat iemand, nadat "eindelijk" de lente en de warmte er zijn, zich uit vrije wil op sneeuw en ijs kan begeven.' BA Bern, Nl Heß. J1.121-1989/148, 59.

91 Speer, *Erinnerungen*, p. 107; daarentegen Görtemaker, *Eva Braun*, p. 131 e.v.; Speer ging op de Berghof door voor 'Eva Brauns eigenlijke vertrouwensman'. Schlie (red.), *Albert Speer*, p. 221.

92 Vgl. Schmidt, *Hitlers Arzt Karl Brandt*, p. 89-92; Neumann/Eberle, *War Hitler krank?*, p. 100 e.v.; Schoeder, *Er war mein Chef*, p. 173; Görtemaker, *Eva Braun*, p. 132 e.v.

93 Vgl. Schmidt, *Hitlers Arzt Karl Brandt*, p. 93; Schroeder, *Er war mein Chef*, p. 174. Vgl. Goebbels, *Tagebücher*, deel I, band 2/III, p. 148 (d.d. 17-8-1933), 'Brückner had zwaar auto-ongeluk. Schedelbreuk en armwond. Buitengewoon ernstig. Ziekenhuis Traunstein. Telefoneer met de Führer. Die is helemaal geschokt.'

94 Vgl. Görtemaker, *Eva Braun*, p. 134; Goebbels, *Tagebücher*, deel I, band 2/III, p. 386 (d.d. 16-3-1934); Schmidt, *Hitlers Arzt Karl Brandt*, p. 95, dateert het huwelijk abusievelijk op eind 1934.

95 Vgl. Samenvatting van de gesprekken met Hanskarl von Hasselbach d.d. 1951/52; IfZ München, ZS 242; voorts Neumann/Eberle, *War Hitler krank?*, p. 103 e.v.

96 Speer, *Erinnerungen*, p. 119. Vgl. Goebbels, *Tagebücher*, deel I, band 5, p. 102 (d.d. 17-1-1938), 'Dr. Morell heeft hem laten opknappen met een bacteriekuur. Ik ben daar heel gelukkig over.' Over Morells rol vgl. proces-verbaal van een gesprek met Anni Winter (z.j.); IfZ München, ZS 194; Ernst Günther Schenk, *Patient Hitler. Eine medizinische Biographie*, Düsseldorf 1989, p. 163 e.v., 180; Neumann/Eberle, *War Hitler krank?*, p. 90-93; Schmidt, *Hitlers Arzt Karl Brandt*, p. 137-139.

97　In een brief van eind augustus 1937 schreef Eva Braun dat 'Morell me eeuwig dankbaar mag zijn, als hij op de berg komt'. Gun, *Eva Braun-Hitler*, p. 140. Vgl. Görtemaker, *Eva Braun*, p. 177 e.v.; Schlie (red.), *Albert Speer*, p. 231. Een speciale pas voor mevrouw Morell, waarmee ze de Obersalzberg mocht betreden, werd uitgereikt op 3-1-1938; IfZ München, F 123. De aanwezigheid van mevrouw Morell bij de lunch op de Berghof is gedocumenteerd voor 26-6 en 4-7-1938. Dagelijkse notities van Max Wünsch; BA Berlijn-Lichterfelde, NS 10/125.
98　Morell aan Hitler, 2-2-1938; citaat bij Heiber (red.), *Die Rückseite des Hakenkreuzes*, p. 50.
99　Nog in een notitie tijdens gevangenschap in september 1945 was het voor Brandt 'onbegrijpelijk' dat Morell zich zo lang had kunnen handhaven als 'lijfarts van de Führer'. Karl Brandt, 'Theodor Morell' (19-9-1945); BA Koblenz, N 1128/33.
100　Speer, *Erinnerungen*, p. 120. Over de behandeling van Eva Brauns door Morell vgl. ook de brief van Ilse Heß aan Carla Leitgen, 3-2-1938; citaat bij Görtemaker, *Eva Braun*, p. 181.
101　Gesprekken met Hanskarl von Hasselbach d.d. 1951/52; IfZ München, ZS 242.
102　Vgl. Sabine Brantl, *Haus der Kunst, München. Ein Ort und seine Geschichte im Nationalsozialismus*, München 2007, p. 81-84, Goebbels, *Tagebücher*, deel I, band 4, p. 170 e.v. (d.d. 6. 6. 1937), 216 (d.d. 12-7-1937). Dagelijkse aantekeningen van Max Wünsch d.d. 20-6, 10-7-1938; BA Berlijn-Lichterfelde, NS 10/125. Voorts Görtemaker, *Eva Braun*, p. 26 e.v.; Below, *Als Hitlers Adjutant*, p. 82 e.v.
103　Theodor Morell aan Hanni Morell, 28-5-1940; BA Koblenz, N 1348/6.
104　Vgl. Görtemaker, *Eva Braun*, p. 202; Joachimsthaler, *Hitlers Liste*, p. 466 e.v.; Gaertringen (red.), *Das Auge des Dritten Reiches*, p. 108-125.
105　Vgl. Joachimsthaler, *Hitlers Liste*, p. 422 e.v., 458, 462, 472, 502, 507-515 (p. 515 foto van de bruiloft op 7-8-1937); Görtemaker, *Eva Braun*, p. 70, 169 e.v.; citaat, Schlie (red.), *Albert Speer*, p. 229. Dagelijkse aantekeningen van Max Wünsch d.d. 2-7-1938 (19 uur), 'bezoek bij mevrouw Marion Schönmann'. BA Berlijn-Lichterfelde NS 10/125.
106　Vgl. de briefwisseling tussen Sofie Stork en Fritz Wiedemann 1937-1939 in BA Koblenz, N 1720/8. De vriendenkliek noemde zich sinds het oudejaarsfeest van 1937–1938 de 'Fifty-Bruder' resp. 'Fifty-Schwester'. Vgl. voor Sofie Stork ook Joachimsthaler, *Hitlers Liste*, p. 497-506; Görtemaker, *Eva Braun*, p. 168 e.v.
107　Vgl. Görtemaker, *Eva Braun*, p. 182-189, 199; Dietrich, *12 Jahre mit Hitler*, p. 217; interview met Hermann Esser d.d. 3-4-1964, band II; BayHStA München, Nl Esser; dagelijkse aantekeningen van Max Wünsch d.d. 22-6., 5-7., 6-7-1938; BA Berlijn-Lichterfelde NS 10/125; Breker, *Im Strahlungsfeld der Ereignisse*, p. 183; Trimborn, *Arno Breker*, p. 212 e.v.
108　Vgl. Sereny, *Albert Speer*, p. 231; Schlie (red.), *Albert Speer*, p. 231-233; Speer, *Erinnerungen*, p. 114; Schmidt, *Hitlers Arzt Karl Brandt*, p. 102 e.v.
109　Vgl. Görtemaker, *Eva Braun*, p. 160 e.v.; Schlie (red.), *Albert Speer*, p. 231; Below, *Als Hitlers Adjutant*, p. 96.
110　Speer, *Erinnerungen*, p. 102, 105, 107. Joachim Fest heeft deze voorstelling van zaken kritiekloos overgenomen. Vgl. Fest, *Hitler*, p. 721; idem, *Speer*, p. 140 e.v. Voor kritiek op de voorstelling van zaken door Speer vgl. Görtemaker, *Eva Braun*, p. 127, 129 e.v., 161.
111　Sereny, *Albert Speer*, p. 140.
112　Ibidem, p. 230.
113　Fest, *Die unbeantwortbaren Fragen*, p. 171.
114　Vgl. Gun, *Eva Braun-Hitler*, p. 105; Schroeder, *Er war mein Chef*, p. 95 e.v.; Schirach, *Ich glaubte an Hitler*, p. 266; Junge, *Bis zur letzte Stunde*, p. 69, 72; Plaim/Kuch, *Bei Hitlers*, p. 47.
115　Vgl. Speer, *Erinnerungen*, p. 102; Gun, *Eva-Braun-Hitler*, p. 105 e.v.; Dietrich, *12 Jahre mit Hitler*, p. 216; Below, *Als Hitlers Adjutant*, p. 97; Linge, *Bis zum Untergang*, p. 81; Wiedemann, Aant. 'Tägliches Leben'; BA Koblenz, N 1720/4. De uitspraken over de tijd volgens de dagelijkse aantekeningen van Max Wünsch van 16-6 tot 20-11-1938; BA Berlijn-Lichterfelde, NS 10/125.
116　Speer, *Spandauer Tagebücher*, p. 204 (d.d. 13-5-1949).
117　Ibidem, p. 205.
118　Vgl. Gun, *Eva Braun-Hitler*, p. 106 e.v.; Schroeder, *Er war mein Chef*, p. 178; Junge, *Bis zur*

letzten Stunde, p. 73, 75; Speer, *Erinnerungen*, p. 102; Eberle/Uhl (red.), *Das Buch Hitler*, p. 201; Nissen, *Sind Sie die Tochter Speer?*, p. 23 e.v. (aantekeningen Margarete Speer).
119 Vgl. Dietrich, *12 Jahre mit Hitler*, p. 218; Schroeder, *Er war mein Chef*, p. 179; Speer, *Erinnerungen*, p. 102; Junge, *Bis zur letzten Stunde*, p. 75; Eberle/Uhl (red.), *Das Buch Hitler*, p. 202.
120 Speer, *Spandauer Tagebücher*, p. 206 (d.d. 13-5-1949).
121 Sereny, *Albert Speer*, p. 505. Vgl. ibidem, p. 186, de mensen, die naast Hitler aan tafel zaten, hadden 'achteraf het gevoel gehad dat hij werkelijk iets over hen wilde horen – dat ze belangrijk voor hem waren'.
122 Vgl. Gun, *Eva Braun-Hitler*, p. 108; Junge, *Bis zur letzten Stunde*, p. 77 e.v.; Dietrich, *12 Jahre mit Hitler*, p. 220 e.v.; Speer, *Erinnerungen*, p. 108; Fest, *Die unbeantwortbaren Fragen*, p. 64; Schroeder, *Er war mein Chef*, p. 181 e.v.
123 De wandeling naar het kleine theehuis vond plaats op 9-8-1937. Vgl. samenvattingen uit de notitieboekjes van de 'privésecretaris' van Hitler (vermoedelijk Julius Schaub) over zijn dagindeling in de jaren 1934-1943; BA Berlijn-Lichterfelde, NS 26/16.
124 Vgl. Speer, *Erinnerungen*, p. 103; Schroeder, *Er war mein Chef*, p. 182-184; Junge, *Bis zur letzten Stunde*, p. 78-80; Gun, *Eva Braun-Hitler*, p. 109 e.v.; Dietrich, *12 Jahre mit Hitler*, p. 222.
125 Vgl. Heydecker, *Hoffmann-Erinnerungen*, p. 166 e.v.; Speer, *Erinnerungen*, p. 103; Schroeder, *Er war mein Chef*, p. 184-186; Junge, *Bis zur letzten Stunde*, p. 81-83; Gun, *Eva Braun-Hitler*, p. 110, 112 e.v.
126 Vgl. Goebbels, *Tagebücher*, deel I, band 3/II, p. 102 (d.d. 9-6-1936), 'Nog lang met Hitler alleen. Hij houdt niet van opgedirkte vrouwen. Hij waardeert het zeer in Magda dat ze een heldere, eenvoudige vrouw gebleven is.'
127 Junge, *Bis zur letzten Stunde*, p. 81. Vgl. voor het voorafgaande Gun, *Eva Braun-Hitler*, p. 114; Schroeder, *Er war mein Chef*, p. 186; Dietrich, *12 Jahre mit Hitler*, p. 228 e.v.; Goebbels, *Tagebücher*, deel I, band 5, p. 64 (d.d. 22-12-1937); Speer, *Erinnerungen*, p. 104 e.v.
128 Dietrich, *12 Jahre mit Hitler*, p. 230; vgl. ook voor het volgende Schroeder, *Er war mein Chef*, p. 188-190; Hoffmann, *Hitler wie ich ihn sah*, p. 161; Gun, *Eva Braun-Hitler*, p. 114 e.v.; Junge, *Bis zur letzten Stunde*, p. 88-94; Speer, *Erinnerungen*, p. 104 e.v. 'In de maanden van juni tot november 1938 nam Hitler meestal afscheid om 24 uur, af en toe ook pas om 1.30 uur.' Dagelijkse aantekeningen van Max Wünsch; BA Berlijn-Lichterfelde, NS 10/125.
129 Krause, *10 Jahre Kammerdiener*, p. 53-55. Vgl. ook Riefenstahl, *Memoiren*, p. 250 (voor 24 december 1935).
130 Martin Bormann aan Wilhelm Brückner, 14-12-1938; BA Berlijn-Lichterfelde, NS 10/116.
131 Handschrift brief van Gretl Braun aan Fritz Wiedemann (aanhef 'Dierbare Fifty-partner'), 31-12-1938; BA Koblenz, N 1720/6. In zijn antwoord d.d. 5-1-1939 (aanhef 'Dierbare Fifty-zuster') beloofde Wiedemann stellig dat hij 'op oudejaarsavond levendig gedacht had aan het vorige oudejaarsfeest' en 'even levendig gewenst' had dat hij Gretl Braun weer zou zien (ibidem).
132 Hoffmann, *Hitler wie ich ihn sah*, p. 119. Vgl. Schroeder, *Er war mein Chef*, p. 175; Gun, *Eva Braun-Hitler*, p. 102-104 (beschrijving van het oudejeaarsfeest 1938 op de Obersalzberg door Ilse Braun). Over Hitlers 'bijzondere voorliefde voor het vuurwerk' vgl. A. Speer aan J. Fest, 13-9-1969; BA Koblenz, N 1340/17. Hanfstaengl sprak in een notitie van een 'pyromane aanleg' van Hitler; BSB München, Nl Hanfstaengl Ana 405, doos 25.
133 Misch, *Der letzte Zeuge*, p. 111; vgl. Knopp, *Geheimnisse des 'Dritten Reiches'*, p. 317 e.v.
134 Schlie (red.), *Albert Speer*, p. 225.
135 Dietrich, *12 Jahre mit Hitler*, p. 150. In haar essay '76 Jahre Leben in Deutschland' (1989) duidde Henriette von Schirach de Berghof aan als 'toneel van de geschiedenis'; BayHStA München, Nl H. v. Schirach 3.
136 *Monologe*, p. 167 (d.d. 2./3-1-1942). Vgl. Aantekeningen in trefwoorden van Wiedemann d.d. 25-2-1939, 'Zonder twijfel was de O(ber)s(alz)berg de plaats waar de F(ührer) de grote lijnen van zijn politiek vastlegde.' BA Koblenz, N 1720/4.
137 Heydecker, *Hoffmann-Erinnerungen*, p. 85; Hoffmann, *Hitler wie ich ihn sah*, p. 58. Zijn dochter, die hem voor het hotel in Berchtesgaden na de ontvangst schertsenderwijs

begroette met 'Heil Hitler', antwoordde Lloyd George heel serieus: 'Jawel. Heil Hitler, dat zeg ik ook, want hij is werkelijk een groot man.' Schmidt, *Statist auf diplomatischer Bühne*, p. 340.
138 Wiedemann, *Der Mann*, p. 156; vgl. Schroeder, *Er war mein Chef*, p. 192 e.v.; Schmidt, *Statist auf diplomatischer Bühne*, p. 376; Hoffmann, *Hitler wie ich ihn sah*, p. 58 e.v.
139 Below, *Als Hitlers Adjutant*, p. 122.
140 Vgl. Lammers aan Wilhelm Brückner, Berchtesgaden, 21-10 en 25-10-1938. Hoewel Lammers erop wees dat hij twee belangrijke wetsvoorstellen moest voorleggen aan de rijkskanselier, werd hij pas op 31-10 voor een verslag toegelaten; BA Berlijn-Lichterfelde, R 43 II 886a. Vgl. ook Görtemaker, *Eva Braun*, p. 150-152, 154 e.v. Eind november 1938 vroeg Lammers opnieuw om een afspraak. 'Omdat ik deze zomer en herfst maar zelden en dan nog slechts beperkt verslag kon doen bij de Führer van de meest urgente zaken, de laatste keer op 31 oktober jongstleden, hebben zich bij mij talrijke en nu niet meer uit te stellen zaken opgehoopt waar ik verslag van moet doen, waarbij ik minstens een uur nodig heb om ze af te handelen.' Lammers aan Brückner, 22-11-1938; BA Berlijn-Lichterfelde, NS 10/25.
141 Goebbels, *Tagebücher*, deel I, band 4, p. 217 (d.d. 13-7-1937); vgl. ook ibidem, band 3/II, p. 317 (d.d. 5-1-1937), 'Aan tafel discussies over Spanje.'
142 Vgl. Görtemaker, *Eva Braun*, p. 170-172; Joachimsthaler, *Hitlers Liste*, p. 512 e.v. (uitspraken van Nicolaus von Below en Herbert Döhring); Below, *Als Hitlers Adjutant*, p. 97.
143 Vgl. Görtemaker, *Eva Braun*, p. 77, 173 e.v. Vgl. voor het beeld van de 'apolitieke' Eva Braun Speer, *Erinnerungen*, p. 107; Dietrich, *12 Jahre mit Hitler*, p. 235; Joachimsthaler, *Hitlers Liste*, p. 474 e.v. (uitspraken van Herbert Döhring); Schroeder, *Er war mein Chef*, p. 166.

19 Oorlog met de kerken

1 *Monologe*, p. 150 (d.d. 13-12-1941); vgl. met dezelfde strekking *Tischgespräche*, p. 80 (d.d. 13-12-1941). 'Vanaf mijn dertiende, veertiende, vijftiende' had hij 'nergens meer in geloofd', vertelde Hitler in februari 1942. Ook van zijn kameraden had 'er geen eentje meer geloofd in de zogenaamde communie, dat waren alleen maar een paar stomme lievelingetjes van de leraar'. *Monologe*, p. 288 (d.d. 20./21-2-1942). Schwerin von Krosigk meende dat het 'de zeer kwezelachtige aard van het katholicisme' in Oostenrijk' was die de jonge Hitler had afgestoten en had vervreemd van de biecht. Schwerin von Krosigk, *Niederschrift zur Persönlichkeit Hitlers* (ca. 1945); IfZ München, ZS 145, band 5. Vgl. overeenkomstig Hanskarl von Hasselbach *Hitlers Einstellung zum Christentum*; BA Koblenz, N 1128/33. Daartegenover lijkt de vooral door Friedrich Heer (*Der Glaube des Adolf Hitler. Anatomie einer politischen Religiosität*, München 1968, 2de druk 1998) naar voren gebrachte these dat de persoon Hitler zeer sterk gevormd was door 'specifiek katholieke elementen' van zijn vaderland weinig plausibel.
2 *Monologe*, p. 40 (d.d. 11./12-7-1941).
3 Ibidem, p. 108 (d.d. 25-10-1941).
4 Ibidem, p. 83 (d.d. 14-10-1941).
5 Vgl. Rissmann, *Hitlers Gott*, p. 30-33, 42-52.
6 Vgl. voor de analyse van Hitlers kerstboodschappen Friedrich Tomberg, *Das Christentum in Hitlers Weltanschauung*, München 2012, p. 118-120, 124-126, 128-131.
7 Hofer, *Der Nationalsozialismus*, p. 30.
8 Hitler, *Mijn Kamp*, p. 139, 433.
9 Vgl. daarvoor hierboven hoofdstuk 8. Voorts Klaus Scholder, *Die Kirchen und das Dritte Reich*, band 1, *Vorgeschichte und Zeit der Illusion 1918-1934*, Frankfurt am Main-Berlijn-Wenen 1977, p. 116-122. Otto Erbersdobler, Gauleiter in Niederbayern van 1929 tot 1932, heeft de uitspraak van Hitler overgeleverd in het 'geval-Dinter': 'Wij zijn politici en geen reformatoren. Wie zich daartoe geroepen voelt, die mag die roep volgen, maar niet in onze partij.' IfZ München, ZS 1949.
10 Piper, *Alfred Rosenberg*, p. 185; vgl. ook Scholder, *Die Kirchen und das Dritte Reich*, band 1, p. 240.

11 Tischgespräche, p. 213 (d.d. 11-4-1942). Vgl. ibidem, p. 416 (d.d. 4-7-1942), 'Dat Rosenberg zich in zijn tijd hoe dan ook al heeft begeven in een discussie met de kerk, heb ik altijd als verkeerd beschouwd.'
12 Scholder, Die Kirchen und das Dritte Reich, band 1, p. 280; vgl. Wehler, Deutsche Gesellschaftsgeschichte, band IV, p. 798, 'Met succes veranderde hij zijn stijl tot "homo religiosus" in het hoogste ambt van de staat.'
13 Domarus, Hitler, band I,1, p. 192.
14 Ibidem, p. 232 e.v.
15 Vgl. Michael Hesemann, Hitlers Religion. Die fatale Heilslehre des Nationalsozialismus, München 2004, p. 363 e.v.; John Cornwell, Pius XII. Der Papst, der geschwiegen hat, München 1999, p. 139-141.
16 Vgl. Scholder, Die Kirchen und das Dritte Reich, band 1, p. 300, 303.
17 Citaat volgens ibidem, p. 320.
18 Goebbels, Tagebücher, deel I, band 2/III, p. 197 (d.d. 4-6-1933).
19 Akten der Regierung Hitler, deel I,1, Nr. 44, p. 160.
20 Vgl. voor de onderhandelingen Scholder, Die Kirchen und das Dritte Reich, band 1, p. 487-511; Cornwell, Pius XII., p. 175-187.
21 Akten der Regierung Hitler, deel I,1, Nr. 193, p. 683.
22 Citaat naar Scholder, Die Kirchen und das Dritte Reich, band 1, p. 514.
23 Vgl. Cornwell, Pius XII., p. 193-197; Evans, Das Dritte Reich, band 2/I, p. 289-291.
24 Scholder, Die Kirchen und das Dritte Reich, band 1, p. 660 e.v.
25 Goebbels, Tagebücher, deel I, band 2/III, p. 346 (d.d. 27-12-1933).
26 Vgl. Klaus Scholder, Die Kirchen und das Dritte Reich, band 2, Das Jahr der Ernüchterung 1934. Barmen en Rome, Berlijn 1985, p. 137 e.v.
27 Goebbels, Tagebücher, deel I, band 3/II, p. 293 (d.d. 16-12-1936).
28 Citaat naar Hesemann, Hitlers Religion, p. 370; vgl. Morsey (red.), Fritz Gerlich, p. 30.
29 Vgl. John S. Conway, Die nationalsozialistische Kirchenpolitik 1933–1945. Ihre Ziele, Widersprüche und Fehlschläge, München 1969, p. 114 e.v.; Cornwell, Pius XII., p. 203; Scholder, Die Kirchen und das Dritte Reich, band 2, p. 253-259.
30 Citaat naar Scholder, Die Kirchen und das Dritte Reich, band 1, p. 263. Vgl. voor de ontvankelijkheid van de protestantse armere milieus voor het nationaalsocialisme vooral de uitstekende studie van Manfred Gailus, Protestantismus und Nationalsozialismus. Studien zur nationalsozialistischen Durchdringung des protestantischen Sozialmilieus in Berlin, Keulen-Weimar-Wenen 2001, p. 57 e.v.
31 Vgl. Scholder, Die Kirchen und das Dritte Reich, band 1, p. 272 e.v.
32 Citaat naar ibidem, p. 299. De leider van de Deutsche Christen in Hessen-Nassau en Hessen-Darmstadt, Gustav Adolf Wilhelm Meyer, sprak tegen Hitler naar aanleiding van de Machtigingswet de 'warme dank voor God' uit, die 'uw strijd om Duitsland tot dusverre zo zichtbaar en wonderbaarlijk heeft gezegend en nu bekroond heeft met een heerlijke zege'. BA Berlijn-Lichterfelde, NS 51/45.
33 Annelise Thimme (red.), Friedrich Thimme 1868–1938. Ein politischer Historiker, Publizist und Schriftsteller in seinen Briefen, Boppard am Rhein 1994, p. 320 e.v. (d.d. 12-2-1933).
34 Ibidem, p. 333 (d.d. 25-5-1933).
35 Ibidem, p. 340 (d.d. 4-10-1933).
36 Citaat naar Ernst Klee, 'Die SA Jesu Christi'. Die Kirche im Banne Hitlers, Frankfurt am Main 1989, p. 31.
37 Vgl. Thomas Martin Schneider, Reichsbischof Ludwig Müller. Eine Untersuchung zu Leben, Werk und Persönlichkeit, Göttingen 1993, p. 105 e.v.
38 Vgl. Gailus, Protestantismus und Nationalsozialismus, p. 115 e.v.; Schneider, Reichsbischof Ludwig Müller, p. 146; Scholder, Die Kirchen und das Dritte Reich, band 1, p. 479-481.
39 Vgl. Scholder, Die Kirchen und das Dritte Reich, band 1, p. 565-569. Een uitvoerige analyse van de verkiezingen in de Berlijnse kerkgemeentes bij Gailus, Protestantismus und Nationalsozialismus, p. 117-122.
40 Aldus Schneider, Reichsbischof Ludwig Müller, p. 152.

41 James Bentley, *Martin Niemöller. Eine Biographie*, München 1985, p. 93. Daar ook de bovenvermelde citaten. Over de houding van Niemöller in het eerste halfjaar van 1933 vgl. ibidem, p. 60.
42 Kurt Meier, *Kreuz und Hakenkreuz. Die evangelische Kirche im Dritten Reich*, München 1992, p. 49.
43 Scholder, *Die Kirchen und das Dritte Reich*, band 1, p. 703 e.v.
44 Vgl. Schneider, *Reichsbischof Ludwig Müller*, p. 164 e.v.; Bentley, *Martin Niemöller*, p. 99 e.v.
45 Vgl. Scholder, *Die Kirchen und das Dritte Reich*, band 1, p. 721, band 2, p. 14; Schneider, *Reichsbischof Ludwig Müller*, p. 168.
46 Goebbels, *Tagebücher*, deel I, band 2/III, p. 332.
47 Bentley, *Martin Niemöller*, p. 105-107.
48 *Tischgespräche*, p. 204 (d.d. 7-4-1942); vgl. Goebbels, *Tagebücher*, deel I, band 3/II, p. 363 (d.d. 28-1-1934), Hitler 'geselt dan de priesters, zodat ze helemaal dubbelbuigen'.
49 Vgl. over de ontvangst bij de rijkskanselier op 25-1-1934 Scholder, *Die Kirchen und das Dritte Reich*, band 2, p. 59-64; Bentley, *Martin Niemöller*, p. 109-112; Meier, *Kreuz und Hakenkreuz*, p. 60 e.v.; Schneider, *Reichsbischof Ludwig Müller*, p. 186, 191.
50 Goebbels, *Tagebücher*, deel I, band 3/I, p. 40 (d.d. 28-4-1934).
51 Vgl. Schneider, *Reichsbischof Ludwig Müller*, p. 191-193; Scholder, *Die Kirchen und das Dritte Reich*, band 2, p. 75 e.v., 159 e.v.
52 Scholder, *Die Kirchen und das Dritte Reich*, band 2, p. 190 (daar ook p. 191 het hierboven vermelde citaat).
53 Bentley, *Martin Niemöller*, p. 137 e.v.; vgl. voor de Dahlemse Synode van 19/20-10-1934 Scholder, *Die Kirchen und das Dritte Reich*, band 2, p. 339-347.
54 Vgl. Bentley, *Martin Niemöller*, p. 138 e.v.; vgl. voor de ontvangst van 30-10-1934 voorts Scholder, *Die Kirchen und das Dritte Reich*, band 2, p. 354 e.v.; Gerhard Besier, *Die Kirchen und das Dritte Reich. Spaltungen und Abwehrkämpfe 1934-1937*, Berlijn, München 2001, p. 19-21. (Het beeld dat Besier geeft, wijkt duidelijk af van dat van Scholder.)
55 Goebbels, *Tagebücher*, deel I, band 3/I, p. 126 (d.d. 25-10-1934).
56 Schneider, *Reichsbischof Ludwig Müller*, p. 215 e.v.
57 Vgl. Kershaw, *Der Hitler-Mythos*, p. 132-149.
58 Conway, *Die nationalsozialistische Kirchenpolitik*, p. 149 e.v.; vgl. over de organisatie van het rijksministerie Schneider, *Reichsbischof Ludwig Müller*, p. 218 e.v.; Meier, *Kreuz und Hakenkreuz*, p. 129-133; Besier, *Die Kirchen und das Dritte Reich*, p. 287 e.v.
59 Goebbels, *Tagebücher*, deel I, band 3/I, p. 278 (d.d. 19-8-1935). Vgl. voor het volgende ook Hans Günter Hockerts, 'Die Goebbels-Tagebücher 1932–1941. Eine neue Hauptquelle zur Erforschung der nationalsozialistischen Kirchenpolitik', in Dieter Albrecht /Hans Günter Hockerts /Paul Mikat /Rudolf Morsey (red.), *Politik und Konfession. Festschrift für Konrad Repken zum 60. Geburtstag*, Berlijn 1983, p. 359-392.
60 Besier, *Die Kirchen und das Dritte Reich*, p. 164 e.v.; vgl. Goebbels, *Tagebücher*, deel I, band 3/I, p. 285 (d.d. 31-8-1935), 'Herderlijk schrijven van de katholieke bisschoppen. Zeer scherp. Aan het eind echter gebed voor de regering. Nou ja, zij bidden, wij handelen.'
61 Goebbels, *Tagebücher*, deel I, band 3/I, p. 288 (d.d. 6-9-1935).
62 Domarus, *Hitler*, band I,2, p. 525 e.v.
63 Vgl. Hans Günter Hockerts, *Die Sittlichkeitsprozesse gegen katholische Ordensangehörige und Priester 1936/1937. Eine Studie zur nationalsozialistischen Herrschaftstechnik und zum Kirchenkampf*, Mainz 1971, p. 63-66.
64 Ibidem, p. 69; vgl. Besier, *Die Kirchen und das Dritte Reich*, p. 715 e.v.
65 Goebbels, *Tagebücher*, deel I, band 3/II, p. 219 (d.d. 21-10-1936).
66 Ludwig Volk (red.), *Akten Kardinal Michael von Faulhabers 1917-1945*, band II, 1935-1945, Mainz 1978, p. 184-194. Vgl. voor uitspraken van Hitler, Faulhaber op 4-11-1936 Hockerts, *Die Sittlichkeitsprozesse*, p. 70 e.v.; Besier, *Die Kirchen und das Dritte Reich*, p. 762-765.
67 Goebbels, *Tagebücher*, deel I, band 3/II, p. 245 (d.d. 10-11-1936), 252 (d.d. 15-11-1936). Vgl. ibidem, p. 240 (d.d. 6-11-1936), 'Het Vaticaan lijkt allengs toch murw geworden. Het moet nu beslissen, voor of tegen ons. Vrede of oorlog. Wij zijn er in ieder geval klaar voor.'

NOTEN – HOOFDSTUK 19   903

68 Ibidem, p. 316 (d.d. 5-1-1937). Over het herderlijk schrijven van Kerstmis 1936 vgl. Besier, *Die Kirchen und das Dritte Reich*, p. 773 e.v.
69 Goebbels, *Tagebücher*, deel I, band 3/II, p. 353 e.v. (d.d. 31-1-1937).
70 Ibidem, p. 365 (d.d. 9-2-1937). Vgl. ook ibidem, p. 362 (d.d. 6-2-1937), 'De kerken hebben onze moraal en onze houding bedorven. Vooral de dood tot een vreselijk schrikbeeld gemaakt. Daar is de oudheid echt nooit toe in staat geweest.'
71 Ibidem, p. 379 (d.d. 18-2-1937).
72 Ibidem, p. 389 (d.d. 23-2-1937). Vgl. notitie Hanskarl van Hasselbach 'Hitlers Einstellung zur Religion', 'Als Galileeër zou Christus van arische afstamming zijn geweest, en afgezien van zijn ethische waarden zou hij ook bewonderenswaardig zijn als een geniaal volksleider in de strijd tegen de macht en overtredingen van de ontaarde Farizeeërs'; BA Koblenz, N 1128/33.
73 Vgl. Piper, *Alfred Rosenberg*, p. 189-191. Over de mogelijke invloed van het lezen van Nietzsche op Hitlers beeld van Paulus vgl. Tomberg, *Das Christentum in Hitlers Weltanschauung*, p. 14, 114, 152 e.v.
74 Goebbels, *Tagebücher*, deel I, band 3/II, p. 389 (d.d. 23-2-1937).
75 Ibidem, band 4, p. 49 (d.d. 13-3-1937). Vgl. ibidem, p. 166 (d.d. 3-6-1937), 'Hij bedankt feestelijk voor de rol van religieuze reformator.' Voorts Schwerin von Krosigk, *Niederschrift zur Persönlichkeit Hitlers* (ca. 1945): Hitler heeft zich altijd gekeerd tegen ambities uit partijkringen om 'een nieuwe religie te stichten en deze in het middelpunt te plaatsen'; IfZ München, ZS 145, band 5.
76 Dieter Albrecht (bew.), *Der Notenwechsel zwischen dem Heiligen Stuhl und der Deutschen Reichsregierung*, band 1, Von der Ratifizierung des Reichskonkordats bis zur Enzyklika 'Mit brennender Sorge', Mainz 1965, Nr. 7, p. 404-443. Vgl. voor het ontstaan van de encycliek en de reactie daarop Cornwell, *Pius XII*., p. 219-221; Besier, *Die Kirchen und das Dritte Reich*, p. 777 e.v.
77 Goebbels, *Tagebücher*, deel I, band 4, p. 62 (d.d. 21-3-1937).
78 Ibidem, p. 76 (d.d. 2-4-1937).
79 Hockerts, *Die Sittlichkeitsprozesse*, p. 73.
80 Goebbels, *Tagebücher*, deel I, band 4, p. 116 (d.d. 30-4-1937). Vgl. ibidem, p. 78 (d.d. 4-4-1937), 83 (d.d. 7-4-1937), 90 (d.d. 13-4-1937), 115 (d.d. 29-4-1937).
81 Ibidem, p. 86 (d.d. 10-4-1937), 118 (d.d. 1-5-1937).
82 Domarus, *Hitler*, band I,2, p. 690. Vgl. Goebbels, *Tagebücher*, deel I, band 4, p. 120 (d.d. 2-5-1937), 'De Führer schiet zoals altijd in de roos [...]. Met een scherpe aanval tegen de politiserende clerus, die met stormachtig gejuich wordt onthaald.'
83 Goebbels, *Tagebücher*, deel I, band 4, p. 155 (d.d. 28-5-1937). Vgl. ibidem, p. 151 (d.d. 25-5-1937).
84 Hockerts, *Die Sittlichkeitsprozesse*, p. 113.
85 Citaten ibidem, p. 114; Reuth, *Goebbels*, p. 361.
86 Goebbels, *Tagebücher*, deel I, band 4, p. 157 (d.d. 29-5-1937).
87 Ibidem, p. 164 (d.d. 2-6-1937).
88 Citaat naar Hockerts, *Die Sittlichkeitsprozesse*, p. 125.
89 Goebbels, *Tagebücher*, deel I, band 4, p. 209 (d.d. 4-7-1937). Vgl. ibidem, p. 229 (d.d. 23-9-1937).
90 Vgl. ibidem, p. 237 (d.d. 28-7-1937), 'Führer wil speciale rechtbank instellen voor de papenprocessen. Dat is het enige juiste!', 255 (d.d. 7-8-1937), 'Wil nu – eindelijk, eindelijk – een speciale rechtbank instellen.'
91 Ibidem, band 5, p. 66 (d.d. 22-12-1937).
92 Vgl. Hockerts, *Die Sittlichkeitsprozesse*, p. 75-77.
93 Goebbels, *Tagebücher*, deel I, band 4, p. 135 (d.d. 12-5-1937).
94 Ibidem, band 3/II, p. 328 (d.d. 14-1-1937).
95 Ibidem, p. 375 (d.d. 15-2-1937). Vgl. over het terugtreden van de Rijkskerkencommissie en het geplande ontslag van Kerrl Besier, *Die Kirchen und das Dritte Reich*, p. 631-640; Conway, *Die nationalsozialistische Kirchenpolitik*, p. 221 e.v.

96 Goebbels, *Tagebücher*, deel I, band 3/II, p. 375 (d.d. 15-2-1937).
97 Ibidem, p. 376 (d.d. 16-2-1937).
98 Afgedrukt in Conway, *Die nationalsozialistische Kirchenpolitik*, p. 222.
99 Goebbels, *Tagebücher*, deel I, band 3/II, p. 376 (d.d. 16-2-1937).
100 Vgl. Meier, *Kreuz und Hakenkreuz*, p. 136.
101 Goebbels, *Tagebücher*, deel I, band 4, p. 238 (d.d. 29-7-1937); Vgl. ibidem, p. 191 (d.d. 22-6-1937).
102 Ibidem, band 5, p. 39 (d.d. 7-12-1937).
103 Ibidem, band 5, p. 66 (d.d. 22-12-1937).
104 Vgl. Bentley, *Martin Niemöller*, p. 155-161; Gailus, *Protestantismus und Nationalsozialismus*, p. 306-308, 328-330.
105 Goebbels, *Tagebücher*, deel I, band 4, p. 208 (d.d. 3-7-1937). Vgl. ibidem, p. 209 (d.d. 4-7-1937), 'Maar nu hebben we het zwijn en we laten het niet meer los.'
106 Ibidem, band 5, p. 65 (d.d. 22-12-1937). Vgl, ibidem, p. 109 (d.d. 21-1-1938), 'Geval Niemöller, de Führer wil hem nooit meer laten gaan. Dat is ook het enige juiste.'
107 Vgl. Bentley, *Martin Niemöller*, p. 171-173.
108 Goebbels, *Tagebücher*, deel I, band 5, p. 185 (d.d. 2-3-1938). Vgl. over het volgen van het Niemöllerproces door Goebbels ibidem, p. 136 (d.d. 5-2-1938), 142 (d.d. 8-2-1938), 166 (d.d. 20-2-1938), 172 (d.d. 23-2-1938), 179 (d.d. 27-2-1938).
109 Ibidem, p. 187 (d.d. 4-3-1938).
110 Christa Schroeder aan Johanna Nusser, 21-4-1939; IfZ München, ED 524; afgedrukt in Schroeder, *Er war mein Chef*, p. 93-97 (citaat p. 96).
111 Goebbels, *Tagebücher*, deel I, band 6, p. 215 (d.d. 8-12-1938).

20 Radicalisering van de 'Jodenpolitiek'

1 Citaat naar *Die Verfolgung und Ermordung der europäischen Juden*, band 1, doc. 276, p. 658. De volledige tekst van de toespraak in Hildegard von Kotze/Helmut Krausnick (red.), *'Es spricht der Führer'. 7 exemplarische Hitler-Reden*, Gütersloh 1966, p. 123-177.
2 Vgl. Friedländer, *Das Dritte Reich und die Juden*, band 1, p. 206.
3 Vgl. Kershaw, *Hitler*, band II, p. 82, 189 e.v.
4 Goebbels, *Tagebücher*, deel I, band 4, p. 429 (d.d. 30-11-1937).
5 Ibidem, band 3/II, p. 343 (d.d. 25-1-1937), 344 e.v. (d.d. 26-1-1937), 346 (d.d. 27-1-1937), 'In Rusland gaat het showproces verder. De Joden vreten elkaar op.' Over de arrestatie van Radek en zijn proces vgl. Wolf-Dietrich Gutjahr, *Revolution muss sein. Karl Radek – die Biographie*, Keulen-Weimar-Wenen 2012, p. 850-875.
6 Domarus, *Hitler*, band I,2, p. 727-732 (citaten p. 728, 729 e.v.). Samenvattingen ook in *Die Verfolgung und Ermordung der europäischen Juden*, band 1, doc. 295, p. 698-707.
7 Vgl. Dieter Schenk, *Hitlers Mann in Danzig. Albert Forster und die NS-Verbrechen in Danzig-Westpreußen*, Bonn 2000, p. 87; Goebbels, *Tagebücher*, deel I, band 4, p. 376 (d.d. 26-10-1937), 381 (d.d. 29-10-1937).
8 Cohn, *Kein Recht, nirgends*, band 1, p. 483 (d.d. 26-10-1937).
9 Vgl. Friedländer, *Das Dritte Reich und die Juden*, band 1, p. 257; *Deutschland-Berichte der Sopade*, 5. jrg., 1938, p. 176.
10 *Die Verfolgung und Ermordung der europäischen Juden durch das nationalsozialistische Deutschland 1933–1945*, band 2, 'Deutsches Reich 1938-August 1939'. Bew. door Susanne Heim, München 2009, doc. 6, p. 91-93 (citaten p. 91, 92). Vgl. over de boycotbeweging en het opgevoerde uitschakelen van Joden in de economie Wildt, *Volksgemeinschaft als Selbstermächtigung*, p. 299 e.v.; Longerich, *Politik der Vernichtung*, p. 118-129.
11 Vgl. Avraham Barkai, *Vom Boykott zur 'Entjudung'. Der wirtschaftliche Existenzkampf der Juden im Dritten Reich 1933–1945*, Frankfurt am Main 1988, p. 78-80; idem, '"Schicksalsjahr 1938". Kontinuität und Verschärfung der wirtschaftlichen Ausplünderung der deutschen Juden', in Walter H. Pehle (red.), *Der Judenpogrom 1938. Von der 'Reichskristallnacht' zum Völkermord*, Frankfurt am Main 1988, p. 94-117 (hier

p. 96). Voor een uitstekende casestudy vgl. Frank Bajohr, *'Arisierung' in Hamburg. Die Verdrängung der jüdischen Unternehmer 1933–1945*, Hamburg 1997, p. 173 e.v.
12 Citaat naar Barkai, *Vom Boykott zur 'Entjudung'*, p. 142; idem 'Schicksalsjahr 1938', p. 107.
13 *Deutschland-Berichte der Sopade*, 5. jrg., 1938, p. 195 e.v.; vgl. ibidem, 4. jrg., 1937, p. 1567. Voorts Goebbels, *Tagebücher*, deel I, band 4, p. 398 (d.d. 9-11-1938); Friedländer, *Das Dritte Reich und die Juden*, band 1, p. 274 e.v.; over de antisemitische campagne in de pers vgl. Longerich, *'Davon haben wir nichts gewusst'*, p. 109 e.v.
14 Vgl. Longerich, *Politik der Vernichtung*, p. 155.
15 Vgl. daarbij de statistische berekeningen van het SD-hoofdbureau II 112 d.d. 12.11. en 18-11-1937; Kulka/Jäckel (red.), *Die Juden in den geheimen NS-Stimmungsberichten 1933-1945*, doc. 288, 289, p. 245-247.
16 Zuckmayer, *Als wär's ein Stück von mir*, p. 71.
17 Zweig, *Die Welt von Gestern*, p. 469. Vgl. ook de beschrijving van Walter Grab, *Meine vier Leben. Gedächtniskünstler – Emigrant – Jakobinerforscher – Demokrat*, Keulen 1999, p. 56-58. Voorts de verslagen van David Schapira en Karl Sass over de mishandeling van Weense Joden na de 'Anschluss' van Oostenrijk in *Die Verfolgung und Ermordung der europäischen Juden*, band 2, doc. 17/18, p. 113-123. Over de achtergronden vgl. Gerhard Botz, *Nationalsozialismus in Wien. Machtübernahme, Herrschaftssicherung, Radikalisierung 1938/39*. Nieuwe bewerkte en uitgebreide druk, Wenen 2008, p. 126-136.
18 Vgl. Gerwarth, *Reinhard Heydrich*, p. 154 e.v.; Friedländer, *Das Dritte Reich und die Juden*, band 1, p. 263.
19 Shirer, *Berliner Tagebuch*, p. 109 (d.d. 23-3-1938).
20 Verslag Ubaldo Rochiras d.d. 26-4-1938; Bajohr/Strupp (red.), *Fremde Blicke auf das 'Dritte Reich'*, p. 481 e.v.
21 Vgl. Botz, *Nationalsozialismus in Wien*, p. 137-145. Vgl. Goebbels, *Tagebücher*, deel I, band 5, p. 255 (d.d. 23-3-1938), 'Veel Joodse zelfmoorden in Wenen.'
22 Vgl. Botz, *Nationalsozialismus in Wien*, p. 313-324; Friedländer, *Das Dritte Reich und die Juden*, band 1, p. 263 e.v.
23 Vgl. David Cesarani, *Adolf Eichmann. Bürokrat und Massenmörder. Biographie*, Berlijn 2002, p. 89-101; Botz, *Nationalsozialismus in Wien*, p. 332-342; Friedländer, *Das Dritte Reich und die Juden*, band 1, p. 265 e.v.; Wildt, *Die Judenpolitik des SD 1935 bis 1938*, p. 52-54.
24 *Deutschland-Berichte der Sopade*, 5. jrg., 1938, p. 732 e.v. Vgl. voor de rol van Oostenrijk 'als laboratorium voor de Jodenvervolging in het rijk'. Hans Mommsen, *Auschwitz, 17. Juli 1942. Der Weg zur europäischen 'Endlösung der Judenfrage'*, München 2002, p. 76 e.v.
25 Klemperer, *Tagebücher 1933–1941*, p. 412 (d.d. 29-6-1938). Tekst van de verordening in *Die Verfolgung und Ermordung der europäischen Juden* band 2, doc. 29, p. 139-141.
26 Friedländer, *Das Dritte Reich und die Juden*, band 1, p. 276. Tekst van de verordening in *Die Verfolgung und Ermordung der europäischen Juden*, band 2, doc. 84, p. 269 e.v. Victor Klemperer gaf als commentaar: 'Vijf minuten geleden heb ik de Wet op de Joodse voornamen gelezen. Het zou grappig zijn als je er niet helemaal gek van zou kunnen worden.' *Tagebücher 1933–1941*, p. 419 (d.d. 24-8-1938).
27 Vgl. Jürgen Bevers, *Der Mann hinter Adenauer. Hans Globkes Aufstieg vom NS-Juristen zur Grauen Eminenz der Bonner Republik*, Berlijn 2009, p. 28 e.v.
28 Vgl. Wildt, *Volksgemeinschaft als Selbstermächtigung*, p. 303-306.
29 Goebbels, *Tagebücher*, deel I, band 5, p. 269 (d.d. 23-4-1938).
30 Het memorandum is afgedrukt bij Wolf Gruner, *'Lesen brauchen sie nicht zu können.' Het 'Denkschrift über die Behandlung der Juden in der Reichshauptstadt auf allen Gebieten des öffentlichen Lebens'* van mei 1938, in *Jahrbuch für Antisemitismusforschung*, jrg. 4 (1995), p. 305-341. Vgl. Wildt, *Die Judenpolitik des SD 1933-1938*, p. 55 e.v.; Longerich, *Politik der Vernichtung*, p. 172 e.v.
31 Longerich, *Politik der Vernichtung*, p. 173.
32 Goebbels, *Tagebücher*, deel I, band 5, p. 317 (d.d. 25-5-1938), 325 (d.d. 30-5-1938), 326 (d.d. 31-5-1938).
33 Ibidem, p. 329 (d.d. 2-6-1938), 340 (d.d. 11-6-1938).

34   Verslag van de ambassadeur van de Verenigde Staten aan de minister van Buitenlandse Zaken, 22-6-1938; *Die Verfolgung und Ermordung der europäischen Juden*, band 2, doc. 47, p. 176-179 (citaten p. 177, 179). Vgl. het verslag van de Italiaanse ambassadeur Bernardo Attolico d.d. 21-6-1938; Bajohr/Strupp (red.), *Fremde Blicke auf das 'Dritte Reich'*, p. 483 e.v.
35   B. Fromm, *Als Hitler mir die Hand küßte*, p. 294 (d.d. 28-6-1938). Vgl. ook *Deutschland-Berichte der Sopade*, 5. jrg., 1938, p. 755-761.
36   Verslag van het SD-hoofdbureau II 112 d.d. 1-7-1938; Kulka/Jäckel (red.), *Die Juden in den geheimen NS-Stimmungsberichten 1933–1945*, Nr. 332, p. 278.
37   Goebbels, *Tagebücher*, deel I, band 5, p. 351 (d.d. 19-6-1938). Vgl. nog meer documenten in Christian Faludi (red.), *Die 'Juni-Aktion' 1938. Eine Dokumentation zur Radikalisierung der Judenverfolgung*, Frankfurt an Main 2013. Over de parallel verlopende zogeheten 'asocialen'-actie *Die Verfolgung und Ermordung der europäischen Juden*, band 2, doc. 39, p. 160 e.v.; Longerich, *Politik der Vernichtung*, p. 175-177; Wildt, *Die Judenpolitik des SD 1933–1938*, p. 56.
38   Tekst in *Die Verfolgung und Ermordung der europäischen Juden*, band 2, doc. 48, p. 180-182. Vgl. Goebbels, *Tagebücher*, deel I, band 5, p. 356 (d.d. 22- en 23-6-1938).
39   Vgl. Longerich, *'Davon haben wir nichts gewusst!'*, p. 112-114; idem, *Joseph Goebbels*, p. 379.
40   Goebbels, *Tagebücher*, deel I, band 5, p. 393 (d.d. 25-7-1938).
41   Afgedrukt in *Die Verfolgung und Ermordung der europäischen Juden*, band 2, doc. 68, p. 234-243 (citaat p. 234). Vgl. Longerich, *Politik der Vernichtung*, p. 182 e.v.
42   Goebbels, *Tagebücher*, deel I, band 5, p. 396 (d.d. 27-7-1938).
43   Eduardo Labougle aan minister van Buitenlandse Zaken José María Cantilo, 13-8-1938; Bajohr/Strupp (red.), *Fremde Blicke auf das 'Dritte Reich'*, p. 488.
44   Verslag van het SD-hoofdbureau II 112 d.d. april en mei 1938; Wildt, *Die Judenpolitik des SD 1933–1938*, doc. 29, p. 186.
45   Citaat naar Friedländer, *Das Dritte Reich und die Juden*, band 1, p. 270.
46   Domarus, *Hitler*, band I,2, p. 899.
47   Citaat naar Wildt, *Die Judenpolitik des SD 1933–1938*, p. 42. Vgl. daar p. 40-45 de passage 'SD und Palästina'.
48   Citaat naar Longerich, *'Davon haben wir nichts gewusst!'*, p. 115.
49   Goebbels, *Tagebücher*, deel I, band 5, p. 256 (d.d. 11-4-1938); vgl. ibidem, p. 269 e.v. (d.d. 23-4-1938), 'De Führer wil ze allemaal uitwijzen. Met Polen en Roemenië onderhandelen. Madagaskar zou geschikt zijn voor hen.' Volgens de herinneringen van bediende Karl Krause stelde de Britse premier Neville Chamberlain tijdens zijn bezoek aan de Berghof in september 1938 de vraag: 'Hoe denkt u, meneer de rijkskanselier, het probleem van de Joden op te lossen?' Hitler zou daarop geantwoord hebben: 'Het Britse wereldrijk heeft toch genoeg eilanden! Maak er toch eentje leeg! Daar kunnen alle Joden van de wereld bij elkaar komen [...].' Krause, *Zehn Jahre Kammerdiener*, p. 37.
50   Vgl. Magnus Brechtken, *'Madagaskar für die Juden'. Antisemitische Idee und politische Praxis 1885–1945*, München 1997, p. 16 e.v., 34 e.v., 61 e.v.
51   Engel, *Heeresadjutant bei Hitler*, p. 31 (d.d. 13-8-1938).
52   Kulka/Jäckel (red.), *Die Juden in den geheimen NS-Stimmungsberichten 1933–1945*, nr. 353, p. 297; Longerich, *Politik der Vernichtung*, p. 193 e.v.
53   Cohn, *Kein Recht, nirgends*, band 2, p. 533 (d.d. 4-11-1938).
54   Citaat naar Friedländer, *Das Dritte Reich und die Juden*, band 1, p. 290. Vgl. Trude Maurer, 'Abschiebung und Attentat. Die Ausweisung der polnischen Juden und der Vorwand für die "Kristallnacht",' in Pehle (red.), *Der Judenpogrom 1938*, p. 52-73; Hermann Graml, *Reichskristallnacht. Antisemitismus und Judenverfolgung im Dritten Reich*, München 1988, p. 9-12. Voor het vermoeden dat de daad een homoseksuele achtergrond had (aldus Hans-Jürgen Döscher, *'Reichskristallnacht'. Die Novemberpogrome 1938*, Frankfurt am Main-Berlijn 1988, p. 65 e.v., 154 e.v.), ontbreken steekhoudende bewijzen.
55   Vgl. daarover Reuth, *Goebbels*, p. 348-351, 388-390; Longerich, *Joseph Goebbels*, p. 389-393.
56   *DNB-Rundbrief*, 7-11-1938; *NS-Presseanweisungen*, band 6/III, Nr. 3176, p. 1050. Afgedrukt

ook bij Wolfgang Benz, 'Der Novemberpogrom 1938', in idem (red.), *Die Juden in Deutschland 1933–1945. Leben unter nationalsozialistischer Herrschaft*, München 1998, p. 506.
57 Citaat naar *Die Verfolgung und Ermordung der europäischen Juden*, band 2, Einleitung, p. 53. Vgl. Benz, 'Der Novemberprogrom 1938', p. 505 e.v.; verder persstemmen in Longerich, *'Davon haben wir nichts gewusst!'*, p. 124 e.v.
58 Ruth Andreas-Friedrich, *Der Schattenmann. Tagebuchaufzeichnungen 1938–1945*, Frankfurt am Main 1983, p. 26 (d.d. 9-11-1938).
59 Goebbels, *Tagebücher*, deel I, band 6, p. 178 (d.d. 9-11-1938). Over de rellen in Hessen van 8/9-11-1938 vgl. Wildt, *Volksgemeinschaft als Selbstermächtigung*, p. 320-324.
60 Vgl. Friedländer, *Das Dritte Reich und die Juden*, band 1, p. 193.
61 Vgl. Schmidt, *Hitlers Arzt Karl Brandt*, p. 165 e.v.; Döscher, *'Reichskristallnacht'*, p. 64; Goebbels, *Tagebücher*, deel I, band 6, p. 179 (d.d. 10-11-1938), 'De toestand [...] van Rath in Parijs is nog steeds zeer ernstig.'
62 Below, *Als Hitlers Adjutant*, p. 136. Het officiële telegram van Brandt aan Hitler met het doodsbericht kwam in Berlijn om 18.20 uur binnen. Facsimile in Döscher, *'Reichskristallnacht'*, p. 74. Vgl. Goebbels, *Tagebücher*, deel I, band 6, p. 180 (d.d. 10-11-1938), 'In de middag wordt de dood van de Duitse diplomaat vom Rath gemeld.'
63 Aldus Evans, *Das Dritte Reich*, band 2/II, p. 703 e.v. Van een 'zorgvuldige enscenering' spreekt ook Uwe Dietrich Adam, 'Wie spontan war der Pogrom?', in Pehle (red.), *Der Judenpogrom 1938*, p. 92. Vgl. ook Alan E. Steinweis, *Kristallnacht 1938. Ein deutscher Pogrom*, Stuttgart 2011, p. 47-53.
64 Goebbels, *Tagebücher*, deel I, band 6, p. 180 (d.d. 10-11-1938).
65 Verslag van de hoogste partijrechtbank aan H. Göring, 13-2-1939; *Der Prozess gegen die Hauptkriegsverbrecher vor dem Internationalen Militärtribunal in Nürnberg (IMT)*, 42 banden, Neurenberg 1947-49, band 32, doc. 3063-PS, p. 21. Vgl. Benz, 'Der Novemberpogrom 1938', p. 510.
66 Goebbels, *Tagebücher*, deel I, band 6, p. 180 (d.d. 10-11-1938).
67 Ibidem, p. 180 e.v. (d.d. 10-11-1938). Vgl. over de rol van de 'Stoßtrupp Hitler' Angela Hermann, 'Hitler und sein Stoßtrupp in der "Reichskristallnacht"', in *Vierteljahrshefte für Zeitgeschichte*, jrg. 56 (2008), p. 603-619, bes. 611-617.
68 Tekst in *Die Verfolgung und Ermordung der europäischen Juden*, band 2, doc. 125, p. 366 e.v.; vgl. Gerwarth, *Reinhard Heydrich*, p. 160.
69 Goebbels, *Tagebücher*, deel I, band 6, p. 181 (d.d. 10-11-1938), 'De Führer heeft bevolen dat er 2(5)-30.000 Joden meteen opgepakt moeten worden. Dat wordt aanpakken.'
70 Tekst in *Die Verfolgung und Ermordung der europäischen Juden*, band 2, doc. 126, p. 367 e.v.; vgl. Gerwarth, *Reinhard Heydrich*, p. 160.
71 Vgl. voor het verloop van het pogrom Dieter Obst, *'Reichskristallnacht'. Ursachen und Verlauf des antisemitischen Pogroms vom November 1938*, Frankfurt am Main 1991, p. 102 e.v.; Graml, *Reichskristallnacht*, p. 22 e.v.
72 Goebbels, *Tagebücher*, deel I, band 6, p. 181 e.v. (d.d. 10-11 en 11-11-1938).
73 Citaat naar Obst, *'Reichskristallnacht'*, p. 94.
74 Vgl. Goebbels, *Tagebücher*, deel I, band 6, p. 182 (d.d. 11-11-1938), 'In de Osteria breng ik verslag uit aan de Führer [...]. Met kleine wijzigingen keurt de Führer mijn bevel voor het stopzetten van de acties goed.'
75 Citaat naar Longerich, *'Davon haben wir nichts gewusst!'*, p. 125. Daar ook p. 126 e.v. Berichten van Duitse kranten. Andere persstemmen bij Benz, 'Der Novemberpogrom 1938', p. 515-519.
76 Domarus, *Hitler*, band I,2, p. 973, 978. Tegen kritische opmerkingen van Winifred Wagner bracht Hitler in: 'Zoiets moest echter een keer gebeuren, om de Joden eindelijk uit Duitsland te krijgen.' Bij de kinderen van Wagner bestreed Hitler het dat hij iets te maken had gehad met de pogromnacht. Hamann, *Winifred Wagner*, p. 380.
77 *Bericht des SD-Hauptamts II 112*, 7-12-1938; Kulka/Jäckel (red.), *Die Juden in den geheimen NS-Stimmungsberichten 1933–1945*, Nr. 356, p. 304-309; Longerich, *Politik der Vernichtung*,

p. 203 e.v.; Evans, *Das Dritte Reich*, band 2/II, p. 707 e.v., 714; Hermann, 'Hitler und sein Stoßtrupp', p. 608 e.v.
78   Aldus Friedländer, *Das Dritte Reich und die Juden*, band 1, p. 299.
79   Ute Gerhardt/Thomas Karlauf (red.), *Nie mehr zurück in dieses Land. Augenzeugen berichten über die Novemberpogrome 1938*, Berlijn 2009, p. 139. Vgl. uitvoerig over de rituele vernederingen Obst, 'Reichskristallnacht', p. 279-307. Voorts Wildt, *Volksgemeinschaft als Selbstermächtigung*, p. 345 e.v.; Longerich, *Politik der Vernichtung*, p. 203 e.v.; Evans, *Das Dritte Reich*, band 2/II, p. 714. Het hoofd van het deelstaatdistrict Neder-Beieren en Opper-Palts meldde op 8-12-1938, 'In Regensburg werden de mannen 's ochtends op 10-11, voordat ze werden weggevoerd, in gesloten colonne door de stad geparadeerd. Ze moeten een groot bord "Uittocht van de Joden" dragen.' Kulka/Jäckel (red.), *Die Juden in den geheimen NS-Stimmungsberichten 1933–1945*, Nr. 377, p. 329.
80   Verslag herinneringen Karl E. Schwabs; Gerhardt/Karlauf (red.), *Nie mehr zurück in dieses Land*, p. 142. Vgl. ook ibidem, p. 163-188, verslag herinneringen van Karl Rosenthal, rabbijn van de Berlijnse liberale gemeente. Voorts verslagen in Ben Barkow/Raphael Gross/Michael Lenarz (red.), *Novemberpogrom 1938. Die Augenzeugenberichte der Wiener Library*, Londen-Frankfurt am Main 2008, p. 485-654.
81   Klemperer, *Tagebücher 1933–1941*, p. 443 (d.d. 6-12-1938).
82   Gerhardt/Karlauf (red.), *Nie mehr zurück in dieses Land*, p. 37.
83   Ibidem, p. 215. Vgl. Over de ervaring van absolute macht en absolute onmacht Wildt, *Volksgemeinschaft als Selbstermächtigung*, p. 347. Voorts Benz, 'Der Novemberpogrom 1938', p. 498 ('Rückfall in die Barbarei').
84   Kulka/Jäckel (red.), *Die Juden in den geheimen NS-Stimmungsberichten 1933–1945*, Nr. 369, p. 324.
85   Ibidem, Nr. 356, p. 304 e.v.
86   Feliks Chiczewski aan de Poolse ambassade in Berlijn, 12-11-1938; Bajohr/Strupp (red.), *Fremde Blicke auf das 'Dritte Reich'*, p. 503.
87   Kulka/Jäckel (red.), *Die Juden in den geheimen NS-Stimmungsberichten 1933–1945*, Nr. 356, p. 305.
88   Andreas-Friedrich, *Der Schattenmann*, p. 30 (d.d. 10-11-1938).
89   Eduardo Labougle aan minister van Buitenlandse Zaken José María Cantilo, 14-11-1938; Bajohr/ Strupp (red.), *Fremde Blicke auf das 'Dritte Reich'*, p. 514.
90   Vgl. Dieter W. Röckenmaier, *Denunzianten. 47 Fallgeschichten aus den Akten der Gestapo im NS-Gau Mainfranken*, Würzburg 1998. Voorts Eric A. Johnson, *Der nationalsozialistische Terror. Gestapo, Juden und gewöhnliche Deutsche*, Berlijn 2001, p. 110 e.v.
91   Guido Romano over de politieke situatie, 12-11-1938; Bajohr/Strupp (red.), *Fremde Blicke auf das 'Dritte Reich'*, p. 509.
92   *Deutschland-Berichte der Sopade*, 5. jrg., 1938, p. 1204. Ter relativering van deze uitspraak vgl. Longerich, 'Davon haben wir nichts gewusst!', p. 131.
93   Verslag van Samuel W. Honacker, 12-11-1938; Bajohr/Strupp (red.), *Fremde Blicke auf das 'Dritte Reich'*, p. 505.
94   Vgl. de verslagen in Kulka/Jäckel (red.), *Die Juden in den geheimen NS-Stimmungsberichten 1933–1945*, Nr. 358, p. 316, Nr. 359, p. 318. Nr. 363, p. 319; Nr. 368, p. 322; Nr. 369, p. 323; Nr. 376, p. 328, Nr. 385, p. 333; Nr. 313, p. 337.
95   Citaat naar Hans Mommsen/Dieter Obst, 'Die Reaktion der deutschen Bevölkerung auf die Verfolgung der Juden 1933–1943', in Hans Mommsen/Susanne Willems (red.), *Herrschaftsalltag im Dritten Reich. Studien und Texte*, Düsseldorf 1988, p. 392. Vgl. Kulka/Jäckel (red.), *Die Juden in den geheimen NS-Stimmungs- berichten 1933–1945*, Nr. 376, p. 329; Nr. 387, p. 334; Nr. 395, p. 338.
96   Kulka/Jäckel (red.), *Die Juden in den geheimen NS-Stimmungsberichten 1933-1945*, Nr. 380, p. 331.
97   Verslag Wolstan Weld-Foresters, 24-11-1938; Bajohr/Strupp (red.), *Fremde Blicke auf das 'Dritte Reich'*, p. 520.

98 Citaat naar Christoph Cornelißen, Gerhard Ritter. *Geschichtswissenschaft und Politik im 20. Jahrhundert*, Düsseldorf 2001, p. 244 e.v.
99 Hassell, *Vom andern Deutschland*, p. 26 (d.d. 25-11-1938).
100 Franz-Rudolf von Weiss aan de Zwitserse gezant in Berlijn, Hans Frölicher, 12/13-11-1938; Bajohr/ Strupp (red.), *Fremde Blicke auf das 'Dritte Reich'*, p. 510. Vgl. vergelijkbare reacties bij Benz, 'Der Novemberpogrom 1938', p. 527; Mommsen/Obst, 'Die Reaktion der deutschen Bevölkerung', p. 391; Gerhardt/Karlauf (red.), *Nie mehr zurück in dieses Land*, p. 90.
101 Vgl. voor de houding van de kerken Friedländer, *Das Dritte Reich und die Juden*, band 1, p. 319 e.v.
102 Aldus Evans, *Das Dritte Reich*, band 2/II, p. 712. Vgl. Frank Bajohr, 'Vom antijüdischen Konsens zum schlechten Gewissen. Die deutsche Gesellschaft und die Judenverfolgung 1933–1945', in idem/Dieter Pohl, *Der Holocaust als offenes Geheimnis. Die Deutschen, die NS-Führung und die Alliierten*, München 2006, p. 37-43.
103 Goebbels, *Tagebücher*, deel I, band 6, p. 182 (d.d. 11-11-1938).
104 Aldus Göring op de bespreking d.d. 12-11-1938; *Die Verfolgung und Ermordung der europäischen Juden*, band 2, doc. 146, p. 408.
105 Notulen van de conferentie d.d. 12-11-1938 in ibidem, p. 408-437 (citaten op volgorde p. 421, 415 e.v., 432 e.v., 435).
106 Goebbels, *Tagebücher*, deel I, band 6, p. 185 (d.d. 13-11-1938). Tekst van de verordeningen in *Die Verfolgung und Ermordung der europäischen Juden*, band 2, doc. 142-144, p. 403-405.
107 Vgl. Barkai, 'Schicksalsjahr 1938', p. 115 e.v.
108 Vgl. Aly, *Hitlers Volksstaat*, p. 61.
109 Susanne Heim/Götz Aly, 'Staatliche Ordnung und "organische Lösung". Die Rede Hermann Görings "über die Judenfrage" vom 6. Dezember 1938', in *Jahrbuch für Antisemitismusforschung*, jrg. 2 (1992), p. 378-404 (citaat p. 392).
110 Tekst van de verordening in *Die Verfolgung und Ermordung der europäischen Juden*, band 2, doc. 152, p. 450 e.v.
111 Vgl. Longerich, *Politik der Vernichtung*, p. 213 e.v.; Friedländer, *Das Dritte Reich und die Juden*, band 1, p. 307.
112 Klemperer, *Tagebücher 1933–1941*, p. 442 (d.d. 6-12-1938), 449 (Oudjaar 1938).
113 Goebbels, *Tagebücher*, deel I, band 6, p. 209 (d.d. 4-12-1938).
114 Vgl. Longerich, *Politik der Vernichtung*, p. 214. Tekst van de Rijkswet d.d. 30-4-1939 in *Die Verfolgung und Ermordung der europäischen Juden*, band 2, doc. 277, p. 743-746.
115 Ibidem, doc. 146, p. 431.
116 Vgl. Gerwarth, *Reinhard Heydrich*, p. 163. Voorts Gabriele Anderl, 'Die "Zentralstellen für jüdische Auswanderung" in Wien, Berlin und Prag. Ein Vergleich', in *Tel Aviver Jahrbuch für deutsche Geschichte*, band 23 (1994), p. 275-299. Tekst van de opdracht van Göring d.d. 24-1-1939 in *Die Verfolgung und Ermordung der europäischen Juden*, band 2, doc. 243, p. 656 e.v.
117 Gerhardt/Karlauf (red.), *Nie mehr zurück in dieses Land*, p. 155. Vgl. ook Klemperer, *Tagebücher 1939–1941*, p. 464 (d.d. 6-3-1939), 'Iedereen doet krampachtig zijn best om weg te komen, maar het wordt steeds moeilijker.'
118 Getallen conform Evans, *Das Dritte Reich*, band 2/II, p. 725.
119 Gerhardt/Karlauf (red.), *Nie mehr zurück in dieses Land*, p. 311 e.v.
120 Aldus de hoofdstukkop bij Friedländer, *Das Dritte Reich und die Juden*, band 1, p. 329.
121 *Die Verfolgung und Ermordung der europäischen Juden*, band 2, doc. 146, p. 436.
122 Uitspraak van de legatieraad W. Hewel over het gesprek tussen Hitler en Pirow, 24-11-1938; *Die Verfolgung und Ermordung der europäischen Juden*, band 2, doc. 172, p. 486-491 (citaten p. 488). Over het bezoek van Pirow vgl. Brentken, 'Madagaskar für die Juden', p. 199-202.
123 Domarus, *Hitler*, band II,1, p. 1047-1067 (citaten p. 1057 e.v.).
124 Vgl. vooral Hans Mommsen, 'Hitler's Reichstag Speech of 30 January 1939', in *History & Memory*, Vol. 9 (1997), p. 147-161 (vooral p. 148, 150 e.v.).
125 Verslag van de Zwitserse gezant in Parijs, Walter Stücki, aan het hoofd van het Politieke

Departement van Zwitserland, Giuseppe Motta, 15-11-1938; *Die Verfolgung und Ermordung der europäischen Juden*, band 2, doc. 151, p. 447-450 (citaat p. 449).
126 Vgl. voor deze interpretatie Friedländer, *Das Dritte Reich und die Juden*, band 1, p. 335-337; Evans, *Das Dritte Reich*, band 2/II, p. 731; Kershaw, *Hitler*, band II, p. 214. Voorts de intelligente analyse door Philippe Burrin, *Warum die Deutschen? Antisemitismus, Nationalsozialismus, Genozid*, Berlijn 2004, p. 96-111.

21 Op weg naar oorlog

1   Domarus, *Hitler*, band I,2, p. 668.
2   Ibidem, p. 681.
3   Shirer, *Berliner Tagebuch*, p. 73 (d.d. 8-4-1937).
4   Goebbels, *Tagebücher*, deel I, band 3/II, p. 102 (d.d. 9-6-1936).
5   Tekst in ADAP, Serie C, band 5, 2, Nr. 446, p. 703-707.
6   Citaat naar Norbert Schausberger, 'Österreich und die nationalsozialistische Anschlußpolitik', in Manfred Funke (red.), *Hitler, Deutschland und die Mächte. Materialien zur Außenpolitik des Dritten Reiches*, Düsseldorf 1978, p. 740.
7   Vgl. ook bij het volgende Hans-Henning Abendroth, 'Deutschlands Rolle im Spanischen Bürgerkrieg', in ibidem, p. 471-488 (hier p. 472-474); voorts Frank Schauff, *Der Spanische Bürgerkrieg*, Göttingen 2006, p. 67 e.v., 145 e.v.
8   Goebbels, *Tagebücher*, deel I, band 3/II, p. 135 (d.d. 20-7-1936).
9   Vgl. Hamann, *Winifred Wagner*, p. 321.
10 ADAP, Serie D, band 3, Nr. 4, p. 8. Vgl. Abendroth, *Deutschlands Rolle im Spanischen Bürgerkrieg*, p. 474 e.v.
11 Ribbentrop, *Zwischen London und Moskau*, p. 89. Dezelfde argumenten had Hitler in de kabinetszitting d.d. 1-12-1936; vgl. Goebbels, *Tagebücher*, deel I, band 3/II, p. 272 e.v. (d.d. 2-12-1936).
12 Vgl. Kube, *Pour le mérite und Hakenkreuz*, p. 165 e.v.; vgl. voor de beweegredenen van Hitler Carlos Collado Seidel, *Der Spanische Bürgerkrieg. Geschichte eines europäischen Konflikts*, München 2006, p. 91-95; Wendt, *Großdeutschland*, p. 111 e.v.; Hildebrand, *Das vergangene Reich*, p. 628 e.v.; Thamer, *Verführung und Gewalt*, p. 545-547.
13 Goebbels, *Tagebücher*, deel I, band 3/II, p. 140 (d.d. 27-7-1936).
14 Vgl. Hugh Thomas, *Der Spanische Bürgerkrieg*, Frankfurt am Main 1964, p. 326-329; Evans, *Das Dritte Reich*, band 2/II, p. 774.
15 Goebbels, *Tagebücher*, deel I, band 4, p. 160 (d.d. 31-5-1937). Vgl. Shirer, *Berliner Tagebuch*, p. 75 (d.d. 30-5-1937), 'Een informant vertelt dat Hitler de hele dag in het rond heeft geschreeuwd en Spanje de oorlog wil verklaren. Leger en marine proberen hem tegen te houden.'
16 Goebbels, *Tagebücher*, deel I, band 4, p. 162 (d.d. 1-6-1937), 165 (d.d. 3-6-1937).
17 Vgl. ibidem, p. 185 (d.d. 18-6-1937); Domarus, *Hitler*, band I,2, p. 701.
18 Goebbels, *Tagebücher*, deel I, band 4, p. 231 (d.d. 24-7-1937). Vgl. ibidem, p. 282 (d.d. 26-8-1937), 'Dit Spaanse conflict werkt allengs zwaar op mijn zenuwen.' Voorts Eberle/Uhl (red.), *Das Buch Hitler*, p. 65, met de uitspraak van Hitler, 'In militair opzicht is Franco volstrekt onbekwaam. Een typische sergeant-majoor en verder niets.'
19 Hassell, *Römische Tagebücher*, p. 144 (d.d. 26-7-1936).
20 Ibidem, p. 164 (d.d. 6-12-1936).
21 ADAP, Serie C, band 5,2, Nr. 624, p. 1056-1058.
22 Petersen, *Hitler-Mussolini*, p. 491.
23 Citaat naar Rauscher, *Hitler und Mussolini*, p. 241; vgl. Falanga, *Mussolinis Vorposten*, p. 80.
24 Citaat naar Petersen, *Hitler-Mussolini*, p. 492.
25 Schmidt, *Statist auf diplomatischer Bühne*, p. 335 e.v.; vgl. Kershaw, *Hitlers Freunde in England*, p. 169-171.
26 Kershaw, *Hitlers Freunde in England*, p. 178.
27 Josef Henke, *England in Hitlers politischem Kalkül*, Boppard am Rhein 1973, p. 63.

28 Ribbentrop, *Zwischen London und Moskau*, p. 93.
29 Citaat naar Wolfgang Michalka, *Ribbentrop und die deutsche Weltpolitik 1933–1940. Außenpolitische Konzeptionen und Entscheidungsprozesse im Dritten Reich*, München 1980, p. 121.
30 Goebbels, *Tagebücher*, deel I, band 3/II, p. 249 (d.d. 13-11-1936).
31 Speer, *Erinnerungen*, p. 86; vgl. Wiedemann, *Der Mann*, p. 152; Ribbentrop, *Zwischen London und Moskau*, p. 104; Henke, *England in Hitlers politischem Kalkül*, p. 67; Goebbels, *Tagebücher*, deel I, band 3/II, p. 278 (d.d. 5-12-1936), 'Führer is woedend op die huichelende moraalridders […] de regering-Baldwin gedraagt zich als een stel varkens.'
32 Over het tot stand komen en sluiten van het pact is altijd nog fundamenteel belangrijk Theo Sommer, *Deutschland und Japan zwischen den Mächten 1935–1940. Vom Antikominternpakt zum Dreimächtepakt*, Tübingen 1962, p. 23-56 (daar ook p. 493-495 de tekst en de geheime clausule van het pact).
33 Vgl. Michalka, *Ribbentrop und die deutsche Weltpolitik*, p. 135.
34 Goebbels, *Tagebücher*, deel I, band 3/II, p. 219 (d.d. 21-10-1936).
35 Aldus Sommer, *Deutschland und Japan zwischen den Mächten*, p. 49.
36 Goebbels, *Tagebücher*, deel I, band 3/II, p. 349 (d.d. 28-1-1937).
37 Ibidem, p. 389 (d.d. 23-2-1937).
38 Ibidem, band 4, p. 52 (d.d. 15-3-1937). Hassell hoorde in mei 1937 van Neurath in Rome 'dat Hitler kennelijk Tsjechoslowakije heeft afgeschreven, d.w.z. geen echte overeenkomst nastreeft, maar als uitkomst de vernietiging […] op het oog heeft'. Hassell, *Römische Tagebücher*, p. 199 (d.d. 6-5-1937).
39 Goebbels, *Tagebücher*, deel I, band 4, p. 87 (d.d. 10-4-1937).
40 Ibidem, p. 247 (d.d. 3-8-1937). Op de laatste dag van het Neurenbergse partijcongres van 1937 merkte Hitler tegen Goebbels op: 'Oostenrijk […] wordt op een dag met geweld ontbonden.' Ibidem, p. 312 (d.d. 14-9-1937).
41 Henke, *England in Hitlers politischem Kalkül*, p. 81.
42 Vgl. Goebbels, *Tagebücher*, deel I, band 4, p. 154 (d.d. 28-5-1937).
43 Vgl. voor het totaaloverzicht Robert Alexander Clarke Parker, *Chamberlain and Appeasement. British Policy and the Coming of the Second World War*, Londen 1993; voorts Schmidt, *Die Außenpolitik des Dritten Reiches 1933–1939*, p. 232-239.
44 Goebbels, *Tagebücher*, deel I, band 4, p. 214 (d.d. 10-7-1937), 217 (d.d. 13-7-1937), 185 (d.d. 18-6-1937).
45 Vgl. Falanga, *Mussolinis Vorposten*, p. 88.
46 Goebbels, *Tagebücher*, deel I, band 4, p. 296 (d.d. 5-9-1937). Vgl. ibidem, p. 315 (d.d. 9-9-1937), 318 (d.d. 19-9-1937), 321 (d.d. 21-9-1937), 322 (d.d. 22-9-1937), 324 (d.d. 23-9-1937).
47 Ibidem, p. 328 (d.d. 26-9-1937).
48 Schmidt, *Statist auf diplomatischer Bühne*, p. 365 e.v.; Schmidts karakteriseringen sluiten aan bij het beeld dat wordt gegeven door François-Poncet, *Als Botschafter in Berlin*, p. 299 e.v.
49 Vgl. Domarus; *Hitler*, band I,2, p. 734.
50 Goebbels, *Tagebücher*, deel I, band 4, p. 332 (d.d. 28-9-1937). Vgl. ook Frank, *Im Angesicht des Galgens*, p. 269 e.v.
51 Schmidt, *Statist auf diplomatischer Bühne*, p. 367.
52 Ibidem, p. 368.
53 Domarus, *Hitler*, band I,2, p. 735.
54 Vgl, ibidem, p. 737 e.v., Rauscher, *Hitler und Mussolini*, p. 248; Goebbels, *Tagebücher*, deel I, band 4, p. 334, Mussolini 'spreekt met een hartstochtelijk accent […] soms overschreeuwt hij zichzelf. Dat doet echter geen afbreuk aan het effect.'
55 François-Poncet, *Als Botschafter in Berlin*, p. 310. Minister van Buitenlandse Zaken Ciano noteerde slechts beknopt over de massademonstratie 's avonds: 'Veel ontroering en veel regen.' Galeazzo Ciano, *Tagebücher 1937/38*, Hamburg 1949, p. 19.
56 Frank, *Im Angesicht des Galgens*, p. 271; vgl. Below, *Als Adjutant Hitlers*, p. 44.
57 Vgl. Rauscher, *Hitler und Mussolini*, p. 245.

58 Goebbels, *Tagebücher*, deel I, band 4, p. 335 e.v. (d.d. 30-9-1937).
59 Hamann, *Winifred Wagner*, p. 350. Vgl. ook Goebbels, *Tagebücher*, deel I, band 4, p. 336 (d.d. 30-9-1937), Hitler is 'blij dat alles zo goed is afgelopen'.
60 Frank, *Im Angesicht des Galgens*, p. 273.
61 Rauscher, *Hitler und Mussolini*, p. 248.
62 Goebbels, *Tagebücher*, deel I, band 4, p. 332 (d.d. 28-9-1937), 'Alleen Oostenrijk nog open. Daarover loopt hij steeds weg.'
63 Ibidem, p. 329 (d.d. 26-9-1937); vgl. Wiedemann, *Der Mann*, p. 133.
64 *Monologe*, p. 144 (d.d. 20-11-1941), 246 (d.d. 31-1-1942). Vgl. ibidem, p. 44 (d.d. 20/22-7-1941). Aantekeningen van Wiedemann 'Stellung zu Italien', 'M(ussolini) en H(itler) hebben zo veel gemeenschappelijk in hun denken en ook in hun loopbaan dat zich een verhouding van sterke persoonlijke vriendschap en vertrouwelijkheid ontwikkelde.' BA Koblenz, N 1720/4.
65 Domarus, *Hitler*, band I,2, p. 745.
66 Over de authenticiteitskwestie van het Hoßbach-memorandum vgl. Walter Bussmann, 'Zur Entstehung und Überlieferung der "Hoßbach-Niederschrift",' in *Vierteljahrshefte für Zeitgeschichte*, jrg. 16 (1968), p. 373-378; Jonathan Wright und Paul Stafford, 'Hitler, Britain and the Hoßbach-Memorandum', in *Militärgeschichtliche Mitteilungen* 46 (1987/2), p. 77-123. Voorts de aantekeningen van Hoßbach over de ontstaansgeschiedenis in Hoßbach, *Zwischen Wehrmacht und Hitler*, p. 189-192.
67 Vgl. over de voorgeschiedenis van de vergadering van 5-11-1937 Wendt, *Großdeutschland*, p. 11-14.
68 Het Hoßbach-memorandum is afgedrukt in Hoßbach, *Zwischen Wehrmacht und Hitler*, p. 181-189; Domarus, *Hitler*, band I,2, p. 748-745 (citaten volgens dat werk). Voor een uitvoerige weergave van de inhoud vgl. Wendt, *Großdeutschland*, p. 15-24.
69 Afgedrukt in *IMT*, band 34, p. 745 e.v.
70 Aldus Wendt, *Großdeutschland*, p. 27. Vgl. daarentegen ook Karl Heinz Janßen/Fritz Tobias, *Der Sturz der Generäle. Hitler und die Blomberg-Fritsch-Krise 1938*, München 1994, p. 18.
71 *IMT*, band 16, p. 640 e.v.
72 Vgl. Janßen/Tobias, *Der Sturz der Generäle*, p. 24-31. De weergave daarin corrigeert de oudere theorie in het onderzoek, die wil dat het bij de Blomberg-Fritsch-crisis ging om een complot dat was opgezet door Himmler, Heydrich en Göring. Vgl. daarbij Harold C. Deutsch, *Das Komplott oder die Entmachtung der Generale. Blomberg- und Fritsch-Krise. Hitlers Weg zum Krieg*, Zürich 1974. Over de affaire van Blomberg met Margarethe Gruhn vgl. ook Schäfer, *Werner von Blomberg*, p. 175-177.
73 Vgl. Janßen/Tobias, *Der Sturz der Generäle*, p. 38-42 (citaat p. 41); Schäfer, *Werner von Blomberg*, p. 178 e.v.
74 Vgl. Janßen/Tobias, *Der Sturz der Generäle*, p. 27 e.v., 43-50 (citaten p. 45, 50); Schäfer, *Werner von Blomberg*, p. 180 e.v.
75 Aldus Janßen/Tobias, *Der Sturz der Generäle*, p. 51.
76 Below, *Als Adjutant Hitlers*, p. 63 e.v.
77 Wiedemann, *Der Mann*, p. 112; vgl. Goebbels, *Tagebücher*, deel I, band 5, p. 127 (d.d. 1-2-1938), 'De Führer [...] klaagt over al zijn leed tegen mij. Hoe bij hem alle menselijke idealen gebroken zijn. Blomberg trouwt met een hoer en blijft bij haar en laat de staat voor wat die is [...]. De Führer heeft hem blind vertrouwd. Dat was een grote fout.'
78 Goebbels, *Tagebücher*, deel I, band 5, p. 115 (d.d. 26-1-1938).
79 Hoßbach, *Zwischen Wehrmacht und Hitler*, p. 107 e.v.
80 Vgl. Janßen/Tobias, *Der Sturz der Generäle*, p. 53-55; Schäfer, *Werner von Blomberg*, p. 187 e.v.
81 Engel, *Heeresadjutant bei Hitler*, p. 20 e.v. (d.d. 26-4-1938).
82 Vgl. Janßen/Tobias, *Der Sturz der Generäle*, p. 84 e.v.
83 François-Poncet, *Als Botschafter in Berlin*, p. 291.
84 Vgl. Janßen/Tobias, *Der Sturz der Generäle*, p. 86-97.
85 Hoßbach, *Zwischen Wehrmacht und Hitler*, p. 108.

86 Ibidem, p. 108-110 (citaat p. 110). Vgl. Janßen/Tobias, *Der Sturz der Generäle*, p. 97-100.
87 Hoßbach, *Zwischen Wehrmacht und Hitler*, p. 110.
88 Goebbels, *Tagebücher*, deel I, band 5, p. 117 e.v. (d.d. 27-1-1938). §175 in het Duitse Wetboek van Strafrecht bevatte het verbod op seksuele handelingen tussen mannen.
89 Hoßbach, *Zwischen Wehrmacht und Hitler*, p. 112; vgl. Janßen/Tobias, *Der Sturz der Generäle*, p. 91, 104.
90 Horst Mühleisen, 'Die Fritsch-Krise im Frühjahr 1938. Neue Dokumente aus dem Nachlaß des Generalobersten', in *Militärgeschichtliche Mitteilungen* 56 (1997/2), p. 471-508, Dok. 1. Het voorafgaande citaat bij Hoßbach, *Zwischen Wehrmacht und Hitler*, p. 112. Vgl. Janßen/Tobias, *Der Sturz der Generäle*, p. 104-108.
91 Ook voor het volgende citaat Goebbels, *Tagebücher*, deel I, band 5, p. 119 (d.d. 28-1-1938). Vgl. Janßen/Tobias, *Der Sturz der Generäle*, p. 109-114.
92 Vgl. Goebbels, *Tagebücher*, band 5, p. 122 (d.d. 29-1-1938). Over de turbulente afscheidsaudiëntie vgl. Hoßbach, *Zwischen Wehrmacht und Hitler*, p. 115-118.
93 Goebbels, *Tagebücher*, deel I, band 5, p. 124.
94 Vgl. Janßen/Tobias, *Der Sturz der Generäle*, p. 116-123.
95 Goebbels, *Tagebücher*, deel I, band 5, p. 127 (d.d. 1-2-1938).
96 Janßen/Tobias, *Der Sturz der Generäle*, p. 140.
97 Wiedemann, *Der Mann*, p. 113. Vgl. Janßen/Tobias, *Der Sturz der Generäle*, p. 125 e.v.
98 Goebbels, *Tagebücher*, deel I, band 5, p. 119 (d.d. 28-1-1938). Vgl. Janßen/Tobias, *Der Sturz der Generäle*, p. 126 e.v.
99 Goebbels, *Tagebücher*, deel I, band 5, p. 119 (d.d. 28-1-1938).
100 Below, *Als Hitlers Adjutant*, p. 75.
101 Goebbels, *Tagebücher*, deel I, band 5, p. 125 (d.d. 31-1-1938).
102 Ibidem, p. 127 e.v. (d.d. 1-2-1938).
103 Janßen/Tobias, *Der Sturz der Generäle*, p. 149; Domarus, *Hitler*, band I, 2, p. 782.
104 Goebbels, *Tagebücher*, deel I, band 5, p. 127 (d.d. 1-2-1938).
105 Vgl. voor de grote schoonmaak 4-2-1938 ibidem, p. 137 (d.d. 5-2-1938); Below, *Als Hitlers Adjutant*, p. 73 e.v.; Dietrich, *12 Jahre mit Hitler*, p. 50 e.v.; Janßen/Tobias, *Der Sturz der Generäle*, p. 150 e.v.; Conze e.a., *Das Amt*, p. 124-126. Hassell had al sinds 18-1-1938 vakantie gekregen van Neurath. Hij vermoedde dat een persoonlijke intrige tegen hem de reden was voor zijn aflossing. Vgl. Hassell aan Neurath, 24-1-1938, en Neurath aan Lammers, 26-1-1938; BA Berlijn-Lichterfelde, R 43 II/889b.
106 Goebbels, *Tagebücher*, deel I, band 5, p. 138 (d.d. 6-2-1938).
107 Janßen/Tobias, *Der Sturz der Generäle*, p. 152 e.v.; Below, *Als Hitlers Adjutant*, p. 79; Kershaw, *Hitler*, band II, p. 103.
108 Goebbels, *Tagebücher*, deel I, band 5, p. 140 (d.d. 6-2-1938). Vgl. ook de bedankbrief van Hitler aan Blomberg en Neurath in *Die Regierung Hitler*, band V, Dok. 31, p. 110 e.v.
109 François-Poncet, *Als Botschafter in Berlin*, p. 295. Van 'une sorte de 30 juin sec' sprak François-Poncet al in een telegram d.d. 5-2-1938; Schäfer, *André François-Poncet als Botschafter in Berlin*, p. 281.
110 Memorandum van de advocaat Rüdiger graaf von der Goltz over het proces (opgesteld 1945/46); IfZ München, ZS 49. Een uitvoerige weergave van de rechtszaak bij Janßen/Tobias, *Der Sturz der Generäle*, p. 173-182.
111 Ibidem, p. 183.
112 Vgl. ibidem, p. 237-239, 247-249.
113 Vgl. ibidem, p. 77-79; Schäfer, *Werner von Blomberg* p. 199 e.v.
114 *IMT*, band 28, p. 362.
115 Vgl. Schausberger, 'Österreich und die nationalsozialistische Anschlußpolitik', p. 470 e.v.
116 Hassell, *Römische Tagebücher*, p. 173 (d.d. 15-1-1937). Vgl. Kube, *Pour le mérite und Hakenkreuz*, p. 225-227.
117 Schmidt, *Statist auf diplomatischer Bühne*, p. 347; vgl. Kube, *Pour le mérite und Hakenkreuz*, p. 230.
118 Vgl. Kube, *Pour le mérite und Hakenkreuz*, p. 236 e.v., 239.

119 Schmidt, *Statist auf diplomatischer Bühne*, p. 377 e.v.
120 Goebbels, *Tagebücher*, deel I, band 4, p. 415 (d.d. 21-11-1937).
121 Vgl. Schausberger, 'Österreich und die nationalsozialistische Anschlußpolitik', p. 478 e.v.
122 Papen, *Der Wahrheit eine Gasse*, p. 460; vgl. Petzold, *Franz von Papen*, p. 252.
123 Vgl. Below, *Als Hitlers Adjutant*, p. 84.
124 Vgl. Papen, *Der Wahrheit eine Gasse*, p. 467 e.v.
125 Vgl. over het volgende Kurt von Schuschnigg, *Ein Requiem in Rot-Weiß-Rot*, Zürich 1945, p. 38-44.
126 Ibidem, p. 45.
127 Vgl. ADAP, Serie D, band 1, Nr. 295, p. 423 e.v.; Schuschnigg, *Ein Requiem*, p. 46 e.v.; Papen, *Der Wahrheit eine Gasse*, p. 470 e.v.
128 Papen, *Der Wahrheit eine Gasse*, p. 471; vgl. IMT, band 10, p. 567 e.v.; Schuschnigg, *Ein Requiem*, p. 49.
129 Schuschnigg, *Ein Requiem*, p. 51 e.v.; vgl. Papen, *Der Wahrheit eine Gasse*, p. 475.
130 Eberle/Uhl (red.), *Das Buch Hitler*, p. 72.
131 Goebbels, *Tagebücher*, deel I, band 5, p. 159 (d.d. 16-2-1938). Vgl. ibidem, p. 157 (d.d. 16-2-1938), 'Hij is tamelijk rigoureus met Schuschnigg omgesprongen [...] Kanonnen spreken altijd klare taal.'
132 Ibidem, p. 161 (d.d. 17-2-1938).
133 Domarus, *Hitler*, band I,2, p. 801-803. Vgl. Goebbels, *Tagebücher*, deel I, band 5, p. 168 (d.d. 21-2-1938).
134 Dossiernotitie van Wilhelm Keppler, de gevolmachtigde voor Oostenrijk van Hitler, d.d. 28-2-1938; ADAP, Serie D, band 1, Nr. 328, p. 450; vgl. Kube, *Pour le mérite und Hakenkreuz*, p. 243.
135 Schausberger, 'Österreich und die nationalsozialistische Anschlußpolitik', p. 752.
136 Vgl. Schuschnigg, *Ein Requiem*, p. 41.
137 Ciano, *Tagebücher 1937/38*, p. 123 (d.d. 10-3-1938).
138 Goebbels, *Tagebücher*, deel I, band 5, p. 198 e.v. (d.d. 10-3-1938).
139 Kessler, *Das Tagebuch*, band 9, p. 663 (d.d. 16-4-1936); vgl. ook Heiden, *Adolf Hitler. Ein Mann gegen Europa*, p. 266, De 'essentie van Hitlers politiek' bestond 'uit het bliksemsnel reageren op de omstandigheden'.
140 Domarus, *Hitler*, band I, 2, p. 808 e.v.
141 Goebbels, *Tagebücher*, deel I, band 5, p. 200 e.v. (d.d. 11-3-1938).
142 Ibidem, p. 202 (d.d. 12-3-1938).
143 ADAP, Serie D, band 1, Nr. 352, p. 470.
144 Vgl. Spitzy, *So haben wir das Reich verspielt*, p. 233-238.
145 Vgl. Goebbels, *Tagebücher*, deel I, band 5, p. 202 (d.d. 12-3-1938); IMT, band 16, p. 360362; Kershaw, *Hitler*, band II, p. 124.
146 IMT, band 9, p. 333.
147 Below, *Als Hitlers Adjutant*, p. 90.
148 Vgl. voor het verloop van de gebeurtenissen de verslagen van de telefoongesprekken bij Schuschnigg, *Ein Requiem*, p. 84-98; IMT, band 16, p. 167 e.v.; Goebbels, *Tagebücher*, deel I, band 5, p. 203 (d.d. 12-3-1938); Schausberger, 'Österreich und die nationalsozialistische Anschlußpolitik', p. 754 e.v.; Kershaw, *Hitler*, band II, p. 125 e.v.
149 IMT, band 31, p. 368 e.v.; Domarus, *Hitler*, band I,2, p. 813. Vgl. Ciano, *Tagebücher 1937/38*, p. 124 (d.d. 12-3-1938).
150 Vgl. Spitzy, *So haben wir das Reich verspielt*, p. 238.
151 Domarus, *Hitler*, band I,2, p. 816 e.v.; vgl. Goebbels, *Tagebücher*, deel I, band 5, p. 205 (d.d. 13-3-1938).
152 Hamann, *Hitlers Edeljude*, p. 259 e.v.
153 Domarus, *Hitler*, band I,2, p. 817.
154 Vgl. Schroeder, *Er war mein Chef*, p. 85.
155 Domarus, *Hitler*, band I,2, p. 820 e.v.; vgl. Goebbels, *Tagebücher*, deel I, band 5, p. 208, 'Daarmee is de Anschluss praktisch voltooid. Een historisch uur. Onbeschrijflijke vreugde bij ons allen.'

156 Wiedemann, *Der Mann*, p. 123.
157 Vgl. Below, *Als Hitlers Adjutant*, p. 93; Schirach, *Ich glaubte an Hitler*, p. 240 e.v.; Schroeder, *Er war mein Chef*, p. 85; Hoffmann, *Hitler wie ich ihn sah*, p. 97.
158 Domarus, *Hitler*, band I,2, p. 824.
159 Below, *Als Hitlers Adjutant*, p. 93.
160 Vgl. Domarus, *Hitler*, band I,2, p. 825; Engel, *Heeresadjutant bei Hitler*, p. 15 e.v. (d.d. 14-3-1938); Baur, *Ich flog Mächtige der Erde*, p. 165; Spitzy, *So haben wir das Reich verspielt*, p. 248; Schirach, *Ich glaubte an Hitler*, p. 241.
161 Goebbels, *Tagebücher*, deel I. band 5, p. 212 (d.d. 16-3-1938), 214 (d.d. 17-3-1938). Vgl. Below, *Als Hitlers Adjutant*, p. 94; Schroeder, *Er war mein Chef*, p. 86.
162 Hamann, *Winifred Wagner*, p. 354.
163 *Die Weizsäcker-Papiere 1933–1950*, p. 123 (d.d. 13. 3., 15-3-1938).
164 Cornelißen, *Gerhard Ritter*, p. 244; vgl. ook zo de historicus Friedrich Meinecke aan Hajo Holborn, 7-4-1938; Friedrich Meinecke, *Werke*, band VI, Ausgewählter Briefwechsel, Stuttgart 1962, p. 180.
165 Evans, *Das Dritte Reich*, band 2/II, p. 802 e.v.
166 Cohn, *Kein Recht, nirgends*, band 1, p. 523 e.v. (v 13. 3., 14-3-1938).
167 Klemperer, *Tagebücher 1933–1941*, p. 399 (d.d. 20-3-1938).
168 Th. Mann, *Tagebücher 1937–1939*, p. 188 (d.d. 13-3-1938).
169 *Deutschland-Berichte der Sopade*, 5. jrg., 1938, p. 258.
170 Ibidem, p. 263 e.v.
171 Ibidem, p. 262.
172 Domarus, *Hitler*, band I,2, p. 826-832.
173 Hamann, *Winifred Wagner*, p. 355; vgl. Rieger, *Friedelind Wagner*, p. 105.
174 Vgl. Spitzy, *So haben wir das Reich verspielt*, p. 254; Goebbels, *Tagebücher*, deel I, band 5, p. 252 (d.d. 10-4-1938).
175 Goebbels, *Tagebücher*, deel I, band 5, p. 256 (d.d. 11-4-1938). Vgl. ibidem, p. 254 (d.d. 10-4-1938); Domarus, *Hitler*, band I,2, p. 850. Hitlers adjudant Nicolaus von Below was ook nog na 1945 ervan overtuigd 'dat er na de Oostenrijkse Anschluss feitelijk niet meer dan een half miljoen stemgerechtigde kiezers in Duitsland waren die "ertegen" waren' (*Als Hitlers Adjutant*, p. 96). Bij dit oordeel sluit de sociaal-historicus Hans-Ulrich Wehler aan, 'Bij vrije verkiezingen onder toezicht van de Volkenbond was het resultaat (van 99 procent van de stemmen – V. U.) vermoedelijk niet anders uitgevallen' (*Deutsche Gesellschaftsgeschichte*, band IV, p. 622.). Deze constatering zou echter een overdrijving kunnen zijn.
176 Klemperer, *Tagebücher 1933–1941*, p. 403 (d.d. 10-4-1938).
177 Vgl. voor de voordelen van de Anschluss Wendt, *Großdeutschland*, p. 143 e.v.; Thamer, *Verführung und Gewalt*, p. 579 e.v.; Schmidt, *Die Außenpolitik des Dritten Reiches*, p. 255 e.v.; Evans, *Das Dritte Reich*, band 2/II, p. 793 e.v.; Tooze, *Ökonomie der Zerstörung*, p. 290-292.
178 Below, *Als Hitlers Adjutant*, p. 95 e.v.
179 *Deutschland-Berichte der Sopade*, 5. jrg., 1938, p. 268. Vgl. ook Shirer, *Berliner Tagebuch*, p. 111 (d.d. 14-4-1938).
180 Goebbels, *Tagebücher*, deel I, band 5, p. 222 (d.d. 20-3-1938). Vgl. Speer, *Erinnerungen*, p. 123, 'Kort na de Anschluss van Oostenrijk liet Hitler een kaart van Midden-Europa komen en toonde zijn aandachtig luisterende privékring hoe Tsjechoslowakije nu in de "tang" was geraakt.'
181 Verslag Konrad Henlein over zijn audiëntie bij de Führer op 28-3-1938; ADAP, Serie D, band 2, Nr. 107, p. 158. Vgl. Goebbels, *Tagebücher*, deel I, band 5, p. 236 (d.d. 29-3-1938), 'Führer heeft met Henlein gesproken; het devies: meer verlangen dan Praag kan geven. Dan gaat de zaak wel rollen.'
182 Konrad Henlein aan Neurath, 19-11-1937, met verslag voor Hitler over actuele kwesties van de Duitse politiek in de Tsjechoslowaakse republiek; ADAP, Serie D, band 2, Nr. 23, p. 40-51 (citaat p. 41). Vgl. voor de samenhang Ralf Gebel, *'Heim ins Reich'. Konrad Henlein und der Reichsgau Sudetenland (1938–1945)*, München 1999.

183 Goebbels, *Tagebücher*, deel I, band 5, p. 328 (d.d. 1-6-1938).
184 Aantekeningen van de Wehrmacht-adjudant Rudolf Schmundt d.d. 22-4-1938, samenvatting van de bespreking Hitler-Keitel op 21-4-1938; ADAP, Serie D, band 2, Nr. 133, p. 190.
185 Aantekeningen over de acht eisen van Henlein, overgebracht in Karlsbad op 24-4-1938; ibidem, nr. 135, p. 192.
186 Vgl. Görtemaker, *Eva Braun*, p. 214 e.v. Anders dan Görtemaker aanneemt, reed Magda Goebbels niet mee. In de dagen van de Italiaanse reis van haar man bracht ze haar vijfde kind ter wereld, dochter Hedda. Vgl. Goebbels, *Tagebücher*, deel I, band 5, p. 289 (d.d. 6-5-1938).
187 Vgl. de beschrijving van de ontvangst bij Schmidt, *Statist auf diplomatischer Bühne*, p. 385; Spitzy, *So haben wir das Reich verspielt*, p. 263; Frank, *Im Angesicht des Galgens*, p. 292 e.v.
188 Vgl. Görtemaker, *Eva Braun*, p. 214 e.v.
189 Goebbels, *Tagebücher*, deel I, band 5, p. 290 (d.d. 6-5-1938).
190 Wiedemann, *Der Mann*, p. 139. Vgl. Goebbels, *Tagebücher*, deel I, band 5, p. 288 (d.d. 5-5-1938), 'Een koude, dode, lege toestand.'
191 Frank, *Im Angesicht des Galgens*, p. 296. Vgl. Rose, *Julius Schaub*, p. 176; Schroeder, *Er war mein Chef*, p. 87.
192 Vgl. Schmidt, *Statist auf diplomatischer Bühne*, p. 386; Below, *Als Hitlers Adjutant*, 4, 98; Wiedemann, *Der Mann*, p. 140 e.v.; Goebbels, *Tagebücher*, deel I, band 5, p. 288 e.v. (d.d. 4-5-1938).
193 Wiedemann, *Der Mann*, p. 142. Vgl. voor het voorval ook de aantekeningen van Wiedemann, *Einzelerinnerungen*, San Francisco, 28-3-1939; BA Koblenz, N 1720/4; Spitzy, *So haben wir das Reich verspielt*, p. 266 e.v.; Rose, *Julius Schaub*, p. 177 e.v.; Schmidt, *Statist auf diplomatischer Bühne*, p. 386.
194 Schroeder, *Er war mein Chef*, p. 87.
195 Baur, *Ich flog Mächtige dieser Erde*, p. 162.
196 Below, *Als Hitlers Adjutant*, p. 99; Baur, *Ich flog Mächtige dieser Erde*, p. 163. Vgl. Goebbels, *Tagebücher*, deel I, band 5, p. 292 (d.d. 7-5-1938), 'De Führer is razend op die hele hofkliek.'
197 Domarus, *Hitler*, band I,2, p. 859-861 (citaat p. 861). Vgl. Goebbels, *Tagebücher*, deel I, band 5, p. 294 (d.d. 8-5-1938), 'Belangrijke tafelrede. Mussolini kiest zeer duidelijk onze kant. De Führer geeft plechtige garanties voor de Brennergrens.'
198 *Monologe*, p. 44 (d.d. 21/22-7-1941).
199 Ciano, *Tagebücher 1937/38*, p. 159 (d.d. 9-5-1938). Vgl. Goebbels, *Tagebücher*, deel I, band 5, p. 297 (d.d. 10-5-1938), 'Heel hartelijk afscheid van hem en de duce.'
200 ADAP, Serie D, band 1, Nr. 761, p. 899.
201 *Die Weizsäcker-Papiere 1933-1950*, p. 128 (d.d. 13-5-1938). Vgl. Goebbels, *Tagebücher*, deel I, band 5, p. 292 (d.d. 7-5-1938), 'In de Tsjechische kwestie geeft Mussolini ons absoluut de vrije hand.'
202 Engel, *Heeresadjutant bei Hitler*, p. 23 (d.d. 22-5-1938).
203 Speer, *Erinnerungen*, p. 124; Frank, *Im Angesicht des Galgens*, p. 296 e.v. Vgl. *Monologe*, p. 248 (d.d. 31-1-1942), 'Men kan Noske, Ebert, Scheidemann in dat opzicht werkelijk niet dankbaar genoeg zijn, dat ze bij ons de boel hebben opgeruimd.' Voorts aantekening van Wiedemann 'Einstellung zu den Fürstenhäusern'; BA Koblenz, N 1720/4.
204 Vgl. Below, *Als Hitlers Adjutant*, p. 100; Goebbels, *Tagebücher*, deel I, band 5, p. 302 (d.d. 12-5-1938), 320 (d.d. 27-5-1938).
205 Vgl. voor de details Gerhard L. Weinberg, 'The May Crisis, 1938', in *Journal of Modern History*, 29 (1957), p. 213-225.
206 Goebbels, *Tagebücher*, deel I, band 5, p. 323 (d.d. 29-5-1938).
207 Vgl. over de vergadering d.d. 28-5-1938 Müller, *Generaloberst Ludwig Beck*, p. 321 e.v.; Below, *Als Hitlers Adjutant*, p. 101 e.v.; Wiedemann, *Der Mann*, p. 126-128; aantekening van Wiedemann 'Krise Frühjahr und Sommer 1938', 'Als tijdstip werd aangegeven niet voor eind september, misschien pas in maart 1939. Neurath zei daarop tegen mij: "Nu hebben we dus minstens een jaar de tijd. Dan kan er nog veel gebeuren."' BA Koblenz, N 1720/4.

208 *ADAP*, Serie D, band 2, Nr. 221, p. 281-285 (citaat p. 282).
209 Ibidem, Nr. 282, p. 377-380 (citaat p. 377).
210 Below, *Als Hitlers Adjutant*, p. 102.
211 Vgl. Müller, *Generaloberst Ludwig Beck*, p. 313 e.v., 324-332.
212 Engel, *Heeresadjutant bei Hitler*, p. 24 (d.d. mei 1938); vgl. ibidem, p. 27 (d.d. 18-7-1938).
213 Vgl. Müller, *Generaloberst Ludwig Beck*, p. 335-338 (citaat p. 338).
214 Ibidem, p. 339 e.v.
215 Ibidem, p. 342 e.v.
216 Verklaring onder ede van Wilhelm Adam over bespreking d.d. 4-8-1938 (1947/48); IfZ München ZS 6. Vgl. ook Müller, *Generaloberst Beck*, p. 351-354.
217 Goebbels, *Tagebücher*, deel I, band 5, p. 393 (d.d. 25-7-1938). Vgl. Engel, *Heeresadjutant bei Hitler*, p. 29 (d.d. 2-8-1938).
218 Below, *Als Hitlers Adjutant*, p. 112.
219 Wiedemann, *Der Mann*, p. 172.
220 Engel, *Heeresadjutant bei Hitler*, p. 32 (d.d. 17-8-1938). Vgl. voor de bespreking van 10-8-1938 het memorandum van generaal Gustav Adolf von Weitersheim d.d. 13-2-1948; IfZ München, ZS 1655. Voorts Below, *Als Hitlers Adjutant*, p. 112 e.v.; Müller, *Generaloberst Ludwig Beck*, p. 355.
221 Engel, *Heeresadjutant bei Hitler*, p. 33 (d.d. 20-8-1938).
222 Vgl. Müller, *Generaloberst Ludwig Beck*, p. 356-358; Christian Hartmann, *Halder. Generalstabschef Hitlers 1938–1942*; 2de uitgebreide en geactualiseerde druk, Paderborn 2010, p. 62-64.
223 Shirer, *Berliner Tagebuch*, p. 118 (d.d. 4-8-1938).
224 Goebbels, *Tagebücher*, deel I, band 5, p. 331 (d.d. 3-6-1938).
225 Vgl. over de Wiedemann-missie de door Hitler meegegeven richtlijnen d.d. 15-7-1938, en het memorandum van Wiedemann voor Ribbentrop over zijn onderhoud met Halifax op 18-7-1938; BA Koblenz, N 1720/3. Wiedemann vloog nog dezelfde dag naar Berchtesgaden om Hitler op de hoogte te brengen. Hij moest echter vaststellen dat deze er de voorkeur aan gaf twee uur te gaan wandelen met Unity Mitford. Voor zijn adjudant had hij slechts vijf minuten de tijd. Aantekening van Wiedemann 'Krise Frühjahr und Sommer 1938'; BA Koblenz, N 1720/4. Vgl. ook Wiedemann, *Der Mann*, p. 159-167. Dagelijkse aantekeningen van Max Wünsch, 15-7, 19-7-1938; BA Berlijn-Lichterfelde, NS 10/125.
226 Vgl. Engel, *Heeresadjutant bei Hitler*, p. 28 (d.d. augustus 1938).
227 Hamann, *Winifred Wagner*, p. 371.
228 Goebbels, *Tagebücher*, deel I, band 6, p. 29 (d.d. 1-8-1938). Vgl. ook de beschrijving van Unity Mitford in de brief aan Diana Mitford, 4-8-1938; Mosley (red.), *The Mitfords*, p. 130 e.v.
229 Goebbels, *Tagebücher*, deel I, band 6, p. 39 (d.d. 10-8-1938).
230 Ibidem, p. 49 (d.d. 19-8-1938). Vgl. ibidem, p. 52 (d.d. 21-8-1938), 'Op het moment is heel zijn denken vervuld van militaire vraagstukken.'
231 Verklaring onder ede van generaal Wilhelm Adam betr. Westwall-bespreking met Hitler op 27-8-1938 (1947/48); IfZ München, ZS 6; vgl. ook Anton Hoch en Hermann Weiß, 'Die Erinnerungen des Generalobersten Wilhelm Adam', in Wolfgang Benz (red.), *Miscellania. Festschrift für Helmut Krausnick zum 75. Geburtstag*, Stuttgart 1980, p. 55.
232 Goebbels, *Tagebücher*, deel I, band 6, p. 68 (d.d. 1-9, 2-9-1938).
233 Dirksen aan Wiedemann, 29-8-1938, en telegram van Wiedemann aan Dirksen, 1-9-1938; BA Koblenz, N 1720/6. Vgl. dagelijkse aantekeningen van Max Wünsch d.d. 31-8-1938, waarin staat dat Meissner werd meegedeeld, 'dat de Führer gezant Dirksen niet ontvangt (betr. informatie van Chamberlain)'. BA Berlijn-Lichterfelde, NS 10/125.
234 Goebbels, *Tagebücher*, deel I, band 6, p. 70 (d.d. 3-9-1938). Vgl. Helmuth Groscurth, *Tagebücher eines Abwehroffiziers 1938–1940*. Gepubliceerd door Helmut Krausnick en Harold C. Deutsch, Stuttgart 1970, p. 111 e.v. (d.d. 4-9-1938).
235 Aantekeningen van Schmundt d.d. 4-9-1938; IMT, band 25, p. 404-469; *ADAP*, Serie D, band 2, Nr. 424, p. 546 e.v.

236 *Deutschland-Berichte der Sopade*, 5. jrg., 1938, p. 915 e.v.; vgl. Kershaw, *Der Hitler-Mythos*, p. 164 e.v.; Evans, *Das Dritte Reich*, band 2/II, p. 816 e.v.
237 Engel, *Heeresadjutant bei Hitler*, p. 36 e.v. (d.d. 8. 9., 10-9-1938). Vgl. Below, *Als Hitlers Adjutant*, p. 120 e.v.
238 Domarus, *Hitler*, band I,2, p. 897-906 (citaten p. 901, 904, 905).
239 Goebbels, *Tagebücher*, deel I, band 6, p. 88 (d.d. 13-9-1938); Shirer, *Berliner Tagebuch*, p. 123 (d.d. 12-9-1938).
240 Goebbels, *Tagebücher*, deel I, band 6, p. 89 (d.d. 14-9-1938).
241 Vgl. Schmidt, *Statist auf diplomatischer Bühne*, p. 394 e.v.
242 Vgl. Schwarz, *Geniewahn*, p. 171.
243 Schmidt, *Statist auf diplomatischer Bühne*, p. 395-398. Vgl. voor het verloop van het bezoek van Chamberlain ook de dagelijkse aantekeningen van Max Wünsch d.d. 15-9-1938. Volgens deze werd om 10.15 uur het opstijgen van Chamberlains vliegtuig en om 12.36 uur de landing in München gemeld. Om 16.05 uur kwam de speciale trein in Berchtesgaden aan en om 17.10 uur was de Britse delegatie op de Berghof. Om 17.30 uur begon de bespreking van Hitler met Chamberlain onder vier ogen. Om 20.10 uur nam de premier afscheid. BA Berlijn-Lichterfelde, NS 10/125.
244 Weizsäcker, *Erinnerungen*, p. 244.
245 Vgl. *Die Weizsäcker-Papiere 1933–1950*, p. 143 (d.d. ?-9-1938).
246 ADAP, Serie D, band 2, Nr. 490, p. 639 e.v.
247 Goebbels, *Tagebücher*, deel I, band 6, p. 97 (d.d. 18-9-1938).
248 Ibidem, p. 99 (d.d. 19-9-1938).
249 Brief van Chamberlain aan zijn zuster Ida, 19-9-1938; Kershaw, *Hitler*, band II, p. 165, 167.
250 Goebbels, *Tagebücher*, deel I, band 6, p. 105 (d.d. 22-9-1938); vgl. ibidem, p. 101 (d.d. 20-9-1938), 103 (d.d. 21-9-1938), 'De Führer zal zijn kaart laten zien aan Chamberlain en dat was het dan, basta!'
251 Vgl. Henderson, *Fehlschlag einer Mission*, p. 174 e.v.; Schmidt, *Statist auf diplomatischer Bühne*, p. 400.
252 Schmidt, *Statist auf diplomatischer Bühne*, p. 400 e.v.; vgl. Bullock, *Hitler*, p. 491-493 (naar de aantekeningen van Kirkpatrick); Goebbels, *Tagebücher*, deel I, band 6, p. 107 (d.d. 23-9-1938).
253 Schmidt, *Statist auf diplomatischer Bühne*, p. 402. Het beeld dat Goebbels schetst – Chamberlain zou in zijn brief verklaard hebben 'dat hij in grote lijnen akkoord was met de eisen van de Führer' – berust duidelijk op een misverstand, waarbij de wens de vader van de gedachte was. *Tagebücher*, deel I, band 6, p. 108 (d.d. 24-9-1938).
254 Shirer, *Berliner Tagebuch*, p. 133 (d.d. 22-9-1938).
255 Goebbels, *Tagebücher*, deel I, band 6, p. 109 (d.d. 24-9-1938).
256 Vgl. Henderson, *Fehlschlag einer Mission*, p. 178; Schmidt, *Statist auf diplomatischer Bühne*, p. 404.
257 Schmidt, *Statist auf diplomatischer Bühne*, p. 404 e.v.; vgl. Goebbels, *Tagebücher*, deel I, band 6, p. 109 e.v. (d.d. 24-9-1938); Weizsäcker, *Erinnerungen*, p. 185.
258 Schmidt, *Statist auf diplomatischer Bühne*, p. 405 e.v.; vgl. Bullock, *Hitler*, p. 495 (volgens de notities van Kirkpatrick).
259 Goebbels, *Tagebücher*, deel I, band 6, p. 113 (d.d. 26-9-1938).
260 Schmidt, *Statist auf diplomatischer Bühne*, p. 407; vgl. Henderson, *Fehlschlag einer Mission*, p. 181; Bullock, *Hitler*, p. 496 (volgens de notities van Kirkpatrick).
261 Shirer, *Berliner Tagebuch*, p. 137 (d.d. 26-9-1938); vgl. Groscurth, *Tagebücher eines Abwehroffiziers*, p. 124 (d.d. 26-9-1938), 'In de avond rede van de Führer. Afschuwelijk en onwaardig gebrul.'
262 Domarus, *Hitler*, band I,2, p. 923-932 (citaten p. 925, 927, 930, 932). Goebbels duidde Hitlers schimprede aan als 'een psychologisch meesterwerk'. *Tagebücher*, deel I, band 6, p. 166 (d.d. 27-9-1938).
263 Shirer, *Berliner Tagebuch*, p. 137 e.v. (d.d. 26-9-1938).
264 Schmidt, *Statist auf diplomatischer Bühne*, p. 408 e.v.; Henderson, *Fehlschlag einer Mission*, p. 182 e.v.; Bullock, *Hitler*, p. 499 (volgens de notities van Kirkpatrick).

265 Vgl. Goebbels, *Tagebücher*, deel I, band 6, p. 116 (d.d. 27-9-1938), 'Vraag, bluffen de Engelsen of is het hun ernst? Antwoord, ze bluffen.'
266 Ibidem, p. 118 (d.d. 28-9-1938).
267 Vgl. Andreas-Friedrich, *Der Schattenmann*, p. 9-11 (d.d. 27-9-1938); Shirer, *Berliner Tagebuch*, p. 138 e.v. (d.d. 27-9-1938); Henderson, *Fehlschlag einer Mission*, p. 183 e.v.
268 Vgl. Kershaw, *Der Hitler-Mythos*, p. 167-170; Bajohr /Strupp (red.), *Fremde Blicke auf das 'Dritte Reich'*, p. 491 e.v. Zelfs een overtuigde Hitler-aanhangster als Ilse Heß vroeg zich eind september 1938 af 'of het Sudetenland misschien in één of twee jaar niet gevallen zou zijn als een rijpe vrucht, zonder dat we nu met zo'n hoge inzet hadden moeten spelen'. Ze voegde er echter aan toe: 'En de Führer zal het wel weten.' I. Heß aan R. Heß, 28-9-1938; BA Bern, Nl Heß, J1.211-1989/148, 61.
269 Goebbels, *Tagebücher*, deel I, band 6, p. 125 (d.d. 2-10-1938). Volgens de herinneringen van Wiedemann moet Goebbels op 28-9-1938 bij de lunch in de rijkskanselarij gezegd hebben: 'M(ijn) F(ührer), hebt u gisteren de di(visie) door Berlijn zien marcheren, als u gelooft dat het Duitse volk klaar is voor oorlog, dan vergist u zich.' Aantekeningen in trefwoorden van Wiedemann, 25-2-1939; BA Koblenz, N 1720/4.
270 Hitler aan Chamberlain, 27-9-1938; afgedrukt in Henderson, *Fehlschlag einer Mission*, p. 343-346 (citaat p. 346). Vgl. Bullock, *Hitler*, p. 501; Schmidt, *Statist auf diplomatischer Bühne*, p. 409 e.v.
271 *Die Weizsäcker-Papiere*, p. 170 (Aantekeningen van oktober 1939 met een terugblik op 1938/39), p. 144 (d.d. 27-9-1938).
272 Hassell, *Vom andern Deutschland*, p. 19 (d.d. 29-9-1938); vgl. Goebbels, *Tagebücher*, deel I, band 6, p. 119 (d.d. 29-9-1938), 'Gisteren, dramatische dag.'
273 Schmidt, *Statist auf diplomatischer Bühne*, p. 410. Het citaat ervoor bij Wiedemann, *Der Mann*, p. 178.
274 Schmidt, *Statist auf diplomatischer Bühne*, p. 411; vgl. François-Poncet, *Als Botschafter in Berlin*, p. 333; Schäfer, *André François-Poncet als Botschafter in Berlin*, p. 309 e.v.
275 Vgl. Schmidt, *Statist auf diplomatischer Bühne*, p. 411 e.v.; vgl. Falanga, *Mussolinis Vorposten*, p. 107 e.v.
276 Vgl. Henderson, *Fehlschlag einer Mission*, p. 187; Schmidt, *Statist auf diplomatischer Bühne*, p. 413; Falanga, *Mussolinis Vorposten*, p. 108.
277 Vgl. Below, *Als Hitlers Adjutant*, p. 128; Henderson, *Fehlschlag einer Mission*, p. 189 e.v.; François-Poncet, *Als Botschafter in Berlin*, p. 335.
278 François-Poncet, *Als Botschafter in Berlin*, p. 336 e.v. Volgens Weizsäcker stond Hitler 'de hele bijeenkomst erg tegen [...] Want een gelijke tussen gelijken was hij anders nooit!' *Die Weizsäcker-Papiere 1933-1950*, p. 172 (aantekeningen van oktober 1939).
279 Schmidt, *Statist auf diplomatischer Bühne*, p. 414.
280 Vgl. *Die Weizsäcker-Papiere 1933-1950*, p. 171 e.v. (aantekeningen van oktober 1939); Weizsäcker, *Erinnerungen*, p. 188 e.v.
281 Tekst van de overeenkomst van München in Domarus, *Hitler*, band I,2, p. 942 e.v.
282 Shirer, *Berliner Tagebuch*, p. 140 (d.d. 30-9-1938). Golo Mann noteerde op 1-10-1938 in zijn dagboek, 'Het einde van Frankrijk. Dat weten de hoge heren echter nog niet.' Lahme, *Golo Mann*, p. 141.
283 Goebbels, *Tagebücher*, deel I, band 6, p. 122 (d.d. 30-9 en 1-10-1938).
284 Schmidt, *Statist auf diplomatischer Bühne*, p. 417; tekst van de verklaring in Domarus, *Hitler*, band I.2, p. 946.
285 Goebbels, *Tagebücher*, deel I, band 6, p. 125 (d.d. 2-10-1938).
286 Engel, *Heeresadjutant bei Hitler*, p. 40 (d.d. 1-10-1938).
287 Vgl. Below, *Als Hitlers Adjutant*, p. 138.
288 Schmidt, *Statist auf diplomatischer Bühne*, p. 417 e.v.
289 Hamann, *Winifred Wagner*, p. 377.
290 *Deutschland-Berichte der Sopade*, jrg. 5, 1938, p. 942, 943.
291 Erich Kordt, *Nicht aus den Akten... Die Wilhelmstraße in Frieden und Krieg. Erlebnisse, Begegnungen und Eindrücke 1928–1945*, Stuttgart 1950, p. 260.
292 Treue, *Rede Hitlers vor der deutschen Presse*, p. 182.

293 *Deutschland-Berichte der Sopade*, 5. jrg., 1938, p. 393 e.v.; vgl. Th. Mann, *Tagebücher 1937–1939*, p. 303 (d.d. 2-10-1938), 'Het betere deel van de wereld is intens vertwijfeld.'
294 Vgl. het overtuigende, het oudere onderzoek corrigerende beeld dat wordt gegeven door Müller, *Generaloberst Ludwig Beck*, p. 366-368.
295 Vgl. Hartmann, *Halder*, p. 101-115; Rainer A. Blasius, *Für Großdeutschland gegen den Krieg. Ernst von Weizsäcker in den Krisen um die Tschechoslowakei und Polen 1938/39*, Keulen-Wenen 1981, p. 45, 55 e.v.
296 Vgl. Gerd R. Ueberschär, 'Die Septemberverschwörung 1938 und Widerstandsbewegungen bis zum Kriegsbeginn', in idem, *Für ein anderes Deutschland. Der deutsche Widerstand gegen den NS-Staat 1933–1945*, Frankfurt am Main 2006, p. 37 e.v.
297 Goebbels, *Tagebücher*, deel I, band 6, p. 127 (d.d. 3-10-1939); vgl. ibidem, p. 139 (d.d. 10-10-1938), 'De Führer wil de Tsjechen verslaan, hetzij vreedzaam, hetzij met een oorlog.' Weizsäcker vertelde Hassell tegelijkertijd over de uitspraken van Hitler 'dat het Tsjechische probleem binnen een paar maanden toch nog volledig zou moeten worden opgelost'. Hassell, *Vom andern Deutschland*, p. 21 (d.d. 10-10-1938).
298 Domarus, *Hitler*, band I,2, p. 954-956.
299 Goebbels, *Tagebücher*, deel I, band 6, p. 158 (d.d. 24-10-1938); vgl. ibidem, p. 234 (d.d. 21-1-1939), 'Wiedemann gaat als consul-generaal naar Californië. Hij heeft in de crisis zijn zenuwen verloren.'
300 Schacht aan Wiedemann, 18-3-1939 (geadresseerd vanuit Hotel Monte Verità in Ascona); BA Koblenz, N 1720/8. Vgl. ibidem talrijke andere brieven die zijn spijt over het verlaten van de dienst bij Hitler tot uitdrukking brachten. Wiedemann vertrok op 23-2-1939 met de 'Hamburg' van Bremen naar New York.
301 Hassell, *Vom andern Deutschland*, p. 23 e.v. (d.d. 15-10-1938).
302 Ibidem, p. 24 (d.d. 23-10-1938). Zo ook de taxatie van François-Poncet naar Schäfer, *André François-Poncet als Botschafter in Berlin*, p. 311.
303 ADAP, Serie D, band 4, Nr. 81, p. 90; afgedrukt ook in Domarus, *Hitler*, band I,2, p. 960 e.v.
304 Tekst van de verklaring in Domarus, *Hitler*, band I,2, p. 982. Over de voorgeschiedenis vgl. Michalka, *Ribbentrop und die deutsche Weltpolitik*, p. 259-264; Hildebrand, *Das vergangene Reich*, p. 674 e.v.
305 Goebbels, *Tagebücher*, deel I, band 6, p. 246 (d.d. 1-2-1939).
306 Tekst van de rede in Dülffer/Thies/Henke, *Hitlers Städte*, p. 289-313. Vgl. ook de weergave van de rede d.d. 10-2-1939 door generaal Hans Jordan (op basis van notities). Daarin luidt de beslissende passage: 'De officier mag niet alleen "soldaat" zijn. Vandaag de dag zijn de oorlogen van de volkeren "wereldvisie-oorlogen". Daarom moet de strijder doordrongen zijn van zijn wereldvisie.' IfZ München, ED 57.
307 Engel, *Heeresadjutant bei Hitler*, p. 45 (d.d. 18-2-1939).
308 Goebbels, *Tagebücher*, deel I, band 6, p. 279 e.v. (d.d. 11-3-1939).
309 Ibidem, p. 283 (d.d. 13-3-1939).
310 Vgl. aantekeningen van de gezantschapssecretaris Hewel over het onderhoud Hitler-Tiso, 13-3-1939; ADAP, Serie D, band 4, Nr. 202, p. 212-214, Goebbels, *Tagebücher*, deel I, band 6, p. 285 (d.d. 14-3-1938), Hitler heeft Tiso 'duidelijk gemaakt dat het historische uur van Slowakije gekomen is. Doen ze niets, dan worden ze opgeslokt door de Hongaren.'
311 Vgl. Goebbels, *Tagebücher*, deel I, band 6, p. 286 (d.d. 15-3-1938); Below, *Als Hitlers Adjutant*, p. 151.
312 Vgl. Below, *Als Hitlers Adjutant*, p. 152; Goebbels, *Tagebücher*, deel I, band 6, p. 287 (d.d. 15-3-1938), 'De Führer laat ze tot middernacht wachten en langzaam en geleidelijk murw worden. Zo hebben ze dat met ons in Versailles gedaan.'
313 Vgl. Schmidt, *Statist auf diplomatischer Bühne*, p. 427, 429.
314 Vgl. Below, *Als Hitlers Adjutant*, p. 152.
315 Schmidt, *Statist auf diplomatischer Bühne*, p. 429 e.v.; aantekeningen van de gezantschapssecretaris Hewel over de bespreking d.d. 15-3-1939; ADAP, Serie D, band 4, Nr. 228, p. 229-234.

316 Vgl. Schmidt, *Statist auf diplomatischer Bühne*, p. 430 e.v.; Speer, *Erinnerungen*, p. 130; Hoffmann, *Hitler wie ich ihn sah*, p. 98 e.v.; Goebbels, *Tagebücher*, deel I, band 6, p. 287 (d.d. 15-3-1938), 'De onderhandelingen worden gevoerd met rauwe verbittering. Hácha valt één keer in zwijm.'
317 ADAP, Serie D, band 4, nr. 229, p. 235. Facsimile in Thamer, *Verführung und Gewalt*, p. 603.
318 Weizsäcker, *Erinnerungen*, p. 218.
319 *Die Weizsäcker-Papiere 1933–1950*, p. 152 (d.d. 16-3-1939). Vgl. Conze e.a., *Das Amt*, p. 135.
320 Goebbels, *Tagebücher*, deel I, band 6, p. 287 (d.d. 15-3-1938).
321 Schroeder, *Er war mein Chef*, p. 88.
322 Vgl. ibidem, p. 88 e.v.; Eberle/Uhl (red.), *Das Buch Hitler*, p. 92; Below, *Als Hitlers Adjutant*, p. 153.
323 Tekst in Domarus, *Hitler*, band II,1, p. 1098-1100.
324 Vgl. Conze e.a., *Das Amt*, p. 135.
325 Dagboek van R. Buttmann d.d. 19-3-1939; BayHStA München, Nl Buttmann 89.
326 Below, *Als Hitlers Adjutant*, p. 156.
327 *Deutschland-Berichte der Sopade*, jrg. 6, 1939, p. 276. Vgl. ibidem, p. 278-286; Bajohr/Strupp (red.), *Fremde Blicke auf das 'Dritte Reich'*, p. 528.
328 Vgl. Wendt, *Großdeutschland*, p. 166 e.v.; Schmidt, *Die Außenpolitik des Dritten Reiches*, p. 311 e.v.; Kershaw, *Hitler*, band II, p. 226 e.v.
329 Erich Kordt, *Wahn und Wirklichkeit*, Stuttgart 1947, p. 144.
330 Vgl. Henderson, *Fehlschlag einer Mission*, p. 246. Henderson keerde pas op 25 april terug naar Berlijn. Ibidem, p. 254.
331 Domarus, *Hitler*, band II,1, p. 1105.
332 Goebbels, *Tagebücher*, deel I, band 6, p. 292 (d.d. 19-3-1939). Vgl. ibidem, p. 293 (d.d. 20-3-1939), 'De Führer neemt de protesten in Parijs en Londen terecht niet serieus. Dat is maar blinde paniek.'
333 Eberle/Uhl (red.), *Das Buch Hitler*, p. 95. Tekst van het verdrag en de vereniging van het Memelland met het Duitse Rijk in Domarus, *Hitler*, band II,1, p. 1110-1112.
334 Ibidem, p. 1112 e.v.
335 Goebbels, *Tagebücher*, deel I, band 6, p. 296 (d.d. 23-3-1939). Vgl. ibidem, p. 285 (d.d. 4-3-1939), p. 286 (d.d. 15-3-1939), 'Hij wil nu na de gelukkige afronding van deze actie een langere rustpauze inlassen.'
336 Ibidem, p. 300 (d.d. 25-3-1939).
337 Kershaw, *Hitler*, band II, p. 237.
338 Hassell, *Vom andern Deutschland*, p. 46 (d.d. 22-3-1939).
339 François-Poncet, *Als Botschafter in Berlin*, p. 342.
340 Vgl. Haffner, *Anmerkungen zu Hitler*, p. 43 e.v.
341 Klemperer, *Tagebücher 1933–1941*, p. 469 (d.d. 20-4-1939).
342 Goebbels, *Tagebücher*, deel I, band 5, p. 370 (d.d. 6-7-1938), 381 (d.d. 15-7-1938); band 6, p. 58 (d.d. 26-8-1938), 208 (d.d. 3-12-1938).
343 Ibidem, p. 318 (d.d. 16-4-1939). Vgl. over de voorbereidingen van het ministerie van Propaganda Peter Bucher, 'Hitlers 50. Geburtstag. Zur Quellenvielfalt im Bundesarchiv', in Heinz Boberach/Hans Booms (red.), *Aus der Arbeit des Bundesarchivs*, Boppard am Rhein 1978, p. 432-434; Kurt Pätzold, 'Hitlers fünfzigster Geburtstag am 20-4-1939', in Dietrich Eichholtz/Kurt Pätzold (red.), *Der Weg in den Krieg. Studien zur Geschichte der Vorkriegsjahre (1935/36 bis 1939)*, Keulen 1989, p. 321-324.
344 Persinstructie d.d. 3-3-1939; Hans Bohrmann (red.), *NS-Presseanweisungen der Vorkriegszeit. Edition und Dokumentation*, band 6,1, München 1999, p. 206; ook afgedrukt in Sösemann, *Propaganda*, band 1, Nr. 513, p. 548.
345 Citaten in Bucher, 'Hitlers 50. Geburtstag', p. 434; Reuth, *Goebbels*, p. 410. Vgl. Goebbels, *Tagebücher*, deel I, band 6, p. 322 (d.d. 20-4-1939).
346 Domarus, *Hitler*, band II,1, p. 1144; Pätzold, 'Hitlers fünfzigster Geburtstag', p. 327. Vgl. als verder voorbeeld voor de lyrische huldigingen van Hitler de felicitatiebrief van Ritter von Epp voor 20-4-1939; BA Koblenz, N 1101/95.

347 Vgl. Schwarz, *Geniewahn*, p. 259. Over de geschenken vgl. de gedetailleerde lijst in BA Berlijn-Lichterfelde, NS 51/77. Voorts Schroeder, *Er war mein Chef*, p. 94; Below, *Als Hitlers Adjutant*, p. 160, Speer, *Erinnerungen*, p. 164; Eberle (red.), *Briefe an Hitler*, p. 307-310.
348 Goebbels, *Tagebücher*, deel I, band 6, p. 322 (d.d. 20-4-1939). Vgl. Longerich, *Goebbels*, p. 413 e.v.; Speer, *Erinnerungen*, p. 163; Below, *Als Hitlers Adjutant*, p. 160.
349 Speer, *Erinnerungen*, p. 163; vgl. Below, *Als Hitlers Adjutant*, p. 160 e.v.; Fest, *Speer*, p. 154.
350 Domarus, *Hitler*, band II,1, p. 1145; vgl. Bucher, 'Hitlers 50. Geburtstag', p. 436; Schenk, *Hitlers Mann in Danzig*, p. 108.
351 Christa Schroeder aan Johanna Nusser, 21-4-1939; IfZ München, ED 524; afgedrukt in Schroeder, *Er war mein Chef*, p. 94. Vgl. over de troepenparade Below, *Als Hitlers Adjutant*, p. 161; Bucher, 'Hitlers 50. Geburtstag', p. 430 e.v.; Pätzold, 'Hitlers fünfzigster Geburtstag', p. 331-333.
352 Vgl. Domarus, *Hitler*, band II,1, p. 1146; Pätzold, 'Hitlers fünfzigster Geburtstag', p. 324 e.v.; Bucher, 'Hitlers 50. Geburtstag', p. 437.
353 Vgl. Fritz Terveen, 'Der Filmbericht über Hitlers 50. Geburtstag. Ein Beispiel nationalsozialistischer Selbstdarstellung und Propaganda', in *Vierteljahrshefte für Zeitgeschichte*, jrg. 7 (1959), p. 75-84 (bes. p. 82); Bucher, *Hitlers 50. Geburtstag*, p. 442-445. Na de parade moet Hitler gezegd hebben: 'Mijne heren, vandaag heb ik een grote slag gewonnen [...] zonder een druppel bloed vergoten te hebben.' Breker, *Im Strahlungsfeld der Ereignisse*, p. 136.
354 Goebbels, *Tagebücher*, deel I, band 6, p. 323 (d.d. 21-4-1939).
355 *Deutschland-Berichte der Sopade*, jrg. 6, 1939, p. 450, 442.

Bronnen en literatuur

1. Bronnen

1.1 Niet-gepubliceerde bronnen

Bundesarchiv Berlin-Lichterfelde
- Bestand NS 6 (Partei-Kanzlei der NSDAP. 71
- Bestand NS 10 (Persönliche Adjutantur des Führers und Reichskanzlers) 25, 30, 34, 42, 44, 50, 55, 115, 116, 117, 119, 120, 121, 122, 123, 125, 591
- Bestand NS 26 (Hauptarchiv der NSDAP) 1, 2, 2a, 3, 11, 12, 13, 14, 16, 17, 17a, 18, 43a, 45, 47, 63, 64, 65, 66, 67, 78, 83, 87, 88, 89, 92, 100, 104, 114a, 126, 127, 328, 385, 386, 389, 390, 391, 593, 800, 897, 898, 899, 900, 901, 904, 1209, 1212, 1223, 1242, 1267,1928a, 1928b, 1928c, 1928d, 1242, 2012, 2180, 2228, 2050, 2504, 2557, 2559
- Bestand NS 51 (Kanzlei des Führers/Dienststelle Bouhler) 45, 46, 59, 60, 72, 73, 74, 75, 76, 77, 79, 80, 222
- Bestand R 43 (Neue Reichskanzlei) II/886a, 888b, 889b, 957a, 959, 967e, 971, 974b, 985, 1052, 1054, 1104a

Bundesarchiv Koblenz
- N 1101 (Nalatenschap Franz Ritter von Epp. 22, 34, 43a, 44, 45, 95
- N 1122 (Nalatenschap Karl Haushofer) 15, 59, 125, 957
- N 1126 (Nalatenschap Heinrich Himmler) 13, 17, 18
- N 1128 (Nalatenschap Adolf Hitler) 1, 2, 3, 4, 5, 6, 7, 8, 9, 10, 11, 12, 13, 14, 15, 16, 17, 19, 22, 24, 27, 28. 29, 30, 33
- N 1231 (Nalatenschap Alfred Hugenberg) 7, 36, 37, 38, 39, 88, 89, 192
- N 1241 (Nalatenschap Wilhelm Frick) 3, 4. 7
- N 1276 (Nalatenschap Lutz Graf Schwerin von Krosigk) 23, 36, 37, 40, 41, 42, 111, 112
- N 1310 (Nalatenschap Konstantin Freiherr v. Neurath) 10, 56, 66, 74, 96, 137
- N 1340 (Nalatenschap Albert Speer) 17, 39, 49, 53, 54, 55, 88, 132, 133, 134, 384
- N 1348 (Nalatenschap Theodor Morell) 6
- N 1377 (Nalatenschap Theodor Duesterberg) 27, 47, 48
- N 1468 (Nalatenschap Robert Ley) 4
- N 1530 (Nalatenschap Franz Gürtner) 20, 22
- N 1720 (Nalatenschap Fritz Wiedemann) 3, 4, 6. 7, 8

Institut für Zeitgeschichte München

Bestand ED
- 9 (Adjutantur des Führers 1933-1938)
- 57 (Aantekening van Hans Jordans ovder de toespraak van Hitler op 10. 2. 1939)
- 100 (Collectie David Irving), Bd. 43, 78, 86
- 110 (Aantekeningen Richard Walter Darrés 1945-1948), Band. 1
- 153 (Herinneringen van gevangenisbewaarder Franz Hemmrich)

- 524 (Correspondentie Christa Schroeder met Johana Nüsser 1939-1942)
- 874 (Dagboeken Gottfried Feders 1919-1929, Band. I-II)

Bestand MS
- 396 (Artikelenreeks van Heinz Linges in *Revue* 1955/56)
- 570 (Franz Maria Müller: *Wie Hitler Augsburg eroberte*)
- 2049 (Heinrich Hoffmann: Rechenschaftsbericht 1947)

Bestand F
- 123 Collectie Theodor Morell

Bestand MA
-736/141

Bestand ZS
6 (Wilhelm Adam), 7 (Nicolaus von Below), 20 (Paul und Karl Angermeier), 29 (Adolf Dresler), 33 (Maria Enders), 49 (Rüdiger von der Goltz), 50 (Hans Georg Grassinger), 60 (Ernst Hanfstaengl), 71 (Heinrich Hoffmann), 128 (Gerhard Rossbach), 135 (Hjalmar Schacht), 137 (Julius Schaub), 145 (Lutz Schwerin von Krosigk), 167 (Adolf Vogl), 177 (Franz Pfeffer von Salomon), 191 (Fritz Wiedemann), 194 (Anni Winter), 200 (Paul und Kurt Angermeier), 222 (Gerhard Engel), 242 (Hanskarl von Hasselbach), 253 (Erich Kempka), 258 (Karl Kriebel), 265 (Hinrich Lohse), 270 (Emil Maurice), 287 (Antonie Reichert), 292 (Mathilde Scheubner-Richter), 325 (Franz Jetzinger), 353 (Heinrich Lammers), 428 (Hermann Göring), 557 (Kurt von Schröder), 638 (Hans Baur), 805 (Walter Buch), 874 (Otto Dietrich), 1030 (Hermann Esser), 1147 (Walther Stennes), 1193 (Wilhelm Breucker), 1318 (Prinz August Wilhelm), 1357 (Joachim von Ribbentrop). 1433 (Paul Otto Schmidt), 1452 (Franz Xaver Schwarz), 1495 (Franz Seldte), 1551 (Oskar von Hindenburg), 1655 (Gustav Adolf von Wertersheim), 1700 (Theodor Duesterberg), 1726 (Otto Meissner), 1732 (Otto Wagener), 1770 (Werner Küchenthal), 1900 (Hans Harald von Selchow), 1949 (Otto Erbersdobler), 2209 (Hermann Buch), 2239 (Leo Raubal), 2240 (Christa Schoeder), 2250 (Max Wünsche), 2260 (Walter Frentz), 3135 (Therese Linke)

Bayerisches Hauptstaatsarchiv München
- Nalatenschap Adolf Hitler
- Nalatenschap Hermann Esser
- Nalatenschap Henriette von Schirach 3,4
- Nalatenschap Rudolf Buttmann 63,2, 63,3, 82, 83, 84, 85, 89
- Nalatenschap Gustav Ritter von Kahr 16, 51
- Nalatenschap Karl Alexander von Müller 7, 19/1, 19/2, 101, 246
- Nalatenschap Heinrich Held 724, 727, 729, 730, 731
- Nalatenschap Georg Escherich 10, 11, 12, 47
- Nalatenschap Otto Ballerstedt

Bayerische Staatsbibliothek München
- Nalatenschap Ernst Hanfstaengl (Ana 405) Schachtel 25, 26, 27, 40, 45, 46, 47

Schweizerisches Bundesarchiv Bern
Nalatenschap Rudolf Heß, Bestand J1.211
- 1989/148 (privébriefwisseling Rudolf Heß) 21, 25, 27, 29, 31, 33, 35, 37, 39, 41, 43, 45, 47, 49, 51, 53, 55, 57, 59, 61, 63
- 1993/300 (privébriefwisseling van de familie Heß) Schachtel 1, 2, 3, 4, 5. 6, 7

1.2 Gepubliceerde bronnen

Akten der deutschen Auswärtigen Politik 1918-1945. Serie C: 1933-1937, Banden 1 tot 6, Göttingen 1971-1981; Serie D: 1938-1939, Banden 1 tot 4, Baden-Baden 1951-1959

Akten der Reichskanzlei. Weimarer Republik. Das Kabinett Papen. 1 juni tot 3 december 1932, band. 1: juni tot september 1932; band. 2: september tot december 1932. Bewerkt door Karl-Heinz Minuth, Boppard a.Rh. 1989

Akten der Reichskanzlei. Das Kabinett Schleicher. 3 december 1932 tot 20 januari 1933. Bewerkt door Anton Golecki, Boppard a. Rh. 1986

Akten der Reichskanzlei. Die Regierung Hitler. Delen I en II: 1933/34. Bewerkt door Karl-Heinz Minuth, Boppard a. Rh. 1983

Akten der Reichskanzlei. Die Regierung Hitler. Banden II-VI: 1934/35-1939. Bewerkt door Friedrich Hartmannsgruber, München 1999-2012

Bajohr, Frank/Christoph Strupp (red.): *Fremde Blicke auf das 'Dritte Reich'. Berichte ausländischer Diplomaten über Herrschaft und Gesellschaft in Deutschland 1933-1945*, Göttingen 2011

Bauer, Franz J. (red.): *Die Regierung Eisner 1918/19. Ministerratsprotokolle und Dokumente*, Düsseldorf 1987

Becker, Josef en Ruth (red.): *Hitlers Machtergreifung. Dokumente vom Machtantritt Hitlers. 30. Januar 1933 bis zur Besiegelung des Einparteienstaats 14.7.1933*, München 1983

Benz, Wolfgang (red.): *Politik in Bayern 1913-1933. Berichte des württembergischen Gesandten Carl Moser von Filseck*, Stuttgart 1971

Bohrmann, Hans (red.): *NS-Presseanweisungen der Vorkriegszeit.* Banden 1-6, München 1984-1999

Breloer, Heinrich (in samenwerking met Rainer Zimmer): *Die Akte Speer. Spuren eines Kriegsverbrechers*, Berlijn 2006

Der Hitler-Prozeß. Uitgegeven en van comnmentaar voorzien door Lothar Gruchmann en Reinhold Weber met medewerking van Otto Gritschneder, 4 delen, München 1997

Der Notenwechsel zwischen dem Heiligen Stuhl und der Deutschen Reichsregierung, Band. 1: 'Von der Ratifizierung des Reichskonkordats bis zur Enzyklika "Mit brennender Sorge". Bewerkt door Dieter Albrecht, Mainz 1965

Der Prozess gegen die Hauptkriegsverbrecher vor dem Internationalen Militärtribunal in Nürnberg (IMT), 42 banden, Nürnberg 1947-1949

Deuerlein, Ernst (red.): *Der Aufstieg der NSDAP in Augenzeugenberichten*, 2. Aufl., München 1976

Deuerlein, Ernst (red.): *Der Hitler-Putsch. Bayerische Dokumente zum 8./9. November 1923*, Stuttgart 1962

Deuerlein, Ernst: 'Hitlers Eintritt in die Politik und die Reichswehr' in: *Vierteljahrshefte für Zeitgeschichte*, jrg. 7 (1959), p. 177-227

Deutschland-Berichte der Sozialdemokratischen Partei Deutschlands (Sopade) 1934-1940. Uitgegeven door Klaus Behnken, 7 banden, Frankfurt/M. 1980

Die Verfolgung und Ermordung der europäischen Juden durch das nationalsozialistische Deutschland 1933-1945. Band. 1: *Deutsches Reich 1933-1937*. Bewerkt door Wolf Gruner, München 2008; Band. 2: *Deutsches Reich 1938-August 1939*. Bewerkt door Susanne Heim, München 2009

Die Weizsäcker-Papiere 1933-1950. Uitgegeven door Leonidas Hill, Frankfurt/M.-Berlijn-Wenen 1974

Domarus, Max: *Hitler. Reden und Proklamationen 1932-1945. Kommentiert von einem deutschen Zeitgenossen*, Band I: Triumph. deel 1: 1932-1934, deel 2: 1935-1938. Band II: *Untergang*. deel 1: 1939-1940, deel 2: 1941-1945, München 1965

Dülffer, Jost/Jochen Thies/Josef Henke: *Hitlers Städte. Baupolitik im Dritten Reich. Eine Dokumentation*, Keulen-Wenen 1978

Eberle, Henrik (red.): *Briefe an Hitler. Ein Volk schreibt seinem Führer. Unbekannte Dokumente aus Moskauer Archiven - zum ersten Mal veröffentlicht*, Bergisch-Gladbach 2007

Eberle, Henrik/Mathias Uhl (red.): *Das Buch Hitler. Geheimdossier des NKWD für Josef W. Stalin aufgrund der Verhörprotokolle des Persönlichen Adjutanten Hitlers, Otto Günsche, und des Kammerdieners Heinz Linge*, Moskou 1948/49, Bergisch Gladbach 2005

Eschenhagen, Wieland (red.): *Die 'Machtergreifung'. Tagebuch einer Wende nach Presseberichten vom 1. Januar bis 6. März 1933*, Darmstadt und Neuwied 1982
Faludi, Christian (red.): *Die 'Juni-Aktion' 1938. Eine Dokumentation zur Radikalisierung der Judenverfolgung*, Frankfurt/M. 2013
Heiber, Beatrice und Helmut (red.): *Die Rückseite des Hakenkreuzes. Absonderliches aus den Akten des Dritten Reiches*, München 1993
Heim, Susanne/Götz Aly: 'Staatliche Ordnung und "organische Lösung". Die Rede Hermann Göring "über die Judenfrage" vom 6. Dezember 1938' in *Jahrbuch für Antisemitismusforschung*, jrg. 2 (1992), p. 378-404
Herbst 1941 im 'Führerhauptquartier'. Berichte Werner Koeppens an seinen Minister Rosenberg. Uitgegeven en van commentaar voorzien door Martin Vogt, Koblenz 2002
Hitler, Adolf: *Mein Kampf*, Band. 1: *Eine Abrechnung*, Band. 2: *Die nationalsozialistische Bewegung*, 7./10. Aufl., München 1933
Hitler, Adolf: *Monologe im Führerhauptquartier 1941-1945. Die Aufzeichnungen Heinrich Heims*. Uitgegeven door Werner Jochmann, Hamburg 1980
Hitler: *Reden Schriften Anordnungen. Februar 1925 bis Januar 1933*. Uitgegeven door het Münchner Institut für Zeitgeschichte, 6 banden in 13 delen, München 1992-2003
Hitler: *Sämtliche Aufzeichnungen 1905-1924*. Uitgegeven door Eberhard Jäckel en Axel Kuhn, Stuttgart 1980
Hitlers Tischgespräche im Führerhauptquartier. Uitgegeven door Henry Picker. Derde bewerkte en herziene druk, Stuttgart 1976
Hubatsch, Walther: *Hindenburg und der Staat. Aus den Papieren des Generalfeldmarschalls und Reichspräsidenten von 1878 bis 1934*, Göttingen 1966
Jahn, Peter (bew.): *Die Gewerkschaften in der Endphase der Republik 1930-1933*, Keulen 1988
Jochmann, Werner: *Nationalsozialismus und Revolution. Ursprung und Geschichte der* NSDAP *in Hamburg. 1922-1933. Dokumenten*, Frankfurt/M. 1963
Kempner, Robert M. W. (red.): *Der verpaßte Nazi-Stopp. Die* NSDAP *als staats- und republikfeindliche hochverräterische Verbindung. Preußische Denkschrift von 1930*, Frankfurt/M.-Berlijn-Wenen 1983
Kempner, Robert M. W.: *Das Dritte Reich im Kreuzverhör. Aus den unveröffentlichten Vernehmungsprotokollen des Anklägers in den Nürnberger Prozessen*, München 2005
Kluke, Paul: 'Der Fall Potempa', in *Vierteljahrshefte für Zeitgeschichte*, jrg. 5 (1957), p. 279-297
Könnemann, Erwin/Gerhard Schulze (red.): *Der Kapp-Lüttwitz-Ludendorff-Putsch. Dokumenten*, München 2002
Kulka, Otto Dov/Eberhard Jäckel (red.): *Die Juden in den geheimen Stimmungsberichten 1933-1945*, Düsseldorf 2004
Morsey, Rudolf: 'Hitler als Braunschweigischer Regierungsrat', in *Vierteljahrshefte für Zeitgeschichte*, jrg. 8 (1960), p. 419-448
Morsey, Rudolf: 'Hitlers Verhandlungen mit der Zentrumsführung am 31.1.1933', in *Vierteljahrshefte für Zeitgeschichte*, jrg. 9 (1961), p. 182-194
Morsey, Rudolf (red.): *Das 'Ermächtigungsgesetz' vom 24. März 1933. Quellen zur Geschichte und Interpretation des 'Gesetzes zur Behebung der Not von Volk und Reich'*. Bewerkte en uitgebreide druk., Düsseldorf 2010
Neitzel, Sönke: *Abgehört. Deutsche Generäle in britischer Gefangenschaft 1942-1945*, Berlijn 2005
Phelps, Reginald H.: 'Hitler als Parteiredner im Jahre 1920', in *Vierteljahrshefte für Zeitgeschichte*, jrg. 11 (1963), p. 274-330
Phelps, Reginald H.: 'Hitlers "grundlegende" Rede über den Antisemitismus', in *Vierteljahrshefte für Zeitgeschichte*, jrg. 16 (1968), p. 390-420
Robertson, Esmonde M.: 'Zur Wiederbesetzung des Rheinlands 1936', in *Vierteljahrshefte für Zeitgeschichte*, jrg. 10 (1962), p. 178-205
Rürup, Reinhard (red.): *1936 – die Olympischen Spiele und der Nationalsozialismus*, Berlin 1996
Schönhoven, Klaus/Jochen Vogel (red.): *Frühe Warnungen vor dem Nationalsozialismus. Ein historisches Lesebuch*, Bonn 1998

Schwarzenbach, Alexis: '"Zur Lage in Deutschland". Hitlers Zürcher Rede vom 18. August
   1923', in: *Traverse* 2006/1, p. 176-189
Sösemann, Bernd (red.): *Theodor Wolff. Der Journalist. Berichte und Leitartikel*, Düsseldorf 1993
Sösemann, Bernd: *Propaganda. Medien und Öffentlichkeit in der NS-Diktatur*. In samenwerking
   met Marius Lange, 2 banden, Stuttgart 2011
Tyrell, Albrecht: *Führer befiehl ... Selbstzeugnisse aus der 'Kampfzeit' der* NSDAP. *Dokumentation
   und Analyse*, Düsseldorf 1969
Ulrich, Bernd/Benjamin Ziemann (red.): *Frontalltag im Ersten Weltkrieg. Wahn und
   Wirklichkeit*, Frankfurt/M. 1994
Volk, Ludwig (red.): *Akten Kardinal Michael von Faulhabers 1917-1945*, Band. II: 1935-1945,
   Mainz 1978
Wildt, Michael (red.): *Die Judenpolitik des SD 1935 bis 1939. Eine Dokumentation*, München 1995

2. Dagboeken, brieven, memoires

Andreas-Friedrich, Ruth, *Der Schattenmann. Tagebuchaufzeichnungen 1938-1945*, Frankfurt/M.
   1998
Arendt, Hannah/Joachim Fest, *Eichmann war von empörender Dummheit. Gespräche und Briefe.*
   Hrsg. von Ursula Ludz und Thomas Wild, München-Zürich 2011
Barkow, Ben/Raphael Gross/Michael Lenarz (red.), *Novemberpogrom 1938. Die
   Augenzeugenberichte der Wiener Library*, Londen-Frankfurt/M. 2008
Baur, Hans, *Ich flog Mächtige der Erde*, Kempten/Allgäu 1956
Below, Nicolaus von, *Als Hitlers Adjutant 1937-1945*, Mainz 1980
Brandmayer, Balthasar, *Zwei Meldegänger*, Bruckmühl 1932
Breker, Arno, *Im Strahlungsfeld der Ereignisse. Leben und Wirken eines Künstlers. Porträts, Begeg-
   nungen, Schicksale*, Preußisch Oldendorf 1972
Brüning, Heinrich, *Memoiren 1918-1934*, Stuttgart 1970
Ciano, Galeazzo, *Tagebücher 1937/38*, Hamburg 1949
Cohn, Willi, *Kein Recht, nirgends. Tagebuch vom Untergang des Breslauer Judentums 1933-1941*.
   Uitgegeven door Norbert Conrads, 2 banden, Keulen-Weimar-Berlijn 2006
Coulondre, Robert, *Von Moskau nach Berlin 1936-1939. Erinnerungen des französischen
   Botschafters*, Bonn 1950
Curtius, Julius, *Sechs Jahre Minister der deutschen Republik*, Heidelberg 1948
Das Hitler-Bild. Die Erinnerungen des Fotografen Heinrich Hoffmann. Samengesteld en uit de
   nalatenschap van Joe J. Heydecker, St. Pölten-Salzburg 2008
Delmer, Sefton, *Die Deutschen und ich*, Hamburg 1963
*Die Deutschnationalen und die Zerstörung der Weimarer Republik. Aus dem Tagebuch von Reinhold
   Quaatz 1928-1933*. Uitgegeven door Hermann Weiß en Paul Hoser, München 1989
Die Tagebücher von Joseph Goebbels. In ipdracht van het Instituts für Zeitgeschichte en
   met steun van de Russische staasarchieven. Uitgegeven door Elke Fröhlich, deel I,
   Aufzeichnungen 1923-1941; 9 banden in 14 deelbanden, München 1998-2006
Diels, Rudolf, *Lucifer ante portas: ... es spricht der erste Chef der Gestapo*, Stuttgart 1950
Dietrich, Otto, *Mit Hitler in die Macht. Persönliche Erlebnisse mit meinem Führer*, 2. Aufl.,
   München 1934
Dietrich, Otto, *12 Jahre mit Hitler*, München 1955
Dodd, Martha, *Nice to meet you, Mr. Hitler! Meine Jahre in Deutschland 1933 bis 1937*,
   Frankfurt/M. 2005
Duesterberg, Theodor, *Der Stahlhelm und Hitler*, Wolfenbüttel und Hannover 1949
Ebermayer, Erich, *Denn heute gehört uns Deutschland ... Persönliches und politisches Tagebuch*,
   Hamburg-Wenen 1959
Eden, Anthony, *Angesichts der Diktatoren. Memoiren 1923-1938*, Keulen-Berlijn 1964
Engel, Gerhard, *Heeresadjutant bei Hitler 1938-1945. Hrsg. und kommentiert von Hildegard von
   Kotze*, Stuttgart 1974
Michael Epkenhans, '"Wir als deutsches Volk sind doch nicht klein zu kriegen [...]." Aus den

Tagebüchern des Fregattenkapitäns Bogislav von Selchow 1918/19', in *Militärgeschichtliche Mitteilungen*, band 55 (1996), p. 165-224.
François-Poncet, André, *Als Botschafter in Berlin 1931-1938*, Mainz 1947
Frank, Hans, *Im Angesicht des Galgens. Deutung Hitlers und seiner Zeit auf Grund eigener Erlebnisse und Erkenntnisse*, München -Gräfelfing 1953
Fromm, Bella, *Als Hitler mir die Hand küßte*, Berlijn 1993
Gerhardt, Ute/Thomas Karlauf (red.), *Nie mehr zurück in dieses Land. Augenzeugen berichten über die Novemberpogrome 1938*, Berlijn 2009
Goebbels, Joseph, *Vom Kaiserhof zur Reichskanzlei*, München 1934
Groscurth, Helmuth, *Tagebücher eines Abwehroffiziers 1938-1940*. Uitgegeven door Helmut Krausnick und Harold C. Deutsch, Stuttgart 1970
Haffner, Sebastian, *Geschichte eines Deutschen. Die Erinnerungen 1914-1933*, Stuttgart-München 2000
Hammerstein, Kunrat Freiherr von, *Spähtrupp*, Stuttgart 1963
Hanfstaengl. Ernst, *Zwischen Weißem und Braunem Haus. Erinnerungen eines politischen Außenseiters*, München 1970
Hanisch, Reinhold, 'I was Hitler's Buddy' in: *New Republic* van 5, 12, en 19. 4.1939, p. 239-242, 270-272, 297-300
Hassell, Ulrich von, *Vom anderen Deutschland. Aus den nachgelassenen Tagebüchern 1938-1944*, Frankfurt/M. 1964
Hassell, Ulrich von, *Römische Tagebücher und Briefe 1932-1938*. Onder redactie van Ulrich Schlie, München 2004
Henderson, Nevile, *Fehlschlag einer Mission. Berlin 1937 bis 1939*, Zürich z. j. (1940)
Heß, Rudolf, *Briefe 1908-1933*. Uitgegeven door Wolf Rüdiger Heß, München -Wenen 1987
Heuss, Theodor, *Bürger der Weimarer Republik. Briefe 1918-1933*. Uitgegeven en bewerkt door Michael Dorrmann, München 2008
Heuss, Theodor, *In der Defensive. Briefe 1933-1945*. Uitgegeven en bewerkt door Elke Seefried, München 2009
'Hitlers unbekannte Geliebte. Ein Bericht von Gunter Peis', in *Stern* nr. 24, 13. 6.1959, p. 28-34
Hoch, Anton/Hermann Weiß, *Die Erinnerungen des Generalobersten Wilhelm Adam*, in: Wolfgang Benz (red.): *Miscellania. Festschrift für Helmut Krausnick zum 75. Geburtstag*, Stuttgart 1980, p. 32-62
Hoegner, Wilhelm, *Flucht vor Hitler. Erinnerungen an die Kapitulation der ersten deutschen Republik 1933*, Frankfurt/M. 1982
Hoffmann, Heinrich, *Hitler wie ich ihn sah. Aufzeichnungen seines Leibfotografen*, München-Berlijn 1974
Hoßbach, Friedrich, *Zwischen Wehrmacht und Hitler 1934-1938*, 2. durchgesehene Aufl., Göttingen 1965
Junge, Traudl, *Bis zur letzten Stunde. Hitlers Sekretärin erzählt ihr Leben*, München 2002
Kallenbach, Hans, *Mit Adolf Hitler auf Festung Landsberg*, München 1933
Kalshoven, Hedda, *Ich denk so viel an Euch. Ein deutsch-holländischer Briefwechsel 1920-1949*, München 1995
Kessler, Harry Graf, *Das Tagebuch*. Band. 7: *1919-1923*. Uitgegeven door Angela Reinthal met medewerking van Janna Brechmacher en Christoph Hilse; Band. 8: *1923-1926*. Uitgegeven door Angela Rheinthal, Günter Riederer en Jörg Schuster met medewerking van Johanna Brechmacher, Christoph Hilse en Nadin Weiss; Band. 9: *1926-1937*. Uitgegeven door Sabine Gruber en Ulrich Ott met medewerking van Christoph Hilse en Nadin Weis, Stuttgart 2007, 2009, 2010
Klemperer, Victor, *Leben sammeln, nicht fragen wozu und warum. Tagebücher 1918-1924; 1925-1932*. Uitgegeven door Walter Nowojski, Berlijn 1996
Klemperer, Victor, *Ich will Zeugnis ablegen bis zum letzten. Tagebücher 1933-1941*. Uitgegeven door Walter Nowojski met medewerking van Hadwig Klemperer, Berlijn 1995
Kordt, Erich, *Nicht aus den Akten ... Die Wilhelmstraße in Frieden und Krieg. Erlebnisse, Begegnungen und Eindrücke 1928-1945*, Stuttgart 1950

Krause, Karl Wilhelm, *10 Jahre Kammerdiener bei Hitler*, Hamburg 1949
Krebs, Albert, *Tendenzen und Gestalten der NSDAP. Erinnerungen aus der Frühzeit der Partei*, Stuttgart 1959
Krogmann, Carl Vincent, *Es ging um Deutschlands Zukunft 1932-1939. Erlebtes täglich diktiert von dem früheren Regierenden Bürgermeister in Hamburg*, Leoni am Starnberger See 1976
Kubizek, August, *Adolf Hitler. Mein Jugendfreund*, Graz und Göttingen 1953
Linge, Heinz, *Bis zum Untergang. Als Chef des Persönlichen Dienstes bei Hitler*. Uitgegeven door Werner Maser, München 1982
Lösener, Bernhard, 'Das Reichsministerium des Innern und die Judengesetzgebung', in: *Vierteljahrshefte für Zeitgeschichte*, Jg. 9 (1961), p. 262-313
Lüdecke, Kurt, *I Knew Hitler. The Story of a Nazi Who Escaped the Blood Purge*, Londen 1938
Lurker, Otto, *Hitler hinter Festungsmauern. Ein Bild aus trüben Tagen*, Berlijn 1933
Mann, Golo, *Erinnerungen und Gedanken. Eine Jugend in Deutschland*, Frankfurt/M. 1986
Mann, Klaus, *Der Wendepunkt. Ein Lebensbericht*, Frankfurt/M. 1963
Mann, Klaus, *Tagebücher 1931 bis 1933. 1934 bis 1935*. Uitgegeven door Joachim Heimannsberg, Peter Laemmle en Wilfried F. Schoeller, München 1989
Mann, Thomas, *Briefe III. 1924-1932*. Gekozen en uitgegeven door Thomas Sprecher, Hans R. Vaget en Cornelia Bernini, Frankfurt/M. 2011
Mann, Thomas, *Tagebücher 1933-1934. 1935-1936. 1937-1939*. Uitgegeven door Peter de Mendelssohn. Frankfurt/M. 1977, 1978, 1980
Maser, Werner (red.), *Paul Devrient. Mein Schüler Adolf Hitler. Das Tagebuch seines Lehrers*, München 2003
Meissner, Otto, *Staatssekretär unter Ebert, Hindenburg, Hitler*, Hamburg 1950
Misch, Rochus, *Der letzte Zeuge. 'Ich war Hitlers Telefonist, Kurier und Leibwächter'*, Zürich-München 2008
Mosley, Charlotte (Ed.), *The Mitfords. Letters Between Six Sisters*, Londen 2007
Mühsam, Erich, *Tagebücher 1910-1924*. Uitgegeven en voorzien van een nawoord door Chris Hirte, München 1994
Mühsam, Erich, *Unpolitische Erinnerungen*. Met een nawoord van Hubert van den Berg, Hamburg 1999
Müller, Karl Alexander von, *Mars und Venus. Erinnerungen 1914-1918*, Stuttgart 1954
Müller, Karl Alexander von, *Im Wandel einer Welt. Erinnerungen 1919-1932*. Uitgegeven door Otto Alexander von Müller, München 1966
Morsey, Rudolf (Bearbeiter), *Fritz Gerlich – ein Publizist gegen Hitler. Briefe und Akten 1930-1934*, Paderborn 2010
Nissen, Margarete, *Sind Sie die Tochter Speer?*, München 2005
Papen, Franz, *Der Wahrheit eine Gasse*, München 1952
Plaim, Anna/Kurt Kuch, *Bei Hitlers. Zimmermädchen Annas Erinnerungen*, München 2005
Pünder, Hermann, *Politik in der Reichskanzlei. Aufzeichnungen aus den Jahren 1929-1932*. Uitgegeven door Thilo Vogelsang, Stuttgart 1961
Rathenau, Walther, *Briefe. Teilband 2: 1914-1922*. Uitgegeven door Alexander Jaser, Clemens Picht en Ernst Schulin, Düsseldorf 2006
Reuth, Ralf Georg (red.), *Joseph Goebbels. Tagebücher 1924-1945* in vijf banden, München-Zürich 1992
Ribbentrop, Joachim von, *Zwischen London und Moskau. Erinnerungen und letzte Aufzeichnungen*. Uit de nalatenschap, uitgegeven door Annelies von Ribbentrop, Leoni am Starnberger See 1961
Riefenstahl, Leni, *Memoiren*, München 1987
Riezler, Kurt, *Tagebücher, Aufsätze und Dokumente*. Uitgegeven en van een inleiding voorzien door Karl Dietrich Erdmann, Göttingen 1972
Rose, Olaf (red.), *Julius Schaub. In Hitlers Schatten*, Stegen 2005
Rosenberg, Kurt F., *'Einer, der nicht mehr dazugehört'. Tagebücher 1933-1937*. Uitgegeven door Beate Meyer und Björn Siegel, Göttingen 2012
Schacht, Hjalmar, *76 Jahre meines Lebens*, Bad Wörishofen 1953

Scheringer, Richard, *Das große Los. Unter Soldaten, Bauern und Rebellen*, Hamburg 1959
Schirach, Baldur von, *Ich glaubte an Hitler*, Hamburg 1967
Schirach, Henriette von, *Frauen um Hitler*, München 1983
Schmeling, Max, *Erinnerungen*, Frankfurt/M.-Berlijn-Wenen 1977
Schmidt, Paul, *Statist auf diplomatischer Bühne 1923-45. Erlebnisse des Chefdolmetschers im Auswärtigen Amt mit den Staatsmännern Europas*, Bonn 1950
Schmidt-Hannover, Otto: *Umdenken oder Anarchie. Männer–Schicksale–Lehren.* Göttingen 1959
Schroeder, Christa, *Er war mein Chef. Aus dem Nachlaß der Sekretärin von Adolf Hitler.* Uitgegeven door Anton Joachimsthaler, 3. Aufl., München-Wenen 1985
Schuschnigg, Kurt von, *Ein Requiem in Rot-Weiß-Rot*, Zürich 1946
Schwerin von Krosigk, Lutz Graf, *Es geschah in Deutschland. Menschenbilder unseres Jahrhunderts*, Tübingen und Stuttgart 1951
Seraphim, Hans-Günther (red.), *Das politische Tagebuch Alfred Rosenbergs aus den Jahren 1933/34 und 1939/40*, Göttingen 1956
Shirer, William L., *Berliner Tagebuch. Aufzeichnungen 1934-1941.* Bewerkt en uitgegeven door Jürgen Schebera, Leipzig und Weimar 1991
Sobanski, Antoni Graf, *Nachrichten aus Berlin 1933-1936*, Berlijn 2007
Speer, Albert, *'Alles was ich weiß'. Aus unbekannten Geheimdienstprotokollen vom Sommer 1945.* Uitgegeven door Ulrich Schlie, München 1999
Speer, Albert, *Erinnerungen*. Met een essay van Jochen Thies, Frankfurt/M.-Berlijn 1993
Speer, Albert, *Spandauer Tagebücher*. Met een voorwoord van Joachim Fest, München 2002
Spitzy, Reinhard, *So haben wir das Reich verspielt. Bekenntnisse eines Illegalen*, 2de verbeterde druk, München-Wenen 1987
Stampfer, Friedrich, *Erfahrungen und Erkenntnisse*, Keulen 1957
Sternheim, Thea, *Tagebücher*. Uitgegeven en bewerkt door Thomas Ehrsam en Regula Wyss, Band. 2: 1925-1936, Göttingen 2002
Straßer, Otto, *Hitler und ich*, Konstanz 1948
Strenge, Irene, *Ferdinand von Bredow. Notizen vom 20.2.1933 bis 31.12.1933. Tägliche Aufzeichnungen vom 1.1.1934 bis 28.6.1934*, Berlijn 2009
Thimme, Annelise (red.), *Friedrich Thimme 1868-1938. Ein politischer Historiker, Publizist und Schriftsteller in seinen Briefen*, Boppard a. Rh. 1994
Unger, Michael (Ed.), *The Memoirs of Bridget Hitler*, Londen 1979
(Wagener, Otto), *Hitler aus nächster Nähe. Aufzeichnungen eines Vertrauten 1929-1932*. Uitgegeven door Henry A. Turner, Frankfurt/M.-Berlijn-Wenen 1978
Wagner, Friedelind, *Nacht über Bayreuth*, 3de druk., Keulen 1997
Weizsäcker, Ernst, *Erinnerungen*, München 1950
Wiedemann, Fritz, *Der Mann, der Feldherr werden wollte. Erlebnisse und Erfahrungen des Vorgesetzten Hitlers im 1. Weltkrieg und seines späteren persönlichen Adjutanten*, Velbert und Kettwig 1964
Zuckmayer, Carl, *Als wär's ein Stück von mir*, Frankfurt/M. 1966
Zweig, Stefan, *Die Welt von Gestern. Erinnerungen eines Europäers.* Stuttgart-Hamburg z.j.

3. Eigentijdse en wetenschappelijke literatuur

Adam, Uwe Dietrich, *Judenpolitik im Dritten Reich*, Königstein/Ts. 1979
Ahlheim, Hannah, *'Deutsche, kauft nicht bei Juden!' Antisemitischer Boykott in Deutschland 1924 bis 1935*, Göttigen 2011
Allert, Tilman, *Der deutsche Gruß. Geschichte einer unheilvollen Geste*, Berlijn 2005
Aly, Götz, *Hitlers Volksstaat. Raub, Rassenkrieg und nationaler Sozialismus*, Frankfurt/M. 2005
Anderl, Gabriele, 'Die "Zentralstellen für jüdische Auswanderung" in Wien, Berlin und Prag. Ein Vergleich, in: *Tel Aviver Jahrbuch für deutsche Geschichte*, Bd. 23 (1994), p. 279-299
Arnold, Dietmar, *Neue Reichskanzlei und 'Führerbunker'. Legende und Wirklichkeit*, Berlijn 2005
Asendorf, Manfred, 'Hamburger Nationalklub, Keppler-Kreis, Arbeitsstelle Schacht und der Aufstieg Hitlers' in: *Zeitschrift für Sozialgeschichte des 19. und 20. Jahrhunderts*, Jg. 2 (1987), p. 106-150

Auerbach, Helmuth, 'Hitlers politische Lehrjahre und die Münchner Gesellschaft 1919-1923' in: *Vierteljahrshefte für Zeitgeschichte*, Jg. 25 (1977), p.1-45
Bajohr, Frank, *'Arisierung' in Hamburg. Die Verdrängung der jüdischen Unternehmer 1933-1945*, Hamburg 1997
Bajohr, Frank, *Parvenüs und Profiteure. Korruption in der NS-Zeit*, Frankfurt/M. 2001
Bajohr, Frank/Michael Wildt (red.), *Volksgemeinschaft. Neue Forschungen zur Gesellschaft des Nationalsozialismus*, Frankfurt/M. 2009
Bankier, David, *Die öffentliche Meinung im Hitler-Staat. Die 'Endlösung' und die Deutschen*, Berlijn 1995
Barkai, Avraham, *Vom Boykott zur 'Entjudung'. Der wirtschaftliche Existenzkampf der Juden im Dritten Reich 1933-1945*, Frankfurt/M. 1988
Barkai, Avraham, *Der Centralverein deutscher Staatsbürger jüdischen Glaubens 1893-1938*, München 2002
Barth, Boris, 'Dolchstoßlegende und Novemberrevolution' in: Alexander Gallus (red.): *Die vergessene Revolution*, Göttingen 2010, p. 117-139
Bauer, Kurt, *Elementar-Ereignis. Die österreichischen Nationalsozialisten und der Juli-Putsch 1934*, Wenen 2003
Bauer, Kurt, 'Hitler und der Juliputsch 1934 in Österreich. Eine Fallstudie zur nationalsozialistischen Außenpolitik in der Frühphase des Regimes', in: *Vierteljahrshefte für Zeitgeschichte*, Jg. 59 (2011), p. 193-227
Bavaj, Riccardo, *Die Ambivalenz der Moderne im Nationalsozialismus. Eine Bilanz der Forschung*, München 2003
Bavendamm, Dirk, *Der junge Hitler. Korrektur einer Biographie 1889-1914*, Graz 2009
Beck, Hermann, *The Fateful Alliance. German Conservatives and Nazis in 1933. The 'Machtergreifung' in New Light*, New York/Oxford 2008
Becker, Josef, 'Zentrum und Ermächtigungsgesetz' in: *Vierteljahrshefte für Zeitgeschichte*, Jg. 9 (1961), p. 195-210
Behrenbeck, Sabine, *Der Kult um die toten Helden. Nationalsozialistische Mythen, Riten und Symbole 1923 bis 1945*, Vierow bei Greifswald 1996
Beierl, Florian/Othmar Plöckinger, Neue Dokumente zu Hitlers Buch "Mein Kampf", in: *Vierteljahrshefte für Zeitgeschichte*, Jg. 57 (2009), p. 261-295
Bentley, James, *Martin Niemöller. Eine Biographie*, München 1985
Benz, Wolfgang (red.), *Die Juden in Deutschland 1933-1945. Leben unter nationalsozialistischer Herrschaft*, München 1998
Benz, Wolfgang, *Die Protokolle der Weisen von Zion. Die Legende von der jüdischen Weltverschwörung*, München 2007
Benz, Wolfgang/Barbara Diestel, *Der Ort des Terrors. Geschichte der nationalsozialistischen Konzentrationslager*, Band II: *Frühe Lager*, München 2005
Besier, Gerhard, *Die Kirchen und das Dritte Reich. Spaltungen und Abwehrkämpfe 1934-1937*, Berlijn-München 2001
Berghahn, Volker R., *Der Stahlhelm. Bund der Frontsoldaten 1918-1935*, Düsseldorf 1966
Berghahn, Volker R., 'Harzburger Front und die Kandidatur Hindenburgs für die Präsidentschaftswahlen 1932' in: *Vierteljahrshefte für Zeitgeschichte*, Jg. 13 (1965), p. 64-82
Bering, Dietz, *Kampf um Namen. Bernhard Weiß gegen Joseph Goebbels*, Stuttgart 1991
Bessel, Richard, *Political Violence and the Rise of Nazism. The Strom Troopers in Eastern Germany 1925-1934*, New Haven 1984
Bessel, Richard, 'The Potempa Murder' in: *Central European History*, 10 (1977), p. 241-254
Binion, Rudolph, '... daß ihr mich gefunden habt'. Hitler und die Deutschen, Stuttgart 1978
Blasius, Dirk, *Weimars Ende. Bürgerkrieg und Politik 1930-1933*, Frankfurt/M. 2008
Blasius Rainer A., *Für Großdeutschland gegen den Krieg. Ernst von Weizsäcker in den Krisen um die Tschechoslowakei und Polen 1938/39*, Keulen-Wenen 1981
Blom, Philipp, *Der taumelnde Kontinent. Europ. 1900-1914*, München 2008
Bock, Gisela, *Zwangssterilisation im Nationalsozialismus. Studien zur Rassenpolitik und Frauenpolitik*, Opladen 1986

Botz, Gerhard, *Nationalsozialismus in Wien. Machtübernahme, Herrschaftssicherung, Radikalisierung 1938/39.* Bewerkte en uitgebreide herdruk, Wenen 2008
Boyer, John W., *Karl Lueger (1844-1910). Christlichsoziale Politik als Beruf. Eine Biographie,* Wenen-Keulen-Weimar 2010
Bracher, Karl-Dietrich, *Die Auflösung der Weimarer Republik. Eine Studie zum Problem des Machtverfalls in der Demokratie,* 3de verbeterde en uitgebreide druk, Villingen 1960
Bracher, Karl-Dietrich, *Die deutsche Diktatur. Entstehung, Struktur, Folgen,* 7de druk, Keulen 1993
Bracher, Karl-Dietrich/Wolfgang Sauer/Gerhard Schulz, *Die nationalsozialistische Machtergreifung. Studien zur Errichtung des totalitären Herrschaftssystems in Deutschland 1933/34,* 2de verbeterde druk, Keulen Opladen 1962
Brantl, Sabine, *Haus der Kunst, München. Ein Ort und seine Geschichte im Nationalsozialismus,* München 2007
Brechtken, Magnus, *'Madagaskar für die Juden'. Antisemitische Idee und politische Praxis 1885-1945,* München 1997
Breloer, Heinrich, *Speer und Er. Hitlers Architekt und Rüstungsminister,* Berlijn 2005
Breloer, Heinrich, *Unterwegs zur Familie Speer. Begegnungen, Gespräche, Interviews,* Berlijn 2005
Brockhaus, Gudrun, *Schauder und Idylle. Faschismus als Erlebnisangebot,* München 1997
Broszat, Martin, *Der Staat Hitlers. Grundlegung und Entwicklung seiner inneren Verfassung,* München 1969
Broszat, Martin, *Die Machtergreifung. Der Aufstieg der* NSDAP *und die Zerstörung der Weimarer Republik,* München 1984
Broszat, Martin, 'Soziale Motivation und Führer-Bindung des Nationalsozialismus' in: *Vierteljahrshefte für Zeitgeschichte,* Jg. 18 (1979), p. 392-409
Bruns, Claudia, *Politik des Eros. Der Männerbund in Wissenschaft, Politik und Jugendkultur (1880-1934),* Keulen-Weimar-Wenen 2008
Bucher, Peter, 'Hitlers 50. Geburtstag' in: Heinz Boberach/Hans Booms (red.): *Aus der Arbeit des Bundesarchivs,* Boppard a. Rh. 1978, p. 423-446
Buchheim, Christoph, 'Das NS-Regime und die Überwindung der Weltwirtschaftskrise in Deutschland' in: *Vierteljahrshefte für Zeitgeschichte,* Jg. 56 (2008), p. 381-414
Buchner, Bernd, *Wagners Welttheater. Die Geschichte der Bayreuther Festspiele zwischen Kunst und Politik,* Darmstadt 2013
Büttner, Ursula, *Weimar. Die überforderte Republik 1918-1933,* Stuttgart 2008
Bukey, Evan Burr, *'Patenstadt des Führers'. Eine Politik- und Sozialgeschichte von Linz 1908-1945,* Frankfurt/M.-New York 1993
Bullock, Alan, *Hitler. Eine Studie über Tyrannei.* Band. 1: *Der Weg zur Macht,* Band. 2: *Der Weg zum Untergang,* Frankfurt/M. 1964
Bullock, Alan, *Hitler und Stalin. Parallele Leben,* München 1991
Burden, Hamilton T., *Die programmierte Nation. Die Nürnberger Reichsparteitage,* Gütersloh 1967
Burleigh, Michael, *Die Zeit des Nationalsozialismus. Eine Gesamtdarstellung,* Frankfurt/M. 2000
Burrin, Philippe, *Warum die Deutschen? Antisemitismus, Nationalsozialismus, Genozid,* Berlijn 2004
Bussmann, Walter, 'Zur Entstehung und Überlieferung der "Hoßbach-Niederschrift"' in: *Vierteljahrshefte für Zeitgeschichte,* Jg. 16 (1968), p. 373-378
Centrum Industriekultur Nürnberg (red.), *Kulissen der Gewalt. Das Reichsparteitagsgelände in Nürnberg,* München 1992
Cesarani, David, *Adolf Eichmann. Bürokrat und Massenmörder. Biographie,* Berlijn 2002
Chaussy, Ulrich, *Nachbar Hitler. Führerkult und Heimatzerstörung am Obersalzberg,* 6de bewerkte en uitgebreide druk, Berlijn 2007
Ciolek-Kümper, Jutta, *Wahlkampf in Lippe. Die Wahlpropaganda der* NSDAP *zur Landtagswahl am 15. Januar 1933,* München 1976
Clemens, Detlev, *Herr Hitler in Germany. Wahrnehmungen und Deutungen des Nationalsozialismus in Großbritannien 1920 bis 1939,* Göttingen-Zürich 1996

Conradi, Peter, *Hitlers Klavierspieler. Ernst Hanfstaengl: Vertrauter Hitlers, Verbündeter Roosevelts*, Frankfurt/M. 2007
Conway, John S., *Die nationalsozialistische Kirchenpolitik 1933-1945. Ihre Ziele, Widersprüche und Fehlschläge*, München 1969
Conze, Eckart/Norbert Frei/Peter Hayes/Moshe Zimmermann, *Das Amt und die Vergangenheit. Deutsche Diplomaten im Dritten Reich und in der Bundesrepublik*, München 2010
Cornelißen, Christoph, *Gerhard Ritter. Geschichtswissenschaft und Politik im 20. Jahrhundert*, Düsseldorf 2001
Cornwell, John, *Pius XII. Der Papst, der geschwiegen hat*, München 1999
Czichon, Eberhard, *Wer verhalf Hitler zur Macht? Zum Anteil der deutschen Industrie an der Zerstörung der Weimarer Republik*, Keulen 1967
Daim, Wilfried, *Der Mann, der Hitler die Ideen gab. Jörg Lanz von Liebenfels. Geänderte Neuaufl.*, Wenen 1994
Dams, Carsten/Michael Stolle, *Die Gestapo. Herrschaft und Terror im Dritten Reich*, München 2008
Deuerlein, Ernst, *Hitler. Eine politische Biographie*, München 1969
Diamond, Sander A., *Herr Hitler. Amerikas Diplomaten, Washington und der Untergang Weimars*, Düsseldorf 1985
Dickmann, Fritz, 'Die Regierungsbildung in Thüringen als Modell der Machtergreifung. Ein Brief Hitlers aus dem Jahr 1930' in: *Vierteljahrshefte für Zeitgeschichte*, Jg. 14 (1966), p. 454-465
Diehl-Thiele, Peter: *Partei und Staat im Dritten Reich. Untersuchungen zum Verhältnis von NSDAP und allgemeiner Staatsverwaltung*. Studienausgabe. München 1971
Dirks, Carl/Karl-Heinz Janßen, *Der Krieg der Generäle. Hitler als Werkzeug der Wehrmacht*, Berlijn 1999
Döring, Martin, *'Parlamentarischer Arm der Bewegung'. Die Nationalsozialisten im Reichstag der Weimarer Republik*, Düsseldorf 2001
Döscher, Hans-Jürgen, *'Reichskristallnacht'. Die Novemberpogrome 1938*, Frankfurt/M.-Berlijn 1988
Eglau, Hans Otto, *Fritz Thyssen. Hitlers Gönner und Geisel*, Berlijn 2003
Emmerich, Alexander, *Olympia 1936. Trügerischer Glanz eines mörderischen Systems*, Keulen 2011
Ernstling, Stefan, *Der phantastische Rebell. Alexander Moritz Frey oder Hitler schießt dramatisch in die Luft*, Zürich 2007
Essner, Cornelia, *Die 'Nürnberger Gesetze' oder die Verwaltung des Rassenwahns 1933-1945*, Paderborn 2002
Evans, Richard J., *Das Dritte Reich*, Band 1: *Aufstieg*, Band 2/I en II: *Diktatur*, Band 3: *Krieg*, München 2004, 2005, 2009
Fabry, Philipp W., *Mutmaßungen über Hitler. Urteile von Zeitgenossen*, Königstein/Ts. 1979
Falanga, Gianluca, *Mussolinis Vorposten in Hitlers Reich. Italiens Politik in Berlin 1933-1945*, Berlijn 2008
Fallois, Immo von, *Kalkül und Illusion. Der Machtkampf zwischen Reichswehr und SA während der Röhm-Krise 1934*, Berlijn 1994
Falter, Jürgen, *Hitlers Wähler*, München 1991
Falter, Jürgen/Thomas Lindenberger/Siegfried Schumann, *Wahlen und Abstimmungen in der Weimarer Republik. Materialien zum Wahlverhalten 1919-1931*, München 1986
Felken, Detlef, *Oswald Spengler. Konservativer Denker zwischen Kaiserreich und Diktatur*, München 1988
Fest, Joachim, *Hitler. Eine Biographie*, Frankfurt/M.-Berlijn-Wenen 1973
Fest, Joachim, *Speer. Eine Biographie*, Berlijn 1999
Fest, Joachim, *Die unbeantwortbaren Fragen. Notizen über Gespräche mit Albert Speer zwischen 1966 und 1981*, Reinbek bei Hamburg 2005
Fischer, Fritz, *Hitler war kein Betriebsunfall. Aufsätze*, München 1993, p. 174-181

Forsbach, Edmund, *Edgar Jung. Ein konservativer Revolutionär*, Pfullingen 1984
Forschungsstelle für Zeitgeschichte in Hamburg (red.), *Hamburg im 'Dritten Reich'*, Göttingen 2005
Fraenkel, Ernst, *Der Doppelstaat. Recht und Justiz im 'Dritten Reich'*. Frankfurt/M.- Keulen 1974
Frech, Stefan, *Wegbereiter Hitlers? Theodor Reismann-Grone. Ein völkischer Nationalist (1863-1949)*, Paderborn 2009
Frei, Norbert, *Der Führerstaat. Nationalsozialistische Herrschaft 1933 bis 1945*. Uitgebreide herdruk, München 2001
Frei, Norbert, *1945 und wir. Das Dritte Reich im Bewusstsein der Deutschen*, München 2005
Friedländer, Saul, *Das Dritte Reich und die Juden. Die Jahre der Verfolgung 1933-1939*, München 1998
Friedrich, Thomas, *Die missbrauchte Hauptstadt. Hitler und Berlin*, Berlijn 2007
Fritzsche, Peter, *Wie aus Deutschen Nazis wurden*, Zürich-München 1999
Früchtel, Michael, *Der Architekt Hermann Giesler. Leben und Werk (1898-1987)*, München 2008
Fuhrer, Armin, *Hitlers Spiele. Olympia 1936 in Berlin*, Berlijn-Brandenburg 2011
Funke, Manfred (red.), *Hitler, Deutschland und die Mächte. Materialien zur Außenpolitik des Dritten Reiches*, Düsseldorf 1978
Gärtringen, Georg Hiller von (red.), *Das Auge des Dritten Reiches. Hitlers Kameramann und Fotograf Walter Frentz*, Berlijn z.j. (2006)
Gailus, Manfred, *Protestantismus und Nationalsozialismus. Studien zur nationalsozialistischen Durchdringung des protestantischen Sozialmilieus in Berlin*, Keulen-Weimar-Wenen 2001
Gallus, Alexander, *Heimat 'Weltbühne'. Eine Intellektuellengeschichte im 20. Jahrhundert*, Göttingen 2012
Gay, Peter, *Die Republik der Außenseiter. Geist und Kultur der Weimarer Zeit 1918-1933*. Heruitgave, Frankfurt/M. 2004
Gebel, Ralf, *'Heim ins Reich'. Konrad Henlein und der Reichsgau Sudetenland (1938-1945)*, München 1999
Gellately, Robert, *Die Gestapo und die deutsche Gesellschaft. Die Durchsetzung der Rassenpolitik 1933-1945*, Paderborn 1993
Gellately, Robert, *Lenin, Stalin und Hitler. Drei Diktatoren, die Europa in den Abgrund führten*, Bergisch Gladbach 2009
Gerwarth, Robert, *Reinhard Heydrich. Biographie*, München 2011
Geyer, Martin H., *Verkehrte Welt. Revolution, Inflation und Moderne. München 1914-1924*, Göttingen 1998
Gietinger, Klaus, *Der Konterrevolutionär Waldemar Pabst – eine deutsche Karriere*, Hamburg 2009
Gilbhard, Hermann, *Die Thule-Gesellschaft. Vom okkulten Mummenschanz zum Hakenkreuz*, München 1994
Görtemaker, Heike B., *Eva Braun. Leben mit Hitler*, München 2010
Gordon, Harold J., *Hitlerputsch 1923. Machtkampf in Bayern 1923-1924*, Frankfurt/M. 1971
Graml, Hermann, *Reichskristallnacht. Antisemitismus und Judenverfolgung im Dritten Reich*, München 1988
Granier, Gerhard, *Magnus von Levetzow. Seeoffizier, Monarchist und Wegbereiter Hitlers. Lebensweg und ausgewählte Dokumente*, Boppard a. Rh. 1982
Granzow, Brigitte, *A Mirror of Nazism. British Opinion and the Emergence of Hitler 1929-1933*, Londen 1964
Grau, Bernhard, *Kurt Eisner 1867-1919. Eine Biographie*, München 2001
Gritschneder, Otto, *Bewährungsfrist für den Terroristen Adolf H. Der Hitler-Putsch und die bayerische Justiz*, München 1990
Gritschneder, Otto, *'Der Führer hat sie zum Tode verurteilt ...' Hitlers 'Röhm-Putsch'-Morde vor Gericht*, München 1993
Gross, Raphael, *Anständig geblieben. Nationalsozialistische Moral*, Frankfurt/M. 2010
Grothe, Ewald, 'Die Olympischen Spiele von 1936 – Höhepunkt der NS-Propaganda?' in: *Geschichte in Wissenschaft und Unterricht*, Jg. 59 (2008), p. 291-307

Gruchmann, Lothar, *Die 'Reichsregierung' im Führerstaat. Stellung und Funktion des Kabinetts im nationalsozialistischen Herrschaftssystem*, in: *Günter Doeker/Winfried Steffani* (red.): *Klassenjustiz und Pluralismus. Festschrift für Ernst Fraenkel zum 75. Geburtstag*, Köln 1973, p. 187-223

Gruchmann, Lothar, *Hitlers Denkschrift an die bayerische Justiz vom 16. Mai 1923. Ein verloren geglaubtes Dokument*, in: *Vierteljahrshefte für Zeitgeschichte*, Jg. 39 (1991), p. 305-328

Gruchmann, Lothar, *Ludendorffs 'prophetischer' Brief an Hindenburg vom Januar/Februar 1933. Eine Legende*, in: *Vierteljahrshefte für Zeitgeschichte*, Jg. 47 (1999), p. 559-562

Gruner, Wolf, *'Lesen brauchen sie nicht können ...'. Die 'Denkschrift über die Behandlung der Juden in der Reichshauptstadt auf allen Gebieten des öffentlichen Lebens' vom Mai 1938*, in: *Jahrbuch für Antisemitismusforschung*, Jg. 4 (1995), p. 305-341

Gun, Nerin E., *Eva Braun-Hitler. Leben und Schicksal*, Velbert und Kettwig 1968

Gutjahr, Wolf-Dietrich, *Revolution muss sein. Karl Radek – die Biographie*, Keulen-Weimar-Wenen 2012

Gutsche, Willibald, *Ein Kaiser im Exil. Der letzte deutsche Kaiser Wilhelm II. in Holland*, Marburg 1991

Hachtmann, Rüdiger, *Industriearbeit im 'Dritten Reich'. Untersuchungen zu den Lohn- und Arbeitsbedingungen in Deutschland 1933-1945*, Göttingen 1989

Hachtmann, Rüdiger, *Öffentlichkeitswirksame Knallfrösche. Anmerkungen zu Götz Alys 'Volksstaat'*, in: *Sozial. Geschichte. Zeitschrift für historische Analyse des 20. und 21. Jahrhunderts*. N. F., 20. Jg. (2005), p. 46-66

Haffner, Sebastian, *Germany: Jekyll & Hyde. Deutschland von innen betrachtet*, Berlijn 1996

Haffner, Sebastian, *Anmerkungen zu Hitler*, 21. Aufl., München 1978

Haidinger, Martin/Günther Steinbach, *Unser Hitler. Die Österreicher und ihr Landsmann*, Salzburg 2009

Hale, Oven James, *Adolf Hitler Taxpayer*, in: *American Historical Review*, 60 (1955), p. 830-842

Hamann, Brigitte, *Hitlers Wien. Lehrjahre eines Diktators*, München-Zürich 1996

Hamann, Brigitte, *Hitlers Edeljude. Das Leben des Armenarztes Eduard Bloch*, München-Zürich 2008

Hamann, Brigitte, *Winifred Wagner oder Hitlers Bayreuth*, München-Zürich 2002

Harpprecht, Klaus, *Thomas Mann. Eine Biographie*, Reinbek bei Hamburg 1995

Hartmann, Christian, *Halder. Generalstabschef Hitlers 1938-1942*, 2. erweiterte und aktualisierte Aufl., Paderborn 2010

Hayman, Ronald, *Hitler & Geli*, Londen 1997

Heberle, Rudolf, *Landbevölkerung und Nationalsozialismus. Eine soziologische Untersuchung der politischen Willensbildung in Schleswig-Holstein 1918-1932*, Stuttgart 1963

Heer, Friedrich, *Der Glaube des Adolf Hitler. Anatomie einer politischen Religiosität*, 2. Aufl., Esslingen-München 1998

Heiden, Konrad, *Adolf Hitler. Das Zeitalter der Verantwortungslosigkeit. Eine Biographie*, Zürich 1936

Heiden, Konrad, *Adolf Hitler. Ein Mann gegen Europa*, Zürich 1937

Henke, Josef, *England in Hitlers politischem Kalkül*, Boppard a. Rh. 1973

Henke, Josef, *Die Reichsparteitage der NSDAP in Nürnberg 1933-1938. Planung, Organisation, Propaganda*, in: *Aus der Arbeit des Bundesarchivs*. Uitgegeven door Heinz Boberach und Hans Booms, Boppard a. Rh. 1977, p. 398-409

Hensel, Jürgen/Pia Nordblom (red.), *Hermann Rauschning. Materialien und Beiträge zu einer politischen Biographie*, Osnabrück 2003

Herbert, Ulrich, *'Generation der Sachlichkeit'. Die völkische Studentenbewegung der frühen zwanziger Jahre*, in: *Frank Bajohr/Werner Johe/Uwe Lohalm* (red.): *Zivilisation und Barbarei. Die widersprüchlichen Potentiale der Moderne*, Hamburg 1991, p. 115-141

Herbert, Ulrich, *Best. Biographische Studien über Radikalismus, Weltanschauung und Vernunft 1903-1989*, Bonn 1996

Herbst, Ludolf, *Hitlers Charisma. Die Erfindung eines deutschen Messias*, Frankfurt/M. 2010

Hering, Rainer, *Konstruierte Nation. Der Alldeutsche Verband 1890 bis 1939*, Hamburg 2003

Hermann, Angela, *Der Weg in den Krieg 1938/39. Studien zu den Tagebüchern von Joseph Goebbels*, München 2011

Hermann, Angela, *Hitler und sein Stoßtrupp in der 'Reichskristallnacht'*, in: Vierteljahrshefte für Zeitgeschichte, Jg. 56 (2008), p. 603-619

Herre, Franz, *Jahrhundertwende 1900. Untergangsstimmung und Fortschrittsglauben*, Stuttgart 1998

Herz, Rudolf, *Hoffmann & Hitler. Fotografie als Medium des Führer-Mythos*, München 1994

Hesemann, Michael, *Hitlers Religion. Die fatale Heilslehre des Nationalsozialismus*, München 2004

Heusler, Andreas, *Das Braune Haus. Wie München zur ›Hauptstadt der Bewegung‹ wurde*, München 2008

Heuss, Theodor, *Hitlers Weg. Eine historisch-politische Studie über den Nationalsozialismus*, 6. Aufl., Stuttgart-Berlijn-Leipzig 1932

Hildebrand, Klaus, *Das vergangene Reich. Deutsche Außenpolitik von Bismarck zu Hitler 1871-1945*, Stuttgart 1995

Hildebrand, Klaus, *Das Dritte Reich*, 6. neubearbeitete Aufl., München 2003

Hipler, Bruno, *Hitlers Lehrmeister. Karl Haushofer als Vater der NS-Ideologie*, St. Ottilien 1996

Hirschfeld, Gerhard/Gerd Krumeich/Irina Renz in Verbindung mit Markus Pöhlmann (red.), *Enzyklopädie Erster Weltkrieg*, Paderborn 2003

Hirschfeld, Gerhard/Gerd Krumeich/Irina Renz (Hrs.), *Die Deutschen an der Somme 1914-1918. Krieg, Besatzung, Verbrannte Erde*, Essen 2006

Hitzer, Friedrich, *Anton Graf Arco. Das Attentat auf Eisner und die Schüsse im Landtag*, München 1988

Hockerts, Hans Günter, *Die Sittlichkeitsprozesse gegen katholische Ordensangehörige und Priester 1936/37. Eine Studie zur nationalsozialistischen Herrschaftstechnik und zum Kirchenkampf*, Mainz 1971

Hockerts, Hans Günter, 'Die Goebbels-Tagebücher 1932-1941. Eine neue Hauptquelle zur Erforschung der nationalsozialistischen Kirchenpolitik' in: Dieter Albrecht e.a. (red.): *Politik und Konfession. Festschrift für Konrad Repken zum 60. Geburtstag*, Berlijn 1983, p. 359-392

Hoegen, Jesko von, *Der Held von Tannenberg. Genese und Funktion des Hindenburg-Mythos*, Keulen-Weimar-Wenen 2007

Höhne, Heinz, *Mordsache Röhm. Hitlers Durchbruch zur Alleinherrschaft 1933-1934*, Reinbek 1984

Höhne, Heinz, *Die Zeit der Illusionen. Hitler und die Anfänge des Dritten Reiches 1933-1936*, Düsseldorf-Wenen-New York 1991

Höller, Ralf, *Der Anfang, der ein Ende war. Die Revolution in Bayern 1918/19*, Berlijn 1999

Hömig, Herbert, *Brüning. Kanzler in der Krise der Republik. Eine Weimarer Biographie*, Paderborn 2000

Hömig, Herbert, *Brüning. Politiker ohne Auftrag. Zwischen Weimarer und Bonner Republik*, Paderborn 2005

Hoeres, Peter, *Die Kultur von Weimar. Durchbruch der Moderne*, Berlijn-Brandenburg 2008

Hofmann, Hanns Hubert, *Der Hitler-Putsch. Krisenjahre deutscher Geschichte 1920-1924*, München 1961

Holzbach, Heidrun, *Das 'System Hugenberg'. Die Organisation bürgerlicher Sammlungspolitik vor dem Aufstieg der NSDAP*, Stuttgart 1981

Hoppe, Bernd, *Von Schleicher zu Hitler. Dokumente zum Konflikt zwischen dem Reichslandbund und der Regierung Schleicher in den letzten Wochen der Weimarer Republik*, in: Vierteljahrshefte für Zeitgeschichte, Jg. 45 (1997), p. 629-657

Horn, Wolfgang, *Der Marsch zur Machtergreifung. Die NSDAP bis 1933*, Düsseldorf 1980

Horn, Wolfgang, 'Ein unbekannter Aufsatz Hitlers aus dem Frühjahr 1924' in: Vierteljahrshefte für Zeitgeschichte, Jg. 16 (1968), p. 280-294

Horne, John/Alan Kramer, *Deutsche Kriegsgreuel 1914. Die umstrittene Wahrheit*, Hamburg 2004

Horstmann, Bernhard, *Hitler in Pasewalk. Die Hypnose und ihre Folgen*, Düsseldorf 2004
Hürter, Johannes, *Wilhelm Groener. Reichswehrminister am Ende der Weimarer Republik (1928-1932)*, München 1993
Hüttenberger, Peter, *Die Gauleiter. Studie zum Wandel des Machtgefüges in der NSDAP*, Stuttgart 1969
Humann, Detlev, *'Arbeitsschlacht'. Arbeitsbeschaffung und Propaganda in der NS-Zeit 1933-1939*, Göttingen 2011
Hurnaus, Hertha, e.a. (red.), *Haus Meldemannstraße*, Wenen 2003
Industrie-Club e. V. Düsseldorf (red.), *Treffpunkt der Eliten. Die Geschichte des Industrie-Clubs Düsseldorf. Texte und wissenschaftliche Bearbeitung von Volker Ackermann*, Düsseldorf 2006
Jablonski, David, *The Nazi Party in Dissolution. Hitler and the Verbotszeit 1923-1925*, Londen 1989
Jacobsen, Hans-Adolf, *Nationalsozialistische Außenpolitik 1933-1939*, Frankfurt/M.-Berlijn 1968
Jäckel, Eberhard, *Hitlers Weltanschauung. Entwurf einer Herrschaft. Erweiterte und überarbeitete Neuausgabe*, Stuttgart 1981
Jäckel, Eberhard, *Das deutsche Jahrhundert. Eine historische Bilanz*, Stuttgart 1996
James, Harold, 'Die Deutsche Bank und die Diktatur 1933-1945' in: Lothar Gall e.a.: *Die Deutsche Bank 1870-1995*, München 1995, p. 315-408
James, Harold, *Krupp. Deutsche Legende und globales Unternehmen*, München 2011
Janßen, Karl Heinz/Fritz Tobias, *Der Sturz der Generäle. Hitler und die Blomberg-Fritsch-Krise 1938*, München 1994
Jetzinger, Franz, *Hitlers Jugend. Phantasien, Lügen und Wahrheit*, Wenen 1956
Joachimsthaler, *Hitlers Liste. Ein Dokument persönlicher Beziehungen*, München 2003
Joachimsthaler, Anton, *Hitlers Weg begann in München 1913-1923*, München 2000
Joachimsthaler, Anton, *Korrektur einer Biographie. Adolf Hitler 1908-1920*. München 1989
Jochmann, Werner, *Im Kampf um die Macht. Hitlers Rede vor dem Hamburger Nationalklub von 1919*, Frankfurt/M. 1960
Jochmann, Werner, *Gesellschaftskrise und Judenfeindschaft in Deutschland 1870-1945*, Hamburg 1988
Johnson, Eric J., *Der nationalsozialistische Terror. Gestapo, Juden und gewöhnliche Deutsche*, Berlijn 2001
Jones, Larry Eugene, '"The Greatest Stupidity of My Life": Alfred Hugenberg and the Formation of the Hitler Cabinet, January 1933' in: *Journal of Contempory History*, Vol. 27 (1992), p. 63-87
Jones, Larry Eugene, 'Nationalists, Nazis and the Assault against Weimar: Revisiting the Harzburg Rally of October 1931' in: *German Studies Review*, Vol. 29 (2006), p. 483-494
Käfer, Miriam, 'Hitlers frühe Förderer aus dem Großbürgertum – das Verlegerehepaar Elsa und Hugo Bruckmann' in: M. Krauss (red.): *Rechte Karrieren in München*, p. 52-79
Karl, Michaela, *Die Münchner Räterepublik. Porträts einer Revolution*, Düsseldorf 2008
Karow, Yvonne, *Deutsches Opfer. Kultische Selbstauslöschung auf den Reichsparteitagen der NSDAP*, Berlijn 1994
Kater, Michael H., 'Zur Soziologie der frühen NSDAP' in: *Vierteljahrshefte für Zeitgeschichte*, Jg. 19 (1971), p. 124-159
Keller, Gustav, *Der Schüler Adolf Hitler. Die Geschichte eines lebenslangen Amoklaufs*, Münster 2010
Kellerhoff, Sven Felix, *Hitlers Berlin. Geschichte einer Hassliebe*, Berlijn-Brandenburg 2005
Kellerhof, Sven Felix, *Der Reichstagsbrand. Die Karriere eines Kriminalfalles*, Berlijn 2008
Kershaw, Ian, *Der Hitler-Mythos. Volksmeinung und Propaganda im Dritten Reich*, Stuttgart 1980
Kershaw, Ian, *Hitlers Macht. Das Profil der NS-Herrschaft*, München 1992
Kershaw, Ian, *Hitler*, Band I: 1880-1936, Band II: 1936-1945; Stuttgart 1998/2000
Kershaw, Ian, *Hitlers Freunde in England. Lord Londonderry und der Weg in den Krieg*, München 2005
Kershaw, Ian, '"Volksgemeinschaft". Potential und Grenzen eines neuen Forschungskonzepts' in: *Vierteljahrshefte für Zeitgeschichte*, Jg. 59 (2011), p. 1-17

Kettenacker, Lothar, 'Hitler und die Kirchen. Eine Obsession mit Folgen' in: Günther Heydemann/Lothar Kettenacker (red.): *Kirchen in der Diktatur. Drittes Reich und SED-Staat*, Göttingen 1993, p. 67-87

Kissenkoetter, Udo, *Gregor Straßer und die NSDAP*, Stuttgart 1978

Klee, Ernst, *'Die SA Jesu Christi'. Die Kirche im Banne Hitlers*, Frankfurt/M. 1989

Klemperer, Victor, LTI. *Notizbuch eines Philologen*. 24ste geheel nieuwe en bewerkte uitgave. Uitgegeven en van commentaar voorzien door Elke Fröhlich, Stuttgart 2010

Knickerbocker, H(ubert) R., *Deutschland so oder so?*, Berlijn 1932

Knopp, Guido, *Hitler. Eine Bilanz*, Berlijn 1995

Knopp, Guido, *Geheimnisse des 'Dritten Reiches'*, München 2011

Koch-Hillebrecht, Manfred, *Homo Hitler. Psychogramm eines Diktators*, München 1999

Koch-Hillebrecht, Manfred, *Hitler. Ein Sohn des Krieges. Fronterlebnis und Weltbild*, München 2003

Köhler, Joachim, *Wagners Hitler. Der Prophet und sein Vollstrecker*, München 1997

Koenen, Gerd, *Der Rußland-Komplex. Die Deutschen und der Osten 1900-1945*, München 2005

König, Wolfgang, *Volkswagen, Volksempfänger, Volksgemeinschaft. 'Volksprodukte' im Dritten Reich: Vom Scheitern der nationalsozialistischen Konsumgesellschaft*, Paderborn 2004

Kolb, Eberhard, *Die Weimarer Republik*, 2de druk, München 1988

Kolb, Eberhard/Wolfram Pyta, 'Die Staatsnotstandsplanung unter den Regierungen Papen und Schleicher' in: Heinrich August Winkler (red.): *Die deutsche Staatskrise 1930-33*, München 1992, p. 155-181

Kolb, Eberhard, 'Die Weimarer Republik und das Problem der Kontinuität vom Kaiserreich zum "Dritten Reich"', in: *Umbrüche deutscher Geschichte 1866/71-1918/19-1929/33. Ausgewählte Aufsätze*. Uitgegeven door Dieter Langewiesche en Klaus Schönhoven, München 1993, p. 359-372

Koop, Volker, *Martin Bormann. Hitlers Vollstrecker*, Wenen-Keulen-Weimar 2012

Kopper, Christopher, *Hjalmar Schacht. Aufstieg und Fall von Hitlers mächtigstem Bankier*, München-Wenen 2006

Kopperschmidt, Josef (red.), *Hitler als Redner*, München 2003

Kracauer, Siegfried, *Von Caligari zu Hitler. Eine psychologische Geschichte des deutschen Films*, Frankfurt/M. 1979

Krauss, Marita (red.), *Rechte Karrieren in München. Von der Weimarer Zeit bis in die Nachkriegsjahre*, München 2010

Krings, Stefan, *Hitlers Pressechef Otto Dietrich (1897-1952). Eine Biographie*, Göttingen 2010

Krüger, Arnd, *Die Olympischen Spiele 1936 und die Weltmeinung. Ihre außenpolitische Bedeutung unter besonderer Berücksichtigung der USA*, Berlijn 1972

Kube, Alfred, *Pour le mérite und Hakenkreuz. Hermann Göring im Dritten Reich*, München 1989

Kühnl, Reinhard, 'Zur Programmatik der nationalsozialistischen Linken: Das Straßer-Programm von 1925/26' in: *Vierteljahrshefte für Zeitgeschichte*, Jg. 14 (1966), p. 317-333

Kuhn, Axel, *Hitlers außenpolitisches Programm*, Stuttgart 1970

Kulka, Otto Dov, 'Die Nürnberger Rassegesetze und die deutsche Bevölkerung im Lichte geheimer SS-Lage- und Stimmungsberichte' in: *Vierteljahrshefte für Zeitgeschichte*, Jg. 32 (1984), p. 582-624

Laak, Dirk van, 'Adolf Hitler' in: Frank Möller (red.): *Charismatische Führer der deutschen Nation*, München 2004, p. 149-169

Lahme, Tilmann, *Golo Mann. Biographie*, Frankfurt/M. 2009

Lang, Jochen von, *Der Sekretär. Martin Bormann. Der Mann, der Hitler beherrschte*, 3de bewerkte uitgave, München-Berlijn 1987

Lange, Karl, *Hitlers unbeachtete Maximen. 'Mein Kampf' und die Öffentlichkeit*, Stuttgart 1968

Lange, Karl, 'Der Terminus "Lebensraum" in Hitlers "Mein Kampf"', in: *Vierteljahrshefte für Zeitgeschichte*, Jg. 13 (1965), p. 426-437

Large, David Clay, *Hitlers München. Aufstieg und Fall der Hauptstadt der Bewegung*, München 1998

Large, David Clay, *Berlin. Biographie einer Stadt*, München 2002

Leicht, Johannes, *Heinrich Claß 1868-1953. Die politische Biographie eines Alldeutschen*, Paderborn 2012
Leis, Mario, *Leni Riefenstahl*, Reinbek bei Hamburg 2009
Leiser, Erwin, *'Deutschland erwache!' Propaganda im Film des Dritten Reiches*, Reinbek bei Hamburg 1978
Leßmann, Peter, *Die preußische Schutzpolizei in der Weimarer Republik. Streifendienst und Straßenkampf*, Düsseldorf 1989
Leutheusser, Ulrike (red.), *Hitler und die Frauen*, München 2003
Linse, Ulrich, *Barfüßige Propheten. Erlöser der zwanziger Jahre*, Berlijn 1983
Lohalm, Uwe, *Völkischer Radikalismus. Die Geschichte des Deutschvölkischen Schutz- und Trutzbundes 1919-1923*, Hamburg 1970
Loiperdinger, Martin, *Der Parteitagsfilm 'Triumph des Willens' von Leni Riefenstahl*, Opladen 1987
Longerich, Peter, *Die braunen Bataillone. Geschichte der SA*, München 1989
Longerich, Peter, *Hitlers Stellvertreter. Führung der Partei und Kontrolle des Staatsapparats durch den Stab Heß und die Partei-Kanzlei Bormanns*, München u. a. 1992
Longerich, Peter, *Deutschland 1918-1933. Die Weimarer Republik*, Hannover 1995
Longerich, Peter, *Politik der Vernichtung. Eine Gesamtdarstellung der nationalsozialistischen Judenverfolgung*, München-Zürich 1998
Longerich, Peter, *'Davon haben wir nichts gewußt!' Die Deutschen und die Judenverfolgung 1933-1945*, München 2006
Longerich, Peter, *Heinrich Himmler. Biographie*, München 2008
Longerich, Peter, *Joseph Goebbels*, München 2010
Lukacs, John, *Hitler. Geschichte und Geschichtsschreibung*, München 1997
Luntowski, Gustav, *Hitler und die Herren an der Ruhr. Wirtschaftsmacht und Staatsmacht im Dritten Reich*, Frankfurt/M. 2000
Machtan, Lothar, *Hitlers Geheimnis. Das Doppelleben eines Diktators*, Berlijn 2001
Machtan, Lothar, 'Was Hitlers Homosexualität bedeutet. Anmerkungen zu einer Tabugeschichte' in: *Zeitschrift für Geschichtswissenschaft*, Jg. 51 (2003), p. 334-351
Machtan. Lothar, *Der Kaisersohn bei Hitler*, Hamburg 2006
Mandell, Richard, *Hitlers Olympiade. Berlin 1936*, München 1980
Mann, Thomas, 'Bruder Hitler (1939)' in: *An die gesittete Welt. Politische Schriften und Reden im Exil*, Frankfurt/M. 1986, p. 253-260
Marks, Stefan, *Warum folgten sie Hitler? Die Psychologie des Nationalsozialismus*, Düsseldorf 2007
Martynkewicz, Wolfgang, *Salon Deutschland. Geist und Macht 1900-1945*, Berlijn 2009
Marx, Christian, *Paul Reusch und die Gutehoffnungshütte. Leitung eines deutschen Großunternehmens*, Göttingen 2013
Maser, Werner, *Die Frühgeschichte der NSDAP. Hitlers Weg bis 1924*, Frankfurt/M.-Bonn 1965
Maser, Werner, *Adolf Hitlers 'Mein Kampf'. Geschichte, Auszüge, Kommentare*, 9de druk Esslingen 2001
Maser, Werner, *Adolf Hitler. Legende-Mythos-Wirklichkeit*, 12de druk, München-Esslingen 1998
Matthias, Erich/Rudolf Morsey (red.), *Das Ende der Parteien 1933*, Düsseldorf 1960
Mattioli, Aram, *Experimentierfeld der Gewalt. Der Abessinienkrieg und seine internationale Bedeutung 1935-1941*, Zürich 2005
Mauersberger, Volker, *Hitler in Weimar. Der Fall einer deutschen Kulturstadt*, Berlijn 1999
Mehring, Reinhard, *Carl Schmitt. Aufstieg und Fall*, München 2009
Meier, Kurt, *Kreuz und Hakenkreuz. Die evangelische Kirche im Dritten Reich*, München 1992
Mensing, Björn/Friedrich Prinz (red.), *Irrlicht im leuchtenden München? Der Nationalsozialismus in der 'Hauptstadt der Bewegung'*, Regensburg 1991
Merkenich, Stephanie, *Grüne Front gegen Weimar. Reichsland-Bund und agrarischer Lobbyismus 1918-1933*, Düsseldorf 1998
Merseburger, Peter, *Theodor Heuss. Der Bürger als Präsident. Biographie*, München 2012
Michalka, Wolfgang, *Ribbentrop und die deutsche Weltpolitik 1933-1940. Außenpolitische Konzeptionen und Entscheidungsprozesse im Dritten Reich*, München 1980

Miller, Alice, *Am Anfang war Erziehung*, Frankfurt/M. 1980
Moeller, Horst, 'Die nationalsozialistische Machtergreifung. Konterrevolution oder Revolution?' in: *Vierteljahrshefte für Zeitgeschichte*, Jg. 31 (1982), p. 25-51
Mommsen, Hans, 'Hitlers Stellung im nationalsozialistischen Herrschaftssystem' in: Gerhard Hirschfeld/Lothar Kettenacker (red.): *Der 'Führerstaat'. Mythos und Realität*, Stuttgart 1981, p. 43-72
Mommsen, Hans/Susanne Willems (red.), *Herrschaftsalltag im Dritten Reich. Studien und Texte*, Düsseldorf 1988
Mommsen, Hans/Manfred Krieger, *Das Volkswagenwerk und seine Arbeiter im Dritten Reich*, Düsseldorf 1996
Mommsen, Hans, 'Hitler's Reichstag Speech of 30 January 1939' in: *History & Memory*, Vol. 9 (1997), p. 147-161
Mommsen, Hans, *Zur Geschichte Deutschlands im 20. Jahrhundert*, München 2010
Moreau, Patrick, *Nationalsozialismus von links. Die 'Kampfgemeinschaft Revolutionärer Nationalsozialisten' und die 'Schwarze Front' Otto Straßers 1930-1935*, Stuttgart 1985
Mühleisen, Horst, 'Die Fritsch-Krise im Frühjahr 1938. Neue Dokumente aus dem Nachlaß des Generalobersten' in: *Militärgeschichtliche Mitteilungen* Band 56/2 (1997), p. 471-508
Mühlhausen, Walter, *Friedrich Ebert 1871-1925. Reichspräsident der Weimarer Republik*, Bonn 2006
Müller, Klaus-Jürgen, *Armee und Drittes Reich 1933-1939. Darstellung und Dokumente*, Paderborn 1987
Müller, Klaus-Jürgen, *Generaloberst Ludwig Beck. Eine Biographie*, Paderborn 2008
Mulack, Christa, *Klara Hitler. Muttersein im Patriarchat*, Rüsselsheim 2005
Muth, Heinrich, 'Das "Kölner Gespräch" am 4. Januar 1933' in: *Geschichte in Wissenschaft und Unterricht*, Jg. 37 (1986), p. 463-480
Nebelin, Manfred, *Ludendorff. Diktator im Ersten Weltkrieg*, München 2011
Neebe, Reinhard, *Großindustrie, Staat und NSDAP 1930-1933*, Göttingen 1981
Neliba, Günter, *Wilhelm Frick. Eine politische Biographie*, Paderborn 1992
Neumann, Hans-Joachim/Henrik Eberle, *War Hitler krank? Ein abschließender Befund*, Bergisch-Gladbach 2009
Nieden, Susanne zur, 'Aufstieg und Fall des virilen Männerhelden. Der Skandal um Ernst Röhm und seine Ermordung' in: Susanne zur Nieden (red.): *Homosexualität und Staatsräson. Männlichkeit, Homophobie und Politik in Deutschland 1900-1945*, Frankfurt/M. 2005, p. 147-175
Niekisch, Ernst, 'Hitler – ein deutsches Verhängnis (1931)', in: Ernst Niekisch.: *Politische Schriften*, Keulen-Berlijn 1965, p. 19-62
Nüßlein, Timo, *Paul Ludwig Troost (1878-1934)*, Wenen-Keulen-Weimar 2012
Oberwinter, Kristina, *'Bewegende Bilder'. Repräsentation und Produktion von Emotionen in Leni Riefenstahls 'Triumph des Willens'*, Berlijn 2007
Obst, Dieter, *'Reichskristallnacht'. Ursachen und Verlauf des antisemitischen Pogroms vom November 1938*, Frankfurt/M. 1991
O'Donnell, James P., *Der große und der kleine Diktator, in: Der Monat*, Jg. 30 (1978), p. 51-62
Olden, Rudolf, *Hitler*, Amsterdam 1935; Neudruck Hildesheim 1981
Ossietzky, Carl von, *Sämtliche Schriften*. Band II: 1922-1924. Uitgegeven door Bärbel Boldt, Dirk Grathoff, Michael Sartorius, Band V: 1929-1930. Uitgegeven door Bärbel Boldt, Ute Maack, Günther Nickel, Band VI: 1931-1933. Uitgegeven door Gerhard Kraiker, Günther Nickel, Renke Siems, Elke Suhr, Reinbek bei Hamburg 1994
Pätzold, Kurt, *'Hitlers fünfzigster Geburtstag am 20.4.1939' in*: Dietrich Eichholtz/Kurt Pätzold (red.): *Der Weg in den Krieg. Studien zur Geschichte der Vorkriegsjahre (1935/36 bis 1939)*, Keulen 1989, p. 309-343
Pätzold, Kurt/Manfred Weissbecker, *Geschichte der NSDAP 1920-1945*, Keulen 1998
Parker, Robert Alexander Clarke, *Chamberlain and Appeasement. British Policy and the Coming of the Second World War*, Londen 1993
Paul, Gerhard, *'Deutsche Mutter – heim zu Dir!' Warum es mißlang, Hitler an der Saar zu schlagen. Der Saarkamp. 1933 bis 1945*, Keulen 1984

Paul, Gerhard, *Aufstand der Bilder. Die NS-Propaganda vor 1933*, Bonn 1990
Paul, Gerhard/Klaus-Michael Mallmann (red.), *Die Gestapo – Mythos und Realität*, Darmstadt 2003
Pehle, Walter H. (red.), *Der Judenpogrom 1938. Von der 'Reichskristallnacht' zum Völkermord*, Frankfurt/M. 1988
Petersen, Jens, *Hitler-Mussolini. Die Entstehung der Achse Berlin – Rom 1933-1936*, Tübingen 1973
Petzold, Joachim, 'Claß und Hitler. Über die Förderung der frühen Nazibewegung durch den Alldeutschen Verband und dessen Einfluß auf die nazistische Ideologie' in: *Jahrbuch für Geschichte*, 21 (1980), p. 247-288
Petzold, Joachim, *Franz von Papen. Ein deutsches Verhängnis*, Berlijn 1995
Phelps, Reginald H., 'Before Hitler Came: Thule Society and Germanen Orden' in: *Journal of Modern History*, Vol. 35 (1963), p. 245-261
Piper, Ernst, *Alfred Rosenberg. Hitlers Chefideologe*, München 2005
Plewnia, Margarete, *Auf dem Weg zu Hitler. Der 'völkische' Publizist Dietrich Eckart*, Berlijn 1970
Plöckinger, Othmar, *Geschichte eines Buches: 'Mein Kampf' 1922-1945*, München 2006
Plöckinger, Othmar, *Unter Soldaten und Agitatoren. Hitlers prägende Jahre im deutschen Militär 1918-1920*, Paderborn 2013
Plöckinger, Othmar, 'Adolf Hitler als Hörer an der Universität München im Jahr 1919. Zum Verhältnis zwischen Reichswehr und Universität' in: Elisabeth Kraus (red.): *Die Universität München im Dritten Reich. Aufsätze*. Deel II, München 2008, p. 12-47
Plöckinger, Othmar, 'Frühe biographische Texte zu Hitler. Zur Bewertung der autobiographischen Texte in "Mein Kampf"' in: *Vierteljahrshefte für Zeitgeschichte*, Jg. 58 (2010), p. 93-114
Przyrembel, Alexandra, *'Rassenschande', Reinheitsmythos und Vernichtungslegitimation im Nationalsozialismus*, Göttingen 2003
Pufendorf, Astrid, *Die Plancks. Eine Familie zwischen Patriotismus und Widerstand*, Berlijn 2006
Pulzer, Peter G. J., *Die Entstehung des politischen Antisemitismus in Deutschland und Österreich 1867 bis 1914*. Heruitgave met onderzoeksrapport, Göttingen 2004
Pyta, Wolfram, *Hindenburg. Herrschaft zwischen Hohenzollern und Hitler*, München 2007
Pyta, Wolfram, 'Die Hitler-Edition des Instituts für Zeitgeschichte' in: *Historische Zeitschrift*, Band 281 (2005), p. 383-394
Radkau, Joachim, *Das Zeitalter der Nervosität. Deutschland zwischen Bismarck und Hitler*, München-Wenen 1998
Raithel, Thomas/Irene Strenge, 'Die Reichstagsbrandverordnung. Grundlegung der Diktatur mit den Instrumenten des Weimarer Ausnahmezustands' in: *Vierteljahrshefte für Zeitgeschichte*, Jg. 48 (2000), p. 413-460
Rauscher, Walter, *Hitler und Mussolini. Macht, Krieg und Terror*, Graz-Wenen-Keulen 2001
Rauschning, Hermann, *Die Revolution des Nihilismus*, Zürich 1938
Rebentisch, Dieter, 'Hitlers Reichskanzlei zwischen Politik und Verwaltung' in: Dieter Rebentisch/Karl Teppe (red.): *Verwaltung contra Menschenführung im Staat Hitlers*, Göttingen 1986, p. 65-99
Recker, Marie-Luise, *Die Außenpolitik des Dritten Reiches*, München 1990
Reichel, Peter, *Der schöne Schein des Dritten Reiches. Faszination und Gewalt des Faschismus*, München 1991
Reif, Adalbert, *Albert Speer. Kontroversen um ein deutsches Phänomen*, München 1978
Reuß, Eberhard, *Hitlers Rennschlachten. Die Silberpfeile unterm Hakenkreuz*, Berlijn 2006
Reuth, Ralf Georg, *Goebbels*, München-Zürich 1990
Reuth, Ralf Georg, *Hitler. Eine Biographie*, München-Zürich 2003
Reuth, Ralf Georg, *Hitlers Judenhass. Klischee und Wirklichkeit*, München-Zürich 2009
Richardi, Hans-Günter, *Hitler und seine Hintermänner. Neue Fakten zur Frühgeschichte der NSDAP*, München 1991
Richter, Ludwig, *Die Deutsche Volkspartei 1918-1933*, Düsseldorf 2002
Riecker, Joachim, *Hitlers 9. November. Wie der Erste Weltkrieg zum Holocaust führte*, Berlijn 2009

Rieger, Eva, *Friedelind Wagner. Die rebellische Enkelin Richard Wagners*, Müchen 2012
Rissmann, Michael, *Hitlers Gott. Vorsehungsglaube und Sendungsbewußtsein eines deutschen Diktators*, Zürich-München 2001
Robertson, Esmonde M., 'Hitler und die Sanktionen des Völkerbunds' in: *Vierteljahrshefte für Zeitgeschichte*, Jg. 26 (1962), p. 237-264
Rödder, Andreas, *Stresemanns Erbe. Julius Curtius und die deutsche Außenpolitik 1929-1931*, Paderborn 1996
Rösch, Mathias, *Die Münchner NSDAP 1925-1933. Eine Untersuchung zur inneren Struktur der NSDAP in der Weimarer Republik*, München 2002
Rohkrämer, Thomas, *Die fatale Attraktion des Nationalsozialismus. Zur Popularität eines Unrechtsregimes*, Paderborn 2013
Rostock, Jürgen/Franz Zadnicek, *Paradiesruinen. Das KDF-Seebad der Zwanzigtausend auf Rügen*, Berlijn 1995
Roth, Karl Heinz, 'Ökonomie und politische Macht. Die "Firma Hamburg" 1930-1945' in: Angelika Ebbinghaus/Kartsten Line (red.): *Kein abgeschlossenes Kapitel: Hamburg im 'Dritten Reich'*, Hamburg 1997, p. 15-176
Rother, Rainer, *Leni Riefenstahl. Die Verführung des Talents*, Berlijn 2000
Ruben, Gunnhild, *'Bitte mich als Untermieter bei Ihnen anzumelden!' Hitler und Braunschweig 1932-1935*, Norderstedt 2004
Ryback, Timothy W., *Hitlers Bücher. Seine Bibliothek – sein Denken*, Keulen 2010
Sabrow, Martin, *Der Rathenau-Mord. Rekonstruktion einer Verschwörung gegen die Republik von Weimar*, München 1994
Schad, Martha, '"Das Auge war vor allen Dingen ungeheuer anziehend." Freundinnen und Verehrerinnen' in: Leutheusser, Ulrike (red.): *Hitler und die Frauen*, p. 21-135
Schad, Martha, *Sie liebten den Führer. Wie Frauen Hitler verehrten*, München 2009
Schäche, Wolfgang/Norbert Szymanski, *Das Reichssportfeld. Architektur im Spannungsfeld von Sport und Macht*, Berlijn-Brandenburg 2001
Schäfer, Claus W., *André François-Poncet als Botschafter in Berlin (1931-1938)*, München 2004
Schäfer, Kerstin A., *Werner von Blomberg. Hitlers erster Feldmarschall. Eine Biographie*, Paderborn 2006
Schauff, Frank, *Der Spanische Bürgerkrieg*, Göttingen 2006
Scheck, Raffael, 'Swiss Funding for the Early Nazi Movement' in: *The Journal of Modern History*. Vol. 71 (1999), p. 793-813.
Scheel, Klaus, *Der Tag von Potsdam*, Berlijn 1993
Schenk, Dieter, *Hitlers Mann in Danzig. Albert Forster und die NS-Verbrechen in Danzig-Westpreußen*, Bonn 2000
Schenk, Dieter, *Hans Frank. Hitlers Kronjurist und Generalgouverneur*, Frankfurt/M. 2006
Schenk, Ernst Günther, *Patient Hitler. Eine medizinische Biographie*, Düsseldorf 1989
Schieder, Wolfgang, *Faschistische Diktaturen. Studien zu Italien und Deutschland*, Göttingen 2008
Schildt, Axel, *Militärdiktatur auf Massenbasis? Die Querfrontkonzeption der Reichswehrführung um General Schleicher am Ende der Weimarer Republik*, Frankfurt/M.- New York 1981
Schildt, Gerhard, *Die Arbeitsgemeinschaft Nord-West. Untersuchungen zur Geschichte der NSDAP*, Diss. Freiburg 1964
Schlüter, André, *Moeller van den Bruck. Leben und Werk*, Keulen-Weimar-Wenen 2010
Schmid, Julia, *Kampf um das Deutschtum. Radikaler Nationalismus in Österreich und im Deutschen Reich 1890-1914*, Frankfurt/M.-New York 2009
Schmidt, Matthias, *Albert Speer. Das Ende eines Mythos*, 2de druk, Berlijn 2005
Schmidt, Rainer F., *Die Außenpolitik des Dritten Reiches 1933-1939*, Stuttgart 2002
Schmidt, Ulf, *Hitlers Arzt Karl Brandt. Medizin und Macht im Dritten Reich*, Berlijn 2009
Schmiechen-Ackermann, Detlef (red.), *'Volksgemeinschaft'. Mythos, wirkungsmächtige soziale Verheißung oder soziale Realität im ›'Dritten Reich'? Zwischenbilanz einer Kontroverse*, Paderborn 2012
Schmölders, Claudia, *Hitlers Gesicht. Eine physiognomische Biographie*, München 2000

Schneider, Michael, *Unterm Hakenkreuz. Arbeiter und Arbeiterbewegung 1933 bis 1939*, Bonn 1999
Schneider, Thomas Martin, *Reichsbischof Ludwig Müller. Eine Untersuchung zu Leben, Werk und Persönlichkeit*, Göttingen 1993
Schoenbaum, David, *Die braune Revolution. Eine Sozialgeschichte des Dritten Reiches*, Keulen 1968
Schönberger, Angela, *Die Neue Reichskanzlei. Zum Zusammenhang von nationalsozialistischer Ideologie und Architektur*, Berlijn 1981
Scholder, Klaus, *Die Kirchen und das Dritte Reich*, Band. 1: *Vorgeschichte und Zeit der Illusion 1918-1934*, Frankfurt/M.-Berlijn-Wenen 1977; Band. 2: *Das Jahr der Ernüchterung 1934. Barmen und Rom*, Berlijn 1985
Scholtyseck, Joachim, *Der Aufstieg der Quandts. Eine deutsche Unternehmerdynastie*, München 2011
Schorske, Carl E., *Wien. Geist und Gesellschaft im Fin de Siècle*, München 1994
Schmeer, Karlheinz, *Die Regie des öffentlichen Lebens im Dritten Reich*, München 1956
Schmied, Jürgen Peter, *Sebastian Haffner. Eine Biographie*, München 2010
Schreckenberg, Heinz, *Hitler. Motive und Methoden einer unwahrscheinlichen Karriere. Eine biographische Studie*, Frankfurt/M. 2006
Schreiber, Gerhard, *Hitler. Interpretationen 1923-1983. Ergebnisse, Methoden und Probleme der Forschung*, Darmstadt 1984
Schröder, Hans Joachim, *Alles Liebe & Heil Hitler. Wie falsche Hoffnungen entstehen. Eine Familiengeschichte*, Berlijn 2012
Schulz, Gerhard, *Von Brüning zu Hitler. Der Wandel des politischen Systems in Deutschland 1930-1933*, Berlijn-New York 1992
Schwarz, Birgit, *Geniewahn: Hitler und die Kunst*, Wenen-Keulen-Weimar 2009
Schwarzschild, Leopold, *Chronik eines Untergangs. Deutschland 1924-1939*. Uitgegeven door Andreas P. Wesemann, Wenen 2005
Schwarzwäller, Wulf C., *Hitlers Geld. Vom armen Kunstmaler zum millionenschweren Führer*, Wenen 1998
Schwilk, Heimo, *Ernst Jünger. Ein Jahrhundertleben*, München-Zürich 2007
Seidler, Franz W., *Die Organisation Todt. Bauen für Staat und Wehrmacht 1938-1945*, Bonn 1998
Sereny, Gitta, *Albert Speer. Das Ringen mit der Wahrheit und das deutsche Trauma*, München 1995
Sieg, Ulrich, 'Ein Prophet nationaler Religion. Paul de Lagarde und die völkische Bewegung' in: Friedrich Wilhelm Graf (red.): *Intellektuellen-Götter*, München 2009, p. 1-19
Siemens, Daniel, *Horst Wessel. Tod und Verklärung eines Nationalsozialisten*, Berlijn 2009
Sigmund, Anna Maria, *Des Führers bester Freund. Adolf Hitler, seine Nichte Geli Raubal und der 'Ehrenarier' Emil Maurice – eine Dreiecksbeziehung*, München 2003
Sigmund, Anna Maria, *Die Frauen der Nazis. Die drei Bestseller vollständig aktualisiert in einem Band*, München 2005
Sigmund, Anna Maria, *Diktator, Dämon, Demagoge. Fragen und Antworten zu Adolf Hitler*, München 2006
Sigmund, Anna Maria, 'Als Hitler auf der Flucht war' in: *Süddeutsche Zeitung* 8/9.11. 2008
Smelser, Ronald, *Robert Ley. Hitlers Mann an der 'Arbeitsfront'*, Potsdam 1989
Smelser, Ronald/Rainer Zitelmann (red.), *Die braune Elite. 22 biographische Skizzen*, Darmstadt 1989
Smelser, Ronald/Enrico Syring/Rainer Zitelmann (red.), *Die braune Elite II. 21 weitere biographische Skizzen*, Darmstadt 1993
Smith, Bradley F., *Adolf Hitler. His Family, Childhood and Youth*, Stanford 1967
Sösemann, Bernd, *Das Ende der Weimarer Republik in der Kritik demokratischer Publizisten*, Berlijn 1976
Solleder, Fridolin (red.), *Vier Jahre Westfront. Geschichte des Regiment List R. I.R 16*, München 1932
Sommer, Theo, *Deutschland und Japan zwischen den Mächten 1935-1940. Vom Antikominternpakt zum Dreimächtepakt*, Tübingen 1962

Sontheimer, Kurt, *Antidemokratisches Denken in der Weimarer Republik. Die politischen Ideen des deutschen Nationalismus zwischen 1918 und 1933*, München 1968
Sprengel, Peter, *Gerhart Hauptmann. Bürgerlichkeit und großer Traum. Eine Biographie*, München 2012
Stachura, Peter, *Gregor Straßer and the Rise of Nazism*, Londen 1983
Stachura, Peter D., 'Der kritische Wendepunkt? Die NSDAP und die Reichstagswahlen vom 20. 5. 1928' in: *Vierteljahrshefte für Zeitgeschichte*, Jg. 26 (1978), p. 66-99
Stegmann, Dirk, 'Zwischen Repression und Manipulation: Konservative Machteliten und Arbeiter- und Angestelltenbewegung 1910-1918. Ein Beitrag zur Vorgeschichte der DAP/NSDAP' in: *Archiv für Sozialgeschichte*, Band XII (1972), p. 351-432
Stegmann, Dirk, 'Zum Verhältnis von Großindustrie und Nationalsozialismus 1930-1933' in: *Archiv für Sozialgeschichte*, Band XIII (1973), p. 399-482
Steinert, Marlies, *Hitler*, München 1994
Steinweis, Alan E., *Kristallnacht 1938. Ein deutscher Pogrom*, Stuttgart 2011
Stern, Fritz, *Kulturpessimismus als politische Gefahr. Eine Analyse nationaler Ideologie*, Heruitgave, Stuttgart 2005
Stierlin, Helm, 'Anziehung und Distanz. Hitler und die Frauen aus der Sicht des Psychotherapeuten' in: Leutheusser, Ulrike (red.): *Hitler und die Frauen*, p. 253-298
Stöver, Bernd, *Volksgemeinschaft im Dritten Reich. Die Konsensbereitschaft der Deutschen aus der Sicht sozialistischer Exilberichte*, Düsseldorf 1993
Stribrny, Wolfgang, 'Der Versuch einer Kandidatur des Kronprinzen Wilhelm bei der Reichspräsidentenwahl 1932' in: *Geschichte in der Gegenwart. Festschrift für Kurt Kluxen*, Paderborn 1972, p. 199-210
Süß, Dietmar/Winfried Süß (red.), *Das 'Dritte Reich'. Eine Einführung*, München 2008
Tennstedt, Florian, 'Wohltat und Interesse. Das Winterhilfswerk des Deutschen Volkes: Die Weimarer Vorgeschichte und ihre Instrumentalisierung durch das NS-Regime' in: *Geschichte und Gesellschaft*, Jg. 13 (1987), p. 157-180
Terveen, Fritz, 'Der Filmbericht über Hitlers 50. Geburtstag. Ein Beispiel nationalsozialistischer Selbstdarstellung und Propaganda' in: *Vierteljahrshefte für Zeitgeschichte*, Jg. 7 (1959), p. 75-84
Thamer, Hans-Ulrich, *Verführung und Gewalt. Deutschland 1933-1945*, Berlijn 1986
Thamer, Hans-Ulrich, 'Faszination und Manipulation. Die Nürnberger Reichsparteitage der NSDAP' in: Uwe Schultz (red.): *Das Fest. Eine Kulturgeschichte von der Antike bis zur Gegenwart*, München 1988, p. 352-368
Thamer, Hans-Ulrich/Simone Erpel, *Hitler und die Deutschen. Volksgemeinschaft und Verbrechen*, Dresden 2010
Thies, Jochen, *Architekt der Weltherrschaft. Die 'Endziele' Hitlers*, Düsseldorf 1976
Thompson, Dorothy, *Kassandra spricht. Antifaschistische Publizistik 1932-1942*, Leipzig und Weimar 1988
Thoss, Bruno, *Der Ludendorff-Kreis 1919-1923. München als Zentrum der europäischen Gegenrevolution*, München 1978
Tobias, Fritz, 'Ludendorff, Hindenburg, Hitler. Das Phantasieprodukt des Ludendorff-Briefes vom 30. Januar 1933' in: Uwe Backes/Eckhard Jesse/Rainer Zitelmann: *Die Schatten der Vergangenheit. Impulse zur Historisierung des Nationalsozialismus*, Frankfurt/M.-Berlijn 1992, p. 319-343
Toland, John, *Adolf Hitler*, Band 1: *1889-1938*, Band 2: *1938-1945*, Bergisch-Gladbach 1981
Tomberg, Friedrich, *Das Christentum in Hitlers Weltanschauung*, München 2012
Tooze, Adam, *Ökonomie der Zerstörung. Die Geschichte der Wirtschaft im Nationalsozialismus*, München 2006
Treue, Wilhelm, 'Hitlers Denkschrift zum Vierjahresplan 1936' in: *Vierteljahrshefte für Zeitgeschichte*, Jg. 3 (1955), p. 184-210
Trimborn, Jürgen, *Riefenstahl. Eine deutsche Karriere*, Berlijn 2002
Trimborn, Jürgen, *Arno Breker. Der Künstler und die Macht. Die Biographie*, Berlijn 2011
Turner, Henry A., *Die Großunternehmer und der Aufstieg Hitlers*, Berlijn 1986

Turner, Henry A., *Hitlers Weg zur Macht. Der Januar 1933*, München 1996
Tyrell, Albrecht, *Vom Trommler zum Führer. Der Wandel von Hitlers Selbstverständnis zwischen 1919 und 1924 und die Entwicklung der* NSDAP, München 1975
Ueberschär, Gerd R./Winfried Vogel, *Dienen und Verdienen. Hitlers Geschenke an seine Eliten*, Frankfurt/M. 1999
Ullrich, Volker, *Die nervöse Großmacht. Aufstieg und Untergang des deutschen Kaiserreichs 1871-1918*, Frankfurt/M. 1997
Ullrich, Volker, *Die Revolution 1918/19*, München 2009
Ullrich, Volker, '"Drückeberger". Die Judenzählung im Ersten Weltkrieg' in: Julius Schoeps/Joachim Schlör (red.): *Antisemitismus. Vorurteile und Mythen*, München-Zürich 1995, p. 210-217
Ullrich, Volker, *Kriegsalltag. Hamburg im Ersten Weltkrieg*, Keulen 1982
Ullrich, Volker, 'Kriegsalltag. Zur inneren Revolutionierung der wilhelminischen Gesellschaft' in: Wolfgang Michalka (red.): *Der Erste Weltkrieg. Wirkung – Wahrnehmung – Analyse*, München und Zürich 1994, p. 603-621
Ullrich, Volker, 'Anpassung um jeden Preis? Die Kapitulation der deutschen Gewerkschaften 1932/33' in: Inge Marßolek/Till Schelz-Brandenburg (red.): *Soziale Demokratie und sozialistische Theorie. Festschrift für Hans-Josef Steinberg zum 60. Geburtstag*, Bremen 1995, p. 245-255
Urban, Markus, *Die Konsensfabrik. Funktion und Wahrnehmung der NS-Reichsparteitage 1933-1941*, Göttingen 2007
Valentin, Veit, *Geschichte der Deutschen*, Berlijn 1947, herdruk: Keulen 1991
Verhey, Geoffrey, *Der 'Geist von 1914' und die Erfindung der Volksgemeinschaft*, Hamburg 2000
Voegelin, Eric, *Hitler und die Deutschen*. Uitgegeven door Manfred Henningsen, München 2006
Vogelsang, Thilo, *Reichswehr, Staat und* NSDAP, Stuttgart 1962
Vogelsang, Thilo, 'Neue Dokumente zur Geschichte der Reichswehr 1930-1933' in: *Vierteljahrshefte für Zeitgeschichte*, Jg. 2 (1954), p. 397-439
Vogelsang, Thilo, 'Zur Politik Schleichers gegenüber der NSDAP 1932' in: *Vierteljahrshefte für Zeitgeschichte*, Jg. 6 (1958), p. 86-118
Vorländer, Herwart, *Die* NSV. *Darstellung und Dokumentation einer nationalsozialistischen Organisation*, Boppard a. Rh. 1988
Walter, Dirk, *Antisemitische Kriminalität und Gewalt. Judenfeindschaft in der Weimarer Republik*, Bonn 1999
Walters, Guy, *Berlin Games. How Hitler Stole the Olympic Dream*, Londen 2006
Watt, Donald Cameron, 'Die bayerischen Bemühungen um Ausweisung Hitlers 1924' in: *Vierteljahrshefte für Zeitgeschichte*, Jg. 6 (1958), p. 270-280
Weber, Thomas, *Hitlers erster Krieg. Der Gefreite Hitler im Weltkrieg. Mythos und Wahrheit*, Berlijn 2011
Wehler, Hans-Ulrich, *Deutsche Gesellschaftsgeschichte*, Band IV: *Vom Beginn des Ersten Weltkriegs bis zur Gründung der beiden deutschen Staaten 1914-1949*, München 2003
Wehler, Hans-Ulrich, 'Hitler als historische Figur' in: Hans-Ulrich Wehler: *Land ohne Unterschichten? Neue Essays zur deutschen Geschichte*, München 2010, p. 92-105
Weinberg, Gerhard L., *The Foreign Policy of Hitler's Germany. Diplomatic Revolution in Europ. 1933-1936*, Chicago/Londen 1970
Weinberg, Gerhard L., 'The May Crisis 1938' in: *Jounal of Modern History*, 29 (1957), p. 213-225
Weissbecker, Manfred/Kurt Pätzold, *Adolf Hitler. Eine politische Biographie*, Leipzig 1995
Weißmann, Karl-Heinz, *Das Hakenkreuz. Symbol eines Jahrhunderts*, Schnellrode 2006
Wendt, Bernd-Jürgen, *Großdeutschland. Außenpolitik und Kriegsvorbereitung des Hitler-Regimes*, München 1987
Wenninger, Florian/Lucile Dreidemy (red.), *Das Dollfuss/Schuschnigg-Regime 1933-1938. Vermessung eines Forschungsfeldes*, Wenen-Keulen-Weimar 2013
Wernecke, Klaus (met medewerking van Peter Heller), *Der vergessene Führer. Alfred Hugenberg. Pressemacht und Nationalsozialismus*, Hamburg 1982

Wieland, Karin, *Dietrich & Riefenstahl. Der Traum von der neuen Frau*, München 2011
Wilderotter, Hans, *Alltag der Macht. Berlin Wilhelmstraße*, Berlijn 1998
Wildt, Michael, *Generation des Unbedingten. Das Führungskorps des Reichssicherheitshauptamtes*, Hamburg 2002
Wildt, Michael, *Volksgemeinschaft als Selbstermächtigung. Gewalt gegen die Juden in der deutschen Provinz 1919 bis 1939*, Hamburg 2007
Wildt, Michael, *Geschichte des Nationalsozialismus*, Göttingen 2008
Wildt, Michael/Christoph Kreutzmüller (red.), *Berlin 1933-1945*, München 2013
Willems, Susanne, *Der entsiedelte Jude. Albert Speers Wohnungsmarktpolitik für den Berliner Hauptstadtbau*, Berlijn 2000
Willing, Georg-Franz, *Die Hitler-Bewegung. Der Ursprung 1919-1922*, Hamburg-Berlijn 1962
Winkler, Heinrich August, *Der Weg in die Katastrophe. Arbeiter und Arbeiterbewegung in der Weimarer Republik 1930 bis 1933*, Berlijn-Bonn 1987
Winkler, Heinrich August, *Mußte Weimar scheitern? Das Ende der ersten Republik und die Kontinuität der deutschen Geschichte*, München 1991
Winkler, Heinrich August, *Weimar 1918-1933. Die Geschichte der ersten deutschen Demokratie*, München 1993
Winkler, Heinrich August, *Der lange Weg nach Westen*, 2 Bände, München 2000
Winkler, Heinrich August, 'Die abwendbare Katastrophe. Warum Hitler am 30. Januar 1933 Reichskanzler wurde' in: Heinrich August Winkler: *Auf ewig in Hitlers Schatten? Anmerkungen zur deutschen Geschichte*, München 2007, p. 93-104
Winkler, Heinrich August, *Geschichte des Westens*, Band II: *Die Zeit der Weltkriege 1914-1945*, München 2011
Wirsching, Andreas, *Vom Weltkrieg zum Bürgerkrieg? Politischer Extremismus in Deutschland und Frankreich 1918-1933/39. Berlin und Paris im Vergleich*, München 1999
Wirsching, Andreas, '"Man kann nur Boden germanisieren". Eine neue Quelle zu Hitlers Rede vor den Spitzen der Reichswehr am 3. Februar 1933' in: *Vierteljahrshefte für Zeitgeschichte*, Jg. 49 (2001), p. 517-550
Wirsching, Andreas (red.), *Das Jahr 1933. Die nationalsozialistische Machtergreifung und die deutsche Gesellschaft*, Göttingen 2009
Woller, Hans, *Geschichte Italiens im 20. Jahrhundert*. München 2010
Wollstein, Günter, 'Eine Denkschrift des Staatssekretärs Bernhard von Bülow vom März 1933. Wilhelminische Konzeption der Außenpolitik zu Beginn der nationalsozialistischen Herrschaft' in: *Militärgeschichtliche Mitteilungen 23/1 (1973)*, p. 77-94
Wright, Jonathan, *Gustav Stresemann 1878-1929. Weimars größter Staatsmann*, München 2006
Xammar, Eugenie, *Das Schlangenei. Berichte aus dem Deutschland der Inflationsjahre 1922-1924*, Berlijn 2007
Zehnpfennig, Barbara, *Hitlers 'Mein Kampf', eine Interpretation*, 2de druk, München 2002
Zelnhefer, Siegfried, *Die Reichsparteitage der NSDAP. Geschichte, Struktur und Bedeutung der größten Propagandafeste im nationalsozialistischen Feierjahr*, Nürnberg 2002
Zimmermann, Peter, 'Die Parteitagsfilme der NSDAP und Leni Riefenstahl' in: Zimmermann, Peter/Kai Hoffmann (red.): *Geschichte des dokumentarischen Films in Deutschland*, Band 3: *Drittes Reich 1933-1945*, Stuttgart 2005
Zitelmann, Rainer, *Hitler. Selbstverständnis eines Revolutionärs*, 2de bewerkte en uitgebreide druk, Stuttgart 1989
Zitelmann, Rainer, *Adolf Hitler. Eine politische Biographie*, Göttingen-Zürich 1989
Zdral, *Wolfgang: Die Hitlers. Die unbekannte Familie des Führers*, Frankfurt/M.-New York 2005

Fotoverantwoording

akg-images: afb. 1, 2, 3, 38, 57
AKiP: afb. 40
Bayerische Staatsbibliothek München: afb. 11
Bayerisches Staatsministerium für Finanzen: afb. 30
Bildarchiv Preußischer Kulturbesitz, afb. 4, 5 (beide bpk), 6 (bpk/HH), 9, 10, 12-14 (alle bpk/BSB/HH), 16 (bpk), 17 (bpk/Freistaat Bayern/Heinrich Hoffmann), 18, 23, 24 (alle bpk/BSB/HH), 25 (bpk), 26 (bpk/BSB/Archiv HH), 27, 29, 34, 35, 37, 47 (alle bpk/BSB/HH), 49 (bpk/Friedrich Rohrmann), 56, 58, 59 (alle bpk/BSB/HH), 66 (bpk/Hans Hubmann), 67 (bpk), 69 (bpk/BSB/Archiv HH)
Bundesarchiv Koblenz: afb. 7 = Nr. 146-1974-082-44; afb. 21 = Nr. 102-10391; afb. 41 = Nr. 183–S38324; afb. 48 = Nr. 183-1982-1130-502; afb. 51 = Nr. 146-1976-033-17; afb. 53 = Nr. 146-1971-016-31; afb. 54 = Nr. 146III-373; afb. 55 = Nr. 146-1986-029-02; afb. 65 = Nr. 183-1987-0922-500; afb. 68 = Nr. 183-1988-0202-503
Bundesarchiv Koblenz, Dokumentenstelle: afb. 60 = Nr. N1720/6
Bundesarchiv Berlin-Lichterfelde: afb. 8 = Nr. NS 26/1242; afb. 31, 32, 39 = Nr. NS 26/2557; afb. 43 = Nr. NS 10/123, Bl. 62, 63 (Montage!); afb. 44 = Nr. R 43 II/971, Bl. 49
Landesarchiv Nordrhein-Westfalen, Detmold: afb. 33
Stadtarchiv Nürnberg: afb. 50
Stadt Essen: afb. 63 (Stadtbildstelle Essen)
Stiftung Neue Synagoge Berlin – Centrum Judaicum: afb. 62
The Library of Congress, Washington D.C.: afb. 52
Ullstein Bilderdienst: afb. 19, 20 (ullstein bild/HH), 22, 42 (ullstein bild/Süddeutsche Zeitung/Photo Scherl), 45, 61 (ullstein bild/Roger-Viollet)

Ondanks zorgvuldig onderzoek is het mogelijk dat niet alle rechthebbenden zijn opgespoord. Partijen met gerechtvaardigde aanspraken kunnen zich melden bij de uitgeverij en zullen op de gebruikelijke manier worden gecompenseerd.

Dankwoord

Bij de omvangrijke werkzaamheden voor deze biografie ben ik op vele verschillende manier ondersteund, waarvoor ik grote dankbaarheid verschuldigd ben. Allereerst moeten ik hier de heren en dames van de archieven noemen die mij toegang gaven tot hun schatten – Torsten Zarwel van het Bundesarchiv Berlijn-Lichterfelde, Annegret Neupert van het Bundesarchiv Koblenz, dr. Klaus A. Lankheit van het Institut für Zeitgeschichte in München, dr. Sylvia Krauss van het Bayerische Hauptstaatsarchiv in München, dr. Nino Nodia van de Bayerische Staatsbibliothek in München en

Marlies Hertig van het Schweizerische Bundesarchiv in Bern.

Bij al het werk de juiste literatuur boven tafel te krijgen waren Mirjam Zimmer en dr. Kerstin Wilhelms van de documentatieafdeling van *Die Zeit* buitengewoon behulpzaam. Karl-Otto Schütt heeft steeds weer boeken uit de rijke bibliotheek van de

Forschungsstelle für Zeitgeschichte in Hamburg voor mij toegankelijk gemaakt.

Mijn dank gaat vooral uit naar vriend dr. Walter H. Pehle, al jarenlang redacteur van S. Fischer Verlag, die het project niet alleen stimuleerde maar ook het manuscript las en samen met mij de illustraties selecteerde. Zijn opvolgster, dr. Tanja Hommen, nam de taak op zich de boekproductie te coördineren.

Dr. Peter Sillem, hoofd van het non-fictiefonds, heeft het tot stand komen van het werk begeleid met zijn begrijpende bijval.

De S. Fischer Stiftung stelde een royaal stipendium beschikbaar, dat mijn archiefonderzoek mogelijk maakte.

Mijn grootste dank ben ik ten slotte verschuldigd aan mijn gezin – mijn vrouw Gudrun en mijn zoon Sebastian. Met hen heb ik veel stimulerende gesprekken gevoerd over dit weerbarstige onderwerp en ze waren met hun kritische vragen en bedenkingen bij de tekst een grote hulp.

Hamburg, mei 2013,   Volker Ullrich

Personenregister

Adam, Wilhelm 726
Addison, John 137
Adenauer, Konrad 659
Allgeier, Sepp 529
Alpers, Friedrich 673
Altenberg, Jakob 50
Alvensleben, Werner Ulrich Graf von von 314, 370
Aly, Götz 13, 537
Amann, Max 68-71, 76, 97, 128, 182, 195, 202, 205, 215, 222, 233, 285, 389, 410, 576
Andreas-Friedrich, Ruth 665, 670
Arco auf Valley, Anton graaf 85, 163, 167
Arendt, Richard 76
Arent, Benno von 689
Attolico, Bernardo 506, 736
Auer, Erhard 83, 85, 88, 159
Augstein, Rudolf 20
August Wilhelm, prins van Pruissen ('Auwi') 225, 359, 374, 388
Axelrod, Towia 92

Baarová, Lída 399, 664
Baden, prins Max von 79
Bahls, Ernst 632
Baillet-Latour, Henri de 556, 561
Bajohr, Frank 13, 19, 590
Baldwin, Stanley 687
Ballerstedt, Otto 122
Ball, Rudi 557
Barth, Karl 644
Baumann, Adolf 95
Baumgarten, Alexander 246
Baur, Hans 308, 467, 484, 567, 571, 573, 610, 618, 719
Bavendamm, Dirk 12
Beamish, Henry Hamilton 663
Bechstein, Edwin 129-131, 138, 162, 164, 201, 370, 387, 622, 623

Bechstein, Helene 129-131, 138, 162, 164, 172, 201, 276, 285, 387, 392, 396, 622, 623
Bechstein, Lotte 276
Beck, Józef 487
Beck, Ludwig 13, 419, 493, 496, 722, 723, 725
Beethoven, Ludwig van 631
Belleville, Rudolf 162
Below, Maria von 626, 628
Below, Nicolaus von 567, 618, 619, 626, 665, 696, 700, 710, 712, 716, 722, 723
Bendt, Walther 91
Beneš, Edvard 728-730, 732, 733, 737, 744
Bernhardt, Johannes 679
Best, Werner 268, 581
Bethmann Hollweg, Theobald von 58, 59
Binding, Karl 543
Bismarck, Otto von 324, 326, 377, 382, 434, 494, 515, 565, 725, 741, 749
Blaschke, Hugo 411
Bloch, Eduard 12, 36, 37, 51, 711
Blohm, Rudolf 266
Blomberg, Werner von 13, 368, 371, 418, 462, 466, 470, 473, 474, 482, 497, 498, 584
Blücher, Gebhard Leberecht von 501
Blum, Léon 559, 680
Böcklin, Arnold 42, 55, 405
Bohle, Ernst Wilhelm 489
Bonaparte, Napoleon 311, 394
Bonnet, Georges 741
Bordone, Paris 609
Bormann, Albert 514, 567, 632
Bormann, Gerda 632
Bormann, Martin 32, 112, 514, 567, 577, 586, 587, 591, 606, 607, 621, 622, 627, 631, 632
Borsig, Ernst von 127
Bosch, Jeroen 431
Bosch, Robert 351
Bose, Herbert von 464
Bouhler, Phillip 632
Bracher, Karl-Dietrich 9, 14, 320, 353, 575

Bracht, Franz 319
Brandi, Ernst 266, 299
Brandmayer, Balthasar 69, 75
Brandt, Anni *zie* Anni Rehborn
Brandt, Karl 12, 623-626, 632, 665, 717
Brauchitsch, Walter von 701, 722, 723, 725, 727, 728
Braun, Eva 12, 291,-294, 566, 609-629, 631, 632, 634, 717, 718
Braun, Franziska 291
Braun, Friedrich 291, 618
Braun, Gretl 612, 613, 616, 630-632
Braun, Ilse (later Ilse Fucke-Michels) 292, 294, 613, 616, 632
Braun, Magnus Freiherr von 316
Braun, Otto 197, 241, 311, 318, 366
Brecht, Bertolt 244
Bredow, Ferdinand von 468
Breiting, Richard 415
Breker, Arno 12, 600, 604, 609, 626
Breker, Mimina 626
Briand, Aristide 209
Bronnen, Arnolt 244
Bruckmann, Elsa 12, 130, 131, 138, 172, 190, 196, 201, 216, 217, 221, 253, 276, 282, 392, 395-397, 411, 740
Bruckmann, Hugo 12, 130, 131, 138, 190, 196, 216, 221, 276, 282, 387, 395, 396, 740
Bruckner, Anton 631
Brückner, Wilhelm 148, 166, 168, 341, 396, 410, 412, 492, 514, 566, 609, 617, 623, 625, 626
Brueghel, Pieter 431
Brundage, Avery 557
Brüning, Heinrich 230, 234, 240-243, 245, 248, 252, 258, 259, 261, 262, 264-268, 297, 299, 300, 301, 305, 311-317, 329-332, 339, 358, 377, 379, 380, 440, 479, 578, 707
Brunner, Alfred 117
Buch, Walter 215, 222, 223, 622
Buchwitz, Otto 319
Bugiardini, Giuliano 609
Bullock, Alan 9, 15, 290
Bülow, Bernhard von 479, 480, 481, 493
Bülow-Schwante, Vicco von 719
Bürckel, Josef 657, 673
Burhenne, Karl 127
Buttmann, Rudolf 195, 207, 746

Campbell, Ronald Hugh 240
Caracciola, Rudolf 407
Cerrutti, Vittorio 444, 506
Chamberlain, Houston Stewart 110, 125, 130, 173, 183, 185, 385, 648

Chamberlain, Neville 633, 687, 727, 728,-738, 740, 746
Chaplin, Charles ('Charlie') 14
Churchill, Winston 740
Chvalkovský, František 744
Ciano, Galeazzo Graf von Cortellezza und Buccari 682, 708, 718, 736
Claß, Heinrich 13, 394
Clausewitz, Carl von 125, 390
Clive, Robert 160
Cohn, Willy 376, 547, 554, 655, 664, 714
Colonna, Piero 719
Conze, Eckart 13
Coulondre, Robert 388
Crüwell, Ludwig 386
Cuno, Wilhelm 139, 147, 260
Curtius, Julius 240, 265

Dagover, Lil 572
Daladier, Edouard 736, 737
Daluege, Kurt 581, 673
Daranowski, Gerda 567, 626, 632, 745
Darré, Richard Walter 256, 323, 349, 399, 451
Darré, Richard Walter 583
Defregger, Franz von 749
Degano, Alois 606
Delmer, Sefton 306, 308, 342, 378, 384, 388, 394, 410, 434, 564
Deuerlein, Ernst 81
Dibelius, Otto 641
Dickel, Otto 118
Diels, Rudolf 424, 431, 463
Diem, Carl 560
Dietrich, Otto 12, 256, 296, 298, 299, 305, 307, 308, 341, 360, 382, 383, 394, 407, 413, 511, 520, 566, 569-571, 573, 574, 576, 620, 621, 626, 631, 632, 744
Dietrich, Sepp 308, 467, 468, 566, 626, 627
Dingeldey, Eduard 337
Dinichert, Paul 378, 486, 513
Dinter, Arthur 195, 212, 213, 636
Dirksen, Herbert von 479, 702, 727
Dirksen, Victoria von 615
Dodd, Martha 511, 561
Dodd, William Edward 385, 511
Dohnanyi, Hans von 700
Döhring, Anne 617, 620
Döhring, Herbert 617, 620
Dollfuß, Engelbert 489-491, 493, 683
Domarus, Max 18
Don, F.P. 496
Dorpmüller, Julius 577
Drexler, Anton 95, 96, 98, 117-120, 154, 190, 195, 196

PERSONENREGISTER 951

Duesterberg, Theodor 225, 302, 305, 310, 369, 371, 372, 373, 389
Dufter, Georg 89
Duisberg, Carl 299

Ebermayer, Erich 421, 427, 433, 434, 453, 466, 483, 487
Ebermayer, Ludwig 421
Ebert, Friedrich 88, 108, 123, 150, 197, 382, 393
Eckart, Dietrich 94, 113-116, 118, 119, 121, 127-129, 134, 146
Eden, Anthony 489, 496, 500, 501, 503, 510, 614, 704
Edward VIII, hertog van Windsor 633, 684
Egelhofer, Rudolf 86, 87
Eglau, Hans Otto 13
Ehard, Hans 165, 179
Ehrhardt, Hermann 86, 101, 105, 128, 163
Eichelsdörfer, Georg 65
Eichinger, Bernd 16
Eichmann, Adolf 658, 673
Eicken, Carl Otto von 615
Eicke, Theodor 469, 580
Einem, Karl von 265
Eisner, Kurt 83-85, 87, 88, 92, 97, 141, 144, 163, 167
Eitel Friedrich, prins van Pruissen 266
Elbau, Julius 350
Eltz-Rübenach, Paul Freiherr von 316, 344, 368, 371, 372, 443, 577, 578, 647
Enders, Maria 141
Endres, Elsa 617
Engel, Gerhard 567, 697, 723, 742
Engelhardt, Philipp 65, 67
Epp, Franz Ritter von 86, 121, 142, 219, 430
Erbersdobler, Otto 223
Ernst, Karl 263
Erzberger, Matthias 97, 99, 101, 108
Escherich, Georg 140, 145, 197
Esser, Hermann 128, 133, 141, 163, 176, 195, 200, 204, 215, 399, 625
Evans, Richard J. 13, 672

Fabeck, Karl von 453
Falkenhayn, Erich von 62
Falter, Jürgen 238
Faulhaber, Michael 638, 639, 646-648
Feder, Gottfried 90, 91, 93-95, 98, 128, 160, 163, 177, 195, 201, 202, 204, 207, 219, 259, 349
Fest, Joachim 8-10, 14, 15, 20, 52, 114, 146, 274, 289, 557, 603, 620
Feuerbach, Anselm 55, 405, 609

Fischböck, Hans 673
Fobke, Hermann 178
Ford, Henry 183, 407
Forster, Albert 655, 751
Forster, Edmund 79
Fraenkel, Ernst 426
Franck, Richard 127
Franco, Francisco 679, 680, 682, 693
François-Poncet, André 356, 378, 382, 387, 388, 416, 426, 448, 452, 465, 467, 472, 489, 496, 498, 509, 527, 562, 690, 697, 736, 737, 748
Frank, Hans 23, 94, 104, 171, 182, 215, 216, 246, 254, 256, 561, 682, 690
Frank, Walter 13
Frans Ferdinand, aartshertog 58
Frans-Jozef I, keizer 39
Frederik I (Barbarossa) 608
Frederik II (de Grote) 125, 170, 254, 311, 349, 393, 402, 435, 596, 690, 692, 749
Frederik III (99-dagenkeizer) 615
Frederik Willem I (Pruissen) 435
Frei, Norbert 7
Frentz, Walter 529, 625
Frey, Alexander Moritz 68
Frick, Wilhelm 102, 163, 166, 168, 177, 195, 207, 219, 231, 242, 301, 322, 323, 325, 326, 332, 338, 346, 359, 364, 365, 367, 369, 371, 426, 429, 430, 434, 438, 439, 449, 469, 530, 549-552, 579-582, 588, 589, 651, 673, 745, 749
Friedländer, Saul 185, 659
Friedrich, Thomas 12
Fritsch, Theodor 110
Fritsch, Werner von 473, 497, 498, 507, 510, 691, 694, 695, 697-703, 716
Fröhlich, Elke 18
Fromm, Bella 239, 393, 434, 661
Fuchs, Eduard 125
Fucke-Michels, Ilse *zie* Ilse Braun
Funk, Walther 261, 569, 585, 673, 702, 751
Furtwängler, Wilhelm 523

Gansser, Emil 127, 136
Ganz, Bruno 16
Garbo, Greta 406
Gareis, Karl III 101
Gaus, Friedrich 732
Gayl, Wilhelm Freiherr von 316, 318, 330
Gebensleben, Elisabeth 426, 436, 472, 482, 513
Gebsattel, Konstantin Freiherr von 80
Geiger, Theodor 238
Gemlich, Adolf 92, 94, 111

Gerlach, Hellmut von 187
Gerlich, Fritz 469, 639
Gerwarth, Robert 13, 551
Gesell, Silvio 86
Geßler, Otto 150
Giesler, Hermann 597
Gisevius, Hans 739
Glasl, Anna 24
Globke, Hans 659
Gobineau, Graf Arthur de 183
Goebbels, Helga 398
Goebbels, Joseph 10, 12, 18, 27, 28, 131, 187, 199, 200, 202-205, 207, 209, 212, 214, 219, 222, 225, 226, 230, 232-235, 239, 240, 242, 244, 247-254, 258, 260, 262, 264-267, 284, 285, 289-291, 296, 300-305, 307, 310, 311, 313-316, 318, 319, 322-325, 328, 329, 331-333, 335, 336, 338-340, 344-350, 352, 355, 356, 358-365, 367, 368, 370, 371, 373, 374, 389, 390, 395, 396, 398-400, 403, 404, 406, 408, 411, 413, 420-425, 427-429, 433-438, 441-443, 447-452, 454, 458, 459, 461-472, 474, 475, 477, 479, 482-487, 49-497, 499, 500, 502-505, 506, 508, 510, 511, 513, 515, 517, 519,-524, 526-530, 532, 537-541, 547, 548, 551-553, 555, 556, 558-563, 565-567, 569-572, 574, 577, 583-585, 591, 593-596, 599-601, 606, 607, 611-613, 615, 623, 629, 633, 637, 639, 642, 644-653, 655, 656, 659, 660,-668, 672-675, 678, 680-682, 684-692, 696, 698-702, 704, 707-711, 715-718, 721, 725-728, 730-732, 734, 737, 738, 740-743, 745-749, 751, 752
Goebbels, Magda zie Magda Quandt
Goerdeler, Carl 375
Goldberg, Fritz 676
Goldschmidt, Jakob 334
Gooch, George Peabody 641
Göring, Hermann 128, 129, 143, 154, 156, 161, 163, 219, 257, 258, 261, 264, 265, 269, 289, 314, 316, 322, 323, 330-332, 346-348, 359, 361, 362, 364, 365, 367, 369, 370-372, 374, 422-426, 431, 440, 449, 458, 463, 466-469, 496, 498, 510, 530, 562, 570, 577, 580, 582-585, 591, 600, 602, 608, 621, 623, 643, 672-676, 680, 681, 686, 690, 691, 695-697, 699- 701, 703, 704, 708-710, 715, 736, 737, 744
Görtemaker, Heike 12, 293, 613, 622, 634
Graefe, Albrecht von 177, 198
Graf, Ulrich 128, 154, 161, 162
Grandel, Gottfried 127
Grant, Madison 183
Grimm, Hans 211

Gröbke, Erna 624
Groener, Wilhelm 248, 265, 300, 312-314, 317
Gropius, Walter 193
Grossmann, Stefan 187
Groß, Walter 554
Gruber, Max von 110
Gruhn, Margarethe (later Margarethe von Blomberg) 695
Grützner, Eduard von 42, 406
Grynszpan, Herschel 664
Gun, Nerin E. 613, 616, 618
Günther, Hans F.K. 183, 231
Gürtner, Franz 145, 317, 344, 371, 470, 550, 551, 580, 649, 673, 700
Gustloff, Wilhelm 556, 665, 668
Gutmann, Hugo 78

Haase, Ludolf 177, 178, 413
Habicht, Theodor 490-492, 493
Hácha, Emil 742- 745, 751
Hadamovsky, Eugen 385
Haffner, Sebastian 19, 140, 146, 169, 193, 244, 377, 416, 433, 434, 444, 452, 453, 590
Hagmüller, Wilhelm 32, 34
Haile Selassie I 505
Halder, Franz 725, 727, 728
Halifax, lord zie Edward Fredrick Lindley Wood, viscount Halifax
Hamann, Brigitte 12, 52, 275
Hammerstein, Kurt von 248, 313, 314, 370, 372, 418, 473
Hammitzsch, Martin 612
Hanfstaengl, Erna 278
Hanfstaengl, Ernst 104, 113, 125, 128-130, 132, 133, 136, 153, 154, 160, 162, 163, 166, 173, 176, 182, 191, 192, 212, 243, 246, 269, 274, 285, 288, 295, 305, 321, 322, 382-385, 387, 391-393, 403, 406, 408, 410, 424, 463, 568
Hanfstaengl, Helene 162, 176, 274, 295
Haniel, Karl 299
Hanisch, Magdalena 37, 38
Hanisch, Reinhold 47, 48, 49, 50, 53
Hanke, Hanke 566
Harmsworth, Harold, viscount Rothermere 241, 243
Harrer, Karl 95, 98, 120
Hartmannsgruber, Friedrich 18
Hasselbach, Hanskarl von 623
Hassell, Ulrich von 333, 394, 494, 503, 505-507, 672, 682, 702, 704, 740, 748
Haug, Jenny 276
Hauptmann, Gerhardt 385
Haushofer, Karl 116, 163, 186, 399
Häusler, Emilie 275

Häusler, Rudolf 54, 57, 275
Häusser, Ludwig Christian 141
Hayes, Peter 13
Hearst, William Randolph III 243, 261
Hecker, Ewald 340
Hedin, Sven 125
Heidegger, Martin 385
Heiden, Konrad 8, 15, 19, 53, 87, 104, 154, 171, 276, 281, 290, 334, 353, 383, 385, 386, 397, 399
Heim, Claus 224
Heim, Georg 92, 430
Heim, Heinrich 112
Heine, Heinrich 53
Heinemann, Bruno 215
Heines, Edmund 468
Heine, Thomas Theodor 132
Heinrichsbauer, August 345
Held, Heinrich 190, 194, 317, 350, 430
Helfferich, Emil 340
Helldorf, Wolf Heinrich graaf von 263, 370, 659-661, 696
Hemmrich, Franz 164, 179, 183, 188, 282
Henderson, Sir Nevile 525, 687, 732, 736, 746
Henie, Sonja 558
Henlein, Konrad 716, 717, 725, 727, 730
Henning, Wilhelm 177
Hepp, Ernst 63, 71
Herbst, Ludolf 12, 135
Hermine ('keizerin', eigenlijk Hermine, prinses Reuß oudere linie) 388
Heß 286
Hesse, Fritz 684
Hesse, Hermann 350
Heß, Rudolf 64, 68, 94, 115, 116, 121, 122, 124, 127, 128, 131, 132, 134, 141, 146, 147, 149, 154, 158, 162-164, 171-175, 178, 179, 181, 182, 186, 190, 194, 195, 207, 211, 213-215, 217, 218, 221, 224, 238, 243, 254, 258, 264, 277, 282, 283, 287, 290, 294, 297, 341, 354, 374, 386, 388, 390-392, 399, 403-407, 451, 461, 466, 513, 522, 523, 525, 530, 549, 552, 556, 585-587, 592, 593, 612, 621, 651, 679, 749
Heusler, Andreas 12
Heuss, Theodor 19, 207, 271, 272, 314, 351, 415, 432, 435, 452, 465
Hewel, Walter 211, 213, 621, 744
Heydrich, Reinhard 13, 430, 463, 466, 549-551, 580, 581, 649, 657, 666, 667, 673-675, 698
Hiedler, Johann Georg 21, 22
Hierl, Konstantin 124, 524, 579
Hildebrand, Klaus 10, 503
Hilferding, Rudolf 350

Hilgard, Eduard 673
Hilgenfeldt, Erich 539
Himmler, Anna Maria 517
Himmler, Gebhard 517
Himmler, Heinrich 12, 131, 158, 216, 217, 348, 354, 362, 430, 433, 463, 466, 469, 473, 517, 526, 570, 580, 581, 621, 644, 651, 653, 666, 672, 675, 677, 697
Hindenburg, Oskar von 313, 353, 358, 364, 368, 371
Hindenburg, Paul von 23, 78, 107, 197, 198, 219, 230, 242, 252, 264, 265, 299-302, 304-306, 310-318, 323-327, 329-333, 337-340, 342-344, 348, 353-358, 360, 362, 364-373, 375, 378-380, 382, 410, 415, 417, 420-422, 424, 426, 428, 430, 434-438, 445-447, 450, 451, 453, 459, 461, 464, 466, 467, 471, 474, 475, 479, 556, 564, 565, 588, 590, 643
Hirtsiefer, Heinrich 318, 319
Hitler, Alois jr. 21, 23, 24
Hitler, Alois sr. zie Alois Schicklgruber
Hitler, Angela (later Abfela Raubal) 24, 26, 27, 32, 164, 220, 282, 284, 288, 611, 612, 617, 621
Hitler, Angela (later Angela Raubal) 24, 38, 50
Hitler, Johann Georg. zie Johann Georg Hiedler
Hitler, Johann Nepomuk. zie Johann Nepomuk Hüttler
Hitler, Klara zie KlaraPölzl
Hitler, Paula 26, 31, 32, 37, 38, 50, 277, 282, 621
Hitler, William Patrick 27
Hoche, Alfred 543
Hoegner, Wilhelm 249, 439, 482
Hoesch, Leopold von 684
Hoffmann, Heinrich 60, 131, 133, 135, 136, 190, 214, 215, 280, 283-285, 286, 289, 291, 292, 294, 341, 393, 397, 406, 472, 490, 571, 614-616, 618, 623-625, 629, 631, 632, 634
Hoffmann, Henriette 283
Hoffmann, Henriette (later Henriette von Schirach) 280, 283, 286, 288, 293, 410, 611
Hoffmann, Hermine 126, 172, 276
Hoffmann, Johannes 85, 86, 88, 89, 101
Hofmannsthal, Hugo von 39
Hohenborn, Adolf Wild von 74
Holländer, Ludwig 376
Holters, Wilhelm 409
Honacker, Samuel W. 671
Honisch, Karl 50
Hoover, Herbert 261
Hoßbach, Friedrich 497, 567, 691, 693, 694, 696, 698, 699

Huch, Ricarda 85
Huemer, Eduard 29
Hugenberg, Alfred 225, 226, 233, 257, 262, 266, 267, 302, 330, 335, 337, 339, 358, 361, 362, 365, 367-378, 415-417, 421, 428, 438, 442, 450, 451, 566
Hülsen, Hans von 167
Hüttler, Johann Nepomuk 21, 24

Innitzer, Theodor 712
Isak, Stefanie (later Rabatsch) 35
Ismayr, Rudolf 560

Jäckel, Eberhard 9, 18, 20, 103, 380
Jacob, Hans 176
Jannings, Emil 572
Janßen, Karl-Heinz 697
Jarres, Karl 197
Jaspers, Karl 385
Joachimsthaler, Anton 12, 613
Jodl, Alfred 703, 726
Johst, Hanns 534
Jugo, Jenny 572
Jung, Edgar Julius 245, 464-466, 468
Jünger, Ernst 220, 221

Kaas, Ludwig 337, 366, 417, 440
Kahr, Gustav Ritter von 101, 116, 121, 122, 142, 150-159, 161, 163, 165, 167, 170, 176, 190, 469, 471
Kalckreuth, Eberhard graaf von 340, 342, 357
Kallenbach, Hans 173, 175
Kandinsky, Wassily 55
Kannenberg, Arthur 412, 567, 617, 631, 632
Kannenberg, Freda 632
Kantzow, Carin von (Carin Göring) 129
Kapp, Wolfgang 86, 100, 101, 105, 113, 152, 319
Kaufmann, Karl 200, 284
Kaulbach, Friedrich August von 570
Keitel, Wilhelm 696, 697, 700-703, 705, 707, 717, 726, 727, 743, 744
Kellerhoff, Sven Felix 12
Kemnitz, Mathilde von (Mathilde Ludendorff) 198, 389
Kempka, Erich 407, 567
Keppler, Wilhelm 340, 353-355, 361, 708, 710
Kerr, Philip Henry, markies van Lothia 686
Kerrl, Hanns 318, 645, 651, 652, 653
Kershaw, Ian 8-11, 13, 14, 15, 18, 19, 290, 397, 575
Kessler, Harry graaf 8, 19, 85, 133, 141, 226, 239, 240, 249, 272, 312, 315, 317, 318, 322, 323, 327, 328, 332, 337, 367, 373, 375, 413, 423, 427, 432, 444, 451, 453, 482, 483, 485, 503, 709
Keyserling, Hermann graaf von 413
Kircher, Rudolf 350
Kirdorf, Emil 217, 218, 225
Kirkpatrick, Ivone 731
Kirmair, Anna 285
Kisch, Egon Erwin 425
Klagges, Dietrich 301
Klausener, Erich 468, 639
Klein, Adelheid 384, 393, 394
Kleist-Schmenzin, Ewald von 374
Klemperer, Eva 486
Klemperer, Victor 19, 186, 239, 272, 416, 431, 444, 452, 462, 473, 475, 485, 486, 512, 515, 516, 549, 554, 563, 659, 670, 675, 714, 715, 748
Klepper, Otto 318
Klimt, Gustav 39, 41, 49
Klintzsch, Johann 128
Knickerbocker, Hubert R. 269, 305, 386
Knilling, Eugen von 141, 142, 150, 158
Köhler, Annemarie 516
Kokoschka, Otto 39
Kolb, Karl 624
König, Wolfgang 13
Kopper, Christopher 13
Körner, Theodor 237
Krauch, Carl 584
Krause, Karl 567, 568, 572, 631
Krause, Reinhold 642
Kraus, Karl 40
Krebs, Albert 223, 388, 401, 411, 412
Kriebel, Hermann 143, 145, 148, 152, 153, 159, 161, 166, 168, 173, 174
Krings, Stefan 12
Krogmann, Carl Vincent 340, 374, 436, 438
Krogmann, Emerentie 374
Krupp von Bohlen und Halbach, Gustav 299, 422, 590
Kubizek, August 23, 27, 32-38, 41-43, 45-49, 51, 54
Kugler, Franz 125, 170
Kuhn, Axel 18, 103
Kühnell, Walter 604
Kun, Béla 85
Kursell, Otto von 115

Labougle, Eduardo 662, 671
Laffert, Sigrid von 615
Lagarde, Paul Anton de 183, 663
Lammers, Hans Heinrich 459, 564, 569, 577, 579, 588, 633
Landauer, Gustav 86, 87

PERSONENREGISTER

Langenheim, Adolf 679
Lanzhammer, Karl 75
Lanz von Liebenfels, Joseph Adolf (Jörg) 52
Laski, Harold 350
Lauböck, Dora 127
Lauböck, Fritz 127, 153
Lauböck, Theodor 127
Laval, Pierre 505
Leander, Zara 572
Le Bon, Gustave 110
Léger, Alexis 736
Lehár, Franz 406, 631
Lehmann, Julius F. 57, 94, 158, 183
Leicht, Johannes 13
Leipart, Theodor 376, 446-448
Lenbach, Franz von 403
Lerchenfeld-Köfering, Hugo graaf von 122, 141
Leviné, Eugen 86, 87, 92
Lewald, Theodor 556-558
Lewis, Sinclair 270
Leybold, Otto 181, 188, 190, 277
Ley, Robert 347, 349, 447, 448, 525, 535, 538, 586
Liebel, Willy 523
Liebermann, Ferdinand 289
Liebknecht, Karl 113
Lindner, Alois 85
Linge, Heinz 567, 617, 620, 747
Lippert, Julius 597
Lipski, Jozef 487
List, Guido von 52
List, Julius 61-64, 66-68, 78, 138, 254, 390, 396, 567
Lloyd George, David 633, 686
Löbe, Paul 330, 449
Lobjoie, Charlotte 69
Lochner, Louis P. 327, 533, 541
Löffner, Siegfried 53
Lohse, Hinrich 348
Londonderry, lady zie Diana Vane-Tempest-Stewart, markiezin van Londonderry
Londonderry, lord zie Charles Vane-Tempest-Stewart, markies van Londonderry
Longerich, Peter 12
Loos, Adolf 39, 42
Lorenz, Heinz 632
Lösener, Bernhard 552, 555, 673
Lossow, Otto von 142-144, 150-152, 155-159, 163, 165-167, 170, 190
Lothian, lord zie Philip Henry Kerr, markies van Lothian
Louis, Joe 413
Lubbe, Marinus van der 424

Lüdecke, Kurt 105
Ludendorff, Erich 78, 101, 107, 125, 147, 151, 155-158, 161-164, 166-168, 177-179, 195
Lueger, Karl 44, 45, 52
Lurker, Otto 181, 183
Luther, Hans 457
Lüttwitz, Walther Freiherr von 100, 101, 105, 152, 319
Lutze, Viktor 463, 466-468, 473, 526
Luxemburg, Rosa 113

Machtan, Lothar 274, 281
Mackensen, August von 498, 499
Mackensen, Hans Georg von 702
Magnus, Georg 665
Mahler, Gustav 35, 41, 53
Mahoney, Jeremiah 558
Maier, Reinhold 442
Makart, Hans 42
Maleta, Alfred 282
Mann, Golo 386
Mann, Klaus 270, 271, 377, 384, 495
Mann, Thomas 7, 9, 19, 34, 42, 61, 243-245, 270, 350, 386, 453, 473, 475, 482, 510, 714
Marahrens, August 643, 644
Marc, Franz 55
March, Werner 557
Martynkewicz, Wolfgang 12
Marx, Wilhelm 197
Maser, Werner 69, 613
Matzelsberger, Franziska ('Fanni') 24
Maurenbrecher, Max 135
Maurice, Emil 12, 128, 173, 174, 181, 278, 280, 283, 284, 407
Mayer, Helene 557
May, Karl 29, 129
Mayr, Karl 89-94, 97, 113, 122, 128
Medicus, Franz Albrecht 552
Meinecke, Friedrich 244
Meiser, Hans 643, 644
Meissner, Otto 313, 315, 318, 324-326, 338, 339, 343, 344, 353, 356, 364, 365, 372, 373, 382, 417, 428, 438, 471, 569, 744
Menzel, Adolph von 405
Messersmith, George S. 478
Meyer, Georg 75
Middendorf, Ernst 266
Miklas, Wilhelm 710, 711
Minoux, Friedrich 151
Mirre, Ludwig 590
Misch, Rochus 610
Mitford, Diana (later Diana Mosley) 615
Mitford, Valkyrie Unity 615
Mittelstrasser, Gretl 617, 620

Mittelstrasser, Willi 617
Mittlstrasser, Anna 617, 620
Moeller van den Bruck, Arthur 135, 245
Möhl, Arnold von 89
Moller, Hanni 632
Moller, Johanna ('Hanni') 624
Moltke, Helmuth von ('Moltke de jongere') 62
Moltke, Helmuth von ('Moltke de oudere') 725
Mommsen, Hans 15
Morell, Theo 632
Morell, Theodor 273, 623, 624, 715, 717, 744
Morgenstern, Samuel 50
Moser von Filseck, Carl 143
Moses, Hugo 670
Mosley, Oswald 615
Motloch, Johanna 37
Muck-Lamberty, Friedrich 140
Mühsam, Erich 55, 60, 87, 92, 256, 425
Müller, Adolf 190, 289, 322
Müller, Heinrich 666, 667
Müller, Hermann 219, 229
Müller, Karl Alexander von 90, 91, 105, 129, 134, 137, 156, 157, 163, 196, 384, 391, 395
Müller, Klaus-Jürgen 13
Müller, Ludwig 641-645
Münter, Gabriele 55
Mussolini, Benito 133, 141, 148, 167, 241, 242, 254, 277, 378, 389, 476, 480, 490, 491, 493, 499, 502, 505, 506, 638, 679, 682, 683, 687-689, 690, 704, 709, 710, 717-720, 736, 737, 740
Mutschmann, Martin 131

Nadolny, Rudolf 482
Nathorff, Hertha 670
Naumann, Victor 141
Neidhardt, Georg 167, 169
Neumann, Josef 50, 53
Neurath, Konstantin Freiherr von 316, 365, 368, 371, 479-482, 487, 490, 497, 501, 507, 509, 530, 577, 662, 681, 691, 694, 701, 702, 737, 745, 751
Niekisch, Ernst 85
Niemöller, Martin 641-644, 652, 653
Nortz, Eduard 142
Noske, Gustav 87, 88, 393
Nüßlein, Timo 12

Oeynhausen, Adolf Freiherr von 360
Ohnesorge, Wilhelm 577, 590
Oppen, Heinrich von 77
Orsenigo, Cesare 751

Ossietzky, Carl von 172, 240, 245, 269, 425, 523
Oster, Hans 739
Ott, Alois Maria 164
Ott, Eugen 344
Oven, Ernst von 86
Owens, Jesse 561

Pabst, Waldemar 113
Pacelli, Eugenio 638, 639, 648
Pannini, Giovanni Paolo 609
Papen, Franz von 314, 316-319, 321, 324-337, 339, 340, 342-344, 348, 353-362, 364-378, 380, 415-417, 421-424, 426, 428, 431, 432, 437, 438, 451, 453, 455, 464-468, 470-472, 475, 479, 486, 492, 493, 530, 544, 638, 702, 705-707
Perlitius, Ludwig 417
Pernet, Heinz 166, 168
Perowne, John 207
Petzl, Maria 625
Pfeffer von Salomon, Franz 131, 198, 216, 223, 251, 400, 401, 491, 492
Pfordten, Theodor Freiherr von der 160, 169
Pfundtner, Hans 552
Philipp prins von Hessen 709, 710
Phipps, sir Eric 478, 487, 687
Picasso, Pablo 681
Piepenburg, Karl 604
Pietrzuch, Konrad 328
Piloty, Carl Theodor von 749
Pilsudski, Józef Klemens 487
Piper, Ernst 12
Pirow, Oswald 676
Pius xi 648
Planck, Erwin 264, 325, 326, 473
Planck, Max 325
Plöckinger, Othmar 12, 94, 187
Poensgen, Ernst 299
Poetsch, Leopold 31
Pöhner, Ernst 102, 122, 142, 153, 155, 163, 166, 168
Pölzl, Johanna (tante 'Hanni') 24, 26, 38, 48, 50
Pölzl, Johann Baptist 24
Pölzl, Klara (later Klara Hitler) 24-27, 31, 36, 37, 277
Poppelreuther, Walther 391
Popp, Joseph 54
Porsche, Ferdinand 538
Porten, Henny 572
Preysing, Konrad von 650
Prittwitz und Gaffron, Friedrich von 479

Pröhl, Ilse (later Ilse Heß) 64, 171, 173, 182, 227, 399
Pudor, Heinrich 93
Pünder, Hermann 301, 315, 326, 332
Puttkammer, Karl Jesko von 567
Pyta, Wolfram 12

Quaatz, Reinhold 322, 362, 369
Quandt, Günther 290, 384
Quandt, Magda (later Magda Goebbels) 290, 291, 325, 398, 412, 548, 570, 611, 622

Radek, Karl 655
Radkau, Joachim 275
Raeder, Erich 420, 681, 691, 695
Raether, Arnold 529
Rathenau, Walther 74, 101, 108, 123, 209
Rath, Ernst vom 664, 665, 668
Ratzel, Friedrich 186
Raubal, Angela 610
Raubal, Angela jr. ('Geli') 12, 273, 281-291, 293, 322, 347, 410, 610, 712
Raubal, Leo (jr.) 282
Raubal, Leo (sr.) 32, 282
Rauschning, Hermann 9
Rehborn, Anni (later Anni Brandt) 621-623, 628, 632, 717
Reichel, Peter 535
Reichenau, Walter von 466, 492, 705
Reichert, Maria 125, 285, 287
Reinhardt, Fritz 455, 590
Reinhart, Friedrich 340
Reismann-Grone, Theodor 217, 256, 260
Reiter, Maria ('Mitzi' of 'Mimi') 278-281, 292
Remarque, Erich Maria 249
Reschny, Hermann 491
Reupke, Hans 260
Reusch, Paul 218, 266, 299, 340
Reuth, Ralf Georg 12
Reventlow, Ernst graaf van 388
Reynolds, Rothay 243
Ribbentrop, Joachim von 358, 362, 364, 365, 367, 368, 395, 503, 504, 507, 562, 570, 617, 621, 680, 684, 685, 702, 703, 706, 709, 710, 713, 718-720, 728, 729, 732, 736, 737, 741, 743, 744, 747, 752
Richter, Alfred 429
Riefenstahl, Leni 16, 291, 404, 528-533, 562, 563, 570
Riezler, Kurt 59
Ritter, Gerhard 672, 713
Robespierre, Maximilien 473
Robinson, Simon 53
Rochira, Ubaldo 658

Roder, Lorenz 164
Röhm, Ernst 86, 121, 142, 143, 158, 163, 166, 168, 174, 177, 195, 198, 251, 264, 325-327, 347, 348, 362, 430, 459, 461-463, 466-473, 490, 522, 526, 530, 547, 702
Roller, Alfred 35, 37, 38
Roosevelt, Franklin D. 476, 662
Rösch, Mathias 12
Rosenberg, Alfred 12, 94, 114, 115, 128, 134, 154, 176, 195, 206, 215, 489, 523, 636, 639, 642, 645, 648, 663
Rossbach, J.R. 110
Rosterg, August 340
Rothermere, lord zie Harold Harmsworth, viscount Rothermere
Ruff, Ludwig 595, 596
Rühmann, Heinz 572
Rumbold, Horace 240, 241, 378, 431
Runciman, Walter, viscount Runciman of Doxford 725
Rundstedt, Gerd van 319
Rupprecht, kroonprins van Beieren 157
Rust, Bernhard 550, 579
Ryback, Timothy W. 11

Sackett, Frederick M. 270, 427
Sahm, Heinrich 301
Sauerbruch, Ferdinand 163
Schacht, Hjalmar 13, 257, 258, 266, 323, 328, 329, 340, 355, 418, 422, 457-550, 583-585, 695, 702, 740
Schacks, Adolf Friedrich graaf von 55
Schäfer, Kirstin A. 13
Schäffer, Fritz 337, 437
Schäffer, Hugo 317
Schaub, Julius 25, 273, 285, 286, 341, 410, 492, 566, 572, 613, 626, 666
Scheidemann, Philipp 86, 88
Scheidhuber, August 467
Schemm, Hans 131
Schenk, Dieter 13
Scheringer, Richard 247
Scheubner-Richter, Max Erwin von 115, 148, 156, 161, 257, 392
Schicklgruber, Alois 21, 22, 24, 271
Schicklgruber, Anna 21
Schicklgruber, Maria Anna 23
Schiele, Egon 39
Schinkel, Karl Friedrich 42
Schirach, Baldur von 215, 280, 387, 401, 403, 408, 410, 411, 415, 437, 525, 530, 561, 579, 672
Schirach, Henriette von zie Henriette Hoffmann,

Schirmer, Hans 55, 56
Schirrmacher, Frank 11
Schlageter, Leo 146
Schlange-Schöningen. Hans 314
Schleicher, Kurt von 248, 264, 313, 314, 316,
  323-325, 328, 330, 332, 342-344, 346, 350,
  352, 354-358, 360, 362, 364-368, 370-372,
  380, 455, 467-470, 472, 479
Schmeer, Rudolf 673
Schmeling, Max 413
Schmidt, Ernst 70, 76, 83, 84
Schmidt, Guido 704-706
Schmidt-Hannover, Otto 367, 371
Schmidt, Lieselotte 385, 397, 412, 713
Schmidt, Otto 697, 699, 703
Schmidt, Paul 500-502, 562, 688, 704, 729,
  731-733, 735, 744
Schmidt, Ulf 12
Schmid, Wilhelm 467, 468
Schmid, Willi 469
Schmitt, Carl 245, 472
Schmitt, Kurt 451, 741
Schmölders, Claudia 11
Schmundt, Rudolf 567, 632
Schneider, Herta 625
Schneidhuber, August 468
Schnitzler, Arthur 39, 49
Schnitzler, Georg von 422
Scholder, Klaus 637, 644
Scholz, Ernst 229
Schönberg, Arnold 39
Schönerer, Georg Ritter von 44, 49, 52
Schönfelder, Adolph 429
Schönmann, Fritz 632
Schönmann, Marianne ('Marion') 625, 632,
  634
Schopenhauer, Arthur 72, 390
Schreck, Julius 216, 289, 341, 354, 407, 412,
  567
Schröder, Kurt von 340, 353-355, 361
Schroeder, Christa 114, 274, 275, 278, 285,
  293, 294, 385, 389, 390, 394, 400, 403,
  404, 469, 567, 610, 626, 632, 653, 719, 745
Schultze-Naumburg, Paul 231
Schultze, Walter 162
Schumacher, Kurt 302
Schumburg, Emil 673
Schuschnigg, Kurt von 491, 633, 679,
  703-710, 729, 744
Schütz, Wilhelm 199
Schwab, Gustav 125
Schwarz, Birgit 11
Schwarz, Franz Xaver 215, 286, 287, 626
Schwarzschild, Leopold 269, 297, 353

Schweninger, Ernst 411
Schwerin von Krosigk, Lutz graaf 14, 316,
  323, 365, 367, 368, 371, 384-387, 401, 402,
  425, 443, 550, 556, 577, 584, 673
Schwind, Moritz von 55
Sebottendorff, Rudolf Freiherr von 94
Seeckt, Hans von 150-152, 266, 682
Seeds, William 137
Seifert, Gustav 103
Seißer, Hans Ritter von 150-152, 155-159, 163,
  165, 167, 170, 190
Selchow, Bogislaw von 84, 101
Seldte, Franz 262, 367, 369, 371, 374, 450, 579
Semper, Gottfried 42
Sereny, Gitta 601, 626
Severing, Carl 88, 248, 312, 318, 319, 440
Seyß-Inquart, Arthur 706, 707, 710, 711
Shirer, William L. 384, 499, 503, 509, 510,
  518, 522-524, 526, 528, 558, 563, 658, 678,
  725, 728, 731, 733, 737
Sigmund, Anna Maria 12
Silverberg, Paul 299
Simon, Hugo 375
Simon, John 483, 496, 500, 501, 503, 614, 704
Simpson, Wallis, hertogin van Windsor 633,
  684
Slezak, Gretl 404
Sobański, Antoni graaf 434, 516
Solmitz, Luise 335, 351, 374, 426, 433, 471,
  499, 513, 713
Solmssen, Georg 446
Speer, Albert 10, 14, 16, 222, 382-384, 389,
  391, 395, 397, 399, 400, 402, 404, 405,
  408, 411, 517, 524, 525, 527, 532, 540, 557,
  564, 565, 568-571, 591, 593-597, 599-604,
  606, 608, 610, 611, 618-620, 622-624, 626,
  627, 632, 634, 684, 686, 751
Speer, Margarete 593, 622, 623, 626, 628, 632
Spengler, Oswald 118, 245
Sperrle, Hugo 681, 705
Spitzweg, Carl 55, 406
Spitzy, Reinhard 617, 709, 711
Springorum, Fritz 299, 340, 362, 422
Stalin, Jozef 7, 655
Stampfer, Friedrich 441, 449
Stauß, Emil Georg von 258, 259, 270
Stefanie (achternaam onbekend) 49, 275
Stegemann, Hermann 125
Steinle, Edward von 609
Stelling, Johannes 449
Stempfle, Bernhard 469
Stenglein, Ludwig 188
Stennes, Walter 250-253, 402
Sternheim, Carl 8, 239

Sternheim, Thea 8, 19, 239, 262, 269, 302, 310, 377
Stimson, Henry 270
Stöhr, Franz 250
Stolper, Gustav 350
Stolzing-Cerny, Josef 182
Stork, Sofie 609, 625, 631, 632
Strang, William 728
Straßer, Gregor 177, 183, 190, 195, 198-205, 215, 216, 219, 232-234, 242, 249, 261, 322, 323, 329, 338, 343-349, 357, 360, 361, 363, 397, 404, 467, 469, 470, 472
Straßer, Otto 183, 187, 232, 234, 247, 288, 386, 396
Strauß, Richard 560
Streicher, Julius 124, 176, 195, 209, 443, 656, 663
Stresemann, Gustav 147, 150-152, 193, 209, 226, 227, 229, 338, 480
Strupp, Christoph 19
Stuckart, Wilhelm 552, 555, 651, 673, 711, 745
Stützel, Karl 430

Tenner, Friedrich 188
Terboven, Josef 466
Thälmann, Ernst 197, 210, 239, 302, 305, 310, 425
Thiele, Hertha 406
Thimme, Friedrich 640
Thoma, Ludwig 397
Thompson, Dorothy 270, 279, 384
Thyssen, August 257
Thyssen, Fritz 13, 257, 258, 266, 299, 340
Tiso, Jozef 742, 743, 745, 751
Titiaan 751
Tobias, Fritz 424, 697
Todt, Fritz 456, 578
Toller, Ernst 86, 87, 92, 245, 246
Tooze, Adam 13
Torgler, Ernst 332
Treitschke, Heinrich von 125
Trenker, Luis 362, 406
Treviranus, Gottfried 242
Trimborns, Jürgen 12
Troost, Gerdy 253, 608, 624
Troost, Paul Ludwig 12, 253, 565, 608
Trützschner, Fritz baron von 112
Tschirschky, Fritz Günther von 464
Tsjechowa, Olga 572
Tubeuf, Anton von 76
Turner, Henry A. 299

Urban, Markus 13
Urbsys, Josph 747

Valentin, Veit 380
Vane-Tempest-Stewart, Charles Stewart Henry, markies van Londonderry 683
Vane-Tempest-Stewart, Edith Helen, markiezin van Londonderry 683
Victor Emanuel III (koning van Italië) 718
Vogl, Adolf 285
Vögler, Albert 218, 299, 330, 340, 422

Wagener, Otto 251, 256, 258-261, 290, 385, 390, 391, 397, 400, 403, 404, 408, 410
Wagner, Adolf 430, 467, 523, 666
Wagner, Friedelind 492
Wagner, Gerhard 555
Wagner, Otto 39
Wagner, Richard 33, 34, 41, 54, 110, 130, 136, 294, 390, 406, 408, 523, 561, 609, 631
Wagner, Robert 166, 168
Wagner, Siegfried 130, 138, 164, 171, 178, 181, 397, 713, 738
Wagner, Wieland 397
Wagner, Winifred 12, 34, 130, 138, 164, 195, 201, 218, 225, 273, 276, 277, 280, 288, 308, 352, 385, 397, 399, 690, 713, 715, 738
Wagner, Wolfgang 397, 680
Wahrmund, Adolf 110
Ward Price, George 484
Warmbold, Hermann 317, 323
Wassermann, Ludwig 159
Weber, Christian 128
Weber, Friedrich 158, 161, 166, 168, 173, 174
Weber, Max 135
Weber, Thomas 12, 68
Wecke, Walter 370
Wehler, Hans-Ulrich 453, 513, 545
Weihmayr, Franz 529
Weinberg, Gerhard L. 221
Weinmann, Leopold 548
Weizsäcker, Ernst von 389, 488, 489, 574, 676, 702, 713, 720, 729, 732, 735-737, 739, 744, 745
Wellesley, Arthur, Duke of Wellington 501
Wels, Otto 441, 442, 449
Werlin, Jakob 188, 407, 626, 632
Werner, Karl August 268
Wessel, Horst 215, 232, 233, 363, 364, 435
Wieck, Dorothea 406
Wiedemann, Fritz 67, 68, 72, 75, 78, 294, 403, 515, 517, 521, 565, 566, 568, 591, 625, 631, 633, 696, 700, 718, 719, 725, 740
Wiedfeldt, Otto 151
Wiegand, Karl 327
Wieland, Karin 12
Wildt, Michael 13, 546

Wilhelm I 324
Wilhelm II 59, 129, 225, 306, 312, 315, 324, 388, 435
Wilhelm, kroonprins 306
Wille, Ulrich 127
Willikens, Werner 357, 574
Wilson, Hugh R. 660
Wilson, sir Horace 728, 732-734, 736
Windt, Herbert 529
Winkler, Heinrich August 315
Winter, Anni 284-286, 293, 405, 410, 610, 617
Winterfeld, Friedrich von 450
Winter, Georg 285, 287
Winter, Margarete 220, 606
Wirth, Joseph 265
Witthoeft, Franz 340
Woermann, Ernst 673
Woermann, Kurt 340
Wohlrab, Maria 53
Wolff, Theodor 245, 361

Wolf, Hugo 631
Wolf, Johanna 567, 610, 626
Woltereck, Ernst 213
Wood, Edward Fredrick Lindley, viscount Halifax 704, 705, 725, 747
Wulle, Reinhold 177
Wurm, Theophil 643, 644
Wysocki, Alfred 487

Young, Owen 225

Zahle, Herluf 462
Zakreys, Maria 38, 41, 46
Zetlmeier, Josef 142
Zimmermann, Moshe 13
Zitelmann, Rainer 542
Zuckmayer, Carl 657
Zweig, Arnold 269
Zweig, Stefan 19, 39, 60, 657

DEEL 2
DE JAREN VAN ONDERGANG 1939-1945

Inhoud

Inleiding 7

1 De Tweede Wereldoorlog ontketend 16
2 Polen 1939-1940 – opmaat voor de vernietigingsoorlog 57
3 Beslissing in het westen? 76
4 Een strategische patstelling 121
5 Operatie Barbarossa 151
6 De kentering in de oorlog 1941-1942 190
7 De weg naar de Holocaust 235
8 Stalingrad of het gevecht om de olie 292
9 Totale oorlog en volksgemeenschap 339
10 In de verdediging 365
11 Operaties Overlord en Bagration 399
12 De Berghof-gemeenschap in de oorlog 421
13 De 20ste juli van 1944 en zijn gevolgen 436
14 Het laatste verweer 470
15 De aftakeling van een dictator 502
16 De enscenering van de ondergang 517
17 Het einde in de bunker 550
18 Hitlers plaats in de geschiedenis, een balans 579

Noten 609
Kaarten 735
Bronnen en literatuur 743
Fotoverantwoording 765
Dankwoord 766
Personenregister 767

Inhoud

Inleiding

1. De Tweede Wereldoorlog ontketend ... 19
2. Reist 1939-1940 - opmaat voor de vernietigingsoorlog ... 57
3. Beslissing in het westen? ... 76
4. Een strategische parsrelling ... 121
5. Operatie Barbarossa ... 159
6. De kentering in de oorlog 1941-1942 ... 190
7. De weg naar de Holocaust ... 225
8. Stalingrad of het gevecht om de olie ... 267
9. Totale oorlog en volksgemeenschap ... 329
10. In de verdediging ... 367
11. Operaties Overlord en Bagration ... 399
12. De berghof-gemeenschap in de oorlog ... 427
13. De crisis juli van 1944 en zijn gevolgen ... 436
14. Het laatste verweer ... 470
15. De aftakeling van een dictator ... 502
16. De enscenering van de ondergang ... 517
17. Het einde in de bunker ... 550
18. Hitlers plaats in de geschiedenis, een balans ... 579

Noten ... 669
Kaarten ... 735
Bronnen en literatuur ... 743
Fotoverantwoording ... 765
Dankwoord ... 767
Personenregister ... 797

Inleiding

Het eerste deel van deze biografie van Hitler, dat verscheen in 2013 (en een jaar later in Nederland), behandelt de 'jaren van opkomst'. Daarin staat beschreven hoe een onbekende korporaal uit de Eerste Wereldoorlog zich in de jaren twintig opwerkte tot de onomstreden 'Führer' van 'völkisch' en nationalistisch rechts in Duitsland; in januari 1933 kwam hij na een verbond met de conservatieve elite aan de knoppen van de macht te zitten, en nadat hij zijn dictatuur had gevestigd, ontmantelde hij stap voor stap het Verdrag van Versailles. Aansluitend voltooide hij de overgang van deze 'herzieningspolitiek' naar een expansiepolitiek. Het einde van het deel is de zeer pompeus gevierde vijftigste verjaardag van Hitler, op 20 april 1939. Op dat tijdstip leek zijn duizelingwekkende carrière niet te stuiten. In feite had hij echter de weg omlaag al ingeslagen – zo zagen scherp observerende tijdgenoten – en kondigde zijn ondergang zich al aan.

In dit tweede deel komen dan ook de 'jaren van de ondergang' aan de orde. Het omvat een korte tijdsspanne van zes jaar: van het ontketenen van de Tweede Wereldoorlog, zomer 1939, tot de zelfmoord van de dictator in de Rijkskanselarijbunker, voorjaar 1945. Terecht heeft men wel gesteld dat Hitler en het nationaalsocialisme met deze oorlog 'in zekere zin zichzelf' ontdekt hadden.[1] Hierin concentreerde zich als onder een brandglas de criminele dynamiek van het naziregime en zijn leider. De oorlog maakt het voor Hitler pas mogelijk zijn ideologische obsessies en zijn daaruit voortvloeiende misdadige doelen te verwezenlijken: enerzijds het veroveren van 'Lebensraum in het oosten' om het fundament voor de hegemonie over Europa te leggen, en anderzijds het 'verwijderen' van de Joden uit Duitsland en zo mogelijk heel Europa. Toch zullen we zien dat Hitler deze doelstellingen niet had kunnen verwezenlijken als hij niet gewillige helpers had gevonden in bijna alle instellingen van de nazistaat en in brede lagen van de Duitse maatschappij.

In de oorlog komen we Hitler tegen in een nieuwe rol – die van veldheer. Uiterlijk vanaf de onverwacht snelle zege op Frankrijk in mei en juni 1940 oefende hij de functie van opperbevelhebber niet alleen in naam, maar ook in de praktijk uit.

Steeds vaker eiste hij voor zichzelf de eindbeslissing op bij de planning en uitvoering van militaire operaties en stond hij erop de invloed van de beroepsmilitairen in de generale staf terug te dringen. Het grootste deel van zijn tijd en energie besteedde hij aan militaire stafbesprekingen in zijn wisselende hoofdkwartieren. Het optreden als partijleider of rijkskanselier was tot op zekere hoogte 'niet meer dan een bijbaantje' geworden.[2] Dit betekent echter ook dat er in dit deel aandacht moet worden besteed aan de militaire geschiedenis van de Tweede Wereldoorlog. Het in tien banden uitgegeven werk *Das Deutsche Reich und der Zweite Weltkrieg* biedt daarvoor een onontbeerlijke basis.[3]

In hun na 1945 verschenen memoires wezen de Duitse generaals alle schuld aan de militaire nederlaag af. Volgens hen had de oorlog gewonnen kunnen worden als de 'dilettant' Hitler hun vakwerk niet had verprutst. Een van de eerste kroongetuigen was het voormalige hoofd van de generale staf, Franz Halder. De Amerikanen hadden hem in de zomer van 1946 al ingehuurd voor de Duitse afdeling van de 'Historical Division', om gebruik te kunnen maken van de Wehrmachtgeneraals in het komende conflict met de Sovjet-Unie. In een 1949 gepubliceerde brochure ontkende Halder dat Hitler ook maar enige militaire leiderschapskwaliteiten had: hij was 'geen militaire leider in de Duitse betekenis van het woord' en 'al helemaal geen veldheer' geweest. Zijn demonische wil had steeds weer de grenzen van het militair mogelijke genegeerd en zo de catastrofe veroorzaakt.[4] Dit verhaal van een weinig realistische, militair in elk opzicht incompetente dictator moest als alibi dienen – wat heel doorzichtig is. Als Hitler namelijk als de enige zondebok voor alle missers werd bestempeld, hoefde over hun eigen aandeel daarin niet meer gesproken te worden.

Zoals de meeste hoge functionarissen van de nazistaat deden ook de generaals zich voor als slachtoffers van Hitler, die zich niet hadden kunnen verzetten tegen zijn bevelen. De misdaden in de oorlogen tegen Polen en de Sovjet-Unie kwamen voor rekening van de *Einsatzgruppen* van Himmler en Heydrich. De leiding van de Wehrmacht en de daaronder vallende eenheden hadden daarmee niets te maken gehad. Pas de beide Wehrmachttentoonstellingen van het Hamburgse Institut für Sozialforschung in 1995 en 2001 hebben de naoorlogse, decennialang gekoesterde legende van de 'keurige Wehrmacht' onderuitgehaald.[5] In het kielzog van de hevige debatten die vooral door de eerste expositie losgemaakt werden, is een serie van historische studies verschenen die de betrokkenheid van vele Wehrmachteenheden bij de massamisdaden van het nationaalsocialisme buiten alle twijfel hebben aangetoond.[6] Het karakter van de Operatie Barbarossa als een rassenideologische veroverings- en vernietigingsoorlog zonder historisch precedent, is sindsdien geen strijdpunt meer in het wetenschappelijk onderzoek. Dit inzicht is echter nog lang niet diep genoeg doorgedrongen in het historisch bewustzijn van de Bondsrepubliek en haar politieke vertegenwoordigers, wat wenselijk zou zijn voor een vreedzame toekomst van ons continent.

Daarom moet dit boek speciale aandacht besteden aan de verhouding tussen Hitler en de Wehrmachtelite. Hoe oefende de opperbevelhebber zijn militaire leidersfunctie uit, en op welke wijze was de generale staf betrokken bij zijn strategische beslissingen? In hoeverre waren de generaals het eens met Hitlers criminele doelstellingen en welke initiatieven ontplooiden ze om deze te dienen of waar mogelijk te belemmeren? Waren er veranderingen in de relatie tussen de dictator en de topmilitairen in de loop van de oorlog en zo ja, welke oorzaken hadden deze?

In het middelpunt van dit deel staat wat de nationaalsocialisten aanduidden als de *'Endlösung der Judenfrage'*, de 'definitieve oplossing van de Jodenkwestie': de massamoord op de Europese Joden. Deze was als misdaad tegen de menselijkheid enig in zijn soort. Zoals Eberhard Jäckel het bij de 'Historikerstreit' in 1986 stelde: 'Nog nooit had een staat op gezag van zijn verantwoordelijk staatshoofd besloten en aangekondigd dat hij een bepaalde groep mensen zo mogelijk totaal zou vernietigen – inclusief bejaarden, vrouwen, kinderen en zuigelingen – en dit besluit met alle mogelijke machtsmiddelen vertaald in daden.'[7]

Het Holocaust-onderzoek behoorde nog decennialang na de oorlog tot de verwaarloosde thema's van de geschiedwetenschap. Het is dan ook geen toeval dat Joachim Fest er in zijn veelgeprezen Hitlerbiografie uit 1973 maar enkele bladzijden aan wijdde.[8] Pas sinds de jaren negentig, en in samenhang met de verlate ontvangst van het fundamentele werk van Raul Hilberg, *The Destruction of the European Jews* uit 1961, is het Holocaust-onderzoek een belangrijke en gevestigde tak van onderzoek. Daarmee staat het herdenken van die misdaad tegen de menselijkheid ook in het middelpunt van de Duitse en internationale herinneringscultuur.[9]

De Holocaust-literatuur is ondertussen nauwelijks nog te overzien. Met het documentatieproject *Die Verfolgung und Ermordung der europäischen Juden durch das nationalsozialistische Deutschland 1933–1945* is men in 2008 aan een ambitieuze uitgave begonnen die een totaaloverzicht van alle Europese landen mogelijk maakt.[10] Het nieuwste onderzoek levert met name de volgende twee resultaten op:

1. De kring van Duitse en Oostenrijkse daders was veel groter dan lange tijd was aangenomen. Inmiddels gaat men uit van een aantal van minstens 200.000 tot 250.000. Daarbij komen nog eens miljoenen profiteurs en anderen die voordeel hadden bij de moord op de Joden.

2. Er is geen schriftelijk bevel van Hitler dat als een soort ontsteking het vernietigingsproces in beweging zette. Integendeel, de moord ontwikkelde zich als

een ingewikkelde interactie tussen het centrum in Berlijn en de in de periferie van het Duitse machtsgebied opererende eenheden van de SS, de politie en de Wehrmacht. Daarbij komen ook de collaborateurs in vooral de bezette landen van Oost-Europa veel duidelijker in beeld.

Zo terecht als het enerzijds is om het perspectief niet tot Hitler en de directe uitvoerders van zijn waanideeën – Himmler en Heydrich – te beperken, zo onterecht zou het anderzijds zijn de dwingende en legitimerende rol van de dictator als middelpunt van de besluitprocessen te bagatelliseren. Het doel van dit werk is daarom het specifieke aandeel van Hitler in de Endlösung zo nauwkeurig mogelijk te bepalen, en wel door te tonen wanneer, hoe en met welk resultaat hij telkens ingreep in het vernietigingsproces en het versnelde.

Daarmee sluiten we weer aan bij het uitgangspunt van het eerste deel. De focus ligt op Hitlers persoonlijkheid, want zonder de fatale rol die hij had, zouden we noch het verloop van de oorlog noch de weg naar de Holocaust afdoende kunnen beschrijven en verklaren. Daarom is het essentieel om in de afgronden van zijn karakter af te dalen – de complexen, obsessies en moorddadige drijfveren die zijn denken en handelen bepaalden.

Zoals het onderzoek naar de daders steeds meer wordt ingebed in de historie van de Europese samenlevingen van de Tweede Wereldoorlog, zo is het ook onmogelijk een biografie van Hitler te schrijven zonder relaties met de maatschappelijke geschiedenis van het Derde Rijk te leggen. Juist in de oorlog waren de nationaalsocialisten afhankelijk van een vergaande mobilisatie van alle belangrijke groepen. We moeten daarom sterk rekening houden met de maatschappelijke context. We gaan dus voortdurend na hoe de bevolking reageerde op het verloop van de oorlog en welke effecten dat had op de acceptatie van het regime en de populariteit van de Führer.

Een belangrijke bron in dit verband zijn de geheime situatierapporten van de veiligheidsdienst van de SS, de *Meldungen aus dem Reich*. Deze voldeden verrassend goed aan de eis de partij en de regering een onopgesmukt beeld van de stemming in het land te geven.[11] Daarnaast is het een streven in het tweede deel, net als in het eerste, om een zo breed mogelijk scala van stemmen uit die tijd te verzamelen. Daarbij horen enerzijds bewonderaars en aanhangers van Hitler – in de eerste plaats de minister van Propaganda, Joseph Goebbels, wiens omvangrijke dagboek te beschouwen is als een sleuteldocument voor Hitlers biografie, maar ook voor het nazibewind.[12] Verder zijn er de 'gewone mensen', zoals de jonge studente germanistiek Lore Walb, die net als miljoenen andere Duitsers tot het allerlaatst een naïef vertrouwen koesterde in de Führer.[13]

Anderzijds komen ook tegenstanders van Hitler uitgebreid aan het woord –

onder hen zijn de schrijver Thomas Mann, die de gebeurtenissen volgde en becommentarieerde vanuit zijn ballingschap in de Verenigde Staten, de romanist Victor Klemperer, die de fatale jaren overleefde in een 'Jodenhuis' in Dresden, of de voormalige Krupp-directeur Wilhelm Muehlon, die al tijdens de Eerste Wereldoorlog naar Zwitserland geëmigreerd was uit ergernis over het overdreven patriottisme aan het einde van het Duitse keizertijd.[14]

Een heel bijzondere getuigenis vormen de dagboeken van Friedrich Kellner over de oorlogsjaren, gepubliceerd in 2011.[15] De in het Hessische stadje Laubach wonende justitieambtenaar volgde met een wakkere geest de berichtgeving in de nazipers. Ook noteerde hij wat hij toevallig hoorde of wat bekenden hem toevertrouwden. Zijn aantekeningen bewijzen dat het ook voor een doorsneeburger in de provincie mogelijk was de leugenachtige nazipropaganda te doorzien en een beeld te krijgen van de euthanasiemoorden in psychiatrische inrichtingen en de massa-executies in bezet Oost-Europa.

Over de visie van buitenlandse waarnemers levert de door Frank Bajohr en Christoph Strupp uitgegeven collectie diplomatieke verslagen waardevol materiaal.[16] Ook zijn de verhelderende aantekeningen van Ivan Majski, de Sovjetambassadeur in Londen, geraadpleegd. De Israëlische historicus Gabriel Gorodetsky ontdekte deze in Russische archieven en ze zijn sinds 2016 beschikbaar in een Duitse uitgave.[17] Het geheel vormt een caleidoscoop van mentaliteiten en houdingen, interpretaties en verkeerde observaties, maar ook van opvallend rake beoordelingen van wat er tijdens de oorlogsjaren gebeurde onder het bewind van Hitler.

Het betoog heeft een chronologisch uitgangspunt, maar wordt soms onderbroken door systematisch-analytische gedeeltes. Zo is het in het hoofdstuk 'Totale oorlog en volksgemeenschap' de vraag in hoeverre het Hitler en zijn paladijnen lukte om ook bij de naderende militaire nederlaag, de steeds heviger bombardementen en de groeiende economische tekorten massale loyaliteit te mobiliseren.

In het hoofdstuk 'De aftakeling van een dictator' wordt samengevat en besproken of er veranderingen in Hitlers persoonlijkheid waarneembaar zijn gedurende de oorlog en zo ja, welke. Daarbij leggen we de veronderstelling ten grondslag dat het beslissende keerpunt in de militaire situatie niet – zoals vaak te lezen is – bereikt werd met de overgave van het Zesde Leger in Stalingrad, eind januari-begin februari 1943, maar al met het mislukken van Operatie Barbarossa in het najaar en de winter van 1941. Hoe beïnvloedden de militaire tegenslagen het zelfbeeld en de fysieke en mentale toestand van de door succes verwende dictator? Hoe valt te verklaren dat hij zijn aanspraken op de macht kon handhaven zonder dat zich een oppositie ontwikkelde, hoewel hij steeds vaker openbare optredens vermeed en een onzichtbare figuur werd voor de 'volkskameraden'?

Het hoofdstuk 'De Berghof-gemeenschap in de oorlog' sluit aan bij het betoog in het eerste deel. Men zou daartegen het bezwaar kunnen inbrengen dat gezien de enorme omvang van zijn misdaden het benaderen van Hitler als privépersoon overbodig is, zo niet volkomen ongepast. Daartegen valt in te brengen dat er bij Hitler geen sprake is van een scherpe scheiding tussen de politiek-militaire en de privésfeer. Integendeel, beide gebieden waren op ongebruikelijke wijze met elkaar verweven. Dit wordt het duidelijkst in zijn Alpenresidentie, de Berghof. Hier probeerde de dictator ook tijdens de oorlogsjaren in de kring van zijn intimi een rudimentair privéleven in stand te houden. Tegelijkertijd werd hier echter als hij aanwezig was vergaderd over de militaire situatie en vielen er fundamentele besluiten over de oorlogvoering en de uitroeiingspolitiek. Een blik op de wereld van de Obersalzberg toont dus hoe vloeibaar de grens was tussen de pseudo-idylle en de criminele werkelijkheid.

De laatste hoofdstukken zijn gewijd aan de apocalyptische finale van het Derde Rijk. We moeten laten zien hoe Hitler bewust zijn ondergang arrangeerde en op welke mythische beelden en voorbeelden hij teruggreep. De ontwikkelingen aan het oorlogsfront zijn op hun beurt weer verbonden met de geschiedenis van het thuisfront in de laatste maanden. Hoe kon het naziregime de oorlog tot het bittere einde toe voortzetten ondanks de uitzichtloze situatie, en waarom waren grote delen van de Duitse bevolking bereid het daarin te steunen?

Het einde in de illusiewereld van de ondergrondse bunker onder de Rijkskanselarij is vaak beschreven – van Hugh R. Trevor-Roper tot Joachim Fest.[18] Inderdaad is de dramatiek van de gebeurtenissen voor elke biograaf bijzonder aantrekkelijk. We moeten echter een strikt onderscheid maken tussen de echte gebeurtenissen en de uitgebreide legendevorming en opsmuk uit de naoorlogse periode. Het slothoofdstuk probeert de balans op te maken van het 'geval Hitler' en de plaats te bepalen die het heeft in de geschiedenis.

'Zelfs als je je ertegen verzet, krijg je toch altijd weer te maken met Adolf Hitler,' schreef Friedrich Kellner december 1942 in zijn dagboek.[19] Tot op de huidige dag, meer dan zeven decennia na de zelfmoord van de dictator, is er in wezen weinig veranderd. Hitler geldt als de belichaming van het kwaad, en de monsterlijke misdaden onder zijn bewind vragen steeds opnieuw om een verklaring. Er komt geen eind aan de stroom nieuwe publicaties en het wordt voor elke biograaf steeds moeilijker het overzicht te bewaren. Sinds het eerste deel van deze biografie verscheen, zijn er twee publicaties uitgekomen waarop we hier wat nader moeten ingaan.

De biografie van Peter Longerich plaatst Hitler weer centraal in de analyse van de naziheerschappij.[20] Hij portretteert de dictator als een sterke, buitengewoon daadkrachtige politicus. Longerich formuleert een centrale stelling die zich gedecideerd keert tegen de interpretaties van Ian Kershaw, Hans-Ulrich Wehler en Ludolf Herbst: Hitlers unieke positie berustte niet op de steun die hij kreeg dankzij zijn charisma, maar op de machtsmiddelen van de dictatuur. Het uitgebreide gebruik daarvan heeft hem ongekende handelingsvrijheid gegeven. Hitler hield de teugels in alle belangrijke politieke domeinen in handen en hield zich ook intensief bezig met de dagelijkse gang van zaken.

Er zijn twee bezwaren tegen deze interpretatie: 1. Het lijdt geen twijfel dat de dictator nadat hij in 1933-1934 alle oppositie had geëlimineerd, een enorme macht bezat. Toch mag de rol van zijn satrapen, die hem 'tegemoet werkten' (Ian Kershaw), niet worden onderschat. Hitlers eigenaardige 'mondelinge' leiderschapsstijl bleef, zoals uitgelegd is in het eerste deel, vaak beperkt tot vluchtige opmerkingen, die door zijn gedienstige ondergeschikten werden opgepakt en vertaald in 'Führerbevelen'. Hij wilde zich niet altijd bekommeren om detailkwesties en hoefde dat ook niet. 2. In Longerichs beeld van een almachtige dictator die naar believen de lakens kon uitdelen, blijft de samenleving van het Derde Rijk op merkwaardige wijze onderbelicht. Hitlers macht berustte immers niet louter op de repressieve instrumenten van de dictatuur, maar ook op het feit dat grote delen van de Duitse bevolking bereidwillig hun Messias volgden die hun wensen en verlangens leek te vervullen. Longerich beschouwt de *Volksgemeinschaft'* als puur een propagandaproduct en onderschat de aantrekkingskracht van de belofte die erin besloten lag. Hoe dan ook is hij geneigd de bijval voor het naziregime en vooral voor de Führer zelf geringer in te schatten dan die in werkelijkheid was.

Wolfram Pyta heeft een studie gepresenteerd die in veel opzichten origineel en vernieuwend is.[21] Hij beschrijft Hitler als een politicus en veldheer die zonder zijn artistieke aspiraties niet begrepen kan worden. Pyta's interdisciplinaire benadering, die verschillende categorieën esthetische effecten erbij betrekt, is zeer verhelderend als verklaring van de ongekende weerklank van Hitlers publieke optredens. Het wordt problematisch als de auteur zijn bevindingen generaliseert en projecteert op het totale domein van de politiek, waarbij hij de performancester introduceert als 'kunstenaar-politicus'. Hitler zag zichzelf deze rol spelen, en het hoorde bij zijn zorgvuldig gecultiveerde imago om zichzelf als zodanig te presenteren. In feite handelde hij zijn politieke zaken echter niet af in de stijl van een kunstenaar, maar als een bruuske, tactisch geslepen, meedogenloze en brute machtswellusteling. Het gevaar bestaat dat men zich laat beetnemen door Hitlers zelfmystificatie als men te veel meegaat in zijn zelfbeeld en het niet duidelijk afbakent van zijn daadwerkelijke handelen. Dit geldt ook voor Hitlers rol als bevelhebber. Het vermeende 'genie' dat hij na de eerste militaire successen in de ogen van zijn entourage vertegenwoordigde, was een predicaat dat de dictator in zijn zelfbeeld integreerde en gebruikte om zijn militaire bevelsmonopolie te legitimeren. Met de werkelijkheid van zijn oorlogvoering had dit echter weinig uitstaande.

Eind december 2015 vervielen de auteursrechten op Hitlers *Mein Kampf* die in bezit waren van de Vrijstaat Beieren. Dit was voor het Institut für Zeitgeschichte (Instituut voor Contemporaine Geschiedenis) in München aanleiding een historisch-kritische editie van deze haatdragende en opruiende tekst te produceren – een ambitieus project, dat over het geheel genomen succesvol kan worden genoemd.[22] We zien nu duidelijker dan voorheen waar de ideologische wortels van Hitlers ideologische obsessies lagen en uit welke dubieuze bronnen hij putte – vooral de völkisch-racistische literatuur van de negentiende en begin twintigste eeuw. Nog meer kenniswinst wordt geboekt met het blootleggen van de vele leugens, halve waarheden en bewuste omissies die de autobiografische passages van dit knutselwerk kenmerken. Bovendien corrigeerden de redacteuren in meer dan 3500 voetnoten feitelijke onjuistheden en verkeerde beweringen van Hitler – een enorme hoeveelheid informatie, waaruit toekomstig onderzoek kan putten.

Hoewel volgens de publieke opinie alles wel is gezegd over Hitler en al het wezenlijke aan het licht is gebracht, duiken er steeds weer verrassend nieuwe bronnen op. Dit geldt bijvoorbeeld voor de privédagboeken van Alfred Rosenberg, de belangrijkste ideoloog van de NSDAP en later rijksminister voor de Bezette Gebieden in het Oosten. Een van de Amerikaanse aanklagers bij de processen van Neurenberg, Robert M.W. Kempner, had ze meegenomen naar de Verenigde Staten. Na zijn dood verdwenen ze uit zijn nalatenschap en werden pas in 2013 weer gevonden. Twee jaar later verschenen ze in een becommentarieerde editie van Jürgen Matthäus en Frank Bajohr.[23] Hun belang blijkt alleen al uit het feit dat, behalve minister van Propaganda Goebbels, geen enkele andere hoge nazifunctionaris een dagboek heeft achtergelaten. Hoewel Rosenbergs aantekeningen bij lange na niet zo omvangrijk zijn en zoveel informatie bevatten als de notities van Goebbels – vaak zette hij weken- of maandenlang niets op papier – geven ze toch waardevolle inzichten in de gezagsstructuur van de nazi's en voortdurende machtsstrijd aan de top.

In juni 2010 bood een veilinghuis in Fürth Hitlers persoonlijke dossier uit zijn gevangenistijd (1923-1924) te Landsberg aan, dat lange tijd als verloren werd beschouwd. Uit naam van de Vrijstaat Beieren werd de map in beslag genomen en in 2015 door Peter Fleischmann, directeur van het Neurenbergse staatsarchief, in een voorbeeldige uitgave gepubliceerd.[24] Het dossier bevat onder andere de correspondentie over de prominente gevangene en in beslag genomen brieven aan Hitler, alsmede uitgebreide informatie over de meer dan driehonderd bezoekers die hun respect kwamen betuigen aan de mislukte couppleger. De echte verrassing is echter te vinden in een korte vermelding in het 'Aufnahme-Buch' van de gevangenis: enkele uren nadat Hitler op 11 november 1923 was binnengebracht, onderzocht de gevangenisarts Josef Brinsteiner hem en ontdekte een 'rechtszijdig cryptorchisme'. Dit betekent dat een teelbal niet in het scrotum was ingedaald tijdens de embryonale ontwikkeling of de zuigelingsperiode, maar vastzat boven het scrotum. Dit ontkrachtte definitief alle geruchten dat Hitler bij zijn verwonding in 1916 aan het westelijk front een testikel was kwijtgeraakt. Tegelijk moet echter ook de veronderstelling gecorrigeerd worden dat Hitlers geslachtsorganen volledig normaal ontwikkeld waren – waar ook ik in het eerste deel van uit was gegaan. We kunnen alleen maar speculeren over het effect van deze nu bekend geworden anomalie: vermoedelijk verklaart ze Hitlers verlegenheid over naaktheid en misschien is ze een van de oorzaken van zijn moeizame relatie met vrouwen. Het is zeer waarschijnlijk dat ze de minderwaardigheidsgevoelens heeft versterkt waaraan Hitler leed sinds zijn dubbele mislukking op het Realgymnasium in Linz en de Weense kunstacademie.

Ook voor dit deel werd het gedrukte bronmateriaal aangevuld met uitgebreid onderzoek, vooral in het Bundesarchiv (Bondsarchief), in het Bundesarchiv-Militärarchiv in Freiburg, in het Bundesarchiv Berlijn-Lichterfelde en in het Institut für Zeitgeschichte in München. Ik was vooral geïnteresseerd in de nalatenschap van belangrijke kopstukken van de nazistaat en van de belangrijkste militairen met wie Hitler het grootste deel van de zes jaren die hem restten, heeft doorgebracht. Omdat de dictator al zijn persoonlijke documenten kort voor zijn zelfmoord liet vernietigen, beloven de nalatenschappen van de mensen om hem heen hoogstwaarschijnlijk nieuwe inzichten.

In totaal heb ik me al acht jaar beziggehouden met het 'weerzinwekkende onderwerp' (Golo Mann) – een onderneming die ook psychisch een belasting is. De opluchting dat ik me nu kan richten op andere, aangenamere onderwerpen, gaat gepaard met de wens dat het tweede deel, net als het eerste, een geïnteresseerd publiek mag vinden.

I

De Tweede Wereldoorlog ontketend

Op 28 april 1939, enkele dagen na zijn vijftigste verjaardag, maakte Hitler de balans op van zijn zesjarige machtsuitoefening: 'Ik heb de chaos in Duitsland overwonnen, de orde hersteld, de productie in alle sectoren van onze nationale economie geweldig verhoogd [...].' Hij vervolgde: 'Om bedreigingen vanuit een andere wereld te voorkomen, heb ik niet alleen het Duitse volk politiek verenigd maar ook militair bewapend. Ik heb verder geprobeerd bladzijde voor bladzijde het verdrag te elimineren dat met zijn 448 artikelen de meest laag-bij-de-grondse verkrachting bevat die ooit volkeren en mensen is aangedaan. Ik heb de provincies die in 1919 van ons waren gestolen, weer teruggegeven aan het rijk, [...] ik heb de duizendjarige historische eenheid van het Duitse Lebensraum hersteld en ik heb [...] getracht dit alles te doen zonder bloedvergieten en zonder mijn volk of anderen het lijden van de vorige oorlog op te leggen. Ik heb dit [...] volbracht als arbeider en soldaat van mijn volk, 21 jaar geleden nog onbekend, op eigen kracht. Daarom kan ik voor het aangezicht van de geschiedenis stellen dat ik behoor tot de mensen die het hoogste gepresteerd hebben wat er van iemand redelijkerwijs en in alle rechtvaardigheid verlangd mag worden."

Wat de dictator natuurlijk verzweeg, was de keerzijde van dit schijnbaar smetteloze succesverhaal. Ja, hij had 'orde' gebracht – maar alleen met behulp van een geperfectioneerd repressie- en terreursysteem, dat het gemunt had op zijn voormalige politieke tegenstanders, communisten en sociaaldemocraten, dissidente katholieke priesters en protestantse dominees en de als 'asociaal' gestigmatiseerde marginale groepen in de samenleving, maar vooral op de volledig rechteloos gemaakte en getreiterde Joodse minderheid. Met de door Hitler bevolen pogrom van november 1938 was het Derde Rijk definitief uit de kring van beschaafde naties gestapt. De werkloosheid was inderdaad in verrassend korte tijd verholpen, de bewapening enorm versneld – maar alleen met een begrotingsbeleid met een avontuurlijk gebrek aan degelijkheid, dat op de lange termijn wel desastreuze gevolgen moest hebben. De bepalingen van het Verdrag van Versailles waren stap voor stap herzien – maar louter omdat de westerse mogendheden zich steeds weer hadden laten misleiden door Hitlers vredesbeloften en zich te zwak voelden om hem serieuze weerstand te bieden. De inlijving van de zogenaamde

'Rest-Tschechei', midden maart 1939, betekende de definitieve breuk met de overeenkomst van München; hiermee had Hitler ook in de buitenlandse politiek een grens overschreden en alle geloofwaardigheid verspeeld.

Toen Hitler zichzelf lauwerde omdat hij de 'duizendjarige historische eenheid van het Duitse leefgebied hersteld' zou hebben, vergat hij natuurlijk te noemen dat zijn onomstotelijke doel, de verovering van Lebensraum, zich ver buiten het Groot-Duitse Rijk over Oost-Europa moest doen gelden en verwezenlijkt moest worden door een nooit uit het oog verloren rassenideologische vernietigingsoorlog tegen de Sovjet-Unie. Ten slotte: de dictator had het succes dat hij opeiste geenszins 'op eigen kracht' bewerkstelligd. Bij alles wat hij deed, had hij in alle instellingen en in alle lagen van de maatschappij helpers gevonden die graag voor hem aan de weg timmerden of zelfs met eigen initiatieven voor hem uit snelden.

In zijn *Anmerkungen zu Hitler* uit 1978 neemt Sebastian Haffner het op voor de stelling dat op het hoogtepunt van het algemene geloof in de Führer, in 1938, 'waarschijnlijk meer dan 90 procent van alle Duitsers' Hitleraanhanger was.[2] Dit is misschien overdreven, maar het valt nauwelijks te ontkennen dat de Führer de overweldigende instemming van de Duitse bevolking genoot, vooral na de *Anschluss* van Oostenrijk. Als Hitler toentertijd het slachtoffer was geworden van een moordaanslag, zo merkte Joachim Fest op, zouden maar weinigen geaarzeld hebben hem 'een van de grootste staatslieden van de Duitsers, misschien wel de culminatie van hun geschiedenis, te noemen'.[3] Dergelijke irreële gedachtespelletjes zijn nog verder te voeren: wat was er gebeurd als Hitler in het voorjaar van 1939 – na zijn laatste staaltjes in de buitenlandse politiek: de annexatie van het restant van Tsjechoslowakije en van het Memelland – besloten had van koers te veranderen en tevreden te zijn met de bereikte winst?

Dergelijke speculaties zijn echter volstrekt nutteloos. Zoals in het eerste deel al werd uitgelegd, zou stoppen of omkeren op het ingeslagen pad naar de oorlog niet alleen strijdig zijn geweest met de gewelddadige bewegingswetten van zijn regime, maar ook met zijn persoonlijkheid.

'Hitler leek voor mij in dat noodlottige jaar 1939 op een hoogspanningscondensator, die zich na elke impuls langzaam oplaadt en zich, zodra de ontstekingsspanning is bereikt, ontlaadt met een nieuwe bliksemslag,' herinnerde rijksperschef Otto Dietrich zich. 'Hij was als een roulettespeler die niet kan stoppen, omdat hij gelooft dat hij een systeem heeft waarmee hij alle verliezen weer kan compenseren en de bank kan laten springen.'[4] Onmiddellijk na de Conferentie van München van 29-30 september 1938 – die hij zag als een nederlaag omdat hem de gewenste oorlog met Tsjechoslowakije en daarmee het bezit van het hele land was ontstolen – had Hitler al rekening gehouden met het volgende doel van zijn agressiebeleid: Polen, het land waarmee hij in januari 1934 tot veler verrassing een niet-aanvalsverdrag had gesloten.

Nauwelijks had de Britse premier Neville Chamberlain op 30 september 's ochtends Hitlers privéwoning aan de Münchense Prinzregentenstraße verlaten om naar Londen terug te vliegen met de gezamenlijk ondertekende verklaring dat men alle toekomstige conflicten vreedzaam wilde regelen, of Hitler maakte zijn militaire adjudanten Rudolf Schmundt en Gerhard Engel duidelijk dat hij zich niet gebonden voelde aan zijn gegeven woord. 'De oplossing van de omstreden problemen met Polen zou hij zich niet laten ontglippen,' verklaarde hij, maar: 'Op het geschikte tijdstip zou hij Polen murw schieten, daarvoor zou hij de inmiddels beproefde middelen gebruiken.'[5] De 'beproefde middelen' – dat was een combinatie van verleiding, bedrog en chantage, tot openlijke dreiging met oorlog toe.

Allereerst probeerden de Duitsers langs diplomatieke weg de Polen aan hun wensen te laten voldoen. Op 24 oktober 1938 nodigde rijksminister van Buitenlandse Zaken Joachim von Ribbentrop de Poolse ambassadeur Józef Lipski uit in het Grand Hotel in Berchtesgaden en stelde een 'grote schoonmaak' voor van alle wrijvingspunten tussen de twee landen. Om precies te zijn: hij eiste de terugkeer van de vrijstad Danzig in het Duitse Rijk en toestemming van Warschau voor de bouw van een extraterritoriale spoorweg en snelweg door de 'Poolse Corridor' tot aan Oost-Pruisen. Bovendien moest Polen ook toetreden tot het tegen de Sovjet-Unie gerichte Anti-Kominternpact van 1936. Als tegenprestatie beloofden de Duitsers de grenzen van de Poolse staat te garanderen en het niet-aanvalsverdrag van 1934 'met 10 tot 25 jaar' te verlengen.[6]

Hoewel het drie uur durende gesprek op vriendelijke toon verliep, liet de Poolse regering zich niet in de luren leggen. Voor Warschau was het zonneklaar dat de Duitse voorstellen slechts het begin waren van een offensief dat gericht was op het afhankelijk maken van Polen van het Duitse Rijk en het te dwingen tot aansluiting bij een gemeenschappelijk front tegen de Sovjet-Unie. In zijn antwoord van 19 november verwierp de Poolse minister van Buitenlandse Zaken Józef Beck de eis tot integratie van Danzig in het Rijk; in het beste geval zou men kunnen overwegen het statuut van de Volkenbond te vervangen door een Duits-Pools verdrag. Daarbij moesten echter de status van Danzig als vrijstaat en de douane-unie met Polen behouden blijven. Op het probleem van een extraterritoriale verbinding door de Corridor ging Beck niet in; Lipski, die aan Ribbentrop het Poolse antwoord overbracht, liet echter als zijn persoonlijke mening doorschemeren dat er een compromis gevonden kon worden.[7] Als een ondubbelzinnig teken van het voornemen zijn onafhankelijke positie tussen zijn twee machtige westelijke en oostelijke buren te handhaven, verlengde Polen op 27 november het in juli 1932 gesloten niet-aanvalsverdrag met Moskou.

Hitler was woedend over de onverwachte afwijzing van zijn aanbod en beval op 24 november het *Oberkommando der Wehrmacht* (OKW) voorbereidingen te treffen voor 'een verrassingsoverval en bezetting van Danzig'. Hij wilde op dit tijdstip echter nog geen oorlog met Polen ontketenen, maar wachten op een 'politiek gunstige situatie' voor een bliksemmanoeuvre.[8] Op 5 januari 1939 ontving de dictator de Poolse minister van Buitenlandse Zaken op de Berghof voor een lange gedachtewisseling en confronteerde hem wederom met het bekende eisenpakket van oktober 1938. Hoewel hij verklaarde dat 'een sterk Polen gewoon een noodzaak voor Duitsland' was, bevestigde hij ook de Duitse aanspraken op Danzig: 'Danzig is Duits, zal altijd Duits blijven en zal vroeg of laat bij Duitsland komen.' Beck reageerde ontwijkend – hij wilde het probleem graag eens op een rustig moment bespreken – maar verwees naar de publieke opinie in Polen, die zeer gevoelig was voor deze kwestie en hem weinig ruimte bood voor onderhandelingen. In het gesprek met Ribbentrop, de volgende dag in München, bleef hij bij zijn in vorm vriendelijke, maar inhoudelijk afwijzende houding. Zelfs na zijn tweedaagse tegenbezoek aan Warschau, eind januari, kwam de Duitse minister van Buitenlandse Zaken noodgedwongen met lege handen terug.[9]

Toch onthield Hitler zich in zijn Rijksdagtoespraak van 30 januari 1939 van elke agressie. Integendeel, hij omschreef het vijf jaar eerder gesloten niet-aanvalsverdrag als een 'echt bevrijdende afspraak' en prees de 'Duits-Poolse vriendschap' als 'een van de geruststellende fenomenen van het Europese politieke leven'.[10] In de eerste maanden van 1939 had niet het toekomstige conflict met de oostelijke buren de prioriteit voor Hitler, maar de vraag hoe hij toch nog de Tsjechische rompstaat kon overmeesteren, waarvan hij de integriteit had gegarandeerd in de overeenkomst van München. Na een lunch op de Rijkskanselarij, begin februari 1939, noteerde minister van Propaganda Goebbels: 'De Führer heeft het nu bijna uitsluitend over buitenlands beleid. Hij broedt weer op nieuwe plannen. Een napoleontisch karakter!'[11] Dat de dictator zich na zijn overrompeling van Praag op 15 maart zou richten op Polen, was voor verstandige waarnemers duidelijk. Algemeen werd vermoed, zo rapporteerde de Poolse consul-generaal in Leipzig aan ambassadeur Lipski, dat Hitler na de annexatie van het Memelgebied 'zou overgaan tot het regelen van de eisen tegen Polen, in de eerste plaats tot annexatie van Danzig en de "Corridor"'. Bij het oplossen van deze problemen zou hij 'begrip en erkenning' krijgen van de Duitse bevolking.[12]

Op 21 maart ontbood Ribbentrop de Poolse ambassadeur in de Wilhelmstraße en presenteerde hem opnieuw de Duitse eisen van oktober 1938 en januari 1939, nu haast als een ultimatum. Hitler, stelde hij, was 'bevreemd' over de houding van de Poolse regering; het was nu zaak 'dat hij niet de indruk kreeg dat Polen dat gewoon niet wilde'.[13] Daarmee was Warschau duidelijk gemaakt dat voor Polen hetzelfde lot dreigde als Tsjechoslowakije. Als het zou toegeven aan de Duitse eisen, zou Berlijn onvermijdelijk met nieuwe eisen komen, en wat een garantie van de grenzen van Hitler waard was, had men dus uitgebreid kunnen bestuderen bij het geval van Praag. Op 24 maart verklaarde minister van Buitenlandse Zaken Beck tegen zijn medewerkers dat er op Duitsland 'geen peil meer te trekken was'. Men moest niet toegeven aan Hitler, maar hem met vastberadenheid tegemoet treden en het signaal afgeven dat Polen zo nodig bereid was te vechten.[14] Graaf Jan Szembek, secretaris-generaal bij het Poolse ministerie van Buitenlandse Zaken, constateerde in zijn dagboek: 'Volgens mij moeten wij nu onze tanden laten zien aan de Duitsers.'[15]

Op 26 maart keerde Lipski terug naar Berlijn en overhandigde aan Ribbentrop een memorandum van de Poolse regering waarin alle Duitse voorstellen ronduit werden afgewezen. Op een hoffelijke maar niet mis te verstane wijze liet Beck bovendien het bericht overbrengen dat hij graag zou ingaan op de uitnodiging van Ribbentrop om Berlijn te bezoeken, maar dat dit diplomatiek zorgvuldig voorbereid zou moeten worden. De Poolse minister van Buitenlandse Zaken wilde in geen geval overgeleverd zijn aan een van die grove chantagemanoeuvres die de Oostenrijkse bondskanselier Kurt Schuschnigg in februari 1938 en de Tsjechische president Emil Hácha in maart 1939 hadden meegemaakt. Von Ribbentrop reageerde uiterst bruusk: als de zaken zich zouden blijven ontwikkelen als tot nu toe, zou 'er snel een ernstige situatie kunnen ontstaan'. Daarbij kwam hij met een onverholen dreigement: Duitsland zou 'een schending van het grondgebied van Danzig door Poolse troepen' beschouwen als een aanval op zijn rijksgrenzen en dienovereenkomstig reageren.[16] Daarop ontbood Beck de Duitse ambassadeur in Warschau, Adolf von Moltke, op de avond van 28 maart naar het Poolse ministerie van Buitenlandse Zaken en maakte hem duidelijk dat Polen van zijn kant het als een casus belli zou zien als 'Duitsland zou proberen het statuut van de vrijstad eenzijdig te veranderen'. Volgens hem bleef Polen geïnteresseerd in onderhandelingen, maar hij kreeg steeds meer de indruk dat er sprake was van een 'keerpunt in de Duits-Poolse betrekkingen'.[17]

In die tijd wist Hitler nog niet duidelijk hoe hij moest reageren op de afwachtende houding van Polen. 's Avonds op 24 maart, na zijn terugkeer uit het door Duitsland geannexeerde Memelland, sprak hij met Goebbels over zijn toekomstplannen: 'De Führer piekert nog over de oplossing van de kwestie-Danzig. Hij wil het met Polen proberen met enige druk en hoopt dat het daarop reageert.' In die zin liet Hitler zich ook uit de volgende dag, aan de lunchtafel in de Rijkskanselarij: 'Polen heeft nog geen besluit genomen over Danzig, maar onze druk neemt toe. We hopen ons doel te bereiken.'[18] Hitler vertelde de opperbevelhebber van het leger, Walther von Brauchitsch, dat hij nog niet van plan was de 'kwestie-Danzig' op dat moment met geweld op te lossen, omdat hij Polen niet 'in de armen van

Engeland wilde drijven'. Anderzijds zou zich 'in de nabije toekomst' onder 'bijzonder gunstige politieke omstandigheden' een situatie kunnen voordoen waardoor een totaaloplossing van het 'Poolse probleem' noodzakelijk zou blijken. De generale staf van de Wehrmacht zou zich nu op dit geval moeten voorbereiden. 'Polen moet dan zo verpletterd worden dat er in de komende decennia als politieke factor geen rekening meer mee gehouden hoefde te worden.'[19] Al in de late avond van 25 maart vertrok Hitler voor een paar dagen naar München en Berchtesgaden om zich te ontspannen. Hij was dus niet in Berlijn toen ambassadeur Lipski de definitieve Poolse afwijzing overbracht, maar Ribbentrop moet hem onmiddellijk op de hoogte hebben gebracht. Hoe hij hierop reageerde, is te zien in het dagboek van Goebbels, die na een telefoongesprek met de Führer op 27 maart noteerde: 'Polen doet nog steeds erg moeilijk. De polakken zijn en blijven natuurlijk onze vijanden, hoewel ze ons in het verleden wel wat diensten hebben bewezen uit eigenbelang.'[20]

Op 30 maart keerde Hitler terug naar Berlijn en begon onmiddellijk besprekingen met de minister van Buitenlandse Zaken. 'Er hing spanning in de lucht,' herinnerde adjudant Nicolaus von Below zich.[21] Een dag later was er sprake van een wending waarop de dictator niet had gerekend: Chamberlain garandeerde de onafhankelijkheid van Polen in een verklaring voor het Britse Lagerhuis. Mocht deze ernstig bedreigd worden, dan zou de Britse regering de Poolse regering alle mogelijke steun geven. De Franse regering sloot zich bij deze verklaring aan. Daarmee was duidelijk: een Duitse aanval op Polen stond gelijk aan oorlog met de westerse mogendheden. (Een soortgelijke garantie trad op 13 april ook in werking voor Roemenië en Griekenland.) Londen had na de flagrante schending van het Verdrag van München eindelijk begrepen dat Hitler niet van zijn oorlogskoers kon worden afgebracht met *appeasement*. 'Het hoofddoel van onze garantie aan Polen,' resumeerde Alexander Cadogan, staatssecretaris van Buitenlandse Zaken, als motief voor de koerswijziging, 'is Duitsland af te schrikken van verdere agressie.'[22] Begin april reisde de Poolse minister van Buitenlandse Zaken Beck naar Londen. Vervolgens werd aangekondigd dat de twee landen waren overeengekomen een verdrag voor wederzijdse bijstand te sluiten. Dat zou Hitler 'voorlopig tot staan brengen, want geweld is iets wat hij begrijpt en respecteert', zei de Amerikaanse correspondent in Berlijn, William Shirer, vol overtuiging.[23]

Hitler hoorde van de Britse garantie voor Polen op de avond van 31 maart, toen hij in zijn speciale trein zat die hem naar Wilhelmshaven bracht. Daar zou op de ochtend van 1 april de 'Tirpitz' van stapel lopen, het grootste slagschip na de 'Bismarck'. In zijn toespraak op een massabijeenkomst 's middags op de Rathausmarkt sprak hij al over de nieuwe ontwikkeling. Groot-Brittannië, zo beweerde hij, voerde een 'omsingelingspolitiek' tegen het Duitse Rijk, zoals het dat vóór 1914 had gedaan. Als tegenzet dreigde hij met beëindiging van het Vlootverdrag van 1935 en gaf hij een onmiskenbare waarschuwing aan de *Trabantenstaaten* – de vazalstaten, waarmee natuurlijk vooral Polen was bedoeld. Wie bereid was voor de westerse mogendheden 'de kastanjes uit het vuur te halen', moest erop voorbereid zijn 'dat hij daarbij zijn vingers zal branden'.[24]

Met het woord 'omsingeling' leverde Hitler het sleutelwoord dat Goebbels onmiddellijk oppakte en in de weken daarna tot het centrale thema van de anti-Britse propaganda maakte. Net zoals in de situatie van voor 1914 was dit bedoeld om de angst voor de dreiging aan te wakkeren en de schuld voor het eventuele uitbreken van de oorlog bij voorbaat bij de Britse regering te leggen.[25]

Nog op de avond van 1 april ging Hitler aan boord van het Kraft durch Freude-cruiseschip 'Robert Ley', dat vertrok voor een meerdaagse maidentrip op zee. Hij begaf zich ongedwongen onder de vakantiegangers, liet zich bereidwillig fotograferen en genoot van het enthousiasme en de bewondering die hem aan alle kanten omgaven. Om twaalf uur 's middags op 4 april meerde de 'Robert Ley' aan in de haven van Hamburg. Hitler reed naar het station Dammtor en reisde met de speciale trein naar Berlijn, waar hij echter slechts een paar uur halthield alvorens te vertrekken voor een langer verblijf op de Obersalzberg.[26]

Op 3 april, nog tijdens de Kraft durch Freude-cruise, had hij het OKW opgedragen voorbereidingen te treffen voor een aanval op Polen, 'Fall Weiß', met als uitgangspunt dat 'de uitvoering na 1 september 1939 elk ogenblik kon beginnen'.[27] Op 11 april, de dag na Pasen, ondertekende Hitler op de Berghof de *Weisung für einheitliche Kriegsvorbereitung der Wehrmacht für 1939/40* (Order voor een uniforme oorlogsvoorbereiding van de Wehrmacht voor 1939-40). In de passage over 'Fall Weiß' luidde de inleiding dat Duitsland verdere 'verstoringen' in de verhouding met Polen wilde vermijden. Mocht de oostelijke buurman echter 'een houding aannemen die het Rijk bedreigt', dan zou 'een definitieve vergelding' noodzakelijk kunnen worden, ongeacht het nog steeds van kracht zijnde non-agressiepact: 'Het doel is dan de Poolse militaire weerbaarheid te verpletteren en in het oosten een situatie te creëren die beantwoordt aan de behoeften van onze nationale defensie. De Vrijstaat Danzig wordt uiterlijk aan het begin van het conflict verklaard tot Duits rijksgebied. Onze politieke leiding ziet het als haar taak Polen in dit geval te isoleren, d.w.z. de oorlog te beperken tot Polen.' De Wehrmacht kreeg opdracht het Poolse leger te vernietigen. Daartoe moest 'een verrassend aanvalstijdstip worden nagestreefd en voorbereid'.[28] Kennelijk wilde Hitler – zoals het ook gebeurd is – Polen overvallen zonder het land formeel de oorlog te hebben verklaard.

Terwijl de generaals in het jaar daarvoor nog duidelijk hun reserves hadden getoond over Hitlers oorlogsplannen tegen Tsjechoslowakije, was daarvan nu niets meer te bespeuren. Integendeel: in een toespraak tot hoge officieren in de tweede helft van april schaarde het hoofd van de generale staf, Franz Halder, zich onvoorwaardelijk achter de 'uitmuntende, [...] op solide instincten berustende politiek van de Führer'. Door de technische achterstand van de Poolse legers en de slechte training van hun soldaten was Polen 'geen serieus te nemen tegenstander'. De Wehrmacht moest ervoor zorgen dat het land 'met de snelst mogelijke methode' werd verslagen.

'We moeten in hoogstens drie weken met Polen hebben afgerekend, ja, zo mogelijk al in veertien dagen.' In dit geval was Halder van mening dat ook het risico van ingrijpen door Engeland en Frankrijk op de koop toe genomen kon worden.[29] De oude anti-Poolse ressentimenten van de nationalistisch-conservatieve militaire elite van Duitsland lieten zich hier weer gelden; een oorlog tegen de gehate oosterburen was in zekere zin een droomsituatie. Deze keer hoefde Hitler niet te vrezen dat hij problemen zou krijgen met de bevelhebbers van het leger.

Pas op 18 april keerde Hitler terug naar de Rijkshoofdstad, waar alles in het teken stond van zijn vijftigste verjaardag. Ondanks zijn overvolle programma ontving hij de avond ervoor de Roemeense minister van Buitenlandse Zaken Grigore Gafencu voor een twee uur durende audiëntie en uitte hij zijn wrok over de Britse garantie aan Polen: als Engeland oorlog wilde, dan kon het die krijgen. 'Dit zal echter geen gemakkelijke oorlog zijn, naar het zich laat aanzien, [...] het zal een vernietigingsoorlog worden die alle verbeeldingskracht te boven gaat.'[30] Na de verjaardagsfestiviteiten waren Hitlers dagen gevuld met de voorbereiding van een Rijksdagtoespraak, die een antwoord moest zijn op een boodschap van de Amerikaanse president Franklin D. Roosevelt.[31]

Washington was gealarmeerd over de Duitse 'greep naar Praag' op 15 maart en over de bezetting van Albanië door Italië, drie weken later. Op 14 april deed Roosevelt een beroep op Hitler en Mussolini om terug te keren naar een politiek van vreedzame doelen en middelen, en weer deel te nemen aan onderhandelingen over ontwapening. In het bijzonder noemde hij 31 staten, niet alleen in Europa maar ook in het Midden-Oosten, en eiste hij van de Duitse en de Italiaanse regering de garantie dat zij geen van deze staten zouden aanvallen.[32] Hitler beschouwde dit als een brutaliteit – 'een domme, lompe nieuwe Wilson-streek', zei hij verontwaardigd tegen Goebbels[33] – en nam in zijn tweeënhalf uur durende Rijksdagtoespraak op 28 april de gelegenheid te baat de Amerikaanse president te overladen met hoon en spot. Hij had bij alle genoemde staten geïnformeerd of zij zich bedreigd voelden door Duitsland, en het antwoord zou 'negatief, deels botweg ontkennend' geweest zijn. Aan sommige staten kon het echter niet gevraagd worden 'omdat zij – zoals Syrië – momenteel niet in het bezit zijn van hun vrijheid, maar bezet zijn door de strijdkrachten van democratische staten, en dus rechteloos zijn gemaakt'.[34]

Marianne von Weizsäcker, de vrouw van Ernst von Weizsäcker, secretaris-generaal op het ministerie van Buitenlandse Zaken, was onder de indruk. Ze schreef in een brief dat Hitler vooral 'recht uit het hart had gesproken' in de passages van zijn toespraak over het Verdrag van Versailles: 'Wat men destijds voelde, was wat er vandaag werd gezegd.'[35] 'Hitler was vandaag weer een groot acteur,' moest ook William Shirer met tegenzin constateren. Hij had Hitlers optreden gevolgd vanaf de perstribune. De spreker speelde zijn sarcasme uit 'met een meesterlijke houding [...] tot in de laatste ironische nuance'. De afgevaardigden beantwoordden zijn betoog met goedkeurend gebrul.[36] Hitler beperkte zich echter niet tot het belachelijk maken van Roosevelt. Hij kondigde meteen aan dat hij met onmiddellijke ingang het Duits-Britse Vlootverdrag en het Duits-Poolse niet-aanvalsverdrag had opgezegd. Zoals gebruikelijk gaf hij de schuld aan de andere partij, een schaamteloze verdraaiing van de feiten: Groot-Brittannië had door zijn 'omsingelingspolitiek' tegen Duitsland de grondslag van het wederzijdse vertrouwen vernietigd, en ook Polen had, doordat het zich vastlegde op bijstand aan Engeland, de overeenkomst van 1934 eenzijdig geschonden. Warschau reageerde terughoudend op de nieuwe provocatie uit Berlijn. In een grote toespraak voor het parlement onderstreepte minister van Buitenlandse Zaken Beck dat de regering vastberaden was niet te zwichten voor de Duitse druk: 'Het begrip "vrede tegen elke prijs" kennen wij Polen niet. In het leven van mensen, volkeren en staten is er maar één goed dat geen prijs heeft: de eer!'[37]

Het opzeggen van de beide verdragen met Engeland en Polen verhoogde ineens de spanningen in Europa. 'Nu begint de obligate crisis weer,' noteerde Goebbels. 'Vroeg of laat komen we er natuurlijk als winnaars uit. Deze keer ligt er geen makkelijke aftocht voor de westerse mogendheden open.'[38] Hitler had inmiddels zijn oorspronkelijke bedoeling opgegeven om Polen via onderhandelingen te plooien naar de Duitse wensen en het in de rol van een satellietstaat te duwen. Hij zette nu al zijn geld op de militaire kaart. 'De Polen moeten bij de eerste de beste gelegenheid een tik op hun bek krijgen,' zo echode de minister van Propaganda de mening van zijn Führer. 'Warschau zal een keer eindigen waar Praag terechtgekomen is.'[39] Om de voor de late zomer geplande aanval op Polen diplomatieke rugdekking te geven, deden Duitse politici hun best de betrekkingen met Italië te intensiveren. Hitler was er nog kwaad over dat Mussolini hem niet geconsulteerd had over diens overval op Albanië op 7 april en noemde de actie 'na-aperij' van zijn eigen overrompeling van Praag. Hij uitte echter ook zijn begrip voor de houding van de duce, want hij had hem ook niet om raad gevraagd. 'Als je die babbelzieke Italianen iets vertelt, kun je het net zo goed meteen in de krant zetten.'[40]

Ondanks dergelijke geringschattende uitspraken drong Berlijn nu aan op de uitbreiding van de politieke 'As' tot een militair bondgenootschap. Göring was op 15 en 16 april in Rome voor oriënterende gesprekken. In zijn eerste gesprek met Mussolini en de Italiaanse minister van Buitenlandse Zaken Galeazzo Ciano sloeg hij een dermate agressieve toon aan tegen Polen en Engeland dat de Italianen de indruk hadden dat de Duitsers al binnenkort een oorlog wilden beginnen. De volgende dag bond Göring een beetje in en benadrukte dat Hitler hem had 'laten vertellen dat hij geen plannen tegen Polen had'. Niettemin vond Mussolini het zinvol erop te wijzen dat de Asmogendheden nog steeds twee tot drie jaar nodig hadden voordat ze 'een algemeen conflict goedbewapend en met vooruitzichten op een zege konden aangaan'.[41] De Italiaanse ambassadeur in Berlijn, Bernardo Attolico, was ook bezorgd over de Duitse intenties: Hitler, zo waarschuwde hij op 18 april nadat Polen de Duitse voorstellen had afgewezen, was 'in die sfinxachtige toestand geraakt [...] die aan elk van zijn aanvallen voorafgaat'. Omdat er bij een aanval op Polen Brits-Frans ingrijpen dreigde, moest Rome ervoor zorgen dat het deze keer niet weer voor een voldongen feit werd geplaatst.[42]

Tijdens overleg met Ciano in Milaan op 6 mei trachtte Ribbentrop de Italiaanse bezorgdheid weg te nemen. Hij was er zeker van dat er geen Engelsman of Fransman voor Polen ten strijde zou trekken wanneer de 'Poolse kwestie' over een paar maanden klaar was om te worden afgehandeld. Ciano bracht nog een keer ter tafel dat Italië nog drie jaar vrede nodig had. Tot verrassing van de Duitse delegatie sprak Mussolini op de avond van 6 mei zich uit voor een onverwijld sluiten van het militaire bondgenootschap met Duitsland.[43] Op 22 mei ondertekenen Ciano en Ribbentrop in de ontvangstzaal van de Nieuwe Rijkskanselarij het Duits-Italiaanse Vriendschaps- en Alliantieverdrag, algauw het 'Staalpact' genoemd. Het kreeg aanvankelijk een beperkte termijn van tien jaar en voorzag niet alleen in voortdurend nauw overleg, maar ook in een wederzijdse plicht tot militaire bijstand indien een van de twee mogendheden te maken kreeg 'met militaire verwikkelingen met een andere mogendheid of mogendheden'.[44] Hitler woonde de ceremonie bij. Ciano vond hem 'een beetje ouder geworden'. 'De ogen zijn iets donkerder omlijnd. Hij slaapt weinig, steeds minder,' hoorde hij van kringen in Hitlers gevolg.[45]

Toch kon het schitterende feest dat Ribbentrop 's avonds in zijn Dahlemse villa hield voor de Italiaanse delegatie, niet verhullen dat de Aspartners diep wantrouwen koesterden over elkaars intenties. Terwijl het militaire pact voor Ciano 'echt dynamiet' bevatte omdat de plicht tot bijstand niet beperkt was tot de defensieve conflicten maar ook gold voor Duitse agressie, sprak Goebbels zijn scepsis uit over de waarde van het verdrag met de laconieke opmerking: 'Hopelijk houden de Italianen er zich ook aan.'[46] Al snel bleek dat dergelijke twijfels volledig terecht waren.

Ook Mussolini had echter alle reden ongerust te zijn over de volgende stappen van Hitler. Nauwelijks had Ciano namelijk op de ochtend van 23 mei Berlijn verlaten, of de dictator ontbood de opperbevelhebbers van het leger, de marine en de luchtmacht en hun stafchefs naar zijn werkkamer in de Nieuwe Rijkskanselarij. Daar informeerde hij hen over de algemene politieke situatie zoals hij die voor ogen had en bevestigde hij het in de richtlijn van 11 april vastgelegde besluit om 'bij de eerste de beste gepaste gelegenheid Polen aan te vallen'. Tegelijkertijd liet hij er echter geen twijfel over bestaan dat deze oorlog slechts de basis zou zijn voor het verwezenlijken van zijn verdergaande plannen. In de door zijn Wehrmachtadjudant Schmundt opgestelde notulen luidt deze passage als volgt: 'Danzig is niet het doel waar het om gaat. Het gaat voor ons om de uitbreiding van het Lebensraum in het oosten, het veiligstellen van de voedselvoorziening en om de oplossing van het probleem van het Baltische gebied.' Hitler gaf aan dat het noodzakelijk was 'Polen te isoleren', omdat het 'niet simultaan tot een conflict met het westen' mocht komen. Hij gaf echter zelf toe dat het Duits-Poolse conflict mogelijk niet lokaal gehouden kon worden en dat het kon komen tot een interventie van Engeland en Frankrijk. In dat geval was het 'beter het westen aan te vallen en tegelijkertijd Polen te elimineren'. Hitler had fundamentele twijfel over de mogelijkheid van een vreedzame regeling met het eilandimperium: 'Engeland ziet in onze ontwikkeling de basis van een hegemonie die Engeland zou verzwakken.' 'Engeland is dus onze vijand en de confrontatie met Engeland is een strijd op leven en dood.'

Hitler bracht de Wehrmachttop in de stemming voor een langdurige worsteling, ja, hij sprak zelfs van een 'oorlog van tien tot vijftien jaar' als Schmundts verslag zijn uitspraken correct weergeeft. Als doorslaggevende voorwaarde voor succes noemde hij geheimhouding. 'Ook tegenover Italië of Japan moet ons doel geheim blijven.' De inkt onder het enkele uren eerder ondertekende Staalpact was dus amper droog, of Hitler gaf al aan dat hij zich niet gebonden voelde aan de overeengekomen verplichting tot informatie en consultatie. De enige deelnemer aan de bijeenkomst die na Hitler het woord nam, was kennelijk Göring. Hij wilde weten welk tijdstip de drie Wehrmachtonderdelen voor ogen moesten houden bij hun voorbereiding op het grote conflict. Het antwoord – dat de bewapeningsprogramma's gericht moesten worden 'op 1943 resp. 1944' – zou de aanwezige militairen tot op zekere hoogte gerust hebben moeten stellen. Had Hitler dezelfde datum niet ook genoemd in de bespreking van 5 november 1937? Tot die tijd kon er nog veel gebeuren. Wie echter betwijfeld had dat het Hitler met zijn oorlogsplannen menens was, wist nu beter. Op niet mis te verstane wijze maakte de rijkskanselier duidelijk dat hij in het geval van Polen niet meer rekende op een 'herhaling van Tsjechoslowakije', dus agressie zonder oorlog. 'Verdere successen kunnen we niet meer afdwingen zonder bloedvergieten.'[47]

Terwijl achter de coulissen zo de operationele voorbereiding voor 'Fall Weiß' doorging, trachtte Hitler in de openbaarheid te doen alsof de toestand normaal was. De zomermaanden bracht hij grotendeels door op de Obersalzberg en hij liet zich slechts af en toe zien in Berlijn – bijvoorbeeld bij het staatsbezoek van de Joegoslavische prins-regent en diens echtgenote van 1 tot 4 juni of bij de ontvangst van het uit de Spaanse burgeroorlog teruggekeerde Condorlegioen op 6 juni.⁴⁸ Daarna werkte hij een uitgebreid reisprogramma af. Op 7 juni liet hij zich informeren over de voortgang van de bouwwerkzaamheden aan de Volkswagenfabriek te Fallersleben. Drie dagen later arriveerde hij in Wenen om de Reichstheaterwoche bij te wonen. Hij was aanwezig bij de feestelijke uitvoering van een opera van Richard Strauss met de toepasselijke titel *Friedenstag* en hield aansluitend een grote receptie voor kunstenaars. De volgende dag was hij te zien in het Burgtheater. 'Hier heeft hij zijn grote theaterervaringen meegemaakt,' merkte Goebbels op. 'En nu juicht de hele stad hem toe.'⁴⁹ Voordat hij op 12 juni naar Linz vertrok om zijn uitbreidingsplannen voor die stad te bespreken met Gauleiter August Eigruber, bezocht hij het graf van zijn nichtje Geli Raubal op de Zentralfriedhof van Wenen. Op weg van Linz naar Berchtesgaden hield Hitler halt op de plaatsen waar hij zijn jeugd had doorgebracht: Hafeld, waar zijn vader na zijn pensionering in 1895 naartoe was verhuisd, en Fischlham, waar het kleine schoolgebouw met één klaslokaal volledig onveranderd was gebleven.⁵⁰ Het leek voor zijn omgeving of hij in die dagen helemaal in het verleden leefde.

Die indruk was echter bedrieglijk: ook op de Berghof draaiden zijn gedachten – naast de plannen voor zijn monumentale gebouwen – onophoudelijk om de ophanden zijnde oorlog tegen Polen. Toen Goebbels op 20 juni Hitler een bezoek bracht in zijn Alpenwoning, kwam de dictator direct ter zake: 'Polen zal zich eerst verzetten en daarna bij de eerste nederlaag jammerlijk in elkaar storten.' In slechts veertien dagen tijd, zo dacht hij, zou de campagne voorbij kunnen zijn, en Engeland zou zijn garantie voor de onafhankelijkheid van Polen niet waarmaken. 'Londen zal Warschau in de steek laten. Het bluft alleen maar. Heeft te veel andere zorgen.'⁵¹ Of Hitler werkelijk in zijn 'bluftheorie' geloofde of zich tegenover zijn minister van Propaganda alleen maar nadrukkelijk optimistisch wilde voordoen, is moeilijk uit te maken. In de ontmoeting met de topmilitairen op 23 mei had hij niet uitgesloten dat de westerse mogendheden zouden ingrijpen, hoewel hij het toch nog steeds onwaarschijnlijk vond.

Op 3 juli bezocht Hitler het testvliegveld van de Luftwaffe, Rechlin am Müritzsee, en liet zich de laatste technische ontwikkelingen demonstreren. 's Avonds op 4 juli boezemde hij in de Rijkskanselarij de vertrouwelingen in zijn entourage weer vertrouwen in: 'Onze vestingwerken zijn fantastisch. Ons militaire potentieel groeit met de dag. Vooral onze defensieve wapens zijn veel beter dan die van onze tegenstanders. Dat is een aangenaam gevolg van Versailles. In ieder geval staat alles er opperbest voor.'[52] Nadat Hitler op 5 juli een receptie had gegeven voor de Bulgaarse minister-president Georgi Kjoseivanov, vloog hij al de volgende dag naar München, deze keer met de nieuwe viermotorige 'Condor', die niet alleen meer ruimte had, maar ook 100 kilomet per uur sneller vloog dan de Junkers Ju 52. Tijdens een daaropvolgende week op de Obersalzberg hield hij zich uitvoerig bezig met het operatieplan van het leger voor de veldtocht tegen Polen.[53] Om zijn bedoelingen voor het Duitse en internationale publiek te camoufleren, liet hij op 10 juli bekendmaken dat het jaarlijkse Neurenbergse Partijcongres in september zou plaatsvinden zoals gewoonlijk – onder het cynische motto 'Rijkspartijcongres van de vrede'. Ook gingen de voorbereidingen door voor een op 27 augustus geplande nationale plechtigheid bij het Tannenbergmonument vanwege de 25ste verjaardag van de daar geleverde slag.[54]

Net als in de twee voorgaande jaren nam Hitler ook deel aan de evenementen voor de 'Dag van de Duitse kunst' in München. Op de avond van 14 juli hield hij in de Führerbau een grootse receptie voor kunstenaars, bijgewoond door vooraanstaande vertegenwoordigers van de partij, de staat en de Wehrmacht alsmede een Italiaanse delegatie onder leiding van de minister van Volkscultuur, Dino Alfieri. 'Een feestelijk en meeslepend tafereel! Het wordt heel mooi en sfeervol. De Führer is in een opperbest humeur,' noteerde Goebbels.[55] De dictator nam zelfs de tijd voor het jaarcongres van de Reichskammer der Bildenden Künste in de feestzaal van het Deutsche Museum. Bij de opening van de derde Große Deutsche Kunstausstellung op 16 juli in het Haus der deutschen Kunst hield hij een redevoering waarin hij de 'reiniging' van de Duitse cultuur van verderfelijke moderne invloeden prees: 'De hele zwendel van een decadente of ziekelijke, onwaarachtige modieuze kunst is weggevaagd.'[56] De feestelijke optocht 's middags stond niet onder een goed gesternte: het regende pijpenstelen, wat de stemming zichtbaar drukte. 'Hitler had een zeer slecht humeur – hij had zijn regenjas naar zijn "vriendin" mejuffrouw Braun gestuurd,' hoorde Ulrich von Hassell, voormalig Duits ambassadeur in Rome, van de Bruckmanns. Zij behoorden tot de eerste Hitler-aanhangers, maar hun enthousiasme voor hun voormalige beschermeling was inmiddels aanzienlijk bekoeld.[57]

Op de ochtend van 17 juli bood Hitler Alfieri een ontbijt aan in zijn privéappartement te München voordat hij zich weer terugtrok naar de Obersalzberg. Een week later vertrok hij voor zijn traditionele bezoek aan het festival te Bayreuth. Bij de openingsvoorstelling op de avond van 25 juli droeg hij niet zoals gewoonlijk een rokkostuum of smoking maar het partijuniform – voor oplettende toeschouwers een teken dat ongewone dingen hun schaduw vooruitwierpen. Ook in Bayreuth bleef de politiek niet achterwege. Op uitnodiging van perschef Otto

Dietrich was de uitgever van *The Sunday Times*, lord James Kemsley, overgekomen om de voorwaarden van een artikelenuitwisseling tussen Duitse en Engelse kranten te bespreken. Tijdens het gesprek in de Siegfriedvilla was Hitler zeer terughoudend en herhaalde monotoon dat handhaving van de vrede in Europa uitsluitend van Engeland afhankelijk was. Hij schonk niet eens een audiëntie aan de Britse ambassadeur Nevile Henderson, die op 29 juli naar Bayreuth kwam.[58] In plaats daarvan hadden Unity Mitford en haar zus Diana, de echtgenote van de Britse fascistische leider Oswald Mosley, tijdens het festival het genoegen van Hitlers aandacht. Tijdens een diner bij Winifred Wagner was lady Mitford er heel stellig over dat Engeland nog niet in staat was oorlog te voeren, omdat de bewapeningsmaatregelen tekortschoten. Dat klonk de Führer als muziek in de oren, zo meende adjudant Engel af te kunnen leiden uit de reactie van Hitler.[59] Misschien zag de dictator zich gesterkt in zijn mening dat de Engelse regering slechts zou 'bluffen' en op het kritieke moment zou terugdeinzen voor de oorlogsdreiging.

In de volgende drie weken verbleef Hitler onafgebroken op de Obersalzberg. Terwijl hij signalen afgaf dat alles normaal was en tegenover de westelijke mogendheden een 'tactiek van het zwijgen'[60] toepaste, zorgde Goebbels ervoor dat de propaganda het conflict met Polen liet doorsudderen. De pers maakte onophoudelijk melding van zogenaamde Poolse vergrijpen tegen de Duitse minderheid. Net als bij de Sudetencrisis van een jaar eerder werden er steeds weer incidenten geënsceneerd om de Polen te provoceren tot tegenacties, die vervolgens met veel getier konden worden uitgebuit. 'In Polen hebben we nu de eerste doden,' jubelde de minister van Propaganda medio mei 1939 al. 'Het verloopt allemaal als een wetmatigheid.'[61] Op 7 augustus ontbood Hitler Albert Forster, de Gauleiter van Danzig, naar de Obersalzberg en deelde hem mee dat hij 'de laatste grenzen van het geduld' had bereikt wat Polen betrof. Na zijn terugkeer stookte Forster de stemming op tijdens een betoging op 10 augustus op de Lange Markt: het moest Polen glashelder zijn dat Danzig 'niet alleen en in de steek gelaten' was, maar dat 'het Duitse Rijk, ons moederland, en onze leider Adolf Hitler' onwrikbaar aan de kant van de stad stonden.[62]

Op 11 augustus liet Hitler Carl Jacob Burckhardt, hoge commissaris van de Volkenbond in Danzig, met een van zijn privévliegtuigen naar Salzburg vliegen. Hij ontving de Zwitserse diplomaat en historicus in het grote theehuis boven de Berghof, de 'Adlerhorst'. Daar deelde hij hem zonder omhaal mee dat hij bij het 'kleinste incident Polen zonder waarschuwing zou verpletteren'. In antwoord op Burckhardts bezwaar dat dit tot een 'algemene oorlog' zou leiden, riep Hitler opgewonden uit: 'Dat moet inderdaad zo zijn.' Als hij oorlog moest voeren – 'liever vandaag dan morgen'. Aan het einde van het gesprek – althans zo heeft de commissaris van de Volkenbond het in zijn twintig jaar later geschreven memoires overgeleverd – benadrukte Hitler: 'Ik bluf niet. Als er ook maar het minste of geringste gebeurt in Danzig of met onze minderheden, zal ik hard toeslaan.'[63] Eens te meer toonde Hitler aan hoe goed hij zijn gesprekspartners kon misleiden. Hoe de zaken in Danzig zich immers ook zouden ontwikkelen, hij had gekozen voor oorlog met Polen. Op dezelfde dag dat hij Burckhardt ontving, gaf hij opdracht de anti-Poolse campagne op te voeren tot '80 procent geluidssterkte'. 'Het wordt tijd voor de eindsprint,' stelde Goebbels terecht vast.[64]

Op 12 augustus gaf Hitler de Wehrmacht bevel tot de opmars tegen Polen en wees 26 augustus aan als dag van de aanval. Twee dagen later ontbood hij de opperbevelhebber van het leger, Walther von Brauchitsch, en stafchef Franz Halder naar de Berghof en deelde hun mee dat politiek of militair succes niet langer zonder risico te bereiken was. Zijn overtuiging dat het conflict met Polen lokaal gehouden kon worden, was 'met de dag' sterker geworden. Alles wees erop dat 'Engeland en Frankrijk niet aan de oorlog zullen deelnemen, vooral omdat er geen dwingende reden voor hen is'.[65] Hitler zei achteraf in kleine kring dat hij de twee legerleiders had laten komen om 'hun een oppepper te geven'.[66] Dat was echter helemaal niet nodig. Het vooruitzicht om binnenkort Polen te kunnen aanvallen gaf de militairen vleugels en schonk hun grote voldoening. Net als Hitler waren ze ervan overtuigd dat ze de veldtocht vanwege de Duitse overmacht binnen enkele weken konden afronden.

Ondertussen groeide in Rome de vrees dat Italië door zijn bondgenoten weer voor voldongen feiten gesteld zou worden, ondanks de consultatieclausule in het Staalpact. Begin juli 1939 had minister van Buitenlandse Zaken Ciano aan ambassadeur Attolico opdracht gegeven meer te weten te komen over de Duitse intenties voor de Poolse kwestie. Inderdaad bevestigde Ribbentrop op 6 juli dat Hitler geen concrete oorlogsplannen koesterde en zich niet zou laten verleiden tot 'ondoordachte gestes'.[67] Attolico kreeg echter via de Italiaanse militair attaché in Berlijn, generaal Efisio Marras, betrouwbare informatie die geen twijfel liet bestaan over de wil van de Duitse leiding om oorlog te voeren. Om hierbij aan de rem te kunnen trekken, stelde de Italiaanse ambassadeur voor dat Italië de Duitse wens van een ontmoeting tussen Hitler en Mussolini zou inwilligen. De duce en zijn minister van Buitenlandse Zaken waren het hiermee eens – de ontmoeting zou op 4 augustus moeten plaatsvinden op de Brennerpas. De Italianen wilden de bijeenkomst gebruiken om de Duitse kant warm te maken voor het idee van een internationale conferentie zoals in september 1938. Dit voorstel bleek in Berlijn echter aan dovemansoren gericht. Von Ribbentrop verwierp het idee van de conferentie ronduit en wist dat hij daarbij de Führer aan zijn kant had. Voor Hitler kon er geen sprake meer zijn van een diplomatieke oplossing voor de crisis

– hij wilde oorlog met Polen. De bijeenkomst van de beide dictators werd eind juli voor onbepaalde tijd uitgesteld.[68]

In plaats daarvan reisde Ciano op 11 augustus naar Ribbentrop, voor een ontmoeting op diens landgoed Schloss Fuschl bij Salzburg. Al vóór zijn vertrek had Mussolini hem op het hart gedrukt 'de Duitsers glashelder te maken dat de oorlog met Polen moet worden vermeden, omdat het onmogelijk was deze lokaal te houden; een algemene oorlog zou rampzalig zijn voor iedereen'.[69] Bij het begin van het gesprek maakte Ribbentrop het aan zijn Italiaanse gesprekspartner botweg duidelijk dat Hitler had besloten Polen aan te vallen, en dat deze beslissing onherroepelijk was. 'De oorlogswil is rotsvast,' zo vatte Ciano in zijn dagboek de opmerkingen van Ribbentrop samen. 'Hij verwerpt elke oplossing die Duitsland genoegdoening zou geven en oorlog zou voorkomen.'[70] Alle bezwaren van Ciano met de strekking dat een interventie van de westerse mogendheden zo onvermijdelijk zou worden, werden door de andere partij van tafel geveegd. 'Ribbentrop verkeerde,' observeerde tolk Paul Schmidt, 'al in een toestand van koortsachtige opwinding, als een jachthond die ongeduldig erop wacht door zijn baas op de prooi losgelaten te worden.'[71] De tien uur durende bijeenkomst voltrok zich in een ijzige sfeer. Tijdens de maaltijd zeiden de twee ministers van Buitenlandse Zaken geen woord tegen elkaar.

De volgende dag ontving Hitler de Italianen op de Berghof. Hij was nadrukkelijk hartelijk voor zijn bezoekers, maar over het onderwerp van het bezoek was hij even onbuigzaam als Ribbentrop. 'Hij heeft besloten toe te slaan, en hij zal toeslaan. Onze bezwaren kunnen hem daar op geen enkele manier van weerhouden,' noteerde Ciano. 'Hij herhaalt keer op keer dat hij de oorlog met Polen tot iets plaatselijks kan beperken, maar zijn bewering dat de grote oorlog moet worden gevoerd terwijl hij en de duce nog jong zijn, heeft mij recentelijk gesterkt in mijn vermoeden dat hij niet de waarheid spreekt.'[72] Terwijl de Italiaanse minister van Buitenlandse Zaken op 12 augustus Hitler nog fel had tegengesproken, lijkt het erop dat hij tijdens het tweede gesprek, de volgende dag, gecapituleerd was voor de woordenstroom van de dictator. 'Hij boog als een knipmes,' herinnerde tolk Schmidt zich. 'U hebt zo vaak gelijk gekregen', moet hij bij zijn afscheid tegen Hitler hebben gezegd, 'dat ik denk dat het heel goed mogelijk is dat u de dingen ook deze keer correcter ziet dan wij.'[73] Er kon voor de Italianen echter geen twijfel meer bestaan over de oorlogswens van de Duitsers. Onverhoeds zagen ze zich voor de keus gesteld om óf de in het Staalpact aangegane belofte van bijstand te breken óf door Hitler in een militair avontuur met open einde gezogen te worden. 'Ik keer naar Rome terug, vol walging over Duitsland, zijn leiders en zijn manier van optreden. Ze hebben ons voorgelogen en bedrogen,' vertrouwde Ciano toe aan zijn dagboek.[74]

Het feit dat Ribbentrop en Hitler zo openlijk met de waarheid op de proppen waren gekomen, had echter nog een andere reden, die zij juist weer voor hun bondgenoot verborgen hielden: het nationaalsocialistische Duitsland stond op het punt tot een overeenkomst te komen met zijn aartsvijand, het bolsjewistische Rusland. Vanaf het voorjaar van 1939 zond Moskou al signalen naar Berlijn die wezen op een verandering in het Sovjetbeleid jegens Duitsland. In zijn rapport aan het achttiende partijcongres van 10 maart 1939 verklaarde Stalin dat hij zijn land niet zou laten 'meeslepen in conflicten door oorlogshitsers' die er alleen op uit waren 'anderen de kastanjes uit het vuur te laten halen'.[75] Dit sloeg op de westerse mogendheden, van wie de Sovjetdictator veronderstelde dat ze Rusland in een oorlog met Duitsland verwikkeld wilden laten raken om zelf buiten schot te blijven. Stalin maakte zich geen illusies over Hitlers langetermijndoelen, die een oorlog met hem onvermijdelijk zouden maken. Hij had er echter belang bij dit conflict zo lang mogelijk uit te stellen, zodat hij in de tussentijd het militaire potentieel van de Sovjet-Unie kon versterken. Een overeenkomst met Duitsland ten koste van Polen maakte het niet alleen mogelijk tijd te winnen, maar ook om een deel van de buit veilig te stellen, dat wil zeggen, de gebieden te heroveren die het revolutionaire Rusland tussen 1917 en 1920 aan Polen, de Baltische staten en Finland was kwijtgeraakt.[76]

Op 3 mei werd de Russische volkscommissaris voor Buitenlandse Zaken Maksim Litvinov – voorstander van een collectief veiligheidsbeleid en samenwerking met de westerse mogendheden – vervangen door Vjatsjeslav Molotov, een onvoorwaardelijke volgeling van Stalin. 'Veel speculaties over het terugtreden van Litvinov,' was het commentaar van Goebbels. 'In Londen en Parijs wordt aangenomen dat Moskou zich meer op ons wil oriënteren.'[77] Juist deze indruk probeerde Georgi Astachov, de Sovjetzaakgelastigde in Berlijn, te versterken in een gesprek met gezantschapsraad Karl Julius Schnurre, hoofd van de sectie-Oost-Europa van de afdeling economisch beleid van het ministerie van Buitenlandse Zaken. Astachov vroeg, aldus Schnurre, 'of deze gebeurtenis zou leiden tot een andere houding jegens de Sovjet-Unie'.[78] In Berlijn reageerde men aanvankelijk terughoudend op de avances van de Sovjet-Unie. Hitler had tenslotte sinds het begin van de jaren twintig het 'Joods bolsjewisme' aan de kaak gesteld als de grootste bedreiging en ideologische aartsvijand van het nationaalsocialisme. Een plotselinge afwijking van deze lijn zou niet alleen de eigen aanhangers irriteren, maar ook het Duitse publiek. Aan de andere kant was Hitler als politicus pragmatisch genoeg om de voordelen van een tijdelijke overeenkomst met Stalin te zien: hij hoefde zich geen zorgen te maken over een aanval in de rug vanuit het oosten als er na de nederlaag van Polen een oorlog met de westerse mogendheden zou uitbreken. Bezorgd zag Berlijn dat ook Londen en Parijs hun voelsprieten naar

Moskou hadden uitgestrekt om Stalin te winnen voor een formeel bijstandspact. De Sovjetdictator kwam daardoor in de comfortabele positie dat hem door twee partijen tegelijk het hof werd gemaakt.

Zoals secretaris-generaal Ernst von Weizsäcker aan de Duitse ambassadeur in Moskou, Friedrich Werner Graf von der Schulenburg, meedeelde, gaf Hitler eind mei 1939 het groene licht voor 'een contact met de Russen'.[79] 'We boeken vooruitgang,' aldus Weizsäcker, die op bevel van Hitler begin juni ook aan de Russische zaakgelastigde in Berlijn zei: 'Jullie kunnen onze vrienden of onze vijanden zijn, wat jullie maar willen.'[80] In Berlijn was men echter nog niet zeker van Stalins bedoelingen. Goebbels merkte op dat het beleid van Moskou 'voorlopig zelfs voor de Führer nog ondoorzichtig was' en men 'wordt er niet veel wijzer van'.[81] Blijkbaar vreesde men in de Wilhelmstraße dat de Sovjetleiding het lijntje van de gesprekken met Duitsland alleen zou gebruiken om de prijs voor een pact op te drijven bij de onderhandelingen met de westerse mogendheden. Maar een maand later, na gesprekken tussen Molotov en Schulenburg, leek de situatie duidelijker te worden. Tijdens een bezoek van Goebbels aan de Obersalzberg op 8 juli maakte Hitler hem deelgenoot van zijn verwachting: 'Hij gelooft niet meer dat Londen en Moskou tot een overeenkomst zullen komen. Dan hebben wij vrij baan.'[82]

Medio juli 1939 keerde het plaatsvervangend hoofd van de Sovjethandelsmissie in Berlijn, Jevgeni Babarin, terug uit Moskou met de opdracht de Duits-Russische onderhandelingen over een handelsverdrag te hervatten. Op 26 juli nodigde gezantschapsraad Schnurre namens Ribbentrop Astachov en Babarin uit voor een diner in een Berlijns restaurant. Hij vroeg daarbij of het mogelijk zou zijn verder te gaan dan de economische onderhandelingen, en te komen tot een nieuw stelsel van betrekkingen, 'met inachtneming van de wederzijdse vitale politieke belangen'. Vanuit het Duitse standpunt waren er in wezen geen obstakels. De beide partijen hadden bij alle verschillen in wereldbeeld immers 'één ding gemeen', namelijk 'de vijandschap jegens de kapitalistische democratieën'.[83] Slechts enkele dagen later, op 2 augustus, ontbood Ribbentrop de Russische zaakgelastigde naar het ministerie van Buitenlandse Zaken en deelde hem mee dat 'er van de Oostzee tot de Zwarte Zee geen probleem was dat niet tot beider tevredenheid kon worden opgelost'. Dat was een overduidelijke hint: in feite bood de Duitse minister van Buitenlandse Zaken hier voor het eerst de opdeling van Polen tussen Duitsland en de Sovjet-Unie aan.[84]

Voor de Sovjetregering was dit een onmiskenbaar teken dat de Duitse leiding serieuze belangstelling had voor een overeenkomst, en dat hun wens om de onderhandelingen daarover zo snel mogelijk af te ronden, werd ingegeven door de ophanden zijnde oorlog tegen Polen. Op 12 augustus bracht Astachov een uitnodiging voor gesprekken in Moskou over. Twee dagen later deed Ribbentrop een aanbod om naar de Russische hoofdstad te komen voor een 'rechtstreeks gesprek' met Stalin, maar Molotov hield hem vooralsnog aan het lijntje.[85] De Russen wisten nu dat ze tijd konden rekken, omdat voor de Duitsers de klok juist doortikte. Op 16 augustus drong Ribbentrop weer aan: hij was bereid vanaf 18 augustus 'te allen tijde' naar Moskou te vliegen, 'met volmacht van de Führer om over de hele kluwen van Duits-Russische kwesties te onderhandelen en, indien nodig, relevante verdragen te ondertekenen'.[86] Molotov was opnieuw ontwijkend: een dergelijk bezoek van de minister van Buitenlandse Zaken moest goed worden voorbereid. Zo ging het heen en weer. Aan Duitse zijde werd men zienderogen nerveuzer, omdat er nog maar een paar dagen resteerden voor de geplande datum van de aanval op Polen.[87]

'De grote zenuwcrisis is nu begonnen,' noteerde Goebbels op 17 augustus. 'Er hangt veel druk en spanning in de lucht.' Twee dagen later kreeg de minister van Propaganda een telefoontje vanaf de Obersalzberg: de knop van de haatcampagne tegen Polen moest nu op 'volle geluidssterkte' worden gedraaid: 'Dan kunnen we dus aan de slag.' Goebbels kreeg van het hoofd van het OKW, Wilhelm Keitel, te horen: 'Alles is klaar voor de aanval op Polen. Bijna 2,5 miljoen man onder de wapenen. We wachten op het startschot van de Führer. [...] Er moet een wonder gebeuren wil het geen oorlog worden.'[88] Op 20 augustus werd het nieuwe Duits-Russische handelsverdrag ondertekend in Berlijn. Van een politieke overeenkomst leek men echter nog ver verwijderd te zijn. Toen nam Hitler het besluit tot een ongewoon gebaar: nog dezelfde dag stuurde hij een telegram aan Stalin met het verzoek om Ribbentrop op 22, uiterlijk 23 augustus te ontvangen. De minister van Buitenlandse Zaken zou de 'meest uitgebreide algemene volmacht' meenemen voor het ondertekenen van een non-agressiepact en het door de Sovjets gewenste 'Aanvullende protocol', waarin voor beide partijen de invloedssferen in Oost-Europa werden afgebakend.[89] Hitler garandeerde Stalin dat het sluiten van het niet-aanvalsverdrag voor hem 'de Duitse politiek voor de lange termijn zou vastleggen' – een grove leugen, die Stalin nauwelijks zal hebben kunnen misleiden over zijn bedoelingen op lange termijn. Het telegram kwam drie kwartier na middernacht in Moskou aan; pas in de namiddag van 21 augustus kon Schulenburg het overhandigen aan Molotov.

Op de Obersalzberg wachtte Hitler zichtbaar gespannen op Stalins antwoord. Eindelijk, tijdens het avondeten, gaf een bediende hem een briefje. 'Zijn ogen vlogen eroverheen,' beschrijft Albert Speer het moment, 'hij staarde terwijl hij knalrood werd even voor zich uit, mepte op de tafel, zodat het glas rinkelde en riep met overslaande stem: "Ik heb ze! Ik heb ze!" Binnen enkele seconden tijd beheerste hij zich echter weer, niemand durfde iets te vragen en de maaltijd kreeg zijn beloop.'⁹⁰ Stalin verklaarde in zijn telegram, dat om 21.35 uur op de Berghof werd bezorgd, dat hij akkoord ging 'met de komst van de heer von Ribbentrop naar Moskou op 23 augustus'. De Sovjetdictator sprak de hoop uit dat het niet-aanvalsverdrag 'de grondslag zou vormen voor het elimineren van de politieke spanningen en voor het tot stand brengen van vrede en samenwerking tussen onze landen'.⁹¹ Nog laat in de avond onderbrak de radio het muziekprogramma en las een woordvoerder het sensationele bericht voor: Duitsland en Rusland waren overeengekomen een niet-aanvalsverdrag te sluiten. 'Dit levert een geheel nieuwe situatie op,' was het commentaar van Goebbels. 'We hebben weer de overhand.'⁹²

Op 22 augustus ontbood Hitler de top van de drie Wehrmachtonderdelen naar de Obersalzberg om nogmaals uit te leggen wat de redenen waren voor de naderende oorlog. De deelnemers – ongeveer vijftig hoge officieren – kwamen in burgerkleding om elk opzien te vermijden. Alleen Göring paste met zijn fantasievolle jachtkostuum niet in het plaatje. In de Grote Zaal van de Berghof waren meerdere rijen stoelen opgesteld, waarop de militairen plaatsnamen. Om 12 uur 's middags begon Hitler, die zoals gewoonlijk het eenvoudige partijuniform had aangetrokken, aan zijn twee uur durende toespraak. Hij sprak vrijuit en keek slechts af en toe op het briefje dat hij in zijn linkerhand hield. Sinds het voorjaar was hem duidelijk geworden 'dat het onvermijdelijk was dat er vroeg of laat een conflict met Polen kwam'. Hoewel hij zich aanvankelijk 'binnen enkele jaren tegen het westen had willen keren en dan pas tegen het oosten', had hij nu de volgorde moeten omkeren. De relatie met Polen was 'onverdraaglijk' geworden en het tijdstip om toe te slaan gunstig. 'Nu is het nog zeer waarschijnlijk dat het westen niet zal ingrijpen. We moeten dit risico nemen met meedogenloze vastberadenheid.' Hoewel Engeland en Frankrijk de verplichting op zich hadden genomen Polen te hulp te schieten, waren zij daartoe helemaal niet in staat vanwege hun slechte bewapening. 'Onze tegenstanders zijn kleine wormpjes. Ik zag hen in München.'

Hitler benadrukte daarentegen het belang van zijn eigen persoon als 'grote waardefactor': 'In de toekomst zal er waarschijnlijk nooit meer een man met meer gezag zijn dan ik. [...] Ik kan echter te allen tijde door een crimineel, door een idioot, uit de weg worden geruimd.' Terwijl de topmilitairen deze geluiden al vaker van hun opperbevelhebber hadden gehoord, waren ze misschien verrast door Hitlers grote nadruk op economische dwang als bijkomend argument voor zijn besluit oorlog te voeren: 'We hebben niets te verliezen, alleen te winnen. Onze economische situatie is, als gevolg van onze beperkingen, van dien aard dat we het nog maar een paar jaar kunnen volhouden. [...] We hebben geen andere keuze, we moeten handelen.' De dictator gaf dus voor het eerst toe dat de gigantische uitgaven aan bewapening het Rijk daadwerkelijk aan de rand van de economische ondergang hadden gebracht, zoals voorspeld was door de in januari 1939 ontslagen Reichsbank-president Hjalmar Schacht. Hier werd het al duidelijk dat de geplande oorlog ook moest dienen om de kosten van de crisis af te wentelen op de te onderwerpen volkeren.

Hitler had zijn grootste troef tot het laatst bewaard: de naderende ondertekening van het Duits-Russische niet-aanvalsverdrag. De mededeling was 'ingeslagen als een bom'. 'Nu is Polen in de positie waarin ik het hebben wilde.' Duitsland hoefde niet langer bang te zijn voor een Engelse blokkade. 'Het oosten levert ons graan, vee, kolen, lood, lood, zink.' Het enige waar hij zich nog zorgen over maakte, was dat – zoals in de herfst van 1938 – 'een of ander zwijn op het laatste moment met een bemiddelingsplan komt'. Na een hapje op het Berghofterras nam Hitler om 15 uur opnieuw het woord, op hogere toon, mogelijk omdat hij de indruk had gekregen dat hij nog niet bij iedere generaal genoeg enthousiasme had gewekt voor de geplande onderneming. 'IJzeren vastberadenheid bij ons. Voor niets terugdeinzen. Iedereen moet het standpunt uitdragen dat we van meet af aan vastbesloten waren tot de strijd tegen de westerse mogendheden. Strijd op leven en dood.' De dictator beloofde het conflict te ontketenen met maatregelen die vermomd waren als Poolse provocatie. Of dat nu meer of minder geloofwaardig was, deed er niet zoveel toe. 'Tachtig miljoen mensen moeten hun recht krijgen, hun bestaan moet veiliggesteld worden. [...] Het is belangrijk dat we het Duitse volk voldoende Lebensraum bezorgen.'[93]

's Avonds bleek Hitler tevreden over het verloop van de bespreking. Toch was hij was er nog niet helemaal zeker van hoe zijn betoog was ontvangen. Hij was immers een 'echt goede volkspsycholoog', zei hij, en in grote bijeenkomsten wist hij altijd precies of zijn woorden zouden aanslaan. 'Bij de oudere officieren is dat anders. Ze trekken een strak, maskerachtig gezicht, waar je nooit wijs uit wordt. Zo was het ook vandaag geweest.'[94] Hitlers angst dat een bemiddelingsvoorstel op het laatste moment een spaak in het wiel zou kunnen steken, leek te worden bevestigd toen de Britse ambassadeur Henderson die avond verscheen met het dringende verzoek om een persoonlijke boodschap van Chamberlain aan de rijkskanselier te mogen overhandigen. Daarin maakte de Britse premier ondubbelzinnig duidelijk dat de Britse regering, ongeacht de aard van de Duits-Russische overeenkomst, van plan was haar toezegging aan Polen na te komen. Een oorlog tussen Duitsland en Engeland zou 'de grootst mogelijke catastrofe' betekenen, en er was geen zinnige reden waarom de hangende kwesties tussen Duitsland en Polen niet 'zonder geweld' op te lossen waren.[95]

Op 23 augustus om 12 uur arriveerde Henderson op de Berghof, vergezeld van secretaris-generaal von Weizsäcker en de contactpersoon van het ministerie van Buitenlandse Zaken en de rijkskanselier, Walther Hewel. Hitler ontving de Britse diplomaat in een geprikkelde stemming en overstelpte hem met tirades over de zogenaamde gewelddadige excessen van de Polen tegen de Duitse minderheid: 'Vandaag de dag worden honderdduizenden etnische Duitsers in Polen mishandeld, gedeporteerd naar concentratiekampen en verdreven.' Voor dit alles had Engeland Polen 'een blanco cheque gegeven, nu moest het daarvoor betalen'.[96] Bij de tweede audiëntie was Hitler blijkbaar een beetje gekalmeerd, maar inhoudelijk gaf hij niet toe. In zijn schriftelijke antwoord, dat hij overhandigde aan de ambassadeur, verweet hij de Britse regering dat deze zijn jarenlange pogingen tot vriendschappelijke betrekkingen verworpen had. Met haar garantieverklaring had ze Polen haast aangemoedigd 'een golf van verschrikkelijke terreur' te ontketenen tegen de Duitsers in Polen. Zijn regering kon deze toestanden niet langer tolereren. Als Engeland Polen zou helpen en Duitsland zou aanvallen, was Duitsland voorbereid op een 'lange oorlog' en vastbesloten die te voeren.[97] Henderson moest wel vertrekken met de indruk dat hij een man had ontmoet die beheerst werd door zijn emoties en nauwelijks openstond voor redelijk overleg. In werkelijkheid echter had Hitler weer louter gebluft. 'Nauwelijks was de deur gesloten achter de ambassadeur,' zo schrijft Ernst von Weizsäcker in zijn memoires, 'of Hitler sloeg zich lachend op zijn dijen en zei me: "Chamberlain zal dit gesprek niet overleven, zijn kabinet zal vanavond vallen."'[98]

De dictator was echter helemaal niet zo zeker van de Engelse reactie. Tegenover Goebbels, die hij de dag ervoor naar de Obersalzberg had ontboden, drukte hij zich op 23 augustus 's middags tijdens een 'uitgebreide evaluatie van de situatie' voorzichtiger uit: het was nog niet te zeggen of het westen zou ingrijpen. Dat hing af van de omstandigheden. 'Londen heeft zich politiek meer vastgelegd dan in september '38. We moeten dus heel intelligent te werk gaan. Engeland wil op dit tijdstip misschien geen oorlog, maar het moet zijn gezicht redden. Londen zet alles op haren en snaren. In ieder geval zijn we ook voorbereid op een aanval in het westen.' Ook over de Franse houding viel 'nog niets definitiefs' te zeggen. Italië zou 'niet enthousiast' zijn over het Duitse optreden, maar zou 'waarschijnlijk moeten meedoen'. Aangezien Japan had geweigerd zich aan te sluiten bij het Duits-Italiaanse militaire verbond, had het 'zijn kans laten lopen'. Hitler maakte glashelder dat het Anti-Kominternpact uit 1936 voor hem achterhaald was. 'Het probleem van het bolsjewisme is op dit moment van ondergeschikt belang. [...] Een kat in het nauw maakt rare sprongen.'[99]

Op de avond van 22 augustus was Ribbentrop met de nieuwe viermotorige Condor naar Moskou gevlogen. In zijn gevolg was op uitdrukkelijk verzoek van Hitler ook de fotograaf Heinrich Hoffmann: deze moest Stalin de persoonlijke groeten van de Führer doen en proberen een zo nauwkeurig mogelijk beeld van diens persoonlijkheid te geven.[100] Na een tussenstop in Koningsbergen kwam het toestel laat in de ochtend van 23 augustus in Moskou aan. Bij de landing kreeg de Duitse delegatie een ongebruikelijk beeld voorgeschoteld: de hakenkruisvlag en de Sovjetvlag met hamer en sikkel wapperden eendrachtig in de wind.[101] Na een kort ontbijt op de Duitse ambassade reed Ribbentrop naar het Kremlin voor zijn eerste ontmoeting met Stalin en Molotov. Er was nu veel haast en de onderhandelingen verliepen voorspoedig. Al tijdens het avondeten op de Duitse ambassade was Ribbentrop zeker van zijn zaak: 'We zullen het zeker eens worden vanavond.'[102]

Ondertussen werd er in de Berghof ongeduldig gewacht op nieuws uit Moskou. Na het diner ijsbeerde Hitler onrustig over het terras, en knoopte met deze en gene van zijn entourage een gesprek aan. Een zeldzaam natuurverschijnsel trok plotseling de aandacht van het gezelschap: de hemel veranderde van kleur, en de legendarische Untersberg aan de overkant baadde in donkerrood licht. Dat beloofde een 'bloedige oorlog', zou adjudant Below Hitler naar eigen zeggen hebben toegefluisterd. Die antwoordde daarop: 'Als het zo moet zijn, dan maar zo snel mogelijk.'[103] Kort daarna belde Ribbentrop uit Moskou. Hij meldde dat de onderhandelingen goed vorderden. Stalin eiste echter dat de Letse havens Libau (Liepāja) en Windau (Ventspils) binnen de Russische invloedssfeer zouden komen. Hitler raadpleegde even een kaart en gaf vervolgens zijn toestemming.[104] Weer verstreken er uren. 'We verdreven de voortkruipende tijd met een film. Dat lukte echter maar half,' noteerde Goebbels.[105] Ondertussen legde Eva Braun in een serie foto's vast hoe Hitler en zijn paladijnen in de Grote Zaal koortsachtig wachtten op de uitkomst van de missie van Ribbentrop.[106] Ongeveer een uur na middernacht belde de minister van Buitenlandse Zaken opnieuw op en meldde dat de onderhandelingen met succes waren afgerond. 'Eindelijk, 's nachts om 1 uur, worden de communiqués doorgegeven: een perfect akkoord. [...] Een verdrag op zeer lange termijn dat onmiddellijk in werking treedt. Wereldgeschiedenis, een gebeurtenis met (niet te overziene) consequenties. De Führer en wij allemaal zijn zeer gelukkig,' noteerde de minister van Propaganda, die nog om 4 uur 's ochtends bij Hitler zat.[107]

In het niet-aanvalspact, dat voor een periode van tien jaar gesloten werd, verplichtten de partijen zich ertoe zich te onthouden van 'elke daad van geweld, elke agressieve daad en elke aanval tegen elkaar' en zich niet aan te sluiten bij een verbond van mogendheden 'dat direct of indirect tegen de andere partij gericht is'. In de bedekte termen van artikel 2 gaf Stalin Hitler de facto de vrije hand voor de naderende oorlog tegen Polen: 'Indien een van de verdragspartijen het doelwit zou worden van oorlogshandelingen van een derde mogendheid, zal de andere verdragspartij die derde mogendheid op geen enkele wijze steunen.' In het 'streng geheime' aanvullende protocol werd de 'afbakening van de wederzijdse invloedssferen in Oost-Europa' gedefinieerd: Finland en de Baltische staten Estland en Letland zouden onder de invloedssfeer van de Sovjet-Unie moeten vallen, Litouwen onder de invloedssfeer van Duitsland. Bij een deling van Polen moest de grens langs de rivieren Narew, Weichsel en San lopen. Ten slotte erkenden de Duitsers de belangen van Rusland in de Roemeense provincie Bessarabië.[108]

Het nieuws over de sluiting van het niet-aanvalsverdrag tussen Duitsland en de Sovjet-Unie kwam niet geheel uit de lucht vallen, maar men was toch enigszins verrast. 'Wat een wending in de gebeurtenissen van de afgelopen 48 uur!' merkte William Shirer op. 'Het bolsjewistische Rusland en nazi-Duitsland, de aartsvijand van deze wereld, maken plotseling een ommezwaai, worden vrienden en sluiten een pact dat er voor de ontzette waarnemers uitziet als een alliantie.'[109] Zelfs 'minder tere zieltjes' waren door de draai 'minstens voor enkele dagen uit hun evenwicht gebracht', schreef de Laubachse justitieambtenaar Friedrich Kellner in zijn dagboek.[110] Inderdaad was het afsluiten van het Duits-Russische pact juist voor oudere nationaalsocialisten een schok. Enkele honderden NSDAP-leden, zo hoorde Baldur von Schirach, hadden hun partij-insignes weggegooid in de voortuin van het 'Braune Haus'.[111]

In de nazileiding liepen de meningen over de zin van het verdrag uiteen. Voor Goebbels leed het geen twijfel dat Hitler er weer in geslaagd was een 'geniale zet' te doen.[112] Alfred Rosenberg, de ideologische graalridder van het antibolsjewisme, was daarentegen allesbehalve onder de indruk. Hij had 'het gevoel dat dit

Afb. 1 Ondertekening van het Duits-Russische niet-aanvalsverdrag ('Hitler-Stalinpact') op 23 augustus 1939, waarmee Stalin in bedekte termen Hitler de vrije hand gaf voor diens aanval op Polen. Op de achtergrond: Joachim von Ribbentrop (links) en Jozef Stalin. Op de voorgrond: Vjatsjeslav Molotov.

Moskoupact zich op een gegeven moment zal wreken op het nationaalsocialisme', zo vertrouwde hij toe aan zijn aantekeningen. 'Hoe kunnen we nog spreken over het redden en vormgeven van Europa als we de vernietiger van Europa om hulp moeten vragen?'¹¹³ In zijn intieme kring liet Hitler er geen twijfel over bestaan dat het pact met Stalin voor hem slechts een tactische tussenoplossing was en dat hij zijn doel, de oorlog om Lebensraum in het oosten, geenszins had opgegeven. 'Alles wat ik doe, is gericht tegen Rusland,' zou hij op 11 augustus aan Carl Jacob Burckhardt hebben verklaard. 'Als het westen te dom en te verblind is om dit te begrijpen, zal ik gedwongen worden het met de Russen op een akkoordje te gooien, het westen te verslaan en me na de nederlaag tegen de Sovjet-Unie te keren met al mijn troepen.'¹¹⁴ Een paar dagen na de ondertekening van het verdrag keerde hij zich uitdrukkelijk tegen critici die zijn manoeuvre ten onrechte begrepen hadden als een fundamentele ideologische ommezwaai: in werkelijkheid zou het gaan om een 'pact met Beëlzebub om de duivel uit te drijven'.¹¹⁵

Tijdens de lunch op de Berghof op 24 augustus was Hitler teleurgesteld over de weinige reacties van de westerse mogendheden op het Duits-Russische verdrag, dat hij omschreef als een 'wereldsensatie'. Er was geen sprake van het verwachte aftreden van Chamberlain; integendeel, de vastberaden houding van de premier jegens de Duitse intimidatiepolitiek, die hij op 24 augustus in het Lagerhuis opnieuw bevestigde, werd volledig gesteund door de Britse publieke opinie.¹¹⁶ 'De zenuwoorlog nadert zijn hoogtepunt,' merkte Goebbels op. 'Nu wordt er weer om een heel grote inzet gedobbeld.'¹¹⁷ Er resteerden nog maar twee dagen voor de geplande aanval op Polen en dus leek het voor Hitler raadzaam na een lange afwezigheid terug te keren naar de Rijkshoofdstad.

In de middag van 24 augustus reed Hitlers autocolonne van de Obersalzberg naar Ainring en het vliegveld Reichenhall-Berchtesgaden. 'De bevolking bleef ongewoon stil terwijl Hitler voorbijreed. Bijna niemand zwaaide,' herinnerde zich Albert Speer¹¹⁸ – een eerste aanwijzing dat de oorlogszuchtige politiek van de dictator niet populair was. Ook in Berlijn, waar het vliegtuig kort na 18 uur landde op vliegveld Tempelhof, bleef het bijna spookachtig stil; zelfs voor de Rijkskanselarij ontbraken de juichende groepen die hem gewoonlijk begroetten.¹¹⁹

Al een uur na zijn aankomst deed Ribbentrop verslag van zijn reis naar Moskou, in aanwezigheid van Göring en Weizsäcker. Euforisch, 'als een triomfator', liep de minister van Buitenlandse Zaken door de kamers van het appartement van de Führer en werd 'zeer hartelijk begroet' door Hitler, zo meldt adjudant Below.¹²⁰ Ribbentrop was nog steeds diep onder de indruk van zijn ontmoeting met Stalin en Molotov. In de Russische hoofdstad, zei hij, had hij zich 'in zekere zin' gevoeld 'als tussen oude partijkameraden'.¹²¹ Ook Heinrich Hoffmann, die door Hitler vervolgens bij het diner werd uitgenodigd, bevestigde het positieve oordeel over de Sovjetdictator. Deze had de rol van de 'sympathieke gastheer zonder enige pose en toch soeverein' gespeeld. Hitler, die ondertussen de opnames bekeek die Hoffmann had meegenomen, sprak zijn tevredenheid uit: hij had zich zijn Sovjetpartner precies zo voorgesteld. Toen de fotograaf ook nog de Krimchampagne prees die rijkelijk gevloeid had in het Kremlin, grapte hij dat hij blij was dat hij 'de alcoholbestendige Stalin een gelijkwaardige partner had gestuurd'.[122] Ook in de dagen die volgden, uitte Hitler aan de lunchtafel van de Rijkskanselarij steeds weer zijn respect voor Stalin, tot verrassing van zijn gasten: diens curriculum vitae was vergelijkbaar met dat van hem; de Georgiër had zich ook een weg omhoog gewerkt 'van onbekende tot staatshoofd'.[123]

Op de ochtend van 25 augustus richtte Hitler zich met een persoonlijke boodschap tot Mussolini. Het was ook de hoogste tijd daarvoor, want het andere einde van de As was merkbaar ontstemd over het feit dat de Duitse regering de Italianen opnieuw in het ongewisse had gelaten over de onderhandelingen met Sovjet-Rusland. Hitler rechtvaardigde de omissie met vliesdunne argumenten en probeerde het resultaat in Moskou voor de duce aantrekkelijk te maken. Het niet-aanvalspact tussen Duitsland en de Sovjet-Unie had 'een geheel nieuwe politieke situatie in de wereld' doen ontstaan die als 'de grootst mogelijke winst voor de As' moest worden beschouwd. Tegelijk maakte Hitler duidelijk dat de aanval op Polen slechts een kwestie van uren was en dat hij erop rekende dat Italië trouw was aan de alliantie.[124]

Om 12.45 uur ontving de Britse ambassadeur Henderson het bericht dat Hitler hem om 13 uur wilde spreken op de Rijkskanselarij. Anders dan slechts twee dagen eerder op de Berghof speelde de dictator deze keer niet de woesteling, maar begroette de Brit buitengewoon hoffelijk. Hij had – zo probeerde hij Henderson te overtuigen – 'de dingen weer door zijn hoofd laten gaan en wilde vandaag een stap in de richting van Engeland zetten die net zo beslissend was als de stap richting Rusland die tot de recente overeenkomst had geleid'. Hoewel Hitler er geen twijfel over liet bestaan dat hij vastbesloten was het 'Duits-Poolse probleem' met geweld op te lossen – hij kon 'deze Macedonische omstandigheden aan zijn oostelijke grens' niet langer tolereren – probeerde hij Groot-Brittannië, als men hem dat toestond, te verleiden met een 'groots en allesomvattend aanbod': hij was bereid het voortbestaan van het Britse Rijk 'onder alle omstandigheden' te garanderen en de Britten te hulp te komen 'ongeacht waar zulke hulp maar nodig was'. Bovendien beloofde Hitler dat hij in de toekomst ook openstond voor 'redelijke beperking van de bewapening' en de grenzen in het westen als definitief zou erkennen. Dit was zijn 'ultieme voorstel', benadrukte hij ten slotte. Henderson moest onmiddellijk naar Londen vliegen om het aan zijn regering over te brengen.[125] Hitlers schijnbaar genereuze aanbod was niets anders dan een lompe poging Groot-Brittannië af te houden van zijn verplichting Polen bij te staan. Zelfs Goebbels, die anders zonder voorbehoud elke schijnbeweging van zijn Führer prees als een briljante zet, bleef deze keer sceptisch: 'Engeland gelooft dit niet meer van ons.'[126]

Zodra Henderson de Rijkskanselarij had verlaten, ontbood Hitler Keitel en gaf kort na 15 uur het bevel Polen aan te vallen.[127] De Duitse legers moesten de volgende dag om 4.30 uur binnenrukken. Goebbels kreeg het bevel twee oproepen op te stellen, de ene aan de bevolking, de andere aan de NSDAP gericht: 'Verduidelijking van de noodzaak van een gewapend conflict met Polen, de houding van het hele volk instellen op de oorlog, zo nodig voor maanden en jaren. 's Nachts moest alles beginnen.'[128] Om 17.30 uur ontving Hitler de Franse ambassadeur Robert Coulondre om hem, zoals hij al aan Henderson had laten weten, ervan op de hoogte te stellen dat het Duitse Rijk niet langer bereid was de zogenaamde Poolse provocaties te tolereren. Hij zei dat hij 'geen vijandige gevoelens tegen Frankrijk' koesterde en zou het betreuren als er oorlog zou komen met dat land vanwege Polen. Coulondre gaf vervolgens zijn 'woord als officier': als Polen zou worden aangevallen, zou Frankrijk 'het bijstaan met zijn strijdkrachten'.[129] Kort daarna kwam in Berlijn de mededeling binnen dat Groot-Brittannië en Polen het op 6 april overeengekomen bijstandspact van kracht hadden laten worden. Dit bericht, zo liet een medewerker van de Duitse ambassade te Londen de volgende dag aan de Britten weten, was in Berlijn ingeslagen 'als een bom'.[130]

Om 18 uur meldde de Italiaanse ambassadeur Attolico zich. Hij bracht Mussolini's met ongeduld verwachte antwoord op Hitlers brief van die ochtend over. Gezien de wijze waarop de Duitsers de Italianen de afgelopen maanden hadden behandeld, moesten ze eigenlijk niet verbaasd zijn. Al op 23 augustus had minister van Buitenlandse Zaken Ciano aan minister van Financiën Schwerin von Krosigk, die Rome bezocht, verklaard dat Engeland en Frankrijk aan de oorlog zouden deelnemen. De ambassadeurs van beide landen hadden hem dit 'met niet mis te verstane duidelijkheid' te verstaan gegeven. Italië was financieel noch economisch toegerust voor een grote oorlog.[131] In ongewoon duidelijke bewoordingen deelde de duce de Duitse rijkskanselier nu ook mee dat Italië niet klaar was voor oorlog en dat zijn bondgenoot geen militaire hulp van hem kon verwachten. Volgens hun onderlinge afspraken was de oorlog gepland voor 1942; op dat tijdstip zou Italië zijn bewapening gereed hebben. Op dit moment kon er hoe dan ook slechts van een interventie sprake zijn als Duitsland het oorlogsmateriaal en de grondstoffen zou leveren die Italië nodig had om zich te verdedigen tegen een Franse en Engelse aanval.[132] Hitler reageerde 'uiterst terneergeslagen' op de weigering van Mussolini, en er was bij hem 'een zekere radeloosheid' merkbaar, aldus adjudant Engel.[133] Opnieuw had Italië in de ogen van de Duitse leiding blijk gegeven van trouweloosheid. 'De Italianen doen het net als in 1914,' zei Hitler verontwaardigd, nadat hij koeltjes afscheid had genomen van Attolico.[134] Goebbels zag zijn ergste angsten bevestigd: 'Daar hebben we de rekening. [...] Italië doet niet mee. [...] Dit verandert de hele situatie. [...] De Führer peinst en piekert. Het is voor hem een zware klap.'[135]

Waarschijnlijk was het de opeenstapeling van negatief nieuws die Hitler ertoe bracht om het bevel tot de aanval om 19.30 uur in te trekken, nadat Keitel en Brauchitsch hem hadden verzekerd dat het nog net mogelijk was de al op gang gebrachte oorlogsmachinerie te stoppen.[136] Inderdaad kon het bevel tot afgelasting bijna overal worden uitgevoerd, ook al stuitte het vaak op onbegrip onder de troepencommandanten. In Zossen, 50 kilometer ten zuiden van Berlijn, waar het OKW inmiddels zijn hoofdkwartier had gevestigd, vergrootte de order van Hitler de toch al heersende verwarring. 'Om 22.10 uur wordt de opdracht tot terugtrekking bekend. Iedereen gaat tekeer, volledige zenuwcrisis, zelfs bij dragers van de Blutorde van de partij,' noteerde Helmuth Groscurth, de liaisonofficier tussen de Abwehr en de legerleiding.[137]

In de kringen van Hitler-tegenstanders rond admiraal Wilhelm Canaris, chef van het bureau Buitenland/Spionage van de Wehrmacht, werd aangenomen dat Hitlers prestige een gevoelige klap had opgelopen, waarvan hij niet zou herstellen.[138] Dat was echter een verkeerde conclusie. Ook al was het bevel tot aanvallen opgeschort, de mobilisatie ging onveranderd door. In de omgeving van de dictator ontstond echter de stille hoop dat hij op het laatste moment nog van gedachten zou veranderen. 'De deur is nog niet in het slot gevallen, maar de kier is maar smal,' meldde Marianne von Weizsäcker op 25 augustus. Haar man werkte 'dag en nacht' en probeerde 'alles wat er menselijkerwijs mogelijk' was om een vreedzame uitweg uit de crisis te vinden.[139]

De kansen hierop waren weer 'iets groter', zo vertrouwde secretaris-generaal Weizsäcker toe aan Ulrich von Hassell op de ochtend van 26 augustus; misschien zou Hitler zijn eisen nog matigen.[140] Ook William Shirer geloofde, zoals hij zijn luisteraars in de Verenigde Staten dezelfde dag meedeelde, dat hij in de Wilhelmstraße een 'echt aanzienlijk optimisme over de vooruitzichten op vrede' had waargenomen.[141] Hitler peinsde er echter niet over om van koers te veranderen. Toen Göring hem vroeg of het uitstel van de aanval betekende dat de oorlog was afgelast, antwoordde hij: 'Nee, ik zal moeten kijken of we de inmenging van de Engelsen kunnen elimineren.'[142] Juist hierop waren zijn inspanningen in de laatste augustusdagen nog eenmaal gericht, hoewel hij na de duidelijke signalen uit Londen geen hoop op verandering van de Engelse houding meer mocht koesteren.

Daarbij liet hij een vertrouweling van Göring bemiddelen, de Zweedse industrieel Birger Dahlerus, die buiten de officiële kanalen om geheime pendeldiplomatie tussen Berlijn en Londen bedreef zonder dat hij echter iets kon uitrichten in deze kwestie.[143]

'Weer een geweldige en opwindende dag,' vatte Goebbels de gebeurtenissen van 26 augustus samen. 'Er gaan de gekste geruchten in Berlijn.'[144] Op deze zaterdag werd de rantsoenering van voedsel en grondstoffen die belangrijk waren voor de oorlog aangekondigd.[145] Het reizigersverkeer werd beperkt en het burgerluchtverkeer volledig stilgelegd. Op de perrons van de grote Berlijnse stations verdrongen zich de pas opgeroepen dienstplichtigen. Op de daken van de huizen werd luchtafweergeschut geïnstalleerd. De ernst van de situatie werd onderstreept door de officiële aankondiging dat het Tannenbergfeest op 27 augustus en het Rijkspartijcongres van september waren afgelast.[146]

In de ochtend vertrok Henderson naar Londen met Hitlers voorstel. De dictator was enigszins gekalmeerd na de schok van de vorige dag. In elk geval merkte hij in kleine kring op dat Engeland 'zelfs in geval van oorlog met Polen niet aan de oorlog zou gaan deelnemen'. Toen Walther Hewel hem tegensprak – 'Mijn Führer, onderschat de Britten niet' – brak Hitler het gesprek boos af.[147] Op 26 augustus om 12 uur bracht Attolico de lijst van grondstoffen en oorlogsmaterieel die Italië nodig had, waar Hitler de avond ervoor bij Mussolini om had gevraagd. De eisen waren opzettelijk zo opgeschroefd dat het voor Duitsland onmogelijk was eraan tegemoet te komen. 'Opnieuw vielen er woedende woorden over Italië – maar niet over Mussolini,' merkte tolk Schmidt op.[148] Hitler had geen andere keuze dan zijn bondgenoot te vragen de Duitse oorlogsinspanningen te steunen, op zijn minst met 'actieve propaganda en passend militair vertoon'. Zelfs bij 'het risico van een complicatie in het westen' zou hij 'de kwestie in het oosten oplossen'.[149]

Op de avond van 26 augustus verscheen Coulondre in de Rijkskanselarij en overhandigde een brief van de Franse premier aan Hitler. Net als eerder Chamberlain benadrukte Édouard Daladier dat zijn regering vastbesloten was haar verplichtingen jegens Polen na te komen. De beslissing over oorlog en vrede lag volgens hem nu alleen bij Hitler, en niemand zou het begrijpen als hij niet zou proberen toch nog een vreedzame oplossing te vinden. Daladier sprak indringend over de gevolgen van een nieuwe wereldoorlog, die nog verwoestender zou zijn voor de volkeren dan de oorlog tussen 1914 en 1918.[150] Uit Hitlers reactie kon Coulondre aflezen dat zijn appel aan dovemansoren was gericht: de dingen hadden al te veel hun beloop genomen, Polen zou Danzig niet afstaan, maar hij had zich nu eenmaal in zijn hoofd gehaald dat de stad 'in het Rijk terugkeert'.[151]

Op zondag 27 augustus heerste de stilte voor de storm. 'De ontwikkelingen stagneren enigszins,' noteerde Goebbels, die Hitler om 12 uur ontmoette. 'Wat er komen gaat, weet nog niemand.' De dictator verborg zijn teleurstelling over de weigering van Mussolini niet; het moest worden behandeld als 'het strengste staatsgeheim': 'doodstraf voor verraad'.[152] Om 16 uur overhandigde Ribbentrop Hitlers antwoord aan de Franse ambassadeur. Dit bevestigde de indruk die Coulondre de dag ervoor had gehad. Hoewel de rijkskanselier voor de schijn inging op Daladiers persoonlijke uitspraken – 'Als voormalig frontsoldaat ken ik net als u de gruwelen van de oorlog' – was hij inhoudelijk onbuigzaam en hij stelde zelfs hogere eisen: hij eiste niet alleen Danzig en de verbinding door de Corridor, maar ook het gehele Corridorgebied. Hij zag geen mogelijkheid 'Polen, dat zich nu onaantastbaar voelt onder de bescherming van zijn garanties, over te halen tot een vreedzame oplossing'.[153] Hitler was echter allang niet meer bezig met een 'vreedzame oplossing'; hij wilde Polen alleen nog maar in het ongelijk stellen. Ook Parijs moet uiteindelijk inzien waar het met de Duitse dictator aan toe was.

Hitler had voor 26 augustus, de oorspronkelijk geplande aanvalsdatum, een Rijksdagzitting gepland. De afgevaardigden waren ook op tijd in Berlijn aangekomen, maar om ze niet onverrichter zake naar huis te hoeven sturen, nodigde Hitler hen uit voor een informele bijeenkomst in de mozaïekzaal van de Nieuwe Rijkskanselarij, om 17 uur op die augustusmiddag. De rijkskanselier verscheen samen met Reichsführer-SS Heinrich Himmler, het hoofd van de Sicherheitspolizei Reinhard Heydrich, SS-Obergruppenführer Karl Wolff, Reichsleiter Martin Bormann en de minister van Propaganda Joseph Goebbels. Hitlers korte toespraak voor de aanwezigen vatte het hoofd van de generale staf Halder samen in trefwoorden: 'Situatie zeer ernstig. Vastbesloten het probleem van het oosten linksom of rechtsom op te lossen. Minimumeis: teruggave van Danzig, oplossing van de Corridorkwestie. Maximale eis: "Al naargelang de militaire situatie." Als de minimumeis niet vervuld wordt, dan oorlog: keihard! Hijzelf [Hitler] in de voorste linie [...]. Oorlog heel moeilijk, misschien wanhopig. "Zolang ik leef, is er geen sprake van overgave."' Halders persoonlijke indruk van Hitler noteerde hij als volgt: 'Te weinig slaap, verzwakt, stem kraakt, ongeconcentreerd.'[154] De dagen vol grote spanning waren kennelijk niet ongemerkt aan Hitler voorbijgegaan. In ieder geval ervoeren zijn adjudanten hem in die dagen als 'ongelooflijk prikkelbaar, verbeten en lichtgeraakt'.[155] Goebbels vond de Führer in augustus aan de lunchtafel 'zeer ernstig en enigszins uitgeput': 'Dat is ook geen wonder bij al die zenuwachtige spanning.' De minister van Propaganda was het er helemaal niet mee eens dat Hitler nog zich steeds 'positief over Italië en vooral Mussolini' uitliet. Zijn commentaar in het dagboek: 'Maar, maar. Militaire allianties hebben geen zin als ze 24 uur voor de oorlog kunnen worden opgezegd.'[156]

Op 28 augustus stelde Hitler de nieuwe aanvalsdatum vast op 1 september, maar hij sloot een nieuw uitstel niet uit.[157] De spanningen hadden zich 'zo toegespitst dat niemand dacht dat deze situatie kon voortduren', meldde William Shirer in zijn dagelijkse radioreportages vanuit Berlijn. Volgens zijn observaties leek Duitsland al in staat van oorlog te verkeren: 'Huisvrouwen staan al sinds de vroege morgenuren in de rij om hun rantsoenbonnen te ontvangen. Het is voor de eerste keer sinds de wereldoorlog dat deze bonnen weer opduiken. Deze mensen, die een paar dagen geleden oorlog nauwelijks voor mogelijk zouden hebben gehouden, zagen er ongetwijfeld grimmig uit, zoals ze daar geduldig op hun bonnen stonden te wachten.'[158] Het straatbeeld van Berlijn werd steeds meer beheerst door het leger. 'Auto's met hoge legerofficieren raasden op en neer door de Wilhelmstraße of langs de Tiergartenstraße naar het ministerie van Oorlog in de Bendlerstraße. Veel auto's en motorfietsen werden gevorderd [...]. Eskaders van zware bommenwerpers gonsden vandaag in laagvliegende formaties over de stad.'[159] Alles en iedereen wachtte nu gespannen op de voor deze dag aangekondigde terugkeer van Nevile Henderson uit Londen. Welk antwoord zou hij meebrengen?

Henderson arriveerde om 17 uur in Berlijn, maar werd pas om 22.30 uur ontvangen in de Rijkskanselarij. Hitler gedroeg zich, zoals de ambassadeur herinnerde, 'weer rustig en redelijk, ook leek hij niet ontevreden te zijn over het antwoord dat ik hem bracht'.[160] Die indruk was echter bedrieglijk. Al na vluchtige lezing van het memorandum moest de dictator erkennen dat de Britse regering op zijn 'laatste voorstel' had gereageerd met een handige zet: zij had zich namelijk tevoren van de toestemming van Warschau verzekerd om de sinds maart afgebroken besprekingen met Berlijn te hervatten. Zo kon ze er bij haar antwoord op aandringen dat 'oplossing van de geschillen die tussen Duitsland en Polen bestonden' vooraf moest gaan aan een overeenkomst tussen Duitsland en Groot-Brittannië. De Poolse regering had ingestemd met 'rechtstreekse onderhandelingen'; het was nu aan de Duitse regering in te stemmen met deze procedure. Op deze manier kon een 'weg naar wereldvrede' ontsloten worden. Hitlers aanbod om met een gegarandeerde bescherming van het Britse Rijk de neutraliteit van Londen te kopen, werd door de Britse regering even beleefd als resoluut afgewezen: zij kon niet 'instemmen met een oplossing die de onafhankelijkheid van een staat waaraan zij haar garantie had gegeven, in gevaar zou brengen omwille van enig voordeel dat Groot-Brittannië werd aangeboden'.[161]

Hitler stond voor een dilemma: hij kon de onderhandelingen met Polen niet ronduit afwijzen, of hij zou maar al te duidelijk zijn eigen standpunt ontkrachten voor het oog van de Duitse en internationale publieke opinie. Dus probeerde hij eerst tijd te winnen. Kort voor middernacht nam hij afscheid van Henderson; hij zei dat hij de Britse nota eerst nog zorgvuldig moest bestuderen en beloofde hem de volgende dag een antwoord te sturen. Hij overlegde vervolgens langdurig met zijn vertrouwelingen. Göring, die via zijn tussenpersoon Birger Dahlerus al van tevoren op de hoogte was gesteld van het Britse standpunt, schijnt te hebben aangedrongen op de voorgestelde weg naar een vreedzame oplossing van het Duits-Poolse conflict. 'Dat va banque spelen willen we toch niet,' zou hij tegen Hitler gezegd hebben, waarop deze antwoordde: 'Ik heb in mijn leven altijd va banque gespeeld.'[162]

Als Hitler zich daadwerkelijk heeft geuit zoals secretaris-generaal von Weizsäcker het heeft doorgegeven, dan was dit een van de weinige momenten dat hij echt oprecht was. In feite had hij als politicus steeds weer va banque gespeeld – voor het eerst met de staatsgreep van november 1923; daarna in de laatste fase van de Weimarrepubliek, toen hij met de stelregel 'alles of niets' bijna zelf de deur naar de macht had dichtgeslagen; en ten slotte met zijn coups in de buitenlandse politiek van 1935 en 1936, die het voortijdige einde van zijn bewind zouden zijn geweest, als de westerse mogendheden hadden gereageerd met een militaire interventie. Het was geen toeval dat hij zich in augustus 1939, toen hij inzette voor zijn laatste dodelijke gok, herhaaldelijk beriep op zijn grote voorbeeld, de Pruisische heerser Frederik de Grote. 'Hijzelf was, net als Frederik de Grote, geneigd alles op één kaart te zetten.'[163]

Goebbels hield zichzelf voor de gek – zoals veel anderen dat deden – toen hij na Hitlers gesprek met Henderson in zijn dagboek noteerde dat alles 'nog in het ongewisse' was.[164] Er kon geen enkele twijfel bestaan over de oorlogswens van de dictator. Zijn wantrouwen over de vraag of de generaals bereid zouden zijn hem onvoorwaardelijk te volgen – deze keer volledig ongegrond – ontlaadde zich op 29 augustus in een wilde scheldkanonnade: 'Laat één ding duidelijk zijn: hij nam geen advies aan van de militairen over de keus voor oorlog of vrede. Hij had domweg geen begrip voor de Duitse soldaten die bang waren voor oorlog. Frederik de Grote zou zich in zijn graf omdraaien als hij de generaals van vandaag zag.' Toch wilde hij louter doen wat de Pruisische koning in de Eerste Silezische Oorlog van 1740 had gedaan: zoals die de Oostenrijkse provincie Silezië had ingelijfd, wilde hij nu Polen aanvallen. Als de westerse mogendheden 'zo dom' waren en aan de kant van Polen stonden, dan was het 'hun schuld en zouden ze vernietigd moeten worden'.[165]

De hele 29ste augustus peinsde Hitler over het antwoord dat hij Henderson wilde geven. Uiteindelijk besloot hij voor de schijn het door de Britse regering aangeboden pad van directe onderhandelingen met Polen in te slaan, maar deze route vooraf al te belasten met voorwaarden die voor de Polen onaanvaardbaar waren. Toen de Britse ambassadeur om 19.15 uur weer naar de Rijkskanselarij ontboden werd, hing daar een heel andere stemming dan de avond ervoor. Staande overhandigde Hitler hem de Duitse antwoordnota. Deze weidde allereerst uit over de bekende aanklachten tegen de zogenaamd onbuigzame Poolse houding en de vervolging van de Duitse minderheid, ze herhaalde de eis dat Danzig en het Corridorgebied teruggegeven moesten worden aan het Duitse Rijk – en stemde in met het Engelse aanbod om directe besprekingen met de Poolse regering te beginnen. De aap kwam uit de mouw in de daarmee verbonden eis dat een 'van alle volmachten voorziene Poolse persoonlijkheid naar Berlijn' gezonden moest worden, en wel de volgende dag al, 30 augustus.[166] Henderson protesteerde dat dit 'als een ultimatum' klonk. Hitler probeerde dat te ontkennen. Het gesprek nam een stormachtige wending. Toen de dictator in gespeelde opwinding beweerde dat het de Britten blijkbaar niets kon schelen hoeveel Duitsers er dagelijks in Polen werden 'afgeslacht', verhief ook Henderson zijn stem, sloeg zelfs met de vuist op tafel en maakte duidelijk dat hij niet gediend was van dergelijke aantijgingen. Zoals steeds wanneer Hitler merkte dat zijn intimidatiepogingen niet werkten, wisselde hij van rol. Op kalme toon gaf hij ten slotte uitdrukking aan zijn wens van vriendschappelijke betrekkingen met Engeland.[167]

Kort nadat Henderson de Rijkskanselarij had verlaten, verscheen Attolico met een persoonlijke boodschap van Mussolini. Daarin bood de duce aan de Britse pogingen om via onderhandelingen tot een oplossing te komen, te ondersteunen. Er leek dus precies dat te gebeuren wat Hitler onder alle omstandigheden wilde voorkomen: dat op het laatste moment 'een of ander zwijn' met een onderhandelplan zijn concept zou verstieren. Op nadrukkelijk koele toon, herinnerde tolk Schmidt zich, uitte hij zijn weigering aan de Italiaanse ambassadeur: 'Hij was zelf al in direct contact met de Engelsen en had zich bereid verklaard een Poolse onderhandelaar te ontvangen.'[168] Dat het hierbij om een truc ging en hij helemaal niet serieus dacht over onderhandelingen met Polen, liet hij natuurlijk niet weten.

In Londen doorzag men het spelletje van de Duitse rijkskanselier. Nog voordat de Britse regering op 30 augustus officieel antwoordde, liet zij via verschillende kanalen weten dat de als ultimatum verpakte eis aan Polen om op dezelfde dag nog een vertegenwoordiger met volmacht te sturen, onaanvaardbaar was.[169] In hun ochtendedities kondigden de kranten aan dat de Poolse regering de opdracht had gegeven voor een algemene mobilisatie om 14.30 uur. 'Dat verandert weliswaar niets aan de militaire situatie, maar veel aan de psychologische,' constateerde Goebbels tevreden.[170] 's Middags liet Hitler Brauchitsch en Keitel komen en stelde de aanvalsdatum nu definitief vast, vrijdag 1 september. Hij ondertekende ook een besluit tot vorming van een ministerraad voor de Rijksdefensie, voorgezeten door Göring. Ook Rudolf Heß, als plaatsvervanger van de Führer, minister van

Binnenlandse Zaken Wilhelm Frick, minister van Economische Zaken Walther Funk en het hoofd van de Rijkskanselarij Hans Heinrich Lammers zouden daarin worden opgenomen, evenals het hoofd van het OKW, Wilhelm Keitel.[171]

Bovendien was Hitler op 30 augustus bezig met het opstellen van een lijst van zestien punten die aan de Poolse onderhandelaar moest worden voorgelegd. Deze voorzag onder meer in: de terugkeer van Danzig in het Duitse Rijk, binnen één jaar een referendum in het gebied van de Corridor onder internationaal toezicht, de aanleg van een transitroute voor de interimperiode en het instellen van een onderzoekscommissie om de klachten over de behandeling van de Duitse minderheid te onderzoeken.[172] Omdat van Duitse zijde nauwelijks werd verwacht dat de Polen binnen de gestelde termijn een vertegenwoordiger zouden sturen, hadden de relatief gematigd geformuleerde voorstellen slechts de functie om de publieke opinie te misleiden over de Duitse onderhandelingsbereidheid. 'Ik had een alibi nodig, vooral jegens het Duitse volk, om te laten zien dat ik er alles aan gedaan had om de vrede te bewaren,' zei Hitler enkele dagen later waar zijn tolk bij was. 'Daarom deed ik dit genereuze voorstel voor een regeling van de kwestie-Danzig en de Corridor.'[173]

Rond middernacht verscheen Henderson op het ministerie van Buitenlandse Zaken, voorzien van de instructies van zijn regering. Wat hij Ribbentrop moest meedelen, kon na de duidelijke signalen die er in de loop van de dag uit Londen waren binnengekomen, geen verrassing meer zijn: de Britse regering verklaarde niet in staat te zijn de Poolse regering aan te bevelen onmiddellijk een gevolmachtigde vertegenwoordiger naar Berlijn te sturen en stelde daarom de Duitse regering voor 'de zaken via de normale diplomatieke kanalen op gang te brengen, d.w.z. door haar voorstellen te overhandigen aan de Poolse ambassadeur'.[174] Toch reageerde de Duitse minister van Buitenlandse Zaken uiterst geïrriteerd, sprong steeds weer op en schreeuwde naar Henderson, waarna ook deze geleidelijk zijn kalmte verloor en ook zijn stem verhief. Zwaar ademend, 'met fonkelende ogen' als twee kemphanen waren de twee diplomaten tegenover elkaar komen te staan, meldt tolk Schmidt, en het scheelde niet veel of ze waren handtastelijk geworden. Ten slotte, toen ze enigszins gekalmeerd waren, las Ribbentrop de zestienpuntenlijst voor, maar weigerde deze te overhandigen aan de Britse ambassadeur, tegen alle diplomatieke usances in. De lijst zou 'immers hoe dan ook achterhaald' zijn, 'want de Poolse onderhandelaar was niet verschenen'.[175] Duidelijker kon niet worden aangetoond dat Hitlers zogenaamde 'genereuze aanbod' aan Polen louter misleiding was geweest. Henderson verliet het ministerie van Buitenlandse Zaken, zoals hij in zijn memoires schreef, 'met de overtuiging [...] dat de laatste hoop op vrede was vervlogen'.[176]

Ribbentrop ging vervolgens naar de Rijkskanselarij, waar Hitler en Göring op hem wachtten. De dictator was de hele avond 'gesloten, ernstig en soms apathisch' geweest voor zijn omgeving. Na het verslag van Ribbentrop leefde hij echter op en ging zich weer te buiten aan heftige verwensingen aan het adres van de Engelse regering. Die verweet hij precies wat hij zelf gedaan had: het spelen van een vals spelletje en het willen afwentelen van de schuld van de oorlog op anderen, net als de Duitse regering in juli 1914 had gedaan. Van verdere gesprekken, ook via Dahlerus, de tussenpersoon van Göring, verwachtte hij niets meer. Al zijn pogingen een wig te drijven tussen Polen en Engeland waren volledig mislukt. De kans dat het koninklijke eilandenrijk zich niet aan zijn bondgenootschappelijke verplichtingen zou houden, beschouwde hijzelf naar het schijnt nog maar als heel klein. Op de opmerking van Göring dat hij nog steeds niet kon geloven in een Engelse oorlogsdeelname, zou Hitler hebben geantwoord: 'Als een Engelsman op een dag een overeenkomst ratificeert, zal hij deze niet na 24 uur verbreken.'[177]

Op 31 augustus bereikte de spanning een kookpunt. Net als bij alle voorgaande crises was het een hectisch komen en gaan in de Rijkskanselarij. Als Hitler zich niet in de serre terugtrok voor vertrouwelijke gesprekken met ministers en generaals, werd hij omgeven door het partijbruin waar zijn paladijnen in gehuld waren. Iedereen wilde nieuws horen, en het was niet moeilijk uit Hitlers woorden af te leiden dat hij bereid was het probleem Polen *'so oder so'* op te lossen.[178] 's Middags ondertekende de dictator 'Order nr. 1 voor de oorlogvoering', waarin het begin van de aanval op Polen werd vastgesteld op de volgende dag om 4.45 uur.[179] 'Het schijnt dat daarmee de teerling definitief is geworpen,' constateerde Goebbels.[180] Wanhopig probeerde de Poolse ambassadeur de hele dag een gesprek met Ribbentrop te krijgen. De Duitse minister van Buitenlandse Zaken ontving hem echter pas om 18 uur. Toen Lipski nee antwoordde op de vraag of hij een volmacht bij zich had om meteen over de Duitse voorstellen te onderhandelen, brak Ribbentrop de audiëntie abrupt af.[181] Om 21 uur liet Goebbels via alle radiozenders meedelen dat de Duitse regering twee dagen vergeefs had gewacht op de komst van een Poolse onderhandelaar en haar voorstellen 'praktisch als afgewezen' beschouwde. Vervolgens werden de zestien punten voorgelezen – als zogenaamd bewijs dat de Führer tot het laatst zijn hand had uitgestoken om vrede te sluiten.[182]

Ongeveer tegelijkertijd ensceneerden ss-commando's een reeks grensincidenten die het voorwendsel moesten zijn voor de aanval, waaronder een overval op de zender Gleiwitz. Hier lieten ze een aantal concentratiekampgevangenen achter die eerder waren gedood en in Poolse uniformen waren gehuld. 'Poolse aanval op de zender Gleiwitz. Dat brengen we met veel tamtam,' noteerde Goebbels, die helemaal op de hoogte was van de ware achtergrond, want bij dezelfde dagboekaantekening staat de zin: 'De ss krijgt speciale bevelen voor vannacht.'[183]

Om middernacht zat Hitler nog met zijn paladijnen in de Rijkskanselarij en bestudeerde de kaarten van het toekomstige strijdtoneel. Daarna dicteerde hij aan zijn secretaresses de redevoering die hij de volgende ochtend wilde houden in de Rijksdag.[184] Op 1 september om 4.45 uur opende het in de haven van Danzig afgemeerde slagschip 'Schleswig Holstein' het vuur op het schiereiland Westerplatte. Politieagenten, SA- en SS-mannen zwermden uit om met gebruik van een voorbereide lijst met namen Poolse ambtenaren, leraren en priesters te arresteren. Er braken heftige gevechten uit om het hoofdpostkantoor, dat pas na taai verzet van de verdedigers kon worden ingenomen door de Duitsers. Kort na het begin van de gevechtshandelingen kondigde Gauleiter August Forster, die zich op 23 augustus had laten uitroepen tot staatshoofd van de Vrijstad, af dat Danzig bij het Duitse Rijk werd gevoegd. Overal langs de Duits-Poolse grens sloopten eenheden van de Wehrmacht de slagbomen en marcheerden Polen binnen, terwijl de Luftwaffe tegelijkertijd militaire bases en steden bombardeerde – waaronder als eerste, in de ochtendschemering, het militair onbelangrijke stadje Wieluń.[185]

Kort na 10 uur ging Hitler naar de Kroll-opera, nadat zijn lijfarts Theo Morell hem een stimulerend middel had ingespoten. De Rijksdagvergadering was pas de dag ervoor gepland, zodat niet alle afgevaardigden op tijd aanwezig waren. Rijksdagvoorzitter Göring had de open plekken halsoverkop laten vullen met SS'ers en partijfunctionarissen.[186] De dictator had als berekend symbolisch gebaar een legergrijs uniform aangetrokken en werd door het hele gezelschap met zwijgen verwelkomd. 'Hij is heel ernstig en ziet er afgemat, bleek en mager uit,' observeerde zijn oude strijdmakker Rudolf Buttmann uit München. 'Zijn haar is niet gladgekamd en dat wekt de indruk dat hij net nog op zijn slaapkussen lag; ook zijn rode oogleden wijzen op slapeloze nachten.'[187]

Hitler was merkbaar niet in vorm, leek overspannen en moest meerdere malen zoeken naar woorden, wat voor zijn toehoorders een compleet nieuwe ervaring was. Hij begon met de bekende litanieën over de minachtende afwijzing van al zijn voorstellen door de Britse regering en beweerde dat de Polen in de nacht ervoor veertien grensincidenten hadden uitgelokt en zelfs voor het eerst 'reguliere soldaten' op Duits grondgebied hadden ingezet. Zo werd de Duitse overval valselijk voorgesteld als een onontkoombare defensieve reactie. Daarbij vergiste de ongeconcentreerde redenaar zich bij het aanvalstijdstip een uur: 'Vanaf 5.45 uur wordt nu teruggeschoten! En van nu af aan wordt bom met bom vergolden.' Theatraal verklaarde Hitler dat hij nu 'niets anders wilde zijn dan de Eerste Soldaat van het Rijk' en dat hij zijn veldgrijze uniform pas zou uittrekken na de overwinning – of 'dit einde niet meer zou meemaken'. Hij herhaalde daarbij wat hij op 27 augustus al aan de afgevaardigden had verkondigd: 'Eén woord heb ik nooit geleerd, en dat is: capitulatie!' Opnieuw verwees hij naar het voorbeeld van Frederik de Grote, die 'met een belachelijk kleine staat de strijd aanbond met een van de grootste coalities en uit drie oorlogen toch succesvol tevoorschijn kwam, omdat hij dat hart vol vertrouwen bezat, dat ook wij in deze tijd nodig hebben.'[188] Daarmee maakte hij de afgevaardigden duidelijk dat de oorlog met Polen niet op zichzelf zou blijven staan, maar dat men rekening moest houden met ingrijpen door de westerse mogendheden. Het gejuich was ook duidelijk minder dan bij eerdere gelegenheden.[189]

Op de tribune zat, niet opgemerkt door het publiek, ook Eva Braun, Hitlers geliefde. Ze was op 24 augustus met Hitlers gevolg van de Obersalzberg naar Berlijn gereisd en had de laatste week van augustus doorgebracht in het appartement dat voor haar was ingericht naast Hitlers woning op de eerste verdieping van de Oude Rijkskanselarij. Ze moet haar oudere zuster hebben toegefluisterd: als de Führer iets overkwam, zou ze zelf ook willen sterven.[190]

Op de persconferentie na Hitlers toespraak gaf Goebbels de journalisten opdracht het woord 'oorlog' in alle verslagen en commentaren te vermijden: 'Duitsland drijft een Poolse aanval terug, dat is het motto.'[191] Toch reageerde de Duitse bevolking totaal niet zoals het regime dat wilde. Volgens de observaties van William Shirer was de stemming in de Berlijnse straten 's ochtends bedrukt en apathisch. Bijna niemand van de voorbijgangers had de extra-edities gekocht waarvoor de krantenjongens schreeuwend reclame maakten.[192] Iedereen had aangenomen dat Hitler het probleem van Danzig en de Corridor uiteindelijk zonder oorlog zou oplossen zoals alle crises, ondanks alle agressieve retoriek,[193] en men was nu onaangenaam verrast dat dit optimisme volledig ongegrond bleek. Dat de oorlog 'niet geestdriftig verwelkomd' werd, kon men wel 'als een gegeven beschouwen', meldde de Deense gezant Herluf Zahle op 1 september uit Berlijn.[194] Zelfs Goebbels moest toegeven dat de sfeer 'ernstig' was, zij het 'rustig'.[195]

Aan het eind van de middag ging voor het eerst het luchtalarm af. Iedereen rende naar de schuilkelders. 's Avonds leek het er echter op dat de normale toestand was teruggekeerd. Cafés, restaurants en biertenten waren even vol als op andere dagen.[196] Vermoedelijk hoopten veel mensen in Duitsland nog dat Engeland en Frankrijk niet aan de oorlog zouden deelnemen. Victor Klemperer, de in Dresden wonende Joodse romanist, hoorde op 1 september een jongeman bij een krantenetalage zeggen: 'De Engelsen zijn veel te laf, die doen niets.' En zo was 'met variaties de algemene stemming'. Ook Klemperer twijfelde of Engeland Polen daadwerkelijk zou helpen: 'Maar nog geen oorlogsverklaring van die kant. Komt die nog of geven ze hun verzet op en protesteren ze alleen maar zwakjes?'[197]

In reactie op het nieuws van de Duitse aanval op Polen hadden Chamberlain en Daladier op 1 september 's ochtends de algehele mobilisatie afgekondigd. 's Avonds overhandigden achtereenvolgens de ambassadeurs Henderson en Coulondre nota's van hun regering aan de Duitse minister van Buitenlandse Zaken met de eisen dat Duitsland onmiddellijk stopte met zijn agressie en zijn troepen terugtrok van Pools grondgebied. Groot-Brittannië en Frankrijk zouden anders niet aarzelen hun verplichtingen jegens Polen na te komen.[198] Hitlers bediende Heinz Linge zou die avond een opmerking van Hitler hebben opgevangen: 'We zullen nog wel eens zien of ze Polen te hulp schieten. Ze krabbelen weer terug.' Ook adjudant Below dacht uit het gedrag van de dictator te kunnen afleiden 'dat hij diep in zijn hart nog hoopte dat de Engelsen zouden inbinden'.[199] Meer dan vage hoop kon dat echter niet zijn. Naar alle waarschijnlijkheid zouden de westerse mogendheden zich in de oorlog mengen, en Hitler wist dat ook.

Op 2 september kwam Mussolini opnieuw met een bemiddelingspoging: Duitsland en Polen moesten worden aangespoord tot een onmiddellijk staakt-het-vuren en daarna moest een internationale conferentie bijeenkomen om de Duits-Poolse geschilpunten op te lossen. 'De Führer was niet ongenegen op dat voorstel in te gaan, als hij een onderpand in handen had,' merkte Goebbels op. 'Daarom waren alle militaire acties erop gericht de Corridor af te grendelen.'[200] 's Avonds sloeg de Britse regering het voorstel af – eerst moesten de Duitsers hun troepen uit Polen terugtrekken voordat er zelfs maar aan onderhandelingen gedacht kon worden.[201]

Om 22.30 uur kwam het Britse kabinet bijeen en viel de definitieve beslissing: ambassadeur Henderson moest de volgende ochtend om 9 uur het ultimatum overbrengen. Als de Duitse regering niet vóór 11 uur zou beloven alle gevechtshandelingen te staken en haar troepen terug te trekken, zou Groot-Brittannië zich in een toestand van oorlog bevinden met Duitsland.[202] Zoals opgedragen ging Henderson op het afgesproken tijdstip naar het ministerie van Buitenlandse Zaken en overhandigde het ultimatum aan de tolk Paul Schmidt, omdat Ribbentrop niet thuis gaf. De tolk haastte zich naar de Rijkskanselarij en vertaalde langzaam, woord voor woord. 'Toen ik klaar was, heerste er complete stilte,' vertelt hij in zijn memoires over Hitlers reactie. 'Hitler zat daar als versteend en staarde voor zich uit. Hij was niet stomverbaasd, zoals later werd beweerd, hij was ook niet boos, zoals anderen zeiden. Hij zat totaal stil en onbeweeglijk op zijn plaats. Na een tijdspanne die me wel een eeuwigheid leek, wendde hij zich naar Ribbentrop, die stokstijf bij het raam was blijven staan. "Wat nu?" vroeg Hitler met een woedende blik aan zijn minister van Buitenlandse Zaken.' Göring, die met een groot aantal anderen in de aangrenzende kamer was, zou opgemerkt hebben: 'Als we deze oorlog verliezen, moge de hemel ons genadig zijn!'[203] Uit het verslag van de tolk heeft men afgeleid dat Hitler zich uiteindelijk nog vleide met de illusie dat Engeland het niet echt meende. Van een dergelijke misrekening over Britse neutraliteit is – bij Hitler althans – geen sprake geweest. Voor Hitler kwam de Engelse oorlogsverklaring, die Chamberlain een kwartier na het verstrijken van het ultimatum in een radiotoespraak aankondigde, niet als een verrassing, ook al hoopte hij heimelijk misschien dat de Britten op het allerlaatst zouden terugkrabbelen voor een riskante oorlog.[204]

Om 12.20 uur overhandigde ook de Franse ambassadeur Coulondre een ultimatum, dat afliep om 17 uur.[205] Even later dicteerde Hitler, ijsberend door de serre, een 'oproep aan het Duitse volk' aan zijn adjudant Nicolaus von Below. Eens te meer beschuldigde hij Groot-Brittannië – met name de 'Joods-plutocratische bovenlaag' – ervan dat het op oorlog had aangekoerst. De Britse regering liet zich echter niet misleiden: 'Het Duitsland van 1939 is niet meer het Duitsland van 1914! En de huidige rijkskanselier heet niet langer Bethmann Hollweg.'[206]

William Shirer was juist op de Wilhelmplatz toen de luidsprekers het nieuws van de Engelse oorlogsverklaring aankondigden. 'Toen de aankondiging was afgelopen, ging er niet eens een gemurmel op,' noteerde hij in zijn dagboek. 'De mensen kunnen het nog steeds niet geloven dat Hitler hen heeft meegesleept in een wereldoorlog.' Daarna liep Shirer door de straten van Berlijn: 'Geen enthousiasme, geen hoerageroep, geen gejuich, geen gestrooi met bloemen, geen oorlogskoorts, geen oorlogshysterie.'[207] De waarnemingen van Shirer worden door veel Duitse tijdgenoten bevestigd: op 3 september 1939 heerste er, anders dan in augustus 1914, in delen van de bevolking helemaal geen geestdrift over de oorlog, maar eerder verslagenheid.[208] De propaganda tegen Polen en Engeland had duidelijk niet het gewenste effect gehad. Slechts een klein deel van de overtuigde partij-aanhangers lijkt de officiële versie te hebben geloofd, die luidde dat Duitsland zich moest verdedigen tegen vijandige agressie. 'De sfeer hier is afschuwelijk. Een mengeling van uitzichtloosheid en treurnis,' schreef Helmuth James von Moltke, het latere hoofd van de verzetsgroep Kreisauer Kreis, op 3 september vanuit Berlijn aan zijn vrouw. Twee dagen later schreef hij: 'Deze oorlog heeft iets spookachtigs en onwerkelijks. De mensen steunen en tolereren hem niet.'[209]

Ook al had in de Rijkskanselarij op de middag van de derde september een zekere radeloosheid overheerst, 's avonds had Hitler zijn zelfverzekerdheid hervonden. Zijn entourage probeerde hij op te beuren met de opmerking dat Engeland en Frankrijk de oorlog 'duidelijk alleen voor de schijn verklaard hadden, om voor het oog van de wereld hun gezicht te redden; hij was ervan overtuigd dat het ondanks de oorlogsverklaringen niet tot gevechtshandelingen zou komen.'[210] Ook tegen Goebbels sprak Hitler van een 'schertsoorlog' in het westen. Ondertussen was echter bekend geworden dat Chamberlain de First Lord of Admiralty,

Winston Churchill, in het kabinet had benoemd. Dit deed de minister van Propaganda twijfelen of de Führer deze keer gelijk zou hebben met zijn profetie: 'Of dit een lange en moeilijke oorlog zal zijn, kan nog niemand zeggen.'[211] Rond 21 uur stapte Hitler in zijn speciale trein, die hem naar Bad Polzin in Achter-Pommeren bij de Duits-Poolse grens zou brengen. Er was een nieuwe fase in zijn carrière aangebroken: de politieke Führer wilde nu ook 'eerste soldaat' en commandant zijn.

Sinds de controverse rond het boek van de Hamburgse historicus Fritz Fischer, *Griff nach der Weltmacht*, in de jaren zestig is er bij Duitse en internationale onderzoekers consensus over dat Duitsland grote verantwoordelijkheid draagt voor het uitbreken van de Eerste Wereldoorlog in de zomer van 1914. *The Sleepwalkers* (De slaapwandelaars) van de Cambridge-historicus Christopher Clark heeft dat inzicht niet kunnen veranderen. Ook al werd het in Duitsland met veel applaus ontvangen, het zorgde in het herdenkingsjaar 2014 voor veel opschudding en er kan over de verantwoordelijkheid van de andere Europese mogendheden wellicht verder worden getwist.[212] Over het ontketenen van de Tweede Wereldoorlog in september 1939 kan er geen enkele twijfel bestaan: alleen Duitsland is de schuld van deze oorlog; daarin werden 'de ware aard van het nationaalsocialisme en de doelstellingen van zijn charismatische "Führer" volledig onthuld'.[213] Thomas Mann zag dit al heel scherp toen hij op 28 augustus, vier dagen voor het begin van de Duitse overval op Polen, opmerkte dat het 'een zegen' zou zijn als Hitler 'niet langer zijn weerzinwekkende chantagepraktijken zou kunnen uitvoeren en bewees dat de catastrofe van het begin af in zijn regime besloten lag'.[214] De Laubachse justitie-inspecteur Friedrich Kellner kwam in december 1944 tot dezelfde conclusie en constateerde dat de oorlog 'niet plotseling van de ene op de andere dag was uitgebroken', maar 'was ontketend na jaren van zorgvuldige voorbereiding': 'De Duitse schuld aan de oorlog hoeft niet bewezen te worden. Deze is duidelijk zichtbaar voor de wereld.'[215]

Hitler had deze oorlog gewild. Het was het logische eindpunt van de weg die hij sinds zijn benoeming tot rijkskanselier op 30 januari 1933 was ingeslagen en waarop de conservatieve elites – generaals, diplomaten en de tycoons van de wapenindustrie – op enkele uitzonderingen na hem gewillig waren gevolgd. In een toespraak tot de opperbevelhebbers, enkele weken na het einde van de Poolse veldtocht in de herfst van 1939, bevestigde de dictator dat hij zich niet zou hebben beziggehouden met 'de opvoeding van het volk, de opbouw van de Wehrmacht en de bewapening' als hij niet 'vanaf het begin de wil' had gehad 'om slag te leveren'.[216] In zijn sociaal-darwinistische wereldbeeld was geen plaats voor het idee van een duurzame vrede. Deze vrede, zo liet Hitler herhaaldelijk in de intieme kring weten, zou 'de mensheid laten verloederen'. Elke generatie moest 'zich opnieuw stalen en nieuwe ervaringen opdoen'.[217]

Men kan de westerse mogendheden alleen verwijten dat ze Hitler niet gedwarsboomd hebben toen dat nog mogelijk was. Tot aan de rand van zelfverloochening hadden ze getracht hem te beteugelen in zijn expansiedrang, teneinde de vrede in Europa te bewaren. Pas toen de appeasement-politiek in het voorjaar van 1939 definitief was mislukt, besloten zij zich te verzetten – te laat om Hitler van zijn oorlogskoers af te kunnen houden, als ze hem daar trouwens al van hadden kunnen weerhouden. De Sovjet-Unie op haar beurt had zich verbonden met haar ideologische doodsvijand om tijd te winnen voor de verwachte latere confrontatie en zich zo tijdelijk medeplichtig gemaakt aan Hitlers agressiepolitiek.

Dat alles doet echter niets af aan de exclusieve verantwoordelijkheid van Hitler-Duitsland voor de catastrofe die begon met de aanval op Polen. Niemand minder dan de industrieel Fritz Thyssen, een vroege aanhanger van de nazibeweging die zich kort na 1933 van het regime had gedistantieerd en aan het begin van de oorlog naar Zwitserland was vertrokken, drukte dit eind december 1939 duidelijk uit in een brief aan Hitler: 'Ik veroordeel de politiek van de afgelopen jaren en ik verhef mijn stem tegen deze oorlog waarin u het Duitse volk zonder scrupules hebt gedompeld en waarvoor u en uw raadgevers de verantwoordelijkheid moeten dragen. [...] Uw politiek betekent uiteindelijk "Finis Germaniae".'[218]

2
Polen 1939-1940 –
opmaat voor de vernietigingsoorlog

'Vernietiging van Polen staat voorop. Het doel is de uitschakeling van de levenskracht, niet het bereiken van een bepaalde lijn,' zo had Hitler zijn beeld van de naderende oorlog geschetst in zijn toespraak voor de opperbevelhebbers op 22 augustus 1939 op de Berghof. Hij had daaraan toegevoegd: 'Het hart sluiten voor medelijden. Bruut optreden [...]. De sterkste heeft het recht daartoe. Grote hardheid.'¹ Al bij zijn eerste verschijning voor de generaals op 3 februari 1933 had de pasbenoemde rijkskanselier gesproken over de 'meedogenloze germanisering' van de te veroveren gebieden 'in het oosten'. Ook in latere toespraken – het meest recentelijk nog voor de troepencommandanten van het leger op 10 februari 1939 in de Berlijnse Kroll-opera – liet hij er geen twijfel over bestaan dat hij nooit 'voor het uiterste zou terugdeinzen' om het 'Duitse ruimteprobleem' op te lossen. Nu verscherpte de dictator zijn toon opnieuw en maakte hij de militaire leiding op niet mis te verstane wijze duidelijk dat de komende campagne de grenzen van de conventionele oorlogvoering zou overschrijden. Zoals Hitler en de handlangers van zijn ideologische obsessies het zich voorstelden, was de veldtocht van meet af aan opgezet als een racistische vernietigingsoorlog: Polen zou de proeftuin zijn voor de vestiging van een 'nieuwe orde' in Oost- en Midden-Europa. Hier moest voor het eerst gerepeteerd worden wat de 'verovering van Lebensraum' in de praktijk inhield.²

In de ochtenduren van 1 september vielen 54 Duitse divisies aan, in totaal 1,5 miljoen man. Het operatieplan voorzag in een snelle militaire beslissing: twee legergroepen – de ene in het noorden onder kolonel-generaal Fedor von Bock, de andere in het zuiden onder kolonel-generaal Gerd von Rundstedt – moesten de Poolse strijdkrachten in meerdere opeenvolgende tangbewegingen omsingelen en vernietigen. Al in de eerste dagen braken de Duitse legers door de Poolse linies en drongen ze diep door in het achterland. Op 6 september viel Krakau en op 8 september bereikte de voorhoede van de tankeenheden de buitenwijken van Warschau. 'Militair bekeken staan de Polen op de rand van een totale ineenstorting,' zei Hitler die dag tegen Goebbels. 'Ze zitten in de tang. Hun situatie is hopeloos. Onze tanks rukken onstuitbaar op.'³ Na twee weken was de strijd beslist, ook al bleven delen van de Poolse legers nog wanhopig weerstand bieden.⁴

De redenen voor het verrassend snelle Duitse succes lagen voor de hand: de Poolse troepen waren hopeloos inferieur aan de Wehrmacht als het ging om moderne wapens, vooral vliegtuigen en tanks. Al in de eerste uren van de aanval hadden Duitse Stuka's (*Sturzkampfbomber*, duikbommenwerpers) de Poolse luchtmacht uitgeschakeld en voor een absoluut luchtoverwicht gezorgd boven het krijgstoneel. 'De Polen hadden geen verdediging, geen enkele manier om hun troepen te verplaatsen zonder ze bloot te stellen aan uitschakeling vanuit de lucht. Het was een eenzijdige strijd,' erkende William Shirer.⁵ Voor de eerste keer maakte de Duitse legerleiding gebruik van de nauwe samenwerking tussen gemotoriseerde eenheden en de Luftwaffe, die het gezicht van de *Blitzkrieg* in de komende jaren zou bepalen.⁶

De Poolse hoop dat Frankrijk en Engeland in het westen in het offensief zouden gaan en zo de zwaar aangeslagen Poolse gevechtskracht zouden ontlasten, werd niet vervuld. Hitler had gelijk met zijn profetie: de westerse mogendheden bleven passief. 'In het westen is er nog geen schot gevallen,' zo verbaasde Goebbels zich op 7 september, en dat zou ook in de dagen daarna niet veranderen.⁷ 'Als dat wat er gaande is tussen Frankrijk en Duitsland, een oorlog is, is het [...] een vrij zonderlinge oorlog,' meldde William Shirer. Hij vertrouwde aan zijn dagboek toe dat de meeste buitenlandse correspondenten gedeprimeerd waren bij het zien van de ogenschijnlijk onstuitbare Duitse opmars. Men begon, zo zei hij, te wennen aan de gedachte dat er met Hitler een 'nieuwe Napoleon' is opgestaan 'die heel Europa onder de voet kan lopen en overwinnen'.⁸

Op 17 september vluchtte de Poolse regering naar Roemenië. Op dezelfde dag beval Stalin het Rode Leger Polen binnen te vallen. Dit moest de gebieden ten oosten van de Narew-Weichsel-San-lijn bezetten die hem waren beloofd in het geheime Aanvullend Protocol van het niet-aanvalsverdrag. De voorhoede van de Duitse aanval was echter al 200 km voorbij de afgesproken demarcatielijn opgerukt en moest nu worden teruggetrokken, wat leidde tot groot ongenoegen bij de legerleiding. Nadat Brauchitsch hem had bijgepraat over de Duitse-Russische overeenkomst, sprak Halder van een 'dag van schande voor de politieke leiding van Duitsland'.⁹

Op 25 september bombardeerde de Duitse luchtmacht de Poolse hoofdstad – duizenden burgers werden het slachtoffer van de zwaarste luchtaanval tot dan toe; grote delen van de binnenstad van Warschau lagen in puin. Op 27 september capituleerde de stad; op 6 oktober gaven de laatste resten van het Poolse leger zich over. De verliezen toonden aan hoe ongelijk de strijd was geweest: de Polen hadden 70.000 doden en 133.000 gewonden te betreuren, de Duitsers 11.000 doden en 30.000 gewonden. Een aantal van 700.000 Poolse militairen wachtte krijgsgevangenschap.[10] Kolonel-generaal Walter von Reichenau, opperbevelhebber van het Tiende Leger, schreef op 7 oktober aan de Rijksprotector van Bohemen en Moravië, Konstantin von Neurath, dat hij ervan overtuigd was dat met de overwinning op Polen 'het moeilijkste werk achter de rug' was. 'Het zou niet best zijn geweest als de strijd op beide fronten was ontbrand.'[11]

Hitler bracht het grootste deel van de drie weken durende campagne door in zijn mobiele Führerhauptquartier, zijn speciale trein. Deze wisselde meerdere keren van locatie. Van Bad Polzin reed hij op 5 september naar Groß-Born, een militair oefenterrein 30 kilometer verderop in de buurt van Neustettin; van daaruit reed hij op 9 september naar Ilnau ten noordoosten van Oppeln (Opole) in Opper-Silezië en drie dagen later weer naar Gogolin, 22 kilometer ten zuiden van Oppeln. De desbetreffende locaties werden tot verboden militair gebied verklaard en van de buitenwereld afgeschermd door uitgebreide veiligheidsmaatregelen, alles onder bevel van de commandant van het hoofdkwartier van de Führer, generaal-majoor Erwin Rommel.[12] Ook de speciale trein zelf, getrokken door twee locomotieven, werd aan het begin en het einde van de rit steeds beschermd tegen luchtaanvallen door speciale wagons waar luchtafweergeschut op was gemonteerd. Na het salonrijtuig van Hitler volgde de commandowagon met het 'Lagezimmer' (ruimte voor stafoverleg) en de verbindingscentrale, die het contact onderhield met het OKW en de commandoposten aan het front. Hitler werd vergezeld door zijn naaste medewerkers: zijn persoonlijke adjudanten Wilhelm Brückner en Julius Schaub, zijn secretaresses Christa Schroeder en Gerda Daranowski, zijn arts Karl Brandt of diens plaatsvervanger Hanskarl Hasselbach, zijn bedienden Heinz Linge en Karl Krause, en de vier militaire adjudanten Rudolf Schmundt, Karl-Jesko von Puttkamer, Gerhard Engel en Nicolaus von Below. Tot de vaste entourage van de dictator behoorden verder Martin Bormann, hoofd van het bureau 'Plaatsvervanging van de Führer', die al voor 1939 kans had gezien zich bij Hitler onmisbaar te maken, perschef Otto Dietrich, die Hitler geregeld over de nieuwssituatie moest informeren, en fotograaf Heinrich Hoffmann, die de campagne begeleidde als 'fotoverslaggever'. Eén wagon was gereserveerd voor de legertop: voor Wilhelm Keitel, hoofd van het OKW, Alfred Jodl, chef-staf van het leger in het OKW, en de verbindingsofficieren van het leger, de marine en de luchtmacht.[13]

Omdat zijn speciale trein vlak bij het strijdtoneel stond, kon Hitler voor zichzelf een indruk vormen van de lopende operaties. Meestal vertrok hij nadat Jodl 's ochtends het overzicht van de situatie had gegeven naar het front, samen met zijn militaire adviseurs en leden van zijn gevolg, om pas 's avonds laat terug te keren. 'De chef gaat er 's ochtends met zijn heren vandoor in de auto en wij zijn ertoe veroordeeld te wachten en nog eens te wachten,' schreef Christa Schroeder op 11 september aan een vriendin.[14] Tijdens zijn bezoeken aan de legerhoofdkwartieren werd Hitler geïnformeerd over de voortgang van de campagne, maar bemoeide zich nauwelijks met de operationele beslissingen. Ook tegenover de opperbevelhebber van het leger, kolonel-generaal Walther von Brauchitsch, die hij enkele keren ontmoette, was Hitler terughoudend.[15] Heinrich Hoffmann fotografeerde hem in de pose van 'Eerste Soldaat van het Rijk' en publiceerde deze in tijdschriftreportages over de 'Führer aan het front'. Ze toonden Hitler terwijl hij plannen bestudeerde met de militairen uit zijn entourage, gezeten op de spoordijk, of terwijl hij bij een van zijn bezoekjes aan het front zich onder de soldaten mengde en met hen de maaltijd uit de veldkeuken at: 'De opperbevelhebber van de Wehrmacht eet de maaltijd van de frontsoldaten.' Met zijn geïllustreerde boek *Hitler in Polen*, dat eind 1939 verscheen en dat als warme broodjes over de toonbank ging, hielp Hoffmann het beeld te propageren van de 'zorgzame Führer',

Afb. 2 Hitler met minister van Buitenlandse Zaken Joachim von Ribbentrop bij de Führertrein in Polen, 13 september 1939. Voordat in mei 1940 het eerste permanente Führerhoofdkwartier 'Felsennest' in gebruik werd genomen, dienden speciale treinen als mobiel hoofdkwartier. Van daaruit bezichtigden Hitler en zijn entourage vanaf het begin van de oorlog de verschillende fronten en strijdtonelen.

die zich in de voorste linies bekommerde om het welzijn van zijn soldaten.[16] Otto Dietrichs verlate poging in het boek *Auf den Straßen des Sieges* (Op de wegen naar de zege) de Poolse Wehrmachtsuccessen toe te schrijven aan Hitlers geniale veldheerskunsten, maakte daarentegen een verregaand kunstmatige indruk, omdat deze campagne nog helemaal gevoerd was onder het commando van de beroepsmilitairen.[17]

Op 18 september vertrok Hitler uit Opper-Silezië naar Oost-Pruisen. Een dag later bereikte hij via Danzig-Oliva de badplaats Zoppot (Sopot), waar hij in het voorname Casino-Hotel voor het eerst tijdens de campagne een vast verblijf had. Nog op de middag van 19 september reed hij, onder gejuich van de bevolking, naar de Artushof aan de Lange Markt in Danzig. 'Het was een triomftocht,' herinnerde zich Nikolaus von Vormann, verbindingsofficier van het leger bij de Führer. 'Alles wat zelfs maar kruipen kon, leek op de been te zijn. Juichend, wuivend en schreeuwend, de menigte was door het dolle heen en drong naar onze auto toe om de Führer van zo dichtbij te zien als maar kon, of een handdruk te krijgen van iemand anders.'[18] Na de begroeting door Gauleiter Albert Forster nam Hitler het woord. In zijn toespraak, die door alle Duitse radiostations werd uitgezonden, legde hij de schuld van de oorlog nogmaals bij Polen en verklaarde dat de strijd al na achttien dagen was beslist: 'Nooit eerder in de geschiedenis kon het gezegde met meer rechtvaardiging worden geciteerd: "Met man en paard en wagen heeft de Heer hen verslagen!"' Hij richtte zich tot Frankrijk en Engeland, en bevestigde zijn vastberadenheid ook een lange oorlog te doorstaan – 'Dit Duitsland capituleert nooit' – maar liet anderzijds doorschemeren dat hij bereid was vrede te sluiten met de westerse mogendheden – op zijn voorwaarden.[19] Thomas Mann, die de redevoering op de radio volgde in Princeton, noteerde: 'Het vredesoffensief dat te verwachten was, zwaar berekenende schijnheiligheid in naam van God. Echt een walgelijke indruk.'[20] Op 22 en 25 september vloog Hitler naar een vliegveld aan de rand van het belegerde Warschau en bekeek door een schaarverrekijker de verwoestingen die de bombardementen van de Luftwaffe en de artillerie aanrichtten. In de middag van 26 september arriveerde de speciale trein op de Stettiner Bahnhof in Berlijn, bijna onopgemerkt door het publiek.[21]

Op de ochtend van dezelfde dag was kolonel-generaal Werner von Fritsch, die door Hitler begin 1938 zo smadelijk uit zijn functie als opperbevelhebber van het leger was ontheven, begraven op de Berlijnse Invalidenfriedhof. Op 22 september was hij bij Praga, een buitenwijk van Warschau, dodelijk gewond geraakt door een ricocherende kogel. 'We zijn allemaal onder de indruk van deze tragedie', schreef generaal Günther von Kluge, opperbevelhebber van het Vierde Leger. 'Zijn dood rijt oude wonden open en veroorzaakt pijn, angst en bitterheid.'[22] Hitler, die juist die dag toevallig in de buurt was, hoorde het nieuws onbewogen aan. Hij gaf opdracht voor een staatsbegrafenis. Oorspronkelijk was hij waarschijnlijk ook van plan geweest om zelf aanwezig te zijn. Het kwam hem misschien ook wel erg goed uit dat hij door slecht vliegweer niet op tijd naar Berlijn kon komen.[23]

Op 1 oktober 1939 arriveerde de Italiaanse minister van Buitenlandse Zaken Ciano in Berlijn om de betrekkingen met de Duitse bondgenoten weer te verbeteren. De relatie was verstoord sinds Mussolini het eind augustus had laten afweten. Hij vond Hitler 'zeer opgewekt' en 'ontspannen'. Bijna twee uur lang trakteerde de rijkskanselier de diplomaat op verhalen over de Poolse veldtocht, en vanuit zijn geheugen lepelde hij eindeloze getallen op over gevangenen en buitgemaakt militair materieel: 'Zijn zelfverzekerdheid over de zege maakte de meeste indruk op mij,' zo vatte Ciano het effect van Hitlers uitweidingen samen.[24] Op 5 oktober vloog Hitler naar Warschau om de overwinningsparade van het Achtste Leger af te nemen – het zou de enige keer blijven dat de dictator ooit aan een dergelijk evenement deelnam. Voordat Hitler terugkeerde naar Berlijn, had Brauchitsch te zijner ere een ontbijt op het vliegveld georganiseerd. De dictator weigerde echter plaats te nemen aan de feestelijk gedekte tafel. 'Ik eet alleen uit de veldkeuken, staand met mijn soldaten,' zei hij en draaide zich bruusk om. Zo speelde hij zijn rol van de eenvoudige man in het veldgrijze uniform die zichzelf alle gemakken moest ontzeggen, zelfs tegenover de leiding van de Wehrmacht.[25]

Hoe reageerde de Duitse bevolking op de gebeurtenissen op het strijdtoneel? Op 8 september constateerde William Shirer 'bij de mensen' nog steeds 'een vreemde onverschilligheid over het grote nieuws'. Vol verbazing stelde hij vast dat het leven in de hoofdstad kennelijk weer zijn normale gang ging. 'Opera's, theaters en bioscopen zijn allemaal open en overvol.' In de eerste twee oorlogsweken kon de Amerikaanse correspondent niets melden over vreugde-uitbarstingen over de successen van de Duitse troepen; in plaats daarvan noteerde hij in zijn dagboek 'nogal wat uitingen van ongenoegen' van vrouwen in de metro.[26] Ook in de provincie was er vooralsnog geen sprake van enig enthousiasme voor de oorlog. 'Bedrukte stemming,' noteerde de Laubachse justitieambtenaar Friedrich Kellner op 16 september. Vooral de strikt doorgevoerde verduisteringsmaatregelen zouden de gemoederen deprimeren. 'Als het avond is, heerst in het hele stadje stilte als van het graf. Oude mensen wagen zich vanwege de duisternis niet op straat.'[27]

Eind september 1939, toen duidelijk was dat de snelle Duitse overwinning een feit was, veranderde echter de stemming. 'Ik moet de Duitser nog vinden – zelfs onder degenen die een hekel hebben aan het regime – die iets slechts ziet in de vernietiging van Polen door Duitsland,' merkte William Shirer nu tamelijk stellig op. 'Zolang de Duitsers succes blijven hebben en niet te veel verliezen lijden, zal dit geen impopulaire oorlog worden.'[28] Victor Klemperer constateerde iets soortgelijks in Dresden: 'Er heerst hier overal absoluut vertrouwen en een overwinningsroes. [...] De enorme overwinning dringt alle binnenlandse ontevredenheid naar de achtergrond.'[29] De verandering van stemming kwam niet in de laatste plaats voort uit de verwachting dat het na het einde van de militaire operaties tot een vredesakkoord met de westerse mogendheden zou komen. Iedereen geloofde 'dat de Führer er snel in zou slagen vrede te sluiten', zo schetste Goebbels de heersende indruk in Berlijn.[30]

Aanvankelijk was Hitler er nog niet zeker over of hij na afloop van de campagne met een vredesaanbod moest komen of dat hij aan het westelijke front onmiddellijk moest overgaan tot het militaire offensief. In een gesprek met Goebbels, die hem op 14 september opzocht in zijn hoofdkwartier in Opper-Silezië, benadrukte hij zijn bedoeling om 'duidelijkheid te scheppen in het westen [...] als de situatie in het oosten was opgelost'. Hij kon 'geen lange oorlog gebruiken': 'Indien toch oorlog, dan kort en voluit.'[31] Perschef Dietrich, die al op 23 september was teruggekeerd naar Berlijn, meldde daarentegen dat Hitler na de naderende val van Warschau 'niet gekant zou zijn tegen vrede'. In het westen zou hij vooralsnog 'nog niet agressief optreden', maar diplomatie een kans geven.[32] Blijkbaar volgde de dictator een dubbele strategie – enerzijds namelijk de westerse mogendheden lokken met de vredesbazuin en anderzijds de voorbereidingen voor een militair conflict met hen opvoeren.

Op 27 september 's middags, slechts één dag na zijn terugkeer in de Rijkshoofdstad, ontbood Hitler de Wehrmachttop naar de Rijkskanselarij en maakte duidelijk, in het bijzijn van Keitel, dat de generaals maar aan de gedachte 'moesten wennen' dat de 'oorlog doorgaat'. De tijd werkte in het nadeel van Duitsland, omdat de westerse mogendheden elke pauze zouden gebruiken om hun bewapeningsachterstand in te lopen, vooral wat tanks en vliegtuigen betrof. 'Daarom niet wachten tot de vijand komt maar, als er geen vreedzame regeling mogelijk is, toeslaan in het westen. Hoe eerder hoe beter.' De drie opperbevelhebbers kregen geen gelegenheid hun visie op de situatie te geven.[33]

Klaarblijkelijk sloeg Hitler de kans op een 'vreedzame regeling' met de westerse mogendheden van meet af aan niet hoog aan. Gezien de stemming bij de Duitse bevolking had hij zich van het propagandistische gebruik van zijn eigen initiatief wel iets voorgesteld. Op 30 september informeerde hij Goebbels voor het eerst over zijn plan om na afloop van de Poolse campagne de Rijksdag samen te roepen en een 'groot vredesaanbod' te doen: hij wilde 'Engeland en Frankrijk voor een óf-ófkeuze' plaatsen.[34] Vanaf begin oktober werkte Hitler intensief aan zijn toespraak. Op 5 oktober, voordat hij op weg ging naar de overwinningsparade in Warschau, gaf hij deze aan zijn minister van Propaganda om door te lezen. 'Een meesterwerk van diplomatie,' luidde diens commentaar. De toespraak kwam Londen en Parijs 'verregaand tegemoet' en zou 'een enorme indruk maken op de hele wereld'.[35] Daarin zou zowel Hitler als Goebbels zich echter absoluut vergissen.

Op 6 oktober om 12 uur 's middags betrad Hitler de Rijksdagtribune in de Kroll-opera. Hij sprak kalmer dan anders; soms las hij echter zo snel van het papier dat de afgevaardigden hem nauwelijks konden volgen.[36] Wat hij oplas, was niet geschikt om vrede te propageren, zo daar al aanzetten toe waren geweest. Hij beperkte zich in grote lijnen tot het in vaste formules betuigen van zijn goede wil, wat na alle ervaringen die de westerse mogendheden voor 1939 met Hitler gehad hadden, geen weerklank meer kon vinden. De rede bevatte slechts weinig concrete voorstellen. In elk geval maakte Hitler duidelijk dat de staat Polen in zijn oude gedaante niet kon herrijzen. De nieuwe grenzen in het oosten zouden alleen tussen Duitsland en Rusland getrokken worden, dus de westerse mogendheden kregen hier geen enkele gelegenheid invloed uit te oefenen. Geen enkele luisteraar kon eigenlijk twijfels hebben over de waarde die een conferentie van grote Europese naties onder deze voorwaarden had – te meer omdat de dictator na zijn lokkende woorden onverholen dreigementen liet volgen tegen 'de heren Churchill & Co', die hij aanduidde als de aanhangers van een 'Joods-internationaal kapitalisme'. Als zijn uitgestoken hand werd afgewezen, zou er verder geen aanbod meer komen van zijn kant. 'Dan zullen we vechten. Wapengeweld noch de tijd zal Duitsland bedwingen.'[37]

Het commentaar van Thomas Mann was raak: 'Die smerige bedrieger zou graag aan de oorlog willen ontglippen, om tijd te winnen en met de beproefde "vreedzame" middelen iedereen te onderwerpen. De democratieën krijgen geen enkel aanknopingspunt voor een eervolle vrede. De oorlog gaat onvermijdelijk door.'[38] Toch voedde Hitlers redevoering bij de Duitse publieke opinie het geloof dat een vredesakkoord voor de deur stond. Op de ochtend van 10 oktober ging er een gerucht rond als een lopend vuurtje: de Engelse koning had troonsafstand gedaan, Chamberlain had ontslag genomen en er was een wapenstilstand gesloten. 'In Berlijn waren er hier en daar op straten en pleinen blije samenscholingen van mensen die het nieuws voor waar hielden,' meldde de inlichtingendienst van de SS. Toen de radio 's middags het verhaal ontkrachtte, leidde dat, zoals het in de *Meldungen aus dem Reich* luidde, overal tot 'diepe terneergeslagenheid' – een teken ervan hoe wijdverspreid het verlangen naar vrede was bij de Duitse bevolking.[39] Twee dagen later, op 12 oktober, wees Chamberlain de vredesavances van Hitler categorisch af in een rede voor het Lagerhuis. Hij zag geen basis voor onderhandelingen in de vage voorstellen van de rijkskanselier. Als Duitsland vrede wilde, moest het dat bewijzen 'met daden en niet met woorden'.[49] Ook Winston Churchill, First Lord of the Admiralty, beschreef het aanbod van Hitler in een gesprek met de Sovjetambassadeur in Londen, Ivan Majski, als 'absoluut onaanvaardbaar': 'Dat zijn de voorwaarden voor een veroveraar! We zijn echter nog niet veroverd!'[41]

Voor Hitler kwam de afwijzing volstrekt niet als een verrassing. Al op 10 oktober had hij Brauchitsch en Halder op de hoogte gebracht van een zelf opgesteld memorandum, waarin hij nogmaals de noodzaak van een offensief in het westen vaststelde, zo mogelijk in de herfst. Het doel van de strijd moest de 'definitieve militaire afhandeling' van de westerse mogendheden zijn. Dat wilde zeggen, zoals hij het verduidelijkte, dat ze moesten worden beroofd van 'de kracht en het vermogen [...] zich nogmaals te verzetten tegen de consolidatie van de Duitse staat en de verdere ontwikkeling van het Duitse volk in Europa'.[42] De basisideeën van het memo werden opgenomen in de 'Order nr. 6 voor de oorlogvoering', die gedateerd was op 9 oktober. Daarin bevestigde Hitler zijn vastberadenheid om al in de nabije toekomst 'actief en offensief op te treden' als Engeland en Frankrijk niet bereid zouden zijn de oorlog te beëindigen. 'Langer wachten' zou namelijk 'de militaire slagkracht' van de tegenstanders alleen maar versterken.[43] Aan de lunchtafel van de Rijkskanselarij op 13 oktober was de dictator bijna opgelucht over Chamberlains afwijzing. Hij was 'blij', kondigde hij aan, 'dat Engeland nu kon worden aangepakt'. De Engelsen moesten 'door schade en schande wijs worden'.[44] In de dagen daarna verhevigde de Duitse propaganda weer haar aanvallen op de Engelse regering. Met name op Churchill werd met zwaar geschut geschoten. 'Hij ontglipt ons niet meer. We zullen geen moment rusten voor hij is uitgeschakeld,' pochte Goebbels.[45]

Op 21 oktober nodigde Hitler de Reichs- en Gauleiter uit voor de Rijkskanselarij en wijdde hen in zijn plannen in. Er was geen sprake meer van een vredesakkoord. Binnenkort, zo liet de dictator zijn aanhangers weten, zou hij 'de Engelsen een "rechtse directe op de kin" geven' waar ze nooit meer van zouden herstellen. Hoewel hij publiekelijk zou aankondigen dat hij zich bij zijn oorlogvoering aan internationale afspraken zou houden, dacht hij er in werkelijkheid zelfs niet aan om 'verder nog pardon te kennen', ook niet tegen de burgerbevolking. Als Engeland en Frankrijk verslagen waren, zou hij zich 'weer op het oosten richten en daar zorgen voor duidelijke verhoudingen'. In zijn toespraak voor de Rijksdag op 6 oktober had Hitler de nieuwe 'belangengemeenschap met Rusland' nog geprezen als het begin van een 'gelukkige en duurzame samenwerking',[46] maar nu kondigde hij zijn paladijnen met verbazingwekkende openhartigheid aan dat hij zijn langetermijnproject – de oorlog om Lebensraum tegen de Sovjet-Unie – in geen geval uit het oog verloren had. Bij de ontmoeting van de Duitse troepen met het Rode Leger was gebleken dat 'het Russische leger maar voor weinig deugt' en vooral dat de soldaten 'slecht getraind en uitgerust' waren. Het eindpunt, zo vatte Goebbels de twee uur durende uitweidingen samen, zou 'het grote en allesomvattende Duitse volksrijk' zijn, dus een volkomen herziening van de Europese machtsverhoudingen zoals die sinds de Vrede van Westfalen in 1648 niet meer voorgekomen was. Bij deze verwijzing naar de oude Rijksmythe paste Hitlers aankondiging dat hij ook België en Zwitserland zou 'inlijven'.[47]

Voor het toekomstige lot van Polen had Hitler aan het begin van de campagne nog geen vastomlijnde ideeën. Volgens het geheime Aanvullend Protocol bij het Duits-Russische niet-aanvalsverdrag van 23 augustus was het aan latere overeenkomsten voorbehouden om te bepalen 'of de wederzijdse belangen het behoud van een onafhankelijke Poolse staat wenselijk zouden doen lijken en welke grenzen deze staat zou moeten krijgen'.[48] Kennelijk neigde de Duitse dictator aanvankelijk tot de vorming van een zelfstandige Poolse 'reststaat'. In ieder geval verklaarde Ribbentrop op 12 september dat dit 'de oplossing was die de Führer het meest aanstond, omdat hij vervolgens door onderhandelingen met een Poolse regering een vrede in het oosten tot stand kon brengen'.[49] In zijn redevoering te Danzig van 19 september hield Hitler het bij de hint dat 'de definitieve vorm' van de bezette Poolse gebieden 'in eerste instantie' van Duitsland en Rusland afhankelijk was, 'die hier vitale belangen hebben'.[50] Op 27 september vloog Ribbentrop nogmaals naar Moskou om daar de volgende dag het Duits-Russische vriendschapsverdrag te ondertekenen. De dwars door Polen lopende demarcatielijn werd nog één keer gewijzigd: Stalin deed afstand van de provincie Lublin en het oostelijke deel van de provincie Warschau, dat wil zeggen de centrale Poolse regio tussen de Weichsel en de Bug, alsmede van de Suwałki-punt, die oorspronkelijk tot Litouwen behoord had; in ruil daarvoor erkende het Duitse Rijk Litouwen als invloedssfeer van de Sovjet-Unie. Men was nu definitief afgestapt van het idee van een Poolse rompstaat die de beide mogendheden gezamenlijk hadden moeten vormen vanuit hun respectievelijke belangengebieden.[51]

In zijn Rijksdagtoespraak van 6 oktober kondigde Hitler 'een nieuwe ordening van de etnografische verhoudingen' aan, dat wil zeggen grootschalige gedwongen migratie in de bezette Poolse gebieden.[52] De indrukken die hij tijdens zijn frontlijnreizen had opgedaan, hadden hem aangemoedigd in zijn waanideeën over de 'Herrenmenschen'. 'De steden staan stijf van het vuil,' verklaarde hij eind september tegen Alfred Rosenberg. 'Als Polen nog een paar decennia over vroegere Rijksdelen had geregeerd, zou alles als een luizenbende te gronde zijn gegaan, hier kan nu slechts de hand van een doelgerichte meester zich laten gelden.'[53] Met nog meer minachting liet hij zich erover uit in gesprekken met Goebbels in de eerste oktoberdagen. 'Het oordeel van de Führer over Polen is vernietigend,' noteerde de minister van Propaganda in zijn dagboek. 'Meer dieren dan mensen, totaal afgestompt en vormloos [...]. Ze moeten in hun verkleinde staat teruggejaagd en aan hun lot overgelaten worden.'[54] Hitler dacht op dat tijdstip al niet meer aan een zelfstandige Poolse rompstaat, maar aan een onder Duitse heerschappij staand restterritorium, een Pools reservaat.[55]

In een reeks decreten bepaalde Hitler in oktober 1939 de contouren van de 'nieuwe orde'. Grote delen van de westelijke Poolse gebieden werden geannexeerd bij het Duitse Rijk en veranderd in twee nieuwe *Reichsgaue*: Danzig-West-Pruisen onder Albert Forster, de Gauleiter van Danzig, en Posen (vanaf eind januari 1940: Wartheland) onder Arthur Greiser, de voormalige voorzitter van de Danziger senaat. Nog meer Poolse gebieden werden bij de al bestaande gouwen Oost-Pruisen en Silezië gevoegd. De Rijksgrens werd daarmee tot 200 kilometer naar het oosten verplaatst. In de geannexeerde gebieden woonden 7,8 miljoen Polen; zij vertegenwoordigden ongeveer 80 procent van de totale bevolking.[56] Uit de resterende Midden-Poolse gebieden met de districten Warschau, Lublin, Radom en Krakau werd een 'Generaal-gouvernement' gevormd, dat de status van 'nevenland' van het Rijk kreeg, niet nader gedefinieerd door het internationale recht. De kroonjurist van het Derde Rijk, Hans Frank, werd benoemd tot gouverneur-generaal. Hij was direct aan Hitler ondergeschikt. Sinds november 1939 resideerde hij als een vorst op de Wawel, de koninklijke burcht van Krakau.[57]

Op 25 oktober werd het militaire bestuur in het bezette Polen vervangen door burgerlijk bestuur. Hitler had de werkwijzen van dat burgerbestuur al met botte duidelijkheid meegedeeld tijdens een bijeenkomst op 17 oktober in de Rijkskanselarij, waaraan behalve Frank ook Himmler, Heß, Bormann, Lammers, Frick, diens staatssecretaris Stuckart en Keitel deelnamen: er moest een 'keiharde nationalistische strijd' worden gevoerd, die 'geen juridische beperkingen' kende. Het was niet de taak van het bestuur om de voormalige Poolse gebieden economisch te ontwikkelen en om te vormen tot een 'modelprovincie'. Veeleer moest de levensstandaard bewust laag blijven. 'We willen daar alleen arbeidskrachten creëren.' Bovendien was het zaak te verhinderen dat 'een Poolse intelligentsia zich opwerpt als leidende klasse'. Hitler vatte de kern van zijn ideeën samen met de woorden: 'Alle aanzetten tot een consolidering van de omstandigheden in Polen moeten geëlimineerd worden. De "Poolse economie" moet tot bloei komen. Het bestuur van het gebied moet het voor ons mogelijk maken ook het grondgebied van het Duitse Rijk te reinigen van Joden en polakken.'[58] Parallel hiermee beval Hitler op 17 oktober om de ss en de politie buiten de Wehrmachts- respectievelijk gewone jurisdictie te plaatsen. In de toekomst moesten ze, 'als ze voor bijzondere taken werden ingezet', vallen onder een 'speciale jurisdictie voor strafzaken'.[59] Dit schiep de voorwaarden voor het ontketenen van een ongebreidelde tirannie, die werd geleid door de rassenideologische richtlijnen van het regime en zijn Führer. In het spoor van de reguliere Wehrmachteenheden volgden in de eerste oorlogsdagen vijf (later zeven) Einsatzgruppen, die Reinhard Heydrich, hoofd van de Sicherheitspolizei, al in juli 1939 had laten vormen. De leden daarvan, in totaal ruim 2700 man, werden voornamelijk gerekruteerd uit de SS en in politiedistricten van de troepenverzamelgebieden in het oosten van het Rijk. De commandanten van deze Einsatzgruppen, onder wie het hoofd van de Gestapo in Hamburg, Bruno Streckenbach, had Heydrich zelf geselecteerd. Volgens de 'Richtlijnen voor de buitenlandse inzet van Sicherheitspolizei en SD' die met het OKW waren afgestemd, hadden zij als taak 'het bestrijden van elementen die anti-Duitsland of anti-Duitsers waren, in het vijandelijk gebied achter de fronttroepen'.[60] Dit was een zeer rekbare formulering die de Einsatzgruppen veel speelruimte gaf. Formeel waren ze weliswaar ondergeschikt aan het opperbevel van het leger waaraan ze waren toegewezen, maar in feite handelden ze grotendeels onafhankelijk op een bijna wetteloos terrein – als gretige uitvoerders van de 'keiharde nationalistische strijd' waartoe de hoogste leiding van het Rijk bevolen had.

Op 3 september gaf Reichsführer-SS Himmler, ongetwijfeld met toestemming van Hitler, de Einsatzgruppen de opdracht 'Poolse opstandelingen die op heterdaad of met wapens betrapt' werden, 'ter plekke te fusilleren'. Op 7 september kondigde Heydrich in een bijeenkomst met de hoofden van Gestapo, Kripo (recherche) en SD aan dat 'de leidende bevolkingslaag in Polen [...] zo veel mogelijk onschadelijk moet worden gemaakt'.[61] Heydrichs beulsknechten hadden vanaf het voorjaar van 1939 al een speciale opsporingslijst voorbereid, met de namen van leden van de Poolse intelligentsia, de katholieke geestelijkheid, de adel en de Joodse gemeenschappen.

Met deze richtlijnen ontketenden de Einsatzgruppen een terreur die alles overschaduwde wat er in maart 1938 bij de Oostenrijkse Anschluss en maart 1939 bij de bezetting van de Rest-Tschechei was gebeurd. Alleen al in september werden meer dan 12.000 Polen doodgeschoten.[62] In een latere ontmoeting met de departementshoofden op 21 september kon Heydrich al melden dat er van de 'politieke leiders' in de bezette gebieden 'nog maximaal 3 procent' over was. Ook die moesten 'onschadelijk gemaakt' worden.[63] En het moorden ging ook na afloop van de gevechten door. Minstens 40.000 Poolse staatsburgers werden tussen september en december 1939 het slachtoffer daarvan.[64]

De Einsatzgruppen werden bij hun bloedige handwerk ondersteund door de 'Volksdeutsche Selbstschutz', een militie die voornamelijk bestond uit leden van de Duitse minderheid. De hetze die in Goebbels' propaganda gedurende de maanden voor de oorlog steeds heviger was geworden, had de spanningen tussen

Polen en Volksduitsers enorm verscherpt. Na de Duitse inval in Polen ontlaadden deze zich in represailles tegen de Duitse minderheid. Het ergste incident vond plaats op 3 september 1939 in de stad Bydgoszcz (Bromberg), waar Poolse burgers meer dan honderd 'Volksduitsers' doodden.[65] Voor Himmler en Heydrich was de 'Bloedige Zondag' een welkom voorwendsel om het tekeergaan van de Einsatzgruppen en milities te presenteren als vergeldingsacties voor Poolse 'gruweldaden' en hun beulsknechten ter plaatse aan te sporen tot nog krachtiger optreden. De 'Selbstschutz' in West-Pruisen onder leiding van Himmlers voormalige adjudant Ludolf von Alvensleben viel in het bijzonder op door haar wreedheid. 'Nu zijn jullie het Herrenvolk,' moedigde hij in oktober 1939 zijn mannen aan. 'Wees niet week, wees genadeloos en ruim met alle middelen op wat niet Duits is en wat ons zou kunnen hinderen bij de opbouw.'[66] In de eerste maanden van de bezetting hebben de doodseskaders van Alvensleben meer dan 4000 Poolse burgers vermoord. Begin november gaf Himmler opdracht de 'Volksdeutsche Selbstschutz' te ontbinden en de leden daarvan op te nemen in de SS. Eind november gaf Werner Best, de plaatsvervanger van Heydrich, opdracht tot ontbinding van de Einsatzgruppen. Hun personeel werd toegewezen aan de eerder opgerichte afdelingen van de Sicherheitspolizei en SD in Krakau, Lublin, Radom en Warschau, waar zij hun moorddadige missie konden voortzetten.[67]

Vanaf de eerste oorlogsdag waren niet alleen Einsatzgruppen en Volksduitse milities betrokken bij de gewelddadige excessen, maar ook Wehrmachtsoldaten. Velen van hen marcheerden Polen binnen met een racistisch beeld van 'de' Slaven en 'de' Joden. Een al lang gekoesterd gevoel van culturele superioriteit vermengde zich met diepgewortelde, door de propaganda versterkte anti-Poolse en antisemitische ressentimenten. De veldpostbrieven illustreren dat rijkelijk. Daarin was steeds weer sprake van 'polakken' en 'weerzinwekkende Joodse figuren'.

De overgeleverde vijandbeelden en vooroordelen kunnen de bereidheid tot geweld echter niet in hun geheel verklaren. Daartoe waren veeleer de bijkomende indrukken van het strijdtoneel de oorzaak. Een belangrijke rol speelde daarbij de angst voor francs-tireurs, guerrillastrijders, die al bij het begin van de Duitse opmars in België van 1914 had geleid tot massamoorden onder de Belgische burgerbevolking. Onder Duitse soldaten en officieren heerste een wijdverbreide overtuiging dat ze te maken hadden met een achterbakse tegenstander, die bij voorkeur vanuit een hinderlaag opereerde. 'Polen zijn achterbaks. Ze schieten in het achterland op colonnes en individuele mannen,' meldde generaal Erich Hoepner.[68] Dit beeld klopte geenszins met de feiten, dikwijls ging het bij de gemelde voorvallen om pure fantasie. De gevolgen waren echter desastreus. Het verlaagde namelijk de drempel voor overvallen op Poolse burgers.[69] Al op 5 september merkte kwartiermeester-generaal Eduard Wagner op: 'De moeilijkheden in het

Poolse achterland worden steeds groter. Afschuwelijke bendes en gevechten met francs-tireurs, overal onveiligheid. De mannen treden drastisch op.'[70]

In veel gevallen kwam het tot nauwe samenwerking van eenheden van de Wehrmacht met afdelingen van de SS en de politie. Duitse soldaten namen deel aan het willekeurig fusilleren van burgers en krijgsgevangenen, hielpen dorpen plat te branden en vermaakten zich ermee Joden de baard af te scheren en hen vernederend werk te laten doen. In de ogen van de gewone soldaat waren de Poolse Joden vogelvrij. Deze werden dienovereenkomstig behandeld.[71] Dit alles bood al een voorproefje van wat er vanaf de zomer van 1941 in de bezette gebieden van de Sovjet-Unie zou plaatsvinden, in veel grotere en nog extremere geweldsdimensies.[72]

De legerleiding was door voortdurende berichten volledig op de hoogte van de massamoorden. Al op 10 september noteerde Franz Halder, stafchef van het leger, in zijn oorlogsdagboek: 'Smeerlapperij achter het front.'[73] Hoewel de Wehrmacht en de Einsatzgruppen op veel plaatsen samenwerkten, waren sommige legercommandanten verontwaardigd over de geweldsexcessen, niet in de laatste plaats omdat zij deze als een gevaar zagen voor het moreel en de discipline van de troepen. Er waren ook nog steeds duidelijke remmingen onder de hogere officieren om de traditionele internationaalrechtelijke beperkingen van de oorlogvoering gewoon terzijde te schuiven voor een ideologische uitroeiingscampagne. Op 8 september klaagde Heydrich in een gesprek met Wilhelm Canaris, hoofd van de Abwehr, over het gebrek aan begrip bij de Wehrmachtleiding: de krijgsraden zouden 'veel te langzaam werken' bij het veroordelen van Poolse 'francs-tireurs'. 'Hij zou daar een eind aan maken. Die mensen moeten meteen zonder vorm van proces afgeschoten of opgehangen worden.' Halder, die geïnformeerd werd over Heydrichs uitspraken, verwees schouderophalend naar 'de bedoeling van de Führer en Göring om het Poolse volk te vernietigen en uit te roeien'.[74] Keitel reageerde op dezelfde manier toen Canaris hem op 12 september in de speciale Führertrein in Ilnau vertelde over de massa-executies: 'Deze zaak [was] al besloten door de Führer. [...] Als de Wehrmacht hier niets mee te maken zou willen hebben, [zou] ze ook [moeten] accepteren dat de SS en Gestapo aan haar zijde gaan optreden.'[75]

Voor de Wehrmachtleiding bestond er op dit tijdstip dan ook geen twijfel meer over dat de 'etnische zuiveringsmaatregelen' geen eigenmachtige acties van individuele SS'ers en politieagenten waren, maar een programma in opdracht van Hitler zelf, uitgevoerd door Himmler en Heydrich. Zij was niet bereid hiertegen bezwaar te maken en een confrontatie aan te gaan met de politieke leiding. In plaats daarvan streefde ze ernaar zich aan de verantwoordelijkheid hiervoor te onttrekken door erop aan te koersen dat de 'etnische ruilverkaveling' pas uitgevoerd werd nadat het militaire bestuur was vervangen door het civiele. Op 21 september deelde kolonel-generaal von Brauchitsch aan de opperbevelhebbers van de legergroepen en legers mee dat Hitler 'etnisch-politieke taken' had toevertrouwd aan de Einsatzgruppen. De uitvoering ervan moest 'buiten de verantwoordelijkheid van de militaire bevelhebbers' liggen.[76]

Toch hield de kritiek op het optreden van de Einsatzgruppen ook na het einde van de campagne niet op. 'Ik schaam me ervoor dat ik een Duitser ben!' schreef Hellmuth Stieff, officier van de generale staf, aan zijn vrouw. 'Deze minderheid, die door moorden, plunderen en platbranden de Duitse naam bezoedelt, zal nog het ongeluk van het hele Duitse volk worden, als we niet snel een eind maken aan hun praktijken.'[77] Kolonel-generaal Johannes Blaskowitz, de opperbevelhebber van de in Polen gelegerde troepen nadat het militaire bestuur was afgelost, uitte zijn afschuw het minst onverhuld. In een rapport aan Brauchitsch van 27 november benadrukte hij dat het leger moest weigeren zich te identificeren 'met de wreedheden van de Sicherheitspolizei en op eigen initiatief moest weigeren samen te werken met deze als vuurpelotons optredende Einsatzgruppen'. Tot nu toe hadden ze 'alleen maar angst verspreid onder de bevolking' en vormden ze een 'ondraaglijke belasting' voor de Wehrmacht. Ook de maanden daarna protesteerde Blaskowitz in rapporten en memo's steeds weer tegen 'de mateloze verruwing en morele verdorvenheid' zoals die tot uiting kwamen in de acties van de Einsatzgruppen. 'Elke soldaat voelt walging en afschuw over deze misdaden, die in Polen worden begaan door burgers van het Rijk en vertegenwoordigers van ons staatsgezag.'[78]

Hitlers prikkelbare reactie op deze kritiek uit legerkringen is door adjudant Engel overgeleverd in zijn dagboek: De Führer was 'buiten zichzelf van woede', noteerde hij op 15 oktober. De officieren moesten zich 'onthouden van elke emotionele stupiditeit' en de Wehrmacht moest 'haar neus niet steken in dingen waar ze niets van begreep'. Toen hij een maand later een memo van Blaskowitz kreeg voorgelegd waarin deze zijn 'grote bezorgdheid' uitte 'over het illegale fusilleren, arresteren en in beslag nemen', kreeg Hitler een woedeaanval. Hij was buiten zichzelf, met 'zware verwijten tegen "kinderachtige houdingen" bij de legerleiding'. Met 'de methoden van het Leger des Heils' kon men geen oorlog voeren. Hij had Blaskowitz 'nooit vertrouwd' en achtte het juist 'hem uit deze functie te verwijderen, want ongeschikt'.[79] Inderdaad werd Blaskowitz begin mei 1940 uit Polen teruggeroepen en overgeplaatst naar het westelijk front.

Al op 4 oktober 1939 had Hitler in een 'amnestiedecreet' bepaald dat er voor alle misdaden die sinds 1 september 1939 waren begaan 'uit verbittering over de gruweldaden die door de Polen waren begaan', amnestie van kracht was en dat de procedures die nog aanhangig waren, moesten worden stopgezet.[80] Op 7 oktober volgde de benoeming van Himmler tot 'rijkscommissaris voor de consolidatie van de Duitse etniciteit'. Zo kwam de 'etnische reorganisatie' van de veroverde gebieden van Oost- en Midden-Europa in handen van de SS- en politieleiding en hun centrale bestuursorgaan, het Reichssicherheitshauptamt, dat op 27 september 1939 werd opgericht.[81] Voor Himmler en Heydrich opende de nieuwe opdracht van Hitler nog een ander groot werkterrein: enerzijds moesten zij ervoor zorgen dat de geannexeerde West-Poolse gebieden etnisch 'gezuiverd' werden, dat wil zeggen dat de daar wonende Polen (voor zover ze niet 'eindeutschungsfähig' – in staat tot verduitsing – bleken te zijn) en Joden naar het Generaal-gouvernement werden verdreven; anderzijds moest daardoor plaats ontstaan voor de Volksdeutschen uit de gebieden die onder Stalins invloed waren gekomen. Hitler had zelf eind september zijn ideeën over de 'annexatie van de vroegere oostelijke provincies Posen en West-Pruisen' uiteengezet, zonder er doekjes om te winden: de Polen die 'wat ras betrof waardevol' geacht konden worden, zouden 'verduitst' kunnen worden, de anderen moesten naar het Poolse restterritorium worden afgestoten. In maximaal dertig jaar moesten de geannexeerde gebieden zo volledig 'gegermaniseerd' zijn dat het geen reiziger meer zou opvallen dat ze ooit omstreden gebied van Duitsers en Polen geweest waren.[82] 'Deze oostelijke provincies worden Duits kerngebied. Daar creëren we boerderijen tot 50 hectare groot en we vestigen daarin weerbare Duitse boeren,' zo verduidelijkte hij zijn plannen aan Goebbels. 'Ons vestigingsbeleid verloopt planmatig en is berekend op de lange termijn. [...] Hoe dan ook zorgt het voor een nieuwe wending in de Duitse geschiedenis, en de Duitse natie heeft een taak die zich over twee generaties uitstrekt.'[83]

De geplande verplaatsing van honderdduizenden mensen vereiste een omvangrijk bureaucratisch apparaat, waaraan men in oktober-november 1939 begon te werken.[84] In december gaf Heydrich opdracht tot de eerste grote volksverhuizing om ruimte te scheppen voor 40.000 Baltisch-Duitse migranten: ongeveer 88.000 Polen werden in de Rijksgouw Posen gearresteerd en in goederentreinen naar het Generaal-gouvernement gedeporteerd.[85] Daar was niets voorbereid voor hun opvang. Wilm Hosenfeld, een van de weinige Duitse officieren die van meet af aan fel gekant was tegen het bezettingsbeleid, zag de komst van een goederentrein met deze ongelukkigen: 'Waarom slepen we deze mensen uit hun woningen als we niet weten waar we ze moeten onderbrengen? Een dag lang staan ze in de kou, zittend op de bundels met hun schamele spullen, ze krijgen niets te eten. Daar zit een systeem achter, men wil deze mensen ziek, ellendig, hulpeloos maken, ze moeten omkomen.'[86] In het Generaal-gouvernement was de bevoorradingssituatie toch al gespannen door de vele vluchtelingen uit de door de Sovjet-Unie bezette Oost-Poolse gebieden; de massadeportaties uit de westelijke provincies die door de Duitsers waren geannexeerd, verergerden de noodsituatie. Gouverneur-generaal Hans Frank, die eerst had toegestemd in het migratieprogramma, verzette zich nu ertegen dat zijn 'Reichsnebenland' ('nevengebied van het Rijk') werd gebruikt als een 'sociale vuilnisbelt', zoals hij het noemde. In onderhandelingen met het Reichssicherheitshauptamt bereikte hij dat het tempo van gedwongen verhuizingen vertraagd werd. Eind 1940 waren in totaal meer dan 300.000 Polen uit de Warthegau, Danzig-West-Pruisen en het Congres-Poolse gedeelte van Opper-Silezië naar het Generaal-gouvernement gedeporteerd – minder dan in Himmlers ambitieuze plannen was voorzien.[87]

In het Generaal-gouvernement vestigde Frank een bruut bezettingsbewind. Begin oktober 1939, nog voordat hij officieel tot gouverneur-generaal was benoemd, herhaalde hij in een vergadering zijn door Hitler gegeven opdracht: 'Exploitatie van het land door meedogenloze uitbuiting, [...] afknijpen van de gehele Poolse economie tot het absolute minimum dat noodzakelijk is voor de laagst mogelijke levensstandaard van de bevolking, sluiting van alle onderwijsinstellingen, met name de technische scholen en universiteiten, om te voorkomen dat er weer een Poolse intelligentsia opgroeit. [...] Polen moet behandeld worden als een kolonie, de Polen zullen de slaven van het Groot-Duitse wereldrijk worden.'[88] Na zijn intocht in de koninklijke burcht van Krakau op 7 november vaardigde Frank een stortvloed van verordeningen uit, die allemaal deze doelen dienden: het uitbuiten van het land en zijn hulpbronnen, het leven van de Polen zo moeilijk mogelijk maken en hun iedere mogelijkheid tot verzet te ontnemen. Zelfs op futiele overtredingen stond de doodstraf. De Poolse arbeiders moest 'horen en zien vergaan', zodat dat ze 'alleen al door hun harde werk [...] niet meer toekomen aan daden van sabotage', kondigde hij januari 1940 aan, en dit in een taal die nauwelijks te overtreffen is in cynische misantropie: 'Mijn relatie met de Polen is die van de mier met de bladluis.'[89]

Het Duitse civiele bestuur van het Generaal-gouvernement werd verdeeld over drie niveaus: het hoogste, de regering van de gouverneur-generaal met de zetel in Krakau; een middenniveau van de vier districten Krakau, Warschau, Radom en Lublin, waarbij na de overval op de Sovjet-Unie nog een vijfde district kwam, Galicië met de stad Lemberg (Lviv); en een onderste niveau, de Kreis- en Stadthauptmannschaften. Bij de uitvoering van de roof- en destructiepolitiek speelden juist die laatsten een belangrijke rol. De meesten van hen waren universitair opgeleide juristen, die al bestuurservaring hadden opgedaan in het Altreich, en voor wie de nieuwe positie een carrièresprong betekende. Net als de gouverneur-generaal zelf gedroegen ze zich in hun machtsgebied als koninkjes en handhaafden ze een luxueuze levensstijl op kosten van de bevolking. Corruptie en zelfverrijking waren aan de orde van de dag. Deze kleine groep sterk ideologisch ingestelde functionarissen – in totaal ongeveer 130 ambtenaren – had relatief veel speelruimte en werd door Frank herhaaldelijk aangemoedigd daar gebruik van te maken. Met 'ijzeren vastberadenheid', zo eiste hij op 25 november 1939 van de Kreis- en Stadthauptmänner van het district Radom, moesten ze waarborgen 'dat de Polen het nooit meer wagen een Duitser als iets anders dan hun meester te zien'.[90]

Vanaf de eerste dag van de bezetting waren met name de 1,7 miljoen Poolse Joden die onder Duits bewind waren gekomen, blootgesteld aan ongebreidelde terreur. Ook in dit geval waren het na de beëindiging van het militaire bestuur de Kreishauptmänner die fanatiek aan de slag gingen met eigen initiatieven. Daarbij wisten ze dat ze rugdekking hadden van de gouverneur-generaal. Op dezelfde bijeenkomst in Radom van eind november gaf Frank hun formeel carte blanche: 'Bij de Joden niet te veel plichtplegingen. Een genot om eindelijk het Joodse ras eens fysiek aan te kunnen pakken. Hoe meer er omkomen, des te beter [...]. De Joden zullen weten dat we er nu zijn.'[91] Frank en de uitvoerders van het antisemitische beleid in het Generaal-gouvernement waren ervan overtuigd dat zij volledig in de geest van Hitler handelden en in de geest van de 'keiharde nationalistische strijd' die hij eiste, toen zij Joden lastigvielen, hen van hun bezittingen beroofden, hun woningen in beslag namen en hen van het platteland concentreerden in de steden. Toen in de herfst van 1939 de eerste 'wilde' getto's werden opgezet, lieten vooral de Kreishauptmänner zich daarbij gelden. Zij schiepen zo precedenten voordat de gettovorming op grote schaal werd uitgevoerd – een voorstadium van de systematische uitroeiing.[92]

Bij het rekruteren en naar het Duitse Rijk sturen van Poolse arbeidskrachten werkten de Kreishauptmänner weer nauw samen met de Arbeitsamt-vestigingen in het Generaal-gouvernement. Zij handelden hier conform Hitlers richtlijn van 17 oktober, die gelastte dat de bezette gebieden goedkope arbeidskrachten moesten leveren. Aanvankelijk koos men voor het werven van vrijwilligers, maar toen het aantal aanmeldingen ver achter bleef bij de verwachtingen, ging men vanaf het voorjaar van 1940 over op rigoureuze dwangmaatregelen. Jonge Polen werden opgepakt op de openbare weg of gearresteerd bij nachtelijke razzia's en naar Duitsland weggevoerd. Tot juli 1940 waren op deze manier meer dan 311.000 arbeiders gerekruteerd, voornamelijk voor de landbouw.[93] In een ontmoeting met Frank op 2 juli 1940 bekrachtigde Hitler de uitgangspunten van de bezettingspolitiek zoals hij die een jaar eerder al had vastgelegd. Het Generaal-gouvernement was 'ons reservoir aan arbeidskrachten voor eenvoudig werk'. In de door Martin Bormann geschreven notulen stond verder: 'De Führer benadrukte nogmaals dat er voor de Polen maar één meester kon zijn, en dat was de Duitser; er kunnen en mogen geen twee meesters naast elkaar zijn, dus is het noodzakelijk alle vertegenwoordigers van de Poolse intelligentsia om te brengen. Dat klinkt hard, maar dat is nu eenmaal de wet van het bestaan.'[94]

De legerleiding had niet alleen toegelaten dat de veldtocht tegen Polen van meet af aan de grenzen van het internationale recht opblies en de kenmerken kreeg van een vernietigingsoorlog, maar ze deed ook niets tegen de excessen van het Duitse bezettingsbestuur. Integendeel, begin januari 1940 stelde Halder kolonel-generaal Wilhelm Ritter von Leeb, opperbevelhebber van een legergroep in het westen, gerust: de gepresenteerde rapporten waren 'overdreven of onjuist', de 'gruweldaden in Polen [waren] een aflopende zaak'.[95] In een brief aan de opperbevelhebbers van alle legergroepen en legers van 7 februari 1940 sprak ook Brauchitsch zijn begrip uit: hoewel hier en daar 'betreurenswaardige fouten' waren gemaakt, moest 'de voor het veiligstellen van het Lebensraum noodzakelijke en door de Führer opgedragen oplossing van etnisch-politieke problemen [...] onvermijdelijk leiden tot ongewone, harde maatregelen tegen de Poolse bevolking van het bezette gebied'; ja, de 'versnelde uitvoering ervan, vereist door de aanstaande beslissende strijd van het Duitse volk', zou leiden 'tot een verdere intensivering van deze maatregelen'.[96]

Toch had Brauchitsch belang bij het sussen van de verontwaardiging over de bekend geworden gruweldaden van de SS, die nog steeds heerste bij een deel van de officieren. Daarvoor nodigde hij Himmler uit om in maart 1940 te Koblenz deze kwestie vanuit diens perspectief te belichten voor de legertop. Het betoog van de Reichsführer-SS, dat alleen in trefwoorden is overgeleverd, liet er geen twijfel over bestaan dat het bij alles wat er in Polen gebeurd was en nog gebeurde, niet ging om overtredingen van ondergeschikte bureaus, maar om een door Hitler zelf bevolen project voor het scheppen van het 'Groot-Germaanse Rijk'. 'Executies van belangrijke kopstukken van de oppositie. Heel hard – maar noodzakelijk. Zelf aanwezig geweest – geen wilde toestanden van lagere officieren – en evenmin van mij. Weet heel precies wat er gebeurt.'[97] Zoals één deelnemer, generaal Wilhelm Ulex, het zich herinnerde, moet Himmler onduzelzinnig verklaard hebben: 'In dit gezelschap van de hoogste officieren van het leger kan ik het wel openlijk uitspreken: ik doe niets waar de Führer geen weet van heeft.'[98]

Over protesten van de generaals tegen deze uiteenzetting van Himmler is niets bekend. Misschien koesterden sommige aanwezigen heimelijk nog bedenkingen, maar niemand ging er openlijk tegenin. Daarmee was een gevaarlijk precedent geschapen: de legerleiding had in feite Hitlers rassen-ideologische programma geaccepteerd en maakte zich zo medeplichtig aan zijn misdadige politiek.[99] Ook in dit opzicht bleek Polen een proefterrein dat zijn schaduw vooruitwierp naar het gedrag van de Wehrmacht in de vernietigingsoorlog tegen de Sovjet-Unie.

3
Beslissing in het westen?

'In de gegeven situatie' zal 'de tijd waarschijnlijk eerder aan de kant staan van de westerse mogendheden dan aan onze kant', zo motiveerde Hitler al in een memo van 9 oktober 1939 zijn besluit om in het westen zo snel mogelijk aan te vallen. De onzekerheid over de toekomstige houding van de Sovjet-Unie voerde hij aan als extra argument. 'Geen verdrag of geen afspraak kan met zekerheid een bestendige neutraliteit van Sovjet-Rusland garanderen. Op dit tijdstip spreken alle argumenten tegen het opgeven van de neutraliteit. Over acht maanden, een jaar of zelfs meerdere jaren kan het ook anders zijn. De geringe betekenis van in verdragen vastgelegde afspraken is juist in de afgelopen jaren voor iedereen gebleken.'[1] Zulke woorden klinken merkwaardig uit de mond van een politicus die zich nooit aan verdragsverplichtingen gehouden had. Ook de ontwikkelingen in de Verenigde Staten spraken volgens Hitler voor zo spoedig mogelijk aanvallen. 'De poging van bepaalde kringen in de VS om het continent op een anti-Duitse koers te brengen' had weliswaar nog geen doorslaggevend succes geboekt, maar dat kon snel veranderen. 'Ook hier moeten we ervan uitgaan dat de tijd tegen Duitsland werkt.'[2] Hitler liet in de tweede helft van oktober aan de lunchtafel in de Rijkskanselarij er geen twijfel over bestaan dat het met zijn beslissing voor een offensief in het westen menens was. De Führer denkt 'helemaal niet meer aan vrede. Hij zou Engeland graag over de kling jagen,' vertrouwde Goebbels toe aan zijn dagboek.[3]

Terwijl de militaire leiding het brute racistische en nationalistische beleid in Polen nog min of meer zonder tegenspraak had geaccepteerd, verzette zij zich nu tegen Hitlers oorlogsplannen in het westen. De meeste generaals waren erover verbijsterd dat de dictator al in de herfst wilde aanvallen. Het leger had volgens hen nog niet de goede uitrusting voor de nieuwe veldtocht en het had nog tijd nodig om de verliezen van de Poolse campagne te compenseren. Juist de oudere officieren van de Wehrmachttop hadden nog sterk de traumatische Eerste Wereldoorlog voor ogen, met de loopgravenoorlog die zich jarenlang zonder beslissing voortsleepte en leidde tot ongehoorde verliezen aan soldaten. Ze sloegen de kracht van het Franse leger zeer hoog aan en waren er ook van overtuigd dat Engeland een moeilijk te overwinnen tegenstander was.[4] 'De taaiheid van vooral de Engelsen, en ook van de door hen meegesleepte Fransen, alsmede hun gedrag in de wereldoorlog garanderen dat zij tot het uiterste zullen volhouden als ze worden aangevallen,' waarschuwde kolonel-generaal Wilhelm Ritter von Leeb, opperbevelhebber van de Legergroep C, in een memo van 11 oktober aan de opperbevelhebber van het leger, Walther von Brauchitsch. Het gestelde doel om Engeland en Frankrijk 'zo zwaar te treffen dat ze tot vrede bereid zijn', deed Leeb af als 'niet haalbaar'. Waarschijnlijker was dat er net als in de Eerste Wereldoorlog een jaren durende uitputtingsoorlog zou volgen, waarin de Duitse krachten gestaag uitgeput zouden worden. In elk geval zou het voordeliger zijn als 'het Duitse leger' op zijn post bleef 'met het geweer aan de voet', dus verder strategisch in het defensief bleef.[5]

Toen Brauchitsch op 16 oktober echter Hitler van zijn plannen wilde weerhouden, kreeg hij de kous op de kop: de Engelsen konden 'na klappen opgelopen te hebben' tot concessies worden gedwongen; men moest 'zo snel mogelijk' aanvallen. Hitler noemde de dagen tussen 15 en 20 november als vroegste tijdstip, zonder zich al op een specifieke datum vast te leggen.[6] Deze aankondiging bracht de legerleiding in een regelrechte paniekstemming. Wilhelm Canaris, hoofd van de Abwehr, keerde 'diep geschokt' terug van een bezoek aan Halder. 'Volledige zenuwinzinking,' beschreef hij de toestand van het hoofd van de generale staf. 'Ook Brauchitsch radeloos. Führer wil aanval. Sluit zijn oren voor ieder objectief bezwaar. Alleen nog bloeddorst.'[7] Zelfs Keitel, als hoofd van het OKW de gedienstige jaknikker van Hitler, schijnt een tijdje getwijfeld te hebben aan de slagingskansen van de geplande aanval in het westen. Toen hij na een gesprek met Brauchitsch en Halder in Zossen zijn bezorgdheid uitsprak in de Rijkskanselarij, maakte Hitler hem hevige verwijten: hij zwoer met de generaals samen tegen zijn plannen in plaats van dat hij ze zich eigen maakte en er zonder voorbehoud voor opkwam in de legerleiding. Keitel beweerde dat hij vervolgens zijn ontslag had aangeboden, dat Hitler echter weigerde: het was aan hem om te beslissen wanneer hij iemand wilde ontslaan of niet.[8]

Op 27 oktober probeerden Brauchitsch en Halder nogmaals Hitler ervan te overtuigen dat hij zijn onderneming moest uitstellen. De dictator verleende hun en een aantal andere officieren voor hun prestaties in de Poolse veldtocht een nieuw ingestelde oorlogsmedaille, het Ridderkruis bij het IJzeren Kruis. In de kwestie die speelde, hield hij echter voet bij stuk. Als datum voor 'Fall Gelb', de codenaam voor de aanval in het westen, stelde hij 12 november vast.[9] 'Het besluit voor de aanval lijkt definitief genomen! Führer laat zich niets aanpraten. [...] Brauchitsch wordt amper meer aan het woord gelaten, knipmest voor de Führer. [...] Keitel is louter een soort ordonnans zonder enige invloed op de Führer,' merkte Leeb eind oktober op in zijn dagboek.[10] De legerleiders stonden dus voor de keuze om ofwel een campagne voor te bereiden die in hun ogen een onverantwoord risico met zich mee zou brengen, ofwel op het laatste moment de dictator tegen te houden, wat onvermijdelijk zou leiden tot een confrontatie, mogelijk zelfs een machtswisseling. Al op 14 oktober had Halder tijdens een 'grondige bespreking' met Brauchitsch drie alternatieven overwogen: 'Aanvallen, afwachten, fundamentele veranderingen'. Zoals hij het samenvatte: geen van deze drie mogelijkheden bood kansen op een doorslaggevend succes, 'het minst' de laatste, 'want in wezen negatief, zorgend voor momenten van zwakte'.[11] De hoogste militaire bevelhebbers weifelden dus nog. Blijkbaar was de vrees voor de mogelijke consequenties van een militaire coup groter dan de nachtmerrie van het naderende offensief.

Juist de oppositiekringen die al in september 1938 een netwerk van contacten hadden gevormd en nu eind oktober/begin november 1939 de kans gekomen achtten dat recht te zetten wat destijds mislukt was – Hitler uit zijn macht te ontzetten – hoopten op 'fundamentele veranderingen' in de Duitse top. Aan het begin van de oorlog had Wehrmachtofficier Hans Oster met rugdekking van Canaris de jurist Hans von Dohnanyi, een vroegere medewerker van de minister van Justitie Franz Gürtner, bij zijn afdeling van de Abwehr gehaald.[12] Deze groep, waarbij ook Dohnanyi's vriend de jurist Justus Delbrück hoorde, nam contact op met officieren in de legerleiding. Onder hen was luitenant-kolonel Helmuth Groscurth, vroeger een nauwe medewerker van Canaris en sinds medio september 1939 hoofd van de pas gevormde Abteilung zur besonderen Verwendung (Afdeling Speciale Taken) in het oppercommando van het leger. Groscurth speelde een sleutelrol bij het vormen van een netwerk met oppositiegroepen in de Abwehr, in het hoofdkwartier van het *Oberkommando des Heeres* (Oppercommando van het leger; OKH) te Zossen en regimetegenstanders bij Buitenlandse Zaken rond Erich Kordt en gezantschapssecretaris Hasso von Etzdorf alsmede met persoonlijkheden van het civiele verzet zoals de voormalige burgemeester van Leipzig Carl Goerdeler, de voormalige ambassadeur in Rome Ulrich von Hassell en de voormalige stafchef Ludwig Beck.[13] Bij alle verschillen in temperament en politieke vorming waren deze mannen het erover eens dat – zoals Hassell het midden oktober in zijn dagboek formuleerde – het 'hoog tijd' was om 'de naar beneden rollende wagen af te remmen' en 'aan de avonturierspolitiek paal en perk te stellen'. Dit betekende dat alles gedaan moest worden om vóór het geplande offensief in het westen 'een ommekeer te bewerkstelligen'.[14] Het was echter de vraag hoe dat moest gebeuren en – vooral – wie van de hoge militairen gewonnen kon worden voor een coup.

Alle samenzweringsplannen konden namelijk bij het oud papier zolang het niet lukte een generaal te vinden die bereid was vastberaden de leiding op zich te nemen. Juist deze 'hoofdzaak' ontbrak echter, zoals Hassell steeds weer teleurgesteld moest vaststellen in zijn aantekeningen.[15] Van Brauchitsch hadden de samenzweerders van begin af aan geen grote verwachtingen; alle inspanningen waren daarom op Halder gericht, die het echter vermeed, net als in september 1938, om zich eenduidig te committeren.[16] Eind oktober leek het erop dat hij oren begon te krijgen naar het idee van een staatsgreep. In een vertrouwelijk gesprek met Groscurth stelde hij voor hoge leidinggevenden van het Derde Rijk als Ribbentrop en Göring te 'laten verongelukken', dus door georganiseerde ongelukken uit de weg te ruimen. In tranen, zo noteerde de verbijsterde verdedigingsofficier, had de stafchef bekend dat hij 'al wekenlang naar Emil [Hitler] ging met zijn pistool in zijn zak [...] om hem eventueel overhoop te schieten'.[17] Wilde Halder werkelijk voldongen feiten creëren? In de kringen van Hitlers tegenstanders geloofde men dit kennelijk. In koortsachtige haast werden voorbereidingen voor een staatsgreep getroffen, maar bij nadere beschouwing blijkt dat dit 'in elk geval eerder om het smeden van wilde plannen, hectische contactpogingen en velerlei gesprekken vol goede wil ging dan om coherente, realistische planning' – aldus het nuchtere oordeel van de historicus en Beck-biograaf Klaus-Jürgen Müller.[18]

Op 2 en 3 november begaven Halder en Brauchitsch zich op inspectiereis langs het westelijk front. Daarbij uitten Rundstedt en Bock, de opperbevelhebbers van de Legergroepen A en B, weliswaar nog steeds hun bedenkingen tegen het geplande offensief, maar ze maakten er tegelijkertijd geen geheim van dat ze, als het bevel voor de aanval kwam, 'hun plicht [...] zo goed mogelijk zouden doen'.[19] Alleen kolonel-generaal von Leeb, de opperbevelhebber van de Legergroep C, liet doorschemeren dat hij bereid was deel te nemen aan wat voor soort actie dan ook tegen Hitler. In een brief van 31 oktober garandeerde hij Brauchitsch dat hij 'de komende dagen volledig achter u zal staan en alle gewenste en noodzakelijke conclusies zal trekken'.[20]

Aangemoedigd door deze bijval deed de opperbevelhebber van het leger op 5 november 's middags een laatste poging Hitler het westelijke offensief uit het hoofd te praten. Terwijl Halder wachtte in een voorkamer, las Brauchitsch een eigenhandig opgesteld memo voor, dat nogmaals alle argumenten aanvoerde die vanuit zijn perspectief gezien tegen de aanval spraken. Aanvankelijk beheerste Hitler zich, maar toen hij te horen kreeg dat de mannen 'weinig gemotiveerd voor de aanval' gebleken waren en dat het, net als in de jaren 1917-1918, tot muiterij gekomen was, sprong hij opgewonden overeind: het was 'voor hem volstrekt onbegrijpelijk dat [...] een opperbevelhebber zijn eigen leger beledigde en zwartmaakte. Geen enkele commandant aan het front had hem ooit iets gezegd over het gebrek aan aanvalsmotivatie bij de infanterie. Dat kreeg hij nu pas te horen, na een ongehoorde zegetocht van het leger in Polen.' Snuivend van woede verklaarde de dictator dat hij de 'geest van Zossen' wel kende en zou uitroeien. Vervolgens stormde hij de zaal uit en knalde de deur achter zich dicht.[21] Ook 's avonds bleek Hitler 'zeer opgewonden', sprak over 'sabotage door het leger' van zijn plannen en dicteerde aan zijn secretaresse Christa Schroeder een uitvoerig verslag van het verloop van het gesprek, dat hij in zijn eigen branskast in de Rijkskanselarij bewaarde bij zijn persoonlijke archief. Zijn oorspronkelijke bedoeling om Brauchitsch op staande voet te ontslaan, liet hij de volgende dag varen, nadat Keitel dit hem afgeraden had. Er was op dat moment geen opvolger beschikbaar.[22]

De woede-uitbarsting van de dictator had Brauchitsch duidelijk zwaar geschokt. 'Krijtwit' en 'met een vertrokken gezicht' was hij bij Halder teruggekomen, herinnerde adjudant Engel zich.[23] Met de schrik nog in de benen gingen de twee hoogste militairen naar het hoofdkwartier in Zossen. Ze moesten vrezen dat Hitler lucht had gekregen van de samenzweringsfantasieën van de oppositie. Halder beval direct alle mogelijk belastende documenten te vernietigen.[24] Daarna liet hij Groscurth roepen en maakte hem duidelijk dat 'alle militaire middelen uitgeput' waren en dat het offensief niet meer kon worden verhinderd. 'Daarmee zijn de krachten die op ons rekenden, nergens meer toe verplicht. U begrijpt wat ik bedoel.' 'Zeer deprimerende indruk,' was het commentaar van Groscurth op de in bedekte termen meegedeelde afwijzing van alle coupplannen door de chef-staf. Een dag later noteerde hij: 'Deze besluiteloze leiders zijn ergerlijk. Vreselijk.'[25] De niet-militaire samenzweerders moesten de hoop opgeven dat de generaals zouden meedoen aan een actie tegen Hitler; de tweede aanzet tot een staatsgreep was mislukt.

Onmiddellijk na het gesprek met Brauchitsch bevestigde Hitler de opdracht voor de aanval op 12 november. Twee dagen later werd de datum wegens ongunstige weersverwachtingen uitgesteld – en dat zou niet het laatste uitstel zijn. 'Onze laatste hoop is dat misschien het verstand zegeviert. Alle soldaten denken wat ik denk,' schreef generaal Erich Hoepner op 7 november.[26] Dit betekende echter geenszins dat Hitler zijn plannen had opgegeven. Bij de lunch op de Rijkskanselarij liet hij zich hoogst minachtend uit over de aarzelende houding van de legerleiding: 'Als de militairen zeggen dat we niet klaar zijn, een leger zal nooit klaar zijn. Daar gaat het ook niet om. Het komt erop aan dat we meer klaar zijn dan de anderen.' Goebbels, die Hitlers monoloog noteerde, was er zeker van: 'De slag tegen de westerse mogendheden zal niet lang meer op zich laten wachten. [...] Alles wacht in spanning op de naderende beslissingen van de Führer.'[27]

BESLISSING IN HET WESTEN? 81

Op 8 november vloog Hitler met zijn entourage naar München om daar 's avonds zijn jaarlijkse toespraak te houden in de Bürgerbräukeller voor de 'oude strijders', ter nagedachtenis aan de putsch van 1923. Gewoonlijk duurde deze van 20.30 tot 22 uur. Deze keer kwam hij echter al kort na 20 uur aan in de Bürgerbräukeller, en anders dan in de jaren daarvoor had hij een redevoering van amper een uur voorbereid. Zijn piloot, gezagvoerder Hans Baur, had hem tevoren erop gewezen dat hij wegens de te verwachten herfstnevel naar alle waarschijnlijkheid niet naar Berlijn kon terugvliegen. Daarom bleef als enige optie over het gebruik van de speciale Führertrein, die om 21.31 uur moest vertrekken van München-Hauptbahnhof.[28]

'De Führer wordt met onvoorstelbaar gejuich ontvangen,' merkte Goebbels op. 'Zijn redevoering was een messcherpe afrekening met Engeland.'[29] Feitelijk beperkte de dictator zich in wezen tot de bekende polemiek tegen Britse politici als Winston Churchill, die Duitsland zogenaamd niet toestonden dat het weer een wereldmacht werd en daarom hun land weer hadden 'opgehitst' tot een oorlog. 'Alles is denkbaar, alleen een Duitse capitulatie niet!' schreeuwde hij en riep opnieuw de macht van de Voorzienigheid aan, die tot dusverre al zijn plannen 'zichtbaar gezegend' had en ook de gelukkige afloop van de oorlog zou garanderen. 'Er kan hier maar één kant zegevieren, en dat zijn wij.'[30] Nadat zijn adjudant Julius Schaub hem er meermaals met op het podium gelegde kaartjes aan had herinnerd dat de tijd drong, beëindigde Hitler zijn redevoering om 21.07 uur en vertrok kort daarna met zijn gevolg naar het station.[31] Slechts enkele minuten later – om 21.20 uur – ontplofte er een enorme springlading in de pilaar achter het spreekgestoelte. Delen van het plafond stortten in. Drie mensen kwam direct om, vijf anderen bezweken later aan hun verwondingen. Meer dan zestig gewonden,

Afb. 3 Na zijn arrestatie: aan de hand van een tekening verduidelijkt Georg Elser de details van de bom waarmee hij er op 8 november 1939 bijna in was geslaagd om Hitler in de Bürgerbräukeller te München te doden.

onder wie ook Friedrich Braun, de vader van Hitlers geliefde, moesten behandeld worden in de nabije ziekenhuizen.[32]

Kort voor middernacht, om 23.57 uur, werd de dienstdoende ambtenaar in het kleine station van Roth opgeschrikt door een ijlgesprek van het Duitse persbureau in Berlijn: hij moest de speciale Führertrein, die binnen enkele minuten door het station zou rijden, tot stilstand brengen en rijksperschef Dietrich 'langs de snelst mogelijke weg' contact laten opnemen met Berlijn. De beambte vond het een zonderling telefoontje en hij weigerde het verzoek met de opmerking dat de speciale trein nog maar korte afstand te rijden had tot Neurenberg, waar toch al een stop gepland was.[33] Zo bereikte het bericht van de explosie Hitler feitelijk pas toen zijn trein korte tijd halthield in Neurenberg. In eerste instantie dacht hij dat het een slechte grap was, maar na telefoongesprekken met de Münchense hoofdcommissaris van politie Friedrich Karl Freiherr von Eberstein en Gauleiter Adolf Wagner was er geen twijfel meer mogelijk. 'De Führer en wij zijn allemaal als door een wonder aan de dood ontsnapt,' legde Goebbels vast in zijn dagboek. 'Als de bijeenkomst zoals alle jaren daarvoor was verlopen volgens het programma, dan hadden we allemaal niet meer geleefd. De Führer [...] staat onder de bescherming van de Almachtige. Hij zal pas sterven als zijn missie is vervuld.' Dat de Voorzienigheid hier de hand in had gehad, was niet alleen de overtuiging van de minister van Propaganda maar ook van Hitler zelf. Ook over de vraag wie er achter de aanslag zou kunnen zitten, was men het snel eens: 'Een moordaanslag, ongetwijfeld uitgedacht in Londen en waarschijnlijk uitgevoerd door Beierse legitimisten.'[34]

Hitler kwam 's ochtends aan op de Anhalter Bahnhof, waar hij al door Göring en hoofd van de Rijkskanselarij Lammers werd opgewacht. De felicitaties die hij van alle kanten ontving voor het 'wonder' van zijn redding nam hij 'rustig en kalm' in ontvangst, aldus adjudant Nicolaus von Below, maar men had toch opgemerkt dat 'de gebeurtenis hem innerlijk sterk bezighield'.[35] Goebbels riep onmiddellijk een persconferentie bijeen en stelde de officiële terminologie vast. 'In heel Duitsland weergalmt de vervloekte misdaad,' kopte bijvoorbeeld de *Berliner Lokalanzeiger*.[36] Op 11 november vloog Hitler opnieuw naar München om deel te nemen aan de theatraal geënsceneerde staatsceremonie ter ere van de slachtoffers van de aanslag. Hij sprak zelf niet, maar volhardde in zwijgen voor de opgebaarde kisten. Vervolgens bezocht hij de gewonden in het ziekenhuis en bezichtigde de half vernielde hal in de Bürgerbräukeller.[37]

Al in de nacht van 8 op 9 november had Hitler de Reichsführer-ss Heinrich Himmler opgedragen een 'Sonderkommission Bürgerbräukeller' te vormen, die de volgende dag in het Münchense hoofdkwartier van de Gestapo aan het werk ging. Het onderzoek werd geleid door Arthur Nebe, hoofd van het Reichskriminalpolizeiamt (het rijksrecherchebureau, 'Amt V' van het Reichssicherheitshauptamt). Aanvankelijk tastten de speurders in het duister. Voor de oorspronkelijk geopperde verdenking dat de Britse Secret Service achter de aanslag zat en een groep Beierse monarchisten zich hierdoor had laten ophitsen, bleken geen aanknopingspunten te zijn. 'Van de daders ontbreekt nog elk spoor,' moest Goebbels op 11 november vaststellen, en zelfs drie dagen later vertelde Hitler aan de lunchtafel van de Rijkskanselarij dat het onderzoek 'tot dusverre nog tot geen enkel resultaat had geleid'. Waarschijnlijk bevonden de daders zich 'allang in het buitenland'.[38] Op dat tijdstip had de speciale commissie al doorslaggevende voortgang geboekt. Alle aanwijzingen wezen op een individuele dader: Georg Elser uit Königsbronn, een gemeente ten noorden van Heidenheim in Württemberg. Waar geen van de generaals in de herfst van 1939 de moed toe had kunnen opbrengen, had deze destijds 36 jaar oude man wél gedurfd. Geheel op eigen houtje had hij het op zich genomen Hitler uit de weg te ruimen en hij was dichter bij dat doel gekomen dan alle leden van het militaire en burgerlijk verzet voor 20 juli 1944.

Elser had na het volgen van de zevenjarige lagere school een timmermansstage afgerond. Naast trots op zijn vakmanschap had hij een uitgesproken drang tot onafhankelijkheid. In Konstanz aan het Bodenmeer, waar hij tussen 1925 en 1932 verbleef, kreeg hij oppervlakkig contact met het socialistisch-communistische milieu. Hij werd lid van de traditioneel linkse houtbewerkersvakbond en behoorde ook tijdelijk tot de paramilitaire communistische Rotfrontkämpferbund. Vóór 1933 stemde hij op de KPD, maar werd geen lid van die partij. Vanaf het begin voelde hij geen enkele sympathie voor de nationaalsocialisten – je hoefde maar naar Hitlers 'boeventronie' te kijken om te weten wat voor vlees je echt in de kuip hebt, zei hij al in 1932 tegen een collega. In tegenstelling tot sommige van zijn geestverwanten, die zich na 1933 aan de zijde van de overwinnaars schaarden of zich aan de nieuwe omstandigheden aanpasten, bleef hij bij zijn compromisloze afwijzing van het naziregime. Zijn besluit tot een aanslag op Hitler nam hij na rijp beraad in de herfst van 1938. In latere verhoren noemde hij zelf twee motieven die hem tot actie hadden doen besluiten – 'de omstandigheden van de arbeidersklasse verbeteren en oorlog voorkomen'. Een fundamentele verandering van het systeem, zo wist hij zeker, was 'alleen door het liquideren van de huidige leiding' te bereiken. Hij kocht explosieven, ontstekers en andere benodigdheden. Met veel vernuft en ambachtelijke vaardigheid construeerde hij een bom. Begin augustus 1939 reisde hij naar München en verstopte zich meer dan dertig nachten in de Bürgerbräukeller, waar hij met moeizaam priegelwerk in de pijler van de eerste verdieping boven de galerij een holle ruimte maakte.

In de nacht van 5 op 6 november plaatste hij de springladingen en stelde de ontsteking in. Op de avond van 7 november ging hij nog een laatste keer naar de Bürgerbräukeller om de twee klokken van zijn bom te controleren. Alles leek perfect gepland. Om 21.20 uur, wanneer Hitler overeenkomstig zijn gewoonte de helft van zijn redevoering achter de rug zou hebben, moest de bom afgaan. In Konstanz, waar hij goed de weg kende, wilde Elser op 8 november 's avonds de Zwitserse grens oversteken. Door een ongelukkig toeval werd hij echter opgepakt door een douanepatrouille. In zijn zakken werden onder andere onderdelen van een ontsteking en een ansichtkaart van de Bürgerbräukeller gevonden. Dat riep verdenking op bij de douane toen rond 23 uur per telefoon het bericht van de aanslag binnenkwam. Op 9 november werd Elser door de Gestapo van Konstanz per auto naar de speciale commissie in München gebracht. Medewerkers van de Bürgerbräukeller, die met hem geconfronteerd werden, herkenden hem, net als een Münchense winkelier, bij wie hij een isolatieplaat had gekocht om het tikkende geluid van de klokken te dempen. Na dagenlange verhoren met zware martelingen legde Elsner in de nacht van 14 op 15 november een volledige bekentenis af.[39]

In de nazileiding kon men het echter niet accepteren dat één enkele man, bovendien nog met een eenvoudige achtergrond, deze ingenieuze actie had ondernomen. 'Himmler heeft nu de eerste aanslagpleger van München gevonden. Een technicus uit Württemberg. De mensen achter de schermen ontbreken nog,'

Afb. 4 Georg Elser – Struikelsteen in zijn geboorteplaats Hermaringen, Württemberg. Zijn geboortehuis werd afgebroken in 1989.

noteerde Goebbels op 16 november. Een dag later leek de achtergrond van de aanslag hem 'nu heel duidelijk' boven tafel gehaald: 'De eigenlijke aanslagpleger is een misbaksel van Otto Straßer. Die was tijdens de cruciale dagen in Zwitserland. Na de aanslag is hij meteen vertrokken naar Engeland, dus duidelijk naar zijn broodheren en opdrachtgevers. Het werk van de Secret Service.'[40] Otto Straßer, de man van de linkervleugel van de NSDAP, had in 1930 gebroken met Hitler, waarna hij een 'Kampfgemeinschaft Revolutionärer Nationaler Sozialisten' had opgericht. Die kon zich echter niet profileren als serieuze concurrentie voor de Hitlerbeweging. Na 1933 zette hij de strijd tegen Hitler eerst in Oostenrijk en daarna in Tsjechoslowakije voort, waarna hij in het voorjaar van 1939 naar Zwitserland vluchtte en vandaar naar Parijs in november.[41] Ook Hitler was ervan overtuigd dat Georg Elser door zijn oude persoonlijke vijand Otto Straßer was aangezet tot het plegen van zijn 'ongehoord geraffineerde' daad. 'Die zal er nu ook snel aan moeten geloven,' verklaarde Hitler op 21 november aan de lunchtafel in de Rijkskanselarij. 'We krijgen hem wel te pakken. Het hele plan komt natuurlijk uit Engeland.'[42]

Op 18 november was Elser van München overgebracht naar het hoofdkwartier van het Reichssicherheitshauptamt in de Prinz-Albrecht-Straße 8. In de dagen daarna werd hij onafgebroken verhoord. De Gestapobeambten wilden op alle mogelijke manieren uit hem wringen wie achter de aanval zaten, maar Elser stelde zijn beulen teleur: hij kon op geloofwaardige wijze bewijzen dat er geen mannen achter de schermen waren geweest.[43] Desondanks publiceerde Himmler in opdracht van Hitler op 22 november een communiqué waarin Georg Elser voor het eerst als dader werd genoemd, maar tegelijkertijd werd beweerd: 'Elsers opdrachtgever resp. geldgever is de Britse geheime dienst. Ondertussen werd de aanval georganiseerd door Otto Straßer.'[44] Om deze leugen de schijn van geloofwaardigheid te geven, koppelde de Reichsführer-SS het rapport over de arrestatie van Elser aan een voorval dat op 9 november, de dag na de moord, aan de Duits-Nederlandse grens had plaatsgevonden. Daar, in Venlo, hadden SS'ers die zich voordeden als vertegenwoordigers van een verzetsgroep, twee Britse geheim agenten – het afdelingshoofd van de Secret Intelligence Service voor West-Europa, majoor Richard Henry Stevens, en kapitein Sigismund Payne Best – naar een café aan de grens gelokt en hen vervolgens naar Duitsland ontvoerd.[45] Himmlers bekendmaking suggereerde dat de beide agenten aan de touwtjes hadden getrokken bij de moordaanslag. Goebbels liet deze versie ook verbreiden in een brochure in massaoplage. Daarin verluidde het onder de titel 'Moord! Spionage! Aanslag!!!': 'Het bloedspoor van de Engelse geheime dienst naar de bomaanslag in München.'[46]

Hoewel alle aanwijzingen duidelijk aangaven dat Elsers de enige dader was, hielden Hitler en Goebbels hardnekkig vast aan hun complottheorieën. In april 1941, enkele maanden voor het begin van de Duitse vernietigingsoorlog tegen de Sovjet-Unie, merkte de minister van Propaganda op: 'We vertellen over de Bürgerbräu-aanslag. De mannen achter de schermen nog altijd niet gevonden. De aanslagpleger zwijgt onverdroten. Führer denkt: Otto Straßer.'[47] Op dat moment was Elser al overgebracht naar het concentratiekamp Sachsenhausen, waar hij als 'speciale gevangene' van Hitler in het cellengebouw was ondergebracht. Men wilde na het einde van de oorlog een showproces houden met hem en de beide Britse geheim agenten. Begin februari 1945 werd hij overgebracht naar het concentratiekamp Dachau, waar hij enkele dagen voor het einde van de oorlog, op 9 april 1945, werd vermoord.[48] Het duurde lang voordat Georg Elser publieke erkenning kreeg in Duitsland, wat hij als een van Hitlers meest vastberaden en moedige tegenstanders verdient. Halverwege de jaren vijftig noemde de nestor van de West-Duitse geschiedschrijving, Gerhard Ritter uit Freiburg, hem nog een 'communistische buitenlandse spion' die 'desondanks door een of andere Gestapo-instantie was ingeschakeld', maar op zo'n manier 'dat bij zijn eventuele arrestatie niet kon worden aangetoond dat er een Gestapobureau achter stak'. 'Of Himmler er zelf achter zat, moet een open vraag blijven.'[49]

Het bericht over de aanslag leidde in de Duitse publieke opinie tot grote commotie. 'De opwinding was ronduit ongehoord. De wildste geruchten deden de ronde,' meldden de correspondenten van de verboden SPD aan het bestuur in ballingschap te Parijs.[50] Onder de aanhangers van het regime vond de officiële versie van de Engelse verantwoordelijkheid voor de aanslag goedgelovige oren. Anderzijds waren er ook bedachtzame stemmen, die zich afvroegen hoe de Britse geheime dienst erin geslaagd kon zijn 'door het net van de oppermachtige Duitse politieke politie' te glippen en ongemerkt een bom van deze geweldige vernietigingskracht te plaatsen in de Bürgerbräukeller.[51] 'Op duivelse wijze uitgedacht' was de aanslag op de Führer, oordeelde luitenant-kolonel Hermann Balck, bevelhebber van een tankregiment, maar toch was het niet mogelijk geweest zonder 'grandioos falen van alle voor de veiligheid verantwoordelijke organen'. 'Dat is het treurigste en beschamendste.'[52]

Onder de tegenstanders van Hitler heerste in brede kringen de overtuiging dat de nationaalsocialisten de aanslag zelf hadden geënsceneerd – zoals naar verluidt de Rijksdagbrand van februari 1933 – om de anti-Engelse stemming bij de Duitsers aan te wakkeren. Het 'geestelijk actievere deel van de bevolking', noteerde Friedrich Kellner in zijn dagboek, 'dacht er het zijne van' en geloofde 'niet in een echte aanslag, maar in een soort Rijksdagbrand-komedie.'[53] In de kring van samenzweerders rond Helmuth Groscurth werden de daders verondersteld 'boze oude P[artij]k[ameraden]' of 'zelfs [de] Gestapo zelf, misschien zelfs in samenwerking met Göring' te zijn.⁵⁴ Ook hier kon niemand zich voorstellen dat het een individu was geweest dat met een moedige beslissing de daad bij het woord had gevoegd en deze met veel omzichtigheid had uitgevoerd.

Het mislukken van de aanslag werd over het algemeen verwelkomd, volgens de waarnemingen van de Sicherheitsdienst: 'De liefde voor de Führer is nog meer gegroeid, en ook de houding tegenover de oorlog is door de aanslag in veel kringen positiever geworden. Er is sprake van een stemming van uitgesproken haat tegen Groot-Brittannië.'⁵⁵ Zo eenduidig waren die reacties echter niet. Ulrich von Hassell zag bijvoorbeeld nauwelijks de 'fanatieke verontwaardiging' van de officiële propaganda; in plaats daarvan registreerde hij een 'verbazingwekkende onverschilligheid' en hier en daar woorden van spijt dat de bom 'te laat' was afgegaan.⁵⁶ Zulke meningen werden natuurlijk niet in het openbaar geuit maar alleen in de vertrouwde kring van gelijkgezinden, waarin men geloofde dat men veilig was voor verklikkers.⁵⁷

In zijn rapporten aan de regering in Kopenhagen sprak de Deense gezant Herluf Zahle van een 'zekere onrust' onder de Duitse bevolking, die vooral voortkwam 'uit de talrijke effecten op het leven van alledag die de oorlogstoestand teweegbracht'. Hij waarschuwde echter, zoals al in de lente van 1933, voor de aanname dat 'het hier te lande regerende systeem op het punt staat snel te vallen'. Alleen een ernstige 'militair-politieke crisis' kon een situatie creëren die tot 'de mogelijkheid van een systeemwisseling' leidde.⁵⁸ Die leek voor het regime ver weg te liggen na de onverwacht makkelijke overwinning op Polen. Bij de opluchting over het mislukken van de aanslag was er echter ook de bezorgdheid over de voortgang van de oorlog. 'Natuurlijk geloven inderdaad velen in de Voorzienigheid die Hitler het leven gered zou hebben. Toch overheerste bij iedereen één gevoel: er staan dingen te gebeuren, het oorlogsavontuur zal tot nieuwe verrassingen leiden in de binnenlandse politiek,' rapporteerde een van de informanten van het Sozialdemokratischen Partei-vorstand im Exil (Sopade, Sociaaldemocratisch Partijbestuur in ballingschap) vanuit Rijnland-Westfalen.⁵⁹

Op 23 november, om 12 uur 's middags, liet Hitler in de Grote Zaal van de Nieuwe Rijkskanselarij de hele top van de Wehrmacht, ongeveer tweehonderd generaals en stafofficieren, bijeenkomen om ze een eed te laten afleggen over het ophanden zijnde offensief in het westen. Na de heftige botsing met Brauchitsch op 5 november was hij zich ervan bewust dat er in de legerleiding nog aanzienlijke bedenkingen waren tegen de geplande operatie. Deze wilde hij wegnemen met een twee uur durende toespraak. Hij begon daarom met een terugblik op zijn 'politieke arbeid' sinds 1919, die hem steeds weer had geplaatst voor zware beslissingen en hem door een periode van harde strijd had geleid. Ongewoon openhartig beleed hij zijn sociaal-darwinistische credo: 'Strijd en altijd weer strijd. Ik zie het lot van alle wezens in de strijd. Niemand kan aan de strijd ontkomen als hij niet het onderspit wil delven.' Even onverbloemd maakte hij een bruggetje naar het project waaraan hij zich zonder ruimte voor twijfel had verbonden sinds het midden van de jaren twintig, en dat hij was begonnen te verwezenlijken sinds het overstappen van revisiepolitiek op expansiepolitiek in 1937, het veroveren van Lebensraum in het oosten: 'Het is een eeuwigdurend probleem om het aantal Duitsers in de juiste verhouding te brengen tot hun grondgebied. Het zekerstellen van de noodzakelijke ruimte. Uitgedachte slimmigheden helpen hier niet bij. Oplossing alleen met het zwaard. Een volk dat de kracht niet opbrengt om te strijden, moet sterven.'

Na de zege over Polen, zo verklaarde Hitler, was de strategische situatie voor Duitsland gunstiger dan ooit tevoren. Men hoefde niet te vrezen voor een tweefrontenoorlog, maar niemand kon weten hoe lang deze situatie zou duren. Rusland was op dit tijdstip 'ongevaarlijk', bovendien door een niet-aanvalsverdrag verbonden met Duitsland. Stalin zou zich er echter slechts zo lang aan houden als hij nuttig achtte. Hij liet er bij de militairen geen twijfel over bestaan dat hij zelf het verdrag zou verbreken en de Sovjet-Unie zou aanvallen na een overwinning op de westerse mogendheden: 'We kunnen ons alleen tegen Rusland verzetten als we de handen vrij hebben in het westen.' Italië, zo vervolgde de dictator, zou zich pas in de oorlog tegen de westerse mogendheden mengen als Duitsland offensief zou optreden tegen Frankrijk. Dat was evenwel afhankelijk van Mussolini; als die plotseling stierf, kon alles veranderen. In deze context kwam hij te spreken over de aanslag in de Bürgerbräukeller: 'Hoe makkelijk een staatsman getroffen kan worden door de dood, heb ik zelf kortgeleden ervaren.' Ervan doordrongen hoe uniek hij was, beweerde hij dat niemand, 'noch een militaire noch een civiele persoonlijkheid', hem kon vervangen. Ook daarom moest dit gunstige ogenblik worden gebruikt, want de vijand had de tijd aan zijn kant. Nog altijd vormden de Verenigde Staten geen gevaar, hun steun aan Engeland was nog niet van doorslaggevend belang. 'Nu is er een krachtsverhouding die voor ons niet meer kan verbeteren, maar alleen maar kan verslechteren [...]. Het lot van het Rijk hangt alleen van mij af. [...] Vandaag zijn we superieur aan onze tegenstanders, ook numeriek in het westen. Achter het leger staat de sterkste wapenindustrie ter wereld.'

Hitler was scheutig met hatelijkheden tegen de legerleiding, in het bijzonder tegen Brauchitsch. Het had hem 'diep gekrenkt' te horen 'dat het Duitse leger te weinig waard was' en dat de infanterie het had laten afweten in Polen. Alles kwam aan op de officieren. Die moesten het voorbeeld geven met 'fanatieke vastberadenheid'. 'Ik kan alles bereiken met de Duitse soldaat als hij goed geleid wordt.' Zijn beslissing was 'onherroepelijk': 'Ik zal Frankrijk en Engeland op het beste en snelste tijdstip aanvallen. Het schenden van de neutraliteit van België en Nederland stelt niets voor. Geen mens maakt zich daar druk om als we gewonnen hebben.' Zoals zo vaak had Hitler zichzelf aan het eind in een roes gepraat, maar hij calculeerde toch koel het effect van zijn zinnen: 'Als we de strijd met succes doorstaan – en we zullen hem doorstaan – zal onze periode een plaats krijgen in de geschiedenis van ons volk. Ik zal in deze strijd standhouden of vallen. Ik zal de nederlaag van mijn volk niet overleven. Naar buiten geen capitulatie, naar binnen geen revolutie.'[60]

Het effect van de toespraak was duidelijk niet eenduidig. Op de meer simpele zielen, zag Ulrich von Hassell, had Hitler met zijn 'wilde, advocatenachtige woordenvloed' indruk gemaakt, terwijl hij voor de intelligentere leden van het officierenkorps geleken had op een 'razende Djengis Khan'.[61]

Helmuth Groscurth, die tot het toehoorders behoorde, noteerde kernachtig: 'Schokkende indruk van een krankzinnige crimineel.' Dergelijke reacties bleven echter uitzonderingen. Minder dan ooit kon er van de kant van de generaals sprake zijn van oppositie tegen de oorlogspolitiek van de dictator. 'Iedereen is opgewonden. De een strijdt tegen de ander. [...] Maar een beslissing om op te treden wordt niet genomen. Je bent soldaat, gebonden aan je eed, trouw aan de Führer enz., maar je hecht vooral aan je baan,' moest Groscurth gelaten bekennen.[62]

's Middags ontving Hitler de opperbevelhebbers van de Legergroepen en Legers voor een aparte bespreking. Ook in deze kleine kring betoonde hij zich 'zeker van de overwinning': 'Niemand zou hebben voorzien dat Polen in achttien dagen werd verslagen. Misschien staan we nu ook voor beslissingen waarvan niemand nog de reikwijdte kan overzien. De militaire leiders moeten in de overwinning geloven en dit geloof doorgeven aan hun ondergeschikten.'[63] Hitler was er nog steeds van overtuigd dat het juist bij de twee hoogste militaire leiders, Brauchitsch en Halder, ontbrak aan dit 'geloof'. 'Steeds weer zijn er steken onder water tegen het leger,' merkte adjudant Gerhard Engel op.[64] Op de avond van 23 november ontbood Hitler Brauchitsch en Halder voor een nadere bespreking. Toen hij opnieuw ernstige beschuldigingen uitte over het defaitisme van de legerleiding, de 'geest van Zossen', bood Brauchitsch zijn ontslag aan. Hitler weigerde echter: de generaal moest zijn 'plicht doen en wat hij verschuldigd was, zoals elke soldaat'.[65]

Vanwege het aanhoudend slechte weer had Hitler de aanval uitgesteld tot begin december.[66] Ook in de weken voor Kerstmis bleven de omstandigheden echter zo ongunstig dat de operatie opnieuw werd afgelast en uitgesteld tot begin januari. 'Bij deze mist en modder kun je niets bereiken,' merkte Goebbels spijtig op.[67] Toch draaiden Hitlers gedachten voortdurend om de aanval in het westen. 'Ik wil Engeland verslaan, koste wat kost. En daarop is nu mijn hele denken en doen gericht,' liet hij 11 december weten aan de lunchtafel in de Rijkskanselarij.[68] Het nieuws dat het Duitse vestzakslagschip 'Admiraal Graf Spee' na een gevecht met Britse kruisers op 17 december zichzelf tot zinken had gebracht bij Montevideo, versterkte zijn anti-Britse haatgevoelens: 'De Engelsen zullen hier ooit duur voor moeten betalen.'[69] Op 20 december bezocht Hitler, zoals elk jaar voor Kerstmis, het uitgeversechtpaar Elsa en Hugo Bruckmann, zijn vroege sponsors in München. Hij maakte 'fysiek een frisse indruk, was helemaal niet verkrampt, maar was in een zeer goed humeur en optimistisch', vertelde de vrouw des huizes twee dagen later aan Ulrich von Hassell. Hitler verklaarde dat hij 'Engeland in acht maanden op de knieën zou krijgen, dan zou de prachtige wederopbouw van het Rijk beginnen, dat zich ver buiten de huidige Duitse grenzen zou uitstrekken'. In het gastenboek van het echtpaar Bruckmann schreef hij: 'In het jaar van de strijd voor het vestigen van het grote Duits-Germaanse Rijk.'[70] Tijdens de kerstdagen reisde de dictator voor het bezoeken van de troepen naar de Westwall. Als 'Eerste Soldaat', zo opperde de propaganda, wilde hij een 'kameraad onder de kameraden' zijn. Na zijn terugkeer naar Berlijn op 26 december betoonde hij zich zeer onder de indruk van de zelfverzekerde stemming die hij bij de soldaten had aangetroffen. Hij was nu vastbesloten om het 'grote offensief' uit te voeren zodra het weer het toeliet.[71]

De winter van 1939-1940 was bijzonder koud. Al in december viel de eerste sneeuw. Begin januari daalde het kwik naar 20 graden onder nul. 'De halve bevolking bevriest in haar huizen, kantoren en fabrieken [...]. Iedereen mort. Niets is beter dan aanhoudende kou om het moreel te verzwakken,' aldus William Shirer.[72] Zelfs minister van Propaganda Goebbels constateerde dat er sprake was van een 'zeer ernstige kolensituatie in Berlijn en in het hele Rijk'. Het was nodig 'draconische maatregelen te nemen', want de huidige ellende was 'zeer deprimerend voor de stemming'.[73] In de geheime overzichtsrapporten van de Sicherheitsdienst was er ook sprake van 'grote onrust onder de bevolking'. In Berlijn gingen geruchten dat er in verschillende delen van de stad 'kolendemonstraties' hadden plaatsgevonden, waarbij de politie naar haar vuurwapens had gegrepen.[74] Al was de kritiek vooral gericht tegen individuele gezagsdragers en functionarissen van het regime, toch lijkt het prestige van Hitler eronder geleden te hebben. 'Het enthousiasme voor de Führer is sterk teruggelopen,' deelde de Berlijnse hoofdcommissaris van politie Wolf Heinrich graaf von Helldorf in een vertrouwelijk gesprek mee aan luitenant-kolonel Groscurth. 'Alle radio- en krantenberichten worden sterk in twijfel getrokken. Zelfs echte successen gelooft men niet meer.'[75]

De jaarwisseling had Hitler zoals gewoonlijk doorgebracht op de Obersalzberg; pas op 6 januari 1940 keerde hij terug naar Berlijn.[76] Vier dagen later ontbood de dictator de opperbevelhebbers van leger, marine en luchtmacht naar de Rijkskanselarij. Het weerbericht had een 'hogedrukgebied van zeldzame duur en kracht' voorspeld, en dus wees Hitler ondanks de heersende strenge vorst 17 januari aan als dag van de aanval.[77] In de nacht van 10 op 11 januari bereikte het OKW een bericht dat voor veel opschudding zorgde in Berlijn: een Duits ordonnanstoestel was verkeerd gevlogen en had een noodlanding moeten maken bij het Belgische Mechelen. Aan boord bevonden zich de nieuwste operatieplannen. Men moest er rekening mee houden dat ze, op zijn minst voor een deel, in handen waren gevallen van de Belgen en dat deze direct de Engelsen en Fransen erover had ingelicht.[78] Hitler was woedend over de onbezonnenheid van de twee Luftwaffe-officieren en vaardigde op 11 januari het 'Grundsätzliche Befehl Nr. 1' (Principebevel nr. 1) uit: volgens dit bevel mocht geen enkel kantoor of officier meer te weten komen over een 'geheim te houden zaak' dan absoluut noodzakelijk was voor 'de uitvoering van hun taak'.[79] Dit commando paste bij Hitlers altijd waakzame wantrouwen over de loyaliteit van zijn medewerkers. Daarom neigde hij er hoe langer hoe meer toe de kring van ingewijden zo klein mogelijk te houden – een voorzorgsmaatregel die hem bovendien de mogelijkheid gaf via het beproefde 'verdeel en heers' zijn paladijnen tegen elkaar uit te spelen.

Niet alleen het incident bij Mechelen maar ook de plotseling weer ongunstige weersverwachtingen waren voor Hitler aanleiding op 16 januari 1940 de aanval op het westen definitief naar het voorjaar te verschuiven.[80] Bij niemand was hij zo openhartig over wat er in hem omging als tegenover Goebbels: als je 'voor heel moeilijke beslissingen stond', moest je 'moedig de bruggen achter je verbranden. [...] Alleen als er geen weg terug is, is men echt heel moedig [...]. Is er nog wel een terug, dan wordt men makkelijk laf in moeilijke uren.' Dat de dictator in dit verband wees op de Duitse 'politiek in Polen', maakt duidelijk dat hij er zich sterk van bewust was dat hij met door hemzelf bevolen etnische 'herverkaveling' onomkeerbaar een grens had overschreden. 'We mogen de oorlog gewoon niet verliezen,' viel de minister van Propaganda hem bij.[81] Hoe Hitler zich de aanpassing van de Europese machtsverhoudingen na de te verwachten zege in het westen voorstelde, maakte hij 's avonds op 22 januari 'heel opgewekt' duidelijk aan een klein gezelschap in zijn appartement in de Rijkskanselarij: 'Engeland moet worden weggevaagd uit Europa en Frankrijk moet worden uitgeschakeld als grote macht. Dan heeft Duitsland de hegemonie en Europa vrede. Hitler kondigde aan dat hij dan 'nog een paar jaar in functie zou blijven' om 'sociale hervormingen en zijn bouwwerk' te realiseren. Daarna zou hij zich terugtrekken en 'alleen nog als een goede geest boven de politiek zweven'. Eens te meer toonde de dictator hoever hij gevorderd was in de kunst van het veinzen. We kunnen namelijk uitsluiten dat hij eraan gedacht heeft om zich terug te trekken. Na de zege in het westen stond als volgende doel de strijd om Lebensraum in het oosten op het programma. De minister van Propaganda, die goedgelovig aan zijn lippen hing, noteerde de ogenschijnlijk oprecht bedoelde bekentenis en de ronkende aankondiging dat hij, Hitler, 'alles wat hem vandaag de dag nog steeds bezighoudt, als zijn erfenis zou opschrijven. Bij wijzen van spreken het evangelie van het nationaalsocialisme.'[82]

Bij zijn optredens in het openbaar deed de dictator zijn best de gedeprimeerde stemming te verbeteren en het vertrouwen in de overwinning te verbreiden. In een toespraak tot zevenduizend aspirant-officieren op 24 januari in het Sportpalast benadrukte hij dat 'de Duitse reus' beter was uitgerust dan ooit tevoren in de geschiedenis. In de afgelopen vijf maanden waren 'ongehoorde prestaties geleverd', onderstreepte hij in zijn traditionele toespraak op de verjaardag van de 'machtsgreep' zes dagen later. De Duitse Wehrmacht was 'de eerste ter wereld' en ze werd aan het thuisfront gesteund door de gezworen gemeenschap van 80 miljoen mensen die 'bezield waren door één enkele vurige overtuiging en vervuld waren van een fanatieke wil'.[83] Zo werd zijn publiek in de stemming gebracht voor de onvermijdelijke militaire confrontatie met de westerse mogendheden, zonder dat Hitler zelfs maar bij benadering aangaf op welke termijn men rekening moest houden met het begin van de vijandelijkheden.

Waar moest de aanval in het westen echter beginnen? Het oorspronkelijke plan van het OKH van 19 oktober 1939 wilde dat het zwaartepunt zou liggen op de rechtervleugel. De Legergroep B onder Fedor von Bock zou met zijn legers snel naar de Kanaalkust doorstoten door België en zo groot mogelijke onderdelen van de vijandelijke strijdkrachten vernietigen.[84] Hitler kwam echter met bezwaren: dat was 'immers het oude Plan-Schlieffen met de sterke rechtervleugel', een dergelijke operatie kon men niet 'ongestraft' een tweede maal uitvoeren.[85] Deze interventie maakt al duidelijk dat hij deze keer, anders dan voor en tijdens de Poolse veldtocht, geneigd was zich direct te mengen in de operatieplanning en alternatieven te ontwikkelen voor het concept van het OKH. In een zaal van de Rijkskanselarij, waar dagelijks het overleg over de situatie was, had hij een reliëfkaart laten opstellen van het gehele westelijke front. Zijn adjudant Nicolaus von Below getuigde dat hij vaak urenlang de kaart bekeek en deze in alle details bestudeerde.[86] In een ontmoeting met Brauchitsch en Halder op 25 oktober stelde Hitler voor het eerst voor het zwaartepunt van de aanval verder naar het zuiden te leggen, bij de Legergroep A onder Gerd von Rundstedt, om vervolgens met een zwenking naar het noordwesten de in België verzamelde vijandelijke troepen te omsingelen. De legerleiding liet blijken dat ze 'verrast' was door dit idee en kwam nu van haar kant met bezwaren.[87] De dictator was echter vol vertrouwen: de aanval in het westen zou 'tot de grootste overwinning uit de wereldgeschiedenis leiden', verklaarde hij eind november in de kaartenkamer in de Rijkskanselarij.[88]

Onafhankelijk van Hitler had luitenant-generaal Erich von Manstein, chef-staf van de Legergroep A, een vergelijkbaar operatieconcept ontwikkeld. Vanaf eind oktober 1939 propageerde hij in meerdere memo's om het zwaartepunt van de Legergroep B naar de Legergroep A – in de middelste sector van het front – te verplaatsen. Sterke tankeenheden moesten daar doorstoten waar de aanval het minst verwacht werd: door de schijnbaar moeilijk passeerbare bossen van de Ardennen. Daarna moesten ze de Maas oversteken bij Sedan, de Franse fortificaties onder de voet lopen en tot aan de monding van de Somme doordringen aan de Kanaalkust. Het basisidee was dat op deze wijze de in Noord-Frankrijk en België opgestelde legers en het Britse Expeditieleger gevangen konden worden in een gigantische omsingeling.[89] Vooralsnog weigerde de legerleiding echter hoe dan ook zich serieus bezig te houden met het operatieconcept van Manstein. Ze zag er alleen de 'egocentrische' poging in de eigen Legergroep A op te waarderen en van extra materiaal te voorzien ten koste van de andere legergroepen. Eind januari 1940 werd de lastige strateeg benoemd tot bevelvoerend generaal van een nieuw te vormen legerkorps in Stettin en daarmee in zekere zin uitgerangeerd.[90]

Na het 'Mechelen-incident' waren de bestaande opmarsplannen niet meer bruikbaar en werd ook stafchef Halder langzaam positiever over het plan van Manstein. Het doorslaggevende initiatief ging echter uit van Hitlers hoofdadjudant, luitenant-kolonel Rudolf Schmundt. Tijdens een bezoek aan het hoofdkwartier van de Legergroep A in Koblenz had Manstein hem zijn alternatieve plan voorgelegd, en het was Schmundt niet ontgaan dat het basisidee erachter verregaand overeenkwam met de gedachten die Hitler in de afgelopen maanden had geuit.[91] Na zijn terugkeer lichtte hij Hitler in. Deze verklaarde dat hij bereid was Manstein te ontvangen. Deze als 'werkontbijt' omschreven ontmoeting, die achter de rug van Brauchitsch en Halder om geregeld werd, vond op 17 februari 1940 plaats in de Rijkskanselarij. Geheel tegen zijn gewoonte in luisterde Hitler naar het betoog van Manstein zonder hem ook maar één enkele keer te onderbreken. Aan het eind was hij diep getroffen: 'Die man is niet mijn type, maar hij kan er wel iets van.'[92] Hij gaf de legerleiding direct opdracht zijn eigen favoriete idee, waarin hij zich gesterkt zag door Manstein, over te nemen. Tot 24 februari werkte het OKH het nieuwe operatieplan uit. Dat was 'eindelijk een afgeronde beslissing, zij het dan ten koste van mijn legergroep', stelde Fedor von Bock vast. Hij vreesde echter dat de doorstoot door de Ardennen 'vast zou lopen [...] als de Fransoos niet helemaal door alle goede geesten in de steek gelaten werd'.[93] In feite zou het 'Sichelschnitt-Plan' (Plan Sikkelsnede), zoals het later werd genoemd, echter het succesrecept worden voor de verbazingwekkend snelle overwinning van de Wehrmacht in het voorjaar van 1940.[94]

Op 24 februari reed Hitler naar München om 's avonds het woord te voeren in het Hofbräuhaus – de plek waar hij twintig jaar eerder het partijprogramma van de NSDAP aangekondigd had. Zonder omhaal kroop hij weer in de rol van bierkelderdemagoog van de vroege jaren twintig, die nog altijd wist hoe hij met zijn opzwepende haattirades de stemming in de zaal tot het kookpunt moest brengen. Hoon en spot stortte hij niet alleen uit over zijn toenmalige tegenstanders, maar ook over de westerse staatslieden van het heden: 'Ik heb de pech gehad dat ik in het binnenland en het buitenland louter tegen nullen moest strijden.' Even ongeremd gaf hij vrij baan aan zijn antisemitische haat: 'Als de Joden, dat hele zooitje dat destijds rondliep in Duitsland, mij uitscholden, hoe vaak heb ik u hier in deze zaal niet gezegd: dat is me een eer.' De nationaalsocialisten hadden 'de hyena's van internationale geldwereld in Duitsland op de vlucht gejaagd' en zouden nu ook de 'georganiseerde terreur van een vuige wereldplutocratenkliek' breken. Natuurlijk liet de spreker niet na zijn eigen rol in dit conflict te benadrukken: zoals hij alles in zijn leven 'consequent deed en niets half', had hij de Wehrmacht voorzien van 'de modernste bewapening ter wereld' en 'enorme energieën' gemobiliseerd. 'Ik ben niets anders dan een grote magneet, die steeds boven de Duitse natie zweeft en het staal uit het volk tevoorschijn haalt.' Daarom, zo luidde het devies, kon Duitsland helemaal niet verliezen. 'Het kan niet anders zijn: we moeten overwinnen en daarom zullen we ook zegevieren!'[95] Wat er na de zege moest gebeuren, vertelde hij op 29 februari in de Rijkskanselarij aan de Reichs- en Gauleiter: 'In Münster zal de nieuwe vrede gedicteerd worden.'[96] In Münster was in 1648 de Vrede van Westfalen gesloten, die een eind had gemaakt aan de Dertigjarige Oorlog en de latere Franse hegemonie had bezegeld. Door voor deze stad te kiezen wilde Hitler tonen dat het ging om een unieke correctie van het machtsevenwicht in Europa. Daarbij stelde hij zich voor dat hij aanknoopte bij de traditie van het Heilige Roomse Rijk van de Duitse Natie. 'Het oude Heilige Rijk was de grootste staatscreatie van de post-Romeinse periode,' legde hij uit in een vertrouwelijk gesprek. Het 'imperiale karakter' dat het van het Romeinse Rijk had overgenomen, moest het Groot-Duitse Rijk nu daarvan overnemen. 'Op grond van onze organisatie en elite moet de wereldheerschappij ons daarbij vanzelf toevallen.'[97] De wereldheerschappij – dat was het langetermijndoel waardoor de dictator in een roes kon raken. Hij was ook verantwoordelijk voor het werk aan de uitbreiding van Berlijn tot 'wereldhoofdstad Germania', dat aan het begin van de oorlog was stopgezet maar zo snel mogelijk moest worden hervat.[98]

Begin 1940 kondigde de Amerikaanse onderminister van Buitenlandse Zaken, Sumner Welles, zijn bezoek aan Berlijn aan. President Roosevelt had hem als zijn speciale gezant gestuurd om in de Europese hoofdsteden de mogelijkheid van vredesonderhandelingen te verkennen. Voor de nazileiding, die geobsedeerd uitkeek naar het offensief in het westen, kwam dit Amerikaanse diplomatieke initiatief uiterst ongelegen. 'We moeten op onze hoede zijn dat we niet op glad ijs terechtkomen,' merkte Goebbels op.[99] Hij instrueerde de pers om het bezoek te negeren. Hitler eiste van Ribbentrop, Heß en Göring dat ze bij gesprekken met de Amerikaanse diplomaat terughoudend waren. Ze moesten hem laten praten en tegen hem alleen kort en bondig opkomen voor het regeringsstandpunt dat 'een nieuw, werkelijk bevrijd Europa' pas kon worden opgebouwd 'als de Frans-Engelse wil tot vernietiging gebroken' was.[100] Hitler zelf ontving Sumner Welles op 2 maart. Er kon bij hem natuurlijk geen sprake zijn van de terughoudendheid die hij van zijn paladijnen had gevraagd. Al na een paar minuten nam hij het gesprek over en ging hij zich te buiten aan heftige aanklachten tegen Engeland en Frankrijk. 'Het Duitse oorlogsdoel "vrede" staat tegenover het oorlogsdoel van de anderen, "vernietiging".' Het Duitse volk stond als één man achter hem en was wijzer geworden door de verschrikkelijke ervaring van 1918. 'Als iemand vrede zou willen stichten, moet hij de vijanden van Duitsland ervan overtuigen hun vernietigingsoorlog op te geven.'[101] Hij had tegen Sumner Welles 'geen blad voor de mond genomen', zei hij meteen na het gesprek, en hij had hem op niet mis te verstane wijze duidelijk gemaakt dat op dat tijdstip alle vredesbemiddelingen zinloos waren. 'De plutocratie moet nu de soep naar binnen lepelen die zij zichzelf in de maag heeft gesplitst."[102]

In Berlijn keek men ook met argwaan naar de missie van Sumner Welles omdat men bang was dat de afgezant van Roosevelt in Rome welwillender oren zou vinden. De verhoudingen tussen de twee Asmogendheden waren al een tijdje niet opperbest. Op 3 januari 1940 had Mussolini Hitler een lange brief gestuurd waarin hij de aanval op het westen afraadde en in plaats daarvan Hitler aanbeval zich tegen de Sovjet-Unie te keren. 'De oplossing voor de kwestie van uw Lebensraum ligt in Rusland en nergens anders!' Wat Mussolini totaal niet besefte, was dat Hitler, ongeacht zijn pact met Stalin, het doel om Lebensraum in het oosten te veroveren nooit uit het oog had verloren, maar de nederlaag van Frankrijk en Engeland als een noodzakelijke voorfase beschouwde. Wat ook van een verregaand verkeerde taxatie van de Duitse plannen getuigde, was het Italiaanse voorstel om te beginnen met de 'reconstructie van een Poolse staat' – als voorwaarde vooraf voor een mogelijke overeenkomst met de westerse mogendheden.[103]

Hitler was zichtbaar boos over de brief en liet deze twee maanden lang onbeantwoord. Pas op 10 maart reisde Ribbentrop naar Rome om Hitlers antwoord over te brengen. Dit was nadrukkelijk hartelijk gehouden, want Berlijn had er juist op dit tijdstip, nu het offensief in het westen voor de deur stond, belang bij Italië aan zijn kant te houden. De tussenkomst van Roosevelt en zijn speciale gezant, zo beweerde Hitler, had alleen het doel gehad om 'tijd te winnen voor de geallieerden' en 'een verlammend effect te hebben op de offensieve bedoelingen van Duitsland'. Hij zou echter zijn beslissingen 'uitsluitend' nemen 'vanuit het perspectief van militaire doelmatigheid', en 'vroeger of later' zou ook Italië gedwongen zijn samen met Duitsland te strijden.[104] Mussolini garandeerde Ribbentrop tijdens hun tweede gesprek dat Italië 'onherroepelijk en rotsvast aan de Duitse kant' stond en te zijner tijd aan de oorlog zou deelnemen. Afgesproken werd dat de twee dictators elkaar zo snel mogelijk zouden ontmoeten.[105]

De ontmoeting vond op 18 maart plaats op de Brennerpas. Het sneeuwde toen Hitlers speciale trein aankwam op het kleine Italiaanse grensstation, waar Mussolini en Ciano al op de Duitse delegatie stonden te wachten. Het onderhoud in het salonrijtuig van de duce duurde tweeënhalf uur en werd bijna uitsluitend door Hitler gevoerd. Hij probeerde zijn gastheer te imponeren met een uitvoerig verslag van de militaire successen tijdens de Poolse veldtocht en de voorbereidingen voor het offensief in het westen. Hij zweeg echter over de vraag wanneer de aanval in het westen zou moeten plaatsvinden. Hij had duidelijk geen vertrouwen in de Italianen als het aankwam op geheimhouding. Voor Mussolini resteerden er aan het eind maar een paar minuten om zijn belofte te herhalen dat hij aan Duitse zijde aan de oorlog ging meedoen. Wel behield hij zich het recht voor zelf het tijdstip te kiezen.[106] Men nam afscheid met hartelijke vriendschapsbetuigingen, maar Mussolini bleef achter met een bittere nasmaak. Hitler had met zijn gedrag duidelijk laten merken dat hij hem niet als een gelijkwaardige, maar slechts nog als een ondergeschikte partner beschouwde. Hoe sterk waren de rollen omgedraaid sinds hun eerste ontmoeting in Venetië in juni 1934! In principe was de duce boos, concludeerde Ciano in zijn dagboek, 'dat Hitler de hele tijd als enige gesproken had: hij had zich voorgenomen hem veel te zeggen, maar in plaats daarvan moest hij steeds zwijgen'.[107] Hitler keerde daarentegen 'stralend van vreugde en diep voldaan' terug.[108] Mussolini had zich 'weer eens' laten kennen 'als een hele kerel', aan zijn trouw als bondgenoot was 'niet te twijfelen' en hij zou 'op het beslissende ogenblik meedoen'.[109] Een van de resultaten van de bespreking was dat de Italiaanse ambassadeur Bernardo Attolico, die al lang een doorn in het oog van de nazileiding was vanwege zijn kritische opvattingen, uit zijn functie werd gezet en werd vervangen door het door Hitler goedgekeurde hoofd van het ministerie van Volkscultuur, Dino Alfieri.[110]

Op 17 maart, de dag voor hij vertrok naar de ontmoeting met Mussolini, had Hitler een belangrijk personeelsbesluit genomen: hij benoemde Fritz Todt tot hoofd van een nieuw rijksministerie voor Bewapening en Munitie. De ingenieur had zich bij de aanleg van de Autobahnen en de Westwall onderscheiden door zijn bijzondere daadkracht en moest nu zorgen voor een drastische toename van de wapenproductie, met name de levering van munitie aan het leger. De generaals waren ontsteld over de benoeming van een niet-militair; niet ten onrechte zagen ze daarin een nieuw bewijs van Hitlers blijvende wantrouwen jegens de legerleiding. Hoewel Hitler de Wehrmacht in het openbaar prees als het best uitgeruste leger ter wereld, was hij ontevreden over de prestaties van de wapenindustrie en hij stelde de 'kantoorhengsten' bij het Heereswaffenamt verantwoordelijk voor alle moeilijkheden die zich voordeden. Het hoofd van de dienst, generaal Karl Becker, was zo geraakt door de kritiek dat hij zich een kogel door het hoofd schoot.[111]

De nazileiding was ervan overtuigd dat Todt 'nu vaart zou brengen in de zaak'.[112] Inderdaad slaagde de nieuwe minister er in relatief korte tijd in een centraal systeem met deskundigencommissies op te zetten dat de wapenindustrie van een efficiëntere basis voorzag. De sterke toename van de munitieproductie in de eerste helft van 1940 was echter ook te danken aan de verbeterde aanvoer van grondstoffen als koper en staal, waarvoor het Wehrwirtschafts- und Rüstungsamt in het OKW onder generaal Georg Thomas verantwoordelijk was. Dit succes werd echter in de eerste plaats aan Todt toegeschreven.[113]

Niet alleen strategische, maar ook oorlogseconomische overwegingen brachten Hitler ertoe voorafgaand aan het offensief in het westen een nieuw strijdtoneel te openen: Scandinavië. Eind november 1939 had de Sovjet-Unie Finland aangevallen. In Berlijn vreesde men dat Groot-Brittannië als tegenzet daarvoor Noorwegen kon bezetten en daarmee de Duitse aanvoer van Zweeds ijzererts kon afsnijden. Die was van vitaal belang voor de bewapening en werd afgehandeld via de ijsvrije haven van Narvik. Vooral grootadmiraal Raeder, opperbevelhebber van de Kriegsmarine, wees Hitler herhaaldelijk op dit gevaar. Daarbij verzuimde hij niet hem ook te wijzen op het belang van steunpunten op de Noorse kust voor de onderzeebootoorlog tegen Engeland. Op 15 en 17 december 1939 ontving Hitler Vidkun Quisling, leider van de Nasjonal Samling, de fascistische partij van Noorwegen, op de Rijkskanselarij om de situatie met hem te bespreken. Aansluitend gaf de dictator opdracht aan het OKW om na te denken over de manier waarop men zich Noorwegen kon toeëigenen.[114]

Op 24 januari 1940 werd op het OKW de Sonderstab N[ord] – Bijzondere Staf Noord – gevormd, die onder het codewoord 'Weserübung' de details van de operatie moest uitwerken. De voorbereidingen werden aanzienlijk versneld door een incident dat voorviel op 16 februari in de Jøssingfjord, dat wil zeggen binnen de Noorse territoriale wateren: een Britse torpedobootjager enterde de 'Altmark' – een bevoorradingsschip van het in december gezonken vestzakslagschip

'Admiral Graf Spee' – en bevrijdde de meer dan driehonderd Engelse gevangenen aan boord. Deze actie, waarbij meerdere Duitse zeelui om het leven kwamen, was een duidelijke schending van de Noorse neutraliteit. Goebbels' propaganda ging vol op het orgel om een 'storm van verontwaardiging' te ontketenen. Ook Hitler schuimbekte van woede. 'De Londense herenkaste zal die "Altmark"-kwajongensstreek nog eens duur moeten betalen,' mopperde hij aan de lunchtafel in de Rijkskanselarij.[115]

Op 21 februari belastte hij Nikolaus von Falkenhorst, bevelhebber van een in Koblenz gestationeerd legerkorps, met de leiding van de geplande operaties in Noord-Europa. Falkenhorst had in 1918 in Finland zijn eerste ervaringen als officier opgedaan en ging daarom bij Hitler en Keitel door voor een kenner van de Scandinavische omstandigheden. Op 1 maart volgde de opdracht voor 'Fall Weserübung'. Door een bezetting van Denemarken en Noorwegen, zo luidde het, zouden 'Engelse inbreuken in Scandinavië voorkomen, onze ertsvoorraad in Zweden beveiligd en de uitvalsbases voor Kriegsmarine en Luftwaffe tegen Engeland uitgebreid worden'. De hele operatie moest het 'karakter van een vreedzame bezetting' krijgen, 'gericht op de gewapende bescherming van de neutraliteit van de Noordse staten'. Elk verzet moest echter 'met inzet van alle militaire middelen' gebroken worden.[116]

'Fall Weserübung' schiep een nieuw precedent: voor het eerst had Hitler de operatievoorbereiding toevertrouwd aan het OKW en daarbij de verantwoordelijke generale staf van het leger gepasseerd. 'Over deze aangelegenheid is geen woord gewisseld tussen de Führer en de ObdH [Brauchitsch]. Dat moet genoteerd worden voor de krijgsgeschiedenis,' schreef een verontwaardigde Halder in zijn dagboek.[117] Hitler nam het misnoegen van de legerleiding bewust op de koop toe. Het was nu onderdeel van zijn managementtechniek om bevoegdheden vager te maken en rivaliteiten aan te wakkeren, zodat men des te nadrukkelijker werd herinnerd aan zijn positie als enige doorslaggevende instantie. Alleen al door hun nabijheid bij de dictator hadden het hoofd van de OKW Keitel en zijn naaste collega, de stafchef van de Wehrmacht, Jodl, een gunstiger positie dan de legerleiders. Na de Poolse campagne hadden ze kamers betrokken op de eerste verdieping van de Oude Rijkskanselarij en behoorden ze samen met hun adjudanten tot het *maison militaire*, de intiemste kring van het militaire gevolg. Bij de dagelijkse stafbesprekingen hield Jodl steeds een voordracht; hij klom in korte tijd op tot Hitlers belangrijkste adviseur voor alle kwesties inzake oorlogvoering.[118]

Op 22 maart vloog Hitler van Tempelhof naar vliegveld Ainring bij Salzburg om Pasen op de Berghof door te brengen.[119] Bij zijn terugkeer drong hij aan op een spoedig begin van de Scandinavische operatie, omdat hij vreesde dat de Engelsen de Duitsers te snel af zouden kunnen zijn. Nadat generaal von Falkenhorst en de opperbevelhebbers van Luftwaffe en Marine, Göring en Raeder, bevestigd hadden dat de voorbereidingen afgesloten waren, gaf de dictator op 2 april bevel dat Operatie Weserübung op 9 april van start moest gaan.[120] Een dag later voeren de goed gecamoufleerde transportschepen met troepen en oorlogstuig uit richting Noorwegen. De Britten tastten in het duister over de Duitse plannen. Op 8 april deelden ze in een memo aan de regering in Oslo mee dat ze begonnen waren met het leggen van mijnen in de Noorse wateren. Daarmee leverden ze de Duitsers ongewild een voorwendsel voor hun allang voorbereide agressie.

Op 8 april 's middags informeerde Hitler de minister van Propaganda tijdens een wandeling in de Rijkskanselarijtuin over de ophanden zijnde bezetting van Denemarken en Noorwegen: 'De Engelsen hebben ons met hun mijnenmemo regelrecht de springplank toegeschoven. Alles is tot in de details voorbereid. De actie wordt uitgevoerd door ongeveer 250.000 man. Geschut en munitie zijn er al grotendeels naartoe gebracht, verstopt in kolenboten. Aan verzet valt totaal niet te denken.' Hitler maakte zich niet al te veel zorgen over de vermoedelijke reactie van de Verenigde Staten. Hun ondersteuning van de westerse mogendheden kon pas over anderhalf jaar effect sorteren. Voor die tijd moest Duitsland al gewonnen hebben. 'Anders wordt hun overmacht in materieel te groot. Ook zou een langdurige oorlog psychologisch moeilijk te verdragen zijn.' Wat hij van plan was met Denemarken en Noorwegen na de bezetting, hield de dictator niet voor zich. 'Als de koningen zich keurig gedragen, kunnen ze blijven. Hun beide landen geven we echter nooit meer uit handen.'[121] Ze moesten dus ingepast worden in het Duitse machtsgebied en deel gaan uitmaken van het geplande 'Groot-Germaanse Rijk'.[122]

Operatie Weserübung speculeerde volledig op het verrassingseffect, en die berekening leek weer op te gaan. Al op de avond van 9 april sprak Hitler van een 'der grootste successen van onze gehele politiek en oorlogvoering'.[123] Niet overal verliep de actie echter zo gladjes als Berlijn verwacht had. Terwijl de Deense regering al capituleerde op de dag van de invasie, riep de Noorse koning zijn landgenoten op tot verzet en weigerde hij de door de Duitsers aangestelde marionettenregering van Vidkun Quisling te erkennen. Omdat Quisling nauwelijks steun kreeg van de Noorse bevolking, liet Hitler hem vooralsnog vallen en benoemde Josef Terboven, tot dan Gauleiter van Essen, tot rijkscommissaris. Hoewel de Duitse troepen de belangrijkste havens en vliegvelden van het land snel konden innemen, vochten de Noren dapper door, en de Britse zeestrijdkrachten brachten zware verliezen toe aan de Duitse marine.[124] De situatie was het meest kritiek bij Narvik, waar de bergtroepen onder generaal Eduard Dietl geconfronteerd werden met een geallieerde overmacht. 'Onze positie in Narwick [sic!] is wat hachelijk geworden. De Engelsen lijken alle krachten te willen concentreren op dit punt,' moest Goebbels op 14 april constateren.[125]

De zenuwen van Hitler waren duidelijk niet opgewassen tegen de spanning van deze dagen. Hij reageerde ronduit hysterisch op het ongunstige nieuws uit Narvik. Hij liet Keitel een bevel opstellen voor Dietl om met zijn eenheid naar Zweden te verdwijnen en zich daar te laten interneren. Uit het besluit Narvik op te geven, valt 'een zenuwinzinking af te leiden zoals in de zwartste dagen van de slag om de Marne', kritiseerde een hoge officier van de generale staf, luitenant-kolonel Bernhard von Loßberg.[126]

'Opwinding vreselijk,' noteerde ook Jodl. Slechts met moeite kon hij, gesteund door Loßberg, Hitler ertoe brengen het bevel weer in te trekken: 'Je moet een zaak niet als verloren beschouwen voordat ze verloren is.'[127] De dictator kalmeerde tijdelijk, maar louter het bericht dat de Engelsen ten noorden en zuiden van Trondheim grote troepeneenheden aan land hadden gebracht, zaaide opnieuw paniek bij hem. Hij wilde onmiddellijk versterkingen naar Trondheim laten aanvoeren, maar het OKH verklaarde dat het niet in staat was nog meer strijdkrachten af te staan, gezien het naderende offensief in het westen. Weer kwam het in de Rijkskanselarij tot opgewonden scènes. Zelfs de volstrekt loyale Jodl sprak van een 'chaos in de leiding'. Hitlers plotselinge ingrepen deden 'al het ordelijk werk van de verantwoordelijke militaire leiding teniet'.[128]

Hitler vierde zijn 51ste verjaardag op 20 april slechts in kleine kring, anders dan het jaar daarvoor. Hij liet alle recepties afgelasten.[129] In zijn dagboek noteerde Goebbels: 'De mensen staan al sinds de vroege ochtend op de Wilhelmplatz en brengen ovaties aan de Führer.' William Shirer deed echter een heel andere observatie toen hij op de vooravond van Hitlers verjaardag de Rijkskanselarij passeerde. Niet meer dan een man of 75 wachtte op het verschijnen van Hitler; in eerdere jaren waren het er altijd duizenden geweest.[130]

Eind april kwam de militaire situatie in Noorwegen tot rust. Dietl kon zich handhaven in Narvik, en Duitse troepen konden de verbinding over land tussen Oslo en Trondheim herstellen. Hitler was 'buiten zichzelf van vreugde' en nodigde Jodl uit om naast hem aan de lunchtafel te komen zitten – een speciale uiting van zijn gunst, die een nieuw niveau in zijn achting aangaf.[131] Begin mei scheepten de geallieerde troepen die bij Trondheim geland waren, zich weer in. De gevechten om Narvik sleepten zich nog voort tot in juni. Hitler was er echter niet speciaal meer in geïnteresseerd. Zijn aandacht was nu volledig gericht op de aanval in het westen. Die moest plaatsvinden tijdens de eerste periode met mooi weer.[132] De legerleiding zag de operatie met bezorgdheid tegemoet. Haar opperbevelhebber had tijdens zijn eerste test als generaal veel irrationeel gedrag laten zien. Wat moest het worden met het offensief in het westen, vroeg Brauchitsch zich af, 'als Hitler al bij een situatie als bij Narvik last had van zenuwen en slappe knieën kreeg'?[133]

Op 1 mei stelde Hitler de datum voor de aanval vast op 5 mei, maar Göring bewerkstelligde nogmaals een uitstel van enkele dagen, omdat het mistige weer de actiemogelijkheden van de Luftwaffe beperkte. 'Iedereen wacht nu op het grote offensief. [...] De spanning wordt langzaam maar zeker ondraaglijk,' noteerde Goebbels op 7 mei.[134] Twee dagen later, nadat de meteoroloog een weersverbetering had beloofd, viel de uiteindelijke beslissing: op 10 mei zou 'Fall Gelb' in werking moeten treden. 'Het is een zware gang die het Duitse leger morgen te gaan heeft,' voorspelde kwartiermeester-generaal Eduard Wagner, 'het zal veel bloed en zuchten kosten, maar alles is klaar voor de sprong [...]. Nog nooit is er een offensief zo goed en grondig voorbereid.'[135] Hitler maakte in de dagen voor de aanval een optimistische indruk. In slechts een paar weken, zei hij, zou Frankrijk verslagen zijn, en dan zou Engeland niet langer in staat zijn de strijd voort te zetten.[136] Zijn grootste zorg was dat het aanvalsplan letterlijk nog op het laatste moment verraden zou worden en dat daardoor het verrassingsmoment, waarop hij alles inzette, zou wegvallen.

Zo verliep ook de tocht naar het front onder de grootst mogelijke geheimhouding. Hitlers speciale trein werd op 9 mei 's middags klaargezet op het kleine station Finkenkrug bij Berlijn, ten westen van het vliegveld Staaken. Zelfs de leden van de entourage, uitgezonderd de militaire adjudanten, wisten niet waar de reis naartoe ging. De secretaresses vermoedden dat hun 'chef' de troepen in Denemarken en Noorwegen wilde bezoeken, en Hitler liet hen in dat geloof. 'Als jullie braaf zijn, mogen jullie een zeehondenvel mee naar huis nemen als trofee,' schertste hij. Inderdaad reed de trein eerst richting Hamburg. 's Avonds, vlak voorbij Hannover, nam hij plotseling een zuidwestelijke route. Nu kon er geen twijfel meer bestaan over het reisdoel. In de vroege ochtend van 10 mei kwam de speciale trein aan op een klein station bij Euskirchen. Hier wachtte al een konvooi van Mercedessen om de dictator en zijn gevolg naar het voorbereide hoofdkwartier vlak bij Münstereifel te brengen. Slechts enkele minuten na aankomst, om 5.35 uur, begon de Duitse aanval in het westen.[137]

Het 'Felsennest' – die naam (Rotsnest) kreeg het eerste hoofdkwartier van de Führer – lag goed gecamoufleerd op een beboste heuveltop. Het hele complex werd bewust eenvoudig gehouden om de vermeende bescheidenheid van Hitler te onderstrepen. Zijn ondergrondse, kunstmatig geventileerde bunker bestond uit een werk- en slaapkamer, keuken en badkamer alsmede drie andere kamers waarin behalve zijn persoonlijke adjudant Julius Schaub en zijn bediende Heinz Linge ook Wilhelm Keitel was ondergebracht. De nabijheid van de Führer was zowel een eerbewijs als een kwelling voor het hoofd van het OKW, omdat de betonnen kamers erg gehorig waren. Hij dacht dat hij zelfs het geritsel van de pagina's kon horen als de dictator zich in de kranten verdiepte. In een tweede bunker vonden Jodl, Hitlers militaire adjudanten, zijn arts Karl Brandt en een adjudant van Keitel onderdak. Behalve de twee verblijfsbunkers was er ook nog een 'eetbunker' met een kaart van Frankrijk aan de wand en een beetje verder weg op de helling, een houten barak voor stafbesprekingen. De overige leden van de staf en het persbureau werden ingekwartierd in een nabijgelegen dorp. Het OKH richtte voor zichzelf een barakkenkamp in, op een half uur per auto van het Führerhoofdkwartier.[138]

Hitler noemde het Felsennest later zijn 'mooiste hoofdkwartier'.[139] Het lag in een landschappelijk fraaie omgeving, in de lentelucht weerklonk vogelgekwetter, en deze idylle kon bijna doen vergeten dat de Duitsers weer op het punt stonden dood en verderf bij hun buurvolken te zaaien. Op de ochtend van de 10de mei ontbood Ribbentrop de ambassadeurs van België en Nederland en stelde heun op de hoogte van de schending van de neutraliteit van beide landen. In een 'proclamatie aan de soldaten van het westfront' liet Hitler verkondigen dat de strijd die nu begon, beslissend zou zijn voor 'het lot van de Duitse natie voor de komende duizend jaar'.[140] Friedrich Kellner, de justitie-inspecteur uit Laubach, was vol weerzin over zoveel arrogantie en grootspraak. In zijn dagboek gaf hij lucht aan de hoop dat het 'echt de hoogste tijd is dat deze heerschappen eindelijk eens op hun criminele vingers getikt worden'.[141] Zoals hij waren ook veel buitenlandse waarnemers ervan overtuigd dat Hitler zijn krediet definitief verspeeld had en onvermijdelijk zijn nederlaag tegemoetging. 'Nu zullen er bloedige veldslagen komen,' noteerde Wilhelm Muehlon, een voormalige directeur van Krupp, die zich in de Eerste Wereldoorlog had ontwikkeld tot een vastberaden criticus van de hegemoniepolitiek van de Duitse keizers en sindsdien in ballingschap leefde in Zwitserland, 'maar de wereld herademt toch omdat het stompzinnige wachten voorbij is en de ontknoping snel zal volgen'.[142]

De aanval in het westen kwam als een verrassing, schreef Marianne von Weizsäcker aan haar moeder. Tot op het laatst had ze geloofd in een wonder, dat het nog voorkomen kon worden. 'De kalmte en het vertrouwen van het volk' waren echter 'bewonderenswaardig', en het eerste nieuws van het krijgstoneel was positief: 'Iedereen met wie je spreekt is van mening dat de oorlog nu niet lang meer zal duren.'[143]

De militaire machtsverhoudingen wezen echter, althans volgens de krant, meer op een succes voor de westerse mogendheden (waaronder België en Nederland). Tegenover hun 144 divisies stonden 141 Duitse divisies. Met een totaal aantal van 13.974 kanonnen en 3383 tanks waren de geallieerden zelfs duidelijk superieur aan de Duitsers, die 7378 kanonnen en 2445 tanks konden inzetten. Alleen bij de vliegtuigen had de Duitse kant een overwicht (5446 tegen 3099 toestellen).[144]

Hitler was zich zeer bewust van het risico. De spanning van de eerste dagen van het offensief was voor hem 'bijna ondraaglijk' geweest, bekende hij een paar weken later aan Goebbels.[145] Alles ging echter veel sneller dan de dictator en zijn generaals zelfs in hun wildste dromen hadden gehoopt. Op de noordflank braken de Duitse troepen door de Nederlandse en Belgische verdedigingslinies. Parachutisten en speciale eenheden bezetten belangrijke bruggen en versterkingen. Al op 15 mei capituleerden de Nederlandse strijdkrachten; de regering en koningin Wilhelmina weken uit naar Londen. Een dag eerder had een Duits eskader bommenwerpers de binnenstad van Rotterdam aangevallen; meer dan achthonderd burgers kwamen om in het inferno. Na Warschau was dit de tweede metropool die werd blootgesteld aan een meedogenloos bombardement uit de lucht. Het geweld dat hier ontketend werd, zou in het latere verloop van de oorlog terugslaan op de Duitse steden.[146]

Doorslaggevend voor de afloop van de campagne was echter dat het operatieplan werkte. Het slaagde dus erin de vijand te misleiden over het zwaartepunt van de aanval. Terwijl de geallieerden de hoofdaanval van het Duitse invasieleger verwachtten in het noorden, door België, en daar hun beste eenheden hadden geconcentreerd, konden de tankdivisies en gemotoriseerde eenheden van de Legergroep A ongehinderd de Ardennen passeren. Op 13 mei was er een doorbraak

Afb. 5 Operatie 'Sichelschnitt' (Sikkelsnede): snelle Duitse tankgroepen en gemotoriseerde eenheden moesten door de zwak verdedigde Ardennen doorstoten naar de Kanaalkust en zo de verraste geallieerde troepen omsingelen.

in de Maaslinie bij Sedan; daarmee lag de weg vrij om grootschalige mobiele oorlogvoering te ontplooien. 'De doorbraakwig ontwikkelt zich in een haast klassieke vorm. Ten westen van de Maas vindt alles snelle voortgang,' noteerde Halder.[147] 's Avonds op 14 mei belde Hitler Goebbels op vanuit het hoofdkwartier en bleek, in de woorden van de minister van Propaganda, 'verzaligd over de grandioze successen'.[148] De Franse verdedigers waren niet opgewassen tegen de Duitse tanklegers, die efficiënt ondersteund werden door de Luftwaffe. Paniek greep om zich heen. In Berlijn zag William Shirer 'erg lange en ontdane gezichten' bij buitenlandse correspondenten en diplomaten.[149]

Bij de Franse campagne had Hitler vanaf het begin besloten het opperbevel over de Wehrmacht niet alleen in naam, maar ook daadwerkelijk uit te oefenen. Tijdens de dagelijkse stafbesprekingen, die telkens vroeg in de middag en rond middernacht plaatsvonden, was hij niet alleen de stille toehoorder, maar stelde hij vragen en gaf aanwijzingen. Omdat hij in de voorafgaande maanden zich intensief had beziggehouden met de operatieplannen, kon hij de militairen telkens weer verbluffen met zijn detailkennis.[150] Toch bleek hij net als tijdens Operatie Weserübung sterk afhankelijk van emotiewisselingen. De opgetogenheid na de oversteek van de Maas op 13 mei werd slechts enkele dagen later gevolgd door een nerveuze crisis, veroorzaakt door de bezorgdheid over de blootgestelde zuidelijke flank van de Legergroep A, die een tegenaanval leek uit te lokken. Voor het eerst bemoeide hij zich op grote schaal met de lopende operaties door er bij het OKH op aan te dringen de voorwaartse beweging van de Panzergruppe onder Ewald von Kleist te stoppen totdat er infanteriedivisies waren aangevoerd om de flanken te beveiligen. 'Echt een treurige dag,' schreef Halder op 17 mei in zijn dagboek. 'De Führer is ongehoord nerveus. Hij is bang van zijn eigen succes, zou niets willen riskeren en daarom het liefste halt houden.' Een dag later voegde hij toe: 'De Führer heeft een onbegrijpelijke angst om de zuidflank. Hij raast en tiert dat we op weg zijn om de hele operatie te bederven en ons bloot te stellen aan het risico van een nederlaag.' Pas in de middag van 18 mei slaagde de stafchef van het leger erin Hitler van zijn beslissing af te brengen en 'vrijheid van beweging' te krijgen.[151]

Al op de volgende dag leek Hitler een ander mens. 'Stemming van de Führer geweldig. Historische zege staat voor de deur,' meldde perschef Otto Dietrich uit het Führerhoofdkwartier.[152] Op 20 mei bereikte de voorhoede van de Duitse tanks bij Abbeville de Baai van de Somme. Daarmee was de grote omsingelingsbeweging, de 'sikkelsnede', voltooid. De hoofdmoot van de Engelse, Franse en Belgische strijdkrachten – meer dan 400.000 man – zat ingesloten tussen de Legergroep B en de Legergroep A. 'Führer buiten zichzelf van vreugde,' noteerde Jodl. 'Hij spreekt met de grootst mogelijke waardering over het Duitse leger en de leiding daarvan.'¹⁵³ 'Een nieuw Cannae is ophanden,' jubelde Goebbels. 'De grootste omsingeling van de krijgsgeschiedenis is gelukt.'¹⁵⁴ Even euforisch van toon uitte kwartiermeester-generaal Wagner zich: 'Wie zou hebben gedacht dat we na 1918 nog eens zoiets zouden meemaken. [...] De afloop van deze veldtocht is militair zo fantastisch, dat we in een droom leven.'¹⁵⁵ Voor de tegenstanders van Hitler was de militaire catastrofe die zich nu aftekende voor de Geallieerden, een schok. Wilhelm Muehlon in het Zwitserse Graubünden besloot op 21 mei 's avonds met het oog op de sombere berichten van het strijdtoneel de radio niet meer aan te zetten.¹⁵⁶

Toen echter gebeurde wat men later het 'Wonder van Duinkerke' genoemd heeft: op 24 mei, toen de Duitsers al tot 15 kilometer van Duinkerke waren opgerukt – de laatste Kanaalhaven die nog in geallieerde handen was – gaf Hitler de opdracht de opmars te stoppen. 'De tanks en gemot[oriseerde] eenheden staan op bevel van het allerhoogste gezag stil tussen Béthune en Saint-Omer, als aan de grond genageld, en mogen niet aanvallen. Op deze manier kan het opruimen van de omsingelde enclaves nog wekenlang duren. Met grote schade voor ons prestige en onze verdere bedoelingen,' klaagde Halder in zijn dagboek over de tweede grote ingreep van de opperbevelhebber in de operatie.¹⁵⁷ Over de redenen die Hitler tot zijn ingrijpende stap dreven, is veel gespeculeerd. Zeker is dat het 'stopbevel' niet uit een individueel besluit voortkwam, maar volgde na een diepgaande gedachtewisseling met kolonel-generaal von Rundstedt. 's Middags op 24 mei had de dictator de bevelhebber van de Legergroep A opgezocht in diens hoofdkwartier in Charleville om met hem de verdere handelwijze te bespreken. Daar hoorde hij dat Rundstedt van zijn kant al bevolen had een pauze in te lassen, zodat de gemotoriseerde eenheden en infanteriedivisies konden aansluiten bij de afgematte tankeenheden.

Hitler sloot zich aan bij het oordeel van Rundstedt over de situatie. Hij had al de tweede fase van de veldtocht voor ogen en wilde de tankstrijdkrachten sparen voor de komende operaties. Hij gaf Rundstedt uitdrukkelijk de vrijheid te beslissen wanneer hij de opmars wilde hervatten.¹⁵⁸ Het waren dus vooral militaire overwegingen die Hitler leidden. Al een paar dagen later, toen bleek dat hij een zwaarwegende verkeerde beslissing had genomen, kwam hij met een politiek argument op de proppen. Hij beweerde dat hij bewust het Engelse Expeditieleger had laten ontkomen, om zo de mogelijkheid tot een overeenkomst met Engeland open te houden: 'Het leger is de ruggengraat van Engeland en het Empire. Als we het invasiekorps verslaan, gaat het Empire ten onder. Omdat we de erfenis daarvan niet willen of kunnen overnemen, moeten we het die kans gunnen. Mijn generaals hebben dat gewoon niet begrepen.'¹⁵⁹ Er kan echter geen sprake van zijn dat Hitler de Engelsen heeft willen sparen. Veeleer vertrouwde hij op de onomwonden belofte van Göring dat het voor de Luftwaffe makkelijk was de evacuatie van het Britse Expeditieleger over zee te verhinderen. Bovendien was Hitler er vermoedelijk ook op uit om jegens Brauchitsch en Halder zijn aanspraken op de leiding te tonen, dus voor eens en altijd duidelijk te maken dat hij het was die de fundamentele operationele beslissingen nam.[160]

Op 26 mei hief Rundstedt het 'stopbevel' op. De 48-urige pauze was echter doorslaggevend. Ondertussen waren de Britten namelijk onder de codenaam Operation Dynamo begonnen met de evacuatie van de enclave. Tot 4 juni, toen de Duitsers de haven van Duinkerke veroverden, konden ze met honderden schepen en boten hun expeditieleger en bovendien nog een deel van de Franse strijdkrachten redden, totaal ongeveer 370.000 man. 'Het laten halt houden van de tankeenheden door het opperbevel pakte uit als een zware fout,' stelde Fedor von Bock vast op 30 mei.[161] Daarin zou hij gelijk krijgen: vooral het 'Wonder van Duinkerke' maakte het mogelijk dat Groot-Brittannië in de zomer van 1940 de strijd alleen voortzette – 'ongetwijfeld een keerpunt in de Europese oorlog, dat niet overschat kan worden,' aldus het oordeel van de krijgshistoricus Rolf-Dieter Müller.[162]

Op 28 mei capituleerde België. Koning Leopold III bleef in het land en het kabinet ging in ballingschap in Engeland. Een paar dagen later, op 6 juni, verplaatste Hitler zijn hoofdkwartier naar Brûly-de-Pesche, een kleine plaats in de zuidpunt van België en 25 kilometer ten noordwesten van Charleville. Het bestond uit een paar boerderijen, een school en een kerk. De Organisation Todt had hier in allerijl een betonnen bunker gebouwd voor Hitler. De staf en de beveiligingstroepen werden in barakken en in gebouwen in het dorp ondergebracht, waaruit de bewoners waren ontruimd. Het OKH betrok kwartieren in de buurt van Chimay, op enkele kilometers afstand. Hitler noemde zijn commandopost 'Wolfsschlucht' (Wolfskloof).[163] Onder de naam 'Wolf' had hij in de zomer van 1923 voor het eerst gelogeerd in een pension op de Obersalzberg en hij had zich zo laten aanspreken door vertrouwde vrouwelijke gesprekspartners, zoals Winifred Wagner, theaterdirectrice van Bayreuth. In zijn nieuwe verblijf voelde de dictator zich niet zo prettig als in het vorige. Zijn bunker lag in een bosje waarin 'verschrikkelijk veel muggen' rond gonsden en in de pas opgetrokken barak kon hij, zoals hij nog maanden later klaagde, 'door de beits niet uit zijn ogen kijken'.[164] De stafbesprekingen vonden daarom meestal in het oude schoolgebouw of in de openlucht plaats.

Op 5 juni begon de tweede fase van de veldtocht, de doorstoot diep Frankrijk in ('Fall Rot'). Een dag eerder had Hitler de hoop uitgesproken 'in vier tot zes weken klaar te zijn',[165] maar wederom vorderde de opmars veel sneller dan verwacht. Al op 9 juni slaagde de doorbraak door de Franse linie aan de Somme en de be-

Afb. 6 De dictator geniet met volle teugen van zijn triomf: op 17 juni 1940 hoort Hitler op zijn hoofdkwartier Wolfsslucht in Brûly-de-Pesche van het Franse verzoek om een wapenstilstand. Het tafereel is door cameraman Walter Frenz vastgelegd voor de *Wochenschau*. Links naast Hitler: Walther Hewel (vertegenwoordiger van de minister van Buitenlandse Zaken bij Hitler), rechts: lijfarts Theo Morell.

nedenloop van de Aisne. Duitse troepen staken op 11 juni de Marne over en een paar dagen later trok de Legergroep C op tegen de Maginotlinie. De Franse defensie stortte zienderogen verder in. 'Het is werkelijk een verslagen leger,' merkte kwartiermeester-generaal Wagner op. 'Onvoorstelbaar, zomaar de volledige psychische en fysieke ineenstorting van de soldaten, alles weggeworpen, in de sloot gesmeten en in de steek gelaten – panische vlucht.'[166] Op 14 juni marcheerde de Wehrmacht de Franse hoofdstad binnen. Op 15 juni werd Verdun veroverd: de plaats die het symbool geworden was van een van de bloedigste slagen van de Eerste Wereldoorlog. Op de Franse wegen speelden zich ondertussen taferelen van onbeschrijfelijke ellende af. Miljoenen vluchtelingen trachtten de Duitse troepen te ontkomen en door te dringen naar het nog onbezette zuiden. Parijs leek op een spookstad. 'De straten zijn totaal verlaten, de winkels gesloten, alle rolluiken neergelaten. Deze leegte gaat je aan het hart,' merkte William Shirer op, die op 17 juni in de Franse metropool aankwam.[167]

Op 16 juni trad de Franse minister-president Paul Reynaud af, die in maart Daladier was opgevolgd. Tot zijn opvolger benoemde hij de al 84 jaar oude maarschalk Philippe Pétain, de populaire legerleider uit de Eerste Wereldoorlog. Een dag later smeekte de naar Bordeaux gevluchte Franse regering om een wapenstilstand. Toen Hitler het nieuws hoorde in zijn hoofdkwartier in Brûly-de-Pesche, schoot hij in de houding en stampte hard met één been. Cameraman Walter Frentz heeft deze scène, die de dictator toont in het volle besef van zijn triomf, vastgelegd voor de *Wochenschau*, het bioscoopjournaal.[168] In een geïmproviseerde redevoering daarna prees Keitel Hitler als de 'grootste veldheer aller tijden'[169] – een uitdrukking die in de volksmond afgekort als 'Gröfaz' een heel andere betekenis zou krijgen toen de krijgskansen zich tegen de agressor gekeerd had.

De voormalige keizer Wilhelm II kon het niet laten vanuit zijn Nederlandse ballingschap in Doorn Hitler een geëxalteerd felicitatietelegram te sturen bij 'het neerleggen van de wapens door Frankrijk'. 'In alle Duitse harten klinkt het Koraal van Leuthen, die dit met de overwinnaars van Leuthen, de soldaten van de Grote Koning [Frederik de Grote], aanheffen: Dankt nu allen God.'[170] Ook kroonprins Wilhelm, de oudste zoon van Wilhelm II, wilde niet achterblijven: 'Vanaf deze dag rusten de wapens in het westen en is de weg vrij voor de definitieve afrekening met het perfide Albion,' schreef hij in zijn met 'Sieg Heil!' ondertekende telegram. 'In dit uur van grote historische betekenis zou ik u als voormalig soldaat en als Duitser vol bewondering de hand willen drukken.'[171] Viktoria von Dirksen, de mondaine actrice die voor 1933 had geholpen de nazibeweging bij de adel salonfähig te maken, telegrafeerde: 'Honderdduizendmaal Sieg Heil, Sieg Heil aan onze zeer geliefde Führer', en Friedrich Franz groothertog von Mecklenburg-Schwerin, sinds 1931 lid van de NSDAP en SS, feliciteerde Hitler, 'diep getroffen door het nieuws van de bezetting van Parijs', en vroeg tegelijkertijd 'Gods zegen' voor hem en de 'weergaloze Wehrmacht'.

Felicitatietelegrammen kwamen ook van voormalige kameraden als Gottfried Feder, die sinds zijn trouweloze gedrag bij de Straßer-crisis van december 1932 geen grote rol speelde in de NSDAP, en ook van de voormalige perspaus en voorzitter van de Deutschnationale Volkspartei, Alfred Hugenberg, die Hitler binnen enkele maanden na 30 januari 1933 politiek buitenspel had gemanoeuvreerd. Even geestdriftig over de 'unieke zege' bleek Jakob Werlin, directeur van Daimler-Benz AG, die voorzien had in Hitlers vroege hartstocht voor de nieuwste Mercedesmodellen. Hij telegrafeerde: 'Niet veel Duitsers weten hoe groot uw voorafgaande zorgen en moeite, hoe onwrikbaar echter ook uw geloof en wil tot het behalen van de zege waren, welke zege nu de bekroning van uw leven is. […] In hartelijke verbondenheid denk ik aan dit zeer grote historische ogenblik.'[172]

Op de avond van 17 juni belde Hitler Goebbels om hem te informeren over de capitulatie van Frankrijk – 'ontroerd en diep geraakt', zoals de minister van Propaganda opmerkte.[173] In het hoofdkwartier was de dictator nog nooit als zo ontspannen ervaren als in die dagen. Hij verkeerde in een euforische stemming, die oversloeg op de hele entourage. Ook zijn gezondheid was opperbest. Lijfarts Theodor Morell moest in een brief aan zijn vrouw bekennen dat er voor hem

Afb. 7 Voor de wapenstilstand in Compiègne: de inwoners van München bezorgen Hitler en Mussolini op 18 juni 1940 een enthousiaste ontvangst.

'nauwelijks iets te doen' was. Het enige waar Hitler over klaagde, was zijn 'veel te grote eetlust'. 'Het gaat werkelijk puik met hem. Hij is gezond en monter.'[174]

Op 18 juni reisde Hitler naar München voor besprekingen met Mussolini. De Italiaanse dictator, die lang geaarzeld had om aan de kant van Duitsland aan de oorlog te gaan meedoen, was na de onverwacht snelle successen van de Wehrmacht nerveus geworden. Hij was bang dat hij te laat zou komen bij het verdelen van de buit. Eind mei liet hij via de nieuwe Italiaanse ambassadeur Dino Alfieri aan Hitler de boodschap overbrengen dat Italië op 5 juni de oorlog zou verklaren aan de westerse mogendheden. De Duitse dictator was echter allesbehalve te spreken over deze aankondiging. Hij wilde de lauweren van de al als zeker beschouwde zege alleen aan zijn eigen vaandel hangen. Daarom vroeg hij de duce het Italiaanse ingrijpen nog eens vijf dagen uit te stellen. Op 10 juni kondigde Mussolini vanaf het balkon van het Palazzo Venezia de oorlogsdeelname van zijn land aan.[175] In het Duitse hoofdkwartier liet Hitler zich ondertussen hoogst minachtend uit over de Asbondgenoot, en ook onder diplomaten in Berlijn was er louter spot voor het Italiaanse 'oogsthulpje'.[176]

Tijdens het gesprek in de 'Führerbau' op de Königsplatz was Hitler tot verbazing van de Italianen uiterst gematigd. Mussolini, die was gekomen in de hoop dat hij onder andere Nice, Corsica en Tunesië kon inlijven, moest buigen voor de wens van Hitler om vooralsnog alle territoriale aanspraken uit te stellen, om het voor Frankrijk gemakkelijker te maken de wapenstilstand te aanvaarden. Want te harde voorwaarden, zo vreesde men aan Duitse zijde, zouden de Franse regering ertoe kunnen brengen de strijd vanuit Noord-Afrika voort te zetten en haar nog intacte vloot bij die van de Britten te voegen. Minister van Buitenlandse Zaken Ciano was in zijn dagboek onder de indruk van Hitlers kennelijke 'gematigdheid en scherpzinnigheid': 'Je kunt me er niet van verdenken dat ik heel warme gevoelens voor hem koester, maar op dit moment bewonder ik hem echt.'[177] In München moest Mussolini weer ervaren wat het betekent om slechts tweede viool te spelen in de alliantie. Ook zijn wens om samen met de Duitsers de onderhandelingen voor de wapenstilstand te voeren, wees Hitler even beleefd als vastberaden af. Het feit dat het Italiaanse offensief tegen het Franse Alpenfront, waartoe Mussolini meteen na zijn terugkeer opdracht gaf, al na een paar dagen vastliep, bevestigde de Duitse leiding in haar mening over de geringe waarde van de Italiaanse strijdkrachten.

Op de avond van 20 juni werd de tolk Paul Schmidt naar Hitlers hoofdkwartier ontboden om de tekst van de wapenstilstandsvoorwaarden, die de volgende dag overhandigd moesten worden, in het Frans te vertalen. In de dorpskerk van Brûly-de-Pesche ging hij bij kaarslicht aan het werk, en van tijd tot tijd hadden Keitel en Hitler inzage om zich ervan te vergewissen dat het werk vorderde.[178] Als plaats voor de ondertekening van de wapenstilstand had de dictator de open plek in het Bos van Compiègne gekozen waar de Duitse delegatie onder Matthias Erzberger op 11 november 1918 met haar handtekeningen het eind van de gevechtshandelingen van de Eerste Wereldoorlog had bezegeld. Hiertoe werd ook het salonrijtuig waarin de toenmalige ceremonie had plaatsgevonden, aangevoerd en precies op de plek gezet waar het in 1918 gestaan had.[179] De enscenering was tot in het kleinste detail vastgelegd. De symbolisch-politiek beladen plek moest Hitler een podium bieden voor een spectaculair optreden. De boodschap was volkomen duidelijk: met de 21ste juni 1940 moest de revanche voor de verloren oorlog van 1914-1918 worden bezegeld en de 'smaad' van de Vrede van Versailles definitief worden uitgewist.[180]

Op de middag van die dag kwam Hitler rond 15.15 uur met zijn autocolonne aan in het Bos van Compiègne. Hij werd begeleid door Göring, Raeder, Brauchitsch, Keitel, Ribbentrop en Heß. Een tijdje bleef de stoet staan voor de gedenksteen met het inschrift: 'Hier faalde op 11 november 1918 de misdadige hoogmoed van het Duitse Keizerrijk, overwonnen door de vrije volken die het in zijn aanmatiging dacht te onderwerpen.'[181] William Shirer, die van zijn omroep CBS New York opdracht had gekregen ter plekke rechtstreeks verslag te doen van de gebeurtenissen, observeerde de scène met zijn verrekijker: 'Ik heb dit gezicht vaak gezien op grote momenten van zijn leven. Maar vandaag! Het is rood van toorn, woede, haat, wraak, triomf [...]. Plotseling, alsof alleen zijn gezicht niet al zijn gevoelens kan uitdrukken, brengt hij zijn hele lichaam in overeenstemming met zijn gevoelens. Haastig legt hij zijn handen op zijn heupen, verheft zijn schouders en spreidt zijn benen. Het is een geweldig uitdagend gebaar, de brandende verachting voor dit oord en alles waarvoor het 22 jaar gestaan heeft.'[182]

Korte tijd nadat Hitler en zijn gevolg hadden plaatsgenomen in de wagon – de dictator op de stoel waarop in 1918 maarschalk Ferdinand Foch gezeten had – kwam de Franse delegatie onder generaal Charles Huntziger binnen. De Duitsers stonden op om hen te begroeten. Daarna las Keitel de preambule voor van de wapenstilstandsovereenkomst, die door Hitler zelf was opgesteld. Daarin werd de keuze voor de historische plek als 'daad van een schadeloosstellende gerechtigheid' aangeduid. Het ging er nu om 'een herinnering uit te wissen die voor Frankrijk geen roemvolle bladzijde van zijn geschiedenis was, maar door het Duitse volk als de diepste schande aller tijden gevoeld werd'.[183] De tolk Schmidt vertaalde de tekst in het Frans. Tijdens het voorlezen, zo zag hij, zaten de Duitsers en Fransen 'met starre gezichten' tegenover elkaar, 'alsof ze figuren uit een wassenbeeldenkabinet waren'.[184] Daarna stond Hitler op en verliet met zijn begeleiders de wagon. Alleen Keitel en de tolk bleven achter, om de Franse onderhandelaars de voorwaarden van de wapenstilstand mee te delen. De hele ceremonie had slechts een kwartier geduurd. Hitler keerde nog dezelfde dag terug op zijn hoofdkwartier. 's Avonds vertelde hij Goebbels per telefoon de details van wat er gebeurd was en dat hij het salonrijtuig naar Berlijn wilde laten brengen. 'De smaad is nu uitgewist,' verklaarde de triomfator, en de bewondering van zijn minister van Propaganda was grenzeloos: 'De Führer [...] is het grootste historische genie dat we ooit gehad hebben. Een eer om hem te mogen dienen.'[185] Ook de geograaf Karl Haushofer prees in een brief aan zijn vriend Rudolf Heß het theaterstuk in het Bos van Compiègne als een gebeurtenis van wereldhistorische betekenis, gelijk aan 'de keizerskroning van Karel de Grote, waar de mantel van het eeuwige door het heden ruist en men zijn wiekslag bijna fysiek gewaarwordt'.[186]

Op 22 juni om 18.50 uur werd de Frans-Duitse wapenstilstand ondertekend door Keitel en Huntziger, in afwezigheid van Hitler. Volgens secretaris-generaal Ernst von Weizsäcker bleek uit de voorwaarden die aan het overwonnen land werden opgelegd, 'de meesterhand van de Führer'. Ze waren 'elastisch' gehouden en lieten 'alle speelruimte voor een vernietigende vrede'.[187] Het noorden en westen van Frankrijk met de hele Atlantische en Kanaalkust viel onder het gezag van de Duitse bezetting; hiervandaan moest de strijd tegen Groot-Brittannië worden voortgezet. Delen van Midden- en heel Zuid-Frankrijk werden niet bezet. Hier was de Franse regering onder maarschalk Pétain in functie, die Vichy als zetel koos. Ze werd echter verplicht nauw samen te werken met het Duitse militaire gezag en de aanwijzingen daarvan op te volgen. In de nacht van 24 op 25 juni, nadat ook de Frans-Italiaanse wapenstilstand was gesloten, trad het staakt-het-vuren in werking. Hitler en zijn entourage volgden de radio-uitzending in het casino van het Führerhoofdkantoor. Zelfs in kleine kring kon hij het niet laten zichzelf te ensceneren als een triomfator: hij beval het licht uit te doen en de ramen te openen. 'Stil zaten we in het donker,' herinnerde Albert Speer zich, 'onder de indruk van het besef dat we een historisch ogenblik zo dicht bij de geestelijke vader ervan meemaakten.'[188]

Een dag eerder, op 23 juni, was Hitler in alle vroegte naar het vliegveld Paris-Le Bourget gevlogen. In zijn gevolg bevonden zich de architecten Albert Speer en Hermann Giesler, evenals beeldhouwer Arno Breker. Het was het eerste en enige bezoek dat de dictator aan de Franse hoofdstad bracht en zijn enige doel was het om de belangrijkste monumenten te zien. Hij had speciaal voor de ochtenduren gekozen om 'de bevolking zo min mogelijk te emotioneren', vertelde Hitler later.[189] De straten waren nog bijna verlaten toen de drie grote Mercedessen van het vliegveld in hoog tempo de grote opera van de architect Charles Garnier naderden. Hitler had zich al in zijn jonge jaren beziggehouden met de bouw van het neobarokke gebouw. Nu kon hij, terwijl een oude suppoost het onwelkome gezelschap door de ruimte leidde, zijn gevolg aftroeven met zijn kennis. Van de opera gingen ze verder over de Champs-Élysées en langs de Arc de Triomphe met het graf van de onbekende soldaat naar de Eiffeltoren, waar Hitler weer opdracht gaf te stoppen. Lang stond hij in de Dôme des Invalides stil voor de sarcofaag van Napoleon. Hier uitte hij de wens om de resten van de hertog van Reichstadt, Napoleons zoon, van Wenen naar Parijs over te laten brengen. Het besluit was de bezichtiging van de Sacré-Cœur op de heuvel van Montmartre. Zo stiekem als hij was gekomen, verdween de dictator al na drie uur.[190]

'Was Parijs niet mooi? Maar Berlijn moet nog veel mooier worden!' zei Hitler 's avonds tegen Speer. Hij gaf opdracht de opgeschorte bouwprojecten direct weer te hervatten. Berlijn moest 'zo snel mogelijk door zijn architectonische reconstructie de allure van hoofdstad van een sterk nieuw rijk krijgen, die het gezien de grootte van onze overwinning verdient,' aldus het besluit dat de dictator eigenhandig dateerde op 25 juni, de eerste dag van de wapenstilstand. Hitler wilde zijn levenswerk bekronen met de verwezenlijking van megalomane architectonische plannen, waarvan hij de voltooiing voor ogen had voor 1950. Hij had de veldtocht in het westen al afgevinkt – Engeland, zo hoopte hij, zou snel toegeven – en zijn gedachten begonnen zich al te richten op de volgende fase, de oorlog om Lebensraum tegen de Sovjet-Unie. Toen Speer afscheid van hem wilde nemen, hoorde hij de goedgehumeurde dictator tegen het hoofd van het OKW zeggen: 'Nu hebben we laten zien waartoe we in staat zijn. Geloof me, Keitel, een campagne tegen Rusland zou vergeleken hiermee kinderspel zijn.'[191] Eind juni vernam ook Halder van secretaris-generaal von Weizsäcker dat Hitlers 'blik sterk op het oosten gericht is'. Engeland zou 'waarschijnlijk nog een demonstratie van onze militaire macht nodig hebben voordat het toegeeft en we onze handen vrij hebben voor het oosten'.[192]

Voordat Hitler op 27 juni de Wolfsschlucht verliet om naar zijn nieuwe Führerhoofdkwartier Tannenberg op de Kniebis in het noordelijke Zwarte Woud te gaan, gunde hij zich nog een bijzondere genoegdoening: samen met zijn vroegere oorlogskameraden, de sergeant Max Amann en de ordonnans Ernst Schmidt, bezocht hij de oude stellingen op de Vlaamse slagvelden. Eens te meer gaf de vroegere korporaal uit de wereldoorlog blijk van zijn verbazingwekkende geheugen. Hij kon zich nog veel plekken en voorvallen herinneren die zijn metgezellen allang vergeten waren.[193] Vanuit zijn nieuwe hoofdkwartier maakte Hitler ritten door de Elzas naar de slagvelden in de Vogezen, bezocht hij de kathedraal van Straatsburg en inspecteerde delen van de Maginotlinie. Hij ontbood Goebbels om met hem de naderende ontvangst in Berlijn te bespreken. Onmiddellijk daarna vertrouwde hij zijn intimus toe dat hij een grote toespraak in de Rijksdag wilde houden en 'Engeland een laatste kans wilde geven', dat wil zeggen vrede aanbieden op zijn voorwaarden, zoals in oktober 1939. Hij beweerde dat hij er geen belang bij had om het Britse Rijk te vernietigen, omdat niet Duitsland, maar 'buitenlandse grote mogendheden' (hij bedoelde waarschijnlijk de Verenigde Staten en Japan) daar garen bij zouden spinnen. Ging Londen echter weer niet in op zijn aanbod, dan had 'het de gevolgen aan zichzelf te wijten'.[194]

Op 6 juli 1940 keerde Hitler terug naar de Rijkshoofdstad, die hij twee maanden eerder in alle stilte had verlaten. Goebbels had tijd genoeg gehad om de ontvangst als een militaire operatie voor te bereiden. Honderdduizenden mensen flankeerden de met bloemen bezaaide straten van de Anhalter Bahnhof naar de Rijkskanselarij. Staand in zijn auto liet de dictator de huldigingen van de massa's over zich komen. 'De storm van gejubel van een heel gelukkig volk is niet te beschrijven,' noteerde Goebbels, weer eens helemaal in een roes door het effect van zijn eigen enscenering.[195] Toch was het enthousiasme zeker niet alleen het resultaat van zijn propaganda; het kwam ook voort uit de opluchting bij grote delen van de bevolking dat het niet gekomen was tot de gevreesde lange strijd met zware verliezen in Frankrijk. De meeste Duitsers waren 'tamelijk trots op de zege', meldde William Shirer vanuit Berlijn. Ze geloofden 'dat de beslissende slag gewonnen was en de oorlog absoluut zeker aan het eind van de zomer voorbij zou zijn. Ook daardoor haalden ze opgelucht weer adem.'[196]

Nadat er in de winter van 1939-1940 nog grote ontevredenheid had geheerst, verbreidde zich nu een optimistische stemming. De hele natie is van 'zo'n geloof en vertrouwen in de Führer vervuld, als het misschien nog nooit het geval was', rapporteerde de Augsburgse Kreisleiter van de NSDAP. 'Als er hoe dan ook nog een toename van de gevoelens jegens Adolf Hitler mogelijk was, dan is dat bij de dag van zijn terugkeer in Berlijn waarheid geworden.'[197] Het aureool van de geniale veldheer dat hem toegeschreven werd, gaf de Führermythe een nieuwe, meeslepende dimensie. 'Hoe geweldig dat het Duitse volk op dit uur zo'n briljante man aan het hoofd heeft,' jubelde de 21-jarige studente germanistiek Lore Walb. 'Met deze leider kan de afloop van de oorlog ons slechts de zege brengen! Daar is iedereen van overtuigd.'[198] Göring had in dit opzicht in een rede van 20 mei de toon al aangegeven, toen hij Hitler op één niveau plaatste met Frederik de Grote: het is 'zeldzaam in de Duitse geschiedenis dat in één persoon de wijsheid van een staatsman en het genie van een veldheer samenkomen. Met Frederik de Grote had Duitsland zo'n persoonlijkheid. Met Adolf Hitler heeft de Voorzienigheid ons weer zo'n genie ten deel doen vallen.'[199] Met de zege over Frankrijk lijkt de dictator inderdaad op een hoogtepunt in zijn populariteit verkeerd te hebben. In elk geval constateerden de stemmingsrapporten van de SD dit: 'De indringende en nobele wijze waarop de Führer de schande van 1918 voor eens en voor altijd uit de geschiedenis heeft gewist, stuitte op onverdeelde bewondering.'²⁰⁰

Het enthousiasme werd ook gedeeld door degenen die in een aantal opzichten sceptisch stonden tegenover Hitlers politiek en oorlogvoering. De psycholoog en arts Willy Hellpach, die in 1925 bij de Duitse presidentsverkiezing kandidaat was geweest voor de liberale Deutsche Demokratische Partei (DDP), bejubelde in een brief aan Karl Haushofer de 'geweldige transformatie in de wereldgeschiedenis, waarvan het ritme werkelijk adembenemend is'.²⁰¹

'Het geweldige dat we hebben meegemaakt, blijkt elke dag nog geweldiger te zijn,' schreef historicus Friedrich Meinecke aan zijn leerling en collega Siegfried Kaehler. 'Vreugde, bewondering en trots over dit leger moeten allereerst ook voor mij overheersen. En het herwinnen van Straatsburg! Daar moet je hart wel sneller van gaan kloppen.'²⁰² Even euforisch uitte zich de diplomaat Ernst von Weizsäcker: 'Ik zou wensen dat papa de dag van vandaag nog had gezien,' was zijn commentaar over de ceremonie in het Bos van Compiègne in een brief aan zijn moeder. 'Hij zou je zeker hebben gevraagd de "Finnländische Reitermarsch" op de piano te spelen.'²⁰³

Ook onder de generaals boekte Hitler duidelijke prestigewinst. Degenen die hem 'eerst niet helemaal vertrouwden', waren 'nu echter totaal enthousiast', deelde de dictator mee aan zijn minister van Propaganda.²⁰⁴ Tegen alle bedenkingen van de deskundigen had Hitler met zijn oordeel over het Franse militaire prestatievermogen gelijk gehad en het Plan Sikkelsnede dat hij samen met Manstein had ontwikkeld, was een recept voor succes gebleken. 'Alleen aan de Führer komt de roem toe; want zonder zijn wil was het nooit tot een dergelijk optreden gekomen,' stelde kwartiermeester-generaal Eduard Wagner vast.²⁰⁵ Hij was geenszins de enige met die mening. De infanteriegeneraal Gotthard Heinrici bijvoorbeeld voelde 'bewondering' voor een 'staatsleiding' die 'al onze vijanden de een na de ander over de kling wist te jagen'.²⁰⁶ Vergeten waren de wrijvingen en conflicten die Hitler had uitgelokt met zijn interventies tijdens de lopende operaties, evenals de abrupte stemmingswisselingen van de dictator, die de legerleiders op hun zenuwen hadden gewerkt.

De loftuitingen die hem van alle kanten deelachtig werden, bleven niet zonder uitwerking op Hitlers zelfbeeld. Hij zag in de triomf in het westen een bevestiging van zijn capaciteiten als veldheer. Net zoals hij al snel na 1933 tot de conclusie was gekomen dat hij de zaken uit handen moest nemen van incompetente diplomaten van het ministerie van Buitenlandse Zaken, zo geloofde hij nu dat hij in alle opzichten superieur was aan de bange piekeraars in de generale staf. Zijn neiging tot zelfoverschatting maakte hem steeds meer blind voor de mate waarin hij ook op militair gebied aangewezen was op professioneel advies. Een jaar later, in oktober 1941, toen de overwinning in de vernietigingsoorlog tegen de Sovjet-Unie slechts een kwestie van dagen leek te zijn, pochte hij in het Führerhoofdkwartier: 'Ik ben militair bevelhebber tegen wil en dank; ik bemoei me alleen met militaire aangelegenheden omdat er op het ogenblik niemand is die het beter zou doen. Als we nu een Moltke hadden, dan zou ik hem zijn gang laten gaan.'[207]

Onder de tegenstanders van Hitler wisselde de stemming tussen vertwijfeling, berusting en een koppig juist-nu-komt-het-eropaan. Niemand zou 'de omvang van het door Hitler bereikte succes kunnen bestrijden', merkte Ulrich von Hassell op. Maar, zo voegde hij er meteen aan toe, dat zou 'niets veranderen aan het wezenlijke karakter van zijn daden en de verschrikkelijke gevaren die er nu dreigen voor alle hogere waarden'.[208] Helmuth James von Moltke was door de Franse ineenstorting eerst in een diepe depressie beland, maar de nieuwe situatie was voor hem een stimulans om met nog meer inzet een front te vormen tegen het misdadige regime. Wie elke dag voor zichzelf bepaalt 'wat goed is en wat kwaad, en daar niet gek van wordt, hoe groot de triomf van het kwaad ook schijnt te zijn, die heeft de eerste steen gelegd voor de overwinning op het kwaad,' schreef hij begin juni 1940 aan zijn vrouw Freya.[209] De Kreisauer Kreis, die zich sinds 1940 om hem en Peter Yorck van Wartenburg vormde, zou in het verzet tegen Hitler een bijzondere plaats innemen. 'Schaamte, verdriet en haat van deze dagen zullen niet vergeten worden; ze zijn nauwelijks te verdragen,' had Thomas Mann eind mei 1940 in zijn dagboek genoteerd met het oog op de Duitse militaire successen. Voor hem en veel andere tegenstanders van Hitler in de hele wereld rustte nu alle hoop op Groot-Brittannië. 'Blijft Engeland staande, houdt het stand en keert het de oorlog ten goede, dan is dit het grootste volk ter wereld.'[210]

Hoe houdt Engeland zich? Dit was inderdaad de grote vraag van de zomer van 1940. Op 10 mei, de dag waarop het Duitse offensief in het westen begon, was minister-president Neville Chamberlain afgetreden. Zijn opvolger, First Lord of the Admiralty Winston Churchill, vormde een coalitiekabinet met alle partijen. Churchill had al vroegtijdig gewaarschuwd voor de gevaren die uitgingen van Duitsland en de appeasementpolitiek van zijn voorganger scherp bekritiseerd. Hij werd nu de doorslaggevende tegenstander van Hitler – 'de man van het noodlot' (aldus Sebastian Haffner), die van begin af aan geen twijfel liet bestaan over zijn vastberadenheid de oorlog voort te zetten tot de overwinning op de nazibarbarij.[211] Meteen in zijn inaugurele rede tot het Lagerhuis op 13 mei bereidde de nieuwe premier zijn landgenoten emotioneel voor op de intensiteit van het conflict: hij had 'niets anders te bieden dan bloed, ontberingen, tranen en zweet'. Het was nu zaak uit alle kracht oorlog te voeren 'tegen een monsterlijke tirannie, die op de duistere, beklagenswaardige lijst van menselijke misdaden nergens haar gelijke heeft gevonden'.[212] In de kritieke dagen van eind mei 1940, toen vernietiging van het Engelse Expeditieleger in Duinkerke dreigde en minister van Buitenlandse Zaken Halifax ervoor pleitte via Mussolini te verkennen of onderhandelingen over het beëindigen van de oorlog mogelijk waren, kon Churchill zich met zijn compromisloze koers in het oorlogskabinet laten gelden. Het was altijd nog beter strijdend ten onder te gaan dan te buigen voor het dictaat van de tegenstander. Als men zich verder dapper zou verzetten tegen Duitsland, zou dat sympathie oogsten in de Verenigde Staten, die zich tot dusverre onthielden van steun.[213]

Juist dit, het sluiten van de rijen tussen Groot-Brittannië en de VS, probeerde Hitler te verhinderen. Op 13 juni gaf hij Karl Wiegand, hoofdcorrespondent van de Amerikaanse Hearst-kranten, een interview op zijn hoofdkwartier, dat twee dagen later werd gepubliceerd. Hitler liet zich opvallend gematigd uit, vermeed de gebruikelijke polemische uitspraken tegen Roosevelt en prees de Monroedoctrine en de Amerikaanse politiek van niet-inmenging in Europese zaken. 'Ik zeg daarom: Amerika voor de Amerikanen, Europa voor de Europeanen!' Voor Engelse oren benadrukte hij nogmaals dat het nooit zijn bedoeling was geweest 'het Britse wereldrijk te vernietigen'.[214] Op Churchill maakten dergelijke bezweringen niet de geringste indruk. Al op 4 juni was zijn parool: 'We zullen ons nooit overgeven,' en na het Franse verzoek om een wapenstilstand onderstreepte hij op 18 juni in het Lagerhuis zijn onvoorwaardelijke vastberadenheid om de oorlog voort te zetten: als het Britse Rijk en het Gemenebest over duizend jaar nog zouden bestaan, zouden de mensen zeggen: *'This was their finest hour!'*[215] Ivan Majski, de Sovjetambassadeur in Londen, schreef in zijn dagboek over de weerklank die deze toespraak vond: 'De eerste consternatie en verwarring zijn verdampt. Nu vormt zich juist een stormfront van kille, taaie en waarlijk Britse woede. Alles wijst erop dat de Engelsen zich tot het einde zullen verzetten.'[216]

Als er nog een bewijs nodig was dat het de Britten menens was met hun besluit verder te vechten, dan leverden zij dat op 3 juli: op die dag bracht de Royal Navy een groot deel van de bij Mers-el-Kébir bij Oran voor anker liggende Franse oorlogsvloot tot zinken, zodat die niet in Duitse handen viel; 1250 Franse marinemensen vonden daarbij de dood.[217] Hitler was er nog niet uit of hij onder deze omstandigheden hoe dan ook nog een beroep moest doen op Engeland. Eerst stelde hij nog eens zijn Rijksdagtoespraak uit, die hij al bijna helemaal had uitgewerkt.[218] Nu zou bij de Duitse leiding de bereidheid groeien om 'er vol in te gaan, dat wil zeggen het Britse Rijk en zijn heersende klasse de wereld uit te helpen', geloofde Ernst von Weizsäcker.[219] De Italiaanse minister van Buitenlandse Zaken Ciano, op 7 juli op bezoek in Berlijn, kreeg ook de indruk dat de Führer eerder geneigd was de strijd tegen Engeland met alle middelen voort te zetten: 'Hij [...] wil een storm van vuur en ijzer tegen de Engelsen ontketenen. Het besluit is echter nog niet definitief genomen.'²²⁰

Zoals zo vaak voor belangrijke beslissingen ging Hitler naar de Obersalzberg om voor zichzelf duidelijkheid te krijgen over zijn volgende stappen. Op 11 juli ontving hij Raeder om met hem de mogelijkheden van een invasie in Engeland te bespreken. De opperbevelhebber van de marine waarschuwde voor de risico's van het oversteken van het Kanaal. Als absoluut noodzakelijke voorwaarde noemde hij het bevechten van een luchtoverwicht boven Zuid-Engeland. Een dag later kwam Jodl met zijn eerste gedachten over de 'Voortzetting van de oorlog tegen Engeland', die hij had vastgelegd in een memorandum op 30 juni. Ook hij omschreef de landing in Engeland als een laatste redmiddel, als alle mogelijkheden waren uitgeput. Op 13 juli ten slotte overlegde Hitler met de chef van de generale staf. 'De Führer houdt zich het meest bezig met de vraag waarom Engeland nog niet de weg inslaat naar vrede,' schreef Halder vervolgens in zijn dagboek. Engeland had blijkbaar zijn hoop gevestigd op een verandering in de Russische politiek. Het eilandrijk moest dus 'met geweld tot vrede' gedwongen worden. Hij deed dat 'echter niet graag', omdat met het verslaan van Engeland ook het Britse wereldrijk verloren zou gaan, waarbij hij geen belang had: 'We zouden met Duits bloed iets bereiken waarvan alleen Japan, Amerika en anderen profiteren.'²²¹

Op 16 juli was Hitler tot een besluit gekomen. Hij ondertekende 'Order nr. 16', waarvan de eerste zinnen luidden: 'Aangezien Engeland, ondanks zijn militair hopeloze situatie, nog steeds geen tekenen vertoont dat het een overeenkomst wil, heb ik besloten een landingsoperatie tegen Engeland voor te bereiden en, indien nodig, uit te voeren. Het doel van deze operatie is het Engelse moederland als basis voor de voortzetting van de oorlog tegen Duitsland te elimineren en, indien nodig, volledig te bezetten.' De operatie kreeg de codenaam 'Seelöwe', en de voorbereidingen zouden halverwege augustus 1940 afgesloten moeten zijn.²²² De formulering 'indien nodig' wees erop dat Hitler aan zijn bedoeling vasthield om Engeland voor het begin van de militaire operatie nog een laatste aanbod te doen. Dat bekrachtigde hij in een gesprek op 16 juli met een andere bezoeker op de Obersalzberg, de voormalige rijkskanselier en latere vicekanselier in het 'kabinet van nationale concentratie', Franz von Papen, die sinds april 1939 ambassadeur was in Ankara.²²³ De Rijksdagrede werd gepland voor de avond van 19 juli. Pas op de ochtend van die dag keerde Hitler terug naar Berlijn. Tijdens de lunch in de Rijkskanselarij schetste hij de inhoud van de toespraak: hij zou Engeland alleen een 'kort, beperkt aanbod doen, zonder precies voorstel. Maar wel met een duidelijke wending, dat dit het laatste woord is. Londen moet nu kiezen.'²²⁴

De Kroll-opera bood op de avond van 19 juli 1940 een bijzondere aanblik. Het beeld werd gedomineerd door uniformen van alle Wehrmachtonderdelen. Op de eerste rang van de zaal hadden de topmilitairen van leger, marine en luchtmacht plaatsgenomen.[225] Hitler, die stormachtig werd begroet door de afgevaardigden, sprak meer dan twee uur lang en was, volgens William Shirers observatie, in 'topvorm': 'Zijn stem was vanavond zachter, hij brulde niet zoals gewoonlijk en verviel niet één keer in hysterisch gekrijs.' Wederom moest de Amerikaanse correspondent constateren wat een 'groot acteur' Hitler was, en hoe kundig hij 'zijn enigszins vrouwelijke en bijna artistieke handen gebruikte', in harmonie met de bewegingen van zijn lichaam.[226] De meeste uitweidingen wijdde Hitler, in de houding van de zegevierende veroveraar, aan de militaire successen van de afgelopen maanden, waarbij hij het aandeel van alle onderdelen van het leger benadrukte. Daarbij maakte hij van de gelegenheid gebruik twaalf legerbevelhebbers, onder wie Bock, Leeb en Rundstedt, tot veldmaarschalk te bevorderen. Göring werd omdat hij al de titel van veldmaarschalk bezat, benoemd tot 'rijksmaarschalk'. Tegelijkertijd werd bij de bevorderingen een hoge, belastingvrije speciale betaling toegekend. Zoals zijn grote voorbeeld Frederik de Grote wilde Hitler de officieren aan zich en aan hun eed binden door ruimhartige geschenken. 'Hij eiste van een generaal niet dat hij een nationaalsocialist zou zijn,' zei hij deze dagen tegen zijn militaire adjudanten, maar wel 'dat hij zich politiek volledig ondergeschikt maakte aan de staatsleiding en blindelings de bevelen uitvoerde die de politieke leiding van hem eiste'.[227]

Hitler prees de vriendschap met Italië, hoewel hij meer dan eens in intieme kring zijn ontevredenheid over zijn bondgenoot had laten merken; hij benadrukte dat de Duits-Russische relatie 'definitief was vastgelegd' met de afbakening van de desbetreffende aandachtsgebieden, hoewel hij zijn doel, de verovering van Lebensraum in het oosten, nooit uit het oog had verloren, en in deze dagen van juli 1940 in het bijzonder beschouwde hij de oorlog tegen de Sovjet-Unie als een optie. Pas in de laatste minuten van zijn toespraak kwam hij toe aan het eigenlijke onderwerp: voordat de strijd werd voortgezet, wilde hij 'nog eenmaal een beroep doen op het gezond verstand in Engeland'. Hij deed echter geen concrete voorstellen over hoe hij zich het einde van de oorlog voorstelde. In plaats daarvan was hij niet zuinig met uitvallen tegen 'de met bloed bevlekte Joods-kapitalistische oorlogshitsers' en ook tegen Churchill zelf.[228]

Als Hitler van plan was de vredesgezinde krachten in Engeland te versterken en een wig te drijven tussen de premier en zijn politieke tegenstanders, dan had hij nauwelijks onhandiger kunnen manoeuvreren. Prompt kwamen laat die avond de eerste, scherp afwijzende reacties uit Londen. 'De Führer wil het antwoord van Engeland nog niet geloven. Hij is nog steeds van plan even af te wachten,' merkte

Goebbels op, die vanaf het begin geen grote verwachting had dat Churchill zich zou overgeven.²²⁹ Toen minister van Buitenlandse Zaken Halifax in een radiotoespraak op 22 juli elke mogelijkheid van een compromisvrede categorisch uitsloot, was nu ook Hitler overtuigd van de 'definitieve afwijzing' door Engeland. 'De dobbelstenen zijn daarmee gevallen,' schreef de minister van Propaganda verheugd. 'Nu zal de grote aanval op Engeland niet lang meer op zich laten wachten. [...] Het drama moet tot het einde worden uitgespeeld.'²³⁰

4
Een strategische patstelling

'Onduidelijk wat de ontwikkelingen in Engeland zijn. De voorbereidingen voor een aanvalsbesluit moeten zo snel mogelijk worden genomen,' verklaarde Hitler op 21 juni bij een bespreking in de Rijkskanselarij met de opperbevelhebbers van de drie Wehrmachtonderdelen, Raeder, Brauchitsch en Jeschonnek (namens Göring). Hij wilde 'zich het militair-politieke initiatief niet laten ontnemen'.[1] Daarmee beschreef de dictator exact het strategische dilemma waarin hij zich in de zomer van 1940 gemanoeuvreerd had. Het verrassend snelle succes van de veldtocht in het westen had er weliswaar toe geleid dat Frankrijk uit de anti-Hitlercoalitie was gestapt, maar het had Engeland niet rijp gemaakt voor vrede. Integendeel, alles wees erop dat de Britse tegenstand zich onder Churchill verhardde en dat er in elk geval niet meer gerekend kon worden op een diplomatieke oplossing. Hitler had die patstelling niet voorzien en noemde als reden daarvoor dat Londen hoopte op een 'ommezwaai in Amerika'. De dictator koesterde geen illusies: hoe langer de oorlog in het westen zou duren, des te meer zouden de Verenigde Staten openlijk steun aan Groot-Brittannië gaan bieden. Op 19 juli, slechts enkele dagen nadat hij verklaard had dat hij zich kandidaat wilde stellen voor een derde ambtstermijn, had Roosevelt een grote redevoering gehouden die de Amerikadeskundige op het ministerie van Buitenlandse Zaken en voormalige ambassadeur in Washington, Hans Heinrich Dieckhoff, interpreteerde als een 'duidelijke oorlogsverklaring' aan Duitsland: 'Met fanatieke haat verklaart de president de totalitaire staten tot "de vijand". [...] Voorkomen moet worden dat Engeland toegeeft; de tegenstand van Engeland moet versterkt worden, en de oorlog voortgezet.'[2]

De volgende vraag voor Hitler was hoe hij de Engelse tegenstand kon breken voordat de Verenigde Staten hun economische en militaire potentieel in de waagschaal zouden leggen voor het eilandrijk. Hij had al met 'Order nr. 16' opdracht gegeven tot een landingsoperatie, maar deze ging zoals hij de opperbevelhebbers onomwonden meedeelde, gepaard met 'grote risico's': 'oversteken' kon 'pas als er geen andere mogelijkheid was om voor Engeland tot een afronding te komen'. De 'definitieve beslissing' of de onderzeebootoorlog en het luchtoffensief 'in de intensiefst mogelijke vorm' begonnen moesten worden, wilde de dictator begin augustus nemen. 'Engeland moet medio september afgehandeld zijn als we aanvallen.' Hij was er echter niet zeker van of de voorwaarde vooraf voor Operatie Seelöwe, het bereiken van het absolute luchtoverwicht, überhaupt verwezenlijkt kon worden. Hoe moest hij de oorlog echter anders voortzetten en beëindigen met een zege?

In deze context werden Hitlers overwegingen steeds meer beheerst door één idee: hij kon het strategische dilemma oplossen door de al geplande Lebensraumoorlog tegen de Sovjet-Unie te vervroegen en met deze hefboom tegelijkertijd de Duitse hegemonie op het continent te consolideren; langs deze omweg kon hij Groot-Brittannië overhalen om in te binden. In juli 1940 had Churchill Stafford Cripps naar Moskou gestuurd als nieuwe ambassadeur. In Berlijn vreesde men dat de Sovjet-Unie, ondanks officiële ontkenningen, meer openstond voor Britse avances na de Duitse *Blitzsieg* in Frankrijk, die ook voor hen nogal onverwacht gekomen was. 'Stalin lonkt naar Engeland,' liet Hitler op 21 juli weten aan zijn hoogste bevelhebbers. Hij wil het eilandrijk met alle middelen bij de oorlog betrokken houden en daardoor Duitsland in het westen bezighouden, 'zodat hij tijd heeft om dat te bemachtigen wat hij bemachtigen wil, en wat hij niet meer bemachtigen kan als het vrede is'. Zo gaf de dictator de militairen opdracht 'het Russische probleem ter hand [te] nemen'. Hij gaf Brauchitsch de volgende de dag het doelwit om het 'Russische leger [te] verslaan of op zijn minst het Russische grondgebied zo ver [te] veroveren als nodig is om vijandelijke luchtaanvallen op Berlijn en het industriegebied van Silezië te verhinderen'. De opperbevelhebber raamde het aantal divisies voor de operatie op tachtig tot honderd en voor de mogelijke datum opperde hij – voortvloeiend uit Hitlers wens – de herfst van 1940.[3]

Deze berichten troffen de chefstaf niet onvoorbereid. Begin juli al had hij het hoofd van de afdeling Operaties, kolonel Hans von Greiffenberg, opgedragen te onderzoeken 'hoe een militaire slag tegen Rusland moest worden gevoerd', 'om het te dwingen de hegemonie van Duitsland in Europa te erkennen'.[4] Daarbij ging hij echter uit van de premisse van een al bestaande politieke regeling met Engeland, waarvan eind juli al geen sprake meer kon zijn. Daarmee doemde de tweefrontenoorlog op als een reële mogelijkheid, wat de legerleiding juist had willen vermijden. Hitler had er bij de militairen nooit twijfel over laten bestaan dat het niet-aanvalspact met Rusland voor hem slechts een tactische tussenoplossing was om Polen te vernietigen en in de rug gedekt te zijn voor de beslissende strijd in het westen. Meer dan eens had hij verbazingwekkend openlijk tegen een kleinere of grotere kring officieren verkondigd dat hij nooit zijn project van het veroveren van Lebensraum in het oosten zou opgeven. In de onbesliste situatie van de zomer en herfst van 1940 werd zijn vastgelegde doel verbonden met het perspectief van een Blitzkrieg tegen Rusland, om Engeland te tonen hoe uitzichtloos de Britse positie was. Het rassenideologische dogma en de militair-strategische calculatie spraken elkaar totaal niet tegen in Hitlers 'onrustig zwevende meningsvorming', maar gingen als het ware in elkaar op.[5]

Hitler hield het maar een paar dagen uit in de Rijkshoofdstad. Al op de avond van 21 juli reisde hij weer naar het zuiden. Oorspronkelijk was hij niet van plan geweest de Bayreuther Festspiele te bezoeken.[6] Op 23 juli verscheen hij echter onverwacht om getuige te zijn van een opvoering van de *Götterdämmerung*. In april 1940 had hij bepaald dat de Wagner-Festspiele ook tijdens de oorlog plaats moesten vinden. De organisatie was nu in handen van de nazi-vereniging Kraft durch Freude (KdF), voortgekomen uit het Deutsche Arbeitsfront (DAF). De kaarten werden bij voorkeur uitgereikt aan gewonde soldaten, verpleegsters en arbeiders uit de wapenindustrie; als 'gasten van de Führer' mochten zij nu drie dagen lang de muzikale *Weihestätte* (gewijde plek) bezoeken, die in vredestijd voorbehouden was gebleven aan het burgerlijke publiek en nazifunctionarissen.[7] Hitlers relatie met de eens zo vereerde directeur van de 'Groene Heuvel' was vertroebeld, aangezien haar tweede dochter Friedelind zich na een verblijf in het buitenland voor 1939 van nazi-Duitsland had afgewend en zich ook gedistantieerd had van haar van Hitler bezeten familie. Na het begin van de oorlog was ze niet teruggekeerd naar Bayreuth, maar reisde ze via Zwitserland naar Londen, waar ze in het voorjaar van 1940 verschillende artikelen schreef voor de krant *Daily Sketch* waarin ze afrekende met de man die ze zelf ooit aanbeden had.[8] Goebbels was verontwaardigd: 'Die dikke Wagner schrijft haar eerste artikel tegen de Führer in de Londense pers: ingemeen [...]. Dat vette beest pleegt je reinste landverraad. Een product van de slechtste opvoeding thuis. Bah, walgelijk!'[9]

Ook Hitler liet in een gesprek met de minister van Propaganda blijken dat hij 'geschokt was door de laagheid van Friedelinde [sic!] Wagner',[10] maar liet tegenover Winifred niets merken. Tijdens de middagthee in Villa Wahnfried deed hij verslag van zijn uitje naar Parijs en was hij zeer optimistisch over de militaire vooruitzichten: 'Ik hoor de vleugels van de godin van de overwinning ruisen.'[11] Dat de *Götterdämmerung*, de Godenschemering van zijn regime al was begonnen – wie van de Wagner-clan kon dit al vermoeden? Het zou Hitlers laatste bezoek aan de Bayreuther Festspiele zijn. In de toekomst zou hij persoonlijk contact met zijn vriendin van jaren terug vermijden, maar hij bleef haar altijd dankbaar: 'In ieder geval bracht mevrouw Wagner Bayreuth – dat is haar grote historische verdienste – samen met het nationaalsocialisme,' zei hij in het voorjaar van 1942 in het Führerhoofdkwartier Wolfsschanze.[12]

Op 24 juli keerde Hitler weer voor slechts twee dagen terug naar Berlijn. Aan de lunchtafel in de Rijkskanselarij gaf hij zijn indrukken van Bayreuth ten beste. Hij zei dat hij 'blij was dat hij na zo lange tijd weer muziek had gehoord. En dat publiek uit het volk! Tactvol, open voor enthousiasme en vol begrip. Daarentegen zijn onze betere kringen onverdraaglijk, stompzinnig en niet in beweging te krijgen.' Dat klonk als muziek in Goebbels' oren. 'Hij spreekt vol verachting over de hogere kringen. Daar is voor ons niet veel te halen. We moeten altijd dicht bij het volk blijven.'[13] Nog begin juli, toen de hoofdstad hem een triomfale ontvangst had bereid, leek de dictator op het zenit van zijn publieke aanzien beland te zijn en toch knaagde bij hem, de parvenu, nog steeds zijn gevoel van inferioriteit. Zijn sociale rancune tegen de sociale elites, vooral tegen de zogeheten *Gebildeten*, intellectuelen, zou in die mate weer de kop opsteken toen de militaire situatie zich tegen Duitsland begon te keren.

Op 29 juli, na terugkeer naar de Obersalzberg, informeerde Hitler na de gebruikelijke middagbespreking bij Alfred Jodl, de tot generaal bevorderde stafchef, naar de mogelijkheden om Rusland al in de herfst aan te vallen. Jodl beschouwde de aanval op zo korte termijn als niet uitvoerbaar. Ze kwamen overeen zich te richten op mei 1941 als vroegste tijdstip. Jodl informeerde vervolgens de naaste medewerkers van zijn staf, die in de speciale trein 'Atlas' op het station van Bad Reichenhall wachtten, over Hitlers bedoeling. Als we de herinneringen van Walter Warlimont mogen geloven, stuitte hij op enig onbegrip. 'Maar [...] betekent dit dan niet dat we ons zo uit vrije wil de tweefrontenoorlog, die we tot dusverre gelukkig vermeden hebben, op de hals halen?' Jodl zou daarop geantwoord hebben dat 'de confrontatie met het bolsjewisme toch onvermijdelijk' was en dat deze veldtocht daarom beter op het hoogtepunt van onze eigen militaire macht gevoerd kon worden dan op een later tijdstip.[14] Kennelijk had Hitlers belangrijkste militaire adviseur een van diens centrale ideologische fixaties overgenomen, het antibolsjewistische vijandbeeld.

Op 31 juli ontbood Hitler de topmilitairen van de Wehrmacht naar de Berghof voor een definitieve bespreking. Als eerste hield admiraal Raeder een betoog over de kansen van Operatie Seelöwe. Hij benadrukte dat de voorbereidingen van de marine 'heel resoluut aangepakt' waren en dat als vroegste datum voor een landing 15 september in aanmerking kwam. Hij noemde echter een aantal moeilijkheden, niet in de laatste plaats de onvoorspelbare weersomstandigheden, waardoor het hem raadzaam leek de uitvoering van de operatie uit te stellen tot het voorjaar van 1941. Hitler maakte geen geheim van zijn eigen scepsis over de technische mogelijkheden voor een landingsoperatie. Men moest hier geen onnodig risico lopen. Raeder vatte het resultaat van de bijeenkomst samen in een memorandum: 'Het besluit of de uitvoering plaatsvindt in september of tot mei 1941 wordt uitgesteld, volgt nadat de Luftwaffe gedurende acht dagen [...] intensievere aanvallen op Zuid-Engeland heeft uitgevoerd. Hebben de luchtaanvallen zo'n uitwerking dat de vijandelijke luchtmacht, havens en zeestrijdkrachten enz. zwaar getroffen worden, dan moet "Seelöwe" worden uitgevoerd. Anders uitstel tot mei 1941."[15]

Nadat Raeder vertrokken was, sneed Hitler het eigenlijke doel van de bijeenkomst aan – te weten het warm maken van de legerleiding voor het komende conflict met de Sovjet-Unie. Brauchitsch en Halder waren het er de dag ervoor nog over eens geworden dat het beter zou zijn de 'vriendschap met Rusland' te bewaren dan de tweefrontenoorlog te accepteren.[16] Nu onderstreepte de dictator wat hij al op 21 juli had gezegd: 'De hoop van Engeland berust op Rusland en Amerika. Als Rusland geen hoop meer biedt, valt ook Amerika weg, omdat door het wegvallen van Rusland Japan in Oost-Azië ongehoord meer gaat meetellen.' Met andere woorden, Hitler speculeerde erop dat de Verenigde Staten bij deze vooronderstelling zo sterk de handen vol zouden hebben aan de Stille Oceaan dat ze Groot-Brittannië niet langer effectief zouden kunnen ondersteunen. Overeenkomstig een schijnbaar dwingende logica volgde uit deze situatiebeoordeling dat Rusland moest worden aangevallen om Engeland zijn 'zwaard op het vasteland' te ontnemen. 'Is Rusland echter verslagen, dan is de laatste hoop van Engeland de bodem ingeslagen,' zo gaf Halder Hitlers woorden weer in zijn dagboek. 'Duitsland is dan heer en meester van Europa en de Balkan. Besluit: in het kader van dit geschil moet Rusland worden geëlimineerd. Omdat er niet meer voldoende tijd was om al in de herfst aan te vallen, moest de Wehrmacht zich voorbereiden op een mogelijke aanvalsdatum in mei 1941. Als doel noemde Hitler 'het vernietigen van de levenskracht van Rusland'.[17]

Er is niets bekend over eventuele bezwaren van de militairen tegen Hitlers plannen. Wat hierbij een rol speelde, was dat zij net als hun opperbevelhebber geen hoge dunk hadden van de gevechtskracht van het Rode Leger. Het Russische ervaren officierskorps was ook grotendeels het slachtoffer geworden van Stalins zuiveringen; in de zogenaamde Winteroorlog tegen Finland in 1939-40 had het verzwakte leger onverwacht veel moeite gehad met het taaie verzet van de Finnen. Hitler liet de films over de winterse gevechten aan de Finse grens steeds weer aan hem vertonen.[18] Dit materiaal, evenals Guderians verslag over zijn ervaringen met het Rode Leger in Brest-Litovsk in september en oktober 1939, sterkten hem in zijn overtuiging dat er geen serieus militair verzet te verwachten was van de Sovjet-Unie. 'Als we deze kolos nu eens goed aanpakken, stort hij sneller in elkaar dan de hele wereld vermoedt,' zei hij begin augustus 1940 in de kring van zijn adjudanten.[19] Ook generaal-majoor Erich Marcks kwam op dit resultaat uit en diende op 5 augustus zijn eerste 'Operatieplan Oost' in: 'De Rus' zou, als zijn slagkracht gebroken was in de grote slagen aan de grens, 'snel het onderspit delven tegen de superioriteit van de Duitse troepen en leiding'. Marcks verwachtte dat de oorlog negen weken zou duren, in het ongunstigste geval zeventien.[20] De arrogante zelfoverschatting van het Duitse leger na de overwinning in het westen vermengde zich hier met het traditionele gevoel van superioriteit over de Slavische volkeren.

Hitlers 'vastberaden beslissing' van 31 juli 1940 betekende niet dat hij zich al definitief had gecommitteerd aan de veldtocht in het oosten en alle andere opties had uitgesloten. Voor de legertop was het echter het signaal zich intensiever dan tevoren bezig te houden met de voorbereidingen. Ze vonden voortgang onder de codenaam 'Aufbau Ost'.[21] Duitse troepen werden nu stap voor stap overgebracht naar het Generaal-gouvernement en Oost-Pruisen. Tot de degenen die met hun eenheid verplaatst waren, behoorde ook Walter Frick, zoon van minister van Binnenlandse Zaken Wilhelm Frick. 'Het is een nogal arm en vies dorp,' vertelde hij zijn vader in een brief die eens te meer laat zien hoe wijdverbreid racistische vooroordelen tegen de Polen waren onder de Duitse soldaten. 'Als je hier moet zitten, kan je alleen maar wensen dat we het Generaal-gouvernement aan de Polen geven.'[22] Eind september nam Fedor von Bock met zijn Legergroep B het bevel over in het oosten. Brauchitsch gaf hem echter nog geen volledig beeld van de bedoelingen van Hitler. 'Richtlijnen voor het oosten, in welke vorm dan ook, zijn er nog niet,' noteerde hij na een gesprek met de opperbevelhebber van het leger.[23]

Ondertussen was de Duits-Russische relatie aanzienlijk verslechterd. Wel had Hitler Stalin in december 1939 nog een felicitatietelegram gestuurd voor diens zestigste verjaardag en werd er in februari 1940 nog een uitgebreide economische overeenkomst met Moskou ondertekend.[24] Berlijn volgde echter met argwaan hoe rigoureus de Sovjetdictator de tijd dat Duitsland zijn handen vol had aan het conflict met de westerse mogendheden, gebruikte om de invloedsgebieden die het geheime aanhangsel van het niet-aanvalsverdrag hem had toebedeeld op te nemen in zijn territorium. Bij het vredescompromis van maart 1940 moest Finland delen van Karelië afstaan aan de Sovjet-Unie. Nadat de Baltische staten Estland, Letland en Litouwen eind september/begin oktober 1939 al militaire bases aan het Rode Leger hadden moeten afstaan, werden ze eind juli 1940 tot Sovjetrepublieken verklaard en ingelijfd bij de Sovjet-Unie. In juni eiste Stalin van Roemenië dat het Bessarabië en de Noord-Boekovina afstond en liet het Rode Leger binnenrukken.[25] 'Voor ons allesbehalve aangenaam. De Russen buiten de situatie uit,' was het commentaar van Goebbels.[26] Hoewel de minister van Propaganda in zijn dagboek vastlegde dat Rusland zelfs zijn verplichtingen uit hoofde van het handelsakkoord overtrof – 'Stalin doet zijn best bij ons in het gevlij te komen' –

bleef hij ervan overtuigd dat 'het bolsjewisme [...] toch onze grootste vijand in de wereld is': 'Op een gegeven moment zullen we er ook mee botsen. De Führer gelooft dat ook,' noteerde hij na een gesprek op 8 augustus 1940 aan de lunchtafel van de Rijkskanselarij.[27] De dictator zweeg echter over zijn principebesluit Rusland in het voorjaar van 1941 aan te vallen, zelfs tegenover zijn vertrouwde gesprekspartner.

Hij was wat duidelijker tegenover de pasbenoemde veldmaarschalken, toen hij deze op 14 augustus hun veldmaarschalksstaf uitreikte in de Rijkskanselarij. Rusland stelde zich weliswaar 'op het moment loyaal' op, maar er waren twee risico-elementen die militair ingrijpen van Duitsland noodzakelijk konden maken: '1. Rusland annexeert heel Finland. Dan is Duitsland de hegemonie op de Oostzee kwijt en wordt een aanval op Rusland moeilijker. 2. Verder oprukken van Rusland tegen Roemenië. Dat kan vanwege de benzineleveringen van Roemenië aan Duitsland niet worden toegelaten. Duitsland moet daarom onder de wapenen blijven. Tot het voorjaar 180 div[isies].'[28] Hoewel Hitler zijn eigen agressieve bedoelingen probeerde te maskeren door zijn beleid te presenteren als een defensieve reactie op de interventie van de Sovjet-Unie, liet hij de generaals niet in het ongewisse over de strategische ratio achter zijn besluit van 31 juli: Engeland hoopte 'Rusland te kunnen uitspelen tegen Duitsland. Duitsland is echter verre-

Afb. 8 Na de overwinning op Frankrijk: Hitler bevordert op 14 augustus 1940 in de Rijkskanselarij tien generaals tot veldmaarschalk. V.l.n.r.: Wilhelm Keitel, Gerd von Rundstedt, Fedor von Bock, Hermann Göring, Hitler, Walther von Brauchitsch, Wilhelm Ritter von Leeb, Wilhelm List, Hans Günther von Kluge, Erwin von Witzleben en Walter von Reichenau.

weg superieur aan Rusland. Film over de Russische oorlogvoering tegen Finland toont lachwekkende taferelen.'[29] Een veldtocht tegen de Sovjet-Unie was dus kinderspel, zo stelde de dictator in dat gezelschap vol vertrouwen.

Hitlers bezorgdheid over de Roemeense olie was geen theater. De mobiliteit van leger, luchtmacht en marine was sterk afhankelijk van de ongehinderde import van ruwe olie uit Roemenië.[30] Hij was daarom ook geïnteresseerd in het onschadelijk maken van de belangenconflicten in Zuidoost-Europa.[31] Toen in augustus 1940 de grensgeschillen tussen Hongarije en Roemenië op scherp kwamen te staan en een militaire confrontatie dreigde, ontbood Hitler Ribbentrop en Ciano naar de Berghof en droeg hun op te bemiddelen tussen de strijdende partijen. 'Ik moet voor mijn verdere oorlogvoering de olietoevoer uit Roemenië tegen elke prijs veiligstellen,' verklaarde hij.[32] In de Weense arbitrale uitspraak van 30 augustus werd Roemenië gedwongen een groot deel van Zevenburgen af te staan aan Hongarije. In ruil daarvoor garandeerden Duitsland en Italië 'de integriteit en onaantastbaarheid van het Roemeense grondgebied' – een overeenkomst die een stokje moest steken voor verder Russisch oprukken op de Balkan.[33] In Roemenië ontketende de Weense arbitrage een storm van verontwaardiging. Koning Carol II moest aftreden ten gunste van zijn zoon Michael. De nieuwe premier en sterke man werd generaal Ion Antonescu, die niet naliet Hitler op 7 september een loyaliteitsverklaring te sturen.[34]

Terwijl Hitler achter de schermen de koers uitzette voor de vernietigingsoorlog tegen de Sovjet-Unie, wachtte Duitsland met toenemende spanning op het begin van het offensief tegen Engeland. 'De bevolking wordt van dag tot dag ongeduldiger,' verluidde het in een SD-verslag van 11 juli.[35] Bij veel Duitsers speelde daarbij de verwachting mee dat bij een landing in Engeland de oorlog nog in de herfst beëindigd kon worden; dan kon hun een dreigende tweede oorlogswinter bespaard blijven. De meeste Berlijners, zo meldde William Shirer op 27 juli, waren er 'absoluut zeker van dat de oorlog nog voor het invallen van de winter voorbij zou zijn'.[36] Deze overtuiging hadden ze gemeen met de in het westen gelegerde soldaten. Midden juli 1940 schreef Walter Frick in een veldpostbrief aan zijn vader: 'Ik denk dat er tegen het einde van de maand eindelijk genoeg materieel aan de kust zal zijn om Engeland in stukken te hakken.'[37] Hoe langer de invasie echter op zich liet wachten, des te nerveuzer werd het publiek. Ook Goebbels liet eind juli zijn teleurstelling erover blijken dat Hitler 'Engeland nog niet echt te lijf' wilde 'gaan'. Het besluit om het 'signaal voor de grote aanval' te geven, viel hem kennelijk zwaar. 'We wachten, wachten. Wanneer trekt de Führer eindelijk ten strijde tegen Engeland?'[38]

Uiteindelijk, op 1 augustus 1940, ondertekende Hitler 'Order nr. 17': 'Om te voorzien in de voorwaarden voor de definitieve afrekening met Engeland, is het mijn bedoeling de lucht- en zeeoorlog tegen het Engelse moederland voort te zetten in een intensievere vorm dan tot dusverre.' Görings Luftwaffe kreeg de opdracht 'met alle beschikbare krachten de Engelse luchtmacht zo snel mogelijk te overweldigen'.[39] De 'intensivering van de luchtoorlog' moest beginnen op 5 augustus, maar vanwege het ongunstige weer werd de aanvalsdatum nog tweemaal uitgesteld. Op 13 augustus was het zover. 'De grote aanval op Engeland begint,' schreef Goebbels verheugd. 'Het gaat nu om het grote geheel. Van nu af aan zonder pardon.'[40] Op dezelfde dag ontving Hitler grootadmiraal Raeder. Deze wees er nog eens nadrukkelijk op dat gezien 'de beperkte hoeveelheid zeeoorlogs- en transportmaterieel' de landingsoperatie 'alleen het laatste redmiddel kon zijn, als Engeland op geen enkele andere manier tot vrede te bewegen zou zijn'. Hitler was het daarmee eens. Als 'Seelöwe' mislukte, zou dat 'grote prestigewinst' betekenen voor de Britten; het stond ook nog te bezien 'welk effect de geïntensiveerde luchtoorlog zou hebben'.[41] Ook bij de ontvangst van de veldmaarschalken op 14 augustus temperde de dictator de verwachtingen: 'Of het leger nog moet worden ingezet, is niet te voorspellen. In elk geval alleen als daarbij de noodzakelijke en veilige omstandigheden geschapen zijn: luchtoverwicht en bescherming door de marine. Twijfelachtig of luchtgevechten voor het begin van het stormachtige weer het noodzakelijke succes geboekt zullen hebben. Zo niet, dan komt de beslissing pas in het voorjaar (mei).'[42]

Het verloop van de luchtslag om Engeland *(Battle of Britain)* zou Hitlers scepsis rechtvaardigen. De Engelsen hadden de twee maanden tussen de evacuatie van het Britse Expeditieleger uit Duinkerke en het begin van de verhevigde Duitse luchtoorlog gebruikt om een effectief luchtverdedigingssysteem op te bouwen. De 52 radarposten langs de kust konden de naderende Duitse eskaders vroegtijdig lokaliseren en de informatie doorsturen naar het hoofdkwartier van het Fighter Command bij Stenmore. Van niet te onderschatten belang was dat het specialisten van de Britse inlichtingendienst in april 1940 gelukt was gecodeerde, per radio verstuurde Duitse bevelen te ontcijferen met de codeermachine Enigma.[43] Weliswaar bezat de Luftwaffe een getalsmatig overwicht, maar met de Hurricane en de Spitfire beschikte de Royal Air Force over twee jachtvliegtuigen die de Duitse Messerschmidt Me-109 de baas waren in beweeglijkheid en snelheid. Omdat ze dichter bij hun bases vochten, konden ze langer in de lucht blijven. Bovendien konden de Britten piloten die boven Zuid-Engeland werden neergeschoten en zich met de parachute redden, weer inzetten, terwijl elke neergeschoten Duitse piloot voor de rest van de oorlog als verloren moest worden beschouwd.[44]

Toch straalde de Duitse propaganda in de eerste dagen van de luchtslag optimisme uit. Na de officieel gepubliceerde verliescijfers moest het erop lijken dat de Royal Air Force dicht bij de volledige vernietiging was. William Shirer, die naar de Kust van het Kanaal ging om zich een eigen beeld te vormen, vernam op 17 augustus van een Duitse officier-vlieger: 'Weet u, het is slechts een kwestie van weken voordat we klaar zijn met de RAF. Binnen veertien dagen zullen de Britten geen vliegtuig meer over hebben.'[45] In werkelijkheid waren de Duitse verliezen echter hoger dan de Britse, en al op 24 augustus meldde Shirer uit Berlijn dat het gevecht 'op een dood punt was gekomen'.[46] Op dezelfde dag noteerde de merkbaar ontnuchterde Goebbels in zijn dagboek dat men 'het Duitse volk geleidelijk moest laten wennen aan het idee van een tweede oorlogswinter'.[47]

Juist op diezelfde 24ste augustus viel een Duitse eenheid bommenwerpers het Londense East End aan. De Royal Air Force reageerde op 25 en 26 augustus met de eerste luchtaanvallen op Berlijn, waarvan er in de dagen daarna nog meer volgden. Hoewel ze nog geen grote schade aanrichtten, was het psychologische effect op de bevolking enorm. 'De Berlijners lijken wel verdoofd. Ze hadden niet gedacht dat zoiets zelfs maar kon gebeuren,' merkte William Shirer op. 'Voor het eerst heeft de oorlog nu de mensen in de hoofdstad achterhaald.'[48] In heel Duitsland hadden de aanvallen op Berlijn 'veel opzien gebaard, omdat men er vast van overtuigd was geweest dat geen enkel vliegtuig het stadscentrum kon bereiken', meldde de veiligheidsdienst van de SS.[49] Hitler, die sinds het midden van de maand alweer twee weken op de Obersalzberg verbleef, keerde op 29 augustus terug naar Berlijn – 'echt woedend', zoals Goebbels noteerde: 'De Führer wil in de tijd dat Berlijn wordt gebombardeerd, ook zelf hier zijn.'[50] Op 4 september greep Hitler in het Berlijnse Sportpalast de opening van de tweede oorlogswinterhulpactie aan als gelegenheid om 'vergelding' aan te kondigen: 'Als ze verklaren dat ze onze steden grootschalig zullen aanvallen – we zullen hun steden uitvlakken! We zullen een einde maken aan de praktijken van deze nachtpiraten, zo waarlijk helpe ons God.' Hitler probeerde de angst weg te nemen dat de geplande invasie van het eiland ondertussen was opgegeven: 'En als men vandaag in Engeland heel nieuwsgierig is en vraagt: "Ja, waarom komt hij dan niet?" Weest gerust, hij komt eraan! Men moet niet altijd zo nieuwsgierig zijn!'[51] Bij deze woorden, zo observeerde William Shirer, legde de dictator 'al het welbekende sarcasme waar hij toe in staat is, in zijn stem' en oogstte hysterische bijval bij zijn publiek.[52]

Volgens de verslagen van de Sicherheitsdienst maakte Hitlers redevoering 'buitengewoon diepe indruk' en deed deze het vertrouwen op de *Endsieg* (eindoverwinning) weer groeien. De zin 'Wees gerust, hij komt eraan!' zou 'gevleugelde woorden geworden' zijn.[53] In feite zag de dictator eerder dan anderen in dat het luchtoffensief het gekozen doel, afdwingen van het luchtoverwicht, niet had bereikt en hij had zich daarom sinds eind augustus stapje voor stapje gedistantieerd van het toch al halfhartig gevolgde idee van een invasie. Op 30 augustus meldde Jodl dat Hitler vond dat 'bij de huidige stand van de luchtoorlog tegen Engeland nog niet voldaan was aan de voorwaarden voor Operatie Seelöwe' en hij wilde pas rond 10 september beslissen over het mogelijke doorgaan ervan.[54] Op die dag stelde hij echter nogmaals een beslissing uit, omdat 'de resultaten van de geïntensiveerde luchtoorlog tegen Engeland nog niet ten volle overzien' konden worden.[55] Op 14 september ontbood Hitler de opperbevelhebbers van de drie Wehrmachtonderdelen en hun stafchefs. Hij prees de inzet van de Luftwaffe. Haar aanvallen hadden al 'ongehoord veel effect' gesorteerd, maar de voorwaarde vooraf voor een 'voorspoedige landing', de 'volledige eliminering van het vijandelijke jagerswapen', was niet verwezenlijkt. Toch wilde hij Operatie Seelöwe niet afgelasten, om de psychologische druk op Engeland te handhaven: 'De perceptie van landingsgevaar mag niet weggenomen worden [...].

Afb. 9 De Britse premier Winston Churchill bezichtigt in november 1940 de kathedraal van Coventry, die volledig verwoest is door Duitse vliegtuigen.

Dat zou bijdragen tot de mentale ontspanning van de vijand en moet daarom nu vermeden worden.'[56] Nadat de Duitse bommenwerpereenheden opnieuw zware verliezen hadden geleden tijdens de grote aanval op Londen van 15 september, Battle of Britain Day, werd de landingsoperatie op 17 september 'tot nader order' uitgesteld en op 12 oktober door het OKW verschoven tot volgend voorjaar. In feite betekende dit dat Hitler nauwelijks verwachtte dat ze verwezenlijkt zou worden.[57]

Toch moest de grote dreiging van een mogelijke invasie van Groot-Brittannië in stand gehouden worden. Enerzijds kon namelijk zo het hergroeperen van de Duitse divisies naar het oosten verhuld worden, anderzijds hoopte Hitler dat hij hiermee het moreel van de Engelse bevolking geleidelijk kon breken. Daarom werden niet alleen de nachtaanvallen op Londen verhevigd voortgezet, maar ook steeds meer tot steden van Midden-Engeland uitgebreid. De Engelsen zouden in een 'hopeloze situatie' zitten, 'op een dag' zouden ze 'ineenstorten', profeteerde de dictator eind september en trok een vergelijking met een bokswedstrijd: 'Dat duurt soms vele ronden lang. Je merkt nauwelijks dat de ene bokser aangeslagen is. Heel plotseling moet hij dan naar de grond. Zo is het ook met Engeland.' Hij voegde er echter aan toe: 'Wanneer het afgelopen is? Dat weet nu nog niemand. We moeten alleen vastberaden zijn om te vechten tot de zege.'[58]

De Luftwaffe vloog een van haar aanvallen in de nacht van 14 op 15 november 1940 op de industriestad Coventry; het hele stadscentrum en de middeleeuwse kathedraal werden verwoest, meer dan vijfhonderd inwoners vonden de dood.[59] '*Coventrisieren* noemt men dat sinds de totale vernietiging van een stad,' noteerde de Berlijnse journaliste Ruth Andreas-Friedrich. 'Men is trots op de woordvondst en vergeet hoe gruwelijk zich dat op een dag tegen ons kan keren.'[60] Slechts heel weinig Duitsers dachten echter zoals zij. De meesten klampten zich vast aan de hoop dat – zoals officier Walter Frick begin december schreef aan zijn vader, de minister van Binnenlandse Zaken – 'de oorlog in Europa binnen een paar maanden afgelopen is en Engeland moet capituleren zonder een landingspoging van ons. Er kan immers niet veel meer over zijn van hun industriesteden.'[61]

In werkelijkheid was het moreel van de Britse burgerbevolking ongebroken en haar wil om zich te verzetten eerder versterkt. In die zin betekende het mislukken van de Battle of Britain in feite een 'keerpunt in de oorlog', zoals William Shirer met een scherpe blik inzag.[62] Al wilde Hitler het zelf nog niet erkennen, hij had zijn eerste nederlaag geleden, die 'in historische betekenis alleen vergeleken kan worden met de verloren slag aan de Marne aan het begin van de Eerste Wereldoorlog' (Hans-Ulrich Wehler).[63] Hoe ernstig de nazileiding de situatie opvatte na het afgelasten van Operatie Seelöwe, verraadt het dagboek van Goebbels. Midden oktober trok hij daarin een parallel met de ernstige crisis van de NSDAP eind

1932: 'Het is zoals in oktober-november 1932. Toen kwam het op zelfbeheersing aan, en omdat we die hadden, hebben we uiteindelijk gewonnen.'[64]

De Duitse 'Blitz' tegen Groot-Brittannië zorgde voor een verandering in de Amerikaanse publieke opinie. Vooral de livereportages uit Londen van Edward Murrows, de hoofdredacteur-Europa van CBS, brachten de terreur van de moderne bombardementsoorlog indringend over bij het Amerikaanse publiek.[65]

De daardoor gemobiliseerde sympathieën voor de Britse bevolking versterkten Roosevelts koers van actieve steun voor Groot-Brittannië, die de nog altijd isolationistische tendens geleidelijk terugdrong. Het eerste duidelijke signaal was een verdrag van begin september 1940, waarin de Verenigde Staten vijftig torpedobootjagers uit de Eerste Wereldoorlog overdroegen aan de Royal Navy in ruil voor marinebases aan de westelijke Atlantische Oceaan en het Caribisch gebied.[66] In Duitsland werd deze ruilhandel gezien als een vijandige daad en als een teken van steeds nauwere samenwerking tussen de VS en Groot-Brittannië. 'Duurt de oorlog langer dan de winter, dan maken we zeker mee dat Amerika zich in de oorlog mengt. Roosevelt is een Jodenknecht,' schreef Goebbels verontwaardigd.[67]

De autoriteiten constateerden echter ook in Duitsland een duidelijke stemmingsverandering. Na de euforie van de zomer was er in de herfst van 1940 steeds meer sprake van onverschilligheid en gelatenheid. 'Nog maar weinig volksgenoten geloven in een snel oorlogseinde,' meldde het SD-verslag midden oktober.[68] Voor Goebbels was dat een alarmsignaal. Hij wilde 'de natie nu rigoureus voorbereiden op een tweede oorlogswinter'. Met dit doel wilde hij een 'groots opgezette propagandaveldtocht in het Rijk' beginnen: 'We moeten absoluut meer doen om het moreel hoog te houden.'[69] Hitlers overwegingen maakten deze weken een merkwaardig weifelende en besluiteloze indruk op zijn omgeving. Zijn militaire adjudanten kregen de indruk dat hij niet echt wist 'hoe het verder moest'.[70] Ook de minister van Propaganda trof hem aan in de broeierige houding waarin hij hem zo vaak had gevonden voor moeilijke beslissingen: 'Hij zal weer iets uitbroeden.'[71] Als Groot-Brittannië niet door de massale luchtoorlog kon worden overweldigd, was er dan misschien een andere manier om de vijand rijp voor vrede te maken voordat volgend voorjaar de geplande oorlog tegen de Sovjet-Unie kon beginnen? In deze situatie gingen gedachten zwaarder wegen die Jodl al in zijn memorandum van 30 juni ter tafel had gebracht: namelijk, Engeland te raken door een 'uitbreiding van de oorlog in de periferie'. Daarbij had de stafchef van de Wehrmachtleiding vooral het Middellandse Zeegebied op het oog. Door ondersteuning van enerzijds een Italiaanse aanval vanuit Libië op Egypte en het Suezkanaal en anderzijds een verovering van Gibraltar samen met Spanje, zo was de berekening, kon de Engelse sleutelpositie in de Middellandse Zee geëlimineerd worden.[72]

Vergelijkbare ideeën werden bij Hitler gepropageerd door grootadmiraal Raeder in twee stafbesprekingen in september 1940. Ook hij vond beheersing van het Middellandse Zeegebied van 'doorslaggevende betekenis'. Die zou een gunstige basis scheppen voor verdere acties tegen het Britse Rijk.[73] Nadat Hitler de voorstellen voor een 'periferiestrategie' eerst met reserve had aangehoord, begon hij zich steeds meer ervoor te interesseren naarmate de beoogde resultaten van de strategische luchtoorlog tegen Groot-Brittannië uitbleven. Zo had hij het er begin september voor het eerst over 'dat ook de Azoren, de Canarische Eilanden en de Kaapverdische Eilanden op tijd bezet moesten worden door Duits-Italiaanse eenheden, om te verhinderen dat de Engelsen en later ook de Amerikanen zich nestelen op de eilanden'.[74] Hoewel Raeders voorstellen echter ook bedoeld waren om Hitler ervan te weerhouden zich tegen de Sovjet-Unie te keren, zag de dictator deze niet als een alternatief voor de geplande Russische campagne, maar altijd slechts als een tijdelijk middel om Engeland te dwingen toch in te binden na de annulering van Operatie Seelöwe en zo een mogelijke tweefrontenoorlog te vermijden.[75]

Parallel aan de 'periferiestrategie' won een project aan belang waar minister van Buitenlandse Zaken Ribbentrop al langere tijd aan werkte: de opbouw van een Euro-Aziatisch 'continentaal blok' dat gericht was tegen Groot-Brittannië en tegelijkertijd de Amerikanen moest afschrikken. In deze coalitie gegroepeerd rond de as Duitsland–Italië–Japan, moesten ook Vichy-Frankrijk en Spanje (volgens Ribbentrops ideeën zelfs de Sovjet-Unie) worden opgenomen.[76] Op 27 september ondertekenden Ribbentrop, Ciano en de Japanse ambassadeur in Berlijn, Saburo Kurusu, in de ontvangsthal van de Nieuwe Rijkskanselarij het Driemogendhedenpact. In de verdrag erkende Japan 'de leiding van Duitsland en Italië bij het scheppen van een nieuwe orde in Europa' en omgekeerd erkenden Duitsland en Italië 'de leiding van Japan bij het scheppen van een nieuwe orde in de Groot-Aziatische ruimte' (artikel 1 en 2). In artikel 3 verplichtten de drie mogendheden zich ertoe 'elkaar met alle politieke, economische en militaire middelen wederzijds te ondersteunen in het geval dat een van de partijen in het verdrag wordt aangevallen door een mogendheid die op dit tijdstip niet verwikkeld is in de Europese oorlog of in het Chinees-Japanse conflict'.[77] Deze passage richtte zich onmiskenbaar tegen de Verenigde Staten, die moesten worden afgehouden van deelname aan de oorlog. 'Vanuit ons perspectief is het doel van het verdrag de Amerikanen een waarschuwing te geven,' merkte secretaris-generaal Weizsäcker op.[78]

Hitler was aanwezig bij de ceremonie in de Rijkskanselarij en gaf vervolgens een officiële receptie voor alle deelnemers. De Duitse propaganda huldigde het pact als een historische gebeurtenis. 'We hebben een grote diplomatieke overwinning behaald. De Führer heeft weer eens de gordiaanse knoop doorgehakt,' jubelde Goebbels.[79] De Italiaanse minister van Buitenlandse Zaken sprak er veel nuchterder over. Hij geloofde niet dat de Amerikanen zich bijzonder zouden laten imponeren door de overeenkomst: 'Slechts één ding is zeker: de oorlog zal nog lang duren.' Wat Ciano opviel, was de bedrukte stemming bij de bevolking van Berlijn: 'Elke nacht brengen ze vier of vijf uur in de schuilkelders door. Gebrek aan slaap, kou en het gedwongen samenzijn met andere mensen, dat alles helpt niet om de stemming te verbeteren. [...] De schade van de bommen is gering, de nervositeit enorm.'[80]

Het betrekken van zowel Vichy-Frankrijk als Spanje in de anti-Britse coalitie en tegelijkertijd rekening houden met de ambities van de Italiaanse bondgenoten – dat stond gelijk aan het vinden van de kwadratuur van de cirkel. Tussen de drie landen bestonden namelijk diepgaande belangenconflicten. Mussolini had zijn territoriale aanspraken tegenover Frankrijk van juni 1940 slechts tijdelijk terzijde geschoven. Na de capitulatie van Frankrijk had generaal Franco aangegeven dat hij bereid was aan de kant van de Asmogendheden deel te nemen aan de oorlog, maar hij had als tegenprestatie ook verregaande territoriale eisen gesteld. Zo kwam hij – naast zijn claim op Gibraltar – met aanspraken op grote delen van de Franse koloniën in Noord- en West-Afrika, onder meer op Frans-Marokko en Oran. Aanvankelijk had Hitler niet gereageerd op het Spaanse aanbod. Nadat zijn hoop op een 'compromis' met Groot-Brittannië de bodem was ingeslagen en Operatie Seelöwe was opgegeven, leek het hem steeds wenselijker dat Spanje aan de oorlog ging meedoen.[81] Als Duitsland echter wilde ingaan op Franco's eisen, liep het gevaar dat de Franse koloniën, die nog aan de kant van Vichy-Frankrijk stonden, zich zouden scharen aan de kant van 'Vrij Frankrijk', dat generaal De Gaulle na de Franse nederlaag was begonnen te organiseren vanuit Londen.

Toch was Hitler bereid de Spanjaarden ver tegemoet te komen en hun – zoals hij de legerleiding verklaarde – 'alles te beloven wat ze willen, ook als het niet te vervullen is'.[82] Op 16 september kwam de Spaanse minister van Binnenlandse Zaken Ramón Serrano Suñer, zwager van Franco en toekomstige minister van Buitenlandse Zaken, in Berlijn aan voor tweedaagse besprekingen met Ribbentrop. Hij had een lijst met de bekende territoriale wensen van Franco bij zich. De Duitse minister van Buitenlandse Zaken stelde in het vooruitzicht dat Duitsland in een vredesverdrag met Frankrijk Marokko zou opeisen en 'in eigendom wilde overdragen' aan Spanje, maar verlangde wel marinebases in Mogador (Essaouira) en in Agadir 'plus achterland', alsmede 'aandelen in de Marokkaanse grondstoffenvoorraden (fosfaat, mangaan)'. Serrano Suñer wees dit af, evenals het afstaan van een van de Canarische Eilanden aan Duitsland en het overdragen van

Spaans-Guinea en het eiland Fernando Pó (Bioko), toe te voegen aan een Duits koloniaal rijk in Midden-Afrika.[83]

De dictator ontving op 17 september de gezanten van Franco. Hitler had naar behoefte van rollen gewisseld, zo vatte Serrano Suñer zijn observaties samen. Soms was hij 'tegemoetkomend', soms 'hard als staal, zoals een roofdier voor de sprong, volledig gericht op zijn hartstocht of fanatisme'.[84] Zoals altijd liet Hitler merken dat hij zeker van de overwinning was; de oorlog met Engeland was 'continentaal [...] al beslist'. Zonder gedetailleerd in te gaan op de strijdige territoriale problemen, weidde hij er uitvoerig over uit hoe hij zich de verovering van de vesting Gibraltar voorstelde, die het OKW voorbereidde onder de codenaam 'Felix'. Hij zou alles doen om Spanje bij deze onderneming te ondersteunen. 'Want als Spanje eenmaal was gaan deelnemen aan de oorlog, had Duitsland alle belang bij zijn succes.'[85] Hitler kwam met het voorstel van een 'direct contact' tussen hem en de 'caudillo' aan de Spaans-Franse grens – een wens waar Franco bereidwillig op inging. De tweede gespreksronde met Serrano Suñer, in Berlijn op 24 en 25 september, maakte echter duidelijk dat een overeenkomst nog ver buiten bereik lag.[86] In het gesprek met Ciano op 28 september, een dag na de ondertekening van het Driemogendhedenpact, klaagde Hitler erover dat de Spanjaarden geen blijk gaven 'van dezelfde wilsintensiteit bij het geven als bij het nemen'.[87]

Op 4 oktober ontmoette Hitler Mussolini voor de tweede keer op de Brenner, om met hem het probleem te bespreken hoe het kon lukken 'Frankrijk en Spanje op één lijn te krijgen en zo een continentale coalitie tegen Engeland te verwezenlijken'. Beide dictators waren het erover eens dat Franco zijn gebiedsaanspraken, ingediend als prijs voor Spanjes deelname aan de oorlog, tot een voor Frankrijk aanvaardbaar niveau zou moeten terugbrengen voordat er een compromis kon worden bereikt. In het gunstigste geval kon Spanje een deel van Marokko krijgen, waarvoor Frankrijk dan als vergoeding Brits-Nigeria moest krijgen. Mussolini was bereid een deel van zijn oorspronkelijke eisen aan Frankrijk te schrappen. Toch wilde hij een grenscorrectie bij Nice alsmede het overdragen van Corsica, Tunis en Frans-Somaliland. Hitler garandeerde zijn bondgenoot dat hij nooit vrede zou sluiten met Frankrijk zonder rekening te houden met de Italiaanse wensen. Van zijn kant noemde hij als oorlogsdoelen tegenover Frankrijk bases aan de Marokkaanse kust in Agadir of Casablanca, de completering van een toekomstig Duits koloniaal rijk in Afrika, verder Elzas-Lotharingen met een strategisch verbeterde grens, de ertsbekkens van Longwy en Briey en een strook land ten zuiden van Belfort. Ook al stemde Mussolini 'geheel en ten volle' toe in het 'scheppen van een continentale coalitie met inbegrip van Frankrijk en Spanje', het bleek eens te meer hoe moeilijk het zou zijn om de diverse belangen op één lijn te brengen.[88]

Op het eerste gezicht was de ontmoeting op de Brenner 'zeer harmonisch' verlopen.⁸⁹ In werkelijkheid werd de verhouding tussen de As-partners echter allang bepaald door wantrouwen. Hitler liet Mussolini in de waan dat hij nog altijd vasthield aan het plan van een invasie in Engeland en slechts op gunstig weer wachtte om de 'grote slag' te kunnen leveren. Aan de andere kant deed Mussolini zijn best de successen van de op 13 september begonnen Italiaanse opmars tegen Egypte op te hemelen, hoewel die al na enkele dagen was vastgelopen op slechts 90 kilometer achter de Libisch-Egyptische grens.⁹⁰

Na de ontmoeting met Mussolini rustte Hitler enkele dagen uit op de Obersalzberg. Tussen 10 en 15 oktober verbleef hij in Berlijn, om zich daarna weer terug te trekken in zijn Alpenresidentie. Van hieruit vertrok hij op de avond van 20 oktober met een speciale trein naar Frankrijk, om in persoonlijke gesprekken met Franco en de leiders van Vichy-Frankrijk het 'continentaal-blokproject' vooruit te helpen. Op 22 oktober kwam hij aan op het stationnetje van Montoire, 50 kilometer ten noorden van Tours, waar Ribbentrop al op hem wachtte. Hier voerde hij 's avonds een eerste gesprek met de Franse plaatsvervangende premier Pierre Laval, die naar verluidt bijzonder openstond voor de Duitse wensen. Laval verklaarde meteen al dat 'een oprechte samenwerking met Duitsland, zonder voorbehoud, de enige redding van Frankrijk' was. Ook zei hij dat hij geen gelegenheid voorbij liet gaan om het staatshoofd, maarschalk Pétain, dienovereenkomstig te beïnvloeden. Hitler benadrukte dat hij 'alles wat menselijkerwijs denkbaar was tegen Engeland zou 'mobiliseren'. Van de vraag in welke mate Frankrijk bereid was deel te nemen aan de 'algemene verbreding van het front' tegen het Britse Rijk, zou in essentie afhangen of bij een toekomstig vredesverdrag rekening werd gehouden met Franse belangen.⁹¹

Nog die nacht reed Hitler met zijn begeleiders verder naar Hendaye aan de Frans-Spaanse grens, waar hij de middag van de volgende dag Franco zou ontmoeten. De trein van de caudillo kwam te laat aan, wat al slecht viel bij de Duitsers. Wat Hitler nog meer ontstemde, was het verloop van de bespreking. Hoewel hij al zijn overredingskunst in de strijd wierp, bleef de Spanjaard gereserveerd. 'Klein en dik, donker van huid, met levendige zwarte ogen,' zo observeerde de tolk Schmidt, zat hij in zijn fauteuil in Hitlers salonwagon en liet diens woordenvloed met een 'ondoorgrondelijk gezicht' over zich heen komen.⁹² Net als bij Serrano Suñer schilderde Hitler de militaire situatie van Duitsland zo rooskleurig als maar kon en ging vervolgens meteen over op het doel van de ontmoeting: 'Als het mogelijk was een zeer breed front tegen Engeland te vormen, zou de strijd voor alle betrokkenen veel gemakkelijker en sneller beëindigd kunnen worden.' 'De Spaanse wensen en de Franse hoop' stonden de verwezenlijking van dit plan echter 'als hindernissen' in de weg.⁹³ Daarmee plaatste Hitler meteen een domper op Franco's verwachting van verregaande territoriale concessies. Er kwam slechts in zeer vage termen ter sprake dat Spanje Franse koloniale gebieden zou ontvangen als Frankrijk daarvoor schadeloos werd gesteld met Brits bezit. Uiteindelijk kwam de Duitse dictator met zijn eigenlijke wens: hij stelde Franco voor een alliantie aan te gaan en riep hem op in januari 1941 aan de oorlog te gaan deelnemen. Nog in die maand zouden dezelfde Duitse speciale troepen die al de Belgische forten bij Luik veroverd hadden, Gibraltar veroveren en aan Spanje overdragen.

De caudillo reageerde ontwijkend. Hij wees op de moeilijke levensmiddelenvoorziening in zijn land en vroeg van zijn kant om omvangrijke Duitse tarweleveringen en bovendien oorlogsuitrusting, onder andere een groot aantal zware kanonnen en luchtafweergeschut. De Spaanse nationale trots zou het verbieden Gibraltar te accepteren als een door buitenlandse soldaten veroverd geschenk. Kennelijk wantrouwde Franco Hitlers optimistische beoordeling van de situatie, ja, hij waagde het zelfs te opperen dat de Britse regering met de vloot vanuit Canada en met Amerikaanse steun de oorlog zou voortzetten als Engeland door Duitse troepen bezet kon worden. Hitler raakte steeds meer geprikkeld. Eén keer sprong hij zelfs op van zijn stoel – het had geen zin meer verder te onderhandelen! – maar hij beheerste zich meteen weer en probeerde zijn stugge gast toch nog van mening te laten veranderen. Vergeefs. Ten slotte was het aan Ribbentrop en Serrano Suñer om na het vertrek van de beide dictators een 'geheime verklaring' op te stellen, waarmee in zeer vrijblijvende termen oorlogsdeelname van Spanje beloofd werd.

Hitler maakte geen geheim van zijn teleurstelling. 'Hij is net zo'n schooier als veel mensen bij ons,' klaagde hij na afloop tegen zijn adjudanten over Franco's exorbitante eisen.[94] Nog dagen later schold hij op het 'jezuïetenzwijn'; hij zou 'liever drie of vier tanden laten trekken dan zoiets nog eens mee te moeten maken'.[95] Ook de Spanjaarden waren echter blijvend ontstemd. 'Deze mensen zijn onuitstaanbaar,' moet Franco zijn minister van Buitenlandse Zaken hebben toegefluisterd. Ze wilden dat Spanje aan de oorlog ging meedoen zonder iets wezenlijks te bieden.[96] Zo was de ontmoeting van Hendaye uiteindelijk op een compleet fiasco uitgedraaid. Goebbels moet óf verkeerd geïnformeerd zijn geweest óf aan zelfbedrog geleden hebben toen hij in zijn dagboek noteerde dat 'alles heel gladjes verlopen' was: 'Van Spanje kunnen we daarom op aan. Churchill zal nog beroerde tijden meemaken.'[97]

Hitlers ergernis was nog niet verdwenen toen hij op de middag van de volgende dag op het station van Montoire Pétain en Laval weer ontmoette. De Duitse dictator toonde de grijze Franse maarschalk zijn respect door hem tegemoet te gaan en hem naar zijn salonrijtuig te begeleiden.[98] Hoewel het gesprek in een minder ijzige sfeer verliep dan de dag ervoor in Hendaye, zou het ook deze keer achterblijven bij de verwachtingen. Net als in het gesprek met Laval benadrukte Hitler de zogenaamd schitterende uitgangspositie van Duitsland en zijn vastberadenheid de oorlog 'voort te zetten tot de vernietiging van het insulaire centrum van het Britse wereldrijk'. Met dit doel stond hij 'op het punt een Europese, deels buiten-Europese gemeenschap tegen de Britse vijand van het continent te organiseren' en was hij gekomen 'om op te helderen in welke mate Frankrijk geneigd was zich aan te sluiten bij deze gemeenschap en met haar samen te werken'. Pétain verklaarde dat hij in principe bereid was tot een dergelijke samenwerking, maar hij perkte dat meteen in: hij zou 'zonder de Franse regering te raadplegen geen verbintenis kunnen aangaan'. Laval steunde deze verklaring, terwijl hij stelde dat een effectievere samenwerking met Duitsland ook mogelijk was zonder een formele oorlogsverklaring van Frankrijk aan Engeland. De specifieke voorwaarden, zo luidde het in de samenvatting van het gesprek, moesten 'afzonderlijk en van geval tot geval geregeld en besloten' worden.[99]

Na afloop was Hitler vol lof over Pétain. Die had 'door zijn waardige optreden als Frans staatshoofd en zijn verstandige militaire aard een voortreffelijke indruk' op hem gemaakt.[100] Dit positieve oordeel kon echter niet verhullen dat de dictator ook in Montoire geen stap dichter bij zijn doel gekomen was. 'De resultaten van de onderhandelingen met de Fransen gisteren en met de Spanjaarden eergisteren zijn nog geen reden tot opwinding voor de wereld,' merkte Ernst von Weizsäcker op. 'Dat er geen harde deadline voor Spaans ingrijpen en hoe dan ook niets concreets met de Fransen is afgesproken, kan iedereen vermoeden die de krant leest.'[101]

Op de terugweg naar Berlijn kwam in de speciale trein het bericht binnen dat Mussolini op het punt stond Griekenland aan te vallen. Hitler was woedend. Niet alleen leek het hem twijfelachtig dat de Italianen deze keer meer succes zouden hebben dan op de voorafgaande veldtochten, hij vreesde ook dat het conflict 'op de hele Balkan schade kon aanrichten'.[102] Hij gaf direct opdracht de speciale trein naar het zuiden om te leiden en een ontmoeting met de duce te regelen. Mussolini's verrassingactie was een direct antwoord op het Duitse optreden in Roemenië. Op 12 oktober had Hitler, weer zonder zijn bondgenoot in te lichten, een militaire missie naar Roemenië gestuurd, officieel om het bevriende land te helpen zijn leger te reorganiseren, maar in werkelijkheid om de voor de oorlog belangrijke oliebronnen in de regio onder Duits beheer te brengen. Voor de Italiaanse dictator voelde dat als een belediging: 'Hitler stelt me altijd voor voldongen feiten,' klaagde hij. 'Deze keer zal ik hem met gelijke munt betalen: hij zal in de kranten lezen dat ik Griekenland ben binnengerukt.'[103]

Toen Hitler met zijn entourage op de ochtend van 28 oktober in Florence aankwam, hadden de Italiaanse troepen de Albanees-Griekse grens al overschreden. Een goedgehumeurde Mussolini ontving zijn bezoekers met de woorden 'Führer – wij marcheren!'[104] Eens te meer bewees de Duitse dictator zijn verbazingwekkende vermogen tot zelfbeheersing. Hij verborg zijn ergernis en vermeed het zijn gastheer verwijten te maken vanwege diens Griekse avontuur. In plaats daarvan concentreerde hij zich bij het gesprek in het Palazzo Vecchio helemaal op het informeren van Mussolini over zijn pogingen een 'continentaal blok' te vormen, waarbij hij de magere resultaten in Hendaye en Montoire gladpraatte. Anders dan bij de Brenner-bijeenkomst in het begin van de maand was er echter geen sprake meer van een invasie van Groot-Brittannië. In plaats daarvan ging Hitler deze keer in op de verhouding met Rusland. Inhakend op Mussolini's angst voor een te nauwe band met Moskou, benadrukte hij dat 'Italië en Duitsland natuurlijke bondgenoten' waren, terwijl 'de unie met Rusland slechts uit belangenoverwegingen' voortkwam. In dit kader informeerde Hitler de Italianen over het komende bezoek aan Berlijn van de Russische volkscommissaris voor Buitenlandse Zaken, Vjatsjeslav Molotov. Misschien was het mogelijk Rusland te betrekken in de anti-Britse coalitie en de Russische activiteit 'af te leiden naar India'. Hij hield wijselijk voor zich dat de eerste voorbereidingen voor een veldtocht tegen de Sovjet-Unie al begonnen waren.[105]

Ze namen afscheid met de gebruikelijke wederzijdse vriendschapsbetuigingen, maar Hitlers woede over Mussolini's soloactie was niet weggenomen. Hij had 'elke neiging tot nauwe militaire samenwerking met Italië verloren', maakte hij Jodl op 1 november duidelijk, en nog tien dagen later, tijdens een bezoek aan het ziekbed van veldmaarschalk Fedor von Bock, liet hij merken dat hij 'buiten zichzelf was over de Italiaanse escapade in Griekenland'.[106] Hitlers scepsis over de slagingskansen van de Griekse veldtocht bleek volstrekt gerechtvaardigd. Al na een week was de Italiaanse aanval vastgelopen. Midden november 1940 gingen de Griekse troepen over op een tegenoffensief en drongen de Italianen terug naar Albanees grondgebied. Op 11 november verloor de Italiaanse marine bij een Britse luchtaanval de helft van de gevechtsschepen die voor anker lagen in de haven van Taranto. En of dat nog niet erg genoeg was: in Noord-Afrika kwam ook het Italiaanse offensief tegen Egypte tot stilstand en vanaf begin december bracht een Brits tegenoffensief ook hier de Italianen in de problemen.[107]

De militaire tegenslagen hadden rechtstreeks effect op de onderlinge verhouding van de As-bondgenoten. 'De Grieken vechten al op Albanese bodem. De Italianen zijn volkomen in de pan gehakt. Een pijnlijke blamage voor ons allemaal,' noteerde Goebbels op 16 november. Ook in de weken die volgden, verstreek er amper een dag zonder dat hij zich opwond over de militaire mislukking van zijn bondgenoot.[108] Tijdens een ontmoeting met Hitler en Ribbentrop op de Berghof op 18 november voelde de Italiaanse minister van Buitenlandse Zaken de veranderde sfeer: 'Hitler is pessimistisch en vindt de situatie zeer riskant door de gebeurtenissen op de Balkan,' schreef Ciano meteen daarna op.[109] Hitler uitte in een lange brief op 20 november voor het eerst ook zijn woede richting Mussolini. Door zijn mislukte Griekse operatie had hij de Britten direct in de kaart gespeeld en het mogelijk gemaakt dat ze vlieg- en vlootbases bezetten als het eiland Kreta, van waaruit ze de Roemeense oliegebieden konden bedreigen.[110] Mussolini vond de brief een schoolmeesterachtige berisping: Hitler had hem 'met een liniaal op zijn vingers getikt'.[111] Gezien het fiasco in Griekenland en Noord-Afrika zou er echter algauw niets anders opzitten dan zijn pretentie van het voeren van een 'parallelle oorlog' onafhankelijk van Duitse operaties op te geven en zijn bondgenoot om militaire steun te vragen.

De nazileiding vatte het prestigeverlies van Italië zeer ernstig op, maar het feit dat Franklin D. Roosevelt op 5 november 1940 tot president was herkozen, leidde tot minder ongerustheid. De Amerikaanse president had met een duidelijke meerderheid gewonnen van de Republikeinse kandidaat Wendell Wilkie. 'Dat kan nu niet veel schade opleveren,' meende Goebbels. De vs hadden 'hoe dan ook Londen al materieel ondersteund met alle middelen'. En nadat Roosevelt bij de verkiezingsstrijd het idee had afgewezen om aan Britse kant mee te gaan doen aan de oorlog, kon hij nauwelijks nog van deze stellingname terugkomen. 'Voor het overige is afwachten het devies!'[112] Secretaris-generaal von Weizsäcker vond dat Roosevelt slechts één voordeel had ten opzichte van de eerdere president Woodrow Wilson, namelijk dat hij nog minder verhuld stelling nam tegen Duitsland. 'Ik vind niet alles bij ons zo geweldig,' schreef hij in een persoonlijke brief, 'maar de hetze voor de oorlog en in de oorlog door de vs vind ik onverdraaglijk. In dit geval is het woord "Jodendom" op zijn plaats.'[113] Voor Hitlers tegenstanders in de hele wereld was het succes van Roosevelt daarentegen heel bemoedigend: 'Het is de eerste vreugde, de eerste overwinning sinds meer dan zeven jaren, die niets dan teleurstelling en verdriet brachten. Deze gebeurtenis kan de oorlog beslissen,' zo gaf Thomas Mann in zijn dagboek uiting aan zijn blijdschap.[114]

Met een militair ingrijpen van Amerika hoefde men 'niet voor 1942' rekening te houden, aldus de geruststellende belofte van Hitler aan de hoogste vertegenwoordigers van de Wehrmacht, toen hij hen op 4 november 1940 een algemeen overzicht gaf van de actuele militair-politieke situatie. Rusland bleef daarentegen 'helemaal het probleem van Europa', en er moest 'alles [...] aan gedaan worden om klaar te zijn voor de grote afrekening'.[115] De dictator herinnerde de militairen daarmee nadrukkelijk aan zijn 'vastberaden beslissing' van 31 juli. De betrekkingen met de Sovjet-Unie waren de afgelopen maanden gestaag verslechterd. Niet alleen waren de Duitsers achterop geraakt met hun leveringsverplichtingen binnen het handelsakkoord, maar ook het sluiten van het Driemogendhedenpact zonder voorafgaande consultatie en het sturen van een militaire missie naar Roemenië waren door Moskou geïnterpreteerd als onvriendschappelijk optreden.[116] De uitnodiging van Molotov voor een bezoek aan Berlijn, die Ribbentrop op 13 oktober in een brief aan Stalin had overgebracht, moest een test zijn voor de toestand van de wederzijdse betrekkingen. Voor zover de Duitse minister van Buitenlandse Zaken het daarin als een 'historische taak' omschreef om 'het beleid van de vier mogendheden, de Sovjet-Unie, Italië, Japan en Duitsland, op de zeer lange termijn te organiseren en de toekomstige ontwikkeling van hun volkeren in de juiste banen te leiden door hun belangen te definiëren volgens unieke normen',[117] gaf hij daar waarschijnlijk eerder zijn eigen visie weer dan die van Hitler. Die was namelijk altijd sceptisch gebleven over de mogelijkheid – maar ook over de wenselijkheid – om Rusland in het 'continentale blok' op te nemen, net als ook Ribbentrops secretaris-generaal von Weizsäcker.[118] De dictator had zich nog niet definitief vast laten pinnen op de campagne tegen de Sovjet-Unie. 'Wat er in het oosten moet gebeuren, is nog een open kwestie,' deelde hij veldmaarschalk von Bock mee op 11 november, maar de omstandigheden konden daar Duitsland 'dwingen tot ingrijpen, om een gevaarlijker ontwikkeling te voorkomen.'[119] En in 'Order nr. 18' van 12 november, de dag dat Molotov in Berlijn aankwam, gaf hij opdracht dat, ongeacht de uitkomst van de bijeenkomsten, 'alle reeds mondeling opgedragen voorbereidingen voor het oosten voortgezet' moesten worden.[120]

De ontvangst van de Sovjetdelegatie was bijzonder koel. Goebbels had het voorstel van het ministerie van Buitenlandse Zaken verworpen om klapvee te laten binnenkomen om hem te begroeten.[121] Meteen in de eerste onderhandelingsronde tussen Hitler en Molotov in de middag van 12 november werden de verschillende standpunten pijnlijk zichtbaar. De dictator probeerde eerst de wind uit de zeilen te nemen van de Russische klachten over de Duitse politiek van de afgelopen maanden. Duitsland was in oorlog, de Sovjet-Unie niet. Veel van de genomen maatregelen, zo beweerde Hitler, waren ingegeven door de noodzaak van oorlogvoering. Op de Balkan bijvoorbeeld streefde Duitsland 'geen politieke belangen' na, maar het trad hier 'uitsluitend op onder de dwang om bepaalde grondstoffen veilig te stellen'. Dat gold vooral voor de Roemeense olievelden, die hij 'onder alle omstandigheden' wilde 'verdedigen'. Afgezien van de huidige meningsverschillen in de wederzijdse betrekkingen was het belangrijk het 'in grote lijnen' eens te worden over toekomstige samenwerking.

Molotov antwoordde dat ook hem welkom zou zijn 'als beide landen samenwerkten en niet tegen elkaar streden'. Toen stelde hij echter een reeks precieze vragen die Hitler zichtbaar in verlegenheid brachten: stond Duitsland nog steeds achter het akkoord van augustus 1939, dat Finland had toebedeeld aan de Sovjet-invloedssfeer? Wat had het Driemogendhedenpact te betekenen en in hoeverre werd de Sovjet-Unie hierbij betrokken? Wat was de opstelling van de Duitse regering over de Russische belangen op de Balkan en aan de Zwarte Zee? Dat waren ongewone geluiden voor de man die zich al zag als heerser over Europa en toekomstige wereldleider. Anders dan in Hendaye verloor Hitler echter geen seconde zijn zelfbeheersing, maar gedroeg hij zich nadrukkelijk beleefd. Met het Driemogendhedenpact zou Rusland geenszins 'met voldongen feiten' geconfronteerd worden, maar kreeg het de mogelijkheid 'mee [te] spreken op terreinen die het interesseerden'. Opnieuw liet Molotov zich niet afschepen met een algemeen gehouden antwoord. Het leek hem dat deelname van Rusland aan het Driemogendhedenpact 'in principe volstrekt aanvaardbaar was, onder voorwaarde dat Rusland meewerkte als partner en niet slechts een lijdend voorwerp was'. Het doel en de betekenis van het pact moesten echter eerst nog nader gedefinieerd worden, ook voor wat de 'afbakening van de Groot-Aziatische ruimte' betrof. De dictator was blij dat het gesprek wegens een vermeend dreigend luchtalarm afgebroken moest worden en hij de vasthoudende vragensteller tot de volgende dag aan het lijntje kon houden.[122]

Op 13 november bood Hitler de Sovjetdelegatie 's middags een diner in kleine kring aan. Molotov maakte op Goebbels 'een verstandige, listige indruk'. Hij was echter 'zeer gesloten', men kreeg 'nauwelijks iets uit hem'. De begeleiders van de volkscommissaris van Buitenlandse Zaken vond Goebbels daarentegen 'erger dan middelmatig'; er was 'geen enkele kop van formaat' bij. Bij allemaal stonden 'angst voor elkaar en minderwaardigheidscomplexen' op het gezicht geschreven.[123] Nog negatiever was secretaris-generaal von Weizsäcker: Molotov was 'een schoolmeestertype' en zijn gezelschap zouden 'goede onderwereldtypes in een film' kunnen zijn. 'Als er tenminste echte boeren gekomen waren, in plaats van dit peilloos botte gezelschap.'[124] De elitaire arrogantie van de Duitse topdiplomaat mengde zich hier met de racistische superioriteitsgevoelens jegens de zogenaamd primitieve Russen.

In de tweede bespreking in de middag van 13 november was de sfeer nog koeler dan de dag ervoor. Achter de façade van de diplomatieke beleefdheid voerden de beide tegenspelers een felle, verbitterde discussie. Hitler herhaalde dat de Sovjet-Unie moest beseffen dat zijn land 'zich in een strijd op leven en dood' bevond. Duitsland erkende nog steeds dat Finland tot de invloedssfeer van de Sovjet-Unie behoorde, maar was zelf sterk geïnteresseerd in Finse nikkel- en houtleveringen. Bovendien wilde hij geen nieuwe oorlogsperikelen tussen Rusland en Finland, omdat Zweden daardoor in het conflict gezogen kon worden, wat de Duitse positie in de Oostzee in gevaar kon brengen. Bij een 'goede verstandhouding' tussen Duitsland en Rusland, reageerde Molotov, was het Finse probleem 'zonder oorlog op te lossen'. Een voorwaarde was echter dat 'er noch Duitse troepen in Finland, noch politieke demonstraties tegen de Sovjetregering in dit land mochten plaatsvinden'. De rijksregering had niets van doen met anti-Sovjetverklaringen, stelde Hitler in reactie op de verwijten, en hij was ook niet van plan langdurig Duitse troepen in Finland te legeren. De daar nog aanwezige Wehrmachteenheden waren slechts tijdelijk op Fins grondgebied, tijdens hun transport naar het noorden van Noorwegen.

Daarna stapte Hitler over op de 'grote perspectieven' en opperde opnieuw het idee van een 'van Noord-Afrika tot Oost-Azië reikende belangengemeenschap', bestaand uit de staten van het Driemogendhedenpact, de Sovjet-Unie, Spanje en Frankrijk. Deze 'wereldcoalitie' moest de 'failliete boedel' van het Britse wereldrijk onder elkaar verdelen. Molotov hapte echter niet in het aas: men moest zich niet het hoofd breken over een ongewisse toekomst, maar spreken over problemen die urgenter waren. Rusland zag in de Duitse en Italiaanse garantie voor de Roemeense onschendbaarheid een stap die gericht was tegen zijn belangen als Zwarte Zeemogendheid. Wat zou Duitsland zeggen, zo richtte hij zich direct tegen Hitler, 'als Rusland een garantie onder dezelfde voorwaarden gaf aan Bulgarije', dat wil zeggen het sturen van een militaire missie? Deze vraag bracht Hitler van zijn stuk: hij moest eerst met Mussolini overleggen, zei hij ontwijkend. Wederom diende een verwijzing naar een mogelijke Engelse luchtaanval als voorwendsel om de bespreking af te breken.[125]

Inderdaad was er die avond luchtalarm, en zo moest het banket dat Molotov in de Russische ambassade aan Unter den Linden had laten aanrichten voor de Duitse minister van Buitenlandse Zaken, abrupt worden beëindigd. Ribbentrop nodigde zijn Sovjetcollega uit naar zijn schuilkelder in de Wilhelmstraße en had een langer gesprek met hem. Daarbij was Molotov kennelijk duidelijker over de langetermijndoelstellingen van de Russische politiek dan in de twee gesprekken met Hitler: de Sovjet-Unie was als 'de belangrijkste Zwarte Zeemacht' niet alleen geïnteresseerd in Turkije en Bulgarije, maar ook 'geenszins onverschillig' over het lot van Roemenië en Hongarije. Bovendien wilde hij horen wat de Asmogendheden van plan waren met Joegoslavië en Griekenland, hoe Duitsland zich de toekomst voorstelde van Polen, en of Berlijn zoals tevoren geïnteresseerd was in het handhaven van de Zweedse neutraliteit. Ten slotte liet Molotov ook nog het Russische belang bij controle over de Oostzee-ingangen in de notulen opnemen. Ribbentrop liet zich niet verleiden tot een gedetailleerde discussie, maar benadrukte dat alle kwesties vanzelf zouden worden opgelost als de Sovjet-Unie en Duitsland 'niet borst aan borst zouden staan, maar rug aan rug, om elkaar te ondersteunen bij het realiseren van hun aspiraties'.[126]

Hitler was zeker niet ontevreden over de resultaten van Molotovs bezoek. Integendeel: in de kring van zijn adjudanten bleek hij de dag na het vertrek van de Sovjetdelegatie 'werkelijk opgelucht'. Hij had 'zich toch al niets voorgesteld daarvan' en gelukkig was bij Molotov 'de aap uit de mouw gekomen'. De 'Russen toelaten in Europa zou het eind van Midden-Europa zijn; ook Finland en de Balkan waren gevaarlijke flanken'.[127] Hitler was nu vastbesloten met de Sovjet-Unie te breken en de oorlog te voeren die voor het voorjaar van 1941 gepland was. Nog op 15 november gaf hij zijn militaire adjudanten Schmundt en Engel opdracht samen met de rijksminister voor Bewapening en Munitie, Fritz Todt, op zoek te gaan naar een 'permanent kwartier in Oost-Pruisen'. Na hun terugkeer stelden ze als geschikte locatie voor het nieuwe Führerhoofdkwartier een bosgebied voor dat 8 kilometer ten oosten van Rastenburg lag. Hitler ging akkoord en gaf opdracht het complex voor april 1941 in gereedheid te brengen.[128] In de omgeving van de dictator heerste vertrouwen. Men had alle reden om tevreden te zijn met dat wat er tot dusverre bereikt was en kon 'vol vertrouwen naar de toekomst kijken', schreef marineadjudant Karl-Jesko von Puttkamer op 21 november. De Führer zou 'de zaak voor elkaar boksen', dat had hij 'immers echt al bewezen'.[129] Bij de lunch in de Rijkskanselarij van 23 november trof Ernst von Weizsäcker Hitler 'in goeden doen' aan, 'rustig en actief als altijd'.[130]

De tweede helft van november 1940 stond helemaal in het teken van pogingen de Zuid-Europese landen meer op één lijn te krijgen met de Asmogendheden. Op 18 november ontving Hitler de Bulgaarse koning Boris III op de Berghof, wat was aangekondigd als privébezoek. Op Hitlers aandringen dat hij zich moest aansluiten bij het Duits-Italiaans-Japanse verbond, reageerde de gast nog met merkbare gereserveerdheid. Daarentegen sloten Hongarije, Roemenië en Slowakije zich op 20, 23 respectievelijk 24 november aan bij het Driemogendhedenpact. Op de dag voor de ondertekening van de toetredingsovereenkomst van Roemenië ontmoette Hitler voor het eerst generaal Antonescu. De ontmoeting zou bepalend worden voor hun toekomstige relatie. De Duitse dictator bleek sterk onder de indruk van de persoonlijkheid van de Roemeense *conducător* (staatsleider) en zag in hem een betrouwbare bondgenoot in het naderende conflict met de Sovjet-Unie.[131] In het gesprek met Antonescu ging Hitler zover dat hij liet doorschemeren dat met de Weense arbitrage-uitspraak van 30 augustus 1940 nog niet het laatste woord in de kwestie was gesproken en gaf de Roemeen zo de hoop dat hij de gebieden van Zevenburgen die hij aan de Hongaren was kwijtgeraakt, kon terugwinnen – en dat terwijl Hongarije ondertussen ook was toegetreden tot het verbond.[132]

Nadat eind november 1940 het project van de aansluiting van Rusland bij een Euraziatisch 'continentaal blok' definitief mislukt was, begon Hitler de planning voor een veldtocht in het oosten af te dwingen. 'Het probleem van het oosten wordt acuut,' verklaarde hij op 3 december, toen hij veldmaarschalk von Bock opzocht om deze met zijn zestigste verjaardag te feliciteren. 'Tussen Rusland en Amerika moeten draadjes lopen, zodat ook een verbinding tussen Rusland en Engeland waarschijnlijk is.' Een dergelijke ontwikkeling passief volgen was gevaarlijk, aldus de dictator. Zo kwam hij terug bij de centrale strategische overweging waarmee hij zijn 'vastberaden beslissing' van 31 juli al had gerechtvaardigd: 'Maar als de Russen worden uitgeschakeld, heeft Engeland geen hoop meer om ons op het continent te verslaan, des te meer omdat een effectieve interventie van Amerika bemoeilijkt wordt door Japan, dat ons in de rug dekt.'[133]

Op 5 december ontbood Hitler Brauchitsch en Halder 's middags naar de Rijkskanselarij en gaf hun in bijzijn van Keitel en Jodl opdracht 'de voorbereidingen voor de campagne in het oosten volop op gang te brengen': 'Over de Europese hegemonie wordt beslist in de strijd tegen Rusland.' Als het geplande tijdstip voor de aanval werd eind mei gekozen: 'In het voorjaar hebben we een zichtbare piek in leiderschap, materiaal en troepen, en de Russen een onmiskenbaar dieptepunt. Als dit Russische leger eenmaal verslagen is, dan is de ineenstorting niet te stuiten.' Wederom kwam hier de door ideologische fixatie gevoede minachting voor de Russische gevechtskracht tot uiting: 'De Russische mens is minderwaardig. Het leger heeft geen leiding.' De operationele grondslag volgde het Blitzkriegconcept van de beide voorafgaande veldtochten. De Russische legers moesten in grote omsingelingsslagen 'opgedeeld en in pakketjes verstikt' worden. In de veroverde gebieden zouden 'nieuwe bufferstaten' – Oekraïne, Wit-Rusland, Litouwen, Letland – worden opgericht en Roemenië, het Generaal-gouvernement en Finland zouden worden uitgebreid.[134] Op 13 december informeerde Halder de stafchefs van de legergroepen en legers over de militair-politieke situatie, overeenkomstig het beeld dat hij daarvan kreeg na zijn gesprek met Hitler. Hij drong er bij hen op aan zich vertrouwd te maken met het idee dat ze, vanaf het voorjaar van 1941, 'wanneer [de] politieke situatie het vereist, de strijd aan moesten binden met Rusland'.[135]

Vijf dagen later, op 18 december, tekende Hitler de onderliggende 'Order nr. 21' voor 'Operatie Barbarossa', zoals de codenaam op zijn verzoek nu luidde. De inleidende zin vatte zijn overwegingen precies samen, zoals die in de maanden sinds eind juli 1940 uitgekristalliseerd waren tot een onomkeerbare beslissing. 'De Duitse Wehrmacht moet erop voorbereid zijn ook vóór beëindiging van de oorlog tegen Engeland Sovjet-Rusland in een snelle veldtocht te overweldigen.' De in de westelijke gebieden van Rusland gelegerde hoofdmacht van het Russische leger moest 'in gedurfde operaties, met ver oprukkende tankeenheden, vernietigd' worden en het uitwijken van weerbare troepen 'in de weidsheid van het

Russische gebied voorkomen' worden. Als 'einddoel van de operatie' werd de lijn Wolga–Archangelsk genoemd, van waaraf ook luchtaanvallen tegen de nog intact gebleven bewapeningsindustrie bij de Oeral ondernomen moesten worden. Hitler hechtte belang aan absolute geheimhouding over de onderneming: het aantal officieren dat voor de voorbereidingen werd opgeroepen, moest 'zo klein mogelijk' worden gehouden en andere medewerkers moesten 'zo laat mogelijk en alleen voor zover nodig was voor het werk van elk individu' worden ingewijd.[136]

Brauchitsch was er nog niet helemaal zeker van of het Hitler echt menens was met 'Order nr. 21' of dat hij gewoon wilde 'bluffen'. Daarom gaf hij adjudant Engel opdracht de nodige navraag te doen.[137] Hoewel de dictator ook nu stelde dat 'al zijn besluiten onder voorbehoud waren', had hij zich in feite nu ondubbelzinnig vastgelegd. Afgezien van het feit dat hij de verovering van Lebensraum in het oosten als doelproject nooit uit het oog had verloren, geloofde hij dat hij door de Sovjet-Unie aan te vallen het strategische dilemma kon oplossen waarin hij zich sinds de zomer van 1940 bevond. Van alle andere tactische varianten die tijdelijk overwogen waren, was in zijn ogen ondertussen gebleken dat ze ondeugdelijk of niet te realiseren waren.

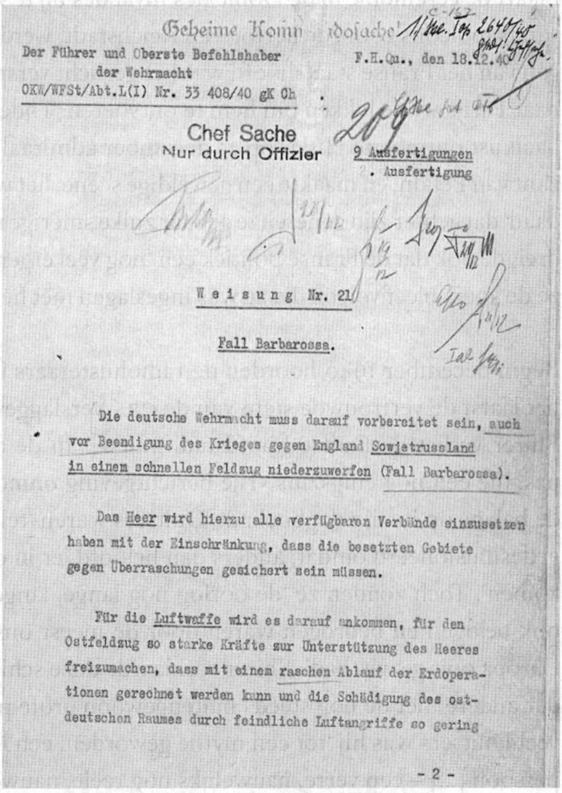

Geheime Komm… dosache

Der Führer und Oberste Befehlshaber der Wehrmacht
OKW/WFSt/Abt.L(I) Nr. 33 408/40 gK Ch

F.H.Qu., den 18.12.40

Chef Sache
Nur durch Offizier

9 Ausfertigungen
. Ausfertigung

Weisung Nr. 21

Fall Barbarossa.

Die deutsche Wehrmacht muss darauf vorbereitet sein, auch vor Beendigung des Krieges gegen England Sowjetrussland in einem schnellen Feldzug niederzuwerfen (Fall Barbarossa).

Das Heer wird hierzu alle verfügbaren Verbände einzusetzen haben mit der Einschränkung, dass die besetzten Gebiete gegen Überraschungen gesichert sein müssen.

Für die Luftwaffe wird es darauf ankommen, für den Ostfeldzug so starke Kräfte zur Unterstützung des Heeres freizumachen, dass mit einem raschen Ablauf der Erdoperationen gerechnet werden kann und die Schädigung des ostdeutschen Raumes durch feindliche Luftangriffe so gering

- 2 -

Afb. 10 Facsimile: 'Order nr. 21' voor 'Operatie Barbarossa' van 18 december 1940. Hitler beval zijn militairen om de Sovjetunie 'in een snelle veldtocht te overwinnen'.

Hij werd verder teleurgesteld op 8 december, toen Franco hem via Canaris, de commandant van de Abwehr die naar Madrid was gestuurd, liet weten dat Spanje niet op de door de Duitsers gestelde deadline aan de oorlog kon gaan deelnemen. Daarmee konden de plannen voor de verovering van Gibraltar bij het oud papier. Operatie Felix verdween even stilzwijgend van het toneel als daarvoor Operatie Seelöwe.[138] In plaats daarvan gaf Hitler op 10 december in 'Order nr. 19' (Operatie Attila) opdracht voorbereidingen te treffen voor een 'snelle bezetting van het nog steeds onbezette gebied van het Franse moederland', en wel voor het geval dat nog door generaal Weygand bestuurde delen van het Franse koloniale rijk afvallig zouden worden van de Vichy-regering.[139]

Hitler had ook zijn hoop dat hij Frankrijk kon winnen voor nauwe samenwerking binnen de anti-Britse alliantie, aanzienlijk moeten inperken. Op 13 december ontsloeg Pétain zijn plaatsvervanger Laval, die stond voor een beleid van collaboratie met de Duitsers, en benoemde Pierre-Étienne Flandin als diens opvolger. Hitler zag dit als een persoonlijke belediging; de Duitse regering probeerde tevergeefs via haar ambassadeur in Parijs, Otto Abetz, Laval weer benoemd te krijgen.[140] Hitler werd nog bozer toen Pétain de Duitse uitnodiging afsloeg om op 15 maart de ceremonie in de Dôme des Invalides bij te wonen waarbij de beenderen van Napoleons zoon, de hertog van Reichstadt, werden overgedragen. In de kringen het Franse staatshoofd was het gerucht verspreid dat men de maarschalk naar Parijs wilde lokken om hem te ontvoeren. Tijdens zijn kerstreis naar de Kanaalkust ontmoette Hitler op 25 december admiraal Jean-François Darlan, afgezant van Pétain, en maakte een geweldige scène: het was een 'ongehoorde schanddaad' dat achter zijn genereuze gebaar zulke smerige motieven gezocht waren. Hij dreigde ook dat de Franse politiek een 'nog veel ergere les' zou kunnen krijgen als ze de koers bleef volgen die ze was ingeslagen met het ontslag van Laval.[141]

Begin december 1940 hoorden de radioluisteraars in de Verenigde Staten voor het laatst de vertrouwde stem van de CBS-verslaggever: 'This is Berlin'. William Shirer verliet de Duitse hoofdstad, murw van de aanhoudende censuurchicanes, die een nog enigszins vrije berichtgeving onmogelijk maakten. Hij maakte de balans op in zijn dagboek: de Duitsers waren 'teleurgesteld, terneergeslagen, gedesillusioneerd omdat, anders dan beloofd, er in de herfst geen vrede was gekomen'. Toch zouden ze 'de oorlog nog lange, lange tijd verdragen, hoezeer ze ook belogen en bedrogen waren door de meest onscrupuleuze leidersklick die Europa ooit gezien had'. Shirer verklaarde deze schijnbare tegenstrijdigheid onder andere met de nog steeds buitengewoon grote populariteit van Hitler. Voor veel Duitsers was hij 'tot een mythe geworden, een legende, een bijna godgelijke persoon [...] – een verre, nauwelijks nog reële, nauwelijks nog menselijke figuur. Ze houden hem voor onfeilbaar.'[142]

EEN STRATEGISCHE PATSTELLING 149

Natuurlijk was de dictator zich ervan bewust dat het aureool van onfeilbaarheid op den duur schade moest oplopen als verdere militaire successen uitbleven en de steeds weer aangekondigde eindoverwinning op zich wachten liet. Bij zijn openbare optredens deed hij daarom zijn best de angst voor een mogelijk onafzienbare duur van de oorlog te verjagen en vertrouwen in de overwinning te verbreiden. Duitsland en zijn bondgenoten waren 'sterk genoeg om elke combinatie op deze wereld' te trotseren. 'Er is geen coalitie van mogendheden die militair opgewassen kan zijn tegen de onze,' verklaarde hij bij de herdenkingsplechtigheid 's avonds op 8 november 1940 in München, die, anders dan voorgaande jaren, niet in de Bürgerbräukeller – de plaats van de Elser-aanslag – maar in de Löwenbräukeller plaatsvond.[143] 'Er zal geen Duitse nederlaag zijn [...]. Wat er ook gebeurt, Duitsland zal zegevierend uit deze strijd tevoorschijn komen,' riep hij op 10 december in Berlijn tegen de arbeiders van de locomotievenfabriek Borsig.[144] Een dag later prentte hij de Gauleiter in: 'We hebben de zege op zak, als we haar niet door onze eigen fouten verspelen."[145] En ten slotte verklaarde hij op 18 december tegen 5000 aspirant-officieren in het Sportpalast dat het Duitse volk 'verreweg het beste karakter ter wereld' vormde en daarom zou 'de zege aan geen andere natie kunnen toevallen als de onze'.[146]

In zijn nieuwjaarstoespraak tapte de minister van Propaganda uit hetzelfde

Afb. 11 Op 18 december 1940, de dag dat hij de geheime opdracht voor 'Operatie Barbarossa' ondertekent, spreekt Hitler 5000 aspirant-officieren toe in het Berlijnse Sportpalast.

vaatje. In hoogdravende woorden loofde hij de Führer achter wie de hele natie zich verenigde in een 'warm gevoel van dankbaarheid': 'Lang moge hij leven, lang moge hij boven het volk staan als beschermer en schild van het Rijk, als de eerste strijder voor een ware, echte vrede en voor het geluk, de eer en de glorie van zijn volk. De wereld bewondert hem, maar wij hebben het voorrecht dat we hem mogen liefhebben. Laten we elkaar de hand reiken en ons vast en onlosmakelijk om hem aaneenscharen.'[147]

Hoeveel Duitsers zouden er zijn geweest die zich niet lieten verblinden door zulke blijken van absoluut geloof in Hitler? Een van hen, de Laubachse justitieambtenaar Friedrich Kellner, schreef op oudejaarsavond in zijn dagboek: 'Het jaar 1940 wordt vandaag ten grave gedragen. Welk onzegbaar groot leed heeft het de in slavernij gebonden wereld gebracht? En wat staat ons nog te wachten? We kunnen het slechts vermoeden. Niemand kan het weten.'[148]

5

Operatie Barbarossa

'Het jaar 1941 zal de voltooiing van de grootste zege in onze geschiedenis brengen,' kondigde Hitler aan in zijn nieuwjaarsboodschap aan de Duitse Wehrmacht.[1] De oproep van de Führer vormde 'overal het middelpunt van de politieke beschouwingen' en had 'het algemene vertrouwen in de overwinning versterkt', aldus de SS-veiligheidsdienst.[2] Buitenlandse waarnemers hadden natuurlijk een iets ander beeld. Alleen op de goedgelovige delen van de bevolking, die elk woord van Hitler voor de zuivere waarheid aannamen, maakte zijn aankondiging een blijvende indruk, maar op veel andere Duitsers had ze een allesbehalve kalmerend effect, meldde de Amerikaanse consul uit Frankfurt am Main. Hij haalde de opgevangen opmerking aan van een jonge soldaat: 'O, hij zei vorig jaar hetzelfde.'[3]

Inderdaad zouden Hitlers voorspellingen snel en drastisch ontkracht worden door de werkelijkheid. Het jaar 1941 bracht niet de 'grootste zege' van de Duitse geschiedenis, maar luidde het begin van het einde in van het Derde Rijk. Operatie Barbarossa, waar Hitler zich in december 1940 definitief op had vastgelegd, was volledig gebaseerd op de veronderstelling dat het mogelijk zou zijn Rusland te verslaan in een campagne van slechts enkele maanden. Daarna, zo was de verwachting, zou Duitsland een onverwinnelijke hegemonie in Europa verkrijgen. Met de heerschappij over een blokkadebestendig, economisch autarkisch continentaal *Großraum* zou het ook over de hulpbronnen beschikken waarmee het in staat was de 'eindstrijd' met Groot-Brittannië en zo nodig de Verenigde Staten aan te binden. Zoals zo vaak in zijn leven speelde Hitler va banque en zette hij alles op één kaart. Zou het in eerste instantie niet lukken het Rode Leger beslissend te verslaan, dan zou het hele strategische concept als een kaartenhuis ineenstorten.

In de eerste drie maanden van het nieuwe jaar verbleef Hitler op de Obersalzberg, afgezien van enkele korte onderbrekingen.[4] Hier bereidde hij samen met zijn militaire adviseurs de komende operaties voor. Al op 8 en 9 januari ontbood hij de topmilitairen van het OKH en het OKW naar de Berghof, om deze nog eenmaal zijn redenen voor Operatie Barbarossa uiteen te zetten. Stalin, zo verklaarde hij, was 'geen domme vent'. Hoewel hij in de nabije toekomst 'niet openlijk tegen Duitsland zou optreden', werd hij 'bezield door de drang naar het westen'. Men moest er rekening mee houden dat hij 'steeds meer moeilijkheden zou veroorzaken'. Alleen de mogelijkheid van een Russische interventie hield de Engelsen nog staande. 'Ze zullen de wedstrijd pas opgeven als deze laatste hoop op het continent de bodem ingeslagen is.' Daaruit trok Hitler de schijnbaar onontkoombare conclusie dat 'Rusland nu verslagen moest worden'. Ofwel zou Engeland dan inbinden, ofwel zou Duitsland de strijd onder gunstiger voorwaarden kunnen voortzetten. Bovendien zou een 'verplettering van Rusland' Japan in de gelegenheid stellen 'zich met alle krachten tegen de vs te keren' en deze zo mogelijk af te houden van deelname aan de oorlog tegen Duitsland.

Hitler liet er bij de militairen geen twijfel over bestaan dat de factor tijd een belangrijke rol voor hem speelde. Het Rode Leger was nu nog 'een kolos van leem, zonder kop', maar de toekomstige ontwikkeling ervan 'was niet met zekerheid te voorspellen'. Vanuit het oogpunt van de dictator pleitte dit er ook voor de aanval te lanceren op een moment waarop dit strategische venster nog gesloten zou zijn voor Duitsland. Na de te verwachten zege zou Duitsland over de 'reusachtige Russische ruimte' met haar 'onmetelijke rijkdommen' kunnen beschikken. Daarmee zou Duitsland alle troeven in handen hebben om 'in de toekomst ook de strijd tegen continenten te voeren, het kon dan door niemand meer verslagen worden'. Hitler eindigde zijn monoloog met theatrale pathos: wanneer Operatie Barbarossa eenmaal begon, zou 'Europa de adem inhouden'.[5]

De aanwezige generaals hadden Hitlers uitweidingen 'zwijgend en zonder tegenspraak' aangehoord, herinnerde adjudant von Below zich.[6] Onder elkaar wisselden ze echter hun twijfel en bedenkingen uit. Zo noteerde Halder op 28 januari na een gesprek met Brauchitsch in zijn dagboek: 'Barbarossa: de zin ervan niet duidelijk. De Engelsen raken we er niet mee. Onze economische basis wordt niet wezenlijk beter. Risico in het westen mag niet onderschat worden.'[7] De secretaris-generaal van Buitenlandse Zaken, Ernst von Weizsäcker, deelde deze scepsis. Hij kon nog steeds niet zien 'wat de zin van een voorjaarscampagne tegen Rusland eigenlijk zou moeten zijn', merkte hij op bij de jaarwisseling 1940/1941. De 'dringende noodzaak' was immers dat Engeland verslagen werd. Zolang dit niet het geval was, kon Duitsland 'de strijd beter niet aanbinden met Rusland'.[8]

Op 31 januari bespraken Brauchitsch en Halder de grondslagen van de voorgenomen operatie met de drie opperbevelhebbers van de legergroepen – Bock, Leeb en Rundstedt. Op de vraag of er bepaalde aanwijzingen waren dat het Rode Leger 'slag zou leveren voor de Westelijke Dvina-Dnjeprlijn', moest het hoofd van de generale staf toegeven dat 'het evengoed wel eens anders zou kunnen zijn' – een verbazingwekkende erkenning van de onzekere basis waarop de gehele planning berustte.⁹ Bock was de enige die Hitler op 1 februari daarover aansprak. Hoewel hij zich optimistisch uitliet over de kans op succes van de campagne, betwijfelde hij of het mogelijk zou zijn de Russen 'tot vrede te dwingen'. Als de bezetting van de Oekraïne en de inname van Leningrad en Moskou Stalin niet overtuigden om vrede te sluiten, wierp de dictator tegen, dan moest men met snelle eenheden doorstoten naar Jekaterinenburg. Hij zou in ieder geval 'strijden' en was ervan overtuigd dat de Duitse aanval het Rode Leger zou wegvagen 'als een hagelstorm'.¹⁰

Anders dan bij de veldtocht in het westen in de herfst en winter van 1939/1940, was er deze keer geen noemenswaardig verzet van de legerleiding tegen Hitlers strijdplan. Dit was deels te wijten aan het feit dat de meeste generaals, net als de dictator zelf, ervan overtuigd waren dat het Rode Leger weinig weerstandsvermogen had en de foutieve overtuiging koesterden dat ze het in een paar weken vernietigend konden verslaan. 'Drie weken na onze aanval zakt het hele kaartenhuis in elkaar,' moet Jodl gezegd hebben.¹¹ Aan de andere kant was Hitlers gezag ook in militaire kwesties zo gegroeid na de overwinning op Frankrijk, dat het niet raadzaam leek zijn besluit tot Operatie Barbarossa openlijk tegen te spreken. Tot dusverre had de Führer altijd gelijk gekregen met zijn afweging van de risico's. Waarom zou dat ook niet deze keer het geval zijn?

Op 3 februari 1941 presenteerde Halder aan Hitler de 'Opmarsorder-oost', die inmiddels was voltooid. Met geen letter werd hierin enige twijfel geuit over de uitvoerbaarheid ervan. De opdracht van de drie Legergroepen – Nord onder Leeb, Mitte onder Bock, Süd onder Rundstedt – was 'het openscheuren van het front van de Russische legermassa die in West-Rusland werd verwacht, door een snelle en diepe opmars van sterke en snelle eenheden ten noorden en zuiden van de Pripjatmoerassen. Deze doorbraak moest gebruikt worden om de geïsoleerd geraakte vijandelijke eenheden te vernietigen'. Daarbij kwam het er vooral op aan te verhinderen 'dat de tegenstander vroegtijdig uitwijkt met gevechtsklare eenheden en zich ten westen van de Dnjepr-Westelijke Dvinalijn onttrekt aan de vernietiging'.¹²

Hitler verklaarde zich 'in principe akkoord' met het operatieplan, maar benadrukte nogmaals dat 'de gewenste omsingeling van grote delen van het Russische leger alleen succesvol zou zijn [...] als deze zonder lacunes kon worden uitgevoerd'.¹³ De vraag waar de operaties na de eerste fase van de grote doorbraak- en vernietigingsslagen moesten worden toegespitst, bleef onopgehelderd, en dit zou leiden tot ernstige conflicten tussen de dictator en de legerleiding tijdens de campagne.¹⁴ Voorlopig werden alle smeulende tegenstellingen echter gemaskeerd door de zekerheid dat de allereerste slagen zouden leiden tot de ineenstorting van het bolsjewistische systeem. Veelzeggend was dat Hitler al in deze weken begon met het uitwerken van plannen voor de periode na de nederlaag van de Sovjet-Unie. Op 17 februari gaf hij Jodl de opdracht te beginnen met 'de bestudering van een opmars in Afghanistan tegen India na Operatie Barbarossa'.[15] Dergelijke belachelijk klinkende gedachtespelletjes, die doen denken aan de veroveringen van Alexander de Grote, waren gericht op het hart van het Britse Rijk. Als absolute heerser van een continentaal rijk dat zich zou uitstrekken van de Atlantische Oceaan tot aan de Oeral, zo geloofde Hitler, zou hij zich in een onaantastbare strategische positie bevinden. Zo kon hij de doodsteek geven aan Groot-Brittannië en uiteindelijk de Verenigde Staten uitdagen in de strijd om de wereldheerschappij.

Ondertussen was de situatie van de Italiaanse troepen in Noord-Afrika dramatisch verslechterd. Begin januari 1941 veroverden de Britten de vesting Bardia; duizenden Italianen geraakten in krijgsgevangenschap. Zonder Duitse hulp, waarschuwde de Italiaanse militair attaché in Berlijn, Efisio Marras, zou Cyrenaika niet meer te houden zijn en dreigde heel Noord-Afrika verloren te gaan.[16] 'Onze vrienden hebben ons daar in een lastig parket gebracht,' klaagde Goebbels.[17] Bij de bespreking op de Berghof op 9 januari nam naast de voorbereiding van Operatie Barbarossa de toekomstige houding tegenover de As-partner een belangrijke plaats in. Hitler sprak zich nu uit voor directe militaire steun aan Italië, vooral gezien de psychologische gevolgen die het verlies van Libië voor zijn bondgenoot zou hebben. De Italianen waren kennelijk niet in staat zich 'op eigen kracht' tegen de Engelsen staande te houden; zij moesten 'dus in zoverre geholpen worden dat ze in de komende maanden stand konden houden'.[18] Twee dagen later ondertekende hij 'Order nr. 22': 'De situatie in het Middellandse Zeegebied, waarin Engeland superieure strijdkrachten tegen onze bondgenoten inzet, vereist Duitse hulp om strategische, politieke en psychologische redenen.' De eerste geplande maatregel was het sturen van een antitankeenheid naar het Noord-Afrikaanse strijdtoneel.[19]

Vanwege de militaire tegenslagen van zijn legers had Mussolini wekenlang een nieuwe ontmoeting met Hitler vermeden. Uiteindelijk gaf hij op 5 januari toestemming, maar stond erop dat er aan de bijeenkomst zo min mogelijk ruchtbaarheid gegeven werd. Tijdens de tweedaagse onderhandelingen op de Berghof op 19 en 20 januari 1941 was Hitler de tactvolle gastheer die alles wat de gevoeligheden van zijn Italiaanse vriend kon irriteren, uit de weg ging.[20] De Duitse dictator repte met geen woord over zijn voornemen Rusland in het voorjaar aan te vallen. Hij beschreef de concentratie van troepen in het oosten als een preventieve maatregel: 'Zolang Stalin leefde, die verstandig en voorzichtig was, zou Rusland zeker niets tegen Duitsland ondernemen, maar men wist nog niet wie hem zou opvolgen. Daarom moest Duitsland sterk zijn.' Het grootste deel van het gesprek wijdde Hitler aan de opmars van Duitse troepen in Roemenië en de nog vóór Operatie Barbarossa geplande operatie tegen Griekenland, die sinds december 1940 werd voorbereid onder de codenaam 'Marita'. Hij herinnerde zijn gasten eraan dat het belangrijk was dat 'de kaarten niet te vroeg op tafel lagen' en legde vervolgens de technische aspecten van de operatie zo gedetailleerd en met zoveel kennis uit dat de meegereisde Italiaanse militairen diep onder de indruk bleken.[21]

Mussolini stemde toe in de inzet van een Duitse antitankeenheid als versterking van de in het nauw gebrachte Italianen in Libië. Dit betekende een definitief afscheid van zijn pogingen onafhankelijk van Duitse steun een 'paralleloorlog' te voeren. 'Goed totaalresultaat van het bezoek,' noteerde Ciano. 'De solidariteit tussen de beide As-bondgenoten is compleet, en op de Balkan zullen we gezamenlijk optrekken.'[22] Zo harmonieus was de toestand van de bondgenootschappelijke betrekkingen echter helemaal niet. Op 22 januari viel de vesting Tobroek. 'De buit van de Engelsen [...] is ongehoord,' was het commentaar van Goebbels. 'Italië wordt in Afrika tot op de huid uitgekleed. Dat is ontluisterend en vernietigt op den duur het prestige van het hele fascisme.'[23] In de Duitse publieke opinie werd nog sterker de al langer bestaande minachting voor de bondgenoot gelucht met denigrerende opmerkingen. Zo werden de Italiaanse militaire verslagen alleen nog als 'spaghettiberichten' (lang en dunnetjes) aangeduid, aldus een SD-verslag.[24]

Hitler pleitte er steeds weer voor rekening te houden met de Italiaanse behoefte aan prestige. In februari waarschuwde hij, in een order voor 'het gedrag van Duitse troepen op het Italiaanse krijgstoneel', officieren en soldaten 'om bij alle gerechtvaardigde, trotse gevoelens over uw waarde en prestaties vrij te zijn van iedere aanstootgevende arrogantie'.[25] Intern maakte de dictator echter geen geheim van zijn toenemende ergernis over zijn bondgenoten. 'Het idiote is,' klaagde hij, 'dat de Italianen enerzijds om hulp roepen en hun slechte bewapening en uitrusting niet zwarter kunnen afschilderen, en anderzijds zo jaloers en kinderachtig [zijn] dat ze eigenlijk geen Duitse soldaten en Duitse hulp willen aanvaarden.'[26]

Toch bekrachtigde Hitler op 3 februari zijn besluit om de Italianen in Libië te hulp te schieten en eiste zelfs dat de geplande antitankeenheid versterkt zou worden door een sterke tankdivisie. Als de Engelsen te maken krijgen met 'verse, deugdelijk uitgeruste Duitse troepen, zal de krachtsverhouding snel in ons voordeel veranderen.'[27] In een brief aan Mussolini van 5 februari kondigde hij aan 'de stoutmoedigste tankgeneraal die we in het Duitse leger hebben', luitenant-generaal Erwin Rommel, met deze missie te belasten.[28] Nadat Rommel al als commandant van het Führerhoofdkwartier van 1939 gestegen was in Hitlers gunst, had hij zich toen hij in de Franse veldtocht het bevel voerde over een tankdivisie waargemaakt als een houwdegen. Hij was een onvoorwaardelijke bewonderaar van de dictator, overtuigd van diens genialiteit. 'Ja, als we de Führer toch niet hadden,' schreef hij in april 1940. 'Ik weet niet of er een andere Duitse man zou zijn die de kunst van de militaire en politieke leiding zo geniaal op beide vlakken beheerst.'[29] Op 6 februari 1941 ontving Rommel van Hitler persoonlijk de instructies voor zijn nieuwe taak; op 12 februari kwamen de eerste troepen van het Duitse Afrikakorps aan in Tripolis.

Formeel waren ze geplaatst onder de lokale Italiaanse opperbevelhebber, maar Rommel had ervoor gezorgd dat ze alleen als afzonderlijke eenheid onder zijn leiding ingezet mochten worden. Eind februari kon hij melden dat de situatie in Noord-Afrika zich 'van dag tot dag' meer consolideerde. Door een krijgslist – hij liet verplaatsbare tankdummy's van hout maken – misleidde hij de Engelsen over de ware sterkte van het Afrikakorps.[30] Om de zeeroute naar Noord-Afrika te beveiligen, deed de Duitse Luftwaffe zware aanvallen op Malta, de Engelse kroonkolonie.[31]

Op 20 maart onderscheidde Hitler Rommel in de Rijkskanselarij met het eikenloof bij het Ridderkruis en besprak met hem de plannen voor de herovering van Cyrenaika. 'Een fantastische officier,' noteerde Goebbels. 'Hij vertelt over de problemen van de woestijnoorlog. Onze motoren leveren geweldige prestaties. De Italianen bezorgen hem alleen maar moeilijkheden. Geen volk van soldaten. Zouden toch blij moeten zijn dat wij er zijn, en ook de Führer, die er heel gelukkig over is dat we onze gemotoriseerde troepen heelhuids erheen hebben kunnen brengen. De Führer wil Afrika in geen geval opgeven.'[32] Eind maart 1941 begon Rommel het tegenoffensief. In de loop van april slaagde hij erin Bardia te heroveren, de vesting Tobroek te omsingelen en de Britten uit Cyrenaika te verdrijven. Pas in juni kwam zijn stormachtige opmars tot staan aan de Egyptische grens. Terwijl men in het OKH de successen van Hitlers favoriet argwanend volgde en probeerde hem strak aan het lijntje te houden, zorgde de propaganda ervoor dat er rond de 'Woestijnvos' algauw een heldencultus groeide. 'Rommel is bij onze en de Italiaanse soldaten een echt legendarische figuur,' merkte Goebbels op in juni 1941.[33]

Op hun bijeenkomst in januari 1941 had Hitler Mussolini gevraagd nog één keer te proberen generaal Franco van standpunt te laten veranderen, onder verwijzing naar de steun die hij tijdens de Spaanse Burgeroorlog had gekregen.[34] Het onderhoud van de duce met de caudillo in Bordighera op 12 februari eindigde echter zonder resultaat. Franco stelde als tegenprestatie voor Spaanse deelname aan de oorlog weer zulke hoge eisen dat die voor de Asmogendheden onvervulbaar waren. Hitler gaf nu alle hoop op om Franco nog van mening te laten veranderen. 'De Führer laat Spanje vallen. Ze zullen ten onder gaan,' noteerde Walther Hewel, de vertegenwoordiger van Ribbentrop bij Hitler.[35] Dit betekende echter ook dat Operatie Felix, de verovering van Gibraltar, definitief moest worden opgegeven en daarmee ook de hoop om de Britse vloot te verdringen uit zijn positie in de westelijke Middellandse Zee.

De betrekkingen met Japan ontwikkelden zich in het voorjaar evenmin zoals Hitler het gewild had. Toen de Japanse ambassadeur Saburo Kurusu afscheid nam van zijn post in Berlijn, begin februari 1941, prees de dictator 'de definitieve bezegeling van de Duits-Japanse samenwerking' door het Driemogendhedenpact van september 1940. Deze samenwerking zou 'in de toekomst bijzonder nauw zijn, aangezien beide landen [...] geen concurrenten waren en geen tegengestelde territoriale aspiraties hadden'.[36] Op 28 februari presenteerde de nieuwe Japanse ambassadeur, Hiroshi Oshima, zijn geloofsbrieven op de Berghof. Deze gold als uit een uitgesproken voorstander van een pro-Duitse koers. Ook bij deze gelegenheid benadrukte Hitler de gemeenschappelijke belangen. Duitsland had 'geen territoriale aanspraken in het Verre Oosten en geen enkele intentie de koloniën daar te bemachtigen [...]. Voor hem was het voldoende Europa opnieuw in te richten en koloniën in Afrika te stichten.'[37] Welk oogmerk achter dergelijke plechtige verzekeringen schuilging, bleek onverbloemd uit wat 'Order nr. 24' van 5 maart vermeldt over de 'samenwerking met Japan': het doel moest zijn 'Japan zo snel mogelijk over te halen tot actief optreden in het Verre Oosten. Sterke Engelse strijdkrachten worden daardoor gebonden, het zwaartepunt van de Amerikaanse interesses wordt naar de Stille Oceaan verlegd.' De order stelde uitdrukkelijk dat tegen de Japanse diplomaten 'geen enkele toespeling gemaakt mocht worden' op Operatie Barbarossa.[38]

Op 26 maart arriveerde de Japanse minister van Buitenlandse Zaken, Yosuke Matsuoka, voor een bezoek aan de Duitse hoofdstad. Goebbels had alle registers opengetrokken: 'Honderdduizenden op straat. De mensen hebben in de breedste zin gevolg gegeven aan mijn aansporingen [...]. De ontvangst door de bevolking is zeer stormachtig.'[39] Duitsers die kritisch stonden tegenover het regime zoals Friedrich Kellner, verbaasden zich over het 'enorme vertoon' waarvan sprake was naar aanleiding van het staatsbezoek. Spontaan enthousiasme, waartoe de voorpagina's hadden opgeroepen, kon het niet zijn. 'De toneelknechten creëren de politiek en de "enthousiaste" ontvangst. In de vorige oorlog waren de Japanners "spleetogige bandieten", omdat ze ons beroofden van Kiautshou en vandaag de dag zijn het "vrienden". Hoe veranderlijk is jullie ziel, o Duitse krantenmensen!'[40]

Hitler kwam op 27 maart 's middags in zijn eerste gesprek met Matsuoka al snel ter zake. Japan mocht de goede gelegenheid om op te treden tegen de Britse bases in het Verre Oosten niet laten lopen. Zelden, zo legde hij uit, was 'er een kleiner risico geweest dan nu, terwijl er in Europa oorlog is, Engeland daar zijn handen vol heeft, Amerika pas aan het begin van zijn herbewapening staat, Japan de sterkste macht is in het Oost-Aziatische gebied en Rusland niet handelend kan optreden, omdat er aan de westgrens 150 [Duitse] divisies staan'. Matsuoka hield zich echter op de vlakte: hij was er weliswaar van overtuigd dat 'zo vroeg als mogelijk' een aanval op Singapore moest 'plaatsvinden', maar in het kabinet stond hij nog alleen in deze opinie. Daarom kon hij op dat moment 'namens zijn Japanse Rijk nog geen verplichting aangaan om op te treden'. Hitler kon zijn teleurstelling maar moeilijk verbergen en zelfs het feit dat Matsuoka hem uiteindelijk overspoelde met vuistdikke vleierijen – een leider als hem had 'ieder volk maar één keer in de duizend jaar' – kon zijn stemming nauwelijks verbeteren.[41]

De dictator bleef standvastig zwijgen over zijn voornemen Rusland aan te vallen. Bij een lunch die hij op 28 maart aanbood aan zijn Japanse gast, verklaarde hij dat Duitsland niet zou aarzelen 'gewapenderhand' zijn bondgenoot te ondersteunen als de Sovjet-Unie Japan zou aanvallen.[42] Hitler herhaalde deze garantieverklaring met het oog op de Verenigde Staten, toen Matsuoka na een omweg naar Rome op 4 april weer in Berlijn halthield en nog een gesprek voerde met de Duitse dictator: mocht Japan in conflict raken met de Verenigde Staten, dan zou Duitsland 'van zijn kant onmiddellijk de consequenties trekken'.[43] Het is opvallend dat Hitler niets deed om zich anderzijds te verzekeren van de steun van Japan voor het geval dat het tot een conflict tussen Duitsland en de Sovjet-Unie zou komen. Daaruit valt weer te concluderen dat hij er inderdaad op vertrouwde dat hij Rusland zonder buitenlandse hulp kon bedwingen met een snelle campagne. Toch was Berlijn nog onaangenaam verrast toen het nieuws binnenkwam dat Matsuoka op 13 april in Moskou op zijn terugreis een 'neutraliteitsverdrag' had gesloten met Rusland.[44] Daarmee wilde de Japanse regering het gevaar bezweren dat het ongewild in een oorlog tussen Duitsland en Rusland betrokken zou worden. Uit gesprekken met minister van Buitenlandse Zaken von Ribbentrop en secretaris-generaal von Weizsäcker kreeg ambassadeur Oshima de indruk dat de Duitsers zich intensief voorbereidden op een aanval op de Sovjet-Unie.[45]

Bij het afscheid van Matsuoka op het station van Moskou had Stalin besloten een ongewoon gebaar te maken: in aanwezigheid van het hele corps diplomatique sloeg hij demonstratief zijn arm om de schouders van de Duitse ambassadeur Friedrich Werner Graf von der Schulenburg en verklaarde: 'Wij moeten vrienden blijven, en daarvoor moet u nu alles doen wat u kunt.'[46] Uiteraard probeerde de Sovjetdictator Hitler te sussen. Al in januari 1941 had Rusland een nieuwe handelsovereenkomst met Duitsland gesloten, en aan Russische zijde werd er nauwlettend op toegezien dat de daaruit voortvloeiende leveringsverplichtingen werden nagekomen. Alles wat Hitler kon uitdagen of als voorwendsel kon dienen voor een aanval, moest vermeden worden. 'Rusland houdt zich helemaal koest.

Maar alleen omdat het zich omsingeld voelt,' merkte Goebbels op, die door Hitler pas eind maart ingewijd was in Operatie Barbarossa.[47]
In zijn openbare optredens, zoals in zijn Rijkdagtoespraak van 30 januari 1941, vermeed Hitler consequent elke vermelding van Rusland, wat de bevolking deels met verbazing opmerkte.[48] Intern was hij echter vastbesloten de voorbereidingen voor operatie Barbarossa te bespoedigen en zijn ideologische motivatie werd steeds duidelijker. Op 3 maart vertelde hij Jodl ronduit dat de komende campagne 'meer zou zijn dan alleen een strijd van de wapens'; deze moest worden gevoerd als een 'botsing van twee wereldbeschouwingen'. Daartoe moest 'de Joods-bolsjewistische intelligentsia als de huidige "onderdrukker" van het volk' worden geëlimineerd en moest Rusland uiteenvallen in verschillende, van Duitsland afhankelijke, nieuwe, op staten lijkende eenheden.[49] De instructies van Hitler vonden hun weg naar de door Keitel op 13 maart ondertekende 'Richtlijnen voor speciale gebieden bij Order nr. 21', die het complete kader voor de geplande vernietigingsoorlog afbakenden. Daarna zou Himmler 'speciale taken in opdracht van de Führer' krijgen in het operatiegebied van het leger, zoals die voortvloeien 'uit de definitieve strijd tussen twee tegengestelde politieke systemen'. Uitdrukkelijk werd de Reichsführer-SS toegezegd dat hij 'zelfstandig en op eigen verantwoording' kon optreden. Daarmee trokken Hitler en het OKW de consequenties uit de ervaringen in de Poolse veldtocht, waarbij het tussen de SS en enkele legerleiders herhaaldelijk tot conflicten was gekomen vanwege het moorddadige optreden van de Einsatzgruppen. De bezette Russische gebieden zouden, voor zover de gevechtshandelingen het toelieten, van het operatiegebied van het leger worden afgescheiden en 'worden opgesplitst in staten met hun eigen regering'. Allereerst dacht men aan de oprichting van drie 'rijkscommissariaten' – het Baltische gebied, Wit-Rusland en Oekraïne – conform de drie Legergroepen Nord, Mitte en Süd. De rijkscommissarissen zouden de politieke leiding overnemen en hun richtlijnen rechtstreeks van Hitler ontvangen.[50]

Op 17 maart verduidelijkte Hitler in een gesprek met chef-staf Halder en het hoofd van de operationele afdeling, kolonel Adolf Heusinger, nog eenmaal hoe hij zich Operatie Barbarossa voorstelde: 'We moeten Stalin-vrije republieken creëren. De door Stalin ingezette intelligentsia moet geliquideerd worden. Het bestuursapparaat van het Russische Rijk moet vernietigd worden. In het Groot-Russische gebied is de inzet van het bruutste geweld nodig. Het Russische volk wordt nog onvoldoende bijeengehouden door een wereldbeschouwing. Als de functionarissen worden geliquideerd, zal het uit elkaar vallen.'[51] Tien dagen later, op 27 maart, riep Brauchitsch de opperbevelhebbers van de legergroepen en legers alsmede de commandanten van de tankeenheden bijeen in Zossen. Hij informeerde hen over het karakter van de geplande veldtocht in het oosten: de soldaten moesten 'zich ervan bewust zijn dat de strijd als ras tegen ras wordt uitgevochten en met de nodige scherpte optreden'.[52] Al deze besprekingen waren slechts het voorspel voor de definitieve toespraak van Hitler voor de hoogste legerofficieren op 30 maart 1941. Johannes Hürter omschreef die datum terecht als een 'bijzondere dag in de Duitse militaire geschiedenis'.[53] Op deze zondag verplichtte de dictator bijna de hele Duitse militaire elite onder ede tot een rassenideologische veroverings- en vernietigingsoorlog die zonder precedent was in de geschiedenis van de mensheid.

Als plek voor de bijeenkomst had Hitler de zittingszaal van het kabinet in de Nieuwe Rijkskanselarij gekozen. In de ochtend verzamelden zich daar de opperbevelhebbers van de Wehrmachtonderdelen, Brauchitsch, Göring en Raeder, leidende vertegenwoordigers van de OKW met Keitel en Jodl aan het hoofd, alsmede de commandanten van de leger-, luchtmacht- en marine-eenheden die geselecteerd waren voor Operatie Barbarossa – in totaal ongeveer honderd officieren.[54] Om 11 uur begon Hitler aan zijn toespraak van tweeënhalf uur. De inhoud ervan is vooral overgeleverd via twee documenten: een dagboekaantekening van het hoofd van de generale staf Halder en een verslag van de commandant van Panzergruppe 3, kolonel-generaal Hermann Hoth.[55] In het eerste deel van zijn uitweidingen herhaalde Hitler in wezen de strategische argumenten die hij sinds de bijeenkomst op de Berghof op 31 juli 1940 herhaaldelijk naar voren had gebracht om de beoogde 'oorlog in het oosten' te rechtvaardigen. In eerste instantie probeerde hij de generaals te bevrijden van hun zorg over een tweefrontenoorlog. De 'oorlog in het westen' was feitelijk 'afgehandeld' – in die zin was de toestand niet te vergelijken met die van 1914-1918. De situatie in Noord-Afrika was echter nog steeds onduidelijk, en het was ook nog geen uitgemaakte zaak of de anti-Engelse koers in Frankrijk zou overheersen.[56] De dictator had harde kritiek op de Italiaanse oorlogvoering. Haar mislukkingen hadden een 'rampzalig effect naar buiten' gehad en zouden de strategische positie van de Britten in het Middellandse Zeegebied hebben versterkt.[57] Bovenal had Groot-Brittannië zijn hoop gevestigd op de Verenigde Staten, zo verklaarde Hitler, en hervatte een gedachtegang die al bekend was bij zijn gehoor. 'Houdt Eng[eland] het één tot anderhalf jaar vol, dan wordt de hulp van Amerika effectief.' Dan zou de nadruk van de Duitse oorlogseconomie van de landmacht naar de luchtmacht en marine verschoven moeten worden. 'Maar eerst Rus[land] overwinnen.' De situatie was nog gunstig om 'voor eens en altijd' het 'Russ[isch]-Aziatische gevaar' te elimineren. Pas dan zou Duitsland 'vrijheid van handelen' krijgen om de confrontatie met de Angelsaksische mogendheden te doorstaan.[58] 'Ik zou een misdadiger zijn tegenover de toekomst van het Duitse volk, als ik niet zou toeslaan!'[59] De dictator omschreef het doel van de aanval als het verslaan van het Rode Leger en de ontbinding van de

Russische staat. Opnieuw onderstreepte hij zijn overtuiging dat ondanks de 'oneindige uitgestrektheid van het gebied' en de numerieke superioriteit van de Russen, de Wehrmacht snel zou slagen om de campagne te beslissen, door 'zich te concentreren op cruciale punten' en de gecombineerde 'massale inzet van luchtmacht en tanks'.[60]

Pas in het tweede deel van zijn uiteenzetting kwam Hitler toe aan zijn ideologische motivatie, die aan Operatie Barbarossa haar bijzondere stempel zou geven. Halder noteerde in zijn dagboekaantekeningen de steekwoorden: 'Strijd van twee wereldbeschouwingen tegen elkaar. Vernietigend oordeel over het bolsjewisme, staat gelijk aan asociale criminaliteit. Communisme ongehoord gevaar voor de toekomst. We moeten ons distantiëren van het soldateske kameradendom. De communist is vooraf geen kameraad en is nadien geen kameraad. Het gaat om een vernietigingsoorlog. Als we het niet zo opvatten, dan zullen we weliswaar de vijand verslaan, maar in dertig jaar zal de communistische vijand weer tegenover ons staan. We voeren geen oorlog om de vijand in stand te houden.' Hitler liet er bij de bevelhebbers geen twijfel over bestaan wat dat inhield: het ging om 'de vernietiging van de bolsjewistische commissarissen en de communistische intelligentsia'. Dat was 'geen kwestie voor krijgstribunalen', maar moest door de soldaten zelf ter hand genomen worden. 'Partijcommissarissen en medewerkers van de GPOe zijn misdadigers en moeten als zodanig behandeld worden.' De dictator deed een appel op de commandanten van de soldaten om hun morele bedenkingen overboord te werpen: 'De oorlog zal anders zijn dan de strijd in het westen. In het oosten is hardheid zacht voor de toekomst.'[61] Het besluit was hem niet makkelijk gevallen, hij had 'lang met zichzelf geworsteld', beweerde Hitler ten slotte en beriep zich nog eens op zijn grote voorbeeld Frederik de Grote, wiens probleem eigenlijk 'onoplosbaar' was geweest. 'Hoeveel makkelijker hebben wij het vandaag!'[62]

Nooit tevoren had Hitler zijn misdadige intenties op een dergelijke niet mis te verstane wijze onthuld tegenover de hoogste vertegenwoordigers van de Wehrmacht. 'Geen hand bewoog, geen woord was te horen behalve het zijne,' herinnerde Walter Warlimont zich, plaatsvervangend stafchef van de Wehrmacht.[63] Na 1945 deed Halder het voorkomen alsof de frontcommandanten zich 'vol verontwaardiging' over Hitlers 'brutaliteit' gericht hadden tot Brauchitsch en hem, en verklaard hadden: 'Hier gaan wij niet mee akkoord.'[64] In feite is er echter geen enkele contemporaine vermelding van een dergelijke reactie. Veldmaarschalk von Bock sloot zijn dagboeknotitie af met een opmerking waaruit niet de geringste afstand blijkt tot het monsterlijke dat hij zojuist had gehoord: 'Al met al, plannen en taken die de Führer zelf als gigantisch beschrijft.'[65] Ook tijdens de gezamenlijke lunch en de daaropvolgende lezingen van de commandanten van de Legergroepen was kennelijk niemand bereid bezwaar te maken tegen Hitlers eisen in zijn ochtendtoespraak of ten minste een discussie daarover te verlangen.

Dit falen is niet alleen te verklaren uit lafheid tegenover de intimiderende autoriteit van de Führer, die ondertussen ook in de ogen van veel commandanten het aureool van onfeilbaarheid bezat. Veeleer wees het op een ruime mate van overeenstemming tussen Hitler en de militaire leiding. In het oordeel over de Russische gevechtskracht en de vooruitzichten op succes van Operatie Barbarossa was men het verregaand eens, zoals al aangegeven is. Ook over de doelen en methoden van de ophanden zijnde veldtocht was er klaarblijkelijk geen fundamenteel verschil van mening. Het vijandbeeld van het 'Joodse bolsjewisme' was wijdverbreid in het officierskorps en het idee dat men moest optreden tegen het 'gevaar uit het oosten' behoorde tot de traditionele anti-Russische clichés van de Pruisisch-Duitse militaire elite.[66] Zo verkondigde kolonel-generaal Georg von Küchler, bevelhebber van het Achttiende Leger, op 25 april in een uiteenzetting voor de divisiecommandanten dat Rusland 'alleen al door de massa van zijn grondgebied een Aziatische staat' was, die 'in wereldbeschouwing en ras' door een 'diepe kloof' gescheiden was van Duitsland; met zijn agressieve drang naar het westen vormde het een voortdurende bedreiging. Daarom moest nu 'de gunst van het ogenblik' gebruikt worden om dit gevaar voor eens en altijd uit te bannen en 'het Europese Rusland te vernietigen, de Russische Europese staat te ontbinden'.[67] De latere tegenstander van Hitler, generaal Erich Hoepner, commandant van Panzergruppe 4, beschreef in een dagorder van begin mei de oorlog tegen Rusland als een 'essentiële fase in de strijd om het bestaan van het Duitse volk': 'Het is de oude strijd van de Germanen tegen het Slavendom, de verdediging van de Europese cultuur tegen de Moskovisch-Aziatische zondvloed, de verdediging tegen het Joodse bolsjewisme.'[68] Antibolsjewisme, antislavisme, antisemitisme, sociaal-darwinisme – die vormden de ideologische basisuitrusting waarmee veel Wehrmachtgeneraals ten strijde zouden trekken tegen de Sovjet-Unie. Hitler wist deze toetsen te bespelen toen hij de commandanten op 30 maart verbond aan zijn concept van een vernietigingsoorlog.

In het voorjaar van 1941 kwam nog één keer de Balkan in het middelpunt van de belangstelling te staan. Hitler was erin geïnteresseerd om voor het begin van Operatie Barbarossa zo veel mogelijk staten in de Duitse invloedssfeer op te nemen. 'Nu scheppen we ook orde op de Balkan,' constateerde secretaris-generaal von Weizsäcker.[69] Nadat Roemenië, Hongarije en Slowakije in november 1940 waren toegetreden tot het Driemogendhedenpact, deden de Duitse politici nu extra hun best om Bulgarije en Joegoslavië ervoor te winnen. Begin januari 1941 verzette de Bulgaarse premier Bogdan Filov zich tegen de Duitse avances tijdens een ontmoeting met Hitler op de Obersalzberg. Hij was bang voor complicaties in de verhouding met Rusland, dat zoals het Berlijnse bezoek van Molotov getoond had, Bulgarije als een gebied beschouwde waarin het belangen had – als tegenwicht tegen de Duitse invloed in Roemenië. Hitler probeerde zijn gast gerust te stellen: een Russische interventie was 'niet te vrezen, omdat de Russen wisten dat het conflict zich dan over de gehele lengte van de Duits-Russische grens zou uitbreiden'.[70] Op 1 maart was het dan zover: Bulgarije trad toe tot het Driemogendhedenpact. Hitler reisde naar Wenen, waar het verdrag plechtig werd ondertekend in Schloss Belvedere. Een dag later rukten Duitse troepen Bulgarije binnen vanuit Roemenië. 'Groot succes van de Führer', merkte Goebbels op. 'Het binnenmarcheren van Bulgarije verloopt soepel.'[71] Moskou reageerde opvallend terughoudend op dit affront, overeenkomstig de lijn van Stalin dat de Duitsers geen reden voor agressie gegeven mocht worden. In een brief aan de Turkse president İsmet İnönü verzekerde Hitler dat de invasie van Bulgarije niet gericht was tegen Turkije en dat de Duitse troepen zo ver van de Turkse grens zouden blijven 'dat er geen verkeerde conclusie zou kunnen worden getrokken over het doel van hun aanwezigheid'.[72]

De inspanningen ten aanzien van Joegoslavië ontwikkelden zich nog moeizamer dan in het geval van Bulgarije. Hier waren namelijk de traditioneel nauwe banden van vooral de Serviërs met de Slavische broeders in Rusland een hinderpaal voor aansluiting bij Duitsland. Op 14 februari 1941 ontving Hitler de Joegoslavische minister-president Dragiša Cvetković en minister van Buitenlandse Zaken Aleksandar Cincar-Marković voor een tweeënhalf uur durende audiëntie op de Berghof, om hen te overtuigen van de aanlokkelijkheid van deelname aan het Driemogendhedenpact: voor Joegoslavië ging het om een 'eenmalige historische gelegenheid [...] om voor de toekomst zijn plaats in Europa definitief vast te leggen'. Voor zijn eigen bestwil moest het zich voegen binnen de door Duitsland en Italië nagestreefde 'nieuwe orde'.[73] Ook deze lokroep stuitte echter meteen al op terughoudendheid. Walther Hewel merkte op: 'De Joegoslaven zijn nog niet echt happig.'[74] Pas een geheim bezoek aan de Obersalzberg van de Joegoslavische prins-regent Paul op 4 maart bracht de doorbraak. Men werd het erover eens dat Joegoslavië niet verplicht was tot hulpverlening aan Duitsland en dat de troepen van de Asmogendheden geen recht van vrije doorgang kregen. Bovendien werd Joegoslavië overname van de Griekse haven van Thessaloniki en daarmee toegang tot de Egeïsche Zee beloofd. Onder deze voorwaarden stemde de kroonraad in Belgrado, tegen de wil van enkele ministers, in met aansluiting bij het Driemogendhedenpact. Op 25 maart werd wederom in Wenen de overeenkomst getekend, in bijzijn van Hitler. 'Dat hebben we dus ook voor elkaar gekregen. Wat een zware bevalling,' schreef een opgeluchte Goebbels.[75]

De vreugde was echter voorbarig. Slechts twee dagen later, in de nacht van 26 op 27 maart, pleegden Servische officieren een coup, brachten prins-regent Paul en minister-president Cvetković ten val, en riepen de pas zeventienjarige Peter II tot nieuwe koning uit. Toen Walther Hewel in de ochtenduren het nieuws meldde, trilde Hitler van woede. Meteen ontbood hij Keitel en Jodl naar de Rijkskanselarij en verklaarde dat 'hij dat nooit over zijn kant zou laten gaan [...]. Nu zou hij schoon schip maken op de Balkan, ze zouden wel eens merken met wie ze te maken hadden.'[76] Hitlers aanvankelijke woede maakte al snel plaats voor een blij-opgewonden stemming. De dictator zag namelijk al snel in dat de militaire coup in Belgrado hem de kans gaf de tegen Griekenland geplande Operatie Marita en de vergeldingsactie tegen Joegoslavië in één operatie samen te voegen. Al om 13 uur kon Jodl zijn medewerkers telefonisch informeren dat Hitler had besloten Joegoslavië te 'verpletteren'. De opperbevelhebber van het leger, von Brauchitsch, en de opperbevelhebber van de Luftwaffe, Göring, waren al bij de Führer.[77] 'Wie de goden in het verderf willen storten, die slaan zij met blindheid' – met deze woorden ontving Hitler 's middags de Hongaarse gezant. De ontwikkeling in Joegoslavië was voor Duitsland 'geen complicatie, maar een opluchting'.[78] Kort daarna verzekerde hij de Bulgaarse gezant dat een 'onweersbui' over Joegoslavië zou losbarsten 'met een snelheid dat de heren daar het horen en zien vergaat'.[79]

In de middag van 27 maart, voordat hij de Japanse minister van Buitenlandse Zaken Matsuoka ontving, verzamelde Hitler de opperbevelhebbers van het OKH en het OKW in de Rijkskanselarij en verlangde dat 'de slag tegen Joegoslavië [...] met onverbiddelijke strengheid' en als een 'bliksemoperatie' werd uitgevoerd. Het voor mei geplande begin van Operatie Barbarossa werd daardoor naar verwachting ongeveer vier weken vertraagd.[80] Nog die avond ondertekende de dictator 'Order nr. 25': 'De militaire coup in Joegoslavië heeft de politieke situatie veranderd. Joegoslavië moet, ook dan wanneer het vooralsnog loyaliteitsverklaringen aflegt, als vijand beschouwd worden en daarom zo snel mogelijk verslagen worden.'[81] Halder ging meteen aan de slag en al drie dagen later lag er een opmarsplan voor de gecombineerde veldtocht tegen Joegoslavië en Griekenland op tafel.[82] In de nacht van 5 op 6 april riep Hitler zijn minister van Propaganda bij zich en lichtte hem in dat de aanval zou beginnen om 5.20 uur: 'Hij rekent voor de hele onderneming op ongeveer twee maanden. Ik denk korter,' noteerde Goebbels. De dictator nam geen blad voor de mond en ontpopte zich als een felle voorstander van vijandschap tegen de Serviërs, die nog stamde uit de tijd van de Oostenrijks-Hongaarse monarchie en het Duitse Keizerrijk van vóór 1914: 'De Balkan is altijd een kruitvat geweest. Londen moet de mogelijkheid worden ontnomen daar naar believen de lont in te laten steken. Die hele Servische samenzweerderskliek moet vallen.' Dat Moskou slechts enkele uren eerder gemeld had dat het een vriendschaps- en niet-aanvalsverdrag met Joegoslavië had gesloten, was voor Hitler geen reden de operatie af te blazen. Integendeel: 'Als we nu niet zouden optreden, gaat eventueel de hele Balkan, incl. Turkije glijden. Dat moet voorkomen worden.'[83]

In de ochtenduren van 6 april 1941 begonnen de Duitsers de veldtocht met een massaal bombardement op de Joegoslavische hoofdstad. Grote delen van Belgrado veranderden in puinhopen; duizenden burgers vonden de dood. De allereerste dagen van de oorlog toonden al aan dat noch de Joegoslavische noch de Griekse troepen opgewassen waren tegen de geconcentreerde aanval van de Wehrmacht, ondanks dapper verzet. Overal braken de vooruitgeschoven tankeenheden met steun van de Luftwaffe door de voorbereide defensieve stellingen. 'Geweldige stemming,' noteerde Walther Hewel op 9 april, nadat het nieuws van de val van Saloniki was binnengekomen.[84] Het was echter een domper op de euforie dat in de nacht van 9 op 10 april Britse bommenwerpers Berlijn aanvielen en grote schade aanrichtten in het centrum, vooral aan Unter den Linden. De Staatsoper brandde helemaal uit en de universiteit, de Staatsbibliotheek en het Kronprinzenpalais werden zwaar beschadigd. De Duitse propaganda mat de verliezen breed uit onder het motto 'Aanval op de Berlijnse cultuurwijk', om de aandacht af te leiden van de barbaarse vernietiging van Belgrado.[85]

Hitler vertrok op 10 april 's avonds met zijn speciale trein uit Berlijn en kwam na een korte tussenstop in München op de ochtend van 12 april aan in Mönichkirchen, 35 kilometer ten zuiden van Wiener Neustadt. Hier hield de speciale trein halt op een zijspoor van de lijn Wenen-Graz, vlak bij een spoortunnel die bescherming moest bieden voor een eventuele luchtaanval. Vanuit dit hoofdkwartier met de sarcastische naam 'Frühlingssturm' (Lentestorm) volgde Hitler in de veertien dagen daarna de operaties.[86] Eens te meer zou de veldtocht veel sneller worden afgerond dan de dictator zelf in zijn optimistische berekeningen had aangenomen. Joegoslavië capituleerde al op 17 april en Griekenland vier dagen later. Op 27 april wapperde de hakenkruisvlag op de Atheense Akropolis. Het grootste deel van het Britse Expeditieleger, dat in de maanden daarvoor ter ondersteuning van Griekenland was aangekomen op de Peloponnesos, kon weliswaar ontkomen aan de Wehrmacht, maar dat deed weinig af aan het Duitse succes.[87]

De groteske touwtrekkerij die zich tussen Duitsers en Italianen ontwikkelde over de voorwaarden van de Griekse overgave, bedierf de stemming veel meer. Mussolini was er allesbehalve gelukkig mee dat de Wehrmacht in een paar dagen gelukt was wat zijn eigen troepen sinds eind 1940 vergeefs geprobeerd hadden, namelijk Griekenland op de knieën te krijgen. Dat de Grieken bovendien heel bewust de capitulatie alleen aan de Duitse opperbevelhebber, veldmaarschalk Wilhelm List, hadden aangeboden, ervoer hij als een gevoelige klap voor zijn prestige. Zo weigerde hij in te stemmen met een wapenstilstand voordat het Griekse opperbevel ook aan zijn generaals de capitulatie had aangeboden en de ceremonie in aanwezigheid van Italiaanse vertegenwoordigers herhaald werd. Op het Duitse hoofdkwartier was de verontwaardiging over de bondgenoten groot: 'Algemene woede – ook bij de Führer,' noteerde Hewel op 21 april.[88]

De dag daarvoor had Hitler zijn 52ste verjaardag gevierd. In tegenstelling tot de buitensporige feestelijkheden van de laatste vredesjaren duurde de felicitatieceremonie die door de radio vanuit het hoofdkwartier werd uitgezonden, slechts twee uur. De Führer, zo wilde men suggereren, was op deze dag zelf helemaal in beslag genomen door zijn dringende besognes als veldheer.[89] Op de ochtend van 26 april vertrok de speciale trein uit Mönichkirchen en keerde terug naar Berlijn via Klagenfurt, waar Hitler zijn voormalige geschiedenisleraar uit Linz, Leopold Pötsch, bezocht.[90] Meteen na zijn aankomst op 28 april liet hij Goebbels komen en gaf blijk van een 'stralende stemming over de afgedwongen overwinning'. 'De verwachte twee maanden zijn slechts een goede drie weken geworden. We moeten ons weer eens schamen tegenover onze soldaten,' jubelde de minister van Propaganda.[91] Te oordelen naar de berichten van de ss-veiligheidsdienst schijnt het enthousiasme van de bevolking echter beperkt gebleven te zijn. De voldaanheid over de Balkansuccessen was vermengd met de vrees dat dit een Duits-Russische oorlog waarschijnlijker zou maken, omdat Stalin niet werkeloos kon toekijken bij een 'vernietiging van Joegoslavië'.[92]

Al binnen enkele uren na zijn terugkeer was Hitler met zijn gedachten alweer helemaal bij Operatie Barbarossa. In de middag van 28 april ontving hij de Duitse ambassadeur in Moskou, graaf von der Schulenburg. Hem waren ondertussen geruchten ter ore gekomen over de Duitse voorbereidingen op een aanval. Hij probeerde de dictator daarom te overtuigen van de voordelen van verdere samenwerking met Rusland, maar stuitte op een harde afwijzing. Hitler klaagde over het Russisch-Joegoslavische vriendschaps- en niet-aanvalsverdrag van 5 april, dat hij interpreteerde als bewijs van de zogenaamde agressieve bedoelingen van Moskou. Toen de ambassadeur erop wees dat Stalin bereid was tot 'verregaande concessies' en zelfs zijn uit het handelsverdrag voortvloeiende leveringsverplichtingen wilde overtreffen, brak Hitler het gesprek af.[93] Bij zijn vertrek zou hij de opmerking hebben laten vallen: 'En nog iets, graaf Schulenburg, ik ben niet van plan een oorlog tegen Rusland te voeren!' Juist deze verzekering bevestigde de ergste vrees van de achterdochtige ambassadeur: de beslissing voor de oorlog was allang genomen, zei hij 's avonds in vertrouwde kring.[94]

Een memorandum dat Ernst von Weizsäcker diezelfde dag aan Ribbentrop richtte, had evenmin effect. Daarin bracht hij tot uitdrukking dat ook hij een oorlog tegen Rusland 'als een ramp' beschouwde. Deze zou de Engelsen een 'nieuwe impuls voor het moreel' geven. 'We zouden daarmee niet alleen toegeven dat de oorlog nog lang zal duren, maar we zouden hem op deze manier juist kunnen verlengen in plaats van hem te verkorten.'[95] Ribbentrop koerste inmiddels helemaal op de lijn van Hitler en maakte zijn secretaris-generaal verwijten 'ook bij deze grote beslissing weer negatief te zijn'.[96] Hitler was niet onder de indruk van de bezwaren van de beroepsdiplomaten en werd aangemoedigd door de meegaandheid van zijn topmilitairen. Hij wees op 30 april de 22ste juni aan als aanvalsdatum voor Operatie Barbarossa.[97] Hij beschouwde de door de Balkancampagne veroorzaakte vertraging niet als ernstig; integendeel, hij zag in de recente triomf van de Wehrmacht een bevestiging dat deze weinig moeite zou hebben met het Rode Leger.

'Voor de Duitse soldaat is niets onmogelijk' – dat was ook de teneur van de rede waarmee Hitler op 4 mei voor de Rijksdag rekenschap aflegde voor de juist beëindigde veldtocht. Daarin koppelde hij zijn lofzang op de prestaties van de Wehrmacht weer aan felle schimpscheuten tegen Churchill, die hij de schuld gaf van de verwikkelingen op de Balkan. De publieke opinie ergerde zich aan zijn appel op de Duitse vrouwen om zich nog meer beschikbaar te stellen voor tewerkstelling, en over de daarop aansluitende opmerking dat de Duitse soldaat, die 'nu al over de beste wapens ter wereld' beschikte, 'dit jaar en komend jaar nog betere zou krijgen'.[98] Had de Führer niet in zijn nieuwjaarsboodschap aangekondigd dat de oorlog in 1941 afgelopen zou zijn? De anders zo goedgelovige Goebbels was dan ook niet erg onder de indruk van Hitlers woorden: 'Er heerst bij ons een zekere gedeprimeerdheid, omdat we ons hadden ingesteld op het einde van de oorlog in dit jaar. We moeten ons voorbereiden op bepaalde psychologische problemen.'[99]

Zijn aankondiging dat hij het koninkrijk Joegoslavië zou verpletteren, maakte Hitler waar. Het ging hem daarbij vooral om het terugdringen van de Servische invloed. 'De Serviërs zijn altijd onruststokers geweest. We moeten een eind maken aan hun praktijken,' verklaarde hij op 7 april, een dag na het begin van de veldtocht.[100] De eerste stap was het erkennen van de 'Onafhankelijke Staat Kroatië' op 15 april, waaraan ook Bosnië-Herzegovwina werd toegevoegd. Aan het hoofd van deze satellietstaat kwam Ante Pavelić te staan, de *poglavnik* (leider) van de klerikaal-fascistische Ustaša-beweging. Om aan de concurrerende aanspraken op de krijgsbuit te voldoen van niet alleen bondgenoot Italië maar ook van Hongarije en Bulgarije, waren tijdrovende onderhandelingen nodig. Het Duitse Rijk annexeerde feitelijk een groot deel van Slovenië (met Beneden-Stiermarken en Krain) en stelde het oude Servische kerngebied onder zijn militaire gezag. Italië ontving de rest van Slovenië met de hoofdstad Ljubljana, evenals het grootste deel van Dalmatië en de meeste Adriatische eilanden, en het van Italië afhankelijke Albanië kreeg een groot deel van Kosovo en West-Macedonië. Bulgarije lijfde het grootste deel van Macedonië in, terwijl Hongarije tevreden was met de teruggave van Bačka en andere gebieden, die het had moeten afstaan na de Eerste Wereldoorlog.[101] Van een 'pacificatie' was nog lang geen sprake in het gebied. De voortbestaande rivaliteiten tussen de nationaliteiten, verhuizing en verdrijving van minderheden in de geannexeerde gebieden, de terreur van de Ustaša tegen de Serviërs, de brute Duitse militaire bezettingspolitiek die verantwoordelijk was voor talrijke massamoorden, vooral tegen de in Servië levende Joden, het groeiende verzet van een partizanenbeweging onder Josip Broz Tito – dat alles zorgde ervoor dat de Balkan een haard van onrust bleef en als 'permanent secundair krijgstoneel' veel krachten van de Asmogendheden vergde.[102]

Op 9 mei 1941 ging Hitler via München weer naar de Obersalzberg. Hier bereikte hem op de ochtend van 11 mei een bericht dat de hele nazileiding ontzette: de 'plaatsvervanger van de Führer', Rudolf Heß, was de dag ervoor vertrokken op een vlucht naar Engeland, om daar te onderhandelen over vrede tussen Duitsland en Groot-Brittannië. Er is veel gespeculeerd over de motieven van deze spectaculaire stap. Het is onmiskenbaar dat Heß sinds het midden van de jaren dertig van de vorige eeuw steeds meer aan gezag en invloed had ingeboet, ondanks een ware overvloed aan aanstellingen die hij verwierf in de competentiestrijd van het Derde Rijk. Uit zijn vroegere vertrouwens- en gunstelingenpositie bij Hitler, die hij had bezeten als diens voormalige celbuurman in Landsberg en latere privésecretaris, was hij verdrongen door de eerzuchtige intrigant Martin Bormann, de 'stafchef van de plaatsvervanger van de Führer'. De dictator onderscheidde Heß nog eenmaal in het openbaar toen hij hem in zijn Rijksdagrede van 1 september 1939 tot tweede opvolger na Hermann Göring benoemde, voor het geval dat de Führer zou sterven. Dit kon echter niet verhullen dat de plaatsvervanger steeds meer een buitenstaander werd, wat nog versterkt werd door zijn neiging tot tobben en zijn zwak voor astrologie en natuurgeneeswijzen. 'Als ik met Göring spreek, is dat voor mij als een staalbad. Ik voel me daarna verfrist,' luidde een uitspraak van Hitler uit 1940, die is overgeleverd door Albert Speer. 'Met Heß wordt elk gesprek tot een onverdraaglijke, vermoeiende kwelling. Hij komt steeds weer met onaangename zaken en weet van geen ophouden.'[103] Mogelijkerwijs wilde Heß met zijn vlucht naar Engeland verloren terrein herwinnen en weer in de gunst komen bij Hitler, doordat hij geloofde volgens diens bedoelingen te handelen.

Heß kreeg het idee van een vredesinitiatief in de zomer van 1940, nadat Hitlers avances richting Londen waren afgeketst en de voorbereidingen voor Operatie Seelöwe begonnen waren. Eind augustus besprak hij met zijn oude mentor en vaderlijke vriend Karl Haushofer de mogelijkheid contact te leggen met tot vrede bereide kringen in Engeland, 'om oneindig ernstige gevolgen te voorkomen'.[104] Soms werd ook Haushofers zoon Albrecht betrokken bij de inspanningen. Deze had goede banden met Engeland, onder andere met de in Schotland wonende hertog van Hamilton, die ook een kennis was van Heß. De contactpoging bleef echter zonder tastbare resultaten.[105] Daarom rijpte in november 1940 bij de 'plaatsvervanger van de Führer' het plan alles op één kaart te zetten en voor een persoonlijke missie naar Engeland te vliegen. Als ervaren piloot, die ondanks Hitlers afkeuring ook nog als diens privésecretaris had toegegeven aan zijn hartstocht voor het vliegen,[106] vond hij dat hij de riskante actie wel aankon. Voor de veiligheid maakte hij enkele proefvluchten met een tweemotorige jager uit de Messerschmitt-fabriek, de Me 110. Toen Heß in het voorjaar van 1941 hoorde van de geplande aanval op de Sovjet-Unie, geloofde hij dat hij geen tijd meer te verliezen had.[107]

Op een door Robert Ley geleide Gau- en Reichsleiterbijeenkomst op 5 mei viel het op dat Rudolf Heß afwezig was, maar de aanwezigen konden daar geen zinnige verklaring voor vinden.[108] Op de avond van 10 mei klom de 'plaatsvervanger van de Führer' in zijn vliegtuig op vliegveld Haunstetten bij Augsburg, vloog stroomafwaarts langs de Rijn, stak de Noordzee over en bereikte omstreeks 22 uur de Schotse oostkust. Een uur later maakte hij een parachutesprong in de buurt van Dungavel, het landgoed van de Hamiltons, en verstuikte zijn voet. Zonder piloot stortte zijn vliegtuig neer en sloeg te pletter. Leden van de Schotse Home Guard arresteerden de piloot, die zich uitgaf voor kapitein Alfred Horn. Heß drong erop aan dat hij naar de hertog van Hamilton werd gebracht, aan wie hij een belangrijke boodschap moest overbrengen. De brief die hij bij zich droeg, was in het Engels vertaald door Ernst Wilhelm Bohle, hoofd van het bureau Buitenland van de NSDAP, zonder dat die echter vermoedde dat zijn meerdere zelf naar Engeland wilde gaan.[109]

Pas de ochtend van de volgende dag was Hamilton ervan overtuigd dat de vreemde gevangene inderdaad de 'plaatsvervanger van de Führer' was. Hij belde het Foreign Office op en lichtte 's avonds ook Winston Churchill in, die verbleef op Ditchley Park, Oxfordshire. 'Nu, Heß of geen Heß, ik ga nu eerst de Marx Brothers kijken,' moet de Britse premier wat boos geantwoord hebben.[110] Na wat over-en-weergepraat werd besloten sir Ivone Kirkpatrick, de voormalige secretaris van de Britse ambassade in Berlijn, naar Schotland te sturen. Die moest uitvinden wat de mysterieuze 'missie' van de 'plaatsvervangend Führer' te betekenen had. In drie verhoren, die hij afnam op 13, 14 en 15 mei, bleek dat Heß niets aan te bieden had dat verderging dan Hitlers aanbiedingen van oktober 1939 en juli 1940. 'Hij zou buiten medeweten van Hitler hierheen gekomen zijn,' vatte

Kirkpatrick de uitlatingen van de gevangene samen, 'om gezien het feit dat Engeland de oorlog niet zou kunnen winnen, verantwoordelijke personen ervan te overtuigen dat het nu het verstandigste is om vrede te sluiten. Op grond van een lange en intieme bekendheid met de Führer [...] zou hij zijn erewoord kunnen geven dat de Führer nooit aanspraken heeft gemaakt op het Britse Rijk. Evenzo heeft hij nooit gestreefd naar wereldheerschappij.'[111] Het aanbod kwam neer op de bekende formule: vrije hand voor Duitsland op het continent tegenover de vrije hand voor Engeland in zijn Empire. Het getuigt van een verbazingwekkende verblindheid bij de plaatsvervanger van Hitler dat hij meende dat hij daarmee indruk kon maken op de Britse politici.

Hoe reageerden Hitler en zijn omgeving op de vliegmissie van Heß? Op de ochtend van 11 mei, een zondagmorgen, hing er nog steeds een bedrieglijke rust over de Berghof toen Karl Heinz Pintsch, een van de twee adjudanten van Heß, zich meldde en Hitler te spreken vroeg over een dringende aangelegenheid. De dictator, die kennelijk nog in bed lag, werd gewekt door zijn bediende Linge en begaf zich van zijn privévertrekken naar de Grote Hal. Hier overhandigde Pintsch hem een verzegelde envelop met de woorden: 'Ik heb opdracht van de heer Heß deze brief aan u, mijn Führer, te overhandigen.'[112] Hitler las de brief en raakte in de greep van een 'grote opwinding', die onmiddellijk oversloeg op de hele entourage.[113] Albert Speer, die met zijn bouwtekeningen bij de Obersalzberg was ontboden, beweert zelfs een 'ongearticuleerde, bijna dierlijke kreet' gehoord hebben en meteen daarna de opdracht van de dictator: 'Onmiddellijk Bormann! Waar is Bormann?'[114] En tegen de aanwezige vertegenwoordiger van Göring, generaal Karl Bodenschatz, riep hij: 'Hoe was het mogelijk, meneer de generaal, dat de Luftwaffe Heß liet vliegen, hoewel ik hem dat uitdrukkelijk verboden had!'[115]

De brief van Heß is tot dusverre niet teruggevonden.[116] Perschef Otto Dietrich, die het schrijven een paar dagen later mocht lezen van een adjudant, heeft echter de wezenlijke inhoud overgeleverd. Volgens de weergave van Dietrich probeerde Heß zijn Führer breedsprakig te overtuigen van de motieven voor zijn handelen. Niet uit 'lafheid of zwakte' had hij het 'vliegtechnisch buitengewoon gevaarlijke risico' op zich genomen, maar omdat hij ervan overtuigd was dat het overeenstemde met Hitlers allerpersoonlijkste wens van een Duits-Engelse toenadering. Hij omschreef het doel van zijn actie als 'het leggen van contact tussen Engeland en Duitsland via persoonlijk contact met hem bekende Engelse persoonlijkheden, wat hij noodzakelijk acht in het belang van beide volkeren, om zo een serieuze poging te doen de oorlog door onderhandelingen te beëindigen'. Hij had zijn voornemen om naar Engeland te vliegen moeten verbergen omdat hij wist dat Hitler hem dat zou hebben verboden.[117] De teneur van deze brief komt duidelijk overeen met de afscheidsbrief die Heß op 14 juni 1941, een dag voor zijn eerste zelfmoordpoging in Groot-Brittannië, aan Hitler richtte. Daarin bedankte hij nogmaals uitbundig 'voor alles wat u mij gegeven hebt en wat u voor mij betekend hebt': 'Ik sterf in de overtuiging dat mijn laatste missie, ook al eindigt ze met de dood, op een of andere manier vruchten zal afwerpen. Misschien brengt mijn vlucht vrede en begrip met Engeland, ondanks mijn dood of juist door mijn dood.'[118]

De zondagsrust op de Berghof maakte op slag plaats voor een koortsachtige drukte. Terwijl de privégasten werd verzocht zich terug te trekken op de bovenverdieping, overlegden Hitler en Bormann over hoe er nu gehandeld moest worden. Om 14 uur belde Hitler Göring op, die verbleef op zijn in 1939 verworven Burg Veldenstein bij Neurenberg, en droeg hem op onmiddellijk naar Berchtesgaden te komen: 'Er is iets vreselijks gebeurd.' Ook minister van Buitenlandse Zaken Ribbentrop werd opgedragen vanuit zijn Schloss Fuschl bij Salzburg naar de Obersalzberg te komen.[119] In de namiddag had de dictator zijn kalmte zodanig hervonden dat hij admiraal Darlan, plaatsvervangend premier en sinds begin februari 1941 aangewezen als opvolger van Pétain, kon ontvangen voor een discussie over de vooruitzichten van nauwere Frans-Duitse samenwerking. Alle betrokkenen kregen daarbij de indruk dat hij 'zijn hoofd er niet bij had'.[120] Zijn gedachten waren onophoudelijk bij het geval Heß en de vraag welke gevolgen dat zou kunnen hebben. Wat hem bijzonder kwelde, was het idee dat de Britten nu een troef van onschatbare waarde konden uitspelen in de propagandastrijd. 'Stelt u zich voor, Churchill heeft Heß in handen. Wat voor waanzin is dit?' zei hij, in de herinnering van zijn persoonlijke adjudant Julius Schaub. 'Ze zullen Heß een medicijn geven, zodat hij op de radio komt en daar dan zegt wat Churchill wil. Ik kan het niet ontkennen, het is de stem van Heß, die iedereen kent.'[121]

Men was er echter nog helemaal niet zeker van of Heß eigenlijk wel in Schotland was aangekomen of dat hij niet onderweg verongelukt was. Met Göring, die rond 21 uur aankwam op de Berghof, en met de eveneens erbij geroepen luchtmachtgeneraal Ernst Udet discussieerde Hitler over die vraag tot diep in de nacht en ook nog de volgende dag. Walther Hewel vatte samen: 'Göring en Udet geloven dat Heß de moeilijke vlucht naar Glasgow niet heeft kunnen uitvoeren, omdat dit de grootst mogelijke vliegkennis van de modernste apparatuur vereist. Führer gelooft echter in het kunnen van Heß.'[122] Ondanks de onzekerheid over het lot van zijn plaatsvervanger besloot Hitler 's middags 12 mei met een communiqué in de openbaarheid te treden. Hij dicteerde een tekst, die om 20 uur op alle zenders van de Großdeutsche Rundfunk werd uitgezonden. Hoewel de Führer het hem ten strengste verboden had 'nog verder als vlieger actief te zijn', luidde het communiqué, had Heß een machine bemachtigd en was hij op 10 mei opgestegen voor een vlucht waarvan hij tot dusverre niet was teruggekeerd. Men moest er daarom rekening mee houden dat hij 'ergens neergestort resp. verongelukt is'. Noch werd het doel van de vlucht genoemd, noch het motief van Heß om te streven naar een vrede met Engeland. In plaats daarvan werd de plaatsvervanger van de Führer ontoerekeningsvatbaar verklaard: een door hem achtergelaten brief toonde 'in zijn verwardheid helaas de sporen van een geestelijke ontwrichting die doet vrezen dat partijgenoot Heß het slachtoffer is geworden van waanvoorstellingen'.[123] Goebbels, die pas kort tevoren in Berlijn het nieuws van de vlucht van Heß had ontvangen, gecombineerd met de instructie om het communiqué onmiddellijk bekend te maken, was geschokt: 'Een zware, bijna ondraaglijke klap [...]. Wat een aanblik voor de wereld: een geestelijk ontredderde tweede man na de Führer. Verschrikkelijk en ondenkbaar. Nu is het zaak om door te bijten.'[124]

Op de ochtend van 13 mei kwam de minister van Propaganda aan op de Berghof, waar Hitler al op hem wachtte en hem op de hoogte bracht van de tot dusverre bekende details van de affaire. Goebbels schreef daarna op: 'Dat het een dwaze, rare frats van Heß is, dat neemt toch niemand van ons aan. Het is een idioot gebrek aan discipline bij Heß. Bij de Führer hoeft hij niet meer aan te komen. Die is totaal geschokt. Er blijft hem ook niets bespaard. Hij spreekt in de hardste termen over hem, maar erkent zijn idealisme.'[125] Ondertussen had de BBC gemeld dat de 'plaatsvervanger van de Führer' een parachutesprong had gemaakt in Schotland, was gearresteerd door de Home Guard en met zekerheid was geïdentificeerd.[126] Daarna werkten Hitler en Goebbels een tweede communiqué uit, dat op 14 mei in de Duitse pers verscheen. Daarin werd, onder verwijzing naar het BBC-bericht, nu toegegeven dat Heß tot zijn 'persoonlijke stap' was gebracht door de veronderstelling dat hij nog steeds een overeenkomst tussen Duitsland en Engeland kon initiëren. Tegelijkertijd werd echter ook de stelling onderbouwd dat de plaatsvervanger van de Führer ontoerekeningsvatbaar was. Hij zou al enige tijd gezondheidsproblemen gehad hebben en in toenemende mate gebruik hebben gemaakt van 'magnetiseurs, astrologen enz.', die dus medeschuldig waren aan zijn 'geestelijke verwarring'. In de partij zou men het betreuren 'dat deze idealist het slachtoffer was geworden van een dermate noodlottige waanvoorstelling'.[127]

Volgens de gelijkluidende rapporten van de inlichtingendienst leidden de officiële communiqués tot 'grote ontsteltenis' in de publieke opinie, en 'diepe terneergeslagenheid' in partijkringen.[128] Al na de uitzending van het eerste communiqué op de avond van 12 mei werd Goebbels overstelpt met telefoontjes van Gau- en Reichsleiter: 'Geen enkele wil deze waanzin zelfs maar geloven. Het klinkt ook zo absurd dat men zou kunnen denken dat het een mystificatie is.'[129] Ongetwijfeld heeft de affaire 'zowel intern als extern een zeer ernstig prestigeverlies veroorzaakt', meldde een Deense diplomaat vanuit Berlijn.[130] Onder Hitlertegenstanders zag men de vlucht van Heß als een eerste teken voor ruzie in de top. 'De eerste man die uit de regeringskoets gestapt is, heet dus Rudolf Heß,' aldus een blije Friedrich Kellner. 'Dit is een buitengewoon zware slag voor dit systeem. Wankelt het gebouw? Wat is er gaande?"[131] Over het algemeen geloofde men niet in de officiële versie, die wilde dat Heß zijn actie had ondernomen in een toestand van geestelijke verwarring. 'Alleen al de sportief-technische prestatie bewijst dat je Heß niet krankzinnig kunt noemen,' vond Ulrich von Hassell, een mening die wijdverbreid was.[132] Omdat de pers en de radio zich beperkten tot het weergeven van de beide communiqués en zich verder in opdracht van Goebbels in zwijgen hulden over de affaire, was er volop ruimte voor geruchten en speculaties. Ook de clandestiene humor ontfermde zich over het geval. In Berlijn rijmde men: *'Es geht ein Lied im ganzen Land: | Wir fahren gegen Engelland. | Doch wenn dann wirklich einer fährt, | So wird er für verrückt erklärt.'* (Er klinkt een lied in 't hele land | We varen uit naar Engeland | Maar als er echt eens iemand vaart | Dan wordt hij wel voor gek verklaard.) [133] In Dresden was te horen: 'Bruine grasparkiet weggevlogen. Af te geven: Rijkskanselarij.'[134]

Voor één man in de nazileiding was de vlucht van Heß een gelukje: Martin Bormann. Al op 12 mei bepaalde Hitler per decreet dat het 'Bureau van de plaatsvervanger van de Führer' voortaan onder de naam 'partijkanselarij' voortgezet zou worden en onder hem persoonlijk zou vallen. Hij benoemde Bormann tot hoofd. Die zou korte tijd later ook de bevoegdheden van een minister en lid van de Rijksdefensieraad krijgen. De gedienstige handlanger van de Führer had dus weer een stap op de carrièreladder gezet, die hem tot een van de machtigste en meest gevreesde functionarissen van het Derde Rijk zou maken.[135] Geen wonder dus dat hij de enige was die tijdens die hectische dagen op de Berghof 'ontspannen en opgewekt' rondliep. De kring van adjudanten was het erover eens dat hij dacht dat nu 'zijn uur aangebroken' was.[136] Ook Goebbels volgde het opklimmen van Bormann met argwaan: hij had 'zich meer met sluwheid naar zijn positie gemanoeuvreerd dan met werk' en bovendien had hij 'trouweloos gehandeld' tegenover Heß: 'Heß was kortzichtig, maar fatsoenlijk. Wat kunnen we echter nog van Bormann verwachten?'[137]

Samen met Himmler trad Bormann meteen op tegen medewerkers, verwanten en vrienden van zijn voormalige meerdere. De adjudanten van Heß, Karl Heinz Pintsch en Alfred Leitgen, werden gearresteerd en naar het concentratiekamp Sachsenhausen gestuurd. In een gesprek met Bohle kreeg het hoofd van het Reichssicherheitshauptamt, Reinhard Heydrich, de indruk dat Rudolf Heß sterk beïnvloed was door de beide Haushofers.[138] Karl Haushofer werd dagenlang verhoord door de Gestapo, daarna onder huisarrest gesteld, en zijn zoon Albrecht werd voor maanden in de gevangenis opgesloten. Alfred, de broer van Heß, het plaatsvervangend hoofd van de Auslandorganisation (AO) van de NSDAP, werd uit zijn functie ontheven en uit de partij gezet. Ernst Schulte-Strathaus, medewerker voor culturele zaken bij de staf van Heß, had astrologische voorspellingen gedaan voor zijn werkgever; hij werd ook gearresteerd en naar Sachsenhausen gebracht. Bovendien deed Bormann alles om lasterlijke geruchten te verspreiden over zijn voormalige beschermheer en om de familie Heß te isoleren.[139] Een van de weinigen uit de kring van vertrouwelingen van Hitler die de omgang niet afkapten, was Elsa Bruckmann. In een bedankbrief aan deze echtgenote van de Münchense uitgever wees Ilse Heß de officiële voorstelling van zaken af: haar man was 'zeker niet bevangen door een waanidee', maar had 'het effect van zijn actie 'helder en nuchter afgewogen in het belang van de Führer, voor Duitsland'.[140] Aan deze versie hield Ilse Heß vast. Ook als 'schijnbaar in de ban gedane personen', zo benadrukte ze nog maanden later in een brief aan de nationalistische schrijver Hans Grimm, zouden Rudolf Heß en zij 'zo onwankelbaar trouw aan de wet' blijven 'die we gehoorzaamden toen we in 1920 aantraden onder het vaandel van de Führer'.[141]

Op de avond van 12 mei 1941 ontbood Bormann de Reichs- en Gauleiter voor de middag van de volgende dag naar de Obersalzberg.[142] De ontmoeting was bedoeld om de onzeker geworden partijtoplaag in te lichten over de mysterieuze gebeurtenissen en opnieuw te verbinden aan de Führer. Allereerst las Bormann de afscheidsbrief van Heß voor. Pas daarna, rond 17 uur, verscheen Hitler. Baldur van Schirach, sinds eind juni 1940 Gauleiter en Reichsstatthalter in Wenen, schrok van zijn aanblik: 'Hij zag eruit alsof hij drie dagen na de vlucht van zijn plaatsvervanger nog altijd geraakt was door deze klap. Zijn ogen waren doorbloed. Hij sprak met een zachte, van opwinding trillende stem."[143] Hitler ging zich te buiten aan felle verwijten tegen Heß, die 'buiten zijn medeweten gehandeld' had en hem in een 'onmogelijke positie' had gebracht, in het bijzonder tegenover de bondgenoot Italië. Hij had daarom minister van Buitenlandse Zaken Ribbentrop naar Rome gestuurd, 'om de duce gerust te stellen, want die moest haast wel geloven dat Duitsland achter zijn rug via Heß met Engeland had willen onderhandelen'. Heß zou altijd al 'wat zonderling' geweest zijn, omgang hebben gehad met de 'meest eigenaardige mensen', onder wie met name astrologen, hij had tegen zijn uitdrukkelijke verbod in geoefend in het vliegen, bij Messerschmitt had hij een machine laten uitrusten voor zijn doeleinden, maandenlang had hij zich beziggehouden met weerberichten en helemaal alleen had hij in vier uur de vlucht naar Schotland volbracht, 'wat toch nog een knap staaltje vliegkunst geweest was'.[144] Dat deze prestatie in zekere zin niet goed te rijmen was met de vermeende 'geestesverwarring' van zijn plaatsvervanger – dat was de dictator in het vuur van zijn betoog kennelijk ontgaan.

Hitlers appel aan de trouw van zijn paladijnen miste zijn uitwerking niet. Aan het eind schaarden de Reichs- en Gauleiter zich zwijgend in een halve kring om hem heen. 'Heel aangrijpende verklaring. Medelijden. "De Führer blijft ook niets bespaard,"' aldus Hewel, die de scène in zijn dagboek vastlegde.[145] En Goebbels noteerde: na 'de aanvankelijke verbijstering' heerste er 'mateloze verontwaardiging'. 'Iedereen is weer onwrikbaar één met de Führer. Nu komt het erop aan de gelederen te sluiten en niet onze zelfbeheersing te verliezen.'[146]

Sinds de dagen van de vlucht van Heß is herhaaldelijk verondersteld dat Hitler van de actie op de hoogte was, en deze mogelijk zelfs heeft aangemoedigd. Zowel zijn spontane reactie in de ochtend van 11 mei als zijn gedrag in de dagen die volgden, geven echter duidelijk aan dat het nieuws voor hem als een volkomen verrassing kwam en dat hij niet het minste begrip kon opbrengen voor de stap van zijn plaatsvervanger. Waarom zou hij ook een missie hebben goedgekeurd waarvan hij overtuigd was dat deze kansloos was na alle vruchteloze inspanningen richting Groot-Brittannië? Waarom zou hij het risico hebben willen lopen dat de Engelse regering van de ongewenste vredestichter zou horen wat tot dusverre een streng bewaakt geheim was: dat Duitsland op het punt stond de Sovjet-Unie binnen te vallen? En waarom zou hij zich vrijwillig in een situatie hebben laten brengen die hem in een verkeerd daglicht plaatste bij de Asbondgenoten? Hoe dan ook, alle seinen stonden in Rome op rood door de zaak-Heß en het kostte Ribbentrop veel moeite Mussolini ervan te overtuigen dat de Duitse regering er niet achter zat.[147] Al met al kan met grote zekerheid worden gesteld: Heß heeft zijn vlucht alleen ondernomen, zonder medeweten en goedkeuring van Hitler, maar in de verkeerde veronderstelling dat hij de dictator een dienst bewees.[148]

Om de in opschudding gebrachte Duitse publieke opinie te kalmeren, volgde de nazileiding in de zaak-Heß een dubbele strategie: enerzijds gaf Goebbels de pers en de radio opdracht 'energiek over andere dingen te schrijven en te doen alsof er niets aan de hand was': 'De zaak moet stelselmatig worden doodgezwegen.'[149] Anderzijds kregen de Reichs- en Gauleiter op 13 mei op de Obersalzberg bevel de partijleden er mondeling van te overtuigen dat Heß moest worden beschouwd als een 'verrader' die zelf uit de kring van volgelingen van de Führer was gestapt; daarom hoefden er geen tranen over hem vergoten te worden.[150] Die calculatie klopte: al na enkele dagen merkte Goebbels dat de belangstelling voor de zaak-Heß merkbaar was afgenomen en dat de aandacht van het publiek zich weer op andere onderwerpen richtte: 'Zo snel gaat dat in deze luchthartige tijden. Dat had Heß vooraf al tegen zichzelf moeten zeggen.'[151] Hitler zelf lijkt de schok van 11 mei ook snel verwerkt te hebben. 'Führer weer opgefrist en ontspannen,' noteerde Hewel op 19 mei.[152]

Toch bleef er één ding onzeker: hoe zou de Britse regering omgaan met haar prominente gevangene? Welke politieke en propagandistische munt zou ze slaan uit zijn aanwezigheid? De nazileiding was er vooral bang voor dat de Engelsen Heß ertoe konden brengen compromitterende details over Hitler en zijn kring prijs te geven. 'Ik beef bij de gedachte dat dit zou kunnen gebeuren,' merkte Goebbels op. 'Het lijkt er echter op dat we weer een beschermengel hebben. We hebben daar te maken met onnozele dilettanten.'[153] De Britse regering ging bij de affaire-Heß geenszins als een stel dilettanten te werk – integendeel: ze gebruikte deze voor geraffineerde diplomatieke stappen om haar verzwakte positie in de strijd tegen Hitlers Duitsland te verbeteren. Zo streefde ze ernaar om bij de Sovjetregering de indruk te wekken dat Heß daadwerkelijk een serieus vredesaanbod had overgebracht en dat in invloedrijke politieke kringen de neiging bestond daarop in te gaan. Met het spookbeeld van een mogelijke Duits-Engelse regeling moest Stalin ertoe gebracht worden meer afstand te houden van Hitler en toenadering te zoeken tot Groot-Brittannië. Ook jegens Washington gebruikte Londen de geruchten over een mogelijke afzonderlijke vrede met Duitsland, die voortkwamen uit de missie van Heß, als drukmiddel. Dit moest de Verenigde Staten overhalen hun steun voor de Britse oorlogsinspanningen op te voeren.[154]

Op 11 mei 1941 had Roosevelt de Leen- en Pachtwet (Lend-Lease Act) ondertekend. Deze machtigde hem om 'elke soort bewapeningsproducten' te laten produceren en ze aan elke natie ter beschikking te stellen 'wier defensie de president vitaal acht voor de defensie van de Verenigde Staten'.[155] Deze toezegging gold allereerst met het oog op Groot-Brittannië. Daarmee waren de Verenigde Staten een stap dichter bij oorlogsdeelname gekomen, ook als de hulp nog niet direct effectief kon worden. Aan Duitse zijde werd het inwerkingtreden van de wet zeer ernstig opgevat, ja zelfs als 'oorlogsverklaring' beschouwd.[156] Eindelijk was bij Roosevelt 'de aap uit de mouw gekomen', schamperde Hitler. Als hij naar een casus belli zou zoeken, hadden de Amerikanen hem die nu geleverd. Het zou 'linksom of rechtsom komen' tot een oorlog met de VS, maar op dit ogenblik kwam dit 'nog niet in zijn kraam te pas'.[157] Tenslotte wilde de dictator eerst de Sovjet-Unie verslaan voordat hij zich tegen de Angelsaksische mogendheden keerde.

Ook Roosevelt deinsde gezien de nog altijd sterke isolationistische neigingen in eigen land terug voor actieve deelname aan de oorlog. Zo verzette hij zich tegen het aandringen van Churchill om een konvooisysteem van de Amerikaanse marine in de Atlantische Oceaan op te zetten waarmee Engelse handelsschepen beschermd konden worden tegen Duitse onderzeeboten. Hij kon alleen instemmen met een uitbreiding van een 'veiligheidszone' voor marinepatrouilles tot de 25ste lengtegraad.[158] Hitler voelde vlak voor het begin van Operatie Barbarossa niet voor een escalatie van de confrontatie met de VS. Daarom gaf hij de marineleiding opdracht incidenten met Amerikaanse schepen onder alle omstandigheden te vermijden.[159] Hewel schreef in zijn dagboek over een bespreking op 22 mei van Hitler, Keitel en Raeder op de Berghof: 'Führer aarzelt nog in zijn houding tegen Amerika, omdat "men niet in de ziel van Roosevelt kan kijken". [...] Zonder VS oorlog dit jaar afgelopen. Met de VS nog lange jaren.'[160] Een dag later ontving Hitler de voormalige ambassadeur van de VS in Brussel en correspondent van het tijdschrift *Life*, John Cudahy, voor een interview. Meteen in het begin maakte hij duidelijk dat het invoeren van een Amerikaans konvooisysteem oorlog zou betekenen. Voor het overige probeerde hij de door Cudahy aangestipte vrees in Amerikaanse kringen dat Duitsland een 'invasie van het westelijk halfrond' beoogde, af te doen als fantastische onzin. Een dergelijk idee zou te vergelijken zijn met de bewering 'Amerika wil de maan veroveren'. Het oppercommando van de Wehrmacht zou zich bezighouden 'met expedities over kortere afstand, bijvoorbeeld 100 kilometer naar Kreta of 40 kilometer naar Engeland, niet over 4000 kilometer naar Amerika'.[161]

In Washington was men het er echter over eens dat als Groot-Brittannië zich terug zou trekken uit de oorlog, Hitler de Verenigde Staten als volgende doelwit zou nemen. Ongerust over de geruchten van een afzonderlijke vrede vanwege de vlucht van Heß, besloot Roosevelt een duidelijk signaal te geven: op de avond van 27 mei kondigde hij in een grote redevoering de 'onbeperkte nationale noodtoestand' af, die het versterken van de defensie 'tot aan de uiterste grenzen van onze nationale kracht en autoriteit' vereist maakte.[162] Wat dat precies inhield, liet hij echter open. Zo werd Berlijn vooralsnog gerustgesteld. 'Roosevelt heeft gesproken,' noteerde Goebbels. 'Nationale noodtoestand afgekondigd. Echter geen verdergaande consequenties daaruit getrokken. We moeten afwachten wat hij verder doet. In ieder geval is er voorlopig geen sprake van oorlog.'[163]

Hitler en zijn omgeving bleken echter geschokt toen in de ochtenduren van 27 mei het nieuws binnenkwam van de ondergang van de 'Bismarck'. Het slagschip, dat op weg geweest was naar de noordelijke Atlantische Oceaan, had drie dagen eerder de 'Hood', het grootste Britse slagschip, tot zinken gebracht. Het kon door een torpedotreffer in het roermechaniek echter niet manoeuvreren en werd door een vlooteenheid van de Royal Navy tot zinken gebracht, waarbij het 2300 man met zich mee in de diepte nam. Op de Berghof heerste een 'zeer gedeprimeerde stemming'.[164] Hitler, die nog laat in de nacht een aanmoedigingstelegram – 'Heel Duitsland is bij u' – had gestuurd aan de commandant van de 'Bismarck', was woedend. Hij beval dat voortaan geen slagschip of kruiser in de Atlantische Oceaan mocht uitvaren zonder zijn toestemming.[165]

De bezetting van het eiland Kreta, waartoe Hitler na de Balkancampagne op 25 april bevolen had, bleek tot zware verliezen te leiden.[166] Deze Operatie Merkur begon op 20 mei met de landing van Duitse parachutisten en vrachtzweefvliegtuigen en kon pas na hevige gevechten beëindigd worden op 2 juni. De balans: 15.000 Britse, Australische en Nieuw-Zeelandse soldaten konden geëvacueerd worden, meer dan 12.000 raakten in krijgsgevangenschap, bijna 1700 verloren het leven, evenals 1800 Britse zeelieden. Ook de verliezen aan Duitse kant waren hoog: de luchtlandings- en para-eenheden hadden meer dan 1600 doden en meer dan 1400 vermisten te betreuren – meer dan de Wehrmacht in de Joegoslavische en Griekse veldtochten bij elkaar. Bovendien hadden ze een groot deel van hun transportvliegtuigen verloren. Göring sprak op 31 mei op de Berghof van een 'aderlating voor de Luftwaffe'.[167] In opdracht van Hitler moesten dergelijke landingsoperaties, bijvoorbeeld tegen Malta of Cyprus, voortaan achterwege blijven.

De aandacht richtte zich nu weer helemaal op de veldtocht tegen Rusland. In een order van 23 mei had Hitler zich nog wel voor steun aan Irak uitgesproken, waar begin april een pro-Asregering onder generaal Rashid Ali al-Gailani met een putsch aan de macht was gekomen, maar tegelijkertijd had hij benadrukt: 'Of en wanneer de Engelse positie tussen Middellandse Zee en Perzische Golf [...] later definitief ten val gebracht moet worden, moet pas na Barbarossa besloten worden.'[168]

De bureaus van het OKH en het OKW waren ondertussen intensief bezig Hitlers ideologische richtlijnen van 30 maart voor de 'oorlog van wereldbeschouwingen' tegen de Sovjet-Unie om te zetten in concrete bevelen voor de soldaten. Op 28 april, na overleg tussen de kwartiermeester-generaal van het leger, Eduard Wagner, en Reinhard Heydrich, ondertekende Brauchitsch een bevel over samenwerking van het leger met de Sicherheitspolizei en de SD. Volgens dit bevel moesten in het operationele gebied 'voor de uitvoering van de taken van de Sicherheitspolizei die niet de soldaten betreffen', speciale eenheden van Sicherheitspolizei en SD ingezet worden, die 'voor eigen verantwoording' uitvoerende maatregelen tegen de burgerbevolking konden nemen en alleen 'inzake troepenbewegingen, onderkomen en foeragering onder het bevel' van de legers moesten staan.[169] Op 13 mei vaardigde Keitel in opdracht van Hitler het definitieve 'Besluit over de uitoefening van de oorlogsrechtsmacht in het gebied "Barbarossa" en over bijzondere maatregelen voor de manschappen' uit. Het eerste deel ervan betrof de 'Behandeling van strafbare feiten van vijandelijke burgers', die onttrokken moesten worden aan de jurisdictie van krijgsraden en standrechtelijke militaire rechtbanken. Partizanen moesten 'door de manschappen in de strijd of op de vlucht zonder pardon geëlimineerd worden', en ook alle andere aanvallen van vijandelijke burgers tegen de Wehrmacht moesten 'met alle middelen tot en met vernietiging [...] overwonnen worden'. Tegen dorpen en gehuchten van waaruit Duitse soldaten 'heimelijk en verraderlijk' aangevallen waren, moesten commandanten 'collectieve geweldsmaatregelen' opdragen, 'als de omstandigheden geen snelle identificatie van de individuele daders toelieten'. In het tweede deel werd vastgelegd dat voor strafbare feiten van leden van de Wehrmacht tegen inwoners 'geen plicht tot strafvervolging' zou bestaan, 'ook dan niet als de daad tegelijk een militaire misdaad en overtreding is'.[170] Met deze bepalingen werd het laatste restant van een ordentelijke militaire rechtspraak geëlimineerd; de burgerbevolking werd in feite vogelvrij verklaard tegenover moorddadig soldatenvolk.

Schijnbaar kreeg Brauchitsch toch bedenkingen toen hij het OKW-besluit doorstuurde naar de legergroepen en legers. In een aanvullend bevel van 24 mei probeerde hij de bepalingen af te zwakken: 'zeer drastische maatregelen' moesten alleen bij 'zware gevallen van rebellie' in aanmerking komen, 'strafbare feiten van geringere aard' moesten minder hard vergolden worden. Het moest de taak van superieuren zijn 'willekeurige gewelddadigheden van individuele medewerkers te verhinderen en toenemende bandeloosheid van de manschappen tijdig te voorkomen'.[171] Door deze toevoegingen werd het besluit over de oorlogsrechtspraak echter geenszins buiten werking gesteld maar in de kern juist bevestigd. In zijn dagboek was veldmaarschalk von Bock niet spaarzaam met zijn kritiek: het besluit van het OKW gaf 'praktisch iedere soldaat het recht [...] van voren of achteren te schieten op elke Rus die hij voor een partizaan houdt – of pretendeert te houden'. Dat was 'onverdraaglijk en niet te verenigen met de tucht onder de manschappen'.[172] Zoals eerder al bij de Poolse campagne werden niet in de eerste plaats juridische of humanitaire bezwaren aangevoerd; veeleer speelde de zorg over het handhaven van de discipline de hoofdrol. Brauchitsch had dan ook weinig moeite Bock ervan te overtuigen dat zijn aanvullende bevel ook dat bezwaar betrof.[173]

Nauwe samenhang met het besluit over de militaire rechtspraak hadden de 'Richtlijnen voor de behandeling van politieke commissarissen', die het OKW op 6 juni doorgaf aan de legerleiding. Het voorwoord leverde al de ideologische rechtvaardiging voor systematische moordpartijen, doordat men de tegenpartij verdacht van wat men zelf van plan was te praktiseren: 'In de strijd tegen het bolsjewisme hoeft men er niet op te rekenen dat de vijand zich gedraagt overeenkomstig de mensenrechten of het volkenrecht. In het bijzonder is van allerlei politieke commissarissen, als de eigenlijke pilaren van het verzet, een van haat vervulde, afschuwelijke en onmenselijke behandeling van onze gevangen te verwachten.' Daarom zouden 'consideratie en volkenrechtelijke overwegingen tegenover deze elementen' niet op hun plaats zijn. Als 'aanstichters van barbaarse Aziatische strijdmethoden' moesten ze 'indien in de strijd of bij verzet gevangengenomen', van de overige gevangenen afgezonderd en 'meteen met het wapen' geliquideerd worden. Onverdachte niet-militaire commissarissen, dus civiele Sovjetfunctionarissen, moesten 'vooralsnog ongemoeid' gelaten worden. Pas bij het verdere verloop van de veldtocht moest besloten worden 'of ze ter plaatse gelaten werden of aan de Sonderkommando's overgedragen moesten worden'.[174] Hun lot werd dus in de handen van willekeurig oordelende officieren gelegd.

Het Commissarissenbevel werd in dertig exemplaren overhandigd aan de opperbevelhebbers van de legergroepen zowel als aan de bevelhebbers van de tankeenheden van het oostelijke leger. Het verder verspreiden naar de ondergeschikte commandoposten – van de legerkorpsen en divisies omlaag naar de regimenten, bataljons en compagnies – volgde in de nog resterende twee weken voor het begin van de Duitse overval op de Sovjet-Unie. Dit voltrok zich, zoals Felix Römer bewezen heeft aan de hand van een nauwkeurige evaluatie van alle relevante documentenbestanden in het Bundesarchiv-Militärarchiv Freiburg, 'zeer gladjes en met opmerkelijke routine'.[175] Zo stelde de commandant van het Infanterieregiment 27 (Zestiende Leger / Legergroep Nord) zijn officieren op 20 juni op de hoogte van het Commissarissenbevel, twee dagen voor het begin van de aanval, en zwoer hen in voor de ophanden zijnde 'oorlog van wereldbeschouwingen'. 'De stemming is voortreffelijk,' noteerde compagniescommandant Theodor Habicht, de voormalige NSDAP-deelstaatinspecteur in Oostenrijk.[176]

Na 1945 hebben veel voormalige troepencommandanten verklaard dat ze het Commissarissenbevel afgewezen hadden en alles geprobeerd hadden om de uitvoering ervan al in de aanloop tot de veldtocht te boycotten. Daarvan kan echter geen sprake zijn. Terwijl het besluit over de militaire rechtspraak bij de bevelhebbers deels nog bedenkingen teweegbracht, kregen de commissarisrichtlijnen bij hen brede instemming. Dat is waarschijnlijk daarop terug te voeren dat ze het demoniserende vijandbeeld van de Sovjetpartijcommissaris, dat de grondslag was voor het bevel, zelf grotendeels geïnternaliseerd hadden. Daarom kenden ze geen scrupules om Hitler bij de voltrekking van zijn criminele plannen te helpen. Hun optreden werd niet bepaald door een later als excuus aangevoerde noodzaak een bevel ondanks gewetensbezwaren toch onvoorwaardelijk uit te voeren, maar door een verregaande ideologische overeenstemming. Er was geïsoleerd verzet op het lagere commandoniveau. Enkele commandanten gaven lucht aan hun wrevel en probeerden de bepalingen deels in te perken. Zulke aanpassingen betroffen echter volgens het rake oordeel van Felix Römer 'in de regel louter de vorm van de uitvoering, maar niet het einddoel van het bevel. Ze veranderen in de uiterste consequentie niets aan het lot van de gevangengenomen commissarissen, maar gaven hun hoogstens een kortstondig, te verwaarlozen respijt.'[177]

Naast het besluit over de militaire rechtspraak en het Commissarissenbevel behoorden de 'Richtlijnen voor het gedrag van de manschappen in Rusland' tot het complex van bevelen die de veldtocht in het oosten het karakter moesten geven van een unieke rassenideologische vernietigingsoorlog. Meteen al de eerste twee zinnen brachten de doelstelling onverhuld tot uitdrukking: 'Het bolsjewisme is de doodsvijand van het nationaalsocialistische Duitse volk. De strijd van Duitsland is gericht tegen deze ondermijnende wereldbeschouwing en haar verspreiders. Deze strijd vergt meedogenloze en energieke maatregelen tegen bolsjewistische opruiers, partizanen, saboteurs, Joden en totale vernietiging van elk actieve of passieve tegenstand.'[178] Deze richtlijnen werden aangevuld met 'Bepalingen over de krijgsgevangenschap tijdens Operatie Barbarossa' van 16 juni, die de Duitse soldaten verplichtten tot 'uiterste terughoudendheid en zeer scherpe waakzaamheid', omdat ze rekening moesten houden 'met achterbaks gedrag, in het bijzonder van de krijgsgevangenen van Aziatische herkomst'. Een voorgevoel over de latere vernietiging van miljoenen Sovjetgevangenen door gebrekkige verzorging bezorgde de zin: 'Voor het voeden van de krijgsgevangenen is een speciaal bevel uitgevaardigd.'[179]

Begin april 1941 had Hitler de top-ideoloog van het antibolsjewisme, Alfred Rosenberg, die in de jaren van het Duits-Russische pact op een zijspoor was geraakt, in een gesprek verzekerd: 'Rosenberg, uw grote uur is nu gekomen!'[180] Hij gaf zijn oude handlanger opdracht een bureau voor *'Ost-Arbeit'* (Werk in het oosten) op te zetten, en op 20 april benoemde hij hem tot 'gevolmachtigde voor de centrale verwerking van vraagstukken in Oost-Europa'. In meerdere memo's opperde Rosenberg gedachten over het toekomstige burgerlijke bestuur van de veroverde gebieden, over de aard van de geplande 'Rijkscommissariaten' en het bekleden van de daarmee verbonden nieuwe functies met fanatieke nationaalsocialisten.[181] Operatie Barbarossa was echter niet alleen opgezet als een meedogenloze 'strijd van wereldbeschouwingen', maar ook als een koloniale roofoorlog. Het ging niet alleen om het verslaan van de Sovjet-Unie en de vernietiging van het bolsjewisme, maar ook om de maximale economische uitbuiting van de bezette gebieden, om voedingsmiddelen en om grondstoffen.

Onder auspiciën van het *Wehrwirtschafts- und Rüstungsamt* (Bureau Oorlogseconomie en Bewapening) werd een speciale organisatie, de *Wirtschaftsstab Ost* (Economische Staf Oost), opgericht om de meedogenloze plundering van het *Ostraum* (Oostgebied)[182] te coördineren. Daarbij werd de hongerdood van miljoenen Sovjetburgers bewust op de koop toe genomen. Op 2 mei kwamen de secretarissen-generaal van alle grote ministeriële diensten, onder wie Herbert Backe van het ministerie voor Voedselvoorziening en Landbouw, samen met het hoofd van het Wehrwirtschafts- und Rüstungsamt voor een bespreking. Een dossieraantekening legde het resultaat vast: '1. De oorlog kan men alleen blijven voeren als de hele Wehrmacht in het derde oorlogsjaar vanuit Rusland gevoed wordt. 2. Hierbij zullen ongetwijfeld vele miljoenen mensen verhongeren, als door ons uit het land wordt weggehaald wat voor ons noodzakelijk is.'[183] In hun minachting voor mensen waren de plannen voor de veldtocht in het oosten zonder precedent. De experts in de militaire en civiele staven waren er zeker van dat ze de 'Führerwil' uitvoerden als ze erom wedijverden de vastgestelde richtlijnen in daden om te zetten.

In de laatste weken voor het begin van Operatie Barbarossa ging er een stortvloed van geruchten over een ophanden zijnde aanval op de Sovjet-Unie door het land. Vooral de aanhoudende troepenverplaatsingen in de oostelijke grensgebieden konden niet onopgemerkt blijven. 'Dag e[n] nacht rollen reusachtige colonnes naar het oosten, e[n] men rijdt langs lange marscolonnes die 30 à 50 kilometer lang zijn. De straten dreunen en ondoorzichtige wolken stof omhullen alles volledig,' schreef Gotthard Heinrici, generaal van de infanterie en commandant van een legerkorps, aan zijn vrouw.[184] Het SD-verslag van begin mei 1941 noemde als belangrijkste bron van de steeds groeiende geruchten de veldpostbrieven van Duitse soldaten die aan de Russische grens gelegerd waren.[185] Kenmerkend voor de daar heersende onzekerheid was wat Walter Frick aan zijn vader meldde: 'De maand juni moet hier toch bij ons opheldering brengen van de situatie, en we zullen echt opgelucht ademhalen. Als we eindelijk weten "dat we" of "dat we niet" [...]. Er doen geruchten van een volstrekt tegengestelde strekking de ronde, en we spelen vaak het amusante gezelschapsspel waarbij we elkaar sensationele kletspraatjes vertellen.'[186]

Dit verwarrende waar-of-niet-waar vond ook op het hoogste niveau plaats. De Wehrmachtleiding en het ministerie van Propaganda deden eendrachtig hun best de aanvalsvoorbereiding te verhullen. 'Malle geruchten over Rusland,' noteerde Goebbels op 2 mei. 'Men krijgt echter geleidelijk onze trucs door. Er worden echter zoveel leugens verteld dat waarheid en bedrog nauwelijks nog uit elkaar te houden zijn. En dat is op dit ogenblik het beste voor ons.'[187] Om de aandacht van het publiek af te leiden van Rusland, liet de minister van Propaganda via de pers in Zwitserland berichten verspreiden die een naderende invasie van Groot-Brittannië aankondigden.[188] Des te onaangenamer was het voor hem dat een van zijn medewerkers, de perschef-Buitenland Karl Bömer, in benevelde toestand tegen Bulgaarse journalisten duidelijke toespelingen maakte op Operatie Barbarossa. Hitler was zo woedend dat hij ondanks een protest van Goebbels de Gestapo inschakelde en Bömer voor het Volksgerichtshof liet brengen, dat hem veroordeelde tot een gevangenisstraf van twee jaar.[189]

Eind mei intensiveerde Goebbels zijn op misleiding gerichte nieuwsbeleid. In overleg met het OKW en met toestemming van Hitler kwam hij met een bijzonder brutale afleidingsmanoeuvre: op 13 juni, dus slechts een paar dagen voor het begin van de aanval, publiceerde hij in de *Völkische Beobachter* een bijdrage met de kop 'Kreta als voorbeeld'. Het artikel was zo opgesteld dat het de schijn wekte dat de schrijver zijn mond voorbijgepraat had over een binnenkort uit te voeren invasie van Engeland, waarna de politie in actie moest komen en een groot deel van de oplage in beslag moest nemen: 'Alles moet ertoer dienen om de actie in het oosten te verbergen [...]. Een meesterlijke list!'[190] Inderdaad schijnt de actie haar uitwerking niet gemist te hebben. 'De Engelse zenders verklaren al dat onze opmars tegen Rusland louter bluf is, waarachter we proberen onze invasievoorbereidingen te verbergen. Dat was de bedoeling van de exercitie,' zei de merkbaar met zichzelf ingenomen minister van Propaganda.[191]

Tot de misleidingsstrategie behoorde ook dat Hitler vanaf begin mei 1941 onafgebroken op de Obersalzberg verbleef. Hier deed hij met overtuiging of er niets aan de hand was, verzamelde elke avond zijn vertrouwde kringetje om zich heen en onthaalde hen op zijn eindeloze monologen. Hoe dichter de aanvalsdatum naderde, des te nerveuzer werd hij. Zo voerde hij begin juni een lang gesprek met Walther Hewel over de vooruitzichten van de Russische veldtocht. '"Moeilijke operatie", maar wel toevertrouwd aan de Wehrmacht,' vatte Ribbentrops verbindingsman de essentie samen. 'Grootste opmars in de geschiedenis. Als het verkeerd loopt, is hoe dan ook alles verloren.'[192] Daar was het weer, het devies 'Alles-of-niets' dat aan de politieke loopbaan van de va-banquespeler van het begin af aan richting had gegeven.

Tegen Mussolini, die hij op 2 juni ontmoette op de Brennerpas, liet Hitler echter geen woord vallen over de naderende aanval op Rusland. Slecht in heel algemene bewoordingen zei hij dat de strijd 'nog zwaar zou zijn', maar dat 'het zwaarste' al achter de rug was voor de Asmogendheden. Het 'enige gevaar' dat dreigde, was dat Frans Noord-Afrika zou overlopen, wat door 'handige diplomatie' voorkomen moest worden.[193] Mussolini vertelde achteraf aan zijn minister van Buitenlandse Zaken dat Hitler het bij het gesprek onder vier ogen vooral over het geval-Heß had gehad en daarbij gehuild had.[194] Tranen vergieten als door een druk op de knop – dat hoorde al sinds heel lang tot het repertoire van deze bedreven acteur. In werkelijkheid had Hitler de affaire van de vlucht van zijn plaatsvervanger allang achter zich gelaten; de politieke schade die eerst gevreesd was, was immers ook binnen de perken gebleven.

Duidelijker werd Hitler tegen de Japanse ambassadeur Oshima, die hij een dag later ontving op de Berghof. De Duits-Russische betrekkingen waren steeds slechter geworden, verklaarde hij, en een oorlog was 'misschien niet te vermijden'.

Ook Finland en Roemenië zouden eraan meedoen, en hij was ervan overtuigd dat 'de hoofdoperaties binnen een buitengewoon korte tijd' konden 'worden afgesloten'. Welke houding Japan zou aannemen in een Duits-Russische oorlog, liet hij helemaal over aan het 'eigen oordeel' van de regering in Tokio. Oshima kreeg echter de indruk dat 'Japanse medewerking' gewenst was voor Berlijn.[195] Ribbentrop bevestigde op 4 juni in een gesprek met Oshima de uiteenzettingen van Hitler, maar voegde eraan toe dat maar weinig mensen waren ingelicht over deze aangelegenheid. Ze behoorde tot de 'allerbelangrijkste geheimen van Duitsland' en hij vroeg daarom aan de Japanse regering van haar kant 'uiterste voorzichtigheid' te laten prevaleren bij de geheimhouding.[196]

Wat de medewerking van Roemenië betrof, Hitler hoefde helemaal geen moeite meer te doen om Antonescu te overtuigen, toen hij deze op 12 juni in de Führerbau inwijdde in zijn plannen. Voor Hitler namelijk ook maar een woord verspild kon hebben, verklaarde het Roemeense staatshoofd dat 'het Slavische gevaar, dat door de eeuwen heen steeds weer dreigt', 'voor eens en altijd' uitgeschakeld moest worden. Hij garandeerde de Führer zijn onvoorwaardelijke steun voor 'zijn zeer serieuze stap in het oosten'.[197]

's Ochtends op 13 juni, na vijf weken afwezigheid, keerde Hitler terug naar de hoofdstad.[198] Een dag later ontbood hij de bevelhebbers van de legergroepen, legers en tankgroepen alsmede de in rang overeenkomende staven van de Luftwaffe en de Kriegsmarine voor een laatste stafbespreking in de Rijkskanselarij voordat Operatie Barbarossa zou beginnen. De militairen moesten op verschillende tijden arriveren en verschillende ingangen gebruiken om geen opzien te baren.[199] In de ochtend brachten de legerleiders verslag uit over de stand van hun voorbereidingen. Tegen zijn gewoonte in onderbrak Hitler hen slechts zelden, maar 'luisterde aandachtig en stil'.[200]

Na de gezamenlijke lunch hield de dictator een 'uitgebreide politieke rede',[201] waarin hij nogmaals de strategische redenen voor zijn besluit om de Sovjet-Unie aan te vallen verklaarde: 'Rusland vormt een ernstige bedreiging voor Duitsland, en we moeten nu onze rug vrij hebben; als het eenmaal ten val is gebracht, heeft Engeland geen bondgenoten meer te winnen op het continent, en alleen op het continent kan Duitsland worden verslagen.' Als Rusland eenmaal verslagen was, zouden de Britten de 'hopeloze voortzetting van de strijd' opgeven, vooral omdat de hulp van de vs 'op zijn vroegst zomer '42 [...] echt te merken zou zijn'.[202] De gebedsmolenachtige uitweidingen waren niets nieuws voor de generaals. Nieuw was hoogstens de dringende waarschuwing om het Rode Leger niet te onderschatten: de Russen zouden 'hard vechten en taai weerstand bieden'.[203]

Had Hitler misschien lucht van de komende gevaren, dat de veldtocht mogelijkerwijs een ander verloop kon krijgen dan hij en zijn generaals zich hadden aangepraat? Hij maakte in ieder geval een ongewoon onrustige, ronduit gedeprimeerde indruk op zijn omgeving in de laatste dagen voor 'Barbarossa'. Rusland gaf hem een 'onheilspellend' gevoel, onthulde hij aan zijn secretaresses tijdens de gebruikelijke middagkoffie in de Rijkskanselarij, 'zo ongeveer als het spookschip in *Der Fliegende Holländer*. Men wist 'eigenlijk niets over Rusland [...], het kon een grote zeepbel zijn, maar het kon evengoed anders zijn'.[204] Als ze eerst maar 'tien weken verder' waren. Hij was zich bewust van het 'grote risico' van zijn beslissing. Ze stonden 'voor een gesloten deur', liet hij Walther Hewel weten. Die voegde aan zijn dagboeknotitie toe dat Hitler alleen met slaapmiddelen nog rust kon vinden.[205]

'De Führer leeft in een spanning die totaal niet te beschrijven is,' aldus Goebbels na een lange privé-audiëntie in de Rijkskanselarij op 15 juni 's middags. Hitler deed zich echter optimistisch voor tegenover zijn minister van Propaganda. 'Het wordt een massale aanval in de allergrootste stijl. Mogelijk de geweldigste die de geschiedenis ooit gezien heeft [...]. De Führer schat dat de actie ongeveer vier maanden duurt, ik denk veel minder. Het bolsjewisme zal als een kaartenhuis ineenstorten. We staan voor een triomftocht zonder weerga.' Goebbels voelde 'diepe voldaanheid' dat de oude nationaalsocialisten dat nog mee mochten maken. Het pact met Rusland was namelijk 'eigenlijk een vlek op ons blazoen' geweest; die werd daar nu 'afgewassen': 'Dat waar we ons hele leven tegen gevochten hebben, dat vernietigen we nu ook.' Hitler stemde daar uitdrukkelijk mee in en knoopte er een gedachte aan vast die hij al in januari 1940 had geuit met het oog op de in Polen begane gruweldaden: 'En hebben we gewonnen, wie vraagt ons dan nog naar de methode. We hebben hoe dan ook al zoveel op onze kerfstok dat we wel moeten overwinnen, want anders wordt ons hele volk uitgewist, wij en alles wat ons dierbaar is als eerste.'[206] De dictator was zich ten volle bewust van het precedentloos criminele karakter van de komende oorlog; daarna was er geen weg terug meer.

Op 18 juni dicteerde Hitler een oproep aan de 'Soldaten aan het oostfront'. Al meer dan twee decennia, zo luidde het daarin, had 'de Joods-bolsjewistische machtskliek vanuit Moskou geprobeerd niet alleen Duitsland maar heel Europa in brand te steken'. Voortdurend had Rusland in de afgelopen maanden zijn troepen aan de Duitse oostgrens versterkt. Louter toekijken bij deze bedreiging zou 'niet alleen een zonde van nalatigheid, maar een misdaad tegen het Duitse volk, ja, tegen heel Europa' zijn. Daarmee had nu het uur geslagen om 'dit complot van Joods-Angelsaksische oorlogsstokers en de even Joodse machthebbers van de bolsjewistische Moskouse centrale te bestrijden'. Opmerkelijk aan deze verklaring is dat Hitler de komende veldtocht niet alleen afschilderde als een preventieve oorlog om een vermeende Russische aanval te voorkomen, maar hem tegelijk verhief tot een strijd om de 'hele Europese civilisatie en cultuur' te redden.[207] Gezien de misdadige bevelen waarmee 'Barbarossa' uitgevoerd moest worden, was dat een nauwelijks te overtroeven cynisme.

Van de oproep werden op 19 en 20 juni enkele honderdduizenden exemplaren als pamflet gedrukt en onder de strengste voorzorgsmaatregelen naar het oostfront getransporteerd, waar het op dag X aan elke compagnie zou worden uitgedeeld. Uit voorzorg liet Goebbels de productiemedewerkers die erbij betrokken waren, in de drukkerij opsluiten. 'De hele procedure is erg omslachtig, maar alleen zo kan worden gegarandeerd dat geheimhouding verzekerd is.'[208] In de nacht van 20 op 21 juni gaf het OKW op bevel van Hitler het afgesproken codewoord 'Dortmund' door, dat het tijdstip van de aanval definitief op de vroege ochtend van 22 juni vastlegde.[209] Nu beschouwde Hitler het eindelijk als gepast ook Mussolini te informeren. Op 21 juni schreef hij hem een lange brief, die de Duitse zaakgelastigde in Rome overhandigde op 22 juni om 3 uur, slechts een kwartier voor het begin van de Duitse aanval. Wat er ook komen mocht, verzekerde de Duitse dictator, de situatie van de Asmogendheden kon 'door deze stap niet slechter worden, alleen beter'. Hij voelde zich nu 'innerlijk vrij', omdat het samen optrekken met Rusland hem 'vaak zwaar belast' had,. Toch betekende het een breuk met zijn hele achtergrond en de ideeën waar hij van jongs af aan voor stond.[210]

Natuurlijk kon de opmars van een miljoenenleger aan de westgrens van de Sovjet-Unie ook niet verborgen blijven voor de regering in Moskou. Stalin was er echter van overtuigd dat Hitler het risico van een tweefrontenoorlog niet zou aandurven. Daarom sloeg hij alle waarschuwingen in de wind die hij van verschillende kanten te horen kreeg. Op 13 mei liet hij via het Russische nieuwsagentschap TASS een bericht verspreiden waarin alle geruchten over een Duitse aanval als 'volstrekt ongegrond' werden aangeduid.[211] Goebbels kon het nauwelijks vatten: 'Moskou spreekt een formele ontkenning uit: het weet niets van aanvalsbedoelingen van het Rijk. Onze troepenbewegingen zouden voor andere doeleinden dienen. In elk geval doet Moskou helemaal niets tegen een vermeend aanvalsplan. Geweldig!'[212] Om het publiek nog eens extra te misleiden, liet de minister van Propaganda geruchten verspreiden dat Stalin binnenkort naar Berlijn zou komen en dat er hiervoor al vlijtig rode vlaggen genaaid werden.[213] Ook deze geruchten verspreidden zich vliegensvlug door heel Duitsland en werden kennelijk door veel mensen voor zoete koek geslikt.[214]

Zelfs toen de Russische volkcommissaris voor Staatsveiligheid, Vsevolod Merkoelov, op 16 juni betrouwbare meldingen van zijn agenten doorgaf volgens welke de aanvalsvoorbereidingen van de Duitse Wehrmacht voltooid waren, deed

Stalin dat af als desinformatie. Ook toen de minister van Defensie maarschalk Semjon Timosjenko en stafchef Georgi Zjoekov twee dagen later hem dringend verzochten om de Russische strijdkrachten in alarmtoestand te brengen, bleef de Sovjetdictator bij zijn irreële oordeel over de situatie: Duitsland zou 'in zijn eentje nooit tegen Rusland vechten'.[215] Zo kwam het dat het Rode Leger bij de Duitse overval verregaand onvoorbereid was.

In de nazileiding was men echter bezorgd dat de Sovjetregering nog op het laatste moment alles zou doorzien. Toen de Sovjetambassadeur in Berlijn, Vladimir Dekanosov, zich op 18 juni aankondigde voor een audiëntie met secretarisgeneraal von Weizsäcker, reageerden de diplomaten in de Wilhelmstraße nogal geschrokken. Walther Hewel noteerde: 'Waar komt hij mee? Komt Stalin nog met een grote verrassing? Een groot aanbod enz. enz.? Lange bespreking met de minister van Buitenlandse Zaken, Engel en ik, waarin alle mogendheden worden afgewogen. F[ührer] en minister van Buitenlandse Zaken moeten verdwijnen – onbereikbaar zijn.'[216] 's Avonds kon Ribbentrop het sein veilig geven: Dekanosov had met Weizsäcker 'slechts kleine lopende zaken in een spontane vrolijke stemming' besproken.[217] Op 21 juni meldde Dekanosov zich nog een keer op het ministerie van Buitenlandse Zaken, om een nota van zijn regering te overhandigen. Ribbentrop gaf niet thuis. Pas 's avonds, om 21.30 uur, nam Weizsäcker de nota in ontvangst. De Moskouse regering maakte daarin bezwaar tegen de herhaalde schending van het Russische luchtruim door Duitse verkenningsvliegtuigen. Weizsäcker weigerde de feiten te bespreken voorafgaand aan een officiële verklaring van zijn regering en verwees van zijn kant naar zogenaamde Russische grensschendingen.[218]

Op 22 juni om 3.15 uur vielen 160 Duitse divisies met meer dan 3 miljoen soldaten en meer dan 3000 tanks de Sovjet-Unie binnen. Een kwartier later deelde Ribbentrop de zichtbaar in consternatie verkerende Sovjetambassadeur mee dat het Rijk zich gezien de bedreiging aan zijn oostgrens gedwongen zag 'militaire tegenmaatregelen' te nemen. Het woord 'oorlogsverklaring' kwam in het memorandum dat hij voorlas niet voor.[219] Om 5.30 uur klonken op alle Duitse zenders voor het eerste maal tonen uit 'Les Préludes' van Franz Liszt, dat Goebbels na lang heen-en-weergepraat had gekozen als de nieuwe fanfare. Daarna las de minister van Propaganda Hitlers 'Proclamatie aan het Duitse volk' voor, die op een paar onbelangrijke veranderingen na overeenkwam met de oproep aan de 'Soldaten aan het oostfront'.[220] Om 6 uur riep Ribbentrop ten slotte een persconferentie bijeen op het ministerie van Buitenlandse Zaken, waar hij een groep Duitse en internationale journalisten met slaaptekort het begin van de Duitse aanval bekendmaakte en deze, overeenkomstig de door Hitler voorgeschreven officiële terminologie, rechtvaardigde als preventief antwoord op door de Sovjet-Unie geplande agressie.[221]

De these van de 'preventieve oorlog' die door de Duitse propaganda in de wereld is gebracht, heeft een verbazingwekkende lange levensduur gehad en is tot voor kort steeds weer opgepakt door conservatieve en Russofobe auteurs.[222] In feite is er geen enkel bewijs dat de Sovjetregering in juni 1941 enige intentie had om aan te vallen. Integendeel: Stalins hele beleid was erop gericht Hitler geen excuus te bieden voor een aanval. De verplaatsing van sterke eenheden van het Rode Leger aan de westgrens was een voorzorgsmaatregel voor alle gevallen, niet meer. Aan Duitse zijde werd deze helemaal niet als een bedreiging beschouwd, maar als een omstandigheid die goed uitkwam voor de eigen geplande Blitzkrieg. 'De Russen zijn massaal bij de grens gelegerd, het beste wat ons hoe dan ook kon overkomen,' vertrouwde Goebbels op 16 juni aan zijn dagboek toe.[223] Het enige wat de leidende figuren in Berlijn nog zorgen baarde, was dat Stalin hun 'plan door een gebaar van tegemoetkoming te elfder ure nog kon doorkruisen'.[224] Hitler liet kort voor het begin van Operatie Barbarossa merken dat hij juist opgelucht was, als 'bevrijd van een nachtmerrie'. 'Dit kankergezwel moet weggebrand worden. Stalin zal vallen,' zei hij tegen Goebbels voordat hij zich om 2.30 uur terugtrok in zijn privévertrekken in de Rijkskanselarij.[225]

Onder de Duitse bevolking zorgde het nieuws van de Duitse aanval op de Sovjet-Unie voor 'de grootst mogelijke verrassing' en een 'zekere consternatie', omdat men vanwege de wijdverspreide geruchten over Stalins bezoek aan Berlijn had aangenomen dat de tekenen eerder op ontspanning wezen.[226] Het inzicht dat de propaganda het publiek had misleid, werd vermengd met de zorg dat de oorlog nu voor onbepaalde tijd zou voortduren. 'We zijn allemaal erg terneergeslagen. Hitler is een krankzinnige! Wat gaat er nu gebeuren?' schreef een officier van gezondheid uit Gummersbach in zijn dagboek.[227] Van enthousiasme voor de nieuwe veldtocht was minder dan ooit sprake. Zelfs Goebbels moest toegeven dat er bij het volk 'een licht gedeprimeerde stemming' heerste.[228] Na de eerste schok keerde men kennelijk echter al snel terug tot de gebruikelijke zondagse bezigheden. 'Ook deze Berlijnse zondag leek te verlopen als alle andere in de zomermaanden – wandelingen over Unter den Linden, roeiboten op de meren,' verbaasde zich de persattaché in de Italiaanse ambassade, Christamo Ridomi.[229] En Victor Klemperer vatte zijn indrukken van de avond van 22 juni in Dresden als volgt samen: 'Algemene opgewektheid bij het volk [...]. De Russische oorlog is een nieuw pretje, vooruitzicht op nieuwe sensatie, nieuwe trots voor de mensen.'[230]

Op 23 juni om 12.30 uur verliet de speciale trein van Hitler de Anhalter Bahnhof en kwam in de nacht van 24 juni aan bij het nieuwe hoofdkwartier 'Wolfsschanze' bij Rastenburg in Oost-Pruisen. Van hieruit wilde de dictator de komende maanden de operaties leiden. Voor zijn omgeving gaf hij blijk van 'de allerbeste stemming' nadat de eerste succesberichten binnengekomen waren.²³¹ 'De ontplooiing van machtsmiddelen is geweldig groot,' schreef generaal Heinrici aan zijn vrouw: 'We hopen op een snelle beslissing.'²³²

6
De kentering in de oorlog 1941-1942

'Het wordt een massale aanval, de allergrootste ooit, waarschijnlijk de geweldigste die de geschiedenis ooit heeft gezien. Ons zal niet hetzelfde overkomen als Napoleon,' daar waren Hitler en Goebbels het over eens.[1] Dat het begin van Operatie Barbarossa toevallig op dezelfde dag viel als die waarop Napoleon met zijn *Grande Armée* 129 jaar eerder de grensrivier de Njemen (Memel) was overgestoken, beschouwden de dictator en zijn minister van Propaganda niet als een slecht voorteken. Na zijn eerste bezoek aan het hoofdkwartier van de Führer op 8 juli 1941 hield Goebbels vol dat een 'herhaling van het geval-Napoleon' bij voorbaat was uitgesloten omdat het de Duitse Wehrmacht met haar uiterst wendbare tankdivisies 'aanzienlijk veel makkelijker zal vallen de onmetelijke ruimten in het oosten te overwinnen'.[2]

In werkelijkheid zou al na enkele weken blijken dat Hitler en zijn generale staf het verzet van het Rode Leger schromelijk hadden onderschat. De verwachting dat het Sovjetregime na de eerste vernietigende veldslagen 'al snel uiteen zou vallen',[3] bleek een volstrekt verkeerde inschatting. Al medio juli 1941 moest generaalveldmaarschalk Günther von Kluge in een brief vanuit Borisov aan de Berezina toegeven: 'De Rus vecht uitstekend, met verse troepen en steeds weer nieuwe tankdivisies, groter dan wij hadden voorzien.'[4] Met het stokken van de Duitse aanval vóór Moskou en de start van het Russische tegenoffensief begin december 1941 leek het lot van de Franse keizer zich te herhalen: 'Onze situatie vertoont wanhopig veel overeenkomsten met die van Napoleon in 1812,' schreef kolonel-generaal Erich Hoepner, de commandant van een tankdivisie op 12 december. 'De Russen hadden toch gelijk toen ze beweerden dat de winter ons tot staan zal brengen.'[5]

Het oostfront kon weliswaar met een uiterste krachtsinspanning nog eenmaal worden geconsolideerd, zodat een catastrofe van napoleontische omvang werd afgewend, maar de situatie was rampzalig voor de Duitse oorlogvoering. De *Blitzkrieg* tegen de Sovjet-Unie had schipbreuk geleden en daarmee ook het complete, daarop berustende strategische plan voor de voortzetting van het conflict met de Angelsaksische mogendheden. In plaats van dat het zich nu in de rug gedekt wist, raakte het Groot-Duitse Rijk na Hitlers oorlogsverklaring aan de VS op 11 december 1941 in oorlog met nóg een wereldmacht, en dat was meer dan het aankon. Daarmee was de Duitse nederlaag de facto bezegeld, hoewel de oorlog zich nog drieënhalf jaar zou voortslepen en miljoenen mensenlevens zou eisen, vooral aan Sovjetzijde. Met een vooruitziendere blik dan anderen onderkende Helmuth James von Moltke begin januari 1942 dat 'met de veldslag die rond de kerstdagen was begonnen, een nieuwe tijd aangebroken' was, 'een tijd die een grotere kentering betekent dan de slag bij Valmy'.[6]

Toen Hitler in de vroege ochtend van 24 juni 1941 aankwam in zijn nieuwe hoofdkwartier, zal hij nauwelijks vermoed hebben dat hij hier het grootste deel van de weinige jaren die hem nog restten zou doorbrengen. Het gehele complex, door Organisation Todt in recordtempo uit de grond gestampt, was gelegen in een bos op enkele kilometers ten oosten van Rastenburg. Het was perfect gecamoufleerd, zodat het vanuit de lucht niet te zien was, en bovendien door meerdere Sperrkreise afgeschermd van de buitenwereld. Het strengst bewaakt was Sperrkreis I, waarin Hitler, zijn naaste gevolg en de met de modernste techniek uitgeruste telefooncentrale de voor hen gereedgemaakte bunkers en barakken betrokken. In Sperrkreis II werden de Wehrmachtstaf en de commandopost van het Führerhoofdkwartier en hun staf gehuisvest. Zo'n 20 kilometer naar het noordoosten, in een dicht bosgebied aan de Mauersee bij Angerburg, sloeg het opperbevel van het leger zijn hoofdkwartier te velde op, Mauerwald genaamd. In de naaste en wijde omgeving van de Wolfsschanze was een netwerk van nog meer commandoposten aangelegd voor Göring en het oppercommando van de Luftwaffe, voor Reichsführer-SS Himmler, het hoofd van de Rijkskanselarij Lammers en de *Abwehr* (buitenland/contraspionage) van het OKW. Minister van Buitenlandse Zaken Ribbentrop verbleef als hij er was op Schloss Steinort, het familielandgoed van graaf Lehndorff. Tot het complex van het Führerhoofdkwartier behoorden een klein treinstation (Görlitz) in Sperrkreis III, waar op een parallelspoor Hitlers speciale trein in gereedheid werd gehouden, en een militair vliegveld bij Wilhelmsdorf, 5 kilometer van de Wolfsschanze verwijderd, waar het eskader van de Führer onder bevel van gezagvoerder Baur was gestationeerd.[7]

Op Goebbels maakte het Führerhoofdkwartier tijdens zijn bezoek begin juli 1941 'eerder de indruk van een zomerverblijf' dan van een 'centrale van de Duitse oorlogvoering'.[8] Wie langere tijd in de Wolfsschanze moest verblijven, ervoer de heersende sfeer echter als somber en drukkend. Er drong nauwelijks een zonnestraal door de boomkruinen en de over de wegen en gebouwen gespannen camouflagenetten. In de vertrekken hing een klamme lucht, die zwermen muggen aantrok. Hitlers secretaresse Christa Schroeder, die een kleine bunker in Sperrkreis 1 deelde met haar collega Gerda Daranowski, klaagde al vijf dagen na haar aankomst in een brief aan een vriendin over de 'verdomde muggenplaag': 'Mijn benen zijn al lek gestoken en zitten vol dikke bulten. De ons verstrekte muggenafweermiddelen werken helaas maar korte tijd. De mannen zijn door hun hoge leren laarzen en dikke uniform beter beschermd tegen die vervloekte beten dan wij. Hun enige kwetsbare plek is hun hals. Sommigen lopen dan ook voortdurend rond met een muskietennet.' Ook Hitler klaagde af en toe dat men 'het drassigste, muggenrijkste en klimatologisch ongunstigste gebied voor hem uitgezocht' had.[9]

Daar kwam voor de leden van de entourage een gevoel van isolement bij. Sperrkreis 1 werd omringd door een 2 meter hoog veiligheidshek. Daarbinnen patrouilleerden leden van de Reichssicherheitsdienst en de ss. Hitlers bunker, die wat achteraf in het noordelijke deel lag, was extra beveiligd met een prikkeldraadhek.[10] Overal op het terrein stuitte je op bewakingsposten. Je moest telkens weer je identiteitspapieren tonen en bewoog steeds binnen hetzelfde afgesloten

Afb. 12 Op 24 juni 1941, twee dagen na het begin van Operatie Barbarossa, betrokken Hitler en zijn 'hofhouding' het complex 'Nord', dat de naam Wolfsschanze kreeg. Op de voorgrond v.l.n.r.: de verbindingsman van Ribbentrop bij de Führer Walther Hewel, minister van Buitenlandse Zaken Joachim von Ribbentrop, Martin Bormann, Adolf Hitler, grootadmiraal Erich Raeder.

kringetje. Je was daardoor 'permanent van de wereld afgesloten' en liep het risico 'het contact met het echte leven kwijt te raken', schreef Christa Schroeder eind augustus 1941 in een brief."

Net als vóór de oorlog ontstond er een zeker ritme in de dagindeling van de dictator. Nadat hij om 10 uur was opgestaan en een wandeling had gemaakt op een voor hem gereserveerd terrein, liet Hitler zich kort over de situatie informeren en gebruikte daarna het ontbijt, dat meestal bestond uit niet meer dan een beker melk en een geraspte appel. Rond het middaguur vond in de bunker van Keitel de stafbespreking plaats, die tot 14 uur duurde, maar soms ook langer als er over belangrijke kwesties moest worden beslist. Aansluitend werd het middagmaal gebruikt in de eetzaal van Kasino 1. De maaltijd – meestal drie gangen – was eenvoudig, af en toe was er slechts een eenpansgerecht. Hitler zelf hield het bij zijn vegetarische kost, voor hem bereid door een dieetkokkin. De middag was gereserveerd voor besprekingen met niet-militairen en soms nodigde hij mensen uit voor een praatje bij koffie en gebak met de secretaresses. Tegen acht uur 's avonds volgde de avondmaaltijd. Zowel het middag- als het avondmaal werd bijgewoond door steeds hetzelfde kringetje: naast de OKW-chefs Keitel en Jodl de leider van de partijkanselarij Bormann met zijn adjudanten, referendaris Heinrich Heim, rijksperschef Otto Dietrich, de vertegenwoordiger van Buitenlandse Zaken Walther Hewel, Görings vertegenwoordiger Karl Bodenschatz en de legeradjudanten Rudolf Schmundt, Gerhard Engel, Nicolaus von Below en Karl-Jesko von Puttkamer. Daarnaast waren er soms gasten uit de partij, regering en het officierskorps die de dictator had ontvangen voor een gesprek en die hij liet aanzitten als blijk van waardering.

Laat in de avond, na een tweede stafbespreking, nodigde Hitler een kleine kring van vertrouwelingen uit in zijn werkkamer om zich na de inspanningen van de dag te ontspannen. Tot hen behoorden in de regel Bormann en Heim, Hewel, zijn lijfarts Morell en zijn persoonlijke adjudant Julius Schaub. Hoofdadjudant Wilhelm Brückner was in oktober na onenigheid met de huisadjudant Arthur Kannenberg in ongenade gevallen en ontslagen.[12] Daar kwamen opnieuw de beide secretaresses bij, en de gastheer stelde hun aanwezigheid zeer op prijs omdat ze het ongedwongen karakter van de bijeenkomsten versterkten. De nachtelijke 'thee-uurtjes' waarin Hitler zich kon overgeven aan zijn hang naar het houden van ellenlange monologen, duurden soms tot ver na middernacht en vergden van alle deelnemers een grote mate van zelfverloochening en uithoudingsvermogen. 'Toen we eergisteravond van de baas terugkwamen, was het al licht,' schreef Christa Schroeder medio juli 1941. 'Zo'n eigenaardig beroep als Daranowski en ik hebben zal er waarschijnlijk nooit meer zijn. Eten, drinken, slapen, af en toe wat schrijven en tussendoor urenlang gezelschap houden.'[13]

In de beginfase van Operatie Barbarossa was de 'chef' volgens zijn entourage bijna altijd goedgehumeurd en in voor allerlei grappen.[14] De sombere voorgevoelens aan de vooravond van de veldtocht waren in één klap verdwenen. De verrassingsaanval was geslaagd. De Duitse aanval had het onvoorbereide Russische leger overvallen. De eerste dag al vernietigde Görings luchtmacht een groot deel van de Russische vliegtuigen nog voordat ze aan de gevechten konden deelnemen. De tankeenheden van de drie legeronderdelen braken door de stellingen van de Sovjets en rukten op tot 400 kilometer in het binnenland. Het grootste succes boekte de Legergroep Mitte, die in de dubbele slag bij Białystok en Minsk eind juni twintig Sovjetdivisies insloot en vernietigde. Het Rode Leger leed immense verliezen in mensen en materieel. 'Hier is men ervan overtuigd dat de helft van de Russische luchtmacht vernietigd is. De successen tegen het leger zijn groot. Er gaan al geruchten dat het Russische bouwwerk in zijn voegen kraakt,' meldde Ernst von Weizsäcker op 29 juni vanuit Berlijn. De resultaten zouden 'opnieuw onvoorstelbaar' zijn, schreef ook Adolf Heusinger, het hoofd van de afdeling operaties van de generale staf, eind juni aan zijn vrouw. Als het zo doorging, zou alles 'veel sneller geregeld zijn' dan men had durven hopen. Bij het begin van de veldtocht was de Duitse bevolking nog overwegend ontzet geweest, maar nu sloeg de stemming om. Rusland werd 'als militair tegenstander door vrijwel iedereen zeer laag ingeschat', meldde het SD-bericht op 26 juni. Men verwachtte dat de oorlog over niet meer dan zes weken voorbij zou zijn.[18]

Op 29 juni, een zondag, zond de radio twaalf keer achtereen op het hele uur speciale bulletins van het OKW uit, telkens voorafgegaan door de klaroenstoten van Franz Liszts *Les Préludes*. Dat vond zelfs Goebbels iets 'te dik aangezet', en uiteindelijk zou het publiek 'er enigszins door vermoeid' zijn geraakt.[19] Aan de waarschuwing van de minister van Propaganda tegen een dergelijke opeenstapeling van berichten over successen was echter geen gehoor gegeven, omdat het een idee van Hitler zelf was geweest. Perschef Dietrich, die zijn bedenkingen voorzichtig voorlegde aan de dictator, werd scherp terechtgewezen: hij, Hitler, kende 'de mentaliteit en de gevoelens van de grote massa van het volk beter' dan Dietrich en 'alle andere intellectuelen'.[20] Hitlers tegenstanders, zoals de journalist Ruth Andreas-Friedrich, vonden de enscenering van 29 juli 'kermisherrie': 'We stoppen onze oren dicht. We willen niets meer horen. Het is smakeloos om het bloeden en sterven van ontelbare mensen op te poetsen tot zondagsvermaak.'[21] Als men de SD-berichten echter mag geloven, hadden de speciale meldingen in alle delen van het rijk 'bijzonder veel indruk' gemaakt, zij het dat hier en daar 'een zekere teleurstelling' merkbaar was, aangezien men door geruchten had aangenomen dat de Duitse troepen 'al veel verder op Russische bodem' waren doorgedrongen.[22] De overdreven verwachtingen tot een min of meer realistisch niveau terugdringen – dat zou weldra een welhaast onoplosbaar probleem voor Goebbels' propaganda blijken te zijn. 'De overwinningswaan beheerst de natie,' schreef Friedrich Kellner begin juli 1941 in zijn dagboek. Ook verstandige mensen waren 'overtuigd van de almacht van onze wapens' en lieten 'zich er domweg niet van overtuigen dat zelfs een ineenstorting van Rusland niets verandert aan de algehele toestand'.[23]

De 'overwinningswaan' heerste overigens niet alleen aan het thuisfront, maar ook in het Führerhoofdkwartier. Hij zou 'gerust kunnen stellen' dat 'de veldtocht tegen Rusland binnen veertien dagen gewonnen zal zijn', noteerde stafchef Halder op 3 juli. Hij gaf overigens toe dat de oorlog 'daarmee nog niet beëindigd' zou zijn: 'De uitgestrektheid van het grondgebied en de hardnekkigheid van de met alle middelen geboden tegenstand zullen ons nog vele weken bezighouden.'[24] Hitler was optimistischer. Het ging 'immers allemaal veel beter dan men gedacht had', zei hij eind juni tegen zijn secretaresses, en op een kaart wijzend verkondigde hij: 'Binnen vier weken zijn we in Moskou. Moskou wordt met de grond gelijkgemaakt.'[25] Nadat de Legergroep Mitte in de eerste twee weken van juli haar stormachtige opmars had vervolgd en op het punt stond een tweede grote omsingeling te voltooien, dacht de dictator dat zijn wens bijna in vervulling was gegaan. Hij probeerde zich voortdurend 'in de situatie van de vijand te verplaatsen', zei hij tijdens de stafbespreking op 4 juli. 'Praktisch gesproken heeft hij deze oorlog al

Afb. 13 Operatie Barbarossa, de Duitse aanval op de Sovjet-Unie, begon op 22 juni 1941. Het was van meet af aan een nooit eerder vertoonde roof- en vernietigingsoorlog.

verloren. Het is goed dat we de Russische tanks en de luchtmacht meteen aan het begin hebben verslagen. De Russen kunnen ze niet meer vervangen.'[26]

Dus trof ook Goebbels zijn Führer bij hun eerstvolgende ontmoeting op 8 juli in het hoofdkwartier in een welhaast euforische stemming. De oorlog in het oosten, verkondigde Hitler, was 'grotendeels al gewonnen'. Twee derde van de Russische strijdkrachten was 'al vernietigd of stevig aangeslagen'. Weliswaar was de reeks gevechten nog niet voorbij, maar het Rode Leger zou zich niet meer van de geleden nederlagen kunnen herstellen. De Duitse tanks zouden in de dagen en weken die volgden doorstoten tot aan de Wolga en indien nodig ook tot aan de Oeral. Het leed geen enkele twijfel 'dat het Kremlin over korte of langere tijd zal vallen'.[27] 'Oneindig zeker van de overwinning' was de dictator ook tijdens het eerstvolgende theekransje op 11 juli. Duitsland zou 'als grootste mogendheid ter wereld' uit de strijd komen en na beëindiging van de oostelijke veldtocht zou ook zijn hardnekkigste tegenstander Churchill 'abrupt vallen'.[28] Vier dagen later ontving Hitler de Japanse ambassadeur Oshima in het Führerhoofdkwartier en hij verzekerde hem dat het niet te verwachten was dat 'de tegenstand in het Europese deel van Rusland nog langer dan zes weken duren' zou. Het bolsjewistische regime zou 'een enorme ineenstorting' beleven. Dat de dictator het, nu het vertrouwen in de overwinning zo groot was, uitstekend kon vinden met zijn generaals, bevestigde Hitler nog eens tegenover de Japanse diplomaat: 'Hij zou maarschalken van historisch formaat hebben en zijn officierskorps zou uniek zijn.'[29]

Zijn vrienden in de generale staf maakten zich over de voortgang van de operaties 'geen zorgen', schreef Ernst von Weizsäcker op 13 juli. Men achtte de Russen niet langer in staat tot 'georganiseerd en goed geleid verzet'. In Moskou zou men er al aan denken de koffers te pakken en naar uitwijkmogelijkheden in de Oeral te zoeken. 'De tweede fase, namelijk het bestuur van Rusland, zal vermoedelijk de moeilijkste opgave worden,' meende de secretaris-generaal te kunnen voorspellen.[30]

Overtuigd dat hij de overwinning op Sovjet-Rusland al in zijn zak had, begon Hitler zich medio juli bezig te houden met militaire plannen voor de tijd ná Operatie Barbarossa. In een order van 14 juli kondigde hij aan 'de omvang van het leger eerstdaags in te krimpen' en met het oog op de eindstrijd met Engeland 'het zwaartepunt van het materieel' naar de luchtmacht te verleggen.[31] Een dag later werden in een voorstel van de operationele afdeling van het OKH voorlopige ideeen geopperd voor de 'reorganisatie van het leger na de voltooiing van Barbarossa'. Begin augustus zou begonnen moeten worden met de terugkeer van de infanterietroepen. Voor de 'bezetting en beveiliging van het veroverde Russische gebied' werden in totaal slechts 56 divisies gereserveerd.[32]

In deze dagen en weken, toen de ineenstorting van de Sovjet-Unie ophanden leek, onthulde Hitler verbazingwekkend vaak hoe hij zich de toekomst van het door de Duitsers beheerste *Ostraum* voor zich zag. Dat we dat weten, danken we aan Martin Bormann. Begin juli 1941 beval hij zijn adjudant Heim te noteren wat de dictator tijdens het middag- en het avondmaal zoal te berde bracht. Heim schreef tijdens de maaltijd onopvallend enkele trefwoorden op, aan de hand waarvan hij zijn secretaresse daags daarna de essentie van Hitlers uiteenzettingen dicteerde. Tijdens de 'theegesprekken' in kleine kring kon hij echter geen aantekeningen maken. Hiervoor moest hij tijdens het dicteren geheel op zijn geheugen vertrouwen. Bormann nam de aantekeningen nog één keer door en gaf de partijkanselarij in oktober 1941 opdracht 'deze – later uiterst waardevolle – aantekeningen zorgvuldig op te bergen'.[33] Het heeft er alle schijn van dat Hitler niet wist dat zijn uiteenzettingen schriftelijk werden vastgelegd.[34] Precies dat maakt de notities zo waardevol. Ze bieden immers, los van alle bedrog en huichelarij, een authentiek inzicht in wat de dictator zoal dacht over uiteenlopende politieke en kunstzinnige thema's. Ze laten echter vooral zien welke monsterlijke ideeën hij koesterde voor de verwezenlijking van zijn lang nagestreefde doel, de verovering van 'Lebensraum in het oosten' en de vernietiging van het 'Joodse bolsjewisme'. Een waardevolle aanvulling vormen juist op dit punt de berichten die Werner Koeppen, Alfred Rosenbergs verbindingsman in het Führerhoofdkwartier, tussen begin september en begin november 1941 opstelde. Ook hierbij gaat het om uit het geheugen gemaakte verslagen die de opsteller, opnieuw buiten medeweten van Hitler en altijd onmiddellijk na beëindiging van het middag- en avondmaal, opschreef.[35]

De man die ons uit de aantekeningen van Heim en Koeppen tegemoet treedt, lijkt een wrede, door haat verteerde bruut die zichzelf nu, vooruitlopend op de aanstaande overwinning, zag als de absolute heerser van Europa en meende dat hij zichzelf geen beperkingen meer hoefde op te leggen. 'Het bolsjewisme moet worden uitgeroeid' was het belangrijkste thema. Moskou 'als zetel van deze leer [...] moet van de aardbodem verdwijnen' en de grenzen van het door Duitsland gedomineerde Europa moesten minstens tot aan de Oeral worden verschoven: 'Ten westen daarvan mag er geen georganiseerde Russische staat meer bestaan!'[36] In de veroverde gebieden moest de Slavische bevolking, voor zover die de Duitse vernietigingspolitiek heeft overleefd, onderdrukt worden tot het niveau van rechteloze slavenarbeiders, die het Duitse 'meesterras' moesten dienen en gehoorzamen. Onderwijs was voor de 'inboorlingen' niet weggelegd. Het was voldoende als ze de Duitse verkeerstekens kenden. Vooral het zuiden van Oekraïne moest uitsluitend door Duitsers worden gekoloniseerd. 'De Duitse kolonist zal de weerboer zijn.' Als beloning voor de verrichte dienstplicht moest hij een grote boerderij krijgen, zich krachtig voortplanten en te allen tijde in staat zijn het geroofde land gewapenderhand te verdedigen.[37]

Wat Hitler zijn disgenoten in drie dagen begin augustus als stralend toekomstbeeld voorspiegelde, vatte Heim als volgt samen: 'De "rijksboer" moet in bijzonder mooie nederzettingen wonen. De Duitse instanties en autoriteiten moeten prachtige gebouwen hebben, de gouverneurs paleizen [...]. En rondom de stad is een 30 tot 40 kilometer lange ring aangelegd van mooie dorpen, verbonden door de beste wegen. Wat daarna komt, is de andere wereld, waarin de Russen mogen leven zoals ze willen, zij het onder onze heerschappij. Bij een eventuele revolutie hoeven we dan maar een paar bommen op hun steden te gooien en het probleem is opgelost.'[38]

Met de verovering en overheersing van het Europese deel van de Sovjet-Unie meende Hitler een beslissende stap dichter bij zijn doel te zijn gekomen: het creëren van een in economisch opzicht autarkische regio die vrijwel onoverwinnelijk zou zijn. 'De strijd om de wereldhegemonie wordt voor Europa beslist door het bezit van de Russische gebieden. Die maken van Europa de meest blokkadebestendige plaats ter wereld.' De rijke delfstoffenvoorraden – steenkool, ijzer, aardolie – moesten niet alleen worden geplunderd, de Oekraïne en het Wolgabekken moesten bovendien veranderen in de 'graanschuren van Europa'. Als tegenprestatie moest de inheemse bevolking van goedkope gebruiksartikelen worden voorzien – 'hoofddoeken, goedkope kralenkettingen als opsmuk en wat gekoloniseerde volken verder graag hebben'. In dit verband benadrukte de dictator nogmaals: 'Onze Duitsers – dat is de hoofdzaak – moeten een gesloten gemeenschap vormen, als in een vesting – zelfs de geringste stalknecht moet hoger staan dan alle inboorlingen buiten deze centra.'[39]

Hitler stelde voor het Britse Rijk als voorbeeld te nemen: 'De Russische regio is ons India en zoals de Engelsen dat met een handvol mensen beheersen, zullen ook wij ons koloniale rijk regeren.'[40] In hun misdadige consequenties gingen zijn plannen echter veel verder dan de methoden van de klassieke koloniale heerschappij. 'Lebensraum'-obsessie, racisme en sociaal-darwinisme versmolten tot één moorddadig geheel dat alle beschaafde normen buiten werking stelde. Als iemand hem zou vragen waaraan hij het recht ontleende 'het Germaans-Duitse gebied naar het oosten uit te breiden', dan kon hij, verklaarde de dictator, slechts antwoorden: 'We moeten de omstandigheden creëren die ons volk in staat stellen zich te vermenigvuldigen, maar de vermenigvuldiging van de Russen indammen [...]. De sterkste heeft succes. Dat is een natuurwet en de wereld verandert niet, die wetten blijven.'[41]

Op 16 juli 1941 nodigde Hitler Göring, Lammers, Keitel, Rosenberg en Bormann uit in zijn werkkamer in de Führerbunker in de Wolfsschanze voor een vijf uur durende bespreking over de toekomstige bezettingspolitiek. Meteen aan het begin waarschuwde hij alle deelnemers dat er niets naar buiten mocht komen over de eigenlijke bedoelingen. Er moest juist benadrukt worden dat de Wehrmacht de veroverde gebieden wel tijdelijk moest bezetten om voor rust en veiligheid te zorgen: 'Het mag dus niet merkbaar zijn dat daarmee een definitieve maatregel wordt getroffen. Alle benodigde maatregelen – fusillades, expatriëringen enzovoort – treffen we hoe dan ook en kunnen we desondanks treffen.' 'In wezen', schetste Hitler zijn centrale doelstelling, ging het erom 'de reusachtige taart in hapklare stukken te snijden, zodat we hem ten eerste beheersen, ten tweede besturen en ten derde uitbuiten kunnen'. De Baltische staten, de Krim met een 'aanzienlijk achterland', het woongebied van de Wolga-Duitsers, en het gebied rondom de olievelden van Bakoe moesten Duits Rijksgebied worden. Ten westen van de Oeral mocht geen vreemde militaire macht geduld worden: 'Nooit mag worden toegestaan dat een ander dan de Duitser wapens draagt!' En van die wapens moest volop gebruik worden gemaakt indien ook maar het geringste verzet werd gepleegd: 'Het reusachtige gebied moet natuurlijk zo snel mogelijk worden gepacificeerd. Dat kan het beste door iedereen dood te schieten die zelfs maar met een scheef oog kijkt.'[42]

Een dag later tekende Hitler een decreet dat voorlopig nog niet zou worden vrijgegeven en waarbij Alfred Rosenberg tot 'rijkscommissaris voor de bezette oostelijke gebieden' werd benoemd. Onder hem zou het civiele bestuur van de bezette gebieden ressorteren. Deze werden onderverdeeld in twee rijkscommissariaten: het Rijkscommissariaat Oekraïne en het Rijkscommissariaat Ostland, dat bestond uit de Baltische staten en Wit-Rusland.[43] Natuurlijk had Rosenberg in Göring als verantwoordelijke voor het vierjarenplan, en in Himmler, de Reichsführer-SS en hoofd van de Duitse politie, twee machtige tegenspelers die niet bereid waren hun bevoegdheden in te perken ten gunste van het nieuw gecreëerde ministerie. Göring had reeds door het decreet van 19 juni laten bevestigen dat alleen hij gerechtigd was alle maatregelen te treffen die vereist leken 'voor de maximale benutting van de aangetroffen voorraden en economische middelen' in de veroverde gebieden. En Himmler werd, eveneens door een speciale beschikking van Hitler van 17 juli, belast met de 'politieke veiligstelling van de onlangs bezette oostelijke gebieden'. Hij was gerechtigd de rijkscommissaris in het kader van die taak aanwijzingen te geven.[44] Daarmee was, kenmerkend voor de leiderschapsstijl van de dictator, de basis gelegd voor een heftige competentiestrijd, waarbij Rosenberg vanaf het begin aan het kortste eind trok. Zijn idee om bepaalde nationaliteiten, bijvoorbeeld de Oekraïners, een zekere mate van zelfstandigheid toe te staan, was moeilijk in overeenstemming te brengen met de ideeën van Hitler en Himmler over het meedogenloos onderwerpen, tot slaaf maken en uitroeien van miljoenen mensen.[45]

De blauwdruk daarvoor werd geleverd door het zogenaamde *Generalplan Ost*, waartoe Himmler in zijn hoedanigheid van 'rijkscommissaris voor de vestiging van het volkseigene' op 24 juni opdracht had gegeven aan zijn chef-planoloog op het hoofdkwartier, de landbouwkundige professor Konrad Meyer. De in de daaropvolgende maanden met het Reichssicherheitshauptamt afgestemde plannen voorzagen in de gewelddadige verdrijving van 31 miljoen Slaven naar Siberië, waar ze aan een ellendig lot overgelaten zouden worden. De Britse historicus Richard Evans heeft het in dit verband over een vernietiging 'van een zo gigantische omvang' als 'in de geschiedenis van de mensheid nooit eerder was nagestreefd'.[46]

Ook de tot rijkscommissaris in de Oekraïne benoemde Gauleiter van Oost-Pruisen, Erich Koch, wees elke gedachte aan Oekraïense zelfstandigheid af. Men moest, zo viel hij Hitler tijdens het middagmaal op 18 september bij, 'vanaf het begin hard en wreed zijn'. Werner Koeppen, de verbindingsman van Rosenberg, noteerde later: 'De stemming in het FHQU [Führerhauptquartier] is heel gunstig voor Koch; iedereen ziet in hem de geschikte man en de "tweede Stalin", die zijn taak het best zal vervullen.'[47]

Alle grootse plannen voor een Duits oostelijk imperium op racistische grondslag berustten overigens op de veronderstelling dat het Rode Leger niet meer in staat was sterke tegenstand te bieden en dat Stalins regime op het punt van instorten stond. Al in de tweede helft van juli werd echter duidelijk dat het niet zo snel zou gaan. Bij het begin van de Duitse aanval had er niet alleen onder de Sovjetleiding chaos en verwarring geheerst, maar ook onder de commandanten aan het front. Stalin, die tot het laatst geweigerd had de waarschuwingen serieus te nemen, leek dagenlang verlamd en liet het aan Molotov over om tijdens een radio-uitzending in de middag van 22 juni de bevolking van de Duitse aanval op de hoogte te stellen en haar op te roepen tot verzet: 'We vechten voor een rechtvaardige zaak. De vijand zal verslagen worden, de overwinning zal aan ons zijn!'[48] Het leek er aanvankelijk op dat niet het Duitse, maar het Sovjetleger zou worden verslagen. Op 3 juli had Stalin zich van de schok hersteld. Hij richtte zich nu via de radio voor het eerst tot het publiek. Al in zijn eerste woorden sloeg hij een andere toon aan, want hij had het niet meer over 'kameraden', maar over 'burgers', 'broeders en zusters'. Hij gaf onomwonden toe dat het Rode Leger niet voorbereid was geweest op de aanval en dat Hitlers Wehrmacht al grote delen van de Baltische staten, Wit-Rusland en het westen van de Oekraïne veroverd had. In dit 'gevecht op leven en dood' tegen de fascistische agressors moest 'het hele Sovjetvolk opstaan om het vaderland te verdedigen'. Daarmee was het bevel gegeven voor de 'vaderlandse volksoorlog'. Dat haakte bewust in op de mythe van de bevrijdingsoorlog tegen Napoleon en vond ongewoon veel weerklank.[49]

Dat Stalins beroep op de patriottische gevoelens van zijn landgenoten aansloeg, heeft vooral te maken met de aard van de Duitse oorlogvoering, want vanaf dag één was duidelijk dat dit geen 'gewone' oorlog was zoals die in het westen in het voorjaar van 1940, maar een tot dusver ongekende geweldsuitspatting. De mogelijkheid daarvoor werd geboden door de misdadige bevelen die in de maanden vóór Operatie Barbarossa overeenkomstig Hitlers richtlijnen naarstig waren uitgewerkt door de Wehrmachtleiding. Daartoe behoorde het Commissarissenbevel van 6 juni 1941 dat, ondanks de vergoelijkende beweringen ná de oorlog, geenszins stilzwijgend werd gesaboteerd, maar door bijna alle eenheden aan het oostfront werd opgevolgd. Het aantal slachtoffers liep in de duizenden.[50] Zo meldde de vertegenwoordiger van Buitenlandse Zaken bij het legercommando 9 op 27 juni: 'De kwestie van de politieke commissarissen wordt grondig opgelost. Alle gevangengenomen pol(itieke) commissarissen worden onmiddellijk doodgeschoten.'[51]

Niet alleen de commissarissen, ook de Sovjetkrijgsgevangenen zouden weldra aan den lijve ondervinden dat de normen van het volkenrecht tijdens deze 'ideële oorlog' buiten werking waren gesteld. Velen van hen werden onmiddellijk na hun gevangenneming doodgeschoten. De moorden werden voor een deel voorgesteld als vergeldingsmaatregelen wegens schendingen van het oorlogsrecht door de Sovjets. 'De Rus gedroeg zich beestachtig tegenover onze gewonden. Nu slaan en schieten onze mensen iedereen dood die rondloopt in een bruin uniform,' zei generaal Heinrici begin juli 1941 tegen zijn vrouw.[52] Andere commandanten rechtvaardigden de massa-executies met de vermeende 'achterbakse' oorlogvoering door het Rode Leger. Veldmaarschalk von Bock noteerde op 30 juni: 'De troepencommandanten melden dat de arglistigheid van de Russen, die doen alsof ze zich overgeven en dan opnieuw beginnen te schieten, onze mensen zo woedend heeft gemaakt dat ze iedereen die ze tegenkomen doodslaan.'[53] Het *Kriegsgerichtsbarkeitserlass* gaf de Duitse soldaten nog meer handelingsvrijheid, en bij velen heeft het de drempel om weerloze gevangenen te doden aanzienlijk verlaagd.

Veel gevangengenomen soldaten van het Rode Leger kwamen ook om tijdens de lange uitputtingsmarsen van het front naar verder weg gelegen opvangkampen. Wie uitgeput was en niet verder kon, werd doodgeschoten. Een Duitse luitenant-generaal, Friedrich Freiherr von Broich, herinnerde zich in Britse krijgsgevangenschap zo'n optocht van zesduizend volledig uitgemergelde soldaten: 'Elke honderd à tweehonderd meter bleven er een paar liggen. Naast hen reden soldaten van ons op de fiets, met een pistool. Iedereen die bleef liggen, kreeg een nekschot en werd in een kuil gesmeten.'⁵⁴ Al tijdens de eerste gevechten in juni en juli 1941 hadden de Duitsers enkele honderdduizenden gevangenen gemaakt. Voor voeding en onderdak was geen enkele voorzorgsmaatregel getroffen. De kampen waren in de regel niet meer dan met prikkeldraad afgezette terreinen, waar de gevangenen op de kale grond of in kuilen moesten vegeteren, zonder zelfs ook maar bij benadering toereikende voeding. Over een van die helleoorden in Minsk, waar op een oppervlakte van ongeveer 1500 vierkante meter circa 100.000 krijgsgevangenen en 40.000 burgergevangenen waren samengeperst, vertelde Xaver Dorsch, een medewerker van de Organisation Todt op 10 juli 1941 aan de beoogde Ostminister Rosenberg: 'De gevangenen [...] kunnen zich amper bewegen en zijn gedwongen hun behoefte te doen waar ze op dat moment staan. [...] Een deel van hen zit zes tot acht dagen zonder eten en kent in de door de honger veroorzaakte dierlijke apathie nog slechts één verlangen: iets eetbaars te pakken krijgen. [...] Het enige dat het zwakke bewakingscommando, dat dag en nacht dienstdoet, kan doen is schieten, en dat wordt dan ook meedogenloos gedaan.'⁵⁵

De meeste Sovjetgevangenen stierven in de doorgangs- en verblijfskampen door honger, kou, ziektes, door willekeurige terreur of door gerichte moordpartijen door de bewakers. Tegen het eind van de oorlog zouden 4 van de 5,7 miljoen soldaten van het Rode Leger die door de Duitsers gevangen waren geno-

Afb. 14 Meteen al in de eerste maanden van Operatie Barbarossa liep het aantal Sovjetkrijgsgevangenen in de honderdduizenden. Ze werden onder de blote hemel bij elkaar gedreven en bewust aan de hongerdood overgeleverd.

men zijn omgekomen. Terecht heeft de Freiburgse historicus Ulrich Herbert de massale sterfte onder de Sovjetkrijgsgevangenen, die in het najaar van 1941 zijn hoogtepunt bereikte, naast het vermoorden van Europese Joden de 'grootste en verschrikkelijkste misdaad van de Duitsers tijdens de Tweede Wereldoorlog' genoemd.[56] Ook hier speelden rassenvooroordelen een grote rol. De mensen in de Sovjet-Unie behoorden niet alleen in de ogen van Hitler en zijn generale staf tot een minderwaardig ras. Ook volgens veel Duitse officieren en soldaten waren ze primitief, onbeschaafd en vies. Dat er in de gevangenkampen kannibalisme plaatsvond, werd niet beschouwd als een gevolg van de barbaarse Duitse 'uithongeringspolitiek', maar als een bewijs voor de 'verdierlijkte' aard van de Russen.[57]

Zelfs daar waar – zoals in het westen van de Oekraïne en de Baltische staten – Wehrmachtsoldaten de eerste weken als bevrijders van de bolsjewistische dwingelandij werden verwelkomd, zorgde het wrede Duitse bezettingsregime er al snel voor dat de aanvankelijke sympathie omsloeg in teleurstelling en haat, want er werd geen enkele rekening gehouden met de behoeften van de burgerbevolking. Hitlers legers voedden zich ten koste van de veroverde gebieden: Duitse soldaten plunderden het land leeg en beroofden de boeren van hun laatste levensmiddelen. Sommige streken werden zonder meer 'kaalgevreten'. Dit betekende dat de stedelijke bevolking niet meer voldoende kon worden voorzien van voedsel en dat ook daar honger heerste.[58] Het was gezien die situatie niet verwonderlijk dat Stalins oproep op 3 juli om partizanengroepen te vormen, weldra weerklank vond. De Duitsers reageerden met nog hardere represaillemaatregelen. Vluchtende soldaten en burgers die men voor 'partizanen' hield, werden doodgeschoten.[59] Hitler becommentarieerde Stalins oproep op 16 juli met de koelbloedige opmerking dat dat 'ook weer een voordeel' had omdat hij 'ons de mogelijkheid' geeft 'uit te roeien wat zich tegen ons verzet'. In een aanvullende instructie van 23 juli eiste hij dat de bezettingsmacht 'dermate veel angst' zou zaaien, 'dat dat alleen al geschikt is om de bevolking alle lust tot verzet te benemen'.[60]

De berichten over de onmenselijke behandeling van de gevangenen, over massaexecuties en de dwingelandij van de bezettingsmacht, verspreidden zich snel door de hele Sovjet-Unie. Het was iedereen nu ook wel duidelijk dat de agressor een genadeloze roof- en vernietigingsoorlog voerde. Het besef van deze existentiële dreiging drong de herinnering aan het terreurbewind van Stalin in de jaren dertig naar de achtergrond en gaf de Sovjetmacht een nieuwe legitimatie. Elk dorp dat door de Duitse soldaten werd platgebrand, leverde de partizanen nieuwe strijders op. Iedere soldaat van het Rode Leger wist welk lot hem in gevangenschap wachtte en vocht daarom verbitterder dan eerst. 'Ben benieuwd hoe ver we nog naar het oosten moeten marcheren. Maar voor de dapperheid van de Russische soldaten kun je slechts je pet afnemen. De tankbemanningen vertellen dat ook hier aan de Dnjepr bijna iedereen in gevechten van man tot man gedood moest worden, aangezien niemand zich overgaf.' Dat schreef eerste luitenant Walter Frick op 17 juli 1941 aan zijn vader Wilhelm Frick. Twaalf dagen later was hij gesneuveld.[61]

Vanaf medio juli 1941 werd de tegenstand door het Rode Leger sterker; de opmars van de Wehrmacht stokte voorlopig. De Duitse troepen vertoonden de eerste tekenen van uitputting. 'We zijn nu in de vierde week van de strijd zonder één rustdag, in de zinderende hitte [...]. De mannen worden moe, de verliezen worden groter, het aantal uitgevallen voertuigen stijgt,' meldde kolonel-generaal Erich Hoepner, de commandant van de vierde tankbrigade, die oprukte naar Leningrad.[62] De overwinningsroes van de eerste weken maakte plaats voor ontnuchtering. 'Men moet de bevolking niet te veel meer beloven,' maar haar veeleer 'een beeld geven van de hardheid van de oorlog in het oosten', eiste Goebbels. Ook tot hem, die net als de meeste anderen vóór het begin van Operatie Barbarossa de slagkracht van de tegenstander als uiterst gering had getaxeerd, drong nu het besef door dat de veldtocht 'geen wandeling naar Moskou' zou worden: 'De bolsjewieken bieden krachtiger tegenstand dan we vermoedden, en vooral de materiële middelen die hun ter beschikking staan, zijn groter dan we hebben aangenomen.'[63] In de overzichtsrapporten van de SD is gezien het uitblijven van bijzondere meldingen sprake van een 'afnemen van de verwachtingsvolle stemming'. Er deden geruchten de ronde over grote Duitse verliezen, die voortdurend opnieuw werden gevoed door de steeds talrijkere overlijdensadvertenties in de kranten.[64]

Ook de legerleiding begon zich te realiseren dat de verwachte *Blitzsieg* een hersenschim was en dat de veldtocht nog langere tijd zou duren. Het Rode Leger had weliswaar enorme verliezen geleden, maar kon telkens weer nieuwe tegenstand bieden. 'De Russen zijn ongelooflijk taai,' merkte de opperbevelhebber van de Legergroep Mitte, generaal-veldmaarschalk von Bock eind juli op, en generaal Heinrici moest toegeven: 'Alle veldtochten waren tot dusver waarschijnlijk kinderspel in vergelijking met de gevechten van dit moment. [...] De vijand tegenover ons is een verrassend actieve en taaie kerel. [...] Iedereen heeft zich op de Russen verkeken [...]. Mogelijk beleven we een loopgravenoorlog in de winter, diep in Rusland.'[65] Zelfs stafchef Halder kon daarvoor de ogen niet langer sluiten. Het blijkt 'steeds duidelijker', maakte hij op 11 augustus de balans op, 'dat de kolos Rusland [...] door ons is onderschat'. Die constatering betrok hij vooral op het 'puur militaire prestatievermogen': 'We hebben bij het begin van de oorlog rekening gehouden met circa tweehonderd vijandelijke divisies. Nu tellen we er al 360, en als een tiental daarvan verslagen wordt, zet de Rus een tiental nieuwe in.'[66] Hellmuth Stieff, medewerker op de afdeling operaties van de generale staf, constateerde op het hoofdkwartier Mauerwald van het OKH 'een niet eerder vertoonde prikkelbaarheid en nervositeit'. Overal heerste het 'drukkende gevoel' dat men zich in een 'zeer ernstige crisis' bevond, die uiteraard verborgen moest blijven voor de buitenwacht.[67]

Tijdens het middagmaal in de Wolfsschanze trof de entourage plotseling een zwijgzame, piekerende dictator aan.[68] En het was misschien geen toeval dat Hitler begin augustus 1941, toen hij zich bewust werd van het mislukken van zijn plan de campagne, voor het eerst tijdens de oorlog ernstig ziek werd. Tegenover de ijlings ontboden lijfarts bekende de dictator dat hij zich zijn hele leven nog niet zo slecht had gevoeld. Hij had last van duizelingen en misselijkheid en kon verscheidene dagen niet aan de stafbesprekingen deelnemen. Morell, die de Führer nog nooit 'zo slecht gehumeurd' had meegemaakt, deed zijn uiterste best om de lastige patiënt met allerlei versterkende injecties weer op de been te krijgen. Bovendien adviseerde hij hem meer in de buitenlucht te bewegen, aangezien de klamme lucht in de bunker zijn gezondheid niet ten goede kwam.[69] Hitlers adjudant kreeg opdracht 'het diepste stilzwijgen' te bewaren over Hitlers ziekte.[70] Goebbels, die op 18 augustus opnieuw naar de Wolfsschanze was gekomen, vernam van Schaub in vertrouwen dat Hitler een 'dysenterie-aanval' had gehad. De afgelopen weken hadden hem 'hard geraakt' en hem 'zeer prikkelbaar' gemaakt. Toen de minister van Propaganda de dictator die middag trof voor een eerste onderhoud, werd dat beeld bevestigd: 'Hij is buitengewoon aardig, maar ziet er helaas wat aangedaan en ziekelijk uit.' Hitler gaf ruiterlijk toe dat hij en zijn generaals 'de slagkracht van de Sovjets en vooral de uitrusting van de Sovjetlegers schromelijk onderschat' hadden. De militaire situatie was de afgelopen weken 'soms zeer kritiek geweest'. Nu ging het erom 'de oostelijke veldtocht minstens tot het invallen van de winter [...] tot een voor onze behoefte en voor de verdere militaire operaties bevredigend eind te brengen'. Dat was een eersteklas decisoire: Hitler rekende er niet langer op de veldtocht nog in de loop van 1941 te kunnen afsluiten en het was veelzeggend dat hij de vage hoop uitsprak dat er misschien een keer 'een ogenblik zou aanbreken waarop Stalin ons om vrede smeekt'.[71]

Hoewel er in de beginfase van de veldtocht verregaande overeenstemming had geheerst tussen Hitler en zijn militaire adviseurs, ontstonden er nu openlijke conflicten. In wezen waren die al in de kiem aanwezig in de Barbarossa-instructie van 18 december 1940, waarin de kwestie van de voortzetting van de operatie na afsluiting van de eerste succesvolle veldslagen was opengelaten. Terwijl Halder ervoor pleitte alle beschikbare krachten bij de Legergroep Mitte te voegen om de voor Moskou staande Russische strijdkrachten te dwingen tot een beslissende slag, wilde

Hitler tankeenheden aan de Legergroep Mitte onttrekken om enerzijds de aanval door de Legergroep Nord op Leningrad te forceren en anderzijds de Legergroep Süd in staat te stellen de industriegebieden van Charkov en het Donetsbekken te veroveren en de Russen af te snijden van hun oliebronnen in de Kaukasus. Tijdens een bespreking op het hoofdkwartier van de Legergroep Mitte op 4 augustus bevestigde de dictator zijn voornemen om 'de Russische tegenstander te beroven van zijn essentiële gebieden'. Op de eerste plaats kwam voor hem de afgrendeling van Leningrad, op de tweede de inname van het Donetsgebied: 'Daar ligt de hele basis van de Russische economie. Het bezetten van dat gebied zou de gegarandeerde ineenstorting van de totale economie van de vijand tot gevolg hebben.' Pas in derde instantie kwam voor Hitler een operatie richting Moskou in aanmerking. Een definitieve beslissing daarover behield hij zich overigens nog voor.[72]

Uiterlijk op 8 augustus schijnt Hitler een besluit te hebben genomen. Adjudant Engel gaf in elk geval na een avondlijke stafbespreking de mening van de dictator in de volgende woorden weer: 'Leningrad in elk geval: dat is in politiek en wereldbeschouwelijk opzicht noodzakelijk [...]. In het midden: omschakelen op verdediging. Alles wat beweegt richting zuiden: Oekraïne, Donetsbekken, Rostov. F(ührer) ziet momenteel het op de knieën dwingen van de Russen als belangrijkste doel.'[73] Maar Halder wilde zich nog niet gewonnen geven. In een memo van 18 augustus wees hij er nogmaals op dat de tegenstander de massa van zijn troepen tegenover de Legergroep Mitte concentreerde, en een aanval richting Moskou dus als het grootste gevaar zag: 'Als het lukt deze vijandelijke macht vernietigend te verslaan, zal de Rus niet langer in staat zijn een gesloten verdedigingsfront op te bouwen.'[74] Hitlers antwoord volgde prompt en was als een klinkende oorvijg voor de stafchef. 'Het voorstel van het leger om de operaties in het oosten zoals die werden gestart op 18 augustus voort te zetten, strookt niet met mijn ideeën.' Zonder verder in discussie te gaan beval de dictator drie dagen later: 'Het belangrijkste, nog vóór het invallen van de winter te bereiken doel is niet de inname van Moskou, maar het innemen van de Krim, van het industrie- en mijnbouwgebied aan de Donets en het onderbreken van de Russische olieaanvoer vanuit de Kaukasus, en in het noorden de afgrendeling van Leningrad en het aansluiten met de Finnen.'[75] En nog was het niet genoeg: in een uitvoerige 'studie' van 22 augustus beargumenteerde Hitler nogmaals waarom het innemen van de belangrijkste Russische grondstofbases voor hem absolute prioriteit had en dat 'het probleem-Moskou' van minder groot belang was.[76]

Adjudant Engel had het over een 'zwarte dag voor het leger'. De discussie herinnerde hem aan de heftige botsing van begin november 1939. Hellmuth Stieff vond dat als Brauchitsch en Halder zich deze 'ongehoorde' behandeling lieten welgevallen, Hitler ten slotte tot de overtuiging zou komen dat hij zich tegenover hen 'alles permitteren' kon.[77] Maar opnieuw konden de legerleiders niet vastberaden stelling nemen. In een dagboekaantekening noemde Halder de door Hitlers ingrijpen ontstane situatie weliswaar 'ondraaglijk', maar de gedachte aan aftreden liet hij varen nadat Brauchitsch gezamenlijk handelen had afgewezen.[78] In plaats daarvan schoof hij tankgeneraal Heinz Guderian naar voren, van wie Hitler een hoge dunk had. Ook deze ervaren officier slaagde er echter niet in de dictator op andere gedachten te brengen. 'Mijn generaals hebben geen benul van oorlogseconomie,' verkondigde Hitler onder plichtsgetrouw knikken van Keitel en Jodl, en ook Guderian kon zich blijkbaar niet aan diens overredingskracht onttrekken. Hij liet, tot teleurstelling van Halder, in elk geval zijn bedenkingen varen en verzekerde dat hij de opmars naar het zuiden naar beste vermogen met zijn tankeenheid zou ondersteunen.[79] Hitler had zijn zin doorgedreven, de legerleiding had zich neergelegd bij het gezag van de opperbevelhebber – een stap op de weg naar volledige onderwerping.

Op de ochtend van 25 augustus 1941 arriveerde Mussolini voor een meerdaags bezoek. Hitler haalde hem af van het kleine station in Görlitz en begeleidde hem naar de Wolfsschanze. Het Führerhoofdkwartier maakte een beklemmende indruk op de Italiaanse delegatie. Een van de leden merkte op: 'Hier houdt de realiteit op en begint een geïsoleerde en eenzame wereld, waar zich, verstopt onder de bomen van een donker bos en beschermd door versperringen en draadafrasteringen die zich kilometers ver uitstrekken, de onderkomens van de krijgsheer en zijn bevelhebbers bevinden.'[80] Tijdens de besprekingen werd Mussolini, net als tijdens eerdere ontmoetingen, in de rol van een toehoorder gezet die Hitlers wijdlopige uiteenzettingen over de blijkbaar schitterende vooruitzichten op een Duitse overwinning slechts af en toe mocht onderbreken.[81] Daags daarna bezichtigde men de vesting Brest-Litovsk, die door het zware Duitse geschut in puin was gelegd. Op 28 augustus vlogen Hitler en zijn gast naar het hoofdkwartier van generaal-veldmaarschalk von Rundstedt in het Oekraïense Oeman om het daar gestationeerde Italiaanse expeditiekorps te inspecteren. Het was een van de contingenten die de met Duitsland verbonden staten ter beschikking hadden gesteld: behalve de strijdkrachten van Finland en Roemenië vochten ook Hongaarse, Kroatische en Sloveense eenheden aan het oostfront. Hun deelname moest geloofwaardigheid verlenen aan het bij het begin van Operatie Barbarossa door de nazipropaganda uitgegeven parool van een Europese kruistocht tegen het 'bolsjewisme'. In een communiqué van 29 augustus, waarover Hitler en Mussolini het tot besluit van de ontmoeting eens werden, was sprake van een 'nieuwe Europese orde' die het resultaat zou zijn van de overwinning en die tot een permanente vreedzame samenwerking van de volkeren op het continent moest leiden.[82]

Even leugenachtig was het communiqué dat aansluitend aan het bezoek van de Hongaarse rijksregent, admiraal Miklós Horthy, op 10 september werd gepubliceerd. Het prees de 'geest van de traditionele wapenbroederschap der beide volkeren, die nu in de gemeenschappelijke strijd tegen het bolsjewisme opnieuw wordt waargemaakt'.[83] In werkelijkheid had Hitler een zeer lage dunk van de militaire prestaties van de Hongaren. Om de Duitse belangen op de Balkan te behartigen was het echter belangrijk dat hij de betrekkingen met Hongarije koesterde, evenals die met Roemenië en Bulgarije, die zich eveneens bij het Driemogendhedenpact hadden aangesloten. Dat waren toch 'allemaal opportunistische bondgenootschappen', zei hij tijdens het avondmaal op 8 september tegen Walther Hewel. Ook het bondgenootschap met Italië berustte niet op wederzijdse vriendschappelijke gevoelens van de twee volkeren, maar slechts op de persoonlijke banden tussen hem en Mussolini. 'Sympathie hebben wij Duitsers alleen voor Finland.'[84]

Aan het begin van het derde oorlogsjaar heerste er volgens de rapporten van de SS-Sicherheitsdienst een 'zekere beklemming' onder de Duitse bevolking. De tot dan toe slechts sporadisch geuite mening dat 'de Duitse opmars naar het oosten slechts langzaam vorderde', won 'steeds meer terrein'. Vaak deden ook veldpostbrieven vanaf het front, waarin melding werd gemaakt van toenemende problemen, afbreuk aan de stemming.[85] 'De algemene vraag: wordt er in Rusland voor het invallen van de herfstregens iets beslissends bereikt? Het ziet er nauwelijks naar uit,' noteerde Victor Klemperer op 2 september. 'Men telt hoeveel mensen in de winkels "Heil Hitler" zeggen en hoeveel "Goedendag". Het "Goedendag" schijnt toe te nemen.'[86] Propagandaminister Goebbels reageerde bijzonder fel op zulke crisissymptomen: men zou in de komende wintermaanden te maken krijgen met problemen 'van een omvang waarvan we ons op dit moment waarschijnlijk nog geen goede voorstellingen kunnen maken', voorspelde hij. Daarom moest het nu afgelopen zijn met al die 'illusies'.[87] Ook in de omgeving van Hitler drukte de onzekerheid over de blijkbaar onafzienbare duur van de oorlog de stemming. 'Ons verblijf hier op het hoofdkwartier duurt steeds langer,' schreef Hitlers secretaresse Christa Schroeder op 30 augustus aan haar vriendin. 'Aanvankelijk dachten we dat we eind juli terug in Berlijn konden zijn, daarna sprak men over medio oktober en nu is er al sprake van dat we hier niet voor eind oktober – eventueel zelfs nog later – wegkomen.'[88]

Overigens was het door Hitler bevolen offensief in het zuidelijke deel van het oostfront met onverwacht succes bekroond. Op 19 september viel Kiev en zeven dagen later waren ook de gevechten rond de Oekraïense hoofdstad – die tot de grootste van de veldtocht behoorden – beëindigd. Er waren vijf Sovjetlegers verslagen en 665.000 gevangenen gemaakt. De weg voor de verovering van het Donetsbekken was vrij.[89] De dictator triomfeerde: ondanks de bedenkingen van de legerleiding leek hij opnieuw gelijk te hebben gehad.[90] Groot opgemaakte extra berichten zorgden voor een snelle stemmingswisseling onder de bevolking. 'Alle neerslachtigheid van de afgelopen weken is vergeten,' noteerde Goebbels eind september. 'Het Duitse volk blikt weer vol goede moed en zeker van de overwinning naar de toekomst.'[91]

Ook in het noorden van het front tekenden zich vorderingen af. Rond 9 september slaagden de Duitse troepen erin Leningrad bijna volledig te omsingelen en af te sluiten van het achterland. Generaal Hans-Georg Reinhardt van de pantsertroepen stond al op het punt aan de hand van een plattegrond van Leningrad de straten aan te wijzen waarover hij binnen wilde marcheren toen het bevel tot halthouden kwam.[92] Hitler wenste dat de 3 miljoen inwoners tellende metropool aan de Neva niet zou worden veroverd, maar uitgehongerd en daarna, net als Moskou, met de grond zou worden gelijkgemaakt. 'Hier moet een voorbeeld worden gesteld, en de stad zal volledig van de aardbodem verdwijnen,' lichtte de dictator zijn plannen toe tijdens het middagmaal op 10 september.[93] De gevolgen voor de inwoners van Leningrad waren verwoestend. Tot januari 1944, toen het Rode Leger eindelijk de blokkade van Leningrad wist te doorbreken, kwamen er bijna 1 miljoen mensen om het leven, de meesten van honger en ontberingsziekten. Goebbels' voorspelling: 'Hier ontpopt zich misschien het grootste stadsdrama dat de geschiedenis ooit heeft gezien,' zou bewaarheid worden.[94]

Opnieuw bewees de Wehrmacht de handlanger en uitvoerder te zijn van de moorddadige nationaalsocialistische 'uithongeringspolitiek'. Haar artillerie verwoestte niet alleen fabrieken en werven, maar nam ook graansilo's, broodfabrieken en abattoirs onder vuur. Inwoners van Leningrad die aan het inferno probeerden te ontkomen, werden door geweervuur teruggedreven. Net als de behandeling van de Sovjetkrijgsgevangenen was ook de blokkade van Leningrad onderdeel van de Duitse vernietigingsoorlog die de miljoenen burgerslachtoffers niet slechts schouderophalend op de koop toe nam, maar kil en berekenend veroorzaakte.[95]

Toen Goebbels op 23 september opnieuw op het Führerhoofdkwartier werd ontboden, leek Hitler tijdens een gesprek onder vier ogen een totaal ander mens: 'Hij ziet er [...] qua gezondheid erg goed uit, is in opperbeste stemming en beoordeelt de huidige situatie buitengewoon optimistisch.' De dictator eiste het succes van de recente operaties op als zijn 'oereigen werk', dat hij tegen het advies van de generale staf had moeten doordrukken. Na het opruimen van de omsingelde Russen ten oosten van Kiev moest de opmars onverwijld via Charkov naar Stalingrad worden voortgezet. Meer grote overwinningen waren te verwachten: 'De ban is gebroken.' Wat het lot van Leningrad betrof, herhaalde Hitler zijn bekende eis dat de metropool aan de Neva moest worden verwoest. 'Vanuit deze stad heeft het bolsjewisme zich verspreid en in deze stad zal het bolsjewisme definitief worden verpletterd [...]. Het is het weliswaar harde, maar rechtvaardige lot van de geschiedenis.' Hitler stelde de minister van Propaganda ervan op de hoogte dat hij nu het groene licht had gegeven voor de door het OKH gevraagde operatie richting Moskou en ging ervan uit dat die op 15 oktober met de omsingeling van de Russische hoofdstad kon worden beëindigd. Dan zou Stalin ofwel capituleren of om een afzonderlijke vrede vragen, waarop hij, Hitler, 'uiteraard zou ingaan'. 'Want als de militaire macht van het bolsjewisme is gebroken, vormt het geen gevaar meer: dan wordt het teruggedreven naar Azië.' Goebbels, die slechts enkele weken eerder had opgeroepen tot een illusievrije beoordeling van de militaire situatie, was nu zelf weer volledig in de ban van de suggesties van de Führer. 'Van top tot teen vervuld van optimisme en activiteit' verliet hij de Wolfsschanze.[96]

Op 6 september had Hitler in zijn Order nr. 35 bevel gegeven de aanval op Moskou tegen het eind van september voor te bereiden. De Legergroep Mitte kreeg opdracht de vóór Moskou gelegen troepen van maarschalk Timosjenko vernietigend te verslaan en daarna op te rukken naar de Russische hoofdstad.[97] De operatie, die de codenaam 'Taifun' kreeg, moest de slagkracht van het Rode Leger definitief breken en zo alsnog een beslissing forceren. De Duitse legerleiding slaagde er slechts met de grootste moeite in nog eens 78 divisies met bijna 2 miljoen manschappen in gereedheid te brengen. 'Vandaag staan mijn soldaten klaar voor de grote aanval op Moskou, een aanval over een breedte van 500 kilometer,' schreef Halder op 2 oktober. 'Kiev was slechts een arm die we hebben afgehakt; deze operatie moet de ruggengraat breken.'[98] Hitler zelf riep diezelfde dag de 'soldaten aan het oostfront' op de 'laatste geweldige houw' uit te delen, 'die nog voor het invallen van de winter deze tegenstander zal verpletteren'.[99] Goebbels liet in allerijl 200.000 exemplaren van de oproep drukken en naar het front sturen: 'Zo weten de soldaten wat er nu op het spel staat, hoe het lot van het rijk opnieuw in hun handen is gelegd. [...] Laten we bij God hopen dat de Sovjet-Unie onder deze verdovende klap op de knieën zal vallen.'[100]

Laat in de avond van 2 oktober reed de speciale Führertrein naar Berlijn, waar hij daags daarna even na 1 uur 's middags aankwam.[101] Goebbels had er bij Hitler al enige tijd op aangedrongen dat hij weer eens in het openbaar zou spreken. Zijn laatste optreden na het afsluiten van de veldtocht op de Balkan was immers alweer een halfjaar geleden. De dictator had beloofd dat hij ter gelegenheid van de opening van de Winterhulp op 9 september in het Sportpalast zou spreken, maar had met het oog op de onzekere militaire situatie aan het oostfront de reis telkens weer uitgesteld.[102] Nu, nadat Operatie Taifun geslaagd was, dacht hij dat de tijd rijp was de toespraak alsnog te houden. Meteen na zijn aankomst liet hij Goebbels naar de kanselarij komen en zei dat hij ervan overtuigd was 'dat, indien het weer enigszins gunstig blijft, het Sovjetleger binnen veertien dagen in principe vernietigd zal zijn'.[103]

Die middag werd Hitler onder stormachtig applaus ontvangen in het Sportpalast. Goebbels had zich tevoren enigszins bezorgd afgevraagd of zijn baas na zo'n lange afwezigheid zijn oude retorische vorm zou hervinden, maar die stelde hem niet teleur. De dictator trok alle beproefde registers van zijn ongeremde demagogie open, hekelde 'de samenzwering van democraten, Joden en vrijmetselaars', die Europa in oorlog hadden gestort, herhaalde de leugen van de preventieve oorlog tegen de Sovjet-Unie die noodzakelijk zou zijn geweest om een 'tweede Mongolenstorm van een nieuwe Djengis Khan' te voorkomen en beweerde dat het sinds 22 juni woedende, 'grootste gevecht in de wereldgeschiedenis' tot dusver 'volgens plan verlopen' was. Het luidste applaus volgde op de zin: 'Ik spreek het vandaag hier uit omdat ik het vandaag mag zeggen: dat deze tegenstander reeds gebroken is en nooit meer zal opstaan.'[104] Nog diezelfde avond keerde Hitler terug naar het Führerhoofdkwartier. Daar betoonde hij zich tijdens het eten tevreden over het verloop van het evenement: 'Er hing dezelfde sfeer als bij de mooiste bijeenkomsten tijdens de tijd van de eerste strijd. [...] Ook het enthousiasme en het gejuich van de Berlijners langs de route was in lange tijd niet zo groot en oprecht geweest.'[105] In hoeverre het gejuich oprecht was en in hoeverre geënsceneerd, is moeilijk te beoordelen, maar het lijkt erop dat Hitler zich niet vergiste toen hij dacht dat populariteit groot was, in elk geval zolang hij een geslaagde afloop van de oostelijke veldtocht in het vooruitzicht kon stellen. Binnenslands hebben de toespraken van de Führer 'nagenoeg gewerkt als een wonder', constateerde Goebbels tevreden. 'Alle kritiek, alle pessimisme, zelfs alle bezorgdheid is volledig verdwenen.'[106]

Het verloop van Operatie Taifun leek nog eenmaal de stoutste verwachtingen te rechtvaardigen. Tijdens de dubbele veldslag bij Vjazma en Brjansk werden bijna acht legers van Timosjenko vernietigd. Voor 673.000 Sovjetsoldaten begon de krijgsgevangenschap. Jodl sprak al op 7 oktober, toen de omsingeling van Brjansk voltooid was en de ring om Vjazma zich begon te sluiten, over de 'meest beslissende dag in de oorlog tegen de Russen' en maakte een vergelijking met de slag bij Königgrätz in 1866.[107] Ook de gewoonlijk voorzichtige generaal Heinrici geloofde nu dat 'de tegenstander reeds verslagen' was: 'Eind deze maand zal hij beroofd zijn van zijn hoofdstad en van het beroemde industriegebied van het Donetsbekken.'[108] Tankgeneraal Guderian deelde die overtuiging, maar hield een slag om de arm met de woorden dat men 'de dag niet [moest] prijzen voor het avond is', want tijdens een oorlog doen zich 'soms ook onaangename verrassingen' voor.[109]

Van een dergelijke scepsis was men in de Wolfsschanze ver verwijderd. Daar heerste de drie eerste weken van oktober 1941 een euforische stemming zoals bij het begin van de veldtocht. "'s Avonds bij de F[ührer]. Heerlijk ontspannen en opperbeste sfeer. – Vrij van alle zorgen,' noteerde Walther Hewel op 10 oktober.[110] Bij het OKH ging men ervan uit dat de tegenstander 'geen noemenswaardige reserves meer' had en men gaf de Legergroep Mitte dan ook bevel 'de omsingeling van Moskou aan te halen en het gebied rond de stad stevig in de greep te nemen'.[111] Op 12 oktober verordende Hitler dat een capitulatie van de Russische metropool, indien die werd aangeboden, niet mocht worden aanvaard. De stad moest hetzelfde lot ondergaan als Leningrad.[112]

Opnieuw raakte de dictator in extase over zijn monsterlijke visioen van een door het Germaanse 'meesterras' gedomineerde en bezette *Ostraum*. 'Het gebied moet het karakter van de Aziatische steppe kwijtraken, vereuropeest worden!' verkondigde hij tijdens het avondmaal van 17 oktober, waaraan ook rijksminister Todt deelnam. Daartoe moesten grote autowegen aangelegd worden, niet slechts tot het zuidelijkste punt van de Krim, maar tot aan de Kaukasus. 'Aan dit verkeerssnoer rijgen zich als aan een parelsnoer de Duitse steden aaneen en daaromheen ligt de Duitse volksplanting.' Al over twintig jaar zou dat gebied 20 miljoen Duitsers tellen, over driehonderd jaar zou het 'een bloeiend parklandschap van ongewone schoonheid zijn'! Ook andere Noord- en West-Europese volkeren konden meedoen aan dit opbouwwerk, uiteraard altijd onder Duitse dominantie. Wat de wrede behandeling van de 'inheemsen' betreft, hoefde men geen gewetenswroeging te hebben. 'Ik benader die kwestie ijskoud. Ik voel me slechts de voltrekker van een historische wil.'[113] Het is niet overgeleverd of een van de aanwezige tafelgenoten de dictator ooit in de rede is gevallen of blijk heeft gegeven van lichte twijfel. Integendeel: ze luisterden geboeid naar alle grootheidswaanzinnige, denigrerende praatjes die het Duitse volk een schijnbaar schitterende toekomst leken te beloven: 'Als wij de heersers zijn in Europa, hebben we de dominante plaats in de wereld.'[114]

Hoe zeker men in die dagen in het Führerhoofdkwartier was, blijkt uit een opmerkelijk voorval dat zich op 9 oktober afspeelde: om 12 uur 's middags nodigde Otto Dietrich, komend vanaf de Wolfsschanze, Duitse en internationale journalisten uit voor een speciale vergadering op het ministerie van Propaganda. Wat hij mee te delen had, had Hitler daags tevoren gedicteerd aan zijn stenograaf. Op triomfantelijke toon verkondigde de rijksperschef dat na de recente successen 'het hele Sovjetfront vernietigd' was en dat de veldtocht daarmee de facto beslist was: 'De Sovjet-Unie is door deze geweldige dreun die we hebben uitgedeeld militair gezien uitgeschakeld.'[115] Het bericht sloeg in als een bom doordat het werd opgevat als de definitieve bevestiging van de geslaagde afsluiting van de oostelijke veldtocht. De Amerikaanse correspondent Howard K. Smith herinnerde zich het voorval een jaar later: 'Toen Dietrich uitgesproken was, heerste er een gespannen opwinding. De geüniformeerden verdrongen zich om hem heen en schudden hem onafgebroken de hand, men feliciteerde elkaar als het ware met de Duitse overwinning. De mensen van de persagentschappen waren door de gang naar de telefoons gestormd en gaven hun kantoren heet van de naald korte berichten door. De correspondenten van de Asmogendheden en de Balkanstaten applaudisseerden en juichten. Rechtop staand namen ze afscheid van Dietrich met de in Hitlergroet gestrekte arm.'[116]

De kranten van de daaropvolgende dagen brachten het nieuws in chocoladeletters. De *Völkische Beobachter* kopte: 'Veldtocht in het oosten beslist'.[117] Goebbels voelde zich er onbehaaglijk onder. Hij vond dat Dietrich te ver was gegaan met zijn aankondiging: het was verkeerd het volk 'voor te bereiden op een resultaat waarvan we in elk geval voorlopig niet weten wanneer het [...] bereikt wordt'. Daarom probeerde hij in de daaropvolgende dagen 'de al te sterk heersende optimistische stemming enigszins te temperen'.[118] Zo verklaarde hij tijdens een appel aan de Berlijnse SA-leiders op 15 oktober dat de oorlog tegen de Sovjet-Unie 'weliswaar beslist was, maar nog niet ten einde', wat Friedrich Kellner aanleiding gaf tot een treffend commentaar in zijn dagboek: 'Ze hebben opnieuw een te grote bek gehad en de reactie is navenant.'[119] En inderdaad, nadat er onrealistische verwachtingen waren gewekt, sloeg de stemming des te heftiger om toen bleek dat de Duitse opmars stokte en dat de strijd nog lang niet voorbij was. Het 'overdreven optimisme' waartoe de mededelingen van Dietrich hadden geleid, begon nu plaats te maken voor een 'zekere teleurstelling' en bezorgdheid over de aanstaande 'Russische winter', meldde de SS-Sicherheitsdienst.[120] En hoe rampzaliger de militaire toestand aan het oostfront zich sinds begin december 1941 ontwikkelde, hoe scherper Goebbels de toespraak van Dietrich veroordeelde, omdat deze de geloofwaardigheid van de Duitse propaganda onherstelbare schade had toegebracht. Het was 'waarschijnlijk de grootste psychologische fout van de hele oorlog' geweest, zei hij nog in januari 1942.[121]

Na medio oktober 1941 was het weer aan het oostfront omgeslagen. Permanente regenval veranderde de wegen in een onbegaanbaar moeras. De Duitse opmars liep letterlijk vast in de modder. 'Wijzelf hebben elke hoop opgegeven. We zitten met de hele bevoorrading vast in de modder en op onbegaanbare wegen; de vrachtwagens hebben geen brandstof, de mensen geen brood, de paarden geen haver', schreef generaal Heinrici eind oktober aan zijn vrouw. 'Wat is dat voor een demonisch noodlot dat we vlak voor de poorten van Moskou tot stilstand komen? 60 kilometer, drie korte dagmarsen, zijn de dichtstbijzijnde divisies van de stad verwijderd. De hand is in zekere zin al uitgestrekt naar het bolwerk van het communisme.'[122] Doordat het Duitse offensief stokte, kreeg het Rode Leger tijd zich te reorganiseren en verse krachten aan te voeren uit Siberië en het Verre Oosten. Onder de nieuwe opperbevelhebber van het westfront, landmachtgeneraal Georgi Zjoekov, werden er vóór Moskou sterke verdedigingsstellingen opgebouwd. Op het Sovjetkrijgstoneel was een fundamentele kentering ingezet.

En nog altijd weigerde Hitler de veranderde werkelijkheid onder ogen te zien. Tijdens een bezoek van de Italiaanse minister van Buitenlandse Zaken Ciano aan de Wolfsschanze op 25 oktober verzekerde hij 'dat het grote doel van de vernietiging van de vijandelijke strijdkrachten in het oosten thans in hoge mate bereikt is en dat het er slechts om gaat de overwinning in elke richting te benutten'. Deze winter zal 'het lot van Napoleon zich niet aan Duitsland en zijn bondgenoten voltrekken, maar aan Rusland'. Men had de dictator berichten van de Turkse ambassadeur in Moskou voorgelegd die leken te wijzen op een 'ondergang van de orde en discipline'.[123]

Er was in Moskou inderdaad paniek uitgebroken toen de tanks van de Wehrmacht schijnbaar onstuitbaar oprukten. Stalin gaf opdracht om het corps diplomatique en de ministeries te evacueren. Partijfunctionarissen en overheidsambtenaren ontvluchtten in allerijl de stad en veel Moskovieten sloten zich bij hen

Afb. 15 Ook de gemotoriseerde oorlog in het oosten kon niet zonder paarden. Deze opname uit maart 1942 toont een paardenspan in de modder bij Koersk.

aan. De Sovjetdictator besloot zelf overigens te blijven. Hij besefte het psychologische effect van zijn aanwezigheid. Toen hij op 7 november bovendien de traditionele troepenparade op de verjaardag van de revolutie op het Rode Plein liet doorgaan, was dat opnieuw een belangrijk signaal dat de Sovjetleiding de strijd onder alle omstandigheden zou voortzetten.[124]

Op diezelfde 7de november nam Hitler plaats in zijn speciale trein om naar de jaarlijkse herdenking van de mislukte staatsgreep in 1923 in München te reizen.[125] Tegenover de *'alte Kämpfer'* hield hij in de late namiddag van 8 november in de Löwenbräukeller een toespraak die erop gericht was alle twijfel aan een zegerijke beëindiging van de oorlog te onderdrukken. Hij had, zei hij in strijd met de waarheid, 'het woord *Blitzkrieg* nog nooit gebruikt', maar zo ooit dan was het van toepassing op de veldtocht in het oosten: 'Nog nooit is een reusachtig rijk in kortere tijd vernietigd en overwonnen dan nu Sovjet-Rusland.'[126] Anders dan in de voorgaande jaren werd de toespraak in opdracht van Hitler niet via de radio uitgezonden – waarschijnlijk omdat hij toch niet zo zeker was van zijn zaak. Tegenover de Reichs- en Gauleiter sprak hij zich daags daarna duidelijk voorzichtiger uit. Het Rode Leger was weliswaar in feite 'al verslagen', maar niemand kon voorspellen hoe lang het nog tegenstand zou bieden. 'Over vier weken hopen we de doelen bereikt te hebben die vóór het invallen van de winter nog bereikt moeten worden en dan moeten de troepen in winterkwartier gaan. [...] Komend voorjaar zullen we dan weer tot de aanval overgaan.' Dat was niets anders dan een bekentenis dat hij zich met zijn volmondige aankondiging van begin oktober schromelijk had vergist. Hij liet er tegenover de Reichs- en Gauleiter geen twijfel over bestaan wat hij van plan was met de bezette gebieden in het oosten. 'Dat land [...] zal in elk geval nooit meer worden teruggegeven. Daar zullen zich later miljoenen Duitse boerengezinnen vestigen, waarmee de algemene strategie van het rijk ver naar het oosten wordt opgeschoven.'[127]

Al in de namiddag van 11 november was Hitler weer in het hoofdkwartier om deel te nemen aan de beraadslagingen over de voortzetting van het offensief. De drijvende kracht hier was stafchef Halder. Hij klampte zich vast aan de hoop dat het oorspronkelijke doel van de operatie alsnog kon worden verwezenlijkt. De Legergroep Mitte zou Moskou volledig moeten omsingelen. Tegelijkertijd moesten de Legergroepen Nord en Süd zo ver mogelijk oprukken om 'nog voor het invallen van de echte winter een gunstige uitgangspositie' te bereiken. Maar met zijn oproep om de troepen aan te zetten tot een allerlaatste 'krachtsinspanning' stuitte hij tijdens een bespreking met de stafchefs van de legergroepen en legers op 13 november in Orsa bij Smolensk op onverwachte tegenstand. De legerleiders vonden Halders plannen niet realistisch. Veel divisies waren na de maandenlange onafgebroken gevechten immers uitgeput en niet meer in staat tot grootscheepse aanvalsoperaties. 'Maar onze eenheden zijn zo opgebrand dat je hart ervan bloedt,' constateerde Hellmuth Stieff, die eind september 1941 als eerste officier van de generale staf in het Armeeoberkommando 4 naar de Legergroep Mitte was overgeplaatst, op 11 november. 'We kunnen nog één keer beperkt aanvallen – dat willen ook de troepen nog. Tot meer dan dat voelen ze zich niet in staat. De grens van de fysieke vermogens wordt weldra bereikt.'[128] Een beperkte aanval op Moskou – dat was het doel waarover ze het ten slotte eens werden.

Op 15 november werd het offensief hervat. Nog één keer wonnen de tankeenheden terrein: de voorhoedes stootten door tot aan de randen van de Russische hoofdstad. Maar de tijd van de grote omsingelingsgevechten was voorbij. De troepen moesten zich met frontale aanvallen naar voren vechten en leden grote verliezen. De begin november ingevallen vorst had de wegen weer begaanbaar gemaakt, maar de infanteristen werden geteisterd door kou en ijzige wind. Eind november maande generaal-veldmaarschalk von Bock het OKH de krachten van zijn legergroep 'in hemelsnaam' niet te overschatten. Het was 'vijf voor twaalf'. Als ze er de komende dagen toch niet in zouden slagen het noordwestelijke front voor Moskou te laten instorten, dan moest de aanval worden gestaakt en diende men over te gaan tot verdedigen.[129]

Op 21 november reisde Hitler naar Berlijn om aanwezig te zijn bij de staatsbegrafenis van luchtmachtgeneraal Ernst Udet, die op 17 november uit wanhoop over de problemen van het luchtmachtprogramma zelfmoord had gepleegd.[130] Tijdens een drie uur durend overleg met Goebbels op de Rijkskanselarij betoonde de dictator zich niet bijzonder ongerust over de situatie aan het oostfront. Als het weer gunstig zou blijven, moest nog geprobeerd worden 'Moskou te omsingelen en daarmee prijs te geven aan honger en volledige verwoesting'. Medio december moest de operatie worden stilgelegd, aangezien de dan inzettende sneeuwval de beweeglijkheid van de eenheden zo sterk zou beperken. 'Dan moeten de soldaten in winterkwartier gaan. Hij hoopt dan een linie bereikt te hebben die ons dat zonder meer mogelijk maakt,' citeerde Goebbels Hitlers woorden.[131] Blijkbaar was de dictator echter minder zeker van zijn zaak dan hij tegenover de minister van Propaganda liet merken. In de kring van zijn adjudanten gaf hij vier dagen later blijk van zijn 'ernstige zorgen vanwege [de] Russ[ische] winter en [de] weersgesteldheid'. Men was 'een maand te laat begonnen' aan de aanval op Moskou.[132]

Eind november 1941 vierde het naziregime met veel propagandistische poeha de vijfde verjaardag van de ondertekening van het Anti-Kominternpact. Enkele nieuwe staten, waaronder Finland en Denemarken, sloten zich aan bij deze overeenkomst, die nu met vijf jaar werd verlengd. Hitler liet zich de kans niet ontnemen om naar aanleiding hiervan op 27 november opnieuw naar Berlijn te reizen voor gesprekken met de aanwezige buitenlandse ministers en diplomaten. Ook nu gaf hij blijk van een geforceerd optimisme: de operaties in het oosten verliepen volgens plan, de Duitse troepen vochten zich richting Moskou en dat ze hun doel nog niet bereikt hadden lag alleen aan het slechte weer, niet aan de slagkracht van het Rode Leger, dat zich niet meer zou herstellen van de toegebrachte slagen. Kortom: 'In grote lijnen' was de oorlog 'al gewonnen'.[133] Ook tegenover Goebbels, met wie hij in de middag van 29 november uitvoerig sprak over de militaire situatie, schetste hij opnieuw een veel te rooskleurig beeld: aangezien Duitsland met de beheersing van de Europese delen van de Sovjet-Unie kon beschikken over 'volop levensmiddelen en ook bijna alle grondstoffen', kon de overwinning 'absoluut niet meer in gevaar' worden gebracht.[134]

Toen Hitler op de avond van 29 november weer in de Wolfsschanze arriveerde, werd hij echter snel ingehaald door de realiteit. Vooral van het zuidelijke deel van het front kwamen alarmerende berichten. Op 28 november had de tankeenheid Ewald von Kleist het zojuist veroverde Rostov aan de Don na een tegenaanval door het Rode Leger weer moeten ontruimen. De opperbevelhebber van de Legergroep Mitte, generaal-veldmaarschalk von Rundstedt, keurde in strijd met Hitlers bevel de terugtocht van de tankeenheid naar een voorbereide linie goed en werd vervolgens op 1 december van zijn post ontheven. Hij werd opgevolgd door generaal-veldmaarschalk Walter von Reichenau, tot dan toe opperbevelhebber van het Zesde Leger. (Die zou overigens al op 17 januari 1942 aan een hartaanval overlijden.) Op 2 december vloog Hitler naar het hoofdkwartier van de Legergroep Süd in Marioepol om zich een beeld te vormen van de situatie. Hij moest zich ervan laten overtuigen dat Rundstedt een juiste beslissing had genomen, maar die laatste kreeg zijn oude functie van bevelhebber niet terug.[135] Overigens kreeg de veldmaarschalk bij wijze van pleister op de wonde ter gelegenheid van zijn 65ste verjaardag een forse schenking ten bedrage van 250.000 rijksmark.[136]

'Voor het eerst in deze oorlog moet de hoogste legerleiding overgaan tot het achterhouden van negatieve berichten,' schreef Friedrich Kellner in zijn dagboek over de ontruiming van Rostov. 'November 1941 zal ooit de zwartste maand in de Duitse oorlogsgeschiedenis worden genoemd.'[137] De tegenslag in het zuiden was echter slechts een onschuldig voorspel op wat zich de daaropvolgende dagen in het middengedeelte van het front zou afspelen. Begin december daalde de temperatuur tot 40 graden onder nul en vielen er zware sneeuwbuien. De Duitse soldaten waren niet in het minst voorbereid op deze extreme kou. Velen droegen nog steeds het inmiddels versleten zomeruniform. 'Waarom stuurt men ons in zulke ontoereikende kleding naar een winteroorlog die bovenmenselijke eisen stelt? Is er dan niemand die weet hoe het er hier voorstaat?' schreef generaal Heinrici op 4 en 5 december verontwaardigd in zijn dagboek. 'De mannen staan in groepjes rondom een klein vuur, in jammerlijk verkleumde staat. [...] Ik denk bij mezelf: Als de Rus die mannen ziet, zal hij geen hoge dunk meer hebben van onze troepen. Zo beklagenswaardig zien ze eruit.'[138] Steeds meer commandanten meldden dat de compagnieën aan het eind van hun krachten waren. Op 3 december moesten de tankgroepen van generaal Reinhardt en kolonel-generaal Hoepner, die het centrum van Moskou tot op 30 kilometer waren genaderd, de aanval afbreken.[139] Twee dagen later volgde kolonel-generaal Guderian met zijn tankleger aan de zuidflank hun voorbeeld. De slagkracht van het oostelijke leger was uitgeput. Een dramatisch keerpunt in de oorlog was aangebroken.[140]

Zodra de aanval op Moskou definitief mislukt was, ging het Rode Leger over tot de tegenaanval. Het trof de uitgeputte legergroep volkomen onvoorbereid en sloeg vanaf de eerste dag bressen in de nog nauwelijks op verdediging ingerichte Duitse stellingen. Die werden nu geconfronteerd 'met het treurige feit dat de hoogste leiding de boog te strak gespannen heeft', schreef Guderian op 8 december aan zijn vrouw. Hij had het nooit voor mogelijk gehouden 'dat men een in één woord uitstekende oorlogssituatie door halsstarrigheid in twee maanden zo kan verpesten'. Als men tijdig had besloten het offensief af te breken en zich naar een voor de winter geschikte verdedigingslinie had teruggetrokken, was er nog niets verloren geweest. Maar zo bewoog het Duitse oostelijke leger zich naar een 'verschrikkelijke afgrond' toe.[141] Ook eerste-luitenant Stieff had het in een privébrief van 7 december over een 'zeer ernstige crisis'. Men zou in de kleine kring van zijn staf al overwegen het hele leger 250 tot 300 kilometer terug te trekken, maar onder de huidige omstandigheden zou dat de ondergang betekenen. 'Want de Rus voert nog steeds nieuwe, verse krachten aan, uitstekend toegerust voor de winter, en heeft nu het elan van de numerieke meerderheid. We balanceren hier dag in dag uit op het scherp van de snede. Daarom voelen we ons ook zo verraden.'[142]

Hitler sloot aanvankelijk de ogen voor het dreigende gevaar. Hij geloofde niet in 'verse Russische krachten', voegde hij Jodl tijdens de stafbespreking van 8 december toe. Het was allemaal 'bluf'. In werkelijkheid wierp Moskou nu zijn 'laatste reserves' in de strijd. 'Zo ging het aan één stuk door,' zei adjudant Engels over Hitlers monoloog, 'maar je merkte aan alles hoe ongerust en onzeker hij was.'[143] In zijn Order nr. 39 van diezelfde dag beval de dictator alle grotere aanvalsoperaties onmiddellijk te staken en over te gaan tot de verdediging. Hij motiveerde het bevel echter niet met verwijzing naar de nieuwe situatie die door de massale Russische tegenoffensieven was ontstaan, maar met een verwijzing naar de 'bevoorradingsproblemen als gevolg daarvan'.[144]

Slechts enkele uren eerder, in de late avond van 7 december, was er in de Wolfsschanze een bericht binnengekomen dat de sombere stemming in één klap had weten te verdrijven: Japanse vliegtuigen hadden de bij Pearl Harbor voor anker liggende Amerikaanse Pacifische Vloot aangevallen en zijn zware verliezen toegebracht. Dit betekende dat Japan in oorlog was met de Verenigde Staten en Groot-Brittannië. Toen zijn perschef hem het nieuws bracht, reageerde Hitler ongelovig en stomverbaasd. Vervolgens sprong hij echter op, rukte Dietrich het telegram uit de hand en haastte zich naar de bunker van Keitel. 'De Führer' had zich 'als van een loden last bevrijd gevoeld', herinnerde de OKW-chef zich.[145] Maar niet alleen bij Hitler, ook in het hele hoofdkwartier leidde dit sensationele nieuws tot een regelrechte 'vreugderoes'.[146] De somber stemmende berichten van het oostfront werden tijdelijk naar de achtergrond gedrongen. De Duitse vooruitzichten waren, zo leek het, door de Japanse deelname aan de oorlog weer duidelijk verbeterd. 'Voor ons is het, aangezien het immers niet verliep zoals we eigenlijk hadden gedacht, een buitengewoon gunstige wending,' zei Goebbels verheugd.[147]

Nog in de nacht van 7 op 8 december belde Hitler de minister van Propaganda en stelde hem in kennis van zijn voornemen de komende dagen de Rijksdag bijeen te roepen 'om de Duitse stellingname nader toe te lichten': 'We zullen op grond van het Driemogendhedenpact waarschijnlijk niet kunnen ontkomen aan een oorlogsverklaring aan de Verenigde Staten. Maar dat is nu niet meer zo erg. We zijn enigszins beschermd aan de flanken.' De Verenigde Staten zouden nu immers geen oorlogsmaterieel kunnen leveren aan Engeland omdat ze dat nodig hadden voor hun eigen oorlog met Japan.[148] In de kring van zijn vertrouwelingen fantaseerde de goedgemutste dictator op 8 december dat Duitsland de oorlog absoluut niet meer kon verliezen. 'We hebben nu een bondgenoot die in drieduizend jaar niet verslagen is.'[149]

Sinds het begin van Operatie Barbarossa waren de Duits-Amerikaanse betrekkingen voortdurend verslechterd. Op 7 juli 1941 waren Amerikaanse troepen geland op IJsland – een nieuwe stap in de richting van actieve deelname aan de oorlog aan de zijde van Groot-Brittannië. Maar admiraal Raeder, die erop aandrong de onderzeebootoorlog in de Atlantische Oceaan nu ook uit te breiden naar Amerikaanse schepen, kreeg van Hitler de kous op de kop: hij wilde zich, zolang de veldtocht in Rusland nog niet met een overwinning was afgesloten, niet in een oorlog met de VS laten betrekken. Daarom mocht er voorlopig niets veranderen aan de bestaande instructies, maar moest veeleer 'elk incident voortaan vermeden' worden.[150] Daarbij bleef het, zij het dat Hitler ervan overtuigd was dat onenigheid met de Verenigde Staten vroeg of laat onvermijdelijk zou zijn. In zijn antisemitische waan was Roosevelt immers een exponent van de 'Joodse plutocratie' die naar de vernietiging van Duitsland streefde.[151]

Ook op het Atlantisch Handvest, dat op 14 augustus in aansluiting op de historische ontmoeting tussen Churchill en Roosevelt in Placentia Bay op de oostpunt van Newfoundland werd bekendgemaakt, reageerde de nazileiding voornamelijk terughoudend. In dit handvest werd onder punt 6 de 'definitieve vernietiging van de nazitirannie' geformuleerd als gemeenschappelijk oorlogsdoel van de Geallieerden. Goebbels vond weliswaar dat de vs daarmee 'ondubbelzinnig de kant van Engeland had gekozen', maar noemde het allemaal een 'doldrieste propagandamanoeuvre'.[152] Hitler kende het handvest geen praktische betekenis toe. Het kon Duitsland 'absoluut geen schade toebrengen'. Roosevelt zou het tegenover Churchill willen goedmaken dat hij, gezien de binnenlandse politieke situatie, de wens dat zijn land aan de oorlog zou deelnemen niet kon inwilligen.[153]

In september 1941 liep de spanning op na een incident tussen de Amerikaanse onderzeebootjager 'Greer' en een Duitse onderzeeër, waarna Roosevelt had aangekondigd dat de Amerikaanse marine in de door hem uitgebreide neutrale zone in de Atlantische Oceaan voortaan zonder waarschuwing zou schieten op alle oorlogsschepen van de Asmogendheden.[154] 'Hij begint dus eenzijdig aan de oorlog, zonder een officiële oorlogsverklaring [...] af te geven,' maakte Goebbels zich boos. Desalniettemin was het devies voortaan: 'We laten ons niet provoceren [...]. Hoe langer een officiële oorlogsverklaring kan worden uitgesteld, hoe beter het voor ons is. Wanneer we [...] de oostelijke veldtocht met een overwinning hebben afgesloten, kan ze ons niet veel schade meer berokkenen.'[155] Nog in zijn toespraak in de Löwenbräukeller op 8 november bevestigde Hitler zijn bevel aan de onderzeeërs in de Atlantische Oceaan om geen Amerikaanse schepen aan te vallen; wel moesten ze zich verdedigen als ze werden aangevallen: 'Een Duitse officier die zich niet verweert, breng ik voor de krijgsraad.'[156]

Hoe langer de gevechten aan het oostfront zich voortsleepten en hoe waarschijnlijker Amerikaanse deelname aan de oorlog werd, des te belangrijker werd de factor Japan in de overwegingen van de nazileiding. De aanvankelijke verwachting dat Tokio zich aan de zijde van Duitsland in de oorlog tegen de Sovjet-Unie zou mengen, was niet uitgekomen. Des te meer gokte men er in het Führerhoofdkwartier op dat de spanningen tussen Japan en de Verenigde Staten zouden toenemen en uiteindelijk tot een oorlog in de Stille Oceaan zouden leiden.[157] Na een regeringswisseling in Tokio op 18 oktober 1941, waardoor een kabinet onder leiding van de minister van Oorlog Hideki Tojo, die bekendstond als een 'havik', aan de macht kwam, leek die hoop in vervulling te gaan. Overigens tastte men wat de plannen van de Japanse regering betrof lange tijd in het duister. 'Men aarzelt in Tokio tussen inmenging en toegeeflijkheid. Volstrekte duidelijkheid over de Japanse houding is op dit ogenblik niet te verkrijgen,' noteerde Goebbels op 16 november, en ook twee dagen later was hij er nog van overtuigd dat er 'op dit moment geen sprake van kan zijn dat de Japanners van plan zijn zich in het ogenblik conflict te mengen'.[158]

Op dat moment waren de ontwikkelingen al op gang gekomen. Op 5 november was de Japanse leiding het er in principe over eens geworden om begin december tegen de vs ten strijde te trekken als op dat moment nog geen diplomatieke oplossing voor alle conflicten was gevonden. (De definitieve beslissing voor oorlog zou op 1 december vallen.)[159] In de tussentijd had men in Berlijn laten peilen of Duitsland ingeval van een conflict Japan zou bijstaan en zich ertoe zou verplichten geen afzonderlijke vrede met de Verenigde Staten te sluiten. Het Driemogendhedenpact verplichtte Duitsland daar niet toe, omdat daarin alleen was voorzien in wederzijdse bijstand wanneer een van de ondertekenaars werd aangevallen. Hitler had echter in april 1941 tegenover de toenmalige minister van Buitenlandse Zaken Matsuoka een toezegging gedaan, en Ribbentrop bevestigde deze in een onderhoud met de Japanse ambassadeur Oshima op 28 november: 'Mocht Japan in een oorlog met de Verenigde Staten verwikkeld raken, dan zou Duitsland zich uiteraard onmiddellijk aansluiten. Onder zulke omstandigheden zou het volstrekt onmogelijk zijn dat Duitsland een afzonderlijke vrede sluit met de Verenigde Staten. De Führer heeft zich wat dat betreft definitief vastgelegd.'[160]

De Japanners drongen nu aan op de vastlegging in een verdrag van de tot dusver slechts mondeling gemaakte afspraken. Ribbentrop verklaarde dat hij daar Hitlers toestemming voor nodig had. Die kreeg hij pas op 4 december, nadat de dictator in de Wolfsschanze was teruggekeerd van zijn bezoek aan het hoofdkwartier van de Legergroep Süd. Er werd nu in allerijl een conceptverdrag opgesteld, dat de facto in de plaats zou komen van het oude Driemogendhedenpact, en Mussolini werd om instemming gevraagd.[161] De Asmogendheden hadden zich al vóór de aanval op Pearl Harbor vastgelegd op een oorlog tegen de Verenigde Staten. Ze waren overigens niet geïnformeerd over de aanstaande Japanse aanval op de Amerikaanse Pacifische Vloot, zodat het nieuws ook in Berlijn 'als een donderslag bij heldere hemel' kwam.[162]

Historici hebben zich telkens weer het hoofd gebroken over de redenen voor Hitlers besluit om de Verenigde Staten de oorlog te verklaren. Die waren lang niet zo raadselachtig als ze op het eerste gezicht lijken. De dictator was hoe dan ook tot de conclusie gekomen dat de vs in een 'niet-verklaarde oorlog' met Duitsland verwikkeld waren en dat hij een openlijk gewapend conflict niet lang meer zou kunnen vermijden. De onderschatting van de Amerikaanse industriële en militaire potentie speelde een niet-onaanzienlijke rol. In Amerikaanse deelname aan de oorlog zag hij 'geen acute dreiging', liet hij Goebbels op 21 november weten. 'Ze kunnen niets veranderen aan de situatie op het continent. Wij zitten stevig in

Europa en we zullen ons het heft hier niet uit handen laten nemen.'[163] Japan, zo dacht hij, zou de militaire macht van de vs in de Grote Oceaan aan banden leggen en tegelijkertijd de bolwerken van het Britse imperium in het Verre Oosten verzwakken. Dat zou hem de vereiste speelruimte geven om in het komende jaar het verzet van de Sovjet-Unie te breken en de veldtocht in het oosten alsnog tot een succesvol einde te brengen. Bovendien kreeg hij zo handelingsvrijheid om datgene te doen wat de leiding van de marine al geruime tijd had geëist, namelijk een begin maken met een onbeperkte onderzeebootoorlog in de Atlantische Oceaan. Het bevel daartoe gaf hij al in de nacht van 8 op 9 december, nog vóór de officiële oorlogsverklaring.[164]

Hitlers eenzame besluit ontmoette niet overal onverdeelde instemming. Staatssecretaris Ernst von Weizsäcker van Buitenlandse Zaken had liever gezien dat Duitsland met een oorlogsverklaring had gewacht en het initiatief aan de vs had gelaten, omdat men daar propagandistische munt uit had kunnen slaan.[165] Hitler was echter de tegengestelde mening toegedaan. Hij vond het juist om propagandistische redenen beter de Amerikaanse oorlogsverklaring niet af te wachten, maar zelf het initiatief te nemen. 'Een grootmacht laat zich niet de oorlog verklaren, ze verklaart die zelf,' wees Ribbentrop, ongetwijfeld ook nu *his master's voice*, Weizsäcker terecht.[166] Juist in een situatie waarin de Wehrmacht voor het eerst zware tegenslagen te verwerken kreeg, was Hitler er veel aan gelegen de hele wereld te laten zien dat hij nog baas over zijn eigen besluiten was. In werkelijkheid was hij echter meer dan ooit een gedreven man die steeds minder grip kreeg op de richting waarin de oorlog zich ontwikkelde. Zo gezien leek de oorlogsverklaring aan de vs een vertwijfelde 'vlucht naar voren', zij het ditmaal onder reeds extreem verslechterde omstandigheden.[167]

Op de ochtend van 9 december kwam Hitler aan in Berlijn. Tot zijn eerste gesprekspartners behoorde opnieuw Goebbels, aan wie hij nu zijn definitieve beslissing meedeelde om tijdens de geplande zitting van de Rijksdag de oorlogsverklaring aan de Verenigde Staten bekend te maken. Hij sprak er zijn tevredenheid over uit dat Japan zich niet met lange toebereidselen had beziggehouden, maar had uitgehaald voor de 'eerste vernietigende slag'. Misschien was de Amerikaanse vloot daardoor zó verzwakt dat ze niet meer in staat was tot een tegenaanval. De crisis aan het oostfront daarentegen probeerde Hitler te bagatelliseren. Hij nam de ontwikkelingen daar 'niet al te tragisch' op. De troepen hadden hoe dan ook 'een nu dringend noodzakelijk geworden rustpauze' moeten inlassen. 'De Führer straalt weer een golf van optimisme en vertrouwen in de overwinning uit,' was de overheersende indruk van de minister van Propaganda.[168]

De oorspronkelijk op 10 december geplande zitting van de Rijksdag moest een dag uitgesteld worden, enerzijds omdat Hitler zijn toespraak niet af had, anderzijds omdat er nog gesleuteld werd aan de tekst van het verdrag met Japan en Italië. Pas op 11 december konden Ribbentrop, Oshima en Alfieri hun handtekening onder het verdrag zetten. Kort na 2 uur in de middag overhandigde de Duitse minister van Buitenlandse Zaken in zijn werkkamer aan de Wilhelmstraße de oorlogsverklaring aan de Amerikaanse ambassadeur in Berlijn. Ze werd overeenkomstig de gebruikelijke methode van eenzijdige schuldtoewijzing gemotiveerd met de stelling dat de regering van de Verenigde Staten 'van aanvankelijke neutraliteitsschendingen eindelijk [was] overgegaan tot openlijke oorlogshandelingen tegen Duitsland': 'Daarmee heeft ze de facto de staat van oorlog gecreëerd.'[169]

Een uur later kwam de Rijksdag in zitting bijeen. Het eerste deel van zijn anderhalf uur durende toespraak wijdde Hitler aan het verloop van de oorlog tot dusver, die, zoals hij grootsprakig verkondigde, 'voor de komende vijfhonderd en duizend jaar niet alleen onze Duitse geschiedenis beslissend vorm zal geven, maar ook de geschiedenis van Europa en zelfs de hele wereld'. Pas in het tweede deel begon hij over de eigenlijke aanleiding, de oorlogsverklaring aan de VS. Zijn uiteenzetting was één lange, wilde beschimping van Roosevelt, die nu in plaats van Churchill als de 'hoofdschuldige' aan de oorlog werd gebrandmerkt. Eens te meer gaf Hitler de vrije loop aan zijn antisemitische haatgevoelens. 'Het was de Jood in al zijn satanische laagheid die zich rondom deze man schaarde, en naar wie deze man ook greep.' Het toppunt van Hitlers persoonlijke uitvallen tegen de Amerikaanse president was de opmerking dat hij hem 'zoals eertijds Woodrow Wilson eveneens krankzinnig' vond. Aan het eind las hij de tekst voor van het zojuist met Japan en Italië gesloten verdrag, waarin de verdragspartners zich verplichtten de hun 'opgedrongen oorlog met alle hun ter beschikking staande machtsmiddelen gezamenlijk tot een zegerijk eind [te] brengen' en zonder volledige wederzijdse goedkeuring noch met de Verenigde Staten van Amerika noch met Engeland een wapenstilstand of vrede te sluiten'.[170]

Volgens het SD-verslag werd Hitlers toespraak door de bevolking 'met sterke interesse' ontvangen. Slechts sporadisch zouden er 'stemmen van verrassing en een zekere bezorgdheid over de deelname van nóg een tegenstander' zijn opgegaan.[171] De Duitse propaganda deed haar uiterste best om de eerste successen van de Japanners in de Grote Oceaan op te hemelen, teneinde de aandacht af te leiden van de tegenslagen aan het oostfront. Of ze de stemming daarmee blijvend kon beïnvloeden, valt echter te betwijfelen.[172] Na de communicatiecatastrofe van de persconferentie van Dietrich was de scepsis over succesberichten aanzienlijk gegroeid.

In de namiddag van 12 december ontbood Hitler alle Gauleiter naar de Rijkskanselarij om hen, zoals ook een maand eerder in München, over de situatie te informeren. De deelname van Japan aan de oorlog, verklaarde hij, was Duitsland 'als een geschenk in de schoot gevallen'. Hemzelf was daardoor een 'loden last van de schouders' gevallen. Wat de situatie in het oosten betrof probeerde hij, net zoals tijdens zijn gesprek met Goebbels, de ware omvang van de ingetreden kentering te verhullen. De Wehrmacht zou op het punt staan 'een zuivering van het oostfront te voltrekken' en de vooruitgeschoven offensieve eenheden terug te trekken naar een winterstelling. 'De Führer is vastbesloten,' vatte de minister van Propaganda in zijn notities samen, 'het komende jaar Sovjet-Rusland minstens tot aan de Oeral te gronde te richten.'[173] In soortgelijke zin uitte de dictator zich een dag later tegenover de Japanse ambassadeur Oshima. Daarbij preciseerde hij dat de eerste opmars naar de Kaukasus bedoeld was om de oliebronnen daar in bezit te nemen.' Hitler paaide zijn bezoekers met vleierijen: 'Zijn hart was opengebloeid toen hij gehoord had van de eerste operaties van de Japanners. [...] Het was een grote daad geweest van de Japanners dat ze de aureool van de Amerikaanse overmacht meteen aan het begin hadden vernietigd.'[174] Als dank voor zijn verdiensten voor de Duits-Japanse vriendschap reikte de dictator Oshima de hoogste Duitse onderscheiding uit, het Gouden Grootkruis in de Orde van de Duitse Adelaar. Later vertelde hij tot grote hilariteit van zijn entourage dat hij bij de overhandiging volledig vergeten was hoe die onderscheiding precies heette.[175]

Toen Hitler in de voormiddag van 16 december terugkeerde in zijn hoofdkwartier, was de situatie kritiek geworden.[176] Het tegenoffensief van het Rode Leger had grote gaten geslagen in de Duitse verdedigingslinies. De Legergroep Mitte dreigde te bezwijken, wat kon leiden tot een catastrofe van napoleontische omvang voor het hele oostelijke leger. 'Je schrikt als de telefoon overgaat. En die staat überhaupt niet meer stil,' meldde tankgeneraal Hoepner met het oog op de te verwachten jobstijding. 'Onze mannen zijn oververmoeid, slapen staandebeens in en zijn zo afgestompt dat ze zich niet meer laten vallen als er geschoten wordt. Bevriezingen zijn bijna talrijker dan bloedige verliezen.'[177] Het was veelzeggend dat in de gesprekken en aantekeningen van de commandanten in die dagen steeds weer de parallel werd getrokken met de ondergang van de *Grande Armée*, 129 jaar eerder. 'Als er geen wonder gebeurt, staat ons hier een 1812 te wachten,' schreef Stieff op 9 december.[178] Diezelfde dag meldde Guderian aan veldmaarschalk von Bock dat hij niet meer wist 'hoe hij een vijandelijke aanval moest afslaan' en hij sprak over een ernstige 'vertrouwenscrisis' onder de troepen.[179] Op 15 december keerde de opperbevelhebber van het leger, von Brauchitsch, terug van een frontreis naar de Legergroep Mitte en besprak de situatie met de stafchef. 'Hij is erg neerslachtig en ziet geen mogelijkheid meer het leger uit deze netelige situatie te redden,' noteerde Halder in zijn oorlogsdagboek.[180] Via zijn adjudant

Schmundt, die von Brauchitsch op zijn reis had vergezeld, ontving ook Hitler een onverbloemd bericht.

Nu pas lijkt de dictator te hebben beseft wat er op het spel stond, en hij reageerde onmiddellijk, zoals altijd in crisissituaties. Nog vóór zijn vertrek naar Berlijn, in de nacht van 14 op 15 december, ontbood hij kolonel-generaal Friedrich Fromm, de commandant van het reserveleger, naar de Rijkskanselarij en besprak met hem de noodzaak zo snel mogelijk reservetroepen voor het oostfront klaar te zetten.[181] De Führer liet er van meet af aan geen twijfel over bestaan: het wankelende front moest onder alle omstandigheden standhouden, aangezien een terugtocht in de Russische winter weldra op een wanordelijke vlucht kon uitdraaien. Tijdens de terugreis naar de Wolfsschanze dicteerde hij zijn eerste *Haltebefehl*: 'Een grootscheepse terugtrekking van grote delen [van het] leger, midden in de winter, met slechts beperkte bewegingsvrijheid en winteruitrusting en zonder voorbereide stellingen in het achterland, moet tot de ernstigste gevolgen leiden.'[182] In de nacht van 16 op 17 december telefoneerde Hitler met von Bock en bevestigde tegenover hem zijn beslissing om 'geen stap terug te zetten, de gaten te dichten en dicht te houden'.[183] Op 18 december verplichtte een tweede, aangescherpt standhoudbevel de commandanten ertoe 'de troepen tot fanatieke tegenstand in hun stellingen te dwingen, zonder rekening te houden met [de] doorgebroken vijand in de flank en in de rug'.[184]

Tegelijkertijd nam Hitler een tweede beslissing van verregaande betekenis: hij ontsloeg Walther von Brauchitsch en nam zelf het opperbevel over het leger op zich. Die stap kwam niet onverwacht. Het was al langere tijd duidelijk dat Brauchitsch psychisch niet meer opgewassen was tegen de besprekingen met de dictator. Hij trilde letterlijk vóór elke stafbespreking en vermeed waar mogelijk het rechtstreeks tegen Hitler op te nemen. 'De man stootte hem als mens gewoon af,' vertelde Halder na 1945, 'en dezelfde Brauchitsch met wie ik soms wel een half uur geestelijk de degens kon kruisen, stond met toegeknepen keel voor Hitler.'[185] Begin november had Brauchitsch een 'ernstig hartinfarct' gehad, dat hem meerdere weken buiten gevecht had gesteld.[186] Op 6 december vroeg hij Hitler hem met het oog op zijn zwakke gezondheid van zijn post te ontheffen. De dictator wees het verzoek af; zo'n vervanging op een moment dat het tegenoffensief van de Sovjets juist was begonnen, leek hem niet opportuun. Maar dat hij vastbesloten was afscheid te nemen van de opperbevelhebber van het leger, was voor alle ingewijden duidelijk merkbaar. Brauchitsch was nauwelijks meer dan een 'postbode'. Hitler overlegde 'buiten hem om' met de opperbevelhebbers van de legergroepen, merkte Halder op.[187] Toen Goebbels op 17 december in de Wolfsschanze aankwam, liet Hitler hem weten dat Brauchitsch eerstdaags zou worden afgelost en dat hij zelf de leiding over het leger wilde overnemen.[188] Met het hem eigen machtsinstinct besefte de dictator dat hij op deze manier de verantwoordelijkheid voor de mislukte veldtocht kon afwentelen en de onfortuinlijke veldmaarschalk in de rol van zondebok kon dwingen. Brauchitsch had, tierde hij maanden later nog, zijn hele prachtige plan verpest – 'een ijdel, laffe schoft die niet in staat was de situatie überhaupt te doorzien, laat staat in de hand te houden'.[189]

Officieel werd de wisseling van de wacht pas op 19 december bekendgemaakt. De totale overname van het militaire commando door de dictator leidde bij de generaals en veldmaarschalken tot uiteenlopende reacties. Guderian bijvoorbeeld hoopte dat Hitler nu 'met zijn gebruikelijke daadkracht in het verbureaucratiseerde raderwerk' van de legerleiding kon ingrijpen. Heinrici was daarentegen van mening dat ook de Führer 'niet in staat zou zijn het tij te keren'.[190] Halder, die op zijn post bleef als stafchef, richtte zich met een onderdanige oproep tot de troepen: 'We kunnen en moeten met recht trots zijn dat de Führer voortaan zelf aan het hoofd van ons leger staat.'[191]

Met de overname van het opperbevel over het leger had Hitler zichzelf overigens met een extra werklast opgezadeld. Het dagelijkse ritme in het Führerhoofdkwartier veranderde. De stafbesprekingen, waarbij nu ook Halder dagelijks moest verschijnen, duurden nog langer dan tevoren. Daarover vertelde Christa Schroeder haar vriendin in een persoonlijke brief van januari 1942: 'Het middagmaal moet om 2 uur beginnen, maar schuift steeds verder op naar een tijdstip waarop normale mensen het avondeten nuttigen [...]. Het avondmaal schuift daardoor navenant op en onze theeavonden in de Führerbunker, die eerst tegen 10 uur begonnen, beginnen tegenwoordig pas na 12 uur (record tot dusver 2 uur), wat neerkomt op naar bed gaan tussen 4 en 5 uur.'[192]

In de dagen na het ontslag van Brauchitsch prentte Hitler zijn commandanten nogmaals in 'geen stap vrijwillig terug te doen', maar 'om elke voetbreedte grond met uiterste inzet te vechten'.[193] Daarmee werd de commandanten ook de mogelijkheid ontnomen in acute noodsituaties flexibel te reageren en door tactisch uitwijken het verlies aan manschappen te beperken. Maar de meesten schikten zich in de starre standhouddoctrine. Slechts één man verzette zich: Guderian. Op 20 december vloog hij naar de Wolfsschanze om Hitler te overtuigen van de ondeugdelijkheid van zijn bevel en toestemming te krijgen voor een stapsgewijze terugtrekking van zijn tankgroep. Tijdens een opgewonden, vier uur durend onderhoud bleef de dictator bij zijn standpunt van koste wat het kost standhouden. Guderian moest zich voor de voeten laten werpen dat hij 'te veel medelijden' met de soldaten had. 'Denkt u dat de grenadiers van Frederik de Grote graag zijn gestorven? Ze wilden ook leven en toch had de koning het recht het offer van hun leven van hen te eisen. Ik voel me eveneens gerechtigd om van elke Duitse soldaat het offer van zijn leven te eisen.'[194] Toen Guderian na zijn terugkeer naar het front desondanks de ontwijkende beweging van zijn leger liet voortzetten, werd hij op 26 december ontslagen en overgeplaatst naar de Führerreserve van het OKH in Berlijn. Zijn uitschakeling was 'een precedent van richtinggevende betekenis':[195] wie in strijd met Hitlers bevelen handelde en zijn autoriteit als veldheer in twijfel trok, moest er rekening mee houden dat hij van zijn post werd ontheven, al was hij tijdens eerdere veldtochten nog zo verdienstelijk geweest.

De dictator wilde de Wehrmacht uiteindelijk omvormen tot een volgzaam instrument van zijn absolute wil. Tijdens een gesprek met Goebbels op 17 december had hij nog meer personele veranderingen aangekondigd. Hij had 'mannen nodig die lef hebben en niet bij de eerste de beste crisis omvallen'. Hoewel Hitler tijdens de Noorse operatie en bij het begin van de Franse veldtocht zelf nog bijna hysterisch op crisissituaties had gereageerd, deed hij zich nu tegenover de officieren van de generale staf voor als een niet van zijn stuk te brengen veldheer. De leidende generaals zouden te oud zijn, ze stamden 'voor het merendeel nog uit de Blomberg-tijd, waarvan we ons nog altijd niet helemaal hebben verlost'.[196] Al op 16 december had Bock om aflossing gevraagd omdat hij zich niet meer opgewassen voelde tegen de zware inspanning. Hitler stond hem ziekteverlof toe en benoemde in zijn plaats generaal-veldmaarschalk Günther von Kluge, tot dat moment opperbevelhebber van het Vierde Leger, tot opperbevelhebber van de Legergroep Mitte. Op 13 januari 1942 diende ook generaal-veldmaarschalk Ritter von Leeb, de opperbevelhebber van de Legergroep Nord, zijn ontslag in, nadat hij tevergeefs om operationele handelingsvrijheid had gevraagd. Als zijn opvolger wees Hitler kolonel-generaal Georg von Küchler aan. Zo waren met Rundstedt, Bock en Leeb de drie machtigste opperbevelhebbers van de legergroepen vervangen. Kolonel-generaal Hoepner werd door Hitler als afschrikwekkend voorbeeld gebruikt. Die liet begin 1942 een legerkorps van de hem toegevoegde tankgroep zonder uitdrukkelijke toestemming van Hitler en Kluge terugtrekken en werd daarop met onmiddellijke ingang van zijn functie ontheven en uit de Wehrmacht gezet.[197]

Intussen was in het hele rijk bekend geworden hoe ernstig de situatie aan het oostfront was en wie het nog niet wilde geloven, werd op zijn laatst uit de droom geholpen door Hitlers oproep van 20 december om winterkleding voor de soldaten van het oostelijke leger te schenken. Ter opening van de inzamelingsactie hield Goebbels 's avonds een toespraak die door alle Duitse zenders werd uitgezonden.[198] In de daaropvolgende weken berichtten pers en radio onophoudelijk over de actie. Ze bood in de ogen van de minister van Propaganda een kans 'om de lege kerst- en nieuwjaarstijd door te komen' en het gevoel van saamhorigheid tussen front en vaderland te versterken.[199] Onder de bevolking leidde Hitlers oproep aanvankelijk tot ergernis omdat er in de berichtgeving van de afgelopen maanden immers steeds sprake was geweest van toereikende bevoorrading van het front met winterkleding.[200]

'Sombere kerst. F[ührer] met zijn gedachten elders. Geen kaarsen aangestoken,' noteerde Walther Hewel, de verbindingsman van Ribbentrop in het Führerhoofdkwartier, op 24 december.[201] In tegenstelling tot de feestelijke drukte op de Berghof vóór de oorlog heerste er ook op oudejaarsavond neerslachtigheid. Van het front kwam de ene na de andere jobstijding. Een halfuur voor middernacht, toen de leden van de entourage al aangetreden waren om hun 'chef' hun nieuwjaarswensen over te brengen, belde Kluge en smeekte Hitler hem toestemming te geven voor een gedeeltelijke terugtrekking van de Legergroep Mitte. De telefonische woordenstrijd duurde drie volle uren. Ondanks alle smeekbeden bleef de Führer bij zijn standpunt van onvoorwaardelijk standhouden en ten slotte moest ook de veldmaarschalk zich gewonnen geven.[202] Hitlers naaste entourage verdreef intussen de tijd in het casino. Pas om half drie 's nachts werd ze uitgenodigd voor de gebruikelijke theekrans. 'Het is tot nu toe altijd zo geweest dat heel zware tijden de aanloop vormden tot grote successen,' probeerde Hitler het gezelschap op te vrolijken en hij herinnerde Walther Hewel aan de samen in gevangenschap doorgebrachte maand in de vesting Landsberg in 1925. Terwijl de grammofoon de 7de Symfonie van Bruckner speelde, dommelde de uitgeputte dictator in.[203]

In zijn nieuwjaarstoespraak tot het Duitse volk maakte Hitler geen woorden vuil aan de ernstige situatie aan het front. In plaats daarvan vierde hij het voorbije jaar met de gebruikelijke overdrijving als 'de grootste overwinning in de geschiedenis van de mensheid' en hij besloot met de woorden: 'Het jaar 1942 zal, daarom zullen wij allemaal God smeken, de beslissing brengen tot redding van ons volk en de met ons verbonden volkeren!'[204] Dat klonk weliswaar al minder overtuigd dan in de toespraak in het voorjaar, maar was in de oren van de minister van Propaganda een tikkeltje te veel omdat er nog altijd de 'zeer sterke hoop' werd gewekt waarvan het vervullen 'buitengewoon zwaar [kon] vallen'.[205] Voor wie geleerd had zich niet van de wijs te laten brengen door de bombastische propaganda van het regime, bleef de fundamenteel gewijzigde situatie niet verborgen. 'Bij nuchtere beschouwing kom ik tot de overtuiging dat het voor Duitsland onmogelijk is deze oorlog te winnen,' maakte Friedrich Kellner op nieuwjaarsdag de balans op.[206]

Ook in januari 1942 bleef de situatie aan het oostfront uiterst kritiek. Een omsingeling van grote delen van de Legergroep Mitte leek slechts een kwestie van dagen te zijn. 'Overal zien we de eerste tekenen van de nederlaag,' vertrouwde generaal Heinrici zijn vrouw toe in een brief van 11 januari. 'Morgen zal onze belangrijkste aanvoerroute waarschijnlijk afgesloten zijn. Over een paar dagen misschien ook de spoorlijn. En dan?'[207] De dictator was echter nog niet bereid af te stappen van zijn rigide bevel om stand te houden. Tijdens de stafbesprekingen ontstonden 'woeste scènes'. Hitler maakte de generaals heftige verwijten: het ontbrak hen aan de moed om 'harde beslissingen' te nemen.[208] Met teugelloze woede verzette hij zich tegen de dreigende catastrofe. Zelfs in de nachtelijke kring van zijn vertrouwelingen stond hij zichzelf geen moment van zwakheid toe. 'Aan elke crisis komt een einde,' verzekerde hij. 'Alleen niet opgeven, onder geen beding!' Hoeveel crises had hij in zijn leven al niet overleefd, en ook ditmaal zou alles zich ten goede keren. 'En al dreigt de winter nog zo, toch zal het lente worden.'[209]

Hij ontkende dat met het mislukken van het offensief bij Moskou het complete strategische concept van Operatie Barbarossa in rook was opgegaan, hij presteerde het zelfs er een positieve draai aan te geven: het was juist een meevaller dat de winter zo vroeg was ingevallen, anders zouden de Duitse aanvalsspitsen nog 200 tot 300 kilometer verder zijn opgerukt en reddeloos verloren zijn geweest. 'De voorzienigheid heeft ingegrepen en ons behoed voor een ramp.'[210]

Pas op 15 januari gaf Hitler generaal-veldmaarschalk von Kluge het bevel delen van zijn legers naar een 150 kilometer westelijker gelegen linie te verplaatsen. 'Het is de eerste keer in deze oorlog dat ik het bevel geef tot het terugtrekken van een groot deel van het front. Ik verwacht dat de terugtrekking zich voltrekt op een manier die het Duitse leger waardig is.'[211] Daarmee kreeg de Legergroep Mitte de lang gevraagde mogelijkheid tot een flexibele verdediging over te gaan. Toen Goebbels op 19 januari Hitler opnieuw ontmoette in de Wolfsschanze, was deze al vol vertrouwen dat ze 'in het oosten geleidelijk tot een stabilisering van het front' zouden kunnen komen. Hij had, vertelde de dictator, 'drie weken hels werk achter de rug'. Vele dagen had hij 'van 's morgens vroeg tot diep in de nacht in de kaartenkamer gestaan, zodat zijn voeten opgezwollen' waren. Telkens weer had hij 'het kelderende moreel' van zijn generaals moeten opkrikken. Soms was hij zichzelf 'voorgekomen als iemand wiens werk er voornamelijk uit bestaat dat hij rubberen poppen die leeggelopen zijn, opnieuw opblaast'.[212]

Hitler pretendeerde dus dat hij in zijn eentje een catastrofale nederlaag in het oosten had voorkomen, en zijn trouwe volgeling was maar al te bereid die versie te geloven: 'De afgelopen vier weken heeft de Führer de natie opnieuw gered.'[213] Marine-adjudant Karl-Jesko von Puttkamer viel hem bij: Hitler was 'nu eenmaal de enige' geweest 'die deze situatie te boven kon komen'.[214] Onder de militairen liepen de meningen hierover uiteen. Nog in zijn gevangeniscel in Neurenberg in 1946 was ook Wilhelm Keitel ervan overtuigd dat alleen 'de ijzeren energie van de Führer' had voorkomen dat het leger 'het lot van 1812' onderging.[215] Halder daarentegen had na de oorlog felle kritiek op Hitlers standhouddoctrine: een op zichzelf 'bruikbare grondgedachte' was 'door teugelloze overdrijving een ernstige fout' geworden, die het oostelijke leger onvervangbare verliezen aan mensen en materieel zou hebben gekost.[216] Hoe men het ook wendt of keert: vermoedelijk was Hitlers beslissing op een moment waarop de totale Legergroep Mitte dreigde te bezwijken, inderdaad de enige mogelijkheid. 'Alleen doordat hij zich op het standpunt van onvoorwaardelijk standhouden had gesteld, was het mogelijk geweest paniek te voorkomen,' zo stelde de dictator later tegenover de legerleiders, en hij vroeg om hun begrip.[217]

Dat de grote catastrofe uitbleef, was echter nog meer te danken aan de fouten van Stalin. In plaats van zich te concentreren op enkele beslissende doelen, liet hij het Rode Leger in januari 1942 over de hele frontlijn in de aanval gaan en verkwistte zo de reserves. Al aan het eind van de maand werd duidelijk dat de Russische stootkracht voorlopig was uitgeput.[218] Daarom zag Hitler ook geen reden zijn traditionele toespraak op de verjaardag van de 'machtsgreep' af te zeggen. Op 29 januari, meteen na zijn aankomst in Berlijn, beschreef hij de situatie in het oosten als 'in grote lijnen [...] absoluut geconsolideerd'. De alarmerende berichten van het front waren 'tot een minimum teruggelopen'; de 'bolsjewieken' waren niet in staat geweest hun voordelen operationeel uit te buiten: 'Als ze deze winter niets bereiken, wat willen ze dan in het komende voorjaar en de zomer doen, als we weer met sterkere krachten terugkomen en hen in de verdediging dwingen?'[219] De dictator was nog steeds geneigd het mobilisatievermogen van het Sovjetregime te onderschatten, hoewel hij sinds het mislukken van zijn Operatie Barbarossa beter had kunnen weten.

Voor de bijeenkomst in het Sportpalast in de namiddag van 30 januari 1942 had de minister van Propaganda een select publiek samengesteld, onder wie arbeiders van de Berlijnse wapenfabrieken, ziekenzusters uit de lazaretten en een groot aantal gewonde soldaten.[220] De sfeer was van meet af aan geladen, en Hitler deed er alles aan haar verder op te zwepen. Hij trok weer op de meest ordinaire manier van leer tegen de westerse politici, noemde Churchill een 'dronkenlap' en 'eersteklas smeerlap', een van de 'erbarmelijkste Herostratos-figuren in de wereldgeschiedenis' en Roosevelt, zijn 'spitsbroeder in het Witte Huis', een 'armzalige dwaas'. Menige niet-nationaalsocialist die de toespraak via de radio volgde, kon zich afvragen of de 'Führer van het Groot-Duitse Rijk' zelf nog helemaal bij zinnen was. Zoals altijd tijdens zijn grote toespraken had de dictator zichzelf echter in de hand, wist hij precies wat hij zei en hoe hij zijn gehoor tot een hysterisch hoogtepunt kon opzwepen. Wat de militaire situatie betrof, kon hij niet verhelen dat de Wehrmacht van de aanval op de verdediging had moeten overschakelen, maar tegelijkertijd probeerde hij de voor een deel aanzienlijke terreinwinst van het Rode Leger te bagatelliseren. Ze waren 'op enkele plaatsen een paar kilometer opgerukt', maar de Duitse soldaat had 'het gevoel van zijn torenhoge superioriteit boven de Russen' geenszins verloren. 'Het ergste' was nu voorbij, het front weer geconsolideerd. In het voorjaar zou de Wehrmacht, het 'sterkste leger ter wereld', opnieuw aanvallen en de tegenstander verslaan. Daarbij moest het vaderland onvoorwaardelijk achter hem staan.[221]

Nog diezelfde avond keerde Hitler naar zijn hoofdkwartier terug. 'Ik heb hem zelden zo fris gezien, zo elastisch en vooral zo optimistisch over wat er komen gaat als deze keer,' merkte Goebbels op. 'Hij heeft het hele volk als een accu opgeladen.'[222] Hitlers toespraak schijnt inderdaad op delen van de bevolking diepe indruk te hebben gemaakt en het vertrouwen in de eindoverwinning weer te hebben versterkt.[223] Daartoe heeft misschien bijgedragen dat de dictator zich expliciet had gespiegeld aan het voorbeeld van de Pruisische koning Frederik de Grote: 'Een man met een ijzeren wil heeft ondanks alle tegenslagen de banier hooggehouden en nooit versaagd tegenover zijn volk, en als hij versagen wilde, heeft hij zichzelf altijd weer opgericht en het vaandel opnieuw in zijn sterke hand genomen.'[224]

Precies dat was het beeld dat de film *Der große König* met acteur Otto Gebühr als Frederik de Grote schetste en dat, zoals Goebbels constateerde, 'verrassende parallellen met het heden' bood.[225] De film was geregisseerd door de vermaarde Ufa-regisseur Veit Harlan. De première zou oorspronkelijk op 30 januari zijn, in zekere zin als nevenprogramma bij het Hitler-optreden. Er moesten echter enkele veranderingen worden aangebracht, zodat de film pas begin maart 1942 in de bioscopen draaide. De boodschap die ervan moest uitgaan was duidelijk: zoals de Pruisische koning tijdens de Zevenjarige Oorlog in zijn heldhaftige strijd tegen een overmachtige coalitie had standgehouden, zo zou ook Hitler alle crises overwinnen en uiteindelijk met de overwinning gaan strijken.[226] Een majoor vatte in een brief aan generaal Hoßbach de historische parallellen met de nederlaag bij Stalingrad begin februari 1943 als volgt samen: 'Ook Frederik de Grote beleefde immers een Kunendorf en liet een Leuthen volgen.'[227] De Frederik-mythe zou, naarmate de militaire situatie van het rijk verslechterde, voor Hitler en de nazi-elite een steeds belangrijkere legitimerende functie vervullen.[228]

Op 7 februari 1942 reisde Fritz Todt naar het Führerhoofdkwartier om het bewapeningsprogramma te bespreken met Hitler. De rijksminister voor Bewapening en Munitie had er al eind november 1941, toen het debacle voor Moskou zich aftekende, op aangedrongen naar een politieke oplossing ter beëindiging van de oorlog te zoeken, aangezien deze gezien vanuit het perspectief van de oorlogeconomie nauwelijks meer te winnen leek. Hitler had het voorstel bruusk afgewezen.[229] Details over het onderhoud op de avond van 7 februari zijn niet bekend, maar er waren blijkbaar opnieuw meningsverschillen ontstaan die bij beiden, de minister en de dictator, een gedrukte stemming hadden achtergelaten.[230] De daaropvolgende ochtend wilde Todt terugvliegen naar Berlijn, maar kort na de start explodeerde het toestel en alle inzittenden verbrandden. De oorzaak van het ongeluk is nooit opgehelderd. Voor de al snel geuite verdenking dat Todt het slachtoffer was geworden van een aanslag, zijn nooit bewijzen gevonden.[231]

Volgens zijn adjudant von Below reageerde Hitler 'zeer ontsteld' op het nieuws over het ongeluk; hij zou er lange tijd zwijgend bij hebben gezeten.[232] De dictator herwon zijn zelfbeheersing echter snel. Hij ontbood Albert Speer, die zich na zijn terugkeer van een reis naar Dnjepropetrovsk in de Wolfsschanze bevond, en benoemde hem zonder omhaal tot Todts opvolger.[233] Deze personele beslissing wekte enige verbazing, want de favoriete architect van Hitler was op het gebied van de wapenindustrie een leek. Dat sprak echter juist voor hem in de ogen van Hitler, die vaklieden niet helemaal vertrouwde. Speer had zich vóór 1939 bij de verwezenlijking van enkele megalomane architectonische plannen van zijn beschermheer bewezen als een bekwaam organisator en loyaal handlanger en had sinds het begin van de oorlog zijn takenpakket uitgebreid met gebouwen voor de wapenindustrie en de logistieke ondersteuning van de Wehrmacht. 'Hij voerde – wat Hitler bijzonder beviel – zijn taken steeds uit met een klein ambtelijk apparaat en een bijna slordige nonchalance, waarbij hij een soort sportieve eerzucht ontwikkelde,' herinnerde zich Rudolf Wolters, sinds 1937 medewerker van de bouwinspecteur voor de Rijkshoofdstad.[234] De dictator vertrouwde erop dat de onorthodoxe, onbureaucratische werkwijze van Albert Speer nieuw elan zou brengen in de oorlogsindustrie en de wapenproductie tot recordhoogte zou opstuwen. Wat dat betreft zou de nieuwe minister hem niet teleurstellen, hoewel de productiviteit bij nuchtere beschouwing minder indrukwekkend was dan de toespraak over het 'bewapeningswonder' van Speer suggereerde.[235] Tijdens de staatsplechtigheid voor Todt in de Mozaïekzaal van de Nieuwe Rijkskanselarij in de namiddag van 12 februari, waarbij alle prominenten van staat, partij en Wehrmacht aanwezig waren, hield Hitler zelf de lijkrede. Was het toneelspel of werkelijk verdriet – hij leek in elk geval 'zo ontdaan dat hij soms nauwelijks tot spreken in staat was'.[236]

Medio februari 1942 was de acute crisis aan het oostfront voorbij. Volgens een instructie van het OKH van 12 februari waren de gevechten 'over hun hoogtepunt heen'. Nu ging het erom 'het front te consolideren en plaatselijk te versterken'.[237] Een ramp zou zich niet meer voordoen, verklaarde ook Hitler; de situatie was stabiel en nu kon men in alle rust voorbereidingen treffen voor een nieuw offensief.[238] Overigens gaf de dictator in de kleine kring van vertrouwelingen toe dat hij 'af en toe doodsbang was geweest': het 'hing aan een zijden draadje dat er geen 1812 was ontstaan'.[239] Tijdens een toespraak tot aspirant-officieren in het Sportpalast op 14 februari gaf Hitler opnieuw blijk van zijn ongebroken vertrouwen: de veldtochten tot nu toe waren 'etappes in een zegetocht die de wereld tot dusver nog niet gezien' had. De Sovjetstrijdkrachten, beweerde hij, waren 'voor een groot deel verlamd of reeds kapotgeslagen'. Hij kon slechts zijn pet afnemen voor de 'Duitse musketiers die ginds in de ijzige kou hun plicht doen'. Hij riep de aanstaande officieren op zich 'deze heldendaden steeds waardig' te betonen: 'U hebt de eer de leiders van de beste Duitse mannen te zijn.'[240]

Ook enkele succesberichten van het Noord-Afrikaanse en het Pacifische strijdtoneel droegen bij ter verhoging van de stemming. Rommels Afrikakorps was in januari 1942 weer in de aanval gegaan en had de terreinwinst van de Engelsen in het voorjaar tenietgedaan. Begin februari stond het opnieuw voor de poorten van de vesting Tobroek. Op 1 februari veroverden de Japanners Singapore – een zware slag voor het Britse imperium. Op 13 februari slaagden de vanuit Brest vertrokken slagschepen 'Scharnhorst' en 'Gneisenau' en de slagkruiser 'Prinz Eugen' erin door het Nauw van Calais te varen en nagenoeg ongedeerd terug te keren naar hun thuishaven. Ook die manoeuvre werd door de Duitse propaganda als een grote overwinning voorgesteld. Oorlogvoeren was 'weer iets leuker dan in december', noteerde Goebbels medio februari 1942. 'Onze kansen zijn merkbaar gestegen en ook het Duitse volk neemt met grote vreugde en diepe bewogenheid kennis van de successen van de Asmogendheden. We staan weer stevig op eigen benen.'[241]

Groter kon het zelfbedrog niet zijn. De 'wintercrisis' was weliswaar achter de rug, maar de gevolgen voor het Duitse leger waren ernstig. Volgens opgave van het OKH bedroeg het totale verlies aan gesneuvelden, gewonden en vermisten vanaf het begin van de veldtocht tot en met 20 maart 1942 1.073.066 manschappen, circa een derde van de sterkte van het oostelijke leger.[242] Daarbij kwam het enorme aantal uitgevallen tanks, vliegtuigen, voertuigen en technische apparatuur. De Wehrmacht was zwaar aangeslagen en zou haar volledige sterkte nooit meer bereiken.[243]

Ook bij Hitler zelf liet de dramatische kentering van 1941/1942 diepe sporen na. Na de belastende wintermaanden was hij aan het eind van zijn krachten. De 'chef' was 'altijd erg moe' en kon 'niet uit zijn bed komen', schreef zijn secretaresse eind februari. Zo werden de nachtelijke theerondes steeds meer tot een kwelling, omdat de gesprekken 'heel lusteloos en stroperig' verliepen en steeds rond hetzelfde thema draaiden.[244] Zelfs op Goebbels maakte Hitler op 19 maart, heel anders dan eind januari, een 'onthutsende indruk'. Hij vond hem 'al erg grijs' geworden en 'sterk verouderd'. De dictator klaagde over gezondheidsproblemen. Hij zou af en toe met 'ernstige aanvallen van duizeligheid te kampen' hebben gehad. Maar als hij 'ook maar één ogenblik verzwakt was, zou het front bezweken zijn en zou er een catastrofe hebben plaatsgevonden die die van Napoleon ruim in de schaduw zou hebben gesteld'.[245]

Alleen zijn standvastigheid had dus het rampscenario voorkomen, zijn wil had het eens te meer gewonnen van alle tegenslagen; daar was Hitler van overtuigd. De mythe van de redder, waarop hij al in de doodsstrijd van de republiek van Weimar met zoveel succes had geteerd, benutte hij nu opnieuw. 'Als iedereen de moed verliest, ben uiteindelijk ik alleen degene die standhoud,' snoefde hij tijdens de nachtelijke bijeenkomsten in de Wolfsschanze.[246] Dat was met name gericht aan de generaals, die hij verweet dat ze in kritieke situaties zenuwzwak waren geweest. 'Hij heeft niet meer zo'n hoge dunk van de generaals als vroeger het geval was. Voor velen van hen koestert hij alleen maar minachting,' merkte Goebbels op.[247] Hitler kwam weliswaar verzwakt uit de wintercrisis, maar qua zelfgevoel eerder gesterkt. Hij was nog minder dan tevoren geneigd adviezen van zijn militaire deskundigen op te volgen. Een diep wantrouwen zou voortaan zijn houding ten opzichte van hen bepalen.

Geloofde de dictator werkelijk dat hij het tij opnieuw kon keren? Enkele dagen na de capitulatie in mei 1945 verklaarde Jodl dat het Hitler na de catastrofale winter duidelijk was geworden dat het 'culminatiepunt' van de oorlog daarmee voorbij was en dat er 'geen overwinning' meer kon worden behaald.[248] Het is echter de vraag of het hem toen inderdaad al zo duidelijk was. Naar buiten toe gaf hij in elk geval blijk van optimisme: 'Na de zwaarste winter van mijn leven, aan het begin van een nieuw, groots jaar', schreef hij in het voorjaar van 1942 in het gastenboek van Elsa Bruckmann.[249] Ook zijn naaste gevolg toonde hij nog altijd een beeld van 'onwankelbaar vertrouwen'. Dat sluit niet uit dat hij mogelijk af en toe is overvallen door twijfel aan de afloop van de oorlog. Aan de vooravond van Operatie Barbarossa werd hij immers al bekropen door sombere voorgevoelens, en tijdens de kritieke momenten van de veldtocht keerden die korte ogenblikken terug. Dieper inzicht biedt in dit opzicht een opmerking die hij eind november 1941 bijna tussen neus en lippen door maakte tijdens een gesprek met de Deense minister van Buitenlandse Zaken Erik Scavenius: 'Als het Duitse volk ooit niet meer sterk en opofferingsbereid genoeg is om zijn eigen bloed voor zijn bestaan te vergieten, moet het maar ten onder gaan en door een andere, sterkere macht worden vernietigd.'[250]

7

De weg naar de Holocaust

'Ik heb op 1 september in de Duitse Rijksdag al gezegd – en ik hoed me voor voorbarige voorspellingen – dat deze oorlog niet zal eindigen zoals de Joden denken, namelijk dat de Europees-arische volkeren uitgeroeid worden, maar dat het resultaat van deze oorlog de vernietiging van het Jodendom zal zijn. Voor het eerst wordt ditmaal de onvervalst oud-Joodse wet toegepast: "Oog om oog, tand om tand!"'¹ Met deze woorden herinnerde Hitler in zijn door de radio uitgezonden Rijksdagtoespraak van 30 januari 1942 aan het dreigement dat hij precies drie jaar eerder vanaf dezelfde plek had geuit tegen het 'internationale financiële Jodendom'.² Het is opvallend dat de dictator zijn voorspelling van destijds verplaatste naar 1 september 1939, de dag van de aanval op Polen. Aangezien hij een uitstekend geheugen had, moet men er wel van uitgaan dat de datumwijziging geen vergissing was, maar heel bewust werd gedaan en wel met de bedoeling een rechtstreeks verband te suggereren tussen het begin van de oorlog en de beoogde *Endlösung* (definitieve oplossing van de Jodenkwestie).³

In Hitlers voorstellingen was dat verband van meet af aan aanwezig geweest. Sinds het midden van de jaren twintig had hij zijn axiomatisch gefixeerde project, de 'verwijdering van de Joden überhaupt', verbonden met het völkische visioen van het veroveren van 'leefruimte in het oosten'. Pas de vernietigingsoorlog tegen de Sovjet-Unie en de daardoor ontstane geweldsuitbarsting boden de mogelijkheid die beide verre doelen om te zetten in daden, dat wil zeggen door tegelijk met het uitroeien van het 'Joodse bolsjewisme' het programma tot het vermoorden van alle binnen het Duitse machtsgebied wonende Europese Joden uit te voeren. De weg naar de 'definitieve oplossing' verliep niet in een rechte lijn, maar in meerdere fasen, die, om met Hans Mommsen te spreken, cumulatief radicaliseerden.⁴ Zeker is in elk geval: zonder Hitler, zonder zijn op eliminatie gerichte antisemitisme, zou de moord op de Joden nooit zijn gebeurd. 'Als men Hitler in een niet op de feiten gestoelde overweging wegdenkt uit het besluitvormingsproces, ontbreekt de maatgevende sleutelfiguur niet alleen bij de planning en de uitvoering, maar vooral ook bij de legitimering van de moord op de Joden', heeft Hans-Ulrich Wehler toepasselijk opgemerkt. 'Zonder de machtsjurisdictie en het sanctiegezag van de Führer hadden de Himmlers, de Heydrichs en consorten ieder voor zich de Holocaust als Europa-brede moordactie niet kunnen organiseren, uitvoeren en rechtvaardigen.'[5] Men moet hier overigens aan toevoegen: zonder de honderdduizenden handlangers en hun medeplichtigen die de uitvoerders bereidwillig een handje hielpen, had de misdaad tegen de menselijkheid nooit kunnen plaatsvinden.

Aan de vooravond van de Tweede Wereldoorlog woonden er nog circa 200.000 merendeels oudere Joden in het Groot-Duitse Rijk. Het was een verarmde, bangelijke, sociaal sterk geïsoleerde minderheid, die weerloos was overgeleverd aan de pesterijen door de organen van de nazistaat. Al in de eerste dagen en weken van de oorlog werd de sowieso al steeds kleiner geworden levenssfeer van de Joden ingeperkt door een niet-aflatende stroom nieuwe verordeningen. Ze mochten na 8 uur 's avonds hun huis niet meer verlaten, moesten hun radio inleveren, hun levensmiddelenrantsoenen werden gekort en men dwong hen alleen nog op vastgestelde tijdstippen in vastgestelde winkels te kopen. In november 1939 sloeg justitie-inspecteur Friedrich Kellner een alledaags tafereel gade: 'Er is een oude vrouw aan de beurt. Hoe heet u? Katz. Bent u Jodin? Ja. Dan krijgt u niets van me. Als nationaalsocialist verkoop ik niets aan Joden.' Kellners commentaar: 'Waardoor zijn we een zo wreed volk geworden? Die ellendige ophitserij toont hier haar onmenselijke oogst. Wat troosteloos treurig, die aangeprate haat te botvieren op een oude, weerloze vrouw.'[6]

Joden werden geleidelijk gedwongen hun woningen te verlaten en naar zogenaamde *Judenhäuser* te verhuizen – voor velen een pijnlijke ingreep omdat ze daarmee hun privésfeer verloren. 'Zo is onze hele manier van leven plotseling veranderd,' noteerde Victor Klemperer, die in mei 1940 met zijn vrouw vanuit hun eigen huis in Dresden-Dölzschen had moeten verhuizen naar het Judenhaus in de Caspar-David Friedrichstraße.[7] Vanaf het voorjaar van 1940 werden steeds meer Joodse mannen en vrouwen ingezet voor dwangarbeid, voornamelijk in wapenfabrieken – voor ondernemers een lucratieve zaak, omdat ze hen tegen een geringe beloning tot maximale prestaties konden dwingen. In het bedenken van steeds nieuwe pesterijen en represailles waarmee ze het leven van de Joden ondraaglijk konden maken, bewezen instanties en politieapparaten hun buitengewone vindingrijkheid. 'Het is een totale oorlog tegen ons; het zal nog enorme offers vergen,' onderkende nu ook de nationalistisch ingestelde Breslauer docent Willy Cohn, en Victor Klemperer constateerde met betrekking tot de nauwelijks nog te overziene verboden en regelingen: 'Niemand weet precies wat toegestaan is, overal voelt men zich bedreigd. Elk dier is vrijer en heeft meer rechtszekerheid.'[8]

Sinds het begin van de oorlog was emigratie aanzienlijk moeilijker geworden. De meeste Europese staten vielen af als opvangland omdat ze, zoals Engeland en Frankrijk, in oorlog waren met het Duitse Rijk of, zoals Zwitserland, de immigratiebepalingen strikter naleefden dan vóór de oorlog. Ook de emigratiemogelijkheden naar overzeese landen, naar de vs en Latijns-Amerikaanse landen, waren aan steeds meer beperkingen onderhevig. In juli 1940 meldde het hoofd van het deelstaatdistrict Ober- und Mittelfranken: 'Aangezien de Joodse emigratie nu slechts nog naar overzee (Amerika) mogelijk is en de overtocht niet meer vanuit Midden- en West-Europese steden kan worden begonnen, moet de emigratie sinds kort via de Baltische staten, Rusland en Japan gaan. Deze route is duidelijk langer en moeilijker dan de eerder gekozene en kan door oudere personen nauwelijks nog in overweging worden genomen.'[9] Onder niet weinigen van de achtergebleven Duitse Joden greep de verlammende zekerheid om zich heen dat ze de vlucht uit hun vaderland te lang hadden uitgesteld en nu in de val zaten. 'Ook onze plannen zijn daarmee van de baan,' noteerde Willy Cohn op 4 september 1939, 'en mijn vermoeden dat het mij hetzelfde zal vergaan als Mozes lijkt bewaarheid te worden. We zijn zelfs te laat voor de *alijah*.'[10] Tot emigratie vanuit Duitsland in oktober 1941 definitief verboden werd, slaagden slechts 23.000 Joden erin te emigreren.[11]

De verhevigde repressie ging gepaard met aanscherping van de antisemitische propaganda. Hitler liet in de eerste maanden bijna geen gelegenheid onbenut om 'de' Joden als aanstichters van het conflict te brandmerken. 'Onze Joods-democratische aartsvijand heeft het klaargespeeld het Engelse volk in staat van oorlog met Duitsland te brengen' – met die zin leidde hij zijn oproep van 3 september 1939 aan de NSDAP in.[12] Het directe gevolg van die hetze werd zichtbaar in een sterke stijging van antisemitische stemmingen onder de bevolking. Zo was in het verslag van 6 september van een informant van de SD in de regio Münster sprake van 'grote verbittering'. Men sprak er al over 'de Joden op te sluiten of tegen de muur te zetten; voor elke gesneuvelde Duitser tien Joden'.[13] In zijn nieuwjaarstoespraak van 1940 herhaalde de dictator zijn aanvallen op de 'Joods-kapitalistische aartsvijand', die slechts één doel zou kennen: 'Duitsland, het Duitse volk te vernietigen'. En in zijn toespraak op de twintigste verjaardag van de bekendmaking van het partijprogramma op 24 februari 1940 beloofde hij de 'georganiseerde terreur van een achterbakse wereldplutocratenkliek' te breken: 'We hebben deze internationale financiële hyena's in Duitsland in het nauw gedreven en zullen ons nu niet meer van buitenaf de wet laten voorschrijven.'[14]

Tot kort voor het sluiten van het Duits-Russische niet-aanvalsverdrag in augustus 1939 had het 'Joodse bolsjewisme' als vijandbeeld nummer 1 gefungeerd, nu kwam daar de 'Joodse plutocratie' voor in de plaats, de antiwesterse component van het antisemitisme dus. Victor Klemperer, een scherpzinnig waarnemer van de veranderingen in de officiële taal van het Derde Rijk, viel het op dat 'de uitdrukking bolsjewisme' volledig uit de propaganda verdwenen was; in plaats daarvan hoorde men 'alleen nog plutocratie',[15] vatte hij de hoofdrichting van de anti-Joodse campagne in de beginfase van de oorlog treffend samen. 'Begrip plutocratie moet sterker worden beklemtoond. Onder hem willen we zegevieren,' noteerde Goebbels begin februari 1940. Voor zijn werk oogstte hij Hitlers erkentelijkheid. 'De Führer prijst onze strijd tegen de plutocratie,' meldde hij over een onderhoud tijdens het middagmaal in de Rijkskanselarij eind maart 1940. 'Eeuwig herhalen, nooit laten verslappen. Dat is überhaupt het hele eiereneten van propaganda.'[16] Pas bij het begin van Operatie Barbarossa zou het vijandbeeld van het 'Joodse bolsjewisme' opnieuw geactiveerd worden. 'We heffen langzaam weer het sterk antibolsjewistische liedje aan. Geleidelijk, om de overgang niet te abrupt te maken,' merkte de minister van Propaganda op 24 juni 1941 op.[17]

Ook de productie van antisemitische films stemde Goebbels nauwgezet af met Hitler. Begin oktober 1939 gaf hij Fritz Hippler, het hoofd van de filmafdeling van zijn ministerie, opdracht voor een peperduur project, een documentaire met de titel *Der ewige Jude*. Het materiaal voor deze 'gettofilm' of 'Jodenfilm', zoals de nazileiders hem noemden, werd in Polen gedraaid: 'Het moet de venijnigste antisemitische propaganda worden die je maar kunt bedenken.'[18] Hitler bleek van meet af aan geïnteresseerd in het project. Eind oktober liet hij zich de eerste proefopnames tonen en in de daaropvolgende maanden eiste hij herhaaldelijk wijzigingen in het concept.[19] Begin april 1940 was de film klaar: 'Zo is hij goed. Zo kan hij aan de Führer worden getoond,' vond Goebbels.[20] Maar Hitler was kennelijk nog steeds niet tevreden. Goebbels moest nog meerdere keren correcties aanbrengen voordat de film in oktober 1940 eindelijk kon worden getoond: 'Nu kan hij er gerust uit. We hebben er ook lang genoeg aan gewerkt.'[21]

Minder moeite had Goebbels met een tweede antisemitisch knoeiwerk – de speelfilm *Jud Süß*, die een historische gebeurtenis, het verhaal van Joseph Süß Oppenheimer, financieel adviseur van hertog Karl Alexander von Württemberg, vervalste voor de nationaalsocialistische propaganda.[22] De eerste proefopnamen vonden plaats in november 1939. Als regisseur trok Goebbels Veit Harlan aan; er werkten enkele prominente acteurs aan mee, onder wie Ferdinand Marian in de rol van Jud Süß en Werner Krauß in de rol van secretaris Levy en van rabbijn Loew. Het resultaat kreeg de onverdeelde bijval van de minister van Propaganda: 'Een groots, geniaal succes. Een antisemitische film zoals we ons die slechts konden wensen.'[23] Begin september ging de film in première tijdens het filmfestival van Venetië, en op 24 september was de Duitse première in het Berlijnse Ufa-Palast: 'Een heel groot publiek met bijna het hele rijkskabinet. De film is een stormachtig succes. Men hoort slechts enthousiaste woorden. De zaal gaat tekeer. Zo heb ik het gewild,' merkte Goebbels op. Ook Hitler toonde zich 'zeer ingenomen' met het succes van de film en prees hem, zoals iedereen tijdens het middagmaal in de Rijkskanselarij, 'de hemel in'.[24]

Als men de verslagen van de ss-Sicherheitsdienst mag geloven, vond *Jud Süß* in het hele rijk 'aanhoudend, bijzonder instemmend onthaal'. Zelden zou het oordeel 'zo eensgezind' zijn geweest als bij deze film, 'die weliswaar ongewoon ver gaat in de realistische voorstelling van afschuwwekkende episoden, maar daarbij artistiek gezien volledig overtuigend vormgegeven is en een spanning heeft "die je niet loslaat".'[25] Vanuit Bielefeld werd medio oktober 1940 gemeld dat de bezoekersaantallen nu al alle verwachtingen hadden overtroffen: 'Ook volksgenoten die tot nu toe zelden of nooit een bioscoop hebben bezocht, laten zich deze film niet ontgaan.'[26] Tot 1943 zouden meer dan 20 miljoen Duitsers de rolprent gezien hebben.

Der ewige Jude daarentegen, die op 29 oktober 1940 in de bioscopen verscheen, werd een commercieel fiasco. Ook de sd-verslaggever moest toegeven dat 'alleen het politiek actievere deel van de bevolking de documentaire heeft gezien, terwijl het doorsnee filmpubliek hem deels meed en er hier en daar mondelinge antireclame werd gemaakt tegen de film en de fel realistische voorstelling van het Jodendom.' De drastische scènes, waarin onder andere Joden tijdens rituele slachtingen werden getoond, stuitten delen van het publiek blijkbaar tegen de borst. Vaak werden er, zo werd gemeld, opmerkingen gemaakt dat 'Jud Süß het Jodendom al zo overtuigend heeft uitgebeeld, dat dit nieuwe, nog krassere bewijs [...] niet meer nodig was'.[27]

Beide films droegen op hun manier bij aan het versterken van het antisemitische stereotype, en de beelden uit *Der ewige Jude* hebben zich indien mogelijk nog sterker in het geheugen gegrift. In een bijzonder weerzinwekkende scène werden massa's ratten getoond met daarbij het gesproken commentaar: 'Waar ratten opduiken, verspreiden ze ziektes en brengen vernietiging in het land. Ze zijn arglistig, laf en onmenselijk en treden meestal in groten getale op – niet anders dan de Joden onder de mensen.'[28] Wat anders zou zo'n vergelijking bewerkstelligen dan dat de Joden van elke menselijke waardigheid werden beroofd, dat er haat en afschuw jegens hen werden gezaaid en propaganda werd gemaakt voor hun definitieve 'verwijdering' uit de 'volksgemeenschap' als onontkoombaar doel? Het was dan ook geen toeval dat *Der ewige Jude* afsloot met een citaat uit de Hitlertoespraak van 10 januari 1939, waarin hij de Joden ingeval van een nieuwe oorlog had gedreigd met vernietiging. Bij deze beelden zouden de toeschouwers 'welhaast bevrijd en begeesterd [...] geapplaudisseerd' hebben, aldus een bericht vanuit München.[29] Geen twijfel mogelijk: er hing moord in de lucht.

Aanvankelijk echter trof het niet de Joden, maar de zieken en gehandicapten. Ook hier gaf de uitzonderingstoestand van de oorlog de nazileiding de gelegenheid om datgene te realiseren wat al vóór de oorlog onder het trefwoord 'euthanasie' respectievelijk de 'vernietiging van levenonwaardig leven' onder artsen werd besproken en met de verordende gedwongen sterilisatie in aanzet al in de praktijk was gebracht. Hitler had volgens zijn adjudant Fritz Wiedemann, die in januari 1939 als consul-generaal naar San Francisco was overgeplaatst, tijdens de tafelgesprekken herhaaldelijk zijn voornemen kenbaar gemaakt om 'ingeval van een oorlog ongeneeslijk zieken – niet alleen ongeneeslijk psychisch zieken – te vernietigen'.[30] Aan het begin stond het besluit om misvormde borelingen en kleine kinderen te doden. In het voorjaar van 1939 wendde de vader van een ernstig gehandicapt kind uit Leipzig zich via de kanselarij van de Führer tot Hitler met het verzoek hem toestemming te verlenen voor de 'genadige dood' voor zijn kind. De dictator gaf zijn lijfarts Karl Brandt opdracht de zaak te onderzoeken en, na overleg met de kinderartsen daar, opdracht te geven het kind te doden.[31] Kort daarna zou Hitler Brandt en Philipp Bouhler, het hoofd van de kanselarij van de Führer, gemachtigd hebben om in vergelijkbare gevallen op dezelfde manier te werk te gaan. Op hun initiatief werd in elk geval een groep deskundigen gevormd die onder de schuilnaam *Reichsausschuß zur wissenschaftlichen Erfassung erb- und anlagebedingter schwerer Leiden* (Rijkscomité voor wetenschappelijke registratie van door erfelijkheid en aanleg veroorzaakt ernstig lijden) ernaar streefde het programma van kinder-'euthanasie' te hervormen.

Op 18 augustus 1939, enkele dagen voor het begin van de oorlog, werden artsen en vroedvrouwen er door een rondschrijven van het ministerie van Binnenlandse Zaken toe verplicht alle gevallen van misvorming bij pasgeborenen en kleine kinderen tot drie jaar te melden bij dit rijkscomité. De binnengekomen aanmeldingsformulieren werden doorgestuurd naar deskundigen, die daarmee de facto beslisten over leven en dood. Als het vonnis was geveld, werden de beoogde slachtoffers overgebracht naar speciale klinieken, zogenaamde vakafdelingen voor kinderen, waar ze meestal gedood werden met een overdosis van het slaapmiddel Luminal of andere medicijnen.[32] Het duurde slechts enkele maanden voordat de kinder-'euthanasie' veranderde in een veelomvattend programma voor de moord op volwassen patiënten. Ook hier was het Hitler die de ontwikkeling forceerde. Ergens in de nazomer van 1939 – de precieze datum is niet bekend – riep hij Lammers, Bormann en Leonrado Conti, sinds april hoofd van de Rijksgezondheidsdienst, bij zich en verklaarde dat hij het voortaan juist achtte 'dat het levenonwaardige leven van ernstig psychisch gestoorden beëindigd wordt door ingrepen die de dood tot gevolg hebben'.[33] Oorspronkelijk was de dictator waarschijnlijk van plan geweest Conti met de uitvoering te belasten, maar Bouhler en

Brandt zetten alles op alles om nu ook volmacht te krijgen voor het uitgebreide
'euthanasie'-programma.[34]

Op 21 september 1939 werd per decreet van het ministerie van Binnenlandse
Zaken de registratie bepaald van alle herstellingsoorden en verzorgingshuizen in
het Rijksgebied 'waar geesteszieken, epileptici en zwakzinnigen niet slechts tijdelijk worden opgenomen'. Op 9 oktober volgde de bureaucratische toepassing
op de afzonderlijke patiënten. Er werden meldingsformulieren gestuurd naar
alle inrichtingen, die door de artsen moesten worden ingevuld en per omgaande
naar de medische afdeling van het ministerie van Binnenlandse Zaken dienden te
worden gestuurd.[35] Diezelfde dag vond er in Berlijn een bespreking plaats, waaraan behalve Viktor Brack, de plaatsvervanger van Bouhler in de kanselarij van
de Führer, vertegenwoordigers van Binnenlandse Zaken, de rijksrecherche en
de hoogleraren psychiatrie en neurologie Werner Heyde en Paul Nitsche deelnamen. Het ging niet alleen over de vraag hóe de bewoners van de instellingen
gedood moesten worden, maar ook over wíe in het moordprogramma moesten
worden opgenomen. Over het eerste punt had men reeds de expertise van farma-

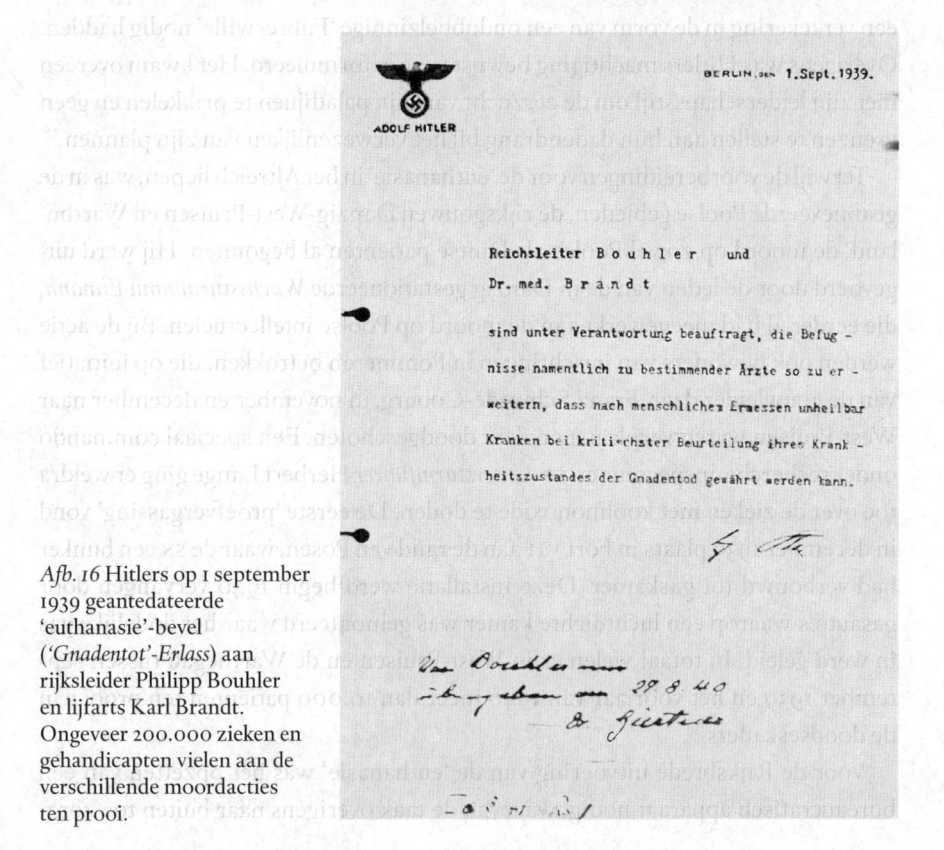

Afb. 16 Hitlers op 1 september
1939 geantedateerde
'euthanasie'-bevel
(*'Gnadentot'-Erlass*) aan
rijksleider Philipp Bouhler
en lijfarts Karl Brandt.
Ongeveer 200.000 zieken en
gehandicapten vielen aan de
verschillende moordacties
ten prooi.

cologen en ambtenaren van het *Kriminaltechnisches Institut der Sicherheitspolizei* (kti) ingeroepen. Als probaat middel werd het gebruik van co-gas, koolmonoxide dus, aanbevolen. Wat het aantal te vermoorden patiënten betrof, kwam men met behulp van nauwgezette statistische berekeningen uit op een aantal van 650.000 tot 700.000 personen.[36]

Vermoedelijk al in de loop van oktober 1939 machtigde Hitler Bouhler en Brandt om 'de bevoegdheden van met name te noemen artsen zodanig uit te breiden dat volgens menselijke maatstaven ongeneeslijk zieken bij uiterst kritische beoordeling van hun gezondheidstoestand de genadedood kan worden gegarandeerd'.[37] Voor het schrijven was Hitlers privébriefpapier gebruikt en het was opzettelijk geantedateerd op 1 september 1939. Ook nu weer ging het er de dictator om een verband te suggereren tussen het begin van de oorlog en een programma dat voor tienduizenden mensen het doodvonnis betekende. Het was een van de weinige gevallen waarbij Hitler uit zijn schulp kroop en zich schriftelijk vastlegde. Blijkbaar hadden Bouhler en Brandt erop gestaan dat ze voor het uitvoeren van een zo criminele actie als het voorgenomen systematische vermoorden van bewoners van inrichtingen, waarvoor geen wettelijke gronden aanwezig waren, een verzekering in de vorm van een ondubbelzinnige 'Führerwille' nodig hadden. Overigens was Hitlers machtiging bewust vaag geformuleerd. Het kwam overeen met zijn leiderschapsstijl om de eerzucht van zijn paladijnen te prikkelen en geen grenzen te stellen aan hun dadendrang bij het verwezenlijken van zijn plannen.[38]

Terwijl de voorbereidingen voor de 'euthanasie' in het Altreich liepen, was in de geannexeerde Poolse gebieden, de rijksgouwen Danzig-West-Pruisen en Wartheland, de moord op zowel Poolse als Duitse patiënten al begonnen. Hij werd uitgevoerd door de leden van de in Danzig gestationeerde *Wachssturmbann Eimann*, die eerder al had meegewerkt aan de moord op Poolse intellectuelen. Bij de actie werden ook bewoners van inrichtingen in Pommeren betrokken, die op initiatief van de gouwleider daar, Franz Schwede-Coburg, in november en december naar West-Pruisen waren verplaatst en daar doodgeschoten. Een speciaal commando onder recherche-inspecteur en ss-*Untersturmführer* Herbert Lange ging er weldra toe over de zieken met koolmonoxide te doden. De eerste 'proefvergassing' vond in december 1939 plaats in Fort VII aan de rand van Posen, waar de ss een bunker had verbouwd tot gaskamer. Deze installatie werd begin 1940 vervangen door gasauto's waarop een luchtdichte kamer was gemonteerd waar het dodelijke gas in werd geleid. In totaal vielen er in West-Pruisen en de Warthegau tussen september 1939 en het voorjaar van 1940 meer dan 10.000 patiënten ten prooi aan de doodseskaders.[39]

Voor de Rijksbrede uitvoering van de 'euthanasie' was het opzetten van een bureaucratisch apparaat nodig, waarvan de taak overigens naar buiten toe zorgvuldig gecamoufleerd was. De hele actie voltrok zich onder de afkorting 'T 4', zo genoemd naar de zetel van de centrale dienst in een villa uit de *Gründerzeit* in de Berlijnse Tiergartenstraße 4. De overkoepelende organisatie werkte onder de naam *Reichsarbeitsgemeinschaft Heil- und Pflegeanstalten*, de *Hauptwirtschaftsabteilung* die onder meer verantwoordelijk was voor de bezoldiging van de circa vijfhonderd werknemers, als *Gemeinnützige Stiftung für Anhaltspflege*. Voor de verplaatsing van de patiënten naar de moordcentra zorgde een *Gemeinnütziges Krankentransport-GmbH* (Gekrat). Cynischer kon de misdadige onderneming niet verhuld worden. De moorden werden gepleegd op zes plaatsen: Grafeneck bij Reutlingen, Brandenburg aan de Havel, Sonnenstein bij Pirna, Hartheim bij Linz, Bernburg aan de Saale en Hadamar bij Limburg. Tot augustus 1941 werden meer dan 70.000 zieken en gehandicapten omgebracht in als doucheruimte gecamoufleerde gaskamers.[40]

Ondanks alle geheimhouding deden er onder de bevolking algauw geruchten de ronde over de massamoord op de bewoners van inrichtingen, wat de nazileiding zorgelijk registreerde. Op 1 mei 1940 noteerde Goebbels: 'Bij de Führer. Bouhler brengt verslag uit van de ervaringen met het liquideren van krankzinnigen, dat zo nodig is en nu wordt uitgevoerd. Nog geheim. Het leidt tot grote problemen.'[41] Toen een Engels vliegtuig op 19 september 1940 per ongeluk de Bodelschwinghsche Stiftungen Bethel bombardeerde en daarbij enkele kinderen om het leven kwamen, was dat voor de nazipropaganda een welkome aanleiding de aandacht van de 'euthanasie'-misdaad af te leiden. 'De kwestie-Bethel is het grote thema. Daaronder kunnen we nu alle onaangenaamheden verbergen,' schreef Goebbels verheugd. Daags daarna verscheen de *Völkische Beobachter* met de kop: 'Britse kindermoord. Bommen op de sanatoria van Bethel.'[42]

Eind september hoorde ook William Shirer via een informant over de moord op zieken en gehandicapten en hij besloot het verhaal na te trekken. Op 25 november, slechts enkele dagen voordat hij nazi-Duitsland verliet, noteerde hij in zijn dagboek wat hij ontdekt had: met medeweten en toestemming van de regering werden 'systematisch alle mentaal beschadigde mensen in het rijk' omgebracht. Het aantal slachtoffers liep al 'in de duizenden' en steeg nog elke dag. Aan de hand van overlijdensadvertenties van verwanten in de lokale pers kon Shirer ook drie van de moordcentra – Grafeneck, Hartheim en Sonnenstein – met name noemen; bovendien was hem de standaardbrief toegespeeld die de familie van de vermoorden kreeg. Shirers commentaar: 'Het is een duivelse geschiedenis.'[43]

Voor de radicalisering van de nationaalsocialistische rassenpolitiek was de moord op zieken en gehandicapten van groot belang. Voor het eerst werd hier een efficiënte technologie ontwikkeld en ingezet die de vernietiging van duizenden weerloze mannen, vrouwen en kinderen mogelijk maakte. Het was geen toeval dat een groot deel van het personeel dat voor de T 4-actie was aangenomen, sinds eind 1941 een nieuwe werkkring zou vinden bij de bouw van de vernietigingskampen in het Generaal-gouvernement.[44] Hier konden ze hun ervaring in het gebruik van gaskamers in een nog monsterlijker omvang bewijzen. In die zin was de 'euthanasie' een tussenstap op de weg naar de systematische Jodenvernietiging; het was, zoals Raul Hilberg treffend constateerde, 'een abstracte en ook technologische en administratieve voorbode van de *Endlösung* in de vernietigingskampen'.[45]

Door de verovering van Polen in september en oktober 1939 waren meer dan 2 miljoen Poolse Joden in handen van de Duitsers gevallen. Nadat zo'n 300.000 van hen waren gevlucht of over de demarcatielijn in de door de Sovjet-Unie bezette gebieden waren uitgewezen, vielen er nog steeds circa 1,7 miljoen onder de Duitse heerschappij. Het bezette Polen werd een experimenteerveld voor de zoektocht naar nieuwe strategieën ter 'oplossing van de Jodenkwestie'. Het had in de ogen van Hitler en de voltrekkers van zijn ideologische obsessies het voordeel dat men daar, nagenoeg buiten het zicht van het grote publiek, nog meedogenlozer te werk kon gaan dan thuis in het Duitse Rijk.[46]

Aan het begin stond het idee alle Joden naar een nog aan te wijzen 'reservaat' in Polen te 'verplaatsen'. Al in een vlugschrift aan de commandanten van de Einsatzgruppen van 21 september 1939 had Heydrich zich sterk gemaakt voor dit concept. Hij maakte daarbij onderscheid tussen een 'einddoel' – de deportatie van de Joden uit het rijk en de geannexeerde Poolse gebieden – wat langere tijd zou duren – en voorbereidende maatregelen zoals het 'concentreren van de Joden vanaf het platteland naar de grotere steden' en het vormen van raden van oudsten in alle Joodse gemeenten. Tijdens een bespreking met het hoofd van het nieuwe Reichssicherheitshauptamt op 29 september concretiseerde Heydrich zijn plan: in het gebied tussen de rivieren de Weichsel en de Boeg, in het district Lublin, dat bij het Duits-Russische grens- en vriendschapsverdrag van daags tevoren aan Duitsland was toegewezen, moest er een *Reichs-Ghetto* ontstaan voor 'Poolse en Joodse elementen' 'die uit de toekomstige Duitse gouwen zullen moeten worden verdreven'.[47]

Heydrich had dit plan blijkbaar met Hitler besproken, want op diezelfde 29ste september verwoordde de dictator tijdens een gesprek met Goebbels en Rosenberg soortgelijke ideeën: de veroverde Poolse gebieden moesten in drie zones worden verdeeld, waarbij in de meest oostelijke, naar het 'aan de overzijde van de Weichsel toegevoegde land [...] de slechte Poolse elementen en de Joden, ook die uit het rijk', gedeporteerd moesten worden.[48] Van een systematische vernietiging van de Joden was nog geen sprake, maar dat hun een vreselijk lot wachtte, daaraan liet Hitler geen twijfel bestaan. Het 'Jodenprobleem' zou 'waarschijnlijk het moeilijkst op te lossen' zijn, verklaarde hij tijdens het middagmaal in de Rijkskanselarij op 6 oktober 1939: 'Die Joden zijn absoluut geen mensen meer. Met een kil intellect uitgeruste roofdieren, die men onschadelijk moet maken.'[49] En twee dagen later betreurde hij het in de kring van zijn naaste entourage dat hij bij de invoering van de Neurenbergse Rassenwetten 'zo humaan en grootmoedig' was geweest. De Jodenkwestie was 'geen religieus, maar een rassenprobleem' en moest nu 'niet alleen in Duitsland, maar ook in de onder Duitse invloed staande landen opgelost' worden. In Polen was men al begonnen met het inrichten van getto's, maar 'daarmee zou men er niet zijn'. Hij overlegde met Himmler en Heydrich in hoeverre men 'het grootste deel van de Joodse bevolking' naar een territorium in Polen zou kunnen 'uitzetten'.[50]

Goebbels, die altijd om de gunst van zijn Führer bedelde, deed alles om zich tegenover hem als fanatiek Jodenhater voor te doen en drong aan op een verdere radicalisering van de antisemitische politiek. Eind oktober maakte hij een reis naar Polen. Samen met gouverneur-generaal Frank bezichtigde hij de Joodse wijk van Łódź. Naderhand citeerde hij vol afschuw: 'Dat zijn geen mensen meer, dat zijn dieren [...]. Hier moet het mes in, en wel drastisch. Anders gaat Europa te gronde aan de Joodse ziekte.' Na zijn terugkeer vertelde hij Hitler over zijn indrukken. 'Vooral mijn betoog over het Jodenprobleem krijgt zijn volledige instemming. Het Jodendom is een afvalproduct. Meer een klinische dan een sociale aangelegenheid.'[51] Na een tweede reis naar Danzig-West-Pruisen en door het Wartheland eind november 1939 bracht de minister van Propaganda andermaal uitvoerig verslag uit bij de dictator. Ze waren het opnieuw eens. 'Het Jodengevaar moet door ons worden uitgebannen. Maar het zal toch over enkele generaties opnieuw opduiken. Een panacee daartegen bestaat niet.'[52] Deze opmerking toont aan dat men binnen de nazileiding, ondanks alle bereidheid tot 'drastische stappen', nog ver verwijderd was van een *Endlösung der Judenfrage* in de zin van een fysieke verwijdering van de Joden uit Europa. Hun aanvankelijk nog uiterst vage plannen richtten zich op een territoriale oplossing, dat wil zeggen het zoeken naar een buiten de Rijksgrenzen gelegen 'reservaat' waar men de Joden 'in [kon] proppen'.

In dit verband moet ook het veel geciteerde Nisko-Project worden genoemd dat onder leiding stond van Adolf Eichmann. Op 8 oktober 1939 kreeg de SS-Sturmbannführer, sinds juli ook leider van de naar Weens voorbeeld opgerichte *Zentralstelle für jüdische Auswanderung* in Praag, van Gestapochef Heinrich Müller opdracht de verplaatsing voor te bereiden van de Joden vanuit Katowitce in Opper-Silezië en vanuit Mährisch Ostrau (Ostrava) in het Rijksprotectoraat Bohemen en Moravië naar een gebied ten oosten van de Weichsel. Die actie moest een soort modelpoging zijn. Uitgaande van de daarbij opgedane ervaringen moest een veelomvattend *Umsiedlungsprogramm* worden opgesteld.[53] Eichmann ging met zijn gebruikelijke energie aan de slag. Hij reisde onmiddellijk naar Wenen om daar te bepalen dat ook de daar nog wonende Joden zouden worden opgenomen in de eerste deportatiegolf. Op 12 oktober ging hij samen het hoofd van de Sicherheitspolizei in het Rijksprotectoraat, Franz Walter Stahlecker, naar Polen om een geschikt gebied te zoeken. In de buurt van het kleine treinstation Nisko aan de San, aan de westgrens van het district Lublin, vond men dit. Hier moest een *Durchgangslager* worden gebouwd, van waaruit de stroom van gedeporteerden naar het geplande *Judenreservat* zou worden geleid. Al op 18 oktober vertrok een eerste trein met bijna duizend Joden uit Mährisch-Ostrau; in de daaropvolgende dagen volgden meer transporten vanuit Wenen en Katowitce – in totaal werden er 4700 Joden verplaatst. Voor de opvang was niets voorbereid. Een klein deel van hen werd ingezet bij de bouw van een barakkenkamp, de overigen werden door ss en politie over de demarcatielijn naar het door de Sovjets bezette gebied gedreven.[54]

Zo haastig als het Nisko-Project in gang werd gezet, zo abrupt werd het ook beëindigd. Op 20 oktober kreeg Eichmann opdracht de deportaties naar Nisko te stoppen. De plannen voor een *Judenreservat* in het district Lublin waren daarmee overigens nog niet definitief van de baan, maar slechts voorlopig op ijs gezet. Onder de Duitse bevolking was de actie niet onopgemerkt gebleven. Zo vertelde men elkaar in Bad Kissingen 'dat de Joden zonder uitzondering naar gebieden tussen de San en de Boeg bij Lublin verplaatst waren. Dat gebied zou 300 vierkante kilometer groot zijn. Er zouden reeds Joden uit Oostenrijk en de Tschechei zijn aangekomen zijn.'[55] Pas in april 1940 werd het barakkenkamp bij Nisko gesloten; enkele honderden van de nog aanwezige bewoners mochten naar het Rijksprotectoraat en naar Oostenrijk terugkeren. Voor Eichmann zou het mislukken van het project geen gevolgen hebben voor zijn carrière. Integendeel, hij had eens te meer bewezen dat hij beschikte over de nodige brutaliteit, gepaard met eigen initiatief en organisatietalent. In december 1939 bevorderde Heydrich hem tot zijn speciale referendaris op het Amt IV van het Reichssicherheitshauptamt, belast met de 'centrale observatie van veiligheidskwesties bij de uitvoering van de ruiming in het oosten'.[56]

Het staken van het Nisko-project was een rechtstreeks gevolg van het verdrag met de Sovjet-Unie van 28 september 1939, waarin de repatriëring van de Duitse minderheden vanuit het Sovjetgebied was overeengekomen. Voor deze Volksduitsers uit de Baltische staten en andere regio's in Oost-Europa moest in korte tijd plaats worden gemaakt in de geannexeerde West-Poolse gebieden; als tegenwicht maakte men plannen voor het verplaatsen van honderdduizenden Polen en Joden naar het Generaal-gouvernement. Dit gigantische *Umsiedlungsprogramm*, dat onder de verantwoordelijkheid viel van Himmlers *Reichskommissariat für die Festigung des deutschen Volkstums*, had de hoogste prioriteit. De deportatie van Joden uit het Rijksgebied en het Rijksprotectoraat leek minder dringend.[57]

Zoals al geschetst, deden zich bij de verwezenlijking van de plannen onverwachte problemen voor. 'Himmler verplaatst momenteel de volkeren. Niet altijd met succes,' merkte Goebbels in januari 1940 op.[58] Vooral gouverneur-generaal Frank verzette zich steeds sterker tegen het opnemen van telkens weer nieuwe transporten binnen zijn machtsgebied, en hij wist zich verzekerd van de steun van Göring. Tijdens een bespreking in diens jachtslot Carinhall op 12 februari 1940 moest Himmler ermee instemmen dat nieuwe verplaatsingsacties slechts met voorafgaande toestemming van Frank uitgevoerd mochten worden. Diezelfde dag werden meer dan duizend Joden, wier woningen vrijgemaakt moesten worden voor Baltisch-Duitse kolonisten, naar Lublin verplaatst. Op 12 maart volgde een transport met 160 Joden uit Schneidemühl. Na protest van Frank verbood Göring in zijn hoedanigheid van voorzitter van de ministerraad voor de Rijksverdediging op 23 maart tot nader order alle 'evacuaties' naar het Generaal-gouvernement, voor zover die niet door hemzelf of door Frank waren goedgekeurd. Daarmee was ook het project van een Jodenreservaat in het district Lublin van de baan.[59]

In het voorjaar van 1940 was overduidelijk dat de Duitse Jodenpolitiek als gevolg van tegengestelde belangen en zelf gecreëerde druk in het slop zat. Tijdens een gesprek met reisschrijver Colin Ross in maart 1940 zei Hitler 'dat de Jodenkwestie gewoon een ruimtekwestie was, die door hem bijzonder moeilijk op te lossen was, aangezien hij zelf immers geen ruimte ter beschikking had'.[60] Het mislukken van de verplaatsingen had tot gevolg dat de 'gettoïsering', dat wil zeggen de concentratie van Joden in bepaalde stadswijken, geforceerd werd doorgevoerd. Het eerste grote getto werd ingericht in Łódź. Deze stad lag in de Warthegau en was naar Karl Litzmann, een generaal uit de Eerste Wereldoorlog, herdoopt in Litzmannstadt. Eind april 1940 werd de Joodse wijk in het noorden van de stad afgegrendeld. Voor de meer dan 160.000 bewoners, die op de kleinst mogelijke ruimte samengeperst zaten, begon een wanhopige overlevingsstrijd.[61] Het plan om korte tijd later het voorbeeld van Łódź te volgen in Warschau, werd aanvankelijk opgeschort omdat zich in de vroege zomer van 1940 een nieuwe kans op een territoriale oplossing van de Jodenkwestie leek aan te dienen: de verplaatsing van alle Joden vanuit het Duitse gezagsgebied naar het Franse koloniale eiland Madagaskar voor de oostkust van Afrika.

Het idee was niet nieuw. Het behoorde sinds het eind van de negentiende eeuw tot het standaardrepertoire van de völkisch-antisemitische pamfletlectuur. Hitler zelf had het in april 1938 tijdens een gesprek met Goebbels voor het eerst ter sprake gebracht.[62] Maar zolang men Frankrijk niet zover kon krijgen dat het het eiland afstond aan Duitsland, moesten zulke plannen uiterst abstract blijven. Dat veranderde door het verrassend snelle succes van de westelijke veldtocht in mei en juni 1940. Ineens leek de idee-fixe een realistische optie en een uitweg uit de muurvast zittende situatie, waarin de Duitse plannen na het afzien van de 'reservaat'-oplossing in het Generaal-gouvernement verkeerden.

De aanleiding was kennelijk een memorandum, *Über die Behandlung der Fremdvölkischen im Osten*, dat Himmler tijdens de veldtocht tegen Frankrijk had opgesteld. Daarin stond de in wonderbaarlijk bureaucraten-Duits geformuleerde zin: 'Het begrip Jood hoop ik door de mogelijkheden tot een grootscheepse uittocht van alle Joden naar Afrika of een andere kolonie volledig uitgewist te zien.'[63] Op 25 mei, toen de Franse nederlaag zich al aftekende, legde de Reichsführer-SS in het Führerhoofdkwartier 'Felsennest' dit memo voor aan Hitler en die was het er, zoals Himmler in zijn zakagenda noteerde, 'zeer mee eens'.[64]

Zelfs bij Buitenlandse Zaken had het Madagaskar-project pleitbezorgers. Hier was het het hoofd van de afdeling *Jüdische Angelegenheiten und Rassenpolitik* van de afdeling Duitsland, Franz Rademacher, die aandrong: 'De vraag waarheen met de Joden moet beantwoord worden,' schreef hij op 3 juni in een memo aan zijn afdelingshoofd Martin Luther. Als alternatief stelde hij voor ofwel alle Joden uit Europa te 'verwijderen' of de Joden in het oosten 'als onderpand in Duitse handen' te houden, 'opdat de Joden in Amerika hun strijd tegen Duitsland lamgelegd zien'. Dat wil zeggen, ze moesten in zekere zin in gijzeling worden genomen om de regering van de Verenigde Staten, die volgens de beroepsdiplomaat volledig in overeenstemming met de ideologische fanatici in de NSDAP afhankelijk was van een Joodse lobby, van deelname aan de oorlog te weerhouden. De Joden in het westen moesten in elk geval uit Europa worden verdreven – 'bijvoorbeeld naar Madagaskar'.[65] In twee andere memoranda van begin juli werd Rademacher concreter. Volgens die twee moest Frankrijk in een vredesverdrag gedwongen worden het eiland af te staan aan Duitsland. De daarheen over te brengen Joden moesten een zekere mate aan zelfbestuur krijgen, maar onderhevig zijn aan de scherpe controle van een rechtstreeks onder de Reichsführer-SS ressorterende *Polizeigouverneur*. 'De Madagaskar-oplossing,' vatte Rademacher samen, 'betekent van Duits standpunt uit gezien het creëren van een groot getto. Alleen de veiligheidspolitie heeft de benodigde ervaring op dit gebied. Zij heeft de middelen om een vlucht van het eiland te verhinderen.'[66]

Ook in de top van het Derde Rijk kreeg het idee van een verplaatsing van de

Europese Joden naar het Franse eiland vleugels. Zowel Hitler als Ribbentrop sprak zich ervoor uit tijdens een ontmoeting met Mussolini en Ciano.[67] Twee dagen later kwam de dictator tijdens een onderhoud met admiraal Raeder terug op het Madagaskar-project[68] en begin juli beloofde hij Frank dat er in de toekomst 'geen Jodentransporten naar het Generaal-gouvernement meer zouden plaatsvinden'. Het plan was, vertelde Frank na zijn terugkeer tegen zijn medewerkers, 'de hele Jodenbende in het Duitse Rijk, in het Generaal-gouvernement en in het Rijksprotectoraat na een vredesovereenkomst in de kortst mogelijke tijd naar een Afrikaanse of Amerikaanse kolonie te transporteren. Men denkt aan Madagaskar.'[69]

Intussen had ook Goebbels lucht gekregen van de plannen: 'Verder moeten alle Europese Joden na de oorlog naar Madagaskar getransporteerd worden. Dat wordt dan een Duits Rijksprotectoraat onder een Duitse politiegouverneur,' noteerde hij op 26 juli.[70] Op 16 augustus liet hij dit door Hitler in de Rijkskanselarij bevestigen: 'De Joden willen we later een keer naar Madagaskar verschepen. Daar kunnen ook zij een eigen staat opbouwen.'[71] Net als eerder het plan voor een Jodenreservaat in Polen bleef ook het Madagaskar-project niet geheim, maar deed als een lopend vuurtje de ronde. Op 1 juli vernam de voorzitter van de Joodse Raad in Warschau, Adam Czerniaków, van het hoofd van de Jodenafdeling, SS-Oberscharführer Gerhard Mende, dat 'de oorlog over een maand voorbij is en dat wij naar Madagaskar emigreren'.[72] Datzelfde bericht werd begin juli onder de Joden in Dresden verspreid, in verband met geruchten over het aftreden van de Engelse regering: 'Nu sluiten ze vrede en worden wij naar Madagaskar gestuurd.'[73]

Heydrich was allesbehalve gesticht over het voorstel van Buitenlandse Zaken. In een brief aan Ribbentrop van 24 juni herinnerde hij hem eraan dat Göring hem in januari 1939 tot hoofd van de *Reichszentrale für jüdische Auswanderung* had benoemd en hem daarmee de verantwoordelijkheid had gegeven voor alle daarmee samenhangende kwesties. Inmiddels echter kon het 'totaalprobleem' van de circa 3,25 miljoen Joden die in het Duitse gezagsgebied woonden niet meer door alleen emigratie worden opgelost. 'Een territoriale eindoplossing wordt dan ook noodzakelijk' – waarmee Heydrich ongetwijfeld doelde op het Madagaskar-project. Hij eiste nadrukkelijk dat hij aan alle besprekingen van Buitenlandse Zaken over deze kwestie zou mogen deelnemen.[74] De 'Jodendeskundigen' op het Reichssicherheitshauptamt, Adolf Eichmann en diens medewerker Theodor Dannecker, zaten intussen niet stil. Tot medio augustus werkten ze eigen voorstellen voor het Madagaskar-project uit. Het resultaat – een omvangrijk memo – stuurde Dannecker naar Buitenlandse Zaken. De kernzin luidde: 'Ter vermijding van permanent contact van andere volkeren met Joden heeft een overzeese oplossing met een insulair karakter de voorkeur boven alle andere.' Nu was er evenwel sprake van 4 miljoen Europese Joden onder Duitse heerschappij. Van hen moesten er elke dag drieduizend met schepen naar Madagaskar worden vervoerd. Op die manier hoopte men bij het Reichssicherheitshauptamt het 'Jodenprobleem' binnen vier jaar te kunnen oplossen.[75]

Al die plannen zouden echter onbruikbaar blijven zolang er niet aan één cruciale voorwaarde was voldaan: het eind van de oorlog met Engeland. Daar had Hitler na de overwinning op Frankrijk op gerekend, maar de onverwachte vastberadenheid van Churchill om de strijd onder alle omstandigheden voort te zetten, haalde een streep door de rekening. Zolang Groot-Brittannië niet een toontje lager zong, was het overzee transporteren van miljoenen Joden naar Afrika ondenkbaar. Toen Hitler in het najaar van 1940, na de verloren luchtslag boven het Kanaal, besloot af te zien van een invasie van Engeland, was ook het Madagaskar-project in feite overbodig geworden. Dat de dictator er in latere maanden af en toe op terugkwam, betekende niet dat hij nog in alle ernst in de realisatie ervan geloofde.

'Als hij maar wist waar men die paar miljoen Joden moet laten,' zei hij begin februari 1941 volgens de aantekeningen van zijn adjudant Engel. Hij zou zich tot Frankrijk wenden met de eis 'op het eiland Madagaskar ruimte ter beschikking te stellen voor emigratie'. Op de vraag van Bormann hoe de Joden daar dan naartoe moesten worden gebracht, verklaarde de dictator dat hij liefst de gehele KdF-vloot ter beschikking zou stellen, maar dat was tijdens de oorlog moeilijk vanwege het gevaar van vijandelijke onderzeebootaanvallen. Veelzeggend vaag voegde hij daaraan toe: 'Hij dacht over veel dingen nu anders, niet bepaald vriendelijker.'[76] Nog tijdens de ontmoeting met Mussolini op de Brennerpas op 2 juni 1941 wekte Hitler de indruk dat hij het Madagaskar-plan nog niet had opgegeven: 'Over het Jodenvraagstuk zei de Führer dat alle Joden na de oorlog volledig uit Europa moesten verdwijnen. [...] Misschien kan men hen op Madagaskar vestigen.'[77] Dat 'misschien' duidt erop dat Hitler op dat moment, kort voor het begin van Operatie Barbarossa, al andere opties op het oog had. Pas begin 1942, toen de moord op de Joden al een halfjaar aan de gang was, werd het Madagaskar-plan definitief naar de prullenmand verwezen.[78]

Hoe utopisch het Madagaskar-plan ook aandoet, in de zomer van 1940, op het hoogtepunt van de euforie na de capitulatie van Frankrijk, werd het inderdaad in de hele top van het Derde Rijk serieus besproken. Toen Heydrich in dit verband het begrip 'territoriale oplossing' gebruikte, wees dat er nogmaals op dat de systematische fysieke vernietiging van de Europese Joden nog niet op het programma stond, maar dat er gedacht werd aan een 'emigratie' overzee, naar de uiterste rand van de Duitse invloedssfeer. Aan dat voornemen lagen echter geenszins humanitaire overwegingen ten grondslag. Integendeel: het bevatte al een genocidale tendens. Het was immers te voorzien dat veel Europese Joden de onherbergzame omstandigheden op het tropische eiland niet zouden overleven.[79]

Nadat de speculaties over een snel einde van de oorlog in rook waren opgegaan – en daarmee het uitzicht op een Madagaskar-oplossing – werden de plannen voor het in getto's opsluiten van de Joden in het Generaal-gouvernement weer uit de kast gehaald. Op 2 oktober 1940 gaf Ludwig Fischer, de gouverneur van het district Warschau, opdracht tot het inrichten van een gesloten getto in de stad en wees de wijk aan waar nu alle Warschause Joden werden opgesloten. Medio november werd de actie afgesloten en was het getto omringd door een 3 meter hoge muur. Tussen de 380.000 en 465.000 Joden zaten in de val – de aantallen schommelden, enerzijds doordat het sterftecijfer door de rampzalige leefomstandigheden van maand tot maand steeg, anderzijds doordat er voortdurend Joden uit de kleinere steden en uit de Warthegau bijkwamen. 'Gesprek over de strop om de nek,' noteerde Adam Czerniaków op 25 november 1940 – een korte aantekening die alles zegt over de wanhopige situatie van de gettobewoners.[80]

'De Joden zijn bij ons in een getto verenigd,' vertelde generaal Gotthard Heinrici in mei 1941 in een brief vanuit Siedlce aan zijn familie. 'Ze zijn te herkennen aan een witte armband met een blauwe ster. Het getto is in de kleinere steden niet gescheiden van de bevolking. Dat zie je alleen in Warschau, dat hermetisch is afgesloten door een 3 meter hoge muur, voorzien van prikkeldraad en glas. In de kleinere steden lopen ze vrij rond en worden aangenomen als arbeider; als ambachtslieden kunnen ze vaak ook niet gemist worden [...]. In onze stad is het broodrantsoen voor Polen vastgesteld op 75 gram, voor Joden op 65 gram [...]. Je staat er steeds weer versteld van dat die mensen nog leven.'[81]

Vóór 1939 had de radicalisering van de Duitse Jodenpolitiek zich voltrokken in een wisselwerking tussen gewelddadige acties 'van onderaf' en administratieve maatregelen 'van bovenaf', waarbij Hitler als hoogste instantie de wet bepaald had.[82] Dat patroon herhaalde zich tijdens de oorlog. In de herfst van 1940 probeerden radicale provinciale bestuurders van het moment te profiteren om met eigen initiatieven te komen. Zo werden er meer dan 6500 Joden uit Baden en de Saarpfalz per trein naar het niet-bezette deel van Frankrijk vervoerd en daar in enkele kampen opgesloten. De drijvende krachten achter deze tot dusver grootste deportatie uit het Altreich waren de twee gouwleiders Robert Wagner en Josef Bürckel die, nadat Hitler het groene licht had gegeven, met elkaar wedijverden om hun machtsgebied 'Jodenvrij' te maken. Het nieuws verspreidde zich snel. 'Niemand weet of ons hier eenzelfde lot wacht,' noteerde Willy Cohn in Breslau. Samen met zijn vrouw pakte hij enkele handtassen in 'om op het ergste geval, verdrijving, met het noodzakelijkste voorbereid te zijn'.[83]

Ook de gouwleider van Wenen, Baldur von Schirach, eiste nu het hervatten van de deportaties naar het Generaal-gouvernement. Op 2 oktober 1940 legde hij Hitler in aanwezigheid van Frank en de Oost-Pruisische gouwleider Koch zijn verzoek voor: in Wenen woonden nog 50.000 Joden, die de gouverneur-generaal van hem moest 'overnemen'. 'Dr. Frank noemde het onmogelijk!' heette het in de door Bormann gemaakte notulen.[84] Hitler hield aanvankelijk de boot af, maar liet Schirach begin december via Lammers weten dat de verplaatsing 'versneld, dus nog tijdens de oorlog' moest worden uitgevoerd.[85] In werkelijkheid echter werden er in februari en maart 1941 niet meer dan ruim 5000 Joden gedeporteerd, veel minder dan Schirach had geëist. Dat kwam vooral doordat een groot deel van de vervoermiddelen in de maanden voorafgaand aan het begin van Operatie Barbarossa in het Generaal-gouvernement nodig was voor de opmars van de Wehrmacht. Medio maart werden de deportaties opgeschort.

Maar juist met de geplande aanval op de Sovjet-Unie leek zich een nieuwe mogelijkheid af te tekenen voor de nagestreefde territoriale eindoplossing. Na de verwachte snelle overwinning en het bezwijken van het bolsjewistische systeem zou er, zo was de afweging, in de immense veroverde Russische ruimte wel een gebied te vinden zijn waarheen men de Joden kon uitzetten en aan hun lot overlaten. In grote lijnen dook deze gedachte al op in de aantekeningen die Eichmann op 4 december 1940 maakte als materiaal voor een toespraak die Himmler enkele dagen later zou houden voor Reichs- en Gauleiter. Daarin was onder de trefwoorden 'de definitieve oplossing van de Jodenkwestie' sprake van een 'verplaatsing van de Joden vanuit de Europese economische ruimte naar een nog aan te wijzen territorium'. Hoe vaag die formulering ook was, het is duidelijk dat men in het Reichssicherheitshauptamt intussen afscheid had genomen van het Madagaskarproject. Volgens berekeningen van Eichmann kwamen nu niet langer 4, maar 5,8 miljoen Joden in aanmerking voor verplaatsing. Het verschil wordt waarschijnlijk verklaard door het feit dat hij nu ook de Joodse bevolking in de met Duitsland verbonden staten in Zuid-Europa meetelde.[86]

Op 21 januari 1941 noteerde Theodor Dannecker, sinds september 1940 Gestapo-Jodenreferendaris in Parijs: 'Overeenkomstig de wil van de Führer moet het Jodenvraagstuk na de oorlog binnen het door Duitsland beheerste of gecontroleerde deel van Europa tot een eindoplossing hebben geleid.' Een desbetreffende 'Opdracht tot een voorstel van een eindoplossingsproject' had Heydrich eerder al van Hitler gekregen. Het ging om een 'reusachtig karwei' dat zich ook moest 'uitstrekken tot de planning van een tot in detail vastgelegde vestiging in het nog aan te wijzen territorium'.[87] Op 26 maart legde Heydrich zijn voorstellen voor de 'oplossing van de Jodenkwestie' voor aan Göring. De rijksmaarschalk stemde ermee in – 'met een wijziging betreffende de jurisdictie van Rosenberg'. Aangezien Alfred Rosenberg op dat moment al een belangrijke rol in het civiele bestuur in de te veroveren gebieden in de Sovjet-Unie was toebedacht, kan men uit Görings aanwijzing concluderen dat het bij het 'nog aan te wijzen territorium' slechts kon gaan om een gebied ten oosten van het Generaal-gouvernement.[88] Enkele dagen eerder, op 17 maart, had Hitler Frank verzekerd dat het Generaal-gouvernement 'als eerste gebied Jodenvrij' zou worden gemaakt. Hij herhaalde die belofte op 19 juni, drie dagen voor het begin van de Duitse aanval op de Sovjet-Unie: de Joden zouden 'binnen afzienbare tijd uit het Generaal-gouvernement worden verwijderd', dat dan 'slechts nog een soort doorgangskamp' zou zijn.[89] Waarheen de Joden gedeporteerd moesten worden, liet de dictator in het midden, maar uit de context van zijn uitlatingen is op te maken dat ook hij als mogelijk doel nu de voorkeur gaf aan een territorium op het grondgebied van de overwonnen Sovjet-Unie.

De top van het Derde Rijk was het er in het voorjaar van 1941 over eens geworden dat het veelomvattende *Endlösungsprojekt*, met de voorbereiding waarvan Heydrich was belast, pas ná het eind van de oorlog in daden moest worden omgezet. Met de planning voor Operatie Barbarossa ontstond nu echter een nieuw, dringender probleem: wat moest er gebeuren met de meer dan 3 miljoen Joden die de Duitse bezettingsmacht in de veroverde Sovjetgebieden in handen zouden vallen? Die vraag was vanaf het begin nauw verbonden met de algemene overwegingen aangaande het karakter van de oorlog tegen de Sovjet-Unie, die overeenkomstig de wil van Hitler en zijn generaliteit bij voorbaat als een strijd tussen twee 'wereldbeschouwingen' gepland was, als een ongekende veroverings- en vernietigingsveldtocht. Zoals gezegd, deed men in het Reichssicherheitshauptamt zijn best om conflicten tussen de Wehrmacht en de ss, zoals die zich nog tijdens de acties in Polen hadden voorgedaan, zo goed mogelijk uit te sluiten. Dit betekende dat men zich van zo veel mogelijk handelingsvrijheid wilde verzekeren. In de leiding van de Wehrmacht was men erin geïnteresseerd dat de eigen eenheden verregaand ontlast zouden worden van 'veiligheidstaken' in de reeds veroverde gebieden. Tijdens meerdere onderhandelingsronden werden Heydrich en de generaal-kwartiermeester van het leger, Eduard Wagner, het tegen eind maart 1941 eens over een afspraak over 'het inzetten van de Sicherheitspolizei en de SD binnen het verband van het leger', die op 27 april werd ondertekend door de opperbevelhebber van het leger, Brauchitsch. Volgens deze afspraak zouden de Einsatzgruppen in het operatiegebied 'onder eigen verantwoordelijkheid executieve maatregelen jegens de civiele bevolking' mogen uitvoeren. Over de personen die daardoor bijzonder geraakt zouden worden, werd betrekkelijk vaag gezegd: 'Leidende emigranten, saboteurs, terroristen enzovoort.' Er was niet uitdrukkelijk sprake van Joden, maar na de ervaringen van de Poolse veldtocht kon er geen twijfel aan bestaan dat de vernietigingswoede zich vooral op hen zou richten.[90]

In aanvulling op de 'Wagner-Heydrich-overeenkomst' maakte Himmler op 21 mei bekend dat hij na ruggenspraak met Brauchitsch 'ter uitvoering van de mij door de Führer gegeven speciale bevelen voor het gebied van het politiek bestuur' in de drie reeds veroverde gebieden *Höhere SS- en Polizeiführer* zou inzetten. Niet alleen de Einsatzgruppen van de Sicherheitspolizei en de SD, maar ook andere eenheden van de *Ordnungspolizei* en de Waffen-SS zouden onder hen vallen. Daarmee had de Reichsführer-SS met instemming van Hitler een hem persoonlijk ter beschikking staand machtsinstrument gecreëerd dat hij kon gebruiken om concurrerende claims van het nog in opbouw zijnde rijksministerie voor de Bezette Gebieden in het Oosten onder Rosenberg het hoofd te bieden.[91]

In de loop van het voorjaar van 1941 werden er vier Einsatzgruppen met een totale sterkte van circa 3000 manschappen samengesteld, die elk een van de legergroepen na de inval in de Sovjet-Unie moesten volgen: Einsatzgruppe A van de Legergroep Nord, Einsatzgruppe B van de Legergroep Mitte en Einsatzgruppe C van de Legergroep Süd. Einsatzgruppe D werd ingedeeld bij het Elfde Leger, dat in het zuiden van de Sovjet-Unie samen met de legers van bondgenoot Roemenië moest doorstoten. Elke Einsatzgruppe was onderverdeeld in twee *Sonderkommandos* (SK), die achter het front, en twee *Einsatzkommandos* (EK), die in het verder teruggelegen oorlogsgebied zouden opereren.[92] Bij de selectie van de leiding greep Heydrich terug op langjarige medewerkers in het SS- en politieapparaat, van wie hij kon verwachten dat ze bij de hun opgedragen taken even gewetenloos als gemotiveerd te werk zouden gaan. Twee van de vier leiders van de Einsatzgruppen hadden een hoge positie bekleed in het Reichssicherheitshauptamt: Arthur Nebe, het hoofd van de voor de recherche verantwoordelijke Amt V, kreeg de leiding over Einsatzgruppe B, Otto Ohlendorf *Amtschef* III (binnenland) bij het RSHA over Einsatzgruppe D. Franz Walter Stahlecker, voormalig bevelhebber van de Sicherheitspolizei en de SD in Praag, kreeg de leiding over Einsatzgruppe A; aan het hoofd van Einsatzgruppe C stond de inspecteur van de Sicherheitspolizei en de SD in Koningsbergen, Otto Rasch, die eerder in Polen een Einsatzgruppe had geleid. Drie van hen – Stahlecker, Rasch en Ohlendorf – hadden een doctorstitel. Ook de leiders van de Sonder- resp. Einsatzkommandos hadden met slechts enkele uitzonderingen rechten gestudeerd, een groot aantal van hen was gepromoveerd. Het ging dus zeker niet om een negatieve selectie, een criminele randgroep van de Duitse samenleving, maar om academisch gevormde, nog betrekkelijk jonge en ambitieuze vertegenwoordigers van een ambtelijke elite die over praktische ervaring in het SS- en politieapparaat beschikten en in wie koele zakelijkheid en ideologisch fanatisme samensmolten tot een moorddadige combinatie.[93]

Op 17 juni 1941 gaf Heydrich de leiders van de Einsatzgruppen in het Prinz-Karl-Palais in Berlijn uitvoerige instructies, en kort voor het begin van de aanval op de Sovjet-Unie riep hij hen nogmaals bijeen in de grenspolitieschool in Pretzsch aan de Elbe om afscheid van hen te nemen. Van beide bijeenkomsten zijn geen documenten bewaard gebleven, dus de vraag welke bevelen er bij die gelegenheid zijn gegeven, is niet met zekerheid te beantwoorden. Men heeft lange tijd aangenomen dat reeds op dat moment opdracht is gegeven om alle Joden in de bezette Sovjetgebieden om het leven te brengen. Die opvatting steunde vooral op de verklaring van Otto Ohlendorf tegenover het Internationaal Militair Tribunaal in 1946-1947, die volgens Bruno Streckenbach, het hoofd van de personeelsafdeling van het RSHA, enkele dagen voor de afmars in Pretzsch een dienovereenkomstig Führerbevel zou hebben overgebracht. Inmiddels gaan onderzoekers er echter van uit dat de versie van Ohlendorf een zorgvuldig geënsceneerde afleidingsmanoeuvre was om voor zichzelf en de andere leiders van de Einsatzgruppen een beroep te kunnen doen op *Befehlsnotstand*, gewetensconflict bij een bevel. Een allesomvattend bevel ter vernietiging van de Sovjet-Joden is vóór het begin van Operatie Barbarossa naar alle schijn nooit gegeven.[94]

Houvast over datgene wat de Einsatzgruppen werd opgedragen, leveren de schriftelijke instructies die Heydrich ná het begin van de aanval op de Sovjet-Unie opstelde. Zo gaf hij de leiders van de Einsatzgruppen op 29 juni opdracht 'zelfreinigingspogingen van anticommunistische en anti-Joodse kringen' in de bezette gebieden niet te verhinderen; met andere woorden: pogroms te bevorderen zonder naar buiten toe als aanstichter te worden gezien. En in zijn schrijven aan de hogere SS- en politieleiding van 2 juli rekende hij tot de kring van personen die 'te executeren' waren, naast communistische functionarissen en andere 'radicale elementen' ook 'Joden in partij- en overheidsinstellingen'.[95] De definitie van de beoogde slachtoffers was bewust vaag gehouden. Dat gaf de leiders van de Einsatzgruppen veel speelruimte om telkens ter plekke naar eigen goeddunken te handelen. Het werd in verregaande mate aan hun eigen initiatief overgelaten hoe ze de instructies interpreteerden en welke handelingsmogelijkheden ze daaruit afleidden. Daaruit zou zich weldra een wedloop om de hoogste moordcijfers ontwikkelen.[96]

De massa-executies van Sovjet-Joden vormden een 'kwantumsprong' op de weg naar de Holocaust, dat wil zeggen naar het systematisch vernietigen van het Europese Jodendom.[97] Vanaf het begin beperkten de acties van de Einsatzgruppen en politiebataljons zich niet tot 'Joden in partij- en overheidsinstellingen', maar breidden zich al snel uit naar Joodse mannen van weerbare leeftijd. Het lijkt geen twijfel dat het klimaat van ongebreideld geweld waarin de opmars van de Wehrmacht zich voltrok, deze ongeremdheid heeft bevorderd. Bovendien waren de leiders van de Einsatzgruppen zich ervan bewust dat ze geen sancties hoefden te vrezen; integendeel, dat ze volledig in de zin van hun opdrachtgevers in het Reichssicherheitshauptamt handelden als ze de hun verstrekte vrijbrief om te doden zo ruim mogelijk interpreteerden en alle bedenkingen van zich afzetten. Einsatzgruppe A in de Baltische staten onderscheidde zich vanaf dag één door bijzondere wreedheid. Overeenkomstig de richtlijnen van Heydrich ontketende deze in Kaunas, Vilnius en andere Litouwse steden pogroms tegen de Joodse bevolking. Korte tijd later gingen de mannen van Stahlecker over tot massa-executies. Aan deze eerste moordgolf vielen tot eind juli 1941 ver over de tienduizend mensen ten prooi, voornamelijk Joodse mannen.[98]

Het feit dat de Russische geheime dienst vóór haar terugtocht uit de westelijke gebieden politieke gevangenen had laten terechtstellen, fungeerde vaak als voorwendsel voor 'vergeldingsacties' tegen Joden, die men als initiatiefnemers van de NKVD-moorden voorstelde. In Lemberg waren Oekraïense milities nog voordat de Duitse troepen binnenvielen op 29 juni begonnen met jacht te maken op Joden. Nadat daags daarna ook de commando's van Einsatzgruppe C de stad binnenvielen, werd de pogrom afgelost door de systematische massamoord op Joodse mannen. Deze gebeurtenissen herhaalden zich in Tarnopol en andere plaatsen in Oost-Galicië. Ook hier waren tijdens de eerste weken van Operatie Barbarossa vele duizenden slachtoffers te betreuren.[99] Pas na het openen van de archieven in Oost-Europa na 1989 is de volledige mate van de collaboratie door Litouwse, Letse en Oekraïense nationalisten met de Duitse bezetter zichtbaar geworden. Zonder hun steun hadden de getalsmatig kleine, uiterst mobiele speciale moordeenheden hun bloedige werk niet zo effectief kunnen doen. Dat verandert overigens niets aan de exclusieve verantwoordelijkheid van Duitsland voor de moord op de Joden.[100]

Goebbels profiteerde van de ontdekking van de NKVD-moorden in Lemberg en andere steden om de opnieuw begonnen campagne tegen het 'Joodse bolsjewisme' aan te wakkeren: 'Tendens: de sluier valt, Moskou zonder masker. Daarbij al het gruwelijke materiaal uit Lemberg, waar ik nu ook twintig journalisten en radioverslaggevers naartoe stuur.' Het naziweekjournaal bracht afschuwelijke beelden en Hitler betoonde zich tijdens een nachtelijk telefoongesprek vanuit het Führerhoofdkwartier enthousiast: 'Dit is het beste weekjournaal dat we ooit hebben gemaakt.'[101] Onder de Duitse bevolking waren de 'bolsjewistische gruweldaden' het gesprek van de dag. Daarbij zou overwegend de mening zijn geuit, meldden de SD-verslaggevers, 'dat juist zulke beelden van de ware aard van het bolsjewisme en het Jodendom [...] tegenwoordig steeds weer moeten worden getoond, opdat ook de laatste volksgenoot door dit nuchtere feitenmateriaal wordt overtuigd van het gevaar van het Joodse bolsjewisme en het uiteindelijke nut van de Duitse strijd concreet voor ogen krijgt'.[102]

Niet voor de openbaarheid bestemd daarentegen waren de 'succesmeldingen van de Sovjet-Unie', de in het Reichssicherheitshauptamt regelmatig samengestelde berichten die door de Einsatzgruppen en hun commando's naar Berlijn werden gestuurd. Ze deden geen enkele moeite hun misdaden te verhullen, integendeel: met boekhoudkundige pedanterie werden hier de aantallen van tijdens de massaslachtingen gedode mensen schriftelijk vastgelegd. De 'succesmeldingen' deden niet alleen de ronde in het Reichssicherheitshauptamt, ook rijksministeries zoals dat van Buitenlandse Zaken stonden op de verzendlijst.[103] Ingevolge een richtlijn van Gestapochef Heinrich Müller van 1 augustus 1941 moesten de berichten ook aan Hitler worden voorgelegd. Het staat niet vast of de dictator ze ook werkelijk gelezen heeft. Hij had in het voorjaar van 1941 de grote lijnen aangegeven; met de details van de moordacties wilde hij zich niet bezighouden.[104] Dat liet hij over aan de Reichsführer-SS, van wie hij terecht aannam dat die zijn wensen juist zou interpreteren en in concrete richtlijnen zou vertalen.

Al enkele dagen na het begin van Operatie Barbarossa maakte Himmler samen met Heydrich en andere SS-leiders een eerste inspectietocht naar de pas veroverde gebieden om zich een beeld te vormen van de activiteiten van de Einsatzgruppen. Zo liet hij zich op 30 juni in het Litouwse Augustów bijpraten over de executies tot dusver en keurde ze 'in volle omvang' goed.[105] Op 8 juli begaf hij zich naar Białystok, waar de leden van een politiebataljon op 27 juni een bijzonder gruwelijke massamoord hadden gepleegd: ze hadden meer dan vijfhonderd mannen, vrouwen en kinderen de grote synagoge binnengedreven, deze in brand gestoken en iedereen die aan het inferno probeerde te ontkomen doodgeschoten.[106] Ook hier gaven Himmler en de chef van de ordepolitie die hem vergezelde, Kurt Daluege, duidelijk te verstaan dat ze de actie niet alleen goedkeurden, maar in de toekomst ook een grote mate van eigen initiatief verwachtten. Door hun aanwezigheid ter plekke en hun aanmoedigende oproepen aan de commandanten om hun vervolgingsijver te intensiveren, versterkten Himmler en andere hooggeplaatst SS-leiders de tendens naar ongebreideld geweld en versnelden ze de dynamiek van de moordpartijen.[107]

Sinds augustus en september 1941 gingen Einsatzgruppen en politiebataljons, ondersteund door twee SS-brigades, over tot het willekeurig neerschieten van Joodse mannen, vrouwen en kinderen. Complete Joodse gemeentes in de bezette delen van de Sovjet-Unie kwamen nu in het vizier van de moordeenheden; massaslachtingen met duizenden doden waren nu aan de orde van de dag. De verschrikkelijkste van allemaal voltrok zich op 29 en 30 september in het ravijn van Babi Jar bij Kiev. Hier vermoordde het tot Einsatzgruppe C behorende Sonderkommando 4a onder SS-Standartenführer Paul Blobel 33.771 Joden. 'De actie zelf is rimpelloos verlopen. Problemen hebben zich niet voorgedaan,' zo vatte de Ereignismelding van begin oktober de actie samen. En verderop luidde het: 'Dat de Joden inderdaad geliquideerd werden, is tot dusver nauwelijks bekend geworden en het zou na de ervaringen tot dusver ook nauwelijks op afwijzing stuiten. Bij de Wehrmacht zijn de doorgevoerde maatregelen eveneens goed ontvangen.'[108]

Hoewel de gruweldaden van de Einsatzgruppen in het bezette Polen in 1939 nog tot spanningen tussen Wehrmacht en de SS-leiding hadden geleid, verliep de samenwerking tijdens de vernietigingsoorlog tegen de Sovjet-Unie soepel. 'Samenwerking met de AOK uitstekend,' meldde Franz Walter Stahlecker, de leider van Einsatzgruppe A, begin juli 1941 al.[109] Na aanvankelijke problemen werd, zo meldde Arthur Nebe, de leider van Einsatzgruppe B, het werk van zijn Einsatzgruppe nu 'door alle Wehrmachtinstanties op elke manier erkend en aangemoedigd'.[110] Dat veranderde ook de daaropvolgende maanden niet. Tevreden constateerde men in Einsatzgruppe C eind augustus: 'De verstandhouding met de Wehrmacht is nog altijd zonder enige wrijving. Met name ziet men in Wehrmachtkringen een steeds grotere belangstelling voor de taken en belangen van veiligheidspolitieke

Afb. 17 In het ravijn van Babi Jar bij Kiev schoot op 29 en 30 september 1941 een Duits Sonderkommando van de Sicherheitspolizei en de SD 33.771 Joden dood. De foto werd na de massaslachting begin oktober 1941 genomen, toen men er bomen plantte ter camouflage.

aard. Dat was juist bij de executies in bijzondere mate waar te nemen.'[111]

De legeraanvoerders waren niet alleen al vroeg op de hoogte gesteld van de massa-executies door ss en politie, ze boden ook vaak ondersteuning, zodat men van een werkverdeling kan spreken. Al bij de eerste maatregelen tegen Joden – registratie en kentekening (in de vorm van armbanden en kenmerken), plaatsing in getto's en inzet voor dwangarbeid – liepen de veld- en plaatselijke commandanten van de Wehrmacht voorop. Hun voorwerk maakte het de moordeenheden mogelijk hun slachtoffers in hun greep te krijgen. Bovendien boden de plaatselijke militaire instanties logistieke hulp door vrachtwagens en munitie ter beschikking te stellen of versperringen rondom de executieplaatsen op te werpen. Soms namen de Wehrmachtsoldaten rechtstreeks deel aan de executies. Zonder de daadkrachtige medewerking van de Wehrmacht – dat heeft vooral het onderzoek door Johannes Hürter, Dieter Pohl en Christian Hartmann onweerlegbaar aangetoond – zou de moord op de Joden in de bezette gebieden van de Sovjet-Unie nauwelijks mogelijk zijn geweest.[112]

De samenwerking tussen Wehrmacht, ss- en politie-eenheden was het intensiefst in de sector van de Legergroep Süd. Niet toevallig bereikte de vernietiging van de Joodse bevolking daar haar gruwelijkste hoogtepunt. Dat had niet op de laatste plaats te maken het feit dat in de gedaante van de opperbevelhebber van het Zesde Leger, Walter von Reichenau, een hooggeplaatste officier werkzaam was die zich als een fanatieke volgeling van Hitler onderscheidde door een bijzonder radicale houding. In een dagorder van 10 oktober 1941, enkele dagen na de massamoord bij Babi Jar, riep hij de soldaten op 'volledig begrip op te brengen voor de noodzaak van de harde maar gerechtvaardigde bestraffing van het Joodse inferieure mensdom'. In deze 'veldtocht tegen het Joods-bolsjewistische systeem' moesten ze niet slechts 'strijders volgens de regels van de krijgskunst' zijn, maar zichzelf ook zien als 'dragers van een onverbiddelijk völkisch idee', aan wie de 'historische taak' toeviel 'het Duitse volk eens en voor altijd te bevrijden van het Aziatisch-Joodse gevaar'.[113] Duidelijker kon de massamoord op de Joden niet beschreven en gerechtvaardigd worden.

Generaal-veldmaarschalk Rundstedt verklaarde het 'volledig eens' te zijn met de inhoud van het bevel van Reichenau en stuurde het naar de oppercommando's van zijn overige legers en de bevelhebbers in de achtergelegen oorlogsgebieden. Het duurde niet lang voordat ook Hitler het in handen kreeg. Hij vond het 'uitstekend' en gaf het oppercommando van het leger opdracht het als 'modelbevel' ter kennis te brengen van alle legerleiders van het oostelijke leger.[114] Enkelen van hen voelden zich daardoor aangemoedigd van hun kant dagorders uit te vaardigen die het voorbeeld trachtten te overtreffen in radicalisme. Zo beschreef luitenant-generaal Hermann Hoth, de opperbevelhebber van het Zeventiende Leger, in november de 'uitroeiing' van de 'Joodse mensenklasse' als 'een gebod ter zelfbehoud': 'Wie als soldaat kritiek uitoefent op deze maatregelen, heeft geen herinnering aan de eerdere jarenlange, ontwrichtende en verraderlijke bezigheid van Joods-marxistische elementen in ons eigen volk.'[115]

Maar dergelijke vermaningen waren volstrekt niet nodig. Veel soldaten hadden, zoals blijkt uit veldpostbrieven, het antisemitische stereotype in hoge mate verinnerlijkt en waren ervan overtuigd dat in de strijd tegen het 'Joodse bolsjewisme' alle middelen geoorloofd waren. 'Hoe verder we in Rusland doordrongen,' schreef een soldaat medio augustus 1941, 'hoe vaker we op Joden stuitten. [...] Men zou eigenlijk nog veel meer van die misbaksels tegen de muur moeten zetten dan tot nu toe gebeurd is.' Een andere toonde zich in diezelfde tijd verheugd omdat 'de Jodenkwestie onmiddellijk en met indrukwekkende grondigheid wordt opgelost' en hij herinnerde aan Hitlers voorspelling van 30 januari 1939: 'De Jood moet weten dat de Führer zijn woorden serieus pleegt te nemen en moet nu de consequenties dragen. Die zijn onverbiddelijk hard, maar noodzakelijk, wil er eindelijk rust en vrede onder de volkeren heersen.' Begin november 1941 merkte een infanterist bij het zien van een verwoeste synagoge op dat de Joden 'ook weldra geen gebedshuis meer nodig hebben'. Met zichtbaar genoegen zinspeelde hij op hun vernietiging door SS en politie: 'Voor die gruwelijke creaturen is het toch de enige juiste oplossing.'[116]

In de beginfase van de Russische veldtocht, toen de overwinning slechts een kwestie van weken leek, werd er zelfs geen waarde gehecht aan het treffen van speciale afzettingsmaatregelen rondom de executieplaatsen. Veel soldaten werden onvrijwillig ooggetuige van executies, maar er waren er kennelijk ook heel wat die zich vrijwillig onder de toeschouwers mengden en de gruwelijke taferelen fotografeerden. In enkele regio's ontstond een regelrecht 'executietoerisme'. Individuele legercommandanten verboden weliswaar het aangapen en fotograferen, maar dergelijke verboden schijnen weinig effect te hebben gehad.[117] De deelname van Wehrmachtsoldaten aan de moordacties werd vergemakkelijkt door het feit dat die vaak onder de dekmantel van partizanenbestrijding plaatsvonden. 'Waar de partizaan is, daar is de Jood, en waar de Jood is, is de partizaan' – over die formulering waren officieren van de Legergroep Mitte, SS- en politiecommandanten het eens tijdens het uitwisselen van ervaringen in Mogilev eind september 1941.[118] Een uitzondering was het onder Duits militair bestuur staande Servië; daar was het uitsluitend de Wehrmacht onder bevel van generaal Franz Böhme die in het najaar van 1941 onder het voorwendsel van 'bestraffingsmaatregelen' duizenden Servische burgers vermoordde, onder wie vooral Joodse mannen en 'zigeuners'.[119]

Tot eind 1941 bedroeg het totale aantal door de Einsatzgruppen, politiebataljons, ss-brigades en Werhmachteenheden gedode Joodse burgers minstens een half miljoen.¹²⁰ In zijn afsluitende verslag meldde alleen al ss-Standartenführer Karl Jäger, het hoofd van Einsatzkommando 3 in het operatiegebied van Einszatzgruppe A, voor de periode tussen 4 juli en 1 december 1941 de executie van 137.346 Joden. Trots constateerde hij dat daarmee 'het doel, het oplossen van de Jodenkwestie in Litouwen', bereikt was: er waren hier 'geen Joden meer, afgezien van de werk-Joden en hun familie'.¹²¹

Hoe onvoorstelbaar de balans van de massa-executies ook was, in het Reichssicherheitshauptamt was men het erover eens dat op die manier 'een oplossing voor het Jodenprobleem niet mogelijk' zou zijn, zoals gesteld werd in de Ereignismelding UDSSR van 3 november 1941.¹²² Daarom was men al vroeg begonnen met nadenken over alternatieve manieren om te doden. Al op 16 juli 1941 vroeg Rolf-Heinz Höppner, het hoofd van het SD-hoofdbureau in Posen, zich met het oog op de rampzalige voedselsituatie in het getto van Łódź af of het niet 'de meest humane oplossing' was arbeidsongeschikte Joden 'door een of ander snelwerkend middel te liquideren' in plaats van 'ze uit te hongeren'.¹²³ De ss-Sturmbannführer dacht daarbij aan de gifgasmoorden op patiënten die het Sonderkommando Lange in 1939/1940 in de Warthegau had gepleegd.

Medio augustus 1941 woonde Himmler in de omgeving van Minsk een 'exe-

Afb. 18 Oorlogssouvenirs: Duitse soldaten fotograferen in de Sovjet-Unie een executie van 'partizanen'.

cutie van partizanen en Joden' bij, zoals hij in zijn agenda noteerde.[124] Er zijn enkele aanwijzingen dat Hitlers cameraman Walter Frentz de scène filmde. Het staat overigens niet vast of men Hitler de opnamen heeft getoond. Het zou ook in strijd zijn geweest met zijn gewoonte zich verre te houden van de realiteit van de door hem in gang gezette moordpartij.[125] Aansluitend op de executies hield Himmler een toespraak, waarin hij de actie als harde, maar noodzakelijke maatregel in de strijd tegen het 'Joodse bolsjewisme' rechtvaardigde. Tegelijkertijd gaf hij Arthur Nebe opdracht te zoeken naar een manier om te doden die makkelijker te verhullen was en psychisch 'minder belastend' zou zijn voor de mannen van zijn commando. Het hoofd van Einsatzgruppe B liet daarop een vooraanstaand medewerker van het Kriminaltechnische Institut, de chemicus Albert Widmann, naar Minsk komen; Widmann had al eerder de CO-cilinders voor de moord op zieken en gehandicapten ter beschikking gesteld.[126] Het was de opmaat voor het verplaatsen van de 'euthanasie'-techniek naar het bezette Oost-Europa.

In de loop van het voorjaar en de zomer van 1941 hadden de geruchten over de massamoorden op de bewoners van inrichtingen zich steeds verder verspreid en voor grote onrust onder de bevolking gezorgd. 'De "herstellings- en verpleeginstellingen" zijn veranderd in moordcentrales,' wist Friedrich Kellner eind juli zeker.[127] Op 3 augustus gebeurde er iets wat ongehoord was in het Derde Rijk: in een preek verbrak de bisschop van Münster, Clemens August graaf von Galen, het zwijgen. Hij veroordeelde het opzettelijke doden van duizenden onschuldige mensen in de scherpste bewoordingen en schetste de consequenties voor de hele samenleving: 'Als eenmaal toegegeven wordt dat mensen het recht hebben "improductieve" medemensen te doden – ook als het nu aanvankelijk slechts arme, weerloze mensen zijn, dus de ongeneeslijk zieken, de arbeids- en oorlogsinvaliden, dan is de weg vrij voor de moord op ons allemaal, als we oud en zwak en dus improductief worden.'[128] De preek baarde enorm veel opzien. De tekst werd snel in binnen- en buitenland verspreid. Galen zou 'als stralende ster in Duitslands diepste duisternis een lichtend voorbeeld zijn', prees Friedrich Kellner in zijn dagboek de moedige bisschop.[129]

Binnen de nazileiding wist men aanvankelijk niet goed hoe men op de provocatie van Galen moest reageren. Goebbels had het over een 'dolkstoot in de rug van het strijdende front' en over een 'misdaad die rijp is voor de openbare aanklager': 'Als het aan mij lag, zou men hier een voorbeeld stellen.' Maar al na enkele dagen kwam hij tot het inzicht dat het, gezien de onverwachte moeilijkheden aan het oostfront, raadzamer was de affaire niet op te blazen om de stemming niet verder te beïnvloeden: 'Dat is in een kritieke fase van de oorlog buitengewoon ondoelmatig. Met moet zich op dit moment verre houden van alle brandstof vanuit het volk.' Bij zijn bezoek aan het Führerhoofdkwartier op 18 augustus was Hitler het met hem eens dat men 'de kerkkwestie niet op de spits' moest drijven, maar veeleer de beslissende afrekening moest uitstellen tot na de oorlog.[130] Op 2 augustus liet de dictator de 'euthanasie'-actie stoppen. Maar daarmee hielden de moorden op zieken niet helemaal op. Er werd verder gedood, niet meer in centraal geleide vergassingsinrichtingen, maar decentraal en met onopvallende methoden, door zieken medicamenten toe te dienen.[131]

Het door het voorlopige stilleggen van de 'euthanasie' vrijgekomen T 4-personeel vond in het oosten snel een nieuwe werkkring. In september 1941 reisden Philipp Bouhler en Viktor Brack, de twee leidende organisatoren van het 'euthanasie'-programma, naar Lublin om met de Höhere ss- en Polizeiführer Odilo Globocnik de mogelijkheid tot samenwerking te peilen.[132] In Mogilev experimenteerde Albert Widmann intussen met het doden van geestelijk gehandicapten door uitlaatgassen in een gesloten ruimte te brengen. Aan de hand van deze experimenten werd een nieuwe generatie van gasauto's ontwikkeld, waarbij de slachtoffers niet meer gedood werden door koolmonoxide uit cilinders, maar door de uitlaatgassen die via een slang naar de luchtdicht afgesloten opbouw werden geleid. Doorslaggevend betrokken bij deze nieuwe ontwikkeling was het hoofd van de Gruppe Technik van het Reichssicherheitshauptamt, ss-Standartenführer Walther Rauff.[133] Begin november 1941 werd de nieuwe methode uitgeprobeerd op Sovjetgevangenen in het concentratiekamp Sachsenhausen. Korte tijd later werden de eerste voertuigen geleverd aan de Einsatzgruppen. Parallel daaraan werden in Chełmno (Kulmhof) in de Warthegau sinds begin december 1941 Joden uit het getto van Łódź in gasauto's vermoord.[134]

Van daaruit was het nog maar een kleine stap naar het bouwen van stationaire gaskamers, waarin Joden op dezelfde manier zouden worden omgebracht. Tijdens een bespreking met Odilo Globocnik medio oktober 1941 in Berlijn gaf Himmler het groene licht voor de bouw van een kamp in Bełżec, aan de grens van het district Lublin en Oost-Galicië. Begin november werd met de bouw begonnen. Een voor een kwamen hier de experts van de T 4-actie aan, aangevoerd door ss-Hauptsturmführer Christian Wirth, die tot eerste kampleider van Bełżec zou worden benoemd.[135] De overgang naar de systematische, fabrieksmatige genocide kondigde zich aan. Wil dat zeggen dat het vermoorden van alle Joden in de Duitse machtssfeer in Berlijn al beklonken was?

Over die vraag is onder historici veel gestreden. Het meest uitgesproken heeft Christopher Browning de stelling vertegenwoordigd dat Hitler op het hoogtepunt van de overwinningsroes in juli 1941 'het besluitvormingsproces op gang [heeft] gebracht dat tot uitbreiding van de *Endlösung* op de Joden in de rest van

Europa leidde'.[136] Als belangrijkste bewijs fungeerde de brief van Göring aan Heydrich van 31 juli, waarin deze gemachtigd werd 'alle noodzakelijke organisatorische, zakelijke en materiële voorbereidingen te treffen voor een totaaloplossing van de Joden in Duitse invloedsgebieden in Europa'. Verder werd Heydrich verzocht 'op korte termijn' een 'totaalontwerp' te overleggen voor de 'tevoren te nemen maatregelen ter uitvoering van de nagestreefde eindoplossing van het Jodenvraagstuk'.[137] De door Eichmann geformuleerde en aan Göring ter ondertekening voorgelegde 'machtiging' vormde overigens geen kwalitatief nieuw element, maar was een schriftelijke bevestiging van wat Heydrich al in maart 1941 door Göring mondeling was toegezegd. Op een tijdstip waarop de overwinning voor het grijpen leek te liggen, wilde de chef van het Reichssicherheitshauptamt zichzelf blijkbaar nogmaals indekken voordat hij het sinds 1940 opgevatte plan doorvoerde om de Joden in Europa naar een afgelegen gebied in de veroverde Sovjet-Unie te deporteren. Met andere woorden: de 'Jodenexperts' in het Reichssicherheitshauptamt stond nog altijd een vage 'territoriale oplossing' voor ogen.[138]

Tijdens een gesprek met de Kroatische minister van Defensie Slavko Kvaternik op 22 juli benadrukte Hitler nogmaals zijn voornemen de Joden uit de Duitse machtssfeer te verwijderen: 'Als er geen Joden meer zijn in Europa, zal ook de eenheid van de Europese staten niet meer vernietigd worden. Waar men de Joden naartoe stuurt, naar Siberië of naar Madagaskar, maakt niet uit. Hij zou elke staat met die eis confronteren.'[139] Maar terwijl het Madagaskar-project al achterhaald was – Hitler gebruikte de naam waarschijnlijk slechts als code – bleek ook het idee om de Joden ergens 'naar het oosten' bij de Siberische IJszee te verplaatsen algauw een hersenschim. In augustus 1941 hadden Hitler en de Wehrmachtleiding moeten erkennen dat de Blitzkrieg tegen de Sovjet-Unie mislukt was; op zijn laatst sinds eind oktober wist men dat de veldtocht niet meer voor het invallen van de winter kon worden beëindigd. Opnieuw moest een voorgenomen 'territoriale oplossing van het Jodenvraagstuk' voor onbepaalde tijd worden uitgesteld.[140] De vraag 'Waarheen met de Joden?' drong zich met nieuwe nadruk op aan de besluitvormers in het Führerhoofdkwartier en in Berlijn.

Sinds het begin van Operatie Barbarossa was de situatie voor de nog in Duitsland wonende Joden verder verslechterd. Onvermoeibaar wakkerde de propaganda de antisemitische stemming onder de bevolking aan. 'Schelden op Joden matelozer en weerzinwekkender dan ooit,' noteerde Victor Klemperer.[141] Begin juli 1941 had Goebbels na overleg met Hitler een algemene richtlijn uitgevaardigd: 'de samenwerking tussen bolsjewisme en plutocratie [te] ontmaskeren en nu meer en meer ook het Joodse karakter van dat front aan de kaak [te] stellen'.[142] In dit verband kwam het voor de minister van Propaganda als geroepen dat er in de vs onder de titel *Germany Must Perish!* (Duitsland moet ten onder gaan) een boek was verschenen waarin de sterilisatie van alle Duitse mannen en de opdeling van Duitsland onder de Europese buurstaten werd geëist. De auteur, een 31-jarige Amerikaanse Jood, Theodore N. Kaufman, had zijn maakwerkje bij zijn eigen kleine uitgeverij gepubliceerd; het was zo goed als onopgemerkt gebleven. Maar de Duitse propaganda maakte er een enorm schandaal van: Kaufmans voorstel, zo werd beweerd, zou geïnspireerd zijn door president Roosevelt zelf. De *Völkische Beobachter* verscheen op 24 juli met de kop: 'Het oorlogsdoel van Roosevelt en de Joden: volledige uitroeiing van het Duitse volk.'[143]

Goebbels besloot het pamflet in een 'volksuitgave' in een miljoenenoplage te laten verspreiden: 'Het zal immers voor elke Duitse man en voor elke Duitse vrouw bijzonder leerzaam zijn te vernemen wat men met het Duitse volk zou doen als het nogmaals zoals in november 1918 een teken van zwakte zou tonen.'[144] Hitler keurde het plan goed en Wolfgang Diewerge, een medewerker van het ministerie van Propaganda, bezorgde een verkorte en geannoteerde Duitse uitgave, die in 5 miljoen exemplaren onder het volk werd verspreid.[145] 'Zelfs verstokte mopperaars' zouden van het boek van Kaufman 'de schrik in de benen hebben gekregen'; het zou aantonen 'dat deze oorlog echt een strijd op leven en dood is', zo beschreven de SD-verslaggevers het effect van de publicatie.[146]

De opgehitste stemming resulteerde in augustus 1941 in versterkte eisen, vooral in partijkringen, om naar het voorbeeld van het Generaal-gouvernement ook voor de Joden binnen het rijk een identificatieplicht in te voeren.[147] Goebbels, die al in het voorjaar voor een dergelijke maatregel had gepleit, rook nu een kans om het in het hele rijk door te zetten: 'Ook houd ik het voor noodzakelijk dat de Joden van een kenmerk worden voorzien. Ze gedragen zich in de wachtrijen, in de vervoermiddelen en overal in de openbaarheid als kwaadsprekers en sfeerbedervers.'[148] Tijdens zijn bezoek aan het Führerhoofdkwartier op 18 augustus kostte het hem geen moeite Hitlers goedkeuring te krijgen voor zijn voorstel om 'voor alle Joden in het rijk een groot, zichtbaar Jodenkenmerk' in te voeren. De dictator, die zich rond die tijd bewust geworden was van het mislukken van zijn plan de campagne, ging zich te buiten aan duistere toespelingen op het lot dat de Joden dreigde te treffen. Eens te meer herinnerde hij aan zijn voorspelling van 30 januari 1939, die 'in deze weken en maanden met een bijna griezelige aandoende zekerheid' in vervulling ging. 'In het oosten moeten de Joden het gelag betalen; in Duitsland hebben ze dat voor een deel al gedaan en zullen ze in de toekomst nog meer moeten betalen. [...] In elk geval zullen de Joden in een komende wereld niet veel reden tot lachen hebben.'[149] Deze uitlatingen vonden plaats op een moment dat de Einsatzgruppen hun moorden in de bezette gebieden in de Sovjet-Unie uitbreidden en ze tonen aan dat Hitler niet alleen op de hoogte was van deze escalatie van anti-Joods geweld, maar het ook zonder terughoudendheid goedkeurde.

Op 1 september werd de *Polizeiverordnung über die Kennzeichnung der Juden* uitgevaardigd: vanaf 15 september moesten alle Joden ouder dan zes jaar in de openbaarheid een gele ster met het opschrift 'Jude' dragen, die goed zichtbaar op de linkerborstzijde van de kleding moest worden aangebracht. Bovendien werd het hun verboden zonder toestemming van de politie 'het gebied van hun woonplaats te verlaten'.[150] Na alle eerder al ondergane pesterijen werd de nieuwe verordening als bijzonder vernederend ervaren – als de 'tot dusver ergste dag', zoals Victor Klemperer in zijn dagboek noteerde. Toen zijn vrouw de 'Jodenster' op zijn jas naaide, kreeg hij een 'razende aanval van vertwijfeling'.[151] 'De tijden van de middeleeuwen worden overtroefd!' klaagde ook Willy Cohn, maar hij sprak zichzelf tegelijkertijd moed in: 'Welnu, we zullen ons daardoor beslist niet klein laten krijgen, ook al wordt het leven steeds moeilijker.'[152]

Volgens de observaties van de SS-Sicherheitsdienst werd de invoering van de Jodenster door de Duitse bevolking met 'ware voldoening' ontvangen. Daardoor was de Joden eindelijk 'elke mogelijkheid' ontnomen 'zich te vermommen'. 'Algemeen hoopt men,' meldde het SD-kantoor in Bielefeld, 'dat nu weldra ook de laatste Jood het Duitse vaderland zal verlaten.'[153] Maar zo algemeen als de SD-berichten suggereerden, was de bijval niet. Er waren ook uitingen van wrevel en medelijden met de getroffenen. 'Het gros van het volk is niet blij met de nieuwe verordening. Bijna iedereen die we tegenkomen schaamt zich net zoals wij,' noteerde de journalist en Hitler-tegenstander Ruth Andreas-Friedrich in haar dagboek over de reactie van de Berlijners.[154] Ook de Breslauer Willy Cohn, die zich net als alle gestigmatiseerde Joden moest vermannen voordat hij zich op straat waagde om boodschappen te doen, merkte dat het zien van de Jodenster 'in feite voor de volksgenoten pijnlijker is dan voor ons'.[155] Ulrich von Hassell was getuige van een tafereel dat zich vaker in het openbaar had afgespeeld: 'In de tram zegt een potige arbeider tegen een arme, oude Jodin: "Nou, kleine vallende ster, ga toch zitten," en toen er iemand mopperde, zei hij dreigend: "Ik doe wat ik wil met mijn achterwerk!"'[156]

Het belang van dergelijke gebaren van solidariteit mag overigens niet overschat worden. Het was kennelijk slechts een kleine minderheid die een gevoel voor fatsoen en medemenselijkheid bewaard had. De schaamte die vele Duitsers bij het zien van de 'sterrendragers' voelden, was in de regel geen uitdrukking van empathie, maar werd veroorzaakt door het onaangename gevoel dat ze tot getuige werden gemaakt van een onrecht waarvoor ze jarenlang met succes de ogen hadden gesloten. Nu moesten ze tot hun verbazing merken hoeveel Joden er nog altijd onder hen leefden. Na aanvankelijke irritaties legden de meesten zich echter ook bij deze nieuwe schanddaad van het regime neer en gaven verder blijk van onverschilligheid en ongevoeligheid voor het lot van hun Joodse buren.[157]

De deels afwijzende reacties volstonden niettemin om Goebbels ongerust te maken. 'De Joden hoeven maar een grijs oud vrouwtje de Kurfürstendamm op te sturen en de brave Duitser is al geneigd alles te vergeten wat de Joden ons de afgelopen jaren en decennia hebben aangedaan,' klaagde hij in zijn dagboek.[158] Pers en radio moesten nu versterkt ten strijde trekken tegen die 'dwaze medemenselijkheid'. Tegelijkertijd voerde de minister van Propaganda samen met het Reichssicherheitshauptamt de druk op Hitler op om toestemming te geven voor het hervatten van de deportaties uit het rijk. Eind juli had de dictator een voorstel daartoe van Heydrich nog afgewezen, en ook Goebbels had Hitler tijdens hun ontmoeting op 18 augustus alleen de toezegging kunnen ontlokken dat hij 'de Joden in Berlijn onmiddellijk na beëindiging van de oostelijke veldtocht naar het oosten [mocht] uitzetten'.[159]

Maar medio september veranderde Hitler van gedachten en hij besloot dat de Duitse Joden nog tijdens de oorlog 'naar het oosten' gedeporteerd zouden worden. Voor deze plotselinge ommezwaai waren kennelijk verschillende redenen doorslaggevend. Veel wijst erop dat hij reageerde op de door Stalin bevolen deportatie van de Wolga-Duitsers naar Siberië, die begin september in Duitsland bekend was geworden en binnen de nazileiding veel stof had doen opwaaien.[160] Rosenberg eiste als vergeldingsmaatregel dat 'de Joden in Midden-Europa eveneens naar de meest oostelijke van de onder Duits bestuur staande gebieden afgevoerd [zullen] worden'. Via de verbindingsofficier van het Ostministerium bij het OKH, Otto Bräutigam, liet hij dit verzoek op 14 september aan Hitler voorleggen.[161] Maar ook de 'factor-Amerika' speelde een rol in de overwegingen van de dictator. Op 11 september had Roosevelt zijn 'schietbevel' uitgevaardigd tegen de oorlogsschepen van de Asmogendheden die zich in het gebied van de door hem vastgestelde neutrale zone in de noordelijke Atlantische Oceaan bevonden. Amerikaanse deelname aan de oorlog leek steeds waarschijnlijker. Des te meer groeide binnen de nazileiding de neiging de Joden in gijzeling te nemen teneinde de Amerikaanse regering misschien alsnog van zo'n stap te weerhouden.[162] En ten slotte kan ook de beginnende luchtoorlog Hitlers besluit hebben beïnvloed. Zo had de Hamburgse Gauleiter Karl Kaufmann zich tot hem gewend met het verzoek 'de Joden te laten evacueren om het mogelijk te maken dat aan minstens een deel van de door bommen getroffenen weer een woning kan worden toegewezen'.[163] Met zo'n maatregel, mag men aannemen, zouden de negatieve psychologische effecten van de bombardementen op de stemming onder de bevolking van de grote steden beperkt kunnen worden.

Het staat niet vast wanneer de dictator een besluit nam. Op 16 september was Himmler op bezoek in het Führerhoofdkwartier, op 17 september besprak Hitler het voorstel van Rosenberg met Ribbentrop en die avond overlegde Himmler met Ribbentrop.[164] Gedurende die twee dagen schijnt er een beslissing gevallen te zijn, want op 18 september deelde Himmler de Gauleiter van het Wartheland, Arthur Greiser, als wens van de Führer mee 'dat het Altreich en het Rijksprotectoraat van west naar oost zo snel mogelijk van Joden moet worden verlost en bevrijd'. Als 'eerste fase' zouden ze naar de bij het rijk getrokken Poolse gebieden worden getransporteerd om hen vervolgens in het komende voorjaar 'nog verder naar het oosten te verplaatsen'. Himmler noemde een aantal van 60.000 Joden die hij tot de winter in het toch al overvolle getto van Łódź wilde onderbrengen.[165] Bij zijn bezoek aan het Führerhoofdkwartier op 23 september kreeg ook Goebbels de langverwachte verzekering van Hitler dat 'de Joden geleidelijk uit heel Duitsland verwijderd' zouden worden: 'De eerste steden die nu Jodenvrij moeten worden gemaakt, zijn Berlijn, Wenen en Praag. Berlijn komt als eerste aan de beurt, en ik heb goede hoop dat het ons in de loop van dit jaar zal lukken een wezenlijk deel van de Berlijnse Joden naar het oosten te transporteren.'[166]

De deportaties begonnen op 15 oktober 1941. Met een eerste golf vertrokken tot en met 5 november twintig transporten met bijna 20.000 mensen vanuit Wenen, Praag, Berlijn, Frankfurt am Main, Hamburg, Keulen en andere steden naar Łódź. In een tweede golf, die duurde van 8 november tot en met 21 februari 1942, werden nog eens 333.000 mensen in 34 transporten naar Minsk, Kaunas en Riga getransporteerd.[167] Goebbels was niet tevreden over de trage afwikkeling: 'Men moet niet uit elke stad een deel van de Joden evacueren, want dan blijft het probleem urgent, maar men moet de ene stad na de andere evacueren. Als eerste komt natuurlijk Berlijn aan de beurt, want de Rijkshoofdstad moet gezien de situatie Jodenvrij zijn.'[168] Na een gesprek met Heydrich op 17 november moest hij echter constateren dat de 'uitzetting van de Joden uit het Rijksgebied' moeizamer verliep dan men had aangenomen. '15.000 Joden moeten hoe dan ook in Berlijn blijven omdat ze bij voor de oorlog belangrijk en levensgevaarlijk werk betrokken zijn.'[169] Vier dagen later keurde Hitler Goebbels' voorstel goed om de deportaties 'stadsgewijs' te laten plaatsvinden, maar hij vermeed het zich ten aanzien van Berlijn op een bepaald tijdstip vast te leggen: 'Het is nog onzeker wanneer Berlijn aan de beurt komt; maar wanneer het aan de beurt komt, moet de evacuatie ook zo snel mogelijk tot een eind worden gebracht.'[170]

De deportaties verliepen overal volgens hetzelfde patroon. De voorzitters van de Joodse gemeenten werden enkele dagen tevoren door de Gestapo ontboden en over de geplande 'verhuizing' geïnformeerd. Aan de hand van namenlijsten beslisten de ambtenaren wie voor transport in aanmerking kwam. De geselecteerden moesten een vragenformulier invullen waarin het totale vermogen werd gemeld. De volledige onteigening werd formeel gelegaliseerd door de 11de verordening van het *Reichsbürgergesetz* van 25 november 1941, waarmee de gedeporteerde Joden hun staatsburgerschap werd ontnomen en hun vermogen aan het rijk werd overgedragen. Al op 23 oktober had het Reichssicherheitshauptamt een algemeen uitreisverbod uitgevaardigd en daarmee de laatste sluiproute gesloten. De Gestapo legde tot in detail vast wat de gedeporteerden mochten meenemen, Op een bepaalde datum moesten ze zich naar een verzamelplaats begeven, van waaruit ze, vaak op klaarlichte dag, naar het station werden gedreven, waar de treinen al klaarstonden.[171]

'Steeds verontrustender berichten over Jodenverplaatsingen naar Polen. Ze moeten bijna letterlijk naakt en berooid vertrekken,' noteerde Victor Klemperer eind oktober 1941.[172] Heel wat Joden vermoedden welk lot hun wachtte en beroofden zich van het leven. Het aantal zelfmoorden steeg in de laatste drie maanden van 1941 met sprongen.[173] Zo vertelde Helmuth James von Moltke, het hoofd van de verzetsgroep Kreisauer Kreis, op 13 november in een brief aan zijn vrouw vanuit Berlijn: 'Gisteren heb ik afscheid genomen van een vroeger beroemde Joodse advocaat die het E.K. 1 & 11 heeft, de huisorde van Hohenzollern en het gouden onderscheidingsteken wegens opgelopen verwondingen en die zichzelf samen

Afb. 19 Een van de vele deportaties uit Duitsland: op 25 april 1942 werden op het goederenstation Würzburg-Aumühle 852 Mainfränkische Jodinnen en Joden met hun bagage op transport gezet 'naar het oosten'.

met zijn vrouw om het leven zal brengen omdat hij vanavond zal worden gehaald.' En Moltke stelde zichzelf de vraag die elke Duitser, gezien de angstaanjagende berichten, zichzelf had moeten stellen: 'Mag ik dan dit meemaken en desondanks in mijn warme woning aan tafel zitten en thee drinken? Maak ik mezelf daardoor niet medeschuldig?'[174]

Maar anders dan bij de invoering van de Jodenster leidden de deportaties nauwelijks tot onrust onder de bevolking. Heel wat Duitsers lijken bijna opgelucht te zijn geweest dat de Joden nu uit hun blikveld verdwenen waren en niet meer aan het slechte geweten knaagden dat ze bij het zien van hen voelden.[175] Bovendien wekten de achtergelaten woningen en woninginrichtingen van de gedeporteerden hun begeerte. Hier en daar registreerden de SD-verslaggevers echter ook uitingen van mededogen. In een bericht vanuit Minden medio december 1941 over de reactie in christelijke kringen heette het: 'Het ware onbegrijpelijk dat men zo wreed met mensen, Jood of ariër, kan omgaan; allemaal zijn ze immers door God geschapen mensen.'[176]

De beslissing voor de deportatie van de Duitse Joden betekende nog niet dat ze allemaal op de plaats van bestemming geliquideerd moesten worden, laat staan dat er al een totaalplan voor de vernietiging van de Europese Joden zou zijn geweest. Dat bleek ook uit de verschillende behandelingen die de gedeporteerden ondergingen. Terwijl men de Joden tijdens de eerste deportatiegolf zonder uitzondering naar Łódź bracht en daar in het getto propte, werden de eerste voor Riga bestemde transporten tussen 25 en 29 november omgeleid naar Kaunas, waar de gedeporteerden onmiddellijk na aankomst werden doodgeschoten door Einsatzkommando 3 onder Karl Jäger. Onder de bijna vijfduizend vermoorden bevonden zich waarschijnlijk ook Willy Cohn, zijn vrouw en hun twee dochters, die op 25 november naar Breslau gedeporteerd waren.[177] Het is echter niet erg waarschijnlijk dat deze massamoord door Himmler zelf was bevolen, want toen er korte tijd later nog een transport met meer dan duizend Berlijnse Joden naar Riga vertrok, belde de Reichsführer-SS met Heydrich en noteerde over de inhoud van het gesprek op 30 november in zijn agenda: 'Jodentransport uit Berlijn. Geen liquidering.'[178] Maar hij was al te laat. In de ochtenduren had de Höhere SS- en Polizeiführer Friedrich Jeckeln de Joden in een bos bij Riga laten doodschieten. Hij haalde zich daarmee een berisping door Himmler op de hals: 'De naar het gebied Ostland overgeplaatste Joden mogen slechts overeenkomstig de door mij resp. door het Reichssicherheitshauptamt in mijn opdracht gegeven richtlijnen worden behandeld. Eigenmachtigheden en overtredingen zal ik bestraffen.'[179] Na deze vermaning werden de Joden van latere transporten naar Riga niet meer vermoord, maar in het getto van Riga en andere kampen in Litouwen ondergebracht. Dat gold ook voor de transporten naar Minsk. Daar waren echter, om plaats te

maken voor de Duitse Joden, in november bijna 12.000 Russische Joden door de Sicherheitspolizei en de SD doodgeschoten.[180]
Een algemene machtiging voor de moord op de Duitse Joden bestond dus nog niet, maar in het najaar van 1941 naderde het moment waarop niet alleen zij, maar alle Joden in het door Duitsland beheerste Europa voor hun leven moesten vrezen. Hoe duidelijker de krijgskansen zich tegen hen keerden, des te haatdragender Hitlers tirades tegen het 'wereldjodendom' werden; men kan zelfs met Saul Friedländer welhaast spreken van een 'explosie van de smerigste anti-Joodse scheldpartijen en dreigementen'.[181] In zijn oproep aan de 'soldaten aan het oostfront' van 2 oktober beschreef hij de situatie in de Sovjet-Unie als het resultaat van een 'thans vijfentwintigjarige Joodse heerschappij die als bolsjewisme in diepste wezen slechts met de allerlaagste vorm van het kapitalisme' overeenkomt. Dreigend voegde hij eraan toe: 'De steunpilaren van dit systeem zijn echter ook in beide gevallen dezelfde: Joden en slechts Joden!'[182] Nadat gebleken was dat ook Operatie Taifun de oorlog niet zou beslissen, voerde Hitler zijn verbale uitvallen tegen de Joden op: 'Als we die plaag uitroeien, volbrengen we een taak voor de mensheid van het belang waarvan onze mannen buiten zich nog absoluut geen voorstelling kunnen maken,' verklaarde hij tijdens het middagmaal in de Wolfsschanze op 21 oktober, enkele dagen nadat de eerste deportatietreinen het Rijksgebied 'naar het oosten' hadden verlaten.[183] Steeds vaker liet de dictator nu zijn haat de vrije loop. Zo herinnerde hij tijdens het avondmaal op 25 oktober, in aanwezigheid van Himmler en Heydrich, aan zijn 'voorspelling' van 30 januari 1939 en voegde daar meteen aan toe: 'Dat misdadige ras heeft de twee miljoen doden van de wereldoorlog op zijn geweten, en nu opnieuw honderdduizenden. Laat niemand me zeggen: We kunnen ze toch niet het moeras in sturen! Wie bekommert zich dan om ónze mensen? Het is goed dat de angst ons vooruitsnelt dat we het Jodendom uitroeien.'[184]

Op de avond van 5 november ging Hitler zich te buiten aan weer een giftige monoloog over het vermeende gebrek aan cultuur van de Joden: 'Ik heb altijd gezegd dat de Joden de domste duivels zijn die er bestaan. Ze hebben niet één echte musicus, filosoof, niets, helemaal niets. Het zijn leugenaars, vervalsers, bedriegers [...]. Wij kunnen zonder de Joden leven, maar zij niet zonder ons.' Hitler had zijn woordenstroom ingeleid met de duistere aankondiging: 'Het eind van de oorlog is een zondeval: de val van de Joden.'[185] Ook in zijn toespraak tot de oudstrijders in München drie dagen later namen de aanvallen op de 'internationale Joden' als de 'wereldbrandstichters' veel plaats in. Als 'drijvende kracht achter de wereldcoalitie tegen het Duitse volk' noemde Hitler niet meer de Angelsaksische 'plutocratie', maar de dictatuur van Stalin, die 'nu eenmaal de grootste dienaar van het Jodendom' zou zijn. Deze 'slavenstaat' werd gedirigeerd door een 'regime van commissarissen, 90 procent van Joodse afkomst'. De Duitse vernietigingsveldtocht werd zo gerechtvaardigd als een onontkoombare wereldhistorische twist met het 'almachtige Jodendom', als een 'gevecht om zijn of niet-zijn'.[186]

Op hetzelfde aambeeld hamerde Goebbels met een hoofdartikel in het weekblad *Das Reich*, dat op 16 november verscheen onder de kop: 'De Joden zijn schuldig!' Ook hij herinnerde de lezers aan Hitlers 'voorspelling' van 30 januari 1939 en vervolgde toen met veelzeggende openhartigheid: 'We beleven nu het uitkomen van die voorspelling en daarmee voltrekt zich aan het Jodendom een lot dat weliswaar hard, maar meer dan verdiend is. Medelijden of zelfs spijt is volstrekt ongepast. Het wereldjodendom [...] ondergaat nu een geleidelijk vernietigingsproces, dat het ons had toebedacht en ook zonder aarzelen aan ons zou voltrekken als het daartoe de macht had. Het gaat nu overeenkomstig zijn eigen wet "Oog, om oog, tand om tand!" te gronde.'[187] Het artikel werd via de radio voorgelezen en als speciale uitgave in grote oplage verspreid. Het zou 'in zowat de hele wereldpers uitvoerig geciteerd' zijn, merkte de minister van Propaganda op en had 'vooral in de kringen van partijgenoten veel bijval gekregen'.[188]

Nog duidelijker was Alfred Rosenberg tijdens een persconferentie in het Ostministerium op 18 november 1941, een dag nadat zijn benoeming tot rijksminister voor de Bezette Gebieden in het Oosten officieel bekend was gemaakt. Zijn mededelingen waren niet voor de openbaarheid bestemd, maar moesten vertrouwelijk behandeld worden. Wat hij zei, moet zelfs in de oren van overtuigde naziverslaggevers monsterlijk hebben geklonken: 'In het oosten leven nog zo'n 6 miljoen Joden, en die kwestie kan alleen worden opgelost door een biologische verdelging van het hele Jodendom in Europa. Het Jodenvraagstuk is voor Duitsland pas opgelost als de laatste Jood het Duitse grondgebied heeft verlaten, en voor Europa wanneer tot aan de Oeral geen Jood meer op het Europese continent staat. Dat is de taak die het lot ons heeft opgelegd [...]. En daarvoor is het nodig hen tot voorbij de Oeral te drijven of op een andere manier te verdelgen.'[189] Drie dagen eerder had Rosenberg een lange bespreking met Himmler gehad, waarbij ook het 'Jodenprobleem' ter sprake was gekomen. Op 16 november had hij samen met Himmler deelgenomen aan het avondmaal bij Hitler.[190] Het is nauwelijks aannemelijk dat Rosenberg zich tegenover persvertegenwoordigers zo onverbloemd had uitgesproken als hij niet zeker had geweten dat hij daarmee de wensen van Hitler en Himmler tot uitdrukking bracht. Aangezien de mogelijkheid om de Joden naar een territorium voorbij de Oeral te deporteren, gezien de militaire situatie aan het oostfront, op afzienbare tijd een illusie moest blijken, bleef alleen de tweede van de door hem genoemde mogelijkheden over, namelijk hen 'op een andere manier te verdelgen'. Onzeker was dan ook niet meer dát, maar wannéér de Joden omgebracht zouden worden. Er zij eraan herinnerd dat Rosenberg zijn aankondiging deed op een moment dat de experts van de T 4-actie doende waren in het Generaal-gouvernement een vernietigingsnetwerk op te bouwen dat in plaats van massa-executies voorzag in het doden met gifgas.

Op 28 november ontving Hitler in Berlijn de grootmoefti van Jeruzalem, Amin al-Hoesseini, en verklaarde zich tegenover hem vastbesloten 'stap voor stap de ene Europese natie na de andere op te roepen tot het oplossen van het Jodenprobleem en zich op een gegeven moment met een soortgelijke oproep ook tot niet-Europese volkeren te wenden'. Duitsland zou, beloofde hij, geen imperiale doelstellingen in het Nabije Oosten nastreven, maar zich inzetten voor de bevrijding van de Arabieren. Maar ook daar had hij een doel: 'de vernietiging van het in de Arabische wereld onder protectie van de Britse macht levende Jodendom'.[191] In zijn openlijke tirades vermeed Hitler het al te duidelijk te worden over de concrete vernietigingspraktijk. Hij gaf de voorkeur aan een kenmerkend dubbelzinnig taalgebruik dat datgene wat er aan afschuwelijks gebeurde tegelijkertijd blootlegde en verhulde. Maar zijn antisemitische vernietigingsretoriek, dienstvaardig opgepakt door Goebbels en andere hoge functionarissen, was ongetwijfeld gericht op het bevorderen van de radicalisering van de 'Jodenpolitiek'. Ze droeg wezenlijk bij aan het ontstaan van het klimaat van moorddadig geweld dat de Holocaust überhaupt mogelijk maakte. Een schriftelijk vastgelegd vernietigingsbevel was daar absoluut niet voor nodig. Het was voldoende dat de dictator tijdens een mondeling gesprek inzicht gaf in zijn plannen en de gedienstige uitvoerders van de massamoord, met name Himmler en Heydrich, te verstaan gaf dat ze zich bij alles wat ze deden konden beroepen op de 'wil van de Führer'.

Op 29 november nodigde Reinhard Heydrich vertegenwoordigers van ministeries en overheidsorganen zowel als ss- en partij-afdelingen uit voor een conferentie, met als doelstelling in alle met de *Endlösung* samenhangende vragen tot 'een gelijke opvatting binnen de desbetreffende centrale instanties' te komen. Heydrich benadrukte het 'enorme belang' van de bijeenkomst met verwijzing naar de sinds 15 oktober lopende deportaties van de Joden uit het Rijksgebied en het Rijksprotectoraat. En hij voegde ter bekrachtiging kopieën bij van Görings schrijven van 31 juli 1941, waarin deze hem belastte met de voorbereidingen voor 'een totaaloplossing van de Jodenkwestie'.[192] De conferentie had oorspronkelijk op 9 december moeten plaatsvinden, maar werd een dag tevoren afgezegd. In een tweede brief van 8 januari 1942 motiveerde Heydrich het uitstel met 'plotseling bekend geworden gebeurtenissen' en 'de daarmee verband houdende verplichtingen van de uitgenodigde heren'. De nieuwe datum stelde hij vast op 20 januari 1942.[193]

Bij de onverwachte gebeurtenissen waarop Heydrich doelde, ging het kennelijk om het Russische tegenoffensief dat op 5 en 6 december op volle kracht was begonnen, en de Japanse aanval op Pearl Harbor twee dagen later, die tot de Duitse oorlogsverklaring aan de VS leidde. De dramatische wending in de oorlog had ook rechtstreekse consequenties voor Hitlers houding ten aanzien van het Jodenvraagstuk. De hoop de Joden als gijzelaars achter te houden om de Verenigde Staten af te houden van oorlogsdeelname, was daarmee in rook opgegaan. De Europese oorlog om de hegemonie was definitief een wereldoorlog geworden, en daarmee was de situatie ontstaan die Hitler in zijn 'voorspelling' van 30 januari 1939 had aangesneden en sindsdien steeds weer had herhaald. Het is dan ook geen toeval dat hij, toen hij in de namiddag van 12 december 1941 in Berlijn tegenover de Reichs- en Gauleiter stond, precies daarop doorging. Goebbels legde de kern van zijn toespraak vast in zijn dagboek: 'Wat de Jodenkwestie betreft, is de Führer vastbesloten schoon schip te maken. Hij heeft de Joden voorspeld dat, als ze nogmaals een wereldoorlog zouden uitlokken, ze daarbij vernietigd zouden worden. Dat was geen holle frase. De oorlog is daar en de vernietiging van het Jodendom moet het noodzakelijke gevolg zijn. Die kwestie moet zonder enig sentiment worden bekeken. We zijn er niet om medelijden te hebben met de Joden, maar alleen om medelijden te hebben met ons Duitse volk. Wanneer het Duitse volk nu opnieuw tijdens de veldtocht in het oosten 160.000 doden heeft geofferd, zullen de aanstichters van dit bloedige conflict daarvoor met hun leven moeten betalen.'[194]

Op 17 december bevestigde Hitler, inmiddels teruggekeerd in het Führerhoofdkwartier, tijdens een gesprek met Goebbels zijn vastbeslotenheid om in de Jodenkwestie consequent te werk te gaan en zich niet door kleinburgerlijke sentimenten te laten tegenhouden: 'De Joden moeten allemaal naar het oosten worden overgebracht. Wat er daar met hen gebeurt, kan ons niet bijster interesseren.' De minister van Propaganda was tevreden dat zijn Führer ondanks zijn drukke werkzaamheden door de militaire crisis aan het oostfront tijd nam om het Jodenprobleem met hem door te nemen. 'Hij alleen is in staat dat probleem definitief en met de vereiste hardheid op te lossen.'[195] Een dag later ontving Hitler ook de Reichsführer-SS in de Wolfsschanze. Himmler noteerde later in zijn agenda: 'Jodenkwestie. | als partizanen uit te roeien.'[196] 'Joden' en 'partizanen' als synoniemen gebruiken, dat was sinds de uitbreiding van de executies in de bezette gebieden van de Sovjet-Unie ingeburgerd in het interne spraakgebruik van SS en Wehrmacht, en die gelijkschakeling betekende niets anders dan massamoord. De bezette oostelijke gebieden werden 'Jodenvrij' gemaakt, constateerde Himmler terugblikkend. 'De uitvoering van dit zeer moeilijke bevel heeft de Führer op mijn schouders gelegd.'[197]

Christian Gerlach heeft uit Hitlers uitlatingen tussen 12 en 18 december geconcludeerd dat daarmee een 'fundamenteel besluit' was genomen om de Europese

Joden te vermoorden.[198] Die stelling is even omstreden als de reeds geciteerde van Browning, maar kan aanspraak maken op meer plausibiliteit. Zeker, Hitler had de Joden ook in de voorafgaande weken steeds weer gedreigd met vernietiging, maar pas in de context van de 'wintercrisis' aan het oostfront en de Amerikaanse oorlogsdeelname lijkt hij te hebben besloten die dreigementen nu in daden om te zetten en de *Endlösung* niet meer uit te stellen tot een tijdstip ná de onderwerping van de Sovjet-Unie. Saul Friedländer heeft terecht vastgesteld: 'Voor het overschrijden van de grens tussen plaatselijk begrensde moordacties en algehele vernietiging was groen licht nodig van de "hoogste instantie".'[199] Zo'n signaal gaf Hitler kennelijk pas tijdens de bespreking op 12 december 1941. Dat het in elk geval door de aanwezige functionarissen van het regime op die manier begrepen werd, blijkt ook uit de toespraak die Hans Frank na zijn terugkeer op 16 december in Krakau hield tot medewerkers van de regering van het Generaal-gouvernement. 'Met de Joden – dat wil ik u heel openlijk zeggen – moet hoe dan ook korte metten worden gemaakt,' borduurde hij voort op Hitlers uiteenzettingen. Volledig in lijn daarmee was ook de oproep van Frank aan zijn toehoorders om zich te bevrijden van alle gevoelens van medelijden: 'Medelijden willen we principieel alleen met het Duitse volk hebben, verder met niemand ter wereld. [...] Ik moet als oude nationaalsocialist ook zeggen: als het Jodenvolk in Europa de oorlog zou overleven terwijl wij ons beste bloed voor de instandhouding van Europa geofferd zouden hebben, dan zou die oorlog slechts een gedeeltelijk succes zijn. Ik zal dan ook tegenover de Joden principieel slechts uitgaan van de verwachting dat ze verdwijnen. Ze moeten weg.'

Daarmee had Frank duidelijk gemaakt dat nu ook de Joden in het Generaal-gouvernement bij het vernietigingsproces moesten worden betrokken. Maar hoe moest dat gebeuren? Het oorspronkelijke idee om hen naar een nader te wijzen gebied in de verslagen Sovjet-Unie te verplaatsen was inmiddels achterhaald. Dus bereidde Frank zijn ambtenaren erop voor dat die massamoord ook in zijn eigen machtsgebied moest worden uitgevoerd: 'Men heeft ons in Berlijn gezegd: waarom al die rompslomp; we kunnen in het oosten en in het Reichskommissariat [Oekraïne] ook niets met ze aanvangen; liquideer ze zelf! [...] We moeten de Joden vernietigen, waar we ze ook vinden en waar het maar mogelijk is, om de totale structuur van het rijk hier overeind te houden.' Over de methode van de vernietiging was Frank het overigens nog niet eens; daarover hoopte hij uitsluitsel te verkrijgen tijdens de conferentie die Heydrich in januari in Berlijn zou beleggen. 'We hebben in het Generaal-gouvernement naar schatting 2,5 miljoen, misschien met de Joods vermaagschapten en alles wat eromheen hangt, nu 3,5 miljoen Joden. Die 3,5 miljoen Joden kunnen we niet doodschieten, we kunnen ze niet vergiftigen, maar we kunnen maatregelen nemen die op een of andere manier tot een geslaagde vernietiging leiden, en wel in samenhang met de vanuit het rijk te bespreken grootschalige maatregelen. Het Generaal-gouvernement moet even Jodenvrij worden als het rijk.'[200]

Dat er in de maand december 1941 ook onder de hoge ambtenaren werd rondverteld dat de fysieke vernietiging van de Joden nu op de agenda stond, blijkt ook uit een gesprek dat de secretaris-generaal van het Reichsinnenministerium Wilhelm Stuckart op 19 december had met zijn referendaris voor 'rassenkwesties', Bernhard Lösener. Ontzet over de moord op de Berlijnse Joden in Riga op 29 november had Lösener zijn ontslag aangeboden. Stuckart wees hem terecht: 'Het optreden tegen de geëvacueerde Joden berust op een besluit op het hoogste niveau. Daar zult u zich bij neer moeten leggen!' Het is veelzeggend dat de secretaris-generaal de motivering van Hitler tot de zijne maakte: het Jodendom had Duitsland de oorlog opgedrongen. 'Als we hard terugslaan, moet men de wereldhistorische noodzaak van die hardheid inzien en mag men niet angstig vragen of deze of gene bepaalde geëvacueerde Jood wiens lot hem inhaalt, daar persoonlijk schuldig aan is.'[201]

Op de ochtend van 20 januari 1942 kwamen vijftien hoge functionarissen van het naziregime bijeen in een villa aan de Berlijnse Wannsee die eigendom was geweest van Friedrich Minoux, een procuratiehouder van het Stinnes-concern, en die sinds 1940 gastenverblijf was van de SS. De grootste groep van de deelnemers bestond uit hoge ministeriële ambtenaren, Het ministerie van Binnenlandse Zaken werd vertegenwoordigd door secretaris-generaal Wilhelm Stuckert, het ministerie van Justitie door Roland Freisler, de latere voorzitter van het Volksgerichtshof; Buitenlandse Zaken door ondersecretaris-generaal Martin Luther, de Vierjaresplanbehörde door secretaris-generaal Erich Neumann, de Rijkskanselarij door directeur-generaal Friedrich Kritzinger. De instanties van het Duitse civiele bestuur in de bezette oostelijke gebieden werden vertegenwoordigd door Josef Bühler, Franks secretaris-generaal in het Generaal-gouvernement, Gauleiter Alfred Meyer, en door Reichsamtsleiter Georg Leibbrandt van Rosenbergs Ostministerium.

Als vertegenwoordigers van de SS- en partij-instanties die zich met rassenvraagstukken bezighielden, waren aanwezig SS-Oberführer Gerhard Klopfer van Bormanns partijkanselarij en SS-Gruppenführer Otto Hofmann, het hoofd van het SS-Rasse- und Siedlungshauptamt. Heydrich had uiteraard ook hoge medewerkers van zijn ambtelijk apparaat uitgenodigd: behalve Gestapochef Heinrich Müller en Adolf Eichmann, het hoofd van het Judenreferat IV B4 van het Reichssicherheitshauptamt, SS-Oberführer Karl Georg Schöngarth, en het hoofd van de Sicherheitspolizei en de SS in het Generaal-gouvernement, en SS-Sturmbannführer Rudolf Lange, het hoofd van Einsatzkommando 2 en commandant van de Sicherheitspolizei en de SD voor het Generalbezirk Lettland.[202]

De notulen van de bespreking werden door Eichmann gemaakt op basis van stenografische aantekeningen, waarvoor een secretaresse was aangenomen. Heydrich redigeerde de als *Geheime Reichssache* geclassificeerde tekst en liet er dertig kopieën van maken en in omloop brengen. Er is slechts één exemplaar bewaard gebleven. Het werd in maart 1947 tijdens de voorbereidingen voor het Wilhelmstraße-proces ontdekt door medewerkers van de Amerikaanse aanklager Robert Kempner in de stukken van Buitenlandse Zaken en geldt sindsdien terecht als sleuteldocument voor de geschiedenis van de moord op de Europese Joden.[203]

Heydrich herinnerde er aan het begin van zijn voordracht aan dat Göring hem had benoemd 'tot gevolmachtigde voor de voorbereiding van de eindoplossing van de Europese Jodenkwestie'. Het doel van de conferentie was 'duidelijkheid scheppen in fundamentele vragen' en het afstemmen van de verdere stappen van de 'onmiddellijk betrokken centrale instanties'. Nadat hij nogmaals had vastgesteld dat 'de eindverantwoordelijkheid' in de kwestie bij de Reichsführer-SS Himmler en hem zelf als hoofd van de Sicherheitspolizei en de SS berustte, gaf Heydrich een overzicht van de tot dusver getroffen maatregelen. Tussen 1933 en oktober 1941 was het gelukt 537.000 Joden uit Duitsland, Oostenrijk en het Rijksprotectoraat te evacueren.

'In plaats van evacuatie,' leidde spreker het tweede deel in, 'is thans als nieuwe mogelijke oplossing, na dienovereenkomstige toestemming vooraf door de Führer, de evacuatie van de Joden naar het oosten ontstaan.' Enigszins cryptisch vervolgde hij dat deze 'acties [...] louter als uitwijkmogelijkheden' werden gezien; de daarbij opgedane 'praktische ervaringen' zouden niettemin 'met het oog op de komende eindoplossing van de Jodenkwestie van groot belang' zijn. Heydrich zinspeelde ongetwijfeld op de in oktober 1941 begonnen deportaties naar Łódź, Minsk, Kaunas en Riga. Volgens de gedetailleerde cijfers die Eichmann had voorbereid, kwamen er in totaal 11 miljoen Joden in aanmerking. Dat aantal betrof niet slechts de Joden in het rijk en in de door Duitsland bezette en gecontroleerde gebieden, maar ook die in neutrale landen zoals Ierland, Zweden, Zwitserland en Turkije en zelfs in het nog niet verslagen Engeland – wat erop wijst dat de vernietiging van de Europese Joden als langlopend, zich tot na de oorlog uitstrekkend project was gepland. Over datgene wat er in de meer nabije toekomst zou moeten gebeuren, liet Heydrich zich volgens de notulen als volgt uit: 'Onder adequate leiding moeten nu in het kader van de eindoplossing de Joden op passende wijze in het oosten te werk worden gesteld. In grote arbeidscolonnes, gescheiden naar geslacht, worden de arbeidsgeschikte Joden al wegen aanleggend naar die gebieden gebracht, waarbij ongetwijfeld een groot deel door natuurlijke sterfte zal uitvallen. De eventueel uiteindelijk overgeblevenen zullen, omdat zij ongetwijfeld de sterksten zullen zijn, dienovereenkomstig worden behandeld aangezien ze, als natuurlijke selectie, bij vrijlating de kiem van een nieuwe Joodse gemeenschap zullen vormen.'[204]

Ondanks de verhullende bewoordingen was duidelijk waarop het programma mikte: op vernietiging door arbeid. Over de 'arbeidsongeschikte' Joden, onder wie vooral vrouwen en kinderen, zwijgen de notulen, maar gezien de context kon er geen twijfel aan bestaan welk lot hun werd toegedacht. Secretaris-generaal Bühler, die er in opdracht van Frank op aandrong het 'Jodenvraagstuk' in het Generaal-gouvernement 'zo snel mogelijk op te lossen', gaf als reden voor zijn aandringen dat 'arbeidsinzetmatige redenen' geen rol speelden, aangezien het merendeel van de 2,5 miljoen Joden 'arbeidsongeschikt' zou zijn en dus meteen vermoord kon worden. Het plan van Heydrich daarentegen ging ervan uit dat eerst de Joden in het Rijksgebied en het Rijksprotectoraat 'stap voor stap naar de zogenaamde doorgangsgetto's' verplaatst zouden worden 'om van daaruit verder naar het oosten te worden getransporteerd'. Ook deze formulering kon de genocidale implicaties niet verhullen, want zelfs als de Joden naar een ver gebied in de Sovjet-Unie 'uitgewezen' hadden kunnen worden – wat gezien de militaire tegenslagen aan het oostfront allang onwaarschijnlijk was geworden – zouden de meesten de deportatie beslist niet hebben overleefd. De formulering 'evacuatie naar het oosten' werd in het taalgebruik van de plannenmakers steeds meer louter een codewoord, waarachter ze hun moorddadige bedoelingen verborgen.

Heydrich kondigde aan dat men beoogde Joden ouder dan 65 jaar en Joodse oorlogsveteranen niet te 'evacueren', maar in een 'ouderengetto', Theresienstadt, te vestigen. Daarmee zouden 'in één klap de vele interventies' ten gunste van hen beëindigd worden. Wat hij niet zei – maar wat alle deelnemers aan de conferentie duidelijk moet zijn geweest – was dat zo'n modelgetto uitermate geschikt zou zijn om het grote publiek onkundig te houden over het lot van de andere gedeporteerde Joden.

Het derde deel van de conferentie ging over de kwestie van de 'Joodse bastaarden' en de Joodse partners in 'gemengde huwelijken'. Heydrich deed gedetailleerde voorstellen over hoe ze bij het deportatieprogramma konden worden betrokken en voor welke personen uitzonderingen zouden gelden. Maar op dit punt hadden de vertegenwoordigers van de ministeriële ambtenarij bedenkingen. Zo wierp secretaris-generaal Stuckart tegen dat de praktische uitvoering 'eindeloos veel administratief werk' met zich mee zou brengen. Men werd het er niet over eens en ook de vervolgconferenties in de loop van 1942 zouden niet tot een afsluitend resultaat leiden.[205]

Toch kon Heydrich tevreden zijn over het resultaat. Hij had in feite bereikt wat hij wilde bereiken: de doorslaggevende rol van het Reichssicherheitshauptamt bij de planning en de uitvoering van de *Endlösung* was door iedereen erkend en het was hem gelukt de vertegenwoordigers van de hoogste rijksinstanties vast te leggen op een gezamenlijk deportatieprogramma, dat in klare taal niets anders zei dan dat het systematisch uitmoorden van de Europese Joden al tijdens de oorlog moest beginnen. Van verzet was geen sprake geweest, integendeel: de heren aan de conferentietafel waren opmerkelijk eensgezind geweest. Heydrichs jubelstemming duurde voort toen de conferentie na anderhalf uur voorbij was. Hij nodigde Gestapochef Müller en notulist Eichmann uit om nog even te blijven. Ze zetten zich gezellig bij de haard, dronken cognac en genoten van het gevoel dat ze een grote stap verder waren gekomen.[206]

Op 31 januari 1942 stuurde Eichmann alle bureaus van de staatspolitie een rondschrijven waarin hij de eerste consequenties trok uit de Wannsee-conferentie: 'De in de afgelopen tijd in afzonderlijke gebieden uitgevoerde evacuatie van Joden naar het oosten' zei hij, 'vormt het begin van de eindoplossing van het Jodenvraagstuk in het Altreich, de Oostmark en in het Rijksprotectoraat Bohemen en Moravië'. Er werd op dat moment gezocht naar 'nieuwe opnamemogelijkheden', 'met als doel meerdere contingenten [...] uit te zetten'. Daartoe was 'een nauwgezette telling van de nog in het Rijksgebied wonende Joden' noodzakelijk.[207] Op 6 maart riep Eichmann vertegenwoordigers van de Gestapo naar Berlijn om met hen de details van het nieuwe deportatieprogramma te bespreken. Hij kondigde de 'evacuatie' van 55.000 mensen aan, van wie het gros ditmaal uit Praag (20.000) en Wenen (18.000) afkomstig was. Het aandeel van de overige steden zou 'naargelang het aantal van de in elk (hoofd)district van de staatspolitie nog aanwezige Joden' worden vastgesteld.[208] Medio maart begon een nieuwe deportatiegolf. Het doel van de transporten was ditmaal een reeks getto's in het district Lublin.[209] 'In grote aantallen worden nu weer Joden uit Berlijn geëvacueerd,' noteerde Goebbels in zijn dagboek. 'Het gaat om circa duizend per week die naar het oosten worden vervoerd. Het aantal zelfmoorden onder deze te evacueren Joden is bijzonder hoog. Maar dat stoort me niet. De Joden hebben geen ander lot verdiend dan wat ze nu ondergaan.'[210]

Hitler was schijnbaar al vroeg geïnformeerd over het resultaat van de Wannsee-conferentie.[211] In de daaropvolgende weken en maanden verscherpte hij opnieuw zijn toon. 'Men moet het snel doen [...]. De Jood moet weg uit Europa,' verklaarde hij op 25 januari tijdens het middagmaal in de Wolfsschanze, waarbij ook Himmler en Lammers aanwezig waren. 'Anders krijgen we geen Europese overeenstemming. Hij stookt doorgaans overal [...]. Ik zeg slechts: hij moet weg. Als hij daarbij kapotgaat, kan ik daar niets aan doen. Ik zie slechts één ding: volledige uitroeiing als ze niet vrijwillig vertrekken. Waarom zou ik een Jood met andere ogen bekijken dan een Russische krijgsgevangene?'[212] Aangezien er na het uitreisverbod van oktober 1941 geen sprake meer kon zijn van een 'vrijwillig' verlaten van Duitsland, was het alle gasten aan tafel duidelijk wat de dictator van plan was, en zijn verwijzing naar het lot van de Russische krijgsgevangenen, die al met honderdduizenden gestorven waren, onderstreepte zijn moorddadige plannen. Zijn dreigement met vernietiging tijdens de Rijksdagzitting op 30 januari 1941 is eerder al ter sprake gekomen. Vooral de frase 'Oog om oog, tand om tand' werd door de bevolking in die zin geïnterpreteerd 'dat de strijd van de Führer tegen het Jodendom met onverbiddelijke consequentie ten einde wordt gevoerd en dat de laatste Jood weldra van de Europese bodem wordt verdreven', meldden de SD-verslaggevers.[213]

Hij was 'vastbesloten meedogenloos met de Joden in Europa af te rekenen', bevestigde Hitler in een gesprek met Goebbels op 14 februari 1942. Op dat punt mochten er 'generlei sentimentele bevliegingen' zijn: 'De Joden hebben de catastrofe die ze nu meemaken verdiend. Ze zullen met de vernietiging van onze vijanden ook hun eigen vernietiging meemaken. We moeten dat proces met kille meedogenloosheid bespoedigen en we bewijzen de lijdende en al eeuwen door het Jodendom gekwelde mensheid daarmee een onschatbare dienst.'[214] Aan het eind van een lang gesprek met Goebbels op 19 maart in de Wolfsschanze kwam de dictator terug op zijn aankondiging: 'De Joden moeten weg uit Europa, desnoods met inzet van de grofste middelen.'[215]

Twee dagen eerder waren de vergassingen in Bełżec begonnen. Bij de eerste betrof het de inwoners van het getto van Lublin; elke dag rolden er nu treinen het vernietigingskamp binnen. Alleen al in de eerste vier weken werden er meer dan 70.000 mensen in de gaskamers vermoord, onder wie 43.000 uit het district Lublin en meer dan 27.000 uit het aangrenzende district Galicië.[216] De 'actie' werd geleid door de Höhere SS- en Polizeiführer Odilo Globocnik, die door Himmler tijdens een bezoek in Lublin op 14 maart was geïnstrueerd.[217] Binnen de nazileiding was men goed geïnformeerd over de opmaat tot de fabrieksmatige massamoord. Op 27 maart vertrouwde Goebbels zijn dagboek toe: 'Vanuit het Generaal-gouvernement worden nu, beginnend bij Lublin, de Joden naar het oosten uitgezet. Er wordt hier een tamelijk barbaarse en niet nader te beschrijven methode toegepast en van de Joden zelf blijft niet veel meer over. In grote lijnen kan men waarschijnlijk constateren dat 60 procent van hen geliquideerd moet worden, terwijl slechts 40 procent voor arbeid kan worden ingezet. De voormalige Gauleiter van Wenen die deze actie uitvoert, doet dat tamelijk omzichtig en ook op een manier die niet al te opvallend is. De Joden ondergaan een strafgericht dat weliswaar barbaars is, maar dat ze volledig verdiend hebben.' Goebbels kende dus niet alleen de naam van de rechtstreeks voor de 'actie' verantwoordelijke man – Globocnik, de voormalige Weense Gauleiter – maar ook de nieuwe, 'onopvallende' methode om te doden: de moord in stationaire gaskamers waar uitlaatgassen in werden geleid. En hij was zich ook volledig ervan bewust dat de gedeporteerde Duitse Joden hetzelfde lot wachtte als de Poolse Joden: 'De in de steden van het Generaal-gouvernement vrijkomende getto's worden nu gevuld met de uit het rijk uitgezette Joden, en hier moet het proces zich dan na enige tijd herhalen.'[218]

In februari 1942 was begonnen met de bouw van een tweede vernietigingskamp, nu bij Sobibór, aan de oostgrens van het district Lublin. Begin mei werd het 'in bedrijf' genomen. Twee weken eerder, op 17 april, had Himmler na een bezichtiging van het getto van Warschau opdracht gegeven voor de bouw van een derde vernietigingskamp, bij Treblinka, ten noordoosten van Warschau. Het werk begon in mei en werd in juli voltooid. De contouren van een gigantisch moordcomplex werden zichtbaar.[219] Tegelijkertijd werden er nu ook voorbereidingen getroffen om andere Europese landen bij het vernietigingsprogramma te betrekken, waarbij Buitenlandse Zaken het Reichssicherheitshauptamt de helpende hand bood.[220] Sinds maart 1942 werden de Joden in de marionettenstaat Slowakije naar de getto's in het district Lublin gedeporteerd; sinds juni reden de transporten rechtstreeks naar Sobibór. Ook werd nu de druk op andere met Duitsland geallieerde of van Duitsland afhankelijke staten om 'hun' Joden uit te leveren opgevoerd.[221] Het Europa-brede vernietigingsproces was op gang gekomen.

Op 26 april, toen een groot deel van de gettobevolking in Lublin al was vergast, besprak Goebbels de Jodenkwestie nogmaals uitgebreid met Hitler. 'Zijn standpunt tegenover dit probleem is onverbiddelijk,' constateerde de minister van Propaganda. 'Hij wil de Joden absoluut uit Europa verdringen. Dat is ook goed zo. De Joden hebben ons werelddeel zo veel leed gebracht, dat de zwaarste straf die men hun kan opleggen nog altijd te mild is.'[222] Op 18 mei pleegden leden van een communistisch-Joodse verzetsgroep rondom Herbert Baum een aanslag door middel van brandstichting tijdens de anticommunistische tentoonstelling 'Das Sowjetparadis' in de Berlijnse Lustgarten.[223] Ze wilden een signaal afgeven. Er ontstond slechts geringe materiële schade en de Gestapo kon de daders al na enkele dagen arresteren. De aanslag kwam Goebbels goed uit. 'Veelzeggend genoeg,' noteerde hij op 24 mei, bevonden zich onder de arrestanten vijf Joden en drie half-Joden. Daaruit kon men concluderen 'hoe belangrijk onze Jodenpolitiek is en hoe noodzakelijk het is de oude koers zo radicaal mogelijk te vervolgen en ervoor te zorgen dat de nog in Berlijn aanwezige 40.000 Joden [...] zo snel mogelijk ofwel geconcentreerd of geëvacueerd worden. Liquideren zou vanzelfsprekend het beste zijn.' Bij Hitler trapte hij daarmee open deuren in, maar Speer tekende bezwaar aan: zolang er geen vervanging was voor de Joden die in de wapenindustrie werkten, mochten ze niet gedeporteerd worden.[224]

Op 27 mei 1942 pleegden twee Tsjechische agenten in opdracht van de regering in ballingschap in Londen een aanslag op Reinhard Heydrich, die per auto op weg was naar zijn kantoor in de Praagse burchtwijk Hradčany. Hitler had de chef van het Reichssicherheitshauptamt eind september benoemd tot plaatsvervangend Reichsprotektor voor Bohemen en Moravië omdat hij Konstantin von Neurath niet in staat achtte het groeiende verzet van de bevolking te breken. (Neurath bleef weliswaar formeel in functie, maar speelde geen rol meer.) Heydrich maakte de verwachtingen volledig waar. Hij regeerde met 'wortel en stok', liet enerzijds honderden Tsjechen terechtstellen en anderzijds de voedselrantsoenen voor arbeiders in de wapenindustrie verhogen en de Tsjechische sociale verzekeringen aanpassen aan de situatie in het rijk.[225] Het leek er aanvankelijk op dat Heydrich de aanslag zou overleven, maar op 4 juni bezweek hij aan zijn verwondingen. De nationaalsocialisten namen verschrikkelijk wraak. Op bevel van Hitler werden alle 199 mannen van het dorp Lidice doodgeschoten, de vrouwen werden naar het concentratiekamp van Ravensbrück gedeporteerd en de meeste van de 98 kinderen in Chełmno vermoord. Het dorp zelf werd met de grond gelijkgemaakt. In totaal werden tot wel 5000 mensen het slachtoffer van de Duitse vergeldingsorgie.[226]

Op 9 juni werd Heydrichs lichaam tijdens een pompeuze staatsbegrafenis in Berlijn bijgezet. Bij de rouwdienst in de Mozaïekzaal van de Neue Reichskanzlei was de complete top van het Derde Rijk aanwezig. De lijkrede werd gehouden door Heinrich Himmler, maar ook Hitler nam even het woord om Heydrich te prijzen als 'een van de beste nationaalsocialisten' die 'als bloedgetuige gesneuveld' was 'voor de instandhouding en veiligheid van het rijk'. Hij verleende hem postuum de hoogste klasse van de Duitse Orde – een onderscheiding die eerder alleen aan Todt na zijn fatale vliegtuigongeluk was uitgereikt.[227] De dood van de man wiens kille uitvoerdersmentaliteit niet had ondergedaan voor die van Himmler, betekende niet dat de vernietigingsmachinerie stokte. Integendeel, het leidde tot een verheviging van de moordcampagne, want in hun paranoïde complottheorieën hielden de nazileiders de Joden eveneens verantwoordelijk voor de aanslag in Praag. Nog de avond van 9 juni verklaarde Himmler tijdens een toespraak tot hoge ss-leiders in Berlijn dat het nu tijd was 'om pas goed zonder genade en zwakheid de vijanden van ons volk te vernietigen': 'De volksverhuizing van de Joden zullen we beslist binnen een jaar voltooid hebben: dan verhuist er niemand meer. Want nu moet er schoon schip worden gemaakt.'[228] Het was veelzeggend dat Himmler hier teruggreep op dezelfde formulering die Hitler in zijn toespraak tot de Reichs- en Gauleiter op 12 december 1941 had gebruikt.

Begin juni 1942 vertelde Heinz Doering, een voormalige Beierse districtscommissaris, nu ambtenaar in de regering-Frank, in een brief aan zijn moeder heel openlijk over wat er in het Generaal-gouvernement gebeurde: 'Krakau is nu bijna Jodenvrij, Lublin, vroeger het bolwerk van het wereldjodendom, is geheel Jodenvrij. [...] De Joden zelf zijn "verhuisd". Mondeling meer [...]. Nu worden de Joden vanuit het rijk hierheen gebracht. Met hen zal hetzelfde worden gedaan. De Führer heeft eens gezegd dat de volgende wereldoorlog het einde van het Jodendom in Europa zal betekenen. Ze hebben het waarschijnlijk niet zo letterlijk opgevat als het bedoeld was. Nu zijn hier nog slechts een paar Joodse werklui die nog niet gemist kunnen worden. De rest konkelt met Abraham.'[229]

Op 19 juli bepaalde Himmler in een bevel aan de Höhere SS- en Polizeiführer in Krakau, Friedrich Wilhelm Krüger, dat 'de verhuizing van de gehele Joodse bevolking' in het Generaal-gouvernement vóór het eind van het jaar voltooid moest zijn.[230] Vier dagen later, op 23 juli, reden de eerste transporten vanuit het getto van Warschau naar het vernietigingskamp Treblinka. Diezelfde dag maakte de voorzitter van de Joodse Raad, Adam Czerniaków, een eind aan zijn leven – uit wanhoop over het feit dat al zijn pogingen zijn lotgenoten voor het allerergste te behoeden, tevergeefs waren geweest. Op zijn bureau vond men een korte afscheidsbrief aan zijn vrouw: 'Ze verlangen van me dat ik de kinderen van mijn volk eigenhandig ombreng. Er rest me niets anders dan te sterven.'[231]

Met de massadeportaties vanuit het getto van Warschau begon de moorddadigste fase van de eindoplossing, de systematische vernietiging van de Poolse Joden. In het interne SS-dienstverkeer kreeg ze de codenaam *Aktion Reinhard(t)*, genoemd naar de voornaam van het toenmalige hoofd van het Reichssicherheitshauptamt.[232] Stap voor stap werden de grote getto's nu ontruimd en werden de Joden in treinen naar het dichtstbijzijnde vernietigingskamp gebracht, waar ze door SS'ers en Oekraïense hulpkrachten de gaskamers in werden gedreven. Tot het eind van het jaar werden in Bełżec, Sobibór en Treblinka, de drie kampen van de Aktion Reinhard(t), circa 1,25 miljoen Joden vermoord; tot het najaar van 1943, na ontruiming van de laatste dwangarbeiderskampen, steeg dat aantal tot 1,7 miljoen.[233] Hier stierven dus meer mensen dan in het vernietigingskamp Auschwitz-Birkenau, dat doorgaans symbool staat voor de massamoord op de Europese Joden.[234]

Auschwitz (Oświęcim), een Poolse grensstad, 70 kilometer ten zuidwesten van Krakau, was in oktober 1939 in het kader van de annexatie van West-Poolse gebieden bij de gouw Ostoberschlesien gevoegd en behoorde dus tot het Duitse Rijk. Begin 1940 had Himmler besloten er een concentratiekamp te bouwen. De plaats was met name door de gunstige verkeersverbindingen geschikt als spoorwegknooppunt. De kern van het hoofdkamp werd gevormd door een complex van voormalige kazernes, waarin aanvankelijk uitsluitend Poolse gevangenen werden ondergebracht. In mei 1940 benoemde Himmler Rudolf Höß tot kampcommandant; Höß had eerder als Blockführer in Dachau en Schutzhaftlagerführer in Sachsenhausen relevante ervaring opgedaan. Toen hij in november 1943 in een leidende functie op het Wirtschafts- und Verwaltungshauptamt van de SS in Berlijn werd benoemd, was Auschwitz de grootste doodsfabriek geworden. Terwijl in de kampen Bełżec, Sobibór en Treblinka vooral Poolse Joden werden omgebracht, zou Auschwitz het laatste station voor de Joden uit de rest van Europa worden. En hier werd een nog efficiëntere manier om te doden toegepast. Begin september 1941 werd een eerste poging gedaan om Sovjetkrijgsgevangenen in een kelder onder Blok 11 te doden met het blauwzuurpreparaat Zyklon B, een insecticide. Het experiment verliep naar tevredenheid van Himmlers handlangers.[235]

In oktober 1941 begon men in Birkenau, circa 3 kilometer van het hoofdkamp, met de bouw van een tweede kamp. Oorspronkelijk bedoeld voor de huisvesting van Russische krijgsgevangenen werd het in 1943, na afsluiting van de Aktion Reinhard(t), het eigenlijke centrum van de massavernietiging. In het voorjaar arriveerden de eerste transporten met Joden uit Oberschlesien, Slowakije en Frankrijk, en weldra ook uit alle delen van het bezette Europa. De aangekomenen werden op het perron 'geselecteerd'; wie niet als 'arbeidsgeschikt' werd geclassificeerd, moest de weg naar twee bunkers aan de rand van het kamp inslaan die als provisorische gaskamers waren ingericht. Op 17 en 18 juli inspecteerde Himmler het kampcomplex en liet zich het totale proces van selectie tot vergassing tonen. De Reichsführer-SS zou 'zwijgend' hebben toegekeken, 'zonder iets te bekritiseren', vertelde Rudolf Höß in zijn vóór zijn terechtstelling in 1947 geschreven memoires. Tijdens de aansluitende avondmaaltijd zou hij in 'opperbest, stralend humeur' zijn geweest.[236] De kampcommandant, die onmiddellijk tot SS Obersturmbannführer werd bevorderd, nam op verzoek van Himmler de uitbreiding van de vernietigingscapaciteit voortvarend ter hand. Vanaf juli 1942 werden er vier nieuwe, efficiëntere installaties met bijbehorende gaskamers en crematoria gebouwd, waarin per dag tot 10.000 mensen konden worden omgebracht. Een laatste hoogtepunt bereikte de massavernietiging toen tussen mei en juli 1944 liefst 430.000 Hongaarse Joden naar Birkenau werden gedeporteerd; 320.000 van hen werden onmiddellijk na aankomst vergast. In totaal kwamen er in het kampcomplex Auschwitz minstens 1,1 miljoen mensen om het leven, onder wie 960.000 (circa 90 procent) Joden, 70.000 à 75.000 niet-Joodse Polen, 21.000 Sinti en Roma, 15.000 Sovjetkrijgsgevangenen en 10.000 à 15.000 andere nationaliteiten. Het totaal aantal vermoorde Joden wordt op minstens 5,3 en maximaal 6,1 miljoen geschat. De meesten van hen, tot 3 miljoen, werden in de vernietigingskampen vermoord, 700.000 in mobiele gasauto's, 1,3 miljoen werden het slachtoffer van massa-executies en tot 1 miljoen stierven in de getto's en de concentratiekampen.[237]

De misdaad tegen de menselijkheid van de Holocaust was een uiterst arbeidsintensieve onderneming. Behalve de SS- en partij-apparaten werkte er een groot aantal instellingen, instanties, organisaties en maatschappelijke groepen aan mee: de Wehrmacht, zonder wier hulp en medewerking de Einsatzgruppen en politiebataljons nooit hadden kunnen opereren; daarbij kwamen de plaatselijke overheden en politiebureaus die de deportatiebevelen opstelden en toezicht hielden op de uitvoering; de beambten van de Reichsbahn die dienstregelingen uitwerkten en treinen ter beschikking stelden;[238] de diplomaten op Buitenlandse Zaken die zorgden voor de voorbereiding van de deportaties in de bezette staten;[239] de collaborateurs die de Duitse bezetter een handje hielpen; de leveranciers van de vernietigingstechnologie, zoals de firma Topf & Söhne in Erfurt, die gespecialiseerd was in het bouwen van verbrandingsovens, of de firma Tesch & Stabenow in Hamburg, die het Zyklon B leverde;[240] ondernemingen zoals IG-Farben, die in Monowitz, slechts enkele kilometers van het hoofdkamp, een fabriek voor de productie van buna (synthetisch rubber) liet bouwen en daarbij putte uit het enorme reservoir van de kampgevangenen;[241] de artsen zoals SS-Hauptsturmführer Josef Mengele die de selectie op de perrons uitvoerden en het onbeperkt ter beschikking staande 'mensenmateriaal' gebruikten voor monsterlijke medische experi-

Afb. 20 Vanaf mei 1944 werden in 56 dagen 430.000 Hongaarse Joden met treinen naar Auschwitz-Birkenau gedeporteerd. Deze moordcampagne werd geleid door een kleine staf onder leiding van Adolf Eichmann, geholpen door Hongaarse collaborateurs.

menten;²⁴² de specialisten op het Reichsfinanz- und Wirtschaftsministerium die zich in een Europa-brede rooftocht meester maakten van Joodse vermogens; maar ook de vele 'volksgenoten' die meubels en huisraad van de gedeporteerde en vermoorde Joden voor een prikkie op de kop tikten.²⁴³

Als men zich dit hele complexe systeem van daders, handlangers en profiteurs van de massamoord voorstelt, is het gevaar groot dat men de drijvende kracht en beslissende instantie uit het oog verliest: Adolf Hitler. Met name voor de ontstaansgeschiedenis van de Holocaust geldt wat Richard Walter Darré in zijn aantekeningen in de gevangenis in Neurenberg zag als algehele bewegingswet van het nationaalsocialisme: 'Als men de dingen op de keper beschouwt, is het bewegende moment van het draaitoneel steeds H[itler] zelf. Hij brengt [...] de beweging op gang, waarvan de dynamiek weer andere dynamieken losmaakt, maar altijd blijft de centrale figuur H[itler] met zijn verrassende aandrijfmechanisme de eigenlijke motor van het draaitoneel.'²⁴⁴

Alleen al het bestaan van een almachtige dictator, wiens antisemitische obsessies algemeen bekend waren, was voor de carrièrejagers in zijn omgeving een sterke stimulans om zich in de Jodenpolitiek te onderscheiden met eigen voorstellen en initiatieven en elkaar zo mogelijk te overbieden. Net als in de jaren vóór 1939 had Hitler sinds het begin van de oorlog onophoudelijk invloed op het besluitvormingsproces uitgeoefend, zowel indirect als direct. Indirect door zijn volgelingen mondeling in kennis te stellen van zijn wensen en ze haast terloops aan te moedigen hun fantasie te gebruiken en zelf plannen op te stellen. De Führer placht 'in het algemeen zijn wensen niet in de vorm van bevelen, maar juist in de vorm van wensen tot uitdrukking te brengen', wist Goebbels; het was 'van oudsher in de partij de gewoonte dat ook de wens van de Führer een bevel is'.²⁴⁵ Niet alleen de minister van Propaganda, ook Bormann en Himmler hadden een gevoelig zintuig voor zulke vaak als terloops geuite 'Führerwünsche' en haastten zich ze op te pakken en in aanwijzingen te vertalen.²⁴⁶ Met zijn qua toon en dictie steeds fellere antisemitische, haatdragende tirades, vooral met zijn steeds weer verwijzen naar zijn 'voorspelling' van 30 januari 1939, opende de dictator bovendien een retorische paraplu waaronder ook de meest radicale voorvechters van een 'eindoplossing van de Jodenkwestie' zich tegelijkertijd gedekt en gelegitimeerd konden weten.

Maar bij bepaalde essentiële beslissingen had Hitler steeds weer ook rechtstreeks ingegrepen en de richting van de ontwikkelingen aangeduid. Hij was degene die het karakter van Operatie Barbarossa als een vernietigingsoorlog tegen het 'Joodse bolsjewisme' had bepaald en de generaliteit ertoe had verplicht. Himmler, Heydrich en de leiders van de Einsatzgruppen konden er zeker van zijn dat ze volledig in overeenstemming met Hitlers bedoelingen handelden als ze de massa-executies stapsgewijs uitbreidden tot de gehele Joodse bevolking in de bezette gebieden van de Sovjet-Unie. Een formeel bevel daartoe is blijkbaar nooit gegeven, maar dat was ook niet nodig; het was veeleer kenmerkend dat het vernietigingsproces 'in een wisselwerking tussen centrum en periferie radicaliseerde', waarbij de ondergeschikte SS-instanties en moordeenheden ter plekke hun speelruimte ongebreideld benutten.[247]

De eerste aanzet was niet altijd door Hitler zelf gegeven. Zo hadden met name de Gauleiter, Goebbels voorop, er zowel op aangedrongen dat de Duitse Joden gedwongen zouden worden tot het dragen van een kenteken, als op deportatie van hen uit het Rijksgebied. In beide gevallen echter kon een beslissing pas worden genomen nadat Hitler in augustus respectievelijk september 1941 toestemming had gegeven. Ook die had niet de vorm van een schriftelijk bevel, maar van een tijdens gesprekken geuite wilsuiting van de dictator, die door zijn satrapen terecht als machtiging werd geïnterpreteerd.[248]

Tot slot was ook de laatste moorddadige ontwikkeling, de overgang naar de systematische vernietiging van de Europese Joden in het voorjaar en de zomer van 1942, niet denkbaar geweest zonder een voorgaande intentieverklaring van Hitler. Die verklaring gaf hij naar het schijnt op 12 december 1941 tijdens een geheime ontmoeting met de Reichs- en Gauleiter in zijn privéwoning in Berlijn. Daarmee trok hij de consequenties uit enerzijds de kentering aan het oostfront, waardoor een territoriale eindoplossing in de vorm van uitzetting van de Joden naar een afgelegen gebied in de Sovjet-Unie een illusie moet hebben geleken, anderzijds uit de oorlogsdeelname van de VS en daarmee de mogelijkheid van een nieuwe wereldoorlog, waaraan de dictator zijn dreigement met vernietiging van meet af aan had gekoppeld. Opnieuw maakte hij zijn beslissing niet bekend als een precieze aanwijzing; hij liet het veeleer bij een, overigens niet mis te verstane, wenk dat nu het moment was gekomen voor de grote afrekening die hij altijd al had aangekondigd.

Hitlers rol was dus in laatste instantie doorslaggevend en Goebbels had het volstrekt niet mis toen hij in maart 1942 uitdrukkelijk daarnaar verwees: 'Ook hier is de Führer een onverdroten voorvechter van een radicale oplossing, die naargelang de situatie geboden is en daarom onontkoombaar lijkt.'[249] Een jaar later, toen Goebbels Hitler kon melden dat de Berlijnse Joden nu bijna allemaal waren 'geëvacueerd', dat wil zeggen aan de vernietiging prijsgegeven, constateerde de dictator tevreden dat pas de oorlog hem de mogelijkheid had gegeven 'een hele reeks problemen' op te lossen 'die men in normale tijden nooit had kunnen oplossen'. Daartoe behoorde allereerst de 'eindoplossing van de Jodenkwestie': 'De Joden zullen in elk geval hoe dan ook de verliezers van deze oorlog zijn.'[250] Opnieuw een jaar later, begin maart 1944, gaf Hitler tijdens een gesprek met de minister van Propaganda uitdrukking aan zijn tevredenheid dat hij inzake de Jodenkwestie een 'zo radicale politiek' van vernietiging had gevolgd: 'De Joden kunnen ons nu niet meer deren.'²⁵¹

Maar wat wisten de Duitsers over de Holocaust? Die vraag is in de Duitse contemporaine geschiedschrijving lange tijd taboe geweest. Pas na de millenniumwisseling is er een reeks onderzoeken verschenen die bevestigden wat Raul Hilberg in zijn richtinggevende onderzoek *Die Vernichtung der europäischen Juden* van 1961 geconstateerd had: de Holocaust was – ondanks alle pogingen van de daders om de monsterlijke misdaad te verhullen – 'publiek geheim'.²⁵² Die conclusie kan eigenlijk niet verrassen. Zoals blijkt uit de verslagen van verhoren van Duitse krijgsgevangenen, was kennis over de Jodenvernietiging onder Wehrmachtsoldaten wijd verspreid. Velen van hen waren zelf ooggetuige geweest van de massa-executies van Sovjetjoden of hadden er via verhalen van hun kameraden over gehoord.²⁵³ In juni 1942 meldde luitenant Fritz Hartnagel, die in de zuidelijke sector van het oostfront diende, in een brief aan zijn vriendin Sophie Scholl in München: 'Het is onthutsend met hoeveel cynische koelbloedigheid mijn commandant vertelt over de afslachting van alle Joden in het bezette Rusland en daarbij volledig overtuigd is van de rechtvaardigheid van die handelwijze.'²⁵⁴ In het Generaal-gouvernement verspreidde de kennis over de moord op de Poolse Joden in de zomer van 1942 zich snel en werd algauw het algemene gespreksonderwerp onder de Duitse bezetters. Zo vertrouwde de in Warschau gelegerde Wilm Hosenfeld zijn dagboek op 25 juli toe: 'Als het waar is wat er in de stad wordt verteld, en wel door geloofwaardige mensen, dan is het geen eer om Duits officier te zijn. [...] Deze week zouden er al 30.000 Joden uit het getto zijn weggevoerd, ergens naar het oosten. Wat er met hen gebeurt, is ondanks alle geheimzinnigheid ook al bekend.'²⁵⁵ Hoewel Hosenfeld niet op de hoogte was van de details van de moorden in Treblinka, wist hij dat de Joden daar dagelijks met duizenden werden omgebracht. Een Duitse tankcommandant die in februari 1944 twee dagen door Galicië reisde, noteerde in zijn dagboek: 'Een verschil van dag en nacht als men die oude Russische grens oversteekt, en dan Galicië zonder Joden [...]. Ons bewind heeft veel van het land gemaakt en vooral heel bedreven gewerkt.'²⁵⁶

Via veldpostbrieven of verhalen van soldaten en officieren met verlof in het vaderland bereikten de berichten over de massamoorden het Altreich. Zo noteerde Friedrich Kellner eind oktober 1941: 'Een soldaat met verlof meldt als ooggetuige verschrikkelijke wreedheden in het bezette gebied in Polen. Hij heeft gezien hoe naakte Joden e[n] Jodinnen, die voor een lange, diepe kuil werden opgesteld, op bevel van de ss door Oekraïners in het achterhoofd werden geschoten e[n] in de kuil vielen.'²⁵⁷ De massa-executies in de bezette Sovjetgebieden waren dus alom bekend toen in het najaar van 1941 de deportaties van de Duitse Joden begonnen. Dat gebeurde niet onder de dekmantel van geheimhouding, maar in alle openlijkheid. Misschien hebben veel Duitsers zichzelf gerustgesteld met de officiële versie dat de Joden 'naar het oosten worden verhuisd' en daar 'tewerkgesteld'. Maar heel wat mensen wisten of vermoedden minstens dat de gedeporteerden daar de dood wachtte. Een Hamburgse lerares schreef op 15 december 1941: 'De weinige Joden die zich nog in Duitsland bevinden, worden weggebracht, naar het oosten, zegt men. En dat nu, in de winter! [...] Het is zonneklaar dat dat vernietiging betekent.'[258] De geruchten over het gruwelijke lot dat de gedeporteerden 'in het oosten' wachtte, werden in de loop van 1942 steeds sterker. In september noteerde Friedrich Kellner in zijn dagboek: 'De afgelopen dagen zijn de Joden van ons district weggebracht [...]. Uit welingelichte bron hoorde ik dat alle Joden naar Polen zijn gebracht e[n] daar door ss-eenheden zijn vermoord.' En deze inspecteur van justitie in Laubach voegde eraan toe: 'Dergelijke schanddaden zullen nooit uit het boek van de mensheid kunnen worden geschrapt. Onze regering van moordenaars heeft de naam "Duitsland" voor eeuwig bezoedeld. Het is voor een fatsoenlijk Duitser niet te bevatten dat niemand paal en perk stelt aan de activiteiten van de Hitler-bandieten.'[259]

Maar niet veel Duitsers dachten er zo over. Voor de meesten was met de deportaties de Jodenkwestie opgelost. Over het lot van de gedeporteerden maakte men zich niet druk. Het na 1945 veelstemmig aangeheven 'Wir haben nichts gewusst!' was in de meeste gevallen een niet-willen-weten – een weigering bepaalde observaties na te trekken, vragen te stellen en conclusies te trekken.[260] Wat een doorsneeburger die wílde weten indertijd kón weten, blijkt uit het dagboek van Karl Dürkefälden, een ingenieur bij een machinefabriek in Celle. Deze hoorde in het najaar van 1942 via de BBC voor het eerst van de moord op de Joden. Hij combineerde het bericht met andere informatie. Zo vertelde een zwager die als bouwopzichter bij Kiev had gewerkt, hem over massa-executies. Van een voormalig werknemer van het bedrijf die als soldaat in Vilnius gestationeerd was, hoorde hij in januari 1943 dat 'de Joden vanuit Frankrijk en ander bezette landen naar Polen werden gebracht en daar deels doodgeschoten, deels vergast' werden. Al die berichten, gecombineerd met het kritisch lezen van de nazipers, stelden Dürkefälden in staat zich een tamelijk nauwkeurig beeld te vormen van het totale complex van de Jodenvernietiging. Over de doodsfabrieken, vooral over de manier waarop daar gemoord werd, hoorde hij overigens niets naders.[261]

Maar zelfs wat Auschwitz betrof, het centrum van de vernietiging, functioneerde de geheimhouding niet soepel. Ook dat kan niet verrassen. Auschwitz was namelijk niet alleen een verkeersknooppunt, maar ook een nieuwe woonplaats voor talrijke 'Reichsdeutsche' – niet in de laatste plaats voor duizenden ss'ers en hun gezinnen. Onder de burgerbevolking deden algauw geruchten de ronde over wat er achter de kamphekken gebeurde. De gloed van de crematoria van Auschwitz-Birkenau was tot 15 à 20 kilometer in de omtrek te zien, de weeïge geur van de verbrande lijken verspreidde het nieuws over de gebeurtenissen in het dodenkamp over de naaste omgeving. Het vergassen van niet meer als arbeidsgeschikt aangemerkte gevangenen was algemeen onderwerp van gesprek op de bouwplaats van de IG-Farbenfabriek.[262] Maar niet alleen degenen die zich in en rondom Auschwitz bevonden deden kennis op van de misdaden, ook veel vakantiegangers die hier op doorreis verbleven. Zo merkte een soldaat in een veldpostbrief aan zijn familie van december 1942 op: 'Joden komen hier, dat wil zeggen in Auschwitz, wekelijks 7000 à 8000 aan, die na korte tijd de "heldendood" sterven.'[263]

Veel sijpelde ook door naar de nog niet gedeporteerde Joden. In het dagboek van Victor Klemperer valt de naam Auschwitz voor het eerst in een notitie van 16 maart 1942: 'Als meest verschrikkelijk concentratiekamp hoorde ik dezer dagen Auschwitz (of zoiets) bij Königshütte in Oberschlesien noemen.' Pas in het najaar van 1942 dringt het belang van Auschwitz als 'een snelwerkend slachthuis' tot hem door, zonder dat hij al iets meer had gehoord over hoe de gedeporteerden daar ter dood werden gebracht. Hij legde nog geen verband tussen Auschwitz en de geruchten over vergassingen die hem van alle kanten bereikten: 'Overigens wordt al heel lang verteld dat vele geëvacueerden niet eens levend in Polen aankomen. Ze worden in veewagons tijdens de reis vergast en de wagon stopt dan onderweg bij een voorbereid massagraf.' Het hele geheim van het vernietigingscomplex kon Klemperer niet ontrafelen, maar Auschwitz is in zijn dagboek synoniem met massamoord, en tegen eind 1944 stond voor hem vast 'dat we niemand terug zullen zien, dat 6 tot 7 miljoen Joden [...] afgeslacht (preciezer gezegd: doodgeschoten en vergast) zijn.'[264]

Het klopt dus weliswaar dat slechts weinig Duitsers álles wisten over de *Endlösung*, maar er waren er ook heel weinig die níéts wisten. De kennis had meestal betrekking op afzonderlijke aspecten van de moorddadige activiteiten, bijvoorbeeld in de vorm van nieuws over getto's en massa-executies of geruchten over vergassingen. Maar gedeeltelijke informatie, losse observaties en geruchten voegden zich niet vanzelf samen tot een totaalbeeld. Dat veronderstelde veeleer de bereidheid details te zien als indicator voor het geheel, zoals blijkt uit het voorbeeld van soldaat Erich Kuby. Hij zag begin maart 1942 tijdens de reis naar het oostfront in de omgeving van Warschau een deportatietrein en schreef daarover aan zijn vrouw: 'Er was niet meer te zien dan een op elkaar geperste menigte met een gele ster op borst en schouder, maar het was het beeld waarin alles wat we weten nu samenkomt.'[265] Met andere woorden: men hoefde de naam Auschwitz niet gehoord te hebben om te weten dat de Joden werden vermoord. Maar het 'normale' bestond erin dat men het ongehoord verschrikkelijke, de waarheid over de misdaad tegen de menselijkheid, niet bewaarheid wilde zien, maar haar afhield en verdrong.

'Moet ik dat afgrijselijke nieuws geloven? Het gaat de ergste vermoedens te boven. Dat kan gewoon niet waar zijn. Zo beestachtig kunnen zelfs de wreedste fanatici niet zijn.' Dat noteerde de Berlijnse journalist Ursula von Kardorff op 27 december 1944 in haar dagboek nadat ze in een Zwitserse krant had gelezen dat de Joden in Auschwitz 'systematisch' vergast werden.[266] Meer nog dan de ambtelijk bevolen geheimhouding was het de monsterlijkheid van het bericht zelf dat verspreiding ervan in de weg stond. De met bureaucratische grondigheid geplande, deels fabrieksmatig gepleegde miljoenenvoudige moord – de unieke omvang van de misdaad ging het voorstellingsvermogen van zelfs diegenen te boven die Hitler en zijn handlangers tot alle mogelijke schanddaden in staat achtten. Het ondenkbare denken, Auschwitz als werkelijkheid zien – daar verzette een psychische zelfverdedigingsreflex zich tegen. Wat voor barricades het bewustzijn opwierp tegen het moeilijk te verdragen weten, heeft niemand zo nauwkeurig beschreven als de psycholoog Peter Brückner uit Hannover in zijn autobiografie *Das Abseits als sicherer Ort*: 'Er bestond bij veel doorgaans goed horende mensen een merkbare onwil om kennis te nemen van bepaalde berichten over de gruwelen in de nazistaat. Men schrok, maar verstomde, werd wrevelig, vergat. Ik wilde wéten, en "vergeten" leek ons onwaardig. En toch herinner ik me dat ik soms de neiging had me af te sluiten, als een Indische aap niets te zien en niets te horen. Waarom? [...] Ik wilde immers leven en niet slechts overleven, maar dat wil zeggen: ik wilde ook lachen, verliefd worden, met smaak mijn thee drinken en gedichten schrijven. [...] Hoezo mag men het leven niet liefhebben? En hoe kón men dat, maar al te goed wetend wat er in het machtsgebied van de nazistaat en zijn leger gebeurde?'[267]

8

Stalingrad of het gevecht om de olie

Achter de soldaten aan het oostfront lag een winter 'zoals Midden- en Oost-Europa er al in meer dan 140 jaar geen hebben meegemaakt', beweerde Hitler in zijn toespraak tijdens de Heldengedenkdag op de binnenplaats van het Zeughaus in Berlijn op 15 maart 1942. Toch was het de buren in het Kremlin niet gelukt de Wehrmacht 'het napoleontische lot van 1812' te laten ondergaan. Dat bracht de dictator tot een belofte: 'De bolsjewistische horden die de Duitsers en de verbonden soldaten deze winter niet konden verslaan, zullen door ons in de komende zomer vernietigend worden verslagen.'¹ De schok van de 'wintercrisis' was overwonnen en het front in het oosten was gestabiliseerd. Er ontstond voorzichtig optimisme. Tegenover zijn omgeving snoefde Hitler dat hij tijdens de 'strijdperiode', vooral in de dagen vóór de machtsovername in januari 1933, 'heel andere afgronden' had gezien en 'meer dan eens' voor de keus tussen zijn en niet-zijn had gestaan. Sindsdien kon geen enkel probleem hem nog van zijn stuk brengen.²

Van een overgang naar een strategische verdediging was in het voorjaar van 1942 geen sprake. Hitler had er veeleer goede hoop op dat men het Rode Leger alsnog een beslissende slag kon toebrengen. Daarbij speelde de factor tijd een doorslaggevende rol. Hij was zich er immers van bewust dat hij de oorlog in het oosten op een of andere manier moest beëindigen voordat de Anglo-Amerikaanse alliantie het volle gewicht van haar economische en militaire macht op het westelijk strijdtoneel in de weegschaal kon leggen. Op dat punt was de stafchef van het leger, Franz Halder, het eens met zijn opperbevelhebber: 'Als we de Russen op adem laten komen en als de dreiging van Amerika toeneemt, dan geven we het initiatief uit handen aan de vijanden en zullen we nooit meer winnen. Dus blijft ons niets anders over dan nogmaals een poging te wagen, ondanks alle bedenkingen.'³ Als ze erin slaagden de Sovjet-Unie alsnog op tijd te overwinnen – berekenden Hitler en zijn generale staf – was er een goede kans om de 'vesting Europa' van een geallieerde invasie te vrijwaren en Churchill en Roosevelt tot overgave te dwingen. Ook minister van Propaganda Goebbels was ervan overtuigd: 'Als het ons lukt de zaak in het oosten deze zomer tot een goed einde te brengen, zijn we uit de problemen. [...] Als het Sovjetsysteem eenmaal op de grond ligt, dan hebben we daarmee de oorlog praktisch gewonnen.'⁴

De Wehrmacht was overigens de afgelopen negen maanden aanzienlijk verzwakt. Van de meer dan 3,2 miljoen soldaten die bij het begin van Operatie Barbarossa op 22 juni 1941 klaar hadden gestaan, waren er meer dan 1 miljoen dood, gewond of vermist of bevonden zich in Russische gevangenschap. 'Grote god, wat zijn de troepen uitgedund, wat zien de officieren e[n] wapens eruit,' noteerde generaal Gotthard Heinrici op 12 maart 1942 in zijn dagboek.[5] De verliezen waren ondanks alle pogingen niet meer goed te maken. Halder registreerde voor een voorstel aan Hitler op 21 april een tekort van 625.000 plaatsen voor het leger in het oosten en legde in trefwoorden vast: 'gevechtskracht-vermindering door het uitvallen van ervaren off[i]c[ieren] en onderofficieren, het ontbreken van ervaren specialisten, vermoeidheid van manschappen, paarden en materieel.'[6] Gezien het personeelstekort was een grootscheepse aanval aan het complete front van Leningrad tot aan de Zwarte Zee uitgesloten. In plaats daarvan moest het offensief beperkt blijven tot één sector van het front, en wel die van de Legergroep Süd. 'De Führer is niet van plan aan het hele front tot de aanval over te gaan, maar steeds een van de sectoren offensief open te breken en daar dan werkelijke aanvallen van beslissend belang uit te voeren,' zo vatte Goebbels eind maart de strategische plannen van Hitler samen.[7]

Hoewel de ervaring hem eigenlijk beter had moeten leren was Hitler nog altijd geneigd de eigen mogelijkheden te overschatten en het Russische verzetspotentieel te onderschatten. Tijdens zijn tafelgesprekken in het Führerhoofdkwartier schemerde weliswaar herhaaldelijk iets van onwillige bewondering voor Stalin door – die was 'op zijn manier een geniale vent', een 'geweldige persoonlijkheid' die 'met ijzeren vuist dat reusachtige rijk bijeengebracht heeft'[8] – maar dat veranderde niets aan zijn geringschatting voor de gevechtskracht van de Sovjetlegers. Met het winteroffensief van 1941-1942, zei hij, had het Rode Leger zijn 'laatste krachten verbruikt'. Nu kwam het er alleen op aan 'het reeds vallende om te duwen'.[9] Ook in die overtuiging zag de dictator zich gesterkt door zijn militaire adviseurs. Zo beweerde ook Halder in het voorjaar van 1942 dat de Russische divisies 'niet veel waard meer' waren en meende hij in het achterland tekenen van 'wanorde' te kunnen waarnemen.[10] Maar Stalins geforceerde ontwikkeling had nog lang niet de grens van haar personele bronnen en industriële prestatievermogen bereikt. Integendeel, juist in het jaar 1942 lukte het haar het Derde Rijk bij de productie van nagenoeg alle soorten wapens te overvleugelen. 'Als er in 1942 een echt "bewapeningswonder" heeft plaatsgevonden, dan gebeurde dat niet in Duitsland, maar in de wapenfabrieken in de Oeral,' heeft de Britse historicus Adam Tooze treffend geconstateerd. Dit 'bewapeningswonder' heeft de Sovjet-Unie in wezen bewerkstelligd op eigen kracht. De hulpleveranties die de VS stuurde in het kader van de *Lend-Lease-Act*, arriveerden pas vanaf 1943 op grote schaal.[11]

Die verbazingwekkende mobilisatiekracht zou de Sovjet-Unie in staat stellen niet alleen de tweede Duitse grootscheepse aanval te doorstaan, maar op haar beurt in november 1942 over te gaan tot zorgvuldig voorbereide tegenoffensieven. De hoop van Hitler en de generale staf om op het oostelijke strijdtoneel alsnog een beslissing af te dwingen, was daarmee definitief de bodem ingeslagen. 'Dat wordt het graf van het Duitse leger,' had de militair attaché op de Italiaanse ambassade, Efisio Marras, in maart 1942 uitgeroepen, daarbij wijzend op een landkaart met de benedenloop van de Wolga.[12] Die voorspelling zou in vervulling gaan met de omsingeling en capitulatie van het Zesde Leger in Stalingrad. Bovendien creëerden de Engelsen en de Amerikanen met hun gezamenlijke landing in Frans Noord-Afrika in november 1942 een uitvalsbasis, van waaruit ze in de 'zachte onderbuik' van de Asmogendheden konden stoten. Zo was rond de jaarwisseling 1942-1943 het initiatief overgegaan op de anti-Hitlercoalitie. Tijdens hun ontmoeting in Casablanca in januari 1943 bevestigden Roosevelt en Churchill hun voornemen de oorlog tot en met de 'onvoorwaardelijke overgave' (*unconditional surrender*) van Duitsland en Japan voort te zetten.

Tijdens een bespreking in het Führerhoofdkwartier op 28 maart 1942 stelde Halder de plannen van de legeropmars voor het zomeroffensief voor. Hitler stemde ermee in, maar maakte desondanks onmiskenbaar duidelijk dat hij als opperbevelhebber van het leger de komende veldtocht volledig volgens zijn idee wilde leiden. De fundamentele OKW-instructie Nr. 41 van 5 april was in feite zijn eigen werk. Voor het eerst had hij het hem door Jodl voorgelegde ontwerp ingrijpend gecorrigeerd en gedeeltelijk herschreven.[13] Het Rode Leger, zei hij in de inleiding, had de massa van zijn reserves tijdens de winteroorlog verbruikt; zodra het weer en het terrein het toestonden, moest 'het merendeel van de Duitse leiding en troepenmacht opnieuw het initiatief nemen.' Als doel van de operatie (schuilnaam 'Blau') werd vastgesteld, 'nog resterende vitale weerstand van de Sovjets definitief te vernietigen en hun de belangrijkste oorlogseconomische krachtbronnen zo veel mogelijk te ontnemen'. De Legergroep Mitte moest haar stelling houden terwijl aan het noordelijke front Leningrad ten val zou worden gebracht, de landverbinding met de Finnen zou worden hersteld, en aan het zuidelijke front moest de doorbraak naar de Wolga en de Kaukasus worden afgedwongen. Omdat beide doelen gezien de ter beschikking staande krachten niet tegelijkertijd konden worden verwezenlijkt, moest het zwaartepunt van de operaties aanvankelijk bij de zuidvleugel worden gelegd, en wel met het doel 'de vijand vóór de Don te vernietigen en de overgang via de Kaukasus zelf te veroveren'. Ter voorbereiding op de hoofdoperatie moesten het schiereiland Kertsj en de vesting Sebastopol op de Krim ingenomen worden, en moest een vijandelijke spits aan weerszijden van

Izjoem die Charkov bedreigde, het beginpunt van de Duitse opmars, , 'gezuiverd' worden.[14]

Het waren dus vooral oorlogseconomische overwegingen waardoor Hitler zich bij zijn nieuwste onderneming liet leiden. Hij dacht dat hij de Sovjet-Unie de doodsteek kon toebrengen door haar af te snijden van de oliebronnen in de Kaukasus. Door de bezetting daarvan zou de Wehrmacht in staat worden gesteld haar enorme oliebehoefte te dekken en een langere oorlog ook tegen de Angelsaksische mogendheden met een overwinning te besluiten. 'Als ik de olie van Majkop en Grozny niet heb, moet ik deze oorlog beëindigen,' zou Hitler tijdens een bezoek aan Poltava voor het begin van de veldtocht hebben gezegd.[15] Hij overdreef bewust om het leger voor zijn strategische overwegingen te winnen. En eens te meer kon de verzamelde generaliteit haar opperbevelhebber niet tegenspreken. Ook Halder zag de Kaukasus-onderneming inmiddels als 'een dwingende noodzaak', liet hij de verbindingsofficier van de marine bij het OKH weten; die regio had immer 'ongeveer hetzelfde belang als de provincie Silezië voor Pruisen': 'Pas door het bezit van dat gebied wordt het Duitse oorlogsrijk op den duur levensvatbaar.'[16]

Terwijl de Duitse voorbereidingen voor het zomeroffensief op volle toeren draaiden, begon de Royal Air Force aan een verscherpte fase van de bommenoorlog. Haar luchtaanvallen op het Rijksgebied in de jaren 1940-1941 waren nogal beperkt gebleven en hadden alles bij elkaar weinig schade veroorzaakt. Niet in de laatste plaats om de Sovjet-Unie in haar strijd tegen Hitlers legers te ontlasten, besloot het Britse oorlogskabinet in het voorjaar van 1942 over te gaan op de nieuwe strategie van het bommentapijt. Het was daarbij niet op de bedoeling wapenfabrieken en verkeerswegen te raken, maar om het moreel van de bevolking, met name onder de fabrieksarbeiders, te ondermijnen. De uitvoerder van deze strategie werd luchtmaarschalk Arthur Harris, die op 22 februari 1942 het *Bomber Command* overnam.[17] Als eerste proefdoelwit koos men de Hanzestad Lübeck uit, waarvan het dichtbebouwde middeleeuwse stadscentrum een ideaal doelwit voor brandbommen was. In de nacht van 28 op 29 maart vlogen Britse bommenwerpers drie aanvalsgolven en legden grote delen van de binnenstad in puin en as. Er kwamen 312 mensen om het leven en er vielen meer dan 700 gewonden – meer slachtoffers dan een luchtaanval in Duitsland tot dan toe had geëist.

Hitler voelde zich 'erg terneergeslagen' door de ramp in Lübeck.[19] Meteen nadat hij het nieuws op de ochtend van 29 maart had gehoord, belde hij Goebbels vanuit het hoofdkwartier en liet zich 'uitermate verstoord' uit over de ambtenaren van Binnenlandse Zaken omdat het hun bij de te nemen hulpmaatregelen aan initiatief had ontbroken. 'De Führer haalt de zorg voor vanuit de lucht beschadigde gebieden weg bij Buitenlandse Zaken en geeft mij in deze kwestie onbeperkte volmacht,' verheugde de minister van Propaganda zich over dit nieuwe bewijs van vertrouwen.[20] Begin april liet Goebbels zich filmopnamen tonen van de verwoestingen in de oude binnenstad van Lübeck; ze maakten een 'huiveringwekkende indruk' op hem. Als de Britse luchtaanvallen 'op deze manier wekenlang voortgezet' zouden worden, kon dat 'beslist een demoraliserend effect hebben op de Duitse bevolking'.[21] Tussen 23 en 27 april volgde er inderdaad een reeks aanvallen op Rostock, waarbij opnieuw 60 procent van het stadscentrum werd verwoest en 216 inwoners om het leven kwamen.[22] Op 31 mei voerden meer dan duizend bommenwerpers de tot dan toe hevigste luchtaanval uit op Keulen en richtten verwoestende schade aan. Er vielen 486 doden en meer dan 5000 gewonden; 59.000 mensen werden dakloos.[23]

Hitler was razend en riep om vergelding. Nu moest men 'terreur beantwoorden met terreur en de poging om Duitse culturele plekken te verwoesten beantwoorden door Engelse culturele plekken met de grond gelijk te maken'.[24] Daarbij zag hij gemakshalve over het hoofd dat de strategie van bomtapijten op woongebieden geen Britse uitvinding was en dat de Duitse luchtmacht die al meermaals had toegepast. Daar wees Friedrich Kellner op toen hij na de aanval op Keulen zijn dagboek toevertrouwde: 'Wie heeft Warschau e[n] Rotterdam verwoest? Wie heeft Londen in puin e[n] as gelegd [...]? Wie wilde de Engelse steden uitwissen? Was dat niet de Führer Hitler? Heeft niet heel Duitsland gejubeld over de "heldendaden" van de piloten? En nu komen opeens dezelfde bedriegers op het idee om over "terreur" te spreken.'[25] In diezelfde zin had Thomas Mann zich na de aanval op Lübeck vanuit zijn ballingsoord in het verre Californië in een radiotoespraak tot de Duitse luisteraars gericht. Hij gaf uitdrukking aan zijn verdriet over de verwoestingen in zijn geboortestad, maar voegde eraan toe: 'Maar ik denk aan Coventry – en heb niets in te brengen tegen de les dat alles een prijs heeft.'[26]

In april en mei 1942 voerde de Luftwaffe een reeks aanvallen uit op Exeter, Bath, Norwich, York en Canterbury, maar ze beschikte op geen stukken na meer over dezelfde krachten die Harris' Bomber Command inmiddels ter beschikking stonden. De zogenaamde Baedeker-aanvallen[27] richtten weliswaar aanzienlijke schade aan, maar zonder de Britse oorlogsinspanningen ook maar enigszins te kunnen beïnvloeden.

Binnen de nazileiding had men redenen te over om zich zorgen te maken over de psychologische effecten van de opgevoerde luchtoorlog. De stafrapporten van de Sicherheitsdienst registreerden uitlatingen van 'grote ontsteltenis' onder het gehele volk. Alom vroeg men zich af hoe de aanvallen op Lübeck überhaupt mogelijk waren geweest en waar de Duitse afweer eigenlijk bleef.[28] Na het bombardement op Keulen beschreef de Zwitserse consul, Franz-Rudolf von Weiss, de stemming in de Rijnmetropool als een mengeling van 'onverschilligheid, apathie, volslagen moedeloosheid en vertwijfeling'. Op veel verwoeste huizen werden biljetten aangeplakt met de woorden: 'Dit hebben we aan jou te danken, mijn Führer.'[29] Behalve de luchtaanvallen was het vooral de vermindering van de levensmiddelenrantsoenen die in het voorjaar van 1942 voor onrust zorgde. De stemming onder de arbeiders zou op een 'tot dusver niet eerder vastgesteld dieptepunt' zijn gezonken, meldden de SD-verslaggevers eind maart. 'Met grote verbittering wordt [...] erover gesproken dat een groot deel van de zogenaamde welgestelden met hulp van hun connecties en hun dikkere "portemonnee" boven op de hun toekomende levensmiddelen allerlei schaarse goederen aanschaft.'[30]

Goebbels meende te weten hoe de vlag erbij hing: 'Belangrijk is nu dat het binnenlandse front geconsolideerd en versterkt wordt.'[31] Om de sombere stemming te bestrijden leken radicale maatregelen tegen onder andere de sluikhandel hem onontbeerlijk. Al tijdens een bezoek aan het Führerhoofdkwartier op 19 maart 1942 had hij Hitler een wet voorgesteld volgens welke iedereen die de 'bekende grondregels van het nationaalsocialistische bestuur' overtrad, met gevangenis of tuchthuis, in ernstige gevallen zelfs met de dood moest worden bestraft. Daarmee zou 'de hele binnenlandse oorlogvoering op een nieuwe basis' komen te rusten. In dat verband kritiseerde Goebbels de houding van de ambtenaren van justitie die met hun 'volksvreemde en werkelijkheidsvreemde vonnissen' de tekenen des tijds nog steeds niet hadden begrepen. Met zijn voorstellen trapte de minister van Propaganda bij Hitler open deuren in. De dictator verklaarde dat hij eerstdaags de Rijksdag bijeen wilde roepen met als doel een 'blanco volmacht' te verkrijgen om vooral te kunnen optreden tegen ambtenaren en rechters die hun ambtelijke plichten niet vervulden.[32] In de kring van zijn entourage gaf Hitler die dagen steeds weer lucht aan zijn haat jegens juristen. De 'hele Duitse rechtspraak', eiste hij, moest na de oorlog 'omgegooid' worden en het principe dat rechters niet-afzetbaar waren, moest worden afgeschaft. 'Alleen iemand die de ideologie en de wereldbeschouwelijke taken van het eigen volk kent, kan rechtspreken in naam van het volk.'[33]

De zitting van de Rijksdag werd op 26 april belegd. Hitler arriveerde daags tevoren in Berlijn. 'Hij ziet er qua gezondheid geweldig uit en bevindt zich in opperbeste psychische en fysieke conditie,' constateerde Goebbels tevreden. De dictator liet zich zeer optimistisch uit over de vooruitzichten van het geplande offensief. Zijn minister van Propaganda was, merkbaar ontnuchterd door de ervaringen van het voorgaande jaar, duidelijk terughoudender in zijn oordeel: 'Of het ons zal lukken de bolsjewieken komende zomer vernietigend te verslaan, kan ook nog niemand voorspellen.'[34]

In de namiddag van 26 april kwam de Rijksdag in de Kroll-opera bijeen. 'Veel uniformen, ook enkele gewonden onder de afgevaardigden. De sfeer is bijzonder gespannen,' merkte Goebbels. Hitler begon ongewoon haperend – hij zou aanvankelijk 'enigszins bevangen' zijn geweest, bekende hij achteraf.[35] Maar hij herstelde zich algauw en hervond zijn oude retorische vorm. Pas aan het eind van zijn toespraak – na de gebruikelijke haatdragende tirades tegen de vermeende Joodse aanstichters van de wereldoorlog en een heroïserende afschildering van de winteroorlog bij Moskou – begon hij over zijn eigenlijke doel, het eisen van een absolute volmacht van de Rijksdag om datgene te doen wat hij in het belang van de oorlogvoering noodzakelijk vond, zonder daarbij gebonden te zijn aan bestaande rechtsregels. Het dienovereenkomstige besluit dat Göring de Rijksdag daarna voorlegde, machtigde Hitler om elke Duitser – of hij nu officier was, ambtenaar, rechter of partijfunctionaris – 'met alle hem geëigend voorkomende middelen aan te sporen tot het vervullen van zijn plicht, en bij het verzaken van die plichten en na nauwgezet onderzoek, zonder rekening te houden met zogenaamde verworven rechten, de hem toekomende straf op te leggen'.[36] De Rijksdag nam het besluit, dat de laatste schamele resten van de rechtsstaat afschafte en de wil van Hitler tot hoogste wet verhief, unaniem aan. Hij zou daarna nooit meer bijeenkomen.

Afb. 21 Op 26 april 1942 vond in de Kroll-opera in Berlijn de laatste Rijksdagzitting plaats. Hitler kon ingevolge de hem verstrekte volmacht nu voor de duur van de oorlog handelen zonder acht te hoeven slaan op bestaande rechtsregels. Iedere Duitser die zijn 'plichten' niet nakwam, kon zonder rekening te houden met 'zogenaamde verworven rechten' ter verantwoording worden geroepen.

Op de terugweg van de Kroll-opera naar de Rijkskanselarij nam de dictator de ovaties van de menigte in ontvangst. 'Men merkt aan de hele stemming onder het volk dat de Führer tot het hart van de natie heeft gesproken,' meende Goebbels.[37] In werkelijkheid echter oogstte de toespraak een tegengesteld effect. Niet weinig Duitsers vroegen zich verbaasd af waarom Hitler 'nogmaals een speciale volmacht' had gevraagd, 'aangezien hij immers als Führer en rijkskanselier van het Duitse volk alle macht in zijn persoon verenigd heeft'. In 'eenvoudigere kringen' van de bevolking ontmoetten Hitlers uiteenzettingen volgens de observaties van de SS-Sicherheitsdienst meer instemming, omdat daarmee de verwachting gepaard ging 'dat voortaan alle volksgenoten – onafhankelijk van persoon en status – meedogenloos aangepakt zouden worden in zoverre ze hun plichten jegens de volksgemeenschap niet nakwamen'. Binnen het ambtenarenapparaat daarentegen heerste 'grote ontsteltenis'. Vooral de rechters voelden zich door Hitlers kritiek op justitie in hun beroepseer gekrenkt.[38] Voor een tegenstander van het regime als Friedrich Kellner was het een reden voor bijzondere genoegdoening. 'Ja, heren meelopers e[n] na-apers, zo is het goed. De dienstbaarheid krijgt haar verdiende loon! Vrouwe "Justitia" wordt behandeld zoals ze het vanaf het begin voor haar gedrag heeft verdiend. In 1933 zijn ze allemaal meegekropen. Vandaag vallen er klappen. Voor mij is dit een geweldige tijd. Ga zo door, Adolf Hitler!'[39]

Nog op de avond van 26 april vertrok Hitler naar de Obersalzberg om zich daar een paar dagen te ontspannen. Hij zou zich 'op dit moment enigszins overwerkt' voelen, vertrouwde hij Goebbels voor zijn vertrek toe.[40] Ook deze keer kon er geen sprake zijn van ontspanning, want op 29 en 30 april had hij afspraken voor gesprekken met de Italianen op het slot Kleßheim bij Salzburg, het gastenverblijf van de Rijksregering. Hitler had Mussolini sinds diens bezoek aan de Wolfsschanze eind augustus 1941 niet meer gezien. De strategische situatie was door het mislukken van Operatie Barbarossa fundamenteel veranderd en dus stond de ontmoeting vooral in het teken van de Duitse pogingen de bondgenoot gerust te stellen over de militaire situatie in het oosten en opkomende twijfel aan een succesvolle afloop van de oorlog de kop in te drukken. Hitler begroette de gasten met de gebruikelijke hartelijkheid, maar op Ciano maakte hij een uitgeputte indruk: 'De maanden van de Russische winter hebben zwaar op hem gedrukt. Ik zie voor het eerst dat hij veel grijze haren heeft.'[41]

De oorlog, verklaarde de Duitse dictator, kon 'slechts met een overwinning' beëindigd worden; van een 'compromisvrede' kon geen sprake zijn. 'De offers die aan de kant van de "As" in zulke hoge mate zijn gebracht, moeten zich uitbetalen.' Engeland zou wel een toontje lager zingen als het moest erkennen dat het geen kans meer had om de oorlog te winnen. 'Dat moment zou met absolute zekerheid aanbreken.'[42] Wat het komende zomeroffensief aanging, uitte hij zich ook tegenover Ciano nadrukkelijk vol vertrouwen: 'Als de oliebronnen eenmaal opdrogen, zal Rusland door de knieën gaan. Dan zullen de Britse Conservatieven en zelfs Churchill, die tenslotte een verstandig man is, alles doen om te redden wat er van het vermolmde imperium te redden is.'[43] De ontmoeting eindigde zonder duidelijke resultaten. De wens van de Italianen om de Britten van het eiland Malta te verjagen, wees Hitler weliswaar niet principieel af, maar gezien de grote verliezen die de bezetting van Kreta had gekost, vroeg hij om tijdelijk uitstel. In plaats daarvan moest eerst alles worden gedaan om Rommels Afrikakorps zodanig te versterken dat het in staat zou zijn 'voortaan sterke druk op de Engelsen uit te oefenen'. 'Concrete plannen over een optreden tegen Egypte werden hierbij niet besproken. Alleen het oprukken tot aan het Suezkanaal werd als nastrevenswaardig toekomstdoel vastgesteld,' heette het in de notities van de gezant en tolk Paul Schmidt.[44]

Tijdens de afsluitende bespreking kon Hitler zijn hang naar monologiseren weer eens niet weerstaan. 'Hitler praat en praat en praat. Mussolini, die gewend is zelf te praten en nu zowat de hele tijd moet zwijgen, lijdt,' noteerde Ciano en hij had oprecht medelijden met het gevolg van de Führer: 'Ze moeten dat elke dag slikken en ik weet zeker dat er geen woord, geen gebaar en geen pauze is die ze niet al vanbuiten kennen. Na een heldhaftige strijd tegen de slaap is generaal Jodl op een divan in slaap gevallen. Keitel viel ook bijna in slaap, maar hij slaagde erin zijn hoofd recht te houden; hij zat te dicht bij Hitler om zich te laten gaan, zoals hij graag had gedaan.'[45] Goebbels vergiste zich toen hij in zijn dagboek constateerde dat er geen sprake kon zijn van wrijving tussen de bondgenoten – nooit eerder was 'de Duits-Italiaanse verstandhouding zo loyaal en hartelijk' geweest.[46] Maar Mussolini was merkbaar geïrriteerd omdat Hitler hem opnieuw in de rol van juniorpartner had gedrongen, en de Italianen hadden de indruk gekregen dat Hitler de oorlogsvooruitzichten bewust te mooi had voorgespiegeld.

Hitler had eigenlijk nog een paar dagen in de Berghof willen doorbrengen, maar toen begon het te sneeuwen en de dictator verklaarde dat hij na de zojuist doorgemaakte strenge winter de aanblik van sneeuw domweg niet meer kon verdragen.[47] Op 2 mei 1942 maakte hij abrupt een eind aan zijn verblijf op de Obersalzberg. Een dag later kwam hij met de speciale trein weer aan in zijn hoofdkwartier in Oost-Pruisen.

Op 8 mei begonnen de voorbereidende operaties voor de Operatie Blau. Het Elfde Leger onder kolonel-generaal Erich von Manstein slaagde er op 19 mei in het schiereiland Kertsj te heroveren. Drie Sovjetlegers werden vernietigd, 170.000 soldaten van het Rode Leger werden krijgsgevangen gemaakt. 'De eerste grote overwinning op de Sovjetlegers in dit jaar! Men slaakt gewoon een zucht van verlichting,' verheugde Goebbels zich.[48] Begin juni begon de bestorming van de vesting Sebastopol, die na verbitterde gevechten op 1 juli kon worden ingenomen. Met de val van Sebastopol was de hele Krim in Duitse handen. Hitler bevorderde Manstein tot generaal-veldmaarschalk en tijdens zijn tafelgesprekken schilderde hij de toekomst van de door Duitsland beheerste Krim in de rozigste kleuren af. In deze nieuwe rijksgouw 'Gotenland' kon men de Zuid-Tirolers vestigen en zo 'het oude twistpunt met Italië voor eens en altijd begraven'. Voor de dictator stond het in elk geval vast: 'Geen macht ter wereld jaagt ons daar nog weg!'[49]

Als tweede voorwaarde voor de Operatie Blau had Hitler in zijn instructie van 5 april 1942 de uitschakeling geëist van het circa 100 kilometer diepe Russische bruggenhoofd op de westoever van de Donets bij Izjoem. Ook hier boekte de Legergroep Süd, waarvan het opperbevel was overgenomen door generaal-veldmaarschalk von Bock als opvolger van de in januari 1942 overleden generaal-veldmaarschalk von Reichenau, een boven verwachting groot succes. De legers onder maarschalk Semjon Timosjenko hadden op 12 mei vanuit het vooruitgeschoven front onverwachts de aanval op Charkov ingezet en daarmee de Duitse tankgroepen de mogelijkheid geboden tot een grote omsingelingsoperatie. Op 22 en 23 mei kon de omsingeling van Charkov voltooid worden; vijf dagen later was het Russische verzet gebroken. Het Rode Leger had opnieuw zware verliezen geleden: circa 290.000 soldaten werden krijgsgevangen gemaakt.[50] Hitler verleende Friedrich Paulus, sinds januari 1942 opperbevelhebber van het Zesde Leger, het ridderkruis in de orde van het IJzeren Kruis, en de tot dan toe tamelijk onbekende legerleider genoot van de erkenning die hem plotseling van alle kanten ten deel viel.[51]

De succesberichten van het oostelijke strijdtoneel drongen de onvrede over de luchtaanvallen en de rantsoenering tijdelijk naar de achtergrond. 'Op dit moment is weer te zien hoe het geloof in de overwinning opnieuw opbloeit,' noteerde Friedrich Kellner eind mei 1942. 'De overdreven oorlogsberichten over de gevechten op het schiereiland Kertsj en bij Charkov geven degenen die het hoofd lieten hangen nieuwe moed. De barometer van de hoop stijgt.'[52] Ook in de stafrapporten van de SD was sprake van een duidelijke verbetering van de stemming onder de Duitse bevolking. De recente overwinningen werden geïnterpreteerd als bewijs voor 'de nog altijd ongebroken gevechtskracht van de Duitse troepen', en daaruit leidde men de hoop af dat de oorlog in het oosten alsnog in de loop van het jaar kon worden beslist.[53] In het Führerhoofdkwartier maakte de sombere sfeer van de lentemaanden plaats voor een 'overal geweldige stemming'.[54] Uit de hoge aantallen gevangenen concludeerde Hitler dat het Rode Leger aan het eind van zijn Latijn was en dat het doel van het zomeroffensief sneller zou worden bereikt dan men had aangenomen.[55]

Op 15 mei 1942 stierf in Oldenburg de Gauleiter van Weser-Ems, Carl Röver. Hitler gaf opdracht voor een officiële plechtigheid in de Mozaïekzaal in de Neue Reichskanzlei en reisde daarvoor op 22 mei naar Berlijn. Voor de namiddag van 23 mei had hij de Reichs- en Gauleiter ontboden om hen van de situatie op de hoogte te stellen en zich opnieuw van hun loyaliteit te verzekeren. Op 12 december 1941 had hij hen voor het laatst toegesproken en misschien waren sommigen van zijn aanhangers intussen gaan twijfelen aan de 'Endsieg'. Daarom begon de dictator met een oproep aan de oude garde om elkaar ook in de toekomst als 'gezworen kameraden' trouw te blijven. Het grootste deel van zijn twee uur durende toespraak besteedde hij aan een terugblik op de wintercrisis. Hij verzweeg niet het extreme gevaar waarvoor het oostfront van medio december 1941 tot medio januari 1942 had gestaan. Als hij toen gehoor had gegeven aan de wens van de generaals om terug te trekken, was het 'ongetwijfeld een complete ramp en een napoleontisch debacle' geworden. 'Dus als de Führer hard en onverbiddelijk was geweest en meedogenloos had doorgepakt, moest het Duitse volk hem daarvoor later op zijn blote knieën danken,' luidde Goebbels' commentaar.

Hitler vertelde de Reichs- en Gauleiter dat de Duitse divisies binnenkort in de zuidelijke sector van het oostfront in de aanval zouden gaan. Het doel van de operatie was het 'afsnijden van de olietoevoer' naar de Sovjet-Unie, want zonder olie kon Stalin de strijd niet voortzetten. Hij, de Führer, was vastbesloten de tegenstander 'deze zomer de genadeslag toe te brengen'. Maar zelfs als de strijd tot in de winter zou duren, waren reeds alle voorzorgsmaatregelen getroffen om een crisis zoals ze die zojuist achter de rug hadden uit te sluiten. Tot slot ging Hitler nogmaals in op zijn monsterachtige plannen voor de vormgeving van de veroverde gebieden: 'Als we het gebied waarop we aanspraak maken en dat we voor het consolideren van Europa nodig hebben, in bezit hebben, zullen we Azië door een reusachtig lange grens scheiden van Europa.' Duitsland mocht 'in het oosten nooit een geconsolideerde staat als buurman dulden'. Door een 'verstandige bevolkingspolitiek' kon het Duitse volk in zeventig tot tachtig jaar groeien tot een aantal van 250 miljoen, die dan de vruchten van de nationaalsocialistische expansiepolitiek konden plukken. Met de bezetting van de reusachtige gebieden in het oosten en hun rijke bodemschatten zou het rijk 'van alle toekomstige bedreigingen gevrijwaard zijn'. Na zijn toespraak kwam Hitler nog met zijn volgelingen bijeen. Men wisselde herinneringen aan de 'strijdperiode' uit en Goebbels merkte dat de dictator langzaam ontdooide: 'In die kring voelt hij zich toch altijd het meest op zijn gemak.'[56]

Nog diezelfde avond vertrok Hitler naar Rastenburg, maar keerde al op 29 mei weer terug naar Berlijn om daags daarna meer dan tienduizend aspirant-officieren toe te spreken in het Sportpalast. Hij vermeed het daarbij nader in te gaan op de actuele situatie aan de fronten en de verdere vooruitzichten van de oorlog, maar ging zich te buiten aan algemene uiteenzettingen over zijn primitieve sociaal-darwinistische en expansionistisch-völkische dogma's: dat de oorlog de 'vader aller dingen' was, een natuurwet van de 'eeuwige selectie', waarbij de sterkste zich handhaafde en de zwakkeren het loodje legden, dat Duitsland gezien zijn ligging op speciale manier gedwongen was 'voor zijn bestaan te vechten', en dat het 'Lebensraum' moest veroveren die paste bij zijn bevolkingsaantal, wilde het niet te gronde gaan.[57] Tijdens zijn gesprekken met Goebbels voor en na zijn Sportpalast-toespraak maakte Hitler een uitermate positieve balans op van de gevechten op het schiereiland Kertsj en bij Charkov: de verliezen die de Sovjets hadden geleden zouden niet goed te maken zijn. Ze verkeerden 'ongeveer in dezelfde situatie' als de Wehrmacht tijdens de afgelopen winter 'zonder over dezelfde mogelijkheden tot verder verzet te beschikken'. En met de voorgenomen opmars naar de Kaukasus zou men 'het Sovjetsysteem als het ware de adamsappel' indrukken. De dictator betreurde het dat hij zijn bouwplannen, vooral zijn plannen om Berlijn opnieuw vorm te geven, had moeten uitstellen: 'Nu staat alles in dienst van de oorlog en de overwinning. Als we de overwinning eenmaal in handen hebben, zullen we het verzuim zo snel mogelijk goedmaken.'[58]

Op 4 juni 1942 vloog Hitler naar Finland, zogenaamd voor de 75ste verjaardag van de Finse maarschalk en opperbevelhebber van de strijdkrachten, Carl Gustav Emil Mannerheim. Het was – afgezien van de reizen naar Italië – de enige keer dat de dictator naar een land ging dat niet in Duitse handen was, en dat alleen al onderstreepte het belang dat hij hechtte aan de Duits-Finse 'wapenbroederschap'. Het bezoek moest ertoe dienen Finland nog vaster te binden aan de 'As'. Het onderhoud met Mannerheim in diens speciale trein is in zoverre van belang dat de Finnen Hitlers uiteenzettingen stiekem opnamen. Daardoor is een van de weinige geluidsdocumenten bewaard gebleven waarop men niet de stem van de redenaar hoort, maar die van de diplomaat, die blijk gaf van een opmerkelijke flexibiliteit.[59] Tijdens een gesprek met zijn vertrouwelingen liet Hitler zich later enthousiast uit over zijn uitstapje naar Finland: 'De Finnen hebben het hart van de Führer gestolen. Ze zijn dapper, moedig en bescheiden; ze kunnen met heel weinig toe. Ze zullen ons ongetwijfeld later goed van dienst zijn in de oorlogvoering.'[60]

Na de staatsbegrafenis van Heydrich op 9 juni reisde Hitler naar de Obersalzberg om een rustpauze in te lassen vóór het begin van het zomeroffensief. Op 20 juni bezocht hij de Reichswerke Hermann Göring in Linz, waar hij zich op de hoogte liet stellen van de stand van de pantseruitrusting, en reisde van daaruit naar München, waar hij daags daarna deelnam aan de rouwplechtigheid voor de overleden leider van het NS-*Kraftfahrkorps*, Adolf Hühnlein.[61] Tijdens de terugreis naar Berlijn, in de nacht van 21 op 22 juni, bereikte hem in zijn speciale trein het bericht dat het Afrikakorps de stad en de vesting Tobroek had ingenomen en 33.000 Britten gevangen had genomen. Hitler benoemde Rommel per omgaande tot generaal-veldmaarschalk, en deze bedankte hem per kerende post: 'Het tankleger Afrika rijgt de vijand aan de kling met de leus: "Voorwaarts naar de overwinning voor Führer, volk en rijk!"'[62] De nationaalsocialistische propaganda vierde 'Rommels schitterende overwinning' in jubeltonen.[63] 'De woestijnvos' was – in de woorden van Goebbels – 'de held van de dag', 'de populairste legerleider over wie we op dit moment beschikken'.[64] Tijdens het middagmaal in de Rijkskanselarij was ook Hitler 'dolgelukkig' met 'Rommels geniale zet': 'Hij ziet de situatie in Noord-Afrika nu als volledig opgelost en geconsolideerd en houdt het voor mogelijk dat we nu onze aanval op Egypte kunnen uitvoeren.'[65] In die zin schreef de dictator nog diezelfde dag een brief aan Mussolini. In plaats van, zoals de duce had verzocht, met de verovering van Malta te beginnen, moest van het succes van Rommel worden geprofiteerd en moest het offensief tot aan het Suezkanaal worden voortgezet: 'De godin van het gevechtsgeluk scheert slechts éénmaal langs de veldheren. Wie haar op zo'n moment niet grijpt, zal haar vaak nooit meer kunnen inhalen!'[66]

Afb. 22 Hitler tijdens een stafbespreking op 1 juni 1942 in het hoofdkwartier van de Legergroep Süd (Poltava). V.l.n.r: luitenant-generaal Ernst, kolonel-generaal Maximilian von Weichs, Hitler, generaal Friedrich Paulus van het tankleger, generaal Eberhard von Mackensen, generaal-veldmaarschalk Fedor von Bock.

Wat Hitler speciaal waardeerde in Rommel, was een combinatie van improvisatietalent en doortastendheid – eigenschappen die hij in de meeste officieren van de generale staf miste. 'Zijn werkwijze ligt de Führer bijzonder,' merkte Goebbels op. 'Rommel is een improvisator. Hij laat zich niet in een systeem persen. Hij is geen abstract denker, maar een man van de praktijk, en daaraan heeft hij zijn grote successen te danken.'[67] Algauw kwamen er meer succesmeldingen van het Noord-Afrikaanse strijdtoneel. Op 24 juni bereikte de voorhoede van Rommels eenheden Sidi Barrani, op 27 juni namen ze Marsa Matruh in. Hitler waande zich al in het bezit van Egypte en eiste op 28 juni tijdens een bezoek van Göring aan de Wolfsschanze dat 'Rommel elk gewenst materieel' zou krijgen.[68] Maar al een paar dagen later ging de droom van het veroveren van het Suezkanaal in rook op. Bij El Alamein, slechts 100 kilometer van Alexandrië verwijderd, brachten Britse tankdivisies, met steun van een oppermachtige luchtmacht, Rommels opmars tot staan. Na de hooggespannen verwachtingen was de teleurstelling ook onder de Duitse bevolking des te groter.[69] Alle hoop richtte zich nu op het offensief in de zuidelijke sector van het oostfront.

Nog voor zijn terugkeer naar het Führerhoofdkwartier op 24 juni 1942 had Hitler duidelijk gemaakt dat hij de leiding van het offensief niet aan de generale staf zou overlaten, maar het zelf 'strak in de hand' zou houden. Als de operaties volgens plan verliepen, was 'er voor Stalin geen redding meer aan'. Dan kon men aan de slag gaan om 'de oostelijke gebieden definitief uit te breiden, Europa in te kapselen' en Duitsland 'onafhankelijk te maken van de Engelse oorlogvoering': 'Dan kunnen wij de meeste druk uitoefenen en het eindeloos lang uithouden.'[70]

In de vroege ochtend van 28 juni begon het Duitse offensief met de opmars van de legergroep van Weichs aan de noordelijke vleugel van de Legergroep Süd. Twee dagen later ging het Zesde Leger onder Paulus vanuit de omsingeling van Charkov tot de aanval over. De plannen voor Operatie Blau waren weliswaar door toeval in handen van de Sovjets gevallen – een Duits koeriersvliegtuig was achter de vijandelijke linies neergehaald – maar Stalin dacht dat het om een schijnmanoeuvre ging. Hij verwachtte nog altijd dat de Duitse hoofdaanval zich op Moskou zou richten.[71] Zo slaagde de Wehrmachtleiding opnieuw in een tactische verrassingsaanval. De Duitse tankvoorhoede stootte snel door. Op 3 juli bereikten ze de Don, op 6 juli viel Voronezj, een belangrijk verkeersknooppunt en centrum van de bewapeningsindustrie. In het Duitse hoofdkwartier heerst opnieuw een jubelstemming. Tijdens een onderhoud met de scheidende Turkse ambassadeur op 13 juli vergeleek Hitler de situatie van de Sovjet-Unie met een bot 'dat men de eerste keer niet meteen doormidden kon bijten, maar dat nu geleidelijk meegaf'.[72] Het was nu 'overduidelijk dat de Duitsers naar Stalingrad wilden met als doel het doorbreken van de Wolgalinie om de Kaukasus van de rest van de Sovjet-Unie te scheiden. Als ze succes hebben, wordt de situatie ernstig,' noteerde de Russische ambassadeur in Londen, Ivan Majski, op 19 juli in zijn dagboek.[73]

Maar hoe langer de veldtocht duurde, hoe duidelijker het werd dat de Duitse plannen opnieuw op drijfzand waren gebouwd. Het Rode Leger had van zijn eerdere fouten geleerd. In plaats van zich tot grote omsingelingsgevechten te laten verleiden, week het flexibel uit en gaf vrijwillig terrein prijs. De Duitse tangen grepen in het niets. 'Bij omsingelingen niet meer de oude stoerdoenerij,' omschreef Halder al op 3 juli de nieuwe tactiek van het Russische opperbevel.[74] Het gevolg was dat de Duitse troepen in vergelijking met eerdere operaties nog maar weinig gevangenen maakten. Medio juli was niet te ontkennen dat het operatieve doel om de sterke tegenstand te omsingelen en te vernietigen, niet meer haalbaar was. Hitler stelde de opperbevelhebber van de Legergroep Süd, generaal-veldmaarschalk von Bock, ervoor verantwoordelijk en onthief hem op 13 juli van zijn commando. Tot zijn opvolger benoemde hij kolonel-generaal Maximilian von Weichs.[75] Hoewel deze volgens zijn niet-gepubliceerde memoires verontwaardigd was dat een zo verdienstelijk legerleider zo makkelijk aan de kant kon worden gezet, had hij er geen bezwaar tegen om zijn nieuwe functie te aanvaarden.[76]

Op 16 juli 1942 verplaatste Hitler zijn hoofdkwartier naar de Oekraïne om de operaties van dichterbij te volgen en te kunnen dirigeren. In een bos 10 kilometer ten noorden van de stad Vinnytsja hadden arbeiders van de Organisation Todt en Russische dwangarbeiders blokhutten, barakken en drie kleine bunkers gebouwd. Net als de Wolfsschanze werd ook het nieuwe complex, dat Hitler 'Werwolf' doopte, beschermd door drie veiligheidszones en bovendien zodanig gecamoufleerd dat het vanuit de lucht niet te ontdekken was. Enkele afdelingen van het OKH werden meteen in Vinnytsja ondergebracht, maar voor het grootste deel moest pendelverkeer tussen Oost-Pruisen en de Oekraïne worden georganiseerd.[77] Hoewel het kwartier ruimer was opgezet dan de Wolfsschanze en de hele sfeer op bezoekers een vriendelijkere indruk maakte,[78] voelde Hitler zich hier niet prettig. Hij klaagde vooral over de broeierige, zwoele hitte die een oponthoud in de openlucht een kwelling voor hem maakte. 'Het is hier een regelrechte broeikas: een temperatuur van 50 graden, stortbuien en opnieuw hitte.'[79] Daarbij kwam een muggenplaag die nog ondraaglijker was dan die in het verre Oost-Pruisen. 'Op warme dagen wordt er 's avonds, ondanks de horren voor de ramen, een wilde strijd gevoerd tegen het binnengedrongen ongedierte. Ze komen door alle kieren en zoemen om de naar slaap hunkerende man heen, ze drijven het op de spits tot zijn zenuwen het begeven en hij vloekend opstaat,' schreef Christa Schroeder, die samen met Johanna Wolf ook in de Werwolf deel uitmaakte van de entourage van de dictator. Om malaria te voorkomen, die door de steken van de anofelesmug veroorzaakt zou kunnen worden, moesten alle bewoners van het Führerhoofdkwartier, inclusief Hitler, elke avond een bitter smakend medicijn innemen.[80]

De externe verliezen droegen bij aan de staat van prikkelbaarheid van de Führer. De kans op grote, zo mogelijk beslissende veldslagen werd immers steeds kleiner.[81] De spanningen tussen hem en stafchef Halder liepen elke dag hoger op en stonden, zoals Warlimont zich herinnerde, bij elk stafoverleg 'als een onweersstemming tastbaar in de ruimte'.[82] Op 23 juli ontlaadden ze zich in een 'aanval van razernij' van Hitler. Halders commentaar in zijn dagboek: 'De altijd al aanwezige onderschatting van de mogelijkheden van de vijand neemt geleidelijk groteske vormen aan en wordt gevaarlijk. Het wordt steeds ondraaglijker. Van serieus werken kan geen sprake meer zijn. Ziekelijke reacties op vluchtige indrukken en een volledig gebrek aan benul van bedrijfsvoering en de mogelijkheden daarvan kenmerken deze zogenaamde "leiding".'[83]

Hitlers geneigdheid om de eigen krachten te overschatten en die van de tegenstander te onderschatten, wordt weerspiegeld in order nr. 45 van diezelfde dag, waarmee besloten werd over de voortzetting van het zomeroffensief. De inleiding luidde: 'Tijdens een veldtocht van weinig meer dan drie maanden zijn de door mij voor de zuidvleugel van het oostfront gestelde doelen in feite bereikt. Alleen zwakkere vijandelijke krachten van de legers van Timosjenko zijn erin geslaagd zich aan de omsingeling te onttrekken en de zuidoever van de Don te bereiken.' Uit deze bewust rooskleurige voorstelling van de situatie trok Hitler een verregaande conclusie: volgens het oorspronkelijke plan de campagne zoals vastgelegd in order nr. 41 van 5 april, zou de aanval op de Kaukasus pas worden ingezet als Stalingrad was ingenomen en als bewapeningsmetropool was uitgeschakeld. Nu verdeelde Hitler de Legergroep Süd in een noordelijke Legergroep B (onder Weichs) en een zuidelijke Legergroep A (onder veldmaarschalk Wilhelm List). De zwakkere eenheden van de Legergroep B moesten Stalingrad bezetten, de Wolga afsluiten voor alle verkeer en van daaruit doorstoten naar Astrachan, terwijl de Legergroep A de oostkust van de Zwarte Zee en de gehele Kaukasusregio inclusief de olievelden van Majkop, Grozny en Bakoe in bezit moest nemen.[84] Niet meer één voor één, maar tegelijkertijd wilde Hitler opnieuw alles op één kaart zetten om de gestelde doelen alsnog te bereiken. In plaats van etappegewijs op te rukken, besloot de dictator tegen het advies van Halder in tot twee gelijktijdige tegenoffensieven – een wijziging met verstrekkende gevolgen die wel tot overbelasting van de toch al verzwakte Duitse stootkracht móést leiden.[85]

Na 1945, toen de generaals hun eigen aandeel in de militaire en morele catastrofe van Duitsland probeerden te bagatelliseren of weg te moffelen, voerden ze Hitlers instructie van juli 1942 aan als schoolvoorbeeld van zijn amateurisme als veldheer – als uitvloeisel 'van een impulsieve, gewelddadige aard die de grenzen van wat mogelijk is niet onderkent en haar wensdromen tot wet maakt'.[86] Toch waren er, ondanks alle geneigdheid tot gokken, ook zonder meer rationele redenen voor Hitlers besluit. De dictator stond onder steeds hogere tijdsdruk. Hij wist dat hij de oorlog in het oosten tot een goed eind moest brengen voordat de Geallieerden in het westen een 'tweede front' konden openen. Al in de dagen kort voor het begin van Operatie Blau had hij uitdrukking gegeven aan 'ernstige bezorgdheid over de vijandelijke landingspogingen in het westen' en vastgesteld dat de daar gelegerde krachten te zwak waren om zich te verzetten.[87] In een bevel van 9 juli had hij het over de 'grote kans' op een aanstaande invasie in de sector van de opperbevelhebber West, want de grote beginsuccessen van het zomeroffensief konden 'Engeland voor de keus stellen om ofwel onmiddellijk een grootscheepse landing te ondernemen om een tweede front te creëren, óf Sovjet-Rusland als politieke en militaire factor kwijt te raken'.[88] Stalin drong inderdaad al enige tijd aan op het openen van een 'tweede front'; hij hoopte dat dit de zwaar belaste Russische oorlogvoering zou ontlasten. Tijdens een bezoek aan Moskou in augustus 1942 moest Churchill overigens verklaren dat de westelijke Geallieerden dat jaar nog geen landing op de Franse Kanaalkust in het vooruitzicht konden stellen, maar hij beloofde wel een uitbreiding van de Britse bombardementen op Duitsland, om in elk geval op die manier de onbeminde bondgenoot te hulp te schieten.[89]

Desondanks bleef Hitler uiterst nerveus wat betreft de mogelijkheid van een geallieerde invasie. Hij voelde zich bevestigd in zijn angst toen op 12 augustus 1942 twee Brits-Canadese brigades, enigszins bij wijze van proef, bij Dieppe landden, zij het dat ze zich na een paar uur met zware verliezen weer moesten inschepen. Men moest rekening houden met een 'grootscheepse landingspoging', verklaarde Hitler tijdens een Führerbespreking eind september. Hij gaf bevel enkele sterke ss-divisies naar het westen te verplaatsen en opdracht de Kanaalkust en die van de Atlantische Oceaan uit te bouwen tot een onneembare vesting.[90]

Ook in de tweede fase van het zomeroffensief boekten de nu gescheiden opererende legergroepen nogmaals aanzienlijke terreinwinst. De legers van de Legergroep A staken op 6 augustus 1942 de Koeban over en bereikten drie dagen later de olievelden van Majkop. Vóór hun terugtocht hadden de Russen overigens de installaties zo grondig verwoest dat er geen sprake kon zijn van een snelle hervatting van de productie.[91] Toch was Hitler weer vol zelfvertrouwen toen Goebbels hem op 19 augustus bezocht in zijn hoofdkwartier in Vinnytsja. De operaties in de Kaukasus, verklaarde hij, verliepen 'buitengewoon goed'. Na Majkop moesten nu Grozny en Bakoe veroverd worden. Dan was 'niet alleen onze olie-aanvoer veiliggesteld, maar was ook die van de bolsjewieken totaal verbroken'. En zonder olie, aldus zijn niet geheel onjuiste vermoeden, kon 'het Sovjetsysteem de oorlog niet op dezelfde voet voortzetten'. Maar dat was nog niet genoeg: in levendige bewoordingen ontwikkelde Hitler het 'gigantische plan' voor het oprukken van de Duitse troepen naar het Nabije Oosten. Na het oversteken van de Russische grens moesten ze heel Klein-Azië bezetten, Irak, Iran en Palestina 'overrompelen' en zo ook Engeland van zijn 'laatste oliereserves afsnijden'.[92] Dergelijke gedachtespelletjes maken duidelijk dat de dictator nog altijd geneigd was de militaire mogelijkheden te overschatten.

Goebbels voelde zich na het onderhoud 'verfrist als na een bad'[93] en dat was precies wat Hitler met zijn uiteenzetting wilde bereiken. Zijn optimisme was voor een groot deel toneelspel. Daarachter verborg zich een grote mate van onzekerheid wat het verdere verloop van de veldtocht betrof. Dat bleek op 21 augustus, toen gemeld werd dat een groep alpenjagers op de Elbroes, de hoogste berg van de Kaukasus, het oorlogsvaandel van het rijk had gehesen. De dictator beschouwde de niet door hem goedgekeurde actie als een militair zinloze 'rare frats' en reageerde met een woedeaanval. 'Ik heb Hitler vaak woedend gezien,' herinnerde Albert Speer zich, 'maar zelden barstte hij zo los als bij dit bericht. Hij ging urenlang tekeer, alsof zijn hele plan de campagne door die actie was mislukt. Nog dagenlang schold hij onafgebroken op "die idiote bergbeklimmers" die "voor de krijgsraad thuishoorden".'[94] Tegen eind augustus verflauwde de aanvalsdrift van de Legergroep A op de noordhellingen van de Kaukasus; begin september liepen de operaties vast. Grozny en Bakoe zouden nooit worden bereikt.[95]

Ook de Legergroep B kon haar offensief aanvankelijk voortzetten. Paulus' Zesde Leger rukte schijnbaar onweerstaanbaar op. 'Charkov ligt inmiddels 500 kilometer achter ons en we hopen de Russen meer beslissende slagen toe te brengen,' schreef hij op 5 augustus.[96] Tijdens de tankslag bij Kalatsj van 7 tot 10 augustus behaalde het Zesde Leger nogmaals een spectaculaire overwinning. Daarna echter werden er knelpunten in de bevoorrading merkbaar. Vooral het gebrek aan brandstof dwong herhaaldelijk tot het inlassen van pauzes.[97] Kolonel-generaal von Weichs, die het probleem telefonisch aan Hitler voorlegde, had een onthutsende ervaring: 'In tegenstelling tot zijn anders snelle woordenstroom praatte hij hortend, laste stiltes in, zodat je soms niet wist of hij nog aan de lijn was.'[98]

Hoe verder de Duitsers naar Stalingrad oprukten, hoe taaier het Russische verzet werd. Op 28 juli had Stalin zijn beroemde 'Bevel nr. 227' uitgevaardigd: het was tijd om de strategische terugtocht te beëindigen. 'Geen stap terug!' moest voortaan het parool zijn. Bedreiging met draconische straffen benadrukte de ernst van de oproep.[99] Tijdens de verbitterde verdediging van Stalingrad zou blijken dat Stalins bevel zijn uitwerking niet gemist had.

Ook in andere sectoren van het front moest de Wehrmacht tegenslagen incasseren. In het noorden moest het plan om Leningrad ten val te brengen worden opgegeven nadat het Rode Leger eind augustus ten zuiden van het Ladogameer een tegenoffensief was begonnen. En ook de Legergroep Mitte werd sinds eind juli blootgesteld aan een Russisch tegenoffensief bij Rzjev, dat voorlopig het gevaar van een grote doorbraak bezwoer.[100]

Zoals altijd probeerde Hitler de verantwoordelijkheid op anderen af te schuiven. Tijdens een onderhoud met Goebbels op 19 augustus klaagde hij dat hij bij de legerleiding 'slechts zeer mondjesmaat steun' vond. Sinds het vertrek van Brauchitsch was er 'niets noemenswaardigs veranderd, laat staan verbeterd'. 'De oude kerstmannetjes zijn gebleven [...]. Om bijna elke grote verordening moet hij zenuwslopende gevechten doorstaan. Het is bijna beledigend dat zulke nietsnutten en dilettanten het een genie als de Führer moeilijk mogen maken,' maakte Goebbels zich in zijn dagboek boos.[101] Op 24 augustus ontlaadde de uiterst prikkelbare sfeer in het hoofdkwartier zich in een heftige botsing tussen Hitler en Halder. De stafchef had 's middags tijdens de stafbespreking voorgesteld het in het nauw gebrachte Negende Leger bij Rzjev toestemming te geven zich terug te trekken naar een verkorte linie. Hitler veerde als door een adder gebeten op: 'U komt steeds weer met hetzelfde voorstel aan om terug te trekken [...]. We moeten hard blijven voor de bestwil van de troepen. Van de leiding verwacht ik dezelfde hardheid als van het front.' Voor het eerst verloor ook Halder zijn zelfbeheersing. Opgewonden antwoordde hij: 'Ik heb ú, mijn Führer, maar ginds sneuvelen de dappere musketiers en luitenants met duizenden en nog eens duizenden als nutteloze slachtoffers in een uitzichtloze situatie, alleen omdat de leiding niet het enig mogelijke besluit mag nemen en haar handen gebonden zijn.' Hitler stelde zich voor Halder op, bekeek hem van top tot teen en schreeuwde hem toe: 'Kolonelgeneraal Halder, wat voor toon durft u tegen mij aan te slaan! Wilt u me vertellen hoe het de man aan het front te moede is? Wat hebt u helemaal meegemaakt aan het front? Waar was u tijdens de Eerste Wereldoorlog? En u wilt me voor de voeten werpen dat ik het front niet begrijp? Dat neem ik niet! Het is ongehoord!'[102]

Dat was de breuk, en Halder wist het: 'Nu is het uit,' zou hij tijdens de terugreis naar hun kwartier hebben gezegd tegen het hoofd van de afdeling operaties van het OKH, Adolf Heusinger.[103] Tijdens het avondmaal deed Hitler weliswaar zijn best met nadrukkelijke vriendelijkheid tegen de militairen de pijnlijke indruk van die middag weg te nemen,[104] maar dat was slechts schijn. In werkelijkheid zocht hij al naar een opvolger van de stafchef. Deze noteerde onder de datum 30 augustus: 'De besprekingen bij de Führer werden vandaag weer gekenmerkt door heftige verwijten jegens de militaire leiding van de hoogste legerorganen. Geestelijke hoogmoed, hardleersheid en onbekwaamheid om het wezenlijke te onderkennen, luidden de verwijten.'[105]

Op 31 augustus kwam generaal-veldmaarschalk List in gezelschap van zijn eerste stafofficier aan in het Führerhoofdkwartier om Hitler ervan te overtuigen dat de divisies van zijn legergroep gezien het sterke verzet van de Sovjettroepen niet in staat waren opnieuw in de aanval te gaan. De dictator, tot woede gedreven door het stagneren van het Kaukasusfront, gaf echter bevel dat de 4de Gebirgsdivision moest doorstoten naar de kust bij Goedaoeta (ten noorden van Soechoemi). Hij hoopte nog altijd het oliegebied bij Grozny in handen te krijgen en door te kunnen stoten naar Astrachan en daarmee naar de Kaspische Zee. De bezetting van Bakoe moest 'eventueel tot het volgende jaar uitgesteld' worden.[106]

Nauwelijks teruggekeerd in het hoofdkwartier van de Legergroep A in Stalino begon List opnieuw te twijfelen aan de haalbaarheid van een aanval op Goedaoeta en hij vroeg of Jodl wilde komen om zich ter plekke van de netelige situatie te overtuigen. Bij zijn bezoek op 7 september stelde het hoofd van de Wehrmachtstaf zich inderdaad op hetzelfde standpunt als List. Toen hij in de avond van diezelfde dag, na zijn terugkeer in het Führerhoofdkwartier, in die zin verslag uitbracht, reageerde Hitler met een 'onbeschrijflijke woedeaanval'. 'Ik heb u niet op pad gestuurd, Jodl,' brulde hij, 'om me louter bedenkingen te melden. De heren zijn nauwelijks weg van hier of ze ondergaan vreemde invloeden.' Voor het eerst vergat ook Jodl de gebruikelijke terughoudendheid: hij beschouwde zichzelf niet als een simpele overbrenger van bevelen, brulde hij terug en verliet, de deur achter zich dicht smijtend, het vertrek.[107]

De vlucht van Jodl naar Stalino leidde tot een diepe vertrouwenscrisis tussen Hitler en zijn militaire adviseurs – de ergste sinds augustus 1941. De Führer was 'bijna vervuld van haat', noteerde daags daarna adjudant Engel, die toevallig getuige was geweest van de ruzie. 'De sfeer hier is om te snijden.'[108] Het eerste slachtoffer was Wilhelm List. Op 9 september vloog Keitel naar Stalino om hem zijn ontslag mede te delen; het opperbevel over de Legergroep A nam Hitler voorlopig zelf op zich. (Pas in november vertrouwde hij die taak toe aan de opperbevelhebber van het Eerste Tankleger, Ewald von Kleist.) 'Je voelt je verdomd eenzaam als overlevende van de hele veldmaarschalksgarde,' was het commentaar van de opperbevelhebber van de Legergroep Mitte, Günther von Kluge, op de zoveelste personele wisseling.[109] Tegelijkertijd liet Hitler Halder via Keitel ervan in kennis stellen dat hij erover dacht ook hem van zijn post te ontheffen, aangezien hij de indruk had gekregen dat de stafchef 'niet meer volledig was opgewassen tegen de met zijn functie gepaard gaande psychische belasting'.[110]

Bovendien overwoog Hitler een wisseling ook in de top van het OKW. Hij kon niet meer met Jodl samenwerken, verklaarde hij tijdens een bespreking met Keitel op 18 september: 'Ik eis van een medewerker dat hij blindelings achter me staat en als ik een bevel geef, heeft hij niet het recht dat bevel te dwarsbomen of een andere opvatting uit te dragen, maar heeft hij de taak naar voren te treden en daar onwrikbaar mijn opvatting te vertegenwoordigen.'[111] Tot opvolger wilde Hitler generaal Friedrich Paulus benoemen, maar dat stelde hij voorlopig uit omdat hij de opperbevelhebber van het Zesde Leger zo kort voor de verovering van Stalingrad niet van zijn post wilde ontheffen.[112] Maar binnen de leiding van de Wehrmacht deden geruchten de ronde over een ingrijpende reorganisatie, zoals die van februari 1938, waarmee Hitler de Blomberg-Fritsch-crisis had opgelost. Tegenover zijn adjudanten ging hij zich te buiten aan mateloze verwijten jegens zijn generaals: 'Met geen van hen kon hij zich polit[iek] onderhouden [...]. Soms vroeg hij zich af of er niet veel te zeggen was voor het Rus[sische] principe van de polit[iek] commissarissen.'[113]

De sfeer in het Führerhoofdkwartier was blijvend verziekt. Hitler beperkte het contact met de militairen tot het hoogst noodzakelijke. Hij nam niet langer deel aan de gemeenschappelijke middag- en avondmaaltijden.[114] Zijn stoel in het casino bleef lange tijd leeg, later ging Bormann erop zitten. De dictator trok zich volledig terug in zijn blokhut, die hij overdag zelden verliet. Daar, en niet meer in het gebouw van de Wehrmachtstaf, vonden nu ook de stafbesprekingen plaats. Er hing een 'ijzige sfeer'.[115] Tegen zijn vroegere gewoonte in gaf hij geen van de aanwezigen een hand meer en legde jegens de vertegenwoordigers van het OKW een 'bijna van haat vervuld gedrag' aan de dag.[116] Bovendien gaf hij opdracht enkele stenografen van de Rijksdag naar het hoofdkwartier Werwolf te sturen. Die moesten voortaan elk woord dat tijdens de twee dagelijkse besprekingen werd gezegd vastleggen. Daarmee wilde de dictator zich er niet alleen van verzekeren dat de aanwijzingen die hij gaf werden opgevolgd, maar ook zijn uitmuntende prestaties als Führer-veldheer met het oog op de toekomstige oorlogsgeschiedschrijving laten vastleggen. In aanwezigheid van Bormann liet Hitler de stenografen zweren dat ze het diepste stilzwijgen zouden bewaren over de inhoud van de notulen – dag in dag uit rond de honderd vellen schrijfmachinepapier.[117]

Hitlers aanvallen van woede en haat zijn niet alleen te verklaren uit de meningsverschillen over het voortzetten van de operaties in de Kaukasus. De oorzaken lagen dieper: in september 1942 was het hem kennelijk duidelijk geworden dat hij als een roulettespeler had gegokt en dat de poging de Sovjet-Unie alsnog op de knieën te krijgen mislukt was. Daarmee kwam het spook van een tweefrontenoorlog gevaarlijk dichtbij. 'F[ührer] ziet er in Rusland geen eind aan komen nu geen van de doelen voor de zomer van 1942 is bereikt,' noteerde adjudant Engel in de nacht van 8 september. 'Zei zelf hoe verschrikkelijk de angst voor de komende winter is. Anderzijds wil hij nergens terugtrekken.'[118] Hitler moet voor het eerst beseft hebben dat de oorlog niet meer kon worden gewonnen. Het is dan ook geen toeval dat hij in die dagen herhaaldelijk zei te verlangen naar de dag waarop hij het veldgrijze uniform 'kon uittrekken'.[119] Dat hij de officierstafel meed, had niet alleen te maken met wrok jegens de militairen, maar ook met het feit dat hij hen niet meer met het air van de superieure, geniale veldheer tegemoet kon treden. Walter Warlimont, de plaatsvervangend stafchef van de Wehrmacht, die door Hitler tijdens een stafoverleg eveneens 'in plaats van met een groet slechts met een lange, van haat vervulde blik' was ontvangen, besefte in een flits: 'Deze man is zijn gezicht verloren; hij heeft ingezien dat zijn dodelijke spel ten einde is [...]. Daarom [...] moet hem de aanwezigheid van de generaals, die maar al te vaak getuige zijn geweest van zijn fouten en vergissingen, zijn illusies en fantasieën, ondraaglijk voorkomen; daarom wil hij zich opeens van hen distantiëren, daarom wil hij andere assistenten om zich heen zien, wier geloof in hem even onverdacht als onwankelbaar moet zijn.'[120]

Op 24 september maakte Hitler inderdaad zijn aankondiging waar en stuurde Halder de laan uit. Als men bedenkt dat de stafchef hem vier jaar in deze functie had gediend, verliep het afscheid op beschamend onwaardige manier. De generaal was op van de zenuwen, verklaarde de dictator in een korte toespraak, en ook zijn eigen zenuwen waren als gevolg van de voortdurende onenigheden aangetast. Dus moesten ze afscheid nemen. Tegelijkertijd maakte hij Halder duidelijk dat hij als stafofficier van de oude garde niet meer beantwoordde aan de profielschets van een nationaalsocialistische officier. Hij had mannen nodig die 'in fanatiek geloof in de idee' waren opgegroeid.[121]

Zo'n man meende Hitler gevonden te hebben in generaal-majoor Kurt Zeitzler, die sinds april 1942 stafchef was van de opperbevelhebber West, generaalveldmaarschalk von Rundstedt. De kleine, kale, enigszins gezette officier, bijgenaamd 'Kugelblitz', was meer dan eens opgevallen wegens zijn bijzondere daadkracht, onlangs nog bij het afslaan van de Brits-Canadese landingspoging bij Dieppe. Hij was met zijn 47 jaar nog betrekkelijk jong en fris – maar hij gold vooral als een aanhanger van Hitler. Toen hij per vliegtuig van het hoofdkwartier van de opperbevelhebber West in St. Germain naar Vinnytsja werd gebracht, wist hij nog niet welke taak hem wachtte. Hitler ontving de nieuwkomer laat in de avond, nam hem met een doordringende blik op en praatte een uur onafgebroken op hem in. Uiteindelijk besloot hij zijn monoloog met de woorden: 'Daarom heb ik besloten [...] dat kolonel-generaal Halder wordt opgevolgd en dat u stafchef van het leger wordt.'[122]

Meteen al tijdens de begroeting eiste Zeitzler van elke stafofficier dat die niet slechts 'in de Führer en zijn leiding geloofde', maar dat geloof ook 'naar zijn ondergeschikten en zijn omgeving [moest] uitstralen'. Wie niet aan die eis voldeed, kon hij in de generaalsstaf niet gebruiken.[123] Onder dit voorteken ontwikkelde zich de samenwerking met de hoogste veldheer, die de nieuwe man ter plekke bevorderde tot generaal van de infanterie, betrekkelijk harmonisch. 'Hitler heeft het volste vertrouwen in Zeitzler,' meldde Karl-Jesko van Puttkamer, 'hij is gelukkig en opgelucht dat hij nu eindelijk een man als stafchef heeft die volledig achter hem staat.'[124] Hitler prees Zeitzler meer dan eens tegenover de verzamelde troepen en behandelde hem, anders dan de andere heren van zijn militaire gevolg, met onmiskenbare voorkomendheid.[125]

In samenhang met de opvolging van Halder door Zeitzler trof Hitler nog een belangrijk besluit: hij droeg de personeelsaangelegenheden van alle stafofficieren, waarvoor tot dan toe de stafchef verantwoordelijk was geweest, over aan het Heerespersonalamt. De leiding daarvan droeg hij met ingang van 2 oktober op aan de chefadjudant van de Wehrmacht, generaal-majoor Schmundt, op wiens onvoorwaardelijke loyaliteit hij kon rekenen.[126] Daarmee was de reorganisatie van het officierskorps rond. Voortaan zou anciënniteit niet meer het beslissende criterium voor bevordering zijn, maar het gedrag aan het front in combinatie met een onvoorwaardelijk geloof in de nationaalsocialistische levensbeschouwing. De generale staf in zijn vorige vorm was een 'haast in zichzelf gekeerde studiestaf' geworden, 'waarvan de pen het wapen is en niet het zwaard', zei Hitler eind september 1942 afkeurend. 'Nu moeten er jonge frontofficieren in de gen[erale] staven komen en die een nieuw gezicht geven.'[127]

Intussen was niet alleen het offensief aan het Kaukasusfront tot stilstand gekomen, ook was gebleken dat de verovering van Stalingrad lang niet zo gemakkelijk zou zijn als Hitler had gedacht. Op 21 augustus 1942 had Paulus zijn Zesde Leger, een strijdmacht van bijna 300.000 manschappen, bevel gegeven om aan te vallen; op 23 augustus bereikte het tankkorps onder generaal Alfred von Wietersheim de Wolga ten noorden van Stalingrad. Diezelfde dag begon de Duitse Luftwaffe massale aanvallen op de stad uit te voeren. Grote delen van de binnenstad werden verwoest en duizenden burgers kwamen om het leven.[128] Begin september beval Hitler onaangedaan dat 'de hele mannelijke bevolking' moest worden vernietigd, 'aangezien Stalingrad met zijn 1 miljoen, zonder uitzondering communistische inwoners bijzonder gevaarlijk is'.[129] De inname van de Wolgametropool leek een kwestie van een paar dagen te zijn, maar het verzet van het Rode Leger werd sterker. 'De strijd om de stad is buitengewoon zwaar,' noteerde Goebbels op 9 september. 'Het is inderdaad een titanenstrijd die zich daar afspeelt.'[130]

Op 12 september vloog Paulus voor een stafbespreking naar het Führerhoofdkwartier bij Vinnytsja. Daar had de opperbevelhebber van de Legergroep B, Weichs, de avond tevoren al verzekerd dat de volledige verovering van Stalingrad nog slechts tien dagen in beslag zou nemen.[131] Paulus wees echter op het gevaar dat het Zesde Leger bedreigde door een Russische tegenaanval ten noorden en ten zuiden van Stalingrad. Maar daar wilde Hitler niet van horen; de Russen, verklaarde hij opnieuw, waren 'aan het eind van hun krachten' en 'niet meer in staat' tot strategische operaties die de Duitsers in gevaar konden brengen. Daarom gaf de dictator niet alleen bevel tot de volledige inname van Stalingrad, maar ook voor de voorbereidingen voor de opmars naar Astrachan zoals die in order nr. 45 van 23 juli voorzien was.[132] Op 13 september zette het Zede Leger de aanval in op de stad, maar wat gepland was als een overrompelingsactie, ontwikkelde zich tot een afmattende stellingenoorlog en ten slotte tot een verbeten strijd om elke straat en elk huizenblok. 'Een huis was in onze handen, dan in die van de vijand en dan weer in de onze, zodat je niet precies kon zeggen waar het front was,' meldde een commandant van een Russische gardedivisie.[133] In de ruïnes van de gebombardeerde stad vonden de Russische verdedigers overal dekking en ze slaagden er ondanks alle verliezen in voortdurend nieuwe troepen aan te voeren over de Wolga. Eind september was de binnenstad weliswaar in handen van de Duitsers, maar het 62ste Leger onder Vasili Tsjoejkov bezette nog altijd meer bruggenhoofden op de westelijke Wolga-oever. Gezien het grote aantal verliezen onder zijn troepen bleef Paulus niets anders over dan de aanvallen om de stad volledig in handen te krijgen voorlopig te staken.[134]

Overal ter wereld volgde het publiek met niet-aflatende belangstelling de slag om Stalingrad, die zich meer en meer ontpopte als een strijd tussen Stalin en Hitler. 'Het is inderdaad een kwestie van leven of dood; ons prestige hangt net als dat van de Sovjet-Unie in hoge mate af van de afloop,' noteerde Goebbels op 23 september in zijn dagboek.[135] Onder de Duitse bevolking wachtte men 'met groeiend, nerveus ongeduld' op het nieuws dat de stad was gevallen, meldden de SD-verslaggevers eind september.[136] In Klosters in het Zwitserse Graubünden was Wilhelm Muehlon daarentegen diep onder de indruk van de heldhaftige verdediging van het Rode Leger: hij beschouwde elke dag dat Stalingrad langer standhield 'als een nagel aan Hitlers doodskist'. En hij voegde eraan toe: 'De Russen, en alleen zij, hebben Engeland en zijn bondgenoten tot nu toe gered en hen in staat gesteld zich voor te bereiden op het treffen met Duitsland.'[137]

Hitler besefte dat het tijd was zich weer eens in de Duitse openbaarheid te vertonen. Hij had zich in augustus al bereid verklaard voor de opening van het Winterhilfswerk naar Berlijn te komen, maar hij had nog geen datum vastgesteld.[138] Op 27 september vloog hij naar de hoofdstad om de volgende ochtend eens te meer in het Sportpalast aspirant-officieren toe te spreken. Goebbels, die hem meteen na afloop opzocht in de Rijkskanselarij, trof hem in 'beste stemming' aan, fris en vol energie, hoewel kort tevoren de eerste grote luchtaanval op München had plaatsgevonden, waarbij ook Hitlers woning in de Prinzregentenstraße was beschadigd. De dictator probeerde het zelfs van de positieve kant te zien: het was 'voor de hoofdstad van de beweging moreel gezien buitengewoon heilzaam' dat ze daar nu ook de hardheid van de oorlog voelden. Wat de gevechten in Stalingrad betrof, was Hitler nadrukkelijk optimistisch. 'Binnenkort' al zouden ze erin slagen 'de hele stad in ons bezit te brengen'. Dan kon ook het offensief in de Kaukasus worden hervat, en gezien het milde klimaat zou het daar zelfs tijdens de wintermaanden kunnen worden voortgezet.[139]

Dit geforceerd tentoongespreide optimisme werd weersproken door kolonel-generaal Friedrich Fromm, het hoofd van de bewapening en bevelhebber van het reserveleger. Hij was intussen tot de overtuiging gekomen dat een militaire overwinning niet meer tot de mogelijkheden behoorde en dat Hitler van de ernst van de situatie doordrongen moest worden. Daartoe stelde hij een omvangrijk memorandum op, dat culmineerde in de eis de oorlog 'zo snel mogelijk te beëindigen', dat wil zeggen vredesonderhandelingen te openen. Op 29 september presenteerde hij de kern van het memorandum in de Rijkskanselarij. Hitler beantwoordde de uiteenzetting met 'ijzig stilzwijgen' en droeg later minister Speer op Fromm voortaan niet meer voor zijn besprekingen uit te nodigen. De kolonel-generaal bleef weliswaar in functie, omdat er niemand was die hem had kunnen vervangen, maar hij was voortaan persona non grata.[140] Fromm had niet alleen zijn invloed op Hitler overschat, hij maakte ook een fundamentele vergissing als hij dacht dat de oorlog door vredesonderhandelingen kon worden beëindigd. Die optie bestond niet meer, zoals op zijn laatst de Conferentie van Casablanca in januari 1943 duidelijk zou maken. Wat dat betreft zag Hitler het beter dan Fromm.

Op 30 september sprak Hitler 's middags tijden de opening van het Winterhilfswerk in het tot de nok gevulde Sportpalast. 'Men merkt aan het stormachtige enthousiasme waarmee hij wordt ontvangen hoe nodig het was dat hij weer eens onder de mensen kwam,' merkte Goebbels op, die de bijeenkomst opende.[141] Veel nieuws had de dictator zijn opgehitste publiek niet te melden. Met de winter van 1941-1942, zo verzekerde hij, had het Duitse volk 'de noodlottigste beproeving' doorstaan: 'Erger kan en zal het niet meer worden.' Opnieuw bedolf hij de geallieerde staatsmannen onder sarcastische spot. Churchill mocht eindelijk komen en het 'tweede front' openen, hoonde hij, zijn verborgen angst overschreeuwend. 'Welke volgende plek hij ook uitzoekt, hij mag van geluk spreken als hij negen uur aan land blijft.' Op twee punten in zijn toespraak werd Hitler echter duidelijker dan hij mogelijk zelf van plan was geweest. Ten eerste zinspeelde hij onverhuld op de vernietiging van de Europese Joden, die sinds het voorjaar van 1942 de laatste en verschrikkelijkste fase was ingegaan: 'De Joden hebben ooit ook in Duitsland om onze voorspellingen gelachen. Ik weet niet of ze vandaag nog steeds lachen of dat het lachen hun intussen is vergaan. Maar ik kan ook nu slechts verzekeren: het lachen zal hun overal vergaan.' Ten tweede liet hij er geen twijfel aan bestaan dat de val van Stalingrad aanstaande was en knoopte daar de verzekering aan vast 'dat geen mens ons van die plaats zal verdrijven'.[142]

Daarmee had Hitler zich publiekelijk vastgelegd op de volledige verovering van Stalingrad en er een persoonlijke prestigekwestie van gemaakt. Hij kon nu niet meer zonder gezichtsverlies terug. Toen Zeitzler en Jodl hem met het oog op de veel slachtoffers eisende huis-aan-huisgevechten voorstelden het doelwit Stalingrad pas 'in tweede instantie te overwegen, om strijdkrachten vrij te maken', wees hij het idee 'bruusk' af: het bezit was de stad was 'niet alleen om operatieve, maar ook om psychologische redenen dringend noodzakelijk'.[143] De Reichs- en Gauleiter die hij in de middag van 1 oktober om zich heen verzamelde, spiegelde hij voor dat de inname van Stalingrad voor hem een onomstotelijke zekerheid was. 'Het kan nog slechts om een bepaalde tijd gaan, aan het feit zelf viel niet meer te tornen.' Net als eerder tijdens het bezoek van Goebbels aan het Führerhoofdkwartier op 19 augustus maakte Hitler zijn voornemen bekend om aansluitend tot aan de vlakten van Mesopotamië door te stoten teneinde de Engelse olieaanvoer te blokkeren. Het waren 'weliswaar op dit moment nog fantastische plannen, maar ze behoren zonder meer tot de mogelijkheden'. Hitlers drie uur durende uiteenzetting mondde uit in de verrassende conclusie 'dat de oorlog voor de tegenpartij praktisch gesproken verloren was, ongeacht hoe lang ze het nog kunnen volhouden'. Alleen een 'binnenlandse ineenstorting' in Duitsland zou het land de overwinning kunnen kosten; alle Reichs- en Gauleiter moesten ervoor zorgen dat dit niet gebeurde. De toespraak van Hitler had 'wonderen gedaan', vond Goebbels.[144] Dat was dan ook het doel van de bijeenkomst geweest. Hitlers aanhangers moesten van nieuw zelfvertrouwen worden vervuld en alle twijfel aan de eindoverwinning moest worden uitgebannen.

Op 4 oktober vloog Hitler terug naar Vinnytsja. Op 6 oktober noemde hij de 'volledige bezetting' van Stalingrad de 'belangrijkste taak' van de Legergroep B: 'Voor deze noodzaak moeten alle andere belangen wijken."[145] Een dag later ontving hij de secretaris van de Italiaanse Partito Nazionale Fascista, Aldo Vidussoni, in het hoofdkwartier Werwolf en gaf hem als boodschap voor Mussolini mee dat hij, de Führer, 'beslist optimistisch' was over de situatie. In Stalingrad wachtte weliswaar eerst nog 'een zware en harde strijd', maar het leed geen twijfel dat de stad 'binnen afzienbare tijd' zou vallen.[146] Dat geforceerde optimisme werd overigens snel gelogenstraft door de werkelijkheid, al leverde de op 8 oktober hervatte aanval nog enige terreinwinst op. Zo konden op 17 oktober de geschutfabriek 'Rode Barricade' en een dag later het bijzonder hard bevochten hoogovenbedrijf 'Rode Oktober' worden ingenomen. Maar de successen werden duur betaald. Op de puinhopen van de stad bloedde de ene na de andere Duitse divisie dood. Op 26 oktober moest Paulus melden dat de gevechten als gevolg van de taaie tegenstand van de Russen 'naar het zich laat aanzien pas omstreeks 10 november tot de definitieve inname van de stad [zouden] leiden'.[147] Ook die prognose zou weldra vals blijken.

Hoe langer het nieuws over de val van Stalingrad op zich liet wachten, hoe groter de bezorgdheid onder de Duitse bevolking werd. Men vergeleek de strijd om de stad met de slag om Verdun in de Eerste Wereldoorlog en trok daaruit de conclusie dat Duitsland net als toen 'toch nog in de verdediging kon worden gedrongen en ten slotte de wapenwedloop met de verenigde krachten van onze tegenstander [zou] verliezen'.[148] Geruchten over onderhandelingen met de Sovjet-Unie over een wapenstilstand en het sluiten van een afzonderlijke vrede deden overal de ronde en leidden voor een deel tot enthousiaste reacties. Zo werd vanuit Freiburg in Saksen gemeld dat zich na het bekend worden van het gerucht 'verbroederingsscènes op straat' hadden afgespeeld, waarbij alles 'uit de hand' zou zijn gelopen.[149] Goebbels' propaganda bleek niet in staat de geruchten in te dammen, want veel Duitsers geloofden niet meer in de gecensureerde berichtgeving op de radio en in de pers.

Ook op andere strijdtonelen kregen de Asmogendheden tegenslagen te verwerken. Al begin juni 1942 hadden de Amerikanen tijdens de zeeslag bij de Midway-eilanden de Japanners een zware nederlaag toegebracht. Met de landing van de mariniers op Guadalcanal in augustus begon de nieuwe fase van het *island hopping* met amfibische operaties, in de loop waarvan de Japanners stap voor stap uit de veroverde gebieden in de Grote Oceaan werden verdreven.[150] Ook in Noord-Afrika diende zich een kentering aan. Op 30 september was Rommel, die met verlof in Duitsland was en ook enkele dagen bij het gezin Goebbels had gelogeerd, door Hitler ontvangen en had uit diens hand de maarschalksstaf ontvangen. Bij de bekendmaking in het Sportpalast bereidde het publiek hem een even enthousiast onthaal als Hitler. 'Daaraan ziet men hoe geliefd de volksgeneraal is,' merkte Goebbels op.[151] De minister van Propaganda zag in Rommel 'de aanstaande opperbevelhebber van het leger'[152] en vroeg Hitler toestemming voor een optreden van de generaal voor de binnen- en buitenlandse pers op 3 oktober. Zo'n eerbetoon was geen enkele leidende militair ooit ten deel gevallen en de zo zichtbaar uitverkorene stelde zijn opdrachtgevers niet teleur: 'Vandaag staan we 100 kilometer voor Alexandrië en Caïro en hebben de deur naar Egypte in handen, en wel met de bedoeling ook daar handelend op te treden,' verkondigde hij. 'We zijn daar niet naartoe gegaan om ons over korte of lange tijd weer te laten verjagen. Men mag er ook hier op rekenen: wat we hebben, houden we vast.'[153] Dat was de krachtpatserstaal die Hitler graag hoorde en in zijn eigen toespraken gebruikte.

Maar al enkele weken later viel de schijnbaar onoverwinnelijke 'Woestijnvos' van zijn voetstuk. Op 23 oktober begon het Achtste Britse Leger onder generaal Bernard Law Montgomery bij El Alamein een tegenoffensief. Op 2 november braken Shermantanks met steun van de Britse luchtmacht door de Duitse linies. Rommel, die zijn vakantie op bevel van Hitler in allerijl had afgebroken, verstuurde die middag een wanhopige kreet om hulp: na tien dagen van zware strijd tegen de sterkere tegenstander was zijn leger 'uitgeput'; er moest rekening worden gehouden met hun 'geleidelijke vernietiging'.[154] In het Führerhoofdkwartier heerste grote opwinding. 'Als men stiekem nog hoopt dat Rommel er opnieuw in zal slagen zich uit deze uiterst netelige situatie te redden, dan is die hoop toch niet bijster groot,' meldde chefadjudant Schmundt in een telefoongesprek met Berlijn.[155] De jobstijding van het Noord-Afrikaanse krijgstoneel drong voor even zelfs de gebeurtenissen in Stalingrad naar de achtergrond. Hitler stuurde Rommel kort voor middernacht van 2 november van een telegram waarin hij hem beval 'stand te houden' en 'geen stap te wijken'. Er werd alles op alles gezet om versterkingen aan te voeren. De dictator besloot met de pathetische woorden: 'Het zou niet de eerste keer in de geschiedenis zijn dat de sterkere wil zegeviert over de sterkere bataljons van de vijand. Maar u kunt uw troepen geen andere weg wijzen dan die naar de overwinning of de dood.'[156]

Maar Rommel had al vóór Hitlers telegram binnenkwam de terugtocht ingezet. De melding daarover kwam in de avond voor 3 november binnen bij Jodls Wehrmachtstaf. De dienstdoende officier, een majoor van het reserveleger, legde haar niet meteen voor aan Hitler; die ontving het bericht pas om 9 uur, samen met de overige ochtendmeldingen. De dictator was razend. Hij dacht dat het OKW de melding met opzet had achtergehouden om hem voor een voldongen feit te plaatsen. Hij ontbood onmiddellijk de majoor en waarschuwde hem: 'Als u niet de volledige waarheid zegt, bent u over tien minuten dood.' Niet alleen de arme officier werd op staande voet gedegradeerd tot gewoon soldaat, ook aan de plaatsvervangend stafchef van de Wehrmacht liet Hitler via Keitel mededelen dat hij hem van zijn post had ontheven. Nadat Schmundt een goed woordje voor Warlimont had gedaan, draaide Hitler zijn besluit overigens enkele dagen later terug.[157]

Op 1 november 1942, na drieënhalve maand, werd het Führerhoofdkwartier weer naar de Wolfsschanze verplaatst. Daar had de Organisation Todt intussen enkele veranderingen aangebracht. Aan de betonnen bunkers waren lichte barakken toegevoegd, wat het verblijf voor Hitlers entourage iets aangenamer maakte. Bovendien was er een extra grote houten barak geplaatst voor de stenografiedienst van het Führerhoofdkwartier. Hier transcribeerden schrijvers de stenografische aantekeningen in gewoon schrift en bewaarden ze, streng beveiligd, in een kluis.[158] De gewoonte om samen met de militairen te eten hervatte Hitler niet. Hij hield zich ook later verre van het middag- en het avondmaal; alleen het nachtelijke thee-uurtje met zijn naaste vertrouwelingen handhaafde hij.

In de middag van 7 november reisde Hitler via Berlijn naar München om daar op 8 november zijn traditionele toespraak tot de 'oude strijders' te houden. Onder zijn begeleiders heerste grote onrust. Er kwamen al dagenlang meldingen binnen dat de Amerikanen en de Britten een armada van transport- en oorlogsschepen hadden samengetrokken bij Gibraltar om na het passeren van de zee-engte een landingsoperatie in het Middellandse Zeegebied te beginnen. In de avond voor 8 november werd Hitlers speciale trein op een treinstation in Thüringen tegengehouden: het ministerie van Buitenlandse Zaken liet meedelen dat een Amerikaans expeditiekorps zich in Algiers, Oran en Casablanca begon in te schepen.[159] Daar dus, en niet aan de Franse Atlantische kust, zou een 'tweede front' opgebouwd worden. Hitler was zich onmiddellijk bewust van de draagwijdte van een geallieerde landing in Frans Noord-Afrika: 'Het is de grootste vlootsamentrekking in de wereldgeschiedenis,' verklaarde hij tegenover zijn gevolg.[160] De dictator ging zich te buiten aan heftige uitbarstingen jegens de Luftwaffe, die verzuimd zou hebben langeafstandsbommenwerpers te ontwikkelen waarmee hij de landingstroepen had kunnen aanvallen. Hij beval Jodl onmiddellijk alle strijdkrachten van land- en luchtmacht en marine te mobiliseren om Tunis te verdedigen. Het door Frankrijk bestuurde Noord-Afrika was in handen van de Vichy-regering en Hitlers 'enige zorg' was, zoals adjudant Engel opmerkte, of de collaborateurs 'binnenboord' zouden blijven. 'Men had hen misschien nog beter kunnen lijmen,' redeneerde hij, maar vertrouwen kon men 'alleen Pétain en Laval'. Alle anderen, ook Darlan, de opperbevelhebber van de Franse strijdkrachten, 'speelden valsspel'.[161]

In de middag van 8 november kwam hij om 4 uur aan in het 'Braune Haus'. Hectische besprekingen met Goebbels, Ribbentrop, Himmler, Keitel en Jodl volgden. De dictator had nog niet besloten hoe men zich tegenover Vichy-Frankrijk moest opstellen. Het was immers nog niet zeker of het verzet dat de Fransen de geallieerde landingstroepen boden serieus was of slechts schijn.[162] Dat zou de daaropvolgende dag overigens duidelijk worden: op bevel van Darlan, die tijdens de landingsoperatie in Algiers was geweest, legden de verdedigers in heel Frans Noord-Afrika de wapens neer. Goebbels had het begin van het evenement in de Löwenbräukeller een uur moeten verschuiven naar 18 uur. Hitler trok zich kort voor zijn optreden terug om zich te vermannen en enkele notities te maken. Als geoefend acteur slaagde hij erin zijn zorgen over de recente ontwikkelingen te verbergen en bij het gehoor de indruk van zelfvertrouwen te wekken. Goebbels vroeg zich af waaraan zijn Führer de kracht ontleende 'om tegen dergelijke problemen opgewassen te zijn'. Hoewel hij al bijna twee nachten niet had geslapen, had hij 'zo duidelijk, eenduidig en vloeiend' gespeecht, 'alsof hij zijn toespraak wekenlang had voorbereid en woord voor woord uitgewerkt'.[163] Een heel andere indruk kreeg Wilhelm Muehlon, die de toespraak via de radio volgde: 'Het was een bazelende, machteloos krijsende, verward mompelende Hitler [...]. De man is aan het eind van zijn krachten, uitgeput; zodra hij geen succes meer zal hebben, zullen zelfs zijn aanhangers hem lachend laten vallen als een machteloze hansworst.'[164]

De kern van Hitlers boodschap was dat er in deze 'strijd om zijn of niet-zijn' geen sprake zou zijn van wat voor compromissen dan ook en ook niet van nieuwe vredesvoorstellen van Duitse zijde. Hij vergeleek de situatie van het Derde Rijk met die van het Duitse keizerrijk in 1918. Het verschil met Wilhelm II was dat de tegenstanders nu te maken hadden met een man 'die zelfs niet denkt aan het woord capitulatie'. Hij had zelfs als jongen al de gewoonte gehad, snoefde hij, dat hij 'het laatste woord had'. Alle tegenstanders konden er dan ook zeker van zijn: 'Het Duitsland van toen heeft de wapens om kwart over elf neergelegd – ik stop principieel pas om vijf over twaalf!' De ontzettende dubbelzinnigheid van deze opmerking schijnt het fanatiek klappende publiek volledig te zijn ontgaan. Aan de geallieerde landing in Frans Noord-Afrika en de tegenslagen voor Rommels Afrikakorps besteedde Hitler slecht enkele woorden. Daarvan ging, beweerde hij, geen gevaar uit voor de positie van de Asmogendheden. Beslissend was 'wie de beslissende hoekstoot uitdeelt', en dat zou Duitsland zijn. Iets uitvoeriger sprak de dictator over Stalingrad. Hij probeerde daarbij opnieuw de indruk te wekken dat de strijd daar al was beslist. Afgezien van 'een paar heel kleine stukjes' was de stad in Duitse handen en als men hem vroeg waarom het niet sneller ging, kon hij slechts antwoorden: 'Omdat ik daar geen tweede Verdun wil hebben. [...] De tijd speelt daarbij geen enkele rol. Er komt geen schip meer door de Wolga. En dat is het belangrijkste.'[165]

Hitlers toespraak miste haar uitwerking op de oude partijgenoten niet, maar in de kring van zijn adjudanten was men 'ontzet' over het nog altijd veel te rooskleurige beeld dat de dictator had geschetst van de militaire situatie in en rondom Stalingrad.[166] Bij het Duitse publiek liet het optreden in München geen blijvende indruk achter. Juist de berichten over de geallieerde landing in Noord-Afrika hadden, zoals de SD-verslagen meldden, 'enorm veel opzien gebaard en de stemming deels negatief beïnvloed'. Dat de dictator daar nauwelijks op inging, werkte niet geruststellend.[167] De nazileiding zou er de komende weken en maanden steeds minder in slagen de ernst van de situatie met retorische bezweringen te verhullen.

Toen Hitler op de avond van 9 november de Italiaanse minister van Buitenlandse Zaken graaf Ciano ontving in de Führerbau in München, had hij al een besluit genomen: de Wehrmacht moest het tot dan toe niet-bezette Frankrijk binnentrekken, de Italiaanse bondgenoot moest het eiland Corsica bezetten en samen moesten de Asmogendheden een bruggenhoofd in Tunesië vormen. 'Hitler is niet nerveus of ongerust,' noteerde Ciano, 'maar hij onderschat het Amerikaanse initiatief niet en wil het met alle middelen bestrijden.'[168] De Franse premier Laval, met wie Hitler en Ciano in de middag van 9 november bijeenkwamen, werd voor een voldongen feit gesteld. Inmiddels was bekend geworden dat Darlan bevel had gegeven het verzet in Frans Noord-Afrika te staken en Hitler, die een duister complot tussen de Vichy-regering en de geallieerden vermoedde, behandelde zijn Franse gast met kille neerbuigendheid. Frankrijk restten slechts twee wegen: 'ofwel de definitieve en duidelijke steun aan de "As" of het verlies van zijn hele koloniale rijk'.[169] Op de ochtend van 11 november trokken Duitse troepen het nietbezette Frankrijk binnen; de inval verliep zonder problemen. In een schrijven aan Pétain rechtvaardigde Hitler deze stap met de noodzaak om een dreigende Brits-Amerikaanse invasie in Zuid-Frankrijk te voorkomen. Hij verzekerde hem dat het Duitse optreden noch tegen hem, de 'eerbiedwaardige leider van dappere Franse soldaten in de wereldoorlog', noch tegen de Franse strijdkrachten gericht was, met wie hij op een dag de Afrikaanse koloniën tegen de 'roofzuchtige Angelsaksische coalitie' zou verdedigen.[170] Maar twee weken later al was er geen sprake meer van die belofte. De troepen van Vichy werden ontwapend en de oorlogshaven Toulon werd bij verrassing bezet. De Franse vloot kon zich overigens aan de Duitse aanval onttrekken door zichzelf op 27 november 1942 tot zinken te brengen.

Terwijl het bruggenhoofd in Tunesië werd uitgebouwd spitste de situatie van Rommels Afrikakorps zich steeds verder toe. Stap voor stap moest hij voor de troepen van Montgomery wijken. Op 13 november werd Tobroek heroverd door de Britten; de inname ervan door de Duitsers in juni was nog gevierd als een omslagpunt in de oorlog. Zeven dagen later viel Benghazi. 'Het Duitse volk begint langzamerhand ook aan Rommel te twijfelen,' moest Goebbels constateren. 'De ontruiming van Benghazi heeft hier een nieuwe schok teweeggebracht.'[171] Op 28 november verscheen Rommel onverwachts in het Führerhoofdkwartier om Hitler te winnen voor het idee de troepen terug te trekken van het Noord-Afrikaanse strijdtoneel. Hij stuitte op een onwrikbare weigering. Vooral met het oog op de Italianen meende de dictator dat hij het Noord-Afrikaanse bruggenhoofd niet zonder slag of stoot kon prijsgeven. 'Führer is tegen elke ontruiming van het Afrikaanse strijdtoneel. Het moest koste wat het kost behouden blijven,' schreef Rommel.[172] De generaal-veldmaarschalk, die zich begin oktober nog had gekoesterd in de gunst van de nazileiding, was voortaan niet meer welkom aan het hof van Hitler. Men kon hem overigens niet zomaar laten vallen, aangezien zijn faam als listig veldheer nog altijd heel groot was en er propagandistische munt uit kon worden geslagen.

Gezien de tegenslagen in Noord-Afrika wachtten de aanhangers van het naziregime vol verlangen op het nieuws dat Stalingrad was gevallen. 'Het wordt tijd dat we weer eens met een grotere overwinning kunnen uitpakken, om ons enigszins geschonden imago te herstellen,' merkte Goebbels op.[173] Maar in plaats daarvan zouden er algauw nieuwe jobstijdingen van het Russische strijdtoneel binnenkomen. Hitler had zich na zijn gesprekken met Ciano en Laval teruggetrokken op de Berghof. Hij schatte de situatie aan het oostfront blijkbaar niet als dramatisch in. Op 19 november echter belde stafchef Zeitzler hem vanuit de Wolfsschanze en meldde opgewonden dat de Russen een offensief waren begonnen aan het Donfront ten noorden van Stalingrad en meteen een diepe bres hadden geslagen in de door Roemeense troepen bezette linies.[174] Het Russische tegenoffensief was lange tijd voorbereid. Het was het Russische opperbevel niet ontgaan dat de langgerekte Duitse flanken aan de Don en de Wolga bijna uitnodigden tot een grote omsingelingsmanoeuvre. In het diepste geheim hadden maarschalk Zjoekov en zijn generale staf het operatieplan 'Uranus' uitgewerkt, dat door Stalin was goedgekeurd. Meer dan 1 miljoen soldaten, uitgerust met 13.500 stuks geschut en 900 tanks, werden samengetrokken.[175]

De doorbraak door de Roemeense stellingen op 19 november werd een dag later gevolgd door een aanval in het zuiden, die eveneens onmiddellijk grote gaten sloeg. Op 22 november troffen de voorhoedes van de Russische tankdivisies elkaar bij Kalatsj. De tang was gesloten; het Zesde Leger, het Vierde Tankleger en de resten van het Roemeense Derde Leger waren omsingeld – in totaal 22 divisies met zo'n 260.000 manschappen.[176] 'Daardoor is natuurlijk een uitermate dreigende situatie ontstaan. Als we er niet in slagen de omsingelingen te doorbreken, worden ons Stalingradfront en het totale Wolgafront bedreigd en loopt ook de zuidelijke vleugel van ons oostfront groot risico,' erkende de diep geschrokken minister van Propaganda.[177] Ook Hitler was zich bewust van de ernst van de situatie. Op 20 november gaf hij bevel om het oppercommando 11 onder generaalveldmaarschalk Manstein uit Vitebsk in de noordelijke sector te ontbinden en hem de leiding over de nieuw gevormde Legergroep Don te geven. In de middag van 21 november, nog voordat de ring om Stalingrad volledig was gesloten, gaf hij bevel dat het Zesde Leger zijn stelling 'ondanks het gevaar van tijdelijke omsingeling' moest handhaven – een bevel dat hij daags daarna bevestigde. 'Wat er ook gebeurt, dat moeten we in elk geval behouden,' hoorden zijn adjudanten hem telkens weer zeggen.[178]

De dictator kon zijn terugkeer naar de Wolfsschanze niet langer uitstellen. Laat in de avond van 22 november zette zijn speciale trein zich in Berchtesgaden in beweging; de reis duurde meer dan twintig uur doordat er elke drie of vier uur een pauze moest worden ingelast om telefoonverbinding te krijgen met het OKH.[179] Meteen na zijn aankomst in Rastenburg in de avond van 23 november overlegde Hitler met Zeitzler. De stafchef was het er met de opperbevelhebber van de Legergroep B, Weichs, over eens dat het Zesde Leger toestemming moest krijgen om door de omsingeling heen te breken. Tijdens een dramatische bespreking slaagde hij echter niet in de dictator van deze oplossing te overtuigen. 'Ik ga niet weg van de Wolga, ik ga niet weg van de Wolga!' schreeuwde Hitler en sloeg daarbij met zijn vuist op tafel.[180] Hitler week geen millimeter af van zijn opvatting dat Stalingrad in geen geval moest worden opgegeven, en ook een radiotelegram van Paulus, dat nog die nacht in het Führerhoofdkwartier binnenkwam, kon hem niet op andere gedachten brengen. In dat telegram vroeg de opperbevelhebber van het Zesde Leger toestemming in zuidwestelijke richting te mogen uitbreken; anders zou het leger 'binnen de kortste keren vernietigd worden'.[181] Nadat Göring hem verzekerd had dat de omsingelde troepen volledig vanuit de lucht konden worden bevoorraad, viel in de ochtenduren van 24 november de definitieve 'Führerbeslissing': het Zesde Leger moest ter plekke standhouden; voor ontzetting werd gezorgd. Met zijn lichtvaardige toezegging was Göring, wiens aanzien zwaar had geleden als gevolg van het tekortschieten van de Duitse Luftwaffe in de verdediging tegen de geallieerde bombardementen, tijdelijk weer in Hitlers gunst gestegen. De rijksmaarschalk zou het wel voor elkaar krijgen, 'zoals vroeger', zei de dictator enthousiast. Binnen de leiding van de Luftwaffe heerste 'niet dezelfde bangheid als op vele plaatsen in het leger'.[182]

De enige hogere legerleider die zich vervolgens achter Hitler schaarde, was generaal-veldmaarschalk von Manstein. Op 24 november kwam hij aan in Starobelsk, het hoofdkwartier van de Legergroep B, om het commando over de Legergroep Don over te nemen, die nu ook onder het Zesde Leger ressorteerde. Anders dan Zeitzler, Weichs en Paulus sprak hij zich meteen in zijn eerste stafoverleg voor het OKH uit tegen een uitbraakpoging zolang er vooruitzicht was op toereikende bevoorrading door de lucht. Nu ging het erom genoeg divisies voor de ontzettingsoperatie bijeen te brengen. Pas als dat niet zou lukken, kon er gedacht worden aan een uitbraak als 'laatste uitweg'.[183] Op 26 november prentte Hitler Manstein nogmaals in dat hij 'met alle ergens beschikbare krachten [moest] proberen Stalingrad te behouden', aangezien het opgeven van de stad 'het afzien van het wezenlijke succes van de offensieven van dit jaar' zou betekenen.[184] Paulus, die in een handgeschreven brief aan Manstein bekende hoezeer het conflict tussen de als juist erkende noodzaak om een uitbraak te wagen en gehoorzaam te zijn aan Hitlers bevel om stand te houden hem belastte, liet de nieuwe opperbevelhebber van de Legergroep Don op 27 november weten: 'Wat er gebeurt als het leger ingevolge het bevel van de Führer de laatste patronen heeft verschoten, daarvoor bent u niet verantwoordelijk!'[185] Nog diezelfde dag wendde Paulus zich met een oproep tot het Zesde Leger: 'Houdt daarom stand, de Führer haalt ons eruit.'[186] Zoals blijkt uit de veldpostbrieven uit Stalingrad, vertrouwden veel soldaten er eind november, begin december inderdaad op dat de belofte zou worden ingelost en dat er voor een snelle ontzetting van het omsingelde leger zou worden gezorgd. Het nog steeds onverminderde geloof in Hitler en de wens om de familie niet al te ongerust te maken, kwamen hier bijeen.[187]

Hitler had zich voorgenomen zich de eerste dagen van december weer voor langere tijd op de Obersalzberg terug te trekken om zijn 'hoofd vrij te maken voor nieuwe beslissingen', maar Zeitzler kon hem met het oog van de kritieke situatie van het Zesde Leger van zijn plan afbrengen.[188] Op de ochtend van 12 december openden twee tankdivisies onder het bevel van generaal Hermann Hoth, de opperbevelhebber van het Vierde Tankleger, het offensief om vanuit het zuiden een verbinding met het omsingelde gebied bij Stalingrad te leggen. Ze vorderden de eerste dagen ook volgens plan, maar het Russische verzet werd weldra sterker. Op 20 december moest de staf van Hoth erkennen dat het gestelde doel niet meer kon worden bereikt. Twee dagen later, zo'n 50 kilometer van het zuidelijke front, kwam het ontzettingsoffensief tot stilstand.[189] Met het oog op de inmiddels kritieke bevoorradingssituatie in het omsingelde gebied drong nu ook Manstein eropaan het Zesde Leger alsnog toestemming te geven uit te breken, maar Hitler wees het verzoek opnieuw categorisch af, gesteund door Göring, die de bevoorradingsproblemen bagatelliseerde.[190] Daarmee was het lot van het Zesde Leger bezegeld. 'Diepste verslagenheid bij ons,' noteerde adjudant Engel op 22 december. 'Bijna iedereen had gehoopt dat P[aulus] gezien het risico eigenmachtig zou uitbreken [...]. Niemand weet hoe het met Stalingrad verder moet. F[ührer] is zeer zwijgzaam en laat zich behalve tijdens de besprekingen en mondelinge verslagen zelden zien.'[191]

Toen Ciano op 18 december aankwam in de Wolfsschanze, vond hij de sfeer daar bijzonder drukkend.[192] Het ging er Hitler tijdens de drie dagen durende gesprekken vooral om de bondgenoot te kalmeren. Hij ging niet nader in op de kritieke situatie van het Zesde Leger en had het slechts in het algemeen over 'moeilijke situaties', zoals die zich in elke oorlog konden voordoen. De successen van de Russen weet hij aan 'tekortschietende samenwerking tussen de verbonden legers aan het oostfront'; ze moesten voortaan 'nauw contact houden', waarbij Duitsland 'tot de leiding geroepen' zou zijn. Hier tekende zich al Hitlers poging af de verantwoordelijkheid voor de catastrofe bij Stalingrad af te wijzen en in de schoenen van de Roemeense en Italiaanse bondgenoten te schuiven. Ciano van zijn kant wierp in opdracht van Mussolini de vraag op 'of het ter vermijding van een tweefrontenoorlog niet mogelijk zou zijn een politieke regeling met Rusland te treffen'. Als 'ideale oplossing' stond de duce het sluiten van een afzonderlijke vrede voor ogen zoals indertijd die in Brest-Litovsk in maart 1918. Hitler wees het idee van de hand: er was niets waarover Duitsland en de Sovjet-Unie het 'gezien de vereisten van hun voedingsmiddelen- en grondstoffenaanvoer' eens zouden kunnen worden. Een wapenstilstand zou de Russen, áls ze daartoe al bereid waren, alleen maar de mogelijkheid geven hun strijdmacht te reorganiseren. Ten slotte kon men er ook niet zeker van zijn dat de tegenpartij zich aan een overeenkomst zou houden: 'Verwachten dat de Russen zich aan een verdrag zullen houden is hetzelfde als van de duivel een heilige handeling eisen' – woorden die vreemd klinken uit de mond van een politicus voor wie verdragen niets betekenden.[193] De gesprekken eindigden opnieuw zonder enig concreet resultaat – 'schimmenspellen in het donkere bos bij Rastenburg', noemde tolk Paul Schmidt ze.[194]

Op zijn laatst sinds de kerstdagen van 1942 was het in het omsingelde gebied bij Stalingrad bekend dat de ontzettingspoging van het tankleger van Hoth mislukt was. Hoewel de omsingelden zich nog steeds vastklampten aan de hoop op een ommekeer – *'Es geht alles vorüber, es geht alles vorbei. Auf jeden Dezember folgt wieder ein Mai'* luidde het refrein van een door Lale Andersen gezongen schlager[195] – begonnen ze zich geleidelijk te realiseren dat ze door hun eigen leiding in de steek waren gelaten. De ondersteuning werd elke dag slechter; allang kwam slechts een fractie van de benodigde en door de Luftwaffe toegezegde tonnen levensmiddelen aan in het omsingelde gebied. 'We moeten geregeld honger lijden,' meldde een tirailleur in een veldpostbrief van 21 december. 's Morgens en 's avonds krijgen we maar één snee brood. 's Middags is er waterige soep.' En een soldaat schreef op oudejaarsavond dat 'zijn hart bijna brak' als hij aan thuis dacht: 'Alles is hier zo troosteloos en zo hulpeloos. Ik heb al vier dagen geen brood gegeten en leef slechts van een schep middagsoep. [...] Honger, honger, honger en dan luizen en smerigheid. We worden dag en nacht door vliegtuigen bestookt en het art[illerie]vuur zwijgt bijna nooit. [...] Men is nog slechts een bundel trillende zenuwen. Hart en hersens zijn ziekelijk overprikkeld en men beeft alsof men koorts heeft

[...]. Ik heb geen enkele hoop en ik smeek jullie, huil niet te erg als jullie het bericht krijgen dat ik er niet meer ben.'[196]

Zulke brieven kwamen met duizenden aan in Duitsland en ze versterkten de indruk dat zich in Stalingrad een tragedie afspeelde. 'In talrijke delen van het rijk gaat het gerucht dat de Duitse troepen in de omgeving van Stalingrad [...] volledig ingesloten zijn, waardoor de angst dat Stalingrad daardoor alsnog een "tweede Verdun" zou kunnen worden, opnieuw de kop heeft opgestoken,' meldde het SD-stafrapport van 17 december.[197] De bureaucratische berichtenpolitiek verschoof intussen naar een tactiek van verzwijgen. Nadat Hitler nog op 8 november publiekelijk had verkondigd dat de stad aan de Wolga de facto al was veroverd, heerste er sinds het begin van het Russische tegenoffensief radiostilte. In de Wehrmachtberichten werd het feit dat het Zesde Leger omsingeld was, nooit expliciet toegegeven.[198] Dat vernam de familie – áls ze het al vernam – door de veldpostbrieven van de soldaten.[199] Zelfs propagandachef Goebbels was 'niet echt gelukkig' met de berichtenpolitiek, zoals hij zijn dagboek toevertrouwde: 'We praten weliswaar over hevige gevechten, maar over de ernst van de hele situatie delen we het volk bijna niets mede. [...] Intussen voltrekt zich in het oosten een enorm militair drama, waarvan men de uitkomst op dit moment nog volstrekt niet kan overzien.'[200]

Ook in zijn nieuwjaarsboodschap van 1943 vermeed Hitler de bevolking klare wijn te schenken over de militaire situatie. In plaats daarvan nam hij zijn toevlucht tot de tot vervelens toe herhaalde propagandakreten over de Duitsland zogenaamd opgedrongen oorlog, waarin het 'werkelijk om zijn of niet-zijn' zou gaan, maar aan het eind waarvan het Duitse volk ditmaal 'als laatste het strijdtoneel [zou] behouden'. In zijn 'Dagorder voor de soldaten van de Duitse Wehrmacht' kondigde de dictator nieuwe wapens aan die de overwinning zouden waarborgen en schilderde hij de oorlog af als een kruistocht ter verdediging van Europa: 'God zij Europa genadig als het Joods-bolsjewistisch-kapitalistische complot zou slagen. Europa zou voorgoed verloren zijn, maar daarin ligt jullie vaderland, mijn soldaten, waarvoor jullie vechten.'[201] In zijn persoonlijk aan Paulus geadresseerde nieuwjaarswensen beloofde Hitler opnieuw alles te doen 'om de verdedigers van Stalingrad te ontzetten' – hoewel hij op dat moment allang wist dat de daarvoor benodigde krachten niet meer ter beschikking stonden. En Paulus, die zich niet meer om de tuin zal hebben laten leiden, telegrafeerde terug: 'Mijn Führer, uw vertrouwenwekkende woorden voor het nieuwe jaar zijn hier met groot enthousiasme ontvangen. [...] U kunt ervan verzekerd zijn dat wij – van de oudste generaal tot de jongste soldaat – van de fantastische wil om stand te houden bezield zijn en ons aandeel in de uiteindelijke overwinning zullen leveren.'[202]

Intussen had het Rode Leger de laatste voorbereidingen getroffen voor de bestorming van het omsingelde gebied. Op 8 januari richtte het een radiotelegram aan het opperbevel van het Zesde Leger met de eis de wapens neer te leggen. Daags daarna dropten Russische vliegtuigen grote aantallen pamfletten met de capitulatie-eis boven de stad.[203] Paulus wees, na ruggenspraak met Hitler, het aanbod vastbesloten af. 'Voor ons gaat het om één ding: vechten tot de laatste patroon,' eiste hij in zijn legerbevel van 9 januari. 'Onderhandelingen moeten daarom worden afgewezen, niet worden beantwoord en parlementariërs dienen door vuur te worden verdreven.'[204] Zo begon op 10 januari met zwaar artillerievuur het Sovjetoffensief om de omsingeling te verbreken. Het leidde meteen al tot diepe bressen in de vestingring. Al na vier dagen was het omsingelde gebied tot een derde van de oorspronkelijke omvang teruggebracht. De vliegvelden Basargino en Pitomnik gingen verloren, waardoor de bevoorrading nog verder verslechterde.[205] Tijdens een bezoek van maarschalk Antonescu aan de Wolfsschanze vertrouwde Hitler er vast op dat de situatie kon worden gered. Daarvoor zou het nodig zijn dat het omsingelde leger 'onder alle omstandigheden' zijn stellingen handhaafde.[206] Met dezelfde boodschap scheepte de dictator kapitein Winrich Behr af, die door Paulus op 14 januari naar het Führerhoofdkwartier was gestuurd om Hitler een onopgesmukt beeld te geven van de situatie van de omsingelde soldaten.[207] Hitler had, herinnerde Kurt Zeitzler zich na de oorlog, in die kritieke dagen 'zijn januskop' getoond: naar buiten had hij 'moed en vertrouwen' en een 'vast geloof in een goede afloop in Stalingrad' uitgestraald. 'Hoe het hem innerlijk verging, hield hij verborgen. Alleen degenen die hem goed kenden, vaak in zijn buurt moesten zijn en hem daardoor in alle stemmingen meemaakten, konden het vermoeden.'[208]

Op 16 januari verspreidde het OKW een Wehrmachtbericht waarin voor het eerst, zij het wollig geformuleerd, werd toegegeven dat het Zesde Leger was omsingeld. 'In de omgeving van Stalingrad,' zo luidde het, 'sloegen onze troepen, die al weken een heldhaftige verdedigingsstrijd voeren tegen de van alle kanten aanvallende vijand, ook gisteren zware aanvallen door vijandelijke infanterie- en tankeenheden af, onder grote verliezen van de bolsjewieken.'[209] Door de Duitse bevolking werd het bericht beschouwd als de bevestiging van de grootste angst en daaruit werd afgeleid dat Stalingrad 'al als verloren' moest worden beschouwd.[210] Zelfs in dat geval ging het er volgens de minister van Propaganda om tijdig voorzorgsmaatregelen te treffen: het leek hem onvermijdelijk 'nu ook van onze kant met de waarheid naar buiten te komen en voor de ontvangst van het verschrikkelijke nieuws ook de noodzakelijke morele ondersteuning klaar te houden'. Stalingrad moest 'datgene worden wat het Alcázar was voor de Spaanse vrijheidsstrijd: een heldenlied van het Duitse soldatendom, aangrijpender en tragischer dan überhaupt kan worden gedacht'.[211]

Daarmee was de propagandistische beleidslijn uitgezet waarover Goebbels het tijdens een bezoek aan de Wolfsschanze op 22 januari eens werd met Hitler. De dictator liet er geen twijfel aan bestaan dat hij het Zesde Leger al had afgeschreven. Er bestond 'nauwelijks nog enige hoop dat we hen kunnen ontzetten'. In Stalingrad voltrok zich 'een heldendrama van de Duitse geschiedenis zoals het in deze tragische en schokkende vorm nooit eerder heeft bestaan'. Nog terwijl Hitler en Goebbels overlegden, verscheen er een jonge majoor uit Stalingrad, die meldde: 'De troepen hebben niets meer te eten, niets meer om te schieten en niets meer om te vuren. Ze zitten op rijen in bunkers, verhongeren en bevriezen.' Het commentaar van de minister van Propaganda, waarmee hij zijn onwaarachtigheid in zekere zin op de spits dreef, luidde: 'Een beeld van waarachtig antieke grootsheid. De woorden ontbreken om dit heldendrama te beschrijven.'[212] Alle inspanningen waren er nu op gericht de naderende militaire catastrofe voor te stellen als een heroïsch offer van mythische proporties om zo de verwachte geschokte reactie onder de bevolking op te vangen.

Dat kon overigens alleen slagen als het Zesde Leger tot het laatst toe standhield. Op 16 januari schreef Paulus zijn vrouw een afscheidsbrief: 'Ik sta als soldaat daar waar ik nu sta, op bevel. Ik weet niet welk lot me wacht. Ik moet het nemen zoals God het me geeft.'[213] Toen de opperbevelhebber van het Zesde Leger op 22 januari, na het verlies van het laatste vliegveld van Goemrak, het opperbevel van het leger een beeld gaf van de uitzichtloosheid van langer verzet en voor een wapenstilstand pleitte, wees Hitler het verzoek opnieuw af: capitulatie van het Zesde Leger was 'alleen al vanuit het standpunt van eer niet mogelijk'. Paulus gehoorzaamde opnieuw. Nog diezelfde avond riep hij zijn leger op 'elke voetbreedte terrein' te verdedigen en 'de laatste kracht' te mobiliseren 'tot de Rus het opgeeft en de overwinning weer naar onze zijde neigt! Houdt stand!'[214] Zulke oproepen konden in de oren van de wanhopige soldaten alleen maar cynisch klinken. Op 26 januari slaagde het Rode Leger erin het omsingelde gebied in tweeën te splitsen. Gecoördineerd verzet was nu niet meer mogelijk. Desondanks weigerde Paulus nog steeds de zinloos geworden strijd eigenmachtig te staken. Sterker nog, op 30 januari stuurde hij Hitler een berustend telegram: 'Nog wappert het vaandel boven Stalingrad. Moge onze strijd voor de levende en komende generaties een voorbeeld zijn om ook in de meest hopeloze situaties nooit te capituleren, dan zal Duitsland zegevieren. Heil, mijn Führer!'[215]

Het tienjarig jubileum van 30 januari 1933 had voor de nazileiding nauwelijks ongelegener kunnen komen. 'Het is nu niet de tijd om bruisende feesten te vieren, ook niet op een in oorlogstijd passende manier,' constateerde Goebbels nuchter. Hij werkte een 'uitwijkprogramma' uit, waarmee Hitler op 22 januari instemde:

de dictator wilde ditmaal niet de traditionele toespraak houden. Hij deinsde er instinctief voor terug in de openbaarheid te treden in een situatie waarin het nieuws over de ondergang van het Zesde Leger elk moment bekend kon worden. In plaats daarvan moest de minister van Propaganda de centrale betoging in het Berlijnse Sportpalast openen en een proclamatie van de Führer voorlezen.[216] Goebbels kweet zich met de gebruikelijke routine van zijn taak. Hij hitste de stemming in de reusachtige arena op door zijn onwankelbare geloof in de Führer te betuigen, die zogenaamd 'bergen verzetten' kon.[217] Hitlers proclamatie putte zich uit in een saaie opsomming van de vermeende 'prestaties' van het regime in de tien jaar van zijn bestaan. Hij ging met slechts één zin in op de 'heldenstrijd van onze soldaten aan de Wolga', die 'een vermaning aan iedereen' moest zijn 'het uiterste te doen voor de strijd om de vrijheid van Duitsland en de toekomst van ons volk'.[218] Het bleef voorbehouden aan Göring om tijdens een toespraak in het Reichsluftfahrtministerie op de avond van diezelfde dag de heldenmythe van Stalingrad tot het middelpunt van zijn uiteenzettingen te maken en daarmee in zekere zin als 'raamvertelling' op te nemen in de canon van de nationaalsocialistische legenden. Hij noemde de strijd om de Wolgametropool de 'grootste heldenstrijd in onze geschiedenis' en vergeleek die met de 'heldendood' van de Spartanen tijdens de slag bij Thermopylae en die van de Nibelungen aan het hof van de Hunnenkoning Etzel.[219] 'Duitsland is een leger armer, maar een van zijn grootste heldensagen rijker geworden,' luidde het commentaar van compagnieaanvoerder Theodor Habicht.[220] Maar de soldaten in Stalingrad, die Görings toespraak via de radio konden volgen, hoorden de 'bewieroking van de pijnlijke dood' van een heel leger 'met verontwaardiging, ja bijna met afschuw' aan.[221]

Op 31 januari bevorderde Hitler Paulus, die hij pas eind november tot kolonel-generaal had benoemd, tot generaal-veldmaarschalk – ongetwijfeld in de verwachting dat de opperbevelhebber van het Zesde Leger zich niet gevangen zou laten nemen, maar de 'heldendood' zou sterven, dat wil zeggen zichzelf de kogel zou geven.[222] Maar daarin vergiste de dictator zich. Op de avond van 31 januari gaf het zuidelijke omsingelde gebied zich over. Paulus, die zich had teruggetrokken in de kelderruimte van warenhuis Oenivermag, liet zich met zijn hele staf zonder verzet gevangennemen.[223] Twee dagen later, op 2 februari, capituleerde ook het noordelijke deel. Na 72 dagen was de strijd om Stalingrad beëindigd. Zo'n 110.000 Duitse en Roemeense overlevenden werden gevangengenomen; slechts ongeveer 5000 van hen zouden jaren later naar Duitsland terugkeren.[224]

Hitler was buiten zichzelf van woede toen hij van Paulus' gevangenneming hoorde: 'Zoveel mensen moeten sterven en dan gaat zo iemand ervandoor en bezoedelt op het laatste moment nog de heldhaftigheid van veel anderen,' tierde hij tijdens de stafbespreking in de middag van 1 februari. 'Hij kon zich van alle ellende verlossen en de eeuwigheid, de nationale onsterfelijkheid ingaan, maar hij gaat liever naar Moskou. Hoe kan daar iets te kiezen zijn? Dat is toch krankzinnig!'[225] Hitler zelf had tijdens zijn politieke klim naar de macht herhaaldelijk met zelfmoord gedreigd en zijn omgeving daarbij de indruk gegeven dat zo'n besluit hem geen moeite zou kosten. Ook tijdens de middagbespreking op 1 februari verkondigde hij: 'Hoe gemakkelijk is zoiets! Een pistool – dat stelt toch niets voor. Wat is dat voor een lafheid om daarvoor terug te schrikken!'[226]

In de middag van 3 februari bracht de radio het bericht van het einde van de strijd om Stalingrad. 'Hun eed op de vlag tot hun laatste ademtocht getrouw is het Zesde Leger onder de voorbeeldige leiding van generaal-veldmaarschalk Paulus bezweken voor de overmacht van de vijand en het nadeel van de situatie.' Om de propaganda van de 'heldendood' geloofwaardig te maken, deinsde men niet terug voor een grove leugen: 'Generaals, officieren, onderofficieren en manschappen vochten zij aan zij tot en met de laatste patroon. Ze stierven opdat Duitsland zou leven.'[227] Goebbels had de 'heldhaftige ceremonie' tot in de puntjes voorbereid en met Hitler afgestemd. Er werden treurmarsen gespeeld, gevolgd door omfloerst tromgeroffel en drie strofen van 'Ich hatt' einen Kameraden'. Na drie minuten radiostilte werd bekendgemaakt dat alle bioscopen, schouwburgen en vermaaksgelegenheden drie dagen gesloten zouden blijven. De uitzending eindigde met klanken uit Beethovens Vijfde Symfonie.[228]

De speciale uitzending veroorzaakte onder de Duitse bevolking, zoals ook Goebbels niet kon ontkennen, een 'soort schokeffect': 'Men had het weliswaar verwacht, maar nu het zover is, is het toch pijnlijker dan men aanvankelijk had gedacht.'[229] 'Vandaag is de zwartste dag voor Duitsland in de geschiedenis van onze oorlog,' noteerde de studente Lore Walb op 3 februari. 'Een nooit eerder gevoelde droefheid ligt over ons allemaal.'[230] In de verslagen van de Sicherheitsdienst was sprake van 'diepe ontsteltenis'. Men was er algemeen van overtuigd 'dat Stalingrad een keerpunt in de oorlog betekende'. 'Labielere volksgenoten' zouden zelfs 'geneigd zijn in de val van Stalingrad het begin van het einde te zien'.[231] De stemmingsberichten uit de gouwen spraken van de 'waarschijnlijk zwaarste beproeving sinds het begin van de oorlog'. De bevolking zou een dergelijke tegenslag nooit voor mogelijk hebben gehouden. Bijzonder fel bekritiseerd werd de berichtenpolitiek via pers en radio, die de bevolking lange tijd over de situatie in en om Stalingrad in het ongewisse had gehouden.[232]

De kritische vragen deinsden echter ook niet langer terug voor de man aan de top. Men herinnerde zich maar al te goed de toespraak van Hitler op 8 november 1942, waarin hij de aanstaande inname van Stalingrad had verkondigd.[233] 'Het lukt Hitler voor het eerst niet de verantwoordelijkheid af te schuiven; voor het eerst richt het kritische fluisteren zich rechtstreeks op hem,' merkte Ulrich von Hassell medio februari 1943 op.[234] Dat bleef natuurlijk ook niet verborgen voor de minister van Propaganda, met zijn nauwkeurige gevoel voor stemmingswisselingen onder de bevolking. 'Uitermate bedreigend' vond hij het 'dat voortaan ook de Führer in ernstige mate wordt bekritiseerd'. De kritiek beperkte zich weliswaar nog tot 'een bepaald deel van het volk', maar er moest nu alles aan gedaan worden om te voorkomen dat het zich verspreidde.[235] Als men de memoires van Speer mag geloven, zei Goebbels in die tijd zelfs dat men niet meer te maken had met een 'Führungskrise', maar met een 'Führerkrise'.[236] Stalingrad was een zware slag voor Hitlers populariteit en zijn aureool van 'geniaal veldheer'. Grappen zoals deze deden de ronde: 'Wat is het verschil tussen de zon en Hitler?' Antwoord: 'De zon komt op in het oosten, Hitler gaat ten onder in het oosten.'[237]

Hitlertegenstanders overal ter wereld kregen hoop. Wilhelm Muehlon werd gegrepen door een gevoel van 'weldadige ontsteltenis' toen hij het nieuws over de val van Stalingrad hoorde.[238] Thomas Mann dicteerde op 5 februari 1943 een 'Gelukwens aan het Russische leger': dat leverde 'prestaties van waarlijk epische, kolossale omvang, prestaties in dienst van de mensheid en haar vrijheid, daden van verdediging die onvergetelijk zullen zijn in de hele geschiedenis'.[239] Ook onder de weinige nog in Duitsland wonende gepeste Joden vatte men opnieuw moed. 'Het debacle in Rusland moet echt en beslissend zijn,' noteerde Victor Klemperer op 5 februari. De Dresdense geleerde wilde nog niet in een aanstaand einde van het naziregime geloven. 'Niettemin, de hoop alleen al is opwekkend.'[240]

In München brachten leden van de 'Weiße Rose' – de verzetsgroep van studenten die ontstaan was rondom broer Hans en zus Sophie Scholl – nog in de nacht van 3 op 4 februari op twintig plaatsen in de binnenstad met blikken sjablonen en teerverf de opschriften 'Weg met Hitler' en 'Vrijheid' aan. In het zesde en laatste pamflet van de groep werd nadrukkelijk ingegaan op de nederlaag van Stalingrad: 'Ontsteld staat ons volk voor de ondergang van de mannen van Stalingrad. 330.000 Duitse mannen heeft de geniale strategie van de wereldoorlogkorporaal zinloos en onverantwoordelijk de dood en het verderf in gejaagd. Führer, wij danken u!' Toen Hans en Sophie Scholl op de ochtend van 18 februari de pamfletten in de gangen en op de trappen van de universiteit van München verspreidden en de rest vanaf de tweede verdieping op de binnenplaats gooiden, werden ze betrapt door de pedel. De rector, ss-Standartenführer Walter Wüst, die een leerstoel voor arische filologie bekleedde, bracht de Gestapo op de hoogte. Al op 22 februari, na een kort, door Roland Freisler, de president van het Volksgerichtshof, geleid proces werden broer en zus Scholl en hun studiegenoot Christoph Probst ter dood veroordeeld en in München-Stadelheim onthoofd. Datzelfde lot ondergingen enkele maanden later drie andere leden van de groep: Kurt

Huber, hoogleraar filosofie aan de universiteit van München, evenals Alexander Schmorell en Willi Graf.²⁴¹ Een moorddadig snelrecht moest elk verzet in de kiem smoren. Maar het nieuws over de acties van de Weiße Rose deed snel de ronde. De 'hoofdstad van de beweging', vertelde men elkaar, werd de 'hoofdstad van de tegenbeweging', en er werd zelfs het vermoeden geuit dat in München 'over korte of lange tijd' de revolutie kon uitbreken.²⁴²

Maar het belang van de tekenen van een veranderende mening en een groeiende distantie tot het staatsbestuur mag ook weer niet worden overschat. Het naziregime schudde nog niet op zijn grondvesten en ook de Hitlermythe had nog geenszins volledig aan kracht ingeboet. Voor die misvatting waarschuwde bijvoorbeeld de Zwitserse consul-generaal in München, Hans Zurlinden, toen hij op 'de labiele, van de stemming afhankelijke mentaliteit' wees, 'die naargelang de successen en tegenslagen met de wind meewaait'. Hij wilde ook niet uitsluiten dat bij nieuwe overwinningen 'ook bijna elke Duitser weer enthousiast "Heil Hitler" zou brullen'.²⁴³ Ook Friedrich Kellner constateerde in zijn dagboek dat het aantal mensen 'dat begint na te denken' na Stalingrad weliswaar was gestegen, maar dat de propaganda ervoor zorgde dat de waarheid 'nog altijd onderdrukt' en de nederlaag 'vergoelijkt' werd: 'Het door overwinningen verwende volk is ongetwijfeld enigszins geschokt, maar er zijn nog meer zware nederlagen nodig om het geloof van het volk een vernietigende slag toe te brengen.'²⁴⁴

Op 7 februari 1943 ontbood Hitler de Reichs- en Gauleiter op het Führerhoofdkwartier. Begin oktober 1942 had hij die groep voor het laatst toegesproken en het verschil met toen had niet groter kunnen zijn. In plaats van de beloofde roemrijke overwinning was er een rampzalige nederlaag geleden. De dictator stond nu zelfs tegenover zijn naaste volgelingen onder druk om zich te rechtvaardigen, en hij bewees opnieuw over hoeveel overredingskracht, in combinatie met huichelarij, hij nog altijd beschikte. Meteen aan het begin van zijn drie uur durende toespraak benadrukte hij dat hij 'vandaag meer dan ook in de overwinning geloofde en zich in dat geloof door niets van zijn stuk wilde en zou laten brengen'. Er kon geen sprake van zijn dat het rijk 'op zijn laatste benen' liep. Men had weliswaar een 'zware tegenslag' gehad, maar vergeleken met de crises die de partij vóór 1933 had doorstaan, vergeleken ook met de problemen die Frederik de Grote had overwonnen, ging het toch eerder om een kleinigheid. Hitler stelde, zoals hij al in zijn gesprekken met Ciano en Antonescu had aangeduid, het 'volledig tekortschieten' van de bondgenoten verantwoordelijk voor het debacle van Stalingrad. De Roemeense en Italiaanse eenheden hadden zich 'mateloos laf' gedragen. Tegen die achtergrond was het niet meer dan een retorische frase toen de dictator verklaarde dat hij 'uiteraard voor alle gebeurtenissen van de afgelopen winter de volledige verantwoordelijkheid' nam. Tot slot sprak hij de hoop uit in de loop van het voorjaar weer de 'operationele vrijheid terug te winnen': 'Dan zullen we er gauw weer bovenop zijn.' Tegelijkertijd echter herhaalde hij het duistere dreigement dat in de laatste oorlogsjaren tot zijn standaardrepertoire zou gaan behoren: 'Maar als het Duitse volk ooit zwak zou worden, dan verdiende het niets anders dan door een sterker volk te worden weggevaagd; dan kon men er ook geen medelijden meer mee hebben.'[245]

Hitlers paladijnen keerden, van nieuw vertrouwen vervuld, terug naar hun gouwen.[246] Wat de dictator voor hen had verzwegen, was hoe ernstig de militaire situatie in de zuidelijke sector van het oostfront in werkelijkheid was. Het hele Kaukasusfront had even op instorten gestaan. Eind december 1942 had Zeitzler na een lange strijd van Hitler toestemming weten te krijgen om de Legergroep A terug te trekken naar verkorte stellingen.[247] Tegen eind januari was de terugtocht in wezen afgesloten. Daarmee was niet alleen een eind gekomen aan Hitlers grootheidswaanzinnige droom van een opmars naar Mesopotamië in het hart van de Britse Nabije-Oostenstelling, ook de bezetting van de olievelden in de Kaukasus – het hoofddoel van het zomeroffensief – was definitief mislukt.[248] Ook bij de Legergroep B ontwikkelde de situatie zich in de woorden van kolonel-generaal Weichs tot 'in de hoogste mate kritiek': de eenheden van de Italiaanse en Roemeense bondgenoten waren verregaand uiteengevallen en de zwakke Duitse krachten waren niet meer in staat de gaten op te vullen. Pas na lang getouwtrek gaf Hitler ook hier toestemming voor een gefaseerde terugtrekking van de troepen, maar hij beval wel dat Charkov en Koersk onder alle omstandigheden behouden moesten blijven.[249] In het noorden slaagde het Rode Leger er in januari 1943 in de blokkade van Leningrad na 506 dagen te doorbreken en weer een landverbinding met de omsingelden tot stand te brengen.[250] Het gevaar voor de stad was overigens nog niet geweken. De belegeringsring zou pas na langdurige gevechten met veel verliezen op 27 januari 1944 worden verbroken.

Op 6 februari 1943 ontving Hitler de opperbevelhebber van de Legergroep Don, von Manstein, voor een lang onderhoud in het Führerhoofdkwartier. De generaal-veldmaarschalk had zich van deze bespreking veel voorgesteld: hij wilde de dictator overhalen tot een wijziging in de militaire bevelsstructuur zoals die zich sinds het ontslag van Brauchitsch in december 1941 had ontwikkeld. Om een samenhangende leiding van de oorlog te waarborgen moest de nieuwe functie van stafchef voor de gezamenlijke Wehrmachtonderdelen worden gecreëerd. Dat zou niet alleen betekend hebben dat het dualisme van OKH en OKW zou worden opgeheven, maar ook dat Hitlers positie als opperbevelhebber van het leger zou worden verzwakt. De dictator reageerde verbazend kalm op het voorstel. In plaats van Manstein openlijk terecht te wijzen, verschanste hij zich achter rijksmaarschalk Göring, wie hij het niet kon aandoen zich ondergeschikt te maken aan een Wehrmachtgeneraal. In werkelijkheid was hij volstrekt niet genegen ook maar een fractie van zijn macht over te dragen. Dat verbood hem alleen al zijn fundamentele wantrouwen in de bedoelingen van de generaliteit, dat sinds het mislukken van het zomeroffensief in 1942 alleen maar sterker was geworden. Manstein bereikte in elk geval wel dat Hitler toestemming gaf om de zwaar bedreigde Legergroep Don terug te trekken achter de rivier de Mioes en het oostelijke deel van het Donetsbekken prijs te geven.[251]

Intussen zette het Rode Leger zijn opmars naar het zuiden voort. Reusachtige gebieden werden heroverd. Op 8 februari werd Koersk bevrijd, zeven dagen later ook Charkov.[252] Onder de Duitse bevolking veroorzaakten de rampzalige berichten van het strijdtoneel nieuwe schokgolven. Er 'leek geen eind aan te komen', was de overheersende mening.[253] Gezien de kritieke toestand kon Zeitzler Hitler overhalen op de ochtend van 17 februari voor een bezoek aan het hoofdkwartier van de Legergroep Süd – zo heette de Legergroep Don sinds 14 februari – naar Zaporizja te vliegen.[254] De gesprekken vonden in een zeer gespannen sfeer plaats. Pas na lange discussies keurde de dictator Mansteins plannen goed voor een beweeglijker oorlogvoering die offensieve en defensieve acties combineerde. De poging Hitler ertoe over te halen 'eens op langere termijn operatief vooruit te denken', stuitte echter op zijn weigering zich op termijn vast te leggen. Tijdens de twee dagen durende beraadslagingen was het Rode Leger opgerukt tot op 60 kilometer van Mansteins hoofdkwartier. Het gevaar bestond dat de tankspitsen het ten oosten van Zaporizja gelegen vliegveld zouden kunnen innemen. Men was dan ook opgelucht toen Hitler en zijn gevolg in de ochtend van 19 februari halsoverkop vertrokken. Terwijl zijn toestel opsteeg, was in de verte al het Russische artillerievuur te horen.[255]

Hitler keerde niet meteen terug naar de Wolfsschanze, maar verbleef tot 13 maart in het Oekraïense hoofdkwartier Werwolf.[256] Daar kon hij volgen hoe het op 19 en 20 februari begonnen tegenoffensief door de Legergroep Süd, die was versterkt met verscheidene gevechtssterke divisies uit West-Europa, snel tempo won. Het Rode Leger was, nadat het honderden kilometers naar het westen was opgerukt, voorlopig aan het eind van zijn aanvalskracht. De Duitse tanklegers drongen de Russische aanvalsspitsen terug en rukten nu op hun beurt op. Op 14 maart werd Charkov heroverd – een niet-onbelangrijk prestigieus succes. 'Godzijdank dat we het ergste nu hebben gehad,' noteerde Goebbels. 'De afgelopen winter was verschrikkelijk, maar we zijn hem ten slotte dan toch te boven gekomen.'[257] Eind maart kwamen de gevechten tot stilstand. Het was Manstein gelukt het front in het zuiden te stabiliseren. In grote lijnen liep het nu daar waar het zomeroffensief van 1942 was begonnen.[258]

De balans van de winteroorlog 1942-1943 pakte vernietigend uit voor de Duitse zijde. De slag bij Stalingrad was weliswaar niet de beslissende kentering in de oorlog geweest – die was al in december 1941 begonnen – maar door veel Duitsers werd hij als zodanig geïnterpreteerd: 'Hier heerst nu een heel vreemde, apathische, sombere stemming,' schreef de Hamburgse Mathilde Wolff-Mönckeberg begin maart 1943. 'Men leest de wanhoop op vele gezichten, voelt ongeduld, gejaagdheid en prikkelbaarheid, waar je ook bent: in de tram, in het postkantoor, in de winkels – overal. Hoe anders dan in het eerste oorlogsjaar, toen bij de minste of geringste aanleiding de rode vaandels wapperden in de wind, luid tromgeroffel op de radio een overwinning bekendmaakte en iedereen er de mond vol van had. Nu is alles grauw en totale oorlog, sinds Stalingrad capituleerde.'[259] Ook voor de mensen in de Sovjet-Unie was de geslaagde verdediging van de Wolgametropool en de vernietiging van een compleet Duits leger van grote psychologische betekenis. Het versterkte het zelfvertrouwen, verhoogde het moreel – en deed de hoop groeien dat na alle inspanningen en offers de overwinning op de gehate fascistische agressor in het verschiet lag. 'Ik ben geweldig in mijn nopjes,' schreef een soldaat van het Rode Leger na de triomf in Stalingrad aan zijn vrouw. 'Als je het kon zien, zou je net zo blij zijn als ik. Stel je voor: de moffen rennen voor ons weg!'[260]

Hitler en de Duitse legerleiding stonden op een puinhoop. De poging in het oosten de beslissing af te dwingen voordat de westerse mogendheden hun grotere slagkracht konden inzetten, was mislukt. Geen van de doelen van het zomeroffensief was bereikt: de greep naar de oliebronnen in de Kaukasus was mislukt en de Wolga als belangrijke verkeersader en delen van het Donetsbekken waren weer in Russische handen. Hitler had vanwege de door hem bevolen versnippering van de strijdkrachten aan het zuidfront en zijn strikte verbod aan het Zesde Leger om door de omsingeling van Stalingrad te breken een doorslaggevend aandeel in de catastrofe. Het strategische initiatief lag nu hij de anti-Hitlercoalitie, en die zou dat niet meer uit handen geven.[261] Ook in de verstandhouding met de bondgenoten vormden de dramatische gebeurtenissen in Stalingrad een cesuur. Hitlers pogingen de verantwoordelijkheid voor het debacle alleen hun in de schoenen te schuiven, wekte veel verbittering op. Hoe meer de Duitse kansen op een overwinning slonken, des te meer men zich in het kamp van de bondgenoten begon af te vragen of het niet raadzaam was afstand te nemen van het Groot-Duitse Rijk en zijn steeds verder van de realiteit losgezongen dictator. 'Als onze bondgenoten ons maar niet in de steek laten!' – die angst zou voortaan een overheersende rol spelen binnen de nazileiding.[262]

Ook Hitlers gezondheid was niet op zijn best. Tijdens een vertrouwelijk gesprek met Goebbels klaagde hij herhaaldelijk dat hij zich 'niet meer opgewassen voelde tegen de zware belasting' en niet meer wist of hij 'de oorlog volledig intact [zou] doorstaan'.²⁶³ Hij werd vooral geplaagd door slapeloosheid en nerveuze maagkrampen. Zijn lijfarts Morell had er zijn handen vol aan om hem met stimulerende injecties op de been te houden. Sinds eind 1942 was het trillen in de linkerarm erger geworden en als hij liep, sleepte hij met zijn linkerbeen.²⁶⁴ Generaal Guderian, die op 17 februari 1943 door Hitler was teruggehaald uit zijn verbanning en tot inspecteur-generaal van de tanktroepen was benoemd, was ontzet toen hij de dictator na langere tijd terugzag: 'Zijn linkerhand trilde, hij liep voorovergebogen, zijn blik was star, zijn ogen puilden een beetje uit en stonden mat; op zijn wangen zaten rode vlekken. Zijn prikkelbaarheid was erger geworden. Hij verloor in zijn opvliegendheid gemakkelijk zijn geduld en was dan onberekenbaar in zijn woorden en beslissingen.'²⁶⁵ Ook Göring was toen hij begin maart 1943 een ontmoeting had met Goebbels, van mening dat Hitler 'in de drieënhalve oorlogsjaren vijftien jaar ouder geworden' was. De gesprekspartners waren het eens: 'Het is tragisch dat de Führer zich zo afsluit voor het leven en een zo buitenproportioneel ongezond leven leidt. Hij komt niet meer in de buitenlucht, vindt geen enkele ontspanning meer, zit in zijn bunker, werkt en piekert.'²⁶⁶

De symptomen van lichamelijk verval gingen inderdaad gepaard met een steeds sterker isolement, in combinatie met het afwijzen van elke afleiding en verstrooiing. Vroeger had Hitler tijdens de nachtelijke thee-uurtjes grammofoonplaten met zijn favoriete composities laten opzetten, nu verdroeg hij – volgens het getuigenis van Christa Schroeder – sinds Stalingrad geen muziek meer.²⁶⁷ Ooit had hij in ontmoetingen met de massa's energie getankt, nu reduceerde hij zijn publieke optredens tot een minimum. Hij vond het zelfs niet goed dat er in de weekjournaals beelden van hem werden getoond, zoals tijdens de Sportpalasttoespraak op 30 september 1942. Goebbels was er niet blij mee: 'Ik zit in de knel. Het volk wil hem zien, maar de Führer wil niet dat hij tijdens het weekjournaal wordt getoond. Wat moet ik doen?'²⁶⁸ Was Hitler bang dat journaalbeelden van hem in de bioscoopzalen tot uitingen van ontevredenheid konden leiden – in plaats van zoals vroeger stormachtig enthousiasme? De dictator had zijn lot verbonden aan de militaire eindoverwinning en hoe meer het vooruitzicht daarop verdampte, des te innerlijk onzekerder hij werd en des te meer hij ook geneigd was zijn ogen te sluiten voor de realiteit. Anders dan Goebbels en andere 'hoogwaardigheidsbekleders' van het Derde Rijk zou hij dan ook nooit een van de gebombardeerde Duitse steden bezoeken. Het lijkt erop dat hij de omgang met de bevolking meed.²⁶⁹

Kenmerkend is het voorval dat Albert Speer in zijn memoires heeft overgeleverd. Het gebeurde op 7 november 1943 tijdens de reis naar München die vanwege de meldingen over de geallieerde landing in Frans Noord-Afrika enkele keren werd onderbroken: 'In voorgaande jaren placht Hitler zich bij elke halte in het raam van zijn speciale trein te vertonen. Nu leken deze ontmoetingen met de buitenwereld ongewenst; de rolgordijnen aan de kant van het perron werden geregeld neergelaten. Toen we laat in de avond met Hitler in zijn met palissanderhout gelambriseerde restauratiewagon aan een rijkelijk gedekte tafel zaten, merkte aanvankelijk niemand van ons dat er op het parallelspoor een goederentrein stopte: uit de veewagen staarden verzwakte, uitgehongerde en voor een deel gewonde soldaten die net uit het oosten kwamen, naar het tafelgezelschap. Geschrokken werd Hitler het sombere tafereel twee meter van zijn raam vandaan gewaar. Zonder groet, zonder zelfs maar een reactie te tonen, liet hij een bediende ijlings de rolgordijnen dichtdoen.'[270]

Hitlers terugtrekking uit de openbaarheid voedde de geruchten over een ernstige ziekte. Niet het minst om die te ontkrachten besloot hij tijdens de Heldengedenkdag een toespraak te houden. Overigens vroeg hij Goebbels de afspraak een week te verschuiven, van 15 naar 21 maart, omdat hij met zijn verschijning in Berlijn wilde wachten tot de situatie in de zuidelijke sector van het oostfront gestabiliseerd zou zijn.[271] 'Het is goed dat hij speecht, zodat het Duitse volk zijn stem weer eens hoort en uit zijn betoog weer kracht en geloof in de overwinning put,' verheugde Goebbels zich.[272] Maar wat dat betreft stelde Hitler teleur. Hij sprak niet alleen ongewoon kort – nauwelijks meer dan 10 minuten – maar las ook zo snel en zo monotoon van papier dat hij voor een deel niet eens was te verstaan. Thomas Mann, die de toespraak in het verre Californië via de radio beluisterde, karakteriseerde die in zijn praatje voor de Duitse luisteraars op 28 maart als volgt: 'Men hoort in de toespraak de tegenzin waarmee ze werd gehouden. Men merkt eraan dat ze alleen tot stand is gekomen omdat na maandenlang deprimerend stilzwijgen een levensteken van de opperste krijgsheer geboden leek. Ze getuigde van een verzwakt, zo niet gebroken temperament.'[273] Op veel Duitsers had de toespraak een deprimerend effect en er werd zelfs gefluisterd dat niet Hitler zelf, maar een dubbelganger had gesproken, aangezien de Führer sinds Stalingrad een zenuwinstorting had gehad en op de Obersalzberg werd gehouden.[274] Het weekjournaal van eind maart, waarin Hitler voor het eerst sinds lange tijd weer in beeld verscheen, ontkrachtte die geruchten weliswaar, maar de SD-verslaggevers registreerden veel uitingen van verbijstering over het 'oververmoeide', 'gespannen' en 'verouderde' uiterlijk van de Führer.[275] Als men bedenkt dat Hitler zijn politieke opkomst vooral aan zijn ongewone redenaarstalent te danken had, dan is zijn ongeïnspireerde, machteloze optreden van 21 maart 1943 symbolisch voor zijn onstuitbare neergang, niet alleen als volksmenner, maar ook als staatsleider.

9
Totale oorlog en volksgemeenschap

'We kunnen ons voor het komende jaar slechts voornemen om met alle energie te werken, de oorlog op alle terreinen totaal en radicaal te voeren,' noteerde Goebbels op nieuwjaarsdag 1943. 'Want nog altijd blijft de grondregel van mijn oorlogsfilosofie: de meest radicale en totale oorlog is de kortste en brengt de meest beslissende overwinning.'[1] De minister van Propaganda had er allang op aangedrongen die oorlogsinspanningen aan het 'thuisfront' op te voeren. Met de tot dusver gebruikte methoden lukte het niet meer, constateerde hij eind september 1942, toen het mislukken van het zomeroffensief niet meer kon worden toegedekt en er opnieuw een oorlogswinter voor de deur stond. De oorlog was nu een fase ingegaan waarin men geen rekening mocht houden met 'sentimenten in de publieke opinie': 'De tijd dat men het met woorden redde, is voorbij, nu moet er doorgepakt worden.' Het land beschikte nog over vele niet-benutte reserves die voor de oorlogvoering gemobiliseerd zouden kunnen worden, herhaalde hij in de daaropvolgende maanden telkens weer. Als men bijvoorbeeld de werkplicht voor vrouwen had ingevoerd en het personeelsbestand van de overheden had 'uitgekamd', dan stonden 'de Führer vandaag zonder twijfel enkele honderdduizenden, zo niet miljoenen frisse soldaten ter beschikking'. Terwijl Goebbels maar niet moe werd publiekelijk te waarschuwen voor het gevaar van het bolsjewisme, vertrouwde hij zijn dagboek toe dat men wat de 'energie en totaliteit' van de maatregelen betrof een voorbeeld kon nemen aan de Sovjet-Unie. In Duitsland praatte men weliswaar over een 'totale oorlogvoering', maar zette niet door: 'Maar wat niet is, kan en moet weldra komen.'[2]

Een eerste stap in de door Goebbels gewenste richting had Hitler in het voorjaar van 1942 gezet, toen hij de generaal van de infanterie Walter von Unruh als zijn speciale gezant naar de Rijkscommissariaten Ostland en Oekraïne had gestuurd om daar bij alle militaire en civiele instanties te speuren naar mogelijke personeelsreserves. Op 22 november 1942, de dag waarop het Zesde Leger in Stalingrad werd omsingeld, breidde de dictator de volmachten van de generaal uit. Hij moest nu onderzoeken of ook in het Groot-Duitse Rijk 'alle krachten met het oog op de eisen van de oorlog doelmatig ingezet en volledig benut werden'.³ Maar deze 'Aktion Unruh' bleek over het geheel genomen een fiasco. Binnen de ministeries in Berlijn stuitten de afslankpogingen op vertragingstactieken en obstructie. Nog lang nadien zou Goebbels zich vrolijk maken over de mislukking van 'General Heldenklau': 'Hij kwam een rijksinstantie binnen, bouwde die af en ging naar de volgende. Hij had zich nauwelijks omgedraaid of de instantie had zichzelf achter zijn rug om weer opgebouwd. Iedereen lachte. Als hij kwam was alles voorbereid om hem te bedonderen en te misleiden en de hele "Aktion Unruh", goed bedoeld en met enorm elan begonnen, [...] verzandde.'⁴

Om de weerstand te overwinnen zocht de minister van Propaganda bondgenoten. Sinds het najaar van 1942 nodigde hij vooraanstaande personen in zijn dienstwoning of in zijn villa op het eiland Schwanenwerder uit om van gedachten te wisselen: zijn voormalige secretaris-generaal en toenmalig minister van Economische Zaken Walter Funk, rijksorganisatieleider Robert Ley en de minister voor Bewapening en Munitie Albert Speer. Met name in de laatste vond hij een krachtig pleitbezorger: 'Hij is een van de weinigen die op mijn voorstellen ingaan en een waardevolle hulp zijn.'⁵ Tijdens de kerstdagen van 1942, toen de catastrofe van Stalingrad zich aftekende, kwam ook Hitler tot de overtuiging dat er drastischer maatregelen moesten worden genomen om de enorme verliezen aan het oostfront te compenseren. Op 28 december stuurde hij het hoofd van de partijkanselarij, Martin Bormann, naar Berlijn om met het hoofd van de Rijkskanselarij, Hans Heinrich Lammers, en Goebbels de 'totale inzet van het Duitse volk ter vergroting van het oorlogspotentieel' te bespreken.⁶ De minister van Propaganda maakte geen geheim van zijn voldoening: alle ideeën en wensen die hij al zo lang tevergeefs had voorgesteld, werden nu 'in één klap verwezenlijkt'.⁷ Hij gaf de directeur-generaal van het ministerie van Propaganda, Werner Neumann, onmiddellijk opdracht een uiteenzetting over de 'totale oorlogsinzet van het vaderland' voor te bereiden, die hij op 2 januari doorstuurde naar Lammers. Daarin werd naast de invoering van de arbeidsplicht voor vrouwen de 'onherroepelijke sluiting van alle niet voor de oorlog belangrijke bedrijven' geëist.⁸ 'Daarmee zal het civiele leven weliswaar flink moeten inleveren, maar dat is immers ook de zin van de hele actie,' luidde het commentaar van de minister van Propaganda.⁹

Op 4 januari troffen Goebbels en Lammers elkaar. Goebbels kreeg de indruk dat het tot dusver terughoudende hoofd van de Rijkskanselarij besloten had 'bijna volledig op mijn lijn te gaan zitten'.¹⁰ De beslissende 'chefbespreking' vond op 8 januari plaats in de Rijkskanselarij. Behalve Lammers, Bormann, Speer en Funk namen ook Keitel en Fritz Sauckel, de algemeen gevolmachtigde voor de arbeidsinzet, eraan deel. De OKW-chef schetste een somber beeld van de reservetroepen: het front was op vele plaatsen 'zo dun bezet' dat er 'steeds weer uitbraakpogingen' dreigden. De Führer moest 'in ruime mate' over nieuwe soldaten kunnen beschikken, opdat hij niet alleen de actuele problemen kon oplossen, maar de komende zomer weer in het offensief kon gaan. Goebbels eiste daarop dat er op korte termijn 700.000 tot nu toe onmisbaar geachte mannen vrijgemaakt zouden worden voor inzet aan het front. Om de ontstane leemtes te vullen moesten alle mogelijkheden om de tot dan toe niet benutte personele reserves te mobiliseren benut worden. Lammers kreeg opdracht een dienovereenkomstig Führerdecreet uit te werken. Hitler was 'zeer geïnteresseerd' in het resultaat van de bespreking. In de loop van de avond liet hij meerdere keren telefoneren vanuit het Führerhoofdkwartier om naar de voortgang van de onderhandelingen te informeren.[11]

Op 13 januari ondertekende de dictator het decreet 'over de grootschalige inzet van mannen en vrouwen voor taken van de rijksverdediging'. Hij kwam ver tegemoet aan de eisen van de minister van Propaganda. Er moest een meldingsplicht worden ingevoerd voor alle tot dusver niet ingezette mannen van 16 tot 65 jaar en vrouwen van 17 tot 50 jaar. Bovendien moesten bedrijven op het gebied van handel, ambacht en nijverheid die niet van wezenlijk belang voor de oorlogvoering waren, worden stilgelegd. Op 27 januari werd de verordening over de meldingsplicht uitgevaardigd, twee dagen later volgde de verordening over het stilleggen van bedrijven.[12] Om zijn decreet uit te voeren stelde Hitler een 'driemanschap' aan, dat bestond uit Bormann, Lammers en Keitel. Goebbels, die in de voorafgaande maanden als drijvende kracht was opgetreden, voelde zich gepasseerd en maakte geen geheim van zijn teleurstelling. Lammers probeerde hem te sussen: uiteraard zouden alle maatregelen van de commissie in nauwe samenwerking met hem worden getroffen. Met die verzekering nam de minister van Propaganda voorlopig genoegen; hij meende daarmee de benodigde invloed te hebben 'om de kwestie het juiste aanzien te geven'.[13]

Het was pure berekening van Hitler dat hij Goebbels oversloeg. Het hoorde al van oudsher bij zijn heerserstactiek dat hij de rivaliteit tussen zijn paladijnen aanwakkerde om zo te verhinderen dat een van hen te machtig werd en zijn eigen positie in gevaar zou brengen. Diezelfde overwegingen leidden hem ook bij de aanstelling van het driemanschap. Hij was blijkbaar bang dat de commissie, indien de sluwe minister van Propaganda en mogelijk ook andere ministers er deel van uitmaakten, zich tot een soort 'oorlogskabinet' zou ontwikkelen, dat op zekere dag de kern zou kunnen vormen van een tegenmacht die zijn beslissingsmonopolie in twijfel zou kunnen trekken.[14] Uiteraard liet de dictator dergelijke overwegingen niet aan Goebbels blijken. Integendeel, toen ze elkaar op 22 januari 1943 voor een lang onderhoud troffen in de Wolfsschanze, maakte hij zijn beslissing aantrekkelijk met het argument dat hij niet wilde dat zijn minister toetrad tot het driemanschap omdat hij dan nodeloos met 'bestuurstaken' zou worden belast. Hij moest veeleer 'in dit hele werk de plek van een eeuwig draaiende motor' innemen, met andere woorden: vooral de publieke campagne voor de 'totale oorlog' krachtig blijven aanwakkeren.[15]

Goebbels liet het inderdaad niet mankeren aan pogingen de propaganda op te voeren. In een programmatisch artikel 'Der totale Krieg' voor *Das Reich* van 17 januari 1943 herhaalde hij de essentie van zijn boodschap: 'Hoe radicaler en totaler we de oorlog voeren, des te sneller we een zegerijk einde bereiken.' Een week later weidde hij in dezelfde krant uit over 'de psychologie van de oorlogvoering', die een 'doorslaggevende rol' moest spelen. Daarom mocht 'het optische beeld van ons civiele leven geen schrille tegenstelling vormen met de eigenlijke oorlog', maar moest 'daarmee verregaand harmoniëren'. Bars, eetgelegenheden en luxehotels moesten worden gesloten.[16] Toen Goebbels in zijn Sportpalast-toespraak op 30 januari zijn standpunt over de totale oorlog ontvouwde, werd hij onderbroken door interrupties: 'Het wordt de hoogste tijd!' 'Ik ben dus voor het volk niet alleen niet te radicaal in mijn meningen, maar nog lang niet radicaal genoeg,' concludeerde hij. 'Men kan er nu niet genoeg vaart achter zetten.'[17]

Er 'vaart achter zetten' deed Goebbels inderdaad in zijn roemruchte toespraak in de middag van 18 februari 1943. Hij had zich dagenlang op het optreden voorbereid en het manuscript tot het laatst toe bijgevijld, want het moest 'een meesterwerk van redenaarskunst' worden en 'qua radicalisme al het eerdere' overtreffen.[18] Toen Goebbels even over vijf het podium beklom, waarboven een groot spandoek met de tekst 'Totaler Krieg – kürzester Krieg' hing, heerste er onder de circa 14.000 toehoorders al een koortsachtige opwinding. De minister van Propaganda had de reusachtige zaal 'weer met echte oude partijgenoten [laten] vullen'. Daartoe waren talloze prominenten uitgenodigd, onder wie beroemde acteurs als Heinrich George, evenals het complete Rijkskabinet en een aantal Reichs- en Gauleiter.[19]

Goebbels begon zijn toespraak, die vanaf 8 uur 's avonds door alle zenders werd uitgezonden, met de belofte dat hij 'een onopgesmukt beeld van de situatie' zou geven. Hij beschreef de ondergang van het Zesde Leger in Stalingrad als de 'grootste alarmkreet van het lot aan de Duitse natie' en wees op het zogenaamde gevaar dat het bolsjewisme vormde. Achter de 'stormloop van de steppe' verborg zich 'het internationale Jodendom als het duivelse ferment van het verval', dat voornemens was de complete intelligentsia en de leiding van het Rijk te liquideren en de 'werkende massa in de bolsjewistisch-Joodse slavernij' te voeren. Eens te meer schoof hij de Sovjetzijde datgene in de schoenen wat de nationaalsocialistische leiding in samenwerking met de ss en de Wehrmacht in Polen en in de bezette gebieden van de Sovjet-Unie allang in de praktijk bracht.

TOTALE OORLOG EN VOLKSGEMEENSCHAP 343

Duitsland is niet van plan voor de bedreiging te buigen, riep de spreker uit. Men zou die 'tijdig, indien nodig met de volledige en meest radicale verdelging van het Jodendom tegemoettreden'. De verspreking was geen retorische uitglijer, maar nauwgezet gecalculeerd. Door de onverhulde toespeling op de moord op de Joden moest het publiek tot medeweter en medeplichtige worden gemaakt, en de in de geluidsopname van de toespraak bewaard gebleven reactie – 'grote bijval, wilde kreten, gelach' – duidt op verholen instemming.

Uit dit breed uitgemeten angstscenario trok de minister van Propaganda de conclusie dat er nu 'snel en grondig moest worden opgetreden'. 'De totale oorlog is nu dus geboden!' Het moest uit zijn 'met de burgerlijke overgevoeligheden, die ook in deze fundamentele strijd volgens het principe "Wel de lusten, niet de lasten" te werk willen gaan.' Daarbij zou de overheid erop toezien dat de lusten van de oorlog eerlijk zouden worden verdeeld. 'Arm en rijk, en hoog en laag moeten op dezelfde manier belast worden.' Nadat hij de afzonderlijke tot dusver getroffen of nog te treffen maatregelen om alle krachten te mobiliseren had toegelicht, bereikte Goebbels het hoogtepunt: hij legde het publiek tien vragen voor, die hij onlangs met een representatieve 'doorsnee' van de samenleving besproken had, om zo de verwachte reactie uit te leggen als een referendum onder het hele Duitse

Afb. 23. Op 18 februari 1943 spreekt Joseph Goebbels voor een fanatiek, opgezweept publiek in het Berlijnse Sportpalast. Zijn redevoering krijgt haar climax in de met woeste bijval ontvangen vraag: 'Wilt u de totale oorlog?'

volk. Elke vraag werd beantwoord met luide instemming, vooral de vierde: 'Ik vraag u: wilt u de totale oorlog? Wilt u hem, indien nodig, totaler en radicaler dan we ons nu zelfs maar kunnen voorstellen?' Het slotaccent zette Goebbels met de woorden van de Duitse dichter en soldaat Theodor Körner uit de tijd van de 'bevrijdingsoorlog' tegen Napoleon: 'Nu, volk, sta op – en storm, barst los!'[20]

Het effect was onvoorstelbaar. 'Het slot van de bijeenkomst gaat ten onder in een chaos van razende stemming. Ik denk dat het Sportpalast nog nooit, ook niet in de strijdperiode, dergelijke taferelen heeft meegemaakt,' noteerde Goebbels en nog dagen later registreerde hij voldaan de internationale weerklank van zijn toespraak: 'Het is een eersteklas sensatie en neemt de krantenkoppen en de voorpagina's van waarschijnlijk alle kranten ter wereld in beslag. [...] Waarschijnlijk is er tijdens de hele oorlog in Duitsland nauwelijks een toespraak gehouden die over de hele aardbol zo levendig wordt geciteerd en becommentarieerd.'[21] Hitler, die op dat moment in zijn hoofdkwartier in Vinnytsja was, had de toespraak via de radio kunnen volgen, vroeg de tekst op en prees het optreden van 18 februari als een 'psychologisch en propagandistisch eersteklas meesterwerk'.[22] Misschien klonk in deze lof ook een stukje afgunst door, want zelf had Hitler al geruime tijd niet meer dergelijke retorische triomfen kunnen vieren, sterker nog: hij had elk optreden in het openbaar bijna angstvallig vermeden. Ook voor het traditionele feest ter gelegenheid van de oprichting van de partij op 24 februari 1943 verscheen hij niet in München, maar liet een proclamatie voorlezen door de oude strijdmakker Hermann Esser.[23]

Hitler twijfelde niet aan Goebbels' loyaliteit, maar hij bezag diens onvermoeibare activiteiten met gemengde gevoelens. Zijn steeds groeiende argwaan was in dit geval niet helemaal ongegrond. Nog op de avond van 18 februari had Goebbels, bovendien Gauleiter van Berlijn, een reeks prominenten van staat en partij verzameld in zijn paleis in de omgeving van de Brandenburger Tor, onder wie Speer, Ley en Stuckart, evenals de inspecteur-generaal van de Luftwaffe, generaal-veldmaarschalk Erhard Milch en Otto Georg Thierack, sinds 1942 rijksminister van Justitie. 'Er is die avond van alles besproken,' noteerde de gastheer veelzeggend. Hij zou later meer van zulke samenkomsten beleggen om 'daarmee een zekere leidende positie voor de Berlijnse gouwleider te stabiliseren'. Dat vond hij nodig omdat 'bij afwezigheid van de Führer uit Berlijn een centrale politieke leiding' eigenlijk ontbrak.[24] Op 26 februari kwamen Speer, Funk en Ley opnieuw samen bij Goebbels om te overleggen hoe de actuele leiderscrisis kon worden bezworen. Men werd het eens over een plan om de ministerraad voor de rijksverdediging nieuw leven in te blazen om de invloed van het driemanschap op Hitler te 'neutraliseren'. De ministerraad was kort voor het begin van de oorlog ingesteld, maar onder het voorzitterschap van Göring verregaand passief gebleven. Daarom moest er nu een 'geschikte plaatsvervanger' voor hem worden gevonden, en Goebbels verklaarde zich daar ter plekke toe bereid: 'Ik zou een kring van ongeveer tien mensen om me heen verzamelen, allemaal belangrijke personen, met wie ik dan zou regeren, dat wil zeggen een binnenlandse politieke leiding vormen.'[25] Zelden had de minister van Propaganda zijn machtsstreven zo openlijk aan zijn dagboek toevertrouwd.

Twee dagen later, op 28 februari, begaf Speer zich naar Göring, die zich in zijn zomerhuis op de Obersalzberg had teruggetrokken. Goebbels had hem tevoren nog precieze instructies meegegeven: de rijksmaarschalk moest er vooral van overtuigd worden 'dat we uiterst loyaal met hem willen samenwerken en voornemens zijn hem vaker in te schakelen in de binnenlandse politiek'. Speers missie had succes: Göring, aanvankelijk 'nog wat ontstemd en wantrouwig', sprak uiteindelijk zijn dringende wens uit om Goebbels te spreken. 'Als het me zou lukken Göring honderd procent voor het nieuwe oorlogsbeleid te winnen, zou dat een niet hoog genoeg in te schatten positieve factor in onze gezamenlijke oorlogvoering zijn,' wist de minister van Propaganda zeker.[26] Al daags daarna kwam hij in de middag aan op de Obersalzberg. Göring ontving de gast 'uiterst voorkomend' en Goebbels van zijn kant deed zijn best de 'kleine meningsverschillen' die hun onderlinge verstandhouding belast hadden niet ter sprake te brengen. Sterker nog: zelfs de 'wat barokke kleding' van Göring, waarover hij zich altijd weer vrolijk had gemaakt, dwong hij Goebbels ditmaal 'een zekere sympathie' af.

In het verloop van het vijf uur durende onderhoud waren de twee mannen het volledig eens over wat Duitsland ingeval van een nederlaag dreigde te overkomen: 'Vooral wat de Jodenkwestie betreft hebben we ons zo vastgelegd dat er voor ons geen ontkomen meer aan zou zijn. En dat is ook goed zo. Een beweging en een volk die de schepen achter zich hebben verbrand, vechten volgens de ervaring veel onvoorwaardelijker dan degenen die zich nog kunnen terugtrekken.' Goebbels hoefde geen enkele overredingskracht in te zetten om zijn gesprekspartner warm te krijgen voor het plan om 'de politieke leiding van het Rijk van het driemanschap te verplaatsen naar de ministerraad voor de rijksverdediging'. Ook Göring liet zich uiterst negatief uit over de 'heilige drie koningen', zoals hij de leden van de commissie noemde: Lammers was een 'opperbureaucraat', Bormann een streber en Keitel een 'absolute nul'. Dus stemde hij ook in met een volgend voorstel om in de ministerraad enkele 'sterke mannen' te benoemen die 'de kracht [zouden] opbrengen deze oorlog tot een zegerijk einde te voeren'. De minister van Propaganda maakte er geen geheim van dat hij daarbij allereerst aan zichzelf dacht. Hij hechtte er overigens waarde aan elke schijn te vermijden dat hij twijfelde aan Hitlers autoriteit of diens bevoegdheden wilde inperken. Integendeel:

'De mannen die zich hier aaneensluiten in een trouwverbond aan Hitler, hebben geen andere ambitie dan elkaar te steunen en een stevige muur rondom de Führer te vormen.' Om de zaak te bespoedigen spraken ze een volgend onderhoud af in Berlijn; voor die tijd moesten Speer en Goebbels zich naar het hoofdkwartier begeven om Hitler het idee voor te leggen. Goebbels verliet de Obersalzberg met de indruk een 'echt vriendschappelijke vertrouwensbasis' met Göring te hebben gelegd.[27]

Op 5 maart 1943 vloog Speer naar Vinnytsja om het terrein te verkennen. Drie dagen later arriveerde Goebbels. Meteen na zijn aankomst waarschuwde de minister hem dat Hitler op dat moment niet te spreken was over Göring.[28] Op 2 en 3 maart had de tot dan toe zwaarste luchtaanval op de Rijkshoofdstad plaatsgevonden en Hitler stelde de rijksmaarschalk rechtstreeks verantwoordelijk voor het tekortschieten van de Luftwaffe. Tijdens het onderhoud met de dictator zou ook Goebbels horen dat 'het prestige van Göring bij de Führer enorm geleden' had. Hitler was niet zuinig met scherpe kritiek op het verzuim van de Luftwaffe; hij liet zelfs doorschemeren dat hij Göring wilde ontslaan. Daarom zag Goebbels er voorlopig van af het eigenlijke gespreksonderwerp, de wederoprichting van de ministerraad voor de rijksverdediging, aan te snijden: 'Het is nu een ongeschikt moment. We moeten die kwestie naar een later tijdstip verschuiven.' Na het avondmaal, toen men in ontspannen sfeer bij de open haard zat, dachten Goebbels en Speer alsnog een poging te kunnen wagen. Maar toen kwam er een bericht binnen: ook Neurenberg, de stad van de Rijkspartijdagen, was door een zware luchtaanval getroffen. Hitler was woedend, liet Görings chefadjudant, generaal Karl Bodenschatz, uit zijn bed halen en overstelpte hem met verwijten jegens de 'onbekwame rijksmaarschalk.' Goebbels en Speer konden de opgefokte dictator weliswaar geleidelijk kalmeren, maar waren met hun kwestie geen stap verder gekomen. Speer vermoedde later dat Hitler bewust een scène had geschopt omdat hij lucht had gekregen van het voornemen van zijn paladijnen en zo wilde voorkomen dat ze het hem zouden voorleggen.[29]

Op 17 maart kwamen Goebbels, Ley en Funk met Göring bijeen in diens paleis op de Leipziger Platz om over de verdere procedure te beraadslagen. De rijksmaarschalk ging zich te buiten aan lange uiteenzettingen over de 'psychologie van de Führer'. Het ging er nu om 'dat men hem juist behandelt en op het juiste moment met de juiste argumenten de verzoeken voorlegt'. Zelfs dat leek Göring zichzelf nog altijd toe te vertrouwen, hoewel het hem niet verborgen zal zijn gebleven hoe diep hij inmiddels in de gunst van de Führer was gedaald. Hij beloofde in elk geval al tijdens de volgende ontmoeting met Hitler de kwestie ter sprake te brengen. 'Göring maakt op mij een wat stabielere indruk dan op de Obersalzberg,' constateerde Goebbels. 'Het lijkt er ook op dat het feit dat ik aan zijn plichtsgevoel heb geappelleerd diepe indruk op hem heeft gemaakt.'[30] Maar daar vergiste de minister van Propaganda zich in, want de rijksmaarschalk deed inderdaad niets en verviel weldra weer in zijn oude laksheid. Het plan om door middel van een gereactiveerde ministerraad voor de rijksverdediging het driemanschap te ondermijnen, bleek een doodgeboren kind.

In plaats daarvan zette Hitler een niet mis te verstane stap: op 12 april benoemde hij Martin Bormann officieel tot 'secretaris van de Führer'.[32] Daarmee nam het hoofd van de partijkanselarij definitief een sleutelpositie in. Door zijn nauwe contact met de dictator was hij als eerste op de hoogte van diens plannen en wensen en hij profiteerde van zijn exclusieve vertrouwenspositie om boven de partijaangelegenheden uit zich met praktisch alle terreinen van de binnenlandse politiek te bemoeien. Bovendien regelde hij de toegang tot de machthebber. Geen minister, Reichs- of Gauleiter kon zonder Bormanns toestemming tot Hitler doordringen. Zo probeerde bijvoorbeeld Robert Ley in augustus 1943 tevergeefs een afspraak met Hitler te maken. Zelfs het hoofd van de Rijkskanselarij, Lammers, moest wanneer hij bij Hitler verslag wilde uitbrengen dat eerst aanvragen bij de secretaris. Deze liet hem duidelijk merken dat hij nog slechts tweede viool speelde.[33]

Goebbels moest erkennen dat hij met Göring op het verkeerde paard had gewed en hij begon zich te heroriënteren. Begin mei 1943, toen hij na de begrafenisceremonie voor SA-chef Viktor Lutze, die bij een auto-ongeluk om het leven was gekomen, gelegenheid had om met Hitler en diens secretaris personeelkwesties te bespreken, herzag hij zijn oordeel over Bormann: die had zich 'buitengewoon loyaal' gedragen. 'Als men vergelijkt hoe hij zich aan gemaakte afspraken houdt en aan welke Göring zich houdt, trekt Göring zonder meer aan het kortste eind. Op Göring kun je niet meer vertrouwen. Hij is moe en een beetje opgebruikt.'[34] De klaagzang over de passiviteit van de rijksmaarschalk loopt de daaropvolgende weken als een rode draad door zijn dagboekaantekeningen.[35] En even gemakkelijk als de minister van Propaganda Göring als mogelijke bondgenoot afschreef, probeerde hij bij Bormann in het gevlij te komen, want de stijgende waardering van Hitler voor zijn even vlijtige als onderdanige secretaris was hem niet ontgaan.[36]

Het mislukken van de poging de ministerraad voor de rijksverdediging in stelling te brengen tegen het driemanschap, was niet de enige tegenslag die Goebbels moest incasseren. Ook de vertaling van de door hem geforceerde maatregelen ter 'totalisering' van de oorlogvoering stuitte op onvoorzien verzet. 'Een deel van de volksgenoten is teleurgesteld over het verloop van de verschillende acties,' meldden de SD-rapporteurs medio maart 1943 al. 'De bezieling waardoor de bevolking aanvankelijk werd gegrepen, was weer weggeëbd in onverschilligheid en scepsis.

Van de storm die – volgens het slotwoord van rijksminister dr. Goebbels tijdens de bijeenkomst in het Sportpalast – onder het volk zou losbarsten, is niets te merken.'[37] De grootste problemen waren het gevolg van de consequente doorvoering van de arbeidsplicht voor vrouwen, en dat lag niet het minst aan Hitlers demografisch gemotiveerde idee van de 'natuurlijke' vrouwenrol. Op zijn bevel was al in Sauckels meldingsplichtverordening van 29 januari 1943 de leeftijdsgrens voor vrouwen verlaagd van 50 naar 45. Bovendien zorgden talloze uitzonderingsregels ervoor dat vooral vrouwen uit de midden- en bovenlaag zich aan de meldplicht konden onttrekken.[38] De dictator waarschuwde herhaaldelijk voor 'kleine chicanes'. Men mocht de vrouwen niet tot tegenstander maken. 'Het is niet verachtelijk dat de vrouwen zich mooi maken voor de mannen, en opmaken en haren verven zijn in het nationaalsocialistische programma niet verboden.'[39]

Ook de stilleggingsactie verliep uiterst problematisch, waardoor in eerste instantie kleinere en middenstandsbedrijven werden geraakt. De actie werd van gouw tot gouw anders ingevuld, wat de deur had geopend voor willekeur. Niet zelden speelden relaties tussen bedrijfseigenaars en functionarissen van de NSDAP een rol. Zo verzette Göring zich – tot grote ergernis van Goebbels – tegen de sluiting van het chique Berlijnse restaurant Horcher.[40] Het eindverslag van het driemanschap van juli/augustus 1943 meldde een aantal van slechts 150.000 vrijgekomen werkkrachten, waarvan velen overigens niet eens werk konden vinden in de wapenindustrie.[41] Onder de bevolking stuitten de maatregelen op steeds meer ontevredenheid en kritiek. Onder de arbeiders, die Goebbels' aankondigingen aanvankelijk hadden verwelkomd, ontstond algauw twijfel 'of ook de kringen die het tot nu toe was gelukt "zich aan elke arbeidsinzet te onttrekken", metterdaad geregistreerd werden'. In de 'echt sluitende doorvoering' van de meldplicht zagen ze 'welhaast een toetssteen voor het bestaan van een ware volksgemeenschap'.[42] Zelfs daarvan kon geen sprake zijn en dat versterkte de indruk dat ook onder de omstandigheden van de 'totale oorlog' de lasten uitermate ongelijk verdeeld waren.

Onder de middenklasse leefde de vrees dat de stilgelegde bedrijven en winkels na de oorlog niet heropend zouden worden. Vaak werd zelfs de verdenking uitgesproken 'dat het nationaalsocialisme in de praktijk steeds meer leek op het bolsjewisme'. Het regime streefde doelgericht naar 'de ondergang van de "middenstand" ten gunste van een staatskapitalistische concentratie van de economie, waarvan alleen een kleine bovenlaag voordeel zal hebben'.[43] Dergelijke stemmen moesten de nazileiding des te meer zorgen baren doordat ze uit de gelederen van hun tot dan toe trouwste aanhangers kwamen. In de late zomer van 1943 werd de stilleggingsactie gestaakt.[44]

Al met al misten de maatregelen voor de totale mobilisering van het 'Heimatfront' hun doel volkomen. In plaats van de nazidictatuur nieuwe legitimiteit te verschaffen, versterkten ze de sinds Stalingrad latente vertrouwenscrisis tussen staatsbestuur en bevolking en het resultaat bleef ver achter bij de verwachtingen. Daarom besloot het regime om nog meer dan tot dusver terug te vallen op buitenlandse arbeidskrachten, met name uit de bezette gebieden in Oost-Europa.[45] In de zomer van 1941 hadden er in Duitsland al meer dan 3 miljoen buitenlanders voornamelijk in de landbouw gewerkt, onder wie 1,2 miljoen hoofdzakelijk Franse krijgsgevangenen en 700.000 Poolse burgers. Met het mislukken van de Blitzkrieg tegen de Sovjet-Unie en de kentering in de winter van 1941/1942 steeg de behoefte aan arbeidskrachten in de Duitse wapenindustrie drastisch. Nu pas stond Hitler toe wat hij eerder om ideologische redenen verboden had: de inzet van Russische krijgsgevangenen, van wie men het grootste deel tegen het eind van 1941 had laten verhongeren.

Op 21 maart 1942 benoemde de dictator de Gauleiter van Thüringen, Fritz Sauckel, tot 'Algemeen Gevolmachtigde van de Arbeidsinzet'. De trouwe volgeling van Hitler kweet zich met evenveel energie als wreedheid van zijn taak: het in zo kort mogelijke tijd verplaatsen van zoveel mogelijk buitenlandse arbeiders naar het Groot-Duitse Rijk. In de bezette Russische gebieden organiseerden ronseltroepen regelrechte mensenjachten op burgers, jongemannen zowel als vrouwen. 'Men vangt nu mensen zoals de vilders vroeger honden vingen,' klaagde een Oekraïense boer in het najaar van 1942.[46] Alleen al van april tot november 1942 werden er op die manier 1,4 miljoen burgers naar Duitsland verplaatst, zo'n 40.000 per week. Goebbels was onder de indruk: 'Ook hier ziet men weer dat men een taak, hoe moeilijk ook, maar in de handen van een energieke en doelbewuste nationaalsocialist hoeft te leggen en daarmee is ze volbracht.'[47] In de zomer van 1943 was het leger van buitenlandse arbeidskrachten al gestegen tot 6,5 miljoen, in september was dat aantal tot 7,6 miljoen gestegen, onder wie 5,7 miljoen burgers en een kleine 2 miljoen krijgsgevangenen. Een op de vier arbeiders in de industrie en de landbouw kwam uit het buitenland. In veel wapenfabrieken bedroeg hun aandeel tot wel 80 procent. Alleen deze massale inzet van dwangarbeiders stelde het nationaalsocialistische Duitsland in staat de oorlog na de catastrofe in Stalingrad nog meer dan twee jaar voort te zetten.

De enorme kosmos van dwangarbeiders werd in de laatste oorlogsjaren een vast bestanddeel van het Duitse leven van alledag. Elke grote stad had een netwerk van kampen en onderkomens – alleen in München al waren het er meer dan vierhonderd, over de hele stad verspreid. 'In de late middaguren hoort men in de straten van München alle Europese talen, behalve Duits, doordat de rijksonderdanen blijkbaar wat stiller zijn geworden,' meldde de Zwitserse consul-generaal in april 1943.⁴⁸ Elke inwoner kon zien hoe 'Fremdarbeiter' en voor dwangarbeid ingezette gedetineerden uit de concentratiekampen naar hun werkplek werden gedreven of werden ingezet bij het opruimen van bombardementschade. Hitler duidde de buitenlandse arbeiders in zijn tafelgesprekken samenvattend aan als 'gespuis'.⁴⁹ Toch bestonden er grote verschillen tussen de leefomstandigheden van de dwangarbeiders. Voor elke groep buitenlanders golden andere voorschriften en die konden van plaats tot plaats, van bedrijf tot bedrijf anders worden gehandhaafd. Aan de onderkant van een volgens racistische criteria onderverdeelde hiërarchie stonden Polen en 'Ostarbeiter' – dat wil zeggen de uit de Sovjet-Unie gedeporteerde arbeidskrachten. Voor hen golden speciale verordeningen, die hen onderwierpen aan alles omvattende discriminatie en sociale controle, zoals het dragen van speciale kenmerken – het 'P'- respectievelijk 'Ost'-teken –, opgesloten worden in gesloten, met prikkeldraad omheinde barakkenkampen, evenals de doodstraf voor intieme betrekkingen met Duitse vrouwen – 'GV-Verbrechen', zoals het in de perverse taal van de nationaalsocialistische 'Herrenmenschen' heette.

Niet humanitaire overwegingen, maar alleen criteria van oorlogseconomische effectiviteit gaven de doorslag toen na de schok van Stalingrad de rantsoenen van Ostarbeiter enigszins werden vergroot en ook de behandelingsvoorschriften iets losser werden. Met halfverhongerde, totaal uitgeputte mensen kon de oorlogsproductie niet meer worden opgevoerd, zoals ook de havik Goebbels besefte: 'We moeten hen niet als slaven beschouwen of behandelen, maar hun een behandeling geven die hun het verblijf in het Rijksgebied niet tot een hel maakt.'⁵⁰ Ook bij veel ondernemers, wie de dwangarbeid welkome extra winst opleverde, begon het inzicht door te breken dat het voor de dag na het einde van de naziheerschappij heel voordelig kon zijn als men de eigen buitenlandse arbeiders niet al te slecht had behandeld.

'Geen contact met de Duitse bevolking, vooral geen "solidariteit". De Duitse arbeider is principieel de meerdere van de Russen,' had Göring bepaald.⁵¹ Desondanks waren er tussen Duitsers en buitenlanders vele tekenen van verborgen solidariteit of stilzwijgende instemming, bijvoorbeeld om het bij het werk 'rustig aan' te doen. Anderzijds kon het promoveren van Duitse arbeiders naar hogere functies de solidariteit ook in de weg staan. De bindende kracht van het proletarische milieu, dat door het ontbinden van arbeidsorganisaties in 1933 sowieso al was aangetast, werd daardoor nog verder verzwakt.⁵² Buiten de dagelijkse contacten op de werkvloer toonden de meeste Duitsers weinig belangstelling voor het lot van de buitenlandse 'Fremdarbeiter' – zoals ook het lot van de gedeporteerde Joden hen onverschillig had gelaten. Door de steeds veelvuldiger bombardementen kwam de zorg om de eigen overleving steeds meer op de voorgrond te staan. 'Het tafereel van de verwoesting van hele steden en het gestaag groeiende aantal slachtoffers wakkeren een staat van alarm en onafgebroken angst steeds meer aan,' meldde de Italiaanse consul-generaal in juli 1943 vanuit Keulen.[53] De discriminatie van vooral Polen en Russen werd als gegeven, als onveranderlijk feit geaccepteerd. Alleen daardoor kon de nationaalsocialistische 'Ausländereinsatz' überhaupt functioneren: dat racisme een gewoonte was geworden, een dagelijks ervaren en geaccepteerde werkelijkheid.

Bij alles wat de nazileiding tijdens de Tweede Wereldoorlog deed of naliet, speelde de herinnering aan de Eerste Wereldoorlog een centrale rol – de ervaring van de hongersnood, de snelle inflatie en ten slotte de nederlaag en de Novemberrevolutie, die in de propaganda werd voorgesteld als 'dolkstoot' uit het vaderland in de rug van het strijdende front. 'Hitler en de meesten van zijn politieke volgelingen behoorden tot de generatie die in november 1918 de revolutie als soldaten hadden beleefd en nooit te boven waren gekomen,' herinnerde Albert Speer zich. 'In privégesprekken liet Hitler vaak doorschemeren dat men na de ervaring van 1918 niet voorzichtig genoeg kon zijn.'[54] Het 'trauma van 1918'[55] mocht zich nooit herhalen. Daarom moesten ook alle maatregelen worden vermeden die de stemming negatief konden beïnvloeden. Dit betekende vóór alles dat de belasting voor de massa van de bevolking zo laag mogelijk moest worden gehouden. Het was niet het Duitse volk dat tijdens de Eerste Wereldoorlog had verzaakt, maar de leiding, verklaarde Hitler meer dan eens. Wat indertijd was nagelaten, moest nu worden ingehaald. Dan zou het 'lukken van de nederlaag van 1918 en de eindeloze offers en het lijden een trotse overwinning te maken'.[56]

Daarom ging het regime zeer voorzichtig te werk in zijn belasting- en financiële politiek. Na de op 4 september 1939 ingetrokken 'Kriegswirtschaftsverordnung' (KWVO) werd vanaf 1 januari 1940 een oorlogstoeslag van 50 procent geheven op de loon- en inkomstenbelasting. Dat gold overigens alleen voor jaarinkomens van meer dan 2400 rijksmark. Door de hoge belastingvrije voet werd volgens de cijfers over 1943 circa 70 procent van alle loonbelastingplichtigen niet getroffen en nog eens 26 procent met een jaarinkomen tot 6000 rijksmark werd slechts gering belast. Alleen de resterende 4 procent, dat wil zeggen degenen met een zeer hoog inkomen, moesten de volledige toeslag betalen. Overeenkomstig de Kriegswirtschaftsverordnung moesten bovendien alle toeslagen voor overwerk, nacht-, zondags- en feestdagenarbeid geschrapt worden. Dat zou een gevoelige loondering hebben betekend voor grote delen van het arbeidsleger. In een schrijven aan Göring van 18 september 1939 tekende Rudolf Heß protest aan: 'De Führer en wij allemaal hebben niet twee decennia lang gevochten om het vertrouwen van de arbeiders opdat die op het kritieke moment op grond van min of meer theoretische gedachtegangen op het spel wordt gezet.'[58] Daarop werd de bepaling nog in november 1939 ongedaan gemaakt: sinds december 1940 werden bovendien alle toeslagen van belasting en sociale lasten vrijgesteld.[59] Behalve voor belastingverlichting zorgde het regime in 1941, toen men nog uitging van een snelle overwinning op de Sovjet-Unie, ook voor een aanzienlijke renteverhoging.[60]

In grote lijnen steeg het reële inkomen, ondanks de bij het begin van de oorlog afgekondigde loonstop.[61] Daar stond een geringer aanbod van consumptiegoederen tegenover. Het gevolg was een overmaat aan koopkracht, die de vrees voor een inflatoire ontwikkeling voedde. Dat probeerde het regime tegen te gaan door spaarprikkels te creëren. Zo werd eind 1941 het 'Eiserne Sparen' ingevoerd – een door de staat bevorderd spaarmodel waarbij het maandelijks spaarbedrag rechtstreeks werd ingehouden op loon of salaris, waardoor de bedragen voor belasting en sociale lasten lager werden. Het nadeel was dat de spaarders pas na de beloofde eindoverwinning over hun spaargeld konden beschikken. Onder arbeiders bestonden blijkbaar al vanaf het begin ernstige bedenkingen tegen het Eiserne Sparen, terwijl het bij het beter betaalde bedienend personeel meer weerklank vond.[62] Anders dan tijdens de Eerste Wereldoorlog sloot de regering geen oorlogsleningen, maar bediende zich in plaats daarvan stilzwijgend van de spaargelden om een deel van de exploderende oorlogskosten te financieren. In de loop van 1943 was inderdaad een duidelijke afname in de spaarzaamheid merkbaar: het aantal nieuwe spaarovereenkomsten voor het Eiserne Sparen daalde met bijna 90 procent in vergelijking met het jaar daarvoor – een teken dat het vertrouwen in de beloftes van het regime afnam. Onder de bevolking deed deze grap de ronde: 'Wat is "ijzeren sparen" in het Chinees? – Foetsie, foetsie!'[63]

Terwijl de verbruiksbelasting op tabak, bier, brandewijn en sekt stapsgewijs werd verhoogd, wees Hitler ook in de tweede helft van de oorlog elke verhoging van de inkomstenbelasting categorisch af. Toen minister van Financiën Schwerin von Krosigk in het voorjaar van 1943 plannen daartoe voorstelde om de razendsnelle stijging van de staatsschuld af te remmen, liet de dictator hem een blauwtje lopen. 'Als men nu de kleine inkomens aanpakt, zal dat ongetwijfeld tot een zware psychologische belasting leiden,' was Goebbels het met Hitler eens. Men mocht 'het volk geen extra belastingen opleggen [...] als die niet doorslaggevend zijn voor de oorlog'.[64]

De angst voor het inzakken van de stemming en afnemende loyaliteit was ook bepalend voor de zorg van het regime voor de verwanten van de opgeroepen soldaten. De eerste grondregel bij het vaststellen van de bijstandsbedragen was 'het behoud van het bezit'. Anders dan tijdens de Eerste Wereldoorlog, toen de regering de passende voorzieningen voor soldatengezinnen ernstig had veronachtzaamd, zodat daar weldra bittere nood werd geleden, moesten de soldaten tijdens de Tweede Wereldoorlog van elke zorg om het welzijn van hun gezin worden bevrijd. Ingevolge het 'Familien-Unterhaltsgesetz' van juli 1940 waren de uitkeringen een 'door de staat te vervullen ereplicht'. Ze waren zo ruim bemeten dat de ontvangsters niet zelden over 85 procent van het laatste nettoloon van hun man konden beschikken. Omdat de staat bovendien de soldij en de kost van de opgeroepenen betaalde, stonden veel gezinnen er zelfs beter voor dan vóór de oorlog. Daardoor bestond er voor veel soldatenvrouwen geen sterke prikkel om betaald werk te zoeken in bijvoorbeeld de wapenindustrie, aangezien dan het loon op de staatsondersteuning werd gekort. Een vergelijking met andere landen laat zien hoe goed er voor de Duitse soldatengezinnen werd gezorgd: terwijl zij gemiddeld bijna 73 procent van het vredesinkomen kregen, bedroegen de dienovereenkomstige percentages in Engeland slechts 38,1 en in de Verenigde Staten 36,7 procent.[65]

Ook aan de opvang van de achtergeblevenen schonk het regime speciale aandacht. Aan hen behoorde 'onze totale genegenheid, onze liefde en onze zorg', verklaarde Hitler al in zijn toespraak van 30 januari 1941.[66] De Ortsgruppenleiter van de NSDAP kregen opdracht de echtgenotes en moeders het bericht van de dood van hun man of zoon persoonlijk over te brengen en de achtergeblevenen bij te staan in hun rouw. Net als het gezinsonderhoud moest ook de steun aan de oorlogsslachtoffers royaal en zo onbureaucratisch mogelijk worden geregeld. Ingevolge het herziene 'Wehrmachtsfürsorge- und Versorgungsgezetz' van 1942 werd voor het berekenen van de uitkeringen niet meer alleen gekeken naar de militaire rang maar ook naar het burgerberoep van de overledenen. Daardoor hadden de oorlogsweduwen aanzienlijk meer geld ter beschikking.[67]

Even intensief bekommerden staat en partij zich om degenen die bombardementschade hadden geleden. In de door henzelf opgerichte opvangplekken verleenden de 'Nationalsozialistische Volkswohlfart' (NVS), plaatselijke NSDAP-groepen en maatschappelijk werksters 'Soforthilfe'.[68] Om te beginnen kregen de gebombardeerden wat te eten. 'Als de volksgenoot na de verschrikkingen van de nacht een stuk brood met boter en een dikke plak worst in handen heeft en daarbij een kop koffie of een bord erwtensoep, ziet de wereld er meteen weer veel rooskleuriger uit,' merkte de Hamburgse burgemeester Vincent Krogmann op tijdens een ontmoeting van plaatselijke politici in februari 1944, een halfjaar na de verwoestende luchtaanvallen op de Hanzestad.[69] Tot de eerstehulpmaatregelen behoorden ook voorschotten of tegoedbonnen waarmee de getroffenen voor de eerste weken wat kleding en huisraad konden aanschaffen.

Na de aanval op Lübeck in maart 1942 had Hitler Goebbels belast met het organiseren van hulpmaatregelen. Begin 1943 gaf hij hem ook de leiding over het nieuwe interministeriële 'Luftkriegsschädenausschuss', dat alle maatregelen in de gebombardeerde gebieden moest coördineren.[70] Het ging er vooral om de mensen die bij de bombardementen have en goed waren kwijtgeraakt, snel en effectief schadeloos te stellen. Goebbels zag er een uitstekend psychologisch middel in om het verloren gegane vertrouwen terug te winnen. 'De partij heeft enorm aan prestige gewonnen doordat ze zich op de meest genereuze manier over de bevolking ontfermt,' constateerde hij in juni 1943.[71] Om voor vervangende woonruimte, meubels en huisraad te zorgen, vielen de lokale overheden terug op de bezittingen van geëmigreerde en gedeporteerde Joden. De 'Einsatzstab Reichsleiter Rosenberg', die verantwoordelijk was voor de georganiseerde kunstroof in het bezette Europa, kreeg eind december 1941 toestemming van Hitler zijn activiteiten uit te breiden tot het registreren en in beslag nemen van Joods bezit in Frankrijk, België en Nederland. Tussen maart 1942 en juli 1943 kwamen alleen al in Hamburg 45 scheepsladingen met meer dan 27.000 ton meubels, inrichtingen en kleding aan uit het bezit van Nederlandse Joden. Niet alleen de gebombardeerden profiteerden van de verdeling van de buit. Volgens de schattingen van Frank Bajohr verwierven minstens 100.000 huishoudens in Hamburg en omgeving voorwerpen uit geroofde Joodse eigendommen. 'De eenvoudige huisvrouwen [...] droegen opeens een bontjas, handelden in koffie en sieraden, hadden tweedehands meubels en vloerkleden uit de haven, uit Nederland, uit Frankrijk,' herinnerde een Hamburgse vrouw zich.[72]

Hitler beloofde de door de geallieerde luchtaanvallen getroffen steden een snelle wederopbouw na de oorlog. Met de voorbereidingen daarvoor werd Albert Speer per decreet van de Führer van 11 oktober 1943 belast. Daar wachtte Speer 'een taak van waarlijk historische omvang', vond Goebbels.[73] Tijdens een vertrouwelijk gesprek liet de dictator herhaaldelijk doorschemeren dat hij de verwoestingen 'vanuit hoger standpunt bekeken' 'helemaal niet zo erg' vond. De meeste industriesteden waren immers 'slecht aangelegd, saai en soms miserabel gebouwd'. Nu zou men plaats krijgen om door een grootscheepse wederopbouw bijvoorbeeld het Ruhrgebied 'uit de ruïnes opnieuw te laten opbloeien'.[74]

De factor die de stemming onder de Duitse volk het sterkst beïnvloedde, was de levensmiddelenvoorziening. Juist op dat punt leefde de herinnering aan de Eerste Wereldoorlog, met name aan de 'Knolrapenwinter' van 1916-1917 met al zijn ontberingen, nog volop. Toen bij het begin van de oorlog belangrijke voedingsmiddelen op rantsoen gingen, dus alleen nog met voedselbonnen verkrijgbaar waren, riep dat onmiddellijk nare herinneringen op. In werkelijkheid echter hoefden de meeste Duitsers zich in de eerste tweeënhalf jaar van de oorlog nauwelijks noemenswaardige beperkingen in hun consumptiepatroon op te leggen. De eerste drastische ingreep kwam zoals gezegd pas in april 1942: de brood-, vlees- en vetrantsoenen werden tot 25 procent gekort.[75] Dat leidde vooral onder arbeiders tot grote ontevredenheid. 'In de bedrijven wordt in versterkte mate een stemming merkbaar die opvallend herinnert aan 1918,' waarschuwde een bericht van een SD-bijkantoor in het Ruhrgebied.[76] Geen wonder dat Goebbels de bedenkelijke voedselvoorziening met grote bezorgdheid volgde: 'De meeste mensen kunnen niet meer genoeg eten en een hongerige maag leidt altijd makkelijk tot weerspannigheid.' Als men de 'maag van het volk' niet meer kon vullen, werd 'de situatie ernstig'.[77]

In augustus 1942 verklaarde Hitler dat hij van plan was het broodrantsoen in oktober weer tot de oude hoeveelheid terug te brengen en tegelijkertijd ook het vleesrantsoen te verhogen. Hij maakte er daarbij geen geheim van hoe dat moest gebeuren: door geforceerde plundering van de bezette gebieden. Men mocht zich hierbij niet door 'valse sentimenten' laten leiden.[78] De kortingen op de rantsoenen werden inderdaad in het najaar van 1942 grotendeels teruggedraaid. In zijn toespraak op het oogstfeest op 4 oktober waarin hij het besluit bekendmaakte, herinnerde Göring aan de 'vreselijke knolrapenwinter' tijdens de Eerste Wereldoorlog, om tegen die achtergrond het verschil 'tussen toen en nu' des te effectiever te kunnen schetsen. De voedselcrisis van het voorjaar kon nu als voorbij worden beschouwd, aangezien de Wehrmacht in het oosten 'de vruchtbaarste gebieden' veroverd had 'die we überhaupt in Europa kennen'. Eieren, boter, meel – daar was alles 'in een mate die u zich niet kunt voorstellen'. Net als Hitler maakte ook Göring er in al zijn bewaard gebleven toespraken geen geheim van dat de verbeterde voedselsituatie uitsluitend ten laste van de bezette gebieden moest komen. De belangrijkste stelregel moest zijn: 'Als er honger wordt geleden, dan in elk geval niet in Duitsland.'[79] Görings volmondige belofte, waartoe ook een extra toeslag voor de kerstdagen behoorde, smoorde de toenemende ontevredenheid. Zo meldde het SD-verslag van 12 oktober dat 'de stemming onder de vrouwen wezenlijk verbeterd' was.[80] Victor Klemperer echter had kritiek op de aangekondigde verhoging van de rantsoenen: 'Of het bluf is? Een wanhoopsmaatregel? Hoe dan ook, zelfs in dat geval vult het de monden even, de oorlog gaat door en er is tijd gewonnen, die gebruikt wordt voor onze uitroeiing.'[81]

Uit het bezette Europa weghalen wat er maar te halen viel – vanuit dat principe handelden niet alleen Hitler en de nazileiding, ook veel Duitse soldaten deden het hen na. In oktober 1940 bepaalde Göring in zijn 'Schlepperlass' dat de tot dan toe officieel beperkte inkoopmogelijkheden voor leden van de Wehrmacht 'in principe opgeheven' moesten worden: 'Wat de soldaat dragen kan en voor zijn persoonlijke gebruik of voor zijn familie bestemd is, moet hij mogen meenemen.'[82] Daarmee was het signaal gegeven voor een ongehoorde particuliere rooftocht dwars door Europa. Een leger van koopjesjagers bestormde warenhuizen, kamde hele streken uit en kocht ongeremd wat er maar te kopen viel. 'De winkels worden nu natuurlijk door de soldaten leeggekocht, met name uiteraard de dingen die in Duitsland niet meer verkrijgbaar zijn,' meldde soldaat eerste klas Heinrich Böll, de latere auteur en winnaar van de Nobelprijs voor literatuur, in september 1940 vanuit Frankrijk. Hij kon er maar moeilijk toe komen eraan mee te doen, omdat het hem 'hoewel alles betaald wordt, bijna lijkroof' leek. Maar Böll zette zijn gewetensbezwaren algauw van zich af en stuurde koffie, boter, cosmetica, schoenen en nog veel meer naar zijn familie in Keulen. Hij vroeg voortdurend om meer geld, want dan hoefde hij 'de heerlijkheden van de "zwarte markt" niet aan zijn neus voorbij laten gaan'.[83]

Zo werden er miljoenen veldpostpakketten naar huis gestuurd, die de rantsoenen van de 'volksgenoten' aanvulden, terwijl de mensen in de veroverde landen, vooral in Oost-Europa, moesten verhongeren. Alle pogingen van leger- en douane-instanties om Görings Schlepperlass in te perken stuitten op de stellige afwijzing van Hitler. 'Wat kan ik uit het oosten meenemen? Kunstschatten? Die zijn er niet!' oreerde hij in augustus 1942 in zijn hoofdkwartier in Vinnytsja. 'Blijft

Afb. 24 In zijn 'Schlepperlass' bepaalde Göring in oktober 1940: 'Wat de soldaat dragen kan en voor zijn persoonlijke gebruik of voor zijn familie bestemd is, moet hij mogen meenemen' – het begin van een ongehoorde particuliere rooftocht dwars door Europa. Hier een Duitse verlofganger, december 1941.

dus alleen een beetje vreten over! Daarmee kan niets beters gedaan worden dan dat het naar de gezinnen van de soldaten in het vaderland gaat.'⁸⁴ De dictator zelf stuurde in oktober 1942 voor Goebbels' 45ste verjaardag een groot pakket met levensmiddelen vanuit de Oekraïne. 'Het is iets voor het hele gezin,' zei de minister van Propaganda verheugd.⁸⁵

Toch kan er geen sprake zijn van een 'door oorlogssocialisme veraangenaamd luxeleventje' (Götz Aly) van de Duitsers tijdens de Tweede Wereldoorlog.⁸⁶ Ondanks de vele veldpostpakketten bleef de voedselsituatie zeker in de tweede helft van de oorlog voor de grote massa precair en ze verslechterde naarmate de bezette gebieden van de Sovjet-Unie door het Rode Leger werden heroverd. Het verlies van die gebieden was 'qua voeding het begin van 1917', constateerde Herbert Backe, de secretaris-generaal op het ministerie voor Voeding en Landbouw.⁸⁷ Al in mei 1943 moest het vleesrantsoen worden gekort – een maatregel die tot veel ontevredenheid leidde omdat ze de volmondige aankondiging van Göring in oktober 1942 logenstrafte.⁸⁸ Toen in november 1943 ook aardappelen schaars werden, vreesde Goebbels dat men nu zijn toevlucht moest nemen tot de knolraap als 'uitwijkvoedingsmiddel'. Dat zou onder de bevolking 'vast en zeker onaangename herinneringen' oproepen.⁸⁹

Hoe moeilijker de voedselsituatie werd, hoe sterker men geneigd was extra voedingsmiddelen of andere schaars geworden waren op de zwarte markt te kopen. 'Het dient gezegd dat de levensmiddelenaanvoer in deze oorlog veel beter is dan in de wereldoorlog 1914-1918,' constateerde Friedrich Kellner in juli 1943. 'Maar het wordt precies zoals toen of nog erger naar de achtergrond gedrongen [...]. Ruilen is troef. Geef mij dit, dan krijg jij dat.'⁹⁰ Het regime reageerde heel tegenstrijdig op het ontstaan van een schaduweconomie: enerzijds moest het optreden tegen de sluik- en ruilhandel, omdat die inging tegen het propagandistische beeld van gelijkheid van alle 'volksgenoten', anderzijds echter moest er bij alle maatregelen ter bestrijding van de zwarte handel voor gewaakt worden dat de ontevredenheid onder de bevolking geen nieuw voedsel kreeg. Er moest een systeem worden gevonden, verklaarde Hitler in juni 1942, 'waarin bagatelkwesties als bagatelkwesties worden behandeld, terwijl echt ernstige inbreuken op de oorlogsverordeningen ook met zware vrijheidsstraffen of zelfs met de dood worden bestraft'. Maar de justitiële bureaucratie deed precies het tegenovergestelde: 'Vaak laat men de grote knoeiers lopen en de kleine hangt men op.' Terwijl het juist de 'kleine luiden' niet kwalijk kan worden genomen 'dat ze zich hier en daar bij familie en bekenden een kleine verbetering van hun huishouden verschaffen'.⁹¹ Dienovereenkomstig gaf Bormann in een rondschrijven van juli 1943 de politie opdracht de kleingeestige controles van personen die op het platteland ondershands fruit en groente kochten, te staken, want het resultaat van dergelijke controles stond in geen verhouding tot de wrevel die ze veroorzaken.[92] Ook hier speelden de ervaringen van de Eerste Wereldoorlog mee, want toen had het feit dat de autoriteiten rigoureus tegen de kleine hamsteraars waren opgetreden, terwijl de bedrijfsmatige profiteurs van de sluikhandel ongemoeid gelaten werden, telkens weer voor onlusten gezorgd.

Desondanks was het overduidelijk dat ook in de nationaalsocialistische oorlogssamenleving geen sprake was van een rechtvaardige verdeling van de levensmiddelen. Met 'grote verbittering', heette het in de SD-verslagen, klaagden met name arbeiders dat 'een groot deel van de zogenaamde betere kringen door hun connecties en hun dikkere portemonnee boven op de hun toekomende levensmiddelen allerlei schaarse artikelen' konden aanschaffen.[93] In dit verband leidde in het tweede deel van de oorlog ook het gedrag van partijfunctionarissen – de 'bonzen' of 'goudhaantjes', zoals ze vanwege hun opvallende uniformen werden genoemd – tot steeds meer kritiek. In een besluit 'over de levenshouding van leidende personen' van 21 maart 1942 verplichtte Hitler zijn volgelingen tot een 'voorbeeldige houding'. Alle beperkingen moesten ze 'pijnlijk nauwgezet en als vanzelfsprekend op zich nemen'.[94] Ook waarschuwde hij de Gauleiter herhaaldelijk voor 'pseudo-potentatenallures' en maande hen hun 'persoonlijke leven' aan te passen aan de 'ernst van de situatie'.[95] Maar dergelijke oproepen hadden nauwelijks effect.[96]

Vooral in de bezette gebieden in Polen en de Sovjet-Unie leidden Hitlers satrapen een luxueus leven. Wat pronkerigheid en schaamteloze zelfverrijking betrof spande de corrupte gouverneur-generaal Hans Frank ongetwijfeld de kroon.[97] Maar ook onder de Gauleiter in het Rijk was zelfs na het uitroepen van de 'totale oorlog' van beperking niets te merken. 'Vooral het alcoholgebruik neemt soms abnormale vormen aan, wat uiteraard op dit moment, louter psychologisch gezien, buitengewone nadelen met zich meebrengt,' noteerde Goebbels begin februari 1943 zorgelijk.[98] Ook Bormann zag in de aanwijzing van Hitler aanleiding alle Reichs- en Gauleiter nogmaals tot de orde te roepen: dit was niet het moment voor ontvangsten en drinkgelagen. Ook de bevolking had 'geen begrip voor bij vredestijd passende genoegens of langdurige alcoholische zittingen van afzonderlijke leiders'.[99] Dat verhinderde Bormann overigens niet zelfs nog in 1943 nachtelijke drinkgelagen te organiseren in zijn huis op de Obersalzberg.[100]

Hitler was – ondanks alle oproepen aan zijn paladijnen – geneigd bij misstappen beide ogen dicht te knijpen. Tenslotte verdeelde hij zelf vrijgevig cadeaus en schenkingen aan ministers, generaals en Gauleiter, om de ontvangers aan zich te verplichten en zijn machtspositie veilig te stellen.[101] Daarom oordeelde hij tamelijk mild over corruptie en nepotisme. In vroeger tijden was er 'tienduizend keer meer corruptie en nepotisme geweest dan tegenwoordig', zei hij in de kring van zijn entourage in de Wolfsschanze. 'We mogen, als we een oordeel over corruptie vellen, niet zeggen: "Kijk, wat zijn dat voor toestanden!" Het zijn absoluut uitzonderingsgevallen!'[102] Zelfs tegenover de door en door corrupte Gauleiter van Franken, Julius Streicher, die in februari 1940 na een interne partijprocedure van zijn post was ontheven, voelde Hitler zich wegens diens eerdere 'verdiensten' bij de verovering van Neurenberg voor de partij aan hem verplicht en vroeg zich tot het eind van de oorlog steeds weer af of er voor hem geen andere functie te vinden was.[103]

Symptomatisch was ook hoe de dictator handelde in het geval van de Berlijnse delicatessenhandelaar August Nöthling. In juli 1942 had diens firma een boete van 5000 rijksmark gekregen omdat ze grote hoeveelheden levensmiddelen zonder bonnen had geleverd. De eigenaar tekende protest aan en wees erop dat 'belangrijke mannen van partij, staat, Wehrmacht en corps diplomatique' tot zijn klantenkring behoorden. Eind januari 1943 noemde Nöthling, die eind januari in preventieve hechtenis was genomen, de namen – een lange lijst van prominenten. Bijzonder gul hadden de rijksministers Frick, Rust, Ribbentrop en Darré, *Reichsarbeitsführer* Hierl, grootadmiraal Raeder en generaal-veldmaarschalk von Brauchitsch zich laten fêteren. In mindere mate had een aantal anderen geprofiteerd, onder wie het hoofd van de Rijkskanselarij Lammers, minister van Economische Zaken Funk, *Reichssendeleiter* Eugen Hadamovsky, OKW-chef Wilhelm Keitel, stafchef van de Luftwaffe Hans Jeschonnek en een reeks secretarissen-generaal en directeuren-generaal.[104] Medio maart 1943 stuurde de Berlijnse hoofdcommissaris van politie graaf von Helldorf zijn onderzoeksresultaten naar de minister van Propaganda.

Goebbels was geschokt door de omvang van de aan het licht gekomen corruptie: 'Het is schandalig dat de prominenten van staat, partij en Wehrmacht zich zo saboterend gedragen [...]. Ik zal onder geen beding toestaan dat zich hier een corruptie verbreidt die op den duur de oorlog in gevaar zou brengen.'[105] Op 21 maart 1943, na Hitlers toespraak op Heldengedenkdag, legde hij hem de zaak-Nöthling voor. De dictator toonde zich 'tamelijk ontsteld', maar maakte duidelijk dat men om redenen van staatsbelang van de hele kwestie geen 'staatsaangelegenheid' mocht maken. Hij verwees Goebbels naar rijksminister van Justitie Thierack; samen moesten ze een manier verzinnen om de affaire zo elegant mogelijk uit de wereld te helpen.[106] Zoals te verwachten was, kwam Thierack tot de slotsom dat hij het 'gezien de grote kring van prominenten politiek ondraaglijk' achtte om een strafrechtprocedure te beginnen. Hitler volgde zijn advies op en besloot op 2 april 1943 dat van een proces 'in geen geval sprake' kon zijn.[107] Het kwam de nazimachthebbers bijzonder goed uit dat Nöthling zichzelf begin mei 1943 ophing in zijn cel. Zo kon men de kwestie, die veel stof had doen opwaaien, snel onder het tapijt vegen. 'We willen nu eindelijk weleens horen waarom bonzen als Müller of Schulze zo behandeld worden, anders rommelt het nog eens behoorlijk in de tent,' zo waren in het verslag van het hoofd van de Sicherheitspolizei en de SD, Ernst Kaltenbrunner, uitspraken uit arbeiderskringen vastgelegd.[108]

Hoe groter de druk door de bombardementen en de schaarste werd, hoe meer het regime zich inspande de bevolking afleiding en ontspanning te bieden in het leven van alledag. 'Ons volk in een goed humeur houden, ook dat is belangrijk voor de oorlog,' schreef Goebbels in februari 1942. 'Dat hebben we tijdens de [eerste] wereldoorlog verzuimd en daar hebben met een gruwelijke catastrofe voor moeten boeten. Dat voorbeeld mag zich onder geen beding herhalen.'[109] Dus zorgde de minister van Propaganda op de radio voor 'luchtigere' programma's, Niet politieke voorlichting, maar amusement stond op de voorgrond. Bijzonder veel weerklank vond het 'Wünschkonzert für die Wehrmacht'. Schlagers zoals 'Lili Marleen' van Lale Andersen waren heel populair. Ook in de bioscopen domineerden niet de kostbare propagandafilms, maar luchtige amusementsfilms zoals *Die große Liebe* uit 1942, die het grootste kassucces in oorlogstijd werd. Dat kwam niet het minst door de twee evergreens die de Zweedse actrice Zarah Leander met haar zwoele stem zong: 'Ich weiß, es wird einmal ein Wunder geschehen' en 'Davon geht die Welt nicht unter'. Ook de meeste theaters speelden in op de behoefte aan verstrooiing door steeds meer kluchten, blijspelen en operettes in het repertoire op te nemen.[110] Toen in februari 1943 ook in de cultuursector enkele duizenden tot dusver 'onmisbare' vrijgestelden opgeroepen zouden worden voor de Wehrmacht en de wapenindustrie, gaf Hitler een 'strikte aanwijzing' om theater, film en orkesten 'volledig ongemoeid te laten'. In een tijd dat de bevolking werd opgeroepen tot verhoogde inspanning, mochten het culturele leven geen beperkingen worden opgelegd, opdat de mensen 'niet aan grauwe wanhoop ten prooi [zouden] vallen'.[111]

Het regime wilde de bevolking niet alleen in een goed humeur houden door het culturele aanbod, maar ook door de belofte van meer sociaal-politieke weldaden ná de oorlog. Al in februari 1940 had Hitler Robert Ley opdracht gegeven om hem voorstellen te doen voor de 'invoering van een veelomvattende en genereuze bejaardenverzorging voor het Duitse volk'.[112] Het Arbeitswissenschaftliche Institut van het Deutsche Arbeitsfront werkte een sociaal programma uit, dat onder de naam *Sozialwerk des Deutschen Volkes* de bevolking een veelbelovend perspectief moest bieden voor de tijd na de definitieve overwinning. De kern bestond uit een nieuwe regeling van de bejaarden- en gezondheidszorg, die elke gepensioneerde (natuurlijk alleen van 'Duits en soortverwant bloed') een acceptabel leven mogelijk moest maken. 'Voor het offer van de oorlog moet het Duitse volk beloond worden met een onbezorgde oude dag,' verklaarde Ley in september 1940.[113] En tijdens een ontvangst van arbeiders in de wapenindustrie in de Rijkskanselarij op 14 november 1940 bevestigde Hitler zijn plan om 'na de overwinning de Duitse sociale staat [...] uit [te] bouwen tot de meest voorbeeldige ter wereld'.[114] De dictator kwam in de loop van de oorlog steeds weer terug op de belofte dat hij een 'ware volksstaat' wilde creëren. 'In die volksstaat moet niet alleen economische en sociale gerechtigheid heersen, hij moet ook tot een zekere gelijkheid leiden; weliswaar niet van rechten en plichten, maar wel van kansen,' zei Hitler tijdens een onderhoud met Goebbels op 21 mei 1943. 'Het is onze grote taak na de oorlog dit hoogtepunt van de nationaalsocialistische politiek te bereiken.'[115]

Maar dat was voorlopig toekomstmuziek. Wel probeerde het regime met een reeks van propagandistische ensceneringen de arbeiders al tijdens de oorlog 'de dank van de natie te betuigen'.[116] Daartoe behoorde de symbolische opwaardering van werken in de wapenindustrie. Zo besloot Hitler in mei 1942 in samenspraak met Speer aan Franz Hahne, een kennelijk bijzonder productieve werkmeester in de Berlijnse Rheinmetall-Altmärkische Kettenwerke, het ridderkruis van het Kruis voor Oorlogsverdienste te verlenen. Tegelijkertijd werden er nog honderd oorlogkruisen eerste klasse en duizend oorlogskruisen tweede klasse uitgereikt aan arbeiders in de wapenindustrie in het hele Rijk. Hij verwachtte 'van deze symbolische handeling bijzonder veel voor de houding van alle Duitse arbeiders in de wapenindustrie', merkte Goebbels op. De hoge onderscheiding zou 'wezenlijk bijdragen aan de verheffing van de interne gemeenschap'.[117] De berichten vanuit de Berlijnse wapenfabrieken leken dat te bevestigen. 'Verschijnselen zoals die in 1917/1918 waarneembaar waren, kunnen hier nergens ontdekt worden,' constateerde de minister van Propaganda in oktober 1943.[118]

Maar alle pogingen van de nazileiding ten spijt raakte de bevolking steeds meer uitgeput en oorlogsmoe. Op de derde verjaardag van het begin van de oorlog begin september 1942 kwamen de SD-rapporteurs tot een alarmerende bevinding: 'De toenemende bevoorradingsproblemen, drie jaren van beperkingen op alle gebieden van het dagelijks leven, de qua hevigheid en omvang gestaag toenemende vijandelijke luchtaanvallen, de zorgen om het leven van verwanten aan het front [...] zijn factoren die een steeds grotere invloed hebben op de stemming in brede lagen van de bevolking en steeds meer het verlangen naar een spoedige beëindiging van de oorlog opwekken.'[119] Op zijn laatst sinds de catastrofe van Stalingrad schonken steeds minder Duitsers geloof aan de aanstaande 'Endsieg'. Een groot deel van de 'volksgenoten' kon 'zich überhaupt niet voorstellen [...] hoe de oorlog zou aflopen', meldde het SD-verslag begin april 1943.[120] In juni 1943 vergeleek justitie-inspecteur Friedrich Kellner de houding van de mensen in zijn omgeving met die van 'beklaagden wanneer het gerechtshof zich voor beraadslaging heeft teruggetrokken': 'Ze wachten bedrukt op de dingen die komen en hebben sombere voorgevoelens.'[121]

Dergelijke reacties wezen ook op een besef van eigen schuld of op zijn minst een onderliggend gevoel verstrikt te zijn in het begane onrecht. Hier en daar werden de geallieerde bombardementen op Duitse steden uitgelegd als straf voor de deportatie van en de moord op de Joden. Uitlatingen zoals: Als men de Joden niet 'zo slecht behandeld' had, had men ook niet zo 'onder de terreuraanvallen' hoeven lijden, waren aan de orde van de dag.[122] Dat strookte zoals gezegd met de strategie van de machthebbers om ook de bevolking met bedekte toespelingen mee in hechtenis te nemen voor de misdaad tegen de menselijkheid. Het moest de mensen duidelijk worden gemaakt dat er voor hen geen ontkomen meer aan was – en dat ze zich dus in hun eigen belang in dienst moesten stellen van de totale oorlogvoering. 'Kracht door angst' – zo verwoordde een Duitse journalist in maart 1943 de afweging van de nazileiding.[123]

Het is echter onmiskenbaar dat de bindende kracht van het regime sinds 1943 duidelijk aan betekenis inboette. Ook de geheime stemmingsberichten van de SD spraken in juli 1943 van 'verschijnselen van ontspanning in de houding van de bevolking' en voerden als bewijs niet alleen de toename van 'staatsondermijnende' politieke moppen aan, maar ook het feit dat 'het gebruik van de Duitse groet [...] de laatste maanden opvallend teruggelopen' was en dat 'veel partijgenoten het partij-insigne niet meer dragen'.[124] Hoe minder hun lokkertjes uithaalden, des te meer de nazileiding haar toevlucht weer nam tot repressie.[125] Het strafrecht werd tijdens de oorlog aanzienlijk uitgebreid en aangescherpt. Er werden talloze nieuwe strafbare feiten ingevoerd, zoals het luisteren naar buitenlandse radiozenders, 'ondermijning van de weerbaarheid' en 'arglistige' delicten. Daardoor golden bijvoorbeeld negatieve opmerkingen over nazivertegenwoordigers of kritische uitlatingen over de oorlogssituatie als zware misdrijven, die met de dood konden worden bestraft. Bij de vervolging kon de Gestapo altijd weer leunen op verklikkers onder de bevolking. De aanbrengwoede nam in de tweede helft van de oorlog hand over hand toe en daarbij waren het niet zozeer partijgenoten als wel normale burgers die op die manier privérekeningen vereffenden.[126]

De binnenlandse terreur moest iedere neiging tot rebellie in de kiem smoren. Ook nu stond de machthebbers het spookbeeld van 1918 voor ogen. Als men toen alle misdadigers had doodgeschoten in plaats van ze 'op het Duitse volk los te laten', verklaarde Hitler op 23 mei 1942 tegenover de Reichs- en Gauleiter, dan zou er nooit een revolutie zijn uitgebroken. Want die was 'pas gevaarlijk geworden toen men de gevangenissen opende'.[127] In zijn monologen in het Führerhoofdkwartier bevestigde de dictator zijn vastbeslotenheid om elke poging tot een opstand 'met de meest barbaarse middelen' de kop in te drukken. Mocht er ergens in het Rijk 'muiterij' ontstaan, dan zou hij niet alleen de aanvoerders ervan, maar alle bewoners van concentratiekampen en gevangenissen laten doodschieten – 'bij gebrek aan muitende elementen en meelopers' zou het oproer dan 'vanzelf stilvallen'.[128]

Op 20 augustus 1942 ontsloeg Hitler minister van Justitie Franz Schlegelberger en benoemde Otto Georg Thierack, de president van het Volksgerichtshof, tot zijn opvolger. Van Thierack, die al vóór 1933 lid was geworden van de NSDAP, verwachtte de dictator terecht de definitieve omvorming van justitie tot een beulsknecht van het regime. Het aantal doodvonnissen steeg drastisch – van 926 in 1940 naar 5336 in 1943. Onder de nieuwe president sprak het Volksgerichtshof in 1943 voor het eerst meer doodvonnissen uit dan vrijheidsstraffen. Net als Hitler was Goebbels daar uiterst tevreden over. 'Het eeuwige gemekker is sterk verminderd sinds we tegen defaitisten doodvonnissen uitspreken, laten voltrekken en publiceren. Dat heeft ook de defaitisten ontnuchterd en afschrikwekkend gewerkt.'[129]

Niet alleen de groeiende justitieterreur maakte duidelijk hoe broos de veel geroemde 'Volksgemeinschaft' intussen was geworden. Vóór en na 1933 was de belofte dat de tegenstellingen tussen partijen en klassen overwonnen zouden worden en dat er een stabiele, zo conflictvrij mogelijke politiek-sociale orde zou worden gevestigd, een van de meest pakkende leuzen van de nationaalsocialisten geweest, die wezenlijk had bijgedragen aan de populariteit van Hitler.[130] Veel wijst erop dat in de twee eerste jaren van de oorlog, toen de overwinning voor het grijpen leek, de volksgemeenschapsgedachte nog niets aan aantrekkingskracht had ingeboet. Na de kentering van 1941-1942, op zijn laatst sinds de nederlaag in Stalingrad, boette ze echter in aan wervingskracht.[131] Hitler liet tijdens zijn steeds zeldzamer worden publieke optredens nauwelijks een gelegenheid voorbijgaan om het sociaal-politieke samenlevingsideaal van het nationaalsocialisme op te roepen: 'Wat onze partij in vredestijd altijd al nastreefde – vanuit de ervaring van de Eerste Wereldoorlog de volksgemeenschap opbouwen –, wordt nu verwezenlijkt,' riep hij bijvoorbeeld op 10 september 1942 in het Sportpalast.[132]

De realiteit van de oorlogssamenleving stond echter in scherp contrast met dergelijke beloftes. Het was immers overduidelijk dat de lasten van de oorlog absoluut niet gelijkelijk verdeeld werden en dat naast de oude ook nieuwe elementen van ongelijkheid het alledaagse leven van grote delen van de bevolking bepaalden:[133] de arbeiders en hun gezinnen in de industriële centra werden veel zwaarder getroffen door de luchtaanvallen en de knelpunten in de voedselvoorziening dan de plattelandsbevolking en de bewoners van de kleine steden; de overlevingskansen van soldaten aan het oostfront waren veel kleiner dan die van hun kameraden aan het westfront; de functionarissen van het regime konden zich dankzij hun privileges en connecties veel eerder aan de lasten van de oorlog onttrekken dan de vaak geciteerde 'kleine luiden'.

Gezien de bestaande en steeds scherpere sociale ongelijkheid werd het parool van de 'volksgemeenschap' steeds meer als aanstootgevend ervaren en het voorwerp van groeiende kritiek. Dit uitte zich weliswaar niet in openlijke opstandigheid, maar eerder in een zich terugtrekken in het privéleven, in een 'stilletjes zich afwenden' van het regime.[134] Dit proces voltrok zich sluipend en het raakte Hitler niet in dezelfde mate als andere vooraanstaande vertegenwoordigers van partij en staat. Hij was weliswaar sinds Stalingrad niet onaantastbaar meer en zijn persoonlijke prestige had geleden, maar veel Duitsers geloofden kennelijk nog steeds dat hij het tij kon keren en waren eerder geneigd hem van de kritiek uit te zonderen. 'Ondanks vele stemmen van twijfel na Stalingrad en veel geruchten is het algemene geloof in de Führer onder de grote massa van de bevolking onaangetast,' constateerden de SD-stafrapporten op Hitlers 54ste verjaardag op 20 april 1943.[135] In de legitimiteitscrisis van het regime sinds 1942-1943 zou de nog steeds bestaande 'Führerbindung', de band met de Führer, een van de sterkste stabiliserende factoren blijken.

10

In de verdediging

'Ik echter ben mijn hele leven nooit een man van de verdediging geweest. Nu zal ik vanuit het defensief weer in de aanval gaan,' verklaarde Hitler nog tijdens een stafoverleg begin maart 1945.[1] Naar dat devies gedroeg de dictator zich ook al in het voorjaar van 1943, nadat het Manstein met veel moeite was gelukt de zuidelijke sector van het oostfront nog één keer te consolideren. Een overgang naar defensieve oorlogvoering leek in de gegeven omstandigheden de enige zinvolle optie. Hitler heeft die geen moment serieus in overweging genomen. Hij wilde, ondanks alle tegenslagen, het initiatief weer naar zich toetrekken. Begin februari 1943, slechts enkele dagen na de capitulatie van het Zesde Leger in Stalingrad, sprak hij de hoop uit tegen het eind van het voorjaar de 'operationele vrijheid te herwinnen'. Dan zou men er 'snel weer bovenop zijn'.[2]

De dictator besefte overigens dat de krachten voor een grootschalig offensief zoals dat in de zomer van 1943 niet meer toereikend waren. Al tijdens zijn bezoek aan het hoofdkwartier van de Legergroep Süd in Zaporizja medio februari 1943 liet hij doorschemeren dat men dat jaar 'geen grote operaties' meer kon uitvoeren, maar slechts 'kleine hoekstoten'.[3] Als doelwit van een beperkt offensief lag in de ogen van Manstein en Kluge, de opperbevelhebbers van de Legergroepen Süd en Mitte, de vijandelijke voorhoede bij Koersk voor de hand, die ongeveer 200 kilometer breed en 120 kilometer diep in de Duitse linies was doorgedrongen. Daar, in het grensgebied tussen de Heersgruppen Süd en Mitte, moesten met een tangbeweging de in de saillant samengetrokken Sovjetlegers omsingeld en vernietigd worden. Hitler, die aanvankelijk voor een aanval ten zuiden van Charkov was geweest, stemde er uiteindelijk mee in.[4] Bij de operatieve planning gaf hij de stafchef van het leger, Kurt Zeitzler, grotendeels de vrije hand. Met hem immers had hij, anders dan met diens voorganger Halder, tot dusver zonder ernstige conflicten samengewerkt. Op 13 maart ondertekende hij de door Zeitzler voorbereide 'Order voor de gevechtsleiding van de komende maanden aan het oostfront'. Na het einde van het winter- en modderseizoen, stond daarin, ging het erom de hernieuwde aanvallen van de tegenstander voor te zijn en hem 'minstens aan één frontsector de wet voor te schrijven'.[5] In het Operatiebevel nr. 6 van 15 april legde Hitler zich definitief vast op de nu 'Zitadelle' genoemde operatie. Daarmee moest de Wehrmacht het initiatief aan het oostfront naar zich toetrekken. 'Iedere commandant, elke man moet doordrongen zijn van de beslissende betekenis van deze aanval. De zege van Koersk moet voor de wereld werken als een signaal.'[6]

Vergeleken met de veldtochten in 1941-1942 waren de operationele plannen voor het jaar 1943 tamelijk bescheiden. Het ging niet meer om een strategische en beslissende slag, maar om een qua doelstellingen op voorhand beperkte actie. Dat ging overigens wel gepaard met de hoop het Rode Leger een zo zware slag te kunnen toebrengen dat het niet meer in staat zou zijn tot nieuwe offensieven.[7] Want ooit, calculeerde de dictator, moesten de krachten van de tegenstander, gezien zijn enorme verliezen aan manschappen en oorlogsmaterieel, uitgeput zijn. Ook hij kon niet voorspellen hoelang de Sovjet-Unie nog stand zou houden, liet hij Goebbels op 19 maart weten, maar 'wanneer deze kolos eenmaal begint te wankelen', zou hij 'een wereldhistorische ondergang beleven'. 'We moeten dus taai en verbeten doorvechten, tot de tegenstander tegen de vlakte gaat.'[8] Voor Hitler waren nu niet alleen militaire, maar ook politiek-psychologische redenen doorslaggevend. Hij had een militair succes nodig om enerzijds de verbonden staten binnenboord te houden en anderzijds de onder de Duitse bevolking om zich heen grijpende twijfel de kop in te drukken. Volgens het operatiebevel van 15 april was Operatie Zitadelle voor begin mei gepland, maar ze zou nog maanden, tot begin juli, worden uitgesteld, wat de kans op succes van meet af aan verkleinde. Een belangrijke voorwaarde voor het slagen van de operatie was immers dat ze als een verrassing kwam en de tegenstander geen tijd liet om tegenmaatregelen te treffen.[9]

Op 21 maart 1943 verliet Hitlers speciale trein Berlijn. Daags daarna ontmoette hij in München Gerdy Troost, de weduwe van de in 1934 overleden architect. Hij bezocht met haar een tentoonstelling in het Haus der Deutschen Kunst, dineerde daarna in zijn favoriete restaurant, de Osteria Bavaria, en reisde tegen de avond naar de Obersalzberg.[10] Daar wilde hij niet alleen herstellen van de inspanningen van de voorbije weken, maar ook de vertegenwoordigers van de bondgenoten ontvangen om hen 'weer in het gelid te zetten'.[11] Sinds Stalingrad waren de betrekkingen met in het bijzonder Roemenië, Hongarije en Italië langdurig verstoord, temeer omdat ze ervan werden beticht dat ze door hun falen de catastrofe hadden veroorzaakt. Maar ook in Finland of Bulgarije was men ernstig verontrust over de omvang van het debacle en men begon naar wegen te zoeken om zich aan de Duitse voogdij te onttrekken. De bondgenoten begonnen 'wat wankelmoedig te worden', noteerde Goebbels medio februari 1943 zorgelijk. Vooral de Finnen leken 'niet echt zin meer te hebben om de oorlog voort te zetten, en als ze er met een bloedneus vanaf konden komen, zouden ze dat zeker doen'.[12]

De besprekingen, waarvoor opnieuw voor het barokke slot Kleßheim bij Salzburg was gekozen, moesten de voortschrijdende erosie van het Asbondgenootschap een halt toeroepen. De reidans werd op 31 maart geopend door koning Boris III van Bulgarije. Op 7 mei kwam Mussolini aan, op 12 april gevolgd door de Roemeense maarschalk Antonescu en vier dagen later door de Hongaarse rijksregent Horthy. Op 19 april, daags voor zijn 54ste verjaardag, ontving Hitler de Noorse minister-president Quisling en opnieuw enkele dagen later de Slowaakse president Tiso, na hem de Kroatische *poglavnik* (leider) Ante Pavelić en als laatste, op 29 april, de herbenoemde Franse minister-president Laval.[13] In de comuniqués na de gesprekken werd alom de geest van hechte vriendschap bejubeld. In werkelijkheid werden de betrekkingen tussen de bondgenoten gedomineerd door wederzijds wantrouwen.[14]

Het belangrijkst voor Hitler waren ongetwijfeld de beraadslagingen met Mussolini. Het was inmiddels immers nauwelijks nog te ontkennen dat het fascistische regime een crisis doormaakte. In het voorjaar van 1943 werd het land opgeschud door grote stakingen in Noord-Italië. Knelpunten in de voedselvoorziening, gevoegd bij de steeds hevigere geallieerde luchtaanvallen en de militaire tegenslagen aan het oostfront en in Noord-Afrika, leidden tot steeds meer oorlogsmoeheid en verlangen naar vrede. Het gezag van de duce was aangetast en binnen de oude Italiaanse elite, aan het koninklijk hof, in het corps diplomatique en de generale staf begon men al te bedenken hoe men zich van zijn heerschappij kon ontdoen.[15] Begin februari 1943 pleegde Mussolini een interne coup door alle leden van zijn kabinet te ontslaan en te vervangen door nieuwe, hem toegewijde mannen. Ook zijn schoonzoon, minister van Buitenlandse Zaken Ciano, werd getroffen door de wisseling van de wacht: hij werd tot ambassadeur in het Vaticaan benoemd.[16] Verontrust door de berichten uit Italië stuurde Hitler eind februari Buitenlandminister Ribbentrop met een boodschap naar Rome. Daarin bevestigde hij nogmaals dat hij in geen geval aan onderhandelingen met Stalin, waar Mussolini steeds sterker op aandrong, zou beginnen voordat de militaire situatie aan het oostfront zich definitief ten gunste van Duitsland had gekeerd.[17] Na zijn terugkeer schetste Ribbentrop een vertrouwenwekkend beeld: 'De duce is echt onze enige betrouwbare vertrouwenspersoon in Italië. Zolang hij aan het roer staat, hebben wij geen gevaar te duchten.'[18]

Juist om Mussolini's positie te versterken kon er voor Hitler geen sprake van zijn dat het bruggenhoofd van de As in Noord-Afrika zou worden opgegeven. Bovendien was op zijn laatst eind maart 1943 duidelijk geworden dat de moegestreden Duitse en Italiaanse eenheden Tunis niet lang meer zouden kunnen behouden.[19] Op dat moment had Rommel, wiens gezondheid ondertussen ernstig had geleden, het Noord-Afrikaanse strijdtoneel al verlaten en het opperbevel overgedragen aan kolonel-generaal Hans-Jürgen von Arnim. Op 11 maart verleende Hitler de 'Woestijnvos' in het Führerhoofdkwartier te Vinnytsja de hoogste militaire onderscheiding, het ridderkruis met gouden eikenloof, zwaarden en briljanten.[20] Het ontslag van Rommel werd voor het grote publiek verzwegen uit angst dat zijn aureool als altijd succesvol veldheer eronder zou lijden.[21]

Aan de vooravond van het bezoek van Mussolini was Hitler in een opperbest humeur. 's Avonds bij de open haard op de Berghof amuseerde hij het gezelschap met anekdotes over zijn bezoek aan Italië in mei 1938, dreef de spot met de kleine Italiaanse koning, prees Mussolini als uitmuntend staatsman en vervloekte tegelijkertijd de Italianen als 'karakterloos zootje'.[22] Voor zijn vertrek had Mussolini zijn medewerkers beloofd dat hij ditmaal standvastig zou blijven tegenover Hitler en voor een politieke oplossing van de oorlog in het oosten zou pleiten. Een memorandum daarover, dat de nieuwe minister van Buitenlandse Zaken Giuseppe Bastianini had opgesteld, zou hij de dictator overhandigen. Maar tijdens de vier dagen durende gesprekken van 7 tot en met 10 april herhaalde zich het rollenspel van de eerdere samenkomsten: Hitler praatte en Mussolini luisterde de meeste tijd zwijgend. De Italiaanse delegatie vertrok met lege handen, maar Hitler was tevreden. Het was hem 'met inzet van al zijn geesteskracht' gelukt Mussolini 'weer echt in vorm' te brengen, vertelde hij enkele weken later. De duce zou 'in die vier dagen een volledige gedaanteverandering ondergaan' hebben: 'Toen hij uit de trein stapte [...] zag hij eruit als een gebroken grijsaard; toen hij terugkeerde was hij een opgewekt, daadkrachtig man.'[23]

Intussen was de situatie in Noord-Afrika nog verder verslechterd. De troepen van de Asmogendheden werden stap voor stap teruggedrongen naar een verdedigingsring rondom Tunis en Bizerte. Hun situatie daar was 'bijna hopeloos', noteerde Goebbels medio april. 'Onze soldaten en officieren doen alles wat ze kunnen, maar de overmacht is gewoon te groot.'[24] Het was een ongelijke strijd, want de Amerikanen en de Britten waren ter zee en in de lucht oppermachtig en werden voortdurend bevoorraad. Eind april was al duidelijk dat de val van Tunis slechts een kwestie van dagen was. Ook Hitler had Noord-Afrika in feite al opgegeven toen hij op 2 mei van de Berghof naar München ging. Daar had hij op 4 mei een bespreking belegd met de belangrijkste militaire leiders, waarbij over het beste moment voor Operatie Zitadelle zou worden beslist. Terwijl stafchef Zeitzler en de opperbevelhebbers van de Heeresgruppen Mitte en Süd, Kluge en Manstein, opteerden voor een vroeg tijdstip, zo mogelijk nog eind mei, begin juni, neigde Hitler naar een zoveelste uitstel. Hij werd daarin vooral gesterkt door een van zijn favorieten, kolonel-generaal Walter Model. Die wilde dat het oostfront eerst van een toereikend aantal nieuwe tanks van het type Tiger en Panther zou worden voorzien om een ondubbelzinnig overwicht op de Russische T4-tanks te garanderen. Enkele dagen later werd het bevel uitgevaardigd om de operatie tot medio juni uit te stellen, maar ook die termijn liet Hitler verstrijken.[25]

Op de avond van 6 mei arriveerde Hitler vanuit München in Berlijn. Op Goebbels, die meteen naar hem toe snelde, maakte hij een 'enigszins vermoeide indruk'. Hij had zich op de Obersalzberg slechts weinig kunnen ontspannen, zei de dictator bijna verontschuldigend omdat hij 'werk na werk, bespreking na bespreking' had gehad. Wat de situatie in Noord-Afrika betrof, was ook Hitler tot de overtuiging gekomen dat het er 'tamelijk hopeloos' uitzag. 'Als men zich voorstelt dat in Tunis nog 150.000 van onze beste mensen zijn, kan men zich een beeld vormen van de ramp die ons daar dreigt,' was het commentaar van Goebbels. De minister van Propaganda was bang dat het 'dezelfde vormen zou aannemen als in Stalingrad' en opperde enkele voorlopige ideeën om de nieuwe schok binnen de Duitse bevolking op te vangen.[26]

In de middag van 7 mei, na de staatsbegrafenis van SA-leider Viktor Lutze, ontving Hitler de Reichs- en Gauleiter. Hij sprak met geen woord over de kritieke situatie in Noord-Afrika, noch over de geallieerde luchtoorlog. In plaats daarvan concentreerde hij zich volledig op de strijd met de Sovjet-Unie, die hij een strijd tussen twee 'ideële staten' noemde. Opnieuw vond hij woorden van onwillige bewondering voor Stalin. Die had met zijn zuiveringen in de jaren dertig het Rode Leger niet verzwakt, maar versterkt omdat hij daarmee mogelijke oppositionele elementen in het officierskorps had uitgeschakeld. Het invoeren van politiek commissarissen noemde Hitler zelfs 'een soort geniale zet' omdat daardoor aan 'buitengewoon daadkrachtige en energieke mannen uit de partij' een commando was toevertrouwd. De hint voor zijn volgelingen was duidelijk: anders dan Stalin moest hij, de Führer, zich nog steeds omgeven met onbekwame generaals, die bovendien niet op de stevige grond van de nationaalsocialistische 'wereldbeschouwing' stonden!

Hitler kondigde aan dat het nieuwe offensief in het oosten 'niet al te lang meer op zich [zou] laten wachten'. Ook als het niet de omvang van eerdere operaties zou bereiken, hoopte hij toch op 'aanzienlijke successen', aangezien er uitsluitend Duitse troepen zouden worden ingezet. Van de bondgenoten zou, omdat je op hen niet kon vertrouwen, aan het oostfront geen gebruik meer worden gemaakt. De dictator maakte er geen geheim van hoe hij het Europa van de toekomst voor zich zag: het hele 'rommeltje van kleine staten' moest 'zo snel mogelijk geliquideerd' worden en de Duitse leiding moest voor eens en altijd zeker gesteld worden. Op die manier zou 'de weg naar een wereldheerschappij geplaveid' zijn. Immers, 'Wie Europa bezit, kan daarmee de leiding over de wereld naar zich toetrekken.' In schril contrast daarmee schetste Hitler wat de Duitsers ingeval van een nederlaag dreigde. Daarom mocht men de gedachte daaraan zelfs niet toelaten. 'Nooit mag er twijfel aan de overwinning in ons opkomen.'[27] Sinds de septembercrisis had Hitler moeten erkennen dat de oorlog nauwelijks nog te winnen was. Maar dat besef moest hij verdringen als hij tegenover zijn gevolg overtuigend wilde zijn. Dus veinsde hij onophoudelijk optimisme, bezwoer hij het 'geloof' in een overwinning waarin hij heimelijk zelf niet meer geloofde. Deze 'spanning tussen het besef van de onwinbaarheid van de oorlog en het niet-aflatende bezweren van het tegendeel' vergde buitengewoon veel psychische energie van de dictator.[28] Daarin ligt vermoedelijk een van de oorzaken van de prikkelbaarheid die hij in toenemende mate aan de dag legde.

In de daaropvolgende dagen was Goebbels nog meerdere keren in de gelegenheid om uitgebreid met Hitler te praten. Daarbij sprak de dictator denigrerend over zijn generaals. Hij kon ze gewoon 'niet meer zien', en dat was ook de reden waarom hij in het hoofdkwartier niet meer samen met hen het middagmaal gebruikte. 'Alle generaals liegen, zegt hij; alle generaals zijn trouweloos, alle generaals zijn tegen het nationaalsocialisme, alle generaals zijn reactionairen.' Goebbels vond dit oordeel weliswaar 'enigszins vooringenomen', maar gaf Hitler in wezen gelijk: 'Ze hebben hem te veel bittere dingen aangedaan. Ze hebben geen spiritueel en cultureel niveau en hebben daardoor geen basis voor overeenstemming met de Führer.' Mocht de minister van Propaganda inmiddels zelf aan een goede afloop van de oorlog twijfelen, dan was het aureooleffect van Hitler op hem nog altijd ongebroken. 'Zolang hij leeft en leidt, kan het Duitse volk eigenlijk geen onherstelbaar ongeluk overkomen.'[29]

Op 12 mei vloog Hitler 's avonds naar zijn hoofdkwartier in Oost-Pruisen.[30] Daar bereikte hem daags daarna het bericht van de capitulatie van de Asstrijdkrachten in Noord-Afrika. Meer dan een kwart miljoen op de proef gestelde Duitse en Italiaanse soldaten marcheerden naar gevangenschap – een debacle dat de catastrofe van Stalingrad nog overtrof.[31] Al voordat het Duitse publiek op de hoogte werd gesteld, had het opperbevel van de Wehrmacht in opdracht van Hitler bekendgemaakt dat veldmaarschalk Rommel al twee maanden met herstelverlof in Duitsland verbleef. Zijn naam mocht niet bezoedeld worden door de nederlaag bij Tunis, want – zo verwoordde Goebbels Hitlers mening – 'een militaire autoriteit zoals die van Rommel kan men niet naar believen creëren en naar believen weer opzijschuiven'.[32]

De Duitse bevolking had de kritieke ontwikkeling op het Noord-Afrikaanse strijdtoneel met stijgende bezorgdheid gevolgd. Er werd gesproken over een dreigend 'tweede Stalingrad' en een 'Duits Duinkerke'.[33] Nadat de capitulatie van Tunis op 13 mei bekend geworden was, daalde de stemming naar een dieptepunt.

Er was nu een 'sterke en standvastige propaganda' nodig 'om het volk binnenboord te houden en de hier en daar opkomende gelatenheid te bestrijden', eiste Goebbels.³⁴ Maar de poging om de nederlaag van Tunis als een succes voor te stellen omdat door de taaie verdediging van het bruggenhoofd de geallieerde strijdkrachten maandenlang aan handen en voeten gebonden waren geweest, kon niet overtuigen. De overwinning van de Engelsen en de Amerikanen was 'van doorslaggevende betekenis voor de algehele situatie', besefte Friedrich Kellner. Het bezit van Noord-Afrika vormde immers 'een enorme bedreiging voor Italië en het hele zuidelijke front'.³⁵

In het Führerhoofdkwartier begon men zich intussen voor te bereiden op het ergste: het vertrek van Italië uit het oorlogsbondgenootschap. Onder de codenamen 'Alarich' en 'Konstantin' werden er al plannen gesmeed om het land te bezetten. Hitler was vastbesloten daarvoor ook gevechtssterke eenheden aan het oostfront te onttrekken, want volgens hem moest er alles aan gedaan worden om te voorkomen dat de Geallieerden zich aan de zuidgrens nestelden. Europa moest 'in het voorterrein' verdedigd worden, verklaarde hij tijdens een stafoverleg op 15 mei 1943; er mocht 'geen front aan de grenzen van het Rijk ontstaan'.³⁶ Vijf dagen later ontving Hitler de verbindingsman van Ribbentrop bij het Afrikakorps, Konstantin Alexander von Neurath (een zoon van de voormalige minister van Buitenlandse Zaken en Rijksprotector van Bohemen en Moravië). Deze was onlangs teruggekeerd uit Sicilië en hij meldde dat er bij de Italiaanse troepen weinig animo bestond om het eiland tegen een geallieerde invasie te verdedigen. Ook de bevolking van Zuid-Italië was zonder uitzondering anglofiel ingesteld. De dictator zag zijn grootste vrees bewaarheid worden. Hij ging zich te buiten aan woeste beschimpingen van het Romeinse koningshuis en de Italiaanse militairen, die de oorlog van meet af aan 'gesaboteerd' zouden hebben. Het was de vraag of de qua gezondheid aangeslagen Mussolini zich tegen hen zou kunnen laten gelden. Een plotseling ineenstorten van zijn heerschappij was in elk geval niet meer uit te sluiten en men moest daarop voorbereid zijn om 'dan behulpzaam [te kunnen] ingrijpen', met andere woorden: nog een land te onderwerpen aan de Duitse bezetting.³⁷

De nederlaag van Tunis was niet de enige tegenslag die de Asmogendheden moesten incasseren. Ook in de onderzeebootoorlog tekende zich in het voorjaar van 1943 een omslag af. Het was de Britten gelukt de Duitse code te kraken, waardoor ze het hele radioverkeer van de Duitse onderzeeërs konden afluisteren. Bovendien zetten de Amerikanen steeds meer langeafstandsbommenwerpers van het type B-24 'Liberator' in om de konvooien te beschermen. Als gevolg van de verbeterde verdediging stegen de Duitse onderzeeërverliezen van week tot week. Alleen al in mei 1943 gingen er 41 verloren. Dus kon de bijzonder Hitlergetrouwe admiraal Karl Dönitz, die op 30 januari 1943 Erich Raeder was opgevolgd als opperbevelhebber van de marine, niets anders doen dan zijn onderzeevloot bevel geven de aanvallen op de konvooien in de noordelijke Atlantische Oceaan te staken en het gebied te ontruimen. Het zou daarna niet meer lukken de aanvoer van de Geallieerden via de trans-Atlantische aanvoerlijn ernstig in gevaar te brengen.[38]

Medio mei verscheen in de *Baseler Nationalzeitung* een artikel waarin de opvatting werd verwoord dat de situatie van de Asmogendheden het afgelopen half jaar fundamenteel in hun nadeel was gewijzigd. Goebbels kon alleen maar constateren dat er 'iets waars' in zat: 'We hebben de afgelopen zes maanden ongelooflijk veel pech gehad. De ene tegenslag na de andere. Het begon met het najaars- en winteroffensief van de Sovjets en komt nu voorlopig ten einde met de val van Tunesië, de verheviging van de luchtoorlog en de oplopende problemen in de onderzeebootoorlog.'[39]

Daarbij had een onverhoopt toeval de nazileiding in staat gesteld propagandistisch in de aanval te gaan. Begin april 1943 hadden Poolse dwangarbeiders van de Organisation Todt in een bos bij Katyń, 20 kilometer ten westen van Smolensk, massagraven ontdekt. In het voorjaar van 1940 waren hier 4400 Poolse officieren ten prooi gevallen aan de beulsknechten van de Russische geheime dienst.[40] Op 13 april bracht de Großdeutsche Rundfunk de eerste melding over de gruwelijke vondst. Een dag later was deze al het hoofdonderwerp in alle nieuwsuitzendingen.

Goebbels was vanaf het begin vastbesloten uit de vondst munt te slaan voor zijn hetze tegen het 'Joodse bolsjewisme': 'Ik geef opdracht dit propagandamateriaal grondig te benutten. We zullen er nog een paar maanden op kunnen teren.'[41] Wekenlang voerden geschreven pers en radio het Duitse publiek met steeds nieuwe details over de 'Joodse massamoord', zoals de massaslachting werden aangeduid – getrouw aan het devies van de minister van Propaganda om 'het vuur vlijtig' aan te wakkeren.[42] Hitler moedigde Goebbels aan van de kwestie-Katyń 'een cause célèbre' te maken en hechtte er waarde aan dat 'het Jodenvraagstuk in het middelpunt van de aansluitende discussies' zou worden geplaatst.[43] Er gutste een nieuwe golf van antisemitische propaganda over het land.

De nazileiding streefde met haar Katyń-campagne twee dingen na: enerzijds wilde ze een wig drijven tussen de Sovjet-Unie en de westerse mogendheden, anderzijds moest de bevolking duidelijk worden gemaakt welk lot haar dreigde van de zogenaamde aartsvijand, 'de Joden', indien de oorlog zou worden verloren. Beide doelen werden gemist. Moskou verbrak weliswaar de betrekkingen met de Poolse regering in ballingschap in Londen, wat in Berlijn met voldoening werd geregistreerd, maar de westerse mogendheden hulden zich in stilzwijgen omdat ze Stalin niet wilden bruuskeren: 'Zelfs als de Duitse beweringen waar zijn, zou mijn houding tegenover u niet veranderen,' verzekerde Churchill de Russische ambassadeur in Londen, Ivan Majski. 'U bent een moedig volk. Stalin is een groot veldheer en ik bekijk alles momenteel op de eerste plaats als soldaat die de gemeenschappelijke vijand zo snel mogelijk wil verslaan.'[44]

Onder de Duitse bevolking leidden de berichten over Katyń tot totaal onverwachte reacties: 'We hebben niet het recht ons op te winden over deze maatregel van de Sovjet-Unie omdat van Duitse zijde veel meer Polen en Joden uit de weg geruimd zijn.'[45] Dergelijke uitlatingen registreerden de geheime stemmingsberichten van de veiligheidsdiensten overal in Duitsland in april en mei 1943. Dat maakt nogmaals duidelijk hoe wijdverbreid de kennis over de misdaden van ss en Wehrmacht op dat moment al was. Dat ss-eenheden ten tijde van de Katyńcampagne de opstand in het getto van Warschau wreed neersloegen en daarbij bijna 14.000 van de daar nog wonende 56.000 mensen vermoordden, paste in het beeld. Op 16 mei kon ss-brigadegeneraal Jürgen Stroop verkondigen: 'Er is in Warschau geen Joodse wijk meer!'[46]

Hitler had zich oorspronkelijk van de Wolfsschanze naar het hoofdkwartier in Vinnytsja willen begeven, maar besloot op 21 mei 1943 op stel en sprong en met het oog op zijn slechte gezondheid nogmaals voor enkele weken terug te gaan naar de Berghof. 'Dat is momenteel het beste wat hij kan doen,' vond Goebbels. 'Als hij door het verblijf op de Obersalzberg weer helemaal in vorm komt, kan dat voor de Duitse oorlogvoering als belangrijkste positieve factor geboekt worden.'[47] Terwijl de dictator met zijn naaste gevolg in zijn Alpenresidentie nagenoeg ongestoord genoot van de voorjaarsdagen, werd het Ruhrgebied opgeschud door een reeks zware luchtaanvallen. Medio mei vernietigden Britse Lancasterbommenwerpers de Möhne- en Edertaldam; meer dan 1200 personen vielen aan de vloedgolf ten prooi. Daarna volgden zware aanvallen op Dortmund, Essen, Wuppertal-Barmen, Düsseldorf, Bochum, Krefeld, Duisburg en Mülheim. 'Men kan over de luchtoorlog steeds slechts hetzelfde zeggen: we zijn bijna hulpeloos in de minderheid en moeten de klappen van de Engelsen en de Amerikanen met verbeten woede ondergaan,' noteerde Goebbels na de nachtelijke aanval op Dortmund op 24 mei, die grote delen van de stad had verwoest.[48] Onder de bevolking leidden de aanvallen tot stijgende nervositeit en angst. Men vroeg zich af hoe het verder moest, meldden de vertegenwoordigers van de partij vanuit de gouwen. De door de leiding steeds weer beloofde 'vergelding' moest eindelijk eens beginnen 'voordat het westen een puinhoop is geworden'.[49]

Op 18 juni reisde de minister van Propaganda naar de door de luchtaanvallen getroffen gebieden langs de Rijn en de Ruhr en hield 's avonds in de tjokvolle

Westfalenhalle in Dortmund een toespraak waarin hij de opbouw aankondigde van een 'nieuwe luchtarmada van de wraak'.[50] Tijdens een bezoek van Goebbels aan de Obersalzberg beloofde Hitler dat hij eveneens een bezoek zou brengen aan de geteisterde steden.[51] Hij kwam die belofte echter niet na, waarschijnlijk vooral uit angst dat zijn prestige eronder zou lijden. 'De Führer heeft tot nu toe nog geen door de luchtoorlog getroffen stad met een bezoek vereerd,' constateerde Goebbels enkele maanden laten berustend.[52]

Tijdens zijn verblijf op de Obersalzberg hield Hitler zich de laatste weken van mei en de eerste van juni voornamelijk bezig met de voorbereidingen van Operatie Zitadelle. Intussen had de onenigheid over de doeltreffendheid van deze operatie zich toegespitst. Zeitzler en Jodl stelden medio mei voor volledig af te zien van Zitadelle en in plaats daarvan in het oosten een grote operatieve reserve in te zetten om het verwachte Russische zomeroffensief af te slaan.[53] Ook Guderian had bedenkingen: de nieuwe tanks waren technisch nog niet uitontwikkeld en de bemanningen waren er nog niet vertrouwd genoeg mee. De dictator gaf toe dat hij bij de gedachte aan de aanval 'een wee gevoel in zijn maag' kreeg, maar sprak zich op 18 juni definitief uit voor het doorgaan van de operatie en stelde enkele dagen later de aanvalsdatum vast op begin juni.[54] 'De teerling is geworpen,' luidde het in het oorlogsdagboek van het opperbevel van het Negende Leger onder de datum 20 juni.[55] Maar tegenover zijn vertrouwelingen deed Hitler opnieuw zelf-

Afb. 25 Hitler en zijn gast Joseph Goebbels op de Obersalzberg, eind juni 1943 – een paar dagen voor Operatie Zitadelle.

verzekerd: na de enorme verliezen tijdens de wintercrisis 1942-1943 was het oostfront 'gewoon gestoffeerd met troepen en materieel'. Met de nieuwe modellen Tiger en Panther beschikte hij over 'de beste tanks die er momenteel bestaan'. Dus zou het komende offensief 'zeer goed voorbereid zijn en als een donderslag bij heldere hemel komen'.[56]

Op 29 juni 1943 verliet Hitler zijn verblijf in de bergen en keerde terug naar de bunkerwereld van de Wolfsschanze. Voor 1 juli had hij de opperbevelhebbers en bevelvoerende generaals die aan Operatie Zitadelle deelnamen, naar het Oost-Pruisische hoofdkwartier ontboden. Het besluit om de operatie nu door te laten gaan, motiveerde hij met de noodzaak een mogelijke aanval van de tegenstander vóór te zijn. Bovendien was een doorslaand succes op korte termijn met het oog op de houding van de bondgenoten en het thuisfront gewenst.[57] In een oproep aan de 'kameraden aan het oostfront' aan de vooravond van de aanval verkondigde de dictator: 'De slag die de Duitse strijdkrachten zullen uitdelen, moet van doorslaggevende betekenis zijn en voor een kentering in de oorlog zorgen.'[58] Maar een doorslaggevende kentering verwachtte Hitler zelfs in het gunstigste geval niet en vermoedelijk zou hij nog voorzichtiger over de vooruitzichten hebben geoordeeld als hij over de kennis had beschikt van het hoofd van de afdeling Fremde Heere Ost, Reinhard Gehlen, die zijn informatie op 4 juli voorlegde aan stafchef Zeitzler: het Rode Leger verwachtte de Duitse aanval al heel lang en had zich dienovereenkomstig voorbereid; het was 'dus niet erg waarschijnlijk dat de Duitse aanval slaagt'. Gehlen besloot met de woorden: 'Ik vind de voorgenomen operatie een doorslaggevende fout, die zwaar bestraft zal worden.'[59]

Daar zou hij gelijk in krijgen. Stalin en zijn generale staf waren al vroeg op de hoogte van de Duitse plannen en hadden hun tegenmaatregelen zorgvuldig gepland. Bij de saillant van Koersk lieten ze een diep geëchelonneerd verdedigingssysteem aanleggen met tankversperringen, mijnenvelden en loopgraven. Bijna 2 miljoen Russische soldaten, uitgerust met de modernste wapens, werden samengetrokken. Niet alleen de plek, ook het tijdstip van het Duitse offensief bleef niet verborgen voor de Russische leiding. Voordat de Duitse troepen in de vroege ochtend van 5 juli de aanval inzetten, hadden de Russische batterijen de strijd al geopend met een massale vuurwals.[60] Daardoor ontbrak het aan de voor het slagen van Operatie Zitadelle beslissende voorwaarde – het verrassingselement. Maar ook de krachtsverhoudingen stonden een succes in de weg: 625.000 Duitse soldaten namen het op tegen 1,9 miljoen Russische. De aanvallers beschikten over nauwelijks 2700 tanks, de verdedigers over meer dan 8000. Nog ongunstiger was de verhouding bij de artilleriebatterijen: nog geen 10.000 aan de kant van de Wehrmacht tegenover meer dan 47.000 aan de zijde van het Rode Leger. Ook de overmacht van de Russische luchtstrijdkrachten was groot. Zij beschikten over bijna 6000 toestellen, terwijl de Duitse Luftwaffe er slechts circa 1400 had.[61]

Toch leek de grootste tankslag van de Tweede Wereldoorlog aanvankelijk gunstig te verlopen voor de Duitsers. In het noorden slaagde Models Negende Tankleger erin op 5 juli acht kilometer diep door te dringen in de Russische stellingen, maar in de daaropvolgende dagen boekte het slechts weinig terreinwinst. 'De slag heeft een omvang aangenomen als van de hevigste afweergevechten van het westen in 1914-1918,' schreef generaal Friedrich Hoßbach, Hitlers voormalige Wehrmachtadjudant, op 11 juli aan zijn vrouw. 'Ongelooflijk veel materieel aan beide kanten. De Rus vecht met een taaiheid die ik nooit eerder heb meegemaakt.'[62] Op 12 juli begon het gevreesde Russische tegenoffensief in de rug van het Negende Leger. Model moest de aanval staken.

Meer slagkracht ontwikkelde de tangbeweging in het zuiden. Op de tweede dag van het offensief had de spits van de tanklegers zich door mijnenvelden en tankversperringen bijna 25 kilometer naar voren gevochten. In de duels met de Russische T4-tanks bleken de nieuwe Duitse tanks ze de baas. Overigens viel een groot deel van de nieuwe Panthers meteen aan het begin van de gevechten uit wegens technische mankementen. Op 11 juli, de tot dan toen succesvolste aanvalsdag, sloegen de Duitse tankkorpsen diepe bressen in de Russische verdediging. Het hoogtepunt van de strijd was op 12 juli, toen sterke Russische tankeenheden bij Prochorovka de Duitse opmars probeerden te stuiten. In de Russische geschiedschrijving na 1945 werd deze dag als de beslissende overwinning, zelfs een keerpunt in de Tweede Wereldoorlog beschreven. De realiteit zag er echter minder heldhaftig uit: de verliezen van de Russen overtroffen die van de Duitsers meervoudig. De 'mythe van Prochorovka' moest toedekken hoe meedogenloos de Russische leiding was geweest voor haar eigen mensen.[63]

Hitler was in de eerste dagen van de slag 'koortsachtig': bijna elk uur belde hij met Zeitzler om naar de voortgang van de operatie te informeren.[64] 'De Führer is zeer tevreden over de eerste resultaten van ons offensief,' noteerde Goebbels op 7 juli, maar de berichten vanuit het Führerhoofdkwartier klonken algauw minder veelbelovend: de gevechten bij Koersk waren 'buitengewoon hevig'; daar had zich een 'materieelslag van onvoorstelbare omvang' ontwikkeld.[65] Op 13 juli ontbood Hitler Kluge en Manstein naar het Führerhoofdkwartier en stelde hen op de hoogte van zijn beslissing om Operatie Zitadelle af te blazen. Doorslaggevend voor zijn besluit was het Russische offensief tegen de Legergroep Mitte bij Orjol, dat op 12 juli was begonnen en een bedreiging vormde voor Models Negende Leger. Hitler ging tekeer: 'De Russen kunnen zowat alles en ons lukt het niet eens de saillant bij Koersk af te snijden.' Manstein protesteerde: de strijd was juist 'op een beslissend punt gekomen' en een overwinning lag mogelijk 'voor het grijpen'. Maar de dictator zag de situatie ditmaal aanzienlijk nuchterder en gaf de generaal-veldmaarschalk nog slechts toestemming voor een beperkte operatie tegen de ten zuiden van Koersk gelegerde Russische eenheden, voordat hij ook daar de strijd moest staken.[66]

Zo eindigde het laatste Duitse offensief aan het oostfront. Opnieuw had men de slagkracht en de hoeveelheid oorlogsmaterieel aan Russische zijde onderschat. En voor het eerst moest een in de zomer begonnen aanval al na enkele dagen worden afgebroken. Het initiatief lag nu definitief bij het Rode Leger. Stukje bij beetje zou het in de daaropvolgende maanden de Wehrmacht in verbitterde gevechten met vele slachtoffers uit de veroverde gebieden verdrijven. 'De Duitsers zijn nu op de terugtocht,' schreef een Russische huzaar na de slag om Koersk, 'en nu komt de grote afrekening.'[67]

Nog tijdens de gevechten bij Koersk arriveerde er nog een jobstijding. Op 9 en 10 juli waren Britse en Amerikaanse troepen op Sicilië geland. De invasie was niet echt een verrassing, zij het dat Hitler haar op Sardinië had verwacht. Zoals voorspeld boden de Italianen nauwelijks tegenstand, en de Duitse troepen onder generaal Hans Hube waren te zwak om het eiland langdurig te verdedigen. Op 23 juli hadden de Geallieerden heel West-Sicilië in handen.[68] Het was te voorzien dat ze vanaf Sicilië de sprong naar het Italiaanse vasteland zouden wagen. 'We moeten langzaam gaan inzien dat we meer en meer afglijden naar een tweefrontenoorlog, dat datgene wat we in het begin van deze oorlog hebben vermeden, nu langzaam een feit begint te worden,' zo becommentarieerde de minister van Propaganda de dramatische ontwikkeling.[69] Hitlers nachtmerrie – het vertrek van de Italianen uit het bondgenootschap – leek werkelijkheid te worden. Daarom besloot de dictator nogmaals met Mussolini bijeen te komen en een laatste poging te doen om het gevechtsmoreel van de Italianen op te vijzelen.

Voor zijn vertrek uit het Führerhoofdkwartier, in de nacht naar 18 juli, werd Morell bij Hitler geroepen. De dictator klaagde over hevige pijn in zijn onderlichaam. De lijfarts gaf zijn patiënt om te beginnen Eukodal, een verdovend middel dat tevens pijnstillende en opwekkende stoffen bevat. De injectie deed kennelijk haar werk, want de twee opeenvolgende dagen leek Hitler in goede conditie.[70] In de namiddag van 18 juli vloog hij met de grote viermotorige Condor, die zoals altijd werd bestuurd door luchtmachtkapitein Baur, naar Salzburg en maakte een tussenstop op de Berghof. In de vroege ochtend van 19 juli vertrok hij met zijn staf naar Italië. Na een vlucht van anderhalf uur landde het toestel op een militair vliegveld bij Treviso, ten noorden van Venetië, waar hij werd begroet door Mussolini en de opperbevelhebber van de Duitse troepen in Zuid-Italië, Albert Kesselring. Met een speciale trein en later per auto reisden ze door naar een afgelegen landhuis in Feltre. Hitler was bijzonder slecht te spreken over de vermoeiende reis. Anders dan tijdens eerdere ontmoetingen was de sfeer uitgesproken koel.[71]

Twee uur lang praatte Hitler op Mussolini in. Zelfs toen het bericht kwam dat de Geallieerden voor het eerst Rome hadden gebombardeerd, onderbrak hij zijn monoloog slechts heel even. Hij schetste de situatie in de meest schitterende kleuren. Zowel over de aanvoer van ruwe grondstoffen als die van levensmiddelen hoefde men zich geen zorgen te maken. Er deden zich weliswaar zoals altijd in de militaire geschiedenis tegenslagen voor, maar uiteindelijk zou degene die 'een ijzeren wil tot winnen' aan de dag legde, de lauweren oogsten. Hitler verzuimde niet daarbij zijn eigen historische rol te benadrukken. Hij stond 'op het misschien onbescheiden standpunt dat er na hem geen groter man zou komen die de dingen de baas kan worden'. Daarom nam hij ook de grootste persoonlijke opofferingen op de koop toe 'om nog tijdens zijn leven de beslissing af te dwingen'. Over de situatie op Sicilië verklaarde de Duitse dictator dat hij 'twee zielen in één borst' had: als Italië werkelijk bereid was om het eiland te vechten 'en fanatiek alle consequenties te trekken', was ook hij voor verdedigen. In het andere geval 'was het jammer van elke man die men naar Sicilië stuurde'.[72] Het lijkt twijfelachtig dat dergelijke oproepen de vermoeide en gedesinteresseerd ogende duce nog bereikten. Tolk Schmidt ervoer de hele gebeurtenis als een van de 'meest deprimerende ontmoetingen' die hij ooit had bijgewoond.[73] En een andere deelnemer, veldmaarschalk Wolfram Freiherr von Richthofen, schreef in zijn dagboek: 'De hele kwestie heeft waarschijnlijk minder opgeleverd dan men onder een pinknagel kan meenemen.'[74]

De bevestiging liet niet lang op zich wachten. Op de avond van 24 juli kwam in Rome de Gran Consiglio del Fascismo, de Fascistische Grote Raad, voor het eerst sinds december 1939 bijeen. De marathonzitting duurde tien uur, en aan het eind nam een grote meerderheid een motie van wantrouwen aan, waarin ze Mussolini opdroeg de leiding van de strijdkrachten weer in handen van de koning te leggen. Dat gaf Vittorio Emanuele III een handvat om in actie te komen. In de namiddag van 25 juli ontbood hij Mussolini naar zijn residentie in Rome en liet hem weten dat hij maarschalk Pietro Badoglio, de voormalige stafchef van het Italiaanse leger, tot minister-president zou benoemen. Bij het verlaten van het Quirinaal werd de afgezette duce door carabinieri gearresteerd en in een ziekenauto om te beginnen naar een kazerne gebracht. Het tijdperk-Mussolini, dat in oktober 1922 was begonnen met de mars op Rome, was ten einde.[75] Het nieuws van zijn val leidde tot spontane uitingen van blijdschap. Overal werden de symbolen van het regime van openbare gebouwen gehaald, fascistische uniformen en insignes werden verbrand. Ernst von Weizsäcker, die na een reorganisatie van Buitenlandse Zaken in april 1943 zijn functie als secretaris-generaal had moeten ruilen voor de post van ambassadeur bij het Vaticaan, merkte op 26 juli op:

'Vandaag [...] ziet men Italiaanse vlaggen en groepjes mensen; de meesten zijn tamelijk vergenoegd, vermoedelijk omdat ze ervan uitgaan dat het aftreden van Mussolini tegelijkertijd het eind van de oorlog betekent [...]. Het fascisme doofde gewoon uit, zonder sensatie.'[76]

Op de avond van 25 juli 1943 bereikte het nieuws over de omwenteling in Italië het Führerhoofdkwartier. Hitler had al enige tijd rekening gehouden met het ergste, maar de afzetting van Mussolini schokte hem. 'Badoglio, onze ergste vijand dus, heeft de regering overgenomen,' zei hij 's avonds tijdens de stafbespreking boos. Aan één ding kon geen twijfel bestaan: 'Die zullen natuurlijk [...] verklaren dat ze verder binnenboord blijven; dat is overduidelijk. Maar het is verraad: ze blijven namelijk niet binnenboord.' Hitlers eerste opwelling was Rome onmiddellijk door een parachutisten- en tankdivisie te laten bezetten en 'het hele gespuis onschadelijk te maken'. Ook het Vaticaan wilde hij niet sparen: 'Denkt u dat het Vaticaan me stoort? [...] Dat gespuis is daar, dat hele varkensgespuis halen we eruit.'[77] Nog in de nacht naar 26 juli ontbood de dictator zijn naaste medewerkers – Göring, Goebbels, Himmler, Speer, Ribbentrop – en de militairen Rommel, Guderian en Dönitz voor crisisoverleg naar het hoofdkwartier.

In de loop van de ochtend arriveerden Hitlers paladijnen in de Wolfsschanze. De dictator had zijn evenwicht inmiddels hervonden en straalde, als men Goebbels' aantekeningen mag geloven, een 'rustige zekerheid' en 'soeverein overwicht' uit.[78] De grote vraag waarom alle discussies draaiden, was of men de verdere ontwikkelingen in Italië moest afwachten of dat men zo snel mogelijk moest handelen en een voldongen feit moest creëren. Hitler was aanvankelijk vastbesloten om, net als in Joegoslavië in april 1941, 'bliksemsnel toe te slaan'. De nieuwe Italiaanse regering – in zijn ogen 'een typisch coupregime' – zou geen tegenstand bieden. Tijdens een bespreking in de middag van 26 juli kondigde Hitler, ondanks het protest van Kluge, de opperbevelhebber van de Legergroep Mitte, aan dat hij daarvoor enkele ss-tankdivisies aan het oostfront wilde onttrekken. Hij kon 'daarginds alleen eersteklas eenheden' gebruiken, die 'ook in politiek opzicht dicht bij het fascisme staan'.[79] Tijdens de stafbespreking die avond drong Hitler nogmaals aan op snel optreden, maar Rommel, die kort tevoren tot opperbevelhebber van Noord-Italië was benoemd, sprak hem tegen: de hele actie moest grondig overwogen en zorgvuldig voorbereid worden.[80] Er viel die avond geen beslissing en ook de dagen daarna schoof Hitler die voor zich uit. Onder de codenaam 'Fall Achse' werden overigens wel de plannen voor de bezetting van Italië en het ontwapenen van de Italiaanse strijdkrachten geïntensiveerd.[81]

Het nieuws over de val van Mussolini sloeg in Duitsland in als een bom. Doordat de pers aanvankelijk opdracht had gekregen zeer terughoudend te berichten, deden er de wildste geruchten de ronde.[82] Vooral de aanhangers van het nationaalsocialisme vroegen zich angstig af hoe 'de val van een toch nog altijd twintig jaar oud regeersysteem binnen enkele uren mogelijk kon zijn'.[83] Maar ook onder de rest van de bevolking leefde de angst dat nu het vertrek van Italië uit de As dreigde en dat de coalitie van de tegenstanders daardoor een 'enorme impuls' zou krijgen. 'Het aantal volksgenoten dat ook nu nog optimistisch en vol goede moed blijft, is klein,' zo vatten de SD-stafverslagen hun waarnemingen samen.[84]

De stemming was mede zo terneergeslagen doordat rond dezelfde tijd waarin de omwenteling in Italië zich voltrok, de tot dan toe meest verwoestende luchtaanval op een grote Duitse stad plaatsvond. Tussen 25 juli en 3 augustus legden Britse en Amerikaanse bommenwerpers met Operatie Gomorrha grote delen van Hamburg in puin. Geholpen door de zomerse hitte ontwikkelde zich een enorme vuurstorm. Volgens voorzichtige schattingen kwamen daarbij zo'n 34.000 personen om het leven; tienduizenden Hamburgers ontvluchtten de stad. In zijn eerste bericht had de Hamburgse gouwleider Karl Kaufmann het over een 'catastrofe van onvoorstelbare omvang'.[85] Het gezag van staat en partij was zwaar aangeslagen. Hamburgers oefenden openlijk kritiek uit op de nazileiding. 'Partijinsignes werden afgerukt en de kreet klonk: "We willen de moordenaars!" De politie greep nooit in,' schreef Mathilde Wolff-Mönckeberg. In de berichten van de veiligheidsinstanties was sprake van een 'novemberstemming'.[86]

Binnen de nazileiding groeide onder deze omstandigheden de angst dat het Italiaanse voorbeeld school kon maken in Duitsland. Bormann maande de gouwleiders op 26 juli 'eindeloos geruststellend in [te] werken op alle nerveuze en opgewonden gemoederen', en diezelfde dag gaf Hitler de Reichsführer-SS en het hoofd van de politie opdracht alle 'zich eventueel voordoende gevaren met de scherpste middelen van politiële aard' te bestrijden.[87] Een maand later, op 24 augustus, benoemde hij Himmler tot rijksminister van Binnenlandse Zaken. De dictator was al langere tijd niet tevreden over de vorige minister, Wilhelm Frick. Hij vond hem 'te oud en uitgeblust' en dus niet in staat om energiek op te treden aan het thuisfront.[88] Met Himmler was 'de radicaalste, de beruchte bloedhond van de partij' benoemd, luidde het commentaar van Victor Klemperer. 'Hoe moet het er in Duitsland aan toe gaan als men de beul [...] tot minister van Binnenlandse Zaken benoemt!'[89]

De benoeming van Himmler verscherpte de machtsstrijd in de top van het Derde Rijk. Want hoezeer bijvoorbeeld Goebbels de beslissing ook goedkeurde – Himmler was de 'geschikte man' om de 'binnenlandse veiligheid onder alle omstandigheden te waarborgen'[90] – hij waakte er jaloers voor dat deze niet te machtig werd en zich waar mogelijk in de positie van Hitlerpretendent manoeuvreerde – een rol die Göring allang niet meer kon vervullen. Wat dat betreft was de minister van Propaganda het eens met Bormann, die eveneens vreesde dat Himmler te veel macht naar zich toe zou trekken. Goebbels legde vast: 'Het is ook niet goed als iemand in de nationaalsocialistische leiding te groot wordt; dan moeten de anderen ervoor zorgen dat hij weer naar de gewone gelederen wordt terugplaatst.'[91] Dat was precies wat de dictator beoogde. Hij had er belang bij de rivaliteit tussen zijn paladijnen te laten sudderen. Dan kon hij de strijd om de macht betrekkelijk ontspannen aankijken.

Gedurende de hele augustusmaand van 1943 heerste er hoogspanning in het Führerhoofdkwartier. Hitler hechtte geen geloof aan de verzekeringen van Badoglio dat Italië zijn verplichtingen als bondgenoot zou nakomen. De Duitse troepenmacht op het Apennijnse schiereiland werd voortdurend versterkt. Voorlopig kon hij in Italië 'nog geen schoon schip maken', verklaarde hij op 9 augustus, omdat de nieuwe regering zich inspande alles te doen wat van Duitse zijde van haar verlangd werd. Maar mocht ze ook maar enige aanstalten maken om van kamp te wisselen, dan zou hij 'ogenblikkelijk en keihard terugslaan'. Hij piekerde er namelijk niet over Italië 'als strijdtoneel prijs te geven' en de Britten en Amerikanen 'naar Noord-Italië te laten oprukken'.[92] Op 11 augustus begon Kesselring met de ontruiming van Sicilië. Over de Straat van Messina konden 40.000 Duitse en 62.000 Italiaanse soldaten plus een groot deel van hun oorlogsmaterieel naar het vasteland worden geëvacueerd.[93] In de daaropvolgende dagen gingen er steeds meer geruchten dat de regering-Badoglio in het geheim onderhandelde met de Geallieerden over een terugtrekking van Italië uit de oorlog.

In de namiddag van 8 september bracht een melding van de BBC zekerheid: de regering-Badoglio had zich onvoorwaardelijk overgegeven en een wapenstilstand met de Geallieerden gesloten. 'En dat nadat Duitsland zoveel offers voor Italië heeft gebracht,' wond Hermann Balck, de commandant van de 11de Tankdivisie, zich op. 'De Duitse burger houdt zoveel geniepigheid domweg niet voor mogelijk.'[94] Tegelijk met de Italiaanse terugtrekking landden Britse en Amerikaanse troepen bij Reggio en Salerno ten zuiden van Napels en ze konden de bruggenhoofden ondanks felle Duitse tegenstand handhaven. Zoals aangekondigd reageerde Hitler onmiddellijk. Al om 20 uur diezelfde dag liet hij het codewoord Achse – het bevel dus om Italië te bezetten – doorgeven aan de deelnemende commandoposten.[95] Goebbels werd opnieuw naar het hoofdkwartier ontboden voor crisisoverleg. Hoewel de dictator daags tevoren nog een vlucht had gemaakt naar Manstein bij Zaporizja en slechts enkele uren had geslapen,[96] maakte hij een verrassend frisse indruk op de minister van Propaganda: 'Men kan steeds weer constateren dat de Führer tijdens crises fysiek, psychisch en mentaal boven zichzelf uitstijgt. [...] Hij beschouwt de kwestie-Italië als grote smeerlapperij en het is hem duidelijk dat we nu alle krachten moeten inspannen om haar de baas te worden.' Er waren zestien divisies paraat gehouden voor de invasie van Italië en Hitler was ervan overtuigd dat ze amper op tegenstand zouden stuiten. 'De Italianen willen gewoon niet vechten en ze zijn blij als ze hun wapens kunnen inleveren.'[97]

De bezetting voltrok zich inderdaad rimpelloos. Op 10 september trokken Duitse troepen Rome binnen. De koning en Badoglio waren daags tevoren naar de Geallieerden in Zuid-Italië gevlucht. Operatie Achse had van meet af aan het karakter van een van haat vervulde strafexpeditie. Binnen enkele dagen werden 1 miljoen Italiaanse soldaten ontwapend; meer dan 600.000 van hen werden in veewagons als dwangarbeider naar Duitsland gedeporteerd.[98] Daar weigerde men hen als krijgsgevangenen te erkennen; men beschouwde ze eerder als 'geïnterneerde militairen' – een status waardoor ze aan een bijzonder meedogenloze behandeling werden blootgesteld. Speer drong erop aan dat de Italianen onmiddellijk werden ingezet in de Duitse wapenindustrie. Daar waar de Italiaanse troepen zich niet zonder verzet hadden overgegeven, vonden massaslachtingen plaats. Een van de ergste was die op het eiland Kefalonia in de Ionische Zee, waar Wehrmachteenheden circa vijfduizend Italiaanse officieren en soldaten doodschoten. En de geweldsuitspattingen duurden voort toen het Italiaanse verzet, de *Resistenza*, zich tegen de Duitse bezetting keerde. De door partizanen gepleegde aanslagen leidden meestal tot wrede vergeldingsacties, waarvan duizenden onschuldige burgers, mannen, vrouwen en kinderen het slachtoffer werden.[99] Bovendien waren Speers stafmedewerkers er als de kippen bij om de industriële bronnen van Noord-Italië in dienst te stellen van de Duitse bewapeningsinspanningen.

Goebbels had er bij Hitler al wekenlang op aangedrongen eindelijk weer eens tot het Duitse volk te spreken. Sinds de Heldengedenkdag in maart 1943 was hij niet meer in het openbaar opgetreden. Hij was 'min of meer in de wolken verdwenen', noteerde de minister van Propaganda teleurgesteld; alleen 'een woord van de Führer' kon de onrust onder de bevolking dempen en 'weer duidelijkheid scheppen'. De dictator had het telkens weer weggewuifd: hij kon pas spreken als de situatie in Italië was opgeklaard.[100] Op 9 september, tijdens een bezoek aan de Wolfsschanze, bereikte Goebbels zijn doel: Hitler verklaarde zich bereid een radiotoespraak te houden. In de namiddag van de daaropvolgende dag werd deze in het Führerhoofdkwartier opgenomen en 's avonds via alle Duitse zenders uitgezonden.[101] In zijn uiteenzettingen beperkte de dictator zich bijna uitsluitend tot de actuele ontwikkelingen in Italië, die hij helaas allang voorzien had en waartegen hij de noodzakelijke maatregelen had genomen. In overdreven bewoordingen prees hij zijn vriendschap met Mussolini – de 'grootste zoon van Italiaanse bodem sinds de ondergang van de antieke wereld' – om meteen daarna de val van de duce en het vertrek van Italië uit het bondgenootschap als ongekende 'trouweloosheid' te brandmerken. Overigens, zo stelde Hitler de luisteraars gerust, hald de afvalligheid van de bondgenoot in militair opzicht weinig te betekenen, aangezien de strijd aan het zuidfront toch al voornamelijk door Duitse troepen was gevoerd. Alle hoop van de tegenstander dat 'een 25ste juli' zich in Duitsland zou kunnen herhalen, was op zand gebouwd; nooit zou de 'stalen band' die vaderland en front bijeenhield breken. Tot slot kondigde de dictator aan de geallieerde luchtaanvallen weldra met 'andere en effectievere maatregelen te vergelden' – een duidelijke hint dat er nieuwe 'wonderwapens' werden voorbereid.[102]

Als men de SD-stafrapporten moet geloven, beantwoordde Hitlers radiotoespraak aan haar doel: uit vele meldingen bleek dat 'alleen al de zelfverzekerdheid waarmee de toespraak werd gehouden, het geloof in de overwinning versterkt' had.[103] Meer nog dan de toespraak zelf zorgden de berichten over de snelle bezetting van Italië voor een betere stemming. Ze werden geïnterpreteerd als bewijs voor 'de onverzwakte slagkracht' van de Wehrmacht: 'Dat Duitsland op het juiste moment en, net als in het begin van de oorlog, bliksemsnel kan optreden, is voor de bevolking het geruststellendste inzicht van de laatste tijd geworden.'[104] Goebbels maakte zich overigens illusies toen hij het in zijn aantekeningen had over een 'fundamentele stemmingswisseling'; van 'pessimisme en defaitisme' was 'bijna niets meer te merken'.[105] De berichten over de kritieke situatie aan het oostfront zouden namelijk snel weer de boventoon voeren.

In de middag van 12 september wist een Duitse speciale commandogroep onder leiding van SS-Hauptsturmführer Otto Skorzeny Mussolini te bevrijden uit een sporthotel op de Gran Sasso, waar hij al enkele weken gevangen werd gehouden. De overrompelingsoperatie baarde veel opzien. Hitler ontving het bericht dat de duce intussen ongedeerd naar Wenen was gebracht op de avond van 12 september. Tegen middernacht belde hij Goebbels en betoonde zich uitermate gelukkig met de spectaculaire coup. In zijn plannen voor het herstel van het fascistische regime had hij zijn Italiaanse vriend immers een dragende rol toebedacht. De minister van Propaganda was sceptischer. Hij betwijfelde of Mussolini nog in staat was 'tot grootse politieke actie'.[106] Toen de duce op 14 september landde op het vliegveld bij Rastenburg en allerhartelijkst begroet werd door Hitler, maakte hij inderdaad een matte indruk. 'Hij zag er bleek en ingevallen uit. Moeizaam daalde hij de trap af.'[107] Vier dagen overlegden de twee mannen, meestal onder vier ogen, en ten slotte verklaarde Mussolini zich bereid de leiding van een nieuwe fascistische regering in het door de Wehrmacht bezette deel van Italië op zich te nemen. Toch was Hitler niet tevreden met het resultaat van de gesprekken. De duce, beroofd van zijn macht, had hem 'minder sterk geleken' dan bij andere samenkomsten, zei hij aansluitend. Hij was vooral teleurgesteld over de weigering van Mussolini 'als eerste zijn verraders een groots opgezet strafproces aan te doen'. Daaruit bleek 'zijn beperktheid'; hij was nu eenmaal 'geen revolutionair'.[108]

De fascistische tegenregering, die zich *Repubblica Sociale Italiana* noemde, zetelde in Salò aan het Gardameer. Ze stond overigens van meet af aan onder Duitse curatele. De ooit zo trotse Mussolini was een marionet van Hitler geworden. Niet hij, maar de rijksgevolmachtigde in Italië, de beroepsdiplomaat Rudolf Rahn, oefende de werkelijke macht uit in het bezette Italië. Desondanks bewees de Republiek van Salò bereidwillig dienst als het erom ging nu ook de Italiaanse Joden te betrekken in het vernietigingsprogramma van de nationaalsocialisten. Duizenden van hen werden naar Auschwitz gedeporteerd en daar vermoord. Ook het door Hitler geëiste 'strafproces' vond alsnog plaats. Na een schijnproces in Verona werden vijf van de zes aangeklaagden doodgeschoten, onder wie Mussolini's schoonzoon, graaf Ciano.[109] Vóór zijn terechtstelling had de voormalige Italiaanse minister van Buitenlandse Zaken nog bekend dat de duce een dag voor het begin van het Duitse westoffensief op 10 mei 1940 de Belgische ambassadeur had ontvangen en hem over de aanstaande aanval had geïnformeerd. 'Dat heeft voor de Führer de doorslag gegeven,' merkte Goebbels op. 'Mussolini heeft nu praktisch afgedaan voor hem.'[110]

Terwijl de Geallieerden in Zuid-Italië maar langzaam vorderden, snelde het Rode Leger van de ene overwinning naar de andere.[111] Op 5 augustus 1943 namen ze Orjol in, op 23 augustus viel Charkov, waarvan de herovering in maart nog met veel propagandistische tamtam door de Duitsers was gevierd. Hitler veinsde niet onder de indruk te zijn: 'Hij heeft nooit aan de overwinning getwijfeld en vandaag minder dan ooit.'[112] Maar de Sovjettroepen zetten het offensief op alle fronten voort. In de loop van de maand september dwongen ze de Duitsers om het Donetsbekken te ontruimen. Ook het bruggenhoofd in Koeban, een verzamelstelling op het schiereiland van Taman, moest de Wehrmacht opgeven – het prestigeobject waaraan Hitler taai had vastgehouden om de mogelijkheid van een hervatting van het offensief in de Kaukasus open te houden. Op 25 september werd Smolensk bevrijd, het toneel van de grote omsingelingsgevechten in de zomer van 1941. Het Rode Leger zat de terugtrekkende Duitse divisies onafgebroken op de hielen en voorkwam zo dat ze stabiele verdedigingslinies konden aanleggen. Bij hun terugtocht pasten de Duitsers de tactiek van de 'verschroeide aarde' toe, dat wil zeggen dat ze moedwillig alles verwoestten dat de tegenstander van enig nut kon zijn. 'Ik moest door veel nog maar net door de Duitsers opgegeven dorpen rijden,' schreef een Russische ingenieur naar thuis. 'Je kunt je niet voorstellen hoe die gemeenschappen, die tot voor kort nog bloeiende samenlevingen waren, er nu uitzien: geen huis zonder schade, alles platgebrand en wat niet aan de vlammen ten prooi viel, is vanuit de lucht platgebombardeerd.'[113]

Tot begin oktober 1943 had de Wehrmacht zich teruggetrokken achter de Dnjeprlinie. Hitler dacht dat die linie 'makkelijk te verdedigen' zou zijn,[114] maar het Rode Leger was er al in geslaagd meerdere bruggenhoofden op de westoever van de rivier te vestigen. Op 23 oktober bevrijdde het de stad Melitopol. 'De Rus zet alles op alles om een beslissing af te dwingen en ons zodanig te verzwakken dat de beslissende slotakte – van hem uit gezien – in de winter kan volgen,' schreef generaal Hoßbach diezelfde dag bezorgd aan zijn vrouw. En hij voegde eraan toe: 'Hij moet een enorme wapenindustrie hebben en in hoge mate door de Angelsaksen worden gesteund. Ons ontbreekt een rijke bondgenoot.'[115]

Op 6 november trokken Sovjettroepen Kiev binnen, de hoofdstad van Oekraine. Daags daarna vloog Manstein naar het Führerhoofdkwartier en vroeg Hitler toestemming om de Krim te ontruimen. Kort tevoren had een Russische uitval de landverbinding met het schiereiland verbroken en de daar gestationeerde Duitse en Roemeense troepen afgesneden. De dictator wees Mansteins verzoek af. Hij was bang voor de politieke gevolgen die het verlies van de Krim met zich mee kon brengen, zowel wat betreft de opstelling van het tot dusver neutrale Turkije als die van de trouwe bondgenoten Roemenië en Bulgarije. Bovendien kon de Russische luchtmacht daardoor in staat worden gesteld de voor de Duitse oorlogvoering onontbeerlijke Roemeense olievelden aan te vallen. Nadrukkelijk eiste Hitler ook de verdediging van het bruggenhoofd van Nikopol aan de Dnjepr omdat het daar gedolven mangaanerts onmisbaar was voor de Duitse wapenproductie. 'Mijn generaals denken altijd slechts aan militaire beweegredenen, nooit aan economische. Daar hebben ze geen verstand van,' hield hij Zeitzler voor. 'Als we de ertsgroeven van Nikopol verliezen, daalt onze wapenproductie en stijgt de Russische. Dat kunnen we ons niet permitteren.'[116]

Ondanks alle tegenslagen hield Hitler de façade van optimisme recht overeind. Tijdens de gespreksronden 's avonds vergeleek hij de situatie graag met de jaren van de 'strijdperiode' van 1930 tot 1933. Net als toen ging het erom 'de zenuwen te bedwingen en standvastigheid te tonen', predikte hij telkens weer tegenover zijn entourage. Uiteindelijk zou 'de tegenstander toch buigen voor de sterkere moraal'.[117] Ondanks de gespannen situatie aan het oostfront besloot hij onverwachts om op de twintigste verjaardag van de staatsgreep in 1923 de 'oude strijders' toe te spreken. Het zou de laatste keer zijn dat hij bij die gelegenheid het woord nam. Kort na 16 uur kwam de speciale trein in München aan en al om 17 uur begon het evenement in de Löwenbräukeller.[118] 'De stemming onder de oude marcheerders is geweldig,' noteerde Goebbels. 'We hebben hier inderdaad te maken met de oerstrijders van het nationaalsocialisme, al zijn ze voor een deel wat oud en gebrekkig geworden.'[119]

Het eerste deel van zijn toespraak had de dictator schriftelijk uitgewerkt, in het tweede sprak hij voor de vuist weg. Hij ging slechts kort in op de situatie in Italië die, zoals hij verzekerde, volledig onder controle was en zich na de bezetting van het land en de bevrijding van Mussolini ten gunste van Duitsland had gekeerd. De door de Geallieerden aangekondigde 'bestorming van de Brenner' was, zei hij honend, 'veranderd in een slakkenoffensief ver ten zuiden van Rome'. Zo ook zou men elke landingspoging in het westen verijdelen. De hoofdmoot van zijn uiteenzettingen wijdde Hitler aan de gevechten aan het oostfront en de bombardementen door de Geallieerden. Alles wat hij zei, was gericht op het geruststellen van het publiek. Alle pogingen van de 'bolsjewistisch-Aziatische kolos' om het Duitse front te laten instorten, zouden mislukken. Het was verder ook niet tragisch als 'ergens een keer enkele honderden kilometers opgegeven' moesten worden, zolang de strijd zich nog altijd ver van de Duitse grens afspeelde. De belofte de verwoeste Duitse steden weer op te bouwen – 'mooier dan ooit en wel binnen de kortste keren' – werd gevolgd door de aankondiging dat 'het uur der vergelding' niet ver meer was. Boven dit alles stond de mantra-achtige bekentenis: 'Deze oorlog mag zo lang duren als hij wil, Duitsland zal nooit capituleren. We zullen nooit meer de fout van 1918 herhalen, namelijk om kwart voor twaalf de wapens neerleggen.'[120] De toespraak werd die avond om 20.15 uur door alle zenders uitgezonden, zij het dat Goebbels met goedvinden van Hitler er 'enigszins ongeschikte formuleringen' uit had geknipt.[121]

Op korte termijn leek Hitlers toespraak tot een 'opleving van de wil om stand te houden' te hebben geleid. Met name de woorden over de aanstaande 'vergelding' waren met 'grote aandacht en optimistische instemming' ontvangen, meldden de SD-stafrapporten.[122] Maar de opleving was van korte duur. Al een week later klonken de berichten over de situatie aan het oostfront veel zorgelijker: 'De volksgenoten begrijpen maar niet dat we na de grote successen van de Wehrmacht in de afgelopen jaren steeds verder terugtrekken en niet in staat zijn de Sovjets tot staan te brengen.'[123] In de Duitse propaganda werd de voortgezette terugtocht voorgespiegeld als niet meer dan 'frontcorrecties', wat voor de journalist Ruth Andreas-Friedrich aanleiding was met scherpe blik op te merken: 'Als men de atlas erop naslaat, lijken de zo vermomde terugtochten de frontlijn eerder te verlengen. Ik denk dat we het front nog corrigeren als het 10 kilometer voor Berlijn ligt. In succesvolle verdediging en zegevierend verzet.'[124]

Geïnspireerd door het succes van zijn toespraak in München schijnt Hitler korte tijd weer de smaak te pakken hebben gekregen van publieke optredens. Hij liet zich in elk geval niet de kans ontnemen om op 20 november 1943 een toespraak te houden tot tienduizend jonge officieren van leger, marine en luchtmacht. Omdat Berlijn wegens mogelijke luchtaanvallen onveilig werd gevonden, werd het evenement naar de Jahrhunderthalle in Breslau verplaatst. Het werd ditmaal overigens niet uitgezonden; er werd alleen een samenvattend verslag gepubliceerd. Tegenover de 'door Joodse haat gedicteerde vernietigingsplannen' van de tegenstander had de Führer 'de onwankelbare vastbeslotenheid van het volk' benadrukt om 'in deze wereldhistorische strijd door uiterste standvastigheid en met inzet van alle krachten zegevierend stand te houden'.[125] Het zou de laatste keer zijn dat hij tegenover zo'n groot publiek in het openbaar sprak.

Sinds het mislukken van de Duitse aanval bij Koersk en het geslaagde Russische tegenoffensief deden er steeds meer geruchten de ronde over een afzonderlijke vrede tussen Duitsland en Rusland. Alle berichten waren het erover eens, merkte Ulrich von Hassell, dat de nazileiding 'steeds meer met een afzonderlijke vrede met Rusland koketteert'. Voor Hitler zou dat inderdaad 'de enige uitweg' zijn.[127] Niet alleen Mussolini, ook de Japanse regering had er bij Berlijn herhaaldelijk maar tevergeefs op aangedrongen de kansen op een overeenkomst met de Sovjet-Unie te peilen.[127] Begin september 1943 deed ook Goebbels een eerste poging. Op zijn vraag of er niet 'over korte of lange tijd iets met Stalin te regelen' zou zijn, antwoordde Hitler afwijzend.[128] Eind september lichtte de dictator zijn standpunt toe: hij zag op dat moment geen mogelijkheid tot onderhandelen. Engeland was 'nog niet voldoende murw en oorlogsmoe' en zou elk contact als een 'teken van zwakheid' interpreteren. Met de Sovjet-Unie zou hij eerder contact willen opnemen, maar hij geloofde niet in een positief resultaat omdat Stalin op dat moment militair gezien in het voordeel was en niet de gebieden zou willen opgeven die Hitler van hem verlangde. Men moest 'dus de huidige crisis proberen te doorstaan, koste wat het kost'. De minister van Propaganda daarentegen bleef erbij dat een tweefrontenoorlog 'door het Rijk nog nooit gewonnen' was en dat men daarom moest zoeken naar wegen om 'er op een of andere manier uit te komen'.[129]

Eind oktober bracht Goebbels het nogmaals ter sprake. Ditmaal stelde Hitler zich minder afwijzend op. Hij liet doorschemeren dat hij eventueel een regeling kon treffen met de Sovjet-Unie, 'bijvoorbeeld op basis van 1939 na de Poolse veldtocht'. Maar hij maakte meteen een beslissend voorbehoud: voorwaarde voor elk 'al is het nog zo vrijblijvend contact' was dat Duitsland aan het oostfront het strategische initiatief zou herwinnen en op successen kon wijzen. 'We [mogen] nu niet onderhandelen [...] omdat het ons zo slecht gaat.'[130] Dit betekende dat de deur naar een politieke uitweg gesloten moest blijven, aangezien de kans om de situatie aan het oostfront nogmaals ten gunste van Duitsland te wijzigen, nihil was. Bovendien wist Hitler beter dan velen van zijn paladijnen dat hij met de bij voorbaat als vernietigingoorlog opgezette Operatie Barbarossa alle schepen achter zich had verbrand en dat er na het mislukken van het plan de campagne in de winter van 1941-1942 geen diplomatieke terugtocht meer mogelijk was.[131] Dus bewogen alle voelhoorns voor de vrede die vanuit Ribbentrops ministerie van Buitenlandse Zaken en het Amt Ausland/Abwehr van het OKW via de Duitse ambassade in Stockholm werden uitgestoken, zich in een ver buiten de realiteit staand schemergebied.[132]

De door Duitsland verspreide geruchten over een afzonderlijke vrede waren vooral bedoeld om het wantrouwen tussen de westerse mogendheden en de Sovjet-Unie aan te wakkeren. De hoop op het uiteenvallen van de anti-Hitlercoalitie zou in de laatste twee oorlogsjaren steeds meer de strohalm worden waar de nazileiding zich aan vastklampte. Omgekeerd kwamen die geruchten Stalin geenszins ongelegen omdat hij ze kon gebruiken als pressiemiddel om de Geallieerden eindelijk de toezegging te ontlokken ernst te maken met het lang gevraagde tweede front in het westen. Na voorbereidende conferenties in Quebec, Moskou en Caïro ontmoetten de 'grote drie' – Roosevelt, Churchill en Stalin – elkaar van 28 november tot 1 december 1943 in Teheran. De Russische dictator beloofde na de overwinning op Duitsland mee te doen aan het onderwerpen van Japan. Roosevelt en Churchill zegden toe dat ze in mei 1944 met Operatie Overlord, de invasie in Noord-Frankrijk, zouden beginnen. Bovendien werden de deelnemers aan de conferentie het in principe eens over een opdeling van Duitsland. Aan een herstel van Polen binnen de oude grenzen – het inlossen dus van de Britse garantieverklaring van 1939 – werd niet meer gedacht. Integendeel: de in zijn positie gesterkte Stalin kon zijn eis voor een westelijke grens, zoals die in essentie in het Hitler-Stalinpact was vastgelegd, realiseren. Polen zou daarvoor schadeloos worden gesteld met de Duitse gebieden ten oosten van de Oder-Neißegrens.[133]

In Berlijn vroeg men zich af wat er tijdens de conferentie in Teheran besloten was. Het communiqué dat enkele dagen later naar buiten kwam, was opmerkelijk vaag. 'We kunnen het bijna woordelijk in de Duitse pers publiceren; er staat niets gevaarlijks in,' dacht Goebbels na ruggenspraak met Hitler.[134] Via een informant op de Britse ambassade in Ankara (schuilnaam Cicero) kreeg de nazileiding geleidelijk meer gedetailleerde informatie. Daarin was ook sprake van een Operatie Overlord, zij het zonder nadere gegevens over het mogelijke tijdstip van de geplande geallieerde landing. Bij Binnenlandse Zaken en het OKW wist men intussen niet zo zeker of het bij de door Cicero geleverde documenten niet ging om door de Britse geheime dienst geprepareerd materiaal dat de Wehrmacht op een dwaalspoor moest brengen.[135]

Eind november 1943 werd Berlijn geteisterd door een reeks zware aanvallen, waarbij de gebouwen van de meeste rijksministeries werden verwoest. Ook de Oude Rijkskanselarij met Hitlers woonverblijven werd beschadigd; de Kaiserhof – het luxehotel waarin Hitler voor 1993 steeds weer had gelogeerd – brandde volledig uit.[136] 'Laat in de avond biedt Berlijn een huiveringwekkende aanblik. Men krijgt bijna de indruk dat de hele regeringswijk brandt. Op de Wilhelmsplatz is het bijna even licht als overdag [...]. We wonen nu dus ook in de Rijkshoofdstad midden in oorlogsgebied,' noteerde Goebbels na de eerste aanval op 22 november.[137] Vanuit zijn bunker aan de Wilhelmsplatz coördineerde hij de hulp aan de getroffen wijken. En hij verzuimde ook niet er zelf naartoe te gaan en met de getroffenen te praten. Zijn dagboekaantekeningen spreken vol lof over het zogenaamd ongebroken moreel van de Berlijners.[138]

De bevolking verwachtte dat er nu ernst zou worden gemaakt met de door Hitlers meermaals aangekondigde 'vergelding'. Hoe langer die uitbleef, des te groter de teleurstelling was. 'Veel volksgenoten twijfelen zelfs volledig aan de vergelding,' meldden de SD-verslagen in december 1943. 'Die zou niets anders

Afb. 26 Hitlers favoriete hotel in de 'strijdperiode', de luxueuze Kaiserhof, werd eind november 1943 bij een luchtaanval op de Berlijnse regeringswijk verwoest.

zijn dan een groots opgezette propagandamanoeuvre van de Duitse leiding, met de bedoeling de Engelse bevolking angst aan te jagen en de Anglo-Amerikaanse leiding te verleiden tot een voortijdig begin met nog niet volledig gerijpte invasieplannen.'[139] Goebbels gaf de pers daarom opdracht het begrip 'vergelding' voorlopig niet meer te gebruiken.[140]

Hitler feliciteerde de Berlijnse Gauleiter tijdens diens bezoek aan het hoofdkwartier op 19 december met het snelle herstel van het openbare leven in de Rijkshoofdstad en noemde de houding van de bevolking 'zonder meer bewonderenswaardig'. Zelf dacht hij er overigens niet over Goebbels' voorbeeld te volgen en de verwoeste wijken in ogenschouw te nemen. Wat de 'vergelding' betrof, wilde hij na de kerst weer grootscheepse luchtaanvallen op de Britse hoofdstad laten uitvoeren. Hij verwachtte overigens meer van de nieuwe vliegende bommen en raketten die in februari en maart 1944 moesten worden ingezet. Een 'leven in Londen' zou 'dan na enige tijd niet meer mogelijk' zijn[141]. Het zou trouwens nog enkele maanden langer duren voordat die als 'wonderwapens' aangeprezen v1's en v2's konden worden ingezet, en ze zouden op geen stukken na zo verwoestend zijn als de nazileiding had gehoopt.

Medio december 1943 begon het Rode Leger aan zijn winteroffensief. De hoofdmacht richtte zich in het midden op Vitebsk en in het zuiden op Zjitomir en Vinnytsja, waar Manstein na het verlies van Zaporizja zijn nieuwe hoofdkwartier had gevestigd. 'We zitten in elk geval in een van de zwaarste crises van de oorlog,' merkte tankcommandant Hermann Balck op. 'Hopelijk besluit de Führer eindelijk tot doorslaggevende offers, d.w.z. het opgeven van niet meer te handhaven gebieden.'[142] Opnieuw gingen in de Wolfsschanze alle alarmbellen af en opnieuw probeerde Hitler het gevaar te bagatelliseren: men mocht toch niet aannemen dat de tegenstander 'een antieke reus' was, 'die telkens als hij ter aarde stort sterker wordt'; ooit moest hij 'toch ook buiten adem raken', verklaarde hij tijdens een stafbespreking op 27 december. Hoe bescheiden de dictator intussen was geworden in zijn uitspraken over het oostfront, wordt duidelijk uit zijn terloopse opmerking dat 'zegevierend doorvechten' tegenwoordig daarin bestond 'dat men de kwestie ergens tot staan brengt'. Zeitzler viel hem plichtmatig bij: als men de tegenstander tot staan bracht, stond dat gelijk aan een overwinning. 'Maar verslaan kunnen we hem niet.'[143] Op 30 december gaf Hitler generaal-veldmaarschalk von Küchler, de opperbevelhebber van de Legergroep Nord, bevel nog meer eenheden naar de in het nauw gedreven Legergroepen Mitte en Süd te sturen.[144] Het gevolg was dat ook de Legergroep Nord haar uitgerekte front niet meer kon houden. Op 20 januari 1944 werd Novgorod door het Rode Leger heroverd en op 27 januari werd de blokkade rondom Leningrad na bijna 900 dagen definitief doorbroken. Von

Küchler werd van zijn functie ontheven en vervangen door kolonel-generaal Model, tot dan toe opperbevelhebber van het Negende Leger, van wie Hitler bijzondere hardheid als afweerstrategie verwachtte.[145]

De oudejaarsavond van 1943 bracht Hitler met zijn secretaris Bormann door in zijn bunker in de Wolfsschanze.[146] Kort na middernacht belde hij Goebbels en gaf uitdrukking aan zijn 'vaste overtuiging' dat het in het nieuwe jaar zou lukken 'de crisis te overwinnen en de vijand de zwaarste slagen toe te dienen'.[147] Dat was ook de teneur van zijn twee nieuwjaarsoproepen aan het Duitse volk en aan de soldaten van de Wehrmacht. Daaruit sprak opnieuw de schijnbaar onwankelbare overtuiging dat Duitsland in de strijd om 'zijn of niet-zijn' uiteindelijk met de zege zou gaan strijken. 'De gevechten in het oosten mogen dan nog zo zwaar zijn geweest en zwaar blijven: het bolsjewisme heeft zijn doel niet bereikt. De plutocratische wereld in het westen mag haar dreigende landingspoging ondernemen waar ze wil: ze zal mislukken!'[148] Maar dergelijke geforceerde bezweringsformules konden de voortwoekerende twijfel aan de eindoverwinning niet meer de kop indrukken. Dat gold natuurlijk in het bijzonder voor de legerofficieren, die wisten hoe het er aan de fronten in werkelijkheid voorstond. Met het groeiende besef dat de oorlog verloren was, groeide de neiging beslissingen van de Führer niet meer klakkeloos aan te nemen.

Hitler op zijn beurt voelde de twijfel die men in delen van het officierskorps tegen hem koesterde en voelde zich slechts bevestigd in zijn afkeer van de oude militaire kaste. Hoewel hij het in september 1943 uitgesloten had genoemd dat zijn generaals hem op dezelfde manier zouden 'verraden' als de Italiaanse legerleiding met Mussolini had gedaan, werd hij toch beheerst door een diep wantrouwen.[149] Hij zag zich daarin gesterkt door de activiteiten van de Bund Deutscher Offiziere (BDO), die medio september 1943 in een gevangenkamp bij Moskou was opgericht en zich kort daarna aansloot bij het twee maanden eerder door voornamelijk Duitse communisten in het leven geroepen Nationalkomitee Freies Deutschland. Via de radio en in pamfletten riep de BDO Duitse soldaten op tot de strijd tegen het naziregime en tot ongehoorzaamheid aan de opperbevelhebber. Hitler wond zich op over de afvallige officieren en had spijt dat hij niet net als Stalin op tijd 'elke oppositie van de generaals had onderdrukt'. 'De generaliteit aan het zuidfront en überhaupt een groot deel van de legergeneraliteit gelooft innerlijk niet in onze zaak,' verwoordde Goebbels Hitlers woedeuitbarsting. 'Het gaat – in de betere gevallen – om ofwel pure routiniers en ambachtslieden of – in de slechtere gevallen – om dilettantistische politici die zich, beschermd door hun generaals- of officiersuniform, op defaitistische manier politiek bezighouden met de oorlog.'[150]

Aan de top van de BDO stond een veelvuldig onderscheiden troepenaanvoerder uit de oude Pruisische adel, artilleriegeneraal Walther von Seydlitz. In de ogen van de dictator was hij de verpersoonlijking van de gehate nationaalconservatieve militaire elite die hem, zoals hij volkomen ten onrechte meende, alleen maar problemen had opgeleverd. Het sprak 'zeer sterk tegen de Duitse officiersstand', was Goebbels het met Hitler eens, 'dat zulke sujetten ooit plaats hebben gehad in zijn gelederen'.[151] De oproepen van Seydlitz en zijn medestrijders hadden weinig effect op de Wehrmacht omdat ze in een reuk van 'landverraad' stonden.[152] Toch nam Hitler het gevaar dat ervan uitging heel serieus. Als tegenmaatregel speelde hij met het idee de wereldbeschouwelijke scholing van de soldaten in de zin van de nationaalsocialistische ideologie te intensiveren. Op 22 december 1943 gaf hij bevel tot de vorming van een nazistaf bij het OKW. Tot hoofd van deze nieuwe staf werd infanteriegeneraal Hermann Reinecke benoemd. Deze zette tijdens een bespreking met Hitler in de Wolfsschanze op 7 januari 1944 uiteen hoe hij zich zijn taak voorstelde: bij alle legeronderdelen moesten voortaan 'nationaalsocialistische hoge officieren' worden ingedeeld. Het moest daarbij uitsluitend gaan om mannen die vervuld waren van een onvoorwaardelijk geloof in de Führer en een fanatieke wil om de oorlog voort te zetten tot aan de overwinning. Hitler bevestigde dat hij doordrenking van de hele Wehrmacht met het nationaalsocialistisch gedachtegoed 'het belangrijkste dat er bestaat' vond, hoewel hij bang was dat dat op 'veel verzet' in het officierskorps zou stuiten.[153]

Hitlers speciale argwaan gold veldmaarschalk von Manstein. Die was 'tactisch buitengewoon geschikt en flexibel, een intelligente routinier, maar zonder enige wereldbeschouwelijke houding en zonder enige innerlijke en karakterologische standvastigheid', zei Hitler eind oktober 1943. Op dat moment overwoog hij al Manstein te vervangen en Model de leiding over de Legergroep Süd te geven.[154] Op 4 januari 1944 vloog Manstein naar het Führerhoofdkwartier om Hitler opnieuw te bewegen tot terugtrekking van de zuidvleugel en daarmee het opgeven van het bruggenhoofd Nikopol en de ontruiming van de Krim. Opnieuw stuitte hij op botte afwijzing: 'Het verlies van de Krim betekent de val van Turkije en daarna die van Roemenië en Bulgarije.'[155] Tijdens een onderhoud aansluitend op de stafbespreking deed Manstein opnieuw een poging Hitler te winnen voor het idee van een hervorming in de top van de Wehrmacht: de kritische situatie aan het oostfront, zo begon hij, was niet alleen te herleiden tot de materiële overmacht van de tegenstander, maar ook een gevolg van tekortkomingen in de leiding van het leger. In zijn memoires beschreef Manstein Hitlers reactie: 'Hij staarde me aan met een blik die me het gevoel gaf: nu wil hij je voornemen om nog meer te zeggen de kop indrukken [...]. De gedachte aan een Indische slangenbezweerder schoot me door het hoofd. Het was als het ware een woordeloze strijd die zich binnen enkele seconden tussen ons afspeelde.'

Maar ditmaal liet de veldmaarschalk zich niet intimideren. Hij eiste de aanstelling van een voor de totale oorlogvoering verantwoordelijke stafchef, om een eind te maken aan het langs en tegen elkaar werken van Wehrmachtstaf, OKH, luchtmacht, marine en Waffen-SS. Zo'n nieuwe regeling moest ook voorzien in de benoeming van een opperbevelhebber aan het oostfront, 'die in het kader van de totale oorlogvoering volledig autonoom moest zijn'. Hitler had meteen door dat het niet alleen om inperking van zijn gezag ging, maar dat Manstein zelf aanspraak maakte op opperbevel in het oosten. Zijn afwijzing was navenant heftig. 'Zelfs mij gehoorzamen de veldmaarschalken niet! Denkt u dat ze bijvoorbeeld u beter zouden gehoorzamen?' Met die woorden maakte hij een eind aan het gesprek.[156] Zijn woede over Mansteins voorstel werkte nog door toen hij op 24 januari tijdens een onderhoud met Goebbels opnieuw begon over zijn verstoorde relatie met de generaliteit: 'Manstein vertrouwt hij voor geen cent. Maar hij kan hem niet vervangen. Hij heeft op dit moment geen opvolgers. Hij noemt hem de [Hjalmar] Schacht onder de generaals.'[157]

Op 27 januari riep Hitler de commandanten aan het oostfront – meer dan honderd in getal – naar de Wolfsschanze, met de bedoeling de generaliteit te overtuigen van de noodzaak van een versterkte nationaalsocialistische opvoeding van de Wehrmacht. Tegen het eind van zijn toespraak vond er een onvoorzien incident plaats toen de dictator zijn toehoorders probeerde over te halen tot een eed van onvoorwaardelijke trouw: 'In het uiterste geval moet ik, wanneer ik als opperste leider ooit in de steek zou worden gelaten, als laatsten het hele officierskorps om me heen hebben, dat dan met getrokken degen om me heen staat, precies zoals elke veldmaarschalk, elke kolonel-generaal, elke commanderende generaal, elke divisiecommandant en elke regimentscommandant verwachten moet dat zijn ondergeschikten op het kritische moment achter hem staan.' Tijdens de aansluitende retorische pauze klonk de interruptie van Manstein: 'Zo zal het ook zijn, mijn Führer!' De dictator tijdens een toespraak onderbreken – dat was nooit eerder vertoond! De dictator was even van zijn stuk gebracht, maar antwoordde toen met schelle stem: 'Dat is mooi! Als het zo gaat, zullen we deze oorlog niet kunnen verliezen. [...] Ik neem daar met genoegen kennis van, veldmaarschalk von Manstein.'[158]

Manstein had het wantrouwen in Hitlers uiteenzettingen gehoord en wilde met zijn interruptie blijkbaar namens de hele generaliteit zijn loyaliteit betonen. Hitler daarentegen interpreteerde het voorval heel anders: tegen de achtergrond van de recente onenigheid zag hij er een zoveelste poging in zijn gezag te tarten.[159] Na zijn toespraak riep hij Manstein bij zich en schopte een scène: hij wenste eens en voor altijd niet onderbroken te worden tijdens een toespraak. 'Dat zou u zich ook niet laten welgevallen van een ondergeschikte.'[160] De dictator had 'geschreeuwd, getierd, dat het amper uit te houden was', noteerde generaal Walter Scherff, de gevolmachtigde van de Führer voor de militaire geschiedschrijving later. Hitler had hem laten komen als getuige, om voor latere doeleinden vast te leggen hoe hij een veel gedecoreerde veldmaarschalk de mantel uitveegde.[161] Het ging hem kennelijk niet alleen om zijn toekomstige beeld in de oorlogsgeschiedenis, maar ook om het intimideren van een te zelfverzekerd optredende legerleider.

Op 30 januari 1944, de elfde verjaardag van de 'machtsgreep', bleef Hitler net als het voorgaande jaar in zijn Oost-Pruisische hoofdkwartier. Hij had Goebbels overigens wel beloofd zich ditmaal via de radio tot het Duitse volk te richten.[162] In zijn 's middags uitgezonden toespraak vermeed hij elke verwijzing naar de kritieke situatie aan het oostfront en kwam ook niet terug op de steeds weer aangekondigde 'vergelding' tegen Engeland. In plaats daarvan herhaalde hij slechts de afgezaagde propagandakreten die het publiek allang kende – bijvoorbeeld dat 'het bolsjewisme' het voorzien had op 'de volledige uitroeiing' van het Duitse volk en dat dat doel 'ook de openlijk erkende doelstelling van het internationale Jodendom' was.[163] Voor het eerst moesten de SD-rapporten melden dat Hitlers uiteenzettingen geen enkel effect hadden gehad op 'de ernstige en gedrukte stemming onder de bevolking'.[164] Zelfs de minister van Propaganda kon ditmaal niets met de toespraak: ze had zich 'te weinig met actuele problemen' beziggehouden om 'het volk stevige aanknopingspunten te bieden'.[165] Die avond was Berlijn opnieuw het doelwit van een hevige luchtaanval. Daarbij brandde ook het Sportpalast, het toneel van veel massabijeenkomsten van de NSDAP, volledig af. 'Dat het uitgerekend op 30 januari gebeurde, is voor de partij beslist geen goed voorteken,' merkte Goebbels op.[166]

Bedreigender waren echter de berichten van het oostelijke strijdtoneel. Op 8 februari 1944 moest de Wehrmacht het bruggenhoofd Nikopol ontruimen, dat door Hitler als beslissend voor de oorlog was aangeduid. Twee weken later nam het Rode Leger de belangrijke industriestad Krivoj Rog in. Een bij Tsjerkasy omsingeld Duits legerkorps slaagde er slechts met veel moeite in zich naar het westen terug te trekken. Hitler hield nog steeds vast aan zijn doctrine dat veroverd gebied zo lang mogelijk moest worden behouden. Hij liet zogenaamde 'Feste Plätze' aanwijzen. De Duitse troepen moesten zich op bepaalde kwetsbare plekken laten omsingelen en door taaie tegenstand sterke eenheden van de tegenstander zodanig bezighouden dat hun opmars werd vertraagd. Ook dit zou algauw een volslagen dwaas idee blijken te zijn. De offensieve kracht van het Rode Leger werd er niet door verzwakt, integendeel: ze konden met hun overmacht de als Feste Plätze aangewezen steden omsingelen en de verovering ervan uitstellen terwijl de spitsen van hun tankeenheden steeds verder oprukten.[167]

In de tweede helft van februari 1944 maakte Hitler zich steeds meer zorgen over de mogelijkheid van een massale geallieerde luchtaanval op zijn hoofdkwartier in Oost-Pruisen: 'Ze weten precies waar we zijn en zullen hier ooit met gerichte bommen alles verwoesten. Ik verwacht elke dag dat ze aanvallen.'[168] Daarom besloot hij de Wolfsschanze voorlopig te verlaten. Tijdens zijn afwezigheid moesten de bunkers in Sperrkreis I omgeven worden door een extra, tot 5 meter dikke mantel van gewapend beton.[169] Op de avond van 22 februari vertrok zijn speciale trein naar Berchtesgaden. In München laste hij een tussenstop in om ter gelegenheid van het traditionele 'Parteigründungsfeier' in de feestzaal van het Hofbräuhaus op 24 februari zijn oude partijgarde toe te spreken. De dictator had in de voorafgaande weken met maag-darmproblemen gekampt, maar Morell had hem met allerlei pillen en versterkende injecties weer fit gemaakt.[170] 'Hij houdt een bijzonder frisse toespraak, in elk geval zo fris als men lange tijd niet meer heeft gehoord,' vond Goebbels. Des te ongewoner was het dat de toespraak niet werd uitgezonden of in de pers werd gepubliceerd, en dat zelfs elke verwijzing ernaar ontbrak. Hitler had het zelf zo gewild, en Goebbels moest hem bijvallen. De toespraak zou 'een reeks psychologische wendingen' bevatten 'waar de oude partijgenoten overheen kijken, maar die door het grote publiek onder bepaalde omstandigheden kwalijk gevonden zouden kunnen worden'.[171] Dat betrof waarschijnlijk vooral de uiteenzettingen over de oorlogssituatie. Want hoewel de dictator schijnbaar onaangedaan oreerde over de aanstaande overwinning, was er onder de bevolking als gevolg van de snelle opmars van het Rode Leger een regelrechte paniekstemming ontstaan. Alleen een 'groot wonder' kon de situatie redden, luidde een wijdverbreide mening.[172]

Meteen na zijn toespraak begaf Hitler zich naar de Obersalzberg, waar hij meer dan vierenhalve maand, tot juli 1944, zou verblijven. Op 26 februari ontving hij maarschalk Antonescu in Schloss Kleßheim voor tweedaagse gesprekken. Daarbij verzekerde hij zijn gast dat hij na het mislukken van de geallieerde invasie in het westen, waarop hij vast rekende, in het oosten weer in de aanval wilde gaan. Wat het lot van de Krim betrof, was hij het met Antonescu eens dat het schiereiland, vooral wegens de gevreesde politieke terugslag, zo lang mogelijk behouden moest blijven; tegelijkertijd echter moest alles worden voorbereid om ingeval van een crisis een gesmeerde ontruiming te garanderen. Verder herhaalde de Duitse dictator datgene waarvan hij de bondgenoot al tijdens de besprekingen in april 1943 had proberen te doordringen: 'In de strijd tussen Europa en de Sovjet-Unie kan slechts één van beide de winnaar zijn. Als Duitsland zwak zou worden, is het gedaan met Europa. [...] Achter alles zitten de Joden, omdat ze naar de overwinning van het bolsjewisme op de Europese cultuur streven.'[173]

Intussen had Goebbels het initiatief genomen om de vergiftigde relatie tussen Hitler en de generaliteit te verbeteren. Tijdens een avondmaal met chefadjudant Rudolf Schmundt eind februari 1944 drong hij aan op het opstellen van een verklaring waarin de legerleiding zich 'op de meest krasse wijze' van de activiteiten van generaal Seydlitz distantieerde. 'Die verklaring moet een vurige belofte van trouw aan de Führer zijn en door alle generaal-veldmaarschalken worden ondertekend.'[174] Schmundt ging gretig op het voorstel in en maakte met de door de minister van Propaganda opgestelde proclamatie een rondreis langs het front. Elf dagen later al kon hij Goebbels het resultaat van zijn missie melden: alle generaal-veldmaarschalken hadden niet alleen getekend, ze hadden zich ook bereid verklaard gezamenlijk op de Obersalzburg te verschijnen om Hitler het document te overhandigen.[175] De ontvangst vond plaats op 19 maart. Veldmaarschalk Gerd von Rundstedt, de man met de meeste dienstjaren en sinds maart 1942 opperbevelhebber in het westen, las de verklaring voor. Daarin stond: 'We beloven u in dit uur, mijn Führer, nu eerst goed en in nauwste verbondenheid en onwankelbare trouw aan u, mijn Führer, en uw zaak te staan. Meer dan ooit zal het onze taak zijn uw van hoge idealen vervulde gedachtegoed in het leger te verankeren, zodat elke soldaat van het leger een des te fanatiekere strijder voor de nationaalsocialistische toekomst van ons volk wordt.'[176]

Hitler nam het woord van trouw schijnbaar onbewogen in ontvangst, maar hij was toneelspeler genoeg om zijn ware gevoelens te verbergen. Dat gold ook voor de aansluitende uiteenzetting door Manstein over de situatie van de Legergroep Süd, waarvan de dictator aangaf dat hij onder de indruk was.[177]

Mochten de generaals het idee hebben gekregen dat ze met hun actie Hitlers wantrouwen hadden bezworen, dan zouden ze weldra wijzer worden gemaakt. Op 30 maart werden Manstein en Ewald von Kleist, de opperbevelhebber van de Legergroep A, naar de Berghof ontboden. 'In het oosten is de tijd van grootschalige operaties [...] voorbij. Het komt nu nog slechts aan op onbuigzaam standhouden.' Daar had hij nieuwe mannen voor nodig. Hij verzoette het afscheid van de twee generaals door hun de hoogste militaire onderscheiding te verlenen. Toen ze de Berghof verlieten, stonden de twee opvolgers al gereed: kolonel-generaal Walter Model en generaal Ferdinand Schörner. In hen dacht Hitler te vinden wat hij in Manstein had gemist: fanatiek geloof in de overwinning en meedogenloze hardheid in de strijd.[178] De Legergroepen Süd en A werden omgedoopt tot Legergroep Nordukraine en Legergroep Südukraine, hoewel de Wehrmacht nog slechts een kleine punt van West-Oekraïne bezet hield. De nieuwe benamingen moest blijkbaar suggereren dat men streefde naar herovering van de voor de Duitse oorlogvoering zo belangrijke gebieden. Stafchef Zeitzler was zo boos over het ontslag van de twee doorgewinterde legerleiders dat hij Hitler vroeg hem eveneens van zijn taak te ontheffen. 'Een generaal dient op zijn post te blijven,' was het antwoord.[179]

Op 19 maart 1944, dezelfde dag waarop Hitler de legertop had ontvangen op de Obersalzberg, waren Duitse troepen Hongarije binnengemarcheerd, een al lang geplande actie. Na het uitvallen van Italië in september 1943 vreesde Hitler dat ook Hongarije en Roemenië zouden overlopen en had daarom bevolen plannen voor de bezetting van beide landen uit te werken ('Margarethe I' en 'Margarethe II'). Na zijn gesprekken met Antonescu dacht Hitler dat hij voorlopig op de loyaliteit van de Roemenen kon vertrouwen, maar de Hongaarse leiding onder admiraal Horthy vertrouwde hij voor geen cent. Het was hem niet onbekend gebleven dat ze hun voelhoorns naar de Geallieerden hadden uitgestoken om de mogelijkheid van een afzonderlijke vrede de peilen. Toen Sovjettroepen in het voorjaar van 1944 oprukten tot aan de Hongaarse grens, was het volgens Hitler tijd om in te grijpen. 'De Hongaren plegen aan de lopende band verraad,' zei hij begin maart honend. Daarom was hij vastbesloten de Hongaarse regering af te zetten, Horthy in hechtenis te nemen en in Boedapest een marionettenregime te vestigen.[180] Op 11 maart gaf hij bevel om Operatie Margarethe I te beginnen. 'De actie is bedoeld om met zeer drastische veldslagen het Hongaarse grondgebied te bezetten,' deelde hij Goebbels mee, en hij verklapte ook een ander motief dat hem tot de invasie had bewogen: 'Hongarije telt 700.000 Joden. We zullen ervoor zorgen dat ze ons niet door de vingers glippen.'[181]

Op 18 maart ontbood Hitler de Hongaarse rijksregent op Schloss Kleßheim en daar speelde zich een naar chantage riekende klucht af zoals hij die eerder al in februari 1938 tegenover de Oostenrijkse bondskanselier Schuschnigg en in maart 1939 tegenover de Tsjechische president Hácha had opgevoerd.[182] In de vorm van een ultimatum vroeg hij zijn gast toestemming om diens land te bezetten en een nieuwe, pro-Duitse regering te benoemen. Horthy was met stomheid geslagen en dreigde de onderhandelingen af te breken: 'Als alles hier toch al besloten is, heeft het geen zin dat ik nog langer blijf.' Om zijn vertrek te verhinderen fingeerden Hitlers begeleiders een dreigende luchtaanval door sirenes te laten loeien en Schloss Kleßheim in nevel te hullen. Zo konden de onderhandelingen 's middags worden voortgezet, en uiteindelijk gaf de regent zich gewonnen.[183] Die avond keerde hij als een verslagen man terug naar Boedapest. In dezelfde trein zat ook Ribbentrops afgezant, ss-brigadecommandant Edmund Veesenmayer, die door Hitler tot rijksgevolmachtigde in Hongarije was benoemd, voorzien van alle volmachten om nu ook dit land meedogenloos aan Duitsland te onderwerpen. Aan het hoofd van de nieuwe Hongaarse regering stond een nazigezinde man, Döme Sztójay, tot dan toe Hongaars ambassadeur in Berlijn.[184]

De bezetting van Hongarije verliep zonder problemen. De Wehrmacht werd gevolgd door acht speciale commando's van SS en SD, aangevoerd door de vernietigingsexperts van het Reichssicherheitshauptamt onder Adolf Eichmann. Binnen slechts acht weken werden 430.000 Hongaarse Joden naar Auschwitz-Birkenau gedeporteerd, van wie de meesten meteen na aankomst werden vergast. Circa een kwart van de gedeporteerden werd aangewezen voor dwangarbeid in de Duitse wapenindustrie; velen van hen lieten tijdens de dodenmarsen in de laatste oorlogweken alsnog het leven. Zonder de medewerking van de Hongaarse marionettenregering hadden de Duitse bezetters hun vernietigingsprogramma niet kunnen uitvoeren, zeker niet in zo korte tijd.[185]

Hij zou het 'tegenover de geschiedenis en vooral tegenover Europa niet kunnen verantwoorden dat het geval-Italië zich in Hongarije zou herhalen', zo rechtvaardigde Hitler tijdens een nieuwe ontmoeting met Antonescu op 23 maart zijn optreden. Ook in de toekomst zou hij 'elk gevaar voor de gezamenlijke oorlogvoering meedogenloos' tegemoet treden – een onverholen waarschuwing dat Roemenië een soortgelijk lot dreigde, mocht het ooit overwegen van bondgenootschap te wisselen. De mogelijkheid om de oorlog via een compromis te beëindigen, sloot Hitler eens te meer categorisch uit: 'Als men de laatste schepen achter zich heeft verbrand, trekt men opgelucht ten strijde en heeft men meer kans om de overwinning te behalen.' Wat het zuidelijke deel van het oostfront betrof, kondigde hij aan 'het initiatief weer naar zich toe [te] trekken'.[186] Maar dat bleef een loze belofte. Op 10 april veroverden Sovjettroepen Odessa en stootten snel door naar de Krim. Hitler kon nog steeds niet besluiten het schiereiland op te geven. En toen Zeitzler waarschuwde dat duizenden Duitse soldaten nodeloos opgeofferd werden, antwoordde hij kil: 'Duizend meer of minder maakt dan ook geen verschil meer.'[187] Op 9 mei moest Hitler alsnog het bevel tot overhaaste ontruiming geven. Tegen 13 mei hadden Sovjettroepen de Krim heroverd. En hoe het er daar uitzag! De Duitsers hadden tijdens de terugtocht de complete infrastructuur verwoest, veestapels en graansilo's vernietigd en 'dode zones' achtergelaten.[188]

In het voorjaar van 1944 luwde de strijd aan het oostfront. 'Hier is het rustig, maar ongetwijfeld de stilte voor de storm,' noteerde tankcommandant Hermann Balck.[189] Het Rode Leger verzamelde zijn krachten. Medio juli zou het opnieuw op grote schaal aanvallen en de Wehrmacht in het middengedeelte van het front een vernietigende nederlaag toebrengen.

11
Operaties Overlord en Bagration

'Het gevaar in het oosten is blijven bestaan, maar nu tekent zich een groter gevaar af in het westen: de Angelsaksische landingen,' benadrukte Hitler in zijn Order nr. 51 van 3 november 1943. 'In het oosten kunnen we door de uitgestrektheid in het uiterste geval ook nog wel een groter verlies van grondgebied toestaan zonder dat dit een bedreiging vormt voor ons overleven.' Die situatie zou echter in het westen anders liggen: 'Als de vijand erin slaagt hier op een breed front door onze verdediging te breken, zijn de gevolgen al op de korte termijn niet meer te overzien.' Volgens de dictator lag het nu voor de hand dat de invasie in het voorjaar van 1944, maar misschien ook al vroeger, zou plaatsvinden. Daarom zou alles moeten worden gedaan om de Duitse verdediging in staat te stellen 'met grote kracht de tegenaanval te openen' om de landing te voorkomen en 'de vijand terug de zee in te werpen'.[1]

Hoe het uiteindelijk ook zou aflopen – Hitler was ervan overtuigd dat hier de oorlog beslist zou worden. 'Als ze [de Geallieerden] in het westen aanvallen, dan zal die aanval bepalend zijn voor de oorlog,' stelde hij in de stafbespreking van 20 december 1943, en hij voegde eraan toe dat het 'een verlossing' zou betekenen wanneer het eindelijk zover was.[2] Terwijl de dictator zich terdege bewust was van de gevaren die uitgingen van een geslaagde geallieerde invasie, had hij tegelijk een weinig realistisch beeld van de kansen die een mislukte landing volgens hem zou kunnen bieden. Hij hoopte vervolgens de legermacht in het westen sterk te kunnen reduceren en daarmee in het oosten weer in het offensief te kunnen gaan en het tij te keren. Die hoop deelde hij met een groot aantal van zijn generaals. 'Als we aan het oostfront stand weten te houden tot de Engelse invasiepoging heeft plaatsgevonden en, als God het wil, afgeslagen is,' zo schreef Friedrich Hoßbach, 'dan kan de situatie aanzienlijk in ons voordeel veranderen.'[3]

De vooronderstelling was daarbij dan natuurlijk wel dat de Duitse legers aan het oostfront ook werkelijk een groot nieuw offensief van de Sovjets wisten staande te houden. En dat was nu juist allesbehalve zeker. Zelf als men erin zou slagen de geallieerde invasie al in een vroeg stadium af te slaan, zou het nog weken duren voordat de vrijgekomen divisies naar het krijgstoneel in het oosten konden worden verplaatst. In de tussentijd opende zich een 'venster van kwetsbaarheid' dat het OKW nachtmerries bezorgde.[4] Op 7 november 1943, vier dagen nadat Hitler zijn Order nr. 51 had doen uitgaan, schetste zijn naaste militaire adviseur, Alfred Jodl, voor de bijeengekomen Reichs- en Gauleiter in München een weinig rooskleurig beeld van de situatie. Hij gaf toe dat de verdedigingslinies in het oosten maar zwak verdedigd werden en dat men daar steeds moest blijven rekenen met de 'mogelijkheid van ernstige crises'. Anderzijds mochten de goed uitgeruste operatieve reserves in het westen ook niet worden verzwakt, want als men er niet in zou slagen de vorming van een tweede front te verhinderen, zou men 'de greep verliezen op de situatie'. Het was typerend voor de gedweeheid van het OKW dat Jodl op dit relatief nuchtere oordeel een hartstochtelijke aanhankelijkheidsverklaring liet volgen aan Hitler, 'die in zijn hele ontwikkeling, zijn wil en zijn streven toch enkel uitverkoren' kon zijn om 'ons volk naar een betere toekomst te leiden'. De stafchef van de Wehrmacht sloot af met de voor een professioneel militair toch tamelijk dwaze vaststelling dat 'wij zullen overwinnen, omdat we moeten overwinnen – want anders heeft de wereldgeschiedenis haar zin verloren'.[5]

Gedurende de eerste maanden van 1944 hield Hitler zich intensief bezig met de versterking van de Atlantikwall. Langs de noordwestelijk kust van Frankrijk ontstond een dicht netwerk van vestingwerken dat moest voorkomen dat de Geallieerden bruggenhoofden konden slaan en van daaruit naar het binnenland konden doordringen. De dictator tekende zelf ontwerpen voor de verschillende typen bunkers, en met zijn typische neiging tot zelfverheerlijking meende hij dat hij de 'grootste vestingbouwer aller tijden' was.[6] Begin november 1943 had Hitler veldmaarschalk Rommel naar het westen gestuurd met de opdracht de verdedigingswerken daar te inspecteren en eventuele zwakke plekken te versterken. Nog altijd genoot de populaire generaal als een van de weinige hoge officieren het vertrouwen van zijn opperbevelhebber. Ondanks zijn nederlaag in Afrika stond hij ook onder de bevolking nog altijd in hoog aanzien. Dat heeft er wellicht ook toe bijgedragen dat de dictator Rommel in januari 1944 benoemde tot opperbevelhebber van de Legergroep B – de noordelijkste van de beide legergroepen in Frankrijk die onder het opperbevel stonden van veldmaarschalk von Rundstedt, opperbevelhebber West. Vanuit zijn hoofdkwartier in het slot van La Roche-Guyon aan de Seine, 60 kilometer stroomafwaarts van Parijs, voerde Rommel elke ochtend weer inspecties uit aan de Kanaal- en Atlantische kust. Hij dacht 'zeker te weten dat we de verdedigingsstrijd in het westen zullen winnen, als we nog wat tijd krijgen om ons erop in te richten', zo schreef hij vol vertrouwen in een brief aan zijn vrouw.[7]

Overigens was men het er in de commandocentra van het toekomstige westelijke front niet over eens hoe het best op een invasie gereageerd kon worden. Rommel was van mening dat de eerste uren bepalend zouden zijn, en wilde daarom de pantserdivisies zo dicht mogelijk bij de vermoedelijke landingsplaatsen legeren. Rundstedt en de commandant van de Panzergruppe West, generaal Leo Freiherr Geyr von Schweppenburg, vonden het onverstandig om de tanks zo dicht bij de kust op te stellen, omdat ze daar binnen het bereik van de vijandelijke scheepsartillerie stonden. Zij wilden de tegenstander eerst een bruggenhoofd laten vormen om hem vervolgens met vereende krachten vanuit het achterland aan te vallen en te vernietigen. Hitler besliste het meningsverschil met een compromis dat typisch was voor zijn manier van besturen: de Legergroep B onder Rommel kreeg de beschikking over vier tankdivisies, en hetzelfde gold voor de Legergroep G onder generaal Johannes Blaskowitz die verantwoordelijk was voor de kustverdediging aan de Golf van Biskaje en de Middellandse Zee. Er werden nog eens vier tankdivisies achtergehouden als mobiele reserve en onder het directe bevel van het OKW geplaatst. Het gevolg was dat de krachten nu zodanig versplinterd waren dat het bij voorbaat de vraag was of de verdediging zou slagen.[8]

Als Hitler al enige twijfel had gehad of de Atlantikwall ook aan de verwachtingen zou kunnen voldoen, liet hij dat tegenover zijn naaste medewerkers niet blijken. Toen Goebbels hem eind januari 1944 in de Wolfsschanze bezocht, beschreef hij de maatregelen die tot op dat moment waren getroffen tegen een invasie als 'uiterst royaal en met vooruitziende blik': 'We hebben overal rekening mee gehouden, en als de vijand niet door het lot wordt geholpen, zal hij geen succes hebben.'[9] Tijdens een volgende bijeenkomst op de Obersalzberg, begin maart, achtte de dictator het 'absoluut zeker' dat de geallieerde landingstroepen terug de zee in zouden worden gedreven. De in het westen gestationeerde troepen zouden 'van de allerbeste kwaliteit' zijn, en uitstekend op hun taak voorbereid. De minister van Propaganda was er niet zo zeker van: 'We zijn de laatste tijd al zo vaak teleurgesteld dat men toch enige scepsis voelt opkomen,' legde hij vast in zijn dagboek.[10]

Ondanks al het nadrukkelijk vertoon van vertrouwen was de dictator er helemaal niet zo zeker van dat de Geallieerden een invasie zouden wagen en niet eigenlijk enkel deden alsof, om veel Duitse troepen in het westen vast te houden. Midden maart speelde hij daarom korte tijd met het idee een aantal divisies voor de schijn uit het westen weg te halen, 'om de Engelsen en Amerikanen naar binnen te lokken en ze vervolgens bloedig terug te slaan'. De minister van Propaganda geloofde echter niet dat men in Washington en Londen 'voor een dergelijke truc zou vallen'. De inlichtingendiensten van de vijand waren immers 'zo goed op de hoogte dat ze een dergelijk manoeuvre direct zouden doorzien'.[11] Feitelijk zouden het niet de Duitsers zijn die de Geallieerden misleidden, maar andersom, en wel wat betreft zowel het moment als de plaats van de invasie.

Op 17 april 1944 reed Hitler van de Obersalzberg naar München om daar deel te nemen aan de rouwplechtigheid van de overleden Gauleiter Adolf Wagner. Ondertussen waren er steeds meer aanwijzingen dat er in elk geval een invasie zou plaatsvinden – wanneer en waar, daar had de nazitop nog geen idee van. Opnieuw bleek Hitler er tijdens een gesprek onder vier ogen met Goebbels van overtuigd dat de geallieerde operatie wel moest mislukken. Hij sprak met grote waardering over Rommel. Die zou 'in het westen voorbeeldig zijn opgetreden' en niet kunnen wachten 'om de confrontatie aan te gaan met zijn oude vijanden'. Hitler maakte van de gelegenheid gebruik alle Gauleiter nog eens bijeen te roepen. Begin mei 1943 had hij hen voor het laatst toegesproken, en sinds die tijd was de situatie na het mislukken van het offensief bij Koersk, de afval van Italië en de waarschijnlijk onstuitbare opmars van het Rode Leger aanzienlijk in het nadeel van Duitsland veranderd. Zelfs zijn fanatiekste volgelingen moesten wel onder ogen zien dat de oorlog niet meer kon worden gewonnen. Tijdens zijn geïmproviseerde redevoering haalde de dictator alles uit de kast om hen van het tegendeel te overtuigen. Opnieuw verwees hij naar de jaren van de 'Kampfzeit', waarin men toch ook niet zo snel, maar pas na taai volhouden zijn doel had weten te bereiken. Terwijl er toch al zoveel zwakkelingen waren geweest – een steek onderwater naar zijn generaals – was hij, de Führer, 'de enige die de nodige energie en de brute wilskracht' opbracht om 'rustig en soeverein beslissingen te nemen'. Hitler beloofde na het afslaan van de invasie in het westen weer een offensief te openen in het oosten en daarbij de Oekraïne te heroveren.[12]

Terwijl de dictator op 20 april 1944 in kleine kring zijn vijfenvijftigste verjaardag vierde op de Berghof, liet Goebbels de Rijkshoofdstad volhangen met vaandels. Tijdens een rijtoer door het ruïnelandschap stelde hij zelf vast: 'De stad is volgehangen met vaandels met het opschrift "Onze muren zijn gebroken, maar onze harten niet". Tot op de laatste puinhopen verschijnen vaandels met hakenkruisen.'[13] Aan de vooravond van de verjaardag had de minister van Propaganda in de Staatsopera zijn traditionele lofrede op de Führer gehouden. Ditmaal had de voorbereiding hem wel enige hoofdbrekens gekost, want het was, zoals hij veelzeggend opmerkte, 'niet eenvoudig in deze tijd de juiste woorden te vinden'.[14] Hij slaagde er niet helemaal in de spagaat tussen de verheerlijking van Hitler en de trieste realiteit van de oorlog vol te houden. Thomas Mann, die de uitzending van de rede hoorde, noteerde kort en treffend: 'Klinkt als een gebarsten bord.'[15]

Op de middag van zijn verjaardag had Hitler op de Berghof generaal Hans Hube ontvangen die zich met zijn tankleger bij Kamenets-Podolsk aan een Russische omsingeling had weten te ontworstelen en daarvoor nu van de Füher persoonlijk de hoogste militaire onderscheiding, de briljanten bij het eikenloof van het ridderkruis, mocht ontvangen. In de vroege ochtenduren, kort na het opstijgen vanaf Ainring bij Salzburg, stortte Hubes vliegtuig neer. Hij was op slag dood en Walter Hewel, Ribbentrops verbindingsman bij Hitler, raakte zwaargewond. De dictator betoonde zich 'bijzonder geschokt' over het verlies, aangezien hij met het idee had gespeeld Hube, die wat hem betreft het toonbeeld van de moedige, rechtlijnige naziofficier was, tot de nieuwe chef van de generale staf van het leger te benoemen.[16] Twee maanden later, op 23 juni, sloeg ook het toestel van generaal Eduard Dietl, een fanatieke aanhanger van Hitler, op de terugweg van de Obersalzberg naar Noorwegen te pletter tegen de Semmering. Alle inzittenden kwamen om het leven.[17] Deze merkwaardig snelle opeenvolging van vliegtuigongelukken gaf aanleiding tot allerlei geruchten, maar waarschijnlijk betrof het hier toch niet meer dan een ongelukkige samenloop van omstandigheden.

Hitler reisde per vliegtuig naar de herdenkingsplechtigheid voor Hube in de Mozaïekzaal van de Nieuwe Rijkskanselarij – iets wat volgens Goebbels getuigde van een 'peilloze lichtzinnigheid', aangezien eskaders geallieerde bommenwerpers inmiddels het Duitse luchtruim beheersten. Vanuit zijn cabine kon de Führer voor het eerst met eigen ogen de verwoestingen in de Rijkshoofdstad waarnemen. Hij zou Berlijn 'van de grond af opnieuw opbouwen, zonder datgene wat er nog staat te ontzien', zo liet hij weten toen hij na de officiële plechtigheden nog tot diep in de nacht met zijn minister van Propaganda bijeen was in de gebrekkig ingerichte ruimten van de Oude Rijkskanselarij. Over de militaire situatie bleek de dictator opnieuw uiterst optimistisch. Stalin zou weliswaar proberen 'nog één keer alles te wagen', maar het leger in het oosten zou die druk kunnen weerstaan, en in het westen waren de voorbereidingen op een invasie inmiddels voltooid. Rommel zou de vestingwerken 'de laatste verfijning hebben laten aanbrengen', en nu mochten de Engelsen en de Amerikanen komen. Opnieuw liet Hitler zijn Jodenhaat de vrije loop: 'De Joden moeten voor hun wandaden tegen de Europese volkeren en eigenlijk tegen de totale cultuurwereld worden bestraft. Waar we ze maar te pakken krijgen, mogen ze de vergelding niet ontlopen.' In dat verband liet de dictator zijn tevredenheid blijken over het feit dat nu ook de Hongaarse Joden als laatste grote groep Europese Joden in de macht van de Duitsers waren gekomen en konden worden vernietigd.[18]

Na de bijeenkomst in de Wolfsschanze in september 1943 had Hitler elk direct contact met de in zijn ambt herstelde duce vermeden. Eind april 1944 verwaardigde hij zich hem gedurende twee dagen voor gesprekken te ontvangen op Schloss Kleßheim. Mussolini, nu nog slechts een schim van zijn vroegere zelf, kwam als smekeling: de nieuwe Italiaanse regering zou een grotere mate van zelfstandigheid moeten krijgen om de indruk tegen te gaan dat ze enkel 'met Duitse bajonetten in het zadel werd gehouden'. Daarnaast vroeg hij de toestand van de geïnterneerde Italiaanse militairen in Duitsland te verbeteren, omdat hun lot een bijzonder negatief effect had op de stemming in het land. Hitler deed alsof hij het niet had gehoord. Hij zou zich, zo vertelde hij achteraf lachend, 'hebben gedragen als een soort inktvis': 'Zo snel mogelijk werden alle onaangename thema's terzijde geschoven, zodat de duce zijn ideeën eigenlijk niet voor het voetlicht kon brengen.'[19] In plaats daarvan trakteerde hij zijn gast op een stortvloed van woorden over het 'verraad' van Badoglio, over de nieuwe 'wonderwapens' die nu snel zouden worden ingezet en 'Londen in de as zouden leggen', en over de 'gigantische verdedigingswerken' in het westen, waarop alle vijandelijke landingsoperaties wel stuk moesten lopen. Het zou er allemaal op aankomen dat men 'stug volhield, omdat niet alleen in militair maar ook in politiek opzicht de eenheid in het vijandige kamp eens zou moeten breken'. De Duitse dictator verwees hierbij naar het voorbeeld van de door hem bewonderde Frederik de Grote tijdens de Zevenjarige Oorlog.[20]

Of deze historische vergelijking erg veel indruk had gemaakt op de Italiaanse delegatie, valt te betwijfelen. Inmiddels was de situatie aan het Italiaanse front verder verslechterd. In januari 1944 waren de Amerikanen en de Britten geland bij Nettuno en Anzio, 50 kilometer ten zuiden van Rome, en het lukte de Duitse troepen niet hen terug te dringen. In de nacht van 11 op 12 mei begonnen de Geallieerden aan het belangrijkste front bij Monte Cassino een groot offensief, braken ze door de Duitse linies en maakten contact met troepen die uit het bruggenhoofd rond Anzio waren uitgebroken. Op 4 juni rukten ze Rome binnen zonder dat er meer dan enkele schermutselingen hadden plaatsgevonden. Het was de eerste Europese hoofdstad die ze bevrijdden.[21] Toch veroorzaakte het nieuws geen al te grote verslagenheid in Duitsland, omdat men hier inmiddels volledig gefocust was op wat er in het westen stond te gebeuren.

Niet alleen de nazileiding, maar ook de bevolking keek in het voorjaar van 1944 koortsachtig uit naar de geallieerde landing. 'Ze wordt niet alleen verwacht, nee men verlangt er zelfs naar,' merkte Goebbels op.[22] De geheime verslagen van de SD bevestigen die indruk: de meeste 'volksgenoten' zagen een invasie 'met grote hoop' tegemoet, en men zou haar beschouwen 'als de laatste gelegenheid om het tij te keren', aldus een verslag van 4 mei. Slechts hier en daar gingen stemmen op dat de Atlantikwall misschien toch niet te houden zou zijn, of dat er een ernstig gevaar dreigde als het Rode Leger tegelijk met een invasie in het westen ook een nieuw grootscheeps offensief zou starten. De meesten deelden dergelijke angsten echter niet. 'Het ergste wat er kon gebeuren,' zo beschreef het rapport de heersende mening, 'was dat de invasie ondanks alle verwachtingen toch niet plaats zou vinden.'[23]

Ook de top van de Wehrmacht zag vol ongeduld uit naar de invasie. Alles lijkt erop te wijzen, aldus Jodl op 5 mei tegenover het Rijkskabinet, dat een 'grootschalige landing van de westerse machten' aanstaande is. Hij keek 'vol vertrouwen' uit naar de strijd die komen ging. Een succesvolle verdediging zou de 'militaire en politieke situatie grondig veranderen', want een dergelijke grote landingsoperatie waarop ze zich jarenlang hadden voorbereid, konden de Geallieerden niet nog eens wagen.[24] Rommel deelde zijn optimisme: 'In het westen hebben we er alle vertrouwen in dat we het redden [...]. We worden er met de dag sterker,' schreef hij midden mei aan zijn vrouw. Vol trots vertelde hij haar dat Hitler hem bijzonder had geprezen met de vooruitgang die hij had geboekt bij de uitbreiding van de vestingwerken.[25]

De dictator zelf leek nog steeds niet te twijfelen aan het succes van de Duitse verdediging. Hij hoopte dat de invasie 'zo snel mogelijk' zou plaatsvinden, zo zei hij op 12 mei tegen de Slowaakse president Tiso tijdens een overleg op Schloss Kleßheim. De Atlantikwall was 'het meest grandioze vestingwerk dat de mens ooit had gebouwd'. Churchills uren als premier zouden geteld zijn wanneer na een mislukte invasie in Engeland het besef doordrong dat de oorlog niet meer kon worden gewonnen.[26] De dictator liet zich twee weken later op vergelijkbare toon uit tegen de Japanse ambassadeur Oshima, die hij na lange tijd weer eens een audiëntie op de Berghof verleende. Uit wat hij vervolgens vertelde, bleek echter wel dat men in de Duitse leiding niet alleen in het duister tastte over het tijdstip maar ook over de plaats waar de invasie zou plaatsvinden. Hitler dacht aan de kusten van Bretagne en Normandië, maar sloot ook een landing op het smalste punt van het Kanaal, het Nauw van Calais, niet uit.[27]

Op 26 mei 1944 kwam een grote groep generaals en officieren bijeen op de Obersalzberg. Ze hadden tevoren deelgenomen aan een ideologische cursus op de SS-Ordensburg Sonthofen en nu zou, in zekere zin als een soort bekroning, hun opperbevelhebber zelf hun de eed afnemen op de algemene principes van zijn politiek. De bijeenkomst vond plaats in de Platterhof, het hotel dat in 1940 niet ver van de Berghof was gebouwd en dat voornamelijk door partijprominenten werd gebruikt, maar vanaf 1943 ook als militair hospitaal diende.[28] Hitler sprak met geen woord over de verwachte invasie. In plaats daarvan begon hij, zoals zo vaak in zijn toespraken, langdradig te vertellen over de weg die hij sinds 1918 had afgelegd. Op die manier wilde hij zijn gehoor ervan overtuigen dat hij door geen enkele tegenslag van zijn stuk te brengen zou zijn, aangezien hij immers al zoveel crises had doorstaan. Pas daarna kwam hij te spreken over waar het hem eigenlijk om ging, namelijk uit te leggen waarom hij nu juist bij de behandeling van de Joden 'zo wreed en genadeloos was opgetreden'. De dictator liet er geen twijfel over bestaan dat zijn voorspelling van 1939 inmiddels wel vervuld was, dat wil zeggen dat de vernietiging van de Europese Joden grotendeels een voldongen feit was. 'Nu kan men mij natuurlijk vragen: Had u dat niet eenvoudiger – of niet zozeer eenvoudiger, want elke andere aanpak zou ingewikkelder zijn geweest, maar humaner kunnen oplossen? Mijne heren officieren, dit is een strijd op leven en dood. Als in deze strijd onze tegenstanders zegevieren, zou het Duitse volk worden uitgeroeid [...]. Humaniteit zou juist in dit geval, en eigenlijk altijd, een wreedheid betekenen tegenover het eigen volk. Als ik dan toch al de haat van de Joden over me afroep, wil ik toch in elk geval niet de voordelen van die haat mislopen. Dat voordeel bestaat eruit dat we een zuiver georganiseerd volkslichaam bezitten, waarin niemand anders zich meer kan binnenpraten.'[29] Net als Himmler tijdens zijn beruchte toespraken in Posen voor de verzamelde leiding van de SS en de NSDAP, begin oktober 1943, was het Hitler er ditmaal kennelijk om te doen de hogere officieren deelgenoot te maken van deze misdaden tegen de menselijkheid – voor zover ze daar niet allang van op de hoogte waren – en ze zo medeaansprakelijk te maken.

Begin juni 1944 leek nog niets op een aanstaande grootschalige landing van de Geallieerden te wijzen. Op de Berghof heerste een bedrieglijke rust toen Goebbels daar op 5 juni aankwam om met Hitler de globale situatie door te nemen. De dictator had zich in de voorafgaande weken zichtbaar hersteld en toonde zich nu goedgehumeurd te midden van zijn hofhouding. Hij hechtte niet al te veel waarde aan het kort tevoren bekend geworden nieuws dat Rome was gevallen. Hoe de zaken zich in Italië zouden ontwikkelen, durfde hij niet te voorspellen, zo liet hij weten, maar de eigenlijke beslissing zou immers toch hoe dan ook in het westen vallen wanneer de Geallieerden eindelijk tot een invasie zouden overgaan. Tijdens zijn middagwandeling naar het theehuis zette hij het gesprek met de minister van Propaganda voort. Opnieuw wees hij het idee van een regeling met de Britse 'plutocratie' van de hand. 'Hij beschouwt Engeland als verloren en is daarom vastbesloten het land, wanneer zich daartoe ook maar de geringste gelegenheid voordoet, de doodssteek te geven.' Die avond bleef het gezelschap tot diep in de nacht rond de haard zitten en zwolg in de herinneringen aan vervlogen tijden. Toen Goebbels is het vroege ochtendlicht terugkeerde naar Berchtesgaden, waren de eerste berichten over de invasie inmiddels binnengekomen. 'Zo was er dus een beslissende dag in de oorlog begonnen,' sloot hij zijn dagboeknotitie af.[30]

De Geallieerden hadden de landingsoperatie (codenaam 'Overlord') meer dan een jaar voorbereid. In april 1943 was een gecombineerde staf onder leiding van de Britse generaal Frederick Morgan begonnen een eerste plan uit te werken. Voor het landingsbied had men uit twee opties kunnen kiezen: het departement Pas de Calais of Normandië. Het eerste kustgebied leek aanvankelijk het meest geschikt te zijn omdat de overtocht over het Kanaal daarmee het kortst zou zijn en logistiek de geringste uitdaging zou vormen. Daar stond tegenover dat de Duitse versterkingen hier bijzonder uitgebreid waren, omdat men de landingen ook het sterkst op dit deze plek verwachtte. Daarom koos de planningsstaf van Morgan voor Normandië, en wel voor het gebied tussen de monding van de Seine en het schiereiland Cotentin. Het gunstige van deze tweede locatie was dat de landingstroepen hier niet op grote weerstand hoefden te rekenen en dat men met de inname van Cherbourg kon beschikken over een belangrijke haven voor de bevoorrading. Men werd het erover eens om een Amerikaanse generaal te benoemen tot *Supreme Commander:* Dwight D. ('Ike') Eisenhower, die zich al had onderscheiden als opperbevelhebber van de geallieerde Landingsoperatie Torch in Noord-Afrika. De overige sleutelposities werden bezet met Britten: admiraal Bertram Ramsey voerde het bevel over de zeestrijdkrachten, luchtmaarschalk Trafford Leigh-Mallory over de luchtmacht en generaal Bernard Montgomery, de overwinnaar van El-Alamein, over de grondtroepen. Die laatste, zelfbewuste officier zou een eigenzinnige samenwerkingspartner blijken die Eisenhowers diplomatieke talenten meermaals ernstig op de proef stelde.[31]

Alle deelnemers aan de geallieerde zijde begrepen dat Overlord alleen kon slagen als men eerst het luchtruim in het westen onder controle wist te krijgen. Daarom intensiveerde Bomber Command in het eerste halfjaar van 1944 het luchtoffensief tegen het Rijk en richtte zich daarbij niet alleen tegen de vliegtuigindustrie, maar ook tegen de hydreerfabrieken om zo de Duitse wapenindustrie op een wel zeer kwetsbare plek te treffen: de productie van synthetische benzine. Ook de raffinaderijen van het Roemeense olieveld bij Ploieşti, die voor de Duitse brandstofaanvoer van levensbelang waren, werden nu steeds vaker het doelwit van luchtaanvallen.[32] Daarnaast bombardeerden de Geallieerden systematisch het Franse transportsysteem – spoorwegen, rangeerterreinen, bruggen – om de Duitsers de mogelijkheid te ontnemen snel versterkingen aan te voeren naar het invasiegebied. De aanvallen maakten aanzienlijke aantallen slachtoffers onder de Franse burgerbevolking en gingen ten koste van de sympathie voor de Geallieerden.[33] Daarnaast deden de Britten en de Amerikanen hun uiterste best hun tegenstander in verwarring te brengen omtrent de datum en het landingsgebied. Zo werden er talloze dummytanks en -vrachtwagens opgesteld in het graafschap Kent om zo de indruk te wekken dat de invasie inderdaad zou plaatsvinden in het Nauw van Calais. Met behulp van Duitse geheim agenten die in Engeland waren ontmaskerd en nu dubbelagent waren geworden, speelde de geallieerde inlichtingendienst het andere kamp valse informatie toe. Dat het overgrote deel van de landingstroepen zich in het zuidwesten van Engeland verzamelde, zou de Duitse inlichtingendienst nooit ontdekken.[34]

Oorspronkelijk had de invasie zullen beginnen op 5 juni, maar op 3 juni sloeg het weer plotseling om en bracht een lagedrukgebied boven de Atlantische Oceaan stormen en regen. Eisenhower zag zich gedwongen de operatie een dag uit te stellen. Overlord begon met drie luchtlandingsdivisies die kort na middernacht op belangrijke strategische punten achter de Duitse linies landden en die innamen. In de ochtendschemer van 6 juni ging de reusachtige armada van oorlogs- en landingsschepen op weg naar de Normandische kust. Terwijl geallieerde vliegtuigen hun bommenlast afwierpen in het kustgebied, namen slagschepen, kruisers en destroyers de Duitse kustbatterijen en bunkerinstallaties onder vuur. De landingstroepen gingen op vijf verschillende stranden aan land: op drie oostelijke – Gold Beach, Juno Beach en Sword Beach – landden de Britten en de Canadezen, op de twee westelijke – Utah Beach en Omaha Beach – de Amerikanen. Overal lukte het al in de loop van de ochtend de Duitse stellingen te veroveren – behalve op Omaha Beach, waar de Duitsers een verbitterde tegenstand boden en de Amerikanen zware verliezen toebrachten. Tegen het einde van de eerste dag hadden de invasietroepen echter op alle vijf de stranden een bruggenhoofd weten te vestigen. De Atlantikwall had hen niet kunnen stoppen, ondanks de verwachtingen die Hitler en de legerleiding ervan hadden gehad.[35]

Bovendien konden de Geallieerden profiteren van het feit dat het voor de Duitsers op een totaal onverwacht moment was gekomen. Rommel had vanwege het slechte weer geen invasie verwacht en was op 4 juni vertrokken naar Herrlingen in de buurt van Ulm om daar de vijftigste verjaardag van zijn vrouw te gaan vieren. Toen hij in de middag van 6 juni weer terugkeerde op zijn commandopost in La Roche-Guyon, was inmiddels duidelijk dat de geallieerde landing was geslaagd.[36] De opperbevelhebber West, von Rundstedt, was er echter nog altijd niet zo zeker van of deze operatie in Normandië geen afleidingsmanoeuvre was en de werkelijke aanval nog moest volgen in het Nauw van Calais. Daarom had hij aanvankelijk een afwachtende houding aangenomen en waren er waardevolle uren verloren gegaan voordat men eindelijk tegenmaatregelen besloot te nemen.[37]

Hitler sliep nog toen op de ochtend van 6 juni de eerste alarmerende berichten binnenkwamen op de Obersalzberg. Omdat men er in de kringen rond de dictator aanvankelijk ook van uitging dat het een afleidingsmanoeuvre betrof, dacht men dat het niet nodig was hem te wekken.[38] Pas tijdens de bespreking van de militaire situatie in de Grote Hal van de Berghof die middag bracht Jodl hem op de hoogte van de precieze details. Hitler stak zijn opluchting niet onder stoelen of banken: 'Met een volkomen zorgeloze glimlach en de houding van een man die eindelijk de langverwachte gelegenheid ziet om met zijn tegenstander af te rekenen, liep hij naar de kaart en sprak met een ongewoon sterk Oostenrijks accent de woorden: *'Also, – anganga is'* (Aha, nu is het dan begonnen).[39] In de uren die volgden, werd de dictator steeds euforischer. 'De Führer is bijzonder goed geluimd,' merkte Goebbels op. 'De invasie vindt precies daar plaats waar we haar hadden verwacht, en precies met die middelen en methoden waarop we ons hadden voorbereid. Het moet wel heel raar lopen willen we daar geen halt aan kunnen toeroepen.'[40] Begin die middag gaf Hitler het bevel twee extra tankdivisies op weg te sturen – te laat om nog die dag te kunnen ingrijpen. Hoe weinig verontrust de dictator was over de ontwikkelingen in het westen, blijkt ook wel uit het feit dat hij bijna twee uur de tijd nam om op Schloss Kleßheim de nieuwe Hongaarse premier Sztójay te ontvangen. Zelfs op die dag, die toch naar zijn zeggen bepalend zou moeten zijn voor overwinning of nederlaag, vormde voor hem zijn obsessie met het 'Jodenvraagstuk' het belangrijkste gespreksonderwerp. De Duitse bezetting van Hongarije had toch zeker een gunstig effect, zo sloot hij het gesprek af, omdat het land nu ook 'grondig gezuiverd' kon worden en 'er eindelijk een einde kon worden gemaakt aan de praktijken van de Jood'.[41]

'In de afgelopen nacht heeft de vijand zijn lang voorbereide en door ons verwachte aanval op West-Europa geopend,' zo luidde een bericht van de Wehrmacht dat op 6 juni door de Großdeutsche Rundfunk werd uitgezonden.[42] Dat nieuws zou als een 'louterende donderslag' hebben geklonken en 'algemeen zijn ervaren als de verlossing van een onverdraaglijke spanning en een drukkende onzekerheid', zo wist de Sicherheitsdienst te melden.[43] Als we dit bericht moeten geloven, waren de bevolking en haar Führer het maar zelden zo sterk met elkaar eens geweest als op die zesde juni 1944. Zo eenduidig als wordt gesuggereerd, was de stemming overigens niet. Het opgeluchte 'eindelijk!' waarmee de invasie werd begroet, kon immers verschillende dingen betekenen: voor de overgrote meerderheid van Hitlers aanhangers gaf het hoop dat de eindoverwinning toch nog binnen handbereik lag, maar voor het kleinere aantal tegenstanders dat het laatste uur van het regime had geslagen.[44] Daartussen waren er kennelijk ook nog veel Duitsers die dachten dat de invasie een beslissing zou opleveren die, hoe die ook uitviel, in elk geval het einde van de oorlog naderbij zou brengen.

Ook in kringen waarin men aanvankelijk enthousiast was geweest, raakte men al snel ontnuchterd. Al na enkele dagen was duidelijk dat er van een snelle, succesvolle verdediging in Normandië geen sprake kon zijn. Integendeel, de Britten en de Amerikanen slaagden erin hun bruggenhoofden verder uit te breiden. Door middel van kunstmatige haveninstallaties – de zogeheten 'Mulberry's' – voorzagen ze in een constante aanvoer van soldaten en oorlogsmaterieel. Op 7 juni bevrijdden ze Bayeux, en op 12 juni waren de verschillende bruggenhoofden met elkaar verbonden. Terwijl de Amerikanen doorstootten naar de westkust van het schiereiland Cotentin, slaagde Montgomery er aanvankelijk niet in de stad Caen stormenderhand te veroveren.[45] Op 8 juni schreef journaliste Ruth Andreas-Friedrich in haar dagboek: 'Het lijdt geen twijfel, de invasie is gelukt [...]. En met elk succes [van de Geallieerden] trekken de partijgenoten een langer gezicht en verdwijnt het ene na het andere hakenkruis uit de knoopsgaatjes van Hitlers volgelingen.'[46]

De Duitse tegenmaatregelen leden onder een beslissende handicap: de absolute heerschappij in de lucht van de Geallieerden. Die bemoeilijkte de aanvoer van reserves. Tanks konden alleen 's nachts op weg gaan, en meestal kwamen ze te laat en te sterk uiteengeslagen aan het front. Nu werd ook het gebrek aan brandstof en transportcapaciteit steeds duidelijker voelbaar. Daarnaast waren Hitler en de Duitse legerleiding er nog geruime tijd niet zeker van of de hoofdlanding in het Nauw van Calais niet ook nog zou volgen, en hielden ze daarom een flink deel van de daar gestationeerde legermacht achter de hand.[47]

Nadat de eerste troefkaart, de Atlantikwall, geen effect gehad had, dacht Hitler nog over een tweede te beschikken: de nieuwe vliegende bom die vanaf lanceerinstallaties in het Nauw van Calais op Groot-Brittannië zou worden afgevuurd. Als

Afb. 27 Stafbespreking in Schloss Kleßheim op de dag dat de Geallieerden landen in Normandië, 6 juni 1944. V.l.n.r., staand: von Ribbentrop, luchtmachtgeneraal Günther Korten, generaal der artillerie Walter Warlimont, Göring, kolonel-generaal Alfred Jodl, kolonel-generaal János Vörös, chef van de Hongaarse generale staf, veldmaarschalk Wilhelm Keitel; zittend: Döme Sztójay, de Hongaarse premier, en Hitler.

gevolg van technische problemen had het afvuren hiervan steeds weer uitgesteld moeten worden. Op 16 mei 1944 had Hitler echter het bevel gegeven 'de langeafstandsbeschieting van Engeland' midden juni te laten beginnen. Londen moest daarbij het belangrijkste doelwit vormen.[48] In zijn monologen wond hij zich vreselijk op over de mogelijkheden van dit 'wonderwapen': 'Er zal paniek uitbreken in Engeland. Het effect van dit wapen zal zo'n ernstige belasting van de zenuwen zijn dat geen mens dat op den duur kan uithouden.'[49] Op 5 juni liet Hitler aan Goebbels weten dat de voorbereidingen waren afgerond en dat er over slechts enkele dagen drie- tot vierhonderd projectielen op Londen zouden neerregenen.[50] Na de eerste poging in de nacht van 12 op 13 juni bleek dat echter tegen te vallen: Slechts tien van de vliegende bommen konden startklaar worden gemaakt, vier stortten er gelijk nadat ze van de katapult waren gelanceerd al neer, een verdween in het Kanaal en slecht vijf ervan bereikten Engeland. De tweede poging op 15 juni was een groter succes: In totaal werden er 244 vliegende bommen afgeschoten, waarvan een groot aantal ook werkelijk hun doelwit bereikte. Vanaf dat moment zou de Engelse hoofdstad onophoudelijk worden bestookt.[51]

Op 16 juni meldde het OKW voor het eerst het gebruik van een 'nieuw type projectielen' tegen Engeland. Het nieuws verspreidde zich razendsnel. De 'vergelding' waarmee zo vaak was gedreigd, leek nu eindelijk een feit geworden. In 'kringen van ontvankelijke, goedgezinde volksgenoten' heerste 'een welgemeend enthousiasme', zo werd in de verslagen van de SD gemeld. Over het algemeen zou er 'een zekere toename van het vertrouwen in de leiding' waar te nemen zijn.[52] Op voorstel van Goebbels besloot Hitler de vliegende bom 'V1' te noemen, als om aan te geven dat men op nog meer geheime vergeldingswapens mocht rekenen.[53] De minister van Propaganda maakte zich echter zorgen dat een al te triomfantelijke berichtgeving in de media te grote verwachtingen zou wekken die, als ze niet vervuld werden, wel in een teleurstelling moesten omslaan. Daarom gaf hij de kranten en de radio-omroep de opdracht er slechts op ingehouden toon over te berichten.[54]

De V1 bleek inderdaad lang niet de vernietigingskracht te bezitten waar men aan Duitse zijde op had gehoopt, al vormde deze nieuwe bedreiging vanuit de lucht inderdaad wel een ernstige belasting voor de zenuwen van de Londenaars. Het aantal slachtoffers viel verhoudingsgewijs nog mee: in juni, juli en augustus 1944 kwamen er 5842 mensen om het leven en raakten er 15.900 gewond.[55] Het geheime wapen had 'niet voor een ommekeer gezorgd', schreef Ruth Andreas-Friedrich op 18 juni. Misschien was het ook 'niet meer geweest dan een fabeltje om het Duitse volk in oorlogsstemming te houden'. Het was wel duidelijk dat 'het propaganda-effect in Duitsland vele malen groter was dan de inslagen in Engeland'.[56]

Midden juni 1944 was de laatste Duitse hoop vervlogen dat de invasietroepen 'terug in zee zouden worden gedreven'. Doordat de Geallieerden het luchtruim volstrekt beheersten, zou 'elke grotere troepenbeweging overdag onmogelijk zijn', waarschuwde von Rundstedt. De vijand kon, zonder noemenswaardige hinder te ondervinden van de Duitse luchtmacht, steeds weer nieuwe troepen aanvoeren, en dus dreigde er een doorbraak in Frankrijk.[57] Tijdens een bespreking op de Berghof op 16 juni noemden Keitel en Jodl de situatie 'zeer ernstig'. Als het de vijand zou lukken vanuit het bruggenhoofd 'de operatieve vrijheid voor een bewegingsoorlog' te verkrijgen, dan zou 'heel Frankrijk verloren zijn'.[58] In de kringen rondom Hitler werd men nu steeds nerveuzer. Men zou daar het gevoel hebben gehad, zo herinnerde zijn secretaresse Traudl Junge zich later, 'op een kruitvat te zitten'.[59] Op de avond van 16 juni beval de dictator Rundstedt en Rommel met al hun stafchefs de volgende dag voor een gedachtewisseling naar Margival, ten noordoosten van Soissons te komen. Hier had de Organisation Todt het oorspronkelijk als Hitlers commandopost voor Operatie Seelöwe ontworpen hoofdkwartier Wolfsschlucht 2 uitgebouwd tot een reusachtige installatie met bomveilige woon- en werkbunkers.[60] Die zou maar één keer worden gebruikt, op die 17de juni, toen de dictator daar vanuit Metz vroeg in de ochtend aankwam. 'Hij zag bleek, alsof hij niet had geslapen,' schreef Rommels chef van de generale staf, Hans Speidel, in zijn memoires die vijf jaar later werden gepubliceerd. 'Hij friemelde nerveus met zijn bril en met verschillende kleurpotloden die hij bij zich hield. Hij zat als enige voorovergebogen op een krukje, terwijl de veldmaarschalken stonden.'[61]

Na een nogal koele begroeting voer Hitler razend uit over de geslaagde geallieerde landing. De schuld hiervoor lag opnieuw niet bij hemzelf of bij het OKW, maar bij de plaatselijke bevelhebbers. Rundstedt en Rommel wezen dat verwijt van de hand: De commandanten en de troepen hadden welhaast 'bovenmenselijke prestaties geleverd', maar tegen de verpletterende overmacht van de vijand in de lucht en op zee hadden ze niets kunnen uitrichten. De beide veldmaarschalken benadrukten dat het gevaar bestond dat de invasielegers in zuidelijke richting zouden doorbreken vanuit de zone Caen–Bayeux en vanaf het schiereiland Cotentin, in de richting van Parijs. Ze vroegen om grotere bewegingsvrijheid en stelden voor het front te terug te trekken naar een kortere linie achter de rivier de Orne. Terugtrekken was voor Hitler echter ondenkbaar. Hij gaf het bevel de havenstad Cherbourg, die tot vesting was uitgeroepen, te houden, en verloor zich in uitgebreide verhandelingen over hoe het V-wapen 'de oorlog zou beëindigen'. Zoals Speidel het zich later herinnerde, had Rommel aan het einde van het gesprek Hitler opnieuw met klem gewaarschuwd voor een ineenstorting in het westen en hem gevraagd een politiek einde aan de oorlog te zoeken. Daarop was de dictator tegen hem tekeergegaan: 'Bemoeit u zich niet met het verloop van de oorlog en beperk u tot uw invasiefront.'[62]

Toch lijkt de bijeenkomst niet zo dramatisch te zijn verlopen als Speidel ons wil doen geloven. Op de avond van 17 juni, nadat hij was teruggekeerd op zijn hoofdkwartier, sprak Rommel tegenover zijn verbindingsofficier van de marine, viceadmiraal Friedrich Ruge, zijn tevredenheid uit over de bijeenkomst. Opnieuw was Hitler erin geslaagd zijn suggestieve talent te benutten en de sceptici in zijn ban te brengen. 'Hij moet toch een haast magnetische aantrekkingskracht hebben,' dacht Ruge.[63] Rommel schreef aan zijn vrouw dat hij 'nu veel minder bezorgd was over de toekomst dan een week geleden. De aanvallen met het V-wapen vormen een grote ontlasting. Een snelle doorbraak van de vijand naar Parijs is nauwelijks nog mogelijk. Wij krijgen ondertussen veel reserves. De Führer was bijzonder aardig en goedgehumeurd. Hij begrijpt wel degelijk hoe ernstig de situatie is.'[64]

Op 18 juni 1944 stootten de Amerikanen door naar de westkust van Cotentin. Nu was Cherbourg van de buitenwereld afgesneden. Hitler beval de commandant van de vesting, luitenant-generaal Karl-Wilhelm von Schlieben, de stad hoe dan ook te houden: 'Ik verwacht van u dat u vecht zoals Gneisenau dat deed bij de verdediging van Kolberg.'[65] Het historische voorbeeld waar Hitler waar verwees, lag in zekere zin voor de hand. Al begin juni 1943, vier maanden na Stalingrad, had Goebbels regisseur Veit Harlan opdracht gegeven voor een kleurenfilm over de verdediging van de vesting Kolberg tegen de Fransen in 1807. Dit pompeuze epos met Horst Caspar (als majoor Gneisenau) en Heinrich George (als afgevaardigde van de burgers Joachim Nettelbeck) in de hoofdrollen, zou nog eind januari 1945, slechts enkele maanden voor de ondergang van het Derde Rijk, in Berlijn in première gaan.[66]

Cherbourg zou 'tot de laatste patroon' worden verdedigd, verzekerde Hitler toen hij op 21 juni drie uur lang met Goebbels over de actuele situatie nadacht. Ondertussen had hij bevolen de legers in het westen te versterken met twee ss-tankdivisies uit het oosten. Volgens hem zou het 'met de massale tankmacht' mogelijk moeten zijn het geallieerde bruggenhoofd alsnog 'op te ruimen'. Nadat het effect van de v1 was tegengevallen, verwachtte de dictator nu veel van de A4-raket – die later v2 zou worden genoemd – die op het proefstation Peenemünde was ontwikkeld en die begin september voor het eerst zou kunnen worden ingezet. Die zou weliswaar 'geen direct einde maken aan de oorlog, maar dit eind wel dichterbij brengen'.

Een ernstigere zelfoverschatting was nauwelijks mogelijk geweest. Zelfs de goedgelovige Goebbels vond nu dat Hitler de situatie 'te optimistisch' beoordeelde, maar hij hield zijn twijfel voor zich. Hij zou de Führer niet hebben willen tegenspreken, aangezien die 'immers een beter overzicht en een betere kennis van zaken bezat', zo maakte hij zichzelf in zijn dagboek wijs. Feitelijk wist de minister van Propaganda maar al te goed dat openlijk tegenspreken in deze fase van de oorlog het gevaar met zich meebracht dat men niet langer tot de favorieten van de dictator zou behoren. Desalniettemin probeerde hij opnieuw aandacht te vragen voor radicale maatregelen, in het bijzonder voor 'een hervorming van de Wehrmacht in hoofd en ledematen'. Hij moest echter tot zijn teleurstelling constateren dat Hitler de crisis nog niet zo gevaarlijk achtte dat hij 'alle registers moest opentrekken'.[67]

Een dag na het overleg met Goebbels sprak Hitler in de Platterhof voor generaals en officieren. Opnieuw verloor hij zich in langdradige uitweidingen over de oorlog als een eeuwige wet van de selectie, de overwinning van de sterkere op de zwakkere. De kritische situatie rond Cherbourg bagatelliseerde hij. Er kon geen sprake van zijn dat de Geallieerden een begin hadden gemaakt met de herovering van Frankrijk. De komende maanden zouden weliswaar veel vragen van het weerstandsvermogen van de troepen, maar alle gevaren zouden kunnen worden overwonnen als de officieren als 'ware nationaalsocialisten' hun manschappen voorgingen.[68] Niet langer was volgens Hitler het militaire professionalisme van doorslaggevend belang, maar het ideologische fanatisme waarmee alle energie voor de 'eindstrijd' moest worden gemobiliseerd.

Op 27 juni meldden de geallieerde persagentschappen de val van Cherbourg. Dat de commandant van de vesting, von Schlieben, zich net als Paulus eerder bij Stalingrad op zijn hoofdkwartier gevangen liet nemen in plaats van 'tot de laatste patroon' door te vechten, wekte Hitlers tomeloze woede. Officieren als Schlieben waren 'karakterloze zwijnen', schold hij. Ze vonden het vanzelfsprekend dat anderen zich voor hen opofferden, maar waren er zelf enkel mee bezig hoe ze hun eigen hachje konden redden.[69] Met Cherbourg beschikten de Geallieerden nu over een grote overslagplaats voor hun reserves. De Duitsers hadden de haveninstallaties echter zo grondig vernield dat het nog weken zou duren voordat ze weer hersteld waren. Na de verovering van het schiereiland Cotentin en de bevrijding van Cherbourg wisten de Amerikanen nog maar langzaam op te rukken. Pas op 22 juli slaagden ze erin het volgende belangrijke doel, het stadje Saint-Lô, in te nemen. Diezelfde dag wisten de Britten ook eindelijk de strijd om Caen in hun voordeel te beslechten.[70]

Op 29 juni beval Hitler de opperbevelhebbers in het westen, Rundstedt en Rommel, bij hem te komen op de Berghof. Hij liet hen – een onmiskenbaar teken van zijn minachting – urenlang wachten tot hij ze 's avonds eindelijk ontving. Het idee dat het bruggenhoofd zou kunnen worden 'opgeruimd', had de dictator inmiddels laten varen. Zijn nieuwe order luidde: 'de vijand door het uitbouwen van een afsluitend front in zijn bruggenhoofd vasthouden en hem [...] met schermutselingen af te matten en opeen te dringen'.[71] Rommel baarde enig opzien door, net als eerder in Margival, van Hitler te verlangen dat die politieke consequenties trok uit de dramatische ontwikkelingen – inmiddels was het Rode Leger aan zijn lang gevreesde offensief begonnen – en de oorlog in het westen zou proberen te beëindigen om het front in het oosten staande te kunnen houden. De reactie was dit keer een stuk feller: hij mocht zich uitsluitend met militaire vraagstukken bezighouden, kapittelde Hitler de veldmaarschalk, en toen Rommel volhield, stuurde hij hem de zaal uit.[72]

Enkele dagen later, op 3 juli, zou Hitler naar aanleiding hiervan wijzigingen aanbrengen in het opperbevel. Hij zette Rundstedt uit zijn functie en verving hem door veldmaarschalk Günther von Kluge, de voormalige bevelhebber van de Legergroep Mitte aan het oostfront die inmiddels was hersteld van een zwaar auto-ongeluk in oktober 1943. Daarnaast ontsloeg hij ook de bevelhebber van de Panzergruppe West, Geyr von Schweppenburg, en veldmaarschalk Hugo Sperrle, die verantwoordelijk was geweest voor de luchtverdediging in het westen. Rommel ontzag hij voorlopig nog, al had diens aanzien in regeringskringen nogal geleden. De veldtocht in Afrika zou 'toch een te zware belasting voor hem hebben gevormd, zodat hij nu niet langer de flexibiliteit en de innerlijke vitaliteit bezat die nodig waren om in een dergelijke belangrijk fase van de oorlog de verantwoordelijkheid te nemen', merkte Goebbels op.[73] Als ze deze 'generaal van het volk' nu weg zouden sturen, zou dat gelijk hebben gestaan aan toegeven dat de situatie in het westen niet langer beheersbaar was.

De stemming had einde juni-begin juli 1944 overigens toch al een nieuw dieptepunt bereikt. 'De jubelstemming van de eerste dagen na de invasie en de vergelding neemt over het algemeen zeer snel af,' meldden de SD-rapporten eensluidend. De aanvankelijke hoop dat de oorlogssituatie ingrijpend zou veranderen, zou zijn 'geweken voor nuchtere en sceptische overwegingen'.[74] De grootste kopzorgen leverde echter het zomeroffensief van de Sovjets dat ze op 22 juni, precies drie jaar na de Duitse invasie, hadden ingezet en dat direct al diepe gaten had geslagen in het middelste deel van het front. De blik richtte zich nu weer geheel op het oostfront. Psychologisch gezien was er met het onverwacht snel oprukken van het Rode Leger een nieuwe situatie ontstaan, zo lieten de Rijkspropagandakantoren weten: 'Voor het eerst ziet de bevolking de oorlog die zich, afgezien van de luchtoorlog, steeds ver van het eigen land had afgespeeld, gevaarlijk dicht bij Duitse gebieden komen.'[75]

Tijdens de eerste fase van Operatie Overlord was het aan het oostfront rustig gebleven. In de Duitse leiding begreep men er niets van. 'Stalin staat nog altijd met het geweer aan de voet, en wie weet waarom?' noteerde Goebbels nog op 20 juni.[76] Een dag later hoorde hij echter van Hitler persoonlijk dat het offensief van de Sovjets waarschijnlijk op 22 juni zou beginnen, omdat Stalin zich bewust zou zijn van de symbolische betekenis van die datum – de derde verjaardag van de Duitse invasie.[77] De dictator kreeg gelijk.

Al vanaf maart 1944 was de generale staf van de Sovjets bezig geweest met de voorbereiding van Operatie Bagration – genoemd naar Pjotr Bagration, een Russische generaal uit de strijd tegen Napoleon in 1812. Na een afleidingsaanval tegen de Finse troepen in Karelië zou de belangrijkste aanval vervolgens worden gericht op de Legergroep Mitte. Later zouden er dan aanvallen volgen op de Legergroep Nordukraine en de Legergroep Südukraine. In het midden van het front bracht het Rode Leger nu een tot op dat moment niet eerder vertoonde slagkracht bijeen: ongeveer 2,5 miljoen soldaten, meer dan 6000 tanks en gemotoriseerd geschut en 7000 vliegtuigen namen deel aan de operatie.[78]

De Duitse legerleiding had een aanval verwacht op de zuidelijk daarvan gelegen Legergroep Nordukraine en daar alle nog beschikbare reserves geconcentreerd.[79] Zo kon het gebeuren dat de drie legers van de Legergroep Mitte slechts

Afb. 28 Operatie Bagration, de naam voor het grote offensief van het Rode Leger in het midden van het oostfront. Dit leidde in juli 1944 tot de totale nederlaag van de Legergroep Mitte en het verloren gaan van 28 divisies van de Wehrmacht. Dit is achtergelaten materieel van het Duitse Negende Leger op een weg in de buurt van Babroejsk in Wit-Rusland.

konden beschikken over 34 divisies (met in totaal ongeveer 850.000 man) om een front van 1100 kilometer breed te verdedigen. Wat betreft de uitrusting was de superioriteit van de Sovjetlegers die in de aanval gingen nog belangrijker: Ze beschikten over negen keer zoveel artillerie, tien keer zoveel vliegtuigen en zelfs drieëntwintig keer zoveel tanks. Bovendien waren er in de rug van de Duitse troepen partizanen actief die de aanvoer van munitie en reserves verstoorden. De verzwakte Legergroep Mitte aan het gekromde front in Wit-Rusland had in juni 1944 veel van 'een kaartenhuis dat op instorten staat'.[80]

Het was dan ook niet zo vreemd dat het Rode Leger gelijk in de eerste dagen al diepe gaten kon slaan in de Duitse verdedigingslinies. In het noordelijke gedeelte van het front brak het 3de Wit-Russische Front op 22 juni door de stelling van het Duitse Derde Tankleger bij Vitebsk en werden er vijf Duitse divisies ingesloten. Kolonel-generaal Hans-Georg Reinhardt sprak in een brief aan zijn vrouw van 23 juni van een 'zwarte vrijdag' – een toespeling op 8 augustus 1918, het begin van de nederlaag van het keizerrijk in de Eerste Wereldoorlog.[81] De tanks van de Sovjets konden door de gaten die waren geslagen vrijwel ongehinderd naar het westen oprukken. Op 23 en 24 juni werden ook de verder zuidelijk gelegerde Vierde en Negende Legers door het inferno overweldigd. In een reeks trapsgewijze, geconcentreerde aanvallen braken troepen van het 2de en het 1ste Wit-Russische Front ook hier door de belangrijkste linies en wisten ze grote delen van het Negende Leger in te sluiten bij Babroejsk.[82] 'Hoe is het toch mogelijk dat de situatie aan het oostfront, die nog maar een paar weken volstrekt geconsolideerd leek als we de generaals mochten geloven, plots zo kritiek is geworden?' vroeg niet alleen Hitlers minister van Propaganda zich af.[83]

Op 26 juni 1944 vloog de opperbevelhebber van de Legergroep Mitte, generaal-veldmaarschalk Ernst Busch, naar Berchtesgaden om Hitler te wijzen op de ernst van de situatie. De dictator hield echter onvermurwbaar vast aan zijn eigen opvattingen. De steden Vitebsk, Orsja, Mogiljov en Babroejsk, die tot 'vestingsteden' waren uitgeroepen, moesten zo lang mogelijk worden verdedigd. De bevelen om zich niet langer terug te trekken waren vaak al achterhaald tegen de tijd dat ze de legers bereikten. Twee dagen later werd Busch, die steeds blindelings Hitlers bevelen had opgevolgd, uit zijn functie gezet. Opnieuw moest een hoge militair functioneren als zondebok. Busch zou 'niet de noodzakelijke flexibiliteit hebben getoond in zijn leiding van de Legergroep Mitte', zo rechtvaardigde de dictator deze stap.[84] De nieuwe opperbevelhebber werd Hitlers favoriete generaal, veldmaarschalk Walter Model, die deze taak zou combineren met het opperbevel van de Legergroep Nordukraine. 'Model zal zeker al het mogelijke doen om de overhaaste terugtocht te stuiten,' zo was Goebbels het met Hitler eens.[85]

De situatie had echter niet wanhopiger kunnen zijn. Het Duitse front was over een breedte van meer dan 400 kilometer opengebroken. Op sommige plaatsen was het Rode Leger al 150 kilometer in westelijke richting opgerukt. De tangbeweging rond Minsk begon zich te sluiten. Het Rode Leger bleek bijzonder goed in het insluiten van de tegenstander, een tactiek die de Wehrmacht in de zomer van 1941 zelf nog zo succesvol had toegepast. Dat werd nog eens versterkt door Hitlers bevel dat tot elke prijs stand moest worden gehouden. De dictator legde in zijn Operationeel bevel nr. 8 van 28 juni 1944 een tamelijk willekeurig nieuw front vast waarop men halt diende te houden en waarvan 'niets zonder strijd mocht worden prijsgegeven'.[86] Het Vierde Leger werd het zwaarst getroffen. In een systeem van 'vloeiende omsingelingen' probeerde het naar het westen door te breken. Aan de Berezina, de rivier die in 1812 ook Napoleons Grande Armée al noodlottig was geworden, speelden zich chaotische taferelen af. De terugtrekkende troepen waren vrijwel niet beschermd tegen de voortdurende luchtaanvallen.[87] Op 3 juli werd de Wit-Russische hoofdstad Minsk bevrijd. 'Het Rode Leger is voorbij gewaaid als een orkaan en heeft de vijand uiteengedreven,' noteerde een ingenieur van de Sovjetverbindingstroepen een dag later. Hij kwam woorden tekort om de snelheid van de oprukkende legers te beschrijven. 'Dat hebben zelfs de Duitsers in 1941 niet voor elkaar gekregen.'[88]

Eind juni 1944 had de chef van de generale staf Zeitzler een operationeel plan ontwikkeld dat de Legergroep Mitte moest behoeden voor een zekere ondergang. Het hield in dat de Legergroep Nord, die ook met omsingeling werd bedreigd, het noordelijke Baltische gebied zou ontruimen en zich op de benedenloop van de Dvina zou terugtrekken. De troepen die door deze versmalling van het front vrijkwamen, moesten worden toegevoegd aan de Legergroep Mitte. Tijdens een tumultueus overleg op de Berghof op 30 juni probeerde de chef van de generale staf vergeefs hiervoor Hitlers toestemming te krijgen. Vervolgens vroeg hij opnieuw te worden afgelost: 'Mijn Führer, u hebt mij nu tweemaal gedwongen in strijd met mijn eigen overtuigingen te handelen. Een keer bij Stalingrad, een keer vanwege de Krim. Ik laat me daar geen derde keer toe dwingen.'[89] Niet lang daarna zou Zeitzler volledig instorten. Tot Guderian hem op 21 juli opvolgde, werd hij tijdelijk vervangen door de chef operaties, Adolf Heusinger. Hitler versleet steeds sneller legeraanvoerders naarmate de militaire situatie hopelozer begon te worden.

Op 8 juli omsingelden de Sovjettroepen Vilnius. Hitler had deze stad aanvankelijk ook uitgeroepen tot 'vestingstad', maar Heusinger wist van hem de concessie te bedingen dat de bezettingstroepen mochten proberen uit te breken.[90] Het Rode Leger kwam ondertussen steeds dichter bij de grens van Oost-Pruisen. De minister van Propaganda moest nu ook wel toegeven: 'We beleven een uitzonderlijke crisis voor ons Rijk en ons volk, een die nog wel eens fataal zou kunnen blijken te zijn,' schreef hij in zijn dagboek.[91] Aan een dergelijke oprechte inschatting van de situatie leek Hitler echter nog lang niet toe te zijn. Op 9 juli vloog hij naar Rastenburg om daar met Model en de nieuwe opperbevelhebber van de Legergroep Nord, kolonel-generaal Johannes Frießner, te overleggen. Beide generaals toonden zich er kennelijk van overtuigd dat ze de situatie weer in de hand zouden kunnen krijgen als er maar snel nieuwe divisies beschikbaar kwamen. Enigszins gerustgesteld keerde de dictator nog dezelfde dag terug naar zijn residentie in de Alpen.[92] Het zou Model vervolgens inderdaad lukken het front tijdelijk te stabiliseren langs de lijn Kaunas-Brest-Litovsk. Op 13 juli opende het 1ste Oekraïense Front echter de aanval op de Legergroep Nordukraine. Binnen enkele dagen sloeg het de Duitse stellingen aan stukken en drong het ver tot in Galicië door. Op 18 juli ging de linkervleugel van het 1ste Wit-Russische Front bij Kovel in de aanval en sloeg hier, precies op de aansluiting tussen de Legergroep Nordukraine en de Legergroep Mitte een bres van 100 kilometer breed waardoor de Sovjetlegers naar het westen oprukten. Op 24 juli namen ze Lublin in en bevrijdden daar het vernietigingskamp Majdanek, een dag later bereikte de voorhoede de Weichsel – en daarmee kwam Warschau in het vizier.[93]

Tot midden juli was het Rode Leger bijna 400 kilometer opgerukt. 28 divisies van de Legergroep Mitte waren verpletterd of zozeer verzwakt dat ze niet langer kon-

Afb. 29 50.000 Duitse krijgsgevangenen werden op 17 juli 1944 in een triomftocht door Moskou geleid.

den worden ingezet. De Duitse verliezen waren enorm: in de eerste twee weken van Operatie Bagration bedroegen die naar schatting 250.000 man, en alleen al het Vierde Leger verloor meer dan 130.000 man. 'We hebben hier te maken met een van de grootste militaire nederlagen die we in de loop van deze oorlog hebben geleden, en Stalingrad valt hierbij in het niet,' constateerde de duidelijk gechoqueerde minister van Propaganda.[94]

Hitler hield het nu niet langer uit op de Obersalzberg. Op de avond van 14 juli vloog hij terug naar zijn Oost-Pruisische hoofdkwartier. In veiligheidszone 1 van de Wolfsschanze waren nog altijd arbeiders van de Organisatie Todt bezig met het beveiligen van de installaties. De oude bunkers waren voorzien van een zeven meter dikke mantel van gewapend beton en staken, goed gecamoufleerd, als Egyptische piramides tussen de boomtoppen uit. Omdat de afwerking binnen in de Führerbunker nog niet voltooid was, nam Hitler voorlopig zijn intrek in de gastenbunker. Voor de stafbesprekingen koos hij een nabijgelegen barak die maar gebrekkig beveiligd was tegen bomscherven.[95]

Enkele dagen na zijn aankomst hield Hitler een telegram van Rommel in zijn handen waarin een toon werd aangeslagen die de dictator niet gewend was. De toestand in Normandië werd, zo legde de veldmaarschalk uit, 'van dag tot dag ernstiger' en stond nu voor een 'zware crisis'. Er moest rekening mee worden gehouden dat de Geallieerden er binnen afzienbare tijd in zouden slagen het dunne Duitse front te doorbreken en op te rukken 'naar het uitgestrekte Frankrijk'. Rommel sloot af met een bezwerende oproep: 'De manschappen vechten overal zeer heldhaftig, maar deze ongelijke strijd lijkt op een einde te lopen. Ik moet u vragen nu snel uw conclusies te trekken uit deze toestand.'[96] Dat klonk naar een ultimatum, maar Rommel zou geen antwoord meer ontvangen van Hitler. Op 17 juli was zijn auto tijdens een inspectiereis in Normandië door vijandelijke jachtvliegtuigen aangevallen. De chauffeur kwam om het leven, Rommel raakte zwaargewond en was de weken daarop buiten gevecht gesteld.[97]

Op diezelfde 17de juli 1944 speelde zich in Moskou een veelzeggend tafereel af: 50.000 krijgsgevangenen werden in een triomftocht door het centrum van de stad geleid. De Moskouse bevolking bekeek het spektakel met tevreden blikken. Zo zagen Hitlers onoverwinnelijke krijgers er dus uit, die mannen die hadden gedacht al het gebied tot aan de Oeral te veroveren en alle volkeren op hun weg tot slaaf te kunnen maken of te vernietigen! Scheldkanonnades en verwensingen begeleidden de treurige optocht.[98]

12

De Berghof-gemeenschap in de oorlog

'De Führer is van plan zijn hoofdkwartier te verplaatsen van de Obersalzberg naar de Wolfsschanze. Van daaruit wil hij leidinggeven aan de totale verdediging van Oost-Pruisen, niet alleen in militair opzicht, maar ook politiek. Dat lijkt me een uitstekend idee,' noteerde Goebbels op 14 juli 1944.[1] Hitler zou lang hebben geaarzeld om naar zijn Oost-Pruisische hoofdkwartier terug te keren. Na de catastrofale ineenstorting van de Legergroep Mitte had hij nu geen andere keuze meer. Aan de vooravond van zijn vertrek liep hij in de Grote Hal van de Berghof nog eens langs alle schilderijen die hij met zoveel trots bezat, en bekeek ze nog eens uitgebreid. Daarna nam hij zonder een woord te spreken afscheid van de vrouwelijke leden van zijn entourage. Hij leek heel goed te beseffen dat dit een definitief afscheid was.[2]

De Berghof was voor Hitler altijd twee dingen tegelijk geweest: een toevluchtsoord waar hij ongestoord zijn privéleven kon leiden, ver van nieuwsgierige blikken, maar ook het tweede regeringscentrum naast de Rijkskanselarij in Berlijn. Tijdens de oorlog veranderde die functie in zoverre dat de Alpenresidentie nu ook het hoofdkwartier van de Führer werd wanneer de opperbevelhebber van de Wehrmacht zich langere tijd op de Obersalzberg ophield. Het opperbevel van de Wehrmacht onder Keitel en Jodl nam in die tijd zijn intrek in de dependance van de Rijkskanselarij in de buurt van Berchtesgaden, die in juli 1937 in gebruik was genomen. De generale staf van de Wehrmacht opereerde tot eind 1942 vanuit een speciale trein op het station van Salzburg en vond later onderdak in een jagerskazerne in Bischofswiesen. Doorgaans verscheen de chef-staf van het leger eenmaal per week op het hoofdkwartier van de Führer om daar verslag uit te brengen.[3]

Hoe meer Hitler echter de leiding van operaties naar zich toetrok, hoe onmisbaarder hij werd op zijn hoofdkwartier te velde, zeker wanneer zich onvoorziene omstandigheden voordeden. Daar stond tegenover dat zijn slechter wordende gezondheidstoestand hem er steeds weer toe dwong korte of langere tijd rust te nemen. Zo kon het gebeuren dat de bezoeken aan de Berghof, naargelang de situatie, gedurende de oorlog niet alleen minder vaak plaatsvonden, maar ook onregelmatiger werden.

Net als voor de oorlog bracht de dictator de jaarwisseling 1939-1940 op de Obersalzberg door met zijn vertrouwelingen, nadat hij eerst een bezoek had gebracht aan het westelijke front.[4] In de maanden daarop, die volledig in het teken van de voorbereiding van het offensief in het westen hadden gestaan, verbleef hij meestal in Berlijn. Pas ter gelegenheid van Pasen, eind maart, keerde hij terug naar zijn huis in de Alpen. 'Het waren vier bijzonder aangename en verkwikkende dagen,' herinnerde Nicolaus van Below zich. Van zijn favoriete avondbesteding, een filmvoorstelling, zag Hitler inmiddels af, omdat die hem in tijden van oorlog niet langer passend leek. Verder verliep het leven 'op de berg' echter volgens het gewone stramien.[5]

In de tweede helft van 1940 – na de overwinning op Frankrijk en de triomfale ontvangst in Berlijn begin juli – pendelde Hitler constant heen en weer tussen Berlijn, München en de Obersalzberg.[6] In die periode nam hij afstand van het plan voor een invasie van Groot-Brittannië en ontwikkelde hij het idee dat de Sovjet-Unie moest worden aangevallen. Tijdens de kerstdagen bezocht hij, net als in het voorjaar, de troepen aan het westelijke front en de jaarwisseling 1940-1941 vierde hij opnieuw op de Obersalzberg. Die nieuwjaarsnacht dronk hij met zijn gasten op de absoluut verwachte eindoverwinning.[7] Tot midden maart 1941 verbleef hij, met een korte onderbreking, op zijn Alpenresidentie om daar samen met zijn legerleiders de operatieve planning voor de vernietigingsoorlog tegen de Sovjet-Unie voor te bereiden. Voor het begin van Operatie Barbarossa keerde hij nog één keer gedurende een maand terug, niet in de laatste plaats met de bedoeling om de publieke opinie zand in de ogen te strooien met betrekking tot zijn intentie Rusland aan te vallen. 'De stilte voor de storm. Die zal niet lang duren,' aldus Goebbels over Hitlers vertrek naar het zuiden.[8]

Het onvoorzien mislukken van de veldtocht en de ommekeer in de winter van 1941-1942 hielden de dictator in zijn hoofdkwartier bij Rastenburg. Het traditionele nieuwjaarsfeest op de Berghof kon ditmaal niet doorgaan. Pas eind april 1942, na meer dan tien maanden, ging hij weer enkele dagen naar de 'Berg', waar hij een ontmoeting had met Mussolini. In de Alpen van Opper-Beieren was maar weinig te merken van de oorlog. Ook München had tot dan toe niet te lijden onder luchtaanvallen. Van de oorspronkelijke idylle op de Obersalzberg was echter weinig meer over. Er werd onophoudelijk doorgebouwd. Op bevel van de verantwoordelijke voor het vierjarenplan, Göring, waren alle bouwwerken daar eind september 1939 'van essentieel belang voor de oorlogsinspanningen' verklaard, en zelfs toen de grondstoffen steeds schaarser werden, ontvingen de inhuurde firma's royaal wat ze nodig hadden.[9] De eindverantwoordelijkheid lag zoals voorheen bij Martin Bormann, die aandrong op een snelle voltooiing van de werkzaamheden. In de leiding van de bouw had architect Roderich Fick in 1936 de taken overgenomen van Alois Degano, maar hij moest die op zijn beurt eind 1941 weer afstaan aan de hoogste bouwkundige ambtenaar van München, Hermann Giesler, die in 1944 ook de opdracht kreeg Linz te verbouwen. Soms waren er wel zesduizend arbeiders actief op de enorme bouwplaats van de Obersalzberg, onder wie een steeds groter aantal dwangarbeiders.[10]

Voor het begin van het zomeroffensief van 1942 vierde Hitler in juni nog enkele dagen vakantie in zijn Alpenresidentie. In november wilde hij zich langere tijd terugtrekken op de Berghof: 'Dat eeuwig rondhangen op het hoofdkwartier met steeds maar weer dezelfde mensen is op den duur niet goed voor hem,' schreef marine-adjudant von Puttkamer.[11] De steeds dramatischer wordende toestand in Stalingrad dwong hem er echter toe al na tien dagen zijn verblijf te beëindigen en met de speciale trein terug te keren naar de Wolfsschanze.[12] Het zou maanden duren – tot einde maart 1943 – voordat Hitler opnieuw het bevel gaf van locatie te wisselen. De jonge Traudl Humps, die vanaf december 1942 de nieuwe secretaresse van de Führer was, beschreef hoe hectisch een dergelijke verhuizing kon zijn: 'Alles moest liefst snel en in het geheim gebeuren. De telefoonlijnen bleven onafgebroken in gebruik, het beheer van de Berghof moest worden ingelicht over onze aankomst, de woning van de Führer in München moest in gereedheid worden gebracht om Hitler te ontvangen, en niet in de laatste plaats moest de speciale trein, die weliswaar altijd dichtbij stond en klaar voor vertrek, in gereedheid worden gebracht voor een langere reis en een groot aantal gasten.'[13]

Dit keer verbleef de dictator bijna drie maanden – tot vlak voor het begin van het Duitse offensief in de saillant van Koersk, begin juli 1943 – op de Obersalzberg.[14] De hoop van zijn entourage, en met name van Goebbels, dat hij wat zou kunnen bijkomen in de frisse berglucht en weer in vorm zou kunnen raken, werd echter maar in beperkte mate vervuld.[15] De hele maand april bleef in beslag genomen worden door ontvangsten van bondgenoten, en ook daarna vond de dictator maar zelden de gelegenheid zich eens te ontspannen.

Inmiddels was de stemming op de Berghof niet langer zo onbezorgd als in de voorafgaande jaren. 'Hitler zat, zoals tegenwoordig wel vaker, stil aan de grote haard en staarde urenlang in het vuur,' herinnerde Speer zich van een bezoek in de tweede helft van november 1942.[16] Bovendien was München in september 1942 voor het eerst getroffen door een zware luchtaanval, en er zouden er voor het einde van de oorlog nog dertig volgen.[17] Toch zag Goebbels toen hij op 24 juni 1943 vanuit Salzburg naar de Obersalzberg reed, nog maar weinig van de effecten van de oorlog: 'In de omgeving heerst een haast onwerkelijk aandoende vredigheid [...]. In Berchtesgaden flaneren de gasten van het kuuroord door het stadje alsof ze de oorlog niet eens willen opmerken.'[18] Voor Hitler was het echter maar een kwestie van tijd wanneer ook de Obersalzberg in het vizier van de geallieerde bommenwerpers zou komen. Dat daarbij ook zijn eigen huis en erf zouden worden vernietigd, was voor hem 'welhaast vanzelfsprekend', zo merkte hij op.[19]

Daarom brak er in de zomer van 1943 een nieuwe fase aan in de bedrijvigheid. Op de toppen rondom de Obersalzberg werd afweergeschut in stelling gebracht en werden apparaten geïnstalleerd waarmee de hele omgeving bij luchtalarm in een kunstmatige nevel kon worden gehuld. Bovendien werd nu onder hoge druk gewerkt aan de aanleg van schuilkelders. Tegen de kerst van 1943 was het eerste deel van het bunkersysteem, de 130 meter lange tunnel onder de Berghof, gereed. Van de achteruitgang van het huis was het maar een paar passen lopen naar de ingang. 66 treden leidden omlaag naar de bunkerwereld – die onder meer eigen woon- en slaapruimtes voor Hitler en Eva Braun, verblijven voor het personeel, een keuken, goedgevulde voorraadkamers en depots voor de kunstschatten, akten en boeken zou bevatten. Ook onder de landhuizen van Bormann en Göring en onder de Platterhof werden tunnels in het rotsmassief geboord. De verschillende tunnelsystemen werden door middel van smalle gangen met elkaar verbonden, zodat 'de hele Obersalzberg ondertunneld was, als een reusachtige molshoop'.[20]

Toen Hitler eind februari 1944 na lange tijd – zijn eendaagse bezoek vanwege de ontmoeting met Mussolini in Feltre op 19 juli 1943 was alweer zeven maanden eerder geweest – weer op de Obersalzberg aankwam, waren er dus inmiddels voorzieningen getroffen voor zijn veiligheid. Zijn laatste verblijf was gelijk ook het langst durende – bijna vijf maanden verbleef hij op de Berghof.[21] Het zou er tot in de eerste weken van april vrijwel onafgebroken sneeuwen. De sneeuwmassa stapelde zich torenhoog op, en alleen met veel moeite kon er nog een smal pad naar het theehuis worden vrijgemaakt.[22] Hitler ontving gedurende deze periode opnieuw een reeks buitenlandse staatslieden, onder wie de Roemeense maarschalk Antonescu, de Slowaakse president Tiso, de Hongaarse premier Sztójay en de Japanse ambassadeur Oshima. Hij hield er bovendien zijn laatste redevoeringen voor een grotere kring van generaals en economische topmannen. Het geïmproviseerd spreken dat hem vroeger toch zo goed afgegaan was, kostte hem nu steeds meer moeite. Zo draaide zijn toespraak tot ongeveer honderd vertegenwoordigers van de wapenindustrie in de Platterhof op 26 juni 1944 uit op een fiasco. Speer, die hem had overgehaald te spreken, herinnerde zich: 'Hij versprak zich meermaals, stokte, maakte zijn zinnen niet af, sprong van de hak op de tak en raakte zelfs regelmatig de draad kwijt. De toespraak getuigde van zijn zorgwekkende mate van uitputting [...]. We zijn ons allemaal een ongeluk geschrokken.'[23]

Gedurende deze laatste weken op de Obersalzberg was inmiddels wel duidelijk geworden dat de geallieerde invasie in het westen een succes was en dat de Wehrmacht weinig meer wist in te brengen tegen de overweldigende overmacht van het

Rode Leger. Hitlers entourage kwam steeds meer in de greep van doemdenken.[24] In totaal zou Hitler gedurende de oorlogsjaren bijna vierhonderd dagen, meer dan een jaar dus, doorbrengen op de Berghof. Net als in de periode vóór de oorlog tekende zich tijdens zijn verblijf een zeker ritme in het verloop van de dagen af.[25] Hitler werd pas laat, tussen 11.00 en 12.00 uur gewekt door zijn persoonlijke bediende. Vaak bracht zijn lijfarts Morell hem dan direct nadat hij was opgestaan een pepmiddel. Vervolgens at Hitler zonder gezelschap zijn ontbijt in zijn werkkamer op de eerste verdieping. Tegen 13.00 uur verschenen de wagens met militairen uit Berchtesgaden voor het huis. Generaals, officieren, ordonnansen en stenografen verzamelden zich in de Grote Hal voor de eerste stafbespreking. Die duurde doorgaans twee uur, soms ook langer. Ondertussen probeerden de overige gasten de tijd te verdrijven in hun kamers of bij mooi weer op het terras. Zo nu en dan vroeg Eva Braun ongeduldig aan een van de adjudanten of het vandaag een 'ku-la' of een 'la-la', een korte of een lange stafbespreking zou gaan worden.

Wanneer Hitler eindelijk de Grote Hal verliet en het hongerige gezelschap begroette, veranderde zijn houding dramatisch. 'Ik merkte tot mijn verwondering,' herinnerde een van zijn secretaresses zich, 'dat de man die nog maar net uit de stafbespreking was gekomen, alle ernstige en officiële gedachten had achtergelaten achter het zware gordijn waarmee de Grote Hal van de woonkamer werd gescheiden. Zijn gezicht was nu dat van een goedgehumeurde gastheer die in zijn landhuis een gezelschap ontvangt.'[26] Dit vermogen als een soort kameleon van het ene ogenblik naar het volgende van rol te verwisselen, was typerend voor de veinzerijen en metamorfoses waartoe de man in staat was. Hierdoor was hij ook in staat aan tafel de charmante en beminnelijke tafelheer te spelen, ogenschijnlijk volstrekt niet onder de indruk van de ernstige problemen waarmee hij die dag was geconfronteerd.

Tijdens de lunch, die zelden langer dan een uur duurde, volgde gewoonlijk een wandeling naar het kleine theehuis. Hitler gebruikte die om een vertrouwelijk gesprek te voeren met een bijzondere gast die naast hem liep.[27] Na terugkeer trok de dictator zich één of twee uur terug op zijn werkkamer om daar kranten te lezen en de berichten van de persagentschappen te bestuderen. De rest van het gezelschap bereidde zich ondertussen voor op het avondeten dat meestal tussen 20 en 20.30 uur werd geserveerd. Meteen na afloop daarvan verschenen alweer de eerste militairen voor een volgende stafbespreking. Vervolgens gaf Hitler in de Grote Hal zijn kritische oordeel over de volgende *Wochenschau*, waarbij hij vaak niet alleen het beeldmateriaal, maar ook de begeleidende tekst liet aanpassen.[28] De dag werd afgesloten met het nachtelijke gesprek rond de haard dat net als op de Wolfsschanze meestal tot diep in de nacht duurde. Opnieuw was het dan Hitler die onafgebroken aan het woord was en de andere gasten min of meer tot zwijgen veroordeelde. Otto Dietrich herinnerde zich echter dat hij regelmatig de indruk had dat de dictator er, terwijl hij sprak, met zijn gedachten helemaal niet bij was. 'Af en toe, wanneer het gesprek stokte, vroeg Hitler naar nieuws van het OKW, van Buitenlandse Zaken of uit de pers en liep hij kort met de dienstdoende adjudant naar een naastgelegen ruimte als hij dacht dat het een belangrijke zaak betrof waarop hij moest reageren.'[29] Voordat hij dan uiteindelijk afscheid nam van zijn gasten en zich op de bovenverdieping terugtrok, riep hij nog eenmaal zijn bediende Linge bij zich en vroeg hem of er nog meldingen waren van geallieerde vliegtuigen boven het Rijk.

Tijdens zijn verblijf in het voorjaar en de zomer van 1944 veranderde dit vertrouwde ritme echter. Bijna dagelijks huilden nu de sirenes, vaak al 's ochtends vroeg. De nevelinstallaties werden aangezet en de nog maar half wakkere gasten verzamelden zich met hun koffers in de ondergrondse gewelven. Hitler werd al gewekt zodra de eerste waarschuwingen binnenkwamen en kleedde zich dan snel aan. Omgeven door zijn adjudanten bekeek hij vervolgens op het terras van de Berghof hoe de installaties een nevel tot stand brachten. Hij trok zich maar zelden terug in de bunker, eigenlijk alleen wanneer het luchtafweergeschut het vuur opende op overvliegende eskaders bommenwerpers. Misschien vormde de gang naar de bunker ook wel een probleem. Begin maart 1944 merkte Goebbels tot zijn ontsteltenis op dat de dictator 'veel moeite' had met het afdalen en het beklimmen van de 66 treden, en het 'heel rustig aan' moest doen.[30] Hitler zorgde er overigens wel voor dat niemand in zijn hofhouding de bunker vóór het sein 'veilig' verliet. Aan tafel maande hij zijn gasten dat het 'niet getuigde van moed, maar van domheid', als ze geen veilig heenkomen zochten.[31] Tot kort voor het einde van de oorlog viel er geen enkele bom op de Obersalzberg. In zijn proclamatie van 24 februari 1945 sprak Hitler er zelfs van dat het hem speet dat de Berghof tot dan toe steeds de dans was ontsprongen, aangezien hij zichzelf toch niet beter vond dat de andere 'volksgenoten'.[32] Niet lang daarna was het dan eindelijk zo ver. Op de ochtend van 25 april, slechts enkele dagen voor de zelfmoord van de dictator, deden Britse Lancaster-bommenwerpers een grootschalige aanval op de Obersalzberg en brachten daarbij ernstige verwoestingen aan. Ook de Berghof werd zwaar getroffen en wat er nog van over was, werd later door terugtrekkende SS'ers in brand gestoken.[33] Klaus Mann, Thomas Manns oudste zoon die op 8 mei, de dag van de capitulatie van de Wehrmacht, als verslaggever van *The Stars and Stripes* de Berghof bezocht, herinnerde zich: 'Na de bommen die hier al eerder vreselijk hadden huisgehouden, waren ook de plunderaars nog eens tekeergegaan. Gebarsten muren en verkoolde balken, diepe kraters vol puin en as, stukgeslagen meubilair, scherven en vuil, een puinhoop.'[34] Wat er nog restte van Hitlers voormalige residentie, werd eind april 1952 opgeblazen.

De kring van mensen die tijdens de oorlogsjaren op de Berghof bijeenkwamen, week nauwelijks af van die van voor 1939. Als eerste moeten we hier de geliefde van de Führer, Eva Braun noemen, vergezeld van haar zuster Gretl en haar vriendinnen Herta Schneider en Marion Schönmann. Steeds in de buurt van Hitler en altijd bereid al zijn wensen te vervullen, was Martin Bormann, die vanaf april 1943 ook officieel de 'secretaris van de Führer' was. Tot die gasten die voor langere tijd welkom waren, behoorden daarnaast het echtpaar Albert en Margarete Speer, de artsen Karl Brandt en Theodor Morell en hun echtgenotes, en Walther Hewel. Ribbentrops verbindingsman bij de Führer liep echter in april 1944 bij het vliegtuigongeluk dat generaal Hube fataal werd, zware verwondingen op en werd pas in december 1944 weer in zijn functie hersteld.[35]

Steeds aanwezig waren daarnaast de leden van Hitlers persoonlijke staf: de rijksperschef Otto Dietrich en zijn plaatsvervanger Heinz Lorenz, het hoofd van de 'Leibstandarte Adolf Hitler' Sepp Dietrich en de militaire adjudanten – hoofdadjudant Rudolf Schmundt, Karl-Jesko von Puttkamer voor de marine, Gerhard Engel voor het leger (tot 1943, daarna Heinrich Borgmann) en Nicolaus von Below (samen met zijn vrouw Maria) voor de luchtmacht. Daarnaast waren er de persoonlijke adjudanten Friedrich Darges, Otto Günsche en Albert Bormann, die het bijzonder slecht kon vinden met zijn broer Martin. Wilhelm Brückner, Hitlers persoonlijke hoofdadjudant, was in oktober 1940 als gevolg van een intrige, op gang gebracht door de huisadjudant van de Rijkskanselarij Arthur Kannenberg, in ongenade gevallen.[36] Zijn plaats werd ingenomen door Julius Schaub – de 'trouwste volgeling van de Führer', aldus Albert Speer.[37] Zijn oude bediende Karl Krause had Hitler al tijdens de Poolse veldtocht van 1939 om iets onbenulligs ontslagen.[38] Naast Heinz Linge was vanaf 1940 Hans Junge als bediende en ordonnans werkzaam voor Hitler. Hij trouwde in juni 1943 met Hitlers secretaresse Traudl Humps en werd vervolgens op zijn eigen verzoek overgeplaatst naar het front, waar hij in augustus 1944 sneuvelde.[39] Hij werd vervangen door Wilhelm Arndt, die op de hotelvakschool in München-Pasing al op zijn taak was voorbereid.

Net als de bedienden moesten ook de secretaresses op de Berghof steeds beschikbaar zijn: Johanna Wolf, Christa Schroeder en Traudl Humps-Junge. Gerda Daranowski trouwde in november 1942 met majoor van de luchtmacht en chef bij de staf van de Wehrmacht, Eckhard Christian, en keerde pas eind 1943 weer terug in dienst van Hitler. De dictator liet haar als huwelijksgeschenk een cheque ter waarde van 10.000 rijksmark toesturen, en hij nam alle kosten op zich van de renovatie van een woning van een gedeporteerde Jood in Berlijn die Speer in zijn functie als hoofd bouwinspecteur van de Rijkshoofdstad aan de secretaresse van de Führer had toegewezen.[40]

Een regelmatig terugkerende gast op de 'Berg' was Heinrich Hoffmann. Het alcoholisme van zijn voormalige vertrouweling begon Hitler echter steeds meer te irriteren. 'Hoffmann, uw neus ziet eruit als een bedorven pompoen,' berispte hij zijn lijffotograaf toen die zich weer eens dronken bij hem aandiende. 'Volgens mij hoef ik maar een lucifer bij uw adem te houden en u explodeert. Binnenkort vloeit er rode wijn door uw aderen in plaats van bloed.'[41] Een graag geziene gast was daarentegen steeds weer Joseph Goebbels, omdat hij wist hoe hij het gezelschap moest vermaken en erin slaagde Hitler op te monteren. Onder de directe volgelingen was er niemand opgewassen tegen de humor van zijn scherpe tong. Dat ging echter wel meestal ten koste van anderen. Toen Otto Dietrich een keer opmerkte dat hij in bad altijd de beste ideeën kreeg, zei Goebbels prompt: 'U moet veel vaker in bad, dokter Dietrich!'[42]

Een nieuw lid van de Berghof-groep was tijdens de oorlog de cameraman Walter Frentz die al aan Leni Riefstahls films had meegewerkt en na 1939 als filmreporter verantwoordelijk was voor de opnames van Hitler in de Wochenschau. Hij gebruikte zijn verblijf op de Obersalzberg om het leven en de activiteiten daar in vele honderden beelden vast te leggen. Hij fotografeerde niet alleen de officiële gasten wanneer die aankwamen en weer vertrokken, maar ook privégebeurtenissen. Op verzoek van Eva Braun maakte hij bijvoorbeeld een reeks foto's waarop ze samen met Hitler en de kinderen van haar vriendin Herta Schneider te zien is – een opzettelijke poging een gezinsleven na te bootsen. Op andere foto's zien we de gasten in een ongedwongen gezellig samenzijn op het terras of 's avonds rond de haard in de Grote Hal. Weer andere tonen de dictator tijdens zijn wandelingen naar het theehuis in gezelschap van Goebbels, Himmler of Hewel.[43] Kennelijk had Frentz het bijzondere vertrouwen van Eva Braun, die zelf een enthousiaste fotografe en amateurfilmster was.[44] Beiden waren erin geïnteresseerd de private Hitler, afgezien van alle Führerposes, zo menselijk mogelijk in beeld te brengen.

Het zou echter steeds moeilijker blijken deze schijnidylle vol te houden naarmate de oorlog zich langer voortsleepte. Noch de portretfoto's van Frentz, noch de films van Eva Braun konden verhullen dat Hitler zichtbaar ouder was geworden. In maart 1944 gaf de geliefde van de dictator in haar privévertrekken voor een selecte groep genodigden een voorstelling van kleurenfilms die ze tussen 1939 en 1942 had gemaakt. Het was duidelijk te zien, zo schreef Goebbels in zijn dagboek, 'hoe sterk de Führer tijdens de oorlog was veranderd. Destijds was hij nog een jonge man, maar tijdens de oorlog is hij ouder geworden en nu loopt hij zelfs al krom.'[45] Ook Hitlers huishoudster in München, Anni Winter, merkte de veranderingen op toen ze in juni 1944 voor het laatst te gast was op de Obersalzberg: 'Hij zag er griezelig afgetakeld uit, en zijn ogen waren zo sterk achteruitgegaan dat de conceptteksten die hij dicteerde, moesten worden getypt op een speciale typmachine waarop de letters drie keer zo groot waren, anders kon hij ze niet teruglezen.'⁴⁶

Eva Braun, die oorspronkelijk toch eerder verlegen en teruggetrokken was geweest, zou nu daarentegen zelfverzekerder zijn geworden. Ze hoefde niet langer te vechten om haar plaats in Hitlers hofhouding, maar werd in haar positie als 'vrouw des huizes van de Berghof' als vanzelfsprekend door alle gasten gerespecteerd.⁴⁷ Traudl Humps was verrast toen ze Eva Braun eind maart 1943 voor het eerst op de Obersalzberg zag: 'Ze ging zeer goed gekleed en zag er goed verzorgd uit, en het viel me op dat ze zich heel onbevangen en natuurlijk gedroeg. Ze voldeed eigenlijk helemaal niet het ideaal van het Duitse meisje zoals dat op de posters van de BdM of in de tijdschriften van de NS-Frauenschaft werd voorgesteld. Haar goed verzorgde haar was geblondeerd, en haar knappe gezicht was weliswaar flink maar wel bijzonder smaakvol opgemaakt.'⁴⁸ Het personeel aan het hof sprak haar aan met 'juffrouw', maar ook met 'bazin' en de gasten noemden haar gewoon 'juffrouw Braun'.⁴⁹ Haar relatie met Hitler was duidelijk intiemer geworden. In het gezelschap van vertrouwde gasten spraken ze elkaar aan met 'jij', en aan de haard zaten ze hand in hand – een intimiteit die ze zich vroeger in het gezelschap van anderen nooit hadden veroorloofd.⁵⁰

Afb. 30 Het avondgezelschap in de Grote Hal van de Berghof, mei 1944. In deze idyllisch op de Obersalzberg gelegen residentie probeerden Hitler en Eva Braun (links op de achterste bank) ook een privéleven te leiden.

Wat anderen niet durfden, kon Eva Braun zich tegenover Hitler wel veroorloven. Aan tafel liet ze vaak merken wanneer ze het ergens niet mee eens was en ze vroeg luid en duidelijk hoe laat het toch was als er weer eens geen einde kwam aan zijn woordenstroom. 'Hitler maakte vervolgens snel een einde aan zijn monoloog en hief de zitting op.'[51] In het theehuis zei ze hem op een bepaald moment dat hij niet zo krom moest lopen. De dictator reageerde opvallend mild: het zou komen doordat hij 'zulke zware sleutels op zak had', grapte hij. Bovendien zou hij 'een hele zak vol zorgen' met zich meedragen.[52] In de lange maanden waarin Hitler zich ophield in zijn hoofdkwartier in Oost-Pruisen, schreef Eva Braun zo nu en dan brieven waarin ze mopperde over onbeduidende bureaucratische ingrepen

Afb. 31 Hitler en Eva Braun met de dochter van haar schoolvriendin Herta Schneider, 1 mei 1942. Eva Braun had Hitlers cameraman Walter Frentz gevraagd dit soort foto's te maken. Ze moesten het beeld van een familieachtige intimiteit oproepen.

in het dagelijks leven. Ze telefoneerden wel wat vaker met elkaar. Na Stalingrad zou de dictator zijn geliefde zelfs bijna dagelijks hebben gebeld.[53] Toen hij hoorde van een luchtaanval op München, zou Hitler 'onrustig als een leeuw in zijn kooi' zijn geworden, tot er eindelijk weer telefoonverkeer mogelijk was, zo herinnerde Traudl Humps-Junge zich later.[54] In Hitlers afwezigheid toonde Eva Braun zich echter niet verdrietig. Integendeel: ze organiseerde op de Berghof of in haar villa in München regelmatig wilde feesten, ging op warme dagen met gasten zwemmen in de Königssee en eenmaal per jaar – voor het laatst in de zomer van 1942 – reisde ze met haar moeder en haar vriendinnen naar Italië.[55]

Ook minister van Propaganda Goebbels noteerde dat Eva Braun een belangrijkere rol begon te spelen in Hitlers hofhouding. In zijn dagboek had hij lang in alle talen gezwegen over het bestaan van de 'Führergeliefde' – waarschijnlijk niet alleen uit discretie, maar ook omdat hij dacht dat ze maar bijzonder weinig invloed had op de dictator. Dat zou echter in de tweede helft van de oorlog veranderen. Tijdens zijn verblijf op de Obersalzberg eind juni 1943 nam Goebbels voor het eerst de tijd eens uitgebreid met Eva Braun te spreken. In zijn dagboek schreef hij daarover: 'Ze maakt op mij een uitstekende indruk, is enorm belezen, heel helder en verstandig in artistieke kwesties en zal zeker een grote steun zijn voor de Führer.'[56] Scherpzinnig stelde Goebbels bij zijn bezoek aan de Wolfsschanze begin augustus 1943 vast dat Hitler vol waardering sprak over zijn geliefde: Hij zou 'op prijzende toon [...] haar rustige, verstandige en zakelijke manier van doen' hebben besproken. De minister van Propaganda voegde er vervolgens in zijn dagboek aan toe: 'Eva Braun is een verstandig meisje dat heel veel betekent voor de Führer.'[57] Goebbels begreep inmiddels dat hij Eva Braun niet langer kon negeren als hij bij Hitler in de gunst wilde blijven. Daarom besteedde hij voortaan wanneer ze elkaar ontmoetten op de Obersalzberg, meer aandacht aan haar. Hij betrok haar bijvoorbeeld tijdens het avondeten begin juni 1944 bij het gesprek over film en theater. 'Juffrouw Braun toont daarbij steeds weer over een bijzonder scherpzinnig, kritisch onderscheidingsvermogen te beschikken,' zo schreef hij vervolgens.[58] Of Goebbels dat ook werkelijk dacht, of dat hij zijn oordeel met het oog op een eventuele latere publicatie van zijn dagboeken matigde, is niet goed vast te stellen.

Wat Hitler kennelijk bijzonder waardeerde aan Eva Braun, was haar onvoorwaardelijke loyaliteit. Ze zou de enige zijn die hem 'wanneer het erop aan kwam, en tot op het laatst' trouw zou blijven, zo merkte hij regelmatig op.[59] Wat dat betreft vergiste hij zich niet in haar. Op de Obersalzberg wist Eva Braun met haar ongedwongen manier van doen zelfs nog in het voorjaar en de zomer van 1944, toen de nederlaag zich steeds duidelijker aftekende, voor afleiding te zorgen.[60] In april 1944 huurde ze de bekende goochelaar 'Kalanag', Helmut Schreiber, in.

Twee weken lang presenteerde die, geassisteerd door zijn vrouw, bijna elke avond zijn trucs in de Grote Hal. Hitler zou er duidelijk door zijn opgeleefd en veel gelachen en geapplaudisseerd hebben.[61]

Dergelijk onschuldig vermaak en de verschrikkelijke realiteit van de oorlog en de volkerenmoord lieten zich enkel met elkaar verenigen door die laatste te verdringen en er niet over te spreken. Zo was het absoluut verboden aan tafel te spreken over de steeds onheilspellendere toestand aan het front. Het gesprek ging meestal over ongevaarlijke onderwerpen – de nieuwste modetrends, films en theatervoorstellingen. Hitler kwam altijd weer met verhalen over zijn streken als schooljongen of amusante momenten uit de 'Kampfzeit' die de tafelgenoten al veel te vaak hadden gehoord. Hij mocht ook graag terugkomen op de vermeende risico's van het eten van vlees, maar zonder zijn tafelgenoten daarbij de eetlust te doen vergaan. Wanneer hij Maria von Below, Anni Brandt of Margarete Speer naar de tafel begeleidde, vroeg hij als bijzonder attente gastheer geïnteresseerd hoe het met hun kinderen ging.[62]

Hitlers laatste verblijf op de Obersalzberg, van eind februari tot midden juli 1944, viel samen met het laatste hoofdstuk van de Holocaust: de deportatie en het vermoorden van de Hongaarse Joden. Aannemelijk is dat Hitler hierover sprak met Himmler, die begin april de Berghof bezocht.[63] En in zijn toespraak van 26 mei 1944 voor officieren van de Wehrmacht in de Platterhof liet de dictator er geen twijfel over bestaan welk lot de Hongaarse Joden wachtte: 'Ik heb ook hier ingegrepen, en ook dit probleem zal nu worden opgelost.'[64] We kunnen er zeker van zijn dat de leden van zijn entourage wel degelijk op hoogte waren van deze misdaden tegen de menselijkheid. Toch lijkt rond dit thema in besloten kring een stilzwijgen te hebben geheerst.[65]

Dat taboe zou slechts één keer zijn doorbroken. Tijdens een avondsessie in de Grote Hal van de Berghof in april 1943 zou Henriette von Schirach, zo beweerde ze na 1945, Hitler hebben verteld over iets wat ze had meegemaakt. Vanuit het raam van een hotel in Amsterdam zou ze hebben geobserveerd hoe Joodse vrouwen bijeengedreven en gedeporteerd werden. Hitler zou het verhaal aanvankelijk kalm hebben aangehoord, maar vervolgens overeind zijn geveerd en haar toegeschreeuwd hebben: 'U bent sentimenteel! Wat gaan die Hollandse Jodinnen u aan?'[66]

Door verschillende mensen wordt echter ernstig in twijfel getrokken of het incident zich werkelijk zo heeft voltrokken als Henriette en Baldur von Schirach het later vertelden. Afgezien van henzelf waren er geen directe getuigen die hun versie van het gebeuren bevestigden. Christa Schroeder hoorde het verhaal in 1978 voor het eerst van Henriette von Schirach zelf, en Traudl Humps had het uit de tweede hand, van haar vriend en latere echtgenoot, de bediende Hans Junge.[67] Het staat in elk geval wel vast dat er eind juni 1943 een confrontatie heeft plaatsgevonden tussen Hitler en het echtpaar Schirach. Het zou daarbij echter niet zijn gegaan om de vervolging van de Joden, maar om de activiteiten van von Schirach als rijksstadhouder van Wenen. Goebbels, die hierbij aanwezig was geweest, schrijft er uitgebreid over in zijn dagboek. Volgens dat verslag zou Hitler zijn oude antipathie tegen de Weners hebben botgevierd toen hij de Berlijnse bevolking de hemel in prees om haar houding te midden van het oorlogsgeweld. Daarom zou hij Berlijn ooit nog eens uitbouwen 'tot de mooiste stad ter wereld' en de Oostenrijkse hoofdstad daarentegen verwaarlozen. Toen Schirach tegenwierp dat 'men ook in Wenen enthousiast was over het nationaalsocialisme', reageerde de dictator, die geen tegenspraak duldde, uiterst agressief. Goebbels noteerde: 'Mevrouw von Schirach is bijzonder van streek door wat de Führer haar zoal vertelt, en de tranen staan haar in de ogen. Maar de Führer is onverbiddelijk [...]. Hij antwoordt met een verbazingwekkende onverbiddelijkheid. Schirach kruipt steeds verder in zijn schulp [...]. Mevrouw von Schirach verwoordt na afloop

Afb. 32 Hitler en zijn gast Heinrich Himmler op 3 april 1944 op weg naar het theehuis op de Mooslahnerkopf. Vermoedelijk spraken ze over de deportatie van de Hongaarse Joden.

haar ongeluk door te stellen dat ze nu graag weer met haar man naar München zou vertrekken [...]. Daar wil de Führer absoluut niet van weten. Hij zou er niet eens aan willen denken, want Schirach zou voor partij en Rijk zijn opdracht in Wenen moeten vervullen.'[68] De Schirachs waren die avond in ongenade gevallen en zouden nooit meer op de Berghof worden uitgenodigd. Zelfs weken later nog kon Hitler zich opwinden over het gedrag van Henriette von Schirach, dat hem in hoge mate zou hebben geïrriteerd.[69]

De onmin tussen de dictator en de von Schirachs laat wel zien dat ook op de Berghof onder de ogenschijnlijk zo harmonieuze oppervlakte de spanningen tussen de verschillende leden van de entourage toenamen. Zolang in militair opzicht de zaken voorspoedig verliepen, kwamen die niet aan de oppervlakte omdat het idee van een Europa onder Duitse heerschappij voor iedereen interessante mogelijkheden bood. Maar hoe meer de eindoverwinning een onhaalbare kaart leek te worden, hoe sterker de onderlinge jaloezie en rivaliteit voelbaar werden.[70] Eind juni 1943 hoorde Goebbels uit de mond van de adjudanten Albert Bormann en Julius Schaub over intriges aan het hof van Hitler, en in zijn dagboek ventileerde hij zijn ergernis: 'Men zou eigenlijk die hele meute van hofnarren en onverantwoordelijke hitsers over de kling moeten jagen.'[71]

Ook de feesten die bij tijd en wijle werden georganiseerd op de Berghof, wisten de breuklijnen in het gezelschap aldaar slechts tijdelijk te verhullen. Hitler koos er dan ook heel bewust voor zijn vierenvijftigste en zijn vijfenvijftigste verjaardagen in 1943 en 1944 in afzondering in de bergen door te brengen. Zoals elk jaar stapelden de cadeaus en de gelukwensen zich op, precies om middernacht stond zijn hele entourage en al het personeel klaar om hem te feliciteren, en zoals elk jaar daarvoor kwamen de kinderen van Speer en Bormann piekfijn verzorgd met bossen bloemen netjes hun gelukwensen opzeggen. Een echt feestelijke stemming wilde er echter niet ontstaan. 's Middags werd de aandacht alweer volledig in beslag genomen door militairen. Op zijn vijfenvijftigste verjaardag bekeek Hitler op een deel van de snelweg naar Salzburg de nieuwste modellen tanks en rijdend geschut.[72]

Op 3 juni 1944, slechts drie dagen voor de invasie in het westen, vond er op de Obersalzberg nog één keer een groot feest plaats: Eva Brauns zuster Gretl trouwde er met de ss-Gruppenführer Hermann Fegelein. Het destijds zevenendertig jaar oude hoofd van de ss-Hauptreiterschule in München was in 1943 als commandant van de 8ste ss-cavaleriedivisie in het gebied bij de Pripjat-moerassen betrokken bij de 'partizanenbestrijding' en verantwoordelijk voor ernstige oorlogsmisdaden tegen de Russische burgerbevolking. Begin 1944 werd hij, nadat hij was genezen van zijn verwondingen, Hitlers verbindingsofficier met de Waffen-ss. Eva Braun vond de zwaar onderscheiden ss'er kennelijk sympathiek. Hij gold dan ook als favoriet van de vrouwen en had het hoogste woord. Ze zorgde ervoor dat hij regelmatig aan tafel mocht aanschuiven op de Berghof. Zij was het ook die Gretls huwelijk met Fegelein regelde.

Het burgerlijk huwelijk vond plaats in het stadhuis van Salzburg, waarbij Himmler en Bormann optraden als getuigen. Daarna had Hitler het jonge paar en hun gasten uitgenodigd voor een lunch op de Berghof. Vervolgens reed het gezelschap – zonder de dictator – naar het theehuis op de Kehlstein. 'In alle ruimtes was een uitbundig feest gaande,' herinnerden Heinz Linge en Otto Günsch zich later in Russische krijgsgevangenschap. 'Een orkestje speelde onvermoeibaar dansmuziek. Ordonnansen serveerden champagne, likeur en de meest geraffineerde lekkernijen. Eva Braun straalde [...]. Ze danste, flirtte en genoot nog het meest van allen van het feest.' In Bormanns villa werd het drinkgelag nog tot in de vroege uurtjes voortgezet.[73] Het zou het laatste feest zijn dat op de Obersalzberg werd gevierd – letterlijk een dans op de rand van de afgrond.

13
De 20ste juli van 1944 en zijn gevolgen

Hij zou 'al de hele tijd hebben gevoeld dat er iets dergelijks stond te gebeuren', vertelde Hitler aan zijn secretaresse Christa Schroeder kort nadat de bom die Stauffenberg op 20 juli 1944 in de barak voor de stafbesprekingen op de Wolfsschanze had gedeponeerd, was afgegaan.[1] De dictator was al bang geweest voor aanslagen vanaf het moment dat hij zijn functie als rijkskanselier op zich had genomen. De veiligheidsmaatregelen waren in de loop van de jaren steeds verder opgevoerd. Alle reizen die Hitler maakte met zijn speciale trein, werden bijzonder streng geheimgehouden.[2] In de herfst van 1943 was binnen veiligheidszone 1 in de Wolfsschanze nog een speciale veiligheidszone A ingericht, waartoe alleen de naaste medewerkers toegang hadden.[3] Hoe meer Hitler zich uit de openbaarheid terugtrok en wegkroop in de bunkerwereld van zijn hoofdkwartier, des te minder risico hij leek te lopen. Verontrustender dan de mogelijkheid van een aanslag was voor hem en zijn entourage namelijk het gevaar van een luchtaanval. In september 1943 stelde Goebbels de vraag aan de orde of het hoofdkwartier van de Führer wel voldoende beschermd was tegen een aanval door parachutisten.[4] Daarnaast zorgde men er in de omgeving van Hitler voor dat de levensmiddelen die bestemd waren voor het speciale dieet van de Führer, streng werden gecontroleerd om elk risico op vergiftiging uit te sluiten.[5]

In februari 1944 kregen de geruchten over een mogelijke aanslag een nieuwe impuls. Toen hij zijn dagelijkse persmap doorbladerde, vond Hitler daarin een bericht uit Stockholm: er zou een officier uit de generale staf van het leger zijn aangewezen om hem met een pistool dood te schieten. Adjudant Nicolaus von Below besprak vervolgens de situatie met ss-Gruppenführer Hans Rattenhuber, die verantwoordelijk was voor de beveiliging van de Führer. Ze kwamen tot de conclusie dat voortaan alle bezoekers van het hoofdkwartier grondig moesten worden gecontroleerd op verborgen wapens.[6]

Hitler vond een verscherpte controle echter in eerste instantie niet nodig. Hij wist dat een waterdichte beveiliging onmogelijk was, en misschien vertrouwde hij erop dat zijn gevoel voor dreigend gevaar hem niet in de steek zou laten wanneer het erop aankwam. Hij zou al eerder een dergelijk voorgevoel hebben gehad, zo zei hij tegen Mussolini tijdens diens bezoek aan de Wolfsschanze op de middag van 20 juli. Zo zou hij tijdens de Eerste Wereldoorlog net op tijd uit een bomkrater zijn gesprongen – omdat hij zeker wist dat de volgende granaat daar zou inslaan, hetgeen vervolgens ook was gebeurd.[7] In de weken die volgden, zou Hitler nog vaak op datzelfde thema terugkomen. Zelfs nog eind augustus 1944 beweerde hij dat het vermoeden dat hem wat zou overkomen hem al vóór zijn vertrek van de Obersalzberg 'als een nachtmerrie had achtervolgd'. Hij zou Eva Braun daarom precieze instructies hebben gegeven voor het geval hij om het leven zou komen. Zijn nog altijd even goedgelovige discipel, de minister van Propaganda, schreef: 'De vooruitziende blik die hier maar weer eens uit blijkt, is werkelijk frappant. Hij beschikt over geheimzinnige krachten die wij niet kunnen verklaren.'[8]

De plannen om Hitler uit de weg te ruimen of op zijn minst af te zetten, stamden al uit de herfst van 1938. Destijds had een groep tegenstanders van het regime in de Wehrmacht, het corps diplomatique en de geheime dienst elkaar gevonden met het doel de dictator te dwarsbomen bij zijn agressie tegen Tsjechoslowakije, aangezien het risico op een grote oorlog met de westelijke machten daardoor zou toenemen. De Conferentie van München in 1938 had dit nogal vage 'september-complot' echter overbodig gemaakt. Het jaar daarop werden alweer nieuw plannen gesmeed. Ditmaal was het doel het verhinderen van de Duitse overval op het westen, waartoe Hitler opdracht had gegeven direct na het einde van de veldtocht in Polen. Ook deze tweede aanslag zou er echter niet komen, niet in de laatste plaats als gevolg van de aarzelende houding van de legerleiders die zich weinig besluitvaardig toonden.[9] Ze hadden beter een voorbeeld kunnen nemen aan meubelmaker Georg Elser uit Zwaben, die er met enorme moed en handvaardigheid in was geslaagd een springlading te installeren in de Bürgerbräukeller in München. Het zou niet zijn vooruitziende blik, maar stom toeval zijn dat uiteindelijk maakte dat de dictator op 8 november 1939 aan een wisse dood ontsnapte.[10]

De militaire successen van het voorjaar en de zomer van 1940 hadden op de kleine groep tegenstanders van Hitler in het leger een verlammend effect. De scepsis van de generaals leek te zijn weerlegd. Hitler had hoog spel gespeeld, maar dat had niet tot de verwachte catastrofe geleid en de Wehrmacht juist nooit voor mogelijk gehouden overwinningen opgeleverd. De dictator was nog nooit zo populair geweest en elke kans dat met zijn val een machtswisseling teweeg kon worden gebracht, was daarmee voorlopig vervlogen. Dat veranderde pas weer met de aanval op de Sovjet-Unie. Met de ommekeer in de strijd gedurende de winter van 1941-1942 kreeg het civiele en het militaire verzet een nieuw impuls. Rond de voormalige burgemeester van Leipzig, Carl Goerdeler, verzamelden zich nu kopstukken van de nationaal-conservatieve oppositie: Ludwig Beck, die in augustus 1938 uit protest tegen Hitlers oorlogsstreven afstand had gedaan van zijn functie als chef van de generale staf, de diplomaat Ulrich von Hassell, tot hij begin 1938 uitstapte ambassadeur in Rome, en Johannes Popitz, sinds 1933 Pruisische minister van Financiën onder Göring. De politieke ideeën van deze kring mensen waren nog sterk gevormd door de autoritaire staatsopvattingen van het keizerrijk. Goerdeler en zijn medestrijders lonkten naar een herstel van de monarchie. Als ze er op tijd bij waren, zo dachten ze, kon er nog wel een gunstig vredesverdrag worden gesloten dat de machtige positie van Duitsland in Europa zou garanderen.[11]

Goerdeler stond ambivalent tegenover de 'Jodenpolitiek' van het regime. Hij veroordeelde weliswaar het onrecht dat de Joden werd aangedaan, maar deelde volledig de antisemitische vooroordelen die al sinds de wilhelminische tijd gangbaar waren in het nationaal-conservatieve burgerlijke milieu. Zo stelde hij in zijn memorandum 'Het Doel' van herfst 1941: 'De kwestie van de rassenvermenging moet steeds aan het gezonde verstand van het volk worden overgelaten.' En zelfs nog in een notitie die hij in september 1944 maakte in de gevangenis onder de titel 'Jodenvraagstuk': 'We moeten niet willen verhullen wat er gebeurd is, maar daarbij ook de nadruk leggen op de grote schuld van de Joden die in ons openbare leven waren ingebroken op manieren die elke vorm van gepaste terughoudendheid ontbeerden.'[12]

De Kreisauer Kreis, die aan het begin van de Tweede Wereldoorlog was ontstaan rond de Sleeswijkse grootgrondbezitters en juristen Helmuth James von Moltke en Peter Yorck von Wartenburg, nam van zulke merkwaardig bekrompen ideeën wel duidelijk afstand. Deze kring omvatte mensen uit sterk uiteenlopende sociale en politieke achtergronden: de sociaaldemocraten Carlo Mierendorff, Theo Haubach, Julius Leber en Adolf Reichwein, de jezuïeten Augustin Rösch en Alfred Delp, de protestantse predikanten Eugen Gerstenmaier en Harald Poelchau, de diplomaten Adam von Trott zu Solz en Hans Bernd von Haeften. Anders dan de nationaal-conservatieve kopstukken rond Goerdeler waren de meeste leden van de Kreisauer Kreis van begin af aan absolute tegenstanders van het nationaalsocialisme, een flink aantal van hen had na 1933 een ambt of een functie verloren en sommigen hadden al enige tijd moeten doorbrengen in concentratiekampen en gevangenissen. Na een intensieve discussie tijdens drie bijeenkomsten op Moltkes Silezische landgoed in Kreisau in 1942-1943 werden ze het eens over een gemeenschappelijk programma waarmee ze streefden naar een fundamentele politieke en intellectuele vernieuwing van Duitsland. Uitgaand van 'kleine gemeenschappen', dat wil zeggen basisdemocratische initiatieven, streefden ze op de langere termijn naar een verenigd Europa waaraan Duitsland op vreedzame wijze zou kunnen deelnemen, zonder naar hegemonie te streven.

Hun economische en sociale plannen waren al even vooruitstrevend: hierin zochten ze een derde weg tussen de socialistische planeconomie en de kapitalistische markteconomie waarin de voordelen van de persoonlijke vrijheid en de concurrentie in harmonie moesten worden gebracht met die van de sociale zekerheid en de verplichtingen die eigendom met zich meebrengt.[13]

Naast de groep op Buitenlandse Zaken en bij de Abwehr van het OKW rond Hans Oster en Hans von Dohnanyi, die al in 1938-1939 hadden samengezworen tegen Hitlers oorlogsplannen, ontstond in de tweede helft van 1941 in de Legergroep Mitte aan het oostfront een tweede haard van militair verzet. De drijvende kracht hierachter was kolonel Henning von Tresckow, de hoogste officier van de generale staf van de Legergroep. Geleidelijk verzamelde hij een reeks vertrouwelingen als medewerkers, onder wie de advocaat en luitenant van de reserve Fabian von Schlabrendorff en majoor Rudolf-Christoph Freiherr von Gersdorff. Deze drie officieren waren al vroeg op de hoogte van de massamoorden die door de Einsatzgruppe B werden gepleegd op Joden in de Sovjet-Unie. Voor hen zou de maat definitief vol zijn met de slachting van Borisov op 20-21 oktober 1941, toen een eskader van de Duitse Sicherheitspolizei en de SD meer dan 7000 mannen, vrouwen en kinderen doodschoot. Hun verontwaardiging over deze vreselijke misdaad combineerden ze nu met het inzicht dat de Blitzkrieg in het oosten was mislukt en dat een militaire nederlaag niet langer uigesloten kon worden.[14] Tresckow richtte zich nu intensief op generaal-veldmaarschalk von Kluge. De opperbevelhebber van de Legergroep Mitte was ernstig ontstemd over de voortdurende ingrepen door Hitler in zijn operatieve beslissingen – er was 'een waar engelengeduld voor nodig', zo beklaagde hij zich regelmatig[15] – maar werkelijk tot verzet over gaan, dat durfde hij niet aan. Steeds wanneer Tresckow dacht dat hij Kluge had overtuigd, trok deze zich toch weer terug en liet zich nergens op vastleggen. Het zou de samenzweerders weer niet lukken ook maar één vooraanstaande legerleider voor zich te winnen.[16]

In de loop van 1942 begonnen de verschillende verzetskringen met elkaar samen te werken. In opdracht van Tresckow reed Schlabrendorff in juli naar Berlijn om direct contact te leggen met Goerdeler en Beck. Rond Pasen slaagden de militaire en de niet-militaire oppositie er ook in een nauwere banen aan te knopen met generaal Friedrich Olbricht, de chef van het *Allgemeine Heeresamt* (Algemeen Bureau van het Leger) en de plaatsvervanger van Friedrich Fromm als bevelhebber van het reserveleger. Hij zou een belangrijke rol moeten vervullen bij de voorbereiding van de staatsgreep die direct op de aanslag op de dictator moest volgen. Het uitgangspunt vormden daarbij de plannen voor het gebruik van het reserveleger in het geval van binnenlandse onlusten, die waren ontwikkeld onder de codenaam 'Walküre'.

De dreigende catastrofe bij Stalingrad zorgde ervoor dat men de voorbereidingen voor een staatsgreep begon op te voeren. Eind januari 1943 arriveerde Tresckow in Berlijn en drong er daar op aan haast te maken. Er zou geen tijd meer te verliezen zijn, en aangezien er van de veldmaarschalken geen 'eerste aanzet' verwacht hoefde te worden, moest men zelf wel het initiatief nemen.[17] Generaalveldmaarschalk Erwin von Witzleben, die in maart 1942 was ontslagen en door von Rundstedt was vervangen als opperbevelhebber West in Parijs, verklaarde bereid te zijn na de dood van Hitler het bevel van de Wehrmacht op zich te nemen. Het bleef echter onduidelijk hoe de bevelhebber van het reserveleger, Fromm, zich zou opstellen in het geval van een staatsgreep. Begin maart 1943 kreeg hij bezoek van de voormalige vicehoofdcommissaris van de politie van Berlijn en luitenant van de reserve, Fritz-Dietlof graaf von der Schulenburg. Schulenburg, die aanvankelijk een overtuigd nationaalsocialist was geweest, had zich in een pijnlijk langzaam leerproces tijdens de oorlog van het regime afgewend en na de ramp van Stalingrad zonder meer de kant van het verzet gekozen. Sindsdien trad hij op als de belangrijkste contactpersoon tussen de verschillende groepen samenzweerders. Fromm bleek echter weinig bereid tot medewerking. De kolonelgeneraal wees het idee van een staatsgreep weliswaar niet zonder meer af, maar bleef onduidelijk over zijn eigen opvattingen.[18]

Desondanks besloten Tresckow en zijn medesamenzweerders nu kennelijk tot actie over te gaan. Op 13 maart 1943, tijdens Hitlers bezoek aan het hoofdkwartier van de Legergroep Mitte in Smolensk, moet het hun gelukt zijn, zo herinnerde Schlabrendorff het zich achteraf, om een als cadeau verpakte bom in het vliegtuig van de dictator te smokkelen. Die moest tijdens de terugvlucht afgaan. Het ontstekingsmechanisme werkte echter niet, waarschijnlijk vanwege de kou in de laadruimte van het toestel. Na enkele spannende uren kwam het teleurstellende nieuws dat Hitler en zijn reisgenoten veilig waren geland.[19] Slechts een paar dagen later moet er al een tweede poging gedaan zijn. Als we de herinnering van Gersdorff mogen geloven, had hij zich bereid verklaard om zichzelf met Hitler op te blazen op 21 maart, en wel na Hitlers toespraak voor 'Heldengedenktag', toen de dictator een tentoonstelling van buitgemaakte Sovjetwapens bezichtigde. Alsof Hitler echter het gevaar rook liep Hitler zo snel door de tentoonstelling dat Gersdorff de gelegenheid voor zijn plan voorbij moest laten gaan.[20] Of de beide aanslagpogingen inderdaad zoals beschreven hebben plaatsgevonden, is echter niet met zekerheid vastgesteld. Er is alleen de getuigenis van de beide betrokkenen.

De oppositie ondervond in de maanden daarop een aantal tegenslagen. In maart 1943 kreeg Beck ernstige darmkanker. Hij moest meermaals worden geopereerd en was geruime tijd niet meer beschikbaar als contact voor het verzet in Berlijn.[21] Begin april werden Hitlers tegenstanders opnieuw getroffen door tegenslag: Hans von Dohnanyi en zijn medewerker, de predikant in de Bekennende Kirche Dietrich Bonhoeffer die sinds juli 1940 ook in Abwehr onder Canaris werkte, werden gearresteerd, en Oster werd onder huisarrest geplaatst. De aanleiding hiervoor was naar men zei gerommel met deviezen. In de loop van het onderzoek ontdekte de Gestapo meer over het samenzweringskarakter van de buitenlandse contacten van Dohnanyi en Bonhoeffer. In die ontdekking zag ze een kans de zich allang voortslepende machtsstrijd met Buitenlandse Zaken-Abwehr in het eigen voordeel te beslechten. Chef van de inlichtingendienst Canaris werd vooralsnog gespaard, maar met de uitschakeling van de groep-Oster verloor het verzet een belangrijk zenuwcentrum.[22] Een verdere verzwakking werd veroorzaakt door de overplaatsing van Tresckow naar de Legergroep Süd in oktober 1943, waar hij niet veel later zou worden benoemd tot chef-staf van het Tweede Leger. De tegenstanders van het regime in de staf van de Legergroep Mitte verloren daarmee hun leider.[23]

Na de slag die was toegebracht aan de inlichtingendienst kregen ook de andere vertegenwoordigers van de oppositie te maken met strenger toezicht. In november 1943 hoorde Goebbels van Himmler dat er een 'kring van staatvijanden' bestond waartoe onder meer Johannes Popitz zou behoren.[24] De Pruisische minister van Financiën had er zelf toe bijgedragen dat de Gestapo hem in het oog hield. Eind augustus 1943 had hij het zonderlinge idee opgevat dat hij uitgerekend bij de Reichsführer-ss en de even tevoren benoemde rijksminister van Binnenlandse Zaken moest aftasten hoe ze tegenover een interne verschuiving in de machtsverhoudingen stonden. Himmler was, nadat hij zich eerst bij Hitler had ingedekt, op het aanbod van een gesprek ingegaan – waarschijnlijk vooral met de bedoeling via de contactpersoon een overzicht te krijgen van de kring van samenzweerders.[25] Hitler was er al in september 1943 'volstrekt van overtuigd dat Popitz onze vijand is', zoals hij Goebbels toevertrouwde. Daarom liet hij hem in de gaten houden, 'om geschikt materiaal tegen hem te verzamelen'.[26] Himmler zelf zou slechts twee weken na de aanslag van 20 juli 1944 al tegenover de Reichs- en Gauleiter opscheppen dat men 'die hele reactionaire samenzwering allang [...] op het spoor was geweest'. Hij noemde in dat verband opnieuw Popitz.[27] De Gestapo slaagde er echter niet in voor 20 juli de kern van de samenzwering op het spoor te komen en de voorbereidingen voor de aanslag en de staatsgreep op tijd te verhinderen.

Het net sloot zich echter steeds verder om de samenzweerders. Op 19 januari 1944 werd Helmuth James von Moltke gearresteerd en opgesloten in een cel in de beruchte kelder aan de Prinz-Albrecht-Straße, het kantoor van het Reichssicherheitshauptamt. Zijn arrestatie had niets te maken met de activiteiten van de Kreisauer Kreis, waarvan Himmlers beulsknechten op dat moment nog geen weet hadden. De aanleiding daarvoor was eigenlijk onbeduidend: Moltke had een collega bij de Abwehr, Otto Carl Kiep, gewaarschuwd voorzichtig te zijn omdat hij door de Gestapo geobserveerd zou worden. Nadat Carlo Mierendorff al begin december 1943 bij een luchtaanval op Leipzig om het leven was gekomen, betekende de arrestatie van Moltke opnieuw een ernstige tegenslag voor de Kreisauers.[28] Op 11 februari 1944 werd Canaris ontheven van zijn functie en op Burg Lauenstein in het Frankenwald onder arrest geplaatst. Nu had het Reichssicherheitshauptamt zijn doel bereikt: Buitenlandse Zaken-Abwehr van het OKW was verslagen en de inlichtingendienst viel nu volledig onder de Reichsführer-SS.[29]

Het voortdurende gevaar ontdekt te worden verhoogde de psychische druk op de tegenstanders van het regime en versterkte de toch al aanwezige spanningen en animositeit tussen de verschillende groepen samenzweerders. Iedereen die zich bij het verzet tegen Hitler aansloot, wist heel goed dat hij daarmee niet alleen zijn eigen leven, maar ook dat van zijn hele familie op het spel zette. 'We moeten ons altijd voor ogen houden dat ons duistere dagen te wachten staan, met zorgen en een lijden waar we ons niet eens iets bij kunnen voorstellen,' zo schreef Moltke al in september 1941 aan zijn vrouw Freya.[30] Bovendien waren de samenzweerders zich er maar al te zeer van bewust dat ze niet op steun van de bevolking hoefden te rekenen en dat een aanslag op Hitler zeker niet populair zou zijn. Veel leden van het verzet vreesden dat het opruimen van de dictator zou kunnen leiden tot een nieuwe Dolkstootlegende, dat wil zeggen dat niet de Führer en zijn handlangers verantwoordelijk zouden worden gesteld voor de nederlaag, maar juist zijn tegenstanders. Precies om die reden was bijvoorbeeld Moltke geen voorstander geweest van een aanslag.[31] Daarnaast waren de samenzweerders ook niet echt tot handelen bereid omdat ze wisten dat ze op geen enkele tegemoetkoming van de westerse Geallieerden hoefden te rekenen. De eis van een onvoorwaardelijke capitulatie zoals die tijdens de conferentie van Casablanca in januari 1943 was neergelegd, sloot elke mogelijkheid van een onderhandeld vredesverdrag uit. In mannen als Goerdeler, Hassell of Beck zagen geallieerde politici niet geheel ten onrechte vertegenwoordigers van de oude nationaal-conservatieve elite die ertoe had bijgedragen dat Hitler aan de macht was gekomen. En het leek al helemaal een slecht idee zich met hen in te laten naarmate de militaire toestand na Stalingrad steeds meer veranderde ten gunste van de coalitie tegen Hitler.[32]

Het verzet kreeg nieuw elan met het optreden van een man die zijn afkeer van het misdadige regime combineerde met een bereidheid ook werkelijk iets te doen: Claus Schenk graaf von Stauffenberg. Ook deze luitenant-kolonel had een lange weg afgelegd van een aanvankelijke instemming met het 'nationale ontwaken' van

1933 naar een steeds meer afstand nemen van het nationaalsocialisme. Hij had deelgenomen aan de veldtochten tegen Polen en Frankrijk en was, zoals zoveel jonge officieren, enthousiast geweest over de militaire successen. De oorlog tegen de Sovjet-Unie beleefde hij als lid van de organisatorische afdeling van de generale staf van het leger. Ook na de ommekeer van 1941-1942 geloofde hij nog in de eindoverwinning, en hij was er een voorstander van dat Hitler het opperbevel op zich nam. Voor het begin van het zomeroffensief van 1942 bracht hij een bezoek aan het Zesde Leger onder generaal Paulus en schreef vervolgens dat het weer eens tot hem was doorgedrongen 'wat men allemaal mist wanneer men niet in het veld is' en hoe 'verkwikkend' de lucht was, daar waar 'zonder aarzeling alles wordt gegeven, en men zonder meer zijn leven offert': 'Meneer de generaal is weer bezig met een operatie, en we volgen elke stap met grote belangstelling.'[33]

Pas in de loop van 1942, onder de indruk geraakt van de massale sterfte onder krijgsgevangen genomen Sovjetsoldaten, de massamoorden op Joden en de wrede manier waarop de bevolking in de bezette gebieden werd behandeld, werd Stauffenberg een tegenstander van Hitler en raakte hij ervan overtuigd dat de dictator uit de weg moest worden geruimd. Dat daarbij niet op de medewerking van de generaliteit hoefde te worden gerekend, dat begreep hij ten laatste na een gesprek met generaal-veldmaarschalk von Manstein in januari 1943: 'Die kerels schijten in hun broek of zijn te stom, die willen niet,' zou hij daarna hebben gezegd.[34] Begin april 1943 raakte Stauffenberg bij gevechten tijdens de terugtrekking uit Tunesië ernstig gewond. Hij verloor zijn rechteroog en zijn rechterhand, evenals twee vingers van zijn linkerhand. Al in het hospitaal van de reserve in München kreeg hij het bericht dat Olbricht hem had gevraagd als zijn nieuwe chef-staf op het Allgemeine Heeresamt. Voordat hij die positie officieel op 1 oktober 1943 innam, was hij al naar Berlijn afgereisd en daar door Olbricht en Tresckow bijgepraat over de stand van de voorbereidingen voor de omwenteling. Van nu af aan behoorde hij ook tot de kring van samenzweerders.

Samen met Tresckow begon Stauffenberg de door Olbrichts staf ontwikkelde Operatie Walküre nog beter geschikt te maken voor de staatsgreep die ze wilden gaan plegen. Dat deden ze door een geheim bevel voor te bereiden dat vlak na de aanslag zou worden gegeven. Het begon met de woorden: 'Adolf Hitler, de Führer, is dood! Een gewetenloze kliek uit de partijleiding die ver van de frontstrijders staat, heeft gemeend deze situatie te moeten uitbuiten en de dappere soldaten in de rug te moeten aanvallen om de macht naar zich toe te trekken.' Om 'de rust en de orde' te bewaken, zou de rijksregering de 'militaire noodtoestand afkondigen'. Zo werd de oorspronkelijke intentie van Operatie Walküre 180 graden omgedraaid: in plaats van dat het regime erdoor werd beschermd tegen interne onlusten, werd het plan nu juist gebruikt om het omver te werpen. De uitvoeringsbevelen voor de omgeving Berlijn, de verschillende verdedigingszones en een bezetting van de hoofdkwartieren van Hitler, Himmler, Göring en Ribbentrop in Oost-Pruisen werden tot in detail uitgewerkt.[35]

Maar wie zou de aanslag plegen? Het zoeken naar een geschikte persoon bleek een even moeizaam als traag proces. In eerste instantie dacht men aan kolonel Hellmuth Stieff, die als chef van het organisatorische afdeling van het OKH toegang had tot Hitlers stafbesprekingen. Toen Stauffenberg hem er echter in oktober 1943 direct op aansprak, zei Stieff hier niet toe in staat te zijn. Ook een reeks andere plannen om Hitler door jongere, energiekere officieren van het front te laten doden, liep op niets uit.[36] Ondertussen restte de samenzweerders steeds minder tijd. De oorlogssituatie was definitief in het nadeel van Duitsland omgeslagen. Met de landing van de Geallieerden in Normandië op 6 juni 1944 en het enorme succes van het offensief van de Sovjets van 22 juni kwam de militaire nederlaag van het Derde Rijk in zicht. Nu was het steeds meer de vraag of onder dergelijke omstandigheden een staatsgreep nog wel zin zou hebben. Toen Stauffenberg dat voorlegde aan Tresckow, gaf die een antwoord dat vanwege zijn hoogstaande ethisch-morele motivatie kan gelden als het testament van het Duitse verzet: 'De aanslag moet plaatsvinden, hoe dan ook. En als het niet lukt, moet er in Berlijn toch worden gehandeld. Het gaat niet meer zozeer om het praktische doel als wel om het idee dat het Duitse verzet voor het oog van de wereld en de geschiedenis de beslissende stap heeft durven zetten. Daarmee vergeleken is al het andere onbelangrijk.'[37]

Als de samenzweerders überhaupt nog wat wilden ondernemen, moesten ze dat nu doen. Het risico dat ze zouden worden ontdekt, werd steeds groter. Begin juli 1944 werden twee leden van de Kreisauer Kreis, Julius Leber en Adolf Reichwein, gearresteerd. Zij hadden contact opgenomen met vertegenwoordigers van de illegale Kommunistische Partei Deutschlands (KPD) om de mogelijkheid van een samenwerking te onderzoeken. Op 17 juli vaardigde de Gestapo een arrestatiebevel uit tegen Carl Goerdeler. Alles leek erop te wijzen dat dit nog maar de opmaat was voor een veel grotere arrestatiegolf. In Berlijn deden allerlei geruchten de ronde. 'Fritzi' von der Schulenburg maakte op een bekende, Ursula von Kardorff, in die dagen de indruk van 'opgejaagd wild'. 'Gebeurde er eindelijk maar eens iets. Deze spanning is niet te verdragen,' noteerde de journaliste op 18 juli.[38]

Aangezien verder niemand ertoe bereid was, had Stauffenberg inmiddels besloten zelf de aanslag op Hitler uit te voeren. Op 1 juli 1944 was hij benoemd tot chef-staf bij de bevelhebber van het reserveleger en tegelijk ook bevorderd tot kolonel. Zijn opvolger op het Allgemeine Heeresamt van Olbricht was zijn vriend en medesamenzweerder kolonel Albrecht Mertz von Quirnheim. In zijn nieuwe functie had Stauffenberg toegang tot de dictator, een absolute voorwaarde voor het plegen van een aanslag. Zijn beslissing zich beschikbaar te stellen als aanslagpleger, zorgde echter wel voor een probleem: hij mocht daarbij zijn eigen leven niet op het spel zetten, aangezien hij als organisator van de staatsgreep in Berlijn niet kon worden gemist. Die dubbelrol zou uiteindelijk een zware hypotheek leggen op het welslagen van de coup.[39]

Stauffenberg kwam verschillende keren bijna zover. Op 6 en 11 juli nam hij voor het eerst uit hoofde van zijn functie als Fromms chef-staf deel aan de besprekingen met Hitler op de Obersalzberg. Bij beide gelegenheden had hij een pakket springstoffen in zijn aktetas, maar zag hij ervan af het ontstekingsmechanisme te activeren – vermoedelijk omdat men in de kring van de samenzweerders was overeengekomen dat de aanslag alleen gepleegd zou worden als ook Himmler en Goering aanwezig waren, hetgeen niet het geval was geweest.[40] Op 15 juli werden Fromm en Stauffenberg ontboden op het hoofdkwartier van de Führer in Oost-Pruisen, waar de dictator even tevoren weer zijn intrek had genomen. Dit keer was Stauffenberg vastbesloten door te zetten – ongeacht of Himmler erbij zou zijn of niet. Opnieuw moest hij er echter om onduidelijke redenen van afzien.

Afb. 33 Op 15 juli 1944 in het hoofdkwartier van de Führer, de Wolfsschanze. V.l.n.r.: Claus Schenk graaf von Stauffenberg, schout-bij-nacht Karl-Jesko von Puttkamer, generaal Karl Heinrich von Bodenschatz, Hitler, generaal-veldmaarschalk Wilhelm Keitel.

In Berlijn was die ochtend inmiddels het startbevel voor 'Walküre' gegeven, en Olbricht had, toen de aanslag uitbleef, de nodige moeite gehad de inmiddels op gang gekomen maatregelen terug te draaien en ze als een oefening af te doen. Dat zou niet zonder gevolgen blijven voor het verloop van de staatsgreep. Nu was het niet langer mogelijk 'Walküre' in een vroeg stadium al op gang te brengen zonder achterdocht te wekken.[41] Dat de aanslag inmiddels een aantal keer was uitgesteld, drukte bovendien de stemming onder de samenzweerders in Berlijn. Bijna niemand geloofde nu nog in het welslagen van de onderneming. 'De hele zaak is allang "over tijd"', klaagde bijvoorbeeld Hans Bernd von Haeften.[42] Nu deed het er echter ook niet meer toe of een aanslag zou slagen of mislukken. Het was eerder van belang dat er überhaupt nog een poging werd gewaagd en zo een onmiskenbaar signaal werd afgegeven. Over dat laatste waren Stauffenberg, Tresckow en Beck het wel eens. Een paar dagen later deed zich een nieuwe gelegenheid voor.

De 20ste juli was een zwoele, hete zomerdag. Die ochtend reed Stauffenberg naar de luchthaven Rangsdorf ten zuiden van Berlijn, waar een Heinkel He 111 gereedstond voor hem en zijn adjudant, eerste luitenant Werner von Haeften. Omstreeks 10.15 uur landde het toestel bij Rastenburg. Na een ontbijt bij de commandant van het hoofdkwartier van de Führer in het casino van veiligheidszone 2, ging Stauffenberg op weg naar veiligheidszone 1, waar hij deelnam aan twee voorbesprekingen met generaal Walter Buhle, de stafchef van het leger bij het OKW, en vervolgens met generaal-veldmaarschalk Keitel in diens bunker. Pas nu kreeg hij te horen dat de stafbespreking bij Hitler vanwege het aanstaande bezoek van Mussolini was vervroegd naar 12.30 uur. Er restte hem nu niet veel tijd meer. Onder het voorwendsel dat hij zich even wilde opfrissen en een ander overhemd wilde aantrekken – en dat was gezien de temperatuur op dat moment niet eens zo onaannemelijk – trok Stauffenberg zich met zijn adjudant terug in een ruimte aan de ingang van de bunker om daar de ontsteking en de twee meegebrachte pakketten springstof te prepareren. Nog terwijl ze daarmee bezig waren, werden ze echter gestoord door een opperwachtmeester die hun in opdracht van Keitels adjudant majoor Ernst John von Freyend kwam zeggen dat ze moesten opschieten. Daarom lukte het Stauffenberg slechts om één van de bommen op scherp te stellen en in zijn aktetas te stoppen. De tweede nam Haeften weer van hem aan. Gezien de haast waarmee Stauffenberg te werk moest gaan, is het misschien niet zo vreemd dat hij helemaal niet op het idee kwam de tweede springlading zonder ontsteking gewoon naast de eerste te plaatsen, zodat de explosie flink wat groter zou zijn geweest.[43]

Generaal-majoor Heusinger was inmiddels al begonnen met zijn overzicht van de situatie aan het oostfront toen Keitel en Stauffenberg om 12.37 uur de barak binnenkwamen. De ramen van de barak waren vanwege de zomerhitte geopend. De chef van het OKW presenteerde de kolonel aan het aanwezige gezelschap. Hitler, die in het midden van de lange zijde van de zware eiken tafel met zijn rug naar de ingang stond, draaide zich even om, wierp een keurende blik op de laatkomers en beantwoordde zonder een woord te spreken hun groet. Stauffenberg had gevraagd om een plaats in de buurt van de dictator. De tas met de springlading die door Keitels adjudant was binnengebracht, werd aan de buitenzijde van de rechterpoot gezet. Slechts enkele minuten later zei Stauffenberg zachtjes in de richting van Keitel dat hij nog een dringend telefoongesprek moest voeren, en verliet hij de bespreking. Om te zorgen dat zijn verdwijning niet opviel, liet hij zijn koppelriem en pet in de vestibule achter.[44]

Kort na 12.40 uur deed een krachtige explosie de stafruimte schudden. Steekvlammen sloegen van onder het tafelblad en alle aanwezigen werden tegen de grond geslagen. Glasscherven, houtsplinters en flarden papier vlogen in het rond en een dichte rook en het gekrijs van de gewonden vulden de lucht. Hitler had op het moment van de explosie over de tafel gebogen gestaan om de kaart te bestuderen. Daarom werd hij niet getroffen door de volle drukgolf.[45] Hij zou eerst gecontroleerd hebben of hij zich nog kon bewegen, zo vertelde de dictator een paar dagen later, en vervolgens had hij na de eerste schok geprobeerd naar buiten te komen, omdat de hele ruimte in vlammen gehuld was geweest. Daarbij zou Keitel op hem zijn afgestormd en hem om de nek gevallen zijn, geheel tegen elke conventie: 'Mijn Führer, u leeft, u leeft!'[46] Onder begeleiding van Keitel en zijn persoonlijke adjudant Günsche begaf Hitler zich naar zijn persoonlijke bunker. 'Hij liep rechtop en zelfverzekerd,' herinnerde Nicolaus von Below zich. Zijn uniformjasje en zijn broek waren aan flarden, maar voor het overige leek hij er geen ernstige verwondingen aan over te hebben gehouden.'[47] Opnieuw waren het geluk en het toeval op Hitlers hand geweest. De meesten van de andere 24 deelnemers aan de bespreking waren er minder goed vanaf gekomen. Elf van hen hadden zware verwondingen en moesten naar het reservehospitaal bij Rastenburg worden gebracht. Drie van hen overleden enkele uren na de aanslag. Hitlers hoofdadjudant Schmundt, die een oog en een been had verloren, overleed een paar weken later aan zijn verwondingen. De adjudanten Puttkamer en Below konden daarentegen na een korte herstelperiode hun dienst op het hoofdkwartier van de Führer voorzetten.[48]

Stauffenberg had zich naar het nabijgelegen gebouw van de adjudant van de Wehrmacht gehaast, waar hij Haeften terugzag. Terwijl ze op hun auto stonden te wachten, hoorden ze de knal van de explosie. In de overtuiging dat Hitler de aanslag niet overleefd kon hebben, gingen ze op weg naar het vliegveld. De wachtpost van veiligheidszone 1 konden ze nog ongehinderd passeren, maar ondertussen was het alarm afgegaan, en de korporaal die de wacht hield aan de buitenste veiligheidszone, deed moeilijk. Er was eerst een telefoontje naar het hoofdkwartier nodig voordat ze ook hier toestemming kregen om door te rijden. 'Elke minuut telt!' spoorde Stauffenberg de chauffeur aan.[49] Onderweg wierp Haeften het tweede springstofpakket uit het raam van de auto. Om 13.15 uur startte hun vliegtuig richting Berlijn.

Ondertussen was Hitler teruggekeerd naar zijn bunker. De arts die hem begeleidde, Hanskarl von Hasselbach, werd erbij geroepen. Die verleende eerste hulp tot ook lijfarts Morell arriveerde en de behandeling van hem overnam. De dictator was inmiddels hersteld van de eerste schok. Alleen zijn bloeddruk was wat aan de hoge kant. Bij nader onderzoek bleek dat zijn beide trommelvliezen waren gescheurd. Zijn rechter onderarm was ernstig opgezwollen en hing er verlamd bij. Zijn handen en benen vertoonden brandwonden, en uit zijn kuiten moesten tientallen houtsplinters worden verwijderd die stamden van de zware poot onder de tafel waar Stauffenberg de tas tegenaan had gezet. De haren op zijn achterhoofd waren deels verschroeid, en op zijn voorhoofd had hij een schaafwond die hij had gekregen van een vallende balk uit het balkon. Als die balk hem vol had geraakt, zou die waarschijnlijk zijn schedel hebben ingeslagen, zo merkte Hitler op.[50] Tegenover zijn omgeving betoonde hij zich opvallend beheerst of misschien eerder zelfs euforisch. 'Ach dames, dat is weer eens goed afgelopen,' zei hij toen hij met een glimlach zijn secretaresses begroette. 'Opnieuw een bewijs dat het lot mij heeft voorbestemd voor mijn missie, anders zou ik toch niet meer leven.'[51] Alsof het een trofee was, liet hij zijn volledig aan stukken gescheurde broek aan iedereen zien en gaf hij hem aan Christa Schroeder met het verzoek het ding op te sturen naar Eva Braun op de Berghof, waar het zorgvuldig moest worden bewaard.[52]

In de eerste uren na de aanslag heerste er op de Wolfsschanze een koortsachtige opwinding. Alle gesprekken gingen over de vraag wie de bom geplaatst zou kunnen hebben. Aanvankelijk verdacht men de bouwvakkers van de Organisation Todt die nog altijd bezig waren met het werk aan het hoofdkwartier van de Führer.[53] Al snel kwam Stauffenberg echter bij de rechercheurs in het vizier. Een wachtmeester die op het moment van de aanslag telefoondienst had in de barak voor de stafbesprekingen, wist te melden dat de kolonel na het verlaten van de bespreking helemaal niet gebeld had, maar zich met een merkwaardige gelaatsuitdrukking had weggehaast. Hitler beval dat er naar Stauffenberg moest worden gezocht, maar hij was nergens te vinden. De verdenking werd sterker toen de onderzoekscommissie van het Reichssicherheitshauptamt die middag de resten van een aktetas vond in de puinhopen. Bovendien werd het tweede springstofpakket dat Haeften had weggegooid, teruggevonden. Nog altijd hadden Hitler en zijn paladijnen niet in de gaten dat de aanslag enkel bedoeld was geweest als opmaat voor een staatsgreep die bij terugkeer van Stauffenberg naar Berlijn zou moeten beginnen. Later terugkijkend was het volgens Goebbels een geluk geweest dat men Stauffenberg niet al op het vliegveld van Rastenburg had gearresteerd, want dan was 'de zaak in Berlijn niet aan het rollen geraakt' en zouden 'de potentiële coupplegers waarschijnlijk nog altijd hun ambt bekleden'.[54]

Tegen 15.00 uur kwam Mussolini met een halfuur vertraging aan op het kleine station van Görlitz. Hitler had erop gestaan hem persoonlijk te verwelkomen en zo alle geruchten dat hij ernstig gewond zou zijn, te voorkomen. Niets wees erop dat er iets ongewoons was gebeurd, behalve dat zijn rechterarm in een mitella hing en hij zijn gast bij de begroeting de linkerhand toestak. Al terwijl ze op weg waren naar het kamp in het bos, vertelde Hitler echter wat er was gebeurd. 'Dat deed hij met een opvallend rustige, haast monotone stem,' herinnerde de tolk Paul Schmidt zich, 'terwijl op Mussolini's gezicht de ontzetting steeds duidelijker werd over het feit dat men een aanslag had weten te plegen op het hoofdkwartier van de Führer.' Hitler nam Mussolini mee naar de plaats van de aanslag, die een totaal verwoeste aanblik bood. 'Hier, recht voor mijn voeten, is de bom afgegaan,' legde hij uit. Na zijn 'wonderbaarlijke redding' was hij er nu meer dan ooit van

Afb. 34 De Wolfsschanze op 20 juli. Zojuist aan een aanslag ontkomen, laat Hitler zijn officiële gast Mussolini de verwoeste ruimte van de vergaderbarak zien.

overtuigd dat hij voorbestemd was de 'gezamenlijke grote zaak tot een goed einde te brengen'. Mussolini voegde er enthousiast aan toe 'dat het een teken van de hemel moest zijn geweest'. Tegen 19.00 uur nam Hitler weer afscheid van zijn gast. Het was de laatste keer geweest dat de twee elkaar ontmoetten.[55]

In de Bendlerstraße, op het kantoor van Fromm, wachtten de samenzweerders al sinds het begin van de middag van 20 juli vol ongeduld op nieuws uit het hoofdkwartier van de Führer. Al snel na de aanslag, vermoedelijk tegen 13.00 uur, belde een van de samenzweerders, generaal van de verbindingstroepen Erich Fellgiebel, luitenant-generaal Fritz Thiele, de stafchef van de nieuwsdienst van het leger in het Bendlerblok, en deelde mee dat er een aanslag had plaatsgevonden, maar dat Hitler die had overleefd. Thiele koos er echter voor dat nieuws nog even voor zich te houden. Omdat op 15 juli het 'Walküre'-alarm al eens te vroeg was afgekondigd, leek het Olbricht beter te wachten tot men zeker wist hoe het ervoor stond. Om 15.45 uur landde Stauffenbergs toestel in Rangsdorf. Al vanaf het vliegveld belde Haeften naar de Bendlerstraße om te melden dat Hitler dood was. Omdat er niet gelijk een auto beschikbaar was, duurde het nog tot 16.30 uur tot ze eindelijk de Bendlerstraße bereikten.[56]

Inmiddels had Mertz von Quirnheim al op eigen initiatief de eerste alarmfase van 'Walküre' in werking gesteld. Tegen 16.00 uur ging Olbricht naar Fromm om hem de eerste bevelen voor 'Walküre' voor te leggen ter ondertekening. De bevelhebber van het reserveleger vertrouwde de zaak echter niet en liet het hoofdkwartier van de Führer bellen. Aanvankelijk kreeg hij Keitels adjudant von Freyend aan de lijn, maar vervolgens ook de chef van het OKW zelf. Beiden bevestigden dat er inderdaad een aanslag had plaatsgevonden, maar dat Hitler nog leefde. Aan het einde van het gesprek vroeg Keitel waar Fromms chef-staf, graaf von Stauffenberg, eigenlijk was gebleven. Fromm antwoordde, geheel naar waarheid, dat de kolonel nog niet was teruggekeerd.

Fromm stond voor een moeilijke beslissing. Hij wist nu dat de aanslag was mislukt en dat daarmee aan de belangrijkste voorwaarde voor een succesvolle staatsgreep niet was voldaan. Onder deze omstandigheden nog 'Walküre' starten leek hem zinloos, en daarom weigerde hij de bevelen te ondertekenen. Hij wilde nu alle sporen uitwissen die op zijn betrokkenheid konden duiden.[57] Olbricht was nog maar net teruggekeerd op zijn kantoor toen Mertz von Quirnheim hem opbiechtte dat hij eigenstandig een volgende fase van het 'Walküre'-alarm had gestart. Toen Fromm dat hoorde, beval hij de voorlopige arrestatie van Mertz von Quirnheim. Even later kwamen Stauffenberg en Haeften aan. Daarmee leek de situatie in het Bendlerblock nogmaals 180 graden te draaien. Stauffenberg slaagde erin zijn onzeker geworden medesamenzweerders ervan te overtuigen dat de aanslag ondanks geruchten over het tegendeel, toch geslaagd was en dat de staatsgreep ondanks de inmiddels opgetreden vertraging wel moest worden opgestart. Een laatste poging Fromm tot medewerking te bewegen, mislukte echter. In plaats daarvan eiste de bevelhebber van het reserveleger van zijn stafchef dat die zich onmiddellijk van het leven zou beroven, en toen die dat weigerde, verklaarde hij ook Olbricht en Mertz voor gearresteerd. Stauffenberg reageerde koeltjes: 'U verkijkt zich op de ware machtsverhoudingen. Als hier iemand in preventieve hechtenis zal worden genomen, bent u het, meneer de kolonel-generaal.' Na een kort handgemeen gaf Fromm zich over. Hij werd opgesloten in de kamer van zijn adjudant, maar die avond mocht hij, onder bewaking, naar zijn eigen woning in het Bendlerblock terugkeren. Zijn taken als 'opperbevelhebber aan het thuisfront' werden overgenomen door kolonel-generaal Erich Hoepner die in januari 1942 door Hitler was ontheven uit zijn functie als opperbevelhebber van het Vierde Tankleger en uit de Wehrmacht was gezet.[58]

Tussen 16.30 en 17.00 uur verscheen Ludwig Beck, het voorbestemde staatshoofd van de regering na Hitler, in de Bendlerstraße en moest daar tot zijn teleurstelling vaststellen dat de maatregelen in het kader van 'Walküre' nog maar net waren gestart. Bovendien kwamen er steeds meer berichten dat Hitler de aanslag ook werkelijk had overleefd. Beck liet zich daardoor niet van de wijs brengen: 'Voor mij is die man dood [...]. We mogen niet van die lijn afwijken, anders brengen we onze eigen mensen in de war. Een onomstotelijk bewijs dat Hitler – en niet een of andere dubbelganger – nog leeft, kan het hoofdkwartier toch pas uren later presenteren. Tegen die tijd zal de actie in Berlijn zijn voltooid.' Hoepner riep vervolgens de afdelingshoofden van het Bendlerblock bij zich en vertelde hun dat Hitler dood was, kolonel-generaal Beck de leiding van het Rijk op zich had genomen, en generaal-veldmaarschalk von Witzleben de leiding over de Wehrmacht. De meeste officieren waren hierdoor echter niet volledig overtuigd. Toen een van hen vroeg hoe betrouwbaar die informatie was, gaf Hoepner geen direct antwoord.[59] Om 18.28 uur was er echter nauwelijks nog twijfel over mogelijk. De radio meldde dat er een bomaanslag was gepleegd op Hitler, maar dat de Führer enkel onbeduidende verwondingen zou hebben opgelopen en 'direct verder was gegaan met zijn werk'. Nu wreekte zich dat de samenzweerders verzuimd hadden de radiozenders in handen te krijgen.[60]

Op het hoofdkwartier van de Führer waren inmiddels de tegenmaatregelen op gang gekomen. Ook hier bleek het een ernstig probleem op te leveren dat Fellgiebel er niet in geslaagd was het contact met de buitenwereld te verbreken. De medewerkers van Hitlers staf konden ongestoord bellen met de regering in Berlijn.[61] Zo werd al snel duidelijk dat de aanslag niet het werk van een eenling was, maar deel uitmaakte van een samenzwering die het regime ten val wilde brengen. Hitler benoemde de Reichsführer-ss Himmler per direct tot opperbevelhebber van het reserveleger in de plaats van Fromm, die hij van begin af aan van medeplichtigheid verdacht. Met een telexbericht informeerde Keitel de bevelhebbers van de *Wehrkreise* (militaire districten) en gaf hun opdracht geen bevel van Fromm, Witzleben of Hoepner op te volgen. Tegelijk bracht Bormann de Gauleiter in een reeks telegrammen op de hoogte van wat er gebeurd was, en riep hij hen op iedereen die in contact stond met dit 'reactionaire boeventuig' te arresteren.[62]

Goebbels speelde aanvankelijk een wat onduidelijke rol. Het valt op dat er voor de dagen van 17 tot 22 juli geen dagboekaantekeningen bestaan. Wilde hij misschien de ontwikkelingen afwachten en zich indekken voor het geval dat Hitler de aanslag niet overleefde?[63] Het is in elk geval merkwaardig dat hij aarzelde het bericht over de aanslag dat hij die middag van perschef Dietrich kreeg, direct vrij te geven voor uitzending. Hij verklaarde dat hij toch eerst een begeleidend commentaar moest schrijven. Hitler was behoorlijk kwaad over deze vertraging. 'Ik heb helemaal niet gevraagd om commentaar. Ik wil gewoon dat dit bericht wordt uitgezonden, en wel direct' – hetgeen vervolgens ook gebeurde.[64]

Anderhalfuur eerder was de commandant van het wachtbataljon 'Großdeutschland', majoor Otto Remer, bij de stadscommandant luitenant-generaal Paul von Hase geroepen. Er zou Hitler iets zijn overkomen, zo deelde hij hem mee, en nu was de uitvoerende macht op het leger overgegaan. Het wachtbataljon kreeg de opdracht de regeringswijk hermetisch af te sluiten.[65] Minister voor Bewapening en Munitie Speer, die door Goebbels om 17.00 uur in zijn woonpaleis was ontboden en daar te horen had gekregen 'dat er in het hele Rijk een militaire staatsgreep gaande was', kon vanuit een raam zien hoe soldaten zich in volledige uitrusting, met helmen op, handgranaten aan hun koppelriem en machinepistolen bij de hand, in kleine groepjes richting Brandenburger Tor begaven.[66]

Tegen 18.30 uur was de afgrendeling van de regeringswijk weer opgeheven. Ondertussen was bij de NS-verbindingsofficier van het wachtbataljon, kapitein Hans Hagen – in het burgerleven was hij afdelingschef op het ministerie van Propaganda geweest – twijfel gerezen of het allemaal wel klopte. Hij wendde zich tot Goebbels en bracht die laatste op het idee Remer bij zich te roepen.[67] Tegen 19.00 uur betrad de majoor huize Goebbels. De minister van Propaganda, die voor de zekerheid al cyaankalicapsules bij zich had gestoken, was zichtbaar nerveus. Hij herinnerde de officier aan zijn eed van trouw aan Hitler. Remer antwoordde dat hij 'voor de volle honderd procent achter de Führer' stond, maar dat men hem zou hebben verteld dat die dood was, en dat hij daarom gehoor moest geven aan het bevel van commandant von Hase. 'De Führer leeft!' bezwoer Goebbels, want hij had zo-even nog met hem getelefoneerd. Remers ongelovige verbazing maakte plaats voor opgetogenheid toen Goebbels aanbood Hitler voor hem te bellen. Enkele seconden later was de verbinding met het hoofdkwartier tot stand gebracht. Hitler vroeg Remer of hij zijn stem herkende, hetgeen hij beaamde, en vroeg hem vervolgens de staatsgreep met alle beschikbare middelen te onderdrukken. De afgrendeling van de regeringswijk werd opgeheven.[68] Remers eenheid verzamelde zich in de tuin van het ministerie waar Goebbels hen in een toespraak opnieuw herinnerde aan hun eed van trouw aan Hitler.[69] Nu het wachtbataljon van kamp was gewisseld, was Operatie Walküre op een kritiek punt buiten werking gesteld en was de poging tot staatsgreep definitief mislukt.

In het zenuwcentrum van de samenzwering in het Bendlerblock sloeg de vertwijfeling steeds harder toe. De zekerheid dat Hitler het had overleefd, ontnam hun alle moed. Stauffenberg was echter nog niet bereid op te geven. Hij belde onafgebroken met commandoposten in het Rijk, vaardigde bevelen uit en probeerde aarzelende figuren over te halen.[70] Tegen 20.00 uur verscheen Witzleben, de aangewezen opperbevelhebber van de Wehrmacht, met een maarschalksstaf in zijn handen. Hij wist inmiddels dat de aanslag was mislukt. 'Wat een puinhoop zeg!' bruide hij tegen Stauffenberg toen die hem op de hoogte bracht. En met de woorden: 'Alles wat jullie hier doen is onzin!' verliet hij na drie kwartier de Bendlerstraße en trok zich terug op zijn landgoed.[71]

Die avond vormde zich in het Bendlerblock een tegenbeweging van officieren die trouw waren gebleven aan het regime. Nadat tegen 22.15 uur op de radio was bekendgemaakt dat Hitler nu snel het Duitse volk zou toespreken, gingen ze op weg naar Olbricht en eisten ze van hem een antwoord op de vraag of de maatregelen in het kader van 'Walküre' misschien eigenlijk tegen de Führer gericht waren. Ze wilden zich in geen geval op het allerlaatst laten meeslepen in een militaire staatsgreep die toch al op het punt stond te mislukken. Aangezien Olbricht daarop geen precies antwoord wilde geven, eisten ze nu hun overste Fromm te spreken, die nog altijd in zijn dienstwoning vastzat.[72]

Kort na 23.00 uur betrad Fromm, onder begeleiding van een gewapend escorte, zijn kantoor waarin zich inmiddels Beck, Hoepner, Olbricht, Stauffenberg, Mertz von Quirnheim en Haeften hadden verzameld. Daarmee begon de laatste akte van het drama. 'Zo, mijne heren, nu pak ik u net zo aan als u mij vanmiddag hebt behandeld,' zou Fromm hebben geroepen. Hij verklaarde de zes belangrijkste samenzweerders voor gearresteerd en eiste dat ze hun wapens afgaven. Alleen Beck mocht zijn pistool voor 'privégebruik' houden, dat wil zeggen dat de voormalige chef van de generale staf daarmee de gelegenheid werd geboden zichzelf van het leven te benemen. Beck zou het tot twee keer toe proberen, maar hield er enkel zwaar hoofdletsel aan over. Terwijl Beck nog in een doodstrijd verwikkeld was, verliet Fromm de kamer, om even later terug te keren en te verkondigen dat een door hem samengestelde militaire rechtbank Olbricht, Stauffenberg, Mertz en Haeften ter dood had veroordeeld. Maar als hij had gedacht door zijn medeschuldigen op te ruimen zelf aan de strop te ontkomen, had hij zich toch danig vergist. Zijn eigenmachtige beslissing de belangrijkste samenzweerders terecht te stellen nog voordat ze door Himmlers beulsknechten konden worden verhoord, zou de verdenking immers pas echt op hemzelf richten. Tegen 00.30 uur liet Fromm de veroordeelden naar de binnenplaats van het Bendlerblock afvoeren en door een vuurpeloton van het wachtbataljon 'Großdeutschland' een voor een fusilleren. Een officier kreeg het bevel om Beck uit zijn lijden te verlossen. De vijf lijken werden op een vrachtwagen naar het Alte St.-Matthäus-Kirchhof in Schöneberg gebracht en daar begraven. Het regime meende zich zelfs nog op de doden te moeten wreken. In opdracht van Himmler werden de stoffelijke resten de volgende dag weer opgegraven en in een crematorium verbrand. Hun as werd bij Berlijn over de vloeivelden verstrooid.[73]

Hitlers aanvankelijke euforie over het 'wonder' van zijn redding was op de avond van de aanslag inmiddels vervlogen. Hij getuigde in felle bewoordingen van zijn woede over de samenzweerders: 'Lafaards die ze zijn! Als ze in elk geval de moeite hadden genomen om te schieten! Dan had ik nog respect voor hen kunnen hebben. Maar hun eigen leven durfden ze niet op het spel te zetten. [...] Deze leeghoofden beseffen niet wat er voor een chaos er ontstaat als ik de touwtjes uit handen geef. Maar ik zal een voorbeeld stellen dat iedereen de lust doet vergaan die een vergelijkbaar verraad aan het Duitse volk overweegt!'[74] Ondertussen was de zendwagen uit Koningsbergen aangekomen en in het casino van veiligheidszone 1 werd een verbinding voor de uitzending vanuit Berlijn tot stand gebracht. Tegen 23.30 uur verzamelde zich hier Hitlers entourage, waaronder ook officieren die bij de aanslag slechts lichtgewond waren geraakt. De dictator had erop gestaan zijn toespraak voor een kleine kring van vertrouwde medewerkers op te nemen, omdat hij zich dan als spreker minder geremd zou voelen.[75] Kort na middernacht kon heel Duitsland op alle zenders de vertrouwde stem van zijn Führer horen die vertelde dat 'een heel erg kleine kliek van ambitieuze, gewetenloze en tegelijk misdadige, domme officieren [...] een complot gesmeed' had om hem uit de weg te ruimen en met hem de totale leiding van de Wehrmacht. Dat hij 'afgezien van wat schaafwonden, blauwe plekken en brandwondjes' verder niet gewond was geraakt, beschouwde hij als een 'aansporing van de Voorzienigheid' om zijn levenswerk voort te zetten. Opnieuw sprak hij over het trauma van 1918, de zogenaamde 'dolkstoot in de rug' voor de troepen aan het front. Maar dit keer hadden de samenzweerders zich toch vergist: met hen zou 'nu worden afgerekend zoals we dat als nationaalsocialisten gewend zijn te doen'.[76]

Na de toespraak keerde Hitler terug naar zijn bunker, waar zijn lijfarts Morell hem nog eenmaal onderzocht en hem pijnstillers gaf. Ondertussen was er een telex van Fromm binnengekomen: 'Couppoging door onverantwoordelijke generaals bloedig de kop ingedrukt. Verschillende samenzweerders gefusilleerd.' Hij, Fromm, zou het bevel over het reserveleger weer op zich hebben genomen nadat men hem 'met wapengeweld had overmeesterd' en hij 'korte tijd had vastgezeten'. Maar in de nazileiding liet men zich niet voor de gek houden. Toen Fromm zich tegen 1.00 uur naar de ministerswoning van Goebbels begaf met het verzoek een gesprek met de Führer voor hem te arrangeren, liet de minister van Propaganda hem in opdracht van Hitler vastzetten.[77] Ook Fellgiebel werd nog diezelfde nacht gearresteerd. Hij had zich de hele middag opgehouden op het hoofdkwartier van de Führer en hem ermee gefeliciteerd dat hij de aanslag had overleefd. De dictator vroeg zich af waarom het hoofd van de legerinlichtingendienst hem bij hun ontmoeting niet gewoon had neergeschoten: 'En dan loopt die ezel nog doodgemoedereerd heen en weer, alsof hij met de aanslag helemaal niets te maken had.'[78] In de vroege ochtenduren van 21 juli, om 3.40 uur, stelde Bormann de Gauleiter ervan op de hoogte dat de couppoging was onderdrukt en dat Himmler nu het

Afb. 35 Op 20 juli in het casino van de Wolfsschanze: Hitler tijdens zijn radiotoespraak om middernacht. Op de voorste rij, met zijn hoofd in het verband, kolonel-generaal Jodl; naast de staande radiomonteur links Hitlers persoonlijke hoofdadjudant Julius Schaub. Op de tweede rij de secretaresses Traudl Junge en Christa Schroeder.

bevel voerde over het reserveleger.[79] Herbert Backe, die enkele maanden eerder nog Darré had afgelost als minister van Voedselvoorziening en Landbouw, was uiterst gelukkig met de benoeming van Himmler: 'Nu hoef ik mezelf niet langer te dwingen tot het geloof in de eindoverwinning.'[80]

In Parijs was 'Walküre' aanvankelijk succesvoller geweest dan in Berlijn. Hier waren het generaal Carl Heinrich von Stülpnagel, de militaire opperbevelhebber in Frankrijk, en zijn stafofficier luitenant-kolonel Cäsar von Hofacker, een neef van Stauffenberg, die stappen ondernamen. Hoewel ook veldmaarschalk von Kluge, inmiddels opperbevelhebber West, zich er niet toe liet overhalen om mee te doen, activeerden ze toch de alarmmaatregelen. Tegen 23.00 uur waren ze erin geslaagd meer dan duizend man SS- en SD-personeel te arresteren, onder wie ook SS-Obergruppenführer Carl Albrecht Oberg. Toen de samenzweerders echter na middernacht Hitlers toespraak hoorden, zagen ze in dat ze hadden verloren en lieten hun gevangenen weer vrij. Over wat flessen champagne kwamen de beide kampen overeen de hele zaak als een 'misverstand' af te doen. Stülpnagel wist echter dat er voor hem geen ontsnappen meer aan was. In de buurt van Verdun, op de terugreis naar Duitsland, probeerde hij vergeefs zelfmoord te plegen. Zwaar gewond en blind werd hij gearresteerd en vastgezet.[81]

Bij het mislukken van de staatsgreep van 20 juli heeft een hele reeks factoren een rol gespeeld. Al snel werd de samenzweerders verweten dat ze dilettanten waren geweest, ook door tegenstanders van Hitler.[82] Zeker is dat ze op enkele belangrijke punten nalatig waren geweest – bijvoorbeeld dat de maatregelen van 'Walküre' te laat in werking werden gesteld of het feit dat ze er niet in waren geslaagd de verbindingen met het hoofdkwartier van de Führer te blokkeren en gebruik te maken van de radiozenders. Van doorslaggevender belang voor het mislukken van de totale onderneming was echter dat de aanslag op Hitler mislukte. Dat was op zich ook weer een ongelukkige aaneenschakeling van toevalligheden geweest – bijvoorbeeld dat Stauffenberg door de onverwachte onderbreking maar één bom van een ontsteking had kunnen voorzien, maar ook dat de stafbespreking niet had plaatsgevonden in een afgesloten bunker, maar in een houten barak waarvan de ramen hadden opengestaan, zodat het effect van de explosie beperkt was gebleven. Alles had afgehangen van de dood van de dictator: de hele planning van de staatsgreep ging daarvan uit. Voor officieren als Fromm of Kluge, wier loyaliteit aan de Führer wankelde, was een geslaagde aanslag een absolute voorwaarde voor hun bereidheid zich aan te sluiten bij de staatsgreep. Zodra bekend werd dat Hitler de aanslag had overleefd, was aan die voorwaarde niet langer voldaan. Maar zelfs in het geval dat de aanslag wel was geslaagd, is het nog maar de vraag of de samenzweerders de staatsgreep succesvol hadden kunnen uitvoeren. Er was nog een flink aantal militaire bevelhebbers dat zich aan zijn eed gebonden voelde en voor wie een dergelijke coup gelijkstond aan hoogverraad. Het zou misschien tot gewapende confrontaties zijn gekomen tussen eenheden die zich bij de samenzwering hadden aangesloten en die delen van de Wehrmacht en de Waffen-SS die nog altijd trouw waren aan het regime. En wie die strijd vervolgens zou hebben gewonnen, daarover kunnen we hooguit speculeren.[83]

De grootste handicap bleek ook in dit geval dat het verzet niet kon beschikken over een breed draagvlak onder de bevolking. De samenzweerders waren zich van begin af aan hiervan bewust geweest. Voordat hij op de ochtend van 21 juli naar de voorste frontlinie reed om zich daar met een handgranaat op te blazen, zei Henning von Tresckow tegen zijn vertrouweling Fabian von Schlabrendorf: 'Nu zal de hele wereld over ons heen vallen en ons vervloeken. Toch ben ik er nog altijd rotsvast van overtuigd dat wij juist hebben gehandeld. Ik beschouw Hitler niet alleen als de aartsvijand van Duitsland, maar als de aartsvijand van de wereld. Als ik over enkele uren voor Gods rechterstoel verschijn om daar rekenschap af te leggen, verwacht ik met goed geweten te kunnen verantwoorden wat ik in mijn strijd tegen Hitler heb gedaan. [...] De morele waardigheid van een mens begint pas wanneer hij bereid is zijn leven te geven voor zijn overtuigingen.'[84]

Hoe reageerde de Duitse bevolking op de aanslag? In de eerste verslagen van de veiligheidsorganisaties was er sprake van dat het nieuws van de aanslag 'als een schok door heel het volk was gegaan en dat men hevig ontdaan, geschrokken, verontwaardigd en kwaad' was geweest. Vrouwen zouden op straat openlijk in tranen zijn uitgebarsten, en men zou 'overal opgelucht adem hebben gehaald' toen het goede nieuws kwam: 'Godzijdank, de Führer leeft!'[85] Het ziet er inderdaad naar uit dat de meerderheid van de Duitse bevolking de aanslag afkeurde. Zelfs mensen die eerder kritisch stonden tegenover het nationaalsocialisme, waren kennelijk algemeen van mening dat de dood van Hitler de situatie alleen nog maar erger zou maken en tot een burgeroorlog had kunnen leiden. De foto's van de plaats van de aanslag die in de pers verschenen, toonden het publiek de vernietigingskracht van de bom en maakten de bewering van de nazipropaganda dat de Führer de Voorzienigheid aan zijn zijde had en de aanslag slechts dankzij een 'groot wonder' had kunnen overleven, des te aannemelijker.[86] De opluchting over het feit dat hij was gered, vermengde zich met de verontwaardiging over de 'adellijke officierskliek' die men ervoor verantwoordelijke stelde. Robert Ley wakkerde dat sentiment nog eens flink aan door in een radiotoespraak van 22 juli en in een artikel een dag later te stellen dat men 'dit uitschot moet uitroeien', 'met wortel en tak vernietigen'.[87] Dat ging zelfs Hitler te ver, en hij gaf de Reichs- en Gauleiter via Bormann de opdracht erop toe te zien dat niemand 'het officierskorps, de generaals, de adel of onderdelen van de Wehrmacht *in corpore* zou aanvallen of beledigen'. Het was eerder van belang om te benadrukken dat de groep samenzweerders had bestaan uit één 'heel specifiek, verhoudingsgewijs klein clubje klungelige officieren'.[88]

De bijeenkomsten die Goebbels in opdracht van Hitler in het hele Rijk organiseerde, trokken enorm veel mensen. Ook al was er zeker niet overal, zoals de propaganda beweerde, sprake van spontane betogingen, toch lijdt het geen twijfel dat Hitlers populariteit na de aanslag was toegenomen. 'Vrijwel zonder uitzondering is de band met de Führer verdiept en het vertrouwen in de leiding versterkt,' zo meldden de SD-verslagen.[89] Goebbels dacht zelfs dat 'de trouw aan de Führer volstrekt nieuwe uitdrukkingsvormen' zou vinden: het leek alsof er een 'grote overwinning' was geboekt.[90] Natuurlijk moeten we daarbij wel bedenken dat openlijk een mening geven over de aanslag niet mogelijk was, zeker niet onder de verscherpte veiligheidsmaatregelen na die aanslag. Ursula von Kardorff schreef op 23 juli dat de hoofdredacteur van haar blad, de *Deutsche Allgemeine Zeitung*, zijn redacteuren tot 'uiterste voorzichtigheid' had gemaand in alles wat ze schreven of zeiden: 'Nu zullen er duizenden worden gearresteerd.'[91] Wie betreurde dat Hitler de aanslag had overleefd, kon dat hooguit ventileren in kleine kring onder gelijkgestemden of in een geheime notitie, zoals een zestienjarige scholier uit Hamburg dat op 21 juli deed in zijn dagboek: 'Op Hitler is gisteren [...] een bomaanslag gepleegd. Helaas ontkwam die ploert als door een wonder ongeschonden.'[92]

Ook onder frontsoldaten zal menigeen ervoor hebben gepast om in zijn brieven aan het thuisfront zijn werkelijke mening over het gebeurde te geven, omdat ze immers wisten dat de brieven in handen van de censuur konden vallen. Toch lijkt ook het merendeel van de gewone soldaten de aanslag te hebben afgewezen. Zo constateerde de postcontrole van een tankeenheid van de Legergroep Mitte in haar verslag van augustus 1944 een 'groot aantal blijde reacties op de redding van de Führer'. Die vormden 'niet alleen een bewijs van de liefde en trouw aan de Führer', maar zouden ook getuigen van de 'vastberadenheid [...] om in zijn geest te vechten en te overwinnen'.[93] Wanneer we de collectie van dit soort brieven lezen die door Ortwin Buchbender en Reinhold Sterz werd gepubliceerd, zouden we die indruk inderdaad krijgen – al moeten we ook daarbij wel weer beseffen dat we niet te maken hebben met een representatieve selectie. Zo lezen we in een brief van een korporaal: 'Wat vind je van deze schurkenstreek tegen de Führer? [...] Godzijdank is dat nog een keer goed afgelopen. Dat verzin je toch niet, zoiets gemeens? Wij zijn hier allemaal ten diepste verontwaardigd over die misdaad. Hopelijk worden die raddraaiers allen zo hard bestraft als ze hebben verdiend.' En een andere soldaat schreef: 'Ik en alle anderen in mijn compagnie waren na het bekend worden van deze schanddaad met stomheid geslagen. Godlof heeft de voorzienigheid onze Führer voor de redding van Europa bewaard, en nu is het onze heilige plicht ons nog steviger aan hem vast te houden en goed te maken wat een paar, waarschijnlijk door de vijand betaalde misdadigers zonder rekening te houden met het volk, hebben aangericht.'[94] Uit een enquête die de Geallieerden hielden onder Duitse krijgsgevangenen, bleek dat het vertrouwen in Hitlers leiding was gestegen van 57 procent in de eerste helft van juli naar 68 procent begin augustus.[95]

Onder regimegetrouwe officieren was de opwinding over de aanslag groot. 'Wat dacht dat volk wel,' vroeg tankgeneraal Hermann Balck zich verontwaardigd af. 'Men kan toch alleen verbijsterd zijn over zoveel politieke stupiditeit.' Nu moest er schoon schip worden gemaakt met de samenzweerders. 'Er mag geen genade worden getoond. Wie deel heeft uitgemaakt van deze samenzwering, moet sterven.'[96] Ook kolonel-generaal Hans-Georg Reinhardt was geschokt: 'Een daad die alleen vanuit waanzin kan zijn ontstaan,' schreef hij aan zijn vrouw. 'Hoe had het toch verder gemoeten als de aanslag was gelukt? Er is in Duitsland niemand die als nieuwe Führer van het land een even groot vertrouwen geniet en dezelfde prestaties en successen kan garanderen als de Führer.'[97] En in zijn dagboek schreef hij op 21 juli: 'Ik ben er kapot van. Onbegrijpelijk! Wat heeft men de officiersstand met deze daad aangedaan? Wij kunnen ons alleen maar ten diepste schamen.'[98]

Uit de verslagen van het afluisteren van Duitse generaals in Britse gevangenschap blijkt echter dat de reacties onder hogere officieren sterk uiteenliepen. Sommigen betreurden dat de aanslag was mislukt, maar hadden ook kritiek op de weinig professionele aanpak: 'Ik begrijp het niet. Die Stauffenberg was toch altijd een uiterst betrouwbare vent, waarom heeft hij toch zo'n kleine bom gebruikt?' Weer anderen betwijfelden of er wel echt een aanslag had plaatsgevonden en of het niet veeleer in scène was gezet, 'om een excuus te hebben om alle ongewenste figuren in één klap uit te schakelen'. Weer anderen, waarschijnlijk de meerderheid, beriepen zich op de eed van trouw die ze hadden afgelegd aan de Führer, en veroordeelden de aanslag: 'Ik ben altijd van mening geweest dat men als soldaat zijn opperbevelhebber in elk geval dient te gehoorzamen.'[99]

Ook een tegenstander van Hitler, zoals justitie-inspecteur Friedrich Kellner uit Laubach, was er in eerste instantie van overtuigd dat deze aanslag zorgvuldig door het regime in scène gezet was om Hitlers prestige op te peppen: 'De zogenaamd door kolonel graaf von Stauffenberg gelegde bom zou op 2 meter afstand van de Führer zijn afgegaan. De Führer raakte daarbij niet gewond. Dat is de kern van het hele verhaal. Wie twijfelt er dan nog aan dat de Führer door de "Voorzienigheid" werd beschermd? Er is toch duidelijk een wonder gebeurd. En dat is precies wat men wilde.' Mocht de aanslag echter werkelijk zo hebben plaatsgevonden als de media het deden voorkomen, dan zou het een 'tamelijk onhandige poging' zijn geweest Een opstand van officieren zonder steun uit het volk zou 'een doodgeboren kindje' zijn. Gegeven die omstandigheden was Kellner er zelfs blij mee dat Hitler het had overleefd, omdat hij 'tot het bittere einde', dat wil zeggen tot de totale nederlaag, in leven moest blijven om te voorkomen dat rechts Duitsland opnieuw, net als na 1918, een 'dolkstootlegende' kon verzinnen: 'Dan is er voor de toekomst geen enkel excuus meer denkbaar.'[100]

Toen Thomas Mann hoorde van de bomaanslag, schreef hij: 'Dit is het begin van het einde.'[101] Victor Klemperer, die met een niet-aflatende doodsangst ondergedoken zat in een 'Judenhaus' in Dresden, wist het echter nog niet zo zeker: 'Ook nu is nog niet te voorzien of dit werkelijk het begin van het einde is – hoeveel van dit soort beginnen hebben we al niet gehad, die dan vervolgens op niets uitliepen!' De nationaalsocialisten waren immers nog altijd aan de macht en de mislukte aanslag was in propagandistisch opzicht een enorme stimulans: 'Nu zullen er weer miljoenen in de eindoverwinning geloven.'[102] Feitelijk profiteerde het regime maar korte tijd van de mislukte aanslag. Begin augustus 1944 meldde de SD uit Stuttgart alweer, dat 'de meeste volksgenoten [...] elk vertrouwen in de Führer hebben verloren'.[103] Eind augustus moest ook Goebbels vaststellen dat er vanwege de kritische toestand aan de fronten 'een zeker gevoel van vertwijfeling' heerste. Men zou zich 'nauwelijks nog kunnen voorstellen hoe de huidige noodsituatie nog te boven kon worden gekomen'.[104]

Ondertussen bleken Hitlers verwondingen toch ernstiger dan aanvankelijk was aangenomen. Op 21 juli leed hij aan hevige pijnen en uit zijn rechteroor kwam een straaltje bloed. Een dag later vroeg zijn begeleidende arts Karl Brandt daarom de hoogste stafarts, keel-, neus- en oorspecialist van het reservehospitaal Karlshof bij Rastenburg dr. Erwin Giesing, om naar de Wolfsschanze te komen. De dictator klaagde dat hij met zijn rechteroor vrijwel niets en met zijn linker nog maar weinig hoorde. Bovendien zou hij voortdurend aanvallen van duizeligheid hebben. Uit Giesings onderzoek bleek dat het rechter binnenoor ernstig beschadigd was geraakt en dat het evenwichtsorgaan verstoord was. Terwijl hij hem onderzocht, had de arts ook de gelegenheid Hitler eens nader te bekijken: 'Zijn gezicht was bleek en enigszins opgezwollen [...]. Zijn ogen maakten op mij niet de fascinerende indruk die ze volgens de pers en iedereen die je erover sprak, hadden gehad. Wat mij vooral opviel, was hoe scherp de nasolabiale plooien (van de neus aan beide zijden naar de mondhoeken) waren afgetekend, en hoe droog en gebarsten zijn lippen waren. Zijn haar was toch al duidelijk hier en daar grijs aan het worden en hij had het niet meer zo netjes gekamd [...]. Hij was netjes geschoren, maar zijn huid zag er wat flets uit, hetgeen ik op dat moment weet aan oververmoeidheid.'[105] Op 23 juli werd ook professor Carl von Eicken, de directeur van de KNO-kliniek van het Berlijnse Charité-ziekenhuis erbij gehaald. Hij had in 1935 al eens een knobbeltje van een van Hitlers stembanden verwijderd. Hij bevestigde Giesings diagnose en verzocht de entourage om de dictator vanwege zijn sterk aangetaste gezondheid te ontzien.[106] Generaal Guderian, die nog op de avond van 20 juli tot opvolger van Zeitzler als chef van de generale staf werd benoemd, vond Hitler de volgende dag 'tamelijk afgemat'.[107] En Bernd Freytag von Loringhoven, Guderians persoonlijke adjudant, was haast ontzet toen hij de dictator op 23 juli zag: 'Dat was niet de Führer van het Groot-Duitse Rijk, maar een man van 55 jaar met de houding van een grijsaard, gebogen, hinkend, het hoofd tussen de schouders gezakt, met een bleek gezicht, een doffe blik en een grauwe huid. Hij liep met kleine pasjes, sleepte met zijn linkerbeen en droeg zijn rechterarm die bij de aanslag gewond was geraakt, in een mitella. [...] Ik zag tot mijn schrik dat het Rijk werd geleid door een wrak.'[108]

Nog weken na de aanslag bleef Hitlers gezondheidstoestand precair. Zelf zei hij tijdens de stafbespreking in de nacht van 31 juli op 1 augustus dat hij niet langer voor een grotere groep van mensen durfde te spreken, omdat hij 'immers plotseling duizelig zou kunnen worden en in elkaar zou kunnen zakken'.[109] Een gelukkige bijkomstigheid van de aanslag was dat het beven in zijn linkerarm en -been was afgenomen, maar het kwam al snel en sterker weer terug.[110] In augustus bloedde Hitlers rechteroor nog altijd, en op zijn omgeving maakte hij een 'enigszins gammele indruk': 'Nu blijkt toch wel dat de Führer bij de aanslag een zware lichamelijke klap heeft gehad.'[111] Werner Kreipe, die eind juli werd benoemd tot chef van de generale staf van de luchtmacht als opvolger van de bij de aanslag om het leven gekomen Günther Korten, noteerde op 11 augustus: 'De Führer is erg krom gaan lopen. Watjes in zijn oren. Hij beeft regelmatig vrij hevig. We mogen hem slechts licht de hand drukken.'[112]

Hitlers prikkelbaarheid ontlaadde zich in wilde scheldkanonnades tegen de samenzweerders en de generale staf als geheel. 'Nu heb ik ze eindelijk te pakken, die zwijnen die al sinds jaar en dag mijn werk saboteren. [...] Nu heb ik het bewijs, die hele generale staf is besmet.'[113] Zijn toch al sterke wantrouwen tegenover de generaals van zijn leger veranderde nu in een peilloos diepe haat. Nu begreep hij waarom al zijn militaire plannen van de afgelopen jaren waren mislukt. In al die gevallen zou er sprake zijn geweest van 'verraad', zo raasde hij toen er steeds meer details bekend werden over de betrokkenen en de achtergrond van de samenzwering.[114] Zijn uitbarstingen waren een mengeling van woede en tevredenheid, want in één klap zag de dictator zich volkomen gerechtvaardigd: de tegenslagen waren niet zijn eigen schuld geweest, maar het gevolg van voortdurende sabotage door het officierskorps! Tijdens het middageten op 23 juli beschreef hij de gebeurtenissen rond de aanslag als een 'schande van wereldhistorische omvang voor het Duitse leger'.[115] En tijdens de stafbespreking een dag later beweerde hij dat de samenzwering tot in het kleinste detail met de Engelsen zou zijn gepland en uitgevoerd. Hun moest nu duidelijk worden gemaakt dat ze op het verkeerde paard hadden gewed en 'dat de hele boel in elkaar gezakt was'. Verder was het overigens wel 'ondanks alles een geluk' dat de aanslag juist nu had plaatsgevonden. Een hogere macht had Stauffenberg met zijn bom juist op een moment in het hoofdkwartier gebracht dat in psychologisch opzicht 'het gunstigste' was geweest. 'Die vent is ook op de Berghof geweest en heeft daar mijn eetkamer bekeken.'[116] Ook in de weken daarop kwam Hitler regelmatig terug op de gebeurtenissen van 20 juli en het werd eigenlijk een van zijn favoriete thema's: het markeerde naar zijn idee niet alleen het 'grootste dieptepunt van onze oorlogscrisis', maar tegelijk ook 'de dag waarop we weer zijn opgestaan'.[117]

Een van de gevolgen van de aanslag was dat de veiligheidsmaatregelen in de Wolfsschanze drastisch werden verscherpt. Het zou 'nu heel moeilijk zijn het hoofdkwartier binnen te komen', stelde Goebbels bij zijn bezoek op 22 juli vast. 'De aanslag heeft toch ook in de beveiliging van de Führer zijn sporen achtergelaten. Godzijdank, want wat zich bij die misdadige aanval van graaf Stauffenberg heeft afgespeeld, mag nooit meer gebeuren.'[118] De minister van Propaganda vond de hele sfeer op het hoofdkwartier van de Führer deprimerend: men zou er 'steeds het gevoel hebben dat er iemand van de generale staf achter je staat met een getrokken pistool of een lading dynamiet'.[119] Alle deelnemers aan de stafbesprekingen moesten zich voortaan voordat ze de ruimte betraden laten fouilleren op wapens en springstoffen. Diezelfde procedure moesten ook de officieren zich laten welgevallen die op het hoofdkwartier werden uitgenodigd om te worden onderscheiden.[120] Majoor Remer werd benoemd tot bevelvoerder van de Wolfsschanze als beloning voor zijn handelen op 20 juli.[121] Een ander gevolg van de aanslag was dat de Hitlergroet voortaan in de Wehrmacht verplicht werd gesteld. Hitler hoorde het voorstel daartoe, waar Göring op 23 juli mee kwam, 'volstrekt onbewogen' aan.[122]

Gedreven als hij was door een mateloze wraaklust, was Hitler vastbesloten 'een bloedig voorbeeld te stellen' en 'die hele generaalsclan die zich tegen ons heeft gekeerd, met wortel en tak uit te roeien'. 'Het strafgerecht dat nu moet worden voltrokken, moet van historische omvang zijn.'[123] Op bevel van de dictator werd er een 'erehof' van het leger bijeengeroepen, bestaand uit onder meer Keitel, Guderian en Rundstedt. Dat zou de officieren die bij de samenzwering betrokken waren geweest, uit het leger moeten verwijderen, zodat ze vervolgens door een Volksgerichtshof konden worden veroordeeld. 'Ze moeten hangen als gemene verraders,' eiste Hitler. 'En ze mogen geen tijd krijgen om lange redes te houden. Daar zal Freisler wel op toezien. Hij is onze Vysjinski'.[124] (Met die laatste naam doelde hij op Stalins aanklager tijdens de Moskouse showprocessen in de jaren dertig.)

Op 7 augustus begon het eerste proces tegen acht samenzweerders, onder wie Witzleben, Hoepner, Stieff en Yorck von Wartenburg. Roland Freisler stelde niet teleur. De manier waarop hij de rechtszaak leidde, was een perversie van een normale procedure. Hij liet geen kans liggen om de beschuldigden te overladen met spot en hoon en ze te vernederen. Steeds wanneer ze een verklaring probeerden af te leggen, onderbrak hij hen of overschreeuwde hen domweg.[125] Alle aangeklaagden werden veroordeeld tot de doodstraf en nog diezelfde avond van 8 augustus in de gevangenis Plötzensee opgehangen. De langzame wurging werd gedetailleerd en tot de laatste stuiptrekking van de slachtoffers gefilmd. De film werd samen met foto's van de terechtgestelden naar het hoofdkwartier van de Führer gezonden. Of Hitler ze ook heeft bekeken, is niet zeker.[126]

Na 20 juli zette het regime alles op alles om de betrokkenen bij de samenzwering te pakken te krijgen. De leiding van het onderzoek werd toevertrouwd aan het hoofd van het Reichssicherheitshauptamt, Ernst Kaltenbrunner. Een dag na de aanslag werd de 'Speciale Commissie 20 juli' gevormd. Het resultaat van het onderzoek werd samengevat in verslagen die Kaltenbrunner aan Martin Bormann zond.[127] Al snel bleek dat er zeker niet, zoals aanvankelijk was aangenomen, sprake was geweest van een 'kleine kliek' van officieren, maar dat er veel meer mensen bij betrokken waren geweest. De ene na de andere arrestatie volgde. 'Volgens mij zijn we het grootste militaire complot uit de Pruisisch-Duitse militaire geschiedenis op het spoor gekomen,' merkte Goebbels op 25 juli op.[128] Bijzonder verontwaardigd was de minister van Propaganda toen hij hoorde dat ook het voormalige hoofd van politie in Berlijn, Wolf Heinrich graaf von Helldorf, erbij betrokken was geweest. Hitler beval dat Helldorf, die midden augustus ter dood werd veroordeeld, moest toekijken terwijl drie andere veroordeelden werden gehangen, alvorens hij zelf werd terechtgesteld.[129]

De gearresteerden wachtte eerst nog een lijdensweg alvorens ze voor het Volksgerichtshof werden gebracht. Tijdens de verhoren kregen ze te maken met de wrede folteringen van de Gestapo die probeerde nog meer namen van samenzweerders en anderen die ervan op de hoogte waren geweest, aan hen te ontlokken. Geleidelijk werd het wijdvertakte netwerk van het complot zichtbaar, en vrijwel geen enkele betrokkene ontkwam aan vervolging. Nadat Freisler begin februari 1945 tijdens een luchtaanval op Berlijn om het leven was gekomen, zette de nazirechtspraak de processen voort. In totaal werden er meer dan honderd mensen ter dood veroordeeld en terechtgesteld, en daarnaast werden er talloze gevangenisstraffen opgelegd.[130] De families van de samenzweerders werden in *Sippenhaft* genomen, dat wil zeggen dat de vrouwen en kinderen werden afgevoerd naar gevangenissen of concentratiekampen, en kinderen werden onder een andere naam in een kindertehuis geplaatst. Daarnaast startte Himmler in augustus 1944 de Aktion 'Gewitter' (Onweer), waarbij ongeveer vijfduizend vroegere parlementariërs en functionarissen, voornamelijk van de SPD en de KPD, werden gearresteerd. In het kader van deze actie kreeg de Reichsführer-SS van Hitler toestemming de voormalige KPD-leider Ernst Thälmann, die al sinds 1933 gevangen zat, op 18 augustus 1944 in het concentratiekamp Buchenwald te laten vermoorden.[131]

Tot diegenen die het slachtoffer werden van de wraak van het regime, behoorde ook de voormalige favoriet van Hitler, Erwin Rommel. De op 17 juli zwaargewond geraakte veldmaarschalk had in het hospitaal te horen gekregen van de aanslag. 'We mogen God danken dat het zo goed is afgelopen,' schreef hij op 24 juli aan zijn vrouw.[132] Wilde Rommel daarmee verhullen dat hij weet had gehad van de samenzwering? Op 9 juli 1944 had Cäsar von Hofacker hem op zijn hoofdkwartier bezocht met de bedoeling hem voor het verzet te winnen. In hoeverre Rommel zich daartoe heeft laten overhalen, daarover verschillen de meningen. Hofacker was er in elk geval van overtuigd dat de veldmaarschalk van kamp was gewisseld en legde tijdens de verhoren door de Gestapo na zijn arrestatie zeer belastende verklaringen over hem af. Begin augustus 1944 werd Hitler op de hoogte gesteld van de verdenkingen tegen Rommel. 'De Führer laat me de melding lezen die Kaltenbrunner heeft gedaan over de verklaringen van eerste luitenant Hofacker. Over de bespreking met R[ommel]. [...] Wil R[ommel] na zijn herstel ondervragen en hem vervolgens laten gaan, zonder verdere opheſ,' noteerde Jodl.[133]

De dictator dacht op dat moment al tamelijk zeker te weten, zoals hij ook tegen Goebbels zei, dat 'Rommel weliswaar niet betrokken was geweest bij de voorbereidingen voor de aanslag, maar dat hij er wel van op de hoogte was geweest'.[134] Die verdenking werd sterker door de verklaringen van andere aangeklaagden, onder wie Stülpnagel en Speidel, Rommels stafchef, die op 7 september werd gearresteerd. Daarnaast was er nog een belastende verklaring die Rommel bedreigde. Tegenover de Kreisleiter van Ulm, Maier, die hem thuis in Herrlingen had bezocht, had de herstellende Rommel zich 'zeer pessimistisch' uitgelaten over de militaire situatie en bovendien kritiek geuit op Hitler. Die zou omgeven zijn door 'mannen die te ver van het front staan', en bovendien zou hij zich, anders dan Churchill, nooit in Normandië hebben laten zien, en dat was niet goed gevallen bij de soldaten. Een partijgenoot uit Ulm vernam van deze uitlatingen en waarschuwde Bormann.[135] De secretaris van de Führer stelde niet alleen de Reichsführer-ss Himmler op de hoogte, maar legde het bericht ook direct voor aan Hitler zelf. Met een notitie in het dossier van 28 september vatte Bormann het resultaat van het onderzoek als volgt samen: Rommel 'zou zeker op hoogte zijn geweest' en 'verklaard hebben dat hij na de aanslag ter beschikking zou staan van de nieuwe regering'.[136]

Uiterlijk tegen de tijd dat Speidel werd gearresteerd, wist Rommel dat er ook voor hem zwaar weer op komst was. In een handgeschreven brief aan Hitler van 1 oktober pleitte hij voor zijn stafchef en verzekerde hij de dictator van zijn onvoorwaardelijke trouw: 'U, mijn Führer, weet toch hoe ik mij met heel mijn kracht en kunnen heb ingespannen, tijdens de veldtocht in het westen van 1940, in Afrika in 1941-1943, in Italië in 1943 en opnieuw in het westen in 1944. Mij heeft steeds maar één ding voor ogen gestaan: strijden en zegevieren voor uw nieuwe Duitsland.'[137] Hitler liet zich echter niet misleiden door de brief die was ondertekend met: 'Heil mijn Führer!' Een paar dagen later beval hij Rommel naar Berlijn te komen. De veldmaarschalk vermoedde al wat hem te wachten stond en weigerde de uitnodiging met als reden dat zijn gezondheidstoestand hem nog niet in staat stelde langere tijd van huis te zijn. Die weigering beschouwde de dictator als een definitieve schuldbekentenis. Op 14 oktober verschenen generaal Wilhelm Burgdorf, Schmundts opvolger als hoofdadjudant van Hitler, en generaal Ernst Maisel, het hoofd erekwesties op de afdeling personeelszaken van het leger, in Herrlingen. In opdracht van Hitler legden ze Rommel de belastende verslagen van de verhoren voor en boden hem een keuze: zelfmoord of het Volksgerichtshof. De nationaalsocialisten moesten er wel behoorlijk zeker van zijn wat hij zou verkiezen, want een nog altijd populaire legeraanvoerder voor een Volksgerichtshof brengen, dat hadden ze vanwege de stemming onder de bevolking nauwelijks kunnen riskeren. En inderdaad koos Rommel ervoor zichzelf van het leven te beroven, niet in de laatste plaats om zijn vrouw en zijn zoon verdere vervolging te besparen. Hij nam afscheid van zijn gezin, stapte in de auto van de beide afgezanten en beet kort nadat ze Herrlingen waren uitgereden een cyaankalicapsule kapot. Volgens de officiële lezing was hij overleden aan de verwondingen die hij in juli had opgelopen. Hitler liet een pompeuze staatsbegrafenis in Ulm organiseren, en generaalveldmaarschalk von Rundstedt maakte de schijnvertoning compleet door zijn grafrede af te sluiten met de woorden: 'Zijn hart behoorde toe aan de Führer.'[138]

Het mislukken van het complot maakte de weg vrij voor een verdere radicalisering van het 'thuisfront', zoals Goebbels die al in juni 1944 had verlangd. Op 22 juli kwamen in het Oost-Pruisische veldhoofdkwartier van de chef van de rijkkanselarij Hans-Heinrich Lammers, de top van de Wehrmacht, de staat en de partij bijeen: Keitel, Bormann, Goebbels, Speer, Funk en Sauckel. Het onderwerp van de beraadslagingen was de vraag hoe met de actuele crisissituatie moest worden omgegaan. Lammers verklaarde dat het begin 1943 opgerichte comité van drie zijn taak als maatgevend sturingsinstrument tegen het verzet van de afdelingshoofden niet had weten te vervullen, en suggereerde nu om Goebbels vergaande volmachten te geven om de totale niet-militaire sector te mobiliseren. Tegelijk moest Himmler, die op 20 juli al door Hitler was benoemd tot bevelhebber van het reserveleger, bijzondere bevoegdheden krijgen voor de hervorming van de Wehrmacht.[139] Deze besluiten betekenden, zoals de minister van Propaganda opmerkte, de instelling van een 'binnenlandse oorlogsdictatuur'. Hij voelde zich 'sterk genoeg die in te vullen en de volmachten zo te benutten dat het effect op de oorlog daarbij maximaal is'.[140]

Tijdens een bespreking met de hoofden in de Wolfsschanze op de middag van 23 juli zei Hitler het in principe eens te zijn met de voorgestelde oplossing. Goebbels stelde verheugd vast dat de dictator de argumenten die hij hem in een ontwerp had voorgelegd, had overgenomen: 'Er zou iets fundamenteels moeten worden gedaan, aangezien we anders de oorlog niet konden winnen. We konden nog over ongelooflijke reserves beschikken, maar die werden niet ingezet. Gezien de situatie aan het front was dat eigenlijk onverantwoord.' De minister van Propaganda vatte het samen: 'Het standpunt van de Führer is zeer radicaal en ingrijpend. [...] Met name de gebeurtenissen op de dag van de aanslag en die aan het oostfront hebben hem tot heldere besluiten gebracht.' Om Görings gevoeligheden te sparen, werd het 'decreet van de Führer over de totale mobilisatie voor de oorlog' door Lammers zo geformuleerd dat de rijksmaarschalk zich niet gepasseerd hoefde te voelen. Om 'het hele openbare leven aan de eisen van de totale oorlogvoering aan te passen' zou Göring een 'rijksgevolmachtigde voor de totale oorlogsinzet' hebben voorgesteld, die ervoor moest zorgen dat 'de maximale hoeveelheid aan krachten werd vrijgemaakt voor de Wehrmacht en de bewapening'. Dat natuurlijk niemand anders dan Goebbels voor deze taak in aanmerking kwam, dat begrepen alle betrokkenen. De minister van Propaganda verliet het hoofdkwartier met het gevoel 'waarschijnlijk het grootste succes van zijn leven' te hebben geboekt.[141] Op 25 juli ondertekende Hitler het decreet en Goebbels instrueerde de pers om zijn benoeming 'met veel tamtam' bekend te maken.[142]

Naast Himmler en Goebbels kon ook Bormann – de 'Mephisto van de Führer'[143] – zich tot de winnaars van 20 juli rekenen. Nog strenger dan daarvoor controleerde hij nu wie er toegang had tot de dictator, en hij gebruikte de oorlogsstemming om de macht van de Gauleiter ten koste van de overheidsbureaucratie te versterken en zo zijn eigen invloedssfeer uit te breiden.[144] Na de aanslag moesten de toonaangevende figuren van het regime zich in alle opzichten voorbeeldig gedragen, zo liet hij de Reichs- en Gauleiter weten. 'De nauwste volksverbondenheid' zou 'nu noodzakelijker dan ooit' zijn. Daarom moesten ze zich verre houden van alle feesten en vermaak: 'In deze tijd wordt er niet meer gevierd, maar onvermoeibaar en onafgebroken gewerkt.'[145]

De vierde persoon die profiteerde van de radicalere koers in de binnenlandse politiek, was Albert Speer. Sinds hij de wapenindustrie had geherstructureerd, in alle sectoren de productie aanzienlijk had verhoogd en zich steeds meer bevoegdheden had toegeëigend, had Hitler alleen maar meer waardering voor hem gekregen. In september 1943 was hij met een decreet van de Führer van 'rijksminister voor Wapens en Munitie' al bevorderd tot 'rijksminister voor Bewapening en Oorlogsproductie'. Het zag ernaar uit dat hij op weg was Göring als tweede man na Hitler te verdringen.[146] In zijn 'Herinneringen' wond Speer er geen doekjes om hoe machtsbewust hij te werk was gegaan. 'Zoals jij de door jouw machtige tegenstrevers gelegde valstrikken ontwijkt en ze er vervolgens zelf in laat trappen, hoe je als "meester van de diplomatieke intrige" uiteindelijk je tegenstanders opzij schuift, je bevoegdheden tot verbazing van iedereen weet uit te breiden en ten slotte heel eenvoudig die bewapeningsmachinerie van je start en binnen de korte keren op volle toeren brengt – dat gaat je allemaal wel heel gemakkelijk af,' zo prees zijn oude getrouwe medewerker Rudolf Wolters hem.[147]

In januari 1944 was Speer echter ingestort en naar de kliniek Hohenlychen ten noorden van Berlijn gebracht. In de voortdurende strijd tussen Hitlers satrapen om zijn gunst was het uiterst ongunstig om zelfs ook maar gedurende korte tijd uit zijn gezichtsveld te verdwijnen.[148] Speer verdween echter gelijk voor enkele maanden van het toneel. Zijn tegenstanders binnen de partij, met name Bormann, en de ambitieuze concurrenten op zijn eigen ministerie, zoals Karl-Otto Saur, het hoofd van het technische ambt, en Xaver Dorsch, de leider van de Organisation Todt, gebruikten zijn afwezigheid voor allerlei intriges om zijn aanzien bij Hitler te schaden. Na een gedachtewisseling op de Berghof in april 1944 zag Speer zich weer in Hitlers hofhouding opgenomen, en nadat hij begin mei weer was teruggekeerd in zijn ambt, wist hij zijn machtspositie te versterken en zelfs uit te breiden. Op 1 augustus 1944 werd Göring gedwongen de controle over de bewapening van de luchtmacht aan hem over te dragen. Alle relevante delen van de wapenproductie werden nu bestuurd vanuit zijn ministerie.[149]

In het kader van de radicalisering van het regime na 20 juli was er zo dus een top van vier mannen ontstaan die bestond uit de meest efficiënte en tegelijk meest gewetenloze volgelingen van de dictator. Dit quadrumviraat controleerde in het laatste oorlogsjaar het grootste deel van het nationaalsocialistische bestuursapparaat. Toch bezaten de leden geen autonome, maar een afgeleide machtspositie. Nog altijd was Hitler degene die uiteindelijk besloot, en alles wat Himmler, Goebbels, Bormann en Speer deden, bleef binnen het kader dat hij vooraf had gedefinieerd. 'Ik leefde steeds "in angst voor de Heer", en het was niet eenvoudig met hem [Hitler] om te gaan en zijn gunst te behouden en eventueel te vergroten,' bekende Speer in een brief uit 1975, en dat gold ook voor de andere drie.[150] Tot kort voor het einde van de oorlog zou geen van hen op het idee komen Hitlers gezag ter discussie te stellen. De langdurige persoonlijke band met de Führer bleef intact. Onderling wedijverden de leden van dit viertal echter nog om hun bevoegdheden ten koste van de anderen uit te breiden.[151]

De Reichs- en Gauleiter werden tijdens een bijeenkomst in Posen op 3 en 4 augustus 1944 op de hoogte gebracht van de nieuwe situatie. Goebbels hield een voordracht over de maatregelen die hij in zijn functie als 'Rijkgevolmachtigde voor de totale oorlogsmobilisatie' wilde nemen. Speer kwam met indrukwekkende cijfers over de stand van de wapenproductie, en Himmler vertelde wat er vooraf was gegaan aan 20 juli en welke consequenties dit moest hebben voor de hervorming van het leger.[152] Na afloop van de conferentie liet Hitler de Reichs- en Gauleiter bij zich komen in de Wolfsschanze om zich te verzekeren van hun trouw. Nog duidelijk aangedaan door de aanslag herhaalde de dictator wat hij in kleinere kring al had gezegd: dat er bij de eed van trouw door officieren al jarenlang systematisch 'verraad' was gepleegd en dat al zijn inspanningen waren gesaboteerd. Hij beschouwde het 'als een lotsbeschikking en een persoonlijke ontlasting dat nu eindelijk dit tot nu toe ongrijpbare verzet was ontdekt en de misdadigersbende uit de weg kon worden geruimd. Juist uit het mislukken van de staatsgreep had hij vertrouwen geput 'als nooit tevoren' in zijn leven: 'We zullen deze oorlog uiteindelijk [...] doorstaan en winnen.'[153]

Goebbels stortte zich enthousiast op zijn nieuwe taak. Het was zijn doel, zo schreef hij in een circulaire aan alle instanties en diensten, om 'de totale mobilisatie voor de oorlog zo op te zetten dat de natie het uiterste geeft wat ze vermag'. Daartoe zou ze des te bereidwilliger zijn 'als ze het goede voorbeeld van haar leiders voor ogen heeft en weet dat de lasten van de oorlog eerlijk worden verdeeld'.[154] Toch vergiste de minister zich als hij dacht dat hij in zijn nieuwe functie een vrijwel dictatoriale macht had verworven. Hij kon weliswaar de hoogste instanties van het Rijk bevelen geven, maar bij de concrete uitvoering was hij toch vooral aangewezen op de steun van Bormann en de Gauleiter. Hij vond daarbij talloze hindernissen op zijn pad. Zo stuitten zijn pogingen grote aantallen als onmisbaar aangewezen arbeiders uit de wapenindustrie voor de Wehrmacht vrij te maken, op verboten verzet van Speer. In 1943 hadden de minister van Propaganda en de minister voor Bewapening nog gedeelde belangen gehad. Nu koos Goebbels de samenwerking met Bormann tegen Speer: 'We hebben deze jongeman geloof ik iets te belangrijk laten worden,' noteerde hij eind september 1944, nadat Speer met zijn portefeuille had gezwaaid.[155] Hitler vermeed het zoals gewoonlijk partij te kiezen in de onderlinge strijd tussen zijn paladijnen, maar alle betrokkenen wisten heel goed dat Speer inmiddels niet langer de sterke favoriet was en dat zowel Goebbels als Bormann hem voorbijgestreefd was in de wedloop om de gunst van de Führer.[156]

Toch stemde Hitler niet zonder meer met alle radicale voorstellen van Goebbels in. Zo mogelijk nog scherper dan de minister van Propaganda hield de dictator zelf rekening met het psychologische effect van elke maatregel. De Führer zou tegenover hem hebben benadrukt dat 'in principe altijd overwogen moet worden of het effect werkelijk de verstoring, die in eerste instantie of permanent het gevolg is, wel rechtvaardigt', deelde Bormann Goebbels in augustus 1944 mee. Zo was Hitler bijvoorbeeld tegen elke beperking van de Rijksposterijen en tegen het staken van de fronttijdschriften.[157] Enkel met ernstige bedenkingen stemde hij in met de sluiting van schouwburgen en variététheaters, maar over het idee om de productie van snoepgoed en bier stil te leggen sprak hij een veto uit: soldaten zouden 'onderweg drop nodig hebben', en bij een verbod op het brouwen van bier moest met name worden gerekend met 'ernstige psychologische gevolgen in Beieren'. 'De Führer bekijkt deze kwestie eerder vanuit de Beierse mentaliteit, waar ik niet veel van begrijp,' klaagde de minister van Propaganda, die maar moeilijk kon verkroppen dat hij van deze 'plannen die mij zeer aan het hart gaan afstand moest nemen'.[158] Niettemin zou het hem lukken om tegen het einde van 1944 nog eens bijna een miljoen extra mannen te mobiliseren voor het leger. Velen van hen waren echter nauwelijks geschikt voor militaire dienst, en ze konden de verliezen aan de fronten niet meer compenseren.[159] De definitieve militaire nederlaag van het Derde Rijk tekende zich onmiskenbaar af. En nadat de poging het regime van binnenuit uit de weg te ruimen was mislukt, restte er als alternatief feitelijk alleen nog de totale ondergang. 'Dat er een einde kwam aan elke hoop dat er van binnenuit een ommekeer tot stand gebracht kon worden – dat was het meest vruchtbare aan dit jaar. De nederlaag onder ogen te moeten zien – en niet in staat er iets tegen te doen,' zo vatte Ursula von Kardorff het samen rond oudjaar 1944.[160]

14

Het laatste verweer

'We zullen ons verzetten, zo nodig zelfs aan de Rijn,' bevestigde Hitler in een stafbespreking eind augustus 1944. 'Wij zullen deze strijd onder alle omstandigheden net zo lang voeren totdat [...] een van onze vervloekte tegenstanders het beu is nog door te blijven strijden, en wij dan een vrede krijgen die de Duitse natie de komende vijftig tot honderd jaren het leven waarborgt.' Hij voegde eraan toe dat als hij het leven zou hebben gelaten tijdens de aanslag van 20 juli, dat voor hem een 'bevrijding' van de dagelijkse zorgen zou hebben betekend: 'Het is slechts een fractie van een seconde waarna je van alles verlost bent en rust en eeuwige vrede geniet.' Maar voor het feit dat hij in leven was gebleven, was hij 'de Voorzienigheid niettemin dankbaar', want slechts een 'karakter met een ijzeren wil' zoals het zijne kon de huidige kritische toestand beheersen.[1]

Nadat het plan om de geallieerde invasietroepen 'in zee terug te drijven' was mislukt, had Hitler nu al zijn hoop gezet op het uiteenvallen van de coalitie van zijn tegenstanders. Op een gegeven moment zouden de wrijvingen tussen de westelijke grootmachten en de Sovjet-Unie zo hoog oplopen dat de breuk onvermijdelijk werd. Je moest alleen 'het moment afwachten' en mocht 'onder geen enkele omstandigheid de zenuwen verliezen'.[2] De dictator, die vóór 1939 en na het begin van de oorlog telkens weer had verkondigd dat er geen tijd verloren mocht worden bij de verwezenlijking van zijn plannen, speelde nu op tijdwinst. 'Het moet nu dus voor ons van belang zijn per se tijd te winnen en ervoor te zorgen dat we op het ogenblik waarop de dingen bij de tegenpartij rijp beginnen te worden, nog altijd op volle sterkte op het slagveld staan,' liet hij nog begin september 1944 van zich horen.[3] Telkens weer beriep hij zich op het voorbeeld van Frederik de Grote tijdens de Zevenjarige Oorlog. Ook Frederik had zich nooit laten ontmoedigen door militaire tegenslagen en had uiteindelijk gezegevierd, toen door de plotselinge dood van tsarina Elizabeth, Rusland in 1762 de strijd staakte en er zodoende in een voor Pruisen volstrekt uitzichtloze situatie toch nog een ommekeer plaatsvond: het beroemde 'Mirakel van het Huis Brandenburg'. Naarmate er als gevolg van de zich aftekenende nederlaag meer barsten kwamen in de Führermythe, werd er des te intensiever een beroep gedaan op de Frederikmythe bij wijze van laatste legitimering. 'Vanaf 1944 behoorde het teruggrijpen op de strategie van de Pruisische koning om crises het hoofd te bieden, tot de ijzeren voorraad van Hitlers historische politiek,' constateert Wolfram Pyta terecht.[4] Het verwijzen naar de wonderbaarlijke redding van Pruisen diende als geliefd middel, om verder naar buiten toe geloofwaardig de kans op een gunstige afloop van de oorlog overeind te houden. 'Wie tegenover mij spreekt over vrede zonder overwinning, verliest zijn hoofd, ongeacht wie het is of waar hij staat,' was een van de staande uitdrukkingen tijdens Hitlers stafbesprekingen na 20 juli.[5]

Er was een flinke portie ontkenning van de werkelijkheid nodig om de ogen te sluiten voor de dreigende toestand aan beide fronten, zowel in het westen als in het oosten. Op 25 juli 1944 begonnen Amerikaanse troepen ten westen van Saint-Lô Operatie Cobra. Na massieve aanvallen vanuit de lucht op de Duitse stellingen lukte hen de beslissende doorbraak van het Normandische front. Op 3 juli namen ze Avranches in. Zo was de weg vrijgemaakt voor een beweeglijke strijd tot midden in Frankrijk. Terwijl één korps van het Amerikaanse Derde Leger onder generaal George S. Patton naar het westen afboog om de havens van Bretagne in te nemen, stootten de andere drie legerkorpsen door naar het zuiden en de Loire en naar het oosten richting Parijs. 'Wij staan hier tegenover een tegenstander die qua materieel en manschappen vele koppen boven ons uitsteekt, en die mijn op zich dapper strijdende troep [...] langzaam vermurwt [...],' schreef opperbevelhebber West, von Kluge, in een persoonlijke brief. 'Ook al zou ik me opsplitsen, toch zou ook dat waarschijnlijk niets veranderen aan de zich steeds dieper uitbreidende duistere wolk, die ons weldra zal hebben bereikt.'[6] Hitler was zich wel degelijk bewust van het naderende gevaar. 'Als wij Frankrijk als oorlogsterrein verliezen, verliezen we ons uitgangspunt voor de strijd met onderzeeërs,' verkondigde hij in een bespreking met generaal-majoor Jodl in de nacht van 31 juli op 1 augustus. Er viel weliswaar gezien de geallieerde overmacht in de lucht voorlopig niet te denken aan een wezenlijke ommekeer op het westelijke strijdtoneel, maar door uitgekiende manoeuvres moest het mogelijk zijn de tegenstander bij het 'opereren in de diepte van het terrein reusachtig te hinderen'.[7]

Dat was precies het doel van het Duitse tegenoffensief (Operatie Luik) waartoe Hitler enkele dagen later het bevel gaf. Het moest doorstoten in de linkerflank van Pattons leger en de bevoorradingslijnen onderbreken. Maar het offensief dat in de nacht van 6 op 7 augustus werd geopend door vier Duitse tankdivisies, liep al na één dag muurvast. In plaats van de tegenstander grote verliezen te bezorgen, liepen de 10 kilometer opgerukte Duitse bataljons nu op hun beurt gevaar in de Zak van Falaise omsingeld te raken. Om te redden wat er nog te redden viel, begaf opperbevelhebber von Kluge zich op 15 augustus naar het hoofdkwartier van de zeer in het nauw gedreven vijfde Duitse tankbrigade. Gedurende 24 uur was de verbinding met hem verbroken, en Hitler verdacht hem ervan in deze tijd heimelijk contact opgenomen te hebben met de Geallieerden, om over een staakt-het-vuren te onderhandelen. Op 17 augustus ontsloeg hij Kluge van zijn post en verving hem door opperbevelhebber Walter Model, die nu in het westen moest zien te realiseren wat hem aan het oostfront binnen het bereik van de Legergroep Mitte voorlopig was gelukt: namelijk in een op het oog uitzichtloze positie het front nog eenmaal te stabiliseren. Kluge leed eronder dat hij tekort was geschoten; bovendien vreesde hij vanwege zijn contacten met de samenzweerders van 20 juli gearresteerd te worden en voor het Volksgerichtshof te belanden. Daarom sloeg hij op de terugreis naar het Rijk op 19 augustus in de omgeving van Metz de hand aan zichzelf. Uit het onderzoek van het Reichssicherheitshauptamt bleek dat hij zich met cyaankali had vergiftigd.[8] In een afscheidsbrief aan Hitler riep Kluge ertoe op de oorlog te beëindigen. Maar tegelijkertijd bezwoer hij zijn hoogste bevelhebber 'een eervolle en grote strijd te hebben gestreden', en hij besloot zijn epistel met de kennelijk eerlijk gemeende woorden: 'Ik neem afscheid van U, mijn Führer, als een man die in het bewustzijn zijn plicht tot het uiterste vervuld te hebben, U nader stond dan U wellicht heeft beseft.'[9]

Dezelfde dag waarop Kluge zich van het leven beroofde, sloot de Zak van Falaise. Tussen de 35.000 en 40.000 Duitse soldaten, onder wie het merendeel der staven en hogere officieren, hadden nog op tijd weten te ontkomen, maar 50.000 mannen werden gevangengenomen. Bovendien verloor de Wehrmacht een groot gedeelte van haar tanks en houwitsers. Niet alleen in Normandië maar ook in het zuiden van Frankrijk slaagden de Geallieerden erin belangrijke doorbraken te forceren. Op 15 augustus begon Operatie Dragoon. Amerikaanse troepen landden aan de Middellandse Zeekust aan weerszijden van Saint-Tropez. Snel breidden ze het bruggenhoofd uit en stootten door naar het noorden. Gezien de uitzichtloze situatie had Hitler geen andere keus dan het bevel te geven tot de volledige terugtrekking uit Zuid-Frankrijk. Onder grote verliezen slaagde de Legergroep G onder opperbevel van Johannes Blaskowitz erin zich via het Rhônedal in de richting van Elzas-Lotharingen te begeven.[10] Door het terugtrekken uit Zuid-Frankrijk waren ook de dagen van het collaborateursregime in Vichy geteld. Pétain en zijn volgelingen werden op 20 augustus begeleid door manschappen van de SD naar Belfort, en twee weken later naar Sigmaringen gebracht. Daar werd een Franse regering in ballingschap geïnstalleerd, die het nog tot eind april 1945 zou uitzingen.[11]

Een aftocht uit Parijs zonder slag of stoot was voor Hitler uit den boze. Begin augustus 1944 had hij luitenant-generaal Dietrich von Choltitz tot legerbevelhebber van Groot-Parijs benoemd en hem bevolen de stad met alle middelen te verdedigen. De metropool aan de Seine, zo peperde hij hem op 23 augustus nogmaals in, mocht 'niet of alleen als puinhoop in vijandelijke hand vallen'.[12] Maar Choltitz voerde Hitlers vernietigende bevelen niet uit. Nadat de Résistance al was begonnen met haar opstand tegen de bezetters, rukten op 25 augustus de Geallieerden, met aan het hoofd een Frans tankbataljon, Parijs binnen. Onbeschrijflijke jubelkreten begeleidden generaal Charles de Gaulle, de leider van 'la France libre', bij zijn triomftocht over de Champs-Élysées.

In veel departementen eindigde de Duitse bezetting met het doodschieten van gevangenen, meestal leden van de Résistance, en pleegden eenheden van de Waffen-ss vele massamoorden op de Franse burgerbevolking.

Eind augustus, begin september 1944 leek zich ook in het westen voor de Duitsers een catastrofe af te tekenen. Er was geen sprake meer van een aaneengesloten front en de terugtocht van de Wehrmacht had ten dele veel weg van een regelrechte vlucht. Alle troepenonderdelen waarmee men in contact kwam, waren 'met slechts enkele uitzonderingen defaitistisch', berichtte een soldaat. Velen probeerden zich op allerlei manieren in de achterhoede te drukken.[13] Bij de terugwaarts stromende resten van de legers voegden zich de klerken van de diverse dienstposten die tot dan toe in Frankrijk een luizenleven hadden geleid. 'Onze lafbekken, die daar vier jaar lang hebben gezopen en hebben gezwolgen, waren natuurlijk de eersten die de Franse hoofdstad verlieten,' sprak Goebbels verontwaardigd. 'Ze duiken nu in wilde karavanen op in Lotharingen [...] en bieden daar een beklagenswaardig beeld van Duits verval.'[14]

In een onderhoud met zijn minister van Propaganda weet Hitler het ineenstorten van het front in het westen als vanouds aan 'doortrapt verraad'. Het stond vast, beweerde hij in strijd met de waarheid, dat opperbevelhebber von Kluge van plan was geweest 'over te lopen naar de vijand'. Daarom had hij ook het Duitse tegenoffensief bij Avranches bewust in het honderd laten lopen. Theatraal betreurde Hitler het dat hij Kluge bij wijze van geschenk een grote som geld had doen toekomen en hem ook op andere wijze tegenover zijn mede-officieren in het zonnetje had gezet.[15] Dit keer liet Goebbels zich gaan met een kritisch commentaar in zijn dagboek: 'Ik heb van meet af aan de tolerantie die de Führer tegenover de generaliteit van het leger heeft getoond, als geheel onjuist beoordeeld. Deze generaals begrijpen zijn grootmoedigheid niet. Ze moeten juist kort worden gehouden, anders lopen ze naast hun schoenen.' De dictator sprak de hoop uit dat de verstrooide troepen zich weer zouden verzamelen om opnieuw een stevig front in het westen te vormen. De Rijksgrens moest onder alle omstandigheden worden verdedigd, en daarom werd alles naar de Westwall gedirigeerd wat maar ter beschikking stond.[16] Maar aanvankelijk zag het er niet naar uit dat de opmars van de Geallieerden tot staan gebracht kon worden. Op 3 spetember bevrijdden ze Brussel, een dag later Antwerpen. De haveninstallaties vielen hun onbeschadigd in handen. Het zou evenwel nog twee maanden duren eer ze konden worden gebruikt voor geallieerde bevoorrading, aangezien de Duitsers de monding van de Schelde nog beheersten.[17]

Op 11 september passeerden Amerikaanse troepen voor het eerst bij Aken de Duitse grens. Maar het duurde nog tot 21 oktober tot zij de grotendeels verwoeste stad konden innemen.[18] Hitler had op 5 september veldmaarschalk von Rundstedt weer aangesteld als opperbevelhebber West — Model nam het commando van de Legergroep B over. Op 14 september beval Rundstedt dat de Westwall 'tot de laatste kogel en tot volledige vernietiging' van de vijand moest standhouden. Twee dagen later volgde een principiële order van Hitler, die in haar radicale vorm reeds vooruitloopt op zijn beruchte Nero-bevel uit maart 1945: 'Elke bunker, elk huizenblok in een Duitse stad, elk Duits dorp moet een vesting worden, waarop de vijand zich ofwel doodloopt, of die haar manschappen na een strijd van man tot man in stapels onder zich bedelft.'[19] Zoals ook eerder tijdens de Duitse aftocht uit de Sovjet-Unie en Frankrijk mocht de tegenstander ook nu in de veroverde Duitse gebieden niets in handen vallen dat voor de oorlogvoering enigermate van nut zou kunnen zijn. Goebbels deed aanvankelijk ook een duit in het zakje: 'Het gaat om het laatste, en als de natie om haar leven vecht, dan mag men niet voor het laatste terugdeinzen.' De minister van Propaganda moest zich echter door de minister voor Bewapening Speer laten vertellen dat bij een radicale toepassing van het principe van de 'verbrande aarde' de industrie en de infrastructuur in bijvoorbeeld het Ruhrgebied zo blijvend vernield zouden worden, dat de herstelwerkzaamheden jaren in beslag zouden nemen en herovering derhalve helemaal geen zin meer zou hebben. Na verlies van het Ruhrgebied – dat nog altijd het hart was van de Duitse bewapeningsindustrie – zou de oorlog niet meer lang kunnen worden voortgezet.[20]

In de tweede helft van september liep de opmars van de Amerikanen en Britten vertraging op. De strijdkrachten van de bondgenoten hadden te kampen met grote bevoorradingsproblemen. Tegelijkertijd nam de Duitse weerstand straffere vormen aan. Montgomery's luchtlandingsoperatie bij Arnhem (Operatie Market Garden) draaide uit op een fiasco. Het plan om na het oversteken van de Rijn vanuit het noorden de Westwall te omzeilen en door te stoten naar het Ruhrgebied, liep daarmee spaak.[21] 'Niemand heeft het meer over een gemakkelijke wandeling dwars door het Rijk', verzuchtte Goebbels opgelucht.[22] De geallieerden zouden in de komende maanden nog zware gevechten met grote verliezen moeten leveren. In het westen was voorlopig nog geen snel einde van de oorlog in zicht.

In het oosten had het Rode Leger in de loop van de zomer van 1944 alle sinds 1941 verloren Sovjetgebieden heroverd, en het offensief door het oosten van Polen voortgezet tot aan de Weichsel. In de tweede helft van juli was Model erin geslaagd het front van de Legergroep Mitte, dat volgens Hitler niet meer dan een 'gat' was,[23] tot staan te brengen. Maar eind juli tekende zich al een nieuwe crisis af. Sovjettroepen braken door op de plek waar de Legergroep Nord grensde aan de Legergroep Mitte, en stootten bij Tukums door tot aan de Baai van Riga. Voor het eerst was de Legergroep Nord in het Baltische gebied omsingeld. Tegelijkertijd werd ook de situatie bij de Legergroep Mitte weer kritiek. Aan de zuidflank was een opening ontstaan naar de Legergroep Nordukraine, waarvan Sovjettankbataljons gebruikmaakten. Nadat ze de Weichsel in het gebied van Puławy hadden bereikt, bogen ze naar het noorden en begonnen op 27 juli met de aanval op Warschau. Het leek slechts een kwestie van tijd tot de stad zou vallen, maar toen geschiedde wat van Duitse zijde het 'tweede wonder aan de Weichsel' werd genoemd – in een verwijzing naar het eerste wonder uit het jaar 1920, toen de Poolse maarschalk Józef Piłsudski het Rode Leger voor de stadspoort van Warschau had verjaagd. Ongemerkt vielen vier Duitse tankdivisies, die Model heimelijk van elders aan het front had laten komen, de opgerukte Sovjettroepen aan in het gebied ten oosten van Warschau en bereidden de Russen een zware nederlaag. Het front van de Legergroep Mitte, dat zojuist nog als een kaartenhuis ineen dreigde te zakken, was nog één keer gered.[24] 'We hebben de indruk dat we het ergste achter de rug hebben en dat het vervolgens weer stevig bergop zal gaan,' schreef generaal-gouverneur Hans Frank aan zijn vrouw.[25]

Deze verrassende wending had echter wel catastrofale consequenties voor de Poolse hoofdstad. Want erop vertrouwend dat de intocht van het Rode Leger nabij was en de Duitsers niet meer tot verweer in staat zouden zijn, was het Poolse *Armia Krajowa* (Thuisleger) onder leiding van generaal Tadeusz Bór-Komorowski op 1 augustus 1944 in Warschau een opstand begonnen. Daarmee wilde het verzet aantonen dat het de stad op eigen kracht kon bevrijden. Tegelijkertijd wilden zij onafhankelijkheid tonen ten opzichte van het Comité van Lublin – de marionettenregering die Stalin in juli had aangesteld, nadat hij al in 1943, na de onthullingen van Katyń, had gebroken met de Poolse regering in ballingschap in Londen. Na de verloren slag met de tankbataljons voor Warschau was het voor de Sovjettroepen nauwelijks mogelijk geweest, ook al zouden zij het hebben gewild, de opstandelingen meteen te hulp te schieten. Maar ook in een latere fase, toen zij er zeer zeker toe in staat waren geweest, bleven zij werkeloos in hun kampement aan de Weichsel. Kennelijk kwam het Stalin goed uit voor zijn naoorlogse plannen met Oost- en Midden-Europa dat de krachten van het niet-communistische verzet dat het op een onafhankelijk Polen had gemunt, werden verzwakt. Zo hadden de Duitsers de vrije hand om de opstand neer te slaan. En daarbij toonden zij zich van hun wreedste kant.[26] ss-eenheden doodden niet alleen duizenden opstandelingen, maar zij richtten ook een willekeurig bloedbad aan onder de burgerbevolking. Op 2 oktober gaven de laatste resten van het Poolse ondergrondse leger zich over; Warschau werd met de grond gelijk gemaakt.[27]

Zoals reeds vermeld, was veldmaarschalk Model op 16 augustus aan het westfront ingedeeld; de leiding van de Legergroep Mitte werd overgenomen door opperbevelhebber Hans-Georg Reinhardt. Op dezelfde dag begon Operatie Doppelkopf: twee tankbrigades moesten door de zogeheten 'Baltische opening' in noordoostelijke richting stoten en de verbinding met de Legergroep Nord herstellen. Op het laatste nippertje, toen de operatie al bijna op de klippen was gelopen, lukte de doorbraak toch nog. Op 20 augustus bereikte een gevechtsgroep onder generaal-majoor von Strachwitz de linies van de Legergroep Nord. Het noordelijk gedeelte van het oostfront kende een langere vuurpauze.[28]

Het front aan de zuidflank raakte echter weer in beweging. In de ochtend van 20 augustus barstte hier het gevreesde grote offensief van de Sovjets los. Al op de tweede dag werd duidelijk dat de Duitse en Roemeense troepen hun verdedigingsstellingen in Moldavië en aan de Dnjestr niet konden houden. Voor de Legergroep Südukraine, die sinds 23 juli onder het commando van opperbevelhebber Johannes Frießner stond, diende zich een debacle aan.[29] En daarmee stond ook het verblijf van Roemenië aan de kant van de Asmogendheden op het spel. 'De Roemenen houden hun stellingen niet, en het valt te verwachten dat ze ook politiek weldra onze rijen zullen verlaten,' voorspelde Goebbels.[30]

Er bestond al geruime tijd twijfel aan de betrouwbaarheid van Roemenië als bondgenoot. De Roemeense bevolking was de oorlog duidelijk zichtbaar beu, en in het leger en de partijen stak de oppositie de kop op die Roemenië zo snel als het ging uit de oorlog wilde leiden. Voor dit doel werd contact gezocht met de westelijke machten, maar ook met de Sovjet-Unie. Bij een vergadering in de Wolfsschanze op 5 augustus 1944 reageerde maarschalk Antonescu op Hitlers vraag 'of hij willens was de strijd tot het einde toe vol te houden', ontwijkend. Hij bekrachtigde weliswaar dat Roemenië loyaal tegenover zijn verplichtingen zou staan, maar wees tegelijkertijd op 'de hevige onrust die zich meester had gemaakt van hemzelf, het Roemeense leger en het Roemeense volk'. Bovendien had Roemenië in toenemende mate te lijden onder vijandelijke luchtaanvallen, die in het geval ze zouden voortduren, 'binnen de kortste keren tot een sociale, militaire en economische ramp' zouden leiden.[31] Nu toch zeker moest Hitler eindelijk toegeven hoe wankel de situatie in Roemenië was. Antonescu zou verder 'door dik en dun' met Duitsland blijven optrekken, sprak hij nog op 23 augustus, maar men moest er rekening mee houden dat hij weldra ten val zou worden gebracht.[32]

Deze voorspelling zou sneller dan verwacht in vervulling gaan. Op 23 Augustus 's middags liet de Roemeense koning Michael I Antonescu inrekenen en stelde een regering aan met vertegenwoordigers van alle partijen onder zijn hofmaarschalk generaal-majoor Constantin Sănătescu. 's Avonds kondigde de vorst in een toespraak via de radio aan dat Roemenië zich met onmiddellijke ingang terug zou trekken uit gevechtshandelingen en een wapenstilstand met de Geallieerden zou sluiten. Hitler beval ogenblikkelijk de staatsgreep met behulp van de rondom Boekarest gestationeerde Duitse troepen de kop in te drukken. Maar de onderneming, die veel weghad van een staatsgreep en werd ondersteund door hevige aanvallen door de Duitse luchtmacht op de Roemeense hoofdstad, liep in het honderd. Op 25 augustus verklaarde Roemenië de oorlog aan het Duitse Rijk. In luttele dagen veroverde het Rode Leger nagenoeg het gehele territorium van het Balkanland. Op 28 augustus werd Boekarest bezet, twee dagen later vielen de olievelden van Ploiești, die voor de Duitse oorlogsbevoorrading van levensbelang waren, in Sovjethanden. In twee weken tijd verloor de Wehrmacht 286.000 man aan gesneuvelden en gevangenen. Met de restanten van zijn legergroep trok Frießner zich over de passen van de Karpaten terug.[33]

Nadat Roemenië zich bij de tegenpartij had geschaard, kwam ook het zuidelijke buurland Bulgarije onder druk te staan. De Bulgaarse regering was er tot dan toe in geslaagd te voorkomen dat haar land betrokken raakte bij de oorlog van de Asmogendheden met de Sovjet-Unie, en had zich sinds 1943 stapsgewijs verwijderd van de Duitse bondgenoot. Eind augustus 1944 gaf ze de Duitse regering te verstaan onverwijld haar militaire commissie en alle troepen uit het land terug te trekken. Niettemin verklaarde de Sovjet-Unie Bulgarije op 5 september de oorlog. Op 8 september marcheerde het Rode Leger het land binnen. Nog dezelfde dag volgde de Bulgaarse oorlogsverklaring aan het Duitse Rijk.[34] Het wegvallen van Roemenië en Bulgarije en de snelle bezetting van beide landen door Sovjettroepen betekende het einde van de Duitse positie in geheel Zuidoost-Europa. Nu dreigden ook de op het Griekse vasteland en de Griekse eilanden gelegerde eenheden van de Legergroep E geïsoleerd te raken. Begin september begon de terugtocht uit het zuiden van het Balkanschiereiland. Op 12 oktober vertrokken de laatste Duitse eenheden uit Athene, al twee dagen later marcheerden Britse troepen de Griekse hoofdstad binnen.[35] Hongarije hield zich nog aan zijn verbintenis met de Asmogendheden, maar ook admiraal Horthy gold intussen als een onzekere factor en aan Duitse zijde begon men zich op het ergste geval voor te bereiden. 'Het gevaar bestaat dat de Hongaren ons net als de Roemenen en Bulgaren in de rug zullen aanvallen,' noteerde Goebbels eind september 1944.

'Horthy is niet te vertrouwen. De Führer is daarom van plan hier energiek politieke maatregelen te treffen.'[36]

Niet alleen in het zuidoosten, ook in het noorden van Europa stond Hitlers imperium op instorten. In het voorjaar van 1944 voerde de Finse regering geheime vredesgesprekken met de Sovjet-Unie. Alleen waren de door Moskou geëiste voorwaarden zo zwaar dat Helsinki de gesprekken voorlopig liet voor wat ze waren. Gezien de harde tegenslagen van de Legergroep Noord in de zomer van 1944 leek het de Finnen echter toch geraden de vredesgesprekken weer voort te zetten. Op 1 augustus trad de Finse president Risto Ryti terug. Hij had Hitler nog in een missive van 26 juni verzekerd dat Finland uitsluitend met Duitse goedkeuring vrede met de Sovjet-Unie zou sluiten. Aan deze toezegging voelde zijn opvolger, maarschalk Carl Gustaf baron Mannerheim, zich uiteraard niet meer gebonden. Ook Hitlers poging hem nog eenmaal aan de bindende wapenbroederschap te herinneren door hem op 17 augustus door het hoofd van het OKW Keitel het eikenloof bij het ridderkruis van het IJzeren Kruis te laten overhandigen, kon daar niets aan veranderen. Op 2 september deelde Mannerheim Hitler mee dat Finland de oorlog niet meer aan Duitse zijde kon voortzetten. Na veel touwtrekken werd op 19 september de Fins-Sovjet-Russische wapenstilstand getekend. De Duitse troepen – rond 200.000 man – trokken zich via Lapland naar Noorwegen terug, met achterlating van 'verschroeide aarde'.[37] 'Politiek beschouwd valt het afhaken van Finland zeer te betreuren. Dit zal er verder toe bijdragen dat onze kans om de oorlog te winnen dieper zinkt,' merkte Goebbels op.[38] Maar ook wat betreft grondstoffen voor de oorlogsindustrie, viel het verlies van de nikkelmijnen van Petsamo nauwelijks te compenseren.

Ook landen die tot dan toe tussen de oorlogspartijen hadden geschipperd, begonnen onder de indruk van de Duitse nederlagen aan alle fronten hun positie te heroverwegen. Turkije verbrak op 2 augustus 1944 alle betrekkingen met het Derde Rijk. Voor de aanvoer van chroom voor de Duitse wapenindustrie was dit een zware slag. Het neutrale Zweden had al in juli 1943 de transitovereenkomst met het Rijk opgezegd dat Duitse militaire transporten over Zweeds grondgebied toestond. In september 1944 sloot het land ook de territoriale wateren voor alle oorlogvoerende partijen – een maatregel die vooral tegen Duitsland was gericht, omdat hierdoor de uitvoer van ijzererts stagneerde.[39] Het viel te voorzien dat de Duitse wapenindustrie de productie nauwelijks gedurende een langere periode op hoog niveau zou kunnen vasthouden. In alle landen die met de Duitsers samenwerkten, deed het verzet in verhevigde mate van zich spreken. In Slowakije brak eind augustus 1944 een opstand uit, toen Duitse troepen het land bezetten om een dreigende val van het marionettenregime van Jozef Tiso te verhinderen. Net als in Warschau drukten de bezetters ook hier de opstand met ultieme wreedheid de kop in.[40]

'Uit de bezette gebieden ontvangen we natuurlijk uitsluitend onvriendelijke tijdingen,' noteerde Goebbels midden september 1944. 'Niemand gelooft meer in de Duitse overwinning, en onze aandelen zijn tot op een nulpunt gedaald.'[41] Op een 'nog nimmer gekend dieptepunt' was inmiddels ook de stemming in het Duitse Rijk beland. In de berichten van de Rijkspropagandabureaus was sprake van een steeds meer om zich heen grijpende bezorgdheid, dat 'de oorlog niet meer gewonnen' zou kunnen worden. Veel 'volksgenoten' liepen reeds met de gedachte aan zelfmoord rond. Het wegvallen van de bondgenoten werd becommentarieerd met begrippen als: 'De ratten verlaten het zinkende schip.'[42] Hitlers voornaamste propagandist vond het in toenemende mate moeilijker worden zijn wekelijkse hoofdartikel voor *Das Reich* te schrijven: 'Ik weet nauwelijks nog wat ik moet schrijven.'[43]

Gezien de sombere algemene vooruitzichten wekte een artikel in de *Völkische Beobachter* van eind augustus 1944 des te meer opzien: 'Het geheim van de laatste oorlogsfase'. De auteur, oorlogsverslaggever Joachim Fernau, citeerde daarin kennelijk Winston Churchill met de onvoltooid gebleven zin: 'We moeten de oorlog in de herfst hebben beëindigd, anders...'. Fernau knoopte daar de opmerking aan vast: 'Tot de herfst, en zo weten wij waar wij onze laatste grote krachtsinspanning op moeten richten. Die stijgt ook niet boven onze krachten uit. We hebben in deze oorlog nog nooit in een kritische toestand opgegeven. We zullen de laatste prijs die wij nog moeten betalen uiteindelijk betalen. Met alle middelen en alle kracht. De overwinning is werkelijk voor het grijpen nabij!'[44]

Goebbels was woedend toen hij het artikel las. Want daardoor was bij het volk de hoop gewekt dat er 'binnen de kortste tijd een volledige ommekeer in de krijgsverhoudingen' kon optreden.[45] Inderdaad had Fernau gespeculeerd over een Duits 'wonderwapen', dat in de herfst kon worden ingezet en de beslissing voor de afloop van de oorlog zou kunnen bepalen. Het artikel was het meest 'drieste' wat de nationaalsocialisten tot dan toe op propagandagebied hadden gewaagd, vond Victor Klemperer. Maar ook hij was er niet helemaal gerust op of er niet toch een spettertje waarheid achter schuilging: 'Duitsland pokert. Is het bluf, of hebben ze werkelijk nog een troef in handen?'[46]

Een dergelijke troef zou het bezit van een atoombom zijn geweest, waarvan de explosieve kracht alles wat er tot nog toe was geweest in de schaduw zou stellen. Eind maart 1942 was Goebbels op de hoogte gebracht van de resultaten van het Duitse kernonderzoek. Zijn commentaar: 'De moderne techniek biedt de mens vernietigende middelen van een onvoorstelbare orde van grootte. De Duitse wetenschap weet wat er op dit gebied speelt, en het is ook noodzakelijk dat we op de eerste rij zitten, want wie in deze oorlog een revolutionaire vernieuwing introduceert, heeft een veel grotere kans om te zegevieren.'[47] In zijn gesprek met het Roemeense staatshoofd Antonescu van 5 augustus 1944 duidde Hitler ook op geheimzinnige wijze op een nieuw superwapen, met zo'n enorme uitwerking dat het 'in een kring van 3 tot 4 kilometer van de plek waar het insloeg al het menselijke leven zou vernietigen'.[48] Maar op dat tijdstip had Duitsland de wedloop om de bouw de een atoombom al verloren. In de zomer van 1942 was namelijk de principiële beslissing getroffen het Duitse atoomproject slechts in betrekkelijk bescheiden omvang voort te zetten. Op dat tijdstip rekende de leiding van de NSDAP er nog mee dat de Sovjet-Unie in een tweede aanloop op de knieën kon worden gedwongen. De kernfysici rond Werner Heisenberg hadden echter verzekerd dat het zelfs met heel veel geld en materieel nog jaren zou duren eer er een atoombom kon worden gebouwd. Daaruit trokken de minister voor Bewapening Speer en Hitler de conclusie dat het nieuwe wapen niet meer van beslissend belang voor het slagen van de oorlog kon zijn. De Verenigde Staten hadden daarentegen in juni 1942 beslist de ontwikkeling van de atoombom op grote industriële schaal te stimuleren. Voor het Manhattanproject werden gigantische middelen ter beschikking gesteld. Terwijl de Amerikanen in juli 1945 de eerste geslaagde test met een atoombom in de woestijn van New Mexico zouden uitvoeren, waren de Duitsers aan het einde van de oorlog nog ver verwijderd van een kernwapen. De latere bewering van Duitse wetenschappers dat zij het project bewust hadden gesaboteerd, om Hitler niet in het bezit te brengen van de atoombom, heeft de Amerikaanse historicus Mark Walker terecht ontzenuwd als een naoorlogse legende. Als ze over de middelen hadden beschikt, zouden ze de bom hebben gebouwd, en Hitler zou zeer zeker geen scrupules hebben gehad om die in te zetten.[49]

In de zomer en de herfst van 1944 deden opnieuw geruchten de ronde over een afzonderlijke vrede met de Sovjet-Unie. Het initiatief ging wederom uit van Japan. De Duitse bondgenoot in Oost-Azië had in de oorlog in het Pacifisch Gebied de ene nederlaag na de andere moeten incasseren. In juni-juli 1944 veroverden de Amerikanen de Marianeneilanden, waar ze bases aanlegden voor de bombardering van het Japanse moederland. Op 18 juli trad de regering-Tojo terug. Het nieuwe kabinet sprak de wil uit de oorlog met alle middelen voort te zetten.[50] Ambassadeur Oshima in Berlijn ontving de opdracht om de Duitse regering over te halen een akkoord met de Sovjet-Unie te sluiten. De Wehrmacht zou daardoor in staat gesteld worden al haar gebundelde krachten te concentreren op de strijd tegen de westelijke machten, zodat Japan mocht hopen op enige verlichting in de Pacifische strijd. Op 4 september overhandigde Oshima in de Wolfsschanze de wens van zijn regering. Hitler gedroeg zich gereserveerd: hem was niets bekend van een bereidschap van Stalin om met Duitsland de dialoog aan te gaan. Op zijn vraag of de Japanners reeds hun voelhoorns in Moskou hadden uitgestoken, moest Oshima ontkennend antwoorden.[51]

Maar de Japanse ambassadeur bleef hardnekkig. Op 19 september verklaarde hij tegenover staatssecretaris Werner Naumann in het ministerie van Propaganda hoezeer het voor Japan van 'levensbelang' was dat er een separate vrede kwam tussen Duitsland en de Sovjet-Unie. Stalin was volgens hem een 'realist' en zou niet doof zijn voor de wens van een regeling. Maar Duitsland moest wel bereid zijn offers te brengen, dat wil zeggen afzien van de nagestreefde doelen in de oorlog in het oosten. Maar in dat geval kreeg het 'tegenover het westen weer de vrije hand'. Naumann bracht onmiddellijk Goebbels op de hoogte over de inhoud van het onderhoud.[52] De minister van Propaganda kwam het polsen van Oshima zeer goed gelegen. Want in de voorafgaande dagen had hij er zelf al intensief over nagedacht 'hoe de oorlog met politieke middelen een andere wending kon worden gegeven'.[53] Met interesse had hij de berichten over de conferentie tussen Roosevelt en Churchill van 11 tot 16 september in Quebec gevolgd, en daaruit de conclusie getrokken dat de tegenstellingen tussen de westelijke grootmachten en de Sovjet-Unie steeds groter werden.[54] De Duitse diplomatie moest deze situatie in haar voordeel benutten. Maar hij beschouwde Ribbentrop als ongeschikt om een politieke oplossing voor te bereiden. 'De buitenlandse politiek hoort nu in de hand van een man die intelligentie, daadkracht en de nodige flexibiliteit bezit.'[55] Daarbij dacht de minister van Propaganda kennelijk aan niemand anders dan zichzelf.

Daarom besloot hij tot een ongebruikelijke stap: op 20 september schreef hij een omvangrijk memorandum, waarin hij Hitler niet alleen de noodzaak van een akkoord met Stalin probeerde te verduidelijken, maar ook onverbloemd de aflossing van Ribbentrop als minister van Buitenlandse Zaken eiste. Het resultaat beviel hem zelf zozeer, dat hij het memorandum onverkort toevoegde aan zijn dagboek. 'We bevinden ons, ofschoon we zulks aan het begin van de oorlog onder alle omstandigheden wilden vermijden, in een tweefrontenoorlog in extreme vorm,' stelde hij nuchter vast. Een dergelijke oorlog met twee fronten had Duitsland in de loop van de geschiedenis echter nog nooit gewonnen en zou het ook in het onderhavige geval niet kunnen winnen. Daarom moest worden getracht politieke munt te slaan uit de tegenstellingen in de vijandelijke coalitie, zoals deze tijdens de Conferentie van Quebec aan het daglicht waren getreden. Psychologisch uitgekiend toegesneden op Hitlers zelfbeeld, trok Goebbels een vergelijking met de situatie van eind 1932-begin 1933. Ook destijds was het gelukt door 'verstandig handelen' bestaande onenigheden in het kamp van de tegenstander te benutten, zodat op het laatst de overwinning van 30 januari een feit was. De minister van Propaganda somde nu de argumenten op die Oshima voor een separate vrede met de Sovjet-Unie had aangedragen, en voegde eraan toe: 'Het Duitse volk zou een dergelijke ommekeer in de oorlog met de grootste instemming begroeten. Wij zullen in staat zijn ons in het westen vrijheid te verschaffen, en de Engelsen en Amerikanen zullen onder druk van zulke gebeurtenissen de oorlog nauwelijks nog onbegrensd voort kunnen zetten.' Dat was dan weliswaar 'niet de overwinning waarvan we in het jaar 1941 droomden, maar het zal toch de grootste overwinning zijn in de Duitse geschiedenis'.

Goebbels stak overigens niet onder stoelen of banken dat hij Ribbentrop niet in staat achtte de nodige stappen te zetten. In minachtende bewoordingen liet hij geen spaan meer heel van de minister van Buitenlandse Zaken: 'Bij hem staat het prestige voorop. Hij volgt welgemeende adviezen niet op omdat hij te hooghartig is om er ook maar naar te luisteren. Hij stoot iedereen voor het hoofd, en zijn zo dikwijls geprezen koppigheid ontbreekt het aan noodzakelijke intellectuele flexibiliteit. Hij beschouwt de buitenlandse politiek als een geheime wetenschap die alleen hij beheerst, en als hij dan zo genadig is een tipje van de sluier op te lichten, dan spruiten er alleen slechte hoofdartikelen uit voort.' Om de voor de hand liggende verdenking uit de weg te ruimen dat hij zichzelf als opvolger van Ribbentrop wilde aanprijzen, verzekerde Goebbels aan het slot dat 'geen egoïstisch streven' aan zijn advies ten grondslag lag, maar dat zijn memorandum het resultaat was van 'de zuiverste bedoelingen'.[56] De in de omgang met de intriges en machtsstrijd van zijn paladijnen door de wol geverfde dictator zal hij daarmee geen rad voor ogen hebben gedraaid.

Met spanning wachtte Goebbels op reacties uit het hoofdkwartier van de Führer. Enkele dagen later vernam hij dat Hitler het memorandum 'aandachtig doorgelezen' had, zonder zich echter uit te laten over de inhoud.[57] Niet alleen hield de dictator Ribbentrop de hand boven het hoofd – wat Goebbels telkens weer met teleurstelling signaleerde[58] – ook in latere gesprekken met de minister van Propaganda ging hij nooit in op diens voorstel. Zijn houding ten opzichte van een separate vrede met de Sovjet-Unie was sinds de herfst van 1943 niet gewijzigd. Hij zag duidelijker dan zijn adviseur dat er zolang het Rijk zich in militair opzicht defensief moest opstellen, geen enkel uitzicht op vrede met welke partij ook kon bestaan. Als zich een gelegenheid aandiende voor een politieke oplossing, zou hij deze niet onbenut voorbij laten gaan, verklaarde hij in de stafbespreking van 31 augustus 1944. Maar het was uiteraard 'kinderlijk naïef' om in tijden van zware militaire nederlagen op zo'n moment te hopen.[59]

Lang had Hitler te kampen gehad met de gevolgen van de aanslag van 20 juli. Op 28 september 1944 klapte hij ineen. Hij leed aan maag- en darmkrampen die hem veel pijn bezorgden; zijn huid kreeg een gele teint. Morell schreef zijn patiënt strenge bedrust voor en probeerde hem met behulp van haarlemmerolie en kamilleklisma's verlichting te brengen. Dagen aan een stuk lag Hitler apathisch op het veldbed in zijn bunker. Voor zijn hofhouding was dit een ongekende aanblik.

'Het kwam op mij over alsof het lichaam plotseling het zinloze van alle inspanningen van de geest en de sterke wil had ingezien en ermee was gestopt. Gewoon gaan liggen met de woorden: "Ik wil niet meer"', herinnerde zich zijn secretaresse Traudl Junge.⁶⁰ Pas op 2 oktober kon Hitler voor het eerst weer opstaan en zich aankleden, maar nog dagen erna voelde hij zich zwak. Op 11 oktober verliet hij voor het eerst weer zijn bunker, maar al na enkele passen moest hij gaan zitten. In twee weken tijd was hij 8 kilo afgevallen.⁶¹

Hitlers ziekte had een staartje dat uitmondde in een hevige strijd tussen zijn behandelende artsen. De aanleiding was een ogenschijnlijk brisante ontdekking van KNO-pecialist Erwin Giesing. Het was hem tijdens de behandeling van Hitler na de aanslag opgevallen dat zich onder de vele medicijnen die de dictator dagelijks innam ook kleine zwarte tabletten tegen winderigheid bevonden, 'Dr. Kösters Antigas-Pillen', die onder meer het zenuwgif strychnine bevatten. Hij vroeg ernaar bij de dienstknecht Heinz Linge, die hem bevestigde dat Hitler bij elke maaltijd twee tot vier tabletten slikte – veel meer dan de gebruikelijke dosis. Giesing bracht Hasselbach op de hoogte van zijn ontdekking, die op zijn beurt Brandt informeerde. Alle drie de artsen waren het erover eens dat Hitler door Morells achteloosheid langzaam met strychnine werd vergiftigd en dat zijn klachten daartoe konden worden herleid.⁶²

Karl Brandt meende nu eindelijk de gelegenheid te baat te moeten nemen om Morell, die hij als een kwakzalver beschouwde, in diskrediet te brengen en hem uit het hof van de Führer te verstoten. Nog maar enkele weken tevoren was het de 'euthanasie'-organisator zonder scrupules gelukt de algehele verantwoording voor het gezondheidswezen op zijn naam te laten schrijven – zeer tot ongenoegen van Bormann en Goebbels, die de snelle promotie van de Hitler-protégé en lid van de Berghofclub met argusogen volgden. 'Brandt is een tamelijk eerzuchtig kereltje, die geen scrupules heeft en door zijn voortdurende beïnvloeding van de Führer zijn verstrekkende plannen ook in grote trekken in daden omzet,' schreef Goebbels giftig.⁶³ Eind augustus 1944 benoemde Hitler zijn begeleidende arts tot 'rijkscommissaris voor de sanitaire en gezondheidszorg', en zijn afdeling kreeg de rang van een 'hoogste Rijksinstantie' toegekend. Brandt meende vanuit deze machtspositie Morell eenvoudig ten val te kunnen brengen. Op 3 oktober zette hij hem voor het blok: hij had het bewijs in handen dat er bij Hitlers ziekte sprake was van 'een regelrechte strychninevergiftiging'.⁶⁴ Morell antwoordde dat niet hij die hogere dosis had voorgeschreven, en beklaagde zich 's avonds nog bij Hitler over Brandts charge. De dictator reageerde uiterst geprikkeld: 'Dan moeten zulke heren liever direct bij mij komen. [...] Wat wil die dwaze club eigenlijk?'⁶⁵

Brandt had zijn invloed overschat en Morells positie verkeerd ingeschat. Hitlers vertrouwen in de kunde van zijn lijfarts bleef onverminderd. 'Zonder Morell was ik misschien allang overleden, of had ik niet meer kunnen werken. Hij was en is de enige die mij kan helpen,' placht hij te zeggen.⁶⁶ Op 8 oktober deelde hij Morell mee dat hij Brandt en Hasselbach van hun functie als begeleidend arts wilde ontslaan. Een dag later was de kwestie officieel beklonken; als nieuw chirurgisch begeleidend arts van Hitler werd ss-luitenant-kolonel Ludwig Stumpfegger benoemd, een jonge medicus uit de kringen rond Heinrich Himmler.⁶⁷ Goebbels kon zijn leedvermaak over de afloop van het 'artsenconflict' niet bedwingen: 'De Führer' heeft 'zijn onbeperkte vertrouwen' in Morell uitgesproken; Brandt zal 'heel gauw merken hoe moeilijk het is als hij niet meer de hele tijd bij de Führer kan aankloppen'.⁶⁸ Het verging Brandt inderdaad niet beter dan alle anderen die uit het hof van Hitler verbannen waren. Zodra hij niet meer in de onmiddellijke omgeving van de dictator kon verkeren en zich kon verzekeren van diens goede wil, was het met zijn macht op slag gedaan. Morell, de gehate concurrent, mocht echter nog langer de gunst van de Führer genieten: 'Mijn w[aarde] dokter, ik ben blij e[n] gelukkig dat ik u heb,' verzekerde Hitler hem begin november 1944. 'Daarbij nam hij mijn hand e[n] drukte haar innig e[n] keek mij aan met een lange dankbare blik', sloot Morell zijn dagnotitie af.⁶⁹

De dictator was amper van zijn ziekbed opgestaan, of hij werd weer met nieuwe gevaren aan het oostfront geconfronteerd. Op 5 oktober begon het Rode Leger een groot offensief tegen de Legergroep Nord. De stellingen van het Duitse Derde Tankleger werden doorbroken en op 10 oktober stonden de Sovjets aan de Oostzeekust ten noorden van Klaipėda (Duits: Memel) in Litouwen. De Legergroep Nord werd met een groot gedeelte van zijn 33 divisies omsingeld in Koerland. Tussen Hitler en Guderian ontvlamde een hevig conflict: de chef defensiestaf wilde de legergroep uit Koerland terughalen, om de manschappen ter verdediging van Oost-Pruisen in te kunnen zetten. De dictator wees de aftocht uit de ketel van de hand. Het bezit van Koerland was volgens hem noodzakelijk om vanaf de daar gevestigde marinesteunpunten de nieuwe onderzeeërs te kunnen testen. Bovendien werden door die toestand sterke Sovjetkrachten gebonden. Inderdaad zou de strijd om de ketel van Koerland tot het einde van de oorlog voortduren.⁷⁰

Maar de bij benadering 250.000 frontsoldaten die in Koerland moesten volharden, ontbraken smartelijk toen het Rode Leger de aanval op Oost-Pruisen inzette. Hier was al in de zomer van 1944 paniek uitgebroken toen Sovjettroepen de Rijksgrens voor het eerst gevaarlijk dicht waren genaderd. Op bevel van Erich Koch, de Gauleiter van Oost-Pruisen, moesten honderdduizenden burgers, mannen en vrouwen, met een dagelijkse zware lichamelijke inzet loopgraven aanleggen en wallen opwerpen – een verdedigingsbolwerk waarvan de militaire waarde zeer twijfelachtig was.⁷¹ Op 16 oktober begon het Rode Leger na een buitengewoon hevig trommelvuur op de Duitse stellingen hun aanval op Oost-Pruisen. Twee dagen later overschreden de Sovjets de Rijksgrens. Hun tankbrigades stootten via Goldap en Gumbinnen tot 60 kilometer over de grens door, en bereikten op 21 oktober het dorp Nemmersdorf. Hitlers hoofdkwartier bij Rastenburg lag daar nog geen 100 kilometer vandaan. Maar op dat moment slaagde het Vierde Leger onder generaal Friedrich Hoßbach, Hitlers vroegere Wehrmachtsadjudant, er door middel van een verrassende tegenaanval in de opmars tegen te houden en de Sovjettroepen, tot op een smalle grensstrook na, weer uit Oost-Pruisen te verjagen. Het Rode Leger staakte het offensief in het middengedeelte van het front. Tot januari 1945 kwam het hier niet meer tot grotere gevechtshandelingen.[72]

Toch bood de episode van oktober 1944 al een voorproefje van wat de Duitse burgerbevolking in het oosten te wachten stond. De soldaten van het Rode Leger hadden zich honderden kilometers in westelijke richting gevochten. Bij het oprukken waren ze overal op sporen van Duitse vernielzucht gestoten. De haat op de invallers en de behoefte aan wraak, die door de Sovjetpropaganda nog werd aangewakkerd, ontlaadde zich in een orgie van geweld toen de militairen voor het eerst voet op Duitse bodem zetten.[73] Nemmersdorf, de plaats waar de Sovjettroepen het verst waren opgerukt, werd een menetekel. Hier had slechts een gedeelte van de 637 inwoners tijdig weten te vluchten. De achterblijvers vielen ten prooi aan een slachtpartij. Generaal Werner Kreipe noteerde na bezichtiging van het gevechtsterrein op 23 oktober in zijn dagboek: 'Bij en in Nemmersdorf doodgeschoten vrouwen en kinderen aan schuurdeuren gespijkerd.'[74] In het verslag van de Geheime Veldgendarmerie, die op 25 oktober een eigen onderzoek instelde, was daarvan overigens geen sprake meer. Er waren lijken van 26 burgers gevonden, waaronder hoofdzakelijk oudere mannen en vrouwen, die waren gedood met een schot door het hoofd. Executies, verkrachtingen en plunderingen hadden ook in andere dorpen plaatsgevonden.[75]

Voor Goebbels waren de gruwelijkheden een kolfje naar zijn hand. Hij zou ze 'gebruiken als aanleiding voor een grote persmededeling', noteerde hij op 26 oktober. Daarmee zou ook de 'laatste onnozele waarnemer van deze tijden' zich bewust worden 'wat het Duitse volk te wachten' staat, 'als het bolsjewisme daadwerkelijk het Rijk in bezit zal nemen'.[76] Op uitdrukkelijk verlangen van de minister van Propaganda werden opnamen van de lijken van Nemmersdorf zowel voor de *Wochenschau* als voor publicatie in kranten vrijgegeven. De *Völkische Beobachter* kopte met 'Hoe de Sovjetbeesten hebben huisgehouden'.[77] Maar bij een gedeelte van de bevolking wekten de sensationeel opgemaakte berichten andere reacties op dan de minister van Propaganda had verwacht. Zo meldde de SD-afdeling in Stuttgart dat de mensen zich afvroegen wat de leiding van de NSDAP eigenlijk voor ogen stond met de publicatie van dergelijke foto's: 'Ze moeten toch weten dat elk weldenkend mens bij het zien van deze bloedige offers onmiddellijk denkt aan de gruwelijke daden die wij in vijandelijk gebied, maar ook zelfs in Duitsland, hebben begaan. Hebben wij niet Joden bij duizenden afgeslacht? Vertellen soldaten niet telkens weer dat Joden in Polen hun eigen graf moesten delven?'[78] Op grond van zulke meldingen besloot Goebbels begin november de campagne te staken: 'Op dit moment dieper op dit onderwerp ingaan, beschouw ik als niet opportuun.'[79]

Hitler zwoer wraak bij het zien van het beeldmateriaal uit Nemmersdorf: 'Dat zijn geen mensen meer, dat zijn beesten van de Aziatische steppe, en de strijd die ik tegen hen voer, is de strijd om de waardigheid van de Europese mens,' gaf hij in de kring van zijn secretaresses te kennen.[80] Dat de Wehrmacht en de SS gedurende hun bijna vier jaar durende bezetting in de Sovjet-Unie misdaden van een veel grotere dimensie hadden begaan, en dat ze daar daadwerkelijk als 'beesten' hadden huisgehouden, kwam hoe dan ook niet op in de dictator – en vanzelfsprekend was er niemand in zijn hofhouding die ook maar met de meest voorzichtige zinspelingen had gewaagd te vermelden dat de Duitse 'Herrenmenschen' nu een bescheiden portie oogstten van wat ze zelf hadden gezaaid.

In oktober 1944 werd de Hongaarse kwestie weer acuut. Nadat Roemenië naar de tegenpartij was overgelopen, waarbij Legergroep Südukraine – in september omgedoopt in Legergroep Süd – bijna volledig in de pan was gehakt, had het Rode Leger Roemenië helemaal bezet en eind augustus in het noorden van Zevenburgen de Hongaarse grens bereikt. Admiraal Horthy was er al langer van overtuigd dat Duitsland de oorlog niet meer kon winnen. Op 29 augustus ontsloeg hij premier Döme Sztójay en stelde zijn vertrouweling Géza Lakatos aan als opvolger. Voor de nazitop was dit een waarschuwingssignaal dat Horthy 'op het punt stond naar de tegenpartij over te lopen'.[81] Inderdaad had de Hongaarse rijksstadhouder al diplomatieke contacten met de westelijke machten gelegd; maar die wezen hem op onderhandelingen met de Sovjet-Unie. Op 11 oktober aanvaardde Horthy de door Moskou gestelde eisen voor een wapenstilstand, inclusief een ogenblikkelijke oorlogsverklaring aan Duitsland. De Duitse zijde was al vroeg op de hoogte van alle details van de onderhandelingen en bereidde tegenmaatregelen voor, om te voorkomen dat Hongarije uit de boot viel. Hitler meende vooral na het verlies van de Roemeense aardolieproductie van Ploieşti niet ook nog buiten de Hongaarse olievelden van Zala en Zistersdorf te kunnen. Onder aanvoering van Otto Skorzeny werd Operatie Panzerfaust voorbereid, met tot doel het afzetten van Horthy en de machtsovername door een regering onder Ferenc Szálasi, het hoofd van de radicaal-fascistische Hongaarse Pijlkruisers.

Als eerste maatregel liet Skorzeny op de ochtend van 15 oktober in opdracht van Hitler Horthy's zoon Miklós ontvoeren. Toen de rijksstadhouder daarop 's middags in een radiotoespraak zijn voornemen bekendmaakte een wapenstilstand met de Sovjet-Unie te sluiten, maakten de Pijlkruisers onder leiding van de SS een begin met de staatsgreep en bezetten op 16 oktober de burcht van Boedapest. Na aanvankelijk verzet zag Horthy zich gedwongen zijn proclamatie van de dag tevoren nietig te verklaren. Nadat Hitlers rijksambassadeur in Hongarije, Edmund Veesenmayer, hem had verzekerd dat zijn zoon niets zou overkomen, trad Horthy op de avond van de 16de oktober uit zijn ambt terug en benoemde Szálasi tot minister-president.[82] Het nieuwe Pijlkruisersregime zette niet alleen de strijd voort aan de kant van Hitler, het stelde ook alles in het werk om tegemoet te komen aan de Duitse wensen inzake de Jodenvervolging. Zo zond het duizenden van de nog levende Boedapestse Joden voor dwangarbeid naar het Duitse Rijk; velen kwamen bij de dodenmarsen naar het westen om het leven.[83]

Op 18 oktober, toen Horthy met een speciale trein naar Duitsland werd gebracht, waar hij met zijn gezin op een kasteel in Opper-Beieren tot het einde van de oorlog zou verblijven, las Himmler op de radio Hitlers decreet van 25 september voor, over de oprichting van de 'Volkssturm'. De datum, de verjaardag van de Volkerenslag bij Leipzig in 1813, was bewust gekozen: daarmee in verband stond de mythe van de 'bevrijdingsoorlogen' tegen Napoleon, de als een legende voorgedragen opstand van een geheel volk tegen een vijandige macht, zoals deze ook werd opgeroepen in de in opdracht van Goebbels gemaakte film over de verdediging van de vesting Kolberg. Tegen de 'totale vernietigingsdrang van onze Joodsinternationale vijanden', bezwoer Hitler, zou nu 'de totale inzet van alle Duitse mensen' zich teweerstellen. Alle mannen tussen het zestiende en zestigste levensjaar werden verplicht zich voor de dienst in de volksmilitie te melden en zich te laten opleiden voor de strijd. Verantwoordelijk voor de opstelling van de formaties waren de Gauleiter; de opleiding, uitrusting en inzet in de strijd kwamen voor rekening van Himmler als bevelhebber van het reserveleger.[84] De Volkssturm moest de zware verliezen bij de Wehrmacht compenseren. Het was een laatste stuiptrekking. Nauwelijks getraind en slecht uitgerust stelden de formaties geen serieuze militaire factor voor. Dikwijls dienden ze in de laatste oorlogsmaanden als kanonnenvoer, om het oprukken van de Geallieerden in het Rijksgebied te vertragen en zo het overleven van het naziregime nog enigszins te verlengen.[85] Onder de bevolking werd de oproep voor de vorming van de Volkssturm beschouwd als een bewijs voor de overmacht van de tegenstanders. 'De stemmen die beweren dat wij gedwongen zijn tot een hopeloze verdediging, worden steeds luider,' meldden de Rijkspropagandabureaus.[86]

De voortekenen voor de volkomen nederlaag van het Derde Rijk konden in de herfst van 1944 niet meer worden genegeerd. Het oprukken van de Geallieerden door Frankrijk was eind september weliswaar tot stilstand gekomen, maar tegelijkertijd verhevigden de Britten en Amerikanen hun luchtoffensief. In de acht maanden tussen september 1944 en mei 1945 werden driemaal zoveel bommen op Duitsland afgeworpen als in de voorafgaande oorlogsjaren.[87] De aanvallen richtten zich hoofdzakelijk op de productie van synthetische benzine en de infrastructuur. Niet alleen de bevoorrading van de Wehrmacht met synthetische brandstof maar ook de aanvoer voor de wapenindustrie werden daardoor zwaar ondermijnd. Ook de grootscheepse aanvallen op Duitse steden werden in versterkte mate voortgezet. In de nacht van 10 op 11 september veroorzaakte de Royal Air Force in Darmstadt een vuurzee, waarbij 8500 mensen om het leven kwamen. Op 30 oktober werd opnieuw Keulen het doel van een vernietigende aanval, die voor de stad de doodssteek betekende. We moeten 'deze mooie metropool in het Rijnland althans voorlopig afschrijven', constateerde Goebbels. 'Herstel van het openbare leven zou krachten vergen in een mate die ons onder de huidige omstandigheden niet ter beschikking staan.'[88] Er volgden zware aanvallen op Duisburg, Essen en Bochum. Maar niet alleen het Ruhrgebied, ook vele andere steden in Duitsland die tot dan toe verschoond waren gebleven, beleefden in de herfst en winter van 1944 een ongekend inferno. Zo werd Heilbronn in de nacht van 4 op 5 december welhaast geheel vernietigd; meer dan 5000 burgers kwamen om het leven.[89]

In de naziregering bestonden geen illusies meer over de psychologische gevolgen van de bombardementen. Soms 'vraag je je vertwijfeld af, waar dat allemaal ooit zal eindigen', schreef Goebbels. Elke dag werden zoveel steden aangevallen, dat ze niet meer opgesomd mochten worden in de officiële berichtgeving over het verloop van de oorlog, 'omdat dit te deprimerend zou werken'. De luchtaanvallen hingen 'als een zwaard van Damocles over het gehele grondgebied van het Rijk'. Als het niet zou lukken effectieve afweermethoden te ontwikkelen, zag hij het 'somber in voor de toekomst'.[90] Hitler maakte in zijn hoofdkwartier Göring en de Luftwaffe opnieuw grote verwijten. Bijwijlen leek hij met de gedachte te hebben gespeeld kolonel-generaal Robert Ritter von Greim te benoemen tot nieuwe opperbevelhebber van de Luftwaffe, maar hij nam weer afstand van dat idee omdat hij meende de rijksmaarschalk wegens zijn vroegere verdiensten niet te mogen laten vallen.[91] Het Rijk beschikte niet langer over mogelijkheden de hegemonie in de lucht van de Geallieerden te breken. Alle hoop was gevestigd op de Messerschmitt Me-262, de eerste jachtbommenwerper met straalaandrijving. Maar afgezien van het feit dat het vliegtuig technisch nog niet uitontwikkeld was om het al in 1944 in serieproductie te nemen, werd de ontwikkeling ook vertraagd door ingrepen van Hitler, die de Me-262 uitsluitend als bommenwerper en niet als jachtvliegtuig wilde inzetten.[92]

In de laatste oktoberdagen van 1944, toen de Russische tanks richting Koningsbergen reden en in de Wolfsschanze bij helder weer het gedaver van het geschut was te horen, drong de omgeving van Hitler erop aan zijn hoofdkwartier te verleggen naar Berlijn of de Obersalzberg. Men maakte zich zorgen om de veiligheid van de Führer, schreef Martin Bormann aan zijn vrouw, 60 tot 80 kilometer waren voor tanks geen echt grote afstand en in elk geval gaf men de voorkeur aan een prettiger oord. Maar de dictator verklaarde zijn hoofdkwartier alleen te willen verlaten als hem rechtstreeks gevaar dreigde. Zijn aanwezigheid was noodzakelijk om het moreel van de Oost-Pruisische bevolking overeind te houden en de divisies tot uiterste inspanningen te motiveren.[93] Heimelijk troffen Bormann en Schaub maatregelen voor de ontruiming van het hoofdkwartier. Alle ordners die voor de lopende gang van zaken niet per se nodig waren, werden verpakt en verzonden; bovendien werd het personeel zozeer uitgedund dat het elk moment mogelijk was om te vertrekken.[94]

In tegenstelling tot een jaar eerder zag Hitler er ditmaal van af in verband met de gedenkdag voor de staatsgreep van 1923 naar München te reizen. Hij verplaatste de festiviteiten op korte termijn van de 8ste naar de 12de november – een zondag – en liet zijn proclamatie voorlezen door Himmler. Daarin stond niets dat afweek van vroegere toespraken: achter het vermeende doel van de tegenstanders, het Duitse volk te vernietigen, zag de dictator als 'drijvende kracht' de 'satanische vervolgings- en vernietigingswil' van het Jodendom. Het plan van de Amerikaanse minister van Financiën Henry Morgenthau om de Duitse industrie volledig te ontmantelen, noemde hij niet met name, maar hij zinspeelde er kennelijk wel op. Voor de tegenslagen aan het front was volgens hem 'verraad' verantwoordelijk, van zowel de bondgenoten die waren overgelopen als van de 'eerloze catilinarische samenzweerders' van 20 juli. Zolang hij leefde, zou 'Duitsland het lot van de door bolsjewisme overstroomde Europese staten niet delen'. Meer dan het vage vooruitzicht dat ooit 'het ogenblik zal komen waarop het definitieve succes onze moeite bekroont', kon Hitler niet beloven.[95] Goebbels betreurde het dat de Führer de rede niet zelf had voorgelezen: 'Himmlers stem is iets te kil om ook de laatste effecten uit zo'n proclamatie te halen.'[96] Dat Hitler op de belangrijkste feestdag van de NSDAP zelf het woord niet had genomen, wekte verbazing: 'Waarom zwijgt de man die vroeger zijn stem niet dikwijls genoeg kon laten klinken?' vroeg bijvoorbeeld justitie-inspecteur Friedrich Kellner. 'Eigenaardige toestand!'[97]

Al maandenlang had Goebbels Hitler proberen te overreden eindelijk weer via de radio de Duitse bevolking toe te spreken. Hij hield het 'voor niet juist, dat de Führer in zulke zware crisistijden zich in stilzwijgen hult', klaagde hij meermaals in zijn dagboek.[98] Hitler beloofde weliswaar er weldra voor te gaan zitten om aan een toespraak te schrijven, maar hij vond telkens weer uitvluchten, over iets wat hij eerst moest afwachten: tot de Hongaarse kwestie zou zijn opgelost. Goebbels kon hij niet overtuigen: 'Ik kan werkelijk niet inzien wat de ontwikkeling in Hongarije ermee te maken heeft of de Führer zich tot het Duitse volk richt,' schreef de minister van Propaganda teleurgesteld in zijn dagboek.[99] Dat de dictator uit de openbaarheid verdween, gaf aanleiding tot veel geruchten. Dat hij op 12 november niet zelf had gesproken, maar Himmler de proclamatie had laten voorlezen, deed speculaties opbloeien dat hij een zenuwinzinking had gehad en de lopende zaken nu aan Himmler en Goebbels moest overlaten.[100] Niet alleen in Duitsland maar ook in het buitenland werd er gegist naar Hitlers toestand en een eventuele aflossing van de wacht aan de top van het Derde Rijk: 'Wilde geruchten over Hitlers ziekte, krankzinnigheid, verdwijnen. Himmler alleenheerser,' noteerde Thomas Mann op 15 november.[101]

Ook in de weken erna wilden de geruchten niet verstommen. De mensen beweerden bijvoorbeeld dat Hitler helemaal niet meer leefde, maar dat de nieuwe machthebbers dit nieuws niet in de openbaarheid wilden brengen. 'Over de Führer zijn de meest fantastische geruchten in omloop,' moest Goebbels begin december constateren. 'Het maandenlange zwijgen van de Führer breekt nu op.'[102] De wijde verspreiding van vermoedens omtrent Hitlers ziekte en dood waren een duidelijk aanwijzing hoezeer de dictator voor de meeste Duitsers een onwerkelijke schimmige gedaante was geworden. Ook al kende de mythe van de Führer na de aanslag van 20 juli nog een kortstondige heropleving, toch was dit beeld in de herfst van 1944 onder invloed van de catastrofale gebeurtenissen aan de fronten en het inferno van de luchtaanvallen onderhevig aan een bliksemsnel verval. De SD in Stuttgart citeerde een opmerking die kennelijk deze maanden tamelijk vaak heimelijk te horen viel: 'De Führer werd ons door God gezonden, niet om Duitsland te redden, maar om Duitsland in het verderf te storten.'[103]

Hitler gaf zich overigens nog geenszins gewonnen. Hij klampte zich zoals gewoonlijk vast aan de hoop dat het geluk in de strijd hem weer zou toelachen. Het was hem duidelijk dat als de Wehrmacht bleef volharden in defensieve stellingen, hij het einde van de oorlog weliswaar kon rekken, maar dat de nederlaag nauwelijks meer kon worden afgewend. Hij moest dus proberen al zijn kaarten in te zetten op een laatste offensief, om op zijn minst aan één front nogmaals het heft weer in handen te krijgen. De meeste kans van slagen zag hij in het westen, niet alleen omdat hier de afstanden korter waren en de logistieke bevoorradingsproblemen geringer, maar ook omdat hij de Engelsen en Amerikanen als minder taaie tegenstanders beschouwde dan de Russen.[104] Al op 19 augustus 1944 bracht hij Jodl voor het eerst op de hoogte van zijn overwegingen en verzocht hem zich 'erop in te stellen'.[105] Op 2 september maakte hij ook Goebbels deelgenoot van zijn plannen 'om in de herfst in het westen weer offensief te worden': 'Ook al zijn onze middelen niet voldoende om operaties diep in het terrein uit te voeren, gelooft hij toch de Engelsen en Amerikanen enkele zware verliezen te kunnen toebrengen, in het bijzonder wanneer ze door weersomstandigheden hun luchtmacht niet voor operatieve doelen kunnen inzetten.'[106] Hitler meende dat het gevaar aan het oostfront voorlopig was afgewend. Hij ging er ten onrechte van uit dat het Rode Leger, in plaats van Berlijn direct op de korrel te nemen, zich eerst zou richten op het traditionele doel van de Russische politiek als wereldmacht: de Turkse zeestraat. 'In grote trekken rekent de Führer erop dat de Russen naar Constantinopel zullen gaan, en zet hij alles op die kaart,' noteerde infanteriegeneraal Hermann Balck na een onderhoud met de dictator op 10 september.[107]

De volgende weken hield Hitler zich intensief bezig met de vraag aan welk deel van het front het offensief zich moest voltrekken. Op 16 september, na de gebruikelijke ontspanning rond het middaguur, verkondigde hij tijdens een speciale bespreking in kleine kring zijn besluit: 'Tegenoffensief uit de Ardennen, doel Antwerpen.' De dictator zweefde dus een herhaling van de operatie in het voorjaar van 1940 voor ogen. Duitse tanks moesten door de Ardennen doorstoten naar de Maas en van daaruit de aanval voortzetten tot de herovering van Antwerpen. Zo zou de geallieerden niet alleen een belangrijke aanvoerhaven worden ontnomen, maar er zou ook een wig worden gedreven tussen de Amerikaanse en Britse legers, waarbij laatstgenoemden werden omsingeld en in de pan gehakt. 'De naad tussen de Engelsen en Amerikanen openrijten, nieuw Duinkerke,' vatte de algemene stafchef van de Luftwaffe, Werner Kreipe, Hitlers overwegingen met een paar woorden samen. Guderians vrees dat als de laatste reserves aan het westfront werden ingezet, het oostfront een hernieuwd Russisch offensief niet zou kunnen tegenhouden, veegde Hitler van tafel. En de waarschuwing van Jodl voor de overmacht in de lucht van de Geallieerden pareerde hij met het argument dat het offensief 'tijdens een periode met slecht weer wordt uitgevoerd, dan kan ook de tegenstander niet vliegen'. Tot slot prentte de dictator de miltairen de noodzaak van strikte geheimhouding in. Alleen enkele absoluut betrouwbare mensen mochten ingewijd worden.[108]

Eind september gaf Hitler Keitel en Jodl bevel de plannen voor de operatie uit te werken. Pas op 22 oktober ontbood hij de stafchefs van de opperbevelhebbers West en de Legergroep B, generaal-luitenant Siegfried Westphal en generaal Hans Krebs, in de Wolfsschanze en bracht hen onder de grootste geheimhouding op de hoogte van zijn plannen. Na hun terugkeer aan het westfront brachten zij verslag uit bij hun opperbevelhebbers. Zowel Rundstedt als ook Model betwijfelde of de aanwezige krachten toereikend waren voor zo'n verstrekkende operatieve taakstelling, maar zij namen hun aanvankelijke bedenkingen terug. Op 10 november ondertekende Hitler het bevel voor Operatie Wacht am Rhein. Als doel gaf hij aan: 'Door vernietiging van de vijandelijke krachten ten noorden van de lijn Antwerpen–Brussel–Luxemburg een beslissende ommekeer in de westelijke veldtocht en zodoende wellicht voor het verloop van de gehele oorlog te bewerkstelligen'. De legers moesten onder opperbevel van de Legergroep B (Model) over een breedte van 170 kilometer tussen Monschau en Echternach aanvallen. Het Zevende Leger onder generaal Erich Brandenberger moest de zuidflank dekken; in het middengedeelte moest de 5de tankbrigade onder generaal Hasso von Manteuffel doorstoten tot over de Maas; de voornaamste slag moest het Zesde ss-Pantserleger onder ss-Oberstgruppenführer Sepp Dietrich aan de rechter noordelijke vleugel uitvoeren. De opmars moest op 27 november zijn afgerond.[109] Aan het eind van de maand werd de aanvalsdatum verschoven naar 10 december en uiteindelijk vastgelegd voor 16 december.

Hitler was zich bewust van het grote risico van de onderneming, maar zoals zo vaak in zijn carrière was hij in de herfst van 1944 vastbesloten alles op één kaart te zetten, en dus va-banque te spelen. Tegenover zijn lijfarts Morell sprak hij er begin november over dat hij 'op dit moment de belangrijkste beslissingen van zijn leven' moest nemen en 'daarom van steeds grotere zenuwspanningen' te lijden had.[110] 'Het wordt de grote slag die móét lukken,' liet hij zich overtuigd van het succes uit tegenover Speer. Als het niet zou lukken, dan zag hij 'geen mogelijkheid meer voor een gunstige afloop van de oorlog'.[111] Toch stonden ettelijke niet-geringe problemen het slagen van de operatie in de weg. Een daarvan was de geallieerde overmacht in de lucht, waardoor een aanval uitsluitend onder slechte weersomstandigheden kon plaatsvinden; het andere probleem was het gebrek aan brandstof waaronder de Duitse strijdkrachten leden, sinds het verlies van de aardolievelden van Ploieşti en sinds de geallieerde bommenwerpers de fabrieken voor synthetische benzine bestookten. De Duitse tankbrigades bezaten maar net genoeg brandstof voor een afstand van 60 kilometer; Antwerpen konden ze alleen bereiken als de voorhoede geallieerde benzinevoorraden buitmaakte.[112] Alleen met 'groot geluk' en een 'tactisch wonder' zou een succes in het Ardennenofffensief mogelijk zijn geweest, zou Jodl in de gevangenis in Neurenberg in 1946 bekennen: 'Het was een vertwijfelde poging onder vertwijfelde omstandigheden.'[113]

Op 20 november verliet Hitler zijn hoofdkwartier in Oost-Pruisen – ditmaal definitief. De aanleiding was niet uitsluitend het nakende ofensief in het westen. Al sinds enkele weken leed de dictator aan hevige schorheid – een reden waarom hij niet voor de microfoon wilde treden om het Duitse volk toe te spreken.[114] Op 18 november onderzocht professor von Eicken zijn patiënt en ontdekte een poliep op de rechter stemband. Zoals al in 1935 wilde Hitler zich door de directeur van de KNO-kliniek van de Charité in Berlijn laten opereren.[115] De speciale trein van de Führer vertrok om 15.15 uur van het station Görlitz en arriveerde om 5.30 uur in de ochtend van 21 november in Berlijn.[116] Als quasi-onoverwinnelijke, hooggestemde veldheer had de dictator eind juli 1941 zijn intrek genomen in de Wolfsschanze en als een neerslachtig, ziek mens keerde hij eind november 1944 terug in de hoofdstad van het Rijk. Ze had Hitler 'nog nooit zo terneergeslagen en afwezig gezien' als tijdens de terugrit, herinnerde zich secretaresse Traudl Junge. 'Zijn stem verhief zich nauwelijks boven een luid fluisteren, zijn ogen bleven op zijn bord gericht of staarden afwezig op een punt op het witte tafellaken. Een bedrukkende atmosfeer hing er in de nauwe schommelende kooi, waarin we ons gezamenlijk bevonden, en wij werden allen overvallen door een akelige stemming.'[117] De met veel kosten en moeite gebouwde centrale bevelspost in het bos bij Rastenburg werd bij het oprukken van het Rode Leger in de dagen tussen 23 en 25 januari 1945 opgeblazen. De explosies waren zo hevig dat in de stad, 8 kilometer verderop, de ruiten sneuvelden. Ook het Tannenbergmonument bij Hohenstein, dat herinnerde aan de overwinning op de Russische legers in augustus 1914, ging de lucht in. De lijkkisten met het gebeente van Hindenburg en zijn vrouw waren eerst naar het westen vervoerd.[118]

Drie weken verbleef Hitler in Berlijn. Hij nam weer zijn intrek in de nog ongeschonden kamers van zijn privéappartement op de eerste verdieping van de Oude Rijkskanselarij. Eén dag na zijn aankomst verwijderde von Eicken daar het kleine gezwel op de stemband, dat ook ditmaal goedaardig bleek te zijn.[119] De ingreep, waarvoor Hitler bang was, verliep zonder complicaties. Maar de dictator mocht zijn stem nog niet belasten. Tijdens de stafbesprekingen in zijn pompeuze werkkamer in de Nieuwe Rijkskanselarij uitte hij zich met behulp van briefjes.[120] Zijn secretaresses en adjudanten kregen hem dagenlang niet te zien. Toen hij op een ochtend plotseling weer in hun midden verscheen, kon hij alleen maar fluisteren. Na korte tijd durfde ook de hele hofhouding niet anders dan op fluistertoon te spreken, wat aan Hitler de uitspraak ontlokte dat hij niets aan zijn oren mankeerde en dat die omzichtigheid nergens voor nodig was.[121]

Tijdens de gehele duur van zijn verblijf in Berlijn hield Eva Braun hem gezelschap. De minnares van de Führer verkeerde door het nieuws van de ziekte van de dictator en de eerste inval van het Rode Leger in Oost-Pruisen in een staat van grote opwinding.¹²² Kennelijk stelde zij zich in op een eventueel overlijden van Hitler en bereidde ze zich nu erop voor samen met hem de dood in te gaan. Op 26 oktober stelde ze haar testament op. Daarin vererfde zij haar gehele bezit – juwelen, kleding, schilderijen, meubels, contant geld – aan haar familieleden en haar vrienden en vriendinnen. Haar oudere zus Ilse Fucke-Michels, die in Breslau woonde, zou haar huis in de Wasserburgerstraße te München erven, haar jongere zus Gretl Fegelein onder meer al haar films en fotoalbums, evenals haar correspondentie met Hitler.¹²³ Op 21 november reisde Eva Braun naar Berlijn en nam haar intrek in haar vertrekken naast Hitlers appartement. Haast elke dag at zij rond twaalf uur 's midddags alleen met hem, en de tweede avondmaaltijd gebruikten ze dikwijls pas na middernacht.¹²⁴ Begin december voegde ook haar zus Gretl Fegelein zich bij hen. Voor de officieren die zoals Guderians adjudant Freytag von Loringhoven geen deel uitmaakten van de Berghof-gemeenschap en die van het bestaan van Hitlers minnares niets wisten, was het een grote verrassing toen ze de beide elegant geklede jongedames in de Rijkskanselarij zagen opduiken.¹²⁵

Pas op 1 december was Hitler weer zover hersteld dat hij Goebbels voor een onderhoud in de Rijkskanselarij kon ontbieden. De minister van Propaganda was verheugd de dictator, afgezien van een licht beven van de handen, in goede gezondheid aan te treffen. 'Als ik er nog aan denk hoe ik hem enkele weken geleden nog zo ziek en broos op bed aantrof [...], kan ik alleen zeggen dat zich een wonder heeft voltrokken.' In het onderhoud dat 's middags begon en vervolgens, na een pauze rond middernacht, tot in de vroege ochtenduren werd voortgezet, liet Hitler zich buitengewoon optimistisch uit over de kans van slagen van het ophanden zijnde offensief: 'Het gaat een slag worden van bijzonder formaat.' Binnen acht tot tien dagen moesten de Duitse tankeenheden doorstoten tot Antwerpen, de vijandelijke strijdkrachten omsingelen en hun 'een Cannae van onvoorstelbare omvang' bereiden. Van doorslaggevend belang voor het slagen was dat de tegenpartij niet voortijdig op de hoogte was van het plan. Het moest 'met de sluier van de diepste geheimhouding' toegedekt blijven. Hitler hoopte bij de operatie 'niet alleen op militair, maar ook op een aanzienlijk politiek succes'. Wellicht kon het zelfs 'de Lippe van deze oorlog' worden. Daarmee zinspeelde de dictator op de verkiezingen voor de Landtag in Lippe-Detmold van midden januari 1933, die de NSDAP na de terugslag bij de Rijksdagverkiezingen van november 1932 weer een succes hadden opgeleverd en die ertoe hadden bijgedragen de deur voor de 'machtsgreep' twee weken later te openen. Als Goebbels eventueel nog sceptisch was geweest, aan het eind van het onderhoud – 'een van de meest interessante en rustgevende' die hij ooit in samenzijn met de Führer had meegemaakt – had Hitler hem helemaal in zijn ban: 'Hij beheerst de situatie weer volkomen en biedt een aanstekelijk voorbeeld van nationaalsocialistische strijdlust.'¹²⁶

HET LAATSTE VERWEER

Twee dagen later, in de namiddag van 3 december, nam Hitler zelfs weer de tijd om het gezin Goebbels na bijna vier jaar weer met een privébezoek te vereren. 'Hij wordt als een familielid ontvangen en de meisjes hebben hun lange jurk aangetrokken om hem te begroeten.' De dictator bleef twee uur, nam uitvoerig de tijd voor de kinderen en haalde herinneringen op met het echtpaar Goebbels. Hij liet niets blijken van de inspanning die hem in deze weken voor het Ardennenoffensief in de greep hield. Er heerste een 'prachtige ongedwongen sfeer' en de tijd 'vloog om', schreef de minister van Propaganda in zijn dagboek.[127] Hitler beloofde gauw terug te komen, maar het zou zijn laatste bezoek zijn.

Op 4 december ontving hij voor de laatste keer staatsbezoek uit het buitenland: de leider van het marionettenregime van Pijlkruisers in Hongarije, Ferenc Szálasi. Over zijn aanvalsplannen in het westen repte Hitler met geen woord, maar hij sprak de verwachting uit dat 'de vijandelijke coalitie [...] op een dag met een reusachtig knal uiteen zou spatten'. 'Zoals zo vaak in de geschiedenis komt het er ook nu weer op aan dat een man met de kracht van zijn hart en zijn geloof in de toekomst van zijn volk onverstoorbaar de eenmaal ingeslagen weg blijft volgen. Hij [de Führer] is er vast van overtuigd, dat het succes zich dan uiteindelijk laat afdwingen.'[128] Voor de Duitse propaganda was het eerste bezoek van Szalási een welkome gelegenheid sinds lange tijd eindelijk weer een foto van Hitler te publiceren en daarmee de geruchten omtrent zijn dood tot zwijgen te brengen.[129]

Op 7 december nodigde Hitler Wieland en Verena Wagner met hun echtgenoten uit voor een nachtelijk souper in de Rijkskanselarij. Voor de jongelui die de Führer allang niet meer hadden gezien, was de aanblik van de oud geworden man, die het beven van zijn hand slechts ternauwernood kon verbergen, een schok. Hitler had 'eigenaardig veel geleken op Frederik de Grote', vertelde Wieland Wagner na afloop, 'grijzer was hij niet geworden, maar de ogen waren nog groter [...] en de lichaamshouding nog sterker gebogen'. Nog altijd wist de dictator zelfverzekerdheid uit te stralen, sprak hij over een spoedig einde van de oorlog en ook dat Bayreuth zich nu al moest voorbereiden op de 'Friedensfestspiele' van 1945. Niettemin voelden de jonge Wagners dat het een afscheid was. Hitler was zeer 'mild gestemd', herinnerde zich Wielands vrouw: 'Alles zeer onthutsend en raadselachtig!'[130]

Voor het vertrek naar het westfront diende Morell Hitler nog een opmonterende injectie toe. 'Meest opwindende dag van het hele leven. Er moet een grote overwinning worden behaald,' noteerde de lijfarts.[131] Op 10 december om 17.00 uur vertrok Hitlers speciale trein uit Berlijn. 's Nachts omstreeks 3.00 uur (inmiddels 11 december) bereikte hij een klein station in Hessen. Hier stapten Hitler en zijn gevolg in auto's waarmee ze naar het hoofdkwartier Adlerhorst bij Ziegenberg, ten westen van Bad Nauheim, reden. Om 7.30 uur nam het gezelschap bezit van het nieuwe kwartier.[132] Het was tussen september 1939 en augustus 1940 opgetrokken in de bossen en bestond uit zeven als blokhutten gecamoufleerde gebouwen, waaronder zich bunkers van gewapend beton tegen luchtaanvallen bevonden. In het in de buurt gelegen Schloss Ziegenberg nam de opperbevelhebber West, von Rundstedt, met zijn staf zijn intrek.[133] Hitlers dagindeling verschilde amper van die in de Wolfsschanze. Tegen de middag werd hij gewekt, las de binnengekomen mededelingen en ontving de eerste bezoekers. Het middagmaal om 14.00 uur en het avondeten tegen 20.00 uur gebruikte hij in gezelschap van zijn secretaresses Christa Schroeder en Gerda Christian. (Op 12 januari 1945 werden ze opgevolgd door Johanna Wolf en Traudl Junge.) De stafbesprekingen vonden tussen 16.00 en 17.00 uur plaats en later nog eenmaal om middernacht of een halfuur daarna. Met het gebruikelijk thee-uurtje eindigde de dag in de vroege ochtenduren.[134] Anders dan in de Wolfsschanze, waar hij zich op het laatst nauwelijks nog naar buiten had gewaagd, benutte Hitler het verblijf in het nieuwe hoofdkwartier voor langere wandelingen in de bossen en de weilanden in de dalen van de Taunus, wat zijn gezondheid zichtbaar ten goede kwam.[135]

In de namiddag van 11 december en nogmaals op de volgende dag riep Hitler 21 generaals en divisiecommandanten bijeen in zijn nieuwe kwartier, om ze voor te bereiden op het ophanden zijnde grote offensief. Alle deelnemers moesten hun handwapens en aktetassen afgeven, voordat zij naar de bunkerzaal werden geleid waar Hitler aan een tafel had plaatsgenomen. Na een uitvoerige terugblik op de strijd om de hegemonie in Europa sinds de Vrede van Münster in 1648 schetste hij de redenen die hem ertoe hadden bewogen nogmaals in de aanval te gaan. Oorlogen werden niet beslist door te volharden in een defensieve stelling, maar doordat je de tegenstander 'van tijd tot tijd door middel van genadeloze slagen' duidelijk maakte dat er voor hem niets meer te winnen viel, en hij 'nimmer op een capitulatie mocht hopen'. De vijandige coalitie dit inzicht in te peperen was 'de belangrijkste taak' van de onderneming 'Herbstnebel', zoals de nieuwe codenaam voor de operatie luidde. Opnieuw haalde de spreker het voorbeeld aan van Frederik de Grote in de Zevenjarige Oorlog: die had het door zijn 'standvastigheid' mogelijk gemaakt dat 'ten slotte het wonder van een ommezwaai geschiedde'. In dit verband kwam Hitler ook over de tegenstellingen tussen de westelijke machten en de Sovjet-Unie te spreken, die zich, zoals hij beweerde, 'van uur tot uur [...] steeds heviger' toespitsten: 'Als hier nog enkele zeer zware slagen plaatsvinden, kan het elk moment gebeuren dat dit kunstmatig in stand gehouden gezamenlijke front met een reusachtige donderslag plotseling in elkaar zakt.' Of de dictator de militaire bevelhebbers met deze ogenschijnlijk aanlokkelijke perspectieven kon overtuigen, vertelt de geschiedenis niet. Als ze er al het hunne van dachten, hielden ze dat in elk geval voor zichzelf.[136]

Op 15 december maakte Hitler opperbevelhebber van de Legergroep B, Model, die hij de leiding van de operatie had toevertrouwd, nog eens duidelijk 'alle van hoogste zijde afkomstige bevelen onvoorwaardelijk uit te voeren en gehoorzaamheid tot in de laagste eenheden te handhaven'. Als hij zich daaraan hield, was 'een groot succes zo goed als zeker'.[137] In zijn dagbevel verklaarde de opperbevelhebber West, von Rundstedt, dat 'alles op het spel' stond en hij riep de soldaten op 'alles te geven en bovenmenselijk te presteren voor ons vaderland en onze Führer'.[138]

In de vroege ochtend van 16 december, na een artilleriebeschieting van één uur, begonnen 24 Duitse divisies, circa 200.000 soldaten en 600 tanks met de aanval. De verrassing had succes; de Geallieerden hadden niet meer met een Duits tegenoffensief gerekend, en het slechte weer hinderde de inzet van hun luchtmacht. Zo konden de Duitse tanks de vooruitgeschoven vijandelijke stellingen overrompelen. Maar al op de tweede dag stuitte het Zesde SS-Pantserleger onder Sepp Dietrich op hevige tegenstand van de Amerikanen. Bovendien was het door verwoeste bruggen en modderige wegen onmogelijk snel vooruit te komen. Teleurstelling en woede werden geventileerd in de vorm van talrijke oorlogsmisdaden. De ergste vond op 17 december plaats bij Malmédy, waar een gevechtsgroep van de 1ste SS-tankdivisie 72 Amerikaanse krijgsgevangenen vermoordde.[139]

Ook het Zevende Leger, onder generaal Erich Brandenberger in het zuidelijke gedeelte van het front, slaagde er niet in snel grote terreinwinst te behalen. Daarentegen schoot de 5de tankbrigade onder generaal Hasso von Manteuffel in het midden van het offensief goed op. De defensie van de Amerikaanse troepen werd doorbroken en de brigade stootte ver naar het westen door. Het lukte overigens niet het belangrijke verkeersknooppunt Bastogne in te nemen. De achterhoede moest ingewikkeld om de belegerde stad heen geleid worden, wat vertraging opleverde. Bovendien werd, hoe langer het duurde, het gebrek aan brandstof des te nijpender, aangezien de hoop om geallieerde benzinedepots te veroveren niet was vervuld. Op 23 december kwamen de Duitse tankvoorhoedes tot op 7 kilometer van de Maas bij Dinant; maar daarna was het vuur van de aanval gedoofd. Het doel van het offensief, de doorbraak naar Antwerpen, dat ondertussen voortdurend beschoten werd met V2-raketten, kwam in een heel ver verschiet te liggen.[140]

In de eerste dagen van het offensief verkeerde Hitler in een euforische stemming. In de nacht van 19 op 20 december belde hij vanuit het hoofdkwartier met Goebbels: 'Aan zijn stem valt meteen te merken dat hij door de reeds geboekte resultaten een principiële verandering van heel zijn mentaliteit heeft ondergaan,' constateerde de minister van Propaganda. Hitler noemde het effect van de Duitse aanvallen 'kolossaal'; het Amerikaanse Eerste Leger mocht als 'volledig uiteengeslagen' worden beschouwd, de buit was al 'onafzienbaar', en nog altijd tastte de vijand in het duister wat betreft het doel van de operatie. Daarom moest ook de berichtgeving nog steeds 'uiterst gereserveerd' blijven.[141]

Aan het begin van het offensief hadden Hitler en Goebbels afgesproken dat pers en radio slechts zeer terughoudend moesten berichten, om geen al te grote verwachtingen te wekken.[142] Pas op 18 december werd het offensief in het bericht van het OKW kort vermeld; de volgende dag pakten de kranten het nieuws op. Dat bracht, als je de berichten van de Rijkspropagandabureaus mocht geloven, minder jubel teweeg maar veeleer een ongelovige verbazing, dat de Wehrmacht 'nog tot zo'n operatie in staat' was geweest. 'Wat voor een mooi kerstcadeau!' was de teneur van veel gesprekken.[143] In Berlijn werd op één enkele avond 'het hele kerstrantsoen aan sterke drank verbruikt', merkte Goebbels op. Aangezien op slechts enkele ingewijden na niemand iets over de aanval in het westen had vernomen, was de verrassing des te groter.[144] Ook wanneer er hier en daar wellicht hoop had bestaan op een milde afloop van de oorlog, zou de domper overigens snel volgen.

Een dag voor kerst klaarde de lucht op. De geallieerden konden nu gebruikmaken van hun overmacht in de lucht. Onophoudelijk vielen hun vliegtuigen de Duitse tankeenheden, artilleriestellingen en bevoorradingslijnen aan. De verpleging kon alleen nog in de nachtelijke uren naar het front worden gebracht. Op 26 december slaagde het Amerikaanse Derde Leger erin het beleg rond Bastogne te doorbreken.[145] Voor iedereen die het wilde zien, moest althans nu duidelijk zijn dat Operatie Herbstnebel mislukt was. Er bestaat 'op dit moment geen hoop' meer 'dat we ons offensief verder kunnen voortzetten', schreef Goebbels om zijn teleurstelling tot uiting te brengen. 'We mogen blij zijn als we het heroverde terrein kunnen verdedigen.'[146]

Op 24 december was generaalstafchef Guderian naar het hoofdkwartier Adlerhorst gereisd om Hitler te bewegen het offensief af te blazen en de troepen van west naar oost te verleggen. Hij ging daarbij uit van berichten van de afdeling Fremde Heere Ost, die erop duidden dat er een nieuw grootscheeps offensief van het Rode Leger voor de deur stond. Hitler wilde niets weten van een dreigend gevaar. 'Dat is de grootste bluf sinds Djenghis Khan,' riep hij verontwaardigd uit, en ook Jodl sprak de generaalstafchef tegen: je mocht 'het zojuist herwonnen initiatief niet zo gemakkelijk uit handen geven'. Overigens kon in het oosten nog terrein worden prijsgegeven, in het westen niet. Onverrichter zake moest Guderian naar Zossen terugkeren, waar zijn staf zich na het verlaten van het Oost-Pruisische kwartier 'Mauerwald' weer ophield.[147]

Slechts enkele dagen nadat het Ardennenoffensief onwrikbaar vast was komen te zitten, besloten Hitler en het OKW om, ter ontlasting van de troepen van Model, een aanval van de Legergroep G onder generaal-majoor Blaskowitz te bevelen (Operatie Nordwind). Acht divisies moesten uit het gebied van Saarbrücken doordringen tot in de noordelijke Elzas en het Amerikaanse Zevende Leger, samen met het Franse Eerste Leger, omsingelen.[148] Op 28 december ontbood Hitler de betrokken legeraanvoerders in zijn hoofdkwartier om ze op de hoogte te brengen van de algehele toestand. Hij gaf toe dat het Ardennenoffensief 'helaas niet tot het doorslaggevende succes' had geleid 'dat verwacht had mogen worden'. Niettemin had het 'een ongelooflijke duidelijkheid' gebracht, en de operatieve plannen van de Geallieerden waren 'geheel en al in het honderd gelopen'. Kortom: er was een 'omwenteling in de gehele toestand' opgetreden 'die we zeker veertien dagen geleden niet voor mogelijk hadden gehouden'. Van het oorspronkelijke doel – Antwerpen – was geen sprake meer. De taak van de Legergroep B bestond alleen nog uit het verdedigen van de terreinwinst en een zo groot mogelijk aantal Amerikaanse divisies aan zich te binden.[149]

Nieuwjaarsdag 1945 loste Hitler zijn belofte in en sprak voor het eerst sinds 20 juli het Duitse volk weer toe via de radio. Vijf minuten na middernacht, nadat klokken het nieuwe jaar hadden ingeluid en de laatste klanken van de *Badenweiler-Marsch* verstorven waren, nam hij het woord.[150] Inhoudelijk boden zijn uiteenzettingen niets nieuws. Hij gaf weer eens zijn mening over de 'Joods-internationale wereldconspiratie', die eropuit was het Duitse volk tot slaaf te maken en 'uit te roeien'. Hij verzekerde met klem dat 'een 9de november zich in het Duitse Rijk nooit meer zou herhalen', en betuigde zijn 'rotsvaste geloof' in de 'eindzege'. Het was interessant dat hij met geen woord repte over het offensief in het westen, en evenmin viel er zelfs maar een geringe verwijzing te horen over 'wonderwapens' die een ommekeer in het oorlogsverloop konden bewerkstelligen.[151] Toch schijnt Hitlers nieuwjaarstoespraak, althans bij zijn aanhang, zijn werking niet gemist te hebben. Niet wát hij zei, maar dat hij na lange tijd eindelijk weer had gesproken, liet een sterke indruk achter. Bij veel mensen leken er 'tranen in hun ogen' te zijn gesprongen bij het horen van de stem van hun Führer, meldden de Rijkspropagandabureaus. Talloze geruchten over de gezondheidstoestand van de dictator waren daardoor 'in één klap uit de weg geruimd'.[152] In een hoofdartikel voor het nieuwjaarsnummer van het tijdschrift *Das Reich* zong Goebbels een loflied op de Führer, die zich geheel en al afgewend had van 'de daagse geneugten en burgerlijke gemakzucht van het leven', om 'het aangezicht van het continent nieuwe vorm te verlenen'. 'Je hoeft maar in zijn nabijheid te verkeren, om fysiek te bespeuren hoeveel kracht hij uitstraalt, hoe sterk hij is.' Nog nooit had een artikel van de minister van Propaganda zoveel aandacht gekregen, maar ook nog nooit was hij zo hevig bekritiseerd als in dit geval, stond in een bericht van de Stuttgarter SD. Slechts 'een zeer gering aantal volksgenoten en vanzelfsprekend ook de oude trouwe strijders' hadden het positief opgevat

– wederom een teken dat de Führermythe de vroegere aantrekkingskracht voor een groot deel had verloren.[153]

Na Hitlers radiotoespraak rond 2 uur in de ochtend betrad de minister voor Bewapening Speer, net terug van westfront, het hoofdkwartier Adlerhorst. Daar vond hij de hele hofhouding rond Hitler verzameld. Ordonnansen schonken champagne in en de aanvankelijk ietwat doffe stemming steeg terwijl de dictator zich euforisch uitliet over de kennelijk schitterende vooruitzichten voor het verdere verloop van de oorlog. Uiteindelijk was heel het gezelschap beland in een merkwaardige toestand van dronken zorgeloosheid. Hitler, herinnerde Speer zich het spookachtige tafereel, had 'net als vanouds weer beschikt over zijn magische talenten'.[154]

De ontnuchtering liet niet lang op zich wachten. Operatie Nordwind, die op 1 januari 1945 begon, leverde afgezien van geringe terreinwinst niets op. Straatsburg bleef in geallieerde handen, en Operatie Bodenplatte, die de Luftwafffe op dezelfde dag lanceerde om met een geconcentreerde aanval de geallieerde vliegvelden in België en Noord-Frankrijk uit te schakelen, eindigde desastreus. Van de ingezette negenhonderd vliegtuigen ging een derde deel verloren, deels neergeschoten door de eigen luchtafweer.[155]

In een grote bespreking over vervangende stellingen voor de Wehrmacht op 3 januari, waarvoor ook Goebbels arriveerde, liet Hitler zich wederom 'buitengewoon onbeheerst' uit over het tekortschieten van de Luftwaffe en de lethargie van Göring, die zich 'door zijn medewerkers' liet 'voorliegen en bedriegen'. Tegen het voorstel van de rijkscommissaris voor de totale oorlogsinspanningen om verdere zware besparingen in het personeelsbestand van de wapenindustrie en de transportbedrijven uit te voeren, protesteerden Speer en de staatssecretaris van het Rijksverkeersministerie Albert Ganzenmüller. Maar Hitler besliste de strijd ditmaal ten gunste van Goebbels. Tegelijkertijd gaf hij als zijn overtuiging te kennen dat in de loop van de zomer van 1945 'de grote beslissing in de oorlog zal vallen'. Tot dan zouden vijftig nieuwe divisies, aangevuld door de lichting van jaargang 1928, dus de juist zeventienjarigen klaarstaan: 'Grotere aanvallen kun je zoals de ervaring heeft geleerd, alleen uitvoeren met jeugdig enthousiasme.' In een aansluitend vertrouwelijk gesprek met Goebbels verzweeg de dictator niet dat het Ardennenoffensief ver achtergebleven was bij zijn verwachtingen, maar hij vond het een succes dat de tegenstander toch was genoopt zijn krachten te 'hergroeperen'. Het komt er nu op aan 'dat wij het initiatief in eigen hand houden en geen moment meer loslaten'.[156]

Dit was echter alleen maar wensdenken. Met het mislukken van het Ardennenoffensief was het initiatief ook in het westen onherroepelijk overgegaan in handen van de Geallieerden. Met zijn laatste troefkaart had Hitler geen slag binnengehaald, voor de va-banquespeler was de partij afgelopen. Het enige dat hij had bereikt, was dat de intocht van de Amerikanen en Britten in Duitsland enkele weken was vertraagd. Daarvoor had hij een groot gedeelte van de allerlaatste reserves opgeofferd, die hij nu op andere plaatsen moest missen. In totaal waren er 80.000 Duitse en en 70.000 Amerikaanse soldaten gesneuveld, gewond of vermist. Beide zijden verloren circa 700 tanks en gepantserde rupsvoertuigen.[157] Op 8 januari gaf Hitler gevolg aan een verzoek van de opperbevelhebber West en stond de terugtocht van het Zesde SS-Pantserleger toe – de stilzwijgende bekentenis dat Operatie Herbstnebel een misgreep was geweest. Stap voor stap trokken de eenheden van de Legergroep B zich in de volgende dagen uit de Ardennen op de Westwall terug.[158]

Op 12 januari 1945 geschiedde waar Guderian herhaaldelijk voor had gewaarschuwd: het Rode Leger begon met het winteroffensief. Al twee dagen later stond vast dat een grote doorbraak gelukt was.[159] Gezien de kritieke toestand aan het oostfront besloot Hitler de Adlerhorst te verlaten en naar Berlijn terug te keren. Op 15 januari om 18 uur reed hij met zijn begeleidend gezelschap naar het spoorwegstation. Tegen 10 uur 's ochtends op 16 januari reed de speciale trein weer de hoofdstad van het Rijk binnen. Van station Grunewald reed de stoet van automobielen naar de Rijkskanselarij, langs puinhopen en uitgebrande gebouwen. Tijdens de rit sprak niemand een woord.[160] Het laatste bedrijf van het ondergangsdrama was begonnen, en Hitler was zich ervan bewust.

Afb. 36 De laatste nieuwjaarsviering van Hitler op 1 januari 1945 in het hoofdkwartier Adlerhorst bij Bad Nauheim. Gelukwensen werden uitgesproken door (van links naar rechts): minister voor Bewapening Albert Speer, de chefs van de generale staf van de Wehrmacht en van het OKW, Jodl en Keitel, evenals de rijksminister van Buitenlandse Zaken von Ribbentrop.

15
De aftakeling van een dictator

De Hitler van 1939 was niet meer dezelfde man als aan het begin van zijn ambtsperiode, zo beweerde Lutz graaf Schwerin von Krosigk, jarenlang diens minister van Financiën, kort na de oorlog. Zes jaren alleenheerschappij hadden een verderfelijke invloed op de persoonlijkheid van de dictator uitgeoefend. Deze ontwikkeling zette zich tijdens de oorlog door, zodat de Hitler van 1945 weer iemand anders was dan die van 1939.¹ Aan het einde van de oorlog was Hitler niet een geheel ander persoon geworden, al waren enkele autistische karaktereigenschappen wel sterker geworden: zijn egocentrisme; zijn onvermogen tot zelfkritiek, verbonden met een neiging tot zelfoverschatting; zijn ongeremdheid in de keuze van middelen; zijn hang naar va-banquespel; zijn mensenverachting en zijn gebrek aan empathie. Hoe uitzichtlozer de oorlogssituatie werd en hoe meer hij zich afschermde, des te sterker kwamen de haat en de wraakgevoelens van de fanaticus weer tevoorschijn. Niet ten onrechte sprak Joachim Fest met het oog op Hitlers laatste levensfase van een 'zeer snel voortschrijdend aftakelingsproces', waarin 'zijn ware aard weer onvervalst' naar boven kwam.²

Hierop sluit een scherpe waarneming aan van Sebastian Haffner, die hij al eind januari 1943 deed, kort na de ommekeer bij Stalingrad. Over een foto van Hitler schreef hij in de Londense *Observer* dat nu de dictator had gefaald en hij 'alle aftochten en uitwegen zelf versperd had', het masker van imperator dat hij in de jaren van triomf gedragen had van hem afgevallen was. Zijn gezicht kreeg weer de trekken van de 'onbehouwen bierkelderredenaar' uit de vroege jaren twintig, die 'mislukkeling met zijn wrok jegens de gehele wereld'.³

Een van Hitlers pregnantste eigenschappen was zijn niet-aflatende wantrouwen. In de laatste jaren van de oorlog nam het nagenoeg paranoïde vormen aan. Dat gold vooral in zijn relatie tot zijn generaals. Aan het begin van de oorlog was de dictator nog uit geweest op een zo ongedwongen mogelijke relatie met de leidinggevende militairen. Na de eerste succesvolle veldslagen beloonde hij hen met prompte promoties, hoge onderscheidingen en genereuze schenkingen. Gewoonlijk reikte hij de onderscheidingen zelf uit, waarbij hij de gedecoreerde personen zijn bijzondere waardering en betrokkenheid liet blijken. Exemplarisch zijn in dat verband de woorden van generaal-luitenant Hans-Georg Reinhardt, die in oktober 1939 samen met andere officieren onderscheiden werd met het IJzeren Kruis: 'Wij stelden ons in de schitterende werkkamer van de Führer op; stipt om 13.00 uur verscheen hij in gezelschap van Brauchitsch. Hij ging voor ons staan en sprak ons kort maar buitengewoon indrukwekkend en hartelijk toe, op een manier alsof alleen wij door onze persoonlijke inzet en onze troepen het leeuwendeel in de overwinningen hadden gehad. Daarna ging hij iedereen afzonderlijk af, waarbij hij met een lange handdruk ons de onderscheiding persoonlijk uitreikte.' Hitler verzocht hun vervolgens aan tafel te gaan. Er waren 'witte bonen met aardappelen en blokjes spek, net als buiten in het veld, zij het zeer fijn toebereid'. Na het eten nam de dictator ruimschoots de tijd om met de officieren over hun oorlogservaringen te praten. 'Wij vertelden honderduit en waren telkens weer verbaasd dat de Führer eigenlijk van alles precies op de hoogte was, en ook van talloze wensen en zorgen die wij hebben. Alleen een genie – en dat is de Führer – kan zo'n omvattende kennis hebben.'[4]

Hitler had door ijverig lezen inderdaad een grote kennis opgebouwd van wapentechniek en krijgsgeschiedenis, en hij hield ervan in aanwezigheid van militaire vakmensen met zulke feiten te pronken. Vooral zijn geheugen voor getallen was een schrik voor zijn omgeving. De aanvankelijke scepsis van de generale staf over de 'dilettant' Hitler sloeg na de onverwacht snelle zege op Frankrijk in bewondering om. De opvatting dat hij niet alleen een uitstekend politicus en staatsman was, maar ook over uitzonderlijke kwaliteiten als veldheer beschikte, was wijdverbreid. 'Door deze oorlog e[n] en door de zeker even overvloedige vrede die hij zal laten volgen op deze grootste aller oorlogen, wordt Hitler beslist de grootste mens in drie millennia,' schreef bijvoorbeeld generaal-majoor Walther van Seydlitz eind mei 1940 aan zijn vrouw, dezelfde officier die zich na de nederlaag bij Stalingrad als krijgsgevangene van de Sovjets van Hitler zou afkeren en de leiding van de Bund Deutscher Offiziere zou overnemen.[5] Omgekeerd was de dictator na de slag om Frankrijk in 1940 ronduit tevreden met de prestaties van het leger en tegenover Jodl had hij woorden van grote erkenning voor de generale staf.[6] Ook in de eerste weken van Operatie Barbarossa, toen de ineenstorting van de Sovjet-Unie nog slechts een kwestie van dagen leek te zijn, bestond er tussen Hitler en zijn generaals een opperbeste verstandhouding. Ondanks incidentele meningsverschillen schikten alle militairen zich bereidwillig naar het leiderschap van de opperbevelhebber.

Het vertrouwen van Hitler liep voor eerst een knauw op tijdens de wintercrisis van 1941-1942. Hij was ervan overtuigd dat alleen zijn standvastigheid het oostfront van een ineenstorting had gered en dat het, als hij naar zijn militaire raadgevers had geluisterd, tot een catastrofe van napoleontische proporties had geleid. Hij liet zich in gesprek met Goebbels en Speer buitengewoon geringschattend uit over 'de oude heren' in de generale staf, van wie de zenuwen het bij de eerste de beste crisis begaven.[7] De dictator was nu vastbesloten meedogenloos zijn autoriteit door te zetten en schrok er ook niet meer voor terug gevestigde legerleiders de laan uit te sturen. Zijn controledwang veranderde in een manie. Hij wenste over alle bewegingen en veranderingen aan het front geïnformeerd te worden en behield zich het recht voor zelfs de kleinste tactische beslissing te nemen.[8]

Hitlers relatie met de militaire elite raakte uiteraard pas in september 1942 onherstelbaar beschadigd, toen de mislukking van het zomeroffensief duidelijk was geworden. Een openlijk teken was zijn afwezigheid aan de officierstafel, waar hij de voorgaande jaren graag met de militairen een praatje had gemaakt.[9] Kurt Zeitzler, de nieuw aangestelde chef van de generale staf, vond de atmosfeer in het hoofdkwartier van de Führer in Vinnytsja onbeschrijflijk bedrukkend toen hij daar aankwam. Overal hadden 'wantrouwen en ergernis' geheerst. 'Niemand leek de ander te vertrouwen! Hitler wantrouwde iedereen! Velen waren gebroken, omdat ze dachten dat ze in ongenade waren gevallen.'[10] Niets kon het vergiftigde klimaat duidelijker tot uitdrukking brengen dan het feit dat Hitler nu elk woord in de stafbesprekingen liet optekenen. De stenografen die hiertoe werden aangesteld, kregen plotseling een doorkijk in de trieste werkelijkheid die volstrekt niet aan hun ideaalbeeld van Hitler beantwoordde. Het stond Albert Speer nog voor ogen, aldus zijn *Erinnerungen*, 'hoe ze bleek in het gezicht meeschreven, hoe ze in hun vrije tijd bedrukt in het hoofdkwartier rondliepen'.[11]

De dictator beperkte alle ontmoetingen met de militairen tot het hoogstnoodzakelijke en trok zich steeds meer in zijn bunker terug. Daar stortte hij in oktober 1942 bij architect Hermann Giesler zijn hart uit: 'Ik leef en werk in de beklemmende zekerheid dat ik door verraad omgeven ben! Wie kan ik nog absoluut vertrouwen, en hoe kan ik beslissingen nemen, bevelen geven, hoe kan ik overtuigend leidinggeven als door bedrog, onjuiste berichten en klinkklaar verraad wantrouwen opkomt [...], als er vanaf het begin wantrouwen is?'[12]

De nederlaag van Stalingrad gaf nieuwe brandstof aan Hitlers excessieve wantrouwen. Net als in december 1941, toen hij Brauchitsch de zak gaf en zelf het opperbevel over het leger overnam, probeerde hij ook nu de verantwoordelijkheid voor zijn eigen falen op anderen af te schuiven. Een volledig gebrek aan zelfkritiek en de neiging voortdurend een schuldige te zoeken voor mislukkingen, zouden zijn handelen tot het laatst bepalen. Het gevolg was een razendsnel verloop van militair toppersoneel. Na het ontslag van List schreef veldmaarschalk von Kluge in september 1942 dat hij samen met Rundstedt nog de 'enige van de oude garde' was onder de opperbevelhebbers van de legergroepen. 'Waar moet dat heen?'¹³ Hoe kritischer de situatie aan het oostfront werd, des te sneller werden de commanderende generaals ingewisseld. Onder deze omstandigheden durfde vrijwel niemand openlijk te protesteren en de dictator klare wijn te schenken. Als Hitler in zijn gesprekken met Goebbels telkens weer klaagde dat de militairen hem 'op het verkeerde been zetten' omdat ze hem bijvoorbeeld onjuiste cijfers gaven, dan negeerde hij bewust dat hij met zijn stijl van leidinggeven deze reactie juist uitlokte.¹⁴

Een van de weinigen die tegenover Hitler geen blad voor de mond namen, was Zeitzler. Nadat hun samenwerking in de eerste weken ongewoon harmonisch was verlopen, kwam het al snel tot een hevige aanvaring. In zijn ongepubliceerde memoires heeft Zeitzler zich daarover uitgelaten, en daarop moeten we hier nader ingaan. De aanleiding: Zeitzler had Hitler gevraagd een beslissing in een nogal onbelangrijke kwestie niet langer voor zich uit te schuiven, omdat anders 'de mannen aan het front' het vertrouwen in de leiding zouden verliezen. Daarop maakte Hitler bij de chef van de generale staf een vergelijkbare scène als zijn voorganger Halder enkele weken eerder: 'Dat kunt u helemaal niet beoordelen. U bent niet meer dan een officier van de generale staf die aan een groene tafel zit. Ik ben de frontsoldaat uit de Eerste Wereldoorlog en weet hoe de mannen zich daar vooraan voelen.' De andere aanwezigen, en vooral rijksmaarschalk Göring, glunderden; ze konden amper hun leedvermaak verbergen dat ook de nieuwe man nu zijn vet kreeg. Zeitzler sprong echter in de houding en antwoordde op kalme toon: 'Mijn Führer, ik wil zeggen dat ik als aspirant-officier van een actief infanterieregiment met het geweer op de schouder en de knapzak op de rug in augustus 1914 het veld introk, dat ik wegens betoonde dapperheid tegenover de vijand [...] nog in datzelfde jaar luitenant werd, daarna tweeënhalf jaar een compagnie heb geleid en tot twee keer toe gewond ben geraakt. Ik meen, mijn Führer, dat ik dezelfde frontervaring heb als u.' Plotseling werd het 'heel, heel erg stil', vervolgt Zeitzler. 'Iedereen wachtte op een woede-uitbarsting van Hitler. Zelf hield ik er rekening mee dat hij me eruit zou gooien. Hitler zelf was helemaal wit weggetrokken. Zijn handen trilden, maar hij zei geen woord. Na enige tijd van wurgende spanning alleen maar: "Verder!"' Nadien had de dictator nooit meer geprobeerd hem persoonlijk aan te vallen, besluit de passage. Want hij wist precies 'hoever hij bij wie kon gaan'.¹⁵

Het voorval laat zien dat wie blijk gaf van ruggengraat en zich niet liet intimideren, met volledig respect door Hitler behandeld werd. Wie hem gedienstig en onderdanig tegemoet trad – en dat deden naast OKW-chef Keitel vrij veel legerofficieren¹⁶ –, die werden door hem geregeld op denigrerende opmerkingen getrakteerd. Hitler was er niet toe te brengen zijn taal te matigen, zei Albert Speer tijdens zijn eerste verhoor in de zomer van 1945. Zijn toon werd integendeel alleen maar scherper. In aanwezigheid van talloze officieren deed de dictator telkens weer uitlatingen als dat alle generaals 'eerloos, dom en leugenachtig' waren, en deze verwijten hadden zij allemaal zwijgend aangehoord.[17]

Terwijl Hitler na het begin van de oorlog nog plezier had in het toekennen van ordes en het overhandigen van de maarschalksstaf, om een persoonlijke band met de militaire elite te smeden en haar aan zich te binden, liet hij zich in de zomer van 1943 binnen zijn kring intimi uitsluitend nog neerbuigend uit over dat hele 'zootje', waarvoor hij 'geen enkel begrip' meer kon opbrengen.[18] En hoe meer de generaals bij hem aan krediet verloren, des te hoger kwamen de Reichs- en Gauleiter in zijn achting te staan. In hun midden voelde 'de Führer zich het allerbeste', noteerde Goebbels. 'Deze mannen kent hij allemaal, van jongs af, zou je kunnen zeggen. Hij weet welke tekortkomingen maar ook welke deugden zij bezitten, en het is hem bovenal volstrekt duidelijk welke opgaven hij hun kan toevertrouwen en welke niet.'[19]

Hitlers spiedende achterdocht werd door de loyaliteitsverklaring van de generaals in maart 1944 nauwelijks getemperd. Integendeel, het groeide na 20 juli 1944 zelfs uit tot een ware paranoia. Het feit dat een grotere groep officieren aan de samenzwering had deelgenomen, beoordeelde hij als een bevestiging voor zijn onpeilbaar diepe wantrouwen.[20] Meer dan ooit had hij het gevoel door verraad en sabotage omringd te zijn, meer dan ooit liet hij zijn haat- en wraakgevoelens de vrije loop. Terwijl hij vroeger zelfs in kritische situaties een opmerkelijke kalmte had bewaard, verloor hij nu steeds vaker zijn zelfbeheersing. Hij verviel daarbij tot het vulgaire jargon van de Kampfzeit.[21] Besprekingen met hem waren een 'kwelling' geworden, 'die van maand tot maand erger werd', herinnerde Heinz Guderian zich, die Zeitzler als chef van de generale staf had vervangen.[22]

In Hitlers militaire entourage was er niemand meer die een matigende invloed op hem had, nadat de op consensus gerichte chef-adjudant Schmundt begin oktober 1944 bezweken was aan de verwondingen die hij bij de aanslag opgelopen had, en de onbehouwen generaal Wilhem Burgdorf zijn opvolger was geworden. In de stafbesprekingen heerste voortaan een klimaat van alomtegenwoordige argwaan. Uit angst dat ook zij door een banvloek van de Führer getroffen konden worden, hielden de generaals hun kritiek nog meer voor zich dan voorheen. Wilhem Heinrich Scheidt – die in het hoofdkwartier de bij de aanslag gewond geraakte generaal Walter Scherff verving die door Hitler was aangesteld om de geschiedenis van de oorlog te boekstaven – noemde het verbazingwekkend 'dat deze heren, zodra zij voor de Führer staan, kleurloos worden. Allemaal onderdanig! Geen uitzonderlijke persoonlijkheid te vinden. Het tableau werd duidelijk door Hitler beheerst.'[23] Tegenover Goebbels toonde de dictator zich begin

december 1944 tevreden dat hij zijn 'vijanden in de generale staf' eindelijk 'het zwijgen opgelegd' had, 'want ze zijn bang voor de strop'.[24]
Aan het begin van de oorlog had Hitler nog reizen naar het front ondernomen. In zijn veldgrijze uniform voerde hij zichzelf op als 'Eerste Soldaat van het Rijk' en liet zich graag als de zorgzame opperbevelhebber huldigen. In zijn Neurenbergse cel stond Jodl in januari 1946 nog altijd 'het alle grenzen overstijgende enthousiasme van de troepen' op de slagvelden voor ogen 'zodra Hitler verscheen'.[25] Maar na de eerste militaire tegenslagen begon Hitler het front te mijden, en zelfs aan de stafkwartieren achter het front legde hij geen bezoeken meer af; het laatste vond begin september 1943 plaats bij de Legergroep Süd. In plaats daarvan voerde hij – aan de hand van stafkaarten – de oorlog aan vanuit zijn ver achter het front gelegen hoofdkwartier. Die kaarten – allemaal ongeveer 2,5 bij 1,5 meter – beantwoordden aan Hitlers bezetenheid voor detail. Elke kleine beweging aan het front, tot en met het bataljon- en compagnieniveau, was met vlaggetjes gemarkeerd. De dictator was telkens weer 'volledig in de ban van de magie van de markeringen' en schoof divisies heen en weer.[26] In de slotfase van de oorlog wisten alle ingewijden dat de kaarten slechts een virtuele werkelijkheid verbeeldden, wat zeggen wil dat de aangegeven sterkte van de divisies allang niet meer aan de daadwerkelijke verhoudingen beantwoordde. Het gebruik van de kaarten versterkte op die manier Hitlers neiging tot zelfoverschatting en tot vluchten in een schijnwerkelijkheid.[27]

Net zoals hij het front meed, weigerde de dictator de door bombardementen getroffen gebieden te bezoeken. Geen enkele keer liet hij zich in de verwoeste steden van bijvoorbeeld het Ruhrgebied zien. Kennelijk schrok hij terug voor een confrontatie met de ellende die hij had aangericht. Als escorte van de dictator bij diens ritten van het station in Stettin naar de Rijkskanselarij of in München naar zijn woning aan de Prinzregentenstraße stelde Speer vast 'hoe afgestompt en onverschillig Hitler de toevallige beelden registreerde van een reusachtige puinhoop waarlangs de rit hem leidde'.[28] En Guderians adjudant, Freytag von Loringhoven, herinnerde zich dat hij uit Hitlers mond nooit een woord van medelijden voor de soldaten aan het front, de gebombardeerden of de vluchtelingen had vernomen. 'Het lijden van menselijke wezens interesseerde hem niet.'[29] Toen perschef Otto Dietrich in 1943 Hitler wilde vertellen over zijn indrukken van zijn recente bezoek aan zijn spookachtige geboortestad Essen, bracht hij het gesprek onmiddellijk op een ander onderwerp door zich over een of ander onbelangrijk persbericht te buigen. Dietrich kreeg de indruk dat de dictator niet met de gruwelijke gevolgen van de bombardementen lastiggevallen wilde worden.[30] Op soortgelijke wijze serveerde Hitler een keer Heinrich Hoffmann af, toen deze hem aanried zich na een luchtaanval net als Churchill in de steden te laten zien. 'Dat stelt u alleen maar voor om foto's te kunnen maken!'³¹ In een van zijn monologen in de Rijkskanselarij probeerde Hitler eind november 1944 zelfs een positieve draai aan de verwoestingen te geven: 'Wij zullen onze steden herbouwen, mooier nog dan ze waren! Daar sta ik voor in. Met monumentalere gebouwen dan er ooit zijn geweest.'³²

De man die vóór 1939 amper een gelegenheid voorbij had laten gaan om in het openbaar de aandacht op zich te vestigen en zich door de massa's te laten toejuichen, schuwde openbare optredens naarmate de oorlog langer duurde en de overwinning op zich wachten liet. In december 1940 had hij bij Borsig in Berlijn nog ten overstaan van arbeiders in de wapenfabrieken een toespraak gehouden. Hij was helemaal vol van de enthousiaste reactie. 'Hij wil nu weer vaker spreken. Het volk is zijn eigenlijke publiek. Dat kent hij ook het beste,' stelde zijn minister van Propaganda tevreden vast.³³ Maar de werkelijkheid was dat Hitler steeds minder vaak in de openbaarheid trad: in 1941 hield hij zeven openbare toespraken, in 1942 vijf. In 1943 waren het er slechts drie: bij de Heldengedenktag op 21 maart, bij het jubileum van de putsch van 1923 op 8 november in München en op 20 november voor jonge soldaten in Breslau – en dan nog een radiotoespraak op 10 september. Goebbels was met deze terughoudendheid allesbehalve gelukkig: de Führer was 'enigszins in de wolken verdwenen', constateerde hij begin augustus 1943. 'Dat doet de praktische oorlogvoering geen goed. Als de Führer in goede tijden voortdurend het woord nam ten overstaan van het Duitse volk, hoeveel groter is de noodzaak dan niet dat nu in slechte tijden te doen!'³⁴

Onophoudelijk drong de minister van Propaganda er bij de dictator op aan vaker voor het voetlicht te komen en toespraken te houden – zonder succes. In 1944 verscheen Hitler geen enkele keer in het openbaar, als we zijn redevoering op 24 februari van dat jaar voor de viering van de partijverjaardag niet meerekenen. Hij was er echter zo ontevreden over dat ze zelfs helemaal niet op de radio uitgezonden kon worden. Hij richtte zich via de radio slechts twee keer tot de natie: op 30 januari voor het jubileum van de machtsovername, en in de nacht van 21 juli na de mislukte aanslag. De ooit zo omnipresente Führer was een vage figuur geworden.³⁵ Zijn reizen naar Berlijn werden geheimgehouden; als hij (in een speciale trein) naar de Rijkshoofdstad of naar München ging, werd er alles aan gedaan het contact tussen Hitler en de buitenwereld af te schermen. Zelfs op klaarlichte dag reed de trein met verduisterde ramen en kunstlicht.³⁶ En lang vervlogen waren ook de dagen dat de mensenmassa's als pelgrims naar de Obersalzberg togen om een glimp van de wonderdoener op te vangen.

Dat de dictator uit de openbaarheid verdween, was symptomatisch voor de crisis van het regime die sinds Stalingrad duidelijk was geworden en sindsdien voortdurend groter werd. Want aangezien het gehele machtsstelsel was afgestemd op de figuur van de Führer en afhing van publieke goedkeuring waarvan hij wist dat hij die moest mobiliseren, kon zijn gebrekkige zichtbaarheid niet zonder verstrekkende gevolgen blijven. Goebbels probeerde het gat op te vullen dat door Hitlers afwezigheid ontstaan was – bijvoorbeeld door zijn rede over de totale oorlog in februari 1943 – en liet het zich welgevallen dat hij in brieven als 'de dynamo van het volk' geprezen werd, die er telkens weer in wist te slagen de stemming op te krikken.[37] Evengoed bleef hij zich ervan bewust dat hij de dictator ook als redenaar niet kon vervangen: 'Alleen de Führer en niemand anders dan hij bezit de autoriteit om het volk onder de huidige omstandigheden weer moed en vertrouwen te geven.'[38]

Maar niet alleen voor het machtsstelsel, ook voor Hitler persoonlijk markeerde zijn geleidelijke verstomming een cesuur. Want uit zijn toespraken voor een massapubliek en het bedwelmende enthousiasme dat hij wist te los te maken, had hij zelf altijd kracht geput. Ze waren niet alleen een energiebron voor zijn gelovige volgelingen maar ook voor hem zelf. Goebbels verwees naar dat effect toen hij in november 1943 over Hitlers toespraak voor soldaten in Breslau noteerde: 'Het is heel goed dat de Führer weer eens voor een groter gehoor spreekt. Hij verspreidt daarmee niet alleen kracht, hij ontvangt die daardoor ook.'[39] Maar zijn optreden in Breslau zou het laatste zijn voor een menigte van enkele duizenden mensen. Een van zijn sterkste punten – de voortdurende energie-uitwisseling tussen hem en de massa – kon hij in de tweede helft van de oorlog niet meer uitspelen. In zijn achteruitgang als volksredenaar kondigde zich het einde van zijn heerschappij aan.

Met zijn verdwijning uit de openbaarheid correspondeerde Hitlers toenemende zelfisolering in zijn Oost-Pruisische hoofdkwartier. Aan het begin van de oorlog had de dictator, overeenkomstig een vooroorlogse gewoonte, nog herhaaldelijk bezoeken afgelegd aan de familie Goebbels in hun villa op Schwanenwerder, met de kinderen gespeeld en met de strijdmakkers herinneringen opgehaald aan de jaren van voor 1933. Slechts enkele uren voor Molotovs bezoek aan Berlijn in november 1940 was hij 's avonds nog op de verjaardag van Magda Goebbels verschenen om haar persoonlijk te feliciteren. Hij was tot diep in de nacht gebleven. 'Hij is heel zelfverzekerd en ontspannen, net als in de oude vredestijd,' noteerde de minister van Propaganda. 'Wij zijn heel gelukkig dat wij de Führer zo lang te gast te mogen hebben.'[40]

Na het begin van Operatie Barbarossa staakte Hitler echter het persoonlijk contact met de familie Goebbels in Berlijn. Nu waren het de militairen in zijn hoofdkwartier met wie hij dagelijks omgang had. Vanaf de septembercrisis van 1942 nam hij uiteraard steeds meer afstand van hen en gebruikte de maaltijden alleen in zijn bunker. Slechts af en toe werden bezoekers uitgenodigd. De gesprekken met hem bij de gezamenlijke middagmaaltijd verliepen van maand tot maand steeds moeizamer en benauwender, vermeldt Albert Speer. Vaak verviel Hitler in broedend zwijgen: 'Op mij maakte hij de indruk van een geleidelijk uitdovend mens.'[41] Ook volgens Heinrich Hoffmann werd Hitler 'in zijn omgang steeds meer gesloten. Bij tegenspraak raakte hij overstuur en werd zwijgzaam, zodat er in de gesprekken van tijd tot tijd pijnlijke stiltes vielen.'[42] Tegen het einde van de oorlog hielden Hitlers vier secretaressen hem bij de maaltijden gezelschap – twee aten 's middags met hem; de andere twee 's avonds. Terwijl het hem vroeger geen moeite had gekost na de stafbespreking te veranderen in de charmante tafelheer, liet hij nu regelmatig zijn sombere gedachten de vrije loop en sprak meer tegen zichzelf dan tegen zijn tafelgenotes.[43]

Zoals in zijn gehele doen en laten droeg ook Hitlers zelfgekozen afscherming sporen van zelfstilering. Zogenaamd omdat hij zich volledig op zijn nieuwe rol als veldheer moest concentreren, had hij ook met zijn gewoonte gebroken 's avonds één of twee speelfilms te kijken. De Bayreuther Festspiele, waar hij voor 1939 geregeld te gast was geweest, bezocht hij voor het laatst in de zomer van 1940. Sinds Stalingrad liet Hitler 's avonds ook geen platen opzetten. Zelfs de symfonieën van zijn streekgenoot uit Oberösterreich, Anton Bruckner, die hij naast Wagner het meest waardeerde, wilde hij niet meer horen. Over het algemeen vond de Führer geen 'verstrooiing en afleiding meer', merkte Goebbels eind januari 1943 op. Vroeger had hij tenminste nog naar muziek geluisterd. 'Dat is nu allemaal afgelopen. Het gehele leven van de Führer behoort toe aan de oorlog en aan de dienst aan het volk.'[44]

Hij bracht een groot offer door zijn privébehoeften af te zweren zolang de oorlog duurde – dat was de indruk die de dictator ook bij zijn militaire omgeving wilde wekken. Voor hem had oorlogvoeren 'niets aangenaams', beweerde hij bijvoorbeeld tijdens de stafbespreking van eind augustus 1944. Hij leefde 'inmiddels vijf jaar hier, afgezonderd van de rest van de wereld', hij had 'geen theater bezocht, geen concert bijgewoond, geen film meer gezien'.[45] In deze klacht klonk ook kritiek op de generalestafleden door. De dictator verweet hun dat zij zich slechts voor hun oorlogsmetier interesseerden maar voor artistieke vraagstukken volstrekt niet openstonden. De omgang met hen hing 'hem de keel uit', liet hij Goebbels weten. Zij bezaten 'geen enkel intellectueel of cultureel niveau'; 'deze mensenklasse was [hem] volkomen vreemd'.[46]

De minister van Propaganda maakte zich zorgen over het groeiende gebrek aan contact van Hitler. Het was 'tragisch dat de Führer zich zo van het leven afsluit', schreef hij in zijn dagboek. 'Hij [...] vindt geen enkele ontspanning meer, zit in zijn bunker, handelt en peinst. Konden we hem maar één keer naar een andere omgeving brengen!'⁴⁷ Kennelijk ontging het Goebbels dat Hitler zich zijn rol als eenzame, zelfkastijdende veldheer uitstekend eigen had gemaakt. Dat maakte deel uit van een toneelstukje waarin de dictator ook in tijden van zware militaire tegenslagen op geloofwaardige wijze kon doen of hij een uitstekende militaire leider was. Hierin volgde hij het voorbeeld van de grote Pruisische koning. 'Maakt u zich geen zorgen', zei hij geruststellend tegen Zeitzler, de chef van de generale staf, na de omsingeling van het Zesde Leger in Stalingrad. 'Bij ongeluk moet je juist laten zien dat je groot bent. Dat deed Frederik de Grote ook.'⁴⁸

Kenmerkend voor de duistere afstandelijkheid waarin Hitler zich gedurende de laatste twee oorlogsjaren hulde, was dat een hond het enige levende wezen was waarmee hij dagelijks intensief omging. In het voorjaar van 1942 had Gerdy Troost, de weduwe van Hitlers eerste architect Paul Troost, de door haar bewonderde Führer een jong herderteefje cadeau gedaan. Hitler doopte het dier 'Blondi' en spendeerde veel tijd om het allerlei kunstjes te leren. 'Het is ronduit ontroerend om hem met die jonge herder te zien spelen,' schreef Goebbels. 'Het dier is zo aan hem gewend, dat het zonder hem bijna geen stap meer zet. Het is heel mooi om de Führer samen met zijn hond gade te slaan. Deze hond is momenteel het enige levende wezen dat voortdurend bij hem is.'⁴⁹ Blondi vergezelde Hitler op zijn korte ochtendwandelingen op het terrein rond zijn bunker. Hij was zeer trots op zijn volgzame hond en raakte geïrriteerd als ze vertrouwelijk aan een van zijn gasten begon te snuffelen.⁵⁰ De liefdevolle zorg die de dictator aan het dier gaf, ging hand in hand met een larmoyante mensenverachting. 'Speer, ik zal op een dag nog maar twee vrienden hebben, *Fräulein* Braun en mijn hond,' zei hij sinds de herfst van 1943 regelmatig tegen zijn minister voor Bewapening, waarmee hij op het einde van zijn leven doelde.⁵¹

De oorlog bracht voor Hitler een drastische verandering in zijn manier van leven en werken met zich mee. Vóór 1939 hadden fasen van hectische drukte zich afgewisseld met perioden van ontspanning, waarin de dictator zich kon herstellen en in rust over zijn volgende plannen kon nadenken. In het Führerhoofdkwartier daarentegen was hij onderworpen aan een werklast die hem in een strak korset van dagelijkse plichten snoerde en hem tot zelfdiscipline dwong. Ook tijdens zijn verblijven op de Obersalzberg was dat min of meer hetzelfde. Ook daar kreeg hij weinig gelegenheid om op adem te komen, door de lange dagelijkse stafbesprekingen en de niet-aflatende stroom bezoekers. De enige ontspanning die hij eigenlijk kreeg, waren de nachtelijke theeuurtjes in zijn bunker in de Wolfsschanze of rond het haardvuur op de Berghof. Daar, in zijn kring intimi, probeerde Hitler zich van de harde werkelijkheid van de oorlog af te wenden; daar zwolg hij graag in herinneringen aan vroeger tijden.⁵²

Op zijn laatst in 1943 vertoonde Hitler duidelijk tekenen van overbelasting. 'Ik moet alles zelf doen, ziet u,' klaagde hij op zijn vierenvijftigste verjaardag tegen zijn minister voor Bewapening en Munitie. 'Ik heb hoog onderscheiden generaals, vakmensen, wapenexperts om mij heen, maar alles rust op mijn schouders! Het kleinste, het grootste!'[53] Opnieuw zag de dictator over het hoofd dat hij deze situatie zelf veroorzaakt had. Zijn obsessie met detail en controle maakte het onmogelijk dat hij nog beslissingen delegeerde; hij geloofde juist dat hij zelf overal voor moest zorgen. Om die reden had hij in januari 1942 geweigerd een decreet te ondertekenen dat door Hans Heinrich Lammers, de chef van de rijkskanselarij, was opgesteld en dat hem tijdelijk zou ontslaan van regerings- en bestuurszaken.[54] De constante belasting putte Hitler volledig uit. Hans Kehrl, hoofd planning van Bewapening, observeerde hem tijdens zijn toespraak tot industriëlen in de Platterhof in juni 1944. 'Ooit was hij een meester van het woord en de toespraak geweest. Nu sprak hij haperend, maakte zinnen niet af, raakte in zijn gedachten verstrikt – kortom, hij bood de aanblik van een ernstig uitgeputte man die geestelijk niet helemaal aanwezig is. Hij was zichzelf duidelijk niet meester.'[55]

Steeds vaker drukte Hitler de wens uit zijn uniform aan de wilgen te hangen en zich uit alle militaire aangelegenheden terug te kunnen trekken. 'Naar niets kijkt hij zo uit als naar het moment dat hij zijn grijze jas kan verruilen voor een bruine, weer het theater en films kan bezoeken, en weer mens onder de mensen kan zijn,' aldus zijn intimus Goebbels.[56]

De ontsnappingsgedachten van Hitler waren bij Linz, de stad van zijn dromen, zijn geboortestad. Terwijl hij alle grote bouwprojecten voor Berlijn en andere steden in de oorlog liet stilleggen, gingen de plannen voor het uitbreiden van de Donaustad onder leiding van Hermann Giesler verder. Linz moest een tegenwicht voor Wenen vormen; hier moest 'een industriële en culturele stad van het grootste kaliber' ontstaan.[57] Voor zijn lievelingsproject, het geplande Führermuseum in Linz, liet de dictator zijn bijzonder functionaris Hans Posse, de directeur van de Gemäldegalerie in Dresden, kunstwerken uit alle bezette landen van Europa roven. Toen Posse in 1942 overleed, zetten zijn opvolgers – Hermann Voss, hoofd van het museum in Wiesbaden, en zijn belangrijkste medewerker, de Dresdener kunsthandelaar Hildebrand Gurlitt – de strooptocht voort.[58] Na de oorlog wilde Hitler zich in Linz terugtrekken om daar zijn laatste levensjaren door te brengen. 'Dan zal ik als oude heer mijn memoires schrijven,' mijmerde hij tegenover zijn secretaresses, 'mij met geestige en intellectuele mensen omringen en geen officier meer ontvangen. Dat zijn namelijk allemaal koppige leeghoofden, plat en eigenwijs.'[59]

Vanaf welk moment hield Hitler rekening met de nederlaag? Die vraag is niet eenvoudig te beantwoorden, want op dit punt betrachtte hij een 'ondoorgrondelijk zwijgen'.[60] De chefstaf van de *Wehrmachtführungsstab*, Alfred Jodl, kwam in zijn cel in Neurenberg tot deze conclusie: 'Geen mens ter wereld vermoedde en realiseerde zich zo snel als Hitler dat de oorlog verloren was.'[61] Op een exact moment wilde Jodl zich uiteraard niet vastleggen. Er spreekt veel voor dat bij de dictator het inzicht begon te dagen dat een overwinning niet meer kon worden behaald na het mislukken van het zomeroffensief van september 1942. Op zijn laatst na de catastrofe van Stalingrad zal hij zich amper nog illusies over de afloop van de oorlog hebben gemaakt.[62] Maar met zijn zelfbeeld als 'geniaal veldheer' was het toegeven van falen onverenigbaar, en dus gaf hij naar buiten toe blijk van vast vertrouwen en speelde hij volmaakt de rol van de superieure en onwrikbare opperbevelhebber.

Met dit vertoon van optimisme was Hitler in staat de steeds sneller groeiende twijfel aan de mogelijkheid van een eindoverwinning te verdrijven. In zijn gesprekken met de Führer viel het Goebbels telkens weer op 'welke standvastige en zekere houding hij zelfs in de meest kritische en ongelukkigste uren van de oorlog tentoonspreidt', constateerde hij in oktober 1943. 'Een man die zich ook door de hardste tegenslagen niet omver laat werpen, zal uiteindelijk ook voor zijn land en voor zijn volk de overwinning behalen.'[63] En op de dag van de geallieerde landing in Normandië op 6 juni 1944 bevestigde hij: 'Het is imponerend met welke zekerheid de Führer in zijn zending gelooft.'[64] Het was echter niet alleen de Führer-devote minister van Propaganda die zich telkens weer door Hitlers schijnbaar onverwoestbare vertrouwen liet aansteken. Ook veel commanderende generaals die met grote zorg en twijfel naar de Wolfsschanze kwamen, keerden na hun ontvangst bij Hitler met hernieuwd geloof in de eindoverwinning naar het front terug. 'Wanneer ze zijn werkkamer in het hoofdkwartier verlieten, waren ze in gezichtsuitdrukking en gedrag andere mensen dan voorheen,' herinnerde Otto Dietrich zich.[65] Net als vele anderen bezweken zij voor de suggestieve overtuigingskracht waarover Hitler in gesprekken nog altijd beschikte.

Het lijkt er echter op dat de voortdurende bezwering van de eindoverwinning ook zijn weerslag op de bedenker ervan had en hem, tegen beter weten in, deed hopen dat de oorlog een gunstige afloop zou krijgen. In ieder geval beriep Hitler zich, naarmate hij meer in de verdediging werd gedrongen, steeds nadrukkelijker op de Voorzienigheid, die hem tot dusverre bij al zijn ondernemingen terzijde had gestaan. In dit proces van zekerstelling door autosuggestie fungeerden vooral herinneringen aan de Kampfzeit van de partij als een welkom troost- en pepmiddel. 'Wat voor crises en beproevingen heeft onze partij niet allemaal doorstaan! Hoe gering lijken ze momenteel, nu ze achter ons liggen! Zo zal het op een dag ook met de huidige zorgen zijn,' luidde de eensgezinde opvatting van Hitler en Goebbels op het hoogtepunt van de wintercrises in 1941-1942.[66] In de volgende maanden kwam de dictator telkens weer terug op de situatie rond de jaarwisseling van 1932-1933, toen hij amper nog de hoop mocht koesteren aan de macht te zullen komen – om enkele weken later toch de Rijkskanselarij te kunnen betrekken. 'Zoals wij in 1932 uitsluitend door halsstarrigheid, die soms veel van waanzin weghad, de overwinning hebben behaald, zo zal dat ook heden weer het geval zijn.'[67]

Uiteraard vroeg de noodzaak geen enkel teken van zwakte te tonen en – ondanks de steeds hopelozer wordende situatie – de façade van het vertrouwen in de overwinning overeind te houden, van Hitler een aanzienlijke wilsinspanning. De nerveuze prikkelbaarheid die hij aan de dag legde, kwam onder andere hier vandaan. 'Van een vlieg op de muur kon hij al razend worden,' zo omschreef bediende Heinz Linge de toestand van zijn meester vanaf de herfst van 1942.[68] In de toenemende woede-uitbarstingen kwam de innerlijke spanning tot ontlading waaronder de dictator stond. Hij moest zichzelf en zijn omgeving voorspiegelen dat zijn 'gunstige ster' ook deze keer voor een goede afloop zou instaan, en tegelijkertijd wist hij dat het niet meer in zijn macht lag om die ommekeer te bewerkstelligen, aangezien het initiatief naar zijn tegenstander was overgegaan.

In de eerste twee oorlogsjaren beschikte de dictator over een buitengewoon robuuste gezondheid. Lichamelijke inspanningen overwon hij moeiteloos; zijn lijfarts Morell had weinig te doen.[69] Hitler werd pas voor de eerste keer ziek in het begin van augustus 1941 – in de tijd dat de verwachte 'bliksemoverwinning' op de Sovjet-Unie een drogbeeld bleek te zijn. Ook in de volgende jaren bleef de lichamelijke en geestelijke toestand van de opperbevelhebber in sterke mate afhankelijk van de militaire situatie. Naarmate het duidelijker werd dat het tij zich tegen het Groot-Duitse Rijk en zijn bondgenoten keerde, namen zijn flauwtes en uitputting toe. Na de wintercrisis van 1941-1942, die hij met grote inspanningen het hoofd wist te bieden, verkeerde Hitler in slechte gezondheid. 'Als je vluchtig naar hem kijkt, krijg je de indruk dat hij in de allerbeste lichamelijke toestand verkeert,' schreef Goebbels. Maar de schijn bedriegt. Hitler zelf had hem bij een 'intiem onderhoud' bekend dat hij 'met zeer zware aanvallen van duizeligheid te kampen' had gehad.[70]

Bij een bezoek aan Vinnytsja in het begin van september 1942, toen de mislukking van Operatie Blau zich al aftekende, vond veldmaarschalk von Kluge Hitler er 'zo miserabel uitzien' dat hij 'gewoonweg schrok'. De slechte toestand van de Führer was niet verwonderlijk, aangezien hij 'zich te zwaar belastte, en dat houdt zelfs een wilskrachtig man als hij niet vol'.[71] Na de definitieve oorlogswending van

1942-1943 ging Hitlers lichamelijke toestand met rasse schreden verder achteruit. 'Je ziet wel dat de laatste tijd heel sterk aan hem gevreten heeft,' moest Goebbels bij een uitstap naar de Obersalzberg in juni 1943 toegeven. 'Er is nog maar een deel over van zijn lichamelijke fitheid waarvoor we altijd bewondering hebben gehad.'[72] Niemand ontgingen de veranderingen in zijn uiterlijk en optreden als hij de dictator na langere tijd weer terugzag. 'De algemene indruk die ik van de Führer kreeg, was dat hij sinds 1938 in een oude en bijna vermoeide man was veranderd,' herinnerde generaal Friedrich Hoßbach zich – Hitlers voormalige Wehrmachtadjudant die in november 1943 in de Wolfsschanze het ridderkruis met eikenloof kreeg uitgereikt.[73]

De uiterlijke tekenen van het verouderingsproces waren niet meer te loochenen: Hitlers haar werd grijs, onder zijn donkere ogen lagen zware wallen, hij liep krom – en zijn linkerhand trilde. De tremor verscheen voor het eerst in augustus 1941, en was sinds de nederlaag bij Stalingrad steeds zichtbaarder geworden. Na de aanslag van 20 juli stopte hij abrupt, om daarna al snel sterk terug te komen, waarbij hij ook in de gehele linkerarm en het linkerbeen kwam te zitten. Medisch historici zijn het er tegenwoordig grotendeels over eens dat Hitler aan de ziekte van Parkinson leed, waarbij zijn mentale vermogens echter niet werden aangetast.[74]

Zijn lijfarts Morell stond tamelijk hulpeloos tegenover Hitlers parkinson.[75] Hij

Afb. 37 De zichtbaar ouder geworden dictator. Om geen bril te hoeven dragen greep Hitler in de laatste oorlogsjaren steeds vaker naar de leesloep.

gaf zijn patiënt tegen diens chronische indigestie en steeds vaker optredende uitputting een groot aantal verschillende medicijnen: laxeer-, kalmerings- en slaapmiddelen, pijnstillers, cardiovasculaire middelen en oppeppers. In de meeste gevallen ging het om gewone, algemeen verkrijgbare medicijnen; een aantal kwam uit Morells eigen farmaceutische imperium. In juli 1943 en later in 1944, in sterkere doses, injecteerde Morell bij zijn patiënt het pijnstillende en antispasmodische middel Eukodal, dat duidelijk Hitlers neiging tot autosuggestief escapisme bevorderde.[76] De lijfarts getroostte zich 'de grootste moeite om de Führer voor de oorlog fit te houden', merkte Goebbels begin juni 1944 op. Dat was ook noodzakelijk, omdat van Hitlers welzijn het succes van de gehele oorlogsvoering afhing. 'Mocht de Führer iets aan zijn gezondheid krijgen, dan weet ik werkelijk niet wat er nog gedaan kan worden.'[77]

De schrijver Norman Ohler heeft in 2015, met een op sensatie belust boek waarin feit en fictie worden vermengd, de oude these weer nieuw leven proberen in te blazen dat Hitler door Morell drugsverslaafd was gemaakt.[78] De dictator had voor zijn gehechtheid aan zijn lijfarts met een 'voortdurende ondermijning van zijn gezondheid' betaald; hij was sinds de tweede helft van 1944 'amper nog een dag *clean* geweest', hij was een 'junkie' geworden, die steeds hogere doses wilde hebben – 'tot zijn onvermijdelijke ineenstorting'.[79] Maar een drugsverslaving kan in het geval van Hitler niet bewezen worden, zoals voormalig Charité-professor Hans-Joachim Neumann en historicus Henrik Eberle reeds uiteengezet hebben. Op de beslissingen van de dictator, zo luidt hun slotconclusie, hadden Morells spuiten geen beslissende invloed gehad: 'Hitler wist altijd wat hij deed.'[80]

Hitlers aftakeling had niet zozeer te maken met zijn medicatiegebruik als wel met zijn permanente overbelasting en zijn ongezonde manier van leven – vooral zijn gebrek aan beweging. Het grootste deel van de dag bracht hij door in zijn bunker, bij kunstlicht en in bedompte lucht.[81] Architect Giesler heeft een beeldende indruk nagelaten over de zieke Hitler die hij eind september 1944 in de Wolfsschanze aantrof: 'Adolf Hitler lag op een veldbed in een vensterloze cel van zijn bunker. Aan het hoofdeind van het bed stond een lage tafel, met daarop een stapel rapporten, berichten, stafkaarten, enkele boeken, een telefoon. Daarboven brandde een draaibare muurlamp, de witgrijze betonnen muren weerspiegelden het licht en gaven de kleine ruimte de onwerkelijkheid van een grafkamer. De frisse lucht van de zachtjes snorrende ventilatie leverde strijd met de typische geur van beton in de bunker.'[82]

Vóór en in de eerste fase van het Ardennenoffensief in december 1944 leefde de dictator nog eenmaal op. Nadat echter ook deze laatste poging om het initiatief weer in handen te krijgen was mislukt, waren ook Hitlers energiereserves uitgeput.

16
De enscenering van de ondergang

'Ik weet dat we de oorlog hebben verloren. De overmacht is te groot [...]. Het liefst zou ik me een kogel door de kop schieten,' bekende een zeer gedeprimeerde Hitler begin januari 1945 na het mislukken van het Ardennenoffensief in een vertrouwelijk gesprek. Maar hij herpakte zich meteen en vervolgde: 'We capituleren niet, nooit. Het kan zijn dat we ten onder gaan. Maar we zullen een hele wereld met ons meenemen.'[1] Daarmee gaf de dictator in een zeldzame opwelling van openhartigheid het motief prijs dat zijn denken en handelen de laatste maanden van zijn leven steeds sterker bepaalde: als de ondergang dan toch onvermijdelijk was, dan moest het een ondergang zijn die de komende generaties tot heroïsch voorbeeld kon dienen. Hij wilde zich, verklaarde Hitler op de avond van 28 januari, 'de grote voorbeelden uit de geschiedenis waardig tonen'.[2]

Ondanks deze opzet gaf hij naar anderen toe blijk van een ongeschonden vertrouwen. 'Nooit laat de Führer ook maar de geringste twijfel aan onze aanstaande overwinning rijzen,' stelde Goebbels vier dagen later vast.[3] Als de strijd tot het allerlaatst uitgevochten zou moeten worden, dan mocht niet toegegeven worden dat de situatie in toenemende mate uitzichtloos was, dan moest zelfs ten overstaan van zijn naaste vertrouwelingen de illusie van de eindoverwinning in stand worden gehouden.

In het voorjaar van 1945 wijdde Hitler een groot deel van de hem nog resterende krachten aan de enscenering van de 'heroïsche ondergang'. Daarbij had hij een aanknopingspunt aan de mythische voorstellingen die diep in de collectieve psyche van de Duitsers verankerd waren. Daartoe behoorde vooral het *Nibelungenlied*, dat sinds zijn herontdekking in de achttiende eeuw tot een nationaal epos was uitgegroeid.[4] Het deel van het lied dat handelt over de laatste strijd van de Nibelungen aan het hof van koning Etzel, had Göring in zijn toespraak van 30 januari 1943 al aangehaald om de vernietigende nederlaag van het Zesde Leger in Stalingrad tot een grandioze zelfopoffering te verheffen. En het was geen toeval dat Martin Bormann begin april 1945 in de laatste brief aan zijn vrouw, vanuit de bunker van de Rijkskanselarij verstuurd, aan de mythe refereerde. Als het noodlot hen dan toch voorbestemd had 'om zoals de oude Nibelungen in de zaal van koning Etzel ten onder te gaan', dan zouden ze 'trots en met opgeheven hoofd de dood tegemoettreden'.[5] Daarmee voerde de secretaris opnieuw een interpretatie op die inmiddels een centrale plaats innam in Hitlers ondergangsvisioenen. Als de dictator beweerde dat ze een hele wereld mee de afgrond in zouden sleuren, dan stond hem blijkbaar de 'godenschemering' van allesvernietigend vuur voor ogen waarmee Richard Wagners *Ring der Nibelungen* eindigt.[6]

Daarnaast liet Hitler zich leiden door de regels van de Pruisische militair theoreticus Carl von Clausewitz, wiens werk hij goed kende. In zijn in 1812, een jaar voor het begin van de 'bevrijdingsoorlog' tegen de napoleontische overheersing gepubliceerde belijdenisgeschrift, had von Clausewitz gesteld dat er voor een volk 'geen heiliger plicht' kon zijn dan 'de waardigheid en de vrijheid van zijn bestaan [...] met de laatste bloeddruppels' te verdedigen. Daar waar 'de schandvlek van laffe onderwerping nooit meer uit te wissen valt', zorgt de ondergang 'na een bloedige en eervolle strijd voor de wedergeboorte van het volk'.[7] En in zijn op 29 april, een dag voor zijn zelfmoord opgestelde 'politieke testament' beriep Hitler zich juist op de 'belijdenissen van de grote von Clausewitz': 'Uit het offer van onze soldaten en mijn verbondenheid met hen tot in de dood zal hoe dan ook het zaad ontluiken voor de stralende wedergeboorte van de nationaalsocialistische beweging en daarmee van de realisatie van een ware volksgemeenschap.'[8] Het ging Hitler dus niet alleen om zijn eigen plaats in de geschiedenis, maar ook om de kiem te leggen voor een terugkeer van het nationaalsocialisme. Niemand heeft de holle pathos van deze ondergangsretoriek treffender doorgeprikt dan Thomas Mann: 'Ieder gebaar van ultieme heroïek dat nazi-Duitsland tentoonspreidde', was 'slechts een grimas –, de verschrikte gelaatsuitdrukking van de misdadiger die aan de gerechtigheid is overgeleverd,' gaf hij de Duitse luisteraars in zijn radiotoespraak van 1 januari 1945 te verstaan.[9]

Het winteroffensief van de Sovjets in 1945 luidde het einde van het Derde Rijk in. De Wehrmacht kon weinig meer uitrichten tegen de verpletterende overmacht van het Rode Leger. Op 12 januari opende het 1ste Oekraïense Front onder leiding van maarschalk Ivan Konev de aanval op het Weichsel-bruggenhoofd, zo'n 200 kilometer ten zuiden van Warschau. Al tegen de avond was dat over een lengte van 45 kilometer doorbroken. 'Begrijpelijkerwijze heerst nu overal grote spanning,' schreef gouverneur-generaal Hans Frank diezelfde dag vanuit de regeringszetel Krakau aan zijn vrouw. Nu moest blijken of de afweerstellingen waaraan maanden was gewerkt, de Russische opmars konden tegenhouden. 'Ikzelf ben volledig rustig en gelaten en zetel hier als een patriarch in mijn oude kasteel.'[10] Maar al op 18-19 januari nam het Rode Leger het ongeschadigd gebleven Krakau in: Frank was op tijd naar het westen vertrokken.[11] Een week later, op 27 januari, bereikten soldaten van het Sovjetleger vernietigingskamp Auschwitz-Birkenau en bevrijdden ongeveer zevenduizend zieke en uitgeputte gevangenen, die de ss-leiding bij haar overhaaste aftocht had achtergelaten. Tot het einde van de maand vielen grote delen van het industriegebied van Opper-Silezië, dat voor de Duitse wapenindustrie van groot belang was, vrijwel zonder slag of stoot in handen van het Rode Leger. Alleen de oude Silezische hoofdstad Breslau werd tot het oorlogseinde verdedigd door fanatieke Wehrmachteenheden.

Op 13 januari zetten het 2de Wit-Russische Front onder leiding van maarschalk Konstantin Rokossovski en het 3de Wit-Russische Front onder leiding van generaal Ivan Tsjernjachovski, bijgestaan door het 1ste Baltische Front, de aanval op Oost-Pruisen in. Pas op de derde dag van het offensief begon de strategische doorbraak zich af te tekenen. Op 20 januari viel Tilsit. Via Goldap en Gumbinnen zetten de Sovjettroepen koers naar de Oostzeekust. Op 26 januari bereikten ze bij Tolkemit, ten oosten van Elbing, het Frische Haff. Oost-Pruisen was van de rest van het Rijksgebied afgesneden. Ten koste van zware verliezen wisten de ingesloten Duitse troepen het centrale deel van het gebied bij Koningsbergen met de zeehaven Pillau in bezit te houden.

Op 14 januari begon het 1ste Wit-Russische Front onder leiding van maarschalk Georgi Zjoekov aan de definitieve aanval vanuit het Weichsel-bruggenhoofd van Warka, ten zuiden van Warschau. Al op de tweede dag van de aanval was het gedaan met de Duitse verdedigingsstellingen. Op 17 januari marcheerden Sovjet- en Poolse troepen de volledig verwoeste Poolse hoofdstad binnen. Op 19 januari werd Łódź ingenomen, en twee dagen later werd Posen omsingeld, de regeringszetel van Rijksgouw Wartheland. Ook Gauleiter Arthur Greiser had zich bijtijds uit de voeten gemaakt. Al snel stootten de troepen van Zjoekov tot de Oder door. Op 31 januari konden ze bij Küstrin een eerste bruggenhoofd op de westelijke oever van de Oder aanleggen. Naar Berlijn was het nog maar 80 kilometer. Maar nu moest het Rode Leger eerst een adempauze inlassen voordat het overging tot het slotoffensief op de Duitse hoofdstad. In drie weken tijd was het 500 kilometer in westelijke richting opgerukt, had het de geannexeerde Poolse gebieden met inbegrip van het Generaal-gouvernement bevrijd en het grootste deel van oostelijk Duitsland veroverd. Het Oderfront stak als een enorme wig het Rijksgebied in.[12]

De snelle opmars van het Rode Leger bracht een enorme vluchtelingenstroom op gang. In de vrieskou probeerden honderdduizenden mensen uit de oostelijke Duitse provincies met paard-en-wagen of lopend het westen of een van de havens aan de Oostzee te bereiken. Berichten over gruweldaden van het Sovjetleger wakkerden de paniek aan. En inderdaad zette zich in heviger mate voort wat al in oktober 1944 was begonnen toen de eerste Sovjetsoldaten Oost-Pruisen waren binnengevallen. De meedogenloze vernietingsoorlog die de Wehrmacht en de SS tegen de Sovjet-Unie hadden gevoerd, sloeg nu terug op de Duitse burgerbevolking. Haatgevoelens en behoefte aan wraak culmineerden in een golf van geweld. 'Moge iedere Duitse moeder de dag vervloeken dat ze een zoon ter wereld heeft gebracht! Mogen de Duitse vrouwen de verschrikkingen van de oorlog nu meemaken! Dat ze dat wat ze andere volken hebben aangedaan, nu zelf mogen ondergaan,' schreef een soldaat uit het West-Oekraïense Tiraspol op 30 januari 1945 in een brief naar huis.[13]

Nadat op 23 januari de treinverbinding tussen Koningsbergen en het Rijksgebied was onderbroken, bleven voor de vluchtelingenstroom uit Oost-Pruisen nog maar twee wegen open: vluchtelingen uit het noordoostelijke deel zetten koers naar Koningsbergen en het ten noorden daarvan gelegen schiereiland Samland, in de hoop vanuit Pillau over zee weg te komen. De anderen probeerden over het dichtgevroren Frische Haff op de smalle landtong van de Frische Nehrung (Wisłaschoorwal) te komen, om vandaar Danzig en Gotenhafen (Gdynia) te bereiken. Eind januari verdrongen zich daar bijna een half miljoen vluchtelingen die een plekje op een van de daartoe klaarliggende schepen probeerden te bemachtigen. Op 30 januari werd de 'Wilhelm Gustloff', een voormalig cruiseschip van de nationaalsocialistische vakantieorganisatie Kraft durch Freude, door een

Afb. 38 Uit Oost-Pruisen vluchtten begin januari 1945 honderdduizenden te voet of met paarden-wagen naar het westen. Hier een stroom vluchtelingen op weg over een bevroren haf.

onderzeeër van de Russen getorpedeerd, waarbij volgens de jongste schattingen meer dan negenduizend mensen de dood vonden.[14] Het tot zinken brengen van de *Gustloff* heeft in de herinneringen van de Duitsers altijd een bijzondere rol gespeeld. Dat slechts een dag langer, in de nacht van 31 januari op 1 februari, op het Oostzeestrand van het Oost-Pruisische stadje Palmnicken ongeveer 3000 gevangenen, vooral Joodse vrouwen uit het concentratiekamp Stutthof en zijn satellietkampen, vermoord werden door ss'ers, bleef daarentegen lange tijd vergeten.

De berichten uit het oosten drongen al snel in schokgolven tot in alle uithoeken van het Duitse Rijk door. Niemand had er rekening mee gehouden dat het Rode Leger al zo snel de landsgrenzen zou oversteken. Het lot van de vluchtelingen hield de gemoederen bezig en versterkte het gevoel van een ophanden zijnde dreiging.[15] Alleen al in Berlijn kwamen in de tweede helft van januari 1945 dagelijks duizenden mensen aan. 'Overal in de stad wemelt het van de vluchtelingen,' stelde de journaliste Ruth Andreas-Friedrich vast. 'Ze varen hardop en stilletjes uit tegen deze vervloekte tijden. Niemand neemt een blad voor de mond. Wie alles heeft verloren, raakt ook zijn angst kwijt. En het maakt hem niet uit of hij nu hier of daar te gronde gaat. De politie houdt zich Oost-Indisch doof.'[16] Goebbels aarzelde aanvankelijk om propagandistisch gebruik te maken van de berichten over de gruweldaden van het Rode Leger, omdat hij bang was daarmee de paniek onder de stroom vluchtelingen en de bevolking aan te wakkeren. Maar begin februari veranderde hij van mening. Nadat hij toestemming van Hitler had gekregen, bracht hij in het hele Rijksgebied de 'gruwelpropaganda' tegen het bolsjewisme weer op gang. In de leiding van de nationaalsocialisten ging men vooral uit van 'een positieve en stimulerende invloed op de strijdende troepen': 'Als dit materiaal niet meer werkt en het Duitse volk en de Wehrmacht er negatief op reageren, waarmee kan men dan nog komen om het land ertoe te brengen vol te houden,' vroeg de minister van Propaganda zich af.[17] Het lijkt er inderdaad op dat de angst ten prooi te vallen aan de wraakorgie van het Rode Leger, de bereidheid om de strijd in het oosten vol te houden behoorlijk heeft versterkt.[18]

In Hitlers naaste omgeving ging men er eind januari nog van uit dat het Rode Leger van zijn bruggenhoofd ten westen van de Oder direct naar Berlijn zou oprukken. 'Stalin ante portas! Deze angstkreet doet razendsnel de ronde in de hoofdstad van het Rijk, nadat vanochtend het bericht binnenkwam dat de Russen erin geslaagd zijn over de Oder te trekken,' schreef Wilfred von Oven, de persvoorlichter van Goebbels, op 31 januari.[19] Koortsachtig werkte de minister van Propaganda eraan Berlijn voor te bereiden op de komende aanval. Overal werden tankvallen aangelegd en barricades opgeworpen, tanks en afweergeschut gehergroepeerd en leden van de Volkssturm bewapend met pantservuisten. Hij was 'vastbesloten bij de verdediging van Berlijn een meesterstuk af te leveren', sprak

Goebbels zichzelf moed in.[20] Maar begin februari werd al duidelijk dat de legers van Zjoekov eerst nog bij de Oder halt zouden houden, zodat er nog geen onmiddellijke dreiging voor Berlijn bestond. Half februari verordonneerde Lammers na overleg met Bormann dat het voor alle Rijksgezagsdragers 'de eervolle plicht' was in de Rijkshoofdstad aanwezig te zijn. Wie op eigen gezag zijn werkplek verplaatste, maakte zich schuldig aan 'desertie', waarop de doodstraf stond.[21]

Hitler reageerde op de gebruikelijke manier op de catastrofe aan het oostfront. Hij gaf de generaals de schuld, omdat ze geen gehoor zouden hebben gegeven aan zijn strikte bevel halt te houden. Toen hij er op 17 januari 1945 van op de hoogte werd gesteld dat de tot vesting uitgeroepen Poolse hoofdstad zonder zijn goedkeuring was ontruimd, vermoedde hij weer eens verraad. Het hoofd van de operationele afdeling van het OKH, kolonel Bogislaw von Bonin, en twee van zijn medewerkers werden gearresteerd en urenlang door de Gestapo verhoord. Bonin werd naar concentratiekamp Dachau overgebracht, waar hij tot de bevrijding zou blijven.[22] Een voor een werden generaals van hun leidinggevende taak ontheven. Half januari werd de opperbevelhebber van de Legergroep A, kolonel-generaal Josef Harpe, die door Hitler verantwoordelijk werd gehouden voor het bezwijken van het Weichsel-front, vervangen door kolonel-generaal Ferdinand Schörner, een starre nationaalsocialist. Op 26 januari werd ook de opperbevelhebber van de Legergroep Mitte, luitenant-generaal Hans-Georg Reinhardt, vervangen; hij werd opgevolgd door kolonel-generaal Lothar Rendulic, een Oostenrijker die ook als onvoorwaardelijk loyaal gold. Zelfs Hitlers voormalige Wehrmachtadjudant generaal Friedrich Hoßbach, die zich in het najaar van 1944 als bevelhebber van het Vierde Leger bij de verdediging van Oost-Pruisen had onderscheiden, bleef niet buiten schot. Hij werd ontslagen nadat hij eigener beweging had geprobeerd de dreigende omsingeling van zijn leger af te wenden door middel van een doorbraak in westelijke richting.[23]

In dezelfde tijd dat de generaals werden vervangen, kregen de legergroepen tussen de Oostzee en de Karpaten andere namen. De Legergroep A werd de Legergroep Mitte; die op haar beurt kreeg de betiteling Legergroep Nord, terwijl de Legergroep Nord de Legergroep Kurland werd. Op 21 januari werd een nieuwe Legergroep Weichsel in het leven geroepen, die de opdracht kreeg de leemte tussen de nieuwe Legergroepen Nord en Mitte op te vullen en West-Pruisen en Pommeren te verdedigen.[24] Hitler gaf de leiding ervan in handen van een militair dilettant, Reichsführer-SS Heinrich Himmler. Die kreeg waarschijnlijk de opdracht omdat Hitler dacht dat Himmler door het inzetten van alle beschikbare middelen het wankele front nog eenmaal zou kunnen stabiliseren. Hitlers beslissing was, merkte Goebbels op, 'er in hoofdzaak op terug te voeren dat de troepen die voor de Russen uit op de vlucht waren, niet erg gedisciplineerd meer zijn en hier en daar een straffe hand kunnen gebruiken, zodat ze weer sterke strijdkrachten worden'.²⁵ Ten overstaan van de eerste stafofficier van zijn legergroep, Hans-Georg Eismann, verklaarde Himmler aanmatigend dat hij 'de Russen tot staan zou brengen, en hen dan zou verslaan en terugdringen'. In één moeite door toonde hij zich, geheel in Hitlers stijl, vol verachting over de mannen van de generale staf die 'altijd alleen maar twijfel' koesterden en 'niet improviseren' konden. Daar zou hij een einde aan maken, en 'de zaken met nietsontziende daadkracht aanpakken'.²⁶

Slechts een paar dagen na het begin van het winteroffensief van de Russen vaardigde Hitler een bevel uit, en er zijn weinig andere documenten waar zijn peilloze wantrouwen jegens de generaals zo duidelijk uit spreekt. Dat bevel verplichtte de bevelhebbers van alle divisies om, in geval van voorgenomen halthouden of terugtrekken, dat besluit hem, de Führer, zó vroegtijdig te melden dat het hem 'mogelijk is in te grijpen bij de besluitvorming en een eventueel tegenbevel de voorste troepen nog op tijd bereikt'. Bovendien eiste de dictator dat iedere aan hem gerichte melding 'de onverbloemde waarheid' bevatte. Hij zou 'vanaf nu iedere poging tot versluiering, of het nu met opzet of uit onbezonnenheid of onachtzaamheid was, draconisch bestraffen'.²⁷ Met deze order haalde Hitler de controle nog weer aan. Iedere poging van de bevelhebbers om in kritieke situaties zelf te beslissen, moest worden tegengegaan.

Het is dus niet verwonderlijk dat de relatie tussen Hitler en Guderian steeds slechter werd. De chef van de generale staf had bevel gegeven het Zesde SS-Pantserleger van Sepp Dietrich, dat uit de Ardennen was teruggetrokken, naar het Weichsel-front te verplaatsen, om het Rode Leger daar tot staan te brengen. Maar Hitler besliste anders: hij gaf bevel de troepen op Hongaars grondgebied bijeen te brengen. Zijn belangrijkste argument was het veiligstellen van de Hongaarse olievelden, die na het verlies van de Roemeense olievelden en de geallieerde luchtaanvallen op de Duitse hydreerinstallaties in zijn ogen beslissend waren voor het verloop van de oorlog. 'Als ze geen brandstof meer krijgen, kunnen hun tanks niet meer rijden en hun vliegtuigen niet meer opstijgen,' hield hij Guderian voor. 'Dat moet u toch inzien. Maar mijn generaals begrijpen nu eenmaal niets van krijgskunde.'²⁸ Ook tegenover Goebbels, die hij op 23 januari voor de eerste keer sinds zijn terugkeer uit het westelijke hoofdkwartier weer voor een onderhoud uitnodigde, benadrukte de dictator dat het noodzakelijk was de 'olievoorziening zeker te stellen'.²⁹ Drie dagen later gaf hij de minister van Propaganda in het bijzijn van Sepp Dietrich een nader inkijkje in zijn strategische overwegingen: 'De Führer blijft er daadkrachtig naar streven de oliegebieden in Hongarije weer te bevrijden, omdat dit noodzakelijk is om succesvol oorlog te voeren [...]. Als we over olie beschikken, kunnen we ook weer op bescheiden schaal in het offensief gaan [...]. De Führer is van plan de vijand op Hongaars grondgebied een vernietigende nederlaag toe te brengen. Hij hoopt dat hij vervolgens uit dat gebied twaalf divisies vrij kan maken, die dan kunnen worden ingezet om onze eigen oostgebieden te bevrijden.' Deze prognose leek Goebbels 'iets te optimistisch' – hier was duidelijk de wens de vader van de gedachte – maar hij hield zijn bedenkingen voor zich.[30]

Ook de meeste militaire bevelhebbers volgden, hoewel de definitieve nederlaag in het verschiet lag, nog altijd de bevelen van de dictator op. Een van de aanwezigen bij het overleg over de toestand beschreef de sfeer als een 'fluïdum van onderdanigheid, nervositeit en leugenachtigheid' dat voor 'een welhaast fysiek ongemakkelijk gevoel' zou hebben gezorgd. 'Niets was er echt, behalve de angst, angst in alle schakeringen – de vrees het misnoegen van de Führer over zich af te roepen, hem door een of andere ondoordachte uitspraak te ergeren, tot aan onverholen levensangst met het oog op het aanstaande einde van het drama.'[31]

Alleen Guderian had besloten geen blad meer voor de mond te nemen. Bijna dagelijks kwam het tot verhitte discussies. De chef van de generale staf wist vooral de ergernis van Hitler te wekken toen hij gedurende de eerste dagen van februari 1945 zijn oude verzoek herhaalde om de aftocht te blazen uit de Koerland-ketel, om de troepen die daardoor beschikbaar kwamen, te gebruiken voor de verdediging van de Rijkshoofdstad.[32] De heftigste aanvaring deed zich voor tijdens een overleg op 13 februari. Guderian wilde dat een van zijn bekwaamste medewerkers, generaal Walther Wenck, in de staf van de nieuwe Legergroep Weichsel werd opgenomen, omdat hij Himmler als militair aanvoerder terecht volkomen ongeschikt achtte. Daarmee daagde hij Hitlers gezag verregaand uit, en die reageerde navenant: 'Met rode wangen van woede en met gebalde vuisten stond hij, over zijn hele lijf trillend, voor me, buiten zichzelf en verbijsterd. Na iedere woede-uitbarsting liep Hitler langs de rand van het tapijt heen en weer, waarna hij steeds weer voor me bleef staan en me het volgende verwijt voor de voeten wierp. Hij overschreeuwde zichzelf daarbij, zijn ogen puilden uit en de aderen op zijn slapen zwollen op [...]. Een dergelijke scène had ik nog niet meegemaakt. Nog nooit had ik Hitler zo tekeer zien gaan.'

Zoals in al dit soort gevallen is het moeilijk in te schatten in hoeverre Hitlers woedeuitbarsting echt of gespeeld was. Want zo snel als hij in toorn ontstak, zo snel kalmeerde hij ook weer. Opeens bond hij in en gaf Wenck bevel zich onverwijld naar het hoofdkwartier van Himmler te begeven. Terwijl hij vervolgens in een stoel ging zitten en 'zijn vriendelijkste glimlach' ten beste gaf, zei hij tegen Guderian: 'Alstublieft, gaat u door met uw betoog. De generale staf heeft vandaag een slag gewonnen.'[33] Een paar dagen later kreeg Wenck, toen hij van een bespreking naar zijn onderkomen terugkeerde, een auto-ongeluk en raakte daarbij zo zwaar gewond, dat hij enige weken niet kon werken. Hitler vergaf het Guderian niet dat hij zich tegenover hem meer veroorloofde dan hij de andere militairen toestond. Eind januari was hij al vastbesloten hem van zijn taak te ontheffen. De chef van de generale staf zou 'niet aan de verwachtingen voldaan' hebben die hij van hem had, zo deelde hij Goebbels in vertrouwen mee, hij zou 'een vermoeide man' zijn.[34]

Op 30 januari 1945, om 22.00 uur, richtte Hitler zich voor de laatste keer via de radio tot de bevolking. Goebbels had zijn aanvankelijke bedenkingen kunnen ondervangen met de suggestie dat dankzij de nieuwe techniek van de magnetofoonbanden niet-gelukte passages in de toespraak konden worden overgedaan.[35] Maar de dictator was blijkbaar in staat zijn twintig minuten durende rede zonder haperen voor te lezen. Inhoudelijk bood ze opnieuw weinig verrassends, behalve dan dat Hitler opvallend vaak de 'Almachtige' aanriep, die hem op 20 juli zou hebben beschermd en hem ook in de toekomst niet in de steek zou laten. En passant maakte hij melding van het 'afgrijselijke lot dat zich heden in het oosten afspeelt', om meteen daarna in zijn litanie over de 'wereldwijde Joods-internationale samenzwering' uit te barsten. De rede eindigde met een oproep aan het Duitse volk om 'blijk te geven van een nog grotere, fellere onverzettelijkheid'. Dan zal men 'de krans met lint op het graf van de gestorvenen van deze indrukwekkende oorlog' mogen leggen: "En toch hebben jullie gezegevierd!"'[36] Goebbels was opgelucht dat Hitlers toespraak 'zeer standvastig en mannelijk' had geklonken en 'niet het geringste teken van zwakte' had getoond. Ze zou 'in Duitsland en over de hele wereld diepe indruk maken'.[37]

Groter kon het zelfbedrog niet zijn. Want in werkelijkheid had de toespraak van Hitler geen enkel effect meer. Op 1 februari beschreef een officier van de Wehrmachtpropaganda de stemming in Berlijn als 'bedrukt': men zou 'bijna geen hoop meer hebben op een goede afloop van de oorlog', en steeds vaker werden 'zonder enige terughouding twijfel en zorgen geuit'.[38] Zelfs Goebbels moest dulden dat uit de aan hem gerichte brieven 'bijna alleen maar wanhoop' sprak; er werd zeer vergaande 'kritiek op de leiding, deels ook op de Führer zelf geuit'.[39] Hitlers populariteit, lange tijd het sterkste bindmiddel van het regime, was weggesmolten. Slechts een kleine minderheid van fanatieke nationaalsocialisten bleef vasthouden aan haar geloof in de Führer en aan de overtuiging van de onvermijdelijke eindoverwinning. Een van hen was een vierentwintigjarige BdM-leidster. 'Als we niet opgeven, zijn we niet te verslaan, nooit. Want het geloof erin kan alleen maar samen met ons teloorgaan en blijft net zo lang als wijzelf in leven,' schreef ze half februari 1945 aan haar moeder. Een paar dagen later bevestigde ze dat: 'En van doorslaggevend belang is: aan het einde zijn wij de overwinnaars. Niet alleen omdat de Führer het zegt, het is de wetmatigheid van ons leven.'[40]

Op 3 februari 1945 voerden duizend Amerikaanse bommenwerpers de tot dan toe zwaarste luchtaanval op Berlijn uit en legden nog meer delen van de binnenstad in puin. Er vielen bijna 3000 doden, zo'n 120.000 mensen werden dakloos.[41] Dagenlang waren er geen stromend water en elektriciteit. Het verkeer kwam pas langzaam weer op gang. Ook de Oude Rijkskanselarij werd zwaar getroffen; de vleugel met Hitlers privévertrekken werd volledig verwoest, zodat de dictator gedwongen was zijn intrek te nemen in de bunker onder de tuin van de Rijkskanselarij.[42]

Al in 1933 had Hitler, slechts een paar maanden na zijn benoeming als Rijkskanselier, de opdracht gegeven in het kader van de verbouwing van de Oude Rijkskanselarij een bunkerachtige kelder in het gebouw aan te leggen. Ook de door Speer in 1938-1939 gebouwde Nieuwe Rijkskanselarij in de Voßstraße had een complex van schuilruimtes, die met een 80 meter lange onderaardse gang met de bunker onder de feestzaal van de Oude Rijkskanselarij was verbonden. Maar na het keerpunt in de oorlog van 1941-1942 en met de toenemende luchtaanvallen op Berlijn, had Hitler het idee dat de catacomben niet meer genoeg zekerheid boden. Dus gaf hij het bureau van Speer opdracht tot de bouw van een nog enkele meters dieper gelegen bunker. In het najaar van 1944 was de aanleg al ver gevorderd, maar de werkzaamheden duurden nog tot het voorjaar van 1945.[43]

Vanuit de schuilruimte onder de Oude Rijkskanselarij, nu 'voorbunker' genoemd, kwam men via een trap die naar beneden voerde in de nieuwe Führerbunker. Die omvatte achttien ruimtes, stuk voor stuk klein en spaars gemeubileerd. De hele sfeer met kleine ruimtes van vers beton, kunstlicht en bedompte lucht werkte uitermate bedrukkend op de bezoeker. Aan de rechterkant van de gang bevond zich de machinekamer met de luchtinstallaties. Daarna kwamen de telefooncentrale, een verblijfsruimte voor de ordonnansen, een medische post en het slaapvertrek van bediende Linge en lijfarts Morell. Vanuit het achterste deel van de gang, dat als wachtruimte voor deelnemers aan bijeenkomsten diende, leidde de deur links naar de opslagruimte, de andere via een tussenruimte naar de privévertrekken van Hitler: werkkamer, slaapkamer en badkamer. Een grotere tegenstelling met de ruime, weelderig ingerichte vertrekken in de Oude en Nieuwe Kanselarij was nauwelijks denkbaar. De werkkamer – niet meer dan 3 bij 4 meter – werd beheerst door Anton Graffs portret van Frederik de Grote, dat boven het bureau hing. Als de slechte berichten hem dreigden te ontmoedigen, putte hij uit dat schilderij 'altijd weer kracht', placht de dictator te zeggen. In de slaapkamer bevond zich, aan het voeteneind van het bed, de kluis waarin Hitler zijn persoonlijke papieren bewaarde, met een zuurstoffles, die hij klaar had staan voor het geval de dieselmachines die de bunker van lucht voorzagen, uitvielen.[44]

Vanuit de badkamer kwam men in een kleine kleedruimte, waaraan het woon- en slaapvertrek van Eva Braun grensde. Hitlers geliefde was de middag van 19 januari samen met haar zus Gretl in de Rijkshoofdstad teruggekeerd.[45] Haar besluit van oktober 1944 om tot het einde bij Hitler te blijven, stond nog steeds vast, en de dictator maakte geen aanstalten haar daarvan af te houden. Integendeel. Toen Goebbels eind januari 1945 meedeelde dat zijn vrouw had besloten met hun zes kinderen in Berlijn te blijven, liet Hitler weten dat Eva Braun 'Berlijn niet wil verlaten, vooral op dit kritieke moment niet. De Führer spreekt met de hoogste erkenning en bewondering over haar,' noteerde de minister van Propaganda, en hij voegde eraan toe: 'Dat verdient ze dan ook wel.'[46]

Zoals al in december 1944 gebruikte Hitler zowel het middag- als het avondeten in gezelschap van zijn geliefde.[47] Op 5 februari, twee dagen voor de verwoestende luchtaanval op Berlijn, vierde Eva Braun haar drieëndertigste verjaardag in haar kleine appartement op de eerste verdieping van de Oude Rijkskanselarij, die ongeschonden was gebleven. Behalve Hitler, de zus van Eva Braun, haar echtgenoot Hermann Fegelein, Martin Bormann en Albert Speer waren verrassenderwijs ook Karl en Anni Brandt te gast – een aanwijzing dat Hitlers voormalige lijfarts ondanks zijn degradatie in het najaar van 1944 niet volledig uit de kring rond de dictator was verbannen.[48] Dat gebeurde pas half april 1945, toen Brandt onder meer het verwijt kreeg dat hij zijn vrouw en zijn zoon de oprukkende Amerikaanse troepen tegemoet had gestuurd om ze op die manier in veiligheid te brengen. Hij werd ter dood veroordeeld, maar door een reeks toevalligheden ontkwam hij aan de uitvoering daarvan.[49]

Op 9 februari vertrok Eva Braun met haar zus uit Berlijn om in München en op de Obersalzberg afscheid te nemen van familie en vrienden en nog wat laatste dingen te regelen. Op 7 maart keerde ze naar Berlijn terug, om er niet meer weg te gaan.[50] Dat Hitler zou hebben geprobeerd haar meteen weer terug te sturen, daarvan is geen sprake. Die mythe gaat terug op de verhalen van fotograaf Heinrich Hoffmann, die Hitler begin april 1945 voor de laatste keer bezocht en van hem de opdracht zou hebben gekregen Eva Braun ertoe te bewegen weer terug te reizen.[51]

Het ging steeds sneller bergafwaarts met Hitlers gezondheid. Hij verliet de bunker nauwelijks nog, en als dat wel het geval was, dan slechts voor korte tijd, om een stukje te wandelen in de tuin van de Rijkskanselarij.[52] 'Het is bijna aandoenlijk om de Führer in zijn bunker fysiek zo afgeleefd te zien,' merkte Goebbels op.[53] Ook voor anderen bleef de slechte gezondheid van de dictator niet verborgen: zijn gezicht was nog grauwer dan anders en leek een masker, hij trilde nog sterker, zijn bewegingen werden steeds strammer en hij liep steeds krommer. Ritmeester Gerhard Boldt, die Guderian begin februari 1945 naar een bespreking in Hitlers werkruimte in de Nieuwe Rijkskanselarij meenam, herinnerde zich zijn eerste ontmoeting met de dictator: 'Zijn handdruk is slap en week, zonder kracht en zonder expressie. Zijn hoofd gaat lichtjes heen en weer [...] zijn linkerarm hangt slap naar beneden, zijn linkerhand trilt sterk. Zijn ogen vertonen een vreemde flakkering, die bijna afschrikwekkend en volkomen onnatuurlijk overkomt. Zijn gezicht en zijn ogen lijken volkomen afgemat en afgeleefd. Hij beweegt zich als een oude, seniele man. Hij lijkt me een stuk ijzer dat is opgehouden met gloeien.'[54]

Een andere officier van de generale staf was geschokt toen hij Hitler in maart 1945 na lange tijd weer terugzag: 'Hij bewoog zich moeizaam en traag, en toen hij van zijn woonvertrek naar de overlegruimte in de bunker ging, wierp hij zijn bovenlichaam naar voren en sleepte zijn benen erachteraan. Hij kon zich niet goed in evenwicht houden, en als hij op dat kleine stukje (20 tot 30 meter) door iemand werd aangesproken, moest hij even op een van de speciaal daarvoor tegen beide muren neergezette banken gaan zitten of zich aan zijn gesprekspartner vasthouden. [...] Zijn ogen waren bloeddoorlopen; hoewel alle voor hem bedoelde documenten drie keer zo groot waren afgedrukt, kon hij ze alleen maar met een bril lezen. Uit zijn mondhoeken droop vaak wat speeksel – een deerniswekkende en afstotelijke aanblik.'[55] Ook Hitlers handschrift was anders geworden: het toonde, volgens de getuigenis van Speer, 'de onvastheid van een grijsaard', en was nog maar nauwelijks te lezen.[56]

Hitlers secretaresse Christa Schroeder vertelde later dat haar baas de laatste maanden 'bijna voortdurend geërgerd' was. Bijeenkomsten met hem werden een hel, omdat de gesprekken tot een 'monotone herhaling van steeds weer dezelfde verhalen' waren verworden. Bij voorkeur uitte de dictator zich 'over het africhten van honden, voedingsvraagstukken en de domheid en slechtheid van de wereld'.[57] Niets leek er evenwel op te wijzen dat naast het lichamelijke verval ook zijn geestelijke vermogens aangetast waren. Zijn indrukwekkende geheugen werkte nog steeds goed, en ook zijn vermogen met zijn agressieve overredingskracht indruk te maken op bezoekers was hij nog niet kwijt. Generaal Otto Wöhler, die in december 1944 Johannes Frießner als opperbevelhebber van de Legergroep Süd had opgevolgd, keerde op 19 februari 1945 na een gesprek in de bunker van de Rijkskanselarij gesterkt in zijn hoofdkwartier terug. Hitler was 'opgewekt en zelfverzekerd' geweest, hij zou 'nog iets' achter de hand hebben, meldde hij. Om die reden was het ook terecht de bevelen te blijven opvolgen. 'Uit de mond van Wöhler, die beslist geen aanhanger van de Führer [is], was [dit] een veelzeggende uitspraak,' luidde het commentaar van Hermann Balck op die frappante wending.[58] Ook Gauleiter Albert Forster, die in maart 1945 naar Berlijn kwam om verslag te doen van de dramatische toestand in Danzig, sloeg na zijn onderhoud met de dictator helemaal om en reisde vol hoop weer terug.[59]

In de onwerkelijke sfeer van de onderaardse kerkers begon de grens tussen dag en nacht te vervagen. Hitlers dagritme verschoof steeds verder. In de regel wekte zijn bediende Linge hem pas om 13.00 uur of 13.30 uur, behalve als het luchtalarm hem al eerder uit bed had gehaald. Het eerste overleg, dat vanwege de bijna dagelijkse luchtaanvallen naar de kleine vergaderruimte van de Führerbunker was verplaatst, begon meestal om 16.00 uur en eindigde om 18.00 of 19.00 uur. Het tweede overleg begon doorgaans pas na middernacht en duurde geregeld tot in de vroege ochtend. Toch wilde Hitler niet afzien van het nachtelijke theeuurtje. Voor zijn vier secretaresses betekende dit dat iedere keer twee van hen tot 5.00 of 6.00 uur 's morgens moesten opblijven. De meeste tijd lag Hitler uitgeblust op de kleine bank in zijn werkvertrek, herinnerde Christa Schroeder zich. 'Maar hij vond toch altijd weer de kracht om overeind te komen om ons te begroeten. Na een tijdje zeeg hij dan weer op de bank neer, waarna zijn bediende zijn voeten op de bank neervlijde.'[60]

Het wazige en monotone verstrijken van de dagen werd slechts onderbroken door bezoeken aan de enorme maquette van zijn thuisstad Linz, die architect Hermann Giesler in een kelderruimte van de Nieuwe Rijkskanselarij had gebouwd. De eerste bezichtiging ervan vond op 9 februari 1945 plaats. Fotograaf Walter Frentz heeft het tafereel vastgelegd. Op de foto is de dictator naar voren geleund te zien terwijl hij geconcentreerd zit te kijken. Nog nooit had hij Hitler 'zo

Afb. 39 Nog in februari 1945 hield Hitler zich bezig met de plannen voor het verbouwen van zijn thuisstad Linz. In de kelder van de Nieuwe Rijkskanselarij presenteerde architect Hermann Giesler zijn Führer steeds weer de daar voor hem opgestelde maquette.

ernstig, zo verrukt en tegelijk zo emotioneel gezien', stelde de architect.[61] Ook de dagen erna ging Hitler steeds weer naar de maquette van de stad kijken, die hij had bedoeld als de plaats waar hij zijn oude dag wilde slijten. Kennelijk boden die momenten hem een aangename afwisseling voor de droeve oorlogsrealiteit. Zijn geestdrift deed denken aan het architectonische zwijmelen bij Speers modellen van 'Wereldhoofdstad Germania'. Op 12 februari zei hij tegen Goebbels dat hij zich tijdens zijn zeldzame pauzes 's nachts met Gieslers bouwplannen voor Linz had beziggehouden. 'Die plannen zijn [...] geweldig geworden. Aanvankelijk hield de Führer ze voor niet uitvoerbaar, maar ze bieden hem toch enige ontspanning bij zijn straffe en onverbiddelijke werkritme, wat zeer welkom is.'[62] Ook bezoekers liet hij graag het model zien, waarbij hij hun alle details uiteenzette van de voorgenomen verbouwing van Linz tot mooiste stad aan de Donau. Dat hoorde bij zijn alsof-strategie om zelfs in schijnbaar uitzichtloze situaties nog altijd optimisme op de anderen over te dragen en aan de illusie van de eindoverwinning vast te houden.[63] Wie zo gedreven de toekomst tot in detail plande, kon – die indruk moest gewekt worden – de oorlog niet als verloren beschouwen.

Dresden, het 'Florence aan de Elbe', was tot dan toe als een van de weinige grote steden verschoond gebleven van luchtaanvallen. Maar op 13 en 14 februari 1945 verwoestten Britse en Amerikaanse bommenwerpers grote delen van het centrum. Zo'n 25.000 mensen kwamen daarbij om het leven, onder wie veel vluchtelingen uit Opper-Silezië. Het enorme aantal slachtoffers was terug te voeren op de omstandigheid dat de bevolking van Dresden zichzelf had wijsgemaakt dat haar prachtige barokstad de verschrikking van een bombardement bespaard zou blijven. Er waren niet voldoende bunkers gebouwd, en verder was de luchtafweer volkomen ontoereikend. Het meeste luchtdoelgeschut was ontmanteld en naar het front overgebracht. Er steeg niet één nachtjager op om de vijandelijke luchtmacht aan te vallen. Het ministerie van Propaganda zette achter het in het politiecommuniqué vermelde aantal slachtoffers simpelweg een nul, om de catastrofe nog groter te laten lijken – een leugen die de publieke opinie in het buitenland tegen de Geallieerden moest opzetten.[64] Hoe verschrikkelijk de aanval op Dresden ook was, voor Victor Klemperer was het zijn redding. In de algehele chaos haalde hij de gele ster van zijn kleding en wist samen met zijn vrouw, na een ware odyssee, het dorp Unterbernbach in Beieren te bereiken, waar beiden tot het einde van de oorlog bleven.[65] Dresden bleek niet de laatste stad te zijn die aan de zware luchtaanvallen van de Geallieerden ten prooi viel. Op 16-17 maart werd Würzburg verwoest, op 22 maart Hildesheim, op 8 april Halberstadt, op 10-11 april Plauen en ten slotte, op 14-15 april, ook nog Potsdam.[66]

Hitler reageerde 'met een versteend gelaat' op het bericht van de verwoesting van Dresden, zijn handen 'tot vuisten gebald'.[67] Goebbels eiste als vergelding de executie van tienduizend Engelse en Amerikaanse krijgsgevangenen. Maar dat zou een grove schending van de Geneefse Conventie jegens de westelijke geallieerden hebben betekend – Hitler en zijn generaals hadden zich in geval van de Sovjet-Unie niets van die conventie aangetrokken – en tot represailles tegen Duitse krijgsgevangenen kunnen leiden. Juist dat maakte het voorstel in de ogen van Hitler aantrekkelijk, want hij nam aan dat de Duitse soldaten aan het westelijke front net zo verbitterd weerstand zouden bieden als aan het oostelijke front als er geen uitzicht meer was op een menselijke behandeling. Maar vooral Jodl en Ribbentrop spraken zich nadrukkelijk uit tegen het opzeggen van de Geneefse Conventie, zodat de dictator er uiteindelijk van afzag.[68]

Op 24 februari 1945, bij de vijfentwintigste verjaardag van de proclamatie van het partijprogramma, las wederom Hermann Esser, strijdmakker uit vroeger tijden in München, op de radio een aankondiging van Hitler voor. Zoals al in de toespraak op 30 januari ging de dictator tekeer tegen het 'kunstmatige bondgenootschap tussen het uitbuitende kapitalisme en het mensenvernietigende bolsjewisme', en riep hij de Duitsers op 'met de uiterste verbetenheid en volharding ook het laatste restje kracht aan te spreken'. De aankondiging besloot met de woorden: 'Vijfentwintig jaar geleden kondigde ik de overwinning van de beweging aan! Vandaag voorspel ik – zoals altijd overtuigd aan ons volk gelovend – de uiteindelijke zege van het Duitse Rijk!'[69] Op 'grote delen van de bevolking' zou de toespraak weinig indruk hebben gemaakt, meldde de Sicherheitsdienst aan de SS. 'De Führer voorspelt weer eens wat' of: 'Steeds weer hetzelfde liedje', dat soort opmerkingen zouden te horen zijn geweest. In een mededeling van de SD-afdeling Berchtesgaden stond zelfs dat 'bij het overgrote deel van de landgenoten de inhoud van de rede voorbij ruiste als de wind door kale takken'.[70]

In plaats van naar München af te reizen, ontving Hitler op 24 februari voor de laatste keer de Reichs- en Gauleiter in Berlijn. Niet allemaal hadden ze gevolg kunnen geven aan de uitnodiging. Zo ontbraken twee van hun meest meedogenloze vertegenwoordigers: Erich Koch, de Gauleiter van Oost-Pruisen, en Karl Hanke, de Gauleiter van Neder-Silezië, die de verdediging van de 'vesting' Breslau had overgenomen.[71] Toen om 14.00 uur de deuren van de Mozaïekzaal in de Nieuwe Rijkskanselarij opengingen en Hitler in gezelschap van Bormann de ruimte betrad, bood hij zijn volgelingen, die hem sinds augustus 1944 niet meer hadden gezien, een onthutsende aanblik: 'Moeizaam en met hangende schouders kwam hij naar ons toe,' berichtte Baldur von Schirach. 'Eén been sleepte over de marmeren vloer. Zijn gezicht was asgrauw. Met trillende hand begroette hij ieder van ons. Tussendoor hield hij steeds met zijn linkerhand de rechter vast, om het trillen te verhullen. Voor ons stond niet meer de Führer met de uitstraling van voorheen – voor ons stond een spook dat ons opriep tot het uiterste vol te houden, om hem nog een paar dagen extra te geven.'[72]

Na de begroeting begaf het gezelschap zich naar de aangrenzende Rijkskabinetzaal. Hitler nam plaats naast een kleine tafel en begon, langzaam en haperend, aan zijn toespraak. Gedurende zijn anderhalf uur durende uiteenzetting was Karl Wahl, de Gauleiter van Zwaben, in de gelegenheid de dictator van dichtbij te observeren: 'Zijn linkerhand, of liever gezegd zijn linkerarm trilde zo hevig en aanhoudend dat daardoor zijn hele lijf begon te vibreren. Het was geen trillen meer, maar een hevig, gelijkmatig schudden, dat me tijdens de toespraak behoorlijk op de zenuwen werkte. Wat Hitler ook deed om dat schudden, dat zeer pijnlijk voor hem leek te zijn, te onderdrukken of te verhullen, het lukte hem niet.' Door de aanblik van de verzwakte dictator had Wahl, zo zei hij, tranen in de ogen gekregen. Voor hem was het alsof 'de wereld verging'.[73]

Hitler merkte waarschijnlijk hoe onthutst de Reichs- en Gauleiter waren, en daarom begon hij na afloop van zijn toespraak uit zichzelf over zijn slechte gezondheidstoestand. Pas nu kon hij zich echt in Frederik de Grote verplaatsen, die na zijn veldtochten als 'een zieke, verzwakte man' naar huis was teruggekeerd. Zoals de koning van Pruisen 'met kromgetrokken bovenlichaam en geteisterd door jicht en andere kwalen' zijn laatste dagen had moeten slijten, zo had ook bij hem 'de oorlog diepe sporen nagelaten'.[74] Nadat Hitler vergeefs had geprobeerd een glas water naar zijn mond te brengen, verzekerde hij zijn toehoorders: 'Vandaag trilt mijn hand af en toe, misschien trilt ook mijn hoofd weleens, maar mijn hart – dat zal nooit trillen!'[75]

Deze half als grap te berde gebrachte opmerking laat zien dat de dictator nu zelfs ook zijn lichamelijke gebreken inzette als middel voor zijn enscenering. Daarbij behaagde het hem steeds vaker zijn grote voorbeeld Frederik de Grote na te doen. 'Doet in zijn houding e[n] zijn gebaren onwillekeurig aan de oude Fr[ederik de] G[rote] denken,' constateerde veldmaarschalk Ewald von Kleist bij het overleg in Zaporizja in februari 1943.[76] Het was, zoals Wolfram Pyta scherpzinnig heeft laten zien, de laatste rol waarmee de acteur en man van vele gezichten zich 'onvoorwaardelijk identificeren' kon.[77] In hoeverre hij daarmee indruk maakte op zijn omgeving, maken de dagboekaantekeningen van Joseph Goebbels duidelijk. Op 24 januari liet hij, als een soort generale repetitie van zijn optreden voor een groter publiek, zijn vertrouwde gesprekspartner weten 'dat de intensiteit van de oorlog ervoor zorgde dat zijn handen af toe toe trilden, maar dat zijn hart ongebroken was'. Goebbels vatte meteen de betekenis: 'Men kan hem alleen met Frederik de Grote tijdens de zware crises van de Zevenjarige Oorlog vergelijken.'[78] Drie dagen later beklaagde Hitler zich over de 'bittere ironie' dat nou juist hij 'als kunstzinnig mens' de 'zwaarste oorlog van alle voor het Rijk' moest voeren. Maar dat had ook gegolden voor Frederik de Grote: 'Hij was eigenlijk ook niet voorbestemd tot een Zevenjarige Oorlog, maar tot het minnen, de filosofie en het fluitspel. Desalniettemin moest hij gevolg geven aan zijn historische taak.'[79] Het schijnt ook onderdeel van de enscenering te zijn geweest dat Hitler nu zijn uiterlijk begon te verwaarlozen. Toen Eva Braun op een keer vlekken bespeurde op zijn grijze uniformjasje, berispte ze hem in het bijzijn van zijn secretaresses: 'Je moet de "oude Fritz" niet in alles nadoen en er niet net zo onappetijtelijk bij lopen als hij.'[80]

Hitler in de rol van Frederik-imitator beviel Goebbels dermate goed, dat hij hem daarin zoveel mogelijk probeerde te ondersteunen. Toen hij hem eind februari vertelde dat hij de door Thomas Carlyle in het midden van de 19de eeuw geschreven biografie van de Pruisische koning had gelezen en hem vertelde wat hij ervan vond, kon hij vaststellen dat Hitler het werk 'zeer goed' kende. Beiden waren het erover eens: 'We moeten net zo zijn als Frederik de Grote was, en ons ook zo gedragen.' Daarbij was voor hen vooral van belang hoe ze de geschiedenis in gingen: 'De Führer beaamt het volledig wanneer ik hem zeg dat we er eer in moeten stellen dat, als in Duitsland eenmaal in de honderdvijftig jaar weer van zo'n grote crisis sprake is, onze kleinkinderen zich kunnen beroepen op het heldhaftige voorbeeld der standvastigheid.'[81] In maart gaf Goebbels Hitler een exemplaar van Carlyles biografie cadeau. Bij die gelegenheid benadrukte de dictator nogmaals dat het 'de grote voorbeelden' uit de geschiedenis zijn waar men zich aan moet 'optrekken', en dat 'Frederik de Grote onder hen de meest bijzondere persoonlijkheid' was.[82]

Goebbels zelf pakte gedurende die weken het boek van Carlyle er steeds weer bij. Hij was vooral geboeid door de beschrijving van de wonderbaarlijke omslag van 1762, toen Pruisen door de plotselinge dood van tsarina Elisabeth werd gered: 'Om welke reden zouden wij niet op een net zo wonderbaarlijke omslag kunnen hopen!'[83] Op een keer las hij het betreffende hoofdstuk ook aan Hitler voor. Die had, vertelde hij later aan de minister van Financiën Schwerin von Krosigk, 'tranen in de ogen gekregen'.[84]

In weerwil van het realistische besef dat de oorlog verloren was, had Hitler inderdaad de hoop op een omslag nog niet helemaal verloren. In het voorjaar van 1945 sprak hij meerdere malen de verwachting uit dat de vijandelijke coalitie door onderlinge onenigheid uiteen zou vallen. Op dát moment moest men zich voorbereiden, en tot dan was het een kwestie van volhouden en een zo groot mogelijk grondgebied beschermen.[85] Voor dat soort speculaties bood de tweede ontmoeting van de 'Grote Drie' – Roosevelt, Churchill en Stalin – van 4 tot 11 februari in Jalta echter weinig ruimte. Op de keper beschouwd bevestigde de Krimconferentie de besluiten die eind november 1943 in Teheran waren genomen. Duitsland moest in bezettingszones worden opgedeeld, waarbij Stalin er tegen zijn zin mee instemde dat ook Frankrijk werd gevraagd een zone voor zijn rekening te nemen en lid te worden van de Geallieerde Controlecommissie, die in Berlijn zou zetelen. De oostgrens van Polen moest met een paar kleine aanpassingen langs de Curzonlijn lopen, in het westen en het noorden diende Polen flinke gebiedsuitbreiding te krijgen, maar de definitieve vaststelling van de grenzen zou tijdens een vredesconferentie moeten gebeuren. In het slotcommuniqué bekrachtigden de drie grootmachten hun voornemen 'ervoor te zorgen dat Duitsland nooit meer in staat zal zijn de wereldvrede te verstoren'. Daartoe moest 's lands militaire potentieel vernietigd worden, zijn industrie gemonitord worden, alle oorlogsmisdadigers snel berecht worden en de NSDAP en al haar organisaties verboden worden. Bovendien diende Duitsland herstelbetalingen te doen voor de aangerichte oorlogsschade.[86]

Hitler zou 'opvallend onaangedaan' kennis hebben genomen van de berichten over de Conferentie van Jalta, 'alsof het hem allemaal al niet meer aanging', meldde een van zijn adjudanten.[87] Die reactie lijkt erop te duiden dat de dictator er in ieder geval geen rekening meer mee hield dat het vijandelijke bondgenootschap op korte termijn uiteen zou vallen, ook al klampte hij zich nog steeds aan die strohalm vast. Goebbels daarentegen verhulde in zijn dagboek zijn teleurstelling niet, maar hij stelde voor de verdere ontwikkelingen af te wachten. In deze kwestie was volgens hem 'het laatste woord nog niet gesproken': 'Het communiqué bevat meer concreet materiaal dan men aanvankelijk dacht te kunnen vermoeden, maar het biedt nog geen oplossing voor de latent voorhanden conflictstof tussen de vijandelijke machten.'[88]

Gezien de in Jalta tentoongespreide vastbeslotenheid van de Geallieerden om de oorlog tot de onvoorwaardelijke overgave van Duitsland voort te zetten, maakten de pogingen van Ribbentrop in februari en maart 1945 om via Stockholm de bereidheid tot vrede bij de geallieerde machten te polsen, geen schijn van kans.[89] Hitler was van die pogingen op de hoogte gebracht, maar hechtte er blijkbaar niet al te veel betekenis aan. Goebbels meende in februari weliswaar te merken dat de dictator 'heel wat meer openstond voor politieke overwegingen' dan het afgelopen najaar.[90] Maar in wezen was de houding van Hitler niet veranderd. Zonder militaire successen, wist hij, was iedere poging met een van de vijandelijke landen te onderhandelen bij voorbaat zinloos. Daarbij leek hem een afzonderlijke vrede met Stalin nog het meest haalbaar, maar dan alleen als het zou lukken 'de Russen in het oosten weer terug te dringen en hun daarbij uitzonderlijk veel verliezen toe te brengen aan manschappen en materieel'. Met zo'n afzonderlijke vrede, deelde hij Goebbels op 11 maart mee, zouden weliswaar niet de 'doelen van 1941' verwezenlijkt worden, maar hij hoopte toch 'tot een opdeling van Polen te komen, Hongarije en Kroatië te kunnen inlijven en meer armslag jegens het westen te krijgen'.[91]

Maar van een succes aan het oostfront kon helemaal geen sprake meer zijn. Een beperkt tegenoffensief van de nieuw samengestelde Legergroep Weichsel sneefde al snel. Bij de tegenaanval drongen de Sovjettanks Pommeren binnen en bereikten op 7 maart bij Köslin de Oostzee. Een paar dagen later was Kolberg ingesloten – de stad waarvan de verdediging dankzij de 'hou-volfilm' *Kolberg*, gemaakt om de Duitsers niet te laten opgeven, een grote symbolische waarde had gekregen. De totaal overbelaste opperbevelhebber van de legergroep, Heinrich Himmler, liet zich liever ziek verklaren en trok zich in het ss-sanatorium Hohenlychen terug.[92] Hitler stelde de Reichsführer-ss verantwoordelijk voor het verlies van Pommeren en uitte in diens afwezigheid felle kritiek op hem. Goebbels, die in januari 1945 Himmler nog als nieuwe chef van de generale staf had aanbevolen, in plaats van Guderian, stemde nu volledig met zijn Führer in: 'Ik vond het sowieso niet goed dat Himmler zich met de leiding van een legergroep heeft laten belasten. [...] De Führer is zeer ontevreden over hem.'[93] Nu begon ook de ooit op een na machtigste man van het Derde Rijk te merken wat het inhield om bij Hitler in ongenade te vallen. Hij had ongetwijfeld aan prestige ingeboet en zijn rivalen die naar de gunst van de dictator dongen, Martin Bormann voorop, zagen dat onmiddellijk in en konden hun tevredenheid nauwelijks verhullen.

Op 3 maart verliet Hitler het met bomkraters bezaaide terrein van de Rijkskanselarij voor de laatste keer om een bezoek te brengen aan het Oderfront. Zes terreinwagens stonden 's ochtends voor de dictator en zijn gevolg klaar. Bij het instappen had Hitler de hulp van zijn bediende Linge nodig. De reis was strikt geheim gehouden; een van Hitlers adjudanten had de dag ervoor de route verkend om op alles voorbereid te zijn. 'Het dak van het voertuig was gesloten,' vertelde Linge later in Russische gevangenschap. 'Voorbij was de tijd dat Hitler rechtop staand in een open voertuig voor de ogen van het volk triomfantelijk door Berlijn was gereden. Nu had hij de kraag van zijn gevoerde leren jas opgeslagen. [...] Onrustig schoof hij op zijn zitting heen en weer. Af en toe vertrok er een spiertje in zijn gezicht. Er heerste een doodse stilte in de auto.'[94] Aangekomen bij de staf van de bevelhebber van het Negende Leger, generaal Theodor Busse, herpakte Hitler zich en deed moeite zo opgewekt mogelijk op de officieren over te komen. Maar dat lijkt hem niet gelukt te zijn. 'Zijn lichamelijke toestand leidde tot enige ontstelling,' hoorde Goebbels een paar dagen later.[95]

In Hitlers gevolg bevonden zich een medewerker van Heinrich Hoffmann, de fotograaf Franz Gayk, en cameraman Walter Frentz. Voor hen trok de dictator zich nog eenmaal in de plooi. De beelden werden in de pers en de *Deutsche Wochenschau* getoond: 'Adolf Hitler in het oosten aan het front'. Maar de media gebruikten het bezoek op 11 maart om Hitlers afwezigheid bij de viering van de Heldengedenkdag te verklaren. In plaats van hem legde Göring bij het gedenkteken Unter den Linden een krans neer en nam aansluitend de parade af.[96]

Op 6 maart begon Operatie Frühlingserwachen, het laatste Duitse offensief in Hongarije, dat niet alleen voor Hitler maar ook voor Goebbels de hoop op een 'echt doorslaggevend succes' betekende: 'Als dat gebeurt, dan zouden onze kansen in deze oorlog weer aanzienlijk stijgen en zouden we misschien wel voor een nieuw begin staan.'[97] De operatie werd niet onder een gunstig gesternte geboren. Invallende dooi en regen bemoeilijkten de opmars: veel tanks en zware voertuigen bleven in de modder steken. 'Het is echt noodlottig zoals het weer ons tegenwerkt,' klaagde tankgeneraal Hermann Balck in zijn dagboek.[98] Tot 12 maart wisten de Duitse troepen, met zware verliezen, tot zo'n 40 kilometer ver op te rukken: toen kwam de opmars tot stilstand. Op 16 maart zetten de Russen het tegenoffensief in. Opnieuw gaf Hitler, gesteund door de opperbevelhebber van de Legergroep Süd, generaal Otto Wöhler, opdracht geen meter terrein zonder strijd prijs te geven. Maar zelfs het Zesde SS-Pantserleger van Sepp Dietrich negeerde het onzinnige bevel en blies de aftocht naar Oostenrijk. De Hongaarse olievelden gingen verloren; eind maart bereikten de vooruitgeschoven troepen van het Rode Leger Wiener Neustadt.[99]

Hitler kreeg een woedeaanval en gaf opdracht de SS-divisie, waaronder ook

Afb. 40 Situatiebespreking op 3 maart 1945 in Schloss Harnekop bij Wriezen over de toestand aan het Oderfront. V.l.n.r. luitenant-generaal Wilhelm Berlin, opperbevelhebber van de luchtmacht kolonel-generaal Robert Ritter von Greim, majoor-generaal Franz Reuß, majoor-generaal van de luchtdoelartillerie Job Odebrecht en luitenant-generaal Theodor Busse, die de leiding had bij de strijd van het Negende Leger aan de Oder.

de Leibstandarte, hun mouwstrepen af te nemen. Hij rechtvaardigde de maatregel, die voor hevige ergernis zorgde bij de ss-generaals, weer met een verwijzing naar het voorbeeld van Frederik de Grote. Die had tijdens de Zevenjarige Oorlog ook niet geschuwd regimenten vanwege lafheid te bestraffen.[100] Nu waren ook Himmlers dagen als opperbevelhebber van de Legergroep Weichsel geteld. Op 20 maart ontnam Hitler hem zijn leidende taak, nadat hij hem een paar dagen eerder 'een buitengewoon heftige uitbrander gegeven' had, zoals hij Goebbels liet weten. De Reichsführer-ss zou 'zich er jammer genoeg weer toe hebben laten verleiden een militaire lauwerkrans te willen bemachtigen, wat natuurlijk grandioos mislukt is', stelde de minister van Propaganda voldaan vast.[101] De opvolger van Himmler was kolonel-generaal Gotthard Heinrici, die sinds augustus 1944 opperbevelhebber van het Eerste Pantserleger in de Karpaten was. Hij zou de benoeming bij Hitler hebben afgedwongen, vertrouwde Guderian hem toe. Verdere samenwerking met Himmler was volgens hem onmogelijk: 'Het militaire denken is die man volkomen vreemd.'[102]

Ook op 20 maart vond in de tuin van de Rijkskanselarij een lugubere ceremonie plaats: Hitler ontving twintig leden van de Hitler-Jugend – onder wie een jongen van twaalf – die vanwege hun inzet aan het oostfront onderscheiden werden. De *Wochenschau*-beelden tonen de dictator die samen met de leider van de Reichsjugend Arthur Axmann als in slowmotion op de keurig opgestelde groep toeloopt, ieder afzonderlijk met een handdruk begroet en hier en daar ook iemand een schouderklopje of een tikje op het hoofd geeft. Het zijn de laatste beelden waarop Hitler te zien is.[103]

Ondertussen was ook de militaire toestand aan het westfront uitzichtloos geworden. Op 8 februari 1945 hadden Britse, Canadese en Amerikaanse troepen de aanval op het Duitse Rijk ingezet. Tot begin maart lukte het hen de Wehrmacht tot achter de Rijn terug te dringen. Op 7 maart namen ze Keulen in, de dag daarop Bonn. Maar nog altijd koesterden Hitler en zijn minister van Propaganda de hoop dat het zou lukken 'de Rijn als verdedigingsbarrière in stand te houden'.[104] Op 7 maart kregen de troepen van het Amerikaanse Eerste Leger onder aanvoering van generaal Courtney H. Hodges echter de Ludendorff-brug bij Remagen in handen voordat die door Duitse springploegen kon worden opgeblazen. Binnen vierentwintig uur hadden de Amerikanen een bruggenhoofd op de rechter Rijnoever.[105] Toen Hitler het bericht kreeg, raakte hij buiten zichzelf en gaf opdracht de vermeende verantwoordelijken te bestraffen. Mobiel standrecht werd afgekondigd onder generaal Rudolf Hübner: vijf officieren werden ter dood veroordeeld. De dictator zorgde er persoonlijk voor dat het vonnis als afschrikwekkend voorbeeld in het OKW-orgaan bekend werd gemaakt, ook al was de generale staf het er niet mee eens.[106]

De nederlaag van Remagen was voor de dictator ook de ultieme aanleiding om zich nu van de opperbevelhebber West, veldmaarschalk Gerd von Rundstedt, te ontdoen. 'Rundstedt is inmiddels te oud en opereert te zeer in termen van een wereldoorlog om een ontwikkeling zoals die zich in het westen heeft voorgedaan, het hoofd te kunnen bieden,' luidde zijn misprijzende oordeel over de legeraanvoerder, die ooit zeer hoog werd aangeslagen.[107] De opvolger van von Rundstedt werd opperbevelhebber Albert Kesselring, die zich tijdens de strijd in Noord-Italië als verdedigingsstrateeg had onderscheiden. Het kwam er nu op aan 'de tijd te overbruggen' tot de beslissende slag tegen de Russen gevoerd was en er nieuwe krachten naar het westelijke front konden worden gestuurd, liet Hitler hem weten.[108] Maar ook de nieuwe man kon in het westen niets meer uitrichten. Half maart trokken de Amerikanen langs een breed front over de Moezel en namen het Saargebied in, eveneens een centrum van de ijzer- en staalproductie. Koblenz, Kaiserslautern, Worms en Mainz vielen in hun handen, en op 22 maart vormden ze bij Oppenheim een volgend bruggenhoofd over de Rijn. 'De steden die nu in het OKW-orgaan genoemd worden, stonden twee weken daarvoor zelfs in de meest krasse fantasieën nog niet ter discussie, wat bewijst hoe buitengewoon kritiek de ontwikkelingen in het westen voor ons zijn geworden,' noteerde Goebbels op 23 maart.[109] Nadat het op 24 maart bij Wesel ook de Britten en de Canadezen onder Montgomery was gelukt de Rijn over te steken, kon de minister

Afb. 41 Het laatste optreden: op 20 maart 1945 ontvangt Hitler samen met Reichsjugendführer Arthur Axmann in de tuin van de Rijkskanselarij twintig leden van de Hitler-Jugend, die zich bij de strijd aan het oostfront hadden onderscheiden en gedecoreerd werden.

van Propaganda er niet meer omheen om vast te stellen: 'De militaire toestand in het westen is een uitermate kritiek, welhaast fataal lijkend stadium ingegaan.'[110]

Terwijl Goebbels dat besef voor zich hield, besloot Albert Speer tot handelen over te gaan. De scrupuleuze minister voor Bewapening, die ervoor had gezorgd dat de wapenproductie tot het najaar van 1944 naar een recordhoogte was gestegen, was eind januari 1945, na het verlies van het industriegebied in Opper-Silezië, tot de conclusie gekomen dat de oorlog economisch niet lang meer vol te houden was. Toch deed hij er aan de ene kant alles aan opdat de Wehrmacht de uitzichtloze strijd voort kon zetten. Aan de andere kant begon hij zijn zaakjes voor de tijd na Hitler te regelen. Zo zette hij, met het oog op de precaire economische situatie van het Duitse Rijk na de oorlog, Schwerin von Krosigk aan om zijn totale vermogensaanwas sinds 1933 aan het Duitse Rijk te restitueren, en hij bood, blijkbaar het goede voorbeeld gevend, de minister van Financiën het geld aan dat hij in twaalf jaar als architect had verdiend.[111] Samen met langs de Rijn en in het Ruhrgebied gevestigde industriëlen dacht hij bovendien na over de vraag hoe een zo groot mogelijk deel van de Duitse industrie behouden kon worden voor de tijd na de oorlog. Dit hield in dat afgezien moest worden van de zelfvernietigende 'verschroeide-aardetactiek', die Hitler al in zijn principebevel van 16 september 1944 geëist had.[112]

Op 13 en 14 maart 1945, nadat hij was teruggekeerd van een reis naar het westen, zei Speer tegen Goebbels dat 'economisch gesproken de oorlog min of meer verloren' was, maar hij was ook de mening toegedaan dat het 'niet de taak van een oorlogspolitiek' was 'een volk naar de heldhaftige ondergang te leiden'.[113] Dit standpunt werkte de minister voor Bewapening uit in een uitvoerig memorandum aan Hitler van 15 maart. Daarin kondigde hij aan dat de 'definitieve ineenstorting van de Duitse economie' binnen vier tot acht weken verwacht kon worden. Voor het geval 'de strijd zich verder op Rijksgrondgebied voltrekken' zou, riep hij op fabrieken, mijnen, elektriciteitscentrales en wegen niet helemaal te verwoesten, maar alleen tijdelijk onklaar te maken. 'We hebben de plicht het volk alle mogelijkheden te laten om zich in de verdere toekomst weer van een opbouw te kunnen verzekeren.'[114] Speer wist dat hij met dat memorandum Hitlers autoriteit tartte, maar hij overhandigde het aan adjudant Nicolaus von Below met het verzoek het op een volgens hem geschikt moment aan de dictator ter hand te stellen.[115]

Toen Speer zich in de nacht van 18 op 19 maart in de bunker onder de Rijkskanselarij begaf, had hij een tweede memorandum op zak, dat er blijkbaar voor was bedoeld de te verwachten woede van de dictator te temperen en hem weer welwillend te stemmen. Om de verdenking tegen te gaan dat hij gemene zaak maakte met 'defaitistische' kringen, eiste hij nu in krachtige bewoordingen 'drastische maatregelen ter verdediging van het Duitse Rijk bij de Oder en de Rijn te treffen'. Met het oog daarop moesten alle beschikbare Wehrmachtonderdelen, ook divisies uit Noorwegen en Noord-Italië, evenals het reserveleger en de eenheden van de Volkssturm langs beide rivieren samengetrokken worden: 'Een paar weken taai weerstand aan het huidige front kan de aandacht van de vijand afleiden en de uitkomst van de oorlog misschien toch nog positief beïnvloeden.'[116] Speer dacht er dus helemaal niet aan Hitler ertoe aan te zetten de zinloos geworden strijd zo snel mogelijk te beëindigen. Veeleer koesterde hij – net als andere leden van Hitlers hofhouding – de illusie door een succesvolle militaire verdediging de totale nederlaag te kunnen afwenden.

Toch toonde Hitler zich tijdens het onderhoud met zijn minister voor Bewapening overduidelijk ontstemd, en niet in de eerste plaats omdat deze hem in zijn eerste memorandum de economische ineenstorting voorspeld had, maar omdat hij de uitvoering van zijn plan om de naderende nederlaag als 'heroïsche ondergang' te ensceneren en met zijn apocalyps meteen ook het hele land mee de afgrond in te sleuren, verstoorde. Als de oorlog verloren zou worden, zou 'ook het volk verloren' zijn, zo stelde hij. En dan hoefde men ook niet meer rekening te houden met 'de basisbehoeften die het volk voor de simpelste vorm van overleven nodig heeft', omdat het zich 'de zwakkere getoond' heeft: 'Wat na de strijd overblijft, zijn zonder meer de minderwaardigen, want de goeden zijn gesneuveld!'[117] Speer kreeg onbarmhartig zijn congé met de woorden dat hij dit keer een schriftelijke reactie op zijn memorandum zou ontvangen. Diezelfde nacht nog ondertekende Hitler het zogenaamde Nero-bevel, dat de partij en de Wehrmacht tot de radicale tactiek van de 'verschroeide aarde' dwong. 'Alle militaire voorzieningen op het gebied van verkeer, communicatie, industrie en onderhoud, alsmede waardevolle zaken op het Rijksgrondgebied die de vijand voor de voortzetting van [de] strijd op een of andere wijze direct of op afzienbare termijn ten nutte zou kunnen maken, dienen te worden vernietigd.' De verantwoordelijkheid voor de uitvoering van het bevel droeg Hitler op aan de militaire leiding en de Gauleiter in hun hoedanigheid van Rijksdefensiecommissarissen.[118]

Voor Speer was het Nero-bevel het bewijs ervoor dat Hitler vastbesloten was ook tegen zijn eigen volk de uiterste meedogenloosheid te betrachten. Daarop vermeed hij contact met de dictator en probeerde de uitvoering van het bevel te dwarsbomen.[119] Opnieuw reisde hij naar het westen om de militairen en de Gauleiter ervan te overtuigen dat totale vernietiging zinloos was.[120] De tijd begon te dringen, want de Geallieerden bedreigden vanuit hun bruggenhoofden op de rechteroever van de Rijn intussen het Ruhrgebied al. Hitler bleef niet onkundig van de activiteiten van zijn minister voor Bewapening. Op 27 maart gaf hij tijdens het gesprek met Goebbels uiting aan zijn ergernis: Speer zou 'meer een kunstenaarstype' zijn, hij zou weliswaar 'een goed organisatietalent hebben', maar hij zou in politiek opzicht te onervaren en ongeschoold zijn om in deze hachelijke tijden volkomen betrouwbaar te zijn. Hij zou zich erg door industriëlen laten beïnvloeden en daarom 'ook niet mee willen werken [...] het Duitse volk op te geven'. De dictator kondigde aan dat hij Speer zou ontbieden en hem voor 'een zeer moeilijke' keuze zou stellen. 'Óf hij moet zich de grondbeginselen van de moderne oorlogvoering eigen maken, óf de Führer moet van zijn inbreng afzien.' Goebbels was zeer opgetogen dat na Himmler nu ook Speer op het punt stond bij Hitler in ongenade te vallen: 'Ik denk dat Speer het de komende dagen niet makkelijk zal krijgen.'[121]

En inderdaad bereidde Hitler zijn voormalige gunsteling bij zijn terugkeer naar Berlijn, eind maart, een zeer koele ontvangst. Hij eiste dat hij ondubbelzinnig toegaf dat hij de oorlog nog niet voor verloren hield, anders kon hij niet op zijn post blijven. Speer kreeg, zeer ongewoon, vierentwintig uur bedenktijd voor zijn antwoord.[122] De minister voor Bewapening zou zich meteen aan het opstellen van een brief hebben gezet, waarin hij zou hebben geprobeerd Hitler enerzijds tegemoet te komen maar hem anderzijds in deze kwestie ook op andere gedachten wilde brengen. Tot het onderhoud van 18 maart, verzekerde hij, was zijn 'geloof in een gunstige wending van ons lot' ongebroken geweest. Hij was echter 'diep geschokt' door Hitlers betoog van toen. Hij kon 'niet meer aan het succes van onze goede zaak geloven, als wij in deze beslissende maanden tezelfdertijd en planmatig de levensbehoeften van ons volk vernietigen'. 'Dat is zo'n groot onrecht jegens ons volk, dat het lot het dan niet meer goed met ons voor kan hebben. Dat wat generaties lang werd opgebouwd, mogen wij niet verwoesten.' Mocht de dictator er echter toe kunnen komen het bevel ter vernietiging van 19 maart in te trekken, dan zou hij, Speer, 'weer het geloof en de moed hebben om met de grootste energie door te kunnen werken'.[123]

Volgens Speer zelf zou Hitler geweigerd hebben de brief in ontvangst te nemen. In de nacht van 29 op 30 maart zou hij voor de tweede keer Speer in zijn bunker ontboden hebben. Het onderhoud verliep dit keer minder dramatisch dan een dag eerder, want meteen aan het begin gaf de minister voor Bewapening uiting aan zijn onverkorte loyaliteit en voldeed daarmee aan de eis die Hitler hem als ultimatum gesteld had: 'Mijn Führer, ik sta onvoorwaardelijk achter u.'[124] De minister voor Bewapening had bakzeil gehaald, vernam Goebbels diezelfde dag nog.[125] Als een soort tegenprestatie bereikte Speer dat de dictator zijn Nero-bevel afzwakte. Na het nieuwe Führerdecreet van 30 maart moesten industriecomplexen en de verkeersinfrastructuur niet meer vernietigd worden, maar onder bepaalde omstandigheden 'lamgelegd' kunnen worden. De verantwoordelijkheid voor het doorvoeren van de maatregelen werd aan Speer toevertrouwd, die onmiddellijk zijn oorspronkelijke instructies, die Hitler op 19 maart ongeldig had verklaard, van kracht liet worden.[126]

Tijdens het proces van Neurenberg van 1945-1946 en in de na zijn gevangenschap in Spandau gepubliceerde *Erinnerungen* uit 1969 kende hij zich de rol toe van belangrijkste tegenstander van de politiek van de 'verschroeide aarde'. Het zou aan zijn onvermoeibare inzet te danken zijn geweest dat Hitlers vernietigingswaan in het voorjaar van 1945 een halt was toegeroepen en erger was voorkomen. Maar die voorstelling van zaken die veel biografen, Joachim Fest voorop, bereidwillig hebben onderschreven, is het zoveelste onderdeel van de legende die Hitlers toenmalige lievelingsarchitect en minister voor Bewapening na 1945 over zijn rol in het Derde Rijk in het leven riep en die hem in Neurenberg voor de strop behoedde. Want een consequente uitvoering van het Nero-bevel zou, gezien de snelle opmars van de Geallieerden, bijna niet mogelijk zijn geweest. Bovendien was, zoals Klaus-Dietmar Henke heeft aangetoond, op lokaal en regionaal niveau al veelvuldig een 'alliantie van verstandigen' samengesteld uit vertegenwoordigers van het bedrijfsleven, de Wehrmacht en de partij, die zich teweerstelde tegen de zinloze vernietiging van de materiële levensbehoeften. Met andere woorden: 'Het verzet tegen het ondergangs- en zelfvernietigingsscenario [...] was zo sterk, dat Speer daarvoor niet nodig was.'[127]

Hitler vermeed bewust een breuk met Speer, want hij dacht hem nog niet te kunnen missen. Maar Guderian, met wie hij sinds januari voortdurend onenigheid had, stuurde hij op 28 maart met gedwongen verlof. Met de woorden: 'Zorgt u alstublieft dat u weer helemaal gezond wordt. Over zes weken zal de toestand zeer kritiek zijn. Dan zal ik u hard nodig hebben,' kreeg de chef van de generale staf bij zijn congé te horen.[128] Zijn opvolger werd generaal Hans Krebs, van wie Hitler meer inschikkelijkheid verwachtte.

Eind maart ontdeed Hitler zich ook van Otto Dietrich, die vele jaren rijksperschef was en tot de Berghof-gemeenschap behoorde. Goebbels was allang bezig aan de poten van zijn rivaals stoel te zagen. Zijn oordeel stond vast: 'Dr. Dietrich is een uitgesproken zwakkeling, die niet opgewassen is tegen de huidige crisis.'[129] Hitler liet zich beïnvloeden door wat zijn minister van Propaganda hem influisterde en stuurde zijn aloude medewerker, die hij in 1931 in dienst had genomen, onverwijld de laan uit: 'U bent me te zwak, ik kan op dit moment alleen maar echte kerels gebruiken. Ik stuur u met verlof. Vertrekt u vanavond nog uit Berlijn!'[130]

Sinds eind maart tekende zich de ineenstorting in het westen af. Op 1 april werd het Ruhrgebied helemaal ingesloten. De Legergroep B van Model, meer dan 321.000 man, zat in de val. Terwijl de door Montgomery aangevoerde Brits-

Canadese troepen hun opmars door het Münsterland richting Noord-Duitsland voorzetten, drong het Amerikaanse Derde Leger onder aanvoering van Patton via Darmstadt, Frankfurt am Main en Aschaffenburg tot Thüringen door.[131] Ze stuitten op weinig weerstand. Overal bleek steeds duidelijker dat het moreel onder de Duitsers aan het afnemen was. Complete eenheden van de Wehrmacht vielen uiteen, werden gevangengenomen of bliezen halsoverkop de aftocht. 'Het was een jammerlijke aanblik om deze uitgeputte, verlopen en voor het grootste deel ongewapende restanten van het Duitse leger op de vlucht te zien. Er was geen sprake meer van een ordelijke militaire aftocht,' schreef een politiechef in Friedberg, Hessen.[132] Een soortgelijke constatering vertrouwde Friedrich Kellner uit het Hessische Laubach op 27 maart aan zijn dagboek toe: 'De laatste overblijfselen van Hitlers leger zijn hedenmiddag aan ons voorbij getrokken. Als wilde horden die op een roversbende geleken, een onvoorstelbaar zootje, een barre horde van Hunnen en barbaren [...]. Dat [...] was dus een onderdeel van het Duitse leger dat er ooit op uitging om grondgebied te veroveren, om andere landen leeg te roven, te plunderen, de ene schanddaad na de andere te begaan en Duitsland tot in de eeuwigheid te schande te maken.'[133]

Voordat de Amerikanen en Britten aankwamen, verdwenen portretten van Hitler uit openbare gebouwen en woningen, werden uitgaven van *Mein Kampf* uit de boekenkast verwijderd en uniformen, partij-insignes en vlaggen met hakenkruisen verbrand.[134] Op veel plaatsen werden de geallieerde soldaten met witte vlaggen onthaald. De propagandaberichten dat de vijand van plan was verwoestingen aan te richten, had blijkbaar niet iedereen in de westelijke gebieden overtuigd. 'Er zijn zelfs vrouwen die zichzelf zo vernederen dat ze de Amerikanen feestelijk onthalen en in de armen vallen,' stelde Goebbels verontwaardigd vast.[135] En als 'echt beschamend' ervoer de minister van Propaganda het dat ook in zijn geboortestad Rheydt witte vlaggen te zien waren geweest. Na ruggenspraak met Hitler besloot hij de door de Amerikanen geïnstalleerde burgemeester Heinrich Vogelsang door een speciaal commando te laten vermoorden – een plan dat uiteindelijk niet meer ten uitvoer werd gebracht.[136]

Flink wat Wehrmachtsoldaten lieten hun eenheid in de steek en verspreidden, zoals de autoriteiten bezorgd vaststelden, 'een subversieve en defaitistische stemming'. Zo zei een soldaat in een treincompartiment: 'Wat, luisteren jullie nog naar wat Hitler zegt? Ik ben nu op weg naar mijn ouwelui, daar mogen ze me komen zoeken. En als ze me vinden, is de oorlog sowieso voorbij.'[137] Het regime trachtte die symptomen van desintegratie met draconische maatregelen tegen te gaan. SS-commando's maakten jacht op deserteurs en gedurende de laatste maanden werden duizenden van hen standrechtelijk geëxecuteerd. Opgeknoopte soldaten met een bordje om de hals met daarop 'Ik ben een deserteur en een lafaard' waren in het voorjaar van 1945 geen zeldzaam tafereel in het ten onder gaande Derde Rijk. Wie twijfel uitte over de eindoverwinning, een witte vlag uit het raam hing, zich tegen zinloze vernietigingen verzette of zich inzette voor een vredige overgave van zijn woonplaats, moest voor zijn leven vrezen als hij in handen van de ss, de Gestapo of fanatieke NSDAP'ers viel. De terreur die het regime over de bezette landen verspreid had, richtte zich nu tegen de eigen bevolking.[138]

Hitlers secretaris Martin Bormann deed het ene na het andere rondschrijven naar de Reichs- en Gauleiter uitgaan om hen ertoe aan te zetten vol te blijven houden. Vooral in door de vijand bedreigde gebieden had de bevolking 'de krachtige leiding van de partij' nodig. 'Iedere hoogwaardigheidsbekleder moet de verplichting voelen onze onverzettelijke strijdlust voorbeeldig gestalte te geven,' eiste hij op 17 maart, en een paar dagen daarna dreigde hij: 'Hij die zijn door de vijand aangevallen Gau zonder uitdrukkelijk bevel van de Führer verlaat, die niet tot de laatste ademtocht doorvecht […] is een hondsvot. Nu geldt nog maar één motto: erop of eronder.'[139] Maar de meeste functionarissen van de NSDAP, de 'goudhaantjes', dáchten er niet aan een dergelijk motto serieus te nemen en de Führer in de 'heroïsche ondergang' te volgen. In de regel waren zij de eersten die zich bij het naderen van de geallieerde troepen uit de voeten maakten en daarbij niet vergaten hun persoonlijke bezittingen in veiligheid te brengen. 'Het gedrag van onze Gau- en Kreisleiter heeft het vertrouwen onder de bevolking sterk aangetast,' stelde Goebbels vast. 'De bevolking ging ervan uit dat onze Gauleiter in hun Gau strijd zouden leveren, en zo nodig hun leven geven. Dat is nergens het geval geweest. Als gevolg daarvan is de rol van de partij in het westen bijna uitgespeeld.'[140]

Niet alleen van het aanzien van de nazileiders bleef weinig over, ook het gezag van Hitler was niet meer onomstreden. Maar het feit dat de macht in zo extreme mate was geconcentreerd bij de Führer, verhinderde de vorming van een groepering in de top van het regime die tegenwicht aan hem had kunnen bieden. Net als daarvoor vertegenwoordigde Hitler het legitimerende gezag binnen de macht en bleven ook de invloedrijkste onder zijn paladijnen afhankelijk van zijn gunsten. Van de vier leden van het 'quadrumviraat' waren er intussen twee – Himmler en Speer – in ongenade gevallen; alleen Bormann en Goebbels genoten nog zijn volle vertrouwen, en beiden waakten er wel voor dat op het spel te zetten. De minister van Propaganda uitte in zijn dagboek weliswaar in toenemende mate zijn twijfel of Hitler nog wel in staat was de crisis te bezweren; in plaats van 'lange toespraken' te houden voor zijn militaire raadgevers, kon hij hun beter 'korte bevelen' geven, en 'er dan ook met daadkracht voor zorgen dat die bevelen opgevolgd worden', schreef hij half maart.[141] Eind maart kwam hij in opstand tegen Hitlers beslissing om de bevolking uit de westgebieden te evacueren. 'We vaardigen in Berlijn bevelen uit die in de onderste regionen bijna niet meer aankomen, laat staan dat ze worden uitgevoerd. Ik zie daarin het gevaar dat het gezag op extreme wijze afkalft.'¹⁴² Maar Goebbels waakte ervoor dergelijke kritiek onverbloemd te uiten om zijn voorkeursstatus aan het hof van de dictator niet in gevaar te brengen.

Maar hij drong er wel opnieuw bij Hitler op aan om nogmaals een radiotoespraak te houden. De Wehrmacht en de bevolking zouden zitten te wachten op 'een opzwepende rede, die man en vrouw weer inspireert', en die kon alleen de Führer zelf houden. Opnieuw verklaarde de dictator zich daar na enig aarzelen toe bereid, zonder evenwel ook echt in overweging te nemen zijn belofte in te lossen. 'De Führer heeft nu een angst voor de microfoon die ik helemaal niet kan begrijpen,' stelde Goebbels gelaten.¹⁴³ Maar Hitlers weigering was verre van onbegrijpelijk. Hij viel stil in de openbaarheid, omdat hij na de mislukte allerlaatste aanval in Hongarije geen positieve berichten meer naar buiten te brengen had.

Hoe dan ook was de stemming onder de bevolking op een absoluut dieptepunt aanbeland. Niemand geloofde nog aan de overwinning, concludeerde de Sicherheitsdienst van de SS eind maart 1945. Het volk heeft 'geen vertrouwen meer in de leiding en uit scherpe kritiek op de partij, op bepaalde leidende figuren en op de propaganda'. Zelfs Hitler, die 'voor miljoenen de laatste steun en de laatste hoop' was geweest, werd 'iedere dag meer bij de vertrouwenskwestie en de kritiek betrokken'.¹⁴⁴ In berichten van de Wehrmachtpropagandaofficier was sprake van een 'toenemende ergernis' die bij de geringste aanleiding naar buiten zou komen. 'De mensen zien geen uitweg en geen lichtpuntje meer. Onze propaganda is als een orkest op een zinkend schip dat ijverig door blijft spelen.' Steeds vaker hoorde men dat 'er een eind aan gemaakt' moest worden, omdat alle 'verdere slachtoffers zinloos' zouden zijn. 'Beter een einde met angst, dan angst zonder einde.'¹⁴⁵

Ook Goebbels kon niet verhullen dat de kritiek 'steeds vaker' tegen de Führer gericht was en dat nu 'ook veel partijgenoten' begonnen 'te twijfelen' en de vraag stelden 'hoe ze op de beste en eervolste wijze dit verschrikkelijke bestaan achter zich konden laten'.¹⁴⁶ Het aantal zelfmoorden zou vanaf begin april dan ook sterk stijgen – ook een gevolg van de Goebbelsiaanse propaganda, die gesuggereerd had dat er na een nederlaag geen enkel toekomstperspectief voor de Duitsers was. In de oostelijke gebieden was het vooral de angst om in handen van het Rode Leger te vallen die de mensen tot zelfmoord dreef.¹⁴⁷

Ondanks de ineenstorting van de macht bleef het terreurapparaat van politie en justitie tot in de laatste fase van de oorlog functioneren. Sterker nog, naarmate de nederlaag dichterbij kwam, werd het steeds extremer. Het richtte zich niet alleen tegen de Duitsers die zich tegen de zinloze voortzetting van de oorlog keerden, maar in toenemende mate ook tegen buitenlandse arbeidskrachten. Louter de aanwezigheid van miljoenen dwangarbeiders uit de voormalige bezette gebieden in Europa, die alle reden hadden zich voor het ondergane leed op de Duitsers te wreken, voedde de wijdverbreide angst bedreigd te worden. De naziorganen reageerden daar met een enorme toename van de geweldsexcessen op. Zo werden tussen eind maart en half april 1945 in de grote steden van het Ruhrgebied honderden buitenlandse arbeiders slachtoffer van de moordcommando's van de Gestapo.[148]

Een bijzonder afschuwelijk hoofdstuk in de bloedige eindfase van het ineenstortende naziregime waren de zogenaamde dodenmarsen. Duizenden uitgemergelde concentratiekampgevangenen sleepten zich tijdens de laatste dagen van de oorlog na de ontruiming van Ravensbrück, Sachsenhausen, Buchenwald, Flossenbürg en andere kampen over landwegen en door dorpen. Wie niet meer verder kon of probeerde te ontkomen, werd door de meelopende bewakers doodgeschoten. De Duitse burgerbevolking in de nog niet bezette gebieden van het Duitse Rijk was ooggetuige van deze massamoord pal voor de eigen huisdeur. Veel leden van de Volkssturm en van de Hitler-Jugend, maar ook gewone burgers namen deel aan de jacht op ontvluchte gevangenen. Van de meer dan 700.000 gevangenen die zich in januari 1945 in de concentratiekampen bevonden, kwamen er naar schatting tijdens de dodenmarsen minstens 250.000 om het leven, dus meer dan een derde.[149] Op 11 april bevrijdden Amerikaanse troepen concentratiekamp Buchenwald, drie dagen later bereikten Britse troepen concentratiekamp Bergen-Belsen, ten noorden van Celle. De bevrijders werden geconfronteerd met duizenden onbegraven lijken en tot op het bot vermagerde gevangenen. De afschuwelijke beelden gingen de hele wereld over.

Op 1 april 1945, eerste paasdag, stond de luisteraars van de Volksempfänger een verrassing te wachten. Een nieuwe zender, *Radio Werwolf*, was in de lucht. In naam van een 'beweging van nationaalsocialistische vrijheidsstrijders' riep deze op tot de partizanenstrijd: 'Haat is ons gebed en wraak onze strijdkreet!'[150] Het initiatief ertoe kwam van Goebbels, met wie alle onderdelen van de programmering waren besproken en uit wiens pen ook de tekst van de oproep kwam.[151] Voor de minister van Propaganda was sinds uiterlijk eind maart 'de tijd gekomen om de laatste burgerlijke eierschalen af te stoten': 'Er moet revolutionair gedacht en vooral revolutionair gehandeld worden. […] Halve maatregelen helpen nu niet meer.'[152] Tot deze 'revolutionaire' middelen rekende Goebbels ook zijn campagne voor de oprichting van een guerrillaorganisatie die voor angst en schrik moest zorgen in het geallieerde kamp. De voorbereidingen waren al in het najaar van 1944 begonnen onder auspiciën van Himmler, maar de minister van Propaganda was van mening dat er nu echt werk van moest worden gemaakt. Tot voorbeeld diende hem de heroïsche verbeelding van de 'Kampfzeit' aan het einde van de Republiek van Weimar: 'Aktie "Werwolf" moet voor de huidige oorlogssituatie worden wat de "Aanval" tijdens onze Kampfzeit niet alleen voor de slag om Berlijn geweest is, maar ook voor de slag om het Rijk, namelijk een verzamelplaats voor alle strijders die het niet eens zijn met de koers van het compromis.' Tijdens een onderhoud met Hitler op 30 maart beloofde hij 'in korte tijd de partizanenactiviteit in de bezette westgebieden op te schroeven'.[153]

Opnieuw beloofde Goebbels te veel. Want door de verrassend snelle opmars van de geallieerde troepen naar het midden van het Duitse Rijk waren al zijn plannen zinloos. In het korte bestek van enkele weken die het regime nog restten, lukte het niet meer een guerrillabeweging van de grond te krijgen. Daartoe ontbrak ook iets van doorslaggevend belang: steun van de bevolking in de bezette gebieden in het westen. De weinigen die zich bij Werwolf hadden aangesloten, onder wie fanatieke leden van de Hitler-Jugend, voelden zich niet als een vis in het water, maar waren bijna volledig geïsoleerd. Niettemin moesten hun activiteiten niet onderschat worden. Ze waren verantwoordelijk voor aanslagen op geallieerde soldaten en op Duitsers die verdacht werden van collaboratie met de vijand. Het opzienbarendste geval was de moord op de door de Amerikaanse bevrijders ingezette burgemeester van Aken, Fritz Oppenhoff, op 25 maart 1945.[154]

Op 12 april 1945 stierf de Amerikaanse president Franklin D. Roosevelt aan een beroerte. 'Een groot man is heengegaan, een buitengewoon staatsman en een held, een mensenvriend en een mensenleider, die zijn land naar een hoger sociaal niveau heeft getild, het tot volwassenheid heeft gebracht, de macht ervan in dienst van de volkerengemeenschap, van de vredesorganisatie gesteld, die toegewijd was aan zijn leven, aan zijn strijd,' loofde Thomas Mann hem in zijn toespraak voor de Duitse luisteraars.[155] Goebbels kreeg het bericht over de dood van Roosevelt toen hij in de nacht van 12 op 13 april terugkeerde van een bezoek aan het Negende Leger van generaal Busse aan het Oderfront. Hij belde onmiddellijk Hitler en feliciteerde hem: 'Het staat in de sterren geschreven dat de tweede helft van april voor ons een omslag zal brengen. Vandaag is het vrijdag 13 april. Het keerpunt is gekomen!'[156] Ook Hitler schijnt door het bericht eventjes in jubelstemming te zijn geweest: 'Dit is het grote wonder dat ik de hele tijd heb voorspeld. Wie heeft er nu gelijk? De oorlog is niet verloren.' Met deze woorden ontving hij Albert Speer. Of zo heeft de minister voor Bewapening het in ieder geval in zijn 'herinneringen' overgeleverd.[157] Het scheen dat het 'Mirakel van het Huis Brandenburg' uit 1762 zich herhaalde, alsof er met de dood van Roosevelt – zoals indertijd met de dood van tsarina Elisabeth – toch nog uitzicht kwam op het uiteenvallen van de vijandelijke coalitie. 'Het is niet alleen een godsgericht, het is ook een godsgeschenk,' vond ook Schwerin von Krosigk. Nu zou men volgens hem de kans moeten grijpen om met de Amerikanen in gesprek te komen.[158]

Maar de euforie duurde niet lang. Want al snel werd duidelijk dat het overlijden van de Amerikaanse president van geen enkele invloed was op de voortgang van de geallieerde operaties. Op 13 april nam het Rode Leger Wenen in. Vier dagen later was de omsingelingsslag om het Ruhrgebied ten einde; meer dan 300.000 soldaten en 30 generaals werden gevangengenomen. Model, de opperbevelhebber van de verslagen Legergroep B, zonderde zich van zijn staf af en beroofde zich in een bos in de buurt van Duisburg van het leven.[159]

'Als men de landkaart bekijkt, dan ziet men dat het Duitse Rijk op dit moment een smalle strook is die van Noorwegen tot aan het Meer van Comacchio loopt. De belangrijkste gebieden voor onze voedselvoorziening en voor onze wapenproductie zijn we kwijt,' luidde het commentaar van Goebbels op de hopeloze oorlogssituatie in een van zijn laatste dagboekaantekeningen.[160] Voor het geval de westelijke geallieerden en het Rode Leger elkaar in het midden van Duitsland zouden treffen en het Duitse Rijk in twee delen uiteen zou vallen, liet Hitler op 15 april een principebevel uitgaan: afhankelijk van waar hij zich bevond – ten zuiden of ten noorden van de onderbroken verbinding – moesten grootadmiraal Dönitz in het noordelijke gebied en generaal-veldmaarschalk Kesselring in het zuidelijke gebied het opperbevel overnemen.[161] Maar eigenlijk had Hitler allang besloten de eindstrijd vanuit Berlijn te leiden, en niet, zoals velen hem aanraadden, vanaf de Obersalzberg. 'De Führer is vastbesloten zijn hoofdkwartier niet uit Berlijn te verplaatsen,' stelde Goebbels al begin februari 1945 vast, en aan dat besluit zou niets meer veranderen.[162] Voor de enscenering van de ondergang als een apocalyptische 'wereldbrand' was een verblijf te midden van de puinhopen van de Rijkshoofdstad ook onvergelijkelijk veel effectiever dan in de verafgelegen idylle van de Beierse Alpen.

Sinds begin 1945 verwachtte men in Berlijn dat ieder moment een nieuw, massaal offensief van de Russen bij de Oder kon beginnen. Meerdere keren werd kolonel-generaal Heinrici, de nieuwe opperbevelhebber van de Legergroep Wechsel, voor overleg naar Berlijn geroepen, teneinde over de stand van zaken aangaande de verdediging te berichten. Ook hij moest zich, zoals alle andere aanwezigen, aan een grondige fouillering onderwerpen alvorens hij de Führerbunker mocht betreden. Hij geloofde zijn ogen niet, meldde Heinrici later, toen hij Hitler, die heel erg krom liep en zijn voeten nauwelijks nog van de grond kreeg, op zich toe zag sloffen. 'Zijn linkerarm zwiepte met een trekkende beweging heen en weer. Rondom zijn ogen was zijn gelaat koortsachtig rood, daaronder krijtwit. Mijn eerste gedachte was dat deze man niet langer dan vierentwintig uur te leven had.' Maar al snel begreep hij dat hij zich grondig had vergist. Want toen hij klaar was met zijn voordracht, stelde Hitler heel precieze vragen. Daarbij vertoonde hij 'geen spoor van zwakte of verwarring'. En nogmaals toonde de dictator zich uitgesproken optimistisch. Als iedereen ervan doordrongen was dat de strijd niet alleen gewonnen móést worden, maar ook gewonnen kón worden, dan zou de slag aan de Oder 'het grootste defensieve succes van deze oorlog en de bloedigste nederlaag voor de vijand worden'.[163]

In een mededeling aan de 'soldaten van het Duitse oostfront' riep Hitler er op 15 april voor de laatste keer toe op de 'Joods-bolsjewistische aartsvijand' met uiterste daadkracht tegemoet te treden en zijn 'opmars in een bloedbad' te smoren. 'Berlijn blijft Duits, Wenen zal weer Duits worden en Europa zal nooit Russisch worden.'[164]

17
Het einde in de bunker

'Ik wil niets anders zijn dan de Eerste Soldaat van het Rijk!' had Hitler geroepen in zijn rede voor de Rijksdag aan het begin van de oorlog op 1 september 1939. 'Daarmee heb ik de wapenrok weer aangetrokken die mij altijd het heiligst en het dierbaarst was. Ik zal hem pas weer uittrekken na de overwinning – of – ik zal het einde niet meer beleven!'[1] Half april 1945, toen de definitieve nederlaag nog slechts een kwestie van weken was, leek het tijdstip aangebroken de daad bij die woorden te voegen. Hoe de dictator ook altijd had gevreesd voor een vroege dood – het forceren van zijn politieke en maatschappelijke plannen in de late jaren dertig was daar deels toe te herleiden –, zo hardnekkig was hij zelfmoord altijd als een optie blijven beschouwen. Al vroeg was duidelijk dat de gokker in hem in elk opzicht tot het uiterste bereid was, ook waar het zijn eigen leven betrof. Al in de fase van zijn komeetachtige opkomst had hij in kritische situaties herhaaldelijk met zelfmoord gedreigd – na de mislukte putsch in november 1923 bijvoorbeeld of op het hoogtepunt van de crisis rond Strasser begin december 1932.[2] Die latente bereidheid tot zelfopoffering zou hem niet meer verlaten. Met vooruitziende blik schreef Sebastian Haffner al in zijn in 1940 in Londense ballingschap verschenen boek *Germany: Jekyll & Hyde*: 'Hitler is de potentiële zelfmoordenaar par excellence.'[3]

Ook gedurende de oorlog had Hitler er in zijn entourage geen twijfel over laten bestaan dat hij in het geval van een nederlaag zelfmoord zou plegen. Je eigen leven nemen met een pistool was 'maar een bagatel', verklaarde hij begin februari 1943 toen hem het bericht bereikte van de nederlaag van het Zesde Leger in Stalingrad en hij hevige kritiek uitoefende op generaal Paulus omdat het hem aan de moed had ontbroken om zichzelf door het hoofd te schieten – daarmee het voorbeeld volgend van Romeinse veldheren, die zich in hun zwaard stortten als ze een veldslag verloren. Meermaals ventileerde Hitler zijn onbegrip voor mensen die voor zelfmoord terugdeinsden, het was toch 'maar een fractie van een seconde', dan was men 'van alles verlost' en had men 'zijn rust en eeuwige vrede'.[4] Maar tussen het woord en de daad gaapte een diepe kloof. Het viel de dictator niet zo licht als hij het anderen had voorgespiegeld. Hij zou letterlijk tot het allerlaatste moment wachten alvorens hij besloot een einde aan zijn leven te maken.

HET EINDE IN DE BUNKER

Op 16 april begon het Rode Leger zijn slotoffensief tegen de Duitse Wehrmacht. Stalin had haast: hij wilde vóór de westelijke machten Berlijn veroveren. Aan de operatie namen drie Sovjetfronten deel – het 1ste en 2de Wit-Russische Front en het 1ste Oekraïense Front, in totaal 2,5 miljoen soldaten en meer dan 6000 tanks. De beslissende aanval zou worden ingezet door het 1ste Wit-Russische Front onder leiding van maarschalk Zjoekov. Vanuit het ten westen van de Oder gevormde bruggenhoofd bij Küstrin moest het de Duitse verdedigingslinies verslaan en via Reichsstraße 1 in een rechte lijn doorstoten naar Berlijn. 'Een dag als vandaag is er tot nog toe niet geweest aan het front,' schreef een Russische pionier. 'Om vier uur 's ochtends openden duizenden machinegeweren en stalinorgels het vuur en verlichtten de hemel alsof het klaarlichte dag was, zover het oog reikte. [...] Toen kwamen de tanks. Voor de gehele colonne uit schenen schijnwerpers om de Duitsers te verblinden. Later weerklonk overal de kreet: 'Naar Berlijn! Naar Berlijn'[5]

Tegenover het 1ste Wit-Russische Front lag de Legergroep Weichsel, die ressorteerde onder het Negende Leger van generaal Busse. De gezamenlijke sterkte bedroeg 190.000 man en 512 inzetbare tanks en stukken mobiel geschut. De troepen waren niet alleen in getal maar ook qua bewapening en strijdkracht verre de mindere van de Russische troepen. Daarentegen hadden ze zich in de weken ervoor diep ingegraven en een verdedigingslinie aangelegd die zich aanpaste aan het landschap en daardoor moeilijk te veroveren was. Omdat de legerleiding rekening hield met de aanval van 16 april, kon het de troepen op tijd uit de voorste frontlinie weghalen, zodat de massale Russische beschietingen voor het grootste deel geen effect sorteerden. Bovendien bleken de schijnwerpers die Zjoekov had laten opstellen om de Duitse troepen te verblinden, als een boemerang te werken: ze verblindden de eigen troepen, omdat de ochtendnevel en het door de artillerie veroorzaakte rookgordijn het licht reflecteerden.[6] De voorwaarts stormende Sovjetinfanteristen waren daardoor uitstekend zichtbaar. Al in de eerste uren leden ze grote verliezen. Aan het eind van die eerste dag was Zjoekov ver verwijderd van zijn geplande bestemming. Ook op de tweede dag bood het Negende Leger verbeten weerstand, maar in de loop van de avond werd hun toestand kritiek omdat er geen reserves meer waren om de eigen verliezen te compenseren. Op 18 april bereikte de veldslag zijn hoogtepunt. Pas toen slaagden de aanvallers erin de Duitse verdedigingslinies te doorbreken en de Seelower Höhen te bestormen. De laatste verdedigingslinie werd op 19 april in de avond ingenomen. Op 20 april stootten Russisch tanks door naar Bernau, 15 kilometer ten oosten van Berlijn.[7]

Minder weerstand ondervond de aanval van het 1ste Oekraïense Front onder leiding van maarschalk Konev. Al op de eerste dag lukte het om bij de Lausitzer Neiße door de linies te breken. De fronttroepen van de tankbataljons stootten zowel door naar het westen richting Elbe als in noordwestelijke richting naar

Berlijn. In grote haast moest het Duitse OKH het hoofdkwartier in Zossen ontruimen. Het werd eerst naar Eiche bij Potsdam verplaatst, later naar Rheinsberg. Op 20 april trokken Konevs troepen Zossen binnen; een dag later bereikten ze in de buurt van Stahnsdorf de zuidelijke stadsrand van Berlijn.[8]

Men hoorde 'het artillerievuur van het oostfront al', schreef Eva Braun op 19 april aan Herta Schneider. Zij en de secretaresses van de Führer zouden elke dag in de tuin van de Rijkskanselarij oefenen in pistool schieten en hadden 'waren er zo vaardig in geworden dat niemand het nog waagt het tegen ons op te nemen'. Ondanks de kritieke toestand rond Berlijn stelde ze haar vriendin gerust; ze was er 'vast van overtuigd dat alles weer goed zou komen', en ook Hitler zou 'hoopvol zijn als nooit tevoren'.[9]

'Helaas niet bepaald "verjaardagssituatie",' schreef Martin Bormann op 20 april, Hitlers zesenvijftigste verjaardag in zijn zakagenda.[10] Daags tevoren waren er berichten uit de westelijke gouwen binnengekomen dat de opmars van geallieerde troepen aanhield en dat de ring rond Neurenberg, de stad van de Rijkspartijdagen, zich had gesloten.[11] Zelfs in die uitzichtloze situatie waren er nog Duitsers die zich haastten hun felicitaties over te brengen. Zo smeekte Elisabeth Fürstin Fugger zu Wellenburg in haar gelukstelegram om 'Gods bescherming en zegen voor U, mijn Führer en ons geliefde vaderland'. Een raadsheer van Zetzschwitz uit Mittenwald an der Isar sprak de hoop uit dat Hitler erin mocht slagen 'in volle gezondheid de vijand die zowel in het oosten als in het westen ver in Duitse landstreken binnengedrongen is, een dwingend halt toe te roepen', om de toekomst van Groot-Duitsland en West-Europa 'wezenlijk anders gestalte te geven dan het in de brutale wanen van het ook nu weer zo grenzeloos verwaande wereldjodendom verschijnt'.[12]

Op de avond van 20 april hield Goebbels zijn traditionele radiotoespraak. Hij prees Hitler als een 'man van waarachtig unieke grootsheid, van een onvergelijkelijkbare moed, van een standvastigheid die de harten verheft en overweldigt'. Nooit zou 'de geschiedenis over deze tijd kunnen berichten dat een volk zijn Führer, of een Führer zijn volk in de steek had gelaten'.[13] Ursula von Kardorff vroeg zich, toen ze de toespraak beluisterde, af of 'dit waanzin was of simpelweg raffinement'. Partijfunctionarissen pleegden zelfmoord, het front kwam dagelijks dichterbij en Goebbels sprak 'alsof de overwinning nabij was'.[14]

Zoals gewoonlijk verzamelden de medewerkers zich rond middernacht om de dictator hun gelukwensen over te brengen. Maar ditmaal weigerde Hitler het gezelschap te ontvangen: er was niets meer waarmee men hem kon feliciteren, liet hij zijn bediende Linge meedelen. Pas toen Eva Braun aandrong, liet hij zich overhalen in de hal van zijn bunkerwoning te verschijnen. Hij gaf iedereen vluchtig een hand en trok zich daarna meteen weer terug. Na de nachtelijke stafvergadering dronk hij, alleen met Eva Braun, thee in zijn werkkamer. Hij was nog maar net naar bed gegaan toen hij tegen 21.00 uur werd gewekt door de chef-adjudant van de Wehrmacht Wilhelm Burgdorf met de jobstijding dat het Rode Leger ten zuiden van Berlijn oprukte. De dictator verordonneerde zijn bediende: 'Linge, ik heb nog niet geslapen. Wekt u mij een uur later, om twee uur 's middags.'[15]

Even voor 15.00 uur sleepte Hitler zich moeizaam de trap op naar de uitgang van de bunker, waar een afvaardiging van de Hitler-Jugend en manschappen van de ss-divisie 'Frundsberg' en het Kurland-leger stonden opgesteld. Diep gebogen, zijn kraag omhoog, liep hij de rijen langs. 'De slag om Berlijn moet worden gewonnen,' bezwoer hij de aanwezigen, en hij beëindigde het appel met de leuze 'Heil aan u!' Maar er kwam geen antwoord. 'Alleen in de verte,' berichtte Reichsjugendführer Axmann, 'hoorde je het donderen van het front, nog maar nauwelijks 30 kilometer verderop.'[16] Het was de laatste keer dat Hitler het daglicht zag.

Later op de middag verschenen de leiders van het Derde Rijk in de vergaderkamer van de bunker om de Führer nog een keer te feliciteren: Göring, Himmler, Goebbels, Speer, Ribbentrop, Ley, Bormann, Kaltenbrunner en de militairen Keitel, Jodl, Dönitz, Burgdorf en Krebs. Hitler nam de felicitaties, zoals Speer zich later herinnerde, 'gezien de omstandigheden koeltjes en bijna afwerend in ontvangst'. Bijna alle aanwezigen drongen erop aan dat hij zijn hoofdkwartier naar Berchtesgaden zou verplaatsen, want het was nog slechts een kwestie van uren alvorens ook de laatste verbinding over de weg in het zuiden zou worden afgesneden. Maar de dictator wimpelde het voorstel af: 'Hoe zou ik de troepen moeten oproepen tot de beslissende slag om Berlijn, als ik mij tezelfdertijd in veiligheid breng!'[17] Met een groeiend ongeduld wachtten Hitlers trawanten op het einde van de stafvergadering. Onmiddellijk daarna begon de grote exodus. De eerste die ervandoor ging, was rijksmaarschalk Göring. Hij had zijn vrouw en zijn dochter al in veiligheid gebracht op de Obersalzberg en bovendien wagonladingen geroofde kunst uit zijn landgoed Carinhall laten afvoeren. Hij nam afscheid van Hitler met de uitvlucht dat hij in Zuid-Duitsland 'dringende taken' te verrichten had. De dictator nam van het vertrek van zijn aangewezen opvolger kennis zonder een spoor van emotie, onverschillig bijna.[18]

Ook grootadmiraal Dönitz nam afscheid. Hij kreeg de opdracht het commando in Noord-Duitsland over te nemen. Na hem volgden Himmler, Kaltenbrunner, Speer en Ribbentrop, een dag later ook de meeste rijksministers. Hitler liet niet merken hoezeer de overhaaste aftocht van zijn paladijnen hem teleurstelde. Zonder een woord liet hij de mannen vertrekken die hij ooit met macht had bekleed en die jarenlang naar zijn gunsten hadden gedongen.[19] Later op de avond zat hij met Eva Braun, zijn secretaresses, zijn dieetkokkin Constanze Manziarly en de adjudant Schaub en Below bijeen voor een borrel. Hij bekrachtigde daarbij zijn besluit om de Rijkshoofdstad niet meer te verlaten. 'Ik moet hier in Berlijn de beslissing afdwingen – of ten onder gaan!'[20] Eerder had hij al verkondigd dat de militaire toestand de laatste dagen ernstig was verslechterd en dat hij daarom zijn persoonlijke staf wilde 'ontbinden'. Als eerste moesten de beide oudere secretaresses, Johanna Wolf en Christa Schroeder, afreizen naar het zuiden. Op 21 april 's ochtends vlogen ze vanaf vliegveld Tempelhof naar Salzburg, vandaar reden ze met een autobus naar de Obersalzberg.[21]

Toen Hitler naar bed ging, hield Eva Braun nog een kleine nazit in haar krappe woning op de eerste verdieping van de Oude Rijkskanselarij. De jonge vrouw wilde nog één keer aan de benauwende atmosfeer van de Führerbunker ontsnappen en zich vermaken. Iemand had een koffergrammofoon opgescharreld en er werd uitgelaten gedanst op de schlagermelodie *'Blutrose Rosen sollen dich umkosen'*. Eva Braun zou iedereen in een vertwijfelde roes hebben meegesleept, herinnerde Traudl Junge zich. 'Er werd champagne gedronken en schril gelachen. Ik lachte mee omdat ik niet wilde huilen.'[22]

Op 21 april werd Hitler al om halftien gewekt. Zijn bediende Linge deelde hem mee dat Russische artillerietroepen Berlijn beschoten. Een paar minuten later verscheen de dictator, ongeschoren en nog slaperig, in de voorkamer van de bunker, waar Burgdorf al op hem wachtte. Op de vraag: 'Wat is er gebeurd? Wat is dat voor een geschiet, en waar komt het vandaan?' meldde de chef-adjudant van de Wehrmacht dat het centrum van Berlijn onder het vuur van een zware Russische batterij lag, die kennelijk een stelling ten noordoosten van Zossen had betrokken. Hitler verbleekte: 'Zo dichtbij zijn de Russen al?'[23] Hij liet zich doorverbinden met de stafchef van de Luftwaffe Karl Koller om de precieze locatie van het Russische geschut te vernemen. Een observatiepost op de hoge Flaktoren van de bunker bij de dierentuin bood uiteindelijk uitkomst: de Russische beschietingen kwamen vanuit de voorstad Marzahn, slechts 12 kilometer van het centrum verwijderd. Hitler reageerde vol ongeloof op het bericht, noteerde Koller in zijn dagboekaantekeningen.[24]

Tijdens de stafvergadering in de namiddag van 21 april stelde de chef van de generale staf Hans Krebs voor de troepen van het Negende Leger die nog standhielden in het zuiden van Berlijn, terug te trekken en in te zetten bij de verdediging van Berlijn. Hitler wimpelde het voorstel echter af en beval in plaats daarvan een tegenaanval vanuit Eberswalde naar het zuiden, om de vooruitgeschoven Russische tanks de pas af te snijden en zo weer een aaneengesloten verdedigingslinie te vormen. De opdracht tot die aanval kreeg een pantserkorps onder leiding van ss-Obergruppenführer Felix Steiner. Hij zou daarbij de beschikking krijgen over alle troepen die nog ergens voorhanden waren. 'Van het succes van uw opdracht,' benadrukte de Führer tegenover Steiner, 'hangt het lot van de Duitse hoofdstad af.'[25] Maar Hitlers bevel was al ingehaald dor de realiteit. De restanten van Busses Negende Leger waren nauwelijks nog tot vechten in staat en probeerden wanhopig insluiting te voorkomen. De gedachte met de uitgeputte, voor een deel nog slechts op papier bestaande eenheden van Steiners troepen nog een gedurfde bevrijdingspoging te ondernemen, was bij voorbaat al een onrealistisch plan. Desondanks was Hitler die avond overtuigd: 'U zult zien, Rusland leidt zijn grootste nederlaag, de bloedigste nederlaag uit zijn geschiedenis voor de poorten van de stad Berlijn,' zei hij tegen Karl Koller.[26]

Diezelfde dag belegde Goebbels de laatste ministersvergadering in zijn onderkomen aan de Hermann-Göring-Straße – het ministerie van Propaganda op de Wilhelmplatz was op 13 maart bij een luchtaanval verwoest. Gelooft men de voorstelling van zaken die een van zijn ambtenaren, de referendaris en radiocommentator Hans Fritsche er later van gaf, dan verklaarde de minister van Propaganda daarbij dat hij de situatie als uitzichtloos beschouwde. Het Duitse volk had 'het noodlot dat het nu wachtte, verdiend.' Het had tenslotte bij de volksstemming over Duitslands uittrede uit de Volkenbond in oktober 1933 'vrij in zijn keuze' gestemd voor een gewaagde politiek, en dat waagstuk was 'nu mislukt'. Ook hij had niemand gedwongen zijn medewerker te worden, dus hoefden ze niet verbaasd te reageren als nu 'hun halsjes werden doorgesneden'. Nog bij het verlaten van de zaal riep hij theatraal: 'Maar als wij sterven, zal de aarde beven!'[27] Kennelijk was Goebbels vastbesloten het lot met Hitler te delen en net als hij zich zo aan zijn verantwoordelijkheid te onttrekken.

Ondertussen ging de exodus uit Berlijn voort. Een colonne auto's reed naar vliegveld Gatow, waar het escadrille van gezagvoerder Hans Baur klaarstond. Naar de Obersalzberg vertrokken onder anderen marineadjudant Karl-Jesko von Puttkamer, adjudant Albert Bormann, tandarts Hugo Blaschke, fotograaf Walter Frentz en twee leden van het stenografenteam.[28] Een vliegtuig met aan boord Hitlers bediende Wilhelm Arndt bereikte zijn bestemming niet, maar stortte in de nacht van 22 op 23 april neer bij Börnersdorf ten zuiden van Dresden.[29] In de kisten, die naar verluidt waren geborgen, zouden zich, zoals *Stern* in 1983 meende te kunnen onthullen, meer dan zestig delen dagboeken van Hitler hebben bevonden. Al snel bleek dat de redactie van het weekblad slachtoffer was geworden van een grootscheepse vervalsing.[30]

Op de avond van 21 april zegde Hitler het vertrouwen op in zijn lijfarts Morell. De redenen van het plotselinge afscheid zijn nooit helemaal opgehelderd. Morells gezondheid was zelf wankel: hij was niet in staat gebleken Hitler op zijn verjaardag zelf een stimulerende injectie te geven omdat hij er 'te trillerig' voor was. De tweede begeleidende arts, Stumpfegger, had hem vervangen.[31] Wellicht vreesde de immer wantrouwende Hitler ook dat Morell hem zo zwaar zou drogeren dat hij tegen zijn zin naar Berchtesgaden zou kunnen worden vervoerd.[32] Christa Schroeder hoorde van Morell dat Hitler hem zonder commentaar 'had weggestuurd'.[33]

De ochtend van 22 april lag het centrum van Berlijn onder het vuur van verschillende zware Russische artillerie-eenheden. Steeds meer granaten sloegen in de Tiergarten en de tuinen van de ministeries in de Wilhelmstraße in.[34] Tijdens de stafvergadering, die na 15.00 uur begon, bleek de situatie uitzichtloos: Het Wit-Russische Tweede Leger onder maarschalk Rokossovski had verschillende bruggenhoofden aan de overzijde van de Oder gevormd en stond op het punt door te stoten naar Voor-Pommeren.[35] In het noorden en het oosten van Berlijn waren Russische troepen door de buitenste verdedigingslinies gebroken; in de voorsteden woedden al hevige gevechten. Hitler vatte de nieuwe jobstijdingen in eerste instantie rustig op, maar toen brak er een storm los zoals de deelnemers aan de stafvergaderingen nog niet eerder hadden beleefd. Toen de dictator informeerde naar de stand van zaken met betrekking tot Operatie Steiner, moest Krebs toegeven dat die aanval niet was uitgevoerd.

Dat was te veel. Met een vuurrood gezicht sprong Hitler overeind, smeet een kleurstift die voor het grijpen lag over tafel en beval alle aanwezigen behalve Keitel, Jodl, Krebs, Bormann en Burgdorf de kamer te verlaten. Het volgende halfuur waren de overgeblevenen getuige van de razernij van een man die al zijn ontgoocheling, woede en haat van zich af brulde. In steeds nieuwe golven klaagde hij over de ontrouw, de lafheid en het verraad in de eigen gelederen. Zelfs de ss liet hem in de steek; zijn bevelen werden niet meer uitgevoerd en onder deze omstandigheden was het zinloos de strijd voort te zetten. De maandenlang moeizaam overeind gehouden façade van een onwankelbaar optimisme stortte ter plekke ineen. Uitgeput in zijn stoel terugvallend gaf Hitler voor het eerst onomwonden toe: 'De oorlog is verloren!' om daar meteen aan toe te voegen: 'Maar, mijn heren, als u denkt dat ik Berlijn ontvlucht, dan vergist u zich! Ik schiet mezelf nog liever een kogel door de kop!'[36]

De officieren hadden in de hal Hitlers woede-uitbarsting gehoord. Even later ging de deur naar de vergaderkamer open en zagen ze hoe de dictator naar zijn privévertrekken strompelde. 'Zijn gezicht heeft elke uitdrukking verloren, zijn ogen staan uitgeblust. Hij ziet eruit als zijn eigen dodenmasker,' herinnerde Traudl Junge zich later. Uitzonderlijk bars gaf Hitler nu ook de jongere secretaresses het bevel zich gereed te maken voor een vlucht naar Zuid-Duitsland: 'Alles is verloren, hopeloos verloren.' Maar Gerda Christian en Traudl Junge verklaarden dat ze wilden blijven, en ook de dieetkokkin Constanze Manziarly sloot zich bij hen aan. Hitler was ontroerd: 'Waren mijn generaals maar zo dapper als u.'[37]

Keitel, Jodl en Bormann probeerden Hitler tevergeefs op andere gedachten te brengen, maar ook toen Himmler en Dönitz hem aan de telefoon smeekten zijn besluit nog een keer te heroverwegen, hield hij voet bij stuk: hij zou in Berlijn blijven, herhaalde hij keer op keer. Omdat hij fysiek niet meer in staat was met het wapen in de hand te vechten, zou hij zich op het allerlaatste moment van het leven beroven, om niet het gevaar te lopen in handen van zijn tegenstanders te vallen. Om de rest moest zijn opvolger Göring zich maar bekommeren. Op de tegenwerping dat geen soldaat voor de rijksmaarschalk zou willen vechten, antwoordde Hitler: 'Wat heet vechten! Er valt niet veel meer te vechten, en als het op onderhandelen aankomt, dat kan de rijksmaarschalk beter dan ik!'[38]

Rond 17.00 uur liet Hitler Goebbels komen. Wat in het gesprek onder vier ogen werd besproken, is niet bekend, maar het lijkt waarschijnlijk dat de minister van Propaganda het voornemen van de dictator steunde en hem beloofde dat hijzelf en zijn gezin hem in de dood zouden volgen, want even later deelde Goebbels Traudl Junge mee dat zijn vrouw en zes kinderen spoedig zouden komen en op verzoek van de Führer voortaan in de bunker zouden wonen.[39] De minister van Propaganda betrok de kamer die na het ontslag van Morell was vrijgekomen; Magda Goebbels en hun kinderen werden in de 'voorbunker' ondergebracht.

Op de avond van 22 april schreef Eva Braun een afscheidsbrief aan haar vriendin Herta Schneider. Het zou het 'laatste levensteken' van haar zijn, want het einde kwam 'dreigend nader en nader'. Ze kon niet zeggen hoe ze 'persoonlijk leed om de Führer'. Misschien komt alles nog goed, maar hij heeft het geloof opgegeven en wij, vrees ik, hopen tevergeefs.' Eva Braun verontschuldigde zich voor de 'nogal verwarde' brief, maar ze bevond zich in het gezelschap van de kinderen van Goebbels en die waren 'allesbehalve rustig'.[40]

Veelzeggend voor Hitlers gemoedstoestand was het feit dat hij zijn adjudant Julius Schaub de opdracht gaf zijn persoonlijke papieren, die zich in een brandkast in zijn slaapkamer in de bunker en in twee grote gepantserde kluizen op de eerste verdieping van de Oude Rijkskanselarij bevonden, in de tuin van de Rijkskanselarij te verbranden. Drie dagen later, in de nacht van 25 op 26 april, vloog Schaub met het laatste toestel van luchthaven Gatow naar München. In Hitlers woning in de Prinzregentenstraße haalde hij de safe leeg waarna hij doorreisde naar de Obersalzberg om daar zijn vernietigingswerk te voltooien. De dag ervoor was de Berghof zwaar getroffen door een Britse bommenwerper, maar de stalen brandkast in Hitlers werkkamer was onbeschadigd gebleven. Ook die werd door Schaub leeggehaald en ook de inhoud daarvan werd, met de documenten die hij uit München had meegenomen, op het terras van de Berghof verbrand.[41]

Pas toen begreep iedereen op de Obersalzberg dat Hitler niet meer zou terugkeren naar zijn toevluchtsoord en dat het einde nabij was.

In de avondlijke uren van 22 april klaarde de bedrukte atmosfeer in de Führerbunker iets op. De inmiddels tot generaal-veldmaarschalk bevorderde opperbevelhebber van de Legergroep Mitte Ferdinand Schörner meldde zich om verslag uit te brengen. 'We kunnen het noodlot alleen keren als we in dit kritieke uur aan de slag gaan met het uiterste fanatisme, als we iedereen dit blijk van onze nationaalsocialistische strijdgeest duidelijk maken en vooral al onze officieren er door onze daden van overtuigen dat het alleen zo kan,' had Schörner de leidinggevende generaals eind februari al op het hart gedrukt.[42] Zijn legers boden in Silezië en in het Protectoraat Bohemen en Moravië nog altijd verbeten weerstand. Alleen al zijn verschijning in de bunker deed Hitler opleven. 'Het liefst zou ik u vierendelen, zodat ik vier Schörners had,' zei hij ter begroeting.[43] De militairen deden hun best de volledig uitgeputte en gedemoraliseerde dictator op te monteren: de situatie zou nog niet helemaal uitzichtloos zijn.

In allerijl werden er nieuwe plannen gesmeed. Zo zou het nieuw gevormde Twaalfde Leger onder generaal Wenck, dat ten zuidwesten van Berlijn aan de Elbe was gestationeerd om de opmars van de Amerikanen te stuiten, rechtsomkeert maken om zich aan te sluiten bij de restanten van het Negende Leger en met vereende krachten doorstoten naar de Rijkshoofdstad. 'U ziet, er zijn nog militaire oplossingen die wij moeten aangrijpen,' zei Hitler tegen Schörner. Als die geplande operatie zou slagen, bestond er hoop 'de Russische stormloop tot staan te brengen' en 'de situatie rond Berlijn te stabiliseren'.[44] Keitel en Jodl kregen de opdracht de bevrijdingsaanval op Berlijn van buiten de stad te leiden. Terwijl Jodl vertrok naar het nieuwe hoofdkwartier van het OKW in Krampnitz, een wijk van Potsdam, reed Keitel nog in de nacht van 22 op 23 april naar Wencks commandopost, een jachthuis in het Wiesenburger Bos bij Beelitz ten zuidwesten van Berlijn. Hij bezwoer de legerleider dat hij 'de Führer zou ontzetten. Zijn lot is Duitslands lot. Het is aan u, Wenck, om Duitsland te redden.'[45]

Nog op 22 april benoemde Hitler SS-Brigadeführer Wilhelm Mohnke tot commandant van de 'citadel', de binnenste verdedigingsring rond het regeringsdistrict. Hem werden de laatste beschikbare troepen van de Waffen-SS ter beschikking gesteld, kleine eenheden van het leger, de luchtmacht, de marine, en leden van de Hitler-Jugend – in totaal ongeveer 4000 man.[46]

Op 23 april zette de Russische artillerie de beschietingen op het regeringsdistrict voort. In de 'Erehof' van de Nieuwe Rijkskanselarij sloegen verschillende granaten in. Metro's en trams moesten hun diensten staken. De stroom-, gas- en watervoorziening functioneerde nauwelijks nog. In verschillende stadsdelen zoals in

Frohnau, Friedrichshain, Tegel, Pankow en Köpenick werd al zwaar gevochten.[47] In een oproep aan de bevolking liet Goebbels bekendmaken dat de Führer zich in de hoofdstad bevond en het opperbevel over 'alle voor de verdediging van Berlijn aangetreden krachten overgenomen' had: 'Alle verdedigers van de Rijkshoofdstad worden nog slechts bezield door één wens, de bolsjewistische doodsvijand, waar hij ook opduikt, vernietigend te verslaan.'[48]

De besprekingen in de Führerbunker vonden nu, afhankelijk van de actualiteit, meerdere keren per dag plaats, op verschillende tijdstippen en duurden niet langer dan een halfuur tot een uur. Ook de kring deelnemers was sterk gekrompen. Naast de leider van de generale staf van het leger generaal Krebs en zijn officieren van de generale staf majoor Freytag von Loringhoven en ritmeester Boldt, de chef-adjudant van de Wehrmacht Burgdorf en zijn medewerkers, adjudant von Below, luitenant-kolonel Rudolf Weiß en majoor Johannmeyer verschenen doorgaans: de verbindingsofficier met de marine viceadmiraal Voß, de plaatsvervangers van Himmler en Ribbentrop, Fegelein en Hewel, de perschef Lorenz, de commandant van de 'citadel' Mohnke, Hitlers persoonlijke adjudant Günsche, Bormann natuurlijk en – sinds hij zijn intrek in de bunker had genomen – ook Goebbels.[49] In plaats van de soms wel tien kaarten op groot formaat van het oostelijke en het westelijke front, lagen er nu nog maar twee kleinere op tafel – de ene van Berlijn en omgeving, de andere van heel Duitsland.[50]

Op 23 april had Hitler zichzelf, na zijn inzinking van de dag ervoor, weer in de hand. De Führer zag 'de toekomst vandaag alweer helderder in dan gisteren', voegde Eva Braun als postscriptum toe aan haar afscheidsbrief aan haar zuster Gretl.[51] Alle hoop was nu gevestigd op het Twaalfde Leger van Wenck. Keitel keerde 's middags terug en meldde: 'Wenck laat u eerbiedig groeten en hoopt u spoedig in de Rijkskanselarij de hand te kunnen schudden.'[52] Hitler eiste dat alle nog beschikbare reserves onder Wencks bevel zouden worden gebracht. Na de oproep van Goebbels wist de vijand dat hij zich nog in Berlijn ophield en deze zou alles in het werk stellen om het regeringsdistrict zo snel mogelijk in handen te krijgen. Dat bood 'de beste gelegenheid [...] hem hier in een val te lokken'. Dat vereiste echter wel 'dat men bij ons eindelijk de betekenis van dit moment inziet en werkelijk plichtsgetrouw het boven bevolen plan uitvoert'. Krebs meende dat er nog vier dagen restten, en Hitler viel hem bij: 'In vier dagen moet de zaak beslist zijn.'[53] Aan het eind van de stafvergadering vroeg Keitel toestemming nog een keer naar Wencks troepen te mogen rijden om daar zorg te dragen voor het uitvoeren van Hitlers bevelen. Hij zou van die rit niet meer terugkeren. De opperbevelhebber die Hitler jarenlang hondstrouw had gediend, keerde zich van hem af, evenals zoveel andere van zijn volgelingen.[54]

Speer daarentegen dook later op 23 april nog een keer op in de bunker. De minister voor Bewapening was na de felicitaties op Hitlers verjaardag naar Hamburg vertrokken zonder persoonlijk afscheid van hem te nemen. Kennelijk voelde hij de behoefte de man die als geen ander beslag op hem had gelegd en met wie hij twaalf jaar nauw had samengewerkt, een laatste keer te zien. Van het vliegveld Rechlin in Mecklenburg vloog hij naar Gatow. Daar stapte hij over in een Fieseler Storch verbindingsvliegtuig waarmee hij landde op de oost-westas, vlak bij de Brandenburger Tor. Hitler zou tijdens die ontmoeting 'geen spoor van emotie' hebben getoond en een 'zakelijk gezicht' hebben getrokken, herinnerde Speer zich later. Net als eerder met Goebbels liet Hitler zich ook door zijn voormalige favoriet sterken in zijn besluit in Berlijn te blijven in plaats van zich naar Berchtesgaden te laten vliegen. Met vermoeide stem en schijnbaar kalm sprak hij over zijn naderende einde. Hij zou niet vechten, herhaalde hij zijn verklaring van een dag eerder, omdat het risico dat hij in Russische krijgsgevangenschap zou belanden te groot was. Omdat hij wilde voorkomen dat ze met zijn lijk 'zouden sollen', had hij bevolen dat zijn lijk verbrand moest worden. De dood zou een verlossing voor hem zijn. 'Een kort moment en ik ben van alles bevrijd.' Speer zou Hitler in een vlaag van oprechtheid hebben gezegd dat hij in de voorgaande weken zijn bevelen tot vernietiging systematisch had geboycot, waarop de dictator hem 'afwezig', zonder herkenbare reactie zou hebben aangestaard.[55] Voorzichtigheid is geboden bij die voorstelling van zaken, zoals bij zoveel in Speers 'Herinneringen', want nog altijd kon een zo openlijk toegegeven insubordinatie ernstige consequenties hebben. Bovendien was de minister voor Bewapening vastbesloten Hitler te overleven en hield hij zijn carrière na de oorlog al in het vizier.

In de namiddag ontstond er plotseling opwinding in de Führerbunker. Er was vanaf de Obersalzberg een telegram binnengekomen van Göring. De rijksmaarschalk vroeg daarin of Hitler, na zijn besluit 'om in de vesting Berlijn stand te houden', Göring toestemming ga, op grond van de Wet van 29 juni 1941 'vanaf heden de volledige leiding van het Rijk, met volledige handelingsvrijheid, zowel nationaal als internationaal over te nemen'. Als hij om 22.00 uur nog geen antwoord had ontvangen, zou hij ervan uitgaan dat Hitler 'van zijn handelingsvrijheid was beroofd' en de voorwaarden die de wet stelde verder als gegeven beschouwen.[56] Op de middag van 23 april was Koller, de chef-staf van de luchtmacht, op de Obersalzberg aangekomen, waar hij Göring op de hoogte bracht van de dramatische gebeurtenissen van de dag ervoor. Hij had zijn berichtgeving afgesloten met de aanbeveling dat Göring zelfstandig moest optreden, omdat Hitler de leiding van de staat en de Wehrmacht de facto uit handen had gegeven. Maar de rijksmaarschalk aarzelde nog. Hij vreesde dat zijn tegenstrever Martin Bormann hem van trouweloosheid zou beschuldigen. 'Die wacht op een kans om mij uit de weg te ruimen.' Maar de uit Berchtesgaden opgeroepen chef van de Rijkskanselarij, rijksminister Hans Heinrich Lammers, overtuigde Göring ervan dat juridisch gesproken de in het besluit van 29 juni 1941 vastgelegde opvolgingsregeling nu in gang gezet moest worden. Het na lang aarzelen opgestelde telegram was uiterst loyaal van toon en besloot met de woorden: 'Wat ik in deze zwaarste uren van mijn leven voor u voel, kan ik niet in woorden uitdrukken. God behoede u en laat u ondanks alles zo snel mogelijk hierheen komen.'[57]

Hitler nam het telegram, naar Speers getuigenis, 'gelaten' op. Dat veranderde echter toen even voor 18.00 uur een volgend telegram van Göring bekend werd, waarin hij minister van Buitenlandse Zaken Ribbentrop opdroeg om, zodra de opvolgingsregeling in werking trad, zich onmiddellijk bij hem op de Obersalzberg te vervoegen.[58] Nu was het een koud kunstje voor Bormann om Görings initiatief af te schilderen als een poging alle macht naar zich toe te trekken. Hitlers lang ingehouden woede over de rijksmaarschalk ontlaadde zich in een tirade van verwensingen: 'Hij heeft de luchtmacht laten verloederen [...]. Zijn voorbeeld heeft corruptie in onze staat mogelijk gemaakt. Bovendien is hij al jaren morfinist. Ik weet dat al sinds lang.'[59]

In zijn antwoord op het telegram aan Göring op de avond van 23 april verklaarde de dictator dat hij het tijdstip van het in werking treden van de wet van 29 juni zelf zou bepalen. Er was geen sprake van dat hij van zijn handelingsvrijheid was beroofd en hij verbood daarom 'elke stap in de door u aangeduide richting'.[60] Tegelijkertijd werd de commandant van de Obersalzberg, ss-luitenant-kilonel Bernhard Frank, opgedragen Göring en zijn staf te arresteren. Op 24 april in de ochtend overhandigde Frank de rijksmaarschalk nog een telegram van Hitler. Daarin werd hem medegedeeld dat zijn optreden 'hoogverraad' inhield en dat daarop de doodstraf stond. Gezien zijn eerdere verdiensten zou daar echter van worden afgezien als hij, onder het voorwendsel van zware ziekte, vrijwillig al zijn functies zou neerleggen. Görings toestemming volgde prompt;, op 25 april werd het bericht officieel via de radio bekendgemaakt.[61]

Ook Lammers, die Göring had geadviseerd, werd op 23 april in Berchtesgaden gearresteerd. In een met 'Heil mijn Führer' ondertekend telegram aan Hitler probeerde de chef van de rijkskanselarij zich te rechtvaardigen: 'Ik heb u in mijn meer dan twaalf jaar durende dienstverband trouw gediend en heb ook nu niets gedaan dat mijn arrestatie rechtvaardigt. Stelt u alstublieft snel een onderzoeksrechter aan en geeft u mij de gelegenheid mijzelf te verdedigen.'[62] Of Hitler dat telegram überhaupt nog onder ogen heeft gekregen, is niet bekend.

Op de late avond van 23 april liet Eva Braun Speer naar haar kleine kamer in de bunker komen en bekende ze hem dat ze samen met de Führer zelfmoord zou plegen. Al een dag eerder had Hitler haar in het licht van de uitzichtloze situatie opgedragen zich voor te bereiden, en alleen met de grootste moeite was het haar gelukt nog een keer uitstel te bewerkstelligen.[63] In de vroege ochtend van 24 april nam Speer uiteindelijk definitief afscheid van Hitler. De dictator liet opnieuw niets merken van enige emotie: 'Dus u vertrekt? Goed. Tot ziens,' zei hij kortaf. Van de vroegere vertrouwde omgang was niets meer over. Nog één keer liep Speer door de Nieuwe Rijkskanselarij die hij in 1938 in recordtijd had laten bouwen en die nu overal sporen van brand en gaten van granaatinslagen vertoonde. Van de oost-westas vloog hij met de Fieseler Storch terug naar vliegveld Rechlin. Vanuit de lucht bood Berlijn een trieste aanblik: overal woedden grote branden, flitsten vuurmonden en verlichtten sporen van lichtkogels de nacht. Alleen de duisternis in het noordwesten van de stad verried dat daar nog een smalle corridor open was.[64] In de loop van 24 april zou ook de laatste verbinding over land via Nauen door Sovjettanks worden afgesneden. De vliegvelden Tempelhof en Gatow lagen al onder Russisch artillerievuur. In allerijl werd de oost-westas tussen de Siegessäule en de Brandenburger Tor als geïmproviseerde landingsbaan ingericht.[65]

Op 24 april benoemde Hitler de generaal van de artillerie Helmuth Weidling tot commandant van de verdediging van Berlijn. Een dag eerder wilde hij hem nog laten executeren omdat hij, kennelijk zonder volmacht, zijn commandopost van zijn tankbataljon naar Döberitz, westelijk van Berlijn had verplaatst. Weidling was ogenblikkelijk naar de bunker onder de Rijkskanselarij gegaan om zich te verdedigen. 'Ik zag een opgezwollen gezicht, met de ogen van iemand met hoge koorts,' verklaarde hij over zijn ontmoeting met Hitler. 'De Führer probeerde op te staan. Daarbij zag ik tot mijn ontzetting dat zijn handen en een van zijn benen onophoudelijk trilden. Met een krampachtig lachje schudde hij mij de hand en vroeg hij met nauwelijks hoorbare stem of hij mij al eens eerder had ontmoet.' De dictator was zo diep onder de indruk van Weidlings verslag dat hij hem enkele uren later de nieuwe opdracht gaf. 'Het zou beter zijn geweest als u had bevolen om mij te laten executeren,' zei Weiding tegen generaal Krebs, 'dan zou deze beker aan mij voorbij zijn gegaan.'[66] Weidling volgde kolonel Ernst Kaether op, die de post slechts twee dagen (op 22 en 23 april) had bekleed, waar zijn voorganger, generaal-luitenant Hellmuth Reymann, het nog een paar weken (van 7 maart tot 21 april) had volgehouden. Met samengeraapte eenheden Wehrmachtsoldaten, leden van de Volkssturm, Hitler-Jugend en leden van de Organisation Todt – rond de 94.000 man – moest de nieuwe stadscommandant Berlijn verdedigen tegen de sterkste eenheden van het Rode Leger, een bij voorbaat uitzichtloze onderneming.[67]

Ondertussen werd de sfeer in de onderaardse bunkerwereld steeds surrealistischer. Rusteloos als een geestverschijning sleepte Hitler zich door de vertrekken.

Zijn stemmingen wisselden verschillende keren per dag, zodat ook zijn adjudanten nauwelijks wisten waar ze met hem aan toe waren. Sommige van zijn uitgedunde leger vertrouwelingen vroegen zich af waar hij eigenlijk nog op wachtte, waarom hij er geen eind aan maakte nu alles verloren leek.[68]

De discipline werd losser, ook in zijn naaste omgeving. Het viel Speer op tijdens zijn bezoek van 23 april: 'Als hij vroeger een kamer betrad, stonden alle aanwezigen op totdat hij zelf ging zitten. Nu kwam het voor dat gesprekken zittend werden voortgezet, dat bedienden in zijn aanwezigheid met gasten kletsten.'[69] Er werd veel gerookt, of Hitler erbij was of niet, en ook de alcohol werd rijkelijk aangesproken. De door Arthur Kannenberg, die al jaren zijn huisintendant was, in de kelder opgeslagen voorraden wijn en sterke drank werden geplunderd, en overal slingerden lege flessen rond.[70] De gesprekken in de bunker draaiden vooral om de vraag hoe je je het beste van het leven kon beroven: met een pistool, of kon je beter een capsule cyaankali slikken? 'Ik wil een mooi lijk zijn,' verklaarde Eva Braun, 'ik neem vergif.'[71]

Hitlers vriendin was de enige die zich te midden van de algemene chaos niet liet gaan. Altijd zorgvuldig gekleed en opgemaakt straalde ze, zoals de leden van de entourage eensgezind vermeldden, 'altijd dezelfde gelatenheid, bijna vrolijkheid' uit.[72] Ze had al vroeg besloten met Hitler te sterven. 'Ik zal sterven zoals ik heb geleefd. Zwaar valt me dat niet,' schreef ze aan haar vriendin Herta Schneider in haar afscheidsbief van 22 april, en een dag later vroeg ze haar zus om hun gehele privécorrespondentie te vernietigen, met uitzondering van de brieven van de Führer en de kladversies van haar antwoorden. Die moesten 'waterdicht worden verpakt en eventueel begraven'.[73] Waarschijnlijk heeft Gretl Fegelein de wens van haar zuster niet vervuld – of Julius Schaub heeft ook die correspondentie vernietigd, tezamen met de andere persoonlijke papieren van Hitler. In elk geval is er tot op heden geen enkele brief van Hitler aan Eva Braun of van Eva Braun aan Hitler teruggevonden.[74]

Van de spookwereld in de catacomben maakten ook de zes kinderen van Goebbels deel uit. 'Ze speelden, lachten, zongen, waren baldadig en zorgeloos, zoals kinderen nu eenmaal zijn,' herinnerde de telefonist Rochus Misch zich later.[75] Magda Goebbels, Eva Braun en de secretaresses spanden zich in in om het leven in de bunker voor de kinderen zo draaglijk mogelijk te maken. Onderling had het echtpaar Goebbels al besloten de kinderen mee te nemen in de dood. Ze waren nu al zes dagen in de bunker om hun 'nationaalsocialistische leven het enig mogelijke eervolle afscheid te geven', schreef Magda Goebbels op 28 april in haar laatste brief aan Harald Quandt, haar zoon uit haar eerste huwelijk, die zich in Noord-Afrika in Britse gevangenschap bevond. 'De wereld die na de Führer en het nationaalsocialisme komt, is het niet waard om in te leven en daarom heb ik ook de kinderen hier mee naartoe genomen. Ik zal ze het leven dat na ons komt besparen, een genadige God zal billijken dat ik ze er zelf van zal verlossen.'[76]

Op 25 april troffen de fronttroepen van Konev en Zjoekov elkaar in de loop van de middag bij Ketzin, 12 kilometer ten noordwesten van Potsdam. De ring rond de hoofdstad van het Rijk was gesloten. In de namiddag kwam bovendien het bericht dat Amerikaanse soldaten en Sovjettroepen elkaar bij Torgau aan de Elbe hadden ontmoet. De rest van het nog niet bezette gebied van het Rijk was verdeeld in een noordelijke en een zuidelijke zone.[77] Daarmee was elk uitzicht op een breuk tussen de Geallieerden vóór de definitieve nederlaag verkeken. Hitler wilde het nog altijd niet inzien. Zou het lukken Berlijn te verdedigen en het Rode Leger een zware slag toe te brengen, zei hij in de stafvergadering op diezelfde dag, dan zou het bij de Amerikanen en de Engelsen gaan dagen dat 'er maar één kan zijn die de bolsjewistische reus tot staan kan brengen'. 'En de enige man daarvoor ben ik nu eenmaal.' Het grootste deel van zijn uitweidingen betrof echter de rechtvaardiging van zijn besluit in Berlijn te blijven en daar slag te leveren. Als 'roemloze vluchteling' – de formulering beviel hem zo goed dat hij haar vier keer herhaalde! – zou hij 'noch in Noord-Duitsland, noch in Zuid-Duitsland over enig gezag beschikken, 'en in Berchtesgaden al helemaal niet'. Hij was niet op de wereld gekomen om zijn Berghof te verdedigen. Alleen met een 'heroïsche' houding konden deze 'zwaarste tijden' worden doorstaan. Het was mogelijk dat hij zijn leven in Berlijn zou beëindigen, maar dan zou hij tenminste 'eervol ten onder gaan'. Goebbels viel hem bij: 'Gaan de zaken goed, dan is het sowieso goed. Gaat het niet goed en zou de Führer in Berlijn een eervolle dood vinden en Europa bolsjewistisch worden – dan zal de Führer over hooguit vijf jaar een legendarische persoonlijkheid zijn en het nationaalsocialisme een mythe, omdat hij door zijn laatste inspanningen zal worden geheiligd en alle kritiek op het menselijke die hij heden ten dage ondervindt, zal in één klap zijn verdwenen.'[78]

Vol ongeduld wachtte men in de bunker op berichten van de troepen van Wenck. Die ochtend had Keitel laten weten dat het leger richting Berlijn marcheerde en dat zijn fronttroepen tot op 40 kilometer van Potsdam waren opgerukt. Maar daarna volgden er geen nieuwe berichten meer. Hitler zat ineengedoken op zijn stoel. 'Soms werd het doodstil in het vertrek en iedereen keek zwijgend naar de stafkaart.'[79] In een telefoongesprek na de stafvergadering 's avonds riep de dictator Jodl en Wenck op de bevrijdingsaanval 'hard en met vastberadenheid' te forceren. Alleen zo zou het lukken 'de verbinding tussen het Negende Leger en Berlijn weer te herstellen en grote delen van de vijandelijke troepen te vernietigen'.[80]

HET EINDE IN DE BUNKER 565

Op 26 april lagen het regeringsdistrict en de Rijkskanselarij de hele dag onder zwaar Russisch artillerievuur. Van tijd tot tijd moesten de ventilatoren die frisse lucht in de bunker bliezen, worden uitgeschakeld omdat ondanks de filters rook, kalkstof en de stank van zwavel naar binnen werd gezogen. Het betonnen plafond van de onderaardse gang naar de Nieuwe Rijkskanselarij werd op verschillende plaatsen doorboord. Die nacht hadden de Russen de ondergrondse kabel die de telefooncentrale van de bunker met de commandoposten buiten Berlijn verbond, doorgesneden. Er was nog maar één telefoonlijn, die echter voortdurend werd gestoord. Zo bleven de inzittenden van de bunker urenlang verstoken van berichten. Keer op keer informeerde Hitler naar de verblijfplaats van Wencks troepen, maar Krebs kon hem niets nieuws vertellen. In plaats daarvan werd die middag bekend dat het front aan de Oder tussen Stettin en Gartz volledig was ingestort en de pantsereenheden van Rokossovski doorstootten naar Neustrelitz en Neubrandenburg. In het noordoosten van Berlijn hadden Russische soldaten zich langs de Frankfurter Allee een weg gebaand tot aan de Alexanderplatz.[81]

Op de avond van 26 april meldde kolonel-generaal van de Luftwaffe Robert Ritter von Greim zich in de Führerbunker. Hitler had hem naar Berlijn geroepen om hem tot opvolger van Goering te benoemen. Begeleid door de beroemde testpilote en vurige bewonderaar van Hitler Hanna Reitsch, was Greim van München naar Rechlin gevlogen, en daarvandaan verder naar vliegveld Gatow. Daar was hij – net als Speer eerder – overgestapt in een Fieseler Storch. Bij het inzetten van de landing op de oost-westas was de vloer door een artilleriesalvo onder het

Afb. 42 Een van de laatste foto's van Hitler: vermoedelijk eind maart 1945 inspecteert hij, begeleid door Julius Schaub, al jaren zijn persoonlijke adjudant, de verwoestingen in de Nieuwe Rijkskanselarij.

vliegtuig uit geslagen en was Greim gewond geraakt aan zijn rechtervoet. Hanna Reitsch had de stuurknuppel overgenomen en het toestel veilig voor de Brandenburger Tor aan de grond gezet. Greim werd eerst door een arts verbonden, alvorens hij op een brancard naar Hitler werd gebracht.

'Zijn gestalte was nog krommer, allebei zijn armen trilden en zijn blik stond wazig. Hij begroette ons met een bijna toonloze stem,' beschreef Hanna Reitsch de ontmoeting. Nu pas hoorde Greim waarom hij de gevaarlijke vliegtocht had moeten ondernemen. Hitler gaf hem Goerings telegram te lezen en lichtte hem in over de afzetting en arrestatie van de rijksmaarschalk. Daarna bevorderde hij Greim tot veldmaarschalk en benoemde hij hem tot opperbevelhebber van de Luftwaffe. Vervolgens barstte hij los in zijn bekende litanie dat hem 'niets bespaard bleef op deze wereld, geen teleurstelling, geen gebroken belofte van trouw, geen eerloosheid, geen verraad'.[82]

Op 27 april namen Russische troepen vliegveld Tempelhof en Gatow in en drongen verder op richting het centrum van de stad. Op de Alexanderplatz werd zwaar gevochten en opnieuw werd de Rijkskanselarij met zwaar geschut onder vuur genomen. Bij elke voltreffer trilden de muren van de bunker als bij een aardbeving. Toen de beschietingen even uitbleven, vroeg Hitler aan zijn bediende om met hem de tuin van de Rijkskanselarij te bekijken. Hij wilde met eigen ogen zien hoe het er daar uitzag. Maar Linge had de gepantserde deur naar de nooduitgang nog niet geopend, of er sloeg alweer een granaat in naast de bunker. Hitler maakte ogenblikkelijk rechtsomkeert en strompelde terug naar zijn eigen appartement.[83]

Later in de ochtend, rond 10.30 uur, meldde Wenck zich eindelijk. Hij deelde mee dat het front van zijn troepen het dorp Ferch am Schwielowsee had bereikt, op ongeveer 12 kilometer ten zuidwesten van Potsdam. Het bericht verspreidde zich als een lopend vuurtje door de bunker en zorgde even voor een euforische stemming. 'Overal klonken vrolijke stemmen en werd er gelachen. Kaarten en stratenplannen van Berlijn werden tevoorschijn gehaald om te zien hoe ver het nog was, van Potsdam tot Berlijn. Iedereen sloeg elkaar enthousiast op de schouders.'[84] Met ogen die glommen van de koorts bekeek Hitler de nieuwe markeringen die Freytag von Loringhoven hem overhandigde en keek triomfantelijk om naar generaal Krebs: 'Ik heb het u steeds weer gezegd [...]. Het gaat ons lukken.'[85]

Ook tijdens de eerste stafvergadering van 27 april concentreerde het overleg zich op de lotgevallen van Wencks troepen. Hitler sprak zijn vertrouwen uit dat als Berlijn 'nog twee, drie of vier dagen' stand kon houden, het voor Wenck mogelijk zou zijn de Rijkshoofdstad te bereiken. 'Stelt u zich dat eens voor: het zal als een lopend vuurtje door heel Berlijn gaan, als men hoort: Duitse troepen zijn in het westen binnengevallen en hebben contact gelegd met de vesting. [...] Iedereen zal hiernaartoe willen komen.' Desalniettemin was hem duidelijk dat Wenck er met zijn drie divisies nooit op eigen kracht in zou slagen, maar dat hij daarbij zowel de steun van Busses Negende Leger alsook de hulp van de troepen onder luitenant-generaal Rudolf Holste, die in het noordwesten van Berlijn standhielden, nodig had. Maar betrouwbare berichten over hun gevechtssterkte hadden de opperbevelhebber en zijn adviseurs in de bunker niet meer. Ze schoven met divisies die ofwel sterk waren uitgedund of feitelijk al niet meer bestonden. Hij zou 'vannacht iets rustiger gaan slapen', meldde Hitler zijn omgeving, om er niet zonder sarcasme aan toe te voegen dat hij alleen 'gewekt wilde worden als er een Russische tank voor mijn slaapkamer staat'.[86]

De hoop op een ommekeer vervloog even snel als hij was opgevlamd. In de loop van de dag meldde ss-generaal Mohnke dat de eerste Russische tanks in de buurt van de Wilhelmplatz waren gezien en enkele Russische scherpschutters posities hadden ingenomen op de Potsdamer Platz. Tegen de avond werd duidelijk dat de aanval van Wencks troepen voor Potsdam was vastgelopen en er nauwelijks nog hoop bestond dat de stad kon worden ontzet. Hitler vervloekte de leiding van het Negende Leger dat de meeste troepen naar het westen had geleid in plaats van, zoals hij had bevolen, op te trekken naar het noordwesten richting Berlijn. Het was onmogelijk 'leiding te geven als iedere legerleider of korpsgeneraal doet wat hem het beste lijkt zonder zich te bekommeren om de grote lijnen'. Inderdaad had het Busse realistischer geleken om met de resten van zijn troepen door de omsingeling bij Halbe naar het westen door te breken om zich daar aan de Amerikanen over te geven. Gezien de catastrofale situatie stelde commandant Weidling voor een uitbraak uit Berlijn richting Potsdam te wagen. Hij garandeerde dat hij Hitler heelhuids in veiligheid zou brengen, maar de dictator weigerde opnieuw. Het ging er nu om 'een heroïsche strijd om het allerlaatste eilandje' te voeren, zei hij en bereed in de laatste stafvergadering van die dag weer zijn oude stokpaardje. Het was 'ook geen slecht einde aan een leven als je valt in de strijd om de hoofdstad van je Rijk'.[87] In de bunker verspreidde zich inmiddels een ware ondergangsstemming. Terwijl de meesten hun angsten probeerden te verdoven met alcohol, schreef Bormann in zijn zakagenda: 'We zullen om de Führer staan e[n] met hem vallen: trouw tot in de dood.'[88]

Op 28 april bereikte het trommelvuur op het regeringsdistrict een ware orkaankracht. Onophoudelijk sloegen granaten in op de Rijkskanselarij. Mohnke rapporteerde dat Russische troepen op enkele plekken de binnenste verdedigingsring van de 'citadel' hadden doorbroken. Vanaf de Hallescher Tor en de Belle-Alliance-Platz rukten ze dreigend op naar de Wilhelmstraße. Door de hele bunker stonden groepjes mensen opgewonden met elkaar te praten.[89] In de vroege ochtenduren deed Krebs nog een keer een dringend beroep op Keitel: 'De Führer verwacht zo snel mogelijk hulp; we hebben nog hooguit achtenveertig uur. Als er dan geen hulp komt, is het te laat.' Keitel beloofde Wenck en Busse 'met uiterste energie' aan te sporen.[90] Maar toen werd de verbinding verbroken en werd er niets meer van Wencks troepen vernomen. 'Trouw lijkt plaats te maken voor ontrouw,' telegrafeerde Bormann aan admiraal von Puttkamer. 'Wij blijven hier. Rijkskanselarij inmiddels een ruïne.'[91] In zijn zakagenda noteerde hij in licht gewijzigde vorm een regel uit het *Reiterlied* in Friedrich Schillers *Wallensteins Lager*: 'Op de punt van het zwaard de wereld wankelt.'[92]

Op de avond van 28 april verscheen Heinz Lorenz opgewonden met een bericht van Reuters in de Führerbunker. Het bevatte nieuws dat door Radio Stockholm al die ochtend was uitgezonden, maar eerst niet serieus was genomen. Nu werd het echter uit onverdachte bron bevestigd: Heinrich Himmler had via de Zweedse diplomaat en vicepresident van het Zweedse Rode Kruis, Folke graaf Bernadotte, geprobeerd onderhandelingen met de westelijke machten te beginnen en had daarbij ook een onvoorwaardelijke capitulatie aangeboden.[93]

De contacten van de Reichsführer-SS met Bernadotte dateerden uit februari 1945. Die betroffen oorspronkelijk de vrijlating van gevangenen in concentratiekampen, vooral afkomstig uit Scandinavië, maar Walter Schellenberg, de chef van buitenlandse spionage in het Reichssicherheitshauptamt, drong er bij zijn superieuren op aan op eigen houtje met de westelijke machten te onderhandelen over een deelcapitulatie. Himmler was eerst besluiteloos, werd heen en weer geslingerd tussen zijn loyaliteit aan Hitler en zijn eigen inzicht dat de oorlog verloren was. Toen Fegelein hem echter op de hoogte bracht van de zo dramatisch verlopen stafvergadering van 22 april, meende hij – net als Göring – dat de Führer niet meer handelingsbekwaam was en dat nu zonder zijn toestemming moest worden opgetreden. In de nacht van 23 op 24 april had hij een ontmoeting met Bernadotte in het Zweedse consulaat in Lübeck en vroeg hij hem via de Zweedse overheid een ontmoeting te arrangeren met Eisenhower, aan wie hij het capitulatieaanbod wilde voorleggen. Zoals te verwachten viel, wezen de westelijke machten het aanbod af en maakten ze Himmlers voorstel openbaar door het Reuters-bericht via BBC Londen te verspreiden.[94]

Hitler had het schuim op de mond staan toen hij het bericht ontving. 'Hij tierde als een krankzinnige,' herinnerde Reitsch zich. 'Hij werd vuurrood en zijn gezicht was bijna onherkenbaar.'[95] Uitgerekend Himmler, wiens SS-manschappen werden ingezworen met de eed 'Trouw is onze eed', had hem bedrogen en gedroeg zich al alsof hij zijn opvolger was. Bormann, Goebbels en de hele entourage deelden zijn verontwaardiging. De bunker galmde weer van woedende beledigingen aan het adres van de 'trouweloze Heinrich'.

HET EINDE IN DE BUNKER　　　　569

Voor één man zou de affaire noodlottige gevolgen hebben: voor Himmlers verbindingsofficier Hermann Fegelein. Hij was op 25 april uit de bunker vertrokken. Zijn vertrek viel pas twee dagen later op. Hitler gaf bevel hem op te sporen. Uiteindelijk werd hij gevonden, in burgerkleding, stomdronken en in het gezelschap van een jonge vrouw, in zijn woning in de Bleibtreustraße vlak bij de Kurfürstendamm. Kennelijk had hij vanuit zijn woning zijn schoonzus Eva Braun opgebeld en geprobeerd haar over te halen de bunker te ontvluchten. Een veilig opgeborgen koffer vol juwelen en deviezen duidde op zijn voornemen naar het westen te vluchten. Fegelein werd nog op de avond van 27 april gearresteerd, ter plekke gedegradeerd en in de bunker onder de Nieuwe Rijkskanselarij in hechtenis geplaatst. Tijdens zijn verhoor een dag later kwam het bericht van Himmlers 'verraad' binnen. Bij de doorzoeking van Fegeleins werkvertrek werd een aktetas met documenten gevonden die erop wezen dat hij op de hoogte was van Himmlers onderhandelingen met Bernadotte. Daarmee was zijn lot bezegeld. Hitler, dorstend naar wraak, eiste de doodstraf. Een inderhaast samengestelde krijgsraad onder voorzitterschap van Mohnke bevestigde het vonnis. Tegen middernacht werd Flegelein geëxecuteerd, zijn lijk werd in de tuin van de Rijkskanselarij begraven.[96]

Niet veel later beval Hitler Grein, de nieuwe opperbevelhebber van de Luftwaffe, naar Dönitz, die zich in Plön in Holstein bevond, te vertrekken en er zorg voor te dragen dat deze Himmler zou arresteren. Nooit mocht een verrader zijn opvolger worden, verklaarde hij. Greim en Hanna Reitsch verzochten om in de bunker te mogen blijven, maar Hitler eiste dat ze zouden gaan. Een vliegtuig van het type Arado 96 stond voor ze klaar bij de Brandenburger Tor. Niet ver daarvandaan, op de Potsdamer Platz, werd inmiddels gevochten en daarom moesten de twee met een pantservoertuig naar de startbaan gebracht worden. Ten afscheid gaf Hitler – 'nog een tint bleker, nog dieper gekromd, met een vaal, afgetakeld oudemannengezicht' – aan Hanna Reitsch twee flacons met gif, zodat ze 'te allen tijde de vrijheid zelf te beslissen' hadden. Hijzelf zou met Eva Braun vrijwillig afscheid nemen van het leven als er geen hoop meer was op de bevrijding van Berlijn door generaal Wenck. De pilote slaagde erin het vliegtuig heelhuids uit het Berlijnse inferno te loodsen.[97] Haar missie op het hoofdkwartier van Dönitz in Plön werd echter geen succes. De grootadmiraal riep Himmler, die inmiddels in een politiekazerne was ingekwartierd, ter verantwoording, maar de Reichsführer-ss ontkende keihard achter Hitlers rug om met de westerse machten te hebben onderhandeld, en Dönitz accepteerde Himmlers verklaring.[98]

In de nacht van 28 op 29 april, kort na het vertrek van Greim en Reitsch, trouwde Hitler met Eva Braun, die hem al zo lang vergezelde. Veel lijkt erop te wijzen dat hij dat besluit op korte termijn had genomen. Zelfs zijn naaste medewerkers werden er pas een paar uur van tevoren over ingelicht.⁹⁹ Hij had zijn omgeving altijd te verstaan gegeven dat een huwelijk voor hem uitgesloten was, omdat hij als Führer geen intieme band met een vrouw kon aangaan. Al vroeg had hij zich gepresenteerd als politicus die zich alle geluk op het persoonlijke vlak ontzegde, om zich volledig te kunnen wijden aan zijn historische missie in dienst van het Duitse volk. Daarom ook had hij er via allerlei maatregelen voor gezorgd dat het bestaan van zijn geliefde voor de openbaarheid verborgen bleef.¹⁰⁰ Die rol hoefde hij nu niet meer vol te houden nu het aura van zijn Führerschap was verbleekt en hij had besloten gezamenlijk met Eva Braun zelfmoord te plegen. De huwelijksvoltrekking in de laatste uren was kennelijk zijn manier van dankzegging aan de vrouw die onvoorwaardelijk loyaal was gebleven en hem altijd trouw terzijde had gestaan. Dat woog des te zwaarder in het licht van het verraad van zijn paladijnen, vooral dat van Göring en van Himmler. Misschien speelden ook hier wagneriaanse motieven een rol. 'Liebestod', Isoldes slotaria uit de opera *Tristan und Isolde*, zo had hij in avondlijke gesprekken op de Berghof eerder verkondigd, wilde hij horen als zijn stervensuur was aangebroken.¹⁰¹

Hoe het ook zij – in grote haast moest zijn bediende Linge het magazijn inrichten voor de burgerlijke plechtigheid. Een notaris met de toepasselijke naam Walter Wagner – die voor Goebbels als Gauleiter had gewerkt op diens Berlijnse ministerie – werd opgetrommeld om het huwelijk te voltrekken. Hitler droeg zijn vertrouwde uniform met het IJzeren Kruis eerste klasse en het gewondeninsigne uit de Eerste Wereldoorlog. Eva Braun droeg een lange, hooggesloten, donkere zijden jurk. Bormann en Goebbels traden op als getuigen. Bij de ondertekening van de huwelijksakte was de kersverse echtgenote zo ongeconcentreerd, dat ze eerst met haar meisjesnaam wilde ondertekenen. Snel herstelde ze haar vergissing, ze streepte haar beginletter B door en schreef toen 'Eva Hitler, geb. Braun'. De hele ceremonie had niet meer dan 10 minuten in beslag genomen. Daarna trokken het bruidspaar en de getuigen zich terug in Hitlers werkkamer om er in kleine kring nog een glas sekt te drinken en herinneringen aan vroeger op te halen.¹⁰²

Nog voor het huwelijk werd voltrokken, even voor middernacht, had Hitler Traudl Junge verzocht hem te volgen naar het magazijn. 'Pak uw stenoblok,' beval hij en begon met starre blik, met beide handen steunend op het tafelblad, te dicteren: 'Mijn politieke testament.' Bij die woorden begonnen haar handen te trillen, herinnerde de secretaresse zich later. Ze was 'tot het uiterste gespannen' geweest: zou nu eindelijk komen waarop zoveel bewoners van de bunker al dagen wachtten – 'Een verklaring voor hetgeen er was gebeurd, een bekentenis, misschien zelfs een schuldbekentenis?'¹⁰³ Maar ze werd teleurgesteld in haar verwachtingen. Hitlers uitweidingen vormden een troebele 'getuigenis van zijn ongebroken ideologische dogmatisme en een hardnekkige zelfrechtvaardiging'.¹⁰⁴ Het was 'onjuist', beweerde hij, dat hij 'de oorlog in 1939 gewild' had. Hij was ertoe gedwongen 'uitsluitend door internationale staatsmannen, die ofwel van Joodse komaf waren, dan wel voor Joodse belangen werkten'. Zijn fanatieke antisemitisme als kern van zijn ideologische obsessies traden weer aan het licht. Hij had er nooit twijfel aan laten bestaan dat hij 'het volk ter verantwoording' zou roepen, 'dat de werkelijk schuldige aan deze moorddadige worsteling het Jodendom was!' Daarop volgde een passage waarin de dictator nauwelijks verhuld, met onmiskenbare genoegdoening, de vernietiging van de Europese Joden als voldongen feit bekendmaakte: 'Ik heb verder niemand in onzekerheid gelaten dat ditmaal [...] niet alleen miljoenen volwassen mannen de dood vinden en niet alleen honderdduizenden vrouwen en kinderen in de steden verbranden of worden gebombardeerd zonder dat de werkelijke schuldige, zij het op humanere wijze, zijn schuld dient in te lossen.'

Hitler rechtvaardigde zijn beslissing om in Berlijn te blijven en daar 'uit vrije wil' de dood te kiezen. Hij wilde niet 'in handen van de vijand vallen, die ter vermaak van hun opgehitste massa's een nieuw, door Joden gearrangeerd schouwspel willen'. De dictator riep de leiders van het leger, de marine en de Luftwaffe op 'met uiterste middelen de geest van verzet van onze soldaten op nationaalsocialistische wijze te versterken' door het goede voorbeeld te geven en zelf 'aan de dood de voorkeur te geven boven een laf afhaken of zelfs aan capituleren'.

In het tweede deel van zijn politieke testament regelde Hitler zijn opvolging. Göring en Himmler werden uit de partij gestoten en uitgesloten van alle overheidsfuncties omdat ze door geheime onderhandelingen met de vijand en met pogingen de macht te grijpen het land 'onoverzienbare schade toegebracht' hadden. Tot zijn opvolger en tot opperbevelhebber van de Wehrmacht benoemde hij grootadmiraal Karl Dönitz. Tevens verleende hij hem de titel Rijkspresident, die hij na de dood van Hindenburg in augustus 1934 had afgeschaft. Bormann en Goebbels werden ook voor hun trouw beloond: de een werd rijkskanselier, de andere 'partijminister'. Niet meer vertegenwoordigd in het Rijkskabinet was Ribbentrop – eindelijk had Goebbels zijn doel bereikt. De nieuwe minister van Buitenlandse Zaken werd Arthur Seyß-Inquart, tot dan toe rijkscommissaris der Nederlanden. Ook Speer kreeg de rekening voor zijn ondoorzichtige optreden in de laatste weken van de oorlog gepresenteerd. Het ministerie voor Bewapening werd overgedragen aan zijn oude concurrent Karl-Otto Saur.¹⁰⁵ In Himmlers plaats werd Paul Giesler, de Gauleiter uit München, benoemd als minister van Binnenlandse Zaken, de Gauleiter van Breslau Karl Hanke werd de nieuwe Reichsführer-ss en hoofd van de politie. Funk (Economie), Backe (Landbouw),

Thierack (Justitie) en Schwerin von Krosigk (Financiën) bleven aan. De laatste was de enige die alle wisselingen in het kabinet sinds Papens 'baronnenkabinet' uit 1932 had overleefd.[106] Secretaris-generaal Werner Naumann nam het ministerie van Propaganda over van Goebbels, Ferdinand Schörner werd benoemd tot de nieuwe opperbevelhebber van het leger. Tot slot riep Hitler 'de regering van het land en haar volgelingen op de rassenwetten stipt te eerbiedigen en onbarmhartig weerstand te bieden aan de vergiftiger van alle volkeren, het internationale Jodendom'.[107]

Toen ze de lijst van leden van de nieuwe regering te horen kreeg, keek Traudl Junge vragend op: 'Als alles verloren is [...] als de Führer zelf geen andere uitweg meer weet dan zelfmoord, wat moeten de mannen die hij benoemd heeft, dan nog doen?'[108] Maar na een kort zwijgen ging Hitler onverstoorbaar verder: 'Mijn privétestament.' Nu pas hoorde de secretaresse dat haar 'chef' op het punt stond met Eva Braun te trouwen. Hij had, dicteerde hij, besloten 'het meisje tot mijn vrouw te maken dat na lange jaren trouwe vriendschap uit eigen vrije wil naar de al bijna belegerde stad was gekomen om haar noodlot met het mijne te delen. Ze kiest volgens haar eigen uitdrukkelijke verlangen als mijn echtgenote met mij de dood.' Zijn bezittingen liet Hitler na aan de partij en mocht die niet meer bestaan, aan de Duitse staat: 'Mocht ook de staat vernietigd worden, dan is een verder besluit van mij niet meer noodzakelijk.' Zijn schilderijenverzameling moest, zoals al langer gepland was, aan een museum in Linz worden vermaakt. Tot executeurtestamentair benoemde Hitler zijn 'trouwste partijgenoot' Martin Bormann. Hij droeg hem op ervoor te zorgen dat uit zijn nalatenschap voor zijn zuster Paula en zijn halfzuster Angela Hamitzsch, Eva Brauns moeder en zijn medewerkers, met name zijn secretaresses en zijn huishoudster Anni Winter, zoveel zou worden bestemd 'als noodzakelijk is voor een bescheiden burgermansbestaan'. Het privétestament werd besloten in de bombastische, pathetische toon van een Wagneropera: 'Ikzelf en mijn vrouw kiezen, om de schande van afzetting en capitulatie te ontgaan, de dood. Het is onze wens ogenblikkelijk verbrand te worden op de plek waar ik het grootste deel van mijn dagelijkse arbeid gedurende mijn twaalfjarige dienst aan mijn volk heb geleverd.'[109]

Zodra het dictaat was voltooid, kwam Hitler overeind van het tafelblad waaraan hij al die tijd houvast had gezocht en droeg hij Traudl Junge op de beide documenten in drievoud op de schrijfmachine uit te tikken. Terwijl het bruiloftsgezelschap nog bijeen was, liep hij keer op keer naar de kamer om zich van haar vorderingen te overtuigen. Tegen 4.00 uur in de ochtend van 29 april was alles uiteindelijk klaar. Het politieke testament werd ondertekend door de getuigen Goebbels en Bormann als vertegenwoordigers van de staat en de partij, alsook door Krebs en Burgdorf als de hoogste militairen in rang. Het privétestament werd behalve door Goebbels en Bormann ook nog ondertekend door adjudant Below, voor wie dit een speciale onderscheiding was.[110]

Nadat het werk was volbracht trok Hitler zich terug. Voor zijn secretaresse was de werkdag echter nog niet ten einde. Plotseling hinkte Goebbels bij haar naar binnen en vroeg haar een 'aanhangsel bij het politieke testament van de Führer' te schrijven. Hitler had hem bevolen Berlijn te verlaten en de leiding van de rijksregering over te nemen. Voor het eerst in zijn leven zag hij zich genoodzaakt een bevel van de Führer te negeren. In het complete 'delirium van verraad', dicteerde hij, moesten er ten minste een paar mannen overblijven 'die onvoorwaardelijk en tot in de dood bij hem [zouden] blijven'. Om die reden hadden hij en zijn vrouw het 'onherroepelijke besluit' gekomen om in de Rijkshoofdstad te blijven en hun leven aan Hitlers zijde te beëindigen.[111]

Op de ochtend van 29 april, om 8.00 uur, werden de koeriers aangewezen die de documenten uit Berlijn moesten smokkelen: Hitlers legeradjudant majoor Willi Johannmeyer, Bormanns adjudant ss-kolonel Wilhelm Zander, en de persman Heinz Lorenz. Ze moesten elk respectievelijk een exemplaar brengen aan de nieuwe opperbevelhebber van het leger, generaal-veldmaarschalk Schörner, aan de aangewezen opvolger van Hitler grootadmiraal Dönitz en naar het hoofdkantoor van de partij in München, het 'Braune Haus'. Tegen het middaguur verlieten de drie de bunker en probeerden op gewaagde wijze het westen te bereiken. Geen van de koeriers bereikte zijn eindbestemming, maar leden van de Britse Secret Intelligence Service (SIS) en de latere historicus Hugh Trevor-Roper slaagden erin in de winter van 1945-1946 de drie koeriers op te sporen en daarmee ook de drie doorslagen van Hitlers testament en de huwelijksakte veilig te stellen. In zijn in maart 1947 voor het eerst in Engeland verschenen boek *The last Days of Hitler* heeft Trevor-Roper de spannende speurtocht beschreven.[112]

'Weer trommelvuur,' schreef Bormann op 29 april in zijn zakagenda.[113] Met korte tussenpozen regende het granaten in alle soorten en maten op de Rijkskanselarij. Het Wehrmachtnieuws van die dag meldde dat er 'dag en nacht fanatiek' werd gestreden, 'huis aan huis' in het centrum van Berlijn.[114] Van drie kanten – vanaf de Alexanderplatz, vanaf de Tiergarten en vanaf de Potsdamer Platz – bereidden Russische troepen zich voor op de bestorming van het regeringsdistrict.[115] Na de bijeenkomst rond 13.30 uur namen drie officieren afscheid, majoor Freytag von Loringhoven, ritmeester Boldt en eerste luitenant Weiß. Ze zouden proberen, verklaarden ze, het Twaalfde Leger te bereiken om generaal Wenck in te lichten over de situatie in Berlijn. In werkelijkheid was het hun bedoeling de bunker te ontvluchten en nog levend uit Berlijn weg te komen. Hitler schudde elk van hen de hand: 'Brengt u Wenck mijn groeten over. Laat hij zich haasten, anders is het te laat.'[116] Freytag von Loringhoven en Boldt slaagden erin het westen te bereiken; Weiß belandde in Russische krijgsgevangenschap. Ook Below verliet kort na middernacht als laatste van Hitlers adjudanten de Rijkskanselarij. Dat hij Keitel een geheime boodschap van Hitler moest overbrengen, was natuurlijk een fabeltje dat Below in 1946 als gevangene van de Britten opdiste aan Hugh Trevor-Roper, de officier die hem verhoorde. Het werd niet alleen door hem in zijn boek *The Last Days of Hitler* maar ook door menig ander historicus na hem zonder een spoor van bewijs herhaald.[117]

Laat op de middag van 29 april gaf Hitler bevel zijn herdershond Blondi te vergiftigen. De hond was hem in het voorjaar van 1942 geschonken en hij had, als eerder beschreven, veel tijd besteed aan het africhten van het dier.[118] Hitler wilde niet dat zijn hond hem overleefde. Sinds Himmlers 'verraad' was hij wantrouwig geworden of de door de SS ter beschikking gestelde capsules met blauwzuur daadwerkelijk tot een snelle dood leidden. De werking van het gif moest op zijn hond worden uitgeprobeerd. Uit het commandocentrum onder de Nieuwe Rijkskanselarij werd de hoogste arts in functie, professor Werner Haase, opgeroepen. Een opperwachtmeester hield de bek van het dier open, terwijl Haase met een tangetje de gifampul brak. Hitler kwam kijken om zich van de dood van de hond te overtuigen. 'Zijn gezicht zag eruit als zijn eigen dodenmasker,' schreef Traudl Junge.[119]

Die avond ontving Hitler het bericht van Mussolini's dood. Op 27 april was de duce op zijn vlucht samen met zijn minnares Clara Petacci aan het Comomeer door communistische partizanen herkend en gearresteerd. De volgende dag werden ze 's middags aan de rand van het dorp Giulino di Mezzegra geëxecuteerd. Op 28 april werden de lijken met een verhuiswagen naar Milaan vervoerd en daar aan hun voeten bij een tankstation op de Piazzale Loreta opgehangen, nadat een menigte de lijken flink had toegetakeld.[120] Dat Hitler details over de gruwelijke taferelen heeft ontvangen, is niet erg waarschijnlijk, maar alleen al het bericht over het tentoonstellen van de lijken zal hem hebben gesterkt in zijn beslissing zijn stoffelijk overschot en dat van zijn vrouw te laten verbranden.[121]

Rond 23.00 uur telefoneerde Hitler nog een keer met Jodl, die zich in Dobbin in Mecklenburg bevond, waar het hoofdkwartier van de Wehrmacht inmiddels naartoe was verplaatst. Hij verlangde onmiddellijk antwoord op vijf vragen: ' 1. Waar zijn de fronttroepen van "Wenck"? 2. Wanneer vallen ze opnieuw aan? 3. Waar is het Negende Leger? 4. Waar breekt het Negende Leger door de linies? 5. Waar zijn de fronttroepen van "Holste"?'[122] Pas een uur na middernacht kwam het antwoord van Keitel: '1. Fronttroepen van Wenck zijn zuidelijk van het Schwielowmeer vastgelopen. 2. Het Twaalfde Leger kan daardoor de aanval op Berlijn niet voortzetten. 3. Leger massaal omsingeld. Pantsereenheden doorgebroken naar het westen. Verblijfplaats niet gemeld. 4. Corps Holste [...] in de verdediging gedrongen.'[123] Daarmee stond definitief vast dat het afgelopen was.

Hitler begon zich voor te bereiden op zijn einde. Nog in de nacht van 29 op 30 april nam hij afscheid van zijn bedienden, de leden van zijn lijfwacht en van het medisch personeel van het veldhospitaal. De arts Ernst Günther Schenk, die hem bij die gelegenheid voor het eerst zag, kreeg 'het gevoel van een haast ondraaglijke ontnuchtering'. De man die voor hem stond, deed in de verste verten niet meer denken aan de Führer van weleer: 'Weliswaar droeg hij een grijze uniformjas met gouden onderscheiding en het IJzeren Kruis aan de linkerkant van de borst en ook een zwarte broek, maar de man die in deze kledij stak, zat diep ineengezonken. Ik keek neer op een kromme rug met afhangende schouders, waar zijn hoofd bijna gekweld tussenuit stak.'[124] Hitler schudde iedereen de hand en bedankte hen voor hun bewezen diensten. Hij had besloten zelfmoord te plegen, zei hij en hij onthief hen van hun eed. Ze moesten proberen door te breken naar de Britse en Amerikaanse linies om Russische krijgsgevangenschap te ontlopen.[125]

Al om 5.00 uur 's ochtends op 30 april lag de Rijkskanselarij onder zwaar artillerievuur. Een uur later liet Hitler Wilhelm Mohnke bij zich komen en informeerde hoelang er nog standgehouden kon worden. 'Een tot twee dagen', luidde het antwoord. Intussen hadden Russische troepen de Potsdamer Platz en grote delen van de Tiergarten veroverd en stonden ze op nog maar 400 meter van de Rijkskanselarij. Rond 12 uur die dag vond de laatste stafvergadering plaats. Generaal Weidling bevestigde de sombere prognose van Mohnke: 'Naar alle waarschijnlijkheid' zal 'de slag om Berlijn op de avond van de dertigste april voorbij zijn', omdat de munitievoorraden opraakten en op aanvoer uit de lucht niet meer gerekend kon worden. Na ruggespraak met Krebs gaf Hitler toestemming om, als alle reserves verbruikt waren, de verdediging van de Rijkshoofdstad op te splitsen in kleine groepjes die konden proberen zich aan te sluiten bij de nog doorvechtende legereenheden in het westen. Capitulatie verbood hij nogmaals uitdrukkelijk.[126]

Rond 13.00 uur gebruikte Hitler met zijn beide secretaresses en zijn dieetkokkin het middagmaal. Er werd over triviale zaken gepraat; de aanstaande zelfmoord werd niet besproken. Op Traudl Junge maakte het geheel de indruk van 'een feestmaal van de dood, in de vermomming van vrolijke uitgelatenheid en gevatheid'.[127] Ondertussen had Martin Bormann zich tot Otto Günsche gewend en hem meegedeeld dat Hitler later die dag met zijn vrouw zelfmoord zou plegen. Hij had opdracht gegeven dat de lijken moesten worden verbrand. Günsche moest de daarvoor benodigde benzine regelen. Korte tijd later liet ook Hitler zelf zijn persoonlijke adjudant beloven dat hij zijn bevelen stipt zou uitvoeren. Hij wilde niet dat zijn lijk naar Moskou zou worden overgebracht en het daar 'in het panopticum tentoongesteld' zou worden. Onmiddellijk riep Günsche de chauffeur en hoofd van het wagenpark Erich Kempka bij zich en gaf hem de opdracht tien jerrycans met benzine te gaan halen en die bij de nooduitgang naar de tuin van de Rijkskanselarij neer te zetten.[128]

Nu was voor Hitler de tijd aangebroken om afscheid te nemen van zijn entourage. Aan zijn gezagvoerder Baur gaf hij als afscheidsgeschenk Anton Grafs schilderij van Frederik de Grote. Hij wist, zei hij, dat 'morgen al [...] miljoenen mensen hem zouden vervloeken', maar dat het noodlot het zo had beslist.[129] Rond 15.15 uur verzamelden de naaste medewerkers – Goebbels, Bormann, Hewel, de generaals Krebs en Burgdorf en de secretaresses – zich in de hal. Hitler kwam begeleid door zijn vrouw naar buiten, schudde iedereen de hand, mompelde een paar woorden van dank en trok zich vervolgens terug in zijn vertrekken.[130] Onmiddellijk daarna verscheen Magda Goebbels 'in tranen' en smeekte Günsche om Hitler nog één keer te mogen spreken. Kennelijk wilde ze een laatste poging ondernemen om hem over te halen Berlijn te verlaten. Kort aangebonden wees Hitler haar af.[131] Iedereen wachtte nu op het einde.

Na ongeveer tien minuten – het was kort na 15.30 uur – deed zijn bediende Linge de deur van Hitlers werkkamer open, wierp een korte blik naar binnen en zei tegen Bormann: 'Herr Reichsleiter, het is gebeurd.' Samen gingen ze, gevolgd door Günsche, de kamer in. Ze zagen het volgende tafereel: links op de gebloemde sofa zat Hitler, zijn hoofd licht voorovergebogen. In zijn rechterslaap zat een schotwond ter grootte van ongeveer een pfennig, vanwaaruit bloed langs zijn wang liep. De muur en de sofa waren bezaaid met bloedspatten. Op de grond had zich een bloedplas ter grootte van een schoteltje gevormd. Naast Hitlers rechtervoet lag zijn pistool, een Walther van het kaliber 7,65 mm. Op de rechterkant van de sofa zat Eva Hitler met opgetrokken benen en samengeperste lippen. De geur van bittere amandelen die om haar lichaam hing, duidde erop dat ze zichzelf had vergiftigd met een capsule blauwzuur.[132]

Günsche ging naar het magazijn en meldde de daar aanwezigen: 'De Führer is dood!' Goebbels, Krebs, Burgdorf, Axmann en Rattenhuber snelden naar de hal voor de vertrekken van de Führerwoning. Op dat moment kwam Linge, gevolgd door twee ss'ers, net met Hitlers lijk naar buiten. Het lichaam was in een deken gewikkeld, alleen zijn onderbenen met de zwarte broekspijpen en zijn lage schoenen staken eronderuit. De lijken van Hitler en zijn vrouw werden de trap naar de tuin van de Rijkskanselarij op gedragen en op 3 à 4 meter van de uitgang van de bunker neergelegd. Bormann trad nog een keer naar voren, sloeg de deken over Hitlers gezicht terug en bleef een ogenblik zwijgend kijken. Toen trok hij zich snel weer terug, want in de tuin van de Rijkskanselarij en op de bunker sloegen voortdurend granaten in. In een vuurpauze renden Kempka en Linge naar buiten en goten ze de benzine uit de gereedstaande jerrycans over de lijken. Het lukte echter niet de benzine aan te steken, doordat de sterke wind die door de grote branden werd veroorzaakt, de lucifers steeds weer uitblies. Ten slotte draaide Linge een fakkel van papier en wierp die op de lijken. Onmiddellijk ontbrandde een felle steekvlam. De bij de uitgang verzamelde toeschouwers hieven nog één keer hun arm in de Hitlergroet en trokken zich vervolgens terug.[133]

De stoffelijke resten van Adolf en Eva Hitler werden op de avond van 30 april in een kuil in de tuin van de Rijkskanselarij begraven. Een van de lijfwachten van de Reichssicherheitsdienst die de opdracht uitvoerde, meldde later tijdens een verhoor dat hij niet meer had gevonden dan een hoop as, die, toen hij die met zijn voet aanraakte, uiteenviel. Toen de Russen na de verovering van de Rijkskanselarij een paar dagen later gingen zoeken naar de restanten van Hitler, ontdekten ze behalve sterk verkoolde lichaamsdelen een gouden brug voor een bovenkaak met een porseleinen opbouw en een onderkaak met bruggen. Een tandtechnicus en een tandartsassistente die in de praktijk van Hugo Blaschke hadden gewerkt, identificeerden de vondst als zonder enige twijfel van Hitler afkomstig.[134] Veel meer was er niet overgebleven van de man die zich op het hoogtepunt van zijn loopbaan al heerser over de hele wereld waande.

Op 30 april om 17.40 uur, toen Hitlers lijk nog brandde, belde Bormann Dönitz en deelde hij hem mee dat de Führer hem tot opvolger had benoemd. Een schriftelijke volmacht zou onderweg zijn. Het feit dat Hitler al dood was, verzweeg Bormann en ook in een tweede telegram, dat op de ochtend van 1 mei in Plön arriveerde, kwam alleen ter sprake dat het testament (dat Dönitz helemaal niet had ontvangen) van kracht was geworden en dat hij, Bormann, 'zo snel mogelijk' naar Plön wilde komen. Pas kort voor 15.00 uur 's middags informeerden Goebbels en Bormann Dönitz in een derde telegram over Hitlers overlijden – hij zou 'gisteren om 15.30 uur zijn overleden' – en over de samenstelling van de nieuwe regering. Het tijdstip van de bekendmaking mocht de grootadmiraal zelf bepalen.[135] Het duurde nog eens zeven uur voordat de zender Hamburg om 22.26 uur het nieuws van Hitlers dood bekendmaakte. Hij zou, zo heette het, 'hedenmiddag in het hoofdkwartier in de Rijkskanselarij, tot zijn laatste ademtocht strijdend tegen het bolsjewisme, voor Duitsland zijn gevallen'. Niet alleen het tijdstip, maar ook de omstandigheden rond Hitlers dood werden dus bewust vervalst. Daarmee moest voor de Duitse openbaarheid verborgen blijven dat de dictator zich door zelfmoord aan zijn verantwoordelijkheden had onttrokken. Dönitz bevestigde de vervalste melding toen hij aansluitend op de bekendmaking in een toespraak zei dat Hitler de 'heldendood was gestorven in de hoofdstad van het Duitse Rijk'.[136]

Op de avond van 30 april stuurden Goebbels en Bormann een afgevaardigde naar de Russische linies met het verzoek of generaal Zjoekov een vertegenwoordiger van de Duitse regering wilde ontvangen. Nadat van Russische zijde die toestemming was geseind, ging die nacht generaal Krebs, die als voormalig militair attaché in Moskou Russisch sprak, met een door Goebbels opgesteld schrijven op weg. Daarin werd de dood van Hitler gemeld en het openen van vredesonderhandelingen aangeboden. Op 1 mei keerde Krebs terug in de bunker en meldde dat het Russisch oppercommando volhardde in de eis van onvoorwaardelijke capitulatie.[137] Voor Joseph en Magda Goebbels was nu de tijd aangebroken de laatste voorbereidingen te treffen. Op de avond van 1 mei lieten ze hun kinderen inslapen met morfine, en aansluitend vergiftigen. Daarna pleegden ze zelfmoord door blauwzuurcapsules door te bijten. Voor de volledige verbranding van hun lijken was niet meer voldoende benzine aanwezig. Hun maar deels verkoolde lijken werden de volgende dag door Russische officieren gevonden in de tuin van de Rijkskanselarij.[138]

Ook Krebs en Burgdorf, evenals de bevelhebber van de SS-lijfwachten Franz Schädle gaven de voorkeur aan zelfmoord. De rest van het gezelschap probeerde 's avonds laat in verschillende groepen de bunker te ontvluchten en naar het westen te komen. Slechts enkelen – zoals de secretaresses Junge en Christian en Reichsjugendführer Axmann – slaagden daarin. De meesten werden door de Russen gevangengenomen, onder wie gezagvoerder Baur, de bediende Linge, adjudant Günsche en de telefonist Misch. Anderen ontrokken zich aan gevangenneming door zelfmoord – zoals Walther Hewel, de arts Ludwig Stumpfegger en Martin Bormann. De stoffelijke resten van Hitlers secretaris werden pas in december 1972 bij bouwwerkzaamheden op het terrein van de Lehrter Bahnhof gevonden. De laatste notitie in zijn agenda, geschreven op 1 mei, luidde: 'Uitbraakpoging'.[139]

Op de ochtend van 2 mei ondertekende de commandant van de 'vesting Berlijn' generaal Weidling het bevel tot het staken van de gevechten. Vijf dagen later volgde de onvoorwaardelijke capitulatie van de Duitse Wehrmacht in het hoofdkwartier van Eisenhower in Reims. Op verzoek van Stalin werd de ceremonie op 9 mei, kort na middernacht, in het hoofdkwartier van maarschalk Zjoekov in Berlijn-Karlshorst herhaald. Japan was pas bereid te capituleren nadat de eerste Amerikaanse atoombommen op Hiroshima (op 6 augustus) en op Nagasaki (op 9 augustus) waren afgeworpen. Op 2 september werd op het Amerikaanse slagschip de USS 'Missouri' de akte van capitulatie ondertekend. De door Hitler-Duitsland beraamde Tweede Wereldoorlog, de tot op heden meest vernietigende oorlog in de geschiedenis van de mensheid, was ten einde.

18
Hitlers plaats in de geschiedenis, een balans

'The day is ours. The bloody dog is dead.' Met die woorden uit William Shakespeares koningsdrama *Richard III* (akte 5, scène 4) becommentarieerde de BBC op 1 mei 1945 het bericht van Hitlers dood. Thomas Mann, die het citaat opnam in een dagboeknotitie van 2 mei, betwijfelde onmiddellijk of de door Dönitz verspreide versie volgens welke de dictator 'in de strijd tegen het bolsjewisme was gevallen', wel juist was. Zelfmoord was 'het waarschijnlijkst', schreef hij, maar ook leek het mogelijk dat hij aan een beroerte was overleden, gezien het feit dat hij 'al tijden zou hebben getrild als een espenblad'.[1]

William Shirer, de correspondent van CBS, ontving het bericht van Hitlers dood op 1 mei 1945 in San Francisco, waar sinds 24 april de oprichtingsconferentie van de Verenigde Naties plaatsvond. Hij had het nooit voor mogelijk gehouden, luidde zijn eerste reactie, dat 'een man die de incarnatie was van al het slechte, bestiale en ontaarde', de eindoverwinning zou behalen en de Vrije Wereld zijn wil zou kunnen opleggen. In het licht van de omvang van de verwoesting die Hitler en het nationaalsocialisme hadden nagelaten, stelde de Amerikaanse journalist vast dat nooit eerder 'de mens getuige was geweest van een dergelijke catastrofe op onze planeet'.[2]

In de gesprekken tussen de gevangen Duitse generaals in Trent Park, Cockfosters bij Londen, was op 2 mei de dood van Hitler het gesprek van de dag. De Führer, vond de meerderheid, was een man met 'grote verdiensten' voor het Duitse volk geweest, een 'historische' persoonlijkheid, die pas later 'op waarde kon worden geschat'. Hij was op een tragische manier aan zijn einde gekomen omdat hij zich had omringd met 'gebrekkige, misdadige mensen'.[3] De opvatting dat Hitler het slachtoffer van zijn adviseurs was geworden, werd niet door alle hoge officieren gedeeld. Enkelen onder hen, zoals generaal-majoor Johannes Bruhn, waren inmiddels tot het inzicht gekomen dat ze een systeem hadden gediend dat 'alle morele normen' met voeten had getreden: 'Je grijpt keer op keer naar je hoofd bij de gedachte dat we met zijn allen achter zo'n dwaallicht aan hebben gelopen.'[4] Soortgelijke scrupules begonnen ook al snel kolonel-generaal Hans-Georg Reinhardt te bekruipen. Hij was eind januari 1945 door de dictator ontslagen als leider van de Legergroep Mitte en zat sinds begin juni in Amerikaanse krijgsgevangenschap. Zijn 'geloof in de persoon Hitler' begon te wankelen, vertrouwde hij zijn dagboek toe. 'Of was, zoals wij tot nu toe geloofden, toch alleen zijn omgeving schuldig? Verschrikkelijk als je aan iedereen moet gaan twijfelen in wie je tot nu hebt geloofd, die je hebt gediend.'[5]

Bij Elsa Bruckmann, de societykoningin en een van de voormalige financiële sponsors van Hitler, had de ontgoocheling al eerder toegeslagen: 'Verwoest ons vaderland, München vernietigd, alles waar we in geloofden – teleurgesteld, bedrogen en ons Duitsland verloren!' schreef ze haar zuster midden april 1945.[6]

Albert Speer betrok, toen het nieuws van het levenseinde van de dictator op 1 mei 's avonds werd vrijgegeven, net zijn nieuwe onderkomen bij opvolger Dönitz in Plön. Bij het openen van zijn koffer vond hij een leren cassette met de foto die Hitler hem in maart had geschonken en waarop hij hem in een nog maar nauwelijks leesbaar handschrift verzekerde van zijn vriendschap. Toen hij de foto neerzette, herinnerde Speer zich later, barstte hij 'in huilen' uit: 'Dat was het einde van mijn band met Hitler, toen pas was de ban verbroken, zijn magie verbleekt [...]. Ik viel in een diepe slaap.'[7] Maar Speers betrekkingen met de eens zo bewonderde Führer waren nog geenszins voorbij. Voor werkelijke rouwverwerking was geen plaats. Eerst moest hij, nadat hij samen met de andere leden van het kabinet-Dönitz op 23 mei was gearresteerd, zijn al voor het einde van de oorlog begonnen bemoeienissen voortzetten om zijn rol als een van Hitlers machtigste gunstelingen en zijn deelname aan de misdaden van het nationaalsocialisme te verhullen.[8]

Voor de fanatieke Hitleraanhangers, die tot op het laatst hadden vertrouwd op de beloften van 'wonderwapens' en de eindoverwinning, kwam het bericht van het einde van de dictator als een schok. Vooral tot hen wendde zich hoofdredacteur Hermann Okraß van de *Hamburger Zeitung* in zijn necrologie, die op 2 mei onder de kop 'Afscheid van Hitler' werd gepubliceerd – slechts enkele uren voordat Hamburg tot 'open stad' werd verklaard en door de Britten zonder strijd werd ingenomen. 'Een groot mens,' verklaarde Okraß, had 'onze wereld verlaten', een man die 'het beste voor het volk had gewild' en daarom door dat volk 'ook zo werd aanbeden'. In Adolf Hitler hadden zich 'de grootste deugden, de diepste wensen, de nobelste verlangens, de hele volkswil' verenigd. Dat 'verraders en slechte raadgevers' hem in de steek hadden gelaten en hij was bezweken onder een 'overweldigende overmacht van staal en goud', kon zijn reputatie niet doen verbleken. Men kon het oordeel over hem dan ook 'met een gerust hart aan de wereldgeschiedenis overlaten'.[9]

In het dagboek van de zesentwintigjarige studente germanistiek Lore Walb vermengden de tranen om het verlies van de geliefde Führer zich met een golf van zelfmedelijden. Op 2 mei schreef ze: 'Hij heeft nu rust. Voor hem is dat beslist het beste. Maar wij? Wij zijn alleen achtergebleven, aan alles en iedereen uitgeleverd en kunnen in ons leven niet meer opbouwen wat deze oorlog allemaal heeft vernietigd.' In het begin had Hitler 'positieve ideeën' willen realiseren, en in de binnenlandse politiek zou ook 'veel goeds' tot stand zijn gebracht. Maar op het gebied van de buitenlandse politiek en vooral als opperbevelhebber had hij 'volledig gefaald': 'En nu moet het volk boeten!' Een paar dagen later schreef ze: 'Hitler is nu dood. Maar wij en de komende generaties zullen levenslang de last dragen waarmee hij ons opzadelde [...]. God lijkt ons niet meer lief te hebben.'¹⁰ Met die klaagzang stond de studente niet alleen; ze was eerder exemplarisch voor de ambivalentie waarmee veel voormalige Hitler-bewonderaars reageerden op het nieuws van zijn dood. Het goedgelovige vertrouwen dat men jarenlang in hem had gehad, sloeg om in ontgoocheling, zelfs in haat. De eens zo geprezen Heiland werd de zondebok, op wie alle schuld aan de catastrofe kon worden afgewenteld.

Voor het kleine groepje tegenstanders van Hitler die het onheil hadden voorspeld, sprak Friedrich Kellner toen hij waarschuwde: 'Ieder partijlid is medeverantwoordelijk voor het doen en laten van de partij als geheel. Het geeft geen pas de schuld in zijn geheel op de Führer Adolf Hitler en zijn staf af te schuiven.' Op 1 mei 1945 schreef de justitie-inspecteur uit Laubach, die een paar weken later werd aangesteld als plaatsvervangend burgemeester van zijn woonplaats: 'Het lafhartigste van alle politieke systemen, de voormalige Führerstaat, heeft een verdiend einde gevonden. De geschiedenis zal voor eeuwig boekstaven dat het Duitse volk niet in staat is gebleken op eigen initiatief het nationaalsocialistische juk van zich af te schudden.'¹¹

Bij de grote meerderheid van de bevolking leidde het bericht van Hitlers dood duidelijk nauwelijks tot rouw, eerder tot onverschilligheid, zo niet tot opluchting. De Führermythe had in de laatste oorlogsmaanden ernstig aan kracht ingeboet, en daarmee had ook het nationaalsocialisme een belangrijk deel van zijn aantrekkingskracht verloren. De ban was gebroken. Ursula von Kardorff schreef op 2 mei in Berlijn: 'De mensen hier laat het volkomen onverschillig of Hitler, de eens zo verafgode, geliefde Führer, nog leeft of al dood is. Zijn rol is uitgespeeld.'¹²

De meeste Duitsers waren bovendien veel te hard bezig met overleven om al te zeer stil te staan bij het einde van de dictator. Een achttienjarige scholiere, opgegroeid in een sociaaldemocratisch gezin in Hamburg-Barmbek, viel het de ochtend van 2 mei 1945 op weg naar school op: 'Vreemd, niemand huilde of keek zelfs maar bedroefd, hoewel toch de geliefde, vereerde Führer, waarin die stommelingen bijna een God zagen, niet meer leefde [...]. Dat was dus die samenzweerderige volksgemeenschap die álles voor hem, voor de Führer, wilden geven [...]. Nu de dril is verdwenen, begint alles weer adem te halen.'¹³

Het proces van het afzweren van het nationaalsocialisme voltrok zich met een adembenemende snelheid. Overal werden de symbolen van het nationaalsocialistische bewind – portretten van de Führer, partijsymbolen, hakenkruisvlaggen, uniformen – verwijderd. Schrijver Erich Kästner, die in maart 1945 met zijn collega's bij de Ufa vanuit Berlijn naar Mayrhofen in het Tiroler Zillerdal was vertrokken, deed begin mei een interessante ontdekking: 'We keken in de huiskamers en zagen door alle ramen overal praktisch hetzelfde beeld. Overal werden hakenkruisen van Hitlervlaggen verwijderd. Overal werden witte lakens verknipt [...]. Fleurige rechthoeken op de muren vertelden ons hoe snel behang van kleur verschiet en hoe groot de portretten van Hitler waren geweest. In sommige kamers stonden de huisvaders zich voor de spiegel te scheren, ze trokken grimassen en schraapten zonder de minste zin voor piëteit het Führersnorretje van hun bovenlip.'[14]

Het nationaalsocialisme verdween als een spookverschijning van de ene dag op de andere van het toneel. Overtuigde aanhangers van het regime veranderden vliegensvlug in even overtuigde tegenstanders van het systeem. De Berlijnse journaliste Martha Hiller, wier anoniem gepubliceerde dagboek over de massaverkrachtingen van Duitse vrouwen door soldaten van het Rode Leger in de jaren vijftig veel opzien baarde, vatte half mei 1945 samen wat de mensen in de rijen voor de winkels tegen elkaar zeiden: 'Iedereen wendt zich van Adolf af, niemand is erbij geweest. Iedereen werd vervolgd, niemand heeft verraad gepleegd.'[15] Dezelfde observatie deed Victor Klemperer, die zich na het inferno van Dresden met zijn vrouw in Beieren in veiligheid had weten te brengen: 'Inmiddels is iedereen hier *altijd* een vijand van de partij geweest. Maar als ze het echt *altijd* waren geweest [...] Het Derde Rijk is al zo goed als vergeten.'[16] Twaalf jaar eerder, in het voorjaar van 1933, was het precies andersom geweest, zoals Friedrich Kellner zich maar al te goed herinnerde: toen wilden veel Duitsers 'met de meest ongeloofwaardige verklaringen' aantonen dat ze 'altijd al nationaalsocialist' waren geweest.[17]

Onder de geallieerde journalisten die in het voorjaar van 1945 het verwoeste land bereisden, vroeg men zich verbaasd af hoe het nationaalsocialistische regime, waar kennelijk niemand een aanhanger van was geweest, de oorlog vijfenhalf jaar had kunnen rekken. 'We staan er met verbijsterde en minachtende gezichten bij, horen de vertelsels vol weerzin aan, en zeer zeker zonder respect,' schreef de Amerikaanse oorlogscorrespondent Matha Gellhorn. 'Een heel volk dat zich drukt voor zijn verantwoordelijkheid, biedt geen opmonterende aanblik.'[18]

Maar omdat de nauwe band met Hitler tot ver in de tweede helft van de oorlog intact was gebleven, werd 8 mei 1945 niet als een bevrijding maar als een ineenstorting en een nederlaag ervaren. In de eerste weken na de capitulatie verspreidden de radio en de geschreven pers onafgebroken berichten over de gruwelen in de concentratie- en vernietigingskampen. Niet alleen de overwinnaars, ook de overwonnenen reageerden geschokt op de onthullingen, want ze brachten wat er in de voorgaande jaren met veel succes was verdrongen onbarmhartig aan het licht. De stortvloed aan documenten liet geen ruimte voor ontkenning. 'Dat de gruwelen van de concentratiekampen ons nu dagelijks worden voorgehouden, is terecht,' schreef Mathilde Wolff-Möckeberg, de vrouw van Emil Wolff, de eerste naoorlogse rector van de Universiteit van Hamburg. 'We dragen allemaal verantwoordelijkheid voor die gruwelijke misdaden, niemand mag zich daarvoor afsluiten.'[19]

Maar slechts weinig Duitsers waren bereid zich bloot te stellen aan de gruwelijke beelden en hun eigen schuld te erkennen. De meesten reageerden met een werktuiglijk wegkijken, dat ze in de jaren van de dictatuur al ongevoelig had gemaakt voor het lijden van hun Joodse buren en anderen die vervolgd waren. *'Wir haben nichts gewusst'* (We wisten van niets) – die woorden kreeg correspondente Margaret Bourke-White van het geïllustreerde tijdschrift *Life* in het voorjaar van 1945 zo vaak te horen dat ze op haar overkwamen 'als het Duitse volkslied'.[20] Daarbij: iedereen die het had willen weten, had het kunnen weten.[21]

Eind oktober 1945 keerde William Shirer terug naar Berlijn – naar de stad die

Afb. 43 Goedgeluimde aangeklaagden bij het proces in Neurenberg tegen de belangrijkste oorlogsmisdadigers in 1945-1946. Voorste rij v.l.n.r.: Hermann Göring, Rudolf Heß, Joachim von Ribbentrop, Wilhelm Keitel; daarachter Karl Dönitz, Erich Raeder, Baldur von Schirach.

hij als Amerikaans correspondent in december 1940 had verlaten. Vanuit het vliegtuig zag hij de verwoestingen: 'De enorme stad bijna onherkenbaar vernield. Het centrum van de hoofdstad, tussen de Leipziger Straße en de Friedrichstraße, één reusachtige ruïne.' Maar erger dan de zichtbare sporen van verwoesting, ontdekt Shirer al snel, waren de verwoestingen die het nationaalsocialisme in de hoofden van de mensen hadden achtergelaten. 'Er heerst geen gevoel van schuld of zelfs maar berouw.' Wat de Duitsers berouwden, was het feit dat ze de oorlog hadden verloren, niet dat ze die zelf hadden beraamd. 'Als Hitler tijdens de Russische veldtocht beter naar zijn generaals had geluisterd; als hij de Verenigde Staten niet de oorlog had verklaard; dan had de hele wereld zich niet op het arme Duitsland gestort' – dat waren de meest gehoorde stemmen in het koor van verklaringen van onschuld en gekwetste trots.[22]

De Führermythe sloeg na 1945 om in haar tegendeel. Hitler werd tot onpersoon verklaard, tot een duivel in mensengestalte aan wiens duivelse verleidingskunsten iedereen hulpeloos uitgeleverd was geweest.[23] Op die manier onttrok menigeen zich aan de noodzaak rekenschap af te leggen over de eigen betrokkenheid bij het nationaalsocialisme. Zelfs de beklaagden in de Processen van Neurenberg tegen de kopstukken in 1945-1946 ontkende bijna zonder uitzondering iedere medeplichtigheid, zelfs medeweten aan de begane misdaden. Bijna zonder uitzondering iedereen verklaarde zich onschuldig.[24]

De collectieve vlucht uit de geschiedenis liet alle goedbedoelde heropvoedingsprogramma's van de Geallieerden op niets uitlopen. De 'denazificatie' veranderde in een grootscheepse rehabilitatie die ook zwaar beschuldigde functionarissen van het regime met minimale straffen of zelfs straffeloos liet wegkomen.[25] Met name onder de academische elite, die zich na 1933 bereidwillig in dienst van het nationaalsocialisme had gesteld, heerste een grote vraag naar *'Persilscheinen'* [certificaten van denazificatie]. 'Ik maak zelf bijna dag in dag uit hetzelfde mee: keer op keer komen er mensen die gerehabiliteerd willen worden,' schreef Victor Klemperer in juni 1946 in een brief uit Dresden. 'En iedereen verzekert me dat ze zelf echt niets, echt helemaal niets van alle gruwelen hebben geweten, [...] en allemaal, letterlijk allemaal, hebben ze Joodse vrienden gehad, of zelfs een Joodse grootmoeder, voor wie ze alles in de waagschaal hebben gesteld. Het is zo'n erbarmelijk schouwspel, zo'n jammerlijke vertoning.'[26]

In toenemende mate presenteerden de Duitsers zich als slachtoffers, die tijdens de bombardementen, op de vlucht of verjaagd verschrikkelijk hadden geleden. Voor het leed dat ze andere volkeren hadden aangedaan, konden ze geen belangstelling opbrengen, laat staan enige vorm van empathie. Toen filosofe Hanna Arendt voor het eerst na haar vlucht in augustus 1949 in West-Duitsland, in de zojuist opgerichte Bondsrepubliek aankwam, viel haar de schrikbarende gevoelsarmoede van haar voormalige landgenoten op – als symptoom van een 'diepgewortelde, hardnekkige en soms zelfs gevoelloze weigering onder ogen te zien wat er daadwerkelijk is gebeurd'. 'Beziet men de Duitsers,' zo maakte ze de balans op, 'hoe ze bedrijvig rondscharrelen tussen de ruïnes van hun duizendjarige geschiedenis en voor de vernietigde monumenten hun schouders ophalen of hoe ze je het verwijten als je ze herinnert aan die gruwelstaat die de rest van de wereld niet loslaat, dan begrijp je dat die bedrijvigheid hun belangrijkste wapen in het negeren van de werkelijkheid is geworden.'[27] 'Het onvermogen om te rouwen' – met dat begrip hebben de psychoanalytici Alexander en Margarete Mitscherlich in een geruchtmakend boek uit 1967 het collectieve verdringingsproces gekarakteriseerd.[28] Precies in datzelfde jaar kwamen de rebellerende studenten in opstand tegen het zwijgen van hun ouders.

'Hoe was het mogelijk? Die vraag zullen komende generaties stellen. Wat stelde die neurotische clown in staat controle uit te oefenen over het leven van miljoenen? Wat was het geheim van zijn onvoorstelbare en noodlottige carrière?' Dat vroeg Klaus Mann zich af in een beschouwing over Hitlers dood die begin mei 1945 in het Amerikaanse tijdschrift *The Stars and Stripes* verscheen.[29] Die vraag heeft tot op de dag van vandaag nog niets van zijn verontrustende, explosieve kracht verloren. Hoe was het mogelijk dat een politicus van het slag Hitler de macht in Duitsland kon veroveren, er zijn onbeperkte dictatuur kon vestigen en de wereld in een ongekende catastrofe kon meesleuren?

Het antwoord zal altijd weer bij de persoon Adolf Hitler zelf moeten worden gezocht. Wat er destijds is gebeurd, is zonder hem niet denkbaar. Zijn biografie is een bijzonder markant voorbeeld van de invloed die één enkel individu op de loop van de geschiedenis kan uitoefenen. Juist daarom moet men de persoonlijkheid van deze man, met al zijn eigenaardigheden, en zijn gedrag nauwkeurig onder de loep nemen, zonder daarbij overigens de historische omstandigheden en voorwaarden die zijn uitzonderlijke opkomst überhaupt mogelijk maakten, te verwaarlozen.

In zijn boek *Mein Kampf* uit 1925-1926 heeft Hitler zijn jaren in Wenen en München vóór 1914 gestileerd tot de voorgeschiedenis van een historische missie, waartoe hij, het niet-erkende, door de harde leerschool des levens gevormde kunstzinnige genie zou zijn uitverkoren.[30] In werkelijkheid echter wees absoluut niets in de eerste dertig jaar van zijn leven op een uitzonderlijke carrière. Integendeel; de man die in november als korporaal uit de Eerste Wereldoorlog terugkwam naar München, was in menig opzicht een mislukkeling – een menschuwe zonderling, zonder voltooide schoolopleiding, zonder beroep, zonder maatschappelijke contacten, kortom 'een niemand', voor wie in geen enkel opzicht een glanzende carrière open leek te staan.[31]

Hitler betrad de politieke arena in de periode na de oorlog, dus onder weinig hoopvol stemmende omstandigheden. Toch lukte het hem in slechts vier jaar in het kamp van de nationalistisch-völkische rechtse beweging in Beieren op te klimmen tot onomstreden 'Führer', om in november 1923 zij aan zij met ex-generaal Erich Ludendorff, de geheime dictator van Duitsland in de laatste twee jaren van de oorlog, een eerste gooi naar de macht te wagen. Deze uitzonderlijke opkomst had hij niet kunnen bewerkstelligen als hij niet over enkele ongewone talenten had beschikt – talenten waarover andere populistische agitators in het begin van de jaren twintig niet in dezelfde mate bleken te beschikken. Daartoe telt als eerste zijn retorische talent. De ontdekking, in de herfst van 1919, van zijn gave als redenaar kan als de daadwerkelijke 'doorbraakbelevenis' van Hitler als politicus worden beschouwd.[32] Als geen ander lukte het hem de emoties van zijn toehoorders in beweging te brengen, zo succesvol als geen ander beroerde hij de toetsen van hun angsten en hun ressentimenten, tegelijkertijd appellerend aan hun hoop en hun verlangens. Een 'virtuoos mensenvisser' noemde Ludolf Herbst hem.[33]

Maar niet alleen door dat wát hij zei, maar ook door hóé hij het zei, raakte Hitler een openliggende zenuw. Juist in zijn opwinding, waarin hij zich regelmatig verloor, maakte hij een oprechte indruk. Dat hij het daarbij met de feiten niet zo nauw nam, dan wel die op een zeer eigenzinnige wijze interpreteerde, vergaven zijn toehoorders hem royaal. Niet om de waarheid van zijn uitspraken, maar om het maximaal opzwepen van gevoelens was het de demagoog te doen. De kunst van het liegen en de verdraaiing beheerste hij vanaf het prilste begin. Wat Ernst von Weizsäcker in zijn herinneringen met betrekking tot de latere rijkskanselier vaststelde, gold ook voor de jongere Hitler: 'Met de waarheid over wat was geweest, onderhield hij geen enkele relatie. Het leek alsof hij naar believen feiten kon vergeten dan wel ze zich kon inbeelden.'[34]

Hitlers talenten als redenaar waren verbonden met een hoog ontwikkelde intuïtie voor de effectieve enscenering van zijn optredens, voor betoverende plaatjes en lichteffecten. Wolfram Pyta heeft op een verhelderende wijze beschreven hoe hem daarbij zijn gedetailleerde kennis van de op overrompeling gebaseerde muziekdrama's van Richard Wagner als culturele bagage uit zijn Weense jaren van pas kwam.[35] Bovendien beschikte de performancekunstenaar zelf over een bijzonder dramatisch talent. Al jong oefende hij de vaardigheid om soepel van rol te wisselen en zich makkelijk aan verschillende milieus aan te passen.[36] In zoverre beantwoordde hij al beter dan zijn politieke concurrenten aan de eisen van de moderne media, vertegenwoordigde hij een type politicus die verschillende rollen beheerste en deze met een koele berekening voor zijn doelen wist in te zetten. Zo wist hij niet alleen voorstanders maar ook tegenstanders in zijn ban te krijgen. Hoe groter het enthousiasme dat hij wist los te maken in de grote Beierse vergaderzalen, des te groter werd zijn zelfvertrouwen en het bewustzijn voor een bijzondere historische missie te zijn uitverkoren.

Toch was Hitler niet alleen een overtuigende redenaar en een flexibele acteur; hij bezat ook, wat soms wordt onderschat, een groot organisatietalent. Zonder hem was de NSDAP ongetwijfeld een van de vele sektarische volksbewegingen uit de naoorlogse periode gebleven. De partij was, zeker na zijn hernieuwde oprichting in februari 1925, geheel en al zijn schepping en volledig toegesneden op hem als onaantastbare Führer. Hij alleen beschikte over de autoriteit om de heterogene ideologische elementen binnen het nationaalsocialisme te bundelen en de NSDAP en haar verwante organisaties tot één daadkrachtige beweging om te vormen. Hoe onmisbaar hij was als bepalende, bundelende persoonlijkheid was al gebleken tijdens zijn gevangenisstraf in Landsberg na de mislukte novemberputsch, toen de partij onmiddellijk in verschillende rivaliserende fracties uiteenviel. Met groot tactisch vernuft en een suggestieve overredingskracht lukte het Hitler na zijn vrijlating uit de gevangenis alle potentiële concurrenten voor de leiding van de partij buitenspel te zetten en de NSDAP volledig aan zijn wil te onderwerpen.

Ook bij de tweede aanloop naar de macht, van 1930 tot 1933, was het alleen Hitler die aan de touwtjes trok. Hij was het die de partij vastlegde op een strategie van schijnlegaliteit en daarmee het conflict met de voorstanders van een putsch binnen de SA niet schuwde. De weg naar 30 januari 1933, zoals geschetst in het eerste deel van deze biografie, was echter geen ononderbroken triomftocht maar ging gepaard met menige misrekening en tegenslag. Door zijn compromisloze aanspraak op een door de president gesteund kanselierschap manoeuvreerde Hitler de partij in november 1932 op een doodlopend spoor; dat hij uiteindelijk toch nog zijn doel bereikte, had niet zozeer te maken met zijn veronderstelde onfeilbare intuïtie als wel met duistere intriges achter de schermen, waarbij Franz von Papen, de favoriet van Hindenburg, een sleutelrol vervulde.

Waar de conservatieve coalitiepartner van de nationaalsocialisten in het 'kabinet van nationale concentratie' meende Hitler voor zijn sociaal-reactionaire karretje te kunnen spannen, was het de Führer van de NSDAP die zich al na een paar weken onttrok aan de beoogde 'beteugeling', en één voor één alle barrières slechtte die zijn dictatoriale ambities in de weg stonden. In het stormachtige proces van de verovering van de macht voerde hij de regie, waarbij hij onvoorziene gebeurtenissen als de Rijksdagbrand eind februari 1933 zonder enige scrupules voor zijn doeleinden benutte. Net als tegenover zijn conservatieve coalitiepartners bedreef Hitler ook in zijn buitenlandpolitiek na 1933 met groot succes het spel van maskerade en overrompeling. Alles bijeen kan men er, met Hans-Ulrich Wehler, maar moeilijk omheen Hitler een 'uitzonderlijk politiek talent' toe te schrijven, dat hem 'tot een van de koelbloedigste, meest geslepen en doelgerichte Europese beroepspolitici' maakte.³⁷ Die conclusie staat haaks op de wijdverbreide neiging in de geschiedschrijving Hitler af te doen als een middelmatige man met beperkte geestelijke vermogens, waarmee in dezelfde val wordt getrapt die veel tijdgenoten verleidde tot een achteloze onderschatting van zijn persoonlijkheid.

Bovendien was het leiderschapsmodel dat Hitler invoerde, onlosmakelijk verbonden met zijn eigen persoon. Naast een sterk monocratische top in de persoon van de Führer was er een polycratie waarin verschillende cliques van leiders om macht en invloed streden. 'Autoritaire regeringen worden gekenmerkt door het feit dat alles naar die ene top beweegt, waardoor regelmatig een gedrang ontstaat waarbij men elkaar op de tenen trapt,' zo beschreef Ernst von Weizsäcker in een brief uit december 1940 het functioneren van het nationaalsocialistische regime.³⁸ Terwijl de dictator naar het klassieke recept van *divide et impera* rivaliteiten aanwakkerde en het ontstaan van speciale organen naast de al bestaande instellingen aanmoedigde, kon hij potentiële tegenstrevers steeds weer tegen elkaar uitspelen en zijn eigen onbeperkte invloed veiligstellen. 'Wij zuchten onder een volkomen gebrek aan scheiding van bevoegdheden. Als de Führer op dit gebied toch eens een paar beslissingen wilde nemen!' klaagde Goebbels nog in juni 1943.³⁹ Wat de minister van Propaganda over het hoofd zag, was dat de door hem bekritiseerde situatie uitdrukkelijk Hitlers wens was. De onoverzichtelijke chaos op het terrein van competenties in het Derde Rijk was geen uitdrukking van zwakte van zijn leider, maar een zeer machtsbewuste leiderschapstechniek. Die stelde Hitler in staat buiten de conflicten tussen zijn satrapen te blijven en pas te interveniëren als een beslissing van hem noodzakelijk was.

De efficiëntie van het systeem werd daarom door de optredende wrijvingen niet beperkt, maar eerder opgevoerd. Onder het niveau van de Führer was een voortdurende concurrentiestrijd gaande, waardoor de betreffende gezagsdragers een sterke impuls kregen te anticiperen op de 'wil van de Führer', daarbij eigen initiatieven ontplooiend en elkaar daarbij waar mogelijk aftroevend in radicalisme. 'Je weet dat het niet uit onbeschaamdheid of ijdelheid is, als ik zeg dat er in Duitsland naast mij nauwelijks iemand te vinden is die altijd zó in de geest van de Führer heeft gehandeld,' schreef Herbert Backe in april 1941 aan zijn vrouw.⁴⁰ De secretaris-generaal van het ministerie van Voedselvoorziening en Landbouw was een van de verantwoordelijken voor het moorddadige 'hongerplan', dat de dood van miljoenen mensen in de bezette gebieden van de Sovjet-Unie voorbereidde.

Ook de weg naar de Tweede Wereldoorlog verliep helemaal naar Hitlers denkbeelden. Hij forceerde vanaf 1937 de omslag van een revisionistische naar een expansionistische politiek niet in de laatste plaats om volstrekt particuliere redenen: hij was bang dat hij, net als zijn ouders, niet heel oud zou worden en hij wilde de geplande oorlog om Lebensraum per se nog zelf voeren. Het obsessieve idee geen tijd meer te mogen verliezen, versnelde het proces dat leidde tot de grootscheepse, gewelddadige expansie.[41] Vermoedelijk zou ook onder een autoritair militair bewind, dat in 1933 het enig mogelijke alternatief leek voor de Hitler-dictatuur, een gewapend conflict met Polen zijn ontstaan. De eis om de oostelijke gebieden die door het Verdrag van Versailles van Duitsland waren afgescheiden weer terug te krijgen, werd door de Duitse legerleiding breed ondersteund. Maar het was Hitler die al in de oorlog tegen Polen een begin maakte met een voorheen nog onbekende radicalisering van de oorlogvoering. Dat gold nog meer voor Operatie Barbarossa, de oorlog tegen de Sovjet-Unie, die naar de wens van de dictator van begin af aan als een ongekende rassenideologische vernietigingsveldtocht werd gevoerd. Hitler stuitte hierbij overigens met zijn plannen geenszins op weerstand bij de militaire leiding; eerder haastte die zich om, in overeenstemming met diens wereldbeeld, zijn militaire orders in bevelen om te zetten.

Ten slotte was het ook Hitler die in laatste instantie het tempo en de richting van de antisemitische politiek van het regime bepaalde – vanaf de eerste anti-Joodse maatregelen in het voorjaar van 1933 tot het toppunt van zijn moorddadigheid, de systematische vernietiging van de Europese Joden vanaf 1941. Zonder hem, kan met zekerheid worden gezegd, had de Holocaust niet plaatsgevonden. Zijn fanatieke antisemitisme vormde de beslissende aanzet. Hoewel het vaak niet eenvoudig is vast te stellen wanneer Hitler eens niet acteerde – in één opzicht was hij altijd zichzelf: als hij zijn manische Jodenhaat de vrije teugel kon laten. Albert Speer herinnerde zich in de gevangenis in Spandau een karakteristiek voorval. In de tweede helft van november 1942, dus op een tijdstip dat de moord op de Joden al in volle gang was, barstte de dictator tijdens een gezamenlijke wandeling naar het theehuis op de Obersalzberg plotseling los: 'We zullen ze krijgen! Dan zullen we afrekenen! Ze zullen me leren kennen! Deze keer ontkomt niemand! Ik ben altijd veel te mild geweest! Nu wordt er afgerekend!' Nooit had hij zo duidelijk ervaren, becommentarieerde Speer de woordenvloed, 'hoe onontbeerlijk en noodzakelijk de gestalte van de Jood voor Hitler was – tegelijkertijd object van haat en het verdwijnpunt'.[42]

Al in zijn eerste programmatische, schriftelijke uitlating van september 1919 had de agitator uit München 'de verwijdering van de Joden überhaupt' als onvermijdelijk aangemerkt, en dat doel zou hij tijdens zijn gehele loopbaan nooit meer uit het oog verliezen. 'Verwijdering' betekende tot 1939 maatschappelijke uitsluiting en verdrijving, nog niet fysieke vernietiging. De genocide kwam pas na de bezetting van Polen en nog meer na de overval op de Sovjet-Unie binnen het bereik van de bestaande mogelijkheden. De zoektocht naar een schriftelijk bevel van Hitler voor de *'Endlösung der Judenfrage'* is uiteindelijk een moeizame zoektocht gebleken, want het maakte deel uit van Hitlers leiderschapsstijl om beslissingen met verstrekkende gevolgen in de vorm van een in algemene termen gestelde wens te uiten, die dan door de uitvoerders van zijn politiek in concrete directieven werd omgezet. Uiteraard had dat monsterlijke misdrijf tegen de menselijkheid nooit uitgevoerd kunnen worden zonder de medewerking van honderdduizenden bereidwillige medewerkers.

Daarmee treedt een belangrijke samenhang aan het daglicht: het fenomeen Hitler kan niet alleen worden verklaard uit zijn manier van denken en handelen; het kan alleen maar worden begrepen als men tegelijkertijd de sociale pathologie van de Duitse maatschappij van zijn tijd erbij betrekt. Pas in de wisselwerking tussen individuele en collectieve gevoeligheden laat zich het geheim van zijn opkomst en zijn ontegenzeglijk grote aantrekkingskracht verklaren. Dat geldt al voor het begin van zijn politieke carrière. Met vooruitziende blik omschreef Sebastian Haffner het in zijn boek *Germany: Jekyll & Hyde* uit 1940 als een tragische coïncidentie 'dat Hitlers persoonlijke misère zo goed overeenkwam met de Duitse misère van het jaar 1919'.[43] Inderdaad: de frustraties van de al vroeg mislukte man smolten samen met de trauma's van de oorlogsgeneratie en die van na de oorlog, en uit die ontmoeting ontwikkelde zich de ongehoord destructieve energie zonder welke de latere wandaden van het nationaalsocialisme onverklaarbaar blijven.

In het eerste deel hebben we gezien welke bijzondere betekenis het Münchense milieu had als basis voor Hitlers begin in de politiek in het jaar 1919. Daar, in het opgewonden klimaat van de contrarevolutie na de episode met de Radenrepubliek, vond de instinctieve populist een ideale voedingsbodem voor zijn ongebreidelde demagogie. Er bestond een wijdvertakt netwerk van contrarevolutionaire militairen, nationalistische persorganen en rechts-extreme groeperingen. In die unieke biotoop bloeide de nationaalsocialistische 'beweging' snel op. Ze werd daarbij welwillend geduld door de Beierse politie en justitie. In de salons van de Bruckmanns en Hanfstaengls vond de rijzende ster van het politieke wereldje in München invloedrijke begunstigers, die hem maatschappelijk aanzien verleenden en hem ook financiële steun boden.[44] Van begin af aan schuwde Hitler het niet geweld in te zetten als middel in de politieke strijd. In zijn paramilitaire organisaties verzamelden zich frontstrijders die in de oorlog gewend waren geraakt aan moorden, en die in de naoorlogse periode vaak in vrijkorpsen hun moorddadige handwerk hadden voortgezet. Ook bevonden zich onder hen leden van de verruwde 'oorlogsjeugdgeneratie' die er geen moeite mee hadden tegen politieke tegenstanders handtastelijke methodes te gebruiken.[45]

Nog duidelijker dan in de vroege fase van het nationaalsocialisme tekende de wisselwerking tussen Hitler en de Duitse maatschappij zich af in de jaren van zijn doorbraak naar de macht. Een basisvoorwaarde voor de opkomst van een charismatische politicus is volgens Max Weber een existentiële crisis die de heersende opvattingen wegvaagt. Een dergelijke situatie deed zijn intrede met de economische crisis die in 1929-1930 ontstond. Duitsland werd er uitzonderlijk hard door getroffen, en ze sloeg des te dramatischer toe omdat ze samenviel met de crisis van de Republiek van Weimar en de ineenstorting van haar democratische instellingen. Hitler profiteerde ten volle van de economisch-politieke, dubbele crisis. Als geen ander slaagde hij er weer in zichzelf te presenteren als Messias en de stuurloze heilwensen van de massa op zichzelf te projecteren. Hij kon daarbij inspelen op wijdverbreide mentale en psychosociale attitudes en behoeften, zoals het diep in de Duitse cultuur van na 1918 verankerde verlangen naar een sterke man, een 'tweede Bismarck', die beloofde de crisis te overwinnen en Duitsland weer roemrijk te maken. Tegelijkertijd bediende hij echter ook het verlangen naar een synthese tussen nationalisme en socialisme, samengevat in de aanlokkelijke term van de 'volksgemeenschap', die definitief een einde zou maken aan de klassenstrijd en de partijtwisten in de Republiek van Weimar.[46]

Hitler had zichzelf nooit zo effectief kunnen ensceneren als daar geen behoefte aan had bestaan vanuit de maatschappij, als een deel van de bevolking niet ontvankelijk was geweest voor zijn boodschap en beloften. Daarbij dient wel in acht te worden genomen dat de NSDAP in vrije verkiezingen nooit een meerderheid van stemmen heeft weten te behalen. Haar beste resultaat, 37,3 procent, werd behaald bij de Rijksdagverkiezingen eind juli 1932. In november 1932 incasseerde de partij voor het eerst grote verliezen. Hitlers aureool als 'redder' van het Duitse volk leek alweer te verbleken. Het is een bittere pointe dat de Führer van de NSDAP aan de macht kwam op het moment dat de economische crisis al over haar dieptepunt heen was en zijn beweging zich in een neerwaartse spiraal bevond. Een belangrijke rol speelde daarbij, zoals vermeld, de kliek rond Hindenburg, die meende Hitler in het 'kabinet van nationale concentratie' zo te hebben 'vastgepind' dat zijn machtsambities konden worden beteugeld en de dynamiek van zijn beweging in de hand kon worden gehouden – een grandioze misrekening, zoals al snel zou blijken.

Daar staat tegenover dat de invloed van machtige groepen lobbyisten bij de benoeming van Hitler tot rijkskanselier soms is overschat. De partijleider van de NSDAP was niet de moeizaam opgetuigde kandidaat van het grootkapitaal, zoals hij gretig door de marxistische geschiedschrijving wordt afgeschilderd. De doorbraak van de NSDAP tot een massabeweging laat zich niet herleiden tot de financiële ondersteuning van grootindustriëlen. De partij financierde het grootste deel van de verkiezingen uit eigen geld. De meerderheid van de leidende industriëlen aan de Rijn en de Ruhr stond tot 1933 afwachtend tot gereserveerd tegenover Hitler, niet in de laatste plaats vanwege de onzekerheid over het economische programma van de NSDAP. Pas na 30 januari veranderde men snel van standpunt en schaarde zich achter de nieuwe leider.[47] Belangrijker in de slotakte rond Hitlers troonsbestijging was de invloed die de boeren ten oosten van de Elbe en hun lobbyistenorganisatie, de Reichs-Landbund (RLB) uitoefenden. Op grond van hun rechtstreekse toegang tot rijkspresident Hindenburg hielpen zij de positie van de laatste rijkskanselier van de Republiek van Weimar, Kurt von Schleicher, te ondermijnen om zodoende het pad naar Hitlers kanselierschap te effenen.

Tot de meest onthutsende hoofdstukken van Hitlers biografie hoort de snelheid waarmee hij, toen hij eenmaal aan de knoppen van de macht kon draaien, zijn 'Führerdictatuur' kon vestigen. Hij had maar anderhalf jaar nodig om alle tegenkrachten uit te schakelen of te neutraliseren. Ongetwijfeld hebben intimidatie en terreur, vooral tegen linkse politici, daarbij een rol gespeeld. Maar het proces van gelijkschakeling had niet zo glad kunnen verlopen als dat niet had gesteund op een uiterst wijdverbreide bereidheid tot zelfgelijkschakeling in bijna alle instellingen. Ook de cultus rond Hitler, die al in 1933 excessieve vormen aannam, was geenszins alleen het werk van meesterpropagandist Joseph Goebbels, die ervoor zorgde dat de Führer in de door de staat gestuurde media voortdurend zichtbaar bleef. Hitlers kiezers en volgelingen werkten aan de pseudoreligieuze verheffing van de dictator, door hem tot het doek te maken waarop ze al hun verwachtingen en verlangens konden projecteren. Wat Hans Frank in 1937 met lyrische overspannenheid in zijn dagboek schreef na een door Wilhelm Furtwängler gedirigeerd concert in de Berliner Philharmonie, waarbij Hitler het stralende middelpunt was, was een wijdverbreide mening: 'O, God, waar hebben wij het aan te danken dat wij deze unieke, allergrootste man in de wereldgeschiedenis de *onze* mogen noemen! Generaties zullen komen en ze zullen jaloers zijn op ons, die zijn tijdgenoten waren.'[48] De Führermythe vervulde een belangrijke integrerende functie binnen het nationaalsocialistische systeem en zou tot ver in de oorlogstijd het sterkste bindmiddel blijven.[49] De kanselier van het 'Nieuwe Duitsland' zouden de eigenschappen van een wonderdoener worden toegedicht. Kritiek op bepaalde uitwassen van het systeem, onder andere de wijdverbreide corruptie, richtten zich tegen de leiders onder de Führer, de 'bruine bonzen'; Hitler werd daar doorgaans van vrijgepleit.

De vraag hoe groot de instemming met Hitler en met zijn regime werkelijk was, laat zich niet eenvoudig beantwoorden. Onafhankelijke opiniepeilingen die daarvan een betrouwbaar beeld zouden kunnen geven, bestaan niet en de uitkomsten boven de 90 procent die regelmatig in volksraadplegingen werden gehaald, kunnen niet vanzelfsprekend als de uitdrukking van een algemene instemming van de bevolking worden beschouwd. Maar dat Hitler na de onverwacht snelle, succesvolle bestrijding van de massawerkloosheid via de herbewapening en dankzij de spectaculaire successen in de buitenlandse politiek een grote meerderheid van de bevolking achter zich kreeg, kan nauwelijks nog worden ontkend. Ook in de sociaaldemocratisch en communistisch beïnvloede delen van het proletariaat, die zich tot 1933 distantieerden van de nationaalsocialisten en die zelfs heftig met hen in aanvaring waren gekomen, kon de dictator rekenen op een stijgende populariteit. De berichten van de sociaaldemocratische partijleiding in ballingschap, gebaseerd op informatie van vertrouwenspersonen in Duitsland, zijn daarvoor een geheel onverdachte bron. 'Wie in 1938 in kringen, waarbinnen het nog mogelijk was, een kritisch woord over Hitler ventileerde, kreeg onveranderlijk vroeger of later als antwoord te horen: "Maar wat heeft die man niet allemaal gepresteerd!"' herinnerde Sebastian Haffner zich later.[50]

Wie het Derde Rijk als een 'dienstvaardigheidsdictatuur' betitelt, zoals Götz Aly, ontkent echter de mate van dwang en onderdrukking die het bewind vanaf het begin karakteriseerde. Treffender lijkt het begrip 'instemmingsdictatuur', omdat dat de hoge graad van consensus tussen Hitler en grote delen van de Duitse bevolking althans in de jaren 1933 tot 1939 tot uitdrukking brengt.[51] De dictator en zijn paladijnen waren er pijnlijk nauwkeurig op gespitst rekening te houden met populaire stemmingen en gevoelens. Vanuit die gedachte stortten ze een hoorn des overvloeds van sociaal-politieke weldaden over hun volgelingen uit: nivellering van de lasten voor gezinnen, leningen voor gehuwden, kinderbijslag, verhoging van de belastingvrije voet en nog meer.[52] Onder het motto 'Ruim baan voor de doeners' zetten ze bovendien een krachtige maatschappelijke, opwaartse mobilisatie in gang. Zeker, de veelgeroemde 'volksgemeenschap' in het Derde Rijk was eerder een belofte dan sociale werkelijkheid, maar juist in de belofte van een grotere gelijkheid en van sociale gerechtigheid, die overigens gepaard gingen met de uitsluiting van alle zogenaamde 'volksvreemde elementen', school de grote aantrekkingskracht van het nationaalsocialisme.

Nog in de eerste oorlogsjaren probeerden Hitler en de andere nationaalsocialistische leiders de belastingen voor de bevolking zo laag mogelijk te houden. Een belangrijke rol speelde daarbij de traumatische herinnering aan de revolutiemaand van november 1918. Een herhaling daarvan moest onder alle omstandigheden worden vermeden. Met de militaire tegenslagen, versterkt na Stalingrad en de steeds meer voelbare gevolgen van de bommenoorlog, begon de steun aan het bewind af te brokkelen. Ook Hitlers populariteit viel ten prooi aan een sluipend verval, al verloor de Hitlermythe nooit helemaal haar bindende kracht en leefde die na de aanslag op 20 juli 1944 zelfs nog een keer kortstondig op.[53] Het zich distantiëren van het nationaalsocialisme voltrok zich niet middels spectaculaire protestacties, maar geleidelijk aan en in stilte, door een heimelijk opzeggen van de bestaande loyaliteit.[54] Daarbij hielp het feit dat de dictator sinds de kansen in de oorlog keerden, steeds minder vaak in het openbaar verscheen en de eens alomtegenwoordige Führer voor de massa veranderde in een geestesverschijning.

In die zin was het proces van maatschappelijke 'zelfdenazificatie' al begonnen toen de Geallieerden in het voorjaar van 1945 Duitsland bezetten. Zelfs overtuigde aanhangers van Hitler begonnen zich van het regime af te keren. 'Betekenisvol lijkt mij het feit dat inmiddels de kritiek niet meer bij de persoon van de Führer stopt en al evenmin bij de nationaalsocialistische gedachte of de nationaalsocialistische beweging. Ook veel partijgenoten beginnen tegenwoordig slappe knieën te krijgen,' moest Goebbels eind maart 1945 toegeven.[55]

Toch bestond er in de Wehrmacht en onder de bevolking tot in het stervensuur van het Derde Rijk nog steeds verbazingwekkend veel van bereidheid vol te blijven houden.[56] Doorslaggevend daarbij was kennelijk vooral de botte angst dat de begane misdrijven van de legerleiding, de volkerenmoord en de bezettingsmacht op de Duitsers zelf dreigden terug te slaan. Maar ook de fixatie op de Führer was nog niet helemaal verdwenen. Anders laat zich maar moeilijk verklaren waarom de dictator, van wie uiteindelijk niet veel meer over was dan een zich door onderaardse bunkergangen voortslepend wrak, nog altijd een suggestieve macht kon uitoefenen op zijn omgeving en mensen er nog in zijn laatste uren toe kon bewegen zijn bevelen uit te voeren. 'Een grijs geworden verschijning, krom en met een matte stem sprekend; maar nog altijd het centrum van alles wat er gebeurde,' zo riep Albert Speer twintig jaar na de oorlog het beeld van de bunker in die dagen op.[57]

Paste Hitlers heerschappij in de continuïteit van de Duitse geschiedenis of vormde zij daarmee een radicale breuk? Daar is veel over getwist. In de geallieerde propaganda van voor en na 1945 was er alom de neiging het Derde Rijk te beschouwen als een logisch eindpunt van een dwaalweg die al vanaf het begin was ingeslagen. *'Hitler is no accident,'* verkondigde sir Robert Vansittart, een voormalige hoge ambtenaar van het Britse Foreign Office in 1941. *'He is the natural and continuous product of a breed which from the dawn of history has been predatory and bellicose.'*[58] Ook het boek *The Course of German History* van de Britse historicus A.J.P. Taylor ging uit van een fundamenteel roof- en oorlogszuchtig nationaal karakter van de Duitsers. Het verscheen onmiddellijk na de oorlog en werd al snel de bijbel van de eerste generatie Britse bezettingsofficieren.[59] Het was een populaire bezigheid om lange rijen van voorvaders samen te stellen die van Luther, Frederik de Grote en Bismarck direct tot Hitler leidden. Ook William Shirer kon die verleiding niet weerstaan in zijn in 1960 gepubliceerde bestseller *The Rise and Fall of the Third Reich*. In het hoofdstuk over 'de historische wortels van het Derde Rijk' wees hij op de vormende invloed van Luther en het Pruisische militarisme om uiteindelijk te concluderen: 'Vanaf 1871 tot 1933, zelfs tot Hitlers einde in het jaar 1945, had de Duitse geschiedenis, afgezien van het intermezzo van de Republiek van Weimar, [...] een kaarsrecht, volstrekt logisch verloop.'[60]

Daarentegen waren niet weinig Duitse historici maar al te graag bereid Hitler te beschouwen als een soort *Fremdkörper* uit een verre cultuurkring, die als uit het niets de Duitse maatschappij was binnengedrongen. 'Deze man,' liet de Duitse historicus Otto Hintze zijn Berlijnse collega Friedrich Meinecke weten, 'behoort eigenlijk helemaal niet tot ons ras. Er is iets heel vreemds aan hem, alsof hij behoort tot een verder uitgestorven oerras, dat volledig amoreel en niet geaard is.'[61] In zijn in 1958 verschenen en veelgeprezen *Deutsche Geschichte des 19. und 20. Jahrhunderts* omschreef Golo Mann Hitler als een 'landsvreemd iemand van twijfelachtige herkomst'. Verder bracht hij zijn afschuw over deze onpersoon tot uitdrukking door hem zijn volledige naam te onthouden en consequent als 'H.' op te voeren.[62] Aan de drang om de dictator in zekere zin als een vreemd element buiten de Duitse geschiedenis te houden, zou Golo Mann ook in latere jaren blijven vasthouden. Nog in een brief aan Joachim Fest, de uitgever van de *Frankfurter Allgemeine Zeitung*, van november 1986 stelde de toen 77-jarige vast dat 'Hitler totaal geen typische Duitser' was geweest, maar veeleer 'in feite vaderlandsloos, uit niemandsland'.[63] Getuigend van een dieper inzicht omschreef Thomas Mann Hitler in een dagboeknotitie van oktober 1937 als een 'typisch Duits fenomeen'.[64]

Als Hitler als een buitenaards wezen op de Duitsers was neergedaald, dan zou zijn heerschappij niet hebben aangesloten bij de ontwikkeling van de Duitse maatschappij, dan zou zijn aantreden in 1933 een historisch toeval, een soort van 'bedrijfsongeval' zijn geweest. Het heeft daadwerkelijk, tot op de dag van vandaag, niet ontbroken aan dergelijke apologetische interpretaties. Nog in 1999 noemde de voormalige burgemeester van Hamburg Klaus von Dohnanyi, de zoon van verzetsstrijder Hans von Dohnanyi, Hitler een 'Oostenrijks toeval op Pruisische bodem'.[65] De historicus Eberhard Jäckel vergeleek in zijn in 1996 gepubliceerde balans van de Duitse geschiedenis in de twintigste eeuw de 'machtsgreep' van 1933 met het 'zwaarst denkbare ongeval' in een kerncentrale.[66]

De geschiedkunde heeft zich van zulke dubieuze verklaringen allang gedistantieerd. Hitler was niet het onvermijdelijke gevolg van een Duitse onheilsgeschiedenis en al evenmin een betreurenswaardig toeval dat de Duitsers als een natuurramp bij heldere hemel overviel.[67] Op veel terreinen kon hij voortborduren op hetgeen al tijdens het Duitse Keizerrijk was overdacht en in praktijk gebracht, al dreef hij alles radicaal op de spits. Dat gold bijvoorbeeld voor het streven naar hegemonie in Europa, dat de Duitse leiders in juli 1914 verleidde tot het risico een wereldoorlog te ontketenen, en ook voor de antidemocratische, antiwesterse ressentimenten die een aanzienlijk deel van de Duitse elite na 1918 veranderden in van haat vervulde vijanden van de Republiek van Weimar, die ze beschouwden als een door de overwinnaars opgedrongen, voor Duitsers wezensvreemde staatsvorm. Het gold echter vooral voor de twee meest fundamentele elementen in Hitlers 'wereldbeschouwing', zijn antisemitisme en de eis van Lebensraum in het oosten.

In zijn na de oorlog geschreven beschouwingen over 'de Duitse catastrofe' herkende Friedrich Meinecke in de opleving van antisemitische bewegingen in de jaren tachtig van de negentiende eeuw al 'de eerste voortekenen' en 'voorafschaduwing van latere Hitler-successen'.[68] Weliswaar was de invloed van antisemitische partijen in het Keizerrijk van voor 1914 tanende, maar tegelijkertijd hadden antisemitische instellingen ook vaste grond onder de voeten gekregen bij de oude middenstand, de plattelandsbevolking en evenzeer onder de hoger opgeleide burgerij. Ook in wilhelminische hofkringen was het antisemitisme virulenter dan lang werd aangenomen. In de geschriften van populistische haatpredikers als Paul de Lagarde, Theodor Fritsch of Houston Stewart Chamberlain werd de Joodse minderheid als een gevaarlijk 'Fremdkörper' geïdentificeerd, dat uit de handel en uit de maatschappij van het Keizerrijk verwijderd diende te worden. Een speciale rol bij de verbreiding van een racistisch gemotiveerd antisemitisme speelde het invloedrijke Alldeutsche Verband, het speerpunt van het radicale nationalisme tijdens het Keizerrijk. In zijn veelgelezen pamflet *Wenn Ich der Kaiser wär* uit 1912 eiste de voorzitter van de vereniging Heinrich Claß dat de grenzen zouden worden gesloten voor Joodse immigranten. De in Duitsland woonachtige Joden die nog geen Duits staatsburgerschap bezaten moest men uitwijzen en de anderen onder het vreemdelingenrecht plaatsen en hun het stemrecht ontnemen.[69]

Tijdens de Eerste Wereldoorlog radicaliseerden de anti-Joodse ressentimenten en nam hun invloed op het beleid van de regering toe. De duidelijkste manifestatie daarvan was de door het Pruisische ministerie van Oorlog in oktober 1916 verordonneerde 'Jodentelling' in het leger, die voortkwam uit een volstrekt ongefundeerde verdenking van antisemieten dat Joden in groten getale onder de dienstplicht probeerden uit te komen. In de in 1917 opgerichte Deutsche Vaterlandspartei, de eerste prefascistische massabeweging in Duitsland, vonden radicale antisemieten een platform voor hun almaar heviger agitatie.[70] Voor de Joodse minderheid ontstond er een directe dreiging aan het einde van de oorlog toen de 'Alldeutsche' en rechts-radicale kringen besloten de Joden tot zondebokken van de militaire nederlaag te bestempelen. Hij zou 'voor geen middel terugdeinzen', verklaarde Heinrich Claß, en hij zou zich daarbij houden aan de uitspraak van Heinrich von Kleist die het daarmee, in zijn tijd, op de Fransen gemunt had: 'Sla ze dood, het wereldgericht zal jullie niet naar de redenen vragen!'[71]

De hetze tegen de Joden en tegen radicaal links werd samengetrokken in de scheldkreet 'Joods bolsjewisme'. Dat vijandbeeld hoefde Hitler niet zelf uit te vinden: dat zat al vast verankerd in de hoofden van de conservatieve contrarevolutionairen van 1918-1919, zoals de dagboekaantekening van een marineofficier uit Berlijn, Bogislav von Selchow, overduidelijk aantoont: "'s Middags ging ik naar het Reichs-Marineamt, waarop de rode vlag wapperde. Daarvoor stond een Joodse bolsjewiek in burgertenue met een jachtgeweer geposteerd.' Vier dagen later schreef hij: 'Joden en deserteurs, dat gajes, niets dan het laagste van het laagste, heerst tegenwoordig over Duitsland. Maar voor de Joden zal het uur nog slaan, en wee hun gebeente dan maar!'[72] Onder de indruk van nederlagen en de Novemberrevolutie was het antisemitisme uit de periode voor de oorlog doordrenkt geraakt van wraak- en vernietigingsfantasieën en ontstond de wens de Joden uit de Duitse maatschappij te stoten, met welke middelen dan ook.

In september 1919 klaagde Victor Klemperer over de 'verschrikkelijke Jodenhetze die in heel Duitsland schaamteloos en uiterst bedreigend plaatsvindt'. Ook bij ontwikkelde mensen viel de 'krankzinnige ophitsing' in vruchtbare bodem. 'Het is afschuwelijk. De Jood schuldig aan alles: aan de oorlog, aan de revolutie, aan het bolsjewisme, aan het kapitalisme, aan alles.'[73] In het antisemitische broeikasklimaat van de contrarevolutie in München in 1919 begon Hitler zijn politieke carrière. Als een spons zoog hij de epidemische anti-Joodse stemming op. Hij kon zich daarbij bedienen van een arsenaal aan clichés en stereotypen die völkisch-racistische auteurs – van Ernst Moritz Arndt tot Julius Langbehn – sinds de negentiende eeuw rijkelijk ter beschikking hadden gesteld. Wat hem van zijn voorgangers onderscheidde, was niet zozeer de volharding waarmee hij zich vastklampte aan zijn destijds geformuleerde doel van de 'verwijdering' van de Joden uit Duitsland, als wel zijn door niets aan het wankelen te brengen voornemen dat doel, zodra hij aan de macht zou komen, in daden om te zetten. Na 1933 zouden geleidelijk alle belemmeringen wegvallen die de Duitse Joden tot dan hadden behoed voor uitsluiting en vervolging. Wat anderen in gedachten hadden voorbereid, dat maakte Hitler concreet – tot het uiteindelijke moorddadige eindpunt, de fysieke vernietiging van het Europese Jodendom.

Ook in zijn eis van verovering van Lebensraum in het oosten was Hitler geenszins origineel. De gedachte dat het Duitse volk, gemeten naar bevolkingsaantallen, over een te gering Lebensraum beschikte en nieuwe grond in Rusland moest veroveren om zich daar te vestigen, was al voor 1914 een vast thema onder 'Alldeutsche' en populistische ideologen. Tijdens de Eerste Wereldoorlog werden dergelijke ideeën steeds populairder in de regeringspolitiek. Al in zijn beruchte oorlogszuchtige programma van begin september 1914 eiste de Duitse rijkskanselier Theobald von Bethmann Holweg dat Rusland 'van de Duitse grens moet worden verdreven en zijn macht over de Russische vazallenvolken gebroken moet worden'.[74] Na de grote overwinning aan het oostfront in de zomer van 1915 bereikten de plannen om het 'Ostraum' opnieuw het stadium van verwezenlijking. Zo werden Litouwen en Koerland als 'Land van de opperbevelhebber Oost' – afgekort 'Oberost' – direct onder Duits militair bestuur geplaatst. Daar kreeg Ludendorff, sinds augustus 1916 naast Hindenburg opperbevelhebber van de legerleiding in 'Oberost' en de sterke man ter plaatse, de gelegenheid een bezet territorium volgens zijn Pan-Germaanse en völkisch-racistische ideeën aan een duurzame Duitse overheersing te onderwerpen. 'Hier winnen we broedplaatsen voor mensen die nodig zijn voor de strijd verder naar het oosten. Die zal komen, onvermijdelijk,' schreef hij eind december 1915 aan de historicus Hans Delbrück.[75]

Na de Russische Oktoberrevolutie in 1917, die ze hadden gesteund waar ze konden, kwam voor de keizerlijke militairen en politici hun doel in zicht. Op 3 maart 1918 sloten ze een aparte vrede met de bolsjewistische machthebbers in Brest-Litovsk. 'Het was een veroverings- en een machtsvrede, zoals die in de moderne geschiedenis nog niet eerder was voorgekomen,' schreef de Berlijnse historicus Heinrich August Winkler terecht.[76] De grootmacht in het oosten werd teruggedrongen tot de grenzen uit de tijd van Peter de Grote: ze verloor een derde van haar bevolking – rond de 50 miljoen mensen – evenals een groot deel van haar grondstoffen en industriële potentieel. Maar dat was nog niet genoeg. Gebruikmakend van de verwarring van de burgeroorlog, zetten Duitse troepen hun opmars voort tot over de grens van de Oekraïne in het Donaubekken, veroverden het schiereiland de Krim en bereikten ten slotte de Kaukasus. Ze kwamen dus bijna even ver als Hitlers legers in de Tweede Wereldoorlog.[77] Maar met de Duitse nederlaag aan het westelijke front spatte de droom van een reusachtig 'Ostimperium' als een zeepbel uiteen. In de voorstellingswereld van de Duitse militairen en ook die van korporaal Hitler, liet die episode ongetwijfeld diepe sporen na. In die dagen ontstond de overtuiging dat het bolsjewistische Rusland een reus op lemen voeten was die met één krachtige klap gevloerd kon worden. Van Ludendorffs plannen om de bezette gebieden te overheersen naar Hitlers Lebensraum, loopt een kaarsrechte lijn. Het verschil ertussen was echter de grenzeloosheid van Hitlers zucht naar ruimte en de criminele energie waarmee hij de verwerkelijking van zijn racistische doelen nastreefde. De vernietigingsoorlog zoals die vanaf juni 1941 tegen de Sovjet-Unie in gang werd gezet, liet in alle opzichten het raamwerk van de wilhelminische grootmachtpolitiek exploderen en vertoonde een nieuwe dimensie.

Zo blijft geldig wat de Hamburgse historicus Fritz Fischer naar aanleiding van de honderdste geboortedag van de dictator in 1989 concludeerde: 'Hitler kwam in elk geval niet uit de hel of de hemel en hij was zeker geen "bedrijfsongeval".

Hij hoort, gemeten aan de voorwaarden die zijn daden en optreden mogelijk maakten én aan zijn gedachtewereld, ten diepste thuis in de Duitse geschiedenis van de negentiende en de twintigste eeuw.'[78] Anderzijds, moet men daaraan toevoegen, steeg Hitler ook boven die gedachtewereld uit: want het moorddadige, ideologisch gekleurde fanatisme dat hem dreef en de monstrueuze misdaden die eruit voortkwamen, waren zonder precedent. Met andere woorden: Hitlers heerschappij past in de continuïteit van de Duitse geschiedenis, maar vormde er tegelijkertijd een fundamentele breuk mee.

'Als ooit een mens door successen is gegroeid, maar ook de gave bezat door successen te groeien, dan is het Hitler. De triomfzuil van het geluk verhief zich samen met hem, scherpte zijn blik en de draagwijdte van zijn stem. Pas met zijn successen heeft hij zich als persoonlijkheid ten volle ontplooid.' Dat schreef Konrad Heiden in het tweede deel van zijn Hitlerbiografie, die in 1937 in Zürich verscheen.[79] Hitler kon rond die tijd inderdaad daadwerkelijk terugblikken op een opmerkelijke reeks successen. Hij had de NSDAP vanaf het prilste, bescheiden begin omgevormd tot een slagvaardige massabeweging en haar, ondanks alle tegenstand, aan de macht gebracht. Hij had na 1933 door de grootschalige herbewapening een einde gemaakt aan de massawerkloosheid en een soort van 'Wirtschaftswunder' bewerkstelligd. Bovendien had hij één voor één de beperkende bepalingen van het Verdrag van Versailles opgeheven en Duitslands positie onder de grootmachten hersteld. Met de Anschluss van Oostenrijk en de annexatie van de Tsjechische grensgebieden in 1938 zette hij zijn zegereeks voort. 'Je komt niet bij van bewondering,' jubelde Marianne von Weizsäcker, de vrouw van de secretaris-generaal van Buitenlandse Zaken na de bezetting van de 'Rest-Tschechei' in maart 1939. 'De historische atlas ligt altijd open, je kijkt naar het grote Duitse Rijk onder keizer Karel IV en het komt plotseling weer tot leven.' Een paar dagen later is ze 'intens gelukkig' over de terugkeer van het Memelgebied. 'Het is keer op keer verbazingwekkend, hoe vreedzaam en glad alles verloopt. Succes maakt succesvol.'[80]

Zeker, de tijden schoten Hitler te hulp. In de Weimartijd was de democratie onder de presidentiële regeringen van Brüning tot Schleicher al vergaand uitgehold toen de nationaalsocialisten haar definitief om zeep hielpen. Het dieptepunt van de economische crisis was eind 1932-begin 1933 al goeddeels overwonnen, zodat de conjuncturele opleving die volgde nauwelijks nog een wonder mocht worden genoemd. Het Verdrag van Versailles van 1919 verkeerde al in een staat van ontbinding toen Hitler het de definitieve doodssteek gaf. Maar Hitler profiteerde ook van het feit dat hij al langere tijd ernstig werd onderschat, niet alleen door zijn conservatieve coalitiepartners. West-Europese staatslieden lieten zich in slaap sussen met de illusie het nationaalsocialistische Duitsland door verdragen in een systeem van collectieve Europese veiligheid aan banden te kunnen leggen om zodoende Hitlers agressie te kunnen beteugelen. Niet weinig vertegenwoordigers van de Britse aristocratie koesterden grote bewondering voor de leider van het Derde Rijk en haastten zich hun opwachting bij hem te maken.[81]

Een niet onbelangrijke reden voor Hitlers successen wortelde eerlijk gezegd ook in zijn eigen persoonlijkheid. Hij bezat een scherpe intuïtie voor de zwakheden van zijn tegenstanders en maakte daar zonder enige scrupules gebruik van. Bovendien was hij behept met een zesde zintuig voor het juiste moment, dat hij 'in een flits' benutte. Hij was daarbij bereid, zoals bij de bezetting van het gedemilitariseerde Rijnland, grote risico's te nemen. De neiging tot 'va-banque', alles of niets te spelen, heeft hem vanaf het begin van zijn politieke carrière vergezeld, en verliet hem ook niet toen hij inmiddels een aanzienlijke reeks successen had behaald. Met de breuk met het Verdrag van München in maart 1939 werd echter een rode lijn overschreden. Wie van de regering in Londen nog meende het met de Duitse dictator op een akkoordje te kunnen gooien, werd ruw uit zijn wensdromen gewekt. De appeasementpolitiek was uitgewerkt en maakte plaats voor de bereidheid het in het uiterste geval op een oorlog met Hitler te laten aankomen.

Bij zijn eerste militaire ondernemingen lachte het geluk Hitler nog toe. Na de nederlaag van Polen, de bezetting van Denemarken en Noorwegen en de overwinning op Frankrijk leek niets hem nog te kunnen stuiten. Maar toen groeide Churchill uit tot zijn eerste serieuze tegenstrever. De nieuwe Britse premier zag in dat er met Hitler overduidelijk niet te onderhandelen viel, maar dat dit 'monster van krankzinnigheid, met een onverzadigbare bloeddorst en roofzucht',[82] moest worden verslagen als een dolle hond. Met het besluit van Groot-Brittannië in de zomer van 1940 om de strijd helemaal alleen voort te zetten, brak Hitlers successenreeks af; het vormde het keerpunt in zijn carrière.

Sebastian Haffner voerde in zijn *Anmerkungen zu Hitler* een interessant gedachte-experiment uit. Wat zou er zijn gebeurd als Hitler zich na zijn overwinning in het westen in 1940 tevreden had gesteld, als hij met Frankrijk een milde vrede zou hebben gesloten en een congres bijeen had geroepen waaruit een Europese volkenbond had kunnen ontstaan?[83] Maar aan een dergelijk idee, zoals Haffner zelf al opperde, ontbreekt ieder realistisch perspectief. Een verenigd Europa, weliswaar door Duitsland gedomineerd maar gericht op tegemoetkomingen en partnerschap, lag mijlenver af van Hitlers voorstellingsvermogen. Toen de 'Leider' van de Nederlandse Nationaal-Socialistische Beweging (NSB), Anton Mussert in december 1942 voorstelde een 'Germaanse statenbond op te richten', weigerde Hitler: een dergelijke instelling zou niet beschikken over de benodigde stabiliteit. Hij streefde eerder naar een 'betrouwbare, zeer degelijke constructie tegen de komende stormen uit het oosten'.[84] Voor de Duitse dictator waren de bezette landen alleen maar het middel, het doel was zijn eigen machtspositie en oorlogspotentieel te versterken. Daarom werden die gebieden onderworpen aan een teugelloze economische uitbuiting en, als ze niet meewerkten, ook aan een brute politieke terreur.[85]

Bovendien weersprak de voorstelling van een Europees vredesinitiatief Hitlers ongeschreven wet die luidde dat dingen in beweging gehouden moeten worden om starre regelgeving te vermijden. Zoals hij in Duitsland had geweigerd een nieuwe grondwet in te voeren en bevoegdheden helder vast te leggen, zo mocht er in de expansie geen stilstand ontstaan. Het Groot-Duitse Rijk dat hij in 1938 had geschapen, was niet meer dan een springplank voor een nog groter Groot-Germaans Rijk dat zelf weer een stap zou zijn op weg naar de nagestreefde wereldheerschappij. Begin juli 1940, na zijn triomfantelijke terugkeer naar Berlijn, ontvouwde hij in een gesprek met Goebbels zijn idee van de toekomstige nieuwe orde in Europa: 'Dat wordt een Germaans Rijk zonder grenzen.'[86] Daarom liet de dictator ook altijd open waar de geplande oorlog om Lebensraum in het oosten, waarvan hij de voorbereidingen in juli 1940 verordonneerde, eigenlijk zou eindigen. Verder, verklaarde hij nog in een toespraak voor de Reichs- en Gauleiter begin oktober 1942, ging de strijd om 'uitbreiding van ons Lebensraum in de wijdste zin des woords'. Daarmee was 'een doel gesteld, waarvan de draagwijdte zich uitstrekt over eeuwen'.[87]

Heel even meende de dictator dat het doel in zicht was – toen na de eerste omsingelingsslagen eind juni, begin juli 1941 de ineenstorting van de Sovjet-Unie nog slechts een kwestie van tijd leek. 'De successen tot nog toe zijn, ook op dit schouwtoneel, immens; wat je hoort over de plannen voor onze nieuwe orde, wordt geschetst in perspectieven waarvan het je alleen maar gaat duizelen', schreef Karl Alexander von Müller, de historicus uit München aan zijn collega uit Koningsbergen Theodor Schieder.[88] In zijn monologen in het Führerhoofdkwartier liet Hitler er geen twijfel over bestaan hoe hij zich de Nieuwe Orde in het oosten voorstelde – door slavernij, verdrijving en liquidatie van miljoenen burgers in de bezette Sovjet-Unie. Maar zoals hij lang was onderschat door zijn tegenstanders, zo onderschatte hij nu zelf – en met hem de complete Duitse legerleiding – de Russische weerbaarheid. Het blijft in de wereldgeschiedenis de grote verdienste van het Rode Leger dat het de ogenschijnlijk onoverwinnelijke Wehrmacht de beslissende klappen toebracht. Met het mislukken van Operatie Barbarossa en de gelijktijdige oorlogsverklaring aan de Amerikanen in december 1941, werd het gehele strategische concept van Hitler onderuit getrokken. Toen in de zomer en de herfst van 1942 de poging mislukte om in tweede instantie toch nog de beslissing in het oosten te forceren, nog voor het volle gewicht van het

Amerikaanse oorlogspotentieel tegen het Duitse Rijk kon worden ingezet, was de nederlaag van Duitsland definitief bezegeld.

Alle factoren die Hitler zo lang hadden begunstigd en hem aan onverwachte triomfen hadden geholpen, namen nu een geheel andere wending. Hij verloor zijn instinct voor de zwakte van zijn tegenstanders op het moment dat hij zijn hand overspeelde en het pokerspel verloor. Had hij vroeger, ondanks de onwrikbare fixatie op zijn einddoelen, altijd een opvallende tactische flexibiliteit aan de dag gelegd, nu verstarde zijn oorlogvoering tot een hardnekkig standhouden tegen iedere prijs. 'Tactiek is geen kunst die er slechts uit bestaat dat je beveelt: allemaal blijven staan en je dood laten slaan,' schreef veldmaarschalk von Kluge in een privébrief kritisch over Hitler als opperbevelhebber van de operatie.[89] Toch zou het een vergissing zijn Hitlers rol als veldheer op basis van zijn starre verdedigingsstrategieën in de latere jaren te bagatelliseren en daarmee de indruk te wekken dat hij in militair opzicht een hopeloze dilettant was, zoals hij na 1945 in verklaringen van voormalige generaals van de Wehrmacht wel werd omschreven. Terecht heeft de historicus Bernd Wegner benadrukt dat Hitler in vergelijking met de professionele militairen beschikte over een 'veel en veel moderner en complexer beeld van de oorlog, evenals een relatief scherper bewustzijn van de eisen die een oorlog stelde waarbij hele samenlevingen waren betrokken'.[90] Dat weerspiegelde zich ook in de onophoudelijke jammerklachten van de dictator dat zijn generaals niets van krijgskunde begrepen. Juist omdat Hitler in bredere verbanden dacht, begreep hij eerder dan zijn militaire raadgevers, die gefixeerd waren op de operatieve oorlogvoering, dat de oorlog na het vastlopen van de offensieven in 1942 niet meer kon worden gewonnen. Tegen beter weten in verzette hij zich er vervolgens tegen daaraan de noodzakelijke conclusies te verbinden. Zijn koppige bevelen stand te houden en de onzinnige pogingen met de slag om Koersk in 1943 en het Ardennenoffensief in 1944 de kansen nog eens te doen keren, kwamen voort uit zijn mentaliteit van de va-banquespeler die altijd om de hoogste inzet had gespeeld en voor wie daarom ieder compromis volstrekt uitgesloten was. Principieel niet in staat tot enige vorm van zelfcorrectie, zocht hij de fouten voor alle tegenslagen voortdurend bij anderen. Dit leidde ertoe dat de carrousel van personeelswisselingen in de top van de Wehrmacht steeds sneller ging draaien.

Dezelfde starheid legde hij ook aan de dag op diplomatiek gebied. Waren de dictator in de jaren dertig nog altijd sluwheden te binnen geschoten om zich te bevrijden uit benarde posities, nu nam hij geen enkel initiatief meer om de oorlog langs politieke weg te beëindigen. Daarbij speelde ongetwijfeld ook de onder de nationaalsocialistische leiders algemeen gedeelde gedachte dat bij de oorlog in het oosten alle volkenrechtelijke normen met voeten waren getreden en dat met de tezelfdertijd in gang gezette vernietiging van de Joden alle bruggen achter hen waren verbrand. Ze waren 'met betrekking tot het Jodenvraagstuk [...] zo aan handen en voeten gebonden dat er voor ons geen ontkomen meer aan is', zeiden Goering en Goebbels begin maart 1943 eensgezind.[91] Met die restricties beperkten de mogelijkheden zich al snel tot twee alternatieven: overwinning of ondergang. 'Het moet iedereen in Duitsland duidelijk zijn dat het in deze oorlog gaat om een strijd om zijn of niet-zijn,' hield Hitler in april 1944 de Reichs- en Gauleiter nog één keer voor. 'In bepaalde situaties gelden de woorden: "Roei uit, opdat je zelf niet wordt uitgeroeid!"'[92]

De gokker was zich ervan bewust dat als hij de oorlog zou verliezen, er voor hem geen andere uitweg restte dan zelfmoord. Hoe uitzichtlozer de situatie werd, des te vaker bleven zijn gedachten steken bij de vraag hoe hij zijn aftocht zo effectief mogelijk, in de stijl van Wagners Götterdämmerung, kon ensceneren.[93] De choreografie van zijn 'heroïsche ondergang' hield hem tot in zijn allerlaatste dagen bezig. Tegelijkertijd hield hij zelfs tegenover zijn naaste omgeving de façade op van een schijnbaar onwankelbaar geloof in de overwinning. Albert Speer herinnerde zich hoe de dictator nog in de besprekingen in het voorjaar van 1945 al pratend in een 'euforie van autosuggestie' raakte en daarbij het voorbeeld van Frederik de Grote aanhaalde, met wie hij zich in zijn optreden steeds meer vereenzelvigde. 'Hij heeft de naam "de Grote" niet verdiend omdat hij ten slotte overwon, maar omdat hij bij tegenslag niet versaagde. Op dezelfde wijze zal de wereld na mij mijn betekenis niet zozeer zoeken in de triomfen van de eerste oorlogsjaren als wel in de standvastigheid die ik betoond heb tijdens de zware tegenslagen in de laatste maanden. De wil, mijne heren, zegeviert altijd!'[94]

Voor Hitlers propagandist en goedgelovige bewonderaar Joseph Goebbels stond in februari 1945 nog vast: 'Ik ben er zeker van dat de Führer als de allergrootste van deze eeuw de geschiedenis in zal gaan.'[95]

Hitler-tegenstander Klaus Mann opende daarentegen zijn necrologie van de dictator van mei 1945 met de opmerking dat Hitler 'in geen enkel opzicht groot is geweest', al had hij grote macht verworven: 'Hoewel het hem ontbrak aan formaat en genie, slaagde hij erin een heel continent te terroriseren en de hele beschaafde wereld te tarten.'[96]

Historici hebben zich met de vraag naar Hitlers 'grootsheid' regelmatig geweld aangedaan. Voor Alan Bullock stond in het begin van de jaren vijftig het feit dat het Derde Rijk in een catastrofe was geëindigd, niet op gespannen voet met 'Hitlers aanspraak op grootsheid', maar had hij zich laten leiden door lagere hartstochten als haat, wraakzucht en vernietigingsdrift. Ook zou zijn dictatuur geen enkel ander doel hebben gediend dan het vergroten van zijn eigen macht. Dat had van hem zo'n 'afstotelijke en armzalige figuur' gemaakt. Hitler had een plaats in de geschiedenis veroverd, zij het naast de Hunnenkoning Atilla, 'die niet de bijnaam "de Grote" verwierf, maar die van "Gesel Gods"'.[97]

'In de bestaande geschiedenis kent hij zijn gelijke niet; moet men hem "groot" noemen?' vroeg Joachim Fest zich af in het voorwoord van zijn Hitlerbiografie uit 1973, en hij was in eerste instantie geneigd de vraag positief te beantwoorden. Hij beriep zich daarbij op het beroemde dictum van de Bazelse historicus Jacob Burckhardt: 'De geschiedenis verheugt zich er soms in zich plotseling te verdichten in een persoon aan wie vervolgens de hele wereld toebehoort. Deze grote individuen zijn coïncidenties van het algemene en het bijzondere, van het bestendige en de beweging in één enkele persoonlijkheid.'[98] Inderdaad was, zoals Fest ook benadrukte, Hitlers carrière alleen mogelijk geworden 'door de samenloop van individuele en algemene voorwaarden, door de moeilijk te ontcijferen betrekkingen die de man met zijn tijd, en die tijd met die man aanging'. Toch aarzelde de auteur Hitler het predikaat 'Grote' toe te kennen. Zijn twijfels waren vooral van esthetische aard. De dictator zou 'met al zijn voortreffelijke eigenschappen niettemin een onaangenaam mens' zijn geweest. Zijn 'troebele, instinctgebonden karaktereigenschappen' en zijn 'onmiskenbaar ordinaire karakter' vormden 'een element van stuitende middelmatigheid' dat door 'het conventionele begrip grootsheid niet wordt gedekt'.[99]

Ian Kershaw daarentegen pleitte er in het eerste deel van zijn Hitler-biografie uit 1998 voor de vraag naar Hitlers 'grootsheid' zo mogelijk niet te stellen. Die zou de aandacht op een verkeerd pad leiden omdat hij tendentieus en apologetisch zou zijn, dat wil zeggen van 'een zekere onwillige bewondering' zou getuigen.[100] We sluiten ons graag aan bij het nuchtere oordeel van de Britse historicus. Wie het problematische begrip überhaupt in verband met Hitler wil brengen, zou beter kunnen spreken van 'negatieve grootsheid' of – zoals Konrad Heiden al in 1936 deed – van 'waardeloze grootsheid'.[101] Want Hitler was slechts 'groots' in het destructieve, in het verwoesten en het vernietigen, in zijn onvoorstelbare misdadigheid. Zulke figuren, die niets hebben voortgebracht waarop kan worden voortgeborduurd, werd ook al door Jacob Burckhardt het predikaat 'groots' onthouden: 'Juist niet groots zijn degenen die enkel ruïneerden,' schreef hij.[102]

Dat onderscheidt Hitler bijvoorbeeld van Napoleon. Die vernietigde niet alleen, maar creëerde ook instellingen die zijn heerschappij hebben overleefd – met name de *Code civil*, het burgerlijk wetboek waarin wezenlijke verworvenheden van de Franse Revolutie werden vastgelegd. Het was vooral de veldheer Napoleon die Hitler zijn respect betuigde toen hij tijdens zijn excursie naar het veroverde Parijs in juni 1940 een buiging maakte voor de sarcofaag van de keizer in de Dôme des Invalides. Maar hij bekritiseerde Napoleon om zijn 'nepotisme'. Al zijn broers en zusters, die hij aan baantjes had geholpen, waren 'onbekwaam en moreel minderwaardig', verklaarde hij in een latetafelconversatie in maart 1942. En dat hij zich had verbonden met de Oostenrijkse Marie-Louise, was zijn 'grootste vergissing' geweest: 'Een Führer mag geen gezin hebben, maar moet daarvan afzien om het welzijn van zijn land te dienen,' luidde zijn mantra, die zijn omgeving vroom accepteerde. Ook was het verkeerd geweest van Napoleon om zich tot keizer te laten kronen, omdat hij als zodanig nooit door andere Europese monarchen zou worden erkend. Hij, Hitler, zou 'altijd slechts Führer blijven' en zich 'nooit tot hertog of zoiets' laten uitroepen. Dat was allemaal maar een 'lachwekkende maskerade'.[103]

Toch waren er ook enkele overeenkomsten tussen Napoleon en Hitler. De Corsicaanse generaal was eveneens een parvenu; ook hij had zich, tijdens de crisis in 1799, aangeboden als 'redder' die beloofde orde te scheppen in de postrevolutionaire chaos; ook hij was lang buitengewoon populair geweest; ook hij had grote delen van het Europese continent aan zijn heerschappij onderworpen. Maar daar houden de overeenkomsten op. Hoeveel leed Napoleons onophoudelijke oorlogvoering ook teweegbracht onder de volkeren, hoe drukkend de lasten van de Franse bezettingen ook waren – van de verwoestende veroveringen van de nationaalsocialisten en hun genocidale bezettingspolitiek stonden ze mijlenver af. Dat geldt met name voor de veldtocht naar het oosten. Ook Napoleon marcheerde met zijn Grande Armée Rusland binnen om via die omweg Engeland op de knieën te dwingen, en net als de Duitse dictator had hij daarmee zijn ondergang over zichzelf afgeroepen. Maar bij Hitler was de strategische calculatie achter Operatie Barbarossa om Engeland de wapens op het vasteland uit de handen te slaan, verbonden met een rassenideologisch dogma, de fixatie op het veroveren van Lebensraum. Pas daardoor kreeg de veldtocht het karakter van een vernietigingsoorlog, die in zijn misdadige dimensie alles overtrof wat er ooit was geweeest.

Ook tussen Hitler en Stalin waren er overeenkomsten. Beiden hadden in het harde gevecht om de macht alle tegenstand uit de weg geruimd, beiden zagen in geweld het doorslaggevende middel van machtsuitoefening en kenden geen scrupules als het erop aankwam dat geweld te rechtvaardigen met een beroep op vermeende hogere doelen. Beiden werden gekarakteriseerd door een volledig gebrek aan empathie, een hoge mate van wraakzucht en wreedheid. Stalin was echter, in tegenstelling tot Hitler, geen gokker. Hij behield altijd een scherp oog voor de realiteit van de buitenlandse politiek en opereerde op dat terrein uiterst omzichtig. Juist omdat hij bij Hitler dezelfde rationaliteit van handelen veronderstelde, kon hij zich niet voorstellen dat de Duitse dictator in juni 1941 Rusland zou binnenvallen, en daarom ook sloeg hij alle waarschuwingen dienaangaande in de wind.[104]

Hitler had Stalin nog in het begin van 1940 geringschattend een 'moderne Iwan de Verschrikkelijke' genoemd.[105] In het verloop van de oorlog legde hij een groeiende hoogachting voor de Sovjetdictator aan de dag. Waar hij geen gelegenheid onbenut liet om kwaad te spreken over Churchill en Roosevelt, de democratische leiders van het Westen, liet hij zich in intieme kring vol bewondering uit over zijn tegenstrever in Moskou: 'Hij herkent in Stalin een man van formaat die hoog uittorent boven de democratische vertegenwoordigers van de Angelsaksische machten,' parafraseerde Goebbels een markante passage uit Hitlers toespraak tot de Reichs- en Gauleiter in mei 1942.[106] Wat Hitler in het bijzonder imponeerde, was de wreedheid waarmee Stalin sinds de herfst van 1937 was opgetreden tegen het officierskorps van het Rode Leger en de wijze waarop hij zich van hun superieuren had ontdaan. Hoe conflictrijker zijn verstandhouding met zijn generale staf werd tijdens de tegenslagen aan het oostfront, des te meer betreurde de Duitse dictator dat hij zich niet van dezelfde middelen had bediend: 'Onze meest tragische vergissing was te geloven dat het een teken van zwakte van Stalin was toen hij Toechatsjevski en zijn bondgenoten liet fusilleren,' zei hij in een gesprek met Goebbels in oktober 1943. 'In werkelijkheid heeft hij zich daarmee bevrijd van elke vorm van oppositie onder zijn generaals. Jammer dat wij niet op dezelfde manier te werk zijn gegaan. Dan hadden we nu niet zoveel problemen gehad.'[107] Nog in een van zijn laatste stafvergaderingen in de bunker van de Rijkskanselarij, op 27 april 1945, noemde de dictator het een grote fout dat hij in 1933 niet met een schone lei was begonnen en geen 'korte metten had gemaakt met het geklungel van dat ongedierte'. 'Het is betreurenswaardig achteraf te moeten vaststellen dat men zo goed is.'[108]

Hitlers bewind duurde maar twaalf jaar, maar heeft het aangezicht van de wereld diepgaand veranderd – zij het op een totaal andere manier dan de dictator het bedoelde. Hij wilde het Duitse Rijk via de macht over heel Europa leiden naar mondiale overheersing; uiteindelijk lag het Rijk in puin en met hem ging de Duitse natie, die door Bismarck in drie oorlogen was afgedwongen, in een orgie van geweld en misdaad ten onder. Duitsland werd volgens de besluiten van Teheran en Jalta opgedeeld onder de vier bezettingsmachten en het verloor de gebieden ten oosten van de Oder en de Neiße aan Polen. De deelstaat Pruisen, die door de overwinnende machten werd beschouwd als een bolwerk van agressief militarisme, werd door het besluit van de Geallieerde Controleraad van februari 1947 ontbonden.

Bestendiger dan het kortstondige verlies van soevereiniteit bleken de morele trauma's die Hitler achterliet. Na een bezoek aan het verwoeste München half mei 1945 ontried Klaus Mann zijn vader een terugkeer naar zijn vaderland: 'Er zullen jaren, decennia zelfs voor nodig zijn om deze steden weer op te bouwen. Deze beklagenswaardige, afschuwelijke staat zal generaties lang fysiek en moreel invalide en kreupel blijven.'[109]

Niet alleen voor Duitsland, ook voor de internationale gemeenschap bracht het einde van Hitlers bewind diepgaande veranderingen teweeg. De rol van Europa als centrum van de wereldpolitiek was uitgespeeld. De balans tussen de beide supermachten, de Verenigde Staten en de Sovjet-Unie, kwam ervoor in de plaats. 'Op den duur zijn de kapitalistische belangen van de westelijke staten onverenigbaar met de communistische belangen van het bolsjewisme. Elke dag zie je de zweer groeien,' voorspelde Hitler al in zijn toespraak voor de veldmaarschalken en generaals op 27 januari 1944.[110] Inderdaad traden, onmiddellijk nadat het gemeenschappelijke doel was bereikt een eind te maken aan Hitlers regime, de diepgaande belangenverschillen aan het daglicht. De breuk in de anti-Hitlercoalitie, waarop de nationaalsocialistische leiding tot op het laatst had gehoopt, werd nu werkelijkheid. Decennia zou de Koude Oorlog, die in die dagen een aanvang nam, de wereld in zijn greep houden. De grens tussen het democratische westen en het communistische oosten liep dwars door Duitsland en ook de beide staten die uit de as van het Duitse Rijk zouden verrijzen, de Bondsrepubliek Duitsland en de Duitse Democratische Republiek, zouden lijnrecht tegenover elkaar komen te staan. Of er ooit weer een nationale Duitse staat zou ontstaan, bleef een open vraag. Veel tijdgenoten beschouwden de Duitse tweedeling als een terecht resultaat van de door Hitler-Duitsland ontketende Tweede Wereldoorlog, als een soort van boetedoening voor de begane misdaden. Nooit meer mocht het land in het midden van het continent de macht grijpen, nooit meer mocht het zijn buren onderwerpen.

Het zou vierenhalf decennium duren voor het tijdperk van de Koude Oorlog ten einde kwam en de naoorlogse orde verdween. In de nasleep van het uiteenvallen van het Sovjetimperium konden de landen van Midden- en Oost-Europa zich bevrijden van de bevoogding door Moskou en weer hun eigen lotsbestemming bepalen. Ook de Duitsers kregen onverhoopt de kans toegeworpen de staatkundige eenheid te herstellen – niet door 'ijzer en bloed' maar door vreedzame onderhandelingen met de grootmachten die de Tweede Wereldoorlog hadden gewonnen. De Bondsrepubliek van 1990 is vast verbonden met de Europese gemeenschap en het Atlantische verbond: het gevaar dat Duitsland een eigen koers gaat varen, lijkt bezworen.

Of het tweede experiment met een Duitse nationale staat beter slaagt dan het zo catastrofaal verlopen eerste experiment, zal voor het grootste deel afhangen van het inzicht van de regering dat een verenigd Duitsland in het hart van Europa voor de andere machthebbers alleen dan draaglijk is als het terughoudendheid betracht en afziet van alle pogingen tot het uitoefenen van hegemonie. De vanzelfsprekendheid waarmee sommige politici en journalisten in de afgelopen jaren weer een leidende rol voor Duitsland opeisen, laat twijfel bestaan of de lessen van de geschiedenis werkelijk zijn geleerd.

Veel zal ook afhangen van de vraag of de cultuur van een zelfkritische omgang met het Duitse verleden, zoals die zich in de Bondsrepubliek in een uiterst moeizaam verlopen leerproces van de geschiedwetenschap in de openbaarheid heeft ontwikkeld, ook in de toekomst de herinneringscultuur zal bepalen. Het is geen toeval dat rechtse populisten, die ook in Duitsland met de herleving van nationalisme en racisme aan invloed winnen, zich juist op dat punt richten. Ze willen terug naar een beeld van de geschiedenis waarin de twaalf jaar van de Hitlerdictatuur als een ongelukkige, maar verder te verwaarlozen periode in een verder zeer normale en grotendeels glorieus verlopen nationale geschiedenis figureert. Wie echter een dergelijke geschiedvervalsing pleegt, moet weten dat hij daarmee de fundamenten van de Bondsrepubliek ondermijnt.

'Ons debat met Hitler is nog niet ten einde en kan ook geen einde nemen; in zekere zin zijn we voor eeuwig met hem verbonden.' Die vaststelling van de katholieke schrijver Reinhold Schneider uit het jaar 1946 geldt in wezen nog steeds.[111] Het 'geval-Hitler' blijft voor alle tijden een waarschuwing. Als het ons iets leert, dan dit: hoe dun het vlies is dat de beschaving scheidt van de barbarij – en waartoe mensen in staat zijn, als alle rechtstatelijke en morele normen buitenspel worden gezet en ze zonder enige restrictie over het leven van andere mensen kunnen beschikken.

Noten

Inleiding

1. Hans-Ulrich Thamer, *Verführung und Gewalt. Deutschland 1933–1945*, Berlijn 1986, p. 627.
2. Bernd Wegner, 'Wozu Operationsgeschichte?', in Thomas Kühne/Benjamin Ziemann (red.), *Was ist Militärgeschichte?*, Paderborn 2000, p. 105–113 (citaat p. 110).
3. *Das Deutsche Reich und der Zweite Weltkrieg*. Uitgave Militärgeschichtliches Forschungsamt, 10 banden, Stuttgart/München 1979–2008.
4. Franz Halder, *Hitler als Feldherr*, München 1949 (citaat p. 63). Vgl. Christian Hartmann, *Halder Generalstabschef Hitlers 1938–1942*, 2de druk, Paderborn 2010, p. 18–21; Henrik Eberle, *Hitlers Weltkriege. Wie der Gefreite zum Feldherrn wurde*, Hamburg 2014, p. 13–17.
5. Vgl. de beide tentoonstellingscatalogi van het Hamburgse Institut für Sozialforschung: *Vernichtungskrieg. Verbrechen der Wehrmacht 1941 bis 1944*, Hamburg 1996; *Verbrechen der Wehrmacht. Dimensionen des Vernichtungskrieges 1941 bis 1944*, Hamburg 2002.
6. Vgl. met name Johannes Hürter, *Hitlers Heerführer. Die deutschen Oberbefehlshaber im Krieg gegen die Sowjetunion 1941/42*, München 2007, p. 509 e.v.; Christian Hartmann, *Wehrmacht im Ostkrieg. Front und militärisches Hinterland*, München 2009, p. 635 e.v.
7. Eberhard Jäckel, 'Die elende Praxis der Untersteller', in *'Historikerstreit'. Die Dokumentation der Kontroverse um die Einzigartigkeit der nationalsozialistischen Judenvernichtung*, München-Zürich 1987, p. 115–122 (citaat p. 118). Vgl. andermaal Sybille Steinbacher (red.), *Holocaust und Völkermorde. Die Reichweite des Vergleichs*, Frankfurt am Main-New York 2012.
8. Joachim Fest, *Hitler. Eine Biographie*, Frankfurt am Main-Berlijn-Wenen 1973, p. 929–933.
9. Vgl. voor het volgende Frank Bajohr-Andrea Löw (red.), *Der Holocaust. Ergebnisse und neue Fragen der Forschung*, Frankfurt am Main 2015, p. 9 e.v. – het boek van Hilberg verscheen pas begin jaren tachtig bij de kleine Berlijnse uitgeverij Olle & Wolter in Duitse vertaling; in 1990 bracht S. Fischer Verlag een cassette van drie banden uit. Vgl. Raul Hilberg, *Unerbetene Erinnerung. Der Weg eines Holocaust-Forschers*, Frankfurt am Main 1994; idem, *Anatomie des Holocaust. Essays und Erinnerungen*. red. van Walter H. Pehle en René Schlott, Frankfurt am Main 2016.
10. *Die Verfolgung und Ermordung der europäischen Juden durch das nationalsozialistische Deutschland 1933–1945*. Uitg. in opdracht van het Bundesarchiv, het Institut für Zeitgeschichte en de leerstoel voor Nieuwe en Nieuwste Geschiedenis aan de Albert-Ludwigs-Universität Freiburg door Götz Aly, Wolf Gruner, Susanne Heim, Ulrich Herbert, Hans-Dieter Kreikamp, Horst Möller, Dieter Pohl en Hartmut Weber, München 2008 e.v.
11. Heinz Boberach (red.), *Meldungen aus dem Reich 1938–1945. Die geheimen Lageberichte des Sicherheitsdienstes der ss*, 17 banden, Herrsching 1984. Vgl. daarbij de inleiding door Heinz Boberach, band 1, p. 22–24.
12. *Die Tagebücher von Joseph Goebbels*. Im Auftrag des Instituts für Zeitgeschichte und mit Unterstützung des Staatlichen Archivdienstes Rußlands. Red. door Elke Fröhlich, Deel I: Aufzeichnungen 1923–1941, 9 banden in 14 delen, München 1998–2008; Deel II: Diktate 1941–1945, 15 banden, München 1993–1996.

13 Lore Walb, *Ich, die Alte – ich, die Junge. Konfrontation mit meinen Tagebüchern 1933–1945*, Berlijn 1997.
14 Thomas Mann, *Tagebücher 1940–1943*. Uitgegeven door Peter de Mendelssohn, Frankfurt am Main 1982; idem, *Tagebücher 1944–1. 4. 1946*. Red. Inge Jens, Frankfurt am Main 1986; idem, *An die gesittete Welt. Schriften und Reden im Exil*, Frankfurt am Main 1986; Victor Klemperer, *Ich will Zeugnis ablegen bis zum letzten. Tagebücher* band 1: 1933–1941, band 2: 1942–1945. Red. Walter Nowojski met medewerking van Hadwig Klemperer, Berlijn 1995; Wilhelm Muehlon, *Tagebuch der Kriegsjahre 1940–1944*. Red. Jens Heisterkamp, Dornach 1992.
15 Friedrich Kellner, *'Vernebelt, verdunkelt sind alle Hirne'. Tagebücher 1939–1945*, 2 banden. Red. Sascha Feuchert, Robert Martin Scott Kellner, Erwin Leibfried, Jörg Riecke en Markus Roth, Göttingen 2011.
16 Frank Bajohr-Christoph Strupp (red.), *Fremde Blicke auf das 'Dritte Reich'. Berichte ausländischer Diplomaten über Herrschaft und Gesellschaft in Deutschland 1933–1945*, Göttingen 2011.
17 Gabriel Gorodetsky (red.), *Die Maiski-Tagebücher. Ein Diplomat im Kampf gegen Hitler 1932–1943*, München 2016.
18 Hugh R. Trevor-Roper, *Hitlers letzte Tage* (1ste druk 1947), Frankfurt am Main-Berlijn 1995; Joachim Fest, *Der Untergang. Hitler und das Ende des Dritten Reiches. Eine historische Skizze*, Berlijn 2002. Het boek van Fest was voor de producent Bernd Eichinger het uitgangspunt voor diens film *Der Untergang*, 2004.
19 Kellner, *Tagebücher 1939–1945*, band 1, p. 366 (17-12-1942).
20 Peter Longerich, *Hitler. Biographie*, München 2015.
21 Wolfram Pyta, *Hitler. Der Künstler als Politiker und Feldherr. Eine Herrschaftsanalyse*, München 2015.
22 Christian Hartmann-Thomas Vordermayer-Othmar Plöckinger-Roman Töppel (red.), *Hitler, Mein Kampf. Eine kritische Edition*, 2 banden, München-Berlijn 2016.
23 Jürgen Matthäus en Frank Bajohr (red.), *Alfred Rosenberg. Die Tagebücher von 1934 bis 1944*, Frankfurt am Main 2015.
24 *Hitler als Häftling in Landsberg am Lech 1923/24. Der Gefangenen-Personalakt aus der Schutzhaft-, Untersuchungshaft und Festungshaftanstalt Landsberg am Lech*. Red. en commentaar, Neustadt an der Aisch 2015.

1 **De Tweede Wereldoorlog ontketend**

1 Max Domarus, *Hitler. Reden und Proklamationen 1932–1945*, band II, 1, München 1965, p. 1178.
2 Sebastian Haffner, *Anmerkungen zu Hitler*, 21ste druk, München 1978, p. 46. Genuanceerder oordeelde Haffner nog in zijn in 1940 in ballingschap geschreven boek *Germany: Jekyll & Hyde* (Berlijn 1996, p. 65–67). Volgens dat boek was de verhouding regime-aanhangers versus de 'niet-loyale' delen van de bevolking 60:40.
3 Fest, *Hitler*, p. 25.
4 Otto Dietrich, *12 Jahre mit Hitler*, München 1955, p. 58.
5 *Heeresadjutant bei Hitler 1938–1943. Aufzeichnungen des Majors Engel*. Red. en commentaar door Hildegard von Kotze, Stuttgart 1974, p. 40 (1-10-1938).
6 *Akten zur deutschen Auswärtigen Politik 1918–1945* (ADAP). Serie D: 1937–1941, band 1–13, Frankfurt am Main 1956–1970, band 5, nr. 81, p. 87–89. Vgl. Joachim von Ribbentrop, *Zwischen London und Moskau. Erinnerungen und letzte Aufzeichnungen*. Uit de nalatenschap geredigeerd door Annelies von Ribbentrop, Leoni am Starnberger See 1961, p. 154–156; Hermann Gram, *Europas Weg in den Krieg. Hitler und die Mächte 1939*, München 1990, p. 129–132; Stefan Kley, *Hitler, Ribbentrop und die Entfesselung des Zweiten Weltkriegs*, Paderborn 1996, p. 204 e.v.
7 ADAP, serie D, band 5, nr. 101, p. 106–108; vgl. Ribbentrop, *Zwischen London und Moskau*, p. 156–158; Graml, *Europas Weg in den Krieg*, p. 133; Kley, *Hitler, Ribbentrop und die Entfesselung des Zweiten Weltkriegs*, p. 205 e.v.

8   Cit. uit Dieter Schenk, *Hitlers Mann in Danzig. Gauleiter Forster und die NS-Verbrechen in Danzig-Westpreußen*, Bonn 2000, p. 96.
9   ADAP, serie D, band 5, nr. 119, p. 127–132; nr. 120, p. 132–134; nr. 126, p. 139 e.v. Vgl. Graml, *Europas Weg in den Krieg*, p. 137–139; Kley, *Hitler, Ribbentrop und die Entfesselung des Zweiten Weltkriegs*, p. 207–209, 213; Rolf-Dieter Müller, *Der Feind steht im Osten. Hitlers geheime Pläne für einen Krieg gegen die Sowjetunion im Jahr 1939*, Berlijn 2011, p. 108–112.
10 Domarus, *Hitler*, band II, 1, p. 1065.
11 *Die Tagebücher von Joseph Goebbels*. Red. Elke Fröhlich, deel 1: Aufzeichnungen 1923–1941, band 6, p. 247 (3-2-1939).
12 Feliks Chiczewski aan Józef Lipski, 23-3-1939; Frank Bajohr/Christoph Strupp (red.), *Fremde Blicke auf das 'Dritte Reich'. Berichte ausländischer Diplomaten über Herrschaft und Gesellschaft in Deutschland 1933–1945*, Göttingen 2011, p. 528.
13 ADAP, serie D, band 6, nr. 61, p. 58–60; vgl. Kley, *Hitler, Ribbentrop und die Entfesselung des Zweiten Weltkriegs*, p. 216.
14 Vgl. Richard Overy, *Die letzten zehn Tage. Europa am Vorabend des Zweiten Weltkriegs. 24. August bis 3. September 1939*, München 2009, p. 15.
15 Cit. uit Graml, *Europas Weg in den Krieg*, p. 185.
16 ADAP, serie D, band 6, nr. 101, p. 101–104; vgl. Graml, *Europas Weg in den Krieg*, p. 189–192; Kley, *Hitler, Ribbentrop und die Entfesselung des Zweiten Weltkriegs*, p. 218 e.v.
17 ADAP, serie D, band 6, nr. 118, p. 122 e.v.; vgl. Graml, *Europas Weg in den Krieg*, p. 194 e.v.
18 Goebbels, *Tagebücher*, deel 1, band 6, p. 300 (25-3-1939), 301 (26-3-1939).
19 ADAP, serie D, band 6, nr. 99, p. 98 e.v.; vgl. Christian Hartmann, *Halder. Generalstabschef Hitlers 1938–1942*, 2de druk, Paderborn 2010, p. 122 e.v.; Nicolaus von Below, *Als Hitlers Adjutant 1937–45*, Mainz 1980, p. 157; Horst Rohde, 'Hitlers erster "Blitzkrieg" und seine Auswirkungen auf Nordosteuropa', in: *Das Deutsche Reich und der Zweite Weltkrieg*. Band 2: *Die Errichtung der Hegemonie auf dem europäischen Kontinent*, Stuttgart 1979, p. 81 e.v.
20 Goebbels, *Tagebücher*, deel 1, band 6, p. 302 (28-3-1939).
21 Below, *Als Hitlers Adjutant*, p. 157.
22 Cit. uit Graml, *Europas Weg in den Krieg*, p. 183. Vgl. Gottfried Niethardt, 'Die britisch-französischen Garantieerklärungen für Polen vom 31. 3. 1939', in *Francia* 2 (1974), p. 597–618; Rainer F. Schmidt, *Die Außenpolitik des Dritten Reiches 1933–1939*, Stuttgart 2002, p. 322–328.
23 William L. Shirer, *Berliner Tagebuch. Aufzeichnungen 1934–1941*. Red. Jürgen Scherbera, Leipzig en Weimar 1991, p. 158 (6-4-1939).
24 Domarus, *Hitler*, band II, 1, p. 1119–1127 (citaten p. 1120, 1122). Vgl. voor Hitlers reis naar Wilhelmshaven: Below, *Als Hitlers Adjutant*, p. 157 e.v., voor de redevoering in Wilhelmshaven: Shirer, *Berliner Tagebuch*, p. 157 (1-4-1939).
25 Vgl. Goebbels, *Tagebücher*, deel 1, band 6, p. 316 (14-4-1939), 317 (15-4-1939), 378 (14-6-1939).
26 Vgl. Below, *Als Hitlers Adjutant*, p. 158 e.v.; Domarus, *Hitler*, band II, 1, p. 1127 e.v.
27 ADAP, serie D, band 6, nr. 149, p. 154. Keitel lichtte direct het plaatsvervangend hoofd van de Wehrmachtcommandostaf, Walter Warlimont, in 'dat de Führer de opperbevelhebbers van de krijgsmachtonderdelen opdracht had gegeven zich voor te bereiden op een allengs onvermijdelijker lijkende militaire confrontatie met Polen, tegen eind augustus'. Aantekening van Walter Warlimont, 'Polen 1939' (van 24-9-1945); BA Koblenz, N 1033/24.
28 ADAP, serie D, band 6, nr. 185, p. 186–190; Walther Hubatsch (red.), *Hitlers Weisungen für die Kriegsführung*, München 1965, p. 19–22 (citaten p. 19 e.v.).
29 Christian Hartmann/Sergej Slutsch, 'Franz Halder und die Kriegsvorbereitungen im Frühjahr 1939. Eine Ansprache des Generalstabschefs des Heeres', in *Vierteljahrshefte für Zeitgeschichte*, jrg. 45 (1997), p. 467–495 (citaten p. 480, 483, 488, 489, 495). Vgl. Hartmann, *Halder*, p. 398 e.v.
30 Cit. uit Domarus, *Hitler*, band II, 1, p. 1142 e.v.
31 Vgl. Goebbels, *Tagebücher*, deel 1, band 6, p. 326 (24-4-1939), 327 (25-4-1939), 329 (26-4-1939), 331 (28-4-1939).

32   ADAP, serie D, band 6, nr. 200, p. 202–204. Vgl. Günter Moltmann, 'Franklin D. Roosevelts Friedensappell vom 14. April 1939. Ein fehlgeschlagener Versuch zur Friedenssicherung', in *Jahrbuch für Amerikastudien*, band 9 (1964), p. 91–109.
33   Goebbels, *Tagebücher,* deel 1, band 6, p. 319 (17-4-1939).
34   Domarus, *Hitler*, band II, 1, p. 1148–1179 (citaten p. 1173). Voor de uiteenlopende reacties van de diverse landen op de Duitse aanspraken, vgl. Moltmann, 'Franklin D. Roosevelts Friedensappell', p. 98–107.
35   Brief van Marianne von Weizsäcker aan haar moeder, d.d. 29-4-1939; BA Koblenz, N 1273/29.
36   Shirer, *Berliner Tagebuch*, p. 160 e.v. (28-4-1939); vgl. Goebbels, *Tagebücher,* deel 1, band 6, p. 332: 'En dan een vreselijke draai om de oren voor Roosevelt. Zijn oren suizen ervan. Het huis ligt krom van het lachen. Het is een genot om ernaar te luisteren.'
37   Cit. uit Graml, *Europas Weg in den Krieg*, p. 212.
38   Goebbels, *Tagebücher,* deel 1, band 6, p. 339 (6-5-1939).
39   Ibidem, p. 333 (30-4-1939), 335 (2-5-1939).
40   Engel, *Heeresadjutant bei Hitler*, p. 45 (8-4-1939).
41   ADAP, serie D, band 6, nr. 205, p. 207–211, nr. 211, p. 215–220. Vgl. Paul Schmidt, *Statist auf diplomatischer Bühne 1923–45*, Bonn 1950, p. 434; Alfred Kube, *Pour le mérite und Hakenkreuz. Hermann Göring im Dritten Reich*, München 1986, p. 308 e.v.; Galeazzo Ciano, *Tagebücher 1939–1943*, Bern 1946, p. 76 (16-4-1939).
42   Attolico aan Ciano, 18-4-1939; cit. naar Graml, *Europas Weg in den Krieg*, p. 199.
43   ADAP, serie D, band 6, nr. 340, p. 366, nr. 341, p. 372; vgl. Ciano, *Tagebücher 1939–1943*, p. 86 (6- en 7-5-1939); Graml, *Europas Weg in den Krieg*, p. 216; Schmidt, *Statist auf diplomatischer Bühne*, p. 437; Gianluca Falanga, *Mussolinis Vorposten in Hitlers Reich. Italiens Politik in Berlin 1933–1945*, Berlijn 2008, p. 121 e.v. Over Mussolini's motieven vgl. Hans Woller, *Mussolini. Der erste Faschist. Eine Biografie*, München 2016, p. 185–188.
44   ADAP, serie D, band 6, nr. 426, p. 466–469; Domarus, *Hitler*, band II, 1, p. 1192 e.v.
45   Ciano, *Tagebücher 1939–1943*, p. 92 (22-5-1939).
46   Ibidem, p. 89 (13-5-1939); Goebbels, *Tagebücher,* deel 1, band 6, p. 356 (23-5-1939). Vgl. ook Below, *Als Hitlers Adjutant*, p. 165: 'Achter de coulissen van de grootse ondertekeningsceremonie werd al gemompeld dat de overeenkomst wel héél erg zou neerkomen op hulp van één kant.'
47   ADAP, serie D, band 6, nr. 433, p. 477–483; Domarus, *Hitler*, band II, 1, p. 1198–1201. Vgl. Below, *Als Hitlers Adjutant*, p. 164 e.v.; Kley, *Hitler, Ribbentrop und die Entfesselung des Zweiten Weltkriegs*, p. 258 e.v.; Schmidt, *Die Außenpolitik des Dritten Reiches*, p. 329 e.v.; Bernd-Jürgen Wendt, *Großdeutschland. Außenpolitik und Kriegsvorbereitung des Hitler-Regimes*, München 1987, p. 175 e.v.
48   Vgl. Below, *Als Hitlers Adjutant*, p. 165 e.v.; Goebbels, *Tagebücher,* deel 1, band 6, p. 365 (2-5-1939), 366 (3-6-1939), 367 e.v. (4-6-1939), 371 (8-6-1939); Domarus, *Hitler*, band II, 1, p. 1203 e.v., 1208–1211.
49   Goebbels, *Tagebücher,* deel 1, band 6, p. 375 (12-6-1939).
50   Vgl. Below, *Als Hitlers Adjutant*, p. 166–169.
51   Goebbels, *Tagebücher,* deel 1, band 6, p. 387 (21-6-1939); vgl. ook Below, *Als Hitlers Adjutant*, p. 169 e.v.: 'Hitler geloofde niet dat Engeland actief zou ingrijpen, omdat hij ervan uitging dat de Engelsen nog minstens twee jaar nodig hadden om zich op de oorlog voor te bereiden.'
52   Goebbels, *Tagebücher,* deel 1, band 7, p. 33 e.v. (5-7-1939).
53   Vgl. Below, *Als Hitlers Adjutant*, p. 175 e.v.; voor het Duitse operatieplan vgl. *Das Deutsche Reich und der Zweite Weltkrieg*, band 2, p. 92–99 (bijdrage Rohde).
54   Vgl. Domarus, *Hitler*, band II, 1, p. 1217.
55   Goebbels, *Tagebücher,* deel 1, band 7, p. 43 (15-7-1939).
56   Domarus, *Hitler*, band II, 1, p. 1218.
57   Ulrich von Hassell, *Vom andern Deutschland. Aus den nachgelassenen Tagebüchern 1938–1944*, Frankfurt am Main 1964, p. 58 (22-7-1939).

58 Vgl. Dietrich, *12 Jahre mit Hitler*, p. 59 e.v.; Brigitte Hamann, *Winifred Wagner oder Hitlers Bayreuth*, München-Zürich 2002, p. 388 e.v.
59 Engel, *Heeresadjutant bei Hitler*, p. 56 (28-7-1939).
60 Goebbels, *Tagebücher*, deel 1, band 6, p. 373 (11-6-1939).
61 Ibidem, p. 346 (13-5-1939). Over de Duitse haatcampagne tegen Polen vgl. Richard J. Evans, *Das Dritte Reich*. Band 11, 2: 'Diktatur', München 2005, p. 842; Graml, *Europas Weg in den Krieg*, p. 200 e.v.; Schenk, *Hitlers Mann in Danzig*, p. 110 e.v.
62 Carl J. Burckhardt, *Meine Danziger Mission 1937–1939*, 3de gewijzigde druk, München 1980, p. 331; Schenk, *Hitlers Mann in Danzig*, p. 117 e.v. Foster zond op 10-8-1939 een telegram aan Hitler: 'Ettelijke duizenden Danzigers [...] kijken met het grootst mogelijke vertrouwen naar u op, en begroeten u vol hoogachting en onwrikbare trouw als hun leider'; BA Berlin-Lichterfelde, NS 10/17.
63 Burckhardt, *Meine Danziger Mission*, p. 341, 345. Voor het probleem van de authenticiteit van de gang van zaken die Burckhardt beschrijft vgl. Ian Kershaw, *Hitler. 1936–1945*, Stuttgart 2000, p. 1144 e.v., noot 118.
64 Goebbels, *Tagebücher*, deel 1, band 7, p. 64 (12-8-1939).
65 Generaloberst Halder, *Kriegstagebuch. Tägliche Aufzeichnungen des Chefs des Generalstabs des Heeres 1939–1942*, band 1. Bewerkt door Hans-Adolf Jacobsen, Stuttgart 1962, p. 8–15 (citaten p. 11, 14). Ook tegenover Keitel was Hitler begin augustus 1939 stellig: 'De koffietantes in Londen en Parijs zullen zich ook deze keer gedeisd houden!' Bernhard von Loßberg, *Im Wehrmachtführungsstab. Bericht eines Generalstabsoffiziers*, Hamburg 1950, p. 32.
66 Below, *Als Hitlers Adjutant*, p. 179.
67 Attolico aan Ciano, 7-7-1939; cit. naar Graml, *Europas Weg in den Krieg*, p. 227.
68 Vgl. Graml, *Europas Weg in den Krieg*, p. 227–231; Falanga, *Mussolinis Vorposten in Hitlers Reich*, p. 126 e.v.; Ciano, *Tagebücher 1939–1943*, p. 115–119 (19-7, 22-7, 26-7, 28-7, 31-7-1939). Nog op 20-7-1939 noteerde Goebbels, 'De Führer ontmoet binnenkort Mussolini op de Brennerpas.' Goebbels, *Tagebücher* deel 1, band 7, p. 46.
69 Ciano, *Tagebücher 1939–1943*, p. 122 (10-8-1939). Vgl. ibidem, p. 121 (9-8-1939): 'De duce dringt erop aan dat ik de Duitsers op basis van documenten bewijs dat het waanzin zou zijn om nu een oorlog te ontketenen.'
70 Ibidem, p. 122 (11-8-1939). Vgl. Graml, *Europas Weg in den Krieg*, p. 231–233; Schmidt, *Die Außenpolitik des Dritten Reiches 1933–1939*, p. 332 e.v.; Kley, *Hitler, Ribbentrop und die Entfesselung des Zweiten Weltkriegs*, p. 283 e.v.
71 Schmidt, *Statist auf diplomatischer Bühne*, p. 438.
72 Ciano, *Tagebücher 1939–1943*, p. 122 e.v. (12-8-1939). Vgl. Graml, *Europas Weg in den Krieg*, p. 233 e.v.; Kley, *Hitler, Ribbentrop und die Entfesselung des Zweiten Weltkriegs*, p. 284 e.v.
73 Schmidt, *Statist auf diplomatischer Bühne*, p. 440.
74 Ciano, *Tagebücher 1939–1943*, p. 123 (13-8-1939).
75 ADAP, serie D, band 6, nr. 1, p. 1–3. Vgl. Graml, *Europas Weg in den Krieg*, p. 253; Dietmar Neutatz, *Träume und Alpträume. Eine Geschichte Russlands im 20. Jahrhundert*, München 2013, p. 281 e.v.
76 Voor Stalins motieven vgl. Graml, *Europas Weg in den Krieg*, p. 255; Neutatz, *Träume und Alpträume*, p. 280 e.v.
77 Goebbels, *Tagebücher*, deel 1, band 6, p. 339 (6-5-1939). Voor het ontslag van Litwinow vgl. Gabriel Gorodetsky (red.), *Die Maiski-Tagebücher. Ein Diplomat im Kampf gegen Hitler*, München 2016, p. 296–299 (3-5-1939).
78 ADAP, serie D, band 6, nr. 332, p. 355; vgl. Graml, *Europas Weg in den Krieg*, p. 257.
79 ADAP, serie D, band 6, nr. 446, p. 497 e.v.; vgl. Graml, *Europas Weg in den Krieg*, p. 261.
80 Dagboeknotitie van Weizsäcker 18-6-1939; Leonidas Hill (red.), *Die Weizsäcker-Papiere 1933–1950*, Frankfurt am Main-Berlijn-Wenen 1974, p. 154. De dagboekaantekeningen van Weizsäcker voor de periode van februari 1939 tot september 1939 in BA Koblenz, N 1273/42.
81 Goebbels *Tagebücher*, deel 1, band 6 p. 365 (2-6-1939); vgl. ibidem, p. 373 (11-6-1939): 'Hij

[Hitler] weet niet wat Moskou wil. Of het zich zo duur mogelijk aan Londen wil verkopen of dat het hoe dan ook niet wil meedoen. Het moet echter snel duidelijk worden.'

82   Ibidem, band 7, p. 38 (9-7-1939).
83   ADAP, serie D, band 6, nr. 729, p. 846–849. Vgl. ook Hill (red.), *Die Weizsäcker-Papiere 1933–1950*, p. 157: 'We dringen meer aan in Moskou.'
84   ADAP, serie D, band 6, nr. 758, p. 882, nr. 760, p. 883 e.v.; vgl. Graml, *Europas Weg in den Krieg*, p. 272; Kley, *Hitler, Ribbentrop und die Entfesselung des Zweiten Weltkriegs*, p. 277 e.v.
85   ADAP, serie D, band 7, nr. 56, p. 51 e.v.
86   ADAP, serie D, band 7, nr. 73, p. 67, nr. 75, p. 70.
87   Vgl. Hill (red.), *Die Weizsäcker-Papiere 1933–1950*, p. 159 (18-8-1939): 'Ribbentrop biedt aan om naar Moskou te vliegen. [...] We behandelen dit als urgent, omdat we over acht dagen de slag tegen Polen moeten beginnen.'
88   Goebbels, *Tagebücher*, deel I, band 7, p. 67 e.v. (17-8-1939), 70 (20-8-1939), 71 e.v. (22-8-1939).
89   ADAP, serie D, band 7, nr. 142, p. 131; vgl. Graml, *Europas Weg in den Krieg*, p. 275 e.v.; Kley, *Hitler, Ribbentrop und die Entfesselung des Zweiten Weltkriegs*, p. 296 e.v.
90   Albert Speer, *Erinnerungen*. Met een essay van Jochen Thies, Frankfurt am Main-Berlijn 1993, p. 176. Vgl. ook idem, *'Alles was ich weiß'. Aus unbekannten Geheimdienstprotokollen vom Sommer 1945*. Red. Ulrich Schlie, München 1999, p. 181. Zoals Heinrich Hoffmann het zich herinnerde, moet Hitler het nieuws telefonisch van Ribbentrop gekregen hebben (*Hitler wie ich ihn sah. Aufzeichnungen seines Leibfotografen*, München-Berlijn 1974, p. 101 e.v.). In de beschrijving van Otto Dietrich (*12 Jahre mit Hitler*, p. 79) sprong Hitler tijdens het eten spontaan op met de kreet: 'Gewonnen!'
91   ADAP, serie D, band 7, nr. 159, p. 140 e.v.
92   Goebbels, *Tagebücher*, deel I, band 7, p. 72 (22-8-1939). Vgl. Shirer, *Berliner Tagebuch*, p. 175 e.v. (24-8-1939): 'De aankondiging van het pact sloeg in als een bom, voor de meeste hoge nazi's evengoed als voor de rest van de wereld'; Eduard Wagner, *Der Generalquartiermeister. Briefe und Tagebuchaufzeichnungen*. Red. Elisabeth Wagner, München en Wenen 1963, p. 90 (22-8-1939): 'Het pact met de Russen maakt overal grote indruk. Volledige ommezwaai in de buitenlandse politiek mogelijk.' Over de reactie in Londen vgl. Gorodetsky (red.), *Die Maiski-Tagebücher*, p. 341 e.v. (22-8-1939).
93   ADAP, serie D, band 7, nr. 192, p. 167–172; Domarus, *Hitler*, band II, 1, p. 1234–1238; notitie Helmuth Greiner van 22-8-1939; BA Koblenz, N 1033/13; Halder, *Kriegstagebuch*, band I, p. 23–26 (22-8-1939). Ter vergelijking van de verschillende overgeleverde versies van de redevoering vgl. Winfried Baumgart, 'Zur Ansprache Hitlers vor den Führern der Wehrmacht am 22. August 1939. Eine quellenkritische Untersuchung', in *Vierteljahrshefte für Zeitgeschichte*, jrg. 16 (1968), p. 120–149; Hermann Böhm, 'Zur Ansprache Hitlers vor den Führern der Wehrmacht am 22. August 1939', in *Vierteljahrshefte für Zeitgeschichte*, jrg. 19 (1971), p. 294–300; Winfried Baumgart, 'Erwiderung', in ibidem, p. 301–304. Kolonel-generaal Fedor von Bock bleek onder de indruk van Hitlers 'schitterende redevoering'. Fedor von Bock, *Zwischen Pflicht und Verweigerung. Das Kriegstagebuch*. Red. Klaus Gerbet, München 1995, p. 33 (22-8-1939). Vgl. ook Michael Mueller, *Canaris. Hitlers Abwehrchef*, Berlijn 2006, p. 259–261.
94   Engel, *Heeresadjutant bei Hitler*, p. 58 (22-8-1939). Walter Warlimont herinnerde zich in 1945 dat Hitler zijn doel om de bij de generaals levende zorgen weg te nemen, 'bij slechts een deel van de toehoorders' bereikte: 'De algemene stemming kon slechts als bedrukt beschouwd worden.' Bijlage van de notitie van Walter Warlimont, 'Polen 1939' (d.d. 24-9-1945); BA Koblenz, N 1033/24.
95   ADAP, serie D, band 7, nr. 200, p. 180 e.v.; ook afgedrukt in Nevile Henderson, *Fehlschlag einer Mission. Berlin 1937 bis 1939*, Zürich z.j. (1940), p. 347–349.
96   ADAP, serie D, band 7, nr. 200, p. 176–180. Vgl. Henderson, *Fehlschlag einer Mission*, p. 296.
97   ADAP, serie D, band 7, nr. 201, p. 181–183. Vgl. Henderson, *Fehlschlag einer Mission*, p. 350–353.
98   Ernst von Weizsäcker, *Erinnerungen*, München 1950, p. 252; vgl. Hill (red.), *Die Weizs-*

äcker-Papiere 1933–1945, p. 159 (23. 8. 1939): 'Het was de bedoeling van de Führer om door bruut optreden de Engelse regering af te houden van haar garantieverplichtingen jegens Polen.'
99   Goebbels, Tagebücher, deel 1, band 7, p. 74 e.v. (24-8-1939).
100 Vgl. Hoffmann, Hitler wie ich ihn sah, p. 103.
101 Vgl. Schmidt, Statist auf diplomatischer Bühne, p. 442.
102 Ibidem, p. 444; vgl. Kley, Hitler, Ribbentrop und die Entfesselung des Zweiten Weltkriegs, p. 300 e.v.
103 Below, Als Adjudant Hitlers, p. 183. Speer, Erinnerungen, p. 177, legt de woorden van Below in Hitlers mond.
104 Vgl. Below, Als Adjudant Hitlers, p. 183.
105 Goebbels, Tagebücher, deel 1, band 7, p. 75 (24-8-1939).
106 Vgl. Heike B. Görtemaker, Eva Braun. Leben mit Hitler, München 2010, p. 229. De kiekjes zijn te vinden bij Nerin E. Gun, Eva Braun-Hitler. Leben und Schicksal, Velbert en Kettwig 1968, tussen p. 176 en 177. Gun schrijft echter ten onrechte dat de opnamen gemaakt zijn in de Rijkskanselarij (p. 146).
107 Goebbels, Tagebücher, deel 1, band 7, p. 75 (24-8-1939).
108 ADAP, serie D, band 7, nr. 228, 229, p. 205–207. Facsimiles in Erwin Oberländer (red.), Hitler-Stalin-Pakt 1939: das Ende Ostmitteleuropas? Frankfurt am Main 1989.
109 Shirer, Berliner Tagebuch, p. 175 (24-8-1939). Vgl. ook William L. Shirer, This is Berlin. Rundfunkreportagen aus Deutschland 1939–1940. Red. Clemens Vollnhals, Leipzig 1999, p. 36: 'Zelfs in Berlijn, waar ik als buitenlands correspondent sinds Hitlers machtsovername al veel verrassingen had meegemaakt – zelfs hier in Berlijn kunnen de mensen het maar met moeite geloven.'
110 Friedrich Kellner, 'Vernebelt, verdunkelt sind alle Hirne'. Tagebücher 1939–1945. Red. Sascha Feuchert e.a., Göttingen 2011, band 1, p. 17 (augustus 1939).
111 Baldur von Schirach, Ich glaubte an Hitler, Hamburg 1967, p. 249.
112 Goebbels, Tagebücher, deel 1, band 7, p. 73 (23-8-1939).
113 Jürgen Matthäus/Frank Bajohr (red.), Alfred Rosenberg. Die Tagebücher von 1934 bis 1944, Frankfurt am Main 2015, p. 284 e.v. (25-8-1939).
114 Burckhard, Meine Danziger Mission, p. 348.
115 Halder, Kriegstagebuch, band 1, p. 38 (28-8-1939).
116 Vgl. Overy, Die letzten zehn Tage, p. 30–35.
117 Goebbels, Tagebücher, deel 1, band 7, p. 76 (25-8-1939).
118 Speer, Erinnerungen, p. 178.
119 Vgl. Shirer, This is Berlin, p. 39 (24-8-1939).
120 Below, Als Hitlers Adjutant, p. 184; vgl. Kley, Hitler, Ribbentrop und die Entfesselung des Zweiten Weltkriegs, p. 302.
121 Weizsäcker, Erinnerungen, p. 254.
122 Das Hitler-Bild. Die Erinnerungen des Fotografen Heinrich Hoffmann. Aufgezeichnet und aus dem Nachlas von Joe J. Heydecker, St. Pölten-Salzburg 2008, p. 118–122; vgl. Hoffmann, Hitler wie ich ihn sah, p. 110 e.v. Goebbels moet Hoffmann hebben geplaagd met de opmerking dat hij 'met vadertje Stalin een goede slempkameraad gevonden' had. Below, Als Hitlers Adjutant, p. 186.
123 Hans Baur, Ich flog Mächtige dieser Erde, Kempten (Allgäu) 1956, p. 178 e.v.
124 ADAP, serie D, band 7, nr. 266, p. 235 e.v.; Domarus, Hitler, band 11, 1, p. 1254 e.v.
125 ADAP, serie D, band 7, nr. 265, p. 233–235; Domarus, Hitler, band 11, 1, p. 1256 e.v.; vgl. Henderson, Fehlschlag einer Mission, p. 298 e.v., 354–357; Schmidt, Statist auf diplomatischer Bühne, p. 449 e.v.
126 Goebbels, Tagebücher, deel 1, band 7, p. 77 e.v. (26-8-1939).
127 Vgl. Hill (red.), Die Weizsäcker-Papiere 1933–1950, p. 161 (d.d. 25-8-1939); Nikolaus von Vormann, So begann der Zweite Weltkrieg. Zeitzeuge der Entscheidungen. Als Offizier bei Hitler 22-8-1939–1-10-1939, Leoni 1988, p. 37.
128 Goebbels, Tagebücher, deel 1, band 7, p. 77 (26-8-1939).

129 Coulondre aan de Franse minister van Buitenlandse Zaken Georges Bonnet, 25-8-1939; Walter Hofer, *Die Entfesselung des Zweiten Weltkriegs*, Frankfurt am Main 1960, nr. 52, p. 218–221; vgl. Robert Coulondre, *Von Moskau nach Berlin 1936–1939. Erinnerungen des französischen Botschafters*, Bonn 1950, p. 421–424; Goebbels, *Tagebücher*, deel 1, band 7, p. 78 (26-8-1939).
130 Overy, *Die letzten zehn Tage*, p. 41. De tolk Paul Schmidt zag hoe Hitler nadat hij het bericht had gehoord, 'een hele tijd zat te peinzen aan tafel'. Schmidt, *Statist auf diplomatischer Bühne*, p. 450 e.v.
131 Notitie van Schwerin von Krosigk over zijn staatsbezoek aan Italië in augustus 1939 (d.d. 28-2-1945); BA Koblenz, N 276/45; vgl. ook het telegram van Schwerin von Krosigk aan Ribbentrop, d.d. 23-8-1939; ibidem.
132 ADAP, serie D, band 7, nr. 271, p. 238 e.v.; vgl. Ciano, *Tagebücher 1939–1943*, p. 131 (25-8-1939); Woller, *Mussolini*, p. 192.
133 Engel, *Heeresadjutant bei Hitler*, p. 59 (25-8-1939). Engel dateerde het antwoord van Mussolini abusievelijk op de ochtend van 25-8-1939.
134 Schmidt, *Statist auf diplomatischer Bühne*, p. 453.
135 Goebbels, *Tagebücher*, deel 1, band 7, p. 78 (26-8-1939); vgl. Halder, *Kriegstagebuch*, band 1, p. 34 (26-8-1939): 'Führer nogal gebroken.'
136 Vgl. *Generalfeldmarschall Keitel: Verbrecher oder Offizier? Erinnerungen, Briefe, Dokumente des Chefs des OKW*. Red. Walter Görlitz, Berlijn-Frankfurt am Main 1961, p. 211 e.v.; Halder, *Kriegstagebuch*, band 1, p. 31 (25-8-1939); Engel, *Heeresadjutant bei Hitler*, p. 59 (25-8-1939). Over Hitlers oplucting na het gesprek met Brauchitsch vgl. de brieven van Karl-Jesko von Puttkamer aan Heinrich Uhlig d.d. 27-3- en 16-4-1952; IfZ München, ZS 285.
137 Helmuth Groscurth, *Tagebücher eines Abwehroffiziers 1938–1940*. Red. Helmuth Krausnick en Harold C. Deutsch met medewerking van Hildegard von Kotze, Stuttgart 1970, p. 185 (25-8-1939). Fedor von Bock noteerde: 'Ik voel me als door de bliksem getroffen' (*Das Kriegstagebuch*, p. 34, 25-8-1939). Vgl. ook de brief van Günther von Kluge (opperbevelhebber van het Vierde Leger) d.d. 27-8-1939: 'Je kunt je onze stemming indenken. Als de Führer geen grote tegenprestaties kan verkrijgen, dan zou dit toegeven gewoon onbegrijpelijk zijn.' BA-MA Freiburg, MSg 2/11185.
138 Vgl. Mueller, *Canaris*, p. 279 e.v.
139 Marianne von Weizsäcker aan haar moeder, d.d. 25-8-1939; BA Koblenz, N 1273/29.
140 Hassell, *Vom andern Deutschland*, p. 68 e.v. (26-8-1939).
141 Shirer, *This is Berlin*, p. 42 (26-8-1939).
142 Cit. uit Kershaw, *Hitler*, band II, p. 303 e.v.
143 Birger Dahlerus, *Der letzte Versuch. London-Berlin Sommer 1939*, München 1973, p. 54–130. Vgl. hierbij Kube, *Pour le mérite und Hakenkreuz*, p. 319–322; Overy, *Die letzten zehn Tage*, p. 55–58.
144 Goebbels, *Tagebücher*, deel 1, band 7, p. 78 e.v. (27-8-1939).
145 Op 20 augustus had Göring in Carinhall minister voor Economische Zaken Funk, minister van Landbouw Darré en hun naaste medewerkers met als consigne 'het strengst mogelijke stilzwijgen' ingelicht over Hitlers bedoeling om Polen aan te vallen en zich laten informeren over de stand van zaken bij de oorlogsvoorbereidingen. Ze besloten bij het begin van de oorlog rantsoenkaarten in te voeren voor levensmiddelen, maar nog niet voor brood en aardappels. Vgl. Herbert Backe, secretaris-generaal op het ministerie voor Voedselvoorziening en Landbouw, aan zijn vrouw, d.d. 31-8-1939; BA Koblenz, N 1075/25.
146 Vgl. Domarus, *Hitler*, band II, 1, p. 1263; Shirer, *This is Berlin*, p. 43 e.v. (26-8-1939).
147 Engel, *Heeresadjutant bei Hitler*, p. 60 (27-8-1939). In een interview met Harold Deutsch op 5-4-1971 gaf Gerhard Engel de woorden van Hewel als volgt weer: 'Mijn Führer, laat u niet op een dwaalspoor leiden, ik ken de Engelsen [...] deze keer zullen ze marcheren.' IfZ München, ZS 222, band 1.
148 Schmidt, *Statist auf diplomatischer Bühne*, p. 454; vgl. ADAP, serie D, band 7, nr. 277, p. 242, nr. 301, p. 258 e.v.; Ciano, *Tagebücher 1939–1943*, p. 131 e.v. (26-8-1939).
149 ADAP, serie D, band 7, nr. 307, p. 262 e.v.

150 ADAP, serie D, band 7, nr. 324, p. 276 e.v.
151 Coulondre, *Von Moskau nach Berlin*, p. 425-427; vgl. Goebbels, *Tagebücher*, deel 1, band 7, p. 79 (27-8-1939): 'Coulondre was bij de Führer met een brief van Daladier. Daar stond echter niets wezenlijks in, alleen vanwege de evt. schuldvraag van de oorlog geschreven.'
152 Goebbels, *Tagebücher*, deel 1, band 7, p. 80 e.v. (28-8-1939).
153 ADAP, serie D, band 7, nr. 354, p. 297-300; vgl. Coulondre, *Von Moskau nach Berlin*, p. 428 e.v.
154 Halder, *Kriegstagebuch*, band 1, p. 38 (28-8-1939); vgl. Groscurth, *Tagebücher eines Abwehroffiziers*, p. 190 (28-8-1939). Toen Nikolaus von Vormann, de net benoemde 'verbindingsofficier van het leger bij de Führer', zich bij hem aanmeldde, maakte Hitler de indruk van een 'zichtbaar overwerkte, hypernerveus overkomende man met knipperende, diepliggende ogen en scheve, hangende schouders' (*So begann der Zweite Weltkrieg*, p. 32).
155 Engel, *Heeresadjutant bei Hitler*, p. 60 (29-8-1939).
156 Goebbels, *Tagebücher*, deel 1, band 7, p. 82 e.v. (29-8-1939).
157 Vgl. Halder, *Kriegstagebuch*, band 1, p. 40 (28-8-1939).
158 Shirer, *This is Berlin*, p. 45 (28-8-1939). Vgl. Goebbels, *Tagebücher*, deel 1, band 7, p. 83 (29-8-1939): 'In de stad opstootjes voor de winkels.'
159 Shirer, *This is Berlin*, p. 45 e.v. (28-8-1939).
160 Henderson, *Fehlschlag einer Mission*, p. 302.
161 ADAP, serie D, band 7, nr. 384, p. 318-321 (met bijlage); Henderson, *Fehlschlag einer Mission*, p. 358-362.
162 Hill (red.), *Die Weizsäcker-Papiere 1933-1950*, p. 162 (d.d. 29-8-1939). Vgl. Groscurth, *Tagebücher eines Abwehroffiziers*, p. 193 (29-8-1939): 'Göring moet verstandig zijn en heeft tegen de Führer gezegd: "Deze keer kunt u niet va banque spelen."' Over de informatie van Göring via Dahlerus vgl. Dahlerus, *Der letzte Versuch*, p. 85 e.v., 93 e.v. Over Görings houding vgl. Kube: *Pour le mérite und Hakenkreuz*, p. 318 e.v.
163 Groscurth, *Tagebücher eines Abwehroffiziers*, p. 190 (28-8-1939).
164 Goebbels, *Tagebücher*, deel 1, band 7, p. 83 (29-8-1939).
165 Engel, *Heeresadjutant bei Hitler*, p. 60 e.v. (29-8-1939). Engel gaf als commentaar: 'We gingen echt terneergeslagen uiteen.'
166 ADAP, serie D, band 7, nr. 421, p. 345-347.
167 Henderson, *Fehlschlag einer Mission*, p. 305 e.v.; vgl. Schmidt, *Statist auf diplomatischer Bühne*, p. 455 e.v.; Ribbentrop; *Zwischen London und Moskau*, p. 191.
168 Schmidt, *Statist auf diplomatischer Bühne*, p. 456; vgl. Ciano, *Tagebücher 1939-1943*, p. 135 (29-8-1939); ADAP, serie D, band 7, nr. 411, p. 338-340.
169 Vgl. Graml, *Europas Weg in den Krieg*, p. 299.
170 Goebbels, *Tagebücher*, deel 1, band 7, p. 86 (31-8-1939). Vgl. Shirer, *This is Berlin*, p. 49 (30-8-1939).
171 Vgl. Below, *Als Hitlers Adjutant*, p. 191; Domarus, *Hitler*, band II, 1, p. 1289 e.v.
172 ADAP, serie D, band 7, Nr. 458, p. 372-375; Domarus, *Hitler*, band II, 1, p. 1291 e.v.
173 Schmidt, *Statist auf diplomatischer Bühne*, p. 460. Vgl. Goebbels, *Tagebücher*, deel 1, band 7, p. 86 (31-8-1939): 'De Führer wil dit document bij de gunstigste gelegenheid tonen aan de wereldwijde publieke opinie.' De Sovjetambassadeur in Londen, Ivan Majski, doorzag het spel van Hitler: 'Het kan eigenlijk alleen een slinkse manoeuvre zijn.' Gorodetsky (red.), *Die Maiski-Tagebücher*, p. 345 (31-8-1939).
174 ADAP, serie D, band 7, nr. 461, p. 376-378 (met bijlage).
175 Schmidt, *Statist auf diplomatischer Bühne*, p. 456-460; vgl. ook Henderson, *Fehlschlag einer Mission*, p. 311 e.v.; Hill (red.), *Die Weizsäcker-Papiere 1933-1950*, p. 162 (d.d. 30-8-1939): Ribbentrop had Henderson 'gemeen behandeld'.
176 Henderson, *Fehlschlag einer Mission*, p. 314.
177 Below, *Als Hitlers Adjutant*, p. 191 e.v.
178 Ibidem, p. 194.
179 Hubatsch (red.), *Hitlers Weisungen für die Kriegführung 1939-1945*, p. 23; Domarus, *Hitler*, band II, 1, p. 1299 e.v. Over de reacties bij de militairen vgl. Wagner, *Der General-*

quartiermeister, p. 109 (31-8-1939): 'We geloven dat we snel kunnen afrekenen met de Polen en eerlijk gezegd verheugen we ons daarop. De toestand móét weer in het reine worden gebracht.' Generaal Erich Hoepner een uur voor de aanval nog aan zijn vrouw: 'De Poolse kwestie móét immers een keer worden opgelost.' BA-MA Freiburg, N 51/9.
180 Goebbels, *Tagebücher*, deel 1, band 7, p. 87 (1-9-1939).
181 Schmidt, *Statist auf diplomatischer Bühne*, p. 460; vgl. Hill (red.), *Die Weizsäcker-Papiere 1933–1950*, p. 163 (d.d. 31-8-1939).
182 Domarus, *Hitler*, band II, 1, p. 1305 e.v.; vgl. Goebbels, *Tagebücher*, deel 1, band 7, p. 88 (1-9-1939): 'Dan gooien we het memo van de Führer eruit. Het baart ongehoord veel opzien in de hele wereld.'
183 Goebbels, *Tagebücher* deel 1, band 7, p. 87 e.v. (1-9-1939). Vgl. Jürgen Runzheimer, 'Der Überfall auf den Sender Gleiwitz im Jahr 1939', in *Vierteljahrshefte für Zeitgeschichte*, jrg. 10 (1962), p. 408–426; Evans, *Das Dritte Reich*, band 2/II, p. 847; Robert Gerwarth, *Reinhard Heydrich. Eine Biographie*, München 2011, p. 173; Mueller, *Canaris*, p. 270 e.v.
184 Goebbels, *Tagebücher*, deel 1, band 7, p. 88 (1-9-1939); Henrik Eberle/Matthias Uhl (red.), *Das Buch Hitler*, Bergisch Gladbach 2005, p. 103.
185 Vgl. Schenk, *Hitlers Mann in Danzig*, p. 125–133; Dieter Schenk, *Die Post von Danzig. Geschichte eines deutschen Justizmords*, Reinbek bei Hamburg 1995, p. 57 e.v.; Overy, *Die letzten zehn Tage*, p. 73 e.v.; Evans, *Das Dritte Reich*, band 2/II, p. 847 e.v. Over Wieluń vgl. de bijdrage van Joachim Trenkner, in: Richard Overy (red.), *Ein Volk von Opfern? Die neue Debatte um den Bombenkrieg 1940–45*, Berlijn 2003, p. 15–23.
186 Vgl. Eberle/Uhl (red.), *Das Buch Hitler*, p. 104.
187 Dagboek van Rudolf Buttmanns 1.9.1939; BayHStA München, Nl Buttmann 89. Vgl. uitvoerig over Hitlers optreden Christoph Raichle, *Hitler als Symbolpolitiker*, Stuttgart 2014, p. 160–169.
188 Domarus, *Hitler*, band II, 1, p. 1312–1317.
189 Vgl. Shirer, *Berliner Tagebuch*, p. 189 (1-9-1939); Below, *Als Hitlers Adjutant*, p. 195.
190 Vgl. Gun, *Eva Braun*, p. 147; Görtemaker, *Eva Braun*, p. 231 e.v. Van de aanwezigheid van Eva Braun op de Rijkskanselarij op 1-9-1939 getuigt ook de marine-adjudant Karl-Jesko von Puttkamer. Notities van David Irving over een gesprek met von Puttkamer en Frau Schmundt, 2-4-1967; IfZ München, ZS 285.
191 Cit. uit Henric L. Wuermeling, *August 1939 – 11 Tage zwischen Krieg und Frieden*, München 1984, p. 181.
192 Shirer, *Berliner Tagebuch*, p. 189 (1-9-1939).
193 Vgl. het bericht van de Poolse consul-generaal in Hamburg, Władysław Ryszanek, aan de Poolse ambassade in Berlijn, 6-7-1939: 'De mensen geloven in de genialiteit van Hitler en denken dat hij ook dit probleem binnen afzienbare tijd zal oplossen, maar in ieder geval zonder oorlog.' Bajohr/Strupp (red.), *Fremde Blicke auf das 'Dritte Reich'*, p. 535.
194 Ibidem, p. 536. Vgl. Willy Cohn, *Kein Recht, nirgends. Tagebuch vom Untergang des Breslauer Judentums 1933-1941*. Red. Norbert Conrads, band 2, Keulen-Weimar-Wenen 2006, p. 683 (1-9-1939): 'Geen enkel patriottisch enthousiasme op straat. Stomme woestelingen.'
195 Goebbels, *Tagebücher*, deel 1, band 7, p. 89 (2-9-1939). Vgl. Speer, *Erinnerungen*, p. 181.
196 Vgl. Shirer, *Berliner Tagebuch*, p. 190 (1-9-1939); idem, *This is Berlin*, p. 53 (1-9-1939).
197 Klemperer, *Tagebücher 1933–1941*, p. 482 (3-9-1939). Vgl. daarentegen Cohn, *Kein Recht, nirgends*, band 2, p. 682 (d.d. 1-9-1939): 'Daarmee neemt het noodlot zijn loop. De anderen zullen nu ook ingrijpen, en dat betekent een wereldoorlog.'
198 Vgl. Overy, *Die letzten zehn Tage*, p. 76–79; Henderson, *Fehlschlag einer Mission*, p. 320 e.v.; Coulondre, *Von Moskau nach Berlin*, p. 453.
199 Eberle/Uhl (red.), *Das Buch Hitler*, p. 105; Below, *Als Hitlers Adjutant*, p. 196. Vgl. ook Goebbels, *Tagebücher*, deel 1, band 7, p. 87 (1-9-1939): 'De Führer gelooft ook niet dat Engeland zal ingrijpen. Dat kan op het ogenblik niemand zeggen.'
200 Goebbels, *Tagebücher*, deel 1, band 7, p. 90 (3-9-1939).
201 Vgl. Overy, *Die letzten zehn Tage*, p. 82–86; Schmidt, *Statist auf diplomatischer Bühne*, p. 462; Ciano, *Tagebücher 1939–1943*, p. 138 e.v. (2-9-1939).

202 Vgl. Overy, *Die letzten zehn Tage*, p. 90, 95 e.v.; Henderson, *Fehlschlag einer Mission*, p. 326 e.v.
203 Schmidt, *Statist auf diplomatischer Bühne*, p. 464.
204 Tegen de theorie van de verkeerde inschatting over de Britse neutraliteit vgl. Adam Tooze, *Ökonomie der Zerstörung. Die Geschichte der Wirtschaft im Nationalsozialismus*, München 2006, p. 375; Kley, *Hitler, Ribbentrop und die Entfesselung des Zweiten Weltkriegs*, p. 318. Daarentegen zegt Otto Dietrich (*12 Jahre mit Hitler*, p. 62): 'Hitler had niet verwacht dat Engeland en Frankrijk zich omwille van Polen in de oorlog zouden mengen. Het was duidelijk te merken hoe erg hij daardoor geraakt was.' Ook Manny von Neurath, echtgenote van de 'Reichsprotektor' van Bohemen en Moravië en ex-minister van Buitenlandse Zaken Konstantin von Neurath, noteerde in haar dagboek: Hitler, 'onder een verkeerde invloed van Ribbentrop', 'geloofde niet dat Engeland wegens Polen ten strijde zou trekken en was nu dus onaangenaam verrast'. Lars Lüdicke, *Konstantin von Neurath. Eine politische Biographie*, Paderborn 2014, p. 527. Volgens de herinneringen van adjudant Gerhard Engel moet Hitler zelfs een 'uitgesproken zenuwinzinking' gehad hebben. Dossieraantekening van Helmut Heiber over een gesprek met Engel op 20-3-1959; IfZ München, ZS 222, band 1. In een interview met Heinrich Uhlig op 17-11-1951 sprak Engel van een 'uitgesproken shockeffect' en een 'zwaar depressieve dag in de Rijkskanselarij' (ibidem). Vgl. ook Vormann, *So begann der Zweite Weltkrieg*, p. 75.
205 Vgl. Overy, *Die letzten zehn Tage*, p. 103 e.v.; Coulondre, *Von Moskau nach Berlin*, p. 460–463.
206 Domarus, *Hitler*, band II, 1, p. 1339–1341 (citaten p. 1340); vgl. Below, *Als Hitlers Adjutant*, p. 197. Hitler dicteerde de oproep aan de legers in het oosten en westen alsmede aan de NSDAP meteen daarna aan zijn secretaresses. Vgl. Domarus, *Hitler*, band II, 1, p. 1341–1343; Vormann, *So begann der Zweite Weltkrieg*, p. 76.
207 Shirer, *Berliner Tagebuch*, p. 191 e.v. (3-9-1939); vgl. idem, *This is Berlin*, p. 58 (3-9-1939).
208 Vgl. *Deutschland-Berichte der Sopade*, 6de jrg., 1939, p. 980–983. Voor een samenvatting zie Marlies Steinert, *Hitlers Krieg und die Deutschen. Stimmung und Haltung der deutschen Bevölkerung im Zweiten Weltkrieg*, Düsseldorf-Wenen 1970, p. 91–93; Nicholas Stargardt, *Der deutsche Krieg 1939–1945*, Frankfurt am Main 2015, p. 47–54.
209 Helmuth James von Moltke, *Briefe an Freya 1939–1945*. Red. Beate Ruhm von Oppen, München 1988, p. 61 (d.d. 3-9-1939), p. 63 (d.d. 5-9-1939).
210 Speer, *Erinnerungen*, p. 179.
211 Goebbels, *Tagebücher*, deel 1, band 7, p. 92 (4-9-1939).
212 Christopher Clark, *Die Schlafwandler. Wie Europa in den Ersten Weltkrieg zog*, München 2013. Vgl. over de kritiek Volker Ullrich, 'Zündschnur und Pulverdampf', in *Die Zeit*, nr. 38 d.d. 12-9-2013; p. 53; idem, 'Nun schlittern sie wieder', in *Die Zeit* nr. 4 d.d. 16-1-2014, p. 17. Een beknopt onderzoeksoverzicht geeft Annika Mombauer, *Die Julikrise. Europas Weg in den Ersten Weltkrieg*, München 2014.
213 Met deze strekking Hans-Ulrich Wehler, *Deutsche Gesellschaftsgeschichte*, band IV. München 2003, p. 842.
214 Thomas Mann, *Tagebücher 1937–1939*. Red. Peter de Mendelssohn, Frankfurt am Main 1980, p. 461 (28-8-1939). Vgl. ook Thomas Manns verhaal voor zijn Duitse luisteraars d.d. 15-1-1943: 'Vanaf het begin liep alles uit' op oorlog, 'alles koerste daarop af.' Thomas Mann, *An die gesittete Welt. Politische Schriften und Reden im Exil*, Frankfurt am Main 1986, p. 551.
215 Kellner, *Tagebücher 1939–1945*, band 2, p. 905 (12-12-1944).
216 Toespraak van Hitler aan de opperbevelhebbers, 23-11-1939; Groscurth, *Tagebücher eines Abwehroffiziers*, p. 415. Volgens een andere overlevering zei Hitler: 'Het besluit om slag te leveren droeg ik altijd al in me.' Domarus, *Hitler*, band II, 1, p. 1423.
217 Goebbels, *Tagebücher*, deel 1, band 8, p. 332 e.v. (18-9-1940). Hitlers voormalige adjudant Fritz Wiedemann herinnerde zich in San Francisco, maart 1939, een typische opmerking van Hitler uit de zomer van 1938: 'Elke generatie moet één keer een oorlog meegemaakt hebben.' BA Koblenz, N 1720/4.

218 Cit. uit Hans Otto Eglau, *Fritz Thyssen. Hitlers Gönner und Geisel*, Berlijn 2003, p. 226 e.v. Vgl. Goebbels, *Tagebücher,* deel 1, band 7, p. 258 (4-1-1940): 'Thyssen heeft de Führer een brief gestuurd die gewoon landverraad is, met het dreigement om die te publiceren. [...] Wat een zwijnenstreek!'

2   Polen 1939-1940 – opmaat voor de vernietigingsoorlog

1 Domarus, *Hitler*, band II, 1, p. 1238; vgl. notitie van Helmuth Greiner d.d. 22-8-1939: 'Daarom mocht er ook geen medelijden, menselijke emoties zijn. Dat is men verplicht aan het Duitse volk, dat in zijn huidige gebied niet kan bestaan.' BA Koblenz, N 1033/13.
2 Vgl. Richard J. Evans, *Das Dritte Reich*, band III: 'Krieg', München 2008, p. 29. Voor de citaten hierboven vgl. Volker Ullrich, *Adolf Hitler. Die Jahre des Aufstiegs*, Frankfurt am Main 2013, p. 463, 827.
3 Goebbels, *Tagebücher*, deel 1, band 7, p. 98 (9-9-1939). Erich Hoepner, bevelvoerend generaal van het XVIde Legerkorps, schreef op 9-9-1939 aan zijn vrouw: 'De Polen zijn voor het grootste deel al gedemoraliseerd. Lange colonnes soldaten, die hun wapens hebben weggeworpen, arriveren zonder Duits escorte.' BA-MA Freiburg, N 51/9.
4 Voor het verloop van de operatie vgl. Horst Rohde, 'Hitlers erster "Blitzkrieg" und seine Auswirkungen auf Nordosteuropa', in *Das Deutsche Reich und der Zweite Weltkrieg*, band 2, Stuttgart 1979, p. III e.v.
5 Shirer, *This is Berlin*, p. 78 (24-9-1939).
6 Vgl. *Das Deutsche Reich und der Zweite Weltkrieg*, band 2, p. 134 (bijdrage Rohde).
7 Goebbels, *Tagebücher*, deel 1, band 7, p. 96 (7-9-1939). Vgl. ibidem, p. 99 (10-9-1939): 'Aan het westelijk front geen nieuws.' Vgl. Wagner, *Der Generalquartiermeister*, p. 123 (4-9-1939): 'En toch is er in het westen tot dusverre nog geen schot gevallen, bij aanvang is het een zonderlinge oorlog.'
8 Shirer, *This is Berlin*, p. 62 (5-9-1939); idem, *Berliner Tagebuch*, p. 197 e.v (9-9-1939).
9 Halder, *Kriegstagebuch*, band 1, p. 89 (20-9-1939). General Günther von Kluge merkt in een brief van 23-9-1939 op: 'De Rus volgt tamelijk snel, en we kunnen echt niet alles weghalen wat belangrijk is (ook de buit niet).' BA-MA Freiburg, MSG 2/11185.
10 Vgl. *Das Deutsche Reich und der Zweite Weltkrieg*, band 2, p. 131–133 (bijdrage Rohde). In een gesprek met tankgeneraal Guderian laat Hitler blijken dat hij 'zeer verbaasd' is over de geringe verliezen die diens korps geleden heeft. Hij noemde ter vergelijking de verliescijfers van zijn eigen regiment 'List' alleen op de eerste dag dat het aan het front werd ingezet in 1914. Vgl. Heinz Guderian, *Erinnerungen eines Soldaten*, Heidelberg 1951, p. 65.
11 BA Koblenz, N 1310/74.
12 Vgl. Franz W. Seidler en Dieter Zeigert, *Die Führerhauptquartiere. Anlagen und Planungen im Zweiten Weltkrieg*, München 2000, p. 124–128; Uwe Neumärker, Robert Conrad en Cord Woywodt, *Wolfsschanze. Hitlers Machtzentrale im Zweiten Weltkrieg*, 3de dr., Berlijn 2007, p. 20 e.v.
13 Vgl. *Geheime Kommandosache*. Führerzug; BA Koblenz, N 1340/288; Below, *Als Hitlers Adjutant*, p. 204; Neumärker e.a.: *Wolfsschanze*, p. 20; Stefan Krings, *Hitlers Pressechef. Otto Dietrich 1897–1952. Eine Biographie*, Göttingen 2010, p. 404 e.v.; Jochen von Lang, *Der Sekretär. Martin Bormann: Der Mann, der Hitler beherrschte*, Stuttgart 1977, p. 149 e.v.; Vormann, *So begann der Zweite Weltkrieg*, p. 78 e.v.
14 Christa Schroeder aan Johanna Nusser, 11-9-1939; IfZ München, ED 524; afgedr. in Schroeder, *Er war mein Chef*, p. 98–100 (hier p. 99). Over de volgorde van de auto's was er telkens weer 'formele wedijver'. Loßberg, *Im Wehrmachtführungsstab*, p. 40; Vormann, *So begann der Zweite Weltkrieg*, p. 87. Voor de bezoeken aan het front vgl. ook Raichle, *Hitler als Symbolpolitiker*, p. 177–192.
15 Vgl. Jürgen Löffler, *Walther von Brauchitsch (1881–1948). Eine politische Biographie*, Frankfurt am Main 2001, p. 165; Geoffrey P. Megargee, *Hitler und die Generäle. Das Ringen um die Führung der Wehrmacht 1939–1945*, Paderborn 2006, p. 86; Walter Warlimont,

Im Hauptquartier der deutschen Wehrmacht 1939-1945. Grundlagen–Formen–Gestalten, Frankfurt am Main-Bonn 1964, p. 46; *Keitel: Verbrecher oder Offizier?*, p. 216 e.v.; Hartmann: Halder, p. 146; Seidler/Zeigert, *Die Führerhauptquartiere*, p. 126 e.v.

16 Vgl. Rudolf Herz, *Hoffmann & Hitler. Fotografie als Medium des Führer-Mythos*, München 1994, p. 302–305; Wolfram Pyta, *Hitler. Der Künstler als Politiker und Feldherr*, München 2015, p. 275 e.v.

17 Otto Dietrich, *Auf den Straßen des Sieges. Erlebnisse mit dem Führer in Polen*, München 1940; vgl. Krings, *Hitlers Pressechef*, p. 403 e.v; Raichle, *Hitler als Symbolpolitiker*, p. 173–177; Pyta, *Hitler*, p. 276.

18 Vormann, *So begann der Zweite Weltkrieg*, p. 141.

19 Domarus, *Hitler*, band II, 1, p. 1354–1366 (citaten p. 1359, 1364).

20 Th. Mann, *Tagebücher 1937–1939*, p. 474 (19-9-1939).

21 Vgl. Below, *Als Hitlers Adjutant*, p. 207, 210.

22 BA-MA Freiburg, MSg 2/11185.

23 Vgl. *Keitel: Verbrecher oder Offizier?*, p. 219; Baur, *Ich flog Mächtige dieser Erde*, p. 180. Voor de dood van Fritsch en Hitlers reactie daarop vgl. Karl-Heinz Janßen/Fritz Tobias, *Der Sturz der Generäle. Hitler und die Blomberg-Fritsch-Krise* 1938, München 1994, p. 248–251; Raichle, *Hitler als Symbolpolitiker*, p. 206–213.

24 Ciano, *Tagebücher 1939–1943*, p. 155 (1-10-1939); vgl. Schmidt, *Statist auf diplomatischer Bühne*, p. 471; Andreas Hillgruber (red.), *Staatsmänner und Diplomaten bei Hitler. Vertrauliche Aufzeichnungen über Unterredungen mit Vertretern des Auslandes* 1939–1941, Frankfurt am Main 1967, p. 34–47.

25 Vgl. *Keitel: Verbrecher oder Offizier?*, p. 219; Erich von Manstein, *Verlorene Siege*, Bonn 1955, p. 55; Pyta, *Hitler*, p. 276. Over de overwinningsparade in Warschau vgl. Below, *Als Hitlers Adjutant*, p. 211.

26 Shirer, *Berliner Tagebuch*, p. 196 (8-9-1939), 198 (10-9-1939), 199 (11-9-1939). Vgl. idem, *This is Berlin*, p. 65 (8-9-1939).

27 Kellner, *Tagebücher 1939–1945*, band 1, p. 24 (16-9-1939).

28 Shirer, *Berliner Tagebuch*, p. 208 e.v. (20-9-1939).

29 Klemperer, *Tagebücher 1933–1941*, p. 493 (29-9-1939). De twintigjarige studente germanistiek Lore Walb noteerde eind september in haar dagboek: 'Zo'n veldtocht, de vernietiging van de tegenstander, en dat in amper vier weken, dat is in de wereldgeschiedenis nog niet voorgekomen. Het is heerlijk om Duitse te zijn.' Lore Walb, *Ich, die Alte – ich, die Junge. Konfrontation mit meinen Tagebüchern* 1933–1945, Berlijn 1997, p. 141.

30 Goebbels, *Tagebücher* deel I, band 7, p. 119 (24-9-1939). Vgl. *Deutschland-Berichte der Sopade*, 6de jrg., 1939, p. 980, waarin sprake was van het 'wijdverbreide naïeve idee dat het na de Poolse veldtocht snel weer vrede kon zijn.' Verder veldmaarschalk Wilhelm Ritter von Leeb, *Tagebuchaufzeichnungen und Lagebeurteilungen aus zwei Weltkriegen*. Uit de nalatenschap uitgegeven door Georg Meyer, Stuttgart 1976, p. 184 (d.d. 3-10-1939): 'Ieder verwacht vrede. Het volk voelt hoe onnodig de oorlog is.'

31 Goebbels, *Tagebücher* deel I, band 7, p. 106 (15-9-1939).

32 Ibidem, p. 120 (24-9-1939).

33 Halder, *Kriegstagebuch*, band 1, p. 86–89 (citaten p. 86, 88); dossiernotitie Helmuth Greiner bij 27-9-1939 (met opmerking: op bevel van Warlimont weggehaald uit het oorlogsdagboek); BA Koblenz, N 1033/2. Na zijn uiteenzetting verscheurde Hitler zijn aantekeningenbriefje waarop hij zijn trefwoorden had genoteerd en verbrandde het in de open haard van zijn werkkamer. Vgl. notitie van Walter Warlimont 'Militärpolitische Vorgänge um den Westfeldzug' 1939/40 d.d. 25-9-1945; IfZ München, ZS 312. Ook tegenover de legergroepen- en legerbevelhebbers verklaarde Hitler twee dagen later 'dat hij, als het niet lukte de oorlog langs diplomatieke weg te beëindigen, de beslissing moest en zou forceren. Er kon geen sprake zijn van een compromis.' Bock, *Das Kriegstagebuch*, p. 61 (30-9-1939). Voor de context vgl. Hans Umbreit, 'Der Kampf um die Vormachtstellung im Westen', in *Das Deutsche Reich und der Zweite Weltkrieg*, band 2, p. 238.

34 Goebbels, *Tagebücher* deel 1, band 7, p. 132 (1-10-1939).
35 Ibidem, p. 139 (6-10-1939).
36 Vgl. Shirer, *This is Berlin*, p. 89 (6-10-1939); Wagner, *Der Generalquartiermeister*, p. 139 (6-10-1939): 'De toespraak boette in aan effect omdat hij [Hitler] haar reusachtig snel voorlas.'
37 Domarus, *Hitler*, band 11, 1, p. 1377–1393 (citaten p. 1389, 1393). Vgl. Leeb, *Tagebuchaufzeichnungen*, p. 187 (6-10-1939): 'Redevoering van Hitler in de Rijksdag, spreekt over vrede, doet echter geen concrete voorstellen, zwak! [...] Ik ben bang dat hij door Engeland en Frankrijk met hoongelach wordt afgewezen.'
38 Th. Mann, *Tagebücher 1937–1939*, p. 483 (6-10-1939).
39 Heinz Boberach (red.), *Meldungen aus dem Reich. Die geheimen Lageberichte des Sicherheitsdienstes der ss 1938–1945*, Herrsching 1984, band 2, p. 339. Vgl. Ruth Andreas-Friedrich, *Der Schattenmann. Tagebuchaufzeichnungen 1938–1945*, Frankfurt am Main 1983, p. 64 (10. 10. 1939); Goebbels, *Tagebücher* deel 1, band 7, p. 148 (11-10-1939); Stargardt, *Der deutsche Krieg*, p. 70 e.v.
40 Domarus, *Hitler*, band 11, 1, p. 1398.
41 Gorodetsky (red.), *Die Maiski-Tagebücher*, p. 359 (6-10-1939).
42 Afgedr. in Hans-Adolf Jacobsen (red.), *Dokumente zur Vorgeschichte des Westfeldzuges 1939–1940*, Göttingen 1956, p. 4–21 (citaat p. 6). Vgl. Halder, *Kriegstagebuch*, band 1, p. 101–103. Verder het uitvoerige verslag bij Hans-Adolf Jacobsen, *Fall Gelb. Der Kampf um den deutschen Operationsplan zur Westoffensive 1940*, Wiesbaden 1957, p. 15–18.
43 Hubatsch (red.), *Hitlers Weisungen für die Kriegführung 1939–1945*, p. 37.
44 Goebbels, *Tagebücher* deel 1, band 7, p. 153 (14-10-1939). Vgl. ibidem, p. 166 (24-10-1939): De Führer 'denkt helemaal niet meer aan vrede. Hij zou Engeland graag over de kling jagen.'
45 Ibidem, p. 158 (18-10-1939). Vgl. ibidem, p. 164 (23-10-1939): 'Ik werk nu hardnekkig aan de val van deze man. Hij is de oorzaak van de oorlog en van het voortduren van de oorlog.'
46 Domarus, *Hitler*, band 11, 1, p. 1382.
47 Notitie over een geheime toespraak van Hitler voor de Reichs- en Gauleiter in de Rijkskanselarij op 21-10-1939; Groscurth, *Tagebücher eines Abwehroffiziers*, aanhangsel 1, nr. 26, p. 385; Goebbels, *Tagebücher* deel 1, band 7, p. 164 (22-10-1939). Vgl. ibidem, p. 198 (17-11-1939): 'Hij [Hitler] denkt aan een totale liquidatie van de Vrede van Westfalen, die gesloten is in Münster en die hij in Münster uit de wereld wil helpen. Dat zou ons grote doel zijn. Als dat gelukt is, kunnen we met een gerust hart de ogen sluiten.' Ook tegen de voormalige rijkskanselier Franz von Papen verklaarde Hitler in oktober 1939: 'De kans dat we nu de Vrede van Westfalen kunnen herzien, komt nooit meer terug.' Franz von Papen, *Der Wahrheit eine Gasse*, München 1952, p. 518.
48 ADAP, serie D, band 7, nr. 229, p. 207.
49 Cit. uit Martin Broszat, *Nationalsozialistische Polenpolitik 1939–1945*, Frankfurt am Main 1965, p. 15. Vgl. ook Halder, *Kriegstagebuch*, band 1, p. 65 (7-9.-1939).
50 Domarus, *Hitler*, band 11, 1, p. 1362.
51 Vgl. Broszat, *Nationalsozialistische Polenpolitik*, p. 16–18.
52 Domarus, *Hitler*, band 11, 1, p. 1383.
53 Rosenberg, *Die Tagebücher von 1934 bis 1944*, p. 290 (29-9-1939). Vgl. ook Hitlers uitspraak tegen Ciano op 1-10-1939: 'Bij zijn bezoeken aan het front had hij Polen zo verloederd en verpauperd aangetroffen dat hij er verder zo min mogelijk mee te maken wilde hebben.' Hillgruber (red.), *Staatsmänner und Diplomaten bei Hitler 1939–1941*, p. 40.
54 Goebbels, *Tagebücher* deel 1, band 7, p. 147 (10-10-1939); vgl. ibidem, p. 141 (7-10-1939).
55 Vgl. Broszat, *Nationalsozialistische Polenpolitik*, p. 18.
56 Vgl. ibidem, p. 36–41. Over Greiser vgl. Catherine Epstein, *Model Nazi. Arthur Greiser and the Occupation of Western Poland*, Oxford/New York 2010.
57 Vgl. Dieter Schenk, *Hans Frank. Hitlers Kronjurist und Generalgouverneur*, Frankfurt am Main 2006, p. 146 e.v., 153 e.v. Vgl. Goebbels, *Tagebücher* deel 1, band 7, p. 286 (28-1-1940): 'Frank voelt zich een beetje als een gemankeerde tsaar.'

58 Bespreking van de Führer met hoofd van het OKW over de vorm die de toekomstige politieke verhoudingen tussen Polen en Duitsland moeten krijgen, 17-10-1939; IMT, band 26, p. 377–383; vgl. Schenk, *Hans Frank*, p. 148; Michael Wildt, *Generation des Unbedingten. Das Führungskorps des Reichssicherheitshauptamtes*, Hamburg 2002, p. 474. Halder hoorde via kwartiermeester-generaal Wagner over de bespreking en vatte de informatie over Hitlers bedoelingen als volgt samen: 'Verhinderen dat de Poolse intelligentsia zich als een nieuwe leidende klasse opwerpt. De lage levensstandaard moet behouden blijven. Goedkope slaven. Uit Duits gebied moet al het tuig weg.' Halder, *Kriegstagebuch*, band I, p. 107 (18-10-1939).

59 Vgl. Helmut Krausnick, *Hitlers Einsatzgruppen. Die Truppen des Weltanschauungskrieges 1938–1942*, Frankfurt am Main 1985, p. 71 e.v.; Wildt, *Generation des Unbedingten*, p. 477 e.v.

60 Cit. uit Krausnick, *Hitlers Einsatzgruppen*, p. 29; vgl. Gerwarth, *Reinhard Heydrich*, p. 170–172; Wildt, *Generation des Unbedingten*, p. 422–428; Evans, *Das Dritte Reich*, band III, p. 34 e.v. Over de samenhang van het geheel vgl. Klaus-Michael Mallmann/ Jochen Böhler/Jürgen Matthäus (red.), *Einsatzgruppen in Polen. Darstellung und Dokumentation*, Darmstadt 2008.

61 Cit. uit Krausnick, *Hitlers Einsatzgruppen*, p. 36; Wildt, *Generation des Unbedingten*, p. 449.

62 Vgl. Gerwarth, *Reinhard Heydrich*, p. 169, 177.

63 Cit. uit Broszat, *Nationalsozialistische Polenpolitik*, p. 21; vgl. Wildt, *Generation des Unbedingten*, p. 458. Goebbels noteerde op 25-10-1939: 'Van de intelligentsia is niet veel meer over.' *Tagebücher* deel I, band 7, p. 167.

64 Vgl. Gerwarth, *Reinhard Heydrich*, p. 177, 185. Samenvatting over de massale executies met vuurpeloton van herfst 1939 tot voorjaar 1940 in Polen door Peter Longerich, *Politik der Vernichtung. Eine Gesamtdarstellung der nationalsozialistischen Judenverfolgung*, München-Zürich 1998, p. 243–248.

65 Vgl. Christian Jansen/ Arno Weckbecker, *Der 'Volksdeutsche Selbstschutz' in Polen 1939/40*, München 1992, p. 27 e.v.; Wildt, *Generation des Unbedingten*, p. 439 e.v. (noot 71). Bij de actuele stand van het onderzoek Markus Krzoska: 'Der "Bromberger Blutsonntag" 1939. Kontroversen und Forschungsergebnisse', in *Vierteljahrshefte für Zeitgeschichte*, jrg. 60 (2012), p. 237–248.

66 Christian Jansen/Arno Weckbecker, 'Eine Miliz im "Weltanschauungskrieg"', in Wolfgang Michalka (red.), *Der Zweite Weltkrieg. Analysen – Grundzüge – Forschungsbilanz*, München 1989, p. 482–500 (hier p. 490). Vgl. ook Evans, *Das Dritte Reich*, band III, p. 31.

67 Vgl. Wildt, *Generation des Unbedingten*, p. 480 e.v.

68 Erich Hoepner aan zijn vrouw, 9-9-1939; BA-MA Freiburg, N 51/9.

69 Vgl. Jochen Böhler, *Auftakt zum Vernichtungskrieg. Die Wehrmacht in Polen*, Frankfurt am Main 2006, p. 42 e.v., 54 e.v.; Michaela Kipp: *'Großreinemachen im Osten'. Feindbilder in deutschen Feldpostbriefen im Zweiten Weltkrieg*, Frankfurt am Main 2014, p. 386–393. Over de massamoorden in België 1914 vgl. John Horne/ Alan Kramer, *Deutsche Kriegsgreuel 1914. Die umstrittene Wahrheit*, Hamburg 2004.

70 Wagner, *Der Generalquartiermeister*, p. 127 (5-9-1939).

71 Vgl. Böhler, *Auftakt zum Vernichtungskrieg*, in het bijzonder p. 169 e.v., 188 e.v.; Saul Friedländer, *Die Jahre der Vernichtung. Das Dritte Reich und die Juden*, band II: 1939–1945, München 2006, p. 53–55.

72 Voor een discussie over de parallellen en verschillen tussen 1939 en 1941 vgl. Dieter Pohl, *Die Herrschaft der Wehrmacht. Deutsche Militärbesatzung und einheimische Bevölkerung in der Sowjetunion 1941–1944*, München 2008, p. 53–56.

73 Halder, *Kriegstagebuch*, band I, p. 68 (10-9-1939).

74 Groscurth, *Tagebücher eines Abwehroffiziers*, p. 201 (8-9-1939), 202 (9-9-1939).

75 Dossieraantekening van luitenant-kolonel von Lahousen over de bespreking in de Führertrein, 12-9-1939; ibidem, nr. 12, p. 358. Vgl. Mueller, *Canaris*, p. 297.

76 Cit. uit Gerwarth, *Reinhard Heydrich*, p. 184; vgl. Böhler, *Auftakt zum Vernichtungskrieg*, p. 237.

77 Hellmuth Stieff, *Briefe*. Red. en inl. door Horst Mühleisen, Berlijn 1991, p. 108 (21-11-1939).
78 Cit. uit Krausnick, *Hitlers Einsatzgruppen*, p. 79, 84. Vgl. Broszat, *Nationalsozialistische Polenpolitik*, p. 44 e.v.; Bock, *Das Kriegstagebuch*, p. 78 (20-11-1939): 'Ik hoor hier van voorvallen bij de "kolonisering" van het Oosten, waarvan ik diep geschrokken ben.'
79 Engel, *Heeresadjutant bei Hitler*, p. 66 (15-10-1939), 68 (18-11-1939). Vgl. Evans, *Das Dritte Reich*, band III, p. 44 e.v
80 Cit. uit Krausnick, *Hitlers Einsatzgruppen*, p. 67; vgl. Böhler, *Auftakt zum Vernichtungskrieg*, p. 153; Wildt, *Generation des Unbedingten*, p. 473.
81 *Die Verfolgung und Ermordung der europäischen Juden durch das nationalsozialistische Deutschland 1933–1945*, band 3. Bew. door Andrea Löw, München 2012, Dok. 18, p. 115–117. Vgl. Peter Longerich, *Heinrich Himmler. Biographie*, München 2008, p. 449, 453; Wildt, *Generation des Unbedingten*, p. 462.
82 Engel, *Heeresadjutant bei Hitler*, p. 62 e.v. (26-9 en 28-9-1939).
83 Goebbels, *Tagebücher* deel I, band 7, p. 130 (30-9-1939).
84 Vgl. Broszat, *Nationalsozialistische Polenpolitik*, p. 64 e.v., 84–86; Longerich, *Heinrich Himmler*, p. 451 e.v.; Gerwarth, *Reinhard Heydrich*, p. 189 e.v.
85 Vgl. Broszat, *Nationalsozialistische Polenpolitik*, p. 89.
86 Wilm Hosenfeld: *'Ich versuche jeden zu retten.' Das Leben eines deutschen Offiziers in Briefen und Tagebüchern*. Red. Thomas Vogel, München 2004, p. 301 e.v. (14-12-1939). Vgl. Evans, *Das Dritte Reich*, band III, p. 50; Longerich, *Politik der Vernichtung*, p. 264 e.v.
87 Vgl. Broszat, *Nationalsozialistische Polenpolitik*, p. 91–97; Longerich, *Heinrich Himmler*, p. 460 e.v.; Gerwarth, *Reinhard Heydrich*, p. 199 e.v.; Schenk, *Hans Frank*, p. 206 e.v.
88 Cit. uit Schenk, *Hans Frank*, p. 144.
89 Cit. uit ibidem, p. 158.
90 Cit. uit Markus Roth, *Herrenmenschen. Die deutschen Kreishauptleute im besetzten Polen. Karrierewege, Herrschaftspraxis und Nachgeschichte*, Göttingen 2009, p. 11. Over de levensstijl van de Kreishauptmänner vgl. ibidem, p. 50 e.v., over de rekrutering p. 87 e.v., over de handelingsvrijheid p. 72 e.v.
91 Cit. uit ibidem, p. 177; vgl. Schenk, *Hans Frank*, p. 223.
92 Vgl. Roth, *Herrenmenschen*, p. 178 e.v.
93 Vgl. Broszat, *Nationalsozialistische Polenpolitik*, p. 99–102; Schenk, *Hans Frank*, p. 208–210; Roth, *Herrenmenschen*, p. 121–131.
94 Dossieraantekening van Bormann d.d. 2-10-1940; BA Berlin-Lichterfelde NS 6/772. Vgl. Goebbels, *Tagebücher* deel I, band 8, p. 406 (5-11-1940): 'Polen moet voor ons, zo bepaalt de Führer, een groot arbeidskrachtenreservoir zijn. Waar we de ontbrekende mensen voor eenvoudig werk kunnen krijgen. Die moeten we immers toch ergens vandaan halen.'
95 Leeb, *Tagebuchaufzeichnungen*, p. 207 (3-1-1940). Wat eraan voorafging, was een brief van Leeb aan Halder van 19-12-1939, waarin hij – op basis van informatie die Groscurth hem had gestuurd – 'het optreden van de politie in Polen' bestempelde als 'een cultuurnatie onwaardig'. Ibidem, Aanhangsel VII, p. 473. Vgl. ook de dagboeknotitie van 19-12-1939, ibidem, p. 206.
96 Cit. uit Krausnick, *Hitlers Einsatzgruppen*, p. 85.
97 *Heinrich Himmlers Taschenkalender 1940*. Editie met commentaar. Red. Markus Moors/Moritz Pfeiffer, Paderborn 2013, p. 216 e.v. Voor context vgl. Klaus-Jürgen Müller, 'Zur Vorgeschichte und Inhalt der Rede Himmlers vor der höheren Generalität am 13, März 1940 in Koblenz', in *Vierteljahrshefte für Zeitgeschichte*, jrg. 18 (1970), p. 95–122; Krausnick, *Hitlers Einsatzgruppen*, p. 86 e.v; Löffler, *Walther von Brauchitsch*, p. 178.
98 IfZ München, ZS 627 (aantekeningen van Wilhelm Ulex uit het jaar 1953). Vgl. Krausnick, *Hitlers Einsatzgruppen*, p. 87.
99 Vgl. Johannes Hürter, *Hitlers Heerführer. Die deutschen Oberbefehlshaber im Krieg gegen die Sowjetunion 1941/42*, München 2007, p. 188: 'Men schikte zich steeds meer – en met open ogen – in een crimineel systeem.'

3 Beslissing in het westen?

1 Jacobsen, *Dokumente zur Vorgeschichte des Westfeldzugs*, p. 6 e.v. Vgl. Halder, *Kriegstagebuch*, band 1, p. 101 (10-10-1939): 'Verandering in de Russische houding niet in afzienbare tijd te verwachten. Later misschien twijfelachtig.'
2 Jacobsen, *Dokumente zur Vorgeschichte des Westfeldzugs*, p. 9. Vgl. Andreas Hillgruber, 'Der Faktor Amerika in Hitlers Strategie 1938–1941', in idem: *Deutsche Großmacht- und Weltpolitik im 19. und 20. Jahrhundert*, Düsseldorf 1977, p. 197–222 (hier p. 205 e.v.).
3 Goebbels, *Tagebücher* deel 1, band 7, p. 166 (24-10-1939). Vgl. ook Rosenberg, *Die Tagebücher 1934 bis 1944*, p. 296 (1-11-1939): De Engelsen zullen 'pas iets zien als het er vreselijk bij ze wordt ingeramd'.
4 Vgl. Hartmann, *Halder*, p. 160; *Das Deutsche Reich und der Zweite Weltkrieg*, band 2, p. 240 (bijdrage Umbreit).
5 Memorandum van Leeb aan Brauchitsch, 11-10-1939; Leeb, *Tagebuchaufzeichnungen*, bijlage v, p. 468–471. Ook generaal Günther von Kluge stelde in een brief van 13-10-1939 vast dat aan een 'definitief overweldigen van Engeland en Frankrijk niet te denken' valt, 'omdat de krachten daarvoor gewoon bij ons ontbreken'. Het zou alleen tot een 'bloedvergieten in heel grootse stijl' komen. Daarom was het beter af te wachten in de Westwall-linie, 'die van maand tot maand sterker wordt'. BA-MA Freiburg, MSg 2/11185.
6 Halder, *Kriegstagebuch*, band 1, p. 107 (17-10-1939).
7 Groscurth, *Tagebücher eines Abwehroffiziers*, p. 218 (16-10-1939). Ook de opperbevelhebber van de Heeresgruppe B, kolonel-generaal von Bock, trof Halder een dag later 'zichtbaar terneergeslagen' aan. Bock, *Das Kriegstagebuch*, p. 65 (17-10-1939). Vgl. Hartmann, *Halder*, p. 165.
8 Vgl. *Keitel: Verbrecher oder Offizier?*, p. 223 e.v.
9 Vgl. Halder, *Kriegstagebuch*, band 1, p. 114 e.v. (27-10-1939); Hartmann, *Halder*, p. 166 e.v.
10 Leeb, *Tagebuchaufzeichnungen*, p. 194 e.v. (30-10- en 31-10-1939).
11 Halder, *Kriegstagebuch*, band 1, p. 105 (14-10-1939).
12 Vgl. Elisabeth Chowaniec, *Der 'Fall Dohnanyi' 1943–1945. Widerstand, Militärjustiz, SS-Willkür*, München 1991, p. 15; Elisabeth Sifton/Fritz Stern, *Keine gewöhnlichen Männer. Dietrich Bonhoeffer und Hans von Dohnanyi im Widerstand gegen Hitler*, München 2013, p. 88 e.v.
13 Hasso von Etzdorf, 'Erinnerungen an den bei Stalingrad gefallenen Oberst i. G. Helmuth Groscurth', 14-11-1947: 'In het OKH was hij [Groscurth] de ziel van het verzet.' IfZ München, ZS 322, band 1. Vgl. Joachim Fest, *Staatsstreich. Der lange Weg zum 20. Juli*, Berlijn 1994, p. 125–127; Klaus-Jürgen Müller, *Generaloberst Ludwig Beck. Eine Biographie*, Paderborn 2008, p. 389, 395 e.v., 400. In het algemeen over de coupplannen ook Peter Hoffmann, *Widerstand, Staatsstreich, Attentat. Der Kampf der Opposition gegen Hitler*, 4de dr., München-Zürich 1985, p. 146–186.
14 Hassell, *Vom andern Deutschland*, p. 78 e.v. (d.d. 11-10-1939).
15 Ibidem, p. 84 (d.d. 19-10-1939), p. 86 (d.d. 29-10-1939). Vgl. Groscurth, *Tagebücher eines Abwehroffiziers*, p. 220 (23-10-1939): 'Alles draait erom dat we v. B[rauchitsch] en H[alder] tot onmiddellijk handelen overhalen.'
16 Vgl. Hartmann, *Halder*, p. 166.
17 Groscurth, *Tagebücher eines Abwehroffiziers*, p. 222 e.v. (1-11-1939).
18 Müller, *Generaloberst Ludwig Beck*, p. 402.
19 Leeb, *Tagebuchaufzeichnungen*, p. 199 (9-11-1939).
20 Ibidem, bijlage VI, p. 472.
21 Keitel: *Verbrecher oder Offizier?*, p. 225. Keitel was er nog tijdens het gesprek door Hitler bijgehaald. Vgl. dossieraantekening van Helmuth Greiner bij 5-11-1939 (met opmerking: op bevel van Warlimont verwijderd uit het oorlogsdagboek); BA Koblenz, N 1033/2; notitie van Walter Warlimont 'Militär-politische Vorgänge um den Westfeldzug 1939/40' d.d. 25-9-1945; IfZ München, ZS 312. Vgl. verder Löffler, *Walther von Brauchitsch*, p. 193–195; Halder, *Kriegstagebuch*, band 1, p. 120 (5-11-1939), p. 132 (23-11-1939). Volgens de herinnering van Karl-Jesko von Puttkamer moet Hitler bij het noemen van de 'aan

muiterij grenzende ongedisciplineerdheid van de soldaten' opgesprongen zijn: 'Welk regiment was dat? Ik rijd er meteen heen!' Gesprek van Heinrich Uhlig met Puttkamer d.d. 12-3-1952; IfZ München, ZS 285.
22 Engel, *Heeresadjutant bei Hitler*, p. 67 (7-11 en 10-11-1939). Vgl. ook notitie van Gerhard Engel d.d. 3-5-1966 'betr. Aussprache Hitler-Oberbefehlshaber des Heeres am 5. November 1939 im großen Kongreßsaal der alten Reichskanzlei'; IfZ München, ZS 222, band 1. Over het aanhoudende wantrouwen van Hitler jegens von Brauchitsch vgl. Leeb, *Tagebuchaufzeichnungen*, p. 207 (3-1-1940); dossieraantekening van Greiner bij 5-11-1939; BA Koblenz, N 1033/2.
23 Aantekening van Gerhard Engels d.d. 3-5-1966; IfZ München, ZS 222, band 1. Vgl. Groscurth, *Tagebücher eines Abwehroffiziers*, p. 224 (5-11-1939): 'Br[auchitsch] is helemaal ingestort.'
24 Vgl. Hartmann, *Halder*, p. 170.
25 Groscurth, *Tagebücher eines Abwehroffiziers*, p. 225 (5/6-11-1939). Vgl. de aantekening van Inga Haag, Groscurths secretaresse, van 4-4-1948; IfZ München, ZS 2093. Nog tientallen jaren later getuigde Halder over Groscurth dat hij weliswaar 'het beste' gewild had, maar 'het zicht op de grenzen van het mogelijke' verloren [had]. Franz Halder aan Helmut Krausnick, 7-7-1967; IfZ München, ZS 240, band 5.
26 Erich Hoepner aan zijn vrouw, 7-11-1939; BA-MA Freiburg, N 51/9.
27 Goebbels, *Tagebücher* deel I, band 7, p. 184 (7-11-1939), 187 (9-11-1939).
28 Vgl. Helmut G. Haasis, *Den Hitler jag ich in die Luft. Der Attentäter Georg Elser*, Hamburg 2009, p. 112 e.v. Volgens de agenda van Max Wünsch reed Hitler om 19.55 uur van zijn privéwoning naar de Bürgerbräukeller, begon na de begroeting door Christian Weber om 20.15 uur zijn redevoering, die tot 21.07 uur duurde. Om 21.15 uur reed hij met zijn gevolg naar het station. Om 21.30 uur vertrok de trein en hij kwam de volgende dag om 10.23 uur in Berlijn aan. BA Berlin-Lichterfelde, NS 10/591. Vgl. ook Harald Sandner, *Hitler. Das Itinerar. Aufenthaltsorte und Reisen von 1889–1945*, Berlijn 2016, band III, p. 1758–1760.
29 Goebbels, *Tagebücher* deel I, band 7, p. 187 e.v. (9-11-1939).
30 Domarus, *Hitler*, band II, 1, p. 1404–1414 (citaten p. 1406, 1412 e.v.). Uitgebreide analyse van de redevoering bij Haasis, *Den Hitler jag ich in die Luft*, p. 114–120.
31 Aantekening van Julius Schaub: 'Der 8. November 1939'; IfZ München, ED 100, band 203. Vgl. Rosenberg, *Die Tagebücher von 1934 bis 1944*, p. 300 (11-11-1939).
32 Vgl. Haasis, *Den Hitler jag ich in die Luft*, p. 133–145; Gun, *Eva Braun-Hitler*, p. 159 e.v.; Görtemaker, *Eva Braun*, p. 236.
33 Rijksministerie van Verkeer aan rijksperschef Dietrich, 2-12-1939; BA Berlin-Lichterfelde, NS 10/38.
34 Goebbels, *Tagebücher* deel I, band 7, p. 188 (9-10-1939). Ook Hans Frank was ervan overtuigd dat 'een goed gesternte de Führer beschermd' had, en vermoedde dat degenen achter de aanslag Engelsen waren. Hans Frank aan Brigitte Frank, 9-11-1939; BA Koblenz, N 1110/50. Eind januari 1940 vertelde Hitler dat hij voor de aanslag in München 'steeds voorgevoelens van de dood' gehad had. Nu beheerste 'hem alleen nog een blij gevoel van absolute veiligheid'. Goebbels, *Tagebücher* deel I, band 7, p. 291 (1-2-1940).
35 Below, *Als Hitlers Adjutant*, p. 214.
36 Haasis, *Den Hitler jag ich in die Luft*, p. 156.
37 Vgl. Domarus, *Hitler*, band II, 1, p. 1417; Below, *Als Hitlers Adjutant*, p. 214.
38 Goebbels, *Tagebücher* deel I, band 7, p. 190 (11-11-1939), 195 (15-11-1939). Vgl. ook brief van Ernst von Weizsäckers aan zijn moeder, 12-11-1939: 'Ik weet niet of er van de dader nog een echt spoor gevonden wordt. Ik denk dat het een beroeps is, dat wil zeggen iemand die betaald is, door andere handlangers.' BA Koblenz, N 1273/29.
39 Vgl. bij het voorafgaande de invoelende voorstelling van zaken bij Haasis, *Den Hitler jag ich in die Luft*, p. 11–107, 120–131, 180–186, 211–213 (citaten p. 51, 68). Het proces-verbaal van het Gestapoverhoor werd pas gepubliceerd door Lothar Gruchmann (red.), *Autobiographie eines Attentäters. Johann Georg Elser. Aussage zum Sprengstoffanschlag im Bürgerbräukeller München am 8. November 1939*, Stuttgart 1970.

40 Goebbels, *Tagebücher* deel 1, band 7, p. 196 (16-11-1939), 197 e.v. (17-11-1939). Vgl. ibidem, p. 201 (19-11-1939): 'Otto Straßer zit met de Secret Service achter alles.'
41 Vgl. Ullrich: *Adolf Hitler*, band 1, p. 254–257; Haasis, *Den Hitler jag ich in die Luft*, p. 245–247.
42 Goebbels, *Tagebücher* deel 1, band 7, p. 205 (22-11-1939).
43 Vgl. Haasis, *Den Hitler jag ich in die Luft*, p. 218–228.
44 Cit. naar ibidem, p. 215. Vgl. Shirer, *Berliner Tagebuch*, p. 239 (21-9-1939): 'Himmlers uitspraken over het verloop van Elsers actie klinken inderdaad zeer verdacht.'
45 Vgl. Haasis, *Den Hitler jag ich in die Luft*, p. 178 e.v., 242.
46 Ibidem p. 264.
47 Goebbels, *Tagebücher* deel 1, band 9, p. 237 (9-4-1941).
48 Vgl. Haasis, *Den Hitler jag ich in die Luft*, p. 279, 288 e.v., 297–314.
49 Gerhard Ritter aan Lutz graaf Schwerin von Krosigk, 1-3-1955; BA Koblenz, N 276/45.
50 *Deutschland-Berichte der Sopade*, 6de jrg. (1939), p. 1023 e.v.; vgl. *Meldungen aus dem Reich*, band 2, p. 441 (10-11-1939): 'In alle lagen van de bevolking werd met hartstochtelijke emotie over deze gebeurtenis gesproken. [...] Overal staken geruchten de kop op.'
51 *Deutschland-Berichte der Sopade*, 6. jrg. (1939), p. 1024. Vgl. het verslag van de Deense gezant Herluf Zahle d.d. 11-11-1939; Bajohr/Strupp (red.), *Fremde Blicke auf das 'Dritte Reich'*, p. 545.
52 *Balck-Tagebuch*, 9-11-1939; BA-MA Freiburg, N 647/7.
53 Kellner, *Tagebücher 1939–1945*, band 1, p. 46 (10-11-1939). Ook William Shirer (*Berliner Tagebuch*, p. 235, 9-11-1939) merkte op dat er het luchtje aan zat 'van een nieuwe Rijksdagbrand'. Vgl. Andreas-Friedrich, *Der Schattenmann*, p. 65 (9-11-1939).
54 Groscurth, *Tagebücher eines Abwehroffiziers*, p. 227 (9-11-1939). Vgl. ook Ciano, *Tagebücher 1939–1943*, p. 166 (9-11-1939) met het vermoeden dat het gaat om 'een familieruzie tussen de mensen die tot de intiemste kring behoren'.
55 *Meldungen aus dem Reich*, band 3, p. 449 (13-11-1939).
56 Hassell, *Vom andern Deutschland*, p. 90 (16-11-1939).
57 Vgl. *Deutschland-Berichte der Sopade*, 6de jrg. (1939), p. 1025: 'Sommigen zeggen zelfs: "Twintig minuten te laat." Maar natuurlijk alleen in de meest vertrouwde kring.' De journaliste Ruth Andreas-Friedrich geeft de uitspraak van een collega op de redactie weer: 'Man, als die [bom] raak was geweest, zouden we allemaal dronken onder de tafel liggen.' *Der Schattenmann*, p. 64 (9-11-1939).
58 Verslag van Herluf Zahle d.d. 18-11-1939; Bajohr/Strupp (red.), *Fremde Blicke auf das 'Dritte Reich'*, p. 546. Vgl. ook het verslag van de Amerikaanse viceconsul Ralf C. Getsinger d.d. 10-11-1939: 'The citizen of Hamburg dislikes the war and its attendant hardships but morale is higher today than it was in the first week of the war.' (De burger van Hamburg heeft een hekel aan de oorlog en ongemakken die daarmee gepaard gaan, maar het moreel is vandaag hoger dan het in de eerste week van de oorlog was.) Ibidem, p. 544.
59 *Deutschland-Berichte der Sopade*, 6de jrg. (1939), p. 1025.
60 Domarus, *Hitler*, band II, 1, p. 1421–1427. Een samenvatting van de redevoering in Groscurth, *Tagebücher eines Abwehroffiziers*, appendix 1, nr. 40, p. 414–418; notitie Ritter von Leeb in Leeb, *Tagebuchaufzeichnungen*, p. 202 e.v. (23-11-1939). Volgens een met de hand geschreven notitie van kolonel-generaal Walter von Reichenau, opperbevelhebber van het Zesde Leger, verklaarde Hitler tot besluit dat hij zal 'strijden, zolang er nog een schare dapperen om me heen staat'. BA-MA Freiburg, N 372/22.
61 Hassell, *Vom andern Deutschland*, p. 94 (5-12-1939).
62 Groscurth, *Tagebücher eines Abwehroffiziers*, p. 234 (10-12-1939).
63 Leeb, *Tagebuchaufzeichnungen*, p. 203 (23-11-1939).
64 Engel, *Heeresadjutant bei Hitler*, p. 69 (23-11-1939).
65 IMT, band 20, p. 628 (uitspraak van Brauchitsch d.d. 9-8-1946); Domarus, *Hitler*, band II, 1, p. 1427. Vgl. Halder, *Kriegstagebuch*, band 1, p. 132 (23-11-1939). Tegenover Guderian, die een paar dagen later om een audiëntie verzocht vanwege de verwijten tegen de generaals, verklaarde Hitler dat zijn wantrouwen alleen gericht was op Brauchitsch. Alle voorstellen

van Guderian voor een opvolger van de opperbevelhebber van het leger wees Hitler ondertussen af. Guderian, *Erinnerungen eines Soldaten*, p. 77 e.v.
66 Vgl. Engel, *Heeresadjutant bei Hitler*, p. 69 (23-11-1939); Goebbels, *Tagebücher* deel 1, band 7, p. 207 (23-11-1939).
67 Goebbels, *Tagebücher* deel 1, band 7, p. 225 (9-12-1939).
68 Ibidem, p. 228 (12-11-1939).
69 Ibidem, p. 236 e.v. (19-12-1939).
70 Hassell, *Vom andern Deutschland*, p. 98 (22-12-1939). Vgl. Wolfgang Martynkewicz, *Salon Deutschland. Geist und Macht 1900–1945*, Berlin 2009, p. 512 e.v.
71 Goebbels, *Tagebücher* deel 1, band 7, p. 247 e.v. (28-12-1939). Over de 'kerstreis naar het front' van 1939 vgl. Raichle, *Hitler als Symbolpolitiker*, p. 244–250.
72 Shirer, *Berliner Tagebuch*, p. 262 (11-1-1940). Voor de 'kolencrisis' van de winter van 1939-1940 vgl. Steinert, *Hitlers Krieg und die Deutschen*, p. 119–121.
73 Goebbels, *Tagebücher* deel 1, band 7, p. 266 (11-1-1940). Vgl. ibidem, p. 267 (12-1-1940), 269 (13-1-1940), 274 (17-1-1940).
74 *Meldungen aus dem Reich*, band 3, p. 687 (26-1-1940); vgl. ibidem, p. 635 (12-1-1940).
75 Notitie van Groscurth over een gesprek met graaf Helldorf, 5-1-1940; Groscurth, *Tagebücher eines Abwehroffiziers*, appendix 1, nr. 58, p. 467.
76 Vgl. Goebbels, *Tagebücher* deel 1, band 7, p. 261 (7-1-1940).
77 Halder, *Kriegstagebuch*, p. 154 (10-1-1940).
78 Vgl. over het zogeheten Mechelen-incident Jacobsen, *Der Fall Gelb*, p. 93–99.
79 Domarus, *Hitler*, band II, 1, p. 1446. Vgl. Below, *Als Hitlers Adjutant*, p. 220.
80 Vgl. Jacobsen, *Der Fall Gelb*, p. 93.
81 Goebbels, *Tagebücher* deel 1, band 7, p. 273 (16-1-1940).
82 Ibidem, p. 280 (22-1-1940).
83 Domarus, *Hitler*, band II, 1, p. 1449, 1459 e.v.
84 Vgl. Jacobsen, *Der Fall Gelb*, p. 25–31; *Das Deutsche Reich und der Zweite Weltkrieg*, band 2, p. 244 e.v. (bijdrage Umbreit).
85 *Keitel: Verbrecher oder Offizier?*, p. 226. Vgl. ook Engel, *Heeresadjutant bei Hitler*, p. 69 (6-12-1939): 'F[ührer] wijst "de oude Schlieffenhap" af.' Volgens de herinneringen van Otto Dietrich had Hitler het 'zeer minachtend over de "verkalkte strategie van de generale staf" en de "Schlieffenaanbidders"' (*12 Jahre mit Hitler*, p. 96).
86 Vgl. Below, *Als Hitlers Adjutant*, p. 214 e.v.; gesprek van Heinrich Uhlig met Karl-Jesko von Puttkamer d.d. 12-3-1952: 'In februari 1940 broedde Hitler nachtenlang op een reliëfkaart van de Ardennen.' IfZ München, ZS 285. Over Hitlers intensieve 'lezen' van de kaarten vgl. Pyta, *Hitler*, p. 284 e.v.
87 Bock, *Das Kriegstagebuch*, p. 69 (25-10-1939). Vgl. Jacobsen, *Der Fall Gelb*, p. 39 e.v.; *Das Deutsche Reich und der Zweite Weltkrieg*, band 2, p. 246 e.v. (bijdrage Umbreit).
88 Latere notities van Helmuth Greiner bij zijn oorlogsdagboek, 18-10-1940; BA Koblenz, N 1033/13.
89 Vgl. Manstein, *Verlorene Siege*, p. 100–103; Jacobsen, *Der Fall Gelb*, p. 68–82; *Das Deutsche Reich und der Zweite Weltkrieg*, band 2, p. 249 e.v. (bijdrage Umbreit); Karl-Heinz Frieser, *Blitzkrieg-Legende. Der Westfeldzug 1940*, München 1995, p. 78 e.v.; Oliver von Wrochem, *Erich von Manstein. Vernichtungskrieg und Geschichtspolitik*, Paderborn 2006, p. 49 e.v.
90 Vgl. Manstein, *Verlorene Siege*, p. 118; Frieser, *Blitzkrieg-Legende*, p. 79 e.v.
91 Vgl. Engel, *Heeresadjutant bei Hitler*, p. 74 (4-2-1940). Ook in een gesprek met Heinrich Uhlig op 18-3-1953 benadrukte Gerhard Engel 'dat Manstein en Hitler onafhankelijk van elkaar tot dezelfde gedachten kwamen over de noodzaak het bestaande operatieplan voor het offensief in het westen te herzien.' IfZ München, ZS 222, band 1.
92 Engel, *Heeresadjutant bei Hitler*, p. 74 e.v. (3-2- en 19-2-1940). Vgl. Dagboekaantekening van Manstein 17-2-1940 bij Pyta, *Hitler*, p. 282. Verder Manstein, *Verlorene Siege*, p. 118–120; Jacobsen, *Der Fall Gelb*, p. 115 e.v.; Frieser, *Blitzkrieg-Legende*, p. 80 e.v.
93 Bock, *Das Kriegstagebuch*, p. 101 (24-2-1940).
94 Vgl. Jacobsen, *Der Fall Gelb*, p. 118; Frieser, *Blitzkrieg-Legende*, p. 82; *Das Deutsche Reich und der Zweite Weltkrieg*, band 2, p. 254 e.v. (bijdrage Umbreit).

95 Domarus, *Hitler*, band 11, 1, p. 1464-1469. Vgl. Goebbels, *Tagebücher* deel 1, band 7, p. 324 (26-2-1940): 'De Führer heeft de Engelsen er weer eens flink van langs gegeven.'
96 Goebbels, *Tagebücher* deel 1, band 7, p. 329 (1-3-1940). Over deze drie uur durende rede van Hitler bestaan – behalve deze dagboeknotitie van Goebbels – geen aantekeningen.
97 Ibidem, p. 298 (6-2-1940).
98 Vgl. Speer, *Erinnerungen*, p. 182 e.v.
99 Goebbels, *Tagebücher* deel 1, band 7, p. 326 (28-2-1940).
100 Hitlers richtlijnen voor het gesprek met Sumner Welles, 29-2-1940; ADAP, serie D, band 8, nr. 637, p. 644 e.v.; vgl. Domarus, *Hitler*, band 11, 1, p. 1470 e.v.
101 Aantekening over het gesprek van Hitler met Sumner Welles d.d. 2-3-1940; Hillgruber (red.), *Staatsmänner und Diplomaten bei Hitler 1939-1941*, p. 68-76 (citaat p. 76).
102 Goebbels, *Tagebücher* deel 1, band 7, p. 333 (5-3-1940), 331 (3-3-1940).
103 Mussolini aan Hitler, 3-1-1940; ADAP, serie D, band 8,1, nr. 504, p. 474-477. De Italiaanse minister van Buitenlandse Zaken Ciano was van mening dat de brief niets zou uitrichten: 'Hitler luistert alleen naar de adviezen van Mussolini als die precies met zijn eigen ideeën overeenkomen.' *Tagebücher 1939-1943*, p. 184 (5-1-1940).
104 Hitler aan Mussolini, 8-3-1940; ADAP, serie D, band 8,1, nr. 663, p. 685-693; vgl. Domarus, *Hitler*, band 11, 1, p. 1475 e.v.
105 ADAP, serie D, band 8,1, nr. 667, p. 703 e.v.; nr. 670, p. 714; vgl. Schmidt, *Statist auf diplomatischer Bühne*, p. 477; Falanga, *Mussolinis Vorposten in Hitlers Reich*, p. 143.
106 Vgl. Ciano, *Tagebücher 1939-1943*, p. 211 (18-3-1940); Schmidt, *Statist auf diplomatischer Bühne*, p. 479 e.v.; Hillgruber (red.), *Staatsmänner und Diplomaten bei Hitler 1939-1941*, p. 87-106.
107 Ciano, *Tagebücher 1939-1943*, p. 212 (19-3-1940). Vgl. Hill (red.), *Die Weizsäcker-Papiere 1933-1950*, p. 195 (19-3-1940): 'De Duce, die op de Brenner voornamelijk toehoorder was geweest, kan nauwelijks met de vlag in top zijn teruggekeerd naar Rome.'
108 Jodl-dagboek 19-3-1940; BA-MA Freiburg, N 69/10.
109 Goebbels, *Tagebücher* deel 1, band 7, p. 356 (19-3-1940). Vgl. ibidem, p. 357 e.v. (20-3-1940): 'Mussolini staat tot het bittere einde aan onze kant [...] We hebben in hem een oprechte, grote vriend.'
110 Voor de aflossing van Attolico vgl. Falanga, *Mussolinis Vorposten in Hitlers Reich*, p. 143-151; Goebbels, *Tagebücher* deel 1, band 8, p. 85 (30-4-1940): 'Met Alfieri krijgen we hier een echte fascist.'
111 Vgl. Tooze, *Ökonomie der Zerstörung*, p. 395-406; Rolf-Dieter Müller, 'Die Mobilisierung der deutschen Wirtschaft für Hitlers Kriegführung', in *Das Deutsche Reich und der Zweite Weltkrieg*, band 5/1, Stuttgart 1988, p. 474 e.v.
112 Goebbels, *Tagebücher* deel 1, band 7, p. 359 (21-3-1940).
113 Vgl. Tooze, *Ökonomie der Zerstörung*, p. 408-410; Evans, *Das Dritte Reich*, band 111, p. 152.
114 Vgl. Klaus A. Maier/Bernd Stegemann, 'Die Sicherung der europäischen Nordflanke', in *Das Deutsche Reich und der Zweite Weltkrieg*, band 2, p. 196 e.v. Over de ontvangst van Quisling bij Hitler vgl. Rosenberg, *Die Tagebücher 1934 bis 1944*, p. 306 e.v. (19-12-1939).
115 Goebbels, *Tagebücher* deel 1, band 7, p. 317 (20-2-1940). Ook voor secretaris-generaal von Weizsäcker viel het *Altmark*-verhaal 'onder de noemer van de allerergste piraterij'; Ernst von Weizsäcker aan zijn moeder, 18-2-1940; BA Koblenz, N 1273/29. Jodl noteerde op 19-2-1940: 'Führer dringt sterk aan op voorbereiding van Operatie Weserübung.' BA-MA Freiburg, N 69/10.
116 Hubatsch (red.), *Hitlers Weisungen für die Kriegführung*, p. 54-57 (citaat p. 54).
117 Halder, *Kriegstagebuch*, band 1, p. 204 (21-2-1940). Vgl. Jodl-dagboek 5-3-1940: '15 uur: grote bespreking over Weserübung met 3 opperbevelhebbers. Veldm[aarschalk] gaat tekeer, omdat hij het tot zover niet kan vatten.' BA-MA Freiburg, N 69/10.
118 Vgl. Warlimont, *Im Hauptquartier der Wehrmacht*, p. 58 e.v.
119 Below, *Als Hitlers Adjutant*, p. 224 e.v. Over de terugkeer naar Berlijn op 26-3-1940 vgl. Goebbels, *Tagebücher* deel 1, band 7, p. 367 (27-3-1940).
120 Vgl. Jodl-dagboek 2-4-1940; BA-MA Freiburg, N 69/10.

121 Goebbels, *Tagebücher* deel 1, band 8, p. 41 e.v. (9-4-1940).
122 Op 9-4-1940 zei Hitler tegen Alfred Rosenberg: 'Zoals het Duitse Rijk van Bismarck voortkwam uit het jaar 1866, zo zal uit de dag van vandaag het Groot-Germaanse Rijk ontstaan.' Rosenberg, *Die Tagebücher 1934 bis 1944*, p. 321. Vgl. ook Goebbels, *Tagebücher* deel 1, band 8, p. 45 (10-4-1940): 'Aan het eind van de oorlog van de jaren 70 was het Duitse Rijk een feit, aan het eind van deze oorlog zal het Germaanse Rijk een feit zijn.'
123 Goebbels, *Tagebücher* deel 1, band 8, p. 46 (10-4-1940).
124 Vgl. *Das Deutsche Reich und der Zweite Weltkrieg*, p. 212–225 (bijdrage Maier/Stegemann); Gerhard L. Weinberg, *Eine Welt in Waffen. Die globale Geschichte des Zweiten Weltkriegs*, Stuttgart 1995, p. 133–136.
125 Goebbels, *Tagebücher* deel 1, band 8, p. 53 (14-4-1940).
126 Aantekening van Loßberg over een verslag voor Keitel en Jodl in de Rijkskanselarij op 15-4-1940; Hillgruber (red.), *Staatsmänner und Diplomaten bei Hitler 1939–1941*, p. 68–76 (citaat p. 76).
127 Jodl-dagboek 14-1- en 17-4-1940; BA-MA Freiburg, N 69/10. Vgl. aantekening van Jodl 'Mijn relatie tot Hitler', 18-1-1946; BA-MA Freiburg, N 69/48; Loßberg, *Im Wehrmachtführungsstab*, p. 66–69. Goebbels trof Hitler 'heel ernstig' aan bij de lunch. *Tagebücher* deel 1, band 8, p. 58 (17-4-1940).
128 Jodl-dagboek 19-4-1940; BA-MA Freiburg, N 69/10. Vgl. Loßberg, *Im Wehrmachtführungsstab*, p. 69–72.
129 Vgl. Albert Bormann aan de minister-president van Beieren Ludwig Siebert, 16-4-1940; BA Berlin-Lichterfelde NS 10/38.
130 Goebbels, *Tagebücher* deel 1, band 8, p. 65 (21-4-1940); Shirer, *Berliner Tagebuch*, p. 304 (19-4-1940).
131 Jodl-dagboek 30-4-1940; BA-MA Freiburg, N 69/10. Vgl. Goebbels, *Tagebücher* deel 1, band 8, p. 87 (1-5-1940). Alfred Rosenberg noteerde het oordeel van Hitler: 'Dat is meer dan een gewonnen slag, het is een gewonnen veldtocht.' Rosenberg, *Die Tagebücher 1934 bis 1944*, p. 329 (30-4-1940). Ook Halder schreef Jodls promotie tot belangrijkste adviseur op operationeel gebied toe aan diens standvastige houding tijdens de Noorse veldtocht. Die had Hitler van hem 'nooit vergeten'. Franz Halder aan prof. Walter Baum, 29-3-1955; IfZ München, ZS 240, band 5.
132 Later toegevoegde notities van Helmuth Greiner bij zijn oorlogsdagboek, 18-10-1940; BA Koblenz, N 1033/13.
133 Loßberg, *Im Wehrmachtführungsstab*, p 69.
134 Goebbels, *Tagebücher* deel 1, band 8, p. 96 (7-5-1940). Over het bepalen van de aanvalsdatum vgl. Jacobsen, *Der Fall Gelb*, p. 140.
135 Wagner, *Der Generalquartiermeister*, p. 167 (9-5-1940).
136 Vgl. Below, *Als Hitlers Adjutant*, p. 228 e.v.
137 Schroeder, *Er war mein Chef*, p. 101 e.v.; vgl. Jodl-dagboek 10-5-1940; BA-MA Freiburg, N 69/10; Below, *Als Hitlers Adjutant*, p. 222 e.v.; Hoffmann, *Hitler wie ich ihn sah*, p. 113–115; Seidler/Zeigert, *Die Führerhauptquartiere*, p. 167.
138 Vgl. Seidler/Zeigert, *Die Führerhauptquartiere*, p. 163, 166 e.v.; Neumärker o.a., *Wolfsschanze*, p. 23 e.v.; Below, *Als Hitlers Adjutant*, p. 230; Schroeder, *Er war mein Chef*, p. 102; *Keitel: Verbrecher oder Offizier?*, p. 231; Eberle/Uhl (red.), *Das Buch Hitler*, p. 120.
139 *Monologe*, p. 300 (d.d. 26/27-2-1942); vgl. ibidem, p. 92 (d.d. 17/18-10-1941).
140 Domarus, *Hitler*, band II, 1, p. 1503; vgl. Goebbels, *Tagebücher* deel 1, band 8, p. 107 (11-5-1940).
141 Kellner, *Tagebücher 1939–1945*, band 1, p. 70 (10-5-1940).
142 Wilhelm Muehlon, *Tagebuch der Kriegsjahre 1940–1944*. Red. Jens Heisterkamp, Dornach 1992, p. 87 (10-5-1940).
143 Marianne von Weizsäcker aan haar moeder, 11-5-1940; BA Koblenz, N 1273/29.
144 Aantallen conform *Das Deutsche Reich und der Zweite Weltkrieg*, band 2, p. 282 (bijdrage Umbreit). Afwijkende aantallen, vooral voor het Duitse luchtoverwicht, bij Rolf-Dieter Müller, *Der letzte deutsche Krieg 1939–1945*, Stuttgart 2005 p. 46. Vgl. voor de

krachtsverhoudingen ook Hartmann, *Halder,* p. 192; Evans, *Das Dritte Reich,* band III, p. 164.
145 Goebbels, *Tagebücher* deel 1, band 8, p. 158 (5-6-1940).
146 Vgl. Olaf Groehler, *Bombenkrieg gegen Deutschland,* Berlijn 1990, p. 12–14; Richard Overy, *Der Bombenkrieg. Europa.* 1939–1945, Berlijn 2014, p. 107–110.
147 Halder, *Kriegstagebuch,* band 1, p. 297 (16-5-1940). Vgl. ook Halders brief aan zijn vrouw d.d. 13-5-1940: 'Mijn operatie verloopt als een goed gemonteerde film. Het is als een niet verdiende gunst van God.' Hartmann, *Halder,* p. 193.
148 Goebbels, *Tagebücher* deel 1, band 8, p. 115 (15-5-1940). Toen de Geallieerden oprukten naar België en daarmee in de voorbereide val liepen, had hij 'kunnen huilen van vreugde', vertelde Hitler in oktober 1941. *Monologe,* p. 92 (d.d. 17/18-10-1941).
149 Shirer, *Berliner Tagebuch,* p. 322 (15-5-1940).
150 Vgl. Megargee, *Hitler und die Generäle,* p. 98 e.v.; *Keitel: Verbrecher oder Offizier?,* p. 232 e.v.
151 Halder, *Kriegstagebuch,* band 1, p. 302 (17-5-1940), 302 e.v. (18-5-1940). Over Hitlers 'flankpaniek' vgl. Frieser, *Blitzkrieg-Legende,* p. 319–322; Warlimont, *Im Hauptquartier der Wehrmacht,* p. 101–111; Hartmann, *Halder,* p. 194 e.v.; Guderian, *Erinnerungen eines Soldaten,* p. 98: Hitler was 'bang geworden voor zijn eigen lef'.
152 Goebbels, *Tagebücher* deel 1, band 8, p. 124 e.v. (20-5-1940).
153 Jodl-dagboek 20-5-1940; BA-MA Freiburg, N 69/10.
154 Goebbels, *Tagebücher* deel 1, band 8, p. 128 (22-5-1940).
155 Wagner, *Der Generalquartiermeister,* p. 171 (18-5-1940), 172 (23-5-1940). Vgl. Ernst von Weizsäcker aan zijn moeder, 23-5-1940: 'Kortom, de wereld ziet er anders uit dan 14 dagen geleden. Ik herhaal: "how wonderful things are facts".' BA Koblenz, N 1273/29.
156 Muehlon, *Tagebuch der Kriegsjahre,* p. 93 (21-5-1940).
157 Halder, *Kriegstagebuch,* band 1, p. 320 (26-5-1940). Vgl. Bock, *Das Kriegstagebuch,* p. 134 (24-5-1940): 'Dat kan heel onverkwikkelijke effecten hebben voor de afloop van de slag die hier bij mij gaande is.'
158 Vgl. Later toegevoegde notities van Helmuth Greiner bij zijn oorlogsdagboek, 18-10-1940; BA Koblenz, N 1033/13; Frieser, *Blitzkrieg-Legende,* p. 363–373.
159 Schroeder, *Er war mein Chef,* p. 105.
160 Vgl. uitgebreid voor Hitlers motieven Frieser, *Blitzkrieg-Legende,* p. 382-393. In een brief aan Heinrich Uhlig van 3-2-1954 karakteriseerde Franz Halder het als 'volstrekt absurd' dat Hitler 'gouden bruggen' voor de Engelsen had willen bouwen 'om tot een vredesoverleg met hen te komen': 'Zelfs deze raadselachtige man kan daar niet serieus in geloofd hebben.' De ware redenen hiervoor zouden liggen 'in de persoon van Göring en de zorg over de eigen positie tegenover een al te succesvolle generaalskaste, die altijd kenmerkend is voor een usurpator'. BA-MA Freiburg, N 220/88.
161 Bock, *Das Kriegstagebuch,* p. 140 (30-5-1940). Vgl. Frieser, *Blitzkrieg-Legende,* p. 374–379.
162 Müller, *Der letzte deutsche Krieg 1939–1945,* p. 49.
163 Vgl. Seidler/Zeigert, *Die Führerhauptquartiere,* p. 173–176; Neumärker e.a.: *Wolfsschanze,* p. 25 e.v. Over het geïmproviseerde karakter van het nieuwe hoofdkwartier vgl. Schroeder, *Er war mein Chef,* p. 103.
164 Loßberg, *Im Wehrmachtführungsstab,* p. 85; *Monologe,* p. 300 (26/27-2-1942).
165 Goebbels, *Tagebücher* deel 1, band 8, p. 159 (6-6-1940).
166 Wagner, *Der Generalquartiermeister,* p. 182 (11-6-1940).
167 Shirer, *Berliner Tagebuch,* p. 386 (17-6-1940).
168 Vgl. Hans Georg Hiller von Gaertringen (red.), *Das Auge des Dritten Reiches. Hitlers Kameramann und Fotograf Walter Frentz,* Berlijn z.j. [2006], p. 92. Vgl. Heinz Linge, *Bis zum Untergang. Als Chef des Persönlichen Dienstes bei Hitler,* München 1982, p. 204: 'Nooit heb ik Hitler zo gelukkig gezien als op deze dag.'
169 Schroeder, *Er war mein Chef,* p. 106.
170 Wilhelm II aan Hitler, 19-6-1940; Willibald Gutsche, *Ein Kaiser im Exil. Der letzte deutsche Kaiser Wilhelm II. in Holland,* Marburg 1991, p. 204 (daar ook het antwoord van Hitler, d.d. 25-6-1940). Vgl. John C. G. Röhl, *Wilhelm II. Der Weg in den Abgrund 1900–1941,* München 2008, p. 1320.

171 Kroonprins Wilhelm aan Hitler, 17-6-1940, en het antwoordtelegram van Hitler; BA Berlin-Lichterfelde NS 10/18.
172 Alle geciteerde telegrammen in BA Berlin-Lichterfelde, NS 10/18.
173 Goebbels, *Tagebücher* deel I, band 8, p. 179 (18-6-1940).
174 Theodor Morell aan Hanni Morell, 26-5-1940; BA Koblenz, N 1348/6.
175 Vgl. Falanga, *Mussolinis Vorposten in Hitlers Reich*, p. 153–155; Woller, *Mussolini*, p. 199 e.v.
176 Vgl. Eberle/Uhl (red.), *Das Buch Hitler*, p. 123–126; Hill (red.), *Die Weizsäcker-Papiere 1933–1950*, p. 212 (10-7-1940).
177 Ciano, *Tagebücher 1939–1943*, p. 249 (18/19-6-1940). Vgl. voor de onderhandelingen van 18-6-1940 Schmidt, *Statist auf diplomatischer Bühne*, p. 484 e.v.; Falanga, *Mussolinis Vorposten in Hitlers Reich*, p. 159; Hillgruber (red.), *Staatsmänner und Diplomaten bei Hitler 1939–1941*, p. 139–143.
178 Vgl. Schmidt, *Statist auf diplomatischer Bühne*, p. 485–487.
179 Vgl. Seidler/Zeigert, *Die Führerhauptquartiere*, p. 177; Eberle/Uhl (red.), *Das Buch Hitler*, p. 131. Goebbels, *Tagebücher* deel I, band 8, p. 176 (16-6-1940): 'Het ceremonieel van de wapenstilstand en de Vrede van Versailles heeft hij [Hitler] nogmaals zorgvuldig bestudeerd. Dat moet het model zijn voor ons.'
180 Vgl. Pyta, *Hitler*, p. 302 e.v.; uitvoerig Raichle, *Hitler als Symbolpolitiker*, p. 287–311.
181 Domarus, *Hitler*, band II, 1, p. 1529.
182 Shirer, *Berliner Tagebuch*, p. 398 (21-6-1940). De reportage van 21-6-1940 is afgedrukt in Shirer, *This is Berlin*, p. 294–299. Twee jaar later herinnerde Hitler zich de 'aangrijpende gevoelens die hem bewogen toen hij in Compiègne voor het eerst het salonrijtuig van Foch zag en het uur gekomen was waarop hij de vernedering van november 1918 kon vergelden op Frankrijk'. Goebbels, *Tagebücher* deel II, band 4, p. 491 (10-6-1942).
183 Domarus, *Hitler*, band II, 1, p. 1529.
184 Schmidt, *Statist auf diplomatischer Bühne*, p. 489.
185 Goebbels, *Tagebücher* deel I, band 8, p. 179 (22-6-1940).
186 K. Haushofer aan R. Heß, 21-6-1940 ('voor zonnewende-zonsopgang'); BA Koblenz, N 1122/15.
187 Hill (red.), *Die Weizsäcker-Papiere 1933–1950*, p. 207 (21-6-1940). Vgl. over het Duits-Franse wapenstilstandsverdrag Eberhard Jäckel, *Frankreich in Hitlers Europa. Die deutsche Frankreichpolitik im Zweiten Weltkrieg*, Stuttgart 1966, p. 43 e.v.
188 Speer, *Erinnerungen*, p. 185; vgl. Raichle, *Hitler als Symbolpolitiker*, p. 324–330. Voor de radio-uitzending vgl. Goebbels, *Tagebücher* deel I, band 8, p. 193 (25-6-1940).
189 *Monologe*, p. 116 (29-10-1941). Voor de datering vgl. Sandner, *Hitler. Das Itinerar*, band IV, p. 1836–1841.
190 Vgl. Speer, *Erinnerungen*, p. 185–187; Arno Breker, *Im Strahlungsfeld der Ereignisse. Leben und Wirken eines Künstlers. Porträts, Begegnungen, Schicksale*, Preußisch Oldendorf 1972, p. 151–165; Hermann Giesler, *Ein anderer Hitler. Berichte, Gespräche, Reflexionen*, Leoni 1977, p. 387–393; Baur, *Ich flog Mächtige dieser Erde*, p. 192 e.v.; Below, *Als Hitlers Adjutant*, p. 235. Ook dagen later nog sprak Hitler 'steeds weer over de rit naar Parijs, die een diepe indruk op hem heeft gemaakt'. Engel, *Heeresadjutant bei Hitler*, p. 83 (26-6-1940).
191 Speer, *Erinnerungen*, p. 187 e.v. (daar voor p. 193 het facsimile van Hitlers decreet d.d. 25-6-1940). Vgl. Goebbels, *Tagebücher* deel I, band 8, p. 258 (7-8-1940), over Speers plannen voor het verbouwen van Berlijn: 'Het programma moest in de hoogste versnelling worden uitgevoerd. 10 jaar maximum.'
192 Halder, *Kriegstagebuch*, band I, p. 375 (30-6-1940). Adjudant Engel ving Hitlers opmerking op dat de Britten 'nu linksom of rechtsom bakzeil zouden halen'. Engel, *Heeresadjutant bei Hitler*, p. 83 (20-6-1940). Al op 2 juni moet Hitler in een gesprek op het hoofdkwartier van de Heeresgruppe A in Charleville de verwachting hebben uitgesproken dat hij als Engeland 'tot een verstandig vredesverdrag bereid' zou zijn, eindelijk 'de handen vrij zou hebben voor zijn grote en eigenlijke taak: het conflict met het bolsjewisme'. Karl Klee, *Das Unternehmen 'Seelöwe'. Die geplante deutsche Landung in England 1940*, Göttingen 1958, p. 189 (conform mededelingen van de generaal der infanterie Georg von Sodenstern van 1954/55).

193 Vgl. Eberle/Uhl (red.), *Das Buch Hitler*, p. 127; Linge, *Bis zum Untergang*, p. 198 e.v. Voor Hitlers bezoek aan de plekken waar hij was ingezet tijdens de Eerste Wereldoorlog vgl. uitvoerig Raichle, *Hitler als Symbolpolitiker*, p. 353-379. Over het verplaatsen van het Führerhoofdkwartier vgl. Seidler/Zeigert, *Die Führerhauptquartiere*, p. 180 e.v.; Neumärker e.a.: *Wolfsschanze*, p. 26 e.v.

194 Goebbels, *Tagebücher* deel 1, band 8, p. 202 (3-7-1940). Christa Schroeder schreef op 20-6-1940 aan haar vriendin Johanna Nusser: 'De chef wil binnenkort in de Rijksdag spreken. Waarschijnlijk zal het zijn laatste appel op de Engelsen zijn. Als zij ook dan niet gehoorzamen, zal hij meedogenloos optreden.' IfZ München, ED 524; licht gewijzigd afgedrukt in Schroeder, *Er war mein Chef*, p. 105.

195 Goebbels, *Tagebücher* deel 1, band 8, p. 210 (7-7-1940). Vgl. het verslag van de Deense gezant Herluf Zahle d.d. 8-7-1940: 'De heer Hitler wordt niet alleen gehuldigd als leider van zijn volk, maar ook als de grote veldheer.' Bajohr/Strupp (red.), *Fremde Blicke auf das 'Dritte Reich'*, p. 550.

196 Shirer, *This is Berlin*, p. 272 (2-6-1940). Vgl. Klemperer, *Tagebücher 1933-1941*, p. 535 (29-6-1940): 'Bij het volk de absolute zekerheid van de snelle eindzege nog voor de herfst.'

197 Ian Kershaw, *Der Hitler-Mythos. Führerkult und Volksmeinung*, Stuttgart 1999, p. 191.

198 Walb, *Ich, die Alte – ich, die Junge*, p. 177, 179 (21-5-1940).

199 Cit. naar Pyta, *Hitler*, p. 289; vgl. Raichle, *Hitler als Symbolpolitiker*, p. 267-271.

200 *Meldungen aus dem Reich*, band 4, p. 1293 (24-6-1940). Vgl. voor de reactie van de Duitse bevolking Steinert, *Hitlers Krieg und die Deutschen*, p. 132-136.

201 W. Hellpach aan K. Haushofer, 2-6-1940; BA Koblenz N 1122/15. De brief is ondertekend met 'Heil Hitler!'.

202 Friedrich Meinecke, *Werke*, band VI: 'Ausgewählter Briefwechsel', Stuttgart 1962, p. 364 (4-7-1940).

203 Hill (red.), *Die Weizsäcker-Papiere 1933-1950*, p. 207 (21-6-1940).

204 Goebbels, *Tagebücher* deel 1, band 8, p. 158 (6-6-1940).

205 Wagner, *Der Generalquartiermeister*, p. 183 (15-6-1940).

206 Dagboek van Heinrici (24-6-1940); cit. naar Hürter, *Hitlers Heerführer*, p. 173.

207 *Monologe*, p. 101 (21/22-10-1941).

208 Hassell, *Vom andern Deutschland*, p. 140 (27-6-1940).

209 Moltke, *Briefe an Freya*, p. 142 e.v. (1-6-1940). Vgl. Volker Ullrich, *Der Kreisauer Kreis*, Reinbek bei Hamburg 2008, p. 59.

210 Th. Mann, *Tagebücher 1940-1943*, p. 80 (22-5-1940), p. 111 (4-7-1940). Zo zag Wilhelm Muehlon het ook: waar het nu helemaal op aankwam, was de vraag of Engeland kon standhouden op zijn eiland en op zee'. *Tagebuch der Kriegsjahre 1940-1944*, p. 128 e.v. (8-7-1940).

211 Sebastian Haffner, *Churchill. Eine Biographie*, Berlijn 2001, p. 131. Vgl. John Lukacs, *Churchill und Hitler. Der Zweikampf. 10. Mai – 31. Juli 1940*, Stuttgart 1992, p. 12 e.v. Over Churchills vastberadenheid om de oorlog voort te zetten vgl. ook Andreas Hillgruber, *Hitlers Strategie. Politik und Kriegführung 1940-1941*, Frankfurt am Main 1965, p. 79-90.

212 Winston Churchill, *Der Zweite Weltkrieg*, Frankfurt am Main 2003, p. 281.

213 Vgl. Ian Kershaw, *Wendepunkte. Schlüsselentscheidungen im Zweiten Weltkrieg 1940/41*, München 2008, p. 43-69; John Lukacs, *Fünf Tage in London. England und Deutschland im Mai 1940*, Berlijn 2000, p. 70 e.v.

214 Domarus, *Hitler*, band II, 1, p. 1524 e.v.; vgl. Lukacs, *Churchill und Hitler*, p. 174-176; Hillgruber, *Hitlers Strategie*, p. 146; Goebbels, *Tagebücher* deel 1, band 8, p. 172 (14-6-1940), 177 (17-6-1940).

215 Churchill, *Der Zweite Weltkrieg*, p. 322, 366.

216 Gorodetsky (red.), *Die Maiski-Tagebücher*, p. 434 (23-6-1940).

217 Vgl. Lukacs, *Churchill und Hitler*, p. 232 e.v.

218 Vgl. Goebbels, *Tagebücher* deel 1, band 8, p. 210 (7-7-1940).

219 Ernst von Weizsäcker aan zijn moeder, 7-7-1940; BA Koblenz, N 1273/29.

220 Ciano, *Tagebücher 1939-1943*, p. 257 (7-7-1940). Vgl. Goebbels, *Tagebücher* deel 1, band

8, p. 213 (9-7-1940): 'Hij is nog niet bereid tot de definitieve slag. Hij wil nog in alle rust nadenken over zijn redevoering en daarvoor naar de Obersalzberg gaan.'
221 Franz Halder, *Kriegstagebuch*, band II: 'Von der geplanten Landung in England bis zum Beginn des Ostfeldzugs (1. 7. 1940–21. 6. 1941)'. Bewerkt door Hans-Adolf Jacobsen, Stuttgart 1963, p. 21 (13-7-1940). Het Jodl-memorandum van 30-6-1940 in Karl Klee (red.), *Dokumente zum Unternehmen 'Seelöwe'. Die geplante deutsche Landung in England 1940*, Göttingen 1959, p. 298–300. Vgl. Below, *Als Hitlers Adjutant*, p. 239 e.v.; Lukacs, *Churchill und Hitler*, p. 239–241.
222 Hubatsch (red.), *Hitlers Weisungen für die Kriegführung*, p. 71–75 (citaat p. 71). Vgl. Klee, *Das Unternehmen 'Seelöwe'*, p. 75–77.
223 Vgl. Papen, *Der Wahrheit eine Gasse*, p. 522 e.v.
224 Goebbels, *Tagebücher* deel I, band 8, p. 229 (20-7-1940). Het doel van de redevoering was het 'Engeland duidelijk te maken hoe het door zijn regering voor de gek wordt gehouden', schreef Ernst von Weizsäcker op 14-7-1940 aan zijn moeder; BA Koblenz, N 1273/29.
225 Vgl. Below, *Als Hitlers Adjutant*, p. 241.
226 Shirer, *Berliner Tagebuch*, p. 428 (19-7-1940).
227 Engel, *Heeresadjutant bei Hitler*, p. 85 e.v. (22-7-1940). Voor de 'onkostenvergoedingen' vgl. Gerd R. Ueberschär/Winfried Vogel, *Dienen und Verdienen. Hitlers Geschenke an seine Eliten*, Frankfurt am Main 1999, p. 101–104.
228 Tekst van de redevoering in Domarus, *Hitler*, band II, 1, p. 1540–1559. Wilhelm Muehlon had het treffende commentaar: '[...] de beschimpingen waarmee hij de Engelse leiders [...] overstelpt, laten blijken dat wie er ook namens Engeland bij hem komt opdagen, met een strop om de hals moet verschijnen'. *Tagebuch der Kriegsjahre*, p. 142 (20-7-1940).
229 Goebbels, *Tagebücher* deel I, band 8, p. 231 (21-7-1940). Hitlers redevoering had in Londen 'niet het geringste effect' bereikt, noteerde Ivan Majski. Gorodetsky (red.), *Die Maiski-Tagebücher*, p. 449 (22-7-1940).
230 Goebbels, *Tagebücher* deel I, band 8, p. 234 e.v. (24-7-1940).

4 Een strategische patstelling

1 Vgl. ook voor het volgende Halder: *Kriegstagebuch*, band 2, p. 30–33 (22-7-1940). Naar mededelingen van Brauchitsch aan Halder.
2 ADAP, serie D, band 10, nr. 199, p. 213 e.v. Vgl. Hillgruber, *Hitlers Strategie*, p. 199, 217; idem, 'Der Faktor Amerika in Hitlers Strategie 1938–1941', in idem, *Deutsche Großmacht- und Weltpolitik im 19. und 20. Jahrhundert*, Düsseldorf 1977, p. 197–222 (hier p. 210).
3 Halder, *Kriegstagebuch*, band 2, p. 31–33 (22-7-1940).
4 Ibidem, p. 6 (3-7-1940).
5 Klaus Hildebrand, *Das vergangene Reich. Deutsche Außenpolitik von Bismarck bis Hitler*, Stuttgart 1995, p. 734 e.v.; vgl. Hillgruber, *Hitlers Strategie*, p. 225; Jürgen Förster, 'Hitlers Entscheidung für den Krieg gegen die Sowjetunion', in *Das Deutsche Reich und der Zweite Weltkrieg*, band 4, Stuttgart 1983, p. 16; Gerd R. Ueberschär, 'Hitlers Entschluß zum "Lebensraum"-Krieg im Osten', in idem/Wolfram Wette, *Der deutsche Überfall auf die Sowjetunion. 'Unternehmen Barbarossa' 1941*. Vermeerderde nieuwe uitgave, Frankfurt am Main 2011, p. 13–43.
6 Telegram van Winifred Wagner aan Hitler van 17-7-1940 en antwoordtelegram van Hitler; BA Berlin-Lichterfelde, NS 10/20.
7 Vgl. Hamann, *Winifred Wagner oder Hitlers Bayreuth*, p. 408–410; Bernd Buchner, *Wagners Welttheater. Die Geschichte der Bayreuther Festspiele zwischen Kunst und Politik*, Darmstadt 2013, p. 156 e.v. Een programma van de 'Götterdämmerung' in de enscenering van Heinz Tietjen met Max Lorenz als Siegfried in IfZ München, ED 100, band 79.
8 Vgl. Hamann, *Winifred Wagner oder Hitlers Bayreuth*, p. 394 e.v.; Eva Rieger, *Friedelind Wagner. Die rebellische Enkelin Richard Wagners*, München-Zürich 2012, p. 107 e.v.
9 Goebbels, *Tagebücher* deel I, band 8, p. 104 (10-5-1940). Vgl. ibidem, p. 92 (4-5-1940), 94 (5-5-1940), 109 (12-5-1940).

10 Ibidem, p. 159 (6-6-1940).
11 Hamann, *Winifred Wagner oder Hitlers Bayreuth*, p. 415.
12 *Monologe*, p. 308 (28-2./1-3-1942). Conform de mededelingen van Winifred Wagner zag zij Hitler voor het laatst in juni of juli 1944, toen hij korte tijd in Bayreuth verbleef. Interview van David Irving met Winifred Wagner, 13-3-1971; IfZ München, ZS 2242.
13 Goebbels, *Tagebücher* deel 1, band 8, p. 236 (25-7-1940).
14 Warlimont, *Im Hauptquartier der Wehrmacht*, p. 126 e.v.; notitie van Walter Warlimont, 'Militärpolitische Vorgänge um den Feldzug gegen Sowjetrußland' (5-10-1945); IfZ München, ZS 312. Vgl. Loßberg, *Im Wehrmachtführungsstab*, p. 105.
15 Notitie van Raeder over de bespreking bij de Führer, 31-7-1940; Klee, *Dokumente zum Unternehmen 'Seelöwe'*, p. 253–256 (citaten p. 253, 256); Halder, *Kriegstagebuch*, band 2, p. 46-49 (31-7-1940). Vgl. *Kriegstagebuch des Oberkommandos der Wehrmacht (Wehrmachtführungsstab)* (hierna geciteerd als KTB OKW), band 1: 1. *August 1940–Dezember 1941*. Samengesteld en verklaard door Hans-Adolf Jacobsen, München 1982, p. 3 e.v. (1-8-1940). In een memo van de marineleiding d.d. 29-7-1940 werd gezegd dat uitvoering van de landing 'nog in dit jaar [...] niet te verantwoorden' was, ja dat 'de mogelijkheid om haar uit te voeren hoe dan ook [...] hoogst twijfelachtig' scheen. Klee, *Dokumente zum Unternehmen 'Seelöwe'*, p. 315–323 (citaat p. 323).
16 Halder, *Kriegstagebuch*, band 2, p. 46 (30-7-1940).
17 Ibidem, p. 49 e.v. (31-7-1940). Voor de bespreking van 31-7-1940 vgl. Hillgruber, *Hitlers Strategie*, p. 223–226; *Das Deutsche Reich und der Zweite Weltkrieg*, band 2, p. 13–16 (bijdrage Förster); Müller, *Der letzte deutsche Krieg*, p. 78–81.
18 Vgl. Below, *Als Hitlers Adjutant*, p. 242. Ook Goebbels kwam op grond van de Russische oorlogvoering in Finland tot de overtuiging: 'Ruslands leger is niet veel waard. Slecht geleid en nog slechter uitgerust.' *Tagebücher* deel 1, band 7, p. 190 (11-11-1939). Vgl. ibidem, p. 219 (4-12-1939), 259 (5-1-1940).
19 Engel, *Heeresadjutant bei Hitler*, p. 86 (10-8-1940). Walter Warlimont herinnerde zich de uitspraak van Hitler dat de Russische krijgsmacht 'als een zeepbel zou blijken te zijn, waarin je alleen maar hoefde te prikken om die uit elkaar te laten spatten'. Aant. van Walter Warlimont 'Militärpolitische Vorgänge um den Feldzug gegen Sowjetrußland' (5-10-1945); IfZ München, ZS 312.
20 Citaat naar Hillgruber, *Hitlers Strategie*, p. 229. Vgl. bij het Marcks-onderzoek Ernst Klink, 'Die militärische Konzeption des Krieges gegen die Sowjetunion', in *Das Deutsche Reich und der Zweite Weltkrieg*, band 4, p. 219–225. Verder over de samenhang van het geheel Andreas Hillgruber, 'Das Rußland-Bild der führenden deutschen Militärs vor dem Angriff auf die Sowjetunion', in Hans-Erich Volkmann (red.), *Das Rußlandbild im Dritten Reich*, Keulen-Weimar-Wenen 1994, p. 125–140.
21 Vgl. KTB OKW, band 1, p. 5 (1-8-1940), 16 (8-8-1940).
22 Walter Frick aan Wilhelm Frick, 9-9-1940; BA Koblenz, N 1241/3.
23 Bock, *Das Kriegstagebuch*, p. 166 (1-9-1940). Vgl. Hürter, *Hitlers Heerführer*, p. 207. Voor de verplaatsing van troepen naar het oosten vgl. *Das Deutsche Reich und der Zweite Weltkrieg*, band 4, p. 216–219 (bijdrage Klink).
24 Telegram van Hitler aan Stalin, d.d. 21-12-1939; Domarus, *Hitler*, band II, 1, p. 1434; antwoordtelegram van Stalin d.d. 25-12-1939; BA Berlin-Lichterfelde, NS 10/11; Rolf-Dieter Müller, 'Von der Wirtschaftsallianz zum kolonialen Ausbeutungskrieg', in *Das Deutsche Reich und der Zweite Weltkrieg*, band 4, p. 104–106.
25 Vgl. Neutatz, *Träume und Alpträume*, p. 283; Manfred Hildermeier, *Geschichte der Sowjetunion 1917–1991. Entstehung und Niedergang des ersten sozialistischen Staates*, München 1998, p. 595 e.v.
26 Goebbels, *Tagebücher* deel 1, band 8, p. 197 (29-7-1940).
27 Ibidem, p. 240 (27-7-1940), 262 (9-8-1940).
28 Leeb, *Tagebuchaufzeichnungen*, p. 252 (14-8-1940); Bock, *Das Kriegstagebuch*, p. 165 (14-8-1940): 'Zou het [Rusland] aanstalten maken om Finland te onderwerpen of Roemenië aan te vallen, dan zouden we gedwongen zijn tot ingrijpen. Rusland zou niet de

alleenheerser in de oostelijke Oostzee mogen worden, en de Roemeense olie hebben we nodig.'
29 Leeb, *Tagebuchaufzeichnungen*, p. 251 (14-8-1940).
30 Vgl. Tooze, *Ökonomie der Zerstörung*, p. 476 e.v.
31 Goebbels, *Tagebücher* deel 1, band 8, p. 298 (31-8-1940): 'Vanwege de oliekwestie wil hij [Hitler] ook rust op de Balkan.' Vgl. KTB OKW, band 1, p. 36 (15-8-1940).
32 Schmidt, *Statist auf diplomatischer Bühne*, p. 495; vgl. Ciano, *Tagebücher 1939–1943*, p. 268 (28-8-1940): 'Het enige waar hij om geeft, is dat de vrede op de Balkan bewaard blijft en dat de Roemeense petroleum in zijn reservoirs blijft stromen.'
33 Domarus, *Hitler*, band II, 1, p. 1572. Vgl. Hillgruber, *Hitlers Strategie*, p. 234; Hill (red.), *Die Weizsäcker-Papiere 1933–1950*, p. 216 (1-9-1940): 'Natuurlijk is het de aan Roemenië gegeven garantie die Rusland voelt als een afgrendeling en waar het zich aan ergert.'
34 Vgl. Domarus, *Hitler*, band II, 1, p. 1583. Voor de biografie van Antonescu vgl. Dennis Deletant, *Hitler's Forgotten Ally. Ion Antonescu and his Regime. Romania 1940–44*, Londen 2006.
35 *Meldungen aus dem Reich*, band 5, p. 1362 (11-7-1940); vgl. ibidem, p. 1333 (4-7-1940), 1352 (8-7-1940), 1388 e.v. (18-7-1940), 1424 (29-7-1940).
36 Shirer, *This is Berlin*, p. 331 e.v. (27-7-1940). Vgl. Shirer, *Berliner Tagebuch*, p. 433 (23-7-1940), 436 (1-8-1940); Klemperer, *Tagebücher 1933–1941*, p. 535 (29-6-1940): 'Bij het volk de absolute zekerheid van een snelle eindoverwinning nog voor de herfst.'
37 Walter Frick aan Wilhelm Frick, 12-7-1940; BA Koblenz N 1241/3.
38 Goebbels, *Tagebücher* deel 1, band 8, p. 238 e.v. (26-7-1940), 243 (29-7-1940). Vgl. de depêche van de Deense gezant Herluf Zahle uit Berlin, 2-8-1940: '[...] men bespeurt een zekere nervositeit vanwege de op het moment heersende stagnatie.' Bajohr/Strupp (red.), *Fremde Blicke auf das 'Dritte Reich'*, p. 550. Secretaris-generaal von Weizsäcker merkte op: 'De glorie van de Duitse zege in Frankrijk begint te verbleken'. Hill (red.), *Die Weizsäcker-Papiere 1933–1950*, p. 215 (4-8-1940).
39 Hubatsch (red.), *Hitlers Weisungen für die Kriegführung*, p. 75 e.v.; vgl. Klee, *Das Unternehmen 'Seelöwe'*, p. 170 e.v.
40 Goebbels, *Tagebücher* deel 1, band 8, p. 270 (14-8-1940), 273 (15-8-1940).
41 KTB OKW, band 1, p. 26 e.v. (13-8-1940). Jodl deed de volgende, vergelijkbare uitspraak: 'De geplande landingsoperatie zou onder geen enkele omstandigheid mogen mislukken, omdat een mislukking politieke gevolgen zou kunnen hebben die de militaire verre te boven gaan.' Ibidem, p. 31 (14-8-1940).
42 Leeb, *Tagebuchaufzeichnungen*, p. 251 (14-8-1940); vgl. Bock, *Das Kriegstagebuch*, p. 165 (14-8-1940): 'Een landing in Engeland komt alleen als laatste redmiddel in aanmerking, als andere pressiemiddelen geen effect hebben.'
43 Vgl. Klaus A. Maier/Hans Umbreit, 'Direkte Strategie gegen England', in *Das Deutsche Reich und der Zweite Weltkrieg*, band 2, p. 382 e.v.; Overy, *Der Bombenkrieg*, p. 121 e.v.
44 Vgl. Evans, *Das Dritte Reich*, band III, p. 183 e.v.; Müller, *Der letzte deutsche Krieg*, p. 58.
45 Shirer, *Berliner Tagebuch*, p. 454 (17-8-1940).
46 Shirer, *This is Berlin*, p. 355 (24-8-1940).
47 Goebbels, *Tagebücher* deel 1, band 8, p. 287 (24-8-1940).
48 Shirer, *Berliner Tagebuch*, p. 458 (26-8-1940), 462 (29-8-1940). Vgl. Overy, *Der Bombenkrieg*, p. 134 e.v.
49 *Meldungen aus dem Reich*, band 5, p. 1525 (2-9-1940).
50 Goebbels, *Tagebücher* deel 1, band 8, p. 297 (30-8-1940).
51 Domarus, *Hitler*, band II, 1, p. 1575–1583 (citaten p. 1580, 1577).
52 Shirer, *Berliner Tagebuch*, p. 468 (4/5-9-1940); vgl. idem, *This is Berlin*, p. 365 e.v. (4-9-1940); Goebbels, *Tagebücher* deel 1, band 8, p. 307 (5-9-1940): 'De Führer is in topvorm en het publiek gaat tekeer.'
53 *Meldungen aus dem Reich*, band 5, p. 1549 (9-9-1940).
54 KTB OKW, band 1, p. 53 (30-8-1940). Ciano kreeg al op 28 augustus de indruk dat Hitler 'de actie nu definitief uitgesteld' heeft. *Tagebücher 1939–1943*, p. 268 (28-8-1940).

55 KTB OKW, band 1, p. 70 (10-9-1940).
56 Halder, *Kriegstagebuch*, band 2, p. 98 e.v.; vgl. aantekening van Raeder over de bespreking van de opperbevelhebbers bij Hitler, 14-9-1940; Klee, *Dokumente zum Unternehmen 'Seelöwe'*, p. 263 e.v.; KTB OKW, band 1, p. 76 (14-9-1940); Below, *Als Hitlers Adjutant*, p. 246: 'Ik had bij dit gesprek de indruk dat Hitler de hoop op een succesvolle invasie van Engeland in het volgend voorjaar had laten varen.'
57 Instructie van het OKW d.d. 12-10-1940; Klee, *Dokumente zum Unternehmen 'Seelöwe'*, p. 441; *Das Deutsche Reich und der Zweite Weltkrieg*, band 2, p. 374 (bijdrage Maier/Umbreit).
58 Goebbels, *Tagebücher* deel 1, band 8, p. 344 (25-9-1940). Vgl. Ilse Heß aan Rudolf Heß, d.d. 24-9-1940: 'De Engelsen zijn een taai zooitje en met het bemachtigen van het luchtoverwicht daar, dat – zoals je tegen mij beweerde – we na amper tien dagen zouden hebben, lijkt het toch een beetje haast te hebben.' BA Bern, Nl R. Heß, J1. 211–1989/148, 63.
59 Vgl. Frederick Taylor, *Coventry. Der Luftangriff vom 14. November 1940: Wendepunkt im Zweiten Weltkrieg*, München 2015, p. 159 e.v.
60 Andreas-Friedrich, *Der Schattenmann*, p. 75 (16-12-1940).
61 Walter Frick aan Wilhelm Frick, 2-12-1940; BA Koblenz N 1241/3.
62 Shirer, *Berliner Tagebuch*, p. 516 (31-10-1940); vgl. ook Gorodetsky (red.), *Die Maiski-Tagebücher*, p. 474 (4-11-1940).
63 Wehler, *Deutsche Gesellschaftsgeschichte*, band IV, p. 855.
64 Goebbels, *Tagebücher* deel 1, band 8, p. 378 (15-10-1940).
65 Vgl. Ronald Gerste, *Roosevelt und Hitler. Todfeindschaft und totaler Krieg*, Paderborn 2011, p. 156 e.v.; Dietmar Süß, *Tod aus der Luft. Kriegsgesellschaft und Luftkrieg in Deutschland und England*, München 2011, p. 98 e.v.
66 Vgl. Kershaw, *Wendepunkte*, p. 277–279; Gerste, *Roosevelt und Hitler*, p. 164 e.v.
67 Goebbels, *Tagebücher* deel 1, band 8, p. 306 (5-9-1940). Vgl. Ciano, *Tagebücher 1939–1943*, p. 269 (4-9-1940): 'De Verenigde Staten staan 50 torpedobootjagers af aan Groot-Brittannië. Grote verontwaardiging en opwinding in Berlijn.'
68 *Meldungen aus dem Reich*, band 5, p. 1677 (17-10-1940); vgl. ibidem, p. 1595 (23-9-1940), 1654 (10-10-1040), 1665 (14-10-1940).
69 Goebbels, *Tagebücher* deel 1, band 8, p. 362 e.v. (6-10-1940), 392 (26-10-1940).
70 Engel, *Heeresadjutant bei Hitler*, p. 90 (4-11-1940).
71 Goebbels, *Tagebücher* deel 1, band 8, p. 377 (15-10-1940).
72 Jodl-memorandum d.d. 30-6-1940; Klee, *Dokumente zum Unternehmen 'Seelöwe'*, p. 298–300; KTB OKW band 1, p. 17 (9-8-1940). Vgl. Hillgruber, *Hitlers Strategie*, p. 178 e.v.; idem, 'Politik und Strategie Hitlers im Mittelmeerraum', in idem, *Deutsche Großmacht- und Weltpolitik im 19. und 20. Jahrhundert*, p. 276–295 (hier p. 277 e.v.).
73 Vgl. Hillgruber, *Hitlers Strategie*, p. 188–190; Kershaw, *Wendepunkte*, p. 105–107; *Das Deutsche Reich und der Zweite Weltkrieg*, p. 409 e.v. (bijdrage Maier/Umbreit).
74 KTB OKW, band 1, p. 63 e.v. (5-9-1940).
75 Vgl. Erich Raeder, *Mein Leben. Band 2: Von 1935 bis Spandau 1955*, Tübingen 1957, p. 246–249.
76 Vgl. Hillgruber, *Hitlers Strategie*, p. 238 e.v.; *Das Deutsche Reich und der Zweite Weltkrieg*, band 2, p. 412 (bijdrage Maier/Umbreit).
77 Domarus, *Hitler*, band II, 1, p. 1589; telegrammen van Mussolini en keizer Hirohito aan Hitler d.d. 28-9-1940 in BA Berlin-Lichterfelde, NS 10/15.
78 Hill (red.), *Die Weizsäcker-Papiere 1933–1950*, p. 219 (28-9-1940). Vgl. Goebbels, *Tagebücher* deel 1, band 8, p. 349 (28-9-1940): 'Heel goed tegen de V.S., en Roosevelt zal nu wel twee keer nadenken of hij moet ingrijpen.'
79 Ibidem, p. 351 (29-9-1940). Ook de Sicherheitsdienst meldde: 'Met bewondering stelt de bevolking vast dat de Führer hier weer het juiste tijdstip heeft gekozen, om Amerika van oorlog af te houden.' *Meldungen aus dem Reich*, band 5, p. 1620 (30-9-1940).
80 Ciano, *Tagebücher 1939–1943*, p. 274 (27-9-1940); vgl. Falanga, *Mussolinis Vorposten in Hitlers Reich*, p. 164 e.v.

81 Vgl. Hillgruber, *Hitlers Strategie*, p. 137 e.v.
82 Halder, *Kriegstagebuch*, band 2, p. 100 (14-9-1940).
83 Hillgruber, *Hitlers Strategie*, p. 185 e.v. Voor de plannen voor een Duits koloniaal rijk in Midden-Afrika vgl. ibidem, p. 242 e.v.; Klaus Hildebrand, *Vom Reich zum Weltreich. Hitler, nsdap und koloniale Frage* 1919-1945, München 1969.
84 Ramón Serrano Suñer, *Zwischen Hendaye und Gibraltar*, Zürich 1948; cit. naar Ernst Deuerlein, *Hitler. Eine politische Biographie*, München 1969, p. 149.
85 Aant. over het gesprek tussen Hitler en Serrano Suñer, 17-9-1940; Hillgruber (red.), *Staatsmänner und Diplomaten bei Hitler 1939–1941*, p. 210, 212.
86 Vgl. Hillgruber, *Hitlers Strategie*, p. 286 e.v.
87 Aant. over het gesprek tussen Hitler en Ciano, 28-9-1940; Hillgruber (red.), *Staatsmänner und Diplomaten bei Hitler 1939–1941*, p. 221–224 (citaat p. 223).
88 Aant. over het gesprek tussen Hitler en Mussolini, 4-10-1940; Hillgruber (red.), *Staatsmänner und Diplomaten bei Hitler 1939–1941*, p. 230–247 (citaten p. 238, 241).
89 KTB OKW, band 1, p. 111 (5-11-1940).
90 Vgl. Hillgruber, *Hitlers Strategie*, p. 143, 279; Malte König, *Kooperation als Machtkampf. Das faschistische Achsenbündnis Berlin-Rom im Krieg 1940/41*, Keulen 2007, p. 31.
91 Aant. over het gesprek tussen Hitler en Laval, 2-10-1940; in Hillgruber (red.), *Staatsmänner und Diplomaten bei Hitler 1939–1941*, p. 258–263 (citaten p. 258 e.v., 263). Vgl. Jäckel, *Frankreich in Hitlers Europa*, p. 115–117.
92 Schmidt, *Statist auf diplomatischer Bühne*, p. 500 e.v.
93 Aant. over het gesprek tussen Hitler en Franco, 23-10-1940; Hillgruber (red.), *Staatsmänner und Diplomaten bei Hitler 1939–1941*, p. 266–271 (citaat p. 270). Omdat deze aantekening alleen als fragment is overgeleverd, berusten de volgende verklaringen op herinneringen van Schmidt, *Statist auf diplomatischer Bühne*, p. 501–503.
94 Engel, *Heeresadjutant bei Hitler*, p. 88 (24-10-1940), Vgl. Below, *Als Hitlers Adjutant*, p. 249; Keitel: *Verräter oder Offizier?*, p. 247.
95 Halder, *Kriegstagebuch*, band 2, p. 158 (1-11-1940); Domarus, *Hitler*, band 11, 1, p. 1596. Nog maanden later noemde Hitler Franco een 'ijdele pauw zonder hersens' en een 'hanswors''. Deze had zich 'hoewel er uren op hem ingepraat was, niet tot een moedig besluit kunnen zetten'. Goebbels, *Tagebücher* deel 1, band 9, p. 217 (1-4-1941), 300 (9-5-1941). Volgens de herinneringen van Walter Warlimont zei Hitler over Franco: 'Bij mij was zo'n man niet eens districtshoofd geworden.' Aant. van Walter Warlimont 'Die deutsche Beteiligung am Spanischen Bürgerkrieg und einige spätere Folgerungen' d.d. 22-9-1945; IfZ München, ZS 312. Albert Speer leverde deze opmerking over: 'Dat is geen leiderspersoonlijkheid. Niets als een kleine dikke sergeant.' Aant. van Speer, 'Hitler als Politiker'; BA Koblenz, N 1340/496.
96 Paul Preston, 'Franco and Hitler: The Myth of Hendaye 1940', in *Contemporary European History* 1 (1992), p. 1–16 (hier p. 12). Vgl. Kershaw, *Hitler*, band 11, p. 444.
97 Goebbels, *Tagebücher* deel 1, band 8, p. 390 (25-10-1940).
98 Vgl. Below, *Als Hitlers Adjutant*, p. 249; Eberle/Uhl (red.), *Das Buch Hitler*, p. 140.
99 Aant. over het gesprek tussen Hitler en Pétain/Laval, 24-10-1940; Hillgruber (red.), *Staatsmänner und Diplomaten bei Hitler 1939–1941*, p. 272–280 (citaten p. 274, 276, 277, 280). Verder de handgeschreven aant. van Hasso von Etzdorf, verbindingsofficier van het ministerie van Buitenlandse Zaken bij het OKH, d.d. 28-10-1940; IfZ München, ED 100, band 63. Een samenvatting bij Jäckel, *Frankreich in Hitlers Europa*, p. 118, 120.
100 KTB OKW, band 1, p. 135 (29-10-1940). Vgl. Goebbels, *Tagebücher* deel 1, band 8, p. 399 e.v. (1-11-1940): 'Pétain nog altijd een heldere en verstandige kop [...] heeft op de Führer een diepe indruk gemaakt.'
101 Hill (red.), *Die Weizsäcker-Papiere 1933–1950*, p. 221 (25-10-1940). Vgl. Halder, *Kriegstagebuch*, band 2, p. 158 (1-11-1940).
102 Engel, *Heeresadjutant bei Hitler*, p. 88 (28-10-1940).
103 Ciano, *Tagebücher 1939–1943*, p. 278 (12-10-1940). Vgl. Woller, *Mussolini*, p. 211 e.v.; Falanga, *Mussolinis Vorposten in Hitlers Reich*, p. 166 e.v.

104 Keitel: Verbrecher oder Offizier?, p. 248. Vgl. Schmidt, Statist auf diplomatischer Bühne, p. 506.
105 Aant. over het gesprek tussen Hitler en Mussolini, 28-10-1940; Hillgruber (red.), Staatsmänner und Diplomaten bei Hitler 1939–1941, p. 281–294 (citaten p. 288). Vgl. Woller, Mussolini, p. 212 e.v.
106 KTW OKW, band I, p. 144 (1-11-1940); Bock, Das Kriegstagebuch, p. 169 (11-11-1940).
107 Vgl. König, Kooperation als Machtkampf, p. 35–37; Müller, Der letzte deutsche Krieg, p. 61–63; Kershaw, Wendepunkte, p. 224–226; Woller, Mussolini, p. 214–216.
108 Goebbels, Tagebücher deel 1, band 8, p. 423 (16-11-1940). Vgl. ibidem, p. 432 (23-11-1940), 436 (26-11-1940); band 9, p. 33 (4-12-1940), 35 (5-12-1940), 37 (6-12-1940), 42 (10-12-1940), 63 (22-12-1940).
109 Ciano, Tagebücher 1939–1943, p. 288 (18-11-1940).
110 Hitler aan Mussolini, 20-11-1940; ADAP, serie D, band 11,2, nr. 369, p. 535–539; vgl. König, Kooperation als Machtkampf, p. 39.
111 Ciano, Tagebücher 1939–1943, p. 290 (21-11-1940).
112 Goebbels, Tagebücher deel 1, band 8, p. 409 (7-11-1940). Vgl. voor de herverkiezing van Roosevelt Gerste, Roosevelt und Hitler, p. 259–162; Kershaw, Wendepunkte, p. 280 e.v.
113 Ernst von Weizsäcker aan zijn moeder, 10-11-1940; BA Koblenz, N 1273/29.
114 Th. Mann, Tagebücher 1940–1943, p. 175 (6-11-1940).
115 Halder, Kriegstagebuch, band 2, p. 165 (4-11-1940).
116 Vgl. ibidem, p. 101 (16-9-1940); Goebbels, Tagebücher deel 1, band 8, p. 322 (13-9-1940), p. 381 (17-10-1940); Ernst von Weizsäcker aan zijn moeder, d.d. 22-9-1940: 'Met de Russen hebben we kleine ruzietjes.' BA Koblenz, N 1273/29.
117 Ribbentrop aan Stalin, 13-10-1940; ADAP, serie D, band 11, 1, nr. 176, p. 291 e.v.; vgl. Ribbentrop, Zwischen London und Moskau, p. 230 e.v.
118 Vgl. Hill (red.), Die Weizsäcker-Papiere 1933–1950, p. 220 (15-10-1940): De Russen zullen zich 'niet laten betrekken [...] in het front van de landen van het driemogendhedenpact'.
119 Bock, Das Kriegstagebuch, p. 169 (11-11-1940).
120 Hubatsch (red.), Hitlers Weisungen für die Kriegführung, p. 77–82 (citaat p. 81).
121 Goebbels, Tagebücher deel 1, band 8, p. 414 (12-11-1940).
122 Aant. over het gesprek tussen Hitler en Molotov, 12-11-1940; Hillgruber (red.), Staatsmänner und Diplomaten bei Hitler 1939–1941, p. 295–304 (citaten p. 299, 298, 302, 303). Vgl. Schmidt, Statist auf diplomatischer Bühne, p. 520–522. Voor een Russisch perspectief op het bezoek van Molotov vgl. Lew A. Besymenski, 'Wjatscheslaw Molotows Berlin-Besuch vom November 1940 im Licht neuer Dokumente', in Bianka Pietrow-Ennker (red.), Präventivkrieg? Der deutsche Angriff auf die Sowjetunion. Aangevulde nieuwe uitgave, Frankfurt am Main 2011, p. 118–132.
123 Goebbels, Tagebücher deel 1, band 8, p. 417 e.v. (14-11-1940).
124 Hill (red.), Die Weizsäcker-Papiere 1933–1950, p. 225 (15-11-1940).
125 Aant. over het gesprek tussen Hitler en Molotov, 13-11-1940; Hillgruber (red.), Staatsmänner und Diplomaten bei Hitler 1939–1941, p. 304–319 (citaten p. 309, 314, 316). Vgl. Schmidt, Statist auf diplomatischer Bühne, p. 522–524.
126 Aant. over het gesprek tussen Hitler en Molotov, 13-11-1940; ADAP, serie D, band 11, 1, nr. 325, p. 448–455; vgl. Ribbentrop, Zwischen London und Moskau, p. 234 e.v.
127 Engel, Heeresadjutant bei Hitler, p. 91 (15-11-1940). Ook voor het volgende citaat. In een gesprek met Heinrich Uhlig d.d. 17-11-1951 bevestigde Gerhard Engel dat Hitler zijn definitieve 'besluit om tegen Rusland op te treden' pas na het bezoek van Molotov had genomen. IfZ München, ZS 222, band 1.
128 Vgl. Engel, Heeresadjutant bei Hitler, p. 92 (19-12-1940); Below, Als Hitlers Adjutant, p. 253; Seidler/Zeigert, Die Führerhauptquartiere, p. 193 e.v.; Neumärker e.a.: Wolfsschanze, p. 37 e.v.
129 Karl-Jesko von Puttkamer aan Friedrich Hoßbach, 21-11-1940; BA-MA Freiburg, N 24/13.
130 Ernst von Weizsäcker aan zijn moeder, 24-11-1940; BA Koblenz, N 1273/29.
131 Vgl. Domarus, Hitler, band II, 1, p. 1619, 1623 e.v.; Below, Als Hitlers Adjutant, p. 252 e.v.;

Schmidt, *Statist auf diplomatischer Bühne*, p. 511 e.v.; Goebbels, *Tagebücher* deel 1, band 8, p. 437 (26-11-1940): 'De Führer [...] vindt hoogst waarderende woorden voor Antonescu, die met warmte zijn nationale karakter verdedigd heeft.'

132 Aant. over het gesprek tussen Hitler en Antonescu, d.d. 22-11-1940; Hillgruber (red.), *Staatsmänner und Diplomaten bei Hitler 1939-1941*, p. 352–362 (hier p. 361 e.v.). Goebbels venst de uitspraak van Hitler uit aan de lunchtafel in de Rijkskanselarij: 'Noch Roemenië noch Hongarije erkent de Weense arbitrage-uitspraak. Dat is ook helemaal niet erg. Een beetje lawaai op de Balkan is altijd een goede uitlaatklep. Ze moeten zich alleen nu even gedeisd houden.' *Tagebücher* deel 1, band 8, p. 437 (26-11-1940).

133 Bock, *Das Kriegstagebuch*, p. 170 (3-12-1940).

134 Halder, *Kriegstagebuch*, band 2, p. 211–214; KTB OKW, band 1, p. 205 (5-12-1940).

135 Notities van Halder voor de bespreking d.d. 13-12-1940; Halder, *Kriegstagebuch*, band 2, p. 224–231 (citaat p. 227).

136 Hubatsch (red.), *Hitlers Weisungen für die Kriegführung*, p. 96–101 (citaten p. 96 e.v., 100).

137 Engel, *Heeresadjutant bei Hitler*, p. 92 (18-12-1940). Ook voor het volgende citaat.

138 Vgl. KTB OKW, band 1, p. 219 (8-12-1940), 222 (10-12-1940); Halder, *Kriegstagebuch*, band 2, p. 218 (8-12-1940), 219 (9-12-1940); Hillgruber, *Hitlers Strategie*, p. 330; Mueller, *Canaris*, p. 342 e.v.

139 Hubatsch (red.), *Hitlers Weisungen für die Kriegführung*, p. 91–93.

140 Vgl. Jäckel, *Frankreich in Hitlers Europa*, p. 140–148.

141 Aant. over het gesprek tussen Hitler en Darlan, d.d. 25-12-1940; Hillgruber (red.), *Staatsmänner und Diplomaten bei Hitler 1939-1941*, p. 409–414 (citaten p. 411, 412). Vgl. Schmidt, *Statist auf diplomatischer Bühne*, p. 513.

142 Shirer, *Berliner Tagebuch*, p. 545, 547, 550 (1-12-1940).

143 Domarus, *Hitler*, band 11, 1, p. 1602–1608 (citaat p. 1605). Vgl. Goebbels, *Tagebücher* deel 1, band 8, p. 411 (9-11-1940): 'Een snedige, trotse en opwekkende redevoering'.

144 Domarus, *Hitler*, band 11, 1, p. 1627–1634 (citaten p. 1632, 1633).

145 Goebbels, *Tagebücher* deel 1, band 9, p. 48 (12-12-1940): 'De Führer spreekt met een sterk vertrouwen, dat overslaat op zijn toehoorders.'

146 Domarus, *Hitler*, band 11, 1, p. 1639 e.v.

147 Nieuwjaarstoespraak van rijksminister Goebbels 1940/41 (met handgeschreven correcties van Hitler); BA Berlin-Lichterfelde, NS 10/37.

148 Kellner, *Tagebücher 1939-1945*, band 1, p. 109 (31-12-1940).

5 Operatie Barbarossa

1 Domarus, *Hitler*, band 11, 2, p. 1649.

2 *Meldungen aus dem Reich*, band 6, p. 1886 (9-1-1941).

3 Verslag van de Amerikaanse consul Sydney B. Redecker, d.d. 16-1-1941; Bajohr/Strupp (red.), *Fremde Blicke auf das 'Dritte Reich'*, p. 554.

4 Vgl. Below, *Als Hitlers Adjutant*, p. 258, 262; Christa Schroeder aan Johanna Nusser, 7-3-1941: 'Het wordt tijd dat we terugkeren naar Berlijn, we zijn hier al lang genoeg geweest.' IfZ München, ED 524; Schroeder, *Er war mein Chef*, p. 108.

5 KTB OKW, band 1, p. 257 e.v. (9-1-1941). Vgl. ook Halder, *Kriegstagebuch*, band 11, p. 243 e.v. (16-1-1941). Halder had een vertegenwoordiger naar de bespreking van generaal Friedrich Paulus gestuurd en gaf hier diens verslag weer. Vgl. Thorsten Diedrich, *Paulus. Das Trauma von Stalingrad. Eine Biographie*, Paderborn 2008, p. 166 e.v.

6 Below, *Als Hitlers Adjutant*, p. 259.

7 Halder, *Kriegstagebuch*, band 11, p. 261 (28-1-1941).

8 Hill (red.), *Die Weizsäcker-Papiere 1933-1950*, p. 229 (22-12-1940), 233 (19-1-1941).

9 Bock, *Das Kriegstagebuch*, p. 172 e.v. (31-1-1941). Vgl. Halder, *Kriegstagebuch*, band 11, p. 264 (31-1-1941); Leeb, *Tagebuchaufzeichnungen*, p. 267 (31-1-1941). Verder Hillgruber, *Hitlers Strategie*, p. 373.

10 Bock, *Das Kriegstagebuch*, p. 173 e.v. (1-2-1941).

11 Naar een mededeling van luitenant-kolonel von Loßberg aan Friedrich Paulus, destijds opperkwartiermeester 1ste klas in de generale staf van het leger; Friedrich Paulus aan de regering van de USSR, 8-1-1946; IfZ München ZS 652.
12 Marsbevel 'Barbarossa', 31-1-1941; Halder, *Kriegstagebuch*, band II, p. 463-469 (citaten p. 464, 465). Vgl. ibidem, p. 266-270 (notities van kolonel-generaal Halder bij de voordracht bij Hitler op 3-2-1941); verder *KTB OKW*, band I, p. 297 e.v. (3-2-1941). Al in een bespreking met de bevelhebber van het reserveleger en het hoofd van de dienst legerbewapening, Friedrich Fromm, en andere generaals op 28 januari had Halder benadrukt dat er 'geen haperen' mocht zijn: 'Dat alleen garandeert [het] succes'. Halder, *Kriegstagebuch*, band II, p. 258 (28-1-1941).
13 *KTB OKW*, band I, p. 298 (3-3-1941).
14 Vgl. Franz Halder aan Heinrich Uhlig, d.d. 21-12-1955; BA-MA Freiburg, N 220/88; Hürter, *Hitlers Heerführer*, p. 223 e.v.
15 *KTB OKW*, band I, p. 328 (17-2-1941); vgl. Halder, *Kriegstagebuch*, band II, p. 292 (25-2-1941): 'Operatie tegen Afghanistan.'
16 *KTB OKW*, band I, p. 244 (28-28-1941).
17 Goebbels, *Tagebücher* deel I, band 9, p. 83 (7-1-1941).
18 *KTB OKW*, band I, p. 253 (9-1-1941). Vgl. Halder, *Kriegstagebuch*, band II, p. 244 (16-1-1941): Het mag 'niet geriskeerd worden dat Italië inwendig ineenstort [...]. We moeten helpen.'
19 Hubatsch (red.), *Hitlers Weisungen für die Kriegführung*, p. 107-109 (citaat p. 107 e.v.).
20 Vgl. Ciano, *Tagebücher 1939-1943*, p. 309 (19. 1. 1941): 'De ontmoeting is hartelijk, zelfs van een heel directe hartelijkheid, wat me zeer verbaast.' Vgl. voor de ontmoeting op de Berghof van 19/20-1-1941 König, *Kooperation als Machtkampf*, p. 49-62.
21 Aant. over het gesprek van Hitler en Mussolini, 20-1-1941; Hillgruber (red.), *Staatsmänner und Diplomaten bei Hitler 1939-1941*, p. 443-452 (citaat p. 448); *KTB OKW*, band I, p. 274-277 (citaat p. 275); Ciano, *Tagebücher 1939-1943*, p. 310 (20-1-1941).
22 Ciano, *Tagebücher 1939-1943*, p. 310 (21-1-1941). Vgl. Goebbels, *Tagebücher* deel I, band 9, p. 103 (21-1-1941): 'Mussolini was bijna drie dagen op de berg. Uitputtende gedachtewisseling [...]. Volslagen overeenstemming.'
23 Goebbels, *Tagebücher* deel I, band 9, p. 111 (27-1-1941).
24 *Meldungen aus dem Reich*, band 6, p. 1938 (27-1-1941).
25 Hubatsch (red.), *Hitlers Weisungen für die Kriegführung*, p. 116 e.v.
26 Engel, *Heeresadjutant bei Hitler*, p. 94 (1-2-1941).
27 *KTB OKW*, band I, p. 300 e.v. (3-2-1941).
28 Hitler aan Mussolini, 5-2-1941; ADAP, serie D, band 12, doc. 17, p. 25.
29 Ralf Georg Reuth, *Rommel. Das Ende einer Legende*, München-Zürich 2004, p. 55.
30 Rommel aan Friedrich Paulus, opperkwartiermeester I in de generale staf van het leger, 26-2-1941; BA-MA Freiburg, N 372/22. Vgl. voor het voorafgaande *KTB OKW*, band I, p. 321 (13-2-1941); König, *Kooperation als Machtkampf*, p. 63 e.v.
31 Vgl. Overy, *Der Bombenkrieg*, p. 724.
32 Goebbels, *Tagebücher* deel I, band 9, p. 198 (21-3-1941); vgl. Below, *Als Hitlers Adjutant*, p. 264.
33 Goebbels, *Tagebücher* deel I, band 9, p. 363 (11-6-1941). Vgl. Reuth, *Rommel*, p. 64 e.v.; Megargee, *Hitler und die Generäle*, p. 16 e.v.; Müller, *Der letzte deutsche Krieg*, p. 73: Diedrich, *Friedrich Paulus*, p. 172-175.
34 Aant. over het gesprek van Hitler en Mussolini, 19-1-1941; Hillgruber (red.), *Staatsmänner und Diplomaten bei Hitler 1939-1941*, p. 435-443 (hier p. 442).
35 Dagboek van Hewel, 14-2-1941; IfZ München, ED 100/78. Het dagboek, dat in getranscribeerde vorm in het archief van het IfZ ligt, werd het eerst gebruikt door David Irving in zijn boek *Hitler und seine Feldherren* (Frankfurt am Main-Berlijn-Wenen 1975).
36 Aant. over de afscheidsaudiëntie van Kurusu bij Hitler, 3-2-1941; Hillgruber (red.), *Staatsmänner und Diplomaten bei Hitler 1939-1941*, p. 453-455 (citaat p. 453).
37 Telegram van Oshima aan minister van Buitenlandse Zaken Matsuoka, d.d. 2-3-1941; afgedr. bij Andreas Hillgruber, 'Japan und der Fall "Barbarossa"', in idem: *Deutsche Großmacht- und Weltpolitik*, p. 235-239 (citaat p. 238 e.v.).

38 Hubatsch (red.), *Hitlers Weisungen für die Kriegführung*, p. 121–123.
39 Goebbels, *Tagebücher* deel 1, band 9, p. 207 (27-3-1941); vgl. voor de ontvangst van Matsuoka Schmidt, *Statist auf diplomatischer Bühne*, p. 526–528.
40 Kellner, *Tagebücher* 1939–1945, band 1, p. 128 (8-4-1941).
41 Aant. over het gesprek tussen Hitler en Matsuoka, 27-3.-1941; Hillgruber (red.), *Staatsmänner und Diplomaten bei Hitler 1939–1941*, p. 503–514 (citaten p. 507 e.v., 510, 514). Vgl. Schmidt, *Statist auf diplomatischer Bühne*, p. 532 e.v.
42 Telegram van Oshima aan de Japanse premier Konoye, d.d. 1-4-1941; Hillgruber, 'Japan und der Fall "Barbarossa"', in idem: *Deutsche Großmacht- und Weltpolitik*, p. 239 e.v.
43 Aant. over het gesprek tussen Hitler en Matsuoka, 4-4-1941; Hillgruber (red.), *Staatsmänner und Diplomaten bei Hitler 1939–1941*, p. 518–524 (citaat p. 522).
44 Vgl. Goebbels, *Tagebücher* deel 1, band 9, p. 247 (14-4-1941): 'Grote sensatie: Russisch-Japans vriendschaps- en niet-aanvalsverdrag.' Vgl. ibidem, p. 248 (15-4-1941): 'Volgens de bekende, verregaande plannen komt dat bij niet in de kraam te pas bij de Führer.'
45 Vgl. telegram van Oshima aan Konoye, 16-4-1841; Hillgruber, 'Japan und der Fall "Barbarossa"', in idem: *Deutsche Großmacht- und Weltpolitik*, p. 240–244.
46 Telegram van Schulenburg aan Buitenlandse Zaken, 13-4-1941; ADAP, serie D, band 12, doc. 333, p. 537.
47 Goebbels, *Tagebücher* deel 1, band 9, p. 279 (29-4-1941). De eerste verwijzing naar 'de grote operatie [...] tegen Rusland' bevindt zich bij ibidem, p. 211 (29-3-1941). Voor Stalins houding vgl. Neutatz, *Träume und Alpträume*, p. 283; Hildermeier, *Geschichte der Sowjetunion*, p. 597.
48 Vgl. *Meldungen aus dem Reich*, band 6, p. 1965 (d.d. 3. 2. 1941): 'Heel vaak bleek uit de berichten dat men zich afvroeg waarom de Führer niets over Rusland zei.'
49 *KTB OKW*, band 1, p. 341 (3-3-1941).
50 Hubatsch (red.), *Hitlers Weisungen für die Kriegführung*, p. 101–105. Vgl. Jürgen Förster, 'Das Unternehmen "Barbarossa" als Eroberungs- und Vernichtungskrieg', in *Das Deutsche Reich und der Zweite Weltkrieg*, band 4, p. 415 e.v.; Hürter, *Hitlers Heerführer*, p. 238.
51 Halder, *Kriegstagebuch*, band II, p. 320 (17-3-1941).
52 Aant. van de 1ste generale stafofficier van het legeroppercommando 18, Mauritz baron von Strechwitz; cit. in *Das Deutsche Reich und der Zweite Weltkrieg*, band 4, p. 416 e.v. (bijdrage Förster). Vgl. Hürter, *Hitlers Heerführer*, p. 231, 238.
53 Hürter, *Hitlers Heerführer*, p. 1.
54 Warlimont, *Im Hauptquartier der Wehrmacht*, p. 175, berekende het aantal deelnemers op 'ongeveer 200–250', wat duidelijk te hoog geschat is. Vgl. Hürter, *Hitlers Heerführer*, p. 3 (opm. 8).
55 Halder, *Kriegstagebuch*, band II; p. 335–337 (30-3-1941); aant. van Hoth 'Besprechung durch Führer am 30. 3. 41 in der Reichskanzlei'; afgedr. en geïnterpreteerd bij Hürter, *Hitlers Heerführer*, p. 5–8. Korte inhoud van de rede bij Bock, *Das Kriegstagebuch*, p. 180 e.v. (30-3-1941).
56 Aant. van Hoth; Hürter, *Hitlers Heerführer*, p. 5, opm. 21.
57 Ibidem, p. 6, opm. 23; vgl. Halder, *Kriegstagebuch*, band II, p. 325: 'Voordelen voor de Engelse situatie door de Italiaanse mislukkingen.'
58 Aant. van Hoth; Hürter, *Hitlers Heerführer*, p. 7; vgl. Halder, *Kriegstagebuch*, band II, p. 335 (30-3-1941): 'Alleen dan zullen we in staat zijn binnen twee jaar met ons materieel en personeel onze taken in de lucht en op de wereldzeeën te vervullen, als we de problemen op het land definitief en grondig oplossen.'
59 Bock, *Das Kriegstagebuch*, p. 181 (30-3-1941).
60 Halder, *Kriegstagebuch*, band II, p. 336 (30-3-1941).
61 Ibidem, p. 336 e.v. (30-3-1941); vgl. aant. Hoth: 'Misdaden van de Russische commissarissen [...] verdienen geen consideratie. Niet naar de krijgsraad, maar meteen door de soldaten elimineren. Niet naar achteren afschuiven.' Hürter, *Hitlers Heerführer*, p. 7.
62 Aant. van Hoth; Hürter, *Hitlers Heerführer*, p. 8.

63 Warlimont, *Im Hauptquartier der Wehrmacht*, p. 176.
64 Uitspraak van Halder voor de denazificatierechtbank München, 20-9-1948; IfZ München, ZS 240, band 6; vgl. Hürter, *Hitlers Heerführer*, p. 10.
65 Bock, *Das Kriegstagebuch*, p. 181 (30-3-1941).
66 Vgl. Hürter, *Hitlers Heerführer*, p. 213–217.
67 Cit. naar Hürter, *Hitlers Heerführer*, p. 218.
68 Cit. naar Gerd R. Ueberschär/Wolfram Wette (red.), *Der deutsche Überfall auf die Sowjetunion. 'Unternehmen Barbarossa' 1941*. Vermeerderde nieuwe druk, Frankfurt am Main 2011, p. 251.
69 Von Weizsäcker aan zijn moeder, d.d. 2-3-1941; BA Koblenz, N 1273/30.
70 Aant. over het gesprek tussen Hitler en Filov, d.d. 4-1-1941; Hillgruber (red.), *Staatsmänner und Diplomaten bei Hitler 1939–1941*, p. 415–425 (citaat p. 420).
71 Goebbels, *Tagebücher* deel I, band 9, p. 169 (4-3-1941), 171 (5-3-1941). Vgl. Balck, dagboek 3-3-1941: 'Bulgarije heeft zich aangesloten bij drievoudige pact. Vanaf 2-3 marcheren we Bulgarije in.' BA-MA Freiburg, N 647/8.
72 Hitler aan İnönü, 1-3-1941; ADAP, serie D, band 12, 1, nr. 113, p. 166 e.v. Vgl. Papen, *Der Wahrheit eine Gasse*, p. 535; Halder, *Kriegstagebuch*, band II, p. 300 (3-3-1941).
73 Aant. over het gesprek tussen Hitler en Cvetković, 14-2-1941; Hillgruber (red.), *Staatsmänner und Diplomaten bei Hitler 1939–1941*, p. 456–464 (citaat p. 463).
74 Dagboek Hewel, 14-2-1941; IfZ München, ED 100/78. Vgl. Below, *Als Hitlers Adjutant*, p. 263; Halder, *Kriegstagebuch*, band II, p. 282 (17-2-1941).
75 Goebbels, *Tagebücher* deel I, band 9, p. 205 (26-3-1941).
76 *Keitel: Verbrecher oder Offiziere?*, p. 261; vgl. dagboek Hewel, 27-3-1941; IfZ München, ED 100/78.
77 KTB OKW, band 1, p. 368 (27-3-1941); vgl. Halder, *Kriegstagebuch*, band II, p. 330 (27-3-1941).
78 Aant. over het gesprek van Hitler en Döme Sztójay, 27-3-1941; Hillgruber (red.), *Diplomaten und Staatsmänner bei Hitler 1939–1941*, p. 498–501 (citaten p. 498, 500).
79 Aant. over het gesprek tussen Hitler en Parvan Draganov, 27-3-1941; ibidem p. 501 e.v.
80 IMT, band 28, p. 23; Domarus, *Hitler*, band II, 2, p. 1677 e.v.
81 Hubatsch (red.), *Hitlers Weisungen für die Kriegführung*, p. 124–126 (citaat p. 124).
82 Vgl. Hartmann, *Halder*, p. 256.
83 Goebbels, *Tagebücher* deel I, band 9, p. 230 (6-4-1941).
84 Dagboek Hewel, 9-4-1941; IfZ München, ED 100/78. Vgl. Goebbels, *Tagebücher* deel I, band 9, p. 239 (10-4-1941): Hitler had 'grote zorgen' gehad 'dat de doorbraak niet meteen slaagt', en had 'de hele nacht wakker gelegen. Nu straalt hij van vreugde.'
85 Vgl. Goebbels, *Tagebücher* deel I, band 9, p. 241 (11-4-1941); Below, *Als Hitlers Adjutant*, p. 268. Als 'vergelding' deed de Luftwaffe op 16 april 1941 een verwoestende aanval op Londen. Vgl. Overy, *Der Bombenkrieg*, p. 169 e.v.
86 Vgl. Below, *Als Hitlers Adjutant*, p. 268 e.v.; Seidler/Zeigert, *Die Führerhauptquartiere*, p. 130–133.
87 Vgl. voor het verloop van de Balkanveldtocht Detlef Vogel, 'Das Eingreifen Deutschlands auf dem Balkan', in *Das Deutsche Reich und der Zweite Weltkrieg*, band 3, Stuttgart 1984, p. 417–511; Müller, *Der letzte deutsche Krieg*, p. 69–71; Weinberg, *Eine Welt in Waffen*, p. 247–249.
88 Dagboek Hewel, 21-4-1941; IfZ München, ED 100/78. Vgl. ook de aantekening van 25-4-1941: 'Grote irritatie over de Italianen [...]. Führer gebruikt de meest krachtige termen.' Ibidem Goebbels, *Tagebücher* deel I, band 9, p. 278: 'De Italianen gedragen zich brutaal, arrogant en ronduit schaamteloos.' Voor de discussies over de Griekse capitulatie vgl. König, *Kooperation als Machtkampf*, p. 69–71; Mark Mazower, *Griechenland unter Hitler. Das Leben während der deutschen Besatzung*, Frankfurt am Main 2016, p. 39–41.
89 Vgl. Deutsches Nachrichtenbüro, nr. 110 d.d. 20-4-1941: 'Verjaardag Führer in het hoofdkwartier'; BA Berlin-Lichterfelde, R 43 II/957; vgl. Goebbels, *Tagebücher* deel I, band 9, p. 261 (21-4-1941); dagboek Hewel, 20-4-1941; IfZ München, ED 100/78; referendaris Helmuth Greiner aan zijn vrouw, 22-4-1941; IfZ München, ED 100,band 76.

90 Dagboek Hewel, 27-4-1941; IfZ München, ED 100/78; Seidler/Zeigert, *Die Führerhauptquartiere*, p. 133 e.v.
91 Goebbels, *Tagebücher* deel 1, band 9, p. 279 (29-4-1941).
92 *Meldungen aus dem Reich*, band 6, p. 2193 (10-4-1941), band 7, p. 2227 e.v. (25-4-1941).
93 Aant. van Schulenburg over zijn gesprek met Hitler op 28-4-1941; ADAP, serie D, band 12, 2, nr. 423, p. 666. Vgl. Ingeborg Fleischhauer, *Diplomatischer Widerstand gegen das 'Unternehmen Barbarossa'. Die Friedensbemühungen der deutschen Botschaft Moskau 1939–1941*, Frankfurt am Main 1991, p. 307–309.
94 Gustav Hilger, *Wir und der Kreml. Deutsch-sowjetische Beziehungen 1918–1941*, Frankfurt am Main 1959, p. 306. Vgl. Fleischhauer, *Diplomatischer Widerstand*, p. 310.
95 Hill (red.), *Die Weizsäcker-Papiere 1933–1950*, p. 249 e.v. (d.d. 28-4-1941).
96 Ibidem, p. 252 (d.d. 1-5-1941).
97 Domarus, *Hitler*, band II, 2, p. 1696.
98 Ibidem, p. 1697–1709 (citaten p. 1704, 1708).
99 Goebbels, *Tagebücher* deel 1, band 9, p. 293 (6-5-1941). Vgl. *Meldungen aus dem Reich*, band 7, p. 2271 (d.d. 8-5-1941): 'De woorden van de Führer [...] hebben bij de bevolking de recentelijk weer opduikende vrees dat de oorlog ook in het jaar 1941 niet afgelopen zal zijn, opnieuw versterkt.'
100 Goebbels, *Tagebücher* deel 1, band 9, p. 235 (8-7-1941).
101 Vgl. voor de details Klaus Olshausen, *Zwischenspiel auf dem Balkan. Die deutsche Politik gegenüber Jugoslawien und Griechenland März bis Juli 1941*, Stuttgart 1973, p. 153–233; Marie-Janine Calic, *Geschichte Jugoslawiens im 20. Jahrhundert*, München 2010, p. 137 e.v. Als samenvatting Evans, *Das Dritte Reich*, band III, p. 204 e.v.; Heinrich August Winkler, *Geschichte des Westens. Die Zeit der Weltkriege 1914–1945*, München 2011, p. 936 e.v.
102 Olshausen, *Zwischenspiel auf dem Balkan*, p. 222–233, 308–310 (citaat p. 233).
103 Speer, *Erinnerungen*, p. 190. Vgl. voor het invloedverlies van Heß Rainer F. Schmidt, *Rudolf Heß. 'Botengang eines Toren'? Der Flug nach Großbritannien vom 10. Mai 1941*, Düsseldorf 1997, p. 61–90; Kurt Pätzold/Manfred Weißbecker, *Rudolf Heß. Der Mann an Hitlers Seite*, Leipzig 1999, p. 207–241.
104 Karl Haushofer aan Albrecht Haushofer, d.d. 3-9-1940; Hans-Adolf Jacobsen (red.), *Karl Haushofer. Leben und Werk*, band 2: Ausgewählter Schriftwechsel 1917–1946, Boppard am Rhein 1979, p. 453.
105 Vgl. Schmidt, *'Botengang eines Toren'?*, p. 91–125.
106 Vgl. Rudolf Heß aan Ilse Heß, 4-12-1928; Rudolf Heß aan zijn vader, 24-10-1930; BA Bern, Nl R. Heß, J1. 211–1989/148, band 41, 45.
107 Vgl. Armin Nolzen, 'Der Heß-Flug vom 10. Mai 1941 und die öffentliche Meinung im NS-Staat', in Martin Sabrow (red.), *Skandal und Diktatur. Öffentliche Empörung im NS-Staat und in der ddr*, Göttingen 2004, p. 130–156 (hier p. 135–137).
108 Vgl. aantekening van Hans Frank in zijn zakagenda d.d. 5-5-1941: 'Gauleiter- en Reichsleitersvergadering. Heß blijft weg.' BA Koblenz, N 1110/10.
109 Vgl. het proces-verbaal van de ondervraging van Bohl door Lt. Col. O.J. Hale, 26/27-7-1945; IfZ München, ZS 209. Nog op de ochtend van 10 mei 1941 had Alfred Rosenberg een gesprek met Heß in diens privéwoning, zonder dat deze ook maar de minste of geringste aanwijzing gaf voor zijn actie die op het punt stond te gebeuren. Vgl. Rosenberg, *Die Tagebücher 1934 bis 1944*, p. 384–386 (14-5-1941).
110 Vgl. Schmidt, *'Botengang eines Toren'?*, p. 175–182 (citaat p. 182); Kershaw, *Hitler*, band II, p. 490 e.v.; Peter Padfield: *Hess. The Führer's Disciple*, Londen 1993, p. 192–201.
111 Cit. naar Schmidt, *'Botengang eines Toren'?*, p. 206; vgl. ook Rainer F. Schmidt, 'Der Heß-Flug und das Kabinett Churchill. Hitlers Stellvertreter im Kalkül der britischen Kriegsdiplomatie Mai–Juni 1941', in *Vierteljahrshefte für Zeitgeschichte*, jrg. 42 (1994), p. 1–38 (hier p. 13 e.v.).
112 Engel, *Heeresadjutant bei Hitler*, p. 103 (11-5-1941). Volgens Engel werd de brief om 11 uur, tijdens zijn militaire voordracht, overhandigd, wat minder waarschijnlijk is omdat Hitler in de regel om deze tijd nog sliep. Plausibeler is in dit geval de versie van Linge, die Hitler

gewekt zou hebben en het gemeld zou hebben; Eberle/Uhl (red.), *Das Buch Hitler*, p. 142. Vgl. voor de afloop ook Below, *Als Hitlers Adjutant*, p. 273.
113 Dagboek Hewel, 11-5-1941; IfZ München, ED 100/78. Vgl. ook Dietrich, *12 Jahre mit Hitler*, p. 76. Hitler vertelde Alfred Rosenberg drie dagen later dat hij bij het lezen van de brief 'direct niet goed geworden' was. Rosenberg, *Die Tagebücher 1934 bis 1944*, p. 387 (14-5-1941).
114 Speer, *Erinnerungen*, p. 189; vgl. Schlie (red.), *Albert Speer*, p. 102. Volgens de herinneringen van een lid van de ss-escorte-eenheid moet Hitler buiten zichzelf hebben uitgeroepen: 'Heß?! Heß?! Uitgerekend Heß moet dat gedaan hebben? [...] Waarom toch doet hij mij dit aan?' Rochus Misch, *Der letzte Zeuge. 'Ich war Hitlers Telefonist, Kurier und Leibwächter'*, Zürich en München 2008, p. 123.
115 Interview van David Irving met Karl Bodenschatz, 30-11-1970; IfZ München, ZS 10.
116 Ilse Heß beweert een doorslag van de afscheidsbrief van Heß aan Hitler te hebben bewaard in een kluisje in haar huis in München-Harlaching, maar zou deze kort voor het einde van de oorlog vernietigd hebben. Volgens haar herinnering was de laatste zin: 'En als mijn Führer, mijn voornemen – waarvan ik moet toegeven dat het weinig kans van slagen heeft – mislukt, mocht het lot tegen mij beslissen, dan kan het geen verkeerde gevolgen hebben voor u of voor Duitsland: u kunt zich altijd distantiëren van mij – verklaart u mij gek.' Ilse Heß aan Albert Speer, 3-10-1967; BA Koblenz, N 1340/27.
117 Dietrich, *12 Jahre mit Hitler*, p. 77. Ook Goebbels las op 13 mei op de Berghof de achtergelaten brief van Heß. Zijn commentaar: 'Een verwarde puinhoop, schooljongensachtig dilettantisme, hij wilde naar Engeland om duidelijk te maken hoe uitzichtloos de Engelse situatie was, door middel van lord Hamilton in Schotland de regering van Churchill ten val brengen en dan vrede sluiten, waarbij Londen zijn gezicht kon redden. Dat Churchill hem meteen zou laten arresteren, had hij daarbij helaas over het hoofd gezien.' Goebbels, *Tagebücher* deel I, band 9, p. 311 (14-5-1941).
118 Rudolf Heß aan Adolf Hitler, 14-6-1941; kopie in BA Bern, Nl R. Heß, Jr. 211-1989/148, band 67. De brief werd ondertekend: 'Heil mijn Führer! Uw toegewijde Rudolf Heß.' Vgl. Ibidem, de afscheidsbrief aan zijn familie van 14-6-1941, waarin staat: 'Ik heb me volledig ingezet voor een groots idee! Ik ben er echter van overtuigd dat mijn inspanningen toch hoe dan ook vruchten zullen afwerpen. Misschien zal er ondanks mijn dood, of zelfs door mijn dood, vrede komen als resultaat van mijn vliegtocht.'
119 Engel, *Heeresadjutant bei Hitler*, p. 103 e.v. (11-5-1941); agenda van Hermann Göring, 11-5-1941: '14 u telefoontje Führer (meteen komen)'; IfZ München, ED 180/5. Vgl. Dagboek Hewel, 11-5-1941: 'R[eichs]A[ußen]M[inister] [Ribbentrop] en Göring moeten meteen komen'; IfZ München, ED 100/78; interview van David Irving met Karl Bodenschatz, 30-11-1970; IfZ München, ZS 10.
120 Engel, *Heeresadjutant bei Hitler*, p. 104 (10-5-1941). Vgl. Dagboek Hewel, 11-5-1941: 'Führer zeer afwezig. Gesprek aarzelend.' IfZ München, ED 100/78.
121 Aant. van Julius Schaub, 'Der Flug von Rudolf Heß nach England am 11. Mai 1941'; IfZ München, ED 100, band 203; licht gewijzigd bij Olaf Rose (red.), *Julius Schaub – In Hitlers Schatten. Erinnerungen und Aufzeichnungen des Chefadjutanten 1925–1945*, Stegen/Ammersee 2005, p. 253.
122 Dagboek Hewel, 12-5-1941; IfZ München, ED 100/78. Vgl. agenda van Hermann Göring, 11 en 12-5-1941; IfZ München, ED 180/5; Dietrich, *12 Jahre mit Hitler*, p. 77 e.v.; Engel, *Heeresadjutant bei Hitler*, p. 105 (12-5-1941): 'De hele nacht ging het over de vraag of hij daarginds aangekomen kon zijn of niet.'
123 Domarus, *Hitler*, band II, 2, p. 1714. Christa Schroeder (*Er war mein Chef*, p. 192) vertelt dat Hitler met geen dictaat zoveel moeite had gehad als met het communiqué van 12-5-1941.
124 Goebbels, *Tagebücher* deel I, band 9, p. 309 (13-5-1941).
125 Ibidem, p. 311 (14-5-1941).
126 Vgl. ibidem, p. 310 (14-9-1941). Muehlon, *Tagebuch der Kriegsjahre 1940–1944*, p. 450 e.v. (13-5-1941), gaf als commentaar: 'Soms heb je toch onverwachte genoegens [...]. Mijn

opgewektheid neemt toe wanneer ik de bijzonderheden verneem over zijn vlucht naar het kamp van zijn doodsvijand.'
127 Domarus, *Hitler*, band II, 2, p. 1715 e.v.
128 *Meldungen aus dem Reich*, band 7, p. 2302 (d.d. 15-5-1941). Over het effect van de affaire-Heß op de stemming van de bevolking vgl. Nolzen, *Der Heß-Flug*, p. 143-145; Kershaw, *Der Hitler-Mythos*, p. 204 e.v.; Steinert, *Hitlers Krieg und die Deutschen*, p. 193-195.
129 Goebbels, *Tagebücher* deel I, band 9, p. 310 (13-5-1941).
130 Depêche van de Deense gezantschapsraad Vincens Steensen-Leth, 24-5-1941; Bajohr/Strupp (red.), *Fremde Blicke auf das 'Dritte Reich'*, p. 559. Ook bij de soldaten was de vlucht van Heß het gesprek van de dag. 'Je houdt het niet voor mogelijk,' noteerde Hermann Balck op 14-5-1941. 'De gevolgen zijn ergerlijk en in staat je tijdelijk de wil om te zegevieren te ontnemen.' BA-MA Freiburg, N 647/8.
131 Kellner, *Tagebücher 1939-1945*, band I, p. 135 (13-5-1941). Vgl. Cohn, *Kein Recht, nirgends*, band 2, p. 935 (13-5-1941): 'De plaatsvervanger van de Führer naar de vijand gevlogen! Het zou het begin van het eind kunnen zijn.'
132 Hassell, *Vom andern Deutschland*, p. 182 (18-5-1941). Vgl. Kellner, *Tagebücher 1939-1945*, band I, p. 136 (14-5-1941): 'Niemand gelooft dat hij geestelijk in de war is. Een geesteszieke vliegt niet van Augsburg naar Schotland.'
133 Andreas-Friedrich, *Der Schattenmann*, p. 79 (d.d. 16-5-1941).
134 Klemperer, *Tagebücher 1939-1941*, p. 594 (24-5-1941). Nog meer grappen bij Hassell, *Vom andern Deutschland*, p. 185 (29-5-1941); Evans, *Das Dritte Reich*, band III, p. 219.
135 Vgl. Lang, *Der Sekretär*, p. 164-166; Volker Koop, *Martin Bormann. Hitlers Vollstrecker*, Keulen-Weimar 2012, p. 37 e.v., 45, 57 e.v.
136 Engel, *Heeresadjutant bei Hitler*, p. 105 (12-5-1941). Vgl. Eberle/Uhl (red.), *Das Buch Hitler*, p. 144: 'Mensen die Bormann goed kenden, bespeurden achter het voor de show getrokken treurige gezicht de diepe tevredenheid dat zijn uur gekomen was.'
137 Goebbels, *Tagebücher* deel I, band 9, p. 324 (20-5-1941).
138 Heydrich aan Himmler, d.d. 15-5-1941 (met afschrift van een telex aan Bormann); BA Berlin-Lichterfelde, NS 19/3872.
139 Vgl. Schmidt, *'Botengang eines Toren'?*, p. 199-202; Nolzen, *Der Heß-Flug*, p. 140. Verder de getuigenverklaringen van Leitgen uit 1952 en Schulte-Strathaus uit 1963; IfZ München ZS 262, 2089.
140 Ilse Heß aan Elsa Bruckmann, d.d. 10-6-1941; in uittreksel afgedr. bij Joachimsthaler, *Hitlers Liste*, p. 129.
141 Ilse Heß aan Hans Grimm, d.d. 1-11-1943; BA Bern, JI. 211-1993/300, band 6. Ilse Heß voegde daaraan toe: 'Onze wederzijdse vriendin, mevrouw Elsa Bruckmann, zei eens tegen mij dat ze hem [Rudolf Heß] en zijn daden zag als het mythische wat de Walküre deed voor Wodan; je kent onze vriendin en haar onoverwinnelijk romantische enthousiaste hart: maar er steekt een kern van waarheid in.' Ilse Heß schreef op 3 december 1966 aan Albert Speer dat zij sinds 1941 een 'lijdend voorwerp en niet langer een onderwerp' was. Toen ze ooit mevrouw von Ribbentrop en mevrouw Göring ontmoette tijdens het proces van Neurenberg, was ze weggelopen 'omdat ik niet wist hoe zij, voor wie ik al vierenhalf jaar lucht was, zouden reageren.' BA Koblenz, N 1340/27.
142 Vgl. telegram van Bormann aan Gauleiter Fritz Sauckel, d.d. 12-5-1941, met het verzoek pas kort voor 16 uur op de Obersalzberg aan te komen; BA Koblenz, N 1582/3.
143 Baldur von Schirach, *Ich glaubte an Hitler*, Hamburg 1967, p. 278. Vgl. ook het naderhand gemaakte verslag door Hans Frank, d.d. 21-5-1941: 'De Führer heeft op hem [...] een indruk gemaakt zoals slechts eenmaal eerder in zijn leven, bij de dood van zijn nicht.' Cit. naar Schmidt, *'Botengang eines Toren'?*, p. 192. Voor de datering vgl. agenda van Hermann Göring 13-5-1941; IfZ München, ED 180/5; zakagenda van Hans Frank d.d. 13-5-1941; BA Koblenz, N 1110/10.
144 Over de inhoud van Hitlers toespraak het proces-verbaal van Gauleiter Ernst Wilhelm Bohle, hoofd van de Auslandsorganisation van de NSDAP, in Robert W. Kempner, *Das Dritte Reich im Kreuzverhör. Aus den unveröffentlichten Vernehmungsprotokollen des*

Anklägers in den Nürnberger Prozessen, München 2005, p. 129. Vgl. Kershaw, *Hitler*, band II, p. 497 e.v.; Schmidt, *'Botengang eines Toren'?*, p. 192 e.v., dat steunt op het verslag van Gauleiter Rudolf Jordan (*Erlebt und erlitten. Weg eines Gauleiters von München nach Moskau*, Leoni am Starnberger See 1971, p. 210–214).
145 Dagboek Hewel, 13-5-1941; IfZ München ED 100/78.
146 Goebbels, *Tagebücher* deel 1, band 9, p. 312 (14-5-1941).
147 Vgl. Ciano, *Tagebücher 1939–1943*, p. 320 e.v. (13/14-5-1941).
148 Vgl. de uitvoerige bespreking bij Schmidt, *'Botengang eines Toren'?*, p. 186–189, 280–282; Kershaw, *Hitler*, band II, p. 498 e.v. Vgl. ook het schriftelijke verslag van het gesprek met Alfred Leitgen, 1-4-1952: 'Heß vloog naar mijn overtuiging niet met instemming van Hitler naar Engeland.' IfZ München, zs 262.
149 Goebbels, *Tagebücher* deel 1, band 9, p. 314 (15-5-1941), 316 (16-5-1941).
150 Vgl. voor de mondelinge propaganda-actie Nolzen, *Der Heß-Flug*, p. 149–153.
151 Goebbels, *Tagebücher* deel 1, band 9, p. 319 (18-5-1941). Vgl. ibidem, p. 327 (22-5-1941): 'Affaire-Heß bijna geheel vergeten.'; Hill (red.), *Die Weizsäcker-Papiere 1933–1950*, p. 255 (d.d. 18-5-1941): 'Algauw zal de naam Heß uit de gesprekken verdwijnen, zoals hij ook uit het bioscoopjournaal en de propagandaboeken zal verdwijnen.'
152 Dagboek Hewel, 12-5-1941; IfZ München ED 100/78.
153 Goebbels, *Tagebücher* deel 1, band 9, p. 315 (16-5-1941).
154 Vgl. Schmidt, *Der Heß-Flug und das Kabinett Churchill*, p. 16 e.v.; idem: *'Botengang eines Toren'?*, p. 203 e.v., 282 e.v.
155 Kershaw, *Wendepunkte*, p. 293. Vgl. voor het tot stand komen van de Leen- en Pachtwet ibidem, p. 288–293; Gerste, *Roosevelt und Hitler*, p. 166–169.
156 KTB OKW, band I, p. 363 (18-3-1941). Vgl. Goebbels, *Tagebücher* deel 1, band 9, p. 186 (14-3-1941).
157 Engel, *Heeresadjutant bei Hitler*, p. 99 (24-3-1941).
158 Vgl. Kershaw, *Wendepunkte*, p. 298 e.v.; Gerste, *Roosevelt und Hitler*, p. 172.
159 Vgl. Hillgruber, *Hitlers Strategie*, p. 402 e.v.
160 Dagboek Hewel, 22-5-1941; IfZ München, ED 100/78.
161 Aant. over het gesprek tussen Hitler en Cudahy, d.d. 23-5-1941; Hillgruber (red.), *Staatsmänner und Diplomaten bei Hitler 1939–1941*, p. 550–558 (citaten p. 551 e.v.). Vgl. Goebbels, *Tagebücher* deel 1, band 9, p. 334 (25-5-1951). Het interview verscheen begin juni in het tijdschrift *Life*, p. ibidem, p. 356 (d.d. 7-6-1941). Een tweede artikel van Cudahy, waarin hij de vijandige houding beschreef waarmee Hitler hem had ontvangen op de Berghof, gaf de Duitse zaakgelastigde in Washington, Hans Thomsen, door op 27-6-1941; IfZ München, ED 100, band 36.
162 Kershaw, *Wendepunkte*, p. 300.
163 Goebbels, *Tagebücher* deel 1, band 9, p. 340 (29-5-1941).
164 Dagboek Hewel, 27-5-1941; IfZ München, ED 100/78..
165 Vgl. Below, *Als Hitlers Adjutant*, p. 276.
166 Hubatsch (red.), *Hitlers Weisungen für die Kriegführung*, p. 134 e.v.
167 Dagboek Hewel, 31-5-1941; IfZ München, ED 100/78. Vgl. voor de verliescijfers Heinz A. Richter, *Operation Merkur. Die Eroberung der Insel Kreta im Mai 1941*, Mainz en Ruhpolding 2011, p. 241 e.v.
168 Hubatsch (red.), *Hitlers Weisungen für die Kriegführung*, p. 139–141 (citaat p. 140). Adjudant Engel tekende Hitlers uitspraak op dat pas na een succes van de Russische veldtocht 'dan vandaaruit de poort naar de Oriënt geopend kan worden'. Engel, *Heeresadjutant bei Hitler*, p. 102 (24-4-1941).
169 OKH-bevel over de 'Regeling van de inzet van de Sicherheitspolizei en de SD in legerverband', 28-4-1941; Ueberschär/Wette (red.), *Der deutsche Überfall auf die Sowjetunion*, p. 249 e.v.; over de gesprekken Wagner-Heydrich vgl. Gerwarth, *Reinhard Heydrich*, p. 229–231.
170 Ueberschär/Wette (red.), *Der deutsche Überfall auf die Sowjetunion*, p. 251–253. Voor de Kriegsgerichtsbarkeitserlass (Besluit militaire rechtspraak) vgl. Hürter, *Hitlers Heerführer*,

p. 248–250; *Das Deutsche Reich und der Zweite Weltkrieg*, band 4, p. 428–432 (bijdrage Förster).
171 Ueberschär/Wette (red.), *Der deutsche Überfall auf die Sowjetunion*, p. 253 e.v.; vgl. Hürter, *Hitlers Heerführer*, p. 250 e.v.; *Das Deutsche Reich und der Zweite Weltkrieg*, band 4, p. 432 e.v. (bijdrage Förster).
172 Bock, *Das Kriegstagebuch*, p. 190 (4-6-1941).
173 Vgl. Hürter, *Hitlers Heerführer*, p. 250.
174 Ueberschär/Wette (red.), *Der deutsche Überfall auf die Sowjetunion*, p. 259 e.v.; vgl. Hürter, *Hitlers Heerführer*, p. 258 e.v.; *Das Deutsche Reich und der Zweite Weltkrieg*, band 4, p. 435–440 (bijdrage Förster); Felix Römer, *Der Kommissarbefehl. Wehrmacht- und NS-Verbrechen an der Ostfront*, Paderborn 2008, p. 75–81.
175 Römer, *Der Kommissarbefehl*, p. 553. Over het doorgeven van het bevel vgl. ibidem, p. 89–159.
176 Habicht-dagboek, 20-6-1941; Felix Römer, *Die narzisstische Volksgemeinschaft. Theodor Habichts Kamp. 1914 bis 1944*, Frankfurt/M. 2017, p. 303–305 (citaat p. 305).
177 Römer, *Der Kommissarbefehl*, p. 555. Over de vrijheid van handelen tussen conformerend en afwijkend gedrag ibidem, p. 159–201. Vgl. ook Hürter, *Hitlers Heerführer*, p. 259 e.v.
178 Ueberschär/Wette (red.), *Der deutsche Überfall auf die Sowjetunion*, p. 258. Vgl. Römer, *Der Kommissarbefehl*, p. 85 e.v.
179 Ueberschär/Wette (red.), *Der deutsche Überfall auf die Sowjetunion*, p. 261; vgl. Hürter, *Hitlers Heerführer*, p. 261–263.
180 Rosenberg, *Die Tagebücher 1934 bis 1944*, p. 372 (2-4-1941).
181 Vgl. ibidem, p. 375 (9-4-1941), 376 e.v. (11-4-1941), 379 e.v. (20-4-1941); verder Ernst Piper, *Alfred Rosenberg. Hitlers Chefideologe*, München 2005, p. 509–516.
182 Vgl. Rolf-Dieter Müller, 'Von der Wirtschaftsallianz zum kolonialen Ausbeutungskrieg', in *Das Deutsche Reich und der Zweite Weltkrieg*, band 4, p. 129–135.
183 Ueberschär/Wette (red.), *Der deutsche Überfall auf die Sowjetunion*, p. 323. Over zijn voorbereidingen voor Operatie Barbarossa vertelde Herbert Backe uitvoerig in een brief aan zijn vrouw d.d. 8-4-1941: hij was 'vaak echt blij en gelukkig over de nieuwe grote taak'; BA Koblenz, N 1075/25. Voor het 'Hongerplan' vgl. Christan Gerlach, *Kalkulierte Morde. Die deutsche Wirtschafts- und Vernichtungspolitik in Weißrußland 1941 bis 1944*, Hamburg 1999, p. 46–59; Tooze, *Ökonomie der Zerstörung*, p. 550–553.
184 Johannes Hürter, *Ein deutscher General an der Ostfront. Die Briefe und Tagebücher des Gotthard Heinrici 1941/42*, Erfurt 2001, p. 61 (13-6-1941).
185 *Meldungen aus dem Reich*, band 7, p. 2286 e.v. (d.d. 12-5-1941).
186 Walter Frick aan Wilhelm Frick, d.d. 29-5-1941; BA Koblenz, N 1241/3. Tot de geruchten die de ronde deden, behoorde onder meer de bewering dat Oekraïne voor 99 jaar aan het Duitse Rijk verpacht zou worden. Vgl. de brief van Erich Hoepner aan zijn vrouw, d.d. 26-5-1941; BA-MA Koblenz, N 51/9.
187 Goebbels, *Tagebücher* deel I, band 9, p. 286 (2-5-1941). Vgl. Wolfram Wette, 'Die propagandistische Begleitmusik zum deutschen Überfall auf die Sowjetunion am 22. Juni 1941', in Ueberschär/Wette (red.), *Der deutsche Überfall auf die Sowjetunion*, p. 46–48.
188 Vgl. Goebbels, *Tagebücher* deel I, band 9, p. 329 (23-5-1941), 332 (24-5-1941), 335 (25-5-1941).
189 Vgl. ibidem, p. 332 (24-5-1941), 336 (26-5-1941), 343 (30-5-1941), 345 (31-5-1941), 368 (13-6-1941); deel II, band 2, p. 143 (19-10-1941).
190 ibidem, p. 365 (11-6-1941). Vgl. ibidem, p. 357 (7-6-1941).
191 ibidem, p. 371 (14-6-1941).
192 Dagboek Hewel, 8-6-1941; IfZ München, ED 100/78. In dezelfde zin uitte Hitler zich al eind mei: '"Barbarossa" is ook een risico, zoals alles. Mislukt het, dan is hoe dan ook alles verloren.' Dagboek Hewel, 29-5-1941; ibidem.
193 Aant. over het gesprek tussen Hitler en Mussolini, 2-6-1941; Hillgruber (red.), *Staatsmänner und Diplomaten bei Hitler 1939–1941*, p. 559–574 (citaat p. 570). Vgl. Schmidt, *Statist auf diplomatischer Bühne*, p. 538 e.v.; Woller, *Mussolini*, p. 222.

194 Ciano, *Tagebücher 1939-1943*, p. 330 (2-6-1941).
195 Telegram van Oshima aan Matsuoka, 5-6-1941; Hillgruber: 'Japan und der Fall "Barbarossa"', in idem, *Deutsche Großmacht- und Weltpolitik*, p. 249-252.
196 Telegram van Oshima aan Matsuoka, 5-6-1941, over het gesprek met Ribbentrop op 4-6.; ibidem, p. 245-248.
197 Aant. over het gesprek tussen Hitler en Antonescu, 12-6-1941; Hillgruber (red.), *Staatsmänner und Diplomaten bei Hitler 1939-1941*, p. 581-594 (citaten p. 581, 583).
198 Vgl. Alwin Broder Albrecht (adjudant in het secretariaat van de Führer) aan zijn vrouw, 13-6-1941: 'Bij ons is er ondertussen iets meer leven in de brouwerij, omdat sinds vanochtend onze chef in het land is.' IfZ München, ED 100/33.
199 Vgl. Warlimont, *Im Hauptquartier der Wehrmacht*, p. 162.
200 Below, *Als Hitlers Adjutant*, p. 277.
201 Halder, *Kriegstagebuch*, band II, p. 455 (14-6-1941).
202 Bock, *Das Kriegstagebuch*, p. 193 e.v. (14-6-1941). Vgl. ook de aant. van een andere deelnemer, de luchtmachtgeneraal Otto Hoffmann von Waldau, bij Irving, *Hitler und seine Feldherren*, p. 273 e.v. Volgens de agenda van Hermann Göring d.d. 14-6-1941 duurde de bijeenkomst van 11 tot 18 uur, onderbroken door een maaltijd van 15 tot 16 uur. IfZ München, ED 180/5.
203 Below, *Als Hitlers Adjutant*, p. 277.
204 Schroeder, *Er war mein Chef*, p. 113 (brief d.d. 28-6-1941). Vgl. Below, *Als Hitlers Adjutant*, p. 279: 'Hij [Hitler] sprak heel veel, liep heen en weer en scheen gespannen op iets te wachten.'
205 Dagboek Hewel, 20-6-1941; IfZ München, ED 100/78. Otto Dietrich vermeldt de uitspraak van Hitler in de nacht van de aanval: 'Het is voor mij alsof ik een deur naar een donkere, nooit geziene kamer openduw – zonder te weten wat er zich achter de deur bevindt.' Dietrich, *12 Jahre mit Hitler*, p. 82. Vgl. ook *Monologe*, p. 83 d.d. 17/18-10-1941: 'Op 22 juni [1941] is er voor ons een deur opengegaan waarvan we niet weten wat erachter ligt.'
206 Goebbels, *Tagebücher* deel I, band 9, p. 377-380 (16-6-1941).
207 Ueberschär/Wette (red.), *Der deutsche Überfall auf die Sowjetunion*, p. 265-269.
208 Goebbels, *Tagebücher* deel I, band 9, p. 387 (19-6-1941); vgl. ibidem, p. 389 (20-6-1941), 391 (21-6-1941).
209 Vgl. KTB OKW, band I, p. 408 (21-6-1941), 417 (21-6-1941).
210 Hitler aan Mussolini, 21-6-1941; ADAP, serie D, band 12, 2, doc. 660, p. 889-892 (citaat p. 892). Over het overhandigen van de brief vgl. Ciano, *Tagebücher 1939-1943*, p. 337 (22-6-1941).
211 Vgl. Fleischhauer, *Diplomatischer Widerstand gegen Unternehmen 'Barbarossa'*, p. 334-343 (citaat p. 337).
212 Goebbels, *Tagebücher* deel I, band 9, p. 372 (14-6-1941).
213 Ibidem, p. 373 (14-6-1941).
214 Vgl. *Meldungen aus dem Reich*, band 7, p. 2408 (d.d. 16-6-1941); Andreas-Friedrich, *Der Schattenmann*, p. 79 e.v. (15-6-1941); Kellner, *Tagebücher 1939-1945*, band I, p. 151 (16-6-1941).
215 Jörg Baberowski, *Verbrannte Erde. Stalins Herrschaft der Gewalt*, München 2012, p. 397 e.v. Vgl. Simon Sebag Montefiore, *Stalin. Am Hof des Roten Zaren*, Frankfurt am Main 2005, p. 402-407; Oleg Chlevnjoek, *Stalin. Eine Biographie*, München 2015, p. 317-319. Ook de Sovjetambassadeur in Londen, Ivan Majski, was van mening dat het bij de Duitse troepenconcentraties aan de Russische grens 'eerder' ging 'om een nieuwe zet in Hitlers "zenuwoorlog"'. Immers, een aanval op de Sovjetunie stond 'tenslotte gelijk aan zelfmoord'. Gorodetsky (red.), *Die Maiski-Tagebücher*, p. 533 e.v. (18-6-1941).
216 Dagboek Hewel, 18-6-1941; IfZ München, ED 100/58.
217 Hill (red.), *Die Weizsäcker-Papiere 1933-1950*, p. 260 (d.d. 18-6-1941).
218 Aant. van Weizsäcker, 21-6-1941; ADAP, serie D, band 12,2, nr. 658, p. 885. Vgl. Hill (red.), *Die Weizsäcker-Papiere 1933-1950*, p. 260 e.v. (d.d. 23-6-1941). Voor een parallel bezwaar

van Molotov tegenover ambassadeur Schulenburg op de avond van 21-6-1941 vgl. Fleischhauer, *Diplomatischer Widerstand gegen das Unternehmen* 'Barbarossa', p. 344-346.
219 Vgl. Schmidt, *Statist auf diplomatischer Bühne*, p. 539 e.v.; voor het tijdstip vgl. Hill (red.), *Die Weizsäcker-Papiere 1933-1950*, p. 261 (d.d. 23-6-1941).
220 Goebbels, *Tagebücher* deel I, band 9, p. 396 (22-6-1941). Woordelijke inhoud van de proclamatie bij Domarus, *Hitler*, band II, 2, p. 1726-1732.
221 Vgl. over het verloop van de persconferentie Howard K. Smith, *Feind schreibt mit. Ein amerikanischer Korrespondent erlebt Nazi-Deutschland*, Berlijn 1982, p. 62-65. Voor het tijdstip vgl. dagboek Hewel, 22-6-1941; IfZ München, ED 100/78.
222 Vgl. de inleiding van Bianka Pietrow-Ennker in idem (red.), *Präventivkrieg?*, p. 9-19.
223 Goebbels, *Tagebücher* deel I, band 9, p. 377 (16-6-1941). Hitler zei in de eerste dagen van de veldtocht: 'We hebben dikwijls geluk gehad, zoals bijvoorbeeld dat de Rus zich aan de grens heeft opgesteld en ons niet eerst diep het land in heeft gelokt.' Schroeder, *Er war mein Chef*, p. 120 (brief d.d. 28-6-1941).
224 Hill (red.), *Die Weizsäcker-Papiere 1933-1950*, p. 260 (d.d. 18-6-1941).
225 Goebbels, *Tagebücher* deel I, band 9, p. 395 e.v. (22-6-1941).
226 *Meldungen aus dem Reich*, band 7, p. 2426 (d.d. 23-6-1941).
227 Walter Kempowski, *Das Echolot. Barbarossa '41. Ein kollektives Tagebuch*, München 2002, p. 46. Meer stemmen bij Evans, *Das Dritte Reich*, band III, p. 243 e.v. Vgl. voor de reactie op 'Barbarossa' ook Ulrich Herbert, *Geschichte Deutschlands im 20. Jahrhundert*, München 2014, p. 435 e.v.; Hans Mommsen, 'Der Krieg gegen die Sowjetunion und die deutsche Gesellschaft', in Pietrow-Ennker (red.), *Präventivkrieg?*, p. 59 e.v.; Steinert, *Hitlers Krieg und die Deutschen*, p. 206 e.v.; Stargardt, *Der deutsche Krieg*, p. 200 e.v.
228 Goebbels, *Tagebücher* deel I, band 9, p. 398 (23-6-1941). Vgl. het verslag van de Deense gezantschapsraad Vincens Steesen-Leth uit Berlijn, 24-6-1941: er zou 'ook nauwelijks nog op enig enthousiasme voor de nieuwe kruistocht gerekend' kunnen worden. Bajohr/Strupp (red.), *Fremde Blicke auf das 'Dritte Reich'*, p. 560.
229 Falanga, *Mussolinis Vorposten in Hitlers Reich*, p. 183.
230 Klemperer, *Tagebücher 1933-1941*, p. 601 (22-6-1941).
231 Dagboek Hewel, 23-6-1941; IfZ München, ED 100/78.
232 Hürter, *Ein deutscher General*, p. 62 (21-6-1941). Hans Frank noteerde in zijn zakagenda: 'Inval in Sovjet-Rusland. God zij met onze wapenen!' BA Koblenz, N 1110/10.

6 De kentering in de oorlog 1941-1942

1 Goebbels, *Tagebücher* deel I band 9, p. 377 (d.d.16-6-1941).
2 Ibidem, deel II, band 1, p. 46 e.v. (d.d. 9-7-1941).
3 Ibidem, deel I band 9, p. 399 (d.d. 23-6-1941).
4 Brief van Günther von Kluge d.d. 12-7-1941, BA-MA Freiburg, MSg 2/11185.
5 Brief van Erich Hoepner aan zijn vrouw, d.d 12-12-1941, BA-MA Freiburg, nr 51/9.
6 Moltke, *Briefe an Freya*, p. 343 (d.d. 11-1-1942).
7 Vgl. voor de details Seidler/Ziegert, *Die Führerhauptquartiere*, p. 193-205; Neumärker e.a., *Wolfsschanze*, p. 37-69.
8 Goebbels, *Tagebücher*, deel II, band 1, p. 30 (d.d. 9-7-1941).
9 Christa Schroeder aan Johanna Nusser, 28-9-1941; Schroeder, *Er war mein Chef*, p. 111 e.v.; vgl. Traudel Junge, *Bis zur letzten Stunde. Hitler Sekretärin erzählt ihr Leben*, München 2002, p. 47; Misch, *Der letzte Zeuge*, p. 131; Ministerialrat Helmuth Greiner, die het *Kriegstagebuch der Wehrmachtführungsstab* bijhield, aan zijn vrouw, 27-6-1941: 'We lijden weer onder de verschrikkelijke muggenplaag. Een stommere omgeving had men nauwelijks kunnen uitzoeken. Loofbos met drassige plassen, zandgrond en stilstaande meren, de ideale bodem voor dat afschuwelijke ongedierte.' IfZ München, ED 100, band 76. Over de 'sombere sfeer' in het Führerhoofdkwartier, zie ook Schmidt, *Statist auf diplomatischer Bühne*, p. 545.
10 Vgl. Neumärker e.a., *Wolfsschanze*, p. 59, 66.

11 Christa Schroeder aan Johanna Nusser, 30-8-1941; Schroeder, *Er war mein Chef*, p. 125.
12 Vgl. Below, *Als Hitlers Adjutant*, p. 258; Schroeder, *Er war mein Chef*, p. 38 e.v.
13 Christa Schroeder aan Johanna Nusser, 13-7-1941; Schroeder, *Er war mein Chef*, p. 121. Vgl. ook ibidem, p. 114-116; Below, *Als Hitlers Adjutant*, p. 282 e.v.; Loßberg, *Im Wehrmachtführungsstab*, p. 121 e.v.; Seidler/Ziegert, *Die Führerhauptquartiere*, p. 203 e.v.; Neumärker e.a., *Wolfsschanze*, p. 74-76; *Herbst 1941 im 'Führerhauptquartier'*, samenstelling en commentaar Martin Vogt, Koblenz, 2002, *Einleitung*, p. VII; *Einführung Werner Jochmanns zu Monologe*, p. 13. Walter Hewel noteerde na het nachtelijke onderhoud: 'Tot 4 uur. Down.' Hewel-Tagebuch, 19-6-1941; IfZ München, ED 100/76.
14 Vgl. Schroeder, *Er war mein Chef*, p. 112. Otto Dietrich deelde Goebbels op 25-6-1941 telefonisch mee: 'De Führer is hoopvol gestemd.' Goebbels, *Tagebücher* deel I, band 9, p. 405 (d.d. 16-6-1941).
15 Voor de aanvankelijke successen van de Wehrmacht vgl. *Das deutsche Reich und der Zweite Weltkrieg*, band 4, p. 451-486 (bijdrage Klink); Christian Hartmann, *Wehrmacht im Ostkrieg, Front und militärisches Hinterland 1941/42*, München 2009, p. 250-255; Weinberg, *Eine Welt in Waffen*, p. 294 e.v.
16 Ernst von Weizsäcker aan zijn moeder, 29-6-1941, BA Koblenz, N 1273/30.
17 Georg Meyer, *Adolf Heusinger, Dienst eines deutchen Soldaten*, Hamburg-Berlijn-Bonn 2001, p. 151.
18 *Meldungen aus dem Reich*, band 7, p. 2440. Vgl. Ook Goebbels, *Tagebücher* deel I, band 9, pag. 411 (d.d. 29-6-1941): 'De eerste schok is volledig overwonnen.'
19 Goebbels, *Tagebücher* deel I, band 9, p. 412 (d.d. 30-6-1941).
20 Dietrich, *12 Jahre mit Hitler*, p. 204.
21 Andreas-Friedrich, *Der Schattenmann*, p. 81 e.v.) d.d. 29-6-1941. Vgl. Kellner, *Tagebücher 1939-1945*, band 1, p. 163 (d.d. 30-6-1941): 'Als een kermisherrie.'
22 *Meldungen aus dem Reich*, band 7, p. 2458 (d.d. 30-6-1941).
23 Kellner, *Tagebücher 1939-1945*, band 1, pag. 225 (d.d. 30-6-1941). 167 (d.d. 4-7-1941). Vgl. Walb, *Ich, die Alte – ich, die Junge*, p. 225 (d.d. 30-6-1941): 'De strijd is gewelddadig, maar dat de overwinning verzekerd is en weldra komt, blijkt nu al na zeven dagen. [...] Je moet gewoon geloven dat onze soldaten de beste van de wereld zijn.'
24 Franz Halder, *Kriegstagebuch, Der Rußlandfeldzug bis zum Marsch auf Stalingrad*. Bewerking Hans-Adolf Jacobsen, Stuttgart 1964, p. 38 (d.d. 3-7-1941). Vgl. ook de persoonlijke brief van Halder aan Luise von Benda, de latere vrouw van Alfred Jodl, d.d. 3-7-1941: 'De Rus heeft deze oorlog in de eerste acht dagen verloren, zijn verliezen aan doden en materieel zijn onvoorstelbaar. De uitgestrektheid van Rusland zal hem de mogelijkheid bieden nog lange tijd te vechten; zijn lot zal de Rus niet meer kunnen veranderen.' IfZ München, ZS 250, band 7.
25 Schroeder, *Er war mein Chef*, p. 120 (d.d. 28-6-1941), p. 114. Vgl. ook het interview van David Irving met Christa Schroeder, 2-12-1970; IfZ München ZS 2240.
26 KTB OKW, band I, p. 1020 (d.d. 4-7-1941). Vgl. Helmuth Greiner aan zijn vrouw, 4-7-1941: 'We hebben al twee derde van de weg naar Leningrad en de helft naar Moskou afgelegd. Ik denk dat we over veertien dagen daar zijn. De Russen lijken zwak te worden, op veel plekken worden gevallen van ontreddering gemeld.' IfZ München, ED 100, band 76.
27 Goebbels, *Tagebücher*, deel II, band 1, p. 30-37 (d.d. 9-7-1941).
28 Hewel-Tagebuch, 11-7-1941; IfZ München, ED 100/78.
29 Onderhoud van Hitler met Oshima, 15-7-1941; Hillgruber (red.), *Staatsmänner und Diplomaten bei Hitler 1939-1941*, p. 598-608 (citaten p. 600, 605). Vgl. ook onderhoud van Hitler met de Kroatische maarschalk Slavko Kvaternik, 21-7-1941: 'De Sovjetlegers op zich zijn vernietigd en hij [Hitler] denkt niet dat er na zes weken nog ergens serieuze tegenstand zal worden geboden.' Ibidem, p. 609-615 (citaat p. 609). Otto Dietrich deelde Goebbels medio juli tijdens een uitstapje naar Berlijn mede dat Hitler 'het standpunt dat de oostelijke veldtocht al zo goed als gewonnen is' vertegenwoordigt. Goebbels, *Tagebücher*, deel II, band 1, p. 72 (d.d. 15-7-1941).
30 Ernst von Weizsäcker aan zijn moeder, 13-7-1941; BA Koblenz, N 1273/30.

31 Hubatsch (red.), *Hitlers Weisungen für die Kriegführung*, p. 158 e.v.
32 KTB OKW, band 1, p. 1022-1025.
33 Jochmann, *Einführung zu Monologe*, p. 7 e.v.; vgl. Pyta, *Hitler*, p. 32-36. De aantekeningen van Heim bestrijken de periode van 5-7-1941 tot en met 7-9-1942. Tijdens de afwezigheid van Heim van 21-3-1942 tot en met 31-7-1942 maakte zijn plaatsvervanger, Oberregierungsrat Dr. Henry Picker notities. Vgl. Jochmann: *Einführung zu Monologe*, p. 8 e.v.; *Hitlers Tischgespräche*, p. 128 e.v.
34 Vgl. *Protokolle der Unterredungen mit Heinrich Heim* d.d. 1-7-1952 en 17-7-1952; IfZ München ZS 243, band 1; Jochmann, *Einführung zu Monologe*, p. 16.
35 Vgl. de inleiding door Martin Vogt op Koeppen, p. VIII-XI.
36 *Monologe*, p. 39 (d.d. 5-6-7-1941), 68 (d.d. 25-9-2941). Vgl. Koeppen, p. 44 (d.d. 24-9-1941): 'Het is onze taak die grens zo ver mogelijk naar het oosten en indien nodig tot voorbij de Oeral op te schuiven.'
37 *Monologe*, p. 48 (d.d. 27-9-1941). Vgl. *Hewel-Tagebuch*, 27-7-1941: 'Weerboerschap met de verplichting tot weerbaarheid – tot en met het machinegeweer.' IfZ München, ED 100/78.
38 *Monologe*, p. 54 e.v. (d.d. 8/9, 9/10, 10/11-8-1941).
39 Ibidem, p. 58 (d.d. 19/20-8-1941), 62 e.v. (d.d. 17/18-9-1941).
40 Ibidem, p. 62 e.v. (d.d. 17/18-9-1941). Vgl. ibidem, p. 48 (d.d. 27-7-1941): 'Kijk alleen maar naar de Engelsen, die met in totaal 250.000 mensen [...] over 400 miljoen Indiërs regeren.'
41 Ibidem, p. 66 (d.d. 23-9-1941). Vgl. Koeppen, p. 44 (d.d. 24-9-1941): 'Het is de eeuwige natuurwet van de sterkste, die Duitsland tegenover de geschiedenis het recht geeft deze mindere rassen te onderwerpen, te overheersen en met dwang tot nuttig werk aan te zetten.'
42 De door Bormann gemaakte notities over de bespreking op 16-7-1941 in IMT, band 38, p. 86-94; verkort afgedrukt in Ueberschär/Wette (red.), *Der Deutsche Überfall auf die Sowjetunion*, p. 276 e.v., Vgl. Rosenberg, *Die Tagebücher 1934 bis 1944*, p. 393-399 (d.d. 20-7-1941.
43 KTB OKW, band 1, p. 1037 e.v. Vgl. Sebastian Lehmann/Robert Brohn/Uwe Danker (red.), *Reichskommissariat Ostland. Tatort und Erinnerungsobjekt*, Paderborn 2012.
44 KTB OKW, band 1, p. 1019, 1028 e.v.
45 Vgl. Piper, *Alfred Rosenberg*, p. 527-531; Kershaw, *Hitler*, band II, p 549 e.v.; Mark Mazower, *Hitlers Imperium. Europa unter der Herrschaft des Nationalsozialismus*, München 2009, p. 139-142.
46 Evans, *Das Dritte Reich*, band III, p. 225. Vgl. Longerich, *Heinrich Himmler*, p. 597 e.v.; Wildt, *Generation des Unbedingten*, p. 663-669; Mazower, *Hitler Imperium*, p. 193-198; Karl Heinz Roth, '"Generalplan Ost" – "Gesamtplan Ost", Forschungsstand, Quellenprobleme, neue Ergebnisse', in Mechtild Rössler/Sabine Schleiermacher (red.), *Der 'Generalplan Ost'*, Berlijn 1993, p. 25-95 (hier p. 59 e.v.)
47 Koeppen, p. 24 e.v. (d.d. 19-9-1941).
48 Afgedrukt in Ueberschär/Wette (red.), 'Der deutsche Überfall auf die Sowjetunion', p. 271 e.v.; vgl. Baberowski, *Verbrennte Erde*, p. 399 e.v. 417; Montefiore, *Stalin*, p. 411 e.v.; Chlevnjoek, *Stalin*, p. 324-329.
49 Stalins toespraak, afgedrukt in Ueberschär/Wette (red.), *Der deutsche Überfall auf die Sowjetunion*, p. 272-275. Vgl. Chlevnjoek, *Stalin*, p. 330 e.v. Voor het effect vgl. Catherine Merridale, *Iwans Krieg. Die Rote Armee 1939-1945*, Frankfurt am Main 2006, p. 114-117; Neutatz, *Träume und Alpträume*, p. 289.
50 Vgl. Römer, *Der Kommissarbefehl*, p. 358 e.v., 398-400, 561. Vgl. ook idem, 'Die Wehrmacht und der Kommissarbefehl, Neue Forschungsergebnisse', in *Militärgeschichlich Zeitschrift* 69 (2010), hfdst. 2, p. 243-274 (i.h.b. p. 249-252); idem, *Kameraden. Die Wehrmacht von innen*, München-Zürich 2012, p. 415-417; idem, 'Der Kommissarbefehl in den Frontdivisionen des Ostheeres 1941/42', in Babette Quikert/Jorg Morré (red.), *Deutsche Besatzung in der Sowjetunion 1941-1944. Vernichtungskrieg – Reaktionen – Erinnerung*. Paderborn 2014, p. 95-112.

51 Geciteerd naar Hürter, *Hitlers Heeresführer*, p. 397. Voor de uitvoering van het Kommissarbefehl vgl. Hartmann, *Wehrmacht im Ostkrieg*, p. 492-501, op regimentsniveau Römer, *Die narzisstische Volksgemeinschaft*, p. 247 e.v. Voor het vermoorden van Sovjetcommissarissen in Duitse concentratiekampen vgl. Nikolaus Wachsmann, *kl. Die Geschichte der nationalsozialistischen Konzentrationslager*, München 2016, p. 304 e.v.
52 Hürter, *Ein deutscher General an der Ostfront*, p. 65 (d.d. 6-7-1941. Vgl. voor de massa-executies van Sovjetkrijgsgevangenen Christian Streit, *Keine Kameraden. Die Wehrmacht und die sowjetischen Kriegsgefangenen 1941-1945. Neuausgabe*, Bonn 1991, p. 106-108; Gerlach, *Kalkulierte Morde*, p. 774-781; Hartmann, *Wehrmacht im Ostkrieg*, p. 516-526; Sönke Neitzel/Harald Welzer, *Soldaten. Protokollen van Sterben, Töten und Kämpfen*, Frankfurt am Main 2011, p. 134-138; Römer, *Kameraden*, p. 417-422 (gebaseerd op verhoorverslagen van Duitse krijgsgevangenen in Fort Hunt).
53 Bock, *Das Kriegstagebuch*, p. 204 (d.d. 30-6-1941). Vgl. *Habicht-Tagebuch*, 12-7-1941; Römer, *Die narzisstische Volksgemeinschaft*, p. 305-308; Goebbels, *Tagebücher*, deel II, band I, p. 77 (d.d. 30-6-1941): 'Brieven van het front maken duidelijk dat [...] onder onze soldaten zoveel woede heerst dat er bijna geen pardon meer wordt gegeven.'
54 Sönke Neitzel, *Abgehört. Deutsche Generäle in Britischer Kriegsgefangenschaft 1942-1945*, Berlijn 2005, p. 254. Vgl. Streit, *Keine Kameraden*, p. 162-164; Hartmann, *Wehrmacht im Ostkrieg*, p. 553-557; Timothy Snyder, *Bloodlands. Europa zwischen Hitler und Stalin*, München 2011, p. 188 e.v.
55 Geciteerd naar *Keine Kameraden*, p. 131.
56 Herbert, *Geschichte Deutschlands im 20. Jahrhundert*, p. 445. Voor de massale sterfte onder Sovjetgevangenen vgl. Hartmann, *Wehrmacht im Ostkrieg*, p. 586-608; Pohl, *Die Herrschaft der Wehrmacht*, p. 217-230; Gerlach, *Kalkulierte Morde*, p. 788-230; Snyder, *Bloodlands*, p. 188-194; Mazower, *Hitlers Imperium*, p. 153-156; Römer, *Kameraden*, p. 436-441.
57 Vgl. Ortwin Buchbender/Reinhold Storz, *Das andere Gesicht. Deutsche Feldpostbriefe 1939-1945*, München 1983, p. 78 (d.d. 20-8-1941), 81 (d.d. 21-9-1941), 84 (d.d. 15-10-1941); Neitzel/Welzer, *Soldaten*, p. 140-143; Kipp, *Großreinemachen im Osten*, p. 92 e.v.; Goebbels noteerde op 4-10-1941: 'De gevangenen hebben hier en daar van de honger hun eigen kameraden gedood en opgegeten. Je moet voor de Russen heel andere maatstaven aanleggen dan voor andere Europese volkeren. Het zijn halve wilden, alleen te vergelijken met dieren [...].' Goebbels, *Tagebücher*, deel II, band 2, p. 48.
58 Vgl. Pohl, *Die Herrschaft der Wehrmacht*, p. 183-188; Evans, *Das Dritte Reich*, band III, p. 247-250; Heinrici aan zijn vrouw, 19-11-1941: 'Binnenkort is de streek waar we zijn, leeggegeten.' Hürter, *Ein deutscher General an der Ostfront*, p. 112 (d.d. 19-11-1941).
59 Vgl. Pohl, *Die Herrschaft der Wehrmacht*, p. 158-170; Hürter, *Hitlers Heerführer*, p. 404-418.
60 Notitie van Bormann over de bespreking van 16-7-1941; IMT, band 38, p. 88; Hubatsch (red.), *Hitlers Weisungen für die Kriegsführung*, p. 167.
61 Walter Frick aan Wilhelm Frick, 17-7-1941, evenals het overlijdensbericht van de stafarts d.d. 30-7-1941; BA Koblenz, N 1241/3. Vgl. Bock, *Das Kriegstagebuch*, p. 202 (d.d. 26-6-1941): 'Ondanks hevig vuur en inzet van alle middelen geven de bemanningen zich niet over. Iedere man moet afzonderlijk worden doodgeslagen.'
62 Erich Hoepner aan zijn vrouw, 16-7-1941; BA-MA Freiburg, N 51/9. Vgl. ook generaal Hans-Georg Reinhardt aan zijn vrouw, 16-7-1941: 'De Rus maakt het ons wat moeilijker dan in eerdere veldtochten.'
63 Goebbels, *Tagebücher*, deel II, band I, p. 115 e.v., 118 (d.d. 24-7-1941), 161 (d.d. 1-8-1941. Vgl. ibidem, p. 209 (d.d. 10-8-1941): 'Er zullen nog harde en bloedige schermutselingen nodig zijn voordat de Sovjet-Unie verpletterd op de grond ligt.'
64 *Meldungen aus dem Reich*, band 7, p. 2608 (van begin augustus 1941). Vgl. Kellner, *Tagebücher 1939-1945*, band I, p. 174 (d.d. 27-7-1941) 178 (d.d. 2-8-1941); Klemperer, *Tagebücher 1939-1941*, p. 655 (d.d. 27-7-1941): 'Opmars in Rusland lijkt te stokken; iedereen weet van of praat over zware Duitse verliezen.'
65 Bock, *Das Kriegstagebuch*, p. 229 (d.d. 24-7-1941); Hürter, *Ein deutscher General an der*

Ostfront, p. 60 (d.d. 20-7-1941), p. 71 e.v. (d.d. 30-7- en 1-8-1941). Vgl. ook de brieven van Rundstedt aan zijn vrouw van 10-8 en 12-8-1941): 'Ik gruw van de winter in dit land. Wie weet waar we dan zijn. [...] De uitgestrektheid van Rusland verslindt ons.' BA-MA Freiburg, MSG 2/12538.

66 Halder, *Kriegstagebuch,* band III, p. 170 (d.d. 11-8-1941). De militairen zouden 'nu zonder aarzelen' toegeven dat ze 'de Russen onderschat hebben', schreef Ernst von Weizsäcker op 10-9-1941 aan zijn moeder. BA Koblenz, N 1273/30.
67 Stieff, *Briefe,* d.d. 12-8-1941). Vgl. Rosenberg, *Die Tagebücher 1934 bis 1944,* p. 405 (d.d. 1-9-1941): 'Het taaie verzet van de Sovjetrussen is het gesprek van de dag.'
68 Vgl. Helmuth Greiner aan zijn vrouw, 21-7-1941: IfZ München, ED 100, band 76.
69 Dagboekaantekeningen van Morell, 7-13 tot 13-8-1941; BA Koblenz N 1348/4. Vgl. Hans-Joachim Neumann/Henrik Eberle: *War Hitler krank? Ein abschließender Fund,* Bergisch Gladbach 2009, p. 226-234; Norman Ohler, *Der totale Rausch. Drogen im Dritten Reich,* Keulen 2015, p. 155-157; Ernst Günther Schenk, *Patient Hitler. Eine medizinische Biographie,* Düsseldorf 1989, p. 133-135; 346-348.
70 Below, *Als Hitlers Adjutant,* p. 286. Morell zou tegenover Below hebben laten doorschemeren dat Hitler een 'lichte beroerte' had gehad. In de aantekeningen van Morell is daarvoor echter geen bevestiging te vinden. Vgl. Neumann/Eberle, *War Hitler krank?,* p. 228. Op 31-8-1941 schreef Heinrich Himmler aan zijn vrouw: 'Was vanmiddag en na de middag bij de Führer en heb met hem gewandeld. Het gaat hem weer echt goed.' Himmler/Wildt (red.), *Himmler privat,* p. 260.
71 Goebbels, *Tagebücher,* deel II, band 1, p. 257-262 (d.d. 19-8-1941).
72 KTB OKW, band I, p. 1041-1043. Vgl. voor de conflicten tussen Hitler en het OKW over de voortzetting van de operaties Hartmann, *Halder,* p. 276-282; *Das Deutsche Reich und der Zweite Weltkrieg,* band 4, p. 486-503 (bijdrage Klink); Kershaw, *Hitler,* band II, p. 551-556.
73 Engel, *Heeresadjutant bei Hitler,* p. 108 (d.d. 8-8-1941). Op soortgelijke wijze had Hitler zich al op 6-8-41 uitgelaten tegenover Antonescu. Vgl. Hillgruber (red.), *Staatsmänner und Diplomaten bei Hitler,* band I, p. 618 e.v.
74 KTB OKW, band I, p. 1055-1059 (citaat p. 1056).
75 Ibidem, p. 1063 e.v.
76 Ibidem, p. 1063-1068.
77 Engel, *Heeresadjutant bei Hitler,* p. 110 (d.d. 21-8-1941); Stieff, *Briefe,* p. 122 (d.d. 23-8-1941).
78 Halder, *Kriegestagebuch,* band III, p. 193 (d.d. 22-8-1941). Vgl. Hartmann, *Halder,* p. 283.
79 Vgl. voor het verloop van het gesprek Hitler–Guderian op 23-8-1941 Guderian, *Erinnerungen eines Soldaten,* p. 179-183; Halder, *Kriegstagebuch,* band III, p. 194 e.v. (d.d. 24-8-1941); Bock, *Das Kriegstagebuch,* p. 257 (d.d. 24-8-1941). Jodl verklaarde tegenover Halder dat Hitlers 'intuïtie' anders had besloten en dat 'de Führer gewoon een zesde zintuig heeft'. Brief van Halder aan Heinrich Uhlig, 26-6-1953; BA-MA Freiburg, N 222/88.
80 Geciteerd naar Falanga, *Mussolinis Vorposten in Hitlers Reich,* p. 184. Voor de aankomst van Mussolini vgl. Hewel – *Tagebuch,* 28-8-1941, IfZ München, ED 100/78.
81 Vgl. Schmidt, *Statist auf diplomatischer Bühne,* p. 547; Falanga, *Mussolinis Vorposten in Hitlers Reich,* p. 185.
82 Domarus, *Hitler,* band II, p. 1749 e.v.; Reuth, *Hitler,* p. 536 e.v.; Rolf-Dieter Müller, *An der Seite der Wehrmacht. Hitlers ausländische Helfer beim 'Kreuzzug gegen den Bolschewismus' 1941-1945,* Frankfurt am Main, 2010, p. 23 e.v.
83 Domarus, *Hitler,* band II,2, p. 1751.
84 *Hewel-Tagebuch,* 8-9-1941, IfZ München, ED 100/78. Vgl. voor het bovenstaande Below, *Als Hitlers Adjutant,* p. 289.
85 *Meldungen aus dem Reich,* band 8, p. 2724 (d.d. 4-9-1941), 2746 (d.d. 11-9-1941).
86 Klemperer, *Tagebücher 1935-1941,* p. 661 (d.d. 2-9-1941).
87 Goebbels, *Tagebücher,* deel II, band 1, p. 375 (d.d. 9-9-1941), 392 (d.d. 10-8-1941).
88 Schroeder, *Er war mein Chef,* p. 124, (d.d. 30-8-1941).
89 Vgl. *Das Deutsche Reich und der Zweite Weltkrieg,* band 4, p. 508-559 (bijdrage Klink); Hartmann, *Wehrmacht im Ostkrieg,* p. 288-303.

90   Vgl. Koeppen, p. 29 (d.d. 20-9-1941), 37 (d.d. 22-9-1941), 42 (23-9-1941).
91   Goebbels, *Tagebücher*, deel 11, band 1, p. 508 (d.d. 28-9-1941). Vgl. ibidem, p. 460 (d.d. 20-9-1941), 463 (d.d. 21-9-1941); *Meldungen aus dem Reich*, band 8, p. 2787 (d.d. 22-9-1941).
92   Brief van Hans-Georg Reinhardt aan zijn vrouw, 12-9-1941; BA-MA Freiburg, N 245/2; vgl. ook de brief van Erich Hoepner aan zijn vrouw, 12-9-1941; BA-MA Freiburg, N 51/9.
93   Koeppen, p. 16 (d.d. 10-9-1941). Hitler had zich al begin juni 1941 op soortgelijke wijze uitgelaten. Vgl. Halder, *Kriegstagebuch*, band III, p. 53 (d.d. 8-7-1941) *KTB OKW*, band 2, p. 1021 (d.d. 8-7-1941).
94   Goebbels, *Tagebücher*, deel 11, band 1, p. 377 (d.d. 8-9-1941); vgl. ibidem, p. 451 (d.d. 19-9-1941).
95   Vgl. Johannes Hürter, 'Die Wehrmacht vor Leningrad', in *Vierteljahrshefte für Zeitgeschichte*, jrg. 49 (2000), p. 377-440 (speciaal p. 399 e.v); Jörg Ganzenmüller, *Das belagerte Leningrad 1941-1944;* 2de gecontroleerde oplage, Paderborn 2007, p. 32 e.v., 64 e.v.; idem 'Hungerpolitik als Problemlösungsstrategie. Der Entscheidungsprozess zur Blockade Leningrads und zur Vernichtung seiner Zivilbevölkerung' in Quinkert-Morré (red.), *Deutsche Besatzung in der Sowjetunion 1941-1944*, p. 34-54.
96   Goebbels. *Tagebücher*, deel 11, band 1, p. 481-487.
97   Hubatsch (red.), *Hitler Weisungen für die Kriegführung*, p. 174-177; vgl. Halder, *Kriegstagebuch*, band III, p. 215 (d.d. 5-9-1941).
98   Geciteerd naar Hartmann, *Halder*, p. 289.
99   Domarus, *Hitler*, band 11, p. 1756-1758 (citaat p. 1757).
100 Goebbels, *Tagebücher*, deel 11, band 1, p. 520 (d.d. 30-9-1941), band 2, p. 39 (d.d. 2-10-1941).
101 Vgl. Koeppen, p. 54 (d.d. 5-10-1941).
102 Vgl. Goebbels, *Tagebücher*, deel 11, band 2, p. 265 (d.d. 19-8-1941), 292 (d.d. 9-10-1941), 398 (11-9-1941), 429 (16-9-1941), 484 (24-9-1941).
103 Ibidem, band 2, p. 55 e.v. (d.d. 4-10-1941).
104 Domarus, *Hitler*, band 11, p. 1756-1767 (citaten p. 1760, 1762 e.v.) Vgl. Goebbels, *Tagebücher*, deel 11, band 2, p. 55 e.v. (d.d. 4-10-1941).
105 Koeppen, p. 54 (d.d. 5-10-1941).
106 Goebbels, *Tagebücher*, deel 11, band 2, p. 61 (d.d. 5-10-1941. Vgl. ibidem, p. 82 (d.d. 9-10-1941; *Meldungen aus dem Reich*, band 8, p. 2835 (d.d. 6-10-1941). Generaal-majoor Walther von Seydlitz aan zijn vrouw, 13-10-1941: 'De Führer sprak weer geweldig en voor velen eigenlijk waarschijnlijk het verlossende woord na zo lang zwijgen.' Torsten Diedrich/Jens Ebert (red.), *Nach Stalingrad, Walther von Seydlitz' Feldpostbriefe und Kriegsgefangenenpost 1939-1955*, Göttingen 2018, p. 187.
107 *Hewel-Tagebuch*, 7-10-1941; IfZ München, ED 100/78. Vgl. Koeppen, p. 69 (d.d. 8-10-1941). Volgens dit dagboek zou Jodl tijdens het avondmaal hebben opgemerkt dat de oorlog 'definitief en zonder overdrijving' gewonnen was. Over het verloop van Operatie Taifun vgl. *Das Deutsche Reich und der Zweite Weltkrieg*, band 4, p. 575-585 (bijdrage Klink).
108 Hürter, *Ein deutscher General an der Ostfront*, p. 93 (d.d. 8-10-1941). Vgl. Hoepner aan zijn vrouw, 11-10-1941: 'Hier zijn al aanzienlijke gebreken in het gevechtsmoreel van de Russen merkbaar.' BA-MA Freiburg, N 51/9. Ook Walter von Reichenau, opperbevelhebber van het Zesde Leger, constateerde in een brief aan Friedrich Paulus, Oberquartiermeister 1 in de generale staf van het leger d.d. 11-10-1941 dat men de indruk kreeg 'dat de Rus niet meer zo standvastig en trots is als in juni en juli'. BA-MA Freiburg, N 372/22.
109 Guderian aan zijn vrouw, 11-10-1941; IfZ München, ED 100/77.
110 *Hewel-Tagebuch*, 10-10-1941. IfZ München, ED 100/78. Vgl. ibidem, 13-10-1941: 'Führer in opperbeste en ontspannen stemming.'
111 Operatie-instructie d.d. 13-10-1941, geciteerd naar Hartmann, *Halder*, p. 290.
112 *KTB OKW*, band 1, p. 1070 e.v.
113 *Monologe*, p. 90 e.v. (d.d. 17/18-10-1971). Vgl. Koeppen, p. 80 (d.d. 18-10-1941): 'Hij zal als Führer met ijskoude berekening een nieuw bestuur instellen. Wat de Slaven daarvan vonden, liet hem volmaakt onverschillig.'

114 *Monologe*, p. 110 (d.d. 26/27-10-1941).
115 Geciteerd naar Krings, *Hitlers Pressechef*, p. 414. Over instructies van Hitler aan Dietrich vgl. Dietrich, *12 Jahre mit Hitler*, p. 101 e.v.; Helmut Sündermann, *Hier stehe ich... deutsche Erinnerungen 1914/45*, Leoni 1975, p. 192.
116 Smith, *Feind schreibt mit*, p. 77.
117 Kellner, *Tagebücher 1939-1945*, band 1, p. 187 (d.d. 11-10-1941).
118 Goebbels, *Tagebücher*, deel 11, band 2, p. 87 (d.d. 10-10-1941), 94 (d.d. 11-10-1941).
119 Kellner, *Tagebücher 1939-1945*, band 1, p. 188 (d.d. 19-10-1941).
120 *Meldungen aus dem Reich*, band 8, p. 2916 (d.d. 27-10-1941), 2927 e.v. (d.d. 30-10-1941). Vgl. Goebbels, *Tagebücher*, deel 11, band 2, p. 230 (d.d. 4-11-1941). Weizsäcker merkte op dat er 'een zekere golf van twijfel door het land' ging. Hill (red.), *Die Weizsäcker-Papiere 1933-1950*, p. 275 (d.d. 2-22-1941).
121 Goebbels, *Tagebücher*, deel 11, band 3, p. 93 (d.d. 11-1-1942). Vgl. ibidem, band 2, p. 444 (d.d. 2-12-1941), 483 (d.d. 12-12-1941), 555 (d.d. 21-12-1941), band 3, p. 45 (d.d. 3-1-1942).
122 Hürter, *Ein deutscher General an der Ostfront*, p. 101 (d.d. 27-10-1941), 102 (d.d. 30-10-1941). Vgl. Wagner, *Der Generalquartiermeister*, p. 207 (d.d. 20-10-1941), 211 (d.d. 29-10-1941); Bock, *Das Kriegstagebuch*, p. 296 (d.d. 19-10-1941), 306 (d.d. 3-11-1941); Guderian aan zijn vrouw, 15-10 en 31-10-1941; IfZ München, ED 100/77; Hoepner aan zijn vrouw, 19-10 en 30-10-1941, BA-MA Freiburg, N 51/9; Reinhardt aan zijn vrouw, 23-10-1941; BA-MA Freiburg, N 245/2.
123 Aantekeningen over het onderhoud Hitler–Ciano, 25-10-1941; Hillgruber (red.), *Staatsmänner und Diplomaten bei Hitler 1939-1941*,p. 626-638 (citaten p. 626, 628). Vgl. Ciano, *Tagebücher 1939-1943* (d.d. 25-10-1941). Ook op Buitenlandse Zaken rekende men er eind oktober 1941 nog op 'dat we over circa veertien dagen de Russische veldtocht afgesloten kunnen verklaren, eerst maar eens unilateraal en zonder onszelf in het oosten te verzwakken'. Ernst von Weizsäcker aan zijn moeder, 26-11-1941; BA Koblenz, N 1273/30.
124 Vgl. Montefiore, *Stalin*, p. 447-461; Baberowski, *Verbrennte Erde*, p. 409 e.v.; Neutatz, *Traüme und Alptraüme*, p. 209; Chlevnjoek, *Stalin*, p. 340-348.
125 Vgl. *Hewel-Tagebuch*, 7-11-1941; IfZ München, ED 100/78; Koeppen p. 115 (d.d. 6-11-1941).
126 Domarus, *Hitler*, band 11, p. 262 (d.d. 10-11-1941).
127 Goebbels, *Tagebücher*, deel 11, band 2, p. 262 (d.d. 10-11-1941).
128 Stieff, *Briefe*, p. 133 (d.d. 11-11-1941). Vgl. voor het voorafgaande Hartmann, *Halder*, p. 293 e.v.; Hürter, *Hitlers Heerführer*, p. 303-307.
129 Bock, *Das Kriegstagebuch*, p. 327 (d.d. 23-11-1941). Vgl. ook dagboek van Balck d.d. 25-11-1941 over een bezoek aan Guderians tankleger: 'Maar het is hier overal hetzelfde beeld: de troepen zijn aan het eind van hun krachten. Ze kunnen niet meer.' BA-MA Freiburg, N 647/8.
130 Vgl. Tooze, *Ökonomie der Zerstöring*, p. 583.
131 Goebbels, *Tagebücher*, deel 11, band 2, p. 336-347 (citaten p. 337, 340).
132 Engel, *Heeresadjutant bei Hitler*, p. 116 (d.d. 25-11-1941).
133 Vgl. o.a. de gesprekken van Hitler met de Finse minister van Buitenlandse Zaken Witting, de Hongaarse minister-president Bárdossy d.d. 27-11-1941, en de Italiaanse minister van Buitenlandse Zaken Ciano d.d. 29-11-1941; Hillgruber (red.), *Staatsmänner und Diplomaten bei Hitler 1939-1941*, p. 643, 647 e.v. 675 (citaat), 677. De adjudanten Schmundt en Engel waren 'enigzins ontzet door het sterk benadrukte, overdreven optimistisch geschilderde beeld van de oorlogssituatie door F[ührer]'. Engel, *Heeresadjutant bei Hitler*, p. 117 (d.d. 30-11-1941).
134 Goebbels, *Tagebücher*, deel 11, band 2, p. 398-404 (citaat p. 403).
135 Vgl. Hartmann, *Halder*, p 297; Hürter, *Hitlers Heerführer*, p. 309.
136 Lammers aan Schmundt, 11-12-1941 en Lammers aan Rundstedt, 28-12-194; Bundesarchiv Berlijn-Lichterfelde, R 43 11.985a.
137 Kellner, *Tagebücher 1939-1945*, p. 203 (d.d. 1/2-12-1941). Vgl. *Meldungen aus dem Reich*, band 8, p. 3059 (d.d. 4-12-1941): Volgens deze aantekening zou de terugtocht uit Rostov tot 'grote verbazing' hebben geleid, 'aangezien de meeste volksgenoten na de tot dusver tegen

NOTEN – HOOFDSTUK 6   657

138 Hürter, *Ein deutscher General an der Ostfront*, p. 116 e.v. (d.d. 4-12-1941), 120 (d.d. 5-12-1941).
139 Vgl. brief van Hoepner aan zijn vrouw, 4-12-1941: 'De krachten zijn niet meer toereikend. De troepen zitten er volledig doorheen.' BA-MA Freiburg, N 51/9.
140 Vgl. *Das Deutsche Reich und der Zweite Weltkrieg*, band 4, p. 599 e.v. (bijdrage Klink); Hartman, *Halder*, p. 297 e.v.; idem: *Wehrmacht im Ostkrieg*, p. 354; Hürter, *Hitlers Heerführer*, p. 314 e.v.
141 Guderian aan zijn vrouw, 8-12-1941; IfZ München, ED 100/77, enigszins gewijzigd en ingekort ook in Guderian, *Erinnerungen eines Soldaten*, p. 236 e.v. Vgl. het oorlogsdagboek van Reinhardt van 5-12 tot 9-12-1941; BA-MA Freiburg, N 245/2.
142 Stieff, *Briefe*, p. 139 e.v. (d.d. 7-12-1941. Vgl. de dagboekaantekening van Heinrici d.d. 6-12-1941: 'De ene na de andere aanklacht tegen de hoogste leiding, die niet het juiste tijdstip heeft onderkend waarop een eind moet worden gemaakt.' Hürter, *Ein deutscher General an der Ostfront*, p. 121.
143 Engel, *Heeresadjutant bei Hitler*, p. 120 (d.d. 8-12-1941).
144 Hubatsch (red.), *Hitlers Weisungen für die Kriegführung*, p. 199-203 (citaat p. 199).
145 Keitel, *Verbrecher oder Offizier?*, p. 285; vgl. Dietrich, *12 Jahre mit Hitler*, p. 85. Er was hem bij het nieuws over de Japanse deelname 'een molensteen' van de schouders gevallen, zei Hitler in januari 1941 tijdens het middagmaal. *Monologe*, p. 179 (d.d. 5-1-1942).
146 Warlimont, *Im Hauptquartier der Wehrmacht*, p. 221; vgl. Loßberg, *Im Wehrmachtführungsstab*, p. 147; Goebbels, *Tagebücher*, deel II, band 2, p. 458 (d.d. 8-12-1941): 'Over de ontwikkeling heerst bij de Führer en in het hele hoofdkwartier opperste blijdschap.'
147 Goebbels, *Tagebücher*, deel II, band 2, p. 458 (d.d. 9-12-1941).
148 Ibidem, p. 453 (d.d. 8-12-1941).
149 *Hewel-Tagebuch*, 8-12-1941; IfZ München, ED 100/78.
150 Gerhard Wagner (red.), *Lagevorträge des Oberbefehlshabers der Kriegsmarine vor Hitler 1939-1945*, München 1972, p. 264 (d.d. 9-7-1941). Vgl. Kershaw, *Wendepunkte*, p. 507 e.v.
151 Bijzonder duidelijk formuleerde Hitler deze fixatie in zijn Rijksdagtoespraak van 11-12-1941: 'We weten welke kracht er achter Roosevelt staat. Het is de eeuwige Jood, die zijn tijd gekomen acht om datgene aan ons te voltrekken wat we in Sovjet-Rusland allen huiverend zien en beleven moesten.' Domarus, *Hitler*, band II, deel 2, p. 1808.
152 Goebbels, *Tagebücher*, deel II, band 1, p. 236 e.v. (d.d. 15-8-1941).
153 Ibidem, p. 263 (d.d. 19-8-1941).
154 Vgl. voor het 'Greer'-incident en de reactie daarop Gerste, *Roosevelt und Hitler*, p. 176-178.
155 Goebbels, *Tagebücher*, deel II, band 1, p. 408 (d.d. 13-9-1941), 417 (d.d. 14-9-1941). Vgl. ibidem, p. 420 (d.d. 15-9-1941): 'We willen Roosevelt de weg naar oorlog die hij wil inslaan niet nog gemakkelijker maken.'
156 Domarus, *Hitler*, band II, 2, p. 1778.
157 Vgl. Kershaw, *Wendepunkte*, p. 509 e.v., 514 e.v.
158 Goebbels, *Tagebücher*, deel II, band 2, p. 299 (d.d. 16-11-1941), 308 (d.d. 18-11-1941). Vgl. ibidem, p. 149 (d.d. 21-10-1941), 189 (d.d. 26-10-1941), 339 (d.d. 6-11-1941).
159 Vgl. voor de besluitvorming over Japanse oorlogsdeelname Kershaw, *Wendepunkte*, p. 520 e.v.
160 ADAP, serie D, band 13,2, doc. 512, p. 709; vgl. Kershaw, *Wendepunkte*, p. 518-520.
161 Vgl. Kershaw, *Wendepunkte*, p. 520 e.v.
162 Goebbels, *Tagebücher*, deel II, band 2, p. 452 (d.d. 8-12-1942). Op 25 november 1941 had de minister van Propaganda geconstateerd: 'Het conflict USA-Japan snelt met reuzenschreden zijn dramatische hoogtepunt tegemoet.' Ibidem, p. 362.
163 Ibidem, p. 339 (d.d. 22-11-1941).
164 Vgl. Kershaw, *Wendepunkte*, p. 525.
165 Vgl. Hill (red.), *Die Weizsäcker-Papiere 1933-1950*, p. 280 (d./d. 10-12-1941).

166 Ernst von Weizsäcker, *Erinnerungen*, München 1950, p. 328.
167 Vgl. Wehler, *Deutsche Gesellschaftsgeschichte*, band IV, p. 862; Pätzold/Weißbecker, *Adolf Hitler*, p. 471; Hillgruber, *Hitlers Strategie*, p. 553.
168 Goebbels, *Tagebücher*, deel II, band 2, p. 463-469 (d.d. 10-12-1941). Na een volgend gesprek in de middag van de daaropvolgende dag moest Goebbels overigens constateren dat ook de Führer 'van mening [was] dat het er in het oosten momenteel niet al te gunstig voorstaat'. Vooral 'het nog volledig ontbreken van winteruitrusting' was te betreuren. Ibidem, p. 475 (d.d. 11-12-1941).
169 Schmidt, *Statist auf diplomatischer Bühne*, p. 542 e.v.; tekst van de oorlogsverklaring in ADAP, serie D, band 13,2, doc. 577, p. 817.
170 Domarus, *Hitler*, band II,2, p. 1794-1811 (citaten p. 1794, 1800, 1804, 1809).
171 *Meldungen aus dem Reich*, band 8, p. 3089 (d.d. 15-12-1941).
172 Friedrich Kellner registreerde in zijn omgeving uitlatingen zoals: 'Nu zou de Duitse overwinning sneller behaald worden.' *Tagebücher 1939-1945*, band I, p. 207 (d.d. 12-12-1941). Het is echter twijfelachtig of dergelijke uitlatingen als representatief gezien kunnen worden.
173 Goebbels, *Tagebücher*, deel II, band 2, p. 494-497 (d.d. 13-12-1941).
174 Hillgruber (red.), *Staatsmänner und Diplomaten bei Hitler*, band I, p. 682 (citaten p. 683, 684).
175 Goebbels, *Tagebücher*, deel II, band 2, p. 506 (d.d. 14-12-1941).
176 Vgl. Below, *Als Hitlers Adjutant*, p. 298; *Hewel-Tagebuch*, 16-12-1941; IfZ München, ED 100/78.
177 Hoepner aan zijn vrouw, 12-12-1941; BA-MA Freiburg, N 51/9; vgl. Reinhardt aan zijn vrouw, 15-12-1941; BA-MA Freiburg, N245/2.
178 Stieff, *Briefe* (d.d. 9-12-1941). Vgl. Heinrici, *Ein deutscher General an der Ostfront*, p. 128 (d.d. 16-12-1941); Leeb, *Tagebuchaufzeichnungen*, p. 418 (d.d. 16-12-1941). Het voorbeeld van Napoleon 'staat ons waarschuwend voor ogen', merkte het hoofd van de afdeling Operaties Heusinger op 5-12-1941 op; Meyer, *Georg Heusinger*, p. 165. Het boek *Unter vier Augen* van de Franse generaal Caulaincourt, die Napoleon vergezelde tijdens de terugtocht uit Rusland, behoorde rond de jaarwisseling 1941/1942 tot de favoriete lectuur van Duitse officieren. Vgl. brief van Hoepner aan zijn vrouw, 23-12-1941; BA-MA Freiburg, N 51/9.
179 Halder, *Kriegstagebuch*, band III, p. 336 (d.d. 2-12-1941). Vgl. de notitie van generaal Liebenstein, Guderians stafchef bij het Tweede Tankleger, d.d. 9-12-1941; IfZ München, ED 100/77.
180 Halder, *Kriegstagebuch*, band III, p. 348 (d.d. 15-12-1941).
181 Vgl. Kroener, *Generaloberst Friedrich Fromm*, p. 422 e.v.
182 *KTB OKW*, band I, p. 1083.
183 Bock, *Das Kriegstagebuch*, p. 352 (d.d. 16-12-1941). Vgl. de brief van Hoepner aan zijn vrouw, 17 december 1941: 'H[itler] heeft nu elk verder ontwijken verboden. Daarmee kan het doodvonnis over me geveld zijn!'; BA-MA Freiburg, N 220/88.
184 *KTB OKW*, band I, p. 1048; Vgl. voor Hitlers 'Haltebefehlen' Hürter, *Hitlers Heerführer*, p. 326 e.v.
185 Halder aan Heinrich Uhlig, 17-6-1941; BA-MA Freiburg, N 220/80.
186 Halder, *Kriegstagebuch*, band III, p. 285 (d.d. 10-11-1941); Löffler, *Walter von Brauchitsch*, p. 254; Vgl. voor de ontwikkeling van de verstandhouding tussen Brauchitsch en Hitler de aantekeningen over de gesprekken met Charlotte von Brauchitsch d.d. 3/4-4-1952, met Helmuth Greiner d.d. 21-1-1952, met Adolf Heusinger d.d. 25-1-1952 en 20-2-1952. Heinz von Gliedenfeld, d.d. 2-3-1952; IfZ München, ZE 18, ZS 238, ZS 69, ZS 239.
187 Halder, *Kriegstagebuch*, band III, p. 232 (d.d. 7-12-1941). Vgl. Engel, *Heeresadjutant bei Hitler*, p. 117 (d.d. 6-12-1941): 'Vertrouwen tussen F[ührer] en OB (Oberbefehlshaber) niet meer te lijmen.'
188 Goebbels, *Tagebücher*, deel II, band 2, p. 538 (d.d. 18-12-1941; vgl. Below, *Als Hitlers Adjutant*, p. 298.
189 Goebbels, *Tagebücher*, deel II, band 3, p. 510, (d.d. 20-3-1942).

NOTEN – HOOFDSTUK 6   659

190 Guderian aan zijn vrouw, 16-12-1941; IfZ München, ED 100/77; Hürter, *Ein deutscher General an der Ostfront*, p. 130 (d.d. 20-12-1941).
191 Geciteerd naar Hartmann, *Halder*, p. 303. Hermann Balck, die Halder op 31 december 1941 verslag uitbracht, vond hem 'fris en optimistisch': 'Hij heeft besloten nieuwe moed te vatten.' BA-MA Freiburg, N 647/8.
192 Christa Schroeder aan Johanna Nusser, 15-1-1942; Schroeder, *Er war mein Chef*, p. 127. Vgl. Warlimont, *Im Hauptquartier der Wehrmacht*, p. 231 e.v.
193 KTB OKW, band I. p. 1085 (d.d. 21-12-1941), 1086 (d.d. 26-12-1941).
194 Guderian, *Erinnerungen eines Soldaten*, p. 240-143 (citaten p. 241 e.v.).
195 Aldus Hürter, *Hitlers Heerführer*, p. 332.
196 Goebbels, *Tagebücher*, deel II, band 2, p. 539 (d.d. 18-12-1941). Vgl. *Monologe* (d.d. 17/18-1-1942): 'De generaals moeten koude kikkers zijn.'
197 Vgl. Hoepners verslag d.d. 13-2-1942; BA-MA Freiburg N 51/3. Voor de voorgeschiedenis vgl. ook brief van Hoepner aan zijn vrouw, 4-1-192; BA-MA Freiburg, N 51/9. Op initiatief van Schmundt werd Hoepners ontslag uit de Wehrmacht na enkele maanden omgezet in een fatsoenlijk afscheid, zodat de generaal aanspraak op pensioen kon blijven maken. Below, *Als Hitlers Adjutant*, p. 304.
198 Domarus, *Hitler*, band II,2, p. 1815. Goebbels, *Tagebücher*, deel II, band 2, p. 557 (d.d. 21-12-1941).
199 Goebbels, *Tagebücher*, deel II, band 3, p. 39 (d.d. 2-1-1942).
200 Vgl. *Meldungen aus dem Reich*, band 9, p. 3120, (d.d. 5-1-1942).
201 *Hewel-Tagebuch*, 24-12-1941; IfZ München, ED 100/87.
202 Vgl. *Hewel-Tagebuch*, 31-12-1941; IfZ München, ED 100/78. Dietrich, *12 Jahre mit Hitler*, p. 107 e.v.; Below, *Als Hitlers Adjutant*, p. 297; Halder, *Kriegstagebuch*, band III, p. 371 (d.d. 2-1-1941).
203 *Hewel-Tagebuch*, 31-12-1941; IfZ München, ED 100/78. Vgl. Schroeder, *Er war mein Chef*, p. 102; Irving, *Hitler und seine Feldherren*, p. 367.
204 Domarus, *Hitler*, band II,2, p. 1820 e.v.
205 Goebbels, *Tagebücher*, deel II, band 3, p. 35 (d.d. 1-1-1942).
206 Kellner, *Tagebücher*, deel II, band 3, p. 223 (d.d. 1-1-1942)
207 Hürter, *Ein deutscher General an der Ostfront*, p. 139 (d.d. 11-1-1942).
208 Halder, *Kriegstagebuch*, band II, p. 372 (d.d. 2-1-1942), 373 (d.d. 3-1-1942); vgl. Meyer, *Adolf Heusinger*, p. 171.
209 *Monologe*, p. 171 (d.d. 3/4-1-1942).
210 Ibidem, p. 195 (d.d. 12/13-1942).
211 KTB OKW, band II, p. 1268 e.v.; Hürter, *Hitlers Heerführer*, p. 339.
212 Goebbels, *Tagebücher*, deel II, band 3, p. 143 e.v. (d.d. 20-1-1942).
213 Ibidem, p. 146 (d.d. 20-1-1942). Vgl. ook ibidem, p. 500 (d.d. 20-3-1942): 'De Führer heeft afgelopen winter het front in zijn eentje gered.'
214 Karl-Jesko von Puttkamer aan Friedrich Hoßbach, 2-3-1942; BA-MA Freiburg, N 24/13.
215 Keitel, *Verbrecher oder Offizier?*, p. 293. Vgl. ook notitie van Jodl, 'Mein Verhältnis zu Hitler', d.d. 18-1-1946: hij zou Hitler nooit 'méér bewonderd' hebben dan in de winter 1941-1942, toen hij 'in zijn eentje het wankelende oostfront overeind hield'. BA-MA Freiburg, N 69/48.
216 Franz Halder, *Hitler als Feldherr*, München 1949, p. 46 e.v.
217 Hürter, *Ein deutscher General an der Ostfront*, p. 147 (d.d. 28-2-1942). Vgl. voor evaluatie van Hitlers *Haltebefehle* ook Hürter, *Hitlers Heerführer*, p. 327, 344 e.v.
218 Vgl. Richard Overy, *Russlands Krieg 1941-1945*, Reinbek bei Hamburg 2003, p. 193-195; Hartmann, *Wehrmacht im Ostkrieg*. p. 380.
219 Goebbels, *Tagebücher*, deel II, band 3, p. 221 e.v.
220 Vgl. Below, *Als Hitlers Adjutant*, p. 305.
221 Domarus, *Hitler*, band II,2, p. 1826-1834 (citaten p. 1827, 1832 e.v.). Voor de opgefokte stemming tijdens de bijeenkomst vgl. Goebbels, *Tagebücher*, deel II, band 3, p. 227 e.v. (d.d. 31-1-1942).

222 Goebbels, *Tagebücher*, deel 11, band 3, p. 229 (d.d. 31-1-1942).
223 Vgl. *Meldungen aus dem Reich*, band 3, p. 3233-3236 (d.d. 2-2-1942). Friedrich Kellner daarentegen zei: de 'Sovjets' zijn 'al zo vaak vernietigd en verslagen dat dergelijke aankondigingen op mij geen enkele indruk kunnen maken'. *Tagebücher 1939-1945* band 1, p. 234 (d.d. 4-2-1942).
224 Domarus, *Hitler*, band 11, p. 1833.
225 Goebbels, *Tagebücher*, deel 11, band 3, p. 207 (d.d. 28-1-1942).
226 Vgl. ibidem, p. 187 (d.d. 25-1-1942), 340 (d.d. 29-2-1942), 412 e.v. (d.d. 5-3-192), 499 (d.d. 20-3-1942).
227 Majoor König aan Friedrich Hoßbach, 5-2-1943; BA-MA Freiburg, N 24/17.
228 Vgl. Volker Ullrich, *Alles oder Nichts*, in ZEIT-Geschichte, hfst. 4 (2011), p. 90-93; Pyta, *Hitler*, p. 336, 623 e.v.
229 Vgl. Tooze, *Ökonomie der Zerstörung*, p. 584 e.v.
230 Vgl. Albert Speer aan Karl Thieme, 20-12-1975; BA Koblenz, N 1340/64; Speer, *Erinnerungen*, p. 207 e.v.
231 Vgl. eindverslag van de krijgsraad te velde van de commanderende generaals en bevelhebbers in Luftgau 1, Königsberg, 8-3-1943; BA Koblenz, N 1340/518; Franz W. Seidler, *Frits Todt, Baumeister des Dritten Reiches*, München-Berlin 1986, p. 367 e.v.; Joachim Fest, *Speer. Eine Biographie*, Berlijn 1999, p. 179-182.
232 Below, *Als Hitlers Adjutant*, p. 305 e.v.; vgl. Goebbels, *Tagebücher*, deel 11, band 3, p. 277 (d.d. 9-2-1942): 'De Führer is diep geraakt door dit verlies.'
233 Vgl. notitie van Speer over zijn werk als minister 8-2-1945, Neurenberg, 10-8-1946, p. 6; BA Koblenz N1340/84. De beschrijving klopt met de voorstelling in Speers *Erinnerungen*, p. 210.
234 Rudolf Wolters, *Kurzer Lebensabriss*, p. 18; BA Koblenz, N 1340/76.
235 Vgl. Magnus Brechtken, *Albert Speer. Eine deutsche Karriere*, München 2017, p. 157 e.v., 205 e.v.; Tooze, Ökonomie der Zerstörung, p. 634-639; Martin Kitchen, *Speer. Hitler's Architect,* Newhaven en Londen 2015; Speers bewering dat hij zijn promotie tot minister met tegenzin, als 'een soort dienstplicht', heeft aanvaard, is ongeloofwaardig (*Erinnerungen*, p. 213). Hij zou 'heel ongelukkig' zijn geweest met zijn benoeming, beweerde Speer ook reeds in een brief aan zijn vrouw van 8-11-1950; BA Koblenz, N 1340/133.
236 Goebbels, *Tagebücher,* deel 11, band 3, p. 391 (d.d. 13-2-1942). De toespraak is afgedrukt in Domarus, *Hitler,* band 11, 2, p. 1836-1840. Een uitnodiging voor de staatsbegrafenis van Fritz Todt in de nalatenschap van Fritz Sauckel; BA Koblenz, 1582/3. Het SD-rapport registreerde uitlatingen dat de Führer zich nog nooit 'in deze mate van zijn menselijke kant heeft laten zien'. *Meldungen aus dem Reich*, band 9, p. 3314 (d.d. 16-2-1942).
237 KTB OKW, band 1, p. 1093-1098 (citaat p. 1093).
238 Vgl. Goebbels, *Tagebücher*, deel 11, band 3, p. 300 (d.d. 13-2-1942), 318 e.v. (d.d. 15-2-1942). In soortgelijke zin uitte Hitler zich op 11-2-1942 ook tegenover Antonescu; vgl. Hillgruber (red.), *Staatsmänner und Diplomaten bei Hitler 1942-1944*, p. 44 e.v.
239 Notitie van Walter Scherff, sinds mei 1942 gevolmachtigde van de Führer voor de militaire geschiedschrijving, d.d. 13-2-1942; afgedrukt in Marianne Feuersenger, *Im Vorzimmer der Macht. Aufzeichnungen aus dem Wehrmachtführungsstab und Führerhauptquartier 1940-1945*, 4de druk, München 2001, p. 106-110 (citaten p. 108, 107).
240 Toespraak door Hitler tot aspirant-officieren in het Berlijnse Sportpalast op 14-2-1942; BA Berlijn-Lichterfelde, NS 51/28.
241 Goebbels, *Tagebücher*, deel 11, band 3, p. 314 (d.d. 15-2-1942); vgl. *Meldungen aus dem Reich*, band 9, p. 3314 e.v. (d.d. 16-2-1942).
242 Vgl. de cijfers bij Halder, *Kriegstagebuch*, band 111, p. 418 (d.d. 25-3-1942). Volgens Rudiger Overmans, *Deutsche militärische Verluste im Zweiten Weltkrieg*, München 2000, p. 279, sneuvelden of stierven er tot eind maart aan het oostfront 438.819 soldaten. De verliezen aan Sovjetzijde bedroegen tot februari 1942 bijna 3 miljoen gevangenen en 2.663.000 gesneuvelden. Merridale, *Iwans Krieg*, p. 168.

243 Vgl. Müller, *Der letzte deutsche Krieg*, p. 115 e.v.
244 Christa Schroeder aan Johanna Nusser, 27-2-1942; Schroeder, *Er war mein Chef*, p. 129. 'Deze winter heeft de Führer veel geprobeerd', meldde ook Karl-Jesko von Puttkamer in een brief aan Friedrich Hoßbach d.d. 2-3-1942; BA-MA Freiburg, N 24/13.
245 Goebbels, *Tagebücher*, deel 11, band 3, p. 510-1515 (citaten p. 512, 509, 501, 510).
246 *Monologe*, p. 300 (d.d. 26/27-2-1942).
247 Goebbels, *Tagebücher*, deel 11, band 3, p. 506 (d.d. 20-3-1942).
248 KTB OKW, band IV, p. 1503 (d.d. 15-5-1945).
249 Hassell, *Vom andern Deutsland*, p. 242 (d.d. 11-7-1942) – mededelingen Elsa Bruckmann.
250 Hillgruber (red.), *Staatsmänner und Diplomaten bei Hitler 1939-1941*, p. 657. Vgl. soortgelijke *Monologe*, p. 239 (d.d. 27-1-1942): 'Daarin ben ik ook hier ijskoud. Als het Duitse volk niet bereid is zich in te zetten voor zijn zelfbehoud, heel goed: dan moet het verdwijnen!'

7 De weg naar de Holocaust

1 Domarus, *Hitler*, band 11, 2, p. 1829. Al in zijn Rijksdagtoespraak van 30-1-1941 had Hitler zich op soortgelijke wijze uitgelaten. Vgl. ibidem, p. 1663.
2 Vgl. Ullrich, *Adolf Hitler*, band 1, p. 762 e.v.
3 Vgl. Kershaw, *Wendepunkte*, p. 544; Herbst, *Das nationalsozialistische Deutschland 1933-1945*, p. 384.
4 Vgl. Hans Mommsen, 'Die Realisierung des Utopischen. Die Endlösung der Judenfrage im Dritten Reich', in *Geschichte und Gesellschaft*, jrg. 9 (1983), p. 381-420, ook afgedrukt in idem, *Der Nationalsozialismus und die deutsche Gesellschaft. Ausgewählte Aufsätze*, Reinbek bei Hamburg 1991, p. 184-232.
5 Wehler, *Deutsche Gesellschaftsgeschichte*, band IV, p. 885.
6 Kellner, *Tagebücher 1939-1945*, band 1, p. 48 (d.d. 14-11-1939). Vgl. over de aanscherping van de antisemitische represailles na het begin van de oorlog Saul Friendländer, *Die Jahre der Vernichtung. Das Dritte Reich und die Juden*, band 11: *1939-1945*, München 2006, p. 74-78; Christopher Browning, *Die Entfesselung der 'Endlösung'. Nationalsozialistische Judenpolitik 1939-1942*, München 2003, p. 254-261; Hans Mommsen, *Das NS-Regime und die Auslösung des Judentums in Europa*, Göttingen 2014, p. 113 e.v.; Markus Roth: *'Ihr wißt, wollt es aber nicht wissen.' Verfolgung, Terror und Widerstand im Dritten Reich'*, München 2015, p. 220-226; David Cesarani, *'Endlösung'. Das Schicksal der Juden 1933 bis 1948*, Berlijn 2016, p. 348-352.
7 Klemperer, *Tagebücher 1933-1941*, p. 529 (d.d. 26-5-1940).
8 Cohn, *Kein Recht, nirgends*, band 2, p. 745 (d.d. 26-1-1940); Klemperer, *Tagebücher 1933-1941*, p. 537 (d.d. 6-7-1940).
9 Otto Dov Kulka/Eberhard Jäckel (red.), *Die Juden in den geheimen NS-Stimmungsberichten 1939-1945*, Düsseldorf 2004, doc. 514, p. 431. Vgl. voor de evacuatie na het begin van de oorlog Friendländer, *Die Jahre der Vernichtung*, p. 108-117; Longerich, *Politik der Vernichtung*, p. 232 e.v.; Roth, *Verfolgung, Terror und Widerstand im Dritten Reich*, p. 222 e.v.
10 Cohn, *Kein Recht, nirgends*, band 2, p. 685 (d.d. 4-9-1939).
11 Vgl. Wolfgang Benz, *Der Holocaust*, München 1995, p. 33; Diether Pohl, *Holocaust. Die Ursachen, das Geschehen, die Folgen*, Freiburg-Bazel-Wenen, p. 42.
12 Domarus, *Hitler*, band 11,1, p. 1442, 1468.
13 Kulka/Jäckel (red.), *Die Juden in den geheimen NS-Stimmungsberichten 1939-1945*, doc. 471, p. 412.
14 Domarus, *Hitler*, band 11,1, p. 1442, 1468.
15 Klemperer, *Tagebücher 1939-1941*, p. 536 (d.d. 29-6-1941).
16 Goebbels, *Tagebücher*, deel 1, band 7, p. 293 (d.d. 3-2-1940), 367 (d.d. 27-3-1940).
17 Ibidem, band 9, p. 399 (d.d. 24-6-1941).
18 Ibidem, band 7, p. 138 (d.d. 5-10-1939). Vgl. voor het volgende Friedländer, *Die Jahre der Vernichtung*, p. 45-50, 124-128.
19 Vgl. Goebbels, *Tagebücher*, deel 1, band 7, p. 173 (d.d. 29-10-1939), 202 (d.d. 19-11-1939), 214 (d.d. 18-12-1939).

20 Ibidem, band 8, p. 35 (d.d. 4-4-1940).
21 Ibidem, band 8, p. 372 (d.d. 11-10-1940). Vgl. voor het voorafgaande ibidem, p. 103 (d.d. 9-5-1940), 165 (d.d. 9-6-1940), p. 304 (d.d. 3-9-1940).
22 Vgl. Alexandra Przyrembel/Jörg Schönert (red.), *'Jud Süß'. Hofjude, literarische Figur, antisemitisches Zerrbild*, Frankfurt am Main 2006.
23 Goebbels, *Tagebücher*, band 8, p. 279 (d.d. 18-8-1940). Voor het voorafgaande vgl. ibidem, band 7, p. 208 (d.d. 23-11-1939), 220 (d.d. 5-12-1939), band 8, p. 77 (26-4-1940).
24 Ibidem, band 8. p. 345 (d.d. 26-9-1940).
25 *Meldungen aus dem Reich*, band 6, p. 1811 e.v. (d.d. 28-11-1940).
26 Kulka/Jäckel (red.), *Die Juden in den geheimen NS-Stimmungsberichten 1933-1945*, doc. 524, p. 435.
27 *Meldungen aus dem Reich*, band 6, p. 1918 (d.d. 20-1-1941). Vgl. ook het verslag van het SD-kantoor Höxter, 7-12-1941; Kulka/Jäckel (red.), *Die Juden in den geheimen NS-Stimmungsberichten 1933-1945*, doc. 536, p. 441. In Dresden werd de film al na een week teruggetrokken. Vgl. Klemperer, *Tagebücher 1933-1941*, p. 564 (d.d. 1-12-1940).
28 Geciteerd naar Friedländer, *Die Jahre der Vernichtung*, p. 127.
29 *Meldungen aus dem Reich*, band 6, p. 1918 (d.d. 20-1-1941).
30 Verklaring Wiedemann d.d. 9-6-1961, geciteerd naar Ernst Klee, *'Euthanasie' im Dritten Reich. Die 'Vernichtung lebensunwertes Lebens'*. Volledig bijgewerkte heruitgave, Frankfurt am Main 2010, p. 78.
31 Vgl. voor de details Ulf Schmidt, *Hitlers Arzt Karl Brandt. Medizin und Macht im Dritten Reich*, Berlijn 2009, p. 177-184.
32 Vgl. Klee, *'Euthanasie' im Dritten Reich*, p. 333-340; Schmidt, *Hitlers Arzt Karl Brandt*, p. 185-189; Michael Burleigh, *Die Zeit des Nationalsozialismus. Eine Gesamtdarstellung*, Frankfurt am Main 2000, p. 442-444.
33 Beëdigde verklaring van Lammers in Neurenberg d.d. 30-1-1947, geciteerd naar Burleigh, *Die Zeit des Nationalsozialismus*, p. 442. Vgl. voor de datering Henry Friedlander, *Der Weg zum NS-Genozid. Von der Euthanasie zur Endlösung*, Berlijn 1997, p. 119 e.v.; Schmidt, *Hitlers Arzt Karl Brandt*, p. 645, opm. 41.
34 Vgl. voor de competentiestrijd om de leiding over het moordprogramma Schmidt, *Hitlers Arzt Karl Brandt*, p. 191-196.
35 Vgl. Klee, *'Euhanasie' im Dritten Reich*, p. 87 e.v., 90-92.
36 Vgl. voor de zitting van 9-10-1940 uitvoerig Götz Aly, *Die Belasteten. 'Euthanasie' 1939-1945 Eine Gesellschaftsgeschichte*, Frankfurt am Main 2013, p. 44-46.
37 Ernst Klee, *Dokumente zur 'Euthanasie'*, Frankfurt am Main 1985, p. 85.
38 Vgl. Aly, *Die Belasteten*, p. 42; Schmidt, *Hitlers Arzt Karl Brandt*, p. 197-199; Kershaw, *Hitler*, band 11, p. 349 e.v.
39 Vgl. Klee, *'Euthanasie im Dritten Reich*, p. 94-111; Longerich, *Politik der Vernichtung*, p. 236 e.v.; Götz Aly, *'Endlösung'. Völkerverschiebung und der Mord an den europäischen Juden*, Frankfurt am Main 1995, p.114-126.
40 Vgl. Klee, *'Euthanasie' im Dritten Reich*, p. 134-165; samenvattend Longerich, *Politik der Vernichtung*, p. 238 e.v. Voor de plaats vgl. Annette Hinz-Wessels, *Tiergartenstraße 4, Schaltstelle der nationalsozialistische 'Euthanasie'-Morde*, Berlijn 2015. Voor de cijfers zie Aly, *Die Belasteten*, p. 48.
41 Goebbels, *Tagebücher*, deel 1, band 8, p. 87 (d.d. 1-5-1940). Voor de geruchten vgl. Klee, *'Euthanasie' im Dritten Reich*, p. 136-138, 172-178.
42 Goebbels, *Tagebücher*, deel 1, band 8, p. 336 (d.d. 20-9-1940); Vgl. Klee, *'Euthanasie' im Dritten Reich*, p. 213-215.
43 Shirer, *Berliner Tagebuch*, p. 482 (d.d. 21-9-1940), 534-539 (d.d. 25-11-1940).
44 Vgl. Dara Berger, *Experten der Vernichtung. Das T 4-Reinhardt-Netzwerk in den Lagern Belzec, Sobibor, Treblinka*, Hamburg 2013, p. 9, 31-33.
45 Raul Hilberg, *Die Vernichtung der europäischen Juden*, band 2; Frankfurt am Main 1990, p. 937.
46 Vgl. Browning, *Die Entfesselung der 'Endlösung'*, p. 30 e.v.; Longerich, *Politik der Vernichtung*, p. 250-252.

47 Die Verfolgung und Ermordung der europäischen Juden durch das nationalsozialistische Deutschland, band 4, bewerkt door Klaus-Peter Friedrich, München 2011, doc. 122. Vgl. Longerich, Politik der Vernichtung, p. 253 e.v.; Gerwarth, Reinhard Heydrich, p. 194 e.v.; Mommsen, Das NS-Regime und die Auslöschung des Judentums, p. 114 e,v.; Cesarani, 'Endlösung', p. 320-323.
48 Goebbels, Tagebücher, deel 1, band 4, p. 130 (d.d. 7-10-1939). In Rosenbergs dagboek luidt de desbetreffende passage: 'Tussen Weichsel e[n] Bug: het complete Jodendom (ook u[it] h[et] rijk), evenals alle ergens onbetrouwbare elementen.' Rosenberg, Die Tagebücher 1934-1944, p. 290 e.v. (d.d. 29-9-1939).
49 Goebbels, Tagebücher, deel 1, band 7, p. 177 (d.d. 7-10-1939).
50 Engel, Heeresadjutant bei Hitler, p. 65 (d.d. 8-10-1939).
51 Goebbels, Tagebücher, deel 1, band 7, p. 177 (d.d. 2-11-1939), 179 e.v. (d.d. 3-11-1939). Iets dergelijk noteerde Marga Himmler, de vrouw van Heinrich Himmler, na een bezoek aan Posen, Łódź en Warschau op 7-3-1940 in haar dagboek: 'Dat Jodentuig, de Polakken, de meesten zien er helemaal niet uit als mensen, e[n] de onbeschrijflijke viezigheid. Het is een ongelooflijke opgave om daar orde te scheppen.' Himmler/Wildt (red.), Himmler Privat, p. 226.
52 Goebbels, Tagebücher, deel 1, band 7, p. 220 e.v. (d.d. 5-12-1939).
53 Die Verfolgung und Ermordung der europäischen Juden, band 4, doc, 18, p. 102.
54 Vgl. voor het 'Nisko-Projekt' Longerich, Politik der Vernichtung, p. 256-258; Browning, Die Entfesselung der 'Endlösung', p. 67-70; Mommsen, Das NS-Regime und die Auslöschung des Judentums in Europa, p. 115-177; Gerwarth, Reinhard Heydrich, p. 196 e.v.; Wildt, Generation des Unbedingten, p. 468-470; David Cesarani, Adolf Eichmann. Bürokrat und Massenmörder. Biographie, Berlijn 2002, p. 111-117; idem, 'Endlösung', p. 323-326.
55 Kulka/Jäckel (red.), Die Juden in den geheimen NS-Stimmungsberichten 1933-1945. doc. 480, p. 416 (d.d. 27-11-1939).
56 Vgl. Wildt, Generation des Unbedingten, p. 472 e.v.; Cesarani, Adolf Eichmann, p. 117 e.v.
57 Vgl. voor het stoppen van het 'Nisko-Projekt' Longerich, Politik der Vernichtung, p. 258 e.v.; Browning, Die Entfesselung der 'Endlösung', p. 72-74; Mommsen, Das NS-Regime und die Auslöschung des Judentums in Europa, p. 118 e.v.
58 Goebbels, Tagebücher, deel 1, band 7, p. 281 (d.d. 23-1-1940).
59 Vgl. Longerich, Politik der Vernichtung, p. 267-269; Browing, Die Entfesselung der 'Endlösung', p. 101-107. Voor de deportatie van de Joden uit Stettin vgl. Die Verfolgung und Ermordung der europäischen Juden, band 3, doc. 52 en 53, p. 169-173; Aly, 'Endlösung', p. 97 e.v.
60 Aantekeningen van Walter Hewel over het onderhoud van Hitler met Colin Ross, 12-3-1940; ADAP, serie D, band 8,1, p. 714-717 (citaat p. 716); vgl. Browning, die Entfesselung der 'Endlösung', p. 111. Voor de ontvangst van Colin Ross door Hitler vgl. ook Goebbels, Tagebücher deel 1, band 7, p. 349 e.v. (d.d. 15-3-1940).
61 Vgl. Friedländer, Die Jahre der Vernichtung, p. 64, 130, 169-172; Browning, Die Entfesselung der 'Endlösung', p. 175-185; Cesarani, 'Endlösung', p. 339-348; Andrea Löw, Juden im Ghetto Litzmannstadt, Lebensbedingungen, Selbstwahrnemung, Verhalten, Göttingen 2006.
62 Ullrich, Adolf Hitler, band 1, p. 737 e.v.; vgl. Hans Jansen, Der Madagaskar-Plan. Die beabsichtigte Deportation der europäischen Juden nach Madagaskar, München 1997; Magnus Brechtken, 'Madagaskar für die Juden.' Antisemitische Idee und Politische Praxis 1805-1945, München 1998.
63 Helmut Krausnick, 'Denkschrift Himmlers über die Behandlung der Fremvölkischen im Osten (Mai 1940)', in Vierteljahrshefte für Zeitgeschichte, jrg. 5 (1957), p. 194-198 (citaat p. 179).
64 Heinrich Himmlers Taschenkalender 1940, p. 261 (d.d. 25-5-1940). In een aantekening over Hitlers reactie schreef Himmler op 28-5-1940: 'De Führer las de zes pagina's door en vond ze zeer goed en juist.' Krausnick, Denkschrift Hinmlers, p. 194.
65 Franz Rademacher, Gedanken über die Arbeit und Aufgaben des Ref. d iii, 3-6-1940, geciteerd naar Browning, Die Entfesselung der 'Endlösung', p. 132. Vgl. Hans-Jürgen Döscher, Das Auswertige Amt im Dritten Reich. Diplomatie im Schatten der 'Endlösung',

Berlijn 1987, p. 215; Eckart Conze/Norbert Frei/Peter Hayes/Moshe Zimmermann, *Das Amt und die Vergangenheit. Deutsche Diplomaten im Dritten Reich und in der Bundesrepublik*, München 2010, p. 183 e.v.
66 Franz Rademacher, *Plan zur Lösung der Judenfrage*, 2-7-1940, geciteerd naar Longerich, *Politik der Vernichtung*, p. 275; idem, *Die Judenfrage im Friedensvertrage*, 3-7-1940; *Die Verfolgung und Ermordung der europäischen Juden*, band 3, doc. 92, p. 251-253; vgl. Browning, *Die Entfesselung der 'Endlösung'*, p. 136 e.v.
67 Vgl. Ciano, *Tagebücher 1939-1943*, p. 249 (d.d. 18/19-6-1940); Schmidt, *Statist auf diplomatischer Bühne*, p. 485.
68 Vgl. Wagner (red.), *Lagevorträge des Oberbefehlshabers der Kriegsmarine*, p. 107 (d.d. 20-6-1940).
69 Werner Präg/Wolfgang Jacobmeyer (red.), *Das Diensttagebuch des deutschen Generalgouverneurs in Polen 1939-1945*, Stuttgart 1975, p. 252 (d.d. 12-7-1940).
70 Goebbels, *Tagebücher*, deel 1, band 8, p. 238 (d.d. 26-7-1940).
71 Ibidem, p. 276 (d.d. 17-8-1940). Op 15-8-1940 hoorde Rademacher via Luther over een gesprek van Hitler met de Duitse ambassadeur in Parijs, Otto Abetz, op 3-8, waarin de Führer zijn voornemen had aangekondigd 'na de oorlog alle Joden uit Europa te evacueren'. ADAP, serie D, band 10, nr. 345, p. 399.
72 *Im Warschauer Ghetto. Das Tagebuch des Adam Czerniaków, 1939-1942*, München 1986, p. 88 (d.d. 1-7-1940).
73 Klemperer, *Tagebücher 1939-1941*, p.538 (d.d. 7-7-1940).
74 *Die Verfolgung und Ermordung der europäischen Juden*, band 3, doc. 89, p. 246 e.v.; vgl. Gerwarth, *Reinhard Heydrich*, p. 223.
75 *Die Verfolgung und Ermordung der europäischen Juden*, band 3, doc. 99, p. 266-273 (citaten p. 267, 271); Wildt, *Generation des Unbedingten*, p. 502 e.v.; Cesarani, *'Endlösung'*, p. 373 e.v.
76 Engel, *Heeresadjutant bei Hitler*, p. 94 e.v. (d.d. 2-2-1941).
77 Hillgruber (red.), *Staatsmänner und Diplomaten bei Hitler 1939-1941*, p. 573 e.v.
78 Rademacher aan gezant Bielfeld, 10-2-1942: de Führer heeft besloten dat de Joden 'niet naar Madagaskar, maar naar het oosten moeten worden geëvacueerd'. Citaat naar Conze e.a., *Das Amt und die Vergangenheit*, p. 185.
79 Vgl. Browning, *Die Entfesselung der 'Endlösung'*, p. 141; Wildt, *Generation des Unbedingten*, p. 596.
80 Czerniaków, *Im Warschauer Ghetto*, p. 125 (d.d. 25-10-1940). Vgl. Friedländer, *Die Jahre der Vernichtung*, p. 131 e.v.; Roth, *Herrenmenschen*, p. 183 e.v.; Cesarani, *'Endlösung'*, p. 410-414.
81 Heinrici aan zijn familie, 17-6-1941; BA-MA Freiburg, N 265/35. Vgl. ook Hürter, *Ein deutscher General an der Ostfront*, p. 58-61.
82 Vgl. Ullrich, *Adolf Hitler*, band 1, p. 727 e.v.
83 Cohn, *Kein Recht, nirgends*, band 2, p. 864 (d.d. 30-10-1940), 865 (d.d. 2-11-1940). Vgl over de deportatie van de Joden uit Baden en de Saarpfalz Friendländer, *Die Jahre der Vernichtung*, p. 119 e.v.; Gerwarth, *Reinhard Heydrich*, p. 225 e.v.; Longerich, *Politik der Vernichtung*, p. 282 e.v.
84 Aantekening Bormann, 2-10-1940; BE Berlijn-Lichterfelde, N6/772. Vgl voor het volgende ook Longerich, *Politik der Vernichtung*, p. 283-285; Aly, *'Endlösung'*, p. 181-183; Wildt, *Generation des Unbedingten*, p. 533 e.v.
85 Lammers aan Schirach, 2-10-1940; *Die Verfolgung und Ermordung der europäischen Juden*, band 3, doc. 123, p. 332 e.v.; vgl. Browning, *Die Entfesselung der 'Endlösung'*, p. 155 e.v.
86 *Die Verfolgung und Ermordung der europäischen Juden*, band 3, doc. 125, p. 336; vgl. Aly, *'Endlösung'*, p. 195-200; Longerich, *Politik der Vernichtung*, p. 285 e.v.; vgl. Browning, *Die Entfesselung der 'Endlösung'*, p. 161.
87 *Die Verfolgung und Ermordung der europäischen Juden*, band 3, doc. 138, p. 373-375 (citaat p. 373), Vgl. Aly, *'Endlösung'*, p. 269; Longerich, *Politik der Vernichtung*, p. 287; Browning, *Die Entfesselung der 'Endlösung'*, p. 162 e.v.
88 *Die Verfolgung und Ermordung der europäischen Juden durch das nationalsozialistische Deutschland*, band 7, bewerkt door Bert Hoppe en Hildrun Glass, München 2011, doc. 1,

p. 113-117 (citaat p. 116). Vgl. Aly, *'Endlösung'*, p. 270-272; Longerich, *Politik der Vernichtung*, p. 290; Gerwarth, *Reinhard Heydrich*, p. 228.
89 Präg/Jacobmeyer (red.); *Das Diensttagebuch des deutschen Generalgouverneurs in Polen*, p. 335 (d.d. 25- 3-1941), 386 (d.d. 19-7-1941). Vgl. *Die Verfolgung und Ermordung der europäischen Juden*, band 4, doc. 260, p. 561, doc. 316, p. 683. In zijn zakagenda noteerde Frank onder de datum 19-6-1941: '12.15 bij de Führer in zijn woning. Hij wijdt me in in zijn totaalplannen.' Onder de datum 19-6-1941 noteerde Frank: ''s Middags bij de Führer. Eerst eten [...] daarna diepgaande, uitvoerige gesprekken.' BA Koblenz, N 1110/10.
90 Afgedr. in Wette/Ueberschär (red.), *Der deutsche Überfall auf die Sowjetunion*, p. 249 e.v. Voor de besprekingen tussen Heydrich en Wagner vgl. Gerwarth, *Reinhard Heydrich*, p. 229-231; Wildt, *Generation des Unbedingten*, p. 540-544. Vgl. boven, p. 204.
91 Vgl. Krausnick, *Hitlers Einsatzgruppen*, p. 118 e.v.; Longerich, *Politik der Vernichtung*, p. 302-304.
92 Vgl. voor het totale complex Peter Klein (red.) *Die Einsatzgruppen in der besetzten Sowjetunion 1941/42*, Berlijn 1997.
93 Vgl. Wildt, *Generation des Unbedingten*, p. 546-553; Hilberg, *Die Vernichtung der europäischen Juden*, band 2, p. 300; Klaus Michael Mallmann/Andrej Angrick/Jürgen Matthäus/Martin Cüppers (red.), *Die 'Ereignismeldungen UdSSR' 1941. Dokumente der Einsatzgruppen in der Sowjetunion*, band 1; Darmstadt 2001, p. 21-23 (Einleitung).
94 Vgl. Longerich, *Politik der Vernichtung*, p. 310-312. Browning, *Die Entfesselung der 'Endlösung'*, p. 335-337; Wildt, *Generation des Unbedingten*, p. 553-358; *Die 'Ereignismeldungen UdSSR' 1941*, p. 23.e.v.; Andrej Angrick, *Besatzungspolitik und Massenmord. Die Einsatzgruppe D in der südlichen Sowjetunion 1941-1943*, Hamburg 2003, p. 98-104.
95 Heydrichs instructies d.d. 29-6 en 2-7-1941, afgedr. in Klein (red.), *Einsatzgruppen*, p. 318 e.v., 323-328; *Die Verfolgung und Ermordung der europäischen Juden*, band 7, doc. 11, p. 137 e.v.; doc. 15, p. 145-148.
96 Vgl. Longerich, *Politik der Vernichtung*, p. 315 e.v.; Wildt, *Generation des Unbedingten*, p. 558-561; Klaus-Michael Mallmann, *Die Türöffner der 'Endlösung'. Zur Genesis des Genozids*, in Gerhard Paul/Klaus-Michael Mallmann (red.), *Die Gestapo im Zweiten Weltkrieg. Heimatfront und besetztes Europa*, Darmstadt 2000, p. 442, 449 e.v.
97 Aldus Browning, *Die Entfesselung der 'Endlösung'*, p. 446-452.
98 Vgl. daarvoor uitvoerig Christoph Dieckmann, *Deutsche Besatzungspolitik in Litauen 1941-1944*, Göttingen, band 1, p. 299-391. Voor de pogroms en executies in Litouwen vgl. ook Ernst Klee/Willi Dreß/Volker Dreßen (red.), *'Schöne Zeiten'. Judenmord aus der Sicht der Täter und Gaffer*, Frankfurt am Main 1988, p. 32-51; Cesarani, *'Endlösung'*, p. 446-452.
99 Vgl. Thomas Sandkühler, *'Endlösung in Galizien. Der Judenmord in Ostpolen und die Rettungsinitiativen von Berthold Beitz 1941-1944*, Bonn 1996, p. 113-122; Dieter Pohl, *Nationalsozialistische Judenverfolgung in Ostgalizien 1941-1944. Organisation und Durchführung eines staatlichen Massenverbrechens*, München 1997, p. 43-74. Over de NKWD-moorden vgl. Bogdan Musial, *'Konterrevolutionäre Elemente sind zu erschießen'. Die Brutalisierung des deutsch-sowjetischen Krieges im Sommer 1941*, München 2000.
100 Vgl. Frank Bajohr/Andrea Löw, *Tendenzen und Probleme der neueren Holocaustforschung, Eine Einführung*, waarin (red.) *Der Holocaust. Ereignisse und neue Fragen der Forschung*, Frankfurt am Main 2015; Vincas Bartusevicius/Joachim Tauber/Wolfram Wette (red.), *Holocaust in Litauen. Krieg, Judenmorde und Kollaboration*, Keulen-Weimar-Wenen 2003, p. 7 e.v.; Götz Aly, *Europa gegen die Juden 1880-1945*, Frankfurt am Main 2017, p. 10, 318 e.v.
101 Goebbels, *Tagebücher*, deel 1, band 9, p. 428 (d.d. 6-7-1941), 433 (d.d. 8-7-1941).
102 *Meldungen aus dem Reich*, band 7, p. 2536b (d.d. 17-7-1941). Vgl. Peter Longerich, *'Davon haben wir nichts gewusst!' Die Deutschen und die Judenverfolgung 1933-1945*, München 2006, p. 161 e.v.
103 Vgl. *Die 'Ereignismeldungen UdSSR' 1941*, p. 17 e.v.; Mallmann, *Die Türöffner der 'Endlösung'*, p. 449; Conze e.a., *Das Auswärtige Amt und die Vergangenheit*, p. 186-188.
104 Vgl. *Die 'Ereignismeldungen UdSSR'*, p. 17 e.v.

105 Longerich, *Heinrich Himmler*, p. 543. Vgl. *Der Dienstkalender Heinrich Himmlers 1941/42*, bewerkt, becommentarieerd en ingeleid door Peter Witte e.a., Hamburg 1999, p. 181 (d.d. 20-6-1941).
106 Vgl. Cristopher Browning, *Ganz normale Männer. Das Reserve-Polizeibataillon 101 und die 'Endlösung' in Polen*, Reinbek bij Hamburg 1993, p. 31-33; Daniel Jonah Goldhagen, *Hitlers willige Vollstrecker. Ganz gewöhnliche Deutsche und der Holocaust*, Berlijn 1996, p. 228-230.
107 Vgl. Longerich, *Heinrich Himmler*, p. 544; Gerwarth, *Reinhard Heydrich*, p. 238; Browning, *Die Entfesselung der 'Endlösung'*, p. 376.
108 *Die 'Ereignismeldungen UdSSR' 1941*, p. 642 (d.d. 7-10-1941). Vgl. Klee e.a. (red.), *'Schöne Zeiten'*, p. 66-70; Longerich, *Politik der Vernichtung*, p. 377-379; Pohl, *Die Herrschaft der Wehrmacht*, p. 259-261; Wolfram Wette, *Die Wehrmacht. Feindbilder, Vernichtungskrieg, Legenden*, Frankfurt am Main 2002, p. 115-128.
109 *Die 'Ereignismeldungen UdSSR' 1941*, p. 75 (d.d. 4-7-1941). Vgl. ook het samenvattende verslag van Stahlecker d.d. 5-10-1941, waarin hij benadrukte 'dat de samenwerking met de Wehrmacht in het algemeen goed, in afzonderlijke gevallen zoals met de tankgroep 4 onder kolonel-generaal Hoepner, zeer nauw, ja bijna hartelijk was.' Citaat naar Klee e.a. (red.), *'Schöne Zeiten'*, p. 32.
110 Activiteitenverslag van Nebe over de periode van 23-6 tot 13-7-1941l afgedr. bij Klein (red.), *Die Einsatzgruppen*, p. 375-386 (citaat p. 380).
111 *Die 'Ereignismeldungen UdSSR' 1941*, p. 321 e.v. (d.d. 20-8-1941).
112 Vgl. Hürter, *Hitlers Heeresführer*, p. 517-535; Pohl, *Die Herrschaft der Wehrmacht*, p. 243-254, 256-271; Hartmann, *Wehrmacht im Ostkrieg*, p. 653-661, 695-698.
113 Afgedr. bij Ueberschär/Wette (red.), *Der deutsche Überfall auf die Sowjetunion*, p. 285 e.v.; Vgl. Hürter, *Hitlers Heersführer*, p. 380-382. Over de rol van het Zesde Leger vgl. Bernd Boll/Hans Safrian, *Auf dem Weg nach Stalingrad. Die 6. Armee 1941/42* in Hannes Heer/Klaus Naumann (red.), *Vernichtungskrieg. Verbrechen der Wehrmacht*, Hamburg 1995, p. 266-296.
114 Bevel van Rundstedt d.d. 12-10-1941; bevel van het OKH d.d. 28-10-1941; afgedr. bij Ueberschär/Wette (red.), *Der deutsche Überfall auf die Sowjetunion*, p. 286 e.v.; vgl. Hürter, *Hitlers Heeresführer*, p. 583 e.v.
115 Bevel van Hoth d.d. 17-11-1941, afgedr. in Ueberschär/Wette (red.), *Der deutsche Überfall auf der Sowjetunion*, p. 287-289 (citaat p. 288).
116 Walter Manoscheck (red.), *'Es gibt nur eines für das Judentum: Vernichtung'. Das Judenbild in deutschen Soldatenbriefen 1939-1944*, Hamburg 1995, p. 41, 43, 49. Vgl. ook Bartov, *Hitlers Wehrmacht*, p. 239-249; Klaus Latzel, 'Tourismus und Gewalt. Kriegswahrnemungen in Feldpostbriefen', in Heer/Naumann (red.), *Vernichtungskrieg*, p. 447-459.
117 Vgl. Klee e.a. (red.), *'Schöne Zeiten'*, p. 7, 112; Hürter, *Hitlers Heeresführer*, p. 530; Evans, *Das Dritte Reich*, band III, p. 286.
118 Vgl. Hürter, *Hitlers Heeresführer*, p. 559; Hartmann, *Wehrmacht im Ostkrieg*, p. 659.
119 Vgl. Walter Manoschek, *'Serbien ist Judenfrei'. Militarische Besatzungspolitik und Judenvernichtung in Serbien 1941/42*, München 1993.
120 Vgl. Longerich, *Politik der Vernichtung*, p. 418; Evans, *Das Dritte Reich*, band III, p. 305.
121 Het zogenaamde Jäger-bericht d.d. 1-12-1941, afgedr. in Klee e.a.(red.), *'Schöne Zeiten'*, p. 52-62 (citaat p. 59), Vgl. voor Jägers activiteiten in Litouwen Wolfram Wette, *Karl Jäger. Mörder der litauischen Juden*, Frankfurt am Main 2011, p. 87-154.
122 *Die 'Ereignismeldungen UdSSR' 1941*, p. 744 (d.d. 3-11-1941).
123 Geciteerd naar Aly, *'Endlösung'*, p. 329; vgl. Wildt, *Generation des Unbedingten*, p. 613.
124 *Der Dienstkalender Heinrich Himmlers 1941/42*, (d.d. 15-8-1941).
125 Vgl. 'Das Auge des Dritten Reiches. Hitlers Kameramann und Fotograf Walter Frentz'. Uitg. door Hans Georg Hiller von Gaertringen, Berlijn o.J. (2007), p. 179-194 (bijdrage Klaus Hesse). Gerlach, *Kalkulierte Morde*, p. 537 e.v. maakt daarentegen aannemelijk dat Hitler de film heeft gezien.
126 Vgl. Wildt, *Politik des Unbedingten*, p. 576 e.v.; Longerich, *Heinrich Himmler*, p. 552; Berger, *Experten der Vernichtung*, p. 26 e.v.

127 Kellner, *Tagebücher 1939-1945*, band 1, p. 176 (d.d. 28-7-1941). Vgl. ook Klemperer, *Tagebücher 1933-1941*, band 1, p. 109 (d.d. 20-10-1941). Vgl. Hassell, *Vom andern Deutschland*, p. 197 (d.d. 20-8-1941).
128 Afgedr. in Klee, (red.), *Dokumente zur 'Euthanasie'*, p. 194-198 (citaat p. 197).
129 Kellner, *Tagebücher 1939-1945*, band 1, p. 190 (d.d. 20-10-1941). Vgl. Hassell, *Vom andern Deutschland*, p. 197 (d.d. 20-8-1941).
130 Goebbels, *Tagebücher*, deel II, band 1, p. 232 (d.d. 14-8-1941), 239 (d.d. 15-8-1941). Vgl. ibidem, p. 397, (d.d. 30-11-1941): 'De Führer slaat de activiteit van bisschop Galen vanuit een ooghoek gade en laat zich niets ontgaan. Hij wil zo mogelijk proberen een openlijke discussie met de kerk tijdens de oorlog te vermijden. Hij wacht het juiste moment af. Maar hij is vastbesloten dan hard toe te slaan.'
131 Vgl. Klee, *'Euthanasie' im Dritten Reich*, p. 386 e.v. Over het stoppen van de 'Aktion T 4' vgl. Winfried Süß, *Der 'Volkskörper' im Krieg. Gesundheitspolitik, Gesundheitsverhältnisse und Krankenmord im nationalsozialistischen Deutschland 1939-1945*, München 2003, p. 127-151.
132 Vgl. Berger, *Die Experten der Vernichtung*, p. 34.
133 Vgl. Heinz Schneppen, *Walther Rauff. Organisator der Gaswagenmorde*, Berlijn 2011, p. 21-25.
134 Vgl. Longerich, *Politik der Vernichtung*, p. 34.
135 Vgl. Longerich, *Heinrich Himmler*, p. 656 e.v; Friedländer, *Die Jahre der Vernichtung*, p. 342-346.
136 Browning, *Die Entfesselung der 'Endlösung'*, p. 455.
137 *Die Verfolgung und Ermordung der europäischen Juden*, band 3, doc. 196, p. 496 e.v. Goerings afsprakenagenda registreert op 31-7-141: 'Carinhall [..] 18¼ Heydrich'. IfZ München, ED 180/5.
138 Vgl. Longerich, *Politik der Vernichtung*, p. 441 e.v.; Friedländer, *Die Jahre der Vernichtung*, p. 266; Aly, *'Endlösung'*, p. 307; Kershaw, *Wendepunkte*, p. 576.
139 Aant. van het onderhoud van Hitler met Kvaternik, 22-7-1941; ADAP, Serie D, band 13, 2, aanhangsel III, p. 838; vgl. Longerich, *Politik der Vernichtung*, p. 427.
140 Vgl. Kershaw, *Wendepunkte*, p. 576 e.v.; Aly, *'Endlösung'*, p. 308 e.v.; Cesarani, *'Endlösung'*, p. 509.
141 Klemperer, *Tagebücher 1932-1941*, p. 645 (d.d. 23-7-1941). Vgl. o.a. het opruiende artikel van Joseph Goebbels in *Das Reich* van 20-7-1941, waarin hij de Joden dreigde met een 'verschrikkelijk strafgericht': 'Meedogenloos en zonder genade moet de stoot dan worden toegediend. De wereldvijand stort neer en Europa heeft zijn vrede.' *Die Verfolgung und Ermordung der europäischen Juden*, band 3, doc. 193, p. 486-489 (citaat p. 489).
142 Goebbels, *Tagebücher*, deel II, band 1, p. 36 (d.d. 9-7-1941). Vgl. idem p. 50 (d.d. 16-7-1941).
143 Friendländer, *Die Jahre der Vernichtung*, p. 233 e.v.; vgl. Evans, *Das Dritte Reich*, band III, p. 312 e.v.; Jeffrey Herf, *The Jewish Enemy. Nazi Propaganda during World War II and the Holocaust*, Cambridge, Massachusetts 2006, p. 282 e.v.; Wolfgang Benz, 'Judenvernichtung aus Notwehr? Die Legenden um Theodore N. Kaufman', in *Vierteljahreshefte für Zeitgeschichte*, jrg. 29 (1981), p. 615-630.
144 Goebbels, *Tagebücher*, deel II, band 1, p. 168 e.v. (d.d. 3-8-1941).
145 Vgl. idem, p. 271 (d.d. 19-8-1941), 328 (d.d. 29-8-1941).
146 *Meldungen aus dem Reich*, band 7, p. 2593 (d.d. 31-7-1941).
147 Vgl. de berichten van het SD-kantoor Bielefeld en het SD-kantoor Minden d.d. 5-8, 25-8-1941; Kulka/Jäckel (red.), *Die Juden in den geheimen NS-Stimmungsberichten 1933-1945*, doc. 561-563, p. 452-454.
148 Goebbels, *Tagebücher*, deel II, band 1, p. 218 (d.d. 12-8-1941). Vgl. het concept van het ministerie van Propaganda voor Goebbels 'ter voorlegging aan de Führer', 17-8-1941; *Die Verfolgung und Ermordung der europäischen Juden*, band 3, doc. 204, p. 504-508.
149 Goebbels, *Tagebücher*, deel II, band 1, p. 265, 269 (d.d. 19-8-1941).
150 *Die Verfolgung und Ermordung der europäischen Juden*, band 3, doc. 212, p. 522 e.v.; Friedländer, *Die Jahre der Vernichtung*, p. 279 e.v.
151 Klemperer, *Tagebücher 1933-1941*, p. 662 (d.d. 15-9-1941), 671 (d.d. 8-9-1941).

152 Cohn, *Kein Recht, nirgends*, band 2, p. 978 (d.d. 8-9-1941).
153 Bericht van het SD-kantoor Bielefeld, 13-9-1941; Kulka/Jäckel (red.), *Die Juden in den geheimen NS-Stimmungsberichten 1933-1945*, doc. 566, p. 456. Vgl. idem, doc. 567, 568, 569, p. 450-460. Over de reactie van de bevolking vgl. Steinert, *Hitlers Krieg und die Deutschen*, p. 239 e.v.; Cesarani, *'Endlösung'*, p. 516 e.v.
154 Andreas-Friedrich, *Der Schattenman*, p. 82 (d.d. 19-9-1941). Vgl. ook de telegrammen van de VS-diplomaat Leland B. Morris vanuit Berlijn (d.d. 30-9 en 14-10-41). Bajohr/Strupp (red.) *Fremde Blicke auf das 'Dritte Reich'*, p. 561 e.v.; Mazower, *Hitlers Imperium*, p. 345 e.v.
155 Cohn, *Kein Recht, nirgends*, band 2, p. 982 (d.d. 19-9-1941).
156 Hassell, *Vom andern Deutschland*, p. 211 (d.d. 30-11-1941). Meer documenten bij Friedländer, *Die Jahre der Vernichtung*, p. 281-284; Longerich, *'Davon haben wir nichts gewusst!'*, p. 175-179.
157 Vgl. Friedländer, *Die Jahre der Vernichtung*, p. 282 e.v.; David Bankier, *Die öffentlichte Meinung im Hitler-Staat, Die 'Endlösung' und die Deutschen. Eine Berichtigung*, Berlijn 1995, p. 170-179.
158 Goebbels, *Tagebücher*, deel II, band 2, p. 194 (d.d. 28-10-1941). Vgl. ibidem, p. 188 (d.d. 27-10-1941).
159 Ibidem, band I, p. 278 (d.d. 20-8-1941). Vgl. Gerwarth, *Reinhard Heydrich*, p. 249.
160 Vgl. Goebbels, *Tagebücher*, deel II, band 1, p. 384 (d.d. 9-9-1941), 380 e.v. (d.d. 10-9-1941); Rosenberg, *Die Tagebücher 1934 bis 1944*, p. 408 (d.d. 12-9-1941). Voor de redenen voor Hitlers beslissing vgl. samenvattend Longerich, *Hitler*, p. 812-814; Cesarani, *'Endlösung'*, p. 517 e.v.
161 Piper, *Alfred Rosenberg*, p. 583; vgl. Kershaw, *Hitler*, band II, p. 636 e.v.
162 Vgl. Longerich, *Politik der Vernichtung*, p. 431 e.v.; Friedländer, *Die Jahre der Vernichtung*, p. 293 e.v.
163 Frank Bajohr, *Hamburgs 'Führer'. Zur Person und Tätigkeit des Hamburgers NSDAP-Gauleiters Karl Kaufmann (1900-1969)* in idem/Joachim Szodrzynski (red.), *Hamburg in der NS-Zeit*, Hamburg 1995, p. 81; vgl. Götz Aly, *Hitlers Volksstaat. Raub, Rassenkrieg und nationaler Sozialismus*, Frankfurt am Main 2005, p. 139 e.v.
164 *Der Dienstkalender Heinrich Himmlers 1941/42*, p. 211 (d.d. 16-9-1941), 213 (d.d. 17-9-1941). Vgl. Kershaw, *Hitler*, band II, p. 638.
165 Peter Longerich (red.), *Die Ermordung der europäischen Juden. Eine umfassende Dokumentation des Holocaust 1941-1945*, München 1989, p. 157; *Die Verfolgung und Ermordung der europäischen Juden*, band 33, doc. 223, p. 542.
166 Goebbels, *Tagebücher*, deel II, band 1, p. 485 e.v. (d.d. 24-9-1941).
167 Vgl. Browning, *Die Entfesselung der 'Endlösung'*, p. 537-540.
168 Goebbels, *Tagebücher*, deel II, band 2, p. 194 e.v. (d.d. 28-10-1941).
169 Idem, p. 309 (d.d. 18-11-1941).
170 Idem, p. 341 (d.d. 22-11-1941)
171 Vgl. Friedländer, *Die Jahre der Vernichtung*, p. 335 e.v.; Hilberg, *Die Vernichtung der europäischen Juden*, band 2, p. 476 e.v., 494 e.v.; Browning, *Die Entfesselung der 'Endlösung'*, p. 540-553; Benz, *Der Holocaust*, p. 69 e.v.
172 Klemperer, *Tagebücher 1933-1941*, p. 680 (d.d. 25-10-1941); vgl. idem, p. 685 (d.d. 19-11-1941): 'De transporten naar Polen vorderen. Overal onder de Joden diepste8oneerslachtigheid.'
173 Vgl. Friedländer, *Die Jahre der Vernichtung*, p. 336. Over Keulen vgl. het bericht van de Zwitserse consul Franz-Rudolf von Weiss d.d 28-10-1941; Bajohr/Strupp (red.), *Fremde Blicke auf das 'Dritte Reich'*, p. 562 e.v.
174 Moltke, *Briefe an Freya 1939-1945*, p. 318 (d.d. 13-11-1941), 308 (d.d. 21-10-1941). Vgl. Ursula von Kardorff, *Berliner Aufzeichnungen 1942-1945*, opnieuw uitgegeven en becommentarieerd door Peter Hartl, München 1992, p. 44 (brief d.d. 17-10-1941): 'Alle Joden tot 80 jaar worden naar Polen getransporteerd. Men ziet alleen betraande gezichten op straat. Het is mateloos en snijdt door je ziel. Vooral omdat men hulpeloos moet toekijken en zo verschrikkelijk weinig kan doen.'

175 Vgl. over de reacties op de deportaties Frank Bajohr/Dieter Pohl, *Der Holocaust als offenes Geheimnis. Die Deutschen, de NS-Führung und die Alliierten*, München 2006, p. 47-50.
176 Kulka/Jäckel, *Die Juden in den geheimen NS-Stimmungsberichten 1933-1945*, doc. 604, p. 477. Vgl. ook het bericht van het SD-kantoor Bielefeld d.d. 16-12-1941; idem, doc. 605, p. 478 e.v.
177 Vgl. Wette, *Karl Jäger*, p. 124-126; Cohn, *Kein Recht, nirgends*, band 2. p. 1009 (nawoord van de uitgever).
178 *Der Dienstkalender Heinrich Himmlers*, p. 278 (d.d. 30-11-1941).
179 Vgl. Dieckmann, *Deutsche Besatzungspolitik in Litauen 1941-1944*, band 2, p. 961-963 (citaat p. 962).
180 Vgl. Gerlach, *Kalkulierte Morde*, p. 751-754.
181 Friedländer, *Die Jahre der Vernichtung*, p. 300. Vgl. voor het volgende idem, p. 300-304.
182 Domarus, *Hitler*, band II, 2, p. 1756.
183 *Monologe*, p. 99 (d.d. 21-10-1941).
184 Idem, p. 106 (d.d. 21-10-1941).
185 Idem, p. 130 e.v. (d.d. 5-11-1941). Tijdens een gesprek in mei 1943 herhaalde Hitler: 'Het wereldjodendom denkt voor een wereldoverwinning te staan. Die wereldoverwinning zal niet komen, wel een wereldinstorting.' Goebbels, *Tagebücher*, deel II, band 8, p. 290 (d.d. 13-5-1943).
186 Domarus, *Hitler*, band II, 2, p. 1771-1781 (citaten p. 1772 e.v, 1774, 1779). De transcriptie van de toespraak is afgedrukt in *Die Verfolgung und Ermordung der europäischen Juden*, band 7, doc. 112, p. 357-369.
187 Geciteerd naar Friedländer, *Die Jahre der Vernichtung*, p. 304; vgl. Herf, *The Jewish Enemy*, p. 122 e.v.
188 Goebbels, *Tagebücher*, deel II, band 2, p. 304 (d.d. 17-11-1941), 352 (d.d. 23-11-1941).
189 Toespraak Alfred Rosenberg d.d. 18-11-1941; afgedrukt in Rosenberg, *Die Tagebücher 1934 bis 1941*, doc. 13, p. 574-578 (citaat p. 576 e.v.). Vgl. Browning, *Die Entfesselung der 'Endlösung'*, p. 577 e.v.; Piper, *Alfred Rosenberg*, p. 545-547.
190 Vgl. *Der Dienstkalender Heinrich Himmlers 1941/42*, p. 262 (d.d. 15-11-1941), 265 (d.d. 16-11-1942).
191 ADAP, serie D, band 13,2, nr. 515, p. 728-721 (citaat p. 720); vgl. Browning, *Die Entfesselung der 'Endlösung'*, p. 580. Over de ontvangst van al-Hoesseini vgl. David Motadel, *Für Prophet und Führer. Die Islamische Welt und das Dritte Reich*, Stuttgart 2017, p. 55 e.v.
192 Facsimile van de uitnodiging door Heydrich d.d. 29-11-1941 en Görings machtiging d.d. 31-7-1941 in Norbert Kampe/Peter Klein (red.), *Die Wannsee-Konferenz am 2. Januar 1942. Dokumente, Forschungsstand, Kontroversen*, Keulen-Weimar-Wenen 2013, p. 32-34. Voorts opmerking door Eichmann d.d. 1-2-1941 in *Die Verfolgung und Ermordung der europäischen Juden durch das nationalsozialistische Deutschland*, band 9. Bewerkt door Klaus-Peter Friedrich, München 2014, doc. 22, p. 144 e.v. Vgl. voor het volgende ook Mark Rosemann, *Die Wannsee-Konferenz. Wie die NS-Bürokratie den Holocaust organisierte*, Berlijn 2002, p. 81-88; Peter Longerich, *Wannsee-Konferenz, Der Weg zur 'Endlösung'*, München 2016, p. 18-20, 57-61.
193 Facsimile van de tweede uitnodiging d.d. 8-1-1942 in Kampe/Klein (red.); *Die Wannsee-Konferenz, p. 38; vgl. Rosemann, Die Wannsee-Konferenz*, p. 92 e.v.
194 Goebbels, *Tagebücher*, deel II, band 2, p. 498 (d.d. 13-12-1941). De bespreking met de Reichs- en Gauleiter vond plaats tussen 16 en 19 uur in Hitlers privéwoning in de Alte Reichskanzlei. Vgl. *Der Dienstkalender Heinrich Himmlers 1941/42*, p. 289 (d.d. 12-12-1941).
195 Goebbels, *Tagebücher*, deel II, band 2, p. 533 e.v. (d.d. 18-12-1941).
196 *Der Dienstkalender Heinrich Himmlers 1941/42*, p. 294 (d.d. 18-12-1941).
197 Himmler aan Gottlob Berger, hoofd van het SS-Hauptamt, 28-7-1942; *Die Verfolgung und Ermordung der europäischen Juden*, band 7, doc. 242, p. 628.
198 Christian Gerlach, *Krieg, Ernährung, Völkermord. Forschungen zur deutschen Vernichtungspolitik im Zweiten Weltkrieg*, Hamburg 1998, p. 87, 123, 135, 160; idem, *Der Mord an den europäischen Juden. Tatsachen, Ereignisse, Dimensionen*, München 2017,

p. 88-92. Over de kritiek vgl. Longerich, *Politik der Vernichtung*, p. 467; Mommsen, *Das NS-Regime und die Auslöschung des Judentums in Europa*,, p. 185 e.v.; Hermann Graml, 'Ist Hitlers "Anweisung" zur Ausrottung der europäischen Judenheit endlich gefunden? Zu den Thesen von Christian Gerlach', in *Jahrbuch für Antisemitismusforschung*, jrg. 7 (1998), p. 352-362.

199 Friendländer, *Die Jahre der Vernichtung*, p. 315.
200 Prag/Jacobmeyer (red.), *Das Diensttagebuch des deutschen Generalgouverneurs in Polen*, p. 357 e.v.; *Die Verfolgung und Ermordung der europäischen Juden*, band 9, doc. 26, p. 159 e.v.; Vgl. Longerich, *Politik der Vernichtung*, p. 467 e.v.; Schenk, *Hans Frank*, p. 232-234; Mazower, *Hitlers Imperium*, p. 349 e.v.; Roth, *Herrenmenschen*, p. 203 e.v.
201 Peter Klein, 'Die Wannsee-Konferenz als Echo auf die gefallene Entscheidung zur Ermordung der europäischen Juden', in Kampe/Klein (red.), *Die Wannsee-Konferenz*, p. 182-201 (hier p. 198). Na 1945 probeerde Stuckart zoals veel andere functionarissen van het Derde Rijk de hele verantwoordelijkheid voor de moord op de Joden op Hitler af te wentelen: 'De man had iets demonisch.' Aantekening Stuckart over de persoonlijkheid van Hitler (omstreeks 1948); BA-Koblenz, N 1292/6. Voor Stuckart vgl. Christian Jasch, *Staatssekretär Wilhelm Stuckart und die Judenpolitik. Der Mythos von der sauberen Verwaltung*, München 2012.
202 Vgl. Rosemann, *Die Wannsee-Konferenz*, p. 94-97; Longerich, *Wannseekonferenz*, p. 62-91.
203 Vgl. Christian Mentel, 'Das Protokoll der Wannsee-Konferenz. Überlieferung, Veröffentlichung en revisionistische Infragestellung', in Kampe/Klein (red.), *Die Wannsee-Konferenz*, p. 116-138. Vgl. ook het nawoord van Norbert Kampe in Rosemann, *Die Wannsee-Konferenz*, p. 157 e.v.
204 Facsimile van de notulen in Kampe/Klein (red.), *Die Wannsee-Konferenz*, p. 40-54. Over Heydrichs uitweidingen vgl. Rosemann, *Die Wannsee-Konferenz*, p. 99-104; Cesarani, *'Endlösung'*, p. 551-554; Longerich, *Wannseekonferenz*, p. 93-115.
205 Vgl. uitvoerig daarover Gerwarth, *Reinhard Heydrich*, p. 263-265; Rosemann, *Die Wannsee-Konferenz*, p. 114-119; Longerich, *Wannseekonferenz*, p. 117-125; Beate Meyer, *'Jüdische Mischlinge'. Rassenpolitik und Verfolgungserfahrung 1033-1945*, Hamburg 1999, p. 51 e.v.
206 Vgl. Cesarani, *Adolf Eichmann*, p. 164; Gerwarth, *Reinhard Heydrich*, p. 265 e.v.; Verslag van de 79ste zitting van het proces-Eichmann d.d. 26-6-1961; Kampe/Klein (red.), *Die Wannsee-Konferenz*, p. 95-100 (hier p. 96).
207 Telegram van Eichmann aan de hoofdbureaus van politie in het rijk, 31-1-1942; Longerich (red.), *Die Ermordung der europäischen Juden*, p. 165-167.
208 Verslag van de bespreking in het Reichssicherheitshauptamt, 9-3-1942; idem. p. 167-169.
209 Vgl. Longerich, *Politik der Vernichtung*, p. 484-486.
210 Goebbels, *Tagebücher*, deel II, band 3, p. 576 (d.d. 29-3-1942).
211 Vgl. Gerlach, *Krieg, Ernährung, Völkermord*, p. 147. Goebbels nam pas op 6-3-1942 kennis van de notulen van de Wannsee-conferentie. Vgl. Goebbels, *Tagebücher*, deel II, band 3, p. 431 (d.d. 7-3-1942).
212 *Monologe*, p. 228 e.v., d.d. 25-1-1942. Vgl. ibidem, p. 241 (d.d. 27-1-1942), 245 (d.d. 21-1-1942), 263 (d.d. 3/4-2-1942), 293 (d.d. 22-2-1942).
213 *Meldungen aus dem Reich*, band 9, p. 3235 (d.d. 2-2-1942).
214 Goebbels, *Tagebücher*, deel II, band 3, p. 320 (d.d. 15-2-1942). De minister van Propaganda bevestigde: 'Dat gespuis moet met wortel en tak worden uitgeroeid, anders is het niet mogelijk de wereld vreedzaam te maken.' Ibidem, p. 335 (d.d. 18-2-1942). Vgl. ibidem, p. 425 e.v. (d.d. 6-3-1942): 'De Joden zijn het Europese ongeluk; ze moeten op een of andere manier uit de weg worden geruimd [...].'
215 Ibidem, p. 513 (d.d. 20-3-1942).
216 Vgl. Berger, *Experten der Vernichtung*, p. 51-55, 81-84; Dieter Pohl, *Von der 'Judenpolitik' zum Judenmord, Der Distrikt Lublin des Generalgouvernements 1939-1944*, Frankfurt am Main 1993, p. 113, e.v.
217 Vgl. *Der Dienstkalender Heinrich Himmlers 1941/42*, p. 380 (d.d. 14-3-1942); Longerich, *Heinrich Himmler*, p. 580 e.v.

218 Goebbels, *Tagebücher*, deel 11, band 3, p. 561 (d.d. 27-3-1942).
219 Vgl. Berger, *Experten der Vernichtung*, p. 56, 64-72, 85.
220 Vgl. Conze e.a., *Das Amt und die Vergangenheit*, p. 189 e.v.
221 Vgl. Longerich, *Politik der Vernichtung*, p. 491-505; Evans, *Das Dritte Reich*, band 111, p. 346 e.v.
222 Goebbels, *Tagebücher*, deel 11, band 4, p. 184 (d.d. 27-4-1942). Twee dagen later becommentarieerde Goebbels een hem door de SD toegestuurd 'Politiebericht uit het oosten': 'Met de Joden maakt men in alle bezette gebieden in het oosten korte metten. Tienduizenden moeten eraan geloven en aan hen gaat de voorspelling van de Führer in vervulling dat het Jodendom een door hen uitgelokte nieuwe wereldoorlog zal moeten betalen met de uitroeiing van hun ras.' Ibidem, p. 201 (d.d. 29-4-1942).
223 Vgl. Regina Scheer, *Im Schatten der Sterne. Eine jüdische Widerstandsgruppe*, Berlijn 2004.
224 Goebbels, *Tagebücher*, deel 11, band 4, p. 305 e.v. (d.d. 24-5-1942); Vgl. ibidem, p. 405 (d.d. 30-5-1942)
225 Vgl. Gerwarth, *Reinhard Heydrich*, p. 251 e.v., 275 e.v.; Lüdicke, *Constantin von Neurath*, p. 538 e.v.
226 Vgl. Gerwarth, *Reinhard Heydrich*, p. 339-345; Evans, *Das Dritte Reich*, band 4, p. 352.
227 Domarus, *Hitler*, band 11,2, p. 1891; vgl. Goebbels, *Tagebücher*, deel 11, band 4, p. 488 (d.d. 10-6-1942); Gerwarth, *Reinhard Heydrich*, p. 337 e.v.
228 Geciteerd naar Gerwarth, *Reinhard Heydrich*, p. 346.
229 Heinz Doering aan zijn moeder, 1-6-1942; Roth, *Herrenmenschen*, p. 227.
230 Longerich (red.), *Die Ermordung der europäischen Juden*, p. 201 e.v.; *Die Verfolgung und Ermordung der europäischen Juden*, band 9, doc. 96, p. 337.
231 Czerniaków, *Im Warschauer Ghetto*, p. 284 e.v. (d.d. 22 en 23-7-1942). Goebbels schreef na een bezoek aan Warschau op 20 augustus 1942: 'Hier wordt de Jodenkwestie op de juiste plek aangepakt, zonder sentimentaliteit en zonder veel scrupules. Alleen zo kan het Jodenprobleem worden opgelost.' *Tagebücher*, deel 11, band 5, p. 378 (d.d. 21-8-1942). Over de deportaties vanuit het getto van Warschau naar Treblinka vgl. Cesarani, *'Endlösung'*, p. 584-616.
232 De onzekerheid over de schrijfwijze – nu eens met 't', dan weer zonder – is te verklaren doordat Heydrich zelf in de jaren '30 beide versies van zijn voornaam gebruikte. Vgl. Gerwarth, *Reinhard Heydrich*, p. 346 e.v. en 431, noot 43.
233 Vgl. Evans, *Das Dritte Reich*, band 111, p. 373. Voor het gehele complex vgl. ibidem, p. 358-373; Yitzhak Arad, *Belzec, Sobibor, Treblinka. The Operation Reinhard Death Camps*, Bloomington, Indiana 1999; Stephan Lehnstaedt, *Der Kern der Holocaust. Belzec, Sobibor, Treblinka und die Aktion Reinhardt*, München 2017.
234 Vgl. Berger, *Experten der Vernichtung*, p. 9.
235 Vgl. uit de overvloed aan literatuur het overzicht van Sybille Steinbacher, *Auschwitz. Geschichte und Nachgeschichte*, München 2004, p. 15-18, 21-26, 70-76; voorts Robert-Jan van Pelt/Deborah Dwork, *Auschwitz. Von 1270 bis heute*, Zürich-München 1998, p. 179 e.v.; Wachsmann, *kl*, p. 239-241, 314-316, 348-371, 393-417, 528-534; Cesarani, *'Endlösung'*, 626-641, 778-790.
236 Rudolf Höß, *Kommandant in Auschwitz. Autobiographische Aufzeichnungen*. Uitg. door Martin Broszat, 4de druk, München 1978, p. 182 e.v.; vgl. voor bezoek Himmler Wachsmann, *kl*, p. 339-341.
237 Steinbacher, *Auschwitz*, p. 77-81, 84-87, 105 e.v. (getallen). Vgl. Wolfgang Benz (red.), *Dimensionen des Völkermords. Die Zahl der jüdischen Opfer des Nationalsozialismus*, München 1991, p. 15-17.
238 Vgl. ten slotte Andreas Engwerth/Susanne Hill (red.) *Sonderzüge in den Tod. Die Deportationen mit der Deutschen Reichsbahn*, Keulen 2009.
239 Vgl. naast de al genoemde studie van Conze o.a.: *Das Auswärtige Amt und die Vergangenheit*, Sebastian Weitkamp, *Braune Diplomaten. Horst Wagner und Eberhard von Thadden als Funktionäre der 'Endlösung*, Bonn 2008; Christopher Browning, *Die 'Endlösung' und das Auswärtige Amt. Das Referat d iii der Abteilung Deutschland 1940-1943*, Darmstadt 2010.

240 Annegret Schüle, *Industrie und Holocaust. Topf & Sohne – Die Ofenbauer von Auschwitz*, Göttingen 2010; Jürgen Kalthoff/Martin Werner, *Die Händler des Zyklon B Tesch & Stabenow. Eine Firmengeschichte zwischen Hamburg und Auschwitz*, Hamburg 1998.
241 Vgl. ten slotte Diarmuid Jeffreys, *Weltkonzern und Kriegskartell. Das zerstörerische Werk der ig-Farben*, München 2011, p. 411 e.v.
242 Vgl. Ernst Klee, *Auschwitz, die NS-Medizin und ihre Opfer*, Frankfurt am Main 1997.
243 Vgl. Götz Aly, *Hitlers Volksstaat. Raub, Rassenkrieg und nazionaler Sozialismus*. Frankfurt am Main 2005.
244 Richard Walter Darré, *Aufzeichnungen 'Drehbühne'*, p. 157, BA Koblenz, N 1094 I/28.
245 Goebbels, *Tagebücher*, deel 11, band 5, p. 551 (d.d. 22-9-1942).
246 Vgl. Browning, *Die Entfesselung der 'Endlösung'*, p. 605 e.v.; Aly, *'Endlösung'*, p. 396.
247 Aldus Bajohr/Löw, *Der Holocaust*, p. 18; vgl. ook Steinbacher, *Auschwitz*, p. 66.
248 Vgl. Ian Kershaw, 'Hitler's Role in the "Final Solution"' in idem: *Hitler, the Germans and the 'Final Solution'*, Newhaven, Londen 2008, p. 89-116 (hier p. 105 e.v.).
249 Goebbels, *Tagebücher*, deel 11, band 3, p. 551 (d.d. 27-3-1942). Vgl. Kershaw, *Hitler's Role in the 'Final Solution'*, p. 111. Ook Longerich (*Hitler*, p. 705, 849 e.v.) benadrukt steeds weer de centrale rol van Hitler in het proces van radicalisering van de 'Jodenpolitiek' tot en met de Holocaust.
250 Goebbels, *Tagebücher*, deel 11, band 7, p. 595 (d.d. 20-3-1943).
251 Ibidem, band 11, deel 7, p. 595 (d.d. 20-3-1943).
252 Hilberg, *Die Vernichtung der europäischen Juden*, band 3, p. 1081. Vgl. ook voor het volgende Longerich, *'Davon haben wir nichts gewusst!'*; Bajohr/Pohl, *Der Holocaust als offenes Geheimnis*; Bernward Dörner, *Die Deutschen und der Holocaust. Was niemand wissen wollte, aber jeder wissen konnte*, Berlijn 2007; Stargardt, *Der deutsche Krieg*, p. 285-323 (Kapitel 8, Ein offenes Geheimnis). Samenvattend Herbert, *Geschichte Deutslands im 20. Jahrhundert*, p. 482-487.
253 Vgl. Röhmer, *Kameraden*, p. 442-462; Neitzel/Welzer, *Soldaten*, p. 145-157.
254 Sophie Scholl/Fritz Hartnagel, *Damit wir uns nicht verlieren. Briefwechsel 1937-1943*. Uitg. door Thomas Hartnagel, Frankfurt am Main 2005, p. 368 (d.d. 26-6-1942).
255 Hosenfeld, *Ich versuche jeden zu retten*, p. 30 (d.d. 28-10-1941). Vgl. Roth, *Herrenmenschen*, p. 227-230.
256 *Balck-Tagebuch* d.d. 16-2-1944; BA-MA Freiburg, N 647/12.
257 Kellner, *Tagebücher 1939-1945* band 1, p. 191 e.v. (d.d. 28-10-1941). Vgl. het bericht van de SD-hoofdkantoor Erfurt d.d. 3-4-1942 over de geruchten onder de bevolking: 'Met duizenden werden de Joden bijeengedreven en doodgeschoten, nadat ze eerst hun graf hadden gegraven.' Kulka/Jäckel (red.), *Die Juden in den geheimen NS-Stimmungsberichten 1933-1945*, doc. 6828, p. 491. Meer bewijzen bij Longerich, *'Davon haben wir nichts gewusst!'*, p. 224-226.
258 Ursula Büttner, 'Die deutsche Bevölkerung und die Judenverfolgung im Dritten Reich', in idem (red.), *Die deutsche Bevölkerung und die Judenverfolgung im Dritten Reich*, Hamburg 1992, p. 61 e.v. Meer bewijzen bij Bajohr/Strupp (red.), *Fremde Blicke auf das 'Dritte Reich'*, p. 577.
259 Kellner, *Tagebücher 1939-1945*, band 1, p. 311 (d.d. 16-9-1942). De Zwitserse consul Franz-Rudolf von Weiss meldde op 3 oktober 1983 vanuit Keulen: 'Over de behandeling van de Jodenkwestie sijpelt steeds meer door dat de geëvacueerde Joden meedogenloos worden omgebracht.' Bajohr/Strupp (red.), *Fremde Blicke auf das 'Dritte Reich'*, p. 577.
260 Vgl. Volker Ullrich, "Wir haben nichts gewußt"– Ein deutsches Trauma', in *1999, Zeitschrift für Sozialgeschichte des 20. und 21. Jahrhunderts*, jrg. 6 (1991), p. 11-46 (hier p. 30).
261 Herbert und Sybille Obenaus (red.), *Schreiben wie es wirklich war! Aufzeichnungen Karl Dürkefäldens aus den Jahren 1933-1945*, Hannover 1985, p. 107, 109 e.v., 117, 125, 126 e.v. Als voorbeeld van hoe men door regelmatig naar de BBC-uitzendingen te luisteren zich een beeld kon vormen, vgl. ook Muehlon, *Tagebuch der Kriegsjahre 1940-1944*, p. 590 (d.d. 5-10-1941), 646 (d.d. 6-12-1941), 786 (d.d. 27-6-1942), 787 (d.d. 29-6-1941). Voor de berichtgeving van de BBC over de 'Endlösung' vgl. Eric A. Johnson, *Terror. Gestapo, Juden*

und gewöhnliche Deutsche, Berlijn 2001, p. 472 e.v.
262 Vgl. Bernd C. Wagner, 'Gerüchte, Wissen, Verdrängung. Die IG-Auschwitz und das Vernichtungslager Birkenau', in Norbert Frei/Sybille Steinbacher/Bernd C. Wagner (red.), *Ausbeutung, Vernichtung, Öffentlichkeit. Neue Studien zur national-sozialistischen Lagerpolitik*, München 2000, p. 236 e.v.; voor verspreiding van de kennis over Auschwitz vgl. ook Wachsmann, *kl*, p. 554.
263 Citaat naar Norbert Frey/Sybille Steinbacher, 'Auschwitz. Die Stadt, das Lager und die Wahrnehmung der Deutschen' in Klaus-Dietmar Henke (red.), *Auschwitz. Sechs Essays zu Geschehen und Vergegenwärtigung*, Dresden 2001, p. 51.
264 Klemperer, *Tagebücher 1942-1945*, p. 47 (d.d. 16-3-1942), 259 (d.d. 16-10-1942), 335 (d.d. 27-2-1943), 606 (d.d. 24-10-1944).
265 Erich Kuby, *Mein Krieg. Aufzeichnungen 1939-1944*, München 1989, p. 164.
266 Kardorff, *Berliner Aufzeichnungen 1942 bis 1945*, p. 272 (d.d. 27-12-1944).
267 Peter Brückner, *Das Abseits als sicherer Ort. Kindheit und Jugend zwischen 1933 und 1945*, Berlijn 1980, p. 147.

8 Stalingrad of het gevecht om de olie

1 Domarus, *Hitler*, band II, 2, p. 1848-1852 (citaat p. 1850).
2 *Tischgespräche*, p. 323 (d.d. 21-5-1942).
3 Adolf Heusinger, *Befehl im Widerstreit. Schicksalsstunden der deutschen Armee 1923-1945*, Tübingen en Stuttgart 1950, p. 186.
4 Goebbels, *Tagebücher*, deel 11, band 3, p. 577 (d.d. 29-301942), band 4, p. 169 (d.d. 25-4-1942).
5 Hürter, *Ein deutscher General an der Ostfront*, p. 152 (d.d. 12-3-1942). Voor de aantallen vgl. Hartmann, *Halder*, p. 313; Bernd Wegner, 'Der Krieg gegen die Sovjetunion 1942/43' in: *Das Deutsche Reich und der Zweite Weltkrieg*, band 6, Stuttgart 1990, p. 778 e.v.
6 Halder, *Kriegstagebuch*, band III, p. 431 e.v. (d.d. 21-4-1942).
7 Goebbels, *Tagebücher*, deel 11, band 3, p. 511 (d.d. 20-3-1942).
8 *Tischgespräche*, p. 452 (d.d. 22-7-1942); *Monologe*, p. 366 (d.d. 22-8-1942). Vgl. ibidem, p. 336 (d.d. 9-8-1942), 363 (d.d. 24-8-1942).
9 Halder, *Hitler als Feldherr*, p. 49. Vgl. KTB OKW, band II, p. 3114 (d.d.2-4-1942): De Führer 'houdt het om redenen van industriële capaciteit voor onwaarschijnlijk dat de Rus noemenswaardige legers kan opstellen'.
10 Hartmann, *Halder*, p. 316. Vgl. ook Ernst von Weizsäcker aan zijn moeder, d.d. 22-2-1942: 'Men acht de Russen tot niet veel meer in staat'; BA Koblenz, N1273/30. De opperbevelhebber van het Tweede Tankleger, Rudolf Schmidt, schatte de situatie anders in in een brief aan Gauleiter Fritz Sauckel d.d. 1-4-1942: 'Over het geheel toont de Rus nog geen zwakke plekken. Er zullen nog veel harde noten moeten worden gekraakt. Maar we moeten ze kraken.' BA Koblenz, N 1582/3.
11 Tooze, *Ökonomie der Zerstörung*, p. 674.
12 Falagna, *Mussolinis Vorposten in Hitlers Reich*, p. 197.
13 Vgl. Halder, *Hitlers Kriegstagebuch*, band III, p. 420 e.v. (d.d. 28-3-1942); KTB OKW band II, p. 351 e.v. (d.d. 5-4-1942). Vgl. zakagenda van Helmuth Greiner, (d.d. 29-3-1942): 'Führer gisteren aanwijzingen gegeven voor zomeroffensief.' IfZ München, ED 100, band 76.
14 Hubatsch (red.), *Hitlers Weisungen für die Kriegführung*, p. 213-218 (citaten p. 213 e.v.).
15 IMT, band 7, p. 290 (verklaring Paulus). Vgl. Diedrich, *Paulus*, p. 214. Ook in zijn tafelgesprekken benadrukte Hitler telkens weer het belang van de oliekwestie. Vgl. *Tischgespräche*, p. 274 (d.d. 9-5-1942); *Monologe*, p. 328 (d.d. 5-8-1942: 'Zonder olie lukt het niet!').
16 Geciteerd naar *Das Deutsche Reich und der Zweite Weltkrieg*, band 6, p. 774 (bijdrage Wegner). Tijdens een verhoor op 17-6-1945 noemde Keitel als doel van het offensief 'het Donetsbekken is uit het oorlogseconomisch potentieel van Rusland te rukken, het olietransport op de Wolga te stoppen en die belangrijkste oliebronnen te bezetten'.

Wassili S. Christoforow/Wladimir G. Makarow/Matthias Uhl (red.), *Verhört. Die Befragungen deutscher Generäle und Offizieren durch die sowjetische Geheimdienste 1945-1952*; Berlijn-Boston 2015, p. 108.
17 Vgl. Groehler, *Bombenkrieg gegen Deutschland*, p. 32-36; Overy, *Der Bombenkrieg*, p. 411-415.
18 Vgl. Groehler, *Bombenkrieg gegen Deutschland*, p. 37-42.
19 *Tischgespräche*, p. 173 (d.d. 1-4-1942); vgl. ibidem, p. 156 (d.d. 29-3-1942).
20 Goebbels, *Tagebücher*, deel II, band 3, p. 582 e.v. (d.d. 30-3-1942).
21 Ibidem, band 4, p. 47 (d.d. 4-4-1942).
22 Vgl. Groehler, *Bombenkrieg gegen Deutschland*, p. 48-59.
23 Vgl. ibidem, p. 65-67; Overy, *Der Bombenkrieg*, p. 420.
24 Goebbels, *Tagebücher*, deel II, band 4, p. 183 (d.d. 27-4-1942).
25 Kellner, *Tagebücher 1939-1945*, band I, p. 267 (d.d. 2-6-1942).
26 Th. Mann, *An die gesittete Welt*, p. 525 (d.d. april 1942). Vgl. Th. Mann, *Tagebücher 1940-1943*, p. 413 (d.d. 4-4-1942).
27 Vgl. Overy, *Der Bombenkrieg*, p. 183-185; Evans, *Das Dritte Reich*, band III, p. 552. De benaming 'Baedeker' naar de bekende reisgids sloeg op een uitspraak van de plaatsvervangend perscheef van het ministerie van Binnenlandse Zaken, Gustaf Braun von Stumm, die in de buitenlandse pers had aangekondigd dat voortaan alle in de reisgids met drie sterren aangeduide gebouwen zouden worden aangevallen. Goebbels was er boos om omdat 'de Engelsen daarmee op de meest ongtactische manier een voor hen bijzonder bruikbare leus was toegeworpen'. Goebbels, *Tagebücher*, deel II, band 4, p. 227 (d.d. 3-5-1942).
28 *Meldungen aus dem Reich*, band 10, p. 3567 (d.d. 2-4-1942); vgl. ibidem, p. 3787 (d.d. 4-6-1942).
29 Bajohr/Strupp (red.), *Fremde Blicke auf das 'Dritte Reich'*, p. 564, 567.
30 *Meldungen aus dem Reich*, band 9, p. 3505 (d.d. 23-3-1942).
31 Goebbels, *Tagebücher*, deel II, band 4, p. 192 (d.d. 28-4-1942).
32 Ibidem, band 3, p. 504 e.v. (d.d. 20-3-1942).
33 Engel, *Heeresadjutant bei Hitler*, p. 120 (d.d. 21-4-1942). Vgl. *Tischgespräche*, p. 161 (d.d. 29-3-1942): 'Vandaag verklaarde hij [Hitler] duidelijk en eenduidig dat volgens hem iedereen die jurist was ofwel van nature gestoord moest zijn of het mettertijd zou worden.'
34 Goebbels, *Tagebücher*, deel II, band 4, p. 174, 176 (d.d. 26-4-1942).
35 Ibidem, p. 186 (d.d. 27-4-1942).
36 Domarus, *Hitler*, band II, 2, p. 1865-1877 (citaat p. 1877). De tekst van het besluit was door het hoofd van de Rijkskanselarij op verzoek van Hitler opgesteld en daarna aan Göring gegeven. Aant. Lammers d.d. 1-5-1942 betr. *Beschluss des Großdeutschen Reichstages* van 26-4-1942; BA Berlijn-Lichterfelde, R 43 II/958.
37 Goebbels, *Tagebücher*, deel II, band 4, p. 188 (d.d. 27-4-1942).
38 *Meldungen aus dem Reich*, band 10, p. 3673 (d.d. 27-4-1932), 3686 (d.d. 30-4-1942).
39 Kellner, *Tagebücher 1939-1945*, band I, p. 242 (d.d. 27-4-1942).
40 Goebbels, *Tagebücher*, deel II, band 4, p. 188 (d.d. 27-4-1942).
41 Ciano, *Tagebücher 1939-1943*, p. 431 (d.d. 30-4-1942).
42 Hillgruber (red.), *Staatsmänner und Diplomaten bei Hitler*, deel II, p. 79 e.v.
43 Ciano, *Tagebücher 1939-1943*, p. 431 (d.d. 30-4-1942).
44 Hillgruber (red.), *Staatsmänner und Diplomaten bei Hitler*, deel II, p. 79 e.v.
45 Ciano, *Tagebücher 1939-1943*, p. 431 (d.d. 30-4-1942).
46 Goebbels, *Tagebücher*, deel II, band 4, p. 223 (d.d. 2-5-1942).
47 Vgl. ibidem, p. 212 (d.d. 30-4-1932); *Tischgespräche* p. 248 (d.d. 29-4-1942).
48 Goebbels, *Tagebücher*, deel II, band 4, p. 320 (d.d. 20-5-1942). In zijn dagboek noteerde Hans Frank op 14-5-1942: 'Een luisterrijke opmaat tot deze meest beslissende fase van de wereldstrijd van Adolf Hitler en de uiteindelijke bevrijding van het cultuurcontinent.' BA Koblenz, N 1110/2. Vgl. *Das Deutsche Reich und der Zweite Weltkrieg*, band 6, p. 842 e.v. (bijdrage Wegner).

49 *Tischgespräche*, p. 406 (d.d. 8-8-1942); *Monologe*, p. 334 (d.d. 8-8-1942). Over de strijd om Sebastopol vgl. *Das Deutsche Reich und der Zweite Weltkrieg*, band 7, p. 845-850 (bijdrage Wegner).
50 Vgl. ibidem, p. 852-860 (bijdrage Wegner).
51 Vgl. Diedrich, *Paulus*, p. 217-219. Halder feliciteerde Paulus in een handgeschreven brief van 25-5-1932 met het 'grote wapensucces'; BA-MA Freiburg, N 372/20. Chefadjudant Schmundt deelde Paulus op 20-5-1942 mee dat de Führer 'de successen van het Zesde Leger tegen de oppermachtige tegenstander zeer waardeerde'. BA-MA Freiburg, N 372/22.
52 Kellner, *Tagebücher 1939-1945*, band I, p. 262 (d.d. 28-5-1942).
53 *Meldungen aus dem Reich*, band 10, p. 3746 (d.d. 18-5-1942), 3752 (d.d. 28-5-1942).
54 *Tischgespräche*, p. 3345 (d.d. 1-6-1942).
55 Vgl. Warlimont, *Im Führerhauptquartier*, p. 254; KTB OKW, band II, p. 360 (d.d. 24-5-1942).
56 Goebbels, *Tagebücher*, deel II, band 4, p. 354-364 (d.d. 24-5-1942). Hans Frank noteerde in zijn zakagenda onder de datum 23-5-1942: 'Geweldige toespraak van de Führer.' BA Koblenz, N 110/10.
57 De volledige tekst van de toespraak op 30-5-1942 is afgedrukt in het aanhangsel van de *Tischgespräche*, p. 491-502 (citaten 491, 493).
58 Goebbels, *Tagebücher*, deel I, band 4, p. 401 e.v. (d.d. 30-5-1942), p. 418 (d.d. 31-5-1942).
59 Vgl. Bernd Wegner, 'Hitlers Besuch in Finnland. Das geheime Tonprotokol seiner Unterredung mit Mannerheim am 4. Juni 1942', in *Vierteljahrshefte für Zeitgeschichte*, jrg. 41 (1993), p. 117-138.
60 Goebbels, *Tagebücher*, deel II, band 4, p. 489 (d.d. 10-6-1942). Vgl. *Tischgespräche*, p. 356 (d.d. 5-6-1942): 'De Finnen zijn toch echt een heldenvolk.'
61 Vgl. Below, *Als Hitlers Adjutant*, p. 312; Domarus, *Hitler*, band II, 2, p. 1892.
62 Radiobericht van Hitler aan Rommel, 22-6-1942, en van Rommel aan Hitler, 23-6-1942; BA-MA Freiburg, N 117/3.
63 Vgl. Reuth, *Rommel*, p. 183.
64 Goebbels, *Tagebücher*, deel II, band 4, p. 582, 590 (d.d. 23-6-1942).
65 Ibidem, p. 580 (d.d. 23-6-1942).
66 Geciteerd naar Reuth, *Rommel*, p. 186.
67 Goebbels, *Tagebücher*, deel II, p. 590 (d.d. 23-6-1942). Vgl. ook *Tischgespräche*, p. 372 e.v. (d.d. 22-6-1942).
68 *Tischgespräche*, p. 391 (d.d. 28-6-1942).
69 Vgl. *Meldungen aus dem Reich*, band 10, p. 3923 (d.d. 9-7-1942). Over de veldtocht naar El-Alamein vgl. Reinhard Stumpf: 'Der Krieg im Mittelmeerraum 1942/43' in *Das Deutsche Reich und der Zweite Weltkrieg* band 6, p. 595-647; Weinberg, *Eine Welt in Waffen*, p. 386 e.v.
70 Goebbels, *Tagebücher*, deel II, band 4, p. 482 (d.d. 10-6-1942), 606 e.v. (d.d. 24-6-1942).
71 Vgl. *Das Deutsche Reich und der Zweite Weltkrieg*, band 6, p. 868 e.v. (bijdrage Wegner); Diedrich, *Paulus*, p. 220-222; Müller, *Der letzte deutsche Krieg*, p. 166.
72 Hillgruber (red.), *Staatsmänner und Diplomaten bij Hitler*, deel II, p. 89.
73 Gorodetsky (red.), *Die Maiski-Tagebücher*, p. 653 (d.d. 19-7-1942).
74 Halder, *Kriegstagebuch*, band III, p. 472 (d.d. 3-7-1942).
75 Bock, *Das Kriegstagebuch*, p. 470 (d.d. 13-7-1942). Vgl. zakagenda van Ewald von Kleist, 15-7-1942; BA-MA Freiburg N 354/21; *Das Deutsche Reich und der Zweite Weltkrieg*, band 6, p. 878, 884 e.v. (bijdrage Wegner); Diedrich, *Paulus*, p. 223.
76 Weichs, *Erinnerungen*, deel IV, p. 4 e.v.; BA-MA Freiburg N 19/10.
77 Vgl. Seidler/Zeigert, *Die Führerhauptquartiere*, p. 221-225; Neumärker e.a., *Wolfsschanze*, p. 101.
78 Vgl. Speer, *Erinnerungen*, p. 250; Schmidt, *Statist auf diplomatischer Bühne*, p. 553; Goebbels, *Tagebücher*, deel II, band 5, p. 348 (d.d. 20-8-1942). Over de sfeer in en rond het hoofdkwartier bij Vinnytsja vgl. Felix Hartlaub, *Im Sperrkreis. Aufzeichnungen aus dem zweiten Weltkrieg*, uitg. door Geno Hartlaub, Reinbek bei Hamburg 1955, p. 113-126.
79 *Monologe*, p. 336 (d.d. 9-8-1942). Vgl. Helmuth Greiner aan zijn vrouw, 31-8-1942: 'Het klimaat en de hitte bekomen ook de Führer niet goed; hij verlangt terug naar zijn bunker.'

IfZ München, ED 100, band 76. Voorts Warlimont, *Im Führerhauptquartier*, p. 258; Neumann/Eberle, *War Hitler krank?*, p. 240.
80 Christa Schroeder aan Johanna Nusser, 14-9-1942; Christa Schroeder, *Er war mein Chef*, p. 137.
81 Vgl. Keitel, *Verbrecher oder Offizier?*, p. 308; Eberle/Uhl (red.), 'Das Buch Hitler', p. 171.
82 KTB OKW, band 11, p. 624 (d.d. 22-8-1942); vgl. Warlimont, *Im Führerhauptquartier*, p. 260; Meyer, *Adolf Heusinger*, p. 187 e.v.
83 Halder, *Kriegstagebuch*, band 111, p. 489 (d.d. 23-7-1942).
84 Hubatsch (red.), *Hitlers Weisungen für die Kriegführung*, p. 227-230 (citaat p. 227).
85 Vgl. *Das Deutsche Reich und der Zweite Weltkrieg*, band 6, p. 891 e.v. (bijdrage Wegner); Diedrich, *Paulus*, p. 224 e.v.
86 Aldus Halder, *Hitler als Feldherr*, p. 50.
87 KTB OKW, band 11, p. 449 (d.d. 25-6-1942).
88 Ibidem, p. 56. Vgl. *Das Deutsche Reich under der Zweite Weltkrieg*, band 6, p. 891 e.v. (bijdrage Wegner).
89 Vgl. Weinberg, *Eine Welt in Waffen* p. 453 e.v.; Overy, *Der Bombenkrieg*, p. 425; Chlevnjoek, *Stalin*, p. 355 e.v.
90 Notities m.b.t. de Führerbespreking in de Rijkskanselarij, d.d. 29-9-1942; BA Koblenz, N 13040/496. Vgl. KTB OKW, band 2, p. 609 e.v. (d.d. 19-8-1942); *Das Deutsche Reich und der Zweite Weltkrieg*, band 6, p. 895 e.v. (bijdrage Wegner).
91 Vgl. Tooze, *Ökonomie der Zerstörung*, p. 671; *Das Deutsche Reich und der Zweite Weltkrieg*, band 6, p. 942 e.v. (bijdrage Wegner).
92 Goebbels, *Tagebücher*, deel 11, band 5, p. 354 (d.d. 20-8-1942); Vgl. Speer, *Spandauer Tagebücher*, p. 85 e.v, (d.d. 26-3-1947). Volgens Speer zei Hitler in augustus 1942 dat een volgende aanval langs de Kaspische Zee op Afghanistan en India moest worden gericht. 'Dan zitten de Engelsen zonder olie. Over twee jaar staan we aan de grens van India. Twintig tot dertig Duitse elitedivisies zijn genoeg. Dan stort ook het Britse wereldrijk in.'
93 Goebbels, *Tagebücher*, deel 11, band 5, p. 372 (d.d. 20-8-1942).
94 Speer, *Erinnerungen*, p. 253; vgl. Below, *Als Hitlers Adjutant*, p. 313.
95 Vgl. KTB OKW, band 11, p. 654 (d.d. 29-8-1942); Hartmann, *Halder*, p. 329; *Das Deutsche Reich und der Zweite Weltkrieg*, band 6, p. 940 (bijdrage Wegner).
96 Paulus aan Gauleiter Florin, Düsseldorf 5-8-1942; BA-MA Freiburg, N 372/19. Vgl. ook Paulus aan generaal Ludz: 'Het gaat erom de Russen nu zo te verslaan dat ze zich niet zo snel meer zullen herstellen.' BA-MA Freiburg, N 372/21.
97 Vgl. Diedrich, *Paulus*, p. 228-231; *Das Deutsche Reich und der Zweite Weltkrieg*, band 6, p. 964 (bijdrage Wegner).
98 Weichs, *Erinnerungen*, deel IV, p. 13; BA-MA Freiburg, N 19/10.
99 Vgl. Merridale, *Iwans Krieg*, p. 176 e.v.; Richard Overy, *Die Wurzeln des Sieges. Warum die Alliierten den Zweiten Weltkrieg gewannen*, Stuttgart-München 2000, p. 96 e.v.
100 Vgl. *Das Deutsche Reich und der Zweite Weltkrieg*, band 6, p. 898-910 (bijdrage Wegner); Weinberg, *Eine Welt in Waffen*, p. 461-463.
101 Goebbels, *Tagebücher*, deel 11, band 5, p. 361 (d.d. 20-8-1942).
102 Heusinger, *Befehl im Widerstreit*, p. 200 e.v. Vgl. Engel, *Heeresadjutant bei Hitler*, (d.d. 4-9-1942). Volgens Engel brulde Hitler: 'Wat wilt u, meneer Halder, u die alleen, ook in de Eerste Wereldoorlog, op hetzelfde krukje zat, mij vertellen over de troepen, u die niet eens het zwarte gew[onden]teken draagt?' In Halders dagboek vindt men alleen de karige notitie: 'Heftige botsing wegens beoordeling van de situatie bij Rzjev omdat ik wijs op de mogelijkheid dat de ingezette troepen opbranden.' *Kriegstagebuch*, band 11, p. 510 (d.d. 24-8-1942). Vgl. over de botsing Hitler–Halder op 24-8-1942 Hartmann, *Halder*, p. 330-332; Warlimont, *Im Führerhauptquartier*, p. 263.
103 Notulen van het onderhoud met A. Heusinger, 25-1-1952; IfZ München ZS 69. Op 29-8-1942 schreef Heusinger aan zijn vrouw dat Halder 'een fikse ruzie' met Hitler had gehad, en zich 'als een geslagen scholier teruggetrokken had en bang was geworden'; Meyer, *Adolf Heusinger*, p. 188.

104 Vgl. Engel, *Heeresadjutant bei Hitler*, p. 125 (d.d. 4-9-1942).
105 Halder, *Kriegstagebuch*, band II, p. 513 (d.d. 30-8-1942).
106 Vgl. KTB OKW, band II, p. 658 (d.d. 30-8-1942), 662 (d.d. 31-8-1942); Below, *Als Hitlers Adjutant*, p. 214; Halder, *Kriegstagebuch*, band III, p. 513 e.v. (d.d. 31-8-1942).
107 Keitel, *Verbrecher oder Offizier?*, p. 306; Jodl, *Jenseits des Endes*, p. 66. Vgl. KTB OKW, band II, p. 690 (d.d. 7-9-1932), p. 695-697 (d.d. 8-9-1942); Warlimont, *Im Führerhauptquartier*, p 267 e.v.; *Das Deutsche Reich und der Zweite Weltkrieg*, band 6, p. 941 e.v. (bijdrage Wegner). Tijdens het verhoor op 17-6-1945 verklaarde Jodl: 'Het kwam tussen ons tot een schandaal zoals in het hoofdkwartier nog nooit was voorgevallen.' Christoforow e.a. (red), *Verhört*, p. 122.
108 Engels, *Heeresadjutant bei Hitler*, p. 126 (d.d. 8-9-1942). Vgl. Halder, *Kriegstagebuch*, band III, p. 519 (d.d. 8-9-1942): 'Grote ontstemming'; zakagenda van Helmuth Greiner d.d. 9-9-1942: 'Diepe vertrouwenscrisis'; IfZ München ED 100/76.
109 Brief Kluge van 15-9-1942; BA-MA Freiburg, MSg 2/11185.
110 KTB OKW, band II, p. 704 e.v. (d.d. 9-9-1942); Vgl. Halder, *Kriegstagebuch*, band II, p. 519 (d.d. 9-9-1942).
111 Johannes Hürter en Matthias Uhl, 'Hitler in Vinica. Ein neues Dokument zur Krise im September 1942', in *Vierteljahrshefte für Zeitgeschichte*, jrg. 63 (2015), p. 581-639 (citaat p. 623). De stenografische notulen van de bespreking van Hitler met Keitel op 18-9-1942 (p. 601-608) zijn teruggevonden in de documenten van het opperbevel van de Wehrmacht, die bewaard werden in het centrale archief van het ministerie van Defensie van de Russische Federatie.
112 Vgl. ibidem, p. 615, 617 e.v.
113 Engels, *Heeresadjutant bei Hitler*, p. 127 (d.d. 14-9-1942).
114 Vgl. Warlimont, *Im Führerhauptquartier*, p. 268; Below, *Als Hitlers Adjutant*, p. 315; Speer, *Erinnerungen*, p. 253; Helmuth Greiner aan zijn vrouw, 21-9-1942: 'De Führermaaltijd [...] zal voorlopig ook niet meer plaatsvinden, aangezien de hoge heer zich in de eenzaamheid heeft teruggetrokken.' IfZ München, ED 100, band 76.
115 Halder, *Kriegstagebuch*, band III, p. 520 (d.d. 11-9-1942); vgl. Engel, *Heeresadjutant bei Hitler*, p. 127 (d.d. 18-9-1942).
116 KTB OKW, band II, p. 697 (verduidelijkingen door Warlimont bij de aantekeningen van Greiner d.d. 8-9-1942). Volgens de verklaring van Jodl duurde de 'staat van vervreemding' tot eind januari 1943. Christoforow e.a. (red.), *Verhört*, p. 122. Vgl. ook aantekeningen van Jodl van december 1945 *Streiflichter aus dem Führerhauptquartier*; BA-MA Freiburg, N 69/44.
117 Vgl. Helmut Heiber (red.), 'Hitlers Lagebesprechungen. Die Protokollfragmente seiner militärischen Konferenzen 1942-1945', Stuttgart 1962, p. 14-19 (inleiding); Pyta, *Hitler*, p. 38-41, 332-334; Hürter/Uhl, *Hitler in Vinnica*, p. 588.
118 Engel, *Heeresadjutant bei Hitler*, p. 126 e.v. (d.d. 8-9-1942).
119 Ibidem, p. 128 (d.d. 19-9-1942); vgl. ibidem p. 125 (d.d. 27-8-1942).
120 Warlimont, *Im Führerhauptquartier, p.* 269; vgl. KTB OKW, band II, p. 702 (verduidelijking door Warlimont bij Greiners aantekeningen van 12-8 tot 8-9-1942). Vgl. ook aantekeningen door Warlimont d.d. 5-10-1945: 'Ik kon toen en ook later niet het gevoel van me afzetten dat Hitler, wiens houding en uiterlijk tegelijkertijd opvallend veranderden, op dat moment voor het eerst het dreigende gevaar onderkende dat hij de oorlog zou verliezen.' IfZ München, ZS 312.
121 Halder, *Kriegstagebuch*, band III, p. 528 (d.d. 24-9-1942). Vgl. Halder, *Hitler als Feldherr*, p. 52 e.v.; Engels, *Heeresadjutant bei Hitler*, p. 128 (d.d. 24-9-1942), 131 (d.d. 19-10-1942).
122 Kurt Zeitzler, *Zwei Jahre Generalstabchef des Heeres im Zweiten Welktkrieg*, cahier 2, p. 26-28; BA-MA Freiburg, N 63/19. Vgl. Helmuth Greiner aan zijn vrouw, 27-9-1942: 'Nu moet men maar afwachten hoe hij [Zeitzler] het doet. Maar om te beginnen is hij beslist een man zoals de Führer ze graag ziet.' IfZ München, ED 100, band 76.
123 Heusinger, *Befehl im Widerstreit*, p. 212; vgl. Hartmann, *Halder*, p. 337-339; Megargee, *Hitler und die Generäle*, p. 222 e.v.

124 Karl-Jesko von Puttkamer aan Friedrich Hoßbach, 21-11-1942; BA-MA Freiburg, N 24/15.
125 Zeitzler, *Zwei Jahre Generalstabschef,* hfst. 2, p. 43; BA-MA Freiburg, N 24/15.
126 Vgl. Schmundt aan Friedrich Paulus, 1-10-1942; BA-MA Freiburg N 372/22.
127 Engel, *Heeresadjutant bei Hitler,* p. 129 (d.d. 30-9-1942); Vgl. Megargee, *Hitler und die Generäle,* p. 224-227; Hartmann, *Halder,* p. 340 e.v.; Hürter/Ulh, *Hitler in Vinnica,* p. 598 e.v.
128 Het in de literatuur genoemde aantal slachtoffers van 40.000 is vermoedelijk te hoog geschat. Vgl. Overy, *Der Bombenkrieg,* p. 303-307.
129 *KTB OKW,* band II, p. 669 (d.d. 2-9-1942). Vgl. Halder, *Kriegstagebuch,* band II, p. 514 (d.d. 31-8-1942): 'Stalingrad: mannelijke bevolking vernietigen, vrouwelijke afvoeren.'
130 Goebbels, *Tagebücher,* deel II, band 5, p. 463 (d.d. 9-9-1942); vgl. ibidem, p. 482 e.v. (d.d. 12-9-1942), 488 e.v. (d.d. 13-9-1942).
131 Vgl. Halder, *Das Kriegstagebuch,* band III, p. 521 (d.d. 11-9-1942).
132 Bevel van de Führer van 13-9-1952; *KTB OKW,* band II, p. 1298; vgl. Diedrich, *Paulus,* p. 235 e.v.: *Das Deutsche Reich und der Zweite Weltkrieg,* band 6, p. 981-983 (bijdrage Wegner).
133 Jochen Hellbeck, *Die Stalingrad-Protokolle. Sowjetische Augenzeugen berichten aus der Schlacht,* Frankfurt am Main 2012, p. 361.
134 Vgl. Diedrich, *Paulus,* p. 238 e.v.; Overy, *Die Wurzeln des Sieges,* p. 104-107; *Das Deutsche Reich und der Zweite Weltkrieg,* band 6, p. 984-987 (bijdrage Wegner). Over de strijd om Stalingrad uitvoerig Manfred Kehrig, *Stalingrad. Analyse und Dokumentation einer Schlacht,* 3de druk, Stuttgart 1979; Antony Beevor, *Stalingrad,* München 2010. Voor kritiek op Beevors weergave vgl. Hellbeck, *Die Stalingrad-Protokolle,* p. 23 e.v.
135 Goebbels, *Tagebücher,* deel II, band 5, p. 555 (d.d. 23-9-1942).
136 *Meldungen aus dem Reich,* band II, p. 4244 (d.d. 28-9-1942).
137 Muehlon, *Tagebuch der Kriegsjahre 1940-1944,* p. 817 (d.d. 4-9-1942), 826 (d.d. 26-9-1942).
138 Vgl. Goebbels, *Tagebücher,* deel II, p. 370 (d.d. 20-8-1942).
139 Ibidem, p. 594-597 (d.d. 29-9-1942).
140 Vgl. Kroener, *Generaloberst Friedrich Fromm,* p. 475-468.
141 Goebbels, *Tagebücher,* deel II, band 6, p. 36 (d.d. 1-10-1942).
142 Domarus, *Hitler,* band II, 2, p. 1913-1924 (citaten in de volgorde p. 1915, 1920, 1916). Commentaar Ulrich von Hassell: 'Ongehoord lege, wat haperende toespraak van Hitler, moreel niveau laag, esthetisch laagstaand als misschien nooit eerder. Straatjongenstaal tegen de vijand.' *Vom andern Deutschland,* p. 254 (d.d. 4-10-1942).
143 Engel, *Heeresadjutant bei Hitler,* p. 129 (d.d. 2-20-1942). Vgl. Kurt Zeitzler, *Das Ringen um die großen Entscheidungen im Zweiten Weltkrieg,* band 1: 'Stalingrad – Der Wendepunkt des Krieges', p. 18; BA-MA Freiburg N 63/79.
144 Goebbels, *Tagebücher,* deel II, band 6, p. 42-53 (d.d. 2-10-1942). (Citaten 47, 49, 53).
145 *KTB OKW,* band II, p. 67.
146 Hillgruber (red.), *Staatsmänner und Diplomaten bei Hitler,* deel II, p. 127-130 (citaten p. 129, 128).
147 *KTB OKW,* band II, p. 864 (d.d. 26-20-1942). Vgl. Diedrich, *Paulus,* p. 242 e.v.; *Das Deutsche Reich und der Zweite Weltkrieg,* band 6, p. 994 e.v. (bijdrage Wegner).
148 *Meldungen aus dem Reich,* band II, p. 4366 (d.d. 26-10-42).
149 Ibidem, p. 4366 (d.d. 26-10-1942). Vgl. Kellner, *Tagebücher 1939-1945,* band I, p. 320 (d.d. 22-10-1942).
150 Vgl. Werner Rahn, 'Der Krieg im Pazifik', in *Das Deutsche Reich und der Zweite Weltkrieg,* band 6, p. 251-271.
151 Goebbels, *Tagebücher,* deel II, band 6, p. 35 e.v. (d.d. 1-10-1942).
152 Ibidem, p. 65 (d.d. 4-10-1942).
153 Domarus, *Hitler,* band II,2, p. 1925. Vgl. Kellner, *Tagebücher 1939-1945,* band I, p. 337 (d.d. 4-11-1942); Reuth, *Rommel.* p. 186 e.v.
154 Geciteerd naar Irving, *Hitler und seine Feldherrn,* p. 431. Vgl. over het Britse tegenoffensief bij El-Alamein: *Das Deutsche Reich und der Zweite Weltkrieg,* band 6, p. 688-709 (bijdrage Stumpf).
155 Goebbels, *Tagebücher,* deel II, band 6, p. 230 e.v. (d.d. 4-11-1942).

156 Domarus, *Hitler*, band 11,2, p. 1931. Het telegram kwam op 3 november om 13.30 uur bij Rommel aan.
157 Vgl. KTB OKW, band 11, p. 111, 894-898 (d.d 3-11-1942) met verduidelijkingen van Warlimont; Warlimont *Im Führerhauptquartier* p. 280 e.v.; zakagenda van Helmuth Greiner d.d. 3-11 en 5-11-1942; IfZ München, ED 100, band 76.
158 Vgl. Below, *Als Hitlers Adjutant*, p. 321; Neumärker e.a., *Wolfsschanze*, p. 104.
159 Vgl. Below, *Als Hitlers Adjutant*, p. 321; KTB OKW, band 11, p. 916 (d.d. 7-11-1942), 921 e.v. (d.d. 8-11-1942). Over de landing van de Geallieerden in Frans Noord-Afrika (Operatie Torch), vgl. *Das Deutsche Reich und der Zweite Weltkrieg*, band 6, p. 710-720 (bijdrage Stumpf).
160 Aantekeningen door Speer over zijn werk als minister, Neurenberg 12-8-1946; BA Koblenz, N 1340/84.
161 Engel, *Heeresadjutant bei Hitler*, p. 134 (d.d. 8-11-1942); Vgl. Below, *Als Hitlers Adjutant*, p. 332.
162 Vgl. Goebbels, *Tagebücher*, deel 11, band 6, p. 257 e.v. Over de deelname van Himmler vgl. *Der Dienstkalender Heinrich Himmlers 1941/42*, p. 608 (d.d. 8-11-1942).
163 Goebbels, *Tagebücher*, deel 11, p. 259 (d.d. 9-11-1942).
164 Muehlon, *Tagebuch der Kriegsjahre 1940-1944*, p. 853 (d.d. 8-11-1942).
165 Domarus, *Hitler*, band 11,2, 1933-1944 (citaten in volgorde 1943, 1935, 1938).
166 Engel, *Heeresadjutant bei Hitler*, p. 134 (d.d. 10-11-1942).
167 *Meldungen aus dem Reich*, band 12, p. 4463 (d.d. 12-11-1942).
168 Ciano, *Tagebücher 1939-1943*, p. 486 (d.d. 9-11-1942). Vgl. Hillgruber (red.), *Staatsmänner und Diplomaten bei Hitler*, deel 11, p. 131-135.
169 Hillgruber (red.), *Staatsmänner und Diplomaten bei Hitler*, deel 11, p. 137-147 (citaat p. 137). Vgl. Ciano, *Tagebücher 1939-1943*, p. 486 (d.d. 10-11-1942); Schmidt, *Statist auf diplomatischer Bühne*, p. 564: 'Deze conferentie was een regelrecht bevel.'
170 Domarus, *Hitler*, band 11,2, p. 1945-1947 (citaat p. 1946).
171 Goebbels, *Tagebücher*, deel 11, band 6, p. 318 (d.d. 23-11-1942).
172 *Rommel-Tagebücher* d.d. 28-11-1942; BA-MA Freiburg N 117/74. Vgl. KTB OKW, band 11. p. 112 e.v. In januari 1943 wees Hitler de afgezant van Rommel, eerste luitenant Berndt, er nogmaals op 'hoeveel belang hij in het kader van de totale situatie hechtte aan het bruggenhoofd Afrika en hoe belangrijk het voor hem was dat dat zo lang en zo goed mogelijk behouden blijft'. *Rommel-Tagebücher* d.d. 12-1-1943; BA-MA Freiburg N 117/74.
173 Goebbels, *Tagebücher*, deel 11, band 6, p. 303 (d.d. 16-11-942).
174 Vgl. Below, *Als Hitlers Adjutant*, p. 322 e.v.; Speer, *Erinnerungen*, p. 261; KTB OKW, band 11, p. 988 (d.d. 19-11-1942). In zijn memoires (p. 31) noemde Weichs 19 november 1942 de voor de Wehrmacht 'zwartste dag van de oorlog': 'Want op die dag heeft de vijand het initiatief naar zich toe getrokken.' BA-MA Freiburg N 19/10.
175 Vgl. Overy, *Die Wurzeln des Sieges*, p. 101 e.v.; Weinberg, *Eine Welt in Waffen*, p. 460.
176 Vgl. Diedrich, *Paulus*, p. 247-249; Overy, *Die Wurzeln des Sieges*, p. 109-111.
177 Goebbels, *Tagebücher*, deel 11, band 5, p. 317 (d.d. 23-11-1942).
178 Engel, *Heeresadjutant bei Hitler*, p. 138 (d.d. 21-11-1942). Vgl. Diedrich, *Paulus*, p. 249-251; *Das Deutsche Reich und der Zweite Weltkrieg*, band 6, p. 1024 e.v. (bijdrage Wegner).
179 Vgl. Below, *Als Hitlers Adjutant*, p. 323 e.v.
180 Zeitzler, *Das Ringen um die großen Entscheidungen*, band 1, p. 35-39; BA-MA Freiburg N 63/79.
181 Diedrich, *Paulus*, p. 254, Kehrig, *Stalingrad*, p. 650 (doc. 10).
182 Engel, *Heeresadjutant bei Hitler*, p. 139 (d.d. 25-11-1942). Over het voorafgaande vgl. Speer, *Erinnerungen*, p. 262; Diedrich, *Paulus*, p. 257 e.v.; Kehrig, *Stalingrad*, p. 220.
183 Kehrig, *Stalingrad*, p. 564 (doc. 14). Vgl. Diedrich, *Paulus*, p. 257 e.v.; *Das Deutsche Reich und der Zweite Weltkrieg*, band 6. p. 1032 e.v. (bijdrage Wegner).
184 Kehrig, *Stalingrad*, p. 570 (doc. 18).
185 Kehrig, *Stalingrad*, p. 572 (doc. 20). Vgl. Diedrich, *Paulus*, p. 259; *Das Deutsche Reich und der Zweite Weltkrieg*, band 6, p. 1035 (bijdrage Wegner).

186 Kehrig, *Stalingrad*, p. 277.
187 Vgl. Jens Ebert (red.), *Feldpostbriefe aus Stalingrad*, Göttingen 2003, p. 81 (d.d. 28-11-1942), 88 (d.d. 29-11-1942), 116 (d.d. 7-12-1942), 125 (d.d. 9-12-1942), 130 (d.d. 10-12-1942).
188 Zakagenda van Helmuth Greiner, d.d. 9-12, 14-12, 16-12-1942; IfZ München, ED 100, band 76.
189 Vgl. *Das Deutsche Reich und der Zweite Weltkrieg*, band 6, p. 1040-1032 (bijdrage Wegner); Diedrich, *Paulus*, p. 264 e.v.
190 Vgl. Zeitzler, *Das Ringen um die großen Entscheidungen*, band 1, p. 62-65; BA-MA Freiburg N 63/79; Engel, *Heeresadjutant bei Hitler*, p. 140 e.v. (d.d. 18 en 19 12-1942); Diedrich, *Paulus*, p. 266 e.v.
191 Engel, *Heeresadjutant bei Hitler*, p. 142 (d.d. 22-12-1942). Heusinger had het in een brief van 22-12-1942 over een 'crisis van een omvang die we tot nu toe niet hebben meegemaakt'; Meyer, *Adolf Heusinger*, p. 200. Vgl. Speer, *Erinnerungen*, p. 263: 'De sfeer werd steeds beklemmender, de gezichten verstarden tot maskers, vaak stonden we zwijgend bij elkaar.'
192 Vgl. Ciano, *Tagebücher 1939-1943*, p. 500 (d.d. 18-12-1942).
193 Hillgruber (red.), *Staatsmänner und Diplomaten bei Hitler*, band II, p. 160-181, 192-196 (citaten p. 163, 165, 179 e.v., 171, 193).
194 Schmidt, *Statist auf diplomatischer Bühne*, p. 566.
195 Ebert (red.), *Feldpostbriefe aus Stalingrad*, p. 178 (d.d. 21-12-1942), 241 e.v. (d.d. 31-12-1942). Vgl. Paulus aan zijn vrouw, 8-1-1943: 'Er is een soldatenlied waarin staat: '*Es geht alles vorüber, es geht alles vorbei. Auf jeden Dezember folgt wieder ein Mai.*' BA-MA Freiburg N 372/35.
196 Ebert (red.), *Feldpostbriefe aus Stalingrad*, p. 187 (d.d. 21-12-1942), 241 e.v. (d.d. 31-12-1942).
197 *Meldungen aus dem Reich*, band 12, p. 4576 (d.d. 17-12-1942).
198 Vgl. Wolfram Wette, 'Das Massensterben als "Heldenepos". Stalingrad in der SS-Propaganda' in idem/Gerd R. Ueberschär, *Stalingrad, Mythos und Wirklichkeit einer Schlacht*, Frankfurt am Main 1992, p. 45-47.
199 Vgl. Ebert (red.), *Feldpostbriefe aus Stalingrad*, p. 103 (d.d. 3-12-1942), 107 (d.d. 4-12-1942), 118 (d.d. 7-2-1942).
200 Goebbels, *Tagebücher*, deel II, band 6, p. 341 e.v. (d.d. 27-11-1942).
201 Domarus, *Hitler*, band II,2, p. 1967-1971 (citaten p. 1967, 1968, 1970). Uit de gouwen werd gemeld: 'De nieuwjaarsoproep van Hitler aan de Wehrmacht en het volk heeft door de openhartige en zelfverzekerde taal haar beoogde doel bereikt.' Uittreksels uit de berichten uit de gouwen d.d. 20-12-1942–9-1-1943; BA Berlijn-Lichterfelde, NS 6/414.
202 Diedrich, *Paulus*, p. 274 e.v.
203 Vgl. ibidem, p. 275 e.v. Facsimile van de pamfletten in Wette/Ueberschär (red.), *Stalingrad*, p. 30 e.v.
204 Diedrich, *Paulus*, p. 279.
205 Vgl. ibidem, p. 279-281, *Das Deutsche Reich und der Zweite Weltkrieg*, band 6, p. 1056 e.v. (bijdrage Werner).
206 Hillgruber (red.), *Staatsmänner und Diplomaten bei Hitler*, deel II, p. 197-308 (citaat p. 200).
207 Vgl. Diedrich, *Paulus*, p. 282 e.v.
208 Zeitzler, *Das Ringen um die großen Entscheidingen*, band 1, p. 86 e.v.; BA-MA Freiburg, N 63/79.
209 Wette, 'Das Massensterben als "Heldenepos"', in idem/Ueberschär (red.), *Stalingrad*, p. 47.
210 *Meldungen aus dem Reich*, band 12, p. 4794 (d.d. 8-1-1943), 4707 (d.d. 21-1-1943).
211 Goebbels, *Tagebücher*, deel II, band 7, p. 153 e.v. (d.d. 21-1-1943).
212 Ibidem, p. 121, 175 (d.d. 23-1-1943).
213 Paulus aan zijn vrouw, 16-1-1943; BA-Ma Freiburg N 372/35.
214 Diedrich, *Paulus*, p. 285. Vgl. zakagenda van Helmuth Greiner d.d. 23-1-1943: 'Bevel aan Zesde Leger om stand te houden. Antwoord Paulus: bevel wordt opgevolgd, leve Duitsland.' IfZ München, ED 100, band 76.

215 Diedrich, *Paulus*, p. 289.
216 Goebbels, *Tagebücher*, deel 11, band 7, p. 152 (d.d. 21-1-1943); vgl. ibidem, p. 173 (d.d. 23-1-1943); vgl. ibidem p. 173 (d.d. 23-1-1943).
217 Helmut Heiber (red.), *Goebbels-Reden*, band 2: 1939-1945, Düsseldorf 1972, p. 158-172 (citaat p. 170).
218 Domarus, *Hitler*, band 11, 2, p. 1976-1980 (citaat p. 1979).
219 Vgl. de analyse van de toespraak van Göring bij Pyta, *Hitler*, p. 433-435; Stargardt, *Der deutsche Krieg 1939-1945*, p. 394 e.v.
220 *Habicht-Tagebuch*, 31-1-1943; Römer, *Die narzisstische Volksgemeinschaft*, p. 315.
221 Diedrich, *Paulus*, p. 289.
222 Vgl. ibidem, p. 290; Wette, 'Das Massensterben als "Heldenepos"', in idem/Ueberschär, *Stalingrad*, p. 58 e.v. Over de benoeming van Paulus tot kolonel-generaal op 30-11-1942 vgl. Paulus aan zijn vrouw, 7-12-1943; BA-MA Freiburg N 372-35.
223 Vgl. voor de details Hellbeck, *Die Stalingrad-Protokolle*, p. 272-316; Diedrich, *Paulus*, p. 290-292.
224 Vgl. ibidem, p. 293 e.v.
225 Heiber (red.), *Hitlers Lagebesprechungen*, p. 120-136 (citaat p. 135). Vgl. Engel, *Heeresadjutant bei Hitler*, p. 143 (d.d. 1-2-1943).
226 Heiber (red.), *Hitlers Lagebesprechungen*, p. 126.
227 Afgedrukt in Wette, 'Das Massensterben als "Heldenepos"', in idem/Ueberschär (red.), *Stalingrad*, p. 54.
228 Goebbels, *Tagebücher*, deel 11, band 7, p. 253 e.v. (d.d. 3-2-1943), 255 (d.d. 4-2-1943). Vgl. Wette, 'Das Massensterben als "Heldenepos"', in idem/Ueberschär (red.), Stalingrad, p. 55.
229 Goebbels, *Tagebücher*, deel 11, band 7, p. 256 (d.d. 4-2-1943).
230 Walb, *Ich, die Alte – ich, die Junge*, p. 260 e.v. (d.d. 3-2-1943).
231 *Meldungen aus dem Reich*, band 12, p. 4750 e.v. (d.d. 4-2-1943). Vgl. voor de reacties ook Evans, *Das Dritte Reich*, band 111, p. 530-534; Stargard, *Der deutsche Krieg*, p. 398.
232 Uittreksels uit de berichten uit de gouwen d.d. 31-1 – 12-2-1943; BA Berlijn-Lichterfelde, NS 6/414.
233 Uittreksels uit de berichten uit de gouwen d.d. 14-2 – 20-2-1943: 'Het wordt als pijnlijk en bitter ervaren dat de voorspellingen van de Führer met betrekking tot Stalingrad zo weinig overeenkomen met de feitelijk volgende gebeurtenissen.' BA Berlijn-Lichterfelde, NS 6/414.
234 Hassell, *Vom andern Deutschland*, p. 260 (d.d. 14-2-1943).
235 Goebbels, *Tagebücher*, deel 11, band 7, p. 326 (d.d. 12-2-1943. Vgl. ibidem, p. 228 (d.d. 31-1-1943). Voor meer bewijzen van kritische uitlatingen over Hitler vgl. Kershaw, *Der Hitler-Mythos*, p. 336 e.v.
236 Speer, *Erinnerungen*, p. 271.
237 Geciteerd naar Evans, *Das Dritte Reich*, band 111, p. 532.
238 Muehlon, *Tagebuch der Kriegsjahre 1940-1944*, p. 926 (d.d. 1-2-1943).
239 Th. Mann, *Tagebücher 1940-1943*, p. 533 (d.d. 5-2-1943). Tekst van de gelukwens ibidem, p. 1082.
240 Klemperer, *Tagebücher 1942-1945*, p. 326 (d.d. 5-2-1943).
241 Vgl. Barbara Beuys, *Sophie Scholl, Biographie*, München 2010, p. 425 e.v.; Barbara Ellermeier, *Hans Scholl. Biographie*, Hamburg 2012, p. 342 e.v.; Detlef Bald, *Die Weiße Rose. Von der Front in den Widerstand*, Berlijn 2003, p. 146 e.v.; Miriam Gebhardt, *Die Weiße Rose. Wie aus ganz normalen Deutschen Widerstandskämpfer wurden*, München 2017. Tekst van het zesde pamflet in Ulrich Chaussy/Gerd R. Ueberschär, *'Es lebe die Freiheit!' Die Geschichte der "Weißen Rose" und ihrer Mitglieder in Dokumenten und Berichten*, Frankfurt am Main 2013, p. 42-44.
242 Kershaw, *Der Hitler-Mythos*, p. 239.
243 Hans Zurlinden, München, aan minister Pierre Bonna, Bern, 22-4-1943; Bajohr/Strupp (red.), *Fremde Blicke auf das 'Dritte Reich'*, p. 571.

244 Kellner, *Tagebücher 1939-1945*, band 1, p. 395 (d.d. 4-2-1943).
245 Goebbels, *Tagebücher*, deel 11, band 7, p. 285-297 (citaten p. 285, 293, 296).
246 Vgl. Below, *Als Hitlers Adjutant*, p. 329 e.v.
247 Vgl. Kurt Zeitzler, *Das Ringen um die großen Entscheidungen im Zweiten Weltkrieg*, band 2; *Abwehrschlachten in Rußland nach dem Wendepunkt des Krieges*, p. 26-28; BA-MA Freiburg, N 63/80.
248 Vgl. *Das Deutsche Reich und der Zweite Weltkrieg*, band 6, p. 1054-1068 (bijdrage Wegner).
249 Vgl. de dagaantekeningen van kolonel-generaal von Weichs van 18-1 tot 10-2-1954; BA-MA Freiburg N 19/5.
250 Vgl. *Das Deutsche Reich und der Zweite Weltkrieg*, band 6, p. 1089-1091 (bijdrage Wegner).
251 Vgl. Manstein, *Verlorene Siege*, p. 437-444; Engel, *Heeresadjutant bei Hitler*, p. 144 (d.d. 7-2-1943); Below, *Als Hitlers Adjutant*, p. 329; Pyta, *Hitler*, p. 444 e.v.
252 Vgl. *Das Deutsche Reich und der Zweite Weltkrieg*, band 6, p. 1073-1075 (bijdrage Wegner); Weinberg, *Eine Welt in Waffen*, p. 494.
253 *Meldungen aus dem Reich*, band 12, p. 4821 (d.d. 18-2-1943).
254 Zeitzler, *Das Ringen um die großen Entscheidungen*, band 2, p. 13-15; BA-MA Freiburg N 63/80.
255 Manstein, *Verlorene Siege*, p. 254-259 (citaat p. 457; Engel, *Heeresadjutant bei Hitler*, p. 144 (d.d. 18-2-1943). Voor het tijdstip van Hitlers vertrek vgl. zakagenda Ewald von Kleist (19-2-1943); BA-MA Freiburg N 354/22. Volgens de verklaring van luitenant-generaal van de Luftwaffe Reiner Stahel van 21-11-1951 waren de Russische tanks nog maar vijf kilometer van het vliegveld verwijderd. Christophorow e.a. (red.), *Verhört*, p. 212.
256 Vgl. Seidler/Zeigert, *Die Führerhauptquartiere*, p. 233 e.v.; Goebbels, *Tagebücher*, deel 11, band 7, p. 388 (d.d. 21-2-1943).
257 Goebbels, *Tagebücher*, deel 11, band 7, p. 557 (d.d. 15-3-1943). Vgl. uittreksels uit de berichten uit de gouwen d.d. 7-3 tot 20-3-1943: 'De herovering van Charkov is met blijde voldoening ontvangen.' BA Berlijn-Lichterfelde, NS 6/414.
258 Vgl. Eberhard Schwarz, *Die Stabilisierung der Ostfront nach Stalingrad. Mansteins Gegenschlag zwischen Donez und Dnjepr im Frühjahr 1943*, Göttingen-Zürich 1986; Weinberg, *Eine Welt in Waffen*, p. 496 e.v.
259 Mathilde Wolff-Mönckeberg, *Briefe, die sie nicht erreichten. Briefe einer Mutter an ihre fernen Kinder in den Jahren 1940-1946*, Hamburg 1980, p. 80. Vgl. ook Norbert Frei, *Mythos Stalingrad*. 'Die "Kriegswende" in der Wahrnehmung der Deutschen' in idem, *1945 und wir. Das Dritte Reich im Bewusstsein der Deutschen*, München 2005, p. 97.
260 Geciteerd naar Merridale, *Iwans Krieg*, p. 210. Ivan Majski merkte op: 'De morele en psychologische betekenis van Stalingrad is enorm.' Gorodetsky (red.), *Die Maiski-Tagebücher*, p. 689 (d.d. 7-2-1943).
261 Vgl. *Das Deutsche Reich und der Zweite Weltkrieg*, band 6, p. 1082 (bijdrage Wegner).
262 Goebbels, *Tagebücher*, deel 11, band 7, p. 275 (d.d. 23-1-1943). Vgl. Weinberg, *Eine Welt in Waffen*, p. 499-501; Falanga, *Mussolinis Vorposten in Hitlers Reich*, p. 203 e.v.
263 Goebbels, *Tagebücher*, deel 11, band 7, p. 171 (d.d. 23-1-1943), 512 (d.d. 9-3-1943). Vgl. ibidem, p. 230 (d.d. 31-1-1943), 595 (d.d. 20-3-1943).
264 Vgl. Schenk, *Patient Hitler*, p. 388; Neumann/Eberle, *War Hitler krank?*, p. 243 e.v.; Eberle/Uhl (red.) *Das Buch Hitler*. Voor Goebbels' verjaardag eind oktober 1943 had Hitler hem een handgeschreven brief gestuurd met de opmerking dat hij hoopte dat de minister van Propaganda zijn handschrift kon ontcijferen, want zijn handen 'begonnen geleidelijk te trillen'. Goebbels, *Tagebücher*, deel 11, band 6, p. 209 (d.d. 30-10-1942).
265 Guderian, *Erinnerungen eines Soldaten*, p. 402. Over de benoeming van Guderian tot inspecteur-generaal van de tanktroepen vgl. ibidem, p. 268 e.v.
266 Goebbels, *Tagebücher*, deel 11, band 7, p. 453 (d.d. 2-3-1943).
267 Chr. Schroeder, *Er war mein Chef*, p. 130. Vgl. Goebbels, *Tagebücher*, deel 11, band 7, p. 171 (d.d. 23-1-11943).
268 Ibidem, band 6, p. 156 (d.d. 20-10-1942). Vgl. ibidem p. 81 (d.d. 6-10-1942), 92 (d.d. 8-10-1942).

269 Vgl. Speer, *Erinnerungen*, p. 312.
270 Ibidem, p. 259; vgl. Evans, *Das Dritte Reich*, band III, p. 635.
271 Goebbels, *Tagebücher*, deel II, band 7, p. 504 (d.d. 9-3-1943), 532 (d.d. 12-3-1943), 556 (d.d. 15-3-1943).
272 Ibidem, p. 594 (d.d. 20-3-1943).
273 Th. Mann, *An die gesittete Welt*, p. 558 e.v. (d.d. 28-3-1943). Tekst van de toespraak in Domarus, *Hitler*, band II, 2, p. 1999-2002.
274 Over de geruchten vgl. uittreksels uit de berichten uit de gouwen van 21-3–27-3-1943; BA Berlijn-Lichterfelde, NS 6/414; Kershaw, *Der Hitler-Mythos*, p. 239 e.v.
275 *Meldungen aus dem Reich*, band 13, p. 5038 (d.d. 1-4-1943).

9 Totale oorlog en volksgemeenschap

1 Goebbels, *Tagebücher*, deel II, band 7, p. 32 (d.d. 1-1-1943).
2 Ibidem, band 5; citaten in de volgorde: p 581 (d.d. 27-9-1942), band 9, p. 336 (d.d. 26-11-1942), 496 (d.d. 24-12-1942), 113 (d.d. 12-10-1942).
3 Ludolf Herbst, *Der totale Krieg und die Ordnung der Wirtschaft. Die Kriegswirtschaft im Spannungsfeld von Politik, Ideologie und Propaganda 1939-1945*, Stuttgart 1982, p. 198 e.v.; vgl. Dieter Rebentisch, *Führerstaat und Verwaltung im Zweiten Weltkrieg. Verfassungsentwicklung und Verwaltungspolitik 1939-1945*, Stuttgart 1989, p. 470-472.
4 Geciteerd naar Rebentisch, *Führerstaat und Verwaltung*, p. 475.
5 Goebbels, *Tagebücher*, deel II, band 7, p. 267 (d.d. 5-2-1943). Vgl. Speer, *Erinnerungen*, p. 267; Ralf Georg Reuth, *Goebbels*, München-Zürich 1990, p. 510.
6 Aantekening in Bormanns notitieboek d.d. 27-12-1942; Lang, *Der Sekretär*, p. 236; vgl. Rebentisch, *Führerstaat und Verwaltung*, p. 475; Reuth, *Goebbels*, p. 511.
7 Goebbels, *Tagebücher*, deel II, band 6, p. 518 (d.d. 29-12-1942).
8 Herbst, *Der totale Krieg*, p. 199 e.v.; vgl. Rebentisch, Führerstaat und Verwaltung, p. 475 e.v.
9 Goebbels, *Tagebücher*, deel II, band 7, p. 39 (d.d. 3-1-1943).
10 Ibidem, p. 51 (d.d. 5-1-1943).
11 Ibidem, p. 74-76 (d.d. 9-1-1943).
12 Vgl. Herbst, *Der totale Krieg*, p. 207-209. Rebentisch, *Führerstaat und Verwaltung*, p. 476-479.
13 Goebbels, *Tagebücher*, deel II, band 7, p. 120 (d.d. 15-1-9143); vgl. Herbst, *Der totale Krieg*, p. 209; Reuth, *Goebbels*, p. 513.
14 Vgl. Herbst, *Der totale Krieg*, p. 209.
15 Goebbels, *Tagebücher*, deel II, band 7, p. 169 e.v. (d.d. 23-1-1943).
16 Goebbels, 'Der totale Krieg' in *Das Reich* d.d. 17-1-1943; 'Die Optik des Krieges' in *Das Reich* d.d. 24-1-1943; Longerich, *Goebbels*, p. 544; Herbst, *Der totale Krieg*, p. 200 e.v.
17 Goebbels, *Tagebücher*, deel II, band 7, p. 229 (d.d. 3-1-1943). Vgl. voor de geluidsopname van de toespraak *Meldungen aus dem Reich*, band 12, p. 4733 (d.d. 1-2-1943).
18 Goebbels, *Tagebücher*, deel II, band 7, p. 356 (d.d. 16-2-1943), 336 (d.d. 13-2-1943), 352 (d.d. 5-2-1943).
19 Ibidem, p. 336 (d.d. 13-2-1943). Vgl. Speer, *Erinnerungen*, p. 269; Reuth, *Goebbels*, p. 518.
20 Tekst van de toespraak in Iring Fetscher, *Joseph Goebbels im Berliner Sportpalast 1943. 'Wollt ihr den totalen Krieg?'*, Hamburg 1998, p. 63-98 (citaten in de volgorde: p. 65, 63, 65, 69, 68, 73, 76, 78, 94, 98). Voor een analyse van de toespraak vgl. ibidem, p. 107-118; Günter Moltmann, 'Goebbels' Rede zum Totalen Krieg am 18. Februar 1943' in *Vierteljahrshefte für Zeitgeschichte*, jrg. 12, 1964, p. 13-43. Samenvattend: Longerich, *Goebbels*, p. 551-554; Reuth, *Goebbels*, p. 518-521. Over Goebbels' 'verspreking' vgl. Friedländer, *Die Jahre der Vernichtung*, p. 501.
21 Goebbels, *Tagebücher*, deel II, band 7, p. 373 (d.d. 19-2-1943), 379 (d.d. 20-2-1943), 385 (d.d. 21-2-1943). Over de 'buitengewone weerklank' in Duitsland vgl. *Auszüge aus den Berichten der Gaue* d.d. 21-2-27.2-1943; BA Berlijn-Lichterfelde, NS 6/414; *Meldungen aus dem Reich*,

band 12, p. 483 (d.d. 22-2-1943).
22 Goebbels, *Tagebücher*, deel 11, band 7, p. 408 (d.d. 24-2-1943). Vgl. ibidem, p. 389 (d.d. 21-2-1943), 401 (d.d. 23-2-1943).
23 Vgl. ibidem, p. 412 (d.d. 25-2-1943). Tekst van de proclamatie van 24-2-1943 in Domarus, *Hitler*, band 11, 2, p. 1990-1993.
24 Goebbels, *Tagebücher*, deel 11, band 7, p. 374 (d.d. 19-2-1943). Vgl. voor het volgende ook Speer, *Erinnerungen*, p. 270-274.
25 Goebbels, *Tagebücher*, deel 11, band 7, p. 430 e.v. (d.d. 27-2-1943).
26 Ibidem, p. 438 e.v. (d.d. 28-2-1943), 444 e.v. (d.d. 1-3-1943).
27 Ibidem, p. 450-458 (d.d. 2-3-1943).
28 Vgl. ibidem, p. 468 (d.d. 5-3-1943), 502 (d.d. 9-3-9143).
29 Ibidem, p. 502, 505, 507 (d.d. 9-3-1943); Speer, *Erinnerungen*, p. 274-276.
30 Goebbels, *Tagebücher*, deel 11, band 7, p. 576-579 (d.d. 18-3-1943).
31 Verordening van Hitler d.d. 12-4-1943 en het verklarende schrijven van Lammers aan de Obersten Reichsbehörden d.d. 8-5-1943; BA *Berlijn-Lichterfelde*, NS 6/159.
32 Vgl. gesprek tussen Bormann en Ley, 23-8-1843; BA Berlijn-Lichterfelde NS 6/159; Aantekening Ley 'Gedanken um den Führer'(1945): Het was Bormann gelukt 'een cordon op te trekken rondom de Führer dat voor velen ondoordringbaar was'. BA Koblenz N 1468/4.
33 Vgl. Lang, *Der Sekretär*, p. 233; Koop, *Martin Bormann*, p. 58-60, 77 e.v. Op 1 januari 1945 klaagde Lammers bij Bormann dat hij 'van de Führer en zijn hoofdkwartier als het ware "losgekoppeld" was'; Berlijn-Lichterfelde, R 43 11/1641.
34 Goebbels, *Tagebücher*, deel 11, band 8, p. 251 (d.d. 9-5-1943).
35 Vgl. ibidem, band 9, p. 346 e..v (d.d. 22-5-1943), 392 (d.d. 30-5-1943), 495 (d.d. 19-6-1943).
36 Vgl. ibidem, band 9, p. 267 (d.d. 10-8-1943): 'Met Bormann werkt de Führer voortreffelijk samen. Hij is zeer tevreden over hem.' Over Goebbels' gewijzigde mening over Bormann vgl. aantekeningen Speer over zijn activiteiten als minister, Neurenberg, 10-8-1946, p. 23; BA Koblenz, N 1340/84.
37 *Meldungen aus dem Reich*, band 13, p. 4945 (d.d. 15-3-1943).
38 Vgl. Herbst, *Der totale Krieg*, p. 214.
39 Goebbels, *Tagebücher*, deel 11, band 7, p. 616 (d.d. 22-3-1943). Vgl. ibidem, band 8, p. 262 (d.d. 10-5-1943): 'Vóór alles mag in de totale oorlog geen oorlog tegen de vrouwen worden gevoerd. Zo'n oorlog is nog nooit door een regering gewonnen.'
40 Vgl. ibidem, band 7, p. 235 (d.d. 2-2-1943).
41 Vgl. Herbst, *Der totale Krieg*, p. 212.
42 *Meldungen aus dem Reich*, band 12, p. 4746-4752 (d.d. 4-2-1943).
43 Ibidem, band 13, p. 4903 (d.d. 8-3-1943).
44 Vgl. Herbst, *Der totale Krieg*, p. 226 e.v.; Goebbels, *Tagebücher*, deel 11, band 8, p. 524 (d.d. 25-6-1943).
45 Vgl. voor het volgende de nog altijd toonaangevende verhandeling van Ulrich Herbert, *Fremdarbeiter. Politik und Praxis des 'Ausländer-Einsatzes' in der Kriegswirtschaft des Dritten Reiches*, Berlijn-Bonn 1985; idem, *Geschichte der Ausländerpolitik in Deutschland. Saisonarbeiter, Zwangsarbeiter, Gastarbeiter, Flüchtlinge*, München 2001, p. 29-166; Samenvattend vgl. idem, *Geschichte Deutschlands im 20. Jahrhundert*, p. 487-493. Voorts Mark Spoerer, *Zwangsarbeit unter dem Hakenkreuz. Ausländische Zivilarbeiter, Kriegsgefangene und Häftlinge im Dritten Reich und im besetzten Europ. 1939-1945*, Stuttgart 2001; Tooze: *Ökonomie der Zerstörung*, p. 595-598; Evans, *Das Dritte Reich*, band III, p. 438-470; Tim Schanetzky, *'Kanonen statt Butter'. Wirtschaft und Konsum im Dritten Reich*, München 2015, p. 223-236; Dietmar Süß, *'Ein Volk, ein Reich, ein Führer'. Die deutsche Gesellschaft im Dritten Reich*, München 2017, p. 201-208.
46 Herbert, *Fremdarbeiter*, p. 160.
47 Goebbels, *Tagebücher*, deel 11, band 4, p. 567 (d.d. 21-6-1942); vgl. ibidem, p. 34 e.v. (d.d. 1-4-1942, 516 (d.d. 24-6-1942), band 5, p. 239 (d.d. 3-8-1942).
48 Bajohr/Strupp (red.), *Fremde Blicke auf das 'Dritte Reich'*, p. 571. Vgl. Winfried Nerdinger

(red.), 'München und der Nationalsozialismus', *Katalog des* NS-*Dokumentationszentrums München*, München 215, p. 259 e.v.
49 *Tischgespräche*, p. 315 (d.d. 21-5-1942), 354 (d.d. 4-6-1942).
50 Goebbels, *Tagebücher*, deel 11, band 4, p. 516 e.v. (d.d. 13-6-1942).
51 Herbert, *Fremdarbeiter*, p. 142.
52 Vgl. Michael Schneider, *In der Kriegsgesellschaft. Arbeiter und Arbeiterbewegung 1939 bis 1945*, Bonn 2014, p. 520 e.v., 621-629.
53 Bajohr/Strupp (red.), *Fremde Blicke auf das 'Dritte Reich'*, p. 573.
54 Speer, *Erinnerungen*, p. 229.
55 Aly, *Hitlers Volksstaat*, p. 30.
56 Goebbels, *Tagebücher*, deel 11, band 4, p. 256 (d.d. 14-6-1942); vgl. ibidem, p. 406 (d.d. 30-5-1942)
57 Vgl. Aly, *Hitlers Volksstaat*, p. 67 e.v.; Marie-Luise Recker, *Nationaalsozialistische Sozialpolitik im Zweiten Weltkrieg*, München 1985, p. 33 e.v.
58 Geciteerd naar ibidem, p. 44.
59 Vgl. Aly, *Hitlers Volksstaat*, p. 69 e.v.
60 Vgl. ibidem, p. 44.
61 Vgl. over de loonontwikkeling Schneider, *In der Kriegsgesellschaft*, p. 541-544.
62 Vgl. meningen over de actie 'Eisernes Sparen', overgenomen uit de berichten van de economisch adviseur van de gouw, 5-1-1942; Berlijn-Lichterfelde, NS 6/289.
63 Philipp Kratz, 'Sparen für das kleine Glück', in Götz Aly (red.), *Volkes Stimme. Skepsis und Führervertrauen im Nationalsozialismus*, Frankfurt am Main 2006, p. 59-79.
64 Goebbels, *Tagebücher*, deel 11, band 9, p. 58 (d.d. 7-7-1943). Vgl. ook ibidem, band 8, p. 263 (d.d. 10-5-1943), band 9, p. 29 (d.d. 1-7-1943), band 10, p. 313 (d.d. 18-11-1943). Over het belastingvoorstel in het voorjaar van 1943 vgl. Recker, *Nationalsozialistische Sozialpolitik*, p. 217-233; Aly, *Hitlers Volksstaat*, p. 74 e.v. Het wetsontwerp van het najaar van 1943, dat voorzag in een verhoging van de directe en indirecte belastingen en een vermogensbelasting, werd door Hitler aanvankelijk ondertekend, maar hij maakte zijn definitieve beslissing afhankelijk van een militair succes. Aangezien dat uitbleef, trad de wet niet in werking. Vgl. Lutz Schwerin von Krosigk aan Albert Speer, 29-4-1970; BA Koblenz, N 1340/60.
65 Vgl. Aly, *Hitlers Volksstaat*, p. 86-98; Schanetzky, *Wirtschaft und Konsum im Dritten Reich*, p. 195; Birthe Kundrus, *Kriegerfrauen. Familienpolitik und Geschlechterverhältnisse im Ersten und Zweiten Weltkrieg*, Hamburg 1955, p. 247-255, 264-266, 433 e.v.
66 Domarus, *Hitler*, band 11, 2, p. 1644.
67 Vgl. Nicole Kramer, *Volksgenossinnen an der Heimatfront. Mobilisierung, Verhalten, Erinnerung*, Göttingen 2011, p. 181-193, 206-218.
68 Vgl. ibidem, p. 252-270; Süß, *Tod aus der Luft*, p. 227 e.v.; Overy, *Der Bombenkrieg*, p. 626-630; Armin Nolzen, 'Die NSDAP, der Krieg und die deutsche Gesellschaft' in *Das Deutsche Reich und der Zweite Weltkrieg*, band 9/1, München 2004, p. 99-193 (hier p. 151-159).
69 Geciteerd naar Süß, *Tod aus der Luft*, p. 228.
70 Vgl. Goebbels, *Tagebücher*, deel 11, band 7, p. 125 (d.d. 16-1-1943).
71 Ibidem, band 8, p. 494 (d.d. 16-6-1943).
72 Bajohr, *'Arisierung' in Hamburg*, p. 333-335 (citaat 355). Vgl. Aly, *Hitlers Volksstaat*, p. 139-155; Schanetzky, *Wirtschaft und Konsum im Dritten Reich*, p. 203 e.v.
73 Goebbels, *Tagebücher*, deel 11, band 10, p. 92 (d.d. 27-10-1943). Afdruk van het Führerdecreet van 11-10-1943 bij Domarus, band 11,2, p. 2046. Over Speers plannen voor de wederopbouw na de oorlog vgl. Sebastian Tesch, *Albert Speer (1905-1981)*, Wenen-Keulen-Weimar 2016, p. 207-209.
74 Goebbels, *Tagebücher*, deel 11, band 8, p. 528 (d.d. 25-6-1943); vgl. ibidem, band 5, p. 358 (d.d. 20-8-1942), band 11, p. 462 (d.d. 14-3-1944).
75 Vgl. Christoph Buchheim, 'Der Mythos vom "Wohlleben". Der Lebensstandard der deutschen Zivilbevölkerung im Zweiten Weltkrieg', in *Vierteljahrshefte für Zeigeschichte*,

jrg. 58 (2010), p. 299-328 (hier 304-309); Schanetzky, *Wirtschaft und Konsum im Dritten Reich*, p. 197 e.v.
76 Geciteerd naar Stargardt, *Der deutsche Krieg 1939-1945*, p. 341.
77 Goebbels, *Tagebücher*, deel 11, band 4, p. 294 (d.d. 15-5-1942), 394 (d.d. 29-5-1942), 616 (d.d. 25-6-1942). Vgl. ibidem, band 5, p. 48 (d.d. 3-7-1942), 106 (d.d. 12-7-1942).
78 Ibidem, band 5, p. 362 (d.d. 20-8-1942). Vgl. ibidem, band 8, p. 260 (d.d. 10-5-1943); *Tischgespräche*, p. 214 (d.d. 11-4-1942): Het streven moest zijn om 'met alle middelen economisch uit de bezette Russische gebieden te halen wat er te halen valt'.
79 Tekst van de toespraak door Göring d.d. 4-10-1942 afgedrukt in Aly (red.), *Volkes Stimme*, p. 149-194, (citaten in de volgorde p. 163, 154, 162, 155).
80 *Meldungen aus dem Reich*, band 11, p. 4309 (d.d. 12-10-1942).
81 Klemperer, *Tagebücher 1942-1945*, p. 245 (d.d. 16-9-1942).
82 Aly, *Hitlers Volksstaat*, p. 125.
83 Heinrich Böll, *Briefe aus dem Krieg 1939-1945*, uitg. en van commentaar voorzien door Jochen Schubert, Keulen 2001, band 1, p. 108 (d.d. 40-9-1940), band 11, p. 903 (d.d. 24-9-1943). Vgl. voor het hele complex Aly, *Hitlers Volksstaat*, p. 114-132 (hoofdstuk 'Hitlers zufriedene Räuber'); Schanetzky, *Wirtschaft und Konsum im Dritten Reich*, p. 119-201; Stargardt, *Der deutsche Krieg 1939-1945*, p. 166-169, 349 e.v.
84 *Monologe*, p. 346 (d.d. 16-8-1942); vgl. *Tischgespräche* p. 438 (d.d. 17-7-1942): men moest 'de verlofganger als ideaal en makkelijkste vervoermiddel beschouwen en hem voor zijn familie zoveel levensmiddelen meegeven als hij maar dragen kan'.
85 Goebbels, *Tagebücher*, deel 11, band 8, p. 209 (d.d. 30-10-1942).
86 Aly, *Hitlers Volksstaat*, p. 326. Voor kritiek vgl. Buchheim, 'Der Mythos vom "Wohlleben"', p. 300 e.v.
87 Herbert Backe aan zijn vrouw, 14-11-1943; BA Koblenz N 1075/26.
88 Vgl. Goebbels, *Tagebücher*, deel 11, band 8, p. 298 (d.d. 14-5-1943), 320 (d.d. 19-5-1943).
89 Ibidem, band 10, p. 222 (d.d. 2-11-1943).
90 Kellner, *Tagebücher 1939-1945*, band 1, p. 452 (d.d. 6-7-1943). Vgl. als casestudy over dit thema Malte Zierenberg, *Stadt der Schieber. Der Berliner Schwarzmarkt 1939-1950*, Göttingen 2008, p. 85-151. Samenvattend Schanetzky, *Wirtschaft und Konsum im Dritten Reich*, p. 204-208; Stargardt, *Der deutsche Krieg 1939-1945*, p. 343-346.
91 Goebbels, *Tagebücher*, deel 11, band 4, p. 601 (d.d. 24-6-1942). Over het 'zwarthandelaar'-stereotype vgl. Zierenberg, *Stadt der Schieber*, p. 163-176.
92 Rondschrijven van Martin Bormann, d.d. 15-7-1943; BA Berlijn-Lichterfelde, NS 6/342.
93 *Meldungen aus dem Reich*, band 9, p. 3505 (d.d. 23-3-1942); BA Berlijn-Lichterfelde, NS 6/342. Vgl. *Auszüge als den Berichten der Gaue d.d. 6-6 – 12-6-1943)*: 'Dat de van maand tot maand striktere beperkingen in de levensmiddelenvoorziening schijnbaar geenszins door alle lagen van de volksgemeenschap gelijkelijk worden gedragen' had een negatieve invloed op de stemming. BA Berlijn-Lichterfelde, NS 6/415.
94 Geciteerd naar Frank Bajohr, *Parvenüs und Profiteure. Korruption in der NS-zeit*, Frankfurt am Main 2001, p. 165.
95 Goebbels, *Tagebücher*, deel 11, band 6, p. 52 (d.d. 2-10-1942), band 7, p. 284 (d.d. 8-2-1943).
96 Vgl. ibidem, band 4, p. 630 (d.d. 27-6-1942): 'Er wordt felle kritiek uitgeoefend op de leefwijze van een reeks staats- en partijprominenten; zoals ik helaas soms heb moeten vaststellen niet zonder reden.'
97 Vgl. het onderzoeksverslag van de SS-rechter voor Reichsführer-SS Reinecke, d.d. 17-12-1941, en notitie in de akte over een bespreking met Frank op 5-3-1942; BA Berlijn-Lichterfelde, NS 19/3899. Voor het gehele complex Schenk, *Hans Frank*, p. 243-253.
98 Goebbels, *Tagebücher*, deel 11, band 7, p. 284 (d.d. 8-2-1943).
99 Rondschrijven van Bormann d.d. 1-3-1943; geciteerd naar Steiner, *Hitlers Krieg und die Deutschen*, p. 346. Vgl. ook bekendmaking door Martin Bormann over corruptiebestrijding d.d. 6-5-1944; BA Berlijn-Lichterfelde, NS 6/350.
100 Vgl. Eberle/Uhl (red.), *Das Buch Hitler*, p. 205.
101 Vgl. Ueberschar/Vogel (red.), *Dienen und Verdienen*, p. 111-186; Speer, *Spandauer Tagebücher*, p. 171 (d.d. 28-12-1948).

102 *Monologe*, p. 200 (d.d. 16-1-1942); vgl. Bajohr, *Parvenüs und Profiteure*, p. 161.
103 Vgl. Daniel Roos, *Julius Streicher und 'Der Stürmer' 1923-1945*, p. 161.
104 Vgl. Lothar Gruchmann, 'Korruption im Dritten Reich, Zur "Lebensmittelversorgung" der NS-Führerschaft' in *Vierteljahrshefte für Zeitgeschichte*, jrg. 42 (1994), p. 571-593 (hier 572-576). Samenvattend Bajohr, *Parvenüs und Profiteure*, p. 171-173; Stargardt, *Der deutsche Krieg 1939-1945*, p. 362 e.v.
105 Goebbels, *Tagebücher*, deel II, band 7, p. 572 (d.d. 17-3-1943).
106 Ibidem, p. 618 (d.d. 22-3-1943).
107 Gruchmann, *Korruption im Dritten Reich*, p. 580, 582. Eind juli 1943 besliste Hitler definitief dat 'in de zaak-Nöthling tegen de prominenten niets ondernomen [moest] worden'. Goebbels was het er 'niet helemaal mee eens'. Hij had gewild dat de desbetreffenden minstens 'een morele les' zou zijn gelezen. Goebbels, *Tagebücher*, deel II, band 9, p. 149 (d.d. 23-7-1943).
108 Gruchmann, *Korruption im Dritten Reich*, p. 581.
109 Goebbels, *Tagebücher*, deel II, band 3, p. 377 (d.d. 26-2-1942).
110 Vgl. hierover uitvoerig Bernd Sösemann, 'Propaganda und Öffentlichkeit in der "Volksgemeinschaft"', in idem (red.), *Der Nationalsozialismus und die deutsche Gesellschaft*, Stuttgart-München 2002, p. 114-154; Birthe Kundrus, 'Totale Unterhaltung? Die kulturelle Kriegführung 1939 bis 1945 in Film, Rundfunk und Theater' in *Das Deutsche Reich und der Zweite Weltkrieg*, band 9/2, p. 93-157; Erwin Leiser, *'Deutschland erwache!' Propaganda im Film des Dritten Reiches*, Reinbek bei Hamburg 1968, p. 59-63. Samenvattend Evans, *Das Dritte Reich*, band III, p. 710-720, 725-728; Herbert, *Deutsche Geschichte im 20. Jahrhundert*, p. 504-508; Stargardt, *Der deutsche Krieg 1939-1945*, p. 401; Moritz Föllmer, *'Ein Leben wie im Traum'. Kultur im Dritten Reich*, München 2016, p. 167-170.
111 Goebbels, *Tagebücher*, deel II, band 7, p. 298 (d.d. 8-2-1943); vgl. ibidem, p. 177 (d.d. 23-1-1943, 320 (d.d. 11-2-1943).
112 Decreet Hitler d.d. 15-2-140; Recker, *Nationalsozialistische Sozialpolitik im Zweiten Weltkrieg*, p. 115 e.v.
113 Ibidem, p. 98, Over 'Sozialwerk des Deutschen Volkes', vgl. ibidem, p. 82-154; Schneider, *In der Kriegsgesellschaft*, p. 380-410; Schanetzky, *Wirtschaft und Konsum im Dritten Reich*, p. 187-190.
114 Domarus, *Hitler*, band II, 1, p. 1617 (d.d. 4-11-1940).
115 Goebbels, *Tagebücher*, deel II, band 7, p. 621 (d.d. 22-3-1942), vgl. ibidem, band 4, p. 217 (d.d. 1-5-1942), band 10, p. 517 (d.d. 20-12-1943).
116 *Tischgespräche*, p. 315 (d.d. 20-5-1942).
117 Goebbels, *Tagebücher*, deel II, band 4, p. 263 (d.d. 9-5-1942), 327 (d.d. 21-5-1942). Vgl. over het verlenen van onderscheidingen aan arbeiders in de wapenindustrie Tooze, *Ökonomie der Zerstörung*, p. 636 e.v.; Schneider, *In der Kriegsgesellschaft*, p. 177 e.v.; Schanetzky, *Wirtschaft und Konsum im Dritten Reich*, p. 216 e.v.
118 Goebbels, *Tagebücher*, deel II, band 10, p. 131 (d.d. 19-10-1943).
119 *Meldungen aus dem Reich*, band II, p. 4164 (d.d. 3-9-1942). Vgl. Goebbels, *Tagebücher*, deel II, band 5, p. 516 (d.d. 17-9-1942): 'Het volk is bang dat de oorlog oeverloos gaat worden, aangezien men er op dit moment geen eind aan kan zien.'
120 *Meldungen aus dem Reich*, band 3, p. 5063 (d.d. 5-4-1943).
121 Kellner, *Tagebücher 1939-1945*, band 1, p. 451 (d.d. 28-6-1943).
122 Kulka/Jäckel (red.), *Die Juden in den geheimen Stimmungsberichten 1933-1945*, nr. 725, p. 537. Daar ook (nr. 699, 706, 209, 711) veel meer bewijzen. Stargardt, *Der deutsche Krieg 1939-1945*, p. 447-450.
123 Vgl. Longerich, *'Davon haben wir nichts gewusst!'*, p. 266 e.v.
124 *Meldungen aus dem Reich*, band 14, p. 5445, 5447 (d.d. 8-7-1943).
125 Vgl. over het volgende Nikolaus Wachsmann, *Gefangenen unter Hitler. Justizterror und Strafverfolgung im NS-Staat*, München 2004, p. 195-239; Evans, *Das Dritte Reich*, band III, p. 643-647.

126 Vgl. Robert Gellately, *Hingeschaut und weggesehen. Hitler und sein Volk*, Stuttgart-München 2002, p. 259-281; Süß, *Die deutsche Gesellschaft im Dritten Reich*, p. 187-189.
127 Goebbels, *Tagebücher*, deel 11, band 10, p. 279 (d.d. 24-5-1942).
128 *Monologe*, p. 448 (d.d. 20-8-1942); *Tischgespräche*, p. 200 e.v. (d.d. 7-4-1942).
129 Goebbels, *Tagebücher*, deel 11, band 10, p. 279 (d.d. 21-11-1943).
130 Vgl. Ullrich, *Adolf Hitler*, band 1, p. 592.
131 Vgl. Hans-Ulrich Thamer, 'Die Widersprüche der "Volksgemeinschaft": in den späten Kriegsjahre', in Detlef Schmiechen-Ackermann (red) *'Volksgemeinschaft': Mythos, wirkungsmächtige soziale Verheißung of soziale Realität im 'Dritten Reich'?*, Paderborn 2012, p. 289-300 (hier p. 289 e.v.).
132 Domarus, *Hitler*, band 11, 2, p. 1922 (d.d. 30-9-1942); vgl. ibidem, p. 1941 (d.d. 8-11-1942), 2002 (d.d. 21-3-1943), 2085 (d.d. 30-1-1944).
133 Vgl. Norbert Frei, '"Volksgemeinschaft". Erfahrungsgeschichte und Lebenswirklichkeit der Hitler-zeit', in idem, *1945 und wir*, p. 107-128 (hier p. 126); Wehler, *Deutsche Gesellschaftsgeschichte*, band 11, p. 929; Herbert, *Deutsche Geschichte im 20. Jahrhundert*, p. 509 e.v.; Jörg Echternkamp, 'Am Kampf in der inneren und äußeren Front. Grundzüge der deutschen Gesellschaft' in *Das Deutsche Reich und der Zweite Weltkrieg*, band 9/1, p. 1-98 (hier p. 14 e.v.).
134 Aldus Frei, *'Volksgemeinschaft'*, p. 127.
135 *Meldungen aus dem Reich*, band 13, p. 5157 (d.d. 22-4-1943). Vgl. ibidem, band 15, p. 6064 (d.d. 29-11-1943). 'Terwijl verhoudingsgewijs vaker een verlies aan vertrouwen in afzonderlijke leidende personen of instanties kan worden vastgesteld, is het vertrouwen in de Führer nagenoeg onwankelbaar.'

10 In de verdediging

1 Speer, *Spandauer Tagebücher*, p. 33 (d.d. 8-11-1946).
2 Goebbels, *Tagebücher*, deel 11, band 7, p. 293 (d.d. 8-2-1943).
3 Geciteerd naar Bernd Wegner, 'Von Stalingrad nach Kursk', in *Das Deutsche Reich und der Zweite Weltkrieg*, band 8; *Die Ostfront 1943/44*, München 2007, p. 61. Iets dergelijks zei Hitler ook tijdens een bespreking met de bevelhebbers van de Legergroep Mitte op 13-3-1943. Commentaar van kolonel-generaal Reinhardt: 'We kunnen allemaal slechts steeds wensen dat de Führer zich niet te veel voorneemt en dat we met onze krachten binnen de grenzen blijven, die nu eenmaal niet te veranderen zijn.' Brief van Reinhardt aan zijn vrouw, 14-3-1943; BA-MA Freiburg, N 245/2.
4 Vgl. Roman Töppel, 'Kursk – Mythen und Wirlichkeit einer Schlacht', in *Vierteljahrshefte für Zeitgeschichte*, jrg. 57 (2009), p. 349-384 (hier 350-352). Voorts idem, *Kursk 1943. Die größte Slacht des Zweiten Weltkriegs*, Paderborn 2017, p. 23-29.
5 Tekst in KTB OKW, band 111, 2, p. 1420-1422 (citaat p. 1420). Vgl. *Das Deutsche Reich und der Zweite Weltkrieg*, band 8, p. 68 (bijdrage Wegner).
6 Tekst in KTB OKW, band 111, 2, p. 1425-1427 (citaat p. 1425).
7 Vgl. Zeitzler, *Das Ringen um die großen Entscheidungen*, band 2, p. 56-59; BA-MA Freiburg, N 63/80.
8 Goebbels, *Tagebücher*, deel 11, band 7, p. 593 (d.d. 20-3-1943). Vgl. ibidem, p. 510 (d.d. 9-3-1943): 'De Führer denkt dat het niet uit te sluiten is dat ze [de 'bolsjewieken'] over korte of lange tijd bezwijken.'
9 Vgl. Zeitzler, *Das Ringen um die großen Entscheidungen*, band 2, p. 61-64; BA-MA Freiburg, N 63/80.
10 Vgl. Hitlers afsprakenagenda, bijgehouden door Heinz Linge, 22-3-1943; IfZ München, F 19/4.
11 Goebbels, *Tagebücher*, deel 11, band 7, p. 622 (d.d. 22-3-1943).
12 Ibidem, p. 348 (d.d. 15-2-1943).
13 Vgl. afsprakenagenda van Heinz Linge, 21-3 tot 29-4; IfZ München, F 19/4; Domarus, *Hitler*, band 2, p. 2003-2008 (met onjuiste datering van het bezoek van de Bulgaarse koning).

14 Vgl. Below, *Als Hitlers Adjutant*, p. 335: 'In grote lijnen zou men over alle bezoeken van deze maand kunnen zeggen dat alle gasten wantrouwig kwamen en wantrouwig weer vertrokken.'
15 Vgl. Hans Woller, *Geschichte Italiens im 20. Jahrhundert*, München 2010, p. 184-186.
16 Vgl. Ciano, *Tagebücher 1939-1943*, p. 529 e.v. (d.d. 5, 6 en 8-2-1943). Falanga, *Mussolinis Vorposten in Hitlers Reich*, p. 204; Woller, *Mussolini*, p. 255.
17 *Hitler aan Mussolini*, 16-2-1943, serie E, band 5, nr. 135, p. 227 e.v.
18 Goebbels, *Tagebücher*, deel II, band 7, p. 463 (d.d. 3-3-1943). Vgl. Hill, (red.), *Die Weizsäcker-Papiere 1933-1950*, p. 327 (d.d. 5-3-1943).
19 Vgl. Below, *Als Hitlers Adjutant*, p. 333 e.v.; Warlimont, *Im Hauptquartier der Wehrmacht*, p. 325-328.
20 Vgl. *Rommel-Tagebücher*, d.d. 11-3-1943; BA-MA Freiburg, N 117/74; Reuth, *Rommel*, p. 79 e.v.
21 Vgl. Pyta, *Hitler*, p. 461 e.v.
22 Junge, *Bis zur letzten Stunde*, p. 101 e.v. Over het bezoek aan Italië in 1938, vgl. Ullrich, *Adolf Hitler*, band 1, p. 798-802.
23 Goebbels, *Tagebücher*, deel II, band 8, p. 225 (d.d. 7-5-1943); vgl. ibidem, p. 139 (d.d. 20-4-1943). Over de gesprekken Mussolini–Hitler vgl. Falanga, *Mussolinis Vorposten in Hitlers Reich*, p. 205 e.v.; Bullock, *Hitler*, band 2, p. 748 e.v.
24 Goebbels, *Tagebücher*, deel II, band 8, p. 89 (d.d. 11-4-1943). Vgl. Weinberg, *Eine Welt in Waffen*, p. 482; Gerhard Schreiber, 'Das Ende des nordafrikanischen Feldzugs und der Krieg in Italien 1943 bis 1945' in *Das Deutsche Reich und der Zweite Weltkrieg*, band 8, p. 1107.
25 Vgl. *Manstein: Entstehung, Durchführung und Abschluss des Unternehmens 'Zitadelle'* (onder de datum 4-5-1943); BA-MA Freiburg, N 597/121; Manstein, *Verlorene Siege*, p. 488-491; Guderian, *Erinnerungen eines Soldaten*, p. 276-278; *Das Deutsche Reich und der Zweite Weltkrieg*, band 8, p. 75 e.v. (bijdrage Wegner); over het verschuiven van de aanvalsdatum vgl. Zeitzler, *Das Ringen um die großen Entwicklungen*, band 2, p. 64-66; BA-MA Freiburg, N 63/80; KTB OKW, band II, 2, p. 749 e.v. (d.d. 5-7-1943).
26 Goebbels, *Tagebücher*, deel II, band 8, p. 223 (d.d. 7-5-1943).
27 Ibidem, p. 233-240.
28 *Das Deutsche Reich und der Zweite Weltkrieg*, band 8, p. 39 (bijdrage Wegner).
29 Goebbels, *Tagebücher, deel* II, band 8, p. 265, 274 (d.d. 10 en 11-5-1943). Vgl. ibidem, p. 407 (d.d. 2-6-1943): 'Hij is de eigenlijke factor in ons geloof in de overwinning. Zolang hij aan het hoofd van het Rijk staat, ben ik er vast van overtuigd dat de natie geen blijvend ongeluk kan overkomen.'
30 Vgl. afsprakenagenda van Heinz Linge, 12-5-1943: IfZ München, F 19/4.
31 Vgl. *Das Deutsche Reich und der Zweite Weltkrieg*, band 8. p. 1108 e.v. (bijdrage Schreiber); Müller, *Der letzte Deutsche Krieg*, p. 183.
32 Goebbels, *Tagebücher,* deel II, p. 266 (d.d. 10-5-1943). Vgl. Reuth, *Rommel*, p. 193 e.v. De tekst van de OKW-mededeling d.d. 11-5-1943 in Domarus, *Hitler*, band II, 2, p. 2014.
33 Vgl. *Auszüge aus den Berichte der Gaue*, 11-4 – 17-4-1943, 9-5 – 15-5-1943; BA Berlijn-Lichterfelde, NS 6/414; *Meldungen aus den Reich*, band 13, p. 5061 (d.d. 5-4-1943), 5104 (d.d. 12-4-1943), 5124 (d.d. 15-4-1943).
34 Goebbels, *Tagebücher*, deel II, band 8, p. 297 (d.d. 14-5-1943).
35 Kellner, *Tagebücher 1939-1945*, band 1, p. 415 (d.d. 11-5-1943). Vgl. Hassell, *Vom andern Deutschland*, p. 275 (d.d. 15-5-1943): 'De verkrampte propaganda, die de zware nederlaag bij Tunis probeert te verkopen als een succes, kan toch niemand meer zand in de ogen strooien.'
36 Geciteerd naar *Das Deutsche Reich und der Zweite Weltkrieg*, band 8, p. 35 (bijdrage Wegner). Vgl. KTB OKW, band III,2, p. 832; Reuth, *Hitler*, p. 592 e.v.
37 Heiber (red.), *Hitlers Lagebesprechungen*, p. 220-238 (citaten p. 226, 232). Vgl. Goebbels, *Tagebücher*, deel II, band 8, p. 348 (d.d. 22-5-1943): 'De meeste zorgen baart hem [Hitler] momenteel de houding van Italië. Hij is bang dat Italië onder bepaalde omstandigheden op een dag zal instorten.'

38 Vgl. Werner Rahn, 'Der Seekrieg im Atlantik und Nordmeer' in *Das Deutsche Reich und der Zweite Weltkrieg*, band 6, p. 347-366; Evans, *Das Dritte Reich*, band III, p. 601-605; Tooze, *Ökonomie der Zerstörung*, p. 679 e.v. Over de opvolging van Raeder door Dönitz vgl. Raeder, *Mein Leben*, p. 286-290; Karl Dönitz, *Zehn Jahre und zwanzig Tage*, Frankfurt am Main 1967, p. 292 e.v.
39 Goebbels, *Tagebücher*, deel II, band 8, p. 306 e.v. (d.d. 16-5-1943).
40 Vgl. Victor Zaslavsky, *Klassensäuberung, Das Massaker von Katyn*, Berlijn 2007; Thomas Urban, *Katyn. Geschichte eines Verbrechens*, München 2015. Samenvattend Baberowski, *Stalins Herrschaft der Gewalt*, p. 390-393.
41 Goebbels, *Tagebücher*, deel II, band 8, p. 104 (d.d. 14-4-1943).
42 Ibidem, p 135 (d.d. 20-4-1943); vgl. ibidem, p. 159 (d.d. 24-4-1943): 'De kwestie-Katyń wordt met verve aangepakt.'
43 Ibidem, p. 119 (d.d. 17-4-1943); vgl. ibidem, p. 260 e.v. (d.d.10-5-1943).
44 Gorodetsky (red.), *Die Maiski-Tagebücher*, p. 732 e.v. (d.d. 23-4-1943).
45 *Meldungen aus dem Reich*, band 13, p. 5145 (d.d. 19-4-1943). Meer bewijs in Kulka/Jäckel (red.), *Die Juden in den geheimen NS-Stimmungsberichten 1933-1945*, p. 518-525. Over Goebbels' campagne en de reacties onder de Duitse bevolking daarop vgl. Longerich, 'Davon haben wit nichts gewusst!', p. 267-289.
46 *Die Verfolgung und Ermordung der europäischen Juden*, band 9, doc. 243, p. 648.
47 Goebbels, *Tagebücher*, deel II, band 8, p. 351 (d.d. 23-5-1943). Hitler steeg om 13 uur op van Rastenburg, landde om 15.40 uur op het vliegveld bij Salzburg en arriveerde om 16.30 uur op de Berghof. Vgl. afsprakenagenda van Heinz Linge, 21-5-1943; IfZ München, F 19/4.
48 Goebbels, *Tagebücher*, deel II, band 8, p. 359 (d.d. 25-5-1943).
49 *Auszüge aus den Berichten der Gaue* d.d. 16-5 – 21-5-1943; Berlijn-Lichterfelde, NS 6/415.
50 Goebbels, *Tagebücher*, deel II, band 8, p. 493-499 (d.d. 16-6-1943, citaat p. 497). Vgl. over de luchtslag om de Ruhr Horst Boog, 'Strategischer Luftkrieg in Europa und Reichsluftverteidigung 1943-1944' in *Das Deutsche Reich und der Zweite Weltkrieg*, band 7: *Das deutsche Reich in der Defensive*, Stuttgart-München 2001. p. 16-21; Overy, *Der Bombenkrieg*, p. 462-469; Stargardt, *Der deutsche Krieg 1939-1945*, p. 413-418.
51 Goebbels, *Tagebücher*, deel II, band 8, p. 527 (d.d. 25-6-1943).
52 Ibidem, band II, p. 332 (d.d. 23-2-1944).
53 Vgl. Zeitzler, *Das Ringen um den großen Entscheidungen*, band 2, p. 68; BA-MA Freiburg, N 63/80; Warlimont, *Im Hauptquartier der Wehrmacht*, p. 347; Ook Manstein twijfelde inmiddels. Vgl. Manstein, *Entstehung, Durchführung und Abschluss des Unternehmens 'Zitadelle'* (datum 1-6 en 2-6 1943); BA-MA Freiburg, N 507/121.
54 Guderian, *Erinnerungen eines Soldaten*, p. 280 e.v.; vgl. KTB OKW, band III,2, p. 750 (d.d. 5-7-1943); *Das Deutsche Reich und der Zweite Weltkrieg*, band 8, p. 77 (bijdrage Wegner).
55 Geciteerd naar Töppel, *Kursk*, p. 352.
56 Goebbels, *Tagebücher*, deel II, band 8, p. 531 e.v. (d.d. 25-6-1943).
57 Vgl. Manstein, *Verlorene Siege*, p. 496. In het dagboek van Manstein d.d. 1-7-1943 luidt deze passage: 'Noodzaak van een militair succes met betrekking tot bondgenoten, neutralen en stemming onder het eigen volk.' Pyta, *Hitler*, p. 467.
58 Domarus, *Hitler*, band II, 2, p. 531 e.v. (d.d. 25-6-1943).
59 Stellingname Gehlen, d.d. 4-7-1943, geciteerd naar *Das Deutsche Reich und der Zweite Weltkrieg*, band 8, p. 77 (bijdrage Wegner).
60 Vgl. Overy, *Die Wurzeln des Sieges*, p. 121-125.
61 Vgl. Karl-Heinz Frieser, 'Die Schlacht im Kursker Bogen' in *Das Deutsche Reich und der Zweite Weltkrieg*, band 8, p. 101. De door Frieser genoemde aantallen worden door Töpper (*Kursk*, p. 356-362, *Kursk 1943*, p. 980-101) enigszins bijgesteld. Volgens Töpper waren er aan Duitse zijde cirka 2900 tanks inzetbaar.
62 Friedrich Hoßbach, *Erinnerungen*, hfdst. VII, Inleiding tot p. 13; Freiburg, N 24/39.
63 Vgl. *Das Deutsche Reich und der Zweite Weltkrieg*, band 8, p. 107-135 (bijdrage Frieser); Töppel, *Kursk*, p. 367-378; idem, *Kursk 1943*, p. 159-169, 230-235.
64 Zeitzler, *Das Ringen um die großen Enscheidungen*, band 2, p. 70; BA-MA Freiburg, N 63/80.

65 Goebbels, *Tagebücher*, deel 11, band 9, p. 58 (d.d. 7-7-1943), 70 (d.d. 9-7-1943), 92 (d.d. 13-7-1943).
66 Zeitzler, *Das Ringen um die großen Enscheidungen*, band 2, p. 88; BA-MA Freiburg, N 63/80; Manstein, *Verlorene Siege*, p. 501-503. Over de motieven achter Hitlers beslissing vgl. Töppel, *Kursk*, p. 378-384; idem, *Kursk 1943*, p. 170-173.
67 Geciteerd naar Merridale, *Iwans Krieg*, p. 249.
68 Vgl. *Das Deutsche Reich und der Zweite Weltkrieg*, band 8, p. 1111-1114 (bijdrage Schreiber); Warlimont, *Im Hauptquartier der Wehrmacht*, p. 350-352.
69 Goebbels, *Tagebücher*, deel 11, band 9, p. 108 (d.d. 16-7-1943); vgl. ibidem p. 114 (d.d. 17-7-1943).
70 Vgl. Ohler, *Der totale Rausch*, p. 185-188; Neumann/Eberle, *Wie krank war Hitler?*, p. 251; Schenk, *Patient Hitler*, p. 142.
71 Vgl. Junge, *Bis zur letzten Stunde*, p. 126-128; Eberle/Uhl, *Das Buch Hitler*, p. 222 e.v.
72 Aant. over het onderhoud tussen Hitler en Mussolini, 19-7-1943; Hillgruber (red.), *Staatsmänner und Diplomaten bei Hitler*, deel 11, p. 287-300 (citaten p. 289, 296); Een samenvatting ook in KTB OKW, band 11, 2, p. 805-808.
73 Schmidt, *Statist auf diplomatischer Bühne*, p. 568.
74 Geciteerd naar Irving, *Hitler und seine Feldherren*, p. 498.
75 Vgl. Woller, *Geschichte Italiens im 20. Jahrhundert*, p. 186 e.v.; idem, *Mussolini*, p. 267-270; idem, *Die Abrechnung mit dem Faschismus in Italien 1943 bis 1948*, München 1996, p. 9 e.v.; Falanga, *Mussolinis Vorposten in Hitlers Reich*, p. 209-211.
76 BA Koblenz, N 1273/32; vgl. Hill (red.), *Die Weizsäcker-Papiere 1933-1950* p. 343 ev (d.d. 26-7-1943).
77 Avondbespreking d.d. 25-7-1843; Heiber (red.), *Hitlers Lagebesprechungen*, p. 309-325 (citaten p. 312, 315); 2de avondbespreking d.d. 25-7-1943; ibidem, p. 315-331 (citaat p. 329).
78 Goebbels, *Tagebücher*, deel 11, band 9, p. 169 e.v. (d.d. 27-7-1943); Vgl. *Rommel-Tagebücher* d.d. 26-7-1943; BA-MA Freiburg, N 117/77.
79 Bespreking Hitler met von Kluge, 27-7-1943; Heiber (red.), *Hitlers Lagebesprechungen*, p. 369-384 (citaten p. 370, 373).
80 Vgl. Goebbels, *Tagebücher*, deel 11, band 9, p. 179 e.v. (d.d. 27-7-1943).
81 Vgl. KTB OKW, band III, 2, p. 837 (d.d. 26-7-1943), 850 (d.d. 28-7-1943), 855 e.v. (d.d. 29-7-1943), 860 (d.d. 30-7-1943), 868 (d.d. 1-8-1943).
82 Vgl. Kardorff, *Berliner Aufzeichnungen 1942 bis 1945*, p. 97 (d.d. 30-7-1943).
83 Bericht van het hoofd van het deelstaatdistrict Opper-Beieren, 9-8-1943, geciteerd naar Steinert, *Hitlers Krieg und die Deutschen*, p. 394.
84 *Meldungen aus dem Reich*, band 14, p. 5540 e.v. (d.d. 29-7-1943).
85 Goebbels, *Tagebücher*, deel 11, band 9, p. 190 (d.d. 29-7-1943); vgl. over Operatie Gomorrha Overy, *Der Bombenkrieg*, p. 479-482; Groehler, *Bombenkrieg gegen Deutschland*, p. 106-121; Stargardt, *Der deutsche Krieg 1939-1945*, p. 435-440.
86 Wolff-Mönckeberg, *Briefe, die sie nicht erreichten*, p. 92; *Meldungen aus dem Reich*, band 14, p. 5563 (d.d. 2-8-1943). Vgl. Ursula Büttner, '"Gomorrha" und die Folgen. Der Bombenkrieg', in Forschungsstelle für Zeitgeschichte in Hamburg (red.), *Hamburg im 'Dritten Reich'*, Göttingen 2005, p. 613-632 (hier p. 622 e.v.).
87 Rondschrijven van Martin Bormann d.d. 26-7-1943; BA Berlijn-Lichterfelde, NS 19/1180; Goebbels, *Tagebücher*, deel 11, band 9, p. 173 (d.d. 27-7-1943).
88 Ibidem, p. 265 (d.d. 10-8-1943). Vgl. het dagboek van Marga Himmler d.d. 3-9-1943: 'H[einrich] is minister van Binnenlandse Zaken geworden. De Duitsers denken dat hij hen kan redden. God geve het.' Himmler/Wildt (red.), *Himmler Privat*, p. 312.
89 Klemperer, *Tagebücher 1942-1945*, p. 423 (d.d. 26-80-1943); vgl. ook Kellner, *Tagebücher 1939-1945*, band 1, p. 507 (d.d. 26-8-1943): 'Dat is de ultima ratio [...]. Nu zitten op alle posten de meest radicale mannen.'
90 Goebbels, *Tagebücher*, deel 11, band 9, p. 324 (d.d. 21-8-1943).
91 Ibidem, band 11, p. 152 (d.d. 25-1-1944).
92 Ibidem, band 9, p. 250 e.v. (d.d. 10-8-1943). Vgl. ook *Rommel-Tagebücher* d.d. 11-8-1943:

'De Führer wijst erop dat de Italianen alleen maar tijd willen winnen, om dan af te haken.' BA-MA Freiburg, N 117/77.
93 Vgl. *Das Deutsche Reich und der Zweite Weltkrieg*, band 8, pp. 1114 (bijdrage Schreiber). *Balck-Tagebuch* d.d. 10-9-1943; BA-MA Freiburg, N 647/10.
95 Vgl. KTB OKW, band III,2, p. 1076 e.v. (d.d. 8-9-1943).
96 Volgens de aantekening in de afsprakenagenda van Heinz Linge d.d. 8-9-1943 was de dictator pas om 5 uur naar bed gegaan; IfZ München, F 19/4
97 Goebbels, *Tagebücher*, deel II, band 9, p. 457-460 (d.d. 10-9-1943).
98 Speer aan Himmler, 9-10-43; BA Berlijn-Lichterfelde, NS 19/1880.
99 Vgl. Woller, *Geschichte Italiens im 20. Jahrhundert*, p. 190 e.v.; Falanga, *Mussolinis Vorposten in Hitlers Reich*, p. 224 e.v., 238 e.v.; Gerhard Schreiber, *Die italienischen Militärinternierten im deutschen Machtbereich 1943-1945. Verraten – verachtet – vergessen*, München 1990; idem, *Deutsche Kriegsverbrechen in Italien. Täter – Opfer – Strafverfolgung*, München 1996, p. 76-85, 95 e.v.
100 Goebbels, *Tagebücher*, deel II, band 9, p. 206 (d.d. 2-8-1943), 229 (d.d. 6-8-1943), 252 (d.d. 10-8-1943).
101 Vgl. ibidem, p. 475 (d.d. 10-9-1943), 486 e.v. (d.d. 11-9-1943).
102 Tekst in Domarus, *Hitler,* band II, 2, p. 2035-2039 (citaten 2036, 2038).
103 *Meldungen aus dem Reich*, band 15, p. 5753 (d.d. 13-9-1943). Vgl. Gerda aan Martin Bormann, 11-9-1943; Trevor-Roper (red.), *The Bormann Letters*, p. 26.
104 *Meldungen aus dem Reich*, p. 5770 (d.d. 16-9-1943).
105 Goebbels, *Tagebücher*, deel II, band 9, p. 489 (d.d. 12-9-1943).
106 Ibidem, p. 500 e.v. (d.d. 13-9-1943). Vgl. Woller, *Mussolini*, p. 276 e.v.
107 Eberle/Uhl (red.), *Das Buch Hitler*, p. 233. Ernst von Weizsäcker, die Mussolini bij diens tussenlanding in München te zien kreeg, meldde op 15-9-1943 na zijn terugkeer in Rome: Mussolini 'in blauw pak, mager, afgemat, maar vrolijk opgewonden over het moment'; BA Koblenz, N 1273/32.
108 Goebbels, *Tagebücher*, deel II, band 9, p. 567 (d.d. 23-9-1943).
109 Vgl. Woller, *Geschichte Italiens im 20. Jahrhundert*, p. 191 e.v.; idem *Mussolini*, p. 291; Falanga, *Mussolinis Vorposten in Hitlers Reich*, p. 250 e.v.
110 Goebbels, *Tagebücher*, band II, p. 158 (d.d. 25-1-1944).
111 Vgl. over het volgende *Das Deutsche Reich und der Zweite Weltkrieg*, band 8, p. 173 e.v., 277 e.v. (bijdrage Frieser). Samenvattend Müller, *Der letzte deutsche Krieg*, p. 191-195.
112 Goebbels, *Tagebücher*, deel II, band 9, p. 333 (d.d. 21-8-1943).
113 Geciteerd naar Merridale, *Iwans Krieg*, p. 255. Vgl. over de strategie van de 'verschroeide aarde' op het niveau van bataljons en compagnieën Römer, *Die narzisstische Volksgemeinschaft*, p. 279-282.
114 Goebbels, *Tagebücher*, deel II, band 9, p. 567 (d.d. 23-9-1943). Even optimistisch was de opperbevelhebber van het Vierde Tankleger, Hermann Hoth, in een brief aan Gauleiter Fritz Sauckel d.d. 2-10-1943: 'Het leger is ondanks de lange uitwijkbewegingen volledig in orde.' BA Koblenz, N 1582/5.
115 Hoßbach, *Erinnerungen*, hfdst. VII, inleiding tot p. 36; BA-MA Freiburg, N 24/39.
116 Zeitzler, *Das Ringen um die großen Entscheidungen*, band 2, p. 129; BA-MA Freiburg, N 63/80. Vgl. Manstein, *Verlorene Siege*, p. 554; *Das Deutsche Reich und der Zweite Weltkrieg*, band 8, p. 373 (bijdrage Frieser).
117 Goebbels, *Tagebücher,* deel II, band 10, p. 195 (d.d. 27-10-1943). Vgl. ook verklaring van generaal-veldmaarschalk Ferdinand Schörner d.d. 20-8-1945 over een onderhoud met Hitler op 14-10-1943 in de *Wolfsschanze*; Christoforov e.a. (red.), *Verhört*, p. 171-173.
118 Vgl. afsprakenagenda van Heinz Linge d.d. 8-11-1943; IfZ München, F 19/4.
119 Goebbels. *Tagebücher*, deel II, band 10, p. 262 (d.d. 19-11-1943).
120 Domarus, *Hitler*, band II, 1, p. 2050-2059 (citaten p. 2052, 2051, 2058, 2056).
121 Goebbels, *Tagebücher*, deel II, band 10, p. 262 (d.d. 9-11-1943).
122 *Meldungen aus dem Reich*, band 15, p. 5988 (d.d. 11-11-1943).
123 Ibidem, p. 6034 (d.d. 18-11-1943).

NOTEN – HOOFDSTUK 10   693

124 Andreas-Friedrich, *Der Schattenman*, p. 116 (d.d. 10-9-1943). Vgl. Kellner, *Tagebücher 1939-1945*, band I, p. 529 (d.d. 21-9-1943), 610 (d.d. 26-1-1944).
125 Domarus, *Hitler*, band II, 2, p. 2061. Hitler vertrok op 19-11-1943 om 22.30 uur vanaf het station van Görlitz en kwam op 20-11 om 11.50 uur in Breslau aan. De toespraak begon om 12 uur. Om 14.25 uur vertrok hij uit Breslau en kwam na middernacht om 1.55 uur weer aan op station Görlitz. Afsprakenagenda van Heinz Linge, 19 en 20-11-1943; IfZ München, F 19/4. Vgl. Sandner, *Hitler, Das Itinerar*, band IV, p. 2177.
126 Hassell, *Vom andern Deutschland*, p. 282 (d.d. 18-7-1943).
127 Vgl. *Das Deutsche Reich und der Zweite Weltkrieg*, band 8, p. 52-55 (bijdrage Wegner); Pyta, *Hitler*, p. 501-503; Woller, *Mussolini*, p. 249 e.v.
128 Goebbels, *Tagebücher*, deel II, band 9, p. 464 (d.d. 10-9-1943).
129 Ibidem, p. 566, 582 e.v. (d.d. 23-9-1943).
130 Ibidem, band 10, p. 183 e.v. (d.d. 27-10-1943).
131 Speer, *Erinnerungen*, p. 306, zegt dat Hitler tijdens de stafbesprekingen sinds het najaar van 1943 steeds vaker zei: 'Maakt u zich geen illusies. Er is geen weg terug. Er is alleen een voorwaarts. De schepen achter ons zijn verbrand.'
132 Vgl. over dit complex Ingeborg Fleischhauer, *Die Chance des Sonderfriedens. Deutsch-sowjetische Geheimgespräche 1941-1945*. Berlijn 1986. Over de Sovjetzijde vgl. Jochen Laufer, *Pax Sovietica. Stalin, die Westmächte und die deutsche Frage 1941-1945*. Keulen-Weimar-Wenen 2009, p. 203-228.
133 Vgl. Robin Edmonds, *Die Großen Drei. Churchill, Roosevelt und Stalin in Frieden und Krieg*, Berlijn 1992, p. 323-339; Laufer, *Pax Sovietica*, p. 364-378.
134 Goebbels, *Tagebücher*, deel II, band 10, p. 432 (d.d. 17-17-1943); vgl. ibidem, p. 402 e.v. (d.d. 2-12-1943), 427 (6-2-1943).
135 Vgl. Below, *Als Hitlers Adjutant*, p. 355 e.v.; Walter Schellenberg, *Aufzeichnungen. Die Memoiren des letzten Geheimdienstchefs unter Hitler*, München 1979, p. 315-324; Papen, *Die Wahrheit eine Gasse*, p. 579-590; Reuth, *Hitler*, p. 601.
136 Herbert Backe aan zijn vrouw, 26-11-1943; BA Koblenz N 1075/26.
137 Goebbels, *Tagebücher*, deel II, band 10, p. 340 e.v. (d.d. 23-11-1943). Vgl. over de *Battle of Berlin* Groehler, *Bombenkrieg über Deutschland*, p. 182 e.v.; *Das Deutsche Reich und der Zweite Weltkrieg*, band 7, p. 75 e.v. (bijdrage Boog).
138 Vgl. Goebbels, *Tagebücher*, deel II, band 10, p. 369 (d.d. 27-11-1943), 382 (d.d. 29-11-1943).
139 *Meldungen aus dem Reich*, band 15, p. 6187 (d.d. 27-12-1943).
140 Goebbels, *Tagebücher*, deel II, band 10, p. 457 (d.d. 11-12-1943).
141 Ibidem, p. 513-516 (d.d. 20-12-1943).
142 Balck-Tagebuch d.d. 26-12-1943; BA-MA Freiburg, N 647/11. Vgl. ook de brieven van Reinhardt aan zijn vrouw, (15-12 en 22-12-1943); BA-MA Freiburg, N 245/2.
143 Bespreking Hitler met Zeitzler, 27-12-1943; Heiber (red.), *Hitlers Lagebesprechungen*, p. 469-485 (citaten p. 477 e.v.).
144 Besprekingen Hitler met Küchler, 30-12-1943; ibidem p. 516-525.
145 Vgl. *Das Deutsche Reich und der Zweite Weltkrieg*, band 8, p. 284-291 (bijdrage Frieser).
146 Vgl. Below, *Als Hitlers Adjutant*, p. 357.
147 Goebbels, *Tagebücher*, deel II, band 11, p. 35 (d.d. 1-1-1944).
148 Domarus, *Hitler*, band II, 1, p. 2017-2076 (citaat p. 2075).
149 Vgl. Goebbels, *Tagebücher*, deel II, band 9, p. 575 (d.d. 23-0-1943), 137 (d.d. 21-7-1943).
150 Ibidem, band 10, p. 178 e.v. (d.d. 27-10-1943).
151 Ibidem, band 11, p. 240 (d.d. 3-2-1944); vgl. ibidem, band 10, p. 298 e.v. (d.d. 16-11-1943). 349 (d.d. 24-11-1943). Vgl. in dit verband ook *Das Deutsche Reich und der Zweite Weltkrieg*, band 8, p. 225 e.v. (bijdrage Wegner); Pyta, *Hitler*, p. 506-510. Voorts het portret van Torsten Diedrich, 'Walther von Seydlitz-Kurzbach – der lange verkannte deutsche Patriot' in Diedrich/Ebert (red.), *Nach Stalingrad*, p. 319-412.
152 Vgl. Neitzel, *Abgehört*, doc. 178, p. 392 e.v.
153 Bespreking Hitler met generaal Reinecke, 7-1-1944; Gerhard L. Weinberg, 'Adolf Hitler und der SS-Führungsoffizier, (NSFO). Dokumentation', in *Vierteljahrshefte für*

Zeitgeschichte, jrg. 12, 1964, p. 443-456 (citaten p. 454, 446). Vgl. over het 'Führerbefehl' van 22-12-1943 Jürgen Förster, 'Geistige Kriegführung in Deutschland 1919 bis 1945' in Das Deutsche Reich und der Zweite Weltkrieg, band 9/1, p. 590-601.
154 Goebbels, Tagebücher, deel 11, band 10, p. 177 (d.d. 27-10-1943).
155 Dagboeknotitie door Manstein d.d. 4-1-1944; Pyta, Hitler, p. 468.
156 Manstein, Verlorene Siege, p. 569-573 (citaten p. 572 e.v.).
157 Goebbels, Tagebücher, deel 11, band 11, p. 168 (d.d. 25-1-1944).
158 BA Berlijn-Lichterfelde, NS 6/777. Meer aantekeningen over de toespraak in BA-MA Freiburg, N 745, nr. 38 en IfZ München, F 19/3. Daarnaar citeren Pyta, Hitler, p. 481, 512 e.v.; Kershaw, Hitler, band 11, p. 819. Daarvan tekstueel enigszins afwijkend Manstein, Verlorene Siege, p. 580. In augustus 1944 vertelde een deelnemer aan de bijeenkomst, generaal Dietrich von Choltitz, zijn medegevangenen over het schandaal; vgl. Neitzel, Abgehört, doc. 32, p. 130 e.v.
159 Vgl. daarover uitvoerig de interpretatie door Pyta, Hitler, p. 214 e.v., 481-483, 512-514.
160 Manstein, Verlorene Siege, p. 580.
161 Feuersenger, Im Vorzimmer der Macht, p. 198 (d.d. 9-2-1944). Vgl. Eberle/Uhl (red.), Das Buch Hitler, p. 239: 'Hitler beschimpte Manstein twintig minuten lang. Die kwam naar buiten als een scholier die iets heeft misdaan en daarvoor een verdiende straf heeft gekregen.' Zelfs dappere generaals, herinnerde Speer zich, gingen 'voor Hitler door de knieën'. Albert Speer aan Rudolf Wolters, 12-12-1952; BA Koblenz, N 1318/20.
162 Vgl. Goebbels, Tagebücher, deel 11, band 11, p. 169 (d.d. 25-1-1944).
163 Tekst in Domarus, Hitler, band 11, 2, p. 2082-2086 (citaat p. 2083).
164 Meldungen aus dem Reich, band 16, p. 6298 (d.d. 4-2-1944); vgl. ibidem, p. 6311 (d.d. 10-2-1944).
165 Goebbels, Tagebücher, deel 11, band 11, p. 273 e.v. (d.d. 10-2-1944).
166 Ibidem, p. 208 (d.d. 31-1-1944).
167 Führerbefehl nr 11. d.d. 8-3-1944; Hubatsch (red.), Hitlers Weisungen für die Kriegführung, p. 281-283. Vgl. Das Deutsche Reich und der Zweite Weltkrieg, band 8, p. 424-431 (bijdrage Frieser).
168 Junge, Bis zur letzten Stunde, p. 131; vgl. Eberle/Uhl (red.), Das Buch Hitler, p. 243.
169 Vgl. Neumärker e.a., Wolfsschanze, p. 132 e.v.
170 Vgl. de aantekeningen van Morell d.d. 11-2 tot 15-2-1944; BA Koblenz, N 1348/4; Schenk, Patient Hitler, p. 144 e.v.; Over de ziekte van Hitler vgl. Goebbels, Tagebücher, deel 11, band 11, p. 300 (d.d. 17-2-1944). Op gouverneur-generaal Hans Frank maakte Hitler tijdens hun laatste onderhoud in de Wolfsschanze op 6-2-1944 de indruk van een 'vermoeide, uitgeputte man'. Frank: Im Angesicht des Galgens, p. 422.
171 Ibidem, p. 347 (d.d. 52-2-1944), 361 (d.d. 28-2-1944).
172 Meldungen aus dem Reich, band 16, p. 6412 (d.d. 16-3-1944); vgl. ibidem, p. 6432 (d.d. 23-3-1944).
173 Aant. over de gesprekken met Antonescu d.d. 26-2 en 27-2-1944; Hillgruber (red.), Staatsmänner und Diplomaten bei Hitler, deel 11, p. 348-363 (citaat p. 372). Op soortgelijke wijze uitte Hitler zich ook tegenover de leden van de Bulgaarse regentschapsraad op 16-3-1944; ibidem p. 370-384 (hier p. 363 e.v.).
174 Goebbels, Tagebücher, deel 11, band 11, p 367 (d.d. 29-2-1944).
175 Vgl. ibidem, p. 455 (d.d. 11-3-1944).
176 Afgedrukt in Henrik Eberle (red.), Briefe an Hitler. Ein Volk schreibt seinem Führer. Unbekannte Dokumente aus Moskauer Archive – zum ersten Mal veröffentlicht, Bergisch Gladbach 2007, p. 418 e.v.
177 Vgl. Manstein, Verlorene Siege, p. 603. Goebbels dacht dat Hitler 'er diep van onder de indruk en ontroerd' was. Tagebücher, deel 11, band 11, p. 515 (d.d. 20-3-1944). Vgl. ibidem, band 12, p. 60 (d.d. 6-4-1944). Documenten van Manstein voor de toespraak van de Führer op de Berghof op 19-3-1944 in BA-MA Freiburg, N 506/113.
178 Manstein, Verlorene Siege, p. 615 e.v. Vgl. Balck-Tagebuch d.d. 1-4-1944: 'Het volgende model heeft tot nu toe elke moeilijke afweersituatie opgelost'; BA-MA Freiburg, N 647/12;

voorts Below, *Als Hitlers Adjutant*, p. 361; *Das Deutsche Reich und der Zweite Weltkrieg*, band 8, p. 448 e.v. (bijdrage Frieser).
179 Zeitzler, *Das Ringen um den großen Entscheidungen*, band 2, p. 138 e.v.; BA-MA Freiburg, N 63/80.
180 Goebbels, *Tagebücher*, deel 11, band 11, p. 397 (d.d. 4-6-1944; vgl. ibidem, p. 435 (d.d. 8-3-1944).
181 Ibidem, p. 462 (d.d. 13-3-1944).
182 Vgl. Ullrich, *Adolf Hitler*, band 1, p. 784-787, 827-830.
183 Schmidt, *Statist auf diplomatischer Bühne*, p. 577 e.v. Tegenover de Reichs- en Gauleiter schetste Hitler op 17-4-1944 het onderhoud met Horthy: 'Hij heeft hier een aan chantage grenzende methode toegepast, aangezien de oude heer zich niet bij de noodzakelijke maatregelen wilde neerleggen.' Goebbels, *Tagebücher*, deel 11, band 12, p. 137 (d.d. 18-4-1944).
184 Vgl. Cunze e.a., *Das Amt und die Vergangenheit*, p. 261-263.
185 Vgl. hiermee het pionierswerk van Christian Gerlach/Götz Aly, *Das letzte Kapitel. Der Mord an den ungarischen Juden*, Stuttgart-München 2002. Samenvattend over het lot van de Hongaarse Joden Cesarani, *'Endlösung'*, p. 835-845.
186 Aant. over het onderhoud van Hitler met Antonescu, 23-3 en 24-3-1944; Hillgruber (red.), *Staatsmänner und Diplomaten bei Hitler*, deel 11, p. 389-406 (citaten p. 301, 401 e.v., 403.
187 Zeitzler, *Das Ringen om die großen Entscheidungen*, band 2, p. 147; BA-MA Freiburg, N 63/80.
188 Vgl. Norbert Kunz, *Die Krim unter deutscher Herrschaft 1941-1944*, Darmstadt 2005; Karl Heinz Roth/Jan Peter Abraham, *Reemtsma auf der Krim. Tabakproduktion und Zwangsarbeit unter der deutschen Besatzungsherrschaft 1942-1944*, Hamburg 2011, p. 337-345.
189 Balck-Tagebuch d.d. 22-4-1944; BA-MA Freiburg, N 647/12. Vgl. brief van Reinhardt aan zijn vrouw, 20-4-1944: 'Bij ons is het verder rustig, ik denk dat er aan Russische zijde grootse dingen worden voorbereid voor wanneer de modder verdwenen is. We moeten op alles voorbereid zijn – en zijn dat ook!' BA-MA Freiburg, N 245/2.

11 Operaties Overlord en Bagration

1 Hubatsch (red.), *Hitlers Weisungen für die Kriegführung*, p. 270-274 (citaten p. 270 e.v.). Vgl. Dieter Ose: *Entscheidung im Westen 1944. Der Oberbefehlshaber West und die Abwehr der alliierten Invasion*, Stuttgart 1982, p. 33-35.
2 Heiber (red.), *Hitlers Lagebesprechungen*, p. 440-455 (citaten op p. 444, 452).
3 Friedrich Hoßbach aan zijn vrouw, 23-2-1944; *Erinnerungen*, hfdst. VIII, bijlage bij p. 17; BA-MA Freiburg, N 24/39.
4 Vgl. Karl-Heinz Frieser, 'Der Zusammenbruch im Osten', in *Das Deutsche Reich und der Zweite Weltkrieg*, band 8, p. 501.
5 Toespraak van Jodl voor Reichs- en Gauleiter, 7-11-1943; *KTB OKW*, band IV, p. 1534-1562 (citaten p. 1560, 1557, 1561 e.v.). Vgl. Goebbels, *Tagebücher* deel 11, band 10, p. 254 (8-11-1943): 'Op zich vertelt Jodl mij niks nieuws, maar voor de Gauleiter zijn ze sensationeel.'
6 Guderian, *Erinnerungen eines Soldaten*, p. 295; vgl. Speer, *Erinnerungen*, p. 363. Voor meer over de Atlantikwall vgl. Detlev Vogel: 'Deutsche und alliierte Kriegführung im Westen', in *Das Deutsche Reich und der Zweite Weltkrieg*, band 7, p. 465-471.
7 Reuth, *Rommel*, p. 85-88 (citaat p. 87). De dagelijkse verslagen van Rommel over zijn inspectiereizen in april en mei 1944 in BA-MA Freiburg, N 117/78. Vgl. Friedrich Ruge, *Rommel und die Invasion. Erinnerungen*, Stuttgart 1959, p. 95-101; Hans Speidel, *Invasion 1944. Ein Beitrag zu Rommels und des Reiches Schicksal*, Tübingen en Stuttgart 1949, p. 46-48.
8 Vgl. Guderian, *Erinnerungen eines Soldaten*, p. 298-301; Ose, *Entscheidung im Westen*, p. 47-57; Overy, *Die Wurzeln des Sieges*, p. 201 e.v.; Paul Kennedy, *Die Casablanca-Strategie. Wie die Alliierten den Zweiten Weltkrieg gewannen. Januar 1943 bis Juni 1944*, München 2012, p. 274 e.v.

9   Goebbels, *Tagebücher*, deel 11, band 11, p. 160 (25-1-1944).
10 Ibidem, p. 400 (4-3-1944).
11 Ibidem, p. 482 (15-3-1944). Ook tijdens de stafbespreking van 6-4-1944 twijfelde Hitler eraan of de Geallieerden werkelijk zouden landen. Hij zou zich 'niet aan de indruk kunnen onttrekken dat het hierbij uiteindelijk toch om een schaamteloos theaterstukje draait'. Heiber (red.), *Hitlers Lagebesprechungen*, p. 556.
12 Goebbels, *Tagebücher* deel 11, band 12, p. 126-130, 134-140 (18-4-1944).
13 Ibidem, p. 160 (21-4-1944).
14 Ibidem, p. 92 (12-4-1944); vgl. ibidem, p. 155 (20-4-1944).
15 Thomas Mann, *Tagebücher 1944 – 1-4-1946*, red. Inge Jens, Frankfurt am Main 1986, p. 46 (19-4-1944).
16 Vgl. Goebbels, *Tagebücher* deel 11, band 12, p. 168 (22-4-1944); Below, *Als Hitlers Adjutant*, p. 367 e.v. Eind augustus 1943 had Hitler Hube vanwege zijn huwelijk een bedrag van 50.000 rijksmark doen toekomen. Schmundt aan Lammers, 31-8-1943; BA Berlin-Lichterfelde, R 43 11/986.
17 Vgl. Goebbels, *Tagebücher* deel 11, band 12, p. 542 (24-6-1944); Below, *Als Hitlers Adjutant*, p. 376.
18 Goebbels, *Tagebücher* deel 11, band 12, p. 195-205 (27-4-1944).
19 Ibidem, p. 201 (27-4-1944).
20 Notitie over het overleg tussen Hitler en Mussolini, 22/23-4-1944; Hillgruber (red.), *Staatsmänner und Diplomaten bei Hitler*, deel 11, p. 406-438 (citaten p. 410, 417, 418, 419, 421).
21 Vgl. Ernst von Weizsäckers circulaires vanuit Rome d.d. 23-1 en 8-6-1944; BA Koblenz, N 1273/32; Hill (red.), *Die Weizsäcker-Papiere*, p. 366, 378; verder *Das Deutsche Reich und der Zweite Weltkrieg*, band 8, p. 1147-1152 (bijdrage Schreiber); Weinberg, *Die Welt in Waffen*, p. 699, 714.
22 Goebbels, *Tagebücher* deel 11, band 12, p. 283 (13-5-1944); vgl. Ibidem, p. 277 (12-5-1944), 319 (19-5-1944), 357 (25-5-1944).
23 *Meldungen aus dem Reich*, band 17, p. 6510 e.v. (4-5-1944); vgl. Ibidem, p. 6521 e.v. (11-5-1944), 6535 (18-5-1944), 6551 (25-5-1944).
24 Jodl, *Die strategische Lage im Frühjahr 1944*. Tekst voor een lezing, p. 8, 50; BA-MA Freiburg, N 69/18. Vgl. Herbert Backe aan zijn vrouw, 7-5-1944: 'Alles goed, hard en vastberaden voorgesteld.' BA Koblenz, N 1075/27.
25 Reuth, *Rommel*, p. 89 e.v. Vgl. de dagelijkse verslagen van Rommel van 25-4, 13-5, 18-5-1944; BA-MA Freiburg, N 117/78. Tankdivisiegeneraal Hermann Balck noteerde op 16-5-1944 in zijn dagboek: 'Het is een merkwaardig gevoel, zo aan de vooravond van een beslissende slag, niet alleen in deze oorlog, maar in de hele Duitse geschiedenis. Uiteindelijk zal waarschijnlijk alles afhangen van de invasie in het westen.' BA-MA Freiburg, N 647/12.
26 Notitie over het overleg tussen Hitler en Tiso, 12-5-1944; Hillgruber (red.), *Staatsmänner und Diplomaten bij Hitler*, deel 11, p. 438-454 (citaat p. 444).
27 Notitie over het overleg van Hitler met Oshima, 20-5-1944; ibidem, p. 454-460 (hier p. 457). Tijdens de bespreking met Antonescu op 23-3-1944 had Hitler al het vermoeden geuit dat 'de omgeving ten zuiden van de monding van de Gironde of de schiereilanden van Bretagne en Normandië wellicht kandidaat waren voor een landing in het geval van een invasie'. Ibidem, p. 390.
28 Vgl. Ulrich Chaussy/Christoph Püschner, *Nachbar Hitler. Führerkult und Heimatzerstörung am Obersalzberg*, Berlijn 1995, p. 146.
29 Hans-Wilhelm Heinrich, 'Hitlers Ansprache vor Generalen und Offizieren am 26. 5. 1944', in *Militärgeschichtliche Mitteilungen*, 2/1976, p. 123-170 (citaten p. 155 e.v.).
30 Goebbels, *Tagebücher* deel 11, band 12, p. 405-415 (6-6-1944).
31 Vgl. Peter Lieb, *Unternehmen Overlord. Die Invasion in der Normandie und die Befreiung Westeuropas*, München 2014, p. 57-61; Overy, *Die Wurzeln des Sieges*, p. 180-189.
32 Vgl. Overy, *Der Bombenkrieg*, p. 673 e.v., 843-846.
33 Vgl. ibidem, p. 818-821; Lieb, *Unternehmen Overlord*, p. 64 e.v.

34 Vgl. Kennedy, *Die Casablanca-Strategie*, p. 268-270; Weinberg, *Eine Welt in Waffen*, p. 717 e.v.; Overy, *Die Wurzeln des Sieges*, p. 195-198; Lieb, *Unternehmen Overlord*, p. 65-67.
35 Vgl. Lieb, *Unternehmen Overlord*, p. 68-89; Overy, *Die Wurzeln des Sieges*, p. 205-210; Kennedy, *Die Casablanca-Strategie*, p. 276-291.
36 Vgl. Speidel, *Invasion 1944*, p. 97-99; Ruge, *Rommel und die Invasion*, p. 165-167; Reuth, *Rommel*, p. 90.
37 Vgl. Ose, *Entscheidung im Westen*, p. 103 e.v.; Warlimont, *Im Hauptquartier der Wehrmacht*, p. 454 e.v.
38 Vgl. Notitie van Speer over zijn werk als minister, Neurenberg, 14-8-1946, p. 25 e.v.; BA Koblenz, N 1340/84; Speer, *Erinnerungen*, p. 364.
39 Warlimont, *Im Hauptquartier der Wehrmacht*, p. 457. Vgl. Below, *Als Hitlers Adjutant*, p. 374.
40 Goebbels, *Tagebücher* deel II, band 12, p. 418 (7-6-1944).
41 Hillgruber (red.), *Staatsmänner und Diplomaten bei Hitler*, deel II, p. 460-468 (citaat p. 468).
42 Geciteerd naar Ose, *Entscheidung im Westen*, p. 101.
43 *Meldungen aus dem Reich*, band 17, p. 6572 (8-6-1944), 6576 (8-6-1944). Vgl. Alwin-Broder Albrecht (adjudant in de kanselarij van de Führer) aan zijn vrouw, 9-6-1944: 'Hier lijkt iedereen in elk geval opgelucht te zijn.' IfZ München, ED 100, band 33.
44 Voor de uiteenlopende reacties vgl. Kellner, *Tagebücher 1939-1945*, band 2, p. 716 (6-6-1944); Hassell, *Vom andern Deutschland*, p. 314 (12-6-1944); Andreas-Friedrich, *Der Schattenmann*, p. 140 (7-7-1944).
45 Vgl. Lieb, *Unternehmen Overlord*, p. 91 e.v.; *Das Deutsche Reich und der Zweite Weltkrieg*, band 7, p. 545 e.v. (bijdrage Vogel).
46 Andreas-Friedrich, *Der Schattenmann*, p. 141 (8-6-1944).
47 Vgl. Speer, *Erinnerungen*, p. 365. Voor de Duitse tegenmaatregelen vgl. Lieb, *Unternehmen Overlord*, p. 112-115; Overy, *Die Wurzeln des Sieges*, p. 211-213.
48 Hubatsch (red.), *Hitlers Weisungen für die Kriegführung*, p. 291 e.v.
49 Junge, *Bis zur letzten Stunde*, p. 136. Voor Hitlers ideeën over de 'wonderwapens' vgl. Heinz Dieter Hölsken, *Die V-Waffen. Entstehung – Propaganda – Kriegseinsatz*, Stuttgart 1984, p. 87-93.
50 Goebbels, *Tagebücher* deel II, band 12, p. 407 e.v. (6-6-1944).
51 Vgl. Hölsken, *Die V-Waffen*, p. 131-133.
52 *Meldungen aus dem Reich*, band 17, p. 6596 (19-6-1944). Vgl. ook Steinert, *Hitlers Krieg und die Deutschen*, p. 459.
53 Vgl. Goebbels, *Tagebücher* deel II, band 12, p. 544 (25-6-1944).
54 Vgl. Ibidem, p. 488 e.v., 491 (18-6-1944), 503 (20-6-1944). Vgl. Sündermann, *Hier stehe ich*, p. 269 (17-6-1944).
55 Vgl. Overy, *Der Bombenkrieg*, p. 277-279.
56 Andreas-Friedrich, *Der Schattenmann*, p. 143 e.v. (18-6-1944). Vgl. Klemperer, *Tagebücher 1942-1945*, p. 532 (19-6-1944): 'Zou dit alles niet vooral zijn bedacht ter afleiding en kalmering van het Duitse publiek [...]?'
57 Rundstedt aan Keitel, 11-6-1944; afgedrukt bij Ose, *Entscheidung im Westen*, p. 319-321.
58 KTB OKW, band IV, p. 1593 e.v.
59 Junge, *Bis zur letzten Stunde*, p. 140.
60 Vgl. Seidler/Zeigert, *Die Führerhauptquartiere*, p. 184-190.
61 Speidel, *Invasion 1944*, p. 113 e.v.
62 Ibidem, p. 114-118. Voor meer over het verloop van de bespreking in Margival op 17-6-1944 vgl. het verslag van de stafchef van Ob West, Günther Blumentritt, *Der 20. Juli 1944* (januari 1946); IfZ München, ZS 208/1; zie ook Below, *Als Hitlers Adjutant*, p. 375; Ose, *Entscheidung im Westen*, p. 132-136.
63 Ruge, *Rommel und die Invasion*, p. 184.
64 Geciteerd naar Reuth, *Rommel*, p. 92 e.v.
65 Geciteerd naar Ose, *Entscheidung im Westen*, p. 143.

66 Vgl. Leiser, *'Deutschland erwache!'*, p. 110-120; Föllmer, *Kultur im Dritten Reich*, p. 252 e.v. Goebbels besprak in juni 1943 het manuscript voor de film met Harlan. Hij verwachtte van de Kolberg-film 'bijzonder veel voor onze motivatie', noteerde hij na afloop. *Tagebücher* deel 11, band 8, p. 425 (5-6-1943).
67 Goebbels, *Tagebücher* deel 11, band 12, p. 518-528 (22-6-1944). Vgl. ook Elke Fröhlich, 'Hitler und Goebbels im Krisenjahr 1944', in *Vierteljahrshefte für Zeitgeschichte*, Jg. 38 (1990), p. 195-224 (hier p. 200-205).
68 Toespraak van Hitler voor generaals en officieren op 22-6-1944 in de Platterhof; BA Berlin-Lichterfelde, NS 6/777.
69 Heiber (red.), *Hitlers Lagebesprechungen*, p. 600 e.v. (31-7-1944).
70 Vgl. Lieb, *Unternehmen Overlord*, p. 106, 96.
71 KTB OKW, band IV, p. 1594.
72 Vgl. Reuth, *Rommel*, p. 93 e.v. Over de bespreking van 29-6-1944 vgl. Speidel, *Invasion 1944*, p. 127 e.v.; Guderian, *Erinnerungen eines Soldaten*, p. 302; Blumentritt, *Der 20. Juli 1944*; IfZ München, ZS 208/1.
73 Goebbels, *Tagebücher* deel 11, band 12, p. 567 (29-6-1944). Vgl. voor de vervanging van Speidel, *Invasion 1944*, p. 129-131; Pyta, *Hitler*, p. 553-555.
74 *Meldungen aus dem Reich*, band 17, p. 6618 (29-6-1944). Vgl. samenvattend verslag van de Reichspropagandaämter 4-7-1944; BA Berlin-Lichterfelde, R 55/601.
75 Samenvattend verslag van de Reichspropagandaämter 17-7-1944; BA Berlin-Lichterfelde, R 55/601. Vgl. *Meldungen aus dem Reich*, band 17, p. 6636 (13-7-1944).
76 Goebbels, *Tagebücher* deel 11, band 12, p. 504 (20-6-1944).
77 Ibidem, p. 524 (22-6-1944).
78 Vgl. *Das Deutsche Reich und der Zweite Weltkrieg*, band 8, p. 506 e.v., 527 e.v. (bijdrage Frieser).
79 Vgl. *Balck-Tagebuch* 25-6 en 27-6-1944; BA-MA Freiburg, N 647/12; Getuigenis van Jodl van 17-6-1945; Christoforov e.a. (red.), *Verhört*, p. 130.
80 Vgl. *Das Deutsche Reich und der Zweite Weltkrieg*, band 8, p. 535 (bijdrage Frieser).
81 Reinhardt aan zijn vrouw, 23-6-1944; BA-MA Freiburg, N 245/2. In zijn dagboek noteerde Reinhardt op 23-6-1944: 'Verschrikkelijke dag. Overal zijn ze doorgebroken, er zijn geen reserves meer, nauwelijks nog luchtsteun.' BA-MA Freiburg, N 245/3.
82 Vgl. *Das Deutsche Reich und der Zweite Weltkrieg*, band 8 (bijdrage Frieser), p. 539-543; Weinberg, *Eine Welt in Waffen*, p. 744.
83 Goebbels, *Tagebücher* deel 11, band 12, p. 557 (27-6-1944). Vgl. Samenvattend verslag van de Reichspropagandaämter (10-7-1944): Vaak werd 'niet begrepen hoe de Sovjets erin waren geslaagd al bij hun eerste aanval over de volle breedte alle stellingen in te nemen die toch de hele winter lang door Duitse troepen succesvol verdedigd waren'. BA Berlin-Lichterfelde, R 55/601.
84 Aldus Hitler tijdens een overleg met Friedrich Hoßbach op 19-7-1944; *Erinnerungen*, hfdst. IX, *Ostpreußen*, p. 4; BA-MA Freiburg, N 24/39. Vgl. voor de vervanging van Busch *Das Deutsche Reich und der Zweite Weltkrieg*, band 8, p. 544 e.v., 548 (bijdrage Frieser).
85 Goebbels, *Tagebücher* deel 11, band 12, p. 579 (30-6-1944).
86 Vgl. *Das Deutsche Reich und der Zweite Weltkrieg*, band 8, p. 548 e.v. (bijdrage Frieser).
87 Vgl. ibidem, p. 552 e.v.
88 Geciteerd naar Merridale, *Iwans Krieg*, p. 305.
89 Zeitzler, *Das Ringen um die großen Entscheidungen*, band 2, p. 161-165; BA-MA Freiburg, N63/80.
90 Vgl. *Das Deutsche Reich und der Zweite Weltkrieg*, band 8, p. 563 e.v. (bijdrage Frieser).
91 Goebbels, *Tagebücher* deel 11, band 13, p. 77 (10-7-1944).
92 Vgl. Below, *Als Hitlers Adjutant*, p. 378.
93 Vgl. *Das Deutsche Reich und der Zweite Weltkrieg*, band 8, p. 566 e.v. (bijdrage Frieser).
94 Goebbels, *Tagebücher* deel 11, band 13, p. 90 (12-7-1944). Over het voorafgaande vgl. *Das Deutsche Reich und der Zweite Weltkrieg*, band 8, p. 556 (bijdrage Frieser).
95 Vgl. Junge, *Bis zur letzten Stunde*, p. 141; Eberle/Uhl (red.), *Das Buch Hitler*, p. 269 e.v.; Neumärker e.a., *Wolfsschanze*, p. 139.

96 Rommel aan Kluge met het verzoek dit door te geven aan Hitler, 15-7-1944; KTB OKW, band IV, p. 1572 e.v.
97 Vgl. Ruge, *Rommel und die Invasion*, p. 221 e.v.; Speidel, *Invasion 1944*, p. 140; Reuth, *Rommel*, p. 95-97.
98 Vgl. Merridale, *Iwans Krieg*, p. 306 e.v.; Chlevnjoek, *Stalin*, p. 366, spreekt van 70.000 Duitse soldaten.

12 De Berghof-gemeenschap in de oorlog

1   Goebbels, *Tagebücher* deel 11, band 13, p. 116 (14-7-1944).
2   Interview door David Irving met Nicolaus von Below, 18-4-1971; IfZ München, ZS 7. Below, *Als Hitlers Adjutant*, p. 380. Volgens Below vertrok men op de ochtend van 16 juli naar de Wolfsschanze. In werkelijkheid keerde Hitler al op 14 juli terug naar zijn Oost-Pruisische hoofdkwartier. Vgl. Martin aan Gerda Bormann, 15-7-1944; Trevor-Roper (red.), *The Bormann Letters*, p. 56; notities van Morell (14-7-1944); BA Koblenz, N 1348/2; Sandner, *Hitler. Das Itinerar*, band IV, p. 2233.
3   Vgl. Görtemaker, *Eva Braun*, p. 232 e.v.; Seidler/Zeigert, *Die Führerhauptquartiere*, p. 271.
4   Gerhard Engel aan Gauleiter Albert Forster, 29-12-1940: 'Ik bevind me momenteel met de Führer op de Berg, nadat we een fraaie reis naar het front achter de rug hebben.' BA-MA Freiburg, N 118/5; vgl. Below, *Als Hitlers Adjutant*, p. 219.
5   Ibidem, p. 224 e.v.; vgl. Speer, *Erinnerungen*, p. 105; Dietrich, *12 Jahre mit Hitler*, p. 229.
6   Hitler bevond zich op de Obersalzberg: van 10-7 tot 14-7-1940 (4 dagen), 26-7 tot 3-8-1940 (8 dagen), 8-8 tot 12-8-1940 (4 dagen), 17-8 tot 29-8-1940 (11 dagen), 4-10 tot 8-10-1940 (4 dagen), 16-10 tot 20-10-1940 (4 dagen), 16-11 tot 19-11-1940 (3 dagen), 27-11 tot 2-12-1940 (5 dagen), 13-12 tot 16-12-1940 (3 dagen). Vgl. Seidler/Zeigert, *Die Führerhauptquartiere*, p. 260.
7   Vgl. Dietrich, *12 Jahre mit Hitler*, p. 223.
8   Goebbels, *Tagebücher* deel I, band 9, p. 308 (13-5-1941). Vgl. voor het voorafgaande Below, *Als Hitlers Adjutant*, p. 258 e.v., 261-264. Hitler verbleef op de Obersalzberg: van 28-12-1940 tot 27-1-1941 (31 dagen), van 7-2 tot 14-3-1941 (34 dagen), van 9-5 tot 11-6-1941 (33 dagen). Vgl. Seidler/Zeigert, *Die Führerhauptquartiere*, p. 260.
9   Vgl. de uitgebreide documentatie in BA Berlin-Lichterfelde, NS 6/115 en NS 6/116.
10 Vgl. Chaussy/Püschner, *Nachbar Hitler*, p. 116, 142-146; Albert A. Feiber, '"Filiale von Berlin". Der Obersalzberg im Dritten Reich', in Volker Dahm, Albert A. Feiber, Hartmut Mehringer, Horst Möller, *Die tödliche Utopie. Bilder, Texte, Dokumente. Daten zum Dritten Reich*, München 2010, p. 79 e.v.; Lioba Schmitt-Imkamp, *Roderich Fick (1886-1955)*, Wenen-Keulen-Weimar 2014, p. 96 e.v.
11 Karl-Jesko von Puttkamer aan Friedrich Hoßbach, 21-11-1942; BA-MA Freiburg, N 24/15.
12 Vgl. Below, *Als Hitlers Adjutant*, p. 312, 322 e.v.; Goebbels, *Tagebücher* deel 11, band 6, p. 286 (13-11-1942), 324 (24-11-1942).
13 Junge, *Bis zur letzten Stunde*, p. 59.
14 Hitlers verblijf duurde van 22-3 tot 2-5-1943 (41 dagen) en van 31-5 tot 30-6-1943 (40 dagen). Vgl. Seidler/Zeigert, *Die Führerhauptquartiere*, p. 260.
15 Vgl. Goebbels, *Tagebücher* deel 11, band 7, p. 664 (29-3-1943), band 8, p. 105 (14-4-1943), 351 (23-5-1943), 407 (2-6-1943).
16 Speer, *Spandauer Tagebücher*, p. 325 (20-11-1952).
17 Vgl. Overy, *Der Bombenkrieg*, p. 683 e.v.
18 Goebbels, *Tagebücher* deel 11, band 8, p. 523 (25-6-1943).
19 Ibidem, band 10, p. 516 (20-12-1943). Vgl. ook Martin Bormann aan Gerda Bormann, 26-7-1943; Hugh R. Trevor-Roper (red.), *The Bormann Letters*, Londen 1954, p. 15.
20 Eberle/Uhl (red.), *Das Buch Hitler*, p. 246. Vgl. voor het voorafgaande Chaussy/Püschner, *Nachbar Hitler*, p. 147-151; Seidler/Zeigert, *Die Führerhauptquartiere*, p. 265-267; Dahm e.a. (red.), *Die tödliche Utopie*, p. 655-662; Florian M. Beierl, *Hitlers Berg. Licht ins Dunkel der Geschichte. Geschichte des Obersalzbergs und seiner geheimen Bunkeranlagen*, Berchtesgaden 2004, p. 47-84.

21 Van 24-2 tot 14-7-1944 (139 dagen). Vgl. Seidler/Zeigert, *Die Führerhauptquartiere*, p. 260.
22 Vgl. Karl-Jesko von Puttkamer aan Friedrich Hoßbach, 13-3-1944: 'Metershoge sneeuw, en het wordt elke dag meer. Helaas helemaal geen zon.' BA-MA Freiburg, N 24/19; Junge, *Bis zur letzten Stunde*, p. 134; Goebbels, *Tagebücher* deel II, band II, p. 471 (14-3-1944).
23 Speer, *Erinnerungen*, p. 369 e.v. De toespraak is opgenomen in Hildegard von Kotze/ Helmut Krausnick (red.), *'Es spricht der Führer'. 7 exemplarische Hitler-Reden*, Gütersloh 1966, p. 335-368.
24 Vgl. Junge, *Bis zur letzten Stunde*, p. 140.
25 Vgl. over wat volgt Linge, *Hitlers Terminkalender*, 23-3 tot 20-6-1943; IfZ München, F 19/4; Junge, *Bis zur letzten Stunde*, p. 72-94; Eberle/Uhl (red.), *Das Buch Hitler*, p. 200-204, 244 e.v.; Dietrich, *12 Jahre mit Hitler*, p. 223. Vgl voor het verloop van de dag vóór de oorlog Ullrich, *Adolf Hitler*, band I, p. 696-700; Feiber, 'Filiale von Berlin', in Dahm e.a. (red.), *Die tödliche Utopie*, p. 88 e.v.
26 Junge, *Bis zur letzten Stunde*, p. 74. Vgl. Speer, *Spandauer Tagebücher*, p. 325-327 (20-11-1952); Goebbels, *Tagebücher* deel II, band 8, p. 536 (25-6-1943), band 12, p. 410 (6-6-1944).
27 Vgl. Speer: *Spandauer Tagebücher*, p. 325-327 (20-11-1952); Goebbels: *Tagebücher* deel II, band 8, p. 536 (25-6-1943), band 12, p. 410 (6-6-1944).
28 Vgl. Eberle/Uhl (red.), *Das Buch Hitler*, p. 207 e.v.
29 Vgl. Dietrich, *12 Jahre mit Hitler*, p. 230.
30 Goebbels, *Tagebücher* deel II, band II, p. 408 (4-3-1944). Vgl. Junge, *Bis zur letzten Stunde*, p. 134-136; Eberle/Uhl (red.), *Das Buch Hitler*, p. 245-247.
31 Junge, *Bis zur letzten Stunde*, p. 136 e.v.
32 Domarus, *Hitler*, band II, 2, p. 2206.
33 Vgl. Schroeder, *Er war mein Chef*, p. 211 e.v.; Chaussy/Püschner, *Nachbar Hitler*, p. 160-163; Beierl, *Hitlers Berg*, p. 123-129; Dahm e.a. (red.), *Die tödliche Utopie*, p. 663.
34 Klaus Mann, *Der Wendepunkt. Ein Lebensbericht*, Frankfurt/M. 1963, p. 429.
35 Vgl. Enrico Syring, 'Walter Hewel – Ribbentrops Mann beim "Führer"', in Smelser, Syring/Zitelmann (red.), *Die braune Elite* II, p. 160.
36 Vgl. uit Karl Brandt, 'Wilhelm Brückner' van 20-9-1945: 'Het werd met name door de heren in de omgeving van Hitler als bijzonder hard ervaren dat Brückner, die ze als persoonlijkheid toch zo waardeerden, na zijn lange persoonlijke contact met Hitler van de ene op de andere dag was ontslagen.' BA Koblenz, N 1128/33; Schroeder, *Er war mein Chef*, p. 39, 45, 57.
37 Felicitatietelegram aan Schaub, 21-8-1942; BA Berlin-Lichterfelde, NS 51/39.
38 Vgl. Karl Krause, *Zehn Jahre Kammerdiener bei Hitler*, Hamburg 1949, p. 62-65.
39 Vgl. Junge, *Bis zur letzten Stunde*, p. 110 e.v., 116.
40 Vgl. Schaub aan Lammers, 21-11-1942; Lammers aan Speer, 15-12-1942 en 21-8-1943; BA Berlin-Lichterfelde, R 43 II/986.
41 Schroeder, *Er war mein Chef*, p. 132 e.v.; Heinrich Hoffmann zou 'bijna elke avond dronken' zijn geweest, aldus lijfarts Morell aan zijn vrouw in mei 1940 vanuit het hoofdkwartier van de Führer; BA Koblenz, N 1346/6.
42 Junge, *Bis zur letzten Stunde*, p. 108.
43 Vgl. Gaertringen (red.), *Das Auge des Dritten Reiches*, p. 110-125; Boris von Brauchitsch, *Der Schatten des Führers. Der Fotograf Walter Frentz zwischen Avantgarde und Obersalzberg*, Berlijn 2017, p. 118, 121, 123-125; interview van David Irving met Walter Frentz, 8-12-1971; IfZ München, ZS 2260.
44 Vgl. Görtemaker, *Eva Braun*, p. 244-246.
45 Goebbels, *Tagebücher* deel II, band II, p. 472 (14-3-1944).
46 Gesprek met Anni Winter door Georg Franz (zonder datum); IfZ München, ZS 194.
47 Vgl. notitie van Julius Schaub 'Eva Braun'; IfZ München, ED 100, band 203; ook in Rose (red.), *Julius Schaub*, p. 317, 325; Junge, *Bis zur letzten Stunde*, p. 64; Görtemaker, *Eva Braun*, p. 246.
48 Junge, *Bis zur letzten Stunde*, p. 73 e.v.
49 Vgl. ibidem, p. 74; Misch, *Der letzte Zeuge*, p. 110; Gun, *Eva Braun-Hitler*, p. 160.

50 Vgl. notitie van Julius Schaub 'Eva Braun'; IfZ München, ED 100, band 203; ook in Rose (red.), *Julius Schaub*, p. 317 e.v.
51 Schroeder, *Er war mein Chef*, p. 182; vgl. Görtemaker, *Eva Braun*, p. 247.
52 Junge, *Bis zur letzten Stunde*, p. 134.
53 Vgl. Speer, *Erinnerungen*, p. 320; Misch, *Der letzte Zeuge*, p. 110; Eberle/Uhl (red.), *Das Buch Hitler*, p. 188.
54 Junge, *Bis zur letzten Stunde*, p. 120.
55 Vgl. Misch, *Der letzte Zeuge*, p. 111; Trevor-Roper (red.), *The Bormann Letters*, p. 19 (Gerda aan Martin Bormann, 13-8-1943); Schroeder, *Er war mein Chef*, p. 196; Gun, *Eva Braun-Hitler*, p. 162 (daar p. 160 de op 3-4-1942 afgegeven pas. Eva Braun vertrok op 21-6-1942 en keerde op 17-7-1942 terug).
56 Goebbels, *Tagebücher* deel 11, band 8, p. 537 (25-6-1943). Vgl. Görtemaker, *Eva Braun*, p. 251.
57 Ibidem, band 9, p. 267 (10-8-1943).
58 Ibidem, band 12, p. 414 (6-6-1944).
59 Schlie (red.), *Albert Speer*, p. 60.
60 Vgl. Junge, *Bis zur letzten Stunde*, p. 141; Misch, *Der letzte Zeuge*, p. 113; Goebbels, *Tagebücher* deel 11, band 11, p. 395 (4-3-1944), 474 (14-3-1944).
61 Eberle/Uhl (red.), *Das Buch Hitler*, p. 248. Vgl. Rolf Aurich, *Kalanag. Die kontrollierten Illusionen des Helmut Schreiber*, Berlijn 2016, p. 137 e.v., 150 e.v.
62 Vgl. Junge, *Bis zur letzten Stunde*, p. 77 e.v.; Sereny, *Das Ringen um Wahrheit*, p. 505 e.v.; Below, *Als Hitlers Adjutant*, p. 370.
63 Vgl. Gaertringen (red.), *Das Auge des Dritten Reiches*, p. 111-113. (Drie foto's van Frentz tonen Hitler en Himmler tijdens de wandeling naar het theehuis op 3-4-1944.)
64 Wilhelm, *Hitlers Ansprache vor Generalen und Offizieren am 26. Mai 1944*, p. 156.
65 Vgl. Dietrich, *12 Jahre mit Hitler*, p. 172. Eind 1944 zou Dietrich naar eigen zeggen Hitler berichten uit de buitenlandse pers over de Jodenvernietiging in Polen hebben voorgelegd en hem hebben gevraagd of men die moest tegenspreken. Dat zou Hitler 'verontwaardigd' hebben afgewezen. Het zou daarbij om 'de bekende "propagandaleugens en overdrijvingen van de vijand" gaan' (ibidem).
66 Henriette von Schirach, *Der Preis der Herrlichkeit. Erlebte Zeitgeschichte*, München en Berlijn 1975, p. 214 e.v. Vergelijkbaar is het verhaal van Baldur von Schirach, *Ich glaubte an Hitler*, Hamburg 1967, p. 292 e.v.: 'Dat ontbrak er nog maar aan,' zou Hitler hebben geschreeuwd, 'dat u mij met uw sentimentele gezwets lastigvalt. Wat kunnen die Jodenwijven u nu schelen?' Enigszins veranderd vertelde Henriette von Schirach het verhaal ook in een interview met David Irving op 27-11-1970; IfZ München, ZS 2238.
67 Vgl. Schroeder, *Er war mein Chef*, p. 194 e.v.; Junge, *Bis zur letzten Stunde*, p. 100 e.v. Weinig kritisch worden de verhalen van de Schirachs overgenomen door Toland, *Adolf Hitler*, band 2, p. 922; Kershaw, *Hitler*, band 11, p. 767; Feiber, 'Filiale von Berlin', in Dahm e.a. (red.), *Die tödliche Utopie*, p. 101 e.v. Kritisch is daarentegen Joachimsthaler, *Hitlers Liste*, p. 262-265.
68 Goebbels, *Tagebücher* deel 11, band 8, p. 538-541 (25-6-1943; citaten p. 539, 541).
69 Vgl. ibidem, band 9, p. 267 (10-8-1943).
70 Desondanks hielden sommigen van de Berghof-kring ook na de oorlog nog 'contact met de oude lotgenoten', zoals Gerhard Engel Speer na diens vrijlating uit Spandau liet weten. Gerhard Engel aan Albert Speer, 28-6-1968; BA Koblenz, N 1340/14; vgl. ook Johanna Wolf aan Albert Speer, 18-3-1967; BA Koblenz, N 1340/75. Heike Görtemaker werkt aan een studie van het voortbestaan van het netwerk in Hitlers hofhouding na 1945.
71 Goebbels, *Tagebücher* deel 11, band 8, p. 521 (24-6-1943), 553 (27-6-1943).
72 Vgl. de uitgebreide beschrijving van Hitlers 54ste verjaardag op 20-4-1943 bij Junge, *Bis zur letzten Stunde*, p. 104-109. Een foto van de hand van Frentz van het verjaardagsbezoek in Gaertringen (red.), *Das Auge des Dritten Reiches*, p. 28. Voor meer over de verjaardagsontvangst van de kinderen vgl. Speer, *Spandauer Tagebücher*, p. 99 (20-4-1947). Een foto van Hitler te midden van de kinderen bij Margret Nissen, *Sind Sie die*

Tochter von Speer?, München 2005, p. 20. Over Hitlers 55ste verjaardag op 20-4-1944 vgl. Below, *Als Hitlers Adjutant*, p. 367; Goebbels, *Tagebücher* deel 11, band 12, p. 160 (21-4-1944). Een foto van de hand van Frentz van de demonstratie van het wapentuig op de middag van 20-4-1944 in Gaertringen (red.), *Das Auge des Dritten Reiches*, p. 106.

73 Eberle/Uhl (red.), *Das Buch Hitler*, p. 258-261 (citaat p. 260 e.v.). Vgl. Junge, *Bis zur letzten Stunde*, p. 138 e.v.; Schroeder, *Er war mein Chef*, p. 167 e.v.; Dietrich, *12 Jahre mit Hitler*, p. 233 e.v. Een groepsfoto van de huwelijksgasten, gemaakt in de Grote Hal, in Joachimsthaler, *Hitlers Liste*, p. 477. Vgl. ook Anton Joachimsthaler, *Hitlers Ende. Legenden und Dokumente*, München-Berlijn 1995, p. 451-459.

13 De 20ste juli van 1944 en zijn gevolgen

1 Schroeder, *Er war mein Chef*, p. 147 e.v.; vgl. Junge, *Bis zur letzten Stunde*, p. 151.
2 Vgl. inlichtingendienst van het Rijk aan de adjudant van de Führer (Obergruppenführer Brückner), 5-5-1939 en rijksministerie van Verkeer aan adjudant van de Führer (Obergruppenführer Brückner), 10-9-1940; BA Berlin-Lichterfelde, NS 10/37 en NS 10/38.
3 Instructie van Albert Bormann en Rudolf Schmundt 20-9-1943; BA Berlin-Lichterfelde, NS 6/130.
4 Goebbels, *Tagebücher* deel 11, band 9, p. 575 (23-9-1943).
5 Vgl. aantekening van Theo Morell van 21-8-1943; BA Koblenz, N 1348/4.
6 Vgl. Below, *Als Hitlers Adjutant*, p. 363. Over het totale complex, zie Peter Hoffmann, *Die Sicherheit des Diktators. Hitlers Leibwachen, Schutzmaßnahmen, Residenzen, Hauptquartiere*, München 1975, p. 215-227.
7 Hillgruber (red.), *Staatsmänner und Diplomaten bei Hitler*, deel 11, p. 469.
8 Goebbels, *Tagebücher* deel 11, band 13, p. 306 (24-8-1944). Een vergelijkbaar verhaal vertelde Hitler begin november 1944 aan zijn lijfarts Morell; notitie van Morell d.d. 9-11-1944; BA Koblenz, N 1348/4.
9 Vgl. voor de details Hoffmann, *Widerstand, Staatsstreich, Attentat*, p. 74-186; Fest, *Staatsstreich*, p. 76-139; zeer evenwichtig is Müller, *Generaloberst Ludwig Beck*, p. 366-368, 396-402.
10 Vgl. hiervoor boven p. 93-99.
11 Vgl. het overzicht van Ger van Roon, *Widerstand im Dritten Reich*, 6. Aufl., München 1994, p. 123-139; Fest, *Staatsstreich*, p. 148-159. Zie voor het geheel de studie van Theodore S. Hamerow, *Die Attentäter. Der 20. Juli – von der Kollaboration zum Widerstand*, München 1999.
12 Sabine Gillmann/Hans Mommsen (red.), *Politische Schriften und Briefe Carl Friedrich Goerdelers*, München 2003, band 2, p. 896, 1185. Onvoorwaardelijk apologetisch is daarentegen Peter Hoffmann, *Carl Goerdeler gegen die Judenverfolgung*, Keulen-Weimar-Wenen 2013.
13 Vgl. samenvattend Volker Ullrich, *Der Kreisauer Kreis*, Reinbek bei Hamburg 2008, p. 34-81.
14 Vgl. Johannes Hürter, 'Auf dem Weg zur Militäropposition. Tresckow, Gersdorff, der Vernichtungskrieg und der Judenmord', in *Vierteljahrshefte für Zeitgeschichte*, Jg. 52 (2004), p. 527-562.
15 Vgl. brieven van Kluge d.d. 3-12, 15-12, 20-12-1942; BA-MA Freiburg, MSG 2/11185.
16 Vgl. Fest, *Staatsstreich*, p. 192; Müller, *Generaloberst Ludwig Beck*, p. 452, 454, 457 e.v.
17 Vgl. Roon, *Widerstand in Deutschland*, p. 174; Fest, *Staatsstreich*, p. 194.
18 Vgl. Kroener, *Generaloberst Friedrich Fromm*, p. 600 e.v. Over Schulenburg vgl. de biografie van Ulrich Heinemann, *Ein konservativer Rebell. Fritz-Dietlof Graf von der Schulenburg und der 20. Juli*, Berlijn 1990, in het bijzonder p. 132 e.v.
19 Vgl. Fabian von Schlabrendorff, *Offiziere gegen Hitler. Neue, durchgesehene und erweiterte Ausgabe von Walter Bußmann*, Berlijn 1984, p. 67-78. Daarop gebaseerd is Hoffmann, *Widerstand, Staatsstreich, Attentat*, p. 351-353; Fest, *Staatsstreich*, p. 195-197; Kershaw, *Hitler*, band 11, p. 869-871.

20 Vgl. Rudolf-Christoph Freiherr von Gersdorff, *Soldat im Untergang*, Frankfurt/M.-Berlijn-Wenen 1977, p. 128-132. Daarop gebaseerd is Hoffmann, *Widerstand, Staatsstreich, Attentat*, p. 353-360; Fest, *Staatsstreich*, p. 198 e.v.; Kershaw, *Hitler*, band 11, p. 871 e.v.
21 Vgl. Müller, *Generaloberst Ludwig Beck*, p. 470.
22 Vgl. Mueller, *Canaris*, p. 390-392; Sifton/Stern, *Keine gewöhnlichen Männer*, p. 117 e.v.; Elisabeth Chowaniec, *Der 'Fall Dohnanyi' 1943-1945*, p. 43-50.
23 Vgl. Bodo Scheurig, *Henning von Tresckow. Ein Preuße gegen Hitler*, Frankfurt/M.-Berlijn 1987, p. 195-197.
24 Goebbels, *Tagebücher* deel 11, band 10, p. 255 (8-11-1943).
25 Vgl. Fest, *Staatsstreich*, p. 232 e.v.; Anne C. Nagel, *Johannes Popitz (1884-1945). Görings Finanzminister und Verschwörer gegen Hitler. Eine Biographie*, Keulen-Weimar-Wenen 2015, p. 178-180.
26 Goebbels, *Tagebücher* deel 11, band 9, p. 577 (23-9-1943). Vgl. Speer, *Erinnerungen*, p. 390.
27 Geciteerd naar Longerich, *Heinrich Himmler*, p. 717.
28 Vgl. Ullrich, *Der Kreisauer Kreis*, p. 93, 109-111.
29 Vgl. Mueller, *Canaris*, p. 416 e.v.; Fest, *Staatsstreich*, p. 231 e.v.
30 Moltke, *Briefe an Freya 1939-1945*, p. 282 (6-9-1941).
31 Vgl. Ullrich, *Der Kreisauer Kreis*, p. 112.
32 Vgl. over dit complex Klemens von Klemperer, *Die verlassenen Verschwörer. Der deutsche Widerstand auf der Suche nach Verbündeten 1938-1945*, Berlijn 1994.
33 Handschrift brief van Stauffenberg aan Paulus, 12-6-1942; BA-MA Freiburg, N 372/22.
34 Peter Hoffmann, *Claus Schenk Graf von Stauffenberg und seine Brüder*, Stuttgart 1992, p. 268. Voor meer over de bekering van Stauffenberg vgl. Ibidem, p. 251 e.v.
35 Vgl. Fest, *Staatsstreich*, p. 222 e.v.; Müller, *Generaloberst Ludwig Beck*, p. 483 e.v.; Peter Hoffmann, 'Henning von Tresckow und die Staatsstreichpläne im Jahr 1943', in *Vierteljahrshefte für Zeitgeschichte*, Jg. 55 (2007), p. 331-364.
36 Vgl. Hoffmann, *Widerstand, Staatsstreich, Attentat*, p. 396-410; Fest, *Staatsstreich*, p. 226-230.
37 Geciteerd naar Scheurig, *Henning von Tresckow*, p. 210; licht aangepast de letterlijke woorden in Schlabrendorff, *Offiziere gegen Hitler*, p. 109.
38 Kardorff, *Berliner Aufzeichnungen 1942 bis 1945*, p. 209 (18-7-1944). Vgl. voor het voorafgaande Ullrich, *Der Kreisauer Kreis*, p. 114 e.v.; Fest, *Staatsstreich*, p. 245 e.v.
39 Vgl. Roon, *Widerstand im Dritten Reich*, p. 187; Kershaw, *Hitler*, band 11, p. 880.
40 Vgl. Hoffmann, *Claus Schenk Graf von Stauffenberg und seine Brüder*, p. 407-409; Müller, *Generaloberst Ludwig Beck*, p. 505 e.v.
41 Vgl. uitgebreid over 15 juli 1944 Kroener, *Generaloberst Friedrich Fromm*, p. 669-678; Hoffmann, *Claus Schenk Graf von Stauffenberg und seine Brüder*, p. 416-419; Müller, *Generaloberst Ludwig Beck*, p. 598-610.
42 Geciteerd naar Ullrich, *Der Kreisauer Kreis*, p. 116.
43 Vgl. Fest, *Staatsstreich*, p. 258 e.v.; Hoffmann, *Widerstand, Staatsstreich, Attentat*, p. 486-488; Gerd R. Ueberschär, *Stauffenberg. Der 20. Juli 1944*; Frankfurt/M. 2004, p. 14 e.v.; Ulrich Schlie, *'Es lebe das heilige Deutschland'. Ein Tag im Leben des Claus Schenk Graf von Stauffenberg. Ein biographisches Porträt*, Freiburg-Bazel-Wenen 2009, p. 11-14.
44 Vgl. Heusinger, *Befehl im Widerstreit*, p. 352 e.v.; Warlimont, *Im Hauptquartier der Wehrmacht*, p. 472; Fest, *Staatsstreich*, p. 260 e.v.; Hoffmann, *Widerstand, Staatsstreich, Attentat*, p. 489 e.v.; Schlie, *'Es lebe das heilige Deutschland'*, p. 15 e.v.
45 Vgl. Heusinger, *Befehl im Widerstreit*, p. 355; Warlimont, *Im Führerhauptquartier*, p. 471; Fest, *Staatsstreich*, p. 261 e.v.; Schlie, *'Es lebe das heilige Deutschland'*, p. 16 e.v.
46 Goebbels, *Tagebücher* deel 11, band 13, p. 139 (23-7-1944); Speer, *Erinnerungen*, p. 399.
47 Below, *Als Hitlers Adjutant*, p. 381; vgl. Eberle/Uhl (red.), *Das Buch Hitler*, p. 274.
48 Vgl. Karl-Jesko von Puttkamer aan Friedrich Hoßbach, 28-8-1944; BA-MA Freiburg, N 24/19; Nicolaus von Below aan Julius Schaub, 10-9-1944; Eberle (red.), *Briefe an Hitler*, p. 422 e.v.; Below, *Als Hitlers Adjutant*, p. 386 e.v., 391; daarnaast de verklaringen van generaal Karl Bodenschatz, 15-5-1945, en die van kapitein-ter-zee, Heinz Assmann, 23-5-1945; IfZ München, ZS 10 en ZS 2015.

49 Karl Fischer, *Ich fuhr Stauffenberg. Erinnerungen an die Kriegsjahre 1939-1945*; (red.) Ursula en Ulrich Fischer, Angermünde 2008, p. 93; vgl. Schlie, *'Es lebe das heilige Deutschland'*, p. 18.
50 Erwin Giesing, *Bericht über meine Behandlung bei Hitler*, p. 10; IfZ München, ED 100, band 70. Over Hitlers verwondingen vgl. notitie van die dag door Morell (20-7-1944); BA Koblenz N 1348/4; notitie over gesprek met Hanskarl von Hasselbach, 6-9-1952; IfZ München, ZS 242; Neumann/Eberle, *War Hitler krank?*, p. 262 e.v.
51 Junge, *Bis zur letzten Stunde*, p. 146. Vgl. Below, *Als Hitlers Adjutant*, p. 382: Hitler zou 'de levendige, haast vrolijke gezichtsuitdrukking hebben gehad van een mens die iets ernstigs had verwacht, maar dat gelukkig had weten te doorstaan'.
52 Schroeder, *Er war mein Chef*, p. 148. Op het nieuws van de aanslag zou Eva Braun aan Hitler 'een bezorgde en vertwijfelde brief' hebben geschreven, en hij had 'bijzonder geroerd' kennisgenomen van haar 'aanhankelijkheid', aldus Traudl Junge (*Bis zur letzten Stunde*, p. 151).
53 Vgl. notitie van Jodl 'Der 20. Juli 1944 im Führerhauptquartier'; BA-MA Freiburg, N 69/3.
54 Goebbels, *Tagebücher* deel II, band 13, p. 140 (23-7-1944). Vgl. voor het voorafgaande Junge, *Bis zur letzten Stunde*, p. 146-148; Rose, *Julius Schaub*, p. 299; Eberle/Uhl (red.), *Das Buch Hitler*, p. 275.
55 Schmidt, *Statist auf diplomatischer Bühne*, p. 582 e.v.; vgl. notitie over het gesprek tussen Hitler en Mussolini, 20-7-1944; Hillgruber (red.), *Staatsmänner und Diplomaten bei Hitler*, deel II, p. 468-475.
56 Vgl. Fest, *Staatsstreich*, p. 265 e.v.; Müller, *Generaloberst Ludwig Beck*, p. 514 e.v.
57 Vgl. Kroener, *Generaloberst Friedrich Fromm*, p. 682-684; Müller, *Generaloberst Ludwig Beck*, p. 515 e.v. Goebbels zat er niet ver naast toen hij dacht dat Fromm had geprobeerd 'zich ervan te distantiëren'. Goebbels, *Tagebücher* deel II, band 13, p. 140 (23-7-1944).
58 Vgl. Kroener, *Generaloberst Friedrich Fromm*, p. 684-692 (citaat p. 688); Müller, *Generaloberst Ludwig Beck*, p. 516.
59 Vgl. Müller, *Generaloberst Ludwig Beck*, p. 516-518 (citaat p. 517 e.v.).
60 Vgl. Hoffmann, *Widerstand, Staatsstreich, Attentat*, p. 532 e.v.; Müller, *Generaloberst Ludwig Beck*, p. 520. Tekst van de officiële bekendmaking in Domarus, *Hitler*, band II, 2, p. 2127.
61 Vgl. Rose, *Julius Schaub*, p. 305; Misch, *Der letzte Zeuge*, p. 171 e.v.
62 Het eerste telegram werd om 20.30 uur verzonden. Er volgden er nog vier tot 22.45 uur; BA Berlin-Lichterfelde, NS 6/1; gedeeltelijk afgedrukt bij Koop, *Martin Bormann*, p. 249-252.
63 Dat vermoeden uit Kershaw, *Hitler*, band II, p. 890.
64 Rose, *Julius Schaub*, p. 306; Irving, *Hitler und seine Feldherren*, p. 616. Vgl. ook Wilfred von Oven, *Finale Furioso. Mit Goebbels bis zum Ende*, Tübingen 1974, p. 401 e.v. (23-7-1944): Volgens hem zou Goebbels zijn weigering om het bericht over de aanslag zonder commentaar vrij te geven, hebben gemotiveerd met de noodzaak de psychologische schok die ervan zou uitgaan, te dempen.
65 Vgl. de notitie van Remer over het verloop van de gebeurtenissen, 22-7-1944; BA Berlin-Lichterfelde, NS 6/2; opgenomen in Hans-Adolf Jacobsen (red.), *'Spiegelbild einer Verschwörung'. Die Opposition gegen Hitler und der Staatsstreich vom 20. Juli 1944 in der SD-Berichterstattung*, Stuttgart 1984, band II, p. 637-642 (hier p. 637).
66 Speer, *Erinnerungen*, p. 392 e.v. Na de oorlog probeerde Speer het te doen voorkomen alsof hij ook tot de kring van samenzweerders had behoord. In werkelijkheid was hij nooit bij de plannen voor een aanslag betrokken geweest. Vgl. Brechtken, *Albert Speer*, p. 267 e.v.
67 Vgl. het verslag van luitenant Hans Hagen (26-10-1944); BA Berlin-Lichterfelde, NS 6/2.
68 Pas uren later hoorden de medewerkers van het ministerie van Voedselvoorziening en Landbouw dat de afgrendeling van de regering door de samenzweerders was bevolen: 'Wij waren dus gevangenen zonder het te weten.' Herbert Backe aan zijn vrouw, 21-7-1944; BA Koblenz, N 1075/27.
69 Verslag van Remers, 22-7-1944; Jacobsen (red.), *'Spiegelbild einer Verschwörung'* p. 639 e.v.; Speer, *Erinnerungen*, p. 394-396.

70 Vgl. Hoffmann, *Claus Schenk Graf von Stauffenberg und seine Brüder*, p. 430 e.v.; Fest, *Staatsstreich*, p. 274.
71 Vgl. Müller, *Generaloberst Ludwig Beck*, p. 524 e.v.
72 Vgl. Kroener, *Generaloberst Friedrich Fromm*, p. 697 e.v.; Müller, *Generaloberst Ludwig Beck*, p. 525 e.v.
73 Vgl. Kroener, *Generaloberst Friedrich Fromm*, p. 699-708 (citaat p. 700); Müller, *Generaloberst Ludwig Beck*, p. 527-530; Fest, *Staatsstreich*, p. 279-281.
74 Junge, *Bis zur letzten Stunde*, p. 149; vgl. Schroeder, *Er war mein Chef*, p. 149.
75 Vgl. Rose, *Julius Schaub*, p. 306 e.v.
76 Domarus, *Hitler*, band II, 2, p. 2127-2129. Aangezien de toespraak die nacht maar door weinig Duitsers werd gehoord, werd ze op 21 juli om 12.30 uur nog eens herhaald.
77 Vgl. Speer, *Erinnerungen*, p. 397 e.v.; Kroener, *Generaloberst Friedrich Fromm*, p. 710 e.v.
78 Irving, *Hitler und seine Feldherren*, p. 619; vgl. Below, *Als Hitlers Adjutant*, p. 384; Rose, *Julius Schaub*, p. 306
79 BA Berlin-Lichterfelde, NS 6/1. Vgl. Koop, *Martin Bormann*, p. 252.
80 Herbert Backe aan zijn vrouw 21-7-1944; BA Koblenz, N 1075/27. Vgl. Alwin-Broder Albrecht aan zijn vrouw, 22-7-1944: 'De Reichsführer zal de resterende gluiperds in officiersuniform nog wel opruimen, en wat een verzwakking van ons weerstandsvermogen had moeten worden, zal een aanzienlijke versterking blijken te zijn.' IfZ München, ED 100, band 33.
81 Zie voor het verloop van de gebeurtenissen in Parijs het gedetailleerde verslag van Günter Blumentritt, de stafchef van OB West: van 20 juli 1944, p. 26-42; IfZ München, ZS 208/1; Fest, *Staatsstreich*, p. 282-287; Ueberschär, *Stauffenberg. Der 20. Juli 1944*, p. 50-62.
82 Ursula von Kardorff sprak in een terugblik in haar dagboek op 30-12-1944 van 'die hele stompzinnige dilettantenrevolutie'. *Berliner Aufzeichnungen 1942 bis 1945*, p. 215, noot 3.
83 Vgl. Fest, *Staatsstreich*, p. 288-290; Evans, *Das Dritte Reich*, band III, p. 805 e.v.; Winfried Heinemann, 'Der militärische Widerstand und der Krieg}, in *Das Deutsche Reich und der Zweite Weltkrieg*, band 9/1, p. 840 e.v.; Eberhard Jäckel, 'Wenn der Anschlag gelungen wäre…', in idem, *Umgang mit der Vergangenheit. Beiträge zur Geschichte*, Stuttgart 1989, p. 195-206 (hier p. 198 e.v.).
84 Schlabrendorff, *Offiziere gegen Hitler*, p. 129.
85 Verslag nr. 1 van het hoofd van de Sicherheitspolizei en de SD, Kaltenbrunner, (21-7-1944); BA Berlin-Lichterfelde, NS 6/2. Uitgebreide analyse van de reacties in Kershaw, *Der Hitler-Mythos*, p. 263-268.
86 Verslag nr. 2 van Kaltenbrunner 2(1-7-1944); BA Berlin-Lichterfelde, NS 6/2.
87 Ronald Smelser, *Robert Ley. Hitlers Mann an der 'Arbeitsfront'. Eine Biographie*, Paderborn 1989, p. 285. Zie voor meer over het voorafgaande ook Ian Kershaw, *Das Ende. Kampf bis in den Untergang – NS-Deutschland 1944/45*, München 2011, p. 56-58; Evans, *Das Dritte Reich*, band III, p. 813; Pyta, *Hitler*, p. 584; Stargardt, *Der deutsche Krieg 1939-1945*, p. 537.
88 Bormann aan de Reichs- en Gauleiter, 24-7-1944; BA Berlin-Lichterfelde, NS 6/1.
89 *Meldungen aus dem Reich*, band 17, p. 6684 (28-7-1944). Vgl. ook het samenvattende verslag van de Reichspropagandaämter (24-7-1944), 'Het geloof in de Führer is bij alle volksgenoten weer een kracht van betekenis geworden die hen sterk motiveert.' BA Berlin-Lichterfelde, R 55/601.
90 Goebbels, *Tagebücher* deel II, band 13, p. 173 (26-7-1944). Vgl. over de golf van bijeenkomsten Ibidem, p. 145 (23-7-1944).
91 Kardorff, *Berliner Aufzeichnungen 1942 bis 1945*, p. 213 (23-7-1944).
92 Heinrich Breloer (red.), *Mein Tagebuch. Geschichten vom Überleben 1939-1947*, Keulen 1984, p. 133; vgl. Kershaw, *Hitler*, band II, p. 915.
93 Opgenomen in Buchbender/Sterz, *Das andere Gesicht des Krieges*, p. 20-24 (citaat p. 21).
94 Ibidem, p. 142 (21-7-1944), 147 (8-8-1944).
95 Vgl. Steinert, *Hitler und die Deutschen*, p. 479.
96 Balck-dagboek v. 5-8-1944; BA-MA Freiburg, N 647/12.
97 Brief van Reinhardt aan zijn vrouw, 21-7-1944; BA-MA Freiburg, N 245/2.

98 Reinhardt-oorlogsdagboek (21-7-1944); BA-MA Freiburg, N 245/3.
99 Neitzel, *Abgehört*, doc. 146, p. 327, doc. 147, p. 332, doc. 152, p. 345.
100 Kellner, *Tagebücher 1939-1945*, band 2, p. 762 e.v. (27-7-1944).
101 Thomas Mann, *Tagebücher 1944 – 1. 4. 1946*, p. 79 (21-7-1944).
102 Klemperer, *Tagebücher 1942-1945*, p. 550 (22-7-1944), 553 (23-7-1944).
103 Geciteerd naar Evans, *Das Dritte Reich*, band III, p. 815.
104 Goebbels, *Tagebücher* deel II, band 13, p. 322 (25-8-1944).
105 Giesing, *Bericht über meine Behandlung bei Hitler*; IfZ München, ED 100, band 71.
106 Vgl. Goebbels, *Tagebücher* deel II, band 13, p. 152 (24-7-1944). Giesings verslag dateert Eickens aankomst pas op 25-7-1944 en is ook verder niet altijd betrouwbaar. Vgl. Neumann/Eberle, *Wie krank war Hitler?*, p. 77 e.v.
107 Guderian, *Erinnerungen eines Soldaten*, p. 309.
108 Bernd Freytag von Loringhoven, *Mit Hitler im Bunker. Die letzten Monate im Führerhauptquartier Juli 1944–April 1945*, Berlijn 2006, p. 10. Vgl. het protocol van de ondervraging van Bernd Freytag von Loringhoven (1949): 'Ik was volledig verrast toen hij verscheen. Ik dacht: "Hij lijkt wel een oude man!" IfZ München, ZS 38. Ook Goebbels stelde twee dagen na de aanslag vast 'dat de Führer erg oud is geworden. Hij wekt [...] een haast gebrekkige indruk.' *Tagebücher* deel II, band 13, p. 142 (23-7-1944).
109 Heiber (red.), *Hitlers Lagebesprechungen*, p. 608 (31-7-1944). Tegenover zijn lijfarts Morell verklaarde Hitler begin oktober 1944 dat hij zich na de aanslag 'alleen met moeite en uit alle macht staande' had weten te houden. Noties van Morell van 4-10-1944; BA Koblenz, N 1348/4.
110 Vgl. Morells notities van 29-7 en 15-9-1944; BA Koblenz, N 1348/2; Schenk, *Patient Hitler*, p. 147 e.v.; Heiber (red.), *Hitlers Lagebesprechungen*, p. 608 e.v.; Below, *Als Hitlers Adjutant*, p. 384, vermeldt dat het beven 'al na en paar dagen' terugkeerde.
111 Goebbels, *Tagebücher*, deel II, band 13, p. 305 (24-8-1944). Vgl. ibidem, p. 209 e.v. (3-8-1944), 231 e.v. (5-8-1944).
112 Hermann Jung, *Die Ardennenoffensive 1944/45. Ein Beispiel für die Kriegführung Hitlers*, Göttingen 1971, p. 209. Vgl. Junge, *Bis zur letzten Stunde*, p. 156: Hitler zou er 'steeds op hebben gelet dat men het beven niet zou zien'. Daarom hield hij zijn linkerhand voortdurend op zijn rug.
113 Schroeder, *Er war mein Chef*, p. 148 e.v.
114 Vgl. Jodls notitie 'Der 20. Juli 1944 im Führerhauptquartier'; BA-MA Freiburg, N 69/3; Speer, *Erinnerungen*, p. 399; Below, *Als Hitlers Adjutant*, p. 353. Ook Martin Bormann weet in een brief van 8-9-1944 aan de Gauleiter von Halle/Merseburg, Joachim Eggeling, de ineenstorting van de Legergroep Mitte aan de manipulaties van Henning von Tresckow; BA Berlin-Lichterfelde, NS 6/153.
115 Goebbels, *Tagebücher* deel II, band 13, p. 152 (24-7-1944).
116 Fragment uit een rede van Hitlers in de *Morgenlage* (24-7-1944); BA Berlin-Lichterfelde, NS 6/24.
117 Goebbels, *Tagebücher* deel II, band 14, p. 350 (4-12-1944).
118 Ibidem, band 13, p. 138 (23-7-1944).
119 Ibidem, p. 303 (24-8-1944).
120 Vgl. bevel van de adjudant van de Wehrmacht bij de Führer, 14-9-1944; IfZ München, ED 9; Goebbels, *Tagebücher* deel II, band 13, p. 210 (3-8-1944); Eberle/Uhl (red.), *Das Buch Hitler*, p. 284.
121 Vgl. bevel van Hitler van 7-9-1944; BA Berlin-Lichterfelde, NS 6/130.
122 Warlimont, *Im Führerhauptquartier*, p. 473; vgl. Domarus, *Hitler*, band II, 2, p. 2131.
123 Goebbels, *Tagebücher* deel II, band 13, p. 141 e.v. (23-7-1944); vgl. ibidem, p. 210 (3-8-1944).
124 Feuersenger, *Im Vorzimmer der Macht*, p. 247 (aan de hand van mededelingen van Scherffs plaatsvervanger Wilhelm Heinrich Scheidt van eind december 1944).
125 Vgl. Arnim Ramm, *Der 20. Juli vor dem Volksgerichtshof*, Berlijn 2007, p. 161-167.
126 Guderians adjudant vertelde later dat SS-Gruppenführer Fegelein een stapel foto's op de kaartentafel zou hebben gegooid en dat de dictator de vergrotingen van de doodsstrijd

van de veroordeelden 'gretig' en 'met haast wellustig plezier' had bekeken (Freytag von Loringhoven, *Mit Hitler im Bunker*, p. 65 e.v.). Adjudant von Below getuigde daarentegen dat hij er, net als Hitler, van had afgezien de foto's te bekijken (Below, *Als Hitlers Adjutant*, p. 385). Speer beweerde een grote stapel foto's van de gehangenen op de kaartentafel in de stafkamer te hebben gezien, met onder meer een foto van veldmaarschalk von Witzleben in gevangeniskleren. Hij zou hebben geweigerd de film die in de filmruimte werd vertoond te bekijken, met het excuus dat hij 'overwerkt' was. Anderen die de film wel hadden gezien, vertelden hem dat Hitler aanwezig was geweest. Albert Speer aan Erich Fromm, 1-7-1973; BA Koblenz, N 1340/21. Vgl. ook Albert Speer aan Peter Hoffmann, 14-12-1970: 'Het is aannemelijk dat Hitler de film heeft gezien.' BA Koblenz, N 1340/28; Speer, *Erinnerungen*, p. 404.
127 Vgl. Jacobsen (red.), *'Spiegelbild einer Verschwörung'*, band 1, p. 1 e.v.
128 Goebbels, *Tagebücher* deel 11, band 13, p. 167 (25-7-1944).
129 Ibidem, p. 165 (25-7-1944), 210 (3-8-1944), 245 (16-8-1944).
130 Vgl. het overzicht bij Ramm: *Der 20. Juli vor dem Volksgerichtshof*, p. 449-464.
131 Vgl. ibidem, p. 67 e.v.; Longerich: *Heinrich Himmler*, p. 718 e.v.
132 Geciteerd naar Peter Lieb, 'Erwin Rommel. Widerstandskämpfer oder Nationalsozialist?', in *Vierteljahrshefte für Zeitgeschichte*, Jg. 61 (2013), p. 303-343 (hier p. 334).
133 Jodl-dagboek, 1-8-1944; Reuth, *Rommel*, p. 227.
134 Goebbels, *Tagebücher* deel 11, band 13, p. 210 (3-8-1944).
135 Bericht van partijgenoot Kronmüller aan Martin Bormann over veldmaarschalk Rommel, 19-9-1944; BA-MA Freiburg, N 117/29.
136 Bormann aan Himmler, 27-9-1944 en opmerking in akte door Bormann voor partijgenoot Friedrichs (partijkanselarij München), 28-9-1944; BA-MA Freiburg, N 117/29; vgl. ook Reuth, *Rommel*, p. 237 e.v.
137 Rommel aan Hitler, 1-10-1944; BA-MA Freiburg, N 117/32.
138 Vgl. Reuth, *Rommel*, p. 242-255 (citaat p. 254).
139 Vgl. verslag van de bespreking van chefs (22-7-1944); BA Berlin-Lichterfelde, R 43 II/664 a.
140 Goebbels, *Tagebücher* deel 11, band 13, p. 137 (23-7-1944).
141 Ibidem, p. 154, 157.
142 Ibidem, p. 174 (26-7-1944). Ontwerp en definitieve versie van de tekst van het decreet in BA Berlin-Lichterfelde, R 43 II/664; Domarus, *Hitler*, band II, 2, p. 2132.
143 Zo noemde de Hamburgse Gauleiter Karl Kaufmann in 1943 in een gesprek met Albert Speer de secretaris van de 'Führer'. Vgl. notitie van Speer over zijn activiteit als minister, Neurenberg, 10-8-1946, p. 21; BA Koblenz, N 1340/84.
144 Vgl. Kershaw, *Das Ende*, p. 70-72; Albert Speer aan John M. Tray, 19-11-1973: 'Het lijdt geen twijfel dat Bormann tegen het einde van de oorlog de machtigste was'; BA Koblenz, N 1340/60.
145 Telex van Martin Bormann aan de Reichs- en Gauleiter, 1-8-1944; BA Berlin-Lichterfelde, NS 6/1.
146 Decreet van Hitler over de concentratie van de oorlogseconomie, 2-9-1943; BA Berlin-Lichterfelde, NS 6/342. Vgl. Speer, *Erinnerungen*, p. 288-290; Goebbels, *Tagebücher*, deel 11, band 8, p. 537 (25-6-1943), band 9, p. 267 (10-8-1943), band 11, p. 114 e.v. (18-1-1944).
147 Rudolf Wolters aan Albert Speer, 1-11-1969; BA Koblenz, N 1340/76.
148 Notitie van Speer over zijn werk als minister, Neurenberg, 12-8-1946, p. 17 e.v.; BA Koblenz, N 1340/84; uitgebreide gegevens over het ziekbed van Speer in BA Koblenz, N 1340/291.
149 Vgl. Speer, *Erinnerungen*, p. 339-360; Fest, *Speer*, p. 268-294; Kitchen, *Speer*, p. 188-197, 214; Brechtken, *Albert Speer*, p. 240-251. Goebbels noteerde op 6-6-1944 dat Speer bij Hitler 'nu weer in hoog aanzien stond': 'Hij had door zijn lange ziekbed iets aan prestige ingeboet bij de Führer, maar door zijn nieuwste prestaties is het hem moeiteloos gelukt dat weer goed te maken.' *Tagebücher* deel 11, band 12, p. 407.
150 Albert Speer aan Rudolf Wolters, 6-7-1975; BA Koblenz, N 1340/76.
151 Vgl. Kershaw, *Das Ende*, p. 62 e.v.; Longerich, *Heinrich Himmler*, p. 721; Stargardt, *Der deutsche Krieg 1939-1945*, p. 540 e.v.

152 Vgl. Goebbels, *Tagebücher* deel 11, band 13, p. 221-223 (4-8-1944).
153 Domarus, *Hitler*, band 11, 2, p. 2138 e.v.; vgl. Speer, *Erinnerungen*, p. 402 e.v. Hitler hield de toespraak, geheel tegen zijn gewoonte, zittend. Vgl. Sündermann, *Hier stehe ich*, p. 278 (5-8-1944).
154 Goebbels aan Lammers, 1-8-1944 (in de bijlage circulaire over 'Levensstijl in de totale oorlog'); BA Berlin-Lichterfelde, R 43 11/665.
155 Goebbels, *Tagebücher* deel 11, band 13, p. 526 (20-9-1944).
156 Vgl. Speer, *Erinnerungen*, p. 400 e.v.; Kershaw, *Das Ende*, p. 73 e.v.; 121-123.
157 Bormann aan Goebbels, 14-8-1944; BA Berlin-Lichterfelde, R 43 11/665.
158 Goebbels, *Tagebücher* deel 11, band 13, p. 308 e.v. (24-8-1944).
159 Vgl. Kershaw, *Hitler*, band 11, p. 929; Evans, *Das Dritte Reich*, band 111, p. 820.
160 Kardorff, *Berliner Aufzeichnungen 1942 bis 1945*, p. 273 (31-12-1944).

14 Het laatste verweer

1 Heiber (red.), *Hitlers Lagebesprechungen*, p. 609-621 (citaten p. 620, 616). Ook tegenover Goebbels sprak Hitler begin september 1944 'zijn onomstotelijke zekerheid uit, dat het ons zal lukken de crisis het hoofd te bieden, en dat hij met een onbedwingbaar vertrouwen koers zette op zijn goedgezinde gesternte'. Goebbels, *Tagebücher* deel 11, band 13, p. 406 (3-9-1944).
2 Heiber (red.), *Hitlers Lagebesprechungen*, p. 615.
3 Goebbels, *Tagebücher* deel 11, band 13, p. 401 (3-9-1944).
4 Pyta, *Hitler*, p. 633.
5 Warlimont, *Im Hauptquartier der Wehrmacht*, p. 492.
6 Brief van Kluge van 6-8-1944; BA-MA Freiburg, MSG 2/11185. Vgl. *Das Deutsche Reich und der Zweite Weltkrieg*, band 7, p. 556 e.v. (bijdrage Vogel); Weinberg, *Eine Welt in Waffen*, p. 731 e.v.
7 Heiber (red.), *Hitlers Lagebesprechungen*, p. 584-609 (citaten p. 585, 594).
8 Vgl. de notities van Martin Bormann bij het geschrift van de Gauleiter van Magdeburg-Anhalt, Rudolf Jordan, van 28-8 en 30-8-1944; BA Berlijn-Lichterfelde, NS 6/785.
9 Kluge aan Hitler, 18-8-1944; KTB OKW, band IV, 2, p. 1574-1576 (citaten p. 1576). In zijn persoonlijke afscheidsbrief van 19-8-1944 ('s Middags bij Valmy') gaf Kluge als reden voor zijn besluit zich van het leven te benemen zijn aflossing door Model; BA-MA Freiburg, MSG 2/11185. Vgl. voor het voorafgaande *Das Deutsche Reich und der Zweite Weltkrieg*, deel 7, p. 558-560 (bijdrage Vogel); Lieb, *Operation Overlord*, p. 155-157.
10 Vgl. *Das Deutsche Reich und der Zweite Weltkrieg*, deel 7, p. 597-602 (bijdrage Vogel); Lieb, *Unternehmen Overlord*, p. 165-170.
11 Vgl. Jäckel, *Frankreich in Hitlers Europa*, p. 349 e.v.
12 Geciteerd uit Lieb, *Unternehmen Overlord*, p. 160.
13 Brief van partijgenoot Albin Greiner aan zijn ouders, 27-8-1944; BA Berlijn-Lichterfelde, R 55/575.
14 Goebbels, *Tagebücher* deel 11, band 13, p. 336 (27-8-1944).
15 Ter gelegenheid van Kluges 60ste verjaardag op 30-10-1942 had Hitler een cheque van 250.000 rijksmark laten overhandigen. BA Berlijn-Lichterfelde, R 43 11/ 985b. Vgl. Ueberschär/Vogel, *Dienen und Verdienen*, p. 222.
16 Goebbels, *Tagebücher* deel 11, band 13, p. 402 (3-9-1944). Ook Guderian herleidde in een onderhoud met generaal Hermann Balck het mislukken in het westen tot het 'verraad' van Kluge. Dagboek Balck van 10-9-1944; BA-MA Freiburg, N 647/12.
17 Vgl. *Das Deutsche Reich und der Zweite Weltkrieg*, deel. 7, p. 573 e.v. (bijdrage Vogel).
18 Vgl. Kershaw, *Das Ende*, p. 97, 101-103; Dietmar Henke, *Die amerikanische Besetzung Deutschlands*, München 1995, p. 154 e.v.
19 Geciteerd uit Kershaw, *Das Ende*, p. 111. Eind november 1944 ondernam de Reichsorganisationsleiter van de NSDAP, Robert Ley, in opdracht van Hitler een rondreis door de westelijke gouwen en herinnerde de Gauleiter aan het bevel van de Führer 'dat

elke vierkante meter grond en elk huis, elk dorp en alle steden tot de laatste druppel bloed moesten worden verdedigd'. Ley aan Hitler, 30-11-1944; BA Berlijn-Lichterfelde, NS 6/135.
20 Goebbels, *Tagebücher* deel 11, band 13, p. 491 e.v. (16-9-1944), 501 (17-9-1944). Vgl. Speer, *Erinnerungen*, p. 409 e.v.
21 Vgl. *Das Deutsche Reich und der Zweite Weltkrieg*, deel 7, p. 606-611 (bijdrage Vogel); Lieb, *Unternehmen Overlord*, p. 193-198.
22 Goebbels, *Tagebücher* deel 11, band 13, p. 545 (23-9-1944); Vgl. ibidem, band 14, p. 30 (1-10-1944).
23 Heiber (red.), *Hitlers Lagebesprechungen*, p. 615 (31-8-1944).
24 Vgl. *Das Deutsche Reich und der Zweite Weltkrieg*, deel 8, p. 570-584 (bijdrage Frieser).
25 Hans Frank aan Brigitte Frank, 14-8-1944; BA Koblenz, N 1110/50.
26 Op 6-9-1944 noteerde Hans-Georg Reinhardt, de opperbevelhebber van de legergroep Midden, in zijn dagboek: 'In Warschau. Verschrikkelijke impressies. Godzijdank dat niet ik het bevel tot deze praktijk heb moeten geven.' BA-MA Freiburg, N 245/3.
27 Vgl. Wlodzimierz Borodziej, *Der Warschauer Aufstand 1944*, Frankfurt/Main 2001; Norman Davies, *Aufstand der Verlorenen. Der Kampf um Warschau*, München 2004. Samenvattend Mazower, *Hitlers Imperium*, p. 466-469; Evans, *Das Dritte Reich*, deel 11, p. 776-778.
28 Vgl. *Das Deutsche Reich und der Zweite Weltkrieg*, deel 8, p. 587-591 (bijdrage Frieser).
29 Vgl. Hans Frießner, *Verratene Schlachten. Die Tragödie der deutschen Wehrmacht in Rumänien und Ungarn*, Hamburg 1956, p. 65 e.v.; Klaus Schönherr, 'Die Rückzugskämpfe in Rumänien und Siebenbürgen im Sommer/Herbst 1944', in *Das Deutsche Reich und der Zweite Weltkrieg*, deel 8, p. 747-772.
30 Goebbels, *Tagebücher* deel 11, band 13, p. 301 (24-8-1944).
31 Notities over het onderhoud van Hitler met Antonescu, 5-8-1944; Hillgruber (red.), *Staatsmänner und Diplomaten bei Hitler*, deel 11, p. 481-501 (citaten p. 494, 495, 496). Vgl. ook het herinneringsprotocol van Antonescu inzake het onderhoud; *Das Deutsche Reich und der Zweite Weltkrieg*, deel 8, p. 740 e.v. (bijdrage Schönherr).
32 Goebbels, *Tagebücher* deel 11, band 13, p. 313 (24-8-1944).
33 Vgl. Frießner, *Verratene Schlachten*, p. 92 e.v.; *Das Deutsche Reich und der Zweite Weltkrieg*, deel 8, p. 779-819 (bijdrage Schönherr).
34 Vgl. ibidem, p. 816 e.v.
35 Vgl. Klaus Schönherr, 'Der Rückzug aus Griechenland', in *Das Deutsche Reich und der Zweite Weltkrieg*, deel 8, p. 1089-1094.
36 Goebbels, *Tagebücher* deel 11, band 13, p. 574 (27-9-1944).
37 Vgl. Bernd Wegner, 'Das Kriegsende in Skandinavien', in *Das Deutsche Reich und der Zweite Weltkrieg*, deel 8, p. 963-1000.
38 Goebbels, *Tagebücher* deel 11, deel 13, p. 412 (4-9-1944).
39 Vgl. *Das Deutsche Reich und der Zweite Weltkrieg*, deel 8, p. 961-963 (bijdrage Wegner); Wilhelm M. Carlgreen, *Swedish Foreign Policy during the Second World War*, Londen 1977, p. 199 e.v.
40 Vgl. Martin Zückert/Jürgen Zarusky/Volker Zimmermann (red.), *Partisanen im Zweiten Weltkrieg. Der Slowakische Nationalaufstand im Kontext der europäischen Widerstandsbewegungen*, Göttingen 2017; samenvattend Weinberg, *Eine Welt in Waffen*, p. 751 e.v.; Evans, *Das Dritte Reich*, deel 111, p. 817 e.v.
41 Goebbels, *Tagebücher* deel 11, deel 13, p. 489 e.v. (16-9-1944).
42 Samenvattende berichten van de Rijkspropagandabureaus van 21-8 en 4-9-1944; BA Berlijn-Lichterfelde, R 55/601.
43 Goebbels, *Tagebücher* deel 11, band 13, p. 478 (14-9-1944); Vgl. ibidem, p. 465 (12-9-1944), 519 (19-9-1944); band 14, p. 72 (10-10-1944).
44 Afgedrukt in Kellner, *Tagebücher 1939-1945*, deel 2, p. 821 (3-9-1944). Vgl. Stargardt, *Der deutsche Krieg 1939-1945*, p. 550 e.v.
45 Goebbels, *Tagebücher* deel 11, band 13, p. 493 (16-9-1944). Na een reis naar het westelijk front berichtte Albert Speer dat 'het geloof de binnenkort te verwachten inzet van nieuwe

wapens die de oorlog zullen beslissen' ook bij de troepen 'algemeen verbreid' was, en hij wierp de vraag op 'of deze propaganda doeltreffend was'. Verslag van de reis naar de gebieden in het westen van 10-14 september 1944; BA Koblenz, N 1340/219.
46 Klemperer, *Tagebücher 1942-1945*, p. 574 (1-9-1944).
47 Goebbels, *Tagebücher*, deel 11, deel 3, p. 542 e.v. (25-3-1942).
48 Hillgruber (red.), *Staatsmänner und Diplomaten bei Hitler*, deel 11, p. 484.
49 Vgl. Mark Walker, *Die Uranmaschine, Mythos und Wirklichkeit der deutschen Atombombe*, Berlijn 1990; Walker, 'Legenden um die deutsche Atombombe', in *Vierteljahrshefte für Zeitgeschichte*, Jg. 38 (1990), p. 45-74; Speer, *Erinnerungen*, p. 239-243; samengevat Evans, *Das Dritte Reich*, deel 111, p. 833-836; Weinberg, *Eine Welt in Waffen*, p. 609-612; *Das Deutsche Reich und der Zweite Weltkrieg*, deel 5, 2, p. 727-743 (bijdrage Müller). Voor zijn these dat Duitse wetenschappers in oktober 1944 en in maart 1945 op Rügen en in het Thüringse Ohrdruf de eerste kernwapentests uitgevoerd zouden hebben, heeft de wetenschapshistoricus Rainer Karlsch (*Hitlers Bombe. Die geheime Geschichte der deutschen Kernwaffenversuche*, München 2005) geen sluitend bewijs kunnen leveren.
50 Vgl. Gerhard Krebs, 'Der Krieg im Pazifik 1943-1945', in *Das Deutsche Reich und der Zweite Weltkrieg*, deel 7, p. 691-714.
51 Vgl. Goebbels, *Tagebücher* deel 11, band 13, p. 419 (6-9-1944).
52 Ibidem, p. 524 e.v. (20-9-1944).
53 Ibidem, p. 478 (14-9-1944).
54 Vgl. ibidem, p. 461 (12-9-1944), 507 (18-9-1944).
55 Ibidem, p. 512 (18-9-1944).
56 Ibidem, p. 536-542. Volgens de waarnemingen van zijn persmedewerker was Goebbels 'niet minder van plan, dan Ribbentrop uit het zadel te werken en diens plaats in te nemen'. Oven, *Finale furioso*, p. 480 (22-9-1944). Vgl. met Goebbels' *Denkschrift* (20-9-1944) ook Longerich, *Goebbels*, p. 664 e.v.; Reuth, *Goebbels*, p. 565-567.
57 Goebbels, *Tagebücher* deel 11, band 13, p. 562 (25-9-1944).
58 Vgl. ibidem, deel 14, p. 194 (10-11-1944): 'Ik kan niet begrijpen dat de Führer nog aan hem [Ribbentrop] vasthoudt en bijzondere prestaties voor het vervolg van de oorlogspolitiek verwacht.'
59 Heiber (red.), *Hitlers Lagebesprechungen*, p. 614.
60 Junge, *Bis zur letzten Stunde*, p. 161; vgl. Schroeder, *Er war mein Chef*, p. 149. Albert Speer, die met Hitler in de periode dat hij bedlegerig was een bespreking had, ervoer hem als 'welhaast veranderd, open voor alle argumenten'. Dat was echter, zodra de dictator weer op de been was, op slag anders. Albert Speer aan Rudolf Wolters, 10-7-1955; BA Koblenz, N 1318/23.
61 Vgl. aantekeningen van Morell van 28-9 tot 13-10-1944; BA Koblenz, N 1348/4; Schenck, *Patient Hitler*, p. 148-153; Neumann/Eberle, *War Hitler krank?*, p. 266-269; brieven van Martin Bormann aan zijn echtgeote van 30-9 en 1-10, 4-10-1944; Trevor-Roper (red.), *The Bormann Letters*, p. 127, 129, 130.
62 Vgl. Schmidt, *Hitlers Arzt Karl Brandt*; p. 494 e.v.; Neumann/Eberle, *War Hitler krank?*, p. 181 e.v.
63 Goebbels, *Tagebücher* deel 11, band 13, p. 297 (23-8-1944). Vgl. Martin Bormann aan zijn vrouw, 14-8-1944; Trevor-Roper (red.), *The Bormann Letters*, p. 78-80; Schmidt, *Hitlers Arzt Karl Brandt*, p. 482-489.
64 Dagnotitie van Morell van 3-10-1944; BA Koblenz, N 1348/4; Vgl. Neumann/Eberle, *War Hitler krank?*, p. 182.
65 Dagnotitie van Morell van 3-10-1944; BA Koblenz N 1348/4; Vgl. Neumann/Eberle, *War Hitler krank?*, p. 184 e.v.; Schmidt, *Hitlers Arzt Karl Brandt*, p. 496 e.v.
66 Junge, *Bis zur letzten Stunde*, p. 156 e.v. Vgl. Martin Bormann aan zijn vrouw, 4-10-1944; Trevor-Roper (red.), *The Bormann Letters*, p. 130. In een notitie 'Theo Morell' van 19-9-1945 vond Karl Brandt het nog 'onbegrijpelijk' dat Morell zich niet alleen tien jaar lang als 'lijfarts' van Hitler had kunnen handhaven, maar dat hij ook 'een in toenemende mate nauwere band' met de dictator had kunnen opbouwen. BA Koblenz, N 1128/33.

67 Dagnotitie van Morell van 8-10-1944, alsook brief van Bormann aan Reichspressechef Dietrich, 10-10-1944; BA Koblenz, N 1348/4; Vgl. Neumann/Eberle, *War Hitler krank?*, p. 186 e.v.; Martin Bormann aan zijn vrouw, 10-10-1944; Trevor-Roper (red.), *The Bormann Letters*, p. 137.
68 Goebbels, *Tagebücher* deel 11, band 14, p. 79 e.v. (11-10-1944). Vgl. inzake Brandts verlies aan invloed ook Albert Speer aan Paul Hoedeman, 3-5-1976; BA Koblenz, N 1340/28.
69 Dagnotitie van Morell van 8-11-1944; BA Koblenz, N 1348/4; vgl. Schenck, *Patient Hitler*, p. 259; Neumann/Eberle, *War Hitler krank?*, p. 187.
70 Vgl. *Das Deutsche Reich und der Zweite Weltkrieg*, deel 8, p. 643-664 (bijdrage Frieser); Weinberg, *Eine Welt in Waffen*, p. 757 e.v.; Guderian, *Erinnerungen eines Soldaten*, p. 337.
71 Vgl. Kershaw, *Das Ende*, p. 154-159; Stargardt, *Der deutsche Krieg 1939-1945*, p. 553 e.v.
72 Vgl. *Das Deutsche Reich und der Zweite Weltkrieg*, deel 8, p. 614-619 (bijdrage Frieser).
73 Vgl. Merridale, *Iwans Krieg*, p. 307, 314 e.v., 330 e.v.; Kershaw, *Das Ende*, p. 169; Werner Zeidler, *Kriegsende im Osten. Die Rolle der Roten Armee und die Besetzung Deutschlands östlich von Oder und Neiße 1944/45*, München 1996, p. 135 e.v.
74 Dagboek van Kreipe van 13-10-1945; Jung, *Die Ardennenoffensive 1944/45*, appendix 1, p. 227.
75 Vgl. Bernhard Fisch, *Nemmersdorf, Oktober 1944. Was in Ostpreußen tatsächlich geschah*, Berlijn 1997; samenvattend Kershaw, *Das Ende*, p. 168-170; Stargardt, *Der deutsche Krieg 1939-1945*, p. 558 e.v. De opperbevelhebber van de Legergroep Mitte, Hans-Georg Reinhardt, berichtte na een bezoek aan het heroverde gebied ten zuiden van Gumbinnen dat Duitse soldaten wraak hadden genomen op Russische gevangenen en 'hele regimenten hadden doodgeslagen'. Reinhardt aan zijn vrouw, 26-10-1945; BA-MA Freiburg, N 245/2.
76 Goebbels, *Tagebücher* deel 11, band 14, p. 110 (26-10-1944).
77 Kershaw, *Das Ende*, p. 172 e.v.; vgl. Oven, *Finale furioso*, p. 505 (27-10-1944).
78 Kulka/Jäckel (red.), *Die Juden in den geheimen NS-Stimmungsberichten 1933-1945*, doc. 749, p. 546.
79 Goebbels, *Tagebücher* deel 11, band 14, p. 145 (3-11-1944); vgl. ibidem, p. 192 e.v. (10-11-1944).
80 Junge, *Bis zur letzten Stunde*, p. 162.
81 Goebbels, *Tagebücher*, deel 11, band 14, p. 31 (1-10-1944).
82 Vgl. Krisztián Ungváry, 'Kriegsschauplatz Ungarn', in *Das Deutsche Reich und der Zweite Weltkrieg*, deel 8, p. 876-878; Margit Szöllösi-Janze, *Die Pfeilkreuzlerbewegung in Ungarn. Historischer Kontext, Entwicklung und Herrschaft*, München 1989, p. 314 e.v..
83 Vgl. Szöllösi-Janze, *Die Pfeilkreuzlerbewegung in Ungarn*, p. 426-430; Gerlach/Aly, *Das letzte Kapitel*, p. 357-361; *Das Deutsche Reich und der Zweite Weltkrieg*, deel 8, p. 881 e.v. (bijdrage Ungváry).
84 Hitlers decreet van 25-9-1944 en uitvoeringsvoorschriften van 27-9-1944; BA Berlijn Lichterfelde, NS 51/29; Domarus, *Hitler*, band 11, 2, p. 2151 e.v.
85 Vgl. Andreas Kunz, *Wehrmacht und Niederlage. Die bewaffnete Macht in der Endphase der nationalsozialistischen Herrschaft 1944 bis 1945*, München 2005, p. 133-141; Kershaw, *Das Ende* p. 133-135, 161-163.
86 Samenvattend bericht van de Rijkspropagandabureaus van 23-10-1944; BA Berlijn Lichterfelde, R 55/601.
87 Vgl. Overy, *Der Bombenkrieg*, p. 544 e.v.
88 Goebbels, *Tagebücher* deel 11, band 14, p. 238 (19-11-1944).
89 Inzake het 'Herfstinferno 1944' vgl. Groehler, *Bombenkrieg gegen Deutschland*, p. 342 e.v.
90 Goebbels, *Tagebücher* deel 11, band 14, p. 67 (10-10-1944), 309 (1-12-1944), 139 (2-11-1944). Inzake de demoralisering als gevolg van de bombardementen vgl. Kershaw, *Der Hitler-Mythos*, p. 252-254.
91 Vgl. dagboek Kreipes van 5-9 en 18-9-1944; Jung, *Die Ardennen-Offensive 1944/45*, appendix 1, p. 215 e.v., 219; Below, *Als Hitlers Adjutant*, p. 387, 392, 394; Kershaw, *Hitler*, deel 11, p. 960.

92 Vgl. Speer, *Erinnerungen*, p. 372-374; Tooze, *Ökonomie der Zerstörung*, p. 710-712; Overy, *Der Bombenkrieg*, p. 546; Evans, *Das Dritte Reich*, deel III, p. 839.
93 Martin Bormann aan zijn vrouw, 25-10 en 26-10-1944; Trevor-Roper (red.), *The Bormann Letters*, p. 139, 141 e.v.; vgl. Schroeder, *Er war mein Chef*, p. 150; Goebbels, *Tagebücher* deel II, band 14, p. 88 (23-10-1944), 97 (24-10-1944).
94 Vgl. Martin Bormann aan zijn vrouw, 26-10-1944; Trevor-Roper (red.), *The Bormann Letters*, p. 142; Goebbels, *Tagebücher* deel II, deel 14, p. 93 (24-10-1944). Inzake 'vertrekstemming' in de Wolfsschanze zie ook Sündermann, *Hier stehe ich*, p. 283 (22-10-1944).
95 Domarus, *Hitler*, band II, 2, p. 2160-2187 (citaten p. 2162, 2165, 2167). Het plan Morgenthau was eind september 1944 in Duitsland bekend geworden en werd op aanwijzing van Goebbels in de pers als bewijs voor de 'vernietigende dreiging van het internationale financiële Jodendom' gepresenteerd. Vgl. Longerich, *Goebbels*, p. 642. President Roosevelt liet het plan al snel na de Conferentie van Quebec varen. Vgl. Bernd Greiner, *Die Morgenthau-Legende. Zur Geschichte eines umstrittenen Plans*, Hamburg 1995.
96 Goebbels, *Tagebücher* deel II, band 14, p. 210 (13-11-1944).
97 Kellner, *Tagebücher 1939-1945*, deel 2, p. 885 (19-11-1944).
98 Goebbels, *Tagebücher* deel II, band 13, p. 396 (3-9-1944); Vgl. ibidem, p. 363 (30-8-1944), 417 (5-9-1944), 458 (11-9-1944).
99 Ibidem, band 13, p. 503 e.v. (17-9-1944); Vgl. ibidem p. 463 e.v. (12-9-1944).
100 Vgl. *Das letzte halbe Jahr. Stimmungsberichte der Wehrmachtpropaganda 1944/45*. Wolfram Wette, Ricarda Brenner en Detlef Vogel (red.), Essen 2001, Doc. 63, p. 153 (21-11-1944). Vgl. Goebbels, *Tagebücher* deel II, band 14, p. 214 (16-11-1944).
101 Th. Mann, *Tagebücher 1944-1946*, p. 123 (15-11-1944). Vgl. Klemperer, *Tagebücher 1942-1945*, p. 613 (16-11-1944): 'Overal geruchten over Hitler en Himmler.'
102 Goebbels, *Tagebücher* deel II, band 14, p. 310 (1-12-1944); Vgl. *Das letzte halbe Jahr*, doc. 66, p. 167 (9-12-1944).
103 Kershaw, *Der Hitler-Mythos*, p. 270.
104 Vgl. Bullock, *Hitler*, deel 2, p. 806; Kershaw, *Das Ende*, p. 189.
105 Jodl-Dagboek van 19-8-1944; Warlimont, *Im Hauptquartier der Wehrmacht*, p. 487; vgl. Jung, *Die Ardennen-Offensive 1944/45*, p. 101.
106 Goebbels, *Tagebücher* deel II, band 13, p. 403 (3-9-1944).
107 Dagboek Balck van 10-9-1944; BA-MA Freiburg, N 647/12. Balck vond Hitler 'robuust en zelfverzekerd', maar hield toch een slag om de arm: 'De gebeurtenissen knagen toch aan hem.'
108 Dagboek Kreipe van 16-9-1944; Jung, *Die Ardennen-Offensive 1944/45*, appendix 1, p. 218; Vgl. Ibidem, p. 101 e.v.; Irving, *Hitler und seine Feldherren*, p. 644 e.v.
109 Hitlers bevel van 10-11-1944; Jung, *Die Ardennen-Offensive 1944/45*, appendix 16, p. 306-311. Voor het voorafgaande vgl. ibidem, p. 105-117; *Das Deutsche Reich und der Zweite Weltkrieg*, deel 7, p. 619-621 (bijdrage Vogel).
110 Dagnotitie van Morell van 8-11-1944; BA Koblenz, N 1348/4.
111 Speer, *Erinnerungen*, p. 423.
112 Vgl. Lieb, *Unternehmen Overlord*, p. 206.
113 'Hitler als militärische Führungspersönlichkeit.' Een gesprek met generaal-majoor Jodl (mei–juli 1946); IfZ München, ZS 678.
114 Dagnotitie van Morell van 27-10-1944: 'F[ührer] slechte bui. Stem deugde niet, zo kon hij het Duitse volk niet via de microfoon toespreken'; BA Koblenz, N 1348/4.
115 Vgl. Dagnotities van Morell van 17- en 18-11-1944; BA Koblenz, N 1348/4; vgl. Neumann/ Eberle, *War Hitler krank?*, p. 173.
116 Vgl. Agenda van Heinz Linge van 20-11 en 21-11-1944; IfZ München, F 19/4; Tagesmerkbuch van Morell van 20- en 21-11-1944; BA Koblenz, N 1348/2; Sandner, *Hitler. Das Itinerar*, deel IV, p. 2273.
117 Junge, *Bis zur letzten Stunde*, p. 164.
118 Vgl. Neumärker et al., *Wolfsschanze*, p. 162-164; Goebbels, *Tagebücher* deel II, band 15, p. 208 (24-1-1945), 242 (27-1-1945).

119 Dagnotitie van Morell van 22-11-1944 alsmede attest van professor Roessle van het Pathologisch Instituut van de Charité voor professor von Eicken, 25-11-1944; BA Koblenz, N 1348/4; Vgl. Neumann/Eberle, *War Hitler krank?*, p. 173.
120 Vgl. Goebbels, *Tagebücher* deel 11, band 14, p. 269 (24-11-1944); Freytag von Loringhoven, *Mit Hitler im Bunker*, p. 68.
121 Junge, *Bis zur letzten Stunde*, p. 167 e.v.
122 Vgl. Gerda Bormann aan Martin Bormann, 24-10-1944; Trevor-Roper (red.), *The Bormann Letters*, p. 138.
123 Het testament is integraal weergegeven bij Gun: *Eva Braun-Hitler*, p. 175-178; vgl. Görtemaker, *Eva Braun*, p. 261-263.
124 Vgl. agenda van Heinz Linge van 21-11 tot 9-12-1944; IfZ München, F19/4. Het vermoeden van Heike Görtemaker (*Eva Braun*, p. 264), dat Eva Braun al 'na enkele dagen' weer zou zijn vertrokken, is derhalve onjuist.
125 Vgl. Freytag von Loringhoven, *Mit Hitler im Bunker*, p. 72 e.v.
126 Goebbels, *Tagebücher* deel 11, band 14, p. 317-334 (2-12-1944).
127 Ibidem, p. 350 e.v. (4-12-1944).
128 Notitie over het onderhoud van Hitler met Szálasi op 4-12-1944; Hillgruber (red.), *Staatsmänner und Diplomaten bei Hitler*, deel 11, p. 520-536 (citaten p. 521, 530).
129 Vgl. Goebbels, *Tagebücher* deel 11, band 14, p. 344 (3-12-1944), 357 (5-12-1944), 376 (8-12-1944).
130 Hamann, *Winifred Wagner oder Hitlers Bayreuth*, p. 486-488. Vgl. ook de mededeling van Winifred Wagner in een interview met David Irving op 13-3-971; IfZ München, ZS 2242. Het eten vond plaats om 0.30 uur in de nacht van 7 op 8. december 1944. Vgl. agenda van Heinz Linge; IfZ München, F 19/4. In de nacht van 6 op 7 april 1945 reed Wieland Wagner in gezelschap van zijn zwager Bodo Lafferentz nog een keer naar Berlijn, om Hitler ertoe te bewegen de Wagner-manuscripten, waaronder de oorspronkelijke partituur van *Rienzi* en de originele handgeschreven definitieve partituren van *Rheingold* en de *Walküre*, die een paar grootindustriëlen voor 800.000 rijksmark hadden gekocht en Hitler voor zijn vijftigste verjaardag in 1939 hadden geschonken, naar Bayreuth in veiligheid te laten brengen. Hitler weigerde: 'Waar ik ze heb ondergebracht, zijn ze veel veiliger dan bij jullie.' Sinds het einde van de oorlog worden de manuscripten als verloren beschouwd. Vgl. Winifred Wagner aan Albert Speer, 1-12-1966, 17-9-1973; BA Koblenz, N 1340/70; Hamann, *Winifred Wagner oder Hitlers Bayreuth*, p. 502.
131 Dagnotitie van Morell van 11-12-1944; BA Koblenz, N 1348/5; vgl. Schenck, *Patient Hitler*, p. 157.
132 Vgl. agenda van Heinz Linge van 10- en 11-12-1944; IfZ München, F 19/4; Martin Bormann aan zijn vrouw, 11-12-1944; Trevor-Roper (red.), *The Bormann Letters*, p. 148; Sandner, *Hitler. Das Itinerar*, deel IV, p. 2281.
133 Vgl. Seidler/Zeigert, *Die Führerhauptquartiere*, p. 143 e.v.
134 Vgl. ibidem, p. 156; agenda van Heinz Linge van 12-12-1944 tot 14-1-1945; IfZ München, F 19/4.
135 Vgl. aantekeningen van Morell op de tafelagenda 13- tot 31-12-1944; BA Koblenz, N 1348/3; Martin Bormann aan zijn vrouw, 26-12-1944; Trevor-Roper (red.), *The Bormann Letters*, p. 152; Neumann/Eberle, *War Hitler krank?*, p. 274. Traudl Junge, die na een verblijf in München op 12 januari 1945 in de Adlerhorst aankwam, vond dat Hitler 'er weer ontspannener en frisser uitzag dan in Berlijn'. Junge, *Bis zur letzten Stunde*, p. 171. Op Morells vraag naar zijn welbevinden, klopte Hitler op dezelfde dag drie keer op hout en zei: 'Heel goed'. Dagnotitie van Morell van 12-1-1945; BA Koblenz, N 1348/4; v band gl. Schenck, *Patient Hitler*, p. 158.
136 Heiber (red.), *Hitlers Lagebesprechungen*, p. 713-724 (citaten p. 721, 722). Morell noteerde: 'Führer schijnt heel fris en levendig te zijn geweest, inspirerend en impulsief. Geheel en al zonder klachten.' BA Koblenz, N 1348/5; vgl. Schenck, *Patient Hitler*, p. 157.
137 Jung, *Die Ardennen-Offensive 1944/45*, Appendix 31, p. 350.
138 Ibidem, appendix 32, p. 351.

139 Vgl. voor de afslachting van Malmédy Henke, *Die amerikanische Besetzung Deutschlands*, p. 324-328.
140 Vgl. inzake het verloop van het Ardennenoffensief *Das Deutsche Reich und der Zweite Weltkrieg*, deel 7, p. 625-629 (bijdrage Vogel); Jung, *Die Ardennen-Offensive 1944/45*, p. 142 e.v. Inzake de bevoorradingsproblemen vgl. 'Bericht Albert Speers über die Reise nach den Westgebieten vom 15-31-12-1944'; BA Koblenz, N 1340/219.
141 Goebbels, *Tagebücher* deel 11, band 14, p. 452 (20-12-1944).
142 Vgl. ibidem, p. 429 (17-12-1944); Oven, *Finale furioso*, p. 527 (17-12-1944).
143 Samenvattend bericht van de Rijkspropagandabureaus van 19-12-1944; BA Berlijn Lichterfelde, R 55/601.
144 Goebbels, *Tagebücher* deel 11, band 14, p. 449 e.v. (20-12-1944).
145 Vgl. *Das Deutsche Reich und der Zweite Weltkrieg*, deel 7, p. 629 (bijdrage Vogel); Jung, *Die Ardennen-Offensive 1944/45*, p. 166 e.v.
146 Goebbels, *Tagebücher* deel 11, band 14, p. 487 (29-12-1944). Vgl. Martin Bormann aan zijn vrouw, 28-12-1944; Trevor-Roper (red.), *The Bormann Letters*, p. 154.
147 Guderian, *Erinnerungen eines Soldaten*, p. 347-349; vgl. Freytag von Loringhoven, *Mit Hitler im Bunker*, p. 128.
148 Vgl. *Das Deutsche Reich und der Zweite Weltkrieg*, deel 7, p. 631 (bijdrage Vogel).
149 Heiber (red.), *Hitlers Lagebesprechungen*, p. 738-758 (citaten p. 742, 743). Vgl. Jung, *Die Ardennen-Offensive 1944/45*, p. 179 e.v.
150 Vgl. Goebbels, *Die Tagebücher* deel 11, band 15, p. 33 (1-1-1945); Oven, *Finale furioso*, p. 537 (Neujahr 1945).
151 Domarus, *Hitler*, band 11, 2, p. 2179-2185 (citaten p. 2180, 2182, 2185).
152 Berichten van de Rijkspropagandabureaus Oldenburg en Danzig, 1-1-1945; BA Berlijn Lichterfelde, R 55/612; vgl. Goebbels, *Tagebücher* deel 11, band 15, p. 36 (2-1-1945), 43 (3.1-1945), 70 e.v. (5-1-1945); *Das letzte halbe Jahr*, doc. 71, p. 198 (9-1-1945).
153 Joseph Goebbels, 'Der Führer', in *Das Reich* van 31-12-1944; Kershaw, *Der Hitler-Mythos*, p. 270 e.v. Victor Klemperer noteerde, dat het artikel zo 'mateloos verheerlijkend' was 'dat het even goed onder de titel "De heiland" had kunnen verschijnen'. Klemperer, *Tagebücher 1942-1945*, p. 635 (1-1-1945).
154 Speer, *Erinnerungen*, p. 426; vgl. Fest, *Speer*, p. 327 e.v.
155 Vgl. *Das Deutsche Reich und der Zweite Weltkrieg*, deel 7, p. 631 e.v. (bijdrage Vogel); Weinberg, *Eine Welt in Waffen*, p. 807 e.v.; Lieb, *Unternehmen Overlord*, p. 208-210.
156 Goebbels, *Tagebücher* deel 11, band 15, p. 52-57, 59-65 (4-1-1945). Citaten p. 55, 56, 60. Vgl. inzake de bespreking van 3-1-1945 Speer, *Erinnerungen*, p. 426 e.v.; Fest, *Speer*, p. 328 e.v.; Kitchen, *Speer*, p. 258.
157 Vgl. Weinberg, *Eine Welt in Waffen*, p. 808.
158 Vgl. KTB OKW, deel IV, 2, p. 1346; Jung, *Die Ardennen-Offensive 1944/45*, p. 190-194.
159 Vgl. Richard Lakowski, 'Der Zusammenbruch der deutschen Verteidigung zwischen Ostsee und Karpaten', in *Das Deutsche Reich und der Zweite Weltkrieg*, deel 10/1, München 2008, p. 516 e.v.
160 Agenda van Heinz Linge van 15- en 16-1-1945; IfZ München, F 14/9; Misch, *Der letzte Zeuge*, p. 178 e.v.; Junge, *Bis zur letzten Stunde*, p. 173 e.v.

15 De aftakeling van de dictator

1 Lutz graaf Schwerin von Krosigk, *Niederschrift zur Persönlichkeit Hitlers* (ca. 1945), IfZ München, ZS 145, band 5. Vgl. ook idem, *Es geschah in Deutschland. Menschenbilder unseres Jahrhunderts*, Tübingen en Stuttgart 1951, p. 220.
2 Fest, *Hitler*, p. 913.
3 Sebastian Haffner, 'Der Hitler von 1943', in idem, *Schreiben für die Freiheit. 1942-1949. Als Journalist im Sturm der Ereignisse*, Berlijn 2001, p. 23-26 (hier p. 24 e.v.).
4 Bericht van Reinhardt, 30-10-1939; BA-MA Freiburg, N 245/21. Vgl. over het uitreiken van de onderscheidingen ook Pyta, *Hitler*, p. 336-338.
5 Diedrich/Ebert (red.), *Nach Stalingrad*, p. 101 (21-5-1940).

NOTEN – HOOFDSTUK 15

6   Vgl. aant. Jodl, 'Mein Verhältnis zu Hitler', 18-1-1946; BA-MA Freiburg, N 69/48.
7   Vgl. Goebbels, *Tagebücher*, deel 11, band 2, p. 538 e.v. (18-12-1941), band 3, p. 506 (20-3-1942); Schlie (red.), *Albert Speer*, p. 61 e.v.
8   Vgl. Below, *Als Hitlers Adjutant*, p. 300.
9   Vgl. aant. Jodl, 'Streiflichter aus dem Führerhauptquartier', december 1945; BA-MA Freiburg, N 69/47.
10 Zeitzler, *Zwei Jahre Generalstabschef des Heeres*, cahier 2, p. 29 e.v.; BA-MA Freiburg, N 63/19; vgl. idem, *Das Ringen um die großen Entscheidungen*, band 1, p. 10; BA-MA Freiburg, N 63/79.
11 Speer, *Erinnerungen*, p. 319.
12 Giesler, *Ein anderer Hitler*, p. 402 e.v.
13 Brief van Kluge, 13-9-1942; BA-MA Freiburg, MSG 2/11185. Vgl. Helmuth Greiner aan zijn vrouw, 27-9-1942: 'Ja, er worden velen tot veldmaarschalk benoemd, maar we gaan er ook snel doorheen.' IfZ München, ED 100, band 76.
14 Vgl. Goebbels, *Tagebücher*, deel 11, band 7, p. 503, 506 (9-3-1943); band 12, p. 521 (22-6-1944).
15 Zeitzler, *Zwei Jahre Generalstabschef des Heeres*, cahier 2, p. 44 e.v.; BA-MA Freiburg, N 63/19.
16 Helmuth Greiner constateerde in de omgeving van Hitler een 'verschrikkelijke k[ont] likkerij' en 'stroopsmeerderij'. Zakagenda Helmuth Greiner, 15-10 en 17-10-1942; IfZ München, ED 100, band 76. Ter gelegenheid van Keitels zestigste verjaardag in september 1942 bedankte Hitler hem voor zijn 'trouw en toewijding' en liet hem een cheque ter waarde van 250.000 rijksmark overhandigen. BA Berlijn-Lichterfelde, R 43 11/985b. Vgl. Ueberschär/Vogel, *Dienen und Verdienen*, p. 221.
17 Schlie (red.), *Albert Speer*, p. 68 e.v.
18 Goebbels, *Tagebücher*, deel 11, band 9, p. 333 (21-8-1943).
19 Ibidem, band 6, p. 53 (2-10-1942).
20 Vgl. aldaar, band 13, p. 305 (24-8-1944).
21 Vgl. Speer, *Spandauer Tagebücher*, p. 521 (24-3-1960).
22 Guderian, *Erinnerungen eines Soldaten*, p. 310.
23 Feuersenger, *Im Vorzimmer der Macht*, p. 245 (27-12-1944).
24 Goebbels, *Tagebücher*, deel 11, band 14, p. 333 (2-12-1944).
25 Aant. Jodl, 'Mein Verhältnis zu Hitler', 18-1-1946; BA-MA Freiburg, N 69/48.
26 Freytag von Loringhoven, *Mit Hitler im Bunker*, p. 77.
27 Vgl. Fest, *Hitler*, p. 925 e.v.; *Das Deutsche Reich und der Zweite Weltkrieg*, band 8, p. 493 (bijdrage Frieser). Algemeen over Hitlers omgang met het kaartenmateriaal, Pyta, *Hitler*, p. 346-350.
28 Speer, *Erinnerungen*, p. 312.
29 Freytag von Loringhoven, *Mit Hitler im Bunker*, p. 85.
30 Dietrich, *12 Jahre mit Hitler*, p. 121.
31 Heinrich Hoffmann, *Mein Beruf – Meine Arbeit für die Kunst – Mein Verhältnis zu Adolf Hitler* (opgeschreven na de beraadslagingen van de denazificatierechtbank in januari 1947), p. 61; IfZ München, MS 2049.
32 Speer, *Spandauer Tagebücher*, p. 309 (4-7-1952).
33 Goebbels, *Tagebücher*, deel 1, band 9, p. 45 (11-12-1940).
34 Ibidem, deel 11, band 9, p. 206 (2-8-1943). Vgl. over het teruglopende aantal optredens in het openbaar ook Kershaw, *Hitler*, band 11, p. 738; Evans, *Das Dritte Reich*, band 111, p. 638.
35 Vgl. Kershaw, *Hitler*, band 11, p. 797.
36 Vgl. Junge, *Bis zur letzten Stunde*, p. 96.
37 Aldus partijgenoot Hans Rudolf Schreyer (Dortmund) aan Goebbels, 10-8-1944; BA Berlijn-Lichterfelde, R 55/574.
38 Goebbels, *Tagebücher*, deel 11, band 13, p. 363 (30-8-1944).
39 Ibidem, band 10, p. 325 (20-11-1943).

40 Ibidem, deel 1, band 8, p. 415 (12-11-1940). Vgl. ibidem, band 7, p. 172 (15-1-1940), 291 (1-2-1940); band 8, p. 211 (8-7-1940), 316 (9-9-1940).
41 Speer, *Erinnerungen*, p. 313 e.v.; vgl. Schlie (red.), *Albert Speer*, p. 45.
42 Hoffmann, *Mein Beruf – Meine Arbeit – Mein Verhältnis zu Hitler*, p. 61; IfZ München, MS 2049.
43 Vgl. Junge, *Bis zur letzten Stunde*, p. 120-122.
44 Goebbels, *Tagebücher*, deel II, band 7, p. 171 (23-1-1943).
45 Heiber (red.), *Hitlers Lagebesprechungen*, p. 616 e.v. (31-8-1944).
46 Goebbels, *Tagebücher*, deel II, band 8, p. 265 e.v. (10-5-1943).
47 Ibidem, band 7, p. 454 (2-3-1943).
48 Zeitzler, *Das Ringen um die großen Entscheidungen*, band 1, p. 36; BA-MA Freiburg, N 63/79. Vgl. ook Hitlers toespraak voor veldmaarschalken en generaals op 27 januari 1944 in de Wolfsschanze: 'Als hij [Frederik de Grote] destijds had opgegeven, zou de Zevenjarige Oorlog met de vernietiging van Pruisen zijn geëindigd. Alleen doordat één man zijn poot stijf hield, werd deze oorlog uiteindelijk toch nog in het voordeel van Pruisen beslist.' BA Berlijn-Lichterfelde, NS 6/777.
49 Goebbels, *Tagebücher*, deel II, band 4, p. 410 (30-5-1942); vgl. ibidem, p. 493 (10-6-1942), 604 (10-6-1942); band 5, p. 366 (21-8-1942); band 9, p. 477 (11-9-1943).
50 Vgl. Junge, *Bis zur letzten Stunde*, p. 47; Schroeder, *Er war mein Chef*, p. 130 e.v.
51 Speer, *Erinnerungen*, p. 315.
52 Ibidem, p. 306, 309.
53 Speer, *Spandauer Tagebücher*, p. 100 (20-4-1947).
54 Ontwerp van Lammers' decreet en notitie over Hitlers weigering, 16-1-1942; BA Berlijn-Lichterfelde, R 43 II/958.
55 Hans Kehrl, *Krisenmanager im Dritten Reich, 6 Jahre Frieden – 6 Jahre Krieg. Erinnerungen*, 2de gecorrigeerde druk, Düsseldorf 1973, p. 395 e.v.
56 Goebbels, *Tagebücher*, deel II, band 8, p. 265 (10-5-1943); vgl. ibidem, band 10, p. 191 (27-10-1943).
57 Ibidem, band 12, p. 204 (27-4-1944); vgl. ibidem, band 4, p. 407 (30-5-1942); band 5, p. 62 (5-7-1942), 377 (20-8-1942). Giesler, *Ein anderer Hitler*, p. 213-215. Over een uitstap van Hitler naar Linz in april 1943 vgl. uitvoerig Speer, *Spandauer Tagebücher*, p. 255-260 (13-1 en 14-1-1951). Verder nog Hanns C. Löhr, *Hitlers Linz. Der 'Heimatgau des Führers'*, Berlijn 2013.
58 Vgl. Birgit Schwarz, *Auf Befehl des Führers. Hitler und der NS-Kunstraub*, Darmstadt 2014, p. 39 e.v., 235 e.v.; Meike Hoffmann/Nicola Kuhn, *Hitlers Kunsthändler. Hildebrand Gurlitt 1895-1956. Die Biographie*, München 2016, p. 213 e.v.
59 Junge, *Bis zur letzten Stunde*, p. 95; vgl. Schroeder, *Er war mein Chef*, p. 150.
60 Aldus Percy Ernst Schramm, *Hitler als militärischer Führer. Erkenntnisse und Erfahrungen aus dem Kriegstagebuch des Oberkommandos der Wehrmacht*, Frankfurt/Main 1962, p. 67.
61 Aant. Jodl, 'Der Einfluss Hitlers auf die Kriegführung'; BA-MA Freiburg N 69/50; ook afgedrukt bij Schramm, *Hitler als militärischer Führer*, p. 147-154 (hier p. 154).
62 Vgl. *Das Deutsche Reich und der Zweite Weltkrieg*, band 8, p. 36 (bijdrage Wegner).
63 Goebbels, *Tagebücher*, deel II, band 10, p. 193 (27-10-1943); vgl. ibidem, band 8, p. 534 (25-6-1943); band 9, p. 337 (21-8-1943).
64 Ibidem, band 12, p. 421 (7-6-1944).
65 Dietrich, *12 Jahre mit Hitler*, p. 139. Zelfs in de tijden dat hij achteruitging, herinnerde Speer zich, slaagde Hitler erin 'eigengereide frontgeneraals onder zijn commando te dwingen'. Hij had mannen 'naar hem toe zien gaan, vastbesloten om hem tegen te spreken, het daarbij zelfs tot het uiterste te laten komen – ze kwamen verslagen terug en hadden tegen beter weten in toegegeven, hadden met beslissingen ingestemd waarvan zelfs een buitenstaander zou zien dat ze onjuist waren en die korte tijd later ook verkeerde beslissingen bleken te zijn'. Speer, 'Erinnerungen', manuscript, 2de gecorrigeerde versie, hfst. 1, p. 4; BA Koblenz, N 1340/384.
66 Goebbels, *Tagebücher*, deel II, band 2, p. 539 (18-12-1941).

67 Ibidem, band 8, p. 238 (8-5-1943); vgl. ibidem, band 7, p. 173 (23-1-1943); band 10, p. 194 e.v. (27-10-1943); band 13, p. 213 (3-8-1944).
68 Eberle/Uhl (red.), *Das Buch Hitler*, p. 171.
69 Vgl. Theodor Morell aan Hanni Morell, 26-5-1940; BA Koblenz, N 1348/6.
70 Goebbels, *Tagebücher*, deel 11, band 3, p. 501 (20-3-1942).
71 Brief van Kluge, 15-9-1942; BA-MA Freiburg, MSG 2/11185.
72 Goebbels, *Tagebücher*, deel 11, band 8, p. 526 (25-6-1943).
73 Hoßbach, *Erinnerungen*, hfdst. VII, p. 44; BA-MA Freiburg, N 24/39. Vgl. ibidem, hfdst. VIII, p. 4, over een ontmoeting met Hitler op 19 juli 1944: 'Een gekromde, vroeg bejaarde man stond tegenover mij – alleen niet de veldheer!'
74 Vgl. Ellen Gibbels, *Hitlers Parkinson-Krankheit. Zur Frage eines hirnorganischen Psychosyndroms*, Berlijn en Heidelberg 1990; idem, 'Hitlers Nervenkrankheit. Eine neurologisch-psychiatrische Studie', in *Vierteljahrshefte für Zeitgeschichte*, jrg. 42 (1994), p. 155-220. Vgl. ook Schenck, *Patient Hitler*, p. 426-438; Neumann/Eberle, *War Hitler krank?*, p. 215-218.
75 Begin januari 1945 vroeg Hitler aan zijn lijfarts hoe de tremor in zijn linkerhand tegengegaan kon worden. Morell antwoordde dat hiervoor kalmeringsmiddelen nodig waren, maar dat hij die niet kon geven vanwege de voortdurende spanning waaronder Hitler stond. Dagboekaantekening Morell, 2-1-1945; BA Koblenz, N 1348/4.
76 Vgl. over de geneesmiddelen uitgebreid Neumann/Eberle, *War Hitler krank?*, p. 125-149. Over Eukodal ibidem, p. 163 e.v. Voor zijn medische diensten werd Morell royaal beloond. Vanaf oktober 1941 ontving hij een belastbaar jaarinkomen van 36.000 rijksmark plus een belastingvrije vergoeding van 24.000 rijksmark per jaar. Voor de voorgaande zes jaren kreeg hij een 'compensatie' van 360.000 rijksmark en daarbij een belastingvrije gift van 250.000 rijksmark. Lammers aan Morell, 24-10-1941; IfZ München, F 123. Ter gelegenheid van de tiende herdenking van de machtsovername van 30 januari bedacht Hitler Morell met nog een belastingvrije gift van 100.000 rijksmark, in dankbaarheid dat hij hem 'in goede gezondheid hield in deze drukke tijden'. Notitie van Lammers, 26-1-1943; BA Berlijn-Lichterfelde, R 43 II/985c.
77 Goebbels, *Tagebücher*, deel 11, band 12, p. 413 (6-6-1944).
78 Vgl. reeds Leonard L. Heston en Renate Heston, *The Medical Casebook of Adolf Hitler*, Londen 1980. Heston, een Amerikaanse psychiater aan de University of Minnesota, baseerde zich net als Ohler op de aantekeningen van Hitlers lijfarts Morell. Over zijn these wisselde hij van gedachten met Albert Speer. Zie de omvangrijke correspondentie 1974-1979 in BA Koblenz, N 1340/27. Verder het DPA-bericht van 15-6-1979; BA Koblenz, N 1340/9.
79 Ohler, *Der totale Rausch*, p. 231, 233, 242.
80 Neumann/Eberle, *War Hitler krank?*, p. 149, 291 e.v.; vgl. ook reeds Schenck, *Patient Hitler*, p. 446-450.
81 Vgl. de dagboekaantekening van Morell op 27-10-1944; Hitler hield 'zich voortdurend in de bunkerruimte zonder daglicht' op en kwam dagelijks 'hoogstens tien tot vijftien minuten in de buitenlucht'; BA Koblenz, N 1348/4.
82 Giesler, *Ein anderer Hitler*, p. 456.

16 De enscenering van de ondergang

1 Below, *Als Hitlers Adjutant*, p. 398.
2 Goebbels, *Tagebücher* deel 11, band 15, p. 264 (29-1-1945). Vgl. de uitspraak van Alfred Jodl in Neurenberg 1946: 'Wat hem [Hitler] voor ogen stond, was een heroïsche ondergang waar latere generaties misschien de kracht uit konden putten om zich weer op te richten.' IfZ München, ZS 678. Voor de brede context zie Bernd Wegner, *Hitler, der Zweite Weltkrieg und die Choreographie des Untergangs*, in *Geschichte und Gesellschaft*, jrg. 26 (2000), p. 493-518.
3 Goebbels, *Tagebücher* deel 11, band 15, p. 298 (1-2-1945).

4 Vgl. Herfried Münkler, *Die Deutschen und ihre Mythen*, Berlin 2009, p. 69-107.
5 Martin Bormann aan zijn echtgenote, 2-4-1945; Trevor-Roper (red.), *The Bormann Letters*, p. 196.
6 Vgl. Münkler, *Die Deutschen und ihre Mythen*, p. 106 e.v.; Sebastian Werr, *Heroische Weltsicht. Hitler und die Musik*, Keulen-Weimar-Wenen 2014, p. 239.
7 Citaat uit Bernd Wegner, *Deutschland am Abgrund*, in *Das Deutsche Reich und der Zweite Weltkrieg*, band 8, p. 1205. Vgl. voor het beroep op von Clausewitz ook Pyta, *Hitler*, p. 649-652.
8 Hitlers politieke testament d.d. 29-4-1945; KTB OKW, band IV, 2, p. 1666-1669 (citaat p. 1668). Al in zijn slotverklaring voor het volksgerecht van München op 27-3-1924 verklaarde Hitler, zich beroepend op von Clausewitz: 'Het is beter wanneer een volk eerzaam strijdend ten onder gaat: want na een dergelijke ineenstorting kan ooit de wederopstanding weer plaatsvinden.' Uit het proces tegen Hitler 1924. Red. Lothar Gruchmann en Reinhard Weber, deel 4, München 1999, p. 1577. In deel 2 van *Mein Kampf* (p. 759 e.v.) pakte Hitler die gedachte weer op.
9 Th. Mann, *An die gesittete Welt*, p. 597. Vgl. ook de toespraak van 20-3-1945: 'Dat Duitsland de oorlog na de nederlaag wil voortzetten tot aan de vernietiging, heeft niets met heroïek te maken, maar is feitelijk een misdaad – jegens het Duitse volk begaan door zijn leider.' Ibidem, p. 609.
10 Hans Frank aan Brigitte Frank, 12-1-1945; BA Koblenz, N 1110/50.
11 Vgl. Schenk, *Hans Frank*, p. 360 e.v..
12 Vgl. *Das Deutsche Reich und der Zweite Weltkrieg*, band 10/1, p. 516 e.v. (bijdrage Lakowski). Kershaw samenvattend: *Das Ende*, p. 251-256.
13 Citaat uit Zeidler, *Kriegsende im Osten*, p. 138. Over hoe het Rode Leger zich gedroeg ten opzichte van de Duitse burgerbevolking ibidem, p. 135-154; Merridale, *Iwans Krieg*, p. 329-351.
14 Vgl. Kershaw, *Das Ende*, p. 258-261, 265 e.v. De schattingen over het aantal doden lopen uiteen. Zie ook ibidem, p. 597 e.v., opm. 49.
15 Vgl. *Zusammenfassender Bericht der Reichspropagandaämter* d.d. 24-1-1945; BA Berlin Lichterfelde, R 55/601.
16 Andreas-Friedrich, *Der Schattenmann*, p. 193 (31-1-1945).
17 Goebbels, *Tagebücher* deel II, band 15, p. 338 (8-2-1945). Vgl. over het voorafgaande Ibidem, p. 216 (25-1-1945), 327 (7-2-1945).
18 Vgl. Kershaw, *Das Ende*, p. 276, 291, 307.
19 Oven, *Finale furioso*, p. 564 (31-1-1945). Vgl. Martin Bormann aan zijn vrouw, 31-1-1945; Trevor-Roper (red.), *The Bormann Letters*, p. 165.
20 Goebbels, *Tagebücher* deel II, band 15, p. 277 (30-1-1945); zie ibidem, p. 288 e.v. (31-1-1945).
21 Rondschrijven van Martin Bormann d.d. 15-2-1945; BA Berlin-Lichterfelde, NS 6/354.
22 Vgl. Guderian, *Erinnerungen eines Soldaten*, p. 359-261; Freytag von Loringhoven, *Mit Hitler im Bunker*, p. 135-138.
23 Vgl. Guderian, *Erinnerungen eines Soldaten*, p. 358, 363 e.v.; oorlogsdagboek van Reinhardt 27-1-1945; BA-MA Freiburg, N 245/3; Hoßbach, *Erinnerungen*, hoofdstuk IX, p. 48; BA-MA Freiburg, N24/39; *Das Deutsche Reich und der Zweite Weltkrieg*, band 10, 1, p. 541 (bijdrage Lakowski).
24 Verordening van Hitler d.d. 21-1-1945; opzet voor rondschrijven van Martin Bormann d.d. 23-1-1945; BA Berlin-Lichterfelde, NS 6/354. Vgl. *Das Deutsche Reich und der Zweite Weltkrieg*, band 10, 1, p. 524 e.v. (bijdrage Lakowski).
25 Goebbels, *Tagebücher* deel II, band 15, p. 165 (20-1-1945); zie ibidem, p. 338 (8-2-1945): 'Ik denk dat de Führer een goede zet heeft gedaan toen hij hem [Himmler] de Heeresgruppe Weichsel toevertrouwde.'
26 Hans-Georg Eismann, *Das Kriegstagebuch der Heeresgruppe Weichsel* (januari 1945 tot de capitulatie), p. 14; IfZ München, ZS 3095. Zijn vrouw schreef Himmler op 20-1-1945: 'Dit wordt de moeilijkste opdracht die ik tot nu toe heb gekregen. Maar ik denk dat het me gaat lukken en ben er ondanks dat het overweldigend zwaar is, nog steeds van overtuigd dat we zullen zegevieren.' Himmler/Wildt (red.), *Himmler privat*, p. 337.

NOTEN – HOOFDSTUK 16   719

27 Bevel van Hitler d.d. 21-1-1945; Domarus, *Hitler*, band 11, 2, p. 2190 e.v.
28 Guderian, *Erinnerungen eines Soldaten*, p. 357.
29 Goebbels, *Tagebücher* deel 11, band 15, p. 193 (23-1-1945); vgl. ibidem, p. 218 (25-1-1945).
30 Ibidem, p. 231 (26-1-1945); zie ibidem, p. 275 (30-1-1945): 'De gedachtegang die de Führer uiteenzet, is volkomen logisch en juist, maar ze bevat een aantal onzekere factoren die niet van tevoren ingeschat kunnen worden.'
31 KTB OKW, band IV, 2, p. 1700. Vgl. ook het verslag van een vergadering begin februari 1945 in Gerhard Boldt, *Hitler. Die letzten zehn Tage in der Reichskanzlei*, München 1976, p. 12-28 (ritmeester Boldt was ordonnansofficier in de generale staf van het leger en nam bij vergaderingen af en toe de plaats in van Freytag von Loringhoven.)
32 Vgl. Guderian, *Erinnerungen eines Soldaten*, p. 374 e.v.; Freytag von Loringhoven, *Mit Hitler im Bunker*, p. 132; Speer, *Erinnerungen*, p. 428.
33 Guderian, *Erinnerungen eines Soldaten*, p. 376 e.v.; Freytag von Loringhoven, *Mit Hitler im Bunker*, p. 133. Ook Zeitzler was ervan overtuigd dat Hitlers woedeuitbarsting goeddeels gespeeld was: 'Geen uitspraak – ook in privégesprekken – zonder dat erover was nagedacht [...] Schijnbaar spontaan gedrag vooral berekening! Enorme prestatie.' BA-MA Freiburg, N 153/42; zie *Das Deutsche Reich und der Zweite Weltkrieg*, band 8, p. 38, noot 157 (bijdrage Wegner).
34 Goebbels, *Tagebücher* deel 11, band 15, p. 295 (1-2-1945); zie Ibidem, p. 262 (29-1-1945): 'Ook Guderian heeft niet waargemaakt wat men van hem verwachtte.'
35 Ibidem, p. 256 (28-1-1945).
36 Domarus, *Hitler*, band 11, 2, p. 2195-2198.
37 Goebbels, *Tagebücher* deel 11, band 15, p. 285 (31-1-1945). Voor de reactie in Hitlers directe omgeving zie Alwin-Broder Albrecht aan zijn vrouw, 31-1-1945: 'De meningen over de toespraak van de Führer zijn ondanks de negatieve voortekenen enorm positief.' IfZ München, ED 100, band 33. Een bewonderaarster van Hitler, Friede Nögler uit Düsseldorf, schreef hem op 27-2-1945: 'Wat was ik dolblij toen ik op 30 januari uw fijne stem weer zo fris al voorheen mocht horen.' BA Berlin-Lichterfelde, NS 6/770.
38 *Das letzte halbe Jahr*, p. 228 (1-2-1945).
39 Goebbels, *Tagebücher* deel 11, band 15, p. 352 (10-2-1945).
40 Susanne Wiborg/Jan Peter Wiborg, *Glaube, Führer, Hoffnung. Der Untergang der Clara S.*, München 2015, p. 151, 157.
41 Vgl. Overy, *Der Bombenkrieg*, p. 568; Groehler, *Bombenkrieg gegen Deutschland*, p. 398-400; Sven Felix Kellerhoff, *Hitlers Ende. Der Untergang im Führerbunker*, Berlin 2015, p. 22-30.
42 Vgl. Goebbels, *Tagebücher* deel 11, band 15, p. 309 (5-2-1945), 320 (6-2-1945); Martin Bormann aan zijn vrouw, 4-2-1945; Trevor-Roper (red.), *The Bormann Letters*, p. 168. Op 1-2-1945 wees Bormann er in een rondschrijven nog op dat 'niemand zonder uitdrukkelijke toestemming of zonder zich speciaal aan te melden de woning van de Führer in Berlijn mocht betreden'. BA Berlin-Lichterfelde, R 43 II/957a.
43 Vgl. Joachim Fest, *Der Führerbunker*, in Étienne François/Hagen Schulze (red.), *Deutsche Erinnerungsorte I*, München 2001, p. 128; idem, *Der Untergang. Hitler und das Ende des Dritten Reiches. Eine historische Skizze*, Berlin 2002, p. 27 e.v.; Kellerhoff, *Hitlers Ende*, p. 75-94; Dietmar Arnold, *Neue Reichskanzlei und 'Führerbunker'. Legenden und Wirklichkeit*, Berlin 2005, p. 126-128.
44 Vgl. Fest, *Der Untergang*, p. 31-33; Kellerhoff, *Hitlers Ende*, p. 94-104; Arnold, *Neue Reichskanzlei und 'Führerbunker'*, p. 129 e.v.; Eberle/Uhl (red.), *Das Buch Hitler*, p. 321-323; Junge, *Bis zur letzten Stunde*, p. 174 e.v.; Misch, *Der letzte Zeuge*, p. 183-189; Schroeder, *Er war mein Chef*, p. 197 e.v.. Het citaat bij Guderian, *Erinnerungen eines Soldaten*, p. 378.
45 Vgl. *Terminkalender Heinz Linges*, 19-1-1945; IfZ München, F 19/4; Lew Besymenski, *Die letzten Notizen von Martin Bormann. Ein Dokument und sein Verfasser*, Stuttgart 1974, p. 64 (18- en 19-1-1945).
46 Goebbels, *Tagebücher* deel 11, band 15, p. 296 (1-2-1945); zie Görtemaker, *Eva Braun*, p. 265 e.v. Christa Schroeder haalde Eva Braun aan: 'Ik heb al het mooie in dit leven aan

hem te danken, en het enige wat ik voor hem kan doen, is bij hem blijven.' Interview van David Irving met Christa Schroeder, 10-9-1971; IfZ München, ZS 2240.
47 Vgl. *Agenda van Heinz Linge* d.d. 19-1 tot 9-2-1945; IfZ München, F 19/4.
48 Vgl. Martin Bormann aan zijn vrouw, 6-2-1955; Trevor-Roper (red.), *The Bormann Letters*, p. 174 e.v.; Görtemaker, *Eva Braun*, p. 267 e.v. De deelname van Speer blijkt uit een terzijde van Bormann in een brief aan zijn vrouw van 4-2-1945. Vgl. Trevor-Roper (red.), *The Bormann Letters*, p. 172.
49 Vgl. Schmidt, *Hitlers Arzt Karl Brandt*, p. 501-505.
50 Vgl. Besymenski, *Die letzten Notizen von Martin Bormann*, p. 107 (9-2-1945); Martin Bormann aan zijn vrouw, 18-2-1945; Trevor-Roper (red.), *The Bormann Letters*, p. 183; Görtemaker, *Eva Braun*, p. 269 e.v..
51 Vgl. *Das Hitler-Bild. Die Erinnerungen des Fotografen Heinrich Hoffmann. Aufgezeichnet und aus dem Nachlass von Joe J. Heydecker*, St. Pölten-Salzburg 2008, p. 207 e.v.; Hoffmann, *Hitler wie ich ihn sah*, p. 230 e.v.; Below, *Als Hitlers Adjutant*, p. 407; Misch, *Der letzte Zeuge*, p. 190.
52 Vgl. notitie van Morell d.d. 9-4-1945; BA Koblenz, N 1348/3; aantekening van oogarts dr. Löhlein d.d. 7-4-1945; BA Koblenz, N 1348/4.
53 Goebbels, *Tagebücher* deel II, band 15, p. 323 (6-2-1945); zie ibidem, p. 371 (12-2-1945).
54 Boldt, *Hitler. Die letzten zehn Tage in der Reichskanzlei*, p. 13.
55 *KTB OKW*, band IV, 2, p. 1701 e.v.
56 Schlie (red.), *Albert Speer*, p. 44.
57 Schroeder, *Er war mein Chef*, p. 198.
58 Dagboek van Balck (19-2-1945); BA-MA Freiburg, N 647/13.
59 Vgl. Bullock, *Hitler*, band 2, p. 819 e.v.; Schenk, *Hitlers Mann in Danzig*, p. 261 e.v.
60 Schroeder, *Er war mein Chef*, p. 198. Over hoe de dag ten einde liep zie ibidem, p. 198 e.v.; Eberle/Uhl (red.), *Das Buch Hitler*, p. 349; Joachimsthaler, *Hitlers Ende*, p. 122 e.v.
61 Giesler, *Ein anderer Hitler*, p. 478-480 (citaat p. 479). De foto's van Frentz in Gaertringen (red.), *Das Auge des Dritten Reiches*, p. 86 e.v.
62 Goebbels, *Tagebücher* deel I, band 15, p. 379 (13-2-1945).
63 Vgl. voor Hitlers 'alsof-oorlogvoering'. *Das Deutsche Reich und der Zweite Weltkrieg*, band 8, p. 1165 e.v. (bijdrage Wegner).
64 Vgl. Frederick Taylor, *Dresden. Dienstag, 13. Februar 1945. Militärische Logik oder blanker Terror?*, München 2005; Overy, *Der Bombenkrieg*, p. 569-571; Stargardt, *Der deutsche Krieg 1939-1945*, p. 591 e.v.
65 Vgl. Klemperer, *Tagebücher 1942-1945*, p. 661 e.v.; Evans, *Das Dritte Reich*, band I, p. 873-875.
66 Vgl. Overy, *Der Bombenkrieg*, p. 573 e.v.
67 Giesler, *Ein anderer Hitler*, p. 482.
68 Vgl. Ribbentrop, *Zwischen London und Moskau*, p. 266 e.v.; Reuth, *Goebbels*, p. 581 e.v.; Irving, *Hitler und seine Feldherren*, p. 693.
69 Domarus, *Hitler*, band II, 2, p. 2203-2206 (citaten p. 2203, 2205, 2206). Vgl. van dezelfde strekking de oproep van Martin Bormann aan de partij, 24-2-1945; BA Berlin-Lichterfelde, NS 6/353.
70 *Meldungen aus dem Reich*, band 17, p. 6733 e.v.; Kershaw, *Hitler*, band II, p. 1010.
71 Vgl. Below, *Als Hitlers Adjutant*, p. 402.
72 Schirach, *Ich glaubte an Hitler*, p. 307. Voor de datering zie de agenda van Heinz Linge, 24-2-1945; IfZ München, F 19/4.
73 Karl Wahl, '…es ist das deutsche Herz'. *Erlebnisse und Erkenntnisse eines ehemaligen Gauleiters*, Augsburg 1954, p. 385 e.v.; zie ook Jordan, *Erlebt und erlitten*, p. 253 e.v.
74 Wahl, '… es ist das deutsche Herz', p. 391. Tegen zijn bediende Heinz Linge zei Hitler: 'Pas nu begrijp ik goed hoe Frederik de Grote zich voelde toen, vanwege alle zorgen van de Zevenjarige Oorlog, zijn tanden uitvielen. Bij mij zijn het mijn linkerhand en het rechteroog die onder de zorgen lijden.' Eberle/Uhl (red.), *Das Buch Hitler*, p. 349 e.v.
75 Deze uitspraak van Hitler deelde rijksperschef Otto Dietrich aan zijn plaatsvervanger

mee. Helmut Sündermann, *Deutsche Notizen. 1945/65, Leoni 1966*, p. 284 (25-2-1945). Idem de Gauleiter van Karinthië, Friedrich Rainer, geciteerd in KTB OKW, band IV, 1, p. 66, noot 4. Irving, *Hitler und seine Feldherren*, p. 695, brengt de uitspraak in deze versie: 'Mijn been trilde al. Nu trilt ook mijn arm. Misschien gaat mijn hoofd op een dag ook wel wankelen. Eén ding kan ik u echter verzekeren: mijn hart zal nooit wankelen.'
76 Zakagenda van Ewald von Kleist 19-2-1943; BA-MA Freiburg, N 354/22.
77 Pyta, *Hitler*, p. 637 e.v.; zie ook Birgit Schwarz, *Geniewahn: Hitler und die Kunst*, Wenen-Keulen-Weimar 2009, p. 301-306 ('Mit Friedrich im Bunker').
78 Goebbels, *Tagebücher* deel 11, band 15, p. 220 e.v.; zie ibidem, p. 366 (12-2-1945): 'Je kunt hem inderdaad met Frederik de Grote vergelijken, sterker nog, gezien de enorme catastrofe die deze oorlog voor ons volk betekent, overtreft hij diens grootheid zelfs af en toe.'
79 Ibidem, p. 264 (29-1-1945).
80 Junge, *Bis zur letzten Stunde*, p. 183. Ook Albert Speer bevestigt dat Hitlers uniform, 'anders onberispelijk schoon', tijdens de laatste weken van zijn leven 'vaak verwaarloosd en met eten besmeurd' was (*Erinnerungen*, p. 474).
81 Goebbels, *Tagebücher* deel 11, band 15, p. 383 e.v. (28-2-1945). Bijna letterlijk opgenomen in het onderhoud met Hitler op 11 maart 1945. Ibidem, p. 479 (12-3-1945). Over het lezen van de Carlyle-biografie van Frederik de Grote door Hitler zie Timothy W. Ryback, *Hitlers Bücher. Seine Bibliothek – sein Denken*, Köln 2010, p. 267 e.v.
82 Goebbels, *Tagebücher* deel 11, band 15, p. 479 (12-3-1945).
83 Ibidem, p. 587 e.v. (24-3-1943).
84 Dagboek van Schwerin von Krosigk, 15-4-1945; geciteerd door Trevor-Roper, *Hitlers letzte Tage*, p. 116.
85 Vgl. Goebbels, *Tagebücher* deel 11, band 15, p. 196 (23-1-1945), 232 (26-1-1945) 273 (30-1-1945), 368 (12-2-1945) 485 (12-3-1945).
86 Over de Conferentie van Jalta zie Edmonds, *Die Großen Drei*, p. 393-397; Laufer, *Pax Sovietica*, p. 477-490.
87 Below, *Als Hitlers Adjutant*, p. 402.
88 Goebbels, *Tagebücher* deel 11, band 15, p. 382 (13-2-1945). Ook minister van Financiën Schwerin von Krosigk eiste in een brief aan Goebbels van 21-2-1945 dat voor de wegbereiding van een diplomatiek evenwicht 'alle ook maar enigszins mogelijke paden begaan moesten worden'. BA Koblenz, N 276/45.
89 Zie aant. van Fritz Hesses voor Ribbentrop over het aftasten naar vrede in 1945; BA Koblenz, N 1332/2, alsmede de beëdigde verklaring van de voormalige directeur-generaal op het ministerie van Buitenlandse Zaken Bruno Peter Kleist d.d. 4- 5-1948; BA Koblenz, N 1332/4. Verder nog Reimar Hansen, *Ribbentrops Friedensfühler im Frühjahr 1945, in Geschichte in Wissenschaft und Unterricht*, jrg. 18 (1967), p. 716-730; Fleischhauer, *Die Chance des Sonderfriedens*, p. 273-275.
90 Goebbels, *Tagebücher* deel 11, band 15, p. 377 (13-2-1945).
91 Ibidem, p. 486 (12-3-1945).
92 Vgl. Hans-Georg Eismann, *Das Kriegstagebuch der Heeresgruppe Weichsel (Januar 1945 bis zur Kapitulation)*, p. 78; IfZ München, ZS 3095; Longerich, *Heinrich Himmler*, p. 739.
93 Goebbels, *Tagebücher* deel 11, band 15, p. 480 (12-3-1945).
94 Eberle/Uhl (red.), *Das Buch Hitler*, p. 340 e.v.
95 Goebbels, *Tagebücher* deel 11, band 15, p. 522 (16-3-1945). Vgl. ook wat een officier van het Negende Leger zei: 'Was dit dezelfde man die we lang geleden, voor 20 juli, gezien en meegemaakt hadden? De aanwezigen schrokken ervan en hadden medelijden.' Geciteerd in Peter Gosztony (red.), *Der Kampf um Berlin 1945 in Augenzeugenberichten*, Düsseldorf 1970, p. 91.
96 Vgl. Gaertringen (red.), *Das Auge des Dritten Reiches*, p. 107 (daar ook een foto van het bezoek van Hitler); Domarus, *Hitler*, band II, 2, p. 2211.
97 Goebbels, *Tagebücher* deel 11, band 15, p. 495 (13-3-1945).
98 Dagboek van Balck 10-3-1945; BA-MA Freiburg, N 647/13.

99   Vgl. *Das Deutsche Reich und der Zweite Weltkrieg*, band 8, p. 930-951 (bijdrage Ungváry).
100 Vgl. Eberle/Uhl (red.), *Das Buch Hitler*, p. 332-334. Goebbels schreef: 'Dat zal voor Sepp Dietrich natuurlijk de ergst denkbare schande zijn.' *Tagebücher* deel II, band 15, p. 614 (28-3-1945).
101 Ibidem, p. 521 (16-3-1945), 564 (22-3-1945).
102 Gotthard Heinrici, *Der Endkampf des Dritten Reiches*, p. 1 e.v.; IfZ München, zs 66/1.
103 Domarus, *Hitler*, band II, 2, p. 2215. Vgl. Goebbels, *Tagebücher* deel II, band 15, p. 551 (21-3-1945).
104 Goebbels, *Tagebücher* deel II, band 15, p. 432 (6-3-1945); zie ibidem, p. 422 (5-3-1945). Over de verovering van het gebied links van de Rijn zie Henke, *Die amerikanische Besetzung Deutschlands*, p. 343-347; John Zimmermann, 'Die deutsche militärische Kriegführung im Westen 1944/45', in *Das Deutsche Reich und der Zweite Weltkrieg*, band 10/1, p. 409 e.v.
105 Vgl. Henke, *Die amerikanische Besetzung Deutschlands*, p. 347 e.v.
106 Vgl. Eberle/Uhl (red.), *Das Buch Hitler*, p. 343-345; Goebbels, *Tagebücher* deel II, band 15, p. 538 (19-3-1945).
107 Ibidem, p. 465 (10-3-1945).
108 Vgl. Albert Kesselring, *Soldat bis zum letzten Tag*, Bonn 1953, p. 339.
109 Goebbels, *Tagebücher* deel II, band 15, p. 576 (23-3-1945). Vgl. Henke, *Die amerikanische Besetzung Deutschlands*, p. 348-350.
110 Goebbels, *Tagebücher* deel II, band 15, p. 589 (25-3-1945).
111 Speer aan Schwerin von Krosigk, 14-2-1945; BA Koblenz, N 276/45.
112 Vgl. Heinrich Schwendemann, 'Verbrannte Erde'? Hitlers 'Nero-Befehl' vom 19. März 1945, in *Kriegsende in Deutschland*, Hamburg 2005, p. 161 e.v.
113 Goebbels, *Tagebücher* deel II, band 15, p. 511 (15-3-1945), 501 (14-3-1945).
114 Speers memorandum aan Hitler, 15-3-1945; IMT, band 41, p. 420-425. vgl. Schwendemann: 'Verbrannte Erde'?, p. 161 e.v.; Kershaw, *Das Ende*, p. 402 e.v.
115 Vgl. Speer, *Erinnerungen*, p. 443; Below, *Als Hitlers Adjutant*, p. 404.
116 Heinrich Schwendemann, 'Drastische Maßnahmen zur Verteidigung des Reiches an der Oder und am Rhein...' Eine vergessene Denkschrift Albert Speers vom 18. März 1945, in *Studia Historica Slavo-Germanica* deel XXV (2003), p. 179-198 (tekst van het gedenkschrift p. 189 e.v.). Vgl. Heinrich Breloer, *Die Akte Speer. Spuren eines Kriegsverbrechers*, Berlin 2006, p. 301.
117 Deze uitspraken komen voor in de brief van Speer aan Hitler d.d. 29-3-1945; IMT, band 41, p. 425-429 (citaat p. 428); ook in KTB OKW, band IV,2, p. 1581-1584 (citaat p. 1583). Vgl. Speer, *Erinnerungen*, p. 445 e.v.
118 IMT, band 41, p. 430 e.v., ook in Hubatsch (red.), *Weisungen für die Kriegführung*, p. 348 e.v.
119 Vgl. Schwendemann, 'Verbrannte Erde'?, p. 164.
120 Vgl. Speer, *Erinnerungen*, p. 451-456; Kitchen, *Speer*, p. 266-268.
121 Goebbels, *Tagebücher* deel II, band 15, p. 619 e.v. (28-3-1945).
122 Vgl. voor de neiging tot dramatiseren Speer, *Erinnerungen*, p. 457-459.
123 Speer aan Hitler, 29-3-1945; IMT, band 41, p. 425-429; KTB-OKW, band IV, 2, p. 1581-1584 (citaten p. 1581, 1583). Hitler heeft de brief blijkbaar nooit onder ogen gehad. Vermoedelijk heeft Speer hem geschreven met het oog op de tijd na de oorlog. Vgl. Breloer, *Die Akte Speer*, p. 303, 308; Brechtken, *Albert Speer*, p. 280 e.v.
124 Speer, *Erinnerungen*, p. 460.
125 Goebbels, *Tagebücher* deel II, band 15, p. 643 (31-3-1945).
126 Beschikking van Hitler d.d. 30-3-1945 en uitvoeringsvoorschriften van Speer wat betreft de maatregelen tot lamleggen en vernietigen d.d. 30-3-1945; IMT, band 41, p. 435-437.
127 Henke, *Die amerikanische Besetzung Deutschlands*, p. 452 e.v.; zie Schwendemann, 'Verbrannte Erde'?, p. 165 e.v. Over Fests bijdrage aan het optuigen van de Speer-legende zie Volker Ullrich, 'Die Speer-Legende', in *Die Zeit*, nr. 39, 23-9-1999; idem: 'Speers Erfindung', in *Die Zeit*, nr. 19 van 4-5-2005; idem: 'Zum Dank ein Bild vom Führer', in *Die Zeit*, nr. 22, 19- 5-2016; Brechtken, *Albert Speer*, p. 387 e.v., 556-576.
128 Guderian, *Erinnerungen eines Soldaten*, p. 389.

129 Goebbels, *Tagebücher* deel 11, band 15, p. 645 (31-3-1945); zie Ibidem, p. 338 (8-2-1945).
130 Citaat uit Krings, *Hitlers Pressechef*, p. 439. Vgl. Sündermann, *Hier stehe ich*, p. 303 e.v. Goebbels schreef: 'Eindelijk heb ik zo vrij baan voor mijn werk.' *Tagebücher* deel 11, band 15, p. 651 (31-3-1945).
131 Vgl. *Das Deutsche Reich und der Zweite Weltkrieg*, band 10/1, p. 435 e.v. (bijdrage Zimmermann); Henke, *Die amerikanische Besetzung Deutschlands*, p. 359 e.v.
132 Herfried Münkler, *Machtzerfall. Die letzten Tage des Dritten Reiches am Beispiel der hessischen Kreisstadt Friedberg*, Berlijn 1985, p. 93; zie voor het opheffen van het westelijke leger Henke, *Die amerikanische Besetzung Deutschlands*, p. 958-964.
133 Kellner, *Tagebücher 1939-1945*, band 2, p. 922 e.v. (28-3-1945).
134 Vgl. Münkler, *Machtzerfall*, p. 121; Kershaw, *Das Ende*, p. 368.
135 Goebbels, *Tagebücher* deel 11, p. 606 (27-3-1945).
136 Ibidem, p. 429 (6-3-1945), 471 e.v. (11-3-1945), 482 (12-3-1945).
137 Bericht van de Gauleitung Magdeburg-Anhalt d.d. 16-2-1945; BA Berlin-Lichterfelde, NS 6/135.
138 Vgl. Elisabeth Kohlhaas, *'Aus einem Haus, aus dem eine weiße Fahne erscheint, sind alle männlichen Personen zu erschießen.'* Harde maatregelen tegen defaitisme en geweld tegen burgers aan het einde van de oorlog, in Cord Arendes/Edgar Wolfrum/Jörg Zedler (red.), *Terror nach innen. Verbrechen am Ende des Zweiten Weltkriegs*, Göttingen 2006, p. 51-65. Over Sven Keller, *Volksgemeinschaft am Ende. Gesellschaft und Gewalt 1944/45*, München 2013.
139 Rondschrijven van Martin Bormann aan de Reichs- en Gauleiter, 17-3. en 1-4-1945; BA Berlin-Lichterfelde, NS 6/353 en NS 6/352.
140 Goebbels, *Tagebücher* deel 11, band 15, p. 672 (4-4-1945); zie ibidem, p. 659 (1-4-1945). Over het gedrag van partijfunctionarissen zie Henke, *Die amerikanische Besetzung Deutschlands*, p. 825-834; Keller, *Volksgemeinschaft am Ende*, p. 119-123.
141 Goebbels, *Tagebücher* deel 11, band 15, p. 514 (15-3-1945).
142 Ibidem, p. 613 (28-3-1945); zie ibidem, p. 603 (27-3-1945).
143 Ibidem, p. 615, 617 e.v. (28-3-1945), 648 (31-3-1945), 678 (4-4-1945).
144 *Meldungen aus dem Reich*, band 17, p. 6734 (eind maart 1945).
145 *Das letzte halbe Jahr*, p. 309 e.v. (31-3-1945), 334 (10-4-1945).
146 Goebbels, *Tagebücher* deel 11, band 15, p. 586 (24-3-1945), 659 (1-4-1945). Vgl. *Meldungen aus dem Reich*, band 17, p. 6737 (eind 1945), 'Velen verzoeken zich met het idee er een einde aan te maken. De vraag naar vergif, pistolen en anderen middelen om het leven te beëindigen, is overal groot.'
147 Vgl. Christian Goeschel, *Selbstmord im Dritten Reich*, Berlin 2011, p. 241-253; Hans Liebrandt, *'Das Recht mich zu richten, das spreche ich Ihnen ab!' Der Selbstmord der nationalsozialistischen Elite 1944/45*, Paderborn 2017; Evans, *Das Dritte Reich*, band 111, p. 913-915; Keller, *Volksgemeinschaft am Ende*, p. 203-208.
148 Vgl. Herbert, *Zwangsarbeiter*, p. 336-338; idem, *Geschichte der Ausländerpolitik in Deutschland*, p. 181 e.v.; Andreas Heusler, *Die Eskalation des Terrors. Gewalt gegen ausländische Zwangsarbeiter in der Endphase des Zweiten Weltkriegs*, in *Terror nach innen*, p. 172-182; Keller, *Volksgemeinschaft am Ende*, p. 218-227, 291-298.
149 Vgl. ook de uitstekende studie van Daniel Blatman, *Die Todesmärsche 1944/45. Das letzte Kapitel des nationalsozialistischen Massenmords*, Reinbek bei Hamburg 2011. Ferner Gabriele Hauenstein, *Die Todesmärsche aus den Konzentrationslagern 1944/45*, in *Terror nach innen*, p. 122-148; Katrin Greiser, *Die Todesmärsche von Buchenwald. Räumung, Befreiung und Spuren der Erinnerung*, Göttingen 2008; Keller, *Volksgemeinschaft am Ende*, p. 299-305.
150 Henke, *Die amerikanische Besetzung Deutschlands*, p. 943.
151 Vgl. Goebbels, *Tagebücher* deel 11, band 15, p. 666 (2-4-1945).
152 Ibidem, p. 623 (28-3-1945).
153 Ibidem, p. 637 (30-3-1945), 647 (31-3-1945).
154 Vgl. Perry Biddiscombe, *Werwolf! The History of the National Socialist Guerrilla Movement,*

1944-1946, Cardiff 1998; Cord Arendes, *Schrecken aus dem Untergrund. Endphaseverbrechen des 'Werwolf'*, in *Terror nach innen*, p. 149-171; Henke, *Die amerikanische Besetzung Deutschlands*, p. 943-954; Kershaw, *Das Ende*, p. 390-392; Keller, *Volksgemeinschaft am Ende*, p. 168-183.

155 Th. Mann, *An die gesittete Welt*, p. 613 (19-4-1945); zie ook idem, *Tagebücher 1944-1946*, p. 187 (12-4-1945): 'We namen 's middags diep bewogen kennis van het overlijden van Roosevelt.' Voor de context zie Joseph Lelyveld, *The Final Battle. The Last Months of Franklin Roosevelt*, New York 2016.

156 Trevor-Roper, *Hitlers letzte Tage*, p. 118 (volgens Inge Haberzettel, Goebbels' secretaresse).

157 Speer, *Erinnerungen*, p. 467. Vgl. ook Schlie (red.), Albert Speer, p. 48. Deze reactie van Hitler wordt bevestigd door de woorden van stenograaf Gerhard Hergesell uit april 1948: 'Hitler werd opeens [...] wildenthousiast. Hij sprong op en deed opgetogen een paar stappen, en zei toen: "Ik heb het altijd al gezegd, ik had zo'n vermoeden."' Citaat uit Joachimsthaler, *Hitlers Ende*, p. 133. Below herinnerde zich dat Hitler 'kalm, zonder al te veel optimisme' kennis nam van het bericht. *Als Hitlers Adjutant*, p. 408. Ook Misch, *Der letzte Zeuge*, p. 191.

158 Schwerin von Krosigk aan Goebbels, 14-4-1945; BA Koblenz, N 276/45.

159 Vgl. Henke, *Die amerikanische Besetzung Deutschlands*, p. 402-404.

160 Goebbels, *Tagebücher* deel II, band 15, p. 692 (9-4-1945).

161 Hubatsch (red.), *Weisungen für die Kriegführung*, p. 355-357.

162 Goebbels, *Tagebücher* deel II, band 15, p. 310 e.v. (5-2-1945); zie ibidem, p. 321 (6-2-1945), 370 (12-2-1945), 614 (28-3-1945).

163 Heinrici, *Der Endkampf des Dritten Reiches*, p. 12, 16, 42; IfZ München ZS 66/1; idem, *Bericht über die Erlebnisse bei der Heeresgruppe Weichsel im April 1945* van 12-5-1945, p. 9; BA-MA Freiburg, N 265/108 e.v. Vgl. Eismann, *Das Kriegstagebuch der Heeresgruppe Weichsel (Januar 1945 bis zur Kapitulation)*, p. 103, 108; IfZ München, ZS 3095. Ook Albert Kesselring, die na zijn benoeming tot opperbevelhebber West tussen 10 maart en 12 april 1945 vier keer een bezoek bracht aan Hitler, stelde vast: 'Zijn mentale weerbaarheid staat in schril contrast met zijn fysieke toestand.' *Soldat bis zum letzten Tag*, p. 386.

164 Domarus, *Hitler*, band II, 2, p. 2223 e.v.

17 Het einde in de bunker

1 Domarus, *Hitler*, band II, 1, p. 1316. Vgl. voor het volgende ook Goeschel, *Selbstmord im Dritten Reich*, p. 231-234.

2 Vgl. Ullrich, *Adolf Hitler*, deel I, p. 186 e.v., p. 383.

3 Sebastian Haffner, *Germany: Jekyll & Hyde. 1939 – Deutschland von innen betrachtet*, Berlijn 1996, p. 21. Engelse uitgave: *Germany: Jekyll & Hyde. An Eyewitness Analysis on Nazi Germany*, Londen 2005, p. 10.

4 Heiber (red.), *Hitlers Lagebesprechungen*, p. 126 (1-2-1943), 620 (31-8-1944). Vgl. Albert Speer aan Erich Fromm, 15-2-1973: 'Hitler hat oft genug, zunehmend gegen Ende des Krieges betont, dass der Tod für ihn keinen Schrecken habe.' BA Koblenz, N 1340/21.

5 Merridale, *Iwans Krieg*, p. 358. Vgl. voor het slotoffensief op Berlijn, *Das Deutsche Reich und der Zweite Weltkrieg*, deel 10/1, p. 588-679 (bijdrage Lakowski).

6 Vgl. Merridale, *Iwans Krieg*, p. 259.

7 Vgl. *Das Deutsche Reich und der Zweite Weltkrieg*, deel 10/1, p. 633-642 (bijdrage Lakowski).

8 Vergelijk. eveneens daar, p. 646-649.

9 Gun, *Eva Braun-Hitler*, p. 186 (facsimile van de brief naar p. 192). M.b.t. het pistoolschieten in de tuin van de Rijkskanselarij vgl. ook Junge, *Bis zur letzten Stunde*, p.182.

10 Besymenski, *Die letzten Notizen von Martin Bormann*, p. 188.

11 *Lageberichte der Gaue an Martin Bormann*, 19-4-1945; BA Berlin-Lichterfelde, NS 6/277.

12 BA Berlin-Lichterfelde, NS 6/770.

13 Geciteerd via Reuth, *Goebbels*, p. 597; Longerich, *Goebbels*, p. 671.

14 Kardorff, *Berliner Aufzeichnungen 1942 bis 1945*, p. 307 e.v. (20-4-1945).
15 Eberle/Uhl (red.), *Das Buch Hitler*, p. 375 e.v.; vgl. Linge, *Bis zum Untergang*, p. 271 e.v.
16 Geciteerd via Gosztony (red.), *Der Kampf um Berlin 1945*, p. 202; vgl. Eberle/Uhl (red.), *Das Buch Hitler*, p. 376 e.v.; Linge, Bis zum Untergang, p. 273 e.v.
17 Speer, *Erinnerungen*, p. 477. Tegen Keitel zei Hitler: 'Ik zal voor, in of achter Berlijn zegevieren.' Keitel: *Verbrecher oder Offizier?*, p. 343. M.b.t. de felicitaties vgl. ook Trevor-Roper, *Hitlers letzte Tage*, p. 125-127; Fest, *Der Untergang*, p. 59-61.
18 Vgl. Speer, *Erinnerungen*, p. 477 e.v.; Below, *Als Hitlers Adjutant*, p. 410: 'Ik kreeg de indruk dat Hitler innerlijk geen notitie van Göring meer nam. Het was niet fraai om te zien.'
19 Vgl. Rose, *Julius Schaub*, p. 327; Joachimsthaler, *Hitlers Ende*, p. 140. Minister van Financiën Schwerin von Krosigk verliet Berlijn op 21 april 1945 en arriveerde per auto op 22 april in Eutin (Holstein), het onder de ministers overeengekomen trefpunt. Vgl. de uitvoerige beschrijving in de brief van Schwerin von Krosigk aan zijn vrouw (vanuit Amerikaanse krijgsgevangenschap), 18-12-1945; BA Koblenz N 276/113.
20 Junge, *Bis zur letzten Stunde*, p. 176 e.v.; vgl. Below, *Als Hitlers Adjutant*, p. 411.
21 Vgl. Schroeder, *Er war mein Chef*, p. 200-204. – Bij haar afscheid verzocht Christa Schroeder minister voor Bewapening en Munitie Speer om zich voor zijn ter dood veroordeelde vriend Freund Karl Brandt in te zetten. Speer zou haar hebben gezegd: 'Ik zal hem bevrijden, en als hij niet meer leeft, Martin Bormann eigenhandig doodschieten.' Christa Schroeder aan Albert Speer, 14- 9-1975; BA Koblenz, N 1340/58. In haar herinneringen wordt daarentegen slechts gesproken van Speers belofte Brandt 'illegaal te zullen bevrijden'. Schroeder, *Er war mein Chef*, p. 202.
22 Junge, *Bis zur letzten Stunde*, p. 177 e.v.; vgl. Görtemaker, *Eva Braun*, p. 275.
23 Eberle/Uhl (red.), *Das Buch Hitler*, p. 379 e.v.; vgl. Fest, *Der Untergang*, p. 66 e.v.
24 Karl Koller, *Der letzte Monat. Die Tagebuchaufzeichnungen des ehemaligen Chefs des Generalstabs der deutschen Luftwaffe vom 14. April bis zum 27. Mai 1945*, Mannheim 1949, p. 20 e.v. (21-4-1945).
25 Joachimsthaler, *Hitlers Ende*, p. 146; vgl. *Das Deutsche Reich und der Zweite Weltkrieg*, deel 10/1, p. 661 e.v. (bijdrage Lakowski).
26 Koller, *Der letzte Monat*, p. 25 (21-4-1945).
27 Hildegard Springer, *Es sprach Hans Fritzsche. Nach Gesprächen, Briefen und Dokumenten*, Stuttgart 1949, p. 28-31; vgl. Max Bonacker, *Goebbels' Mann beim Radio. Der NS-Propagandist Hans Fritzsche (1900-1953)*, München 2007, p.213; Fest, *Der Untergang*, p. 69-71.
28 Vgl. Eberle/Uhl (red.), *Das Buch Hitler*, p. 383. Martin Bormann noteerde op 21 april: ''s Morgens vertrek Puttkamer + Masse.' Besymenski, *Die letzten Notizen von Martin Bormann*, p. 188.
29 Vgl. Baur, *Ich flog Mächtige der Erde*, p. 267. Vgl. de voordracht van Hans Baur 'Die letzten Tage in der Reichskanzlei' (z.d.), p. 12 e.v.; IfZ München, ZS 638.
30 Vgl. Michael Seufert, *Der Skandal um die Hitler-Tagebücher*, Frankfurt am Main 2008, evenals het *Zeit*-Dossier nr.15 van 4-4-2013 (met bijdragen van de voormalige hoofdredacteur van *Stern*, Felix Schmidt zowel als Volker Ullrich en Harald Welzer).
31 Dagboekaantekeningen van Morell van 20 en 21-4-1944; BA Koblenz, N1348/5; vgl. Neumann/Eberle, *War Hitler krank?*, p. 283. Al op 17-2-1945 noteerde Morell dat Hitler zich tegenover hem 'wat vreemd' gedroeg. BA Koblenz, N 1348/3.
32 Vgl. Junge, *Bis zur letzten Stunde*, p. 189.
33 Schroeder, *Er war mein Chef*, p. 205. Aan zijn vrouw schreef Morell op 24-4-1945: 'Ik heb gebeurtenisrijke dagen achter de rug, die ik van mijn leven niet meer zal vergeten.' Schenck, *Patient Hitler*, p. 502. Eva Braun had Morell juwelen voor haar zuster Gretl meegegeven, die hoogzwanger op de Berghof verbleef. In haar laatste brief van 23-4-1945 schreef ze: 'Hopelijk is Morell met mijn juwelen bij jullie aangekomen. Dat zou vreselijk zijn, als er iets was gebeurd.' Gun, *Eva Braun-Hitler*, p. 191 (facsimile van de brief naar p. 192)
34 Vgl. Eberle/Uhl (red.), *Das Buch Hitler*, p. 385.

35 Vgl. *Das Deutsche Reich und der Zweite Weltkrieg*, deel 10/1, p. 649-653 (bijdrage Lakowski).
36 Eberle/Uhl (red.), *Das Buch Hitler*, p. 386. Vgl. voor de stafvergadering van 22-4-1945 het besprekingsprotocol van Freytag von Loringhoven (1949); IfZ München, zs 38; Trevor-Roper, *Hitlers letzte Tage*, p. 131-133; Joachimsthaler, *Hitlers Ende*, p. 147-152; Fest, *Der Untergang*, p. 77-79.
37 Junge, *Bis zur letzten Stunde*, p. 180, 184.
38 Zo vatte Jodl in gesprek met Karl Koller in de nacht van 22 op 23 april Hitlers uitlatingen samen. Koller, *Der letzte Monat*, p. 31 (23-4-1945); vgl. ook *Keitel: Verbrecher oder Offizier?*, p. 346-348; Junge, *Bis zur letzten Stunde*, p. 186.
39 Junge, *Bis zur letzten Stunde*, p. 186. Aan de entourage deelde Goebbels na zijn onderhoud mee: 'Hitler is volledig ingestort […]. In een dergelijke toestand heb ik hem nog nooit gezien.' Eberle/Uhl (red.), *Das Buch Hitler*, p. 387.
40 Gun, *Eva Braun-Hitler*, p. 189 e.v. Aan haar zuster Gretl Fegelein schreef Eva Braun op 23-4-1945: 'De Führer zelf heeft alle geloof in een gelukkige afloop opgegeven. Wij allen hier, mijzelf inbegrepen, hopen, zolang er nog leven in ons zit […]. Maar het spreekt dat we ons niet levend zullen laten vangen.' Eveneens daar p. 190 (facsimile van de brief naar p. 192).
41 Vgl. Rose, *Julius Schaub*, p. 329-345; Schroeder, *Er war mein Chef*, p. 213: 'Die vernietigingsactie van Schaub onder de betrokken hemel bood een troosteloze aanblik.'
42 Rondschrijven van Martin Bormann van 19-3-1945 (in de bijlage van het schrijven van Schörner aan de opperbevelhebbers van het leger en de bevelvoerende generaals van de legers van 27-2-1945); BA Berlin-Lichterfelde, NS 6/354. Voor de opstelling van Schörner vgl. zijn brief aan kolonel von Trotha in de generale staf van het leger van 22-2-1945: 'Óf het lukt om werkelijk fanatieke en onvoorwaardelijke trouw aan de Führer te krijgen, óf de dingen gaan weer mis.' BA-MA Freiburg, N 60/17.
43 Eberle/Uhl (red.), *Das Buch Hitler*, p. 390. Voor de datering van het bezoek vgl. de notitie in Bormanns zakagenda van 22-4-1945: "s Avonds Schörner in B[er]l[i]n.'; Besymenski, *Die letzten Notizen von Martin Bormann*, p. 189.
44 Verhoor van veldmaarschalk Schörner over de 'Melding bij de Führer', Moskou, 20-8-1945 (met de foutieve datering op 21/22-4-1945); Christoforow e.a. (red.), *Verhört*, p. 175.
45 Walter Wenck, 'Berlin war nicht zu retten', in: *Stern* van 18-4-1965; geciteerd via Reuth, *Goebbels*, p. 600. Vgl. Joachimsthaler, *Hitlers Ende*, p. 160; Fest, *Der Untergang*, p. 83-85.
46 Vgl. Joachimsthaler, *Hitlers Ende*, p. 158 e.v.
47 Vgl. Eberle/Uhl (red.), *Das Buch Hitler*, p. 392 e.v.; Joachimsthaler, *Hitlers Ende*, p. 160.
48 *KTB OKW*, deel IV, 2, p. 1262.
49 Vgl. Eberle/Uhl (red.), *Das Buch Hitler*, p. 393 e.v.; Below, *Als Hitlers Adjutant*, p. 412.
50 Vgl. Eberle/Uhl (red.), *Das Buch Hitler*, p. 394; Speer, *Erinnerungen*, p. 483.
51 Gun, *Eva Braun-Hitler*, p. 191 (facsimile naar p. 192).
52 Eberle/Uhl (red.), *Das Buch Hitler*, p. 395; vgl. *Keitel: Verbrecher oder Offizier?*, p. 350.
53 '…waarom dan überhaupt nog leven!' Hitlers Lagebesprechungen op 23, 25 en 27 april 1945, in *Der Spiegel* nr.3 van 10-1-1966, p. 32-46 (hier p. 32 e.v. van 23-4-1945).
54 Vgl. Eberle/Uhl (red.), Das Buch Hitler, p. 395; *Keitel: Offizier oder Verbrecher?*, p. 352 e.v.
55 Speer, *Erinnerungen*, p. 479-483 (citaten p. 482 e.v.). Fest, Speer, p. 361-365, volgt kritiekloos de versie van Speer. Vgl. daarentegen Brechtken, *Albert Speer*, p. 285-288.
56 Domarus, *Hitler*, band II, 2, p. 2228 (noot 165).
57 Koller, *Der letzte Monat*, p. 35-38 (23-4-1945). Vgl. Trevor-Roper, *Hitlers letzte Tage*, p. 139-141; Fest, *Der Untergang*, p. 101-103.
58 Afschrift van het telegram in BA Koblenz, N 1340/496.
59 Speer, *Erinnerungen*, p. 485 e.v.; vgl. Below, *Als Hitlers Adjutant*, p. 412 e.v.; Junge, *Bis zur letzten Stunde*, p. 190.
60 Koller, *Der letzte Monat*, p. 42. De originelen van de tussen Hitler en Göring uitgewisselde telegrammen werden in juli 2013 door de Franse documentenjager Bruno Ledoux ontdekt en in *Le Figaro* gepubliceerd. Vgl. Joseph Hanimann, 'Obersalzberg an Führerbunker', in *Süddeutsche Zeitung* van 29-7-2013.

61 Russisch verhoorprotocol van rijksmaarschalk Göring, Mondorf, 17-6-1945; Christoforow e.a. (red.), *Verhört*, p. 82. Vgl. Domarus, *Hitler*, band 11, 2, p. 2229. Bormann noteerde op 25 april: 'Göring uit de partij gezet!' Besymenski, *Die letzten Notizen von Martin Bormann*, p. 230.
62 Aantekening Lammers van 24-4-1945 en telegram van Lammers aan Hitler van 25-4-1945; BA Berlin-Lichterfelde, R 43 11/1641.
63 Artikel van Speer over zijn werk als minister, Neurenberg, 28-9-1946, p. 4; BA Koblenz, N 1340/84; vgl. Speer, *Erinnerungen*, p. 487 e.v.
64 Volgens Speers herinneringen verliet hij de Rijkskanselarij om 3 uur 's ochtends en vloog hij een uur later terug. Albert Speer aan David Irving, 10-10-1974; BA Koblenz, N 1340/30. Vgl. Speer, *Erinnerungen*, p. 488; Fest, *Speer*, p. 367-369.
65 Vgl. Joachimsthaler, *Hitlers Ende*, p. 164.
66 Helmuth Weidling, 'Der Endkampf in Berlin', in *Wehrwissenschaftliche Rundschau*, jrg. 12 (1962), p.42 e.v.; geciteerd via Gosztony (red.), *Der Kampf um Berlin 1945*, p. 234-238 (citaten p. 235, 238). Vgl. Joachimsthaler, *Hitlers Ende*, p. 163 e.v.; Fest, *Der Untergang*, p. 74 e.v.
67 Vgl. Joachimsthaler, *Hitlers Ende*, p. 164; *Das Deutsche Reich und der Zweite Weltkrieg*, deel 10/1, p. 658 (bijdrage Lakowski).
68 Vgl. Junge, *Bis zur letzten Stunde*, p. 196; Below, *Als Hitlers Adjutant*, p. 416.
69 Speer, *Erinnerungen*, p. 475 e.v.
70 Vgl. Junge, *Bis zur letzten Stunde*, p. 195; Freytag von Loringhoven, *Mit Hitler im Bunker*, p. 157 e.v.
71 Junge, *Bis zur letzten Stunde*, p. 195 e.v.; vgl. Eberle/Uhl (red.), *Das Buch Hitler*, p. 421; Freytag von Loringhoven, *Mit Hitler im Bunker*, p. 157.
72 Junge, *Bis zur letzten Stunde*, p. 197; vgl. Albert Speer aan Jeremy Granat, 5-1-1970; BA Koblenz, N 1340/24; Speer, *Erinnerungen*, p. 487; Schlie (red.), *Albert Speer*, p. 58 e.v.; Schroeder, *Er war mein Chef*, p. 169; Below, *Als Hitlers Adjutant*, p. 408; Misch, *Der letzte Zeuge*, p. 208, 220. Vgl. ook de verklaring van gezagvoerder Baur: 'Ik was niet de enige die ze in de laatste dagen voor hun dubbele zelfmoord benijdde om hun gelatenheid en bijna opgewekte, innerlijke rust. Ze waren gewoonweg van formaat.' James P. O'Donnell/Uwe Bahnsen, *Die Katakombe. Das Ende in der Reichskanzlei*, Stuttgart 1975, p. 130.
73 Gun, *Eva Braun-Hitler*, p. 189, 191 (facsimile van de brief naar p. 192).
74 Vgl. Görtemaker, *Eva Braun*, p. 101; Ullrich, *Adolf Hitler*, band 1, p. 680 e.v.
75 Misch, *Der letzte Zeuge*, p. 205.
76 Geciteerd via Reuth, *Goebbels*, p. 604.
77 Vgl. Joachimsthaler, *Hitlers Ende*, p. 165, 167; Eberle/Uhl (red.), *Das Buch Hitler*, p. 407. Over de ontmoeting in Torgau zie Henke, *Die amerikanische Besetzung Deutschlands*, p. 657 e.v.
78 'Hitlers Lagebesprechung vom 25-4-1945' in *Der Spiegel* Nr. 3 van 10-1-1966, p. 34-39.
79 Eberle/Uhl (red.), *Das Buch Hitler*, p. 405 e.v.
80 Joachimsthaler, *Hitlers Ende*, p. 167.
81 Vgl. Boldt, *Hitler. Die letzten Tage in der Reichskanzlei*, p. 107; Eberle/Uhl (red.), *Das Buch Hitler*, p. 412 e.v.; Joachimsthaler, *Hitlers Ende*, p. 168, 176.
82 Hanna Reitsch, *Fliegen. Mein Leben*, Stuttgart 1951, p. 292-301. Vgl. Trevor-Roper, *Hitlers letzte Tage*, p. 152-156; Bullock, *Hitler*, band 2, p. 823 e.v.; Fest, *Der Untergang*, p. 104 e.v.
83 Vgl. Joachimsthaler, *Hitlers Ende*, p. 171; Boldt, *Hitler. Die letzten Tage in der Reichskanzlei*, p. 117; Eberle/Uhl (red.), *Das Buch Hitler*, p. 422.
84 Eberle/Uhl (red.), *Das Buch Hitler*, p. 423. Vgl. ook Bernd Freytag von Loringhoven, *Die Schlacht um Berlin* (1949), p. 5: 'Deze goede berichten storten de tussen vrees en hoop verscheurde bewoners van de Führerbunker in een vreugderoes.' IfZ München, ZS 38.
85 Freytag von Loringhoven, *Mit Hitler im Bunker*, p. 164.
86 '1. Lagebesprechung vom 27. April 1945' in *Der Spiegel*, nr. 3 van 10-1-1966, p. 39-42.
87 '2. Und 3. Lagebesprechung vom 27. April 1945'; zie eveneens daar, p. 42-46; Eberle/Uhl (red.), *Das Buch Hitler*, p. 426 e.v.; Gosztony (red.), *Der Kampf um Berlin 1945*, p. 313-315 (bericht van Weidling).

88 Besymenski, *Die letzten Notizen von Martin Bormann*, p. 230 (27-4-1945).
89 Vgl. Joachimsthaler, *Hitlers Ende*, p. 181; Eberle/Uhl (red.) *Das Buch Hitler*, p. 432 e.v.
90 *KTB OKW*, band IV2, p. 1462.
91 Trevor-Roper, *Hitlers letzte Tage*, p. 165; vgl. Lang, *Der Sekretär*, p. 334.
92 Besymenski, *Die letzten Notizen von Martin Bormann*, p. 230 (28-4-1945). De regel in Schillers gedicht luidt: 'Auf des Degens Spitze die Welt jetzt liegt.' Friedrich Schiller, Sämtliche Werke, deel 1. Uitg. door Albert Meier, München-Wenen 2004, p. 945.
93 Vgl. Joachimsthaler, *Hitlers Ende*, p. 182 e.v.; Fest, *Der Untergang*, p. 113 e.v.
94 Vgl. Bullock, *Hitler*, deel 2, p. 834 e.v.; Kershaw, *Hitler*, deel 11, p. 1051-1053; Longerich, *Heinrich Himmler*, p. 745-750.
95 Trevor-Roper, *Hitlers letzte Tage*, p. 169; vgl. Eberle/Uhl (red.), *Das Buch Hitler*, p. 429, Misch, *Der letzte Zeuge*, p. 215; Freytag von Loringhoven, *Mit Hitler im Bunker*, p. 166.
96 Vgl. Trevor-Roper, *Hitlers letzte Tage*, p. 160-163, 165 e.v.; Joachimsthaler, *Hitlers Ende*, p. 183 e.v., 463-465; Fest, *Der Untergang*, p. 116-120.
97 Reitsch, *Fliegen. Mein Leben*, p.302-304; vgl. Trevor-Roper, *Hitlers letzte Tage*, p. 171 e.v.; Fest, *Der Untergang*, p. 114 e.v.
98 Vgl. Dönitz, *Zehn Jahre und zwanzig Tage*, p. 433; Longerich, *Heinrich Himmler*, p. 754.
99 Adjudant Julius Schaub meldde dat zolang hij zich nog in de bunker ophield, er nooit sprake is geweest van een huwelijk. Aant. Van Julius Schaub 'Eva Braun'; IfZ München, ED 100, p. 203.
100 Vgl. Ullrich; *Adolf Hitler*, deel 1, p. 318, 322, 422, 685-687.
101 Vgl. ook daar, p. 700. Ook Fest, *Hitler*, p. 1016, vermoedde een 'wagneriserende herinnering aan een gedeelde dood'.
102 Facsimile van de huwelijksakte in Joachimsthaler, *Hitlers Ende*, p. 186 e.v. Vgl. voor de huwelijksvoltrekking Trevor-Roper, *Hitlers Ende*, p. 172 e.v.; Bullock, *Hitler*, deel 2, p. 836 e.v.; Fest, *Der Untergang*, p. 120 e.v.; Eberle/Uhl (red.), *Das Buch Hitler*, p. 435 e.v.; Below, *Als Hitlers Adjutant*, p. 413 e.v.
103 Junge, *Bis zur letzten Stunde*, p. 202.
104 Aldus Hans-Ulrich Thamer, 'Der tote Hitler. Das Ende des Diktators und die Wandlungen eines Mythos', in Thomas Großbölting/Rüdiger Scheidt (red.), *Der Tod des Diktators. Ereignis und Erinnerung im 20. Jahrhundert*, Göttingen 2011, p. 81-93 (hier p. 88).
105 Speer zelf herleidde zijn ontslag tot het feit dat hij Hitlers 'vernietigingsplannen niet uitgevoerd' had en tot de intriges van Saur, 'met wie Hitler al langer achter mijn rug om een nauw contact onderhield'. Albert Speer aan Jeremy Granat, 29-10-1976; BA Koblenz, N 1340/24.
106 In september 1944 had Schwerin von Krosigk Hitler aangeboden terug te treden omdat zijn zwager, Friedrich Karl von Zitzewitz, in de plannen van Goerdeler voor de coup was ingewijd en daarom ter berechting was overgeleverd aan het Volksgerichtshof. Hitler maakte geen gebruik van het aanbod omdat de minister van Financiën overtuigend verklaarde dat hij nooit met zijn zwager over de plannen voor de coup had gesproken. Schwerin von Krosigk aan Hitler, 19-9-1944 (Ondertekend met 'Heil Hitler! In onwankelbare trouw'); BA Koblenz, N 276/45.
107 Tekst van het politieke testament in *KTB OKW*, deel IV2, p. 1666-1669; Domarus, *Hitler*, band 11, 2, p. 2236-2239 (met lichte afwijkingen). Facsimile in Joachimsthaler, *Hitlers Ende*, p. 190-192 (de hier geciteerde versie).
108 Junge, *Bis zur letzten Stunde*, p. 202 e.v.
109 Domarus, *Hitler*, band 11, p. 2240 e.v.; facsimile in Joachimsthaler, *Hitlers Ende*, p. 192.
110 Junge, *Bis zur letzten Stunde*, p. 203; Below, *Als Hitlers Adjutant*, p. 416.
111 Opgenomen in Trevor-Roper, *Hitlers letzte Tage*, p. 181; Domarus, *Hitler*, band 11, 2, p. 2241.
112 Vgl. Trevor-Roper, *Hitlers letzte Tage*, p. 182-185, 15-18; Edward D.R. Harrison, 'Hugh Trevor-Roper und "Hitlers letzte Tage"', in *Vierteljahrshefte für Zeitgeschichte*, 57, jrg. (2009), p. 33-60 (aldaar p. 41-43).
113 Besymenski, *Die letzten Notizen von Martin Bormann*, p. 233.

114 KTB OKW, band IV,2, p. 1271.
115 Joachimsthaler, *Hitlers Ende*, p. 193 e.v.
116 Boldt, *Hitler. Die letzten zehn Tage in der Reichskanzlei*, p. 133-135; vgl. Freytag von Loringhoven, *Mit Hitler im Bunker*, p. 170-172.
117 Vgl. Below, *Als Hitlers Adjutant*, p. 418, 424 e.v.; Trevor-Roper, *Hitlers letzte Tage*, p. 188; Kershaw, *Hitler*, deel II, p. 1060 e.v.
118 Vgl. idem p. 584.
119 Junge, *Bis zur letzten Stunde*, p. 200; vgl. Eberle/Uhl (red.), *Das Buch Hitler*, p. 441; Joachimsthaler, *Hitlers Ende*, p. 194-197.
120 Vgl. Woller, *Mussolini*, p. 313-316.
121 Vgl. Junge, *Bis zur letzten Stunde*, p. 195; Misch, *Der letzte Zeuge*, p. 219, 221.
122 KTB OKW, deel IV, 2, p. 1466.
123 Ook daar, p. 1467; facsimile in Joachimsthaler, *Hitlers Ende*, p. 202.
124 Schenck, *Patient Hitler*, p. 400; vgl. O'Donnell/Bahnsen, *Die Katakombe*, p. 187 e.v.
125 Vgl. Joachimsthaler, *Hitlers Ende*, p. 203 e.v.
126 Joachimsthaler, *Hitlers Ende*, p. 206-208; Fest, *Der Untergang*, p. 129-131.
127 Junge, *Bis zur letzten Stunde*, p. 205.
128 Eberle/Uhl (red.), *Das Buch Hitler*, p. 444 e.v.; Vgl. Joachimsthaler, *Hitlers Ende*, p. 210-213.
129 Baur, *Ich flog Mächtige der Erde*, p. 257 e.v. Vgl. Voordracht van Hans Baur 'Die letzten Tage in der Reichskanzlei' (z.d.), p. 22-25; IfZ München, ZS 638.
130 Vgl. Joachimsthaler, *Hitlers Ende*, p. 220; Fest, *Der Untergang*, p. 133; Junge, *Bis zur letzten Stunde*, p. 206.
131 Vgl. Joachimsthaler, *Hitlers Ende*, p. 221 e.v.; Fest, *Der Untergang*, p. 135 e.v.
132 Vgl. Joachimsthaler, *Hitlers Ende*, p. 230-273 (met een kritische vergelijking van alle getuigenverklaringen); Fest, *Der Untergang*, p. 136-138; Eberle/Uhl (red.), *Das Buch Hitler*, p. 447 e.v. Vermoedelijk heeft ook Hitler voor alle zekerheid een cyaankali-capsule doorgebeten terwijl hij zich een kogel door het hoofd schoot. Vgl. Ulrich Völklein (red.), *Hitlers Tod. Die letzten Tage im Führerbunker*, Göttingen 1999, p. 123, 158 e.v.
133 Vgl. Joachimsthaler, *Hitlers Ende*, p. 288-332; Fest, *Der Untergang*, p. 138-140; Eberle/Uhl (red.), *Das Buch Hitler*, p. 448 e.v.
134 Vgl. Joachimsthaler, *Hitlers Ende*, p. 333-383; Völklein, *Hitlers Tod*, p. 131, 158 e.v.
135 De drie telegrammen zijn afgedrukt in Joachimsthaler, *Hitlers Ende*, p. 227, 280, 281 e.v.; vgl. Lang, *Der Sekretär*, p. 337 e.v.; Dönitz, *Zehn Jahre und ein Tag*, p. 433-438; Russisch verhoorprotocol van grootadmiraal Karl Dönitz; Mohndorf, 17-6-1945; Christoforow e.a. (red.), *Verhört*, p. 63 e.v.
136 Domarus, *Hitler*, band II, 2, p. 2250; Joachimsthaler, *Hitlers Ende*, p. 283.
137 Vgl. Reuth, *Goebbels*, p. 610 e.v.
138 Vgl. ook daar, p. 613-615.
139 Besymenski, *Die letzten Notizen von Martin Bormann*, p. 272. Vgl. Lang, *Der Sekretär*, p. 340-342, 402 e.v.; Junge, *Bis zur letzten Stunde*, p. 213-215; Misch, *Der letzte Zeuge*, p. 233-238; Eberle/Uhl (red.), *Das Buch Hitler*, p. 456-460.

18 Hitlers plaats in de geschiedenis, een balans

1 Th. Mann, *Tagebücher 1944 –1946*, p. 197 (2-5-1945). Vgl. p. 627 (noot 3 bij 2-5-1945).
2 William L. Shirer, *Berliner Tagebuch. Das Ende. 1944-1945*. Vertaald en uitgegeven door Jürgen Schebera, Leipzig 1994, p. 65 (1-5-1945), 74 (6-5-1945).
3 Neitzel (red.), *Abgehört*, doc. 79, p. 210-212.
4 Idem., doc. 72, p. 195, doc. 73, p. 197.
5 Dagboek van Reinhardt, 9-6-1945; BA-MA Freiburg, N 245/3.
6 Elsa Bruckmann aan Marie von Hellingrath, 14-4-1945; citaat via Martynkewicz, *Salon Deutschland*, p. 523.
7 Speer, *Erinnerungen*, p. 491.
8 Vgl. Kitchen, *Speer*, p. 283 e.v.; Brechtken, *Albert Speer*, p. 295 e.v.; Isabell Trommer,

Rechtfertigung und Entlastung. Albert Speer in der Bundesrepublik, Frankfurt/Main 2016.
9   Hermann Okraß, 'Abschied von Hitler', in *Hamburger Zeitung* 2-5-1945; in *Die Zeit* nr. 17 van 23-4-2015, p. 19. Vgl. daar ook de subtiele interpretatie van Benedikt Erenz.
10 Walb, *Ich, die Alte – ich, die Junge*, p. 338 (2-5-1945), 345 (8-5-1945).
11 Kellner, *Tagebücher 1939-1945*, deel 2, p. 931 (6-5-1943), 930 (1-5-1945).
12 Kardorff, *Berliner Aufzeichnungen 1942 bis 1945*, p. 320 (2-5-1945).
13 Breloer (red.), *Mein Tagebuch*, p. 182.
14 Erich Kästner, *Notabene 45. Ein Tagebuch*, München 1993, p. 114 e.v. (4-5-1945).
15 Anoniem, *Eine Frau in Berlin*. Dagboekaantekeningen van 20 april tot 22 juni 1945, Frankfurt/Main 2003, p. 186 (11-5-1945).
16 Klemperer, *Tagebücher 1942-1945*, p. 761 (1-5-1945), 773 (11-5-1945).
17 Kellner, *Tagebücher 1939-1945*, deel 2, p. 932 (6-5-1945).
18 Martha Gellhorn, *Das Gesicht des Krieges. Reportagen 1937-1987*, München en Hamburg 1989; citaat via Hans Magnus Enzensberger (red.), *Europa in Ruinen. Augenzeugenberichte aus den Jahren 1944-1948*, München 1995, p. 88.
19 Wolff-Mönckeberg, *Briefe, die sie nicht erreichten*, p. 171 (1-6-1945).
20 Margaret Bourke-White, *Deutschland – April 1945. 'Dear Fatherland Rest Quietly'*, München 1979, p. 90.
21 Vgl. bovenaan p. 329-333; Volker Ullrich, 'Das offene Geheimnis', in *ZEIT-Geschichte*, H. 1 (2017), p. 92-97.
22 Shirer, *Berliner Tagebuch 1944-1945*, p. 162 (30-10-1945), 161 (3-11-1945).
23 Vgl. Norbert Frei, 'Führerbilderwechsel. Hitler und die Deutschen nach 1945', in Hans-Ulrich Thamer/Simone Erpel (red.), *Hitler und die Deutschen. Volksgemeinschaft und Verbrechen*, Dresden 2011, p. 142-147 (aldaar op p. 144).
24 Vgl. Gustave M. Gilbert, *Nürnberger Tagebuch*, Frankfurt/M. 1962; Leon Goldensohn, *Die Nürnberger Interviews. Gespräche mit Angeklagten und Zeugen*, Düsseldorf-Zürich 2005.
25 Vgl. Lutz Niethammer, *Die Mitläuferfabrik. Die Entnazifizierung am Beispiel Bayerns*, Bonn 1982.
26 Victor Klemperer, *Warum soll man nicht auf bessere Zeiten hoffen. Ein Leben in Briefen*. Uitgegeven door Walter Nowojski en Nele Holdack m.m.v. Christian Löser, Berlin 2017, p. 335 (20-6-1946).
27 Hannah Arendt, *Besuch in Deutschland*, Berlijn 1993, p. 25, 35.
28 Alexander en Margarete Mitscherlich, *Die Unfähigkeit zu trauern. Grundlagen kollektiven Verhaltens*, München 1967, vooral p. 27 e.v., 71 e.v.
29 Klaus Mann, *Hitler ist tot*, in: *Auf verlorenem Posten. Aufsätze, Reden, Kritiken 1942-1949*. Uitgegeven door Uwe Naumann en Michael Töteberg, Reinbek bei Hamburg 1994, p. 211-215 (aldaar p. 211).
30 Vgl. Hartmann e.a. (red.), *Hitler, Mein Kampf. Eine kritische Edition*, deel 1 (Inleiding), p. 30-34; Andreas Wirsching, 'Hitlers Authentizität. Eine funktionalistische Deutung', in *Vierteljahrshefte für Zeitgeschichte*, jrg. 64 (2016), p. 387-417 (aldaar p. 396-398)
31 Vgl. Longerich, Hitler, p. 14 e.v., 997 e.v.
32 Aldus Haffner, *Anmerkungen zu Hitler*, p. 22. Vgl. Schwerin von Krosigk aan Fred L. Casmir, 27-7-1960: 'In de demagogie die hij als redenaar ten volle kon ontplooien, was hij een onnavolgbare meester. Zonder zijn retorische gaven was hij een onbekende bohemien gebleven.' BA Koblenz, N 1276/40.
33 Ludolf Herbst, *Hitlers Charisma. Die Erfindung eines deutschen Messias*, Frankfurt/M. 2010, p. 128. Vgl. Richard Walter Darré, *'Drehbühne'. Nürnberger Aufzeichnungen*, p. 139: Hitler zou over de gave hebben beschikt om 'alseen brandspiegel in de gemoedsbewegingen van de aanwezigen in zich op te nemen' en die 'eenvoudige, bondige woorden te vatten', zodat elk van de aanwezigen zich persoonlijk aangesproken kon voelen; BA Koblenz, N 1094 1/28.
34 Ernst von Weizsäcker, *Erinnerungen*. Manuscript (handgeschreven in augustus 1944 in het Vaticaan), p. 253; BA Koblenz, N 1273/47.
35 Vgl. Pyta, *Hitler*, p. 10-14. Voor de invloed van het theaterwerk van Richard Wagner op

Hitler vgl. ook Hans Rudolf Vaget, 'Wehvolles Erbe'. Richard Wagner in Deutschland. Hitler, Knappertsbusch, Mann, Frankfurt/M. 2017, p. 110 e.v., 135 e.v.
36 Afhankelijk van de situatie of zijn toehoorders kon Hitler 'zijn gedrag, zijn vocabulaire en de toon van zijn stem aanpassen', omschreef Speer in een brief in 1973 de – wat hem betrof – 'een van de grootste gaven' van Hitler. Albert Speer aan Erich Fromm, 15-2-1973; BA Koblenz, N 1340/21.
37 Wehler, *Deutsche Gesellschaftsgeschichte*, deel IV, p. 560.
38 Ernst von Weizsäcker aan zijn moeder, 8-12-1940; BA Koblenz, N 1273/30. M.b.t. het bestuurssysteem van de nazi's vgl. de samenvatting van Hans-Ulrich Thamer, *Adolf Hitler. Biographie eines Diktators*, München 2018, p. 192-198.
39 Goebbels, *Tagebücher* deel 11, Dl.8, p. 510 (22-6-1943). Ook Alfred Rosenberg klaagde in juli 1943 over gebrek aan leiding: Er is 'geen leiding', alleen 'verscheidene cliques […], diadochenachtige groepen – maar geen oorlogskabinet'. Rosenberg, *Die Tagebücher von 1934 bis 1944*, p. 481 (30-7-1943).
40 Herbert Backe aan zijn vrouw, 27-4-1941; BA Koblenz, N 1075/25.
41 Vgl. aant. Richard Walter Darré, deel 1, p. 34: Hitler zou bezeten zijn geweest van het idee-fixe 'dat hij voor zijn dood alles zelf moest oplossen wat hem door het noodlot was opgedragen'. 'Zo raakte hij in een staat van opwinding, die hij natuurlijk overdroeg op zijn omgeving en zijn directe ondergeschikten.' IfZ München, ED 110, deel 1.
42 Speer, *Spandauer Tagebücher*, p. 327 (20-11-1952).
43 Haffner, *Germany: Jekyll & Hyde*, p. 31.
44 Vgl. ook Peter Longerich, 'Warum München? Wie Bayerns Metropole die "Hauptstadt der Bewegung" wurde', in Nerdinger (red.), *München und der Nationalsozialismus*, p. 387-407.
45 Vgl. Mark Jones, *Am Anfang war Gewalt. Die deutsche Revolution 1918/19 und der Beginn der Weimarer Republik*, Berlijn 2017, p. 340 e.v.
46 Vgl. Wehler, *Deutsche Gesellschaftsgeschichte*, deel IV, p. 547 e.v.; Hitler als historische figuur ook in: *Land ohne Unterschichten? Neue Essays zur deutschen Geschichte*, München 2010, p. 92-105 (hier op p. 100-103).
47 Vgl. Harold James, *Krupp. Deutsche Legende und globales Unternehmen*, München 2011, p. 196-201; Christian Marx, *Paul Reusch und die Gutehoffnungshütte. Leitung eines deutschen Großunternehmens*, Göttingen 2013, p. 196-201; Werner Plumpe, *Carl Duisberg 1861-1935. Anatomie eines Industriellen*, München 2016, p. 784-793.
48 Dagboekaantekening van Hans Frank 10-2-1937; BA Koblenz, N 1110/2.
49 Vgl. Kershaw, *Der Hitler-Mythos*, p. 68 e.v.
50 Haffner, *Anmerkungen zu Hitler*, p. 47.
51 Vgl. Frank Bajohr, *Die Zustimmungsdiktatur. Grundzüge nationalsozialistischer Herrschaft in Hamburg*, in *Hamburg im 'Dritten Reich'*, p. 69-120. Over de vestiging van een 'pronaziconsensus' spreekt ook Gellately, *Hingeschaut und weggesehen*, p. 29.
52 Vgl. Götz Aly, *Hitlers Volksstaat*, p. 36, 51.
53 Vgl. Kershaw, *Der Hitler-Mythos*, p. 207 e.v.
54 Vgl. Hans Mommsen, *Die Rückkehr zu den Ursprüngen. Betrachtungen zur inneren Auflösung des Dritten Reiches nach der Niederlage von Stalingrad*, ook in: *Von Weimar nach Auschwitz. Zur Geschichte Deutschlands in der Weltkriegsepoche*, Stuttgart 1999, p. 309-324.
55 Goebbels, *Tagebücher* deel 11, hfdst. 15, p. 586 (24-3-1945).
56 Vgl. samenvattend bericht van de rijkspropagandabreaus van 21-3-1945: 'Het overgrote deel van de bevolking' zou 'ondanks alle tegenslag en ondanks de neerslachtigheid evenzeer bereid zijn al het denkbare te doen en alle lasten te dragen als tevoren, ja zelfs grote offers te brengen.' BA Berlin-Lichterfelde, R 55/601.
57 Speer, *Spandauer Tagebücher*, p. 632 (28-4-1965).
58 Citaat via Sebastian Ullrich, *Der Weimar-Komplex. Das Scheitern der ersten deutschen Demokratie und die politische Kultur der frühen Bundesrepublik 1945-1959*, Göttingen 2009, p. 62 e.v. Vgl. Jörg Später, *Vansittart. Britische Debatten über Deutsche und Nazis 1902-1945*, Göttingen 2003.

59 Vgl. Ullrich, *Der Weimar-Komplex*, p. 77; Kathleen Burk, *Troublemaker. The Life and History of A. J. P. Taylor*, New Haven/Londen 2000.
60 William L. Shirer, *Aufstieg und Fall des Dritten Reiches*, deel 1, München-Zürich 1963, p. 111-119 (citaat p. 117).
61 Friedrich Meinecke, *Die deutsche Katastrophe*, Wiesbaden 1946, p. 89.
62 Golo Mann, *Deutsche Geschichte des 19. und 20. Jahrhunderts*. Herziene uitgave, Frankfurt/M. 1992, p. 812. In schril contrast daarmee staat de waardering die Golo Mann betuigde. Nog kort voor diens dood begin september 1981 schreef hij hem: 'U mag uw noodlot [...] wel als uitzonderlijk ervaren: te hebben behoord tot de wereld die is ondergegaan, maar ook niet, en nu de laatste te zijn die overgebleven is en genoeg tegenwoordigheid van geest bezit om te getuigen van het verleden met een autoriteit die alleen u toekomt. Dat u dat doet, dat u niet moe wordt dat te doen, daarvoor zijn wij u dank verschuldigd.' Golo Mann aan Albert Speer, 27-7-1981; BA Koblenz, N 1340/37.
63 Golo Mann aan Joachim Fest, 25-11-1986; Golo Mann, *Briefe 1932-1992*. Tilmann Lahme en Katrin Lüssi (red.), Göttingen 2006, p. 304.
64 Th. Mann, *Tagebücher 1937-1939*, p. 119 (19-10-1937).
65 Klaus von Dohnanyi, 'Im Land der Verlorenen', in *Frankfurter Allgemeine Zeitung* Nr. 160, 14-7-1999, p. 53.
66 Eberhard Jäckel, *Das deutsche Jahrhundert. Eine historische Bilanz*, Stuttgart 1996, p. 154. Ook Ralf Georg Reuth omschrijft Hitler in zijn slotresumé als 'het resultaat van een historisch toeval' (*Hitler*, p. 642).
67 Vgl. de verhelderende overwegingen van Thomas Nipperdey: '1933 und die Kontinuität der deutschen Geschichte', in zijn *Kann Geschichte objektiv sein?* Historische essays van Paul Nolte (red.), München 2013, p. 253-278; Helmut Walser Smith, *Fluchtpunkt 1941. Kontinuitäten der deutschen Geschichte*, Stuttgart 2010, vooral p. 189 e.v.
68 Meinecke, *Die deutsche Katastrophe*, p. 29 e.v.
69 Vgl. samenvatting Volker Ullrich, *Die nervöse Großmacht. Aufstieg und Untergang des deutschen Kaiserreichs*. Uitgebreide uitgave, Frankfurt/M. 2013, p. 383-397. M.b.t. het 'Kaiserbuch' vgl. ook Johannes Leicht, *Heinrich Claß 1868-1953. Die politische Biographie eines Alldeutschen*, Paderborn 2012, p. 152-164.
70 Vgl. Ullrich, *Die nervöse Großmacht*, p. 485-492; Heinz Hagenlücke, *Deutsche Vaterlandspartei. Die nationale Rechte am Ende des Kaiserreichs*, Düsseldorf 1997, p.143 e.v.
71 Geciteerd via Uwe Lohalm, *Völkischer Radikalismus. Die Geschichte des Deutsch-Völkischen Schutz- und Trutzbundes 1919-1923*, Hamburg 1970, p. 42.
72 Michael Epkenhans: 'Wij als Duits volk zijn toch niet klein te krijgen...' Uit de dagboeken van kapitein-luitenant-ter-zee Bogislav von Selchow 1918-1919, in *Militärgeschichtliche Mitteilungen*, band 55 (1996), p. 199 e.v.
73 Victor Klemperer, *Leben sammeln, nicht fragen wozu und warum. Tagebücher 1918-1924*. Walter Nowojski (red.), Berlin 1996, p. 183 (21-9-1919).
74 Fritz Fischer, *Griff nach der Weltmacht. Die Kriegszielpolitik des kaiserlichen Deutschland 1914/18*, Düsseldorf 1961, p. 111.
75 Egmont Zechlin, 'Ludendorff im Jahre 1915'. Niet-gepubliceerde brieven in *Historische Zeitschrift*, deel 211 (1970), p. 352. Voor 'Oberost' vgl. Vejas Gabriel Liulevicius, *Kriegsland im Osten. Eroberung, Kolonisierung und Militärherrschaft im Ersten Weltkrieg*, Hamburg 2002.
76 Heinrich August Winkler, *Der lange Weg nach Westen*, deel 1, München 2000, p. 358.
77 Vgl. Sebastian Haffner, *Von Bismarck zu Hitler. Ein Rückblick*, München 1987, p. 141.
78 Fritz Fischer, *Hitler war kein Betriebsunfall. Aufsätze*, München 1992, p. 174-181 (citaat p. 181).
79 Konrad Heiden, *Adolf Hitler. Ein Mann gegen Europa. Eine Biographie*, Zürich 1937, p. 209.
80 Marianne von Weizsäcker aan haar moeder, 17-3 en 24-3-1939; BA Koblenz, N 1273/39.
81 Vgl. Ian Kershaw, *Hitlers Freunde in England. Lord Londonderry und der Weg in den Krieg*, München 2005; Volker Ullrich, 'The Führer's Best Friends', in *ZEIT-Geschichte*, hfdst. 3 (2013), p. 56-61.

82 Aldus Churchill in zijn radiotoespraak van 22-6-1941; Winston Churchill, *Reden in Zeiten des Kriegs*. Geselecteerd en toegelicht door Klaus Körner, Hamburg-Wenen 2002, p. 135.
83 Vgl. Haffner, *Anmerkungen zu Hitler*, p. 138 e.v.
84 Aantekening van Martin Bormann over het onderhoud van Hitler met Mussert op 10-12-1942; BA Berlin-Lichterfelde, NS 6/161.
85 Vgl. Mazower, *Hitlers Imperium*, p. 239 e.v.
86 Goebbels, *Tagebücher* deel I, hfdst. 8, p. 214 (9-7-1940).
87 Idem, deel II, hfdst. 6, p. 52 (2-10-1942). Ook tegen Rosenberg zei Hitler dat 'de opgaven in het oosten ... een kwestie van een eeuw' waren. Rosenberg, *Die Tagebücher von 1934 bis 1944*, p. 400 (20-7-1941).
88 Karl Alexander von Müller aan Theodor Schieder, 17-9-1941; geciteerd via Matthias Berg, *Karl Alexander von Müller. Historiker für den Nationalsozialismus*, Göttingen 2014, p. 332.
89 Brief Günther von Kluge, 3-12-1942; BA-MA Freiburg, MSG 2/11185.
90 *Das Deutsche Reich und der Zweite Weltkrieg*, deel 8, p. 1193 (bijdrage Wegner).
91 Goebbels, *Tagebücher* deel II, H. 7, p. 454 (2-3-1943).
92 Idem., hfdst. 12, p. 140 (18-4-1944).
93 Vgl. Verklaring van Walther Funk tegenover de gerechtspsychiater Leon Goldensohn, 12-5-1946; Goldensohn, *Die Nürnberger Interviews*, p. 158.
94 Speer, *Spandauer Tagebücher*, p. 35 (8-11-1946). Vgl. aant. Hanskarl von Hasselbach 'Hitlers Menschenkenntnis' (27-9-1945): De dictator zou zich in de laatste fase van de oorlog 'tegen beter weten in hebben overtuigd van een onwankelbaar geloof in de uiteindelijke overwinning.' BA Koblenz, N 1128/33.
95 Goebbels, *Tagebücher* deel II, hfdst. 15, p. 371 (12-2-1945).
96 Kl. Mann, *Auf verlorenem Posten*, p. 211.
97 Bullock, *Hitler*, deel 2, p. 848 e.v.
98 Jacob Burckhardt, *Weltgeschichtliche Betrachtungen*. Historisch-kritische uitgave van verzameld werk, Pfullingen 1949, p. 278.
99 Fest, *Hitler*, p. 17, 22, 20.
100 Kershaw, *Hitler*, deel I, p. 21.
101 Konrad Heiden, *Adolf Hitler. Das Zeitalter der Verantwortungslosigkeit. Eine Biographie*, Zürich 1936, p. 6.
102 Burckhardt, *Weltgeschichtliche Betrachtungen*, p. 278.
103 Handgeschreven aantekening van Helmuth Greiners 31-3-1942; BA Koblenz, N 1033/13.
104 Vgl. Horst Möllers voorwoord bij Eberle/Uhl (red.), *Das Buch Hitler*, p. 6. M.b.t. Stalins opkomst en opvattingen over geweld vgl. Baberowski, *Verbrannte Erde*, p. 109 e.v., 131 e.v., 212 e.v. Fundamenteel Alan Bullock, *Hitler und Stalin. Parallele Leben*, München 1991.
105 Goebbels, *Tagebücher* deel I, hfdst. 7, p. 269 (13-1-1940).
106 Idem, deel II, hfdst. 4, p. 355 (24-5-1942).
107 Idem, hfdst.10, p.178 e.v. (27.10-1943). Vgl. idem, H. 8, p. 233 (8-5-1943), hfdst. 11, p. 162 (25-1-1944), 403 (4-3-1944).
108 *Der Spiegel*, nr. 3 van 10-1-1966, p. 42.
109 Klaus Mann aan Thomas Mann, 16-5-1945; Tilmann Lahme/Holger Pils/Kerstin Klein (red.), *Die Briefe der Manns. Ein Familienporträt*, Frankfurt/M. 2016, p. 314.
110 BA Berlin-Lichterfelde, NS 6/777.
111 Geciteerd via Deuerlein, *Hitler*, p. 158.

Kaarten

Frankrijk, juni 1940

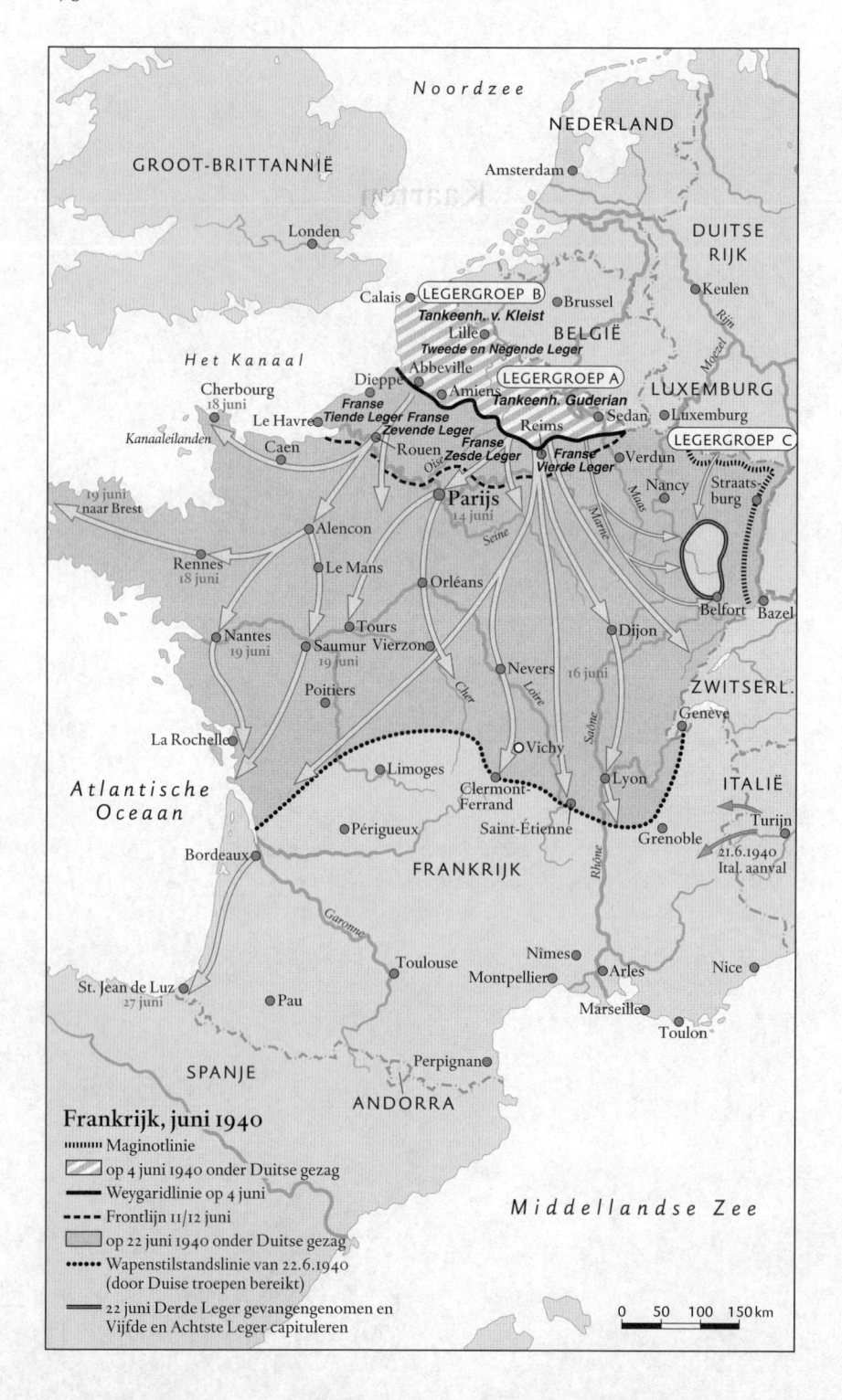

- ⋯⋯⋯ Maginotlinie
- ▨ op 4 juni 1940 onder Duitse gezag
- ── Weygardlinie op 4 juni
- ---- Frontlijn 11/12 juni
- ▢ op 22 juni 1940 onder Duitse gezag
- •••• Wapenstilstandslinie van 22.6.1940 (door Duise troepen bereikt)
- ── 22 juni Derde Leger gevangengenomen en Vijfde en Achtste Leger capituleren

KAARTEN

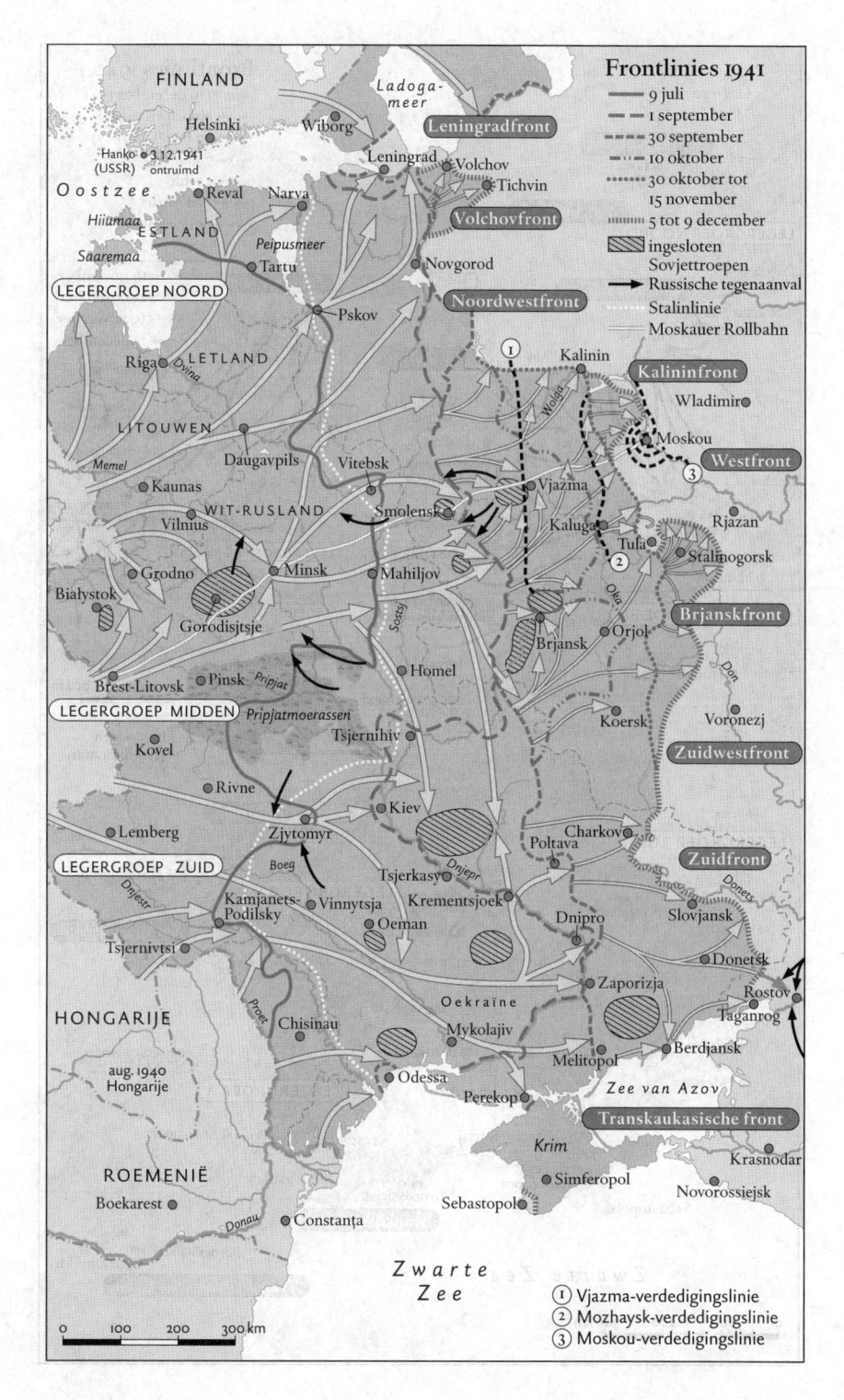

Frontlinies 1941

— 9 juli
— — 1 september
— — — 30 september
— · — 10 oktober
· · · · 30 oktober tot 15 november
ııııııı 5 tot 9 december
▨ ingesloten Sovjettroepen
➙ Russische tegenaanval
Stalinlinie
Moskauer Rollbahn

① Vjazma-verdedigingslinie
② Mozhaysk-verdedigingslinie
③ Moskou-verdedigingslinie

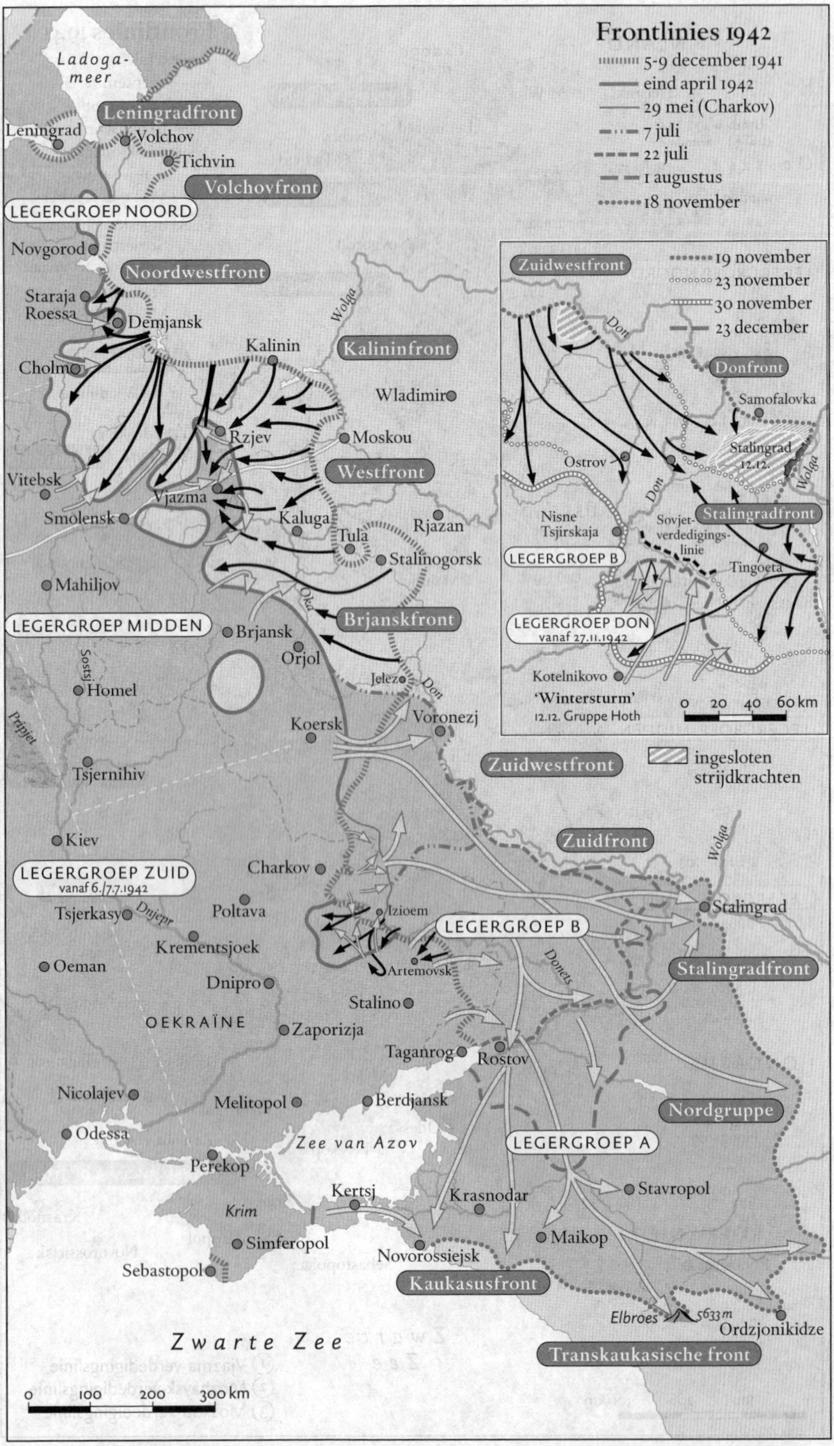
Frontlinies 1942
5-9 december 1941
eind april 1942
29 mei (Charkov)
7 juli
22 juli
1 augustus
18 november
Ladoga-meer
Leningradfront
Leningrad
Volchov
Tichvin
Volchovfront
LEGERGROEP NOORD
Novgorod
Noordwestfront
Staraja Roessa
Demjansk
Wolga
Kalinin
Kalininfront
Cholm
Wladimir
Rzjev
Moskou
Westfront
Vitebsk
Vjazma
Smolensk
Kaluga
Tula
Rjazan
Stalinogorsk
Mahiljov
Oka
Brjanskfront
LEGERGROEP MIDDEN
Brjansk
Orjol
Sostsj
Homel
Jelez
Don
Prypjat
Koersk
Voronezj
Tsjernihiv
Zuidwestfront
Zuidfront
Kiev
LEGERGROEP ZUID
vanaf 6./7.7.1942
Charkov
Tsjerkasy
Dnjepr
Poltava
Izioem
LEGERGROEP B
Stalingrad
Krementsjoek
Artemovsk
Donets
Stalingradfront
Oeman
Dnipro
Stalino
OEKRAÏNE
Zaporizja
Taganrog
Rostov
Nicolajev
Melitopol
Berdjansk
Nordgruppe
Odessa
Zee van Azov
LEGERGROEP A
Perekop
Kertsj
Stavropol
Krim
Krasnodar
Simferopol
Maikop
Novorossiejsk
Sebastopol
Kaukasusfront
Elbroes
5633 m
Ordzjonikidze
Zwarte Zee
Transkaukasische front
0 100 200 300 km
Zuidwestfront
19 november
23 november
30 november
23 december
Donfront
Samofalovka
Stalingrad 12.12.
Ostrov
Nisne Tsjirskaja
Stalingradfront
Sovjet-verdedigingslinie
LEGERGROEP B
Tingoeta
LEGERGROEP DON
vanaf 27.11.1942
Kotelnikovo
'Wintersturm'
12.12. Gruppe Hoth
0 20 40 60 km
ingesloten strijdkrachten

KAARTEN

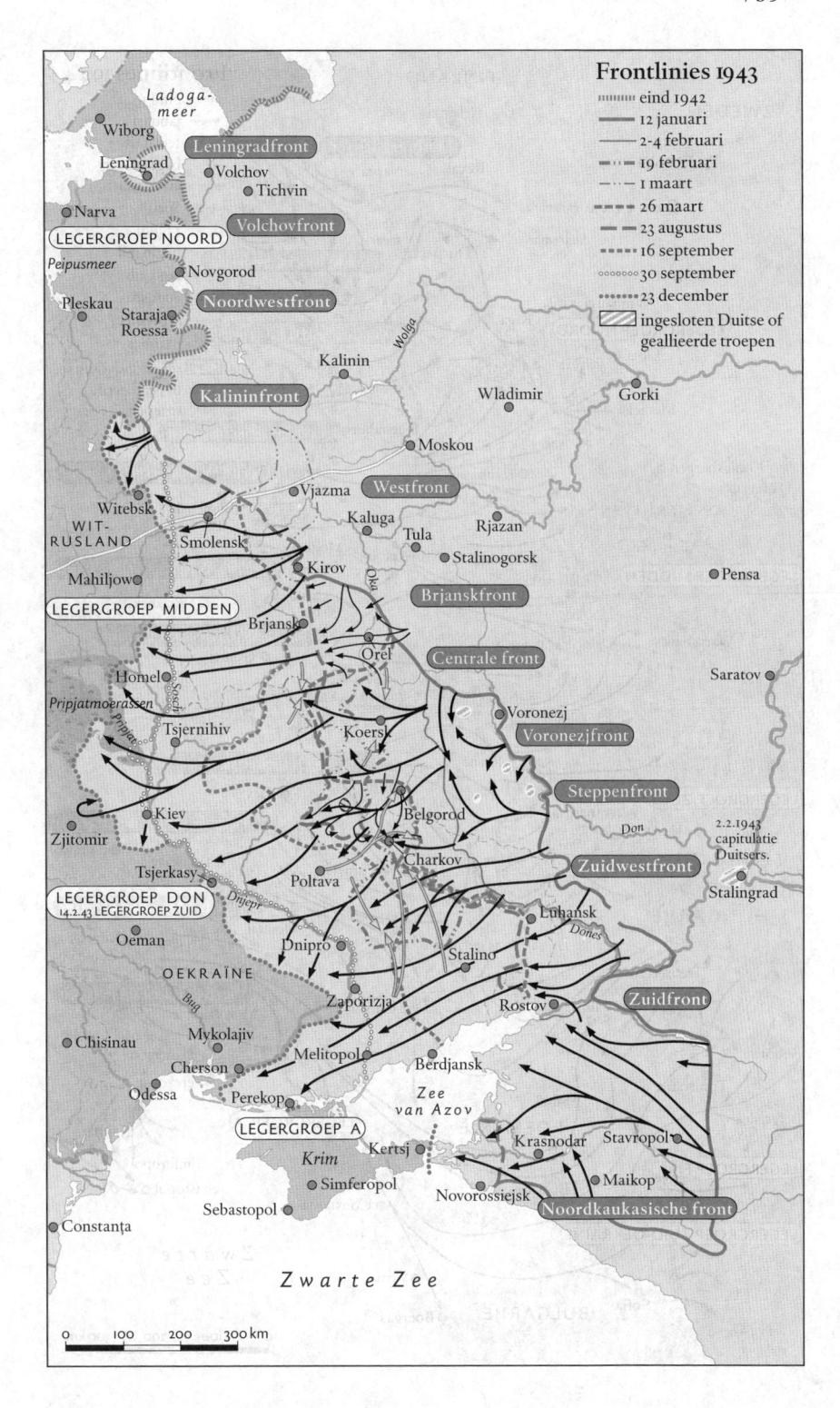

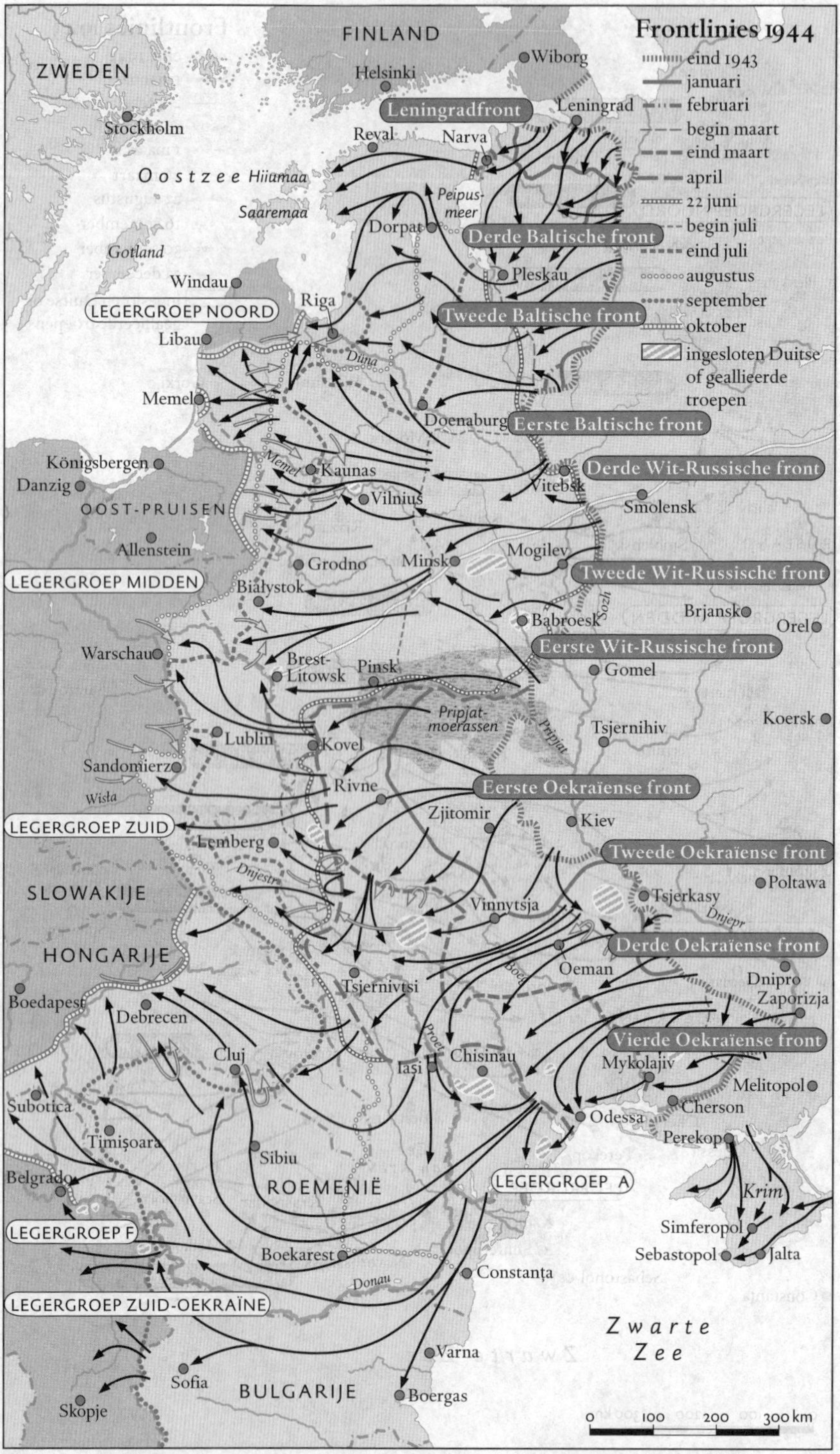
Frontlinies 1944
eind 1943
januari
februari
begin maart
eind maart
april
22 juni
begin juli
eind juli
augustus
september
oktober
ingesloten Duitse of geallieerde troepen
FINLAND
ZWEDEN
Stockholm
Helsinki
Wiborg
Leningrad
Leningradfront
Reval
Narva
Oostzee
Hiiumaa
Saaremaa
Peipus-meer
Dorpat
Derde Baltische front
Gotland
Windau
Pleskau
LEGERGROEP NOORD
Riga
Tweede Baltische front
Libau
Düna
Memel
Doenaburg
Eerste Baltische front
Königsbergen
Danzig
Memel
Kaunas
Derde Wit-Russische front
Vitebsk
Vilnius
Smolensk
OOST-PRUISEN
Allenstein
Mogilev
Minsk
Grodno
Tweede Wit-Russische front
LEGERGROEP MIDDEN
Białystok
Brjansk
Babroesk
Orel
Sozh
Warschau
Eerste Wit-Russische front
Brest-Litowsk
Pinsk
Gomel
Pripjat-moerassen
Pripjat
Koersk
Lublin
Tsjernihiv
Kovel
Sandomierz
Rivne
Eerste Oekraïense front
Wisła
Zjitomir
Kiev
LEGERGROEP ZUID
Lemberg
Tweede Oekraïense front
SLOWAKIJE
Dnjestr
Tsjerkasy
Poltawa
Vinnytsja
Dnjepr
HONGARIJE
Derde Oekraïense front
Oeman
Boeg
Dnipro
Tsjernivtsi
Zaporizja
Boedapest
Debrecen
Vierde Oekraïense front
Proet
Cluj
Iasi
Chisinau
Mykolajiv
Melitopol
Subotica
Odessa
Cherson
Timişoara
Perekop
Sibiu
Belgrado
ROEMENIË
LEGERGROEP A
Krim
LEGERGROEP F
Simferopol
Sebastopol
Jalta
Boekarest
Constanța
Donau
LEGERGROEP ZUID-OEKRAÏNE
Zwarte Zee
Varna
Sofia
BULGARIJE
Boergas
Skopje
0 100 200 300 km

KAARTEN

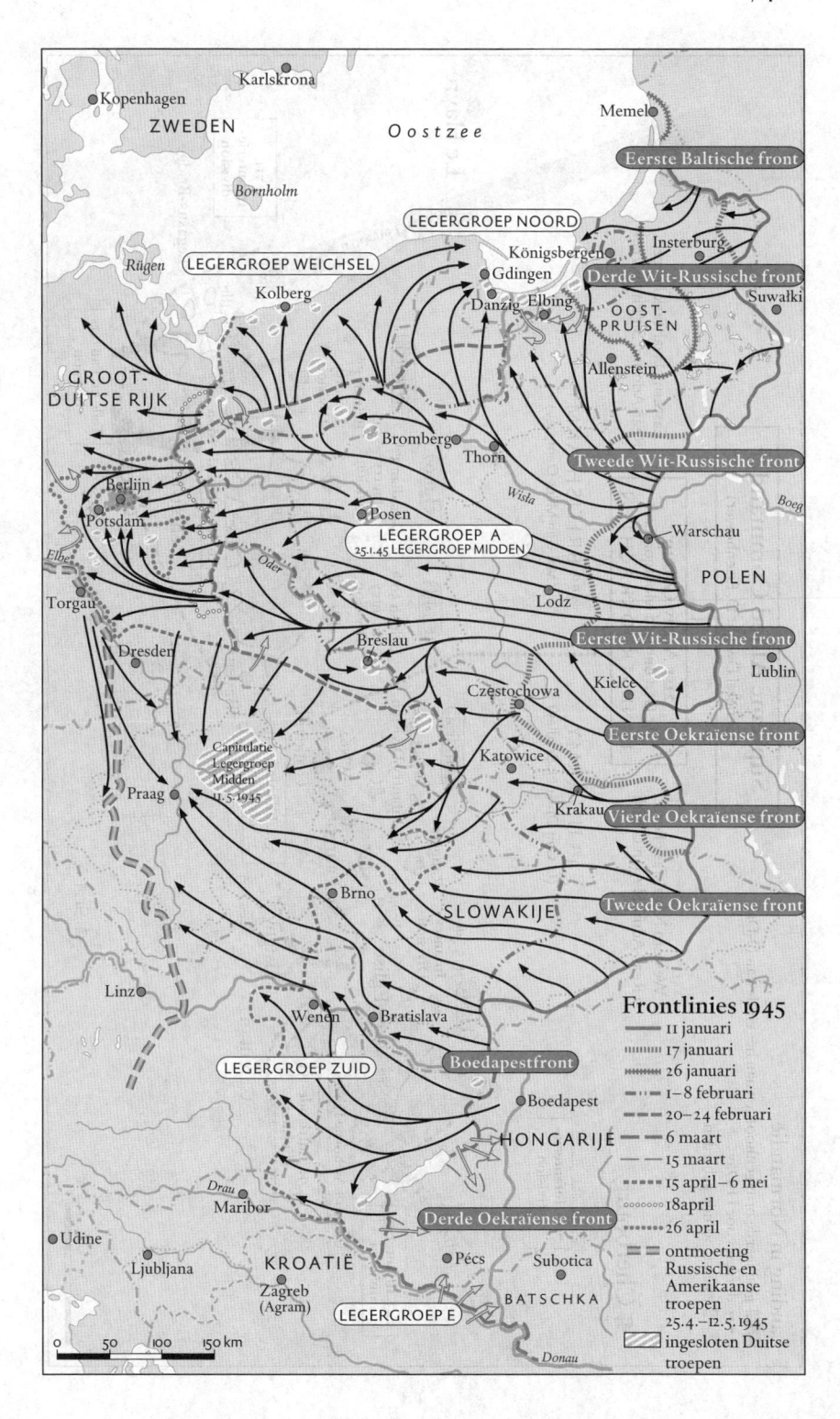

Frontlinies 1945

Landing in Normandië

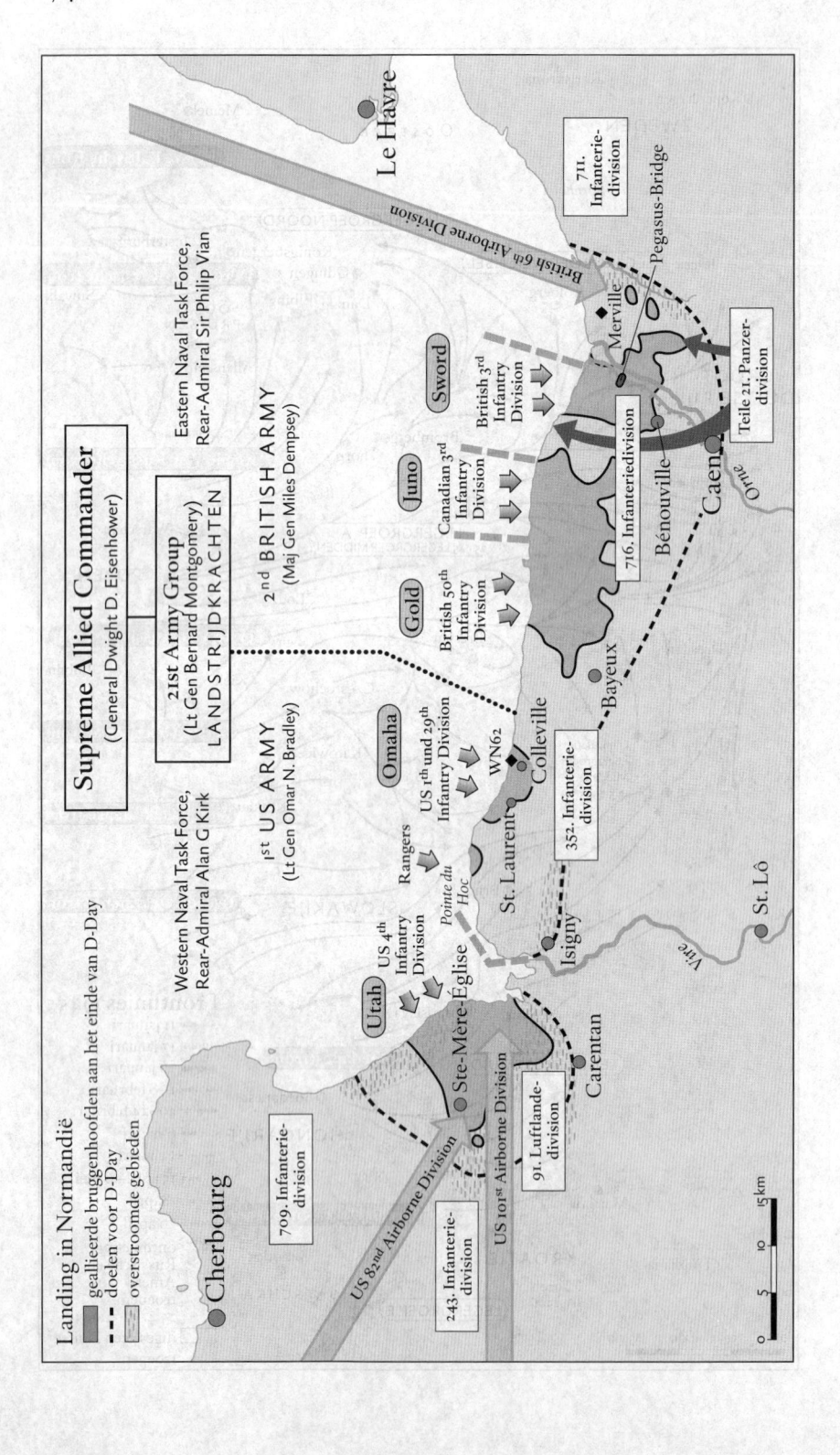

- geallieerde bruggenhoofden aan het einde van D-Day
- - - doelen voor D-Day
- overstroomde gebieden

Supreme Allied Commander
(General Dwight D. Eisenhower)

Western Naval Task Force,
Rear-Admiral Alan G Kirk

Eastern Naval Task Force,
Rear-Admiral Sir Philip Vian

21st Army Group
(Lt Gen Bernard Montgomery)
LANDSTRIJDKRACHTEN

1st US ARMY
(Lt Gen Omar N. Bradley)

2nd BRITISH ARMY
(Maj Gen Miles Dempsey)

British 6th Airborne Division

Sword — British 3rd Infantry Division

Juno — Canadian 3rd Infantry Division

Gold — British 50th Infantry Division

Omaha — US 1th und 29th Infantry Division

Rangers — Pointe du Hoc

Utah — US 4th Infantry Division

US 82nd Airborne Division

US 101st Airborne Division

- Le Havre
- Pegasus-Bridge
- Merville
- Bénouville
- Caen
- Bayeux
- WN62
- Colleville
- St. Laurent
- Isigny
- St. Lô
- Ste-Mère-Église
- Carentan
- Cherbourg

Orne · Vire

- 711. Infanteriedivision
- Teile 21. Panzerdivision
- 716. Infanteriedivision
- 352. Infanteriedivision
- 91. Luftlandedivision
- 243. Infanteriedivision
- 709. Infanteriedivision

0 5 10 15 km

Bronnen en literatuur

1. Bronnen

1.1 Niet-gepubliceerde bronnen

Bundesarchiv (BA) Berlin-Lichterfelde
- Bestand NS 6 (Partei-Kanzlei der NSDAP. 1, 2, 17, 23, 24, 115, 116, 130, 135, 140, 142, 153, 156, 159, 161, 162, 166, 277, 289, 342, 343, 350, 353, 354, 414, 415, 518, 770, 772, 777, 785, 793
- Bestand 10 (Persönliche Adjutantur des Führers und Reichskanzlers) 11, 12, 14, 15, 17, 18, 19, 20, 37, 38, 591
- Bestand NS 19 (Persönlicher Stab Reichsführer SS) 650, 1205, 1880, 3872, 3899
- Bestand NS 51 (Kanzlei des Führers/Dienststelle Bouhler) 28, 29, 39
- Bestand R 43 (Neue Reichskanzlei) II/615c, 664a, 665, 957, 957a, 958, 615c, 985a, 985b, 985c, 986, 1641
- Bestand R 55 (Reichsministerium für Volksaufklärung und Propaganda) 570, 571, 572, 573, 574, 575, 601, 602, 603, 612

Bundesarchiv (BA) Koblenz
- N 1110 (Nalatenschap Hans Frank) 2, 10, 18, 50
- N 1122 (Nalatenschap Karl Haushofer) 15
- N 1033 (Nalatenschap Helmuth Greiner) 2, 13, 20, 21, 24
- N 1075 (Nalatenschap Herbert Backe) 25, 26, 27
- N 1094 (Nalatenschap Walter Darré) I/23, 24, 28, II/9b
- N 1128 (Nalatenschap Adolf Hitler) 33
- N 1241 (Nalatenschap Wilhelm Frick) 3, 4
- N 1273 (Nalatenschap Ernst von Weizsäcker) 29, 30, 32, 42, 47, 48, 49, 50
- N 1276 (Nalatenschap Lutz Graf Schwerin von Krosigk) 40, 45, 113
- N 1292 (Nalatenschap Wilhelm Stuckart) 6
- N 1310 (Nalatenschap Konstantin Freiherr von Neurath) 74
- N 1318 (Nalatenschap Rudolf Wolters) 21, 23
- N 1322 (Nalatenschap Fritz Hesse) 2, 4
- N 1340 (Nalatenschap Albert Speer) 9, 14, 21, 24, 27, 28, 30, 37, 58, 60, 64, 70, 75, 76, 84, 133, 183, 219, 288, 291, 384, 518, 596
- N 1348 (Nalatenschap Theodor Morell) 1, 2, 3, 4, 5, 6, 8
- N 1720 (Nalatenschap Fritz Wiedemann) 4
- N 1582 (Nalatenschap Fritz Sauckel) 3, 4, 5

Bundesarchiv (BA-MA) Freiburg
N 19 (Nalatenschap Maximilian Freiherr von und zu Weichs) 10, 15
N 24 (Nalatenschap Friedrich Hoßbach) 6, 13, 14, 15, 16, 17, 18, 19, 38, 39
N 51 (Nalatenschap Erich Hoepner) 2, 3, 9
N 54 (Nalatenschap Wilhelm Keitel) 12, 46

N 60 (Nalatenschap Ferdinand Schörner) 17
N 63 (Nalatenschap Kurt Zeitzler) 15, 19, 79, 80, 83
N 69 (Nalatenschap Alfred Jodl) 3, 10, 18, 22, 27, 47, 48, 50
N 117 (Nalatenschap Erwin Rommel) 1, 2, 3, 4, 29, 32, 72, 73, 74, 75, 76, 77, 78, 79
N 118 (Nalatenschap Gerhard Engel) 5
N 220 (Nalatenschap Franz Halder) 72, 88, 124
N 245 (Nalatenschap Hans Georg Reinhardt) 2, 3, 21
N 265 (Nalatenschap Gotthard Heinrici) 35, 108, 117, 118
N 354 (Nalatenschap Ewald von Kleist) 21, 22
N 372 (Nalatenschap Friedrich Paulus) 9, 19, 20, 21, 22, 35
N 507 (Nalatenschap Erich von Manstein) 113, 121
N 647 (Nalatenschap Hermann Balck) 7, 8, 9, 10, 11, 12, 13
MSg 2/11185 (Uittreksel uit de brieven van Günther von Kluge)
MSg 2/12583 (Uittreksel uit de brieven van Gerd von Rundstedt)

Institut für Zeitgeschichte (IfZ) München

Bestand ED
- 100 (Collectie David Irving) Bd. 33 (Brieven Alwin Broder Albrecht 1941-1945), band. 63/64 (aantekeningen Hasso von Etzdorf), band 70/71 (Rapporten Erwin Giesing over de medische behandeling van Hitler 1944), bd. 76 (Agenda en brieven Helmuth Greiner 1941-1943), band 77 (Brieven Heinz Guderian, juni-december 1941), band 78 (Dagboek Walther Hewel), band 79 (Persoonlijke papieren Walther Hewel), bd. 203 (Aantekeningen Julius Schaub)
- 110 (Aantekeningen Richard Walter Darré 1945-1948)
- 180/5 (Agenda Hermann Göring)
- 524 (Correspondentie Christa Schroeder met Johanna Nusser 1939-1942)

Bestand MS
- 2049 (Heinrich Hoffmann: Rekening en verantwoordingen 1947)

Bestand F
- 19/4 (Agenda Heinz Linge maart 1943–februari 1945)
- 123 (Collectie Theodor Morell)

Bestand ZS
7 (Nicolaus von Below), 10 (Karl Bodenschatz), 18 (Charlotte von Brauchitsch), 19 (Walther von Brauchitsch), 38 (Bernd Freytag von Loringhoven), 57 (Heinz Guderian), 66 (Gotthard Heinrici), 69 (Adolf Heusinger), 145 (Lutz Graf Schwerin von Krosigk), 194 (Anni Winter), 208 (Günther Blumentritt), 209 (Ernst Wilhelm Bohle), 222 (Gerhard Engel), 238 (Helmuth Greiner), 239 (Heinz von Gyldenfeldt), 240 (Franz Halder), 242 (Hanskarl von Hasselbach), 243 (Heinrich Heim), 262 (Alfred Leitgen), 266 (Heinz Lorenz), 285 (Karl-Jesko von Puttkamer), 312 (Walter Warlimont), 322 (Hasso von Etzdorf), 627 (Wilhelm Ulex), 652 (Friedrich Paulus), 638 (Hans Baur), 678 (Alfred Jodl), 917 (Fritz Hesse), 1786 (Hans Erich Voß), 2015 (Heinz Assmann), 2089 (Ernst Schulte-Strathaus), 2093 (Inga Haag), 2235 (Traudl Junge), 2238 (Henriette von Schirach), 2240 (Christa Schroeder), 2242 (Winifred Wagner), 2250 (Max Wünsche), 2260 (Walter Frentz), 3095 (Hans-Georg Eismann)

Bayerisches Hauptstaatsarchiv (BayHStA) München
- Nalatenschap Rudolf Buttmann 89

Schweizerisches Bundesarchiv (BA) Bern
Nalatenschap Rudolf Heß, bestand J1. 211
- 1989/148 (privé-briefwisseling Rudolf Heß), bd. 41, 45, 63, 67
- 1993/300 (privé-briefwisseling familie Heß), bd. 6.

1.2 Gepubliceerde bronnen

Akten zur deutschen Auswärtigen Politik 1918-1945 (ADAP), Serie D: 1937-1941, banden 5-13; Frankfurt/M. 1956-1970

Bajohr, Frank/Christoph Strupp (red.), *Fremde Blicke auf das »Dritte Reich«. Berichte ausländischer Diplomaten über Herrschaft und Gesellschaft in Deutschland 1933-1945*, Göttingen 2011

Boberach, Heinz (red.), *Meldungen aus dem Reich. Die geheimen Lageberichte des Sicherheitsdienstes der ss*, 18 delen, Herrsching 1984

Boelcke, Willi A. (red.), *Deutschlands Rüstung im Zweiten Weltkrieg. Hitlers Konferenzen mit Albert Speer 1942-1945*, Frankfurt/M. 1969

Breloer, Heinrich (met Rainer Zimmer), *Die Akte Speer. Spuren eines Kriegsverbrechers*, Berlijn 2006

Christoforow, Wassili S./Wladimir G. Makarov/Matthias Uhl (red.), *Verhört. Die Befragungen deutscher Generale und Offiziere durch die sowjetischen Geheimdienste 1945-1952*, Berlijn-Boston 2015

Churchill, Winston, *Reden in Zeiten des Kriegs. Ausgewählt, eingeleitet und erläutert von Klaus Körner*, Hamburg-Wien 2002

Das letzte halbe Jahr. Stimmungsberichte der Wehrmachtpropaganda 1944/45. onder red. van Wolfram Wette, Ricarda Brenner en Detlev Vogel, Essen 2001

Der Prozess gegen die Hauptkriegsverbrecher vor dem Internationalen Militärtribunal in Nürnberg (IMT), 42 banden, Neurenberg 1947-1949

Deutschland-Berichte der Sozialdemokratischen Partei Deutschlands (Sopade). red. Klaus Behnken, band 6 (1939), band 7 (1940), Berlijn 1997

Die Verfolgung und Ermordung der europäischen Juden durch das nationalsozialistische Deutschland 1933-1945, band 3. samengesteld door Andrea Löw, München 2012; band 4. samengesteld door Klaus-Peter Friedrich, München 2013; band 7. samengesteld door Bert Hoppe en Hildrun Glass, München 2011; band 9. samengesteld door Klaus-Peter Friedrich, München 2014

Domarus, Max, *Hitler. Reden und Proklamationen.* band 11: *Untergang.* deel I 1939-1940, deel II 1941-1945, München 1965

Enzensberger, Hans Magnus (red.), *Europa in Ruinen. Augenzeugenberichte aus den Jahren 1944-1948*

Gillmann, Sabine/Hans Mommsen (red.), *Politische Schriften und Brieven Carl Friedrich Goerdelers*, 2 banden, München 2003

Goldensohn, Leon, *Die Nürnberger Interviews. Gespräche mit Angeklagten und Zeugen*, Düsseldorf-Zürich 2005

Gosztony, Peter (red.), *Der Kampf um Berlin 1945 in Augenzeugenberichten*, Düsseldorf 1970

Gruchmann, Lothar (red.), *Autobiographie eines Attentäters. Johann Georg Elser. Aussage zum Sprengstoffattentat im Bürgerbräukeller in München am 8. November 1939*, Stuttgart 1970

Haffner, Sebastian, *Schreiben für die Freiheit 1942-1949. Journalist im Sturm der Ereignisse*, Berlijn 2001

Hartmann, Christian/Thomas Vordermayer/Othmar Plöckinger/Roman Töppel (red.), *Hitler, Mein Kampf. Eine kritische Edition*, 2 banden, München-Berlijn 2016

Hartmann, Christian/Sergej Slutsch, 'Franz Halder und die Kriegsvorbereitungen im Frühjahr 1939. Eine Ansprache des Generalstabschefs des Heeres', in *Vierteljahrshefte für Zeitgeschichte*, Jg. 45 (1997), p. 467-495

Heiber, Helmut (red.), *Hitlers Lagebesprechungen. Die Protokollfragmente seiner militärischen Konferenzen 1942-1945*, Stuttgart 1962

Heinrich, Hans-Wilhelm, 'Hitlers Ansprache vor Generalen und Offizieren am 26. 5. 1944', in *Militärgeschichtliche Mitteilungen* 2/1976, p. 123-170

Hellbeck, Jochen, *Die Stalingrad-Protokolle. Sowjetische Augenzeugen berichten aus der Schlacht*, Frankfurt/M. 2012

Hillgruber, Andreas (red.), *Staatsmänner und Diplomaten bei Hitler. Aufzeichnungen über Unterredungen mit Vertretern des Auslandes*, band I: 1939-1941, band II: 1942-1944, Frankfurt/M. 1967/70

Hitler, Adolf, *Monologe im Führerhauptquartier 1941-44. Die Aufzeichnungen Heinrich Heims.* red. Werner Jochmann, Hamburg 1980

Hofer, Walther, *Die Entfesselung des Zweiten Weltkriegs*, Frankfurt/M. 1960
Hubatsch, Walther (red.), *Hitlers Weisungen für die Kriegführung*, München 1965
Hürter, Johannes/Matthias Uhl, 'Hitler in Vinnica. Ein neues Dokument zur Krise im September 1942', in *Vierteljahrshefte für Zeitgeschichte*, Jg. 63 (2015), p. 581-639
Jacobsen, Hans-Adolf (red.), *Dokumente zur Vorgeschichte des Westfeldzuges 1939-1940*, Göttingen 1956
Jacobsen, Hans-Adolf (red.), *Karl Haushofer. Leben und Werk*, band 2: *Ausgewählter Schriftwechsel 1917-1946*, Boppard a. Rh. 1979
Jacobsen, Hans-Adolf (red.), *»Spiegelbild einer Verschwörung«. Die Opposition gegen Hitler und der Staatsstreich vom 20. Juli in der* SD-*Berichterstattung*, 2 banden, Stuttgart 1984
Kempner, Robert W., *Das Dritte Reich im Kreuzverhör. Aus den unveröffentlichten Vernehmungsprotokollen des Anklägers in den Nürnberger Prozessen*, München 2005
Klee, Ernst/Willi Dreßen/Volker Rieß (red.), *»Schöne Zeiten«. Judenmord aus der Sicht der Täter und Gaffer*, Frankfurt/M. 1988
Klee, Karl (red.), *Dokumente zum Unternehmen »Seelöwe«. Die geplante deutsche Landung in England 1940*, Göttingen 1959
Klein, Peter (red.), *Die Einsatzgruppen in der besetzten Sowjetunion 1941/42*, Berlijn
(Koeppen, Werner), *Herbst 1941 im »Führerhauptquartier«. Berichte Werner Koeppens an seinen Minister Rosenberg*. red. en commentaar Martin Vogt, Koblenz 2002
Kotze, Hildegard von/Helmut Krausnick (red.), *»Es spricht der Führer«. 7 exemplarische Hitler-Reden*, Gütersloh 1966
Kriegstagebuch des Oberkommandos der Wehrmacht (Wehrmachtführungsstab) (KTB OKW) 1940-1945. red. Percy Ernst Schramm, banden I–IV, München 1982
Krausnick, Helmut, 'Denkschrift Himmlers über die Behandlung der Fremdvölkischen im Osten (Mai 1940)', in *Vierteljahrshefte für Zeitgeschichte*, Jg. 5 (1957), p. 194-198
Kulka, Otto Dov/Eberhard Jäckel (red.), *Die Juden in den geheimen NS-Stimmungsberichten 1939-1945*, Düsseldorf 2004
Lehnstaedt, Stephan/Jochen Böhler, *Die Berichte der Einsatzgruppen aus Polen 1939. Vollständige Edition*, Berlijn 2013
Longerich, Peter (red.), *Die Ermordung der europäischen Juden. Eine umfassende Dokumentation des Holocaust 1941-1945*, München 1989
Mallmann, Klaus-Michael/Jochen Böhler/Jürgen Matthäus (red.), *Einsatzgruppen in Polen. Darstellung und Dokumentation*, Darmstadt 2008
Mallmann, Klaus-Michael/Andrej Angrick/Jürgen Matthäus/Martin Cüppers (red.), *Dokumente der Einsatzgruppen in der Sowjetunion*, band I–II, Darmstadt 2011-2014
Mann, Klaus, *Auf verlorenem Posten. Aufsätze, Reden, Kritiken 1942-1949*. red. Uwe Naumann en Michael Töteberg, Reinbek bei Hamburg 1994
Mann, Thomas, *An die gesittete Welt. Politische Schriften und Reden im Exil*, Frankfurt/M. 1986
Manoschek, Walter (red.), *»Es gibt nur eines für das Judentum: Vernichtung«. Das Judenbild in deutschen Soldatenbriefen 1939-1944*, Hamburg 1995
Neitzel, Sönke (red.), *Abgehört. Deutsche Generäle in britischer Gefangenschaft 1942-1945*, Berlijn 2005
Picker, Henry, *Hitlers Tischgespräche im Führerhauptquartier*. 3de bewerkte en herziene druk, Stuttgart 1976
Pölking, Hermann, *Wer war Hitler? Ansichten und Berichte von Zeitgenossen*, Berlijn-Brandenburg 2017
Sandner, Harald, *Hitler. Das Itinerar. Aufenthaltsorte und Reisen von 1889 bis 1945*, banden III/IV, Berlijn 2016
Schwendemann, Heinrich, '»Drastische Maßnahmen zur Verteidigung des Reiches an der Oder und am Rhein…«: Eine vergessene Denkschrift Albert Speers vom 18. März 1945', in *Studia Historica Slavo-Germanica* deel XXV (2003), p. 179-198
Shirer, William L., *This is Berlin. Rundfunkreportagen aus Deutschland 1939-1940*. red. Clemens Vollnhals, Leipzig 1999
Wagner, Gerhard (red.), *Lagevorträge des Oberbefehlshabers der Kriegsmarine vor Hitler 1939-1945*, München 1972

Weinberg, Gerhard L., 'Adolf Hitler und der NS-Führungsoffizier (NSFO)', in *Vierteljahrshefte für Zeitgeschichte*, Jg. 12 (1964), p. 443-456

2. Dagboeken, brieven, memoires

Andreas-Friedrich, Ruth, *Der Schattenmann. Tagebuchaufzeichnungen 1938-1945*, Frankfurt/M. 1983
Anon., *Eine Frau in Berlijn. Tagebuchaufzeichnungen vom 20. April bis 22. Juni 1945*, Frankfurt/M. 2003
Arendt, Hannah, *Besuch in Deutschland*, Berlijn 1993
Baur, Hans, *Ich flog Mächtige dieser Erde*, Kempten (Allgäu) 1956
Below, Nicolaus von, *Als Hitlers Adjutant 1937-45*, Mainz 1980
Besymenski, Lew, *Die letzten Notizen von Martin Bormann. Ein Dokument und sein Verfasser*, Stuttgart 1974
Böll, Heinrich, *Briefe aus dem Krieg 1939-1945*. red. en commentaar Jochen Schubert, Keulen 2001
Boldt, Gerhard, *Hitler. Die letzten Tage in der Reichskanzlei*, München 1976
Bourke-White, Margaret, *Deutschland – April 1945. »Dear Fatherland Rest Quietly«*, München 1979
Breker, Arno, *Im Strahlungsfeld der Ereignisse. Leben und Wirken eines Künstlers. Porträts, Begegnungen, Schicksale*, Preußisch Oldendorf 1972
Breloer, Heinrich, *Mein Tagebuch. Geschichten vom Überleben 1939-1947*, Keulen 1984
Brückner, Peter, *Das Abseits als sicherer Ort. Kindheit und Jugend zwischen 1933 und 1945*, Berlijn 1980
Buchbender, Ortwin/Reinhold Sterz, *Das andere Gesicht. Deutsche Feldpostbriefe 1939-1945*, München 1983
Burckhardt, Carl J., *Meine Danziger Mission 1937-1939*, 3de bewerkte herdruk, München 1980
Bock, Fedor von, *Zwischen Pflicht und Verweigerung. Das Kriegstagebuch*. red. Klaus Gerbet, München 1995
Churchill, Winston, *Der Zweite Weltkrieg. Mit einem Epilog über die Nachkriegsjahre*, Frankfurt/M. 2003
Ciano, Galeazzo, *Tagebücher 1939-1943*, Bern 1946
Cohn, Willy, *Kein Recht, nirgends. Tagebuch vom Untergang des Breslauer Judentums 1933-1941*, 2 banden. red. Norbert Conrads, Keulen-Weimar-Wenen 2006
Coulondre, Robert, *Von Moskau nach Berlin 1936-1939. Erinnerungen des französischen Botschafters*, Bonn 1950
(Czerniakow, Adam), *Im Warschauer Ghetto. Das Tagebuch des Adam Czerniakow 1939-1942*, München 1986
Dahlerus, Birger, *Der letzte Versuch. London-Berlin. Sommer 1939*, München 1973
Das Hitler-Bild. Die Erinnerungen des Fotografen Heinrich Hoffmann. Opgetekend n uit de nalatenschap van Joe J. Heydecker, St. Pölten-Salzburg 2008
Dietrich, Otto, *Auf den Straßen des Sieges. Erlebnisse mit dem Führer in Polen*, München 1940
Dietrich, Otto, *Zwölf Jahre mit Hitler*, München 1955
Dönitz, Karl, *Zehn Jahre und zwanzig Tage*, Frankfurt/M. 1967
Eberle, Henrik/Matthias Uhl (red.), *Das Buch Hitler. Geheimdossier des nkwd für Josef W. Stalin aufgrund der Verhörprotokolle des Persönlichen Adjutanten Hitlers, Otto Günsche, und des Kammerdieners Heinz Linge. Moskau 1946/49*, Bergisch Gladbach 2005
Eberle, Henrik (red.), *Briefe an Hitler. Ein Volk schreibt seinem Führer. Unbekannte Dokumente aus Moskauer Archiven – zum erstenmal veröffentlicht*, Bergisch Gladbach 2007
Ebert, Jens (red.), *Feldpostbriefe aus Stalingrad*, Göttingen 2003
(Engel, Gerhard), *Heeresadjutant bei Hitler 1938-1943. Aufzeichnungen des Majors Engel*. red. en commentaar Hildegard von Kotze, Stuttgart 1974
Feuersenger, Marianne, *Im Vorzimmer der Macht. Aufzeichnungen aus dem Wehrmachtführungsstab und Führerhauptquartier 1940-1945*, 4de druk., München 2001

Fischer, Karl, *Ich fuhr Stauffenberg. Einnerungen an die Kriegsjahre 1939-1945*. red. Ursula en Ulrich Fischer, Angermünde 2008
Frank, Hans, *Im Angesicht des Galgens. Deutung Hitlers und seiner Zeit auf Grund eigener Erlebnisse und Erkenntnisse*, München-Gräfelding 1953
Freytag von Loringhoven, Bernd, *Mit Hitler im Bunker. Die letzten Monate im Führerhauptquarter Juli 1944–April 1945*, Berlijn 2006
Frießner, Hans, *Verratene Schlachten. Die Tragödie der deutschen Wehrmacht in Rumänien und Ungarn*, Hamburg 1956
Gersdorff, Rudolf-Christoph Freiherr von, *Soldat im Untergang*, Frankfurt/M.-Berlijn-Wenen 1977
Giesler, Hermann, *Ein anderer Hitler. Berichte, Gespräche, Reflexionen*, Leoni 1977
Gilbert, Gustave M., *Nürnberger Tagebuch*, Frankfurt/M. 1962
(Goebbels, Joseph), *Die Tagebücher von Joseph Goebbels. Im Auftrag des Instituts für Zeitgeschichte und mit Unterstützung des Staatlichen Archivdienstes Rußlands*. red. Elke Fröhlich, deel I, *Aufzeichnungen 1923-1941*, banden 6-9, München 1998; deel II, *Diktate 1941-1945*, banden 1-15, München 1993-1998
Gorodetsky, Gabriel (red.), *Die Maiski-Tagebücher. Ein Diplomat im Kampf gegen Hitler*, München 2016
Groscurth, Helmuth, *Tagebücher eines Abwehroffiziers 1938-1940*. red. Helmut Krausnick en Harold C. Deutsch met medewerking van Hildegard von Kotze, Stuttgart 1970
Guderian, Heinz, *Erinnerungen eines Soldaten*, Heidelberg 1951
Halder, Franz, *Hitler als Feldherr*, München 1949
Halder, Franz, *Kriegstagebuch. Tägliche Aufzeichnungen des Chefs des Generalstabs*. bewerking Hans-Adolf Jacobsen, 3 banden, Stuttgart 1962/63/64
Hartlaub, Felix, *Im Sperrkreis. Aufzeichnungen aus dem Zweiten Weltkrieg*. red. Geno Hartlaub, Reinbek bei Hamburg 1955
Hassell, Ulrich von, *Vom andern Deutschland, Aus den nachgelassenen Tagebüchern 1938-1944*, Frankfurt/M. 1964
Henderson, Nevile, *Fehlschlag einer Mission. Berlijn 1937 bis 1939*, Zürich z.j. (1940)
Heusinger, Adolf, *Befehl im Widerstreit. Schicksalsstunden der deutschen Armee 1923-1945*, Tübingen en Stuttgart 1950
Hilger, Gustav, *Wir und der Kreml. Deutsch-sowjetische Beziehungen 1918-1941*, Frankfurt/M. 1959
Hill, Leonidas (red.), *Die Weizsäcker-Papiere 1933-1950*, Frankfurt/M.-Berlijn-Wenen 1974
(Himmler, Heinrich), *Der Dienstkalender Heinrich Himmlers 1941/42*. Bewerking en commentaar Peter Witte/Michael Wildt/Martina Vogt/Dieter Pohl/Peter Klein/Christian Gerlach/Christoph Dieckmann en Andrej Angrick, Hamburg 1999
(Himmler, Heinrich), *Heinrich Himmlers Taschenkalender 1940*. Becommentarieerde uitgave. red. Markus Moors/Moritz Pfeiffer, Paderborn 2013
Himmler, Katrin/Michael Wildt (red.), *Himmler privat. Briefe eines Massenmörders*, München 2014
Höß, Rudolf, *Kommandant in Auschwitz. Autobiographische Aufzeichnungen*, 4de druk, München 1978
Hoffmann, Heinrich, *Hitler wie ich ihn sah. Aufzeichnungen seines Leibfotografen*, München-Berlijn 1974
Hosenfeld, Wilm, *»Ich versuche jeden zu retten«. Das Leben eines deutschen Offiziers in Briefen und Tagebüchern*. red. Thomas Vogel, München 2004
Hürter, Johannes, *Ein deutscher General an der Ostfront. Die Briefe und Tagebücher des Gotthard Heinrici 1941/42*, Erfurt 2001
Jordan, Rudolf, *Erlebt und erlitten. Weg eines Gauleiters von München nach Moskau*, Leoni 1971
Junge, Traudl, *Bis zur letzten Stunde. Hitlers Sekretärin erzählt ihr Leben*. Met medewerking van Melissa Müller, München 2002
Kästner, Erich, *Notabene 45. Ein Tagebuch*, München 1993
Kardorff, Ursula von, *Berliner Aufzeichnungen 1942-1945*. Heruitgegeven en van commentaar voorzien door Peter Hartl, München 1992

Keitel, Wilhelm, *Verbrecher oder Offizier? Erinnerungen, Briefe. Dokumente des Chefs des okw.* red. Walter Görlitz, Berlijn-Frankfurt/M. 1961
Kehrl, Hans, *Krisenmanager im Dritten Reich, 6 Jahre Frieden – 6 Jahre Krieg. Erinnerungen*, 2de verbeterde druk, Düsseldorf 1973
Kellner, Friedrich, *»Vernebelt, verdunkelt sind alle Hirne«. Tagebücher 1939-1945*, 2 delen. red. Sacha Feuchert/Robert Martin Scott Kellner/Erwin Leibfried/Jörg Riecke en Markus Roth, Götttingen 2011
Kempowski, Walter, *Das Echolot. Barbarossa 41. Ein kollektives Tagebuch*, München 2002
Kesselring, Albert, *Soldat bis zum letzten Tag*, Bonn 1953
Klemperer, Victor, *Ich will Zeugnis ablegen bis zum letzten. Tagebücher 1939-1945*, 2 delen. red. Walter Nowojski met medewerking van Hadwig Klemperer, Berlijn 1995
Klemperer, Victor, *Leben sammeln, nicht fragen wozu und warum. Tagebücher 1918-1924*. red. Walter Nowojski met medewerking van Christian Löser, Berlijn 1996
Klemperer, Victor, *Warum soll man nicht auf bessere Zeiten hoffen? Ein Leben in Briefen*. red. Walter Nowojski en Nele Holdack, met medewerking van Christian Löser, Berlijn 2017
Koller, Karl, *Der letzte Monat. 14. April bis 27. Mai 1945. Tagebuchaufzeichnungen des ehemaligen Chefs des Generalstabs der deutschen Luftwaffe*, Mannheim 1949
Krause, Karl, *Zehn Jahre Kammerdiener bei Hitler*, Hamburg 1949
Kuby, Erich, *Mein Krieg. Aufzeichnungen 1939-1944*, München 1989
Lahme, Tilmann/Holger Pils/Kerstin Klein (red.), *Die Briefe der Manns. Ein Familienporträt*, Frankfurt/M. 2016
Leeb, Wilhelm Ritter von, *Tagebuchaufzeichnungen und Lagebeurteilungen aus zwei Weltkriegen.* Uit de nalatenschap samengesteld door Georg Meyer, Stuttgart 1976
Loßberg, Bernhard von, *Im Wehrmachtführungsstab. Bericht eines Generalstabsoffiziers*, Hamburg 1950
Linge, Heinz, *Bis zum Untergang. Als Chef des Persönlichen Dienstes bei Hitler*, München 1982
Mann, Golo, *Briefe 1932-1992*. red. Tilmann Lahme en Katrin Lüssi, Göttingen 2006
Mann, Klaus, *Der Wendepunkt. Ein Lebensbericht*, Frankfurt/M. 1963
Mann, Thomas, *Tagebücher 1937-1939*. red. Peter de Mendelssohn, Frankfurt/M. 1980
Mann, Thomas, *Tagebücher 1940-1943*. red. Peter de Mendelssohn, Frankfurt/M. 1982
Mann, Thomas, Tagebücher 1944 – 1. 4. 1946. red. Inge Jens, Frankfurt/M. 1986
Manstein, Erich, *Verlorene Siege*, Bonn 1955
Meinecke, Friedrich, *Werke*, band VI: *Ausgewählter Briefwechsel*, Stuttgart 1982
Misch, Rochus, *Der letzte Zeuge. »Ich war Hitlers Telefonist, Kurier und Leibwächter«*, Zürich en München 2008
Moltke, Helmuth James von, *Briefe an Freya 1939-1945*. red. Beate Ruhm von Oppen, München 1988
Muehlon, Wilhelm, *Tagebuch der Kriegsjahre 1940-1944*. red. Jens Heisterkamp, Dornach 1992
Nissen, Margret, *Sind Sie die Tochter von Speer?*, München 2005
Obenaus, Herbert und Sibylle (red.), *»Schreiben wie es wirklich war«. Aufzeichnungen Karl Dürkefäldens aus den Jahren 1933-1945*, Hannover 1985
Oven, Wilfred von, *Finale furioso. Mit Goebbels bis zum Ende*, Tübingen 1974
Papen, Franz von, *Der Wahrheit eine Gasse*, München 1952
Präg, Werner/Wolfgang Jacobmeyer (red.), *Das Diensttagebuch des deutschen Generalgouverneurs in Polen 1939-1945*, Stuttgart 1975
Raeder, Erich, *Mein Leben.* band 2: *Von 1935 bis Spandau 1955*, Tübingen 1957
Reitsch, Hanna, *Fliegen. Mein Leben*, Stuttgart 1951
Rosenberg, Alfred, *Die Tagebücher 1934-1944*. red. Jürgen Matthäus en Frank Bajohr, Frankfurt/M. 2015
Ribbentrop, Joachim von, *Zwischen London und Moskau. Erinnerungen und letzte Aufzeichnungen*, red. Annelies von Ribbentrop, Leoni 1961
Ruge, Friedrich, *Rommel und die Invasion. Erinnerungen*, Stuttgart 1959
Schellenberg, Walter, *Aufzeichnungen. Die Memoiren des letzten Geheimdienstchefs unter Hitler*, München 1979

Schirach, Baldur von, *Ich glaubte an Hitler*, Hamburg 1967
Schirach, Henriette von, *Der Preis der Herrlichkeit. Erlebte Zeitgeschichte*, München en Berlijn 1975
Schlabrendorff, Fabian von, *Offiziere gegen Hitler. Neue, durchgesehene und erweiterte Ausgabe*, uitgegeven door Walter Bußmann, Berlijn 1984
Schmidt, Paul, *Statist auf diplomatischer Bühne 1923-45*, Bonn 1950
Scholl, Sophie/Fritz Hartnagel, *Damit wir uns nicht verlieren. Briefwechsel 1937-1943*. red. Thomas Hartnagel, Frankfurt/M. 2005
Schroeder, Christa, *Er war mein Chef. Aus dem Nachlass der Sekretärin von Adolf Hitler*. red. Anton Joachimsthaler, 3de druk, München-Wien 1985
Schwerin von Krosigk, Lutz Graf, *Es geschah in Deutschland. Menschenbilder unseres Jahrhunderts*, Tübingen en Stuttgart 1951
(Seydlitz, Walther) Diedrich, Torsten/Jens Ebert (red.), *Nach Stalingrad. Walther von Seydlitz' Feldpostbriefe und Kriegsgefangenenpost 1939-1955*, Göttingen 2018
Shirer, William L., *Berliner Tagebuch. Aufzeichnungen 1934-1941*. Samengesteld en uitgegeven door Jürgen Schebera, Leipzig en Weimar 1991
Shirer, William L., *Berliner Tagebuch. Das Ende. 1944-1946*. Samengesteld en uitgegeven door Jürgen Schebera, Leipzig 1994
Smith, Howard K., *Feind schreibt mit. Ein amerikanischer Korrespondent erlebt Nazi-Deutschland*, Berlijn 1982
Speer, Albert, *Erinnerungen*. Met een essay door Jochen Thies, Frankfurt/M.-Berlijn 1993
Speer, Albert, *Spandauer Tagebücher*. Met een voorwoord door Joachim Fest, München 2002
Speer, Albert, *»Alles was ich weiß«. Aus unbekanten Geheimdienstprotokollen vom Sommer 1945*. red. Ulrich Schlie, München 1999
Speidel, Hans, *Invasion 1944. Ein Beitrag zu Rommels und des Reiches Schicksal*, Tübingen en Stuttgart 1949
Springer, Hildegard, *Es sprach Hans Fritzsche. Nach Gesprächen, Briefen und Dokumenten*, Stuttgart 1949
Stieff, Hellmuth, *Briefe*, red. en inleiding Horst Mühleisen, Berlijn 1991
Sündermann, Helmut, *Deutsche Notizen. 1945-65*, Leoni 1966
Sündermann, Helmut, *Hier stehe ich ... Deutsche Erinnerungen 1914/45*, Leoni 1975
Suner, Ramon Serrano, *Zwischen Hendaye und Gibraltar*, Zürich 1948
Trevor-Roper, Hugh R. (red.), *The Bormann Letters*, Londen 1954
Vormann, Nikolaus von, *So begann der Zweite Weltkrieg. Zeitzeuge der Entscheidungen. Als Offizier bei Hitler 22. 8. 1939 – 1. 10. 1939*, Leoni 1988
Wagner, Eduard, *Der Generalquartiermeister. Briefe und Tagebuchaufzeichnungen*. red. Elisabeth Wagner, München en Wenen 1963
Wahl, Karl, *»... es ist ein deutsches Herz«. Erlebnisse und Erkenntnisse eines ehemaligen Gauleiters*, Augsburg 1954
Walb, Lore, *Ich, die Alte – ich, die Junge. Konfrontation mit meinen Tagebüchern 1933-1945*, Berlijn 1997
Warlimont, Walter, *Im Hauptquartier der deutschen Wehrmacht 1939-1945. Grundlagen – Formen – Gestalten*, Frankfurt/M.-Bonn 1964
»...'warum dann überhaupt noch leben!« Hitlers Lagebesprechungen am 23., 25., und 27. April 1945', in *Der Spiegel*, nr. 3 van 10. 1. 1966, p. 32-46
Weizsäcker, Ernst von, *Erinnerungen*, München 1950
Wolff-Mönckeberg, *Mathilde, Briefe, die sie nie erreichten. Briefe einer Mutter an ihre fernen Kinder in den Jahren 1940-1946*, Hamburg 1980

3. Literatuur

Aly, Götz, *»Endlösung«. Völkerverschiebung und der Mord an den europäischen Juden*, Frankfurt/M. 1995
Aly, Götz, *Hitlers Volksstaat. Raub, Rassenkrieg und nationaler Sozialismus*, Frankfurt/M. 2005
Aly, Götz (red.), *Volkes Stimme. Skepsis und Führervertrauen im Nationalsozialismus*, Frankfurt/M. 2006

Aly, Götz, *Die Belasteten. »Euthanasie« 1939-1945. Eine Gesellschaftsgeschichte*, Frankfurt/M. 2013
Aly, Götz, *Europa gegen die Juden 1880-1945*, Frankfurt/M. 2017
Angrick, Andrej, *Besatzungspolitik und Massenmord. Die Einsatzgruppe D in der südlichen Sowjetunion 1941-1943*, Hamburg 2003
Arad, Yitzak, *Belzec, Sobibor, Treblinka. The Operation Reinhard Death Camp*, Bloomington, Indiana 1999
Arendes, Cord/Edgar Wolfrum/Jörg Zedler (red.), *Terror nach innen. Verbrechen am Ende des Zweiten Weltkriegs*, Göttingen 2006
Arnold, Dietmar, *Neue Reichskanzlei und »Führerbunker«. Legenden und Wirklichkeit*, Berlijn 2005
Aurich, Rolf, *Kalanag. Die kontrollierten Illusionen des Helmut Schreiber*, Berlijn 2016
Baberowski, Jörg, *Verbrannte Erde. Stalins Herrschaft der Gewalt*, München 2012
Bajohr, Frank, *»Arisierung« in Hamburg. Die Verdrängung der jüdischen Unternehmer 1933-1945*, Hamburg 1997
Bajohr, Frank/Joachim Szodrzynski (red.), *Hamburg in der ns-Zeit*, Hamburg 1995
Bajohr, Frank, *Parvenüs und Profiteure. Korruption in der ns-Zeit*, Frankfurt/M. 2001
Bajohr, Frank/Dieter Pohl, *Der Holocaust als offenes Geheimnis. Die Deutschen, die ns-Führung und die Alliierten*, München 2006
Bajohr, Frank/Andrea Löw (red.), *Der Holocaust. Ergebnisse und neue Fragen der Forschung*, Frankfurt/M. 2015
Bankier, David, *Die öffentliche Meinung im ns-Staat. Die »Endlösung« und die Deutschen. Eine Berichtigung*, Berlijn 1995
Baumgart, Winfried, 'Zur Ansprache Hitlers vor den Führern der Wehrmacht am 22. August 1939. Eine quellenkritische Untersuchung}, in *Vierteljahrshefte für Zeitgeschichte*, Jg. 16 (1968), p. 120-149
Beevor, Anthony, *Stalingrad*, München 2010
Beevor, Anthony, *Berlin 1945. Das Ende*, München 2002
Beierl, Florian, *Hitlers Berg. Licht ins Dunkel der Geschichte. Geschichte des Obersalzbergs und seiner geheimen Bunkeranlagen*, Berchtesgaden 2004
Benz, Wolfgang (red.), *Dimensionen des Völkermords. Die Zahl der jüdischen Opfer des Nationalsozialismus*, München 1991
Benz, Wolfgang, *Der Holocaust*, München 1995
Benz, Wolfgang, 'Judenvernichtung aus Notwehr? Die Legenden um Theodore N. Kaufman', in *Vierteljahrshefte für Zeitgeschichte*, Jg. 29 (1981), p. 615-630
Berg, Matthias, *Karl Alexander von Müller. Historiker für den Nationalsozialismus*, Göttingen 2014
Berger, Sara, *Experten der Vernichtung. Das T4-Reinhardt-Netzwerk in den Lagern Belzec, Sobibor, Treblinka*, Hamburg 2013
Beuys, Barbara, *Sophie Scholl. Biographie*, München 2010
Besymenski, Lew A., Wjatschelaw 'Molotows Berlin-Besuch vom November 1940 im Licht neuer Dokumente', in Pietrow-Ennker (red.), *Präventivkrieg?*, p. 118-132
Biddiscombe, Perry, *Werwolf! The History of the National Socialist Guerrilla Movement, 1944-1946*, Cardiff 1998
Blatman, Daniel, *Die Todesmärsche 1944/45. Das letzte Kapitel des nationalsozialistischen Massenmords*, Reinbek bei Hamburg 2011
Böhler, Jochen, *Auftakt zum Vernichtungskrieg. Die Wehrmacht in Polen*, Frankfurt/M. 2006
Böhm, Hermann, 'Zur Ansprache Hitlers vor den Führern der Wehrmacht am 22. August 1939', in *Vierteljahrshefte für Zeitgeschichte*, Jg. 19 (1971), p. 294-500
Boog, Horst, *Der angloamerikanische strategische Luftkrieg über Europa und die deutsche Luftverteidigung*, in *Das Deutsche Reich und der Zweite Weltkrieg*, band 6, Stuttgart 1990, p. 429-565
Boog, Horst, 'Strategischer Luftkrieg in Europa und Reichsluftverteidigung 1943-1944', in *Das Deutsche Reich und der Zweite Weltkrieg*, band 7, Stuttgart-München 2001, p. 3-415
Borodziej, Wlodzimierz, *Der Warschauer Aufstand 1944*, Frankfurt/M. 2001

Brauchitsch, Boris von, *Der Schatten des Führers. Der Fotograf Walter Frentz zwischen Avantgarde und Obersalzberg*, Berlijn 2017
Brechtken, Magnus, *»Madagaskar für die Juden«. Antisemitische Idee und politische Praxis 1805-1945*, München 1998
Brechtken, Magnus, *Albert Speer. Eine deutsche Karriere*, München 2017
Brewing, Daniel, *Im Schatten von Auschwitz. Deutsche Massaker an polnischen Zivilisten 1939-1945*, Darmstadt 2016
Browning, Christopher, *Die Entfesselung der »Endlösung«. Nationalsozialistische Juden-politik 1939-1942*, München 2003
Browning, Christopher, *Die »Endlösung« und das Auswärtige Amt. Das Referat D III der Abteilung Deutschland 1940-1943*, Darmstadt 2010
Buchheim, Christoph, 'Der Mythos vom »Wohlleben«. Der Lebensstandard der deutschen Zivilbevölkerung im Zweiten Weltkrieg', in *Vierteljahrshefte für Zeitgeschichte*, Jg. 56 (2010), p. 299-328
Buchner, Bernd, *Wagners Welttheater. Die Geschichte der Bayreuther Festspiele zwischen Kunst und Politik*, Darmstadt 2013
Büttner, Ursula (red.), *Die Deutschen und die Judenverfolgung im Dritten Reich*, Hamburg 1992
Bullock, Alan, *Hitler. Eine Studie über Tyrannei*, 2 banden, Frankfurt/M. 1964
Bullock, Alan, *Hitler und Stalin. Parallele Leben*, München 1991
Burleigh, Michael, *Die Zeit des Nationalsozialismus. Eine Gesamtdarstellung*, Frankfurt/M. 2000
Calic, Marie-Janine, *Geschichte Jugoslawiens im 20. Jahrhundert*, München 2010
Cesarani, David, *Adolf Eichmann. Bürokrat und Massenmörder. Biographie*, Berlijn 2002
Cesarani, David, *»Endlösung«. Das Schicksal der Juden 1933-1948*, Berlijn 2016
Chaussy, Ulrich/Christoph Püschner, *Nachbar Hitler. Führerkult und Heimatzerstörung am Obersalzberg*, Berlijn 1995
Chlewnjuk, Oleg, *Stalin. Eine Biographie*, München 2015
Chowaniec, Elisabeth, *Der »Fall Dohnanyi« 1943-1945. Widerstand, Militärjustiz, SS-Willkür*, München 1991
Conze, Eckart/Norbert Frei/Peter Hayes/Moshe Zimmermann, *Das Amt und die Vergangenheit. Deutsche Diplomaten im Dritten Reich und in der Bundesrepublik*, München 2010
Dahm, Volker/Albert A. Feiber/Hartmut Mehringer/Horst Möller, *Die tödliche Utopie. Bilder, Texte, Dokumente. Daten zum Dritten Reich*, München 2010
Das Deutsche Reich und der Zweite Weltkrieg. red. Militärgeschichtlichen Forschungsamt, banden 1-10, Stuttgart/München 1979-2008
Davies, Norman, *Aufstand der Verlorenen. Der Kampf um Warschau*, München 2004
Deletant, Dennis, *Hitler's Forgotten Ally. Ion Antonescu and his Regime. Romania 1940-1944*, Londen 2006
Deuerlein, Ernst, *Hitler. Eine politische Biographie*, München 1969
Dieckmann, Christoph, *Deutsche Besatzungspolitik in Litauen 1941-1944*, 2 banden, Göttingen 2011
Diedrich, Thorsten, *Paulus. Das Trauma von Stalingrad. Eine Biographie*, Paderborn 2008
Dörner, Bernward, *Die Deutschen und der Holocaust. Was niemand wissen wollte, aber jeder wissen konnte*, Berlijn 2007
Döscher, Hans-Jürgen, *Das Auswärtige Amt im Dritten Reich. Diplomatie im Schatten der »Endlösung«*, Berlijn 1987
Eberle, Henrik, *Hitlers Weltkriege. Wie der Gefreite zum Feldherrn wurde*, Hamburg 2014
Echternkamp, Jörg, *Im Kampf an der inneren und äußeren Front. Grundzüge der deutschen Gesellschaft im Zweiten Weltkrieg*, in *Das Deutsche Reich und der Zweite Weltkrieg*, band 9/1, Stuttgart 2004, p. 1-98
Edmonds, Robin, *Die Großen Drei. Churchill, Roosevelt und Stalin in Frieden und Krieg*, Berlijn 1992
Eglau, Hans Otto, *Fritz Thyssen. Hitlers Gönner und Geisel*, Berlijn 2003
Epstein, Catherine, *Model Nazi. Arthur Greiser and the Occupation of Western Poland*, Oxford/New York 2010

Evans, Richard J., *Das Dritte Reich*, band II: *Diktatur*, band III: *Krieg*, München 2005/2008
Falanga, Gianluca, *Mussolinis Vorposten in Hitlers Reich. Italiens Politik in Berlin 1933-1945*, Berlijn 2008
Fest, Joachim, *Hitler. Eine Biographie*, Frankfurt/M.-Berlijn-Wien 1973
Fest, Joachim, *Staatsstreich. Der lange Weg zum 20. Juli*, Berlijn 1994
Fest, Joachim, *Speer. Eine Biographie*, Berlijn 1999
Fest, Joachim, *Der Untergang. Hitler und das Ende des Dritten Reiches. Eine historische Skizze*, Berlijn 2002
Fest, Joachim, 'Der Führerbunker', in Étienne François/Hagen Schulze (red.), *Deutsche Erinnerungsorte i*, München 2001, p. 122-137
Fetscher, Iring, *Joseph Goebbels im Berliner Sportpalast 1943. »Wollt ihr den totalen Krieg?«*, Hamburg 1998
Fisch, Bernhard, *Nemmersdorf, Oktober 1944. Was in Ostpreußen tatsächlich geschah*, Berlijn 1997
Fischer, Fritz, *Bündnis der Eliten. Zur Kontinuität der Machtstrukturen in Deutschland 1871-1945*, 2de druk, Düsseldorf 1985
Fischer, Fritz, *Hitler war kein Betriebsunfall. Aufsätze*, München 1992
Fleischhauer, Ingeborg, *Die Chance des Sonderfriedens. Deutsch-sowjetische Geheimgespräche 1941-1945*, Berlijn 1986
Fleischhauer, Ingeborg, *Diplomatischer Widerstand gegen das »Unternehmen Barbarossa«. Die Friedensbemühungen der deutschen Botschaft Moskau 1939-1941*, Frankfurt/M. 1991
Föllmer, Moritz, *»Ein Leben wie im Traum«. Kultur im Dritten Reich*, München 2016
Förster, Jürgen, 'Hitlers Entscheidung für den Krieg gegen die Sowjetunion', in *Das Deutsche Reich und der Zweite Weltkrieg*, band 4, Stuttgart 1983, p. 3-37
Förster, Jürgen, 'Das Unternehmen »Barbarossa« als Eroberungs- und Vernichtungskrieg', in *Das Deutsche Reich und der Zweite Weltkrieg*, band 4, Stuttgart 1983, p. 413-447
Forschungsstelle für Zeitgeschichte Hamburg (red.), *Hamburg im »Dritten Reich«*, Göttingen 2005
Frei, Norbert/Sybille Steinbacher/Bernd C. Wagner (red.), *Ausbeutung, Vernichtung, Öffentlichkeit. Neue Studien zur nationalsozialistischen Lagerpolitik*, München 2000
Frei, Norbert, *1945 und wir. Das Dritte Reich im Bewusstsein der Deutschen*, München 2005
Friedländer, Saul, *Die Jahre der Vernichtung. Das Dritte Reich und die Juden*, band II: *1939-1945*, München 2006
Friedlander, Henry, *Der Weg zum ns-Genozid. Von der Euthanasie zur Endlösung*, Berlijn 1997
Frieser, Karl-Heinz, *Blitzkrieg-Legende. Der Westfeldzug 1940*, München 1995
Frieser, Karl-Heinz, 'Die Schlacht im Kursker Bogen', in *Das Deutsche Reich und der Zweite Weltkrieg*, band 8, München 2001, p. 83-208
Frieser, Karl-Heinz, 'Der Rückschlag des Pendels. Das Zurückweichen der Ostfront von Sommer 1943 bis Sommer 1944', in *Das Deutsche Reich und der Zweite Weltkrieg*, band 8, München 2001, p. 277-450
Frieser, Karl-Heinz, 'Der Zusammenbruch im Osten. Die Rückzugskämpfe seit Sommer 1944', in *Das Deutsche Reich und der Zweite Weltkrieg*, band 8, München 2001, p. 493-678
Fröhlich, Elke, 'Hitler und Goebbels im Krisenjahr 1944', in *Vierteljahrshefte für Zeitgeschichte*, Jg. 38 (1990), p. 195-224
Gaertringen, Hans Georg Hiller von (red.), *Das Auge des Dritten Reiches. Hitlers Kameramann und Fotograf Walter Frentz*, Berlijn z.j. (2006)
Ganzenmüller, Jörg, *Das belagerte Leningrad 1941-1944*, 2de, verbeterde druk, Paderborn 2007
Ganzenmüller, Jörg, 'Hungerpolitik als Problemlösungsstrategie. Der Entscheidungsprozess zur Blockade Leningrads und zur Vernichtung seiner Zivilbevölkerung', in Quinkert/Morré, *Deutsche Besatzung in der Sowjetunion 1941-1944*, p. 34-53
Gebhardt, Miriam, *Die Weiße Rose. Wie aus ganz normalen Deutschen Widerstandskämpfer wurden*, München 2017
Gellately, Robert, *Hingeschaut und weggesehen. Hitler und sein Volk*, Stuttgart-München 2002
Gellately, Robert, *Lenin, Stalin und Hitler. Drei Diktatoren, die Europa in den Abgrund führten*, Bergisch Gladbach 2009

Gerlach, Christian, *Kalkulierte Morde. Die deutsche Wirtschafts- und Vernichtungspolitik in Weißrußland 1941 bis 1944*, Hamburg 1999
Gerlach, Christian, *Krieg, Ernährung, Völkermord. Forschungen zur deutschen Vernichtungspolitik im Zweiten Weltkrieg*, Hamburg 1998
Gerlach, Christian/Götz Aly, *Das letzte Kapitel. Der Mord an den ungarischen Juden*, Stuttgart-München 2002
Gerlach, Christian, *Der Mord an den europäischen Juden. Ursachen, Ereignisse, Dimensionen*, München 2017
Gerste, Ronald, *Roosevelt und Hitler. Todfeindschaft und totaler Krieg*, Paderborn 2011
Gerwarth, Robert, *Reinhard Heydrich. Eine Biographie*, München 2011
Gibbels, Ellen, *Hitlers Parkinson-Krankheit. Zur Frage eines hirnorganischen Psychosyndroms*, Berlijn en Heidelberg 1990
Gibbels, Ellen, 'Hitlers Nervenkrankheit. Eine neurologisch-psychiatrische Studie', in *Vierteljahrshefte für Zeitgeschichte*, Jg. 42 (1994), p. 155-220
Goeschel, Christian, *Selbstmord im Dritten Reich*, Berlijn 2011
Görtemaker, Heike B., *Eva Braun. Leben mit Hitler*, München 2010
Goldhagen, Daniel Jonah, *Hitlers willige Vollstrecker. Ganz gewöhnliche Deutsche und der Holocaust*, Berlijn 1996
Graml, Hermann, *Europas Weg in den Krieg. Hitler und die Mächte 1939*, München 1990
Graml, Hermann, 'Ist Hitlers »Anweisung« zur Ausrottung der europäischen Judenheit endlich gefunden? Zu den Thesen von Christian Gerlach', in *Jahrbuch für Antisemitismusforschung*, Jg. 7 (1998), p. 352-362
Greiner, Bernd, *Die Morgenthau-Legende. Zur Geschichte eines umstrittenen Plans*, Hamburg 1995
Greiser, Katrin, *Die Todesmärsche von Buchenwald. Räumung, Befreiung und Spuren der Erinnerung*, Göttingen 2008
Groehler, Olaf, *Bombenkrieg gegen Deutschland*, Berlijn 1990
Gruchmann, Lothar, Korruption im Dritten Reich. Zur »Lebensmittelversorgung« der NS-Führerschaft', in *Vierteljahrshefte für Zeitgeschichte*, Jg. 42 (1994), p. 571-593
Gun, Nerin E., *Eva Braun-Hitler. Leben und Schicksal*, Velbert und Kettwig 1968
Gutsche, Willibald, *Ein Kaiser im Exil. Der letzte deutsche Kaiser Wilhelm II. in Holland*, Marburg 1991
Haasis, Helmut G., *Den Hitler jag ich in die Luft. Der Attentäter Georg Elser*, Hamburg 2009
Haffner, Sebastian, *Germany: Jekyll & Hyde. Deutschland von innen betrachtet*, Berlijn 1996
Haffner, Sebastian, *Churchill. Eine Biographie*. heruitgave, Berlijn 2001
Haffner, Sebastian, *Anmerkungen zu Hitler*, 21ste druk, München 1978
Haffner, Sebastian, *Von Bismarck zu Hitler. Ein Rückblick*, München 1987
Hamann, Brigitte, *Winifred Wagner oder Hitlers Bayreuth*, München-Zürich 2002
Hamerow, Theodore S., *Die Attentäter. Der 20. Juli – von der Kollaboration zum Widerstand*, München 1999
Hansen, Reimar, 'Ribbentrops Friedensfühler im Frühjahr 1945', in *Geschichte in Wissenschaft und Unterricht*, Jg. 18 (1967), p. 716-730
Harrison, Edward D. R., 'Hugh Trevor-Roper und »Hitlers letzte Tage«', in *Vierteljahrshefte für Zeitgeschichte*, Jg. 57 (2009), p. 33-60
Hartmann, Christian, *Halder. Generalstabschef Hitlers 1938-1942*, 2de druk, Paderborn 2010
Hartmann, Christian, *Wehrmacht im Ostkrieg. Front und militärisches Hinterland 1941/42*, München 2009
Hartmann, Christian, *Unternehmen Barbarossa. Der deutsche Krieg im Osten 1941-1945*, München 2011
Heer, Hannes/Klaus Naumann (red.), *Vernichtungskrieg. Verbrechen der Wehrmacht*, Hamburg 1995
Heiden, Konrad, *Adolf Hitler. Eine Biographie*, 2 banden, Zürich 1936/37
Heinemann, Ulrich, *Ein konservativer Rebell. Fritz-Dietlof Graf von der Schulenburg und der 20. Juli*, Berlijn 1984

Henke, Klaus-Dietmar, *Die amerikanische Besetzung Deutschlands*, München 1995
Herbert, Ulrich, *Fremdarbeiter. Politik und Praxis des »Ausländer-Einsatzes« in der Kriegswirtschaft des Dritten Reiches*, Berlijn-Bonn 1985
Herbert, Ulrich, *Geschichte der Ausländerpolitik in Deutschland. Saisonarbeiter, Zwangsarbeiter, Gastarbeiter, Flüchtlinge*, München 2001
Herbert, Ulrich, *Geschichte Deutschlands im 20. Jahrhundert*, München 2014
Herbst, Ludolf, *Der totale Krieg und die Ordnung der Wirtschaft. Die Kriegswirtschaft im Spannungsfeld von Politik, Ideologie und Propaganda 1939-1945*, Stuttgart 1982
Herbst, Ludolf, *Das nationalsozialistische Deutschland 1933-1945*, Frankfurt/M. 1996
Herbst, Ludolf, *Hitlers Charisma. Die Erfindung eines deutschen Messias*, Frankfurt/M. 2010
Herf, Jeffrey, *The Jewish Enemy. Nazi Propaganda during World War II and the Holocaust*, Cambridge, Massachusetts 2006
Herz, Rudolf, *Hoffmann & Hitler. Fotografie als Medium des Führer-Mythos*, München 1994
Hilberg, Raul, *Die Vernichtung der europäischen Juden*, 3 banden, Frankfurt/M. 1990
Hilberg, Raul, *Anatomie des Holocaust. Essays und Erinnerungen*. red. Walter H. Pehle en René Schlott, Frankfurt/M. 2016
Hildebrand, Klaus, *Vom Reich zum Weltreich. nsdap und koloniale Frage 1919-1945*, München 1969
Hildebrand, Klaus, *Das vergangene Reich. Deutsche Außenpolitik von Bismarck bis Hitler*, Stuttgart 1995
Hildermeier, Manfred, *Geschichte der Sowjetunion 1917-1991. Entstehung und Niedergang des ersten sozialistischen Staates*, München 1998
Hillgruber, Andreas, *Hitlers Strategie. Politik und Kriegführung 1940-1941*, Frankfurt/M. 1965
Hillgruber, Andreas, *Deutsche Großmacht- und Weltpolitik im 19. und 20. Jahrhundert*, Düsseldorf 1977
Hillgruber, Andreas, 'Das Rußland-Bild der führenden deutschen Militärs vor dem Angriff auf die Sowjetunion', in Hans-Erich Volkmann (red.), *Das Rußlandbild im Dritten Reich*, Keulen-Weimar-Wenen 1994, p. 125-140
Hinz-Wessels, Annette, *Tiergartenstraße 4. Schaltstelle der nationalsozialistischen »Euthanasie«-Morde*, Berlijn 2015
Hölsken, Hans-Dieter, *Die V-Waffen. Entstehung – Propaganda – Kriegseinsatz*, Stuttgart 1984
Hoffmann, Meike/Nicola Kuhn, *Hitlers Kunsthändler. Hildebrand Gurlitt 1895-1956. Die Biographie*, München 2016
Hoffmann, Peter, *Die Sicherheit des Diktators. Hitlers Leibwachen, Schutzmaßnahmen, Residenzen, Hauptquartiere*, München 1975
Hoffmann, Peter, *Widerstand, Staatsstreich, Attentat. Der Kampf der Opposition gegen Hitler*, 4de druk, München-Zürich 1985
Hoffmann, Peter, *Claus Schenk Graf von Stauffenberg und seine Brüder*, Stuttgart 1992
Hoffmann, Peter, *Carl Goerdeler gegen die Judenverfolgung*, Keulen-Weimar-Wenen 2013
Hoffmann, Peter, 'Henning von Tresckow und die Staatsstreichspläne im Jahr 1943', in *Vierteljahrshefte für Zeitgeschichte*, Jg. 55 (2007), p. 331-364
Hürter, Johannes, *Hitlers Heerführer. Die deutschen Oberbefehlshaber im Krieg gegen die Sowjetunion 1941/42*, München 2007
Hürter, Johannes, 'Die Wehrmacht vor Leningrad', in *Vierteljahrshefte für Zeitgeschichte*, Jg. 49 (2001), p. 377-440
Hürter, Johannes, 'Auf dem Weg zur Militäropposition. Tresckow, Gersdorff, der Vernichtungskrieg und der Judenmord', in *Vierteljahrshefte für Zeitgeschichte*, Jg. 52 (2004); p. 527-562
Irving, David, *Hitler und seine Feldherren*, Frankfurt/M.-Berlijn-Wenen 1975
Jacobsen, Hans-Adolf, *Fall Gelb. Der Kampf um den deutschen Operationsplan zur Westoffensive 1940*, Wiesbaden 1957
Jäckel, Eberhard, *Frankreich in Hitlers Europa. Die deutsche Frankreichpolitik im Zweiten Weltkrieg*, Stuttgart 1966
Jäckel, Eberhard, *Das deutsche Jahrhundert. Eine historische Bilanz*, Stuttgart 1996

Jansen, Christian/Arno Weckbecker, *Der »Volksdeutsche Selbstschutz« in Polen 1939/40*, München 1992
Jansen, Hans, *Der Madagaskar-Plan. Die beabsichtigte Deportation der europäischen Juden nach Madagaskar*, München 1997
Janßen, Karl-Heinz/Fritz Tobias, *Der Sturz der Generäle. Hitler und die Blomberg-Fritsch-Krise 1998*, München 1994
Jasch, Christian, *Staatssekretär Wilhelm Stuckart und die Judenpolitik. Der Mythos von der sauberen Verwaltung*, München 2012
Jeffreys, Diarmuid, *Weltkonzern und Kriegskartell. Das zerstörerische Werk der IG-Farben*, München 2011
Jenkins, Roy, *Churchill*, Londen-Basingstone-Oxford 2001
Joachimsthaler, Anton, *Hitlers Ende. Legenden und Dokumente*, München-Berlijn 1995
Johnson, Eric A., *Terror. Gestapo, Juden und gewöhnliche Deutsche*, Berlijn 2001
Jones, Mark, *Am Anfang war Gewalt. Die deutsche Revolution 1918/19 und der Beginn der Weimarer Republik*, Berlijn 2017
Jung, Hermann, *Die Ardennenoffensive 1944/45. Ein Beispiel für die Kriegführung Hitlers*, Göttingen 1971
Käppner, Joachim, *1941. Als der Zweite Weltkrieg wirklich begann*, Berlijn 2016
Kampe, Norbert/Peter Klein (red.), *Die Wannsee-Konferenz vom 20. Januar 1942. Dokumente, Foschungsstand, Kontroversen*, Keulen-Weimar-Wenen 2013
Karlsch, Rainer, *Hitlers Bombe. Die geheime Geschichte der deutschen Kernwaffenversuche*, München 2005
Kehrig, Manfred, *Stalingrad. Analyse und Dokumentation einer Schlacht*, 3de druk, Stuttgart 1979
Keller, Sven, *Volksgemeinschaft am Ende. Gesellschaft und Gewalt 1944/45*, München 2013
Kellerhoff, Sven Felix, *Hitlers Ende. Der Untergang im Führerbunker*, Berlijn 2015
Kellerhoff, Sven Felix, *Die nsdap. Eine Partei und ihre Mitglieder*, Stuttgart 2017
Kennedy, Paul, *Die Casablanca-Strategie. Wie die Alliierten den Zweiten Weltkrieg gewannen. Januar 1943 bis Juni 1944*, München 2012
Kershaw, Ian, *Der Hitler-Mythos, Führerkult und Volksmeinung*, Stutgart 1999
Kershaw, Ian, *Hitler. 1936-1945*, Stuttgart 2000
Kershaw, Ian, *Wendepunkte. Schlüsselentscheidungen im Zweiten Weltkrieg 1940/41*, München 2008
Kershaw, Ian, *Hitler, the Germans, and the Final Solution*, New Haven, Londen 2008
Kershaw, Ian, *Das Ende. Kampf bis in den Untergang – ns-Deutschland 1944/45*, München 2011
Kipp, Michaela, *»Großreinemachen im Osten«. Feindbilder in deutschen Feldpostbriefen im Zweiten Weltkrieg*, Frankfurt/M. 2014
Kitchen, Martin, *Speer. Hitler's Architect*, New Haven en Londen 2015
Klee, Ernst, *Auschwitz, die ns-Medizin und ihre Opfer*, Frankfurt/M. 1997
Klee, Ernst, *»Euthanasie« im Dritten Reich. Die »Vernichtung lebensunwerten Lebens«*. geheel herziene en bewerkte herdruk, Frankfurt/M. 2010
Klee, Karl, *Das Unternehmen »Seelöwe«. Die geplante deutsche Landung in England*, Göttingen 1958
Klemperer, Klemens von, *Die verlassenen Verschwörer. Der deutsche Widerstand auf der Suche nach Verbündeten 1938-1945*, Berlijn 1994
Kley, Stefan, *Hitler, Ribbentrop und die Entfesselung des Zweiten Weltkriegs*, Paderborn 1996
Klink, Ernst, 'Die militärische Konzeption des Krieges gegen die Sowjetunion', in *Das Deutsche Reich und der Zweite Weltkrieg*, band 4, Stuttgart 1983, p. 190-277
Klink, Ernst, 'Der Krieg gegen die Sowjetunion bis zur Jahreswende 1941/42', in *Das Deutsche Reich und der Zweite Weltkrieg*, band 4, Stuttgart 1983, p. 451-652
König, Malte, *Kooperation als Machtkampf. Das faschistische Achsenbündnis Berlin–Rom im Krieg 1940/41*, Keulen 2007
Koop, Volker, *Martin Bormann. Hitlers Vollstrecker*, Keulen-Weimar 2012
Koop, Volker, *Hans Heinrich Lammers. Der Chef von Hitlers Reichskanzlei*, Bonn 2017

Kramer, Nicole, *Volksgenossinnen an der Heimatfront. Mobilisierung, Verhalten, Erinnerung*, Göttingen 2011
Krausnick, Helmut, *Hitlers Einsatzgruppen. Die Truppen des Weltanschauungskrieges*, Frankfurt/M. 1985
Krebs, Gerhard, 'Der Krieg im Pazifik 1943-1945', in *Das Deutsche Reich und der Zweite Weltkrieg*, band 7, Stuttgart-München 2001, p. 643-771
Krings, Stefan, *Hitlers Pressechef. Otto Dietrich 1897-1952. Eine Biographie*, Göttingen 2010
Kröner, Bernhard R., *Generaloberst Friedrich Fromm. Eine Biographie*, Paderborn 2005
Krzoska, Markus, 'Der »Bromberger Blutsonntag« 1939. Kontroversen und Forschungsergebnisse', in *Vierteljahrshefte für Zeitgeschichte*, Jg. 60 (2012), p. 237-248
Kube, Alfred, *Pour le mérite und Hakenkreuz. Hermann Göring im Dritten Reich*, München 1986
Kundrus, Birthe, *Kriegerfrauen. Familienpolitik und Geschlechterverhältnisse im Ersten und Zweiten Weltkrieg*, Hamburg 1995
Kundrus, Birthe, 'Totale Unterhaltung? Die kulturelle Kriegführung 1939 bis 1945 in Film, Rundfunk und Theater', in *Das Deutsche Reich und der Zweite Weltkrieg*, band 9/2, Stuttgart 2005, p. 93-157
Kunz, Andreas, *Wehrmacht und Niederlage. Die bewaffnete Macht in der Endphase der nationalsozialistischen Herrschaft 1944 bis 1945*, München 2005
Kunz, Norbert, *Die Krim unter deutscher Herrschaft 1941-1944*, Darmstadt 2005
Lakowski, Richard, 'Der Zusammenbruch der deutschen Verteidigung zwischen Ostsee und Karpaten', in *Das Deutsche Reich und der Zweite Weltkrieg*, band 10/1, München 2008, p. 491-679
Lang, Jochen von, *Der Sekretär Martin Bormann. Der Mann, der Hitler beherrschte*, Stuttgart 1977
Laufer, Jochen, *Pax Sovietica. Stalin, die Westmächte und die deutsche Frage 1941-1945*, Keulen-Weimar-Wenen 2009
Lehmann, Sebastian/Robert Bohn/Uwe Danker (red.), *Reichskommissariat Ostland. Tatort und Erinnerungsobjekt*, Paderborn 2012
Lehnstaedt, Stephan, *Der Kern des Holocaust. Belzec, Sobibor, Treblinka und die Aktion Reinhardt*, München 2017
Leiser, Erwin, *»Deutschland erwache!« Propaganda im Film des Dritten Reiches*, Reinbek bei Hamburg 1968
Lelyveld, Joseph, *The Final Battle. The Last Months of Franklin Roosevelt*, New York 2016
Lieb, Peter, *Unternehmen Overlord. Die Invasion in der Normandie und die Befreiung Westeuropas*, München 2014
Lieb, Peter, 'Erwin Rommel. Widerstandskämpfer oder Nationalsozialist?', in *Vierteljahrshefte für Zeitgeschichte*, Jg. 61 (2013), p. 303-343
Liebrandt, Hans, *»Das Recht mich zu richten, das spreche ich Ihnen ab!« Der Selbstmord der nationalsozialistischen Elite 1944/45*, Paderborn 2017
Löffler, Jürgen, *Walther von Brauchitsch. Eine politische Biographie*, Frankfurt/M. 2001
Löhr, Hanns C., *Hitlers Linz. Der »Heimatgau des Führers«*, Berlijn 2013
Löw, Andrea, *Juden im Ghetto Litzmannstadt. Lebensbedingungen, Selbstwahrnehmung, Verhalten*, Göttingen 2006
Longerich, Peter, *Politik der Vernichtung. Eine Gesamtdarstellung der nationalsozialistischen Judenverfolgung*, München-Zürich 1998
Longerich, Peter, *»Davon haben wir nichts gewusst!« Die Deutschen und die Judenverfolgung 1933-1945*, München 2006
Longerich, Peter, *Heinrich Himmler. Biographie*, München 2008
Longerich, Peter, *Joseph Goebbels*, München 2010
Longerich, Peter, *Hitler. Biographie*, München 2015
Longerich, Peter, *Wannseekonferenz. Der Weg zur »Endlösung«*, München 2016
Lüdicke, Lars, *Konstantin von Neurath. Eine politische Biographie*, Paderborn 2014
Lukacs, John, *Churchill und Hitler. Der Zweikampf. 10. Mai – 31. Juli 1940*, Stuttgart 1992
Lukacs, John, *Hitler. Geschichte und Geschichtsschreibung*, München 1997

Lukacs, John, *Fünf Tage in London. England und Deutschland im Mai 1940*, Berlijn 2000
Maier, Klaus A./Hans Umbreit, 'Direkte Strategie gegen England', in *Das Deutsche Reich und der Zweite Weltkrieg*, band 2, Stuttgart 1979, p. 365-416
Maier, Klaus A./Bernd Stegemann, 'Die Sicherung der europäischen Nordflanke', in *Das Deutsche Reich und der Zweite Weltkrieg*, band 2, Stuttgart 1979, p. 189-231
Mallmann, Klaus-Michael, 'Die Türöffner der »Endlösung«. Zur Genesis des Genozids', in Gerhard Paul/Klaus-Michael Mallmann (red.), *Die Gestapo im Zweiten Weltkrieg. »Heimatfront« und besetztes Europa*, Darmstadt 2000, p. 437-463
Mann, Golo, *Deutsche Geschichte des 19. und 20. Jahrhunderts*, heruitgave, Frankfurt/M. 1992
Manoschek, Walter, *»Serbien ist judenfrei«. Militärische Besatzungspolitik und Judenvernichtung in Serbien 1941/42*, München 1993
Martynkewicz, Wolfgang, *Salon Deutschland. Geist und Macht 1900-1945*, Berlijn 2009
Mazower, Mark, *Hitlers Imperium. Europa unter der Herrschaft des Nationalsozialismus*, München 2009
Mazower, Mark, *Griechenland unter Hitler. Das Leben während der deutschen Besatzung*, Frankfurt/M. 2016
Megargee, Geoffrey P., *Hitler und die Generäle. Das Ringen um die Führung der Wehrmacht 1939-1945*, Paderborn 2006
Meinecke, Friedrich, *Die deutsche Katastrophe*, Wiesbaden 1946
Merridale, Catherine, *Iwans Krieg. Die Rote Armee 1939-1945*, Frankfurt/M. 2006
Meyer, Beate, *»Jüdische Mischlinge«. Rassenpolitik und Verfolgungserfahrung 1933-1945*, Hamburg 1999
Meyer, Georg, Adolf Heusinger, *Dienst eines deutschen Soldaten*, Hamburg-Berlijn-Bonn 2001
Michalka, Wolfgang (red.), *Der Zweite Weltkrieg. Analysen – Grundzüge – Forschungsbilanz*, München 1989
Mitscherlich, Alexander en Margarete, *Die Unfähigkeit zu trauern. Grundlagen kollektiven Verhaltens*, München 1967
Moltmann, Günter, 'Franklin D. Roosevelts Friedensappell vom 14. April 1939. Ein fehlgeschlagener Versuch zur Friedenssicherung', in *Jahrbuch für Amerikastudien*, band 9 (1964), p. 91-109
Mommsen, Hans, *Von Weimar nach Auschwitz. Zur Geschichte Deutschlands in der Weltkriegsepoche*, Stuttgart 1999
Mommsen, Hans, *Das ns-Regime und die Auslöschung des Judentums in Europa*, Göttingen 2014
Mommsen, Hans, 'Die Realisierung des Utopischen. Die »Endlösung der Judenfrage« im Dritten Reich', in *Geschichte und Gesellschaft*, Jg. 9 (1983), p. 381-420
Mommsen, Hans, 'Der Krieg gegen die Sowjetunion und die deutsche Gesellschaft', in Pietrow-Ennker (red.), *Präventivkrieg?*, p. 59-77
Montefiore, Simon Sebag, *Stalin. Am Hof des Roten Zaren*, Frankfurt/M. 2005
Moorhouse, Robert, *The Devils' Alliance. Hitler's Pact with Stalin*, Londen 2014
Motadel, David, *Für Prophet und Führer. Die islamische Welt und das Dritte Reich*, Stuttgart 2017
Mueller, Michael, *Canaris. Hitlers Abwehrchef*, Berlijn 2006
Müller, Klaus-Jürgen, *Generaloberst Ludwig Beck. Eine Biographie*, Paderborn 2008
Müller, Klaus-Jürgen, 'Zur Vorgeschichte und Inhalt der Rede Himmlers vor der höheren Generalität am 13. Mai 1940 in Koblenz', in *Vierteljahrshefte für Zeitgeschichte*, Jg. 18 (1970), p. 95-122
Müller, Rolf-Dieter, 'Von der Wirtschaftsallianz zum kolonialen Ausbeutungskrieg', in *Das Deutsche Reich und der Zweite Weltkrieg*, band 4, Stuttgart 1983, p. 98-189
Müller, Rolf-Dieter, 'Die Mobilisierung der deutschen Wirtschaft für Hitlers Kriegführung', in *Das Deutsche Reich und der Zweite Weltkrieg*, band 5/1, Stuttgart 1988, p. 349-689
Müller, Rolf-Dieter/Erich Volkmann (red.), *Die Wehrmacht. Mythos und Realität*, München 1999
Müller, Rolf-Dieter, *Der letzte deutsche Krieg 1939-1945*, Stuttgart 2005
Müller, Rolf-Dieter, *An der Seite der Wehrmacht. Hitlers ausländische Helfer beim »Kreuzzug gegen den Bolschewismus« 1941-1945*, Frankfurt/M. 2010

Müller, Rolf-Dieter, *Der Feind steht im Osten. Hitlers geheime Pläne für einen Krieg gegen die Sowjetunion im Jahr 1939*, Berlijn 2011
Münkler, Herfried, *Machtzerfall. Die letzten Tage des Dritten Reiches am Beispiel der hessischen Kleinstadt Friedberg*, Berlijn 1985
Münkler, Herfried, *Die Deutschen und ihre Mythen*, Berlijn 2009
Musial, Bogdan, *»Konterrevolutionäre Elemente sind zu erschießen«. Die Brutalisierung des deutsch-sowjetischen Krieges im Sommer 1941*, München 2000
Nagel, Anne C., *Johannes Popitz (1884-1945). Görings Finanzminister und Verschwörer gegen Hitler. Eine Biographie*, Keulen-Weimar-Wenen 2015
Neitzel, Sönke/Harald Welzer, *Soldaten. Protokolle vom Sterben, Töten und Kämpfen*, Frankfurt/M. 2011
Nerdinger, Winfried (red.), *München und der Nationalsozialismus. Katalog des Dokumentationszentrums München*, München 2015
Neumärker, Uwe/Robert Conrad/Cord Woywodt, *Wolfsschanze. Hitlers Machtzentrale im Zweiten Weltkrieg*, 3de druk, Berlijn 2007
Neumann, Hansjoachim/Henrik Eberle, *War Hitler krank? Ein abschließender Befund*, Bergisch Gladbach 2009
Neutatz, Dietmar, *Träume und Alpträume. Eine Geschichte Russlands im 20. Jahrhundert*, München 2013
Niedhart, Gottfried, 'Die britisch-französischen Garantiererklärungen für Polen am 31. 3. 1939', in *Francia 2* (1974), p. 597-618
Nolzen, Armin, 'Die NSDAP, der Krieg und die deutsche Gesellschaft', in *Das Deutsche Reich und der Zweite Weltkrieg*, band 9/1, München 2004, p. 99-159
Nolzen, Armin, 'Der Heß-Flug vom 10. Mai 1941 und die öffentliche Meinung im NS-Staat', in Martin Sabrow (red.), *Skandal und Diktatur. Öffentliche Empörung im ns-Staat und in der ddr*, Göttingen 2004, p. 130-156
O'Donnell, James/Uwe Bahnsen, *Die Katakombe. Das Ende in der Reichskanzlei*, Stuttgart 1975
Oberländer, Erwin (red.), *Hitler-Stalin-Pakt 1939: Das Ende Ostmitteleuropas?*, Frankfurt/M. 1989
Ohler, Norman, *Der totale Rausch. Drogen im Dritten Reich*, Köln 2015
Olshausen, Klaus, *Zwischenspiel auf dem Balkan. Die deutsche Politik gegenüber Jugoslawien und Griechenland März bis Juli 1941*, Stuttgart 1973
Ose, Dieter, *Entscheidung im Westen 1944. Der Oberbefehlshaber West und die Abwehr der alliierten Invasion*, Stuttgart 1982
Overmans, Rüdiger, *Deutsche militärische Verluste im Zweiten Weltkrieg*, München 2000
Overy, Richard, *Die Wurzeln des Sieges. Warum die Alliierten den Zweiten Weltkrieg gewannen*, Stuttgart-München 2000
Overy, Richard, *Verhöre. Die ns-Elite in den Händen der Alliierten 1945*, München-Berlijn 2002
Overy, Richard, *Russlands Krieg 1941-1945*, Reinbek bei Hamburg 2003
Overy, Richard (red.), *Ein Volk von Opfern? Die neue Debatte um den Bombenkrieg 1940-1945*, Berlijn 2003
Overy, Richard, *Die letzten zehn Tage. Europa am Vorabend des Zweiten Weltkriegs. 24. August bis 3. September 1939*, München 2009
Overy, Richard, *Der Bombenkrieg. Europa 1939-1945*, Berlijn 2014
Padfield, Peter, *Hess. The Führer's Disciple*, Londen 1993
Pätzold, Kurt/Manfred Weißbecker, *Adolf Hitler. Eine politische Biographie*, Leipzig 1995
Pätzold, Kurt/Manfred Weißbecker, *Rudolf Heß. Der Mann an Hitlers Seite*, Leipzig 1999
Pelt, Robert-Jan van/Deborah Dwork, *Auschwitz. Von 1270 bis heute*, Zürich-München 1998
Pietrow-Ennker, Bianca (red.), *Präventivkrieg? Der deutsche Angriff auf die Sowjet-union*, herziene herdruk, Frankfurt/M. 2011
Piper, Ernst, *Alfred Rosenberg. Hitlers Chefideologe*, München 2005
Pötzl, Norbert F., *Casablanca 1943. Das geheime Treffen, der Film und die Wende des Krieges*, München 2017
Pohl, Dieter, *Nationalsozialistische Judenverfolgung in Ostgalizien 1941-1944. Organisation und Durchführung eines staatlichen Massenverbrechens*, München 1997

Pohl, Dieter, *Holocaust. Die Ursachen, das Geschehen, die Folgen*, Freiburg-Bazel-Wien 2000
Pohl, Dieter, *Die Herrschaft der Wehrmacht. Deutsche Militärbesatzung und einheimische Bevölkerung in der Sowjetunion 1941-1944*, München 2008
Preston, Paul, 'Franco and Hitler: The Myth of Hendaye 1940', in *Contemporary European History 1* (1992), p. 1-16
Przyrembel, Alexandra/Jörg Schönert (red.), *»Jud Süß«. Hofjude, literarische Figur, antisemitisches Zerrbild*, Frankfurt/M. 2006
Pyta, Wolfram, *Hitler. Der Künstler als Politiker und Feldherr*, München 2015
Quinkert, Babette/Jörg Morré (red.), *Deutsche Besatzung in der Sowjetunion 1941-1944. Vernichtungskrieg – Reaktionen – Erinnerung*, Paderborn 2014
Rahn, Werner, 'Der Krieg im Pazifik', in *Das Deutsche Reich und der Zweite Weltkrieg*, band 6, Stuttgart 1990, p. 173-271
Rahn, Werner, 'Der Seekrieg im Atlantik und Nordmeer', in *Das Deutsche Reich und der Zweite Weltkrieg*, band 6, Stuttgart 1990, p. 275-425
Rahn, Werner; 'Die deutsche Seekriegführung 1943 bis 1945', in *Das Deutsche Reich und der Zweite Weltkrieg*, band 10/1, München 2008, p. 3-273
Raichle, Christoph, *Hitler als Symbolpolitiker*, Stuttgart 2014
Ramm, Arnim, *Der 20. Juli vor dem Volksgerichtshof*, Berlijn 2007
Rebentisch, Dieter, *Führerstaat und Verwaltung im Zweiten Weltkrieg. Verfassungsentwicklung und Verwaltungspolitik 1939-1945*, Stuttgart 1989
Recker, Marie-Luise, *Nationalsozialistische Sozialpolitik im Zweiten Weltkrieg*, München 1985
Reuth, Ralf Georg, *Goebbels*, München-Zürich 1990
Reuth, Ralf Georg, *Hitler. Eine Biographie*, München-Zürich 2003
Reuth, Ralf Georg, *Rommel. Das Ende einer Legende*, München-Zürich 2004
Richter, Heinz A., *Operation Merkur. Die Eroberung der Insel Kreta im Mai 1941*, Mainz en Ruhpolding 2011
Rieger, Eva, *Friedelind Wagner. Die rebellische Enkelin Richard Wagners*, München-Zürich 2012
Röhl, John C.G., *Wilhelm ii. Der Weg in den Abgrund 1900-1941*, München 2008
Römer, Felix, *Der Kommissarbefehl. Wehrmacht und NS-Verbrechen an der Ostfront*, Paderborn 2008
Römer, Felix, *Kameraden. Die Wehrmacht von innen*, München-Zürich 2012
Römer, Felix, *Die narzisstische Volksgemeinschaft. Theodor Habichts Kampf 1914-1944*, Frankfurt/M. 2017
Römer, Felix, 'Die Wehrmacht und der Kommissarbefehl. Neue Forschungsergebnisse', in *Militärgeschichtliche Zeitschrift 69* (2010), hfdst. 2, p. 243-274
Rohde, Horst, 'Hitlers erster »Blitzkrieg« und seine Auswirkungen auf Nordosteuropa', in *Das Deutsche Reich und der Zweite Weltkrieg*, band 2, Stuttgart 1979, p. 79-156
Roon, Ger van, *Widerstand im Dritten Reich*, 6de druk, München 1994
Roos, Daniel, *Julius Streicher und »Der Stürmer« 1923-1945*, Paderborn 2014
Rosemann, Mark, *Die Wannsee-Konferenz. Wie die ns-Bürokratie den Holocaust organisierte*, Berlijn 2002
Roth, Karl-Heinz/Jan Peter Abraham, *Reemtsma auf der Krim. Tabakproduktion und Zwangsarbeit unter der deutschen Besatzungsherrschaft 1941-1944*, Hamburg 2011
Roth, Karl-Heinz, '»Generalplan Ost« -»Gesamtplan Ost«. Forschungsstand, Quellenprobleme, neue Ergebnisse', in Mechthild Rössler/Sabine Schleiermacher (red.), *Der »Generalplan Ost«*, Berlijn 1993, p. 25-117
Roth, Markus, *Herrenmenschen. Die deutschen Kreishauptleute im besetzten Polen. Karrierewege, Herrschaftspraxis und Nachgeschichte*, Göttingen 2009
Roth, Markus, *»Ihr wißt, wollt es aber nicht wissen«. Verfolgung, Terror und Widerstand im Dritten Reich*, München 2015
Runzheimer, Jürgen, 'Der Überfall auf den Sender Gleiwitz im Jahr 1939', in *Vierteljahrshefte für Zeitgeschichte*, Jg. 10 (1962), p. 408-422
Ryback, Timothy W., *Hitlers Bücher. Seine Bibliothek – sein Denken*, Keulen 2010
Sachslehner, Johannes, *Zwei Millionen ham'ma erledigt. Odilo Globocnik, Hitlers Manager des Todes*, Wenen-Graz-Klagenfurt 2014

Sandkühler, Thomas, »Endlösung« in Galizien. Der Judenmord in Ostpolen und die Rettungsinitiativen von Berthold Beitz 1941-1944, Bonn 1996
Schanetzky, Tim, »Kanonen statt Butter«. Wirtschaft und Konsum im Dritten Reich, München 2015
Scheer, Regina, Im Schatten der Sterne. Eine jüdische Widerstandsgruppe, Berlijn 2004
Schenck, Ernst Günther, Patient Hitler. Eine medizinische Biographie, Düsseldorf 1989
Schenk, Dieter, Die Post von Danzig, Geschichte eines deutschen Justizmords, Reinbek bei Hamburg 1995
Schenk, Dieter, Hitlers Mann in Danzig. Gauleiter Forster und die ns-Verbrechen in Danzig-Westpreußen, Bonn 2000
Schenk, Dieter, Hans Frank. Hitlers Kronjurist und Generalgouverneur, Frankfurt/M. 2006
Scheurig, Bodo, Henning von Tresckow. Ein Preuße gegen Hitler, Frankfurt/M.-Berlijn 1987
Schieder, Wolfgang, Faschistische Diktaturen. Studien zu Italien und Deutschland, Göttingen 2008
Schieder, Wolfgang, Benito Mussolini, München 2014
Schlie, Ulrich, »Es lebe das heilige Deutschland«. Ein Tag im Leben des Claus Schenk von Stauffenberg. Ein biographisches Porträt, Freiburg-Bazel-Wenen 2009
Schmidt, Ulf, Hitlers Arzt Karl Brandt. Medizin und Macht im Dritten Reich, Berlijn 2009
Schmidt, Rainer F., Rudolf Heß. »Botengang eines Toren«? Der Flug nach Großbritannien vom 10. Mai 1941, Düsseldorf 1997
Schmidt, Rainer F., Die Außenpolitik des Dritten Reiches 1933-1939, Stuttgart 2002
Schmidt, Rainer F., 'Der Heß-Flug und das Kabinett Churchill. Hitlers Stellvertreter im Kalkül der britischen Kriegsdiplomatie Mai-Juni 1941', in Vierteljahrshefte für Zeitgeschichte, Jg. 42 (1994), p. 1-38
Schmiechen-Ackermann, Detlef (red.), »Volksgemeinschaft«: Mythos, wirkungsmächtige soziale Verheißung oder soziale Realität im »Dritten Reich«, Paderborn 2012
Schmitt-Imkamp, Lioba, Roderich Fick (1886-1955), Wenen-Keulen-Weimar 2014
Schneider, Michael, In der Kriegsgesellschaft. Arbeiter und Arbeiterbewegung 1939 bis 1945, Bonn 2014
Schneppen, Heinz, Walther Rauff. Organisator der Gaswagenmorde, Berlijn 2011
Schönherr, Klaus, 'Die Rückzugskämpfe in Rumänien und Siebenbürgen im Sommer/Herbst 1944', in Das Deutsche Reich und der Zweite Weltkrieg, band 8, München 2001, p. 731-848
Schönherr, Klaus, 'Der Rückzug aus Griechenland', in Das Deutsche Reich und der Zweite Weltkrieg, band 8, München 2001, p. 1089-1099
Schramm, Percy Ernst, Hitler als militärischer Führer. Erkenntnisse und Erfahrungen aus dem Kriegstagebuch des Oberkommandos der Wehrmacht, Frankfurt/M. 1962
Schreiber, Gerhard, Die italienischen Militärinternierten im deutschen Machtbereich 1943 bis 1945. Verraten – verachtet – vergessen, München 1990
Schreiber, Gerhard, Deutsche Kriegsverbrechen in Italien. Täter-Opfer-Strafverfolgung, München 1996
Schreiber, Gerhard, 'Das Ende des nordafrikanischen Feldzugs und der Krieg in Italien 1943 bis 1945', in Das Deutsche Reich und der Zweite Weltkrieg, band 8, München 2001, p. 1100-1162
Schüle, Annegret, Industrie und Holocaust. Topf & Söhne – Die Ofenbauer von Auschwitz, Göttingen 2010
Schwarz, Birgit, Geniewahn: Hitler und die Kunst, Wenen-Keulen-Weimar 2009
Schwarz, Birgit, Auf Befehl des Führers. Hitler und der ns-Kunstraub, Darmstadt 2014
Schwarz, Eberhard, Die Stabilisierung der Ostfront nach Stalingrad. Mansteins Gegenschlag zwischen Donez und Dnepr im Frühjahr 1943, Göttingen-Zürich 1986
Schwendemann, Heinrich, '»Verbrannte Erde«? Hitlers »Nero-Befehl« vom 19. März 1945', in Kriegsende in Deutschland, Hamburg 2005, p. 158-167
Seidler, Franz W., Fritz Todt. Baumeister des Dritten Reiches, München-Berlijn 1986
Seidler, Franz W./Dieter Zeigert, Die Führerhauptquartiere. Anlagen und Planungen im Zweiten Weltkrieg, München 2000
Sereny, Gitta, Albert Speer. Das Ringen um die Wahrheit und das deutsche Trauma, München 1995
Shirer, William L., Aufstieg und Fall des Dritten Reiches, 2 banden, München-Zürich 1963

Sifton, Elisabeth/Fritz Stern, *Keine gewöhnlichen Männer. Dietrich Bonhoeffer und Hans von Dohnanyi im Widerstand gegen Hitler*, München 2013
Smelser, Ronald, *Robert Ley. Hitlers Mann an der »Arbeitsfront«. Eine Biographie*, Paderborn 1989
Smelser, Ronald/Rainer Zitelmann (red.), *Die braune Elite. 22 biographische Skizzen*, Darmstadt 1989
Smelser, Ronald/Enrico Syring/Rainer Zitelmann (red.), *Die braune Elite. ii. 21 weitere biographische Skizzen*, Darmstadt 1993
Smith, Helmut Walser, *Fluchtpunkt 1941. Kontinuitäten der deutschen Geschichte*, Stuttgart 2010
Snyder, Timothy, *Bloodlands. Europa zwischen Hitler und Stalin*, München 2011
Snyder, Timothy, *Black Earth. Der Holocaust und warum er sich wiederholen kann*, München 2015
Sösemann, Bernd (red.), *Der Nationalsozialismus und die deutsche Gesellschaft*, Stuttgart-München 2002
Spoerer, Mark, *Zwangsarbeit unter dem Hakenkreuz. Ausländische Zivilarbeiter, Kriegsgefangene und Häftlinge im Dritten Reich und im besetzten Europa 1939-1945*, Stuttgart 2001
Stargardt, Nicholas, *Der deutsche Krieg 1939-1945*, Frankfurt/M. 2015
Steinbacher, Sybille, *Auschwitz. Geschichte und Nachgeschichte*, München 2004
Steinbacher, Sybille (red.), *Holocaust und Völkermorde. Die Reichweite des Vergleichs*, Frankfurt/M.-New York 2012
Steinert, Marlies, *Hitlers Krieg und die Deutschen. Stimmung und Haltung der deutschen Bevölkerung im Zweiten Weltkrieg*, Düsseldorf-Wenen 1970
Streit, Christian, *Keine Kameraden. Die Wehrmacht und die sowjetischen Kriegsgefangenen 1941-1945*. heruitgave, Bonn 1991
Stumpf, Reinhard, 'Der Krieg im Mittelmeerraum 1942/43', in *Das Deutsche Reich und der Zweite Weltkrieg*, band 6, Stuttgart 1990, p. 595-647
Süß, Dietmar, *Tod aus der Luft. Kriegsgesellschaft und Luftkrieg in Deutschland und England*, München 2011
Süß, Dietmar, *»Ein Volk, ein Reich, ein Führer«. Die deutsche Gesellschaft im Dritten Reich*, München 2017
Süß, Winfried, *Der »Volkskörper« im Krieg. Gesundheitspolitik, Gesundheitsverhältnisse und Krankenmord im nationalsozialistischen Deutschland 1939-1945*, München 2003
Taylor, Frederick, *Coventry. Der Luftangriff vom 14. November 1940: Wendepunkt im Zweiten Weltkrieg*, München 2015
Tesch, Sebastian, *Albert Speer (1905-1981)*, Wenen-Keulen-Weimar 2016
Thamer, Hans-Ulrich, *Verführung und Gewalt. Deutschland 1933-1945*, Berlijn 1986
Thamer, Hans-Ulrich/Simone Erpel (red.), *Hitler und die Deutschen. Volksgemeinschaft und Verbrechen*, Dresden 2011
Thamer, Hans-Ulrich, 'Der tote Hitler. Das Ende des Diktators und die Wandlungen eines Mythos', in Thomas Großböltig/Rüdiger Scheidt (red.), *Der Tod des Diktators. Ereignis und Erinnerung im 20. Jahrhundert*, Göttingen 2011, p. 81-93
Töppel, Roman, *Kursk 1943. Die größte Schlacht des Zweiten Weltkriegs*, Paderborn 2017
Töppel, Roman, 'Kursk – Mythen und Wirklichkeit einer Schlacht', in *Vierteljahrshefte für Zeitgeschichte*, Jg. 57 (2009), p. 349-384
Toland, John, *Adolf Hitler*, 2 banden, Bergisch Gladbach 1981
Tooze, Adam, *Ökonomie der Zerstörung. Die Geschichte der Wirtschaft im Nationalsozialismus*, München 2006
Trevor-Roper, Hugh R., *Hitlers letzte Tage*, Frankfurt/M.-Berlijn 1995
Trommer, Isabell, *Rechtfertigung und Entlastung. Albert Speer in der Bundesrepublik*, Frankfurt/M.-New York 2016
Ueberschär, Gerd R. (red.), *Hitlers militärische Elite*, 2 banden, Darmstadt 1998
Ueberschär, Gerd R./Winfried Vogel, *Dienen und Verdienen. Hitlers Geschenke an seine Eliten*, Frankfurt/M. 1999
Ueberschär, Gerd R., *Der 20. Juli 1944*, Frankfurt/M. 2004
Ueberschär, Gerd R./Wolfram Wette, *Der deutsche Überfall auf die Sowjetunion. »Unternehmen Barbarossa« 1941*. uitgebreide heruitgave, Frankfurt/M. 2011

Ullrich, Sebastian, *Der Weimar-Komplex. Das Scheitern der ersten deutschen Demokratie und die politische Kultur der frühen Bundesrepublik 1945-1959*, Göttingen 2009
Ullrich, Volker, *Die nervöse Großmacht. Aufstieg und Untergang des deutschen Kaiserreichs.* heruitgave, Frankfurt/M. 2013
Ullrich, Volker, *Der Kreisauer Kreis*, Reinbek bei Hamburg 2008
Ullrich, Volker, *Adolf Hitler. Biographie*, band 1: *Die Jahre des Aufstiegs 1889-1939*, Frankfurt/M. 2013
Ullrich, Volker, '»Wir haben nichts gewusst« – Ein deutsches Trauma', in *1999 Zeitschrift für Sozialgeschichte des 20. und 21. Jahrhunderts*, Jg. 6 (1991), p. 11-46
Umbreit, Hans, 'Der Kampf um die Vormachtstellung im Westen', in *Das Deutsche Reich und der Zweite Weltkrieg*, band 2, Stuttgart 1979, p. 235-327
Ungváry, Krisztián, 'Kriegsschauplatz Ungarn', in *Das Deutsche Reich und der Zweite Weltkrieg*, band 8, München 2001, p. 849-958
Urban, Thomas, *Katyn. Geschichte eines Verbrechens*, München 2015
Vaget, Hans Rudolf, *»Wehvolles Erbe«. Richard Wagner in Deutschland. Hitler, Knappertsbusch, Mann*, Frankfurt/M. 2017
Valentin, Sonja, *»Steine in Hitlers Fenster«. Thomas Manns Radiosendungen Deutsche Hörer! 1940-1945*, Göttingen 2015
Völklein, Ulrich (uitg.), *Hitlers Tod. Die letzten Tage im Führerbunker*, Göttingen 1999
Vogel, Detlef, 'Das Eingreifen Deutschlands auf dem Balkan', in *Das Deutsche Reich und der Zweite Weltkrieg*, band 3, Stuttgart 1984, p. 417-511
Vogel, Detlev, 'Deutsche und alliierte Kriegführung im Westen', in *Das Deutsche Reich und der Zweite Weltkrieg*, band 7, Stuttgart-München 2001, p. 419-639
Walker, Mark, *Die Uranmaschine. Mythos und Wirklichkeit der deutschen Atombombe*, Berlijn 1990
Wachsmann, Nikolaus, *Gefangen unter Hitler. Justizterror und Strafverfolgung im ns-Staat*, München 2004
Wachsmann, Nikolaus, kl. *Die Geschichte der nationalsozialistischen Konzentrationslager*, München 2016
Wegner, Bernd, 'Der Krieg gegen die Sowjetunion 1942/43', in *Das Deutsche Reich und der Zweite Weltkrieg*, band 6, Stuttgart 1990, S. 761-1102
Wegner, Bernd, 'Von Stalingrad nach Kursk', in *Das Deutsche Reich und der Zweite Weltkrieg*, band 8, München 2007, p. 3-79
Wegner, Bernd, 'Das Kriegsende in Skandinavien', in *Das Deutsche Reich und der Zweite Weltkrieg*, band 8, München 2007, p. 961-1005
Wegner, Bernd, 'Deutschland am Abgrund', in *Das Deutsche Reich und der Zweite Weltkrieg*, band 8, München 2007, p. 1165-1209
Wegner, Bernd, 'Hitlers Besuch in Finnland. Das geheime Tonprotokoll seiner Unterredung mit Mannerheim am 4. Juni 1942', in *Vierteljahrshefte für Zeitgeschichte*, Jg. 41 (1993), p. 117-138
Wegner, Bernd, 'Hitler, der Zweite Weltkrieg und die Choreographie des Untergangs', in *Geschichte und Gesellschaft*, Jg. 26 (2000), p. 493-518
Wehler, Hans-Ulrich, *Deutsche Gesellschaftsgeschichte*, band IV, München 2003
Wehler, Hans-Ulrich, 'Hitler als historische Figur', in *Land ohne Unterschichten? Neue Essays zur deutschen Geschichte*, München 2010, p. 92-105
Weinberg, Gerhard L., *Eine Welt in Waffen. Die globale Geschichte des Zweiten Weltkriegs*, Stuttgart 1995
Wendt, Bernd-Jürgen, *Großdeutschland. Außenpolitik und Kriegsvorbereitung des Hitler-Regimes*, München 1987
Werr, Sebastian, *Heroische Weltsicht. Hitler und die Musik*, Keulen-Weimar-Wenen 2014
Wette, Wolfram/Gerd R. Ueberschär, *Stalingrad. Mythos und Wirklichkeit einer Schlacht*, Frankfurt/M. 1992
Wette, Wolfram, *Die Wehrmacht. Feindbilder, Vernichtungskrieg, Legenden*, Frankfurt/M. 2002
Wette, Wolfram, *Karl Jäger. Mörder der litauischen Juden*, Frankfurt/M. 2011
Wette, Wolfram, 'Die propagandistische Begleitmusik zum deutschen Überfall auf die

Sowjetunion am 22. Juni 1941', in Ueberschär/Wette (red.), *Der deutsche Überfall auf die Sowjetunion*, p. 45-65
Wiborg, Susanne/Jan Peter Wiborg, *Glaube, Führer, Hoffnung. Der Untergang der Clara S.*, München 2015
Winik, Jay, *1944. Roosevelt und das Jahr der Entscheidung*, Darmstadt 2017
Wildt, Michael, *Generation des Unbedingten. Das Führungskorps des Reichssicherheitshauptamtes*, Hamburg 2002
Winkler, Heinrich August, *Der lange Weg nach Westen*, 2 banden, München 2000
Winkler, Heinrich August, *Geschichte des Westens*. band 11: *Die Zeit der Weltkriege 1914-1945*, München 2011
Wirsching, Andreas, 'Hitlers Authentizität. Eine funktionalistische Deutung', in *Vierteljahrshefte für Zeitgeschichte*, Jg. 64 (2016), p. 387-417
Woller, Hans, *Die Abrechnung mit dem Faschismus in Italien 1943 bis 1948*, München 1996
Woller, Hans, *Geschichte Italiens im 20. Jahrhundert*, München 2010
Woller, Hans, *Mussolini. Der erste Faschist. Eine Biographie*, München 2016
Wrochem, Oliver von, *Erich von Manstein: Vernichtungskrieg und Geschichtspolitik*, Paderborn 2006
Wuermeling, Henric L., *August 1939 – 11 Tage zwischen Krieg und Frieden*, München 1984
Zaslavsky, Victor, *Klassensäuberung. Das Massaker von Katyn*, Berlijn 2007
Zeidler, Werner, *Kriegsende im Osten. Die Rolle der Roten Armee und die Besetzung Deutschlands östlich der Oder und Neiße 1944/45*, München 1996
Zeidler, Werner, 'Die Rote Armee auf deutschem Boden', in *Das Deutsche Reich und der Zweite Weltkrieg*, band 10/1, München 2008, p. 681-775
Zierenberg, Malte, *Stadt der Schieber. Der Berliner Schwarzmarkt 1939-1950*, Göttingen 2008
Zimmermann, John, 'Die deutsche militärische Kriegführung im Westen 1944/45', in *Das Deutsche Reich und der Zweite Weltkrieg*, band 10/1, München 2008, p. 277-489

Fotoverantwoording

akg-images: 31
Archiv des Hamburger Instituts für Sozialforschung: 17
Bayerische Staatsbibliothek München/Bildarchiv: 1, 2, 3, 7, 41, 42
Bildarchiv Preußischer Kulturbesitz: 13, 43 (bpk, Bayerische Staatsbibliothek, Archiv Heinrich Hoffmann)
Bundesarchiv: 10 (BArch RM 7/962, Bl. 209); 14 (BArch 183-B21845/Wahner); 15 (BArch 101 I-289-1091-26/Dinstühler); 18 (BArch 101 I-287-0872-28A/Koll); 22 (BArch 183-B24543/Scherl Bilderdienst); 23 (BArch 183-JO5235/Ernst Schwahn); 24 (BArch 183-B14051/Schmidt); 34 (BArch 146-1969-071A-03)
Gemeinde Hermaringen/Gunter Demnik: 4
Getty Images: 26 (getty images/Keystone France)
Picture Alliance: 29 (picture-alliance/RIA Nowosti)
Staatsarchiv Würzburg: 19 (Gestapo 18880a, Foto 114)
SZ Bildarchiv: 5, 36 (Collectie Megele/Süddeutsche Zeitung Photo); 21 (Scherl/Süd-deutsche Zeitung Photo)
Ullstein Bilderdienst: 6, 25, 30, 32 (ullstein bild/Walter Frentz); 7 (ullstein bild/Heinrich Hoffmann); 8 (ullstein bild/Süddeutsche Zeitung); 9 (ullstein bild/LEONE); 11, 20, 27, 33, 35, 38, 39, 40 (ullstein bild)

Ondanks zorgvuldig onderzoek is het mogelijk dat niet alle rechthebbenden zijn opgespoord. Partijen met gerechtvaardigde aanspraken kunnen zich melden bij de uitgeverij en zullen op de gebruikelijke manier worden gecompenseerd.

Dankwoord

Ik ben velen dank verschuldigd voor het feit dat, vijf jaar na het verschijnen van het eerste deel, nu een tweede, afsluitend deel van deze Hitler-biografie kan worden gepubliceerd. Mijn dank gaat in de eerste plaats uit naar de archiefmedewerkers die mij zo behulpzaam zijn geweest bij mijn research: Beatrix Diestel van het Bundesarchiv-Militärarchiv Freiburg, Annegret Neupert van het Bundesarchiv Koblenz, Torsten Zarwel van het Bundesarchiv Berlin-Lichterfelde, Klaus A. Lankheit van het Institut für Zeitgeschichte in München en Marlies Hertig van het Schweizerische Bundesarchiv in Bern.

Dank ben ik opnieuw verschuldigd aan Mirjam Zimmer en Kerstin Wilhelms van de documentatieafdeling van *Die Zeit*, en aan Karl-Otto Schütt, de bibliothecaris van de Forschungsstelle für Zeitgeschichte in Hamburg, die mij bijzonder behulpzaam zijn geweest bij het vinden van literatuur.

Hartelijk danken wil ik ook Walter H. Pehle, jarenlang redacteur van S. Fischer Verlag, die de voltooiing van het door hem gestimuleerde project met niet-aflatende, vriendelijke oplettendheid heeft begeleid. Dank ook aan zijn opvolger, Tanja Hommen, voor het grondige nalezen.

Speciale dank ben ik verschuldigd aan mijn collega bij *Die Zeit*, Benedikt Erenz, die met zijn geoefende redacteursblik het correctiewerk op zich heeft genomen en wiens kritische oordeel de tekst zeer ten goede is gekomen.

De meeste dank echter gaat uit naar mijn vrouw, Gudrun, en mijn zoon Sebastian. Met hen heb ik gedurende de acht jaar dat ik mij verdiepte in deze huiveringwekkende figuur veel gesprekken kunnen voeren. Zonder hun voortdurende aanmoediging, zonder hun vragen en aansporingen, zou ook dit deel niet geschreven kunnen zijn.

Hamburg, juli 2018,   Volker Ullrich

Personenregister

Abetz, Otto 148
Alexander de Grote 154
Alfieri, Dino 28, 96, 110, 223
Al-Gailani, Rashid Ali 178
Al-Hoesseini, Amin 273
Alvensleben, Ludolf von 69
Aly, Götz 357, 593
Amann, Max 113
Andersen, Lale 326, 360
Andreas-Friedrich, Ruth 132, 194, 266, 386, 410, 411, 521
Antonescu, Ion 128, 145, 184, 328, 333, 367, 395, 397, 398, 424, 476, 480
Arendt, Hannah 584
Arndt, Wilhelm 427, 555
Arnim, Hans-Jürgen von 368
Astachov, Georgi 32, 33
Attila, Hunnenkoning 604
Attolico, Bernardo 25, 30, 42-44, 48, 96
Axmann, Arthur 537, 538, 553, 576, 578

Babarin, Jevgeni 33
Backe, Herbert 181, 357, 456, 571, 588
Badoglio, Pietro 378-379, 381-382, 404
Bagration, Pjotr 416
Bajohr, Frank 11, 14, 354
Balck, Hermann 86, 381, 390, 398, 459, 491, 528, 536
Bastianini, Giuseppe 368
Baum, Herbert 281
Baur, Hans 81, 191, 377, 555, 576, 578
Beck, Józef 18-21, 24
Beck, Ludwig 78, 79, 437, 439, 440, 442, 446, 451, 453-454
Becker, Karl 97
Beethoven, Ludwig van 331
Behr, Winrich 328
Below, Maria von 427, 432
Below, Nicolaus von 21, 38, 40, 53, 54, 59, 82, 92, 152, 193, 232, 422, 427, 436, 447, 539, 554, 559, 573, 574

Berlin, Wilhelm 536
Bernadotte, Folke graaf 568-569
Best, Sigismund Payne 85
Best, Werner 69
Bethmann Hollweg, Theobald von 54, 597
Bismarck, Otto von 591, 594, 606
Blaschke, Hugo 555, 577
Blaskowitz, Johannes 71, 401, 472, 498
Blobel, Paul 258
Blomberg, Werner von 227, 312
Bock, Fedor von 57, 79, 92, 93, 106, 119, 126, 127, 140, 142, 146, 152, 153, 161, 179, 201, 204, 216, 224, 225, 227, 301, 304, 306
Bodenschatz, Karl 170, 193, 346, 445
Bohle, Ernst Wilhelm 169, 173
Böhme, Franz 260
Boldt, Gerhard 528, 559, 573-574
Böll, Heinrich 356
Bömer, Karl 182
Bonaparte zie Napoleon
Bonhoeffer, Dietrich 441
Bonin, Bogislaw von 522
Borgmann, Heinrich 427
Boris III, koning van Bulgarije 145, 367
Bór-Komorowski, Tadeusz 475
Bormann, Albert 427, 434, 555
Bormann, Martin 45, 59, 67, 74, 168, 170, 171, 173-174, 192, 193, 197, 199, 240, 250, 252, 276, 286, 312, 340, 341, 345, 347, 357, 358, 380, 381, 391, 422, 424, 427, 434, 435, 452, 455, 457, 465, 466, 468, 469, 483, 489, 517, 522, 527, 531, 535, 544, 552, 553, 556, 558-561, 567, 568, 570-573, 575-577, 578
Bouhler, Philipp 240-243, 263
Bourke-White, Margaret 583
Brack, Viktor 241, 263
Brandenberger, Erich 492, 497
Brandt, Anni 432, 527
Brandt, Karl 59, 102, 240, 241, 242, 427, 460, 483-484, 527

Brauchitsch, Walther von 20, 30, 43, 48, 58, 60, 62, 65, 71, 75, 77-80, 87-89, 92, 93, 98, 100, 106, 111, 121, 122, 125, 126, 127, 146, 147, 152, 159, 160, 161, 164, 178-179, 206-207, 224, 225, 226, 253-254, 310, 334, 359, 503, 504
Braun, Eva 28, 38, 52, 82, 424, 425, 437, 428-431, 434-435, 437, 448, 493-494, 511, 527, 533, 552, 553, 554, 557, 559, 561, 563, 569-570, 572
Braun, Friedrich 82
Braun, Gretl (later Gretl Fegelein) 427, 434-435, 494, 527, 559, 563
Braun, Ilse (later Ilse Fucke-Michels) 52, 494
Bräutigam, Otto 267
Breker, Arno 112
Brinsteiner, Josef 15
Broich, Friedrich Freiherr von 201
Browning, Christopher 263, 274
Bruckmann, Elsa 28, 90, 174, 234, 580, 590
Bruckmann, Hugo 28, 90, 590
Bruckner, Anton 228, 510
Brückner, Peter 291
Brückner, Wilhelm 59, 193, 427
Bruhn, Johannes 579
Brüning, Heinrich 599
Buchbender, Ortwin 458
Buhle, Walter 446
Bühler, Josef 276, 278
Bullock, Alan 604
Bürckel, Josef 251
Burckhardt, Carl Jacob 29-30, 40
Burckhardt, Jacob 604
Burgdorf, Wilhelm 465, 506, 553, 554, 556, 559, 572, 576, 578
Busch, Ernst 417
Busse, Theodor 535, 536, 547, 551, 555, 567-568
Buttmann, Rudolf 51

Cadogan, Alexander 21
Canaris, Wilhelm 43, 70, 77, 78, 148, 441, 442
Carlyle, Thomas 533
Carol II, koning van Roemenië 128
Caspar, Horst 413
Chamberlain, Houston Stewart 596
Chamberlain, Neville 18, 21, 36, 37, 40, 53, 54, 64, 65, 116
Choltitz, Dietrich von 472-473
Christian, Eckhard 427
Christian, Gerda *zie* Daranowski, Gerda
Churchill, Winston 55, 64, 65, 81, 116-117, 119-122, 131, 138, 167, 169, 171, 176, 196, 220, 223, 230, 250, 292, 294, 300, 308, 316, 373, 338, 405, 464, 479, 481, 507, 533, 600, 606
Ciano, Galeazzo graaf van Cortellazzo en Buccari 25-26, 30-31, 42, 62, 96, 110, 117, 128, 134-136, 141, 155, 214, 249, 299-300, 322, 323, 325-326, 333, 367, 384
Cincar-Marković, Aleksandar 163
Clark, Christopher 55
Claß, Heinrich 596
Clausewitz, Carl von 518
Cohn, Willy 236, 237, 251, 266, 270
Conti, Leonardo 240
Coulondre, Robert 42, 44, 45, 53, 54
Cripps, Stafford 122
Cudahy, John 177
Cvetković, Dragiša 163, 164
Czerniaków, Adam 249, 251, 283

Dahlerus, Birger 44, 47, 50
Daladier, Édouard 44-45, 53, 108
Daluege, Kurt 257
Dannecker, Theodor 249, 252
Daranowski, Gerda (later Gerda Christian) 59, 192, 193, 427, 496, 556, 578
Darges, Friedrich 427
Darlan, Jean-François 148, 171, 320, 322
Darré, Richard Walter 286, 359, 456
Degano, Alois 423
Delbrück, Hans 598
Delbrück, Justus 78
Delp, Alfred 438
Dieckhoff, Hans Heinrich 121
Dietl, Eduard 99, 100, 403
Dietrich, Otto 17, 29, 59, 61, 63, 82, 104, 170, 193, 194, 212-213, 219, 223, 425, 427, 428, 452, 507, 513, 542
Dietrich, Sepp 427, 492, 497, 523, 536
Diewerge, Wolfgang 265
Dirksen, Viktoria von 108
Djengis Khan 89, 211, 498
Dohnanyi, Hans von 78, 439, 441, 595
Dohnanyi, Klaus von 595
Dönitz, Karl 372, 379, 548, 553, 557, 569, 571, 573, 577, 579, 580, 583
Doering, Heinz 283
Dorsch, Xaver 202, 467
Douglas-Hamilton, Douglas, 14de hertog van Hamilton 169
Dürkefälden, Karl 289

Eberle, Henrik 516
Eberstein, Friedrich Karl Freiherr von 82

PERSONENREGISTER 769

Eichmann, Adolf 245-246, 249, 252, 264, 276, 277, 279, 285, 398
Eicken, Carl Otto von 461, 493
Eigruber, August 27
Eisenhower, Dwight D. ('Ike') 407, 408, 568, 578
Eismann, Hans-Georg 523
Elisabeth, tsarina 470, 533, 547
Elser, Georg 81, 83-86, 149, 437
Engel, Gerhard 18, 29, 43, 59, 71, 80, 89, 145, 147, 187, 193, 206, 218, 250, 311, 320, 325, 427
Ernst, luitenant-generaal Karl 304
Erzberger, Matthias 111
Esser, Hermann 344, 531
Etzdorf, Hasso von 78
Evans, Richard 200

Falkenhorst, Nikolaus von 98
Feder, Gottfried 109
Fegelein, Gretl *zie* Braun, Gretl
Fegelein, Hermann 434-435, 527, 559, 568-569
Fellgiebel, Erich 450, 451, 455
Fernau, Joachim 479
Fest, Joachim 9, 12, 17, 502, 542, 595, 604
Fick, Roderich 422
Filov, Bogdan 162
Fischer, Fritz 55, 598
Fischer, Ludwig 251
Flandin, Pierre-Étienne 148
Fleischmann, Peter 14
Foch, Ferdinand 111
Forster, Albert 29, 51, 61, 67, 528
Franco, Francisco 135-138, 148, 156
Frank, Bernhard 561
Frank, Hans 67, 73-74, 245, 247, 249, 252, 253, 275, 276, 278, 358, 475, 518, 592
Frederik de Grote 47, 52, 108, 114, 119, 161, 226, 231, 333, 404, 470, 495, 496, 511, 526, 532-533, 537, 576, 594, 603
Freisler, Roland 276, 332, 363, 463
Frentz, Walter 107, 108, 261, 428, 430, 529, 535, 555
Freyend, Ernst John von 446, 450
Freytag von Loringhoven, Bernd 461, 494, 507, 559, 566, 573-574
Frick, Walter 126, 128, 132, 182, 204
Frick, Wilhelm 49, 67, 126, 128, 132, 182, 204, 359, 380
Friedländer, Saul 271, 275
Frießner, Johannes 419, 476, 528
Fritsch, Theodor 596
Fritsch, Werner von 61, 312

Fritzsche, Hans 555
Fromm, Friedrich 257, 362, 504, 510, 515-517, 519, 521
Fucke-Michels, Ilse *zie* Braun, Ilse
Fugger zu Wellenburg, Elisabeth Fürstin 552
Funk, Walther 49, 340, 344, 346, 359, 466, 571
Furtwängler, Wilhelm 592

Gafencu, Grigore 23
Galen, Clemens August graaf von 262
Ganzenmüller, Albert 500
Garnier, Charles 112
Gaulle, Charles de 135, 473
Gayk, Franz 535
Gebühr, Otto 231
Gehlen, Reinhard 375
Gellhorn, Martha 582
George VI, koning van Engeland 64
George, Heinrich 342, 413
Gerlach, Christian 274
Gersdorff, Rudolf-Christoph Freiherr von 439, 440
Gerstenmaier, Eugen 438
Geyr von Schweppenburg, Leo Freiherr 401, 415
Giesing, Erwin 460-461, 483
Giesler, Hermann 112, 423, 504, 512, 516, 529-530
Giesler, Paul 571
Globocnik, Odilo 263, 280
Gneisenau, August Neidhardt von 413
Goebbels, Joseph *passim*
Goerdeler, Carl 78, 437-438, 439, 442, 444
Göring, Hermann 25, 26, 35, 40, 43-44, 47, 48, 49, 50, 51, 53, 70, 79, 82, 87, 95, 99, 101, 106, 111, 114, 119, 121, 127, 129, 160, 164, 168, 171, 178, 191, 199, 247, 249, 252-253, 263-264, 273, 277, 298, 305, 324, 325, 330, 335, 337, 345-347, 348, 350, 351, 455-457, 379, 380, 410, 422, 424, 438, 444, 462, 466-467, 488, 500, 517, 535, 553, 555, 557, 560-561, 568, 570, 571, 583
Gorodetsky, Gabriel 11
Graf, Willi 333
Graff, Anton 526, 576
Greiffenberg, Hans von 122
Greim, Robert Ritter von 488, 536, 565-566, 569
Greiser, Arthur 67, 268, 519
Grimm, Hans 174
Groscurth, Helmuth 43, 78, 79, 80, 86, 89, 90

Guderian, Heinz 125, 207, 211, 218, 224, 226-227, 337, 374, 379, 418, 461, 462, 484, 491, 498, 501, 506, 523-525, 528, 535, 537, 542
Günsche, Otto 427, 447, 559, 575-576, 578
Gurlitt, Hildebrand 512
Gürtner, Franz 78

Haakon VII, koning van Noorwegen 99
Haase, Werner 574
Habicht, Theodor 180, 330
Hácha, Emil 20, 397
Hadamovsky, Eugen 359
Haffner, Sebastian 17, 116, 502, 550, 590, 593, 600
Haeften, Hans Bernd von 438, 446
Haeften, Werner von 446-450, 453-454
Hagen, Hans 452
Hahne, Franz 361
Halder, Franz 8, 23, 30, 45, 58, 65, 75, 77-78, 79-80, 89, 92, 93, 98, 104-106, 113, 118, 125, 146, 152-153, 159, 160, 161, 164, 223, 195, 196, 204-207, 210, 215, 224-226, 229, 292-294, 306, 307, 310, 311, 313-314, 365, 505
Halifax, lord 117, 120
Hammitzsch, Angela 572
Hanfstaengl, Ernst 590
Hanfstaengl, Helene 590
Hanke, Karl 531, 571
Harlan, Veit 231, 238, 413
Harpe, Josef 522
Harris, Arthur 295, 296
Hartmann, Christian 259
Hartnagel, Fritz 288
Hase, Paul von 452
Hasselbach, Hanskarl von 59, 448, 483, 484
Hassell, Ulrich von 28, 43, 78-79, 87, 89, 90, 116, 173, 266, 332, 387, 438, 442
Haubach, Theo 438
Haushofer, Albrecht 169, 173
Haushofer, Karl 112, 115, 169, 173
Heiden, Konrad 599, 604
Heim, Heinrich 193, 197-198
Heinrici, Gotthard 115, 182, 189, 201, 204, 211, 213, 218, 226, 229, 251, 293, 537, 548
Heisenberg, Werner 580
Helldorf, Wolf Heinrich graaf von 90, 359, 463
Hellpach, Willy 115
Henderson, sir Nevile 29, 36, 37, 41-42, 45, 46-49, 53
Henke, Klaus-Dietmar 542
Herbert, Ulrich 203

Herbst, Ludolf 13, 586
Heß, Alfred 174
Heß, Ilse 174
Heß, Rudolf 48, 67, 95, 111, 112, 168-176, 177, 183, 351, 583
Heusinger, Adolf 159, 194, 310, 418, 446
Hewel, Walther 36, 44, 107, 156, 163-164, 165, 166, 171, 175-177, 183, 185, 187, 192, 193, 208, 212, 228, 403, 427, 428, 559, 576, 578
Heyde, Werner 241
Heydrich, Reinhard 8, 10, 45, 68-69, 70, 72, 173, 178, 236, 244, 246, 249, 250, 252-257, 263-264, 267, 268, 270, 271, 273, 275, 276-279, 282, 286, 303
Hierl, Konstantin 359
Hilberg, Raul 9, 244, 288
Hillers, Marta 572
Himmler, Heinrich 8, 10, 45, 68, 69, 70, 72, 73, 75, 82, 84, 85, 86, 159, 173, 191, 199-200, 236, 245, 247, 248, 252, 254, 257, 261, 263, 267-268, 270, 272, 273, 274, 277, 279, 280, 281, 282-284, 286, 320, 326, 379, 380-381, 428, 432, 433, 435, 441-442, 444, 445, 452, 454, 455-456, 464, 465, 466, 468, 487, 489-490, 522-523, 524, 535, 537, 541, 544, 546, 553, 557, 568-569, 570, 571, 574
Hindenburg, Paul von 493, 571, 587, 591, 592, 598
Hintze, Otto 595
Hitler, Alois sr. 27
Hitler, Angela *zie* Hammitzsch, Angela
Hitler, Paula 572
Hippler, Fritz 238
Hodges, Courtney H. 537
Hofacker, Cäsar von 456, 464
Hoffmann, Heinrich 37, 40-41, 59-60, 428, 507, 510, 527, 535
Hofmann, Otto 276
Holste, Rudolf 567, 574
Hoepner, Erich 69, 80, 162, 190, 204, 218, 224, 227, 451-452, 453, 463
Höppner, Rolf-Heinz 261
Horthy, Miklós 208, 367, 397, 477, 486-487
Horthy, Miklós jr. 487
Hosenfeld, Wilm 72, 288
Höß, Rudolf 284
Hoßbach, Friedrich 231, 376, 385, 399, 485, 515, 522
Hoth, Hermann 160, 259, 325, 326
Hube, Hans 377, 402-403, 427
Huber, Kurt 332-333
Hübner, Rudolf 537

PERSONENREGISTER 771

Hugenberg, Alfred 109
Hühnlein, Adolf 304
Huntziger, Charles 111, 112
Hürter, Johannes 160, 269

Inönü, Ismet 163

Jäckel, Eberhard 9, 595
Jäger, Karl 261, 270
Jeckeln, Friedrich 270
Jeschonnek, Hans 121, 359
Jodl, Alfred 59, 98, 100, 102, 104, 118, 124,
  131, 133, 140, 146, 153, 154, 159, 160, 164,
  193, 207, 211, 218, 234, 294, 300, 311-312,
  317, 319, 320, 374, 400, 405, 410, 412, 421,
  455, 464, 471, 491, 492, 498, 501, 503,
  507, 513, 531, 553, 556, 557, 558, 564, 574
Johannmeyer, Willi 559, 573
Junge, Hans 427, 433
Junge (geb. Humps), Traudl 412, 423, 427,
  429, 431, 432, 455, 483, 493, 496, 554,
  556, 557, 570, 572, 574, 575

Kaehler, Siegfried 115
Kaltenbrunner, Ernst 360, 463, 464, 553
Kannenberg, Arthur 193, 427, 563
Kardorff, Ursula von 291, 444, 458, 469,
  552, 581
Karel de Grote, keizer van Duitsland 112
Karel IV, keizer van Duitsland 599
Kästner, Erich 582
Kaether, Ernst 562
Kaufman, Theodore N. 265
Kaufmann, Karl 267, 380
Kehrl, Hans 512
Keitel, Wilhelm 34, 42, 43, 48-49, 59, 63, 67,
  70, 77, 80, 98, 100, 101-102, 108, 111-112,
  113, 127, 146, 159, 160, 164, 177, 178, 193,
  199, 207, 219, 229, 300, 311-312, 319, 320,
  340, 341, 345, 359, 410, 412, 421, 445,
  446-447, 450, 452, 462, 466, 478, 491,
  501, 505, 553, 557, 558, 559, 556, 564, 568,
  574, 583
Kellner, Friedrich 11, 12, 39, 55, 62, 86, 102,
  150, 157, 173, 195, 213, 217, 228, 236, 262,
  288-289, 296, 299, 301, 333, 357, 362, 371,
  459-460, 489, 543, 581, 582
Kempka, Erich 575, 576
Kempner, Robert M.W. 14, 277
Kemsley, lord James 29
Kershaw, Ian 13, 604
Kesselring, Albert 377, 381, 538, 548
Kiep, Otto Carl 442
Kirkpatrick, sir Ivone 169-170

Kjoseivanov, Georgi Ivanov 28
Kleist-Schmenzin, Ewald von 104, 217, 311,
  396, 532
Kleist, Heinrich von 596
Klemperer, Victor 11, 52, 63, 188, 208, 236,
  238, 264, 266, 269, 290, 332, 355, 380,
  460, 479, 530, 582, 584, 597
Klopfer, Gerhard 276
Kluge, Hans Günther von 61, 127, 190,
  227-228, 229, 311, 365, 368, 376, 379, 415,
  439, 456, 471-472, 473, 504, 514, 602
Koch, Erich 200, 252, 484, 531
Koller, Karl 554-555, 560
Konev, Ivan Stepanovitsj 518, 551-552, 564
Koeppen, Werner 197, 200
Kordt, Erich 78
Körner, Theodor 344
Korten, Günther 410, 461
Krause, Karl 59, 427
Krauß, Werner 238
Krebs, Hans 491, 542, 553, 554, 556, 559,
  562, 565, 566, 568, 572, 575-576, 578
Kreipe, Werner 461, 485, 491
Kritzinger, Friedrich 276
Krogmann, Carl Vincent 353
Krüger, Friedrich Wilhelm 283
Kuby, Erich 290
Küchler, Georg von 162, 227, 390-391
Kurusu, Saburo 134, 157
Kvaternik, Slavko 264

Lagarde, Paul Anton de 596
Lakatos, Géza 486
Lammers, Hans Heinrich 49, 67, 82, 191,
  199, 240, 252, 279, 340-341, 345, 347, 359,
  465-466, 512, 522, 561
Lange, Herbert 242, 261
Lange, Rudolf 276
Laval, Pierre 137, 138-139, 148, 320, 322, 323,
  367
Leander, Zarah 360
Leber, Julius 438, 444
Leeb, Wilhelm Ritter von 75, 77, 79, 119, 127,
  152, 153, 227
Leibbrandt, Georg 276
Leigh-Mallory, Trafford 407
Leitgen, Alfred 173
Leopold III, koning van België 106
Ley, Robert 169, 340, 344, 346, 347, 360-361,
  457, 553
Linge, Heinz 53, 59, 101, 170, 426, 427, 435,
  483, 514, 526, 529, 535, 552-553, 554, 566,
  570, 576
Lipski, Józef 18-21, 50

List, Wilhelm 127, 165-166, 307, 311, 504
Liszt, Franz 187, 194
Litzmann, Karl 247
Litvinov, Maksim 32
Longerich, Peter 12-13
Lorenz, Heinz 427, 559, 568, 573
Lösener, Bernhard 276
Loßberg, Bernhard von 100
Ludendorff, Erich 586, 598
Luther, Martin (Buitenlandse Zaken) 248, 276
Luther, Martin (kerkhervormer) 594
Lütjens, Günther 177
Lutze, Viktor 347, 369

Mackensen, Eberhard von 304
Maier, Wilhelm 464
Maisel, Ernst 465
Majski, Ivan 11, 65, 117, 306, 373
Mann, Golo 15, 595
Mann, Klaus 426, 585, 603, 607
Mann, Thomas 11, 55, 61, 64, 116, 141, 296, 332, 338, 402, 426, 460, 490, 518, 547, 579, 595
Mannerheim, Carl Gustav Emil 303, 478
Manstein, Erich von 93, 115, 300-301, 323, 324-325, 334-335, 365, 368, 376, 381, 385, 390, 392-393, 396, 443
Manteuffel, Hasso von 492, 497
Manziarly, Constanze 553, 557, 575
Marcks, Erich 125-126
Marian, Ferdinand 238
Marie Louise van Oostenrijk 605
Marras, Efisio 10, 154, 294
Matsuoka, Yosuke 157-158, 164, 221
Matthäus, Jürgen 14
Mecklenburg-Schwerin, Friedrich Franz groothertog von 108
Meinecke, Friedrich 115, 595, 596
Mende, Gerhard 249
Mengele, Josef 285
Merkoelov, Vsevolod 186
Mertz von Quirnheim, Albrecht 444, 450-451, 453-454
Meyer, Alfred 276
Meyer, Konrad 200
Michaël I, koning van Roemenië 128, 477
Mierendorff, Carlo 438, 442
Milch, Erhard 344
Minoux, Friedrich 276
Misch, Rochus 563, 578
Mitford, Diana (later Diana Mosley) 29
Mitford, Valkyrie Unity 29
Mitscherlich, Alexander 585

Mitscherlich, Margarete 585
Model, Walter 168, 376, 391, 392, 396, 417, 419, 472, 474, 475-476, 492, 497, 498, 542, 548
Mohnke, Wilhelm 558, 559, 567, 569, 575
Molotov, Vjatsjeslav 32, 33, 34, 38, 39, 40, 140, 142-145, 163, 200, 509
Moltke, Freya gravin von 54, 116, 442
Moltke, Hans Adolf von 20
Moltke, Helmuth von ('Moltke de Oudere') 116
Moltke, Helmuth James von 54, 116, 191, 269, 438, 441-442
Mommsen, Hans 235
Montgomery, Bernard Law ('Monty') 319, 322, 407, 409, 474, 538, 542
Morell, Theodor 51, 107, 109, 193, 205, 333, 337, 377, 395, 425, 427, 448, 455, 482, 483-484, 492, 495, 514, 515-516, 526, 555-556, 557
Morgan, Frederick 406-407
Morgenthau, Henry 489
Mosley, Oswald 29
Muehlon, Wilhelm 11, 102, 105, 315, 321, 332
Müller, Heinrich 245, 257, 276, 279, 360
Müller, Karl Alexander von 601
Müller, Klaus-Jürgen 79
Müller, Rolf-Dieter 106
Murrows, Edward 133
Mussert, Anton 600
Mussolini, Benito 23, 24-26, 30-31, 41-45, 48, 53, 62, 88, 95-96, 109-110, 117, 135, 136-137, 139-141, 144, 154-155, 156, 165, 174-176, 183, 186, 207-208, 221, 249, 250, 299, 300, 304, 317, 326, 367-368, 371, 377-379, 382, 383-384, 386, 388, 391, 403-404, 422, 424, 437, 446, 449-450, 574

Napoleon I 58, 113, 190, 201, 214, 224, 234, 292, 302, 344, 416, 418, 487, 504, 518, 604-605
Napoleon II 113, 148
Naumann, Werner 340, 481, 572
Nebe, Arthur 83, 254, 258, 262
Nettelbeck, Joachim 413
Neumann, Erich 276
Neumann, Hans-Joachim 516
Neurath, Konstantin von 59, 282, 371
Neurath, Konstantin Alexander von 371
Nitsche, Paul 241
Nöthling, August 359-360

Oberg, Carl Albrecht 456
Odebrecht, Job 536

Ohlendorf, Otto 254-255
Ohler, Norman 516
Okraß, Hermann 580
Olbricht, Friedrich 439, 443, 444, 446, 450-451, 453-454
Oppenheimer, Joseph Süß 238
Oppenhoff, Fritz 547
Oshima, Hiroshi 157, 158, 183-184, 196, 221, 223, 224, 405, 424, 480-481
Oster, Hans 78, 439, 441
Oven, Wilfred von 521

Papen, Franz von 118, 572, 587
Patton, George S. 471, 543
Paul, prins-regent, koning van Joegoslavië 163
Paulus, Friedrich 301, 304, 305, 309, 312, 314-315, 318, 324-325, 327-328, 329, 330-331, 414, 443, 550
Pavelić, Ante 167, 367
Petacci, Clara 574
Pétain, Philippe 108, 112, 137, 138-139, 148, 171, 320, 322, 472
Peter de Grote, tsaar 598
Peter II, koning van Joegoslavië 164
Piłsudski, Józef Klemens 475
Pintsch, Karl Heinz 170, 173
Poelchau, Harald 438
Pohl, Dieter 259
Popitz, Johannes 438, 441
Posse, Hans 512
Pötsch, Leopold 166
Probst, Christoph 332
Puttkamer, Karl-Jesko von 59, 145, 193, 229, 314, 423, 427, 445, 447, 555, 568
Pyta, Wolfram 13, 471, 532, 586

Quandt, Harald 563
Quisling, Vidkun 97, 99, 367

Rademacher, Franz 248
Raeder, Erich 97, 99, 111, 118, 121, 124-125, 129, 134, 160, 177, 192, 219, 249, 359, 372, 583
Rahn, Rudolf 384
Ramsey, Bertram 407
Rasch, Otto 254
Rattenhuber, Hans 436, 576
Raubal jr., Angela ('Geli') 27
Rauff, Walther 263
Reichenau, Walter von 59, 127, 217, 259, 301
Reinecke, Hermann 392
Reinhardt, Hans-Georg 209, 218, 417, 459, 476, 503, 522, 579

Reitsch, Hanna 565-566, 568-569
Remer, Otto 452-453, 462
Rendulic, Lothar 522
Reuß, Franz 536
Reymann, Hellmuth 562
Reynaud, Paul 108
Ribbentrop, Joachim von 18-21, 25, 30-32, 33-35, 37-38, 39, 40, 45, 49-50, 53, 60, 66, 95, 96, 102, 111, 128, 134, 135, 137, 138, 141, 142, 144, 157, 158, 166-167, 171, 174, 175, 183, 184, 187, 191, 192, 221-223, 228, 249, 267-268, 320, 359, 367, 371, 379, 388, 397, 403, 410, 427, 444, 481-482, 501, 531, 534, 653, 659, 561, 571, 583
Richthofen, Wolfram Freiherr von 378
Ridomi, Christamo 188
Riefenstahl, Leni 428
Ritter, Gerhard 86
Rokossovski, Konstantin 519, 556, 565
Römer, Felix 180
Rommel, Erwin 59, 155-156, 233, 300, 304-305, 318-319, 321, 322-323, 367-368, 370, 379, 400-403, 405, 408, 412-413, 414-415, 420, 464-465
Roosevelt, Franklin D. 23-24, 94, 95, 96, 117, 121, 133, 141, 176-177, 219-220, 223, 230, 265, 267, 292, 294, 388, 481, 533, 547, 606
Rösch, Augustin 438
Rosenberg, Alfred 14, 39, 66, 181, 197, 199, 200, 220, 253, 254, 267, 272, 276, 354
Ross, Colin 247
Röver, Carl 302
Ruge, Friedrich 413
Rundstedt, Gerd von 57, 79, 92, 105-106, 119, 127, 152, 153, 207, 217, 227, 259, 313, 396, 400-401, 408, 412, 414-415, 440, 462, 465, 472, 492, 496, 497, 504, 538
Rust, Bernhard 359
Ryti, Risto 478

Sănătescu, Constantin 477
Sauckel, Fritz 340, 348, 349, 466
Saur, Karl-Otto 467, 571
Scavenius, Erik 234
Schacht, Hjalmar 36, 393
Schädle, Franz 578
Schaub, Julius 59, 81, 101, 171, 193, 205, 427, 434, 455, 489, 554, 557, 563, 565
Scheidt, Wilhelm Heinrich 506
Schellenberg, Walter 568
Schenck, Ernst Günther 575
Scherff, Walter 394, 506
Schieder, Theodor 601
Schiller, Friedrich 568

Schirach, Baldur von 39, 174, 252, 432-434, 531, 583
Schirach, Henriette von 432-434
Schlabrendorff, Fabian von 439, 440, 457
Schlegelberger, Franz 363
Schleicher, Kurt von 592, 599
Schlieben, Karl-Wilhelm von 413, 414
Schlieffen, Alfred Graf von 92
Schmidt, Ernst 113
Schmidt, Paul 31, 44, 48, 49, 53, 110, 111, 137, 300, 326, 378, 449
Schmorell, Alexander 333
Schmundt, Rudolf 18, 26, 59, 93, 145, 193, 225, 314, 319, 396, 427, 447, 465, 506
Schneider, Herta 427, 428, 430, 552, 557, 563
Schneider, Reinhold 608
Schnurre, Karl Julius 32, 33
Scholl, Hans 332
Scholl, Sophie 288, 332
Schöngarth, Karl Georg 276
Schönmann, Marianne ('Marion') 427
Schörner, Ferdinand 396, 522, 558, 572, 573
Schreiber, Helmut ('Kalanag') 432
Schroeder, Christa 59, 60, 80, 191, 193, 208, 226, 306, 337, 427, 432, 436, 448, 455, 496, 528, 529, 554, 556
Schulenburg, Friedrich Werner Graf von der 33, 34, 158, 166
Schulenburg, Fritz-Dietlof Graf von der ('Fritzi') 440, 444
Schulte-Strathaus, Ernst 174
Schuschnigg, Kurt von 20, 397
Schwede-Coburg, Franz 242
Schwerin von Krosigk, Lutz graaf 42, 352, 502, 533, 539, 548, 572
Selchow, Bogislav von 597
Seydlitz, Walther von 392, 396, 503
Seyß-Inquart, Arthur 571
Shakespeare, William 579
Shirer, William 21, 24, 39, 43, 46, 52, 54, 58, 62, 90, 100, 104, 108, 111, 114, 119, 128, 130, 132, 148, 243, 579, 583-584, 594
Skorzeny, Otto 383, 486
Smith, Howard K. 213
Speer, Albert 34, 40, 112-113, 168, 170, 232, 281, 309, 316, 332, 337, 340, 344-346, 351, 354, 361, 379, 382, 423, 424, 427, 432, 434, 452, 466, 467-469, 474, 480, 292, 500, 504, 505, 507, 510, 511, 526, 527, 528, 530, 539-542, 544, 547, 553, 560-562, 563, 565, 571, 580, 589, 594, 603
Speer, Margarete 427, 432
Speidel, Hans 412-413, 464-465

Sperrle, Hugo 415
Stahlecker, Franz Walter 246, 254, 256, 258
Stalin, Jozef 32-33, 34-35, 37-38, 39, 40, 41, 58, 66, 71, 88, 95, 122, 125, 126, 142, 151, 153, 154, 158, 159, 161, 166, 176, 186-187, 188, 200-201, 203, 205, 210, 214, 230, 267, 271, 302, 305, 308, 309, 315, 323, 367, 369, 373, 375, 387-388, 391, 403, 416, 475, 480-481, 521, 533, 534, 551, 578, 605-606
Stauffenberg, Claus Schenk graaf von 436, 442-551, 453-454, 456, 459, 462
Steiner, Felix 554-555, 556
Sterz, Reinhold 458
Stevens, Richard Henry 85
Stieff, Hellmuth 71, 204, 206, 216, 218, 224, 444, 463
Strachwitz, Hyazinth Graf von 476
Straßer, Otto 85-86, 109, 550
Strauss, Richard 27
Streckenbach, Bruno 68, 255
Streicher, Julius 359
Stroop, Jürgen 373
Strupp, Christoph 11
Stuckart, Wilhelm 67, 276, 278, 344
Stülpnagel, Carl Heinrich von 456, 464
Stumpfegger, Ludwig 484, 556, 578
Suñer, Serrano 135-136, 138
Szálasi, Ferenc 486-487, 495
Szembek, Jan Graf 20
Sztójay, Döme 397, 409, 410, 424, 486

Taylor, A.J.P. 594
Terboven, Josef 99
Thälmann, Ernst 464
Thiele, Fritz 450
Thierack, Otto Georg 344, 359, 363, 572
Thomas, Georg 97, 181
Thyssen, Fritz 56
Timosjenko, Semjon 187, 210, 211, 240, 301, 307
Tiso, Jozef 367, 405, 424, 478
Tito, Josip Broz 168
Todt, Fritz 96-97, 145, 212, 231-232, 282
Tojo, Hideki 220, 480
Tooze, Adam 293
Tresckow, Henning von 439-441, 443-444, 446, 457
Trevor-Roper, Hugh 12, 573-574
Troost, Gerdy 366, 511
Troost, Paul Ludwig 366, 511
Trott zu Solz, Adam von 438
Tsjernjachovski, Ivan 519
Tsjoejkov, Vasili 315, 577

Udet, Ernst 171, 216
Ulex, Wilhelm 75
Unruh, Walter von 339-340

Vansittart, sir Robert 594
Veesenmayer, Edmund 397, 487
Vidussoni, Aldo 317
Vittorio Emanuele III, koning 368, 378, 382
Vogelsang, Heinrich 543
Vormann, Nikolaus von 61
Vörös, János 410
Voß, Hans-Erich 559
Voss, Hermann 512
Vysjinski, Andrei 463

Wagner, Adolf 82, 402
Wagner, Eduard 69, 101, 105, 108, 115, 178, 253-254
Wagner, Friedelind 123
Wagner, Richard 123, 510, 518, 570, 572, 586, 603
Wagner, Robert 251
Wagner, Verena 495
Wagner, Walter 570
Wagner, Wieland 495
Wagner, Winifred 29, 106, 123
Wahl, Karl 532
Walb, Lore 10, 114, 331, 580
Walker, Mark 480
Warlimont, Walter 124, 161, 307, 313, 319, 410
Weber, Max 591
Wegner, Bernd 602
Wehler, Hans-Ulrich 13, 132, 235, 587
Weichs, Maximilian von 304, 305, 306, 307, 309, 315, 324, 334
Weidling, Helmuth 562, 567, 575, 578
Weiss, Franz-Rudolf von 296
Weiß, Rudolf 559, 573-574
Weizsäcker, Ernst von 24, 33, 36, 37, 40, 43, 47, 112, 113, 115, 117, 134, 139, 141, 142, 143, 145, 152, 158, 162, 166, 187, 194, 196, 222, 378, 586, 588, 599

Weizsäcker, Marianne von 24, 43, 102, 599
Welles, Benjamin Sumner 94-95
Wenck, Walther 524, 558, 559, 564-568, 569, 573, 574
Werlin, Jakob 109
Westphal, Siegfried 491
Weygand, Maxime 148
Widmann, Albert 262, 263
Wiedemann, Fritz 240
Wiegand, Karl 117
Wietersheim, Alfred von 314
Wilhelm, kroonprins 108
Wilhelm II 108, 321
Wilhelmina, koningin 103
Wilkie, Wendell 141
Wilson, Woodrow 23, 141, 223
Winkler, Heinrich August 598
Winter, Anni 428, 572
Wirth, Christian 263
Witzleben, Erwin von 127, 440, 451, 452, 453, 463
Wöhler, Otto 528, 536
Wolf, Johanna 306, 427, 496, 554
Wolff, Emil 583
Wolff, Karl 45
Wolff-Mönckeberg, Mathilde 336, 380, 583
Wolters, Rudolf 232, 467
Wood, Edward Frederick Lindley zie Halifax, lord
Württemberg, Karl Alexander hertog von 238
Wüst, Walter 332

Yorck von Wartenburg, Peter 116, 438, 463

Zahle, Herluf 52, 87
Zander, Wilhelm 573
Zeitzler, Kurt 313-314, 317, 323, 324, 325, 328, 334, 335, 365, 368, 374, 375, 376, 385, 390, 396, 398, 418, 461, 504, 505, 506, 511
Zjoekov, Georgi 187, 214, 323, 519, 522, 551, 564, 578
Zurlinden, Hans 333

Tódi, Ernst 131, 216
Ulex, Wilhelm 55
Unruh, Walter von 139, 140

Vanselow, St. Robert 503
Veesenmayer, Edmund 507, 687
Viduson, Aldo 321
Vittorio Emanuele III. König 205, 528, 532
Vogelsang, Heinrich 542
Vormann, Nikolaus von 61
Voss, Hans 310
Voß, Hans-Jürgen 659
Voss, Hermann 512
Vyšinski, Andrei 463

Wagner, Adolf 82, 202
Wagner, Eduard 60, 100, 105, 115, 173, 232 ff.
Wagner, Friedrich 632
Wagner, Richard 175, 510, 513, 570, 572, 580, 603
Wagner, Robert 248
Wagner, Verena 405
Wagner, Winifred 570
Wagner, Wieland 405
Wahlen, Walther 429, 560, 227
Wahl, Karl 653
Walz, Joker 011, 131, 532, 580
Walser, Martin 690
Wahnfried, Villa 572, 573, 576, 577, 579, 582, 589
Weber, Max 502
Wagner, Bernd 602
Wehler, Hans-Ulrich 11, 33, 355, 587
Weichs, Maximilian von 91, 204, 206, 302, 309, 315, 324, 553
Weidling, Helmuth 502, 520, 571, 572
Weiss, Franz Rudolf von 200
Weiß, Rudolf 555, 573, 574
Weizsäcker, Ernst von 22, 25, 50, 55, 70, 132, 141 ff., 151, 152, 157, 158, 159, 166 ff., 175, 182, 186, 192, 196, 197, 198, 274, 580, 588, 590

Weizsäcker, Marianne von 24, 32, 102, 139
Welles, Benjamin Sumner 143, 163
Wood, Aylberg 14, 555, 559, 561, 568, 569, 572, 574
Werlin, Jakob 607
Westphal, Siegfried 491
Weyand, Maxime 138
Widman, Albert 261, 263
Wiedemann, Fritz 542
Wegand, Karl 171
Wertheim, Alfred von 324
Wilhelm Kronprinz 205
Wilhelm II. 40, 223
Wilhelmina, Königin 173
Wilke, Wendell 542
Wilson, Woodrow 31, 151, 222
Winkler, Heinrich August 538
Wirmer, Anna 28, 622
Wirth, Christian 263
Witzleben, Erwin von 172, 240, 445, 452, 453, 603
Wohler, Otto 228, 520
Wolf, Johanna 200, 227, 499, 552
Wolf, Emil 55
Wolff, Karl 32
Wolff-Monckeberg, Mathilde 550, 580, 581
Wolters, Rudolf 175, 467
Wood, Edward Frederick 1. auch Halifax, Lord
Württemberg, Karl Alexander Herzog von 553
Wust, Walther 532

York von Wartenburg, Peter 171, 175, 493

Zahle, Hecht 52, 87
Zander, Wilhelm 571
Zeitzler, Kurt 131, 142, 227, 228, 229, 235, 236, 274, 275, 295, 298, 302, 303, 304, 313, 315, 317, 319, 320, 322, 395, 399, 304, 305, 315, 316, 326, 504, 505, 506, 511, 512
Zhodin, Georgi(j) 212, 233, 519, 522, 550, 551, 578
Zinfinden, Hans 532